李樹青 編撰

書畫參考資料拼音字註釋版

金文字彙

第一冊

天津出版传媒集团
天津古籍出版社

仰韶書屋

仰韶書屋

圖書在版編目（CIP）數據

仰韶書屋金文字彙 / 李樹青編撰. -- 天津：天津古籍出版社, 2016.8（2024.4重印）
ISBN 978-7-5528-0419-5

Ⅰ. ①仰… Ⅱ. ①李… Ⅲ. ①金文 - 文字 - 彙編 Ⅳ. ①K877.3

中國版本圖書館CIP數據核字（2016）第172702號

仰韶書屋金文字彙（全四册）

李樹青/編撰

出版人/張瑋

天津古籍出版社出版

（天津市西康路35號　郵編300051）

北京捷迅佳彩印刷有限公司印刷

全國新華書店發行

開本 880×1230 毫米 1/16　印張 125.5　字數 727 千字

2016 年 8 月 第 1 版　2024 年 4 月 第 3 次印刷

ISBN 978-7-5528-0419-5　　定價：980.00圓

自序

漢字乃中華民族浩瀚文化記録之載體，煌煌五千年綿延承續，舉世獨步。古者傳庖犧氏作《易》八卦，以垂憲象；神農氏結繩爲治，而統其事；黄帝之史倉頡初造書契，以宣教明化，於此文字初具。孔仲尼書《六經》、左丘明述《春秋傳》，皆以古文。及周宣王太史籀，著大篆十五篇，至秦之小篆，文字完備，是爲當今漢字之宗也。漢許叔重著《説文解字》，肇字書之始，單體爲文、合體爲字；述『六書』之例，明造字之法，乃後世治小學之磐基。

文字，有形之語言；語言，有聲之文字。依類象形而書，形聲相益而録。古今之遞傳，因時而嬗變，成熟漸進，絶非頓成。殷商之甲骨、宗周之彝器、孔壁之古文、石鼓之篆籀，皆藏漸變之迹也。地域之歧異，亦使文字紛繁不一。諸侯力政，不統於王，文字淆惑，紛繁尤甚；同字異形，隨意增減，一字多音、相互假借，亦早期文字之特徵。至秦以降，李斯著小篆始漸趨于大同，及后之隸、之楷，諸體皆適時通用之文字。

銅，五金之赤金者。青銅器物之出現自夏至戰國延續凡兩千餘載，金文與甲骨文同爲早期文字。刻于龜甲獸骨，曰甲骨文；鑄于青銅鼎彝，曰金文，是爲文字發展階段之實物。汲古而豐今，古已有之。金文之著録，宋人始有彝器款識之學，清代諸名家輩出，近代亦大師林立。摹録考釋，各有成書。爲今人研習大開方便之門。

金文字形，厚重而莊嚴、神秘而古樸、形神俱豐、極富裝飾。令吾輩，敬畏傳統文化，恭仰先人智慧。學習金文書法實繁友士，嘆其同字異形、同形異聲、相互假借，紛繁無確，而阻梗却步。

《仰韶書屋金文字彙》釋文字、明訓詁、辨音韵，依諸家之著述、愚人之管見，輯編成册，意在超邁前人編撰金文字書之藩籬。集字俱空前之衆，以饟讀者；

字様取原拓影印，以避失真。字形按『六書』作註；演進依時代比對。古今字、譌變字亦予明鑒；異聲字、假借字皆有釋文。字音之古韵、今韵以現代漢語拼音標註；文字之訓詁依《説文解字》《集韵》《廣韵》《爾雅》諸古籍字書及銘文讀音作引註。《仰韶書屋金文字彙》既爲書法臨池之範本，亦爲文字學習之小徑。禆益金文研究，繁榮書法創作，啓發同好，抛磚引玉，吾得以樂見。

本書收録字目四千零五十八字，重文字様約三萬四千五百二十字。字目及異聲字、假借字，於檢字表中總計五千七百二十五字。字目按《説文解字》部目順序編排。重文字様按時代先後排列。金文隸定，集先賢、學者之定論。部分僅能隸定，不可辨識之字一并收録，待宏富者作精賅詳博之註釋。

振興中華、民族復興、繼承傳統、弘揚國學，研習文字不可偏廢。編選此書乃多年夙願，亦責任在肩。憑藉對中華文化之酷愛，承擔民族文明之傳承，願盡蟻臂之力；亦稟復諸恩師之在天，吾心安也。

自序

自二零零六年初，以一己之力，按拓片臨摹字樣三萬四千餘字，兩易書稿、兩次臨摹，至二零一零年完成一千八百餘頁。諸友及書家建議，與其臨摹不若照相剪輯取其真迹更爲嚴謹。余歲逾花甲，視計算機如隔世之物，安敢貿然。爲此，諸師友之誘導，辨析之難易，初學操作，重新編排，以極愚鈍之操作，邊學邊做，告竣是篇，實現願望。兩度臨摹至計算機重編，歷時十載有餘，亦苦亦樂，則吾願嘗矣。

余學識孤陋，能力淺薄，編選是書如稚子擲鼎，或有偏私之曲見，百出之紕漏，萬望海内方家不吝賜正，仰承垂注，以不惑來者。

李樹青　於仰韶書屋北窗下

二零一六年三月十日

目録

凡例

一、為便於與古文字對照，本書均採用繁體字。銘文中已隸定之字及引用古籍字書原文之字，均用其原字形。因此或出現部分古體字、舊形字。

二、本書只收録商朝至戰國晚期青銅器銘文文字，按《説文解字》部目編排。每個字目上方用小篆和楷書標註。假借字、異聲字，標註于楷書之後。不見《説文解字》之字目，用宋體字標註，按偏旁部首附于相應各部之後。合文字，如：『三百』『二匹』等，收録在『百』『匹』，字目之後。凡是已隸定之字均收録；可辨識之字標註漢語拼音。字樣從拓片剪輯，不清部分做適當處理，以便讀者閲讀。

三、各字目按《説文解字》及各家註釋，辨析字形、字音、字義，并輔助簡潔説明。

四、青銅器拓片字樣為墨拓白字。傳世古籍或後世研究據青銅器銘文臨摹為墨書字樣。

五、每個字樣均標註所在器物名稱與年代，同一字目下之字樣，按時代先後排列。拓片均為作者收藏和師友搜集，讀者可參閱部分出版書籍比對。

六、根據多位朋友建議，學者認同，對可辨識之字的漢語拼音標註，參閱《漢語大字典》取現代讀音與古音相結合註明；在銘文中讀音與假借讀音亦一並標出。

七、一些古今字，儘量採用今字，今字金文没有的，按一字多音分別著録。如：頌字，本為容顔、容貌之容的本字，今字假借為歌頌之頌字，而容量、容納之容又借為容顔之容字，本書均分別著録假借後的今字。一字多音的，如：國差甑的字，本為瀞字，亦讀為清字，金文没有清字，故分別著録于各字目之下。

八、金文為早期漢字，在使用中不太規範。一字多用、多音；多字假為同一字的，在銘文中普遍存在。多字假為同一字、同字異體的，一並著録以供參考。

九、每個字的隸定、註釋，採用各家一致的定論，各家考釋有分歧的，擇善收録，并註明出處。

十、異體字、假借字，截取銘文段落註于字樣之下，用（）標註該字在句中讀音。銘文拓片中模糊不清之字用□標註。

十一、編末附録部分銘文拓片；精彩的章法、佈局，供朋友們欣賞與借鑒。

一

元 兀

仰韶書屋金文字彙 卷一

文一百八十三字　重文約一千二百零一字

yī

一

《說文》曰：惟出太始，道立於一，造分天地，化成萬物。弌，古文一。註：一，為我先民積畫成文之最初文字。指事、象事，或一、或二、或三、或亖。五至九為後出假借字。造字法或以一為天地之符號，旦、上，等字从一。一，或从鼠，作鼠，為一之異體字。

堇伯鼎（西周早期）

麥方鼎（西周早期）

我方鼎（西周早期）

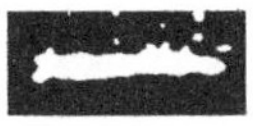

史獸鼎（西周早期）

𦳝簋（西周中期）

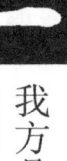

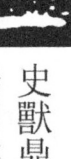

旅簋（西周中期）

師雝父簋（西周中期）

五年召伯虎簋（西周晚期）

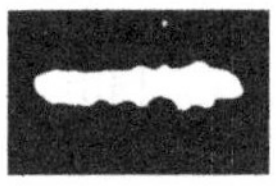

多友鼎（西周晚期）

鄭虢仲簋（西周晚期）

中山王䛭方壺（戰國晚期）讀為一　曾無一夫之救

yuán

元

《說文》曰：始也，从一、从兀。註：古文元、兀，同字，早期元字如側立人形，頭部突出，後減為一橫，橫上加點作，指示為頭。故，元字有首腦、元首之義，引申為開始、元始。元，通頑字。

猒元作父戊卣（殷商）

元作彝盉（西周早期）

曆方鼎（西周早期）

番匊生壺（西周中期）

師虎簋（西周中期）

曶鼎（西周中期）

師酉簋（西周中期）

逆鐘（西周晚期）

天尹鐘（西周晚期）

多友鼎（西周晚期）

番生簋（西周晚期）

師訇簋（西周晚期）

郃咎毁（西周晚期）

元年師兌簋（西周晚期）

蔡簋（西周晚期）

元年師旋毁（西周晚期）

叔尃父盨（西周晚期）

曾伯𩰫簠（春秋早期）

欒書缶（春秋）

鵙公劍（春秋）

厚氏簠（春秋）

鄀伯受簠（春秋）

陳伯元匜（春秋）

鼄公華鐘（春秋晚期）

吳季子之逞劍（春秋晚期）

少虡劍（春秋晚期）

虡公劍（春秋晚期）

陳逆簠（戰國早期）

天

tiān
天

《說文》曰：顛也，至高無上，从一、大。《爾雅》曰：天，穹蒼、蒼天也。註：天，本正面人形，頭顱碩大，後減為一橫，或加一點，指示人之頭部、體之最高。引申為頭頂上之天空。

天鼎（殷商）

天敦（殷商）

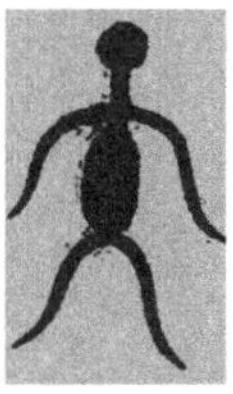
天己敦（殷商）

天尊（殷商）

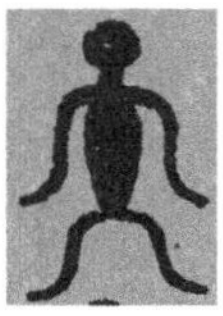
天己丁兌（殷商）

天卣（殷商）

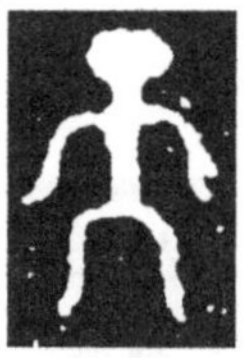
天冊父乙鼎（殷商）

亞天鼎（殷商）

冊父乙敦（西周早期）

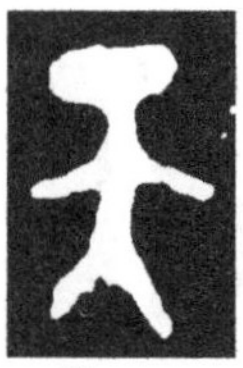
大盂鼎（西周早期）

伯姜鼎（西周早期）

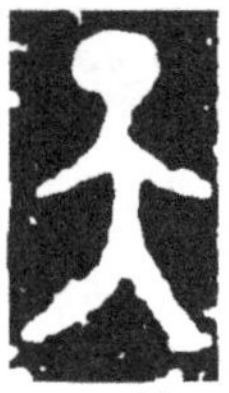
作冊大方鼎（西周早期）

大鼎（西周中期）

師奎父鼎（西周中期）

尹姞鼎（西周中期）

剌鼎（西周中期）

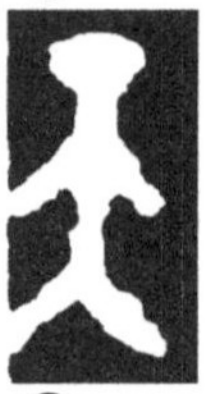
𠭰鐘（西周中期）

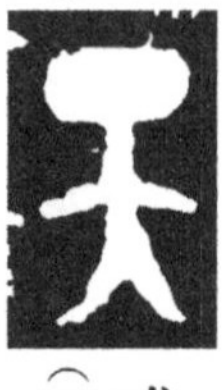
𢦚方鼎（西周中期）

應侯見工鐘（西周中期）

七年趞曹鼎（西周中期）

南宮乎鐘（西周晚期）

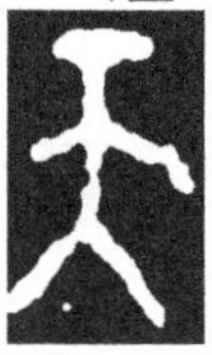
汈其鐘（西周晚期）

此鼎（西周晚期）

犮鐘（西周晚期）

南宮柳鼎（西周晚期）

克鐘（西周晚期）

虢叔旅鐘（西周晚期）

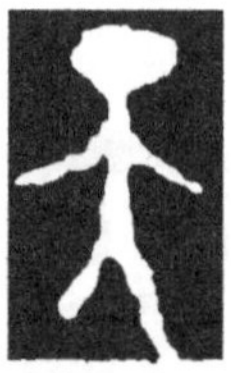
宗周鐘（西周晚期）

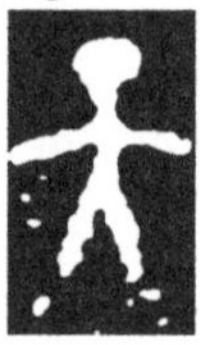
汈其鼎（西周晚期）

丕 邳

吏

寰盤（西周晚期）

蔡侯紐鐘（春秋晚期）

蔡侯盤（春秋晚期）

子璋鐘（春秋晚期）

中山王譽鼎（戰國晚期）

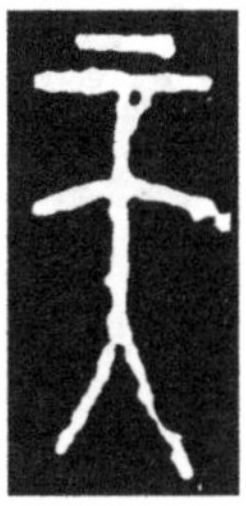
中山王譽方壺（戰國晚期）

pī
丕

《説文》曰：大也，从一、不聲。

註：，金文丕字不从一。古文丕與不同字。後分化為二。丕，或讀為邳。

大盂鼎 讀為丕（西周早期）不（丕）顯王休

即簋（西周中期）即敢對揚天子不（丕）顯休

𠭯鐘（西周中期）對揚天子不（丕）顯休

𤼈鐘（西周中期）不（丕）顯高祖亞祖文考

邳伯缶 讀為邳（戰國早期）

lì
吏

《説文》曰：治人者也，从一、从史，史亦聲。

註：古文使與事、吏為同一字，後分化為三個字。

叔簋 讀為使（西周早期）吏（使）于太保

大盂鼎（西周早期）

利簋（西周早期）

上

帝諦蒂

shàng
上

《說文》曰：高也，古文上，指事也，丄篆文上。註：二，早期金文上為短横在長横之上，長横指示地面，短横指事為地面以上。後期將短横豎起作丄，以別于二字，至春秋時再加一横即成上。

啟卣（西周早期）

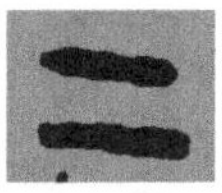
師艅尊（西周早期）

士上卣（西周早期）

啟作且丁尊（西周早期）

攸作上父爵（西周早期）

不栺方鼎（西周早期）

伯上父鬲（西周中期）

敔簋（西周晚期）

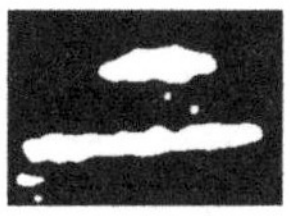
虢叔旅鐘（西周晚期）

孟上父壺（西周晚期）

秦公鎛（春秋早期）

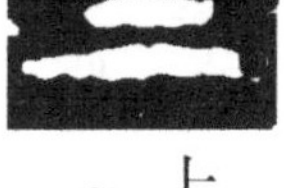
上曾太子鼎（春秋早期）

上鄀公簋（春秋早期）

蔡侯盤（春秋早期）

上匕（戰國）

坪安君鼎（戰國晚期）

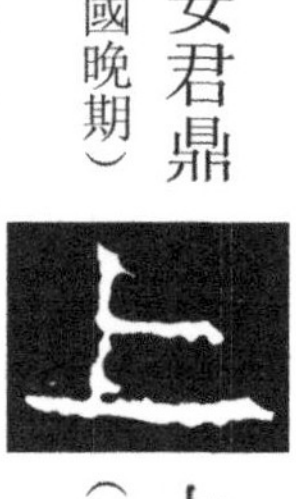
上叏床鼎（戰國晚期）

敓公上鋒鼎（戰國晚期）

中山王嚳方壺（戰國晚期） 讀為上 或从尚 則上逆于天

鄂君啟節舟節（戰國晚期） 讀為上 或从辵 就爰陵上江入湘

𤼈鐘（西周早期） 上帝二字合文

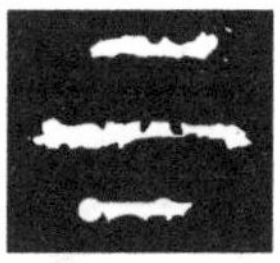
二祀𠨘其卣（殷商） 上下二字合文

周公簋（西周早期）

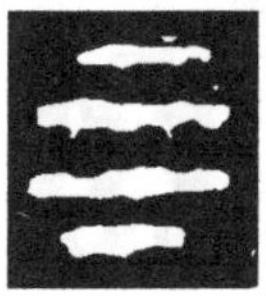
大克鼎（西周晚期）

dì
帝

《說文》曰：諦也，王天下之號也，从丄、朿聲。《爾雅》曰：帝，君也。《字彙》曰：帝，上帝，天之神也。註：帝，蒂之本字，樹木上花蒂之象形。蒂，為花木繁衍之主，引申為帝王為人臣之主。後，从艸為蒂，帝、蒂分化為二。帝者號令天下曰諦，帝，或作諦。

旁 磅傍

二祀𠨘其卣（殷商）

四祀𠨘其卣（殷商）

商卣（西周早期）

䧹鼎（西周早期）

䧹毁（西周早期）

商尊（西周早期）

寡子卣（西周早期）

𤞞狄鐘（西周中期）

仲師父鼎（西周晚期）

㝬毁（西周晚期）

師訇簋（西周晚期）

秦公簋（春秋早期）

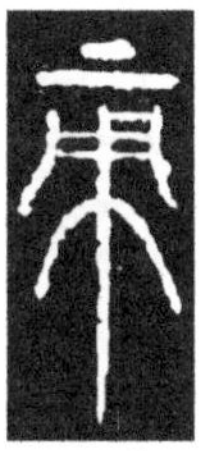
中山王嚳方壺（戰國晚期）
讀為帝 以享上帝

㝬鐘（西周晚期）
上帝二子合文

páng
旁

《說文》曰：溥也，从二、闕、方聲。《廣雅》曰：旁，大也。《說文通訓定聲》曰：旁，假借為傍。《釋名》曰：在邊曰旁。註：旁，廣大、豐厚也。旁溥或作旁薄、旁魄，今作磅礴。旁，通滂。

旁父乙鼎（殷商）

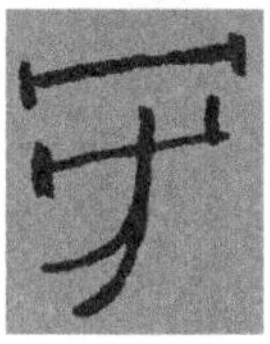
亞旁罍（殷商）【古文字類編】

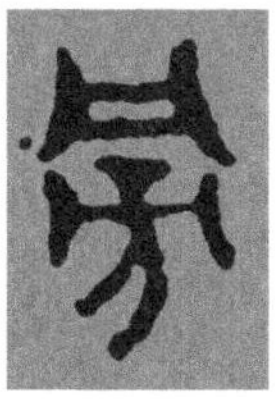
高卣（西周早期）

周免旁父丁尊（西周中期）

旁肁鼎（西周）

妣𩰫毁（西周晚期）

仲駒父簋（西周晚期）

者瀘鐘（春秋）

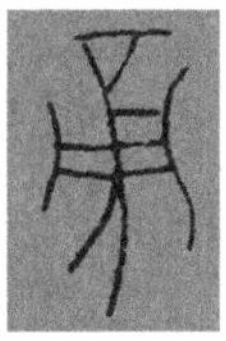
梁十九年鼎（戰國）

下 丅

示 示

xià
下

《說文》曰：底也，指事。丅篆文下。

註：早期古文二下，短横在長横之下，長横示天，短横指事為天以下。後期樹起短横作丅，春秋以後另加一横作下。

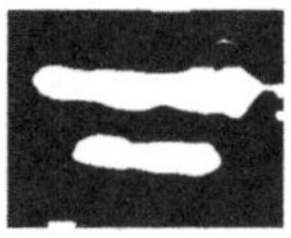
盠駒尊（西周中期）

長由盉（西周中期）

㝬簋（西周晚期）

番生簋（西周晚期）

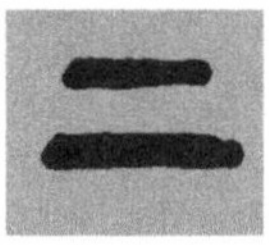
禹鼎（西周晚期）

虢叔旅鐘（西周晚期）

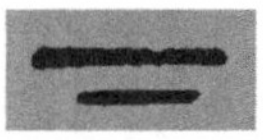
鄀公諴鼎（春秋早期）

曾子斿鼎（春秋早期）

蔡侯盤（春秋晚期）

哀成叔鼎（戰國）

魚鼎匕（戰國）

信安君鼎（戰國晚期）

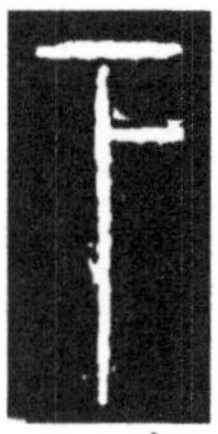
中山王𠱱鼎（戰國晚期）

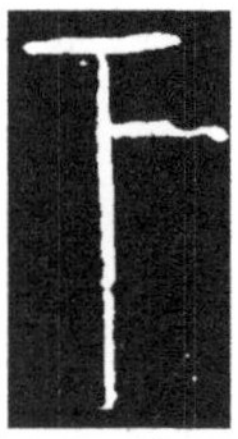
中山王𠱱方壺（戰國晚期）

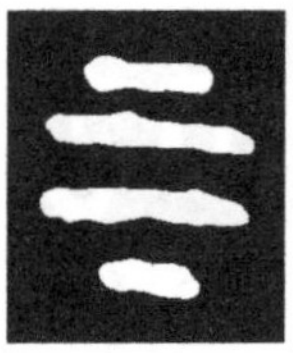
史牆盤（西周中期） 上下二字合文 撫有上下

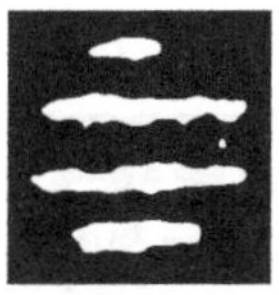
大克鼎（西周晚期）

shì
示

《說文》曰：天垂象，見吉凶，所以示人也。……觀乎天文以察時變。示，神事也。《廣韻》曰：示，垂示。《正字通》曰：示，告也、教也。

註：示，本指地祇，引申為天示凶吉之徵兆。與神事有關之文字均从示。

示觚（殷商）

亞羊示爵（殷商）

丅卣（殷商）

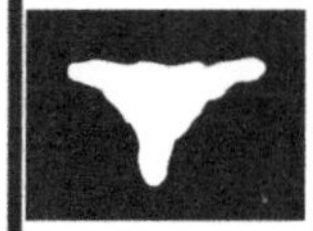
[illegible]婦方鼎（西周早期）

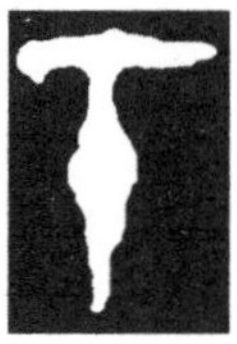
幾父壺（西周中期）

 祜

 禮

 禄録

hù
祜

《爾雅》曰：祜，福也、厚也。

註：祜，大福、厚福。

𤼈鐘（西周中期）

黃子盤（春秋早期）

黃子壺（春秋早期）

伯其父簠（春秋早期）

黃子匜（春秋早期）

黃君孟鼎（春秋早期） 讀為祜 或从亠 子孫則永祜福

作𠟭□匜（春秋）

曾子𡱒簠（春秋晚期）

lǐ
禮

《説文》曰：……所以事神致福也，从示、从豐，豐亦聲。古文禮。

註：祀神之事為禮、祀神之祭品為豐。禮、豐，上古為同字。豐，或為醴之本字，祭祀之酒醴。

何尊（西周早期） 豊字重見 或不从示 復爯武王豐（禮）

中山王嚳方壺（戰國晚期） 不从示 从口 故辭豐（禮）敬

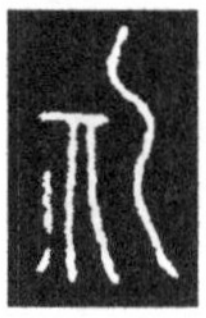

九里墩鼓座（春秋）

lù
禄

《説文》曰：福也，从示，录聲。《廣雅》曰：禄，善也。《廣韻》曰：禄，俸（禄）也。禄，録也。

註：金文禄不从示，以录為禄。录，像架上懸掛容有濕物袋子，作漉水狀。下數點乃濾出之水滴。录，即爲漉或淥之本字，金文假录為禄，通録。

大保簋（西周早期） 录字重見

𤼈鐘（西周中期） 不从示录以為禄 純魯通录（禄）

頌鼎（西周晚期） 不从示 以录為禄 純佑通录（禄）

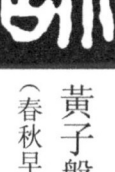

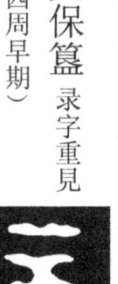

xiáng
祥

《說文》曰：福也，从示、羊聲。一云善。《說文繫傳》曰：祥之言詳也。

《說文通訓定聲》曰：祥假借為詳。註：祥，古文均書作羊。

陳逆簠（戰國早期）

鄉陵君王子申豆（戰國晚期）

假祥讀為永 以祀皇祖以會父兄祥（永）用之

中山王譽方壺（戰國晚期）

fú
福

《說文》曰：佑也，从示、畐聲。《釋名·釋言語》曰：福，富也。《字彙》曰：福，與逼同。

《說文通訓定聲》曰：福，假借為福，實為副。註：福，祭祀之酒肉曰福。，福之最初文字，如雙手奉尊於示前，以祭祀神靈。引申為福祉、幸福。福，通副、通幅。福，或从宀。

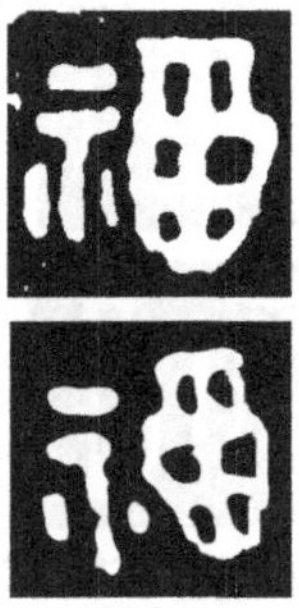
寧簋（西周早期）

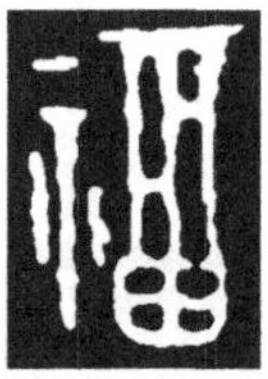
周公簋（西周早期）

曶壺（西周早期）

瘐鐘（西周中期）

瘐段（西周中期）

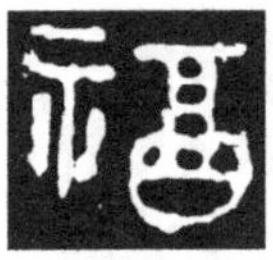
趙鐘（西周中期）

伯陶鼎（西周中期）

或方鼎（西周中期）

或段（西周中期）

衛簋（西周中期）

沕其鐘（西周晚期）

井人女鐘（西周晚期）

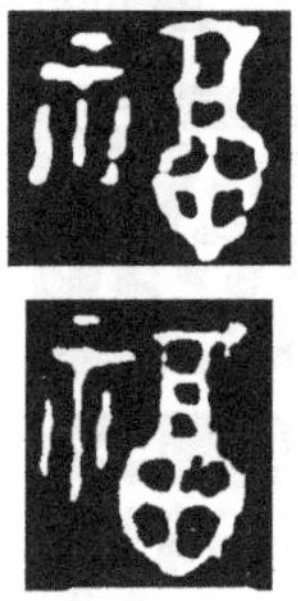
士父鐘（西周晚期）

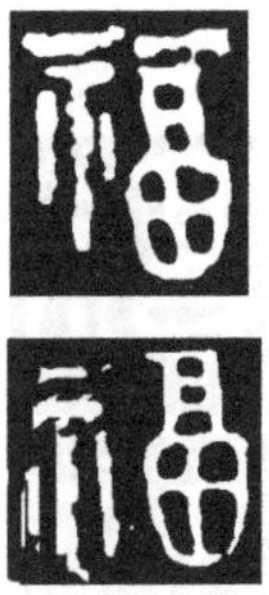
虢叔旅鐘（西周晚期）

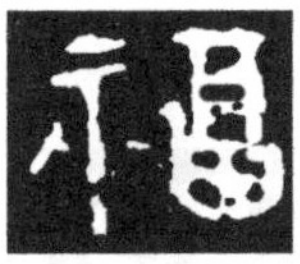
叔旅魚父鐘（西周晚期）

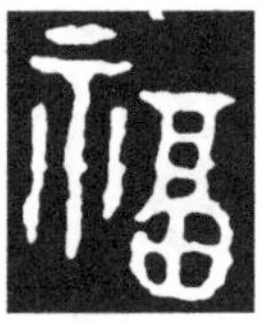
沕其鼎（西周晚期）

虢姜簋（西周晚期）

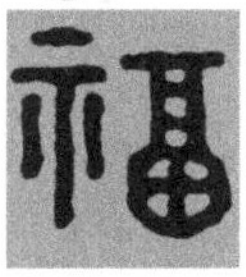
史顯鼎（西周晚期）

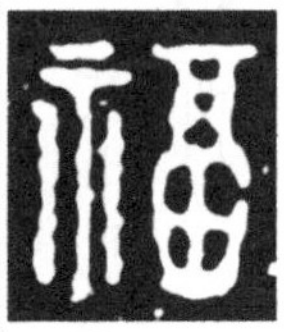
蔡姞簋（西周晚期）

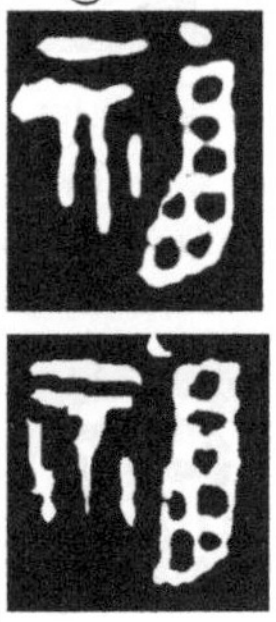
善夫克盨（西周晚期）

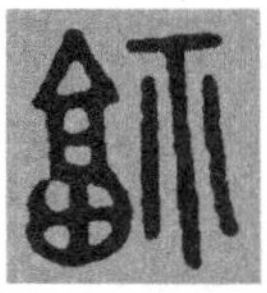
遲父鐘（西周晚期）

不嬰段（西周晚期）

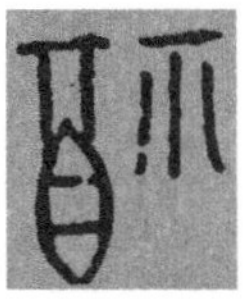
弭仲簠（西周晚期）

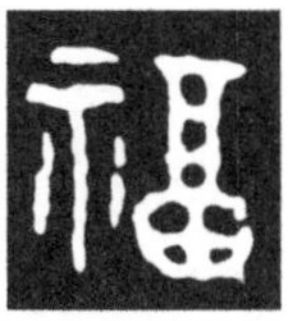
㝬段（西周晚期）

王伯姜鼎（西周晚期）

伯沕其盨（西周晚期）

伯公父簠（西周晚期）

曾子伯誩鼎（春秋早期）

宗婦簠（春秋早期）

宗婦盤（春秋早期）

宗婦簋（春秋早期）

曩公壺（春秋）

魯伯悆盨（春秋）

曾子𡖊簠（春秋）

國差𦉜（春秋）

曾師季𩋫盤（春秋）

中山王嚳方壺（戰國晚期）

德方鼎（西周早期） 福之初文

何尊（西周早期）

㝬鼎（西周中期） 从寶省

周乎卣（西周中期）

祇抵祗

zhī
祗

《說文》曰：敬也，从示、氐聲。

《正字通》曰：祇，與祗通。註：金文祗，如兩甾，底部相抵形。東楚名缶曰甾。，反正兩缶，為抵之本字，借為祗。祗，通祇。金文均以祇為祗。

史牆盤（西周中期） 讀為祗 祗景穆王

六年召伯虎簋（西周晚期） 讀為祗 有祗有成

蔡侯盤（春秋晚期） 讀為祗 祗盟嘗啇

神 

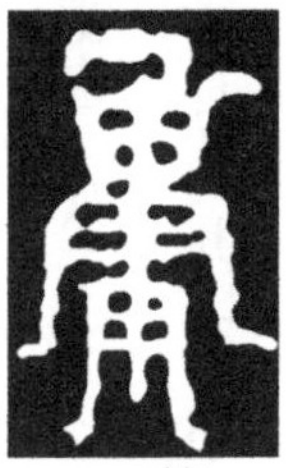
蔡侯紐鐘（春秋晚期）

蔡侯鎛（春秋晚期）

郾侯𩁹鼎（戰國）

蔡侯尊（春秋晚期）

者沪鐘（戰國早期）

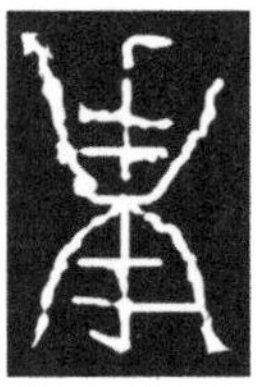
郾侯載戈（戰國晚期）

𡢁蚉壺（戰國晚期）

中山王嚳方壺（戰國晚期）

中山王嚳鼎（戰國晚期） 讀為祇 厥業在祇

shén
神

《説文》曰：天神引出萬物者也，从示、申。註：，金文申字實為雷電現象之象形，變幻莫測催生萬物謂之神，古人將雷電視為神靈。申，即古神字，與電字同義、同字。後从示作神、从雨作電。

寧簋（西周早期）

𤼈鐘（西周中期）

𤼈𣪘（西周中期）

宗周鐘（西周晚期）

𨻰昉𣪘蓋（戰國早期） 讀為神 龔𢐗鬼神

大克鼎（西周早期） 不从示 申讀為神 景孝于申（神）

堇鼎（西周早期）

㳉其鼎（西周晚期）

𢦏叔朕鼎（春秋早期）

齋

禋

際祭

zhāi
齋

《說文》曰：戒潔也，从示、齊省聲。

註：古人祭祀前要戒酒、戒葷食、沐浴潔身，以示虔敬，曰齋戒。

蔡侯盤（春秋晚期）

十七年邢令戈（戰國早期）

王立事鈹（戰國） 讀為劑 冶得執齊（劑）

十八年建君鈹（戰國晚期）

□年邦府戈（戰國晚期）

十七年春平侯鈹（戰國晚期）

建信君鈹（戰國晚期）

yīn
禋

《說文》曰：潔祀也，一曰精意以享為禋。从示、垔聲。籀文从宀。

註：禋，燒柴升煙祭天，柴上再燒牲體、玉帛等，因煙氣上達以至精誠。禋，或讀為煙。

史牆盤（西周中期） 讀為禋 或从宀 齊祿熾光宜其禋祀

蔡侯盤（春秋晚期）

蔡侯尊（春秋晚期）

哀成叔鼎（戰國）

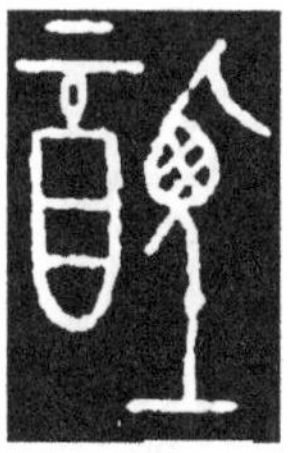
中山王嚳方壺（戰國晚期） 讀為禋 或从酉 節于禋醣

jì
祭

《說文》曰：祭祀也，从示，以手持肉。《廣雅》曰：祭，際也。

註：，獻肉并以手祭拜於示前曰祭。祭，通際。

祀

史喜鼎（西周）

欒書缶（春秋）

鄦侯少子殷（春秋）

義楚觶（春秋晚期）

鼄公華鐘（春秋晚期）

徐王義楚觶（春秋晚期）

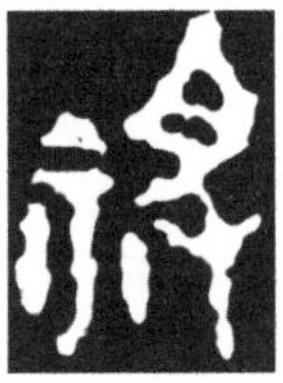
陳侯因𬁼敦（戰國晚期）

中山王嚳方壺（戰國晚期）

十四年陳侯午敦（戰國晚期）

sì
祀

《説文》曰：祭無已也，从示、巳聲。 祀或从異。

註：祀，祭無已，其意為子孫祭祀長久不絕。祀，或為年的別稱。夏曰歲、商曰祀、周曰年。

小臣缶方鼎（殷商）

肄作父乙殷（殷商）

二祀𠨘其卣（殷商）

小臣艅犀尊（殷商）

六祀𠨘其卣（殷商）

宰虎角（殷商）

子作婦姁卣（西周早期）

大盂鼎（西周早期）

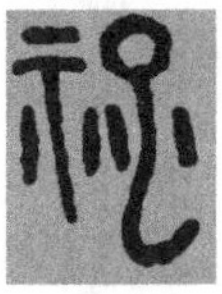
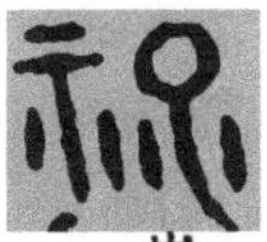
嵩𠂤作兄癸卣（西周早期）

乃䜌子鼎（西周早期）

作冊折尊（西周早期）

保尊（西周早期）

天亡簋（西周早期）

麥方尊（西周早期）

段簋（西周中期）

祖 祖

𤼈殷（西周中期）

師訊鼎（西周中期）

師遽殷蓋（西周中期）

繁卣（西周中期）

曶鼎（西周中期）

𤼈鐘（西周中期）

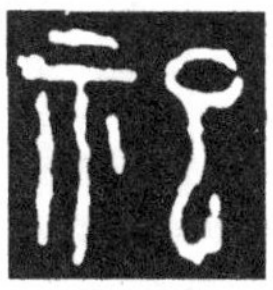
㝬殷（西周晚期）

訇簋（西周晚期）

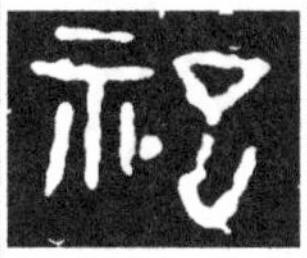
秦公鎛（春秋早期）

秦公鐘（春秋早期）

秦公簋（春秋早期）

郜伯祀鼎（春秋早期）

吳方彝（西周中期）

邾公釛鐘（春秋）

徐王子旃鐘（春秋）

拍簋（春秋）

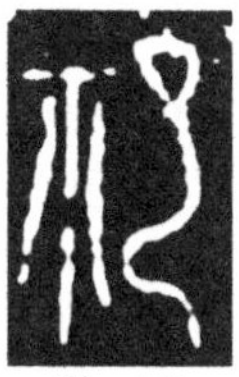
沇兒鎛（春秋晚期）

鼄公華鐘（春秋晚期）

郐𩦇尹朁鼎（春秋晚期）

楚王酓章鐘（戰國早期）

王子午鼎（戰國中期）

哀成叔鼎（戰國）

中山王嚳方壺（戰國晚期）

王子申豆（戰國晚期）

zǔ
祖

《說文》曰：始廟也，从示、且聲。註：且，乃祖之本字，像古人祖廟祭祀牌位之象形。且，或為父系社會崇尚生殖之男根象形。从示之祖字為後出字，為小篆所本。祖，用同阻。

𥘵 

朋亞且癸鼎（殷商） 且字重見

且戊鼎（殷商）

作且丁鼎（殷商）

且戊簋（殷商）

且丁簋（殷商）

戈且癸鼎（西周早期）

師晨鼎（西周中期）

善鼎（西周中期）

祖鼎（西周中期）

師臾鐘（西周晚期）

丼人女鐘（西周晚期）

走鐘（西周晚期）

沕其鐘（西周晚期）

者瀘鐘（春秋）

齊⿱陶革氏鐘（春秋晚期）

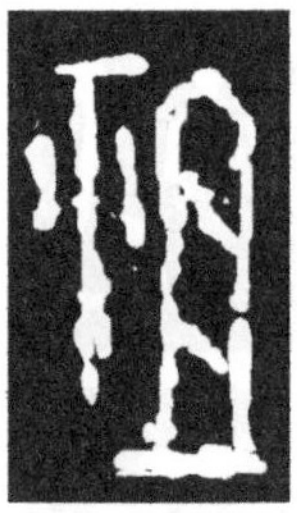
齊侯鎛（春秋中期）

王孫遺者鐘（春秋晚期）

欒書缶（春秋）

陳逆簋（戰國早期）

中山王嚳鼎（戰國晚期）

中山王嚳方壺（戰國晚期）

bǐ
𥘵

《說文》曰：以豚祠司命，从示、比聲。註：𥘵，以小豬祭祀司命神。𥘵，或同聲假借為妣。妣，已故母親、祖母之稱謂。

或者鼎（西周中期） 讀為妣 或从北 用匄稱魯𥘵（妣）

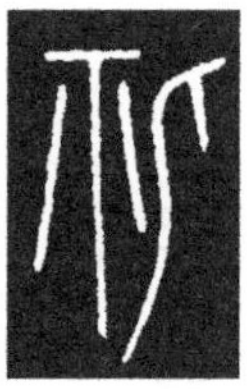
齊侯鎛（春秋） 讀為妣 或从匕 皇𥘵（妣）聖姜

祠

礿

禘

祝

cí
祠

《說文》曰：春祭曰祠，物品少，多文詞也。从示、司聲。

註：祠，祭名，春祭曰祠、夏祭曰礿、秋祭曰嘗、冬祭曰蒸。供奉先祖或先賢廟堂亦稱祠堂或祠。

趙孟庎壺
（春秋晚期）

好蚉壺
（戰國晚期）

yuè
礿

《說文》曰：夏祭也，从示、勺聲。

註：祭祀名，夏季祭祀曰礿。

我方鼎　讀為礿
（西周早期）延礿縮二母

dì
禘

《說文》曰：禘祭也，从示、帝聲。周禮曰：五歲一禘。

註：禘，祭祀名，五年一大祭曰禘。郊祭亦曰禘。金文假啻為禘。

剌鼎　从口作啻假為禘　啻字重見
（西周中期）啻（禘）昭王剌御

zhù
zhòu
祝

《說文》曰：祭主贊詞者，从示、从人、口。《集韻》曰：祝，詛也，或从口、从言，亦作詶。（今皆作咒）

《說文通訓定聲》曰：祝，假借為柷（樂器名）。註：祭祀儀式主祭或司香火者稱祝。今事神巫祝者，亦稱祝。

祈

大祝禽方鼎（西周早期）

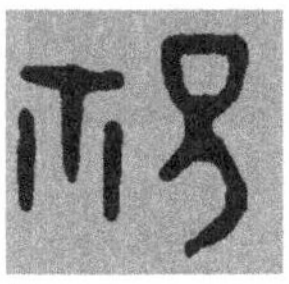
小盂鼎（西周早期）

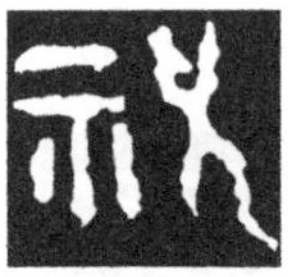
長甶盉（西周中期）

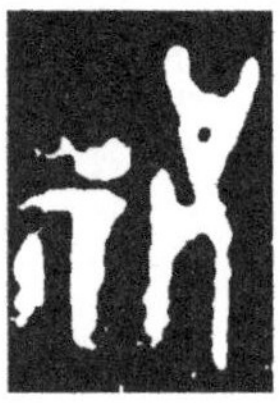
申簋蓋（西周中期）

鄁殷蓋（西周晚期）

qí
祈

《說文》曰：求福也，从示、斤聲。《廣雅》曰：祈，求也。

註：金文祈从㫃、蘄省聲，乃古文假借字。

旜爵（殷商） 从㫃从單

伯⿸虍木殷（西周早期）

追簋（西周中期）

畢鮮簋（西周中期）

頌壺（西周晚期）

頌鼎（西周晚期）

伯侯父盤（西周晚期）

遲盨（西周晚期）

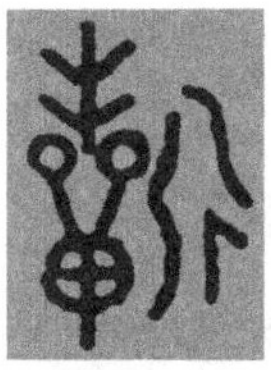
史顯鼎（西周晚期）

沕其鼎（西周晚期）

沕其鐘（西周晚期）

史伯碩父鼎（西周晚期）

遲父鐘（西周晚期）

丼叔釆鐘（西周晚期）

封仲簋（西周晚期）

殳季良父壺（西周晚期）

仲枏父簋（西周晚期）

虞𤔲寇壺（西周晚期）

陳公子叔遼父甗（春秋早期）

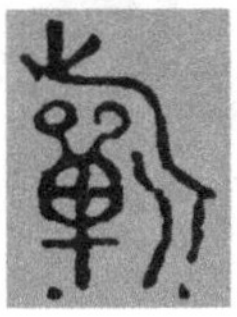
叔夜鼎（春秋早期）

叔家父簠（春秋早期）

卓林父簋（春秋早期）

孟姜匜（春秋）

者𣿅鐘（春秋）

𨻻侯作王仲嬀[illegible]簠（春秋）

要君匜（春秋）

歸父盤（春秋）

曹公簠（春秋）

曹公盤（春秋）

陳侯盤（春秋）

齊侯鼎（春秋）

姬丹盤（春秋）

白六鼎（春秋）

𨻻公孫[illegible]父瓶（春秋）

齊侯盤（春秋晚期）

邳伯缶（戰國早期）

喪史賓瓶（戰國）

伯𩓣毁（西周） 从旂从言

大師虘豆（西周）

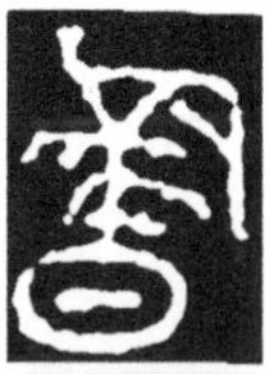
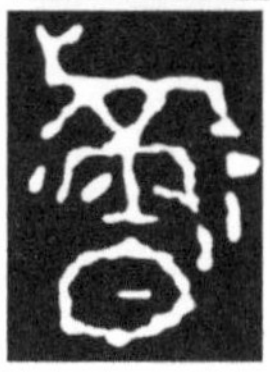
番君召簠（春秋） 从旂从音

蔡叔季之孫[illegible]匜（春秋）

邾公釛鐘（春秋） 假旂為祈

欒書缶（春秋）

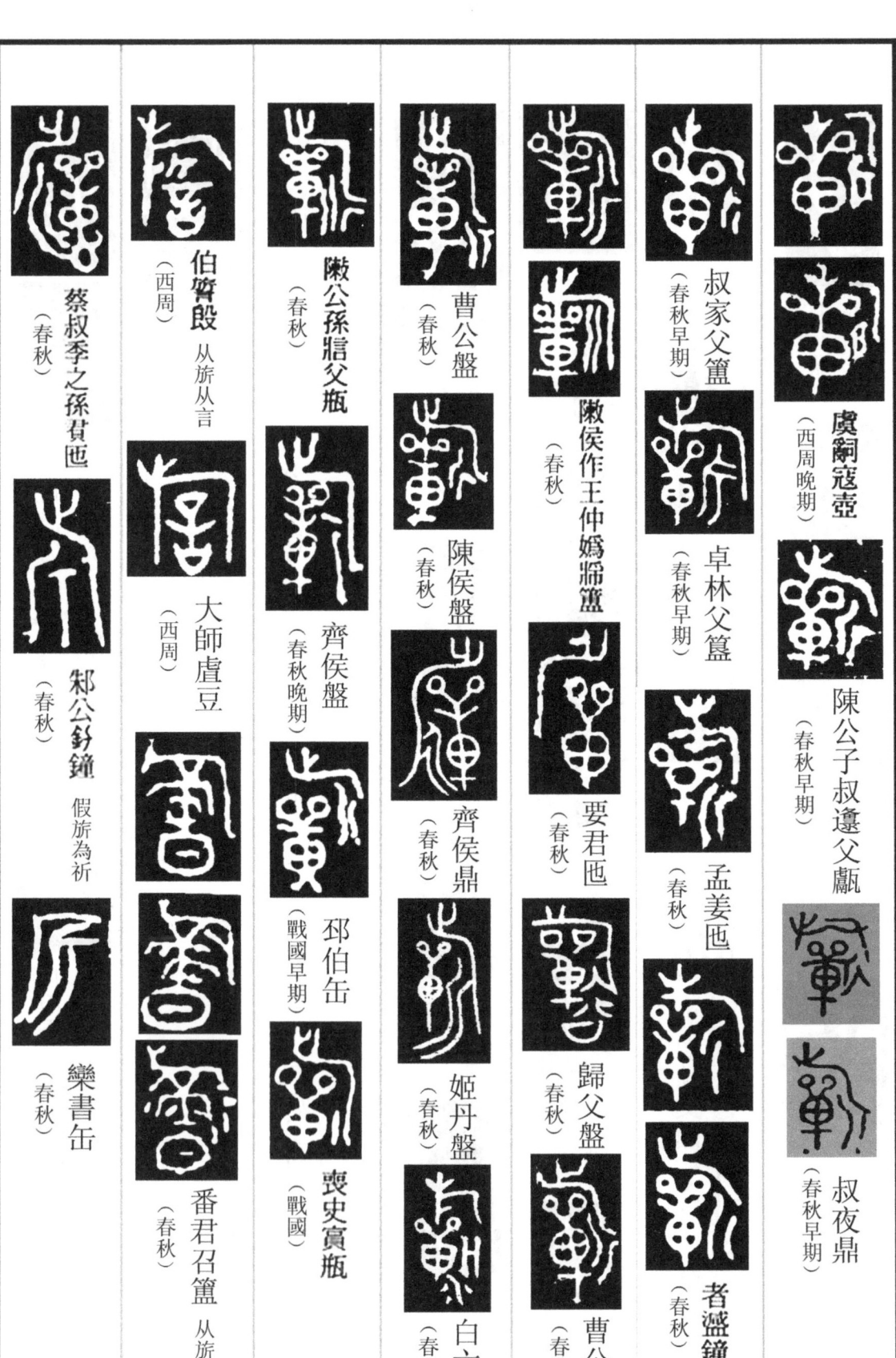

御 禦

社 社

禍 禍

yù

禦

《説文》曰：祀也，从示、御聲。《爾雅》曰：禦，禁也。《廣雅》曰：禦，止也。《小爾雅》曰：禦，抗也。

註：禦，祭祀以禁免災禍。禦，或為禁止、抵抗、防禦之義，後通作御。

作禦父辛觶（西周早期）

我方鼎（西周早期）

叀攸諆父甲尊（西周早期）

作冊益卣（西周中期）

㝬殷（西周晚期）

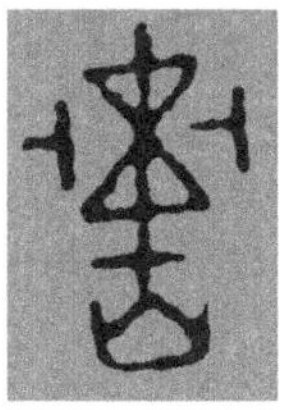

師訇簋（西周晚期） 讀為禦 率以乃友捍禦王身

shè

社

《説文》曰：地主也，从示、土。古文社。註：共工氏之子句龍，善于平治水土，尊稱為后土，敬為社神，即土地之神。社，或指祭祀土地神之場所，即社宮、社廟，俗稱土地廟。祭祀社神之集會曰社會，祭祀之人群曰社團。古代基層行政鄉里主持者稱社長。

中山王嚳鼎（戰國晚期） 讀為社 身勤社稷行四方

huò

禍

《説文》曰：害也，神不福也。从示、咼聲。《字彙》曰：禍，殃也、害也、災也。《釋名》：禍，毀也。

註：禍，災禍、罪過。

中山王嚳方壺（戰國晚期） 讀為禍 唯逆生禍

禪

祼

佑侑祐

shàn chán
禪

《說文》曰：祭天也，从示、單聲。《玉篇》曰：禪，靜也。註：禪，封禪，祭地曰封、祭天曰禪。祭祀上天之祭名。禪，或為佛教用語，「禪那」之略稱，靜思之義，佛教宗派一種修行方法，禪宗。

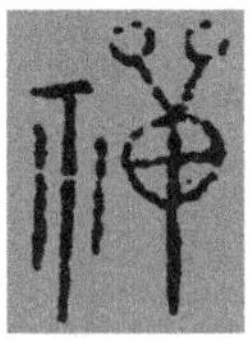
虢姜簋（西周晚期） 讀為祈 假禪為祈 用禪（祈）追孝于皇考叀仲

guàn
祼

《說文》曰：灌祭也，从示、果聲。註：祼，祭祀中酌酒灌地之禮。

毓且丁卣（殷商）

鮮盤（西周中期）

庚贏鼎（西周早期） 讀為祼 賜祼璋 貝十朋

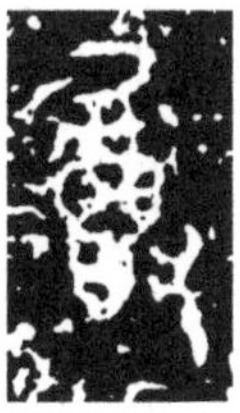
史獸鼎（西周早期）

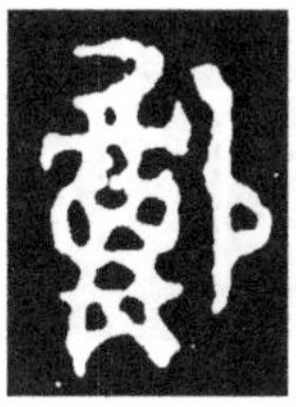
不指方鼎（西周中期） 讀為祼 王在上侯位祓祼

毛公鼎（西周晚期） 讀為祼 賜汝……祼圭瓚寶

噩侯鼎（西周晚期） 讀為祼 乃祼之

yòu
祐

《說文》曰：助也，从示、右聲。《說文通訓定聲》曰：祐，假借為侑。註：人助曰右、神助曰祐，或作佑。祐，或从示友聲。

保卣（西周早期） 或从示友聲 祐于周

保尊（西周早期）

蔡侯盤（春秋晚期）

蔡侯尊（春秋晚期） 讀為祐 祐受無已

殤禓 禓
祰 祰
禱 𥘅
稷 禝

yáng shāng
禓

耳尊
（西周早期）
讀為禓
□師耳對禓侯休

《說文》曰：道上祭，从示、昜聲。《廣韻》曰：禓，道神。

註：祭祀無主之鬼於道上，稱為祭殤，亦稱禓。殤、禓二字古通用。禓，或指強鬼、橫死鬼。

gào
祰

郾侯載器
（戰國）
或从喬 讀為祰
祗敬禞（祰）祀

《說文》曰：告祭也，从示、告聲。《玉篇》曰：祰，禱也。《集韻》曰：報祭謂之祰。祰，謝也。

註：祰，禱祰。金文祰，从示、高聲或喬聲。

dǎo
𥘅

註：，倚示一人舉手跪拜之形，為祈禱之禱字的最初文字。後篆變為从示、壽聲。

禽簋
（西周早期）

jì
禝

《集韻》曰：禝，同稷。

註：禝，同稷，五谷之長，谷神。

祹 祟 祏

子禾子釜（戰國）

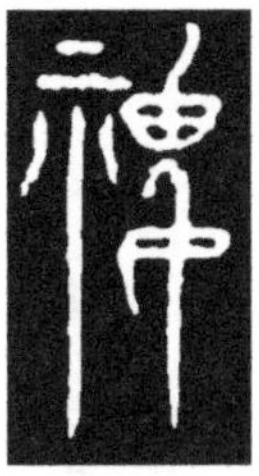

中山王嚳鼎（戰國晚期）

táo 祹

《玉篇》曰：祹，福也。《集韻》曰：祹，神也。

註：，从示、匋省勹為缶，同祹字。在銘文中或假借為祜、為福。

黃子匜（春秋早期）

黃子盤（春秋早期） 从示匋省聲 為祹之異體字 假為祜 為福

則永祹（祜）祹（福）

xī 祟

註：祟，讀為夕。

畱篙鐘（春秋晚期） 讀為夕

唯荊曆屈祟（夕）

fǒu 祏

註：祏，讀為否。

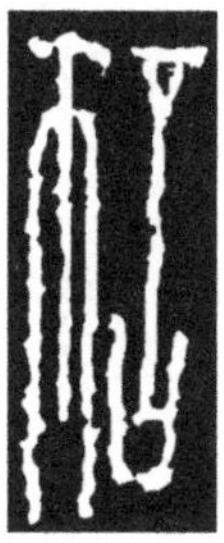

蔡侯尊（春秋晚期） 讀為否

上下陟祏（否）

suō
suì
𥜽

註：𥜽，或讀為縮。，或讀為敹，古代祭之一種，曰『冬賽報祠』之賽字，賽為敹之俗字。『冬賽報祠』謂祈豐穰、問水旱也。

我方鼎（西周早期）　張亞初釋為縮【殷周金文集成 引得】延礿𥜽（縮）二母

hù
穫

註：穫，从示、蒦聲，或讀為護祐之護字。

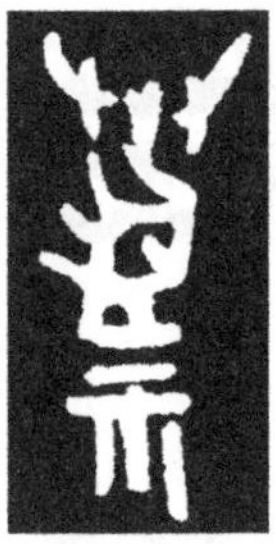

周公東征鼎（西周早期）　讀為護　公歸穫（護）于周廟

禝

征人鼎（西周早期）

三

三

sān 三

《說文》曰：天地人之道也。弎，古文三从戈。

註：三，為古人原始記數符號。一、二、三、亖為記數符號，五至九為假借字。

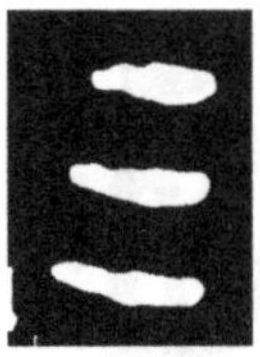
天亡簋（西周早期）

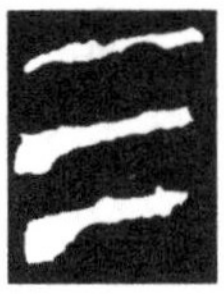
中作且癸簋（西周早期）

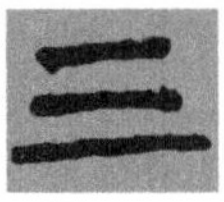
瘓鼎（西周早期）

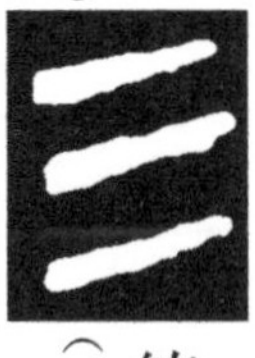
德方鼎（西周早期）

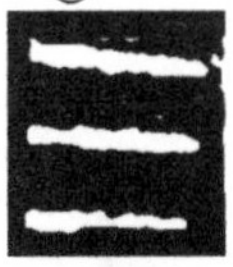

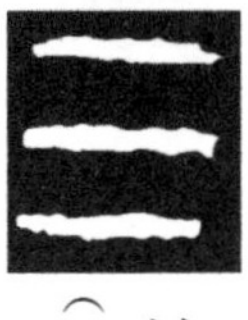
效父簋（西周早期）

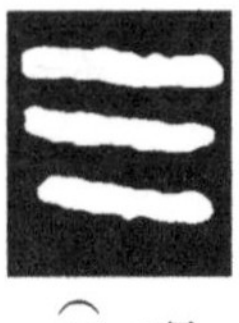
明公簋（西周早期）

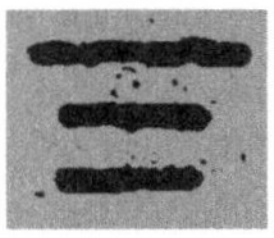
中方鼎（西周早期）

易天𣪘（西周早期）

旃鼎（西周早期）

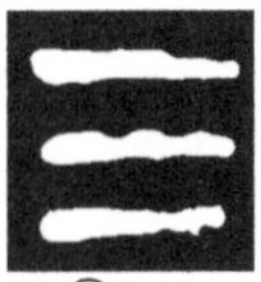
遣卣（西周早期）

蟎鼎（西周中期）

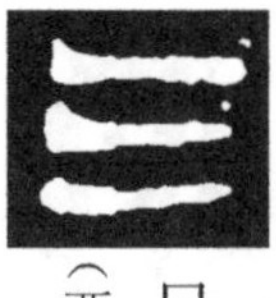
呂方鼎（西周中期）

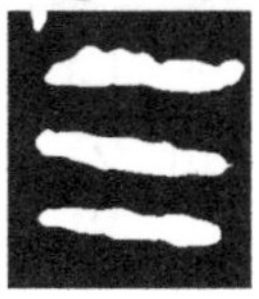
格伯作晉姬簋（西周中期）

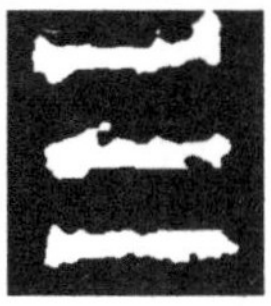
師農鼎（西周中期）

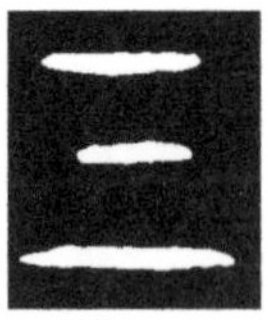
大鼎（西周中期）

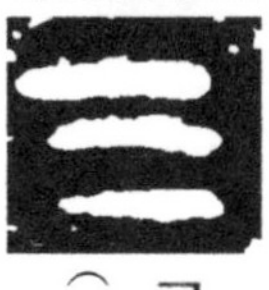
㠱仲觶（西周中期）

康鼎（西周中期）

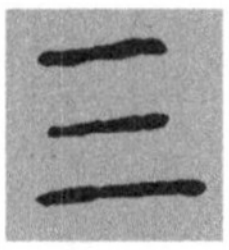
微䜌鼎（西周晚期）

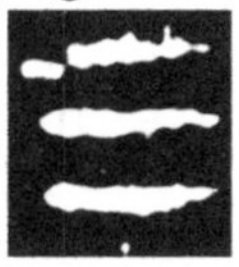
事族鼎（西周晚期）

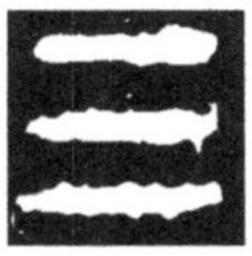
𢾊叔𣪘蓋（西周晚期）

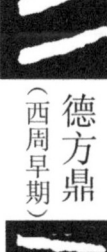

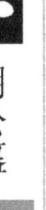

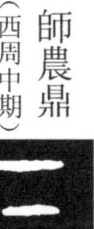

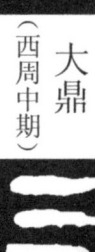

農卣（西周晚期）

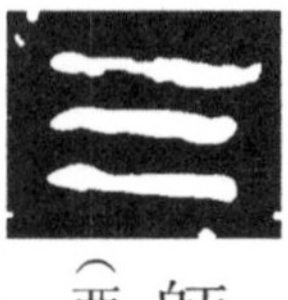
師頌鼎（西周晚期）

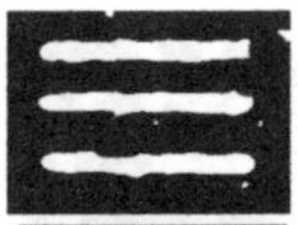

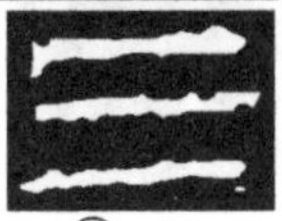
小克鼎（西周晚期）

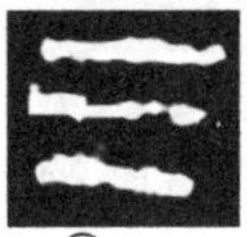
柞鐘（西周晚期）

叔尸鐘（西周晚期）

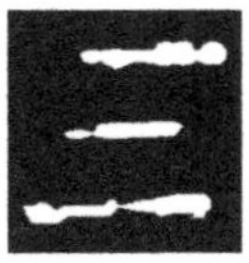
三斗鼎（戰國）

右卜脒鼎（戰國晚期）

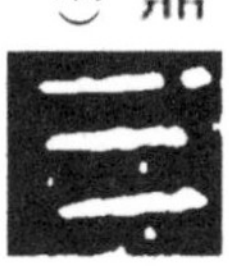
平安君鼎（戰國晚期）

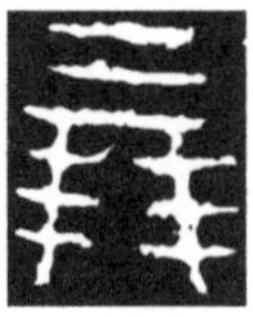
旁父丁鼎（西周早期）　三朋二字合文

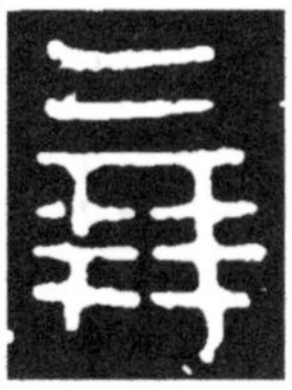
攸簋（西周早期）

師旂鼎（西周中期）　三百二字合文

wáng 王

註：王，斧鉞一類兵器之象形。殷商時期，執鉞為最高軍事指揮者，亦稱為王。夏、商、周，只有天子才能稱王，戰國時期天下大亂，諸侯個自封王。秦以後，君主稱皇帝。漢以後，王，為皇室或功臣最高封號。

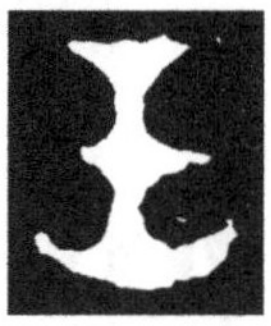
小臣缶卣（殷商）

鄉鬲（殷商）

作冊般甗（西周早期）

王作母癸尊（西周早期）

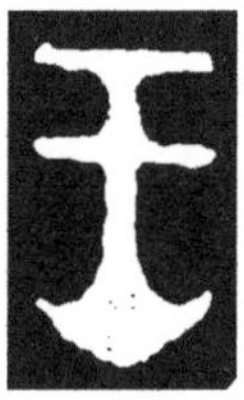
王且甲方鼎（西周早期）

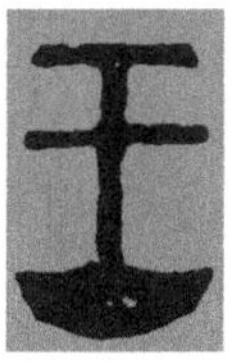
王伯鼎（西周早期）

交鼎（西周早期）

史䛠殷（西周早期）

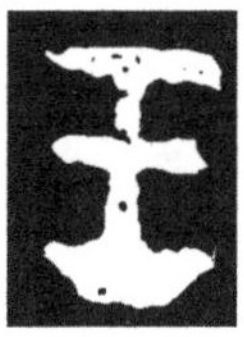
令簋（西周早期）

貉子卣（西周早期）

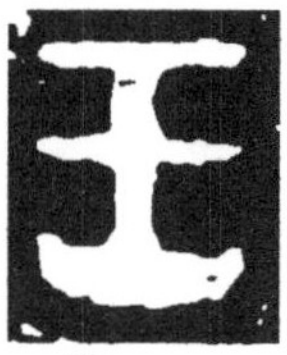
圉甗（西周早期）

成王方鼎（西周早期）

尹姞鬲（西周中期）

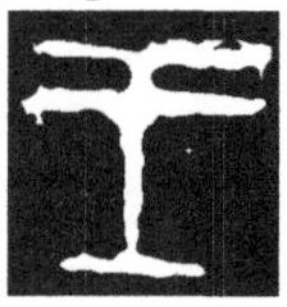
王人𠂤輔甗（西周中期）

豐卣（西周中期）

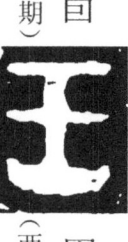

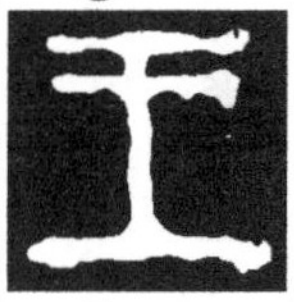
斁狄鐘（西周中期）

史牆盤（西周中期）

昆疕王鐘（西周晚期）

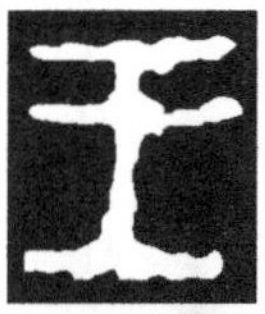

王伯姜鬲（西周晚期）

眉壽鐘（西周晚期）

親王姬鬲（西周晚期）

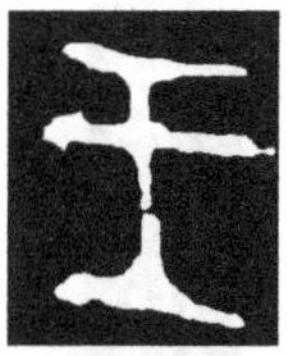

毛公鼎（西周晚期）

虢季子白盤（西周晚期）

散氏盤（西周晚期）

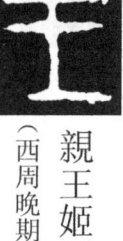

王孫壽甗（春秋早期）

者瀘鐘（春秋）

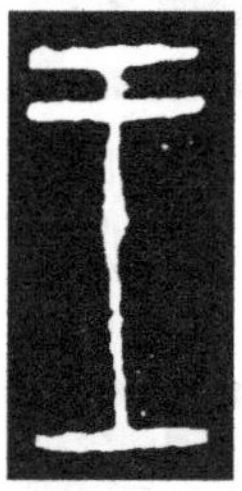
秦王鐘（春秋晚期）

閏潤

皇

楚王領鐘（春秋晚期）

王子嬰次鐘（春秋晚期）

沇兒鎛（春秋晚期）

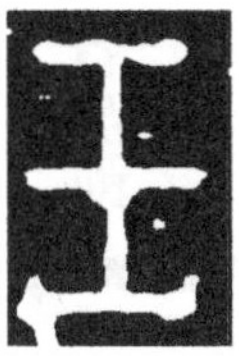
魚鼎匕（戰國）

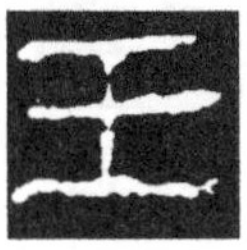
王后鼎（戰國晚期）

楚王酓肯盤（戰國晚期）

王劍（戰國）

rùn
閏

《說文》曰：餘分之月，五歲再閏。告朔之禮，天子居宗廟，閏月居門中。从王在門中。周禮曰：閏月王居門中，終月也。

註：閏，通潤。

元年矛（戰國晚期）【近出殷周金文集録】

huáng
皇

《說文》曰：大也。《廣韻》曰：皇，天也。《廣雅》曰：皇，美也。

《說文通訓定聲》曰：皇，假借為遑、假借為況。

註：，金文皇字象王者戴羽飾之王冠，輝煌、壯美。皇，或指上天、皇天。秦以後，天子稱皇、皇帝。皇，通煌、通惶。

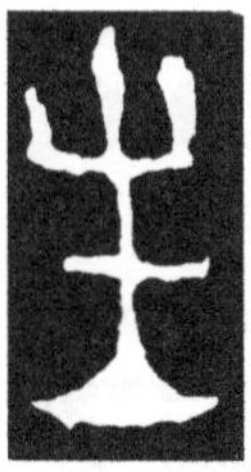
作𠂤皇考尊（西周早期）

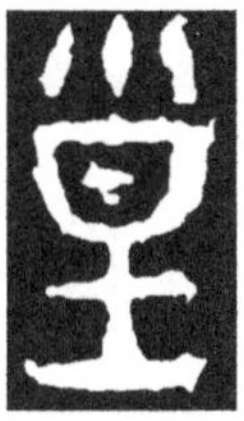
作冊矢令簋（西周早期）

利鼎（西周中期）

滕虎殷（西周中期）

癲鐘（西周中期）

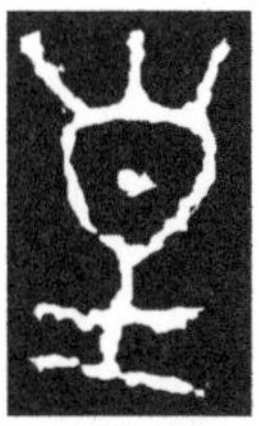
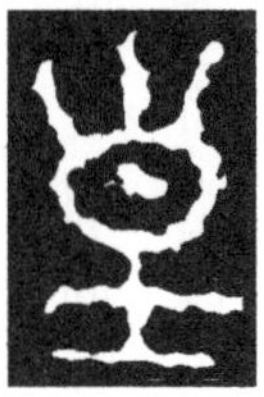
仲枏父鬲（西周中期）

師望鼎（西周中期）

師𩛥鼎（西周中期）

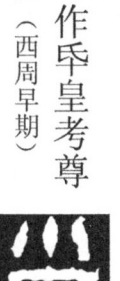

善鼎（西周中期）

鬲攸比鼎（西周中期）

禹鼎（西周晚期）

此鼎（西周晚期）

寰盤（西周晚期）

函皇父鼎（西周晚期）

伯頵父鼎（西周晚期）

仲師父鼎（西周晚期）

小克鼎（西周晚期）

丼人女鐘（西周晚期）

師臾鐘（西周晚期）

士父鐘（西周晚期）

叔旅魚父鐘（西周晚期）

沴其鐘（西周晚期）

眉壽鐘（西周晚期）

兮仲鐘（西周晚期）

應侯見工鐘（西周晚期）

克鐘（西周晚期）

虢叔旅鐘（西周晚期）

宗周鐘（西周晚期）

沴其鼎（西周晚期）

⿺走馬鼎（西周晚期）

大克鼎（西周晚期）

⿰言殳（西周晚期）

辛叔皇父簋（西周晚期）

兑簋（西周晚期）

毛公鼎（西周晚期）

鄀公平侯鼎（春秋早期）

秦公鐘（春秋早期）

鄭虢仲鼎（春秋早期）

鑄叔皮父簋（春秋早期）

玉

魯仲齊鼎（春秋早期）

齊侯鎛（春秋中期）

徐王子旃鐘（春秋）

者盜鐘（春秋）

欒書缶（春秋）

王孫遺者鐘（春秋晚期）

禾簋（春秋晚期）

齊𨜰氏鐘（春秋晚期）

沇兒鎛（春秋晚期）

鼄公華鐘（春秋晚期）

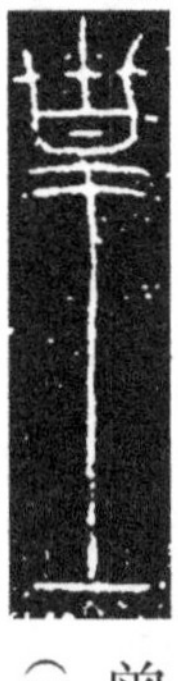
曾侯乙鐘（戰國早期）

陳逆簠（戰國早期）

中山王嚳鼎（戰國晚期） 讀為況 而皇（況）在於少君乎

陳侯午錞（戰國晚期）

戈（殷商）

㝬鼎（西周中期）

yù
玉

《說文》曰：石之美，有五德……象三玉之連|其貫也。古文玉。註：古代佩玉之象形，用珩、璜、琚、蔥衡等玉器以繩貫穿便于佩戴，或多或少，并非三枚。後規范為，只作三横。今，以別于王字，加點為玉。

亞雀作且丁簋（殷商）

鳳作且癸簋（西周早期）

尹姞鬲（西周中期）

戎佩玉尊（西周中期）

縣妃簋（西周中期）

琜 瑾

鮮盤（西周中期）

毛公鼎（西周晚期）

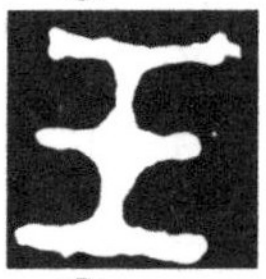
番生簋（西周晚期）

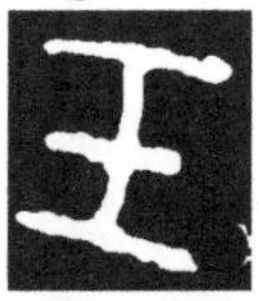

洹子孟姜壺（春秋）

郘黛鐘（春秋晚期）

註：丯，玉之古體字，甲古文亦此。王國維曰：殷時玉與貝皆貨幣也，其用為貨幣及服御者皆小玉小貝，而有物焉以繫之。所繫之貝玉，於玉則謂之玨、於貝則謂之朋。【王觀堂先生全集】

丯尊（殷商）

丯己觚（殷商）

丯丮觚（殷商）

丯乙觚（殷商）

jǐn
瑾

《說文》曰：瑾、瑜，美玉也，从玉、堇聲。《集韻》曰：瑾，赤玉。

註：瑾，一種美玉，或曰赤色玉。

頌鼎（西周晚期）

讀為瑾 或不从玉

返納堇（瑾）璋

lái
琜

《說文》曰：琜瓄，玉也，从玉、來聲。《玉篇》曰：崐山出瓄玉。

註：琜，玉名，即琜瓄，產於崐山。

守宮盤（西周早期）

讀為琜

賜守宮絲束……琜朋

璧　環　璜　璋

bì
璧

《説文》曰：瑞玉，圜也，从玉辟聲。《爾雅》曰：肉倍好謂之璧、好倍肉謂之瑗、肉好若一謂之環。

註：璧，古代祭祀、朝聘、喪葬之玉器。扁平環狀，緣邊（肉）尺寸兩倍于内孔（好）直徑。

六年召伯虎簋蓋
（西周晚期）

𠩺敖𣪘蓋
（西周晚期）

洹子孟姜壺
（春秋）

huán
環

《説文》曰：璧也，肉（邊）好（孔）若一謂之環，从玉、睘聲。《説文通訓定聲》曰：環，假借為繯。環，假借為還。

註：環，用于符信或裝飾，形似璧，繯邊與内孔直徑尺寸相等。

毛公鼎　讀為環
（西周晚期）　賜汝秬鬯一卣……玉環　金車

番生簋　或不从玉　以睘為環
（西周晚期）

huáng
璜

《説文》曰：半璧也，从玉、黃聲。

註：玉璧之半曰璜，用于祭祀、朝聘、喪葬，或用於裝飾及貨幣。

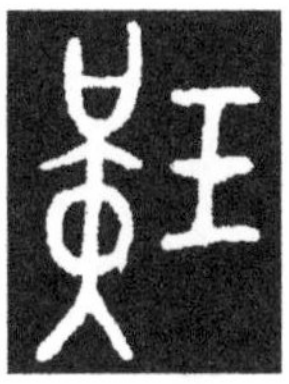

五年召伯虎簋　讀為璜
（西周早期）　報寢氏帛束　璜

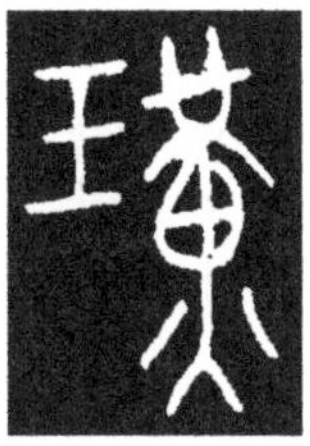

楚屈子赤角簠
（春秋晚期）

縣妃簋　讀為璜　或不从玉
（西周中期）

zhāng
璋

《説文》曰：剡上為圭，半圭為璋，从玉、章聲。註：玉制禮器，以禮天地及四方。上部尖鋭形玉器稱剡上，即玉圭；圭之一半為璋。赤璋為禮南方之玉器。

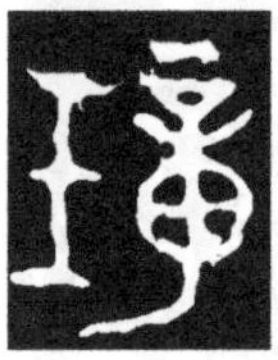
子璋鐘（春秋晚期）

楚王酓璋戈（戰國早期）

塦璋鐳（戰國）

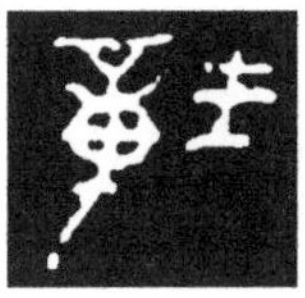
陳璋方壺（戰國中期）

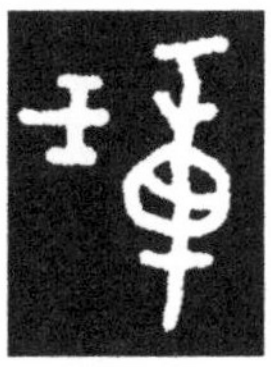
子備璋戈（戰國）

mào
瑁

《説文》曰：諸侯執圭朝天子，天子執玉以冒之，……从玉、冒，冒亦聲。注：諸侯執圭朝天子，天子執玉曰瑁，以合諸侯之圭。方濬益將釋為瑁。【綴遺齋彝器款識考釋】

師遽方彝（西周中期）
或从玉从面
王乎宰利賜師遽瑁圭一 篆璋四

diāo
琱

《説文》曰：治玉也，一曰石似玉，从玉、周聲。《初學記》曰：琱，治璞也，或借為雕字。《廣韻》曰：琱，琱琢。《説文通訓定聲》曰：琱，假借為彫。註：琱，治玉，雕刻璞玉（玉坯），後，作雕。琱，通凋、通叼。琱，或讀為周，从玉，以對周文王之尊稱。

庚嬴鼎（西周早期）

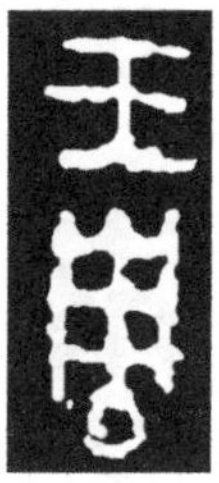
無叀鼎（西周中期）

師奎父鼎（西周中期）

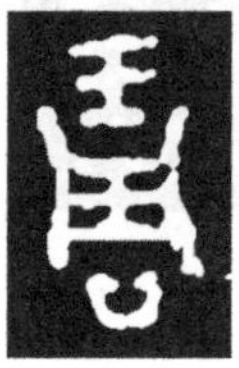
即簋（西周中期）

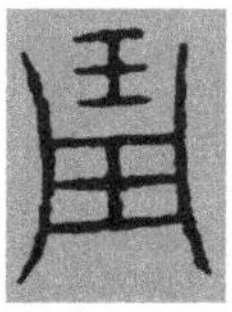
寰簋（西周中期）

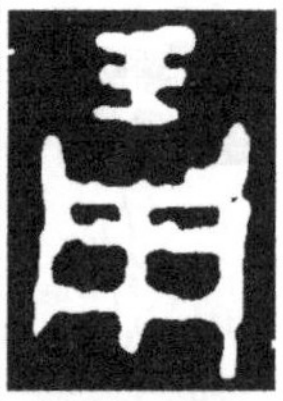
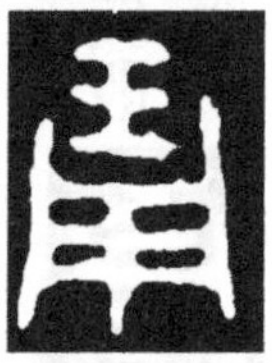

琱伐父敦（西周晚期）

函皇父簋（西周晚期）

玗

靈

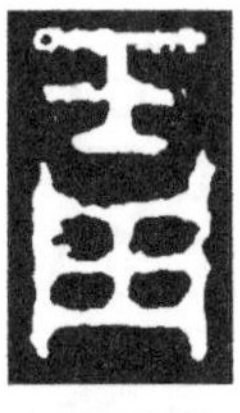

五年師旋殷（西周晚期）

六年召伯虎簋（西周晚期）

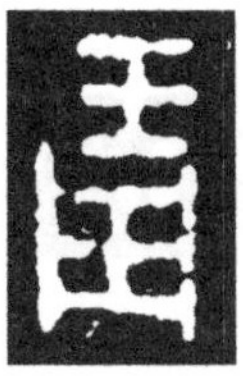
訇簋（西周晚期）

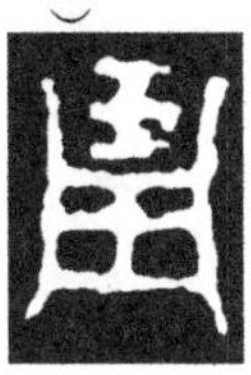
寰盤（西周晚期）

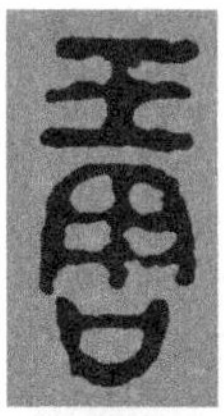
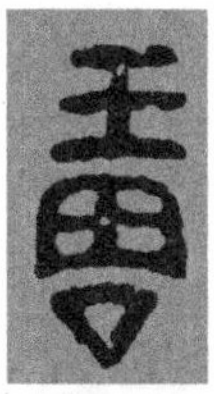

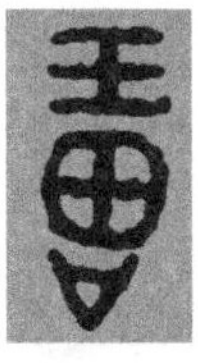
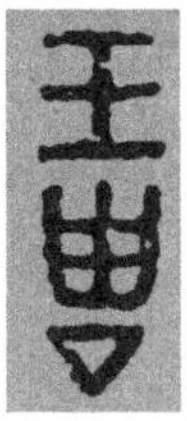
害簋（西周晚期）

走馬休盤（西周晚期）

師𠭯殷（西周晚期）

yú
玗

《說文》曰：石之似玉者，从玉、于聲。

註：玗，从〇，即玉石之象形。玗，似玉的美石。

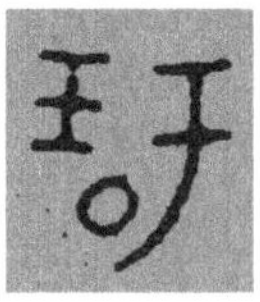
𠭰覃卣（殷商） 讀為玗 子賜𢹐囗玗一

líng
靈

《說文》曰：靈巫，以玉事神，从玉、霝聲。靈或从巫。

《玉篇》曰：靈，神靈也。

註：靈，楚人跳舞降神之巫祝。靈，或指神靈。金文靈不从玉，从示、从心或从𩁹（焦）。

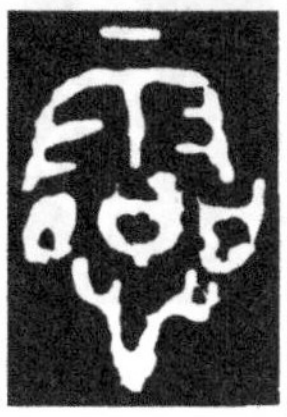
秦公鎛（春秋早期） 或从心

庚壺（春秋晚期） 或从示

珍 珍　瑯浪琅 琅　瓚 瓚

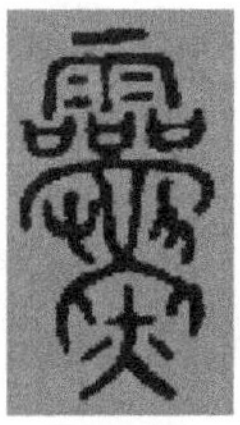
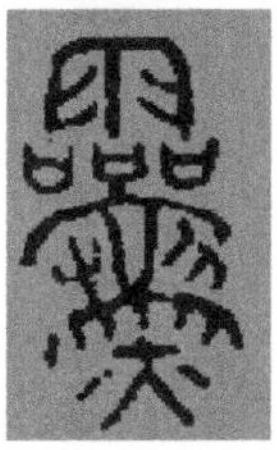
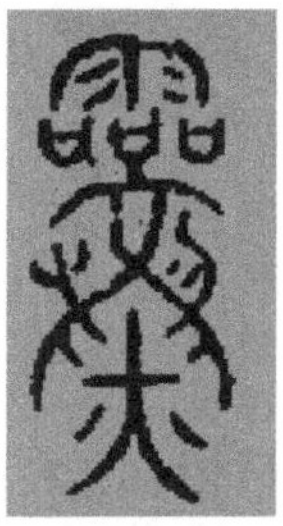
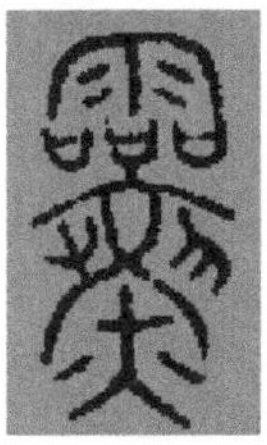

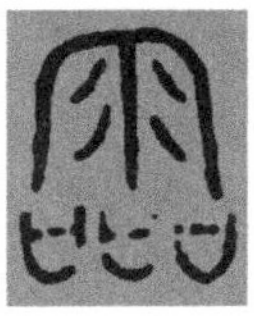

叔尸鐘（春秋晚期） 或从龗或省

zhēn
珍

《說文》曰：寶也。《玉篇》曰：珍，貴也、重也。《爾雅》曰：珍，美也。

註：珍，或从㐱省為人。

涑鄙戈（戰國早期） 讀為珍 或从人 涑縣發弩戈 冶珍

láng
làng
琅

《說文》曰：琅玕也，似珠者，从玉、良声。

註：琅玕，似珠一样美玉。琅，同瑯、通浪。

黃子尊（殷商） 讀為瑯 白口一 瑯九又百

zàn
瓚

註：天子、上公、侯、伯，地位不同，所用之玉有嚴格的制度。天子用純玉，天子以下的公、侯、伯等，用玉稱：駹、瓚、埒，比例不同的雜玉。侯，用瓚；為三玉二石的雜玉。瓚，或指圭瓚，禮器。

，瓚之異體字。

黃子匜（殷商）

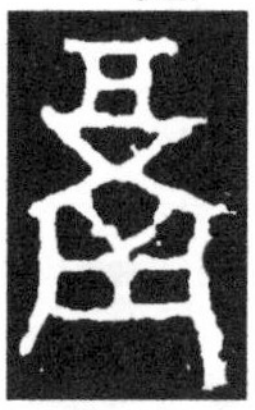

戈父辛鼎（西周早期）

榮簋（西周早期）

小盂鼎（西周早期）

[illegible]尊（西周中期）

毛公鼎　讀為瓚

（西周晚期）　賜汝……祼圭瓚寶

多友鼎　讀為瓚

（西周晚期）　賜汝圭瓚一　鍚鐘一肆

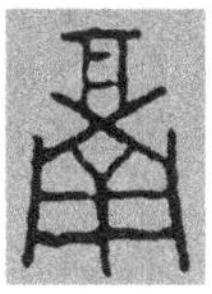

敔簋

（西周晚期）

理

lǐ

理

《說文》曰：治玉也，从玉、里聲。《廣雅》曰：理，治也。

註：理，治理璞玉（玉坯）而得其寶玉。治玉為理字本義，引申為治理家、國。

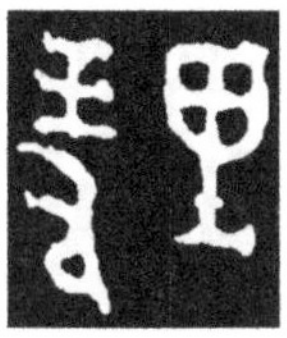

㚸理毁　或从又

（西周晚期）　㚸理母作南旁寶簋

瑀

yǔ

瑀

註：次等玉石稱瑀。

𤺺鐘　或从宀

（西周中期）　用瑀光𤺺身

瓔

náo

瓔

《說文》曰：玉也，从玉、夒聲。

註：瓔，玉名。

瓔緐盨

（西周晚期）

jiā
珈

《説文新附》曰：婦人首飾，从玉、加聲。

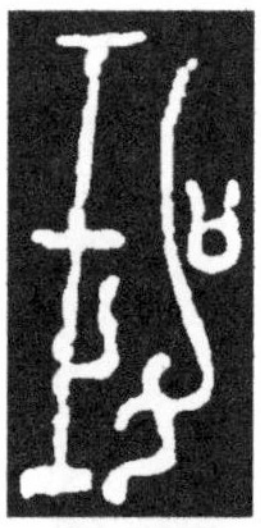
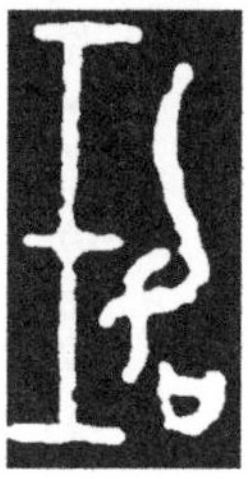

曾侯乙鐘（戰國早期）讀為珈 太簇之珈歸

⿰王⿱⺈巳

⿰王宁

大克鼎（西周晚期）

⿱龹土

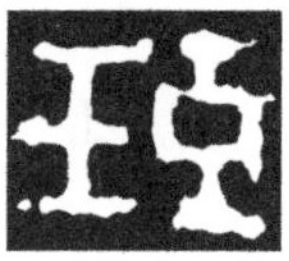

六祀𠨘其卣（殷商）

⿰王余

⿰王孫 遜

⿰王袁 篆瑑

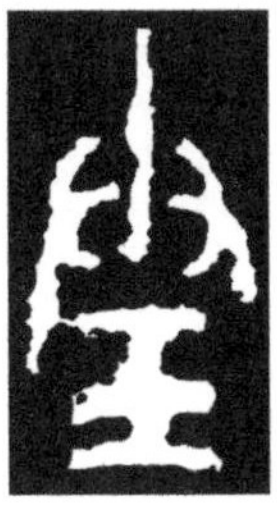

公大史作姬⿱龹圭方鼎
（西周早期）

tú
⿰王余

《玉篇》曰：⿰王余，美玉也。

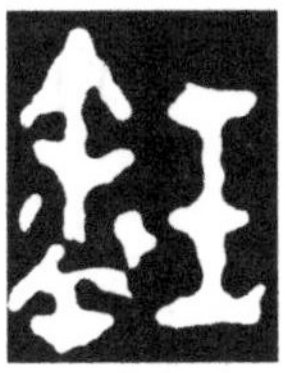

毛公鼎
（西周晚期）

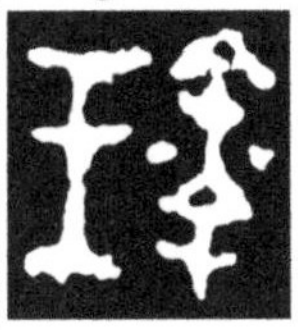

番生簋　讀為⿰王余
（西周晚期）　賜朱芾……玉⿰王余

xùn
⿰王孫

註：⿰王孫，讀為遜。

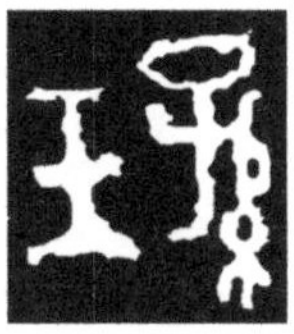

師⿰⿱耂曾丮鼎　讀為遜
（西周中期）　用乃孔德⿰王孫（遜）純

zhuàn
⿰王袁

張亞初釋為篆【殷周金文集成 引得】

註：⿰王袁，即瑑之異文。

師遽方彝　張亞初釋為篆【殷周金文集成 引得】
（西周中期）　賜師遽瑁圭一⿰王袁（篆）璋四

瓚 珟 瑛 琟

瓚

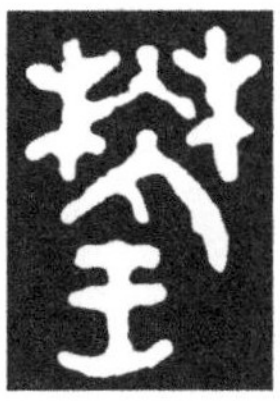

曶鼎（西周中期）

珟

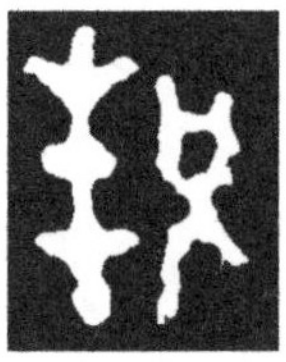

𢀴殷（西周）

瑛

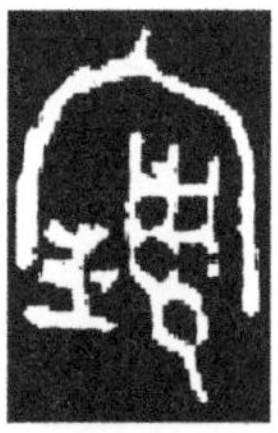

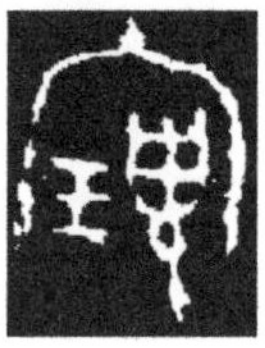

汈其鐘（西周晚期）

琟

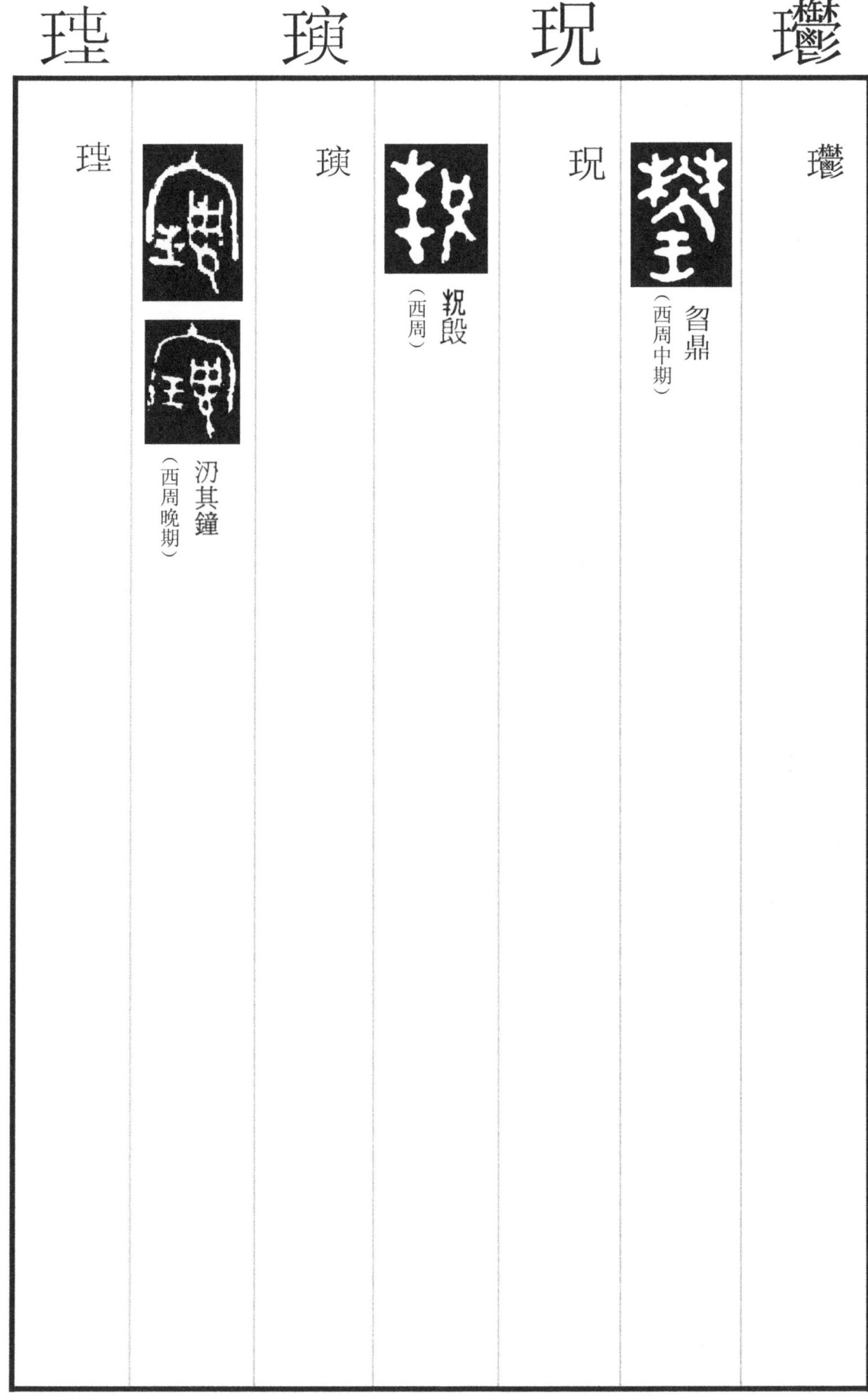

玟

玨 玨

班 班 斑

瑆圜形器
（戰國早期）

玟

亘觶
（西周中期）

jué
玨

《説文》曰：二玉相合為一玨。瑴玨或从㱿。註：瑴，玨之異體字。

王國維曰：殷時玉與貝皆貨幣也，……其用爲貨幣及服御者，皆小玉、小貝。而有物焉以系之，所系之貝、玉，於玉則謂之玨，於貝則謂之朋。然二者於古實爲一字。……古者五玉一系，二系一玨。【王觀堂先生全集】

噩侯鼎
（西周晚期）
或不从玉 从口
賜御方玉五玨 馬四匹

bān
班

《説文》曰：分瑞玉，从玨、从刀。《集韻》曰：班，別也。《爾雅》曰：班，賦也。《廣雅》曰：班，布也。

註：班，分瑞玉。瑞玉示誠信，中分為二，各執其一以為信物。以別等級謂班級。班，或作班布，後作頒布。班，同頒。班，或通斑、通辨。

班簋
（西周中期）

弭叔作叔班盨
（西周晚期）

敔簋
（西周晚期）

邾公孫班鎛
（春秋晚期）

氣乞訖汽 气

士

qī
qǐ
气

《説文》曰：雲气也，象形。《廣韻》曰：气，（接受他）人（之）物也，今作乞。《集韻》曰：气，取也。

註：三 气字形似三，後，乛 上筆向上彎曲，再後，气 下筆向下彎曲。气，即氣之古文，今之簡化字。

气，同乞，同訖、同迄。汽，乃气之後出字，水气也。

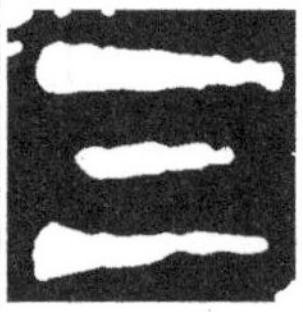
作冊夨令簋（西周早期）讀為訖 戍冀嗣气（訖）

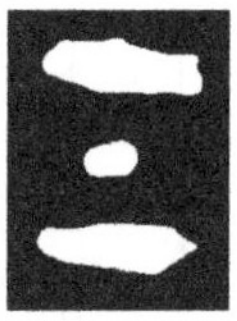
天亡簋（西周早期）讀為訖 丕克气（訖）殷王祀

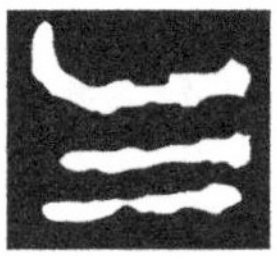
俞作父辛器（西周早期）

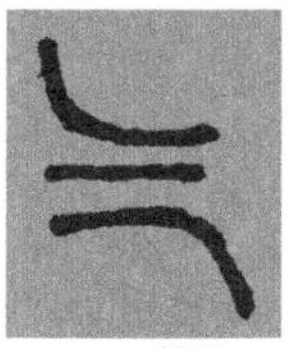
郜公諴鼎（春秋早期）讀為乞 用乞眉壽

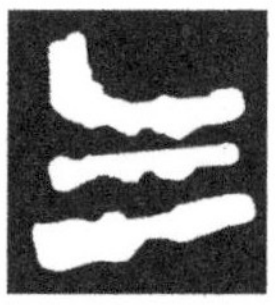

洹子孟姜壺（春秋）讀為乞 用乞嘉命

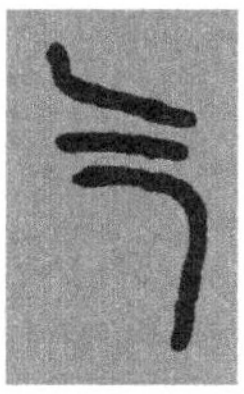
三兒簋（春秋）

四年右庫戈（戰國）

shì
士

註：士 士，早期金文如斧鉞之形，而非王權象征之金玉大鉞。士形之斧為兵器或刑具。士，指執兵器的武士或刑官。士，後引申為社會的一階層，如士官、士族。為別於士字將下橫變短。士，同仕。

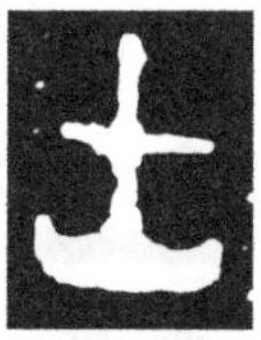

士上卣（西周早期）

士上尊（西周早期）

嗀士卿尊（西周早期）

士父作父乙方鼎（西周早期）

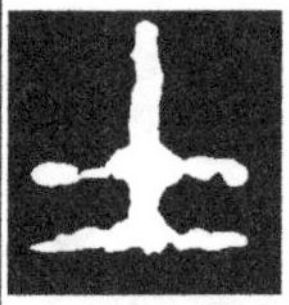
伯吉父鼎（西周早期）假為吉字 伯士（吉）父

貉子卣（西周早期）

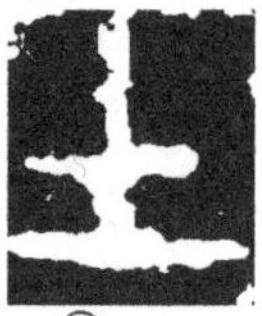
趞段（西周中期）

士父鐘（西周晚期）

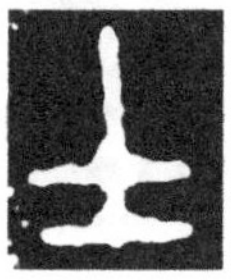
克鐘（西周晚期）

婿 壻

壯 壯

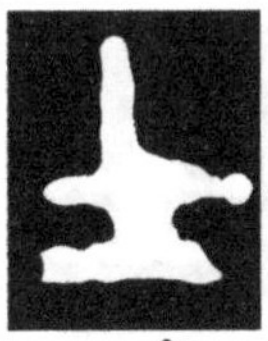
魯士商𠭯毀（西周晚期）

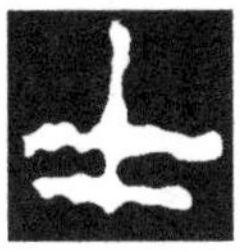
魯士商𠭯匜（西周晚期）

師穎毀（西周晚期）

乘父士杉盨（西周晚期）

㝬毀（西周晚期）

師寰毀（西周晚期）

秦公簋（春秋早期）

伯轂鬲（春秋早期）

士叔[illegible]簠（春秋）

鼄公牼鐘（春秋晚期）

沇兒鎛（春秋晚期）

鼄公華鐘（春秋晚期）

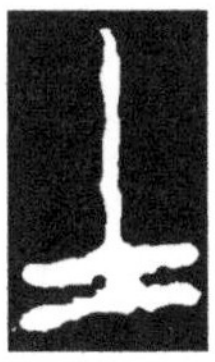
子璋鐘（春秋晚期）

xù

壻

《說文》曰：夫也，从士、胥聲。壻或从女。《爾雅》曰：女子之夫為婿。

註：壻，今从女作婿。，金文婿從女、疋聲。金文疋、足二字同形。

冉婦姃鼎（殷商）

或从女 疋聲

冉婦婿

zhuàng
zhuāng

壯

《說文》曰：大也，从士、爿聲。《廣雅》曰：壯，健也。

註：壯，大士也，故从士。爿，即牀（床）省，取其聲。壯，古文用同撞。壯，或為莊之省借字。

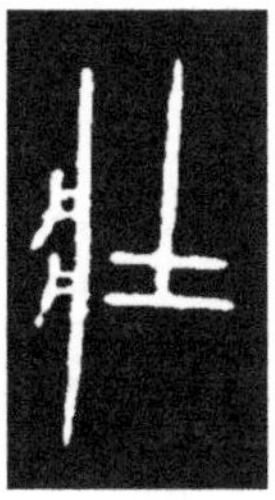
中山王嚳鼎（戰國晚期）

中　中

zhōng
zhòng
中

註：中，為指事字。旗幟上下有斿（飄帶），或二、或三；○，示旗幟中央位置。，無斿之中字為會意字，丨，象矢（箭），射中○，其意為貫穿、射中，金文或讀為仲。有斿、無斿之中，實為不同兩字。

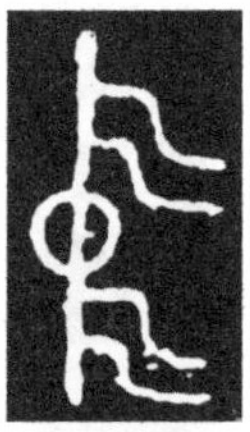
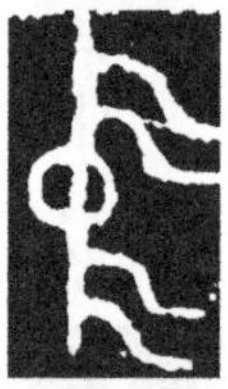
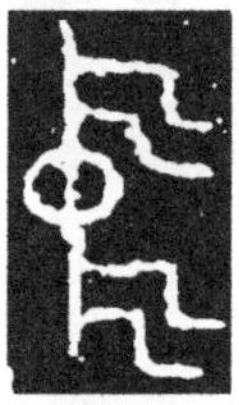

中鐃（殷商）

中盉（殷商）

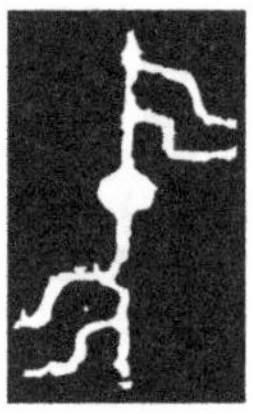
祉中且觶（殷商）

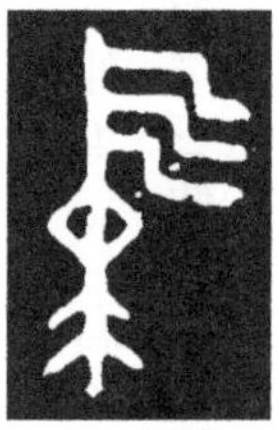
眀[illegible]觚（殷商）

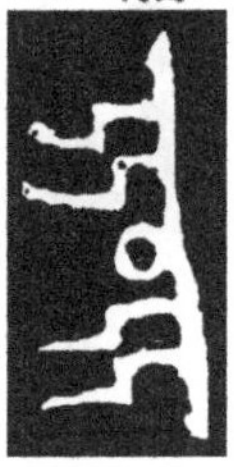
且己觚（殷商）

中父辛爵（殷商）

中父丁盉（殷商）

◇[illegible]爵（殷商）

中父乙爵（殷商）

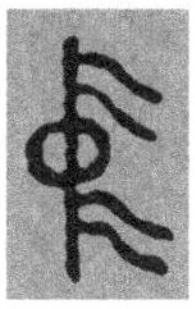
中方鼎（西周早期）

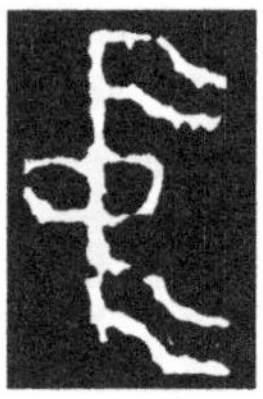
中作且癸鼎（西周早期）

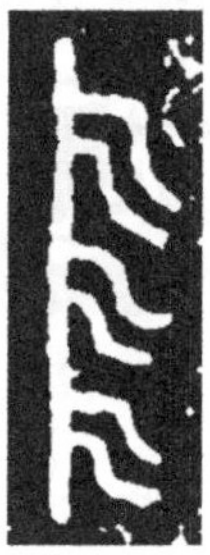
中鼎（西周早期）

中觶（西周早期）

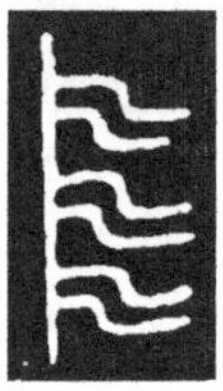
中婦鼎（西周早期）

無叀鼎（西周中期）

七年趞曹鼎（西周中期）

師旂鼎（西周中期）

師酉簋（西周中期）

伯中父簋（西周中期）

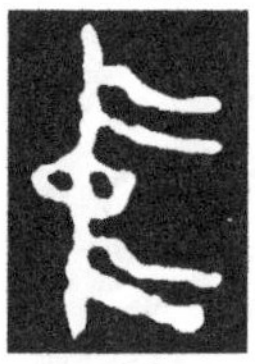
羖殷盨（西周中期）

中作旅簋（西周中期）

中友父簋（西周晚期）

串

中伯簋（西周晚期）

此簋（西周晚期）

趞鼎（西周晚期）

善夫山鼎（西周晚期）

卒叔皇父簋（西周晚期）

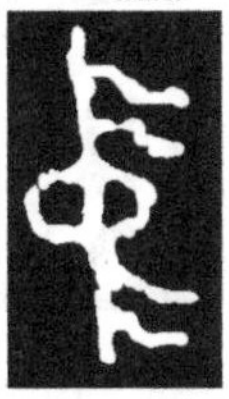

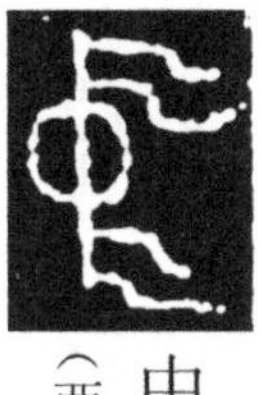

中義鐘（西周晚期）

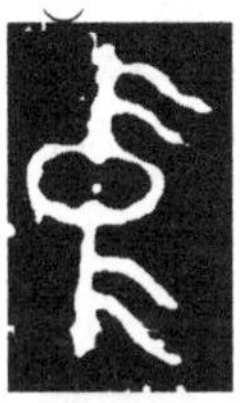

鄦段蓋（西周晚期）

鄦侯少子段（春秋）

蔡侯紐中（春秋晚期）

沇兒鎛（春秋晚期）

中厶官鼎（戰國）

中山王嚳鼎（戰國晚期）

中山王嚳方壺（戰國晚期）

令鼎（西周早期）

此中為仲字，非中間之中。王馭溓中（仲）僕

仲枏父鬲（西周中期）

仲師父鼎（西周晚期）

仲欨鼎（戰國早期）

王后中官鈁（戰國）

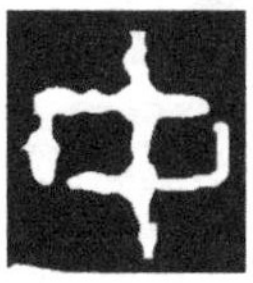

平宮鼎（戰國）

中山王嚳方壺（戰國晚期）

讀為仲

使其老策賞中（仲）父

chuàn

串

《正字通》曰：物相連貫也。

註：串，如兩物貫穿。縱穿為串、橫穿為毌（即貫）。

丨 丫

串斝
（殷商）

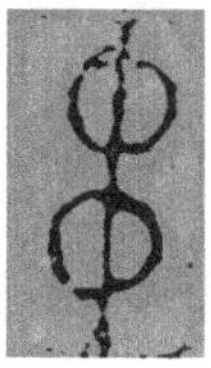

串鼎
（殷商）

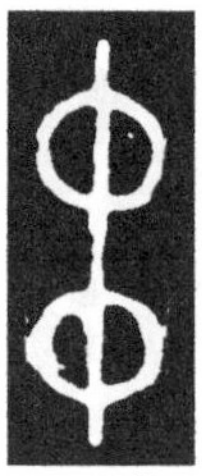

串父癸鼎
（殷商）

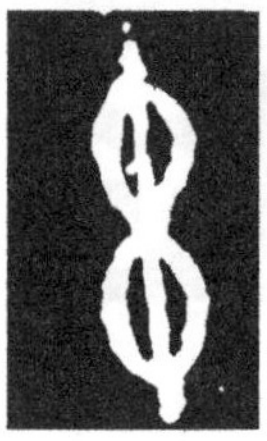

串父辛簋
（殷商）

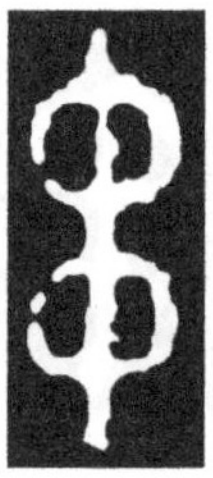

串父丁豆
（殷商）

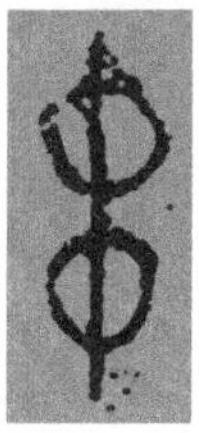

串尊
（西周早期）

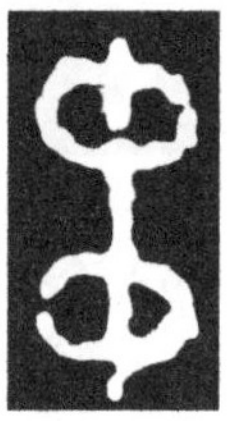

串父辛鼎
（西周早期）

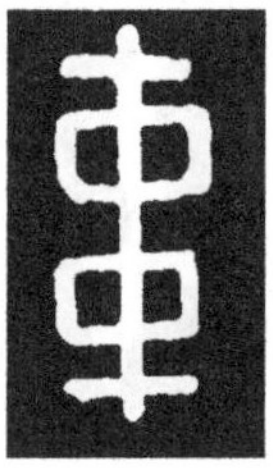

串父癸卣
（殷商）

串雋父丁卣
（殷商）

gǔn
丨
《說文》曰：上下通也。
註：丨，棍之象形。

癸觚
（殷商）

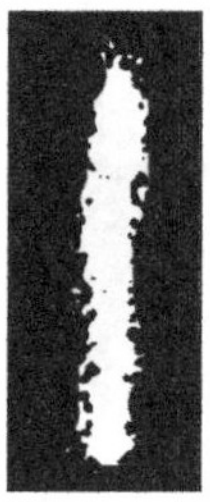

丨觚
（殷商）

友敉父癸觚
（殷商）

觚
（西周早期）

yā
丫
《集韻》曰：丫，物之歧頭者。
《正字通》曰：凡物叉分者皆曰丫。

丫方鼎
（殷商）

艸草屮

屯

chè

屮

《說文》曰：艸木初生也，象丨出形，有枝莖也。古文或以為艸字。註：[glyph]屮，草木出土之象形。屮、艸或為同字。艸，周代人復加早為聲，變作草，草行而屮、艸盡廢矣。

中父己爵（殷商）

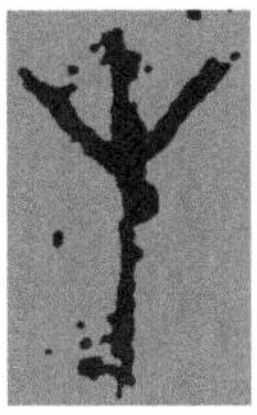

中屮斧（殷商）

屮作從彝盉（西周早期）

屮作從彝簋（西周早期）

作父戊簋（西周早期）

苣刀（西周）

zhūn tún chún

屯

《說文》曰：難也，象艸木之初生，屯然而難。从屮貫一，一地也，尾曲。《玉篇》曰：屯，厚也。《集韻》曰：屯，聚也。註：●或〇均如種字一粒，[glyph]，種子發芽難于出土狀。東周前，金文之純字通作屯，春秋以後，屯字始有从糸作純者。純為後起字。

伯姜鼎（西周早期）

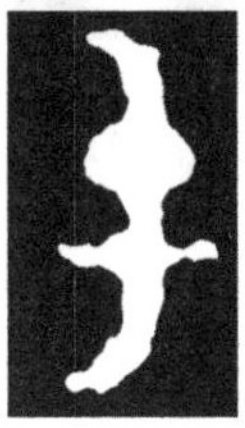

屯鼎（西周中期）

庚季鼎（西周中期）

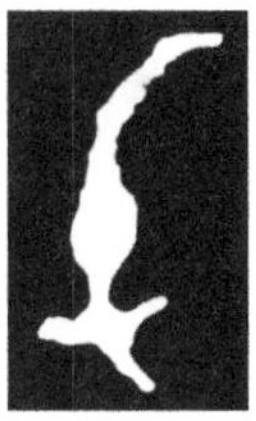

善鼎（西周中期）

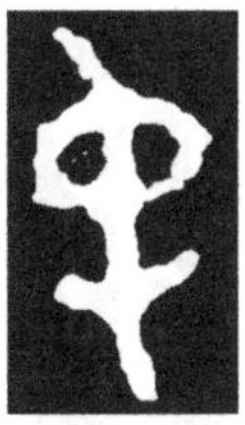

王臣簋（西周中期）

師望鼎（西周中期）

師奎父鼎（西周中期）

即簋（西周中期）

𢦚簋蓋（西周中期）

𤼈鐘（西周中期）

走馬休盤（西周中期）

史牆盤（西周中期）

通祿鐘（西周晚期）

士父鐘（西周晚期）

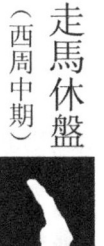

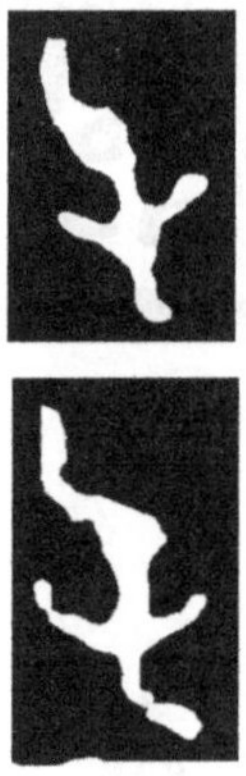

仲爯父簋（西周晚期）

害簋（西周晚期）

弭伯師耤簋（西周晚期）

㳄其鐘（西周晚期）

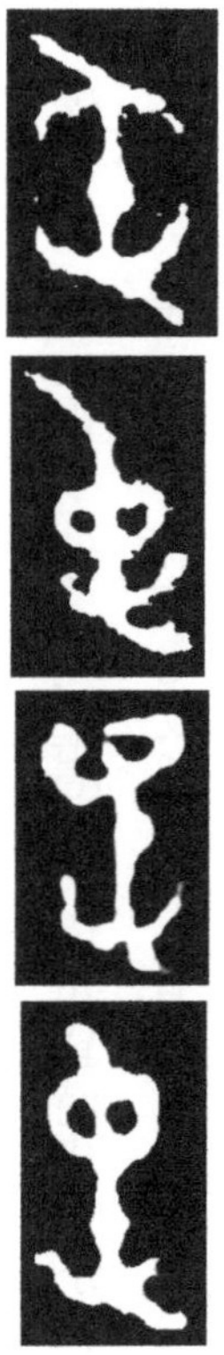

此鼎（西周晚期）

頌鼎（西周晚期）

此鼎（西周晚期）

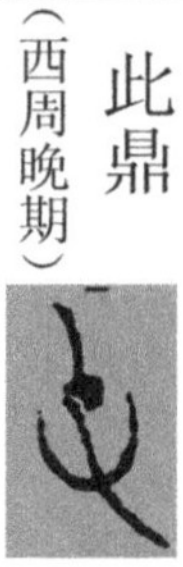

虢姜簋（西周晚期）

克鐘（西周晚期）

㝨鼎（西周晚期）

小克鼎（西周晚期）

羌伯簋（西周晚期）

趞鼎（西周晚期）

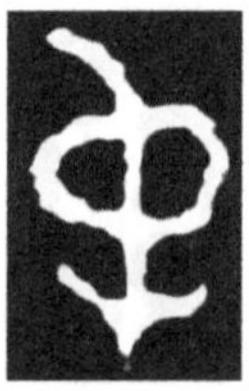

無叀鼎（西周晚期）

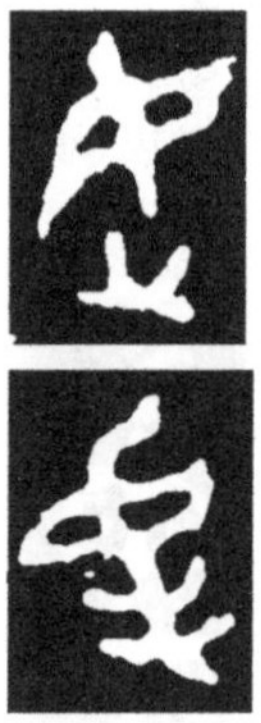

遲盨（西周晚期）

丼人女鐘（西周晚期）

頌簋（西周晚期）

旲生殘鐘（西周晚期）

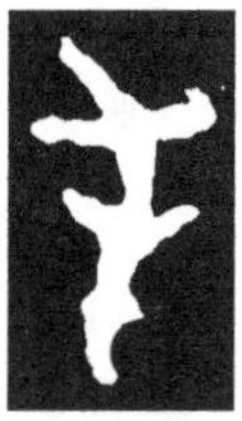

不嬰殷（西周晚期）

秦公鎛（春秋早期）

令狐君嗣子壺（戰國中期）

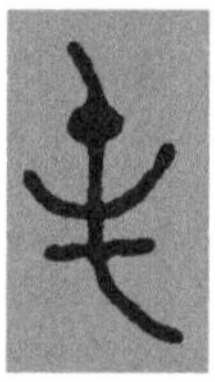

噩君啟節車節（戰國）

噩君啟節舟節（戰國）

屯留戈（戰國）

屯留二字合文

每

熏纁曛薰

mĕi
每

《說文》曰：艸盛上出也，从屮、母聲。《字彙》曰：每，各也。《玉篇》曰：每，事屢也。

註：每，即莓之本字，隸變作每。每，借為語辭，又加艸作莓。銘文中每或借為母、為誨、為敏、為民。每，或指古人頭飾為美；以毛羽飾加於女首爲每，加於男首則爲美。女飾爲單，男飾爲雙。

光作母辛觶（殷商）　讀為母

天亡簋（西周早期）

何尊（西周早期）

杞伯每匕壺（西周晚期）

曶鼎（西周中期）　讀為誨　曶廼每（誨）

杞伯每匕鼎（西周晚期）

杞伯每匕毁（西周晚期）

禹鼎（西周晚期）

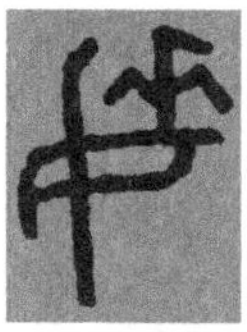
晉姜鼎（春秋早期）

□子每刃鼎（春秋早期）

𨛫[illegible]尹譬鼎（春秋早期）　讀為敏　宏良聖每（敏）

好蚉壺（戰國晚期）　讀為民　慈愛百每（民）

xūn
熏

《說文》曰：火煙上出也。从屮、从黑。屮黑，熏黑也。《正字通》曰：熏，又借黃昏時也，別作曛。

註：青銅器銘文中纁均作熏，銘文曰：虎冪熏（纁）裏，指畫虎紋之車蓋，淺絳色。熏，同薰。

吳方彝（西周中期）

牧簋（西周中期）

番生簋（西周晚期）

毛公鼎（西周晚期）

師兌簋（西周晚期）

茸

莊 椿

荅 答

蘇 酥

茸

[illegible]鼎（殷商）

[illegible]父辛尊（西周早期）

zhuāng
莊

《說文》曰：上諱。古文莊。《玉篇》曰：莊，草盛皃（貌）。莊，敬也。《集韻》曰：莊，恭也。

註：莊，東漢明帝劉莊之名諱，有恭敬之義。莊，齊國都城臨淄之大街名，其六向通達，曰康莊大道。莊，引申為村莊之莊。莊，或作量詞，椿，如一莊往事，後作一椿往事。

趣亥鼎（春秋中期）宋莊公之孫趣亥
鼎為莊

庚壺（春秋晚期）獻之于輜（莊）公之所
輜之異文或讀為莊

dá
荅

《說文》曰：小尗也，从艸、合聲。《爾雅》曰：小豆，荅也。《廣韻》曰：答，應也，亦作荅。

註：荅，本小豆之名；對荅之荅，應作畣。經典及人間行此荅已久，故不可改。金文均以合字作荅字。

秦公鐘（春秋早期）卲合（荅）皇天
不从艸以合為荅字

秦公鎛（春秋早期）

墜侯因[illegible]敦（戰國晚期）合（荅）揚厥德

sū
蘇

《說文》曰：桂荏也，从艸、穌聲。《小爾雅》曰：死而復生謂之蘇（醒）。

註：蘇，草名，紫蘇草。蘇，亦作穌、用同酥。

蓼

莒

薛

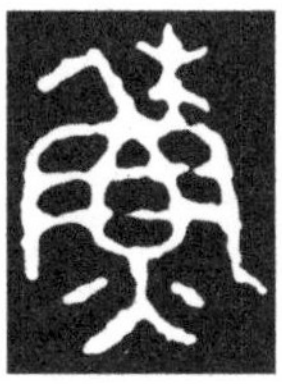
蘇公子簋（春秋早期）　或不从艸

寬兒鼎（春秋）

liǎo
蓼

《說文》曰：辛菜，薔虞也，从艸、翏聲。

註：蓼，辛苦味植物。引申為辛苦、甘苦、甘蓼。蓼，又為國名，春秋時為楚所滅。

尞士父鬲（西周晚期）

jǔ
莒

《說文》曰：齊謂芋為莒，从艸、呂聲。

註：莒，即芋頭。莒，又為周代國名，後為地名，莒縣，在山東省。筥，或从竹，與莒同。

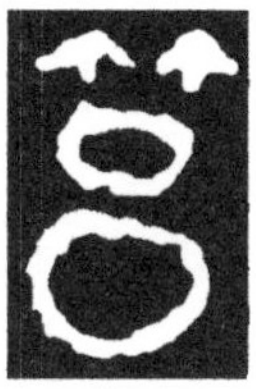
莒小子簋（西周晚期）　或从竹

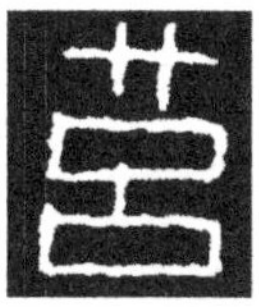
廿四年莒陽斧（戰國晚期）

xuē
薛

《說文》曰：艸也，从艸辥聲。

註：薛，草名，賴蒿也。薛，或為莎草編織的雨衣。薛，又為國名，春秋時為齊國所滅。

薛日癸尊（西周早期）

薛侯鼎（西周）

薛侯盤（西周晚期）

薛侯匜（春秋）

茅

芇

蒐

芸 郮耘

máo
茅
《說文》曰：菅也，从艸、矛聲。註：茅，草名，菅茅、茅草。

好蚉壺（戰國晚期） 讀為茅 茅蒐田獵

zhōng
芇
《說文》曰：艸也，从艸、中聲。

大克鼎（西周晚期）

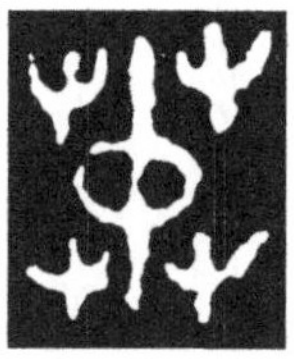
[illegible]侯殷（西周晚期）

sōu
蒐
《說文》曰：茅蒐，茹藘，人血所生，可以染絳。从艸、从鬼。《爾雅》曰：蒐，聚也。
註：茅蒐，草名，紅色，可作染料。蒐，聚集、蒐集，或作搜集。古字蒐、搜二字相通。

鄝季寬車匜（春秋） 或从宀

鄝季壺（春秋）

好蚉壺（戰國晚期） 讀為蒐 茅蒐田獵

yún
芸
《說文》曰：艸也，似目宿，从艸、云聲。
注：芸，香草，芸香。芸，或假借為郮、為耘。

芳

荊

噩君啟節舟節（戰國）　讀為鄖　就芸（鄖）陽

fāng
芳

《說文》曰：香艸也，从艸、方聲。

註：芳。或假為枋。

番生簋（西周晚期）　讀為枋　賜芾……朱旂旜金芳（枋）二鈴

jīng
荊

《說文》曰：楚木也，从艸、刑聲。

註：荊，灌木名，可做刑杖、可為鞭，故有『負荊請罪』一詞。春秋楚國先祖辟在荊山，故稱荊或荊楚。金文荊、刱（創）同字。

過伯簋（西周早期）

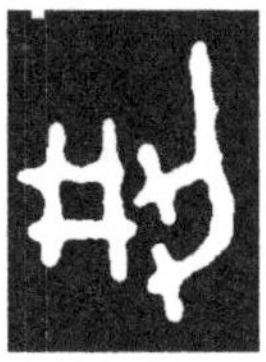
[illegible]駿𣪘（西周中期）

師虎簋（西周中期）　讀為荊　嫡官嗣左右戲繁荊

史牆盤（西周中期）　讀為荊　廣懲楚荊

五祀衛鼎（西周中期）　讀為荊　荊人敢

㺊公孫敦（春秋）

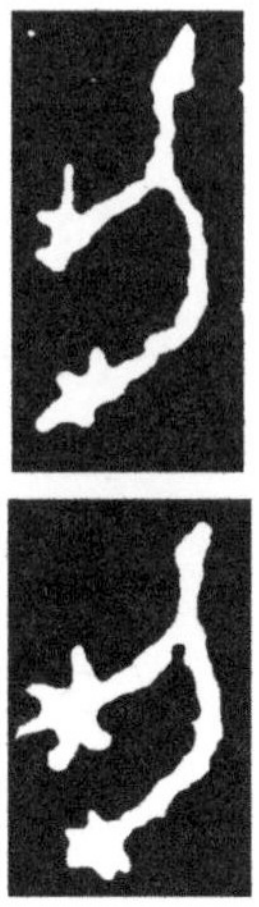
鼒簋（西周早期）

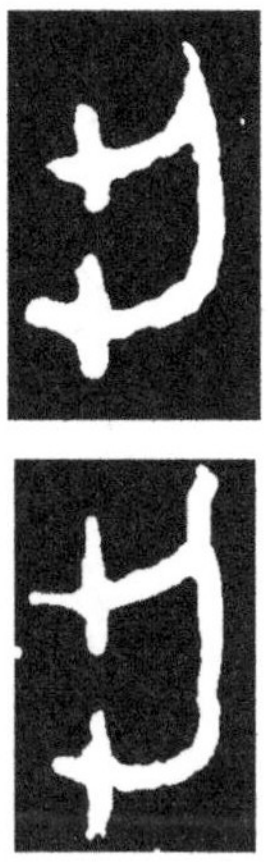
琟叔𣪘（西周中期）

葉

yè
葉

《說文》曰：艸木之葉也，从艸、枼聲。　註：葉、枼同字。

【殷周金文集錄】

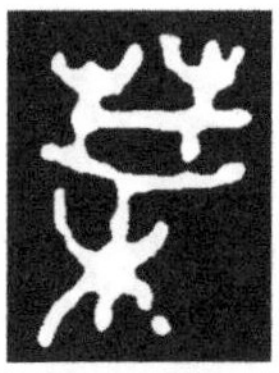
丞相觸戈（戰國）

廿一年相邦冉戈（戰國晚期）

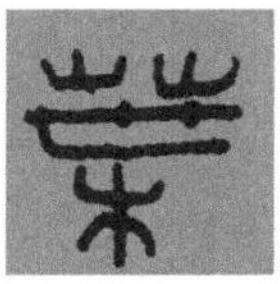
葉矛（戰國晚期）

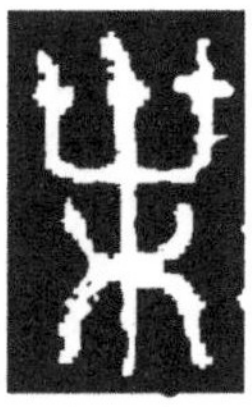
齊侯鎛（春秋中期）　或不从艸

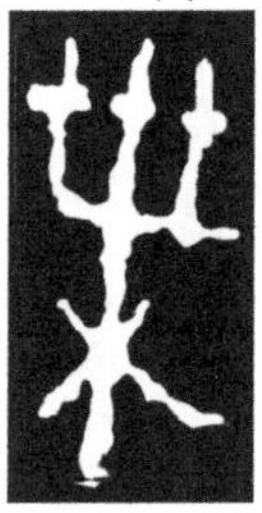
拍敦（春秋）

𠫑羌鐘（戰國早期）

南疆鉦（戰國）

瑛秧英

yīng
yāng
英

《說文》曰：艸榮而不實者，一曰黃英。《爾雅》曰：榮而未實者謂之英。《集韻》曰：英（秧），稻初生未移者。

註：草木未結果實之前的花謂之英。英，又泛指初生之幼苗，也作秧苗。英，通瑛。

蔡侯甬鐘（春秋晚期）　讀為英　莘英有慶

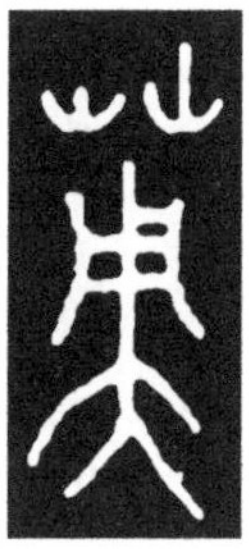
蔡侯墓殘鐘（春秋晚期）

茂

mào
茂

《說文》曰：艸豐盛，从艸、戊聲。《說文通訓定聲》曰：茂，假借為懋。

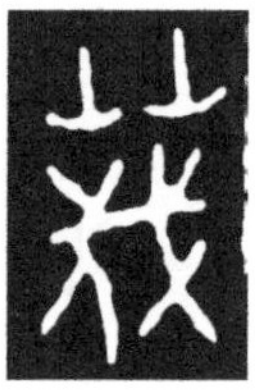
鄦君啟節舟節（戰國）

鄦君啟節車借（戰國）

兹

芮

蒼

萃倅悴

zī cí
兹

註：兹，从艸、絲省聲。兹，草木兹盛，或作滋盛。兹，或為西域國名龜兹。

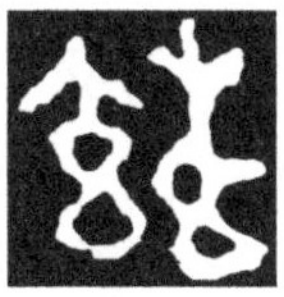
雔𢆶鼎（西周中期）

彔伯簋（西周中期）　或不从艸

曾姬無卹壺（戰國）

ruì
芮

《說文》曰：芮芮艸生皃（貌）。从艸、內聲。讀若汭。

註：芮芮，初生草柔細狀。金文芮，或不从艸，假內為芮。

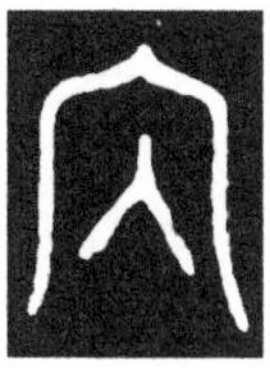
芮伯壺（西周中期）　不从艸　假內為芮

cāng
蒼

《說文》曰：艸色也，从艸、倉聲。《廣雅》曰：蒼，青（色）也。

註：蒼，草色，引申為青黑色。

宜陽右蒼鼎（戰國）

cuì
萃

《說文》曰：艸皃（貌），从艸、卒聲。《集韻》曰：萃，草盛貌。倅，副也，或作萃。

《說文通訓定聲》曰：萃，草聚貌，萃，或假借為顇（即憔悴之悴）。

苗

荒 巟慌

蔡

郾王職戈（戰國晚期）

郾王職戈（戰國晚期） 或从衣

郾王職戟（戰國晚期） 讀為萃 郾王職作帀萃鋸

miáo
苗

《說文》曰：艸生於田者，从艸、从田。註：未開花之植物稱苗。

苗簋盨（西周晚期）

huāng
荒

《說文》曰：蕪也，从艸、巟聲。一曰艸淹（掩）地也。註：田地生草，無人耕種曰荒、荒蕪。荒，同巟。荒，或作慌。

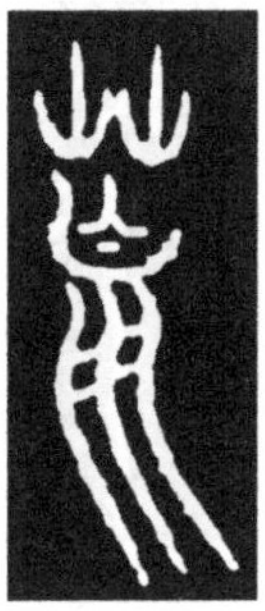
中山王嚳方壺（戰國晚期） 讀為荒 嚴敬不敢怠荒

cài shā
蔡

註：，甲骨文均用為祟字。『說文』，猪之别名，讀為豙，古文作。『三体石經』蔡字古文作。殺字古文作。此等均為一字，即之象形文。

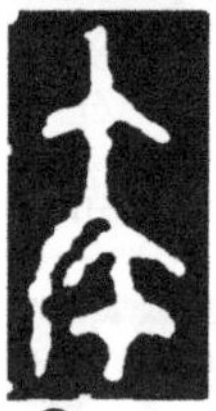
𢿢鐘（西周中期）

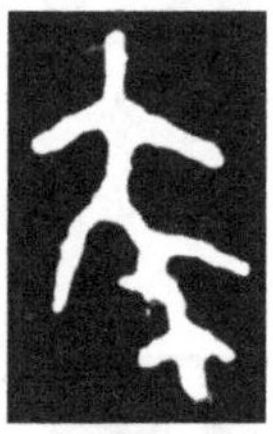
伯蔡父簋（西周中期）

駒父盨（西周晚期）

菜

九年衛鼎（西周晚期）

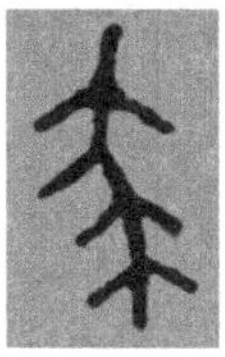
蔡生鼎（西周晚期）

蔡姞簋（西周晚期）

蔡姬尊（西周中期）

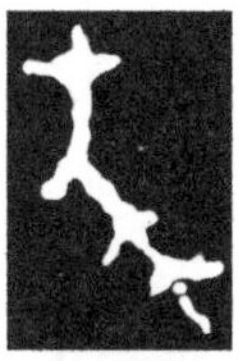

蔡簋（西周晚期）

蔡公子壺（西周晚期）

蔡侯紐鐘（春秋晚期）

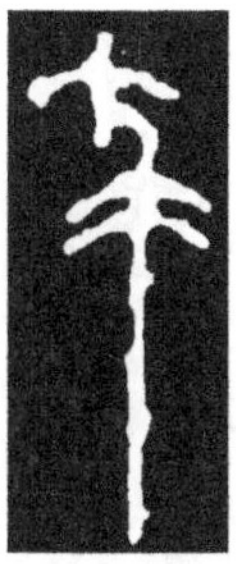
蔡侯申簋（春秋晚期）

蔡侯簠（春秋晚期）

蔡侯⿰鼎升（春秋晚期）

蔡侯申缶（春秋晚期）

蔡公子義工簠（春秋晚期）

蔡子匜（春秋）

蔡侯鼎（春秋晚期）

蔡大師鼎（春秋晚期）

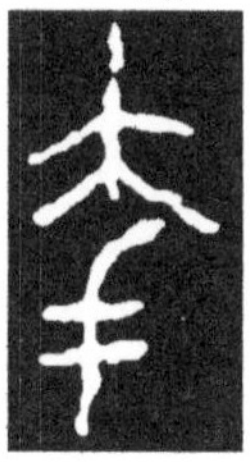
左史車工蔡鼎（戰國中期）

左使車器（戰國晚期）

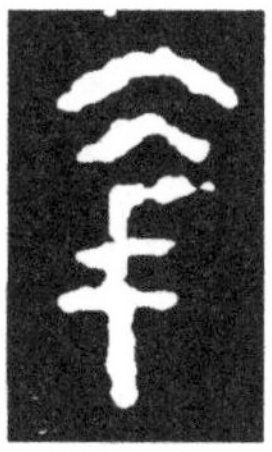
雙翼神獸（戰國晚期）

蔡侯申戈（春秋晚期）

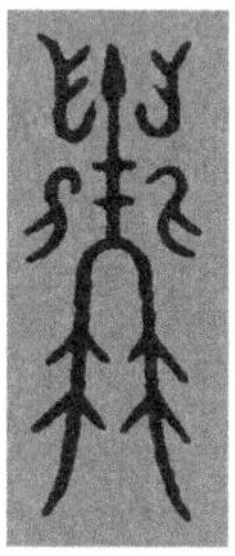
蔡侯產戈（春秋晚期）

càì
菜

《說文》曰：艸之可食者，从艸、采聲。

苛

kē
苛

《說文》曰：小艸也，从艸、可聲。《說文通训定聲》曰：苛，假借為疴。

註：苛，本為小草。後作苛刻、苛繁等義。

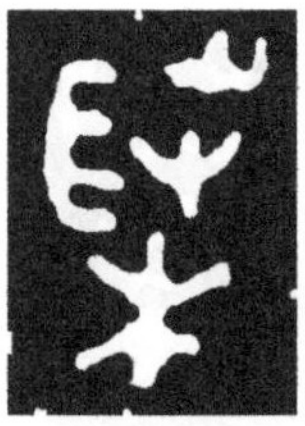

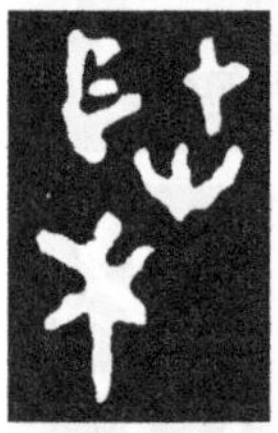

格伯簋（西周中期）

篆客之官壺（戰國）

秦苛𦛗勺（戰國晚期）

楚王酓忎鼎（戰國晚期）

藥

yào yuè
藥

《說文》曰：治病艸，从艸、樂聲。

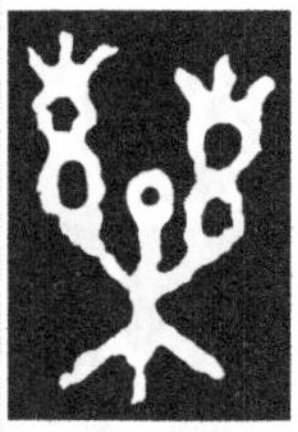

藥鼎（西周晚期）

蓋

gài
蓋

《說文》曰：苫也，从艸、盇聲。

註：盇，古文蓋。蓋，苫蓋、掩蓋。，或讀為盒。

秦公簋蓋（春秋晚期）

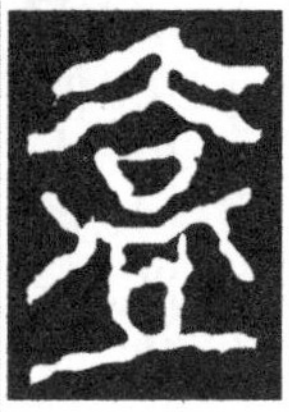

楚王酓忎鼎（戰國晚期）

不从艸 以盇為蓋 室鑄鐈鼎之盇（蓋）

ruò
若

註：甲骨文或早期金文若字作，像人跪跽而理髮使其順。若，即為順義，引申為順從、順應。从口，乃諾之初文（从口、从言同）。後世以代，而字廢矣。喏，又借為假若之若字，再加意符言，作諾字。金文叒與若，同音、同形。在銘文中若，或假為敉。

亞若癸鼎（殷商）

亞若癸觶（殷商）

亞若癸戈（殷商）

亞若癸簋（殷商）

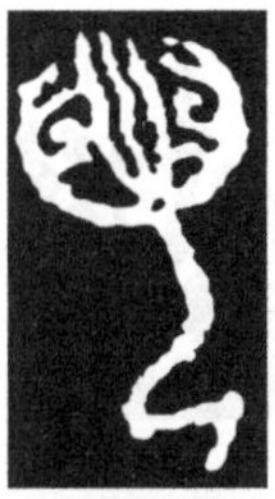

亞若癸方彝（殷商）

亞若癸方觚（殷商）

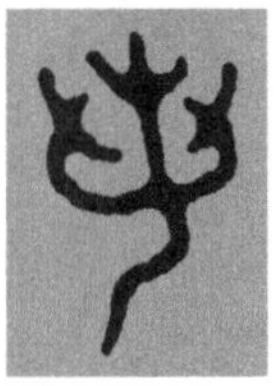
小盂鼎（西周早期）

若父己爵（西周早期）

父己觶（西周早期）

我方鼎（西周早期）

㪟毁（西周中期）

大盂鼎（西周早期）

彔伯簋（西周中期）

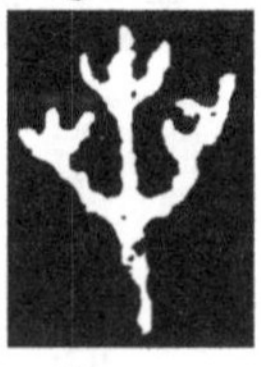
師頯毁（西周晚期）

羌伯簋（西周晚期）

師克盨（西周晚期）

訇簋（西周晚期）

毛公鼎（西周晚期）

大克鼎（西周晚期）

麥方尊（西周早期）

曶鼎（西周中期）

師虎簋（西周中期）

師訇簋（西周晚期）

 折 摺

zhé shé
折

《說文》曰：斷也，从斤，斷艸。籀文折。篆文折从手。註：折，从斤斷草。斤，小斧也，會意字。籀文折，从斤、从艸、从二；二，分斷為二之意。折，同摺，銘文中假為誓、為哲。

揚簋（西周晚期）

蔡簋（西周晚期）

逆鐘（西周晚期）

師寰𣪕（西周晚期）

上曾大子鼎（春秋早期）

者𣱼鐘（春秋）

大史申鼎（春秋晚期）

叔尸鐘（春秋晚期）

復公子仲簋（春秋晚期）

中山王方壺（戰國晚期）

中山王鼎（戰國晚期） 讀為赦 亡（無）不若（赦）

鼄大宰簠（春秋早期） 或从言

作冊折尊（西周早期）

作冊折觥（西周早期）

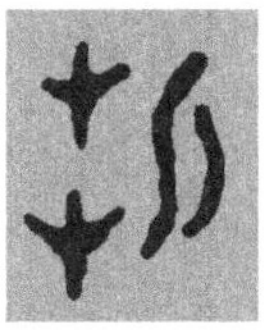
小盂鼎（西周早期）

折方彝（西周早期）

毛公鼎（西周晚期）

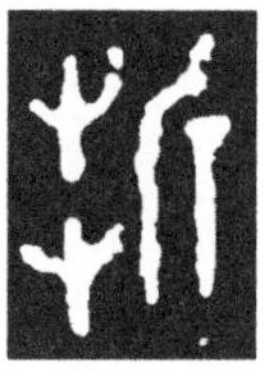
師寰𣪕（西周晚期）

不𡢁𣪕（西周晚期）

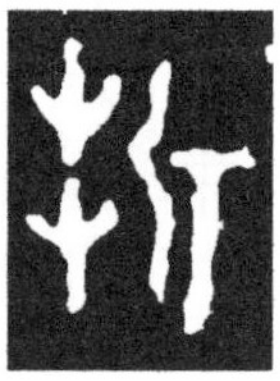
虢季子白盤（西周晚期）

兮甲盤（西周晚期）

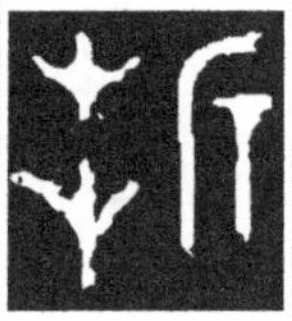
𪉈生盨（西周晚期）

師同鼎（西周晚期）

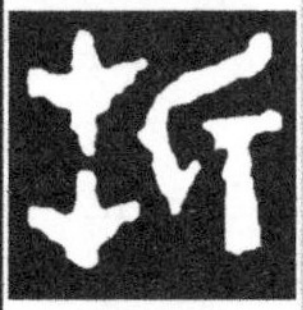
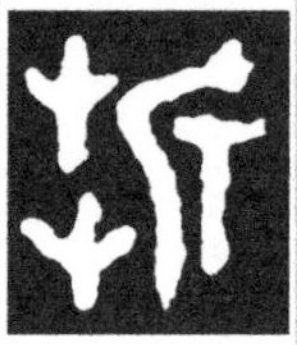
多友鼎（西周晚期）

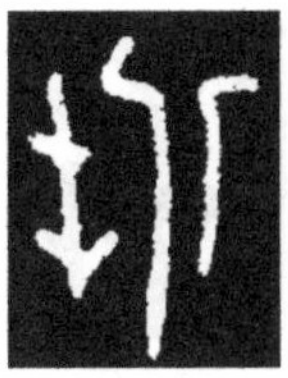
晉侯蘇編鐘（西周晚期）【近出殷周金文集録】

洹子孟姜壺（春秋） 讀為誓 于大無折（誓）

王孫誥編鐘（春秋晚期）【近出殷周金文集録】

中山王響鼎（戰國晚期） 讀為哲 烏乎折（哲）哉

萆 椑

bì pì 萆

《説文》曰：雨衣，一曰衰（蓑）衣，从艸、卑聲。

註：銘文中萆讀為椑。椑，殮尸之內棺，或曰親尸棺。

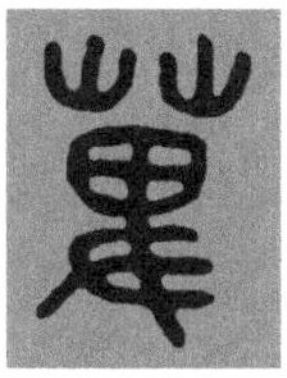
兆域圖（戰國晚期） 讀為椑 萆（椑）棺中棺視寧后

芻

chú zòu 芻

《説文》曰：刈艸也，象包束艸之形。

註：芻，刈草，割草，或曰割草用剪類工具。芻，還指吃草之牲畜。

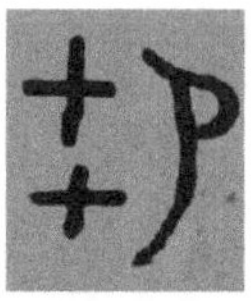
中甗（西周早期） 讀為芻 厥又捨汝芻量

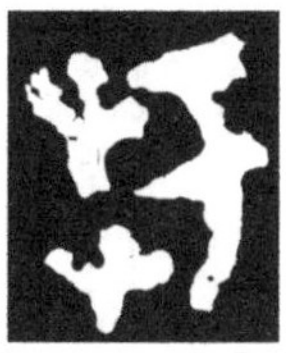
衛鼎（西周中期） 讀為芻 內史友寺芻

大簋（西周中期）

揚簋（西周晚期）

散氏盤（西周晚期）

羌伯簋（西周晚期）

公芻權（戰國晚期）

cōng
蔥

《說文》曰：菜也，从艸、悤聲。《集韻》曰：葱，古作蔥。

註：金文以為悤，假悤為蔥。青綠色謂之蔥。蔥，今作葱。

毛公鼎（西周晚期）
不从艸 讀為蔥
賜汝……朱芾悤（蔥）衡

méng měng
蒙

《說文》曰：王女也，从艸、冡聲。

註：蒙，草名。王女，即菟絲草，或女蘿草之大者。蒙，通矇。

中山王嚳方壺（戰國晚期）
讀為蒙
是以身蒙皋冑

réng rèng nǎi
艿

《說文》曰：艸也，从艸、乃聲。

註：舊草未割新草又生曰艿。，从艸之字金文或从茻。艿，同芿。

師旂鼎（西周中期）

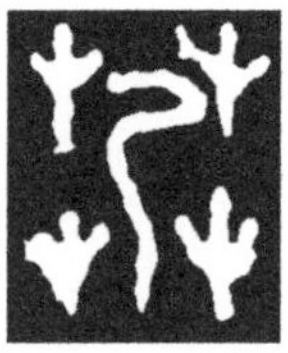
伯茾段（西周中期）

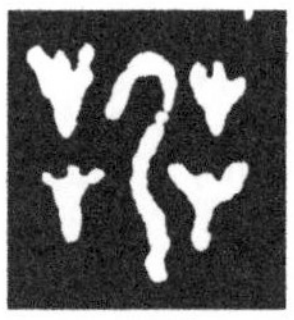
姬茾母鬲（西周中期）

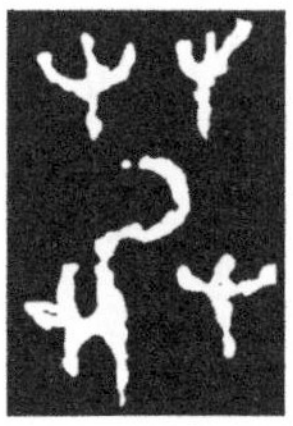
妊小簋（西周晚期）

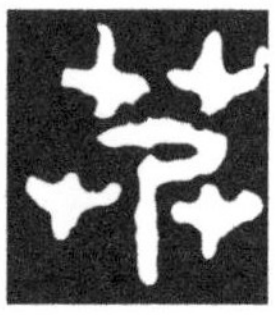
散氏盤（西周晚期）

fán
蘩

《說文》曰：白蒿也，从艸、緐聲。

註：蘩，从艸之字金文或从茻。蘩，通繁。

蒿

藩蕃

春

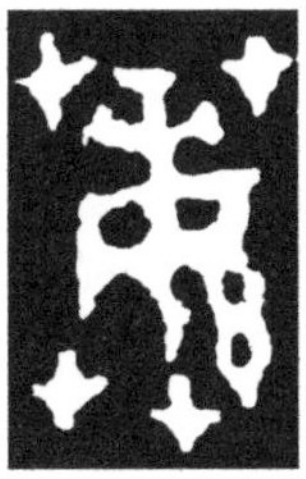
蘩罍（西周中期）

hāo
gǎo
蒿

《説文》曰：蒿，菣也，从艸、高聲。《説文通訓定聲》曰：蒿，假借為耗。

註：蒿、菣，草名，均指青蒿。蒿，同槀（稿）、假為鎬（周王朝都城鎬京）。

德方鼎（西周早期） 讀為鎬 延武福自蒿（鎬）

𠭯𤔲土斧（西周）

曾姬無卹壺（戰國）

fán
fān
bō
蕃

《説文》曰：艸茂也，从艸、番聲。《説文通訓定聲》曰：蕃，假借為燌。

註：蕃，或作藩。蕃，或指古西藏政權；吐蕃。

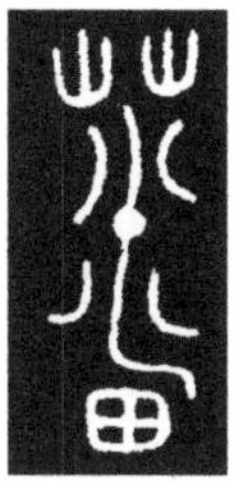
蔡侯尊（春秋晚期）

蔡侯盤（春秋晚期）

chūn
chǔn
春

《説文》曰：推也，从艸、从日。艸，春時生也，屯聲。《説文通訓定聲》曰：春，假借為蠢。

註：春，陽氣動，推陰于上故萬物滋生。春，或从日、屯聲；屯，象草木初生狀，啟于春日，或不从艸。、，隸變作春。

欒書缶（春秋） 或从月

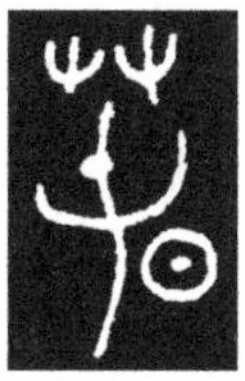
蔡侯墓殘鐘（春秋晚期）

蔡侯甬鐘（春秋晚期） 或不从艸

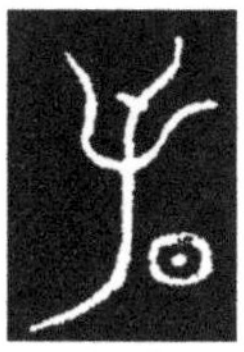
蔡侯鐘（春秋晚期）

芋

茀

茆

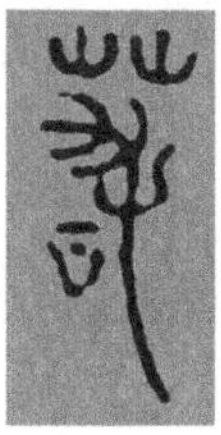
越王鐘
（戰國早期）

春成侯壺
（戰國）

五年相邦劍
（戰國）

廿五年戈
（戰國）

春平侯鈹
（戰國晚期）

yù yú xū
芌

《說文》曰：葉大實根，駭人，故謂之芌也，从艸、亏聲。《玉篇》曰：芋，艸（草）盛皃（貌）《廣雅》曰：芋，大也。註：芌，或作芋，芋頭大葉塊根，从艸、訏省聲。芌，驚駭也，大也。今芌字均作芋。

元年鄭令矛
（戰國）
讀為芋
鄭令……司寇芋慶冶尹貞造

fú
茀

《說文》曰：道多艸不可行，从艸、弗聲。註：茀，道路草多。茀，或謂清除雜草。

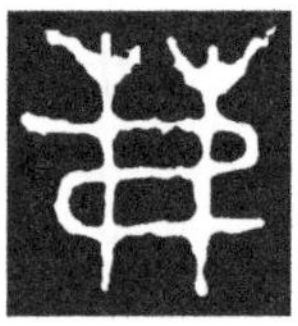
茀父丁爵
（西周早期）

弗季姬尊
（西周中期）
【古文字類編】

叔皮父簋
（西周晚期）

mǎo
茆

《說文》曰：鳧葵也，从艸、卯声。註：茆，蒓菜，又名鳧葵，水生植物，可食用。

莓苺

刺茦

糟莤

宋公差戈 讀為茆
（春秋晚期） 宋工佐之所造茆族戈

工城戈
（戰國早期）

méi
莓

《說文》曰：馬莓也，从艸、母聲。《說文通訓定聲》曰：莓，亦作苺。

註：莓，植物名，也作苺。馬莓即大莓。

莓伯簋
（西周晚期）

晉侯蘇鐘
（西周晚期）

cì
茦

《說文》曰：莿也，从艸、朿聲。註：茦，刺也。草芒曰茦、木芒曰刺，今通作刺。茦，同莿。

茦鼎
（西周中期）

sù
莤

註：古代用酒灌注茅束祭神，曰莤。莤，或為水草一種。莤，假為糟。（此字應在酉部）

寺工師初壺 讀為糟
（戰國） 莤（糟）府

雍公壺 讀為糟
（戰國晚期） 莤（糟）府

薪

萊

藉

xīn
薪

《說文》曰：蕘也，从艸、新聲。

註：薪、蕘，均為柴草。

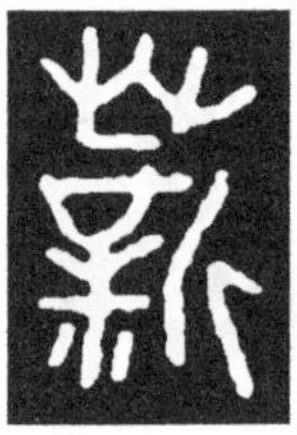
二十五年上郡守廟戈
（戰國晚期）

lái
萊

《說文》曰：蔓華（花）也，从艸、來聲。

註：萊，野菜，葉可食用。萊，國名，春秋時被齊靈公所滅。

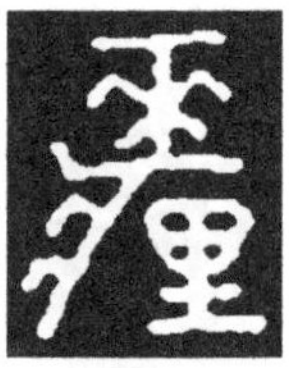
庚壺
（春秋晚期）
或从釐省來聲
齊三軍圍萊

叔尸鐘
（春秋晚期）

田齊宮銅量
（戰國）
或从邑 來聲

jiè
jí
藉

《說文》曰：祭藉也，一曰：艸不編，狼藉。从艸、耤聲。

註：藉，古代祭祀或朝聘時陳列禮品的墊物或墊子。藉，或指雜亂、狼藉。藉，同耤，也作借、通籍。

令鼎
（西周早期）
不从艸以耤為藉
大王耤（藉）農于諆田

牧簋
（西周中期）

戠殷
（西周晚期）
讀為藉
官嗣耤（藉）田

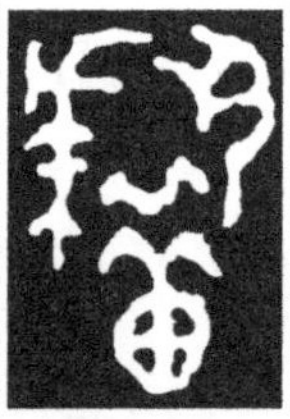

弭伯師藉簋
（西周晚期）

蒲莆

艽

蓸

落茖

fǔ pú
莆
《說文》曰：箑莆也，从艸、甫聲。
註：箑莆，可做莆扇的大葉植物。莆，亦作蒲，蒲草。

三年蒲子戈
（戰國）

十八年蒲坂令戈
（戰國晚期）

qiú jiāo
艽
《說文》曰：遠荒也，从艸、九聲。
註：遠荒之野曰艽。艽，又指秦艽，草名。

八年烏柱盆
（戰國晚期）
或从心
治匀啬夫孫艽 工福

cáo
蓸
《說文》曰：艸也，从艸、曹聲。
註：蓸，草名。

蓸令戈
（戰國晚期）

luò gé
茖
《說文》曰：艸也，从艸、各聲。
註：茖，茖葱，草名。茖，或作落，部落之落。

芒 茫

華 花嘩譁樺

十七年佫茖戈（戰國晚期）

máng

芒

《說文》曰：艸耑（端），从艸、亡聲。

註：芒，谷物、草類頂端之芒刺。芒，或通茫。

芒陽守令戈（戰國晚期）

huā
huá
huà

華

《說文》曰：榮也。

註：古華、花同字。草花為榮、樹花為𠌶。𠌶，即樹花之象形。春秋後期加艸為意符，作華。六朝時另造花字，而華，借為光華、榮華之華。後，用於喧鬧為嘩、為譁，用於樹名為樺。

（此字應在垂部）

命簋（西周早期）

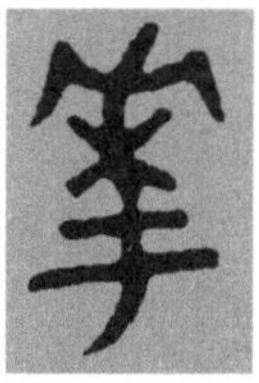

大矢始鼎（西周中期）

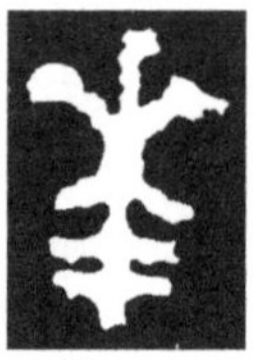

趞盂（西周中期）

不指方鼎（西周中期）

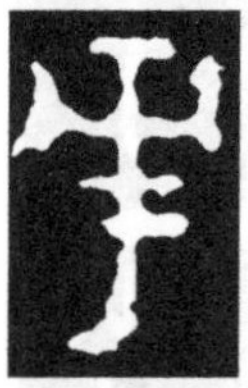

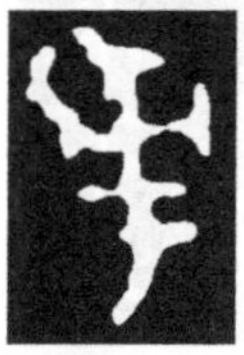

仲姞鬲（西周晚期）

大克鼎（西周晚期）

華季益鼎（西周晚期）

華季益盨（西周晚期）

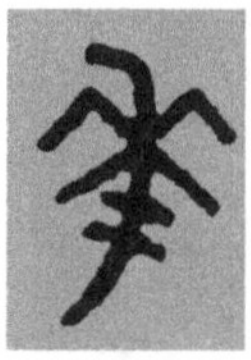

何簋（西周晚期）

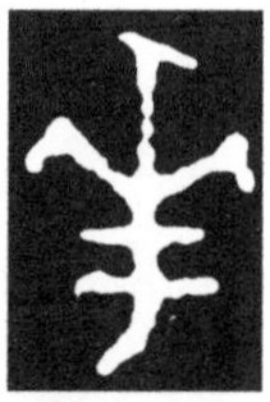

仲義父鼎（西周晚期）

萯

茹

簉𦽅

仲義父盨（西周晚期）

華母壺（春秋早期）

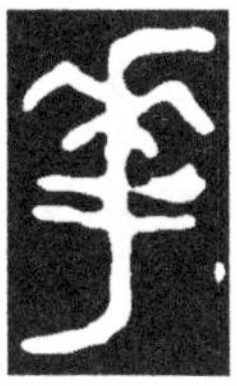
鼄公華鐘（春秋晚期）

黝編鐘（春秋晚期）【殷周金文集錄】

fù bèi
萯

《說文》曰：王萯也，从艸、負聲。

《集韻》曰：萯（讀蓓音），艸也，或作萯。

註：王萯，草名。

萯陽鼎（戰國晚期）

rú
茹

《說文》曰：飤（飼）馬也，从艸、如聲。《玉篇》曰：茹，牛飯也。《廣雅》曰：茹，貪也。

註：喂養牛馬曰茹。茹，或為吞咽，「茹毛飲血」。

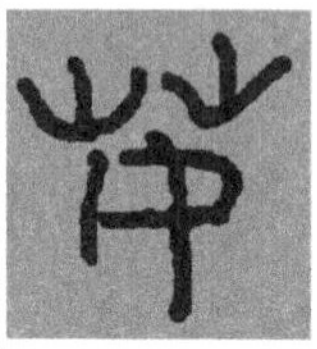
疋鄀戈（春秋） 或从艸从女【古文字類編】

zào
𦽅

《說文》曰：艸皃（貌），从艸、造聲。

註：𦽅，草叢雜亂無序。𦽅，同簉。

莖

苷

蓬

顯作造戈
（戰國早期）

jīng
莖
《說文》曰：枝柱也，从艸、巠聲。
註：植物主杆稱莖。

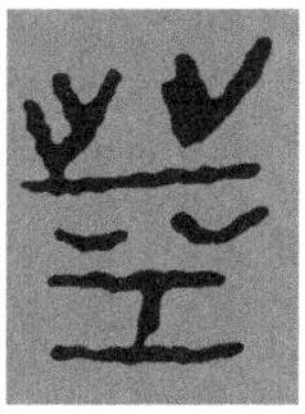
二十七年安陽令戈
（戰國晚期）

gān
苷
《說文》曰：甘艸也，从艸、甘聲。
《正字通》曰：苷，俗甘字。
註：苷，中藥甘草之正字。

夆莫父卣
（西周早期）

⿱竹黽□匜
（春秋）

péng
蓬
《說文》曰：蒿也，从艸、逢聲。

湯叔盤
（西周晚期）
讀為蓬 或从彳
湯叔伯氏蓬鑄

藏

cáng zàng
藏

《説文新附》曰：匿也。……通用臧字。《玉篇》曰：藏，藏府。

註：古臧，同藏字，从艸為後人所加。藏，或讀為寶藏。藏，通臟。

兆域圖　讀為藏
（戰國晚期）

芥⿱艹害

xiá
⿱艹害

註：⿱艹害，即野蘇，關西曰芥草。芥，取介聲；⿱艹害，取害聲。古字⿱艹害、芥互通。銘文中假⿱艹害為介。

周公簋　讀為介
（西周早期）　⿱艹害（介）邢侯服

萀

hǔ
萀

《玉篇》曰：萀，草。《集韻》曰：萀，豆屬，似貍豆而大。

伯萀父鼎
（西周）

享⿱艹享

xiǎng
⿱艹享

註：⿱艹享，或讀為享。

莗　筩⿱艹甬　嘉⿱艹嘉

chē
莗
《集韻》曰：莗，莗萷，草名。註：莗萷，即車前草。

師昊父簋（西周晚期）　讀為享　永保用⿱艹享（享）

莗簋（西周中期）

yōng
⿱艹甬
註：⿱艹甬，通筩。

右⿱宀㠯公鼎（戰國）

jiā
⿱艹嘉
《玉篇》曰：⿱艹嘉，草。註：⿱艹嘉，或同嘉。

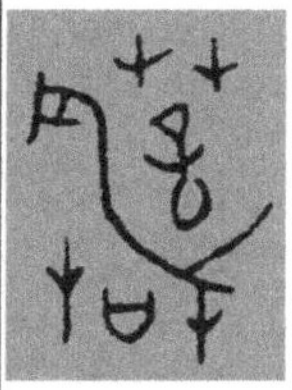
嘉仲盉（戰國早期）　讀為嘉　嘉仲者比用其吉金

蒡

芉 稈

bàng

蒡

註：蒡，草名，惡實，又名牛蒡子，用於中藥。，即蒡，从艸之字金文或从茻。

戒作蒡官鬲（西周早期）

𣪘（西周早期）

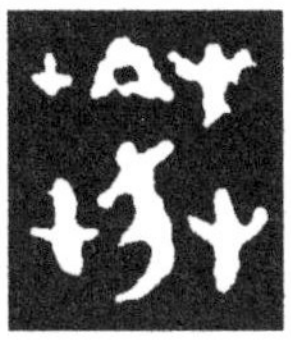

士上盉（西周早期）

士上卣（西周早期）

士上尊（西周早期）

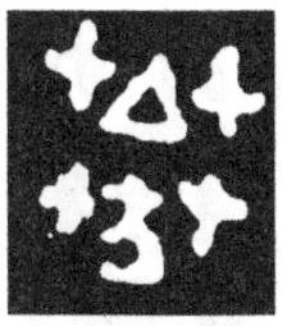

伯姜鼎（西周早期）

歸䂓方鼎（西周早期）

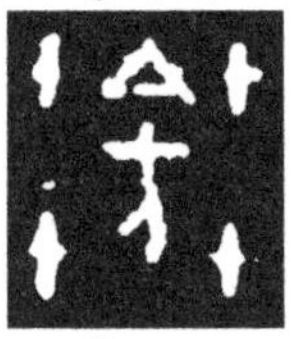

麥方尊（西周早期）

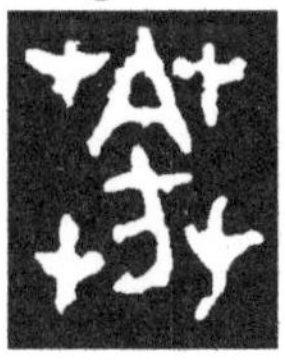

靜卣（西周早期）

靜簋（西周早期）

卯簋（西周中期）

寓鼎（西周中期）

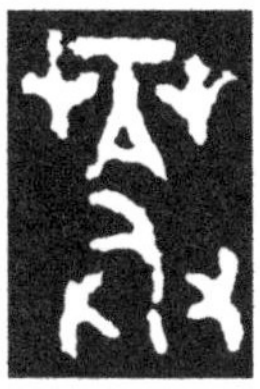

井鼎（西周中期）

鮮盤（西周中期）

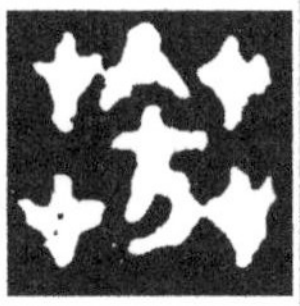

史懋壺（西周中期）

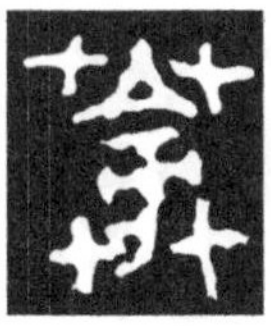

召伯虎簋（西周晚期）

弭叔師察簋（西周晚期）

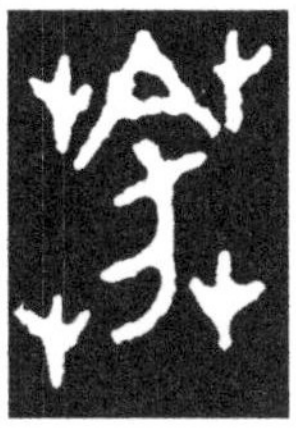

𠑇匜（西周晚期）

gān gǎn

芉

註：芉，草名。芉，同稈。

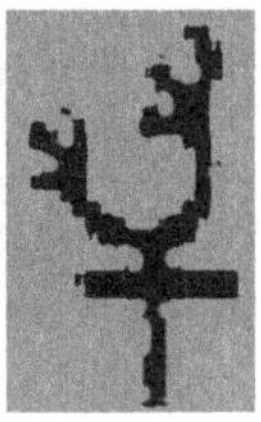

畢伯碩父鬲（西周晚期）

讀為芉

芉伯碩作叔妘寶鬲

liú
菑

《玉篇》曰：菑，香草。《集韻》曰：菑，菑荑。草名。

自餘鐸（春秋）

或讀為菑

唯□公之居旨卲亥□菑丌劍

yún
蒷

《玉篇》曰：芸，香草也，芸同蒷。《集韻》曰：蕓薹，胡菜（即油菜）。或从員。

註：蒷，同芸、同蕓。，同蒷。从艸之字金文或从茻。

鄦子蒷臺鼎（春秋晚期）

讀為蒷

邊子蒷臺為行器

huán
荁

註：荁，草名，可入藥，或作調味品。

巨荁十九鼎（戰國晚期）

巨荁王鼎（戰國晚期）

qì
蔨

註：蔨，蔨郢，古地名。蔨，草名。

鄴客問量（戰國） 讀為葳 鄴客臧嘉問王於葳郢之歲

bì 茾

註：茾，即萆。，同茾。从艸之字金文或从茻。

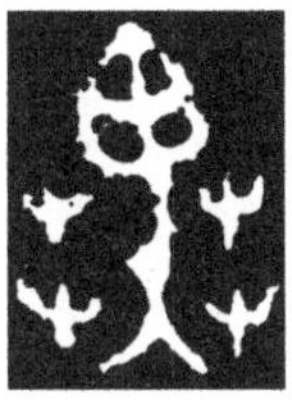

作文考父丁卣（西周早期）

今茾高卣（西周早期） 讀為箅 僉箅高作父乙寶尊彝

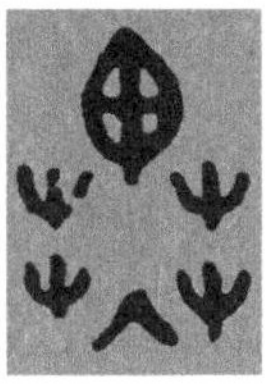

萆卣（西周早期）

zhěn 蒖

註：蒖，或為縝、為萛。

師蒖簋（西周早期）

cuó cú 蔖

《集韻》曰：蔖，草名，楚葵也。草死或曰蔖。，同蔖。从艸之字金文或从茻。

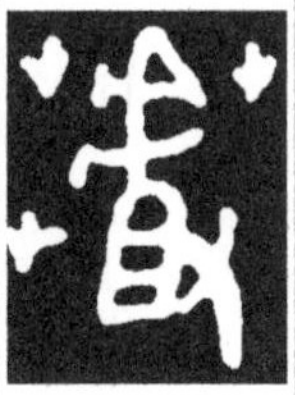

守宮盤（西周早期） 讀為蔖 賜守宮絲束 蔖幂五

茉　苩（葩）　苢

苢

同簋（西周中期）

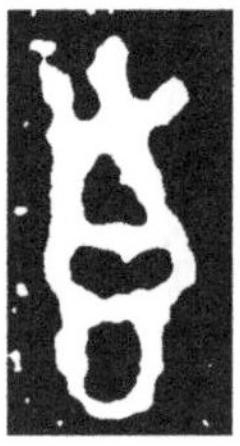

鬲攸比盨（西周晚期）

佘鼎蓋（戰國）

pā
苩

《集韻》曰：葩，華也，或省。註：苩，即葩之省文。

十四年武城令戈（戰國）

讀為苩（葩）

武城令□□ 葩早……冶章撻劑

茉

十四年方壺（戰國早期）

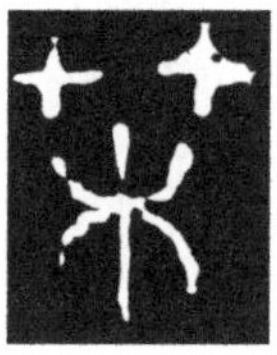

右使車嗇夫鼎（戰國中期）

私庫嗇夫衡飾（戰國中期）

十三年壺（戰國晚期）

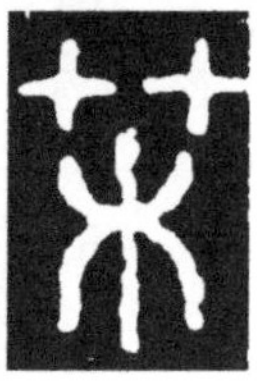

十四年雙翼神獸（戰國晚期）

僕 芀 艾 艾 䒒 萄

pò
僕

《廣雅》曰：僕，落也。

註：僕，僕落、剝落。

鄅王劍（春秋） 讀為僕

鄅王僕自作

芀

註：芀，或讀為茷。

九里墩鼓座（春秋晚期） 讀為茷

其□鼓芀芀（茷茷）

ài
艾

註：艾，同艾。

六年安陽令矛（戰國） 讀為艾

安陽令……右庫工師艾固冶□造戟刺

táo
䒒

註：䒒，或為萄之省文。

gū
蓇

《玉篇》曰：蓇，不實草。註：蓇蓉，一種黑色草。銘文中蓇，讀為滑。

 張亞初釋為萄【殷周金文集成 引得】

（戰國）　萄陰環

魚鼎匕

（戰國）　讀為滑　滑入滑出

shēn
xīn
莘

《玉篇》曰：莘，衆也。《集韻》曰：莘，細莘，藥草。註：莘，衆多；莘莘學子。

蔡侯墓殘鐘

（春秋晚期）　讀為莘　莘英有慶

莀

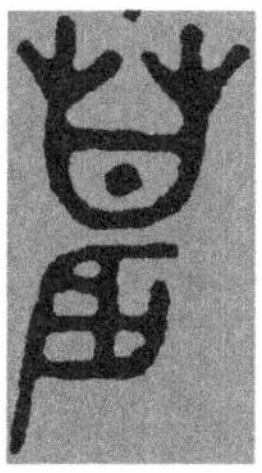

寑莀鼎

（殷商）

蒝(芫)　葶　蕙

yán
蒝

註：蒝，或讀為芫，芫荽，又名香菜。

樊君盆（春秋早期）　讀為芫　樊君芫用其吉金

tíng
葶

註：葶，無葉花莖曰葶、花葶。，同葶。从艸之字金文或从茻。銘文中葶，或讀為高。

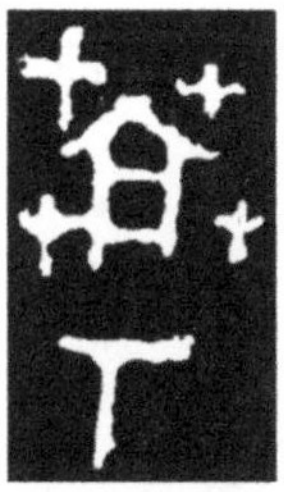
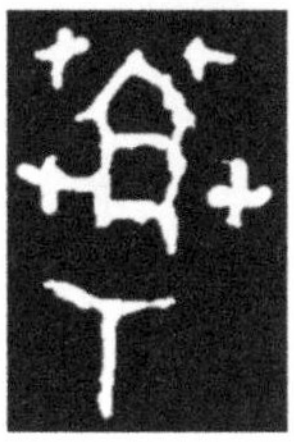

岡劫卣（西周早期）　假葶為高　用作朕葶（高）祖寶尊彝

huì
蕙

註：蕙，芳香，香草，蕙，或為蘭草之一種，蕙蘭。

何尊（西周早期）

叀作父戊卣（西周早期）

叀攸諆父甲尊（西周早期）

毛公鼎（西周晚期）

禹鼎（西周晚期）

九年衛鼎（西周中期）

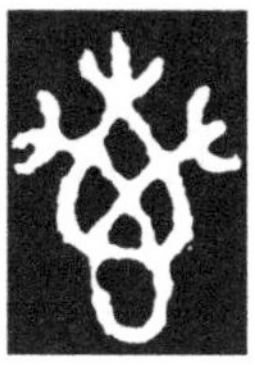

彔伯㦰簋蓋（西周中期）

無叀鼎（西周晚期）

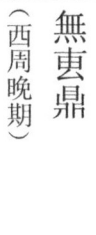

莫 暮漠膜幕墓

莽

葬

mù mò
莫

《說文》曰：日且冥也，从日在茻中。《說文通訓定聲》曰：莫，假借為暮。註：莫，即暮之本字，日落草中，會意字。莫，通漠、通謨、通膜。假假為墓、為幕。在古文中，莫字用同沒。

父乙莫觚（殷商）

莫尊（西周早期）

莫銅泡（西周早期）

夆莫父卣（西周早期）

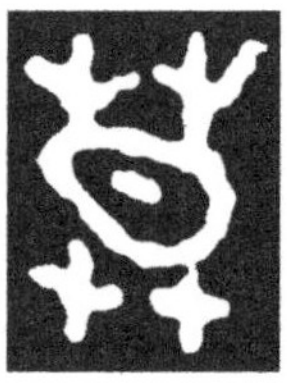
散氏盤（西周晚期）　假為墓字　至于鴻莫（墓）

晉公盆（春秋）

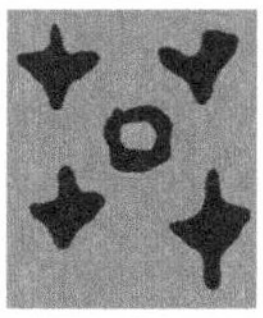
姑發腎反劍（春秋晚期）

郾侯問量（戰國）

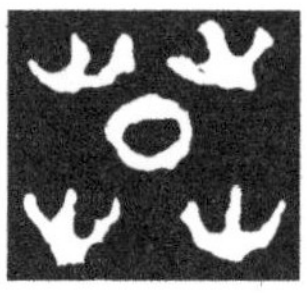
上官豆（戰國）　假為暮　莫（暮）其居

中山王嚳方壺（戰國晚期）

越王者旨於賜鐘（戰國早期）　或从隹

mǎng máng
莽

《說文》曰：莽，从犬、从茻，茻亦聲。《小爾雅》曰：莽，草也。莽，大也。註：从艸不从茻。古文从中、从艸、从茻之字無別。

齊莽史喜鼎（西周）　此器為（宋）薛尚功【歷代鐘鼎彝器款識法帖】所收録　从艸不从茻

寺工師初壺（戰國）

zàng
葬

《說文》曰：藏也，从死在茻中。註：，古葬字之異文。

兆域圖（戰國）

或从歺爿聲 葬字之異文

其葬視哀后

小 

仰韶書屋金文字彙 卷二

文三百二十五字　重文約三千一百一十三字

xiǎo

小

《說文》曰：物之微也，从八、丨，見而分之。

註：、，甲骨文與早期金文之小字均作三小點，象形塵沙微小狀。

小子父己方鼎（殷商）

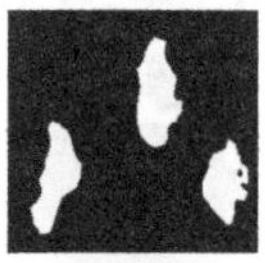

小子作父己方鼎（殷商）

小子作母己方鼎（殷商）

小旅鼎（西周早期）

嬴霝德鼎（西周早期）

小臣誎簋（西周早期）

㞢小子鼎（西周早期）

小臣鼎（西周早期）

令鼎（西周早期）

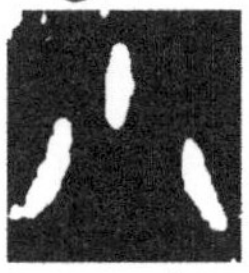

小臣宅簋（西周早期）

大盂鼎（西周早期）

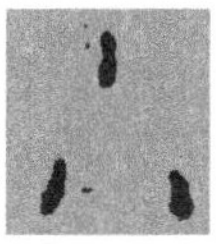

中甗（西周早期）

曶鼎（西周中期）

小臣鼎（西周中期）

衛鼎（西周中期）

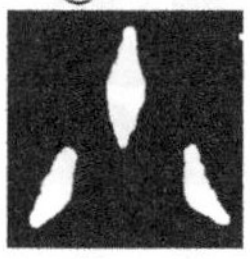

靜簋（西周中期）

羌伯簋（西周晚期）

伯公父簠（西周晚期）

毛公鼎（西周晚期）

妊小簋（西周晚期）

融比盨（西周晚期）

師𠭰𣪕（西周晚期）

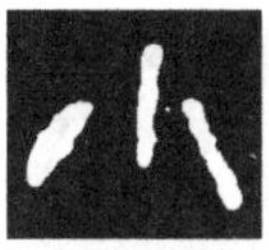
尹小叔鼎（春秋早期）

鮇貉𥬙（春秋晚期）

徐子汆鼎（春秋）

復公子仲簋（春秋晚期）

小臣缶方鼎（殷商）小臣二字合文

小臣[爫絲]卣（殷商）

小臣尊（西周早期）

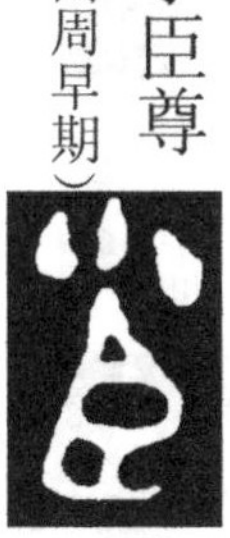
小臣傳簋（西周早期）

小臣逋鼎（西周早期）

易天殷（西周早期）

小臣夌鼎（西周早期）

小臣豐卣（西周早期）

小臣守簋（西周）

小臣[厂禾]生鼎（西周晚期）

小子[罒廾]鼎（殷商）小子二字合文

小子[阝子]殷（殷商）

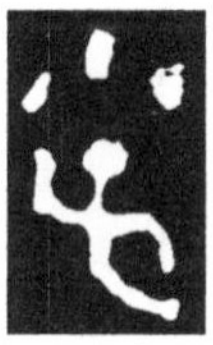
小子省卣（殷商）

父己尊（殷商）

小子畣卣（殷商）

小子生尊（西周早期）

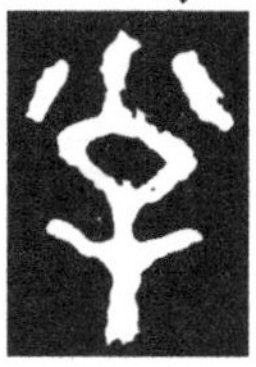
九年衛鼎（西周中期）

伯蔖父鼎（西周）

宗周鐘（西周晚期）

叔向父禹簋（西周晚期）

鄭大師小子甗（西周晚期）

逆鐘（西周晚期）

單伯昊生鐘（西周晚期）

少

shǎo
shào
少

不嬰殷（西周晚期）

㝬殷（西周晚期）

寒姒鼎（西周晚期）

秦公鎛（春秋早期）

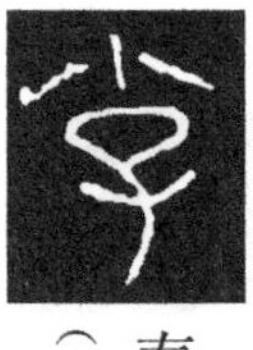
秦公簋（春秋早期）

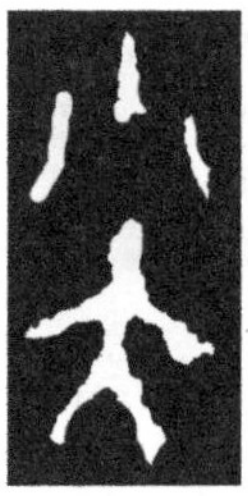
趞殷（西周中期）　小大耳字合文

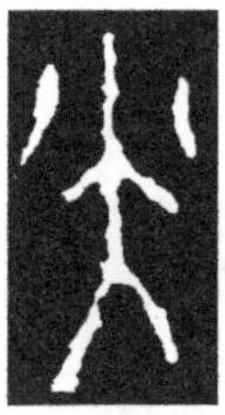
𠑹匜（西周晚期）

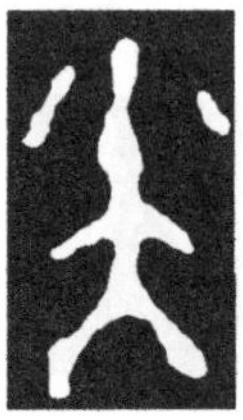
駒父盨（西周晚期）

小夫卣（西周早期）　小夫二字合文

矢令方彝（西周早期）　小牛二字合文

《說文》曰：不多也，从小、丿聲。

註：少、小古文同字。少，或假為炒字。

牧共作父丁簋（西周早期）

𠷎少鉤庫戈（春秋）

魯少𤔲冠盤（春秋）

蔡侯紐鐘（春秋晚期）

徐王爐（春秋晚期）

少虡劍（春秋晚期）

陳逆簠（春秋晚期）

曾侯乙鐘（戰國早期）

少府戈（戰國）

少府銀環（戰國）

鄽客問量（戰國）

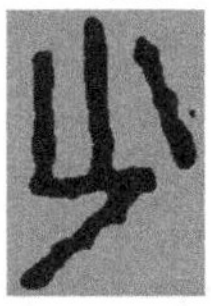
少府銀節約（戰國）

王后中宮錡（戰國）

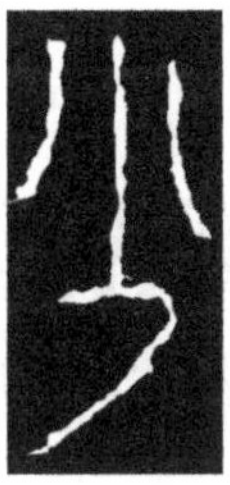
梁十九年亡智鼎（戰國）

哀成叔鼎（戰國）

少府矛（戰國）

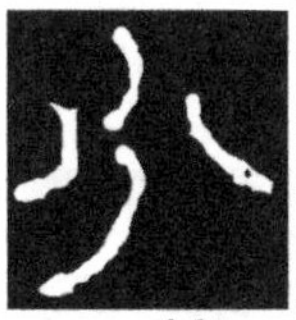
楚王酓忎盤（戰國晚期） 讀為炒 室鑄少（炒）盤以供歲嘗

中山王嚳鼎（戰國晚期） 讀為少 視少如長

八

bā 八

《說文》曰：別也，象分別相背之形。註：八八，與北北，均象兩人相背之象形字，為違背之背之本字。北，更為俱象。後來八，假為數字八、北，借為南北之北字，假脊背之背為之，八、北本義盡失。

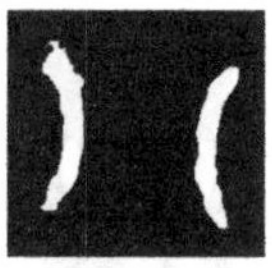
[illegible]盤（殷商）

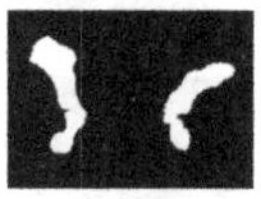
堇伯鼎（西周早期）

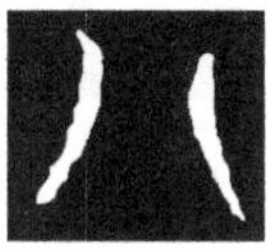
旂鼎（西周早期）

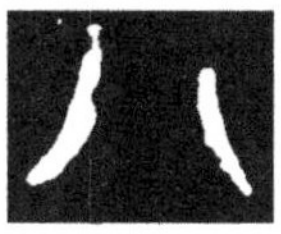
[illegible]鼎（西周早期）

效父簋（西周早期）

弙作父辛器（西周早期）

歸[illegible]方鼎（西周早期）

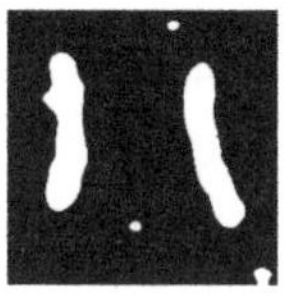
小臣謎殷（西周早期）

息伯卣（西周早期）

矢令方尊（西周早期）

矢令方彝（西周早期）

井侯方彝（西周早期）

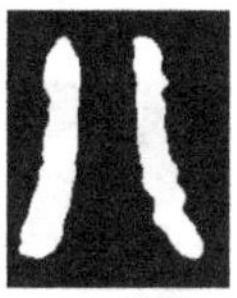
不指方鼎（西周中期）

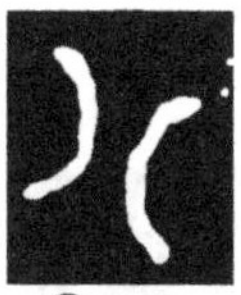
伯晨鼎（西周中期）

𢾊殷（西周中期）

丼南伯殷（西周中期）

燮簋（西周中期）

份分

fēn fèn 分

《説文》曰：别也，从八、从刀，刀以分别物也。

註：分，以刀切分。分解、分開。分，或作份。

盠方彝（西周中期）

靜簋（西周）

伯窺父盨（西周晚期）

函皇父盤（西周晚期）

函皇父簋（西周晚期）

函皇父鼎（西周晚期）

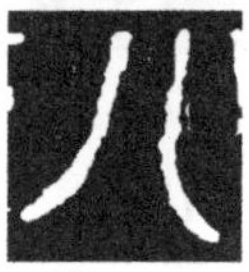

小克鼎（西周晚期）

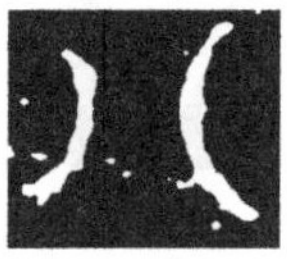

散伯車父鼎（西周晚期）

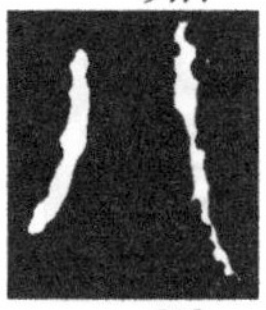

孟[illegible]父殷（西周晚期）

楚公逆伯（西周晚期）

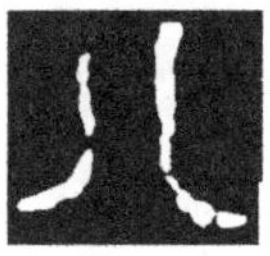

駒父盨（西周晚期）

禹鼎（西周晚期）

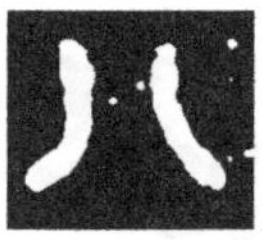

始氏鼎（西周晚期）

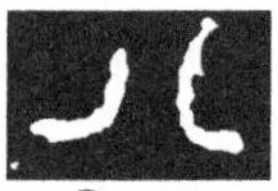

戈叔朕鼎（西周晚期）

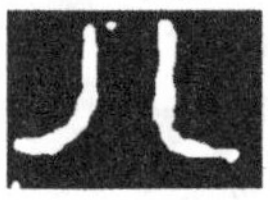

若公鼎（春秋早期）

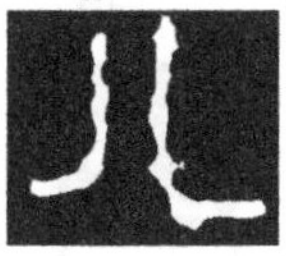

寬兒鼎（春秋）

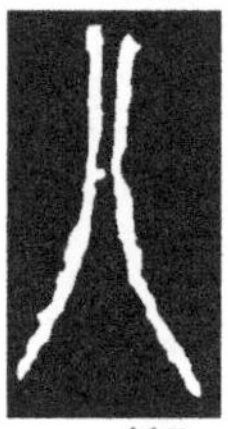

鄬侯少子殷（春秋）

叔坪父簠（春秋）

彭子仲盆（春秋）

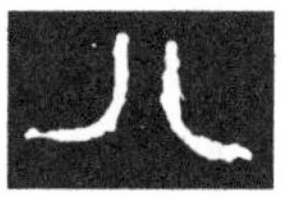

歸父盤（春秋）

十一年盉（戰國早期）

春成侯壺（戰國）

坪安君鼎（戰國晚期）

裘衛盉（西周早期） 八十兩字合文

盠方彝（西周中期） 八師二字合文

者◇鼎（西周早期） 八六七叁字合文

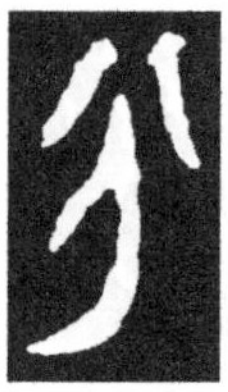

篤分父甲觶（西周早期）

貉子簋（西周中期）

鬲比鼎（西周晚期）

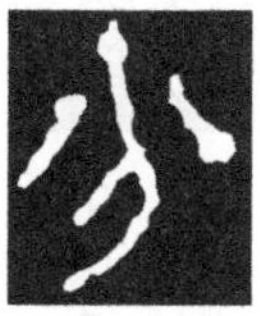

竈公牼鐘（春秋晚期）

 尒 尔

 曾 甑贈層

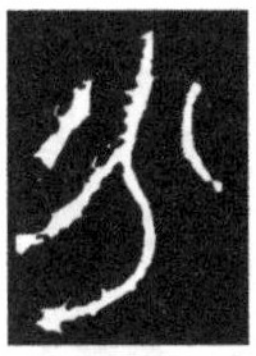
大梁司寇鼎（戰國中期）

上樂床鼎（戰國晚期）

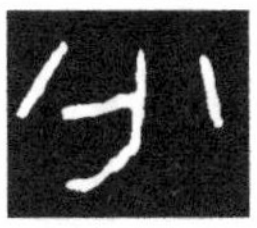
坪安君鼎（戰國晚期）

四分鼎（戰國晚期）

ěr
尒

《集韻》曰：尒，亦書作尔。《玉篇》曰：尒，亦作爾。

註：尒，即尔、即爾。尒，如此、必然之義。

中山王嚳鼎（戰國晚期） 讀為尔 勿忘尔邦

zēng céng
曾

註：曾，即甑之本字。蒸煮之炊具之象形，上部蒸鍋，下部鼎口。，早期甑與甲骨文同，，如甑箳或甑體，上出兩筆像蒸氣。曾，孳乳為增、為鄫、為贈，為層。

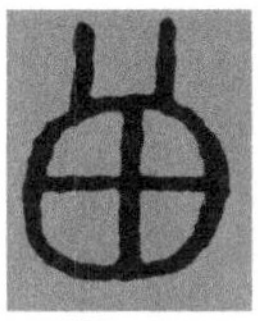
中甗（西周早期）

上曾大子鼎（西周早期）

小臣鼎（西周中期）

衛簋（西周中期） 讀為增 王曾（增）令衛

段簋（西周中期）

曾伯宮父穆鬲（西周晚期）

曾伯文簠（西周晚期）

曾仲大父螽𣪕（西周晚期）

曾侯簠（西周晚期）

輔師𠭰𣪕（西周晚期）

曾者子鼎（春秋早期）

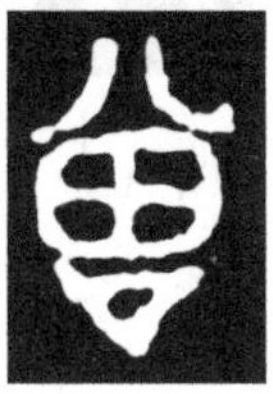
曾侯仲子斿父鼎（春秋早期）

尚 

曾子斿父鼎（春秋早期）

曾子伯誩鼎（春秋早期）

曾子單鬲（春秋早期）

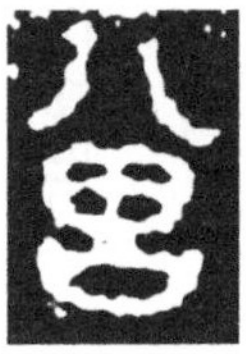
曾伯桼簠（春秋早期）曾（鄫）伯漆哲聖元武　讀為鄫

曾伯從寵鼎（春秋早期）

曾子仲謱鼎（春秋早期）

曾仲斿父壺（春秋早期）

曾仲斿父簠（春秋早期）

曾子原彝簠（春秋）

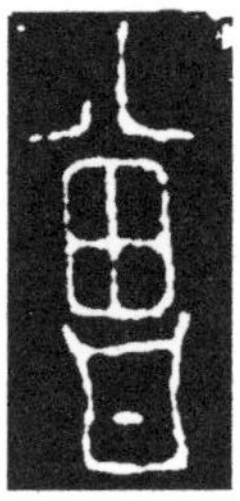
曾子遡簠（春秋晚期）

曾子㞷簠（春秋晚期）

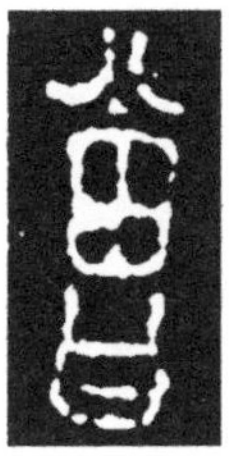
曾侯乙簠（戰國早期）

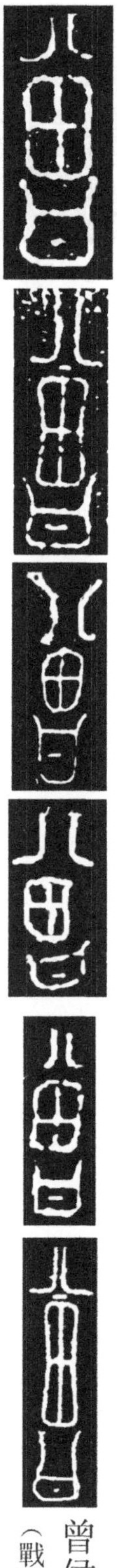
曾侯乙鐘（戰國早期）

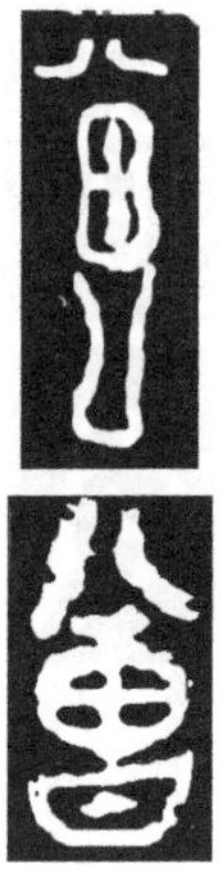
曾侯乙鐘（戰國早期）

曾侯乙簠（戰國早期）

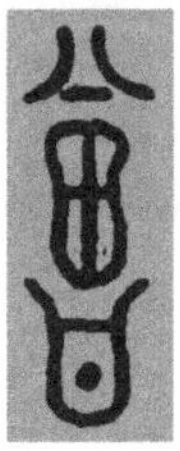
楚王酓章鐘（戰國早期）

shàng
尚

《說文》曰：曾（增）也。从八、向聲。

《字彙》曰：尚，崇（尚）也、尊也。

註：尚，假為常、假為當。

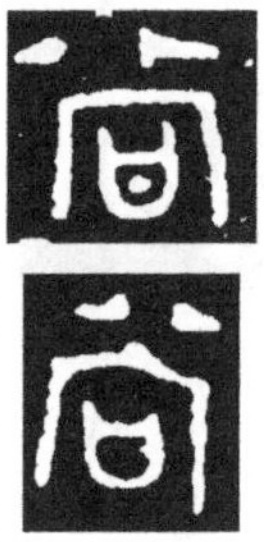
叔趞父卣（西周早期）

上方鼎（西周早期）

中方鼎（西周早期）

曶鼎（西周中期）戈尚（當）俾處厥邑　讀為當

坣

遂　豙

仲伐父甗（西周中期）

𢦏方鼎（西周中期）　讀為常　則尚（常）永安

尚伯簋（西周中期）

尚作父乙觶（西周中期）

豐伯車父簋（西周晚期）

冶中考父壺（春秋早期）

陳公子叔遵父甗（春秋早期）

者尚余卑盤（春秋）

者濫鐘（春秋）　讀為常　永保是尚（常）

伯亞臣鐳（春秋）

廿年距末（戰國）

陳侯因𬯀敦（戰國晚期）

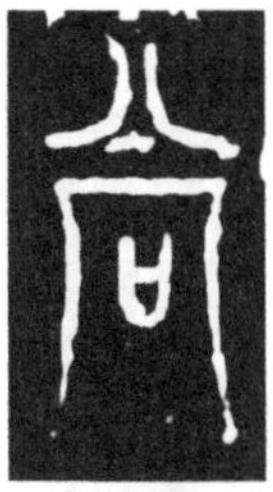

中山王嚳方壺（戰國晚期）　讀為常　可法可尚（常）

坣

鼎蓋（戰國）

suì
豙

《說文》曰：从意也，从八，豕聲。《玉篇》曰：豙，从意也，今作遂也。

註：豙，从意，順从。豙，即遂之古文。豙，或讀為墜。

周公簋（西周早期）讀為墜 對不敢豕（墜）

彔伯㦰毁（西周中期）

趩觶（西周中期）

毛公鼎（西周晚期）讀為墜 汝毋敢墜

克鐘（西周晚期）

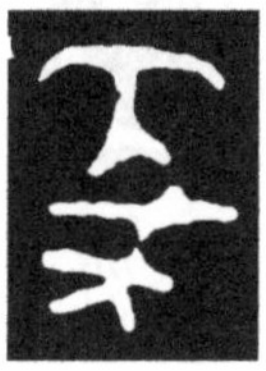
駒父盨（西周晚期）讀為遂 豕（遂）不敢不敬畏王命

逆鐘（西周晚期）讀為墜 毋豕（墜）乃政

師寰毁（西周晚期）

秦公鎛（春秋早期）

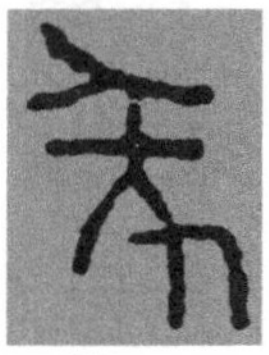
晉姜鼎（春秋早期）

黿公華鐘（春秋晚期）

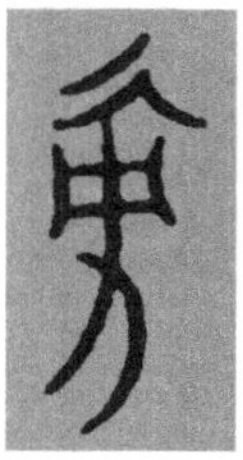
叔尸鐘（春秋晚期）

公 

gōng 公

《說文》曰：平分也，从八、从厶（即私字）。八猶背也，韓非曰：背厶為公。註：金文公，不从厶，像口上之皺紋。老者才有皺紋，老者稱公，故口上畫出兩筆皺紋示為老，稱為公。

豐公鼎（西周早期）

單公鼎（西周早期）

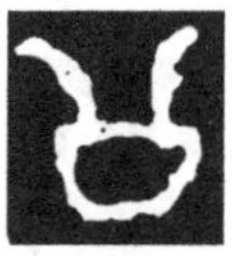
公大史鼎（西周中期）

應公鼎（西周早期）

小臣𤔲鼎（西周早期）

臣卿鼎（西周早期）

圉方鼎（西周早期）

腹鼎（西周早期）

亳鼎（西周早期）

滕公鬲（西周早期）

魯侯熙鬲（西周早期）

公鼎（西周早期）

大史友甗（西周早期）

滕侯簋（西周早期）

遽父乙段（西周早期）

臣卿簋（西周早期）

明公簋（西周早期）

寧鼎（西周早期）

毛公旅鼎（西周早期）

敵[illegible]方鼎（西周早期）

作冊方鼎（西周早期）

應公簋（西周早期）

旂鼎（西周早期）

禽鼎（西周早期）

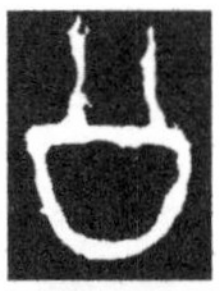

公作彝卣（西周早期）

應公卣（西周早期）

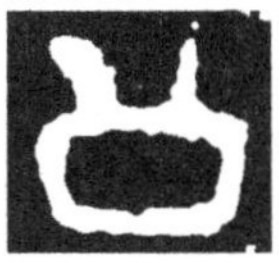
伯作文公卣（西周早期）

原趠方鼎（西周早期）

大盂鼎（西周早期）

周公東征鼎（西周早期）

伯作乙公簋（西周早期）

伊生簋（西周早期）

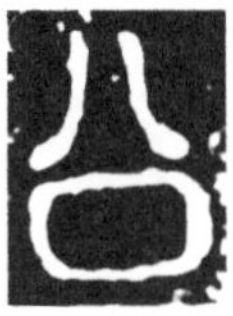
應公鼎（西周中期）

𤼈鐘（西周中期）

尹姞鬲（西周中期）

師趛鬲（西周中期）

帥隹鼎（西周中期）

剌鼎（西周中期）

公簋（西周中期）

鄧公簋（西周中期）

公貿鼎（西周中期）

旅鼎（西周中期）

畢鮮簋（西周中期）

𩵦伯鼎（西周中期）

師酉簋（西周中期）

師趛鼎（西周中期）

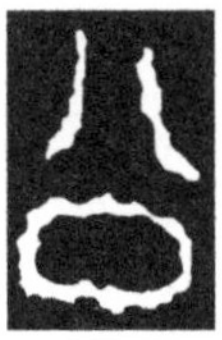
師望鼎（西周中期）

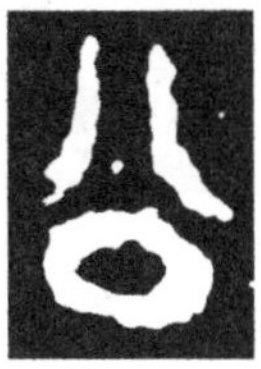
卯簋（西周中期）

康生豆（西周）

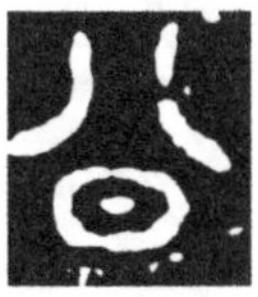
虢文公子段鼎（西周晚期）

公益鐘（西周中期）

內公鐘（西周晚期）

逆鐘（西周晚期）

師臾鐘（西周晚期）

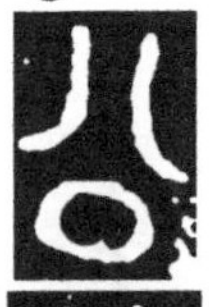

寺季故公簋（西周晚期）

鬲比鼎（西周晚期）

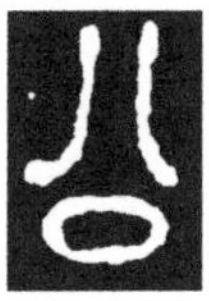
此鼎（西周晚期）

南宮柳鼎（西周晚期）

南公有嗣鼎（西周晚期）

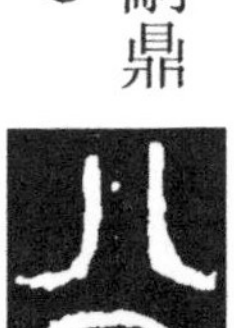
內公鼎（西周晚期）

楚公逆鎛（西周晚期）

楚公冢鐘（西周晚期）

南宮乎鐘（西周晚期）

內公簋（西周晚期）

鄧公簋（西周晚期）

㝬姬段（西周晚期）

叔角父簋（西周晚期）

伯喜簋（西周晚期）

伯公父盨（西周晚期）

伯公父簠（西周晚期）

鄀公鼎（春秋早期）

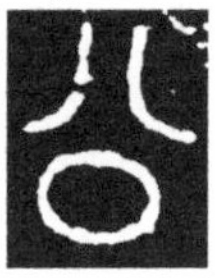
若公平侯鼎（春秋早期）

鄧公牧簋（春秋早期）

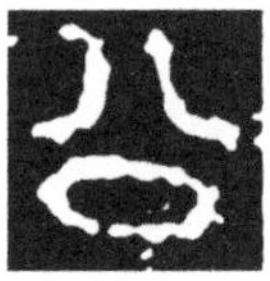
陳公子甗（春秋早期）

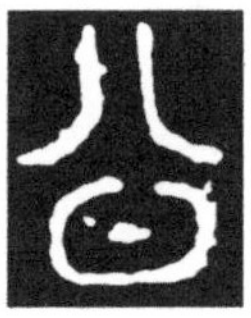
魯伯悆盨（春秋早期）

若公鐘（春秋早期）

邾公釛鐘（春秋）

者瀘鐘（春秋）

鼄公華鐘（春秋晚期）

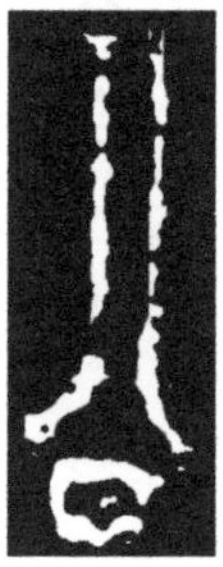
無公買簠（西周晚期）

屭羌鐘（戰國早期）

哀成叔鼎（戰國）

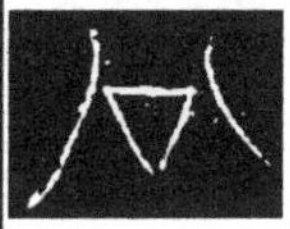
公乘鼎（戰國）

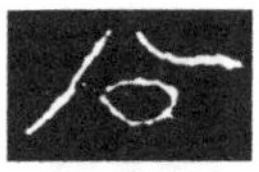
公朱左官鼎（戰國晚期）

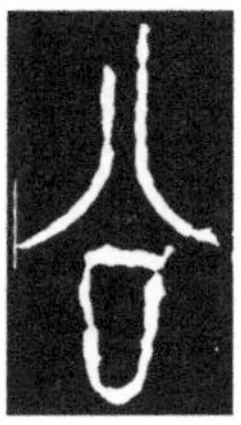
中山王嚳方壺（戰國晚期）

介 界芥

必 柲

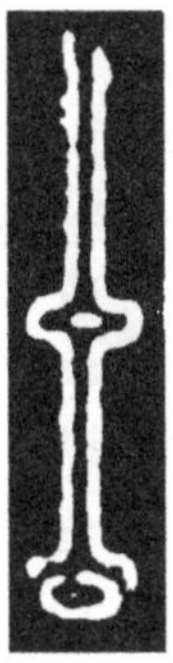
蔡公子果戈（戰國晚期）

宋公欒戈（春秋）

蔡公子從劍（戰國早期）

穌公子簋（西周早期）

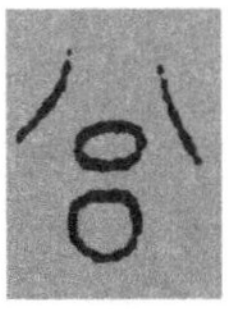
虘公鼎（戰國） 讀為宮 䢼公（宮）

徝公右自鼎（戰國） 讀為宮

曹公子沱戈（春秋早期） 公子二字合文

公子裹壺（戰國）

jiè
介

《說文》曰：畫也，从八、从人，人各有介（界）。《說文通训定聲》曰：介假借為价。介，今俗以芥為之。

註：介，界之古文。介，通芥、通价。价，善也，非價之簡化字。𠔁，从八、从卩；卩，同人字。

師𩛥鼎（西周中期） 讀爲介 用厥烈祖𠔁（介）德

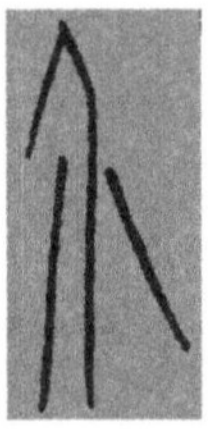
介鐘磬（春秋）

栊里瘟戈（戰國晚期）

bì
必

註：必，乃柲之本字，象形。古戈、矛、戟一類兵器之柄稱柲，故从戈。

王臣簋（西周中期） 讀為柲 賜汝……厚必（柲）

走馬休盤（西周中期）

寰鼎（西周晚期）

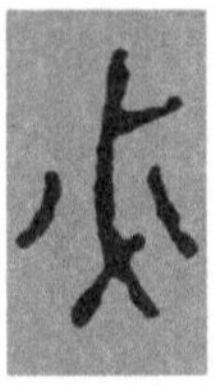
伯穌父敦（西周晚期）

余 餘

yú yù xú 余

《説文》曰：語之舒也，从八、舍省聲。《集韻》曰：豫，象之大者，或作余。《爾雅》曰：余，我也。

《説文通訓定聲》曰：余，假借為餘。註：余下从口即舍字，上古時余、舍二字同音互通。余，或讀為餘。

無叀鼎（西周晚期）

五年師旋殷（西周晚期）

南宮乎鐘（西周晚期）

寰盤（西周晚期）

杜虎符（戰國晚期）

小臣傳簋（西周早期）

大盂鼎（西周早期）

中甗（西周早期）

令鼎（西周早期）

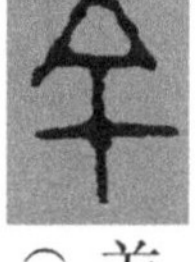

羌鼎（西周）

師隹鼎（西周中期）

𢼄鼎（西周中期）

師𤸫殷（西周中期）

善鼎（西周中期）

𤸫鐘（西周中期）

臣諫簋（西周中期）

五祀衛鼎（西周中期）

彔伯𢦏殷（西周中期）

曶鼎（西周中期）

通祿鐘（西周中期）

大克鼎（西周晚期）

汈其鐘（西周晚期）

多友鼎（西周晚期）

井人妄鐘（西周晚期）

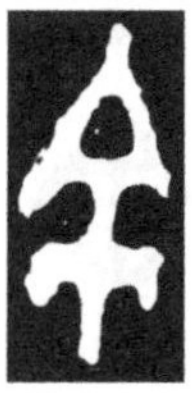

師𠭰殷（西周晚期）

單伯昊生鐘（西周晚期）

毛公鼎（西周晚期）

宗周鐘（西周晚期）

士父鐘（西周晚期）

揚簋（西周晚期）

余　餘

叔向父禹簋（西周晚期）

師寰𣪘（西周晚期）

五年召伯虎簋（西周晚期）

毛伯簋（西周晚期）

六年召伯虎簋（西周晚期）

師頯𣪘（西周晚期）

融比盨（西周晚期）

鼄大宰簠（春秋早期）

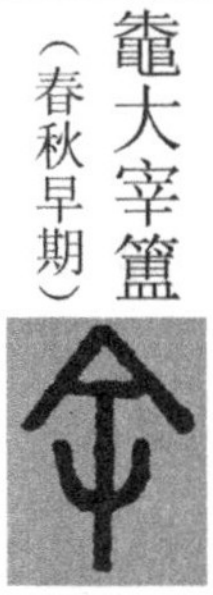
晉姜鼎（春秋早期）

秦公簋（春秋早期）

秦公簋（春秋早期）

郐子汆鼎（春秋中期）　讀為徐

秦公鎛（春秋早期）

郐譮尹征城（春秋）

欒書缶（春秋）

王子午鼎（春秋）

徐大子鼎（春秋）

吉日壬午劍（春秋）

王孫遺者鐘（春秋晚期）

鼄公華鐘（春秋晚期）

余義鐘（春秋晚期）

郐賸尹朁鼎（春秋晚期）

配兒鉤鑃（春秋晚期）　或从口

蔡侯紐鐘（春秋晚期）

陸肪𣪘（戰國早期）

者𣱼鐘（戰國早期）

哀成叔鼎（戰國）

南疆鉦（戰國）

中山王嚳方壺（戰國晚期）

㝈 勉勔

采

番 蹯翻潘

能原鎛（春秋晚期）

之利鐘（戰國早期）

州句劍（戰國）

miǎn
㝈

註：㝈，或讀為勔、勉。

史牆盤（西周中期）　讀為勔（勉）　㝈（勉）尹億疆

師望鼎（西周中期）　讀為勔　王命不敢不㝈（勔）

biàn
采

《說文》曰：辨別也，象獸指爪分別也。讀若辨。

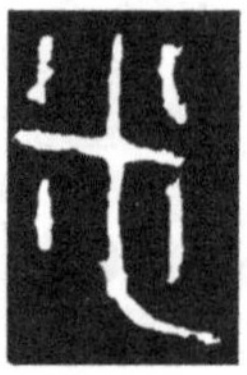
[illegible]作父乙卣（殷商）

采作父丁卣（殷商）

井叔采鐘（西周晚期）

fān fán bō
番

《說文》曰：獸足謂之番，从采，田象其掌。《說文通訓定聲》曰：番，假借為蕃。番，假借為播。

《字彙補》曰：番，與藩同。註：番，古文或作蹯。番，同翻、同藩，假借為潘、為蕃、為播。

番匊生壺（西周中期）

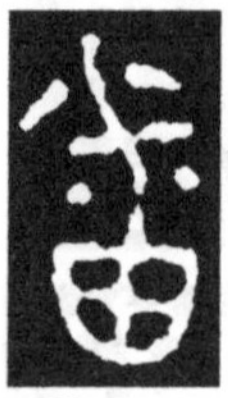
魯侯鬲（西周晚期）

王作番妃鬲（西周晚期）

番壺（西周晚期）

番君𨠍伯鬲（春秋早期）

審

半

番伯酓匜（春秋）

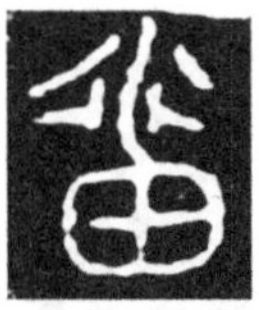

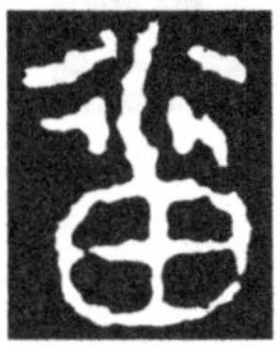
番君召簠（春秋晚期）

番仲戈（春秋晚期）

史番鼎（戰國）

番□□匜（西周晚期）

番昶伯者君鬲（春秋早期）

番昶伯者君匜（春秋早期）

番昶伯者君盤（春秋早期）

番仲𢦏匜（春秋）

番君伯𪏊盤（春秋）

shěn
審

《説文》曰：悉也，知審諦也，从宀、从采。篆文从番。

《廣韻》曰：審，詳審也。

五祀衛鼎（西周中期） 讀為審 余審貯田五田

楚王酓審盞盂（春秋晚期）

bàn
半

《説文》曰：物中分也，从八、从牛。牛為物大，可以分也。

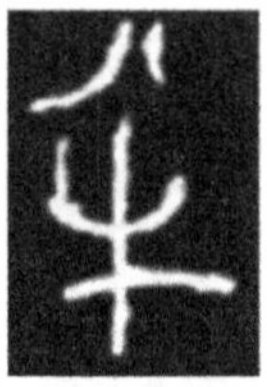
秦公簋（春秋早期）

王后中官鍏（戰國）

卲宮和（戰國晚期）

牛

牡

niú
牛

註：金文牛字為牛頭、角之象形，後減化為。

牛鼎（殷商）

牛簋（殷商）

牛鼎（西周早期）

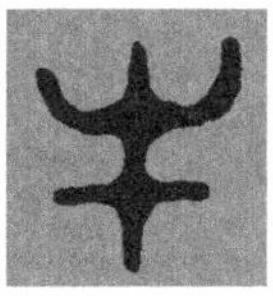
小盂鼎（西周早期）

叔簋（西周早期）

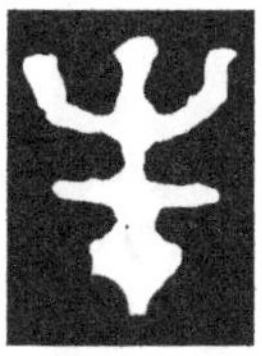
作旅彝尊（西周早期）

矢令方尊（西周早期）

矢令方彝（西周早期）

達父己爵（西周早期）

卯簋（西周中期）

夆殷（西周中期）

曶鼎（西周中期）

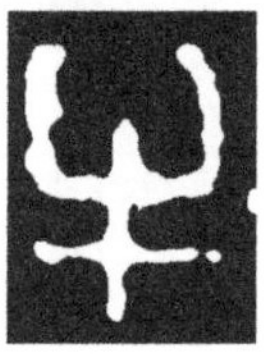
師寰殷（西周晚期）

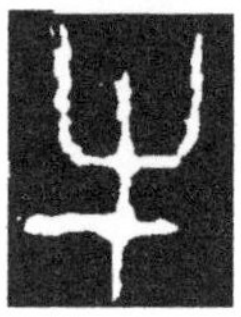
𠑇匜（西周晚期）

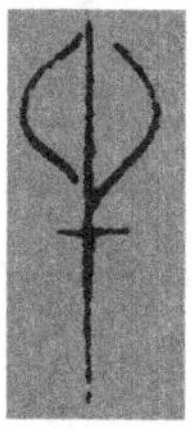
牛鏞（春秋）

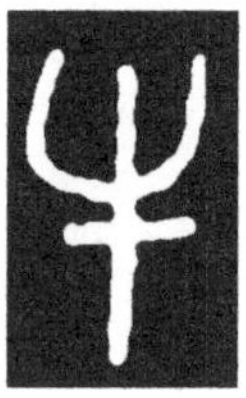
噩君啟節車節（戰國）

mǔ
牡

《説文》曰：畜父也，从牛、土聲。《廣雅》曰：牡，雄也。《集韻》曰：雄禽曰牡。

註：雄性牲畜稱牡，牡，或从馬，不从牛。

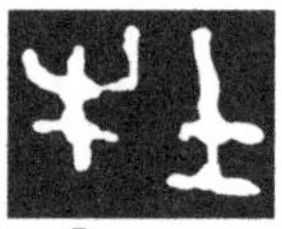
剌鼎（西周中期）

庚壺（春秋晚期）或从馬不从牛

好蚉壺（戰國晚期）

犅

犢 覿

牟 眸

gāng

犅

《說文》曰：特牛也，从牛、岡聲。《玉篇》曰：犅，特牛赤色也。

註：犅，特牛，即雄牛。犅字或从馬、从羊，與从牛義同。

靜簋（西周中期）

大簋（西周中期）

大鼎（西周中期） 或从馬

犅劫尊（西周早期） 或从羊

dú

犢

《說文》曰：牛子也，从牛、瀆省聲。註：犢，小牛，或曰牛犢子。犢，假借為覿。

妊小簋（西周晚期） 讀為覿 伯艿父使□犢（覿）尹人于齊師

犢共旻戟（戰國晚期）

móu mù

牟

《說文》曰：牛鳴也。从牛，象聲气从口出。註：牟，同謀。謀利，後作牟利。牟，或同眸。

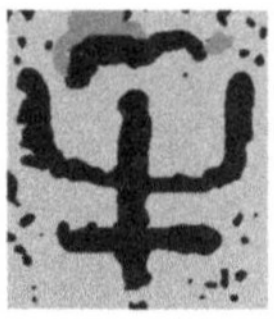

高奴禾石權（戰國） 讀為牟 工隸臣牟

牲

牢

犕

牼

shēng
牲

《說文》曰：牛完全，从牛、生聲。

註：古人祭祀天地、宗廟，用之全牛曰牲。三牲：牛、羊、豬。

夨令方尊（西周早期）

夨令方彝（西周早期）

小盂鼎（西周早期）

六年漢中守戈（戰國晚期）

láo
牢

《說文》曰：閑，養，牛馬圈也。从牛、冬省聲，取其四周帀（匝）也。

註：牢，或从羊。从牛、从羊義同，牛、羊在有門有道之圈內，會意為牢。

貉子卣（西周早期）

呂伯簋（西周中期）

宰爵（殷商）　或从羊　與甲骨文同

任鼎（西周中期）【中國歷史文物】二〇〇四第一期

fú bèi
犕

《玉篇》曰：犕，牛八歲也。

註：，金文犕或不从牛。牛八歲曰犕。犕，或讀為箙，同服，銘文中魚箙，即魚形盛弓箭之箭褲。

毛公鼎（西周晚期）　不从牛　讀為箙　賜汝……魚犕（箙）

kēng
牼

《說文》曰：牛厀（膝）下骨也，从牛、坙聲。

註：牼，牛之脛骨。

犀

犛

牪

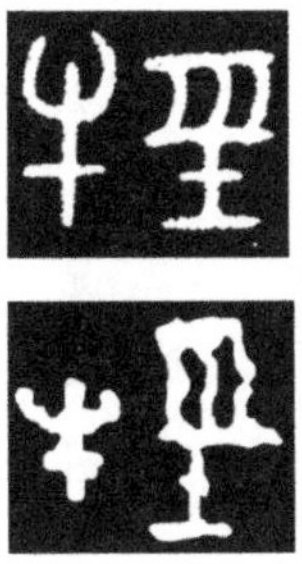
鼄公牼鐘（春秋晚期）

xī
犀
《玉篇》曰：犀，堅也。
註：犀，犀牛。犀，犀利。古姓氏或作犀，實為遲（遟）之省文。

弭叔鬲（西周中期）

犀伯魚父鼎（西周）

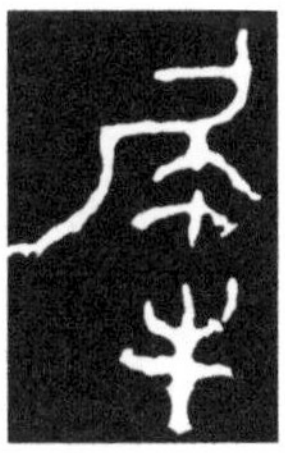
若公簠（春秋早期）

máo lí
犛
《說文》曰：西南夷長髦牛也。从牛𠩺聲。
註：犛，或作牦，即牦牛。犛，或讀為驪。犛軒，或作驪軒；漢代國名，在今甘肅張掖。

十九年大梁造鞅鐓（戰國晚期）

yàn
牪
《字彙》曰：牪，牛伴也。

任鼎（西周中期）

【中國歷史文物】二〇〇四 第二期

xīng

𦍒

註：𦍒，或讀為騂；赤色牲畜。

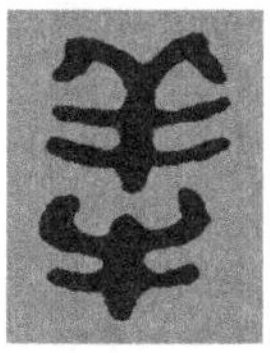

亢鼎（西周早期）【上海博物館集刊】

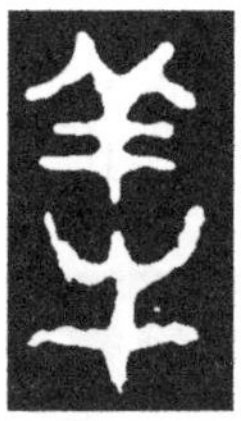

大簋（西周中期） 讀為騂 賜犓𦍒（騂）犅

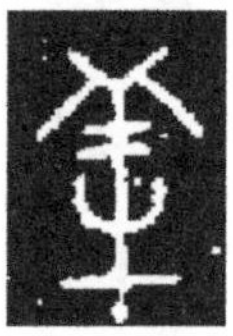

者減鐘（春秋） 讀為騂 不白不𦍒（騂）

犾

叔坢父簠蓋（春秋晚期）

羍

廿三年司寇矛（戰國）

告 

gào
告

《廣韻》曰：告，報也。《廣雅》曰：告，語也。《爾雅》曰：告，請也。

註：告，从牛、从口，牛鳴也。牛鳴聲大，引申為報告、告知。告，通誥，或假為造。

告宁鼎
（殷商）

亞告鼎
（殷商）

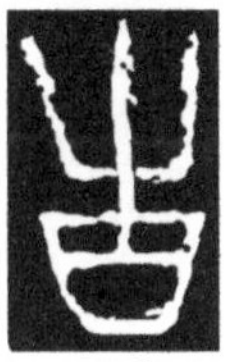
告田鼎
（殷商）

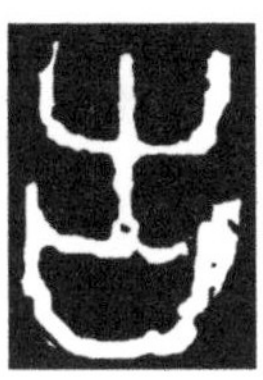
告田甗
（殷商）

告爵
（殷商）

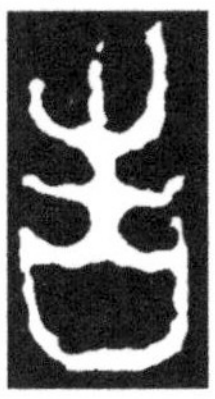
田告父乙卣
（殷商）

亞告方甗
（殷商）

告亞卣
（殷商）

冊告卣
（殷商）

告宁觚
（殷商）

告宁爵
（殷商）

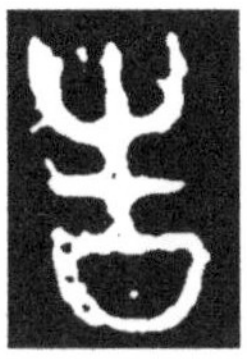
父乙告田卣
（殷商）

亞告簋
（殷商）

婦姘告鼎
（殷商）

告田父丁鼎
（西周早期）

告田父丁卣
（西周早期）

罴作且乙鼎
（西周早期）

它簋
（西周早期）

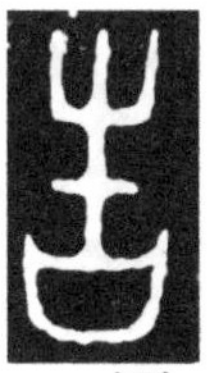
田告母辛鼎
（西周早期）

父癸告正尊
（西周早期）

麥方尊
（西周早期）

夨令方彝
（西周早期）

裘衛盉
（西周中期）

且乙告田簋
（西周中期）

班簋
（西周中期）

曶鼎
（西周中期）

五年召伯虎簋
（西周晚期）

師旂鼎（西周中期）

五祀衛鼎（西周中期）

毛公鼎（西周晚期）

六年召伯虎簋（西周晚期）

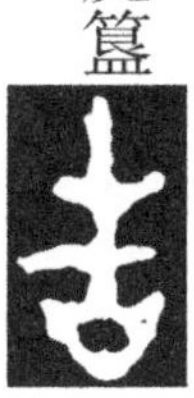
羌伯簋（西周晚期）

鬲比鼎（西周晚期）

諶鼎（西周晚期）

多友鼎（西周晚期）

蔡簋（西周晚期）

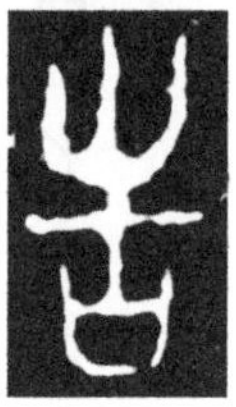
𠑇匜（西周晚期）

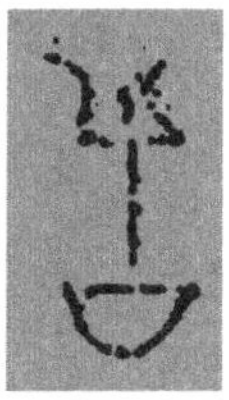
告鼎（春秋）

司馬望戈（春秋）　讀為造　司馬望之告（造）戈

相公子戈（戰國）

陳子皮戈（戰國）　讀為造　陳子皮之告（造）戈

蒦陽窑里人豆（戰國晚期）　讀文造　畫昜陶里人告（造）

好蚉壺（戰國晚期）

中山王嚳方壺（戰國晚期）

xiào
咲

咲，張亞初釋為咲。【殷周金文集成 引得】

《集韻》曰：笑，古作咲。

伯家父鬲（西周晚期）

 口　 呼　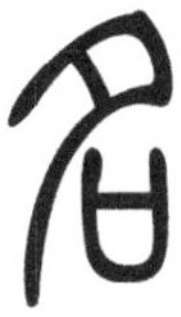 名 詺

kǒu
口

《說文》曰：人所以言、食也。象形。註：口，人之飲食、語言器官，象形字。

口尊（殷商）

丑未口爵（殷商）

四祀𠨘其卣（殷商）

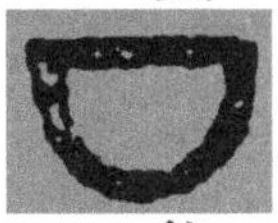
父戊口爵（西周早期）

口父辛觚（西周早期）

口作車鑾鈴（西周中期）

hū
呼

《說文》曰：外息也，从口、乎聲。註：氣息外出發聲作呼、呼喚。乎即呼之本字，金文均以乎作呼。

頌鼎（西周晚期）　讀為呼　王乎（呼）

師酉簋（西周中期）

大師虘𣪘（西周中期）

肄𣪘（西周中期）

周乎卣（西周中期）

míng
名

《集韻》曰：名，或作銘。詺，目睹物也，或作名。

作冊益卣（西周早期）

六年召伯虎簋（西周晚期）

南宮乎鐘（西周晚期）

秦公鎛（春秋）

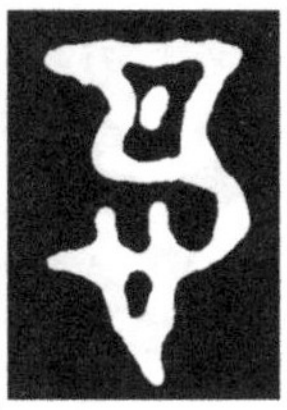
鼄公華鐘（春秋晚期）　讀為銘　慎為之名（銘）

少虡劍（春秋晚期）

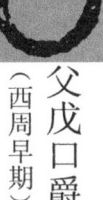

含

吾

哲 喆

hán
含
《說文》曰：嗛（銜）也，从口、今聲。註：物銜口中不吐不咽曰含。含，或假為今。

中山王譽鼎（戰國晚期） 讀為今 含（今）余方壯

wú
吾
《說文》曰：我自稱也，从口、五聲。註：吾，或假為敵、為梧。

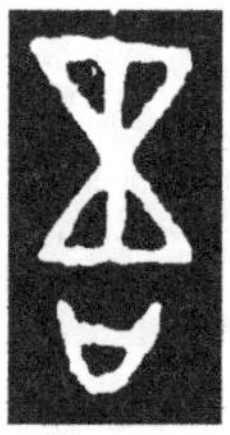
沈子它簋（西周早期）

父丁犧尊（西周早期）

吾作滕公鬲（西周早期）

毛公鼎（西周晚期） 讀為敵 以乃族捍吾（敵）王身

攻敔王光韓劍（春秋）【古文字類編】

四年相邦樛斿戈（戰國晚期）

吾宜戈（戰國晚期）

zhé
哲
《說文》曰：知也，从口、折聲。哲或从心。古文哲从三吉。《康熙字典》曰：悊，盖大篆从心，小篆从口，今文多作哲，隸用小篆也。註：哲同悊、同喆。

史牆盤（西周中期）

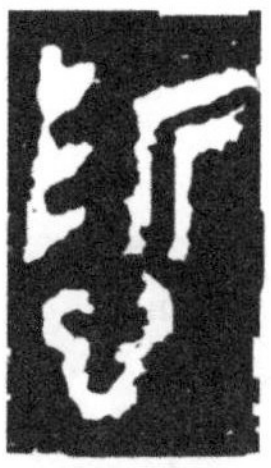
師望鼎（西周中期）

大克鼎（西周晚期）

沕其鐘（西周晚期）

君

逨盤
（西周晚期）

【盛世吉金】

叔家父簠
（春秋早期）

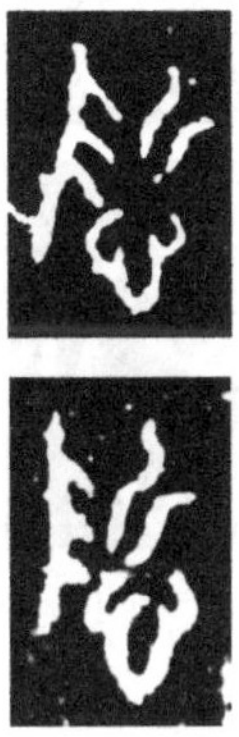
曾伯霥簠
（春秋晚期）
讀為哲
曾伯漆哲聖元武

王孫遺者鐘
（春秋晚期）

鳥書箴銘帶鉤
（戰國）

jūn
君

《說文》曰：尊也，从尹；發號，故从口。□古文象君坐形。

註：尹，治也，治國者也。君，據有土地的君侯一類統治者，引申為下對上之尊稱。

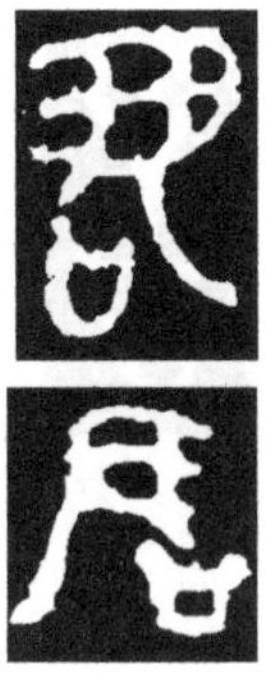
小子省卣
（殷商）

征人鼎
（西周早期）

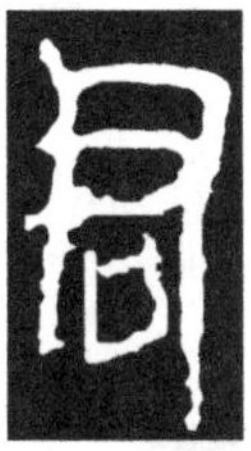
子□君妻鼎
（西周早期）

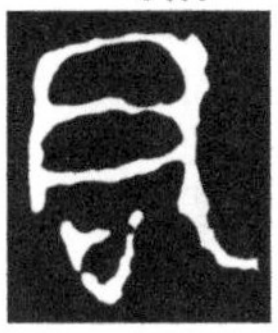
圉方鼎
（西周早期）

天君鼎
（西周早期）

作冊睘尊
（西周早期）

夨令方尊
（西周早期）

夨令方彝
（西周早期）

□□君段
（西周早期）

五祀衛鼎
（西周中期）

虘簋
（西周中期）

縣妃簋
（西周中期）

□鼎
（西周中期）

豆閉簋
（西周中期）

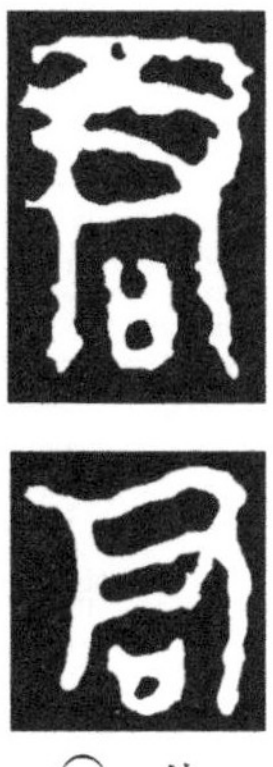
公姞鬲
（西周中期）

幾父壺
（西周中期）

叔□父段
（西周晚期）

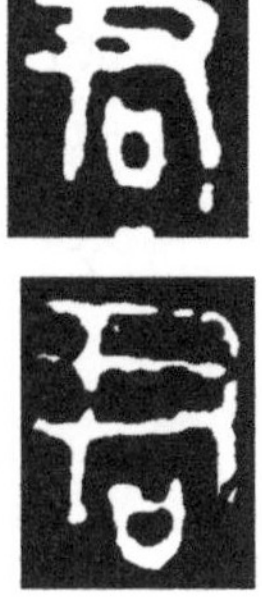
史頌鼎
（西周晚期）

汈其鐘（西周晚期）

諆鼎（西周晚期）

孟姬㝬段（西周晚期）

叔噩父簋（西周晚期）

樊君鬲（西周晚期）

君季鼎（西周晚期）

彔同段蓋（西周晚期）

召伯虎簋（西周晚期）

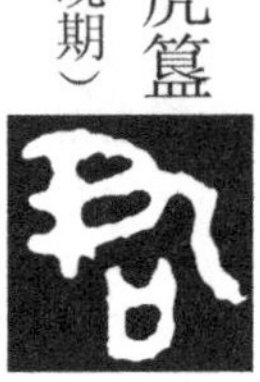

交君子簠（西周晚期）

交君子壺（西周晚期）

史頌簋（西周晚期）

晉姜鼎（西周晚期）

黃君孟𬬭（春秋早期）

黃君孟盤（春秋早期）

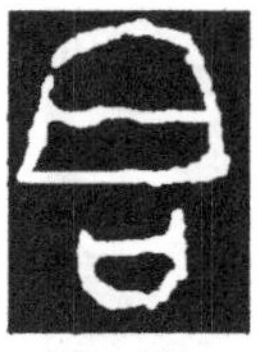

黃君孟鼎（春秋早期）

圓君鼎（春秋早期）

番君䣄伯鬲（春秋早期）

叔單鼎（春秋早期）

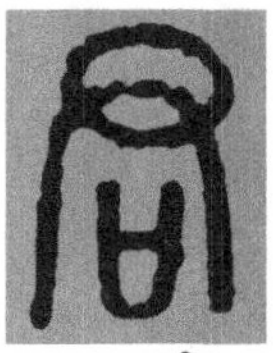

卑汩君光鼎（春秋）

鄝侯少子段（春秋）

仲義君鼎（春秋）

樊君簠（春秋）

匹君壺（春秋）

邛君婦龢壺（春秋）

番□伯者君盤（春秋）

郲公釪鐘（春秋）

蒿君鉦鋮（春秋）

鼄君鐘（春秋晚期）

番君召簠（春秋晚期）

敬事天王鐘（春秋晚期）

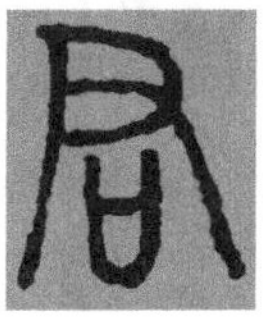

宋君夫人鼎（春秋晚期）

知君子鑑（春秋晚期）

盛君縈簠（戰國早期）

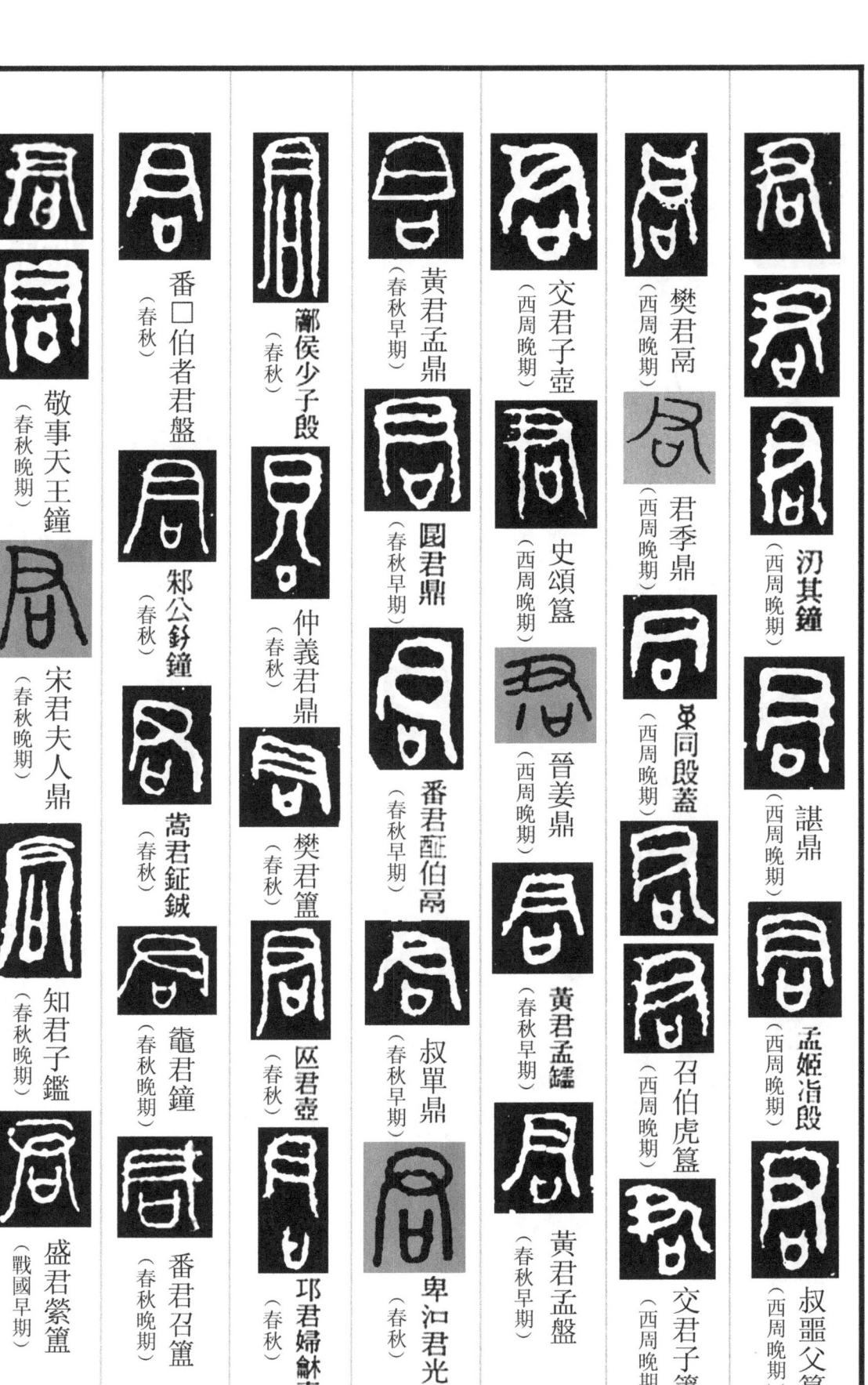

命

纗宓君扁壺（戰國）

哀成叔鼎（戰國）

君夫人鼎（戰國）

令狐君壺（戰國）

王后中宮錡（戰國）

信安君鼎（戰國晚期）

中山王譽鼎（戰國晚期）

mìng 命

《説文》曰：使也，从口、从令

註：命、令，字義有别，在事為令、在言為命。令，當訓使。命，當訓發號。古代命、令，為同字。

應侯見工鐘（西周中期）讀為命 用賜眉壽永令（命）

康鼎（西周中期）

師酉簋（西周中期）

不㝨段（西周中期）

作冊寶彝甗（西周早期）

夆作甗（西周早期）

命簋（西周早期）

師望簋（西周中期）

伯晨鼎（西周中期）

賢簋（西周中期）

師奎父鼎（西周中期）

滕虎段（西周中期）

君父簋（西周中期）

蔺段（西周中期）

師毛父簋（西周中期）

即簋（西周中期）

中簋（西周中期）

王臣簋（西周中期）

同簋（西周中期）

豆閉簋（西周中期）

趞盂（西周中期）

永盂（西周中期）

競卣（西周中期）

䞣毁（西周中期）

伯康簋（西周晚期）

何簋（西周晚期）

[illegible]毁（西周晚期）

命父諆簋（西周晚期）

不嬰毁蓋（西周晚期）

弭伯師耤毁（西周晚期）

弭叔師察簋（西周晚期）

羌伯簋（西周晚期）

諫簋（西周晚期）

小克鼎（西周晚期）

或以令為命

禹鼎（西周晚期）

毛公鼎（西周晚期）

駒父盨（西周晚期）

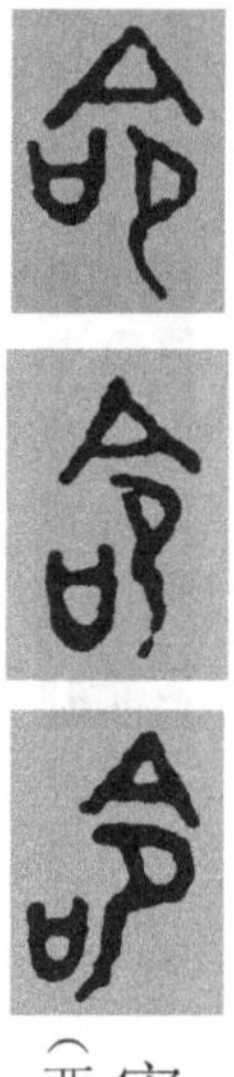
害簋（西周晚期）

逆鐘（西周晚期）

多友鼎（西周晚期）

楚簋（西周晚期）

白毛簋（西周晚期）

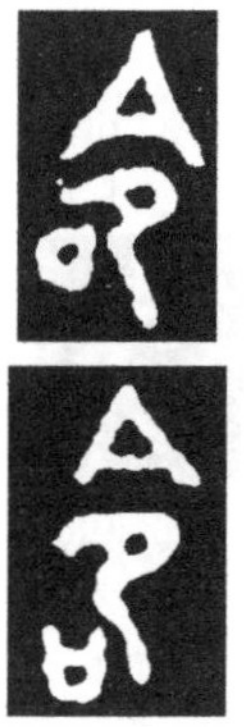
元年師旋毁（西周晚期）

伊簋（西周晚期）

鄦毁（西周晚期）

秦公簋（春秋早期）

齊大宰歸父盤（春秋）

秦公鎛（春秋）

姬寏母豆（春秋）

洹子孟姜壺（春秋）

敬事天王鐘（春秋晚期）

王子午鼎（春秋晚期）

秦王鐘（春秋晚期）

無公買簋（春秋晚期）

魚鼎匕（戰國）

郾客問量（戰國）

陳純釜（戰國）

鄲孝子鼎（戰國）

蔡侯墓殘鐘（春秋）

中山王方壺（戰國晚期）

中山王鼎（戰國晚期）

卅五年鼎（戰國晚期）

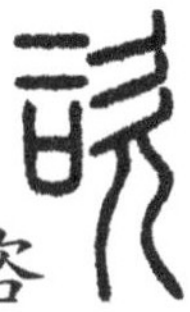
咨

zī
咨

《說文》曰：謀事曰咨。从口、次聲。註：咨，或讀為脊。

陳侯因脊戈（戰國早期） 為咨字 假為脊（齊） 陳侯因咨造

召 韶招

zhào
shào
召

《說文》曰：呼也，从口、刀聲。《玉篇》曰：召，音邵。註：，最古紹字，上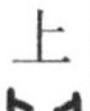兩手持酒尊授、送，下兩手受、接，从召，有招呼意。本字即為授受、紹復繼承、接續之義。後譌變為音，此字假借為韶字。韶，舜制音樂名，聞之能紹繼堯之德。紹，或省為召。召，字形繁雜。召，同紹、同韶、同招、同昭。

四祀𠨘其卣（殷商）

召父丁爵（殷商）

戍鈴方爵（殷商）

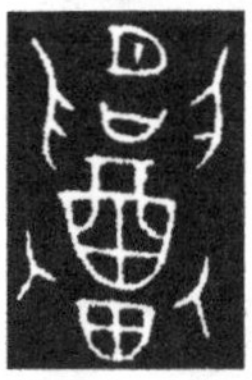
寚鼎（西周早期）

大盂鼎（西周早期）　讀為紹　夙夕召（紹）我一人

㚤召卣（西周早期）

召仲卣（西周早期）

召卣（西周早期）

大史友甗（西周早期）

罾尊（西周早期）

小臣𢊁鼎（西周早期）

伯寚盉（西周早期）

伯龢鼎（西周早期）

龢爵（西周早期）

召伯毛鬲（西周晚期）

禹鼎（西周晚期）

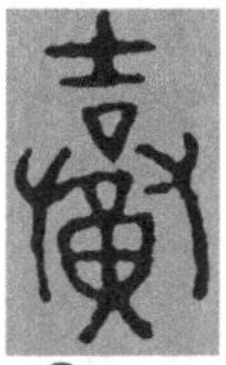
師訇簋（西周晚期）

五年召伯虎簋（西周晚期）

郘召簠（西周晚期）【殷周金文集錄】

者𣺘鐘（春秋）

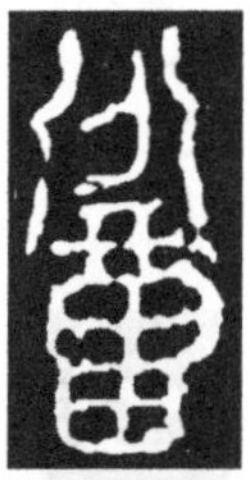
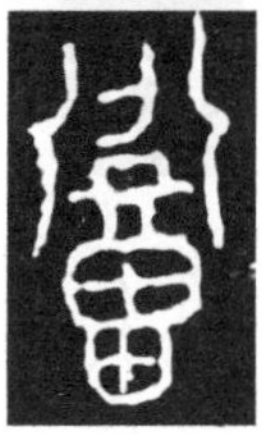
番君召簠（春秋晚期）

晉姜鼎（春秋晚期）

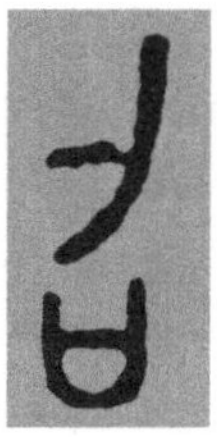
召父簋（西周早期）

大師虘簋（西周中期）

三年㾓壺（西周中期）

大簋（西周中期）

問

唯

盠駒尊（西周中期）

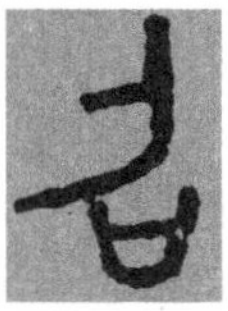
瘨鼎（西周中期）

召樂父匜（西周晚期）

克鐘（西周晚期）

師害簋（西周晚期） 讀為紹
以召（紹）其辟

伯公父簠（西周晚期）

召仲鬲（西周晚期）

逆鐘（西周晚期）

大簋（西周晚期）

召叔山父簠（春秋早期）

wèn
問

《説文》曰：訊也，从口、門聲。註：早期金文均以聞為問，問、聞古字相通。

鄖客問量（戰國） 讀為問

陳侯因資敦（戰國晚期） 讀為問
朝聞（問）諸侯 答揚厥德

四年咎奴蓍令戈（戰國晚期）

wéi
唯

《説文》曰：諾也，从口、隹聲。註：金文唯或不从口，以隹為之。唯，象聲詞，應答聲，用于對尊長，表示恭敬。唯，或同維、同惟。古文从口與从言同義，故唯或同誰。

戍寧鼎（殷商）

六祀切其卣（殷商）

小臣邑斝（殷商）

麥方尊（西周早期）

壆方鼎（西周早期）

唯

緐簋殘底（西周早期）

事囗鼎（西周早期）

周公簋（西周早期）

尹姞鬲（西周中期）

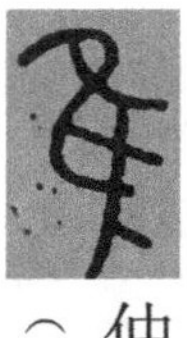

仲信父甗（西周中期）

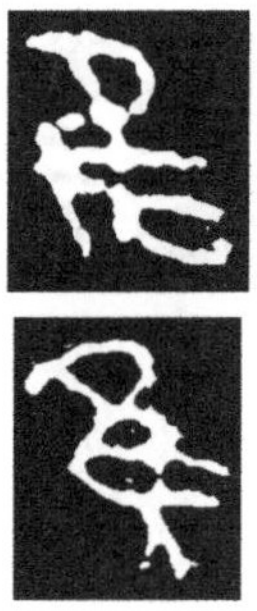

仲枏父鬲（西周中期）

大師虘簋（西周中期）

師瘨𣪘蓋（西周中期）

師趛鬲（西周中期）

敔簋（西周）

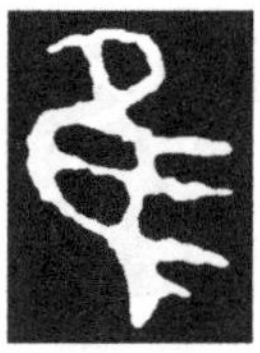

史喜鼎（西周）

宗周鐘（西周晚期）

楚公逆鎛（西周晚期）

克鐘（西周晚期）

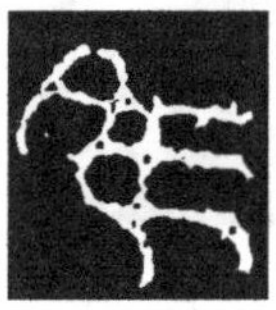

曾伯從龍鼎（春秋早期）

番君配伯鬲（春秋早期）

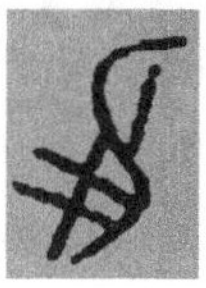

𩱦作寶甗（春秋早期）

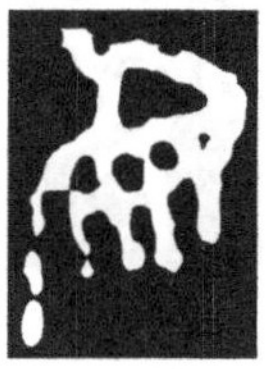

徐王子鐘（春秋）

者瀘鐘（春秋）

鄬侯少子𣪘（春秋）

齊侯鎛（春秋中期）

邾公孫班鎛（春秋晚期）

𨟊篙鐘（春秋晚期）

子璋鐘（春秋晚期）

臧孫鐘（春秋晚期）

奚子宿車鼎（春秋晚期）

其次句鑃（春秋晚期）

楚王頵鐘（春秋晚期）

楚王酓章鐘（戰國早期）

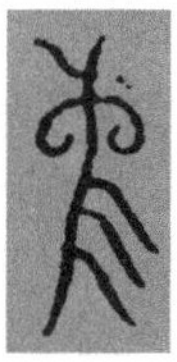

之利鐘（戰國）

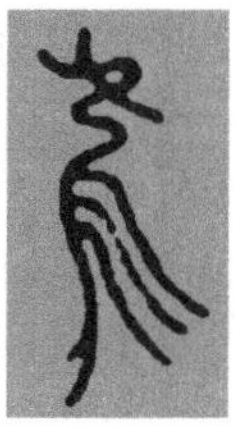

越王旨於鐘（戰國）

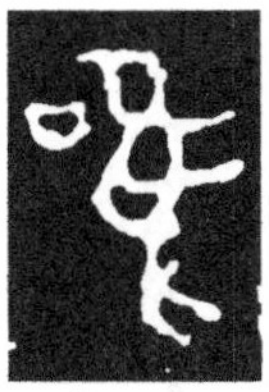
獻侯鼎（西周早期）

貉子卣（西周早期）

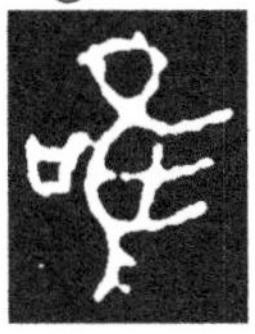
旂鼎（西周早期）

明公簋（西周早期）

小臣謎毁（西周早期）

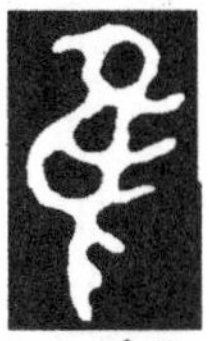
叔趞父卣（西周早期）

旂鼎（西周早期）

臣衛父辛尊（西周早期）

鴻叔鼎（西周早期）

麥方尊（西周早期）

呂行壺（西周早期）

召卣（西周早期）

善鼎（西周中期）

㦰方鼎（西周中期）

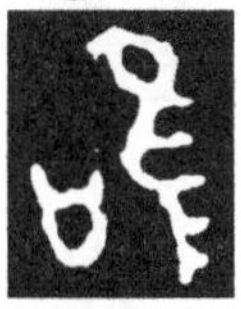

鴻叔簋（西周中期）

小臣鼎（西周中期）

員方鼎（西周中期）

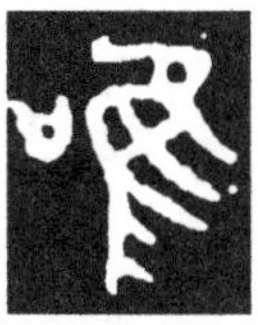
呂方鼎（西周中期）

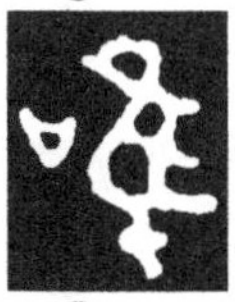
刺鼎（西周中期）

利鼎（西周中期）

趞毁（西周中期）

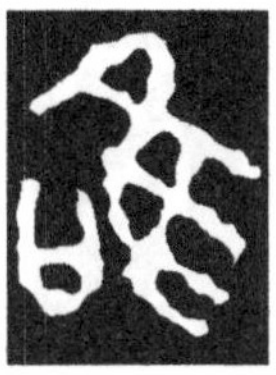
師𠭰鼎（西周中期）

豆閉簋（西周中期）

康鼎（西周中期）

盠方彝（西周中期）

師旂鼎（西周中期）

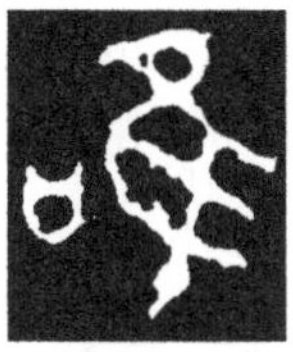
曾伯文簋（西周晚期）

噩侯鼎（西周晚期）

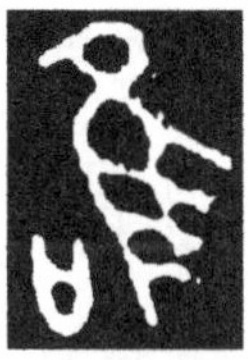
吉伯父簋（西周晚期）

毛公鼎（西周晚期）

訇簋（西周晚期）

不𡢁毁（西周晚期）

伯沕其盨（西周晚期）

逨毁（西周晚期）

宴簋（西周晚期）

 哉

 和

hè hé huó 和

《說文》曰：相譍（應）也，从口、禾声。註：相應、應咊之詞應作咊，後混同和。和，或同龢，假借為盉。，从木、从口或為枳之省文。銘文中讀為和，或假和為盉。

散氏盤（西周晚期）

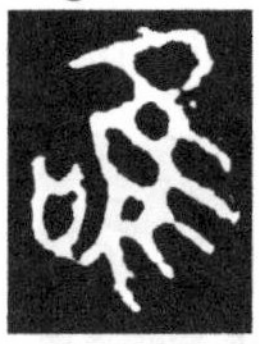
駒父盨（西周晚期）

伯氏鼎（春秋早期）

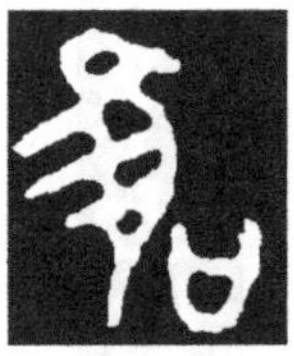
叔單鼎（春秋早期）

伯其父簠（春秋早期）

浮公之孫公父宅匜（春秋）

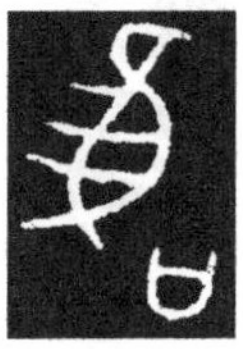
湈伯友鼎（春秋）

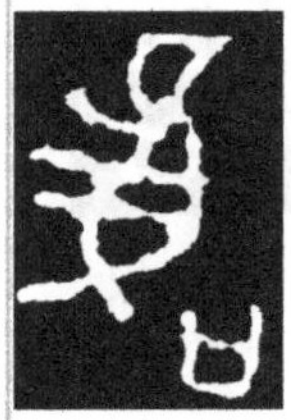
浨伯鼎（春秋）

州句劍（戰國）

好盗壺（戰國晚期）

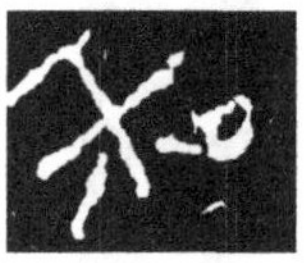
卲官和（戰國晚期）

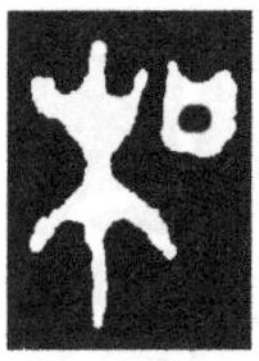
史孔和（春秋） 假和為盉

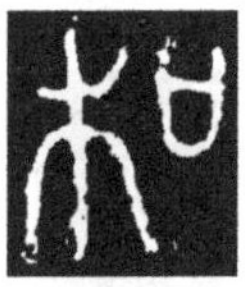
墜昉毀蓋（戰國早期）

垣上官鼎（戰國）

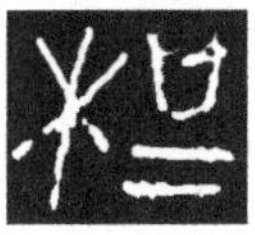
王后左相室鼎（戰國晚期） 讀為和 王后左和室

zāi 哉

《說文》曰：言之閒也，从口𢦏聲。

註：𢦏，从戈、才聲。古文才字多省作十。哉或省作𢦏。哉，通載、通栽（災）。

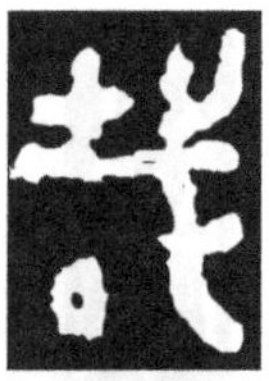
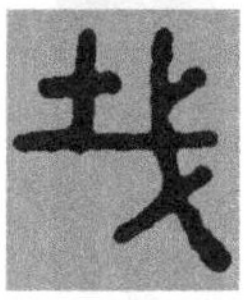
禹鼎（西周晚期） 或不从口

鼄公華鐘（春秋晚期） 讀為載 哉（載）公眉壽

余贎逨兒鐘（春秋晚期）

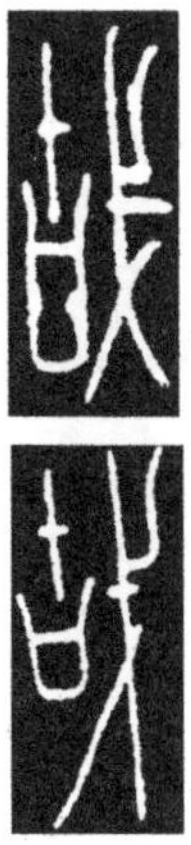
者汈鐘
（戰國早期）

匽侯載器
（戰國）

魚鼎匕
（戰國）

台 鮐

yí tái
台

《說文》曰：說（悅）也。《集韻》曰：台，台背，大老也，通作鮐。註：台，悅也，同怡，怡悅也。台，或通始。古文以字，均書作台。台，同鮐，鮐魚年老背生鮐紋曰鮐背。古文中鮐背或對長壽老者之代稱。

齊大宰歸父盤
（春秋）

王孫遺者鐘
（春秋晚期）

其次句鑃
（春秋晚期）

余贎逐兒鐘
（春秋晚期）

鼄公華鐘
（春秋晚期）

其台鐘
（春秋晚期）

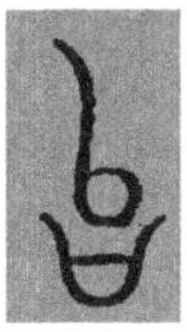
叔尸鐘
（春秋晚期）

簷金戈
（春秋晚期）

蔡侯盤
（春秋晚期）

配兒句鑃
（春秋晚期）

簷大史申鼎
（春秋晚期）

吳王光鑑
（春秋晚期）

庚壺
（春秋晚期）

蔡侯尊
（春秋晚期）

趙孟庎壺
（春秋晚期）

蔡侯墓殘鐘
（春秋晚期）

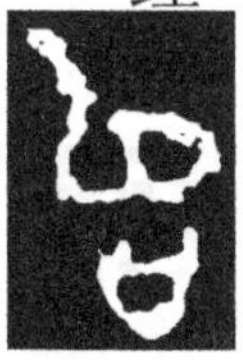
陳喜壺
（戰國早期）

陳逆簠
（戰國早期）

上官豆
（戰國）

之利鐘
（戰國早期）

鄲孝子鼎
（戰國中期）

陳侯午簋
（戰國中期）

匽侯載器
（戰國）

喊 咸 咸

xián jiǎn hǎn

咸

《説文》曰：皆也，悉也。从口、从戌。《説文通訓定聲》曰：咸，假借為諴。《集韻》曰：減，損也，或作咸。

註：咸，本義為殺掉、殺完之義。斧鉞下口字，即人口、人頭。皆、悉，均為殺盡之義的引申。

咸，或通減、通諴、通喊。

哀成叔鼎（戰國）

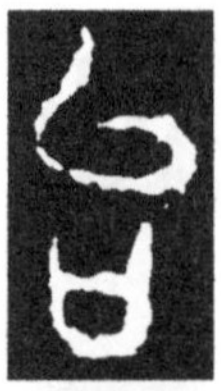

十四年陳侯午敦（戰國晚期）

楚王酓肯盤（戰國晚期）

塦侯因𬯎敦（戰國晚期）

婦酌咸段（殷商）

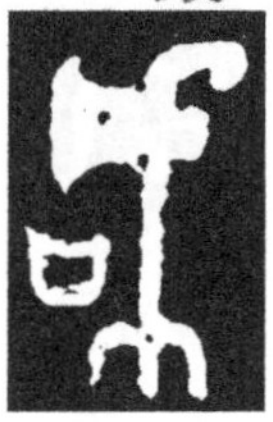
咸父乙簋（殷商）

咸匕癸尊（殷商）

咸𡛥子作且丁鼎（殷商）

咸爵（殷商）

作册般甗（殷商）

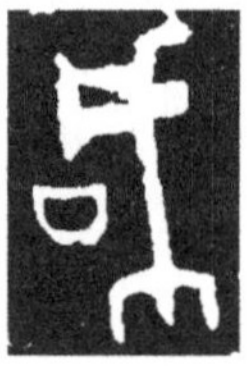
咸父甲鼎（西周早期）

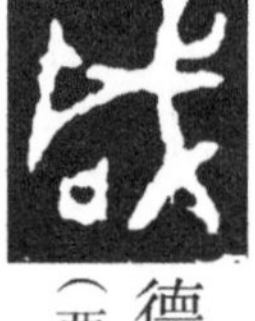
德方鼎（西周早期）

史獸鼎（西周早期）

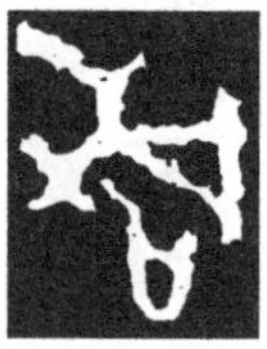
作冊魖卣（西周早期）

麥方尊（西周早期）

矢令方彝（西周早期）

我方鼎（西周早期）

小盂鼎（西周早期）

何尊（西周早期）

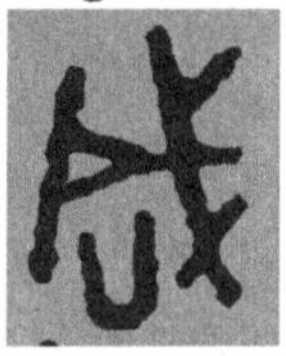
高卣（西周早期）

貉子卣（西周早期）

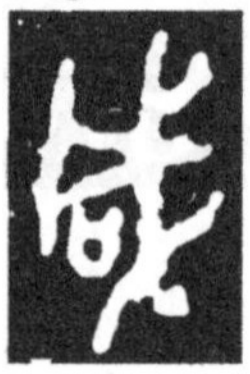
班簋（西周中期）

趞觶（西周中期）

史懋壺（西周中期）

伯咸父鼎（西周）

噩侯鼎（西周晚期）

秦公簋（春秋早期）

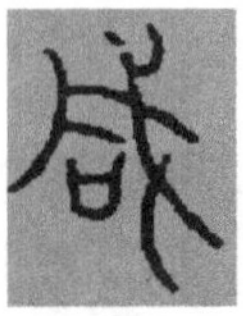
秦公鎛（春秋）

秦公鐘（春秋）

國差甔（春秋）

右

yòu
右

《說文通訓定聲》曰：祐、右實為同字。徐同柏曰：右讀為侑，謂詔侑之。【從古堂款識學】註：又即右之本字，右手象形。後借為副詞，又。為區別右、又，故加口為右。右，在金文中或假借為佑。

右作旅鼎（西周早期）

右伯鼎（西周早期）

右作彝爵（西周早期）

師酉簋（西周早期）

即簋（西周中期）

師瘨殷蓋（西周中期）

師虎簋（西周中期）

同簋盖（西周中期）

豆閉簋（西周中期）

師奎父鼎（西周中期）

瘨盨（西周中期）

趞曹鼎（西周中期）

康鼎（西周中期）

利鼎（西周中期）

衛簋（西周中期）

師旂鼎（西周中期）

申簋蓋（西周中期）

廿七年衛簋（西周中期）

王臣簋（西周中期）

㝬狄鐘（西周中期）

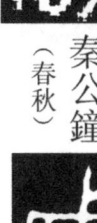

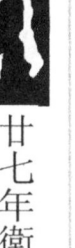

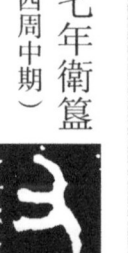

右

彔伯𢦚𣪘蓋（西周中期）

通祿鐘（西周中期）

三年師兌簋（西周晚期）

師寰𣪘（西周晚期）

伊簋（西周晚期）

揚簋（西周晚期）

師𩒨𣪘（西周晚期）

仲爯父簋（西周晚期）

善夫山鼎（西周晚期）

季右父鬲（西周晚期）

多友鼎（西周晚期）　假右為有　多友右（有）折首執訊

大克鼎（西周晚期）

走簋（西周晚期）

弭叔簋（西周晚期）

頌鼎（西周晚期）

毛公鼎（西周晚期）

寰鼎（西周晚期）

弭伯簋（西周晚期）

趞鼎（西周晚期）

小克鼎（西周晚期）

此鼎（西周晚期）

伯康簋（西周晚期）

微䜌鼎（西周晚期）

士父鐘（西周晚期）

柞鐘（西周晚期）

㳿其鐘（西周晚期）

師兌簋（西周晚期）

元年師旋𣪘（西周晚期）

秦公鐘（春秋早期）

秦公鎛（春秋早期）

叔尸鐘（春秋晚期）

曾侯乙豆（戰國早期）　假右為持　曾侯乙作右（持）用終

宜陽右倉簋（戰國）

啻 嫡

平公鼎（戰國）

十二年盉（戰國）

陳陲鼎蓋（戰國晚期）

右史車嗇夫鼎（戰國晚期）

中山王譽鼎（戰國晚期）

右治君敦（戰國晚期）

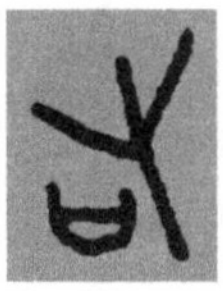

公朱右自鼎（戰國晚期）

右卜脒鼎（戰國晚期）

chì dì

啻　《說文》曰：語時不啻也，从口帝聲。註：啻，副詞，用于疑問或否定字後，如：不啻、何啻。啻，在古文經典中同帝、同禘。或孳乳為嫡、為敵、為適。

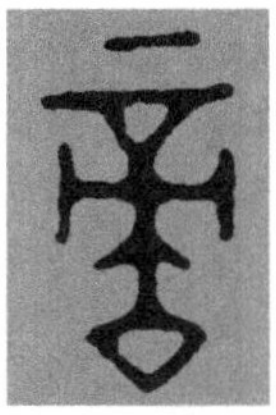

𨓜鼎（西周早期）讀為敵　攻龠無啻（敵）

剌鼎（西周中期）

大簋（西周中期）經典作禘　用啻（禘）于乃考

趞段（西周中期）

師酉簋（西周中期）讀為適　嗣乃祖啻（適）官邑人

師虎簋（西周中期）

繁卣（西周中期）

鮮盤（西周中期）

𢦔段（西周中期）

叔買簋（西周晚期）讀為嫡　于朕皇祖、啻（嫡）考

訇簋（西周晚期）

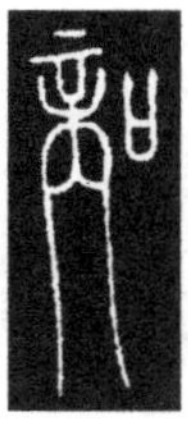

蔡侯盤（春秋）

陳侯因資敦（戰國晚期）讀為帝　高祖皇啻（帝）

吉 吉

jí 吉 《説文》曰：善也，从口、士聲。 註：姑，姓氏，或作吉。

旂鼎（西周早期）

[illegible]方鼎（西周早期）

旟鼎（西周早期）

不壽簋（西周早期）

御正衛簋（西周早期）

敔簋（西周早期）

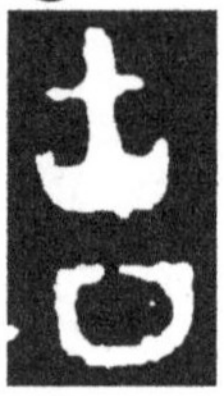
沓殷（西周早期）

命簋（西周早期）

效尊（西周早期）

效卣（西周早期）

昝殷（西周中期）

𢦚殷（西周中期）

康鼎（西周中期）

師湯父鼎（西周中期）

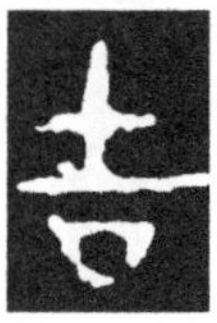
[illegible]叔鼎（西周中期）

賢簋（西周中期）

𢿋殷（西周中期）

𠭯鐘（西周中期）

師奎父鼎（西周中期）

公貿鼎（西周中期）

師趛鼎（西周中期）

師趛鬲（西周中期）

師器父鼎（西周中期）

仲枏父鬲（西周中期）

次尊（西周中期）

次卣（西周中期）

格伯簋（西周中期）

繁卣（西周中期）

匡卣（西周中期） 或从甘

耳尊（西周中期）

𫝀鼎 吉字倒書（西周）

善夫吉父鬲（西周晚期）

史頌鼎（西周晚期）

鬲比鼎（西周晚期）

井人妄鐘（西周晚期）

伯鮮甗（西周晚期）

宴簋（西周晚期）

汈其鼎（西周晚期）

鮮伯鼎（西周晚期）

毛公鼎（西周晚期）

柞鐘（西周晚期）

克鐘（西周晚期）

南宮柳鼎（西周晚期）

伯家父簋蓋（西周晚期）

叡先伯段（西周晚期）

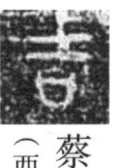

蔡公子壺（西周晚期）

鄧公簋蓋（西周晚期）

兮吉父簋（西周晚期）

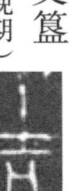

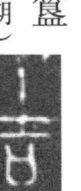

齊侯鎛（西周晚期）

散伯車父鼎（西周晚期）

陳侯鼎（春秋早期）

邕子良人甗（春秋早期）

伯氏鼎（春秋早期）

曾伯鼎（春秋早期）

鼄大宰簠（春秋早期）

平侯鼎（春秋早期）

食生走馬谷簋（春秋早期）

曾子仲謱鼎（春秋早期）

陳公子叔邍父甗（春秋早期）

曾仲斿父壺（春秋早期）

陳侯簠（春秋）

者生鼎（春秋）

鼄叔伯鐘（春秋）

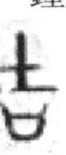

楚王鐘（春秋）

楚王領鐘（春秋）

者瀊鐘（春秋）

郤醓尹征城（春秋）

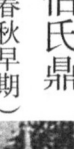

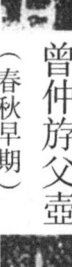

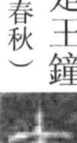

鼄公華鐘（春秋晚期）

姑馮昏同之子句鑃（春秋晚期）

蔡侯紐鐘（春秋晚期）

其次句鑃（春秋晚期）

篖大史申鼎（春秋晚期）

王子嬰次鐘（春秋晚期）

邾公孫班鎛（春秋晚期）

王孫遺者鐘（春秋晚期）

臧孫鐘（春秋晚期）

䣄䁅尹譬鼎（春秋晚期）

拍敦（春秋晚期）

之利鐘（戰國早期）

陳逆簠（戰國早期）

南疆鉦（戰國）

周 

zhōu
周

《說文》曰：密也，从用、口。，省去中間四點，再从口之周字，為孳生字，後便成常用字。註：周，早期周字像種植物密植田中，縱橫田埂、左右伸出，此即田界周邊或疆界之象形。陝西為農耕文明發達地區，周朝以農立國，故以周為國號。周，引申為周密、嚴密之義。

（殷商）

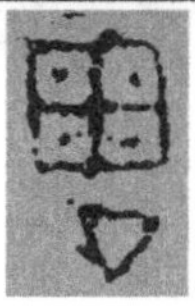
成周鈴（殷商）

保卣（西周早期）

圀段（西周早期）

高卣（西周早期）

麥方尊（西周早期）

䆞段（西周早期）

禽簋（西周早期）

圉卣（西周早期）

圉段（西周早期）

周公簋（西周早期）

圉甗（西周早期）

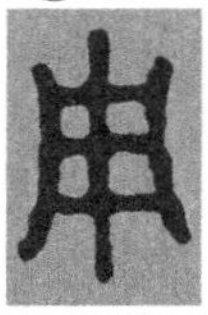
小臣夌鼎（西周早期） 同周字 王在成周

義仲方鼎（西周早期）

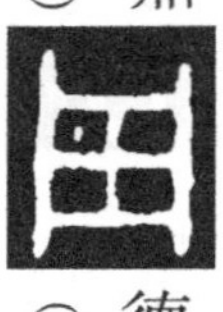
德方鼎（西周早期）

匽侯旨鼎（西周早期）

獻侯鼎（西周早期）

叔簋（西周早期）

史獸鼎（西周早期）

作冊䰧父乙尊（西周早期）

隰作父乙尊（西周早期）

原趠方鼎（西周早期）

大盂鼎（西周早期）

小臣傳簋（西周早期）

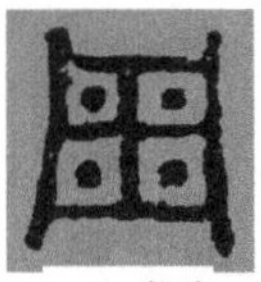
周公作文王方鼎（西周早期）

矢令方尊（西周早期）

成周戈（西周早期）

士上卣（西周早期）

塑方鼎（西周早期）

何尊（西周早期）

彔刻卣（西周中期）

周免旁父丁尊（西周中期）

免簠（西周中期）

穆公簋蓋（西周中期）

應侯見工鐘（西周中期）

同簋（西周中期）

申簋蓋（西周中期）

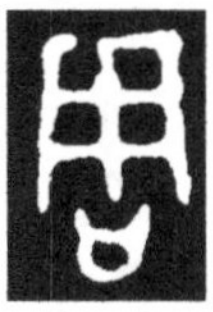
小臣鼎（西周中期）

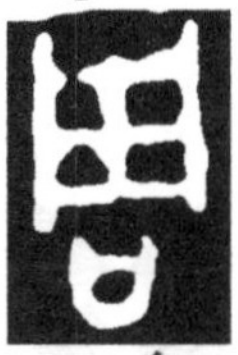
曶鼎（西周中期）

大師盧簋（西周中期）

師遽簋（西周中期）

師隹鼎（西周中期）

鴻叔簋（西周中期）

免簋（西周中期）

周䍙壺（西周中期）

善鼎（西周中期）

九年衛鼎（西周中期）

癲盨（西周中期）

格伯簋（西周中期）

伯百父簋（西周中期）

七年趞曹鼎（西周中期）

十五年趞曹鼎（西周中期）

成周壺（西周）

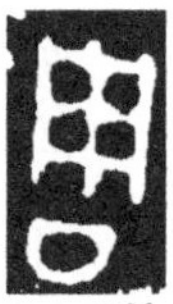
敔段（西周）

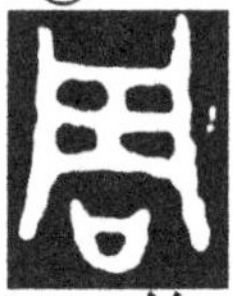
伯窺父盨（西周晚期）

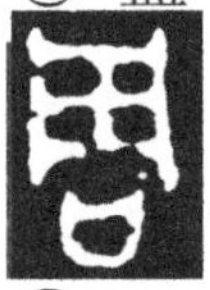
虢仲盨蓋（西周晚期）

大克鼎（西周晚期）

史頌簋（西周晚期）

頌鼎（西周晚期）

此鼎（西周晚期）

鬲比鼎（西周晚期）

趞鼎（西周晚期）

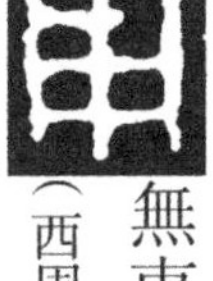
無叀鼎（西周晚期）

周駱盨（西周晚期）

毛公鼎（西周晚期）

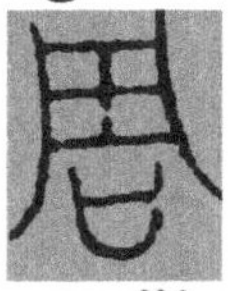
微䜌鼎（西周晚期）

史頌鼎（西周晚期）

宗周鐘（西周晚期）

小克鼎（西周晚期）

㝬段（西周晚期）

克鐘（西周晚期）

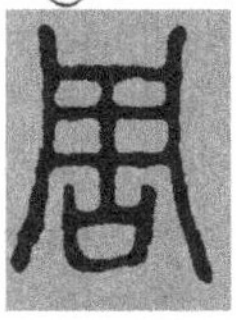
伯䣄父鼎（西周晚期）

走簋（西周晚期）

師嫠段（西周晚期）

訇簋（西周晚期）

揚簋（西周晚期）

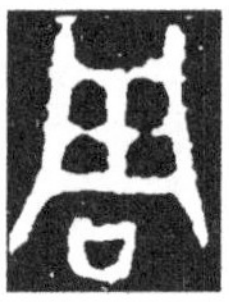
三年師兌簋（西周晚期）

伊簋（西周晚期）

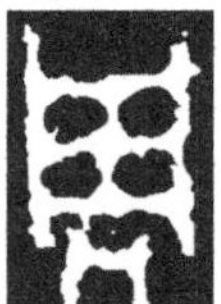
師穎段（西周晚期）

諫簋（西周晚期）

頌簋（西周晚期）

善夫克盨（西周晚期）

周生豆（西周晚期）

叔專父盨（西周晚期）

曾侯乙鐘（戰國早期）

塘唐

仇㕤

咤吒

táng
唐

《說文》曰：大言也，从口、庚聲。古文唐从口、昜。

註：唐，大言，荒唐之言。唐，或引申為廣大，蕩蕩之貌。唐，或假為塘、為湯。金文或假觴為唐。

唐子且乙觶（殷商）

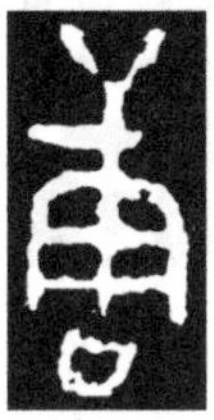

唐子且乙爵（殷商）

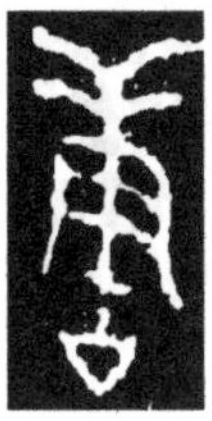
宋公䜌簠（春秋晚期）

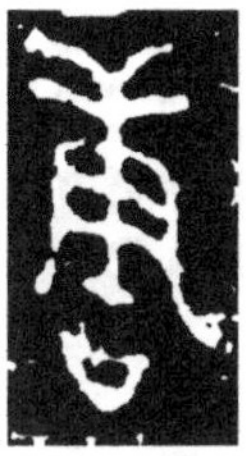
宋公䜌簠（春秋晚期）

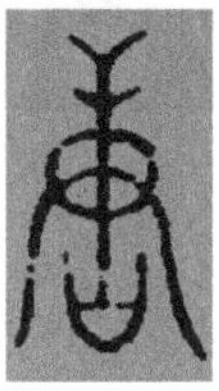
叔尸鐘（春秋晚期）　或讀為湯　赫赫成唐（湯）

三年鈹（戰國）

觴仲多壺（西周晚期）　假觴為唐　觴（唐）仲多作醴壺

觴姬簋蓋（西周晚期）　假觴為唐

qiú
㕤

《說文》曰：高气也，从口、九聲。

《爾雅》曰：仇仇（㕤㕤）敖敖，傲也。

註：㕤，高傲之氣、傲氣逼人。㕤，即今之仇字。

二年右貫府戈（戰國晚期）

zhà
吒

《說文》曰：噴也，叱怒也，从口乇聲。

《一切經音義》曰：咤，又作吒。

註：吒，憤怒時所發出聲音。

吝  吁 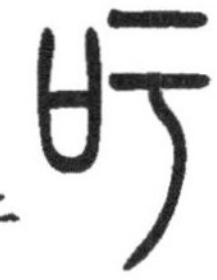 𠯑 

[鬲+干]比盨 讀為吒
（西周晚期） 俾[鬲+干]比復厥小宮吒[鬲+干]比田

è
niè
𠯑

《説文》曰：語相謌歫（呵拒）也。从口。歫辛，辛，惡聲也。𠯑，或讀若櫱。

父己亞𠯑史鼎
（殷商）

xū
yù
吁

《説文》曰：驚也，从口、于聲。《集韻》曰：吁，嘆也、驚也。《玉篇》曰：吁，疑怪之辭也。

《集韻》曰：吁，應也。

吳王光鑑
（春秋晚期）

蔡侯墓殘鐘
（春秋晚期）

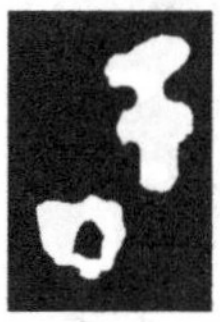
吁戈
（春秋晚期）

lìn
吝

《説文》曰：恨惜也，从口、文聲。

註：吝，悔恨、遺憾。吝，或从吅讀為鄰。馬王堆帛書之鄰字即此。

中山王嚳鼎 或讀為鄰
（戰國晚期） 吝（鄰）邦難寴（親）

各

gè
各

《說文》曰：異辭也，从口、夂。《說文解字注箋》曰：各，古格字，古从夂，夂有至義，亦有止義。
《正字通》曰：凡事物離析不相合皆謂之各。註：各，即為格之本字。止（趾），朝向口（房屋形），有進入、至、止之義。與出字，止向外，從口出，形義相反。各，或用于副詞、代詞。

邐方鼎（殷商）

宰椃角（殷商）

伯格尊（西周早期）

耳尊（西周早期）

伯格卣（西周早期）

寧簋蓋（西周早期）

遣鬲（西周早期）

原趠方鼎（西周早期）

貉子卣（西周早期）

榮簋（西周早期）

癲盨（西周中期）

九年衛鼎（西周中期）

㝬尊（西周中期）

師酉簋（西周中期）

七年趞曹鼎（西周中期）

盠方尊（西周中期）

師奎父鼎（西周中期）

廿七年衛簋（西周中期）

即簋（西周中期）

癲鐘（西周中期）

豆閉簋（西周中期）

尹姞鬲（西周中期）

大師虘設（西周中期）

免尊（西周中期）

免簋（西周中期）

師毛父簋（西周中期）

同簋（西周中期）

申簋蓋（西周中期）

各

趞毁（西周中期）

善鼎（西周中期）

應侯見工鐘（西周中晚期）

競卣（西周中期）

蔡簋（西周中期）

師嫠毁（西周晚期）

敔毁（西周晚期）

大盂鼎（西周晚期）

五祀㝬鐘（西周晚期）

頌鼎（西周晚期）

善夫山鼎（西周晚期）

宗周鐘（西周晚期）

諫簋（西周晚期）

郘□毁（西周晚期）

訇簋（西周晚期）

趞鼎（西周晚期）

此鼎（西周晚期）

無叀鼎（西周晚期）

弭伯師耤毁（西周晚期）

元年師旋毁（西周晚期）

弭叔師察簋（西周晚期）

楚簋（西周晚期）

走簋（西周晚期）

揚簋（西周晚期）

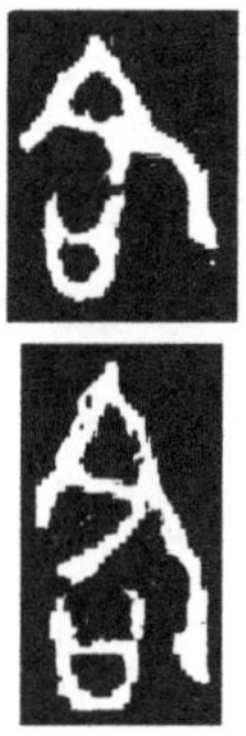
沵其鐘（西周晚期）

元年師兑簋（西周晚期）

此簋（西周晚期）

伊簋（西周晚期）

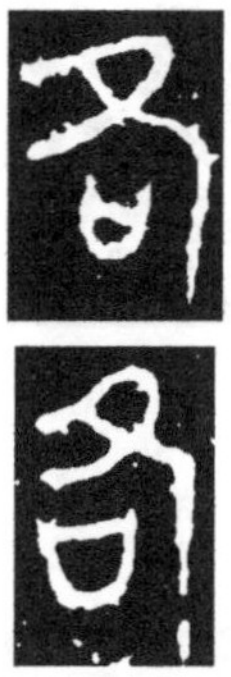
鄦毁（西周晚期）

輔師嫠毁（西周晚期）

頌簋（西周晚期）

哀

㲄嗀

㕦

頌簋蓋（西周晚期）

㝬𣪕（西周晚期） 其各（格）前文人
各即為格之同聲假借字

秦公簋（春秋早期）

āi
哀

《說文》曰：閔也，从口衣聲。《廣雅》曰：哀，痛也，《玉篇》曰：哀，傷也。《釋名》曰：哀，愛也。

註：哀、愛古字相通。

沈子它簋蓋（西周早期） 哀通愛
其丮哀（愛）乃沈子也唯福

禹鼎（西周晚期）

師訇簋（西周晚期）

上曾大子鼎（春秋早期）

哀成叔鈉（春秋晚期）

哀成叔豆（春秋晚期）

哀成叔鼎（春秋晚期）

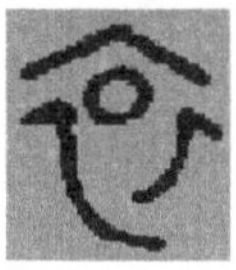
□子鼎（戰國）

hù
嗀

《說文》曰：歐（嘔）皃（貌），从口、㱿聲。《廣韻》曰：嗀，歐（嘔）聲。

註：嗀，嘔吐貌、嘔吐聲。嗀，或讀為㲄。㲄，同珏，雙玉。

𪔂侯鼎（西周晚期） 讀為㲄
王親賜御方玉五嗀（㲄）

guā
㕦

《說文》曰：塞口也，从口氒省聲。

註：㕦，隸變為舌，二字相混。从㕦之字或从舌，如括、刮等字。

唬 號嚇

嗌 隘

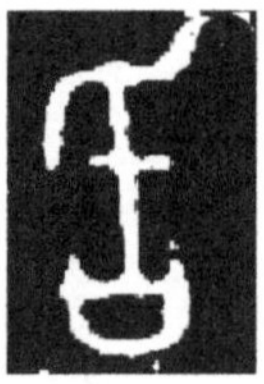
姑馮昏同之子句鑃（春秋晚期）

戉王劍（戰國）

xiāo xià hǔ hào
唬

《説文》曰：嗁（啼）聲也。一曰虎聲，从口、从虎。《集韻》曰：號，呼也，或作唬。

註：唬，同嚇（吓）、同虎。唬，通號。

善鼎（西周早期） 讀為號 唬（號）前文人

伯𢦚𣪘（西周中期） 唬（號）前文𤫊

唬，從口而作甘，甲骨文、金文中之常例。

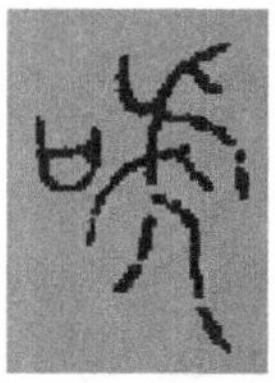
秦公鎛（春秋） 讀為號 唬（號）夙夕

葡亞作父癸角（殷商） 或从四口

yì ài
嗌

《説文》曰：咽也，从口益聲。籀文嗌，上象口，下象頸脈，理也。

註：嗌，咽，咽喉、咽喉堵塞。嗌，通益，或假為隘。

[illegible]益卣（西周早期）

益作寶鼎（西周中期）

曶鼎（西周中期）

作册益卣（西周中期）

華季益鼎（西周晚期）

華季益盨（西周晚期）

𢦚叔𣪘蓋（西周晚期）

紳 呻

噧

喅

哦

shēn
呻

《說文》曰：吟也，从口、申聲。 註：呻，呻吟。呻，或假為紳。

伯晨鼎 讀為紳
（西周中期）賜汝……駒車、畫呻（紳）、幬較

xiè
噧

《說文》曰：高气多言也，从口蠆省聲。 註：噧，聲高而話多。

噧鼎
（殷商）

yù
喅

《說文》曰：音聲喅喅然。从口、昱聲。《集韻》曰：喅，喅喅，眾聲。
註：本从口、翌聲。翌，羽翅也，象形。翌、昱古字同聲。，或讀為喅。喅，眾聲喧嘩。

毛伯簋 讀為喅
（西周晚期）毛伯喅父作仲姚寶簋

é
哦

《說文新附》曰：吟也，从口、我聲。 註：哦，吟咏、吟誦。哦，或為嘆詞。

售 售　喫 喫　咏

哦作父辛簋（西周早期）

shòu
售

《說文新附》曰：賣去手也。从口、雔省聲。

註：售，出售、賣出、出手。

伓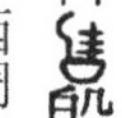殷（西周）

chī
喫

《說文新附》曰：食也，从口、契聲。

註：䂖，即喫之省文。喫，或假借為䂖。䂖，能容一斗的缶類器具。

杕氏壺（春秋晚期）

或从口、契省聲。假為䂖。
荷是金喫（䂖）

yǒng
咏

註：咏，即詠，在金文中从口、从言，其義相同。咏，為詠之異體。（詠字在言部）

咏作日戊尊（西周早期）

lán lín
咻

《玉篇》曰：咻，貪也。《一切經音義》曰：惏，或作咻，今亦作婪。

西咻簋（戰國）

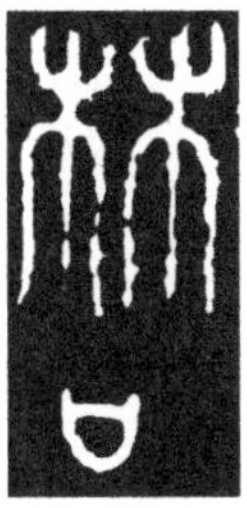
西咻簋（戰國）

zhé dī dí
嘀

《正字通》曰：嘀，俗謫字。註：嘀，象聲字，嘀嗒。嘀，或讀為謫，古文字从口與从言或可互通。

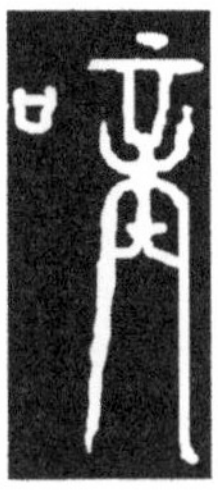
蔡侯尊（春秋晚期） 讀為謫 祇盟嘗嘀（謫）

蔡侯盤（春秋晚期）

rǎng rāng
囔

註：囔，吵鬧、喧嘩。囔，或假為讓、為襄。

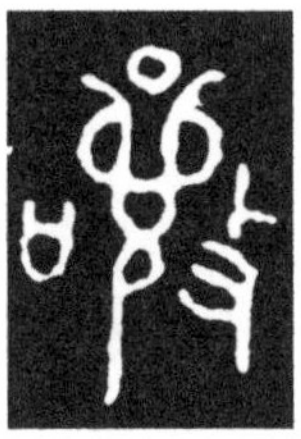
欒子簠（春秋晚期） 讀為襄 欒子囔（襄）豧擇其吉金

xún
噚

註：噚，或讀為尋。

哴 咬 絞 噔

眚仲之孫殷 （春秋早期） 或讀為尋 省仲之孫為噚（尋）

秦公簋 （春秋早期）

dēng
噔
註：噔，象聲詞。

蛊之噔鼎 （春秋）

yǎo
jiǎo
咬
唐蘭曰：凡从㸚之字古書多从交，……所以⿱㸚口，通咬；在此應讀如絞。【文物】一九七六第五期

九年衛鼎 （西周中期）

liàng
láng
哴
《集韻》曰：唴哴，啼也。哴吭，吹皃（貌）。
註：唴哴，悲哭過度而失聲，形容聲音。哴吭，吹氣的樣子。哴，或假借為讓。

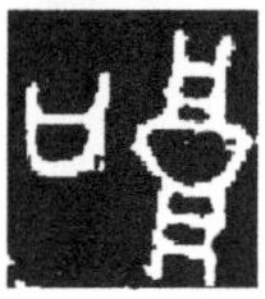

簷叔之仲子平鐘 （春秋晚期）

hú
𡔷

註：𡔷，讀為斛，量器。南宋以前十斗為一斛，後改為五斗為一斛。

陳璋罍 讀為斛
（戰國） 受一𡔷（斛）五□

重金扁壺 讀為斛
（戰國） 受一𡔷（斛）六升

shà
a
嗄

《玉篇》曰：嗄，聲破。

註：嗄，聲音嘶啞。嗄，或讀為啊。

𥲤叔之仲子平鐘 讀為嗄
（西周晚期） 嘟嘟嗡嗡聞于嗄東

huà
吳

《玉篇》曰：吳，大聲也。

註：吳，或讀為嘩，喧嘩。

戉葡卣
（殷商）

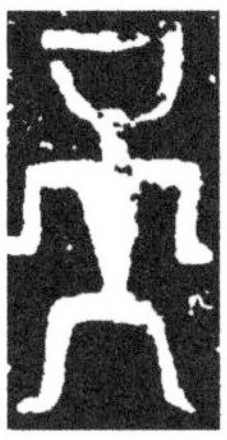

天爵
（殷商）

吳禾器
（西周早期）

máng
吂

《玉篇》曰：使人問而不肯，答曰吂。《集韻》曰：耄昏不知皃（貌）。

註：吂，嘆詞，表示不肯答應的聲音。吂，或為老年遲鈍樣子。吂，或讀為芒。

吤 齘　映　嗖 授

八年吂令戈

（戰國）

讀為芒

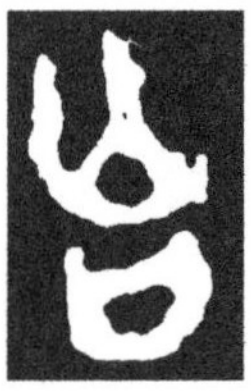

口吂令司馬戈

（戰國晚期）

吂（芒）令司馬伐……治口

jiè xiè
吤

《集韻》曰：吤，聲也。《龍龕手鑑》曰：吤，俗；正作齘，切齒怒也。

註：吤，咽喉哽塞所出聲。吤，或為齘之俗字。

卑汸君光鼎

（西周中期）

讀為吤

卑吤君光飤鼎

張亞初釋為吤【殷周金文集成 引得】

yāng
映

《廣韻》曰：映，（答）應聲。

作女角

（西周早期）

張亞初釋為映【殷周金文集成 引得】

享作映母

shòu
嗖

《玉篇》曰：嗖，口嗖也。

《字彙》曰：嗖，同謏。

註：嗖，即授，口授、傳授。

耳尊

（西周早期）

讀為授

耳日授休

吷

史吷鼎（西周中期）

峉客殷（西周晚期）

shī
時

註：言從口出，古文从口从言意或相同，故時，或同詩。時，或假為持。

時伯鬲（西周晚期）　讀為詩

曾侯乙鐘（戰國早期）　讀為持　曾侯乙作時（持）

曾侯乙匕（戰國早期）　讀為持　曾侯乙作時（持）用終

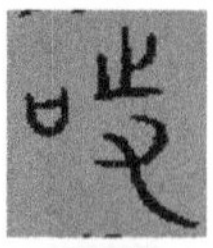

楚王酓章鐘（戰國早期）　讀為持　其永時（持）用享

jī
啣

《集韻》曰：啣，啾啣，衆聲。

郘公鏃（戰國）

⿰口逆

嘕

囋 讚餐

唲 哇

⿰口逆

多友鼎（西周晚期）

嘕

伯嘕父簋（西周晚期）

zá zàn cān 囋

《集韻》曰：囋，嘈囋（杂）聲也。《集韻》曰：囋，同讚。《集韻》曰：餐，亦作囋。

麥方鼎（西周早期） 讀為囋 邢侯延囋于麥

ér wā 唲

註：唲，嚅唲，強笑曲從的樣子。嘔唲（哇），幼兒語聲，或作哇。

㖡 咾 咺

公鏃（戰國）

讀為呪 張亞初釋為呪【殷周金文集成 引得】

呪公之矢

xuān
咺

註：咺，其義為顯著。咺，或讀作宣。

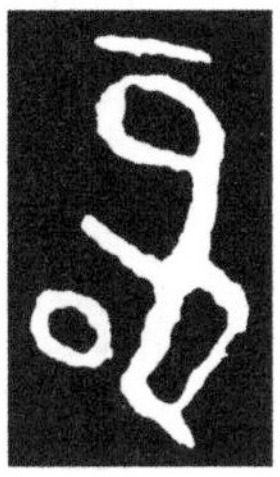

□□宰兩鼎（春秋早期）

讀為咺 張亞初釋為咺【殷周金文集成 引得】

□魯宰兩作其咺嘉寶鼎

lǎo
咾

註：咾，語气詞。咾，假為考。

令作父乙尊（西周中期）

讀為咾 張亞初釋為咾【殷周金文集成 引得】

咾作父乙尊

yè
㖡

註：㖡，鳥夜鳴，或同夜。

十一年佫茖戈（戰國晚期）

huì
㖹

註：㖹，或讀為誨。

丼叔采鐘
（西周晚期）
讀為誨
用祈福□多壽㖹（誨）魯

昔

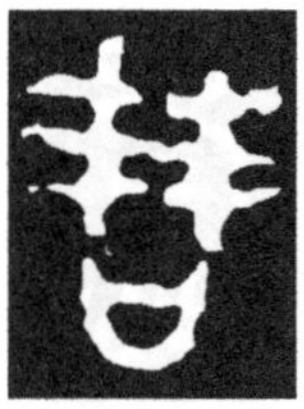

辛鼎
（西周早期）

士上卣
（西周早期）

士上盉
（西周早期）

kǎn
qiǎn
凵

《說文》曰：張口也，象形。《說文通訓訂聲》曰：一說坎也，塹也。象地穿，凶字从此。楊樹達曰：象坎陷之形，乃坎之初文。【積微居小學述林】

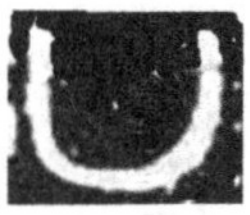

凵父己爵
（殷商）

嚴　巖儼

咢　噩　愕萼

yán yǎn
嚴

《説文》曰：教命（令）急也，从吅、厰聲。古文。

註：嚴或同儼、同巖。嚴，或孳乳爲玁狁之玁。玁狁，或曰獫狁，北狄也，即北方之外族。

㝬狄鐘（西周中期）先王其嚴（儼）在帝左右　讀為儼

癲鐘（西周中期）

宗周鐘（西周晚期）

士父鐘（西周晚期）

沙其鐘（西周晚期）

井人女鐘（西周晚期）

虢叔旅鐘（西周晚期）

多友鼎（西周晚期）用嚴（玁）允（狁）　孳乳為玁

番生簋蓋（西周晚期）

晉侯穌鐘（西周晚期）【殷周金文集錄】

秦公簋（春秋早期）

王孫誥鐘（春秋）【殷周金文集錄】

秦公鎛（春秋）

蔡侯墓殘鐘（春秋晚期）

中山王嚳方壺（戰國晚期）

è
咢

《説文》曰：譁訟也，从吅、屰聲。　吳大澂曰：噩即與咢、鄂為一字，……噩當為驚愕之愕，……盖噩為咢、鄂之古文字。【愙齋集古錄】　註：金文中鄂侯，均作噩侯。咢，同鄂、同噩、同愕、同萼。

單

單

dān
shàn
單

《說文通訓定聲》曰：單，假借為殫。註：單，古代打獵工具，亦可禦敵。長柄兩杈，杈端縛石，抛出可擊傷敵、獸。單，或假借為殫、為憚。，古單字與古干字形同。

噩侯𠩺季殷（西周早期）

噩季奞父殷（西周早期）

噩叔尊（西周早期）

噩叔簋（西周早期）

𠩺季尊（西周早期）

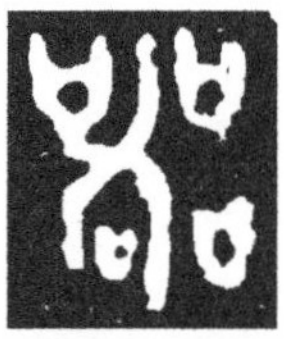

禹鼎（西周晚期）

噩侯鼎（西周晚期）

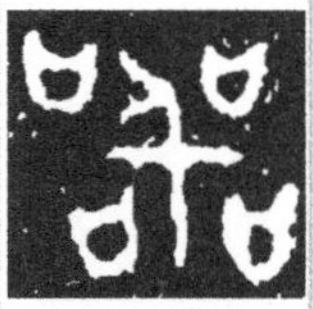
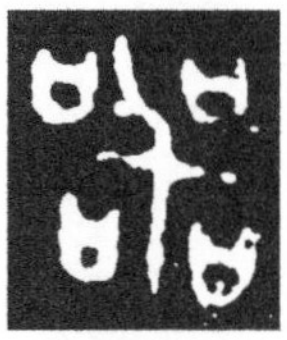

叔噩父簋（西周晚期）

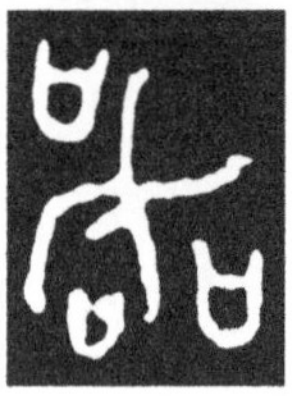
噩侯簋（西周晚期）

南單觚（殷商）

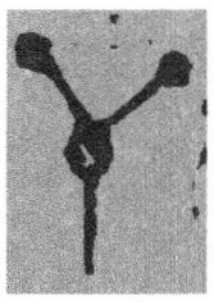
戈册父辛簋（殷商）

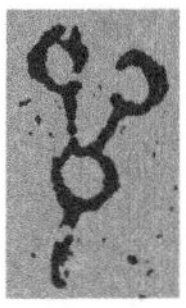
冬臣單觚（殷商）

北單觚（殷商）

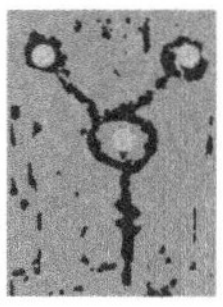
北單鐃（殷商）

[雝皿]作父甲卣（西周早期）

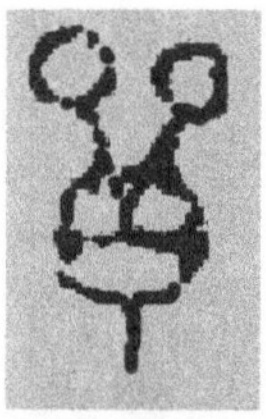
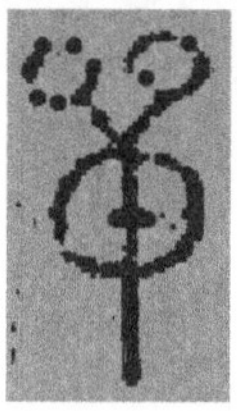
單光方鼎（西周早期）

叔單簋（西周早期）

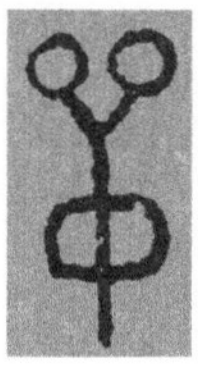
作從單尊（西周早期）

[米光]單殷（西周早期）

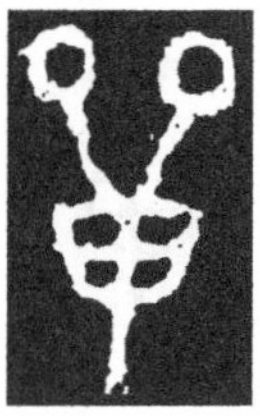
小臣單觶（西周早期）

叔作單公方鼎（西周早期）

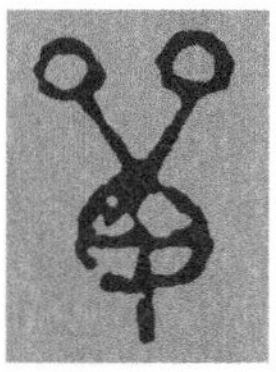
亶卣（西周早期）

咢

單㠱父癸尊（西周早期）

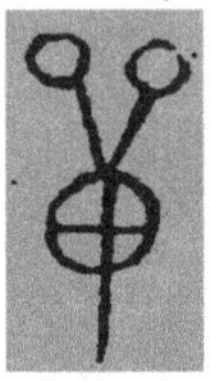
單光觚（西周早期）

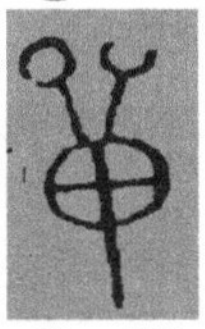
單光盉（西周早期）

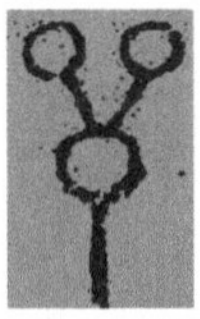
單爵（西周早期）

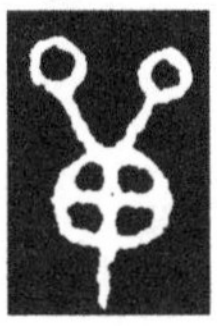
單子白盤（西周中期）

裘衛盉（西周中期）

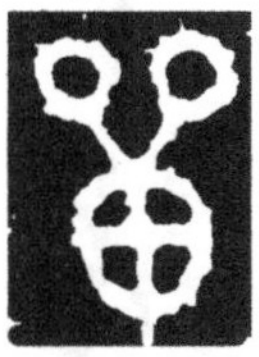

揚簋（西周晚期）

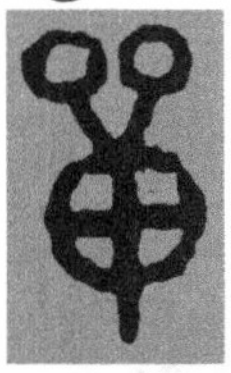
單吳生豆（西周晚期）

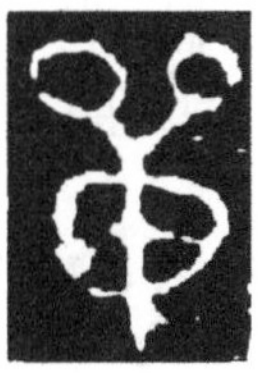
單伯旲生鐘（西周晚期）

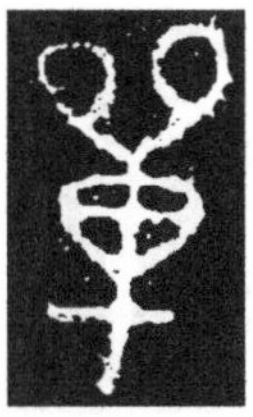
王盉（西周晚期）

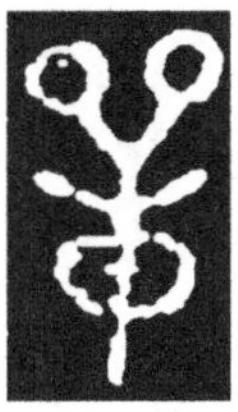
蔡侯匜（西周晚期）

單伯遼父鬲（春秋早期）

曾子單鬲（春秋早期）

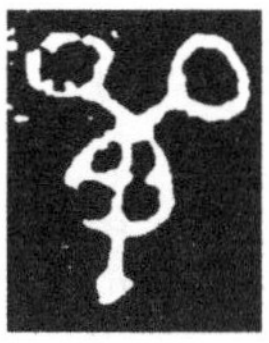
叔單鼎（春秋早期）

單子白盨（春秋早期）

單諸討戈（戰國早期）

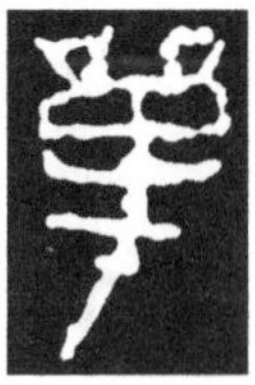
坪安君鼎（戰國晚期）

囟單冓且己𣪕 百單二字合文（殷商）

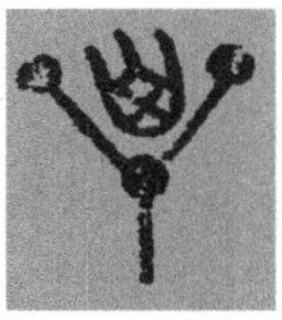
西單光父乙鼎 西單二字合文（殷商）

北單從鼎 北單二字合文（西周早期）

咢

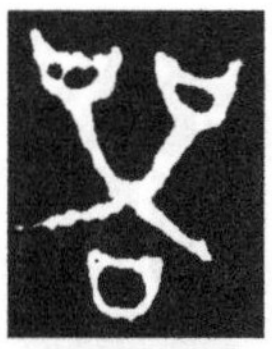

戈咢作匕𣪕（殷商）

戈咢卣（西周早期）

戈咢觶（西周早期）

𦋺　詈　𦉰　罨

kè
𦋺

註：𦋺，或為窓之異文。

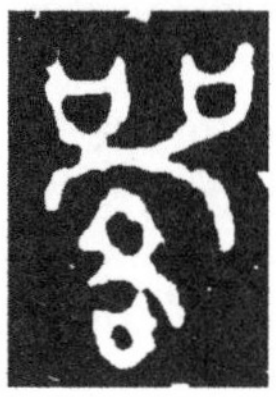

不嬰段（西周晚期）

或讀為窓

余命汝禦追于𦋺（窓）

詈

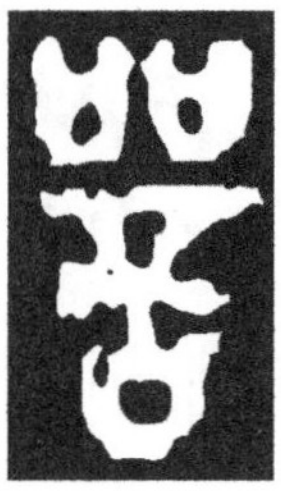

郾王詈矛（戰國晚期）

郾王詈戈（戰國晚期）

郾王詈矛（戰國晚期）

𦉰

毛公鼎（西周晚期）

罨

小臣謎殷（西周早期）

大克鼎（西周晚期）

喪 喪

sàng sāng
喪

《說文》曰：亡也，从哭、从亡，會意，亡亦聲。

註：逃亡、丟失、失敗均稱喪。喪有逃亡之義，或从走作。古喪、爽兩字音近，可互通。

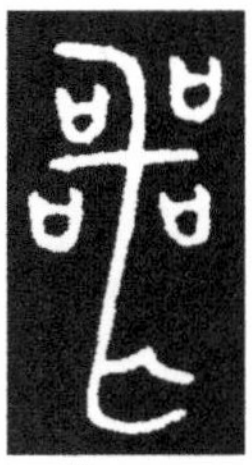

旂鼎（西周早期）

量侯簋（西周早期）

卯簋盖（西周中期）

毛公鼎（西周晚期）

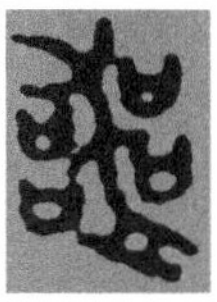

禹鼎（西周晚期）

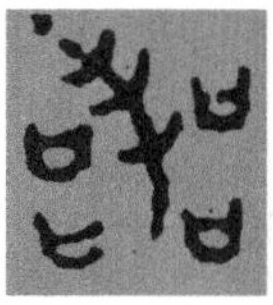

師訇鼎（西周晚期）

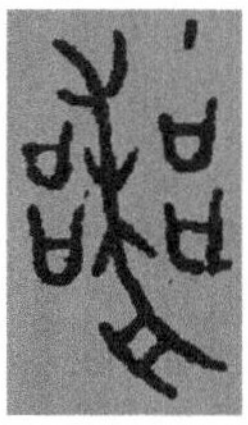

塱盨（西周晚期）

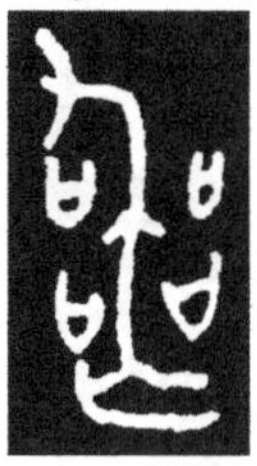

陳大喪史仲高鐘（春秋中期）

洹子孟姜壺（春秋）

南疆鉦（戰國）

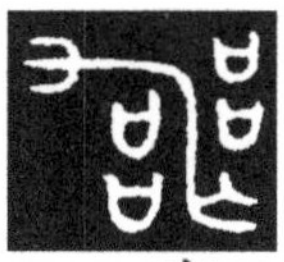

喪史寘瓶（戰國）

癲鐘（西周中期）

或从走 即喪之繁文 讀為爽

胡遲文考乙公競喪（爽）

史牆盤（西周中期）

讀為爽

憲憲聖喪（爽）

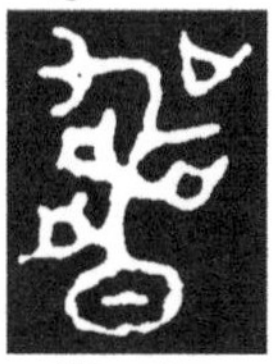

免簋（西周中期）

或从日 讀為爽

昧喪（爽）

淡 啖

dàn
啖

《說文》曰：噍（嚼）啖也，从口、炎聲。《廣雅》曰：啖，食也。

註：啖，吃、嚼食。啖，或通淡、假借為粦。

⿱⿰氏氏吅　⿰口尾　咍

史牆盤（西周中期）　假啖為粦　茲納啖（粦）明

tái
咍

張亞初釋為咍，讀為臺。【殷周金文集成 引得】

毛公鼎（西周晚期）　讀為臺　賜汝……金咍（臺）、金膺

wēi
⿰口尾

註：⿰口尾呀，嘆詞。

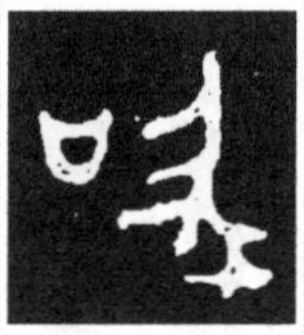

曾子斿鼎（春秋早期）　讀為⿰口尾　孔⿰口尾□□事四國

⿱⿰氏氏吅

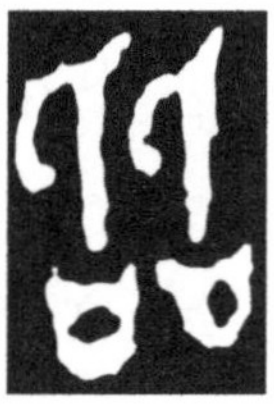

曶鼎（西周中期）

走 

zǒu
走

《説文》曰：趨也，从夭、止。註：走。夭，像人搖雙臂行走。止，即趾，脚趾。走，或假為趨、假為奏。走馬，或曰趨馬，周朝之官职。走、趨两字古通用。

大盂鼎（西周早期）

令鼎（西周早期）

周公簋（西周早期）或从辵

麥方尊（西周早期）

𣪘盂延盨（西周中期）

大鼎（西周中期）

走馬休盤（西周中期）

禹鼎（西周晚期）

匍簋（西周晚期）

元年師兌簋（西周晚期）

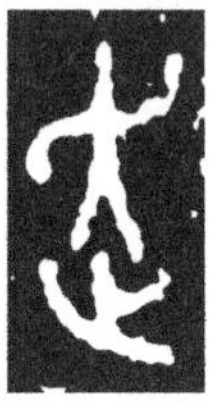
三年師兌簋（西周晚期）

食仲走父盨（西周晚期）

走鐘（西周晚期）

走簋（西周晚期）

𢦏毀（西周晚期）

右走馬嘉壺（春期早期）讀為趨 走（趨）馬

走馬薛仲赤簠（春秋早期）

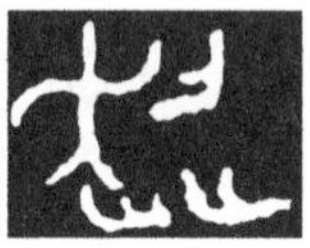
食生走馬谷簋（春秋早期）

自作其走鐘（春秋）讀為奏 自作其走（奏）鐘

魯嗣徒仲齊盨（春秋）

魯嗣徒仲齊匜（春秋）

曾侯乙戈（戰國早期）

中山王譽鼎（戰國晚期）

趣 　赴訃 　越 

qù qū
趣

《説文》曰：疾也，从走、取聲。《篇海類編》曰：趣，與趨同。

註：趣，凡言走之疾速者應以趣為正字，即今之趨字。趣，或為志趣、趣味用字。

鄦侯少子段（春秋）　讀為趣　拾趣吉金

fù
赴

《説文》曰：趨也，从走、仆省聲。徐鉉曰：『春秋傳』赴告用此字，今俗作訃。

註：赴，前往、到達、舉身投入。赴，或同訃，急走報喪。

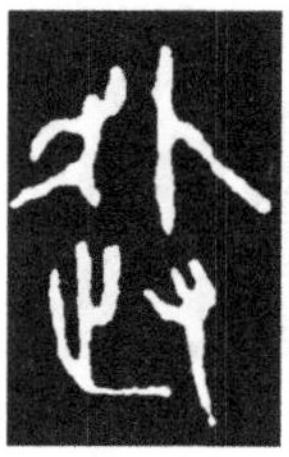

邨子賓缶（春秋）　或从攴

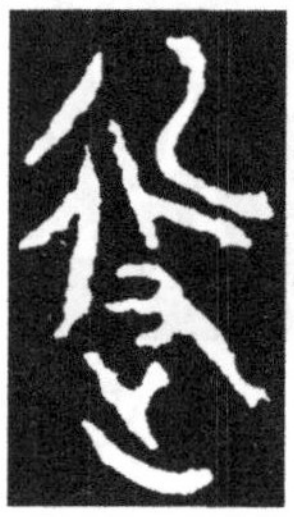

上官豆（戰國）　讀爲赴　以爲大迏（赴）之從

yuè
越

《説文》曰：度（渡）也，从走、戉聲。

註：越，渡過、跨過。戉，即春秋時越國之越字。，或从邑，為越之古文。

越王劍（春秋晚期）　从邑

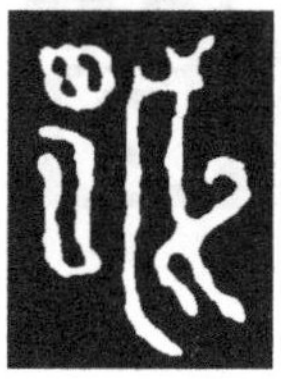

曾侯越雙戈戟（戰國早期）

曾侯越戈（戰國早期）

者沪鐘（戰國早期）　假戉為越　唯戉（越）十又九年

踖錯趞

趨

懼趯

趣

què jí cuò
趞
《説文》曰：趞趞也，一曰行皃（貌）。从走、昔聲。《集韻》曰：踖，踐也，或从走。
註：趞趞，行走輕捷貌。趞，或同踖，踐踏。趞，或同遣，即今之錯。

七年趞曹鼎（西周中期）

十五年趞曹簋（西周中期）

二十七年上守錯戈（戰國）　讀為錯

qū cù
趨
《説文》曰：走也，从走、芻聲。《説文通訓定聲》曰：趨，假借為促
註：趨，疾速行走。趨，通促，

趨子作父庚器（西周早期）

趨父癸方彝蓋（殷商）　或从辵

qú
趯
《説文》曰：走顧皃（貌），从走瞿聲。讀若劬。註：趯，或通懼。

毛公鼎（西周晚期）　讀為懼
趯（懼）余小子圂湛于艱

yú
趣
《説文》曰：安行也，从走、與聲。註：趣，或从辵，古文中从走、从辵同。

趛

趩

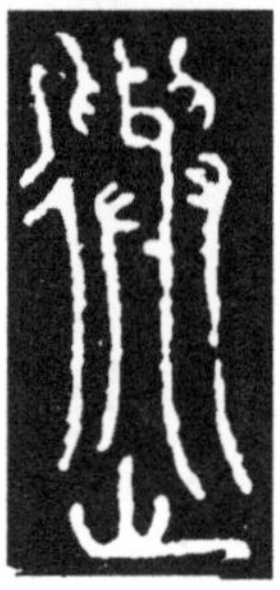
曾子⿺辶與簠（春秋晚期）

或从辵 與从走同

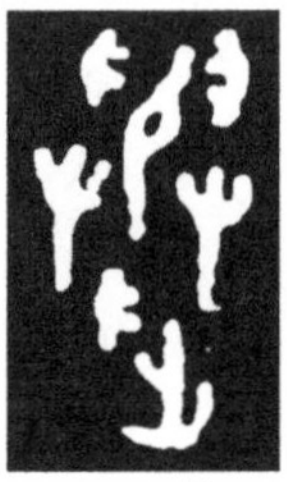
曾侯⿺辶與三戈戟（戰國早期）

yǐn
趛

《說文》曰：低頭疾行也，从走金聲。

師趛鬲（西周中期）

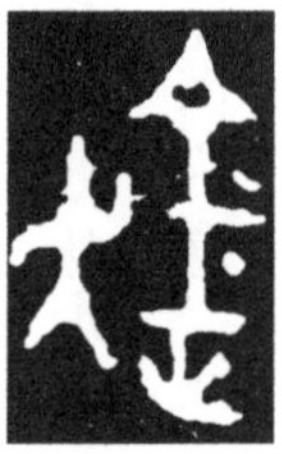
師趛鼎（西周中期）

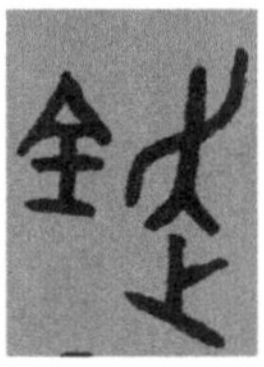
師趛盨（西周中期）

善夫克盨（西周晚期）

師趛父簋（西周晚期）

姬趛母鬲（西周晚期）

chì
趩

《說文》曰：行聲也，一曰不行皃（貌），从走異聲，讀若敕。註：趩，行走聲，或曰踟躕不前。

趩觶（西周中期）

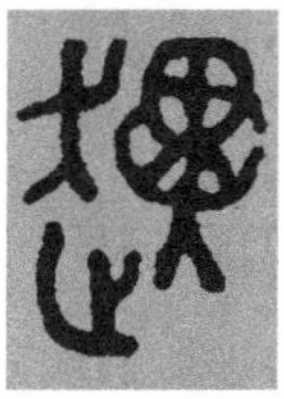
逨盤（西周晚期）

王子午鼎（春秋中晚期）

王孫遺者鐘（春秋晚期）

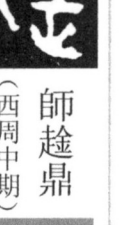

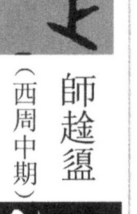

趙

逴踔趠

踡蜷䞼

踓趡

zhào
趙

《説文》曰：趨行也，从走、肖聲。

註：趙，本義為輕捷疾速行走。趙，姓氏，周穆王賜造父封地趙城，因以為姓。

叔趙父爯（西周中晚期）

趙孟庎壺（春秋晚期）

趙朔之御戈（春秋晚期）【近出殷周金文集錄】

chuò
趠

《説文》曰：遠也，从走、卓聲。《廣韻》曰：逴，又作趠。《集韻》曰：趠，疾走也、越也。

註：趠，疾速遠行。趠，同逴、同踔，古文从走、从辵（辶）、从足之字或互通，均有趾、行之意。

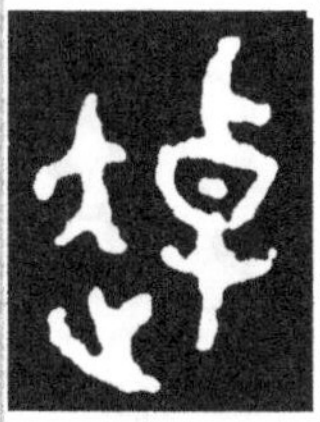

趠鼎（西周早期）

quán
䞼

《説文》曰：行曲皃（貌），从走、雚聲。《玉篇》曰：䞼，曲脊也。

註：䞼，曲脊蜷縮。䞼，或同踡、同蜷。

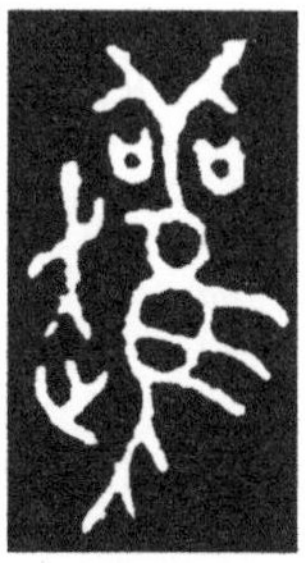
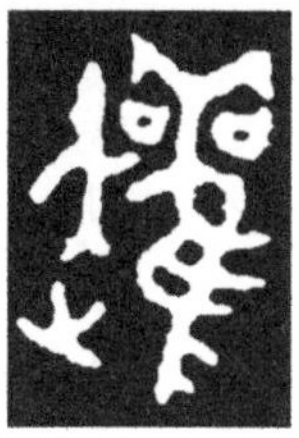
叔䞼父卣（西周早期）

叔多父簋（西周晚期）

cuǐ
wěi
趡

《説文》曰：動也，从走、隹聲。《集韻》曰：踓，走皃（貌），或从走。趡，邪進也。

《玉篇》曰：趡，犇（奔）也。

註：趡，奔跑、奔騰。趡，或同踓。

蹻蹺超趫

桓趄

趞父戊罍（西周早期）

qiáo chāo
趫

《説文》曰：善緣木走之才，从走、喬聲。《集韻》曰：超，輕走皃（貌），或从喬。

註：趫，行動敏捷、身手矯健，有緣木登高本領的人才。趫，或同蹻、同蹺。超，或从喬作趫。

齊趫父鬲（春秋早期）

yuán huán
趄

《説文》曰：趄田易居也，从走、亘聲。

註：古代刀耕火種，每年變換耕地，隨地遷居，曰趄田易居。趄，或假為桓。

㾓鐘（西周中期）

虢季子白盤（西周晚期）

禹鼎（西周晚期）

封仲簋盖（西周晚期）

秦公簋（春秋早期）

秦公鎛（春秋）

者沪鐘（戰國早期）

陳逆簠（戰國早期） 讀為桓 田趄（桓）子之嫡孫

曾姬無卹壺（戰國）

陳侯因𬯀敦（戰國晚期）

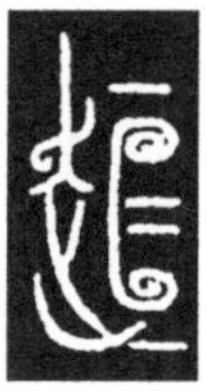
中山王嚳方壺（戰國晚期） 讀為桓 趄（桓）祖成考

中山王嚳鼎（戰國晚期）

起

踊⿺走甬

⿺走乏

⿺走各

qǐ
起

《説文》曰：能立也，从走、已聲。

十四年上郡守起戈
（戰國晚期）

yǒng
⿺走甬

《玉篇》曰：⿺走甬，同踊。

⿺走甬劍
（春秋）
【古文字類編】

⿺走乏

hé
⿺走各

遣卣
（西周早期）

遣尊
（西周早期）

《广雅》曰：⿺走各，僵也。《玉篇》曰：⿺走各，狂走也。

䲣匜 （西周晚期） 讀為趌

溥趌齎睦䲣

cù
起

《玉篇》曰：起，迫也，速也。註：起，或作促；催促。蟋蟀別名；起織，也作促織。

起，在兆域圖中應讀為凑。題凑，即黄腸題凑，古代高等葬式；以柏木黄心致累棺外，曰黄腸，木之黄心皆向內，曰題凑。題凑長度為三尺。

兆域圖 （戰國晚期） 讀為凑

丌（其）棍（題）起（凑）長三尺

hái
趧

《玉篇》曰：趧，走也。

趧段 （西周中期）

xī
趄

註：趄，讀為熙。

王孫遺者鐘 （春秋晚期） 讀作熙

皇皇趄趄（熙熙）

𧺆

七年宅陽令矛（戰國）

bū
𧻓
註：𧻓，匍匐而行。

衛盉（西周中期）

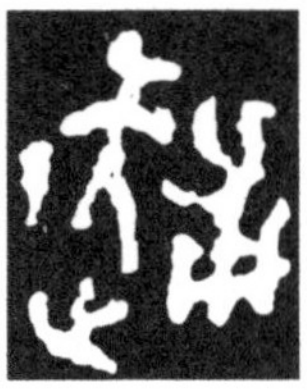
五祀衛鼎（西周中期）
讀為𧻓
嗣土邑人𧻓

dá
𧾍
註：古文中从走與从辵義同，𧾍，即達之異體字。

達簋（西周）

yùn
趰
註：古文中从走與从辵義同，趰，即運之異體字。

⿺走馬　遑惶徨趪　趏

六年漢中守戈（戰國晚期）
讀為運　六年漢中守運造

⿺走馬

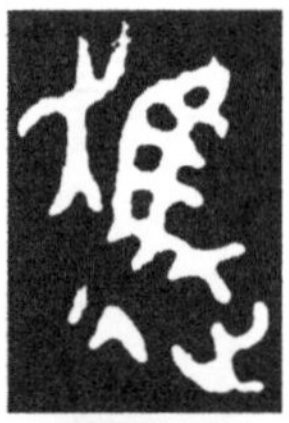
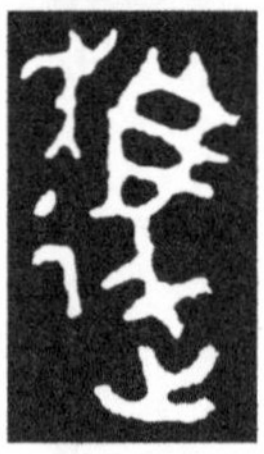

⿺走馬鼎（西周晚期）

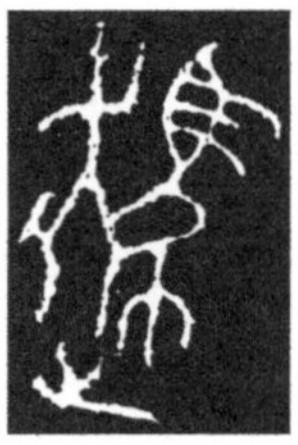
⿺走馬亥鼎（春秋中期）

huáng
趪

《字彙》曰：趪，走也。

註：趪，或通遑，通惶、通徨。銘文中趪，假借為煌。

王孫誥编鐘（春秋晚期）
讀為煌　趪趪（煌煌）熙熙

【近出殷周金文集録】

趏

楚子趏鼎（春秋晚期）

趏 趏 𧼛 𧾅

guā
趏

註：隸變昏，同舌。趏，同趏。趏，行走的樣子。

伯趏方鼎（西周早期）

𧼛

師𧼛甗（西周早期）

qiǎn
𧾅

註：古文中从走與从辵或相同，𧾅，即遣之異體字。

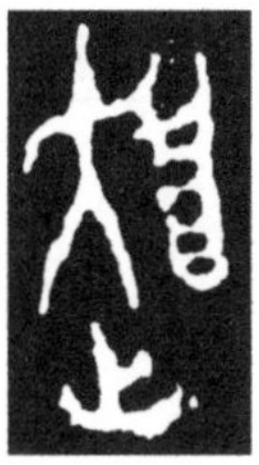
易旡殷（西周早期）

遣尊（西周早期）

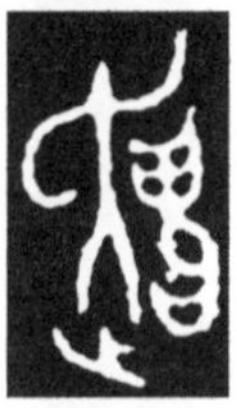

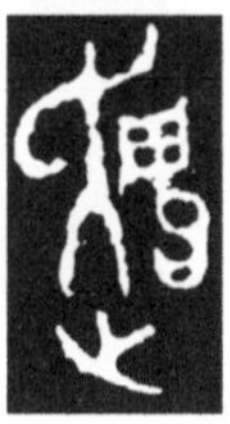
遣卣（西周早期）

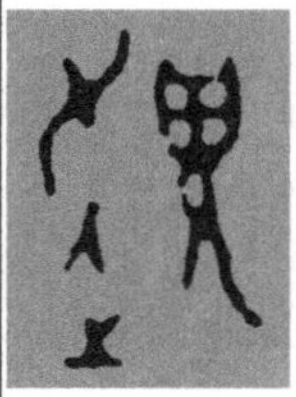
䡵鼎（西周早期）

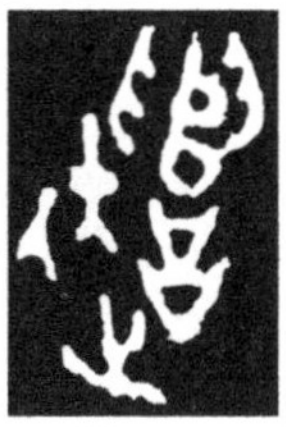
永盂（西周中期）

孟簋（西周中期）

遣小子𩛥殷（西周晚期）

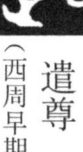

⿺走⿰出出　藹⿺走盍　⿺走克

⿺走⿰出出

大簋（西周晚期）

ǎi
⿺走盍

註：⿺走盍，讀為藹。

秦公鎛（春秋早期）

⿺走盍⿺走盍（藹藹）允義　讀為藹

秦公鐘（春秋早期）

⿺走克

小盂鼎（西周早期）

趾之止

踵峌

前歬

zhǐ
止

《廣韻》曰：止，足也。《廣韻》曰：止停也、息也。

註：止，腳趾象形，即趾之本字。止，或同址、通沚、通之。

亞若癸戈（殷商）

亞若癸尊（殷商）

蔡簋（西周晚期）

沕其鐘（西周晚期）

五年召伯虎簋（西周晚期）

zhǒng
峌

《説文》曰：根也，从止、重聲。《玉篇》曰：峌，今作踵。《廣雅》曰：峌，迹也。

註：止，同足；峌，即踵。峌，脚後根、或指足迹。

毛公鼎（西周晚期）讀為峌 賜汝……錯衡 金峌 金豙

qián
歬

《説文》曰：不行而进謂之歬。从止在舟上。《玉篇》曰：歬，今作前。《字彙》曰：前，即剪也。

註：歬，即前後之前的本字。前字从刂（刀），乃剪之本字。今借前（剪）為歬，故剪字再从刀。

前，通翦。

瘨鐘（西周中期）

追簋（西周中期）

追簋蓋（西周中期）

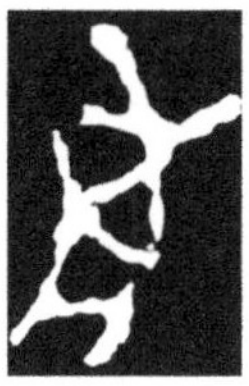
善鼎（西周中期）

師𩛥鼎（西周中期）

兮仲鐘（西周晚期）

廾人女鐘（西周晚期）

樘撐撑堂

歷

歸

五祀㝬鐘（西周晚期）

沕其鐘（西周晚期）

㝬殷（西周晚期）

昊生殘鐘（西周晚期）

chēng táng
堂

《說文》曰：歫也，从止尚聲。段玉裁曰：今俗字堂作撐。【說文解字注】

註：堂，古文讀為堂。堂，今俗字作撐（即撑）、作樘。

㦰方鼎（西周中期）

㦰殷（西周中期）

lì
歷

《說文》曰：過也，从止厤聲。《廣韻》曰：歷或作曆。

註：歷，經歷、經過。或以厤為歷。歷，通曆，日曆、年曆。

禹鼎（西周晚期）

毛公鼎（西周晚期） 不从止 歷之古文

肄殷（西周中期） 或从田

guī
歸

《廣雅》曰：歸，返也。《集韻》曰：歸，還也。

註：，金文歸，从婦省、追省聲。歸，或从婦省、追聲 此為小篆所本。

毓且丁卣（殷商）

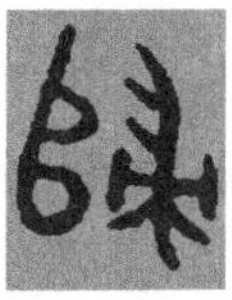
中方鼎（西周早期）

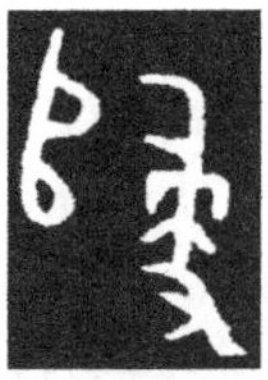
貉子卣（西周早期）

小臣謎殷（西周早期）

⿷匚止 ⿰女止

歸

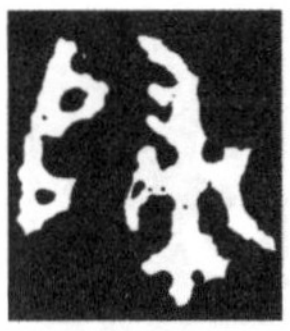
令鼎（西周早期）

鳴叔鼎（西周早期）

塱方鼎（西周早期）

王人𠫑輔甗（西周早期）

麥方尊（西周早期）

矢令方尊（西周早期）

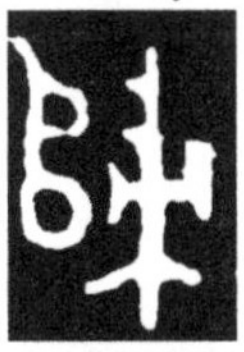

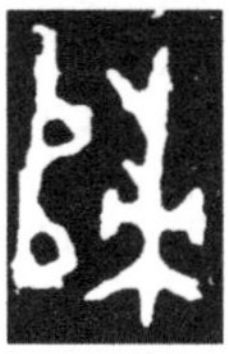
矢令方彝（西周早期）

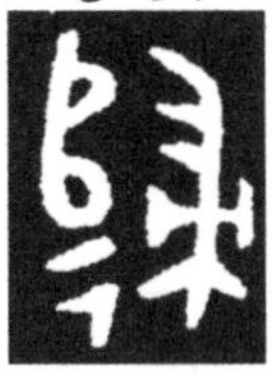
𦵡毁（西周中期）

羌伯簋（西周晚期）

不嬰毁（西周晚期）

郙季白歸鼎（春秋早期）

齊大宰歸父盤（春秋）

庚壺（春秋）

歸父簋（春秋）

曾侯乙鐘（戰國早期） 或从音

⿷匚止

註：張亞初釋為退字。【殷周金文集成 引得】

双⿷匚止尊（殷商）

冊⿷匚止父乙觚（殷商）

⿷匚止爵（殷商）

⿸广寿冊父庚壺（西周早期）

⿰女止

註：張亞初釋為如字。【殷周金文集成 引得】

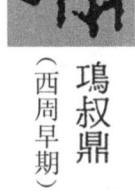

址 

登 

寗㚢盤（殷商）

zhèn
㞣

註：，从止（足）辰聲，即踬。从手與从足其意相同，踬，同振。

㞣觶蓋（殷商）

㞣觶（殷商）

bō
址

《説文》曰：足剌址也，讀若撥。註：址，兩足分張，行也、登也。址，隸變作癶。

址父丁觶（殷商）【古文字類編】

dēng
登

《説文》曰：上車也，从癶、豆，象登車形。籀文登从廾

註：登，升也、上舉也。登，在銘文中讀為鄧。，為古刻烝字（即蒸），隸定為登。蒸，冬祭也。

登屰罍（殷商）

父丁觶（殷商）

鄧仲犧尊（西周早期）

卭父殷（西周早期）

登作尊彝觚（西周早期）

亞登簋
（西周早期）

登作尊彝卣
（西周早期）

盂爵
（西周早期）

登鼎
（西周早期）

中甗
（西周早期） 讀為鄧 中省自方登（鄧）

康伯簋
（西周中期）

五年師旋毀
（西周中期）

復公子簋
（西周晚期）

鄧公簋蓋
（西周晚期）

𦰩侯毀
（西周晚期）

鄧公簋
（西周晚期）

鄧孟壺蓋
（西周晚期）

鄭鄧叔盨
（西周晚期）

散氏盤
（西周晚期）

鄧公牧簋
（春秋早期）

伯氏鼎
（春秋早期）

者瀘鐘
（春秋）

鄧公匜
（春秋）

鄧鼎
（春秋）

叔尸鐘
（春秋晚期）

十四年陳侯午敦
（戰國晚期） 此字實為烝之本字 以登（烝）以嘗

姬鼎
（西周早期） 或从米 讀為烝（蒸） 用登（烝）用嘗

癹

bá
癹

《說文》曰：以足蹋夷艸。从癶、从殳。

註：癹，古文从攴與从殳同。癹，多腳踐蹋除草。癹，或譌為發。

步

歲

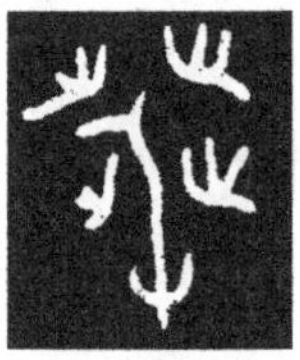
發孫虜簠（春秋晚期）【近出殷周金文集錄】

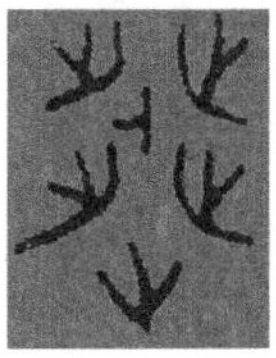
發孫虜鼎（春秋晚期）【徐仲舒先生百年誕辰紀念文集】

bù
步

《說文》曰：行也。

注：步，像左右两趾前後相承之形。

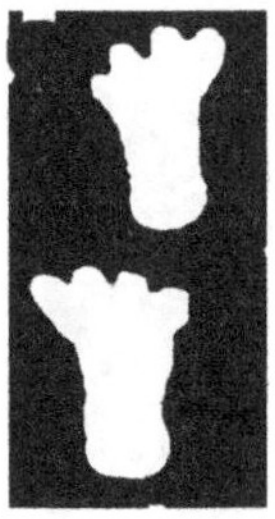
子且辛步尊（殷商）

步尊（殷商）

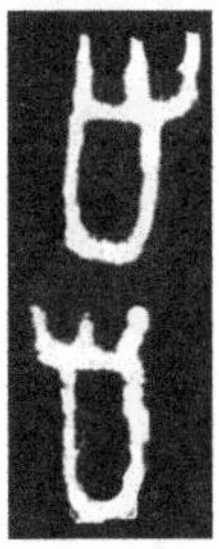
步爵（殷商）

晉侯穌鐘（西周晚期）

兆域圖（戰國）

suì
歲

註：，甲骨文與早期金文之歲字，像長柄斧鉞之形，即戉之異文。，後演化為从步的形聲字，以示歲月如步移。

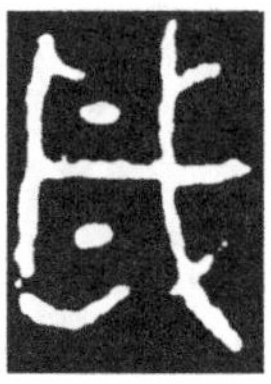
利簋（西周早期）

曶鼎（西周中期）

毛公鼎（西周晚期）

敬事天王鐘（春秋）

國差𦉜（春秋）

蔡侯墓殘鐘（春秋）

蔡侯盤（春秋晚期）

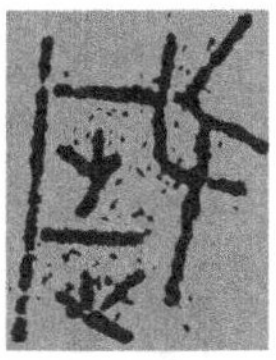
陳公子折壺（春秋晚期）

為甫人盨（戰國早期）

陳喜壺（戰國早期）

陳璋方壺（戰國中期）

陳純釜（戰國）

塦璋鐳（戰國）

酓肯鼎（戰國晚期）

酓肯簠（戰國晚期）

王子申豆（戰國晚期）

此

cǐ
此

註：此，从反人、从止。止，即趾。此，會意近處、人止之處。止，又兼停止之義，此，本義為停止站立之處，此地也。

此作父辛尊（西周早期）

亞此犧尊（西周早期）

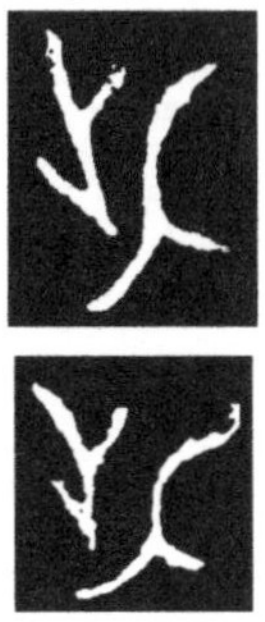
此作寶彝盉（西周早期）

萬諆觶（西周中期）

此鼎（西周晚期）

此簋（西周晚期）

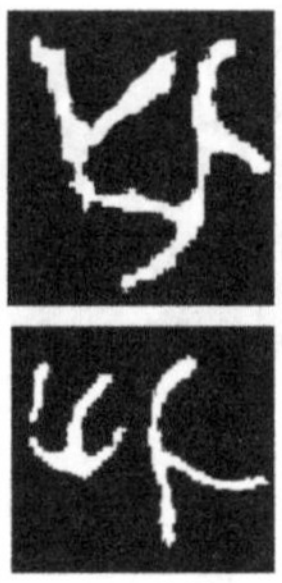
簷叔之仲子平鐘（春秋晚期）

南疆鉦（戰國）

安邑下官壺（戰國晚期）

中山王譽鼎（戰國晚期）

正 

zhèng
zhēng
正

註：早期金文與甲骨文之正字形同。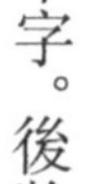，上部均為囗，即城邑象形。雙止（趾）或單止，從上方或下方向城邑進發，有征伐之義。正，即征之本字。後將囗填實，變為或方或圓之實點；再變為一橫畫，為小篆所本。，橫上加點為裝飾，在金文中亦常例。从彳之征，為後起字。正，通政、通證、通整。

𠁁甗（殷商）

𠁁𣪘（殷商）

正鴞尊（殷商）

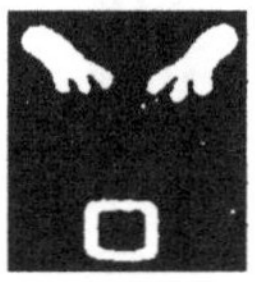
正鼎（殷商）

乙正觚（殷商）

魚正乙鐃（殷商）

婦好正壺（殷商）

且辛父甲鬲（殷商）

二祀𠨘其卣（殷商）

𨗃方鼎（殷商）

正即征之本字
唯王正（征）井（邢）方

作龍母尊（西周早期）

牧正尊（西周早期）

父癸告正尊（西周早期）

御正衛簋（西周早期）

正父卣（西周早期）

御正良爵（西周早期）

嬰方鼎（西周早期）

作冊魖卣（西周早期）

小臣夌鼎（西周早期）

伯姜鼎（西周早期）

榮簋（西周早期）

師𣪘鼎（西周中期）

五祀衛鼎（西周中期）

𣪕鐘（西周中期）

應侯見工鐘（西周中期）

農卣（西周中期）

九年衛鼎（西周中期）

彔伯𢦏𣪘蓋（西周中期）

君夫簋蓋（西周中期）

𣪘（西周中期）

𨟻兌𣪘（西周晚期）

𪓐乎𣪘（西周晚期）

汈其鐘（西周晚期）

小克鼎（西周晚期）

正

虤殷（西周晚期）

宴簋（西周晚期）

駒父盨盖（西周晚期）

伯鮮鼎（西周晚期）

毛公鼎（西周晚期）

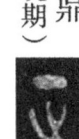

仲叀父簋（西周晚期）

陳侯鼎（春秋早期）

華母壺（春秋早期）

王孫壽甗（春秋早期）

孫叔師父壺（春秋）

瘵鼎（春秋）

陳侯盤（春秋）

徐王子鐘（春秋）

郐諮尹征城（春秋）

邾公釛鐘（春秋）

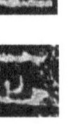

王仲嬀𤖼簠（春秋）

鄦侯少子殷（春秋）

鄦子盥𠂤鎛（春秋）

庚兒鼎（春秋中期）

拍簋（春秋）

者瀘鐘（春秋）

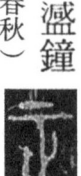

郐睟尹𧇼鼎（春秋晚期）

義楚觶（春秋晚期）

邵黛鐘（春秋晚期）

鼄公華鐘（春秋晚期）

齊鞄氏鐘（春秋晚期）

其次句鑃（春秋晚期）

上鄀府簠（春秋晚期）

蔡大師鼎（春秋晚期）

欒子簠（春秋晚期）

子璋鐘（春秋晚期）

篖叔之仲子平鐘（春秋晚期）

禾簋（春秋晚期）

長子沬臣簠（春秋晚期）

鼄公孫班鎛（春秋晚期）

臧孫鐘（春秋晚期）

敬事天王鐘（春秋晚期）

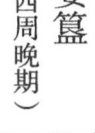

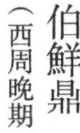

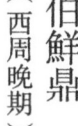

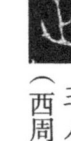

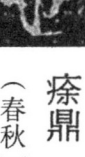

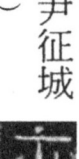

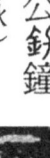

窆乏

楚王領鐘（春秋晚期）

鼄公牼鐘（春秋晚期）

王孫遺者鐘（春秋晚期）

余購逐兒鐘（春秋晚期）

簷大史申鼎（春秋晚期）

欒書缶（春秋）

蔡大史鈉（春秋）

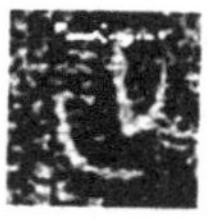
晉公盆（春秋）

宜桐盂（春秋）

楚嬴匜（春秋）

夆叔匜（春秋）

敶子匜（春秋）

□子季□盆（春秋）

公父宅匜（春秋）

蔡侯盤（春秋晚期）

孟縢姬缶（春秋晚期）

越王者旨於賜鐘（戰國早期）

利之鐘（戰國早期）

邳伯缶（戰國早期）

南疆鉦（戰國）

哀成叔鼎（戰國）

私庫嗇夫車飾器（戰國中晚期）

𨻰侯因資敦（戰國晚期）

正昜鼎（戰國晚期）

楚王酓肯盤（戰國晚期）

楚王酓肯鼎（戰國晚期）

兆域圖（戰國晚期）

fá 乏

《說文》曰：春秋傳曰，反正為乏。

註：乏，匱乏、困乏、乏力。乏，或假為窆、貶。

中山王䁵方壺（戰國晚期）　讀為乏　乏其先王之祭祀

兆域圖（戰國晚期）　假為窆　王命貯為兆乏（窆）

是 

shì
是

《説文》曰：直也，从正、日。註：是，正直。天下之物莫正於日。从日、从正。是，用同試、同什，通寔。

毛公旅鼎（西周早期）

麃父卣（西周早期）

是要簋（西周中期）

是驪毁（西周中期）

虢季子白盤（西周晚期）

殳季良父壺（西周晚期）

毛公鼎（西周晚期）

豐伯車父簋（西周晚期）

秦公簋（春秋早期）

叔邍父甗（春秋早期）

晉姜鼎（春秋早期）

者瀘鐘（春秋）

郤謚尹征城（春秋）

秦公鎛（春秋）

欒書缶（春秋）

伯亞臣鐳（春秋）

是野戈（春秋）

王子午鼎（春秋中晚期）

齊侯鎛（春秋中晚期）

鼄公華鐘（春秋晚期）

簷大史申鼎（春秋晚期）

余購逐兒鐘（春秋晚期）

臧孫鐘（春秋晚期）

叔尸鐘（春秋晚期）

蔡侯紐鐘（春秋晚期）

蔡侯盤（春秋晚期）

叔尸鎛（春秋晚期）

是立事歲戈（春秋晚期）

績跡蹟迹

逵

陳逆簋（戰國早期）

哀成叔鼎（戰國）

中山王𰯼鼎（戰國晚期）

中山王𰯼方壺（戰國晚期）

jì
迹

《説文》曰：步處也，从辵、亦聲。蹟或从足、責。𨒪籀文迹，从朿。《字彙》曰：凡有形可見者皆曰迹。

註：迹，步處，即脚印。迹，同跡、同蹟，或假為績。

師寰𣪘（西周晚期）

五年師旋𣪘（西周晚期） 讀爲績 敬毋敗績

shuài
逵

《説文》曰：先道（導）也，从辵率聲。段玉裁曰：經典假率字為之。《玉篇》曰：先導也，引也，今為帥。

註：逵，即率之通假字、帥之古今字。

𢉩父鼎（西周早期）

小臣謎𣪘（西周早期）

𢦚𣪘（西周中期）

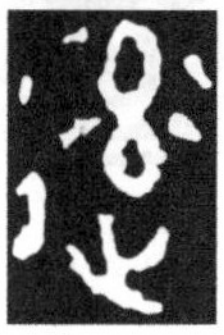
師寰𣪘（西周晚期）

𢦚方鼎（西周中期）

禹鼎（西周晚期）

多友鼎（西周晚期）

庚壺（春秋晚期）

□郘率鐸（戰國）

驫羌鐘（戰國早期）

十三年上官鼎（戰國晚期）

中山王𰯼鼎（戰國晚期）

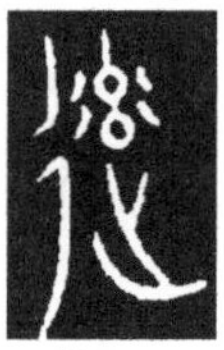
好蚉壺（戰國晚期）

左行議率戈（戰國晚期）

邁

mài 邁

《說文》曰：遠行也，从辵、蠆省聲。

註：在各器銘文中，邁，均讀作萬。

效卣（西周早期）

師嫠𣪘（西周中期）

庚嬴卣（西周中期）

量侯簋（西周中期）

伯考父鼎（西周中期）

叔友父簋蓋（西周中期）

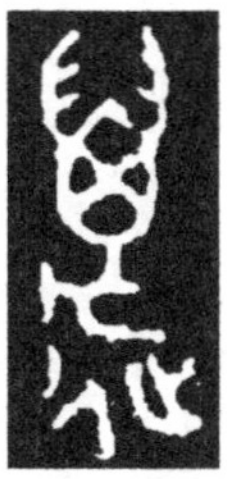

叔碩父鼎（西周中期）

叔正父匜（西周晚期）

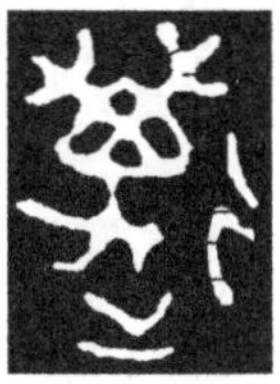

内大子白鼎（西周晚期）

𥝢父甲𣪘（西周）

應侯簋（西周晚期）

侯氏簋（西周晚期）

桔衍𣪘蓋（西周晚期）

孟鄭父簋（西周晚期）

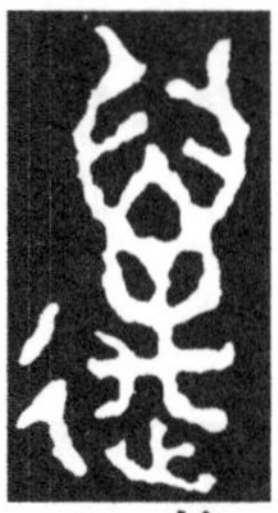

伯頵父鼎（西周晚期）

矢王簋蓋（西周晚期）

鄭牧馬受簋蓋（西周晚期）

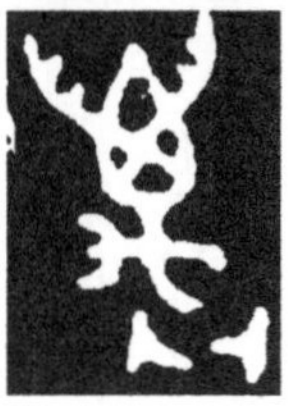

䛅𣪘（西周晚期）

晉侯穌鐘（西周晚期）

魯仲齊鼎（春秋早期）

姬丹盤（春秋）

王孫誥鐘（春秋）

徒

tú 辻 徒

《說文》曰：步行也，从辵土聲。註：早期辻，从辵、土聲，隸變作徒，字形相同位置小異。金文或从彳、土聲。徒，徒步行走也。徒，通途。

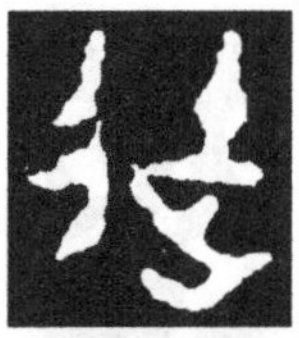

揚簋（西周晚期）

師寰簋（西周晚期）

禹鼎（西周晚期）

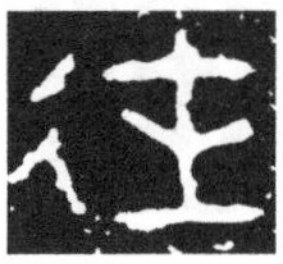

無叀鼎（西周晚期）

魯嗣徒伯吳盨（西周晚期）

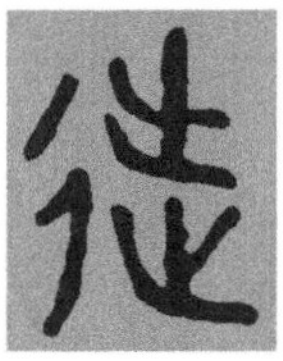

伯䢼父鼎（西周晚期）

魯大嗣徒子仲伯匜（春秋早期）

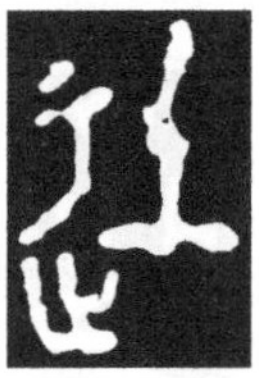

魯大嗣徒元盂（春秋）

元徒戈（春秋早期）

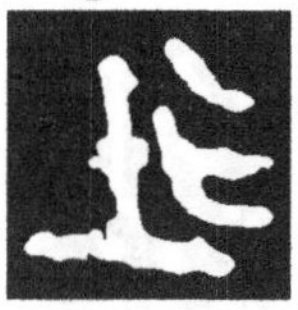

魯嗣徒仲齊盤（春秋早期）

或不从辵从彳

左徒戈（春秋）

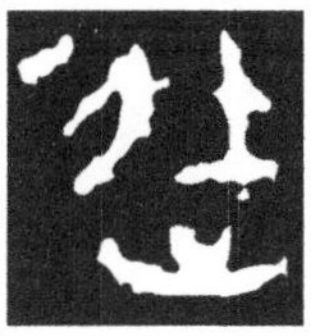

武城戈（春秋）

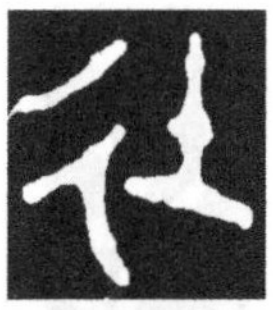

魯嗣徒仲齊盨（春秋）

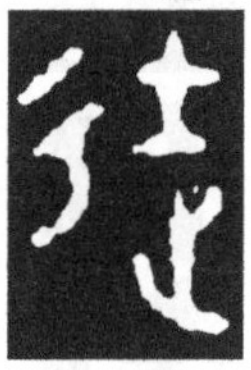

魯大嗣徒厚氏元簠（春秋）

叔尸鎛（春秋晚期）

仕斤徒戈（戰國早期）

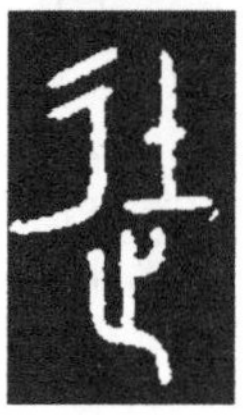

南疆鉦（戰國）

噩君啟節車節（戰國）

平阿左戈（戰國）

四年春平相邦鈹（戰國晚期）

巡

xún 巡

《說文》曰：延行皃（貌），从辵川聲。註：巡，延行；往來查看，巡行。

十二年邦司寇劍（戰國晚期）

守相杜波鈹（戰國晚期）
讀為巡
冶巡撻劑

征

zhēng
征

《說文》曰：正行也，从辵、正聲。延，或从彳。

註：正、征古今字，與延相通。延，从正，非延字。

鱻盂延盨（西周中期）

曩伯子窐父盨（春秋）
讀為征
以征以行

小臣艅犀尊（殷商）
以正為征
唯王來正（征）夷方

利簋（西周早期）

大保簋（西周早期）

小臣謎段（西周早期）

麥方鼎（西周早期）

壴鼎（西周早期）

岡刧卣（西周早期）

孟簋（西周早期）

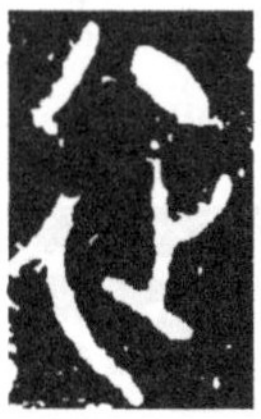
用征友（西周早期）

敔卣（西周早期）

呂行壺（西周早期）

小子生尊（西周早期）

敔作且丁尊（西周中期）

員方鼎（西周中期）
讀為正
唯征（正）月即望

過

史牆盤（西周中期）

㹜駿段（西周中期）

師旂鼎（西周中期）

班簋（西周中期）

堆叔段（西周中期）

叡𤔲土斧（西周）

無㠱段（西周晚期）

羌伯簋（西周晚期）

虢仲盨（西周晚期）

翏生盨（西周晚期）

史免簋（西周晚期）

衛姒鬲（春秋早期）

叔邦父簋（西周晚期）

晉姜鼎（春秋早期）

叔夜鼎（春秋早期）

曾伯霥簋（春秋早期）

叔邍父甗（春秋早期）

侯母壺（春秋早期）

庚兒鐘（春秋中期）

郐䛳尹征城（春秋）

𠫑羌鐘（戰國早期）

喪史賓瓶（戰國）

中山王嚳鼎（戰國晚期）

好盗壺（戰國晚期）

guò

過

《說文》曰：度（渡過）也，从辵、咼聲。

《說文通訓定聲》曰：過，假借為禍。

過伯簋（西周早期） 从辵 从冎

過伯作彝爵（西周早期） 或从辵省 从冎

過文簋（西周早期） 【古文字類编】

慣遺

進

造

guàn
遺

《說文》曰：習也，从辵、貫聲。《正字通》曰：遺，本借貫，俗改从慣。

註：遺，習慣。遺，或同慣、通貫。

師𩒹殷（西周晚期） 張亞初釋為遺【殷周金文集成 引得】王乎內史遺冊

jìn
進

《說文》曰：登也，从辵、閵省聲。

註：進，前行、上移。

歸𡚬方鼎（西周早期）

嚳圜器（西周早期）

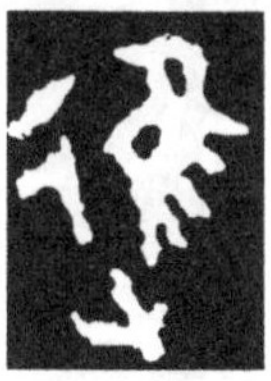
歸𡚬進壺（西周早期）

兮甲盤（西周晚期）

塱盨（西周晚期）

中山王嚳方壺（戰國晚期）

zào
造

《說文》曰：就也，从辵、告聲。古文造从舟。

註：，制造之本字，或作艁。从宀（房屋）、从舟、告聲，其意為造屋、造舟。後世通以造訪之造代之，本字具廢。

父癸鼎（西周中期）

師同鼎（西周晚期）

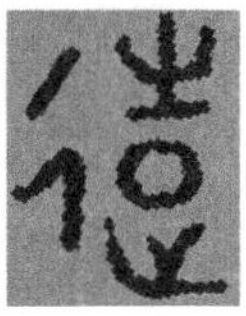
聿造鬲（西周晚期）

頌鼎（西周晚期）

迨

逾

頌簋（西周晚期）

頌壺（西周晚期）

左之造戈（春秋）

簷大史申鼎（春秋晚期）

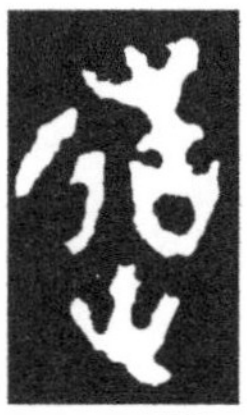
平阿左戟（春秋晚期）

高奴權（戰國）

陳余戈（戰國）

商鞅量（戰國）

宋公差戈（春秋晚期）　或从貝

陳侯因脊戈（戰國）　或从金

yú
逾

《說文》曰：越進也，从辵、俞聲。

註：逾，逾越、越過、經過、超過。

噩君啟節舟節（戰國）

hé
迨

《說文》曰：遝也，从辵、合聲。

註：迨，在銘文中均讀作會。古文會或从彳、从合。从彳與从辵同意，迨可讀作會。

戍甬鼎（殷商）　讀為會　王令宜子迨（會）西方于省

保卣（西周早期）　讀為會

麥方尊（西周早期）

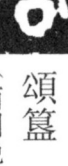

窄迮

錯逪

遄

史牆盤（西周中期） 讀為會
迨（會）受萬邦

zé zhǎi
迮

《說文》曰：迮迮，起也。从辵、作省聲。《說文通訓定聲》曰：迮，俗字作窄。

註：迮，倉促、迫蹙。迮，或讀作窄。

䈞大史申鼎（春秋晚期）

⿸厂驫羌鐘（戰國早期）

cuò
逪

《說文》曰：迹（交）逪也，从辵、昔聲。《玉篇》曰：逪，亂也。逪，交逪也，今作錯。

註：逪，同錯。

毛公鼎（西周晚期） 讀為錯
賜汝……假桶 錯衡

番生簋蓋（西周晚期） 讀為錯
賜汝……熏裏 錯衡 右軛

chuán
遄

《說文》曰：往來數也，从辵、耑聲。

註：遄，疾速頻繁往來。

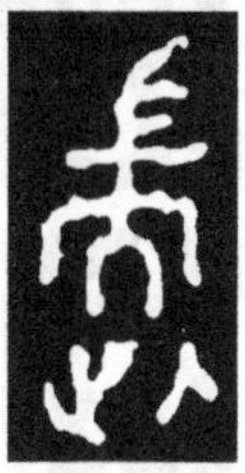

楚簋（西周晚期）

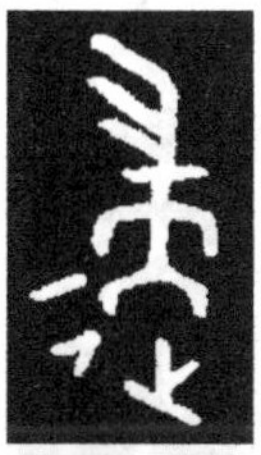

洹子孟姜壺（春秋） 讀為遄
遄傳祇御

速

逆

sù
速

《說文》曰：疾也，从辵、朿聲。籀文从欶。《玉篇》曰：速，召（招）也。

註：速，迅速、疾速。速，或為招請之義，如：不速之客，未招請之客。

叔家父簠（春秋早期） 讀為速 用速先后諸兄

nì
逆

《說文》曰：迎也，从辵、屰聲。關東曰逆、關西曰迎。《廣韻》曰：逆，卻也。

註：逆，迎對，相向而行。逆，方向不一致，故引申為倒向、不順、違背之義。

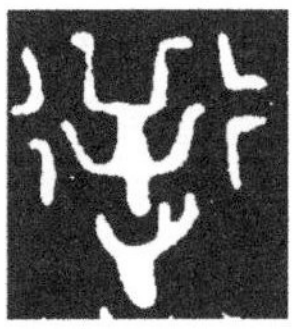
父辛鼎（西周早期）

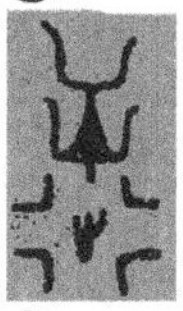
逆父觶（西周早期）

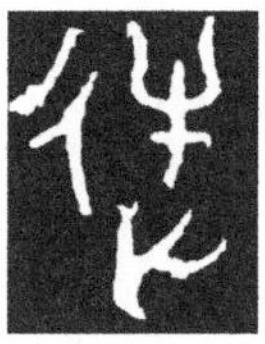
伯者父簋（西周早期）

仲爯簋（西周早期）

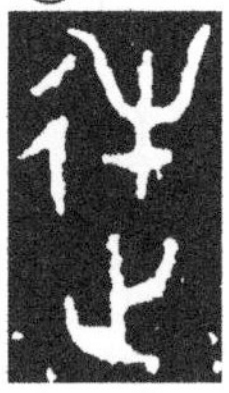
麥方尊（西周早期）

作册矢令簋（西周早期）

叔趞父卣（西周早期）

棫車父壺（西周中期）

伯父鼎（西周中期）

曶鼎（西周中期）

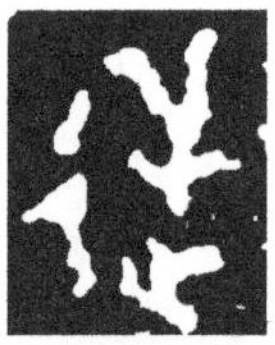

五祀衛鼎（西周中期）

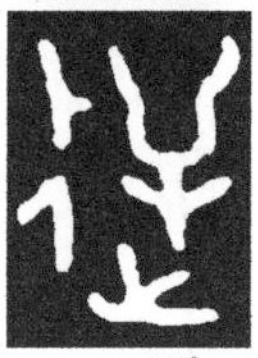
三年瘐壺（西周中期）

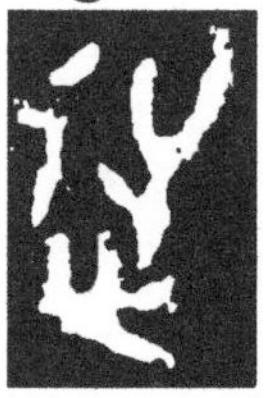
裘衛盉（西周中期）

宗周鐘（西周晚期）

逆鐘（西周晚期）

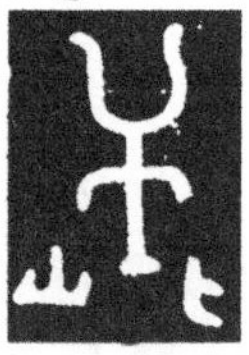
楚公逆鎛（西周晚期）

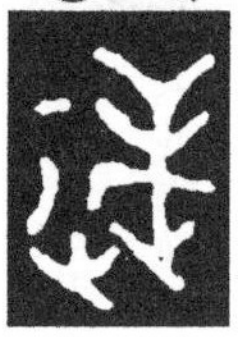
陳逆簠（戰國早期）

陳逆簋（戰國早期）

噩君啟節舟節（戰國）

遇 偶

遘 遘

噩君啟節車節（戰國）

中山王譽方壺（戰國晚期）

yù ǒu
遇

《說文》曰：逢也。从辵、禺聲。《說文通訓定聲》曰：遇，假借為愚。《字彙補》曰：遇，與偶同。

註：遇，相逢、遇到、際遇。遇，通偶，假為愚。

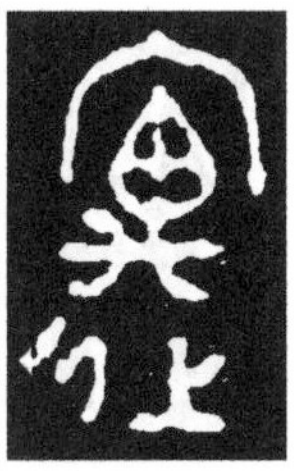

子⿺辶寓鼎（西周晚期） 从辵从寓

gòu
遘

《說文》曰：遇也，从辵、冓聲。註：遘，相遇。甲骨文冓字象兩魚相遇形，即遘之本字。金文遘字仍存有兩魚相遇之象。再从辵或从彳，有行走之義。周易六十四卦中，遘同姤。在銘文中遘，假為媾。遘，又通構。

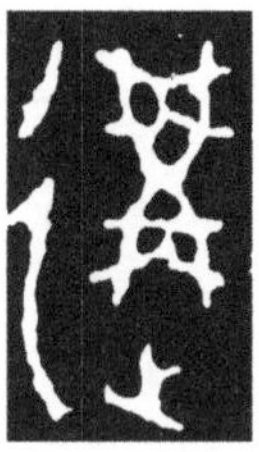

肄作父乙毀（殷商）

二祀𠨘其卣（殷商）

四祀𠨘其卣（殷商） 从彳不从辵

保卣（西周早期）

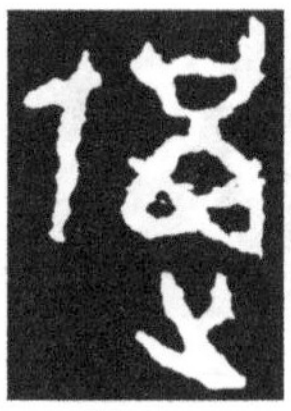

保尊（西周早期）

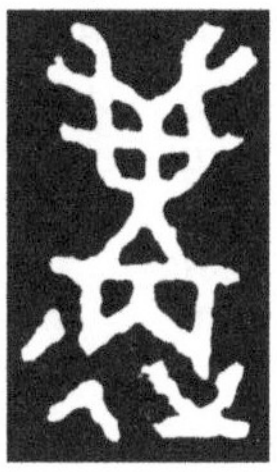

獻簋（西周早期）

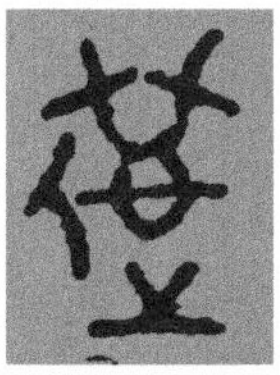

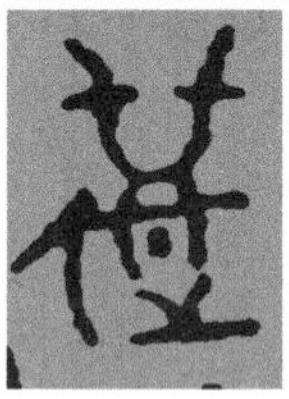

壴卣（西周早期） 讀為媾 百婚遘（媾）

蟎鼎（西周中期）

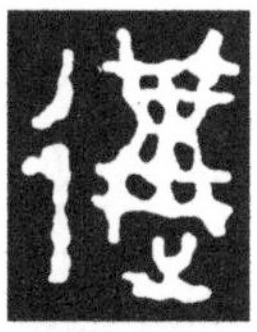

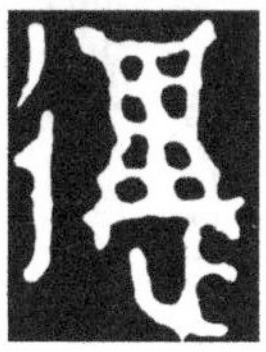

善夫克盨（西周晚期）

羌伯簋（西周晚期） 讀為媾 好倗友于百諸婚遘（媾）

通

tōng 通

《説文》曰：達也，从辵、甬聲。

註：銘文中，通，或讀為筩。

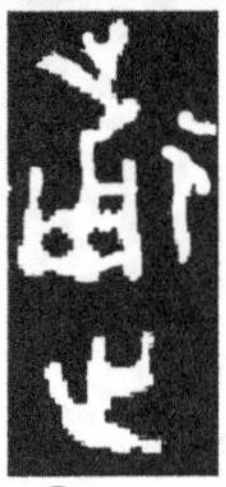
瘨鐘（西周中期）

九年衛鼎（西周中期） 或从彳 讀為筩 業舄通（筩）皮

汈其鐘（西周晚期）

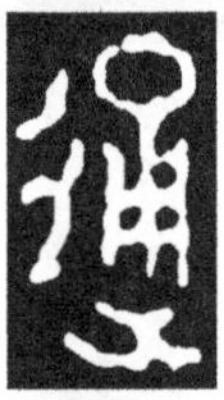
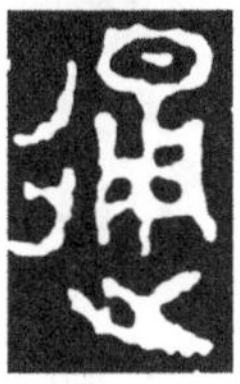

頌簋（西周晚期）

頌鼎（西周晚期）

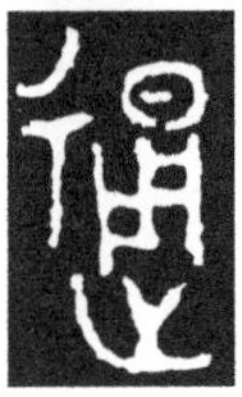
頌壺（西周晚期）

通祿鐘（西周晚期）

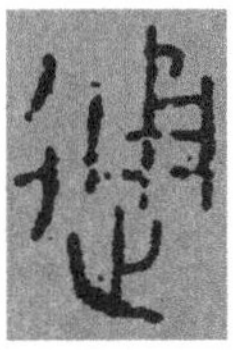
虢姜簋蓋（西周晚期）

晉姜鼎（春秋早期）

徙

xǐ 辻

《説文》曰：迻也，从辵、止聲。……徙或从彳。《説文通訓定聲》曰：辻，今隸體作徙。

《玉篇》曰：辻，移也，今作徙。

註：辻，从步、从彳。彳，有行義，步移也。辻，今作徙，遷徙。

徙鼎（殷商）

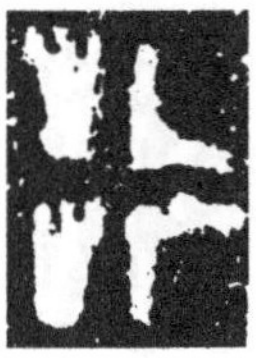
徙簋（殷商）

徙觶（殷商）

徙卣（殷商）

徙觚（殷商）

徙斝（殷商）

徙爵（殷商）

僕父乙盉（西周早期）

返

還

fǎn
返

《說文》曰：返，還也，从辵从反，反亦聲。……返，从彳。《廣雅》曰：返，歸也。

楚王酓璋鐘（戰國早期）

噩君啟節舟節（戰國）

噩君啟節車節（戰國）

中山王嚳方壺（戰國晚期）

好盗壺（戰國晚期）

huán hái
還

《說文》曰：復也，从辵，瞏聲。

呂行壺（西周早期）

高卣（西周早期）

鯀還鼎（西周）

穆公簋蓋（西周中期）

免簠（西周中期）

遽伯簋（西周中期）

元年師旋簋（西周晚期）

駒父盨蓋（西周晚期）

噩侯鼎（西周晚期）

散氏盤（西周晚期）

亞行還戈（戰國早期）

睘□鍵（戰國）

選

送

遣 譴

xuǎn
選

《說文》曰：遣也，从辵、巽。巽，遣之，巽亦聲。一曰選擇也。

註：選字本義為遣送、放逐、派遣之義。選，或為選擇、挑選。選，通饌。，選之省文。

九年衛鼎（西周中期） 選之省文 羝皮二 選皮二 業舄箭皮二

sòng
送

註：送，或假為朕。

好蚉壺（戰國晚期） 讀為朕 唯送（朕）先王

qiǎn
遣

《玉篇》曰：遣，送也。

註：遣，或从口。从口、从言同義，可讀為譴。

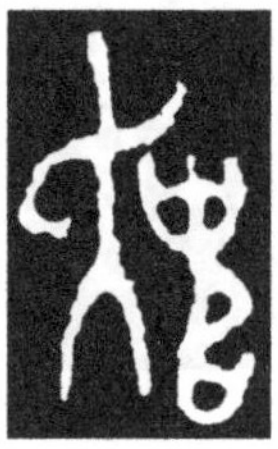
遣妊爵（殷商）

遣卣【古文字類編】（西周早期）

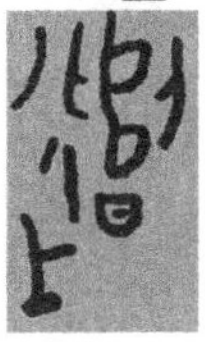
否觚【古文字類編】（西周早期）

明公簋（西周早期）

我方鼎（西周早期）

小臣謎段（西周早期）

小臣夌鼎（西周早期）

大保簋（西周早期）

邐

遲 遅

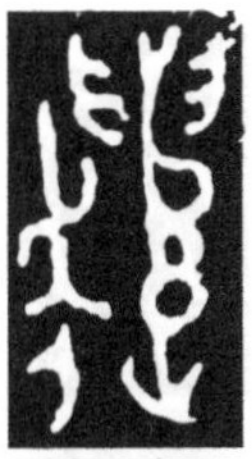

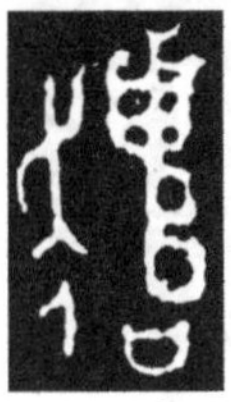
遣叔吉父盨（西周中期）

遹段（西周中期）

孟簋（西周中期）

永盂（西周中期）

守鼎（西周中期）

城虢遣生簋（西周中期）

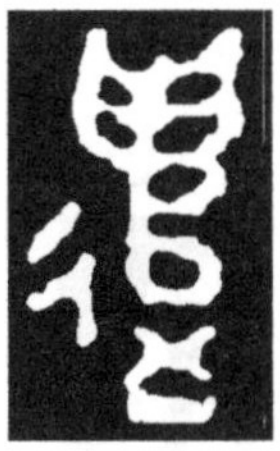
多友鼎（西周晚期）

宗周鐘（西周晚期）

禹鼎（西周晚期）

㝬簋（西周晚期）

遣叔鼎（西周晚期）

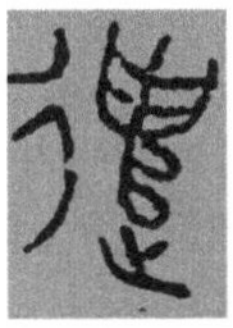
晉姜鼎（春秋早期）

lǐ
邐

《説文》曰：行邐邐也。从辵麗聲。註：邐迤，逶迤，曲折延綿。

邐方鼎（殷商）

邐簋（殷商）

保員簋（西周早期）

chí
遲

《説文》曰：徐行也，从辵、犀聲。遲或从尸，籀文遲从屖。《廣雅》曰：遲，緩也、晚也。註：遲，同遅。緩慢、遲緩。

仲𠭯父段（西周中期）

伯遅父鼎（西周中期）

仲再父簋（西周晚期）

逢

遹

元年師旋段（西周晚期）

遅父鐘（西周晚期）

伊簋（西周晚期）

曾侯乙鐘（戰國早期）

féng péng
逢

《説文》曰：遇也，从辵、峯省聲（夆聲）。《爾雅》曰：逢，見也。《玉篇》曰：逢，迎也。

㚸蛮壺（戰國晚期） 讀為逢 或从廾 从彳
逢鄾亡道煬上

yù
遹

《説文》曰：回避也，从辵矞聲。《集韻》曰》遹，邪也。註：遹，邪避。遹，或為遵循之義。

大盂鼎（西周早期）

父癸簋（西周早期）

寧遹簋（西周早期）

史牆盤（西周中期）

遹簋（西周中期）

克鐘（西周晚期）

翏生盨（西周晚期）

小克鼎（西周晚期）

愇韙 違 

韃 達 

迭 达 

宗周鐘（西周晚期）

戎生鐘（西周晚期）【近出殷周金文集錄】

晉侯穌鐘（西周晚期）【近出殷周金文集錄】

wéi
違

《說文》曰：離也，从辵、韋聲。《廣雅》曰：違，偝也。《廣雅》曰：愇與違同。

註：違，離別、分開，引申為背道而馳，違背。違，同愇、通韙。

臣卿鼎（西周早期）

臣卿簋（西周早期）

班簋（西周中期）

dá
達

《說文》曰：行不相遇也，从辵羍聲。達或从大，或曰迭。《玉篇》曰：達，通也。

註：達，同韃。韃靼或曰達旦；對蒙族稱呼。達，即古撻字。

史牆盤（西周中期）

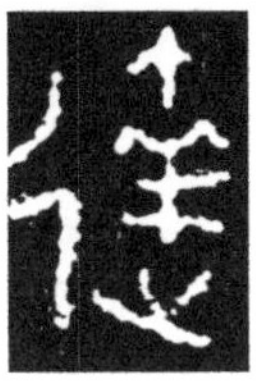
師寰殷（西周晚期）

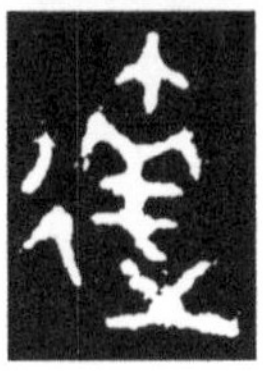
保子達簋（西周晚期）

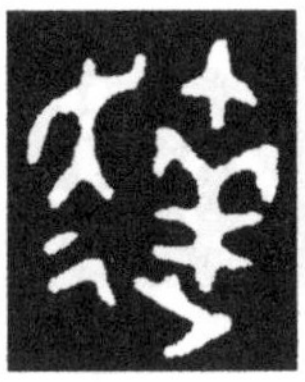
達盨（西周中期）【近出殷周金文集錄】
或从走

速盤（西周晚期）【盛世吉金】

dá
达

《玉篇》曰：达與達同。　註：达，說文或體。，達或从大，或曰迭。

段玉裁曰：此迭字之異體。【說文解字注】

連 

逋 

遺 

子达觶
（殷商）

lián

連

《說文》曰：員車也，从辵、从車。《說文解字注》曰：連，即古文輦。

註：連，即輦，人員拉的車；如龍輦、鳳輦。連，或指連接、連續。，或以聯之初文𢇍為連字。

連迂鼎
（春秋）

能源鎛
（春秋晚期）

兆域圖
（戰國晚期）

或為聯之初文

bū

逋

《說文》曰：亡也，从辵、甫聲。籀文逋从捕。《廣雅》曰：逋，竄也。

註：逋，逃亡、逃竄。逋，通膊。

[illegible]逋段
（殷商）

小臣逋鼎
（西周早期）

逋作父乙觶
（西周早期）

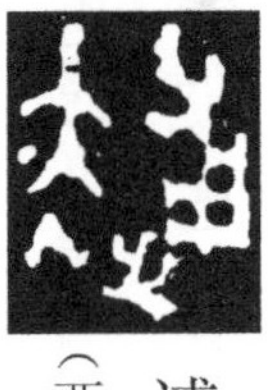

逋盂
（西周中期）

衛盉
（西周中期）

五祀衛鼎
（西周中期）

yí suí

遺

《說文》曰：亡也，从辵、貴聲。

註：遺，遺失、丟失、遺漏、遺忘。遺，或通隨。

兆垗 逃

追

旂鼎（西周早期）

雁侯見工鐘（西周中晚期）

曶鼎（西周晚期）

禹鼎（西周晚期）

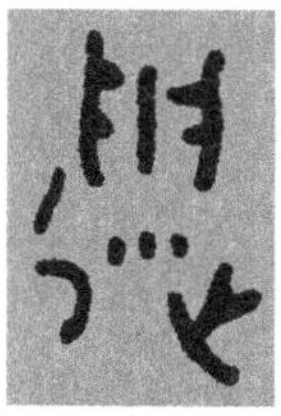
追夷簋【古文字類編】（西周晚期）

王孫遺者鐘（春秋晚期）

中山王嚳方壺（戰國晚期）

táo
逃

《說文》曰：亡也，从辵、兆聲。《玉篇》曰：逃，逃亡也。註：兆域圖銘文中之『逃乏』當讀為『兆法』。假逃為兆。兆域圖即中山王陵之建築圖。兆法，闊狹，小大，即陵園設計規畫術語。逃，或讀作垗。

兆域圖（戰國）讀為兆 王命貯為逃（兆）法

zhuī
追

《說文》曰：逐也，从辵、自聲。《說文通訓定聲》曰：追，假借為自（古堆字）。

伯麩段（西周早期）

矢令方彝（西周早期）

周公簋（西周早期）或从口

㦴段（西周中期）

遣盉（西周中期）

師奎父鼎（西周中期）

伯𡎖段蓋（西周中期）

追簋（周中）

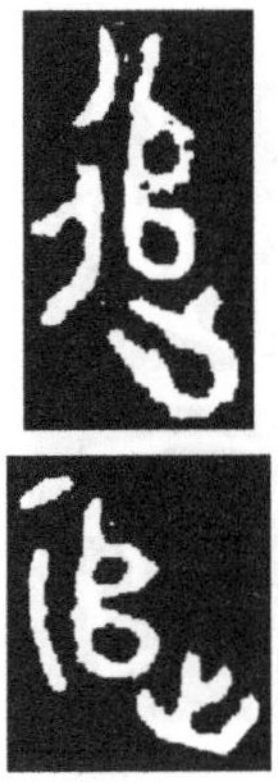
𠭯鐘（西周中期）

仲追父方彝（西周中期）

幾父壺（西周中期）

陖貯毁（西周中期）

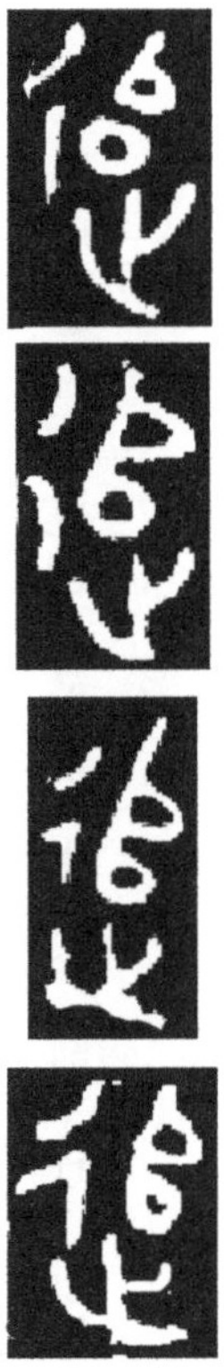
瘨鐘（西周中期）

丼人妄鐘（西周晚期）

兮仲鐘（西周晚期）

頌簋（西周晚期）

頌鼎（西周晚期）

曾仲大父蝱毁（西周晚期）

善夫沙其毁（西周晚期）

不嬰毁（西周晚期）

虢姜簋蓋（西周晚期）

蛕公諴簠（西周晚期）

鄦史屈壺（西周晚期）

多友鼎（西周晚期）

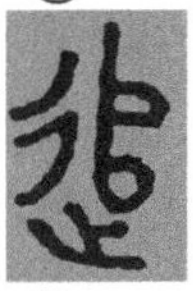
史顯鼎（西周晚期）

五年師旋毁（西周晚期）

口叔買簋（西周晚期）

章叔將毁（西周晚期）

鄀公平侯鼎（春秋早期）

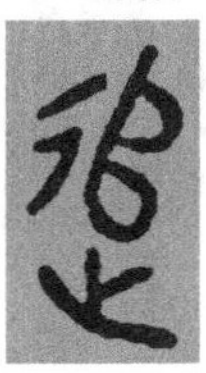
鄀公諴鼎（春秋早期）

逐

近

迁

郣甇段（春秋早期）

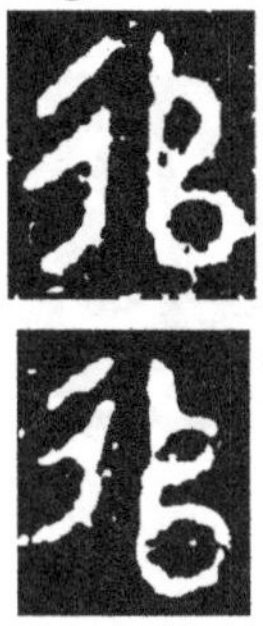
魯伯悆盨（春秋）

余贎逐兒鐘（春秋晚期）

好蚉壺（戰國晚期）

zhú
逐

《說文》曰：追也，从辵、豚省聲。《廣韻》曰：逐，驅也、走也。

註：逐，从豕、从犬，無別，均為追逐獸類之象。

遂攸諆鼎（西周早期）

𥳑𦃃方鼎（西周早期）

逐簋（西周早期）

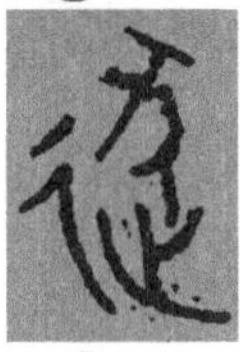
塱盨（西周晚期）

jìn
近

《說文》曰：附也，从辵、斤聲。古文近。

註：近，附近，與遠相對。

五年龏令思戈（戰國）

gān
迁

《說文》曰：進也，从辵、干聲。

註：迁，進取、求取。

連迁鼎（春秋）

逞

遠

迂

chěng yíng
逞

《說文》曰：通也，从辵、呈聲。《玉篇》曰：逞，快也。

註：逞，通達。逞，或為愉快、滿足之義。

吳季子之子逞劍（春秋晚期）

yuǎn
遠

《說文》曰：遼也，从辵、袁聲。古文遠。《廣韻》曰：遠，遙遠也。

註：遠，遙遠。其義同遼。

史牆盤（西周中期）

大克鼎（西周晚期）

番生簋蓋（西周晚期）

㝬𣪘（西周晚期）

晉姜鼎（春秋早期）

晉侯穌鐘（西周晚期）【近出殷周金文集録】

yū
迂

《說文》曰：避（僻）也，从辵、于聲。

註：迂，迂迴、曲折。

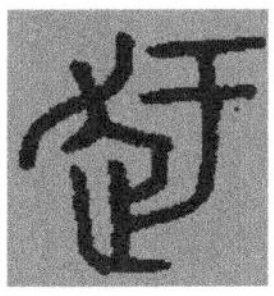
居簋【金文詁林】（春秋）从走不从辵

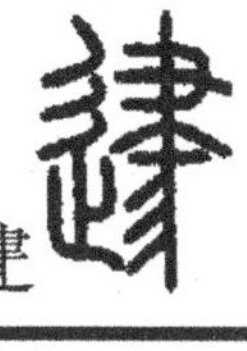
津逮

原邍

jiān jīn
逮

《玉篇》曰：逮，進也。《集韻》曰：津，渡也，古作逮。《篇海類编》曰：逮，古文津字。

註：肆，亦古津字。

兆域圖（戰國） 假為進
逮（進）退逃（兆）乏（法）者

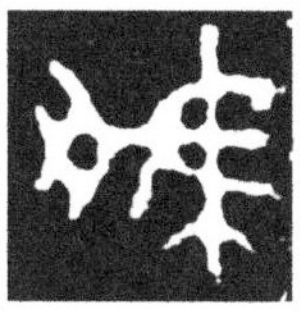
伯鼎（西周中期） 或从舟

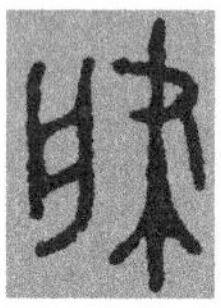
親簋（西周中期）

【古文字類編】

yuán
邍

《說文》曰：高平之野，人所登。《集韵》曰：邍，通作原。

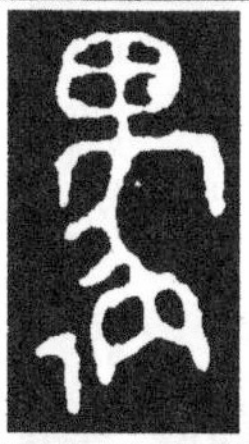
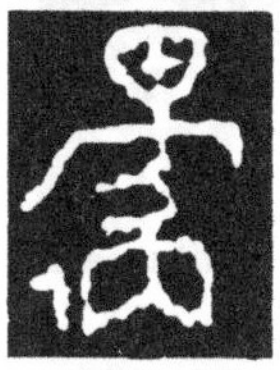
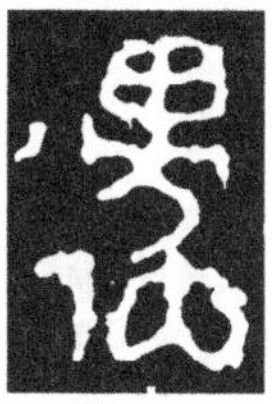
格伯簋（西周中期）

鲁邍鐘（西周晚期）

雁侯𣪘（西周晚期）

陳公子叔邍父甗（西周晚期）

中邍父匜（西周晚期）

晉侯對盨（西周晚期）

【近出殷周金文集録】

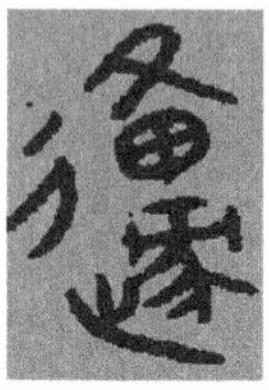
史敖簋（西周晚期）

單伯邍父鬲（春秋早期）

鲁大宰邍父簋（春秋早期）

鄭饔原父鼎（春秋早期）

邍氏仲簠（春秋早期）

道

遽 劇

dào
道

《說文》曰：所行道也，从辵、从首。註：道，金文道字从行、从首。首乃行之導也，道，有引導之義。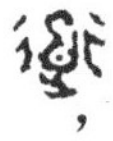，从止，有行義。，从又（今作寸）有以手指導之義。，从首、从辵為小篆所本。

貉子卣（西周早期）

㝬鼎（西周早期）

塱盨（西周早期）

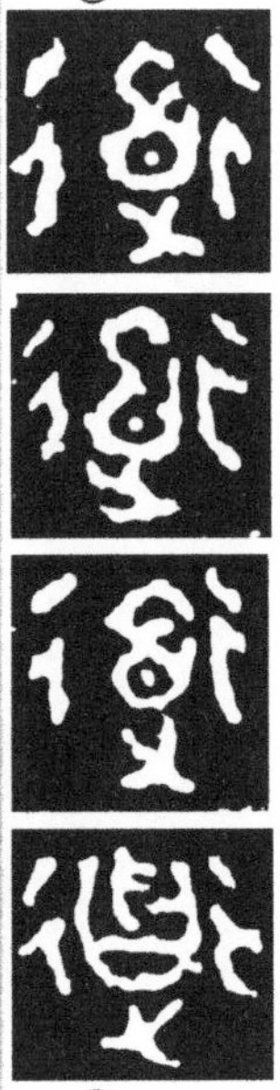

散氏盤（西周晚期）

散氏盤（西周晚期）

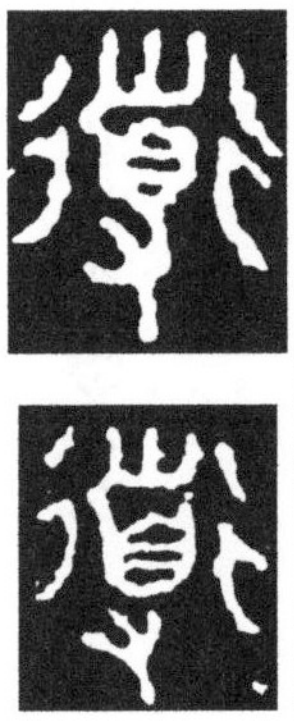

曾伯霥簠（春秋早期）

好盗壺（戰國晚期）

中山王礜鼎（戰國晚期）

通導字
以誘道（導）寡人

jù
遽

《玉篇》曰：遽，疾也、卒（猝）也。《說文通訓定聲》曰：遽，假借為處。註：遽，窘迫、蒼猝、疾速、恐懼之義。遽，通懼、通劇，假為處。

遽父已卣（殷商）

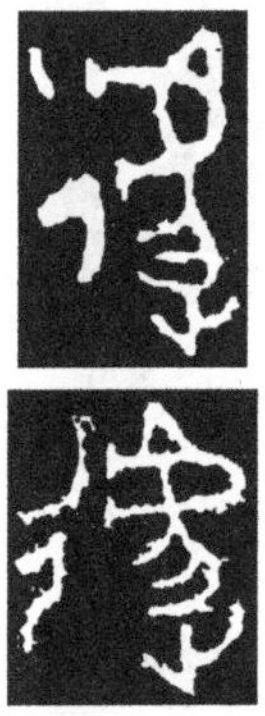

遽從鼎（西周早期）

遽仲觶（西周早期）

㻛伯睘段（西周早期）

遽從簋（西周早期）

遽册卣（西周早期）

遽父已象尊（西周早期）

遽叔尊（西周早期）

邊

遱

述 術

㤘季遽父卣（西周早期）

僕父己盉（西周早期）

遽從角（西周早期）

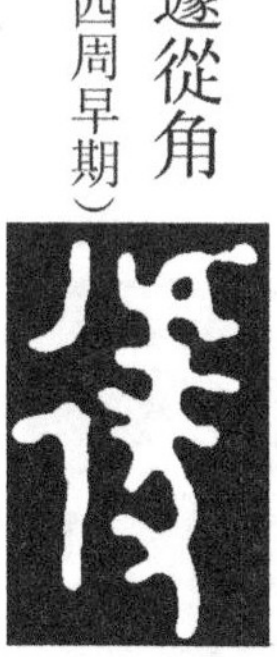
史牆盤（西周中期）

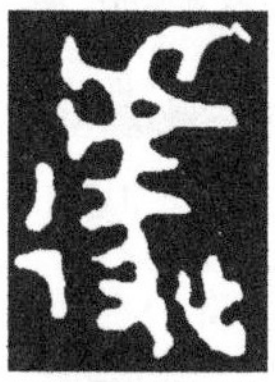

師遽方彝（西周中期）

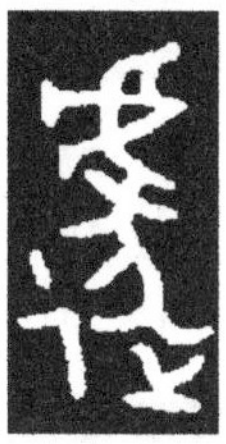
師遽簋蓋（西周中期）

般仲遽簠（西周晚期）

biān
邊

《玉篇》曰：邊，邊境也。

註：邊，邊境、邊陲、邊緣。

大盂鼎（西周早期）

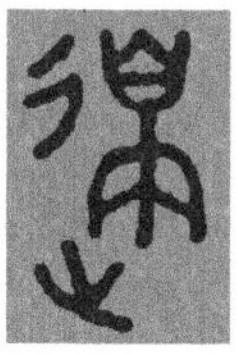
仲𢓜父鼎（西周中期）

散氏盤（西周晚期） 讀為邊 至于邊柳

lóu
遱

《説文》曰：連遱也，从辵、婁聲。

註，連遱，相連不絕之義。

敔簋（西周晚期） 讀為遱 南淮夷遱 殳內伐

shù
述

《説文》曰：循也，从辵、朮聲。

註：述，遵循。述，或為申述、闡述之義。述，通術。銘文中述，假為墜、為遂。

逝遰 

徂退 

大盂鼎（西周早期） 假為墜 我聞殷述（墜）令（命）

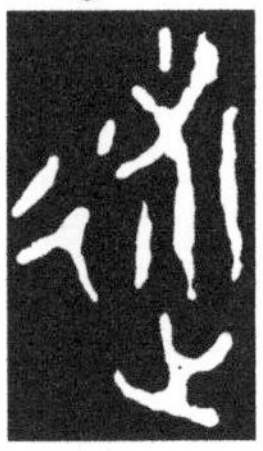

史述簋（西周早期）

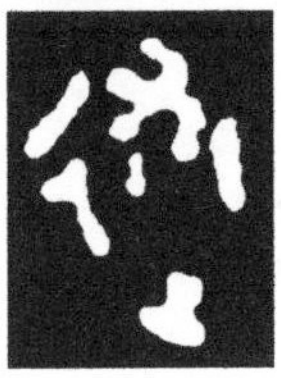

述作兄日乙卣（西周早期）

小臣謎殷（西周早期）

趞盂（西周中期） 讀為遂 使于述（遂）土

魚鼎匕（戰國）

中山王嚳方壺（戰國晚期）

dì shì dài
遰

《說文》曰：去也，从辵帶聲。《直音篇》曰：遞，迭傳也。迢遞，遰同遞。《集韻》曰：逝，往也，或作遰。

《字彙》曰：遰，與逝同。

註：遰，古文或同遞（递）、同逝。遰，或从彳。

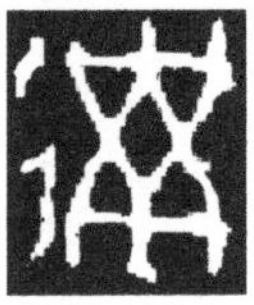

大保方鼎（西周早期） 或从彳 與从辵同 讀為遰 高明 亦釋為遰【古文字類編】

cú
退

《說文》曰：往也，从辵且聲。……或从彳。籀文从虘。《玉篇》曰：退，往也，與徂字同。

註：退，同徂，以往、過去之義。

梁十九年亡智鼎（戰國）

yóu 迬

《集韻》曰：迬，經過也。

麥方尊（西周早期）

tú 途

《玉篇》曰：途路也。《廣韻》曰：途道也。

楚叔之孫途盉（春秋晚期）

讀為途

楚叔之孫途為之盉

gēng 𨓈

《玉篇》曰：迒，迹也，長道也。𨓈，同迒

註：𨓈，或讀為更。

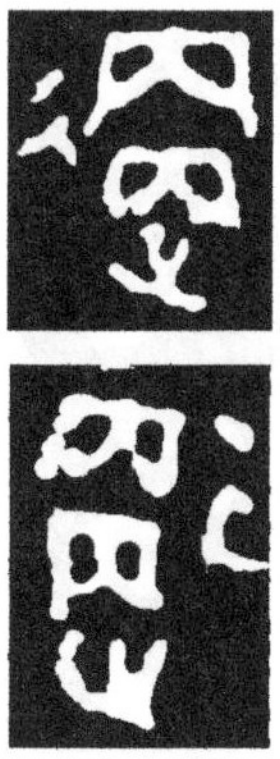

盠方彝（西周中期）

讀為更

𨓈（更）朕先寶事

chù 遚

《玉篇》曰：遚，行皃（貌）。《篇海類編》曰：遚，馳也。

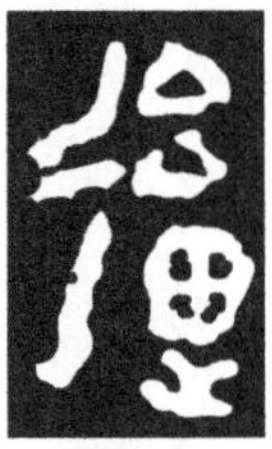

私庫嗇夫蓋杠接管（戰國中晚期）

讀為適

私庫嗇夫煮正　工逫

逫

余購逫兒鐘（春秋晚期）

kuì
逭

註：逭，或讀為饋。

段簋（西周中期）

讀為饋

令龏口逭（饋）大則于段

遱

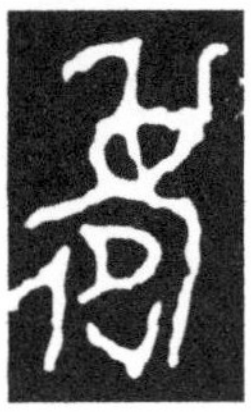

格伯簋（西周中期）

⿺辶會 這 逘

huì
⿺辶會

註：⿺辶會，急行走也。或讀為會。

沇兒鎛（春秋晚期）

鼄鐘（春秋）

王子逜匜（戰國）

中山王嚳方壺（戰國晚期）

好蚉壺（戰國晚期）

zhè
這

《玉篇》曰：這，迎也。

註：這，迎接。這，或指較近的時間、地點及事物。

叔尸鐘（春秋晚期）

叔尸鎛（春秋晚期）

讀為這 這爾倗劏

張亞初釋為這【殷周金文集成 引得】

fù
逘

註：逘，或同復、同覆。

好蚉壺（戰國晚期）

讀為復 弗可復得

中山王嚳鼎（戰國晚期）

wùhū
⿺辶勿

《廣雅》曰：⿺辶勿，遠也。《玉篇》曰：⿺辶勿，音勿，又音忽。註：⿺辶勿，與伆同，與忽通用。

攻口戈（春秋晚期）

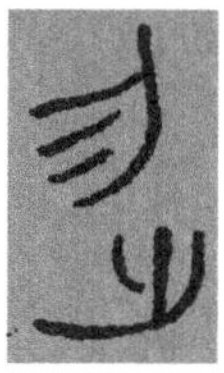

楚子⿺辶勿鄴敦（春秋）【古文字類编】

zā
迊

《廣韻》曰：帀，遍也、周也，迊同帀。《集韻》曰：帀，周也，从反之（㞢）而帀也，或作迊。

註：環繞一周曰帀。帀，或作迊。

郳大子鼎（春秋）

子𡢁迊子壺（戰國晚期）

⿺辶舟

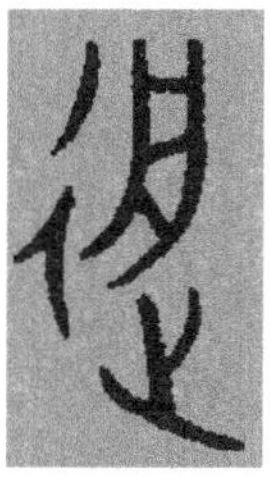

矢令簋（西周早期）【古文字類编】

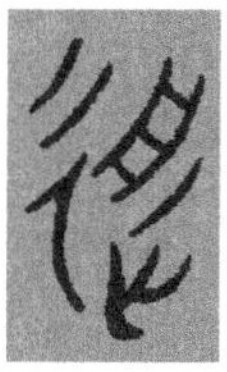

伯者父簋（西周早期）【古文字類编】

⿺辶亟

遞 遞 ⿺辶⿰車𢦏 迖

大盂鼎（西周早期）

tī dī 遞 《篇海類編》曰：遞，匾遞，薄也。註：遞，或讀作遞。

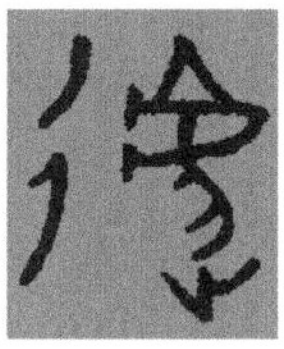
遞從角（西周早期）【古文字類编】

遞冊卣（西周早期）【古文字類编】

⿺辶⿰車𢦏

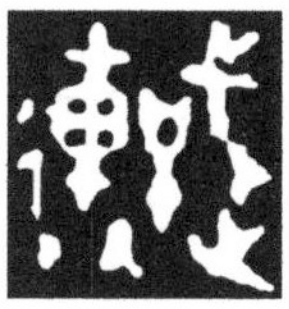
多友鼎（西周晚期）

迖

作冊豊鼎（殷商）

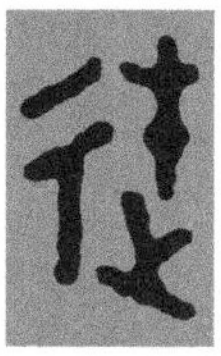

小臣夌鼎（西周早期）

商尊（西周早期）

商卣（西周早期）

遹

王子午鼎（春秋中期）

⿺辶夫

fù ⿺辶犮

余購遝兒鐘（春秋晚期）

齊鞄氏鐘（春秋晚期）讀為赴 或从彳 俾勻彶（赴）好

註：⿺辶犮，或讀為赴。

⿺辶氺

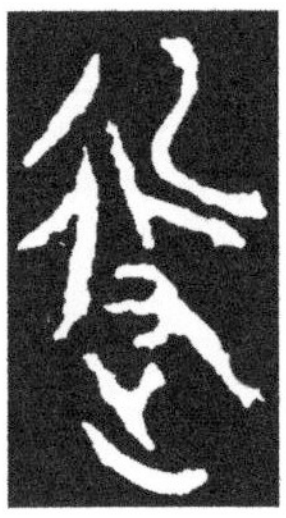

上官豆（戰國）讀爲赴 以爲大⿺辶犮（赴）之從

迸 逭 遉

⿺辶永盂（西周早期）

迸

季□父殷蓋（西周晚期）

yuán xuān
逭

註：逭，或為趄之異體、或讀為宣。

史牆盤 讀為宣（西周中期）亟獄逭（宣）謨

齊史逭殷（西周中期）

⿱無皿男鼎（西周晚期）

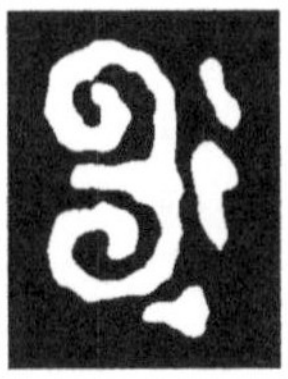

攻敔王光劍（春秋晚期）

zhēn
遉

《洪武正韻》曰：遉，邏侯也、廉視也、探伺也，亦作偵。

無叀鼎（西周晚期）

⿺辶旁

páng bàng
⿺辶旁

《集韻》曰：傍，近也，或从彳。

註：古文从辵與从彳相同，均為行義。故⿺辶旁，同徬，或作傍。

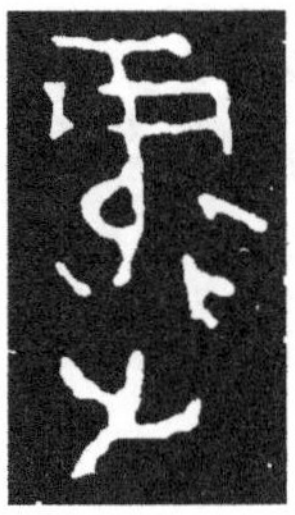

啓作且丁尊

（西周早期）

香港中文大學版本【集成】釋為⿺辶旁

啟從王南征⿺辶旁山谷

迣

kàn
迣

《龍龕手鑑》曰：迣，音看。

註：迣，或假為延。

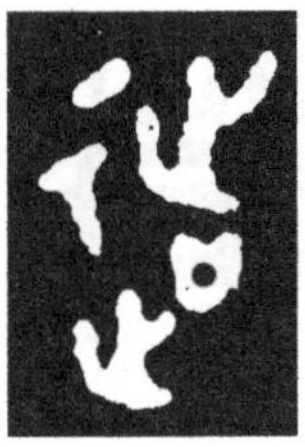

⿱吅黽殷

（西周中期）

讀為延

蜆迣（延）公

多友鼎

（西周晚期）

迺迣（延）于獻宮

适

kuò
适

《玉篇》曰：适，疾也。

註：适，與括同。适，非適之簡化字。

王子适匜

（戰國）

讀為适

王子适之會浣

遟

遟

逌 逨 達

井侯方彝（西周早期）

麥方尊（西周早期）

史頌鼎（西周晚期）

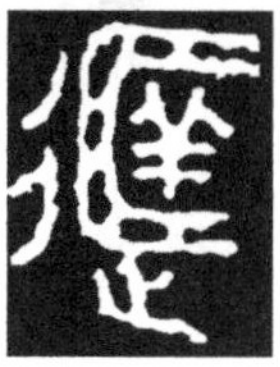

史頌簋（西周晚期）

逌

散氏盤（西周晚期）

lái 逨

《玉篇》曰：逨，來也、至也。《集韻》曰：來，或从辵。

註：逨，同來。

何尊（西周早期）

章伯馭毁（西周早期）

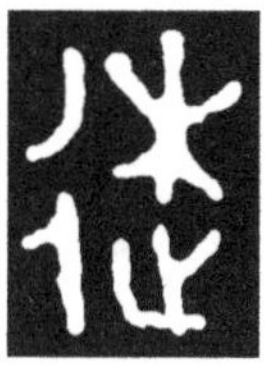

史牆盤（西周中期）

長甶盉（西周中期）

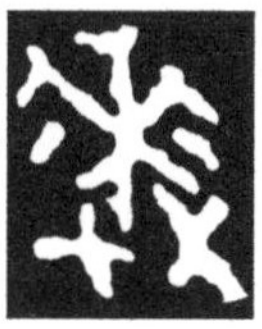

散氏盤（西周晚期）

達

⿺辶長　⿺辶齊　⿺辶嘼

⿸广金父鼎（西周早期）

⿺辶長

⿺辶長鼎（西周早期）

jī
⿺辶齊

註：足，行之據也、辵、行之義也。躋，或从辵作⿺辶齊。

洹子孟姜壺（春秋）

叔尸鎛（春秋晚期）

叔尸鐘（春秋晚期）

shòu
⿺辶嘼

註：⿺辶嘼，或同狩。

大盂鼎（西周早期）讀為狩　用⿺辶嘼（狩）

⿺辶鮦　⿺辶⿰𠂤貝　⿺辶⿰章召

⿺辶鮦

⿺辶鮦作且乙卣（西周中期）

⿺辶⿰𠂤貝

杕駿觥蓋（西周早期）

⿺辶⿰章召

曶鼎（西周中期）

德

dé
德

《説文》曰：升也，从彳、㥁聲。《篇海類編》曰：德，德行。

德鼎（西周早期）

德方鼎（西周早期）

曆方鼎（西周早期）

辛鼎（西周早期）

叔德簋（西周早期）

麥方尊（西周早期）

師艅鼎（西周早期）

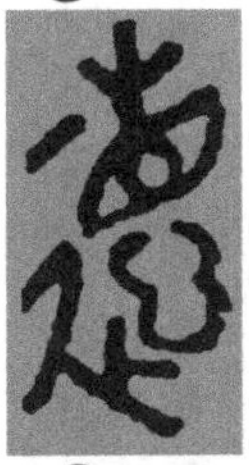
師艅尊（西周早期）

大盂鼎（西周早期）

嬴霝德鼎（西周早期）

何尊（西周早期）

史牆盤（西周中期）

季嬴霝德盤（西周中期）

季嬴霝德盉（西周中期）

班簋（西周中期）

㠱仲觶（西周中期）

𤼈鐘（西周中期）

師𩰫鼎（西周中期）

師訇簋（西周晚期）

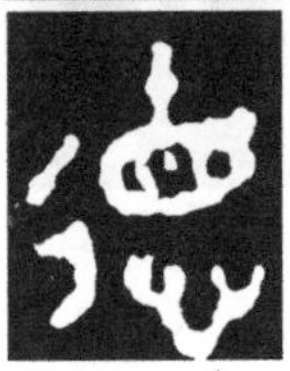
番生簋蓋（西周晚期）

德克簋（西周晚期）

蔡姞簋（西周晚期）

沕其鐘（西周晚期）

丼人妄鐘（西周晚期）

叔向父禹簋（西周晚期）

複 復

師臾鐘（西周晚期）

大克鼎（西周晚期）

[白夆]叔簠（西周晚期）

虢叔旅鐘（西周晚期）

毛公鼎（西周晚期）

散氏盤（西周晚期）

秦公鎛（春秋早期）

叔家父簠（春秋早期）

秦公簋（春秋早期）

晉姜鼎（春秋早期）

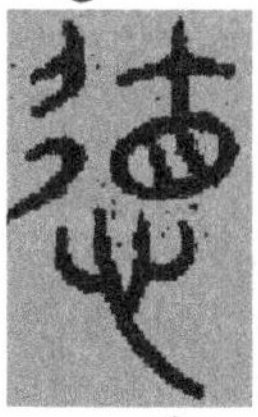
秦公鐘（春秋）

晉公盆（春秋）

王孫遺者鐘（春秋晚期）

蔡侯鐘（春秋晚期）　或从言

叔尸鎛（春秋晚期）

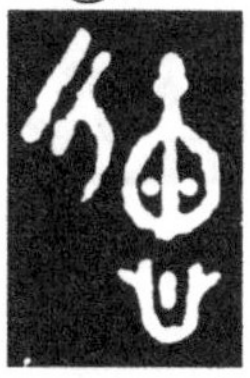

齊陳曼簠（戰國早期）

陳侯因脊敦（戰國晚期）

令狐君壺（戰國中期）

中山王譽鼎（戰國晚期）

中山王譽方壺（戰國晚期）

好蚉壺（戰國晚期）

fù 復

《說文》曰：往来也，从彳、复聲。《爾雅》曰：復，返也。《小爾雅》曰：復，還也。

註：復，往來于故道。復，或作复。復，通覆、通複、通腹。

小臣謎毁（西周早期）

復鼎（西周早期）

復作父乙尊（西周早期）

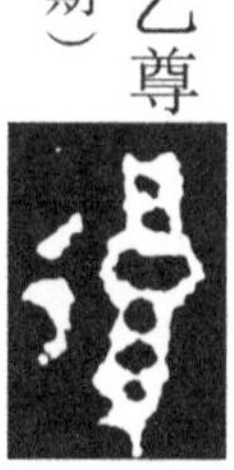
穆公簋蓋（西周中期）

往

彶

曶鼎（西周中期）

散氏盤（西周晚期）

多友鼎（西周晚期）讀為復　卒復恂人孚或搏于共

融比盨（西周晚期）

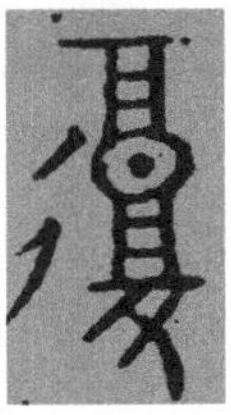
塱盨（西周晚期）

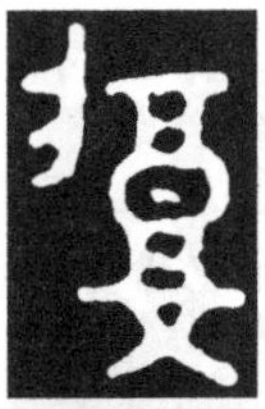

復公子簋（西周晚期）

敔毀（西周晚期）

黃子壺（春秋早期）假為後　靈终靈復（後）

子犯鐘（春秋）【近出殷周金文集録】

好蚉壺（戰國晚期）或从辵　弗可復得

wǎng
往

註：徃，即古往字。

吳王光鑑（春秋晚期）

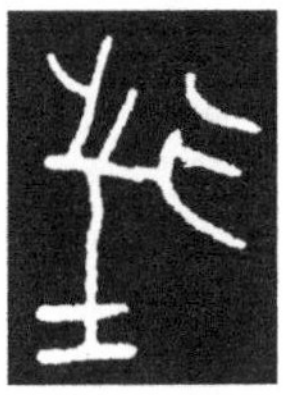
蔡侯墓殘鐘（春秋晚期）

噩君啟節車節（戰國）

jí
彶

《説文》曰：急行也，从彳、及聲。註：彶，急行。彶，或从辵。从彳、从辵、从走，在古文字中相互通用，均有行進之義。彶，或讀為急。

微

曶鼎（西周中期）

格伯簋（西周中期）

融比盨（西周晚期）

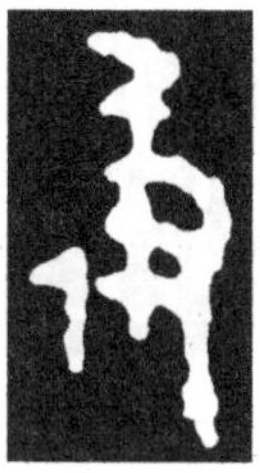
毛公鼎（西周晚期）　讀為急　嗣余小子弗彶（急）

不嬰殷（西周晚期）

鄭虢仲簋（西周晚期）

隻叔盨（西周晚期）　或从辵

師訇簋（西周晚期）

郜公典盤（春秋）【近出殷周金文集錄】

wēi
微

《說文》曰：隱行也，从彳、𢼸聲。

註：微，或作  𢼸。微，隱匿、隱藏為其本義。微，或為細小、精妙，微小、微妙。

逨父乙殷（西周早期）

微仲鬲（西周早期）

召卣（西周早期）

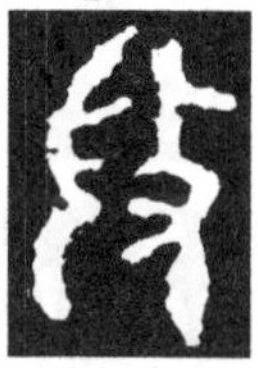
𠤳尊（西周早期）

微伯癲簠（西周中期）

微癲盆（西周中期）

微伯鬲（西周中期）

微伯癲匕（西周中期）

癲鐘（西周中期）

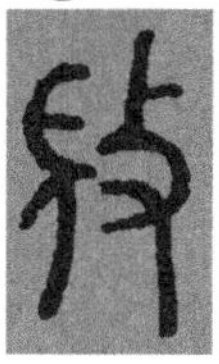
叀鼎（西周中期）

史牆盤（西周中期）

待 　退 䙌 

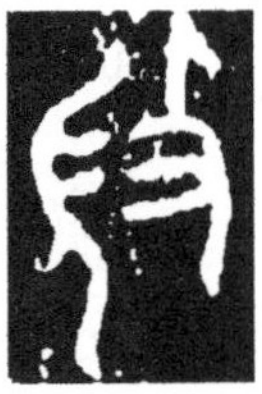
裘衛盉（西周中期）

大克鼎（西周晚期）

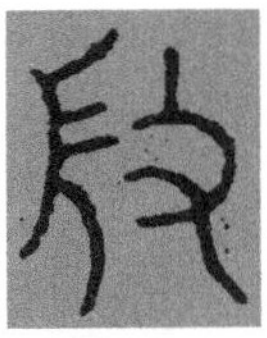
微䜌鼎（西周晚期）

𩱦工殘鼎（西周晚期）

昊女盨盖（西周晚期）

散氏盤（西周晚期）

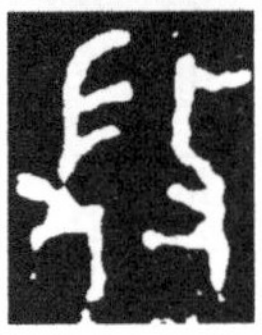
叔猴父段蓋（西周晚期）

秦公簋（春秋早期）　或从辵

dài
dāi
待

《說文》曰：竢也，从彳、寺聲。《說文通訓定聲》曰：待，假借為持。註：古文待，通持、通特。

𣃼鼎（西周早期）

tuì
退

《說文》曰：卻也，一曰行遲也，。从彳、从日、从夊。古文退從辵。《集韻》曰：，隸作退。註：退，或从彳，金文从彳、从辵或互通，均有行義。退，退還、退卻。退，同䙌。退，或从足。

天亡簋（西周早期）　讀為退　王降亡賀爵　退囊

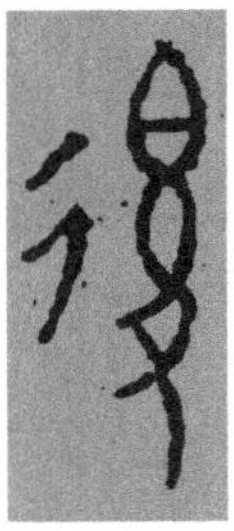
塱盨（西周晚期）

子禾子釜（戰國）　讀為退　而以發退如關人

兆域圖（戰國晚期）

中山王𰌈方壺（戰國晚期）　或从足　讀為退　而退與諸侯齒長於會同

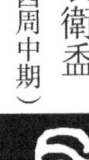

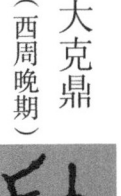

hòu
後

《說文》曰：遲也，从彳、幺、夊者後也。𨑒古文後从辵。註：後後，从夂，反止（趾），有後退之意；从幺糸省，有捆縛之意；从彳或辵，有行走之義。後，會意為繫足、反足後向行走。其義與前字相反。

小臣單觶（西周早期）

寧鼎（西周早期）

作冊夨令簋（西周早期）

伯克壺（西周晚期）

師隹鼎（西周中期）

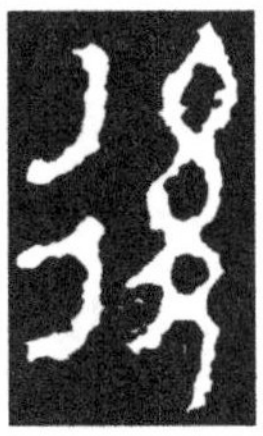
師望鼎（西周中期）

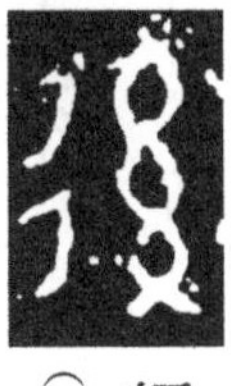
師寰毀（西周晚期）

訇簋（西周晚期）

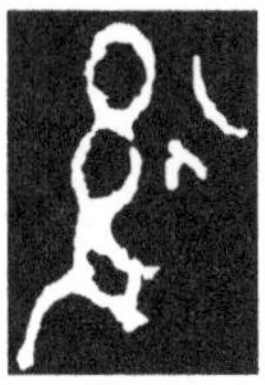
黃子豆（春秋早期）

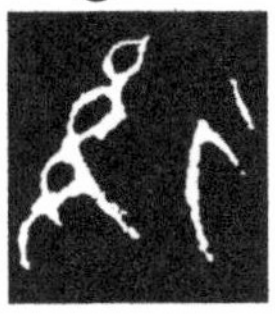
黃子鼎（春秋早期）

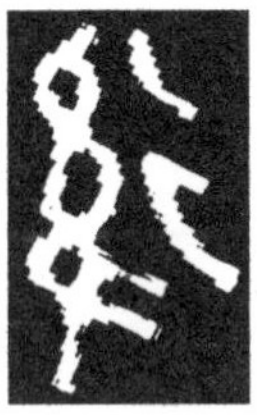
黃子鬲（春秋早期）

叔家父簠（春秋早期）

余贎逐兒鐘（春秋晚期）

枤氏壺（春秋晚期）

中央勇矛（春秋）

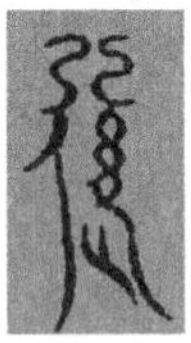
之利鐘（戰國早期）

曾姬無卹壺（戰國）

中山王嚳鼎（戰國晚期）
或从足 讀為後 與中山王嚳方壺退字同形
後人其庸庸之 毋忘尔邦

tí
chí
徲

《說文》曰：久也，从彳、犀聲，讀若遲。《集韻》曰：徲，後至（遲到）。

註：犀、屖相同，从彳、从辵互通。故遲、遟、徲、𢕌相通。

得

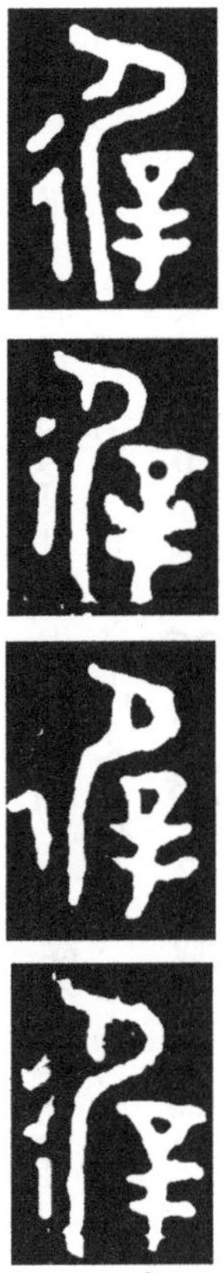
十三年癲壺（西周中期）

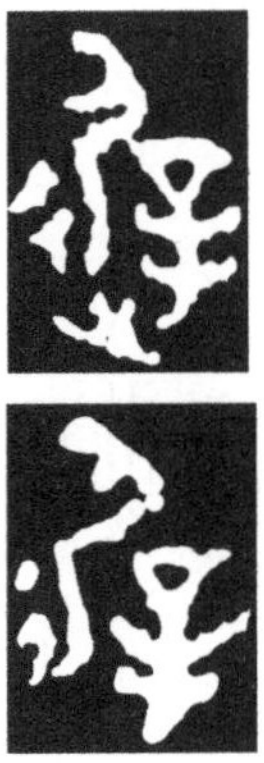
仲叡父段（西周中期）

鬲攸比鼎（西周晚期）

此簋（西周晚期）

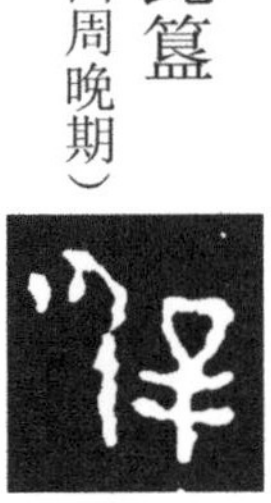
此鼎（西周晚期）

伯𢦚父段（西周晚期）

遟盨（西周晚期）

伊簋（西周晚期）

曾侯乙鐘（戰國早期）

曾侯乙鐘（戰國早期）

dé
得

《說文》曰：行有所得也，从彳、㝵聲。古文省彳。註：从手持貝，貝乃古時珍品或為貨币，手持貝，會意為有所得，此乃得之古文。，或从彳，有行動之意，為小篆所本。

得觚（殷商）

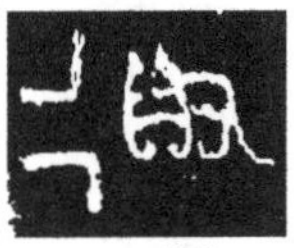
得父己甗（殷商）

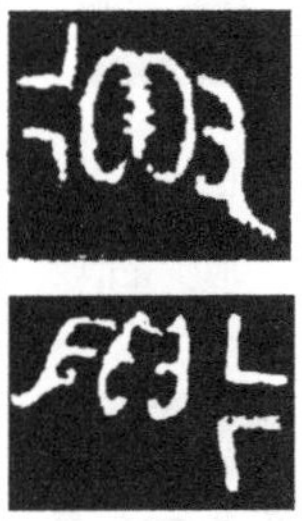
得鼎（殷商）

得父乙觚（殷商）

得卣（殷商）

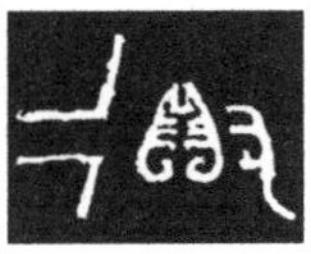
田得觚（殷商）

亞得父癸卣（殷商）

得罍（殷商）

史牆盤（西周中期）

師旂鼎（西周中期）

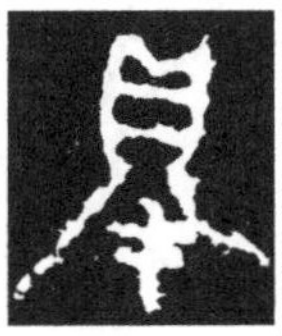
師望鼎（西周中期）

㝬駿簋（西周中期）

沕其鐘（西周晚期）

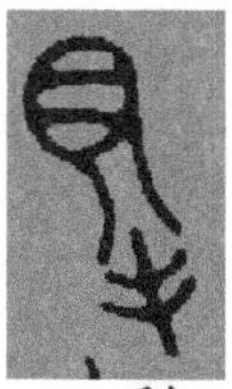
虢叔旅鐘（西周晚期）

井人妄鐘（西周晚期）

大克鼎（西周晚期）

曶鼎（西周晚期）

子犯鐘（春秋）【近出殷周金文集錄】

滕大宰得匜（春秋）【近出殷周金文集錄】

余購逐兒鐘（春秋晚期）

子禾子釜（戰國）

中山王嚳鼎（戰國晚期）

中山王嚳方壺（戰國晚期）

好蚉壺（戰國晚期）

律

lǜ
律

《說文》曰：均布也，从彳、聿聲。

註：律，本指音律。古代用于校對樂音高低的管狀器，近似現在的校音器。管之長短決定音之高低。音律分為六律及六呂，合稱十二律。律，嚴謹、規範、均布、平均，引申為規律、法律。

戍鈴方彝（殷商）

建鼎（西周中期）

或从辵

御馭

yù
御

《說文》曰：使馬也，从彳、从卸。古文御从又、从馬。《玉篇》曰：御，治也。《小爾雅》曰：御，侍也。

註：馭，即御之古文。卸，解車馬；馭，駕車馬，均為御者之職。御，引申為治理國家，及與帝王有關之事或物。、金文馭，从馬、从、或（古鞭字），乃會意為駕馭車馬。後，省為从又。

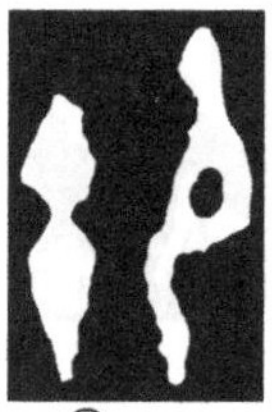
大盂鼎 不从辵
（西周早期）

御正衛簋
（西周早期）

御史競簋
（西周早期）

麥盉
（西周早期）

刺鼎
（西周中期）

由伯尊
（西周早期）

山御作父乙器
（西周早期）

叔趯父卣
（西周早期）

御簋
（西周早期）

㦰方鼎
（西周中期）

遹段
（西周中期）

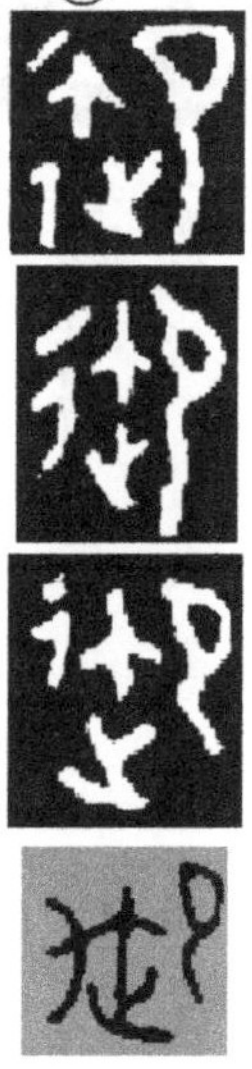
虢叔旅鐘
（西周晚期）

頌壺
（西周晚期）

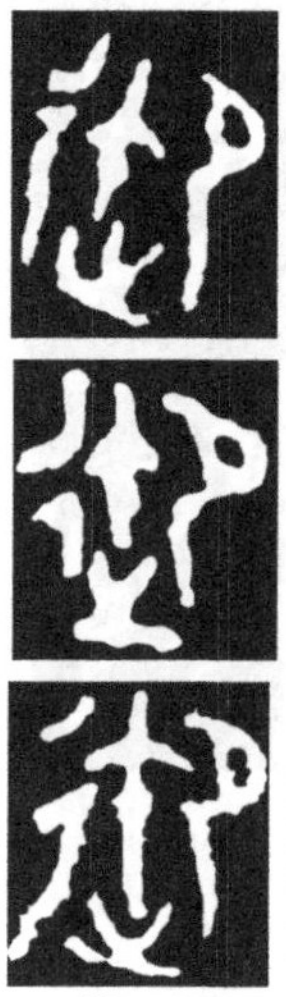
頌鼎
（西周晚期）

叔[illegible]父段
（西周晚期）

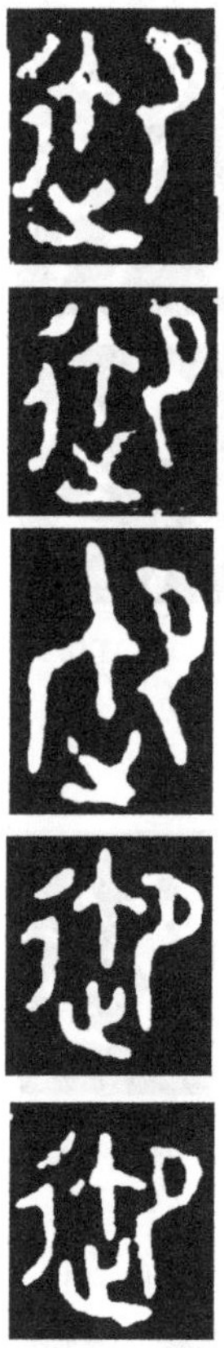
頌簋
（西周晚期）

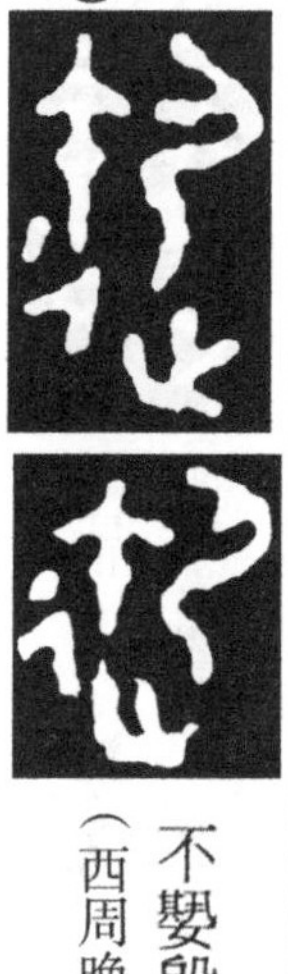
不嬰段
（西周晚期）

郳伯御戎鼎
（春秋）

篖大史申鼎
（春秋晚期）

吳王御士叔繇簠
（春秋）

洹子孟姜壺
（春秋）

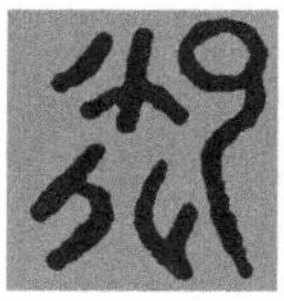
魯正叔盤
（春秋）

邵方豆
（春秋）

吳王夫差鑑
（春秋）

駿 馭

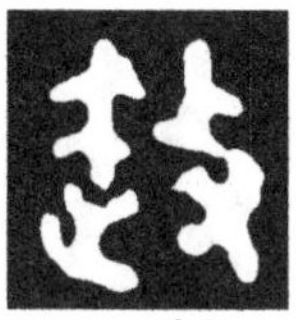
姑發𦣞反劍（春秋晚期）

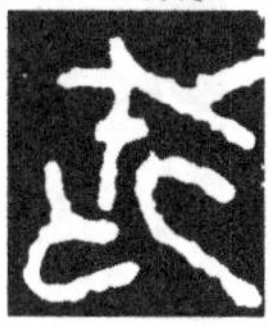
盛君縈簠（戰國早期）

郾王職戈（戰國晚期）

二年右貫府戈（戰國晚期）

駿卣　即御之古文（殷商）王賜馭（御）八貝一具

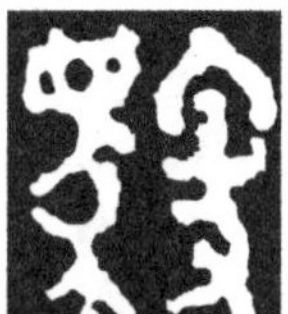
令鼎（西周早期）

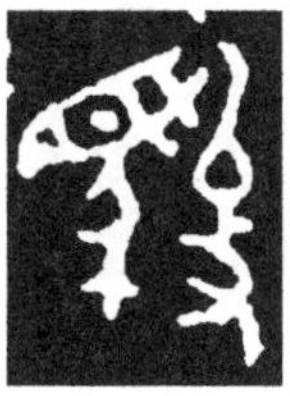
㪟駿觥蓋（西周早期）

㪟駿殷（西周中期）

班簋（西周中期）

大盂鼎（西周晚期）

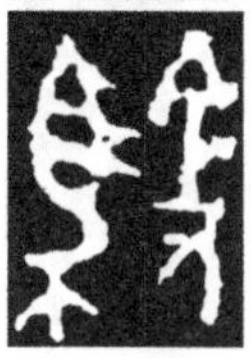
禹鼎（西周晚期）

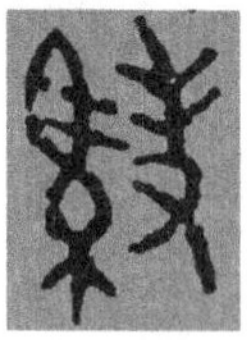
師訊殷（西周晚期）

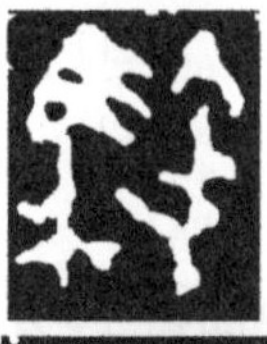

噩侯鼎（西周晚期）

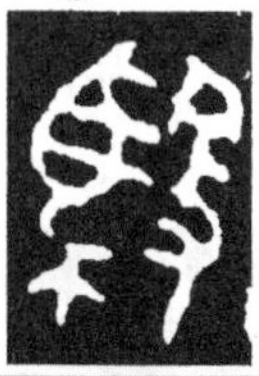

不娶殷（西周晚期）

師寰殷（西周晚期）

㪟蚉壺（戰國晚期）

右駿車器　或从車（戰國）

𢓊

chū
𢓊

註：𢓊，出字之繁文。从（即出字），止（趾）向上，像足從口（居所）出。从彳，有出行之意。各，即為格之本字。止（趾）朝向口，入居所，有至、停止之義。、，兩字趾的朝向不同，而為反義字。𢓊，从彳有行走之義。

𦣞伯馭殷（西周早期）

矢令方彝（西周早期）

士上盉（西周早期）

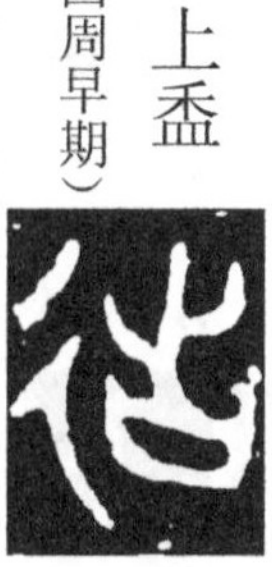
士上卣（西周早期）

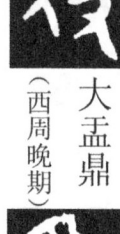

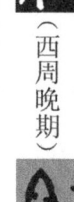

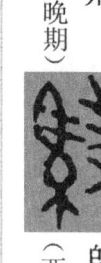

⿰彳省　⿰彳毛　汝如

治⿰彳告觶（西周早期）

班簋（西周中期）

魚鼎匕（戰國）

shěng
⿰彳省

聞一多曰：此字以今隸定之，當書作⿰彳省。……以字體演進之程序言之，⿰彳省，誠為省之孳乳。【聞一多全集】

師雝父鼎（西周中期）　讀為省　師雝父省道至于胡

⿰彳毛

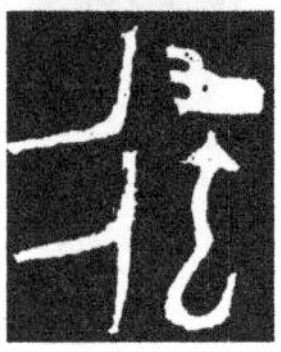

冊⿰彳毛卣（殷商）

rú
汝

註：汝，或讀為如。

保汝母器（西周早期）　讀為如　保汝（如）母賜貝于庚姜

欲　　　　　　　　　　　　徙延誕 𢓊

xǐ
𢓊

《說文》曰：移也，从辵、止聲。徙，或从彳。

註：徙，从辵、止聲，或从彳、止聲。𢓊，即徙之異文。銘文中𢓊，或讀為延、讀為誕。

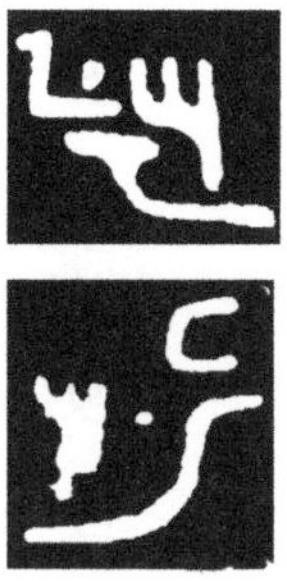
婦聿𢉩卣（殷商）

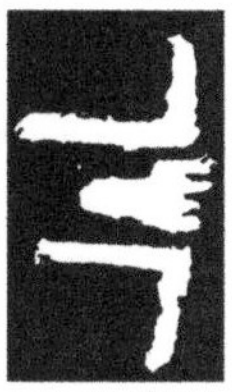
甗𢓊觚（殷商）

亞子父辛尊（殷商）

𢓊斧（殷商）

𢓊作父辛角（西周早期）

德方鼎（西周早期）讀為延 王在成周𢓊（延）武福自鎬

盠父鼎（西周早期）

我方鼎（西周早期）

麥方鼎（西周早期）

保卣（西周早期）

保尊（西周早期）

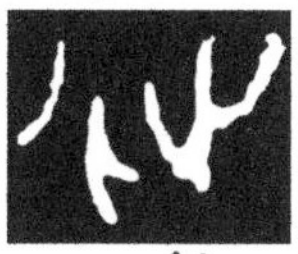
𢓊作等公觶（西周早期）

師遽簋蓋（西周中期）讀為誕 王𢓊（誕）正師氏

臣諫簋（西周中期）

吕方鼎（西周中期）

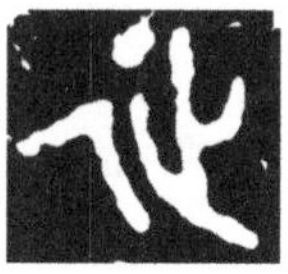
曶鼎（西周中期）讀為誕 用徵𢓊（誕）贖茲五夫

蔡侯紐鐘（春秋晚期）

鵙公劍（春秋晚期）

欲

廿一年皇鏃（戰國）

洛 侁 游

gé
洛

註：洛，格之別體字。有来、至之義。《爾雅 釋詁》曰：格，至也。又《釋言》曰：格，来也。从彳、从辵均有行走之意。

執尊（殷商）

埶卣（西周早期）尹洛（格）于宮 讀為格

沈子它簋盖（西周早期）

庚嬴卣（西周早期）

師虎簋（西周中期）

shēn
侁

《集韻》曰：侁，行皃（貌），或作侁。

註：侁，往來行走聲音，或為行走樣子。侁，假為先字。

余贎逐兒鐘（春秋晚期）台（以）追考（孝）侁（先）祖 讀為先

yóu
游

註：游，从彳，與从辵同義，游，即遊，同游。

曾侯仲子游父鼎（春秋早期）

噩君啟節舟節（戰國）

中山王嚳鼎（戰國晚期）

廚⿰彳壴　噲⿰彳會　⿰彳⿱林衣　⿰彳免

chù
⿰彳壴

註：⿰彳壴，从彳與从辵同義，⿰彳壴，即⿺辶壴，假為廚、為躕。

⿰彳壴宮左自方壺（戰國）

讀為廚

⿰彳壴（廚）宮左官

hùi
⿰彳會

《集韻》曰：⿰彳會⿰彳會，屋宇高明也。

註：⿰彳會，屋宇敞亮、顯耀。銘文中讀為噲。

中山王譽鼎（戰國晚期）

讀為噲

燕君子⿰彳會（噲）

中山王譽方壺（戰國晚期）

⿰彳⿱林衣

宰⿰彳⿱林衣宖父丁鼎（西周早期）

yì
⿰彳免

註：⿰彳免，从彳與从辵同義，⿰彳免，讀為逸。

好蚉壺（戰國晚期）

讀為逸字 隐侥（逸）先王

páng fǎng fáng
彷

《篇海類編》曰：彷，彷徨，猶徘徊。《正字通》曰：彷，彷佛，猶依稀，亦作彷佛。

《集韻》曰：妨，害也，或作彷。註：彷、徬本同字，均讀旁音。彷，或同妨。

中山王譽鼎（戰國晚期）

讀為旁 仇人在彷（旁）

fù
彶

註：彶，或讀為赴。

齊鞄氏鐘（春秋晚期）

讀為赴 俾匀彶（赴）好

微

傌 徹 伕

傌

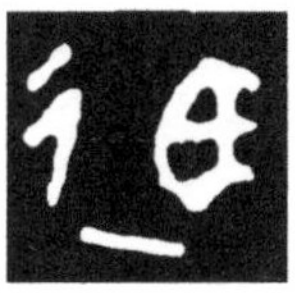

八年五大夫弩機（戰國）

徹

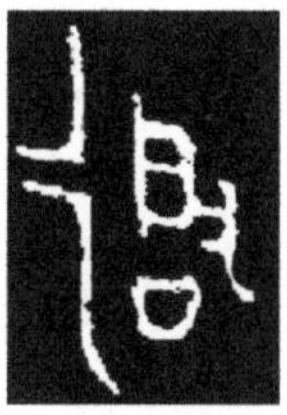

徹鼎（殷商）

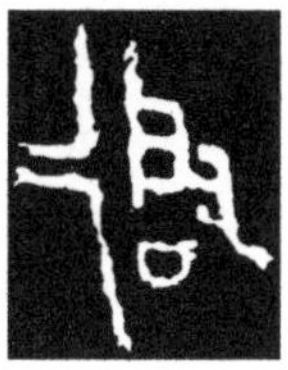

㠱徹卣（殷商）

伕

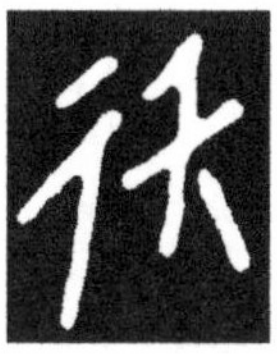

十三年鈹（戰國）

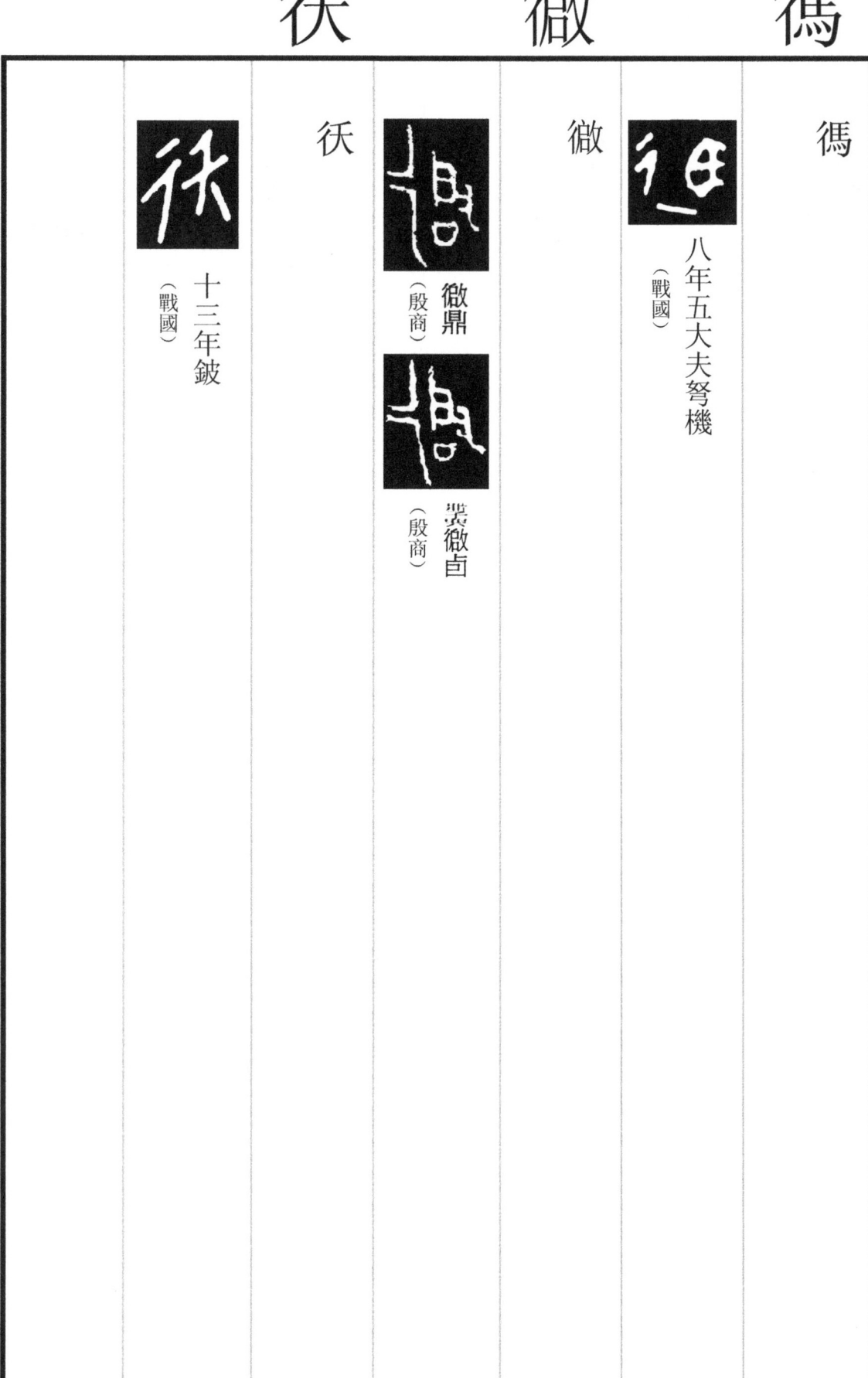

廷 庭

tíng 廷

王静安曰：古文但有廷字，後世加广作庭。義則無異，由『說文』之例，庭字當為廷下之重文。

註：廷，朝廷，官署。廷，或作庭，庭院、家庭。

【字例】

倗□冀作父癸毁（西周早期）

大師盧毁（西周中期）

師瘨毁蓋（西周中期）

申簋蓋（西周中期）

七年趞曹鼎（西周中期）

利鼎（西周中期）

師晨鼎（西周中期）

走馬休盤（西周中期）

盠方彝（西周中期）

師酉簋（西周中期）

廿七年衛簋（西周中期）

同簋（西周中期）

卯簋蓋（西周中期）

王臣簋（西周中期）

吳方彝蓋（西周中期）

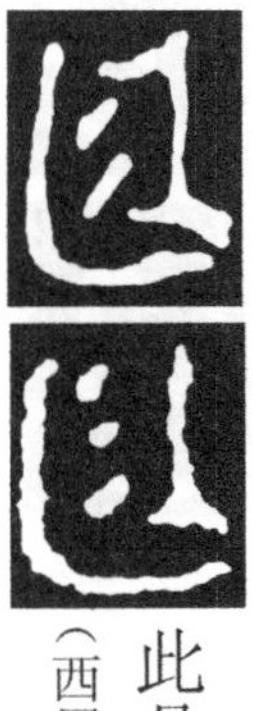
此鼎（西周晚期）

無叀鼎（西周晚期）

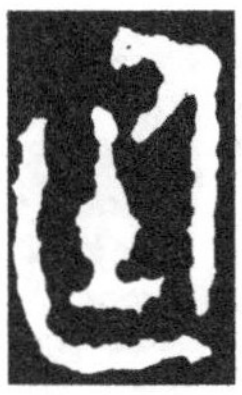
毛公鼎（西周晚期）

弭叔師察簋（西周晚期）

㦤毁（西周晚期）

大克鼎（西周晚期）

楚簋（西周晚期）

弭伯師耤毁（西周晚期）

五祀㝬鐘（西周晚期）

南宮柳鼎（西周晚期）

元年師兑簋（西周晚期）

建　健鍵

散氏盤（西周晚期）

趞鼎（西周晚期）

寰鼎（西周晚期）

善夫山鼎（西周晚期）

頌鼎（西周晚期）

元年師旋殷（西周晚期）

諫簋（西周晚期）

師穎殷（西周晚期）

伊簋（西周晚期）

三年師兑簋（西周晚期）

白毛敦（西周晚期）

此簋（西周晚期）

寰盤（西周晚期）

頌壺（西周晚期）

頌簋（西周晚期）

㝬殷（西周晚期）

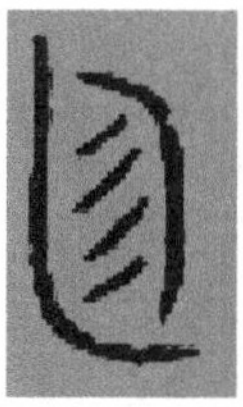
秦公鎛（春秋）

jiàn
建

《說文》曰：立朝律也，从聿、从廴。《玉篇》曰：建，豎立也。

註：建，立朝律、立法；引申為建立、建設。建，通健、通鍵。

小臣䖒鼎（西周早期）

戎生编鐘（西周晚期）

蔡侯紐鐘（西周晚期）

武城戈（春秋晚期）

蔡侯鎛（春秋晚期）

中山侯鉞（戰國）

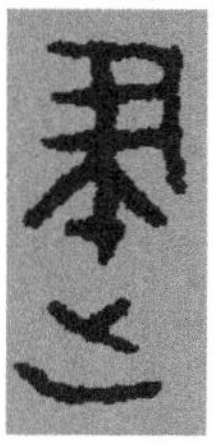
建信君鈹（戰國）

建君鈹（戰國晚期）

相邦劍（戰國晚期）

行 

háng
xíng
行

《説文》曰：人之步趨也，从彳、从亍。《爾雅》曰：行，道也。註：古行字分為不同兩字。，象四通八達之道路，引申為行列、輩份排行、行業。，从彳、从亍，步趨形，為趨步行走、行動之行。因字形相近，故合為一字。

辰行矣父乙鼎（殷商）

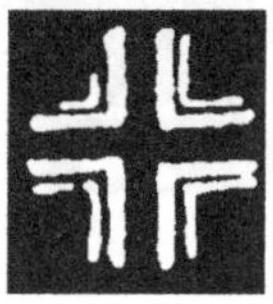
行天父癸卣（殷商）

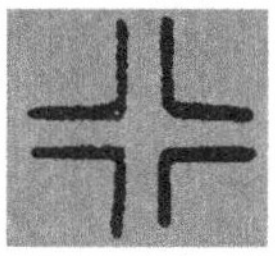
行父辛觶（西周早期）

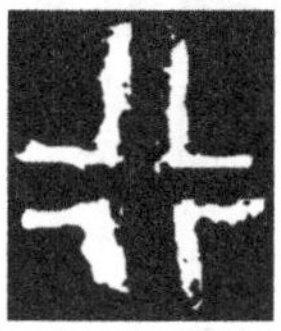
行父癸觚（西周早期）

行爵（西周早期）

衛夫人鬲（西周早期）

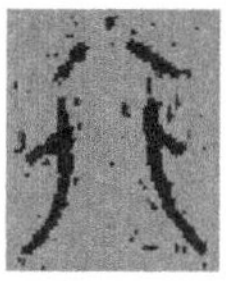
中甗（西周早期）

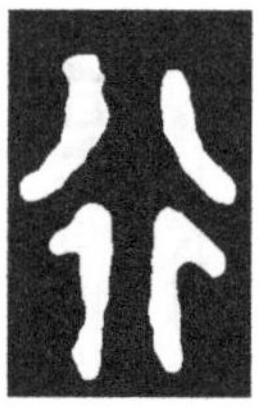
史牆盤（西周中期）

盠方彝（西周中期）

季鼎（西周晚期）

曾伯霥簠（西周晚期）

虢叔盨（西周晚期）

虢季子白盤（西周晚期）

史免簠（西周晚期）

黃子鬲（春秋早期）

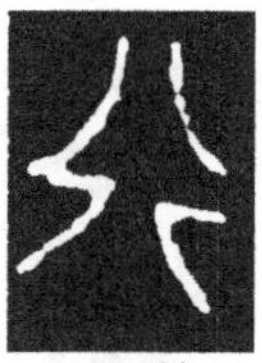
黃子鼎（春秋早期）

黃子盉（春秋早期）

黃子壺（春秋早期）

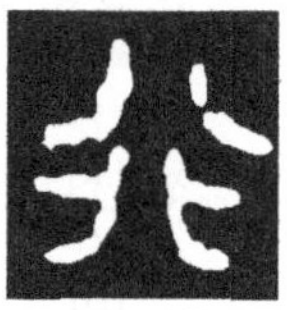
子西車鼎（春秋早期）

為甫人盨（春秋早期）

叔遼父甗（春秋早期）

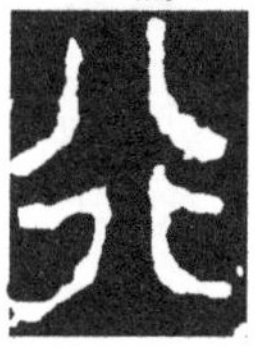
曾子伯誩鼎（春秋早期）

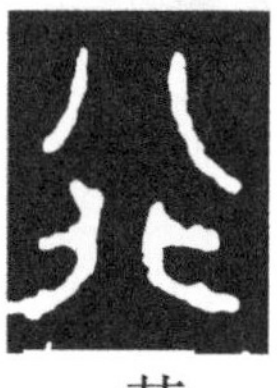
黃君孟鼎（春秋早期）

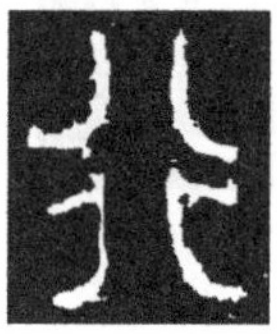
尌仲甗（春秋早期）

蔡侯紐鐘（春秋中期）

戓殷（春秋中期）

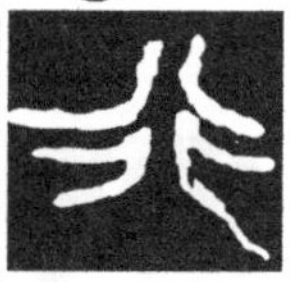
泈叔之行鼎（春秋）

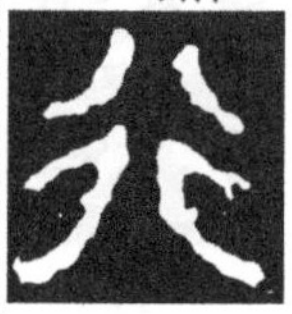
宼父盨（春秋）

連迂鼎（春秋）

衛

wèi
衛

《説文》曰：宿衛也，从韋、帀、从行。行，列衛也。註：□，早期衛字中一方口，為國或城池之象征，四圍止（即趾），周匝（帀）巡城守衛之義。後，省為上下兩趾作韋、再从行作□衛。

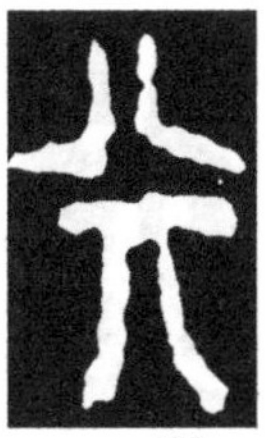
鼔之行鼎（春秋）

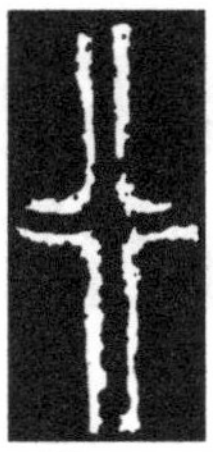
□簠（春秋晚期）

敬事天王鐘（春秋晚期）

䀌于盞（春秋晚期）

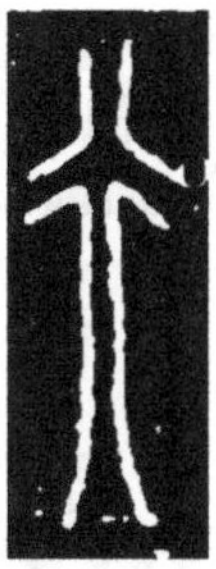
曾子遐簠（春秋晚期）

曾子凮簠（春秋晚期）

曾侯遐三戈戟（戰國早期）

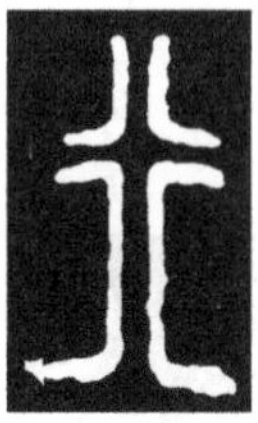
曾侯郕雙戈戟（戰國早期）

沖子鼎（戰國早期）

曾侯遐三戈戟（戰國早期）

喪史賓瓶（戰國）

中山王譽鼎（戰國晚期）

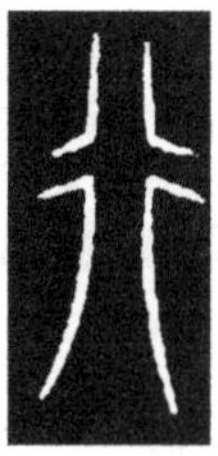
妤盗壺（戰國晚期）

左行議率戈（戰國晚期）

韋鼎（殷商）

韋毁（殷商）

韋父丁鼎（殷商）

子韋爵（殷商）

韋爵（西周早期）

衛尊（西周早期）

臣衛父辛尊（西周早期）

衛作父庚簋（西周早期）

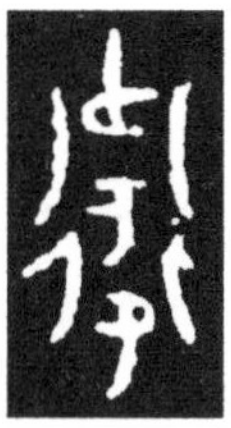
衛父卣（西周早期）

御正衛簋（西周中期）

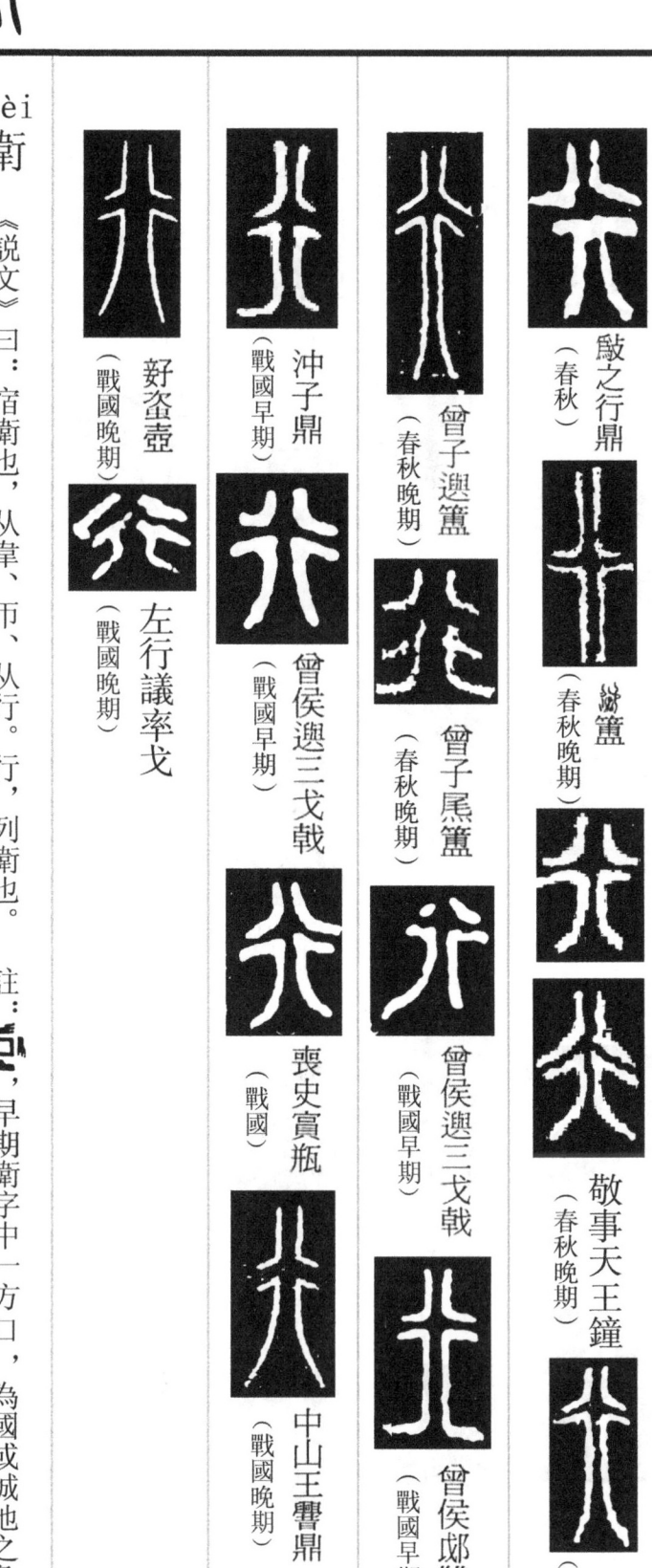

賢簋（西周中期）

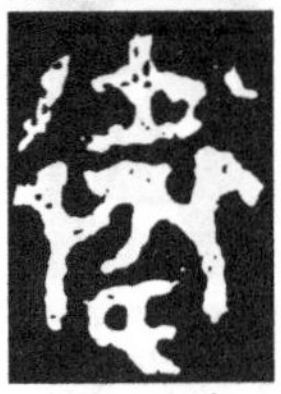
五祀衛鼎（西周中期）

衛鼎（西周中期）

九年衛鼎（西周中期）

班簋（西周中期）

裘衛盉（西周中期）

嗣寇良父壺（西周晚期）

鬲比鼎（西周晚期）

衛始豆（西周晚期）

穌衛妃鼎（西周晚期）

廿七年衛簋（西周）

衛𡡆殷蓋（西周）

shuài
衛

《說文》曰：將衛也。从行、率聲。《玉篇》曰：衛，導也，今或王率。

註：衛，或為率，引導、率領。

毛公鼎（西周晚期）　或从行　率省聲
衛（率）懷不廷方

衙

衙器（殷商）

齒

牙 互

衕

衕父癸鼎（殷商）

chǐ
齒

《說文》曰：口齗骨也，象口齒之形，止聲。

註：齒，口齗骨，齒齦也，象形。从止作，為小篆所本。

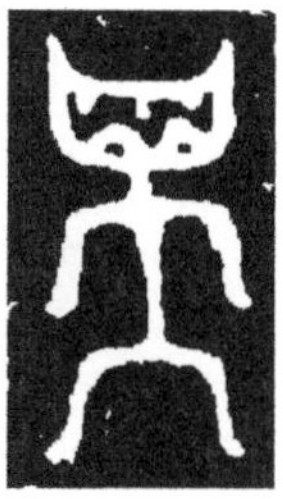
⿰女戠鼎（殷商）

齒兄丁觶（殷商）

齒木觚（殷商）

齒戈（殷商）

齒受且丁尊（西周早期）

中山王譽方壺（戰國晚期）

yá
hù
牙

《說文》曰：牡（壯）齒也，象上下相錯之形。

註：古文牙字或假借為互。

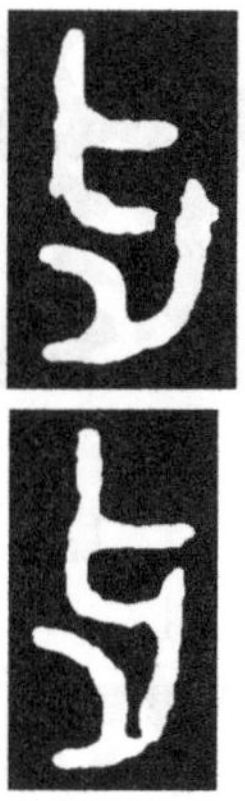
十三年𤼈壺（西周中期）

師克盨（西周晚期）

屖敖簋蓋（西周晚期）

猗

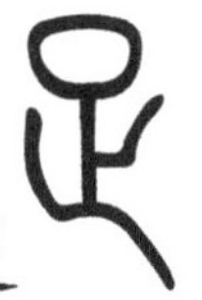
足

師克盨（西周晚期）

屓敖段蓋（西周晚期）

叔亞父鬲（春秋早期）

魯大宰邍父簋（春秋早期）

qī
猗

《說文》曰：武（虎）牙也，从牙、从奇，奇亦聲。

註：猗，門齒與臼間之牙齒，或稱虎齒。

上郡守戈（戰國）

上郡守壽戈（戰國晚期）

zú
足

《說文》曰：人之足也，在下。从止、口。

註：足，踝骨以下曰足。口象踝骨，下為止（趾），，足之象形。金文足、疋同形，或假為胥字。

申簋蓋（西周中期）　金文足、疋同，讀為胥　更乃祖考足（胥）大（太）祝

瘐鐘（西周中期）

吕服余盤（西周中期）

善鼎（西周中期）

蔡簋（西周晚期）

免簋（西周中期）

走簋（西周晚期）

元年師兌簋（西周晚期）

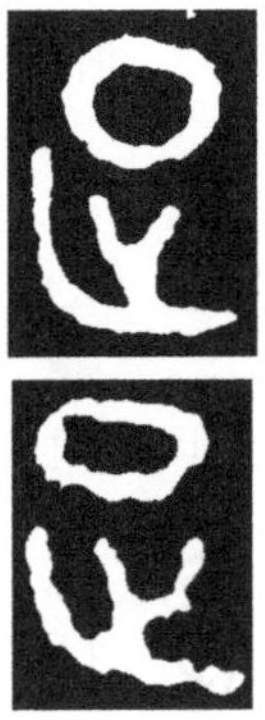
三年師兌簋（西周晚期）

長陵盉（戰國晚期）

□令長□戈（戰國）

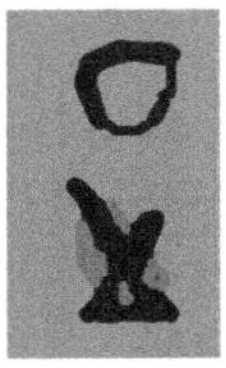
邦司寇劍（戰國晚期）

踽

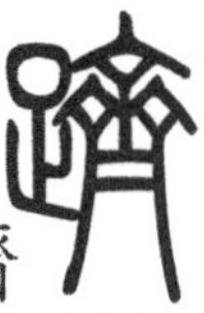
躋

距拒

yǔ 踽

《說文》曰：疏行皃（貌），从足、禹聲。

註：踽，或从彳，金文从彳與从足或互通。踽踽，孤獨、獨行。

遇甗（西周中期）

或从辵　禹聲

jī 躋

《說文》曰：登也，从足、齊聲。《爾雅》曰：躋，陞也。

註：躋，上升、躋身。或从辵。从足、从辵雖不同，但均有登義。躋，或同聲假為劑、濟。

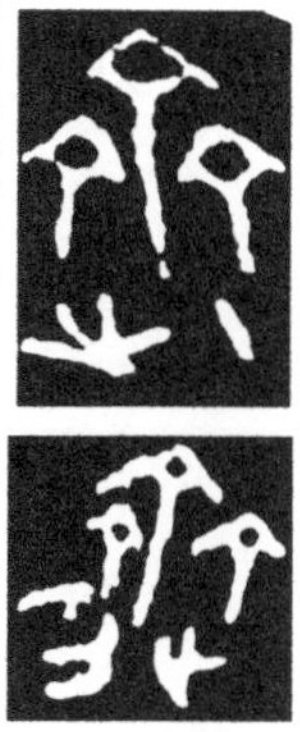
洹子孟姜壺（春秋）

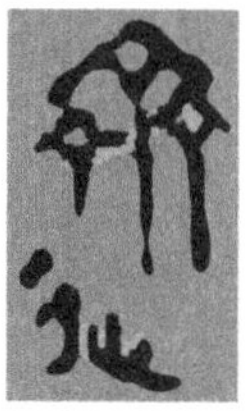
三兒簋（春秋）

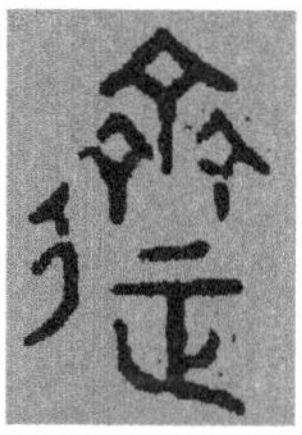
叔尸鐘（春秋晚期）

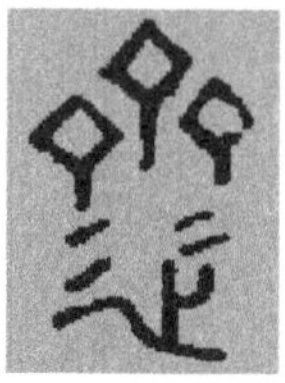
叔尸鎛（春秋晚期）

jù 距

《說文》曰：雞距也，从足、巨聲。

註：禽獸類後腿突出部位曰距。距，或指間隔、距離。距，通巨、通拒。

悍距末（春秋）

悍距末（春秋）【古文字類編】

十四年鄭令戈（戰國）

十五年鄭令戈（戰國）

十六年鄭令戈（戰國）

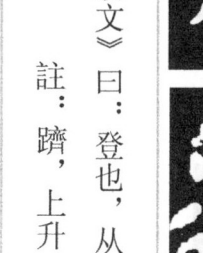

lù
路

《説文》曰：道也，从足、从各。

史懋壺（西周中期）

zhèn
䟢

《説文》曰：動也，从足、辰聲。

段玉裁曰：與震、振音義略同。【説文解字注】

㞪觶蓋（殷商）

㞪觶（殷商）

䟢卣（殷商）【古文字類編】

旂鼎（西周早期）

shān
跚

註：跚，或从辵。跚，步履蹣跚。行不進、跛行貌。

啟卣（西周早期）讀為跚　搜跚山谷

zī
𨀖

《字彙補》曰：欲行也，行不进皃（貌）。

註：𨀖，或讀為坎。

跀 趴

疏 疋 

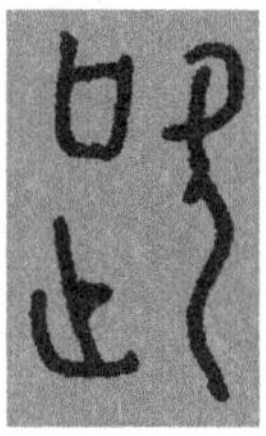

夫欸申鼎（春秋）【文物】一九八九第四期

兆域圖（戰國）讀爲坎

從丘欸（坎）以至內宮六步

yùe 趴

註：趴，或為跀之異體字。跀，斷足也，或作刖。

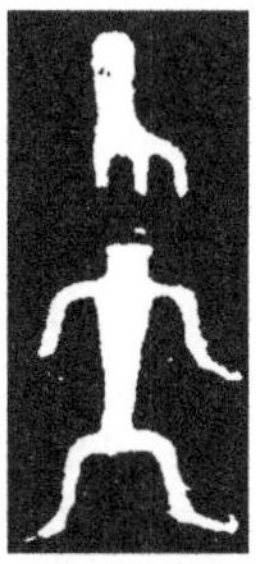

盉（殷商）

張亞初釋為趴【殷周金文集成 引得】

shū 疋

《説文》曰：足也，上象腓腸下从止。……古文以『詩・大疋』字亦以為足字，或曰胥字。一曰疋（疏）記也。

《説文解字注》曰：『記』，下云疋也，是為轉注，後代改疋為疏耳，疋、疏古今字。註：疋，上象小腿肚子（腓腸），下象足趾。周中期以後疋，與足字形同。疋、疏古今字。一種記錄文體稱疏。

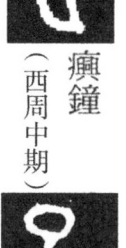

疋作父丙鼎（殷商）

父癸疋冊鼎（殷商）

亞奄□段（殷商）

胥未鼎（殷商）

申簋蓋（西周中期）

金文足、疋同，疋字，孳乳為胥

更乃祖考疋（胥）大（太）祝

㾓鐘（西周中期）

呂服余盤（西周中期）

善鼎（西周中期）

蔡簋（西周晚期）

免簋（西周中期）

走簋（西周晚期）

元年師兑簋（西周晚期）

勵 擢戳

虢叔旅鐘（西周晚期）

魯遼鐘（西周晚期）

叔尸鐘（西周晚期）

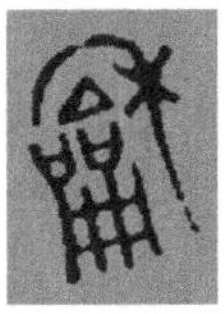
遟父鐘（西周晚期）

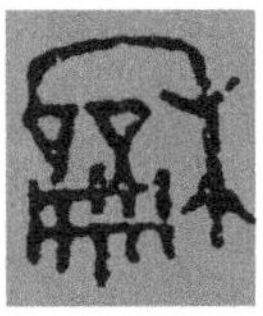
伯龢父敦（西周晚期）

上曾大子鼎（春秋早期）

秦公鐘（春秋早期）

秦公鎛（春秋早期）

邛君婦龢壺（春秋）

者盛鐘（春秋）

徐王子旃鐘（春秋）

王孫遺者鐘（春秋晚期）

子璋鐘（春秋晚期）

鼄公華鐘（春秋晚期）

麇侯鎛（戰國早期）

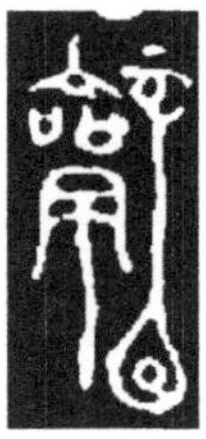
曾侯乙鐘（戰國早期）或从音

zhuó
勵

註：勵，或讀為擢，拔擢、選拔。或讀為戳。

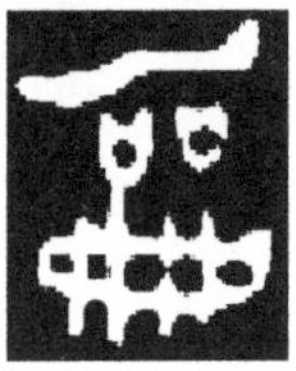
瘨鐘（西周中期）

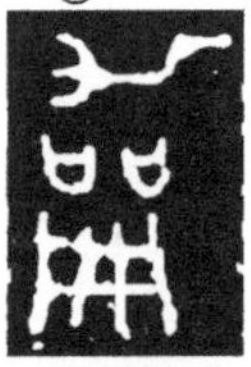

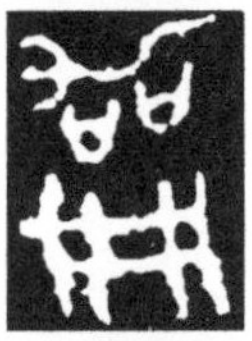

仲爯父簋（西周晚期）

微䜌鼎（西周晚期）

士父鐘（西周晚期）讀為勵（擢）于永命

沕其鐘（西周晚期）

大克鼎（西周晚期）

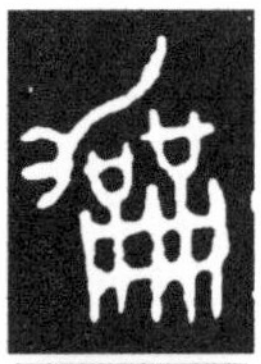
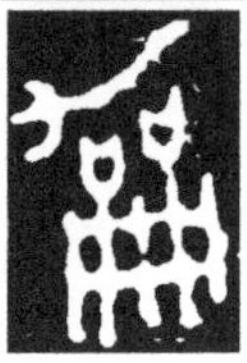
小克鼎（西周晚期）

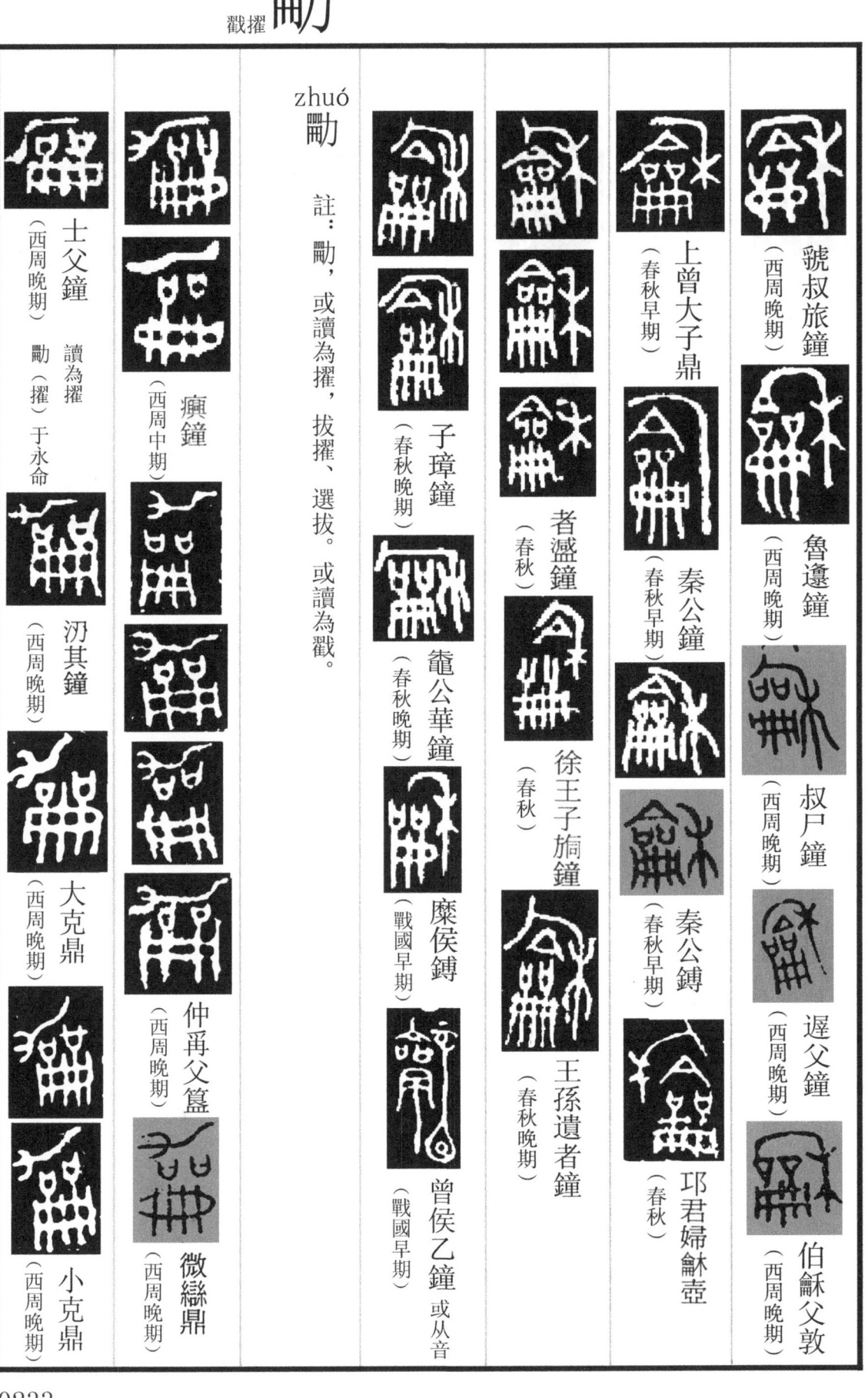

籥

番生簋盖（西周晚期）

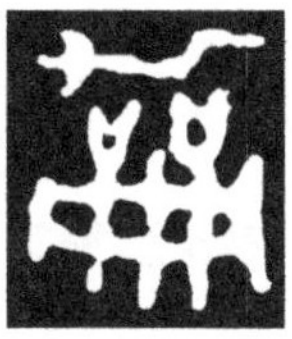

叔向父禹簋（西周晚期）

籥

龥 噧

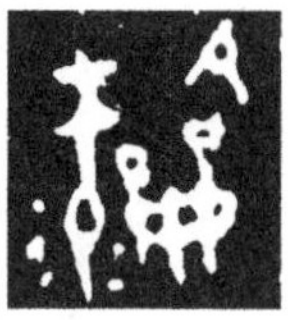

盟□籥重爵（西周早期）

huì
龥

註：龥，讀為嘒。嘒，同噧，噧噧；形容聲音。

者瀘鐘（春秋） 讀為嘒

俾汝龥龥（嘒嘒）剖剖

龗

líng
龗

《集韻》曰：龗，音也。

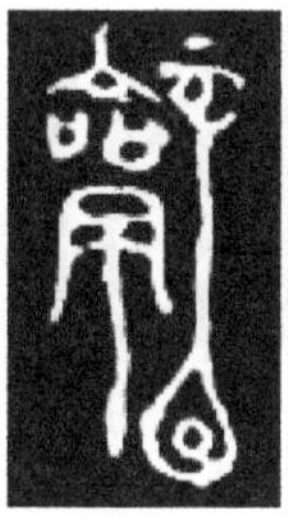

曾侯乙鐘（戰國早期）

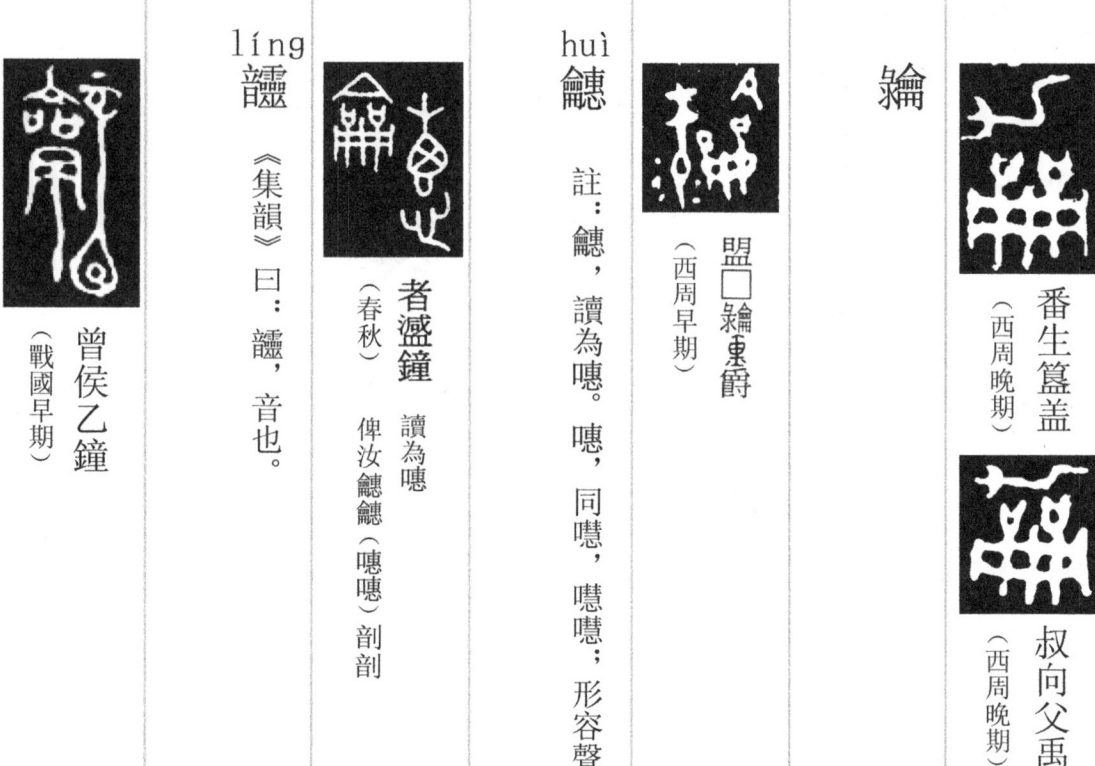

cè zhà

冊

《説文》曰：符命也，諸侯進受於王也，象其扎，一長一短，中有二编之形。註：簡，謂之簡扎，多以竹木為之。一扎謂之簡，連编諸簡乃名為策。策本作[illegible]（冊），象其编簡之形，諸簡用兩道繩絲編聯。冊、策同音通假。冊，同柵，籬笆、柵欄。

冊䀠且癸方彝（殷商）

冊光簋（殷商）

舟冊婦鼎（殷商）

冊[illegible]宅鼎（殷商）

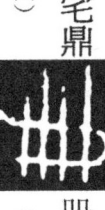

冊方鼎（殷商）

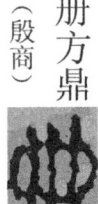

冊鐃（殷商）

冊卣（殷商）

冊[illegible]鼎（殷商）

父辛鼎（西周早期）

冊戈鼎（西周早期）

父辛[illegible]冊鼎（西周早期）

父己鼎（西周早期）

陸冊鼎（西周早期）

孋作父庚鼎（西周早期）

作冊[illegible]鼎（西周早期）

作冊大方鼎（西周早期）

父辛甗（西周早期）

豆閉簋（西周中期）

師毛父簋（西周中期）

瘨盨（西周中期）

申簋蓋（西周中期）

師酉簋（西周中期）

免簋（西周中期）

此鼎（西周晚期）

師奎父鼎（西周中期）

王臣簋（西周中期）

走馬休盤（西周中期）

趞鼎（西周晚期）

頌鼎（西周晚期）

走簋（西周晚期）

楚簋（西周晚期）

害簋（西周晚期）

伊簋（西周晚期）

師嫠毁（西周晚期）

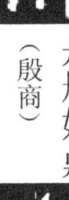

郾客問量（戰國）

鄂君啟節舟節（戰國）

囂

器

仰韶書屋金文字彙 卷三

文四百一十八字　重文約二千九百五十二字

xiāo 囂

《說文》曰：聲也，气出頭上，从䀠、从頁。頁首也。《玉篇》曰：囂，喧嘩也。

註：囂，四口、从頁；頁同首。人首四方多口講話，即有喧囂之意。

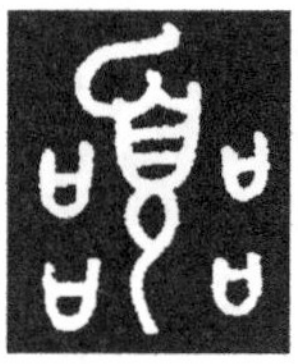

囂伯盤（西周晚期）

囂仲之子戈（春秋早期）

郾客問量（戰國）

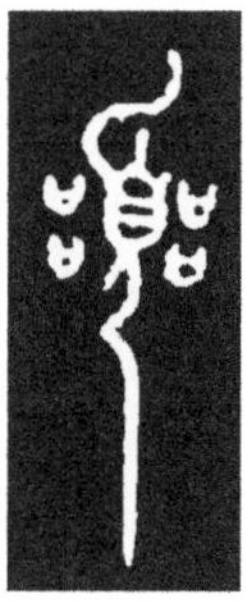

中山王嚳鼎（戰國晚期）

qì 器

《說文》曰：皿也，象器之口，犬所以守之。

註：犬為人看護諸多物品，或曰器物。四口或多口表示器物眾多，犬所以守之。元代周伯琦謂：有所盛曰器、無所盛曰械。今器械聯為詞語。

[illegible]君殷（西周早期）

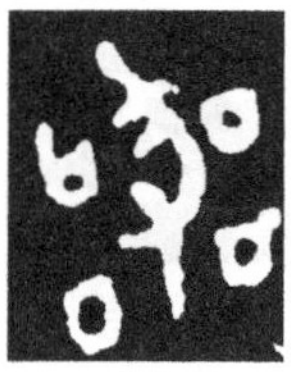

窑殷（西周早期）

仲㚬臣盤（西周早期）

作册睘卣（西周早期）

龏作寶器鼎（西周中期）

[illegible]殷（西周中期）

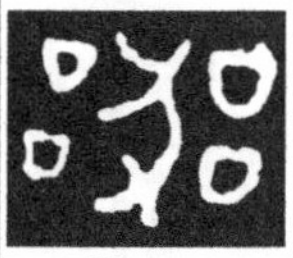

曶尊（西周中期）

師器父鼎（西周中期）

[illegible]建鼎（西周中期）

肄殷（西周中期）

 舌

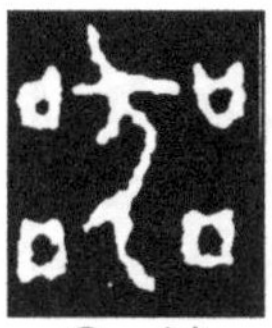
曾侯簠（西周晚期）

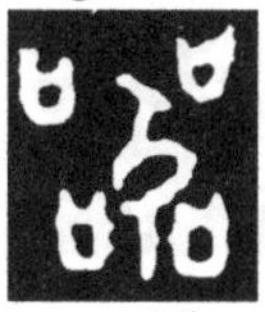
亟皇父簋（西周晚期）

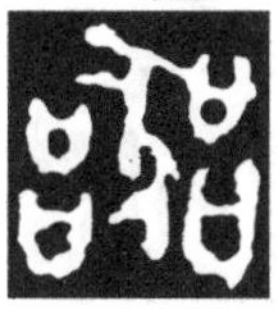
翏生盨（西周晚期）

散氏盤（西周晚期）

黃子壺（春秋早期）

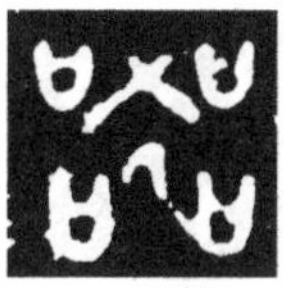
黃君孟鐳（春秋早期）

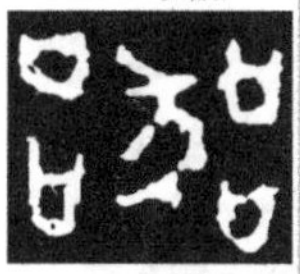
曾子伯誩鼎（春秋早期）

鄦侯少子殷（春秋）

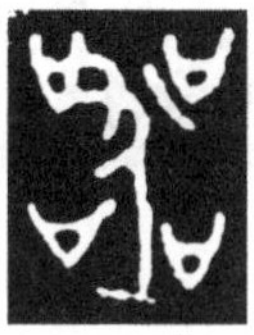
內君盆（春秋）

趙孟庎壺（春秋晚期）

鼄公華鐘（春秋晚期）

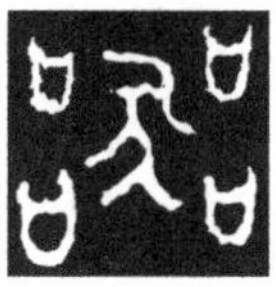
曾子[illegible]簠（春秋晚期）

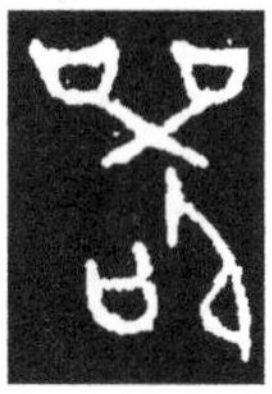
陳逆簠（戰國早期）

哀成叔鼎（戰國）

十四年銅虎（戰國晚期）

十四年銅犀（戰國晚期）

shé
舌

《説文》曰：在口所以言也，别味也。从干、从口。

註：舌，從口中申出，或有多點唾液，舌之象形。

舌父己鼎（殷商）

舌父己簋（殷商）

舌觚（殷商）

舌戊觚（殷商）

舌卣（殷商）

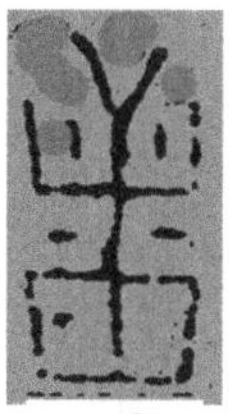
乇田舌卣（殷商）

舌爵（殷商）

舌觶（殷商）

餘舌盤（殷商）

舌作妣丁爵（西周早期）

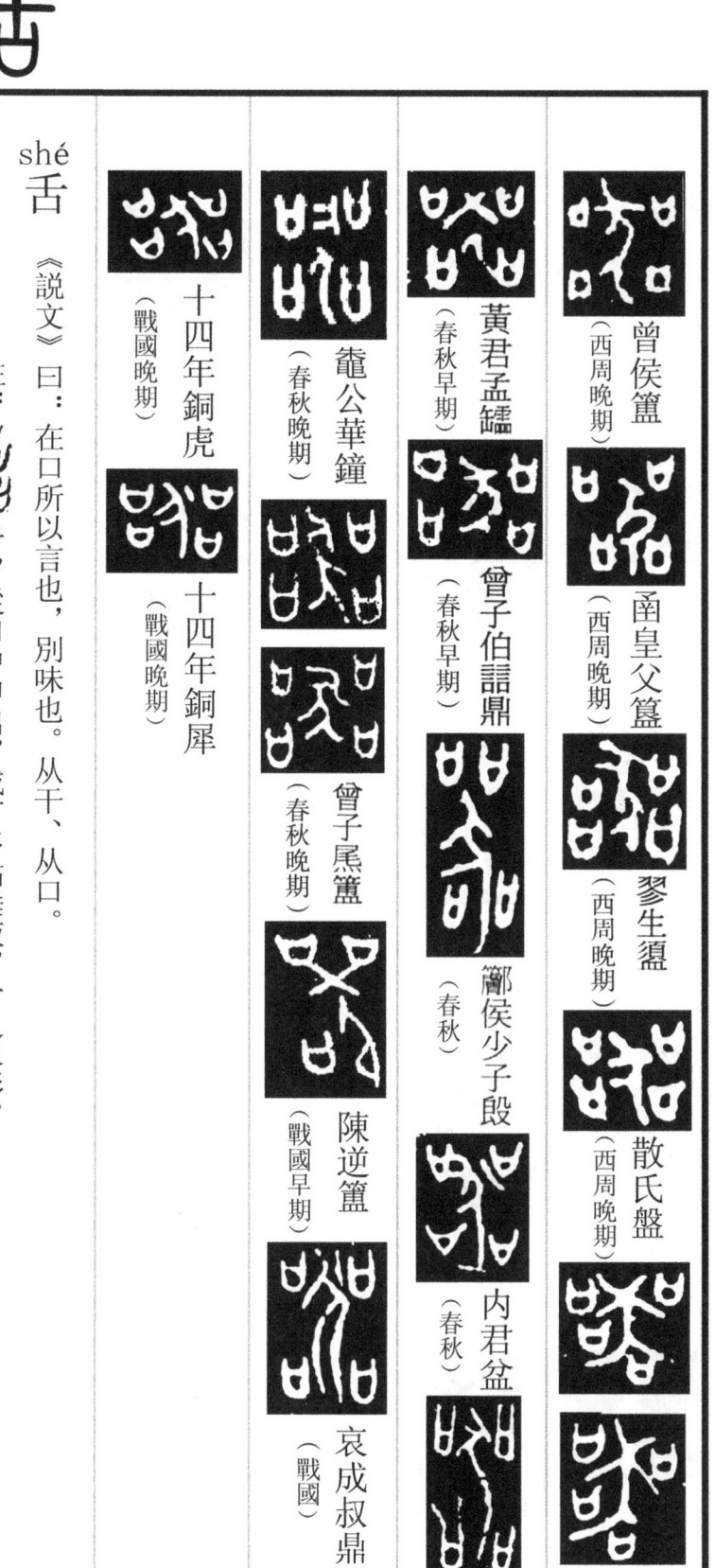

隱作父乙尊（西周早期）

師隹鼎（西周中期）

穆公簋蓋（西周中期）

征作父辛角（西周早期）

九年衛鼎（西周中期）

魯士商𠭯殷（西周晚期）

𤔲比盨（西周晚期）

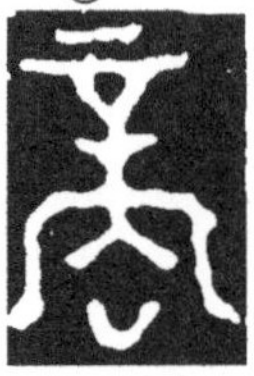

取膚匜（西周晚期）

取膚盤（春秋早期）

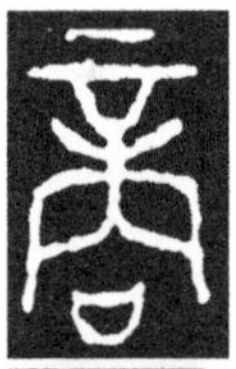

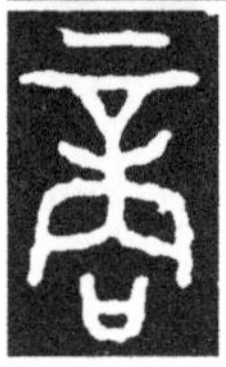

商丘叔簠（春秋早期）

秦公鎛（春秋早期）讀為賞 我先祖受天命商（賞）宅受國

庚壺（春秋晚期）

姑馮昏同之子句鑃（春期晚期）

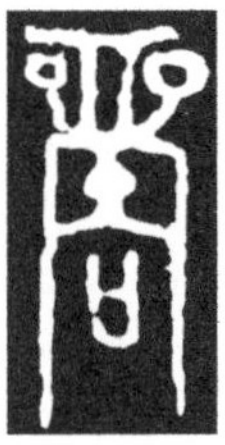

蔡侯盤（春秋晚期）

楚王酓璋鐘（戰國早期）

曾侯乙鐘（戰國早期）

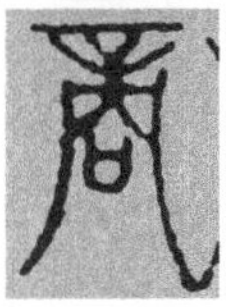

悍距末（戰國）

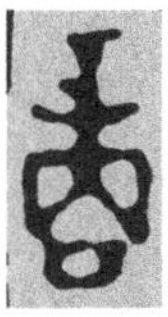

商丘鏃（戰國）

勾句

gōu jù 句

《說文》曰：曲也，从口、丩聲。《玉篇》：曰：句，止也，言語章句也。

註：句，同勾字，後作鉤、通苟、通耉。句，或為語句之句字。句，通拘。

帆作且癸觚（西周早期）

師器父鼎（西周中期）讀為耉 用祈眉壽，黃句（耉）吉康

三年癲壺（西周中期）

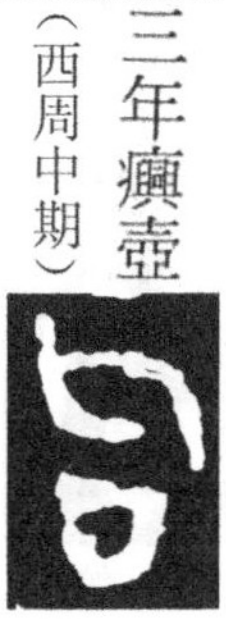

殷句壺（西周中期）

抅拘 

鈎鉤 

糾丩 

永盂（西周中期）

殷（西周）

鬲比盨（西周晚期）

句它盤（西周晚期）

鄭戒句父鼎（春秋早期）

姑馮昏同之子句鑃（春秋晚期）

其次句鑃（春秋晚期）

宋公䜌簠（春秋晚期）

鷹節（戰國）

jū gōu
拘

《説文》曰：止也，从句、从手，句亦聲。

注：拘。，像以索拘縛狀，句聲。拘，制止、阻止、拘束。拘、抅同字。

盠駒尊（西周中期） 讀為拘 王拘駒斥

gōu
鉤

《説文》曰：曲（鈎）也，从金、从句，句（勾）亦聲。注：鉤，同鈎。

少鉤庫戈（春秋）

配兒鉤鑃（春秋晚期） 或从金从丩（糾）

jiū
丩

《説文》曰：相糾繚也，一曰瓜瓠結丩起，象形。

注：丩，像瓜瓠藤蔓相互糾繚形。丩，同糾，古今字。

[illegible]盤（殷商）

[illegible]父戊甗（殷商）

郐[illegible]尹[illegible]鼎（春秋晚期）

gǔ gù
古

《說文》曰：故也，从十、口。識前言者也。《字彙》曰：古，遠代也。

註：古，通故、通姑、通固。

大盂鼎 讀為故（西周早期）
古（故）喪師矣

周公東征鼎 讀為姑（西周早期）
豐公薄古（姑）咸𢦏

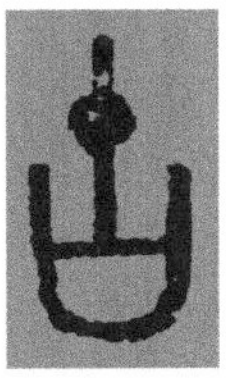
古作父丁簋（西周早期）

𤸫鐘（西周中期）

遹甗（西周中期）

師旂鼎（西周中期）

史牆盤（西周中期）

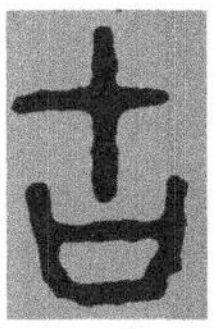
師訇鼎（西周晚期）

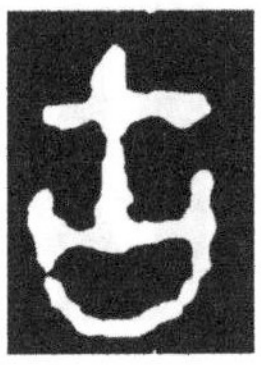
叔𡉚父簠蓋（春秋晚期）

中山王譽方壺（戰國晚期）

shí
十

《說文》曰：數之具也。

註：古人計數從一至十，復反為一，但已進位，為區別於一故在丨中加•，以別於一，後•又變為一短橫，即成十。金文之十應與十（七，即切字）、十（甲）相區別，十，橫長豎短，十（甲），橫豎相等。十，同什；古時戶籍制度，以十家為什、『詩經 小雅』均以十篇為什。

伯吉父鼎（西周早期）

麥方鼎（西周早期）

史獸鼎（西周早期）

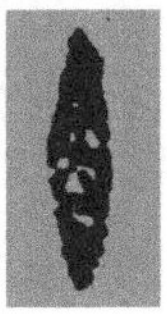
中方鼎（西周早期）

命簋（西周早期）

廿 

卅 

niàn
廿

《說文》曰：二十并也。

註：廿，二十，讀為念。

宰椃角（殷商）

商尊（西周早期）

商卣（西周早期）

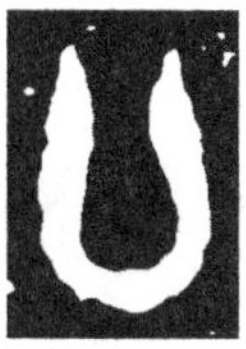
庚赢鼎（西周早期）

走馬休盤（西周中期）

番匊生壺（西周中期）

宗周鐘（西周晚期）

小克鼎（西周晚期）

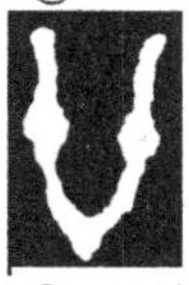
頌鼎（西周晚期）

頌壺（西周晚期）

伊簋（西周晚期）

寰盤（西周晚期）

師同鼎（西周晚期）

曶鼎（西周晚期）

多友鼎（西周晚期）

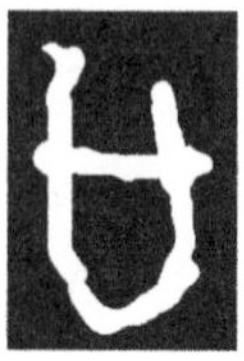
二十九年戈（戰國早期）

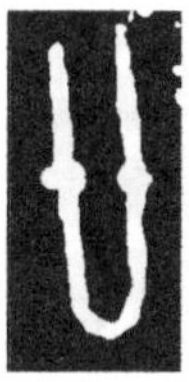
大梁司寇鼎（戰國）

巍鼎（戰國）

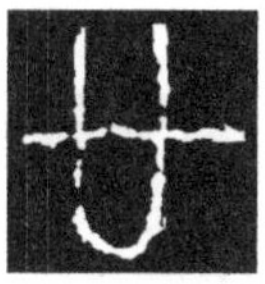
四升司客方壺（戰國）

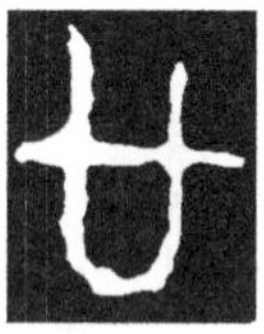
曾姬無卹壺（戰國）

谷嚣器皿（戰國）

sà
卅

《說文》曰：三十并也。

註：卅，三十。

宜侯矢簋（西周早期）

格伯簋（西周中期）

大鼎（西周中期）

戜段（西周中期）

鮮盤（西周中期）

師同鼎（西周晚期）

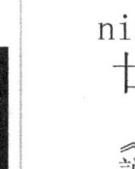

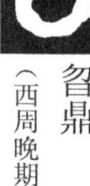

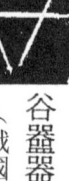

世 世

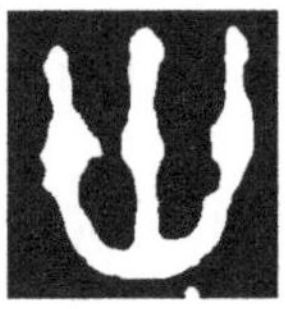
毛公鼎（西周晚期）

鬲比鼎（西周晚期）

善夫山鼎（西周晚期）

伯寬父盨（西周晚期）

多友鼎（西周晚期）

坪安君鼎（戰國晚期）

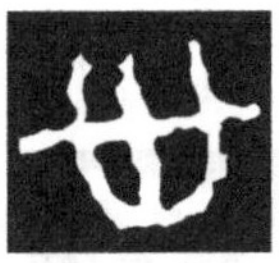
卅六年私官鼎（戰國晚期）

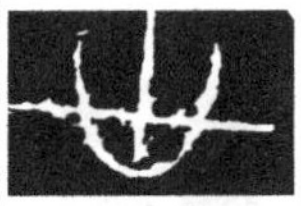
徝宮左自方壺（戰國晚期）

shì
世

《說文》曰：三十年為一世。从卅，而曳長之，取其聲也。

宁簋蓋（西周早期）

同簋（西周中期）

班簋（西周中期）

師遽毁蓋（西周中期）

吴方彝蓋（西周中期）

恒簋蓋（西周中期）

蔡姬尊（西周中期）

多友鼎（西周晚期）

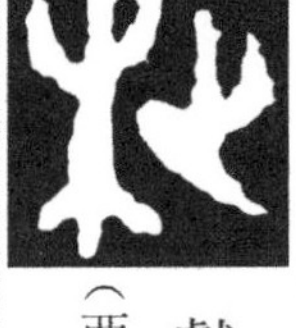
獻簋（西周早期） 或从木

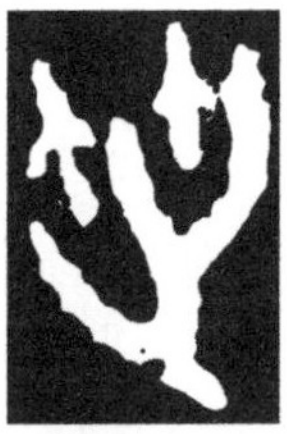
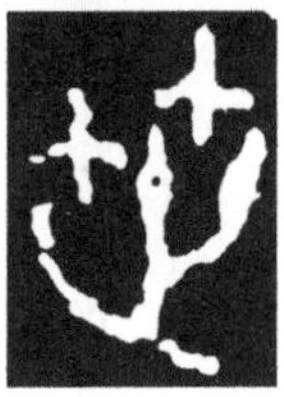
且日庚簋（西周早期） 或从竹

十四年陳侯午錞（戰國晚期） 或从立

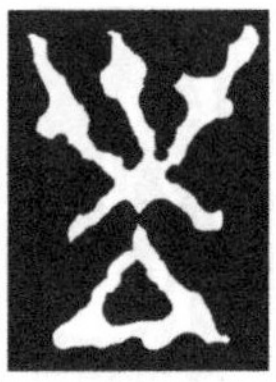
墬侯因𬯀敦（戰國晚期）

伯姜鼎（西周早期） 百世合文

黃尊（西周早期）

師遽方彝（西周中期）

言

語

中山王譽鼎
（戰國晚期）
或从歹 雖有死罪及參世 亡不赦

中山王譽方壺
（戰國晚期）

好蚉壺
（戰國晚期）

xì
卌

《玉篇》曰：卌，四十也。

曶鼎
（西周中期）

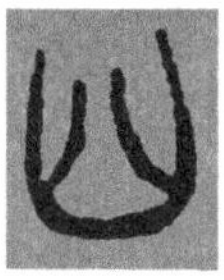
敔段
（西周晚期）

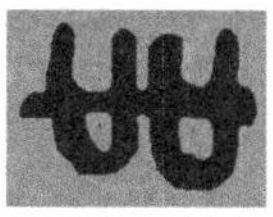
兆域圖
（戰國晚期）

十年右史壺
（戰國晚期）

yán
言

《說文》曰：直言曰言，論難曰語。

註：舌，上畫一横，指事為言，或作（上字）為，舌上出言也。言、音，本同字後分為二，為區别于言，口中加一筆為音。

伯矩鼎
（西周早期）

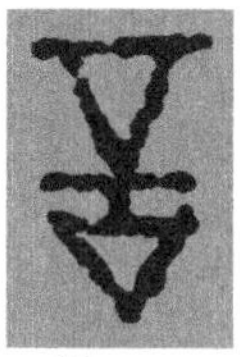
言鼎
（西周早期）

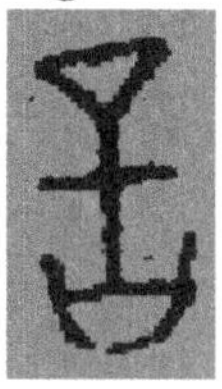
中甗
（西周早期）

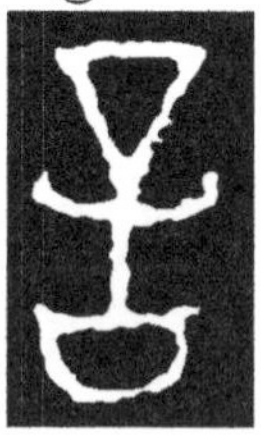
𪒠卣
（西周早期）
讀為歆 孫子用言（歆）出入

融比盨
（西周晚期）

楚王領鐘
（春秋晚期）

中山王譽方壺
（戰國晚期）

中山王譽鼎
（戰國晚期）

yǔ
語

《說文》曰：論也，从言、吾聲。《說文通訓定聲》曰：語，假借為悟。

註：直接講話、發言曰言。交談、談論、議論曰語。語，通悟。

品

燥噪喿

籥禴龠

三年師兌簋（西周晚期） 讀為胥 余既令汝疋（胥）師龢父

pǐn
品

《說文》曰：衆庶也，从三口。

註：口，為物形，非口舌之口。三，表示眾多，三口以象眾物。品，有眾庶、眾物之義。

寧蒕鼎（殷商）

保尊（西周早期）

保卣（西周早期）

周公簋（西周早期）

尹姞鬲（西周中期）

鮮盤（西周中期）

zào
喿

《說文》曰：鳥群鳴也，从品在木上。《集韻》曰：喿（噪），或从口。

註：喿，群鳥於樹上張口齊鳴也，三口以示眾多。喿，同噪、通燥。，从火應為燥字。

叔喿父簋（西周早期）

喿之造戈（戰國晚期） 或从火 即燥字

yuè
龠

《說文》曰：樂之竹管，三孔以和衆聲也。

註：龠，多管吹奏樂器。上覆亼，象倒口，乃吹龠狀，是為演奏之動作。龠或作，為多管及吹孔，龠之象形。龠，同籥、孳乳為禴、或假為龢。

和 龢

士上盉（西周早期） 孳乳為龥 唯王大龠（龥）于宗周

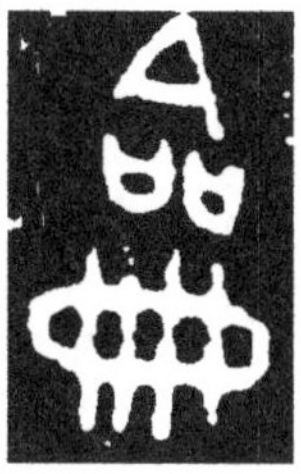

士上卣（西周早期）

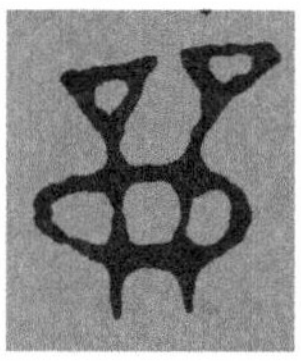

疐鼎（西周早期） 或不从亼

龠作父丁簋（西周早期）

散氏盤（西周晚期）

鄭井叔鐘（西周晚期）

hé 龢

《說文》曰：調也，从龠、禾聲。讀與和同。註：龢，音樂龢調、龢諧。龢，與和同。

伯龢鼎（西周早期）

龢父辛爵（西周早期）

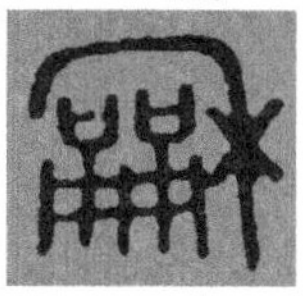

大矢始鼎（西周中期）

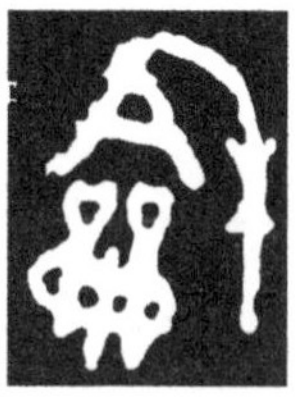

史牆盤（西周中期）

𠭰鐘（西周中期）

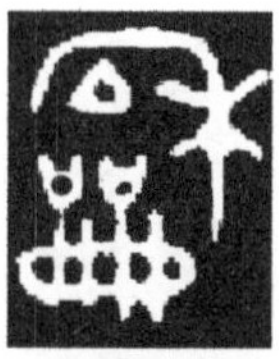

瘨鐘（西周中期）

元年師兌簋（西周晚期）

中義鐘（西周晚期）

三年師兌簋（西周晚期）

汈其鐘（西周晚期）

益公鐘（西周晚期）

昆疕王鐘（西周晚期）

走鐘（西周晚期）

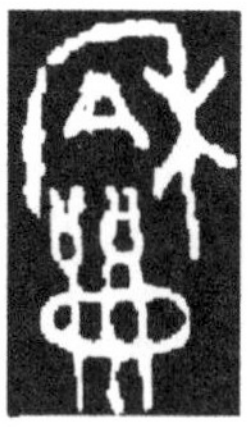

丼人女鐘（西周晚期）

師嫠殷（西周晚期）

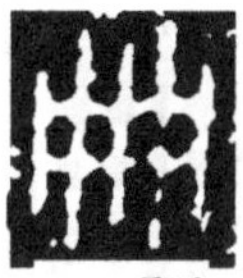
弜伯師耤𣪘（西周晚期）

元年師兌簋（西周晚期）

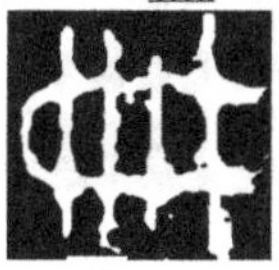
揚簋（西周晚期）

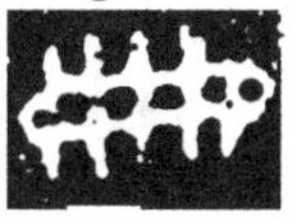
此簋（西周晚期）

師穎𣪘（西周晚期）

寰盤（西周晚期）

嗣

sì
嗣

《說文》曰：諸侯嗣國也，从冊、从口、司聲。古文嗣从子。

註：嗣，繼承人，或繼承王位。

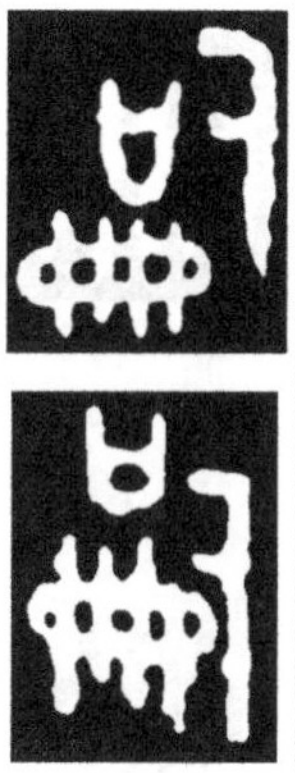
大盂鼎（西周早期）

師𠭯鼎（西周中期）

曾姬無卹壺（戰國）

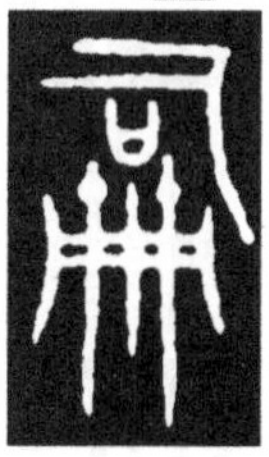
中山王譽方壺（戰國晚期）

𡢁蚉壺（戰國晚期）

令狐君嗣子壺（戰國中期） 古文嗣

右嗣鼎（戰國）

戍嗣子鼎（殷商） 嗣子二字合文

匾偏遍編扁

biǎn
piān
扁

《說文》曰：署也，从户、冊，户冊者署門戶之文也。《說文通訓定聲》曰：扁，假借為編。《廣韻》曰：扁，小舟。

註：扁，从户、从冊，門戶之署文，匾額也。扁，即匾之本字。扁，通偏、通遍、通編。

伯紷父敦（西周晚期） 讀為偏 纘辭我西扁（偏）、東扁（偏）

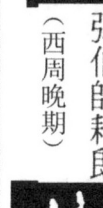

⿱穴⿺走殳 究　⿺走冊　⿺走⿰冊冊　走

jiū
⿱穴⿺走殳

註：⿱穴⿺走殳，或讀為究。

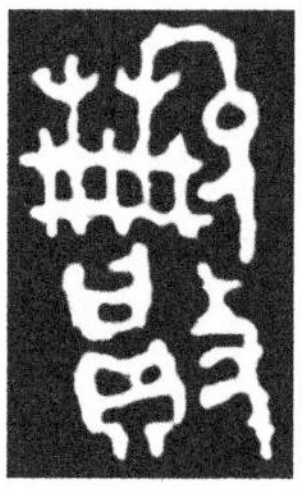

曶鼎（西周中期）

讀為究

使厥小子⿱穴⿺走殳（究）以限訟于井叔

⿺走冊

⿺走⿰冊冊

毛公鼎（西周晚期）

走

臣衛父辛尊（西周早期）

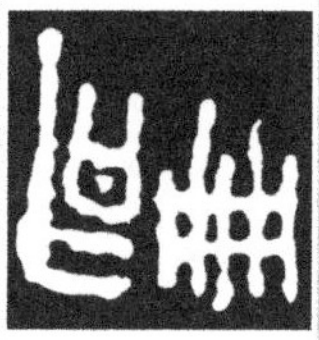

師𠭰鼎（西周中期）

竿 干

屰

舌父乙尊（西周早期） 舌字倒置

gān gàn
干

《說文》曰：犯也，从反入、从一。《說文通訓定聲》曰：干。假借為乾。註：干，象有椏杈之盾類兵械。古人用于狩獵或戰爭，如干戈、干犯、干預。金文干與單字形或同，古今字也。干同竿、通捍、通乾。

屰子干鼎（殷商）

干子父戊尊（西周早期）

單子卣（西周早期）

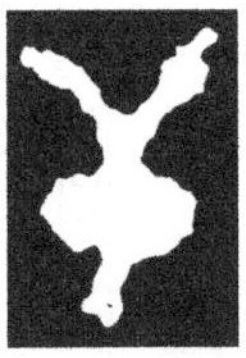
豦段（西周中期）

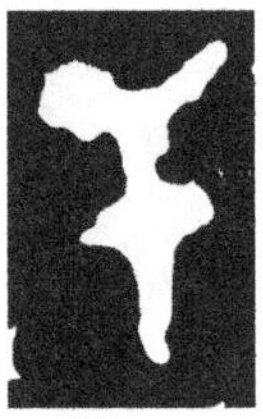
毛公鼎（西周晚期） 讀為捍 干（捍）吾王身

師克盨（西周晚期）

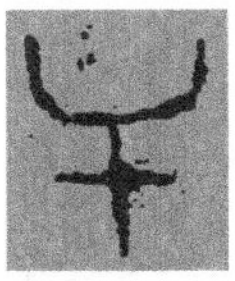
干銅泡（西周）

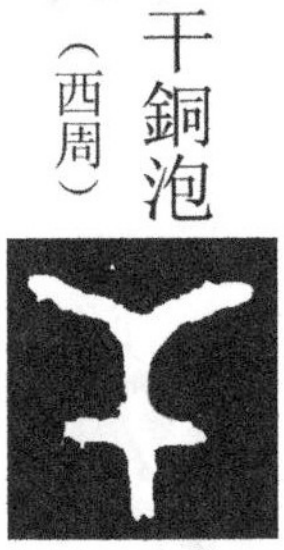
成周邦父壺（西周）

師訇簋（西周晚期）

干師叔子盤（春秋早期）

nì
屰

註：屰，即到人形，會意順、屰之意。从辵之逆為動詞，迎、逆之意。秦漢以後多以逆兼代屰字。

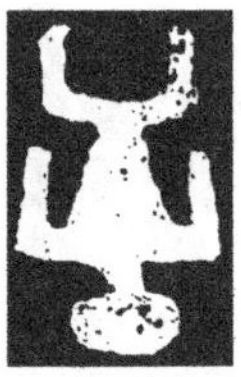
屰觚（殷商）

亞屰卣（殷商）

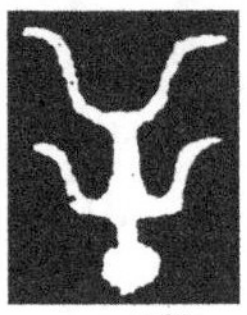
登屰罍（殷商）

癸屰爵（殷商）

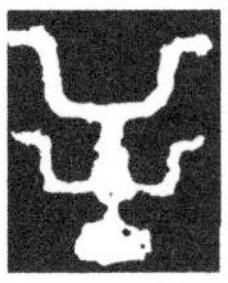
屰父戊爵（殷商）

商 

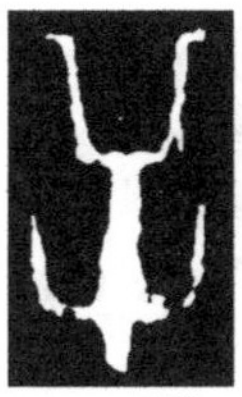
亞屰勺（殷商）

屰目父癸爵（西周早期）

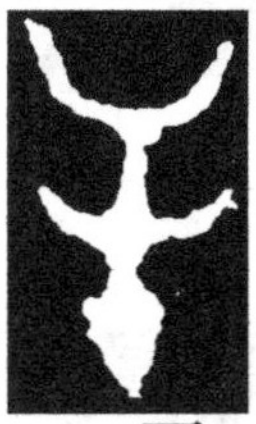
亞屰父丁爵（西周早期）

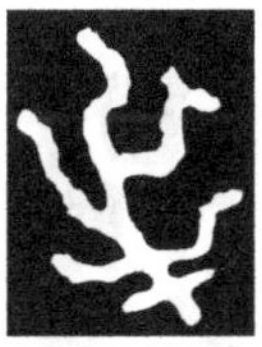
散氏盤（西周晚期）

shāng
商

《廣雅》曰：商，（揣）度也。《廣韻》曰：賣，行賈也，典籍通用商。註：商，本義為揣度、估量。商，或指商業、商賈；章其遠近、度其有無，通四方之物，故謂之商。商，或為星宿名，从，乃星之象形。商，通賞。

盟商壺（殷商）

商婦甗（殷商）

作册般甗（殷商） 讀為賞 王商（賞）作册般貝

龏姛觚（殷商）

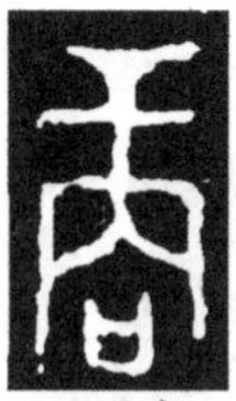
戍嗣子鼎（殷商）

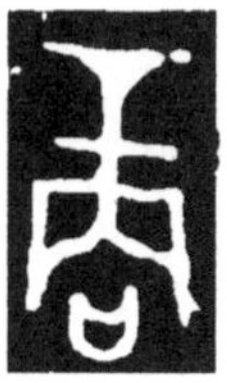
尹光方鼎（殷商）

亞𠨍父乙殷（殷商）

小子罥鼎（殷商）

子商甗（殷商）

酘鼎（西周早期）

龏姛方鼎（西周早期）

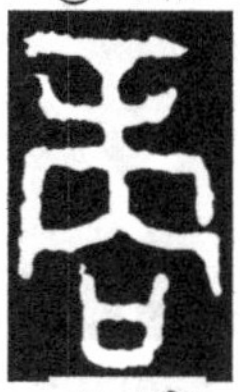
𡗥父丁鼎（西周早期）

獻侯鼎（西周早期）

嬰方鼎（西周早期）

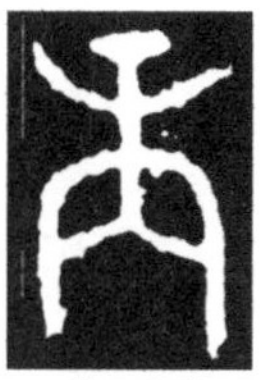
天君簋（西周早期） 或省口 飲酒商（賞）貝

渣嗣土逘殷（西周早期）

利簋（西周早期）

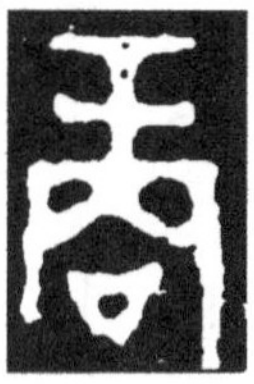
作册矢令簋（西周早期）

宜侯夨簋（西周早期）

小臣單觶（西周早期）

商卣（西周早期）

商尊（西周早期）

子黃尊（西周早期）

㫚鼎（西周中期）

善鼎（西周中期）

是要簋（西周中期）

免簋（西周中期）

縣妃簋（西周中期）

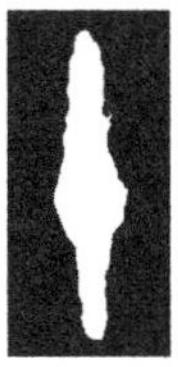
小臣守簋（西周）

克鐘（西周晚期）

函皇父鼎（西周晚期）

趞鼎（西周晚期）

此鼎（西周晚期）

此簋（西周晚期）

伯吉父簋（西周晚期）

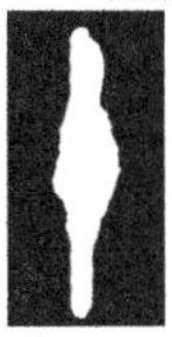
多友鼎（西周晚期）

鄭虢仲簋（西周晚期）

走簋（西周晚期）

大簋蓋（西周晚期）

子璋鐘（春秋晚期）

簷大史申鼎（春秋晚期）

者沪鐘（戰國早期）

乙鼎（戰國早期）

魏鼎（戰國）

大盂鼎（西周早期）　五十合文

效卣（西周中期）

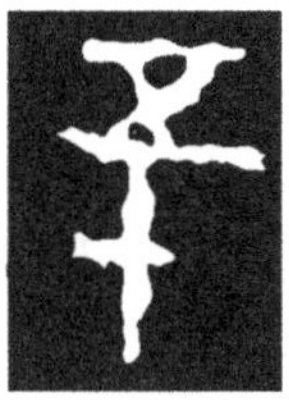
虢季子白盤（西周晚期）

小盂鼎（西周早期）　八十合文

裘衛盉（西周中期）

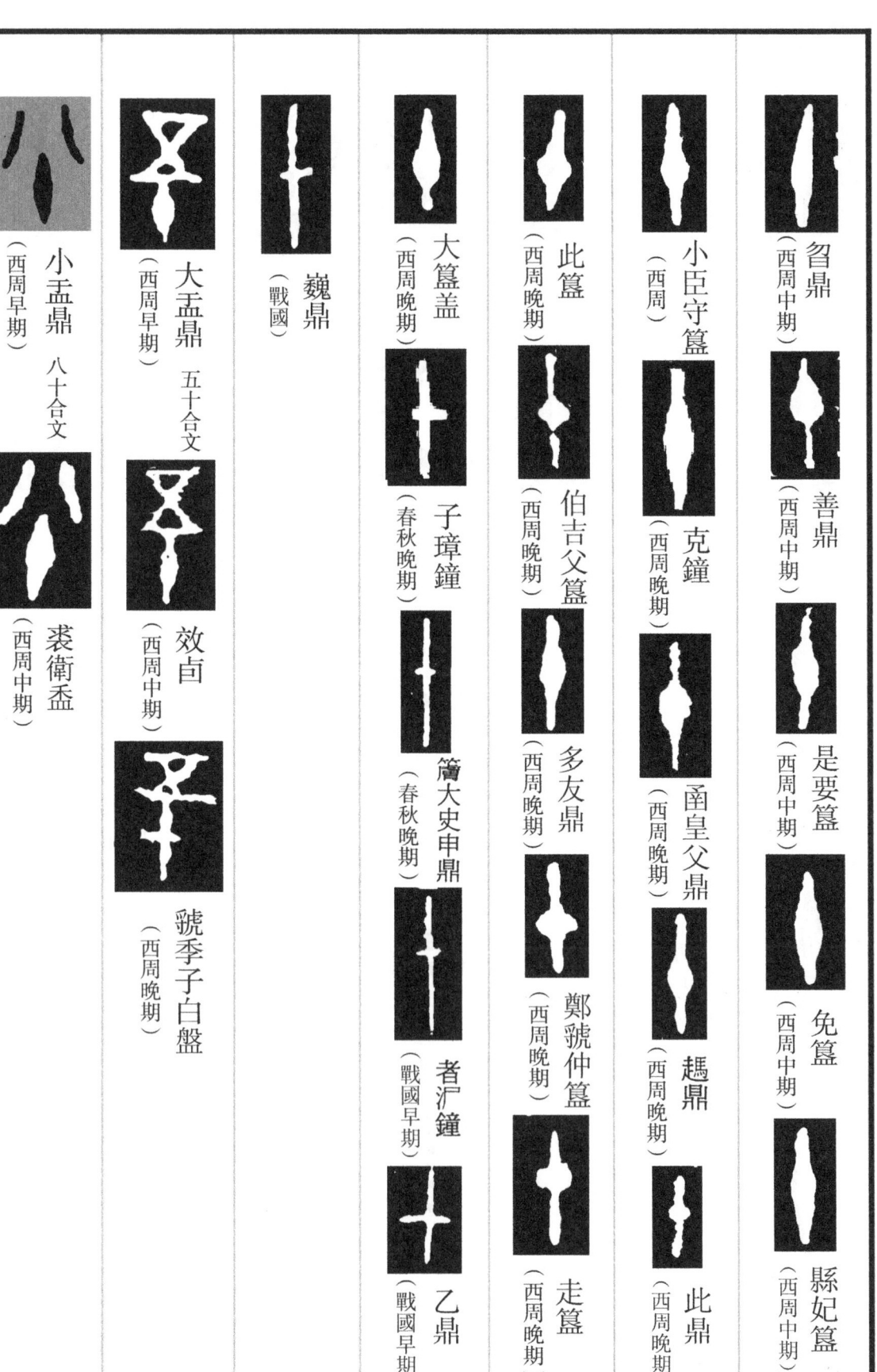

千

博

qiān
千

《說文》曰：十百也，从十、从人。

大盂鼎（西周早期）

宜侯矢簋（西周早期）

𠑇匜（西周晚期）

翏生盨（西周晚期）

散氏盤（西周晚期）

沏其鼎（西周晚期）

禹鼎（西周晚期）

善夫沏其殷（西周晚期）

晉姜鼎（春秋早期）

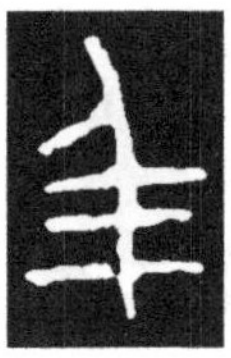

小盂鼎（西周早期） 三千合文

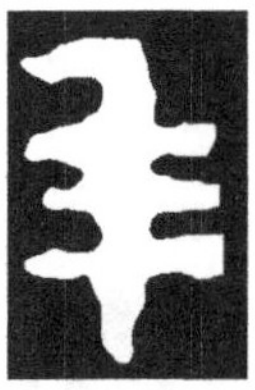

鷹節（戰國）

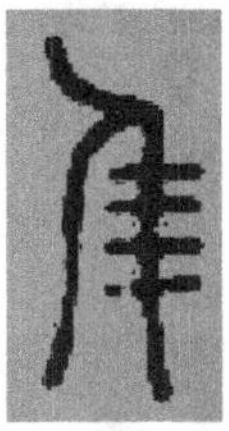

叔尸鎛（春秋晚期） 四千合文

bó
博

《說文》曰：大、通也，从十、从尃。

註：博，通搏、通薄。

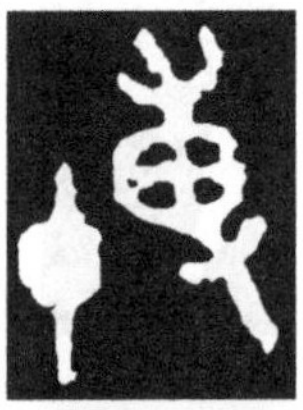

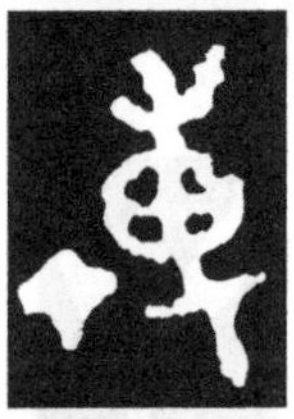

㦰殷（西周中期） 讀為搏 博（搏）戎胡

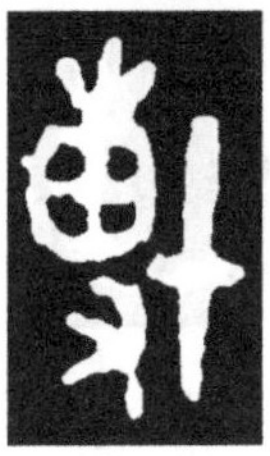

師寰殷（西周晚期）

高望矛（戰國晚期）

不嬰殷蓋（西周晚期） 或从戈

請

許

讎稠

余購逑兒鐘（春秋晚期）

中山王嚳鼎（戰國晚期）

qǐng qíng
請

《説文》曰：謁也，从言、青聲。《説文通訓定聲》曰：請，假借為情。

註：請，敬詞，謁見、請求。請，或讀為靖。

中山王嚳方壺（戰國晚期） 讀為靖 以請（靖）鄙疆

xǔ hǔ
許

《説文》曰：聽也，从言、午聲。註：許，應允、贊許、期許。許許或作滸滸，勞動時多人共同出力的呼聲。

許，非許姓之許。許姓之許之本字應爲鄦，今借許為鄦 用于姓氏，許行而鄦廢矣。（見鄦字條）

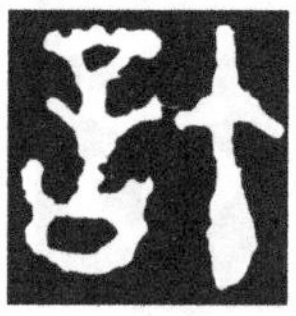
五祀衛鼎（西周中期）

曶鼎（西周中期）

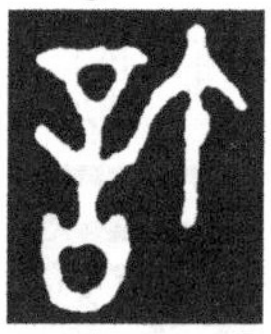
鬲比鼎（西周晚期）

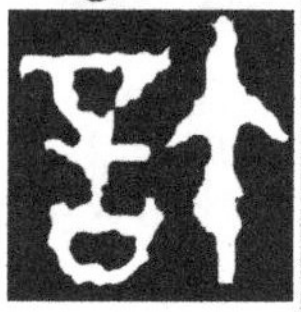
融比毁蓋（西周晚期）

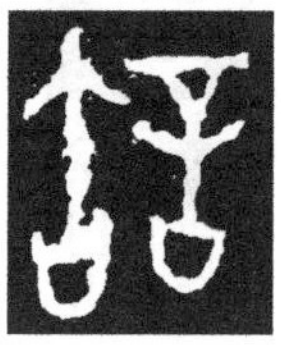
五年召伯虎簋（西周晚期）

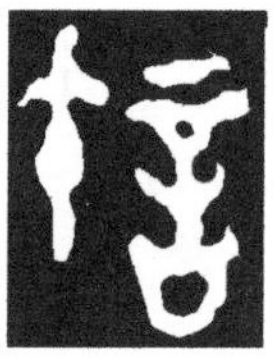
毛公鼎（西周晚期）

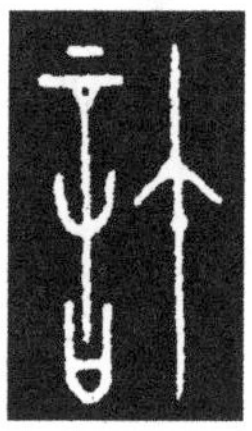
中山王嚳鼎（戰國晚期）

二年戈（春秋晚期） 或从音

chóu
讎

《説文》曰：猶應也，从言、雔聲。《説文通訓定聲》曰：讎，或假借為稠。《廣韻》曰：讎，仇也。

註：讎，為會意字。兩隹（鳥之一種）對言，其本意為对答、應答之意。讎，通稠、通仇。

啻

訓 馴

誨

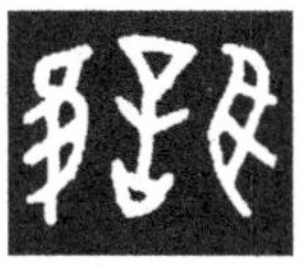
斛比盨（西周晚期）

懋卣 或从心（殷商）

饐父丁尊（西周早期）

饐父丁尊（西周早期）

饐作文父日丁殷（西周早期）

yì
啻

《說文》曰：快也，从言从中。

註：啻，愉快，高興。啻，即古意字。啻，或讀為億。

史牆盤（西周中期）

九年衛鼎（西周中期）

啻殷（西周中期）

湋伯殷（西周晚期）

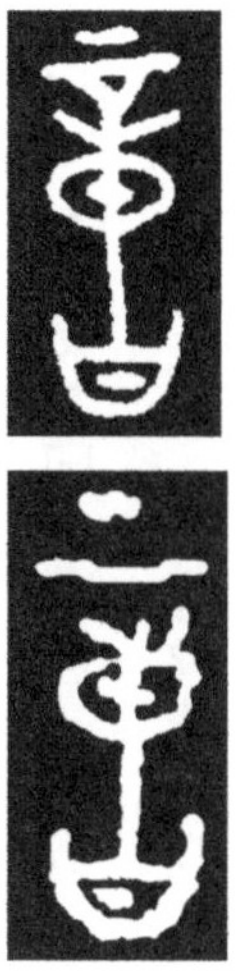
令狐君壺（戰國中期） 讀為億 至于萬啻（億）年

xùn
訓

《說文》曰：說教也，从言、川聲。《說文通訓定聲》曰：順，假借為慎。順，假借為訓。

註：訓，教導、教訓。訓，通順、通馴。从心、从川，訓之異體，古璽均有此寫法。

中山王譽方壺（戰國晚期） 訓之異體，在此讀為順。 邵告後嗣 唯逆生禍 唯訓（順）生福

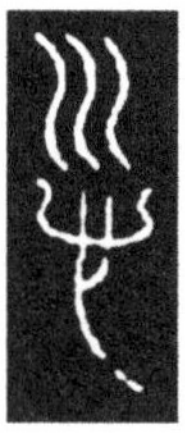
中山王譽鼎（戰國晚期）

何尊（西周早期） 讀為順

huì
誨

《說文》曰：曉教也，从言、每聲。《廣韻》曰：誨，教訓也。《玉篇》曰：誨，教示也。

註：誨，明白、曉得而授教、教誨。古代誨、謀或同字。

咯詻 

媒謀 

迅訊 

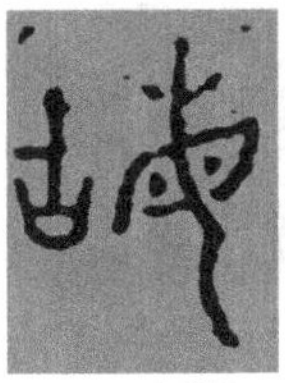

鳿叔鼎（西周早期）

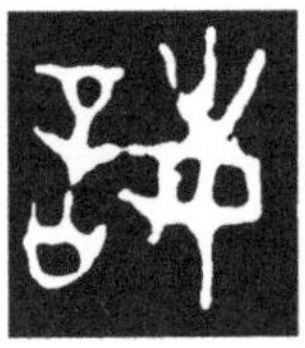

史牆盤（西周中期）讀為謀 型帥宇誨（謀）

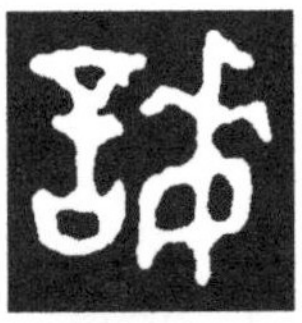

不嬰殷（西周晚期）

王孫遺者鐘（春秋晚期）

王孫誥鐘（春秋晚期）【近出殷周金文集錄】

井叔采鐘（西周晚期）或从口

è luò
詻

《説文》曰：論訟也……从言、各聲。《説文句讀》曰：詻詻即諤諤也。《集韻》曰：咯，訟言也，或从言。

註：詻詻，或作諤諤，雙方嚴肅爭辯、討論時的表情容貌。詻，同咯。

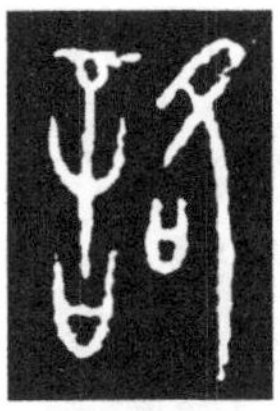

好蚉壺（戰國晚期）

móu
謀

《説文》曰：慮難曰謀，从言、某聲。古文謀。《玉篇》曰：謀，計也。

註：謀，考慮、謀劃。謀，或从心、每省聲。謀，通媒。

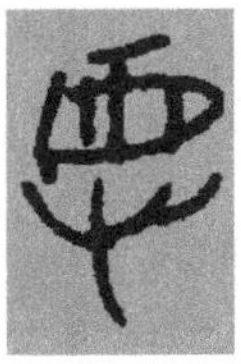

七年侖氏戈【古文字類編】（戰國）

中山王𰯌鼎（戰國晚期）讀為謀 謀慮皆從

鳥蟲書箴銘带鈎（戰國）

xùn
訊

《説文》曰：問也，从言、卂聲。

註：訊，審問、審訊，引申為問侯、音信、音訊。金文之訊字為會意字，，象捕獲敵人反縛雙手（从糸）而訊之（从口）。小篆訊，从言、卂聲，為形聲字。訊、迅互通。

諶

忱諶

五祀衛鼎（西周中期）

𢦚殷（西周中期）

趞殷（西周中期）

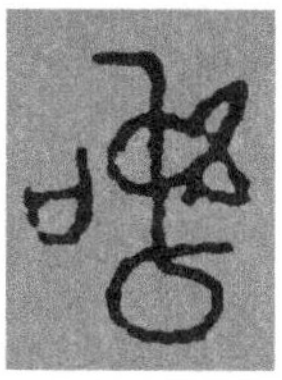
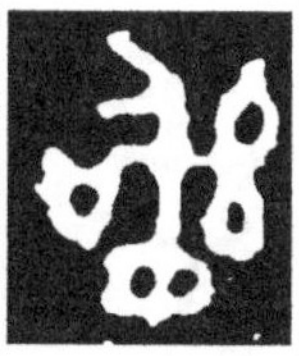

牧簋（西周中期）

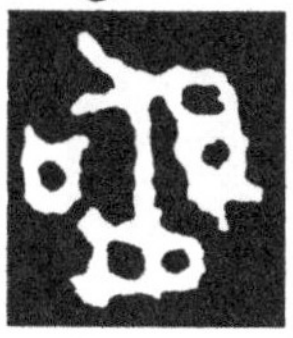

多友鼎（西周晚期）

師同鼎（西周晚期）

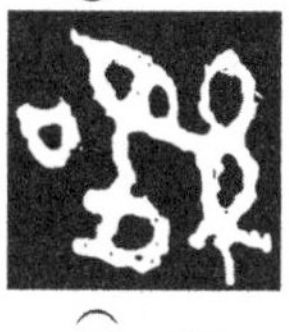

敔殷（西周晚期）

揚簋（西周晚期）

師寰殷（西周晚期）

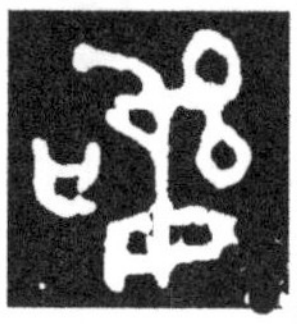

𧇾殷（西周晚期）

六年召伯虎簋（西周晚期）

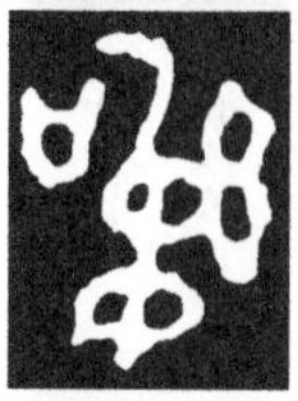
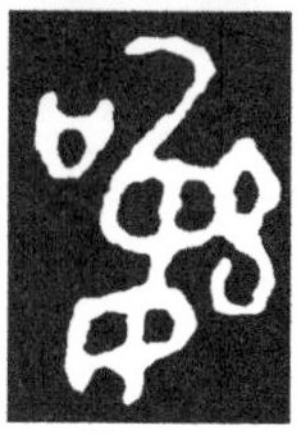
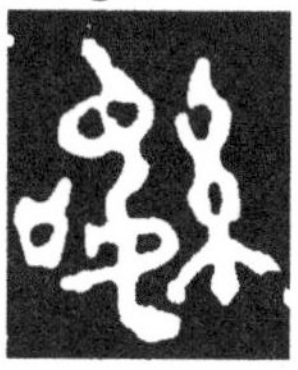

不嬰殷（西周晚期）

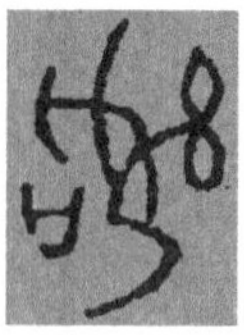

虢季子白盤（西周晚期）

塱盨（西周晚期） 讀為訊 廼敢失訊人

兮甲盤（西周晚期） 讀為訊 兮甲從王 折首執訊

晉侯蘇鐘（西周晚期）【近出殷周金文集錄】

chén 諶

《説文》曰：誠諦也，从言、甚聲。《爾雅》曰：諶，信也。

註：諶，誠信、忠誠。『詩經・大雅』諶，作忱。

諶鼎（西周晚期）

信

記

諱

xìn
信

《說文》曰：誠也，从人、从言，會意。古文从言省。

註：信，誠信、信任、信息、書信。金文信，或从言、从身。身、人，義同音近，可互通。

㝬叔鼎（西周中期）或从人 从言省 㝬叔信姬作寶鼎

辟大夫虎符（戰國）

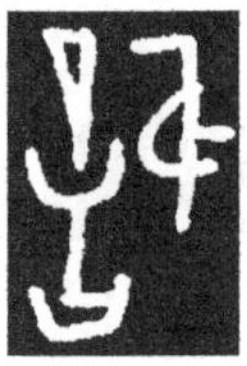
梁上官鼎（戰國晚期）

信安君鼎（戰國晚期）或从言 从身 信安君私官

中山王譽方壺（戰國晚期）

jì
記

《說文》曰：誡也，从言、忌聲。《玉篇》曰：記，禁也。記，亦為忌字。

註：記，告誡、禁忌。記，或同忌。

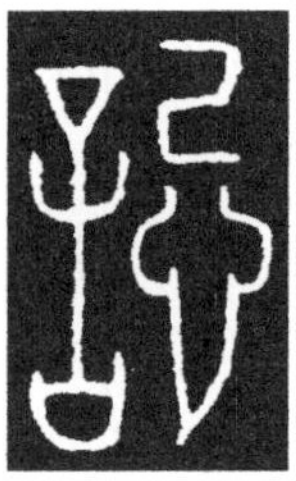
齊侯鎛（春秋中期）讀為忌 余彌心畏記（忌）

huì
諱

《說文》曰：誋也，从言、韋聲。

註：諱，避忌、忌諱、隱瞞。

屖敖𣪘蓋（西周晚期）

叔尸鐘（春期晚期）

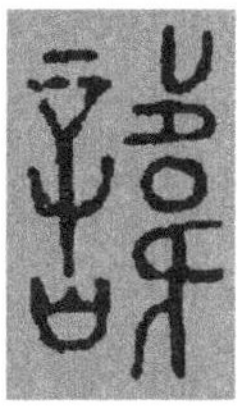
叔尸鎛（春秋晚期）

蔡侯盤（春秋晚期）

 誥

 詔

 誓

gào
誥

《說文》曰：告也，从言、告聲。註：，雙手奉上諭之言，會意為誥。上告下曰誥，帝王之諭令也。

秦朝廢誥曰詔。

史䛢毁（西周早期）

何尊（西周晚期）

王孫誥鐘（春秋）【近出殷周金文集錄】

zhào zhāo
詔

《說文》曰：告也，从言、从召，召亦聲。註：詔，啟示、告誡。皇帝下達的命令亦稱詔。

詔爵（西周早期）【古文字類編】

詔使矛（戰國晚期）

五年相邦呂不韋戈（戰國晚期）

shì
誓

《說文》曰：約束也，从言、折聲。《字彙》曰：誓，約信也。註：誓，或讀為哲。

鬲比鼎（西周晚期）

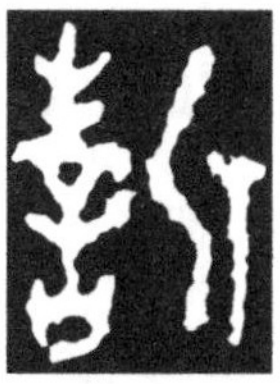

𠑇匜（西周晚期） 讀為誓 今汝亦既有御誓

散氏盤（西周晚期）

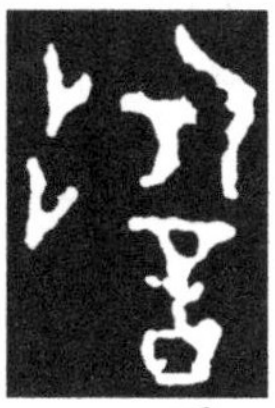

番生簋盖（西周晚期） 讀為哲 穆穆克誓（哲）厥德

促諫

cù
諫

《說文通訓定聲》曰：諫，言之促也。《廣雅》曰：諫，促也。註：諫，或讀為促。

大盂鼎（西周早期）讀為促 敏諫（促）罰訟

諫作父己觶（西周早期）

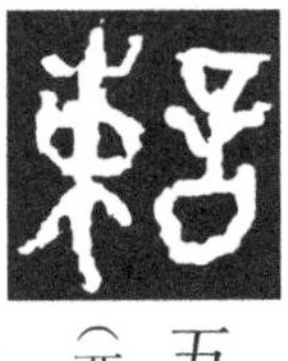
五年召伯虎簋（西周晚期）

諫

jiàn
lán
諫

《說文》曰：証也，从言、柬聲。《廣韻》曰：諫，直言以悟人也。《集韻》曰：讕，詆讕，誣言相被也，或从柬。註：諫，對天子直言歸勸。

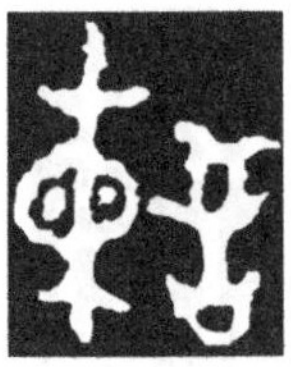
諫作父丁觶（西周早期）

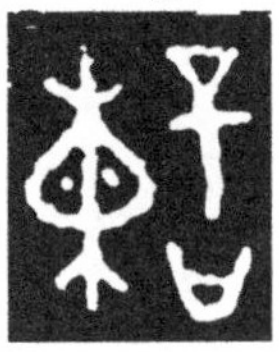
臣諫簋（西周中期）

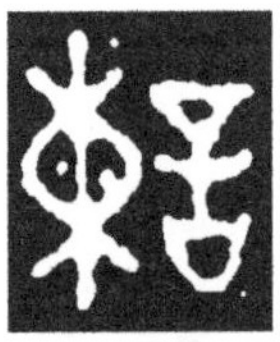

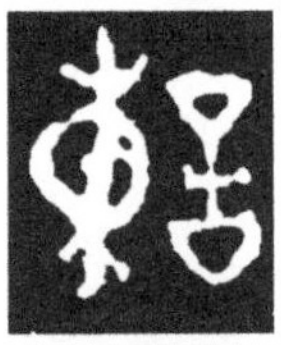

諫簋（西周晚期）

大克鼎（西周晚期）

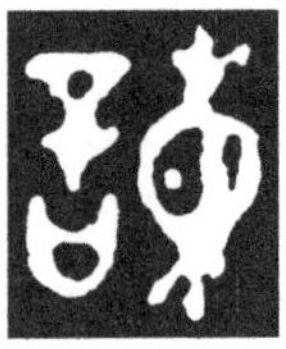
番生簋盖（西周晚期）

曾孟嬶諫盆（春秋）

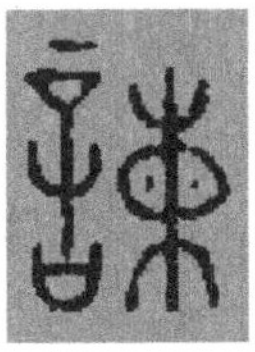
叔尸鎛（春秋晚期）

叔尸鐘（春秋晚期）

諴

xián
諴

《說文》曰：和也，从言、咸聲。註：諴，和洽、誠意。或讀為緘。

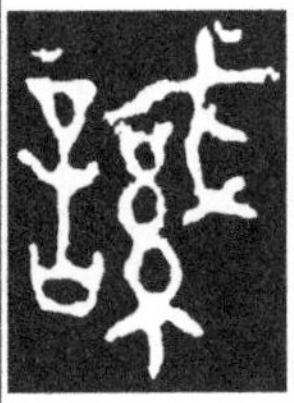
蛣公諴簋（西周晚期）

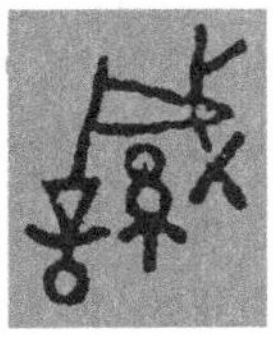
鄀公諴鼎（西周晚期）

訢 欣

諧

託 托

記

xīn 訢

《說文》曰：喜也，从言、斤聲。《說文解字注》曰：訢，與欣音義皆同。

蔡侯尊（春秋晚期）

蔡侯盤（春秋晚期）

好蚉壺（戰國晚期）

xié 諧

《說文》曰：詥也，从言、皆聲。

註：諧，和諧。諧，詼諧、滑稽。

蔡侯盤（春秋晚期）

即諧字 康諧穆好

tuō 託

《說文》曰：寄也，从言、乇聲。

註：託，寄託、託付。託，通托。

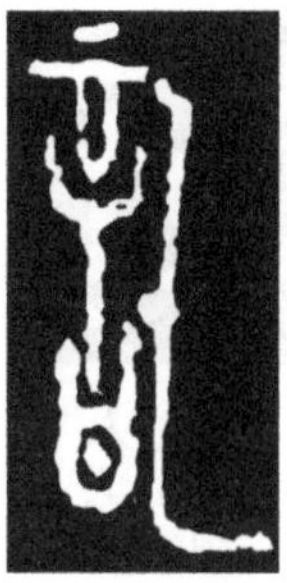

蔡侯盤（春秋晚期）

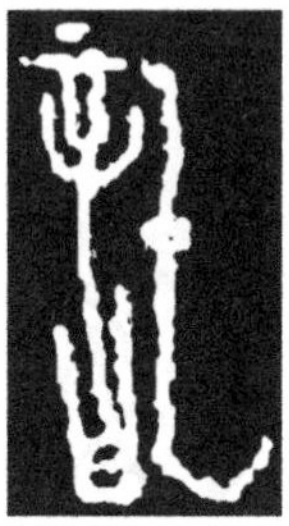

蔡侯尊（春秋晚期）

讀為託 靈頌託商

jì 記

《說文》曰：疏也，从言、己聲。《玉篇》曰：記，錄也。《正字通》曰：記，誌也。

註：記，疏記、記錄、記載。

譽

詠

詒貽

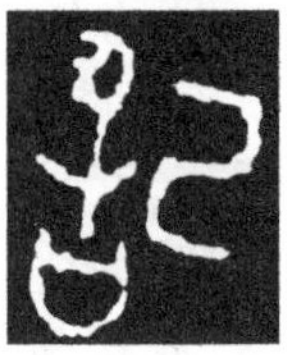

商鄀府簠（春秋晚期）

假記為期

其眉壽無記（期）

yù

譽

《說文》曰：稱也，从言、與聲。《字彙》曰：譽，與豫同，樂也。

註：譽，或从口，古文中从口與从言之字或同。譽，稱頌、贊美、聲譽。

齊侯鎛（春秋中期）

或从口

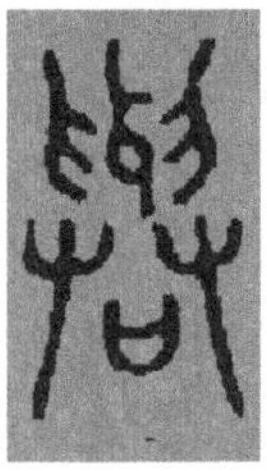

叔尸鎛（春秋晚期）

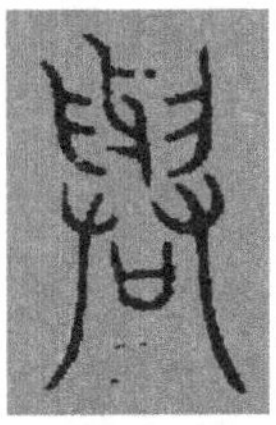

叔尸鐘（春秋晚期）

讀為譽

嘟嘟譽譽

yǒng

詠

《說文》曰：歌也，从言、永聲。詠或从口。《玉篇》曰：詠，長言也。

註：詠，同咏，長言也。『尚書 堯典』：詩言志、歌詠言、聲依詠、律和聲。

咏作日戊尊（西周早期）

yí dài

詒

《玉篇》曰：詒，或為貽字。《說文解字注》曰：詒，遺也，俗多假貽為之。

中山王譽鼎（戰國晚期）

bèi
誖

《説文》曰：亂也，从言孛聲。誖或从心。籀文誖从二或。《玉篇》曰：誖，逆也。

註：，金文誖，為正反兩或字作相悖之形。或，古國字。段玉裁曰：兩國相違，舉戈相向，亂之意也。【説文解字注】曰：誖，同悖。

旅仲簋（西周晚期）

蚩子䰞鼎蓋（春秋晚期）

luán
䜌

《説文》曰：亂也，一曰治也，一曰不絕也，从言、絲。

註：䜌，在金文中或孳乳為蠻、欒、鑾、孌、鸞。

中伯壺（西周中期） 讀為孌 辛姬（孌）人媵壺

免簋（西周中期）

中簋盖（西周中期）

肄毁（西周中期）

即簋（西周中期）

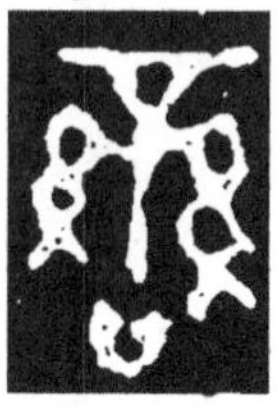
七年趞曹鼎（西周中期）

史牆盤（西周中期）

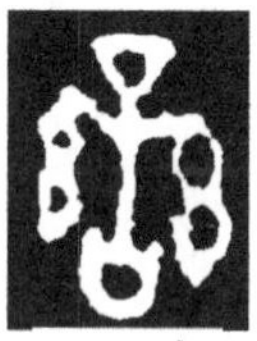
走馬休盤（西周中期）

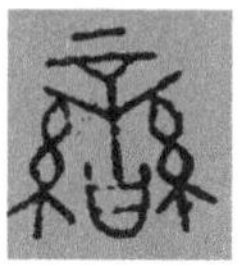
微䜌鼎（西周晚期）

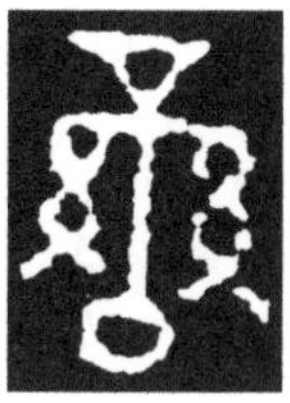
無叀鼎（西周晚期）

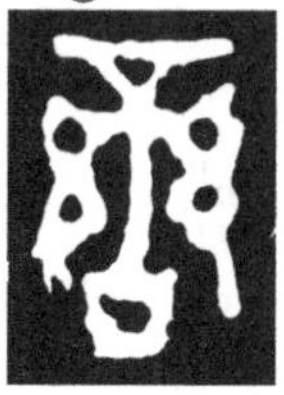
頌鼎（西周晚期） 讀為鑾 賜汝……（鑾）旂攸勒

頌簋（西周晚期）

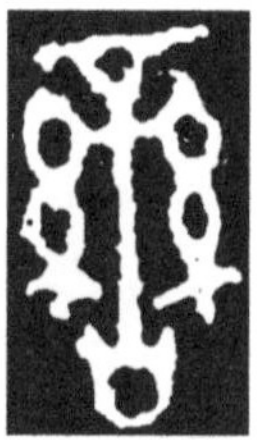
師𩕢毁（西周晚期）

中伯簋（西周晚期）

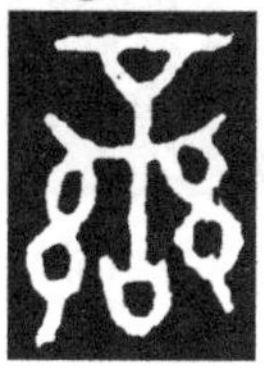
趩鼎（西周晚期）

此鼎（西周晚期）

揚簋（西周晚期）

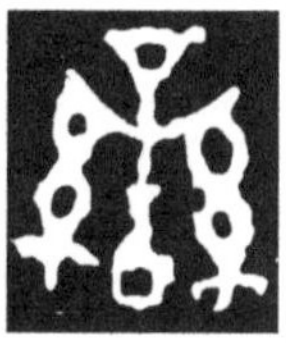
楚簋（西周晚期）

訇 詢

譌 訛

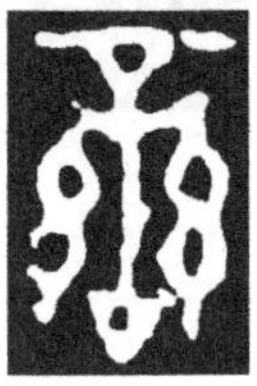
此簋（西周晚期）

虢季子白盤（西周晚期）
讀為蠻　用征（蠻）方

寰盤（西周晚期）

兮甲盤（西周晚期）

秦公簋（春秋早期）

秦公鎛（春秋早期）

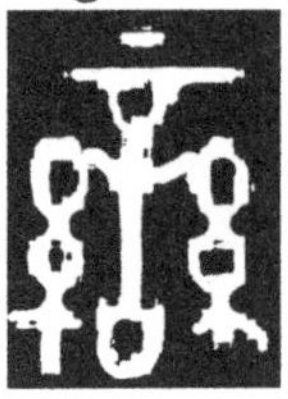
秦公鐘（春秋早期）

欒書缶（春秋）
讀為欒　或从音　（欒）書之子孫

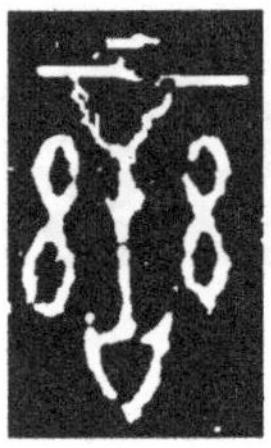
宋公欒簠（春秋晚期）

宋公欒鼎蓋（春秋晚期）

hōng
xún
hēng
訇

《説文》曰：駭言聲，从言、勻省聲。《新方言》曰：今人謂駭人獨語不休為訇，凡呻吟亦曰訇，俗字作哼。

註：訇，从言、从。，即旬之本字，後世譌變為勹。訇，或讀為詢。

㝬家敔殷（西周早期）

訇簋（西周晚期）

é
譌

《説文》曰：譌言也。从言、為聲。註：訛，譌之異體字。

中山王方壺（戰國晚期）
譌之異體字　詆郾之譌

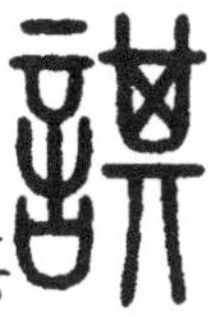
諆 計

詐 咋

qī jì
諆

《説文》曰：欺也，从言、其聲。《廣韻》曰：諆，謀也。註：諆，欺騙、謀劃。諆，或讀為計、讀為期。

遂攸諆鼎（西周早期）

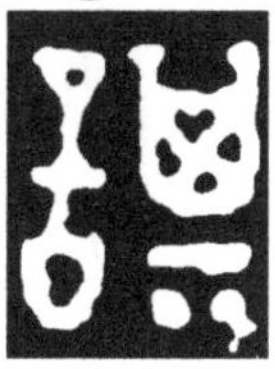
寧簋蓋（西周早期）

叔趯父卣（西周早期）

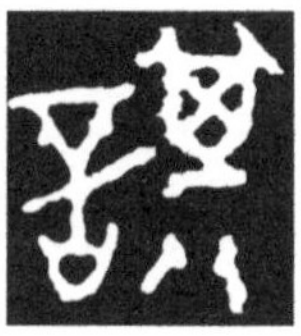
叀攸諆父甲尊（西周早期）

索諆爵（西周早期）

萬諆觶（西周中期）

甚諆臧鼎（西周中期）

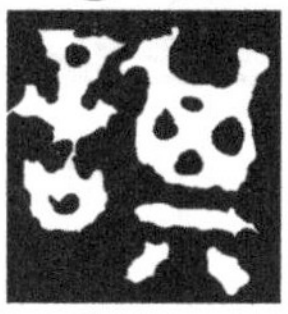
趞盂（西周中期）

旁肁鼎（西周）

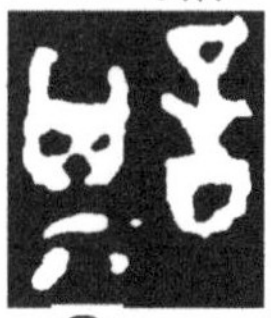
師寰段（西周晚期）

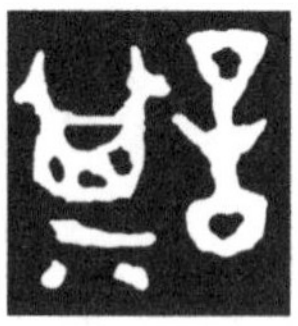
師寰段 讀為計（西周晚期）無諆（計）徒馭

王孫壽甗 讀為期（春秋早期）萬年無諆（期）

王子吳鼎（春秋晚期）

樂子簠（春秋晚期）

簷叔之仲子平鐘（春秋晚期）

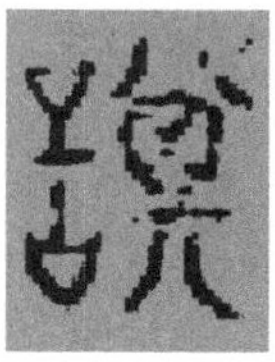
鄦子盟自鎛（春秋）

王子午鼎（春秋）

徐王子旃鐘（春秋）

zhà
詐

《説文》曰：欺也，从言、乍聲。註：詐，欺騙、譎詐。詐，或从音。金文从音、从言相同。

蔡侯盤（春秋晚期）

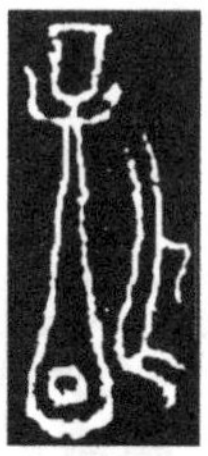
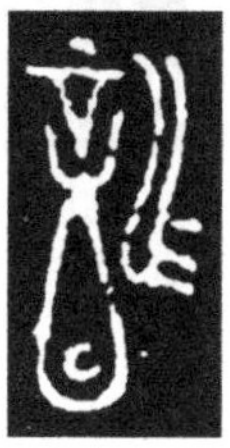
曾侯乙鼎（戰國早期）

曾侯乙簋（戰國早期）

訟

訶　呵

曾侯乙簠（戰國早期）

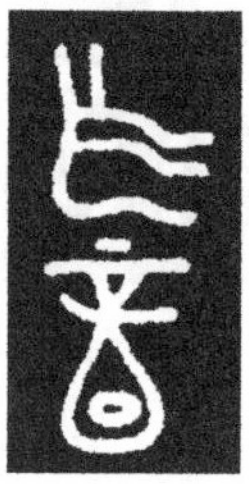
曾侯乙勺（戰國早期）

曾侯乙匕（戰國早期）

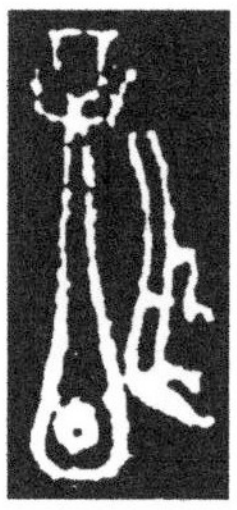
曾侯乙盤（戰國早期）

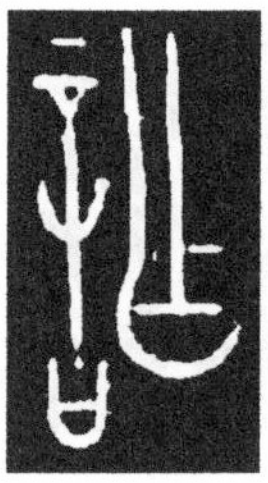
中山王譽鼎（戰國晚期）

sòng 訟

《說文》曰：爭也，从言、公聲，曰謌訟。註：雙方相持，以手曰爭、以言曰訟。訟，爭論、爭辯、訴訟。謌訟，後作歌頌。訟、頌古今字。頌，乃容顏之容本字，謌為歌頌字，見頌字解。

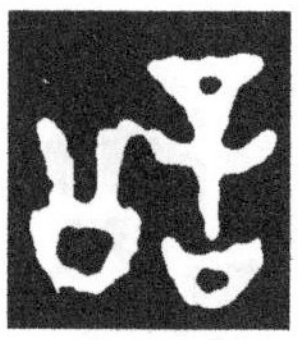
大盂鼎（西周早期）

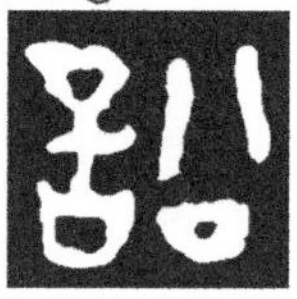
曶鼎（西周中期）

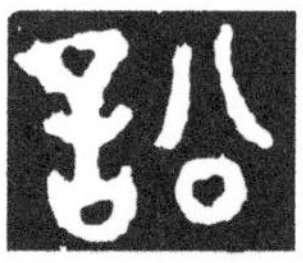

𢓊殷（西周晚期）

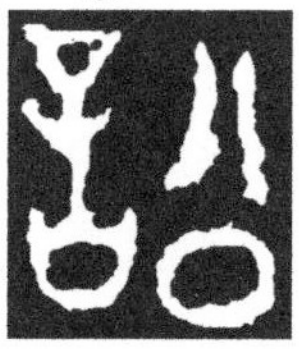
儹匜（西周晚期）

揚簋（西周晚期）

hē 訶

《說文》曰：大言而怒也，从言、可聲。《玉篇》曰：呵，責也，與訶同。

註：訶，大聲斥責、責備、訶斥。訶，今通作呵字。銘文中訶，或讀作歌字。

蔡侯紐鐘（春秋晚期）　讀為歌字　自作訶（歌）鐘

蔡侯鎛（春秋晚期）

余贎逐兒鐘（春秋晚期）　讀為歌　飲飤訶（歌）舞

朝歌右庫戈（戰國早期）

訨

誎

𧬘

zhǐ
訨

《說文》曰：訐也，（指揭發別人之陰惡）从言，臣聲。讀若指。

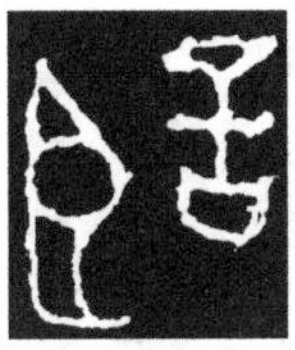
訨𦥑

（殷商）

訨其卣

（殷商）

cì
誎

《說文》曰：數諫也，从言、朿聲。《廣雅》曰：誎，怨也。註：誎，因數次過失而歸勸。

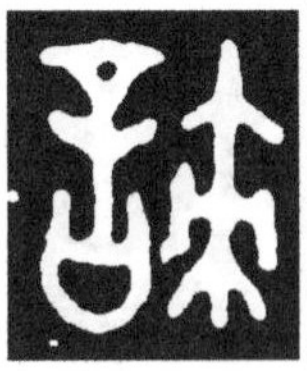
史牆盤

（西周中期）

wàng
𧬘

《說文》曰：責望也，从言、望聲。《字彙》曰：𧬘，同𧬘。註：𧬘，同望，或讀為忘。

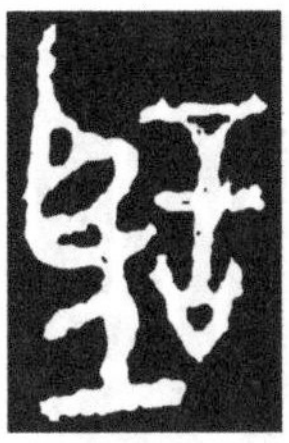
獻簋

（西周早期）

假借為忘

十世不𧬘（忘）

師望鼎

（西周中期）

王用弗𧬘（忘）聖人之後

帥隹鼎

（西周中期）

伯作望子簋

（西周）

師𩰫鼎

（西周中期）

亦弗（忘）公上父胡德

詘 誳

誰

讕

䛬

詘 qū chù

《說文》曰：詰詘也，一曰屈襞。从言 出聲。詘或从屈。

註：詘，語言鈍屈；口吃。詘，同誳，今均作屈。詘，亦作黜。

高奴權（戰國） 張亞初釋為詘【殷周金文集成】 高奴工師竈 丞申 工鬼薪詘

二十五年上郡守廟戈（戰國晚期）

誰 shuí

《說文》曰：何也，从言、隹聲。

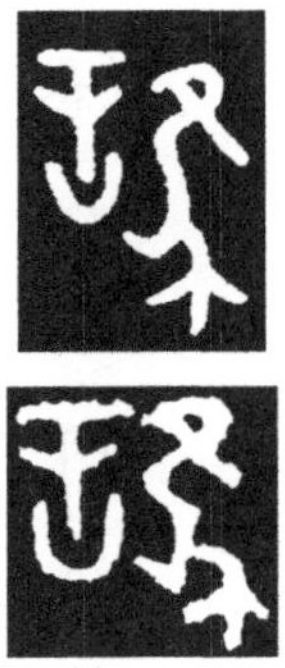

大鼎（西周中期） 讀為誰 令取誰犅卅二匹賜大

讕 lán

《說文》曰：怟（抵）讕也，从言、闌聲。《玉篇》曰：讕，惡語相加被也。

註：讕，抵賴，惡語狡辯。讕，或假為諫。

大盂鼎（西周早期） 讀為諫 敏朝夕入讕（諫）

䛬 táo

《說文》曰：往来言也，一曰小兒未能正言也，一曰祝也，从言，匋聲。䛬或从包。

註：，匋鼎之䛬字从言从勹，勹即包之本字。䛬，往來言，即相互傳言，制造誤解和矛盾。

尤訧

議

讋

曶鼎（西周中期）則□訽

从言 从勹（包）即為訽亦作訽

yóu
訧

《說文》曰：罪也，从言，尤聲。

註：訧，同尤。

黿訧鼎（春秋早期）

張亞初釋為訧【殷周金文集成 引得】

yì
議

《說文》曰：語也，从言、義聲。

左行議率戈（戰國晚期）

zhé
讋

《說文》曰：失氣言，一曰不止也。

註：讋，恐懼、懼怕，言語不止。

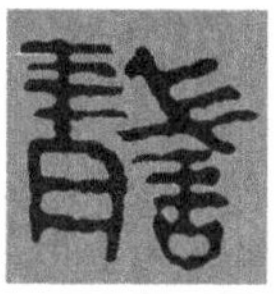

四年相邦呂戈（戰國）

二年寺工讋戈（戰國晚期）

謱

惡噁䛩

唁喭諺

詍

lóu 謱

《說文》曰：謰謱也，从言、婁聲。註：謰謱，語言繁亂、繁絮不清。謱，或讀為數。

中山王嚳鼎（戰國晚期） 讀為數 列城謱（數）十

好蚉壺（戰國晚期） 讀為數 方謱（數）百里

wù è 䛩

《說文》曰：相毁也，从言、亞聲。《集韻》曰：惡，恥也、憎也，或作䛩。噁，笑也，或从言（作䛩）。

註：䛩，即今之惡字，惡語相加，毁譽也。䛩，憎惡也。䛩，或同噁。

史叀鼎（西周晚期）【近出殷周金文集録】

yàn 諺

《說文》曰：傳言也，从言、彥聲。註：前代故訓，俗語、俗論，曰諺語。諺，或通唁、通喭。

屖氏喬鐘（西周晚期）

yì 詍

《說文》曰：多言也，从言、世聲。

誘訄

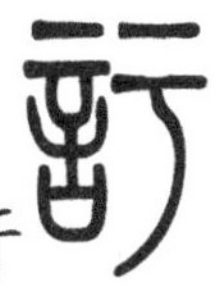
訏

唶諎

獄簋
（西周中期）
【古文字類編】

qiú
訄

《說文》曰：迫也，从言九聲。讀若求。《說文解字注》曰：逼迫人有所為曰訄。

註：以言相迫謂之訄。訄，或讀為誘。

者沪鐘
（戰國早期）
讀為誘
訄（誘）之于不啻

xū xǔ
訏

《說文》曰：詭譌也，从言、于聲。一曰訏嗟。齊、楚謂信曰訏。《爾雅》曰：訏，大也。註：犯，則凌人；訏，則誣人；伐，則掩人。訏，誣陷、詭詐。訏，又為廣大義。訏，或同吁，用于嘆詞。

杕氏壺
（春秋晚期）
讀為訏
多寡不訏

zé cuò
諎

《說文》曰：大聲也，从言、昔聲。諎，或从口作唶。

註：諎，聲音大，說話快。諎，今作唶字。

二年寍鼎
（戰國晚期）
讀為諎
寧冢子得 冶諎為鼑

誚譙

討

闇

詁

qiào qiáo
譙

《説文》曰：嬈譊也，从言、焦聲。古文譙从肖。

註：譙，嬈譊，爭辯吵鬧聲。譙，譙門，城門上之望樓。譙，同誚。

三年修余令韓譙戈（戰國晚期）

讀為譙

附余令韓譙……冶埽

tǎo
討

《説文》曰：治也，从言、寸聲。

註：治理、整治，為討之本義，引申為討伐、探討、討論。

單𡉏討戈（戰國早期）

yín
闇

《説文》曰：和説（悅）而静也。《玉篇》闇，和敬皃（貌）。

師頯毀（西周晚期）

讀為闇

官嗣汸闇

gǔ
詁

《説文》曰：訓故言也，从言、古聲。『詩』曰，訓詁。

註：詁，訓詁，用今語解釋古文、古字。

惎

誶 悴

諥

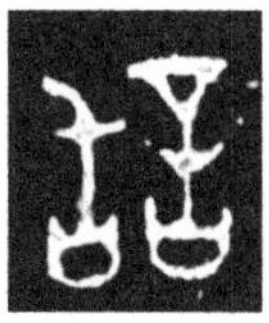
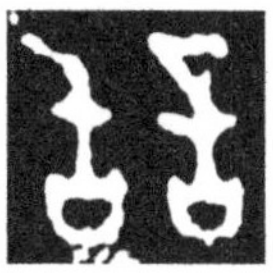

詁段
（西周晚期）
張亞初釋為詁【殷周金文集成 引得】

jì
惎

《說文》曰：忌也，从言、其声。《說文解字注》曰：惎，今『書』作忌。

註：惎。丌，即古其字。从言、丌聲即惎之異體。惎，或作忌。

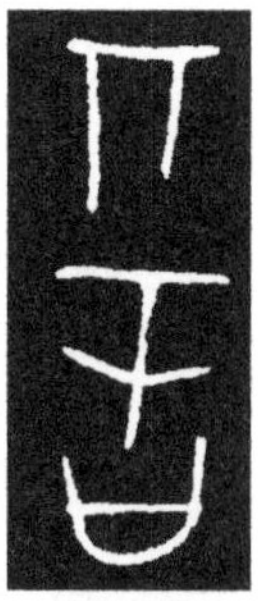

子惎盆 或从丌
（春秋）

suì
cuì
誶

《說文》曰：讓（嚷）也，从言卒聲。註：衣與卒只差一筆，均指衣服，卒，為役卒之衣。誶或省卒為衣。誶，責嚷、責罵、責問。誶，通悴。

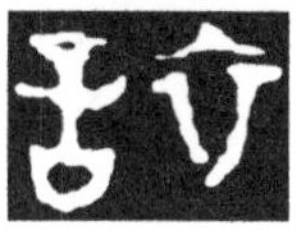

寡子卣 或卒省為衣
（西周中期） 烏乎誶帝家以寡子作永寶

zhòng
諥

《廣韻》曰：諥，言相觸也。《正字通》曰：諥，言謹重也。

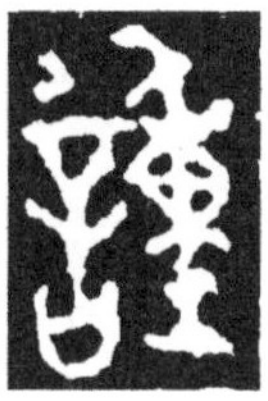

命父諥簋
（西周晚期）

謎

謎

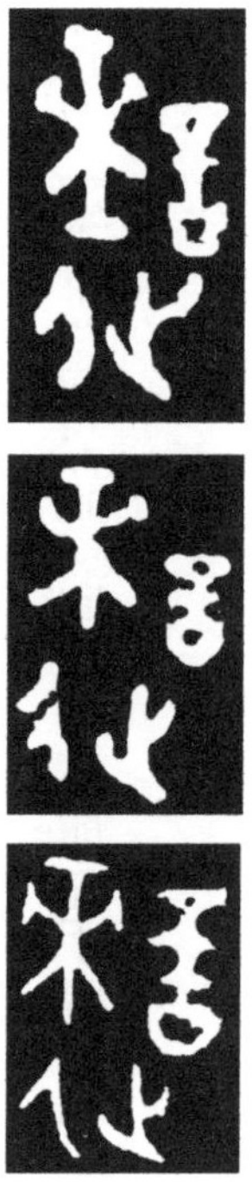

小臣謎簋（西周早期）

竸 競

jìng

竸

《玉篇》曰：竸，古文競。

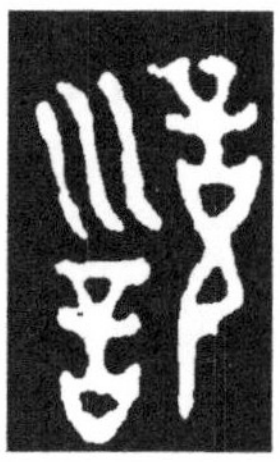

毛公旅鼎（西周早期） 讀為競 肆毋有弗竸（競）

諻

huáng

諻

《廣韻》曰：諻，語聲。《集韻》曰：諻，大聲。《玉篇》曰：諻。樂也。

邵王之諻鼎（春秋中期）

徐王子旃鐘（春秋）

䛊 哉

zāi

䛊

註： 䛊。从言與从口意同，䛊或讀為哉。

訊　畬　詨 謠

孟𢧵父壺（西周中期）

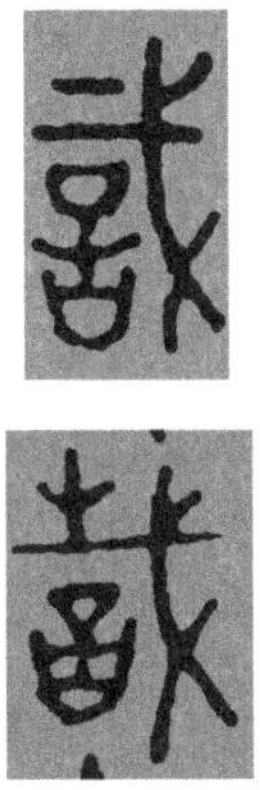

𢧵簋（西周晚期）

訊

趞鼎（西周晚期）

畬

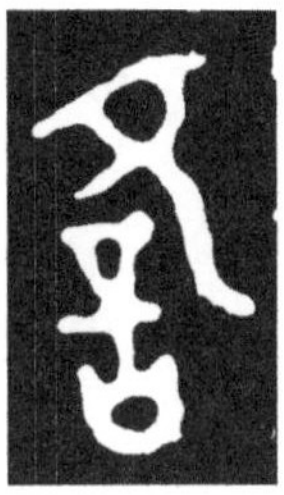

yáo
詨

《字彙》曰：詨，同謠。《龍龕手鑑》曰：詨，俗；謠。

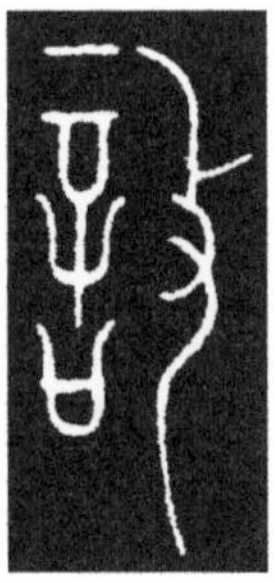

者沪鐘（戰國早期）

hàn
⿰𠦝合

註：⿰𠦝合，或讀為翰。

王孫遺者鐘（春秋晚期）

沇兒鎛（春秋晚期） 或讀為翰 中⿰𠦝合（翰）摅颺

zhuān
⿰言專

註：⿰言專，从言，傳聲，字書未見，或讀為専。

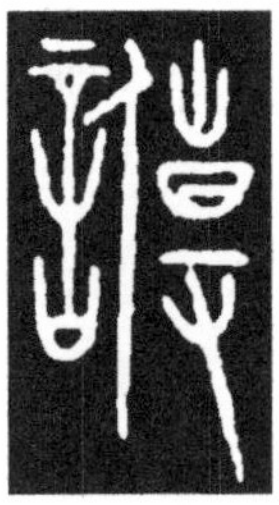

中山王𰯼方壺（戰國晚期） 讀為専 而⿰言專（専）任之邦

yōu
⿱攸言

註：，从言（或从音）、攸聲，按銘文之意應為悠遠之意。⿱攸言，或讀為攸。

徐王子旃鐘（春秋） 應讀作悠 其音（悠悠）聞於四方

luò
⿰言樂

《集韻》曰：⿰言樂，⿰言樂詤（謊）、狂言。

䛈 𧭤 嘯 䛭

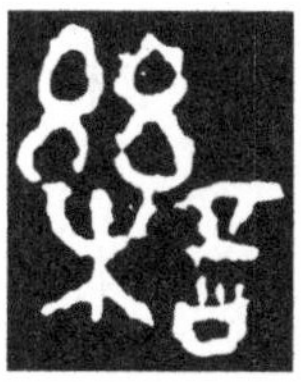
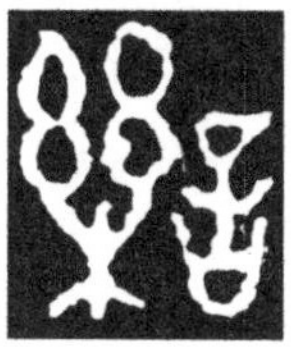

叔謋父盨（西周晚期）

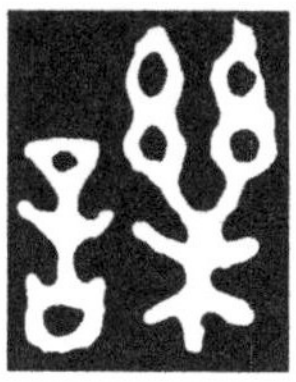

謋季獻盨（西周晚期）

䛈

䛈啓鼎（西周中期）

xiào
𧭤

註：𧭤。从言與从口意同，或為嘯字。銘文中讀為肅。

蔡侯盤（春秋晚期） 讀為肅 齊嘏整𧭤（肅）

jīqì
䛭

《集韻》曰：語相戲也。《字彙》曰：妄語也。

配兒鉤鑃（春秋晚期） 讀為䛭 余不敢䛭

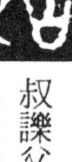

nìng
諪

《龍龕手鑑》曰：諪，同佞。

琟叔𣪘
（西周中期）
讀為諪
諪作寶簋

píng
評

《廣雅》曰：評，平也。《廣韻》曰：評，評量。

平安君鼎
（戰國）

【文物】一九八一年第二期所刊該鼎為武功縣出土，與上海、河南藏平安君鼎之坪字不同，此鼎之評字从言。

píng
⿰言甹

《玉篇》曰：⿰言甹，言也。註：⿰言甹，或讀為屏。

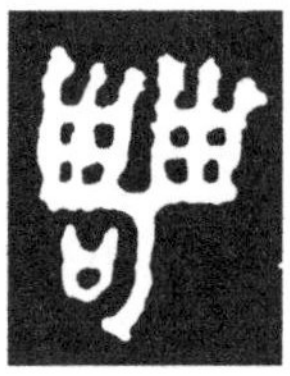

毛公鼎
（西周晚期）
从言从口或同 讀爲屏
⿰言甹（屏）朕位

zhòu
詋

《集韻》曰：咒，詛也，古作祝，或从言。《玉篇》曰：詋，詋詛也。
註：詋，詛詋。詋，同呪，今通作咒。

諹　訏 預　詳 誘

或父己觚 讀為訧

（殷商） 亞或其訧作父己彝

yáng
諹

《玉篇》曰：諹，譽也。贊揚。

註：凡用語言之贊諹、宣諹均用諹。諹，或作颺；飄颺。今諹、颺，通作从手之揚。

徐王子旃鐘 讀為諹

（春秋） 中翰攄諹

yù yǔ
訏

註：訏，通預，或讀為語。

配兒鉤鑃 讀為語

（春秋晚期） 先人是訏（語）

yòu
詳

註：詳，或讀為誘。

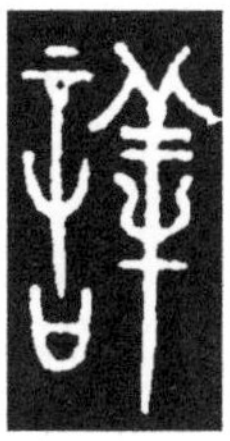

中山王譽鼎 讀為誘

（戰國晚期） 以詳（誘）導寡人

dǒng
諌

《字彙》曰：諌，多言。俗誤以諌為諫。

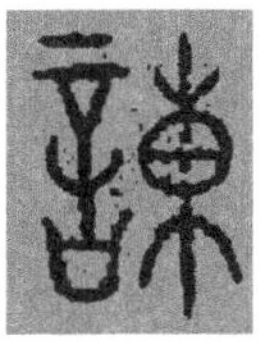

叔尸鐘　或為諫字誤書為諌

（春秋晚期）諌（諫）罰朕庶民

tì dǐ
詆

《集韻》曰：詆，僻也，或省（作詆）。註：詆，从言、底聲，或同底、同詆、同抵、通柢。

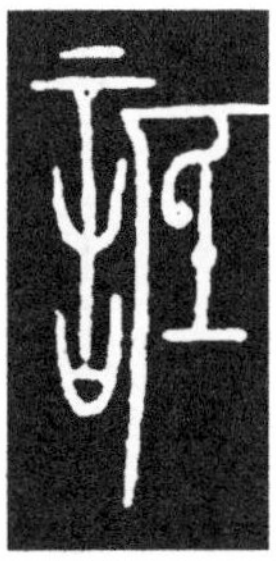

中山王嚳方壺　讀為詆

（戰國晚期）詆（詆）鄾之訛

shàn
⿰言聿

《龍龕手鑑》曰：⿰言聿，即訕之俗字。《字彙補》曰：⿰言聿，與訕同。

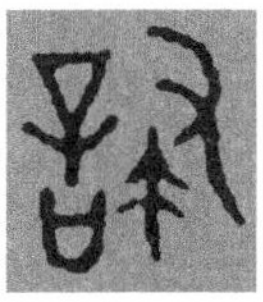

敔毁

（西周晚期）

jiē
謯

《集韻》曰：謯，痛惜也，或作嗟。

試　讆　⿰言妻

鄧公簋蓋（西周晚期）讀為⿰言差 高明亦釋為⿰言差【古文字類編】用為女夫人尊⿰言差撻

試

十四年帳橛（戰國晚期）

wèi 讆

《玉篇》曰：讆，夢言，不譓也。《正字通》曰：讆，詐也。註：讆，吹捧壞人。

者沪鐘（戰國早期）

⿰言妻

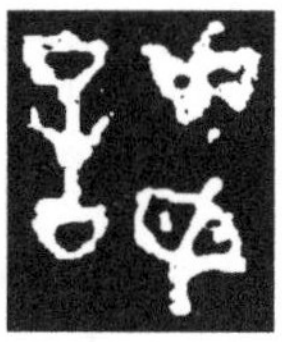

曾子仲⿰言妻鼎（春秋早期）

jū
⿰臼司

註：⿰臼司，讀為鞫，追究審問罪犯。⿰臼司，通鞠。

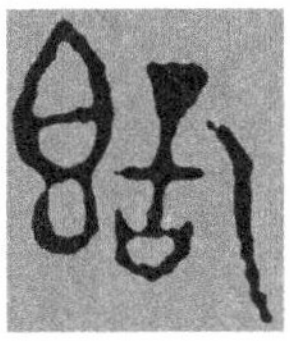

牧簋 讀為鞫

（西周中期） 以今⿰臼司（鞫）服厥罪

⿰言柔

tāo
⿰言⿱夭臼

註：⿰言⿱夭臼，或為謟。可疑、超越本分、隱瞞。

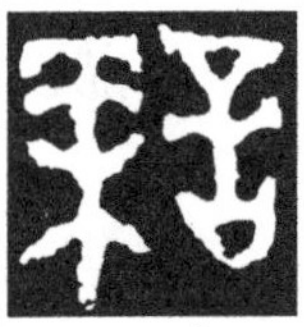

六年召伯虎簋

（西周晚期）

⿰言辱

郐䛼尹征城

（春秋）

張亞初釋為謟【殷周金文集成 引得】

訋 叨　䛀　⿰言餐 餐

𨛜⿰貝辛尹⿱虍曾鼎（春秋晚期）

dāo
訋

註：訋，或為叨。

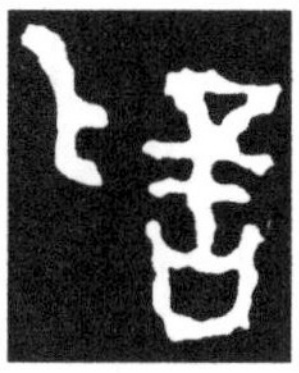

⿰匕言作彝爵（西周早期）

張亞初釋為訋或詔【殷周金文集成 引得】

fǎn bàn
䛀

《集韻》曰：䛀，權言合道。䛀，䛀諺，自矜。

⿰黑敢鐘（春秋晚期）【近出殷周金文集録】

cān
⿰言餐

註：⿰言餐，从又、从食、从言，或讀為餐字。

仲摣父盤（西周）【三代吉金文存】

誩

善 繕

jìng
誩

《説文》曰：競言也，从二言，……誩讀若競

註：誩，爭論、競言，即競之古文。

曾子伯誩鼎（春秋早期）

shàn
善

《説文》曰：吉也，从誩、从羊。《説文通訓定聲》曰：善假借為繕。

註：善，吉祥、美好、慈善。善，通繕，修整、修繕。善，通膳，膳食。

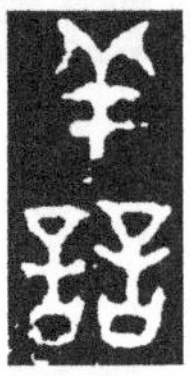
大鼎（西周中期）王呼善（膳）夫 讀文膳

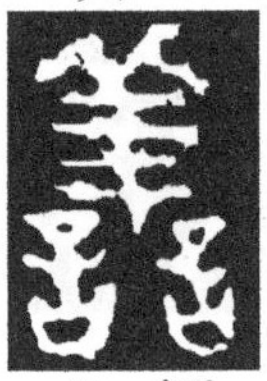
師晨鼎（西周中期）

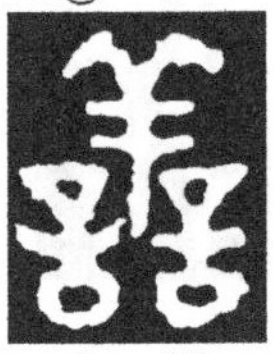
員方鼎（西周中期）

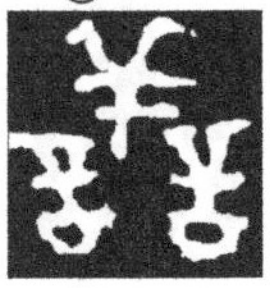
善鼎（西周中期）

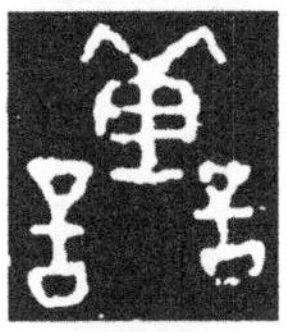
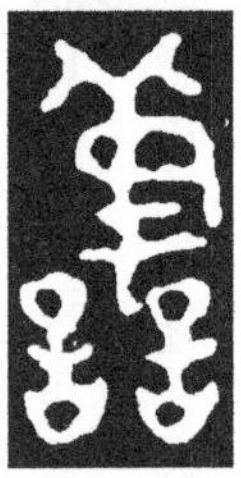
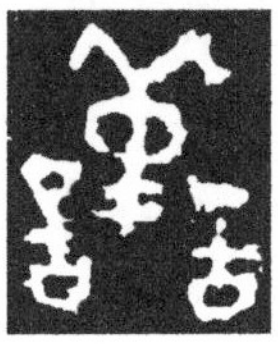
此簋（西周晚期）

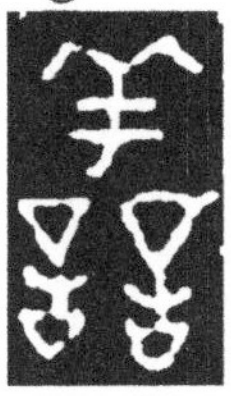
善夫旅伯鼎（西周晚期）

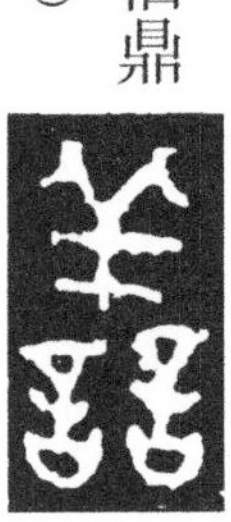
鬲比盨（西周晚期）

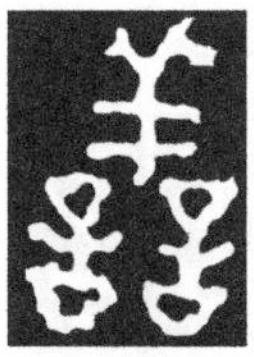
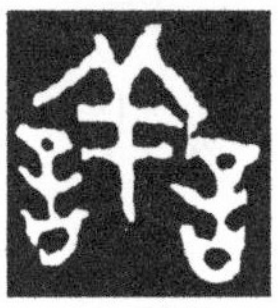
善夫汈其段（西周晚期）

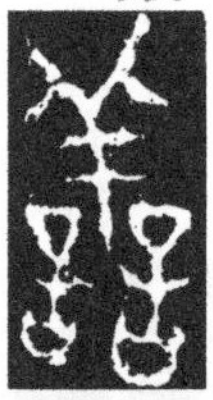

善夫吉父鬲（西周晚期）

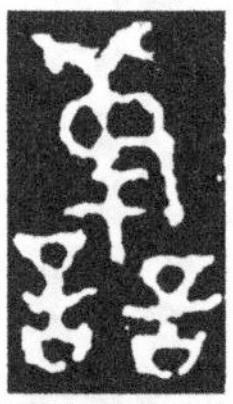
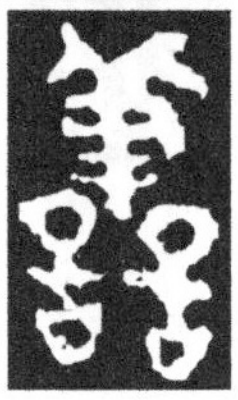
此鼎（西周晚期）

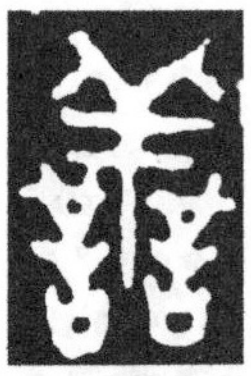
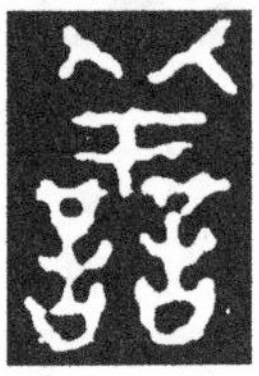
小克鼎（西周晚期）

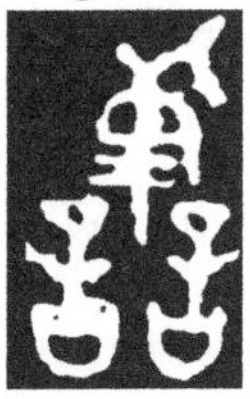
大克鼎（西周晚期）

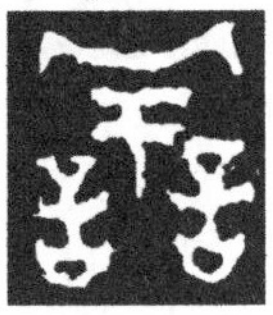
鬲比盨（西周晚期）

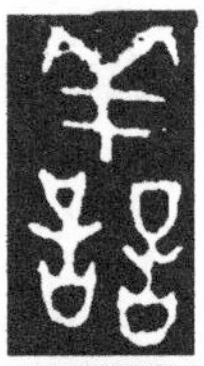
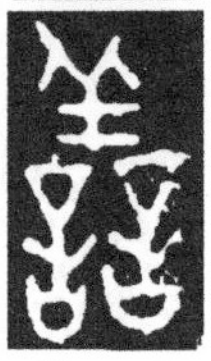
大簋盖（西周晚期）

境競

音

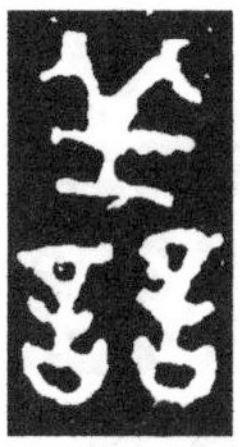
吉父簠（西周晚期）

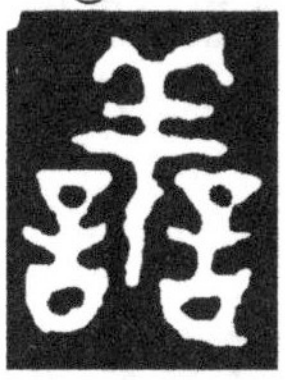
毛公鼎（西周晚期）

善夫山鼎（西周晚期）

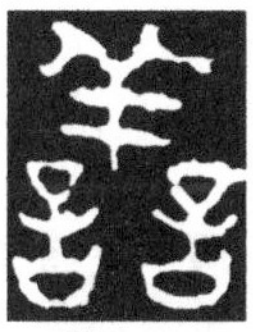
吉父盂（西周晚期）

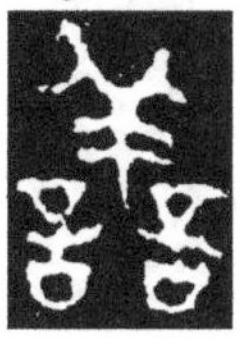
吉父鑑（西周晚期）

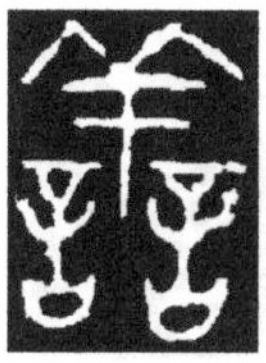
取它人鼎（春秋）

簷叔鐘（春秋）

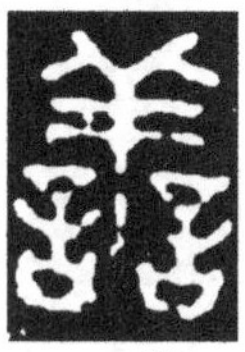
魯大左嗣徒元鼎（春秋）

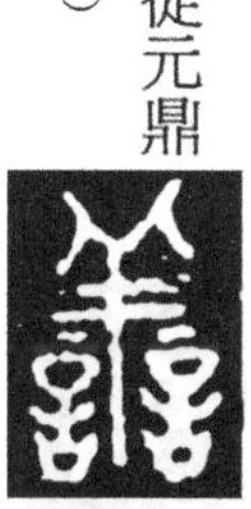

魯大嗣徒厚氏元簠（春秋）

競

《說文》曰：彊語也，一曰逐也，从誩、从二人。《字彙補》曰：競，借作境。

註：競，比賽、角逐、競爭。並逐為競，對辯為爭。

競器（西周早期）

競作父乙卣（西周早期）

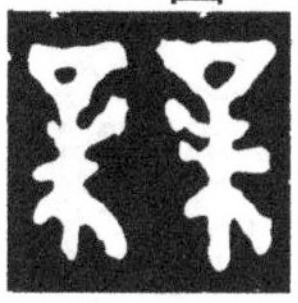
班簋（西周中期）

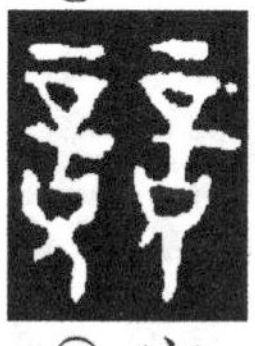
宗周鐘（西周晚期）

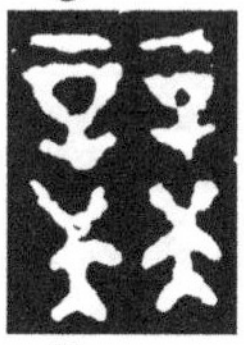
臤尊（西周中期）

高卣（西周早期）

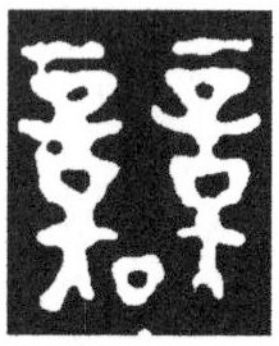
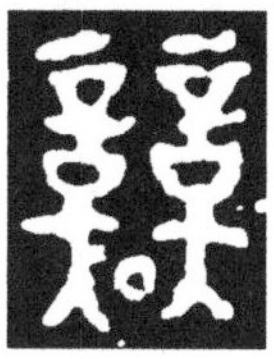
戜段（西周中期）

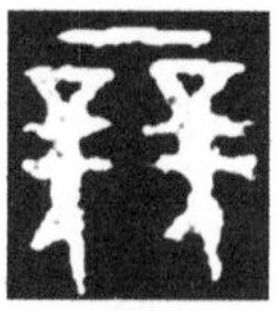

競卣（西周中期）

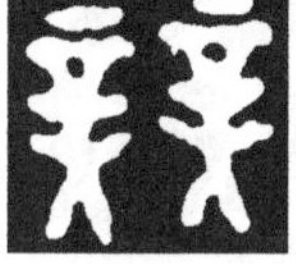
仲競簋（西周晚期）

秦王鐘（春秋晚期）

[illegible]篙鐘（春秋晚期）

yīn
音

《說文》曰：聲也，生於心，有節於外，謂之音。宮、商、角、徵、羽，聲。絲、竹、金、石、匏、土、革、木，音也，从言含一。註：音、言，均為口中之聲。早期金文音、言，二字互通，後，言，專指語言，音，泛指任何口中之發聲，及一切耳所聽到之聲響。

樟障彰章

zhāng
zhàng

章

《説文》曰：樂竟為一章，从音、从十。十數之終也。《字彙補》曰：章，與樟同。章，與障同。

註：樂曲竟、曲盡、曲終為一章。章，引申為章法、文章。章，或假為璋、為彰。

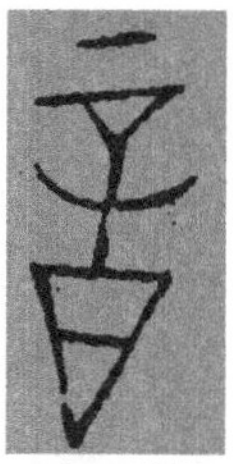

弭仲簠（西周早期）讀為歆 音（歆）王賓

秦公鐘（春秋早期）

秦公鎛（春秋早期）

徐王子旃鐘（春秋）

者減鐘（春秋）

𥳑叔之仲子平鐘（春秋晚期）

曾侯乙鐘（戰國早期）

曾侯乙鐘（戰國早期）

亞鳥作且丁𣪘（殷商）孳乳為璋 王賜……玉（珏）章（璋）

大矢始鼎（西周中期）

𦳃𣪘（西周中期）

競卣（西周中期）

裘衛盉（西周中期）

師遽方彝（西周中期）

頌鼎（西周晚期）

章叔𤖯𣪘（西周晚期）

善夫山鼎（西周晚期）

頌簋（西周晚期）

章 樟 障 彰 竟 鏡

鏡竟

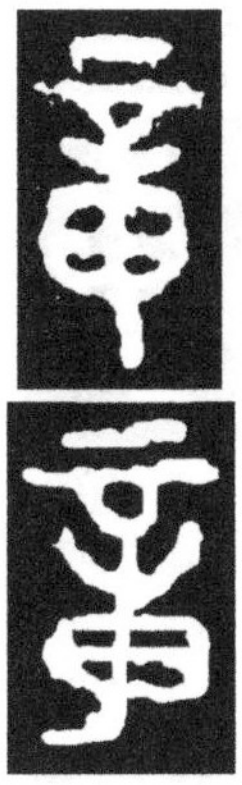

史頌鼎（西周晚期）

史頌簋（西周晚期）

頌壺（西周晚期）

鬲比盨（西周晚期）假為賞

曰 章（賞）……鬲比田

大簋盖（西周晚期）

召伯虎簋（西周晚期）

楚王酓章鐘（戰國早期）

宜章矛（戰國）

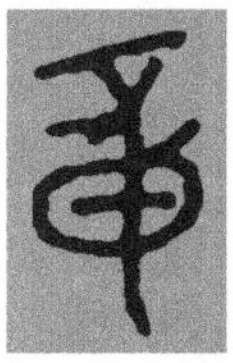

武城令戈（戰國）

鄭令矛（戰國）

jìng
竟

《説文》曰：樂曲盡為竟，从音、从人。《玉篇》曰：竟，終也。《説文通訓定聲》曰：竟，假借為鏡。

註：樂曲終了曰竟，引申爲終究、終于、窮盡。，甲骨文竟。早期金文與甲骨文同，从音省、从人。竟，通境、通鏡。

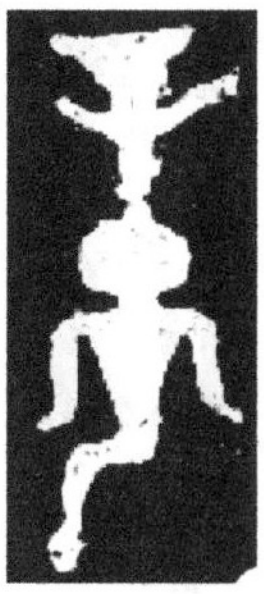

竟鼎（殷商）

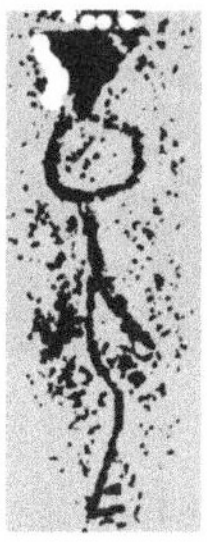

竟簋（殷商）

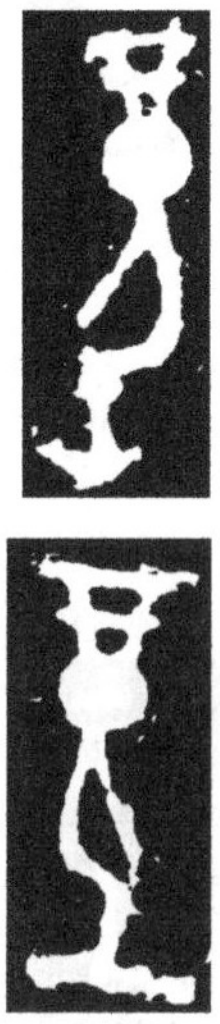

竟父戊觥（殷商）

竟作父辛卣（殷商）

竟且辛卣（西周早期）

竟尊（西周早期）

竟鼎（西周早期）

竟卣（西周早期）

竟父辛觶（西周早期）

竟作彝罍（西周早期）

竟作父乙鬲（西周早期）

hé
訸

註：訸，从音、禾聲，讀為龢。

余購逐兒鐘（春秋晚期） 讀為龢 以鑄訸（龢）鐘

biàn
誁

註：誁，从音、弁聲。曾侯乙鐘均讀為變音之變字。

曾侯乙鐘（戰國早期）

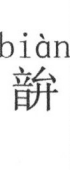

辛

童瞳動

妾

qiān
辛

《説文》曰：辠也，从干、二。二，古文上字。

註：辛，過也。干上，即犯上。罪也、犯法。

亏鼎（殷商）

tóng
童

《説文》曰：男有辠曰奴，奴曰童。女曰妾。从辛。重省聲。《玉篇》曰：男有罪為奴曰童。

《正字通》曰：童，與瞳通。註：童，或讀為動、為踵。

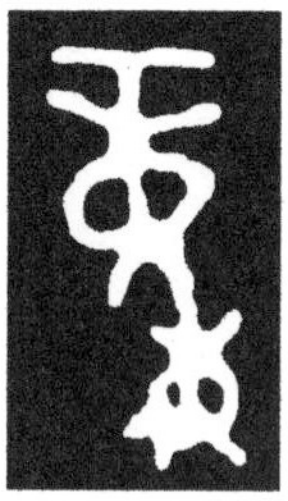
史牆盤（西周中期）

毛公鼎（西周晚期） 讀為動 死勿童（動）余一人

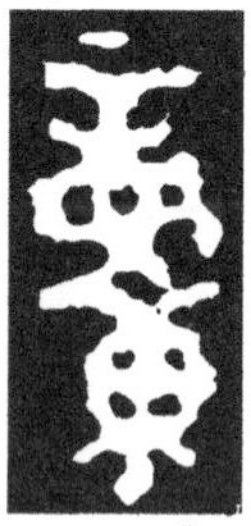
番生簋盖（西周晚期） 讀為踵 金動（踵）

qiè
妾

《説文》曰：有辠女子，给事之得接於君者，从辛从女。『春秋』云：女為人妾，妾不娉也。

註：妾，女奴。妾，或指男娶正妻之外女室，妾不聘娶。

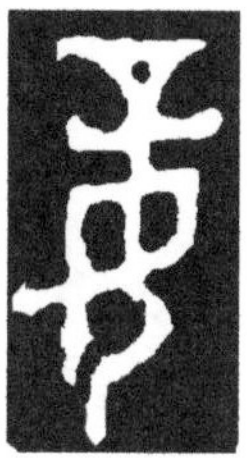
復作父乙尊（西周早期）

大克鼎（西周晚期）

伊簋（西周晚期）

師默殷（西周晚期）

逆鐘（西周晚期）

業

yè
業

《說文》曰：大版也，所以飾懸鐘鼓。……古文業

註：業，象形字。懸掛編鐘、編磬的橫栒，及有齒大版，用以懸掛鐘磬。業，有懸鐘磬之職，即引申為織、為業。

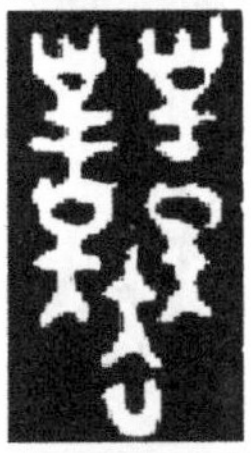
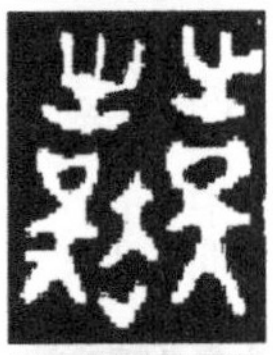

癲鐘（西周中期）讀為業 業綏厚多福

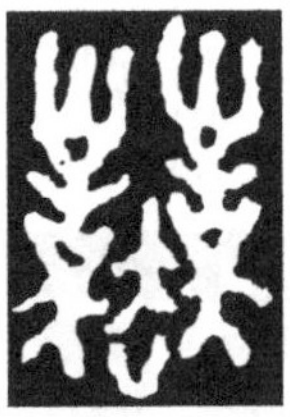
九年衛鼎（西周中期）

秦公簋（春秋早期）讀為業 保業厥秦

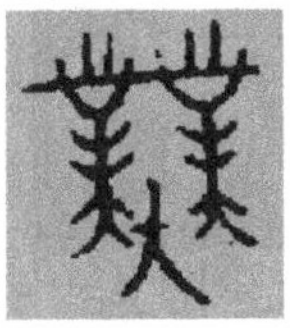
秦公鎛（春秋）

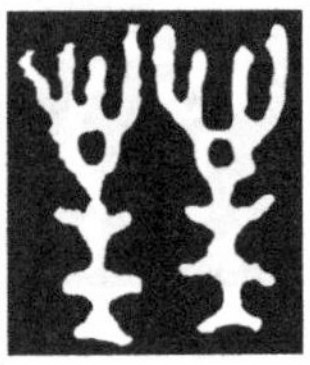
昶伯業鼎（春秋）

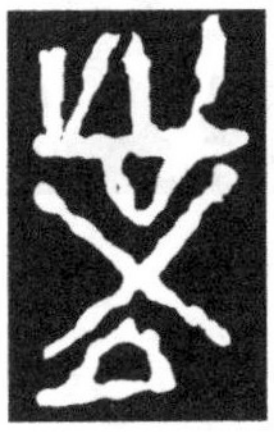
業令戈（戰國早期）

中山王嚳方壺（戰國晚期）讀為業 以內絕召公之業

中山王嚳鼎（戰國晚期）

叢

cóng
叢

《說文》曰：聚也，从丵、取聲。

註：叢，聚集、繁雜。

鼄大宰簠（春秋早期）或从木 乃叢之繁文 鼄太宰欉子耕鑄其簠

對

duì
對

《說文》曰：應無方也，从丵、从口、从寸。，或从士。

註：對，應無方也；有問則對答。帝王有問，臣下多方對答，非一方也。甲骨文、金文對或从土。

曆方鼎（西周早期）

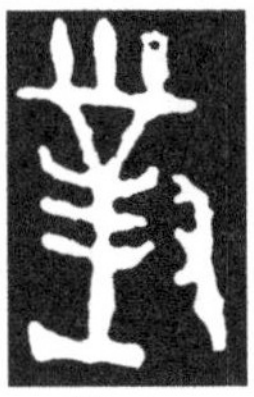
旟鼎（西周早期）

師艅鼎（西周早期）

歸𢦔方鼎（西周早期）

獻簋（西周早期）

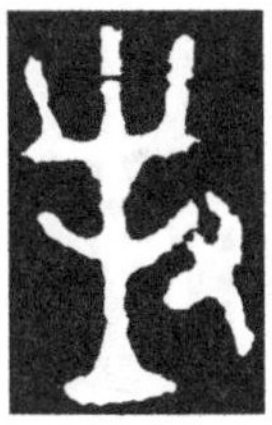
貉子卣（西周早期）

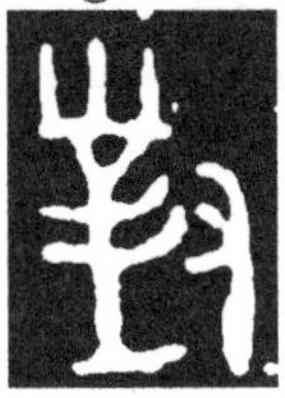
寓鼎（西周早期）

𢿋䌛方鼎（西周早期）

庚嬴鼎（西周早期）

中方鼎（西周早期）

史獸鼎（西周早期）

遣卣（西周早期）

令鼎（西周早期）

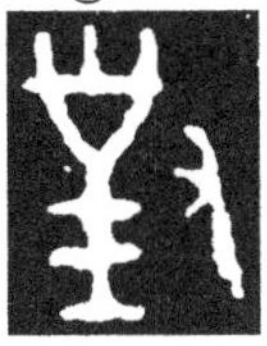
昜亣殷（西周早期）

㚸殷（西周早期）

不壽簋（西周早期）

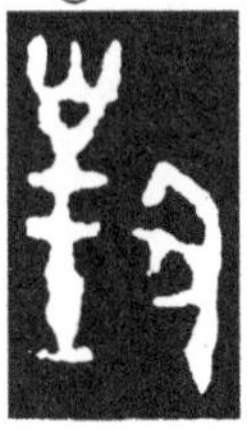
㚖殷（西周早期）

叔簋（西周早期）

大保簋（西周早期）

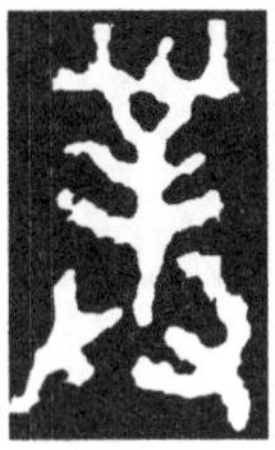
王臣簋（西周中期）

静簋（西周中期）

趞殷（西周中期）

申簋盖（西周中期）

尹姞鬲（西周中期）

井鼎（西周中期）

師秦宮鼎（西周中期）

師𩱦鼎（西周中期）

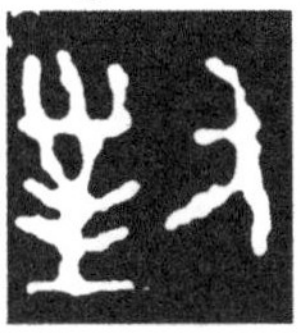
善鼎（西周中期）

伯晨鼎（西周中期）

𢦚方鼎（西周中期）

𥨭鼎（西周中期）

同卣（西周中期）

大師虘殷（西周中期）

師奎父鼎（西周中期）

大矢史鼎（西周中期）

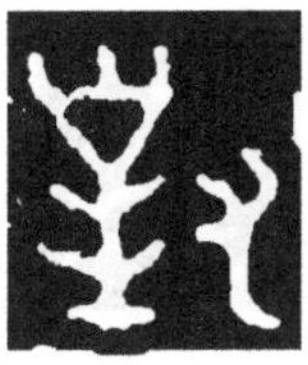
宰鼎（西周中期）

瘨鐘（西周中期）

录作辛公簋（西周中期）

㦸方鼎（西周中期）

大鼎（西周中期）

師旂鼎（西周中期）

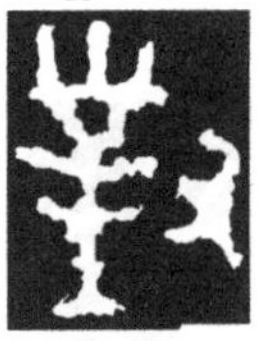
利鼎（西周中期）

鼂段（西周中期）

孟簋（西周中期）

大簋（西周中期）

追簋（西周中期）

春段（西周中期）

師酉簋（西周中期）

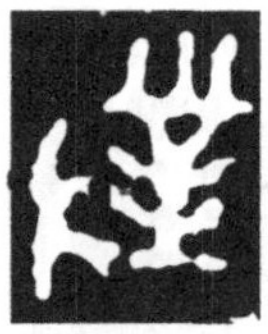
即簋（西周中期）

豦段（西周中期）

敔段（西周中期）

萳段（西周中期）

盠駒尊（西周中期）

羖段蓋（西周中期）

卯簋盖（西周中期）

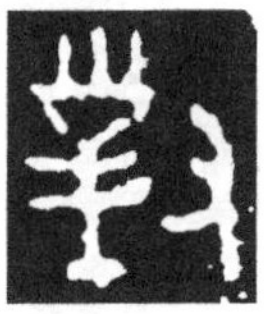
趩觶（西周中期）

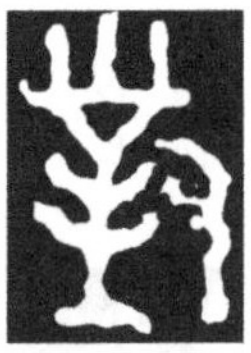
衛簋（西周中期）

十三年瘨壺（西周中期）

㦸段（西周中期）

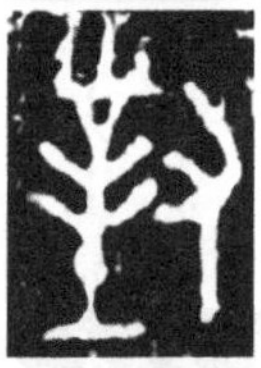

瘨段（西周中期）

段簋（西周中期）

史牆盤（西周中期）

小子生尊（西周中期）

免簋（西周中期）

免簠（西周中期）

長甶盉（西周中期）

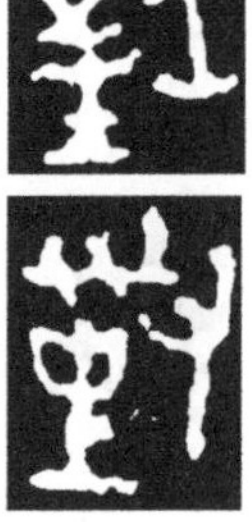
此鼎（西周晚期）

對

毛公鼎（西周晚期）

此鼎（西周晚期）

汈其鐘（西周晚期）

昊生殘鐘（西周晚期）

戠段（西周晚期）

小臣守簋（西周）

善夫山鼎（西周晚期）

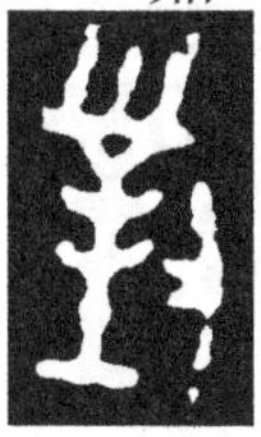
大克鼎（西周晚期）

部[illegible]段（西周晚期）

頌簋（西周晚期）

無㠱段（西周晚期）

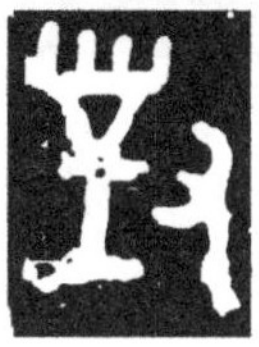
[illegible]段（西周晚期）

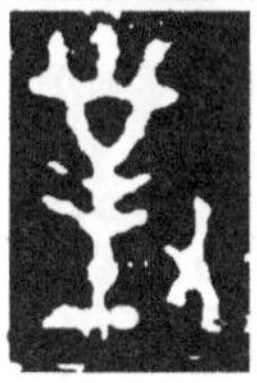
元年師兑簋（西周晚期）

此簋（西周晚期）

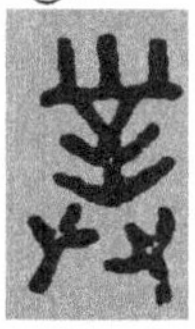
害簋（西周晚期）

輔師嫠段（西周晚期）

大簋（西周晚期）

柞鐘（西周晚期）

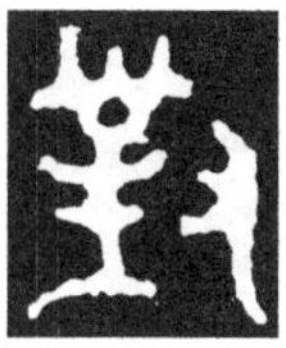
師𩒨段（西周晚期）

虢叔旅鐘（西周晚期）

南宮乎鐘（西周晚期）

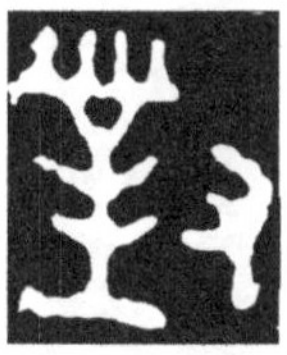
番生簋蓋（西周晚期）

克鐘（西周晚期）

宗周鐘（西周晚期）

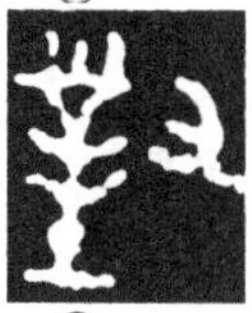
訇簋（西周晚期）

師嫠段（西周晚期）

羌伯簋（西周晚期）

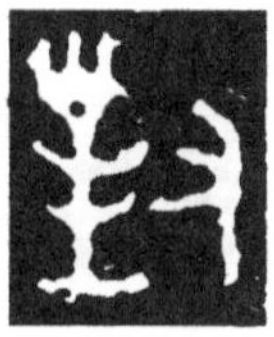
翏生盨（西周晚期）

蔡簋（西周晚期）

無叀鼎（西周晚期）

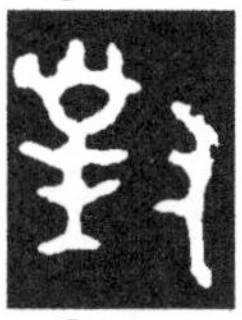
𧽊鼎（西周晚期）

頌鼎（西周晚期）

pú
僕

《說文》曰：給事者，从人、从菐。菐亦聲。註：給事者即僕從、奴僕。，金文早期僕字同甲骨文之僕，像雙手捧箕勞作之人，頭上从辛（辛為古代刑具），臀下有尾（侮辱性裝飾）的奴僕形象。

頌壺（西周晚期）

寰鼎（西周晚期）

彔伯㦰𣪕蓋（西周中期）　或从貝

州子卣（西周早期）　讀為僕　州子曰僕麻　余賜帛　囊貝【近出殷周金文集錄】

京隣仲盤（西周早期）　讀為僕　僕作父辛寶尊彝

僕父己盉（西周早期）

旂鼎（西周早期）　讀為僕　公賜旂僕

令鼎（西周早期）

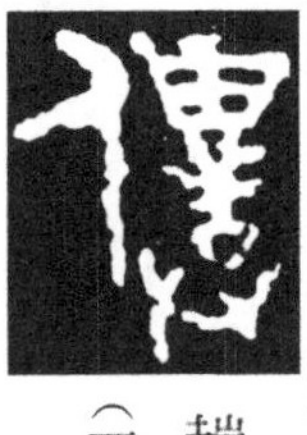

趞𣪕（西周中期）

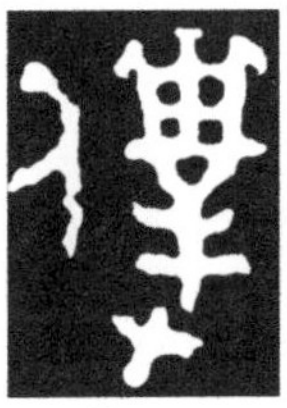

靜簋（西周中期）

師旂鼎（西周中期）　讀為僕　師旂眾僕不從王征于方雷

蟎鼎（西周中期）

粤鐘（西周中期）

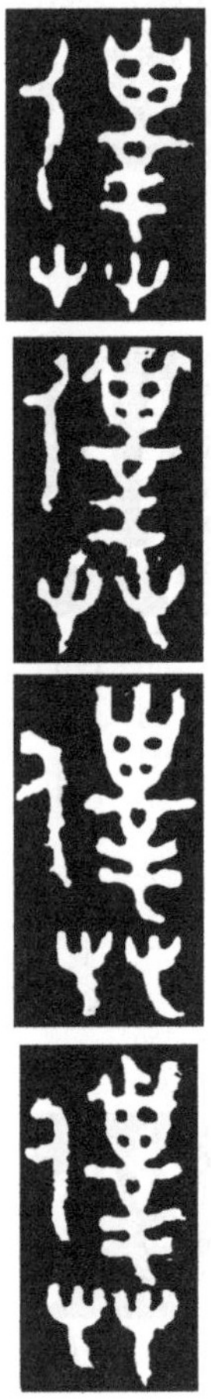

史僕壺（西周晚期）

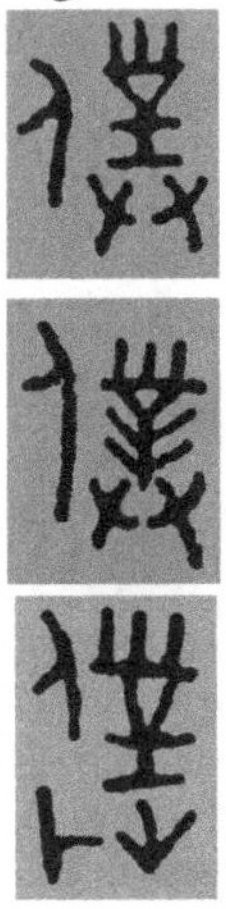

害簋（西周晚期）

逆鐘（西周晚期）

五年召伯虎簋（西周晚期）

伯克壺（西周晚期）

師獸𣪕（西周晚期）

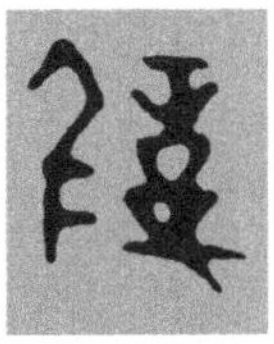

栚里瘟戈（戰國晚期）

共恭廾

拱供恭共

gǒng
廾

《說文》曰：竦手也。

註：廾，雙手恭敬捧物。廾與共為古今字。廾，或作恭。

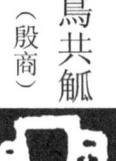

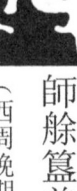

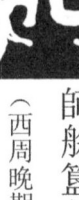

奴鼎（殷商）

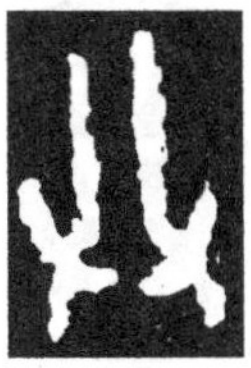
師晨鼎（西周中期） 即為共字 辭馬共佑師晨

叔向父禹簋（西周晚期） 讀為恭 廾（恭）明德

諫簋（西周晚期）

gòng
共

《說文解字注箋》曰：共，古拱字。

註：廾與共為古今字，共，更象形，雙手捧物，有共同之意，共，通供、通恭、通拱。

共罐（殷商）

共鐼（殷商）

共父乙簋（殷商）

亞覃尊（殷商）

鳥共觚（殷商）

共卣（殷商）

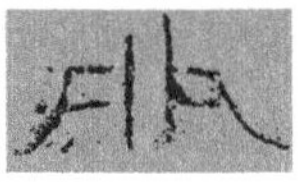
共觚（殷商）

善鼎（西周中期） 讀為恭 秉德共（恭）純

師晨鼎（西周中期）

瘨盨（西周中期）

師艅簋盖（西周晚期）

禹鼎（西周晚期）

叔尸鐘（春秋晚期） 讀為恭 敬共（恭）台命

叔尸鐘（春秋晚期） 讀為供 有共（供）于桓武靈公之所

卅五年鼎（戰國）

卅五年盉（戰國）

佋紹圣匕（戰國晚期）

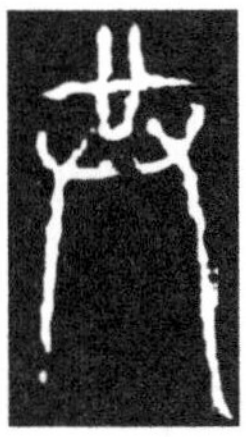
楚王酓肯鉈鼎（戰國晚期）

楚王酓肯鼎（戰國晚期）

俸捧奉

拯丞

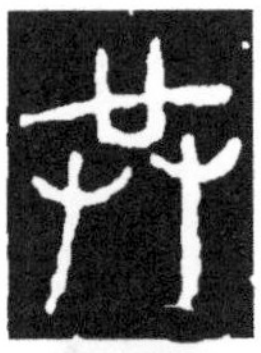
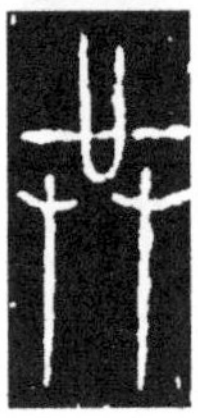
楚王酓肯簠（戰國晚期）讀為供 以共（供）歲嘗

楚王酓肯盤（戰國晚期）

陳共車飾（戰國晚期）

fèng
奉

《說文》曰：承也，从手、从廾，丯聲。《集韻》曰：俸，秩祿也，或作奉

註：奉，即古捧字，从廾丯聲，小篆加手作，再加手作捧字。奉，或假為封。

奉作父己鼎（西周早期）

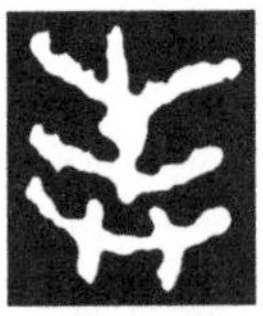

散氏盤（西周晚期）讀為封 奉（封）于原道

chéng
zhēng
丞

《說文》曰：翊也，从廾、从卩、从山，山高奉承之義。《集韻》曰：拯，古或作丞。

註：丞，雙手拱衛踞人之形。丞，輔翊、輔佐。丞，通承，或假為烝、為蒸。

小臣謎殷（西周早期）

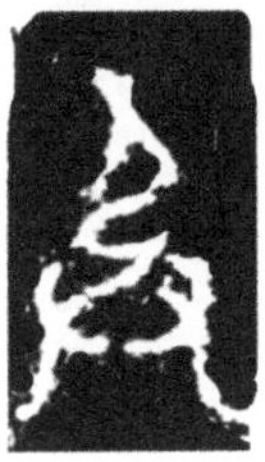
皀丞卣（西周早期）

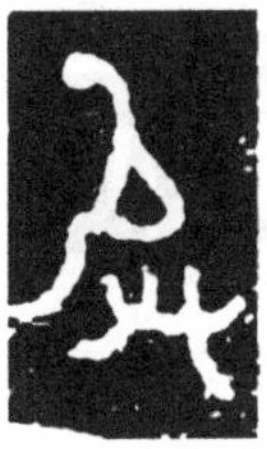
匽侯簋（西周早期）讀為丞 郾侯作姬丞尊

師訇簋（西周晚期）

叔尸鎛（春秋晚期）

令狐君嗣子壺（戰國中期）

丞相啟狀戈（戰國）

丞相觸戈（戰國）

相邦呂戈（戰國）

寺工師初壺（戰國）

蜀守武戈（戰國）

喚渙換奐

奄掩弇

繹擇𢍰

屬邦戈（戰國）

高奴禾石權（戰國）

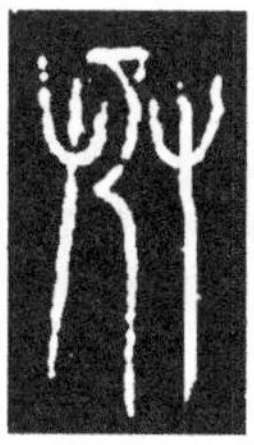
𡚱蚉壺（戰國晚期） 讀為烝 □祇丞（烝）祀

三年杖首（戰國晚期）

廿四年莒陽斧（戰國晚期）【近出殷周金文集録】

huàn
奐

《說文》曰：取奐也，一曰大也，从廾、夐省聲。

註：奐為早期字，後孳乳為喚、渙、換、煥。

師奐父盨（西周晚期）

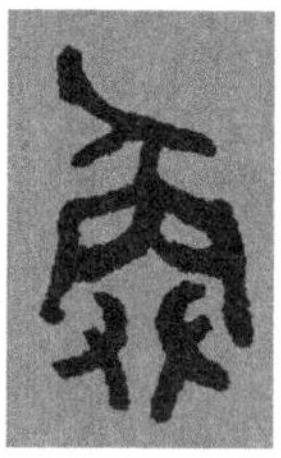
奐父盨（西周晚期）【古文字類编】

yǎn
弇

《說文》曰：盖也，从廾、从合。

《廣韻》曰：弇，蓋也。

註：弇、奄，音義皆同。通掩。

中山王𰯼鼎（戰國晚期） 讀為弇 叡弇夫猪

yì zé
𢍰

《說文》曰：引給也，从廾、睪聲。《集韻》曰：擇，柬（揀）選也，或从廾。

註：𢍰，同繹，絡繹不絕。在古文中从廾、从手之字無别，或相通。𢍰，即擇之古文。

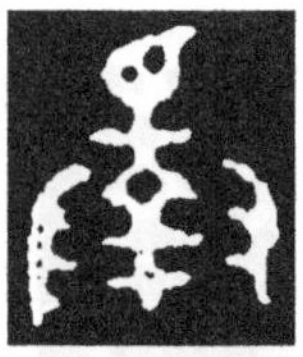

伯公父簠（西周晚期）讀為擇　睪（擇）之金

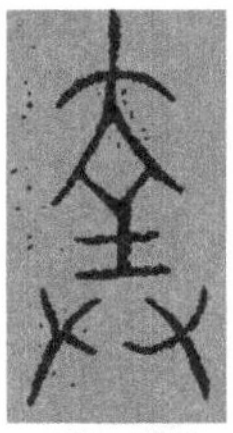
弭仲簠（西周晚期）

曾伯霥簠（春秋早期）

上曾大子鼎（春秋早期）

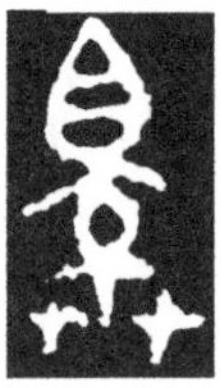
曾子斿鼎（春秋早期）

邕子良人甗（春秋早期）

王子午鼎（春期中期）

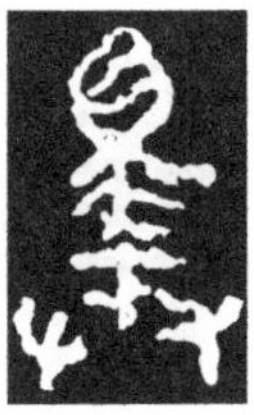
叔朕簠（春秋早期）

徐王子旃鐘（春秋）

鄦子盟自鎛（春秋）

郤令尹者旨𦉜盧（春秋）

吳王夫差鑑（春秋）

寬兒鼎（春秋）

彭子仲盆（春秋）

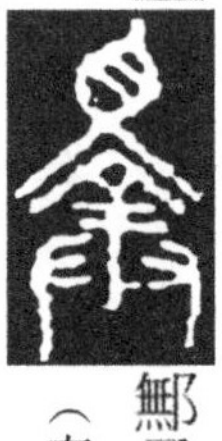
鄦子妝簠（春秋）

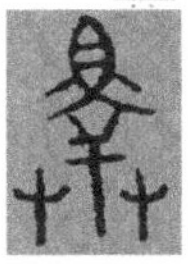
王子昊鼎（春秋晚期）

庚壺（春秋晚期）

子璋鐘（春秋晚期）

臧孫鐘（春秋晚期）

叔尸鎛（春秋晚期）

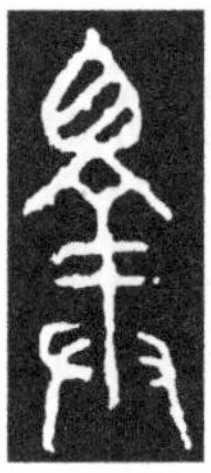
姑馮昏同之子句鑃（春秋晚期）

其次句鑃（春秋晚期）

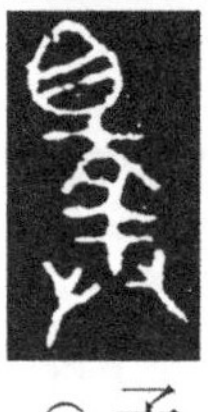
子季嬴青簠（春秋晚期）

王孫壽甗（春秋晚期）

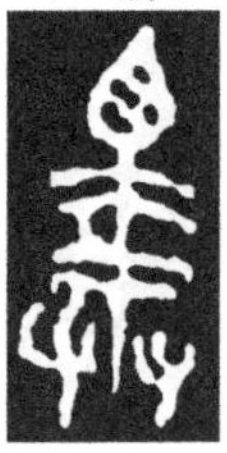
長子沫臣簠（春秋晚期）

中子化盤（春秋晚期）

王孫遺者鐘（春秋晚期）

畀

弄

孟縢姬缶（春秋晚期）

徐王義楚觶（春秋晚期）

徐王義楚盤（春秋晚期）

鼄公華鐘（春秋晚期）

沇兒鎛（春秋晚期）

復公仲簋盖（春秋晚期）

樂子簠（春秋晚期）

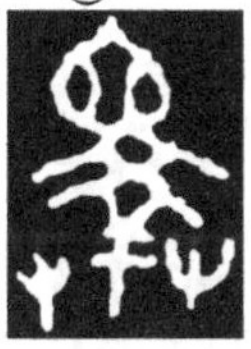
陳肪段蓋（戰國早期）

子孔戈（戰國早期）

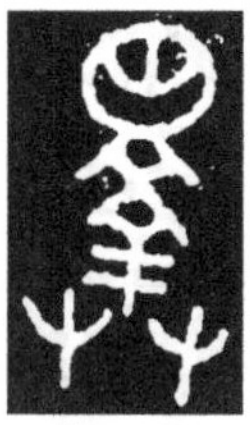
陳逆簠（戰國早期）

越王者旨於賜鐘（戰國早期）

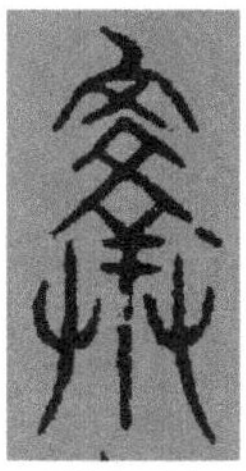
之利鐘（戰國早期）

qí bì
畀

《說文》曰：舉也，从廾、由聲。註：金文畀从廾、从由。畀，同畁、通箅。

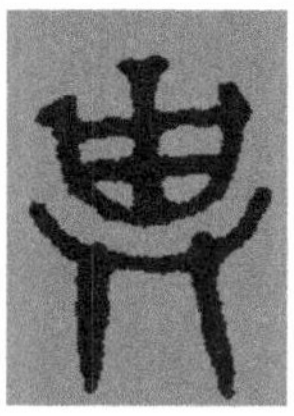
冬畀彝（西周早期）【古文字類編】

師酉簋（西周中期）

nòng
弄

《說文》曰：玩也，从廾持玉。註：弄，雙手持玉，弄也。

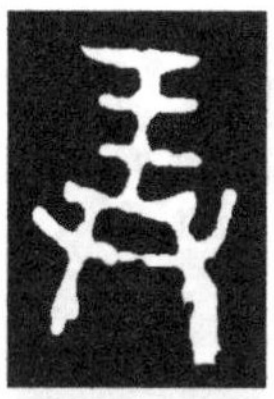

王作妃弄卣（殷商）

王作妃弄器盖（殷商）

天尹鐘（西周晚期）

杕氏壺（春秋晚期）

戒

兵

jiè
戒

《說文》曰：警也，从廾持戈，以戒不虞。

註：金文之戒字，即象雙手（廾）持戈，其本義為警戒。

智君子鑑（春秋晚期）

君子之弄鼎（春秋晚期）

子之弄鳥尊（春秋晚期）

戒作葬官鬲（西周早期）

戒叔尊（西周早期）

條戒鼎（西周晚期）

中山王嚳方壺（戰國晚期）

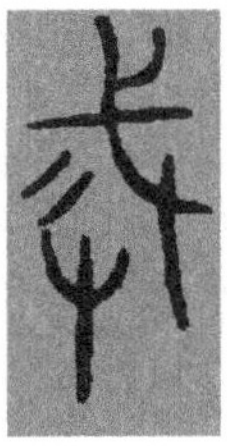
叔尸鐘（春期晚期）

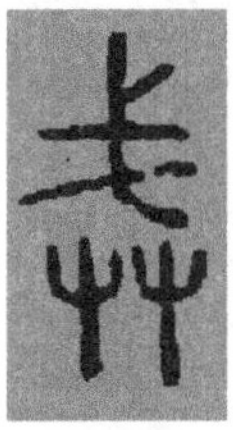

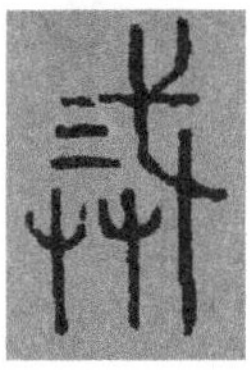
叔尸鎛（春秋晚期）

bīng
兵

《說文》曰：械也，从廾持斤，并力皃（貌）。

註：兵，象雙手（廾）持斤（斧類兵器），其本義為武器，兵械。引申為持兵器之人稱士兵。

戜殷（西周中期）　讀為兵　俘戎兵盾　矛戈　弓

郐諡尹征城（春秋）

叔尸鐘（春秋晚期）

庚壺（春秋晚期）

楚王酓忎鼎（戰國晚期）　讀為兵　楚王熊悍戰獲兵銅

新郪虎符（戰國晚期）

gōng
龏

《説文》曰：愨也，从廾、龍聲。註：愨，即恭謹之義。秦以後才有从心、共聲之恭字，早期以龏為恭。龏，从廾，與从共之龔相同。龏，或假為拱。

龏子簋（殷商）

子龏鼎（殷商）

亞龏父辛尊（殷商）

龏卣（殷商）

子龏尊（殷商）

又母辛鬲（西周早期）

龏姛方鼎（西周早期）

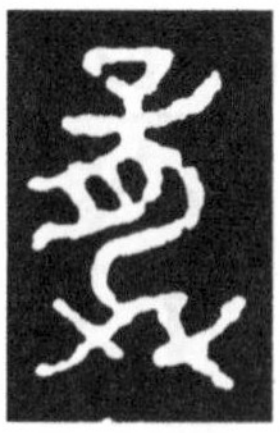
麥方尊（西周早期）

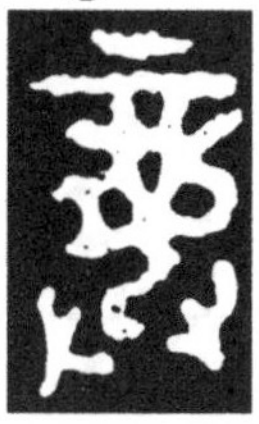
五祀衛鼎（西周中期）讀為恭 厲曰 余執龏（恭）王恤工

𠭯鼎（西周中期）

段簋（西周中期）

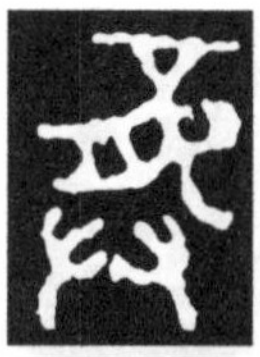

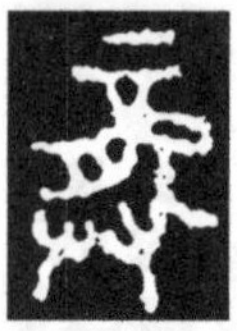

頌簋（西周晚期）

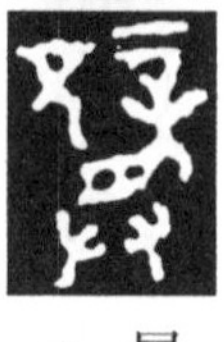
曼龏父盨（西周晚期）

頌鼎（西周晚期）

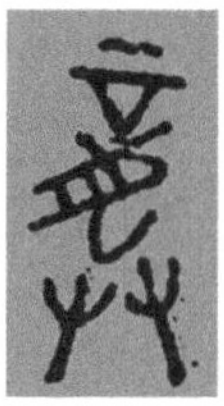
㝬段（西周晚期）

大克鼎（西周晚期）

毛公鼎（西周晚期）讀為拱 毋敢龏（拱）苞

多友鼎（西周晚期）

秦公簋（春秋早期）

王子午鼎（春秋中期）

魯伯悆盨（春秋）

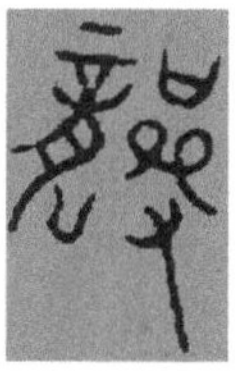
秦公鎛（春秋）

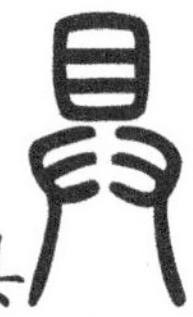

俱具

jù具

《說文》曰：共置也，从廾从貝省，古以貝為貨。註：金文具字變化及大。从鼎之具字，可解釋為雙手（廾）捧鼎形之物，會意為器具。後，省鼎為貝，作，再省貝為目，作具。具，或孳乳為俱。

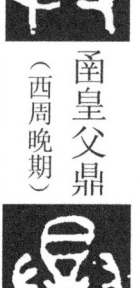

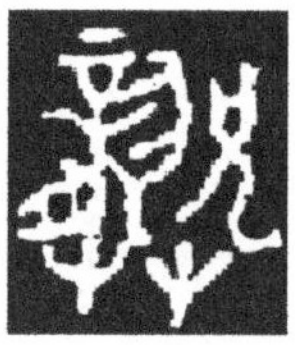

簷叔之仲子平鐘（春秋晚期）

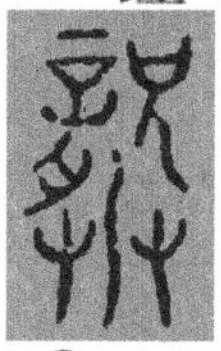

叔尸鐘（春秋晚期）

禾簋（春秋晚期）

鼄公華鐘（春秋晚期）

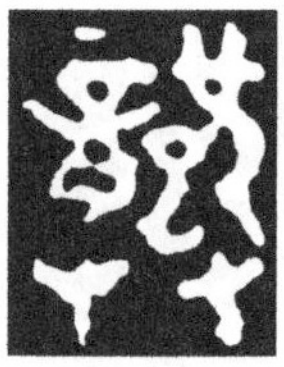

墜侯因資敦（戰國晚期）

駭卣（殷商）

具父乙鼎（西周早期）

叔具鼎（西周早期）

單[illegible]父癸尊（西周早期）

具作父庚鼎（西周中期）

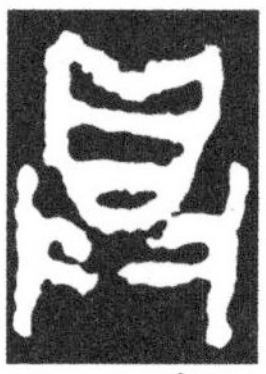

九年衛鼎 讀為俱（西周中期）顏小子具（俱）叀夆（封）

曶鼎（西周中期）

鬲比鼎（西周晚期）

宗周鐘（西周晚期）

秦公鎛 讀為俱（春秋早期）具（俱）即其服

曾伯霥簠（春秋早期）

秦公鐘（春秋早期）

孫叔師父壺（春秋）

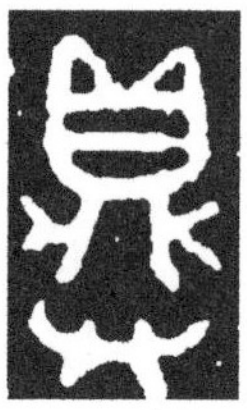

[illegible]伯簋 或从鼎（西周早期）

圅皇父鼎（西周晚期）

駒父盨盖（西周晚期）

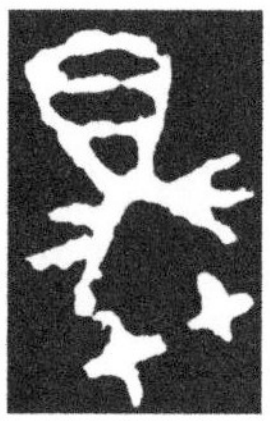

曾子斿鼎（春秋早期）

灷 燼

奔

非 排

䡣 揮

zhuàn jìn
灷

《玉篇》曰：灷，火種。

《正字通》曰：灷，同燼；燭餘也（燭火灰燼）。

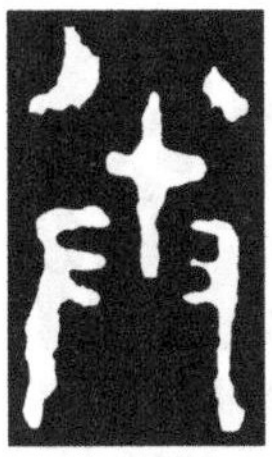

爵（殷商）

臣諫簋（西周中期）

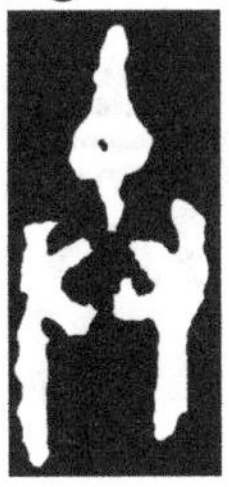

毛公鼎（西周晚期）

斛半銅量（戰國）

奔

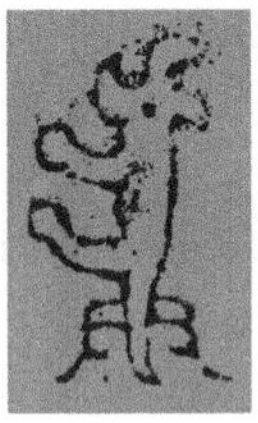

壺（殷商）

奔者君父乙尊（西周早期）

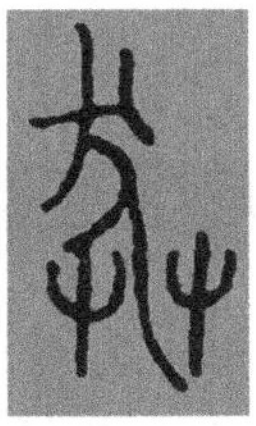

齊奔史喜鼎（西周晚期）

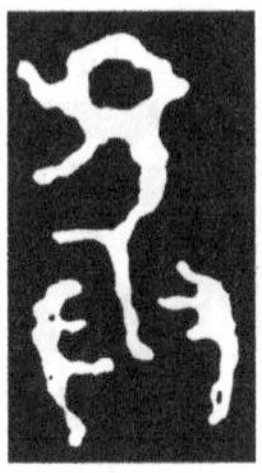

甪生鼎（春秋早期）

pái
非

張亞初釋為排字。【殷周金文集成 引得】

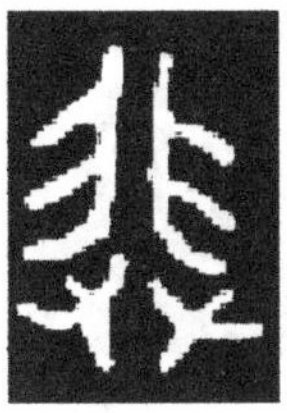

非攸鼎 讀為排（西周中期）非（排）啟作保旅鼎

huī
䡣

註：䡣，从（同旬，軍字取其聲，隸變為冖）从車為軍字；从廾與从手義同，此字應讀為揮。

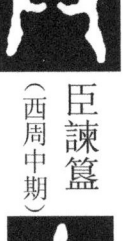

⿱司廾　裖⿸辰廾　勛⿱爵廾

⿱冖⿱車廾

⿱冖⿱車廾鼎（西周中期）　張亞初釋為揮　揮作寶【殷周金文集成 引得】

xūn
⿱爵廾

註：从冂、从爵、从廾，即勛之異文。

何尊（西周早期）　讀為勛　有⿱爵廾（勛）于天

录伯㦰簋盖（西周中期）　讀為勛　有⿱爵廾（勛）于周邦

毛公鼎（西周晚期）

師克盨盖（西周晚期）　讀為勛　有⿱爵廾（勛）于周邦

師⿰言犬殷（西周晚期）　讀為勛　有⿱爵廾（勛）于我家

zhèn
⿸辰廾

註：⿸辰廾，即振字之異體字，假借為裖。周天子祭祀，以蜃盛生肉，祭後分賜同姓諸侯，即曰裖，或曰社肉。

師趛鬲（西周中期）　讀為裖　師趛作文考聖公文母聖姬尊⿸辰廾（裖）

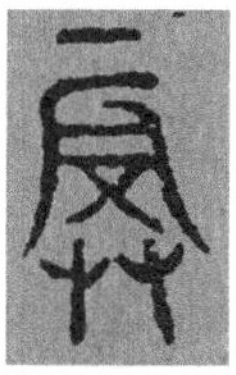

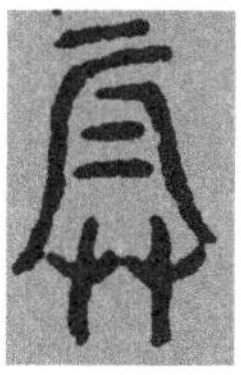

中觶（西周中期）　讀為振　王大省公族于庚　⿸辰廾（振）旅

sì
⿱司廾

註：⿱司廾，嗣之異體字。

桐 樊　　樊 　　搒 弇

好蚉壺（戰國晚期）

bàng
bǎng
弇

註：弇，或為搒之異文，或作榜。

楚簋（西周晚期）

張亞初釋為搒【殷周金文集成 引得】

嗣搒鄙館 內師舟

fán
樊

《廣韻》曰：樊，樊籠。《集韻》曰：藩，屏也，亦作樊。《廣雅》曰：樊，邊也。

註：樊，樊籠；關鳥獸的籠子。樊，亦為藩；屏障、籬笆、藩籬、邊緣。

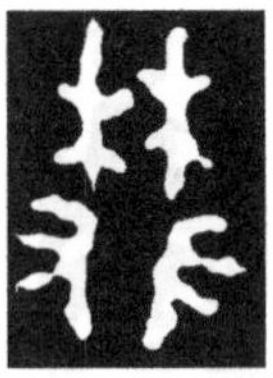
樊尹鼎（西周中期）

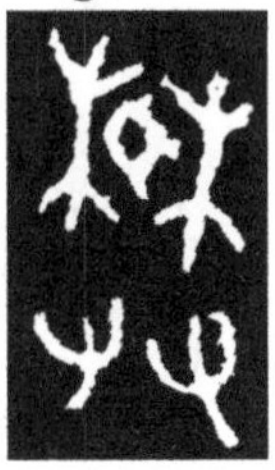
樊君鬲（西周晚期）

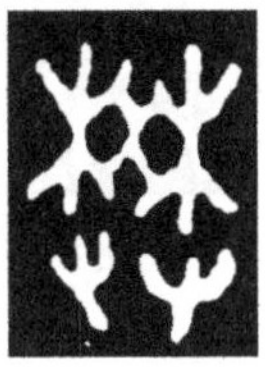
𣄨叔樊鼎（西周晚期）

樊夫人龍嬴盤（春秋早期）

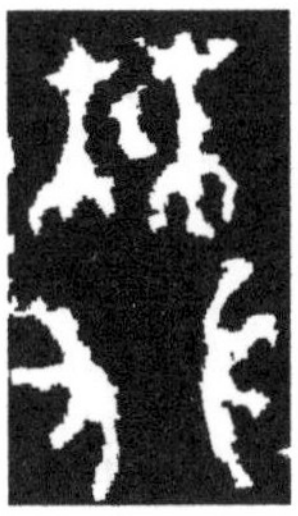
樊夫人龍嬴鬲（春秋早期）

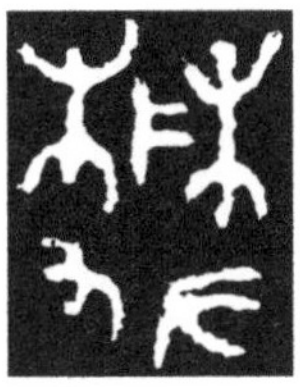
樊夫人龍嬴壺（春秋早期）

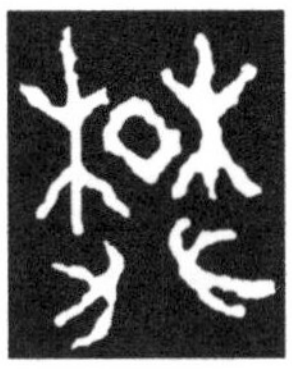
樊夫人龍嬴匜（春秋早期）

tóng
樊

註：樊，或為古桐字。

異

舁

與

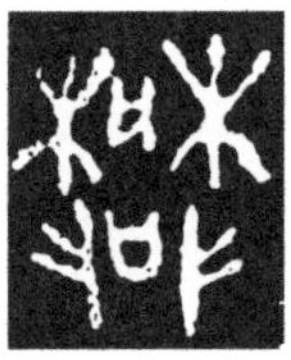

樊君簠
（春秋）

yì
異

《說文》曰：分也，从廾、从畀。《玉篇》曰：異，殊也。《釋名》曰：異者，異于常也。

註：象雙手捧戴頭飾之形，為穿衣戴帽之戴的古文，後加聲符𢦏為戴字。異，或讀為翼。

作册大方鼎
（西周早期）

大盂鼎
（西周早期）古（故）天異（翼）臨子
孳乳為翼

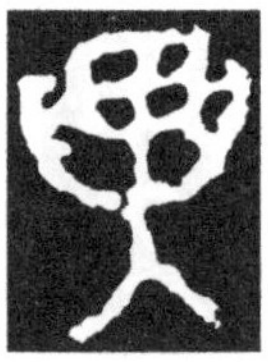

𦥯圜器
（西周早期）

異卣
（西周中期）

曶鼎
（西周中期）

沕其鐘
（西周晚期）

羌伯簋
（西周晚期）

虢叔旅鐘
（西周晚期）

yú
舁

《說文》曰：共舉也，从臼、从廾。《洪武正韻》曰：輿，亦作舁。

註：舁，兩人共舉一物，四隻手相向而不相交。舁，古文同輿。

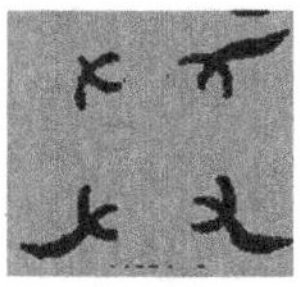

子父舁鼎
（西周早期）

yú
與

《說文》曰：黨與也，从舁、从与。

註：與，作兩人用四隻手作勾牙之形，謂給與、贈與。黨與，為借義。與，或通舉。

湋伯簋（西周晚期）

無者俞鉦鋮（春秋晚期）

庚壺（春秋晚期）
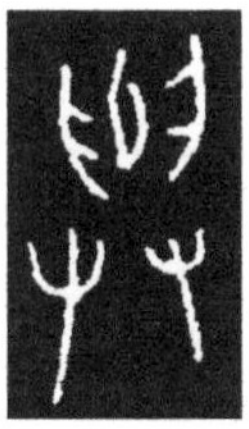
司馬成公權（戰國）

中山王譽方壺（戰國晚期）

中山王譽鼎（戰國晚期）　讀為與　非信與忠

興 

xīng xìn
興

《說文》曰：起也，从舁、从同，同力也。《玉篇》曰：興，盛也。《說文通訓定聲》曰：興，假借為釁（衅）。

註：金文興象眾手舉物。或从口，以示眾人舉物一同發聲。興，興起、興盛。

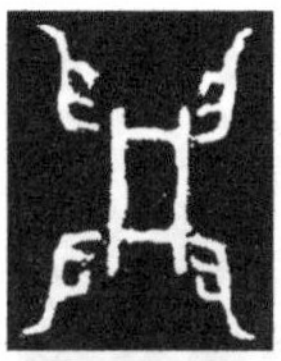
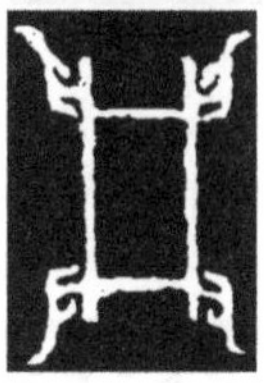
興斝（殷商）

興爵（殷商）

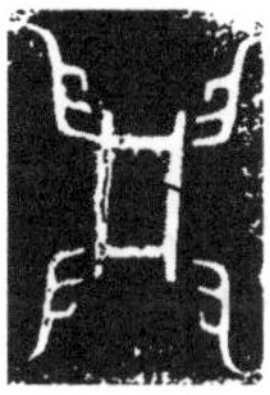
興壺（殷商）

興瓿（殷商）
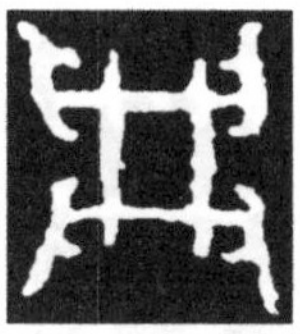
興父辛爵（西周早期）
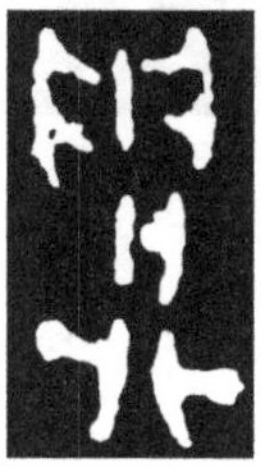
罒殷（西周早期）

殷句壺（西周中期）

興鼎（西周中期）

鬲叔興父盨（西周晚期）

新郪虎符（戰國晚期）

魯伯悆盨（春秋）　或从尸

臼 

jú
臼

《說文》曰：叉手也。《玉篇》曰：臼，兩手捧物曰臼。匊，古作臼。

註：雙手捧起，或滿捧曰臼。臼，匊之古文，或作掬。

腰要 

晨 

臼作衒觶（殷商）

yāo yào
要

《説文》曰：身中也，象人要（腰）自臼（掬）之形。古文要。

註：要，為腰之本字。中部為人腰之象形，左右為雙手叉腰作自掬狀。本義為腰，借為要。

衎天父癸鼎（殷商）

伯要簋（西周早期）

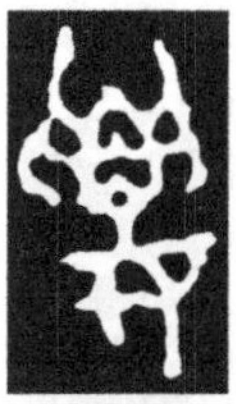

是要簋（西周中期）

要君盂（春秋）

長陵盉（戰國晚期）

chén
晨

《説文》曰：早昧爽也，从臼、从辰，辰时也，辰亦聲。

註：會意字，象雙手（臼）持辰（蜃之初文 蛤蚌）殻，做耕耨之形。經典均以晨為之，从日。

晨作寶簋（西周早期）

晨作寶𠤳簋（西周早期）

晨簋【近出殷周金文集録】（西周早期）

師晨鼎（西周中期）

師趛鼎（西周中期）

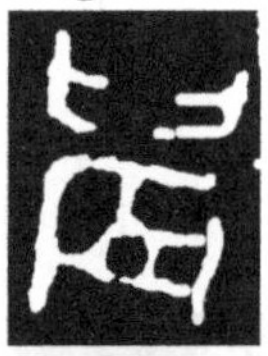

伯晨鼎（西周中期）

大師盧𣪘（西周中期）

農

𰯼

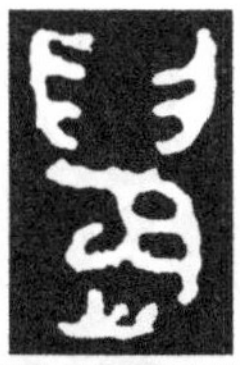

大師虘簋（西周中期）

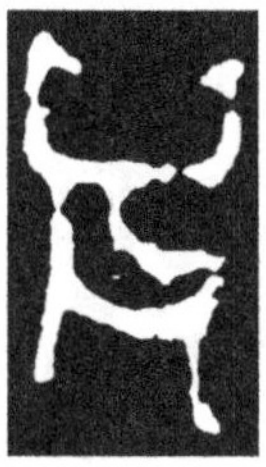
晨盤（西周晚期）

鄀公平侯鼎（春秋早期）

nóng
農

《說文》曰：耕也，从晨、囟聲。籒文農从林。古文農。

註：，金文農，从田、从晨。『說文』之从囟，為傳寫之不同。

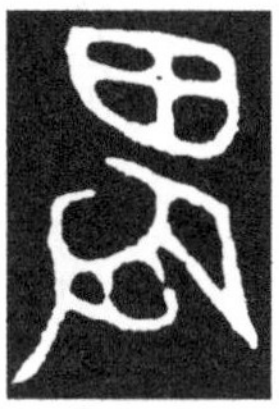
史農觶（西周早期）

農父簋（西周早期） 或从林

田農鼎（西周早期） 或从艸

農簋（西周早期）

田農簋（西周早期）

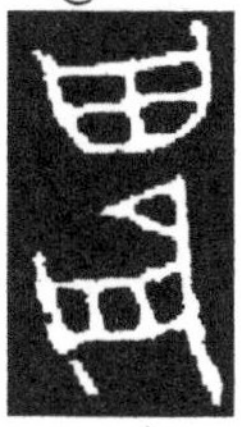
田農甗（西周早期）

令鼎（西周早期）

史牆盤（西周中期）

農卣（西周中期）

汈其鐘（西周晚期）

散氏盤（西周晚期）

中山王𰯼鼎（戰國晚期） 讀為振 奮桴農（振）鐸

cuò
𰯼

註：𰯼，戰國時期中山國君名。

中山王⿱𦥯田鼎（戰國晚期）

中山王⿱𦥯田方壺（戰國晚期）

kuò

⿱臼昏

註：⿱臼昏，从臼、从昏。臼，叉手也，同手。昏，隸變為舌，二字相混。从昏之字或从舌。⿱臼昏，即括之異體字

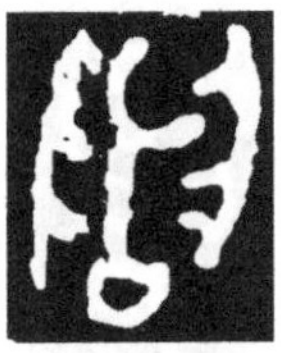

般盉（西周早期）

mù

⿱𦥑頁

註：⿱𦥑頁，會意字，雙手持器倒水于首身，下有皿盤承接，即沐浴之沐字。「說文」曰：沐濯髮也。洗頭曰沐、洗身曰浴。

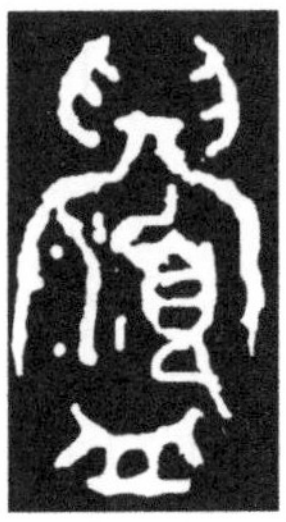

囂伯盤（西周晚期）　讀為沐

囂伯媵嬴尹母⿱𦥑頁（沐）盤

⿱𦥑子

父丁爵（殷商）

革

鞄 鮑匏

爵
（西周早期）

gé
革

《說文》曰：獸皮治去其毛。古文革。《玉篇》曰：革，改也。

註：革，象獸頭、角、尾，雙手治之。治去其毛之獸皮曰革。革，有革除、改革之意。

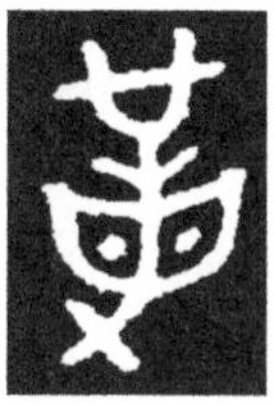

康鼎 孳乳為勒
（西周中期）賜汝幽衡攸革（勒）

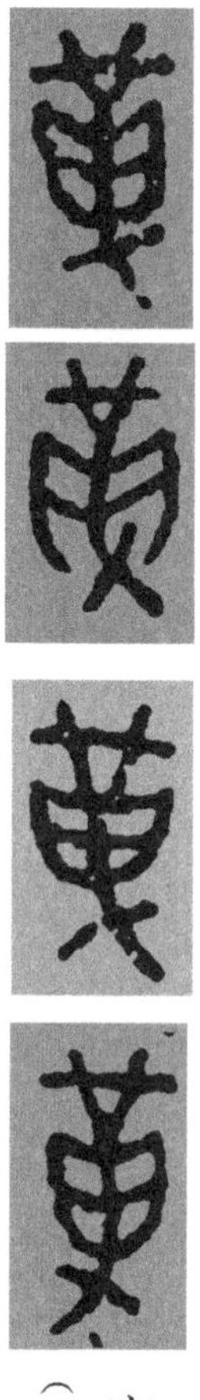

害簋
（西周晚期）

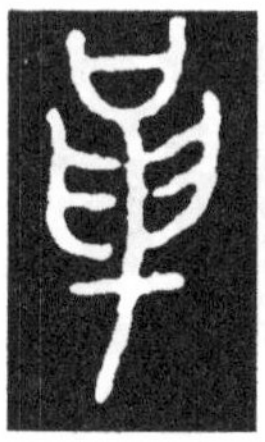

噩君啟節車節
（戰國）

páo
bāo
鞄

《說文》曰：柔革工也。从革、包聲。『周禮』曰：柔皮之工鮑氏。鞄，即鮑也。註：金文鞄，从革、陶聲，與从革包聲同。包與陶古音無異。鞄或同鮑、同匏。匏，用葫蘆制古八音 笙、竽一類樂器。

齊鞄氏鐘 讀為鮑
（春秋晚期）齊鞄（鮑）氏孫口擇其吉金

齊侯鎛 讀為鮑
（春秋晚期）鞄（鮑）叔之孫

鞏

鞞韠

靳

gǒng
鞏

《說文》曰：以韋束也。『易』曰：鞏用黃牛之革。从革、巩聲。

註：鞏，以皮革捆束物品。金文鞏不从革。鞏，通恐。

毛公鼎（西周晚期）不从革　巩字重見　丕巩（鞏）先王配命

bǐng bì
鞞

《說文》曰：刀室也，从革、卑聲。

註：鞞，刀劍鞘（刀室）。鞞，通韠（服裝、服飾）。

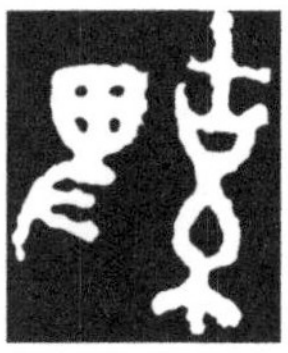
靜簋（西周中期）讀為鞞　王賜靜鞞璲

番生簋蓋（西周晚期）

jìn
靳

《說文》曰：當膺也，从革、斤聲。

註：靳，車馬具。駕轅馬當胸之皮革曰靳。

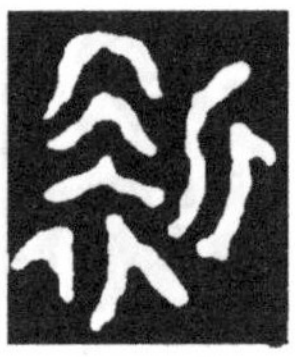
吳方彝蓋（西周中期）

牧簋（西周中期）

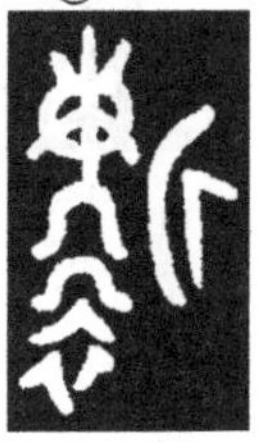
彔伯𢦚𣪘蓋（西周中期）讀為靳　余賜汝……賁宏朱虢靳

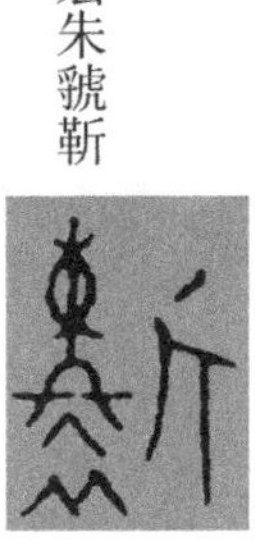
塱盨（西周晚期）

師克盨（西周晚期）

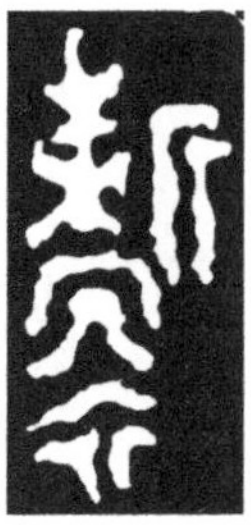
毛公鼎（西周晚期）

番生簋蓋（西周晚期）

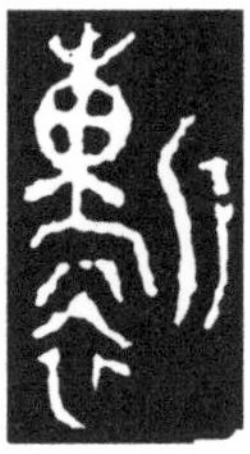
三年師兑簋（西周晚期）

縛轉

勒

bó fù
轉

《說文》曰：車下索也，从革、尃聲。註：轉，同縛。

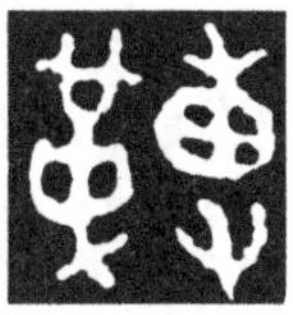

彔伯㦰𣪘蓋（西周中期）

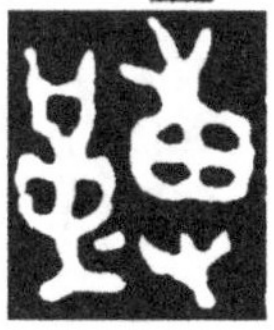

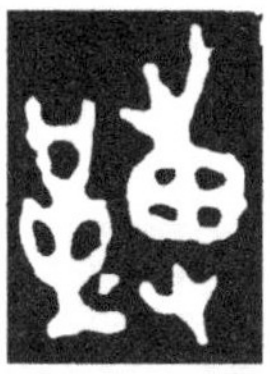

吳方彝盖（西周中期）

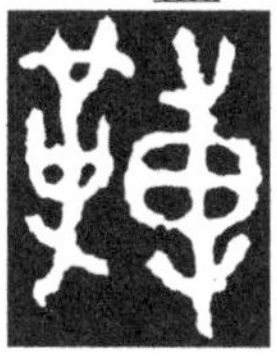

九年衛鼎（西周中期）

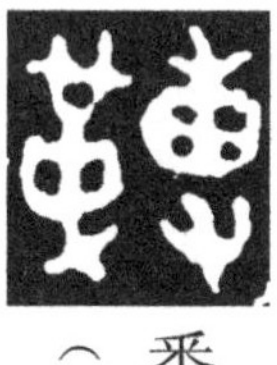

番生簋盖（西周晚期）

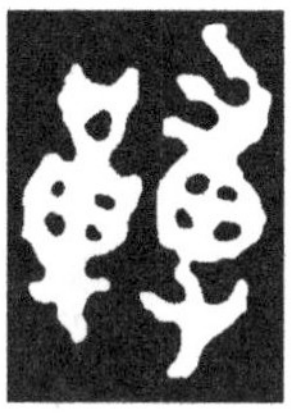

毛公鼎（西周晚期）

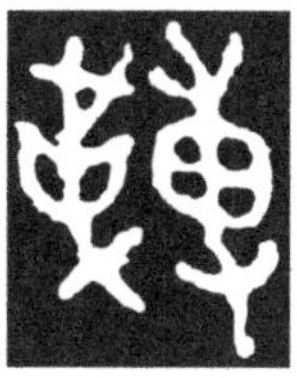

三年師兑簋（西周晚期）

lè lēi
勒

《說文》曰：馬頭絡銜也，从革、力聲。《字彙》曰：勒，與肋字通用。註：勒，帶口嚼的馬籠頭，以勒控牲畜。勒，引申為動詞，勒緊、勒索。

師酉簋（西周中期）

衛簋（西周中期）

師㾓𣪘蓋（西周中期）

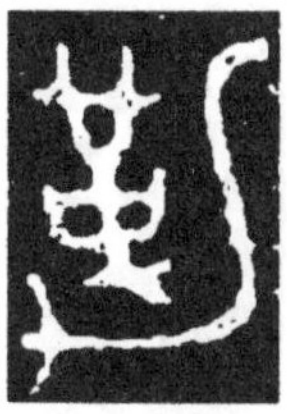

彔伯簋（西周中期）

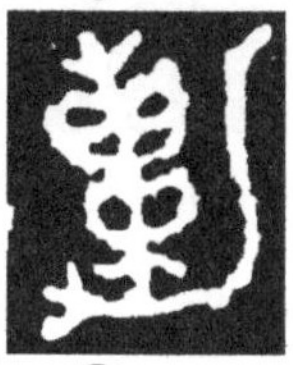

師𩛥鼎（西周中期）

曶壺（西周中期）

吳方彝（西周中期）

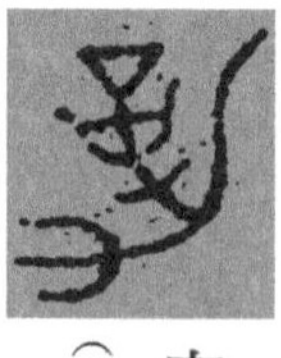

寰鼎（西周晚期）

寰盤（西周晚期）

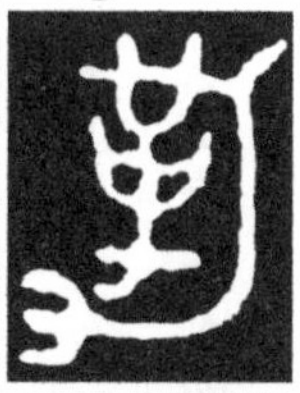

頌鼎（西周晚期）

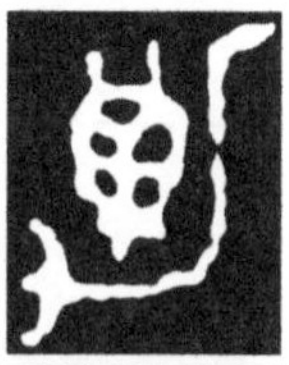

頌簋（西周晚期）

鞭 

鞅 

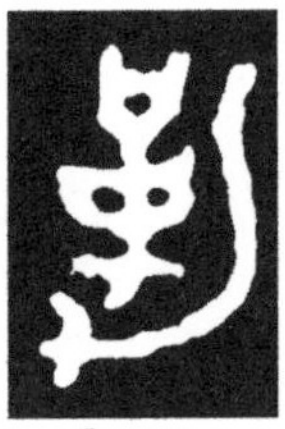

(西周晚期) 頌壺

(西周晚期) 伊簋

(西周晚期) 師克盨

(西周晚期) 師穎殷

(西周晚期) 師嫠殷

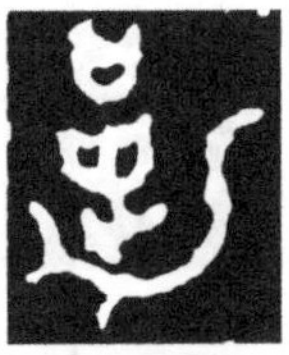

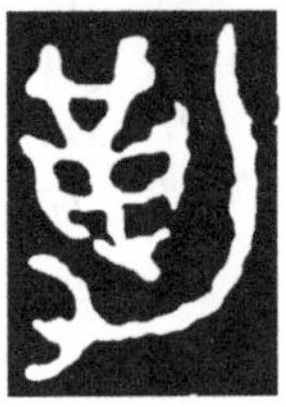

(西周晚期) 弭叔師察簋

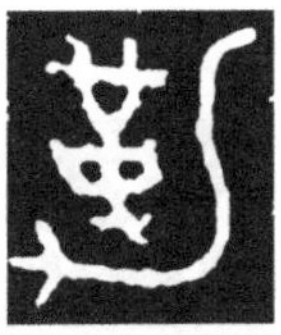

(西周晚期) 趞鼎

(西周晚期) 毛公鼎

(西周晚期) 南宮柳鼎

(西周晚期) 諫簋

(西周中期) 班簋 或从金

(西周中期) 伯晨鼎 或从禾

(西周中期) 盠方彝

bian
鞭

《説文》曰：驅也，从革、便聲。古文鞭。

註：便，古文或以便為鞭。便，乃鞭之本字；像手持鞭，鞭打人之背。鞭，古代之刑法。鞭爲革質，後从革。

(西周中期) 九年衛鼎

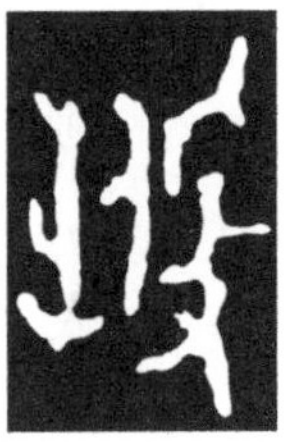

(西周中期) 曶鼎

(西周晚期) 𠑹匜 讀為鞭

今我赦汝宜便（鞭）汝千

yāng
鞅

《説文》曰：頸靼也，从革、央聲。

《説文通訓定聲》曰：鞅，假借為怏。

註：鞅，頸靼：套在牛馬脖子上柔軟之皮帶。靼，柔軟之皮。鞅，通怏。

(戰國中期) 大梁造鞅戟

(戰國中期) 十九年殳

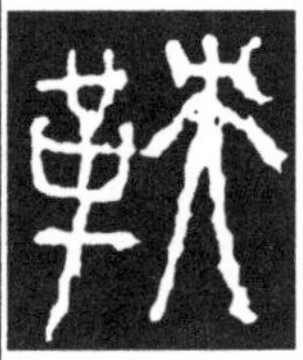

(戰國) 商鞅量

䩡　⿰革㒸（璲）　靭

suǒ
䩡

註：䩡，一種胡人靴子。

九年衛鼎
（西周中期）

suì
⿰革㒸

註：⿰革㒸，或讀為璲，佩飾。古人類佩飾，革質曰⿰革㒸、玉質曰璲。

番生簋
（西周晚期）
讀為璲
賜朱芾蔥衡鞞璲

lè
靭

註：靭，或同勒。

十四年方壺
（戰國早期）
讀為勒
嗇夫亮疸所靭（勒）造

十三年壺
（戰國晚期）

十四年銅犀
（戰國晚期）

十四年帳橛
（戰國晚期）

隔鬲

lì gé 鬲

《説文》曰：鼎屬，……象腹交文，三足。《爾雅 釋器》曰：款足者謂之鬲。（款足即空足）

《古今韻會舉要》曰：隔，通作鬲。註：鬲，即象形字，鼎之一種，腹部出襠，足上部中空。

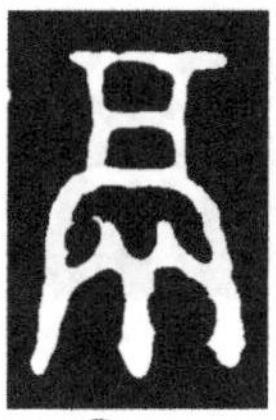

大盂鼎（西周早期）

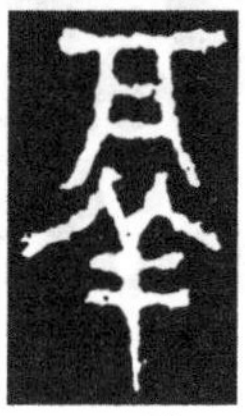

作册矢令簋（西周早期）

夆伯鬲（西周中期）

鼄伯鬲（西周中期）

康姬鬲（西周中期）

京姜鬲（西周中期）

番妃鬲（西周中期）

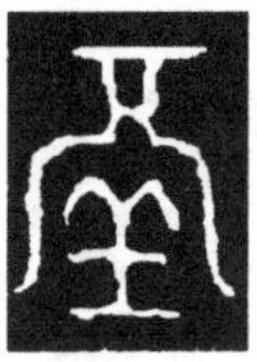

仲枏父鬲（西周中期）

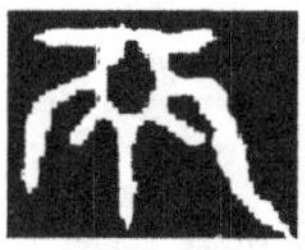

榮伯鬲（西周中期）

王伯姜鬲（西周中期）

伯庸父鬲（西周中期）

微伯鬲（西周中期）

仲荆父鬲（西周中期）

鬲鬲（西周中期）

仲姬鬲（西周中期）

伯先父鬲（西周中期）

旅姬鬲（西周中期）

姬妊旅鬲（西周中期）

伯邦父鬲（西周晚期）

王伯姜鬲（西周晚期）

伯姜鬲（西周晚期）

吕王鬲（西周晚期）

虢仲鬲（西周晚期）

季右父鬲（西周晚期）

鲁侯鬲（西周晚期）

仲姞鬲（西周晚期）

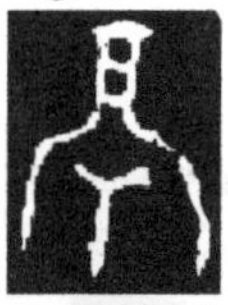

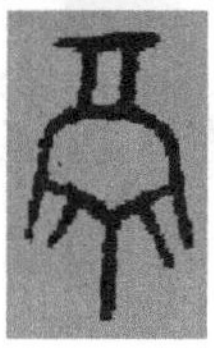

虢叔鬲（西周晚期）

伯𡨦父鬲（西周晚期）

無姬鬲（西周晚期）

叔皇父鬲（西周晚期）

虢姞鬲（西周晚期）

會姒鬲（西周晚期）

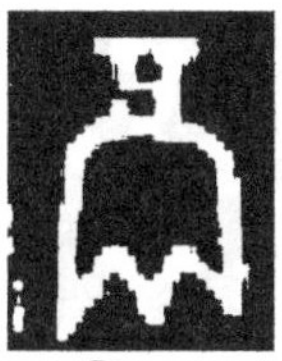
召仲鬲（西周晚期）

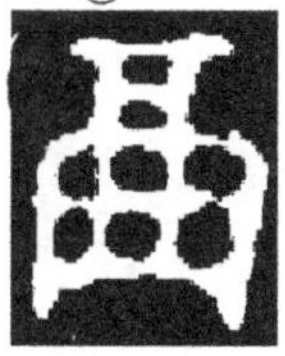
伯家父鬲（西周晚期）

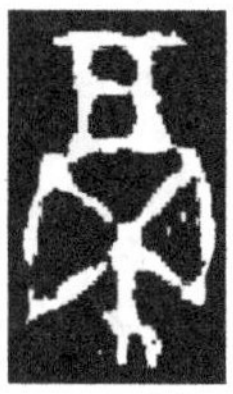
虢季氏鬲（西周晚期）

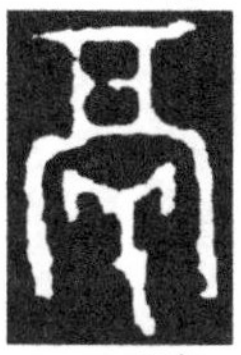
孟辛父鬲（西周晚期）

善父鬲（西周晚期）

鄭伯荀父鬲（西周晚期）

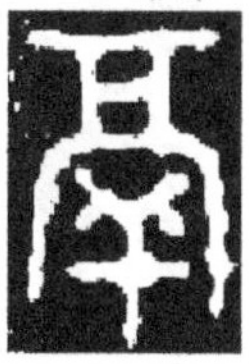

伯顋父鬲（西周晚期）

虢文公子鬲（西周晚期）

魯姬鬲（春秋早期）

鄭叔鬲（春秋早期）

鄭邢叔鬲（春秋早期）

郳伯鬲（春秋早期）

鄭登伯鬲（春秋早期）

鄭羌伯鬲（春秋早期）

鄜大嗣攻鬲（春秋早期）

右戲仲鬲（春秋早期）

曾子單鬲（春秋早期）

虢季子組鬲（春秋早期）

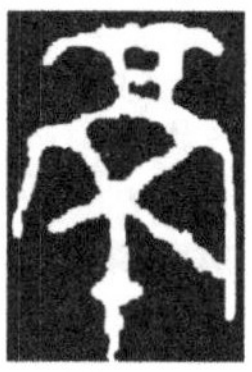
虢仲鬲（春秋早期）

齊趫父鬲（春秋早期）

魯伯愈父鬲（春秋早期）

單伯遼父鬲（春秋早期）

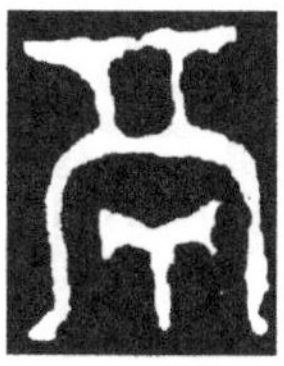
隮子鄭伯鬲（春秋早期）

鄲孝子鼎（戰國中期）

鬲矛（戰國）

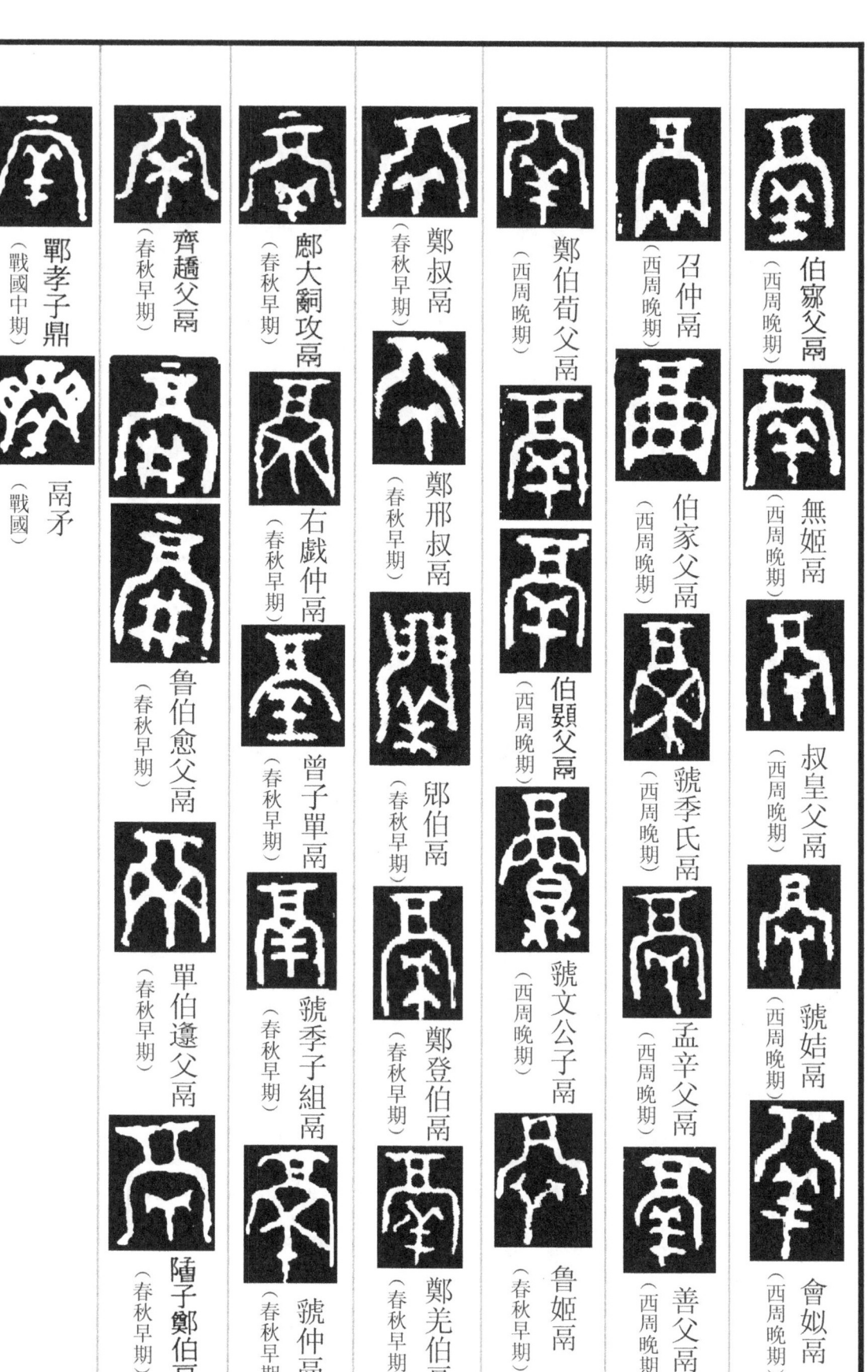

鍋 ⿰鬲斗

釜 鬴

甗 鬳

guō
⿰鬲斗

《說文》曰：秦名土釜曰⿰鬲斗。从鬲、斗聲，讀若過。注：⿰鬲斗，即鍋之古文。

麥方尊（西周早期）

井侯方彝（西周早期）

鬲攸从鼎（西周晚期）

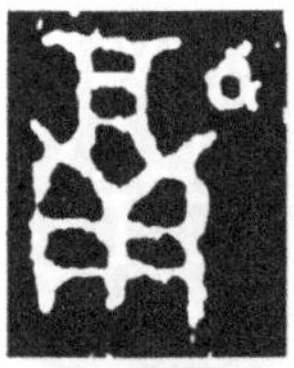
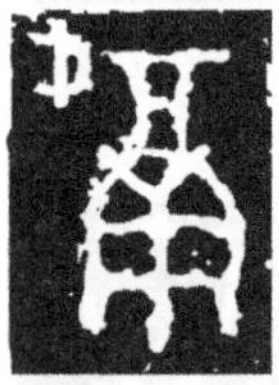

⿰鬲斗比盨（西周晚期）

攸⿰鬲斗盨（西周晚期）

fǔ
鬴

《說文》曰：鍑屬，从鬲、甫聲。鬴或从金、父聲。注：鬴，炊具，鍋之一種，今作釜。

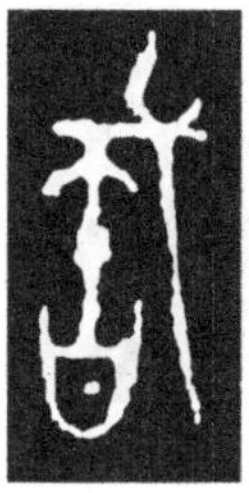
陳猷釜（戰國） 此釜字从缶

子禾子釜（戰國）

yǎn
鬳

《說文》曰：鬲屬。从鬲、虍聲。

註：鬳，即象形字，上為鼎、下為鬲、中有箅，像現在之篜鍋。鬳，或从瓦作甗，也稱作甑。

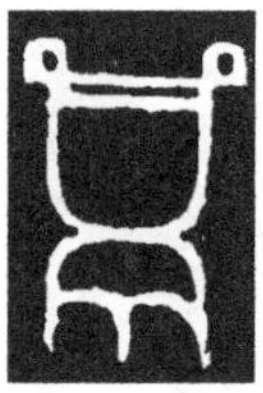
伐甗戈（殷商）

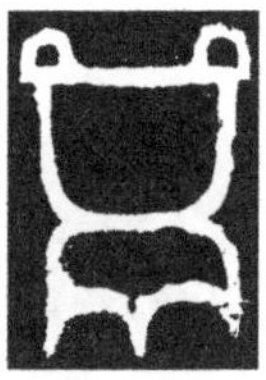
伐甗鉞（殷商）

工甗觚（殷商）

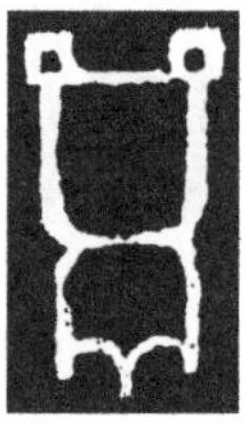
甗鉞（殷商）

甗口簋（殷商）

鬹

融

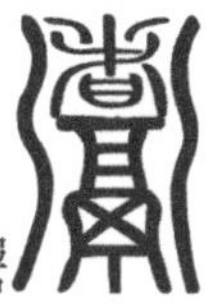
煮鬻

見作甗（西周早期）

𢐗伯甗（西周早期）

師趛甗（西周早期）

王孫壽甗（春秋早期）

guī
鬹

《説文》曰：三足釜也，从鬲、規聲。

十五年上君壽戈（戰國晚期）

róng
融

《説文》曰：炊气上出也，从鬲、蟲省聲。籀文融不省。

註：融，炊氣上出融散，融合、融化。

融簋（殷商）

融爵（殷商）

冊融方鼎（殷商）

zhǔ
鬻

《説文》曰：从䰜、者聲。或从火。

註：鬻，即煮，煮行而鬻廢。

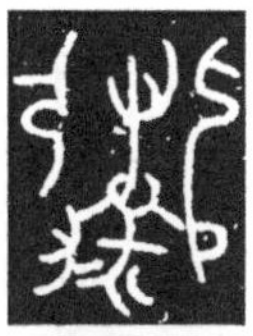

庚兒鼎（春秋中期）

私庫嗇夫器（戰國早期）

鬻 鬻 粥

zhōu yù
鬻

《集韻》曰：鬻，糜也，亦書作粥。《玉篇》曰：鬻，鬻賣也。

註：鬻，今俗省作粥。鬻（玉音），或作出售義；鬻畫、鬻書。

叔夜鼎 （春秋早期） 即粥字 用鬻（粥）用烹

鬻

pēng
鬻

註：鬻，或讀為烹。炊事方法；烹煮。

叔夜鼎 （春秋早期） 讀為烹 用粥用鬻（烹）

鬻 饎

chì
鬻

註：鬻，或為饎之古文。饎，黍稷、谷物，或指酒食、熟食。

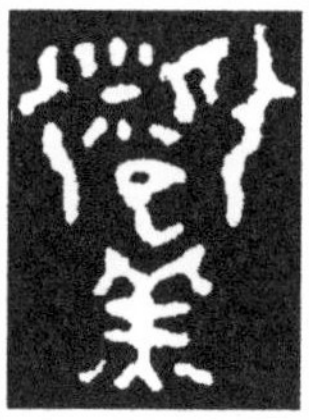

陳公子叔遵父甗 （春秋早期） 讀為饎 用鬻（饎）稻粱

鬻 菜

cài
鬻

註：鬻，或為菜之古文。菜，餚饌總稱；菜餚、蔬菜。

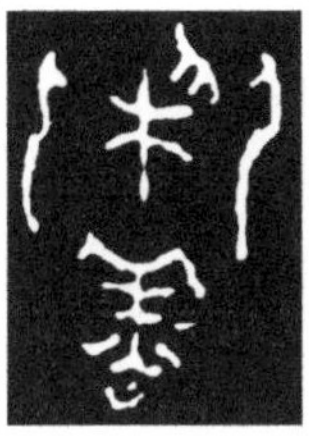

⿰余阝王⿰火量鼎（春秋早期） 讀為菜 用菜曁腊

嗝

gé
嗝

註：逆氣出聲曰嗝；如打嗝、打飽嗝。

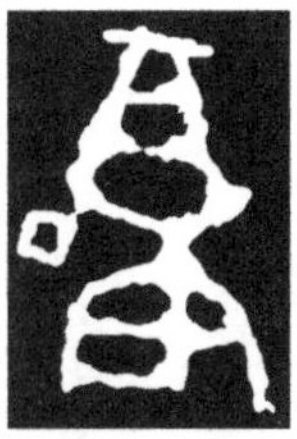

麥盉（西周早期）

散氏盤（西周晚期）

⿱⿲弓辰弓鬲

rù
⿱⿲弓辰弓鬲

《玉篇》曰：⿱⿲弓辰弓鬲，大鼎也。

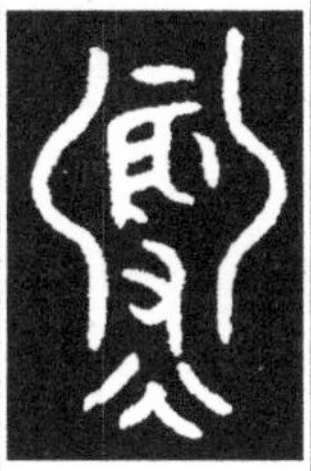

塱肇家鬲（西周）

琱生作宫仲鬲（西周晚期）

⿱⿲弓量弓鬲 ⿰火量

hū
⿱⿲弓量弓鬲

註：⿱⿲弓量弓鬲，讀為⿰火量。⿰火量，火煨也；用文火或火炭煨熟食物。

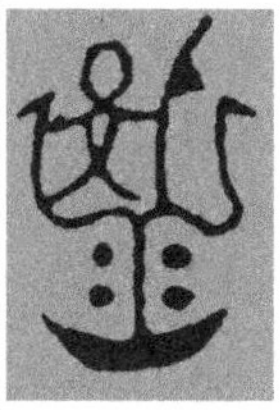

作册豊鼎（殷商）

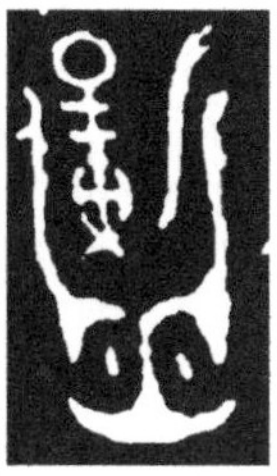

引作文父丁鼎（殷商） 讀為⿰火量 泓作文父丁⿰火量

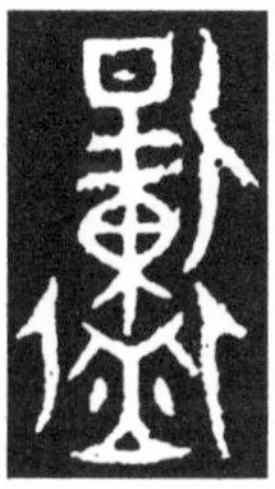

乃孫作且己鼎（殷商）

⿱⿲弓圭弓鬲 烓　⿱⿲弓付弓鬲 腐　⿰鬲又

wēi
⿱⿲弓圭弓鬲

戉嗣鼎（殷商）

木工册作匕戊鼎（西周早期）

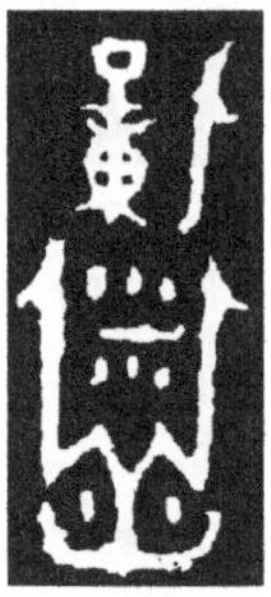

龏作又母辛鬲（西周早期）

堇鼎（西周早期）

註：⿱⿲弓圭弓鬲，即烓字。烓，古代可移動之火爐或風灶。

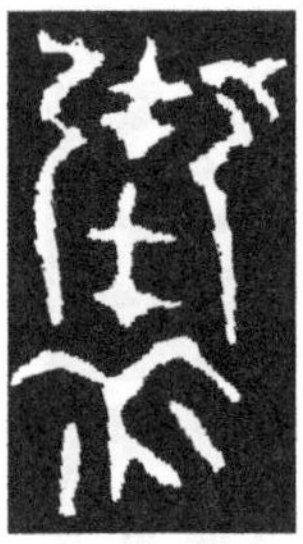

樊君鬲　讀為烓
（西周晚期）樊君作……媵器寶⿱⿲弓圭弓鬲（烓）

fǔ
⿱⿲弓付弓鬲

註：⿱⿲弓付弓鬲，即腐字，今作腐。

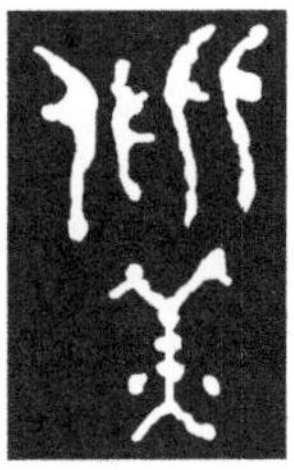

□仲盤　讀為腐
（西周晚期）掀仲腐履用其吉金

chè
⿰鬲又

註：⿰鬲又，或為徹、為撤。

何尊　讀爲徹或徹
（西周早期）⿰鬲又（撤）令敬享哉

史牆盤　或从火
（西周中期）用肈⿰鬲又（徹）周邦

爪 抓找

孚 俘孵

zhǎo
zhuǎ
爪

《説文》曰：丮也，覆手曰爪。

註：爪，即抓之本字。古無找字，以爪為找。

師克盨（西周晚期）

fú
孚

《説文》曰：卵孚（孵）也，从爪、从子。（後作孵）

註：孚，从爪、从子。子，指被俘之人，以爪抓俘擄為俘之本義。孚，即俘之本字。孚，通孵、通浮。

寧鼎（西周早期）

𣄰侯鼎（西周早期）

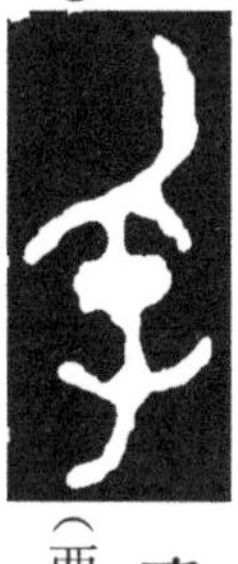
𪔂殷（西周早期）

過伯簋（西周早期）

或殷（西周早期）

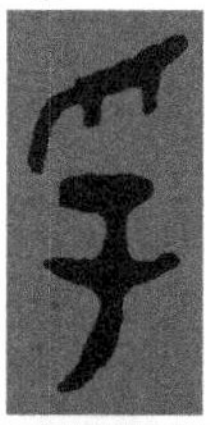

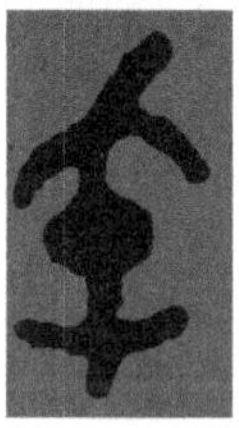
小盂鼎（西周早期）

仲𢓊父鼎（西周中期）

翏生盨（西周晚期）

師同鼎（西周晚期）

師寰殷（西周晚期）

多友鼎（西周晚期）

敔殷（西周晚期）

庚壺（春秋）

wéi
wèi
爲

註：甲骨文與早期金文之為字，像手（爪）牵大象勞作之形，其本義為馴象勞作。，或省去象身只書象頭。爲，今均寫作為。爲，通僞、通媯。

引尊（西周早期）

叔趯父卣（西周早期）

麥方尊（西周早期）

雍伯鼎（西周早期）

𢐗伯段（西周早期）

窖段（西周早期）

曶鼎（西周中期）

由伯尊（西周早期）

内史龏鼎（西周中期）

叀敔諆尊（西周中期）

姞氏簋（西周）

柞侯簋（西周）

益公鐘（西周晚期）

邓公簋（西周晚期）

辭寇良父壺（西周晚期）

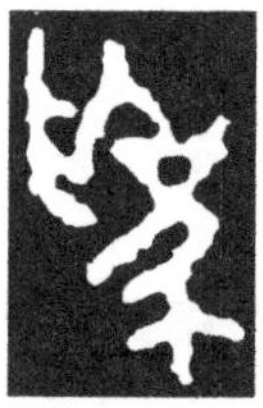
六年召伯虎簋（西周晚期）

叔男父匜（西周晚期）

宗婦鼎（春秋早期）

晉姜鼎（春秋早期）

為甫人盨（春秋早期）

召叔山父簠（春秋早期）

匽公匜（春秋）

眚仲之孫段（春秋早期）

歸父盤（春秋）

曩公壺（春秋）

孟姜匜（春秋）

豙

鼄公華鐘（春秋晚期）

徐大子鼎（春秋晚期）

趙孟庎壺（春秋晚期）

少虡劍（春秋晚期）

曾侯乙鐘（戰國早期）

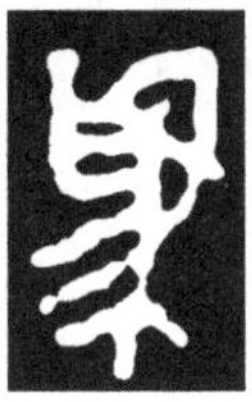
陳逆簋（戰國早期）

噩君啟節車節（戰國）

陳侯因脊敦（戰國晚期）

中山王譽方壺（戰國晚期）

中山王譽鼎（戰國晚期）

但盤埜匕（戰國晚期）

鑄客鼎（戰國晚期）

楚王酓肯盤（戰國晚期）

豙

攕 𠪚

楚公豙鐘（西周晚期）

楚公豙戈（西周晚期）

xī
𠪚

註：𠪚，或為攕字。攕，打擊。

藝勢埶 

丮 

奚

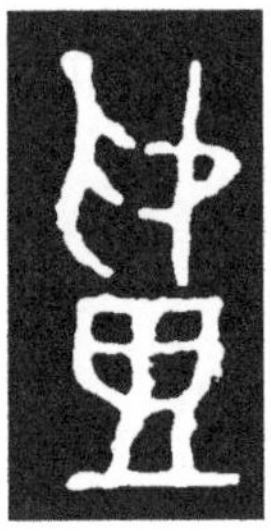
小臣䍙鼎（西周早期）

奚

辰行矢父乙鼎（殷商）

jǐ 丮

《説文》曰：持也，象手有所丮據也，讀若戟。

註：丮，像蹲踞之人，伸出雙手有所作為狀。

丮天戈（殷商）

丮戈（殷商）

丮册觚（殷商）

丮觚（殷商）

仲丮臣盤（西周早期）

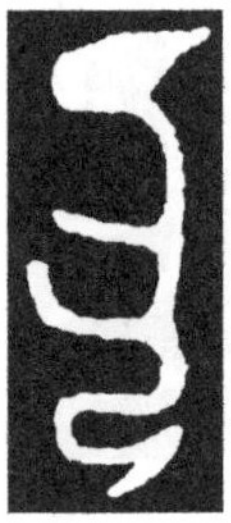
作丮尊彝角（西周早期）

它簋盖（西周早期）

班簋（西周中期）

yì shì 埶

《説文》曰：種也，从坴、丮，持亟種之。《説文解字注》曰：『説文』無勢字，盖古用埶為之。

註：早期金文埶字，像蹲踞之人種植屮木狀，後又从土作。種植即是藝之本義。埶，今作藝。

熟塾孰

載𩚬

埶公父丁卣（殷商）

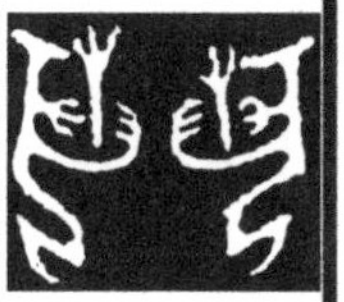
埶父己簋（殷商）

埶父己觶（殷商）

埶簋（殷商）

徲父庚爵（西周早期）

埶父辛卣（殷商）

埶觚（殷商）

何作丁辛觶（殷商）

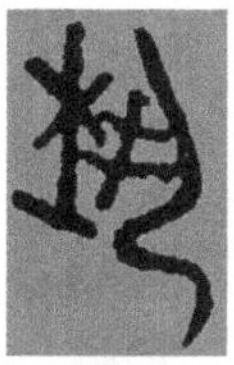

中方鼎（西周早期）

埶父辛簋（西周早期）

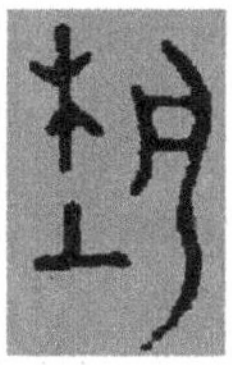
中甗（西周早期）

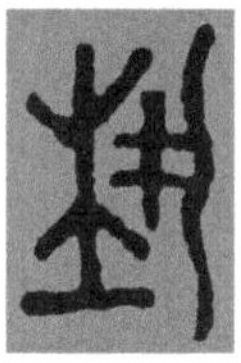
中觶（西周早期）

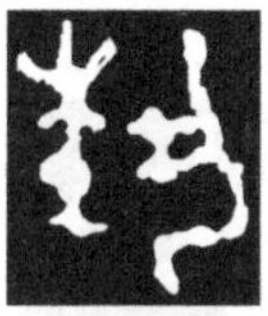

盠方彝（西周中期）

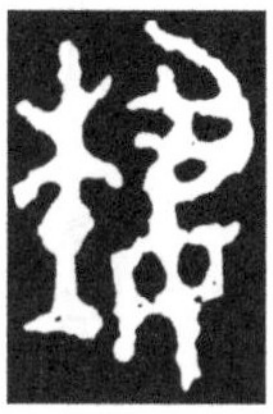
毛公鼎（西周晚期）

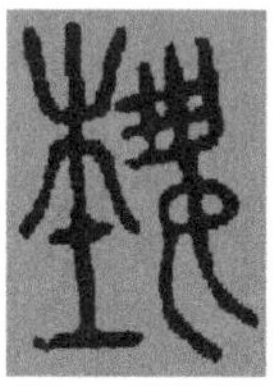
叔尸鎛（春秋晚期）

叔尸鐘（春秋晚期）

蔡侯墓殘鐘（春秋晚期）

shú
孰

《説文》曰：食飪也，从丮、𦎫聲。

註：孰，即熟之古文，从灬（火）為後人所加。孰，通塾。

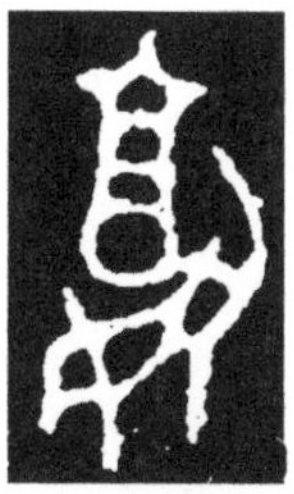
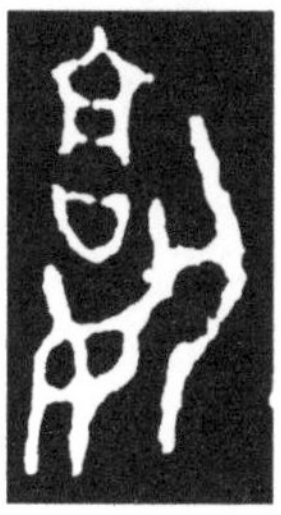
伯侄簋（西周中期）

配兒鉤鑃（春秋晚期） 讀為孰 余孰臧于戎功且武

zài
𩚬

《説文》曰：設飪也，从丮、从食、才聲。讀若載。

註：𩚬，像人操弄膳食，為賓客設置酒宴狀。經典無𩚬字，均借載為之。

巩

𢦔

㪔寏㪟殷（西周早期） 或从由

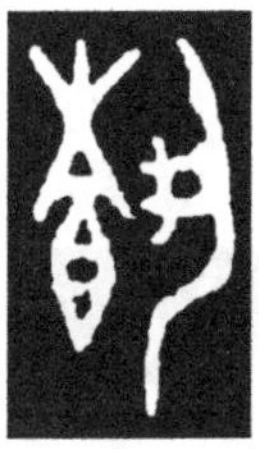
它簋盖（西周早期）

嬴霝德簋（西周中期）

卯簋盖（西周中期）

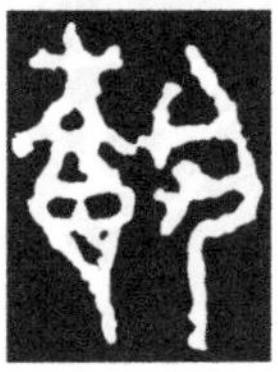
師𩰫鼎（西周中期）

gǒng
巩

《説文》曰：裦（抱）也，从丮、工聲。《玉篇》曰：巩，抱也。註：巩，同鞏，或假為恐。

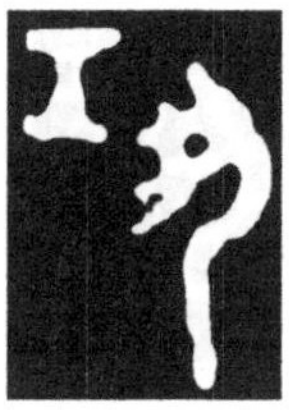
史牆盤（西周中期） 讀為恐 永不巩（恐）狄相

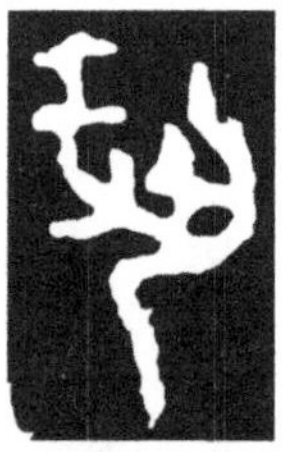

毛公鼎（西周晚期） 讀為鞏 永巩（鞏）先王

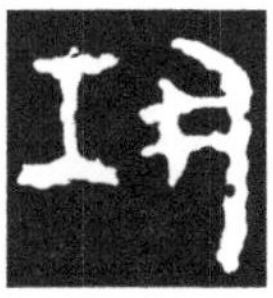
師嫠殷（西周晚期）

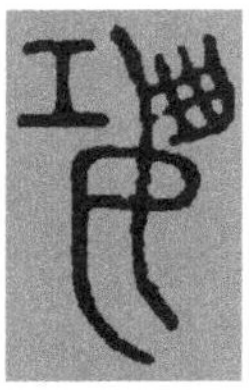
叔尸鎛（春秋晚期）

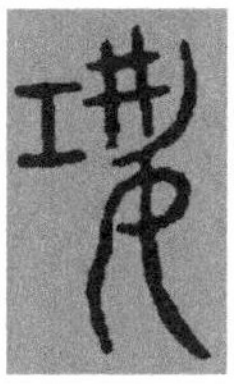
叔尸鐘（春秋晚期）

huà
huái
𢦔

《説文》曰：擊踝也，从丮、从戈，讀若踝。

註：擊踝，即相互鬥毆。，踞人執戈有鬥爭、征伐之義，或為伐之異文。

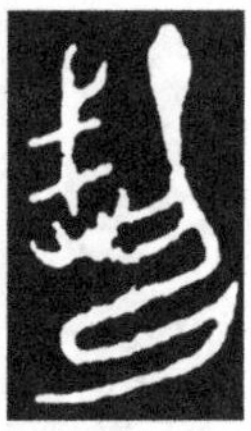
孝卣（殷商）

小子夫尊（殷商）

林𢦔鬲（西周早期）

嬰方鼎（西周早期）

父辛角（西周早期）

⿰言丮 搤扼　⿰其丮 欺

寡史⿰戈丮甗（西周早期）

歸⿰戈丮甗（西周早期）

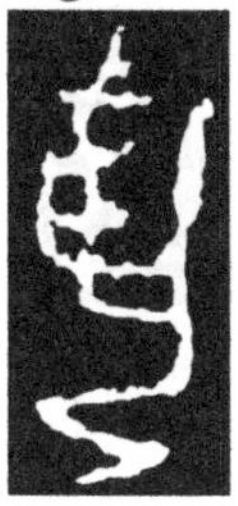
⿰戈丮父（西周

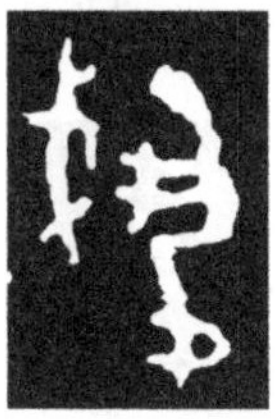
歸⿰戈丮進壺（西周早期）

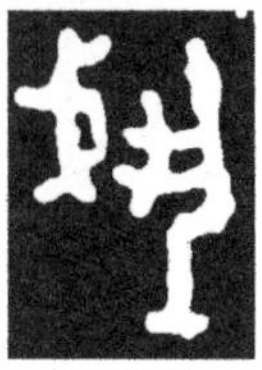
歸⿰戈丮方鼎（西周早期）

史牆盤（西周中期）　同踝字　方蠻亡不⿰戈丮（踝）見

段簋（西周中期）

⿰言丮 èyì

註：⿰言丮，或為搤之異文。《龍龕手鑑》曰：搤，同扼。

般觥（西周早期）　讀為搤　王令般貺米于⿰言丮（搤）

⿰其丮 qījì

劉心源曰：，即欺字。【奇觚室吉金文述】

註：⿰其丮，其之異文。或假為忌、假為欺。

叔趯父卣（西周早期）

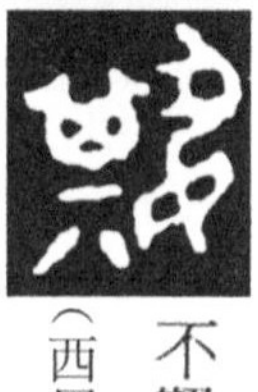
不嬰𣪘（西周晚期）　或从女

㕻伯𣪘蓋（西周晚期）

秦公簋（春秋早期）

王子午鼎（春秋中期）　讀為忌　畏⿰其丮（忌）趩趩

乙鼎（戰國早期）

⿰干丮

⿰干丮

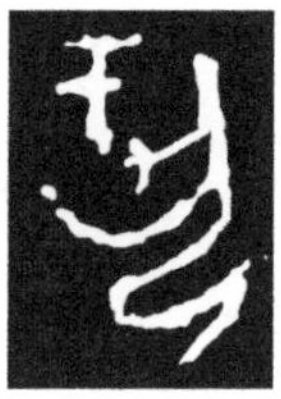

鳳作且癸簋（西周早期）

⿰土丮

⿰土丮

⿰土丮作父乙鬲（西周早期）

挺 ⿰王丮

tǐng ⿰王丮

⿰王丮，張亞初釋為挺字【殷周金文集成 引得】

⿰井丮

⿰井丮

⿰井丮作父辛鼎（西周早期）

封 ⿰丰丮

fēng ⿰丰丮

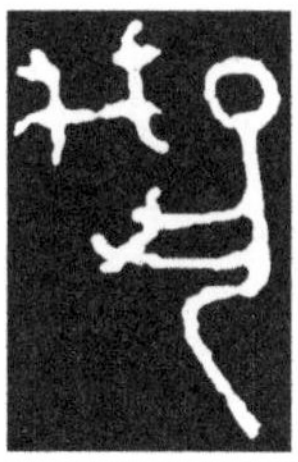

⿰林丮父丁毁（殷商）

註：諸侯封地堆土植樹曰封。⿰丰丮，同封。均像人堆土植樹作封界狀。

作⿰丰丮從彝方鼎（殷商）

⿰林丮作父辛毁（西周早期）

作⿰丰丮從彝觶（西周早期）

作從彝盉（西周早期）

挂 ⿰圭丮

guà ⿰圭丮

註：⿰圭丮，讀為挂。

寓鼎（西周早期）

對揚⿰圭丮（挂）王姒休 讀為挂

⿰臣丮

⿰臣丮

咏作日戊尊（西周早期）

què ⿰谷丮

註：⿰谷丮，从谷、从丮。谷即谷，口上紋也，谷非谷字。篆書卻从丮，⿰谷丮，或為卻字。

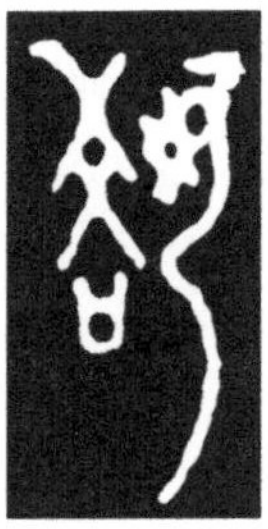

⿰谷丮子劍（春秋晚期）

zuǎn ⿰非丮

註：⿰非丮，讀為纘；繼承義。纘，同纂，編纂、撰寫。

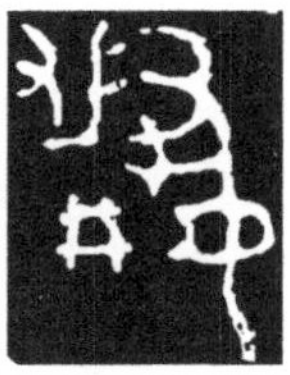

⿱穴千鼎（西周中期）

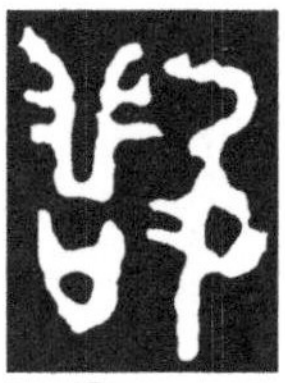

盠方彝（西周中期）

走簋（西周晚期）

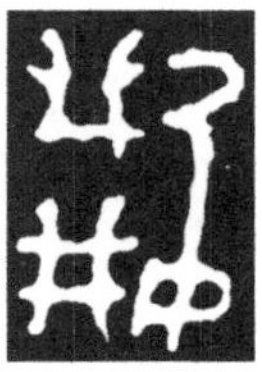

大克鼎（西周晚期）

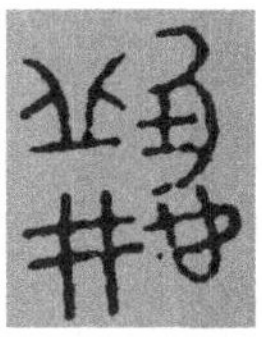

微䜌鼎（西周晚期）

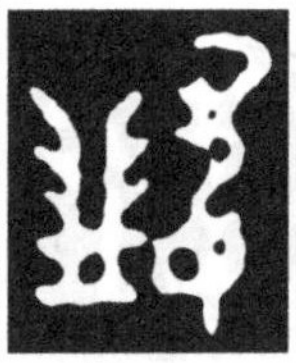

毛公鼎（西周晚期）　讀為纘　命汝⿰非丮（纘）嗣公族

伊簋（西周晚期）

師𩛥簋（西周晚期）

諫簋（西周晚期）

逆鐘（西周晚期）

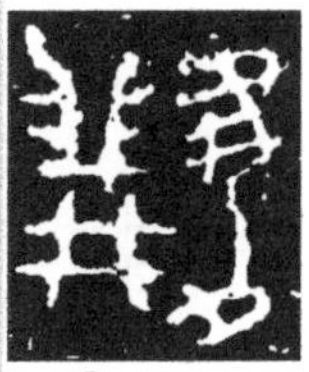

師克盨（西周晚期）

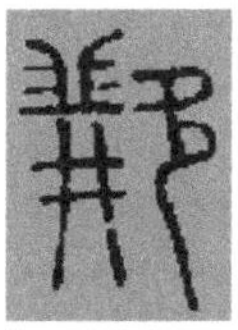

叔尸鎛（春秋晚期）

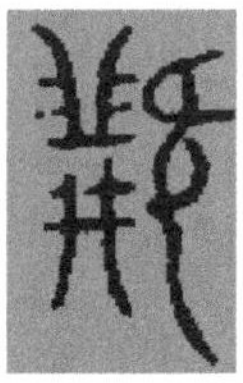

叔尸鐘（春秋晚期）

⿰⿱非井丮

⿰鼎丮　⿰章丮　揢⿰害丮

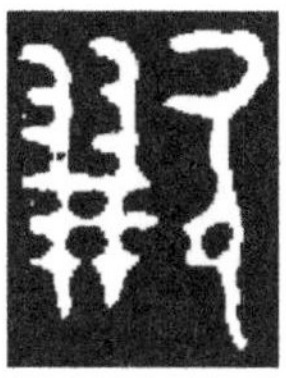
⿱艹⿱犬廾鼎（西周中期）

xiá huá
⿰害丮
註：⿰害丮，或讀為揢；飲酒揢拳，酒令。

大簋（西周晚期）

zhāng
⿰章丮
註：⿰章丮，或讀為璋。

庚嬴鼎（西周早期）　讀為璋　賜祼⿰章丮（璋）貝十朋

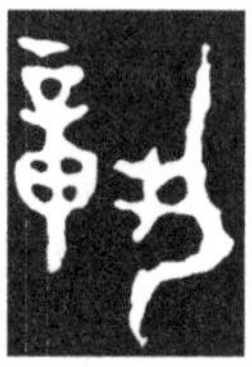
鮮盤（西周中期）

伯⿰章丮父鼎（西周晚期）

⿰鼎丮

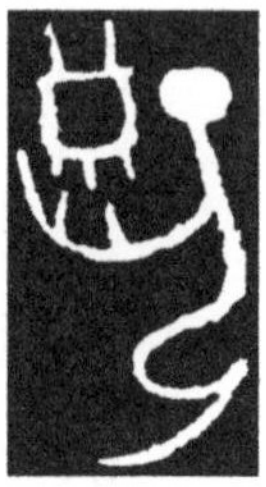
[illegible]且丁罍（殷商）

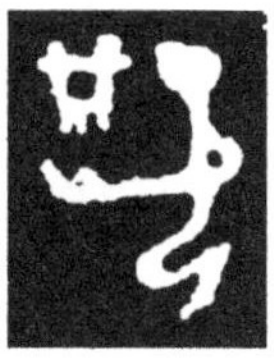
⿰鼎丮壺（西周早期）

帆 佩

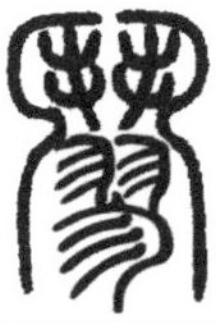
𩰫 摎

鬭 鬥

pèi
帆

註：帆，或讀為佩。

戎佩玉人卣（西周早期）

戎佩玉人尊（西周早期）

liú jiǎo
𩰫

《說文》曰：經繆殺也，从鬥、翏聲。

註：𩰫，經繆殺，用繩索絞殺。𩰫，或為摎之異體字。

九年衛鼎（西周中期）

dòu
鬭

《說文》曰：遇也，从鬥、斲聲。

註：兩物件或事務之遇合、拼合，曰相鬭，或作逗。鬭，通鬥。

庚壺（春秋晚期）

又

《說文》曰：手也，象形。三指者，手之列多略不過三也。

註：又，右手象形，爲右之本字，或假借爲有、佑。

又尊（殷商）

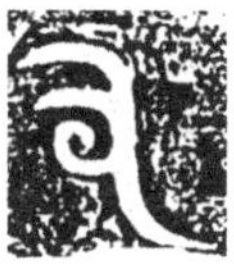
又敄癸卣（殷商）

禾又爵（殷商）

又敄父己卣（殷商）

又爵（殷商）

又勺（殷商）

敄又罍（殷商）

㡯父鼎（西周早期）

大盂鼎（西周早期）

新邑鼎（西周早期）

麥方鼎（西周早期）

禽簋（西周早期）

我方鼎（西周早期）

寧女方鼎（西周早期）

庚嬴鼎（西周早期）

王作又簋（西周早期）

禹鼎（西周早期）

毛公旅鼎（西周早期）

伯吉父鼎（西周早期）

小盂鼎（西周早期）

史獣鼎（西周早期）

又母辛鬲（西周早期）

命簋（西周早期）

明公簋（西周早期）

利簋（西周早期）

小臣謎簋（西周早期）

又牧簋（西周早期）

遣尊（西周早期）

高卣（西周早期）

同簋（西周中期）

大師虘毁（西周中期）

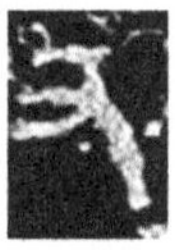
師雔父鼎（西周中期）

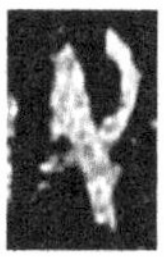
㵒伯鼎（西周中期）

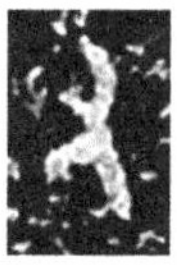
帥方鼎（西周中期）

大鼎（西周中期）

師旂鼎（西周中期）

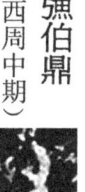

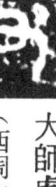

又

戜方鼎（西周中期）

曶鼎（西周中期）

善鼎（西周中期）

肄段（西周中期）

段簋（西周中期）

免簋（西周中期）

番匊生壺（西周中期）

十三年癲壺（西周中期）

伯吉父簋（西周晚期）

鍊簋（西周晚期）

妊小簋（西周晚期）

宗周鍾（西周晚期）

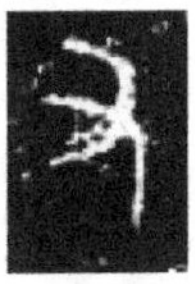

克鍾（西周晚期）

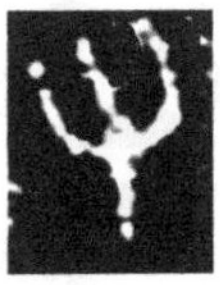
史頌鼎（西周晚期）

多友鼎（西周晚期）

鄭虢仲簋（西周晚期）

小克鼎（西周晚期）

趞鼎（西周晚期）

鬲比鼎（西周晚期）

此鼎（西周晚期）

大簋蓋（西周晚期）

函皇父簋（西周晚期）

無𡨦段蓋（西周晚期）

走簋（西周晚期）

虢仲盨（西周晚期）

史頌簋（西周晚期）

楚簋（西周晚期）

滋乳爲佑

仲㑰父入又（佑）楚

此簋（西周晚期）

毛公鼎（西周晚期）

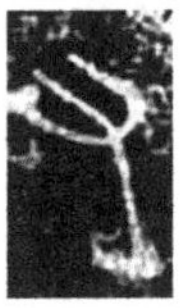
秦公簋（春秋早期）

伯窺父盨（春秋晚期）

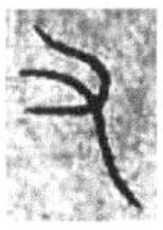
叔尸鎛（春秋晚期）

叔尸鍾（春秋晚期）

肱厷 杈叉 父

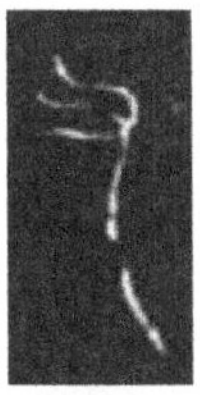
酓章鍾（戰國早期）

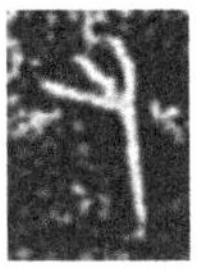
大梁司寇鼎（戰國中期）

曾姬無卹壺（戰國）

陳侯午敦（戰國晚期）

gōng hóng
厷

《說文》曰：臂上也，从又。肱，或从肉。《集韻》曰：厷，大通也，通作宏。

註：厷，指人之大臂，在手形（又）上部加一隆起作指示符號，以示厷之部位。厷，即肱之本字。

亞厷方鼎（殷商）

亞厷父乙卣（殷商）

chā chà chāi
叉

《說文》曰：手指相錯也，从又象叉之形。

註：叉，同杈、同岔，或作釵。

叉鼎（殷商）

宯叉鼎（殷商）

叉卣（殷商）

叉俞器（殷商）

父

註：父，即斧之初文。早期金文父，爲手（又）持石斧之象形。執斧操作者均為男子，對男子的美稱曰父，引申為父母之父。斧，再加意符斤，為斧字。

□父己鬲（殷商）

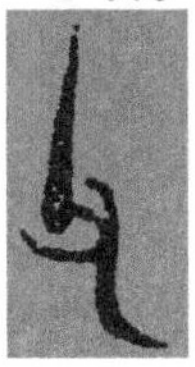
冄父癸鬲（殷商）

□父乙鬲（殷商）

鳥父乙鬲（殷商）

父己鼎（殷商）

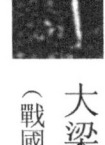

作册般甗（殷商）

守父丁甗（殷商）

父癸方鼎（殷商）

父鼎（殷商）

父戊方鼎（殷商）

父乙鼎（殷商）

父作己簋（殷商）

父甲卣（西周早期）

伯矩鬲（西周早期）

共父乙甗（西周早期）

見父己甗（西周早期）

叔鼏鬲（西周早期）

父癸鬲（西周早期）

父癸鼎（西周早期）

父癸鼎（西周早期）

父丁簋（西周早期）

戈父甲鼎（西周早期）

鼎作父乙甗（西周早期）

作父庚甗（西周早期）

光父乙鼎（西周早期）

農父簋（西周早期）

父乙簋（西周早期）

作父乙簋（西周早期）

令作父乙簋（西周早期）

父庚簋（西周早期）

父癸卣（西周早期）

正父卣（西周早期）

師奎父鼎（西周中期）

子邦父甗（西周中期）

伯先父鬲（西周中期）

仲伐父甗（西周中期）

五祀衛鼎（西周中期）

叔父鬲（西周中期）

庚季鼎（西周中期）

仲枏父鬲（西周中期）

師旂鼎（西周中期）

曶鼎（西周中期）

父己鼎（西周中期）

父

旅鼎（西周）

父丁鼎（西周）

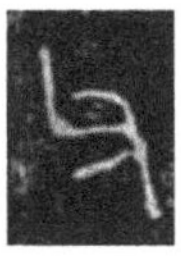
井人安鐘（西周晚期）

伯家父鬲（西周晚期）

伯顋父鬲（西周晚期）

穀父甗（西周晚期）

仲師父鼎（西周晚期）

車父鼎（西周晚期）

毛公鼎（西周晚期）

仲言父簋（西周晚期）

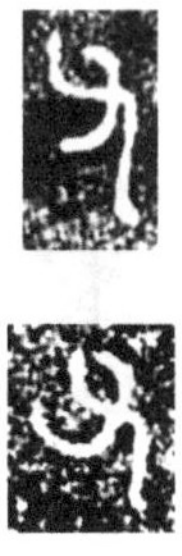
伯喜父簋（西周晚期）

殳季良父壺（西周晚期）

大克鼎（西周晚期）

叔向父簋（西周晚期）

伯汈父𣪘（西周晚期）

季公父簠（西周晚期）

季良父簠（西周晚期）

善父吉父簠（西周晚期）

叔侯父簠（西周晚期）

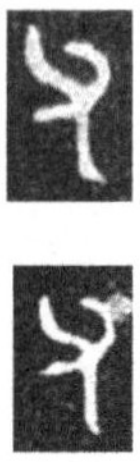
伯公父簠（西周晚期）

伯嘆父𨱸（西周晚期）

善夫吉父䰙（西周晚期）

散氏盤（西周晚期）

伯百父盤（西周晚期）

𨻰公孫𩙯父瓶（春秋早期）

召叔簋（春秋早期）

伯其父簠（春秋早期）

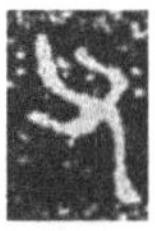
叔邍父甗（春秋早期）

考叔𩙯父簠（春秋早期）

孫叔師父壺（春秋）

敬事天王鍾（春秋晚期）

嘉賓鍾（春秋晚期）

余購逑兒鐘（春秋晚期）

哀成叔鼎（戰國）

叜 叟搜溲

燮

曼 蔓幔縵

sōu sǒu
叜

《說文》曰：老也，从又、从灾。《玉篇》曰：叜，或作叟。《說文通訓定聲》曰：叜，即搜之古文。

註：叜，即搜之古文，隸變為叟。叟，借為尊老之稱，故从手制搜字。叟，通溲。

末冊父辛觚（殷商）

父辛冊觚（殷商）

啟卣（西周早期）讀為搜 叟（搜）跚山谷

事□鼎（西周早期）

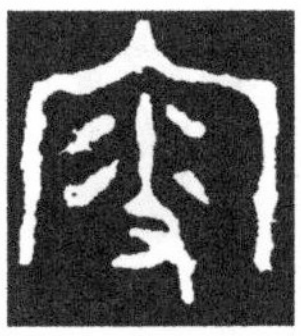
鶾叜父鼎（西周）

二年上郡守冰戈（戰國晚期）

xiè
燮

《說文》曰：和也，从言、从又、炎，籒文燮从羊。《玉篇》曰：燮，大熟也。註：燮，為烹飪熟物之稱，有調和之義。燮，从言、或从辛、从羊。羊，譌為辛，辛，譌為言。燮，或从羊省。

燮卣（殷商）

燮簋（西周中期）

曾伯簠（春秋早期）

秦公鎛（春秋）

晉公盆（春秋）

子犯鐘（春秋晚期）【近出殷周金文集録】

四十三年頓丘戈（戰國）

màn
曼

《說文》曰：引也，从又、冒聲。註：曼，从爫、从目、冃（冒）聲。像帽（冃）下雙手（爫）上下撐開眼睛仔細觀察，曼觀。為其本義。曼，或假借為蔓、幔、縵。

尹 

曼龔父盨（西周晚期）

齊陳曼簠（戰國早期）

yǐn 尹

《說文》曰：治也，从又、丿，握事者也。註：尹，爲會意字，金文尹像以手持杖之形。杖，權杖，權力之象徵。尹，有執權治理之義，多用于官職名稱。

尹周父丁觚（殷商）

尹舟簋（殷商）

尹光方鼎（殷商）

尹舟卣（殷商）

尹舟觚（殷商）

尹伯甗（西周早期）

尹臾鼎（西周早期）

舟尹鼎（西周早期）

叔尹鼎（西周早期）

彥父丁鼎（西周早期）

尹舟父己爵（西周早期）

尹作寶尊簋（西周早期）

尹簋（西周早期）

史獸鼎（西周早期）

作冊大方鼎（西周早期）

番昶伯鬲（西周早期）

作冊矢令簋（西周早期）

矢令方尊（西周早期）

高卣（西周早期）

尹父丁尊（西周早期）

執卣（西周早期）

尹姑鬲（西周中期）

免簋（西周中期）

尹叔鼎（西周中期）

師晨鼎（西周中期）

申簋蓋（西周中期）

十三年瘐壺（西周中期）

陽尹簋（西周）

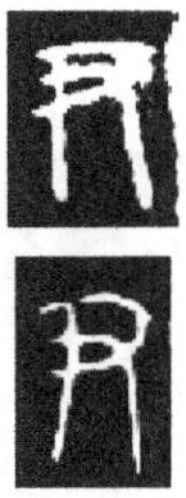
癲鐘（西周中期）

敔殷蓋（西周中期）

寓卣（西周中期）

萬諆觶（西周中期）

曶壺（西周中期）

吳方彝（西周中期）

走馬休盤（西周中期）

永盂（西周中期）

史牆盤（西周中期）

宗仲盤（西周中期）

宗仲匜（西周中期）

公臣簋（西周晚期）

走簋（西周晚期）

弭伯簋（西周晚期）

弭叔師察簋（西周晚期）

伊簋（西周晚期）

頌簋（西周晚期）

輔師嫠殷（西周晚期）

元年師兌簋（西周晚期）

蹈伯盤（西周晚期）

天尹鍾（西周晚期）

大克鼎（西周晚期）

毛公鼎（西周晚期）

頌鼎（西周晚期）

楚簋（西周晚期）

善夫克盨（西周晚期）

頌壺（西周晚期）

魯侯壺（西周晚期）

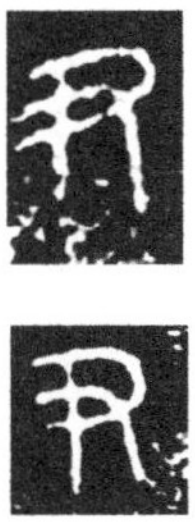
三年師兌簋（西周晚期）

尹小叔鼎（春秋早期）

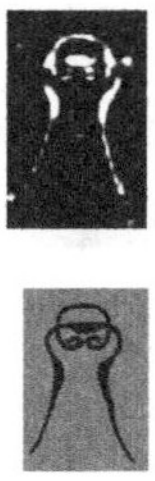
王子午鼎（春秋中期）

吳王籚（春期）

徐令爐（春秋）

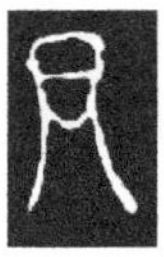
郤醓尹征城（春秋）

郤𣂰尹朁鼎（春秋晚期）

摣 戲

郾客問量 （戰國）

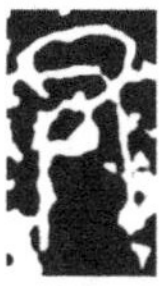

噩君啓節車節 （戰國）

右治尹壺 （戰國早期）

或从肉

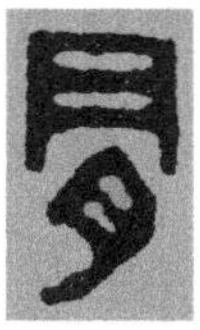

大攻尹劍 （戰國）

zhā

戲

註：從高處用手取物謂之戲。測量長度，仲展母指至中指之長曰一戲。戲，同摣、同担。

㠱戲殷 （殷商）

㠱戲豆 （殷商）

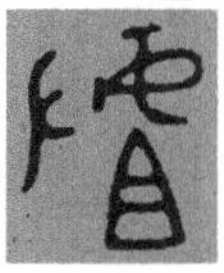

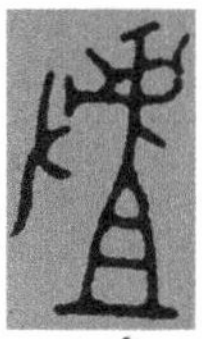

戲霘卣 （殷商）

㠱戲罍 （殷商）

大保簋 （西周早期）

小臣謎殷 （西周早期）

戲作父辛壺 （西周早期）

大盂鼎 （西周早期）

仲戲父殷 （西周中期）

九年衛鼎 （西周中期）

戲作父戊尊 （西周中期）

縣妃簋 （西周中期）

師旂鼎 （西周中期）

戲鍾 （西中周期）

彔𢦚卣 （西周中期）

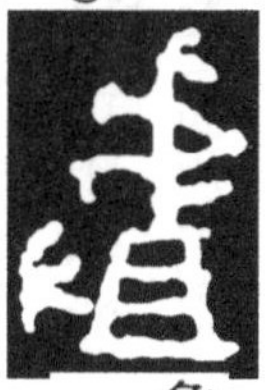

魯士商戲殷 （西周晚期）

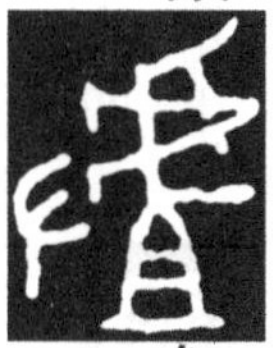

戲孖妊殷 （西周晚期）

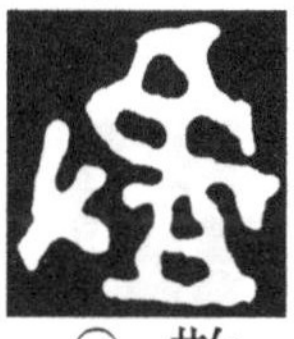

散氏盤 （西周晚期）

𠐳匜 （西周晚期）

㠱甫人匜 （春秋早期）

徐王子旃鐘 （春秋）

王孫遺者鍾 （春秋晚期）

嫠 

及 

lí 嫠

《說文》曰：引也，从又、𠩺聲。註：用手提物曰嫠，今作拎。

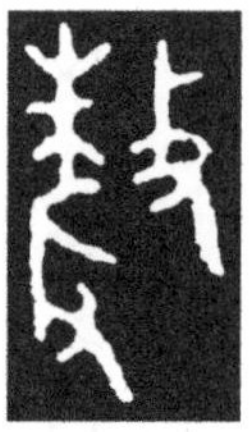

毓且丁卣（殷商）

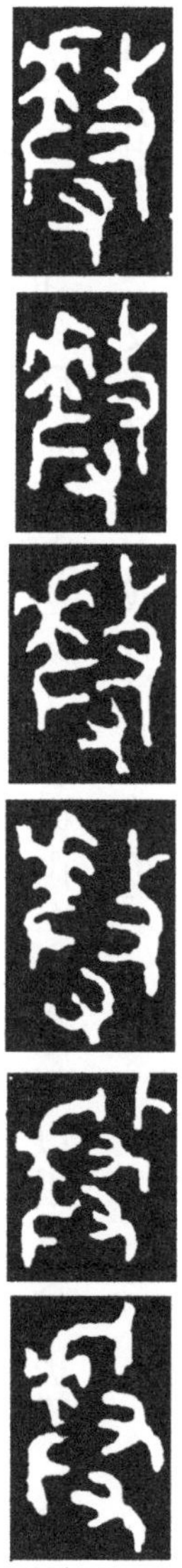

師嫠簋（西周晚期）

師嫠簋（西周晚期）

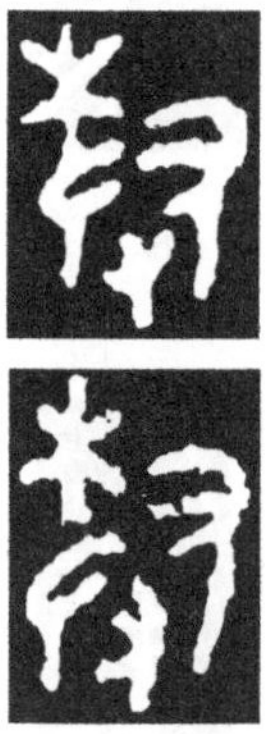

輔師嫠簋（西周晚期）

jí 及

《說文》曰：逮也，从又、从人。《廣雅》曰：及，至也。註：及，像以手（又）逮人之形，有追到、抓到之意，引申爲至、到之義。及，或作副詞、連詞。

及父辛尊（殷商）

保卣（西周早期）

鄭鄧叔盨（西周晚期）

邾公釸鐘（春秋）

無子盟自鎛（春秋）

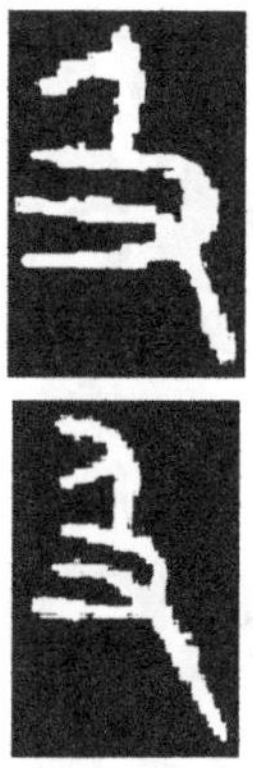

秦公鎛（春秋早期）

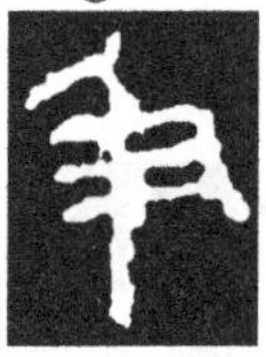

徐王義楚觶（春秋晚期）

沇兒鎛（春秋晚期）

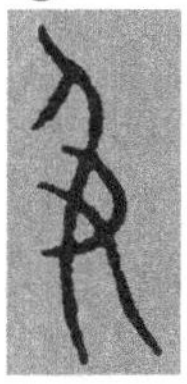

叔尸鍾（春秋晚期）

姑馮昏同之子句鑃（春秋晚期）

王孫遺者鍾（春秋晚期）

中山王嚳鼎（戰國晚期）

中山王嚳方壺（戰國晚期）

柄 秉

扳叛 反

bǐng
秉

《説文》曰：禾束也，从又，持禾。《集韻》曰：柄，或作秉

註：秉，象形，手持一禾曰秉、手持兩禾曰兼。秉，執持、執掌之義。

秉觚（殷商）

秉田丁卣（殷商）

秉冊中父乙殷（殷商）

秉田戊觶（殷商）

秉中殷（殷商）

秉中鼎（殷商）

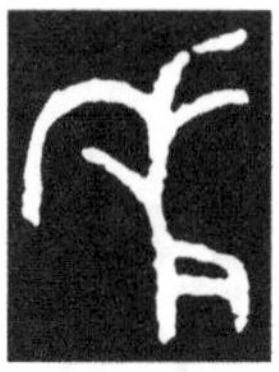
秉父辛鼎（西周早期）

班簋（西周中期）

虢叔旅锺（西周晚期）

曶鼎（西周中期）

㾓鐘（西周中期）

叔向父禹簋（西周晚期）

沕其鐘（西周晚期）

楚公戈（西周晚期）

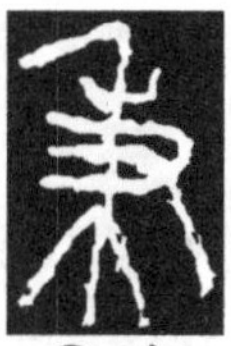
秦公簋（春秋早期）

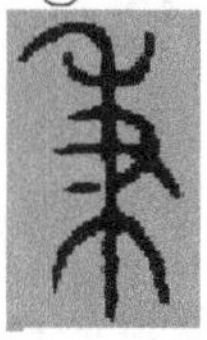
秦公鎛（春秋）

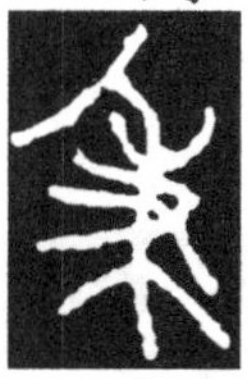
國差甔（春秋）

者沪鐘（戰國早期）

者沪鎛（戰國早期）

fǎn
反

《説文》曰：覆也，从又、厂。註：反，即扳之初文，厂，像山石之崖巖，以手（又）扳攀。反，又有扳翻、反覆之義，引申爲正、反之反。反，或假爲返、爲叛。

戍甬鼎（殷商）
滋乳爲返
唯反（返）

過伯簋（西周早期）

大保簋（西中早期）
滋乳爲叛
叡厥反（叛）

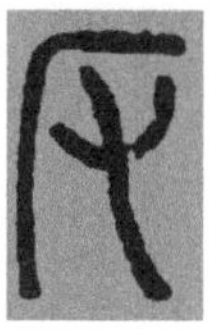
中方鼎（西周早期）

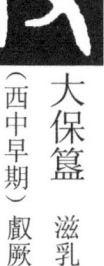

𠬝

叏

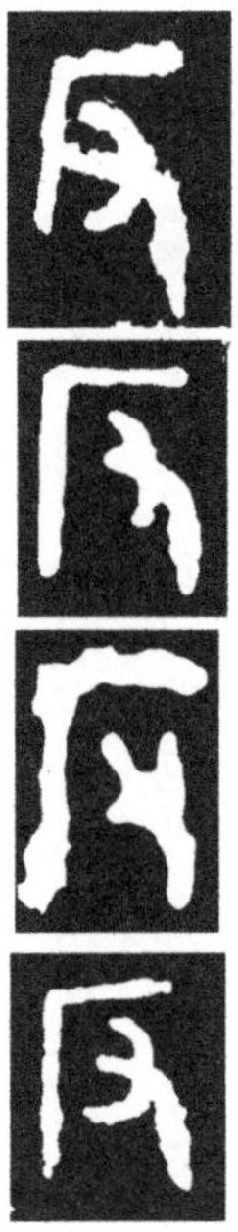
小臣謎鼎（西周早期）

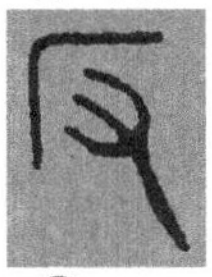
疐鼎（西周早期）

九年衛鼎（西周中期）

旅鼎（西周中期）

頌鼎（西周晚期）

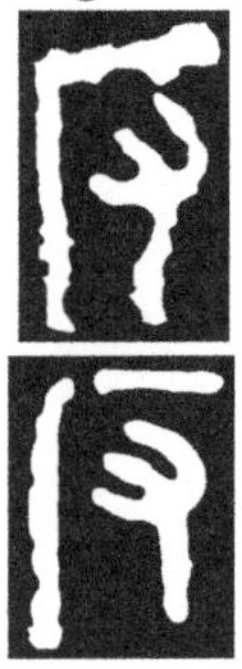
頌壺（西周晚期）

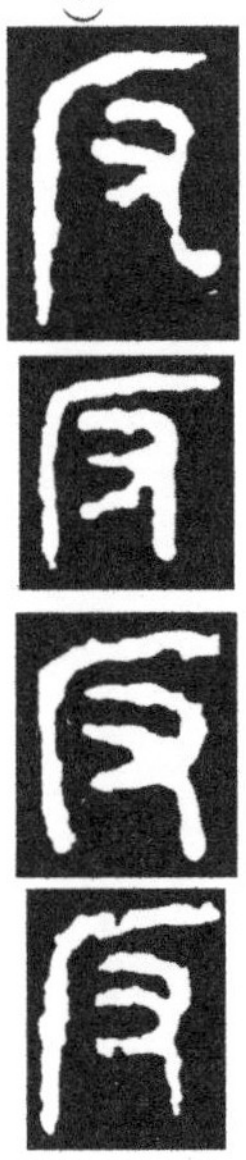
頌簋（西周晚期）

善夫山鼎（西周晚期）

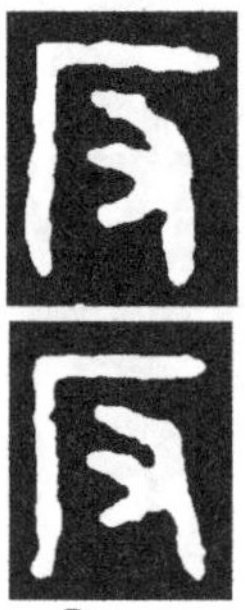
師寰𣪕（西周晚期）

曾侯乙锺（戰國早期）

fú
𠬝

《説文》曰：治也，从又、从卪。

註：卪，同卩，人字之异形字。𠬝，从又、持人，有降服、服從之義。𠬝，即服之本字。

𠬝觶（殷商）

旁父乙鼎（殷商）

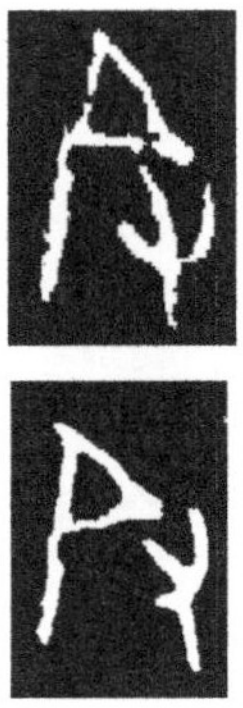
宗周锺（西周晚期）

tāo
叏

《説文》曰：滑也，从又、中。一曰取也。

喪叏賓瓶（戰國）

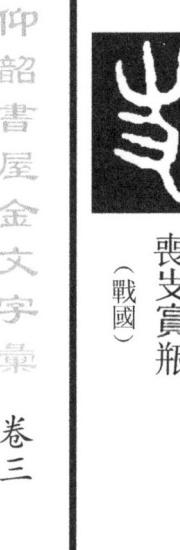

敹

淑菽叔

娶取

sùi
敹

《說文》曰：楚人謂卜問吉凶曰敹，从又持祟，祟亦聲。註：敹，古代祭之一種，曰『冬賽報祠』。从又、持木于示前。祈豐穰、問水旱。敹，即『冬賽報祠』之賽字。，在銘文中讀為款。

𢦔𣪘（西周中期）

讀爲款字　凡百又卅又五敹（款）

朿季姬尊（西周中期）

【古文字類編】

shū
叔

《說文》曰：拾也，从又、尗聲。汝南名收芋爲叔。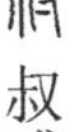叔或从寸。

郭沫若曰：以金文字形而言，實乃从又持戈以掘芋也，用爲伯叔字乃出于假借。金文伯叔字均作弔，弔，亦假借字。【两周金文辭大系考釋】

註：叔，收穫、拾取義。叔，或假借爲菽、淑、素。

叔鼎（西周早期）

叔作寶尊彝鼎（西周早期）

叔簋（西周早期）

叔簋（西周早期）

吴方彝（西周中期）

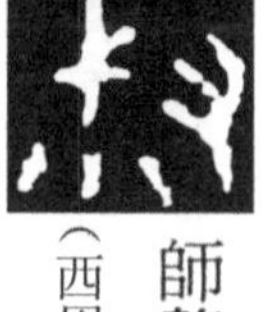
師嫠𣪘（西周晚期）

或讀為素　賜汝叔（素）芾　金衡

大克鼎（西周晚期）

qǔ
取

《說文》曰：捕取也，从又、从耳。『周禮』：獲者取左耳。《說文通訓定聲》曰：取，假借為娶。

《釋名》曰：取，趣也。

註：古之戰事，勝者以取俘虜耳朵計數以報功。取，即會意取耳。取，通趣、趨。

假暇遐瑕騢叚

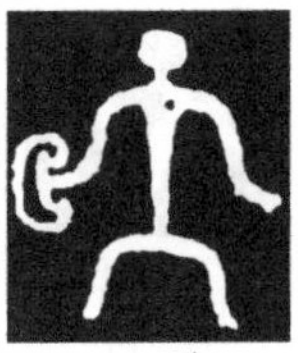
取父癸尊（殷商）

取父癸卣（殷商）

九年衛鼎（西周中期）

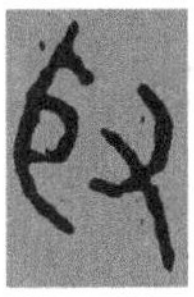
牧簋（西周中期）

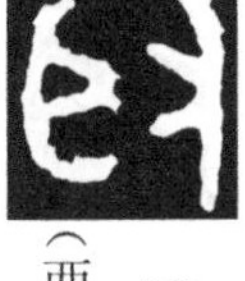
趞叚（西周中期）

大鼎（西周中期）

格伯簋（西周中期）

裘衛盉（西周中期）

取子鉞（西周）

毛公鼎（西周晚期）

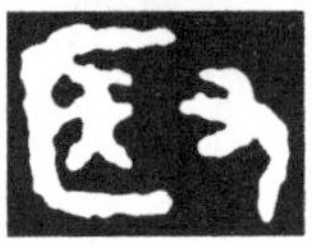
虢叚（西周晚期）

取膚盤（西周晚期）

楊簋（西周晚期）

駒父盨盖（西周晚期）

番生簋（西周晚期）

取膚匜（西周晚期）

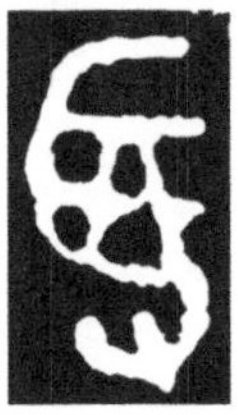

楚簋（西周晚期）

魏公瓶（西周晚期）

[言戈]叚（西周晚期）

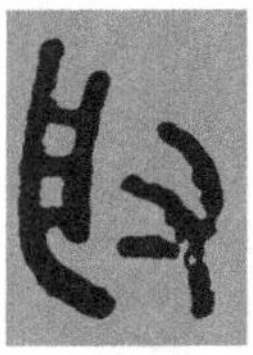
晉姜鼎（春秋早期）

取它人鼎（春秋）

㚸蚉壺（戰國晚期）

jiǎ
叚

註：叚，古文假字。叚，通暇、通遐、通瑕、通騢。

中甗（西周早期）

盠方尊（西周中期）

盠方彝（西周中期）

克鍾（西周晚期） 讀為騢 用匄純叚（騢）永命

友

師寰𣪕（西周晚期）讀為暇 今敢薄厥眾叚（暇）

師寰𣪕（西周晚期）讀為遐 今余弗叚（遐）徂

寰盤（西周晚期）

禹鼎（西周晚期）讀為遐 肆武公亦弗叚（遐）忘朕聖祖

寰鼎（西周晚期）

晉姜鼎（春秋早期）讀為暇 余不叚（暇）妄荒寧

曾伯簠（春秋早期）

曾伯陭壺（春秋）讀為瑕 為德無叚（瑕）

周王叚戈（戰國早期）

平陰侯鼎蓋（戰國）

yǒu
友

《說文》曰：同志為友，从二又（手），相交友也。

註：友本為動詞，周末漸與朋字同稱，遂為名詞，朋友。友，或假為賄字。

父癸尊（殷商）

父癸觚（殷商）

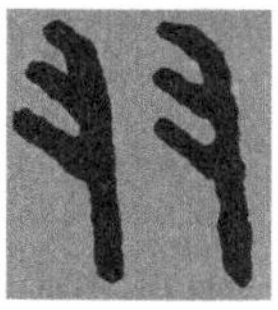
寑蓐鼎（殷商）

麥方鼎（西周早期）

辛鼎（西周早期）

毛公旅鼎（西周早期）

先獸鼎（西中早期）

矢令方彝（西周早期）

廅父鼎（西周早期）

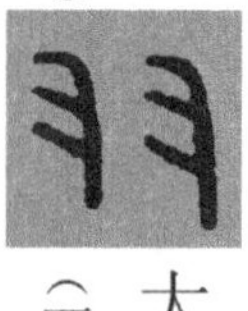
大矢始鼎（西周中期）

叔友父簋（西周中期）

大鼎（西周中期）

師旂鼎（西周中期）

君夫簋蓋（西周中期）

友父鬲（西周晚期）

叔㚸簋（西周晚期）

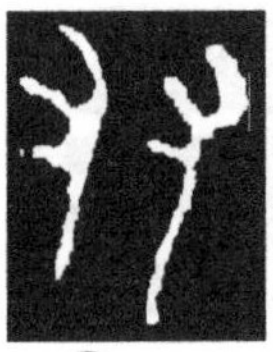
倗友鍾（西周晚期）

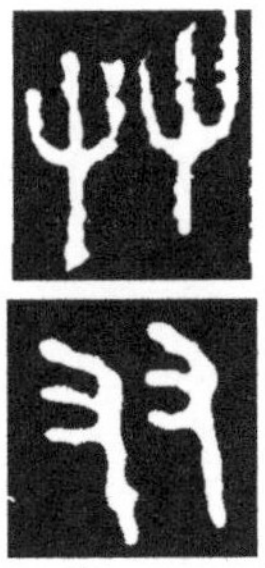
史頌鼎（西周晚期）

多友鼎（西周晚期）

中友父簋（西周晚期）

遣小子䢅簋（西周晚期）

官㚸父簋（西周晚期）

𠭯比盨（西周晚期）　讀為賄　凡復友（賄）

弭仲簠（西周晚期）

善夫克盨（西周晚期）

史頌簋（西周晚期）

羌伯簋（西周晚期）

杜伯盨（西周晚期）

中友父盤（西周晚期）

王孫遺者鍾（春秋晚期）

毛公旅鼎（西周早期）　或从甘

曆方鼎（西周早期）

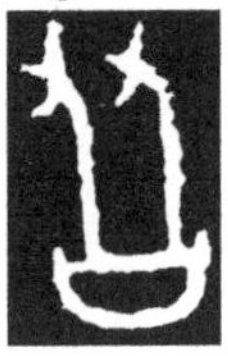
召卣（西周早期）　或从口

大史友甗（西周早期）

農卣（西周中期）

友簋（西周中期）

仲自父壺（西周晚期）

鼄友父鬲（春秋早期）

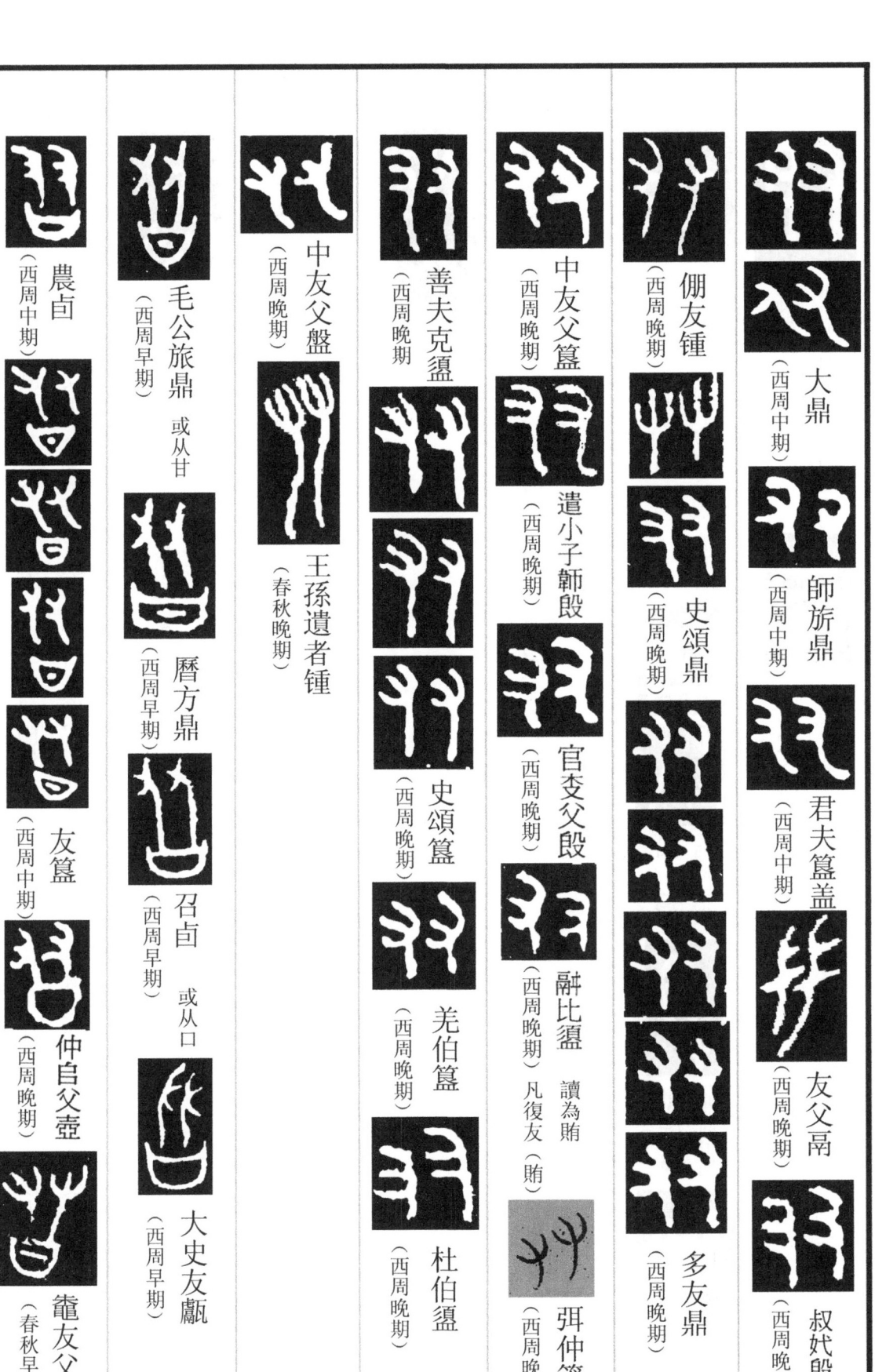

度 度　叔 抹　取 阻

dù duó
度

《説文》曰：法制也，从又、庶省聲。註：度，側量長短之標準。古代尺、寸等長度，均以人體為法要。寸，取法于人手掌後高骨下之寸口長度，十寸為尺。寸、尺長度均與手有關，故度字从又，又，手也。

商鞅量（戰國）

商鞅量底部鑄刻秦詔版銘文供參考

mèi
叔

註：从又末聲，或為抹字，摸也。

（殷商）

zhā
取

註：取，或為抯字。抯，取也。抯，假為阻、為祖。

吕伯觶（西周早期）　讀為祖

吕作厥取（祖）寶尊彝

吕伯簋（西周中期）

師虎簋（西周中期）

友簋（西周中期）

史牆盤（西周中期）　讀為阻

牆弗敢取（阻）

伯家父簋（西周晚期）

pò
⿰白又

⿰白又己觚（殷商）

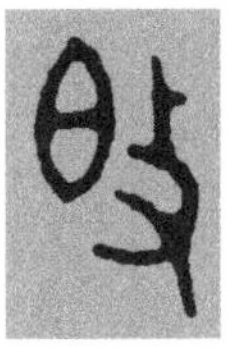

⿰白又陸睘矛（戰國）

註：⿰白又，或為拍字，讀為迫。

fǎn
⿸厂⿰土又

小臣單觶　讀為返（西周早期）　王后⿸厂⿰土又（返）克商

曾侯乙鍾（戰國晚期）

註：⿸厂⿰土又，讀為返。

ái
⿸厓又

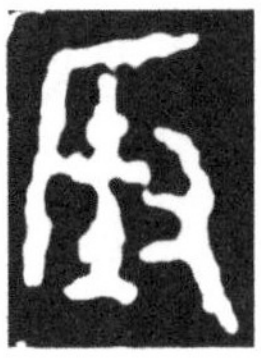

𩫏伯⿸厓又𣪕（西周早期）

註：⿸厓又，从又、厓聲。从又，从扌義同，故⿸厓又或爲捱字，捱，用同挨。

kuǎn
⿰柰又

註：⿰柰又，从又、持木于示前。祈豐穰、問水旱。⿰柰又，小篆作⿰柰殳，祭祀名『冬賽報祠』之賽字。⿰柰又，在銘文中讀為款。

敼　搈⿰容又　拪遷⿰酉又

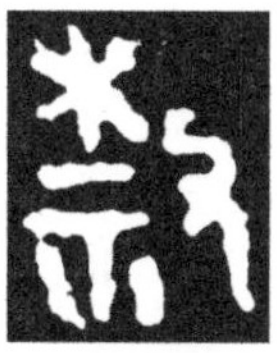

戜段（西周中期）讀爲款字 凡百又卅又五叙（款）

宋季姬尊（西周中期）【古文字類編】

敼

敼段（西周晚期）

róng
⿰容又

註：⿰容又，或同搈。搈，動搖不安之義。『說文』曰：搈，動搈也。

⿰容又先伯段（西周晚期）

qiān
⿰酉又

註：⿰酉又，或同拪，遷字古文。『說文』曰：遷，登也。古文遷，从手、西。

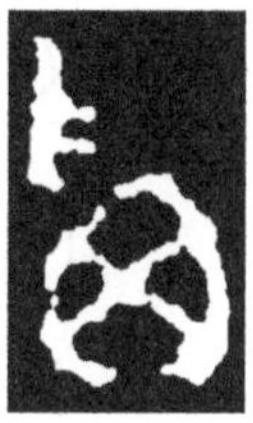
萬諆觶（西周中期）讀為拪 用享拪尹人

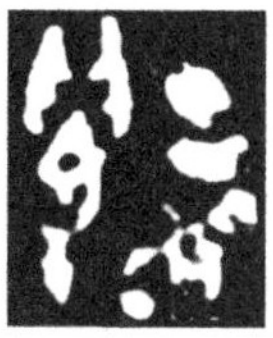
大盂鼎（西周早期）讀為遷 遷自厥土

𩆜 申

shēn

𩆜

註：𩆜，或讀爲申。即春秋蔡昭侯之名，蔡侯申。𩆜，或讀為紳。

蔡侯鈕鐘（春秋晚期）

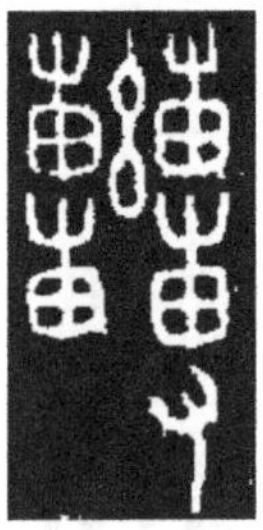

蔡侯鼎（春秋晚期）

蔡侯𩆜戈（春秋晚期）

蔡侯𩆜缶（春秋晚期）

蔡侯簠（春秋晚期）

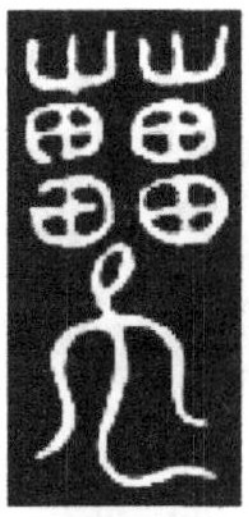

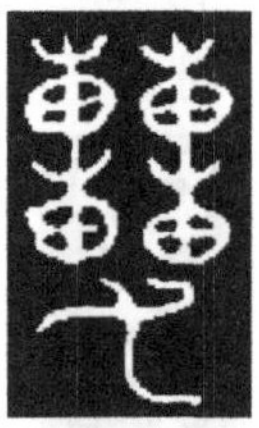

曾侯乙鐘（戰國早期） 讀為申 其在申也為遲則

𢦚

𢦚

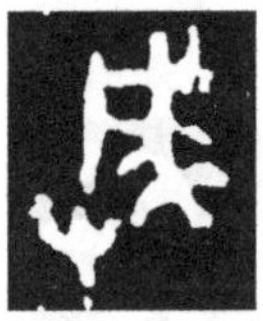

師寰毁（西周晚期）

𠂇

卑俾婢

zuǒ
𠂇

《説文》曰：𠂇（左）手也，象形。《集韻》曰：𠂇，或从工。《正字通》曰：𠂇，古左字。

註：𠂇，即左之本字。或滋乳爲佐。

左鐃（殷商）

左𢼄鼎（殷商）

bēi
bǐ
卑

《説文》曰：賤也，執事也。从𠂇、甲。《集韻》曰：卑，使也，通作俾。

註：卑，身份低下之侍從。卑，通俾、通婢。

史牆盤（西周中期）

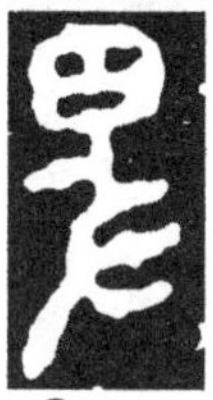
曶鼎（西周中期）

彧殷（西周中期）

農卣（西周中期）

散氏盤（西周晚期）

曾伯簠（春秋早期）

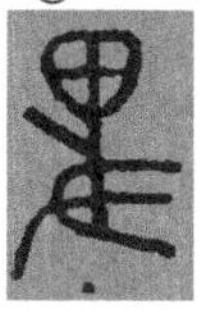
晉姜鼎（春秋早期）

曾子斿鼎（春秋早期）

師𩛥鼎（春周中期）

君光鼎（春秋中期）

者𣿭鐘（春秋）

國差甔（春秋）

余卑盤（春秋）

叔尸鍾（春秋晚期）

齊陴氏鐘（春秋晚期）

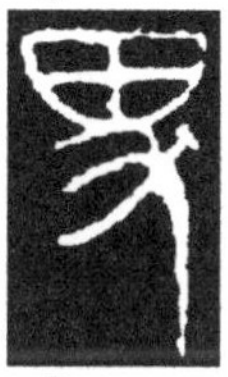
秦王鍾（春秋晚期）

中山王嚳鼎（戰國晚期）

史

shǐ

史

《説文》曰：記事者也，从又、持中，中，正也。註：史，从又、持中。史，古代文職官員，持中公正記載史實的太史。古文字史、事、吏本同字，後分化為三字。

史鐃（殷商）

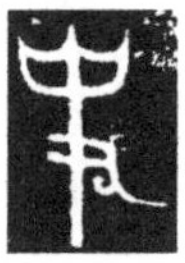

史鼎（殷商）

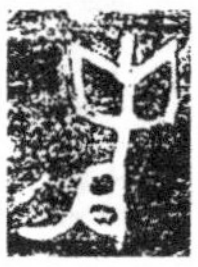

史卣（殷商）

史爵（殷商）

史尊（殷商）

史方彝（殷商）

史戈（殷商）

史箕（殷商）

史見父甲尊（西周早期）

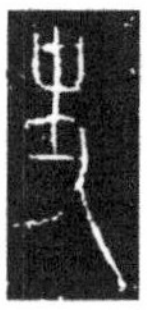

史次鼎（西周早期）

史見卣（西周早期）

史諂段（西周早期）

史猒鼎（西周早期）

遽父乙段（西周早期）

且辛簋（西周早期）

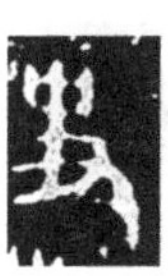

寗鼎（西周早期）

叔簋（西周早期）

周公簋（西周早期）

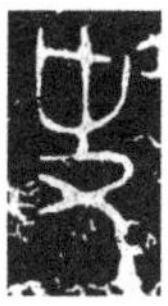

史从尊（西周早期）

羕史尊（西周早期）

父壬卣（西周早期）

大史友甗（西周早期）

耳卣（西周早期）

大史罍（西周早期）

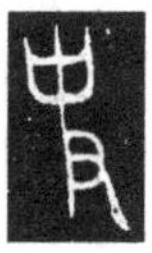

史父丁壺（西周早期）

史秦鬲（西周早期）

史

士上盉（西周早期）

士上卣（西周早期）

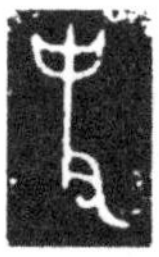
史父庚鼎（西周早期）

利簋（西周早期）

史喜鼎（西周）

羖毀蓋（西周中期）

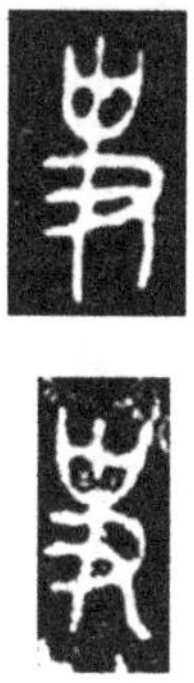
師酉簋（西周中期）

㦰方鼎（西周中期）

師虎簋（西周中期）

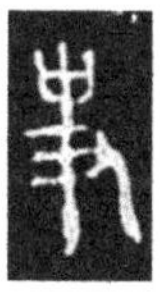
史曶尊（西周中期）

𤼈鐘（西周中期）

史造鼎（西周中期）

師奎父鼎（西周中期）

生史簋（西周中期）

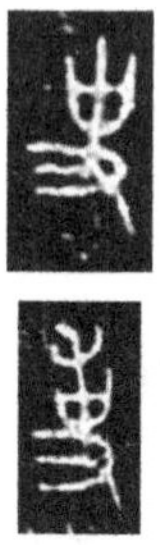
史頌鼎（西周中期）

趩觶（西周中期）

永盂（西周中期）

吴方彝（西周中期）

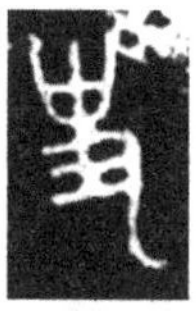
史頌匜（西周中期）

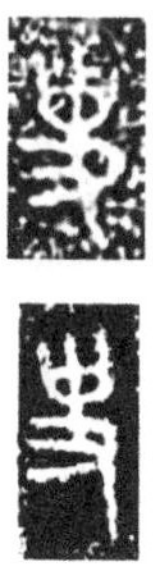
史頌簋（西周晚期）

楚簋（西周晚期）

揚簋（西周晚期）

此簋（西周晚期）

善夫克盨（西周晚期）

大克鼎（西周晚期）

逆鍾（西周晚期）

史宜父鼎（西周晚期）

毛公鼎（西周晚期）

頌鼎（西周晚期）

頌簋（西周晚期）

頌壺（西周晚期）

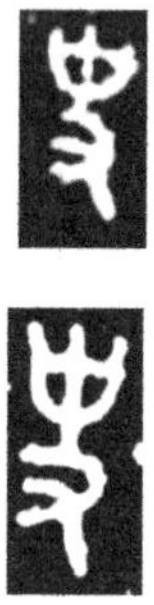
史寏毀（西周晚期）

此鼎（西周晚期）

史僕壺（西周晚期）

事 

番生簋盖（西周晚期）

三年師兑簋（西周晚期）

鬲比鼎（西周晚期）

免卣（西周晚期）

散氏盤（西周晚期）

史牆盤（西周晚期）

史頌盤（西周晚期）

寰盤（西周晚期）

伯索史盂（春秋早期）

蔡大師鈉（春秋）

叔上匜（春秋）

大史申鼎（春秋）

史孔和（春秋）

𨻰大喪史仲高鍾（春秋中期）

喪史𡩜瓶（戰國）

shì
事

《説文》曰：職也，从史、之省聲。

註：事，官職、職務，引申為職業、事物。事，通使。古文史、事、吏本同字，後分化為三字。

小子䍙毁（殷商）

矢令方尊（西周早期）

小臣宅簋（西周早期）

小子生尊（西周早期）

事作小吕尊（西周早期）

伯矩鼎（西周早期） 用作使 王出入事（使）人

遽父乙毁（西周早期）

𠂤毁（西周早期）

事父簋（西周早期）

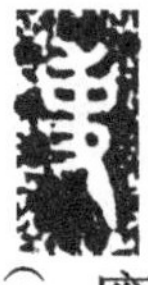
應事簋（西周早期）

叔簋（西周早期）

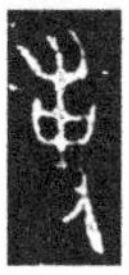
匽侯旨鼎（西周早期）

庚嬴鼎（西周早期）

天亡簋（西周早期）

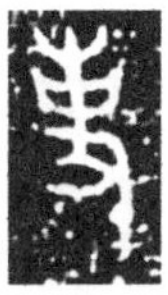
櫨侯毁蓋（西周早期）

事

小旅鼎（西周早期）

麥方鼎（西周早期）

瀕史鬲（西周早期）

盠父鼎（西周早期）

大盂鼎（西周早期）

大盂鼎（西周早期）

㦰方鼎（西周中期）

內史龏鼎（西周中期）

伯㡠父鼎（西周中期）

肄毁（西周中期）

衛鼎（西周中期）

伯晨鼎（西周中期）

曶鼎（西周中期）

追簋（西周中期）

伯中父簋（西周中期）

尹姞鬲（西周中期）

遇甗（西周中期）

生史簋（西周中期）

賢簋（西周中期）

恒簋（西周中期）

免簋（西周中期）

趞毁（西周中期）

晉人簋（西周中期）

豆閉簋（西周中期）

吕服余盤（西周中期）

即簋（西周中期）

九年衛鼎（西周中期）

申簋盖（西周中期）

望簋（西周中期）

倗卣（西周中期）

史牆盤（西周中期）

善鼎（西周中期）

小臣守簋（西周）

事良父簋（西周）

師虎簋（西周晚期）

枝肢支

zhī
支

《説文》曰：去竹之枝也，从手持半竹。《正字通》曰：支，與肢通。

註：支，即枝之古文，通肢。

大克鼎（西周晚期）

毛公鼎（西周晚期）

事族簋（西周晚期）

妊小簋（西周晚期）

師害簋（西周晚期）

眉壽锺（西周晚期）

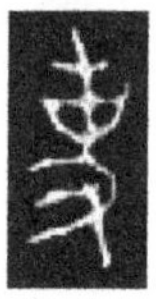

柞锺（西周晚期）

趞鼎（西周晚期）

多友鼎（西周晚期）

汈其鐘（西周晚期）

史頌鼎（西周晚期）

鬲比鼎（西周晚期）

頌鼎（西周晚期）

小臣守簋（西周晚期）

史頌簋（西周晚期）

郘𩣡𣪘（西周晚期）

[illegible]𣪘（西周晚期）

秦公锺（春秋早期）

國差甔（春秋）

子禾子釜（戰國）

平陰鼎蓋（戰國）

陳純釜（戰國）

哀成叔鼎（戰國）

中山王嚳鼎（戰國晚期）

肆肄

肅

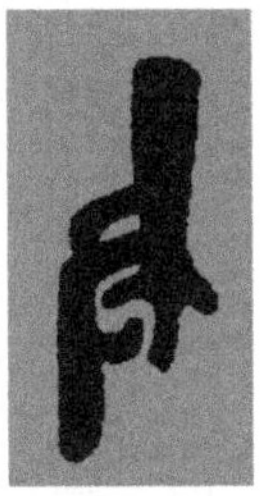

女壴方彝（殷商）【古文字類編】

yì sì
肄

《說文》曰：習也。註：肄，肄業、肄習，學習、練習。金文肄、肆同字。肆，恣意妄為，放肆。

肄作父乙段（殷商）

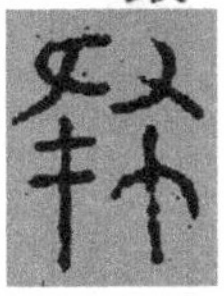
中甗（西周早期）

毛公旅方鼎（西周早期）

歸𢦏方鼎（西周早期）

大盂鼎（西周早期）

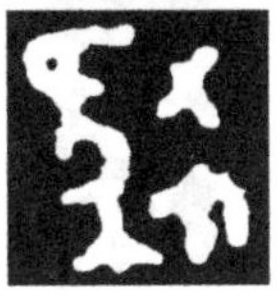
肄段（西周中期）

縣妃簋（西周中期）

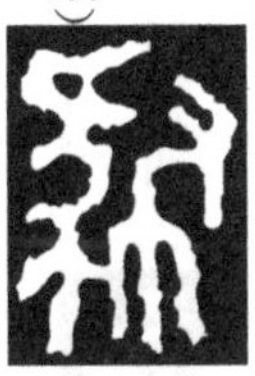
毛公鼎（西周晚期）

禹鼎（西周晚期）

㝬段（西周晚期）

丼人妄鐘（西周晚期）

大克鼎（西周晚期）

sù
肅

《說文》曰：持事振敬也，从聿在𣶒上，戰戰兢兢也。

《玉篇》曰：肅，敬也。嚴也。

註：肅，恭敬、莊重、莊嚴。

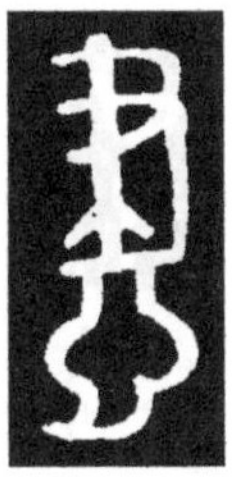
禹鼎（西周晚期）

齊侯鎛（春秋中期） 或从竹

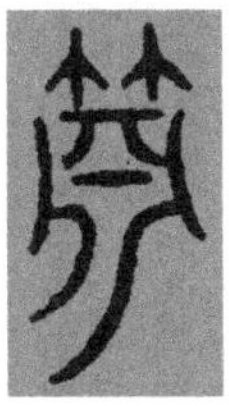
叔尸鍾（春秋晚期）

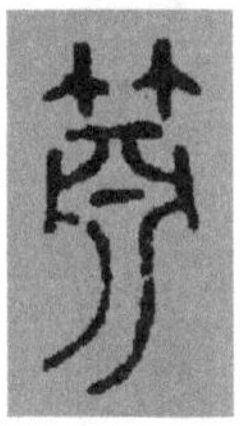
叔尸鎛（春秋晚期）

筆聿聿

書

王孫誥鐘【近出殷周金文集錄】（春秋）

王孫遺者鐘（春秋晚期）

蔡侯盤（春秋晚期） 或从言

yù
聿

《説文》曰：所以書也，楚謂之聿，吴謂之不律（即筆音），燕謂之弗。从聿、一聲。註：聿，即筆之象形，與聿本同字。方濬益曰：古文聿、聿止一字，篆文興始分爲二。【綴遺齋彝器款識考釋】

聿觶（殷商）

聿鼎（殷商）

聿戈（殷商）

婦聿虜卣（殷商）

聿父戊斝（殷商）

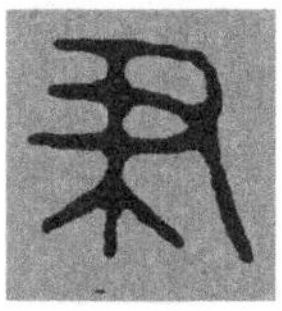

執尊（殷商） 讀爲筆 賜鋁二聿（筆）二

聿方彝（殷商）

聿爵（殷商）

辛聿尊（殷商）

䢅卣（西周早期） 讀爲筆 賜鋁二聿（筆）二

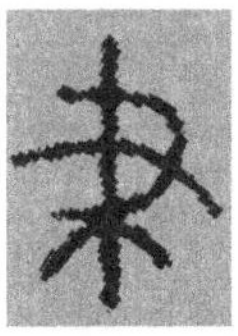

聿造鬲（西周晚期）

楚王領鐘（春秋晚期）

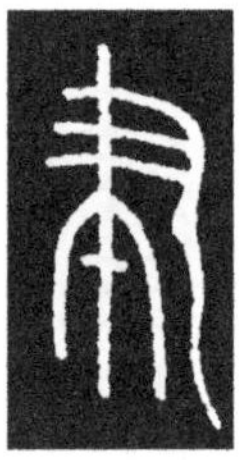

者𣲖鐘（戰國早期）

shū
書

《説文》曰：著也，从聿、者聲。

註：書，書寫、記載，動詞。書，或作書籍，名詞。

畫 劃

師旂鼎（西周中期）

格伯簋（西周中期）

趞鼎（西周晚期）

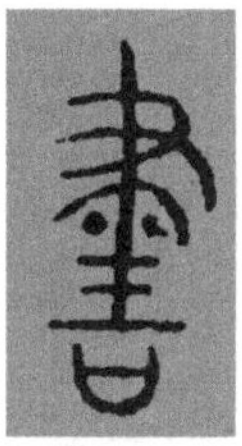

寰鼎（西周晚期）

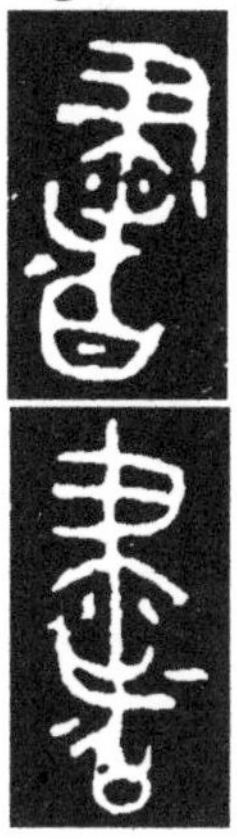

頌鼎（西周晚期）

頌壺（西周晚期）

頌簋（西中晚期）

寰盤（西周晚期）

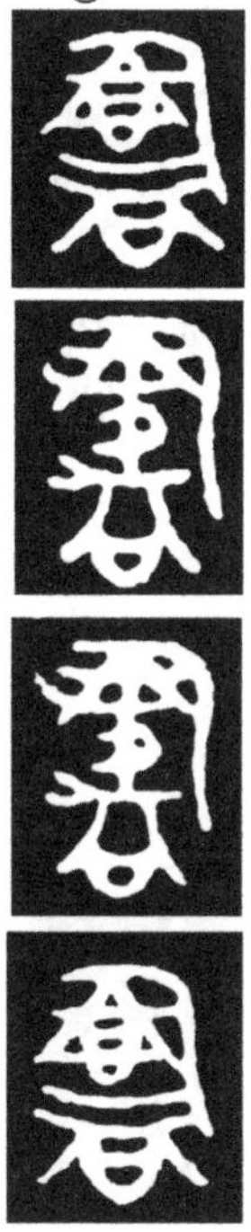

欒書缶（春秋）

廿年距末（戰國）

huà
畫

《說文》曰：界也，象田四界，聿所以畫之，古文畫省，亦古文畫。註：畫，即劃界之義。田字與周字均有田地之義，古畫字从田、从周其義相同。从刀之劃字，爲後起字，畫，同劃。

小臣宅簋（西周早期）

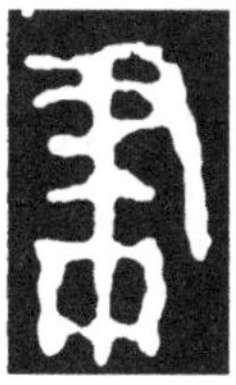

伯晨鼎（西周中期）

十三年癲壺（西周中期）

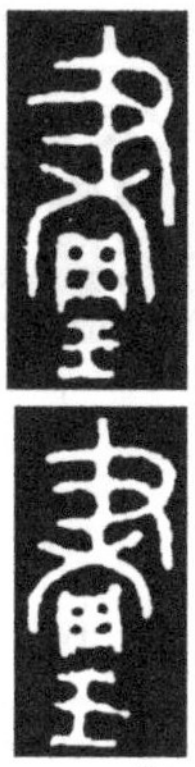

彔伯𢦚𣪘（西周中期）

王臣簋（西周中期）

吳方彝（西周中期）

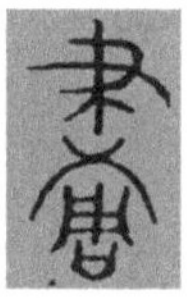

𦉢盨（西周晚期）

毛公鼎（西周晚期）

五年師旋段（西周晚期）

三年師兑簋（西周晚期）

番生簋盖（西周晚期）

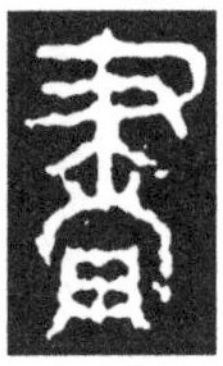
師克盨（西周晚期）

上官豆（戰國）

guī
妻

郭末若曰：妻字當是規之古文。【两周金文辭大系考釋】

註：，畫之別體，或假爲劃。

子妻段（殷商）

子妻器（殷商）

爯簋（西周）

師訇簋（西周晚期）

zhòu
晝

《說文》曰：日之出入，與夜爲界，从畫省、从日。籀文晝。

註：自日出至日落為晝。晝與夜相對。

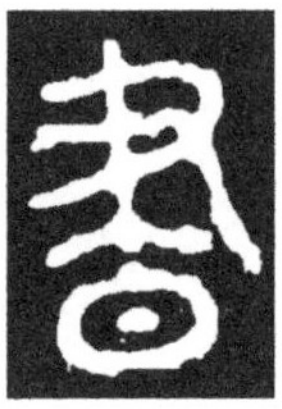
㝬段（西周晚期）

讀為晝

余無康晝夜經庸先王

dài
隶

《說文》曰：及也，从又、从尾省。又持尾者，从後及之也。註：隶，即古逮字。以又（手）從後抓獸尾，會意為捕獲、逮捕。後，逮行而隶廢。隶，或假為肆。宴樂懸置鐘磬，各十六枚為肆、半肆為堵。

隸 隸　　洗 肄　　洗銳 䢊

聿爵（殷商）

邵黛鐘（春秋晚期）　或讀為肆　大鐘八隶（肆）

lì
隸

《說文》曰：附箸也。从隶、柰聲。《集韻》曰：隸，附也。

註：隸，奴隸，引申為地位低下者，附屬、隸屬。

高奴禾石權（戰國）

上守趞戈（戰國）

上郡守壽戈（戰國晚期）

二年上郡守冰戈（戰國晚期）

xiǎn
肄

註：肄，為古音十二律中六陽之姑洗，或曰割肄。

曾侯乙鐘（戰國早期）

ruì
䢊

注：䢊，或釋為銳字，假為洗，十二律中姑洗之洗字（割䢊）。

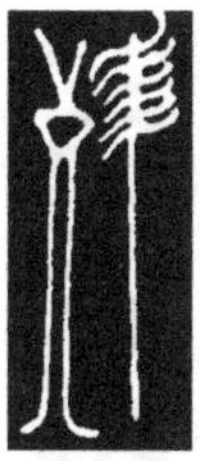

曾侯乙鐘（戰國早期）

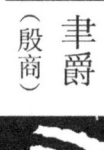

堅臤 

豎 

kēng xián
臤

《說文》曰：堅也，从又，臣聲。讀若鏗鏘之鏗。古文以爲賢字。

註：臤，賢德之賢字，後為从貝之賢所代，賢行而臤廢。臤，或讀文鏗、為堅。

臤觚（殷商）

文父丁鼎（殷商）

臤父癸簋（殷商）

臤父癸觶（殷商）

臤父乙爵（殷商）

臤卣（殷商）

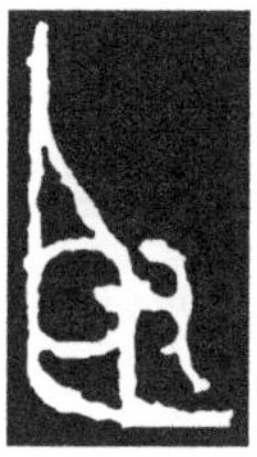
臤父丁鼎（西周早期）

且癸簋（西周早期）

仲子觥（西周早期）　讀為賢　賢文父丁尊彝

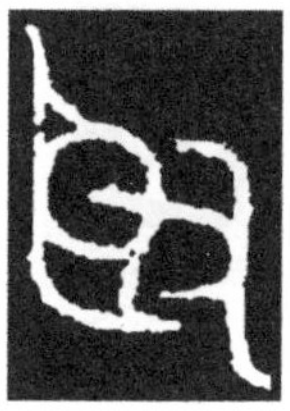
臤父辛爵（西周早期）

姬寏母豆（春秋）

shù
豎

《說文》曰：豎立也，从臤、豆聲。

註：，金文豎字或从臤省、豆聲。

鄽王詈戈（戰國晚期）　或从臤省从豆　右工尹青其工豎

郙陰令戈（戰國晚期）

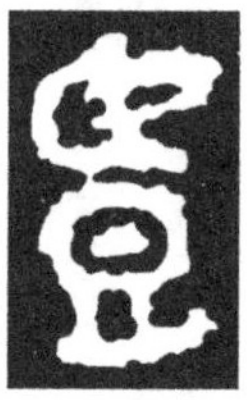
二十四年郙陰令戈（戰國晚期）

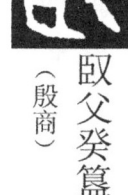

臣 

chén
臣

《說文》曰：牽也，事君也。象屈服之形。註：臣，即目之象形。造字之法，目有横竪之分，横目乃平視之象，如見，作。竪目爲仰觀俯察之形，如望，作。臣，最初指戰俘或奴隸，以繩索牽之，男曰臣、女曰妾。臣，爲竪目仰視眼睛之象形，以此表臣服之意。後引申為君主輔臣、臣民之臣。

小臣艅犀尊（殷商）

小臣兒卣（殷商）

小臣⿱爫絲卣（殷商）

冬臣單觚（殷商）

栄簋（西周早期）

臣辰父乙卣（西周早期）

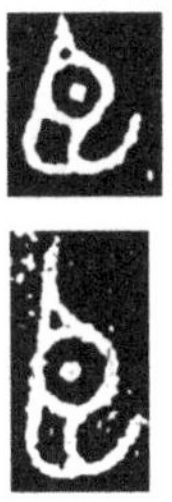
周公簋（西周早期）

臣樹殘殷（西周早期）

臣辰冊殷（西周早期）

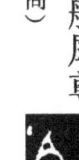

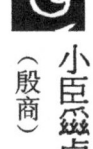

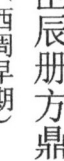

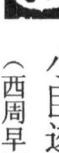

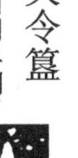

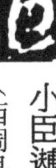

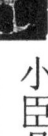

樊尹鼎（西周早期）

小臣逋鼎（西周早期）

臣辰册方鼎（西周早期）

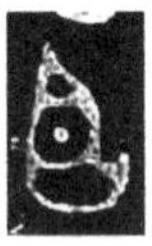
復作父乙尊（西周早期）

小臣傳簋（西周早期）

小臣夌鼎（西周早期）

臣卿鼎（西周早期）

臣卿簋（西周早期）

易⿱丅人殷（西周早期）

小臣逨簋（西周早期）

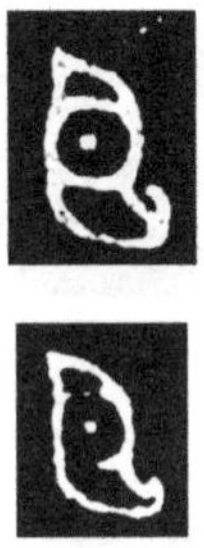
册父癸簋（西周早期）

矢令簋（西周早期）

盂簋（西周早期）

獻簋（西周早期）

小臣宅鼎（西周早期）

叔德簋（西周早期）

士上卣（西周早期）

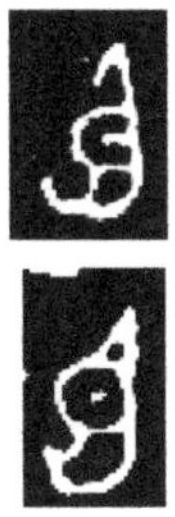
臣辰父乙鼎（西周中期）

小臣守簋（西周）

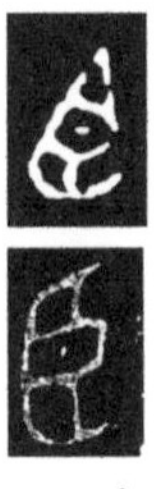
小臣鼎（西周）

蟎鼎（西周中期）

王臣簋（西周中期）

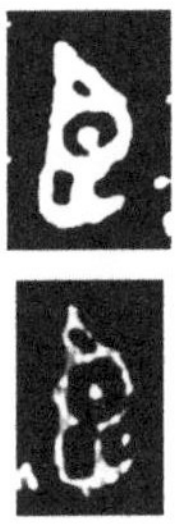
曶鼎（西周中期）

㦰方鼎（西周中期）

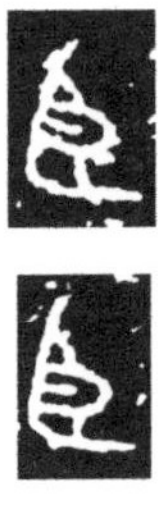
師𩛥鼎（西周中期）

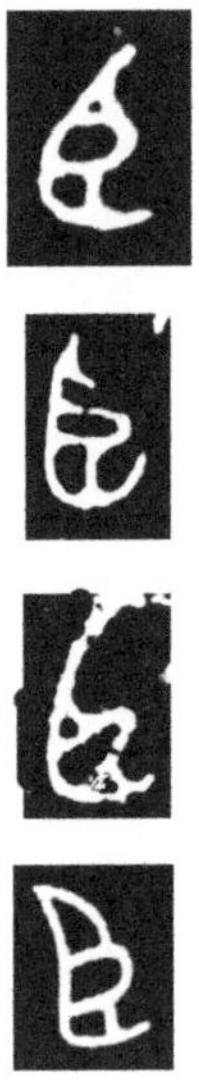
追簋（西周中期）

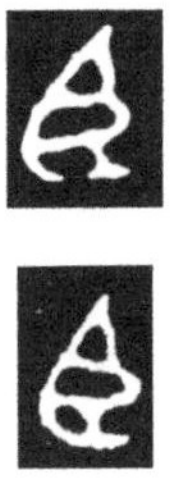
師酉簋（西周中期）

靜簋（西周中期）

臣諫簋（西周中期）

小臣父乙尊（西周中期）

耳尊（西周中期）

大克鼎（西周晚期）

師克盨（西周晚期）

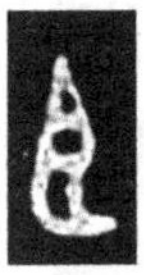
師寰𣪕（西周晚期）

毛公鼎（西周晚期）

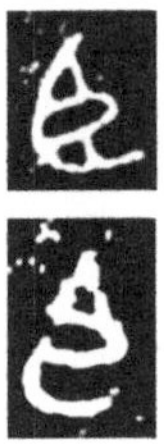
頌鼎（西周晚期）

頌簋（西周晚期）

公臣簋（西周晚期）

倗友鐘（西周晚期）

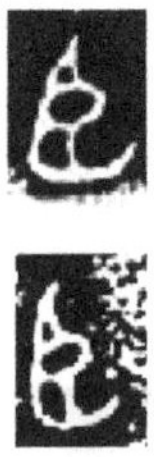
汈其鐘（西周晚期）

汈其鼎（西周晚期）

此鼎（西周晚期）

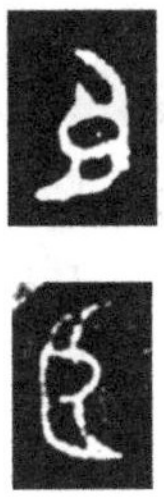
此簋（西周晚期）

訇簋（西周晚期）

己侯壺（春秋早期）

長子沬臣簠（春秋晚期）

⿰黑敢編鎛【近出殷周金文集録】（西周晚期）

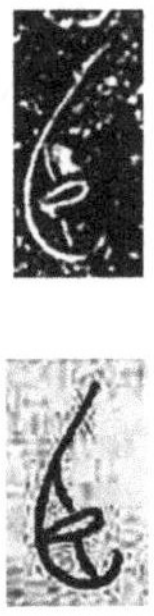
中山王嚳方壺（戰國晚期）

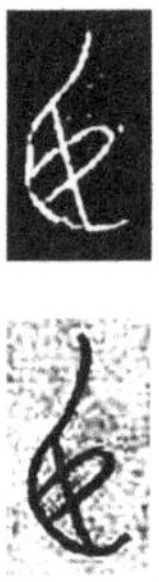
好蚉壺（戰國晚期）

中山王嚳鼎（戰國晚期）

臧 藏臟贓臧

zāng cáng zàng

臧

《說文》曰：善也，从臣、戕聲。《字彙補》曰：臧與藏同。《篇海類篇》曰：臧，吏賄盜貨也。贓（赃）物。

註：臧，戰俘為奴者，因其身分低下，好使善用，故有善義。臧，同藏、同臟、通贓。

曾子斿鼎（春秋早期） 或从口不从臣 臧敌集功

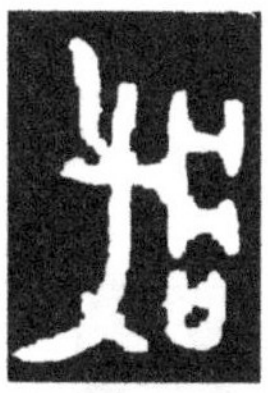

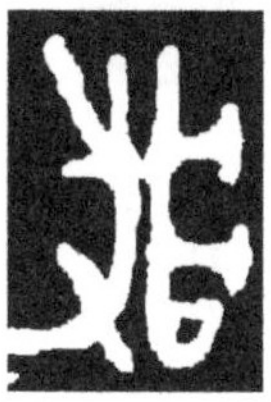

臧孫鐘（春秋晚期）

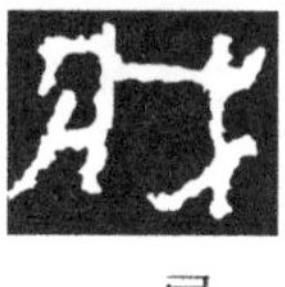

曩伯子庭父盨（春秋）

周王孫戈（春秋早期） 孔臧元武

鄘客問量（戰國） 羅莫囂臧師

陲璋鑐（戰國）

匩

匩

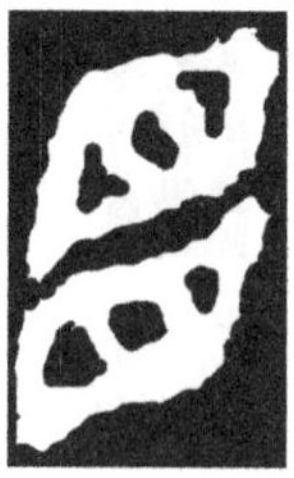

西單匩爵（殷商）

庿且己毁（殷商）

匩爵（西周早期）

⿰臣予

⿰臣予

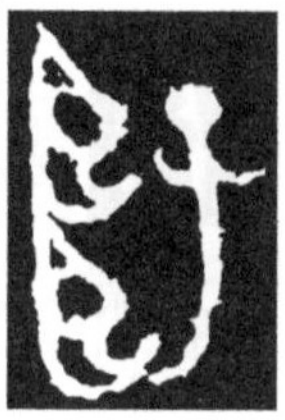

小子⿰臣予毁（殷商）

⿰臣曾 增　⿱付臣　⿰臣舌

zēng
⿰臣曾

註：⿰臣曾，或為古文增字。

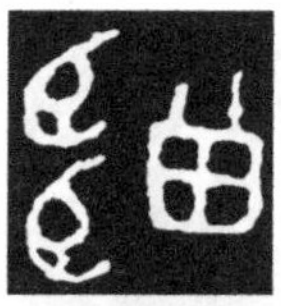
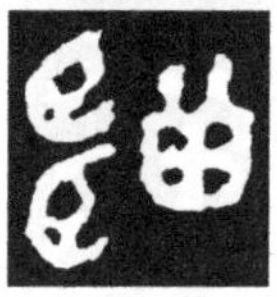

⿰臣⿱田田作父丙爵（西周早期）

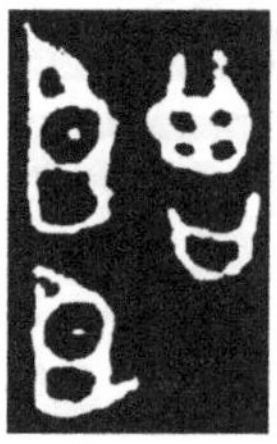

⿰臣曾鼎（西周早期）

fǔ fù
⿱付臣

註：⿱付臣，或讀為俯、或附。

中山王譽方壺（戰國晚期）

zhǐ
⿰臣舌

註：⿰臣舌，或同詆字，其義為揭發別人陰謀、罪惡。

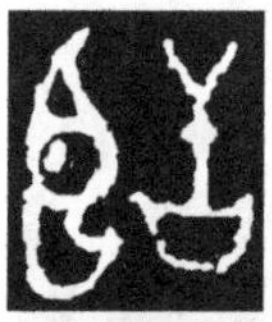
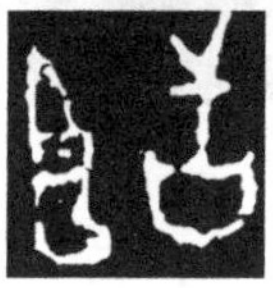

史⿰臣舌毁（西周早期）

杸殳

傴毆

殹

shū
殳

註：殳，又（手）持械象形，杸之本字。杸，古兵器，竹木制，長柄，似矛。

十五年趞曹鼎（西周中期）

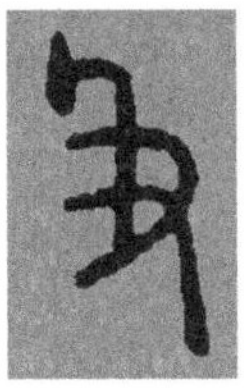
敔殷（西周晚期）

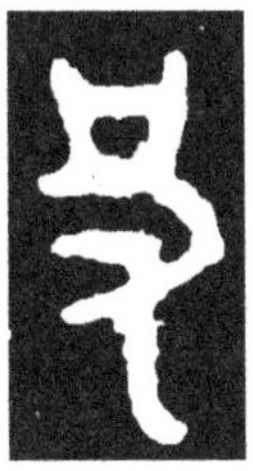
殳季良父壺（西周晚期）

曾侯邸殳（戰國早期）

ōu ǒu òu qū
毆

《說文》曰：捶轂物也，从殳、區聲。《集韻》曰：驅；馬馳也，古作敺或作毆。

《字彙補》曰：毆，姓。與歐同。註：毆，用棰杖打擊人或物。毆，同歐、同嘔、同傴、同驅。

多友鼎（西周晚期） 或从支 唯馬毆盡

師寰殷（西周晚期） 讀為毆 毆俘士女

yì
殹

《說文》曰：擊中聲也，从殳，医聲。

註：殹，被擊中發出呻吟聲，或曰病中呻吟聲。殹，或用為句尾之助詞。

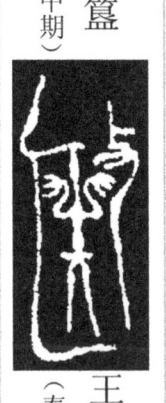

格伯簋（西周中期）

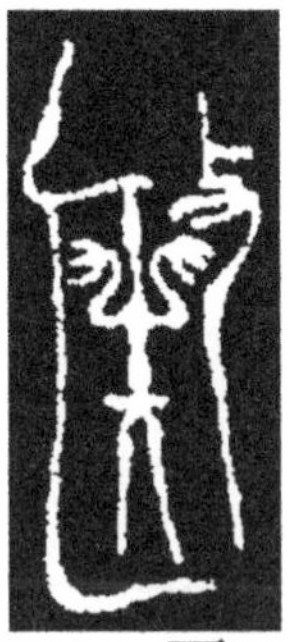
王子午鼎（春秋中期）

杜虎符（戰國晚期）

新郪虎符（戰國晚期） 假為也 燔燧之事雖毋會符行殹（也）

鍛碫煅緞腶鍜段

毅

殷

役

duàn
段

《説文》曰：椎物也，从殳、耑省聲。註：段，即形聲字，象手持椎在厂（石崖）下鍛鑿之形，兩點為鑿落石塊。段，為鍛之本字。後人以此爲段，用爲分段之段，再从金作鍛。段，同碫、腶、煅、緞、鍜，通斷。

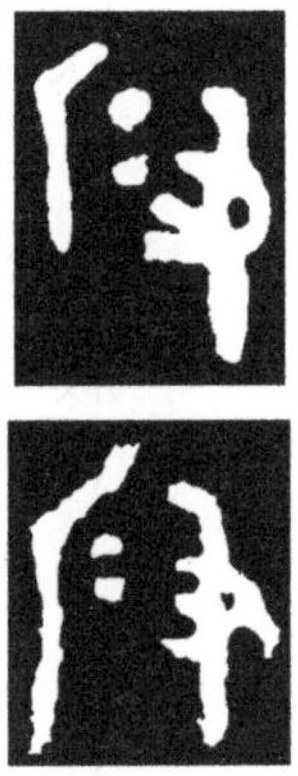
段金歸簋（西周中期）

段金歸尊（西周中期）

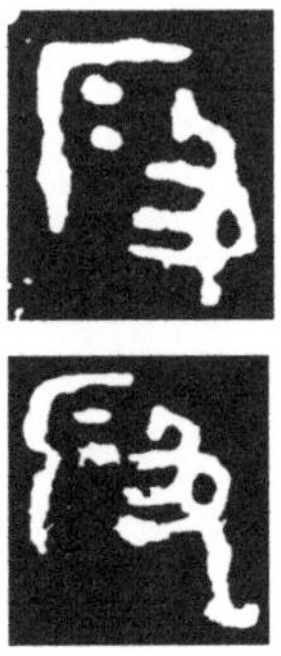
段簋（西周中期）

yì
毅

《説文》曰：妄怒也，一曰有決也。从殳、豙聲。《廣韻》曰：毅，果敢也。
註：凡氣盛曰妄。毅，本義為妄怒、盛怒。毅，又有果敢、剛毅、堅韌之義。

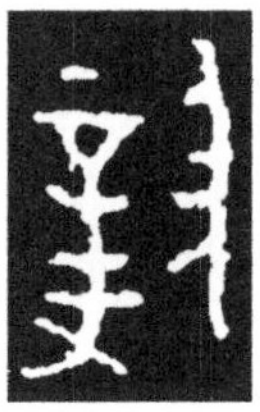
伯吉父鼎（西周早期） 讀為毅 伯吉父作毅尊鼎

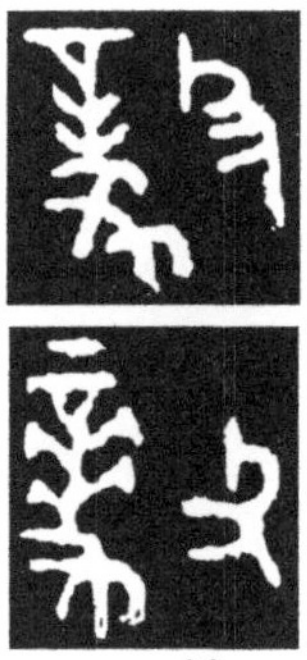
伯吉父簋（西周早期）

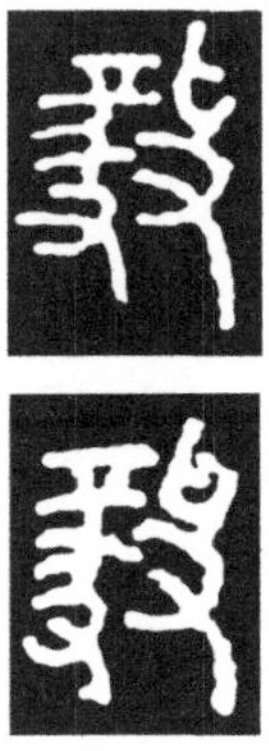
毅簋（西周晚期）

gǔi
殷

註：殷，同簋字，盛稻粱之青銅器。

頌簋（西周晚期）

yì
役

《説文》曰：戍邊也。从殳、从彳。古文役从人。《字彙》曰：役，徭役也。《玉篇》曰：役，使役也。
註：役，戍邊之兵役，或曰徭役、差役。㞼，同役。

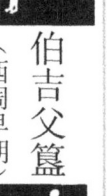

殺 弑殺

敲

毅 捒竦

役觚（殷商）

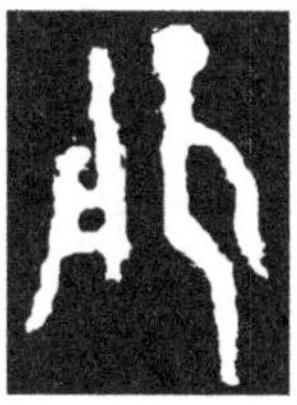
爵（殷商）

□作釐伯段（西周中期）

shā shì
殺

《說文》曰：戮也，从攴、杀聲。古文殺。《集韻》曰：弑，殺也，……或作殺。

註：殺，殺戮、殺死。杀，古殺字，或不从殳。

鬲比鼎（西周晚期）

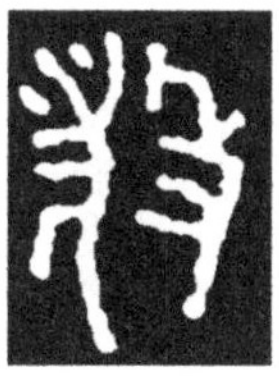
庚壺（春秋晚期）

作父戊鼎（西周早期）

敲

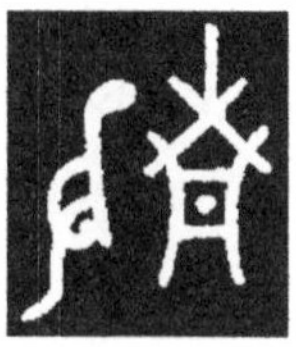
敲簋（殷商）

敲觶（殷商）

敲觚（殷商）

毃段（殷商）

shù sǒng
毅

註：毅，从殳、束聲。毅，或讀為捒。捒，同竦。

伯毅鬲（春秋早期）

𣫙 雍擁
𣪕 揆
𣪠
𣪘

jǔ
𣪘

註：𣪘，姓氏。

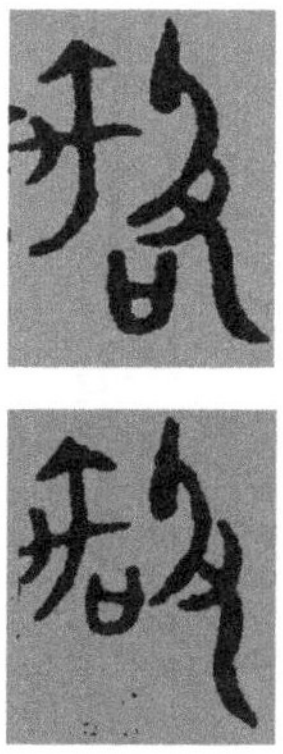

𣪘作寶彝觥（西周早期）

𣪠

季𣪠簋（西周中期）

kuí
𣪕

註：𣪕，或讀為揆。

𣪕由方尊（西周早期）

yōng
𣫙

註：𣫙，即擁，通雍。

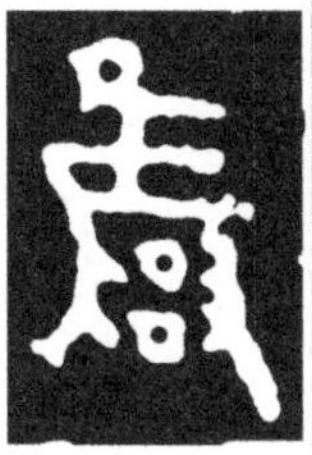
大盂鼎（西周早期）

辛鼎（西周早期）

㝬𣪘（西周晚期）

師訇簋（西周晚期）

毛公鼎（西周晚期）

捏⿰呈殳

niē
⿰呈殳

⿰呈殳，張亞初釋為捏字。【殷周金文集成 引得】

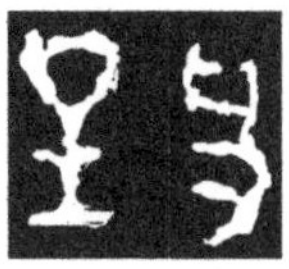
武生鼎（春秋早期）

滅威炈

miè
炈

註：炈，持械滅火狀，威之古文，同滅。

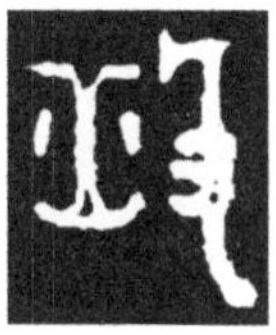
北伯炈卣（西周早期）

北伯炈尊（西周早期）

誅⿰朱殳

zhū
⿰朱殳

⿰朱殳，張亞初釋爲誅字【殷周金文集成 引得】

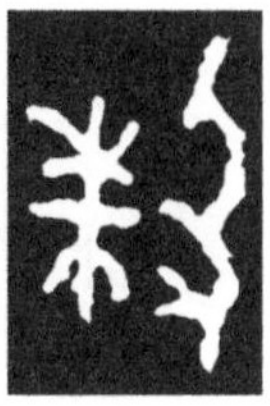
杞伯鼎（西周晚期）

妊爵（西周早期）

chāo
⿰少殳

註：⿰少殳，从殳、少聲。从殳與从才義同，⿰少殳，或為抄字。

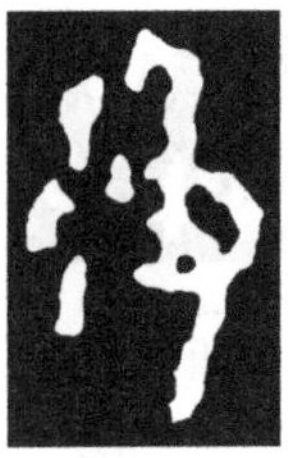

毛公鼎 讀為抄
（西周晚期）⿰少殳（抄）茲卿事寮

⿰足殳

⿰足殳赤尊
（西周早期）

fǔ
鳧

《說文》曰：舒鳧，鶩也。从鳥、几聲。《廣韻》曰：鳧，野鴨。《字彙》曰：鳧，从鳥、从几，俗省作鳬。

註：鳧，同鳬。

仲鳧父簋
（西周早期）

爯簋
（西周）

鳧叔盨
（西周晚期）

鳧叔匜
（西周晚期）

寺 持

將 獎

專

sì
寺

《説文》曰：廷也，有法度者也。从寸、之聲。

註：寺，官署名。三公所居謂之府、九卿所居謂之寺。

，金文寺字从又（手）、之聲。寺，即持之本字、通恃。

五祀衛鼎（西周中期）

洜伯寺簋（西周晚期）

寺季簋（西周晚期）

上曾大子鼎（春秋早期）

鼄侯簋（春秋早期）

吴王光鑑（春秋晚期）

鼄公牼鐘（春秋晚期）　讀為持　分器是寺（持）

驫羌鐘（戰國早期）　讀為恃　武侄寺（恃）力

曾侯乙鐘（戰國早期）

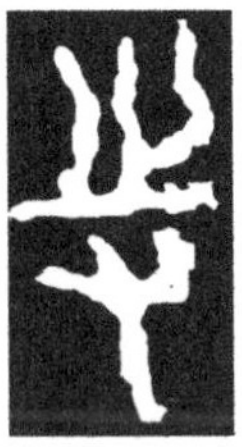
陳喜壺（戰國早期）

武庫矛（戰國晚期）

jiàng
jiāng
將

《説文》曰：帥也。

註：將，同獎

章叔將簋（西周晚期）

zhuān
tuán
專

《説文》曰：……从寸、叀聲，一曰專，紡專。

註：專，紡線工具，名曰紡專。專，像以手轉動紡專紡線。專，通團、通傳。

尃

導

fū fǔ bù
尃

尃簋（殷商）

尃鐃（殷商）

尃鼎（殷商）

叔尃父盨（西周晚期）

《說文》曰：布也，从寸、甫聲。《正字通》曰：尃，敷本字……楷譌為敷。《集韻》曰：佈，徧（遍）也，古作尃。註：尃，同敷、同佈，假為薄、為溥、

周公東征鼎（西周早期） 讀為薄 豐公尃（薄）姑咸戋

師𩛥鼎（西周中期）

克鐘（西周晚期）

儹匜（西周晚期）

毛公鼎（西周晚期） 讀為敷 尃（敷）命尃（敷）政

番生簋（西周晚期） 讀為溥 尃（溥）求不潛德

尃車季鼎（春秋早期）

秦公鎛（春秋）

王孫遺者鐘（春秋晚期）

蔡侯墓殘鐘（春秋晚期）

dǎo
導

《說文》曰：導引也。从寸、道聲。註：道，金文道字从行、从首。首乃行之導也，道，有引導之義。，从止（趾），有行義。，从又（今作寸）有以手指導之義。

師雝父鼎（西周中期）

曾伯霥簠（春秋早期） 讀為導 金導錫行

𡨄鼎（西周早期）

尋　夺　⿰丵寺

xún
尋

《説文》曰：……度人之兩臂為尋，八尺也。註：尋，古代長度單位。伸展雙臂長度為一尋。測量長度、廣度曰尋；測量高度、深度曰仞。尋，引申為揣測、探測、尋求。尋找。

亞𠬝父乙段（殷商）讀為尋　𠬝（倢）尋

尋仲匜（春秋早期）讀為尋　尋仲媵仲女丁子子寶匜

㝬仲之孫簋（春秋早期）

逯祁鐘（春秋早期）讀為尋　徐王之孫尋楚胡之子

【近出殷周金文集錄】

夺

官夺父段（西周晚期）

⿰丵寺

格氏矛（戰國）

pí
皮

《說文》曰：剝取獸革者謂之皮，从又，爲省聲。
註：皮，象有頭、有尾之獸，突出部位象以又（手）剝皮狀。皮，通彼。

九年衛鼎（西周中期）

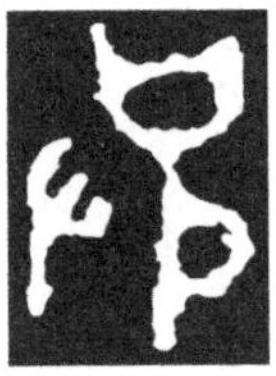
叔皮父簋（西周晚期）

鑄叔皮父簋（春秋早期）

郤醽尹征城（春秋） 讀為彼
皮（彼）吉人畬士余是尚

者瀘鐘（春秋）

鄭義伯鑘（春秋）

𡚸蛮壺（戰國晚期） 讀為彼
于皮（彼）新土

pū
攴

《說文》曰：小擊也，从又、卜聲。《說文解字注》曰：又者手也，經典隸變作扑。《說文解字義證》曰：攴，字或作扑。註：攴，从又與从才同義，故攴同扑字。

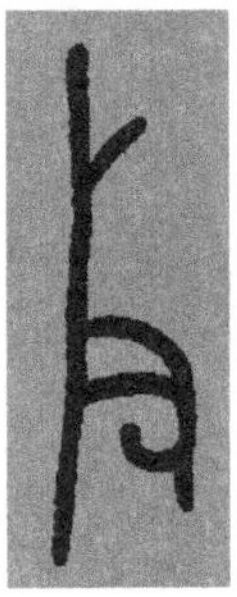
攴卣（殷商）

qǐ
啟

《說文》曰：教也，从攴、启聲。《廣雅》曰：啟，開也。
註：啟，教導、啟發、啟蒙。啟，開啟、開拓、開創。

撤澈轍徹

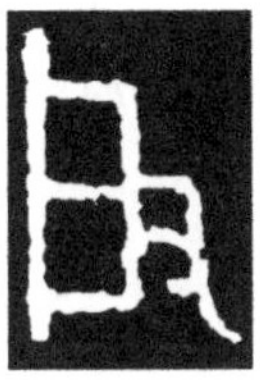
啓鼎 或不从口 （殷商）

啓簋 （殷商）

啓爵 （殷商）

辛父啓觚 （殷商）

父庚尊 （西周早期）

啓宁爵 （西周早期）

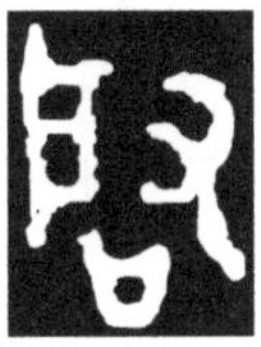
啓卣 （西周早期）

父辛尊 （西周早期）

啓作且丁尊 （西周早期）

啓父已爵 （西周早期）

㾓鐘 （西周中期）

㪤攸鼎 （西周中期）

通禄鐘 （西周中期）

士父鐘 （西周晚期）

番生簋 （西周晚期）

召卣 （西周中期）

王子啟疆尊 （春秋）

【古文字類編】

鄂君啓節舟節 （戰國）

舒盗壺 （戰國晚期）

中山王譽鼎 （戰國晚期）

chè
zhé
徹

《說文》曰：通也，从彳、从攴、从育。古文徹。羅振玉曰：此从鬲、从又，象手、象鬲之形，盖食畢而徹去之。許書之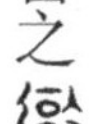从攴，殆从又之譌矣。卒食之徹，乃本義。【增訂殷虛書契考釋】

註：徹，本義為撤，撤除、撤銷，食畢撤去鼎鬲類器具。徹，同撤，通轍、或假爲澈。

何尊 讀爲徹或徹 （西周早期）𢿍（撤）令敬享哉

史墻盤 或从火 （西周中期）用肇𢿍（徹）周邦

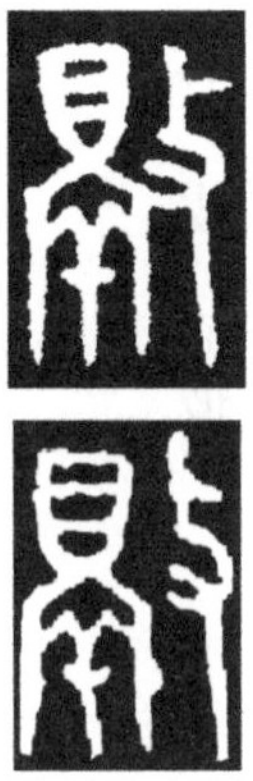
驫羌鐘 （戰國早期）

肇

拇敏

暋愍旻敃

zhào
肇

《說文》曰：擊也，从攴、肇省聲。

註：肇，肇始、開始。肇，引發事故曰肇事。肇同肈、同肁。

沈子它簋（西周早期）

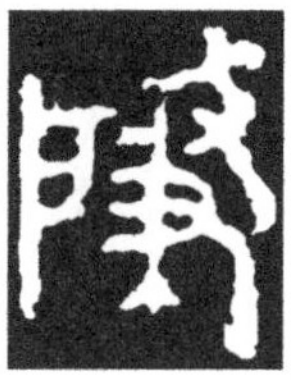
叔䟽作南宮鼎（西周早期）

剌鼎（西周早期）

【古文字類編】

mǐn
敏

《說文》曰：疾也，从攴、每聲。《爾雅》曰：敏，拇也。《類篇》曰：敏，足大指名。

註：敏，疾速敏捷、聰慧、聰敏。敏，用同憫、通拇。

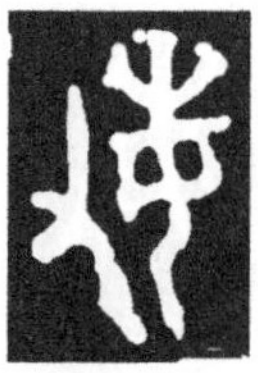

大盂鼎（西周早期）

彧殷（西周中期）

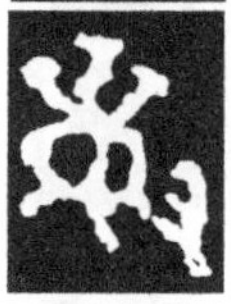

師嫠殷（西周晚期）

敔簋（西周晚期）

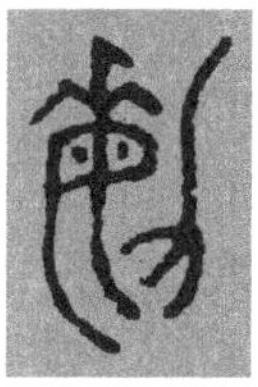
叔尸鎛（春秋晚期） 譌从力 亦讀為敏 汝肇敏于戎功

mǐn
fēn
敃

《說文》曰：彊也，从攴、民聲。《玉篇》曰：敃，（彊）勉也，暋，同敃。《集韻》曰：敃，亂貌，通作紛。

註：敃，彊悍、勉力、彊勉。敃或讀為愍、讀為旻。

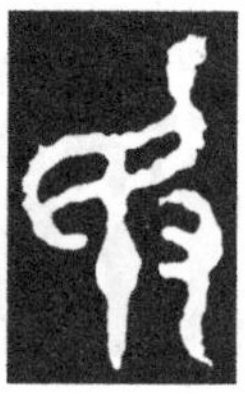
毛公鼎（西周晚期） 讀為旻 敃（旻）天疾威

大克鼎（西周晚期） 讀為愍 得純亡敃（愍）

復公子簋（西周晚期）

務敄

整

兮甲盤（西周晚期）

虢叔旅鐘（西周晚期）

汈其鐘（西周晚期）

三兒簋（春秋）

雍工壺（戰國晚期）

wù

敄

《説文》曰：彊也，从攴、矛聲。註：金文無務字，用敄作務，或作侮。

作册般甗（殷商）

敄作父癸觶（殷商）

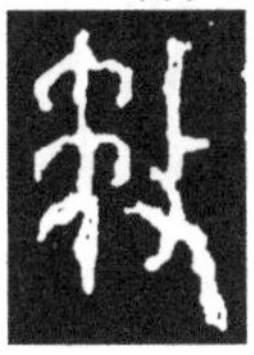

無敄簋（西周早期）

毛公鼎（西周晚期） 讀爲侮 廼敄（侮）鰥寡

上鄀公敄人簋（春秋）

中山王嚳方壺（戰國晚期） 讀爲務 敄（務）在得賢

zhěng

整

《説文》曰：齊也，从攴、从束、从正，正亦聲。

晉侯蘇編鐘【近出殷周金文集録】（西周晚期）

晉公盆（春秋） 讀為整 整辟爾容

蔡侯盤（春秋晚期）

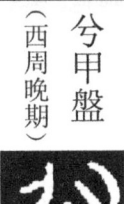

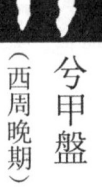

xiào
效

《說文》曰：象也，从攴、交聲。《廣雅·釋言》曰：效；考也。王念孫疏證：效之言校（音教）也。

《說文通訓定聲》曰：效，假借為校。

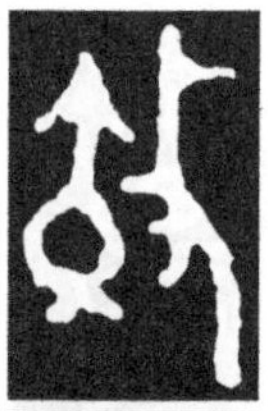
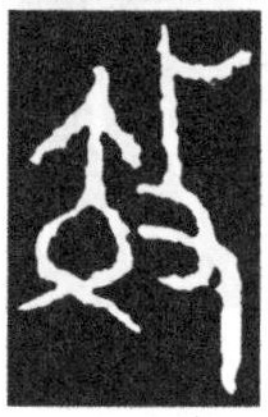
效父簋（西周早期）

效且辛尊（西周早期）

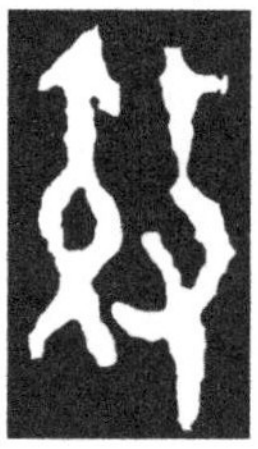
效且戊爵（西周早期）

效卣（西周中期）

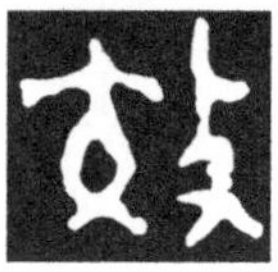
曶鼎（西周中期）

毛公鼎（西周晚期）

塱盨（西周晚期）

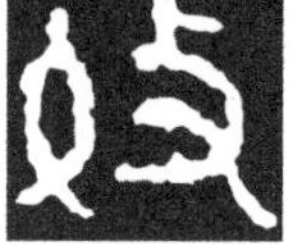
蔡簋（西周晚期）

gù
故

《說文》曰：使爲之也，从攴、古聲。《說文通訓定聲》曰：故，假借爲詁、假借爲雇。

註：故，原故、原因。故，通辜、通詁、通雇。

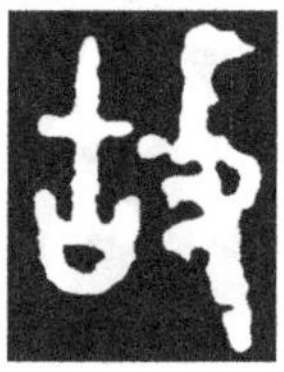
班簋（西周中期）

牧簋（西周中期）

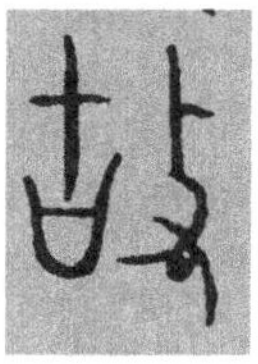
塱盨（西周晚期）　讀爲辜　有罪有故（辜）

寺季故公簋（西周晚期）

鄧公簋盖（西周晚期）

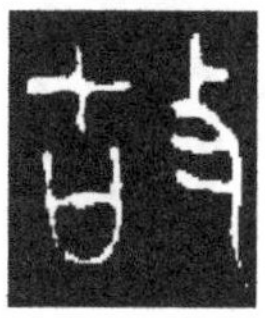
郐諧尹鉦（春秋）

讀爲故　燕旃（故）君子噲

zhèng
政

《說文》曰：正也，从攴、从正，正亦聲。

註：政，同正。政，即征討、征伐，後世假借爲政治之政。政，或假借爲徵。

癲鐘（西周中期）

五祀衛鼎（西周中期）

班簋（西周中期）

史牆盤（西周中期）

師訇簋（西周晚期）

逆鐘（西周晚期）

禹鼎（西周晚期）

虢季子白盤（西周晚期）　讀爲征　用政（征）蠻方

毛公鼎（西周晚期）

兮甲盤（西周晚期）

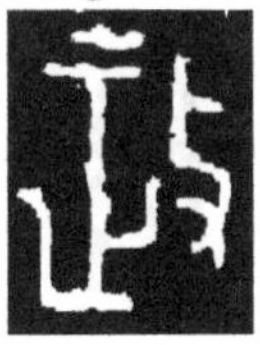
齊侯鎛（春秋中期）

虞侯政壺（春秋）

蔡侯鐘（春秋晚期）

叔尸鐘（春秋晚期）

王孫遺者鐘（春秋晚期）

南疆鉦（戰國）

鄂君啓節舟節（戰國）　讀爲徵　見其金節則毋政（徵）

敷敷

fù fū 敷

《玉篇》曰：敷，布也，亦作敷。

註：敷，同敷，宣布、傳布、施展。

董武鐘（戰國）　讀為敷　敷入吳疆

數

shǔ shù 數

註：謱，或讀為數。

捍扞⿰旱攴

⿰伸攴

改

中山王䨻鼎（戰國晚期） 或从言 列城譕（數）十

妤蚉壺（戰國晚期） 讀為數 方譕（數）百里

hàn
⿰旱攴

《說文》曰：止也，从攴，旱聲。高田忠周曰：从旱者爲籀文增繁，从干爲古正字矣。【古籀篇】

註：⿰旱攴，同捍、同扞。

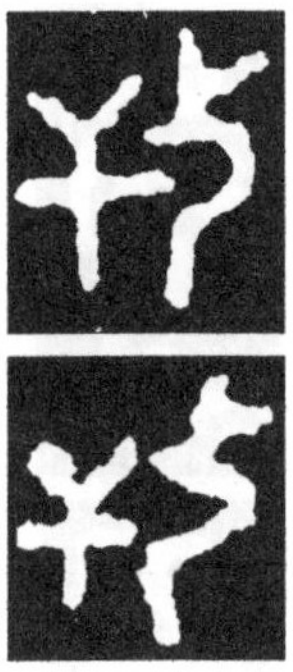
大鼎（西周中期）

者沪鐘（戰國早期） 讀為捍 往扞（捍）庶盟

shēn
⿰伸攴

《說文》曰：理也，从攴，伸聲。《集韻》曰：伸；或作⿰伸攴。

仲⿰伸攴簋（西周早期）

gǎi
改

《說文》曰：更也，从攴、已聲。

改盨盖（西周中期）

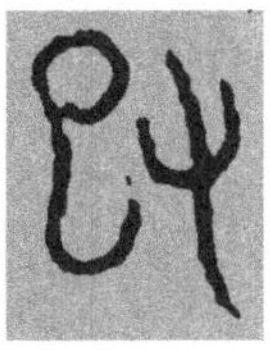
牧簋（西周中期） 或从又 亦讀為改 今余唯或□改

變

更

敕

biàn
變

註：變，曾侯乙鐘用于音律變換之變。

曾侯乙鐘（戰國早期）

gēng gèng
更

《說文》曰：改也，从攴、丙聲。

註：更，从重丙，乃古文更。

更鼎（西周早期）

曶鼎（西周中期）

曶壺（西周中期）

班簋（西周中期）

恒簋蓋（西周中期）

趩觶（西周中期）

申簋蓋（西周中期）

師虎簋（西周中期）

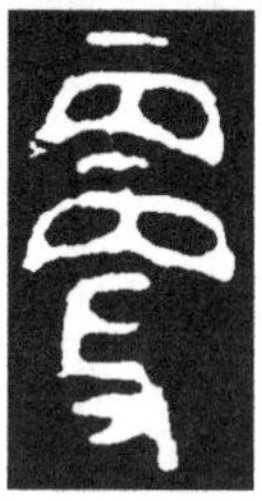
師嫠殷（西周晚期）

師克盨（西周晚期）

上郡守戈（戰國）

chì
敕

《說文》曰：誡也，从攴、束聲。

註：敕、勑，同字，隸變譌以勑，爲敕。

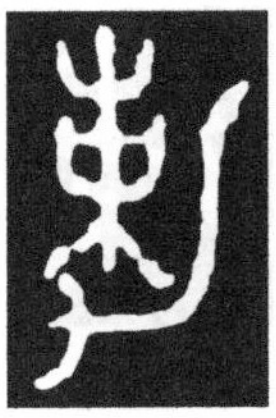
勅[illegible]作丁侯鼎（西周早期）或从力

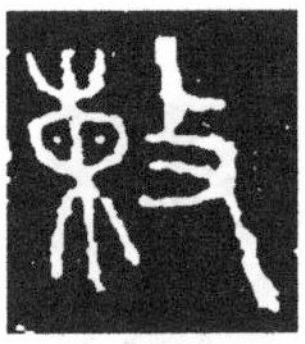
秦公簋（春秋早期）敕或从束 萬姓是敕

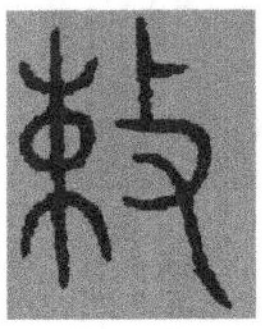
秦公鎛（春秋早期）

陳纯釜（戰國）

liǎn
斂

《說文》曰：收也，从攴、僉聲。《爾雅》曰：斂，聚也。《廣雅》曰：斂，取也。《正字通》曰：斂，殯也，俗作殮。

註：斂，收斂、聚斂。斂，或作殮，殯葬殮尸；給逝者穿衣入棺。

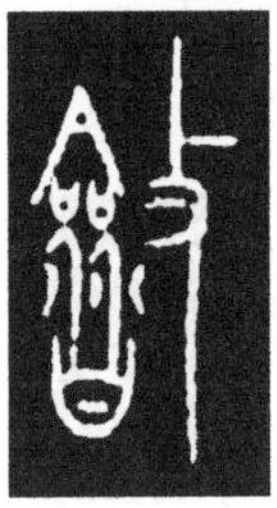
中山王嚳方壺（戰國晚期）讀為斂 賢人親作斂中

lián
敹

《說文》曰：擇也。

註：敹，選擇。敹，或為深穿、穿透義。對衣物的粗率縫綴，曰敹。

陳昉簋（戰國早期）讀為敹 恭畏忌敹擇吉金

chén
敶

《說文》曰：列也，从攴、陳聲。

註：敶，敶列、敶設之敶，後世假陳爲敶，陳行而敶廢矣。

陳侯簋（西周晚期）

敶公孫寣父瓶（春秋早期）

陳侯作嘉姬簋（春秋早期）

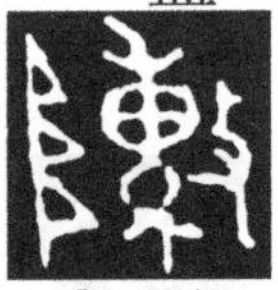
陳侯鼎（春秋早期）

陳子匜（春秋早期）

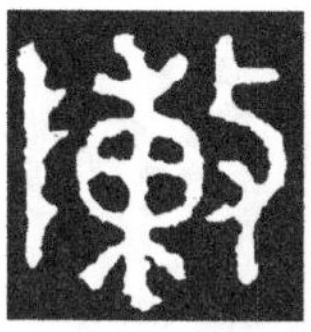
陳公子甗（春秋早期）

陳侯壺（春秋早期）

陈大喪史仲高鐘（春秋中期）

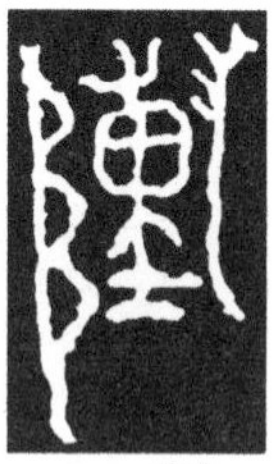
鈇侯之孫墜鼎（春秋）

陳公子仲慶簠（春秋）

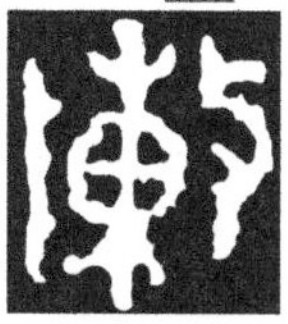
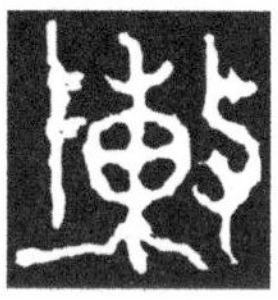
陳姬盨（春秋）

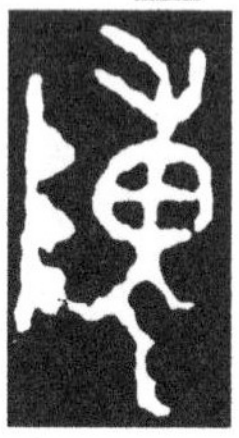
陳侯盤（春秋）

陳侯簠（春秋）

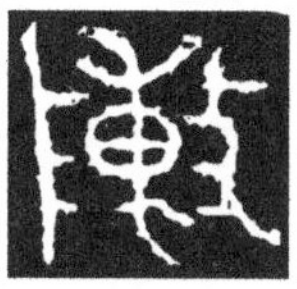
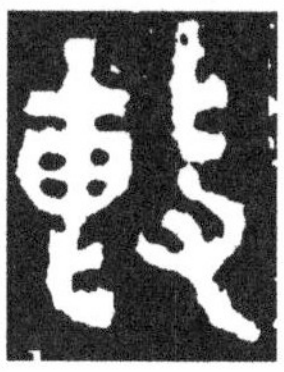
敶侯作孟姜𡠜簠（春秋）

適嫡敵

dí
敵

《説文》曰：仇也，从攴、啻聲。

《廣雅 釋詁》曰：敵（嫡）正也。王念孫疏證曰：敵，讀爲適。

註：敵，通適、或作嫡。敵、嫡、適，三字古時多通用。敵，還通謫。

章叔𤔲簋（西周晚期）

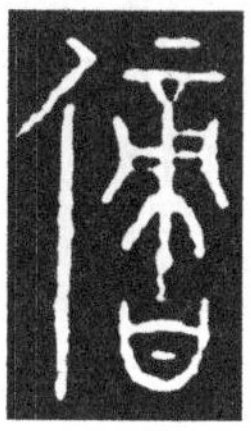
中山王嚳鼎（戰國晚期） 或从彳 克敵大邦

中山王嚳方壺（戰國晚期） 讀爲適 適遭燕君子噲

救

jiù
chóu
救

《説文》曰：止也，从攴、求聲。

《集韻》曰：救，禁也。

《廣雅》曰：救，助也。

註：救，本義為禁止；以禮防禁人之過失。救，又有救助、援救之義。救，與仇，古字相通。

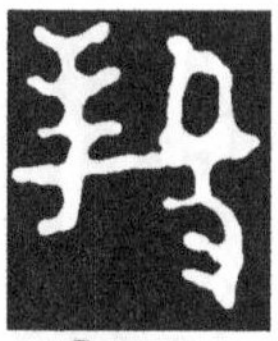
羖段蓋（西周中期）

周窒匜（西周晚期）

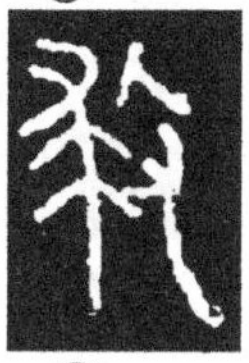
𨟻篙鐘（春秋晚期）

秦王鐘（春秋晚期）

中山王嚳方壺（戰國晚期） 或从戈

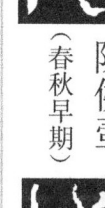

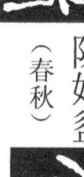

攼

奪脫敓

釋斁

螫赦

xiè
攼

《説文》曰：使也，从攴、耴省聲。

沈子它簋盖
（西周早期）

duó tuō
敓

《説文》曰：彊取也，……从攴、兑聲。《説文解字注》曰：敓，此是爭敓正字，後人假奪為敓，奪行而敓廢矣。

註：敓，古奪字。敓，或讀為挩（今作脫）。

厵羌鐘 即奪字
（戰國早期）敓（奪）楚京

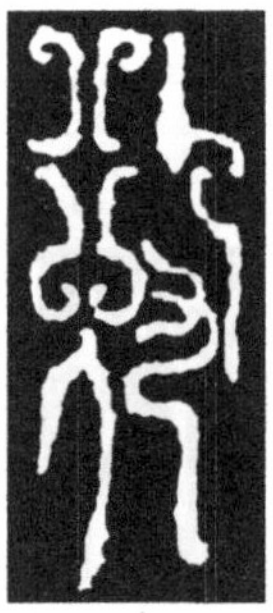

敓戟
（戰國早期）

yì zé
斁

《説文》曰：解也，从攴、睪聲。《説文解字注》曰：斁，解也，此與釋音義同。

註：斁，或讀為擇、讀為澤。

欒書缶 讀為擇
（春秋） 斁（擇）其吉金

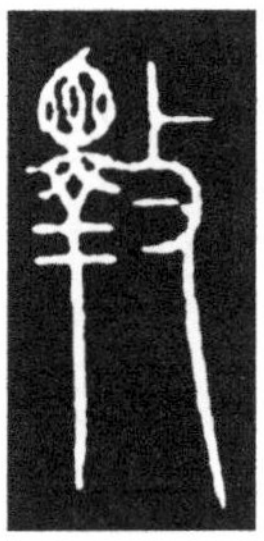

中山王嚳方壺
（戰國晚期）

shè cè
赦

《説文》曰：置也，从攴、赤聲。赦或从亦。《説文通訓定聲》曰：赦，假借爲螫。

《集韻》曰：赦，擊馬也，或作赦，通作策。（策馬揚鞭）

攸 

儹匜（西周晚期） 讀為敉 今大敉汝

yōu 攸

《說文》曰：行水也，从攴、从人、水省。《正字通》曰：攸，自得貌。《說文通訓定聲》曰：攸，假借為悠。

註：攸，水之安穩流淌。攸，通悠。

王罍（殷商）

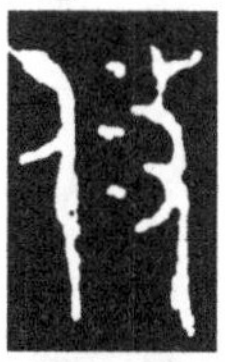

攸簋（西周早期）

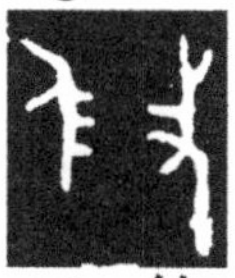
攸作旅鼎（西周早期）

衛簋（西周中期）

㾓盨（西周中期）

攸作上父爵（西周早期）

師酉簋（西周中期）

曶壺蓋（西周中期）

盠方彝（西周中期）

鬲比鼎（西周晚期）

毛公鼎（西周晚期）

三年師兌簋（西周晚期）

訇簋（西周晚期）

頌鼎（西周晚期）

頌壺（西周晚期）

頌簋（西周晚期）

無叀鼎（西周晚期）

南宮柳鼎（西周晚期）

趞鼎（西周晚期）

弭叔師察簋（西周晚期）

伊簋（西周晚期）

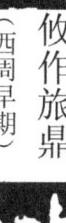

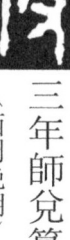

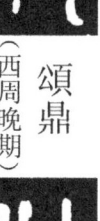

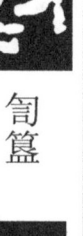

侎敉

墩敦

敗

攸𩰫盨
（西周晚期）

寰盤
（西周晚期）

𨚕陵君鑑
（戰國晚期）

中山王嚳鼎 讀爲悠
（戰國晚期） 攸（悠）哉

mǐ
敉

《説文》曰：撫也，从攴、米聲。讀若弭。敉，或从人。吴大澂曰：古屎字。呻也，从尸、从米。【古籀補】

註：屎，从尸與从人同，或讀為敉、侎。

陳侯因𬁾敦 讀為侎
（戰國晚期） 侎嗣𧺝文朝問諸侯

dūn
zhūn
duì
敦

《説文》曰：怒也、詆也。……从攴、享聲。《爾雅》曰：敦，勉也。《説文通訓定聲》曰：敦；假借爲殿。

註：敦，古義為腦怒、呵斥。今義為敦勉、敦厚。敦，同墩、通淳，假借為殿。敦，（讀對音）或為盛黍稷之青銅器。

陳純釜 讀為敦
（戰國） 敦者曰陳純

廿年矛
（戰國晚期）

bài
敗

《説文》曰：毀也，从攴、貝。籒文敗从賏。《爾雅》曰：敗，覆也。《字彙》曰：敗，損也。

註：敗，敗壞、毀敗、失敗。

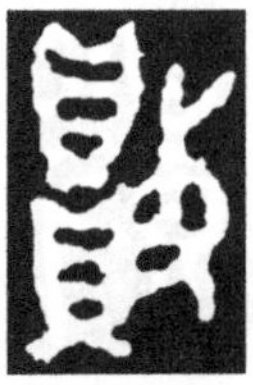

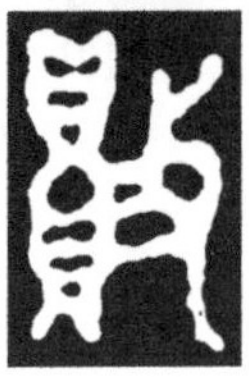
五年師旋𣪕
（西周晚期）

南疆鉦
（戰國）

鄂君啓節車節
（戰國）

寇 

斁 

鄂君啓節舟節（戰國）

kòu
寇

《說文》曰：暴也，从攴、完。《玉篇》曰：寇，賊寇也。《字彙》曰：寇，仇也。

註：寇：暴也。早期字形像入室（宀）、持械施暴（从攴）、擊人狀。元、兀同字，象側立被擊之人。

曶鼎（西周中期）

虞司寇壺（西周晚期）

司寇良父壺（西周晚期）

揚簋（西周晚期）

大梁鼎（戰國）　或从广　从戈

鄭令矛（戰國）

四年雍令矛（戰國）

邦司寇劍（戰國晚期）

邦司寇矛（戰國晚期）

bì
斁

《說文》曰：盡也，从攴、畢聲。

《說文解字注》曰：斁，事畢之字當作此，畢行而斁廢矣。

斁狄鐘（西周中期）

沈子它簋盖（西周早期）

鼓

攷

攻

gǔ
鼓

《說文》曰：擊鼓也，从攴、从壴，壴亦聲。唐兰曰：金文鼓字或从攴、或从支，無別。盖古文字凡象以手持物擊之者，从攴。殳或攴，固可任意也。壴，爲鼓之正字 鼓，為名辭。鼓，爲擊鼓之正字，爲動辭。『說文』即以鼓爲名辭之鼓，遂以鼓專動辭。【殷虛文字記】 註：鼓，今通作鼓。

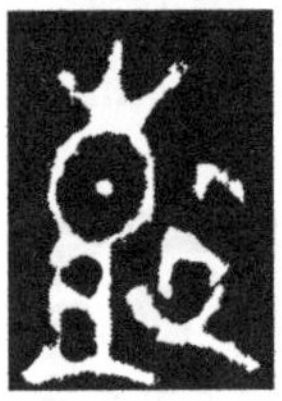
洹子孟姜壺（春秋）

kǎo
攷

《說文》曰：敂（叩）也，从攴、丂聲。 註：攷，乃攷試、攷學之正字。考，為老者壽考之考。考，為攷之假借字。

徐王義楚觶（春秋晚期） 或从支省 及我文攷（考）

gōng
攻

《說文》曰：擊也，从攴、工聲。 註：古文攻，通工。

國差鑰（春秋）

臧孫鐘（春秋晚期）

攻敔王光劍（春秋晚期）

大攻肴鈹（戰國）

郾客問量（戰國）

鄂君啓節車節（戰國）

𠩺

敔

鄂君啓節舟節（戰國）

七年相邦鈹（戰國晚期）

chí xī lài
𠩺

《正字通》曰：𠩺，別作氂。

註：𠩺，或讀為賚。即賚之異文，賞賜義。

師[illegible]鼎（西周中期）

或从貝 師寰𣪘（西周晚期）

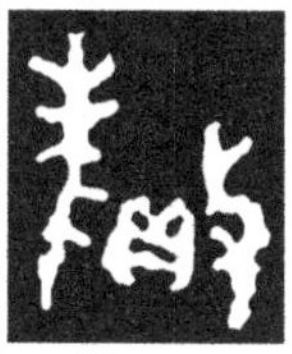
辛鼎（西周早期）

敔𣪘（西周晚期）

大克鼎（西周晚期）

多友鼎（西周晚期） 讀爲賚 多友𠩺（賚）辛

yù
敔

《說文》曰：禁也，一曰樂器，椌楬也。形如木虎。从攴、吾聲。

註：敔，禁禦，忌凶吉之祭祀也。敔，禦之古文。敔，或爲樂器，此器木製，形如伏虎，背有刻紋，用於樂終，括奏。

敔簋（西周早期）

敔仲簋（西周中期）

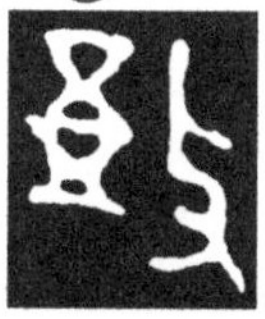

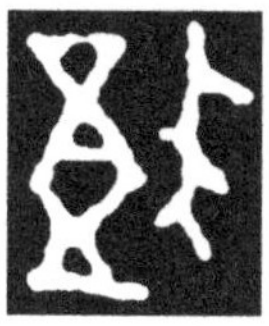
敔簋（西周）

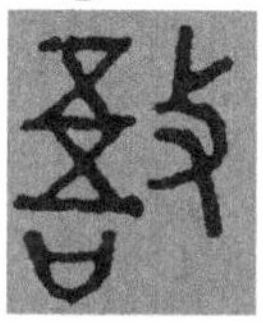

敔簋（西周晚期）

宋公欒簠（春秋晚期）

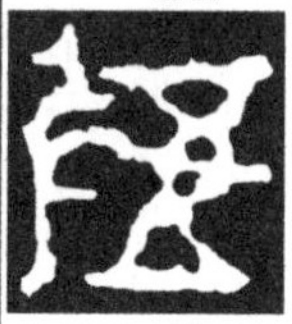
曾仲子敔鼎（春秋早期）

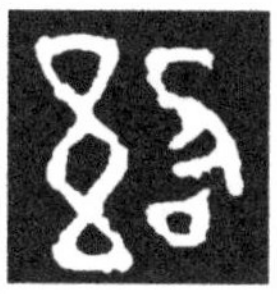
曾子斿鼎（春秋早期）

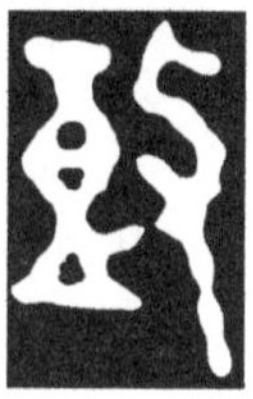
攻敔王光劍（春秋晚期）

臧孫鐘（春秋晚期）

tián
畋

《説文》曰：平田也，从攴、田。周書曰：畋；尒田。

註：平田、治田謂之畋，猶捕魚謂之漁。，古代狩獵、田獵之田，或從犬。

妤盗壺（戰國晚期） 或从犬 苗蒐畋（田）獵

mù
牧

《説文》曰：養牛人也，从攴、从牛。註：放養牲畜及放養牲畜之人均稱牧。古代州的最高長官稱牧，指對民眾的管理、牧養。，牧字象以手持鞭（或樹枝）做牧牛狀。

牧父乙觶（殷商）

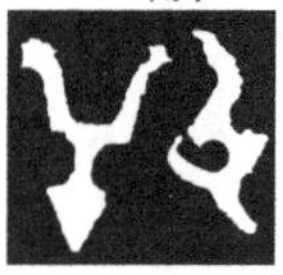
牧丙爵（殷商）

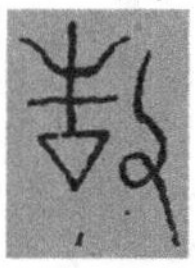
父戊鬲（殷商）

牧共簋（西周早期）

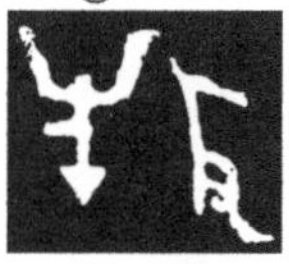
牧正尊（西周早期）

作父乙鼎（西周早期）

小臣謎殷（西周早期）

同簋（西周中期）

免簠（西周中期）

牧簋（西周中期）

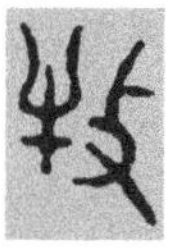
師獣殷（西周晚期）

南宮柳鼎（西周晚期）

鬲比鼎（西周晚期）

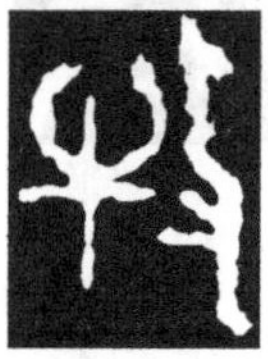

叔[illegible]父殷（西周晚期）

孜

叩扣敂

合欱

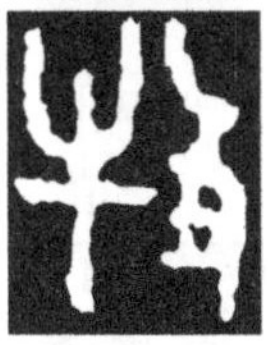
儹匜
（西周晚期）

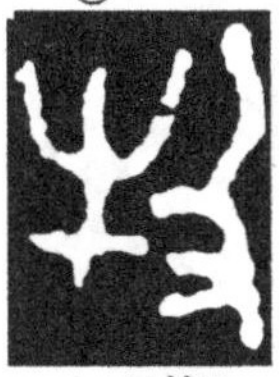
鄭牧馬受簋
（西周晚期）

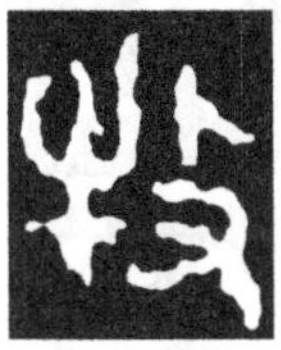
鄧公牧簋
（春秋早期）

zī
孜

《說文》曰：汲汲也，从攴、子聲。周書曰：孜孜無怠。《玉篇》曰：孜，厚也。

註：孜，勤勉，不懈怠。

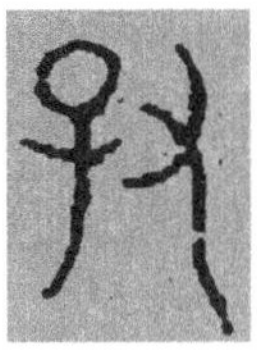
孜父鬲
（西周晚期）

或从又

蔡侯殘鍾
（春秋晚期）

kòu
敂

《說文》曰：擊也，从攴、句（勾）聲。讀若扣。《說文解字注》曰：自叩、扣行，而敂廢矣。

註：敂，从攴、勾聲。古文句、勾同字。敂，同叩、同扣。

扣父乙爵
（殷商）

或从口
冉敂（扣）父乙

廿五年盌
（戰國晚期）

盌敂（扣）

hé
欱

《說文》曰：合會也，从攴、从合，合亦聲。

註：欱，同合，古今字。

欱姬壺
（西周早期）

史密簋
（西周中期）
【近出殷周金文集録】

迫敀  ⿰兒攵  緒敘  炇

pò
敀

《説文》曰：迮也，从攴、白聲。《廣韻》曰：敀，逼也、近也、急也、附也，敀，同迫。

註：敀，迮也。迮，倉促。敀，同迫，倉促、緊迫。

敀陸睘矛

（戰國）

ní
⿰兒攵

《説文》曰：軙，也，从攴、兒聲。

註：⿰兒攵，軙⿰兒攵，毀也。

朝歌石庫戈 或从戈

（戰國早期） 工師⿰兒攵

xù
敘

《説文》曰：次第也，从攴、余聲。《爾雅》曰：敘，緒也。

註：敘之繁文。敘，或从又作敍，篆文从攴之字古文或从又。敍、緒音義皆同可互通。

𤼈鐘 讀為敘（緒）

（西周中期） 胥尹敘（緒）厥威儀

pū
炇

《集韻》曰：炇，火烈也。

仰韶書屋金文字彙 卷三 敀迫⿰兒攵敘緒炇

𢼛 披

pī
𢼛

駒父盨蓋（西周晚期）

註：𢼛，或讀為披。

枤里瘟戈（戰國晚期）
讀為披
公子里雁之大夫披之卒

𢼄 作

zuò
𢼄

《正字通》曰：𢼄，同作。興起也。

仲爍盨（西周中期）

叕貯段（西周中期）

姑氏簋（西周）

𢼄鼎（西周晚期）

𢻮 岸

àn
𢻮

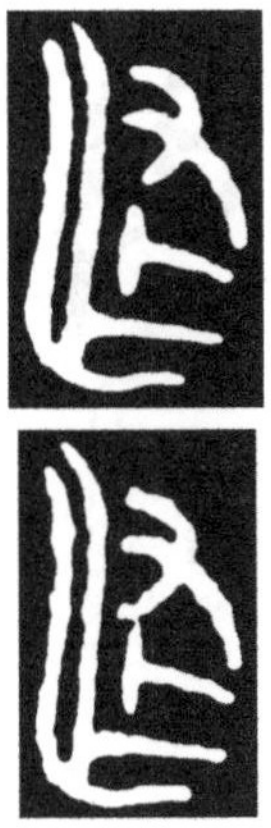
欒書缶（春秋）

中山王方壺（戰國晚期）

註：𢻮，即岸字之異文。

敟 敀 散 措惜

麥方尊（西周早期） 讀爲岸 雩王在啟（岸）

盠駒尊（西周中期）

gěng

敟

註：敟，从攴、更聲。古文从攴與从手可互為通用，故敟，或同挭。

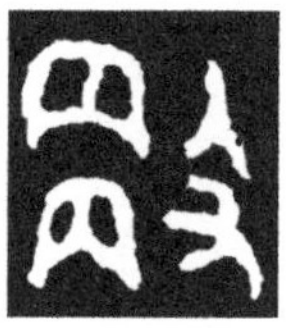

吕服余盤（西周中期）

敀

小子生尊（西周早期）

cuò

散

張政烺曰：散；从攴昔聲，讀爲措。【古文字研究】

註：散，為措之異文，假借為措。

中山王譽方壺（戰國晚期） 假措為惜 進賢散（惜）能

⿰命攵

mìng
⿰命攵

註：金文中命，亦讀為令。⿰命攵，乃命之別体。

⿰余阝令尹者旨⿱刑田盧 讀爲令
（春秋） 應者徐⿰命攵（令）尹者稽耕

懲 ⿰能攵

chéng
⿰能攵

陳世輝曰：⿰能攵，是懲之本字。【考古】一九八零年第五期

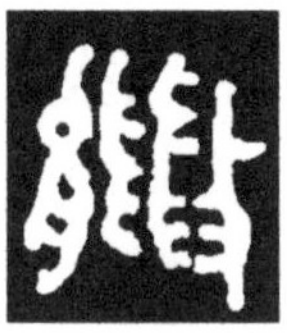

史牆盤 讀爲懲
（西周中期） 廣⿰能攵（懲）楚荆

撗 ⿰黃攵

héng
⿰黃攵

註：⿰黃攵，或為撗。

⿰黃攵段
（西周中期）

撝揮麾 ⿰爲攵

huī
⿰爲攵

註：⿰爲攵，从攴、為聲。古文从攴與从手（扌）互相通用，故⿰爲攵，同撝。《正字通》曰：『九經字様』麾、撝同，通作揮。

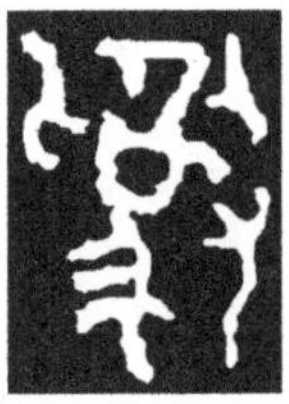

敿之行鼎（春秋）

䣄于盞（春秋晚期）

bō fān
敹

《說文》曰：播，種也，一曰布也，从手、番聲。敹古文播。古文作敹，此省从釆，釆、番古本一字。播者布也。

郭沫若曰：敹即播之異文，『說文』【兩周金文辭大系攷釋】

註：播，通藩。

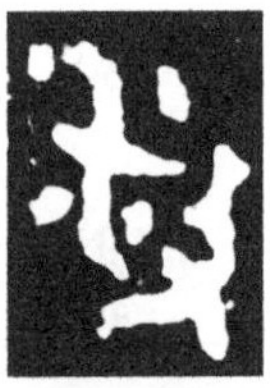

師旂鼎（西周中期）

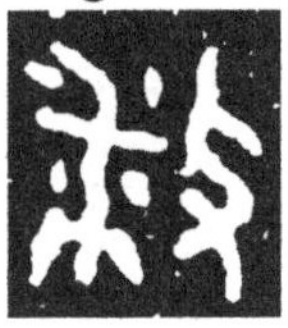

散氏盤（西周晚期）　或假敹為播　封于敹（播）城

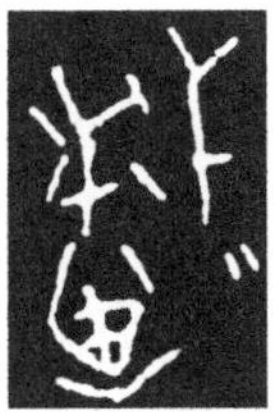

四年戈（戰國晚期）

miáo
㪟

註：㪟，或為描之異體字。

𢿭父辛鼎（西周早期）

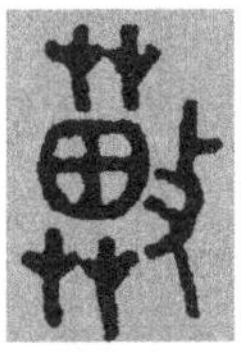

𢿭作父辛卣（西周早期）

cāo
𢿭

註：𢿭，或為操之異體字。

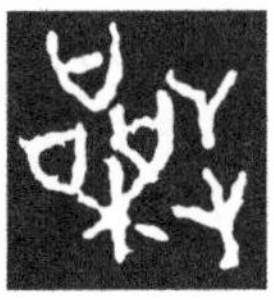

二十五年戈（戰國）　讀為操　工師操冶剸

⿰亳攵　凜澟⿰稟攵　㧻⿰豖攵　⿰鳴攵

⿰亳攵

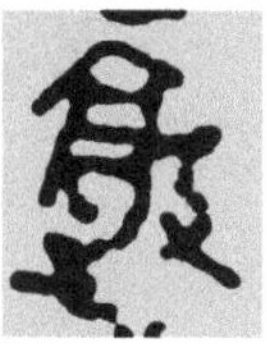

廿年寺工矛
（戰國晚期）

lǐn
⿰稟攵

註：⿰稟攵，从攴、从稟省、从泉。泉同水（氵）。此字應爲澟字。楚公冢鐘假借爲林。
《篇海類編》曰：凜，寒也，又淒清也，與澟同。

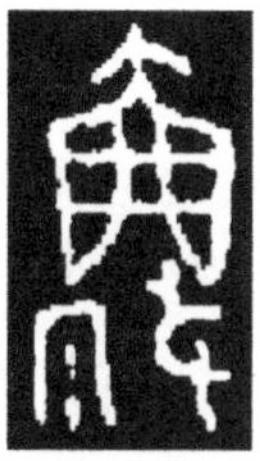

楚公冢鐘
（西周晚期）
讀爲林
自作寶大⿰稟攵（林）鐘

zhuó
zú
⿰豖攵

，張亞初釋為㧻。【殷周金文集成引得】
註：㧻，雕刻。

伯毁
（西周早期）

⿰鳴攵

嘝士卿父戊尊（西周早期）

敫

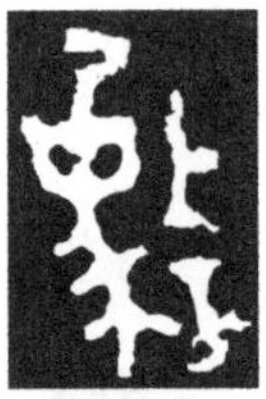
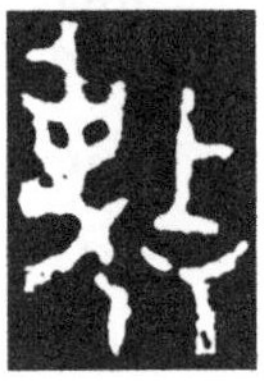
𣀔卣（西周早期）

liè lì
歠

于省吾曰：歠；應讀作厲。……歠、厲、烈三字並屬來紐，故可通借。【古文字研究】

註：歠，即攦之異文。

蔡侯盤（春秋晚期）讀為厲 攦（厲）敬不易

蔡侯尊（春秋晚期）

luàn
𤔔

高田忠周曰：𤔔，即治亂正義正字，後人借亂為之，亂行而𤔔隱，今於此器僅見之耳。【古籀篇】

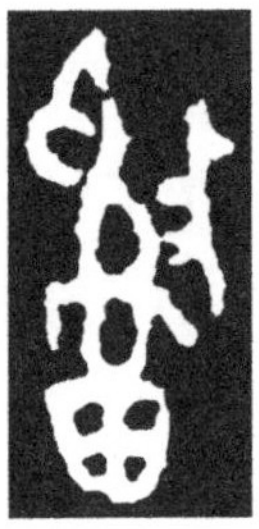
貉子卣（西周早期）

⿰阝⿰書攵

鏖 ⿰麃攵

漁 ⿰⿸虍魚攵

⿰阝⿰書攵

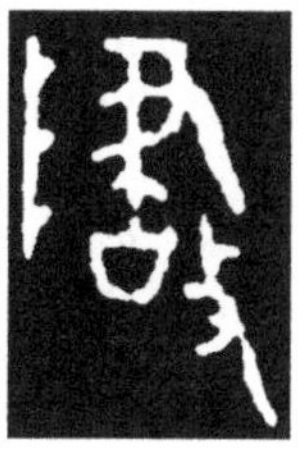

勅⿰阝⿰書攵作丁侯鼎

（西周早期）

aó

⿰麃攵

《集韻》曰：鏖；盡死殺人曰鏖糟，或作⿰扌麃。

註：⿰麃攵，即⿰扌麃字。⿰扌麃，同鏖。血戰拼殺曰⿰扌麃、鏖戰。

亞□卣

（殷商）

yú

⿰⿸虍魚攵

註：⿰⿸虍魚攵，从虍、从攴、魚聲，讀為漁，假借為余。

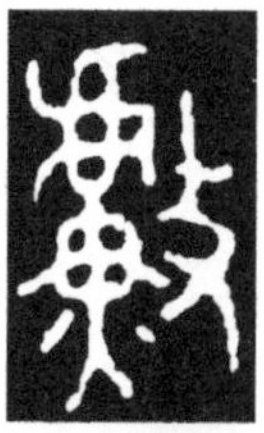

者𣳚鐘

（春秋）

姑發𦛢反劍

（春秋晚期）

沇兒鎛 讀爲余

（春秋晚期） ⿰⿸虍魚攵（余）以宴以饎

péng
⿰豐攴

註：⿰豐攴，豐音，形容鐘聲宏大，讀爲逢，或讀爲彭。

⿰豐攴狄鐘（西周中期）

井人女鐘（西周晚期）

虢叔旅鐘（西周晚期）

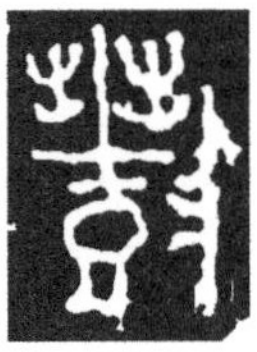
善夫克盨（西周晚期）

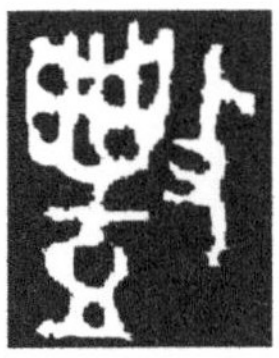
沙其鐘（西周晚期）

宗周鐘（西周晚期）

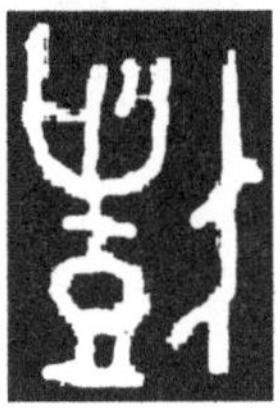
士父鐘（西周晚期）　讀為彭
⿰豐攴⿰豐攴（彭彭）降余魯多福無疆

guǐ
⿰鬼攴

註：⿰鬼攴，或讀為鬼字。鬼，或从攴，有抗擊、擊打之意。金文中鬼方，爲西北方之玁狁方國，即後世之匈奴。

梁伯戈（春秋早期）　讀為鬼
抑⿰鬼攴（鬼）方蠻

fú
⿰夫攴

註：⿰夫攴，或讀為扶。

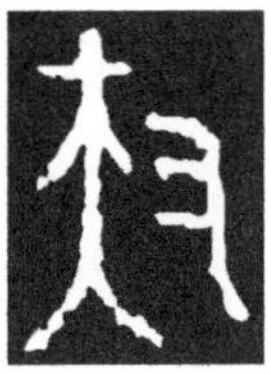
冀叔父辛卣（殷商）

扶作旅鼎（西周早期）

摑 ⿸虍攵　批 ⿰比攵　短逗 ⿰豆攵　⿱宀⿰垔攵

guó
⿸虍攵

註：⿸虍攵，亦作摢，即今之摑字，或假借為虢字。《篇海類編》曰：摢，亦作摑。《廣韻》曰：摑，打也。《玉篇》曰：摑，掌耳（光）也。

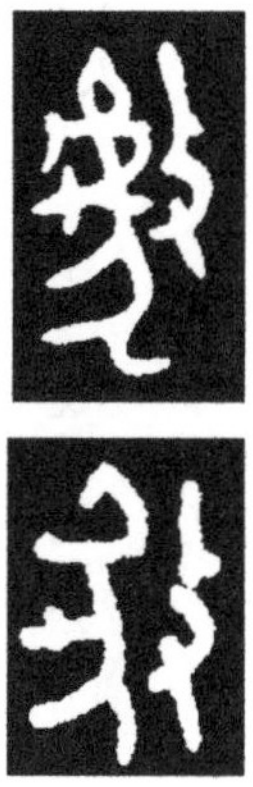

⿸虍攵父癸爵（西周早期）

彔伯𢦏𣪘蓋（西周中期）

或讀為虢

賜汝……朱⿸虍攵（虢）靳 虎冪……

pī
⿰比攵

《玉篇》曰：⿰比攵，器破也。

註：⿰比攵，同批，假為比。

𪒠鐘（春秋）

讀為比

批（比）者嚚聖

【近出殷周金文集録】

duǎn
dòu
⿰豆攵

註：⿰豆攵，即⿰扌豆字之異文，或作逗。《集韻》曰：⿰扌豆，同短。

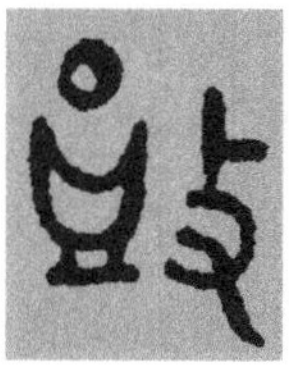

⿰豆攵豆（西周中期）

【文物】一九九六年七期

zhēn
⿱宀⿰垔攵

註：⿱宀⿰垔攵；讀爲甄字。

史牆盤（西周中期） 讀爲甄 ⿰⿱宀垔攵（甄）育子孫

fèn
⿰奮攵

註：⿰奮攵，或為奮字之異文。

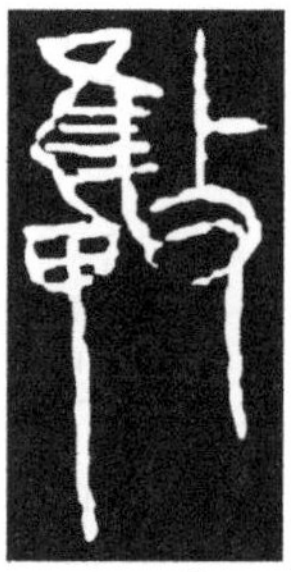

中山王譽鼎（戰國晚期） 讀為奮 ⿰奮攵（奮）桴振鐸

tuō
⿰乇攵

註：⿰乇攵，或為托字。

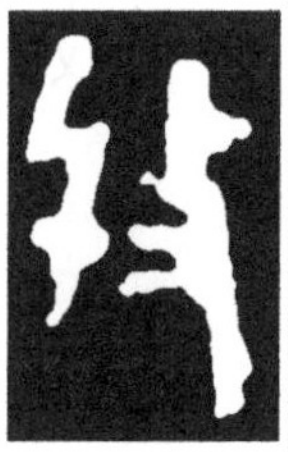

郾王戎人戈（戰國晚期）

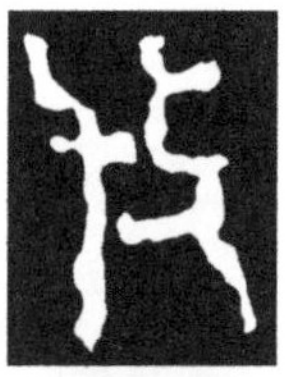

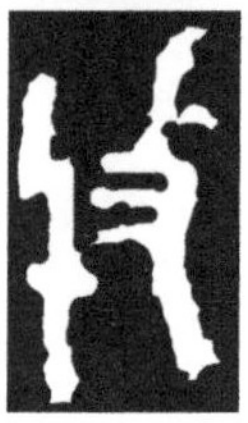

郾王職戈（戰國晚期）

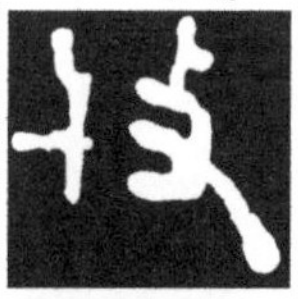

枝里瘟戈（戰國晚期）

致

永盂（西周中期）

tà
敄

《集韻》曰：撻，古作敄。

註：敄，古撻字。撻，拂擊、拍打、鞭撻。

‖敄觚（殷商）

敄爵（殷商）

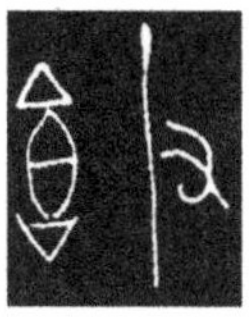

敄象鼎（殷商）【近出殷周金文集録】

趙武襄君鈹（戰國）

敃

zhāo
䂎

註：䂎，或讀為招。

令鼎（西周早期）

zhèn
敃

註：敃，為挋字之異文，今作賑字。賑，賑濟、救濟。

陳侯因資敦（戰國晚期）

讀為招

䂎（招）緟高祖黃帝

叔⿰巨攵𣪘（西周中期）讀為拒　叔拒作寶簋

⿰虫攵

⿰虫攵

⿰虫支丁爵（殷商）

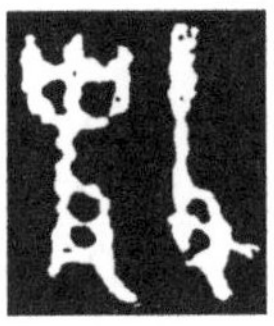

⿰口⿰虫攵作父癸𣪘（西周早期）

⿰次攵

⿰次攵

鄝陵君王子申豆（戰國晚期）

⿰酓攵

⿰酓攵

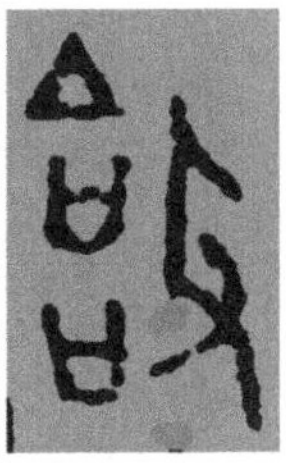

⿰飠支姬壺（西周早期）

搋 ⿰虒攵

chuāi
⿰虒攵

《玉篇》曰：搋，以拳加人也。註：⿰虒攵，即搋之異文。以拳打人，俗語曰搋打。揉面，曰搋面。

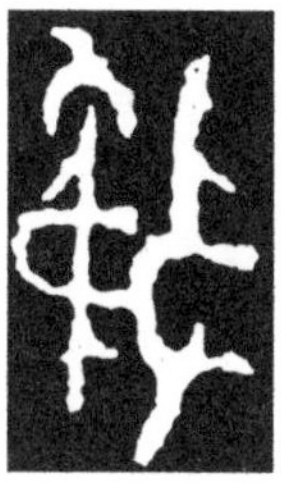

⿰虒攵伯毁　讀為搋
（西周早期）　⿰土匕搋伯具作寶簋

揥 ⿰帝攵

tì
dì
⿰帝攵

註：⿰帝攵，即揥，假借為敵。

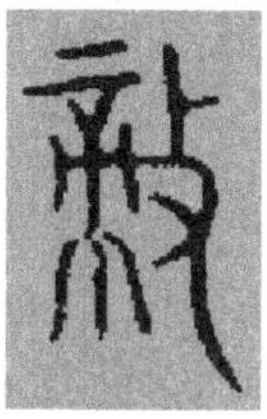

叔尸鐘　讀為敵
（春秋晚期）　為汝⿰帝攵（敵）寮

勠 ⿰翏攵

lù
⿰翏攵

註：⿰翏攵，或為勠字。勠，合力、并力。

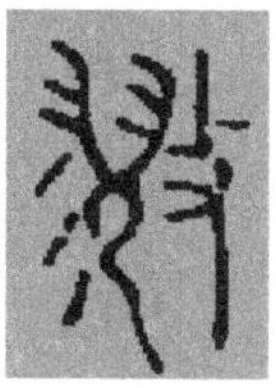

叔尸鎛　讀為勠
（春秋晚期）

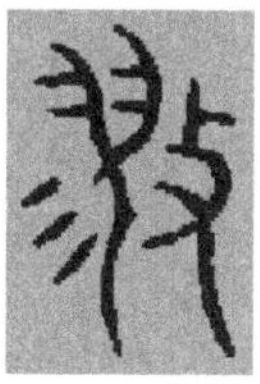

叔尸鐘
（春秋晚期）　⿰翏攵（勠）龢三軍

摪 ⿱⿰丬又女

jiāng
qiàng
⿱⿰丬又女

《集韻》曰：摪，扶也。摪，刺也。註：⿱⿰丬又女，或同摪。摪，扶助。

zào
𢿜

陳璋方壺（戰國中期）

陳璋鐳（戰國中期）齊燮（擕）鍋孔　讀為擕

註：𢿜，同⿰扌曹，以手攪動。𢿜，假借為造。

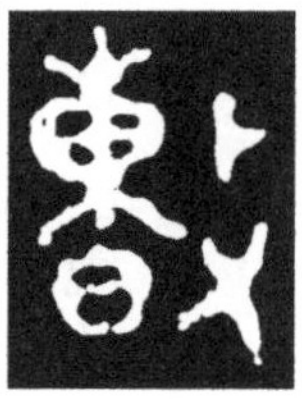
十八年戈（戰國）

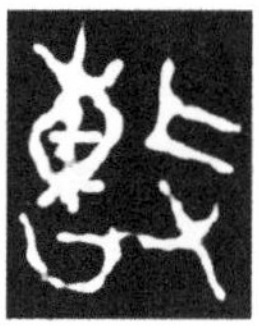
四年雍令矛（戰國）冶舒𢿜（造）戈　讀為造

lǒng
⿰龍攴

註：⿰龍攴，即攏字之異文。

番君伯⿰龍攴盤（春秋）

毆

亞毆父乙鼎（殷商）

zhāi
捏

《改併四聲篇海》曰：捏，掌擎也。　註：捏，用手掌托起。

𩾧作且丁鼎（西周早期）　張亞初釋為捏【殷周金文集成 引得】

jiào
jiāo
教

《說文》曰：上所施，下所效也，从攴、从孝。　𢽈古文教。

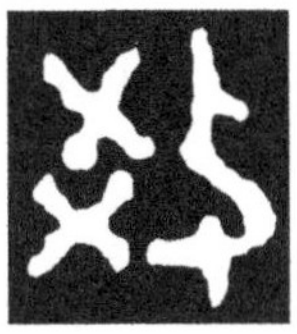

散氏盤（西周晚期）　讀為教　教櫂父

蔡侯產劍（戰國早期）

郾侯簋（戰國）

王何戈（戰國）

xiào
xué
斆

《說文》曰：覺悟也，从教、从冂，冂尚矇也，臼聲。　學篆文斆省。　註：斆，同學。

沈子它簋（西周早期）

令鼎（西周早期）

大盂鼎（西周早期）

靜簋（西周中期）

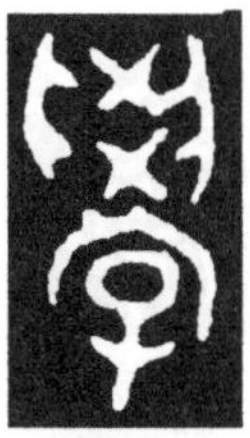

師嫠殷（西周晚期）

者沪鐘（戰國早期）

卜 卜　叶 叶　貞 貞

bǔ
卜

《説文》曰：灼剥龜也，象灸龜之形，一曰象龜兆之從横也。註：商周古人灼燒龜甲用以貞卜，或曰占卜。卜卜，像灼燒龜甲出現之裂紋，以辨凶吉。卜辭刻于龜甲，即甲骨文。

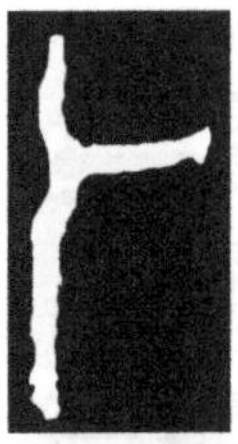

卜孟簋（西周早期）

小盂鼎（西周早期）

曶鼎（西周中期）

右卜脒鼎（戰國晚期）

bǔ jī
叶

《説文》曰：卜以問疑也，从口、卜，讀與稽同。《集韻》曰：叶，一曰考也，或作乩、通作稽。

註：叶，通過占卜查考問兇吉。叶，與占字義相同。

明公簋（西周早期）　讀爲稽　魯侯有叶（稽）功

zhēn
貞

《説文》曰：卜問也，从卜、貝……一曰鼎省聲。《釋名》曰：貞，定也，精定不動惑也。

《廣雅》曰：貞正也。註：貞，占卜，或做占卜之巫祝，或稱貞人。貞，又指人之氣節、操守；忠貞、堅貞。

攸作旅鼎（西周早期）　假爲鼎字

明我作鼎（西周早期）

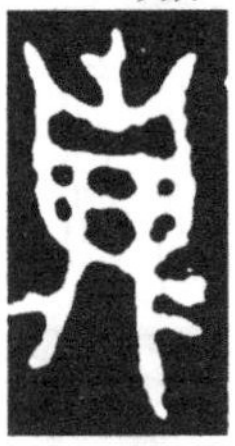
強伯段（西周早期）

貞鼎（西周中期）

師隹鼎（西周中期）

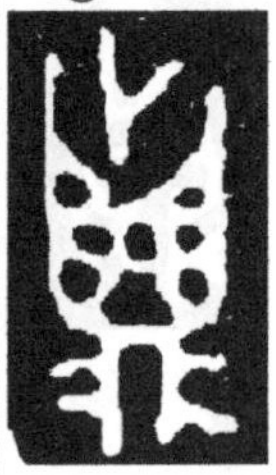
王人臽輔甗（西周中期）

季貞鬲（西周中期）

伯遅父鼎（西周中期）

㦰鼎（西周中期）

穆父鼎（西周中期）

杞伯鼎（西周晚期）

此鼎（西周晚期）

伯乙鼎（西周晚期）

散氏盤（西周晚期）

𩰫之行鼎（春秋早期）

郙伯鼎（春秋早期）

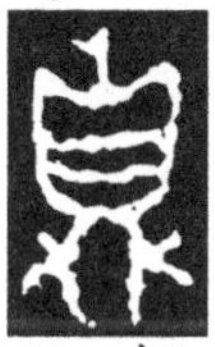
叔單鼎（春秋早期）

魯仲齊鼎（春秋早期）

弗奴父鼎（春秋早期）

叔液鼎（春秋早期）

悕子鼎（春秋晚期）

邵王鼎（春秋晚期）

宋公鼎（春秋晚期）

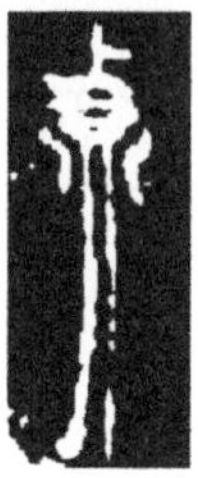

蔡侯鼎（春秋晚期）

鼄來隹鬲（春秋晚期）

郐⿰阝韋尹⿸虍曾鼎（春秋晚期）

邵之飤鼎（戰國早期）

冲子鼎（戰國早期）

涂鼎（戰國）

中𦟝王鼎（戰國晚期）

無臭鼎（戰國晚期）

鄧鼎（戰國晚期）

中山王礜鼎（戰國晚期）

公朱鼎（戰國晚期）

用 

yòng
用

註：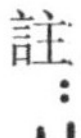，像敲擊樂器，鐘，或稱甬、甬鐘。其起源于竹筩，斷竹而制，中空，後演化為金屬器，甬、鐘。竹筩，作為容器乃是桶。，即甬、桶之象形字。用，使用，為借義。今借義行，而本義盡失。再造甬字及从木之桶字。

作父己簋（殷商）

小臣𢆶卣（殷商）

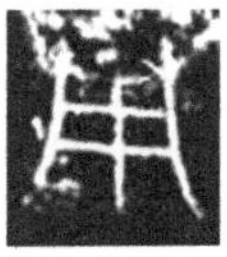
孝卣（殷商）

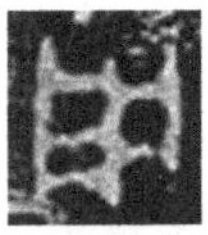

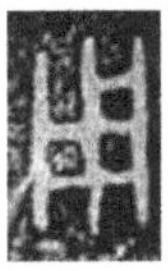
應公鼎（西周早期）

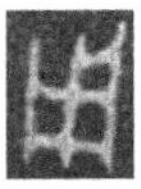

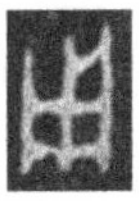
伯簋（西周早期）

遣鬲（西周早期）

德鼎（西周早期）

叔我鼎（西周早期）

作父己鼎（西周早期）

伯矩鼎（西周早期）

㰳殷（西周早期）

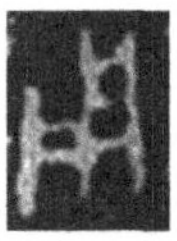
从鼎（西周早期）

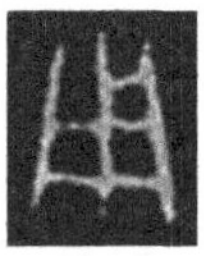
旂鼎（西周早期）

圉方鼎（西周早期）

大盂鼎（西周早期）

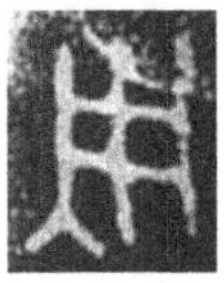
𢐗伯殷（西周早期）

父乙簋（西周早期）

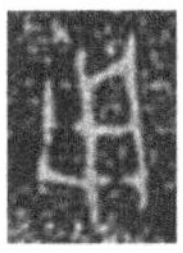
妹叔昏簋（西周早期）

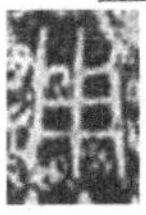
伯者父簋（西周早期）

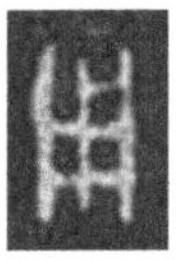
作寶用簋（西周早期）

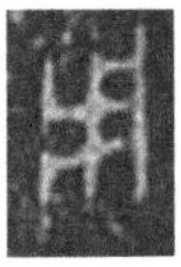
用作寶彝簋（西周早期）

五祀衛鼎（西周中期）

尹姞鬲（西周中期）

作寶鼎（西周中期）

同自殷（西周中期）

亘鼎（西周中期）

叔師父鼎（西周中期）

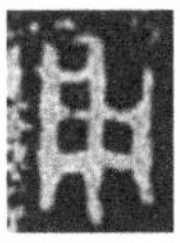
從鼎（西周中期）

伯考父鼎（西周中期）

屯鼎（西周中期）

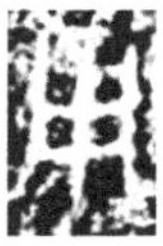
師望鼎（西周中期）

師晨鼎（西周中期）

善鼎（西周中期）

伯簋（西周中期）

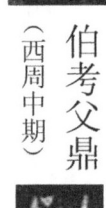

用

康伯簋（西周中期）

叔友父簋（西周中期）

叔妃簋（西周中期）

犀伯魚父鼎（西周）

作用鼎（西周）

用享鐘（西周晚期）

魯遼鐘（西周晚期）

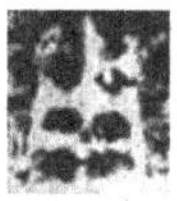
内公鐘（西周晚期）

士父鐘（西周晚期）

南宮乎鐘（西周晚期）

呂王鬲（西周晚期）

逆鐘（西周晚期）

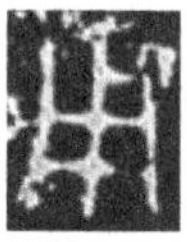
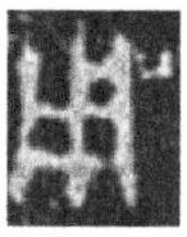
兮仲鐘（西周晚期）

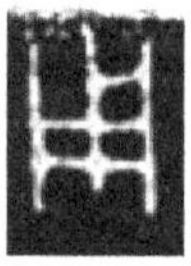
柞鐘（西周晚期）

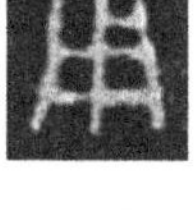
汈其鐘（西周晚期）

王伯姜鬲（西周晚期）

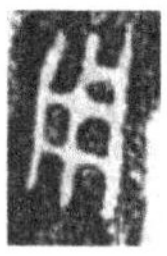
伯家父鬲（西周晚期）

孟辛父鬲（西周晚期）

鄭伯荀父鬲（西周晚期）

遣叔鼎（西周晚期）

至作寶鼎（西周晚期）

樂鼎（西周晚期）

伯氏鼎（西周晚期）

鄭姜伯鼎（西周晚期）

吉父鼎（西周晚期）

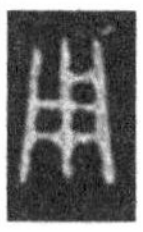
史宜父鼎（西周晚期）

叔侯父簋（西周晚期）

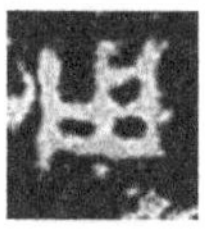
禹鼎（西周晚期）

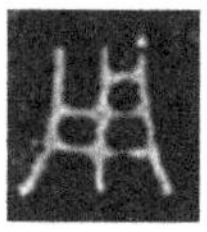
仲義父鼎（西周晚期）

華季益鼎（西周晚期）

頌鼎（西周晚期）

無叀鼎（西周晚期）

兮仲簋（西周晚期）

大克鼎（西周晚期）

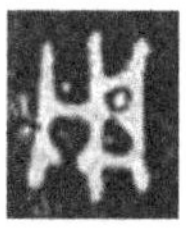

多友鼎（西周晚期）

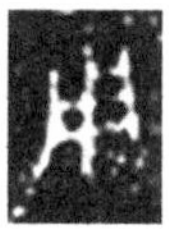
善夫山鼎（西周晚期）

此鼎（西周晚期）

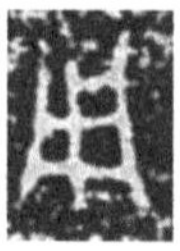
鬲比鼎（西周晚期）

毛公鼎（西周晚期）

内公簋（西周晚期）

㝬簋（西周晚期）

中友父簋（西周晚期）

叔臨父簋（西周晚期）

鄧公簋（西周晚期）

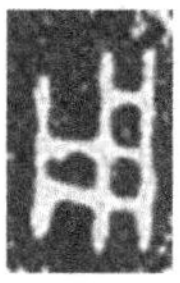
散伯簋（西周晚期）

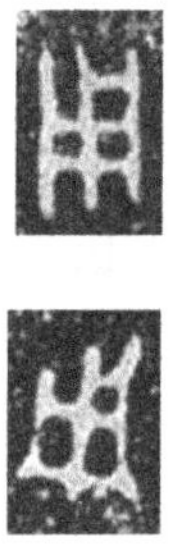
保子達簋（西周晚期）

辛叔簋（西周晚期）

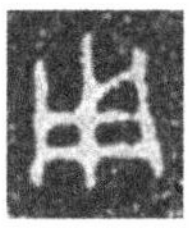
矢王簋（西周晚期）

陳侯簋（西周晚期）

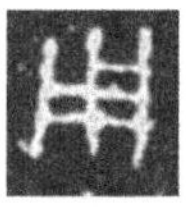
寺季簋（西周晚期）

虢姜簋（西周晚期）

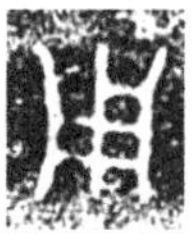
伯喜父簋（西周晚期）

虢季子白盤（西周晚期）

散氏盤（西周晚期）

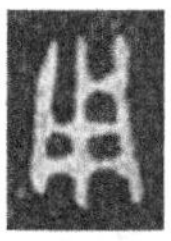
倗伯簋（西周晚期）

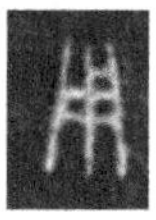
伯侯父盤（西周晚期）

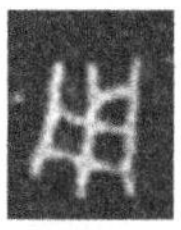
伯正父匜（西周晚期）

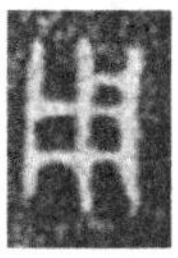
匽伯聖匜（西周晚期）

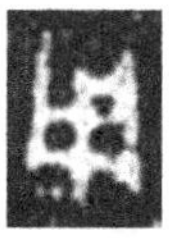
兮甲盤（西周晚期）

史頌匜（西周晚期）

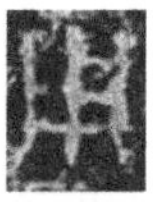
武生鼎（春秋早期）

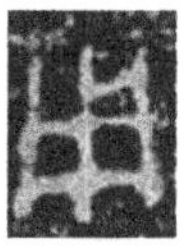
仲爯父鼎（春秋早期）

尋仲盤（春秋早期）

鄭子石鼎（春秋早期）

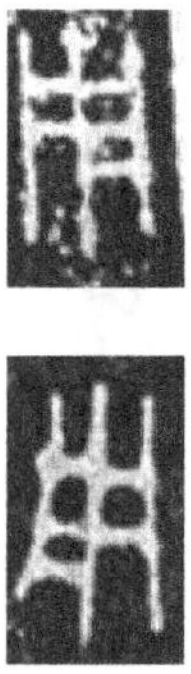
祁仲鬲（春秋早期）

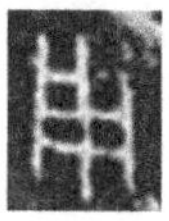
内公鼎（春秋早期）

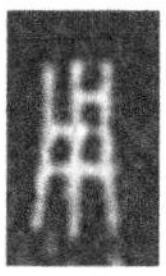
干氏叔子盤（春秋早期）

裹鼎（春秋中期）

鑄侯求鐘（春秋）

般仲柔盤（春秋）

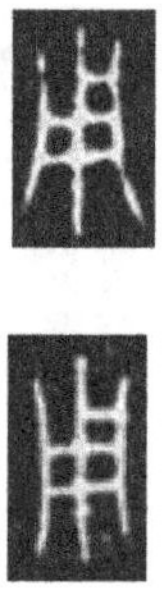
者瀊鐘（春秋）

鼄叔之伯鐘（春秋）

鑄子撫匜（春秋）

鄧伯盤（春秋）

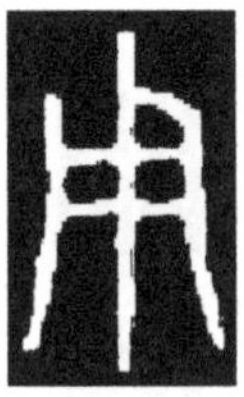
郳公釸鐘（春秋）

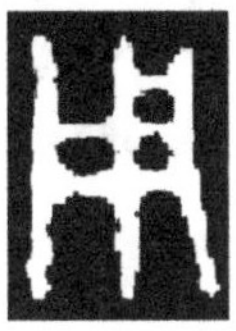
子璋鐘（春秋晚期）

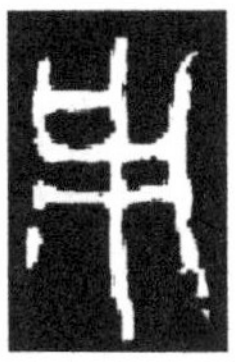
其次句鑃（春秋晚期）

江小仲鼎（春秋早期） 以甬爲用

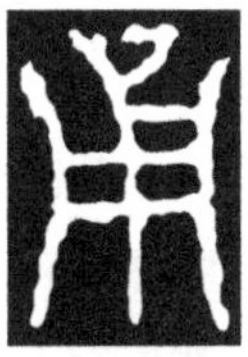
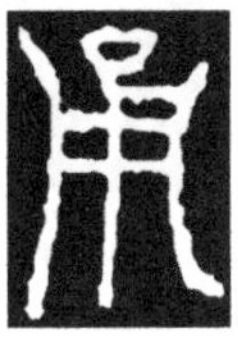
曾姬無卹壺（戰國）

曾侯乙匜（戰國早期）

蔡公子果戈（春秋晚期）

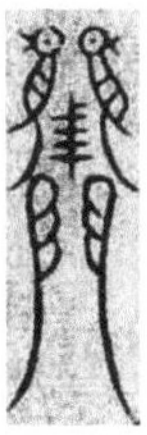
蔡侯産戈（春秋晚期）

楚王孫漁戈（春秋晚期）

王子孜戈（春秋晚期）

子賏之用戈（戰國早期）

戉王大子矛（戰國早期）

曾侯乙三戈戟（戰國早期）

甫 

fǔ pǔ 甫

《說文》曰：男子美稱也，从用、父，父亦聲。註：甫，周以後用于對男子之美稱。，早期甫：从中、从田，即苗圃之圃。譌為从田、父聲作。後，同周字一樣，从田演變爲从用，作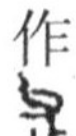，漸失本義。商代稱王后爲妻、爲婦。周代始稱夫人。夫人，即婦。甫、婦、夫三字同音。銘文中甫人，即婦人、即夫人。

甫母丁鼎（西周早期）

季甫父乙尊（西周早期）

宰甫卣（西周早期）

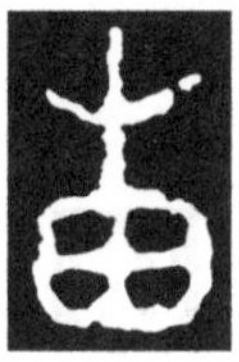
盂卣（西周早期）

庸 墉傭慵

甫父乙尊（西周中期）

丏甫尊（西周中期）

丏甫盉（西周中期）

作甫丁爵（西周中期）

匡卣（西周中期）

⿰食夅叔簠（西周晚期）

穌甫人匜（西周晚期）

穌甫人盤（西周晚期）

甫人父匜（西周晚期）

⿱冃貝甫人匜（春秋早期）

曾仲斿父簠（春秋早期）

黃子鼎（春秋早期）　假為夫字　黃甫（夫）

黃子豆（春秋早期）

黃子盉（春秋早期）

黃子鬲（春秋早期）

爲甫人盨（春秋早期）

女仲簠（春秋）

yōng
庸

《說文》曰：用也，从用、从庚。庚，更事也。《爾雅》曰：庸常也。《小爾雅》曰：庸，善也。《說文通訓定聲》曰：事可施行謂之用、行而有繼謂之庸。庸，假借為墉。

註：庸，應用、任用、經常。庸，有和善之義。庸，通傭、通慵，或假為誦。

逆鐘（西周晚期）

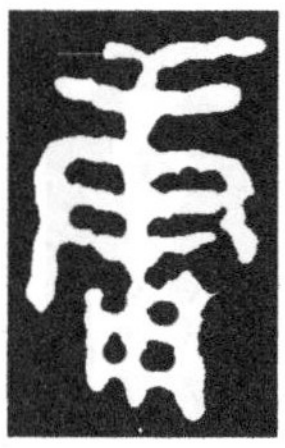
訇簋（西周晚期）

𡢁蚉壺（戰國晚期）　讀為誦　以追庸（誦）先王之功烈

中山王𰯼鼎（戰國晚期）

葡 箙　箙 箙

bèi fú 葡

吴大澂曰：葡，為盛矢之器，後人加牜為犕，又通服。今經典通用服，而葡字之古義廢。【字説】

王國維曰：葡，鼎文作，古箙字。【王觀堂先生全集】 註：葡，古箙字，弓箭套服。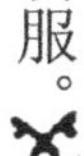葡，與箙，同字。金文字形均為矢在箙中，只是一隻或多隻不同。葡，今作備，或備。

葡亞作父癸角（殷商）

羖毀蓋（西周中期）讀爲備 用大葡（備）于五邑守堰

毛公鼎（西周晚期）讀为箙 賜汝……魚葡（箙）

番生簋蓋（西周晚期）

fú 箙

《説文》曰：弩之箙也，从竹、服聲。《玉篇》曰：矢器也，藏弩箭為箙。

註：箙，弓箭套服。葡，與箙，同字。金文字形均為矢在箙中，只是一隻或多隻不同。

葡盤（殷商）

箙父乙鼎（殷商）

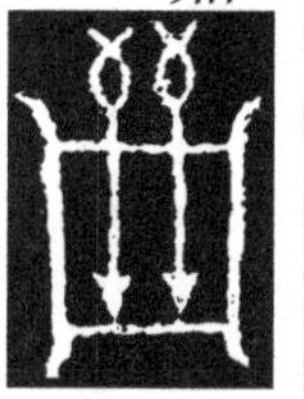

葡鼎（殷商）

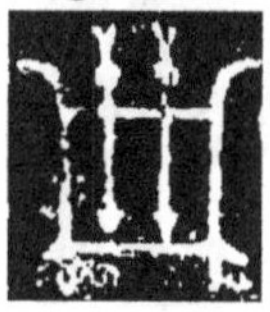

葡戉父癸甗（殷商）

箙父庚鼎（殷商）

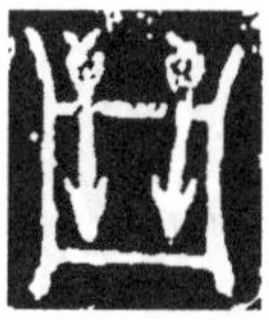

葡觶（殷商）

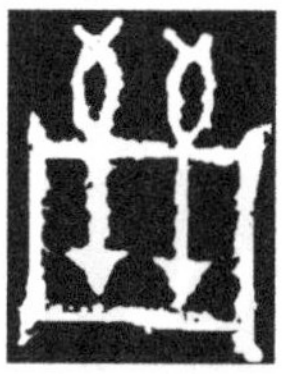

葡卣（殷商）

戉葡卣（殷商）

啓作且丁尊（殷商）

葡父乙毁（殷商）

箙斝（殷商）

叀作父丁鼎（西周早期）

啓卣（西周早期）

隹作父己尊（西周早期）

爻 

爾邇瀰薾 

yáo 爻

《説文》曰：交也，象『易』，六爻頭交也。註：×××，古文爻字本六畫，由『易』卦之陰陽橫劃相交而成。

爻鼎（殷商）

爻觶（殷商）

爻尊（殷商）

爻爵（殷商）

爻父乙鼎（殷商）

爻且丁斝（殷商）

爻盉（殷商）

爻卣（殷商）

見爻觚（殷商）

爻父乙簋（西周早期）

爻癸婦鼎（西周早期）

爻父丁簋（西周早期）

方彝（西周早期）

爻作彝甗（西周早期）

父乙鼎（西周早期）

ěr mǐ 爾

《篇海類編》曰：爾，近也，又同邇。《集韻》曰：瀰，滿也，一曰瀰瀰，眾也或省（作爾）。

註：，早期金文爾字，同甲骨文爾，象花枝累垂之形，有花枝繁茂之意。即薾之本字。

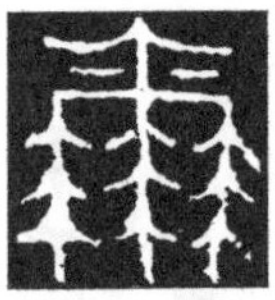
亞爾觚（殷商）

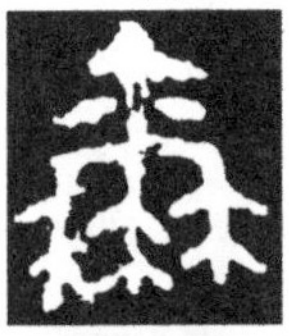

何尊（西周早期）

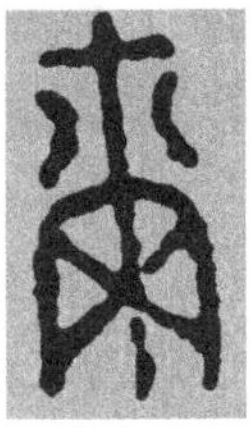
亖卣（西周早期）

癲鐘（西周中期）

史牆盤（西周中期）

洹子孟姜壺（春秋）

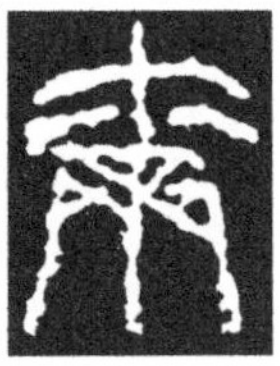
晉公盆（春秋）

爽

shuǎng
爽

《説文》曰：明也，从㸚、从大。

註：爽，明快、明亮，或曰開朗、豪邁、爽快。

肄作父乙毁（殷商）　或从䂀

遘于妣戊武乙爽

二祀卬其卣（殷商）

矢令方尊（西周早期）

矢令方彝（西周早期）

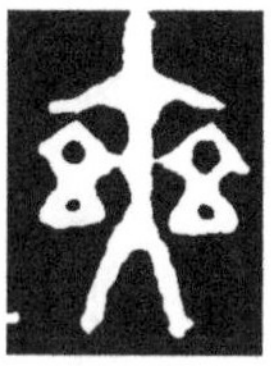
矢令方彝（西周早期）

班簋（西周中期）

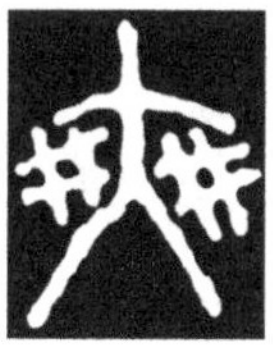
散氏盤（西周晚期）

上郡守壽戈（戰國）

免簋（西周中期）

此字从日、（喪）省聲，或爲爽之異文。

王在周昧爽

旻　瞲

目

仰韶書屋金文字彙　卷四

文二百五十一字　重文約二千零九十四字

xuè 旻

《説文》曰：舉目使人也，从攴、从目。《六書泝原直音》曰：旻，與瞲同。

註：旻，眼睛微動，使眼色，指使人。旻，同瞲，驚視。

癸旻爵（西周早期）

旻父己觚（殷商）　或从䀠

旻父癸鼎（殷商）

旻鼎（殷商）

旻觚（殷商）

旻觶（西周早期）

mù 目

《説文》曰：人眼，象形。

註：目，象形字。金文橫目為目、豎目為臣字（見臣字解）。因合於偏旁字形所需，小篆易橫為豎。

目宋觚（殷商）

目子工爵（殷商）

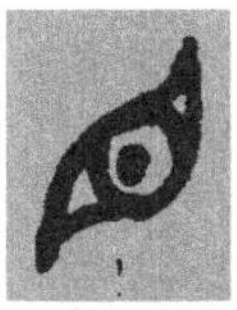
爵（殷商）

目方彝（殷商）

逆目父癸爵（西周早期）

目爵（西周早期）

廿年寺工矛（戰國晚期）

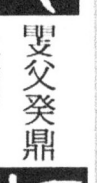

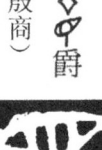

眂

盱

瞏

shì
眂

《説文》曰：眂皃（視貌），从目、氐聲。《字彙》曰：眂，與視同。

員方鼎 讀爲視
（西周早期）王獸于眂（視）廩

平陰鼎盖
（戰國）

兆域圖
（戰國晚期）

卅五年盉
（戰國晚期）

信安君鼎
（戰國晚期）

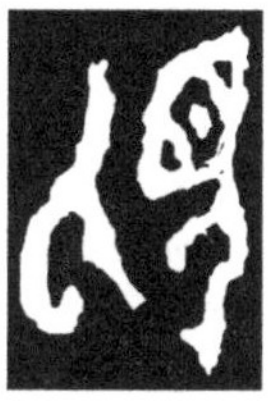
何尊 或从氏从見
（西周早期）（視）于公氏

xū
盱

《説文》曰：張目也，从目、于聲。《爾雅》曰：盱，憂也。郭沫若曰：盱與訏通。註：盱，張目、仰望。盱，有憂愁義、兼有廣大義。

【两周金文辭大系考釋】

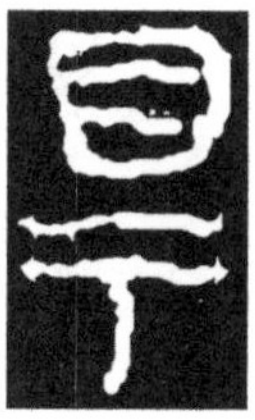
杅氏壺 讀為于
（春秋晚期）盱（于）我室家

qióng
huán
瞏

《説文》曰：目驚視也，从目、袁聲。《集韻》曰：還，復返也，亦作瞏。郭沫若曰：瞏；即玉環之初文，象衣之當胸處有環也。从目，示人首所在之處。

【两周金文辭大系考釋】

㲻伯瞏毁
（西周早期）

作册瞏卣
（西周早期）

作册瞏尊
（西周早期）

瞏簋
（西周中期）

番生簋
（西周晚期）

泪淚罘

駒父盨（西周晚期） 滋乳为還 四月睘（還）至于蔡

睘小器（戰國）

敀陸睘矛（戰國）

dà
罘

《說文》曰：目相及也，从目、从隶省。郭沫若曰：此當係涕之古字。象目垂涕之形。【两周金文辭大系考釋】

高鴻縉曰：爲淚之初文。【中國字例】

毛公旅鼎（西周早期）

寧鼎（西周早期）

令鼎（西周早期）

扌盉（西周早期）

周公簋（西周早期）

矢令方彝（西周早期）

矢令方尊（西周早期）

渣嗣土逘毁（西周早期）

小臣謎毁（西周早期）

士上卣（西周早期）

買王卣（西周早期）

縣妃簋（西周中期）

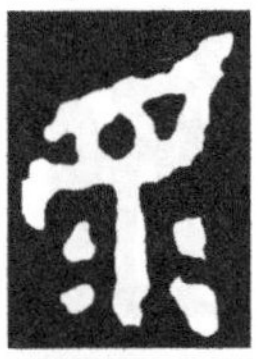

孟簋（西周中期）

九年衛鼎（西周中期）

中簋蓋（西周中期）

五祀衛鼎（西周中期）

静簋（西周中期）

𪊨鐘（西周中期）

睽 睽

曶鼎（西周中期）

㒼毁（西周中期）

㝨貯毁（西周中期）

盠方彝（西周中期）

免簋（西周中期）

衛鼎（西周中期）

裘衛盉（西周中期）

師晨鼎（西周中期）

吴方彝（西周中期）

才盤（西周中期）

仲自父壺（西周晚期）

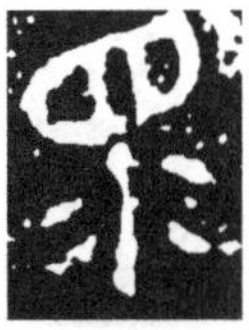
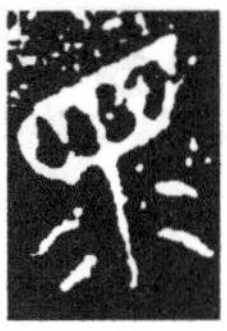
融比盨（西周晚期）

翏生盨（西周晚期）

蔡簋（西周晚期）

揚簋（西周晚期）

遟父鐘（西周晚期）

士父鐘（西周晚期）

叔妊毁（西周晚期）

𧇝毁（西周晚期）

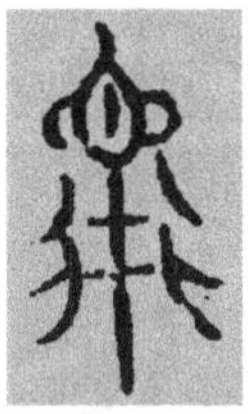
叔尸鐘（春秋晚期）

kúi
jì
睽

《說文》曰：目不相聽也，从目、癸聲。《集韻》曰：睽，睽睢，張目貌。

註：睽，目不同視。或張目樣子。

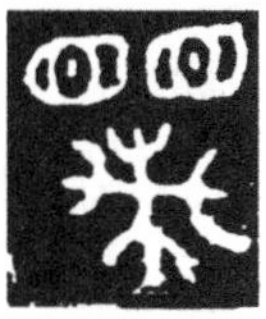

大簋盖（西周晚期）

睽士父鬲（西周晚期）

眩眴

睦

相

xuàn
眴

《說文》曰：目搖也，从目、勻省聲。或从旬。《集韻》曰：眴，目眩也，或省。

註：眴，同眩。目搖，暈眩。

伯旳鼎
（西周中期）

二十年相邦冉戈
（戰國）

mù
睦

《說文》曰：目順也，从目、坴聲。一曰敬和也。古文睦。《廣韻》曰：睦，親也，又和睦也、敬也。

《玉篇》曰：睦，和也。注：睦，人之喜慍而目光和順。睦，和睦、親厚、敬穆。古文睦、陸，同聲互通。

隮作父乙尊 讀為睦
（西周早期） 賞睦貝

儹匜 讀為睦
（西周晚期） 溥格畬睦儹

xiāng
xiàng
相

《說文》曰：省視也，从目、从木。易曰：地可觀者，莫可觀於木。

註：相，从目，仔細觀察、省視樹木。

相侯簋
（西周早期）

作册折尊
（西周早期）

作册折觥
（西周早期）

折方彝
（西周早期）

庚壺
（春秋晚期）

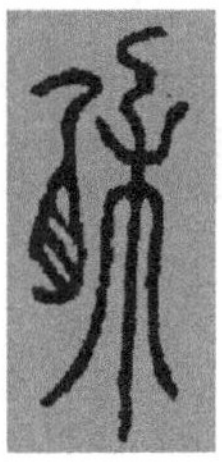
越王者旨於賜鐘
（戰國早期）

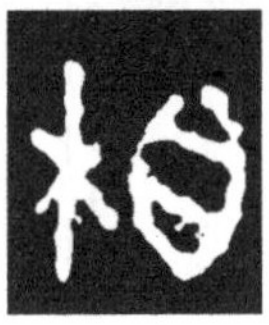
相邦義戈
（戰國）

二十年相邦冉戈
（戰國）

賜

翰看

相公子戈（戰國）

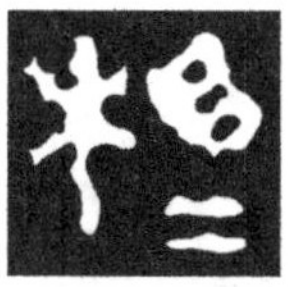
八年相邦劍（戰國晚期）

中山王嚳方壺（戰國晚期）

宮氏白子戈（春秋）【古文字類編】

shì
賜

《説文》曰：目疾視也，从目、易聲。

王國維曰：古文以爲賜字，古錫、賜一字。【觀堂集林】

註：古文賜、錫、賜同字。賜，或讀為惕。

中簋盖（西周中期） 讀为賜 賜（賜）汝赤巿緐横

毛公鼎（西周晚期） 讀爲易 敬念王威不賜（易）

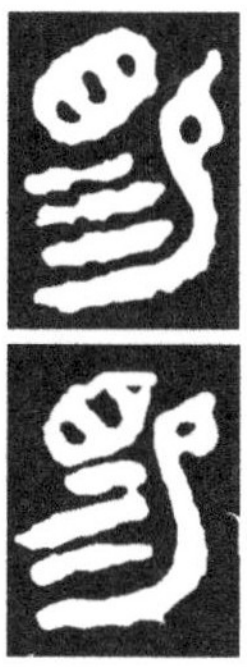
虢季子白盤（西周晚期）

禹鼎（西周晚期） 讀为惕 賜（惕）恭朕辟之命

揚簋（西周晚期）

黽壺盖（西周晚期）

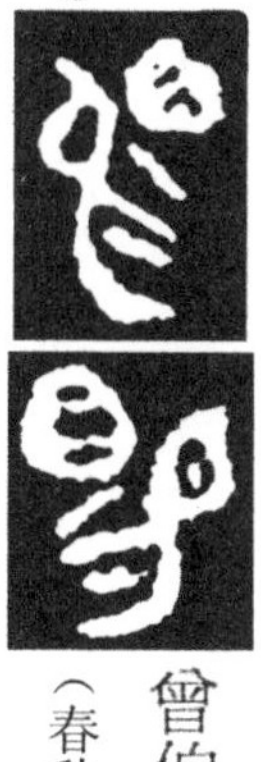
曾伯霥簠（春秋早期）

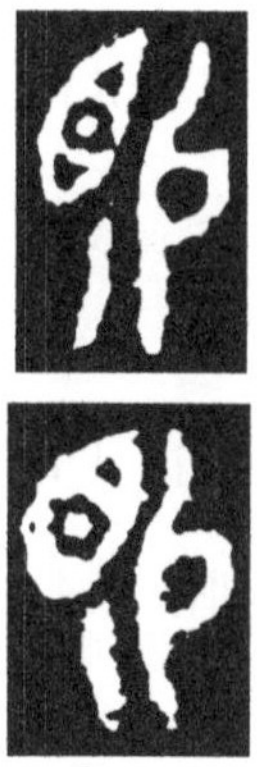
召卣（西周早期） 或从易字之減筆

[illegible]尊（西周早期）

kàn
看

《説文》曰：睎也，从手，下目。𦑡看或从倝。《九經字樣》曰：凡見物不審，則手遮目看之，故看从手下目。

註：翰，从倝省，看字之異文。

十四年銅犀（戰國晚期） 讀為看 嗇夫舒信勒看器

十三年壺（戰國晚期）

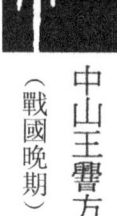

mǐ mí mī
眯

《説文》曰：艸入目中也，从目、米聲。《正字通》曰：眯，俗作瞇。

註：眯，物入目中，視覺模糊。眯，同瞇、同迷、通彌。

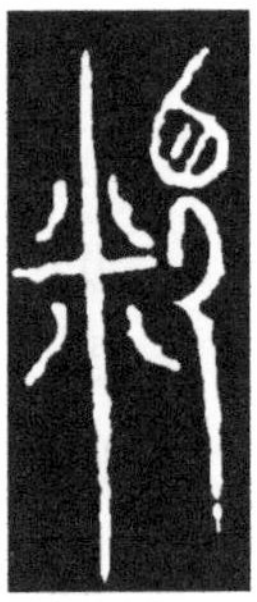

中山王䲽鼎（戰國晚期） 或从見 讀爲迷 猶眯（迷）或於子之而亡其邦

wò
𥄎

《説文》曰：捾目也，从目、叉。

註：捾，挖取、掏取。捾目，即挖目。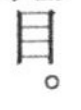𥄎，以手指甲挖目之象形字。

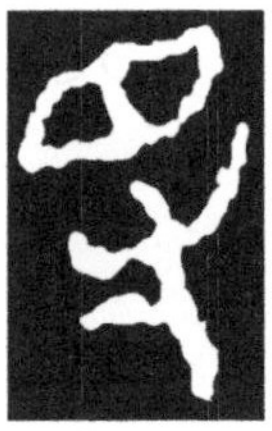

𪓐方尊（西周早期）

沈子它簋（西周早期） 讀為𥄎 敢𥄎昭告朕吾考

繁卣（西周中期）

shěng
眚

《説文》曰：目病生翳也，从目、生聲。

段玉裁曰：眚，又假爲減省之省。【説文解字注】

眚仲簋（春秋早期）

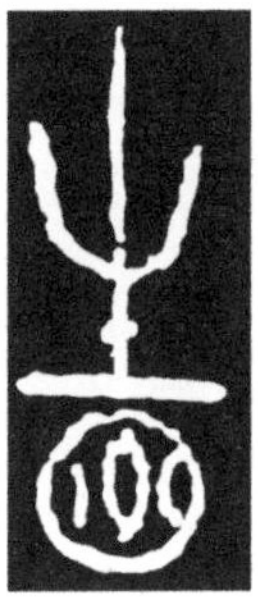

中山王䲽鼎（戰國晚期） 假爲省 論其德眚（省）其行

qì
𥇑

《説文》曰：省視也，从目、啓省聲。《篇海類編》曰：䁈；同𥇑。《玉篇》曰：𥇑，窺也。

註：𥇑，省（讀醒音）視、窺視。，或从戈，作䁈，與𥇑同。

眂　昊　晢

眂

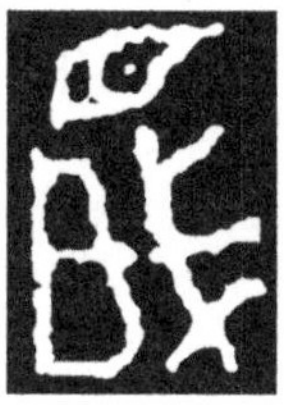

䟫父乙尊（西周早期）

小臣鼎（西周中期）

昊

縣妃簋（西周中期）

chì
晢

《集韻》曰：晢；目美也。《廣韻》曰：晢；目光也。

三十四年頓丘戈（戰國） 讀為晢 左工師晢 冶夢

⿰目尤

yóu ⿰目尤

註：⿰目尤，或讀為尤。

班簋（西周中期）

戜方鼎（西周中期）

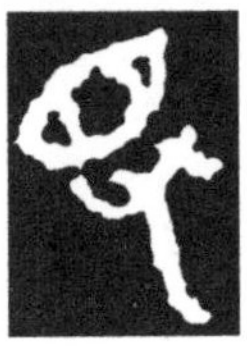

戜𣪘（西周中期）

讀爲尤 無⿰目尤（尤）于戜身

⿱罒射

⿱罒射

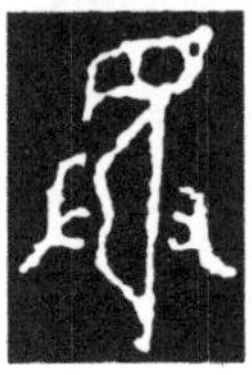

小子⿱罒廾鼎（殷商）

眣 瞬瞚

shùn 眣

《正字通》曰：眣，同瞬，通作瞚。

眣爵（殷商）

⿱罒矢弓形器（殷商）

⿰目只

zhī ⿰目只

《改併四聲篇海》曰：⿰目只，目病。音汁。

瞸 瞿䀠 䀠⿻大䀠

⿰目又且丁爵
（殷商）

【古文字類編】

xiè
瞸

《玉篇》曰：瞸，閉一目也。《集韻》曰：瞸，目眇視。

註：瞸，或從見，作瞸。

鄂君啓節舟節
（戰國）

瞸或从見 讀為瞸
入湘 就瞸 就洮陽

jù qú
䀠

《說文》曰：左右視也，从二目。讀若拘，又讀若良士瞿瞿。《正字通》曰：䀠；瞿之本字。

䀠亞且癸鼎
（殷商）

䀠觚
（殷商）

䀠子弓箙卣
（殷商）

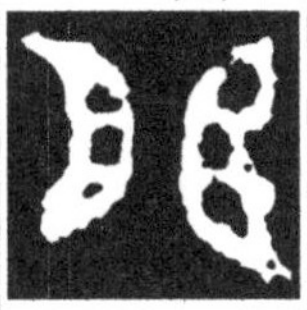

年𣪕
（西周早期）

䀠浩爵
（西周早期）

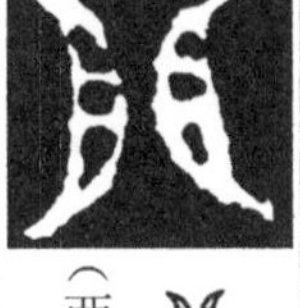

䀠逄盉
（西周早期）

䀠逄鼎
（西周早期）

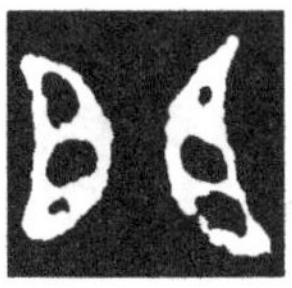

晨作簋
（西周早期）

東䀠尊
（西周中期）

jū jù
⿻大䀠

《說文》曰：目衺（邪）也，从䀠、从大，大，人也。《集韻》曰：䀠，左右視，或从大。

註：⿻大䀠，或同䀠。

眉

王三年馬雍令戈（戰國）

méi
眉

註：眉，古文象形字。年老者必有豪眉秀出，曰眉壽。，古釁（亹）字之省文，作持臼倒血狀，血祭也。再从頁或从首作。頁、首，均為人之頭。壽，是對首領或長者美善之壽的敬稱，與眉壽同義。借，為眉，在銘文中通例。

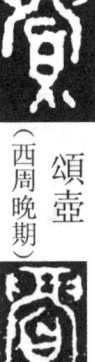

子眉鼎（殷商）【古文字類編】

小臣謎段（西周早期）

眉壽鼎（西周早期）

鉊段（西周早期）

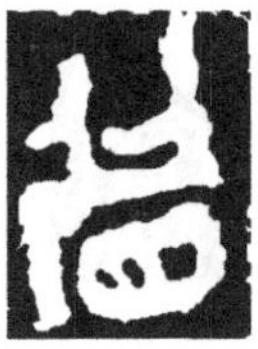
九年衛鼎（西周中期）

或者鼎（西周中期）

窸鼎（西周中期）

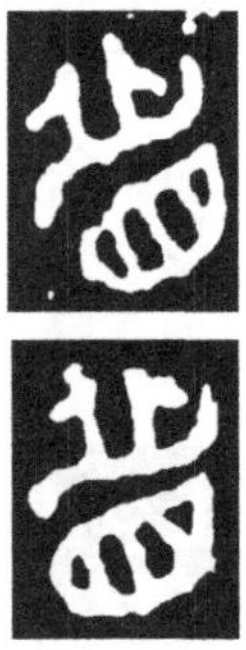
羌伯簋（西周晚期）

追簋（西周中期）

畢鮮簋（西周中期）

瘋鐘（西周中期）

師奎父鼎（西周中期）

頌簋（西周晚期）

頌壺（西周晚期）

蛕公諴簋（西周晚期）

薛侯盤（西周晚期）

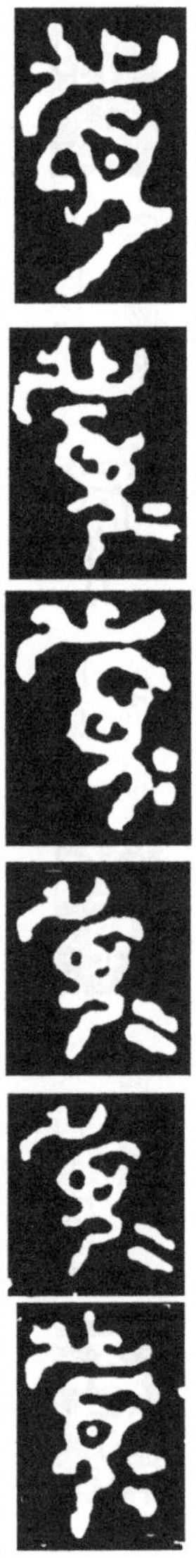
散氏盤（西周晚期）

眉

伯侯父盤（西周晚期）

湯叔盤（西周晚期）

伯克壺（西周晚期）

交君子[illegible]簠（西周晚期）

交君子[illegible]壺（西周晚期）

翏生盨（西周晚期）

伯勇父簠（西周晚期）

殳季良父壺（西周晚期）

伯公父簠（西周晚期）

蔡姞簋（西周晚期）

不嬰殷（西周晚期）

伯汈其盨（西周晚期）

買簋（西周晚期）

大簋（西周晚期）

内伯多父簋（西周晚期）

魯士簋（西周晚期）

㝬仲簋（西周晚期）

眉壽鐘（西周晚期）

鼄友父鬲（西周晚期）

史喜鼎（西周晚期）

史伯鼎（西周晚期）

仲師父鼎（西周晚期）

南公乎鐘（西周晚期）

遅父鐘（西周晚期）

諶鼎（西周晚期）

姬鼎（西周晚期）

頌鼎（西周晚期）

善夫汈其殷（西周晚期）

小克鼎（西周晚期）

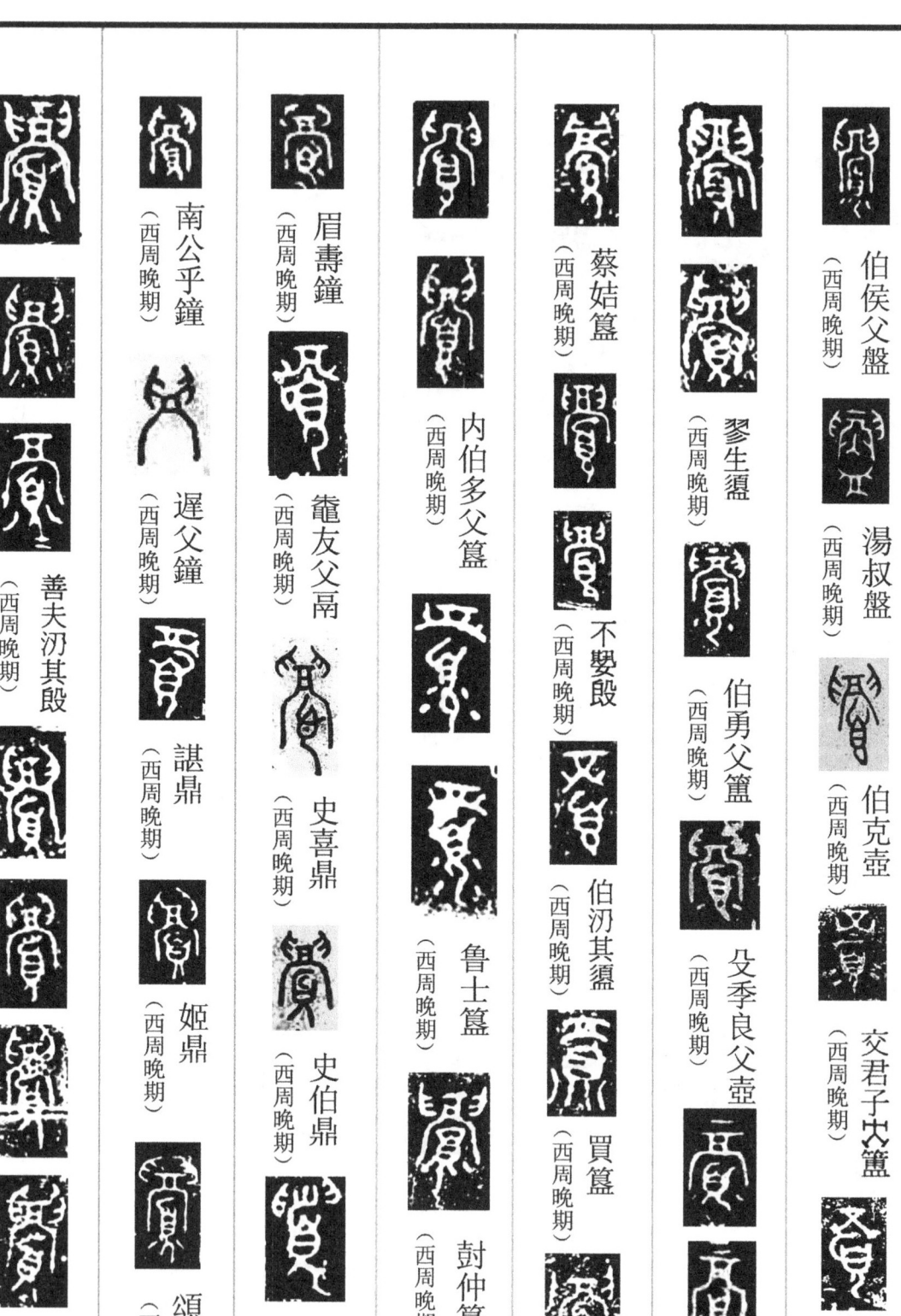

曼龔父盨（西周晚期）

琱伐父段（西周晚期）

善夫山鼎（西周晚期）

竈乎段（西周晚期）

此簋（西周晚期）

鑄子簋（西周晚期）

寰季鼎（西周晚期）

趞鼎（西周晚期）

交君子簠（西周晚期）

鼄口白鼎（春秋早期）

鄀公鼎（春秋早期）

鄀公諴鼎（春秋早期）

晉姜鼎（春秋早期）

魯伯大父簋（春秋早期）

魯大宰簋（春秋早期）

鑄公簠（春秋早期）

召叔山父簠（春秋早期）

曾伯霥簠（春秋早期）

叔家父簠（春秋早期）

弗奴父鼎（春秋早期）

郙伯鼎（春秋早期）

郙伯祁鼎（春秋早期）

陳公子甗（春秋早期）

叔液鼎（春秋早期）

秦公鎛（春秋早期）

魯仲齊甗（春秋早期）

魯仲齊鼎（春期早期）

褱鼎（春秋早期）

魯伯大父簋（春秋早期）

眉

杞伯壺（春秋早期）

魯伯簋（春秋早期）

鑄子叔簋（春秋早期）

者瀘鐘（春秋）

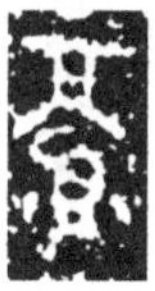
㠱伯子妊父盨（春秋）

厚氏簋（春秋）

魯酮徒仲齊盨（春秋）

郳公釪鐘（春秋）

鄦子盟自鎛（春秋）

鑄叔簋（春秋）

般仲宋盤（春秋）

王子申盞（春秋）

陳侯作孟姜㛐簋（春秋）

㠱伯子妊父盨（春秋）

陳侯簋（春秋）

欒書缶（春秋）

敬事天王鐘（春秋晚期）

王孫遺者鐘（春秋晚期）

郘黛尹譬鼎（春秋晚期）

篙叔之仲子平鐘（春秋晚期）

鼄公華鐘（春秋晚期）

蔡大師鼎（春秋晚期）

曾伯陭壺（春秋晚期）

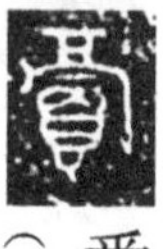
番君召簋（春秋晚期）

欒子簋（春秋晚期）

乙鼎（戰國早期）

眉脒鼎（戰國）

省

xǐng
shěng
省

《説文》曰：視也，从眉省、从屮。《篇海類編》曰：省，禁屬也，漢以禁中為省，言入此中者皆當察事不可妄也。註：省，探望，省親。省，或為古代禁中官署，如中書省、尚書省。元、明，以後用于行政區域名。省、眚乃同字，省爲眚之變。从生、从眉省，變爲从中或从屮、从眉省。小篆始分化爲二字。

仲枏父鬲（西周中期）

曾伯文簋（西周中期）

毳盤（西周中期）

毳盉（西周中期）

對罍（西周中期）

陽飤生簋（西周晚期）

東同段蓋（西周晚期）

曾仲簋（西周晚期）

𡔷段（西周晚期）

伯家父簋（西周晚期）

伯其父簠（春秋早期）

食生簋（春秋早期）

曶壺（西周中期）

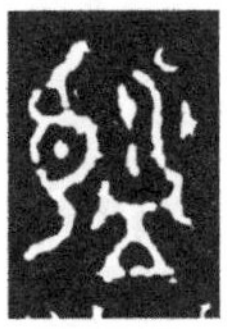

毳簋（西周晚期）

歸父盤（春秋）

陳逆簋（戰國早期）

省觶（殷商）

戍甬鼎（殷商）

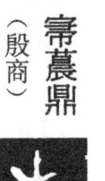

寕蓐鼎（殷商）

小子省卣（殷商）

小臣夌鼎（西周早期）

中甗（西周早期）

盾 盾

天亡簋（西周早期）

大盂鼎（西周早期）

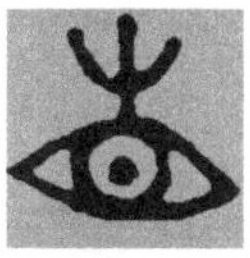

中方鼎（西周早期）

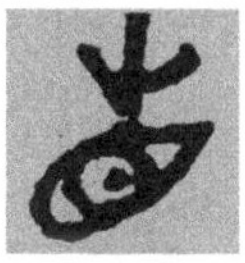
中觶（西周早期）

省作父丁觚（西周早期）

臣卿鼎（西周早期）

臣卿簋（西周早期）

小臣艅犀尊（西周早期）

省史尊（西周早期）

九年衛鼎（西周中期）

曶鼎（西周中期）

豆閉簋（西周中期） 假爲生 唯二月既省（生）霸

鬲比鼎（西周晚期）

揚簋（西周晚期）

散氏盤（西周晚期）

宗周鐘（西周晚期）

姬寏母豆（春秋）

梁十九年鼎（戰國）

中山王𠪚鼎（戰國晚期）

史頌鼎（西周晚期） 省之繁體字

dùn
盾

《説文》曰：瞂也，所以扞身，蔽目，象形。

註：瞂，即盾。，盾之異體字，从（盾之象形），豚聲。

𢦏簋（西周中期） 从豚聲

五年師旋簋（西周晚期）

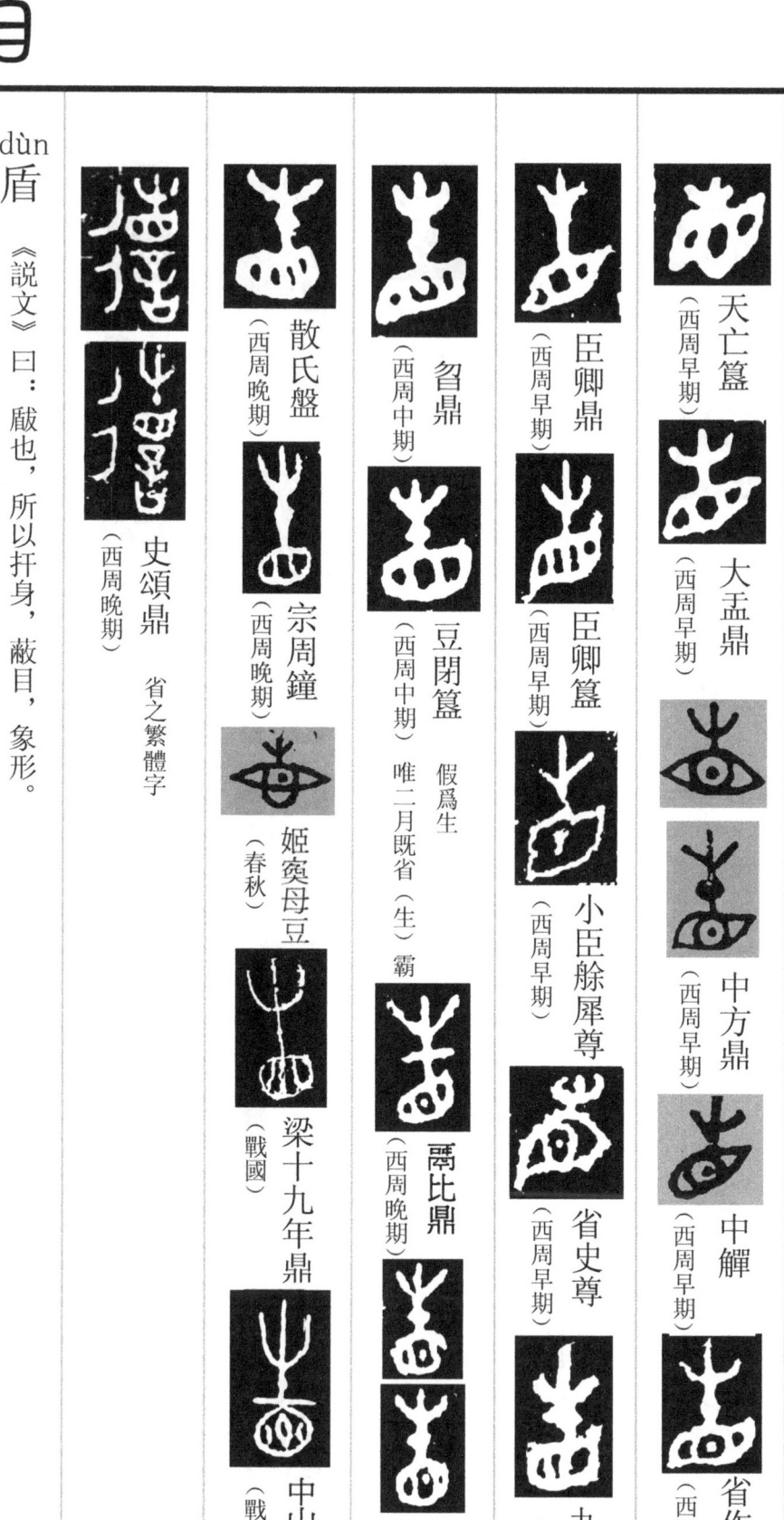

自 

zì
自

《説文》曰：鼻也，象鼻形。此亦自字也。

註：自，乃鼻之初文。，鼻子象形及皺紋，或一條、或二條。自，指自己。后加畀并取聲爲鼻字。

宰甫卣（殷商）

臣卿鼎（西周早期）

𢐗伯段（西周早期）

帥隹鼎（西周早期）

𩰫侯厝季段（西周早期）

沈子它簋（西周早期）

德方鼎（西周早期）

小臣謎段（西周早期）

御正衛簋（西周早期）

何尊（西周早期）

𢐗伯鎣（西周早期）

矢令方尊（西周早期）

录作辛公簋（西周中期）

師[illegible]鼎（西周中期）

同簋（西周中期）

穆公簋（西周中期）

令鼎（西周中期）

孟簋（西周中期）

縣妃簋（西周中期）

天姬壺（西周中期）

高壺（西周中期）

姞氏簋（西周）

伯家父簋（西周晚期）

陽飤生段蓋（西周晚期）

沃伯寺段（西周晚期）

章叔[illegible]段（西周晚期）

叡先伯段（西周晚期）

口叔買簋（西周晚期）

走簋（西周晚期）

楚公豪鐘（西周晚期）

楚公逆鐘（西周晚期）

函皇父鼎（西周晚期）

丼□叔安父段（西周晚期）

孟姬湝段（西周晚期）

曾伯文簋（西周晚期）

倗伯簋（西周晚期）

噩侯鼎（西周晚期）

毛公鼎（西周晚期）

羌伯簋（西周晚期）

圃盨（西周晚期）

射南簠（西周晚期）

胄簠（西周晚期）

袒伯庸盤（西周晚期）

□仲盤（西周晚期）

散氏盤（西周晚期）

孟姬安甗（西周晚期）

𢐗伯鼎（西周晚期）

上曾大子鼎（春秋早期）

考叔𢉩父簠（春秋早期）

曾伯霥簠（春秋早期）

曾子單鬲（春秋早期）
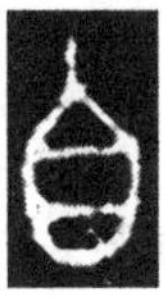
樊夫人鬲（春秋早期）
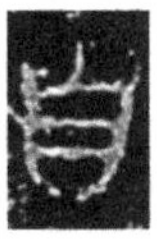
曾伯從寵鼎（春秋早期）

黃君孟鼎（春秋早期）
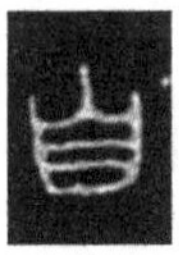
曾侯仲子鼎（春秋早期）

郿季白歸鼎（春秋早期）

叔單鼎（春秋早期）

王孫壽甗（春秋早期）

江小仲鼎（春秋早期）

戈叔朕鼎（春秋早期）

鄁公鼎（春秋早期）

曾仲斿父簠（春秋早期）

華母壺（春秋早期）
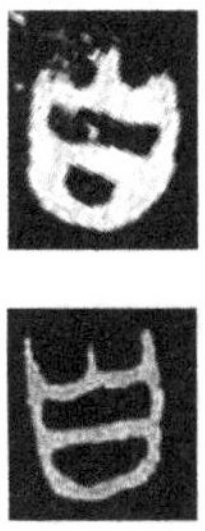
番君酛伯鬲（春秋早期）

鄀公平侯鼎（春秋早期）

者君匜（春秋中期）

庚兒鼎（春秋中期）

鄧公乘鼎（春秋中期）

者尚俞卑盤（春秋中期）
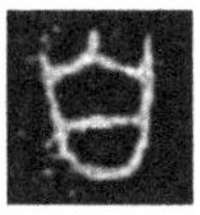
番仲𠂤匜（春秋中期）
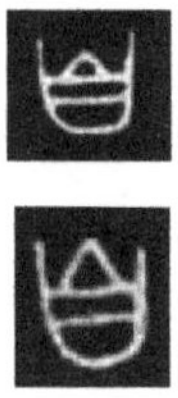
者瀘鐘（春秋）

臬 ⿱自棘

子璋鐘（春秋晚期）

沇兒鎛（春秋晚期）

楚王領鐘（春秋晚期）

敬事天王鐘（春秋晚期）

樂子簠（春秋晚期）

曾子⿸尸馬簠（春秋晚期）

子季簠（春秋晚期）

徐王義楚觶（春秋晚期）

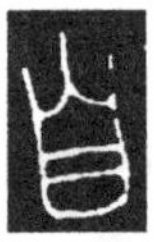
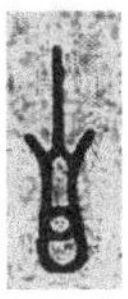
楚王酓璋鐘（戰國早期）

乙鼎（戰國早期）

嘉子白簠（春秋晚期）

臬

臬，張亞初釋爲縮。【殷周金文集成 引得】

魯侯爵（西周早期）

⿱自棘

⿱自棘鬲（西周早期）

皆 偕

魯

jiē
皆

《說文》曰：俱詞也，从比、从白。註：皆，非从白（自）應釋為从口。比，表示二人，二人合一口，會意為偕同之義。皆、偕，古今字。皆，或从甘。古文从口之字多變為从甘。皆，从虎或二虎。

皆壺（西周中期）

郐[illegible]尹譻鼎（春秋早期） 从二虎

中山王譻鼎（戰國晚期）

中山王譻方壺（戰國晚期）

lǔ lǚ
魯

註：魯，从魚、入口，以示美味，有嘉、美，之義。魯，通旅、通嘏。古文从口之字多變為从甘，魯，或从甘。

伯姜鼎（西周早期）

周公簋（西周早期）

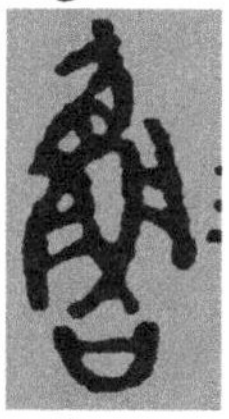
高卣（西周早期）

啓卣（西周早期）

魯侯爵（西周早期）

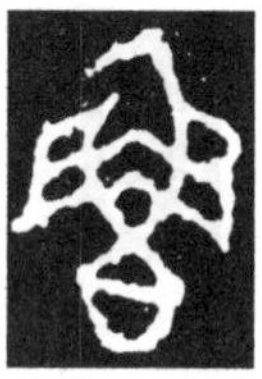
魯侯盉（西周早期）

癲鐘（西周中期）

師虎簋（西周中期）

畢鮮簋（西周中期）

散氏盤（西周中期）

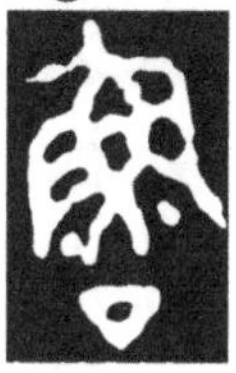
或者鼎（西周中期）

師隹鼎（西周中期）

善鼎（西周中期）

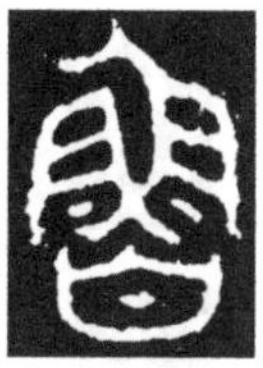
魯侯壺（西周晚期）

魯侯鬲（西周晚期）

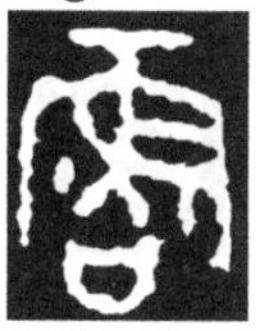
無叀鼎（西周晚期）

趞鼎（西周晚期）

元年師旋段（西周晚期）

沕其鐘（西周晚期）

虢叔旅鐘（西周晚期）

遅盨（西周晚期）

㝬毁（西周晚期）

井叔采鐘（西周晚期）

魯遼鐘（西周晚期）

井人女鐘（西周晚期）

頌簋（西周晚期）

士父鐘（西周晚期）

南宮乎鐘（西周晚期）

元年師兑簋（西周晚期）

魯伯俞父盤（西周晚期）

魯内小臣鼎（西周晚期）

小克鼎（西周晚期）

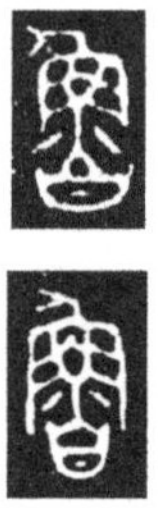
頌鼎（西周晚期）

何簋（西周晚期）

大克鼎（西周晚期）

魯士商叡毁（西周晚期）

無㠱毁（西周晚期）

羌伯簋（西周晚期）

秦公鐘（春秋早期）

晉姜鼎（春秋早期）

魯仲齊甗（春秋早期）

魯仲齊鼎（春秋早期）

魯士孚父簠（春秋早期）

魯伯俞父鬲（春秋早期）

魯伯俞父簠（春秋早期）

魯大宰邍父簋（春秋早期）

諸者

秦公鎛（春秋早期）

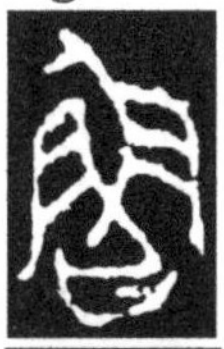

魯伯大父簋（春秋早期）

秦公簋（春秋早期）

子仲伯匜（春秋早期）

魯伯俞父盤（春秋早期）

魯伯俞父匜（春秋早期）

魯嗣徒仲齊盤（春秋早期）

魯正叔盤（春秋）

厚氏簠（春秋）

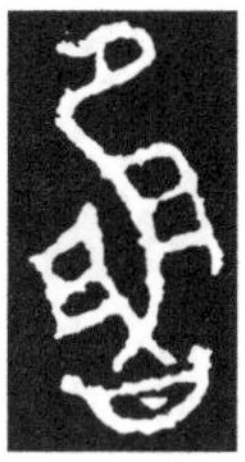
鄦大邑魯生鼎（春秋）

魯伯悆盨（春秋）

魯伯厚父盤（春秋）

魯少嗣冠盤（春秋）

zhě 者

註：者，或讀為諸。

者姛方尊（殷商）

者姛爵（殷商）

者女觥（殷商）

諸女甗（西周早期） 讀為諸

麥方尊（西周早期）

者◇鼎（西周早期）

弁者君父乙尊（西周早期）

伯者父簋（西周早期）

矢令方尊（西周早期）

矢令方彝（西周早期）

番□伯者君匜（西周早期）

[illegible]夫作且丁甗（西周早期）

免簋（西周中期） 假爲書 王授作册尹者（書）

戜者鼎（西周中期）

九年衛鼎（西周中期）

者兒觶（西周中期）

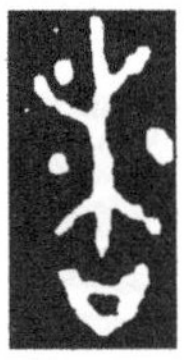
戜者段（西周中期）

伯公父簠（西周晚期）

虢段（西周晚期）
讀爲諸 罘者（諸）侯大亞

駒父盨（西周晚期）

兮甲盤（西周晚期）

殳季良父壺（西周晚期）

羌伯簋（西周晚期）

叔家父簠（春秋早期）

者盪鐘（春秋）

郐諧尹征城（春秋）

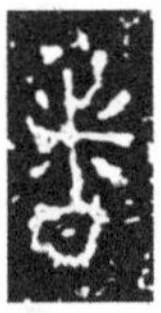
曾諸子鼎（春秋早期）

伭君壺（春秋）

郐令尹者旨𦒱盧（春秋）

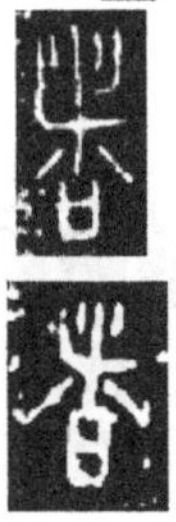
子璋鐘（春秋晚期）

蒿君鉦鉞（春秋晚期）

庚壺（春秋晚期）

鼄公牼鐘（春秋晚期）

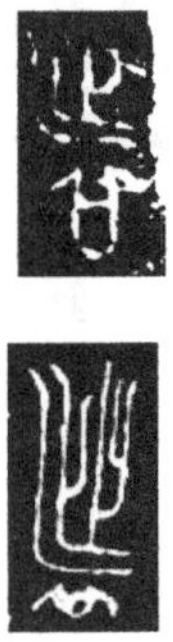
者沪鐘（戰國早期）

越王者旨於賜鐘（戰國早期）

陳純釜（戰國）

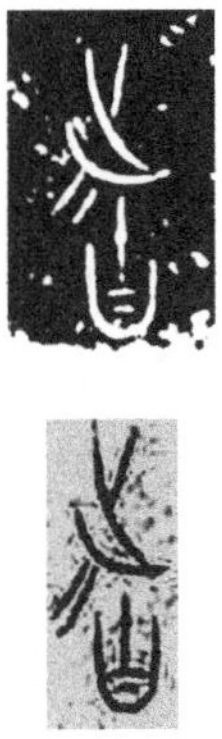
中山王䁍鼎（戰國晚期）

坪安君鼎（戰國晚期）

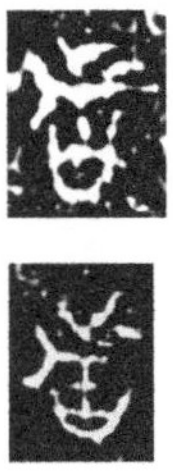
塦侯因脊敦（戰國晚期）

中山王䁍方壺（戰國晚期）

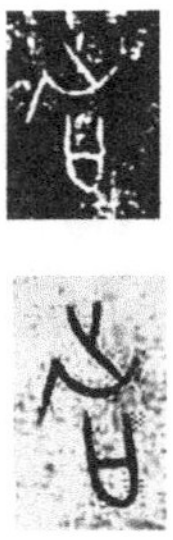
㚤𧊒壺（戰國晚期）

陳侯午錞（戰國晚期）

越王矛（戰國晚期）

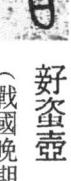

智 知

采者節（戰國）

十年燈座（戰國晚期）

左繼箕（戰國晚期）

zhì 智

《説文》曰：識詞也，从白、从亏、从知。

《釋名》曰：智，知也，無所不知也。

註：古文中，智、知同字。

，金文智，均从甘。

亞𡕩鄉宁鼎（殷商） 古文知字 或讀為智

逆鐘（西周晚期） 讀爲知 毋有不聞智（知）

毛公鼎（西周晚期）

篖叔鐘（春秋晚期）

智君子鑑（春秋晚期）

大梁司寇鼎（戰國中期）

亡智鼎（戰國）

魚鼎匕（戰國）

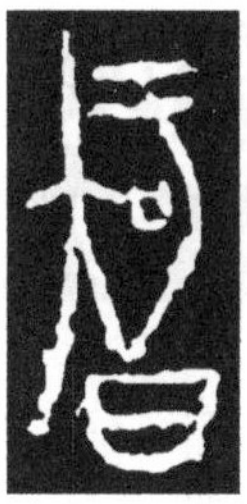
中山王兽鼎（戰國晚期）

宰獸簋（西周中期） 智字在此讀為知 外內毋敢無聞智（知）

【近出殷周金文集録】

百

bǎi bó 百

《説文》曰：十十也，从一、白。數，十百為一貫。

作册矢令簋（西周早期）

榮簋（西周早期）

嬰方鼎（西周早期）

叔德簋（西周早期）

寧簋蓋（西周早期）

禽簋（西周早期）

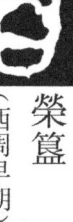

百

宜侯矢簋（西周早期）

士上尊（西周早期）

[illegible]方彝（西周早期）

矢令方彝（西周早期）

賢簋（西周中期）

善鼎（西周中期）

曶鼎（西周中期）

伯百父簋（西周中期）

𢦚段（西周中期）

牧簋（西周中期）

免盤（西周中期）

伯龢父簋（西周晚期）

兮甲盤（西周晚期）

史伯碩父鼎（西周晚期）

汈其鼎（西周晚期）

史頌鼎（西周晚期）

史頌簋（西周晚期）

叔妀段（西周晚期）

敔簋（西周晚期）

多友鼎（西周晚期）

伊簋（西周晚期）

蔡簋（西周晚期）

[illegible]史[illegible]壺（西周晚期）

宗周鐘（西周晚期）

羌伯簋（西周晚期）

伯百父盤（西周晚期）

善夫汈其段（西周晚期）

師同鼎（西周晚期）

翏生盨（西周晚期）

公臣簋（西周晚期）

秦公鎛（春秋早期）

秦公鐘（春秋早期）

曾子斿鼎（春秋早期）

徐子氽鼎（春秋中期）

敬事天王鐘（春秋晚期）

沇兒鎛（春秋晚期）

䫹作造戈（戰國早期）

中山王譽鼎（戰國晚期）

好盗壺（戰國晚期）　即百字　數百里

十年右使壺（戰國晚期）

十三年壺（戰國晚期）

小子𩰫殷（殷商）　二百合文　或曰一百

麥方尊（西周早期）

庚壺（春秋晚期）

師旂鼎（西周中期）　三百合文　或曰二百合文

儹匜（西周晚期）　五百合文

虢季子白盤（西周晚期）

大盂鼎（西周早期）　六百合文

𡐓方鼎（西周早期）　百朋合文　《廣韻》曰：五貝爲朋。（貨幣單位）

伯姜鼎（西周早期）　百世合文

師遽方彝（西周中期）

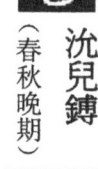

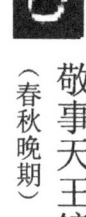

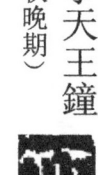

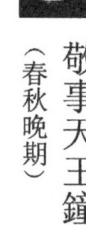

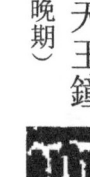

臭　皕　奭　習

yì
臭

註：臭，或讀為斁。

臭簋（西周早期）

無臭鼎（戰國晚期）

中山王嚳方壺（戰國晚期）

讀爲斁
天不臭（斁）其有願

bì
皕

《說文》曰：二百也。……讀若祕。

鴻叔鼎（西周早期）

shì
奭

《說文》曰：盛也，从大、从皕，皕亦聲。此燕召公名，讀若郝。《字彙補》曰：奭，飲酒甚樂貌。

《玉篇》曰：奭，驚視貌也。註：奭，「奭奭」一詞，或作「赫赫」，形容盛大。奭，或為驚視的樣子。

卅五年盉（戰國）

呂不韋戈（戰國）

xí
習

《說文》曰：数飛也，从羽、从白。註：習，鳥類頻頻振羽試飛。引申為學習、習慣。

羽

羽

翟

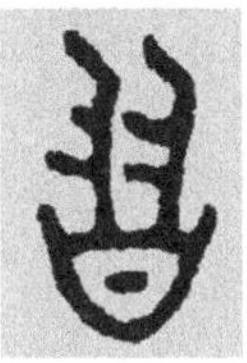
【古文字類編】收録，標注器名為應侯簋。

yǔ
羽

《說文》曰：鳥長毛也，象形。《廣韻》曰：羽，鳥翅也。

註：羽，或為五聲音階宮、商、角、徵、羽之第五音，工尺譜之「五」、現代簡譜之「6」。

犀父乙尊（西周早期）

叔羽父簋（西周中期）【古文字類編】

徐王之子戈（春秋晚期）

上白羽壺（戰國晚期）

yǔ yú
翏

註：翏，即雩之異體字，假借為羽。五聲音階，工、商、角、徵、羽，之第五音。

楚王酓章鐘（戰國早期）

曾侯乙鐘（戰國早期）

dí zhái
翟

《說文》曰：山雉尾長者，从羽、从隹。《說文解字注》曰：翟；狄人，字傳多假翟爲之。

註：翟，鳥名，長尾之野雞，或稱雉。翟，或同狄。周代北方民族狄人，所建之國，曰翟。

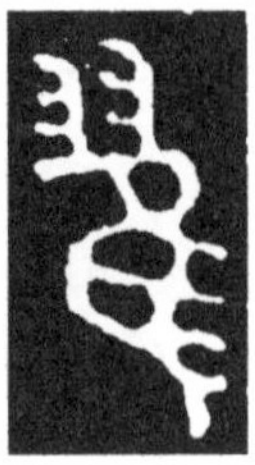
史喜鼎（西周）讀為翟 史喜作朕文考翟祭

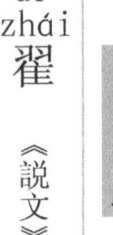

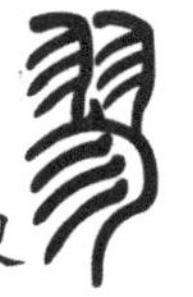
翏

翊 翌

liù
翏

《說文》曰：高飛也，从羽、从㐱。

[罒/尸]殷
（西周早期）

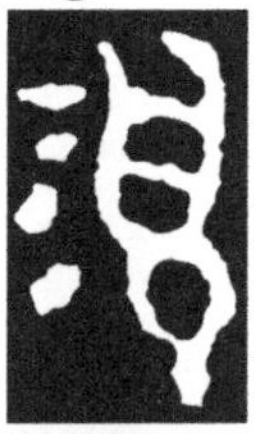

此鼎
（西周晚期）

翏生盨
（西周晚期）

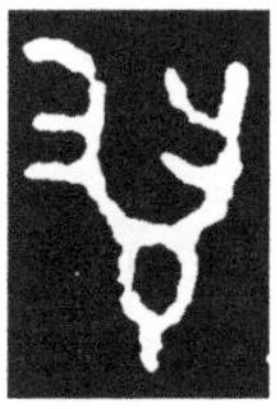
無叀鼎
（西周晚期）

此簋
（西周晚期）

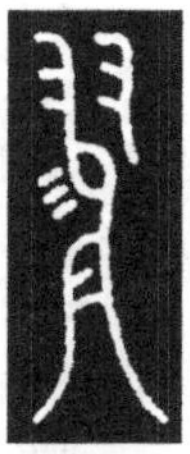

玄翏夫鋁戈
（春秋）

玄翏戈
（春秋）

翏金戈
（春秋晚期）

yì
翊

《說文》曰：飛皃（貌），从羽、立聲。

註：翊，通翌、通昱。

宰椃角
（殷商）
讀為翌
唯王廿祀翌又五

小盂鼎
（西周早期）
讀為翌
雩若翌日乙酉

翳

⿱羽能

翗

yì
翳

《説文》曰：華盖也，从羽、殹聲。《廣韻》曰：翳，隱（翳）也。

註：翳，古代用羽毛裝飾、覆蓋的車頂，或曰羽葆幢。翳，引申為掩蓋、隱藏、隱翳。

父鼎（西周早期）

⿱羽能

于省吾曰：⿱羽能，爲嬴，讀爲盈。【考古】一九六三年第八期

郭沫若曰：⿱羽能，字从羽能聲，當是態之異文，在此讀爲能。【文史論集】

商承祚曰：⿱羽能，字見「篇海」蟲名，與螚同，……⿱羽能、螚皆从能聲，借⿱羽能爲能，又或爲能之異體。【文物精華】第三集

鄂君啓節車節（戰國）

鄂君啓節舟節（戰國）

或讀為盈

歲⿱羽能（盈）返

xiāo
tiáo
翗

註：翗，鳥之羽毛，或指鳥尾之翹毛。

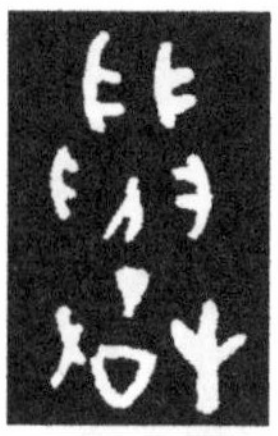

君子⿱𦍌廾戟（春秋晚期）

隹

隻

zhuī
隹

《説文》曰：鳥之短尾總名也，象形。註：隹，本為鳥字之初文。甲骨文有隹字無鳥字，至東周以後漸分化出鳥字。从隹之字與从鳥之字無別，可互通。隹，同唯、惟、維，或假爲雖、誰。

隹作父己尊（西周早期）

師隹鼎（西周中期）

㝬簋（西周晚期）王曰 有余隹（雖）小子 讀爲雖

鼄來隹鬲（春秋早期）

中山王譽鼎（戰國晚期）其隹（誰）能之 讀爲誰

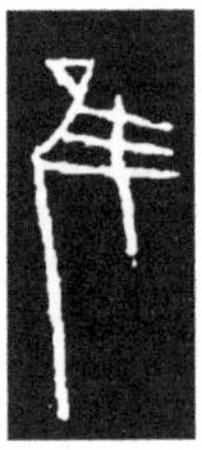

好盗壺（戰國晚期）以憂厥民之隹（罹）不辜 讀爲罹

huò zhī
隻

《説文》曰：鳥一枚也，从又持隹。持一隹曰隻，二隹曰雙。註：隻，獲之古文本字，从隹（鳥）、从又（手），獲鳥在手，會意字。得鳥曰隻（獲）、失鳥曰奞（奮飛）。金文隻字與獲字形同，義別。小篆之獲字，為後起形聲字。獲，通護、通鑊（器皿名）。

隻父爵（殷商）

西隻單簋（殷商）

隻卣（殷商）

亞隻爵（殷商）

作且丁鼎（殷商）讀爲鑊

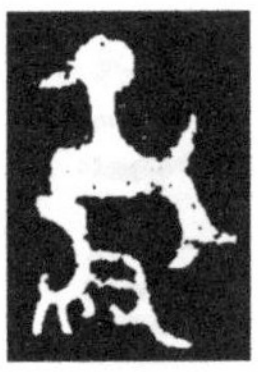

隻鼎（殷商）

隻父癸觚（西周早期）

矢伯隻卣（西周早期）

師隻卣（西周早期）

仲隻父簋（西周早期）

[illegible]侯鼎（西周早期）鼬侯隻（獲）巢 讀爲獲

隻爵（西周早期）

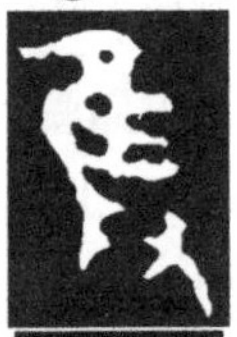

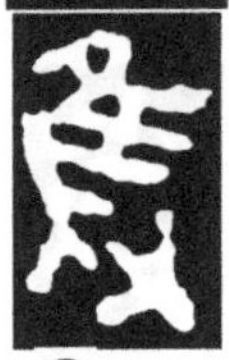

彧簋（西周中期）

禹鼎（西周晚期）

烙雒

躪閵

巂

姑發胃反劍（春秋晚期）

陳璋方壺（戰國中期）

上官豆（戰國）

哀成叔鼎（戰國）

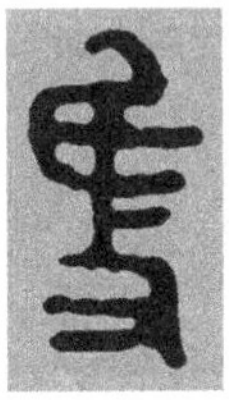
陳璋𨱑（戰國）

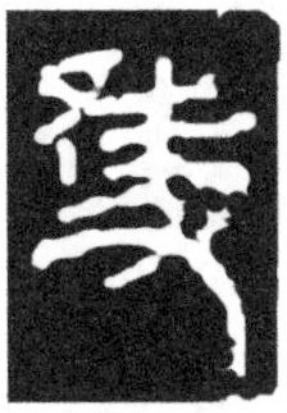

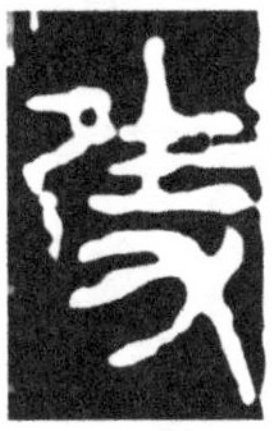
楚王酓忎鼎（戰國晚期） 讀為獲

戰獲兵銅

luò
雒

註：雒，鳥名。雒；同絡、同烙、通頟。漢光武帝劉秀建都洛陽；自以漢爲火德，忌水，更「洛陽」為「雒陽」，三國後復稱「洛陽」。

周雒盨（西周晚期）

lìn
閵

《說文》曰：今閵，似鴝鵒而黃。《說文通訓定聲》曰：閵；假借爲躪（蹸）。

註：閵，鳥名，似八哥，而黃色羽毛。閵、通躪（同蹸），踐踏。

閵簋（西周中期）

guī
巂

《說文》曰：周燕也，从隹、屮象其冠也，冏聲。《禮記 曲禮上》：立視五巂。鄭玄注：巂，猶規也。

註：巂，通規。

雀

翰雗

鷄雞

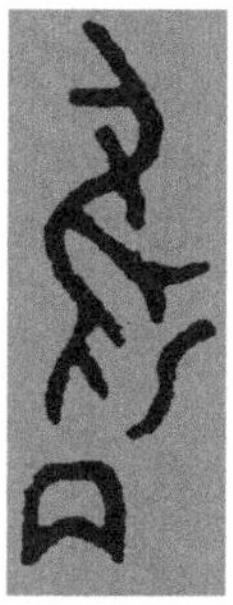

巂䚃作兄癸卣（西周早期）讀為巂 王賜巂□貝

逹盨蓋（西周中期）

què
雀

《説文》曰：依人小鳥也，从小、隹。

亞雀父己卣（西周早期）

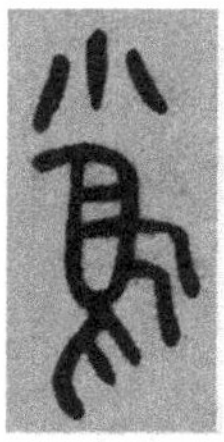
魚父己卣【漢語古文字字形表】

hàn
雗

註：雗，鳥名，山鵲。雗，通翰。翰，赤羽山鵲，錦雞。

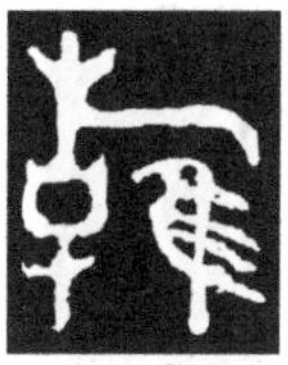
鶾叜父鼎（西周）讀為翰 翰叟父作旅鼎

鄦子盟𠂤鎛（春秋）

jī
雞

註：，早期金文之雞字，均爲雞之象形；高冠、修尾、尖喙、利爪。不同於後期之从隹、奚聲之形聲字。鷄，或从鳥、奚聲，與雞同。

誩其卣（殷商）

[illegible]父辛尊（殷商）

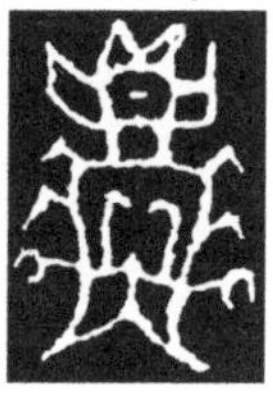
串[illegible]父丁卣（殷商）

登串父丁觶（殷商）

車戈
（殷商）

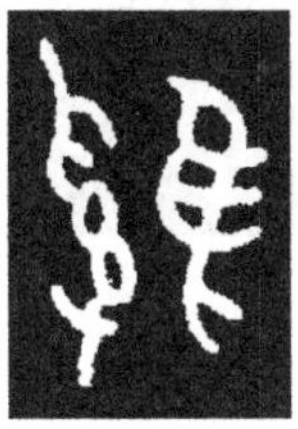

雞尊
（西周早期）
【近出殷周金文集録】

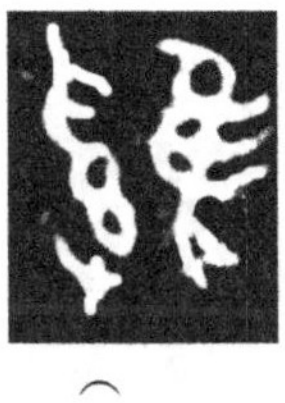

雞卣
（西周早期）
【近出殷周金文集録】

yīng
䧹

《說文》曰：鳥也，从隹、瘖省聲，或从人，人亦聲。籀文䧹从鳥。

註：䧹，即鷹，或讀爲應、讀為膺、讀為雁。

應叔鼎
（西周早期）

應公方鼎
（西周早期）

應公鼎
（西周早期）

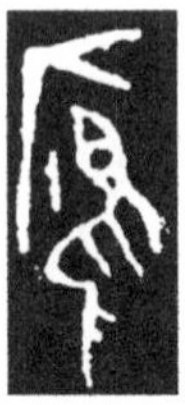

應公觶
（西周早期）

應公簋
（西周早期）

應事簋
（西周早期）

應公尊
（西周早期）

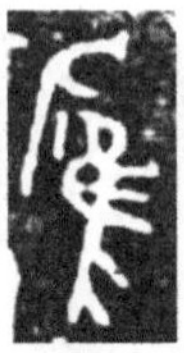

雁公卣
（西周早期）

雁監甗
（西周早期）

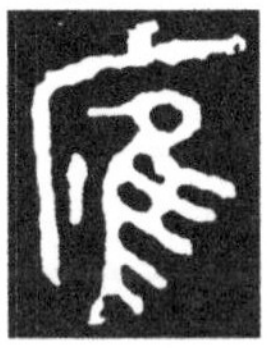

應侯簋
（西周中期）

師𩛥鼎
（西周中期）

大鼎
（西周中期）
讀爲應
王召走馬應令

毛公鼎
（西周晚期）
讀爲膺
膺受大命

羌伯簋
（西周晚期）

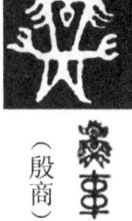

yōng
雝

《說文解字注》曰：雝，隸作雍。《正字通》曰：雍，通作饔（熟食）。通饔。《篇海類編》曰：雍，擁也。
《洪武正韻》曰：雍，與壅同。
註：雍，或通癰、通廱。

雍伯鼎（西周早期）

雒嬰殷（西周早期）

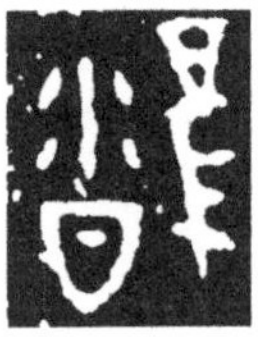
臤尊（西周中期）

𡨦鼎（西周中期）

伯雍父盤（西周中期）

彔戜卣（西周中期）

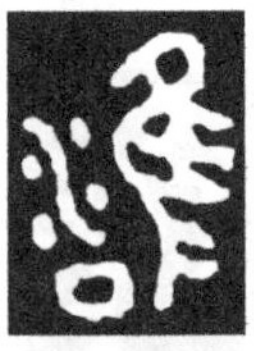
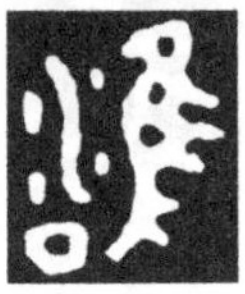
录作辛公簋（西周中期）

雍伯原鼎（西周晚期）

毛公鼎（西周晚期） 讀爲擁 雍（擁）我邦

宗周鐘（西周晚期）

雍作母乙鼎（西周晚期）

𨚕王𢷎鼎（春秋早期） 讀爲饔 用雍（饔）賓客

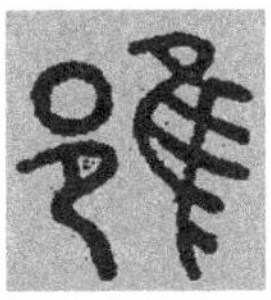
都公諴鼎（春秋早期）

晉姜鼎（春秋早期）

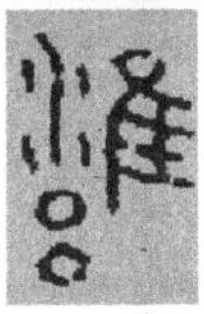
秦公鐘（春秋）

雍之田戈（春秋）

篙叔之仲子平鐘（春秋晚期）

雍王戈（戰國）

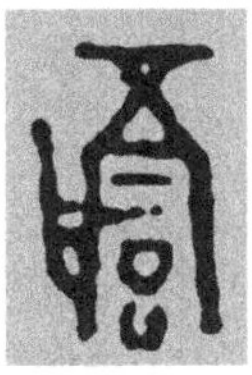
雍令矛（戰國）

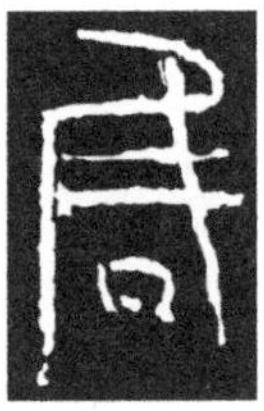
雍鋪首（戰國晚期）

yàn
雁

《說文》曰：鳥也，从隹、从人、厂聲。
註：雁，或曰鴻雁。『鴻雁傳』曰：大曰鴻、小曰雁。雁，知時信鳥。
鵝，酷似雁，而德不同，凡以偽亂真者曰雁（贗品），後从貝作贗。雁，或假為應。

鶉雜

鴻鳿琟

雌

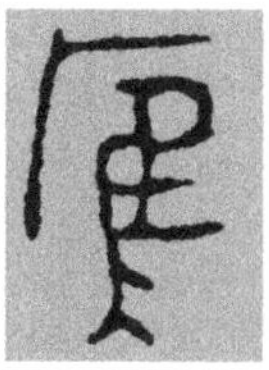
應侯爯盨【古文字類編】
（西周中期）

chún
雜

《字彙》曰：雜，與鶉同。《康熙字典》曰：鶉，與醇同。
註：雜，同鶉。鵪鶉，古稱羽毛無斑者為鵪、有斑者為鶉，後統稱為鵪鶉。雜，通醇。

伯遲父鼎 讀為鶉
（西周中期） 伯遲父作鶉鼎

吴買鼎
（春秋）

hóng
琟

《說文》曰：鳥肥大琟琟也，从隹。工聲。琟或从鳥。羅振玉曰：殷與西周均有隹無鳥，鳥由隹字分化，約在戰國之時，工聲與江聲同。故漢以後有琟，與鳿、與鴻，而三字實一字也。【散盤集釋】

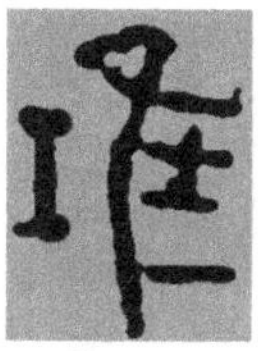
鴻叔鼎
（西周早期）

鴻叔簋
（西周中期）

散氏盤 讀為鴻
（西周晚期） 至于鴻墓

cí
雌

《說文》曰：鳥母也，从隹、此聲。

曾侯乙墓文字供参考
（戰國早期）

 碉雕　 猚　 離　 推摧

diāo
雕

《説文》曰：鷻也，从隹、周聲。

註：鷻，即雕，大型猛禽，鷹類。雕，奸猾、兇猛。雕，同碉字。

雕陰鼎（戰國）【古文字類編】

yá
猚

《説文》曰：鳥也。从隹、犬聲。

註：猚，或爲一種長尾猿。

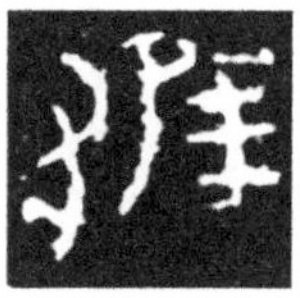
猚子奚壺（戰國早期）

lí
離

註：⿱隹辛，讀為離，同甲古文離字。離，鳥名，古稱離黃，即黃鸝。

亞⿱鳥辛父丁器（殷商）

亞離辛觶（殷商）

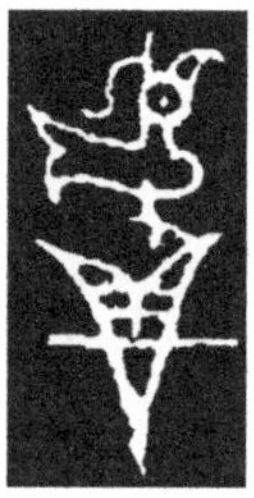
亞離父乙尊（西周早期）讀為離 亞離父乙

tuī
⿰隹殳

高田忠周曰：⿰隹殳，此爲推字。【古籀篇】

于省吾曰：⿰隹殳，即古推字，也即古摧字。【甲骨文字釋林】

锥

季𣪘毁（西周中期）

锥

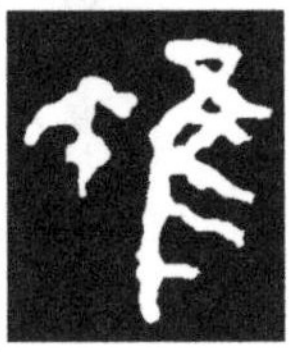

晉公盆（春秋）

⿱攸隹

⿱攸隹

⿱攸鳥分父甲觶（西周早期）

雉 鴂

jué
雉

註：雉，鳥名。雉，同鴂。伯勞鳥，或曰子規鳥。

曾侯乙鐘（戰國早期）

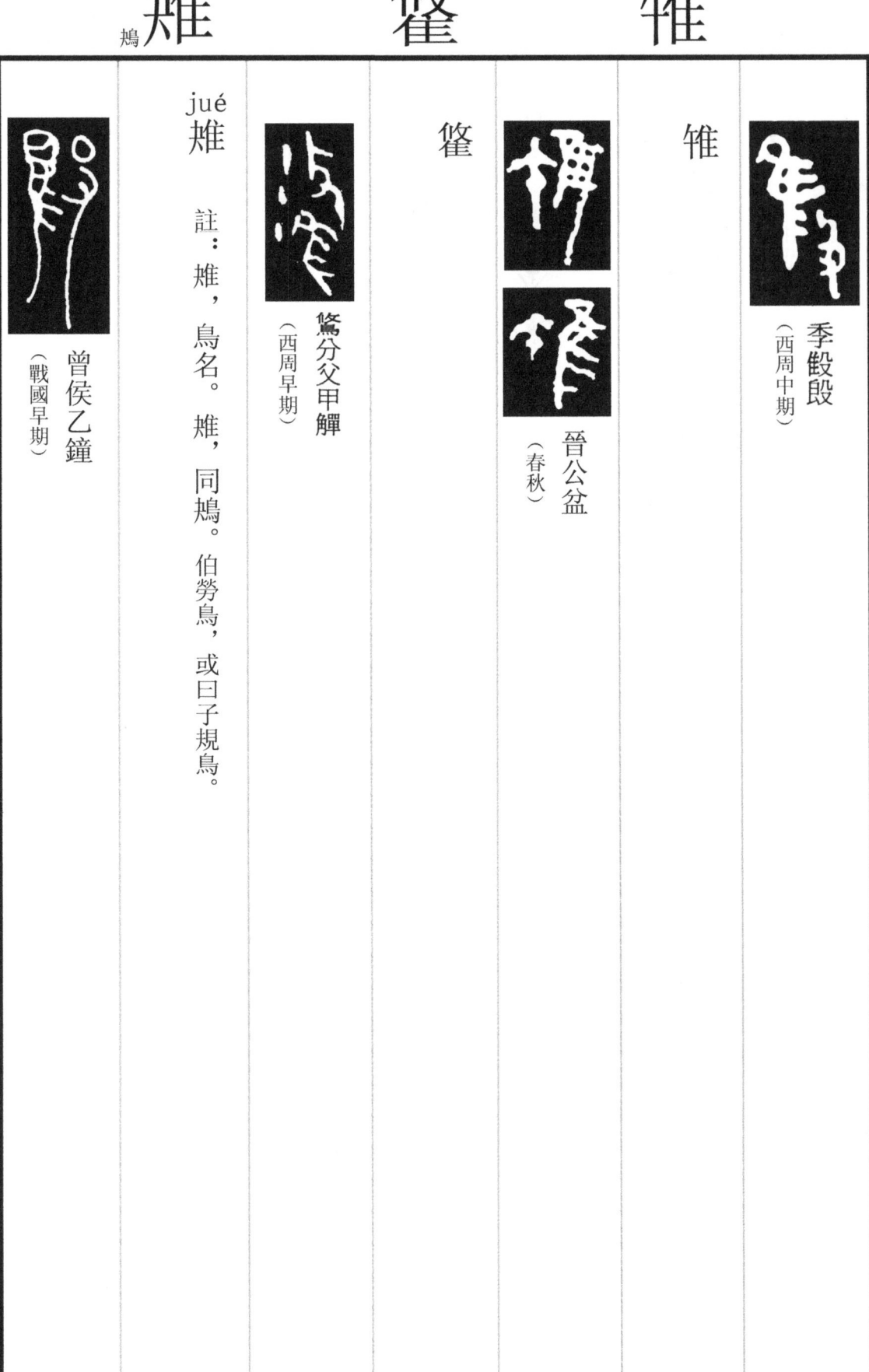

奞

奪

奮

xùn
奞

《說文》曰：鳥張毛羽自奮也，从大、从隹。讀若睢。

註：鳥張羽慾飛曰奞。从大、从隹。，或从鳥。

兄丁奞觶（殷商）

鄂季奞父簋（西周早期）

duó
奪

《說文》曰：手持隹失之也，从又、从奞。

註：隹（鳥）奮飛，從手中失掉，喪失，曰奪。奪，假為彊取、搶奪、剝奪之奪。奪之本字應為敚（見敚字條）。奪，經典均从寸。

奪作父丁卣（西周早期）

奪作父丁尊（西周早期）

奪簋（西周中期）

奪作父丁壺（西周早期）

多友鼎（西周晚期）

敔簋（西周晚期）

塱盨（西周晚期）

fèn
奮

《說文》曰：翬也，从奞在田上。

註：奮，翬也。振羽疾飛曰翬、曰奮。奮，奮飛，引申為振作、奮發、奮鬥。

令鼎（西周早期） 或从衣

中山王嚳鼎（戰國晚期） 或从攴乃奮之異體 奮桴振鐸

蒦 擭獲蒦

雚 鸛灌雚

huò
蒦

《説文》曰：規蒦，商也。《廣雅》曰：擭，握也，擭與蒦同。註：蒦，通獲、通護、

鄭叔蒦父鬲（春秋早期）

鄭井叔蒦父鬲（春秋早期）

蒦圆窑里人豆（戰國晚期）

中山王礜鼎（戰國晚期）

guàn
雚

註：雚、鸛，爲古今字，一種鳥。祼、灌祭，古代祼祭之禮。以灌爲祼、或假雚爲祼。雚、灌、祼三字互通。

雚，亦假借為觀。

雚母觶（殷商）

𨖍父癸方彝蓋（殷商）

效尊（西周早期） 讀爲觀 王雚（觀）于嘗公東宮

效卣（西周早期） 讀爲觀 王雚（觀）于嘗公東宮

王人𠭯輔甗（西周中期）

史密簋（西周中期）【近出殷周金文集録】 讀為觀

鳶雚戟（戰國）【近出殷周金文集録】

芇 乖 舊

jiù
舊

註：舊字為鴟鵂類飛禽，即貓頭鷹。今用為陳舊之舊字。舊，通柩。

舊父戊簋（殷商）

盠駒尊（西周中期）

師嫠𣪘（西周晚期）

兮甲盤（西周晚期）

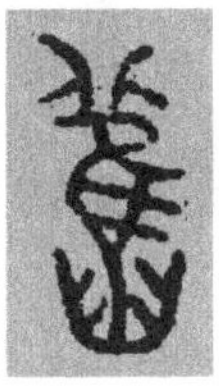
叔尸鎛（春秋晚期）

鼄公華鐘（春秋晚期）

guāi
乖

註：乖，違背、分離。从䒑、从兆，隸變从北。兆與北二字形近，皆取違背、分離之義。

乖叔鼎（西周早期）

番匊生壺（西周中期）

mián
芇

《說文》曰：相當也。讀若宀。

註：芇，相互匹敵。雙方相睹，不分勝負曰芇。

瘨鐘（西周中期）

唐蘭釋爲芇【文物】一九七八年第三期

蔑

miè
蔑

註：蔑，字形像以戈擊人狀，其本義即削擊、消滅。引申爲輕視、蔑視。

小子畬卣（殷商）

沈子它簋（西周早期）

小臣謎𣪘（西周早期）

保卣（西周早期）

庚嬴鼎（西周早期）

師雝父鼎（西周中期）

遇甗（西周中期）

免尊（西周中期）

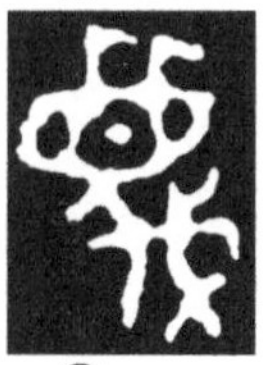
免卣（西周中期）

屯鼎（西周中期）

彔作辛公簋（西周中期）

稆卣（西周中期）

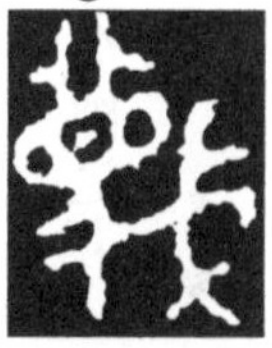

競卣（西周中期）

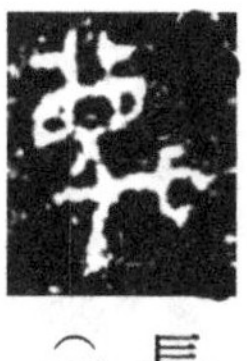
長甶盉（西周中期）

尹姞鬲（西周中期）

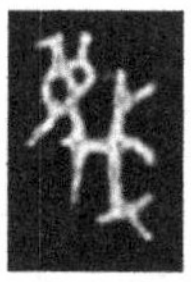
史牆盤（西周中期）

彔戜卣（西周中期）

趩觶（西周中期）

師遽方彝（西周中期）

汈其鐘（西周晚期）

敔簋（西周晚期）

王蔑鼎（戰國晚期）

羊

羔

yáng
羊

《説文》曰：祥也，从𦍌，象頭角足尾之形。孔子曰：牛羊之字，以形舉也。

註：，羊頭之象形字。羊，古文或假為祥、為詳。

羊爵（殷商）

羊鼎（殷商）

羊父庚鼎（殷商）

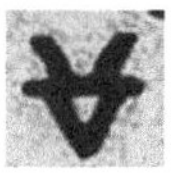
寡蔑鼎（殷商）

羊貝車觚（殷商）

羊田尊（殷商）

亞子父辛尊（殷商）

羊父辛觶（殷商）

羊觚（殷商）

羊𢆶鼎（殷商）

羊父甲觥（殷商）

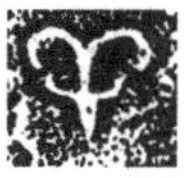
羊戈（殷商）

羊𢆶父觚（西周早期）

𢍰羊觶（西周早期）

獸父丁爵（西周早期）

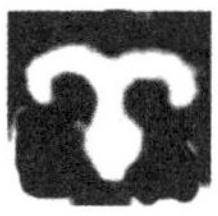
折斝（西周早期）

宁羊鼎（西周早期）

盂卣（西周早期）

羊作父乙卣（西周早期）

小盂鼎（西周早期）

羊冊觶（西周中期）

曶鼎（西周中期）

甚諆臧鼎（西周中期）

師同鼎（西周晚期）

羊子戈（春秋晚期）

羊角戈（戰國早期）

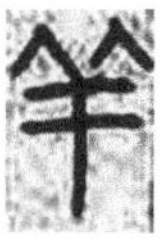
鄂君啓節舟節（戰國）

gāo
羔

《説文》曰：羊子也，从羊、照省聲。

註：羔，从羊、从灬。灬，即火字。

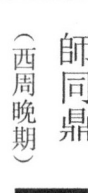

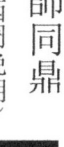

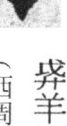

羝

羣群

美

索諆爵（西周早期）

九年衛鼎（西周中期） 讀為羌 東臣羌裘

三年瘓壺（西周中期） 讀為羌 賜羌俎

dī
羝

《說文》曰：牡羊也，从羊、氐聲。

註：羝，牡羊，即雄性羊，公羊。从氐與从氏同。

九年衛鼎（西周中期） 讀為羝 或从氏 捨盠冒梯 羝皮二 選皮二

qún
羣

註：羊性好羣，故从羊、君聲。獸三為羣、人三為眾。群，為羣之俗體字。

子璋鐘（春秋晚期）

陳侯午錞（戰國晚期） 讀為群 陳侯午以群諸侯獻金

中山王譽鼎（戰國晚期）

měi
美

《說文》曰：甘也，从羊、从大。羊在六畜主給膳也，美與善同意。註：古人頭飾為美；以毛羽飾加於女首為每，加於男首則為美。女飾為單，男飾為雙。按『說文』大羊為美，美膳，其另一釋也。

羌

羑

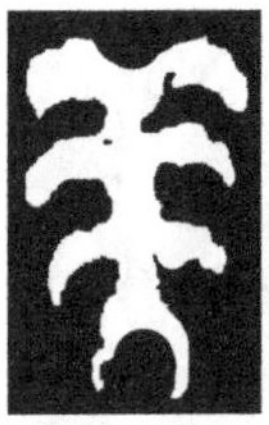

美宁鼎（殷商）

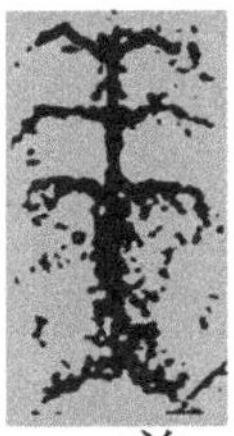

美宁觚（殷商）

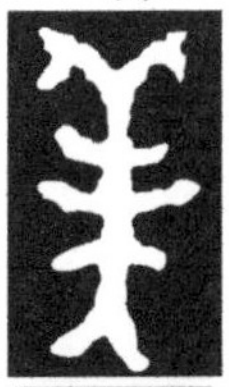

美爵（西周早期）

中山王嚳方壺（戰國晚期）

qiāng
羌

《説文》曰：西戎牧羊人也，从人、从羊，羊亦聲。南方蠻閩从虫、北方狄人从犬、東方貉人从豸、西方羌人从羊、西南僰人僬僥（矮人）从人、唯東夷从大，大，人也。

註：羌，西戎人，乃殷商之敌。將羌之戰俘敷索作，羌或从糸。

魚羌鼎（殷商）

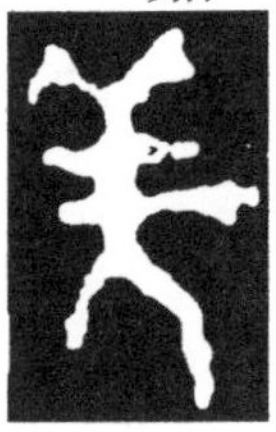

鄭義羌父盨（西周晚期）

羌鼎（西周）

鄭羌伯鬲（春秋早期）

鄭羌伯鬲（春秋早期）

驫羌鐘（戰國早期）

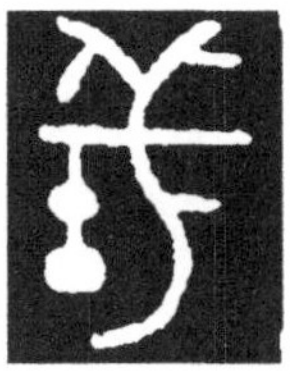

亞羌壺（殷商）　或从糸

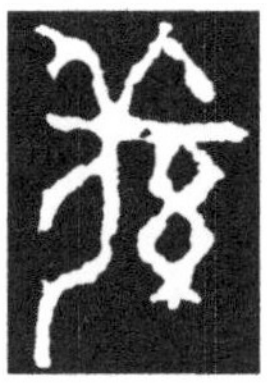

𦍩向觚（殷商）

亞乙羌爵（殷商）

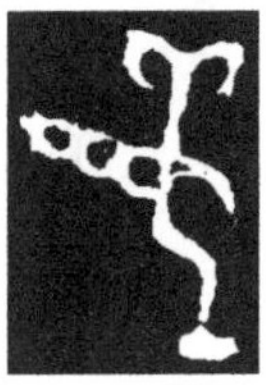

𦍩束觚（殷商）

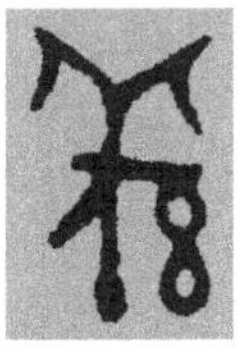

太保罍【文物】一九九〇第一期（西周早期）

羌作父己尊（西周中期）

yǒu
羑

《説文》曰：進善也，从羊、久聲。文王拘羑里，在湯陰。《玉篇》曰：羑，導也，進也，善也。今作誘。

註：羑里，地名，周文王被商紂王囚禁羑里。羑，善意誘導。今作誘。

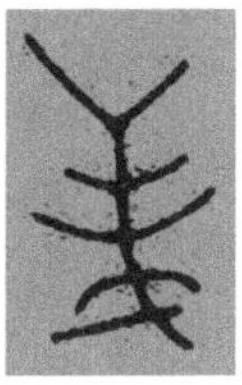

左庫戈（戰國）

⿱羊朋　⿱石羊　 羴 羶膻

⿱羊朋

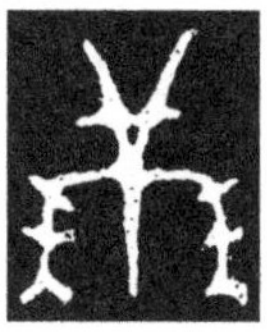
⿱羊朋觚（殷商）

yáng
⿱石羊

《改併四聲篇海》曰：⿱石羊，音羊。

⿱石羊氏奢鐙（西周晚期）

shān
羴

《説文》曰：羊臭也。从三羊。或从亶。

註：羴。从二羊、从三羊，其意相同。羴；即羶、即膻。

⿱羊羊鼎（殷商）

⿱羊羊觚（殷商）

⿱羊羊爵（殷商）

⿱羊羊父辛斝（西周早期）

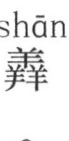

雔

霍

雦

chóu

雔

《說文》曰：雙鳥也，从二隹，讀若疇。

註：雔，成對的鳥；引申為伴侶、匹配。

雔父癸爵（殷商）

㓞作母戊甗（西周早期）

雔父辛觶（西周早期）

雔父丁觶（西周早期）

趡父戊罍（西周早期）

huò

霍

《說文》曰：飛聲也，雨而雙飛者，其聲霍然。註：霍，象聲字，形容聲音，多鳥在雨中飛翔，有迅疾之義。古文偏旁多寡隨意，今隸作霍，从隹。

霍鼎（西周）

叔男父匜（西周晚期）

chóu

雦

註：雦，與讎同字。

雦卣（殷商）

父丁尊（西周早期）

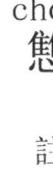

雦作文父日丁毁（西周早期）

雜雥

雧集

zá 雥

《說文》曰：羣鳥也，从三隹。

註：雥，後作雜。群鳥雥（雜）集。鳥鳴則噪，其聲嘈雥（雜）。

雥鼎（西周中期）

jí 雧

《說文》曰：群鳥在木上也，从雥、从木。 雧或省。《玉篇》曰：雧，今作集。

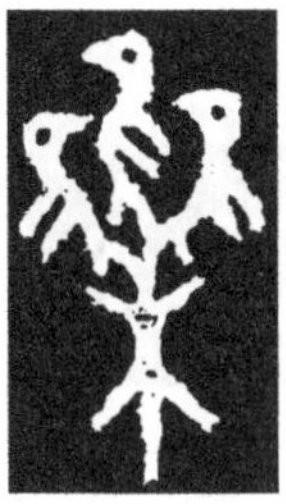
小集母乙觶（殷商）

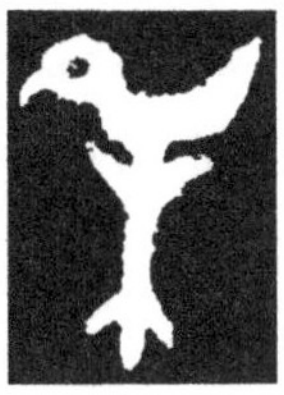
集父癸爵（西周早期）

集作父癸卣（西周早期）

毛公鼎（西周晚期）

鄂君啓節舟節（戰國）

鄂君啓節車節（戰國）

郾客問量（戰國）

鑄客盧（戰國晚期）

楚王酓肯鼎（戰國晚期）

集⿰肴刂鼎（戰國晚期）

niǎo dǎo
鳥

《說文》曰：長尾禽總名也，象形。《集韻》曰：海中往往有山可依止，曰島，古作鳥。

註：今人定為鳥字，金文鳥字均為鳥之圖形，距真正文字還有距離。隹字本為鳥字之初文，後分化為鳥字。、，實為隹字。

鳥父乙鬲（殷商）

鳥父癸鼎（殷商）

亞魚鼎（殷商）

鳥爵（殷商）

鳥斝（殷商）

鳥且甲卣（殷商）

鳥觚（殷商）

鳥壬侜鼎（西周早期）

鳥母□鼎（西周早期）

伯鼎（西周中期）

子之弄鳥尊（春秋晚期）

fèng
鳳

《說文》曰：神鳥也。……从鳥、凡聲。註：甲骨文、金文均無風字，假借鳳為風。

婦鳳觶（殷商）

䝉卣（殷商）

鳳作且癸簋（西周早期）

中方鼎（西周早期）

luán
鸞

《說文》曰：亦神靈之精也，赤色、五采，鷄形，……从鳥、䜌聲。《金文編》釋爲鵉。

《說文通訓定聲》曰：鑾（鑾鈴），經傳以鸞為之。註：鸞，鳳凰一類神鳥，或稱鸞鳳。鸞，通鑾。

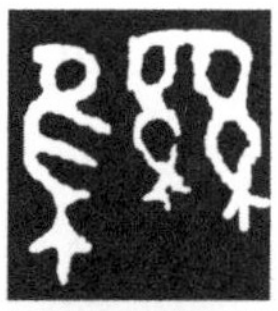

叔噩父簋（西周晚期） 讀為鸞 叔噩父作鸞姬旅鼎

難

䳂　鳶鶚

nán nàn
難

《説文》曰：鳥也，从鳥堇聲。𪆵或从隹。

註：難，本鳥名，今用于困難、艱難字，本義廢。

殳季良父壺（西周晚期）

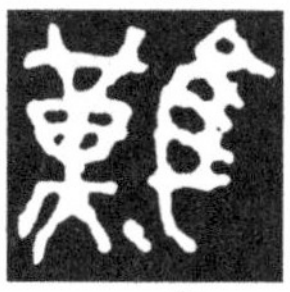
齊大宰歸父盤（春秋）

邿公典盤（春秋）【近出殷周金文集錄】

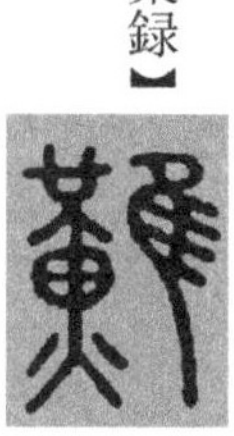
叔尸鎛（春秋晚期）

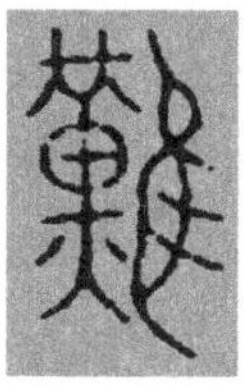
叔尸鐘（春秋晚期）

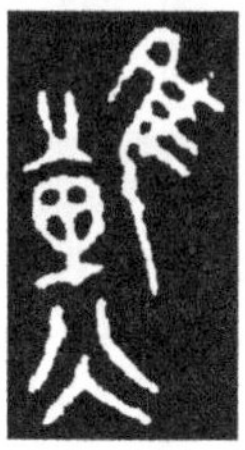
鼄鐘（春秋晚期）【近出殷周金文集錄】

陳難戈（戰國）【近出殷周金文集錄】

中山王嚳鼎（戰國晚期）

è yuān
䳂

《説文》曰：鷙鳥也，从鳥、屰聲。徐鉉曰：今俗別作鳶。《説文解字注》曰：䳂，此今之鶚字也。

註：䳂，鷙鳥，兇猛飛禽。䳂，或同鶚、同鳶。均為鷹類猛禽。

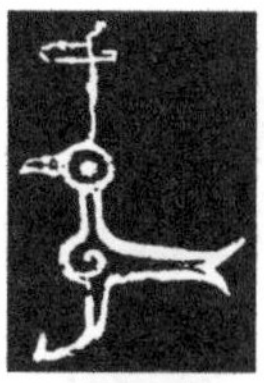

鳶鼎（殷商）

鳶觚（殷商）

鳶卣（殷商）

鳶且辛卣（殷商）

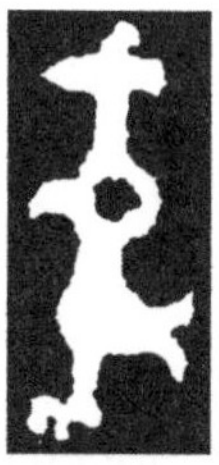

鳶爵（殷商）

鳶方彝（殷商）

鳶勺（殷商）

鷂 謠

鳴

⿰鳥⿱頁分

yào
鷂

《說文》曰：鷙鳥也，从鳥、䍃聲。

註：鷙鳥，兇猛飛禽。鷂，一種體形較小鷹，俗稱雀鷹、鷂子。鷂，或假借為謠。

者瀘鐘（春秋）

假爲謠 自作鷂（謠）鐘

míng
鳴

《說文》曰：鳥聲也，从鳥、从口。《廣韻》曰：鳴，嘶鳴。《集韻》曰：鳴，相呼也。

註：，金文無鳥字，均為為象形圖形。隹是鳥字之初文，，从隹。

鳴觶（殷商）

鄦子盟自鎛（春秋）

蔡侯鐘（春秋晚期）

遷邟鐘（春秋晚期）

蔡侯墓殘鐘（春秋晚期）

王孫遺者鐘（春秋晚期）

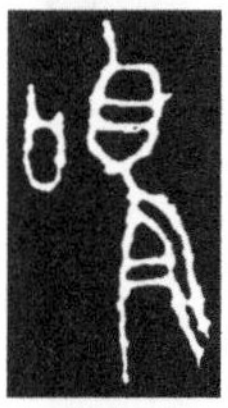

王孫誥鐘（春秋晚期）

gù
⿰鳥⿱頁分

註：中山王𰯌方壺名文中之寡子作。从頁、分聲，應為頒字，或假頒為寡。『說文通訓定聲』曰：寡，假借為顧。⿰鳥⿱頁分，或讀為顧。

中山王𰯌方壺（戰國晚期）

讀為顧 不⿰鳥⿱頁分（顧）大義

歡 ⿰月鳥　驩 鴅　⿱鳥井　鵬

huān
⿰月鳥

《一切經音義》曰：⿰月鳥，此古文歡字。

⿰月鳥公劍（春秋晚期）

⿰月鳥戈（春秋晚期）

dān huān
鴅

《玉篇》曰：鳥名，人面鳥喙。郭沫若曰：鴅，通驩。【兩周金文辭大系攷釋】

沈子它簋盖（西周早期）

⿱鳥井

⿱鳥井父乙卣（殷商）

⿱隹井弓形器（殷商）

⿱鳥井父己觶（西周早期）

子⿱鳥井君妻鼎（西周早期）

鵬

鵖　䎙 翔　鷠 鵨

魯宰駟父鬲（春秋早期）

yú 鷠

《玉篇》曰：鷠，鳥名。註：鷠，同鵨。

高都令劍（戰國晚期）讀為鵨

高都令陳鷠（鵨）工師冶勝

xiáng 䎙

註：䎙，从羊、从鳥、从非（飛）應為䎙字。䎙即鴹、即翔。《集韻》曰：翔或从鳥。

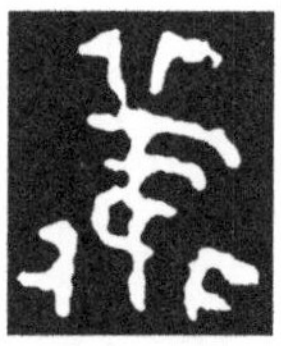

郳□白鼎（春秋早期）讀為翔

奄䎙（翔）伯作此嬴尊

láng 鵖

註：鵖，鳩之別名。

良矢作父辛尊（西周早期）

鵑 ⿰麥⿸虍鳥 鴮 鷹

juān
鵑
註：鵑，杜鵑，又名子規、怨鳥。

九年戈丘令癕戈（戰國早期） 讀為鵑
甾丘令癰 工師鵑冶㝵

⿰麥⿸虍鳥

且乙告田簋（西周早期）

yǒu
鴮
《廣韻》曰：鴮；鳥名、白鴮，似雉。

𢍰□仲方鼎（西周早期） 从鳥 友聲 或爲鴮

閰丘戈（春秋晚期） 讀為鴮
閰丘虞鴮造

yīng
鷹
《玉篇》曰：鷙鳥也。
註：為鷹之圖形，，本鷹字。

⿰玄鳥　⿰鳥巨（鳩）　⿰鳥宁

[illegible][illegible]父乙鼎（殷商）

xuán ⿰玄鳥

註：⿰玄鳥，即燕。

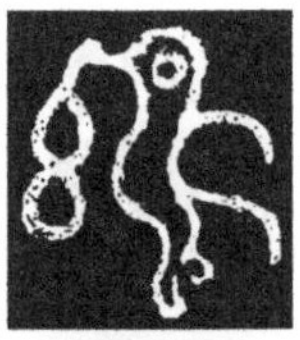

亞矣玄婦罍（殷商）

jù ⿰鳥巨

《改併四聲篇海》曰：⿰鳥巨，鳥名。《龍龕手鑑》曰：⿰鳥巨，鳩的俗字。

六年鄭令韓熙戈（戰國早期）

讀為⿰鳥巨

鄭令韓熙 右庫工師司馬⿰鳥巨冶狄

⿰鳥宁

亞鳥父丁盉（殷商）

亞从父丁鬲（殷商）

於烏

wū

烏

《說文》曰：孝烏也，象形，孔子曰：烏盱乎也，取其助气，故以爲烏乎。古文烏省。註：點睛為烏字，烏鴉全黑不見睛，故不點睛。烏鴉反哺稱為孝烏。烏、於二字本同源異形，後分化爲二，金文可通用。

沈子它簋盖（西周早期）

叔趩父卣（西周早期）

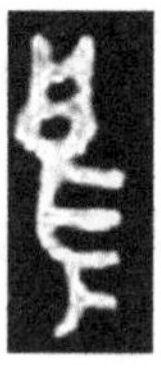
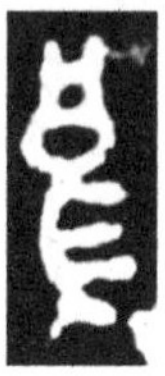

戜方鼎（西周中期）

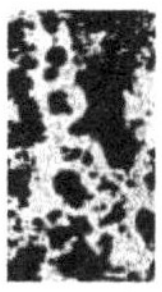

效卣（西周中期）

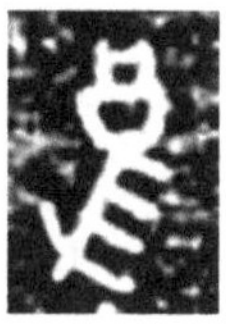

班簋（西周中期）

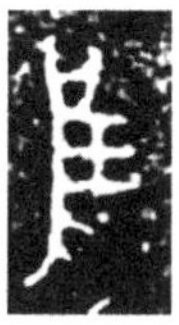

寡子卣（西周中期）

禹鼎（西周晚期）

毛公鼎（西周晚期）

取子鉞（西周）

余贎逐兒鐘（春秋晚期）

𨚕篙鐘（春秋晚期）

庚壺（春秋晚期）

戉王者旨於賜矛（戰國早期）

越王者旨於睗鐘（戰國早期）

曾侯乙鐘（戰國早期）

鄂君啓節車節（戰國）

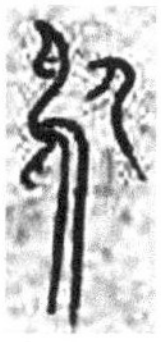

中山王嚳鼎（戰國晚期）

好蚉壺（戰國晚期）

中山王嚳方壺（戰國晚期）

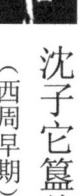

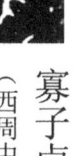

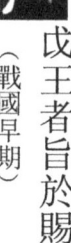

鴏

tóng
鴏

《字彙補》曰：鴏，鳥名。

卅年鼎（戰國晚期）

鵴

jù
鵴

《改併四聲》曰：鵴，鳥名。

⿱鳥豕卣（殷商）

⿺辶鳥

⿺辶鳥

婦⿰彳鳥觚（殷商）

què
xì
舄

《說文》曰：鵲也，象形。䧿篆文舄从隹、昔。

註：舄，即䧿、即鵲。金文舄，像張背露齒啼叫之鵲形。

在後世經典中，加木底的鞋子稱舄。再造从鳥、昔聲之鵲字，舄字本義盡失。舄，通瀉。

大盂鼎（西周早期）

麥方尊（西周早期）

做ㄙ白戈（西周早期）

伯晨鼎（西周中期）

吳方彝（西周中期）

師虎簋（西周中期）

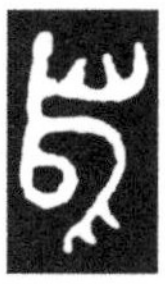

十三年㾓壺（西周中期）

師嫠殷（西周晚期）

師克盨（西周晚期）

元年師兌簋（西周晚期）

蔡簋（西周晚期）

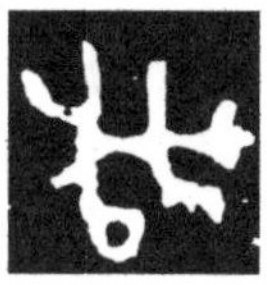
曾子斿鼎（春秋早期）

yān
焉

《說文》曰：焉鳥，黃色，出於江淮，象形。

註：焉，鳥名，本義廢，今借為助詞、語氣詞。

中山王䜭方壺（戰國晚期）
讀為焉
不祥莫大焉

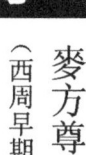

𠦒 𠦒

畢 縪韠畢

bān

𠦒

《說文》曰：箕屬，所以推棄之器也，象形。

註：𠦒，象形字，長柄簸箕類器具，用以收拾穢棄物。

北子罼觶（西周早期）

bì

畢

《說文解字注》曰：田网也，从田、从𠦒，象形。

註：畢，古代田獵用長柄小網。畢同縪、同韠。

史䛐段（西周早期）

獻簋（西周早期）

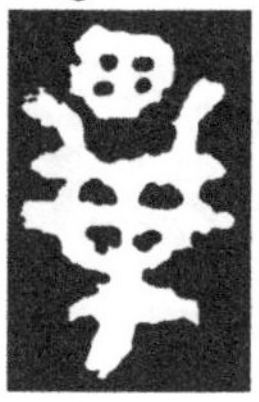
永盂（西周早期）

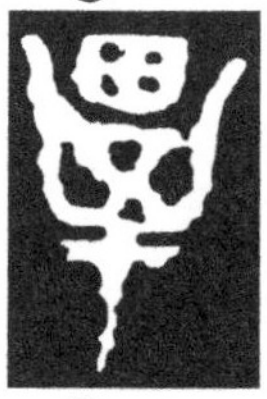
[illegible]圜器（西周早期）

畢鮮簋（西周中期）

倗仲鼎（西周中期）

段簋（西周中期）讀為畢 王真畢烝

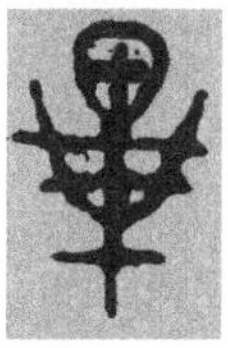
望簋（西周中期）

虎簋（西周中期）

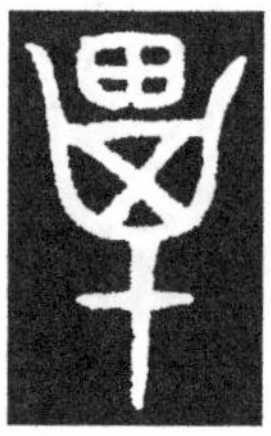
召卣（西周中期）

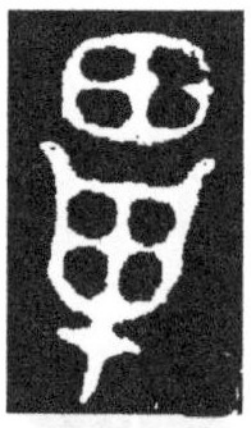

伯顋父鬲（西周晚期）

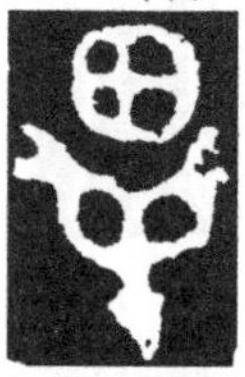

陳侯鬲（春秋早期）

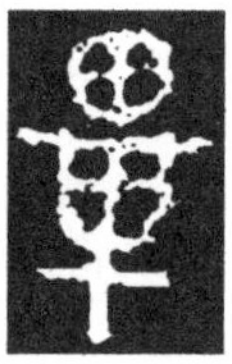
伯夏父鼎（西周晚期）

郘鐘（春秋）

何次簠【近出殷周金文集録】（春秋）

鼄公華鐘（春秋晚期）

弃棄

構溝冓

再

qì
棄

《説文》曰：捐也，从廾、推𠦒棄之。从𠫓，𠫓，逆子也。古文棄。註：，棄字上部，為倒子形（逆子或死子）、中爲𠦒（簸箕）、下爲雙手；其意爲雙手持箕將倒子，或曰死子捐棄、拋棄。

散氏盤（西周晚期） 讀為棄 則隱千罰千傳棄之

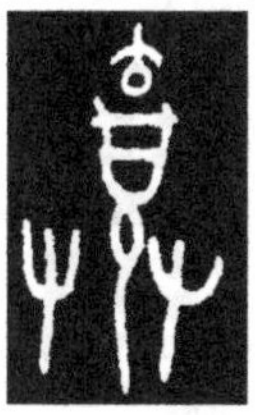
楚子棄疾簠（春秋晚期）

中山王譽鼎（戰國晚期） 讀為棄 早棄群臣

gòu
冓

《説文》曰：交積材也，象對交之形。註：冓，同甲骨文，像兩魚頭相對，其義為相遇。冓，或作遘。冓，亦像交積架構，為結構之構字。冓，通溝、通媾。

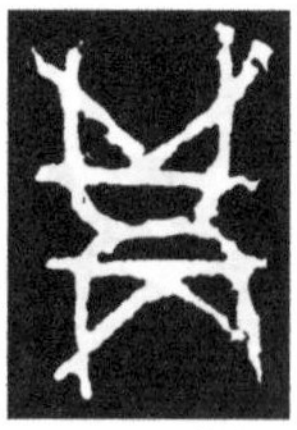
南單冓觚（殷商）

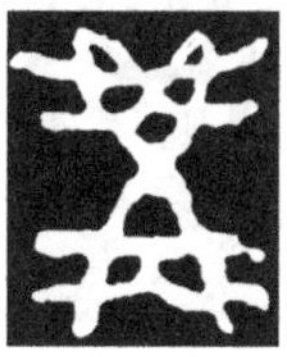
冓觶（西周早期）

叔多父盤（春秋）

zài
再

《説文》曰：一舉而二也，从冓省。

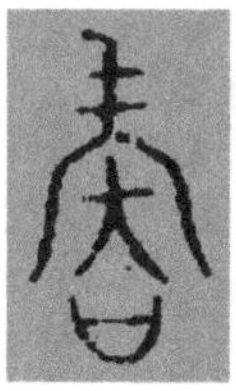
叔尸鐘（春秋晚期） 讀為再 尸用或敢再拜稽首

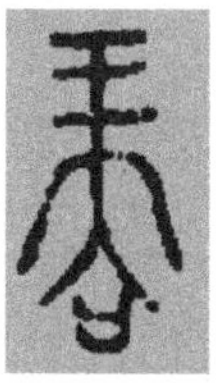
叔尸鎛（春秋晚期）

陳喜壺（戰國早期） 讀為再 陳喜再涖事歲

驫羌鐘（戰國早期） 讀為再 唯廿又再祀

陳璋方壺（戰國中期）

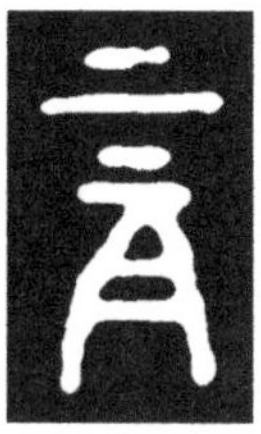
塦璋𦉜（戰國）

chēng
chèng
爯

《說文》曰：并舉也，从爪、冓省。《集韻》曰：爯，大也。

註：手持物上提曰爯，爯，有提、舉之義。爯、稱為古今字。爯，還有廣大、頌揚之義，同偁。

爯父丁罍（西周早期）

裘衛盉（西周中期）

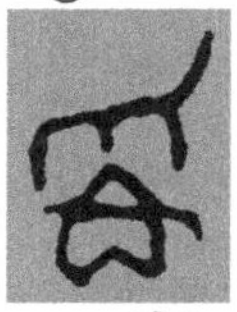
應侯爯盨（西周中期）【古文字類編】

𤇾有𤔲爯鬲（西周晚期）

柞伯簋（西周中期）

爯簋（西周）

𣪕殷（西周晚期）

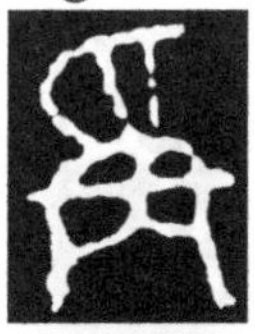

仲爯父簋（西周晚期）

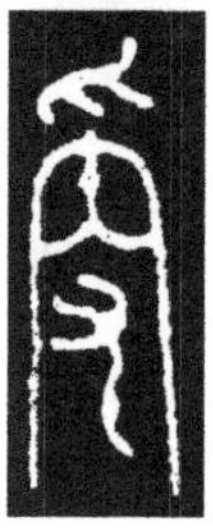
者沪鐘（戰國早期） 讀為爯 烈壯用爯

信安君鼎（戰國晚期）

yāo
幺

《說文》曰：小也，象子初生之形。

註：幺，即糸字之省，比糸更小為幺之本義。金文幺、玄同字。

㝠8爵（殷商）

麥方尊（西周早期）

走馬休盤（西周早期）

師奎父鼎（西周早期）

𦧎壺（西周中期）

同簋（西周中期）

師𩛥鼎 假幺爲玄（西周中期）賜汝幺（玄）衣

庚季鼎（西周中期）

㦰方鼎（西周中期）

伯晨鼎（西周中期）

即簋（西周中期）

幼

兹丝

頌鼎（西周晚期）

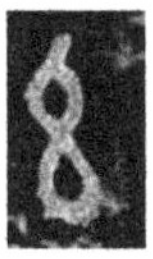
鬪工殘鼎（西周晚期）

無叀鼎（西周晚期）

⿺走馬鼎（西周晚期）

此鼎（西周晚期）

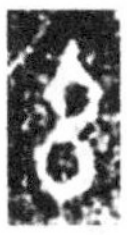
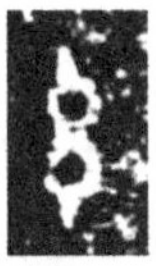
此簋（西周晚期）

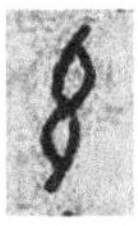
害簋（西周晚期）

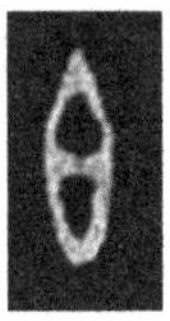
伯公父簠（西周晚期）

吴王光劍（春秋晚期）

簷叔之仲子平鐘（春秋晚期）

鼄公華鐘（春秋晚期）

少虡劍（春秋晚期）

yòu 幼

《説文》曰：少也，从幺、从力。《爾雅》曰：幼，稚也。《字彙》曰：幼，弱也。

禹鼎（西周晚期）

中山王䁖鼎（戰國晚期）　从子幽聲讀爲幼　寡人幼童

八年鄭令戈（戰國）

yōu zī 丝

《説文》曰：微也，从二幺。《集韻》曰：兹；古作丝。《字彙》曰：丝；古兹字。

註：丝，从二幺。幺，微小之義，二幺，微之甚也。

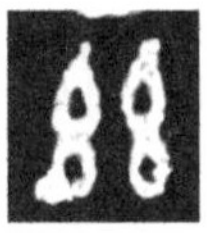
沈子它簋（西周早期）　讀爲兹　作兹簋

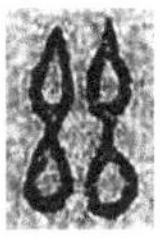
中方鼎（西周早期）

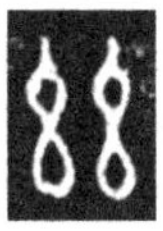
大保簋（西周早期）

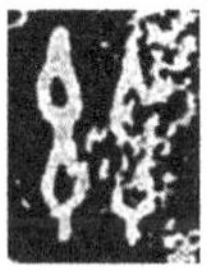
何尊（西周早期）

叔趯父卣（西周早期）

幽

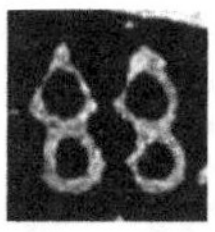
[illegible]白戈（西周早期）

彔伯㦰毁蓋（西周中期）

曶鼎（西周中期）

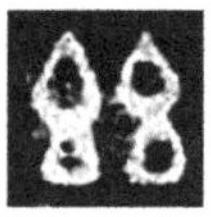
㦰方鼎（西周中期）

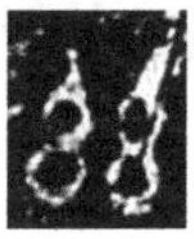
萬諆觶（西周中期）

畣父盉（西周中期）

畣父盤（西周中期）

孟簋（西周中期）

公臣簋（西周晚期）

虢仲盨蓋（西周晚期）

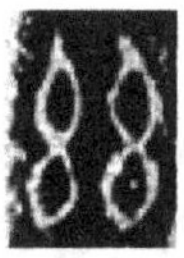
井叔釆鐘（西周晚期）

幺

南宮乎鐘（西周晚期）

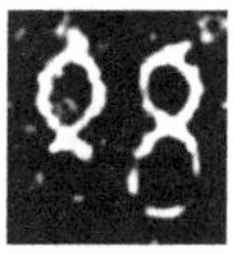
𩛥史𢊾壺（西周晚期）

師同鼎（西周晚期）

毛公鼎（西周晚期）

㠱甫人匜（春秋早期）

者沪鐘（戰國早期）

陳昉毁蓋（戰國早期）

中山侯鉞（戰國早期）

陳純釜（戰國）

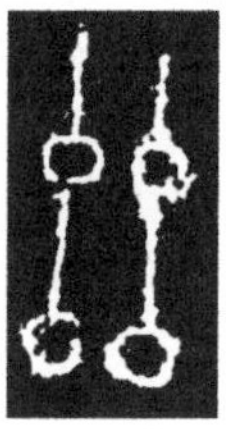
亡智鼎（戰國）

yōu
幽

《説文》曰：隱也，从山，中𢆶，𢆶，亦聲。

《説文通訓定聲》曰：幽；假爲黝。

註：幽，或曰从火。甲骨文，幽，借為黝。

盠𤔲土幽且辛尊（西周早期）

伯臣鼎（西周中期）

即簋（西周中期）

趞毁（西周中期）

康鼎（西周中期）

伯𡩜毁（西周）

幾 譏機

叀

史牆盤（西周中期）

曶壺（西周中期）

盠方彝（西周中期）

呂服余盤（西周中期）

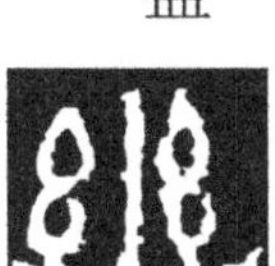
南宮柳鼎（西周晚期）

師臾鐘（西周晚期）

禹鼎（西周晚期）

叔向父禹簋（西周晚期）

伊簋（西周晚期）

六年召伯虎簋（西周晚期）

jī jǐ
幾

註：幾，或作機、通譏。

㡭庿冊觚（殷商）

或从女

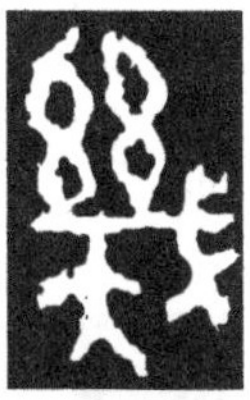
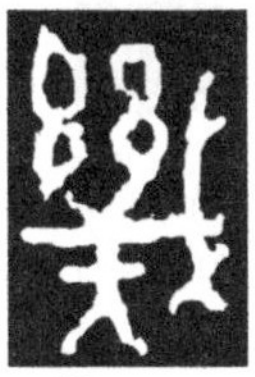
幾父壺（西周中期）

羌伯簋（西周晚期）

伯幾父簋（西周中期）

仲幾簋（西周中期）【古文字類編】

鄭𨱷友父鬲（西周晚期）

zhuān huì
叀

《說文解字注箋》曰：叀，古專字。註：叀，古專字，紡專（磚），象形，古代紡織收絲工具。叀，或為惠之省文。或為蕙字。

何尊（西周早期）

曰伯叀姞鼎（西周早期）

叀作父戊卣（西周早期）

叀攸諆父甲尊（西周早期）

叀鼎（西周中期）

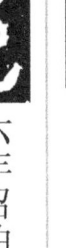

慧 惠

hui

惠

《說文》曰：仁也，从心、从叀。《爾雅》曰：惠，愛也、順也。

註：惠，仁愛、恩惠、順從。惠，通慧。

九年衛鼎（西周中期）

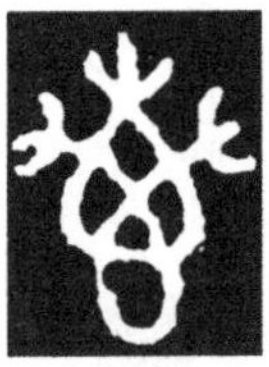

彔伯𢦏段蓋（西周中期）

師𩛥鼎（西周中期）

毛公鼎（西周晚期）

禹鼎（西周晚期）

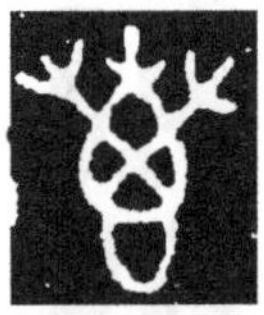

無叀鼎（西周晚期）

鬲比鼎（西周晚期）

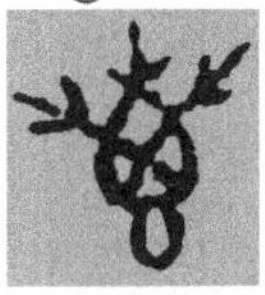

師訇簋（西周晚期）

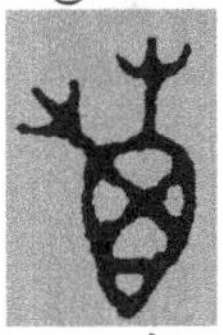

叔若父簋（西周晚期）

蔡姞簋（西周晚期）

虢叔旅鐘（西周晚期）

大克鼎（西周晚期）

仲叀父簋（西周晚期）

哀成叔鼎（戰國）

裘衛盉（西周中期）

善夫梁其鼎（西周晚期）

㝬段（西周晚期）

曾子斿鼎（春秋早期）

黿大宰簠（春秋早期）

齊侯鎛（春秋中期）

王孫遺者鐘（春秋晚期）

中山王嚳方壺（戰國晚期）

東胆尊（西周中期）

或从口

叀朋鑐（西周晚期）

叀 蒂嚏

玄 泫炫

zhì dì tì
叀

《說文》曰：礙（碍）不行也。《說文釋例》曰：叀，與躓同。《正字通》曰：叀，與蒂通。

註：叀，停滯、阻礙（碍）不便前行。叀，同蒂字，花之蒂、果之本。叀，同打噴嚏之嚏字。

遣鬲（西周早期）

叀父丁觥（西周早期）

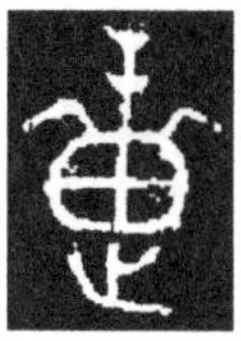
叀甗（西周早期）

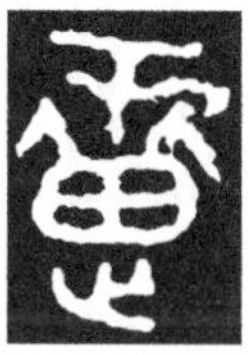
叀卣（西周中期）

叀尊（西周中期）

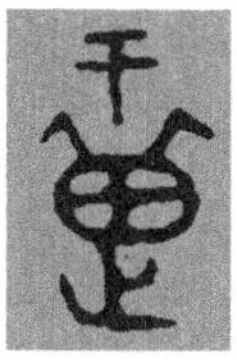
叀鼎（西周中期）

曶鼎（西周中期）

楚簋（西周晚期）

㝬𣪘（西周晚期）

秦公簋（春秋早期）

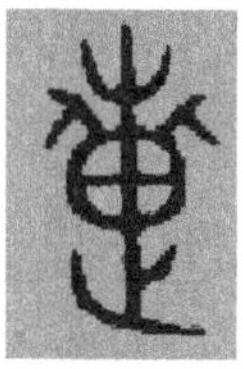
秦公鎛（春秋早期）

晉姜鼎（春秋早期）

xuán xuàn
玄

《說文》曰：幽遠也。黑而有赤色者為玄。古文玄。《玉篇》曰：玄，妙也。《廣韻》曰：玄，寂也。

《字彙補》曰：玄，與泫同。《集韻》曰：玄，通作眩。《正字通》曰：玄，與炫同。

註：玄，懸掛義，像樹上果實懸掛之形。金文玄，省為幺。玄、幺同字。

走馬休盤（西周早期） 古文幺玄同字 賜休玄衣黹純

同簋（西周中期）

無叀鼎（西周晚期）

吳王光劍（春秋晚期）

少虡劍（春秋晚期）

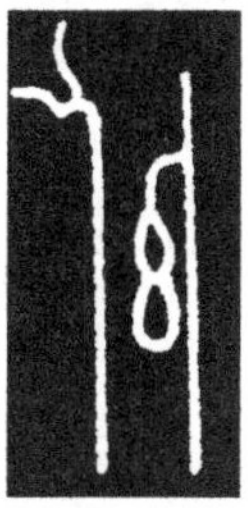
玄翏夫呂戈（春秋晚期）

玄□戈（春秋晚期）

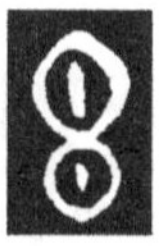
鼄公牼鐘（春秋晚期）

予

舒

幻

仿放

yǔ
予

《說文》曰：推予也，象相予之形。

註：予，像推物給予、授予形。

作予叔嬴鬲（西周晚期）

shū
舒

《說文》曰：伸也，从舍从予，予亦聲。一曰：舒緩也。

十八年戈（戰國） 讀為舒 冶舒造戈

塚子戈（戰國）【古文字類編】

十一年咎茖戈（戰國晚期）【近出殷周金文集録】

huàn
幻

《說文》曰：相詐惑也。从反予。《集韻》曰：幻，惑亂也。《篇海類編》曰：幻，虛幻。幻，妖術。

《廣韻》曰：幻，幻化。

孟弜父毀（西周晚期） 讀為幻 孟弜父作幻伯妊媵簋八

fàng
fǎng
放

《說文》曰：逐也，从攴、方聲。

註：放，驅逐、流放。放，釋放、發放。放，同倣（仿）。

放仿敖遨螯傲𠬪殍爰援

遨螯傲敖 殍𠬪 援爰

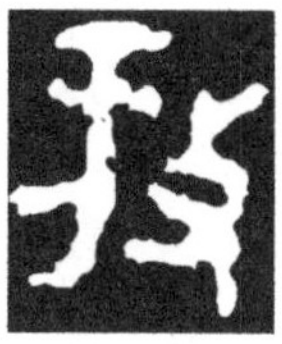
多友鼎（西周晚期）

中山王嚳方壺（戰國晚期）
讀爲傲
用唯朕所放（傲）

aó
敖

《說文》曰：出游也，从出、从放。《正字通》曰：敖，蟹大足，有毛，似鉞，俗作螯。《爾雅 釋言》曰：敖，傲也。

註：敖，同遨，遨遊。敖，通熬。

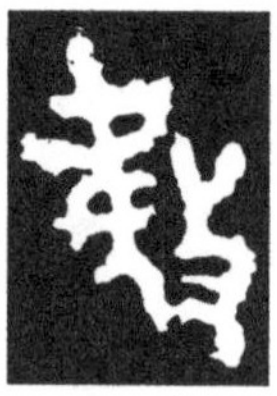
九年衛鼎（西周中期）

屓敖殷蓋（西周晚期）

羌伯簋（西周晚期）

biào
piǎo
𠬪

《說文》曰：……上下相付也，从爪、从又。《玉篇》曰：𠬪，今作莩（即殍字）。

註：𠬪，上下兩人之手，一送、一接，給予、付給。會意字。𠬪，或作殍，餓殍，餓死的人尸。

𠬪歸觚（殷商）

𠬪興父辛爵（殷商）【古文字類編】

yuán
爰

《說文》曰：引也，从𠬪、从于。籀文以爲車轅字。《說文通訓定聲》曰：爰，假借為蝯（猿）

註：爰，像兩手執繩之形，以寄援引之意，動詞。後借為虛詞，故再加扌旁制援字。爰，即援之本字。援，乃累增字，从三個手（爪、又、扌）、从于。爰，假借為轅、假借為猿。

爰父癸甗（殷商）

爰觶（殷商）

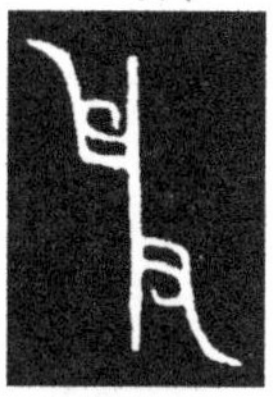
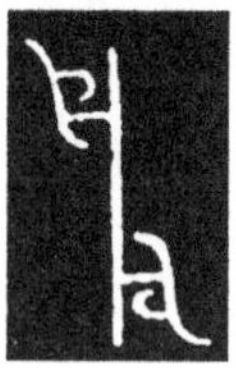
爰卣（殷商）

辛伯鼎（西周早期）

亂 𤕦

散氏盤（西周晚期）

虢季子白盤（西周晚期）

塱盨（西周晚期）

鄂君啓節舟節（戰國）

luàn
𤔔

《説文》曰：治也，幺子相亂，𠬪治之也，讀若亂。

註：𤔔，即亂之本字，糸相亂，上下雙手清理而治，後，从乙書作亂。

番生簋蓋（西周晚期）

五年召伯虎簋（西周晚期） 讀爲亂 余弗敢亂

毛公鼎（西周晚期）

牧簋（西周中期） 譌从土

zhòng
chóng
𤕦

註：𤕦，即今之緟字，或作重。𤕦，有反復、重疊之義。𤕦，或讀為申，重復申述。

《玉篇》曰：緟，增也、疊也、益也、複也。今作重。《廣韻》曰：緟，繒縷（絲線）。

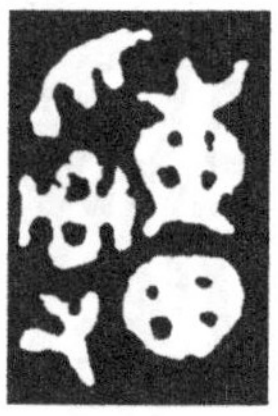
五祀衛鼎（西周中期）

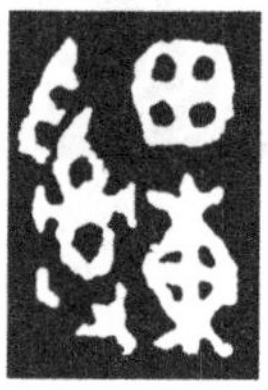
師𩕢殷蓋（西周中期） 讀爲申 今余爲申先王命

史牆盤（西周中期）

三年師兑簋（西周晚期）

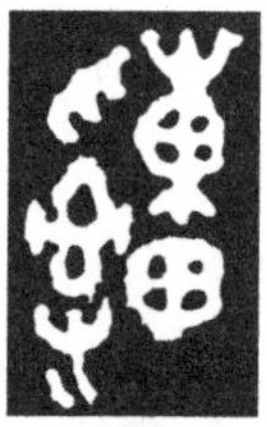
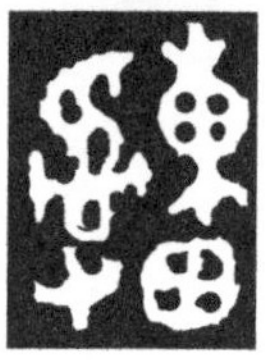
大克鼎（西周晚期）

叔向父禹簋（西周晚期）

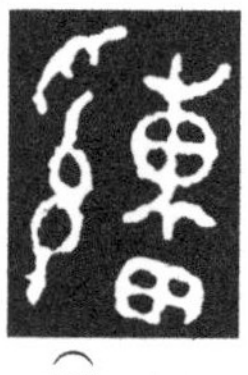
伊簋（西周晚期）

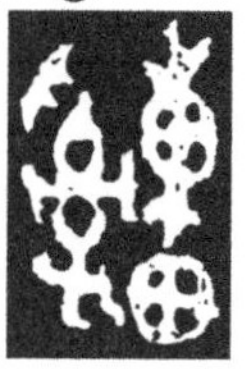
師𩕢殷（西周晚期）

毛公鼎（西周晚期）

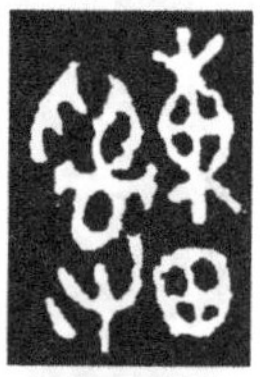
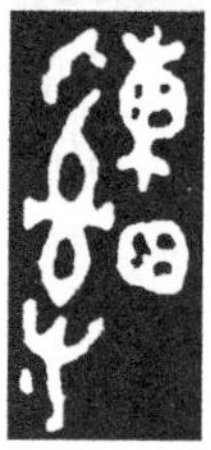
師嫠殷（西周晚期）

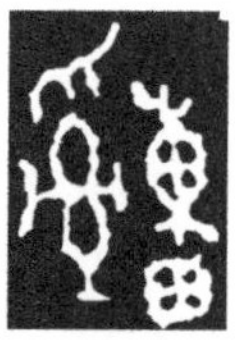
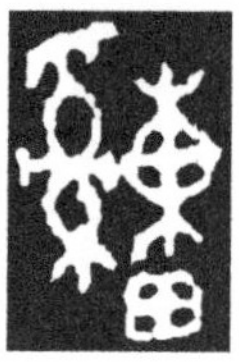
仲再父簋（西周晚期）

⿰而爰

⿰而爰

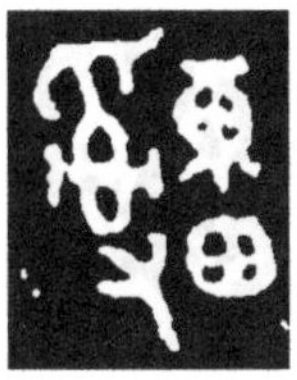

㝬毁
（西周晚期）

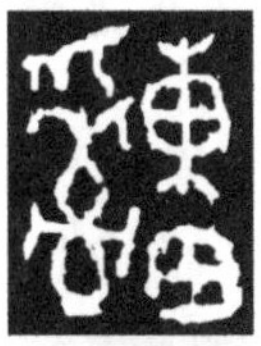

師克盨
（西周晚期）

⿰爰寒

⿰爰寒

宰甫卣
（殷商）

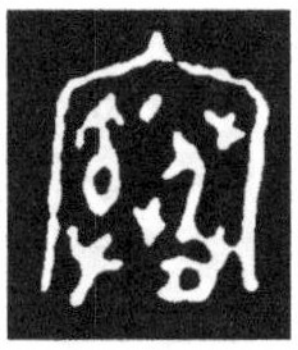

史牆簋
（西周中期）

受  授受

shòu
受

《説文》曰：相付也，从𠬪，舟省聲。註：受，从𠬪，兩手相付給也，舟聲。受，授予、接受。金文受、授同字。

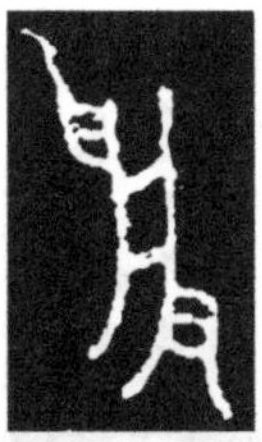

受簋
（殷商）

亞若癸簋
（殷商）

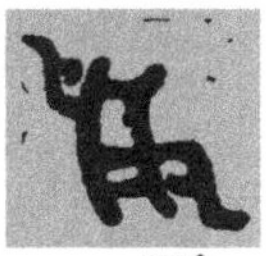

亞若癸觚
（殷商）

亞若癸方觚
（殷商）

齒受且丁尊
（殷商）

受　授

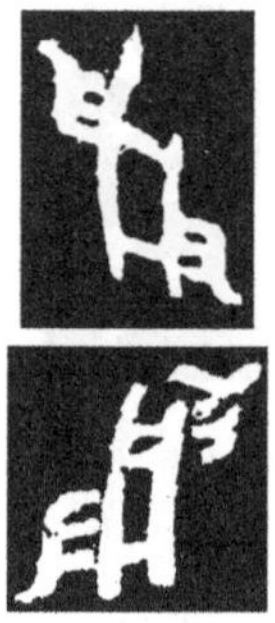
受觚（殷商）

受父己卣（殷商）

亞覃尊（殷商）

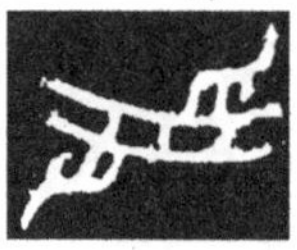
受父乙觶（殷商）

受觶（殷商）

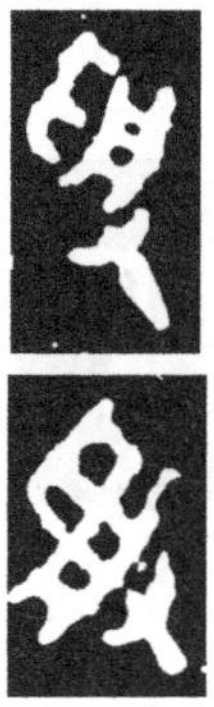
大盂鼎（西周早期）

沈子它簋（西周早期）

伯姜鼎（西周早期）

高卣（西周早期）

乃子克鼎（西周早期）

何尊（西周早期）

獻簋（西周早期）

櫨侯毁蓋（西周早期）

矢令方彝（西周早期）

曶鼎（西周中期）

免簋（西周中期）

彔伯戓毁蓋（西周中期）

效尊（西周中期）

羌伯簋（西周晚期）

𤼈鐘（西周中期）

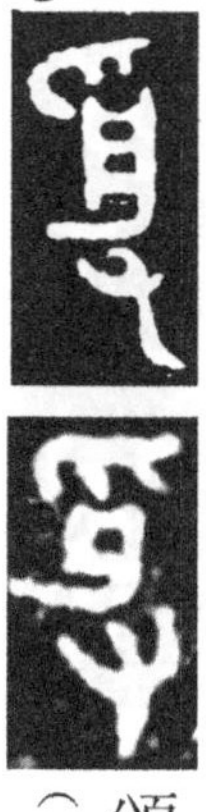
頌鼎（西周晚期）

鄭牧馬受簋蓋（西周晚期）

命父諆毁（西周晚期）

毛公鼎（西周晚期）

善夫山鼎（西周晚期）

旲生殘鐘（西周晚期）

趞鼎（西周晚期）

虢姜簋蓋（西周晚期）

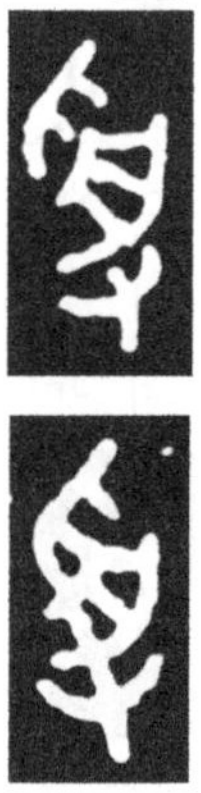
史牆盤（西周中期）

寽鋝捋

lǜ
lüe
寽

《說文》曰：五指持也。从𠬪、一聲。讀若律。《玉篇》曰：寽，亦作捋。

註：寽，古文捋字。寽，同鋝，量詞，古代重量單位。

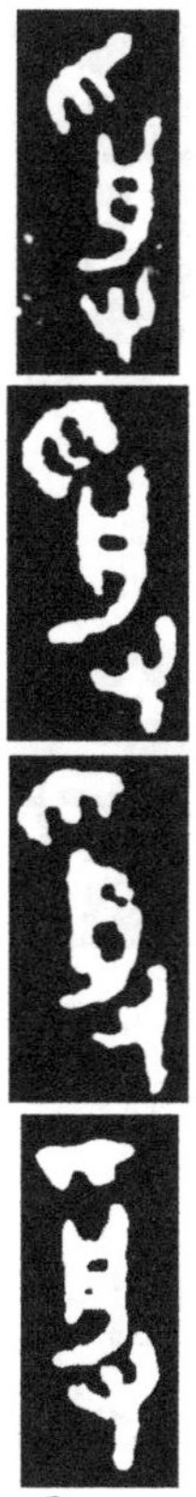
頌簋（西周晚期）

師訇簋（西周晚期）

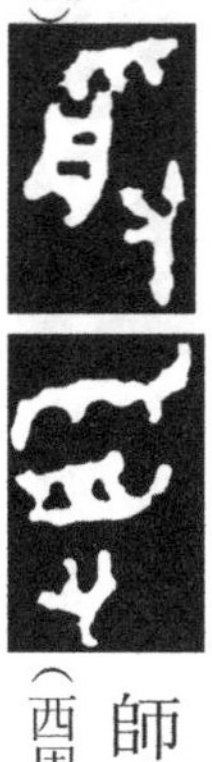
師克盨（西周晚期）

訇簋（西周晚期）

散氏盤（西周晚期）

寰盤（西周晚期）

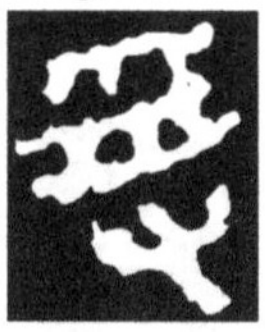
伯康簋（西周晚期）

鄦伯受簠（春秋）

秦公鎛（春秋早期）

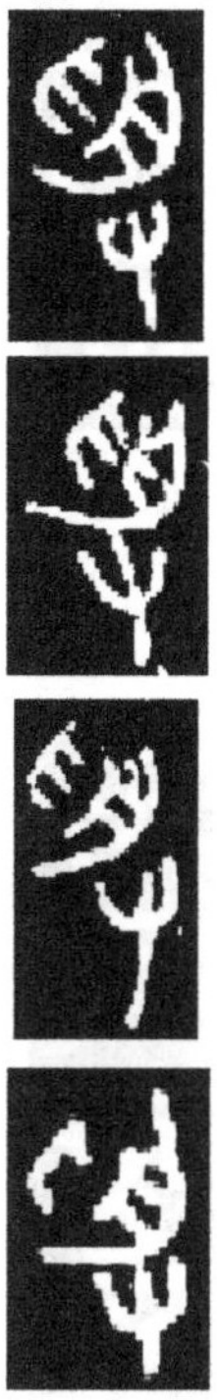
秦公鐘（春秋早期）

秦公簋（春秋早期）

國差蟾（春秋）

庚壺（春秋晚期）

蔡侯盤（春秋晚期）

篖叔之仲子平鐘（春秋晚期）

禽簋（西周早期）

商尊（西周早期）

商卣（西周早期）

師旂鼎（西周中期）

牧簋（西周中期）

曶鼎（西周中期）　讀爲鋝　用百寽（鋝）

趞段（西周中期）

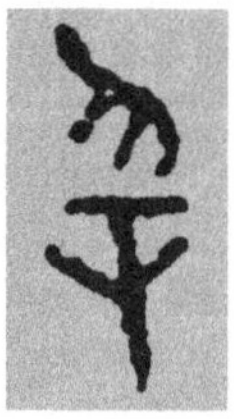
稆卣（西周中期）

揚簋（西周晚期）

敢

gǎn
敢

《說文》曰：進取也，从𠬪、古聲。籀文敢，古文敢。《廣雅》曰：敢，勇也。

註：，金文敢，像两手相持，與争字同意，甘聲。敢，勇于進取、勇敢。

番生簋蓋（西周晚期）

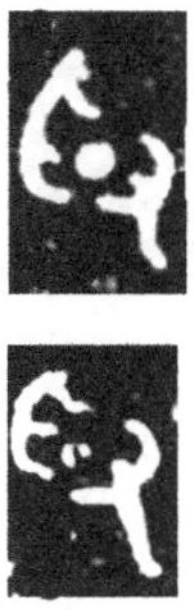
𪓔殷（西周晚期）

楚簋（西周晚期）

四升𠃨客方壺（戰國）

毫鼎（西周早期）

大盂鼎（西周早期）

章伯馭殷（西周早期）

沈子它簋（西周早期）

静卣（西周早期）

周公簋（西周早期）

作册矢令簋（西周早期）

耳尊（西周早期）

才盤（西周中期）

史牆盤（西周中期）

師農鼎（西周中期）

小臣鼎（西周中期）

師秦宮鼎（西周中期）

瘋鐘（西周中期）

康鼎（西周中期）

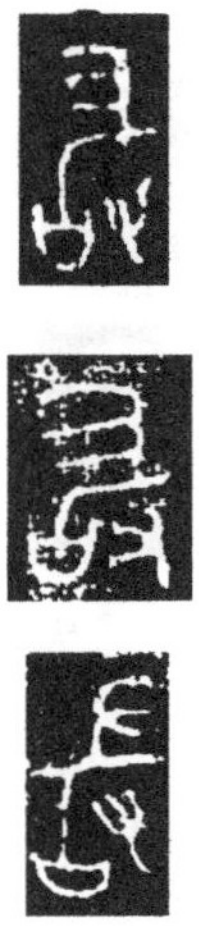
仲枏父鬲（西周中期）

七年趞曹鼎（西周中期）

十五年趞曹鼎（西周中期）

大矢始鼎（西周中期）

豆閉簋（西周中期）

追簋（西周中期）

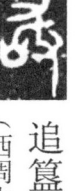

遹殷（西周中期）

小臣守簋（西周中期）

敢

師遽殷蓋（西周中期）

静簋（西周中期）

中簋盖（西周中期）

恒簋盖（西周中期）

羖殷蓋（西周中期）

大師盧殷（西周中期）

即簋（西周中期）

王臣簋（西周中期）

縣妃簋（西周中期）

趞盂（西周中期）

𤼈殷（西周中期）

滕虎殷（西周中期）

五祀衛鼎（西周中期）

𤼈盨（西周中期）

師瘨殷蓋（西周中期）

彔伯𢦚殷蓋（西周中期）

師虎簋（西周中期）

卯簋盖（西周中期）

三年𤼈壺（西周中期）

效卣（西周中期）

彔𢦚卣（西周中期）

農卣（西周中期）

才盉（西周中期）

班簋（西周中期）

吴方彝（西周中期）

吕服余盤（西周中期）

師遽方彝（西周中期）

伯敢畀盨【近出殷周金文集録】（西周中期）

五年師旋殷（西周晚期）

元年師兑簋（西周晚期）

走簋（西周晚期）

楚簋（西周晚期）

弭叔師察簋（西周晚期）

敢

南宮乎鐘（西周晚期）

虢叔旅鐘（西周晚期）

善夫山鼎（西周晚期）

仲枏父段（西周晚期）

克鐘（西周晚期）

宗周鐘（西周晚期）

此鼎（西周晚期）

毛公鼎（西周晚期）

噩侯鼎（西周晚期）

無㠱段蓋（西周晚期）

郃[illegible]段（西周晚期）

頌鼎（西周晚期）

公臣簋（西周晚期）

多友鼎（西周晚期）

井人女鐘（西周晚期）

諫簋（西周晚期）

羌伯簋（西周晚期）

師嫠段（西周晚期）

鄦段（西周晚期）

蔡簋（西周晚期）

大簋蓋（西周晚期）

白毛簋（西周晚期）

此簋（西周晚期）

元年師旋段（西周晚期）

師克盨蓋（西周晚期）

頌簋（西周晚期）

頌壺（西周晚期）

𠑇匜（西周晚期）

𠭖

趞鼎（西周晚期）

逆鐘（西周晚期）

無叀鼎（西周晚期）

兮甲盤（西周晚期）

善夫克盨（西周晚期）

駒父盨（西周晚期）

汈其鐘（西周晚期）

甹鐘（西周晚期）

姑發䀍反劍（春秋晚期）

蔡侯鎛（春秋晚期）

郘𧶠尹𧹭鼎（春秋晚期）

齊陳曼簠（戰國早期）

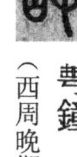

武敢矛（戰國）

新郪虎符（戰國晚期）

中山王嚳方壺（戰國晚期）

好蚉壺（戰國晚期）

𠭖

汈其鐘（西周晚期）

頌鼎（西周晚期）

頌壺（西周晚期）

頌簋（西周晚期）

頌簋（西周晚期）

受

概劾㪅

睿叡

餐䝳

受

受鼎（殷商）

受Ⅲ觚（殷商）

gài
㪅

《説文》曰：……讀若概。《玉篇》曰：㪅，深堅意也。郭沫若曰：㪅，即讀為梗概之概。【金文叢攷】

註：㪅，讀為概或假為劾。

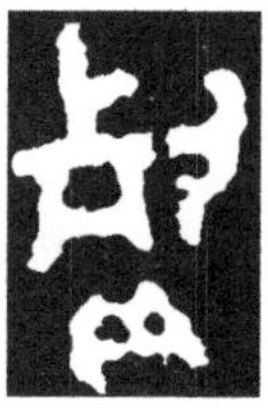

師旂鼎（西周中期） 讀爲劾 旂對厥䝳（劾）于尊彝

𠑾匜（西周晚期） 讀為劾 伯揚父迺成劾

ruì
叡

《説文》曰：深明也。通也，从𣦵、从目、从谷省。古文叡。《玉篇》曰：叡，智也。

註：叡，通達、明智。

秦公鎛（春秋）

中山王𰯼鼎（戰國晚期） 或从見 叡弇夫𢓜長為人主

cán
䝳

註：䝳，或同餐。餐，害物貪財。白川静曰：䝳，爲質之初文。【金文通釋】

朽歺 　屍死 

師寰𣪘（西周晚期）讀為餐 即賓（餐）厥邦酋

xiǔ 歺

《說文》曰：腐也，从歺、丂聲。歺；或从木。

註：，从木、丂聲，即朽字。

作冊𣈶鼎（西周早期）讀為朽 康侯在朽師

sǐ 死

《說文》曰：澌也，人所離也，从歺、从人。註：死，澌也。澌，本指水盡，引申為凡物竭盡之稱，以喻人生命之消澌。死，像人（）拜于朽骨（）之旁。古文屍、死同字。周朝時期稱事物的主管職務曰屍，或寫作死。如毛公鼎銘文中：死（屍）毋動。釋為：主管諸侯，不要動亂。

大盂鼎（西周早期）

作冊矢令簋（西周早期）

麥方尊（西周早期）

作冊益卣（西周中期）

九年衛鼎（西周中期）

康鼎（西周中期）

卯簋蓋（西周中期）

追簋（西周中期）

小臣守簋（西周）

頌簋（西周晚期）

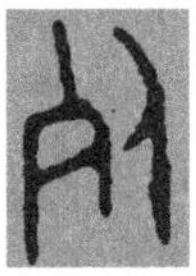
羌鼎（西周晚期）

毛公鼎（西周晚期）讀為屍 死（屍）毋動 余一人在位

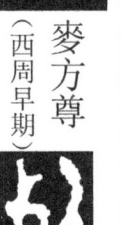

殃

薧

官叏父段（西周晚期）

竈乎段（西周晚期）

儹匜（西周晚期）

伯窺父盨（西周晚期）

兮甲盤（西周晚期）

頌鼎（西周晚期）

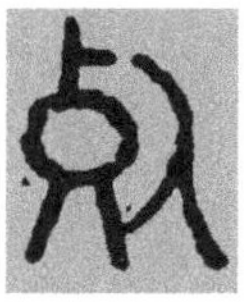
鄀公諴鼎（春秋早期）

齊侯鎛（春秋中期）

遇甗（春秋中期）

哀成叔鼎（戰國）

中山王嚳方壺（戰國晚期）

中山王嚳鼎（戰國晚期） 讀為死 雖有死罪

yāng
殃

《説文》曰：咎也，从歺、央聲。《廣雅》曰：殃，禍也。《字彙》曰：殃，罰也。

註：咎，災禍也。殃、咎義同，禍殃、災禍。

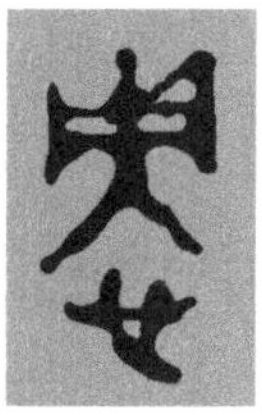
兆域圖（戰國晚期） 或从心 殃連子孫

hāo kǎo
薧

《説文》曰：死人里也，从死、蒿省聲。《玉篇》曰：薧，薧里，黄泉也，死人里也。

註：薧，死人里，即墓地。薧，或指乾的調味品，食品，乾肉之類。

好蚉壺（戰國晚期） 或从土 以取鮮薧

僇 

剮 冎 

軆 體 

肉 

lù
𣩙

《字彙》曰：𣩙，同戮。註：𣩙，或同僇。《字彙》曰：僇，辱也。

中山王嚳鼎（戰國晚期） 讀爲僇 爲天下𣩙（僇）

guǎ
冎

《說文》曰：剔人肉置（至）其骨也，象形，頭隆骨也。《說文解字注》曰：冎，俗作剮。

註：金文冎字與甲骨文形同。冎，同剮，剮刑。

酉𡚬戈（殷商） 讀為冎 酉冎

W父□斝（殷商） 讀為冎 冎父□

tǐ
體

《說文》曰：總十二屬也，从骨，豊聲。註：身體之總稱。首三屬：頂、面、頤；身三屬：肩、脊、尻（屁股）；手三屬：肱、臂、手；足三屬：股、脛、足，總計十二屬。軆，或从身，同體。

中山王嚳方壺（戰國晚期） 或从身豊聲

ròu
肉

《說文》曰：胾肉象形。註：肉，象形字。胾肉，大塊肉。

胎 

膚臚 

唇脣 

八年相邦鈹（戰國晚期）

讀為肉　冶尹肉撻劑

三年相邦建信君鈹（戰國晚期）

冶肉撻劑

tāi

胎

《說文》曰：婦孕三月也，从肉、台聲。

《說文通訓定聲》曰：胎，假借為鮐。

陳胎戈（戰國）

fū lú

臚

《說文》曰：皮也，从肉、盧聲。籀文臚。

註：臚，皮膚（肤）。人稱臚、獸稱皮。今臚，從籀文作膚，而臚廢矣。

引尊（西周早期）

九年衛鼎（西周中期）

讀為膚　眉敖者膚卓事見于王

chún

脣

《說文》曰：口耑（端）也，从肉、辰聲。

註：脣，口之端，嘴唇也。脣，同唇。

多友鼎（西周晚期）

假為辰　甲申之脣（辰）

脰

胃 謂

臂

dòu chú
脰

《說文》曰：項也，从肉、豆聲。《玉篇》曰：脰，脛也。

周法高曰：脰，疑解爲厨，……徐脰者徐厨也，……脰官者厨官也。【金文零釋】

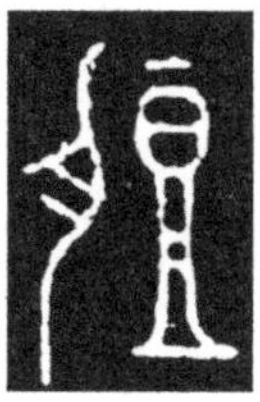
吳王孫無土鼎（春秋晚期） 讀爲厨 吳王孫無土之脰（厨）鼎

楚王酓忑鼎（戰國晚期）

鑄客爲集脰鼎（戰國晚期）

鑄客爲大句豆官鼎（戰國晚期）

wèi
胃

《說文》曰：穀府也。

註：胃，消化穀物之臟腑。，內含食物胃之象形，从肉。胃，通謂字。

少虡劍（春秋晚期） 讀爲謂 胃（謂）之少虡

bì
臂

《說文》曰：手上也，从肉、辟聲。《廣雅》曰：肱，謂之臂。

註：臂，或假爲闢。

秦子戈（春秋早期） 讀為臂 秦子作造中臂元用

好蛮壺（戰國晚期） 讀爲闢 子之大臂（闢）不宜（義）

肩

背

膌

jiīn
肩

《說文》曰：髆也，从肉，象形。肩，俗从户。

註：髆，肩甲。銘文均以肩為肩。

遹甗 （西周中期） 讀為肩 肩事遹使于胡侯

師䢅鼎 （西周中期） 讀為肩 休伯太師肩𦛨

伯庶父匜 （西周晚期）

沕其鐘 （西周晚期） 讀為肩 天子肩事梁其

bèi
bēi
背

《說文》曰：脊也。

註：背，从不、北聲。

郘王盧 （春秋晚期） 或从不 北聲 徐王之元子背之少行爐

qí
膌

註：因脊；「史記」作因齊（即威王因齊）。脊，即膌之或體。假膌爲齊。

陲侯因脊敦 （戰國晚期） 从次从肉

脽

肖

胤

shúi
脽

《說文》曰：臀也，从肉、隹聲。《廣雅》曰：臀謂之脽。《正字通》曰：脽，臀骨也。

註：脽，臀部，或曰尾椎骨。

柭里癌戈（戰國晚期） 讀為脽 公孶里脽之大夫披之卒

噩君啟節舟節（戰國）

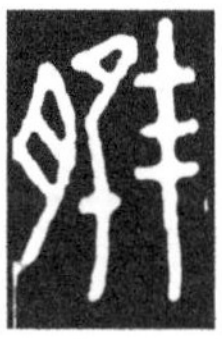
鄂君啓節車節（戰國） 讀為脽 大工尹脽以王命

xiào xiāo
肖

《說文》曰：骨肉相似也，从肉、小聲。不似其先故曰不肖也。

註：子肖其父，骨肉相似。肖，相似，維妙維肖。不似先祖曰不肖子孫。金文趙字或以肖字假借。

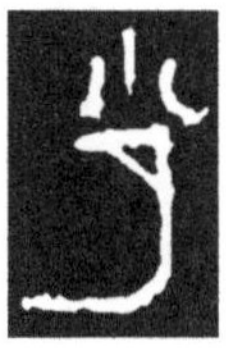
大梁司寇鼎（戰國中期） 讀為趙 大梁司寇肖（趙）亡智鑄

十八年相邦劍（戰國晚期）

三年杖首（戰國晚期）

邦府戈（戰國晚期）

元年春平侯矛（戰國晚期） 讀爲趙 工師肖（趙）痓治

十二年邦司寇劍（戰國晚期）

春平侯鈹（戰國晚期）

yìn
胤

《說文》曰：子孫相承續也。《玉篇》曰：胤，嗣也。《爾雅》曰：胤，繼也。

註：胤，子孫後代相承、相續。

⿺辶出毁（西周晚期）

秦公鎛（从秋早期）

秦公鐘（春秋早期）

 膳　 胡　 脩 修滌

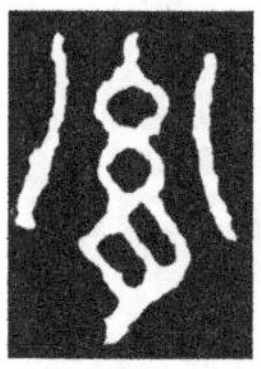
秦公簋（春秋早期）　讀為胤　咸畜胤士

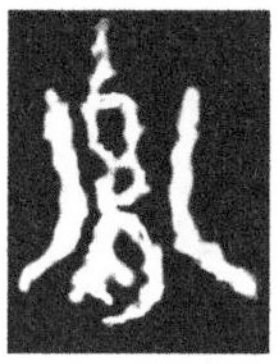
晉公盆（春秋）

好蚉壺（戰國晚期）

shàn
膳

《說文》曰：具食也，从肉、善聲。

註：膳，備置食物，或指飯食。

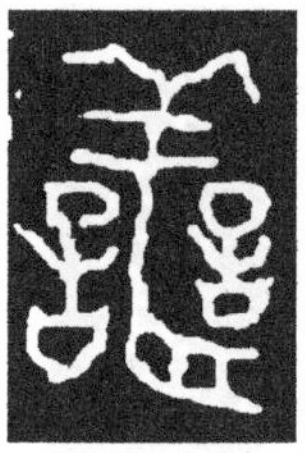
齊侯作孟姜錞（春秋晚期）　讀為膳　齊侯作媵寬□孟姜敦

hú
胡

《說文》曰：牛顄垂也，从肉、古聲。

註：顄，下頷、下巴，或稱為頤。獸頷下垂肉曰胡，下巴之毛稱胡須。古代稱西北少數民族為胡人。

七年相邦鈹（戰國）　讀為胡　右庫工師史□胡冶史痀撻劑

xiū
脩

《說文》曰：脯（乾肉）也，从肉、攸聲。《正字通》曰：脩，肉條割而乾之也。《字彙補》曰：脩；與修通。

《說文通訓定聲》曰：脩，假借爲滌。註：脩，鍛脯，加香料制成的乾肉。脩，同修，假借為滌。

脩武府栢（戰國）

中山王譻鼎（戰國晚期）　或从食　越人脩教備任

胾

腹

膩

zì
胾

《一切經音義》曰：切肉大者爲胾，胾小者爲臠。

註：胾，切成大塊的肉。胾，或假為歲。胾，或从才。𢦏、才二字同音。

楚王酓志鼎
（戰國晚期）

楚王酓肯釶鼎
（戰國晚期）

楚王酓志盤
（戰國晚期）
讀爲歲
以供胾（歲）嘗

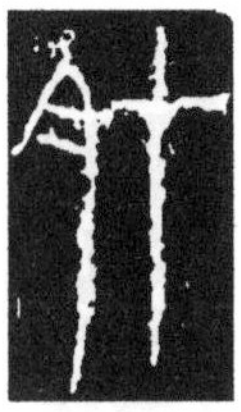
亡智鼎
（戰國）
胾 或省𢦏為才 假為齍
擇吉金鑄胾（齍）

坪安君鼎
（戰國晚期）

二年寍鼎
（戰國晚期）

fù
腹

《說文》曰：厚也，从肉、复聲。《玉篇》曰：腹，肚腹也。

腹鼎
（西周早期）
讀爲腹

史牆盤
（西周中期）
讀爲腹
遠猷腹心

nì èr
膩

《說文》曰：上肥（肥）也，从肉、貳聲。註：膩，食肥生膩。貳，从肉、从弍。弍，即貳之省文，貳，爲膩之異體。貳，或假爲貳。

中山王𠑇方壺
（戰國晚期）
讀爲貳
不膩（貳）其心

散

胙 祚

sàn sǎn

散

註：金文  不从㪚（音散），而从月（或夕）、从竹、从攴。

散伯卣（西周早期）

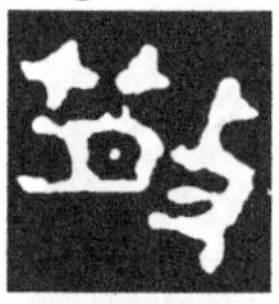

五祀衛鼎（西周中期）

散伯簋（西周晚期）

散姬鼎（西周中期）

散氏盤（西周晚期）

散伯匜（西周晚期）

羊角戈（戰國早期）

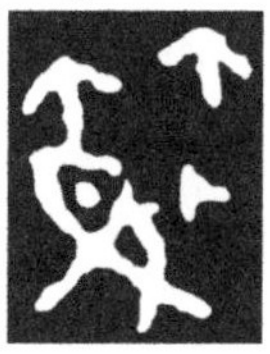

陳貝散戈（戰國）

陳[illegible]車轄（戰國）

塦[illegible]散戈（戰國）

陳散戈（戰國）【三代吉金文存】

zuò

胙

《說文》曰：祭福肉也，从肉、乍聲。《正字通》曰：胙與祚通。

註：胙，祭祀求福之牲肉。

黿友父鬲（春秋早期） 讀為胙

黿友父媵其子胙□寶鬲

腏餟䐣肎肯𣎆騾

腏 餟

䐣

肎 肯

𣎆 騾

chuò zhuì
腏

《說文》曰：挑取骨閒肉也，从肉、叕聲。《集韻》曰：腏同餟。《廣韻》曰：腏，骨間髓（骨髓）也。

集𠛓鼎　讀為餟
（戰國晚期）集餟五

sǔn
䐣

《說文》曰：切孰肉於血中和也，从肉、員聲。讀若遜。註：䐣，切熟肉和于血中，制肉羹。

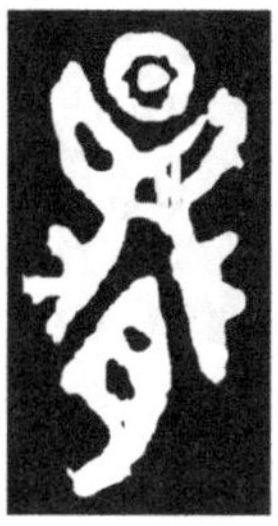
齊城右造刀　讀為䐣
（戰國晚期）齊城右造車戟冶䐣

kěn
肎

《說文》曰：骨間肉肎肎箸也，从肉、从冎省。一曰骨無肉也。《玉篇》曰：肎，今作肯。《廣韻》曰：肯，骨間肉也。《爾雅》曰：肯，可也。郭沫若曰：肯字从止、从肉，與隸書同，與小篆作肎者異，足證隸書每有所本。【两周金文辭大系攷釋】

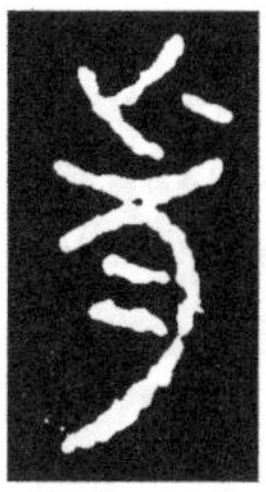
楚王酓肯鼎
（戰國晚期）

楚王酓肯簠
（戰國晚期）

luó
𣎆

《說文解字注》曰：𣎆，為驘之古字，與驢、驘皆可畜於家，則謂之畜宜也。《說文通訓定聲》曰：驘，俗字作騾。註：金文𣎆，為驘之古字，騾，為驘之俗字，𣎆，同騾。驢、馬雜交生騾。

季嬴霝德盉（西周中期）　高明釋為羸【古文字類編】

樊君鬲（西周晚期）　高明釋為羸【古文字類編】

qǐ
䏿

《說文新附》曰：肥腸也，从肉、啓省聲。《廣雅》曰：䏿，腨（小腿肚）也。

斦君戟（戰國早期）　讀為䏿　析君墨䏿之造戟

yáo
㓉

註：㓉，从厂、从刀、肴聲，即餚字，或作肴。

東陲鼎蓋（戰國晚期）　讀為餚　東陵餚

chú
脒

註：脒，或讀為廚。

眉脒鼎（戰國）　讀為廚　沬脒（廚）一斗半

右卜脒鼎（戰國晚期）　讀為廚　右卜脒（廚）

⿱兹月

⿱兹月

是立事歲戈（春秋晚期）

胸胷

xiōng
胷

大梁司寇鼎（戰國中期） 讀爲容 量胷（容）四分

梁上官鼎（戰國晚期） 胷（容）叁分

上官鼎（戰國晚期） 胷（容）半

坪安君鼎（戰國晚期）

信安君鼎（戰國晚期）

卅五年鼎（戰國晚期）

郭沫若曰：余謂乃匈字（今通作胸）之異，讀為容。『說文』云：匈，膺也。从勹、凶聲。胷，或从肉，此字从肉、凶聲，中央之形乃象胸之形也，象胸頭有劍骨，有橫肋，而左右有二垂乳。【金文叢攷】

註：胷，或讀為容。

⿰月易

cì
⿰月易

註：⿰月易，或讀為賜。

郜公平侯鼎（春秋早期） 讀爲賜 用⿰月易（賜）眉壽

曾伯陭壺（春秋） 讀爲賜 用⿰月易（賜）眉壽

腋 膺 膉 腞

yè
腋

《玉篇》曰：腋，肘腋也。註：腋，从肉、从亦。亦，即腋之本字，象形。腋，同掖。

膺

褱門鼎（戰國）

讀為腋
之宅褱門申腋

鑄客鼎（戰國晚期）

讀為腋
鑄客為集腏 伸腏 罴腋腏為之

鄂君啓節舟節（戰國）

yì
膉

《玉篇》曰：膉；脰肉也。（頸部肌肉）《廣韻》曰：膉；肥也。

膉作父辛卣蓋（西周早期）

腞

寧鼎（西周早期）

⿱⿰免匕月

繁卣（西周中期）

duì
⿰月對

《篇海類編》曰：⿰月對，茂（盛）貌。

王何戈（戰國）　讀為⿰月對　得工冶⿰月對所教

tǐng
脡

《玉篇》：脡，脯朐也。

註：脡，从肉、廷省聲。脡，脡直的乾肉條。

任鼎（西周中期）　【中國歷史文物】

刁刀

利

dāo diāo

刀

《説文》曰：兵（器）也，象形。《玉篇》曰：刀，亦姓，俗作刁。

子父癸鼎（殷商）

子刀簋（西周早期）

耳卣（西周早期）

十一年盉（戰國早期）

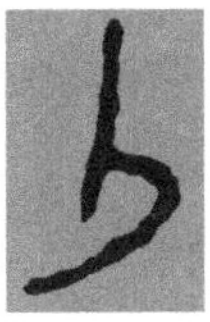

十年銅盒（戰國晚期）

十年扁壺（戰國晚期）

十三年壺（戰國晚期）

lì

利

《説文》曰：銛（鋒利）也，从刀、从和省。古文利。

利簋（西周早期）

利鼎（西周中期）

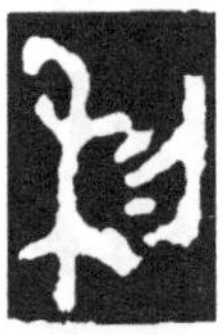

師遽方彝（西周中期）

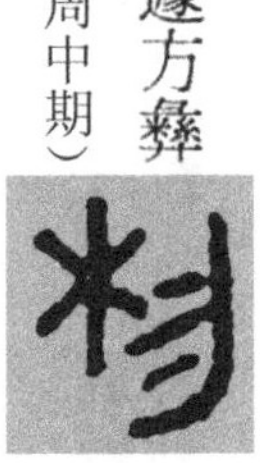

晉姜鼎（春秋早期）

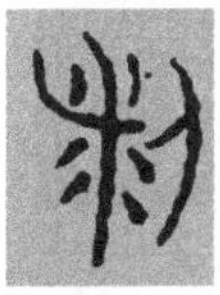

史利簋（西周晚期）

利之元子缶（春秋）

利戈（春秋晚期）

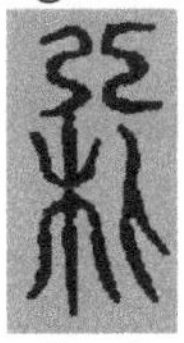

之利鐘（戰國早期）

郾王喜矛（戰國晚期）

宗周鐘（西周晚期） 或从工

初

chū
初

《説文》曰：始也，从刀、从衣。裁衣之始也。

註：初，裁衣之始也。上古人類以獸皮制衣，用刀割裁謂製衣之始也。

静卣（西周早期）
高卣（西周早期）
嗰士卿父戊尊（西周早期）
盂爵（西周早期）
伯吉父鼎（西周早期）

命簋（西周早期）
沓殷（西周早期）
御正衛簋（西周早期）
不壽簋（西周早期）
斅奚方鼎（西周早期）
旂鼎（西周早期）

匽侯旨鼎（西周早期）
旟鼎（西周早期）
幾父壺（西周中期）
次尊（西周中期）
格伯簋（西周中期）

即簋（西周中期）
羖殷蓋（西周中期）
免簋（西周中期）
申簋盖（西周中期）
大簋（西周中期）
鼂殷（西周中期）

井南伯殷（西周中期）
賢簋（西周中期）
戴殷（西周中期）
嫛殷（西周中期）
應侯簋（西周中期）

師湯父鼎（西周中期）
君夫簋（西周中期）
格伯簋（西周中期）
康鼎（西周中期）
䞘叔鼎（西周中期）
蟎鼎（西周中期）

瘨鐘（西周中期）
仲枏父鬲（西周中期）
師趛鬲（西周中期）
師趛鼎（西周中期）
班簋（西周中期）

免尊（西周中期）
免卣（西周中期）
次卣（西周中期）
繁卣（西周中期）
效卣（西周中期）
吕服余盤（西周中期）

番匊生壺（西周中期）
十三年瘨壺（西周中期）
史牆盤（西周中期）
静簋（西周中期）
伯鮮鼎（西周晚期）

叡先伯𣪕（西周晚期）
伯吉父簋（西周晚期）
⿺辶戠𣪕（西周晚期）
諫簋（西周晚期）
南宫柳鼎（西周晚期）

無㠱𣪕（西周晚期）
仲枏父𣪕（西周晚期）
弭伯師耤𣪕（西周晚期）
楚簋（西周晚期）
元年師兑簋（西周晚期）

柞鐘（西周晚期）
克鐘（西周晚期）
散伯車父鼎（西周晚期）
兮甲盤（西周晚期）
蔡公子壺（西周晚期）

⿰𠦪阝𣪕（西周晚期）
三年師兑簋（西周晚期）
不𡢁𣪕（西周晚期）
師嫠𣪕（西周晚期）
虢季子白盤（西周晚期）

初

叔尃父盨（西周晚期）

宴簋（西周晚期）

沕其鼎（西周晚期）

善夫山鼎（西周晚期）

鬲比鼎（西周晚期）

王孫壽甗（春秋早期）

始氏鼎（春秋早期）

陳侯鼎（春秋早期）

戈叔朕鼎（春秋早期）

曾伯霥簠（春秋早期）

黿大宰簠（春秋早期）

鄀公平侯鼎（春秋早期）

夆叔匜（春秋早期）

陳子匜（春秋早期）

庚兒鼎（春秋中期）

者瀘鐘（春秋）

𨛬諧尹征城（春秋）

𤻮鼎（春秋）

徐大子鼎（春秋）

徐王子旃鐘（春秋）

虞侯政壺（春秋）

曾子原彝簠（春秋）

𡧊桐盂（春秋）

蔡侯紐鐘（春秋晚期）

臧孫鐘（春秋晚期）

楚王領鐘（春秋晚期）

敬事天王鐘（春秋晚期）

王孫遺者鐘（春秋晚期）

蔡大師鼎（春秋晚期）

簷大史申鼎（春秋晚期）

姑馮昏同之子句鑃（春秋晚期）

其次句鑃（春秋晚期）

則 

zé
則

《説文》曰：等畫物也，从刀、从貝。郭沫若曰：古文則字均从鼎，其从貝者乃後起之譌變，从重貝者亦从重鼎之譌變也。【两周金文辭大系攷釋】註：則，等畫物；安等級區劃事物或物體之法則。

孟縢姬缶（春秋晚期）

庚壺（春秋晚期）

樂子簠（春秋晚期）

陳侯盤（春秋晚期）

吴王光鑑（春秋晚期）

郐䞍尹䜉鼎（春秋晚期）

子璋鐘（春秋晚期）

沇兒鎛（春秋晚期）

邳伯缶（戰國早期）

師艅鼎（西周早期）

師艅尊（西周早期）

何尊（西周早期）

格伯簋（西周中期）

盠駒尊（西周中期）

曶鼎（西周中期）

㦰方鼎（西周中期）

九年衛鼎（西周中期）

瘐鐘（西周中期）

段簋（西周中期）

史牆盤（西周中期）

訇簋（西周晚期）

師克盨（西周晚期）

六年召伯虎簋（西周晚期）

散氏盤（西周晚期）

鬲比鼎（西周晚期）

黃子鼎（春秋早期）

黃子鐳（春秋早期）

黃子壺（春秋早期）

黃子豆（春秋早期）

剛

辨辯辧

割

黃君孟鐳（春秋早期）

能原鎛（春秋晚期）

曾子𡰪簠（春秋晚期）

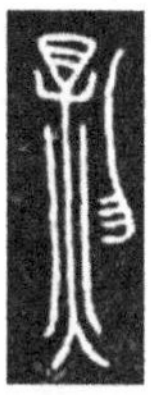

曾侯乙鐘（戰國早期）

中山王譽方壺（戰國晚期）

gāng
剛

《說文》曰：彊斷也，从刀、岡聲。

剛爵（西周早期） 从二刀

史牆盤（西周中期）

讀為剛 陕陵剛析

假為崗 陟剛（崗）三封 散氏盤（西周晚期）

bàn biàn
辨

《說文》曰：判也，从刀、辡聲。《廣韻》曰：辨，（辦）別也。《正字通》曰：辦，同辨。與辨分為二，又分辨、辯為二。按經史，辨、辦、辯并通。註：辨，隸變作辦。辨，通辯、通辦。

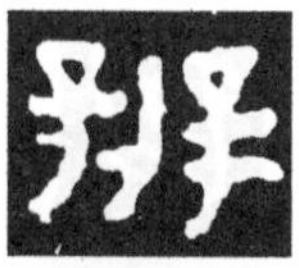

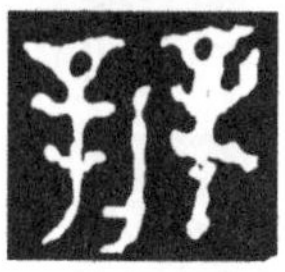
辨作文父己簋（西周早期）

作冊魖卣（西周早期）

小子生尊（西周早期）

gē
割

《說文》曰：剝也，从刀、害聲。《玉篇》曰：割，裂也。《爾雅》曰：割，截也。
註：古文中割、害、匄，三字皆相互通用。

劃

劑

無叀鼎　讀爲匄

（西周晚期）　用割（匄）眉壽萬年

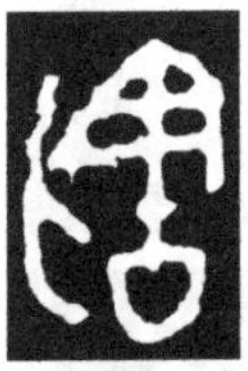

㠱伯子庭父盨　讀爲匄

（春秋）　割（匄）眉壽無疆

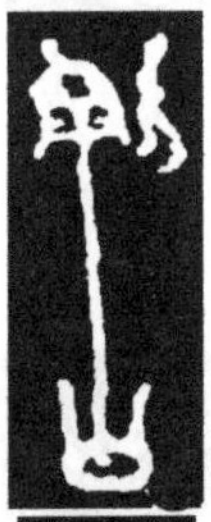

曾侯乙鐘

（戰國早期）

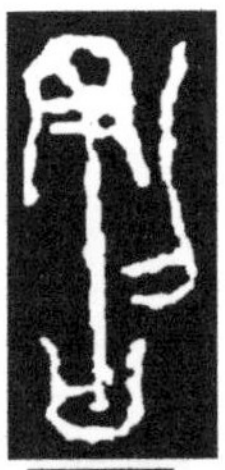

曾侯乙鐘　讀爲姑　即音律中之姑洗

（戰國早期）　姑洗之羽曾

huá
huà
劃

《說文》曰：錐刀曰劃，从刀、从畫，畫亦聲。

註：劃，从斤从畫。斤、刀均為利器，其意相同。此字亦讀為斲。

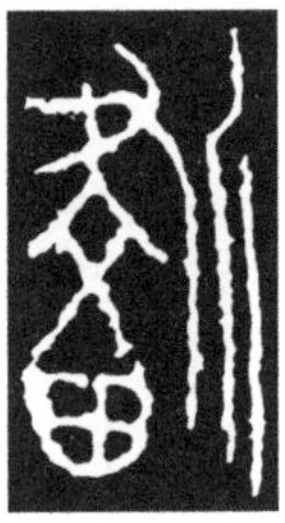

富奠劍　讀為斲

（春秋）　富奠之劃（斲）劍

jì
劑

《說文》曰：齊也，从刀、从齊，齊亦聲。《爾雅》曰：劑，剪齊也。

註：劑，用刀或剪，裁剪整齊曰劑，或曰調劑整齊，此乃劑之本義。

麥方尊　讀為齎

（西周早期）　劑（齎）用王乘車馬

剕

制

罰

fú
剕

《説文》曰：擊也，从刀，弗聲。《廣雅》曰：剕，斷也。《釋言》曰：剕，斫也。

註：剕，砍斷、剷除。

作册益卣（西周早期）

晉公盆（春秋）

zhì
制

《説文》曰：裁也，从刀、从未。……一曰止也。古文制如此。《字彙》曰：制，造也。

《玉篇》曰：制，法度也。註：制，以刀斷木，制造物品。从未，猶从木。制，或為制度、法制。

王子午鼎（春秋中期） 讀為制 子孫是制

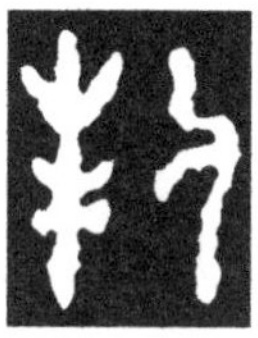
子禾子釜（戰國） 讀為制 釜而車人制之

fá
罰

《説文》曰：辠（罪）之小者，从刀、从詈。註：罰，从网，网罪也；从言，據典言罪；从刀，黥刑刺面之刀具。罪重為刑、罪輕為罰。罰，包括面部刺字、出錢贖罪等。罰，或从詈，詈，責罵也。

大盂鼎（西周早期）

[illegible]伯罰卣（西周早期）

師旂鼎（西周中期）

曶鼎（西周中期）

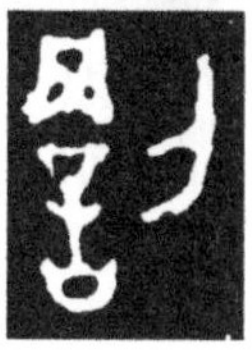
[illegible]殷（西周晚期）

𠑇匜（西周晚期）

散氏盤（西周晚期）

劓

釗

剴

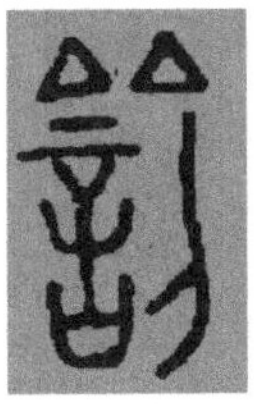
叔尸鎛（春秋晚期）

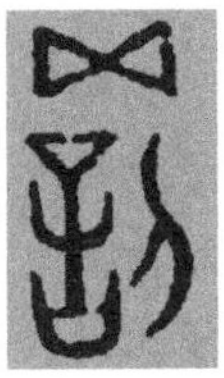
叔尸鐘（春秋晚期）

好蚉壺（戰國晚期）

yì
劓

《説文》曰：刑鼻也，从刀、臬聲。臬或从鼻。《玉篇》曰：劓，割也。

註：劓，古代割掉鼻子之刑法。劓，或省鼻爲自。自，即鼻之本字。

寧女方鼎（西周早期）

辛鼎（西周早期）

叔尸鎛（春秋晚期）

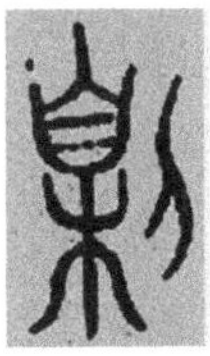
叔尸鐘（春秋晚期） 讀為劓 這爾倗劓

zhāo
釗

《説文》曰：刓也，从刀、从金。周康王名。《爾雅》曰：釗，勉也。

註：刓，磨損、削損器物棱角。釗，以刀銼金，其義同刓。釗，或為勸勉義。

庚壺（春秋晚期） 讀為釗 釗不□其王乘牡

kǎi
ái
剴

《説文》曰：大鐮也。一曰摩也。从刀、豈聲。《新方言》曰：今人謂相切近為剴，俗作捱（亦作挨）。

叔尸鎛（春秋晚期）

叔尸鐘（春秋晚期） 讀為剴 內外剴闢

刑

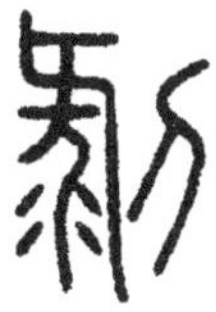
剥

刖

刵

xíng
刑

《説文》曰：剄也，从刀、幵聲。註：刑，剄也。剄，砍頭。金文刑，从井。刑，或假借為荊。

散氏盤（西周晚期）

子禾子釜（戰國）

史牆盤（西周中期）讀爲荊　廣□刑（荆）楚

bō
剥

《説文》曰：裂也，从刀、从录。录，刻割也。录亦聲。剥或从卜。《廣韻》曰：剥，削也。《廣雅》曰：剥，落也。註：剥，或从刀、卜聲。剥，割裂、剥削、剥落。

作册益卣（西周中期）讀為剥　戈勿剥嗌鰥寡

yuè
刖

《説文》曰：絕也，从刀、月聲。《玉篇》曰：刖，斷足也。註：刖，古代砍掉脚的酷刑。

斝（殷商）高明釋為刵【古文字類編】

刵

劫 刧

四年雍令矛（戰國）

jié
刧

《集韻》曰：劫，彊取也。俗作刧。

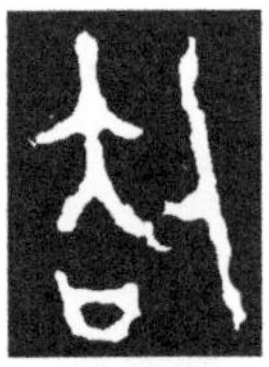

岡刧卣（西周早期）

剬

剬

叔尸鎛（春秋晚期）

叔尸鐘（春秋晚期）

屠 ⿰者刂

tú
⿰者刂

高鴻縉曰：⿰者刂；从刀者聲，疑古屠字。【散盤集釋】

散氏盤（西周晚期） 讀為屠

封⿰者刂（屠）柝陕陵剛柝

剒 ⿰宜刂 ⿰壴刂 ⿰豙刂

剒

鄒客問量（戰國）

⿰宜刂

⿰壴刂

⿰壴刂且乙爵（西周早期）

⿰豙刂

剢　⿰棓刂 剖　⿰⿱林亩刂

靜簋
（西周中期）

剢

匕乙爵
（殷商）

pōu
⿰棓刂

張亞初釋爲剖。【殷周金文集成 引得】

臣⿰棓刂殘殷
（西周早期） 讀為剖
太保賜厥臣⿰棓刂（剖）金

lín
⿰⿱林亩刂

註：⿰⿱林亩刂，或讀爲林。

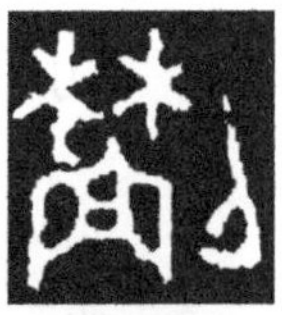

克鐘
（西周晚期） 讀爲林
用作朕皇祖考寶⿰⿱林亩刂（林）鐘

糾

jiǔ
糾

《龍龕手鑑》曰：糾，出罪也。

格伯簋（西周中期）

訡 歆

xīn
訡

于省吾曰：訡，讀歆。「周語」曰：民歆而德之。

註：歆，猶欣欣，喜悅也。

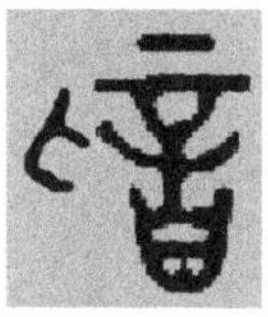

者瀘鐘（春秋） 據【西清續鑑】摹録

竝

竝

𧲝作父乙尊（西周早期）

𧲝

𧲝

刃

創 办

劍 劒

刹段（殷商）

刹爵（殷商）

刹觚（殷商）

刹父辛鼎（殷商）

rèn

刃

《說文》曰：刀堅也，象刀有刃之形。《説文通訓定聲》曰：刃，假借為仞。

右冬刃鼎（戰國）

chuāng

办

《說文》曰：傷也，从刃、从一。創 或从刀、倉聲。《集韻》曰：办，或作創。

註：办，同創，創傷。左右兩點像刀創之傷痕。金文办、同刱（創）。

作寶彝壺（西周早期）

办尊（西周早期）

中山王嚳方壺（戰國晚期）　或从立

jiàn

劒

《說文》曰：人所帶兵也，从刃、僉聲。籀文劍或从刀。

註：劒，同劍，人所帶兵器也。金文劒字或从金，作鐱。

師同鼎（西周晚期）

郘黛尹征城（春秋）

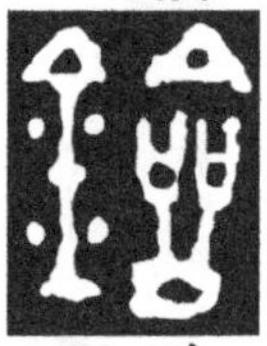

攻吴王光劍（春秋晚期）

鵙公劍（春秋晚期）

富奠劍（春秋晚期）

㓞

丯

耒

吳季子劍（春秋晚期）

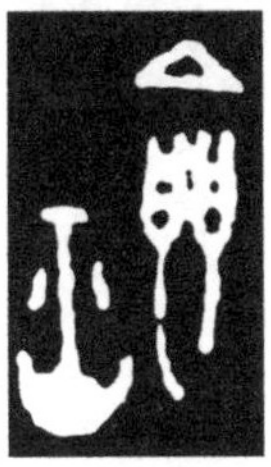
虘公劍（春秋晚期）

韓鍾劍（戰國）

郾王職劍（戰國晚期）

qià qì 㓞

《說文》曰：巧㓞也，从刀、丯聲。《六書正譌》曰：㓞；别作契、栔。

註：㓞，巧㓞，古語，為刻畫之工藝。㓞，或作契。

師同鼎（西周晚期）　假為挈　大車廿羊百㓞（挈）

jiè 丯

《說文》曰：艸蔡也，象艸生之散亂也。讀若介。

《說文解字注》曰：凡言艸芥，皆丯之假借也。芥行而丯癈矣。

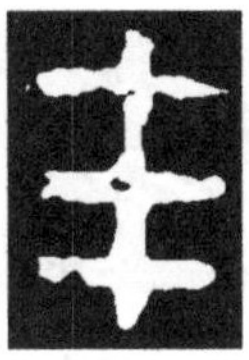
亞雀作且丁簋（殷商）

lěi 耒

《說文》曰：手耕曲木也，从木、推丯。

註：耒，以又（手）執耒。象形字，耕田之工具，耒耜。

耒簋（殷商）

耒父丁卣（殷商）

耒父癸爵（殷商）

耕

耤借籍

角

耒作父己簋（西周早期）

耒作寶彝觶（西周早期）

蜀守武戈（戰國）

gēng
耕

註：，古耕字，从井、从田；左从，曲木之耒耜象形，會意為耕。

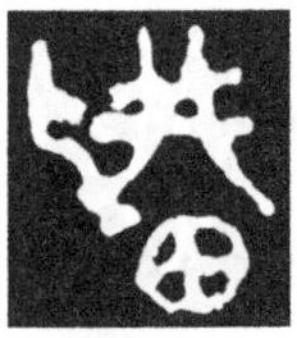

黿大宰簠（春秋早期） 讀為耕 黿太宰欉子耕鑄其簠

jí
jiè
耤

《説文》曰：帝耤千畝也，古者使民如借，故謂之耤。从耒、昔聲。《玉篇》曰：耤，借也。

註：耤，像人執耒耜耕種之形，下从昔，作聲符。耤，天子表率、勸民，親執耒耜，躬耕帝耤，以勸借（誡）民眾耕種。耤，同藉、同籍、通借。

令鼎（西周早期） 讀為藉 大王耤（藉）農于諆田

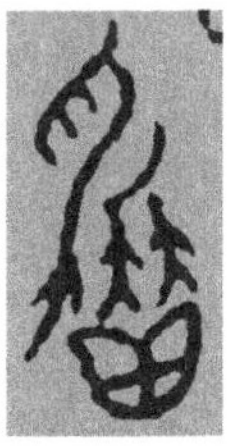
牧簋（西周中期）

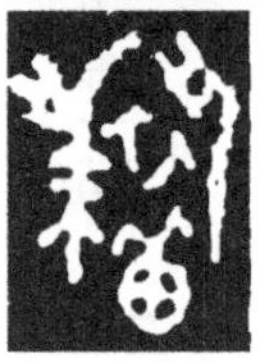
弭伯師耤簋（西周晚期）

戠𣪕（西周晚期） 讀為藉 官嗣耤（藉）田

jiǎo
jué
角

《説文》曰：獸角也，象形。

觸

衡

角戊父字鼎（殷商）

癲鐘（西周中期）

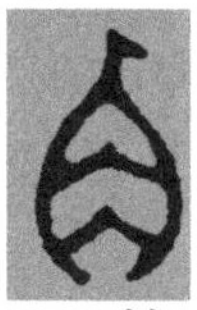
伯角父盉（西周中期）

史牆盤（西周中期）

叔角父簋（西周晚期）

噩侯鼎（西周晚期）

翏生盨（西周晚期）

羊角戈（戰國早期）

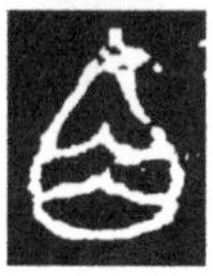
曾侯乙鐘（戰國早期）

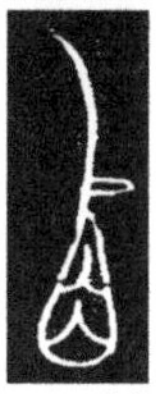
曾侯乙鐘（戰國早期）

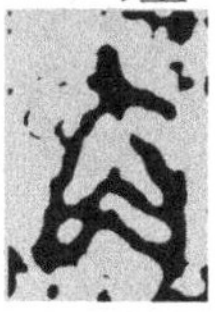
角刮刀（戰國）

二年寺工讋戈（戰國晚期）

十一年壺（戰國晚期）

chù
觸

《說文》曰：抵也，从角、蜀聲。

《玉篇》曰：⿱角牛，觸的古文。

丞相觸戈（戰國）

十一年盉（戰國早期）　或从角　从牛　觸之古文　右使車嗇夫宋……工觸

héng
衡

《說文》曰：牛觸，橫大木其角，从角、从大、行聲。

註：衡，古代綁在牛角上以防觸人的橫木。

毛公鼎（西周晚期）　讀為衡　賜汝……金桶　錯衡

番生簋（西周晚期）　賜朱芾……熏裹　錯衡

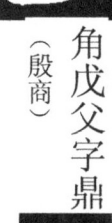

 觴　　 解 懈　　⿱⿴臼角干　　衡

shāng
觴

觴仲多壺（西周晚期）

觴姬簋盖（西周晚期）

《說文》曰：觶實曰觴，虛曰觶。《說文解字注》曰：爵、觚、觶、角、散，五者總名曰爵，其實曰觴。

註：觴，泛指盛滿酒之酒器。或讀為唐、讀為湯。

jiě
jiè
xiè
解

《說文》曰：判也，从刀，判角、牛。一曰解廌，獸也。《說文通訓定聲》曰：解，假借為懈。註：解，判也，用刀切割、分解；如成語庖丁解牛。解，或為解廌（獬豸），獨角神獸，可辨訴訟疑案，以觸不直。

中山王嚳鼎（戰國晚期）　讀爲懈　夙夜不解（懈）

中山王嚳方壺（戰國晚期）

⿱⿴臼角干

註：⿱⿴臼角干，或為解字之異體字。

⿱⿴臼角干子甗（西周早期）

殺子鼎（西周早期）　或从殳

chéng
衡

《廣韻》曰：衡，角長皃（貌）。《集韻》曰：角長曰衡。

觝觟

⿰角⿱从龰

戈伯匜（春秋）

dǐ
觟

《字彙》曰：觟，與觝同。觟，（抵）觸。《龍龕手鑑》曰觟，觝的俗字。《玉篇》曰：觝，（用角）觸也。

註：觟，从双角、从主。觟，同觝。觝觸，今作抵觸。觝，或作抵。

⿲角主角觚（殷商）

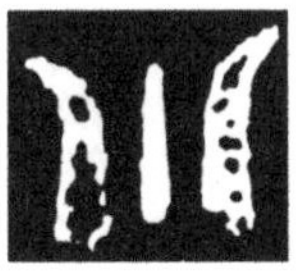
□⿲角丨角戈（殷商）

⿰角⿱从龰

二十一年鄭令戈（戰國）

十七年㝵令戈（戰國晚期）

李樹青 編撰

書畫參考資料拼音字註釋版

金文字彙

第二冊

仰韶書屋

天津出版传媒集团
天津古籍出版社

仰韶書屋

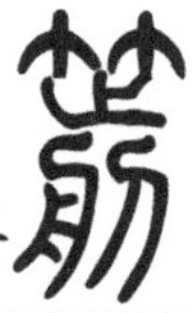

仰韶書屋金文字彙 卷五

文三百二十三字 重文約三千三百零五字

zhú 竹

《説文》曰：冬生艸也，象形。

註：竹，竹葉象形。冬季長緑，不落葉。

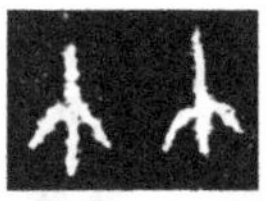

竹且丁簋（殷商）

亞㚇鄉宁鼎（殷商）

聑竹觚（殷商）

劦册竹卣（殷商）

宧父戊方彝（殷商）

亞㚇罍（殷商）

耳爵（殷商）

劦册父丁觶（西周早期）

父丁罍（西周早期）

口竹且癸爵（西周早期）

劦册竹父丁卣（西周早期）

册劦竹父丁壺（西周早期）

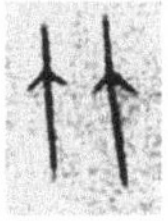

好盗壺（戰國晚期）

jiàn 箭

《説文》曰：矢也，从竹、前聲。

筠荀郇 筍 

節 

噩君啓節車節（戰國） 讀為箭 毋載金革黽箭

sǔn yún xún
筍

《說文》曰：竹胎也，从竹、旬聲。《說文解字注》曰：筍，引伸爲竹青皮之偁……今俗字作筠。

註：筍，竹筍；竹之嫩芽。筍，同榫。金文無荀字、無郇字，二字均作筍。

鄭伯筍父鬲（西周晚期） 讀為荀 經典作伯荀父

鄭伯筍父甗（西周晚期）

多友鼎（西周晚期） 讀爲郇 戎伐筍（郇）

伯筍父鼎（西周晚期）

伯筍父盨（西周晚期）

筍伯大父盨（西周晚期）

筍侯匜（春秋早期）

jié
節

《說文》曰：竹約也，从竹、即聲。《說文解字注》曰：約，纏束也，竹節如纏束之狀。

註：節，竹節。引申為據有約束力的節制、節日、禮節。節，或指符節，古代證明身份之信物。

子禾子釜（戰國）

陳純釜（戰國）

節節（戰國）

辟大夫虎節（戰國）

𢡟節（戰國）

采者節（戰國）

噩君啓節車節（戰國）

噩君啟節舟節（戰國）

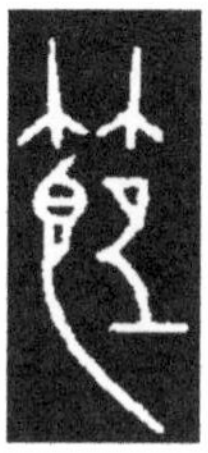

中山王嚳方壺（戰國晚期）

簡

符

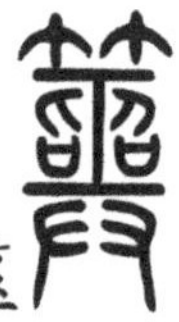
筮

簟

jiǎn
簡
《説文》曰：牒也，从竹、間聲。註：簡，竹簡，即竹木古書籍。竹謂之簡、木謂之牒，聯之為編，編之為冊。簡，从竹閒聲（閒、間同字）。閒，或从外，不从月，即閒字。簡，或从竹、閒省聲，作⿱竹外。

中山王嚳方壺（戰國晚期）
或从竹閒省聲
載之⿱竹外（簡）策

fú
符
《説文》曰：信也，漢制以竹，長六寸，分而相合。从竹、付聲。註：符節，古代出入關卡及調兵之信物。

新郪虎符（戰國晚期）

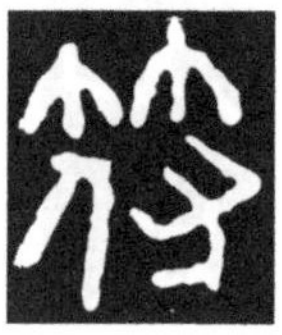
杜虎符（戰國晚期）

shì
筮
《説文》曰：《易》卦用蓍也，从竹、从巫。註：筮，古人用蓍占卜，以問吉兇。蓍，蓍草制占卜工具。

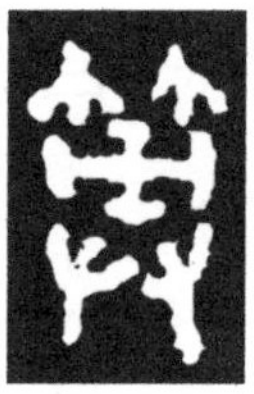
史懋壺（西周中期）
讀為筮
親令史懋露筮

diàn
簟
《説文》曰：竹席也。註：簟，用蘆葦編織的席。

毛公鼎（西周晚期）
鼎為簞　或从皿
賜汝……金簞茀

番生簋（西周晚期）
讀為簞
賜朱芾……金簞弼

筥 

jǔ 筥

註：筥，竹制容五升的盛飯器具。大曰筺、小曰筥。筥，或从竹、膚聲。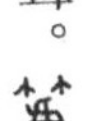，或从竹、从邑、膚聲。

筥小子段（西周晚期）

中子化盤（春秋）
或假梠為筥
用征梠（莒）

⿱竹膚叔之仲子平鐘（春秋晚期）
或从竹膚聲

⿱竹膚大史申鼎（春秋晚期）

⿱竹⿰膚阝侯少子段（春秋）
从竹　从膚　从邑

庚壺（春秋晚期）

算箄 

bǐ bì 箄

註：箄，捕魚蝦用籠簍一類竹器。箄，或同算；蒸鍋中竹屜。

匜（西周晚期）

簋

guǐ 簋

《說文》曰：黍稷方器也，从竹、从皿、从皀。註：簋，商周盛食物的生活器皿，或用于祭祀，為重要青銅禮器。簋，或以竹木、陶土制造。段，即金文簋字。

小子齤段（殷商）

窖段（西周早期）

寧簋（西周早期）

習段（西周早期）

量侯簋（西周早期）

央作寶簋（西周早期）

牧共作父丁簋（西周早期）

㐱伯段（西周早期）

作任氏簋（西周早期）

農父簋（西周早期）

毛公旅鼎（西周早期）

作寶簋（西周早期）

農作寶簋（西周早期）

戜作寶段（西周早期）

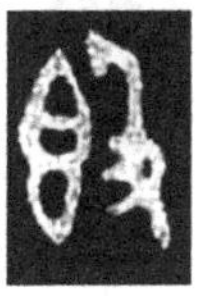

伯作旅簋（西周早期）

呂姜作簋（西周早期）

王妊作簋（西周早期）

伯作寶簋（西周早期）

𩰫父段（西周早期）

孔伯段（西周早期）

伯要簋（西周早期）

乙公簋（西周早期）

伯簋（西周早期）

作且戊簋（西周早期）

簋

仰隻父簋（西周早期）

[illegible]伯段（西周早期）

敔簋（西周早期）

叔臬父簋（西周早期）

录簋（西周早期）

𢐗伯段（西周早期）

噩侯簋（西周早期）

叔宝段（西周早期）

作寶簋（西周早期）

貉子簋（西周中期）

[illegible]貯段（西周中期）

瘨段（西周中期）

穆公簋（西周中期）

[illegible]段（西周中期）

伯闢簋（西周中期）

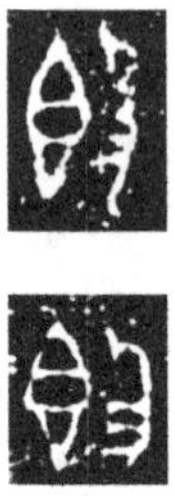
伯賓父簋（西周中期）

菫段（西周中期）

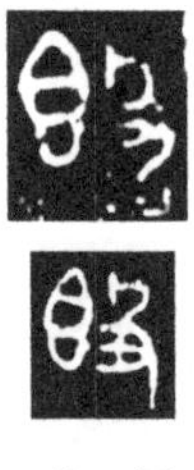
是要簋（西周中期）

鄧仲孝簋（西周中期）

[illegible]作旅段（西周中期）

寍鼎（西周中期）

舟作寶簋（西周中期）

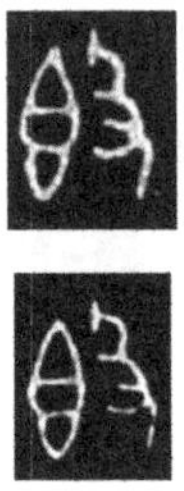
虢段（西周中期）

旅段（西周中期）

[illegible]段（西周中期）

同自段（西周中期）

啻段（西周中期）

兹盂（西周中期）

友父簋（西周中期）

旂簋（西周中期）

仲自父段（西周中期）

敔仲簋（西周中期）

果簋（西周中期）

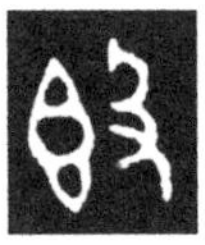
休作父丁簋（西周中期）

[illegible]伯簋（西周中期）

降人鰯段（西周中期）

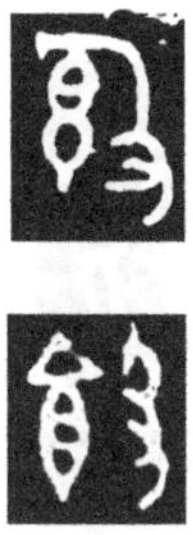
己侯簋（西周中期）

晉人簋（西周中期）

乎簋（西周中期）

段金歸段（西周中期）

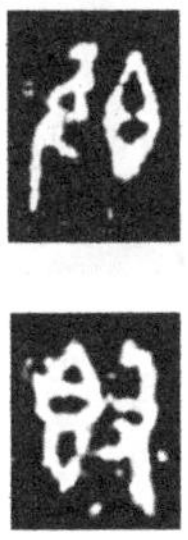
作旅簋（西周中期）

伯作簋（西周中期）

仲作寶簋（西周中期）

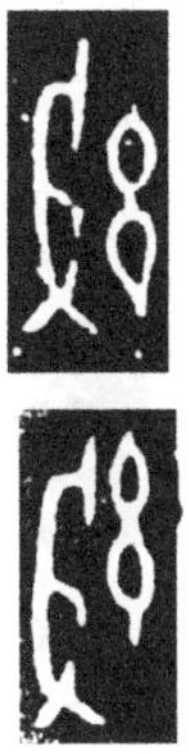
叔虢段（西周中期）

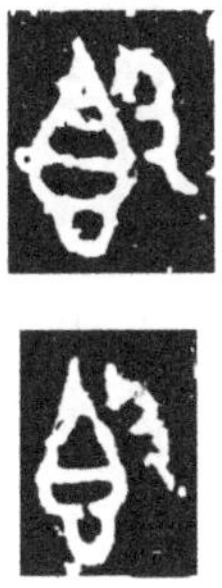
作且乙簋（西周中期）

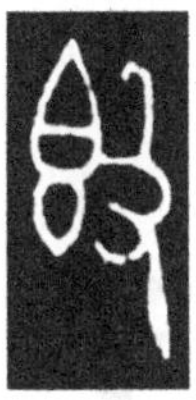
中作簠段（西周中期）

余細段（西周中期）

伯𦤶段（西周中期）

伯尚簋（西周中期）

季嫛段（西周中期）

縈伯簋（西周中期）

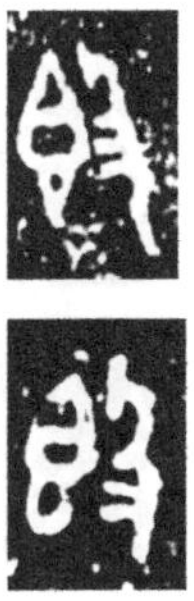
伯簋（西周中期）

季楚簋（西周中期）

仲州簋（西周）

𥞊段（西周）

陽尹簋（西周）

戕叔段（西周晚期）

齊巫姜簋（西周晚期）

叔侯父簋（西周晚期）

枯衍段蓋（西周晚期）

史㝠段（西周晚期）

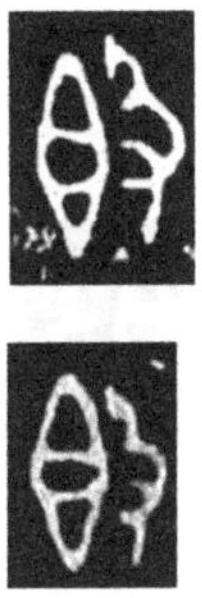
兮仲簋（西周晚期）

伯汈父段（西周晚期）

內公簋蓋（西周晚期）

仲競簋（西周晚期）

伯𩰫段（西周晚期）

𣪘召妊段（西周晚期）

保子達簋（西周晚期）

仲言父簋（西周晚期）

嫆伯段（西周晚期）

大師簋（西周晚期）

師奐父段（西周晚期）

彝伯段（西周晚期）

詰段（西周晚期）

中友父簋（西周晚期）

仲⋈父段蓋（西周晚期）

𤔲段蓋（西周晚期）

叔臨父簋（西周晚期）

散伯簋（西周晚期）

侯氏簋（西周晚期）

陳侯簋（西周晚期）

鄧公簋（西周晚期）

寺季故公簋（西周晚期）

虢姜簋（西周晚期）

湋伯簋（西周晚期）

椒車父段（西周晚期）

兑簋（西周晚期）

伯喜父簋（西周晚期）

叔向父簋（西周晚期）

矢王簋（西周晚期）

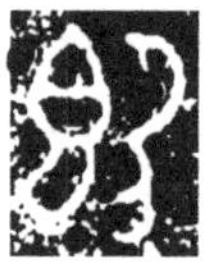
伯家父簋（西周晚期）

叔向父爲備簋（西周晚期）

叔安父簋（西周晚期）

噩侯簋（西周晚期）

德克簋（西周晚期）

叔多父簋（西周晚期）

魯士商𠭯段（西周晚期）

鄧公牧簋（春秋早期）

杞伯每亡段（春秋早期）

魯大宰邍父簋（春秋早期）

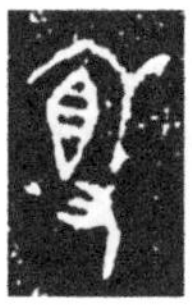
鲁伯大父簋（春秋早期）

瞢仲之孫殷（春秋早期）

蔡侯𪘲殷（春秋晚期）

陳逆簠（戰國早期）

簠

fǔ 簠

《説文》曰：黍稷圜器也，从竹、从皿、甫聲。古文簠从匚夫聲。註：簠，盛稻粱的青銅食器，或為禮器。

簠，或从匚、古聲。，或从金、从皿、古聲。或假借鈷、鋁為簠。

殷仲𨗻簠（西周晚期）　或从匚古聲

函交仲簠（西周晚期）

塞簠（西周晚期）

肯簠（西周晚期）

伯勇父簠（西周晚期）

史頌簠（西周晚期）

射南簠（西周晚期）

虢叔簠（西周晚期）

善夫吉父簠（西周晚期）

季良父簠（西周晚期）

仲其父簠（西周晚期）　或从金

蛣公諴簠（西周晚期）

走馬薛仲赤簠（春秋早期）

曾伯𩞁簠（春秋早期）

鲁伯俞父簠（春秋早期）

京叔姬簠（春秋早期）

大司馬簠（春秋早期）

伯旟魚父簠（春秋早期）

叔朕簠（春秋早期）

召叔山父簠（春秋早期）

鑄子叔簠（春秋早期）

鄀公簠（春秋早期）

考叔𣀯父簠（春秋早期）

𪓑大宰簠（春秋早期）

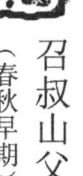

簠

商丘叔簠（春秋早期）

□侯簠（春秋早期）

□簠（春秋）

鄝伯受簠（春秋）

樂子簠（春秋晚期）

鑄叔作嬴氏簠（春秋）

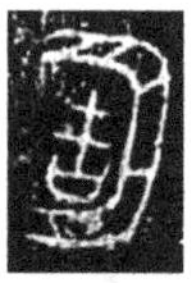
嘉子白易簠（春秋晚期）

番君召簠（春秋晚期）

曹公簠（春秋晚期）

曾子遡簠（春秋晚期）

蔡侯簠（春秋晚期）

慶孫簠（春秋晚期）

楚王酓肯簠（戰國晚期）

交君子□簠（西周晚期）

夻虎簠（春秋早期）

旅虎簠（春秋早期）

鑄公簠（春秋早期）

季公父簠（西周晚期）

伯公父簠（西周晚期） 或从皿

魯士孠父簠（春秋早期）

西替簠（戰國） 或假鈷爲簠

□伯簠（春秋） 或假鋁爲簠

陳逆簠（戰國早期） 或从竹夫聲 讀文簠

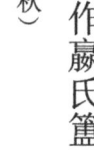

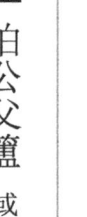

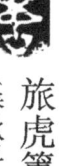

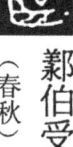

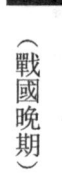

 匪 篚

 笭

 策

 横 簧

fěi
篚

《説文》曰：車笭也，从竹、匪聲。

註：篚，車笭，車箱周圍之欄。篚，或為竹器，圓曰篚、方曰筐。篚，或假爲匪。

中山王嚳方壺（戰國晚期）

讀為匪 夙夜篚（匪）懈

líng
笭

《説文》曰：車笭也。从竹、令聲。

註：笭，車笭，車箱周圍之欄。

征作笭公觶（西周早期）

訇簋（西周晚期）

cè
策

註：⿱竹斦；从竹、斦聲。斦與策古文同聲。

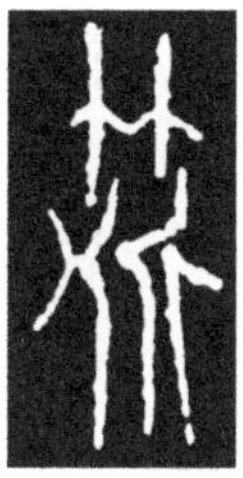

中山王嚳方壺（戰國晚期）

讀為策 載之簡⿱竹斦（策）

huáng
簧

《説文》曰：笙中簧也，从竹、黄聲。

註：簧，笙竽一類吹奏樂器中發聲的薄片。簧，或假為横。

簫

筡

竽

㝬𣪘 讀爲横
（西周晚期） 簧（横）㡀朕心

公朕右自鼎
（戰國晚期）

xiāo
簫

《說文》曰：參差管樂，象鳳之翼。从竹、肅聲。註：簫，參差管樂，即排簫。簫，或假借為肅。

吴大澂曰：；即淵。【窓齋集古録】

齊侯鎛 讀為肅
（春秋中期） 簫簫（肅肅）義政

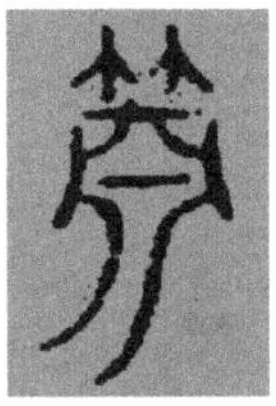

叔尸鐘 讀爲肅
（春秋晚期） 簫簫（肅肅）義政

tú
筡

《說文》曰：折竹筤也，从竹、余聲。註：筡，竹筤，竹皮。剖竹為竹條，或曰竹篾

筡鼎
（戰國）

yú
竽

《說文》曰：管三十六簧也，从竹、于聲。註：竽，古代吹奏樂器，似笙而大。竽，三十六簧，笙，十三簧。

金文竽或从龠、于聲。竽，或讀爲吁。

𪔛編鎛 或从龠于聲
（春秋） 【近出殷周金文集録】

籥

yuè
籥

《說文》曰：書僮竹笘也，从竹龠聲。註：籥，即學童習字之竹板。籥，或指似竹笛類樂器，短小，三孔。

莆反令戈【近出殷周金文集録】（戰國）

籓　䉒

fān
籓

《說文》曰：大箕也，从竹、潘聲。一曰蔽也。《說文解字注》曰：籓，與藩，音義皆同。
《正字通》曰：䉒，與籓同。註：籓，同藩、同籓、同蕃。

上守郡戈【古文字類編】（戰國）

算

suàn
算

《說文》曰：數也，从竹、从具。註：⿱宀算，从宀、算聲，訓爲寘（置）放、陳設鼎食之具。⿱宀算，乃簒異體字。簒，同饌、同撰。⿱宀算，亦讀為算。

杕氏壺　讀為簒　簒在我車（春秋晚期）

箇　個

gè
箇

《說文》曰：竹枚也。从竹、固聲。《正字通》曰：個；與个、箇同。
註：箇，或曰枚，量詞。

⿱竹甫 ⿱竹車 筌荃⿱竹命

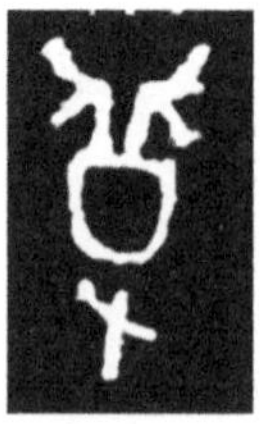

北子簋（西周早期） 香港中文大學中國文化研究所版本【殷周金文集成】釋爲個字。

fǔ ⿱竹甫

註：⿱竹甫，或為簠之省文。

微伯𤺺⿱竹甫（西周中期）

chē ⿱竹車

註：⿱竹車，即車字之異文。

⿱竹車作寶鼎（西周中期）

quán ⿱竹命

《龍龕手鑑》曰：⿱竹命；舊經作筌。 註：⿱竹命，同筌、同荃。

⿱竹命戈（春秋）

箮 桓

huán
箮

註：箮，或讀為桓。

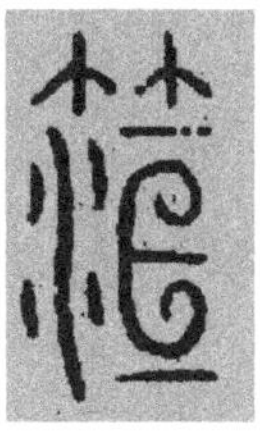

叔尸鐘（周秋晚期） 讀為桓 有恭于箮（桓）武靈公之所

篙

xì
篙

註：似漏斗小而高的籮筐，用于將穀物灌注于斗斛中。

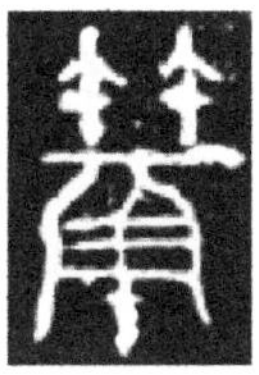

⿱⿰扌刀田篙鐘（周秋晚期）

筲

shāo
筲

註：筲，容一斗的竹器，或指水桶。金文筲，从竹、少聲。

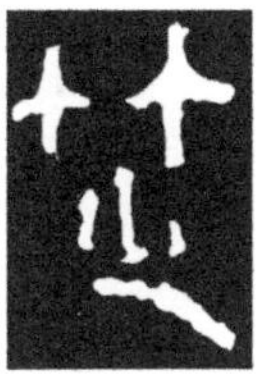

鑄大□壺（戰國早期） 从竹 从少

郢大府量（戰國） 讀為筲 郢大府之□筲

⿱𥫗割 ⿱𥫗害

xiá
⿱𥫗割

註：⿱𥫗割，或同⿱𥫗害。銘文中假借為姑。姑洗，十二樂律中辰位之律名。

笴　笶　笸屜

曾侯乙鐘（戰國早期）　讀為姑　劄（姑）洗之角

笴

矢笴銅泡（戰國早期）

笶

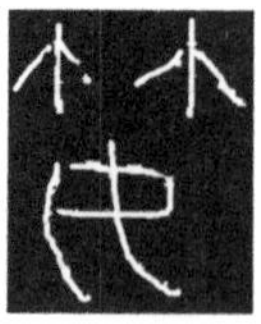

笶伕鼎（戰國）

tì 笸

註：笸，屜之異體字。在銘文中讀為世。

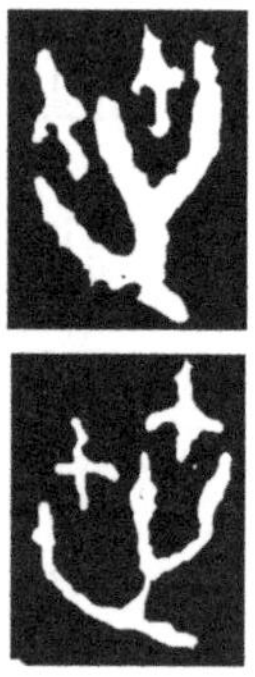

且日庚簋（西周早期）　讀為世　用笸（世）享孝

籟類　⿱⺮疋　篗梭

lèi
籟

註：籟，或讀為類。

蔡侯尊 讀為類
（春秋晚期） 籟（類）文王母

⿱⺮疋

七年相邦鈹
（戰國晚期）

suō
篗

《集韻》曰：杪，織具，所以行緯也。或作篗、梭。

註：篗，織布用織梭。竹制為篗、木制為梭，今通作梭。杪、梭音同。

十七年蓋弓帽 讀為篗
（戰國） 陽曲篗馬童

其箕

jīqí 箕

《説文》曰：簸也，从竹。甘；象形，下其丌也。註：其，即簸箕之象形，爲箕之本字。後加丌為其。箕，多爲竹制，故从竹。箕，或从廾，像人執箕作簸揚狀。箕，或从，廾之異體。箕，或从竹、丌聲。後，其，假為代詞。其、箕分化為不同兩字。《字彙補》曰：其，又與基同。

亞箕（其）觚（殷商）

箕（其）斝（殷商）

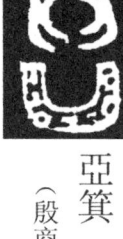

亞箕（其）爵（殷商）

亞箕（其）斝 亞箕合文（殷商）

叔宝殷（西周早期）

欶殷（西周早期）

仲簋（西周早期）

先獸鼎（西周早期）

辛鼎（西周早期）

伯闢簋（西周早期）

作父己鼎（西周早期）

从鼎（西周早期）

右伯鼎（西周早期）

曆方鼎（西周早期）

毛公旅方鼎（西周早期）

内史龏鼎（西周早期）

旟鼎（西周早期）

師𦦨殷（西周早期）

䖵殷（西周中期）

辰簋（西周中期）

叔妃簋（西周中期）

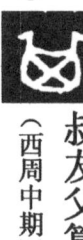

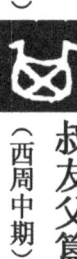

叔友父簋（西周中期）

旅簋（西周中期）

啻殷（西周中期）

睘殷（西周中期）

旂殷（西周中期）

同師簋（西周中期）

伯簋（西周中期）

穿鼎（西周中期）

師湯父鼎（西周中期）

康鼎（西周中期）

彧方鼎（西周中期）

伯吉父鼎（西周中期）

叔碩父鼎（西周中期）

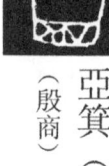

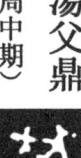

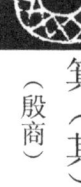

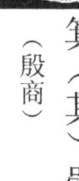

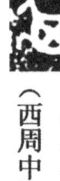

師膹父鼎（西周中期）

伯考父鼎（西周中期）

師𠂤鼎（西周中期）

舟鼎（西周中期）

伯陶鼎（西周中期）

窓鼎（西周中期）

伯□作障鼎（西周中期）

叔師父鼎（西周中期）

靃鼎（西周中期）

倗仲鼎（西周中期）

伯幾父簋（西周中期）

乎簋（西周中期）

史頌鼎（西周晚期）

函皇父鼎（西周晚期）

散伯車父鼎（西周晚期）

伯顜父鼎（西周晚期）

虢姜簋（西周晚期）

伯喜父簋（西周晚期）

史宜父鼎（西周晚期）

鄭登伯鼎（西周晚期）

伯冃鼎（西周晚期）

仲義父鼎（西周晚期）

楚公逆鎛（西周晚期）

兮仲鐘（西周晚期）

倗友鐘（西周晚期）

寒姒鼎（西周晚期）

雍伯原鼎（西周晚期）

吳王姬鼎（西周晚期）

南宮鼎（西周晚期）

中義鐘（西周晚期）

楚公冢鐘（西周晚期）

井人妄鐘（西周晚期）

伯夏父鼎（西周晚期）

毛公鼎（西周晚期）

史寏段（西周晚期）

穌衛妃鼎（西周晚期）

虢叔大父鼎（西周晚期）

華季益鼎（西周晚期）

訨段（西周晚期）

叔臨父簋（西周晚期）

侯氏簋（西周晚期）

箕 其

伯荀父鼎（西周晚期）

師同鼎（西周晚期）

旛叔樊鼎（西周晚期）

善父旅伯鼎（西周晚期）

己侯簋（西周晚期）

粭娟鼎（西周晚期）

仲師父鼎（西周晚期）

姬鼎（西周晚期）

小克鼎（西周晚期）

沕其鼎（西周晚期）

諆鼎（西周晚期）

叔噩父簋（西周晚期）

毛伯簋（西周晚期）

向𠜱𣪕（西周晚期）

伯吉父簋（西周晚期）

曾伯文簋（西周晚期）

口叔買簋（西周晚期）

樂鼎（西周晚期）

仲殷父鼎（西周晚期）

大師人鼎（西周晚期）

章叔將𣪕（西周晚期）

函皇父簋（西周晚期）

封仲簋（西周晚期）

仲冉父鼎（春秋早期）

曾子斿鼎（春秋早期）

戈叔朕鼎（春秋早期）

卓林父簋（春秋早期）

復公仲簋（春秋早期）

夻虎簋（春秋早期）

王孫壽甗（春秋早期）

內大子白鼎（春秋早期）

圓君鼎（春秋早期）

曾子仲謱鼎（春秋早期）

陳侯鼎（春秋早期）

穌公子簋（春秋早期）

邿遣𣪕（春秋早期）

嘗仲之孫𣪕（春秋早期）

褱鼎（春秋中期）

鎬鼎（春秋）

其走鐘（春秋）

楚王領鐘（春秋晚期）

敬事天王鐘（春秋晚期）

子璋鐘（春秋晚期）

齊侯敦（春秋晚期）

樂子簠（春秋晚期）

楚王酓章鐘（戰國早期）

者沪鐘（戰國早晚）

乙鼎（戰國早期）

哀成叔鼎（戰國）

西替殷（戰國）

鄂君啓節車節（戰國）

鄂君啓節舟節（戰國）

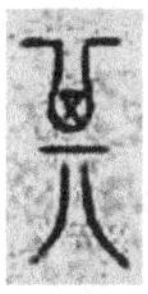
中山王譻鼎（戰國晚期）

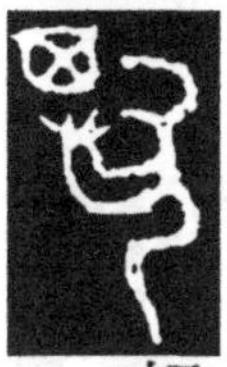
叔趯父卣（西周早期）

刺鼎（西周中期） 从丮

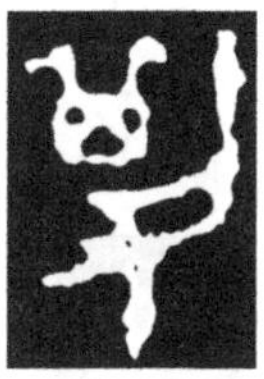
師旂鼎（西周中期）

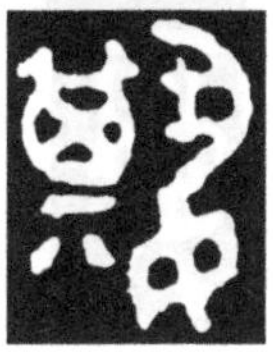
不嬰殷（西周晚期）

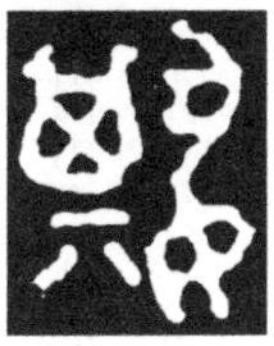
不嬰殷（西周晚期）

秦公簋（春秋早期）

王孫遺者鐘（春秋晚期）

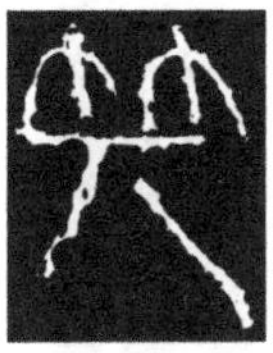
𥫗鼎蓋（戰國）

或从竹丌聲 箕之異體字

丌 

典 

畀 

jīqí
丌

《說文》曰：下基也，薦物之丌，象形。讀若箕。

註：丌；即垫物之器，象形。或假爲其。

谷器器皿（戰國）

子禾子釜（戰國）

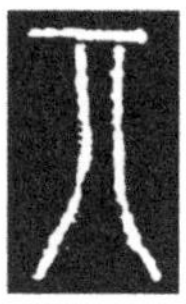

好蚉壺（戰國晚期）讀爲其　返臣丌（其）主

diǎn
典

《說文》曰：五帝之書也，从冊、在丌上，尊閣之也。

註：法令、法則之大冊曰典。典，像雙手奉冊宣其文。典，或冊奉于丌上。

衛典鼎（殷商）

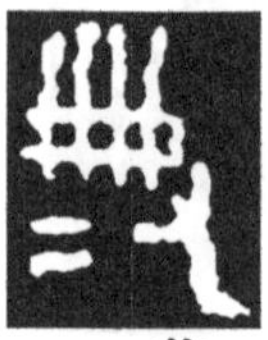

典弜父丁觶（殷商）

周公簋（西周早期）

格伯簋（西周中期）

善夫克盨（西周晚期）

陳侯因資敦（戰國晚期）

六年召伯虎簋（西周晚期）

bì
畀

《爾雅》曰：畀，賜也。畀，予也。

註：畀，賜予、給予。畀，通俾。

班簋（西周中期）

永盂（西周中期）

融比盨（西周晚期）讀為俾　畁（俾）融比復厥小宮吒融比田

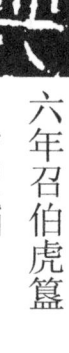

巽

奠

xùn
巽

《説文》曰：具（備）也。《字彙》曰：巽，與遜同。

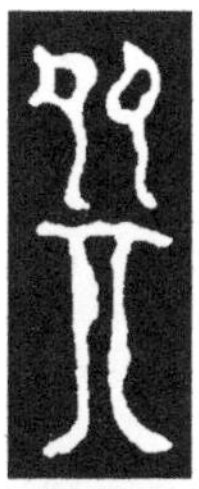

曾侯乙鐘（戰國早期）

diàn
zhèng
奠

《説文》曰：置祭也，从酋、酋，酒也，下其丌也，禮有奠祭者。

註：奠，像用于祭祀架几上的酒器。將祭品進獻于神位前祭神曰奠。奠，古文或讀為鄭。

宜侯夨簋（西周早期）

宁鼎（西周早期）

鄭井叔康盨（西周中期）

鄭井叔康盨（西周中期）

師晨鼎（西周中期）

免簠（西周中期）

免卣（西周中期）

大簋（西周中期）

曶鼎（西周中期）

康鼎（西周中期）

鄭同媿鼎（西周）

趞鼎（西周晚期）

鄭登叔盨（西周晚期）

鄭大師小子甗（西周晚期）

鄭伯荀父鬲（西周晚期）

鄭牧馬受簋（西周晚期）

鄭井叔鐘（西周晚期）

克鐘（西周晚期）

孟鄭父簋（西周晚期）

夨王簋（西周晚期）

寰盤（西周晚期）

廾

叔向父禹簋（西周晚期）

鄭義羌父盨（西周晚期）

叔専父盨（西周晚期）

鼀壺盖（西周晚期）

鄭楙叔賓父壺（西周晚期）

鄭戒句父鼎（春秋早期）

召叔山父簠（春秋早期）

曾子斿鼎（春秋早期）

鄭虢仲鼎（春秋早期）

鄭虢仲簋（春秋早期）

鄭登伯鬲（春秋早期）

鄭羌伯鬲（春秋早期）

秦公鐘（春秋早期）

秦公鎛（春秋早期）

鄭子石鼎（春秋早期）

隮子鄭伯鬲（春秋早期）

王三年鄭令戈（戰國）

塦璋鐳（戰國）

三年鄭口戈（戰國）

鄭伯荀父甗（西周晚期） 或从：

廾

註：廾，或同丌。

□戈（西周早期）

左

嗟搓差

zuǒ

左

《說文》曰：手相左助也，从𠂇、工。《說文解字注》曰：左者，今之佐字；𠂇，今之左字。

註：左，同佐，或作𠂇。

左觚（殷商）

杕駿觥蓋（西周早期）

史牆盤（西周中期）

𤼈鐘（西周中期） 讀爲佐 左（佐）尹氏

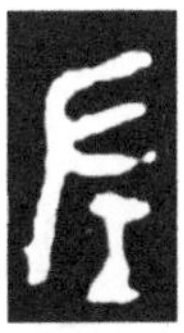

師寰殷（西周晚期）

虢季子白盤（西周晚期）

秦公鎛（春秋早期）

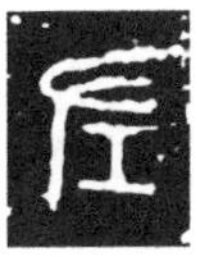

魯大左𤔲徒元鼎（春秋）

晉公盆（春秋）

陳喜壺（戰國早期）

十二年盉（戰國早期）

左冶壺（戰國）

陳純釜（戰國）

左使車工兵高（戰國晚期）

左使車工鼎（戰國晚期）

左使車工壺（戰國晚期）

十三年壺（戰國晚期）

夨令方尊（西周早期） 或从言

chā chà chāi

差

註：古文差、左兩字義同；差錯、差別，今或曰相左。差，同嗟，通搓。

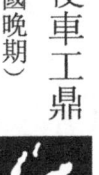

同簋（西周中期）

夫差矛（春秋）

吴王夫差鑑（春秋）

悍距末（春秋）

宋公差戈（春秋晚期）

攻敔王夫差劍（春秋晚期）

攻敔王夫差戈（春秋晚期）

國差甔（春秋）

郾客問量（戰國）

楚王酓忎鼎（戰國晚期）

楚王酓忎盤（戰國晚期）

蔡侯鐘（春秋晚期） 或从車

王孫誥鐘（春秋晚期）【近出殷周金文集録】 或从火

工 工

工

《說文》曰：巧飾也，象人有規榘也。註：規矩，規範方圓之工具，圓為規：圓規、方為矩：矩尺。工，即矩尺之象形字。後，其意引申為工作、工匠、工巧，本義漸失。工，或假為功。

工册觚（殷商）

工衛爵（殷商）

木工册簋（西周早期）

木工册觶（西周早期）

木工册鼎（西周早期）

它簋（西周早期） 讀爲功 告烈成工（功）

明古簋（西周早期）

應侯見工鐘（西周中期）

五祀衛鼎（西周中期）

孟簋（西周中期）

班簋（西周中期）

裘衛盉（西周中期）

訇工殘鼎（西周晚期）

公臣簋（西周晚期）

伊簋（西周晚期）

師𩒨殷（西周晚期）

師寰殷（西周晚期）

不嬰殷（西周晚期）

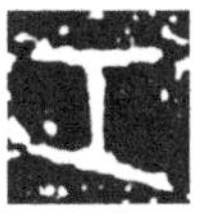

散氏盤（西周晚期）

揚簋（西周晚期）

召叔山父簠（春秋早期）

者減鐘（春秋）

蔡公子簠（春秋晚期）

中山王譽鼎（戰國晚期）

jù 巨

《説文》曰：規巨也，从工、象手持之。：或从木、矢，矢者其中正也。古文巨。

註：巨，本義爲規矩之矩。規矩，規範方圓之工具。後，借爲巨大之巨，故，从夫或大作矩，其字形像人執矩之形。矩，从矢乃从夫或从大之譌變。矩多為木制，增加意符木，作榘。

鄦侯少子殷（春秋）

巨萓王鼎（戰國晚期）

巨萓十九鼎（戰國晚期）

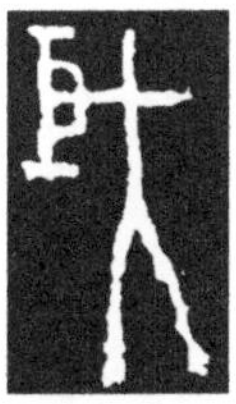

伯矩簋（西周早期）　或从矢

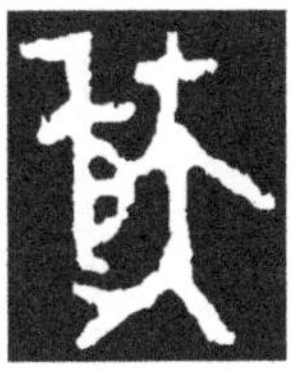

伯矩鬲（西周早期）

伯矩甗（西周早期）

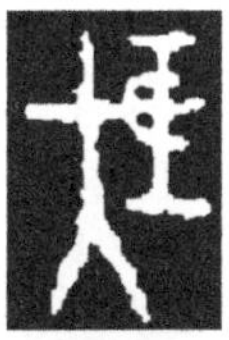

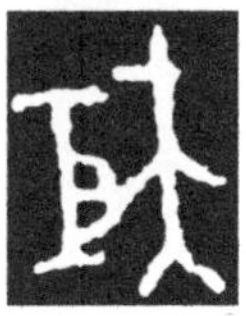

伯矩鼎（西周早期）

伯矩尊（西周早期）

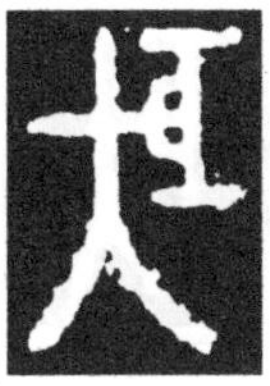

伯矩卣（西周早期）

伯矩壺（西周早期）

伯矩盉（西周早期）

伯矩盤（西周早期）

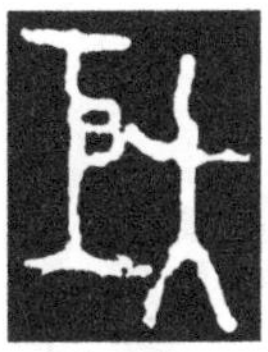

矩尊（西周早期）

寋

巫

甘邯

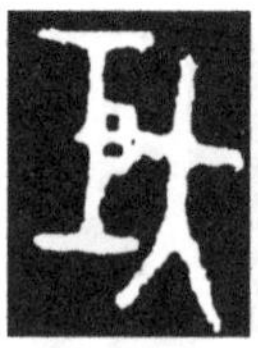
矩盤（西周早期）

九年衛鼎（西周中期）

作矩父簋（西周中期）

豐作父辛尊（西周中期）

裘衛盉（西周中期）

sè sāi sài
寋

《玉篇》曰：寋，今作塞。

註：寋，同塞、通賽。

塞簋（西周晚期）

塞公孫𦙶父匜（春秋早期）

塞之王戟（春秋晚期）

从邑 邊塞用字

wū
巫

註：甲、金文之巫字像兩玉交錯之形。巫祝、巫師以靈玉事神，故畫形為，二玉相交形。

且丁鼎（殷商）

巫鳥尊（西周早期）

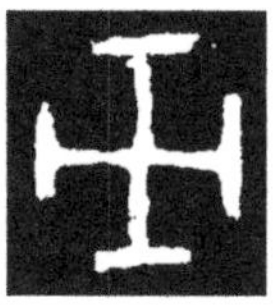
巫觶（西周早期）

齊巫姜鼎（西周晚期）

gān
甘

《說文》曰：美也，从口含一。一，道也。《集韻》曰：甛，或省作甘。《洪武正韻》曰：甘，果也，俗作柑。

註：甘，五味之美者皆曰甘，口中一畫指示其意。甘；或假為邯。

邯鄲上庫戈（戰國早期）

假甘為邯 甘（邯）鄲上庫

邯鄲上戈（戰國）

gān
曆

《説文》曰：和也，从甘、从麻，麻；調也，甘亦聲。

註：王筠【説文釋例】認為曆，為曆字之訛。

小子䍃卣（殷商）

亞艅曆作且己鼎（西周早期）

庚嬴卣（西周早期）

曆方鼎（西周早期）

曆盤（西周早期）

保卣（西周早期）

保尊（西周早期）

御史競簋（西周早期）

小臣謎段（西周早期）

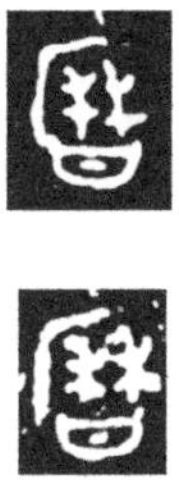
录作辛公簋（西周中期）

師𩛥鼎（西周中期）

大簋（西周中期）

肄段（西周中期）

段簋（西周中期）

叡尊（西周中期）

趩觶（西周中期）

次卣（西周中期）

稆卣（西周中期）

屯鼎（西周中期）

免卣（西周中期）

彔㦰卣（西周中期）

尹姞鬲（西周中期）

遇甗（西周中期）

競卣（西周中期）

繁卣（西周中期）

師遽方彝（西周中期）

師雝父鼎（西周中期）

師艅簋（西周中期）

爯簋（西周）

敔簋（西周）

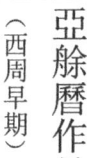

猒 厭饜壓魘　甚　⿱穌甘

史牆盤（西周中期）

鮮盤（西周中期）

汈其鐘（西周晚期）

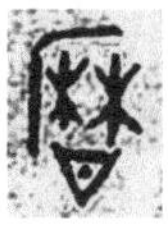
敔簋（西周晚期）

yā yàn yǎn
猒

《說文》曰：飽也，从甘、从肰。《說文解字注》曰：厭專行而猒癈矣，……猒、厭古今字。猒、饜正俗字。

註：猒，爲饜之本字，即饜足、滿足之義。後加厂（岸之本字）爲音符，作厭恶之厭，再加食爲意符作饜。故猒、厭、饜爲古今字。厭，同壓、魘。

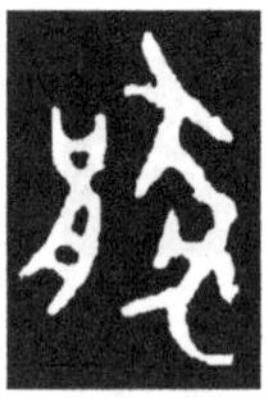
沈子它簋（西周早期）

魯士商𠭯殷（西周晚期）

毛公鼎（西周晚期）

叔尸鐘（春秋晚期）

叔尸鎛（春秋晚期）

shèn
甚

《說文》曰：尤安樂也，从甘、从匹。

註：甚，表示程度異常深、深刻。

甚父戊觶（西周早期）

甚諆臧鼎（西周中期）

晉侯對盨【近出殷周金文集録】（西周晚期）

能原鎛（春秋晚期）

⿱穌甘

陳侯壺（春秋早期）

曶

曰

曶

九年衛鼎（西周中期）

yuē
曰

《說文》曰：詞也，从口、乙聲，亦象口气出也。《廣雅》曰：曰，言也。

註：曰，口中言辭也。上一橫畫不封口，以示言辭聲氣出也。

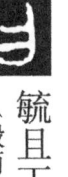

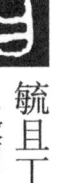

戍寅作父丁方鼎（殷商）

四祀𠨘其卣（殷商）

毓且丁卣（殷商）

小子[illegible]卣（殷商）

寓鼎（西周早期）

易[illegible]殷（西周早期）

曰[illegible]甶姑鼎（西周早期）

應公鼎（西周早期）

[illegible]父鼎（西周早期）

顯卣（西周早期）

矢令方尊（西周早期）

伯晨鼎（西周中期）

[illegible]鼎（西周中期）

𤔲鼎（西周中期）

庚季鼎（西周中期）

師旂鼎（西周中期）

君夫簋（西周中期）

恒簋（西周中期）

孟簋（西周中期）

彔𢦚卣（西周中期）

匡卣（西周中期）

豆閉簋（西周中期）

癲殷（西周中期）

農卣（西周中期）

曰 朁 僭 潛

僭潛朁

cǎn qián jiàn 朁

《集韻》曰：僭，假也，古作朁。註：朁，同僭，或讀為潛。

免簋（西周中期）

單伯昊生鐘（西周晚期）

無叀鼎（西周晚期）

毛公鼎（西周晚期）

復公子簋（西周晚期）

部𠭯𣪘（西周晚期）

楚公逆鎛（西周晚期）

井人妄鐘（西周晚期）

禹鼎（西周晚期）

頌鼎（西周晚期）

㳄其鐘（西周晚期）

逆鐘（西周晚期）

無㠱𣪘蓋（西周晚期）

南公乎鐘（西周晚期）

鬲比鼎（西周晚期）

此鼎（西周晚期）

諫簋（西周晚期）

散氏盤（西周晚期）

秦公鎛（春秋早期）

𪓝公牼鐘（春秋晚期）

配兒鉤鑃（春秋晚期）

齊侯鎛（春秋晚期）

復公仲簋（春秋晚期）

中央矛（戰國）

者沪鎛（戰國早期）

者沪鐘（戰國早期）

陳昉𣪘蓋（戰國早期）

魚鼎匕（戰國）

哀成叔鼎（戰國）

陳純釜（戰國）

中山王䜌鼎（戰國晚期）

遭 曹

沓

番生簋（西周晚期）

或讀爲潛

溥求不暜（潛）德

cáo

曹

《說文》曰：獄之兩曹也。註：曹，獄訟之原告與被告，即為兩曹。曹，或假為遭、假為造。

曹公子沱戈（春秋早期）

七年趞曹鼎（西周中期）

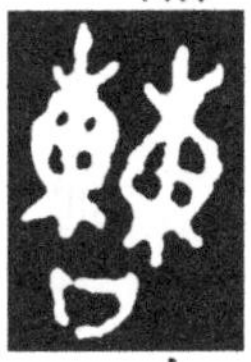
十五年趞曹鼎（西周中期）

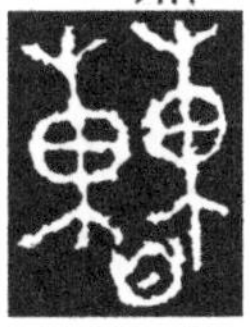
曹公簠（春秋）

曹公盤（春秋）

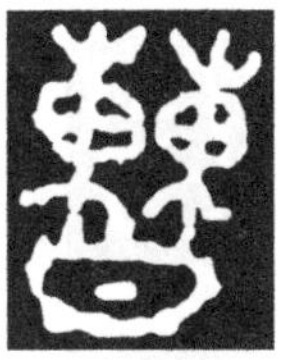
郳公鈇曹戈（春秋晚期）

或讀爲造

郳公鈇曹（造）戈三百

曹右庍戈（春秋晚期）

中山王譽方壺（戰國晚期）

或讀爲遭

適曹（遭）燕君子噲

tà dá

沓

《說文》曰：語多沓沓也，从水、从曰。《玉篇》曰：沓，多言也。沓，重疊也。

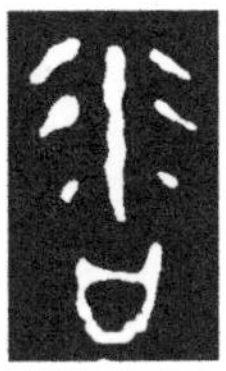
鄭義伯𨱑（春秋）

三斗鼎（戰國）

曶 曶

乃 乃

hū 曶

姞曶母方鼎（西周早期）

曶作旅鼎（西周早期）

史曶尊（西周早期）

史曶爵（西周早期）

曶壺（西周中期）

曶尊（西周中期）

曶鼎（西周中期）

大師虘段（西周中期）

儹匜（西周晚期）

克鐘（西周晚期）

蔡簋（西周晚期）

師害簋（西周晚期）

註：曶，即曶字。方濬益曰：曶字經傳作忽者，古今字也。【綴遺齋彝器款識考釋】

nǎi 乃

《説文》曰：曳詞之難也，象气之出難。

《説文通訓定聲》曰：乃，假借爲仍。

乃孫作且己鼎（殷商）

乃孫罍（殷商）

乃子克鼎（西周早期）

沈子它簋（西周早期）

鼒卣（西周早期）

乃子卣（西周早期）

乃子甗（西周早期）

乃⿰爿甾子鼎（西周早期）

令鼎（西周早期）

且日庚簋（西周早期）

叔趯父卣（西周早期）

吕服余盤（西周中期）

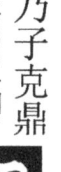

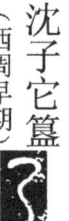

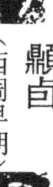

仍迺迺卣

réng nǎi
卤

《説文》曰：从乃省、西聲。籀文卤，不省，或曰：卤，往也。讀若仍。

《集韻》曰：卤，通作迺。註：迺，即卤之隸體字。

卯簋蓋（西周中期）

師酉簋（西周中期）

衛鼎（西周中期）

師虎簋（西周中期）

彧段（西周中期）

彔伯彧段蓋（西周中期）

班簋（西周中期）

師隹鼎（西周中期）

師奎父鼎（西周中期）

伯晨鼎（西周中期）

善鼎（西周中期）

彧方鼎（西周中期）

師訊鼎（西周中期）

曶鼎（西周中期）

縣妃簋（西周中期）

大簋（西周中期）

君夫簋（西周中期）

中簋蓋（西周中期）

寡子卣（西周中期）

逆鐘（西周晚期）

大克鼎（西周晚期）

噩侯鼎（西周晚期）

多友鼎（西周晚期）

部[illegible]段（西周晚期）

駒父盨（西周晚期）

毛公鼎（西周晚期）

大簋（西周晚期）

訇簋（西周晚期）

師嫠段（西周晚期）

師克盨（西周晚期）

不嬰段（西周晚期）

僰匜（西周晚期）

吴王光鑑（春秋晚期）

新郪虎符（戰國晚期）

逌

亞[illegible]鼎（殷商）

沈子它簋（西周早期）

大盂鼎（西周早期）

史䛐殷（西周早期）

矢令方彝（西周早期）

裘衛盉（西周中期）

曶鼎（西周中期）

師旂鼎（西周中期）

九年衛鼎（西周中期）

五祀衛鼎（西周中期）

農卣（西周中期）

史牆盤（西周中期）

永盂（西周中期）

虢叔旅鐘（西周晚期）

宗周鐘（西周晚期）

曾仲大父螽殷（西周晚期）

散氏盤（西周晚期）

毛公鼎（西周晚期）

鬲比鼎（西周晚期）

禹鼎（西周晚期）

多友鼎（西周晚期）

伯家父簋（西周晚期）

儯匜（西周晚期）

曾伯宮父穆鬲（西周晚期）

穆公簋（西周晚期）

曾伯陭壺（春秋）

[illegible]右盤（春秋）

yóu
逌

《説文》曰：气行皃（貌）。从乃、鹵聲。讀若攸。《廣韻》曰：逌或作卣。

註：鹵，為古卣字，逌為卣之繁文。逌，同由、或假為迺。

士上卣（西周早期）讀爲卣　眔賞卣鬯貝

士上盉（西周早期）

彔伯㦰殷蓋（西周中期）

吴方彝（西周中期）

巧丂

屏甹

伯晨鼎（西周中期）

吕方鼎（西周中期）

曶鼎（西周晚期） 讀爲由 無由具寇

三年師兑簋（西周晚期）

毛公鼎（西周晚期）

虢叔旅鐘（西周晚期） 或讀爲迺 迺天子多賜

kǎo

丂

《説文》曰：气欲舒出ㄅ上礙於一也。丂，古文以爲亏字，又以爲巧字。註：《説文》釋爲气欲舒出礙（碍）於一。由于一所礙不能舒出，故丂有稽留、考察之意。丂，為考之本字、假借為巧字。

丂隻鼎（西周早期）

伯丂庚簋（西周早期）

𤔲土𤔲毁（西周早期）

般觥（西周早期）

同簋（西周中期）

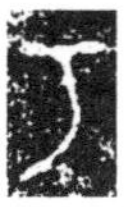

仲枏父鬲（西周中期） 讀爲考 孝于皇祖丂（考）

仲枏父毁（西周中期）

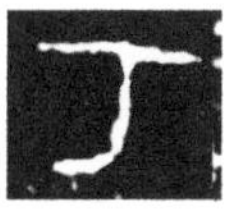

□諓簋（西周晚期）

上鄀公簋（春秋早期）

冶仲丂父壺（春秋早期）

齊侯鎛（春秋中期）

pīng

甹

註：甹，假借為屏。

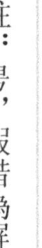

寧 

⿰甹見

聘

癲鐘（西周中期）讀爲屏 用甹（屏）朕身

甹鐘（西周中期）

班簋（西周中期）讀為屏 甹（屏）王位

史牆盤（西周中期）

逆鐘（西周晚期）

番生簋（西周晚期）

毛公鼎（西周晚期）或从口 甹（屏）朕位

三年馬師鈹（戰國）

聘

聘爵（西周早期）

⿰甹見

散氏盤（西周晚期）

níng
nìng
寧

《說文》曰：願詞也，从丂、寍聲。《廣雅》曰：寧，安也。《爾雅》曰：寧，靜也。

註：寧，願詞，寧愿。寧，寧靜、安寧。

可

𠀀

寧母父丁鼎（殷商）

麥方尊（西周早期）

盂爵（西周早期）

寧簋蓋（西周早期）

耳卣（西周早期）

寧作父辛觶（西周早期）

寧女方鼎（西周早期）

寧母鬲（西周早期）

寧遹𣪘（西周）

晉姜鼎（春秋早期）

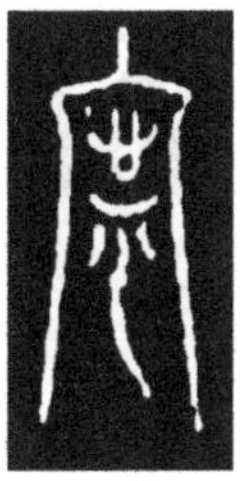

中山王嚳鼎（戰國晚期）

hē
𠀀

《說文》曰：反丂也，讀若呵。

《六書正譌》曰：𠀀，气舒也。

註：丂，气有所礙（碍）。反丂為𠀀，气有所舒。𠀀，或假為丂。

散氏盤（西周晚期）假爲丂

kě
kè
可

《說文》曰：肎（肯）也，从口、丂，丂亦聲。

註：可，肯定、許可。可，通荷、通苛。

美爵（西周早期）

儹匜（西周晚期）讀為苛 𢷎乃可（苛）湛（抌）

師嫠𣪘（西周晚期）

兮

羲

齊侯鎛（春秋中期）

庚壺（春秋晚期）

杕氏壺（春秋晚期）可（荷）是金甖 讀爲荷

蔡大師鼎（春秋晚期）

相邦呂戈（戰國）

中山王嚳鼎（戰國晚期）

中山王嚳方壺（戰國晚期）

好蚉壺（戰國晚期）

xī
兮

《說文》曰：語所稽也，从丂、八，象气越亏也。《說文解字注》曰：越、亏皆揚也，八，象气分而揚也。

註：兮，用于韻文之語气詞。

兮建觚（殷商）

兮爵（殷商）

兮戈（殷商）

盂卣（西周早期）

穆公簋蓋（西周中期）王兮（乎）宰利 讀爲乎

兮仲鐘（西周晚期）

兮仲簋（西周晚期）

兮伯吉父盨（西周晚期）

豐兮夷簋（西周晚期）

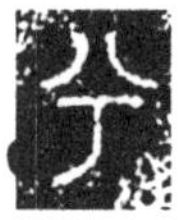
兮吉父簋（西周晚期）

兮甲盤（西周晚期）

兮熬壺（西周晚期）

xī
羲

《說文》曰：气也，从兮、義聲。

亞義方彝（殷商）

倗作義丏妣鬲（西周早期）

南宮柳鼎（西周晚期）

乎 

hū
乎

《說文》曰：語之餘也，从兮，象聲上越揚之形也。

註：乎乃評之本字，後借爲語之餘聲。乎，从言爲評，以還其本義。評，或省言从口爲呼。呼行而評廢。

乎子父乙爵（西周早期）

中方鼎（西周早期）

趩觶（西周中期）

師酉簋（西周中期）

大師虘毁（西周中期）

肄毁（西周中期）

利鼎（西周中期）　讀爲呼　王乎（呼）作命内史

井鼎（西周中期）

師湯父鼎（西周中期）

即簋（西周中期）

遹毁（西周中期）

師奎父鼎（西周中期）

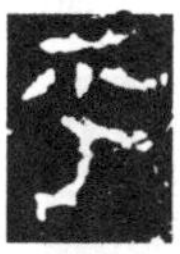
師晨鼎（西周中期）

廿七年衛簋（西周中期）

乎簋（西周中期）

大鼎（西周中期）

豆閉簋（西周中期）

師虎簋（西周中期）

瘨盨（西周中期）

卯簋蓋（西周中期）

周乎卣（西周中期）

三年瘨壺（西周中期）

走馬休盤（西周中期）

十三年瘨壺（西周中期）

史懋壺（西周中期）

吴方彝（西周中期）

師遽方彝（西周中期）

元年師兑簋（西周晚期）

頌鼎（西周晚期）

大克鼎（西周晚期）

竈乎毁（西周晚期）

走簋（西周晚期）

此簋（西周晚期）

克鐘（西周晚期）

大簋蓋（西周晚期）

此鼎（西周晚期）

南宮柳鼎（西周晚期）

善夫山鼎（西周晚期）

元年師旋毁（西周晚期）

諫簋（西周晚期）

伊簋（西周晚期）

南宮乎鐘（西周晚期）

頌簋（西周晚期）

揚簋（西周晚期）

大師人鼎（西周晚期）

無叀鼎（西周晚期）

趞鼎（西周晚期）

何簋（西周晚期）

寰盤（西周晚期）

于

yú
于

《説文》曰：於也，象气之舒，亏从丂、从一，一者其气平之也。徐鉉注曰：今變隸作于。

註：於，即烏字。以於爲詞者，假借或簡化為于。于，或通吁。亏，今之于字，非虧之簡化字。

婦未于鼎（殷商）

戍甬鼎（殷商）

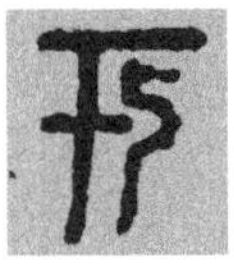
作册豊鼎（殷商）

肄作父乙毁（殷商）

大保簋（西周早期）

圉甗（西周早期）

中甗（西周早期）

母辛鬲（西周早期）

玬方鼎（西周早期）

匽侯旨鼎（西周早期）

圉毁（西周早期）

周公東征鼎（西周早期）

中方鼎（西周早期）

史𧨠殷（西周早期）

渣嗣土逘殷（西周早期）

競卣（西周中期）

雍伯鼎（西周早期）

旟鼎（西周早期）

伯姜鼎（西周早期）

令鼎（西周早期）

大盂鼎（西周早期）

保侃母簋（西周早期）

叔簋（西周早期）

賢簋（西周中期）

小臣鼎（西周中期）

䖒鐘（西周中期）

吕方鼎（西周中期）

尹姞鬲（西周中期）

員方鼎（西周中期）

寓鼎（西周中期）

師雝父鼎（西周中期）

屯鼎（西周中期）

剌鼎（西周中期）

𢦔方鼎（西周中期）

利鼎（西周中期）

師旂鼎（西周中期）

師奎父鼎（西周中期）

伯晨鼎（西周中期）

曶鼎（西周中期）

師器父鼎（西周中期）

兮仲鐘（西周晚期）

丼人女鐘（西周晚期）

士父鐘（西周晚期）

克鐘（西周晚期）

虢叔旅鐘（西周晚期）

無叀鼎（西周晚期）

伯鮮鼎（西周晚期）

仲師父鼎（西周晚期）

小克鼎（西周晚期）

師同鼎（西周晚期）

噩侯鼎（西周晚期）

趩鼎（西周晚期）

粵

鬲比鼎（西周晚期）

此鼎（西周晚期）

善父山鼎（西周晚期）

禹鼎（西周晚期）

多友鼎（西周晚期）

大克鼎（西周晚期）

毛公鼎（西周晚期）

琱伐父𣪘（西周晚期）

叔噩父簋（西周晚期）

㝬叔㝬姬𣪘（西周晚期）

事族簋（西周晚期）

內伯多父簋（西周晚期）

妊小簋（西周晚期）

大簋（西周晚期）

曾諸子鼎（春秋早期）

鄀公平侯鼎（春秋早期）

邿𩛥𣪘（春秋早期）

王子午鼎（春秋中期）

者𬱖鐘（春秋）

郘大子鼎（春秋）

嘉賓鐘（春秋晚期）

鼄公牼鐘（春秋晚期）

鼄公華鐘（春秋晚期）

楚王酓章鐘（戰國早期）

哀成叔鼎（戰國）

中山王䜌鼎（戰國晚期）
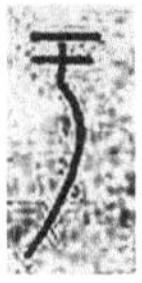

令狐君壺 至于二字合文（戰國中期）

yuè
粵

《說文》曰：于也，審慎之詞者，从亏（于）、从寀。《爾雅》曰：粵，于也。又曰：粵，於也。字亦作越。

劉心源曰：雩，即于、即於、亦即粵，曰越，皆一聲之轉……雩，爲粵亦从雨作雩，小篆仿雨變从宷遂分爲二。【奇觚室吉金文述】

註：粵，或作粵，或讀為與、讀為越。

雩觚
（殷商）

麥方尊
（西周早期）

小臣謎段
（西周早期）

大盂鼎
（西周早期）

讀爲與
粵（與）百姓

讀為于
粵（于）萬年
善鼎
（西周中期）

靜簋
（西周中期）

繁卣
（西周中期）

史墻盤
（西周中期）

㾓鐘
（西周中期）

仲雩父甗
（西周晚期）

禹鼎
（西周晚期）

羌伯簋
（西周晚期）

讀爲于
粵（于）四方

讀爲與
粵（與）朕褻事

毛公鼎
（西周晚期）

散氏盤
（西周晚期）

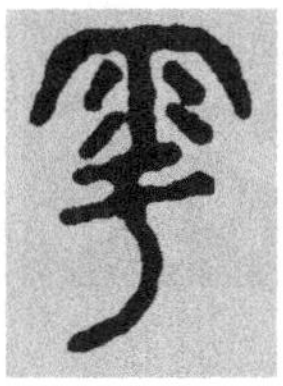
作𤔲□匜
（春秋）

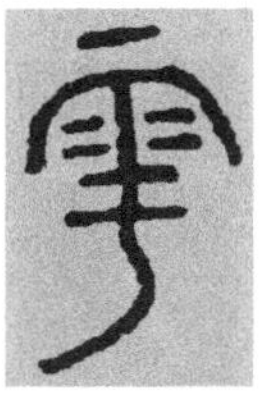
讀爲與
粵（與）厥行師

讀爲雩
粵（雩）生叔尸
叔尸鎛
（春秋晚期）

中山王譽鼎
（戰國晚期）
讀爲越
粵（越）人脩教備任

守雩鼎
（殷商）
守雩合文

平

旨詣

ping
平

《說文》曰：語平舒也，从亏（即于字）、从八，八分也。古文平如此。

註：平，同評。

都公平侯鼎（春秋早期）

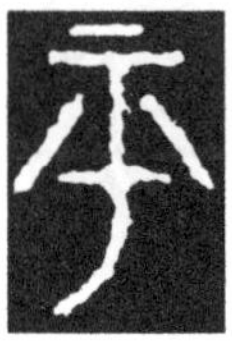
拍敦（春秋）

高平戈（春秋）

平陽左庫戈（春秋）

篖叔之仲子平鐘（春秋晚期）

平陽高馬里戈（春秋晚期）

驫羌鐘（戰國早期）

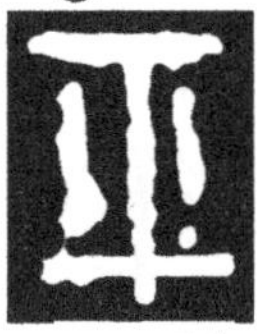
司馬成公權（戰國）

平陸戈（戰國）

平宮鼎（戰國）

平阿左戈（戰國）

陰平劍（戰國）

平周矛（戰國）

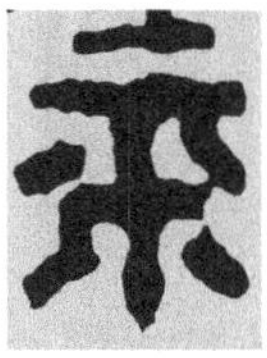
平陽矛（戰國）

平鼎（戰國晚期）

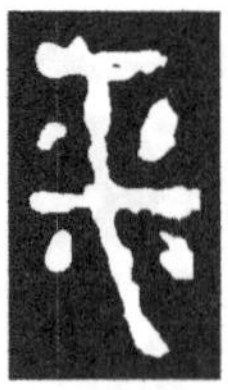
春平侯劍（戰國晚期）

十年陳侯午敦（戰國晚期）

zhǐ
旨

註：旨，美味、味美。金文旨字，像長柄勺（匕）取食注入口中之意。口，或作甘，口、甘古同字。

旨，或滋乳爲詣、爲稽。

匽侯旨鼎（西周早期）

匽侯旨作父辛鼎（西周早期）

盠駒尊（西周中期） 讀爲詣 王親旨（詣）盠

弭仲簠（西周晚期）

嘗

嬉喜

殳季良父壺（西周晚期）

上曾大字鼎（春秋早期）

伯旛魚父簠（春秋早期）

國差罎（春秋）

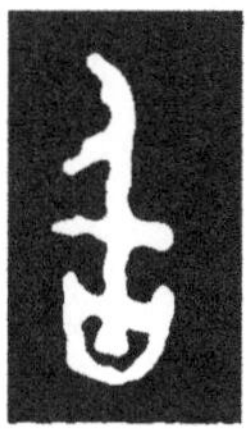
𨛭令尹者旨䀇盧（春秋）　讀爲稽　徐令尹諸旨（稽）耕

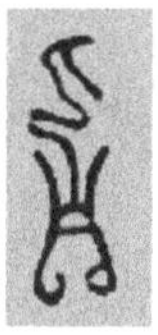
越王者旨於賜鐘（戰國早期）

戉王劍（戰國）

chánɡ
嘗

《說文》曰：口味之也，从旨、尚聲。《爾雅》曰：秋祭曰嘗。《小爾雅》曰：嘗，試也。

註：嘗，辨別滋味。嘗，或从示，用于秋天祭祀專字。

效卣（西周中期）

六年召伯虎簋（西周晚期）

姬鼎（西周晚期）　讀為嘗　用烝用嘗

蔡侯尊（春秋晚期）

蔡侯盤（春秋晚期）

塦侯因資敦（戰國晚期）

十四年塦侯午敦（戰國晚期）

楚王酓肯簠（戰國晚期）　或从示　以供歲嘗

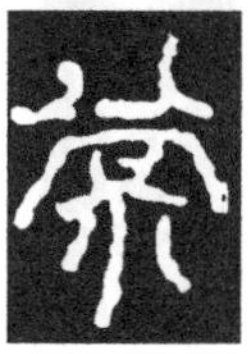
楚王酓忎鼎（戰國晚期）

xǐ
喜

《說文》曰：樂也，从壴、从口。《玉篇》曰：喜，悅也。《集韻》曰：喜，通作嬉。饎，或作喜。

註：喜，从壴、从口。壴，即鼓之象形字，聞鼓聲而喜悅，談笑喜于口。

喜 憙

天亡簋（西周早期）　讀爲饎　事喜（饎）上帝

癲鐘（西期中期）

九年衛鼎（西周中期）

史喜鼎（西周）

兮仲鐘（西周晚期）

沕其鐘（西周晚期）

伯喜簋（西周晚期）

叔奸殷（西周晚期）

師臾鐘（西周晚期）

士父鐘（西周晚期）

五祀㝬鐘（西周晚期）

伯喜父簋（西周晚期）

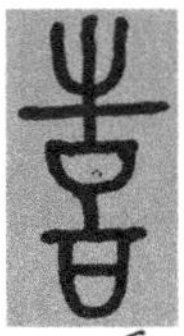

𠩺叔多父盤（西周晚期）【金文詁林】

王孫遺者鐘（春秋晚期）

子璋鐘（春秋晚期）

陳喜壺（戰國早期）

喜令戈（戰國晚期）

xǐ

憙

《説文》曰：説（悦）也，从心、从喜，喜亦聲。

註：憙，同喜。今均作喜。

坪安君鼎（戰國晚期）

四年令韓誰戈（戰國晚期）

十一年咎茖戈（戰國晚期）【近出殷周金文集録】

壴 

樹 尌 

彭 

宜陽戈
（戰國晚期）【文物】二〇〇〇 第十期

zhù
壴

《說文》曰：陳樂立而上見也，从屮、从豆。徐鍇曰：壴，樹鼓之象，其上羽葆也，象形。

註：壴，即名詞鼓字之本字。中間圓鼓、上有羽葆飾、下有基座，非動詞从攴擊鼓之鼓字。

壴鼎
（殷商）

壴生鼎
（西周早期）

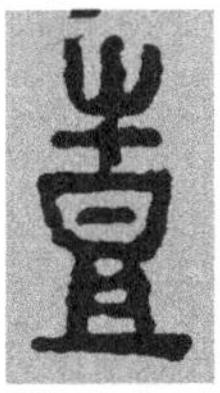

壴卣
（西周早期）

王孫遺者鐘
（春秋晚期）

shù
尌

《說文》曰：立也，从壴、从寸。持之也，讀若駐。《說文解字注》曰：尌，今通用樹爲之，樹行而尌癈矣。

《玉篇》曰：尌，又作駐。

尌仲作盤
（西周中期）

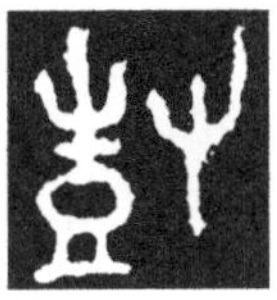

尌仲簋盖
（西周晚期）

péng
pēng
彭

《說文》曰：鼓聲也。从壴、彡聲。註：彭，爲象聲字，形容鼓之聲音，壴，即鼓之象形；彡，像鼓之聲浪。

彭女甗
（殷商）

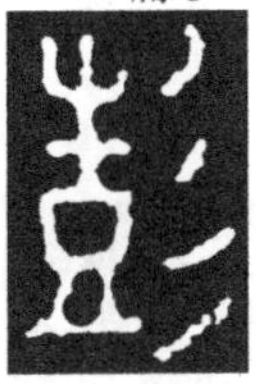

彭女卣
（殷商）

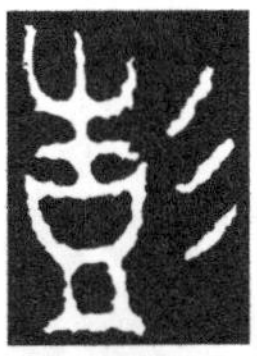

彭女彝冄毁
（殷商）

玔方鼎
（西周早期）

嘉

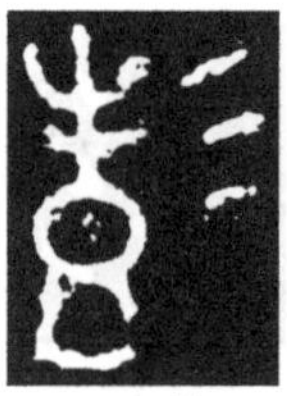
作彭史从尊（西周早期）

伯彭作盉（西周早期）

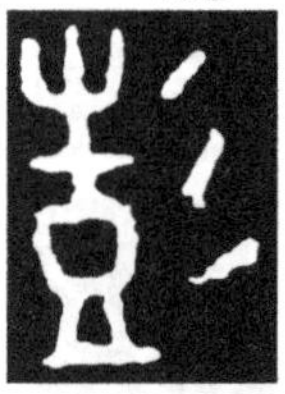

彭女彝鼎（西周早期）

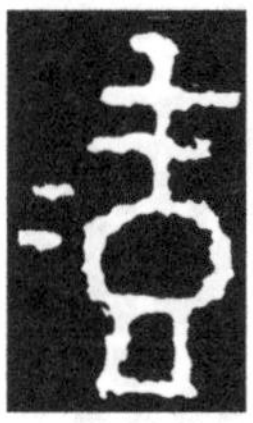
伯彭父卣（西周早期）

廣簋盖（西周晚期）

彭子仲盆（春秋）

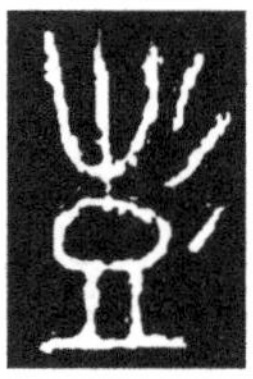
鼄公彭宇簠（春秋）

噩君啓節舟節（戰國）

jiā
嘉 《說文》曰：美也，从壴、加聲。

伯嘉父簋（西周晚期）

陳侯作嘉姬簋（春秋早期）

晉姜鼎（春秋早期）

上曾大子鼎（春秋早期）

郳公釨鐘（春秋）

鄦子盟自鎛（春秋）

徐王子旃鐘（春秋）

王子申盞盖（春秋）

王孫遺者鐘（春秋晚期）

嘉賓鐘（春秋晚期）

齊鞄氏鐘（春秋晚期）

沇兒鎛（春秋晚期）

哀成叔鼎（戰國）

丞相啓狀戈（戰國）

郾客問嘉量（戰國）

中山王嚳鼎（戰國晚期）

鼓 

⿰壴戈

gǔ
鼓

《説文》曰：……鼓，从壴、支，象其手擊之也。 註：鼓，敲擊或彈奏樂器。鼓，本爲動詞，如鼓瑟、鼓琴、鼓掌等，後兼爲名詞，鐘鼓之鼓。鼓，或从攴。从支、从攴無别，鼓、鼓同字。

鼓觶（殷商）

鼓寧盤（殷商）

鼓𦎫作父辛觶（西周早期）

⿰阝⿱弋又貯殷（西周中期）

取子鉞（西周）

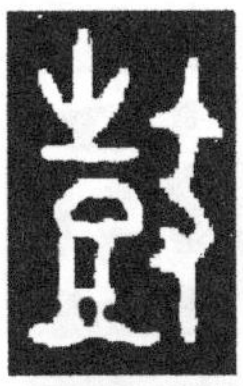

𤼈鐘（西周中期）

大克鼎（西周晚期）

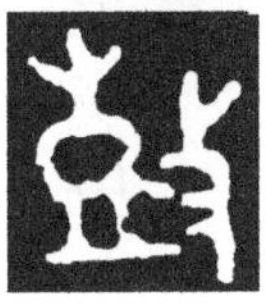

師嫠殷（西周晚期）

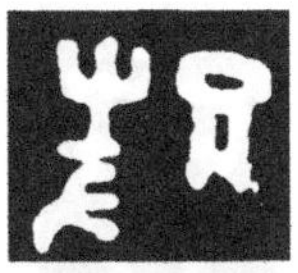

伯孝鼓盨（西周晚期）

洹子孟姜壺（春秋）

沇兒鎛（春秋晚期）

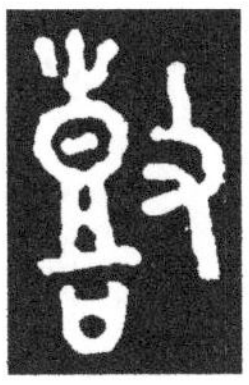

庚壺（春秋晚期）

蔡侯紐鐘（春秋晚期）

子璋鐘（春秋晚期）

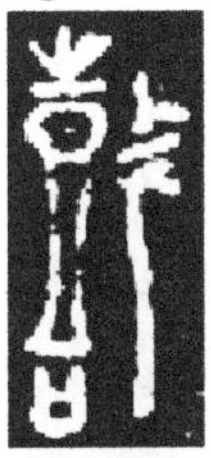

曾侯乙鐘（戰國早期）

⿰壴戈

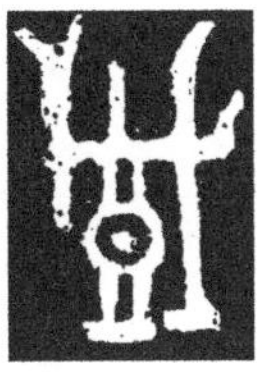

[illegible]觚（殷商）

豈 凱愷

豆

卷

kǎi qǐ
豈

《說文》曰：還師振旅樂也，……从豆、微省聲。《集韻》曰：愷，樂也，或省。

註：豈，勝利班師奏愷樂，曰凱旋。豈，同愷，或作凱。豈，或用為副詞。

三年□陶令戈（戰國） 讀為豈 下庫工師王豈冶禽

dòu
豆

《說文》曰：古食肉器也。……象形。

註：豆，古代高足容器，類似帶蓋之高脚梧，腹中一横表示食物。豆的製作材料有多種，木制謂豆、竹制謂籩、陶制謂登，青銅禮器均稱豆。豆，或為豆類作物名稱。

宰甫卣（殷商）

豆册父丁盤（殷商）

豆閉簋（西周中期）

大師盧豆（西周晚期）

散氏盤（西周晚期）

單昊生豆（西周晚期）

周生豆（西周晚期）

姬寏母豆（春秋）

juàn
卷

《說文》曰：豆屬。

註：卷，古代食器中像豆的容器。

挈卷鼎（商晚期）

𣏟刀止卷殷（商晚期）

客豈隊鼎（戰國晚期）

豊

豐

lǐ
豊

《說文》曰：行禮之器也，从豆，象形。讀與禮同。《玉篇》曰：豊，大也，俗作豊。

註：豊，象形字，用于祭祀之禮器。器中有二玉，以行祭祀之禮。豊，為禮之本字。豊、豐字形相近，為別于豐字，加示旁為禮。豊，或讀為醴。

豊作父丁鼎（殷商）

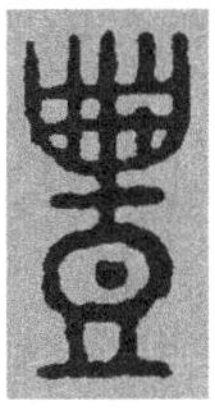
作冊豊鼎（殷商）

天亡簋（西周早期）讀爲禮　王有大豊（禮）

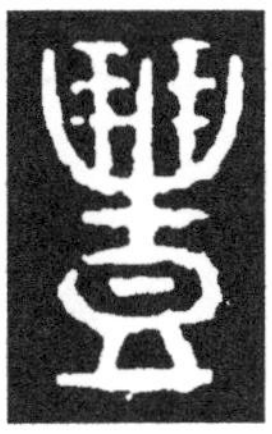
麥方尊（西周早期）讀爲禮　爲大豊（禮）

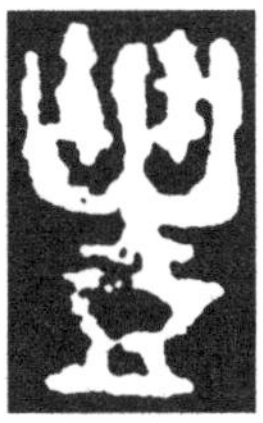
何尊（西周早期）讀爲禮　復爯武王豊（禮）

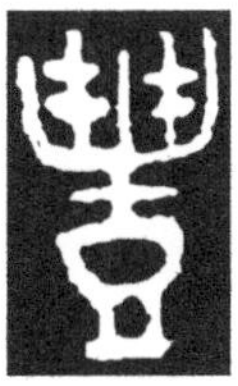
長甶盉（西周中期）讀爲醴　穆王饗豊（醴）

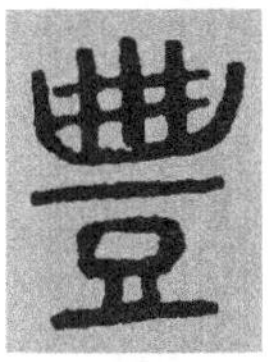
瘨鼎（西周中期）

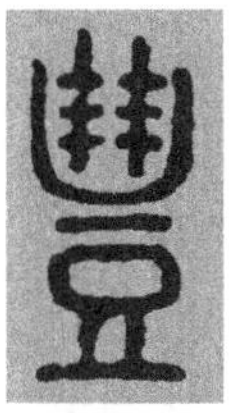
豊方鼎（西周）

中山王譽方壺（戰國晚期）讀爲禮　不用豊（禮）儀

fēng
豐

《說文》曰：豆之豐滿者也，从豆，象形。商承祚曰：古文豊與豐不别。【說文中之古文考】

高鴻縉曰：（豊、豐）本一字之形變，不應分爲二字。【中國字例】

豐公鼎（西周早期）

塱方鼎（西周早期）

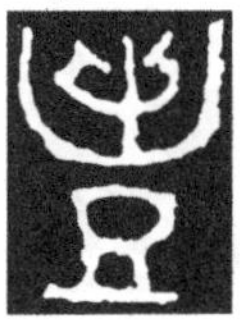
伯豐方彝（西周早期）

作冊魖卣（西周早期）

豐伯戈（西周早期）

憻季遽父卣（西周早期）

憻季遽父尊（西周早期）

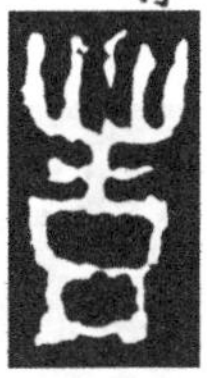
豐伯劍（西周早期）

豐卣（西周早期）

⿰豆足

瘨鐘（西周早期）

豐父辛爵（西周中期）

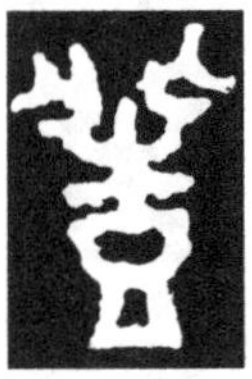
豐作父辛尊（西周中期）

夆毀（西周中期）

史牆盤（西周中期）

裘衛盉（西周中期）

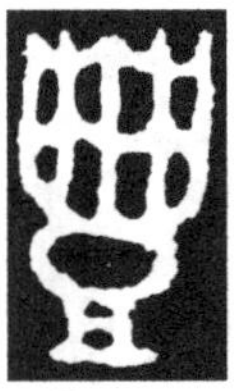
申簋（西周中期）

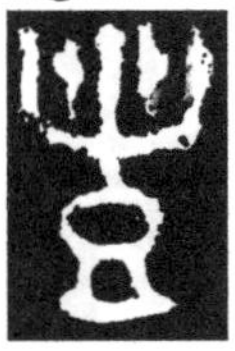
豐王斧（西周）

散氏盤（西周晚期）

豐兮夷簋（西周晚期）

元年師旋毀（西周晚期）

豐丼叔毀（西周晚期）

小臣宅簋（西周晚期）

右戲仲嚘父鬲（春秋早期）

chù
⿰豆足

《玉篇》曰：⿰豆足，小豆名。

亞[illegible]爵（殷商）

娛虞

虔

yú
虞

《說文》曰：騶虞也，白虎黑紋，尾長於身，仁獸。……从虍、吴声。《說文通訓訂聲》曰：虞，假借爲娛。

註：虞，騶虞，獸名。此字假借多義，本義隱沒。

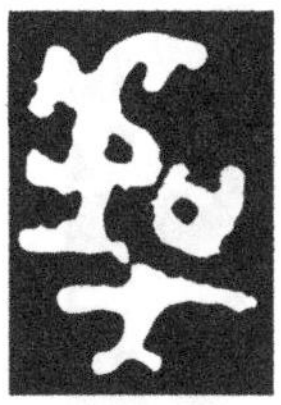
恒簋盖（西周中期）

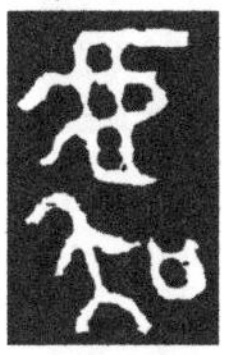
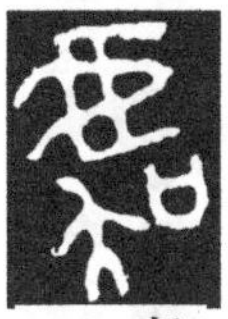
虞𤔲寇壺（西周晚期）

散氏盤（西周晚期）

虞侯政壺（春秋）

qián
虔

《說文》曰：虎行皃（貌）从虍、文聲。讀若矜。

註：虔，引申為認真，恭敬而有誠意。

癲鐘（西周中期） 讀為虔 汝亦虔秉丕經德

師望鼎（西周中期）

追簋（西周中期）

番生簋（西周晚期）

沕其鐘（西周晚期）

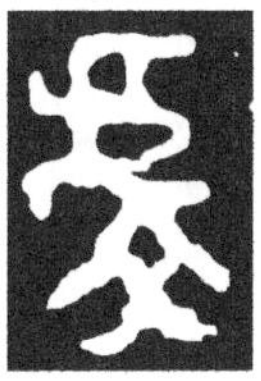
毛公鼎（西周晚期） 讀為虔 虔夙夕 惠我一人

師寰殷（西周晚期）

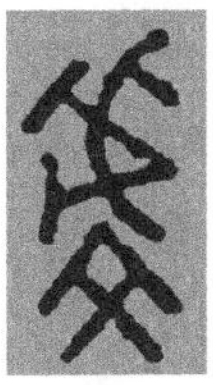
晉姜鼎（春秋早期）

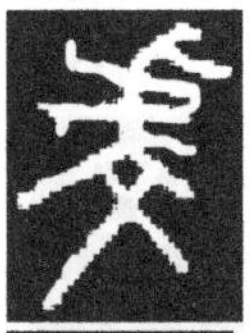

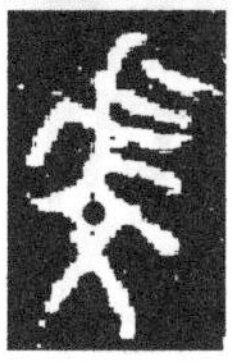
秦公鎛（春秋早期）

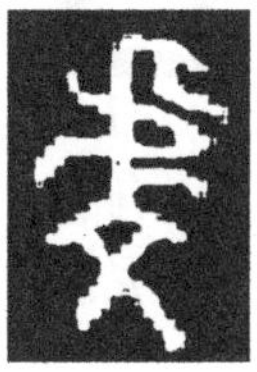
秦公鐘（春秋早期）

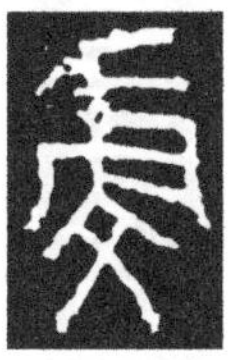
秦公簋（春秋早期）

蔡侯鎛（春秋晚期）

虘

虖 呼

cuó
虘
《說文》曰：虎不柔不信也，从虍、且聲。
註：虘，剛暴矯詐。用于國名，曰狄虘，也作狄摣、狄柤，古代北方狄族的支國。

虘作父辛爵（西周早期）

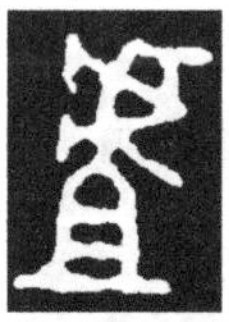

大師虘簋（西周中期）

䖒鐘（西周中期）

大師虘豆（西周中期）

史牆盤 讀爲柤（西周中期）永不恐狄虘（柤）

蒿君鉦鋮（春秋晚期）

伯梡虘𣪘（西周晚期）

hū hú
虖
《說文》曰：哮虖也，从虍、乎聲。《集韻》曰：乎，古作虖。
註：虖，虎吼曰哮虖。虖，同乎、同呼

何尊（西周早期）

效卣（西周早期）

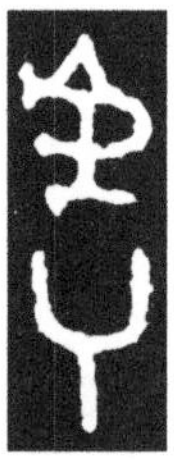

叔趯父卣（西周早期）

沈子它簋（西周早期）

戜方鼎（西周中期）

班簋（西周中期）

寡子卣（西周中期）

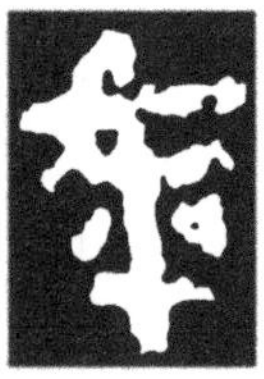
禹鼎（西周晚期）

虖北鼎（春秋早期）

余贎逯兒鐘（春秋晚期）

 虐 謔

 虡 鐻

虞

中山王嚳方壺（戰國晚期）

中山王嚳鼎（戰國晚期）

好蚉壺（戰國晚期）

nüè 虐

《說文》曰：殘也，从虍，虎足反爪人也。

註：虐，通謔。

同簋（西周中期）讀為虐 自虐東至于河

牧簋（西周中期）讀為虐 亦多虐庶民

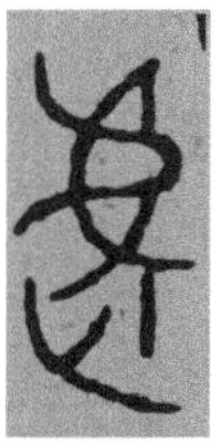

塱盨（西周晚期）

jù 虡

《說文》曰：鐘鼓之柎也，飾爲猛獸，从虍，異象其下足。鐻 即虡，或从金、豦聲。 篆文省。

註：虡，即縣挂鐘磬之框架，横曰簨、植曰虡。虡，同鐻。

郘黛鐘（春秋晚期）

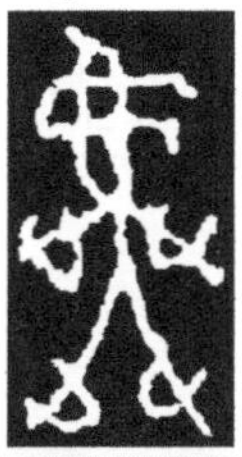

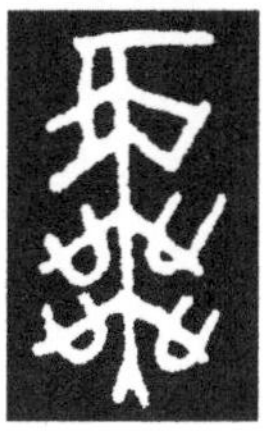
蔡侯墓殘鐘（春秋晚期）

吉日壬午劍（春秋晚期）

十二年銅盒（戰國晚期）

虡公劍（春秋晚期）

少虡劍（春秋晚期）

虞

⿸虍圭　虡　⿰麥⿸虍圭

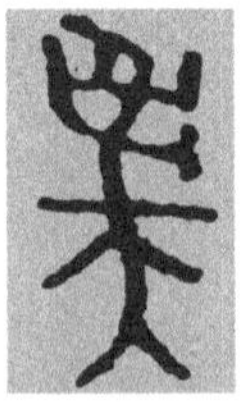

舟虞毁（西周中期）

⿸虍圭

曾姬無卹壺（戰國）

虡

九年衛鼎（西周中期）

⿰麥⿸虍圭
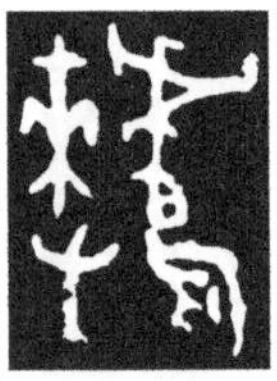
且乙告田簋（西周早期）

⿸虍土

十二年盉（戰國早期）

曾姬無卹壺（戰國）

⿸虍圭

⿸虍圭鳥形尊（殷商）

hǔ
虎

註：虎，象形字。虎，或作琥、作唬。

虎簋（西周早期）

虎父庚鼎（西周早期）

中父鼎（西周早期）

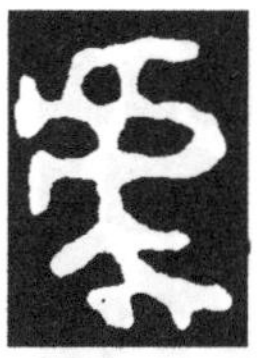
伯晨鼎（西周中期）

戜方鼎（西周中期）

大師虘簋（西周中期）

滕虎𣪘（西周中期）

吳方彝（西周中期）

裘衛盉（西周中期）讀爲琥 取赤虎（琥）兩

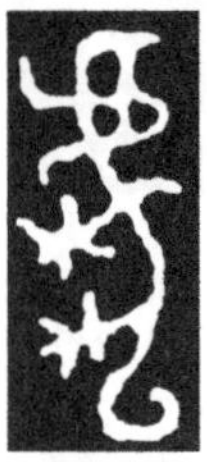

師酉簋（西周中期）

師虎簋（西周中期）

九年衛鼎（西周中期）

彔伯𢦚殷（西周中期）

封虎鼎（西周）

散氏盤（西周晚期）

三年師兑簋（西周晚期）

毛公鼎（西周晚期）

𥂴姬鬲（西周晚期）

無叀鼎（西周晚期）

訇簋（西周晚期）

番生簋（西周晚期）

師寰殷（西周晚期）

五年召伯虎簋（西周晚期）

旅虎簠（春秋早期）

彪

biāo
彪

《説文》曰：虎文也，从虎、彡象其文也。

毛叔盤（春秋早期）

無伯彪戈（春秋晚期）

赫虢

虢

xì
虢

《説文》曰：《易》履虎尾虩虩，恐懼。一曰蠅虎也。从虎、𡭴聲。

註：虩，恐懼，如蹈踩虎尾。虩，蠅虎，為捕蠅之昆蟲。虩，或假借為赫。

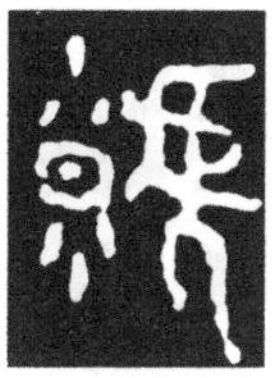
毛公鼎（西周晚期）

秦公簋（春秋早期）虩（赫）事蠻夏 讀為赫

秦公鐘（春秋早期）

秦公鎛（春秋早期）

叔尸鎛（春秋晚期）虩虩（赫赫）成湯 讀為赫

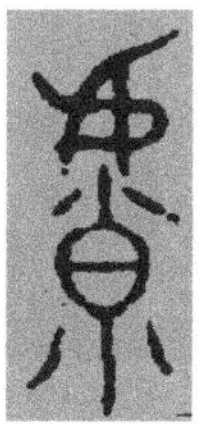
叔尸鐘（春秋晚期）虩虩（赫赫）成湯 讀為赫

guó
虢

林義光曰：當爲鞹之古文。

【文源】註：虢，姓氏。虢仲、虢叔之後代，後改為郭。

三年𤼈壺（西周中期）

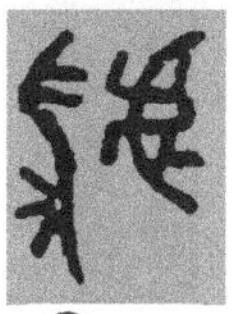
𤼈鼎（西周中期）

虢叔簋（西周中期）

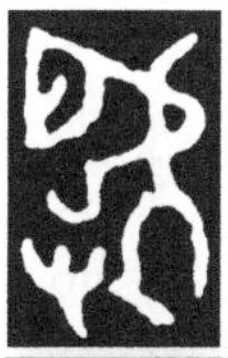

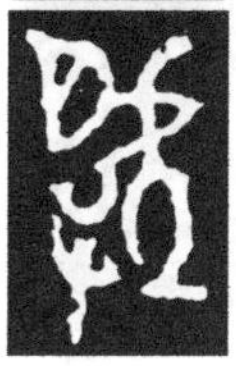
遣叔吉父盨（西周中期）

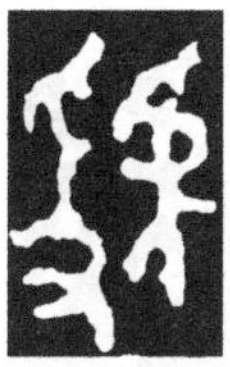
城虢遣生簋（西周中期）

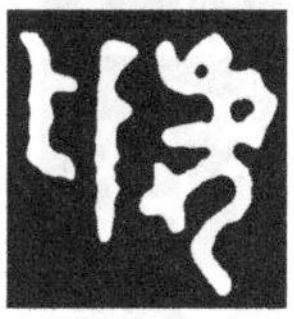
班簋（西周中期）

虢叔盂（西周中期）

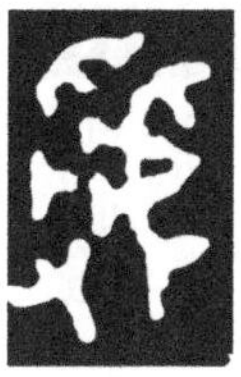
吳方彝（西周中期）

虢季子白盤（西周晚期）

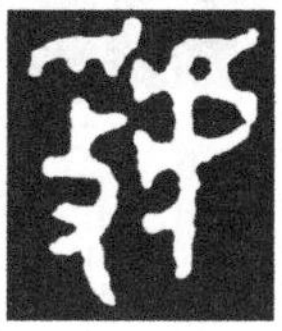
虢叔尊（西周晚期）

虢叔簠蓋（西周晚期）

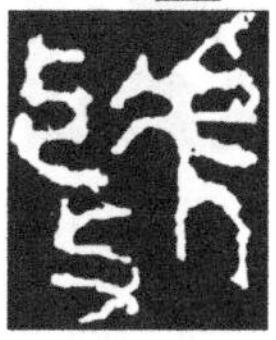
虢季氏簋（西周晚期）

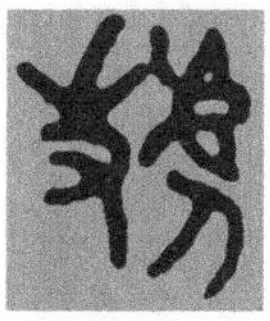
何簋（西周晚期）

三年師兑簋（西周晚期）

㝬比鼎（西周晚期）

頌壺（西周晚期）

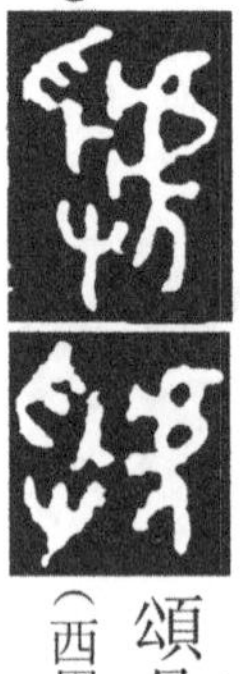
頌鼎（西周晚期）

頌簋（西周晚期）

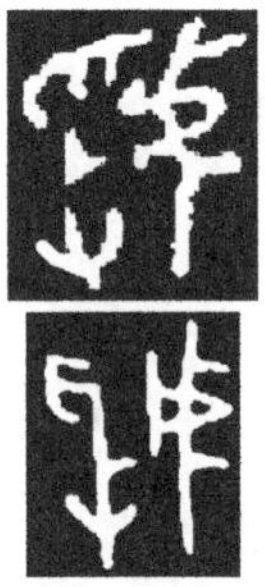
虢叔旅鐘（西周晚期）

師臾鐘（西周晚期）

虢叔大父鼎（西周晚期）

虢姜簋（西周晚期）

虢姜簋蓋（西周晚期）

虢姜鼎（西周晚期）

虢季子組卣（西周晚期）

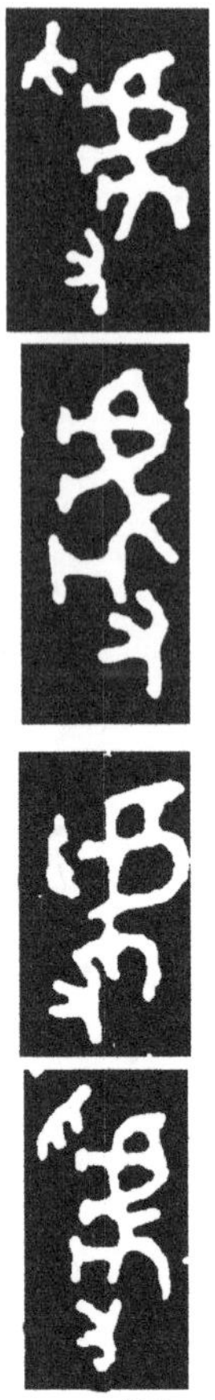
鄭虢仲簋（西周晚期）

鄭文公子段鼎（西周晚期）

公臣簋（西周晚期）

虢姞作鬲（西周晚期）

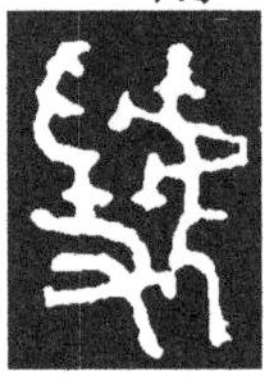
虢宣公子白鼎（西周晚期）

虢仲鬲（春秋早期）

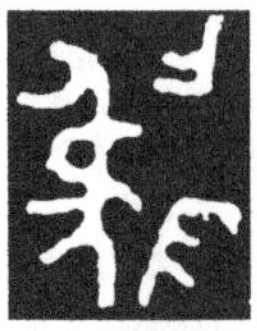
鮇治妊鼎（春秋早期）

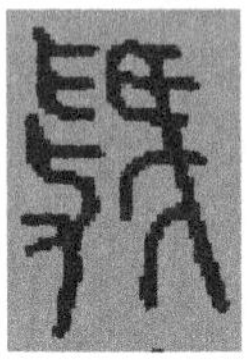
虢叔鬲（春秋早期）

鄭虢仲鼎（春秋早期）

虢大子戈（春秋早期）

虒

sī 虒

《說文》曰：委虒，虎之有角者也，从虎、厂聲。

註：委虒，一種似虎而有角的獸，能行水中。

暴 虣 

⿰忄虎

豺 ⿺虎才

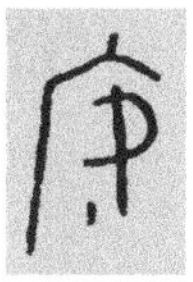

虒盉（戰國）

【古文字類編】

bào

虣

《説文新附》曰：疟也、急也，从虎、从武。《廣韻》曰：虣，同暴。註：，或从虎、从戈。

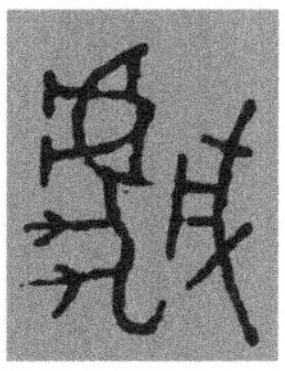

塱盨（西周晚期）

讀爲暴

勿使虣（暴）虐縱獄

⿰忄虎

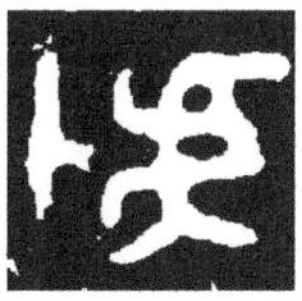

己侯⿰忄虎鐘（西周晚期）

cháihù

⿺虎才

張亞初釋為豺字【殷周金文集成 引得】

量侯簋（西周早期）

量侯⿺虎才（豺）作寶尊簋

⿸虍⿵几田

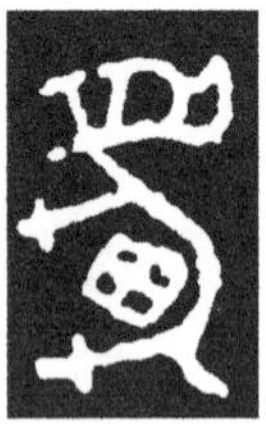

叔⿸虍⿵几田尊（西周早期）

gāo
⿰⿱幺本虍

孫詒讓曰：考字从虎、从幺、从本，古字書未見，以形聲推之，盖當讀爲皋。其義爲虎皮弢甲。【名原】

小盂鼎（西周早期）　讀爲皋　賜汝……⿰⿱幺本虍（皋）冑

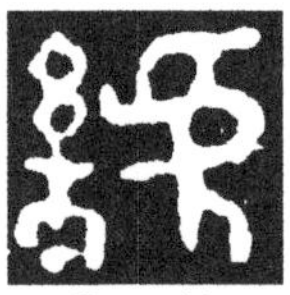

伯晨鼎（西周中期）　讀爲皋　賜汝……⿰⿱幺本虍（皋）冑

庚壺（春秋晚期）

⿸虍乙

⿰冎虎

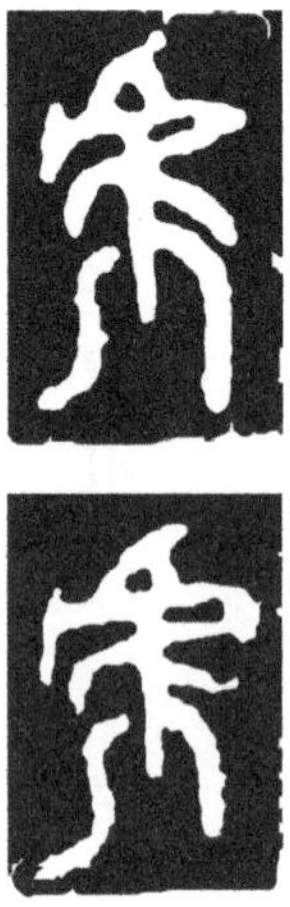

夻虎簋（春秋早期）

䖶

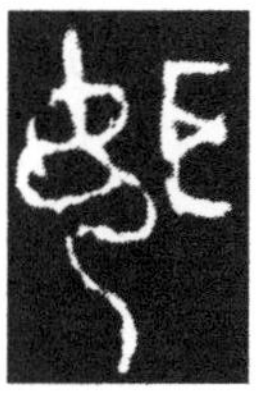

䖶尊（西周晚期）【三代吉金文存】

yán
虤

《説文》曰：虎怒也，从二虎。

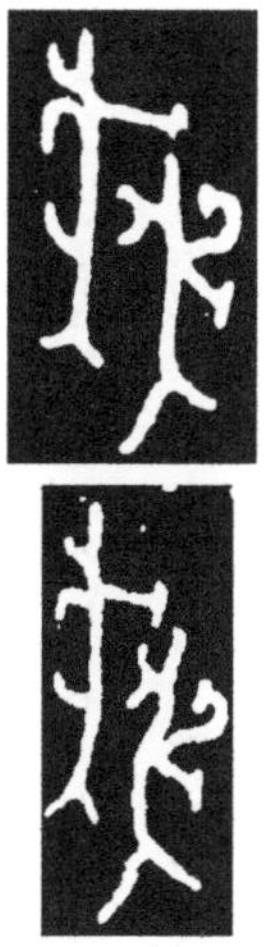

叔虤毁（西周中期）

虢

即簋（西周中期）

𧇹

贙

虜

yín jiē
𧇹

《説文》曰：兩虎争聲，从虤、从曰。裘錫圭曰：𧇹，和皆（字）可以相通。【文物】一九七九年第一期

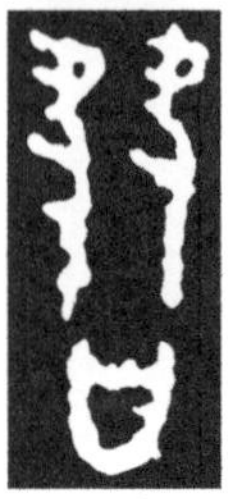
郳[illegible]尹𧇹鼎（春秋早期）

中山王𰯌鼎（戰國晚期）

或省虤爲虎　讀皆
謀慮𧇹（皆）從

中山王𰯌方壺（戰國晚期）

xuàn
贙

《説文》曰：分別也，从虤對争貝。讀若迴。《廣韻》曰：贙，對爭也。

周法高曰：贙，假爲甗。【金文詁林補】

王作贙母鬲（春秋早期）

lǔ
虜

《説文》曰：獲也，从毌、从力、虍聲。

發孫虜簠（春秋晚期）【近出殷周金文集録】

發孫虜鼎（春秋晚期）【近出殷周金文集録】

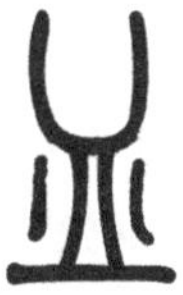
皿

盂

mǐn 皿

《説文》曰：飯食之用器也，象形，與豆同意。

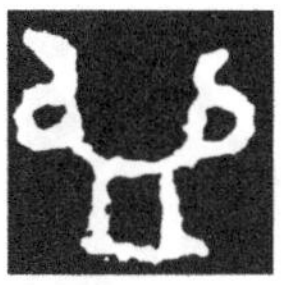
作女皿簋（殷商）

皿父己罍（殷商）

皿爵（殷商）

皿父辛爵（殷商）

方彝蓋（殷商）

皿合觚（西周早期）

册孱簋（西周早期）

皿簋（西周晚期）

郤諧尹征城（春秋）

或从金

廿七年皿（戰國）

yú 盂

《説文》曰：飯器也，从皿、于聲。

盂卣（西周早期）

小盂鼎（西周早期）

盂爵（西周早期）

匽侯盂（西周早期）

伯盂（西周早期）

大鼎（西周中期）

衛鼎（西周中期）

趞盂（西周中期）

癲鼎（西周中期）

滋盂（西周中期）

大盂鼎（西周中期）

𢐗伯井姬羊尊（西周中期）

虢叔盂（西周中期）

永盂（西周中期）

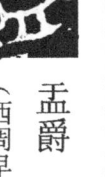

盌　盛

史宋鼎（西周） 或从金

伯公父盂（西周晚期）

善夫吉父盂（西周晚期）

鄀公平侯鼎（春秋早期）

宯桐盂（春秋）

王子申盞盖（春秋）

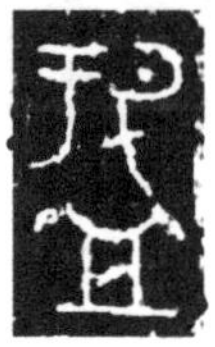
齊侯匜（春秋）

齊良壺（春秋）

齊侯盂（春秋晚期）

魯大嗣徒元盂（春秋晚期）

楚叔之孫倗鼎（春秋晚期） 诸从鼎

王子吳鼎（春秋晚期）

蔡侯鼎（春秋晚期）

鈇侯之孫墜鼎（春秋晚期）

穌公簋（西周晚期） 或皿在上

wǎn
盌

《說文》曰：小盂也，从皿、夗聲。註：盌，即碗。因材質不同，从瓦爲瓫、从木爲椀、从金爲鋺、从石為碗。

右里敀量（鋺）（戰國）

chéng
shèng
盛

《說文》曰：黍稷在器中以祀者也，从皿、成聲。

史免簠（西周晚期）

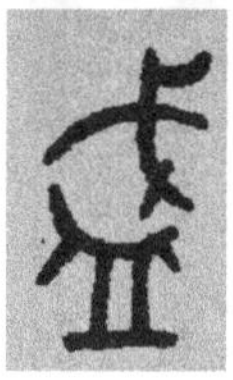
殳季良父壺（西周晚期）

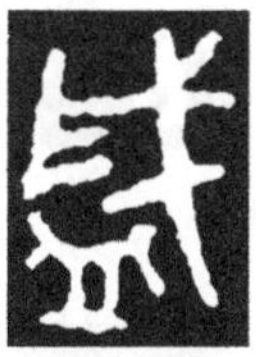

曾伯霥簠（春秋早期）

盛君縈簠（戰國早期）

好蚉壺（戰國晚期）

盛季壺（戰國晚期）

毛公鼎（西周晚期） 讀為盛 金輗約盛

zī 齍

《説文》曰：黍稷在器以祀者，从皿、齊聲。高田忠周曰：古文皿、鼎互通用字也。【古籀篇】

註：齍，盛穀物的青銅祭器。  齍，或从鼎，或以妻代齊。齍，通資。

戍甬鼎（殷商）

仲[illegible]父鬲（西周中期）

[illegible]方鼎（西周早期） 或从妻

季[illegible]作宮伯方鼎（西周早期）

叔作懿宗方鼎（西周） 叔作懿宗齍

歸𢦚方鼎（西周早期） 或从鼎 从妻省

苟作父丁鬲 或从鼎从齊
（西周早期）

仲作齍鼎
（西周早期）

尚方鼎
（西周早期）

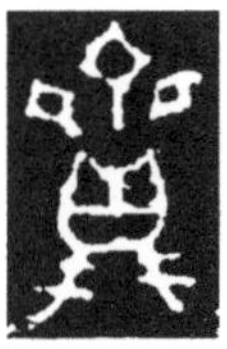
甲作寶方鼎
（西周早期）

寡長方鼎
（西周早期）

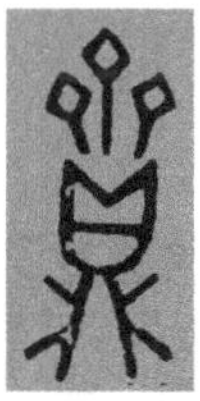
王伯鼎
（西周早期）

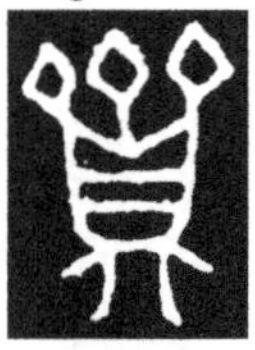

盩鼎
（西周早期）

原趠方鼎
（西周早期）

吕方鼎
（西周中期）

微伯鬲
（西周中期）

姬莽母鬲
（西周中期）

伯汖父鬲
（西周中期）

尹姞鬲
（西周中期）

仲師父鼎
（西周中期）

羌鼎
（西周）

伯邦父鬲
（西周晚期）

戲伯鬲
（西周晚期）

㸚有𤔲爯鬲 或从貝 金文从鼎 从貝無別
（西周晚期）

廿七年大梁司寇鼎
（戰國晚期）

半齍鼎
（戰國）

盧 顱

lú
盧

《説文》曰：飯器也，从皿、𥂕聲。籀文盧。《正字通》曰：盧，盛火器，或作鑪、爐。

註：盧，古文或作盧、作顱。

十五年趞曹鼎
（西周中期）

伯公父簠
（西周晚期）

郘令尹者旨𥁰盧 讀為爐
（春秋）
自作盧（爐）盤

淑盄

盆

王子嬰次盧（春秋晚期）

zhāo
盄

《說文》曰：器也，从皿、弔聲。

註：盄，煎茶器。銘文中，盄，或讀為淑。金文以爲叔。叔、淑通用。

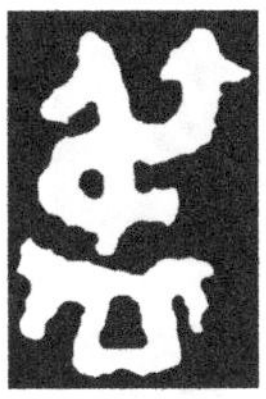
卯簋盖 讀爲淑（西周中期）

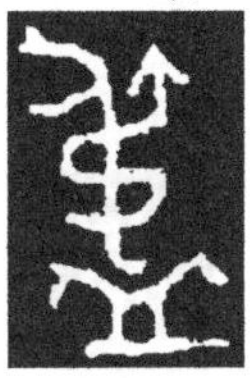
井人妄鐘 讀爲淑（西周晚期）景盄（淑）文祖皇考

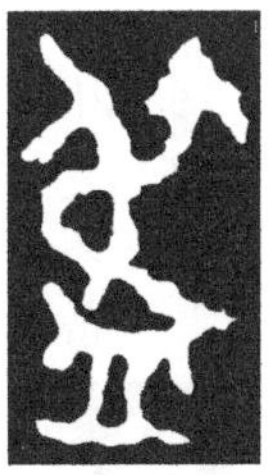
大克鼎 讀為淑（西周晚期）盄（淑）哲厥德

史盄父鼎（西周晚期）

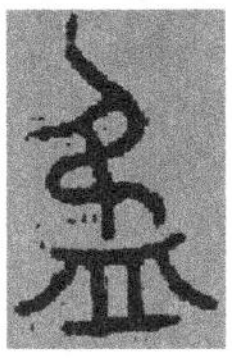
秦公鎛（春秋）

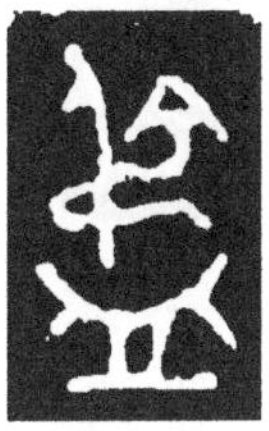
令狐君嗣子壺（戰國中期）

pén
盆

《說文》曰：盎也，从皿、分聲。

註：盆，古量器，古制容十二斗八升。

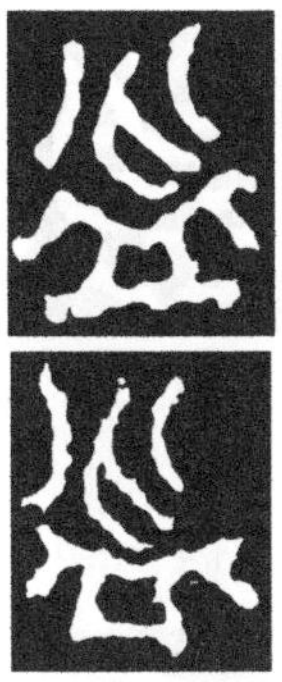
樊君盆（春秋早期）

黄大子伯克盆（春秋）

彭子仲盆（春秋）

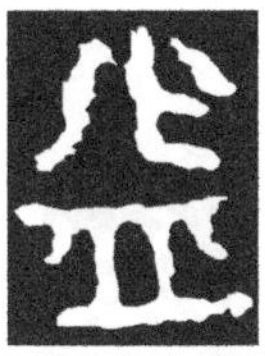
曾大保盆（春秋）

鄝子宿車盆（春秋）

曾孟嬶諫盆（春秋）

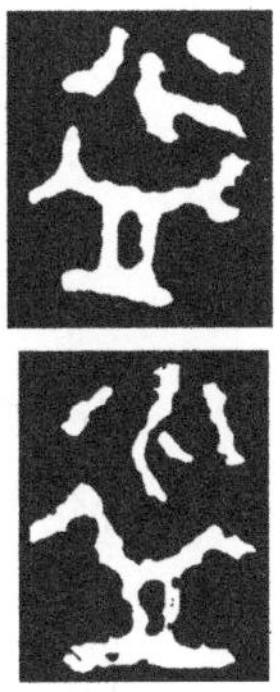
鄎子行盆（春秋晚期）

盨

xǔ 盨

注：盛放黍、稷、稻、粱之飪食器。或以須爲盨。或从米，或因制造材質不同，从金、从木。

改盨盖（西周中期）

𩰫孟延盨（西周中期）

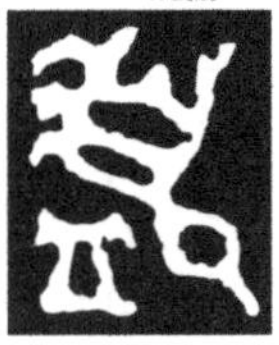
虢仲盨盖（西周晚期）

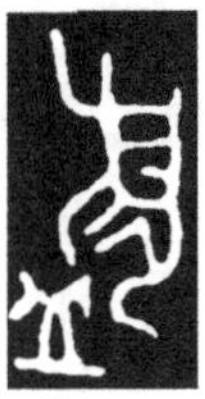
遅盨（西周晚期）

伯公父盨（西周晚期）

筍伯大父盨（西周晚期）

兮伯吉父盨（西周晚期）

伯車父盨（西周晚期）

中伯盨（西周晚期）

叔賓父盨（西周晚期）

伯筍父盨（西周晚期）

昊女盨蓋（西周晚期）

叔倉父盨（西周晚期）

仲義盨（西周晚期）

伯大師盨（西周晚期）

鄭義羌父盨（西周晚期）

食仲走父盨（西周晚期）

伯寬父盨（西周晚期）

鄭𤼷叔盨（西周晚期）

仲閔父盨（西周晚期）

圃盨（西周晚期）

伯孝𢿌盨（西周晚期）

虢叔盨（西周晚期）

曼龔父盨（西周晚期）

師克盨（西周晚期）

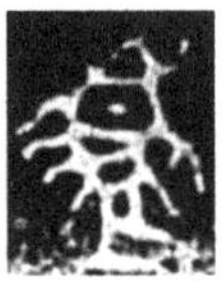
駒父盨（西周晚期）

鬲比盨（西周晚期）

翏生盨（西周晚期）

叔專父盨（西周晚期）

陳姬小公子盨（春秋早期）

爲甫人盨（春秋早期）

單子白盨（春秋早期）

魯嗣徒仲齊盨（春秋）

伯寬父盨（西周晚期） 或以須爲盨

伯多父盨（西周晚期）

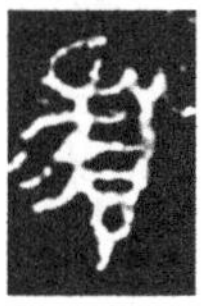
昜叔盨（西周晚期）

諜季獻盨（西周晚期）

周駱盨（西周晚期）

立盨（西周晚期）

仲彡盨（西周晚期） 或从金

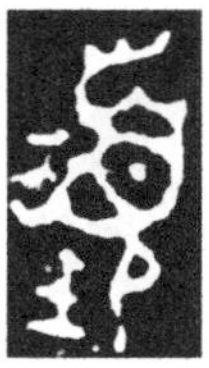
伯夲父盨（西周晚期）

攸𩰲盨（西周晚期）

弭叔盨（西周晚期）

叔姞盨（西周晚期）

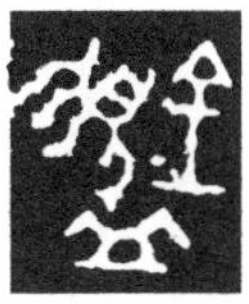
矢賸盨（西周晚期）

鄭刑叔康盨（西周中期） 或从木

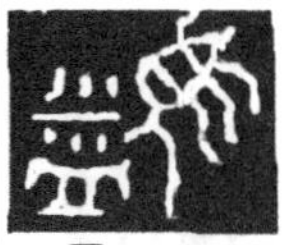
史𡩜盨（西周晚期） 或从米

苗𡨦盨（西周晚期）

京叔盨（西周晚期）

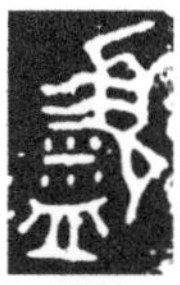

杜伯盨（西周晚期）

盉

仲鑠盨
（西周中期）

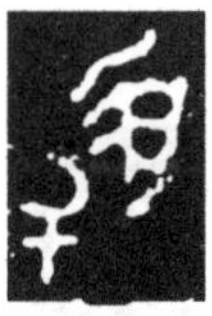

㠱伯子⿱宀妊父盨
（春秋）

hé
盉

《説文》曰：調味也，从皿、禾聲。《廣韻》曰：盉，調五味器。《玉篇》曰：盉，調味也，今作和。

註：盉，酒水調和之器。

員作盉
（西周早期）

[illegible]般盉
（西周早期）

伯矩盉
（西周早期）

吴盉
（西周早期）

伯⿰㚇田盉
（西周早期）

仲師父盉
（西周早期）

畣父盉
（西周早期）

麥盉
（西周早期）

伯角父盉
（西周中期）

來父盉
（西周中期）

義盉
（西周中期）

䜌王盉
（西周中期）

季嬴霝德盉
（西周中期）

才盉
（西周中期）

飾子盉
（西周中期）

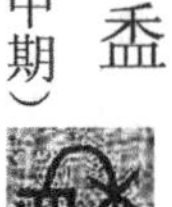
白王盉
（西周中期）

呂服余盤
（西周中期）

免盤
（西周中期）

毳匜
（西周中期）

毳盉
（西周中期）

𠑇匜
（西周晚期）

王盉
（西周晚期）

圅皇父簋
（西周晚期）

伯庸父盉
（西周晚期）

季良父盉
（西周晚期）

卅五年盉
（戰國）

溢 益

伯春盉 （西周中期） 从皿之異

伯[illegible]盉 （西周晚期） 或从鼎 从金

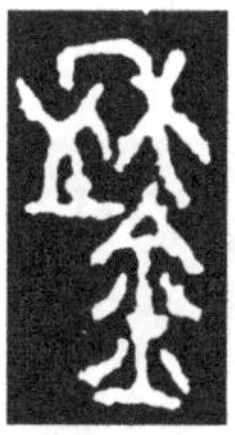

楚叔之孫途盉 （春秋晚期）

yì 益

註：益，器皿中之水半見，現水將溢出之像，乃溢之本字。後為利益之益字，再从氵作溢。益，通鎰。

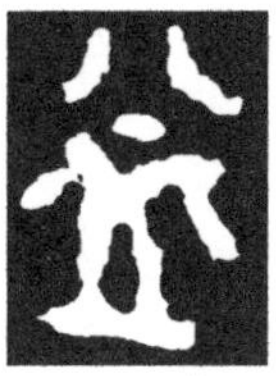

走馬休盤 （西周中期）

畢鮮簋 （西周中期）

牧簋 （西周中期）

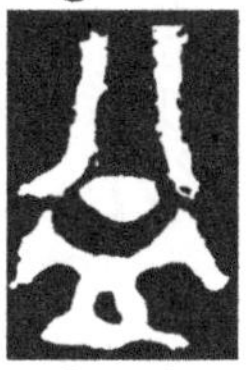

中簋盖 （西周中期）

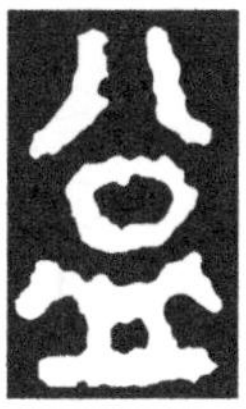

王臣簋 （西周中期）

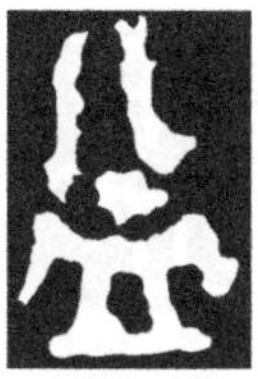

班簋 （西周中期）

永盂 （西周中期）

盠方彝 （西周中期）

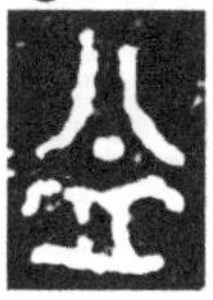

訇簋 （西周晚期）

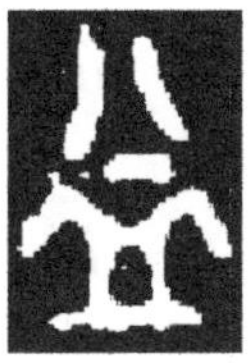

益公鐘 （西周晚期）

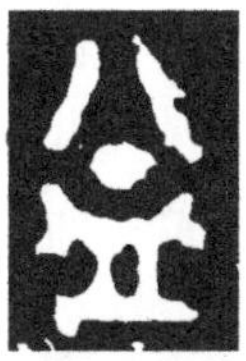

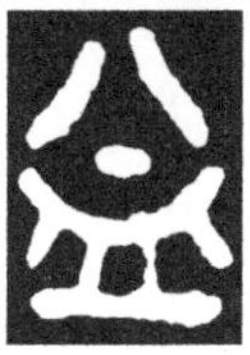

元年師旋𣪘 （西周晚期）

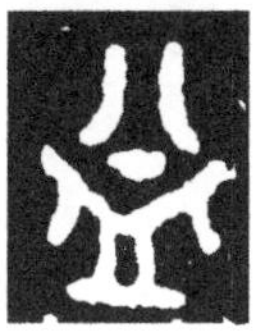

羌伯簋 （西周晚期）

師訇簋 （西周晚期）

春成侯壺 （戰國） 讀爲鎰 重十八益（鎰）

鈞益環權 （戰國）

安邑下官壺 （戰國晚期） 讀為溢 一斗一益（溢）

坪安君鼎 （戰國晚期） 讀為鎰 六益（鎰）半釿之重

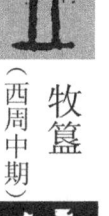

盡

盅

盥

jìn
盡

《說文》曰：器中空也，从皿、㶳聲。

中山王嚳方壺（戰國晚期）

讀為盡 竭志盡忠

chōng zhōng
盅

《說文》曰：器虛也，从皿、中聲。

註：盅，盅虛，或作沖虛；器皿空虛。盅，或指無柄的杯子，茶盅、酒盅。

盅之嚌鼎（春秋）

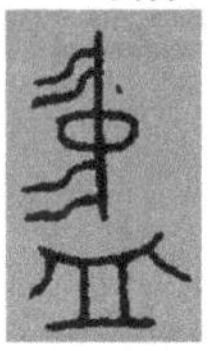
盅子臣簠（春秋）【金文編】

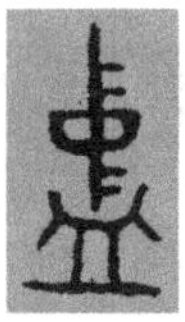
盅子鐈鼎（春秋）【古文字類編】

盅子⿱或缶鼎蓋（春秋晚期）

guàn
盥

《說文》曰：澡手也，从臼、水臨皿。春秋傳曰：奉匜沃盥。註：盥，洗手。像雙手（臼）以水沖洗，下承器皿水盤。手除垢曰盥、腳除垢曰洗、身除垢曰浴。

夆叔匜（春秋早期）

夆叔盤（春秋早期）

塞公孫⿰爿言父匜（春秋早期）

鄧伯吉射盤（春秋）

⿷匚从君壺（春秋）

楚季哶盤（春秋）

⿱己其公壺（春秋）

慶叔匜（春秋）

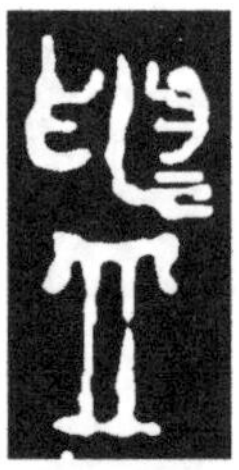

齊侯匜（春秋晚期）

温 昷　𥁎　盍

蔡侯䮀缶（春秋晚期）

wēn

昷

《説文》曰：仁也。《説文解字注》曰：凡云温和、温柔、温暖皆當作此字。温行而昷廢矣。

癸㐭爵（殷商）張亞初釋為昷【殷周金文集成 引得】

𥁎

𥁎師戈（西周早期）

盍

𨟟方豆（春秋晚期）

盒

盃　⿱𢀖皿　盓

hé
盇

《說文》曰：覆也。从血、大。《說文解字注》曰：盇，隸變作盍。《爾雅》曰：盍，合也。

註：按『說文』盇，應讀為盒，隸變作盍。盍，蓋之本字。金文，讀為蓋或讀為盒。（此字應在血部）

楚王酓忎鼎（戰國晚期） 讀爲蓋 鐈鼎之盍（蓋）

王子申豆（戰國晚期） 讀爲盒 攸載造甫盍（盒）

盃

盃爵（殷聲）

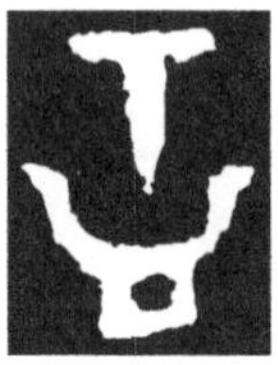

盃弓形器（殷聲）

⿱𢀖皿

縣妃簋（西周中期）

yǔ
盓

註：盓，或讀為宇。

叔宝𣪘（西周早期）

大克鼎（西周晚期）宝（宇）讀為宇 静于猷

蓋

静簋（西周中期）

yáo
盄

吴式芬曰：盄，銚之異文……鉊，爲大鐮，亦借作銚。銚，爲温酒器又别作盄。盄，从皿，謂飲食之用器。

【攈古録金文】

杞伯每匕盆（春秋早期）

tuó
⿱沱皿

註：⿱沱皿，或讀為沱。

昶伯業鼎（春秋）

鄧尹疾鼎（春秋晚期）

琖 盞

zhǎn
盞

《說文新附》曰：琖，玉爵也，夏曰琖、殷曰斝、周曰爵。或从皿。

註：盞，同琖。小杯。

王子申盞盖（春秋晚期）

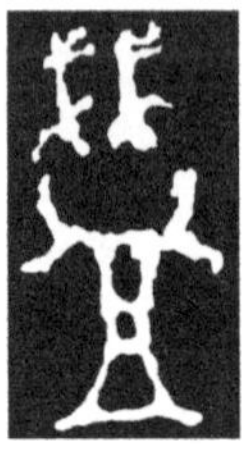
貽于盞（春秋晚期）

大府盞（戰國晚期）

⿱沭皿

⿱沭皿

哀成叔鼎（戰國）

⿱臿皿

shà
⿱臿皿

註：⿱臿皿，讀為歃。

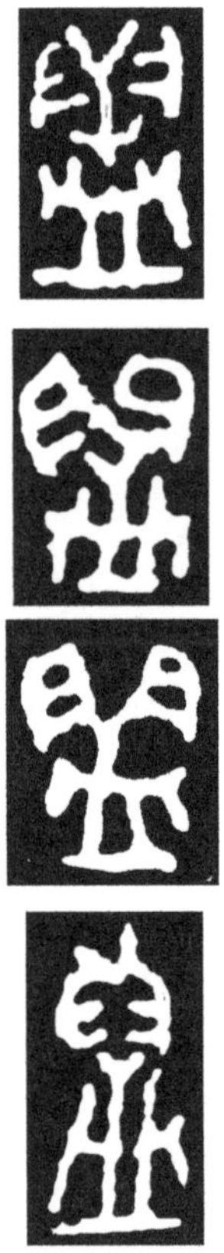
格伯簋（西周中期）

讀爲歃

菬⿱臿皿（歃）成巷

逆鐘（西周晚期）

⿱旅皿

lǔ
⿱旅皿

註：⿱旅皿，或讀為魯。

䀠 韛

盠 蠡

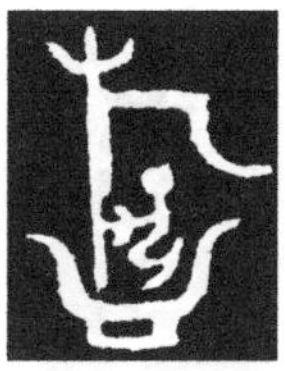

𥂴鼎（殷商）

且丁父癸卣（殷商）

𥂴且庚父辛鼎（殷商）

𥂴觚（殷商）

𥂴婦鼎（西周早期）

𥂴婦方鼎（西周早期）

bài
䀠

註：䀠，讀為韛。韛，皮制風囊，或曰風箱。

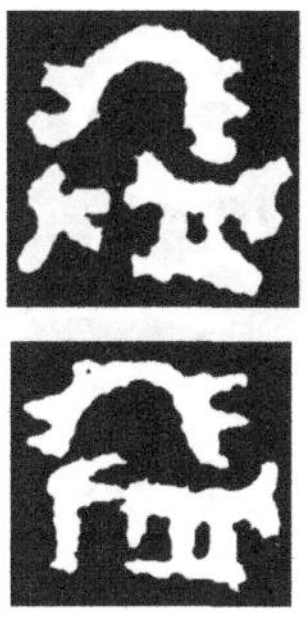

鄁公𣪘（春秋）

lí
盠

註：盠，周代官職，在三司（司徒、司馬、司空）之上，并兼管東西軍政。盠，或為瓢制飲器。盠，同蠡。

《廣韻》曰：盠；以瓢爲飲器也。

《集韻》曰：蠡，蟲嚙木中，或作盠。

九年衛鼎（西周中期）

盠方彝（西周中期）

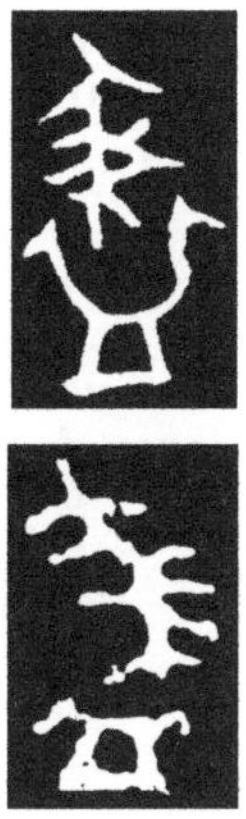

盠駒尊（西周中期）

盧 𥁰 盩敦

lǔ
盧

註：盧，讀為魯。

㢊敖殷蓋（西周晚期） 讀為魯 賜盧（魯）殿敖金十鈞

𥁰

晉公盆（春秋）

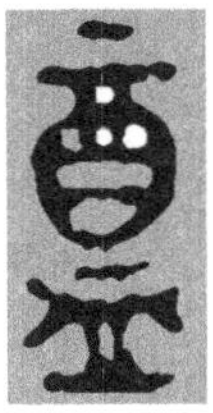

邛仲之孫伯戔盆（春秋）

duì
盩

註：盩，即敦，盛黍稷之球形青銅器，上下各半均有足。敦𩐁，或从皿、鐓或从金。

𤻮鐘（西周中期） 或从升 讀爲敦 用追孝 敦祀 卲各樂大神

𤻮殷（西周中期）

𤻮殷（西周中期）

陳侯因𪗀敦（戰國晚期） 或从金

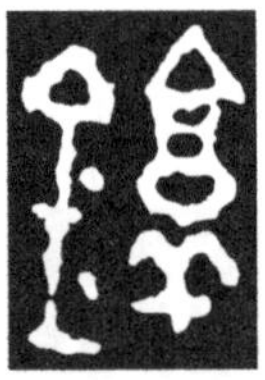

十四年陳侯午敦（戰國晚期）

⿱無皿 ⿱雍皿 ⿱⿰米貴皿 ⿱滷皿（鹽）

xǔ ⿱無皿

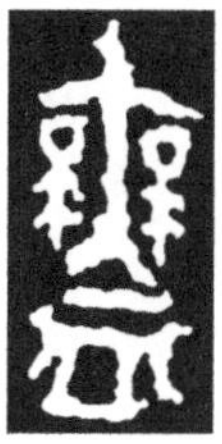

⿱無皿仲尊（西周早期）讀爲許

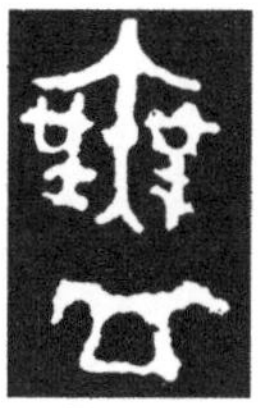

⿱無皿仲卣（西周早期）

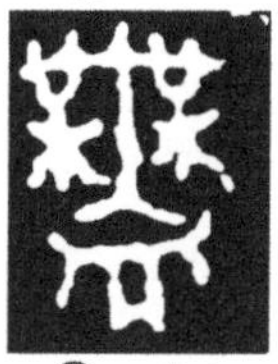

⿱無皿男鼎（西周晚期）讀爲許

許姬鬲（西周晚期）讀為許

註：⿱無皿，鄦之異文。鄦，姓氏，許之正字，今為許字所代。

yōng ⿱雍皿

⿱雍皿作父甲卣（西周早期）

麥方尊（西周早期）讀爲雍 在辟雍

註：⿱雍皿，或讀爲雍、饔。

kuì ⿱⿰米貴皿

註：⿱⿰米貴皿，即古饋字。

yán ⿱滷皿

大鼎（西周中期）

己伯鼎（西周中期）

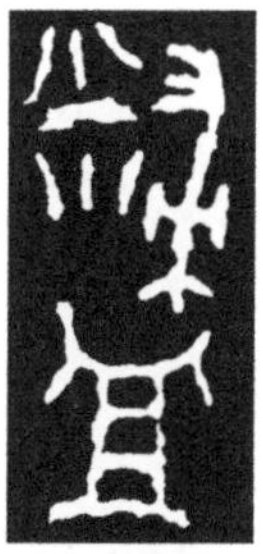

大簋（西周晚期）

註：⿱滷皿，即鹽之異體字，或讀為潭。

盬 罍 䖒

作瀘右戈 讀為潭
（戰國早期） 亡瀘（潭）右

盬

亞盬母鬲
（殷商）

亞盬段
（殷商）

亞盬父乙爵
（殷商）

罍

罍湨侯戈
（春秋早期）

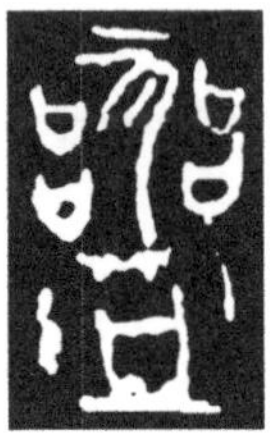

谷罍器皿
（戰國）

䖒

中簋盖
（西周中期）

吱

亞吱父丁甗（西周早期）

qù
蓋

郭沫若曰：蓋，當假爲祛。【兩周金文辭大系考釋】

秦公簋（春秋早期）讀為祛

蓋蓋（祛祛）文武

盗

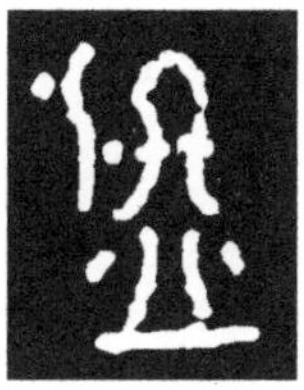

盗叔之行戈（春秋早期）

盗叔壺（春秋晚期）

gē
盏

註：盏，讀為戈。

盏

陸貞散戈（戰國）

⿱圭皿

⿱圭皿

⿱圭皿癸爵（殷商）

⿱浂皿

huàn ⿱浂皿

註：⿱浂皿，讀為浣。

徐王義楚盤（春秋） 讀為浣 自作⿱浂皿（浣）盤

中子化盤（春秋） 讀為浣 自作⿱浂皿（浣）盤

⿱湄皿 媚

mèi ⿱湄皿

註：⿱湄皿，或讀為媚，酷熱、旱熱。

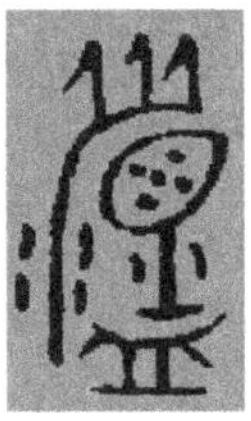

伯□父甗（西周晚期） 讀為媚 伯媚父作旅甗

⿰皿凡

爵（殷商）

⿺辶盖

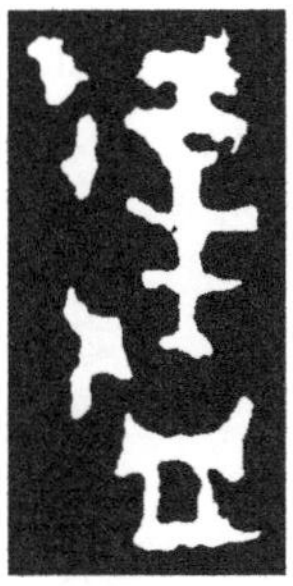

⿺辶盖且辛爵（西周早期）

⿰金⿺辶盖

公子土折壺（春秋晚期）

qù

去

《説文》曰：人相違也，从大、凵（曲音）聲。

註：去，或从大、夕聲。

䀇

血

膿醲濃盥

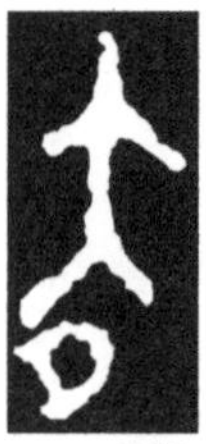
鄦大邑魯生鼎（春秋）

哀成叔鼎（戰國）

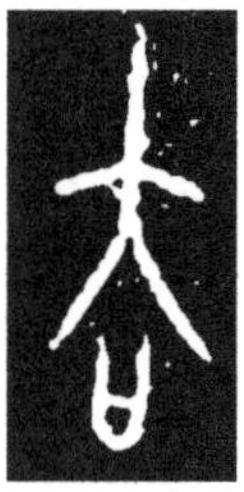
中山王䰆鼎（戰國晚期）

好盗壺（戰國晚期） 或从止

䀇

做㠯白戈（西周早期）

xiě xuè 血

《説文》曰：祭所薦牲血也，从皿、一象血形。

註：血，祭祀所獻牲血。皿中一點乃血之象形。

陳逆簠（戰國早期）

nóng 盥

《説文》曰：腫血也，从血、農省聲。俗盥从肉、農聲。《釋名》曰：膿，醲也，汁醲厚也。

《篇海類編》曰：醲，同濃。註：盥，同膿 膿血，炎癥化膿。膿，同醲，今作濃。

事囗鼎（西周早期） 讀為膿 事膿在邢

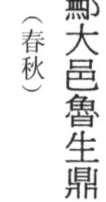

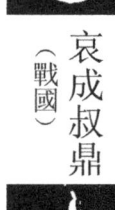

衄 恤

盡

主、

xù
衄

《説文》曰：憂也，从血、卩聲。一曰鮮少也。後人多改爲恤。【説文解字注】

段玉裁曰：衄，與心部恤，音義皆同，古書多用衄字，

癲鐘（西周中期）

五祀衛鼎（西周中期）

縣妃簋（西周中期）

追簋（西周中期）

師寰𣪕（西周晚期）

師訇簋（西周晚期）

邾公釛鐘（春秋）

鼄公華鐘（春秋晚期）

叔尸鐘（春秋晚期）

叔尸鎛（春秋晚期）

郐[illegible]尹譬鼎（春秋晚期）

曾姬無衄壺（戰國）

xì
盡

《説文》曰：傷痛也，从血、聿，皕聲。

註：盡，悲傷痛苦。

作册益卣（西周中期）

師𩰫鼎（西周中期）

多友鼎（西周晚期）

zhǔ
丶

《説文》曰：有所絕止，丶而識之也。《六書正譌》曰：丶，古主字，燈中火主也，象形，借為主宰字，隸作主。

《字彙補》曰：丶，與注同。註：，燈中火主。，古人讀書斷句之符號，類似今天之句、逗號，讀書中有所停頓，以識文意，曰句讀。、其義有別，均讀為主。

主宔 

丹 

彤 

子鼎（殷商）

主鼎（殷商）

主庚爵（殷商）

盄丶鼎（殷商）

丶爵（殷商）

主作父丙觶（西周早期）

zhǔ
宔

《說文》曰：宗廟主祏，从宀、主聲。《說文解字注》曰：經典作主，小篆作宔。主者，古文也。

註：宔，或从宀、从示。宔，古代宗廟中藏神主的石函，今寫作主字。

好蚉壺（戰國晚期）

讀爲主 反臣其宔（主）

中山王𠼢方壺（戰國晚期）

讀為主 而臣宔（主）易位

中山王𠼢鼎（戰國晚期）

dān
丹

《說文》曰：巴越之赤石也，象采丹井，一象丹形。

註：丹，丹砂，朱砂。丹，或讀為鄲。

庚嬴卣（西周早期）

二年戈（春秋晚期）

邯鄲上庫戈（戰國早期）

讀爲鄲 邯丹（鄲）上庫

tōng
彤

《說文》曰：丹飾也，从丹、从彡，彡，其畫也。

註：彤，赤紅色，以朱砂紅色塗飾器物。彡，毛飾畫紋。

青

王臣簋（西周中期）

走馬休盤（西周中期）

寰盤（西周晚期）

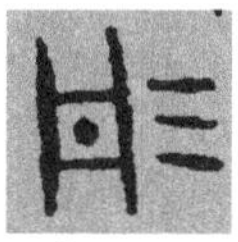
寰鼎（西周晚期）

虢季子白盤（西周晚期）

輔師嫠簋（西周晚期）

五年師旋簋（西周晚期）

訇簋（西周晚期）

逆鐘（西周晚期）

害簋（西周晚期）

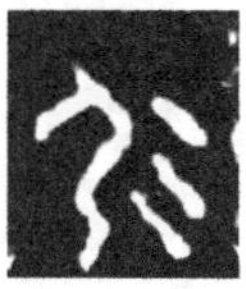
伯晨鼎（西周中期） 彤弓合文

伯晨鼎（西周中期） 彤矢合文

賜汝……彤弓　彤矢……

qīng
青

《説文》曰：東方色也，从生、丹。註：青，東方及春的代稱。青，春季植物葉子的緑色。

章青鼎（殷商）

吴方彝（西周中期）

史牆盤（西周中期）

匍盉（西周中期）

子季嬴青簠（春秋晚期）

或从口

蔡侯墓殘鐘（春秋晚期）

郾王詈戈（戰國晚期）

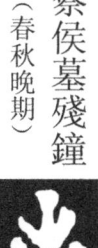

靖靜 

邢井 

jìng
靜

《廣韻》曰：靜，安也。《篇海類編》曰：靜，通作靖。註：靜，从青、从爭。像三人之手（又）相爭，取其聲也。靜，通淨、通靖。

静卣（西周早期）

静簋（西周中期）

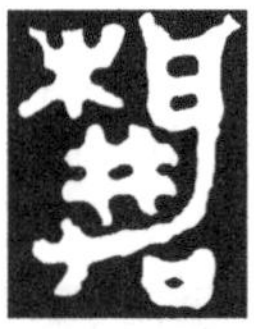
班簋（西周中期）

静叔鼎（西周中期）

免盤（西周中期）

毛公鼎（西周晚期）讀爲靖 大縱不静（靖）

多友鼎（西周晚期）

師訇簋（西周晚期）

秦公鐘（春秋早期）

秦公鎛（春秋早期）

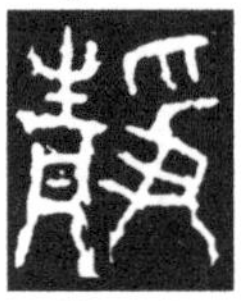
秦公簋（春秋早期）

國差𦉜（春秋）

姬寏母豆（春秋晚期）

jǐng
井

《說文》曰：八家一井，象構韓形。《字彙》曰：井，市井，市，交易之處，井，共汲（水）之所。古於汲水處為市，故稱市井。註：井，當以水井為本意，古代八家一井，像構韓形。韓，井欄也。井，或讀為邢、型。

尹光方鼎（殷商）讀爲邢 唯王征井（邢）方

亞井觶（殷商）

曆方鼎（西周早期）

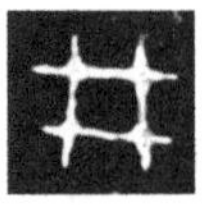
麥方鼎（西周早期）

大盂鼎（西周早期）

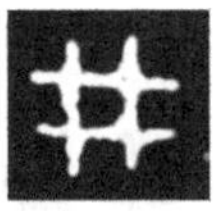
事口鼎（西周早期）

沈子它簋（西周早期）

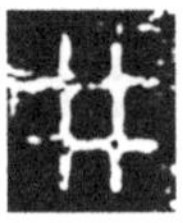
井叔觶（西周早期）

麥方尊（西周早期）

井叔方彝（西周早期）

井侯方彝（西周早期）

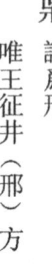

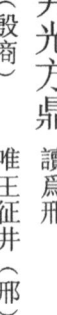

麥盉（西周早期）

鄭井叔康盨（西周中期）

豆閉簋（西周中期）

師虎簋（西周中期）

彔伯𢦏𣪘蓋（西周中期）

伯㝬父鬲（西周中期）

𩵦作井姬鼎（西周中期）

𩵦伯鼎（西周中期）

康鼎（西周中期）

利鼎（西周中期）

師望鼎（西周中期）

班簋（西周中期）

師瘨𣪘蓋（西周中期）

趩觶（西周中期）

丼季㚟卣（西周中期）

曶壺（西周中期）

曶鼎（西周中期）

免卣（西周中期）

免尊（西周中期）

免盤（西周中期）

羖𣪘蓋（西周中期）

永盂（西周中期）

史牆盤（西周中期）

臣諫簋（西周中期）

井南伯簋（西周中期）

季𩁹𣪘（西周中期）

師奎父鼎（西周中期）

五祀衛鼎（西周中期）

番生簋（西周晚期）

毛公鼎（西周晚期）讀爲型 先王作明井（型）

仲生父鬲（西周晚期）

師同鼎（西周晚期）

叔男父匜（西周晚期）

散氏盤（西周晚期）

走簋（西周晚期）

弭叔師察簋（西周晚期）

𦎫伯𣪘（西周晚期）

豐邢叔簋（西周晚期）

伯田父簋（西周晚期）

禹鼎（西周晚期）

刑 刑 荓 𢀜

鄭邢叔鐘（西周晚期）

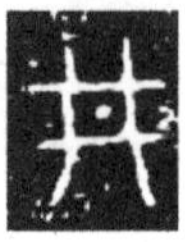
井人妄鐘（西周晚期）

汈其鐘（西周晚期）

虢叔旅鐘（西周晚期）

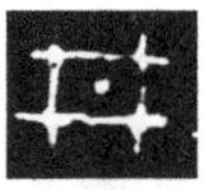
伯䡴父鼎（西周晚期）

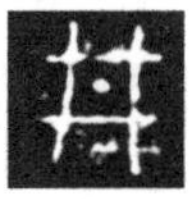
大克鼎（西周晚期）

丼□叔安父𣪘（西周晚期）

兮甲盤（西周晚期）

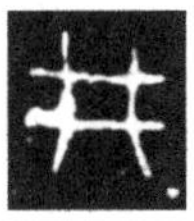
叔向父禹簋（西周晚期）

鄭邢叔蒦父鬲（春秋早期）

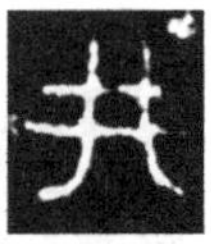
井姜簋（春秋早期）

xíng 刑

《說文》曰：罰辠（罪）也，从井、从刀。《集韻》曰：刑，通刑。註：刑，同刑，或讀為荊。

史牆盤（西周中期） 讀爲荆 廣口刑（荆）楚

散氏盤（西周晚期）

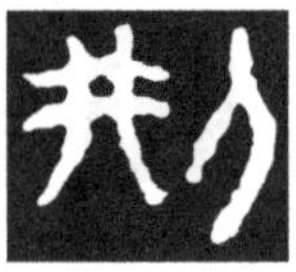
子禾子釜（戰國）

荓

𢀜

作册夨令簋（西周早期）

景影⿰井量　⿰井井　創刱

jǐng
yǐng
⿰井量

師同鼎（西周晚期）

註：⿰井量，讀為景，通影。

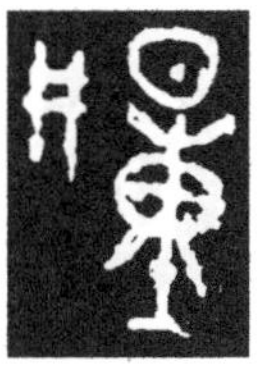

郤王⿰井量鼎（春秋早期）

⿰井井

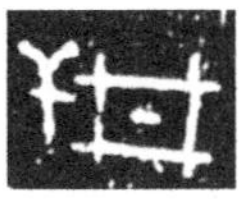

⿰井井□冀作父癸𣪘（西周早期）

chuāng
chuàng
jīng
刱

《説文》曰：造法刱業也，从井、刅聲。讀若創。《集韻》曰：刱，通創。註：刱，用于國名讀為荊。荊楚，或楚荆（刱），刱爲南方大國，周人稱爲刱，國人自稱爲楚，合言之曰楚荆（刱）。刱、同荊。

過伯簋（西周早期）讀爲荆　過伯從王伐叛刱（荆）

㲋駿𣪘（西周中期）

師虎簋（西周中期）

五祀衛鼎（西周中期）

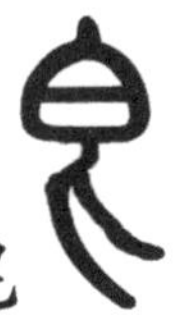
皀

即

jí
皀

《説文》曰：穀之馨香也，象嘉穀在裹中之形，匕所以扱之。或説，皀，一粒也，又讀若香。

《廣韻》曰：皀，穀香。

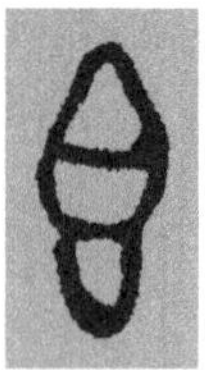
皀且辛爵（殷商）【古文字類編】

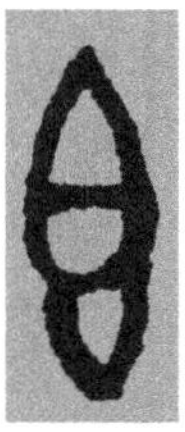
室叔簋（西周晚期）【古文字類編】

jí
即

《説文》曰：即食也，从皀、卪聲。

註：即，就食也。像人形，像盛滿食物之器皿。即，人即位臨器就食之形。

大盂鼎（西周早期）

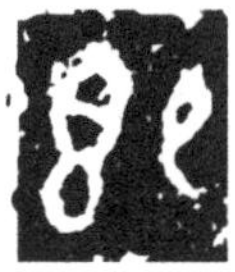
師瘨殷蓋（西周中期）

廿七年衛簋（西周中期）

即簋（西周中期）

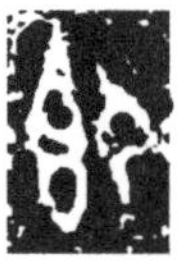
王臣簋（西周中期）

曶鼎（西周中期）

師毛父簋（西周中期）

走馬休盤（西周中期）

羖殷蓋（西周中期）

太師虘簋（西周中期）

趞殷（西周中期）

中簋蓋（西周中期）

瘨盨（西周中期）

永盂（西周中期）

十三年瘨壺（西周中期）

免簋（西周中期）

大克鼎（西周晚期）

䮂鼎（西周晚期）

寰鼎（西周晚期）

毛公鼎（西周晚期）

走簋（西周晚期）

此鼎（西周晚期）

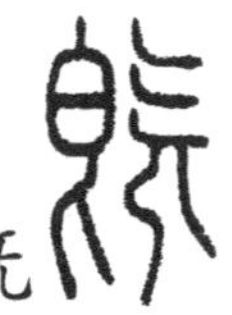
既

元年師旋段（西周晚期）

伊簋（西周晚期）

揚簋（西周晚期）

兮甲盤（西周晚期）

此簋（西周晚期）

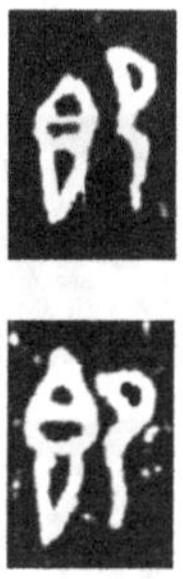
師寰段（西周晚期）

三年師兌簋（西周晚期）

散氏盤（西周晚期）

元年師兌簋（西周晚期）

頌鼎（西周晚期）

頌壺（西周晚期）

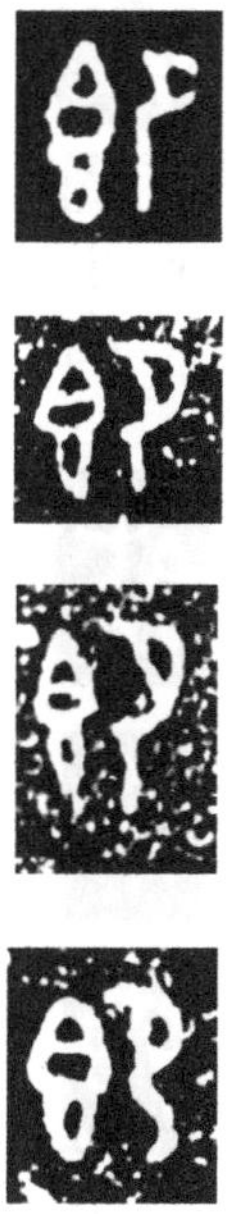
頌簋（西周晚期）

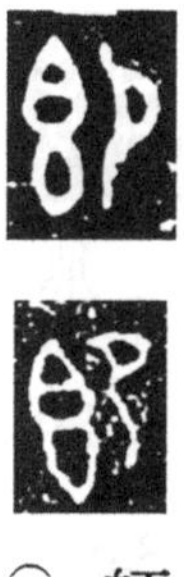
師嫠段（西周晚期）

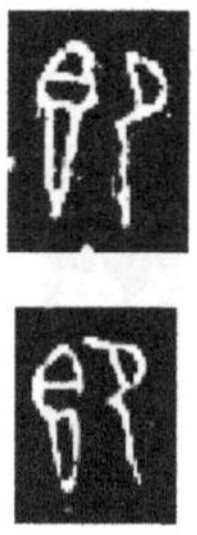
秦公鎛（春秋早期）

秦公鐘（春秋早期）

中山王䜌方壺（戰國晚期）

jì

既

《廣雅》曰：既，盡也。李孝定曰：像人食已，顧左右，而將去之也，引申之義為盡。【甲骨文字集釋】

註：既，像人在旁食盡（畢），左顧右盼，既將離去。

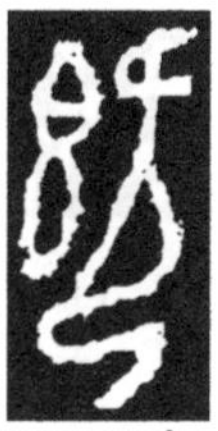
二祀切其卣（殷商）

矢令方尊（西周早期）

庚嬴鼎（西周早期）

富鼎（西周早期）

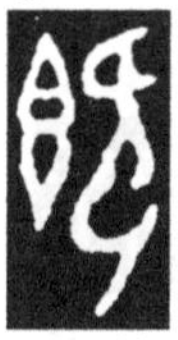
作冊大方鼎（西周早期）

伯姜鼎（西周早期）

保卣（西周早期）

保尊（西周早期）

庚嬴卣（西周早期）

士上卣（西周早期）

士上盉（西周早期）

既

何尊（西周早期）

作冊魖卣（西周早期）

矢令方彝（西周早去）

獻簋（西周早期）

走馬休盤（西周中期）

史牆盤（西周中期）

庚季鼎（西周中期）

七年趞曹鼎（西周中期）

㦰方鼎（西周中期）

大鼎（西周中期）

善鼎（西周中期）

九年衛鼎（西周中期）

遹𣪕（西周中期）

𤆍𣪕（西周中期）

萳𣪕（西周中期）

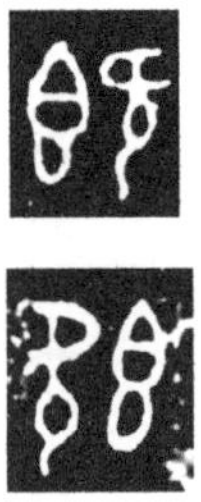
太師虘簋（西周中期）

無叀鼎（西周中期）

師毛父簋（西周中期）

競卣（西周中期）

縣妃簋（西周中期）

豆閉簋（西周中期）

裘衛盉（西周中期）

卯簋蓋（西周中期）

免簠（西周中期）

豐卣（西周中期）

周乎卣（西周中期）

小臣守簋（西周中期）

豐作父辛卣（西周中期）

不栺方鼎（西周中期）

吕方鼎（西周中期）

𡨦鼎（西周中期）

師奎父鼎（西周中期）

遹甗（西周中期）

癲鐘（西周中期）

癲盨（西周中期）

臤尊（西周中期）

尹姞鬲（西周中期）

員方鼎（西周中期）

既

伊簋（西周晚期）

五年師旋段（西周晚期）

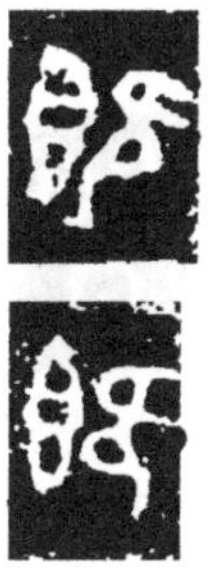
召伯虎簋（西周晚期）

此簋（西周晚期）

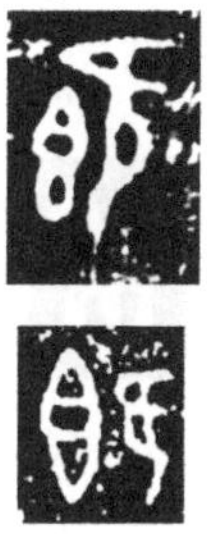
師嫠段（西周晚期）

走簋（西周晚期）

揚簋（西周晚期）

大簋（西周晚期）

師寰段（西周晚期）

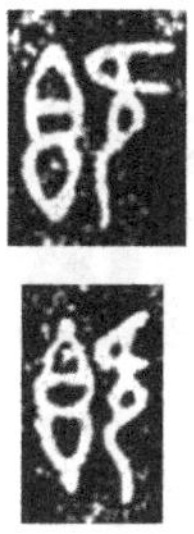
三年師兑簋（西周晚期）

蔡簋（西周晚期）

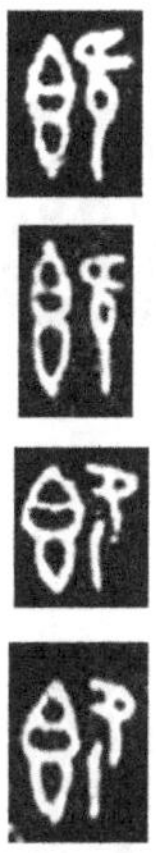
伯窺父盨（西周晚期）

多友鼎（西周晚期）

曶鼎（西周晚期）

鄭虢仲簋（西周晚期）

事族簋（西周晚期）

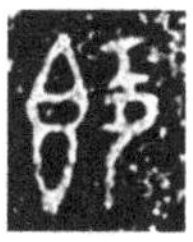
竈乎段（西周晚期）

此鼎（西周晚期）

逆鐘（西周晚期）

趞鼎（西周晚期）

頌簋（西周晚期）

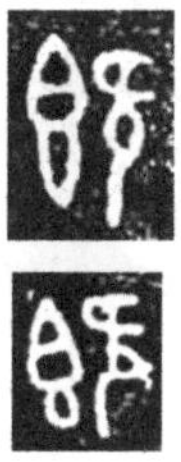
頌鼎（西周晚期）

頌壺（西周晚期）

諫簋（西周晚期）

師克盨（西周晚期）

𩛥匜（西周晚期）

兮甲盤（西周晚期）

散氏盤（西周晚期）

曾伯霥簠（春秋早期）

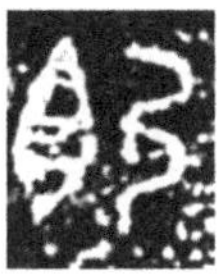
曾伯從寵鼎（春秋早期）

上曾大子鼎（春秋早期）

蔡侯紐鐘（春秋晚期）

哀成叔鼎（戰國）

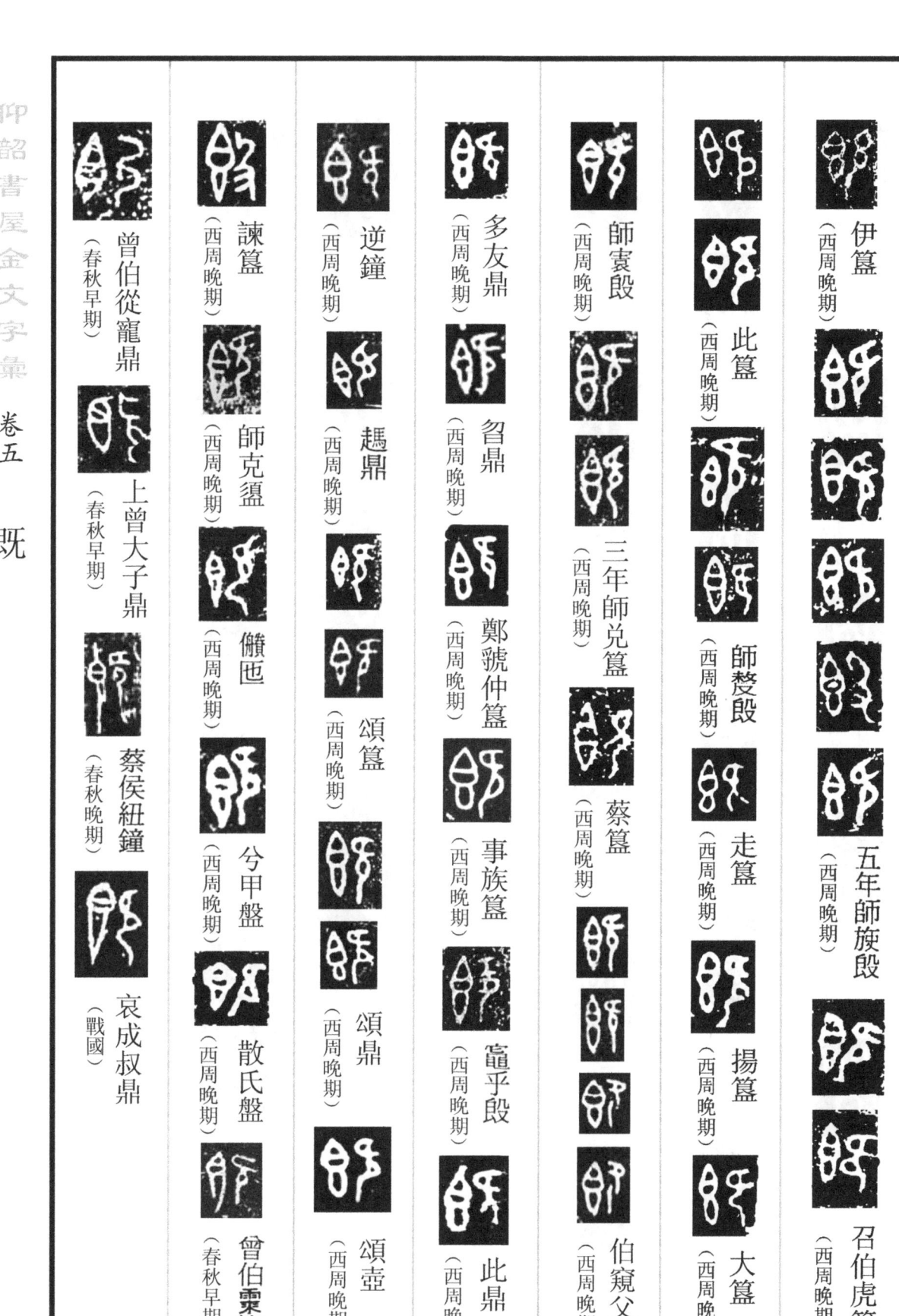

冟 冪

鬯

shì
冟

《玉篇》曰：冟，飯堅柔調也。今作適。註：冟，軟硬調和適中的飯。冟，同適，或讀為冪。

伯晨鼎（西周中期）

彔伯𢦚段蓋（西周中期）

吳方彝（西周中期）

九年衛鼎（西周中期）

番生簋（西周晚期）

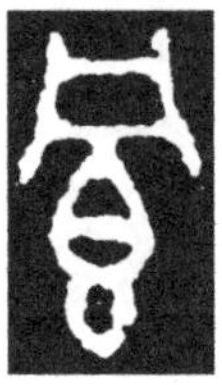
三年師兑簋（西周晚期）

毛公鼎（西周晚期） 讀爲冪 賜汝……虎冟（冪）熏裹

chàng
鬯

《說文》曰：以秬釀鬱艸，芬芳攸服，以降神也，从凵，凵器也，中象米，匕所以扱之。

《說文通訓定聲》曰：鬯；假借爲韔。《說文字通》曰：鬯；通暢。註：鬯，象形字。器中秬（黑黍）、鬱草（鬱金香），所釀香酒，以降神祭祀或宴飲。鬯，通暢字。

大盂鼎（西周早期）

叔簋（西周早期）

宜侯夨簋（西周早期）

夨令方尊（西周早期）

盂卣（西周早期）

夨令方彝（西周早期）

魯侯爵（西周早期）

作冊䰧卣（西周早期）

士上卣（西周早期）

士上盉（西周早期）

彔伯𢦚段蓋（西周中期）

伯晨鼎（西周中期）

㽙壺（西周中期）

吳方彝（西周中期）

三年師兑簋（西周晚期）

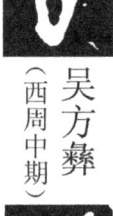

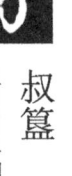

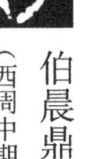

爵

䵻 秬

毛公鼎（西周晚期）

師克盨（西周晚期）

塱盨（西周晚期）

jué
爵

《説文》曰：禮器也，象爵之形。

註：爵，爲後出象形字，先有爵器後有爵字，爵器有流、有尾、中腹，很像鳥雀，故名爵，取雀音。爵，禮器，或為天子分封諸侯之賜物，即為爵位之稱號。

爵父癸卣（殷商）

爵父癸尊（殷商）

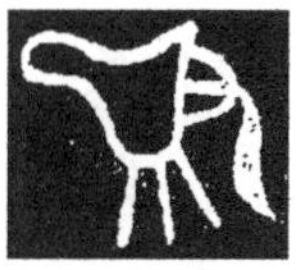
爵父丁卣（西周早期）

爵且丙尊（西周早期）

爵丁父癸觥（西周早期）

魯侯爵（西周早期）

史獸鼎（西周早期）

縣妃簋（西周中期）

伯公父勺（西周晚期）

jù
䵻

《説文》曰：黑黍也，一稃、二米以釀也，从鬯、矩聲。秬 䵻，或从禾。

註：䵻，即秬，黑黍，糧食作物，可釀酒。

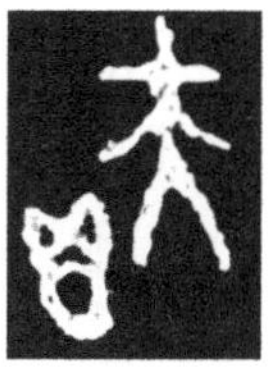
吕方鼎（西周中期）

伯晨鼎（西周中期）

彔伯㦰段蓋（西周中期）

牧簋（西周中期）

曶壺（西周中期）

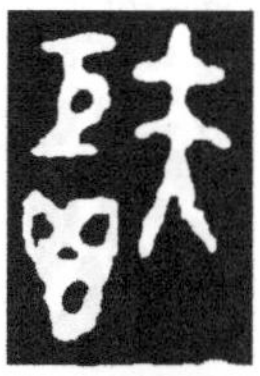

吳方彝（西周中期）

師克盨（西周晚期）

塱盨（西周晚期）

毛公鼎（西周晚期）

馨

食

鐼

三年師兑簋（西周晚期）

師訇簋（西周晚期）

xīn
聽

註：聽，或讀為馨。

獄簋（西周中期）
讀爲馨 聽（馨）香
【考古】二〇〇六 第六期

shí yì
食

註：食，倒口在皀上。皀，盛熟食之器，此字像進食之形。食或用于人名。

牧共作父丁簋（西周早期）

父鼎（西周中期）

食仲走父盨（西周晚期）

食生走馬谷簋（春秋早期）

上曾大子鼎（春秋早期）

仲義君鼎（春秋）

fēn
饙

《説文》曰：滫飯也。或从賁。

註：饙，煮飯，煮米半熟撈出再蒸熟。煮米曰饙、再蒸曰餾。

饙

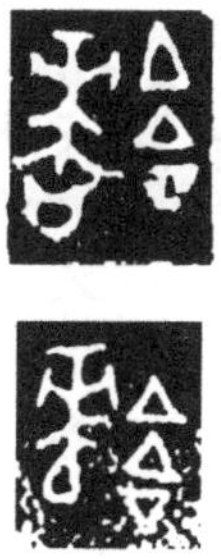
新𡨥殷（西周早期）

宁□作父丁殷（西周早期）

旊殷（西周早期）

鼒殷（西周早期）

敔簋（西周早期）

匽侯盂（西周早期）

姚鼎（西周中期）

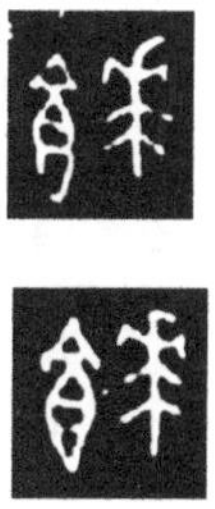
穆公鼎（西周中期）

晨簋盖（西周中期）

戲伯鬲（西周晚期）

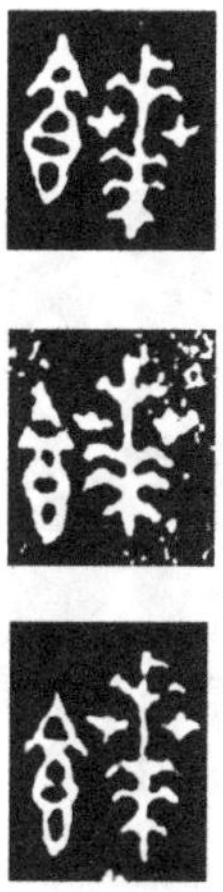
毳簋（西周晚期）

大師簋（西周晚期）

弭仲簠（西周晚期）

伯喜父簋（西周晚期）

楙車父殷（西周晚期）

冑簠（西周晚期）

孟姬脂殷（西周晚期）

仲叀父簋（西周晚期）

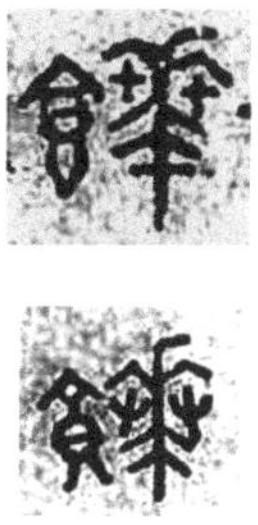
或作貝
叔夜鼎（春秋早期）

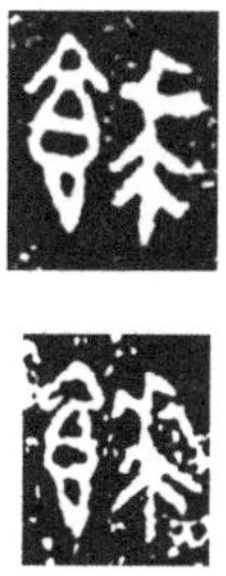
鄧公牧簋（春秋早期）

戈叔朕鼎（春秋早期）

鄦伯受簠（春秋）

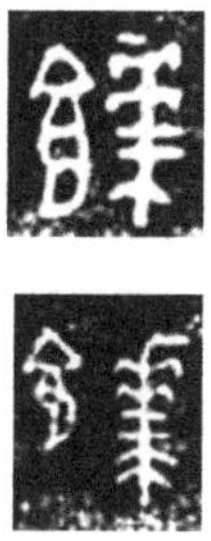
魯𤔲徒仲齊盨（春秋）

黃大子伯克盆（春秋）

彭子仲盆（春秋）

慶孫簠（春秋晚期）

番君召簠（春秋晚期）

宋君夫人鼎（春秋晚期）

宋公欒鼎蓋（春秋晚期）

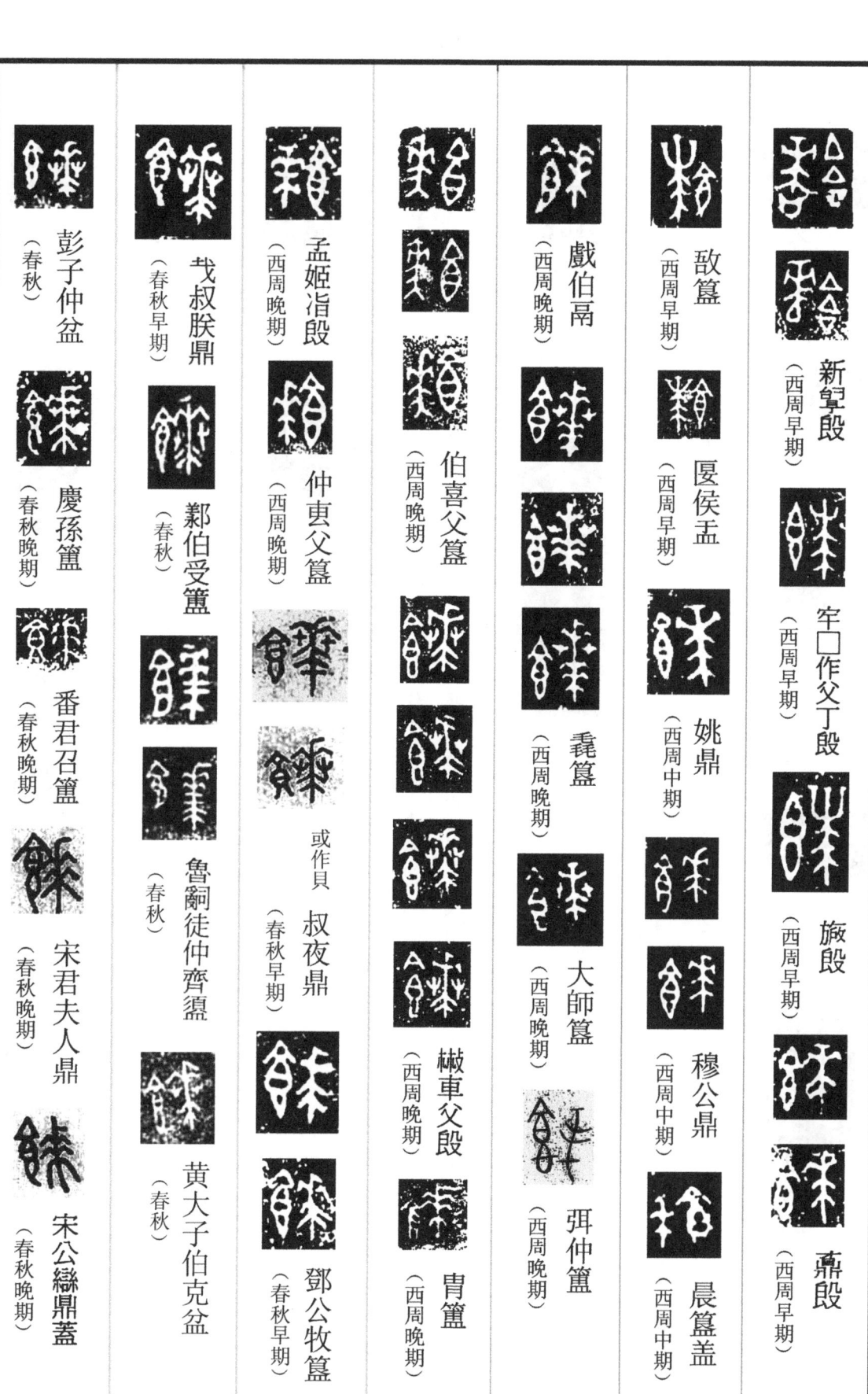

饔

飴 貽

養

yōng
饔

《說文》曰：孰食也，从食、雝聲。

《集韻》曰：饔，熟食也。

註：饔，同饔。饔，『周禮天官序』掌管烹煎、牲饋食禮之官。

竈叔豸父簠（春秋晚期）

禾簋（春秋晚期）

齊陳曼簠（戰國早期）

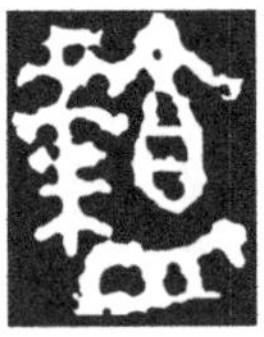
伯康簋（西周晚期） 或从皿

伯碩𩞁盤（西周晚期）

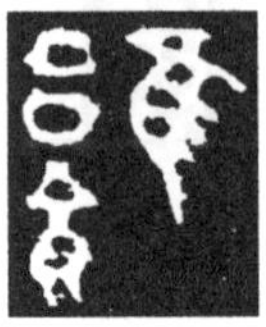
鄭饔邍父鼎（春秋早期）

yí
飴

《說文》曰：米糱煎也，从食、台（非臺之減化字）聲。籀文飴从異省。

註：米糱；米芽、麥芽。飴，米芽、麥芽熬成的糖漿，或曰糖稀。飴，引申為甜食、美食。飴，通貽。

堇鼎（西周早期）

𤔲段（西周中期） 讀爲飴 饋吴姬飴器

yǎng
養

《說文》曰：供養也，从食、羊聲。古文養。

註：、，即養之古文異體 从攴、羊聲。牧，从攴、从牛；以手持鞭牧牛。養、牧二字古義相同，牧養也。从牛爲牧、从羊爲養。

又敊父己卣（殷商）

敊父乙卣（殷商）

又敊癸卣（殷商）

敊父癸觶（殷商）

ㄋ敊爵（殷商）

飯

飼飤

友羖父癸爵（殷商）

羖又瓿（殷商）

羖觚（殷商）

羖又罍（殷商）

羖父丁罍（殷商）

亞羖爵（殷商）

羖亞又戈（殷商）

fàn
飯

《說文》曰：食也，从食、反聲。

公子土折壺（春秋晚期）

sì
飤

《說文》曰：糧也，从人、食。《玉篇》曰：飼；同飤。《倉頡訓詁》曰：以食與人曰飤。

註：食，倒口在皀上即飲食之意，再从人作飤，其義與食相同。飤，與飼同。

命簋（西周早期）

述作兄日乙卣（西周早期）

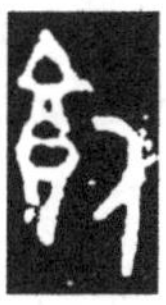

父乙飤觶（西周早期）

父乙飤盉（西周早期）

飤 飼

霝作寶飤簋（西周中期）

[illegible]虎鼎（西周）

吴王姬鼎（西周晚期）

𨹹生雈鼎（西周晚期）

内公鼎（西周晚期）

陽飤生簋（西周晚期）

弭仲簠（西周晚期）

垺飤生匜（西周晚期）

伯旟魚父簠（春秋早期）

王孫壽甗（春秋早期）

邕子良人甗（春秋早期）

鄭戚句父鼎（春秋早期）

魯士𠩺父簠（春秋早期）

褱鼎（春秋中期）

𤰈沍君光鼎（春秋中期）

寬兒鼎（春秋）

樊君簠（春秋）

陳姬小公子盨（春秋）

齊侯敦（春秋）

[illegible]桐盂（春秋）

楚叔之孫倗鼎（春秋晚期）

王孫遺者鐘（春秋晚期）

[illegible]方豆（春秋晚期）

蔡侯鼎（春秋晚期）

蔡侯簠（春秋晚期）

子季嬴青簠（春秋晚期）

樂子簠（春秋晚期）

余贎逐兒鐘（春秋晚期）

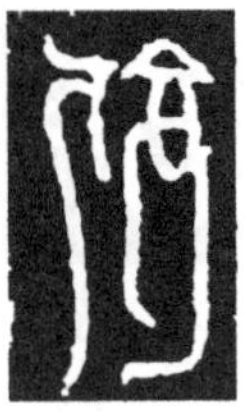
邵之飤鼎（戰國早期）

乙鼎（戰國早期）

楚子睱簠（戰國早期）

鄲孝子鼎（戰國中期）

[illegible]子茈鼎（戰國）

 饡 蘸

 𩞁 餉

哀成叔鼎（戰國）

須孟生鼎蓋（戰國）

王命龍節（戰國）

噩君啓節車節（戰國）

噩君啓節舟節（戰國）

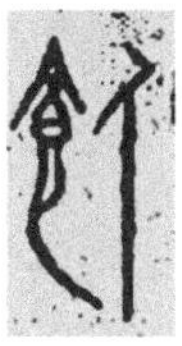

中山王嚳方壺（戰國晚期）

伯就父簋（西周）

zàn
饡

《玉篇》曰：𩚵；同饡。《說文》曰：饡；以羹澆飯也，从食贊聲。

註：𩚵，同饡，或通蘸、通篹。史牆盤中𩚵，假爲纘。

史牆盤（西周中期） 饡之異體 假爲纘 天子周饡（纘）文武長烈

shǎng
𩞁

《說文》曰：晝食也，从食、象聲。𩞁或从傷省。

註：𩞁，晝食，即午飯。𩞁，同餳。餳、觴，同字。觴，或讀爲餉。

令鼎（西周早期） 讀為觴

居簋（春秋） 【金文编】

饋

饉殣

饕叨

kuì
饋

《説文》曰：餉也，从食，貴聲。註：饋，對天子進獻食物或物品。饋，或為贈送、饋贈。

卲王之諻鼎
（春秋中期）

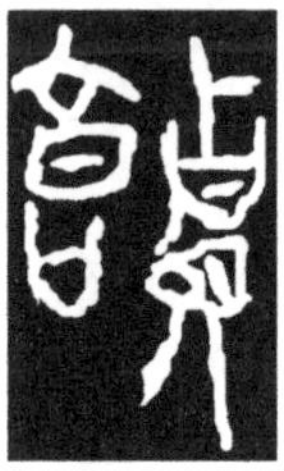
大府盞 讀為饋
（戰國晚期）太府之饋盞

jǐn
饉

《説文》曰：蔬不孰爲饉，从食、堇聲。《説文通訓定聲》曰：饉；或假借爲殣。（路中餓死之人曰殣）

註：穀物欠收為饑、蔬菜欠收為饉。

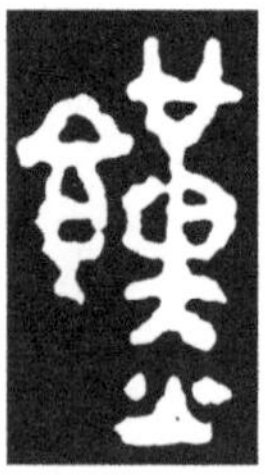
曶鼎 讀為饉
（西周中期）曰諾 昔饉歲

tāo
饕

《説文》曰：貪也，从食、號聲。饕或从口、刀聲。《説文辨字正俗》曰：饕、叨本一字，今人分別異用。

註：饕，貪也。商周青銅器鑄有首無身之貪獸紋飾，曰饕餮紋。身被自己所食。貪財為饕、貪食為餮。

君殷 讀為叨
（西周早期）叨孳君休于王

xiǎng
饗

《説文》曰：鄉人飲酒也，从食、从鄉，鄉亦聲。《玉篇》曰：饗，設盛禮以飯賓也。《字彙補》曰：饗同響。羅振玉曰：皆像饗時賓主饗嚮之狀，即饗字也，古公卿之卿、鄉黨之鄉、饗食之饗，皆爲一字。後世析而爲三。【增訂殷墟書契考釋】《篇海類編》曰：饗與享同。註：饗（飨）同響（响）、同鄉、同卿。

鄉宁鼎（殷商）

鄉宁爵（殷商）

鄉宁斝（殷商）

鄉宁父乙鼎（殷商）

鄉鉞（殷商）

鄉癸宁鼎（殷商）

亞㝵鄉宁鼎（殷商）

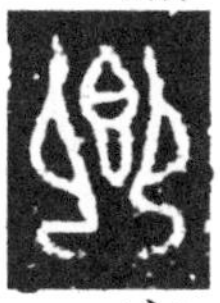
宰甫卣（殷商）

邐方鼎（殷商）

麥方鼎（西周早期）

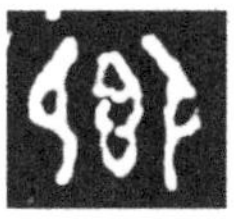
先獸鼎（西周早期）

遣鬲（西周早期）

卯殷（西周早期）

欶殷（西周早期）

伯者父簋（西周早期）

天君簋（西周早期）

小臣宅簋（西周早期）

天亡簋（西周早期）

作册矢令簋（西周早期）

叔趯父卣（西周早期）

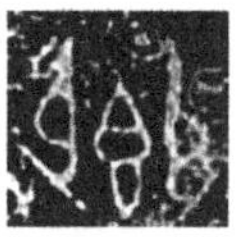
妹叔昏簋（西周早期）

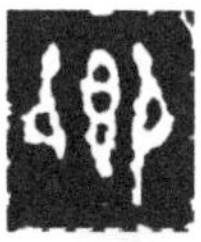
征人鼎（西周早期）

效尊（西周早期）

小子生尊（西周早期）

甲盉（西周早期）

吴方彝 讀爲嚮（西周中期）入門立中廷北饗（嚮）

裘衛盉（西周中期）

長甶盉（西周中期）

同簋（西周中期）

衛鼎（西周中期）

七年趞曹鼎（西周中期）

廿七年衛簋（西周中期）

㲄殷蓋（西周中期）

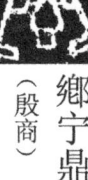

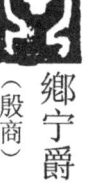

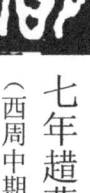

嬈 饒

五祀衛鼎（西周中期）

穆公簋蓋（西周中期）

遹毁（西周中期）

走馬休盤（西周中期）

仲枏父鬲（西周中期）

三年瘐壺（西周中期）

伯簪毁（西周）

伯公父簠（西周晚期）

趞鼎（西周晚期）

善夫山鼎（西周晚期）

伯康簋（西周晚期）

伊簋（西周晚期）

南宮柳鼎（西周晚期）

虢季子白盤（西周晚期）

仲枏父毁（西周晚期）

曾伯陭壺（春秋）

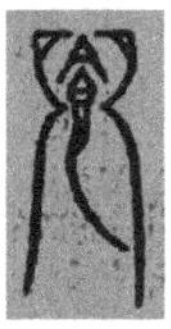

中山王譽方壺（戰國晚期） 讀爲享 以鄉（享）上帝

好蚉壺（戰國晚期）

大鼎（西周中期）

ráo
饒

《說文》曰：飽也，从食、堯聲。《玉篇》饒，餘也，豐也。《小爾雅》曰：饒，多也。

註：饒，富足、豐饒。饒，通嬈。

中陽戈（戰國） 讀為饒 中陽饒

rèn
飪
《說文》曰：大孰也，从食、壬聲。古文飪，亦古文飪。《廣韻》曰：飪，熟食。

弭仲簠（西周晚期） 讀為飪 諸友飪飤具

⿰食蕙
張亞初釋爲饛。【殷周金文集成 引得】

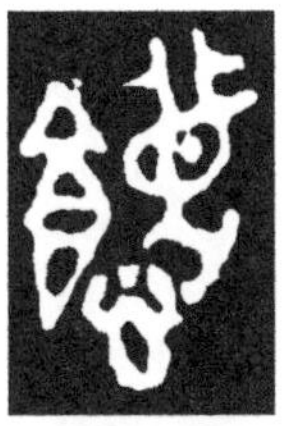

bū
⿰食夫
高明曰：餔，或从夫聲。【古文字類編】 註：餔，或作哺。

⿰食夫作父戊卣（西周早期）

zài
⿹𢦏食
註：⿹𢦏食，或讀為載。

餀 餱 豌 餩

叔𩜨卣（西周早期）

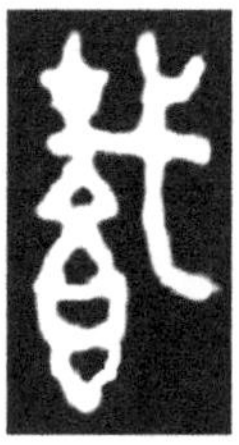

師虎簋（西周中期） 讀爲載 載先王即命乃祖考

餀

叔尸鎛（春秋晚期）

叔尸鐘（春秋晚期）

yì 餱

註：餱，音義同義字。

㝬殷（西周晚期） 讀為義 肆余以餱（義）士獻民

yuē 餩

《玉篇》曰：餩，饀（即豆沙）也，飴和豆也，亦作豋（豌）。

註：餩，糖與豆屑合成的食品，即豆沙。餩，亦同豌。

戍嗣鼎（殷商）

士上盉（西周早期）

士上卣（西周早期）

士上尊（西周早期）

高卣（西周早期）

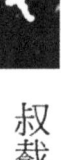

餅 籑饌撰　　鋗　　鐙

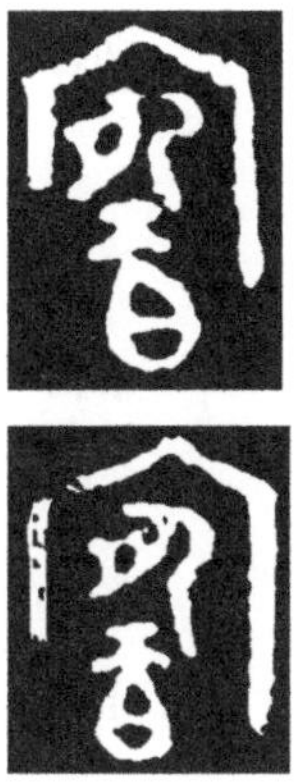

寧鼎（西周早期）

吕方鼎（西周中期）

zhuàn
餅

張亞初釋爲籑。【殷周金文集成 引得】

《正字通》曰：籑，與饌同。《字彙》曰：籑，與撰同。

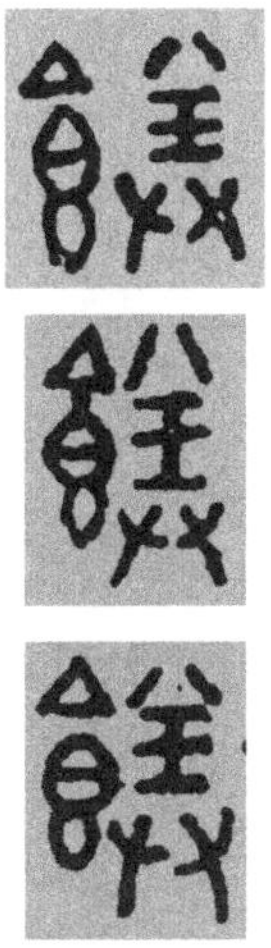

害簋（西周晚期） 讀為籑 用餅（籑）乃祖考事

鋗

戈（春秋）

dèng
鐙

《玉篇》曰：鐙，祭食也，又曰飽也。註：鐙，祭祀用供品。鐙，或為多食，腹中飽、脹。

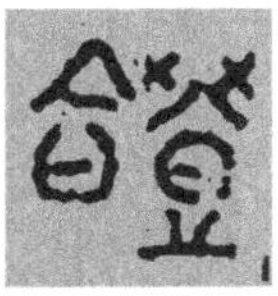

十七年平陰鼎盖（戰國）

七年宅陽令矛（戰國）

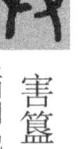

鑠 鑠　　餂 甜舔　　飥　　飾 飾

shuò
鑠

《龍龕手鑑》曰：鑠，作鑠。

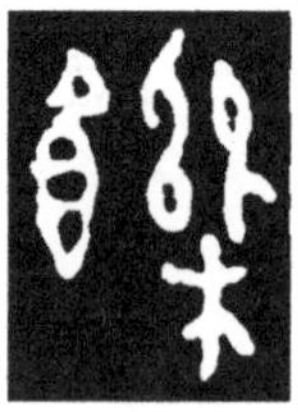
仲鑠盨
（西周中期）

tián
tiǎn
餂

《玉篇》曰：餂；古文甛（甜）字。

《篇海類編》曰：餂；又云以舌餂物，亦作舔。

天君簋
（西周早期）
讀為甜
我天君饗餂（甜）酒

飥

廿三年司寇矛
（戰國）

shì
飾

註：飾，或讀為飾。，香港中文大學中國文化研究所版本【殷周金文集成】釋為飾字。

䭅　𩜹（饀）　𢊁

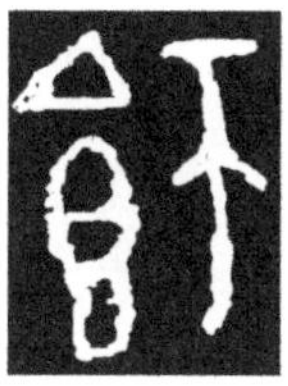

䭅子盉（西周中期）　讀為飾　香港中文大學中國文化研究所版本【殷周金文集成】

yù
䭅

《龍龕手鑑》曰：䭅，齊遇也。

仲𧇊父簋（西周晚期）【古文字類編】

táo
𩜹

《正字通》曰：饀，同𩜹。《玉篇》曰：𩜹，餌也。註：𩜹，同饀，糕餅類食物。

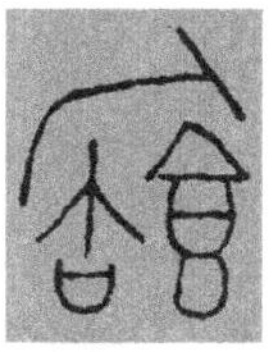

佴仲盨（西周晚期）【古文字類編】

𢊁

匽侯載器（戰國）

洽 合

簽 僉

崙 倫論 侖

hé
合

《說文》曰：合口也，从亼、从口。

《說文通訓定聲》曰：合；假爲洽。

註：合或假爲答。

皿合觚（西周早期）

仲𡚬臣盤（西周早期）

五年召伯虎簋（西周晚期）

秦公鎛（春秋早期）

秦公鐘（春秋早期）

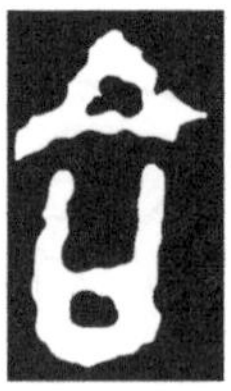
塦侯因𬯀敦（戰國晚期） 讀爲答 諸侯合（答）揚厥德

長合鼎（戰國） 或再从口【古文字類編】

qiān
僉

《說文》曰：皆也，从亼、从吅、从从。

註：僉，从亼（集）、从二口、从二人，以示集多人多口皆言。

金文僉。僉，或同簽、或讀為劍。

越王州句劍（戰國早期）

攻吾王光劍（春秋）

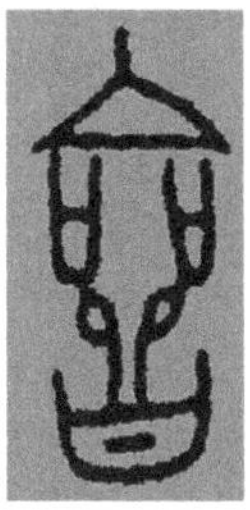
麦紋劍（春秋）

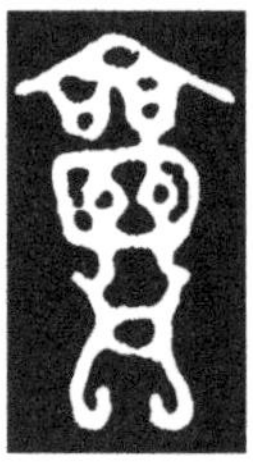
越王劍（戰國）

蔡侯産劍（戰國）

lún
侖

《說文》曰：思也，从亼、从冊。

註：侖，思之理也，倫理。侖，或作倫。昆侖山或作崑崙。侖，或假為論。

今 

七年侖氏戈（戰國）

中山王嚳鼎（戰國晚期）

讀爲論

侖（論）其德省其行

jīn 今

《說文》曰：是時也。

註：今，从倒口，口中含物，不吐不咽，取意是時也、現今也。

大盂鼎（西周早期）

夨令方彝（西周早期）

師旂鼎（西周中期）

善鼎（西周中期）

縣妃簋（西周中期）

師瘨𣪘蓋（西周中期）

師虎簋（西周中期）

卯簋盖（西周中期）

瘨鐘（西周中期）

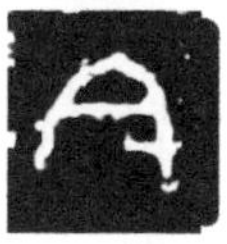

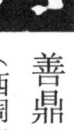

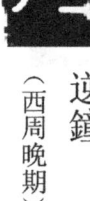

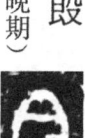

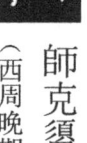

師嫠𣪘（西周晚期）

逆鐘（西周晚期）

六年召伯虎簋（西周晚期）

大克鼎（西周晚期）

儹匜（西周晚期）

訇簋（西周晚期）

諫簋（西周晚期）

師寰𣪘（西周晚期）

師𩔈𣪘（西周晚期）

師克盨（西周晚期）

毛公鼎（西周晚期）

三年師兑簋（西周晚期）

舍 捨

shè
shě
舍

《說文》曰：市居曰舍。《廣韻》曰：舍，同捨。

瘨鐘 讀爲捨
（西周早期） 武王則令周公舍（捨）宇以五十頌處

舍父鼎
（西周早期）

令鼎
（西周早期）

矢令方尊
（西周早期）

矢令方彝
（西周早期）

五祀衛鼎
（西周中期）

史牆盤
（西周中期）

裘衛盉
（西周中期）

舍作寶簋
（西周中期）

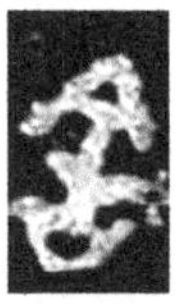

九年衛鼎
（西周中期）

散氏盤
（西周晚期）

曶鼎
（西周中期）

小克鼎
（西周晚期）

復公子簋
（西周晚期）

毛公鼎
（西周晚期）

配兒鉤鑃 讀爲余
（春秋晚期） 舍（余）擇厥吉金

鄂君啓節舟節
（戰國）

鄂君啓節車節
（戰國）

中山王嚳鼎
（戰國晚期）

膾 會

滄艙愴 倉

huì
會

註：金文會，上蓋下器、中爲食物之形，其意乃器、蓋會合也。膾，《說文》曰：細切肉也。，即膾字，像會中食物細切肉粒狀。沇兒鎛之會字从辵，重意為會遇、會見之意。

會始鬲（西周晚期）

儹匜（西周晚期）

趞亥鼎 讀爲膾（春秋中期）自作會（膾）鼎

蔡子匜（春秋）

驫羌鐘（戰國早期）

新郪虎符（戰國晚期）

杜虎符（戰國晚期）

郪陵君鑑（戰國晚期）

王子申豆（戰國晚期）

沇兒鎛（春秋晚期） 或从辵 龢會百姓

cāng
chuàng
倉

《說文》曰：穀藏也。《說文通訓定聲》曰：倉，假借為蒼。註：倉，收藏穀物的地方，金文倉字像尖頂下有門戶，以進出穀糧。倉，或同滄、同艙，或讀為愴。

倉鼎（殷商）

叔倉父盨（西周晚期）

宗周鐘（西周晚期）

十二年趙令戈（戰國早期）

者瀘鐘（春秋）

黝鐘【近出殷周金文集録】（春秋）

宜陽右倉簋（戰國）

rù 入

《説文》曰：内也，象从上俱下也。

《玉篇》曰：入，進也。納也。

豆閉簋（西周早期）

宜侯夨簋（西周早期）

小臣宅簋（西周早期）

大盂鼎（西周早期）

又母辛鬲（西周早期）

中方鼎（西周早期）

由伯尊（西周早期）

對卣（西周早期）

井侯方彝（西周早期）

趩觶（西周中期）

即簋（西周中期）

大師虘毁（西周中期）

七年趞曹鼎（西周中期）

衛鼎（西周中期）

卯簋（西周中期）

師瘨毁蓋（西周中期）

諫簋（西周中期）

師酉簋（西周中期）

大鼎（西周中期）

走馬休盤（西周中期）

寰盤（西周中期）

吴方彝（西周中期）

[走馬]鼎（西周晚期）

兮甲盤（西周晚期）

毛公鼎（西周晚期）

元年師旋毁（西周晚期）

師頯毁（西周晚期）

善父山鼎（西周晚期）

元年師兑簋（西周晚期）

頌鼎（西周晚期）

頌簋（西周晚期）

此鼎（西周晚期）

此簋（西周晚期）

[厂驫]羌鐘（戰國早期）

魚鼎匕（戰國）

nà
nèi
內

《說文》曰：自外而入也。《說文解字義證》曰：凡自外而入為內（讀為納），所入之處亦為內（里）。

《廣雅》曰：內，里也。註：內，或讀為納，孳乳為芮、為訥。

伯矩鼎（西周早期）讀爲入 用歆王出內（入）事人

周公簋（西周早期）

師旂鼎（西周中期）讀爲納 其有內（納）于師旂

麥方尊（西周早期）

叔趯父卣（西周早期）

㪤鼎（西周中期）

師奎父鼎（西周中期）

五祀衛鼎（西周中期）

申簋蓋（西周中期）

羖殷蓋（西周中期）

應侯見工鐘（西周中期）

永盂（西周中期）

康鼎（西周中期）

戜方鼎（西周中期）

衛簋（西周中期）

⿺走馬鼎（西周中期）

利鼎（西周中期）

彔戜卣（西周中期）

趩觶（西周中期）

豆閉簋（西周中期）

王臣簋（西周中期）

呂服余盤（西周中期）

免盤（西周中期）

內公鼎（西周晚期）讀芮字

內公鬲（西周晚期）

內公簋蓋（西周晚期）

魯內小臣鼎（西周晚期）

內大子鼎（西周晚期）

毛公鼎（西周晚期）

五年師旋殷（西周晚期）

禹鼎（西周晚期）

噩侯鼎（西周晚期）

大克鼎（西周晚期）

元年師兌簋（西周晚期）

師𩛥簋（西周晚期）

諫簋（西周晚期）

伊簋（西周晚期）

揚簋（西周晚期）

內大子白簠（西周晚期）

師頪殷（西周晚期）

三年師兌簋（西周晚期）

師嫠殷（西周晚期）

㝬叔㝬姬殷（西周晚期）

內伯多父簋（西周晚期）

吕王壺（西周晚期）

內大子白壺（西周晚期）

散氏盤（西周晚期）

子叔嬴內君盆（春秋）

鄭大內史叔上匜（春期晚期）

子禾子釜（戰國）

𪓐君啓節舟節（戰國）

四升𠮿客方壺（戰國）

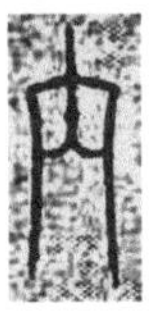
中山王譽方壺（戰國晚期）

無叀鼎（西周晚期） 入門二字合文

全 仝

quán
仝

《説文》曰：完也，从入、从工。全篆文仝，从玉，純玉曰全。《説文通訓定聲》曰：仝，字亦作痊。

註：仝，即全字，與全不同字。仝（全），从入、从工，全，从人、从工。

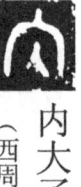

郾王喜矛（戰國晚期） 讀為全 郾王喜 授全長利

从

缶

liǎng
从

《說文》曰：二入也。兩，从此。註：从，从二入，與从字形異。

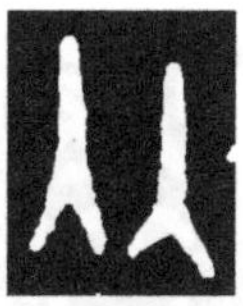

亞鳥父丁盉（殷商）

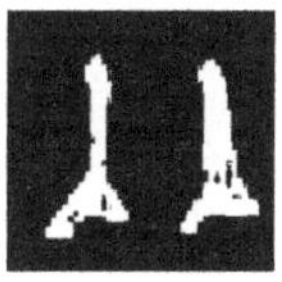
亞兩父丁鬲（殷商）

fǒu
缶

《說文》曰：瓦器所以盛酒漿，秦人鼓之以節謌。註：缶，下凵爲器、中之（午）為杵之本字。

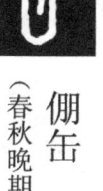

小臣缶方鼎（殷商）或从口

犅刧尊（西周早期）

岡刧卣（西周早期）讀爲寶 用作朕高祖缶（寶）尊彝

京姜鬲（西周中期）假爲寶 其永缶（寶）用

蔡侯朱缶（春秋）

孟滕姬缶（春秋）

邨子賓缶（春秋）

倗缶（春秋晚期）

蔡侯申缶（春秋晚期）

欒書缶（春秋）或从金

陶匋

táo
匋

《說文》曰：瓦器也，从缶、包省聲。

《說文解字注》曰：匋，今字作陶，陶行而匋廢矣。

《廣雅》曰：匋，窑也。

能匋尊（西周早期）

建鼎（西周中期） 或讀爲寶
建作匋（寶）鼎

𠤳父盤（西周早期）

𠤳父盉（西周中期）

虘簋（西周中期）

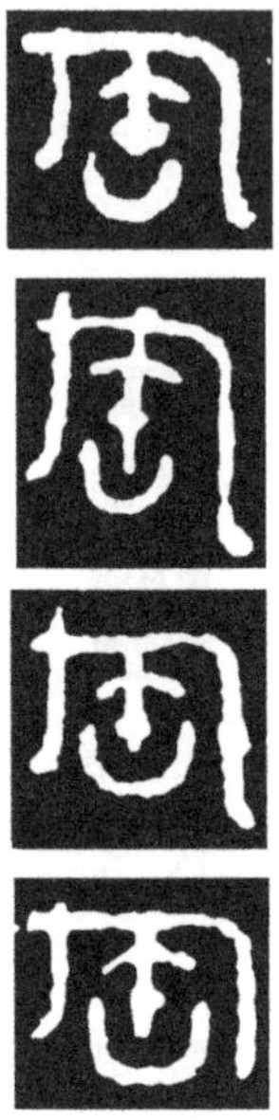
筍伯大父盨（西周晚期） 讀爲寶
匋（寶）尊彝

邛君壺（春秋）

鳭公劍（春秋晚期）

匋令戈（戰國）

帥隹鼎（西周中期） 或从工
念王母勤匋（陶）

罌

yīng
罌

《說文》曰：缶也，从缶、賏聲。

《廣雅》曰：罌，瓶也。

注：罌，大缶似瓶之容器。

四年咎奴蓸令戈（戰國晚期） 讀為罌
高奴蓸令壯罌 工師賙疾 冶問

缾

píng
缾

《說文》曰：甕（瓮）也，从缶、并聲。缾或从瓦。

註：缾，即瓶，經典多作瓶。

罃

瓴 鑐

甔 鏳

敶公孫[illegible]父瓶（春秋早期）

孟[illegible]瓶（春秋）

蔡侯瓶（春秋晚期） 或从金 从皿

魏公瓶（戰國）

喪史[illegible]瓶（戰國） 或从金

yīng
罃

《說文》曰：備火長頸瓶也，从缶、熒省聲。
註：罃，古代盛燈油用油瓶。青銅制从金，為鎣、瓦制从缶為罃。

伯百父鎣（西周中期） 或从金

líng
鑐

《說文》曰：瓦器也，从缶、霝聲。註：鑐，乃罍之演變而成，均爲小口大腹之酒器。鑐，今作瓴。

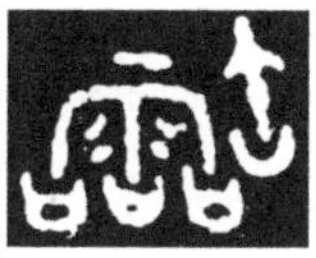
善夫吉父鑐（西周晚期）

仲義父鑐（西周晚期）

曾伯文鑐（春秋早期）

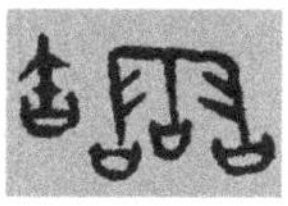
伯亞臣鑐（春秋）【古文字類編】

dàn
鏳

阮元曰：鏳，即甔，『廣雅 釋器』云：甔，瓶也，亦作擔。後漢書明帝記注，引埤蒼云：擔，大罌也，字或作儋。【積古齋鐘鼎彝器款識】

矢

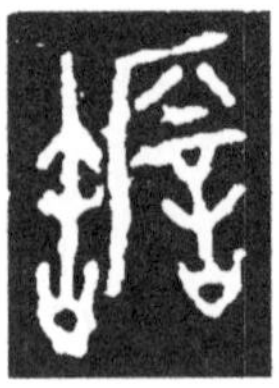
國差甔（春秋）

shǐ矢

《說文》曰：弓弩矢也。

註：矢，箭簇之象形，木質爲矢、竹質爲箭。

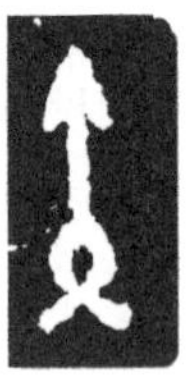
父乙亞矢簋（殷商）

矢爵（殷商）

矢父癸爵（殷商）

且爵（殷商）

矢觚【古文字類編】（殷商）

矢宁觥【古文字類編】（殷商）

矢父癸觶（西周早期）

矢伯卣（西周早期）

豆閉簋（西周中期）

戜殷（西周中期）

十五年趞曹鼎（西周中期）

大師始鼎（西周中期）

師湯父鼎（西周中期）

戴殷（西周中期）

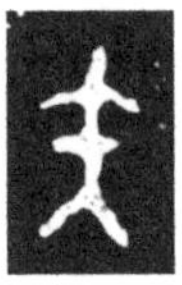
伯臣鼎（西周中期）

同卣（西周中期）

曶鼎（西周中期）

虢季子白盤（西周晚期）

不嬰殷（西周晚期）

噩侯鼎（西周晚期）

shè
射

《説文》曰：弓弩發於身而中於遠也，从矢、从身。篆文从寸，寸，法度也，亦手也。

註：金文、甲骨文之射字均爲从弓、从矢；或再从又，像張弓射箭之形。从身乃从弓之譌變，从寸爲从又之譌變。射，或通謝、通榭、通麝。

射獸父癸鼎（殷商）

射女鼎（殷商）

射女觚（殷商）

射爵（殷商）

桑女射鑑（殷商）

射戟（西周早期）

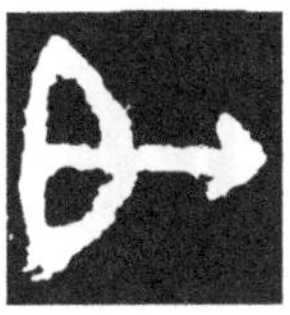
射戈（西周早期）

䚂作父壬毁（西周早期）

雍伯原鼎（西周晚期）

𢎾射作隮甗（西周早期）

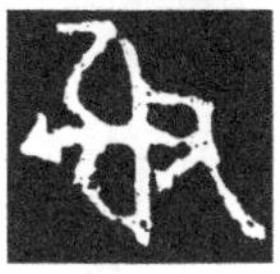
𢎾射尊（西周早期）

令鼎（西周早期）

麥方尊（西周早期）

十五年趞曹鼎（西周中期）

靜簋（西周中期）

義盉蓋（西周中期）

長甶盉（西周中期）

趞毁（西周晚期）

鬲比鼎（西周晚期）

噩侯鼎（西周晚期）

訇簋（西周晚期）

射南簠（西周晚期）

害簋（西周晚期）

鄧伯吉射盤（春秋）

贈矰

候侯

zēng
矰

《字彙》曰：矰；短矢也。《說文通訓定聲》曰：矰；假借爲贈。
註：矰，带絲繩之箭以射鳥。或曰短箭爲矰。

十八年戈（戰國）

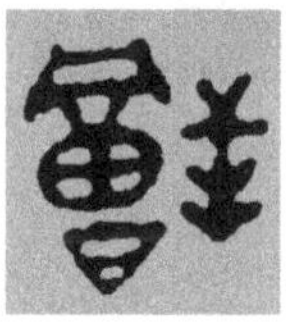
相公子矰戈（戰國）

hóu
矦

《說文》曰：春饗所射矦也。 古文矦。註：矦，象形字，矢中靶心狀。古時射禮置射布，中設革質靶心。善于射中者推為矦。矦，爵位，公、矦、伯、子、男之第二等。矦，即侯之古文，矦，通候。

子侯卣（殷商）

侯瓿（殷商）

⿱口⿰止止侯殷（殷商）

孝卣（殷商）

𪾔季尊（西周早期）

作册折尊（西周早期）

中作且癸鼎（西周早期）

作册⿱冓鼎（西周早期）

康侯丰鼎（西周早期）

媵侯方鼎（西周早期）

匽侯旨鼎（西周早期）

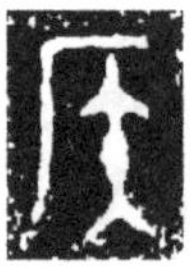
康侯鬲（西周早期）

伯矩鬲（西周早期）

獻侯鼎（西周早期）

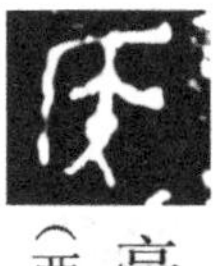
亳鼎（西周早期）

堇鼎（西周早期）

量侯簋（西周早期）

明公簋（西周早期）

大盂鼎（西周早期）

寓鼎（西周早期）

麥方鼎（西周早期）

攸簋（西周早期）

侯戟（西周早期）

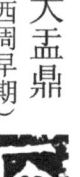

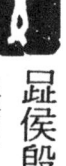

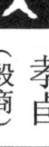

侯 候

滕侯殷（西周早期）

噩侯厝季殷（西周早期）

匽侯簋（西周早期）

告田簋（西周早期）

保卣（西周早期）

啓卣（西周早期）

周公簋（西周早期）

渣嗣土逘殷（西周早期）

禽簋（西周早期）

麥方尊（西周早期）

己侯簋（西周中期）

臣諫簋（西周中期）

遇甗（西周中期）

善鼎（西周中期）

㠱侯弟鼎（西周中期）

不指方鼎（西周中期）

伯晨鼎（西周中期）

曾侯簠（西周晚期）

己侯虓鐘（西周晚期）

鄭大師甗（西周晚期）

蔡侯鼎（西周晚期）

噩侯鼎（西周晚期）

叔侯父簋（西周晚期）

𦰩侯殷（西周晚期）

侯氏簋（西周晚期）

陳侯簋（西周晚期）

噩侯簋（西周晚期）

虢殷（西周晚期）

[illegible]侯簠（春秋早期）

齊侯敦（春秋）

曾侯仲子鼎（春秋早期）

陳侯鼎（春秋早期）

若公平侯鼎（春秋早期）

齊侯鎛（春秋中期）

陳侯作孟姜𡢁簠（春秋）

鑄侯求鐘（春秋）

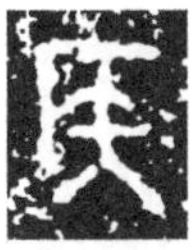
陳侯作王仲嬀𡠟簠（春秋）

蔡侯申缶（春秋晚期）

陳逆簠（戰國早期）

曾侯乙勺（戰國早期）

知 矣 ⿰矢又

麇侯鎛（戰國早期）

曾侯乙鐘（周國早期）

曾侯乙匕（戰國早期）

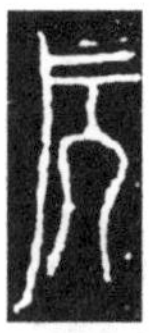
曾侯乙鼎（戰國早期）

zhī 知

《說文》曰：（識）詞也，从口、从矢。《集韻》曰：智；或同知。

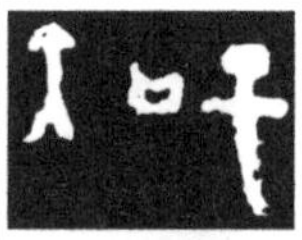
亞㝬鄉宁鼎（殷商） 或讀為智 知（智）光

郐𨛭尹譖鼎（春秋晚期） 讀為知 以知恤辱

宰獸簋（西周中期） 智字在此讀為知 外內毋敢無聞智（知）【近出殷周金文集録】

yǐ 矣

《說文》曰：語已詞也，从矢、以聲。

中山王譽鼎（戰國晚期） 或从矢从丩假為矣 閈於天下之物矣

⿰矢又

臬 媎

𥎦鬲（殷商）

𥎦鼎（殷商）

𥎦毁（殷商）

𥎦父戊觚（殷商）

𥎦父己觚（殷商）

𥎦父癸爵（殷商）

𥎦且戊爵（殷商）

𥎦且己爵（殷商）

𥎦父癸觶（西周早期）

𥎦父戊觶（西周早期）

槗叔𥎦父鬲（西周早期）

媎

伯媎方鼎（西周早期）

農卣（西周中期）

yì 臬

註：或讀爲斁。

臬毁（西周早期）

中山王嚳方壺（戰國晚期）讀爲斁 天不臬（斁）其有願

無臬鼎（戰國晚期）

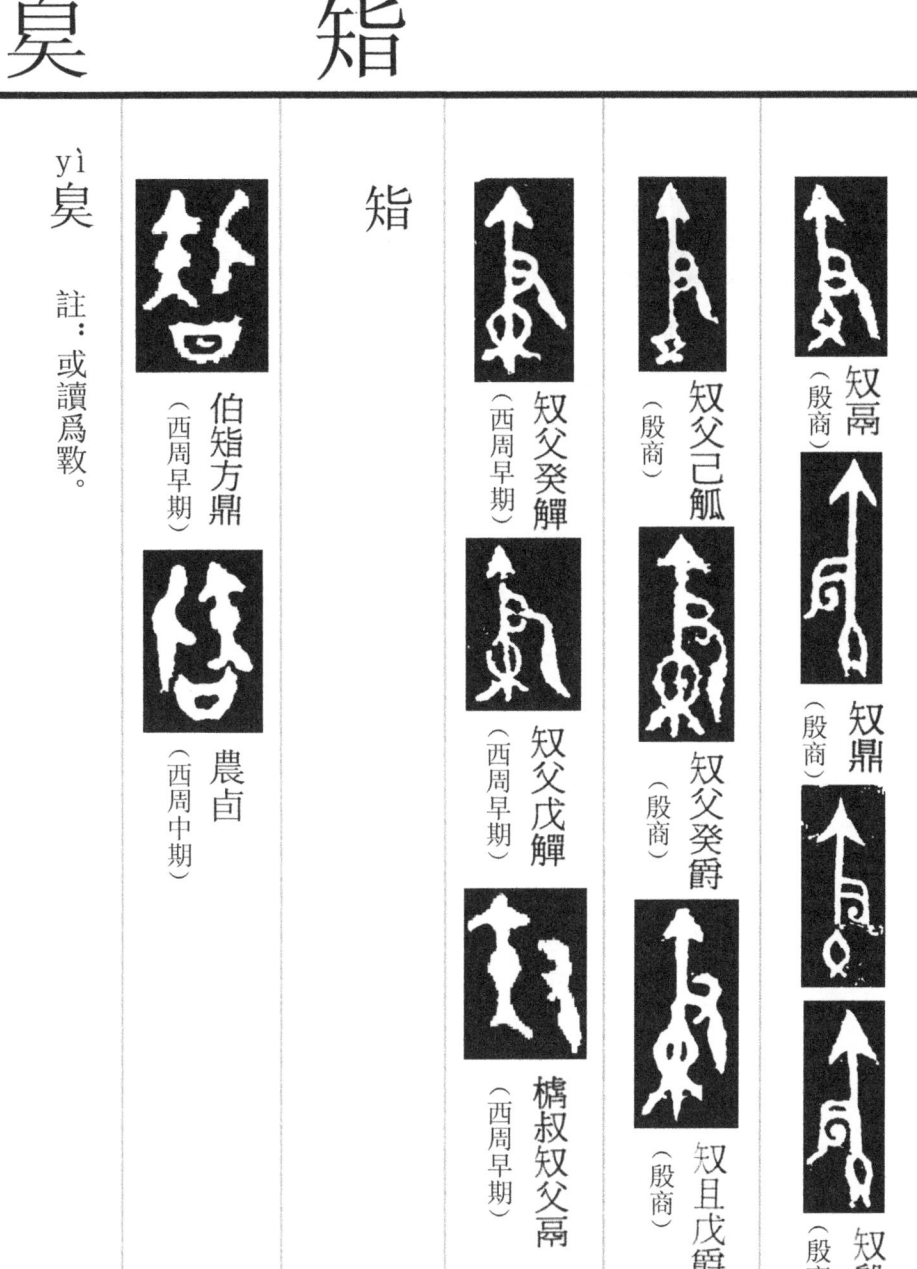

⿰矢弟　⿰矢肇　聅

⿰矢弟

作冊益卣
（西周中期）

⿰矢肇

妹叔昏簋
（西周早期）

聅

戟
（西周早期）

高

gāo
高

《說文》曰：崇也，象臺觀高之形。从冂、口。《說文通訓定聲》曰：高，假借爲膏。

註：高，層疊樓臺形。𠆢，像屋頂，冂，像下屋，口，像下屋窗戶。

亞高作父癸簋（殷商）

羖父丁罍（殷商）

毓且丁卣（殷商）

方彝（西周早期）

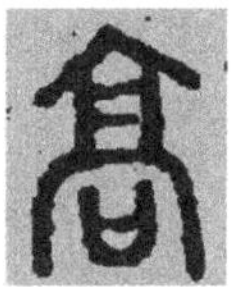
高卣（西周早期）

師高器（西周早期）

高卣（西周早期）

陸婦簋（西周早期）

高作父乙觶（西周早期）

今莽高卣（西周早期）

史牆盤（西周中期）

瘨鐘（西周中期）

不嬰殷（西周晚期）

大簋蓋（西周晚期）

叔高父匜（西周晚期）

駒父盨蓋（西周晚期）

秦公簋（春秋早期）

高子戈（春秋早期）

高密戈（春秋）

高平戈（春秋）

楚高缶（戰國）

噩君啓節車節（戰國）

高奴權（戰國）

高都令戈（戰國）

上君守廟戈（戰國晚期）

塦侯因資敦（戰國晚期）

亭 停渟

亳

亮

tíng
亭

《說文》曰：民所安定也。亭有樓，从高省，丁聲。《說文解字注》曰：亭之引申爲亭止，俗乃製停、渟。《說文通訓定聲》曰：亭，字亦作停。註：亭，古代設在路邊供行旅安定、停留、食宿之所。亭，引申為停留、停止之義。人止不行曰停，水止不流曰渟。亭，同停、同渟。

犅刧尊 讀爲高
（西周早期）亭（高）祖寶尊彝

陳純釜 張亞初釋爲亭【殷周金文集成 引得】
（戰國）於茲安陵亭

bó
亳

《說文》曰：京兆杜陵亭也，从高省，乇聲。註：亳，邑名，商湯之都城。

戈亳册父丁簋
（殷商）

亳戈册父乙觚
（殷商）

乙亳戈册觚
（殷商）

亳册戈
（殷商）

亳鼎
（西周早期）

亳作父乙方鼎
（西周早期）

liàng
亮

《說文解字注》曰：明也，从儿、高省。各本無，此依六書，故所據唐本補。……假涼爲亮也。《韓詩》正作亮。《孟子》亮，為諒也。

十四年方壺 讀為亮
（戰國早期）片器嗇夫亮疽所勒

竟矛 高明釋爲亮【古文字類編】
（春秋）

同坰冂

市

jiōng
jiǒng
冂

《說文》曰：邑外謂之郊，郊外謂之野，野外謂之林，林外謂之冂，象遠界也。古文冂从口，象國邑。同或从土。

註：冂，同同，或讀為絅。

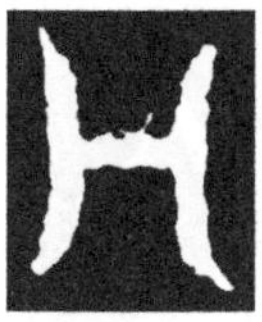
冂彝觚（殷商）

大盂鼎（西周早期） 讀爲絅 賜汝……冖（絅）衣

復作父乙尊（西周早期） 讀爲絅 絅衣

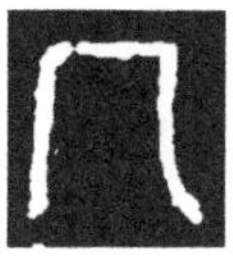
麥方尊（西周早期） 讀爲絅 絅衣

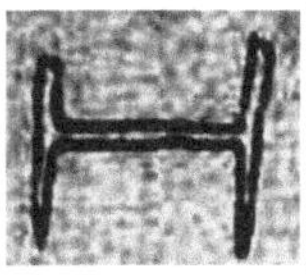
冂斧（戰國）

七年趞曹鼎（西周中期）

師奎父鼎（西周中期）

趩觶（西周中期）

免卣（西周中期）

元年師旋簋（西周晚期）

訇簋（西周晚期）

大克鼎（西周晚期） 讀爲絅 賜汝……參冂（絅）

shì
市

《說文》曰：買賣所之也。

註：市井，市，交易之處，井，公共汲水之所。古於汲水處為市，故稱市井。

兮甲盤（西周晚期） 讀為市 厥賈毋不即市

央

食

亜

鶴

yāng
央

《説文》曰：中央也，从大在冂之内，大，人也。

註：央，像人荷擔形，取擔中曰央。央，通泱、通殃。

央作寶簋
（西周早期）

虢季子白盤
（西周晚期）

中央勇矛
（春秋）

shì
食

註：食，或同冟。《玉篇》曰：冟，飯堅柔調也，今作適。

食車父壺
（西周晚期）

亜

徐太子鼎
（春秋）

hú
hè
雀

註：金文無雀字，晉姜鼎之䧿字為从員、从雀之字。取雀部，供參考。

《一切經音義》曰：古文鶴，今作雀。

𩫏 郭

晉姜鼎（春秋早期） 取从䧹部分

guō yōng
𩫏

《說文》曰：度也，民所度居也，从回，象城𩫏（郭）之重，兩亭相對也，或但从口。《說文》曰：墉；城垣也。古文墉。《說文解字 注》曰：城𩫏字今作郭，郭行而𩫏廢矣。郭沫若曰：从四亭之城垣上兩兩相對，與从二亭相對同意。【卜辭通纂】註：𩫏，同郭、同墉。

己𩫏鼎（殷商）

辛𩫏鼎（殷商）

𩫏青鼎（殷商）

周公簋（西周早期） 讀爲鄘 賜臣三品 州人 重人 鄘人

𩫏作寶鼎（西周早期）

𩫏伯取殷（西周早期） 讀爲郭 賜郭伯搋貝十朋

伯庸父鬲（西周中期） 讀爲庸

伯庸父盉（西周中期）

帥隹鼎（西周中期）

師𩫏鼎（西周中期） 讀爲郭 于朕考郭季易父秩宗

臣諫簋（西周中期）

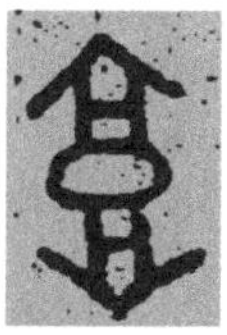

克伯壺（西周晚期）

𧝘伯庸盤（西周晚期）

毛公鼎（西周晚期） 讀爲庸 余非庸又昏

五年召伯虎簋（西周晚期）

拍敦（春秋） 讀爲享 拍作朕配平姬享宮祀彝

⿰亯丕　陛坒 ⿰亯比　⿰亯旌

國差甔（春秋）

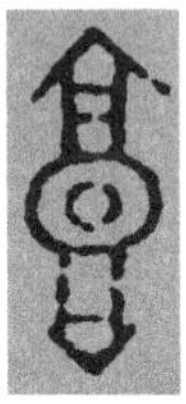

姬寏母豆（春秋）

pī huài ⿰亯丕

註：⿰亯丕，即坯之異體。金文均以不，作丕。古文从亯、从土同。故，⿰亯丕，同坯、同坏。宋元以來俗字或以坏作壞字。

競卣（西周中期）讀爲坯 在坯

bì ⿰亯比

註：⿰亯比，即坒之異體，古文从亯、从土同。坒，同陛。

⿰亯戉作父癸角（殷商）

⿰亯比[illegible]伯段（西周早期）

⿰亯比卣（西周早期）

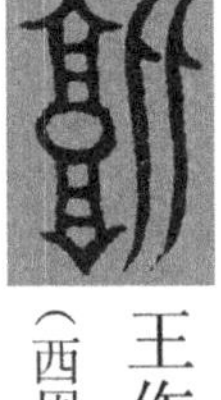

王作臣坒簋（西周早期）【周金文存】

⿰亯旌

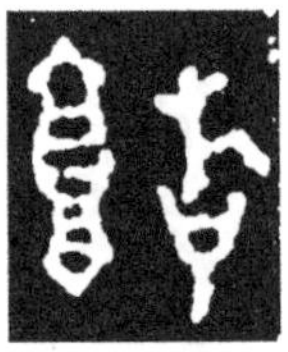

⿰亯旌作父癸尊（西周早期）

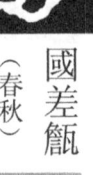

jīng
京

《説文》曰：人所爲絶高丘也。从高省，丨象高形。《説文通訓定聲》曰：京，假借為鯨。

註：自然高地曰丘，人筑高臺并屋宇曰京。京，為帝王所居，有高、大之義。

遷段（殷商）

遊父癸方彝蓋（殷商）

京隣仲盤（西周早期）

文考父辛卣（西周早期）

矢令方彝（西周早期）

伯姜鼎（西周早期）

麥方尊（西周早期）

夻段（西周早期）

䣄鼎（西周早期）

京觶（西周早期）

京姜鬲（西周早期）

静卣（西周早期）

士上卣（西周早期）

士上盉（西周早期）

何尊（西周早期）

歸娥方鼎（西周早期）

耳尊（西周早期）

小臣傳簋（西周早期）

叔京簋（西周早期）

井鼎（西周中期）

班簋（西周中期）

鮮盤（西周中期）

師酉簋（西周中期）

史懋壺（西周中期）

遹段（西周中期）

寓鼎（西周中期）

伯吉父匜（西周晚期）

訇簋（西周晚期）

京叔盤（西周晚期）

善父吉父鬲（西周晚期）

内公鬲（西周晚期）

多友鼎（西周晚期）

就

䯫
就

克鐘（西周晚期）

京叔姬簠（春秋早期）

京戈（春秋早期）

晉公盆（春秋）

屭羌鐘（戰國早期）

jiù 就

《説文》曰：就高也，从京、从尤。註：就，古人就高地筑屋建京。金文就，从京、九聲。

伯䯫父段（西周）

史惠鼎（西周晚期）　讀為就　惠其日就月將　【近出殷周金文集録】

jiù 䯫

孫詒讓曰：䯫，疑古文就之省。【籀高述林】　高田忠周曰：䯫、𩫏，並皆就古文。【古籀篇】

䯫，張亞初釋為就字。【殷周金文集成引得】

子䯫鼎（殷商）

子䯫爵（殷商）

大克鼎（西周晚期）　讀為就　今余唯申䯫（就）乃命

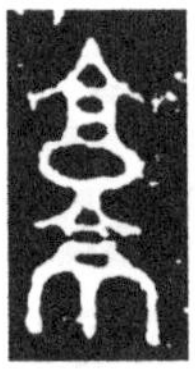

三年師兑簋（西周晚期）

師克盨（西周晚期）

散氏盤（西周晚期）

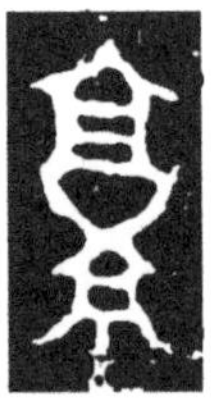

師嫠段（西周晚期）

師嫠段（西周晚期）　讀為就　今余唯申䯫（就）乃命

zhào
肈

史牆盤（西周中期）

戴家祥曰：以聲類求之，殆即垗之別構，形符、聲符兩易字也。【師大校刊】一九七八年

徐仲舒曰：當讀爲肇，肇始也，始事之語詞。【考古學報】一九七八年第二期

崇

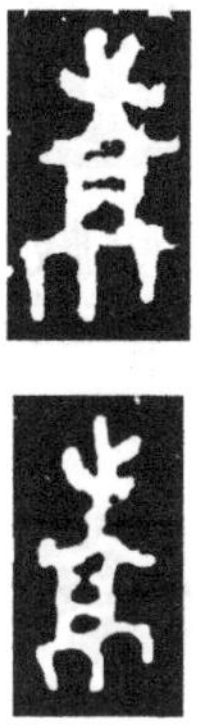

恒簋蓋（西周中期）

táng
臺

註：臺，即堂之異文。

𢦚方鼎（西周中期）

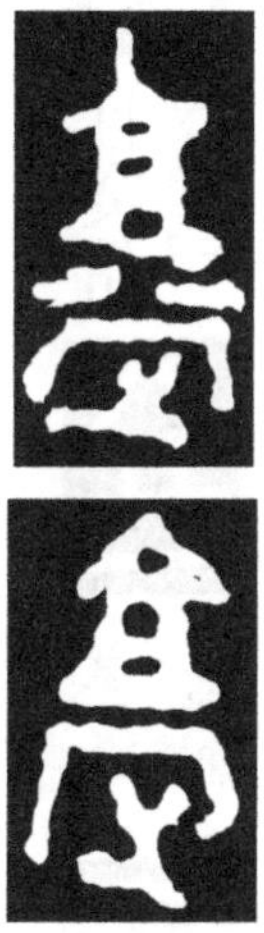

𢦚𣪘（西周中期）

xiǎng
亯

《説文》曰：獻也，从高省，曰：象進孰物形。孝經曰：祭則鬼亯之。《玉篇》曰：亯，今作享。

註：亯、鄉（饗）二字音同義近，用法不同。亯，用於祭祀鬼神之亯孝；鄉（饗），用於生人饗食。

鄉，饗之古文，宴饗。亯，享之古文。亯，分化為享、亨、烹三字，古文中三字通用。

亯且癸鬲（殷商）

且癸鼎（殷商）

亯簋（殷商）

亯觥（殷商）

鬻殷（殷商）

作冊夨令簋（西周早期）

魯侯熙鬲（西周早期）

應公鼎（西周早期）

曆方鼎（西周早期）

伯姜鼎（西周早期）

⿱穴召殷（西周早期）

追簋（西周中期）

叡鐘（西周中期）

[illegible]伯鼎（西周中期）

窓鼎（西周中期）

師器父鼎（西周中期）

⿰害夫叔鼎（西周中期）

戓方鼎（西周中期）

⿰米兄殷（西周）

仲叡父殷（西周中期）

丼南伯殷（西周中期）

仲辛父簋（西周中期）

段簋（西周中期）

周𡴗壺（西周中期）

雍伯原鼎（西周晚期）

吉父鼎（西周晚期）

丼人女鐘（西周晚期）

華季益鼎（西周晚期）

南公有𤔲鼎（西周晚期）

兮仲鐘（西周晚期）

粭媰鼎（西周晚期）

士父鐘（西周晚期）

宮仲鬲（西周晚期）

呂王鬲（西周晚期）

師臾鐘（西周晚期）

亯 享 亨

用亯鐘（西周晚期）

魯邍鐘（西周晚期）

虢文公子段鼎（西周晚期）

伯顥父鬲（西周晚期）

内公鬲（西周晚期）

伯夏父鼎（西周晚期）

善夫旅伯鼎（西周晚期）

仲師父鼎（西周晚期）

虢宣公子白鼎（西周晚期）

無叀鼎（西周晚期）

伯鮮鼎（西周晚期）

諆鼎（西周晚期）

姬鼎（西周晚期）

沴其鼎（西周晚期）

齊巫姜簋（西周晚期）

寺季故公簋（西周晚期）

虢姜簋（西周晚期）

倗伯簋（西周晚期）

旅仲簋（西周晚期）

此鼎（西周晚期）

命父諆毁（西周晚期）

仲毁父簋（西周晚期）

陽飤生簋（西周晚期）

曾伯文簋（西周晚期）

伊簋（西周晚期）

德克簋（西周晚期）

叔䣛父簋（西周晚期）

兮吉父簋（西周晚期）

杲同毁蓋（西周晚期）

琱伐父簋（西周晚期）

豐兮夷簋（西周晚期）

毛伯簋（西周晚期）

事族簋（西周晚期）

尌仲簋（西周晚期）

大簋（西周晚期）

亯享亨

伯家父簋（西周晚期）

此簋（西周晚期）

不嬰𣪘（西周晚期）

肯簋（西周晚期）

羌伯簋（西周晚期）

杜伯盨（西周晚期）

曼龔父盨（西周晚期）

遅盨（西周晚期）

史免簠（西周晚期）

[illegible]侯簠（春秋早期）

杞伯每刂𣪘（春秋早期）

仲姬俞簋（春秋早期）

穌公子簋（春秋早期）

卓林父簋（春秋早期）

郜鼄𣪘（春秋早期）

鑄叔皮父簋（春秋早期）

上曾大子鼎（春秋早期）

單伯遵父鬲（春秋早期）

仲爯父鼎（春秋早期）

曾諸子鼎（春秋早期）

魯仲齊鼎（春秋早期）

叔單鼎（春秋早期）

鄁公鼎（春秋早期）

祀仲鬲（春秋早期）

曾子斿鼎（春秋早期）

鄀公平侯鼎（春秋早期）

鑄侯求鐘（春秋）

鼄大宰鐘（春秋）

鼄叔之伯鐘（春秋）

祀鼎（春秋）

鄁公𣪘（春秋）

鼄公華鐘（春秋晚期）

王孫遺者鐘（春秋晚期）

其次句鑃（春秋晚期）

鄬侯少子𣪘（春秋晚期）

番君召簠（春秋晚期）

𦎫 炖

覃

chún dūn dùn
𦎫

《說文》曰：孰也，从亯、从羊，讀若純。一曰鬻也。《說文解字注》曰：凡从𦎫者今隸皆作享，與亯無別。今俗云純（炖）熟，當作此字，純、醇行而𦎫廢也。楊樹達曰：以音求之，殆即今口語之炖字也。今人烹肉曰炖肉、烹鷄曰炖鷄。【積微居小學述林】

丁𦎫鼎（殷商）

𦎫卣（殷商）

且日庚簋（西周早期）

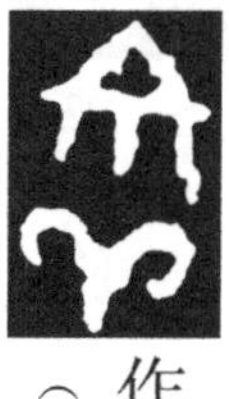
作公尊彝卣（西周早期）

公作尊（西周早期）

鼓𦎫觶（西周早期）

寡子卣（西周中期）

宗周鐘 讀爲敦（西周晚期） 王𦎫（敦）伐其至

禹鼎（西周晚期）

不𡢁段（西周晚期）

齊侯敦（春秋）

歸父敦（春秋）

𦎫于公戈（春秋晚期）

齊侯作孟姜敦（春秋晚期）

曾侯乙鐘 讀爲墉（戰國早期）

十年陳侯午錞 𦎫乳爲錞（戰國晚期）

tán
覃

《說文》曰：長味也，从𣆪、鹹省聲。《廣雅》曰：覃，長也。《爾雅》曰：覃，延也。

註：覃，滋味深長。引申為悠長、蔓延。

旱 厚

厚 垕

亞共覃父甲鼎（殷商）

亞共覃父乙簋（殷商）

亞覃父乙卣（殷商）

亞覃尊（殷商）

覃父己爵（殷商）

亞覃父丁爵（殷商）

晉姜鼎（春秋早期）

hòu

旱

《說文》曰：厚也，从反亯。

註：旱、厚古今字，篤厚、敦厚本作旱、物之厚薄則作厚，今則通爲厚。

北旱父己毁（殷商）

北旱父己爵（殷商）

旱又罍（西周早期）

hòu

厚

《說文》曰：山陵之厚也，从旱、从厂。垕，古文厚。

註：厚，厚重、深厚，厚薄之厚。垕，同厚，垕土。

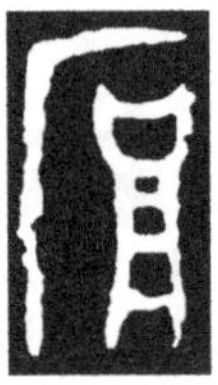

戈厚作兄日辛簋（殷商）

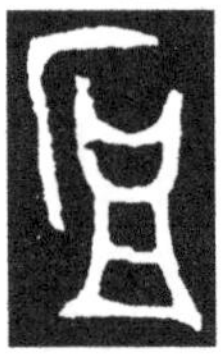

厚且戊觶（西周早期）

毛公旅鼎（西周早期）

原趠方鼎（西周早期）

史牆盤（西周中期）

癲鐘（西周中期）

丼人妄鐘（西周晚期）

畐 逼

粰

師訇簋（西周晚期）

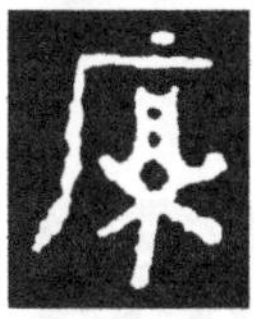
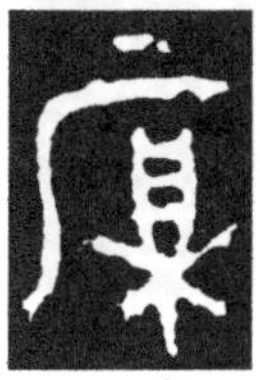
魯大嗣徒厚氏元簠（春秋）

魯伯厚父盤（春秋）

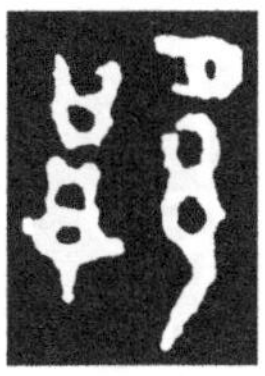
走馬休盤（西周中期） 或从欠 賜汝……厚柲

寰鼎（西周晚期）

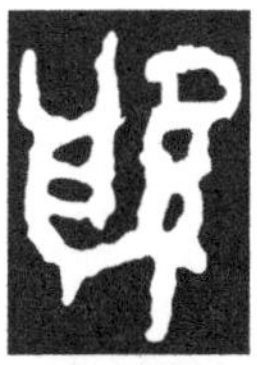
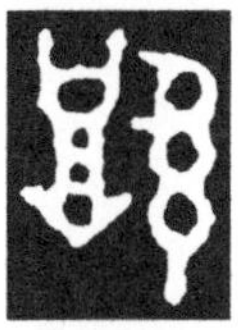

五年師旋毁（西周晚期）

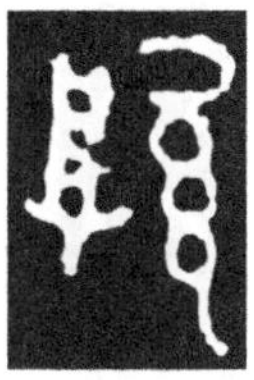
訇簋（西周晚期）

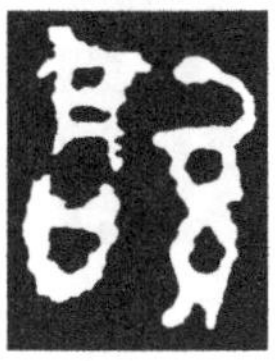
無叀鼎（西周晚期）

寰盤（西周晚期）

fú bī 畐

《説文》曰：滿也，从高省，象高厚之形，讀若伏。《釋言》曰：逼，迫也，本又作偪，二皆畐之俗字。

畐父辛爵（殷商）

季㿽尊（西周早期）

士父鐘（西周晚期）

叔𢍰父簠蓋（春秋晚期） 讀為福 永祜畐（福）

粰

畐父己罍（殷商）

良

liáng
良

《説文》曰：善也，从富省、亡聲。《廣韻》曰：良，賢也。

格伯簋（西周中期）

大自事良父殷（西周）

季良父盉（西周晚期）

良季鼎（西周晚期）

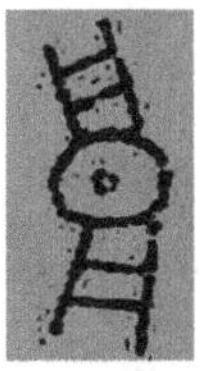

叔良父盨（西周晚期）

尹氏誥良簠（西周晚期）

殳季良父壺（西周晚期）

𩰫寇良父壺（西周晚期）

郳王[扌量]鼎（春秋早期）

邕子良人甗（春秋早期）

齊侯匜（春秋早期）

郘[illegible]尹[illegible]鼎（春秋晚期）

翏金戈（春秋晚期）

大良造鞅鐓（戰國）

中山王嚳方壺（戰國晚期）

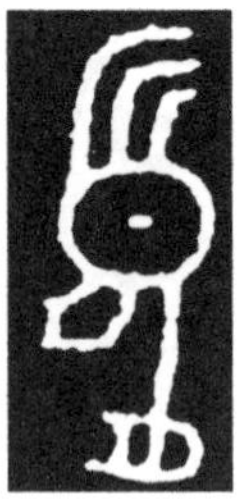

良矢卣（西周早期） 或讀為佷 佷矢作父辛寶彝

良矢作父辛尊（西周早期）

亩 廩

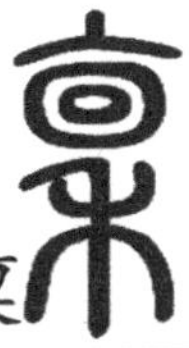
禀 稟亩廩

啚 鄙

bǐng lǐn
亩

《説文》曰：穀所振入。……中有户牖。亩，或从广、从禾。《玉篇》曰：亩，藏米室也，亦作廩。

註：亩，即廩之古文。倉禀即藏糧設施，方曰倉，圓曰禀，禀、廩同字。通懔、通凜。亩，或讀為禀。

亯，从口、从亩應讀為禀告的禀字（稟）。

亩觶（殷商）

大盂鼎（西周早期） 讀爲禀（禀） 今我唯即型禀（禀）于文王正德

亯冊父己尊（西周早期）

bǐng lǐn
禀

《説文》曰：賜穀也，从亩、从禾。注：禀、亩、廩同字。禀，亦為禀告之禀，或作稟告。

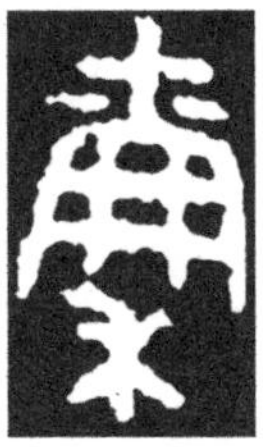
六年召伯虎簋（西周晚期）

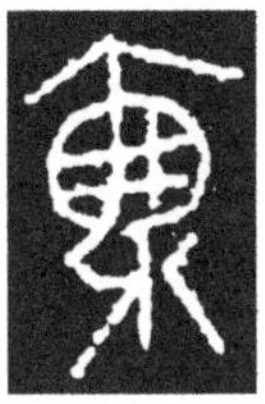
寺工初師壺（戰國）

農卣（西周中期） 或从米

左禀戈（戰國）

井人安鐘（西周晚期） 或从米从攴

陳純釜（戰國）

子禾子釜（戰國）

bǐ tú
啚

《説文》曰：嗇也，从口、亩。亩，受也。古文啚如此。《集韻》曰：啚，通作鄙。

註：啚，或讀作鄙。鄉下、邊遠地區稱鄙。啚，同圖。

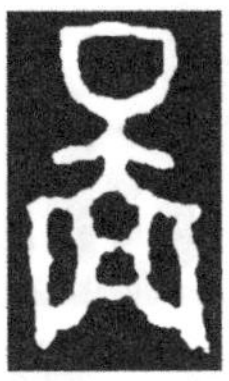
雍伯鼎（西周早期）

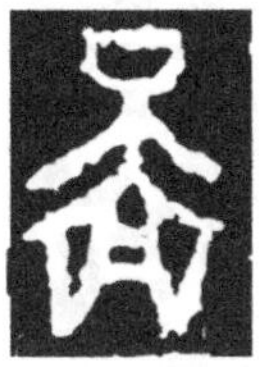
涾嗣土逘段 讀爲鄙（西周早期） 康侯啚（鄙）于衛

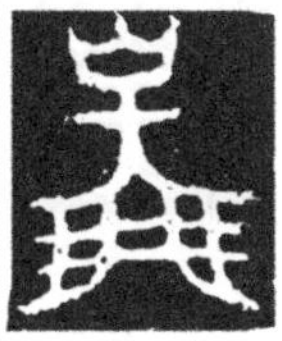
大父乙觶（西周早期）

恒簋盖（西周中期）

嗇

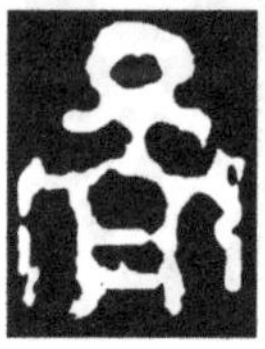

楚簋（西周晚期）

齊侯鎛（春秋晚期）

嗇

大御尊（西周早期）

畣

畣

畣父盉（西周早期）

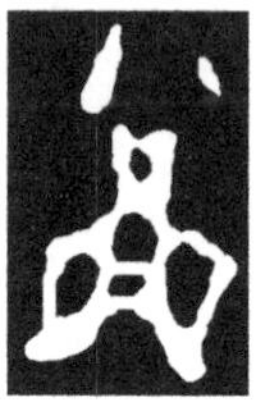
畣父盤（西周早期）

䕼 檁

lǐn
䕼

註：䕼，檁之異文，或讀為林。

䕼伯鐘（西周中期） 讀爲林龢鐘

應侯見工鐘（西周中期）

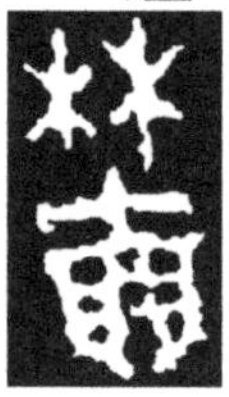
兮仲鐘（西周晚期） 讀為大林鐘

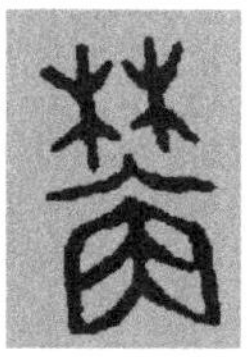
遲父鐘（西周晚期）

 嗇

崞

sè
嗇

《說文》曰：愛濇也，从来、从㐭。来者㐭而藏之，故田夫謂之嗇夫。 古文嗇从田。《字彙補》曰：嗇，同穡。註：嗇，从來、从㐭。來，麥之一種。㐭，糧倉。嗇，字義為收穫穀物入倉。嗇，或為吝嗇之嗇字。

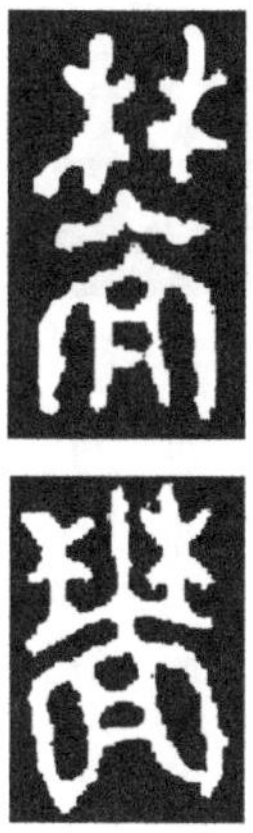
虢叔旅鐘 讀爲林
（西周晚期） 大林龢鐘

士父鐘
（西周晚期）

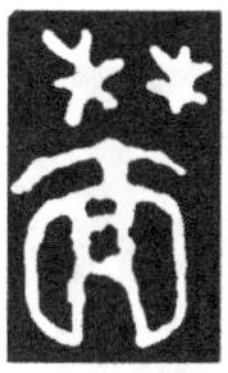
鄭義伯瓶
（春秋）

沈子它簋
（西周早期）

史牆盤 讀爲穡
（西周中期） 農嗇（穡）越曆

𤔲匜
（西周晚期）

嗇夫衡飾
（戰國中期）

右使車嗇夫鼎
（戰國中期）

嗇夫帳桿
（戰國中期）

二十五年戈
（戰國）

十三年壺
（戰國晚期）

十一年庫嗇夫鼎
（戰國晚期）

八年鳥柱盤
（戰國晚期）

十四年雙翼神獸
（戰國晚期）

崞

爵
（殷商）

qiáng
牆

《說文》曰：垣蔽也，从嗇、爿聲。𤖯籀文从二禾。《說文字通》曰：牆，通嬙，嬙，本作廧。

戴家祥曰：牆、穡同字。【師大校刊】一九七八期 註：牆，垣蔽，土或磚壘筑的蔽幛、牆垣。

師酉簋（西周中期）

牆父乙爵（西周中期）

史牆盤（西周中期）

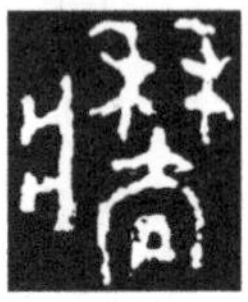

師寰𣪕（西周晚期）

bǐng
亶

註：亶，从口、从㐭應讀為稟告的稟字（稟）。

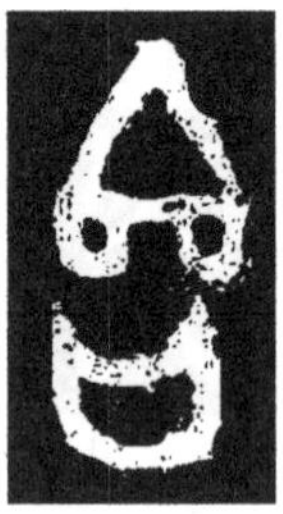

亶爵（殷商）

亶斝（殷商）

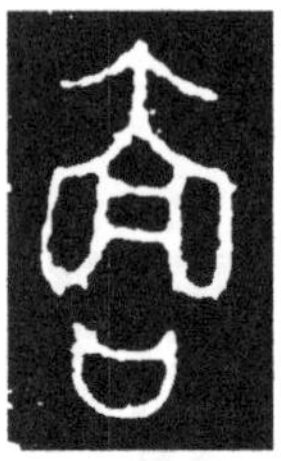

亶冊父己尊（西周早期）

bǐng lǐn
敹

註：敹，或假為廩、為稟、為懍、為凜。

員方鼎 讀為廩（西周中期） 王獸于視敹（廩）

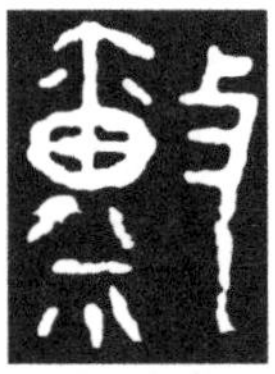

陳純釜 讀為廩（戰國） 節于敹（廩）釜

子禾子釜（戰國）

來

lái
來

《說文》曰：周所受瑞麥來麰，一來二縫，象芒朿之形，天所來也，故爲行來之來。
《集韻》曰：來或从辵。《玉篇》曰：逨，來也，至也。《篇海類編》曰：逨，同来。
註：來，麥名，即小麥（大麥曰牟）。來，假借爲往來之來，而其本義漸失。逨，為往來之來本字。

宰甫卣（殷商）

小臣艅犀尊（殷商）

原趠方鼎（西周早期）

蟎簋（西周中期）

史牆盤（西周中期）

𤼈鐘（西周中期）

曶鼎（西周中期）

旅鼎（西周中期）

來父盉（西周中期）

⿰阝攴貯殷（西周中期）

录作辛公簋（西周中期）

宗周鐘（西周晚期）

五年召伯虎簋（西周晚期）

不嬰殷（西周晚期）

鼄來隹鬲（春秋早期）

商鞅量（戰國）

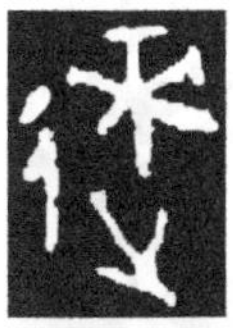

史逨方鼎（西周早期）

交鼎（西周早期）

𩫏伯馭殷（西周早期）

長甶盉（西周中期）

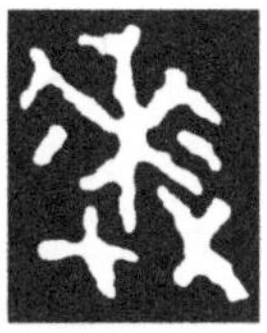

散氏盤（西周晚期）

逨觶（西周早期）【古文字類編】

單伯鐘（西周中期）

逨盤（西周晚期）【古文字類編】

斄

斄

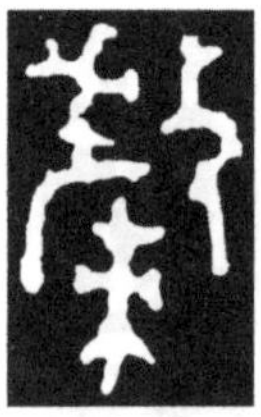
⿺走馬鼎（西周晚期）

麥

mài
麥

《説文》曰：芒穀，秋種厚薶，故謂之麥，……从來、有穗者、从夊。

麥作彝鬲（西周早期）

麥方鼎（西周早期）

麥方尊（西周早期）

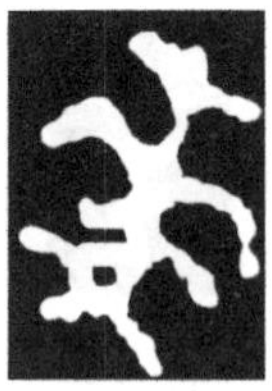
麥盉（西周早期）

井侯方彝（西周早期）

⿰麥虎

⿰麥虎

卿鎛（戰國）

复 愎

夌

憂 優

fù bì
复

《說文》曰：行故道也，从夊、畐省聲。《說文通訓定聲》曰：复，剛愎之愎當作此。謂執故見。

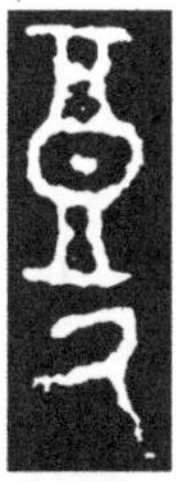

𩰬比盨 讀爲復
（西周晚期）

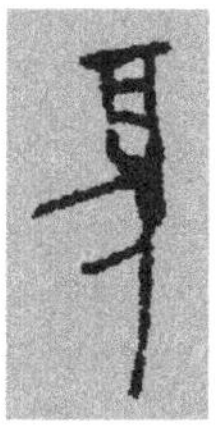

黃夫人盤
（春秋）
【古文字類編】

líng
夌

《說文》曰：越也。《說文解字注》曰：夌，凡夌越字當作此，今字或作淩、或作凌，而夌廢矣。

註：夌，超越義。今作淩。夌，或作陵。

夌伯觶
（西周早期）

小臣夌鼎
（西周早期）

子夌作母辛尊
（西周早期）

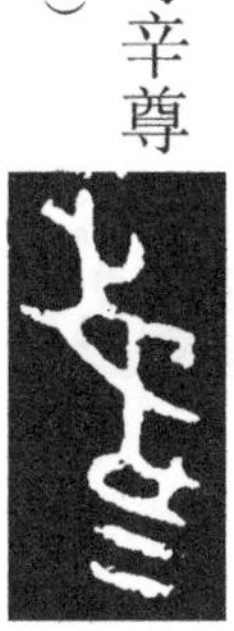

殷
（西周早期）

夌姬鬲
（西周早期）

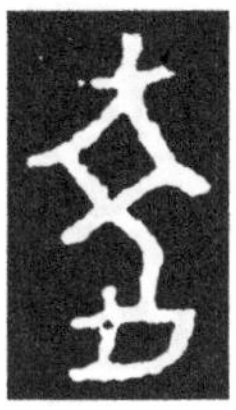

曶鼎
（西周中期）

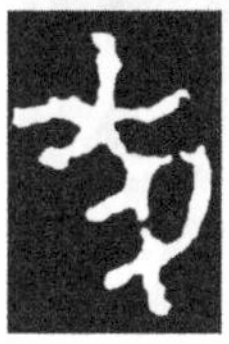

𢐗伯鼎
（西周中期）

yōu
憂

《說文》曰：和之行也，从夊、𢝊聲。

註：憂，金文像掩面而憂愁形。𢝊，即憂之本字。憂，同優。

憂，與獶字形相近。

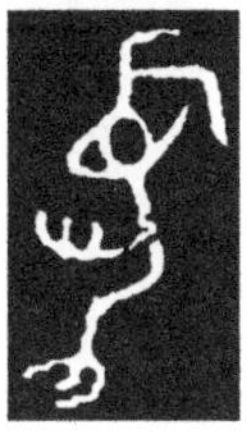

無憂作父丁卣
（西周早期）

伯憂觶
（西周早期）

毛公鼎 讀為憂
（西周晚期）
欲我弗作先王憂

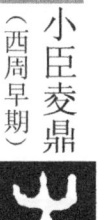

夏 廈

畟

好蚉壺（戰國晚期）讀為憂 以憂厥民罹不辜

中山王譽鼎（戰國晚期）讀為憂 以憂勞邦家

xià
夏

《說文》曰：中國之人也，从夊、从頁、从臼，臼兩手，夊兩足也。《爾雅》曰：夏，大也。

註：夏，中原古部族名，沿用為中國人之稱呼，或稱華夏。夏，或指大屋，也作廈。

伯夏父鼎（西周晚期）

伯夏父醽（西周晚期）

伯夏父鬲（西周晚期）

秦公簋（春秋早期）

右戲仲夏父鬲（春秋早期）

秦公鎛（春秋）

邳伯缶（戰國早期）

鄂君啓節車節（戰國）

鄂君啓節舟節（戰國）

cèjì
畟

《說文》曰：治稼畟畟進也，从田、人、从夊。《篇海類編》曰：畟，同稷，五穀總名。

註：畟，犁鏵耕地深耕快進。畟，或同稷。

夋戟（西周早期）張亞初釋為畟【殷周金文集成 引得】

猱夒

nǎo
夒

《說文》曰：貪獸也，一曰母猴，似人，从頁、巳、止、夊其手足。
註：夒，一種長臂猿。夒，今作猱。夒，或假借為擾、為稷。

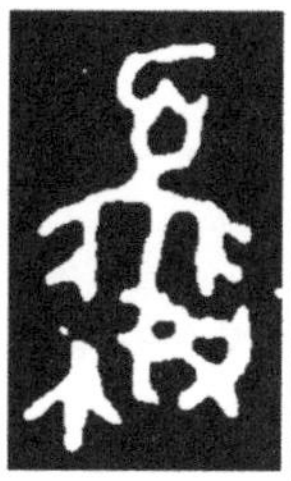

史牆盤（西周中期） 讀為稷 上帝司夒（稷）尤保

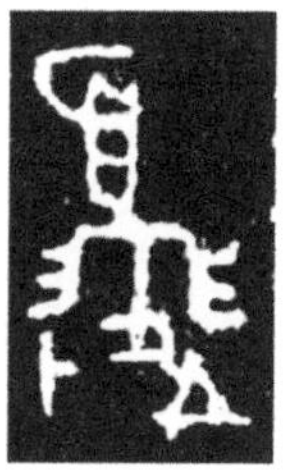

儹匜（西周晚秋） 讀爲擾 今余敢夒（擾）乃大小事

夔

kuí
夔

《說文》曰：神魖也，如龍一足，从夊，象有角、手、人面形。
註：夔，傳說山中怪獸。商周青銅器多鑄其紋飾。

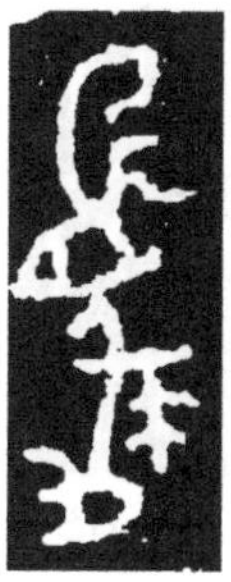

小臣艅犀尊（殷商） 讀為夔 王賜小臣俞夔貝

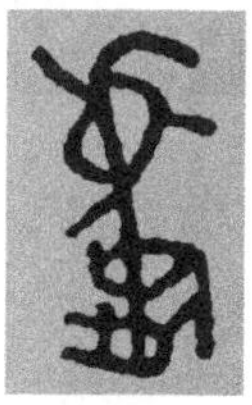

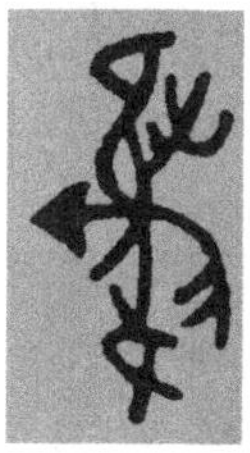

中方鼎（西周早期） 讀為夔 王在夔陴真山

舞

wǔ
舞

《說文》曰：樂也，用足相背，从舛、無聲。

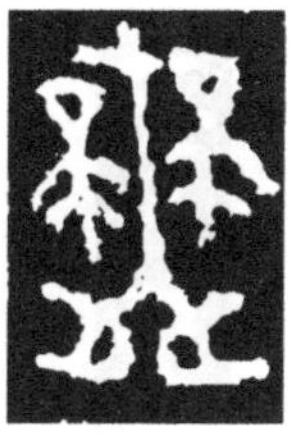

匽侯戟（西周早期）

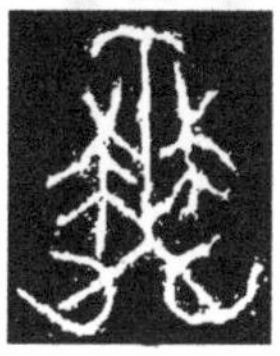

匽侯銅泡（西周早期）

余購逐兒鐘（春秋晚期） 或从辵 飲飤歌舞

韋

韓

wéi
韋

《說文》曰：相背也，从舛、口聲。註：韋、衛、圍，實為同字。口，像城池。四止（趾）環繞城池即衛字，乃韋之繁體字。守城者環繞城池謂之衛、攻城者環繞謂之圍。省上下或左右止，作韋，以表示相隔、相背之義，則為違。韋，即違之初文。韋，借義為革韋，生皮為革、熟皮為韋。

韋作父丁鼎（西周早期）

黃韋俞父盤（春秋）

呂不韋戈（戰國晚期）

hán
韓

《說文》曰：井垣也。从韋取其帀（匝）也，倝聲。
註：韓，環繞水井周邊之欄杆。韓，古國名，或姓氏。金文均假倝爲韓。，或从金。

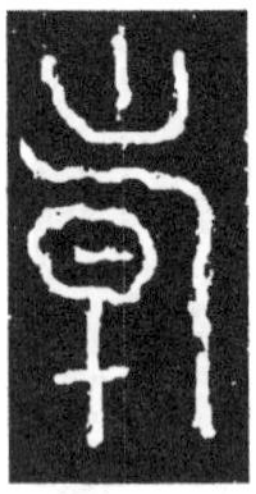
韓氏私官方壺（戰國） 假倝爲韓

八年新城大令戈（戰國）

韓誰戈（戰國晚期）

喜令戈（戰國晚期）

八年相邦劍（戰國晚期）

韓鍾劍（戰國） 或从金

韍

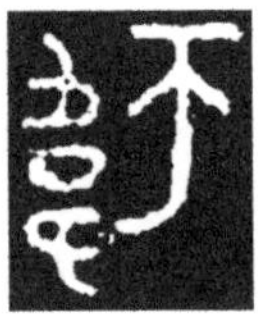
遣小子韍毁（西周晚期）

fú
韍

註：市，古代朝覲或祭祀時，遮蔽在衣裳前面的服飾，象形字。地位不同，其顏色、質地各異。韍，乃韋革制，故从韋、市聲。韍，同市、同芾。

曾師季韍盤（春秋）

zī
⿹𢦏韋

註：⿹𢦏韋，或爲緇、爲纔。緇，顏色，黑紅色，或黑色。

七年趞曹鼎（西周中期）

讀爲緇
賜⿹𢦏韋（緇）芾同衡玄衣

師奎父鼎（西周中期）

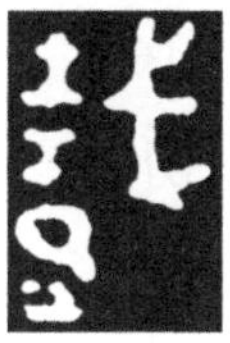
二十七年衛簋（西周中期）

免尊（西周中期）

免卣（西周中期）

趩觶（西周中期）

柞鐘（西周晚期）

訇簋（西周晚期）

chóu
⿰韋壽

註：⿰韋壽，从韋、壽聲，同幬字。

伯晨鼎（西周中期） 讀爲幬 賜汝……畫紳⿰韋壽（幬）較……

⿰韋襄

⿰韋襄

弟 第悌

dì tì 弟

《說文》曰：韋束之次弟也。《爾雅 釋親》曰：弟，悌也。

註：弟，像繩索束弋，展轉螺旋纏繞之形，有順續次第之意。弟，爲第之初文。引申爲兄弟之弟。

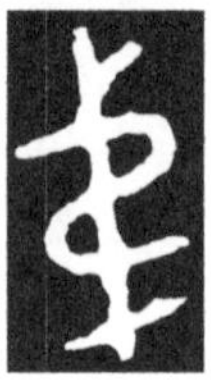

應公鼎（西周早期）

沈子它簋（西周早期）

䣄侯弟㬝季簋（西周早期）

䣄侯弟㬝季尊（西周早期）

𢊾𣪘（西周早期）

𢦏駿觥蓋（西周早期）

臣諫簋（西周中期）

㠱侯弟鼎（西周中期）

齊侯鎛（春秋中期）

殳季良父壺（西周晚期）

叔㸓父𣪘（西周晚期）

蓈陽鼎（戰國晚期）【近出殷周金文集録】 或从艸

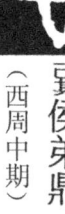

féng
夆

《說文》曰：牾也，从夂、丰聲。讀若縫。

註：夆、逢古同字，通縫，或假爲封。

二祀𠨘其卣（殷商）

封彝簋（西周早期）

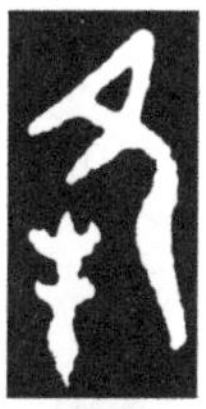

夆莫父卣（西周早期）

夆伯甗（西周早期）

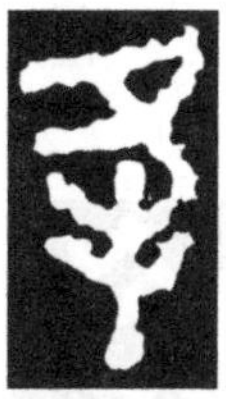

九年衛鼎（西周中期）

讀爲封

則乃成夆（封）四夆（封）

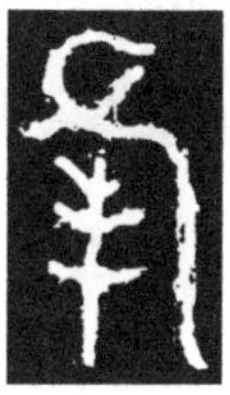

夆叔盤（春秋早期）

夆叔匜（春秋早期）

jiǔ
久

註：古人治病，燃艾灼體謂之灸，久即灸之早期文字。字形像人臥形，末畫為艾條灼體之像。後世久，假借為長久之久字，另加火字為灸，以還其義。

平都矛（戰國）

讀為久

久陵

chéng
shèng
乘

註：，金文乘从大、从木、从)(。大，即人形、)(，像雙脚、木，木制車舟。會意為登車、登舟；託意於乘車、乘舟、乘騎。

隆 夅

麥方尊（西周早期）

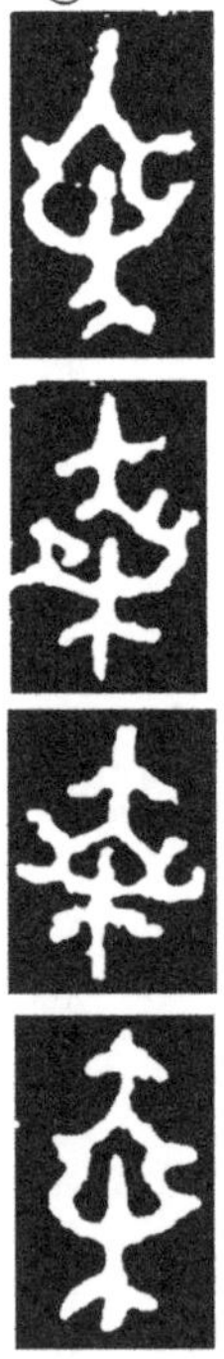
格伯簋（西周中期）

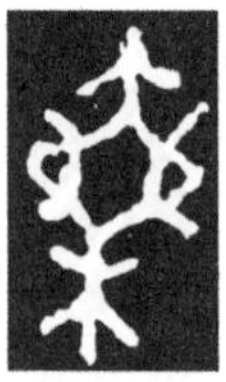
公貿鼎（西周中期）

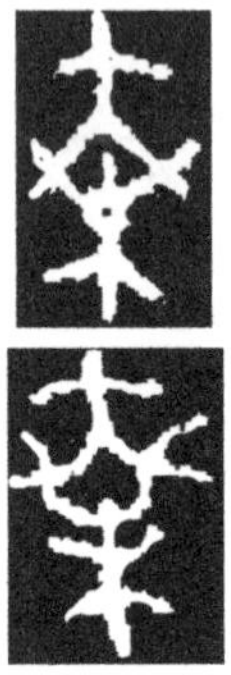
克鐘（西周晚期）

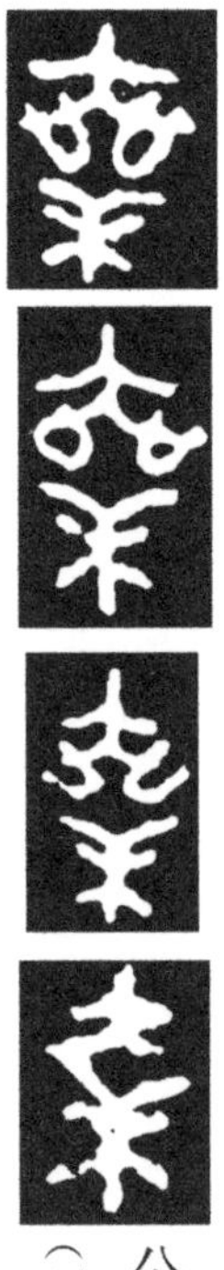
公臣簋（西周晚期）

多友鼎（西周晚期）

虢季子白盤（西周晚期）

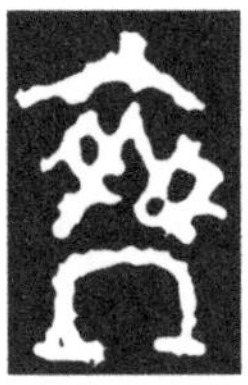
乘父士彬盨（西周晚期）

禹鼎（西周晚期）

師同鼎（西周晚期）

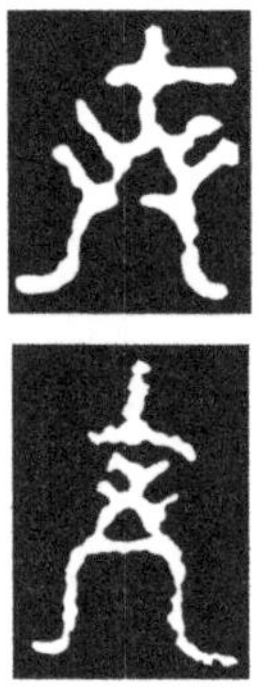
鄧公乘鼎（春秋中期）

匽公匜（春秋）

庚壺（春秋晚期）

齊君啓節車節（戰國）

廿年距末（戰國）

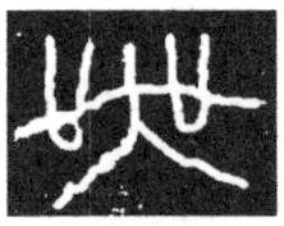
公乘壺（戰國）

lóng
夅

《廣韻》曰：夅，多夅，禮天。《集韻》曰：夅，多也。

註：夅，即夅，讀爲隆。

夅伯鬲（西周中期）

讀爲隆

仰韶書屋金文字彙 卷六

文三百零七字 重文約一千九百四十四字

木

mù
木

註：木，象形字，上像枝干、下像其根。

亞木守觚（殷商）

木父辛鼎（殷商）

木父辛爵（殷商）

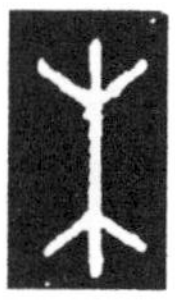
卜木卣（殷商）

丙木父辛卣（殷商）

木甗（殷商）

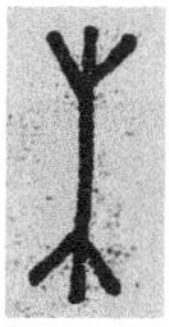
木觚（殷商）

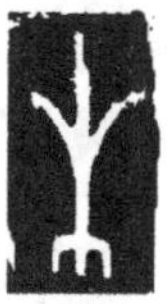
木且辛父丙鼎（殷商）

戉木爵（殷商）

亞父丁爵（殷商）

木作父辛鼎（西周早期）

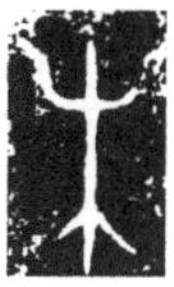
木工册鼎（西周早期）

木父丙簋（西周早期）

作册折尊（西周早期）

木父丁觚（西周早期）

折斝（西周早期）

格伯簋（西周中期）

癲盨（西周中期）

豐卣（西周中期）

豐作父辛尊（西周中期）

豐父辛爵（西周中期）

枏 楠柟

梅

李

曶鼎（西周中期）

散氏盤（西周晚期）

噩君啓節舟節（戰國）

nán
枏

《說文》曰：梅（柟）也，从木，冄聲。《說文解字義證》曰：枏生南方故又作楠。

註：楠，即枏之俗體，或作柟。

仲枏父簋（西周中期）

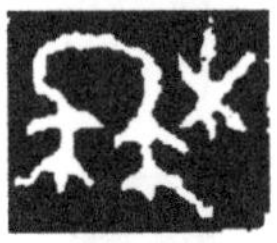

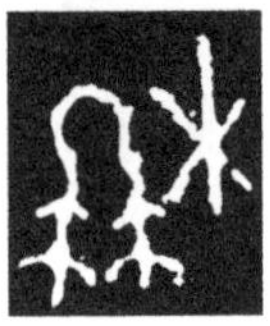
仲枏父鬲（西周中期）

仲枏父匕（西周中期）

méi
梅

《說文》曰：枏也，可食。从木，每聲。或从某。

史梅兄作且辛𣪘（西周早期）

lǐ
李

《說文》曰：果也，从木，子聲。

《說文解字注》曰：古李、理同音通用，故「行李」與「行理」竝（並）見，「大李」與「大理」不分。

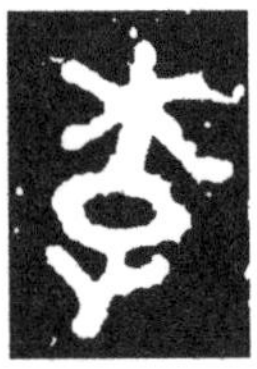
五祀衛鼎（西周中期）

李瘇壺（戰國晚期）

zhēn
亲

《説文》曰：果實如小栗，从木、辛聲。註：金文亲，从木、辛聲，即榛之本字。方濬益曰：榛，古作亲，後世以榛爲亲，榛行而亲廢。【綴遺齋彝器款識考釋】

𦿏殷（西周中期）

中伯簋（西周晚期）

中伯壺（西周晚期）

羊角戈（戰國早期）

或讀爲新
羊角之亲（新）造散戈

kǎi
jiè
楷

《説文》曰：木也……从木、皆聲。註：楷，木名，即黄連木。楷，或讀為楷模之楷。

㮴叔知父鬲（西周早期）

𢽴𤔲方鼎（西周早期）

獻簋（西周早期）

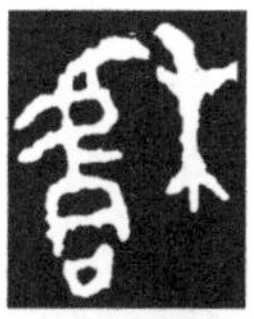
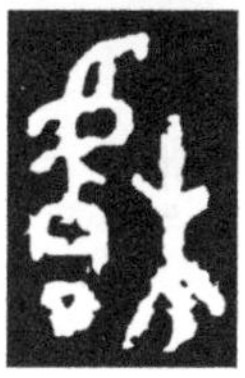
楷侯簋盖（西周早期）

叔僊觶（西周早期）

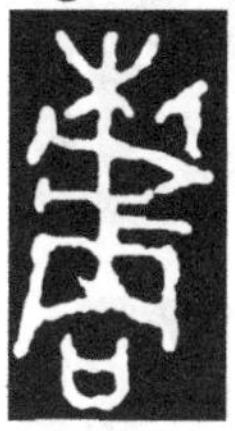
旟鼎（西周中期）

楷仲簋（西周中期）

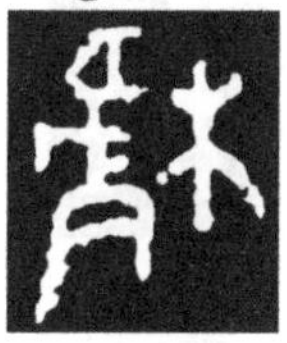
周𧈪生殷（西周）

楷侯壺（西周）

dù
杜

《説文》曰：甘棠也，从木、土聲。註：杜，果樹名，杜梨。

棫

杙

柞

格伯簋（西周中期）

師虎簋（西周中期）

公簠（西周晚期）

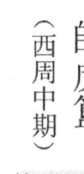

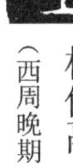

杜伯鬲（西周晚期）

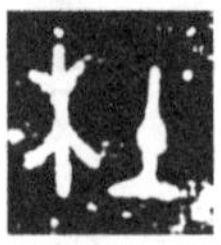

杜伯盨（西周晚期）

杜虎符（戰國晚期）

yù
棫

《說文》曰：白桵也，从木、或聲。

註：棫，即白桵、白蕤，木名，果可食。䬠，同棫，地名，在周地或从周。

散氏盤（西周晚期）

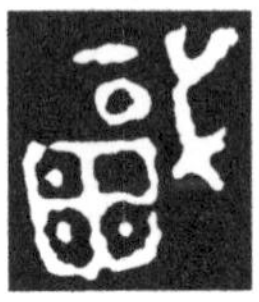
戜毁（西周中期）

或从周

率有司師氏奔追御戎于䬠（棫）林

yì
杙

《說文》曰：劉，劉杙，从木、弋聲。

註：杙，即劉杙，木名，果實象梨、味酸甜。

應侯簋（西周中期）

zuò
zhà
柞

《說文》曰：木也，从木、乍聲。

註：柞，或假爲作。

櫅

舫 枋

柳

翏簋（西周早期）

量侯簋（西周早期） 讀爲作 量侯豺柞（作）寶尊簋

柞鐘（西周晚期）

jī jì
櫅

《説文》曰：木也，可以爲大車軸，从木齊聲。

註：櫅，白棗樹。櫅，或曰斷木。

㾓鐘（西周中期）

史牆盤（西周中期）

fāng fǎng
枋

《説文》曰：木可做車，从木、方聲。

《集韻》曰：舫；或作枋。

註：枋，或讀為方。

好𧊒壺（戰國晚期） 讀爲方 枋（方）數百里

liǔ
柳

《説文》曰：小楊也，从木、卯聲。

南宮柳鼎（西周晚期）

散氏盤（西周晚期）

杞

櫟

熒榮

qǐ 杞

《説文》曰：枸杞也，从木、己聲。

註：杞，或為國名，夏代後裔，姒姓，周武王所封。

亞醜杞婦卣（殷商）

亳鼎（西周早期）

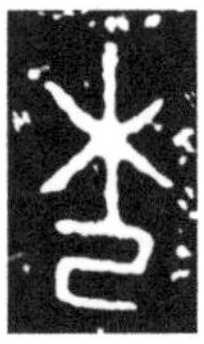

杞伯壺（春秋早期）

杞伯盆（春秋早期）

杞伯簋（春秋早期）

杞伯匜（春秋早期）

杞伯鼎（春秋早期）

鼄叔簠（春秋早期）

lì 櫟

《説文》曰：木也，从木、樂聲。

註：櫟，麻櫟樹。

四年相邦樛斿戈（戰國晚期）

róng 榮

《説文》曰：桐木也，从木、熒省聲。方濬益曰：；即榮之古文。【綴遺齋彝器款識考釋】

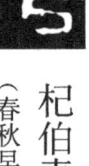

《説文通訓定聲》曰：榮，假借為營。

註：榮，或作縈、作熒、作營。

桐

tóng
桐

《說文》曰：榮也，从木、同聲。 註：桐，梧桐樹。桐樹有多種，其白桐或稱榮，可制琴瑟。

榮子旅甗（西周早期）

榮子旅鼎（西周早期）

大盂鼎（西周早期）

榮簋（西周早期）

周公簋（西周早期）

榮子方彝（西周早期）

榮子方尊（西周早期）

榮子盤（西周早期）

作公丹鎣 讀爲鎣（西周早期）

𢐗伯鎣（西周早期）

𢐗伯盤（西周早期）

肄殷（西周中期）

衛簋（西周中期）

卯簋蓋（西周中期）

裘衛盉（西周中期）

應侯見工鐘（西周中期）

榮伯鬲（西周中期）

同簋（西周中期）

康鼎（西周中期）

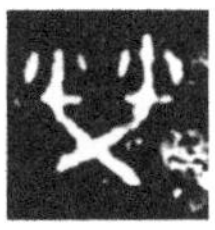
永盂（西周中期）

己侯簋（西周中期）

五祀衛鼎 讀為營（西周中期） 榮（營）二川

榮子鼎（西周）

𤇾有嗣爯鬲（西周晚期）

弭伯簋（西周晚期）

輔師嫠殷（西周晚期）

翏生盨（西周晚期）

㝬桐盂（春秋）

松

sōng
松
《説文》曰：木也，从木、公聲。𡧫松或从容。
註：松，或讀爲樅。

鄂君啓節舟節（戰國）
讀爲樅
就松（樅）陽

某

méi
mǒu
某
《説文》曰：酸果也，从木、从甘。
註：某，即梅之本字，後借爲代詞某，另造梅字。某，或假爲謀。

禽簋（西周早期）
讀爲謀
周公某（謀）

諫簋（西周晚期）

本

běn
本
《説文》曰：木下曰本，从木，一在其下。
註：本，木下加一横或一點，指樹木之根部，引申為根本、根源。

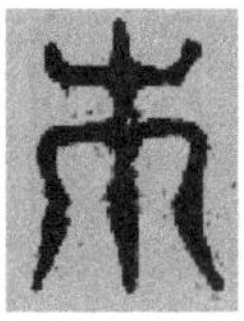
本鼎（西周中期）

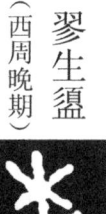

zhū
朱

《說文》曰：赤心木，松柏屬，从木、一在其中。註：朱，即株之本字，與本、末之一横（或一點）其義相同，指示樹木之部位。朱，指樹木本身。朱，紅色，古代之正色。朱，或假借爲貨幣單位銖。

女朱戈觶（西周早期）

即簋（西周中期）

廿七年衛簋（西周中期）

王臣簋（西周中期）

師酉簋（西周中期）

彧方鼎（西周中期）

吴方彝（西周中期）

走馬休盤（西周中期）

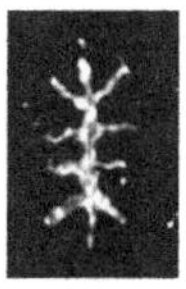
師克盨（西周晚期）

善夫山鼎（西周晚期）

趩鼎（西周晚期）

師艅簋（西周晚期）

寰盤（西周晚期）

毛公鼎（西周晚期）

三年師兑簋（西周晚期）

頌鼎（西周晚期）

頌簋（西周晚期）

頌壺（西周晚期）

輔師嫠殷（西周晚期）

師頪殷（西周晚期）

此鼎（西周晚期）

此簋（西周晚期）

柞鐘（西周晚期）

蔡侯朱缶（春秋）

五年鄭令矛（戰國）

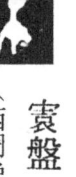

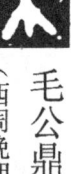

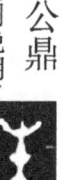

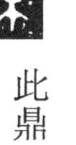

末 

菓果 

枚 

[illegible]工银節約（戰國）

讀爲銖

二兩五朱（銖）

彔伯𢦏段蓋（西周中期）

或从穴

余賜汝……朱虢靳虎冪朱裏

mò
末

《說文》曰：木上曰末，从木、一在其上

註：末，與本、朱之一横或一點所指樹木之部位同義。末，指樹木之末稍。

蔡侯紐鐘（春秋晚期）

蔡侯鎛（春秋晚期）

悍距末（春秋晚期）

guǒ
果

《說文》曰：木實也，从木、象果形在木之上。

註：菓，同果，爲果之後起字。

果簋（西周中期）

蔡公子果戈（春秋晚期）

méi
枚

《說文》曰：幹也，可爲杖，从木、从攴。

註：枚，樹幹。也作量詞，一枚，或作一個。

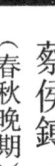

荏 栠 

榔 根 

樛 

枚爵（殷商）

枚父丙卣（殷商）

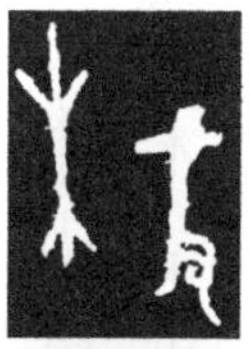

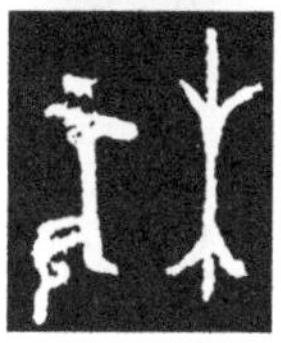
弓形器（殷商）

枚家作父戊卣（西周早期）

枚父乙鼎（西周早期）

rěn
栠

《説文》曰：弱皃（貌），从木、任聲。註：栠，从禾與从木同。荏，即栠，荏行而栠廢矣。

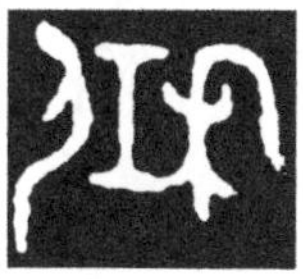
栠尊（西周早期）

láng
根

《説文》曰：高木也，从木、良聲。註：根，或作榔。

散氏盤（西周晚期）　讀為根　自根木道

jiū
樛

《説文》曰：下句曰樛，从木、翏聲。註：下句即下勾。勾、句乃同字。下勾：指樹木向下彎曲。樛木，向下彎曲之樹木。

四年相邦戈（戰國晚期）

樛大盉（戰國晚期）

柁 杕

dì duò
杕

《說文》曰：樹皃（貌）。从木、大聲。《集韻》曰：柁；正船木，或作杕。《正字通》曰：柁；同舵。

註：杕，樹木高大。杕，或作柁、作舵

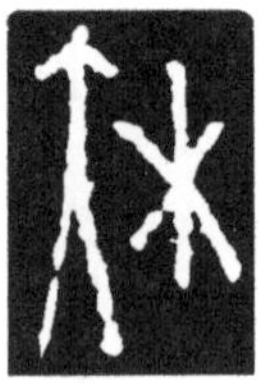
杕氏壺（春秋晚期）

公朱左自鼎（戰國晚期）

格

gé
格

《說文》曰：木長皃（貌）。从木、各聲。《爾雅 釋詁》曰：格，至也。又《釋言》曰：格，来也。

註：格，樹高枝長。格，在古文中有到、至、來，之義。

格伯簋（西周中期）

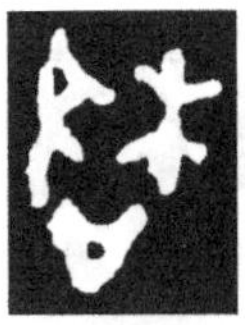
格伯作晉姬簋（西周中期）

六年格氏令戈（戰國）

格氏矛（戰國）

稿篙犒 槁

gǎo kào
槁

《說文》曰：木枯也，从木、高聲。《說文通訓定聲》曰：槀，假借為槀。

註：槀，同槁、通稿，古文中偏旁木、禾可通用。槀，或讀為犒、讀為篙。

拓柝

築

榦

廿三年㯱朝鼎
（戰國）
或爲从木高省

tuò
柝

《説文》曰：判也，从木、㡿聲。《集韻》曰：㯤，或作柝。

註：㯤，同柝，判（劈）木使其分裂。柝，或為舊時巡夜報更敲擊的木制響器。柝，通拓。

庚嬴卣
（西周早期）
讀為柝
又丹一柝

散氏盤
（西周晚期）
讀為柝
封屠柝㥁 陵 剛柝

zhù
築

《説文》曰：擣也，从木、筑聲。註：築，搗土工具，其形似杵。築，建築，將土搗實建屋。

子禾子釜
（戰國）
讀為築
關人築桿戚釜

gàn
榦

《説文》曰：築牆耑木也，从木、倝聲。

註：榦，築牆時固定夾板所豎立之木樁。

好盗壺
（戰國晚期）
讀為榦
唯邦之榦

枹桴

梠

檐

臾

fú
桴

《說文》曰：棟名，从木、孚聲。《說文通訓定聲》曰：桴，假借為枹。

註：五架之屋，中檁曰棟，二檁曰桴。桴，或假爲枹。枹，鼓棰也，奮枹；形容擊鼓。

十五年相邦劍（戰國）

中山王嚳鼎（戰國晚期） 讀爲枹 奮桴（枹）振鐸

lǚ jǔ
梠

《說文》曰：楣也，从木、吕聲。

註：梠 楣也，即屋檐。梠，或讀為莒，周之諸侯國。

中子化盤（春秋） 讀爲莒 用征梠（莒）

大攻君圜器（戰國）

yán dān
檐

《集韻》曰：擔；負也，或从木。

註：檐，房檐，屋頂向外延伸的部分。檐，或讀為擔。

王命龍節（戰國） 讀爲擔 一檐（擔）飤之

噩君啓節車節（戰國） 讀爲擔 屯廿檐（擔）以當一車

xū
臾

《說文》曰：苿（鍤）臿也，从木、入，象形，𦥑聲。

註：臾，象形字，鍤插，翻土工具。

盤鎜槃

散氏盤（西周晚期）

pán

槃

《說文》曰：承槃也，从木、般聲。鎜古文从金，盤籀文从皿。

註：盤；以木製作則从木、以金製作則从金、示其器則从皿。

宗仲盤（西周中期）　或以般爲盤

德盤（西周中期）

殷穀盤（西周中期）

虢季子白盤（西周晚期）

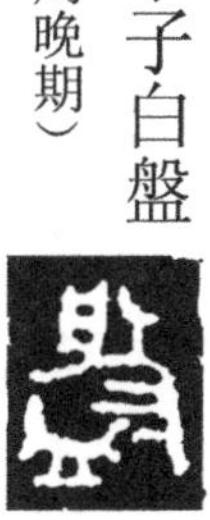

㽙伯盤（西周晚期）

曾仲盤（西周晚期）

伯考父盤（西周晚期）

番□伯者君盤（春秋）

郘令尹者旨𨟻盧（春秋）

般仲宋盤（春秋）

徐王義楚盤（春秋）

中子化盤（春秋）

歸父盤（春秋）

伯戔盤（春秋）

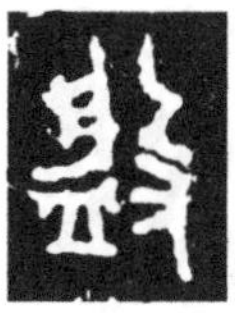

曾子伯𠷎盤（春秋）

蔡侯盤（春秋晚期）

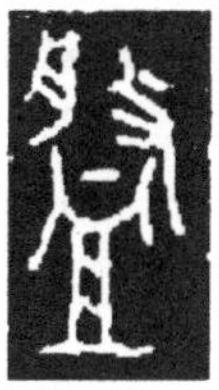

沇兒鎛（春秋晚期）

蔡侯盤（春秋晚期）

但盤埜匕（戰國晚期）

楚王酓肯盤（戰國晚期）

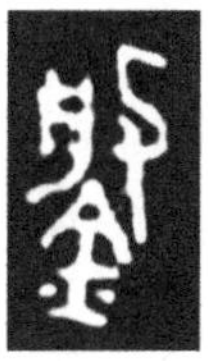

伯侯父盤（西周晚期）　或从金

罍檑 櫑 　櫓 　樂 

lěi
櫑

《說文》曰：龜目酒尊，刻木作雲雷象。象施不窮也，从木畾聲。櫑或从缶、櫑或从皿、籀文櫑。

註：櫑，刻雲雷紋之酒尊類祭器也。制作材質不同，或从木、从金。櫑，同罍、同檑。

乃孫罍（殷商）　或从皿雷聲

櫑仲簋（西周中期）　或从木雷聲

淊御事罍（西周中期）　或以靁爲罍

對罍（西周中期）

圅皇父簋（西周晚期）　或从金

圅皇父鼎（西周晚期）

邳伯缶（戰國早期）　或从缶

lǔ
櫓

《說文》曰：大盾也，从木、魯聲。樐，或从鹵。

註：櫓，同樐，兵器，大盾。櫓，或為大型船槳。

陳侯壺（春秋早期）　讀為櫓　陳侯作嬀櫓媵壺

yuè
lè
yào
樂

《說文》曰：五聲八音總名。註：樂字像絲附木上，或二、或三，乃琴瑟之像，音樂之本意。中糸譌為白作。樂，有愛好之義；『論語』：知者樂水、仁者樂山。

樑梁 

欒作旅鼎（西周中期）

㾓鐘（西周中期）

召欒父匜（西周晚期）

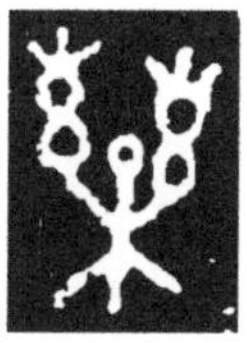
欒鼎（西周晚期）

井叔采鐘（西周晚期）

售仲之孫段（春秋早期）

徐王子旃鐘（春秋）

洹子孟姜壺（春秋）

邾公釪鐘（春秋）

欒大司徒瓶（春秋）

姑馮昏同之子句鑃（春秋晚期）

敬事天王鐘（春秋晚期）

余贎逐兒鐘（春秋晚期）

配兒鉤鑃（春秋晚期）

子璋鐘（春秋晚期）

欒子簠（春秋晚期）

鼄公華鐘（春秋晚期）

令狐君壺（戰國中期）

上欒厨鼎（戰國晚期）

liáng 梁

《說文》曰：木橋也，从木、从水、刅聲。《說文通訓定聲》曰：梁，假借爲梁。

註：梁，金文或省木。梁，同樑。

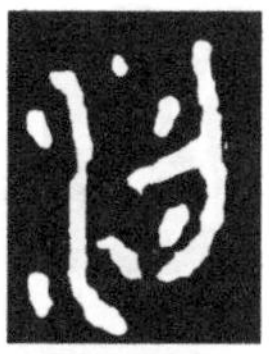
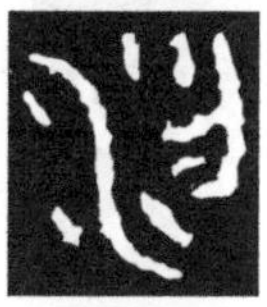

伯梁其盨（西周晚期）或不从木

善夫梁其簋（西周晚期）

采 採彩綵睬

析 晳

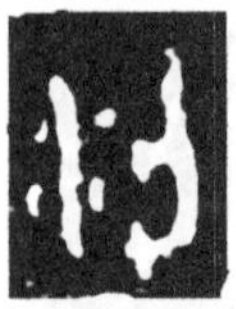

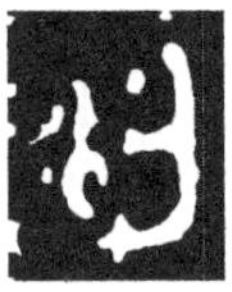
伯梁父簋（西周晚期）

梁其鐘（西周晚期）

梁其鼎（西周晚期）

梁其壺（西周晚期）

陳公子叔邍父甗（春秋早期）讀爲梁　用鬻稻梁（梁）

庚壺（春秋晚期）以梁爲梁　于梁（梁）

叔家父簠（春秋早期）

梁戈（春秋）

大梁司寇鼎（戰國）或从邑

梁十九年亡智鼎（戰國）

cǎi
采

《説文》曰：捋取也，从木、从爪。《玉篇》曰：采，色也。《正字通》曰：采，别作彩。

《説文通訓定聲》曰：采，字亦作綵。

註：采，以爪（手）採摘木之果實。采，即採之本字。采，通睬。

遣卣（西周早期）

遣尊（西周早期）

中方鼎（西周早期）

采者節（戰國）

xī
析

《説文》曰：破木也，一曰折也，从木、从斤。

《説文通訓定聲》曰：析，假借爲晳。

註：析，从木、从斤。斤，斧之一類工具，以斤破木，會意字。破木爲析、斷艸爲折，均有分義。

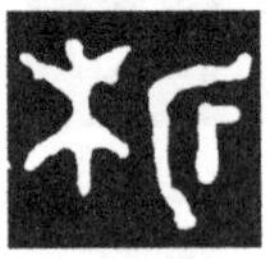

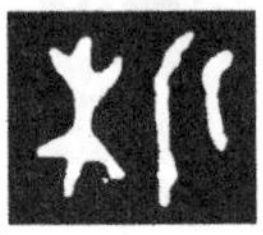
格伯簋（西周中期）

十八年相邦劍（戰國晚期）

枼 枼

休 休 庥

鄘侯少子殷（春秋）

或从禾

伯析戈（春秋）

yè
枼

《說文》曰：楄也，枼，薄也，从木、丗（世）聲。《正字通》曰：枼，即葉字。註：枼，或假為世。

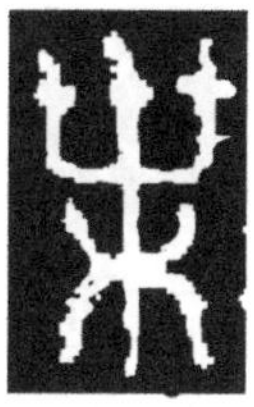
齊侯鎛（春秋中期）

拍敦（春秋） 讀爲世 用祀永枼（世）

徐王子旃鐘（春秋）

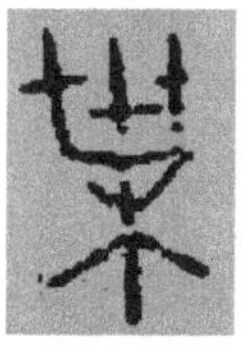
叔尸鐘（春秋晚期）

王孫遺者鐘（春秋晚期）

驫羌鐘（戰國早期）

南疆鉦（戰國）

xiū
休

《說文》曰：息止也，从人依木。庥休，或从广。

休爵（殷商）

易天殷（西周早期）

大保簋（西周早期）

𥶖𦃝方鼎（西周早期）

寓鼎（西周早期）

旟鼎（西周早期）

歸𢦏方鼎（西周早期）

埶父鼎（西周早期）

圉方鼎（西周早期）

小臣逋鼎（西周早期）

舍父鼎（西周早期）

休 庥

庚嬴鼎（西周早期）
小臣夌鼎（西周早期）
史猷鼎（西周早期）
伯姜鼎（西周早期）
令鼎（西周早期）
亳鼎（西周早期）

效父簋（西周早期）
井鼎（西周中期）
師雝父鼎（西周中期）
康鼎（西周中期）
不指方鼎（西周中期）

叡鐘（西周中期）
應侯見工鐘（西周中期）
尹姞鬲（西周中期）
吕方鼎（西周中期）
穻鼎（西周中期）

蟎鼎（西周中期）
剌鼎（西周中期）
七年趞曹鼎（西周中期）
利鼎（西周中期）
大鼎（西周中期）

師奎父鼎（西周中期）
伯晨鼎（西周中期）
𢦔方鼎（西周中期）
師𩛥鼎（西周中期）
曶鼎（西周中期）
孟簋（西周中期）

君夫簋（西周中期）
畢鮮簋（西周中期）
穆公簋（西周中期）
大簋（西周中期）
段簋（西周中期）
追簋（西周中期）

休作父丁簋（西周中期）
肄𣪘（西周中期）
恒簋（西周中期）
獻簋（西周中期）
录伯辛公簋（西周中期）

縣妃簋（西周中期）

同簋（西周中期）

靜簋（西周中期）

師酉簋（西周中期）

齊生魯方彝（西周中期）

師遽方彝（西周中期）

史牆盤（西周中期）

曶壺（西周中期）

公貿鼎（西周中期）

史頌鼎（西周晚期）

南宮柳鼎（西周晚期）

禹鼎（西周晚期）

善夫山鼎（西周晚期）

無叀鼎（西周晚期）

趞鼎（西周晚期）

此鼎（西周晚期）

頌鼎（西周晚期）

多友鼎（西周晚期）

大克鼎（西周晚期）

毛公鼎（西周晚期）

師害簋（西周晚期）

師餘簋（西周晚期）

輔師嫠殷（西周晚期）

柞鐘（西周晚期）

南宮乎鐘（西周晚期）

部𠭯殷（西周晚期）

無㠱殷蓋（西周晚期）

虢叔旅鐘（西周晚期）

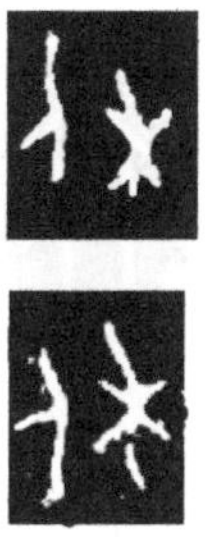
梁其鐘（西周晚期）

克鐘（西周晚期）

史頌鼎（西周晚期）

走簋（西周晚期）

公臣簋（西周晚期）

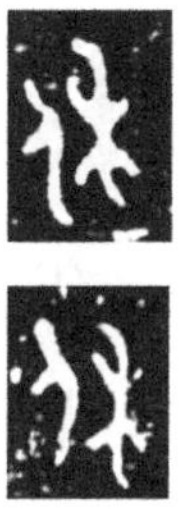
此簋（西周晚期）

弭叔師察簋（西周晚期）

元年師兑簋（西周晚期）

棺

柀

柭

噩侯鼎（西周晚期）

小克鼎（西周晚期）

揚簋（西周晚期）

師寰𣪘（西周晚期）

兮甲盤（西周晚期）

蔡侯鐘（春秋晚期）

匽侯載器（戰國）

中山王䰒鼎（戰國晚期）

guān
棺

《說文》曰：關也，所以掩尸，从木、官聲。

兆域圖（戰國晚期） 高明釋為棺【古文字類編】 其葷棺中棺視寧后

bǐ
柀

《說文》曰：杉也，从木、皮聲。註：柀，似柏，木可造船。

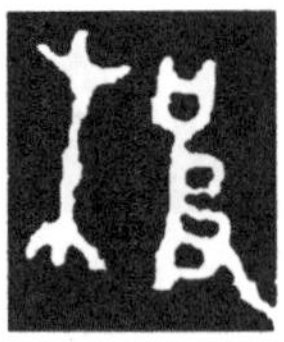
𦅫𣪘殘底（西周早期） 讀為柀 賓柀廿 貝十朋

bā
fú
柭

《說文》曰：棓也，从木、犮聲。註：柭，木杖或農具。

柔 揉 

柭里瘟戈

（戰國晚期）

róu

柔

《說文》曰：木曲直也，从木、矛聲。

註：，或假覭（讀尤音）爲柔、爲揉。

𩰫耒觚

（殷商）

般仲柔盤

（春秋）

讀為柔

唯般仲柔作其盤

番生簋

（西周晚期）

或假覭爲柔

柔（揉）遠能邇

大克鼎

（西周晚期）

逨簋

（西周晚期）

晉姜鼎

（春秋早期）

秦公鎛

（春秋）

讀為揉

揉燮百邦

栝 

tiǎn kuò

栝

《說文》曰：炊竈（灶）木也，从木、舌聲。《集韻》曰：栝，或从西。栝，木杖。

註：栝，灶台撥火棍，或用於兵器。栖，同栝。

宮氏白子戈

（春秋早期）

栖同栝

宮氏伯子元栝

床牀 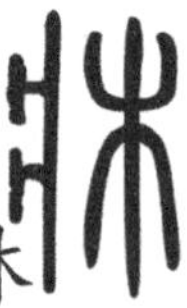

杉樧 

鏵茉 

chuáng
牀

《説文》曰：安身之坐者，从木、爿聲。註：牀，即床之古文。牀，或从宀。

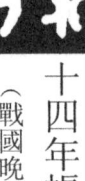

牀侯殷（西周）

十四年帳橛（戰國晚期）

十四年銅牛（戰國晚期）

十四年銅犀（戰國晚期）

宑叉鼎（殷商）

叉宑鼎（殷商）

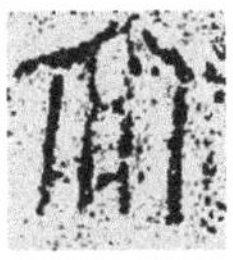

叉宑觚（殷商）

shān shā
樧

《説文》曰：木也，从木、粘聲。徐鉉等曰：今俗作杉。

乘父士杉盨（西周晚期）

huá
茉

《説文》曰：兩刃臿也，从木、丫象形。註：茉　耕地起土之農具，今作鏵。

茉父癸觚（殷商）

滌調條 

棷 

楊 

檢 

tiáo
條

《說文》曰：小枝也，从木、攸聲。

《說文通訓定聲》曰：條，假借爲滌。

註：條，或讀為調。

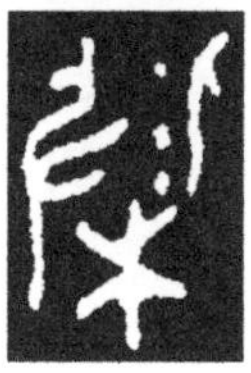

蔡侯墓殘鐘四十七片（春秋晚期）

讀爲調

嗚揚條（調）暢

zōu
棷

《說文》曰：木薪也，从木、取聲。

《玉篇》曰：棷，柴也。棷，木也。

註：棷，薪柴。棷，或假為祖。

陳逆簠（戰國早期）

讀爲且（祖）

以享以孝于太宗皇棷（祖）皇妣皇考皇母

yáng
楊

《說文》曰：木也，从木、昜聲。

《說文解字注》曰：古假楊爲揚。

多友鼎（西周晚期）

楊姞壺（西周晚期）

jiǎn
檢

《說文》曰：書署也，从木，僉聲。

註：檢，古代封書題簽。檢，或為考察、檢校。

榜

柗

樳 栒

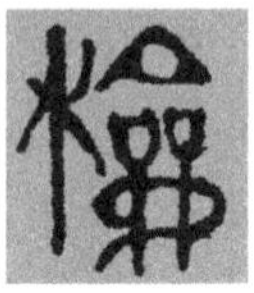
郾王喜矛（戰國晚期） 讀為檢 郾王喜授檢

bǎng bàng
榜
《說文》曰：所以輔弓弩，从木、旁聲。
註：榜，調整弓弩。榜，或指公開張貼的文書；張榜公佈。

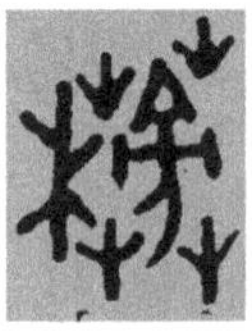
敔簋（西周晚期） 讀為榜 長榜載首百

gé hé
柗
《說文》曰：劍柙（匣）也，从木、合聲。
註：柗，即劍鞘。

卅年鄭令劍（戰國晚期）

xún
樳
《說文》曰：大木可爲鉏（鋤）柄。
註：樳，或讀為栒。

栒矛（戰國）

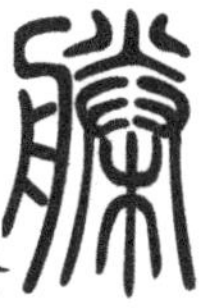
滕

琪棋

柴

栽

shèng
滕

《說文》曰：機持經者，从木、朕聲。註：滕，織布機上控制經線位置的幾件。滕，或假爲媵，嫁女之事。

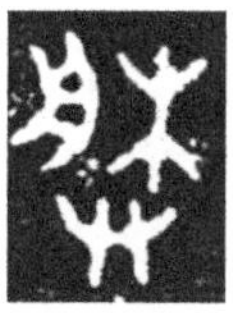

陳侯壺 讀爲媵

（春秋早期）

qí
棊

《說文》曰：博棊，从木、其聲。《正字通》曰：棊，同棋。註：棋，同棋、通琪。琪，玉名。

□作寶壺

（西周中期）

chái
柴

《說文》曰：小木散材，从木，此聲。

柴內右戈

（戰國）

zāi
栽

《說文》曰：築牆長版也，从木、𢦏聲。

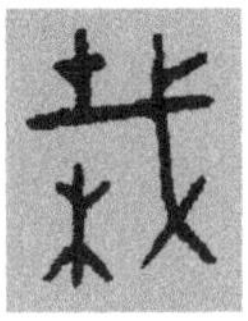

曹𠨘父鼎（西周晚期）【古文字類編】

杯

bēi
栝

《說文》曰：𠤱（讀貢音　即小杯）也，从木、否聲。籀文栝。

《集韻》曰：栝；蓋今飲器，或作杯。

[illegible]段（西周早期）

[illegible]段（西周早期）

杠

gàng
杠

《說文》曰：牀前橫木也，从木、工聲。

註：杠，床前橫木以作欄。

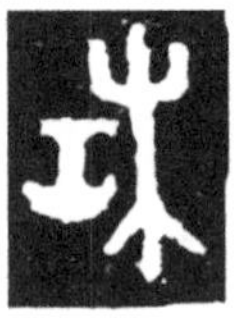

木工册作母甲觶（西周早期）

柷

zhù
柷

註：柷，木制打擊樂器，合奏以控樂曲之起止。

柞伯簋（西周中期）

椋

槨楟

槐

棨

liáng
椋

註：椋，椋子木；樹木名稱

臣衛宋尊（西周早期）

【古文字類編】

guǒ
楟

註：楟，葬具，棺之外套，與棺共稱棺楟，或作棺槨。

元年鄭令矛（戰國）

huái
槐

《説文》曰：木也，从木、鬼聲。

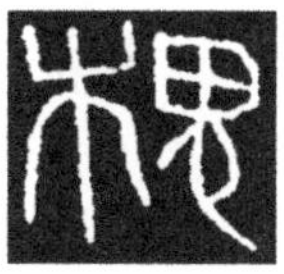

萯陽鼎（戰國）

qǐ
棨

《説文》曰：傳、信也，从木、啓省聲。

註：古代通關木制信符爲棨。棨，或為古代儀仗之兵器，棨戟。

桄號 　柏 　楮 

陳胎戈（戰國） 讀為桀 陳胎之右桀戈

háo
號

《說文》曰：木也，从木、號省聲。《集韻》曰：號或省作桄。註：號、桄同，讀號音。

宰桄角（殷商）

旗飼土桄毁（西周早期）

伯桄簋（西周早期）

桄父辛爵（西周早期）

伯桄虘簋（西周晚期）

bǎi
柏

《說文》曰：鞠也，从木、白聲。

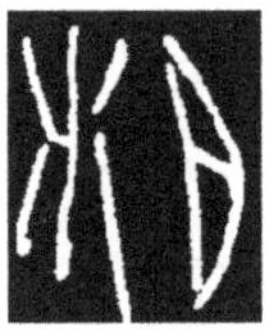
柏人戈（戰國晚期）

chǔ
zhū
楮

《說文》曰：穀也，从木、者聲。楮或从宁（讀貯音，非寧之簡化字）。註：楮，或从二木、宁聲。楮實，或曰穀實，植物名。

梏 

謝榭 

梯 

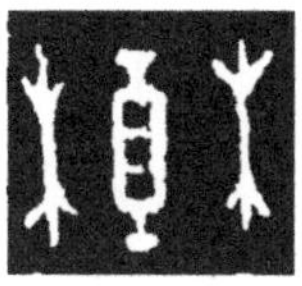

作父丁毁（西周早期）

或从两木 宁（貯）聲

gù

梏

《說文》曰：手械也。

註：梏，刑具，手銬象形字，與甲骨文同。

爵（殷商）

xiè

榭

《說文新附》曰：臺有屋也，从木、射聲。

註：榭，建在高臺上的木屋。榭，通謝。

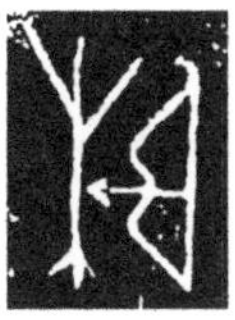

榭父辛觶（西周早期）

虢季子白盤（西周晚期）

或从广

王格周廟宣榭

tī

梯

《說文》曰：木階也，从木、弟聲。

九年衛鼎（西周中期）

金文字形相近假椒為梯

捨□冒椒（梯）

補 栖 桿 杆 栕 桭

fū
補

註：補，或假爲輔。

叔尸鎛 讀爲輔

（春秋晚期） 伊少臣唯補（輔）

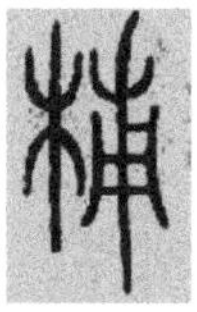

叔尸鐘

（春秋晚期）

yǒu
栖

註：栖，木名。木在西中，同栖字，假爲柳。柳焚乃地名。

鄂君啓節 木在西中 即栖字在此讀爲柳

（戰國） ……就象禾 就栖（柳） 焚……

hàn
gǎn
桿

《正字通》曰：桿，俗杆字。

子禾子釜 讀為桿

（戰國） 關人築桿戚釜

zhēn
zhèn
栕

《集韻》曰：桭；或从臣。

註：栕、桭同字。屋檐或稱桭。

杘　桖　指

柜父乙卣（殷商）

yí
杘

《集韻》曰：杘，船名，

伯鼎（西周中期）

xuè
桖

《集韻》曰：木名，赤若血。註：桖，或讀為恤。

楚公逆鎛（西周晚期） 讀為恤 厥名曰身桖（恤）

zhī
zhǐ
指

《集韻》曰：指，木名。

不指方鼎（西周中期）

miè mèi
櫗

《玉篇》曰：櫗，木索也。

註：櫗，細小樣子。

肆𣪘 讀為櫗 王使榮櫗曆
（西周中期）

匽尊
（西周中期）

次卣
（西周中期）

次尊
（西周中期）

𣏓

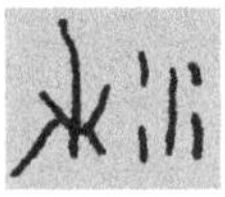
𣏓□罠器
（戰國）

jiāo
椒

註：椒，植物，花椒、胡椒、辣椒。

九年衛鼎 或讀為梯 金文字形相近假椒為梯
（西周中期） 捨□冒椒（梯）

míng
格

註：格，或讀為名。

楚公逆鎛（西周晚期）

讀為名

厥名曰身恤

yú

杅

《正字通》曰：杅，浴器也，大而深。

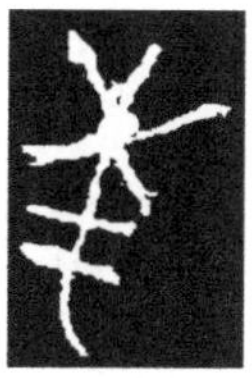

杅氏鼎（戰國晚期）

chí

楻

註：楻，同匙，或假爲題。

豦殷（西周中期）

兆域圖（戰國）

讀爲題

其楻（題）湊長三尺

杴

日癸簋（西周）

吠盉（西周）

吠壺（西周）

柚

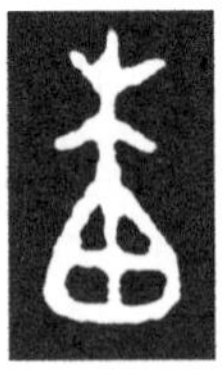

柚作父丁尊（西周早期）

柚作父丁器（西周早期）

bèi
椇

註：椇，木名。古印度佛教用椇葉寫經，曰椇葉經，或稱貝葉經。

椇作寶齍鼎（西周中期）　或从口

niè
xiē
槷

《類篇》曰：槷，木楔也。楔或作槷。

註：槷，或作臬，古代觀測日影的標杆。

蔡侯墓殘鐘（春秋晚期）

東

dōng

東

註：金文之東字像兩端束扎的口袋，其内容物，曰東西。東西南北方向之名皆爲借字。東，或指主人，主位在東、賓位在西，故曰東家，房東。

乙父尊（殷商）

辟東作父乙尊（西周早期）

保尊（西周早期）

保卣（西周早期）

東宮方鼎（西周早期）

臣卿簋（西周早期）

寧鼎（西周早期）

明公簋（西周早期）

小臣謎段（西周早期）

臣卿鼎（西周早期）

九年衛鼎（西周中期）

五祀衛鼎（西周中期）

格伯簋（西周中期）

效卣（西周中期）

㝬貯段（西周中期）

同簋（西周中期）

舀鼎（西周中期）

散氏盤（西周晚期）

克鐘（西周晚期）

宗周鐘（西周晚期）

禹鼎（西周晚期）

宴簋（西周晚期）

師寰段（西周晚期）

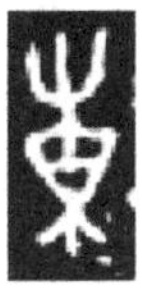
簷叔之仲子平鐘（春秋晚期）

東周左官壺（戰國）

 𣗥

 林

蕪無 

cáo
𣗥

《說文》曰：二東，曹从此，闕。

註：𣗥，說文缺註釋，或同曹。

大𣗥父癸爵（殷商）

lín
林

《說文》曰：平土有叢木曰林，从二木。

林亞餘卣（殷商）

林𢦏鬲（西周早期）

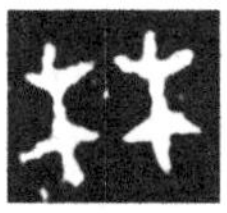

𢦏段（西周中期）

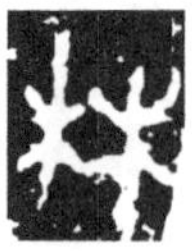

九年衛鼎（西周中期）

尹姞鬲（西周中期）

同簋（西周中期）

姜林母簋（西周晚期）

卓林父簋（春秋早期）

好蚉壺（戰國晚期）

wú
無

註：，甲骨文與早期金文之無字像人（大）兩手執羽旄而舞蹈之形，此字即舞之本字。甲骨文以亡字爲有無之無字。周金文多借無（舞）爲有無之無。而舞字則另增舛（兩足相向）或辵（步履）爲、為，以著舞蹈之像。，小篆再从亡作聲符為無字。無，通蕪。

無敄鼎（殷商）

作冊般甗（殷商）

亞無壽甗（西周早期）

小臣夌鼎（西周早期）

史牆盤（西周中期）

静簋（西周中期）

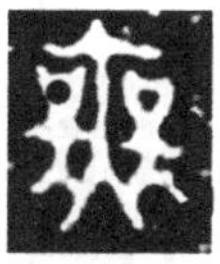
戜𣪘（西周中期）

曶鼎（西周中期）

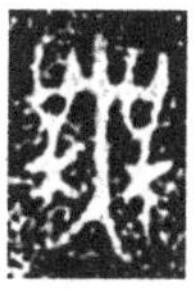
仲辛父簋（西周中期）

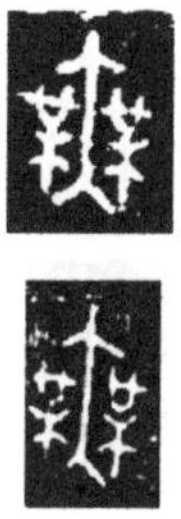
井人妄鐘（西周晚期）

兮甲盤（西周晚期）

伯康簋（西周晚期）

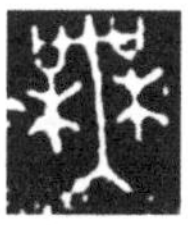
仲爯父簋（西周晚期）

史頌簋（西周晚期）

曼龔父盨（西周晚期）

頌簋（西周晚期）

袒伯庸盤（西周晚期）

湯叔盤（西周晚期）

虢季子白盤（西周晚期）

袒仲無龍匜（西周晚期）

尋仲匜（西周晚期）

伊簋（西周晚期）

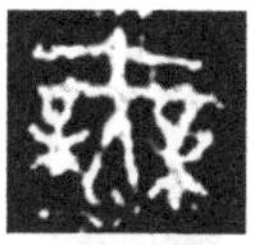
頌簋（西周晚期）

此簋（西周晚期）

師寰𣪘（西周晚期）

不嬰𣪘（西周晚期）

梁其鼎（西周晚期）

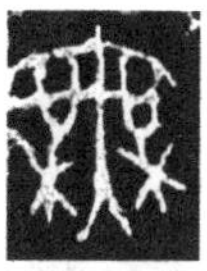
毛伯簋（西周晚期）

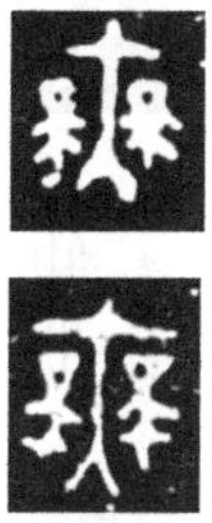
無㠱𣪘蓋（西周晚期）

封仲簋（西周晚期）

善夫梁其簋（西周晚期（

大克鼎（西周晚期）

兮吉父簋（西周晚期）

毛公鼎（西周晚期）

小克鼎（西周晚期）

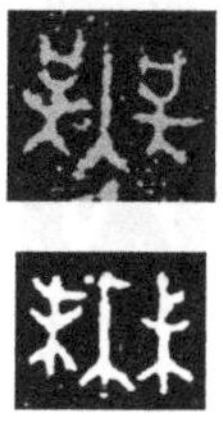
無叀鼎（西周晚期）

南宮乎鐘（西周晚期）

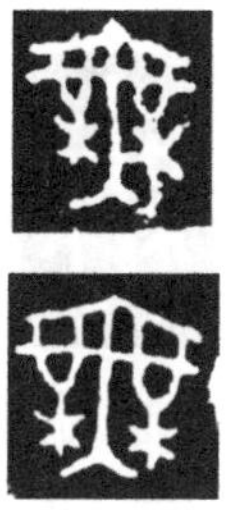
虢文公子段鼎（西周晚期）

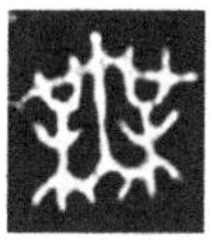
旟叔樊鼎（西周晚期）

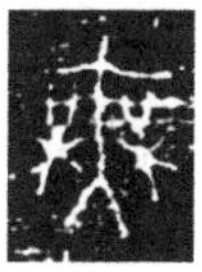
史頌鼎（西周晚期）

此鼎（西周晚期）

無 橆

眉壽鐘（西周晚期）

姬鼎（西周晚期）

仲師父鼎（西周晚期）

趙鐘（西周晚期）

鄀公平侯鼎（春秋早期）

秦公鎛（春秋早期）

叔邍父甗（春秋早期）

王孫壽甗（春秋早期）

番君酢伯鬲（春秋早期）

隨子鄭伯鬲（春秋早期）

衵仲鬲（春秋早期）

秦公簋（春秋早期）

戴叔朕鼎（春秋早期）

晉姜鼎（春秋早期）

叔家父簠（春秋早期）

穌公子簋（春秋早期）

甯仲之孫段（春秋早期）

奚子宿車鼎（春秋早期）

叔朕簠（春秋早期）

鄧公乘鼎（春秋中期）

庚兒鼎（春秋中期）

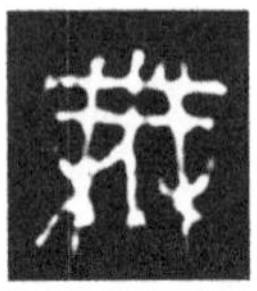
王子申盞盖（春秋）

㠱伯子妊父盨（春秋）

殘尊鼎（春秋）

鄁公段（春秋）

鼄叔之伯鐘（春秋）

徐王子旃鐘（春秋）

衵仲無龍匕（春秋）

無土鼎（春秋晚期）

嵩君鉦鉞（春秋晚期）

王孫遺者鐘（春秋晚期）

鼄公華鐘（春秋晚期）

上鄀府簠（春秋晚期）

子季嬴青簠（春秋晚期）

楚

chǔ
楚

《說文》曰：叢木，一名荊也，从林、疋聲。註：篆書楚字从足或从疋。金文疋、足二字形同。
斯維至曰：楚、胥并从疋得聲，故楚、胥相通。【中國文化研究彙刊】第七卷

作册夨令簋（西周早期）

小臣夌鼎（西周早期）

才盤（西周中期）

才盉（西周中期）

生史簋（西周中期）

季楚簋（西周中期）

唯叔殷（西周中期）

枎駿殷（西周中期）

史牆盤（西周中期）

楚公戈（西周晚期）

子璋鐘（春秋晚期）

簷叔之仲子平鐘（春秋晚期）

沇兒鎛（春秋晚期）

蔡侯紐鐘（春秋晚期）

樂子簠（春秋晚期）

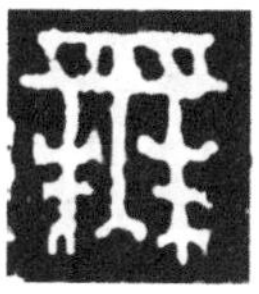
長子沬臣簠（春秋晚期）

齊良壺（春秋晚期）

孫叔師父壺（春秋晚期）

褱鼎（春秋晚期）

乙鼎（戰國早期）

曾侯乙鐘（戰國早期）

曾姬無卹壺（戰國）

喪史寘瓶（戰國）

魚鼎匕（戰國）

邛伯缶（戰國）

無臭鼎（戰國晚期）

益公鐘（西周晚期）

楚公豪鐘（西周晚期）

楚公逆鎛（西周晚期）

毛公鼎（西周晚期） 讀爲胥 蓺大小楚（胥）賦

楚簋（西周晚期）

楚嬴盤（西周晚期）

弭叔師察簋（西周晚期）

⿰鬲司工殘鼎（西周晚期）

戜毁（西周晚期）

楚嬴匜（春秋早期）

中子化盤（春秋）

晉公盆（春秋）

楚季哶盤（春秋）

蔡侯鐘（春秋晚期）

楚叔之孫倗鼎（春秋晚期）

徐王義楚觶（春秋晚期）

徐王義楚盤（春秋晚期）

楚子敦（春秋晚期）

義楚觶（春秋晚期）

⿰扌留篙鐘（春秋晚期）

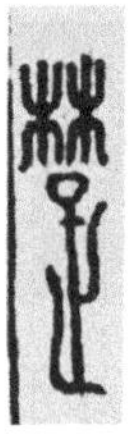
楚王孫漁戈（春秋晚期）

楚屈子赤角簠（春秋晚期）

楚王酓章鐘（戰國早期）

曾侯乙鐘（戰國早期）

楚王熔（戰國）

楚王酓肯鼎（戰國晚期）

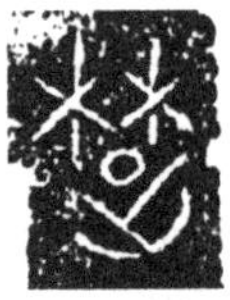
楚王酓肯簠（戰國晚期）

楚王酓忎鼎（戰國晚期）

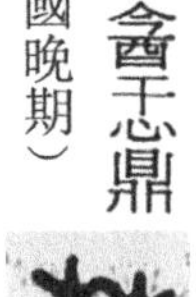
楚尚車轄（戰國晚期）

郁 灪

楙

麓

yù
鬱

《説文》曰：木叢生者，从林，鬱省聲。《廣雅》曰：鬱，幽深也。《正字通》曰：鬱，愁思也。

註：鬱，茂盛、繁茂、鬱鬱蔥蔥。鬱，或為憂鬱意。鬱，同郁。

叔簋（西周早期）

叔趯父卣（西周早期）

小子生尊（西周早期）

孟載父壺（西周中期）

讀為鬱
孟載父作鬱壺

mào
楙

《説文》曰：木盛也，从木、矛聲。《説文解字注》曰：楙；此與艸部茂音義皆同。

《説文通訓定聲》曰：楙，假借爲懋、實借爲貿，易財也。

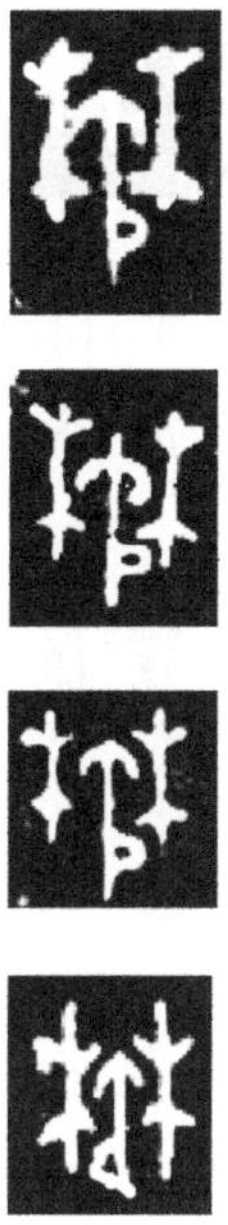

㾕鐘（西周中期）

㾕段（西周中期）

㾕段（西周中期）

鄭楙叔賓父壺（西周晚期）

lù
麓

《説文》曰：守山林吏也，从林、鹿聲。一曰：林屬於山爲麓。古文从录。

註：，金文麓从林、录聲。麓，山腳，或山腳的林木。

椕 槌　⿱林𡈼 棠　⿱林至

小臣夌鼎　讀為麓
（西周早期）　王𢌬于楚麓

麓伯簋
（西周中期）

chuí
椕

張亞初釋爲槌。【殷周金文集成】

𨟽比盨　讀為槌
（西周晚期）　其邑競　槌　甲三邑

táng
⿱林𡈼

張亞初釋爲棠。【殷周金文集成 引得】

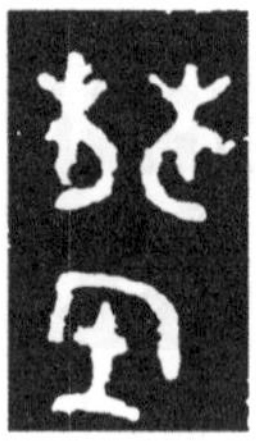

湯叔盤　讀為棠
（西周晚期）　棠湯叔伯氏□鑄其尊

⿱林至

廿四年椎形器
（戰國）

廿四年銅梃
（戰國）

⿱林云

註：⿱林云，或讀文蓋。

禽簋
（西周早期）
讀爲蓋
王伐⿱林云（蓋）侯

岡刧卣
（西周早期）

岡刧尊
（西周早期）

ài
⿱林疑

註：⿱林疑，或同⿰木疑、同礙。

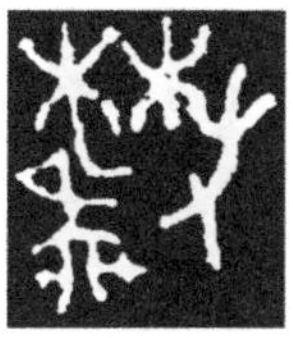

⿰林疑作寶鼎
（西周中期）
讀為⿰木疑（礙）
⿰木疑（礙）作寶鼎

楀

曶鼎
（西周中期）

tú
梌

《集韻》曰：木名，楸也，或作梌。註：梌，楸樹之一種。

四祀𠨘其卣
（殷商）

cái
才
《說文》曰：艸木之初也，从丨、上貫一，將生枝葉，一，地也。註：金文才字像植物從地平面下冒出之形，其本義指草木初生，引申爲開始之義。在、裁、哉、載等字从之。才，或假爲在、裁、哉。

在父戊爵
（殷商）

才僎父鼎
（西周中期）

裘衛盉
（西周中期）
讀爲裁
才（裁）八十朋……才（裁）二十朋

曶鼎
（西周中期）
或讀爲在
辰才（在）丁酉

師遽殷蓋
（西周中期）

免卣
（西周中期）

免簋
（西周中期）

遹殷
（西周中期）

讀爲在
王才（在）宗周

讀爲哉
唯民亡（無）延才（哉）

讀爲哉
故亡（無）允才（哉）
班簋
（西周中期）

大簋
（西周中期）

毛公鼎
（西周晚期）
讀爲在
余一人才（在）位

師𩒨殷
（西周晚期）

虤殷
（西周晚期）

訣殷
（西周晚期）

散氏盤
（西周晚期）

二年皇陽令戈
（戰國）

中山王嚳鼎
（戰國晚期）

叒

之

ruò
叒

註：叒木即博桑（扶桑）。兩兩相扶，取枝葉娥娜之相。隸變作若，與从艸、从右之若字混而爲一字。（見若字條）

父己觶（西周早期）

逆鐘（西周晚期）

zhī
之

《説文》曰：出也，象艸過中，枝莖益大有所之，一者地也。

註：之，从止（趾）、从一。

史䛡段（西周早期）

麥方尊（西周早期）

縣妃簋（西周中期）

盠駒尊（西周中期）

臤尊（西周中期）

善鼎（西周中期）

[illegible]貯段（西周中期）

君夫簋（西周中期）

殷穀盤（西周中期）

散氏盤（西周晚期）

瞏伯盤（西周晚期）

曾仲盤（西周晚期）

伯侯父盤（西周晚期）

湯叔盤（西周晚期）

口仲盤（西周晚期）

虞嗣寇壺（西周晚期）

小克鼎（西周晚期）

噩侯鼎（西周晚期）

禹鼎（西周晚期）

多友鼎（西周晚期）

毛公鼎（西周晚期）

之

黽壺（西周晚期）

虢季子白盤（西周晚期）

章叔[爿井]段（西周晚期）

曾侯簠（西周晚期）

曾伯霥簠（春秋早期）

秦公簋（春秋早期）

叔家父簠（春秋早期）

鄦大[金司]攻鬲（春期早期）

[阝敫]公孫[爿旨]父瓶（春秋早期）

干氏叔子盤（春秋早期）

陳侯鼎（春秋早期）

黃大子伯克盤（春秋早期）

夆叔盤（春秋早期）

郥湯伯匜（春秋早期）

𦣻仲之孫段（春期早期）

番口伯者君盤（春秋）

般仲宋盤（春秋）

欒書缶（春秋）

褱鼎（春秋中期）

趫亥鼎（春秋中期）

蔡叔匜（春秋）

齊縈姬盤（春秋）

[中阝]子賓缶（春秋）

鼄叔之伯鐘（春秋）

邵方豆（春秋）

鑄侯求鐘（春秋）

鐘伯侵鼎（春秋）

郳公鈓鐘（春秋）

王子申盞（春秋）

歸父敦（春秋）

匹君壺（春秋）

陳伯元匜（春秋）

倗缶（春秋晚期）

盜叔壺（春秋晚期）

子之弄鳥尊（春秋晚期）

[余阝]王朩又觶（春秋晚期）

之

臧孫鐘（春秋晚期）

秦王鐘（春秋晚期）

樂子簠（春秋晚期）

長子沫臣簠（春秋晚期）

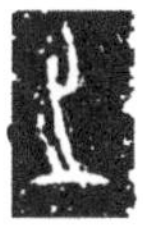
義楚觶（春秋晚期）

鼄公華鐘（春秋晚期）

齊侯鎛（春秋晚期）

蒿君鉦鋮（春秋晚期）

鄧公疾鼎（春秋晚期）

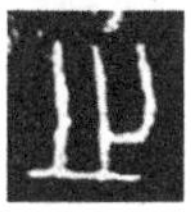
鼎之伐鼎（春秋晚期）

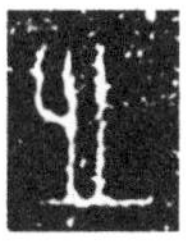
楚屈子簠（春秋晚期）

連迂鼎（春秋晚期）

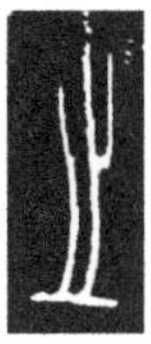
蔡侯鼎（春秋晚期）

取它人鼎（春秋晚期）

無土鼎（春秋晚期）

簷大史申鼎（春秋晚期）

樊君簠（春秋晚期）

乙鼎（戰國早期）

鑄大口壺（戰國早期）

曾姬無卹壺（戰國）

令狐君壺（戰國）

君夫人鼎（戰國）

郘孝子鼎（戰國）

哀成叔鼎（戰國）

龍節（戰國）

新郪虎符（戰國晚期）

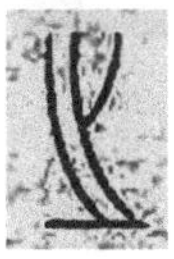
中山王䳒鼎（戰國晚期）

中山王䳒方壺（戰國晚期）

好蚉壺（戰國晚期）

鑄客簠（戰國晚期）

鑄客豆（戰國晚期）

杜虎符（戰國晚期）

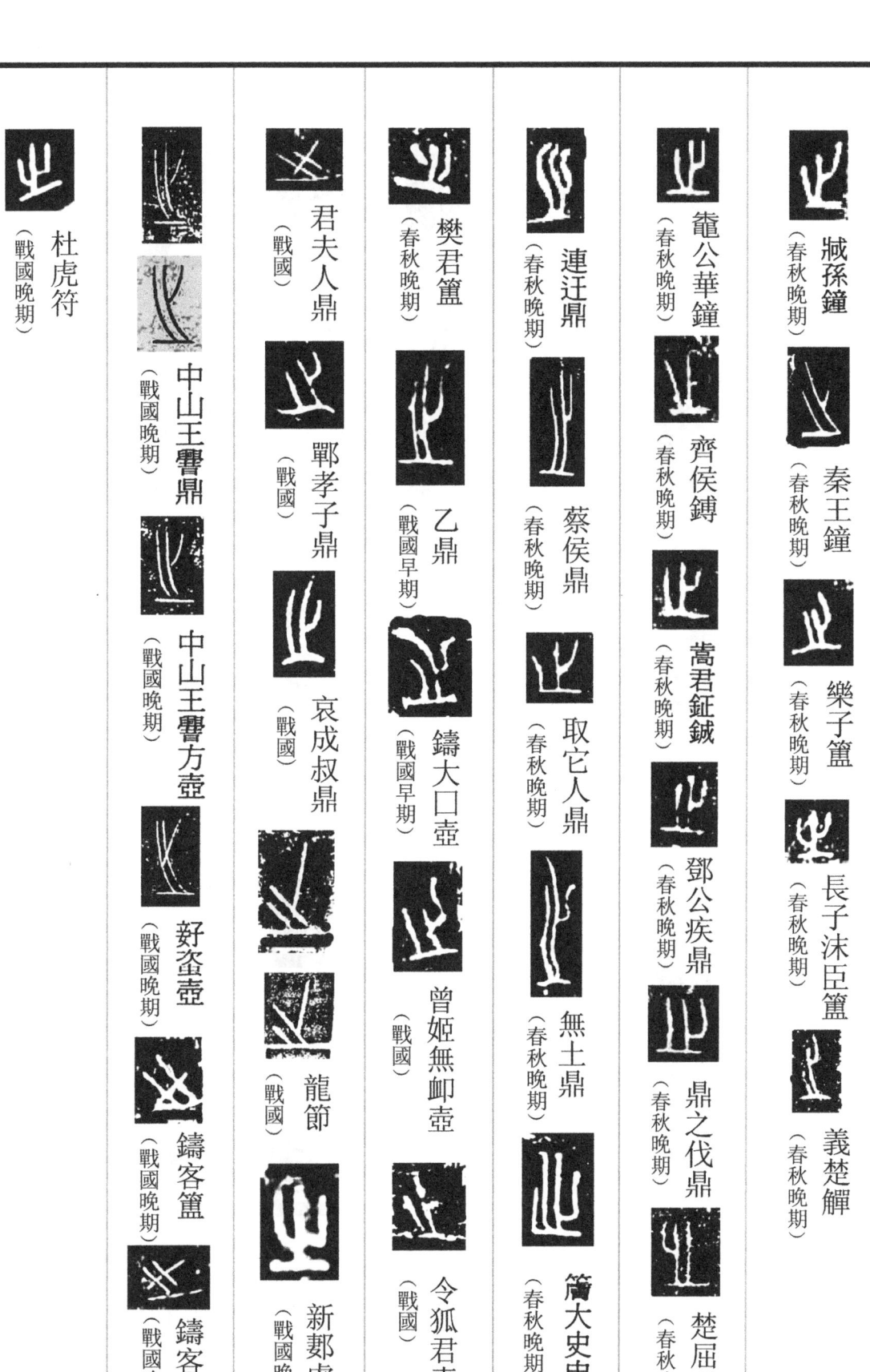

旺 坒

帀

師

wàng
huáng
坒

《説文》曰：屮木妄生也，从之在土上，讀若皇。

註：坒，即旺之古文，或假爲皇、爲往。

皇爵（殷商）

闞卣（西周早期）

陳逆簋（戰國早期）

讀爲皇

作爲坒（皇）祖大宗簋

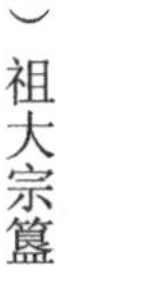
之利鐘（戰國早期）

鄭往庫戈（戰國）

元年鄭令矛（戰國）

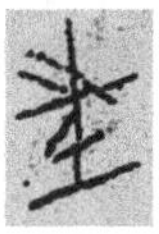
陳往戈（戰國）

鄭令劍（戰國晚期）

卅四年鄭令矛（戰國晚期）

好蚉壺（戰國晚期）

讀爲旺

德行盛坒（旺）

zā
帀

《説文》曰：周也，从反之而帀也。

註：反之為帀。帀，同匝。帀，環繞也，環繞一周曰帀。金文中帀，讀爲師。

蔡大師鼎（春秋晚期）

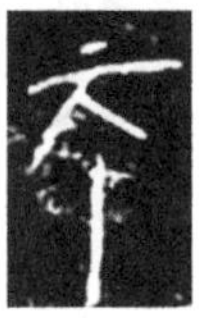
國差𦉜（春秋）

楚王酓忎鼎（戰國晚期）

陳純釜（戰國）

shī
師

《説文》曰：二千五百人爲師，从帀、从𠂤。

《玉篇》曰：師，範（范）也。

註：師，或作獅。

師

肄作父乙毁（殷商）

旟鼎（西周早期）

耳尊（西周早期）

師艅鼎（西周早期）

䆞毁（西周早期）

師隻卣（西周早期）

師趞甗（西周早期）

夨令方尊（西周早期）

師湯父鼎（西周早期）

小臣傳簋（西周中期）

仲枏父鬲（西周中期）

叔趛鼎（西周中期）

師良鼎（西周中期）

寏鼎（西周中期）

師賸父鼎（西周中期）

三年瘨壺（西周中期）

師旂鼎（西周中期）

師奎父鼎（西周中期）

善鼎（西周中期）

殺毁蓋（西周中期）

免簋（西周中期）

大師虘簋（西周中期）

師趛鼎（西周中期）

師虎簋（西周中期）

瘨盨（西周中期）

臤尊（西周中期）

盠駒尊（西周中期）

叔師父鼎（西周中期）

師器父鼎（西周中期）

師酉簋（西周晚期）

元年師兑簋（西周晚期）

豆閉簋（西周晚期）

師瘨毁蓋（西周晚期）

伯大師盨（西周晚期）

大簋蓋（西周晚期）

大師虘豆（西周晚期）

毛公鼎（西周晚期）

師厤[illegible]叔簋（西周晚期）

伯大師釐盨（西周晚期）

⿰𠂤于　⿰𠂤夅　⿰𠂤⿱夂土

⿰鬲廾比盨（西周晚期）

師克盨（西周晚期）

伯公父簠（西周晚期）

⿰𠂤于

寧鼎（西周早期）

⿰𠂤夅

⿰𠂤夅叔簠（西周晚期）

⿰𠂤⿱夂土

⿰𠂤⿱夂土伯盨（西周晚期）

⿰自屋

出

⿰自屋

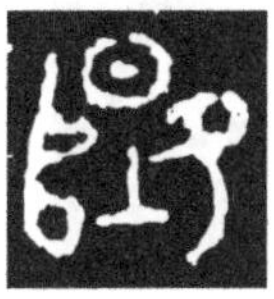

三年師兌簋（西周晚期）

chū
出

郭沫若曰：⿰彳𠙴，係出之繁文。【兩周金文辭大系考釋】註：凵，上古人類穴居之所。止（趾）朝向凵外，會意為從居所外出，與各字義相反。（見各字解），出之繁文。从彳，有出行之意。

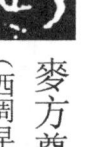

辰寢出簋（殷商）

寢出爵（殷商）

小臣宅簋（西周早期）

麥方尊（西周早期）

叔趯父卣（西周早期）

伯矩鼎（西周早期）

小子生尊（西周早期）

啓卣（西周早期）

臣諫簋（西周早期）

井侯方彝（西周早期）

永盂（西周中期）

𤔲卣（西周中期）

曶鼎（西周中期）

師望鼎（西周中期）

衛鼎（西周中期）

毛公鼎（西周晚期）

頌簋（西周晚期）

頌鼎（西周晚期）

頌壺（西周晚期）

兮甲盤（西周晚期）

善夫山鼎（西周晚期）

大克鼎（西周晚期）

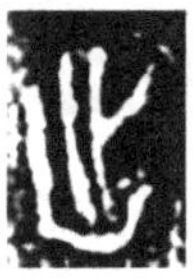
拍敦（春秋）

鄂君啓節舟節（戰國）

章伯敔段（西周早期）

矢令方彝（西周早期）

士上盉（西周早期）

士上卣（西周早期）

治徭觶（西周早期）

班簋（西周中期）

魚鼎匕（戰國）

敖

áo ào 敖

《説文》曰：游也，从出、从放。《説文通訓定聲》曰：敖，俗字作遨。《爾雅》曰：敖，傲也。

註：『説文』攴部已收録敖字，出部重見。

九年衛鼎（西周中期）

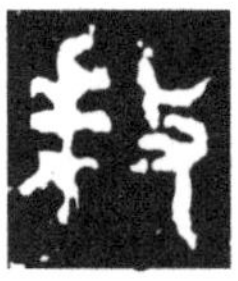

屖敖段蓋（西周晚期）

羌伯簋（西周晚期）

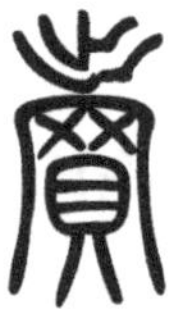
賣 贖

mài 賣

《説文》曰：出物貨也，从出、从買。

註：賣，或滋乳爲贖。賣，隸變同賣。

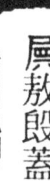

索

嗦 嗦

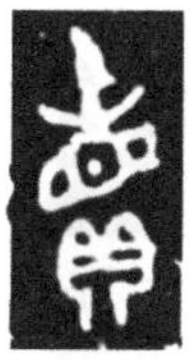

曶鼎（西周中期）
讀爲贖
我既賣（贖）汝五夫

suǒ
索

《説文》曰：艸有莖葉可作繩索。

《小爾雅》曰：大者謂之索，小者謂之繩。

戈（殷商）

索諆爵（西周早期）

伯索史盂（春秋早期）

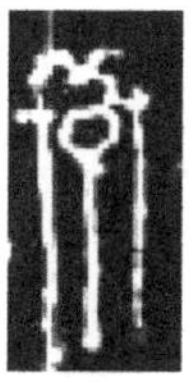

曾侯乙鐘（戰國早期）

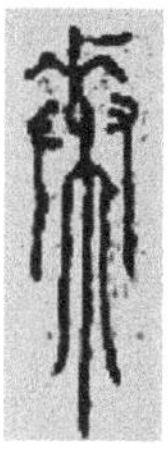

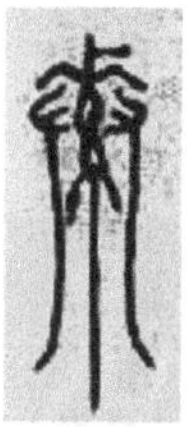

曾侯乙鐘（戰國早期）

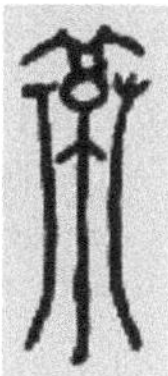
曾侯乙鐘（戰國晚期）
或假素爲索

suō
嗦

註：嗦，或爲嗦。

史牆盤（西周中期）

勃 孛

𣎵

南

bèi bó
孛

註：孛，同勃；草木茂盛，生機勃勃。孛，通悖。

鄦仲孝簋（西周早期）

散氏盤（西周晚期）
讀為孛 淮辭空虎孛

大𤔲馬簠（春秋早期）

zǐ
𣎵

《説文》曰：止也。

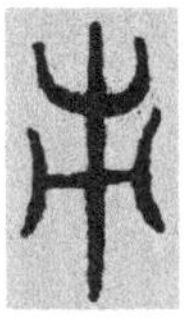
噩叔尊（西周早期）
讀為𣎵 噩叔𣎵作寶尊彝

靜簋（西周中期）

郳王𣎵又觶（春秋晚期）

nán
南

註：南，像縣挂之鐘鎛形。四夷之樂唯南樂稱雅，後曰召南或周南。南方温暖，取暖音，暖、南古音相近，故取象形之南爲方位南方之南。

南單觚（殷商）

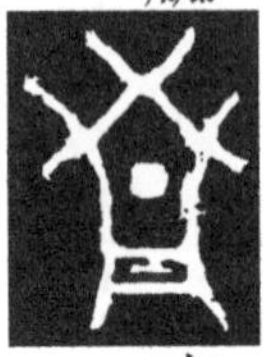
南單冓觚（殷商）

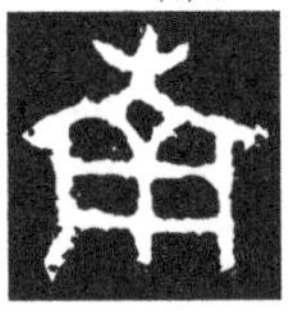
叔作南宮鼎（西周早期）

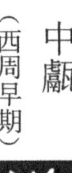

鳿叔鼎（西周早期）

中方鼎（西周早期）

啓卣（西周早期）

臭尊（西周早期）

大盂鼎（西周早期）

中甗（西周早期）

啓作且丁尊（西周早期）

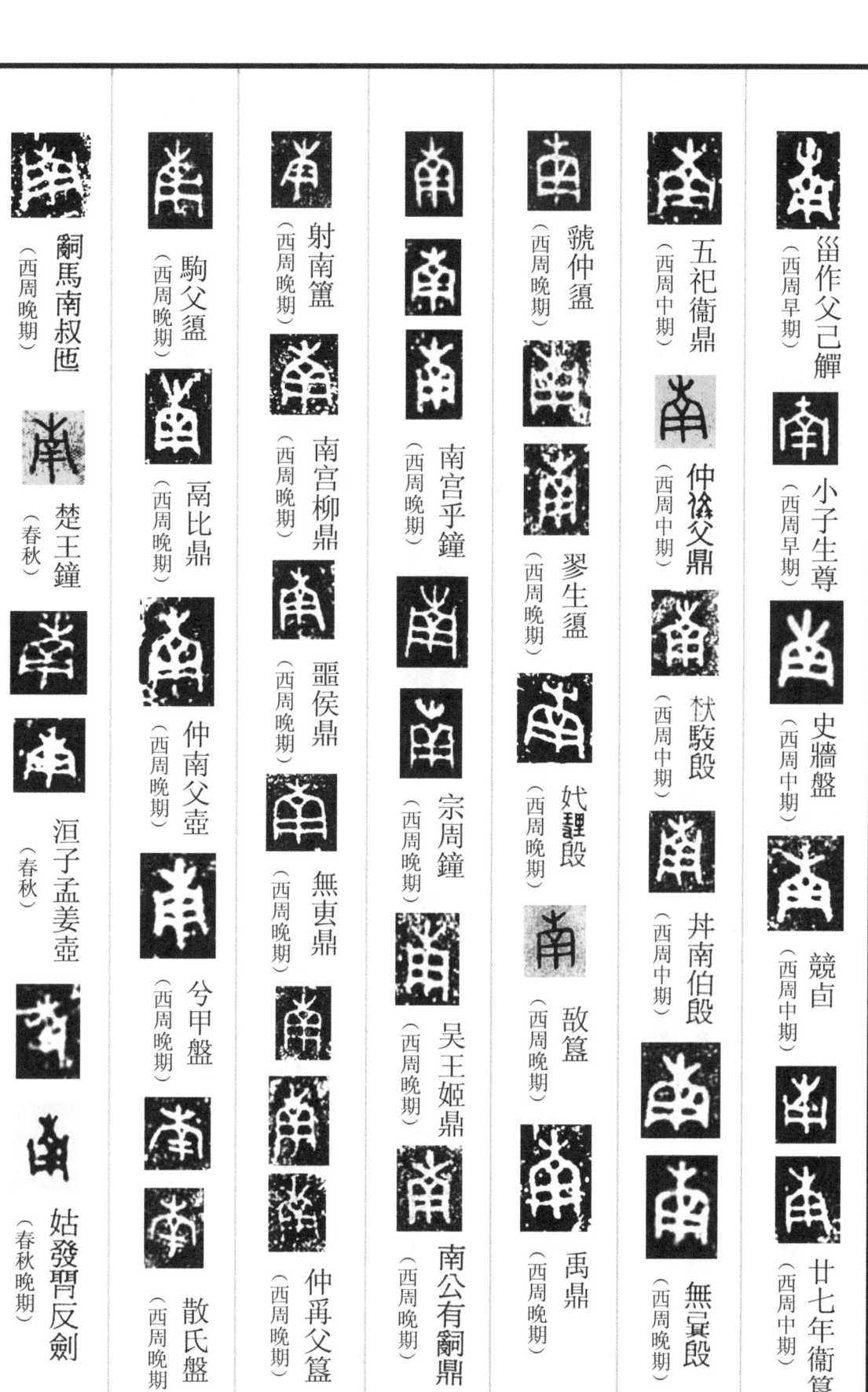

留作父己觶（西周早期）

小子生尊（西周早期）

史牆盤（西周中期）

競卣（西周中期）

廿七年衛簋（西周中期）

五祀衛鼎（西周中期）

仲𢓊父鼎（西周中期）

杕駿𣪘（西周中期）

丼南伯𣪘（西周中期）

無㠱𣪘（西周晚期）

虢仲盨（西周晚期）

翏生盨（西周晚期）

㚤𩁹𣪘（西周晚期）

敔簋（西周晚期）

禹鼎（西周晚期）

南宫乎鐘（西周晚期）

宗周鐘（西周晚期）

吴王姬鼎（西周晚期）

南公有𤔲鼎（西周晚期）

射南簠（西周晚期）

南宫柳鼎（西周晚期）

噩侯鼎（西周晚期）

無叀鼎（西周晚期）

仲爯父簋（西周晚期）

駒父盨（西周晚期）

鬲比鼎（西周晚期）

仲南父壺（西周晚期）

兮甲盤（西周晚期）

散氏盤（西周晚期）

𤔲馬南叔匜（西周晚期）

楚王鐘（春秋）

洹子孟姜壺（春秋）

姑發𦚬反劍（春秋晚期）

性 生

南疆鉦（戰國）

shēng
生

《說文》曰：進也，象艸木出生土上。《說文通訓定聲》曰：生；假借爲姓。《說文解字注箋》曰：生；古性字。

註：，早期生字；中，草木初生狀或曰古草字，一爲地面。生字从中、从一，會意為生。周代於中下加點作。後，一點變為一横，作从中、从土之。

富鼎（西周早期）

作册大方鼎（西周早期）

伯姜鼎（西周早期）

作冊魖卣（西周早期）

壴生鼎（西周早期）

士上卣（西周早期） 讀爲姓 殺百生（姓）豚

腦作父辛卣（西周早期）

方彝（西周早期）

七年趞曹鼎（西周中期）

城虢遣生簋（西周中期）

辰在寅簋（西周中期）

生史簋（西周中期）

肄殷（西周中期）

萳殷（西周中期）

遹殷（西周中期）

尹姞鬲（西周中期）

公箕鬲（西周中期）

庚季鼎（西周中期）

師奎父鼎（西周中期）

卯簋（西周中期）

癲盨（西周中期）

㠱仲觶（西周中期）

免簠（西周中期）

格伯簋（西周中期）

周乎卣（西周中期）

番匊生壺（西周中期）

叡尊（西周中期）

豐作父辛尊（西周中期）

裘衛盉（西周中期）

史牆盤（西周中期）

爯簋（西周）

周𦃃生殷（西周）

史頌鼎（西周晚期）　讀爲姓　里君百生（姓）

康生豆（西周晚期）

大簋（西周晚期）

師嫠殷（西周晚期）

輔師嫠殷（西周晚期）

弭叔作叔班盨（西周晚期）

逆鐘（西周晚期）

單伯昊生鐘（西周晚期）

召仲鬲（西周晚期）
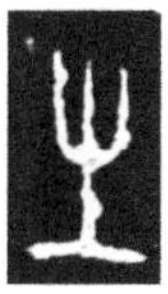
頌鼎（西周晚期）

此鼎（西周晚期）

陽𩚬生簋（西周晚期）

叔㚸殷（西周晚期）

元年師旋殷（西周晚期）

五年師旋殷（西周晚期）

五年召伯虎簋（西周晚期）

此簋（西周晚期）

蔡姞簋（西周晚期）

師害簋（西周晚期）

鄭虢仲簋（西周晚期）

番生簋（西周晚期）

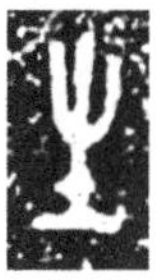
頌簋（西周晚期）

䜌生盨（西周晚期）

周生豆（西周晚期）

兮甲盤（西周晚期）

垺𩚬生匜（西周晚期）
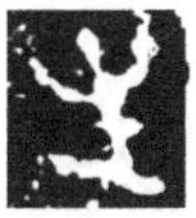
姜小仲鼎（春秋早期）

武生鼎（春秋早期）

口者生鼎（春秋早期）

食生走馬谷簋（春秋早期）

丰

產
彥

fēng
丰

《說文》曰：艸盛丰丰也，从生上下達也。註：丰，草木丰茂盛。丰，或讀為封。

鲁内小臣鼎（春秋早期）

䜌伯盤（春秋）

須孟生鼎（戰國）

中山王嚳方壺（戰國晚期）

郾侯載戈（戰國晚期）

丁丰卣（殷商）

丰父甲卣（殷商）

康侯封鼎（西周早期） 讀爲封

chǎn
產

《說文》曰：生也，从生、彥省聲。

哀成叔鼎（戰國）

蔡侯產劍（戰國早期）

鳥書箴銘带鈎（戰國）

彥

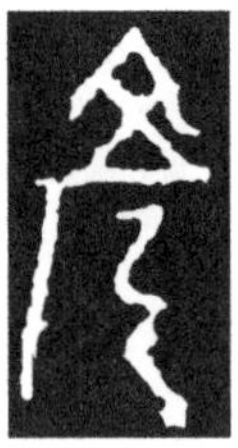
彥父丁鼎（西周早期）

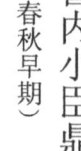

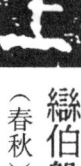

乇

華

zhé tuō

乇

《說文》曰：艸葉也，从垂穗，上貫一，下有根，象形。

《六書正譌》曰：乇，借為寄乇、委乇字。別作託。

乇田舌卣（殷商）

乇斧（西周）

兆域圖（戰國晚期）

讀爲尺

宮方百乇（尺）

huā huá huà

華

註：華，上像花蕾、下像莖葉，即花之本字。及後借為光華之華。古華、花同字，六朝後另造花字遂分爲二。

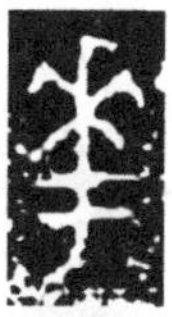

命簋（西周早期）

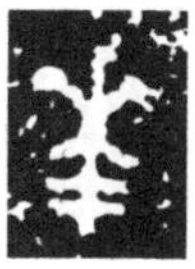
趞盂（西周早期）

大矢始鼎（西周中期）

己華父鼎（西周晚期）

仲姞鬲（西周晚期）

大克鼎（西周晚期）

仲義父鼎（西周晚期）

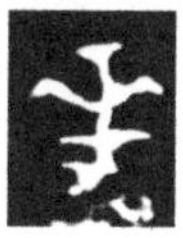
仲義父盨（西周晚期）

何簋（西周晚期）

華季益鼎（西周晚期）

華季益盨（西周晚期）

訇簋（西周晚期）

華母壺（春秋早期）

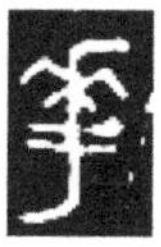
鼄公華鐘（春秋晚期）

巢

貶㝃

漆桼

束

chāo
巢
《説文》曰：鳥在木上曰巢，在穴曰窠，从木象形。

紭侯鼎（西周早期）

⿰阝殳貯殷（西周中期）

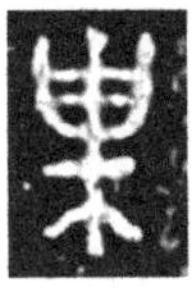
班簋（西周中期）

⿰虘又巢鐘（春秋）

biǎn
㝃
《説文》曰：傾覆也，从寸、臼覆之。寸，人手也，从巢省。杜林説以爲貶損之貶。《字彙補》曰：㝃；古貶字。《玉篇》曰：㝃，貶損也，與貶同。《集韻》曰：貶……通作乏。註：㝃，或从廾。金文从寸、从廾互通。

𢆶仲𩂣父甗（西周晚期）

毛⿱臼廾殷（西周晚期）

⿱臼廾作之元戈（春秋早期）

qī
桼
《説文》曰：木汁，可以鬃物，象形，桼如水滴而下。《玉篇》曰：桼，木汁，可以鬃物，今為漆。

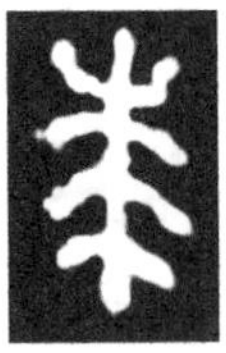
廿七年上守趞戈（戰國） 讀為漆 漆工師豬

shù
束
《説文》曰：縛也，从口、木。註：束，像捆扎樹木或柴薪。

柬 揀

剌 列 烈

柬盤（殷商）

柬父辛鼎（西周早期）

戍鈴方彝（西周早期）

盂卣（西周早期）

[illegible]伯壺蓋（西周中期）

守宮盤（西周中期）

戠殷（西周中期）

曶鼎（西周中期）

㒼殷（西周中期）

柬仲皿父簋（西周晚期）

五年召伯虎簋（西周晚期）

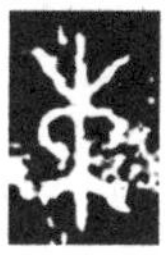
大簋（西周晚期）

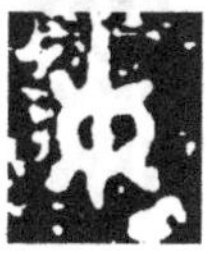
不嬰殷（西周晚期）

jiǎn
柬

《說文》曰：分別簡（揀）之也，从柬、从八，八分別也。

《爾雅》曰：柬；擇也。

註：柬，或同揀，通簡。

新邑鼎（西周早期）

柬人口父簋（西周早期）

蔡侯墓殘鐘（春秋晚期）

令狐君壺（戰國中期）

là
剌

《說文》曰：戾也，从柬、从刀，刀者剌之也。

註：剌，違戾、違背之義。金文、古文之烈字、列字，多以剌字為之。

剌作兄日辛卣（殷商）

剌觀鼎（西周早期）

[illegible]方彝（西周早期）

師虎簋（西周中期）

班簋（西周中期）

刺 烈 列

刺鼎（西周中期）

師奎父鼎（西周中期）

史牆盤（西周中期）

幾父壺（西周中期）

㾜鐘（西周中期）

大鼎（西周中期）

戜方鼎（西周中期）

師𩛥鼎（西周中期）

戜𣪕（西周中期）

伯椃虘簋（西周晚期）

揚簋（西周晚期）

翏生盨（西周晚期）

大簋（西周晚期）

⿰害夫𣪕（西周晚期）

六年召伯虎簋（西周晚期）

叔㱿父𣪕（西周晚期）

伯喜簋（西周晚期）

師臾鐘（西周晚期）

克鐘（西周晚期）

無叀鼎（西周晚期）

叔㱿父𣪕（西周晚期）

宗婦鄁嫛盤（春秋早期）

宗婦鄁嫛𣪕（春秋早期）

宗婦鄁嫛鼎（春秋早期）

秦公鐘（春秋早期）

秦公鎛（春秋早期）

秦公簋（春秋早期）

者𣱼鐘（戰國早期） 讀爲烈 用再刺（烈）壯

曾侯乙鐘（戰國早期） 讀爲厲 厲爲古樂之律名 厲刺古同音 爲刺（厲）音變商

鮀  囊  苞包橐

鮀

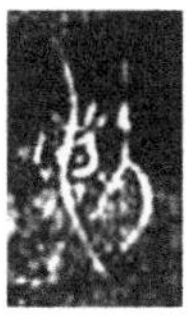

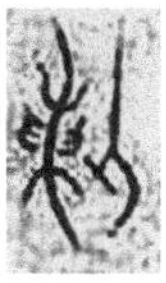

中山王礨鼎（戰國晚期） 讀爲列 刺（列）城數十

好蚉壺（戰國晚期）

náng nāng
囊

註：囊，口袋、袋子，或像口袋一類的器物。囊，或為豬、狗等動物腹部肥而松軟的肉。

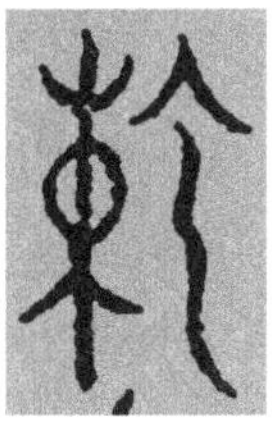

[illegible]父己觶（殷商）

天亡簋（西周早期） 讀為囊 王降亡賀爵 褪囊

pāo bāo
橐

于省吾曰：橐，外形内聲之形聲字。……散盤、毛公鼎均从缶。……橐，讀如苞苴之苞，……漢以後橐字通作苞或包。苞、包通行而橐字遂廢。【甲骨文字釋林】

毛公鼎（西周晚期）

散氏盤（西周晚期） 讀為苞 襄之有嗣苞

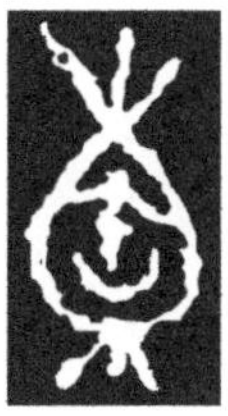

徐大子鼎（春秋）

亶　囗 　團 　回 

亶

肄作父乙𣪘（殷商）

寗蓑鼎（殷商）

wéi
囗

《説文》曰：回也。象回帀之形。《玉篇》曰：囗；古圍字。

《説文解字注》曰：圍繞、周圍字當用此。圍行而囗廢矣。

囗己觚（殷商）【古文字類編】收録

囗且己觶（殷商）【古文字類編】收録

tuán
團

《説文》曰：圜也，从囗、專聲。《玉篇》曰：團，圓也。

𣪘子作宄團宫鼎（西周早期）

召卣（西周早期）

圛尊（西周早期）

huí
回

《説文》曰：轉也，从囗、中象回轉形。古文。

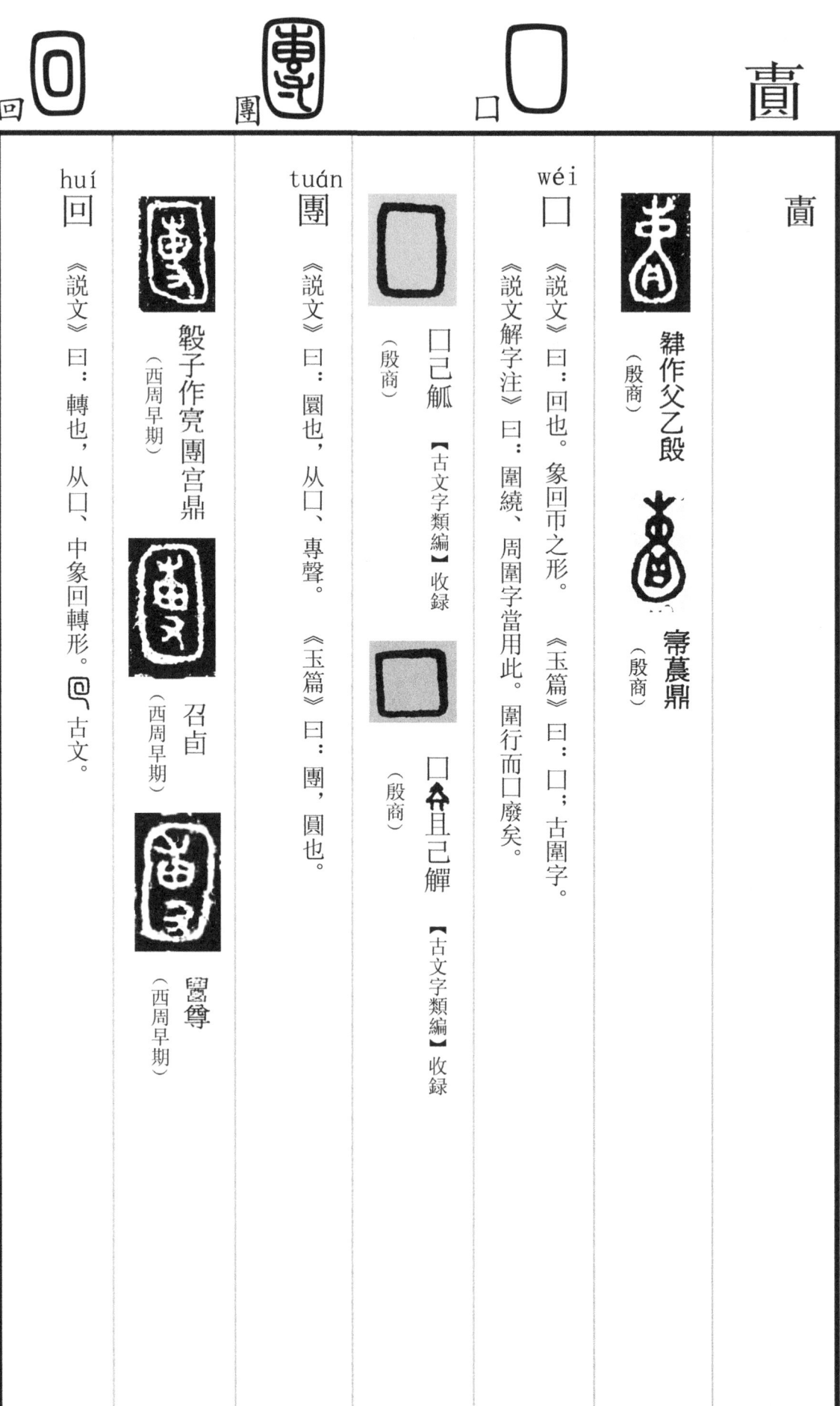

圖

國

父丁爵（西周早期） 讀為回 父丁囗回

tú
圖
註：圖，从口、从啚。口，乃國界、啚，爲鄙之初文。鄙，指邊鄙、鄙界，即國邑。圖之本義爲地圖。
《一切經音義》曰：圖、啚二形同。註：啚，或同圖。

子廟圖卣（西周早期）

子廟圖方彝（西周早期）

宜侯夨簋（西周早期）

散氏盤（西周晚期）

善夫山鼎（西周晚期）

無叀鼎（西周晚期）

兆域圖（戰國）

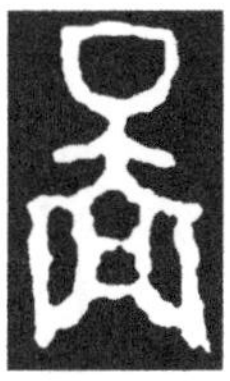
雍伯鼎（西周早期）

渣嗣土逘毁（西周早期）

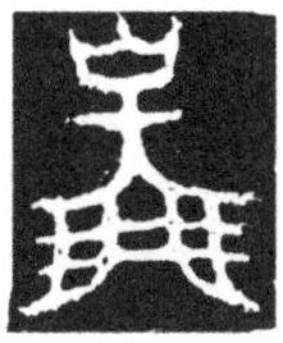
大父乙觶（西周早期）

guó
國
《說文》曰：邦也，从口、从或。註：古文以或字為國字，後，从囗作。

保卣（西周早期）

彔戜卣（西周中期）

宗婦鄁嫛毁（春秋早期）

宗婦鄁嫛鼎（春秋早期）

國差鑰（春秋）

緐伯盤（春秋）

蔡侯鐘（春秋晚期）

囿

圃

因

悍距末（春秋晚期）

王孫遺者鐘（春秋晚期）

國子鼎（戰國早期）

師寰殷（西周晚期） 或从邑

yòu
囿
《說文》曰：苑有垣也，从囗、有聲。一曰禽獸曰囿。註：囿，有牆垣養禽獸之苑地。

秦公簋（春秋早期） 讀為有 造囿（有）四方

pǔ
圃
《說文》曰：種菜曰圃，从囗、甫聲。註：圃，種菜之地，苗圃。

亞𢆶父乙殷（殷商）

𨒅父癸方彝蓋（殷商）

圃盨（西周晚期）

鴋公劍（春秋晚期）

yīn
因
《說文》曰：就也，从囗、大。

𧎾鼎（西周中期） 讀為因 因付厥且僕二家

中山王𠭰方壺（戰國晚期）

陳侯因𪒠敦（戰國晚期）

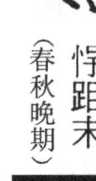

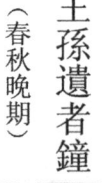

固 痼

圍

困 梱

gù
固

《說文》曰：四塞也，从口、古聲。《字彙補》曰：固；與痼同，

註：固，城郭完整、堅固。

成固戈（戰國）

十三年壺（戰國晚期）

十四年雙翼神獸（戰國晚期）

左使車嗇夫帳桿母扣（戰國晚期）

wéi
圍

《說文》曰：守也，从口、韋聲。

柞伯簋（西周早期）

庚壺（春秋晚期）

kùn
困

註：困，或為古梱字。

困冊父丁爵（殷商）

豢圂 

圓 

囚 

困

hùn
圂

《說文》曰：廁也，从口、象豕在口中也，會意。《集韻》曰：豢；或作圂。

註：圂，豕在口中即豬圈。古代豬圈亦兼廁所，稱圂。

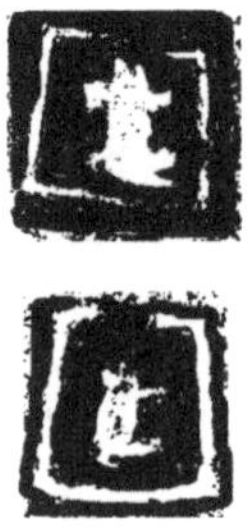

圂觚（殷商）

毛公鼎（西周晚期） 讀為圂 趯余小子圂湛于艱

yuán
圓

註：○，為意象字，本即方圓之圓之初文，員、袁等字从之。

○鼎（殷商）

qiú
囚

《說文》曰：繫也，从人在口中。《爾雅》曰：囚，拘也。

且癸爵（西周早期）

困

㘣 𡈁 囝 囡

困爵（西周早期）

yǔ
㘣

註：㘣，讀爲宇字。

史牆盤（西周中期）

讀爲宇

武王則令周公捨㘣（宇）于周

kūn
𡈁

張亞初釋爲昆。【殷周金文集成 引得】

𡈁君鼎（春秋早期）

nān jiǎn
囝

註：囝，小孩子。囝，或同囡。

囝鼎（殷商）

囝觚（殷商）

囝父辛爵（殷商）

囝父辛簋（西周早期）

囝爵（西周早期）

⿴囗貈

kè hè
⿴囗貈

註：⿴囗貈，讀為恪、或讀為貉。

瘐鐘（西周中期）

九年衛鼎（西周中期） 讀爲貉
捨顏有嗣壽商⿴囗貈（貉）裘

番生簋（西周晚期） 讀爲恪
申⿴囗貈（恪）大命

史牆盤（西周中期）

毛公鼎（西周晚期） 讀爲恪
申⿴囗貈（恪）大命 ⿴囗貈（恪）夙夕

⿰言夫殷（西周晚期）

⿴囗乙

⿴囗乙

⿴囗乙爵（殷商）

⿴囗昜

⿴囗昜

蔓⿴囗昜窑里人豆（戰國晚期）

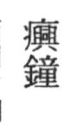

yuán
員

《説文》曰：物數也，从貝、口聲。籀文从鼎。註：金文之員从○，非口也，○，亦聲。其意乃鼎口圓形，為圓之本字。後人省鼎从貝作員。為有別于人員之員，又於員外加囗作圓，員、圓即分文二。

員作用鼎（西周早期）

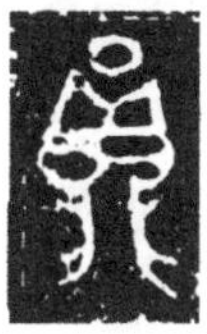
員作夾卣（西周早期）

員父尊（西周早期）

作員從彝罍（西周早期）

員作盉（西周早期）

保員簋（西周早期）

員作旅壺（西周中期）

琟叔𣪘（西周中期）

員觶（西周中期）

𢦞方鼎（西周中期）

員方鼎（西周中期）

員作父壬尊（西周中期）

員作旅尊（西周中期）

伯員鼎（西周）

⿰貝隺

晉姜鼎（春秋早期）

貝

bèi

貝

《說文》曰：海介蟲也，居陸名猋，在水名蜬，象形。古者貨貝而寶龜，周而有泉（錢幣），至秦廢貝行錢。

註：貝，海貝象形，古用爲交易貨幣。貨幣始有財、貨之意。後世凡从貝之字皆與財、貨有關。

貝隹易父乙爵（殷商）

貝車爵（殷商）

[illegible]父癸方彝蓋（殷商）

四祀𠨘其卣（殷商）

邐毁（殷商）

戍[illegible]鼎（殷商）

作父己簋（殷商）

小子[illegible]毁（殷商）

寢卣（殷商）

戍甬鼎（殷商）

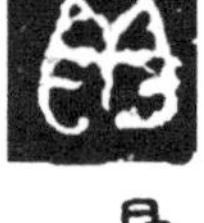
[illegible]作父辛尊（殷商）

鄉鬲（殷商）

作册般甗（殷商）

戍寅鼎（殷商）

小子𦊆鼎（殷商）

小臣謎毁（西周早期）

作册[illegible]鼎（西周早期）

圉方鼎（西周早期）

圉甗（西周早期）

匽侯旨鼎（西周早期）

保侃母簋（西周早期）

瀕史鬲（西周早期）

伯矩鬲（西周早期）

獻侯鼎（西周早期）

德方鼎（西周早期）

德鼎（西周早期）

周公東征鼎（西周早期）

寧鼎（西周早期）

庚嬴鼎（西周早期）

富鼎（西周早期）

伯姜鼎（西周早期）

天君簋（西周早期）
昜𠂤殷（西周早期）
昜貝鼎（西周早期）
攸簋（西周早期）
息伯卣（西周早期）
遣卣（西周早期）

子黄尊（西周早期）
商卣（西周早期）
庚嬴卣（西周早期）
蔡尊（西周早期）
商尊（西周早期）
士上卣（西周早期）

能匋鼎（西周早期）
𠷎士卿父戊尊（西周早期）
臣衛父辛尊（西周早期）
遣尊（西周早期）
脣觶（西周早期）

望父甲爵（西周早期）
龏姛方鼎（西周早期）
𨟻父鼎（西周早期）
交鼎（西周早期）
從鼎（西周中期）

剌鼎（西周中期）
𪏳殷（西周中期）
穆公簋（西周中期）
豐卣（西周中期）
效尊（西周中期）
旅鼎（西周中期）

呂方鼎（西周中期）
豐作父辛尊（西周中期）
鬲作父甲尊（西周中期）
不栺方鼎（西周中期）

鮮盤（西周中期）
𢼄叔殷蓋（西周晚期）
六年召伯虎簋（西周晚期）
征人鼎（春秋早期）

賸

賢

賀

wàn
賸

《說文》曰：貨也，从貝萬聲。

註：貨多爲賸。

余賸逐兒鐘（春秋晚期）

xián
賢

《說文》曰：多才（財）也，从貝、臤聲。

註：臤，為臤德之賢。賢，為多財之賢。後來臤廢均以賢為臤。

賢簋（西周中期）

好蚉壺（戰國晚期）

从户从貝省

中山王嚳方壺（戰國晚期）

或从子不从貝
或得賢佐司馬貯

hè
賀

《說文》曰：以禮（物）相奉慶也。从貝、加聲。

註：以禮物相奉慶曰賀、祝賀。

中山王嚳方壺（戰國晚期）

讀為賀
諸侯皆賀

忒 貣

剩 賸

tè
貣

《説文》曰：从人求物也，从貝、弋聲。《説文通訓定聲》曰：貣；假借爲忒。

註：貣，向他人乞求物品，或曰借貸。貣，通忒、或假為貳。

邵大叔斧
（春秋）

或从戈 讀爲貳
以新金爲貣（貳）車之十斧

蔡侯鐘
（春秋晚期）

蔡侯鎛
（春秋晚期）

shèng
賸

《説文》曰：物相增加也，从貝、朕聲。一曰送也、副也。《集韻》曰：賸；餘也，俗作剩。

註：賸，俗體作剩。賸，或假借為媵。金文均以賸爲媵。媵，送嫁女之名曰媵。

龏妊甗
（西周中期）

尹叔鼎
（西周中期）

師賸父鼎
（西周中期）

樊君鬲
（西周晚期）

周[illegible]生段
（西期晚期）

作[illegible]叔嬴鬲
（西周晚期）

復公子簋
（西周晚期）

輔伯雁父鼎
（西周晚期）

𨙶叔𨙶姬段
（西周晚期）

鮇甫人匜
（西周晚期）

叔男父匜
（西周晚期）

呆同段蓋
（西周晚期）

伯家父簋
（西周晚期）

夨賸盨
（西周晚期）

曾侯簠
（西周晚期）

鴋姬簋
（西周晚期）

長子沫臣簠
（春秋早期）

魯伯大父簋
（春秋早期）

戇贛

償賞

穌冶妊鼎（春秋早期）

弗奴父鼎（春秋早期）

復公子仲簋（春秋早期）

魯伯大父簋（春秋早期）

魯大宰邍父簋（春秋早期）

楚王鐘（春秋）

魯伯厚父盤（春秋）

楚季咩盤（春秋）

取膚盤（春秋）

取膚匜（春秋）

鄴伯受簠（春秋）

蔡大師鼎（春秋晚期）

gòng gàn zhuàng
贛

《說文》曰：賜也。《集韻》曰：戇；愚也，或省爲贛。

註：贛，賜與。贛，江西省簡稱。贛，或同戇。

二十年鄭令戈（戰國） 讀為贛

鄭令……右庫工師張阪冶贛

shǎng
賞

《說文》曰：賜有功也，从貝、尚聲。

註：賞，通償。

曶鼎（西周中期）

旨賞鐘（春秋晚期）

驫羌鐘（戰國早期）

中山王嚳方壺（戰國晚期）

商賞賁 

賜 

shāng
shǎng
賁

《說文》曰：行賈也，从貝、商省聲。段玉裁曰：賁，經傳皆作商，商行而賁廢矣。【說文解字注】

強運開曰：今經典賞賜字皆作賞，而金文皆作賁，是賁實爲賞賜之專字。【說文古籀三補】卷六

戍甬鼎（殷商）

小臣傳鼎（西周早期）

征人鼎（西周早期）

作册大方鼎（西周早期）

攸簋（西周早期）

御正衛簋（西周早期）

叔簋（西周早期）

士上卣（西周早期）

束作父辛卣（西周早期）

作册魆卣（西周早期）

復作父乙尊（西周早期）

商卣（西周早期）

復鼎（西周早期）

匽侯旨鼎（西周早期）

歔䌛方鼎（西周早期）

周公東征鼎（西周早期）

史獸鼎（西周早期）

商尊（西周早期）

矢令方彝（西周早期）

競卣（西周中期）

cì
賜

《說文》曰：予也，从貝、易聲。

盈贏

佇貯

庚壺（春秋晚期）

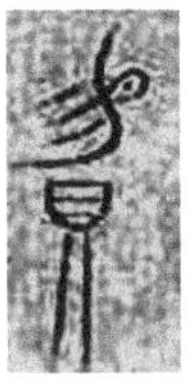
中山王譻鼎（戰國晚期）

虢季子白盤（西周晚期） 以賜爲賜
王賜（賜）乘馬……王賜（賜弓彤

德鼎（西周早期） 假易爲賜
王易（賜）德貝廿朋（貝即古貨幣 朋即貨貝單位）

文鼎（西周早期） 假易爲賜
王易（賜）貝

yíng
贏

《説文》曰：有餘賈利也。《廣韻》曰：贏，財長也。
註：贏，行賈（作買賣）所獲得的贏利、贏餘（盈餘）。贏，通盈、通贏。

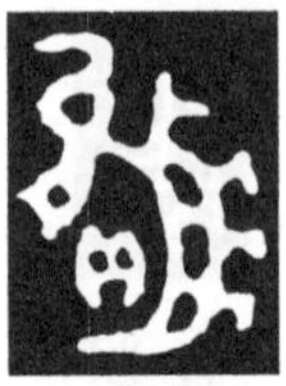

庚贏卣（西周早期） 从貝 假贏爲贏

zhù
貯

《説文》曰：積也，从貝、宁（非寧之簡化字）聲。《玉篇》曰：貯，藏也、盛也。
《廣韻》曰：貯，居也、積也。註：貯，貝藏宁內，貯藏。貯、宁本同字。貯，通佇。

貯戈（殷商）

貯胄（殷商）

貯鐃（殷商）

沈子它簋（西周早期）

裘衛盉（西周中期）

貳 

負 

⿰阝殳貯殷（西周中期）

㲋殷（西周中期）

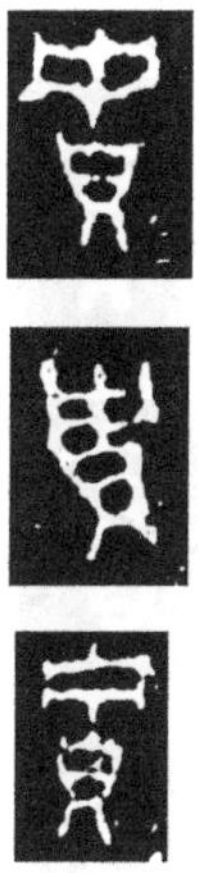
格伯簋（西周中期）

齊生魯方彝（西周中期）

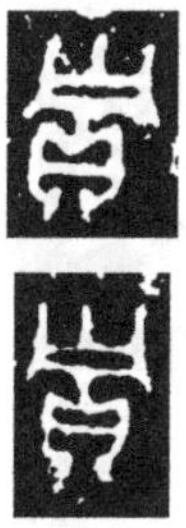
五祀衛鼎（西周中期）

頌壺（西周晚期）

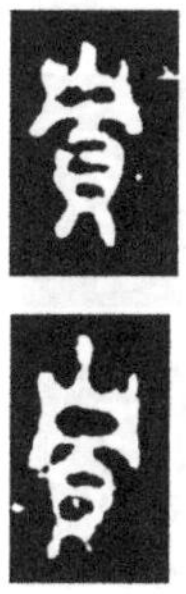
兮甲盤（西周晚期）

昆疕王鐘（西周晚期）

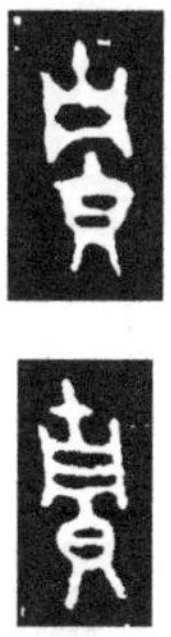
頌鼎（西周晚期）

頌簋（西周晚期）

善夫山鼎（西周晚期）

貯子己父匜（西周晚期）

尹氏貯良簠（西周晚期）

史牆盤（西周中期） 或从宀 从玉

èr
貳

註：貳，數量詞，二的大寫。貳，通膩。𧶠，或為貣字，假為貳。

五年召伯虎簋（西周晚期）

郘大叔斧（春秋）

中山王嚳方壺（戰國晚期） 从肉从弍為膩字或讀為貳 不膩（貳）其心

fù
負

《說文》曰：恃也，从人守貝，有所恃也，一曰受貸不償。《玉篇》曰：負，擔也。負，違恩忘德也。

註：負，自恃、憑仗。負，背負、負擔、負債。負，勝負。

賓 濱儐

中方鼎（西周早期）
【金文詁林補】卷六　周法高釋爲負

居簋
【金文詁林】收録
强運開釋爲負

bīn
賓

《説文》曰：所敬也，从貝㝉聲。古文。
《説文通訓定聲》曰：賓，假借爲擯、假借爲鬢。
《字彙補》曰：賓；與濱同。
註：㝉，即古賓字。賓，同儐。

乃孫作且己鼎（殷商）

二祀切其卣（殷商）

般觥（西周早期）

欶段（西周早期）

盂爵（西周早期）

作册睘卣（西周早期）

小盂鼎（西周早期）

妹叔昏簋（西周早期）

保卣（西周早期）

作册睘尊（西周早期）

甲盉（西周早期）

公貿鼎（西周中期）

伯賓父簋（西周中期）

蔑段（西周中期）

戲鐘（西周中期）

小臣守簋（西周）

大簋（西周晚期）

鄭丼叔鐘（西周晚期）

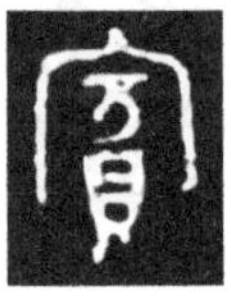
史頌鼎（西周晚期）

史頌簋（西周晚期）

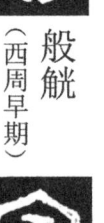

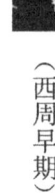

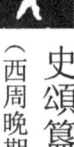

貿

費

鄭楙叔賓父壺（西周晚期）

叔賓父盨（西周晚期）

曾伯陭壺（春秋早期）

郘公釸鐘（春秋）

徐王子旃鐘（春秋）

嘉賓鐘（春秋晚期）

簷大史申鼎（春秋晚期）

姑馮昏同之子句鑃（春秋晚期）

沇兒鎛（春秋晚期）

王孫遺者鐘（春秋晚期）

曾侯乙鐘（戰國早期）

mào
貿

《説文》曰：易財也，从貝、卯聲。

《爾雅》曰：貿，買也。

註：貿，財、物交換曰買賣、曰貿易。

公貿鼎（西周中期）

fèi
費

《説文》曰：散財用也，从貝弗聲。

《説文通訓定聲》曰：費，假借爲拂。

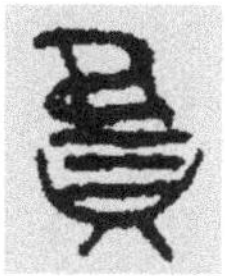
八年新城大令戈（戰國）　讀為費　工師宋費冶褚

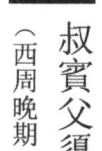

債蹟漬責

買

zé
責

《說文》曰：求也，从貝、朿聲。《正字通》曰：責，逋財也，俗作債。

註：責，或假爲積、爲蹟（跡）、爲漬、為債。

小臣缶方鼎（殷商）　讀爲積　王賜小臣缶湡責（積）五年

旂鼎（西周早期）

兮甲盤（西周晚期）　讀爲積

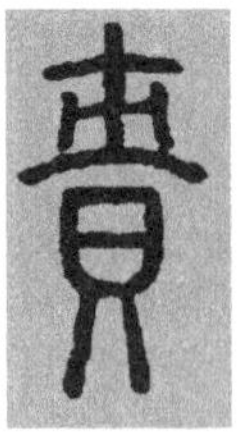
晉姜鼎（春秋早期）　讀爲漬　賜滷責（漬）千两

秦公簋（春秋早期）　讀爲蹟　冪宅禹責（蹟）

mǎi
買

《說文》曰：市也，从网、貝。

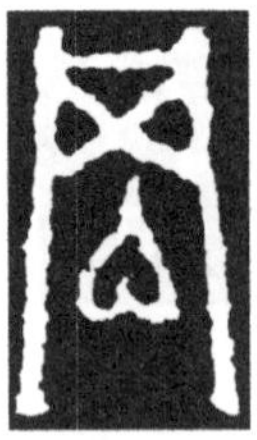
買鼎（殷商）

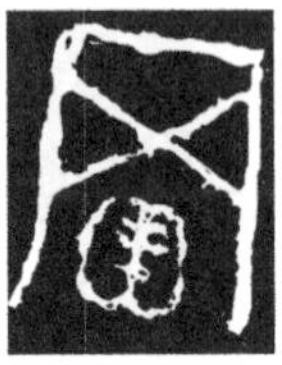
買車觚（殷商）

買車卣（殷商）

買車罍（殷商）

車賣爵（殷商）

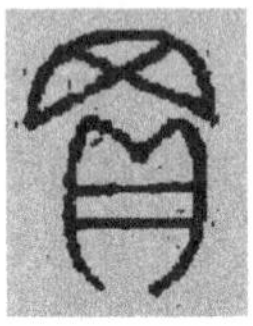
中甗（西周早期）

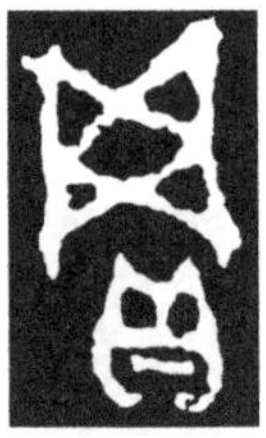
買王卣（西周早期）

口叔買簋（西周晚期）

吳買鼎（春秋）

右買戈（春秋晚期）

無公買簋（春秋晚期）

賦

賃

賣

fù
賦

《説文》曰：斂也，从貝、武聲。《説文通訓定聲》曰：賦 假借爲敷。

註：賦，賦稅，徵收，斂財。

毛公鼎
（西周晚期）
讀為賦
藝大小胥賦

lìn
賃

《説文》曰：庸（雇傭）也。从貝、任聲。《集韻》曰：賃，以財雇物。

註：賃，雇用、租借、租賃。

王命龍節
（戰國）

王命虎符
（戰國）

中山王𧶠鼎
（戰國晚期）
讀爲任
使知社稷之賃（任）

好蛮壺
（戰國晚期）
或从壬
而重賃（任）之邦

yù
賣

《説文》曰：衒也（沿街叫賣爲衒），从貝、𡕥聲。𡕥古文睦。讀若育。《字彙》曰：賣；音育，賣也、賣；通鬻。《正字通》曰：賣，與賣同。

註：賣，通鬻，賣也。賣，隸變後與賣相混同。

曶鼎
（西周中期）
讀爲贖
我即賣（贖）汝五夫

齎

質

賤

賮 贐

jī
齎

《說文》曰：持遺也，从貝、齊聲。《說文通訓定聲》曰：齎，假借爲資。齎，假借為臍。

註：齎，送給、交付。

晉侯穌鐘
（西周晚期）

zhì
質

《說文》曰：以物相贅，从貝、从所。註：質，以人或物典當，抵押。以物抵錢曰質、以錢受物曰贅。

井人女鐘
（西周晚期）

jiàn
賤

《說文》曰：賈（價）少也，从貝、戔聲。《玉篇》曰：賤，卑下也。《正字通》曰：賤，輕也。

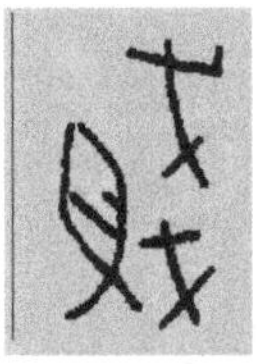
相邦儀戈【古文字類編】
（戰國）

jìn
賮

《說文》曰：會禮也，从貝、聿聲。註：古代會見所贈禮物曰賮。賮同贐。

賚

資貲

lài
賚
《說文》曰：賜也，从貝、來聲。

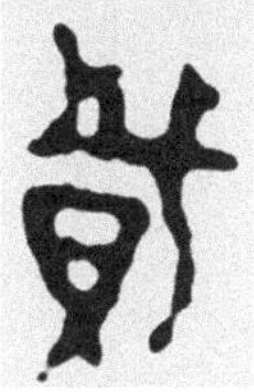
不降矛
（戰國）
讀為資
不降棘余子之貲（資）金

zī
貲
《說文》曰：小罰以財自贖也，从貝、此聲。
《說文通訓定聲》曰：貲，假借爲資。
註：貲，罰繳財物。貲，通資。

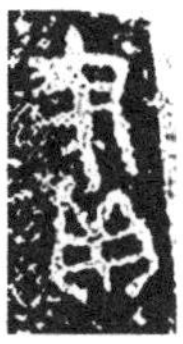
賚作父癸卣
（西周早期）

賚引觚
（西周早期）

賚父辛爵
（西周早期）

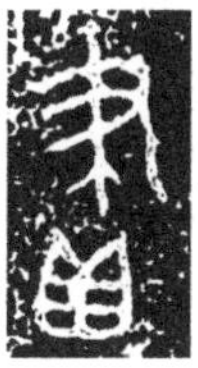
且辛簋
（西周中期）

賚父辛毀
（西周早期）

賚父辛觶
（西周早期）

賚父辛卣
（西周早期）

賚作父辛尊
（西周早期）

賚甲罍
（殷商）
或从聿 贐甲
張亞初釋為贐【殷周金文集成 引得】

賚弘觥
（殷商）

賚作父辛卣
（西周早期）

師𩛥鼎
（西周中期）
或从皿
汝克贐乃身

赞 

⿱父貝

⿱刜貝

大克鼎（西周晚期） 或从𣏟

多友鼎（西周晚期）

辛鼎（西周早期）

zàn
贊

《字彙》曰：贊，頌也。

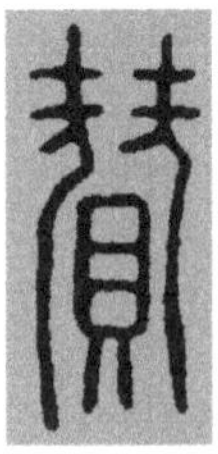

贊鼎

【甲金篆隸大字典】收録 此字出處不詳 僅供參考

bù
⿱父貝

林潔明曰：⿱父貝字从貝、父聲，説文所無，柯昌濟、楊樹達並以爲泉布之布之本字，布、⿱父貝二字古音並在魚部，聲同，自可通假。⿱父貝；爲布之本字是也。【金文古林】卷六 註：泉布，古代貨幣。

公貿鼎（西周中期） 讀為布 叔氏使（布）安□伯

⿱刜貝

小盂鼎（西周早期）

貫 昉 䝼 眗

貫

中山王𰯼方壺（戰國晚期）

好盗壺（戰國晚期）

昉

陸昉𣪘蓋（戰國早秋）

䝼

蔡叔季之孫䝼匜（春秋）

gòu
眗

《玉篇》曰：眗，稟給。註：眗，或从貝、丩聲。

⿰貝丂　⿰貝甫　賡

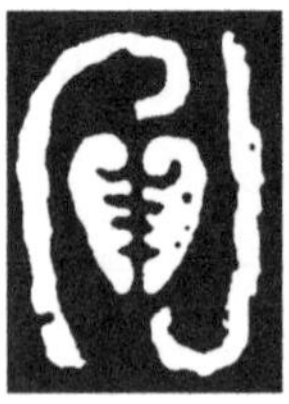

⿰貝句爵（殷商）

⿰貝丂

⿰貝兮于盞（春秋晚期）

⿰貝甫

中⿰貝甫王鼎（戰國晚期）

gēng 賡

《爾雅》曰：賡，續也。《廣韻》曰：賡，償也。

註：賡，連續、繼續不斷。「説文」將賡定為續字。分別標註供參考。

蔡侯墓殘鐘（春秋晚期）

鄂君啓節舟節（戰國）

bǎo
賲

《玉篇》曰：賲，有也。

竈叔之伯鐘
（春秋）
讀為保
永賲（保）用享

kuì
賷

註：賷，或讀為饋。

原趞方鼎
（西周早期）
讀為饋
厚趞有賷（饋）于濂公

贅

yì
賹

註：賹，或从貝，同鎰，量詞，古代重量單位，十二兩、或二十四兩。

長沙銅量（戰國）

kuàng
⿱㐅貝

註：⿱㐅貝，或讀為貺。貺，賜與。

陳逆簋（戰國早期）　或讀為貺　以⿱㐅貝（貺）永命眉壽

⿰貝爰

楚子⿰貝爰簠（戰國早期）

⿰貝平

郳陵君王子申豆（戰國晚期）

yīng 賏

《説文》曰：頸飾也，从二貝。

註：古代先民以貝爲貨幣，或作項鏈飾物。賏，二貝并置，會意項飾也。

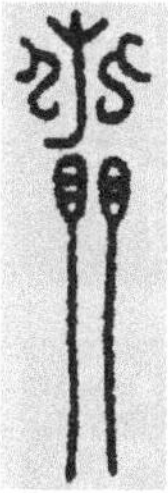

玄翏夫賏戈（春秋）

子賏之用戈（戰國早期）

péng 朋

王國維曰：殷時玉與貝皆貨幣也，……其用爲貨幣及服御者，皆小玉、小貝，而有物焉以系之。所系之貝、玉，於玉則謂之珏，於貝則謂之朋。然二者於古實爲一字。……古者五貝一系，二系一朋。【王觀堂先生全集】

註：朋，上古時期貨幣單位，像玉或貝之兩系，用于貨幣或服飾。後世朋字，多用于朋友之義。

中作且癸鼎（西周早期）

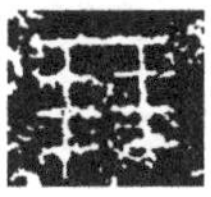

嬰方鼎（西周早期）

戌甬鼎 二朋合文（殷商）

嫛方鼎（西周早期）

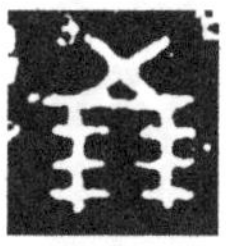

寍鼎 五朋合文（西周中期）

我方鼎（西周早期）

新邑鼎 十朋合文（西周早期）

呂鼎（西周中期）

庚嬴鼎（西周早期）

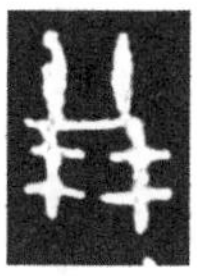

匽侯旨鼎 廿朋合文（西周早期）

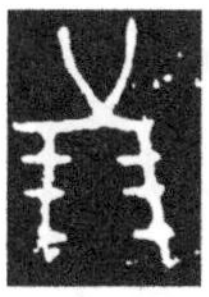

德鼎（西周早期）

德方鼎（西周早期）

呂方鼎 卅朋合文（西周中期）

從鼎（西周中期）

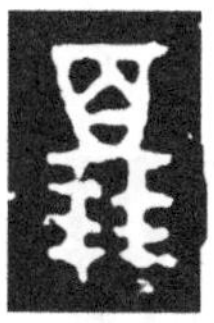

伯姜鼎 百朋合爲（西周早期）

邑

yì
邑

羅振玉曰：凡許書所謂卪字考之卜辭及古金文，皆作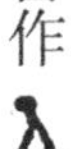，像人跽形。邑，爲人所居故从口、从人。【甲骨文集釋】

註：邑，从口，像城郭，人蹲踞于城下，即指國人。邑，泛指都城、封地、城鎮。

邑且辛父辛觶（殷商）

邑爵（殷商）

辛邑矛（殷商）

辛邑戈（殷商）

亞車邑甗（殷商）

北伯邑辛簋（西周早期）

嗽士卿父戊尊（西周早期）

宜侯夨簋（西周早期）

臣卿鼎（西周早期）

臣卿鼎（西周早期）

邑觶（西周早期）

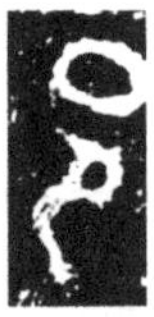
師旟段蓋（西周中期）

永盂（西周中期）

五祀衛鼎（西周中期）

裘衛盉（西周中期）

師酉簋（西周中期）

鬲比盨（西周晚期）

鬲比鼎（西周晚期）

柞鐘（西周晚期）

六年召伯虎簋（西周晚期）

元年師兑簋（西周晚期）

此鼎（西周晚期）

訇簋（西周晚期）

散氏盤（西周晚期）

此簋（西周晚期）

齊侯鎛（春秋中期）

邦

bāng
邦

洹子孟姜壺（春秋）

䜌伯盤（春秋）

戈伯匜（春秋）

庚壺（春秋晚期）

《說文》曰：國也，从邑、丰聲。古文。註：邦，或作。

大盂鼎（西周早期）

或从冂

五祀衛鼎（西周中期）

肄毁（西周中期）

或从土

盠方彝（西周中期）

豆閉簋（西周中期）

𤼈鐘（西周中期）

班簋（西周中期）

静簋（西周中期）

寡子卣（西周中期）

史牆盤（西周中期）

彔伯𢦏毁蓋（西周中期）

子邦父甗（西周中期）

成周邦父壺（西周）

曾侯簠（西周晚期）

駒父盨（西周晚期）

汈其鐘（西周晚期）

叔向父禹簋（西周晚期）

伯邦父鬲（西周晚期）

禹鼎（西周晚期）

大克鼎（西周晚期）

毛公鼎（西周晚期）

宗周鐘（西周晚期）

師寰毁（西周晚期）

訇簋（西周晚期）

羌伯簋（西周晚期）

國差𦉜（春秋）

郡 

都 

蔡侯紐鐘（春秋晚期）

鼄公華鐘（春秋晚期）

復公仲簋（春秋晚期）

四年相邦戈（戰國）

十四年屬邦戈（戰國）

哀成叔鼎（戰國）

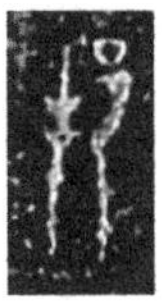
十四年陳侯午敦（戰國晚期）

中山王嚳方壺（戰國晚期）

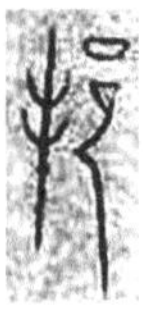
中山王嚳鼎（戰國晚期）

好蚉壺（戰國晚期）

䀠邦卣（殷商）

jùn
郡

註：郡，古代行政區劃。周制縣大郡小，秦以後郡大縣小。

三年上郡守戈（戰國）

上郡守壽戈（戰國）

上郡守戈（戰國）

王五年上郡疾戈（戰國）

dū
dōu
都

《說文》曰：有先君之舊宗廟曰都，从邑、者聲。周禮：距國五百里爲都。

註：都，行政區劃大城市，都城、首都。都，或為副詞，全、全部。

鄰

鄙

宗周鐘（西周晚期）

齊侯鎛（春秋早期）

叔尸鐘（春秋晚期）

叔尸鎛（春秋晚期）

中都戈（春秋）

洹子孟姜壺（春秋）

平都矛（戰國）

沃都梧（戰國晚期）

庚都司馬鐓（戰國）

二十九年高都令劍（戰國）

二十九年高都令戈（戰國）

lín 鄰

《説文》曰：五家為鄰，从邑，粦聲。

《説文通訓定聲》曰：鄰假借為燐。

註：鄰，或从𨸏。，或以吝爲鄰。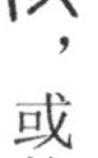，或从𨸏、吝聲。

瀕史鬲（西周早期）　古籀補補云：古从邑之字亦或从阜。用作鄰寶彝

師𩛥鼎（西周中期）　讀為鄰　鄰明令辟前王

趞毁（西周中期）

鄰易壺　【金文詁林補】收録

中山王譽鼎（戰國晚期）　以吝爲鄰　吝（鄰）邦難親

bǐ 鄙

《説文》曰：五酇爲鄙，从邑、啚聲。

《周禮》曰：五家爲鄰、五鄰爲里、四里爲酇、五酇爲鄙。

段玉裁曰：鄙；五百家也。【説文解字注】

商承祚曰：啚；即鄙之本字。【殷虚文字類編】

註：鄙，小村邑，或邊遠卑陋小邑。鄙字又有鄙陋、低下、粗野之義，引申為輕視、鄙視。

酆

鄭

郃

齊侯鎛（春秋中期） 以啚爲鄙 與鄙之人民都啚（鄙）

噩君啓節舟節（戰國） 讀爲郴（郴爲地名） 就鄙（郴）入資 沅 澧

fēng
酆

《説文》曰：周文王所都，在京兆杜陵西南。从邑、豊聲。

註：酆，古地名，周文王都城，今陝西有酆城。，金文不从邑。

小臣宅簋（西周早期） 讀爲酆 壬辰公在豊（酆）

zhèng
鄭

《説文》曰：京兆縣，周厲王子友所封，从邑、奠聲。

鄭左庫戈（戰國）

哀成叔鼎（戰國） 或从（即郭） 嘉曰 余鄭邦之産

hé
郃

註：郃，郃陽，地名。

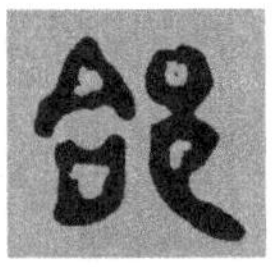

十七年丞相啓狀戈（戰國） 讀為郃 郃陽

齊司馬車器（戰國） 讀為郃 齊司馬右郃

鄆

卭

邘

邵

yùn
鄆

註：鄆，地名。

鄆戈（戰國晚期）

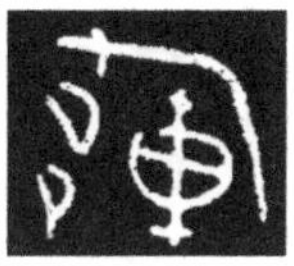
鄆左戈（戰篋晚期）

máng
卭

註：卭，古郡名。

十年卭令差戈（戰國晚期）

相邦卭皮戈（戰國晚期）

yú
邘

《說文》曰：周武王子所封，在河內野王是也。从邑、于聲。又讀若區。

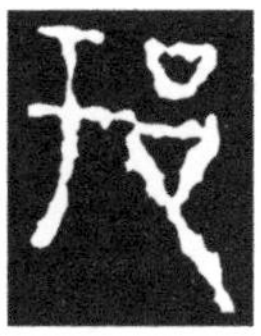
非欽戈（戰國早期）

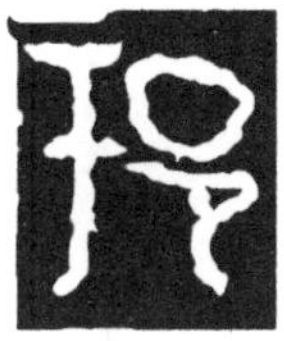
四年邘令戈（戰國）

shào
邵

《說文》曰：晉邑也，从邑、召聲。 註：邵，古地名。

祁

鄲

鄦　許

塦侯因𬁡敦（戰國晚期）

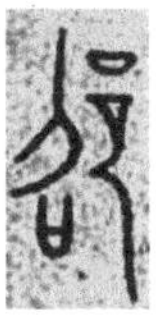
中山王嚳方壺（戰國晚期）

qí
祁

《説文》曰：太原縣，从邑、示聲。

註：甲骨文示字或作丅，故即祁字。為祁之異文。

史牆盤（西周中期）　香港中文大學本釋為祁

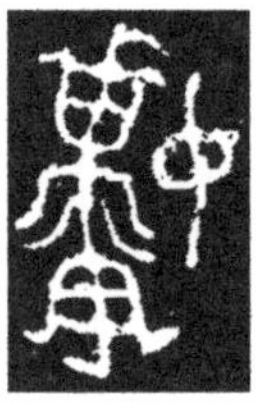
杜伯鬲（西周晚期）　讀為祁　杜伯作叔祁尊鬲

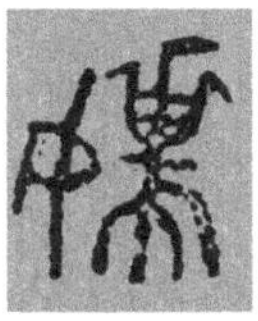
[illegible]公簠（西周晚期）

dān
鄲

《説文》曰：邯鄲縣，从邑單聲。

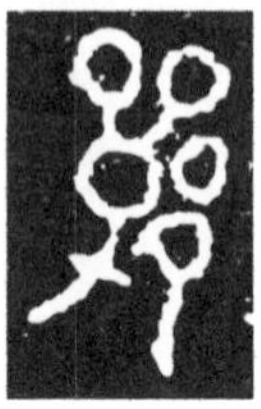
鄲孝子鼎（戰國中期）

xǔ
鄦

《説文》曰：炎帝太嶽之胤甫侯所封，在潁川。從邑、無聲。讀若許。劉心源曰：鄦……此即許國本字，後人專用許。【奇觚室吉金文述】段玉裁曰：鄦、許古今字。【説文解字注】

註：鄦，封邑國名，或為姓氏，後為許字所代。鄦，或从甘；鄦，或从皿。

鄦子妝簠（春秋）　即許之古文

鄦子盟𠂤鎛（春秋）

蔡大師鼎（春秋晚期）　或从甘

郾

郪

鄦之造戈（戰國早期）

鄦姬鬲（西周早期）

或从皿

盨仲尊（西周早期）

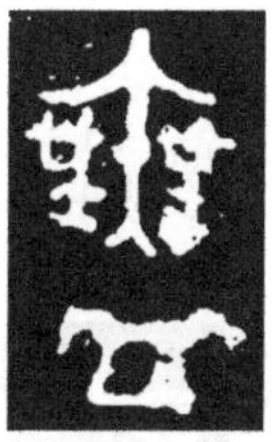

盨仲卣（西周早期）

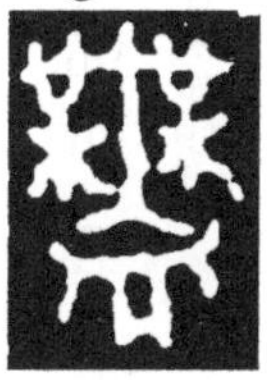

盨男鼎（西周晚期）

yǎn yān 郾

《説文》曰：潁川縣，从邑、匽聲。

林潔明曰：郾，在金文用爲國邑名，經典作燕。……音近通假。【金文詁林】卷六

中山王嚳鼎（戰國晚期）

中山王嚳方壺（戰國晚期）

好蚉壺（戰國晚期）

郾王職戈（戰國晚期）

郾王右庫戈（戰國晚期）

qī 郪

《説文》曰：新郪汝南縣，从邑、妻聲。

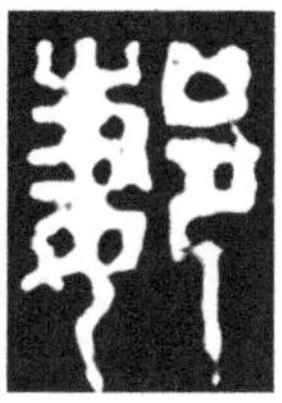

新郪虎符（戰篕晚期）

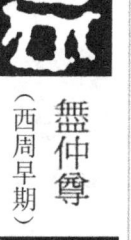

郢

鄧

鄂 諤

yǐng
郢

《説文》曰：故楚都，在南郡江陵北十里。从邑、呈聲。

註：郢，春秋楚國都城。

□郢逘鐸（戰國）

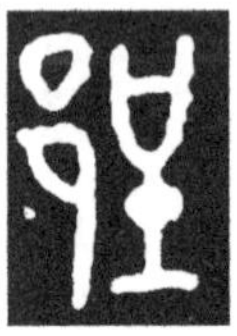
噩君啓節舟節（戰國）

噩君啓節車節（戰國）

王子申豆（戰國晚期）

郢侯戈（春秋早期） 或从彳

dèng
鄧

《説文》曰：曼姓之國，今屬南陽。从邑、登聲。

註：鄧，金文或不从邑。

鄧公乘鼎（春秋中期）

鄧公疾鼎（春秋晚期）

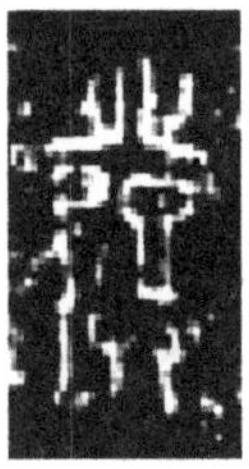

鄧子午鼎（春秋晚期）

以鄧鼎（春秋晚期）

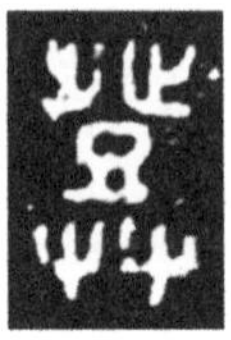
鄧公簋（西周晚期） 或不从邑

鄧伯吉射盤（春秋晚期）

以鄧鼎（春秋晚期）【近出殷周金文集錄】

è
鄂

《説文通訓定聲》曰：鄂，字亦作蕚。鄂，假借為愕。

《正字通》曰：鄂，與諤同。

註：鄂，古地名。

邾

訪邡

鄂君啓節舟節（戰國）

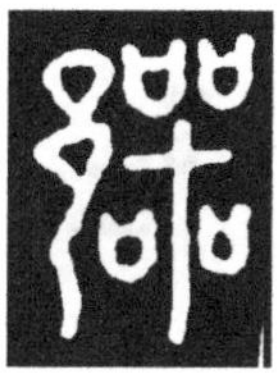
鄂君啓節車節（戰國）

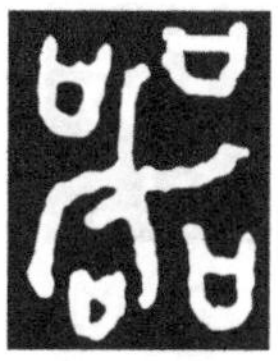

鄂侯簋（西周晚期） 或以噩為鄂

zhū
邾

註：邾，古國名、地名。

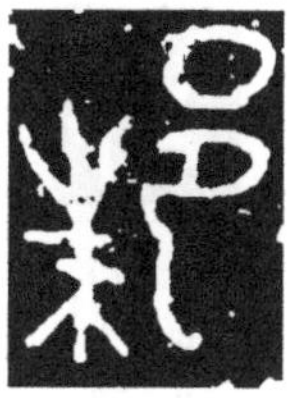
尋伯匜（西周晚期）

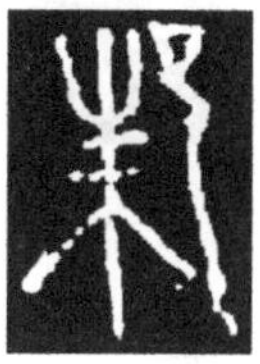
邾公釨鐘（春秋）

能原鎛（春秋晚期）

邾大司馬戈（春秋晚期）

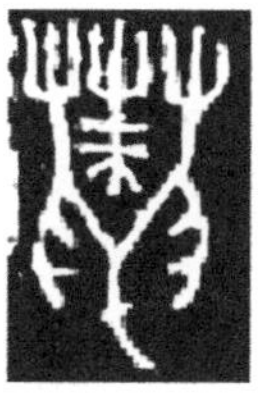
鼄公華鐘（春秋晚期） 或假鼄（蛛）爲邾

fāng
fǎng
邡

《說文通訓定聲》曰：邡：假借爲訪。註：邡，什邡，地名。邡，或讀為方、讀為訪。

鄂君啓節車節（戰國） 讀爲方 邡（方）城（古地名）

鄱

郜

邛

pó
鄱

註：鄱，鄱陽，地名。

是𢻱戈（春秋晚期）　張亞初釋為鄱【殷周金文集成 引得】

鄱伯畬匜【漢語古文字字形表】收録

gào
郜

註：郜，古國名、地名。

伯家父簋（西周晚期）

洹子孟姜壺（春秋）

斨君戟（戰國早期）　讀爲造　郜（造）戟

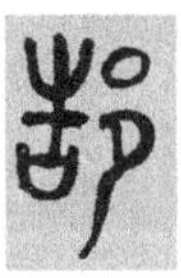
碩父鼎【金文詁林補】卷六收録

qióng
邛

方濬益曰：邛國不見於經傳，其字从工者當即春秋之江國，籀文於國邑名類皆从邑，經傳以同聲通假作江也。……而邛，爲江國之本字。【綴遺齋彝器款識考釋】

曾侯簠（西周晚期）

江季之孫戈（春秋早期）　讀爲江

楚王鐘（春秋）

邛君婦龢壺（春秋）

孫叔師父壺（春秋）

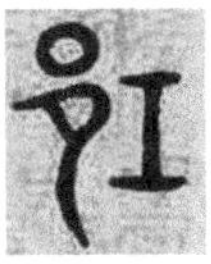
江仲之孫伯戔盆（春秋）

伯戔盤（春秋）

徐郐

郋

邿

tú xú
郐

《説文》曰：郲下邑地，从邑、余聲。鲁東有郐城。讀若塗。容庚曰：經典通作徐。【金文編】

高田忠周曰：塗，即涂字，此轉寫之誤。其實涂，亦徐字譌形。【古籀篇】

庚兒鼎（春秋早期）

郐王糧鼎（春秋早期）

郐令尹者旨型盧（春秋）

郐讎尹征城（春秋）

𡧊桐盂（春秋）

沇兒鎛（春秋晚期）

郐賥尹𧇡鼎（春秋晚期）

徐王義楚盤（春秋晚期）

郐王義楚觶（春秋晚期）

徐王盧（春秋晚期）

郐王朿又觶（春秋晚期）

徐王之子戈（春秋晚期）

南疆鉦（戰國）

xī
郋

《説文》曰：姬姓之國，在淮北。从邑、息聲。註：郋，古國名、古地名。

郋子行盆（春秋晚期）

shī
邿

《説文》曰：附庸國，在東平亢父邿亭，从邑、寺聲。註：邿，古國名、山名。

邗

郚

鄫

郝伯祀鼎（春秋早期）

郝艁鼎（春秋早期）

郝遣殷（春秋早期）

hán
邗
註：邗，古國名、地名。

邗王是野戈（春秋晚期）

趙孟庎壺（春秋晚期）

wú
郚
註：郚，古地名。

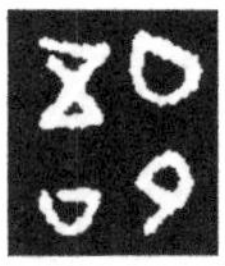
二十三年郚令戈（戰國）

zēng
鄫
《說文》曰：姒姓國，在東海，从邑、曾聲。

鄫子鄭伯鬲（春秋早期） 或从子 鄫之繁文

邪

郳

渤郣

戴㦵

yá xié
邪

《說文》曰：琅邪郡，从邑、牙聲。《廣韻》曰：邪，不正也。《洪武正韻》曰：邪，亦作衺。

《玉篇》曰：邪，音斜。註：邪，秦置琅邪郡，或作瑯琊郡。邪，亦作邪惡之邪字。邪，同衺，不正也。

十七年丞相啓狀戈（戰國）

讀為邪

郃陽 嘉 丞兼 庫臀 工邪

ní
郳

《說文》曰：齊地也，从邑、兒聲。

郳伯鬲（春秋早期）

郳右庀戈（春秋）

bó
郣

《說文》曰：郣海地，从邑、孛聲。註：郣，或作渤。

二十二年左郣矛（戰國）

zài
㦵

註：㦵，从邑、𢦏聲。古國名，姬姓，也作戴，或作載。春秋時被宋所滅。古㦵、戴、載同音通用。

⿰几阝

遷⿰䙴阝

郙

塦侯因𦟃敦　讀為戴　皇考孝武桓公恭⿹𢦏甶（戴）（戰國晚期）

jī
⿰几阝

《說文》曰：地名，从邑、几聲。註：⿰几阝，同阢。

鄂君啓節舟節（戰國）

qiān
⿰䙴阝

《說文》曰：地名，从邑、䙴聲。註：⿰䙴阝，地名，今作遷。

何尊（西周早期）

宜侯夨簋　讀為遷　王令……遷侯于宜（西周早期）

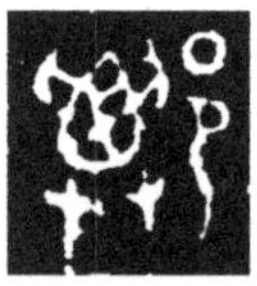

⿰䙴阝殷（西周晚期）

白毛敦（西周晚期）

pǔ
郙

《說文》曰：汝南上蔡亭，从邑、甫聲。

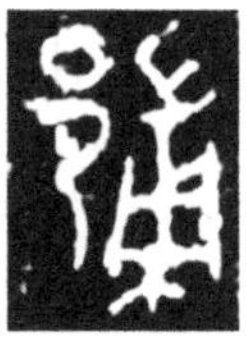

郙王劍（春秋）

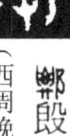

舒郚

鄋

郤

蓼鄝

shū
郚

《說文》曰：地名，从邑、舍聲。《集韻》曰；郚；鄉名，在盧江，通作舒。

十四年銅牛
（戰國晚期）
讀為舒
嗇夫郚（舒）信勤看器

lóu
鄋

註：鄋，地名。

井南伯段
（西周中期）
讀為鄋
井南伯作鄋季姚好尊簋

xì
郤

《說文通訓定聲》曰：郤；假借爲隙。註：郤，地名。

郤氏左戈
（戰國晚期）

liǎo
鄝

註：鄝，國名，經傳皆以蓼爲之。

村邨

郇

鄠

鄝子妝戈（春秋晚期）

cūn
邨

《說文》曰：地名，从邑、屯聲。《集韻》曰：邨，村聚也，通作邨。

註：邨，同村。

十四年頓丘戈（戰國）
假邨為頓

xún
郇

註：郇，古國名、地名。

齊侯鎛（春秋晚期）
讀為郇
與郇之民人都鄙

hù
鄠

註：鄠，古邑名。夏之扈國、秦置鄠邑、漢改鄠縣、今為戶縣。

萯陽鼎（戰國晚期）

郃

膝 䣛

鄬

邛

hé
郃

註：郃，古地名。

伯郃父鼎
（西周晚期）

qī
xī
䣛

《說文》曰：齊地也，从邑、桼聲。

《集韻》曰：䣛，脛頭卩也，或作膝。

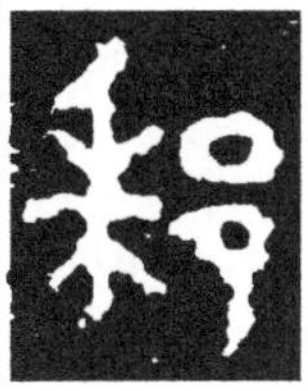
多友鼎
（西周晚期）

wéi
鄬

《說文》曰：地名，从邑、爲聲。

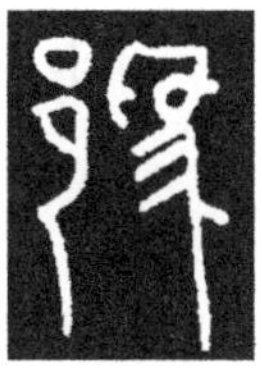
鄬仲姬丹盤
（春秋晚期）

gōng
邛

《玉篇》曰：邛，邑名。

洮 ⿰兆阝　涿 ⿰豖阝　郲

邶戈（春秋晚期）

táo
⿰兆阝

註：⿰兆阝，即洮陽之洮。古地名。

鄂君啓節舟節（戰篋）

zhuō
⿰豖阝

註：⿰豖阝，古地名，今作涿。

⿰豕阝州戈（春秋晚期）

郲

郲陵君王子申豆（戰國晚期）

⿰奉阝

⿰奉阝之新都戈（戰國早期）

ruò
鄀

註：鄀，古國名。

鄀公敄人鐘（春秋早期）

鄀公平侯鼎（春秋早期）

鄀于子斯簠（春秋早期）

鄀公簠（春秋早期）

上鄀府簠（春秋晚期）

yáng
⿰昜阝

註：⿰昜阝，或讀為陽。

⿰昜阝戈（春秋）

鄂君啓節舟節（戰篋）

鄂君啓節車節（戰國）

⿰胃阝 滑 𨛜 ⿰茆阝 ⿰皇阝

wèi
⿰胃阝

註：⿰胃阝，水名，今作渭。

⿰胃阝公鼎（春秋早期）

⿰胃阝公𣪘（春秋）

𨛜

⿰茆阝

⿰茆阝鼎（戰國）

huáng
⿰皇阝

註：⿰皇阝，古地名、縣名。

御 程　鄴 樣　鄶 陰

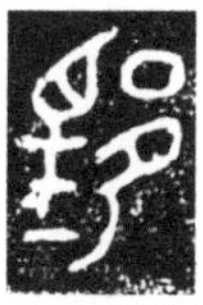
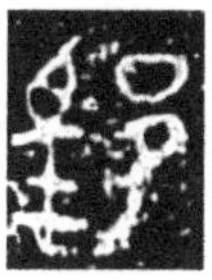

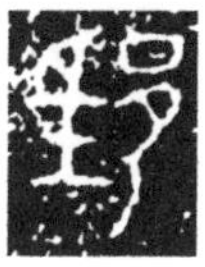

楙車父殷（西周晚期）　此文争論頗多，暫定爲郢。

chéng
御

張亞初釋爲程。【殷周金文集成 引得】

郢侯戈（春秋早期）　或讀為程

御（程）侯之造戈五百

yàng
鄴

註：鄴，或讀爲羕、爲漾、爲樣。

鄴伯受簠（春秋）

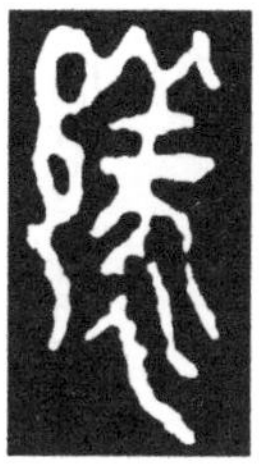

鄴戈（戰國）

yīn
鄶

註：鄶，陰之異體字。

曾子原彝簠（春秋）

⿰昔阝　鄛　⿰臱阝（邊）　⿰⿱自丙阝

xí
⿰昔阝

註：⿰昔阝，古蜀中小國。

宗婦⿰昔阝嬰鼎（春秋早期）

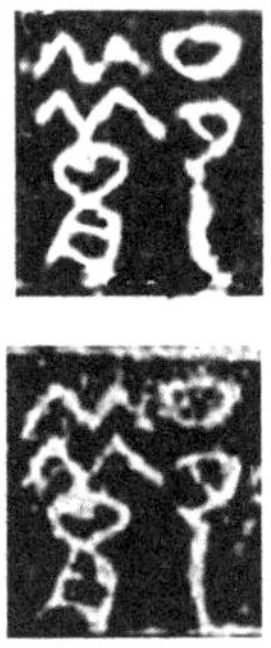

宗婦⿰昔阝嬰㲃（春秋早期）

宗婦⿰昔阝嬰盤（春秋早期）

cháo
鄛

註：鄛，居鄛，或作居巢，古地名、國名。

鄂君啓節車節（戰國）　讀為巢　居鄛（巢）

biān
⿰臱阝

註：⿰臱阝，或讀為邊。

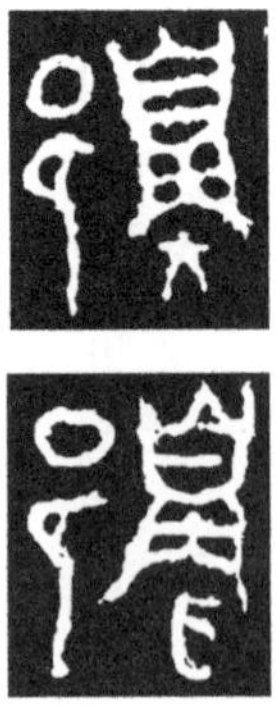

⿰臱阝子蒷臺鼎（春秋早期）

⿰臱阝子簠（春秋晚期）　讀為邊　邊子作撕簠

⿰⿱自丙阝

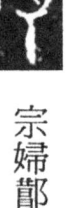

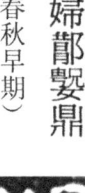

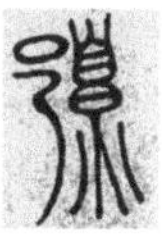

曾侯乙鐘（戰國早期）

鄰

簷大史申鼎（春秋晚期）

qí ⿰齊阝

註：⿰齊阝，或讀為齊。

曾侯乙鐘（戰國早期）

十一年壺（戰國晚期）

右使車嗇夫鼎（戰國晚期）

fán ⿰繁阝

註：⿰繁阝，或讀為繁。

曾伯霥簠（春秋早期）

⿰或阝 ⿸广⿰隹阝 ⿰長阝 郘

guó
⿰或阝

註：⿰或阝，讀為國。

師寰𣪘（西周晚期）

讀爲國
弗蹟我東⿰或阝（國）

yīng
⿸广⿰隹阝

註：⿸广⿰隹阝，讀為應。

曾侯乙鐘（戰國早期）

⿰長阝

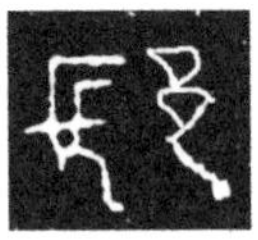

⿰長阝湯伯匜（春秋早期）

lǚ
郘

註：郘，同呂，古國名。

鄹　郲　邛 江

邵黛鐘（春秋早期）

邵大叔斧（春秋）

liáng 鄹

註：鄹，同梁。

梁戈（春秋）

大梁司寇鼎（戰國）

lái 郲

註：郲，古國名，也作萊。

田齊宮銅量（戰國）

jiāng 邛

註：邛，今同江。

邛叔彔鬲（春秋早期）

邶

zī
邶

《廣韻》曰：邶，谷名，或地名。

邶君戈（戰國早期）

龏 隴

lǒng
龏

註：龏，讀為隴。

龏公戈（戰國早期）

𨛫

zhēng
𨛫

《玉篇》曰：𨛫，國名。

元年郚令戈（戰國晚期）

鄂

鄂

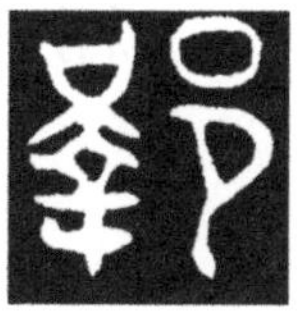
⿰睪阝戈（戰國）

⿰申阝

二十四年⿰申阝陰令戈（戰國晚期）

鄦

晉侯穌鐘（西周晚期）

sài
⿰塞阝

註：⿰塞阝，邊境上屏隔內外的建築；邊⿰塞阝之塞字。⿰塞阝，同塞。

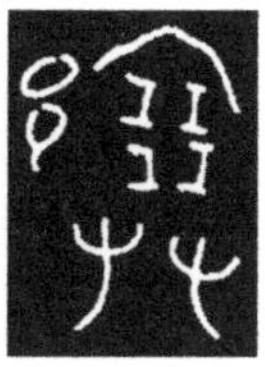
塞之王戟（春秋晚期）

⿰戈阝

四年⿰戈阝相鈹（戰國）

⿰奚阝

⿰奚阝季寬車匜（春秋）

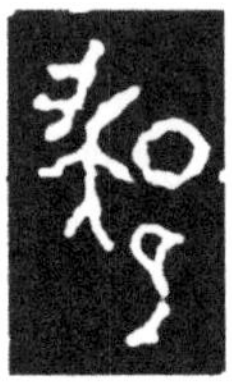

⿰奚阝季寬車盤（春秋）

⿰中阝

⿰中阝子賓缶（春秋）

⿰无阝

邽　鄰　挪

邽

散伯車父鼎（西周早期）

鄰

鄂君啟節舟節（戰國）

挪

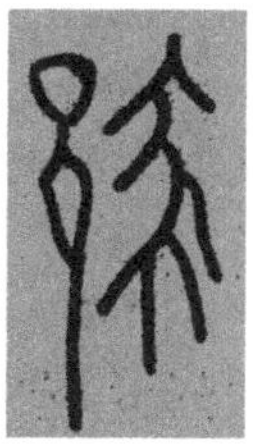

王孫雹簠【古文字類編】（春秋）

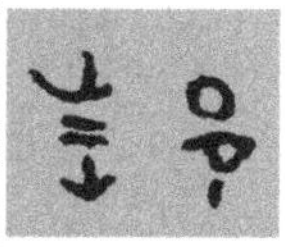

挪戈【古文字類編】（戰國）

巷

⿱䢽土
巷

xiàng
巷

《説文》曰：里中道，从𨛜（即巷字）、从共，皆在邑中所共也。篆文从𨛜省。

相邦鈹（戰國）【古文字類編】

xiàng
⿱䢽土

註：⿱䢽土，或爲鄉之異體字，亦假爲巷。

格伯簋（西周中期）

日 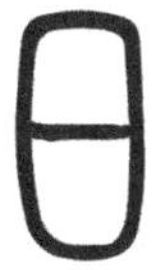

仰韶書屋金文字彙　卷七

文三百九十四字　重文約三千五百八十二字

rì
日

《說文》曰：實也，太陽之精不虧，从口、一，象形。

註：日字作圓圈或方圈，爲不虧狀，象形，中加點或一橫以別口字。月字乃彎缺狀。

剌作兄日辛卣（殷商）

婦闟甗（殷商）

嫠方鼎（殷商）

肄作父乙殷（殷商）

何作兄日壬卣（殷商）

⿱雔心卣（殷商）

二祀⿰弋卩其卣（殷商）

壴生鼎（西周早期）

旂鼎（西周早期）

新邑鼎（西周早期）

扇殷（西周早期）

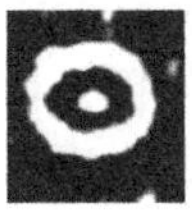
伯姜鼎（西周早期）

小臣傳簋（西周早期）

叔仲子簋（西周早期）

作長鼎（西周早期）

且日庚簋（西周早期）

日乙尊（西周早期）

槁侯殷蓋（西周早期）

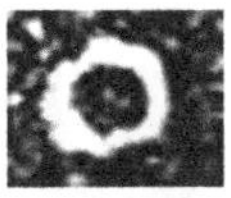
日辛鼎（西周早期）

⿰食隹作文父日丁殷（西周早期）

商卣（西周早期）

縣妃簋（西周中期）

王臣簋（西周中期）

時

仲辛父簋（西周中期）

𤼈鐘（西周中期）

生史簋（西周中期）

叔宿殷（西周中期）

丼南伯殷（西周中期）

隩仲孝殷（西周中期）

匡卣（西周中期）

𢦚殷（西周中期）

𢦚方鼎（西周中期）

師虎簋（西周中期）

爯簋（西周）

𥝢殷（西周）

史喜鼎（西周）

師艅簋（西周晚期）

弭伯師耤殷（西周晚期）

善夫克盨（西周晚期）

丼叔釆鐘（西周晚期）

史頌鼎（西周晚期）

小克鼎（西周晚期）

訇簋（西周晚期）

羌伯簋（西周晚期）

宴簋（西周晚期）

輔師嫠殷（西周晚期）

史頌簋（西周晚期）

害客殷（西周晚期）

䣄譖尹征城（春秋）

拍敦（春秋）

少虡劍（春秋晚期）

王子嬰次鐘（春秋晚期）

䣄[illegible]尹朁鼎（春秋晚期）

蔡侯鐘（春秋晚期）

鄲孝子鼎（戰國中期）

鄂君啓節舟君（戰國）

楚王酓忎鼎（戰國晚期）

shí
時

《說文》曰：四時也，从日、寺聲。旹古文時从之、日。

早

昧

昭

吕大叔斧（春秋）

中山王𠑇方壺（戰國晚期）

zǎo
早

《説文》曰：晨也，从日在甲上。

註：早，早晨。早，或从日、棗聲。早、皂或為同字。

敔簋（西周晚期）

十四年武成令戈（戰國） 从棗省

中山王𠑇鼎（戰國晚期） 从日棗聲

mèi
昧

《説文》曰：昧爽，旦明也。从日、未聲。

註：昧爽之時，日出前之朦朧昏暗。昧，不明、昏暗。

小盂鼎（西周早期） 讀為昧 辰在甲申昧爽

免簋（西周中期）

班簋（西周中期） 或从心 彝昧天命

zhāo
昭

《説文》曰：日明也，从日、召聲。

註：昭，宗廟之序列，祖廟居中、左昭、右穆。《正字通》曰：一世昭、二世穆。

王後中宫錡（戰國） 讀為昭 君昭

晉

昃

jìn
晉

《說文》曰：進也，日出萬物進。从日、从臸。《爾雅》曰：晉，進也。

註：晉，同晉，有進義。晉見、晉謁、晉京。

豐卣（西周早期）

格伯作晉姬簋（西周中期）

晉人簋（西周中期）

伯郄父鼎（西周晚期）

晉姜鼎（春秋早期）

晉公車軎（春秋）

晉公盆（春秋）

[illegible]篙鐘（春秋晚期）

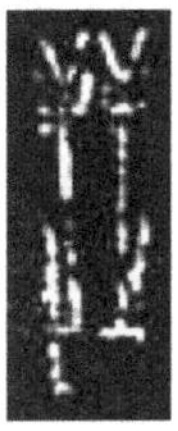

曾侯乙鐘（戰國早期）

驫羌鐘（戰國早期）

佁晉戈（戰國早期）

鄂君啓節舟節（戰國）

鄂君啓節車節（戰國）

晉陽戈（戰國）

zè
昃

《說文》曰：日在西方時，側也，从日、仄聲。

註：昃，太陽西斜。金文昃，从日、矢聲。大、矢均像人形，日在旁以示日已西斜。

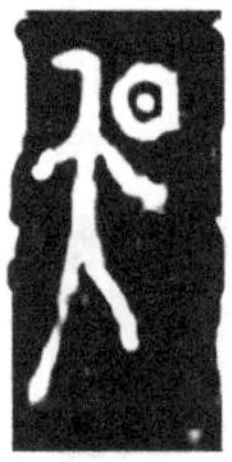

滕侯昃戈（春秋晚期）

私庫嗇夫泡飾（戰國） 讀為昃 私庫嗇夫煮正 工夏昃

昏

唱倡昌

昱

hūn
昏

《說文》曰：日冥也，从日、氐省。氐者下也。註：昏，黄昏、傍晚。氏族部落之間在日落後將對方女子搶來成婚，因在晚間昏時，所以稱結婚。古文昏、婚同字，或以聞為婚。

柞伯鼎（西周晚期）

⿰豆龜公昏毁（西周）

逆鐘（西周晚期）

毛公鼎（西周晚期）假婚爲昏 余非庸又婚（昏）

chāng chàng
昌

《說文》曰：美言也，从日、从曰。一曰日光也。《廣雅》曰：昌，盛也。《集韻》曰：唱，導也。亦作倡、昌。註：昌，美言，即唱之古文。昌，或同倡。

蔡侯盤（春秋晚期）

廿四年銅梃（戰國）

廿四年椎形器（戰國）

作用戈（戰國）

甘城右戈（戰國晚期）

四年昌國鼎（戰國晚期）

yù
昱

《說文》曰：明日也，从日、立聲。《說文解字注》曰：昱之字古多假借翌字爲之。翌與昱同，立聲，故相假借。註：翌，像一對帶網紋之蟲翼豎立排列，翼之象形。翌，或从日、从立。假借爲昱。

四祀𠨘其卣（殷商）

六祀𠨘其卣（殷商）

宰椃角（殷商）

小盂鼎（西周早期）

昔

昆

麥方尊（西周早期） 讀為昱 雩若翌（昱）日

xī
昔

《玉篇》曰：昔，往（日）也。

史昔鼎（西周早期）

何尊（西周早期）

善鼎（西周中期）

曶鼎（西周中期）

卯簋蓋（西周中期）

師克盨（西周晚期）

大克鼎（西周晚期）

𨟻𣪘（西周晚期）

師嫠𣪘（西周晚期）

中山王譽鼎（戰國晚期）

好蚉壺（戰國晚期）

𨙸王糧鼎（春秋早期） 或从月作腊 腊同昔 非臘之簡體字

kūn hún
昆

《說文》曰：同也，从日、从比。註：昆，或假借為混。

顯㬎 

旺暀 

昴 

昆疕王鐘（西周晚期）

圁君鼎（春秋早期） 張亞初釋為昆【殷周金文集成 引得】

xiǎn
㬎

《說文》曰：衆微杪也，从日中視絲。古文以爲顯字。

註：㬎，日光下可顯見細絲之微妙。㬎，即顯之古文字。

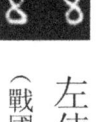

左使車工㬎鼎（戰國晚晚）

左使車工豆（戰國晚期）

左使車工壺（戰國晚期）

十四年雙翼神獸（戰國晚期）

左使車工山形器（戰國晚期）

wǎng
wàng
暀

《說文》曰：光美也，从日、往聲。

《廣韻》曰：暀，同旺。

陳旺戟（戰國晚期）

mǎo
昴

《說文》曰：白虎宿星，从日、卯聲。

註：昴，二十八星宿之一，西方白虎星七宿之第四宿。

曆

昶

暑

敔簋 （西周晚期） 讀為昻 內伐☐昻 參泉

lì
曆
《說文》曰：厤象也，从日、厤聲。註：曆，曆象，推算日月運行及四季時令的方法。

倗伯爯簋 （西周中期） 【古文字類編】收録

chǎng
昶
《說文新附》曰：日長也，从日、永，會意。註：古文中昶，通暢字。

昶伯庸盤 （西周晚期）

昶盤 （西周晚期）

昶伯匜 （西周晚期）

昶仲無龍匕 （西周晚期）

昶仲無龍匜 （西周晚期）

昶仲鬲 （春秋早期）

番☐伯者君匜 （春秋早期）

昶伯業鼎 （春秋）

昶鼎 （春秋）

shǔ
暑
《說文》曰：熱也，从日、者聲。

壽春鼎（戰國晚期） 高明釋為暑【古文字類編】

yīng
tái
昊

《玉篇》曰：昊，日光。《篇海類編》曰：昊，大也。

師昊父簋（西周晚期）

昊女盨（西周晚期）

晢

伯□爵（西周早期）

zhǒu
睭

《集韻》曰：明也。

𢐗伯鼎（西周早期）

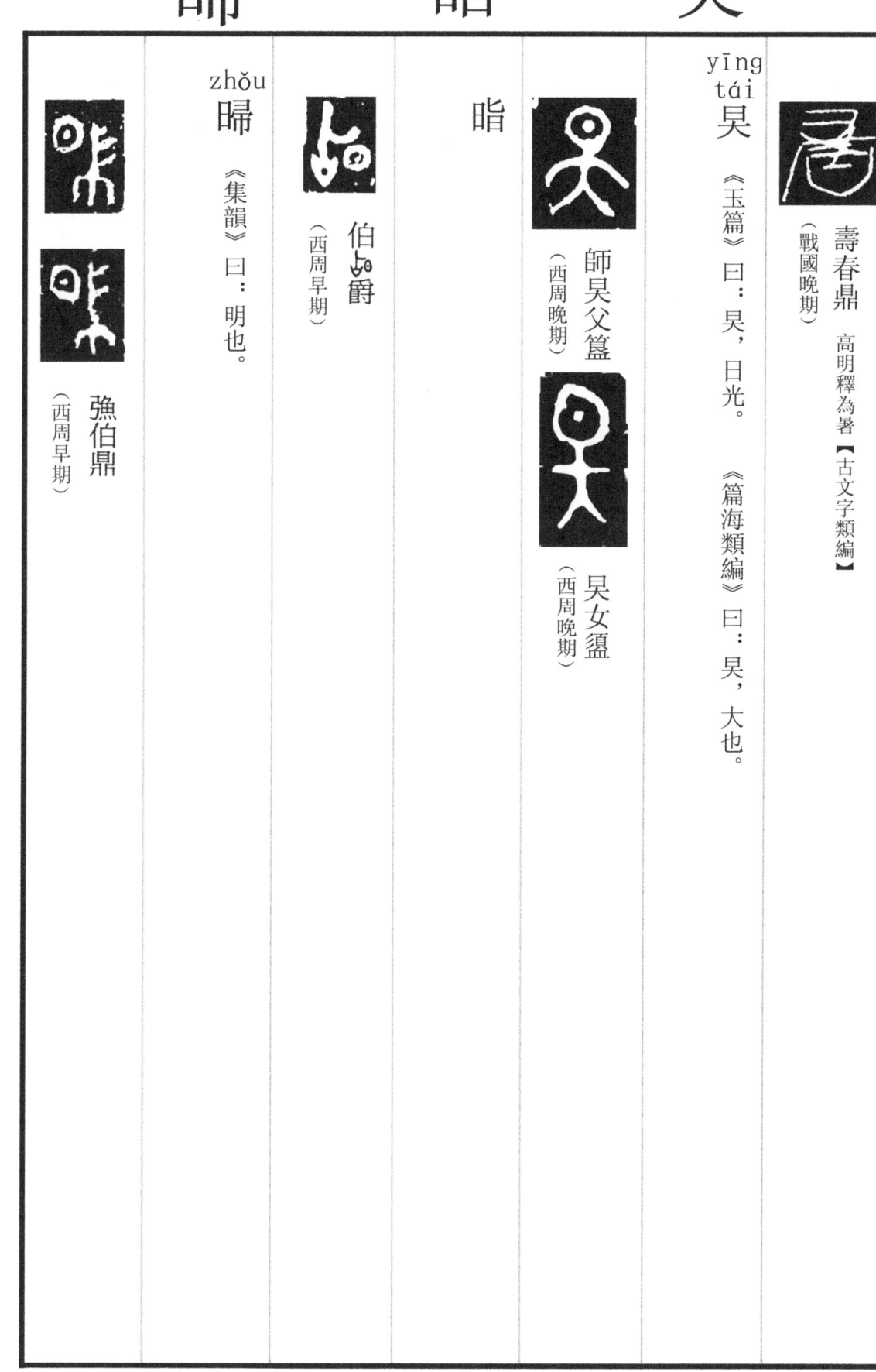

xǔ
暊
《玉篇》曰：暊，明也。

文暊父丁卣（殷商）

文暊父丁簋（殷商）

hóng
⿰日工
註：⿰日工，同虹。

亞⿰日工左鐃（殷商）

亞⿰日工父乙觶（西周早期）

yìng
⿰日灷
註：或讀爲媵。（媵，女子嫁事）

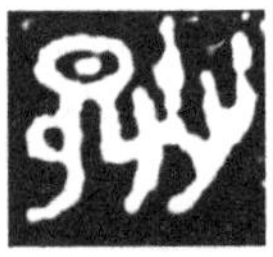
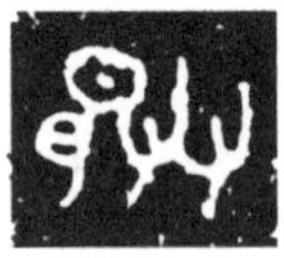
䣄侯簋　讀爲媵
（西周晚期）　䣄侯作王姑⿰日灷（媵）簋

shěn
曋
《字彙補》曰：日所次隅曰曋。

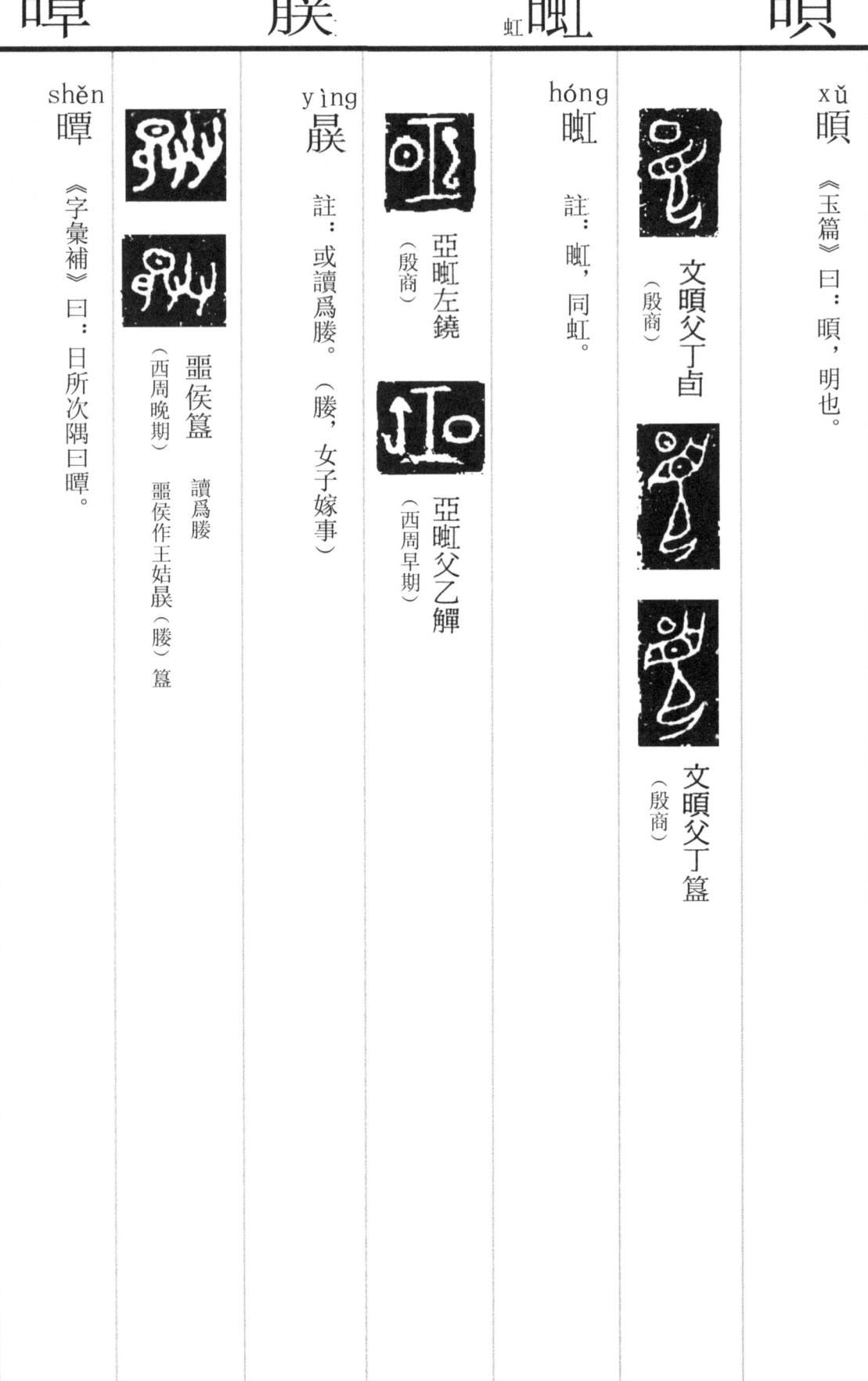

二十二年臨汾守戈（戰國晚期）

nuò
𡨢

《玉篇》曰：𡨢，古文㝌，宬也。

註：𡨢，古文㝌，收藏物品的房子。𡨢，或假爲嬭。《正字通》曰：嬭改作奶。

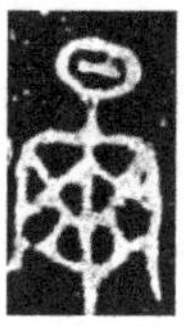

樊君鬲（西周晚期）

伯氏始氏鼎（春秋早期）　讀爲嬭（即奶字）　伯氏始氏作𡨢（嬭）婞臭拜鼎

yún
昀

《玉篇》曰：昀，日光也。

王孫遺者鐘（春秋晚期）　讀為昀　余溥昀于國

yán
昖

《奚韻》曰：昖，音沿，日行也。

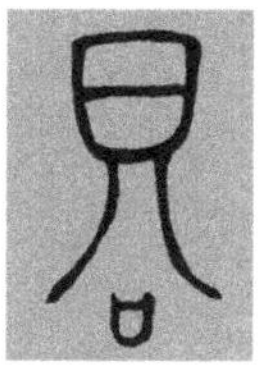

仲義昖簠

【金文篇】收録

旦

倝

dàn
旦

《説文》曰：明也，从日見一上，一，地也。

註：旦，日升出地平綫狀，會意字。金文旦，像日未離開土地、或在地平線即升狀。

七年趞曹鼎（西周中期）

師農鼎（西周中期）

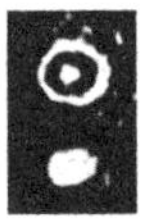
大師虘簋（西周中期）

吴方彝（西周中期）

走馬休盤（西周中期）

大克鼎（西周晚期）

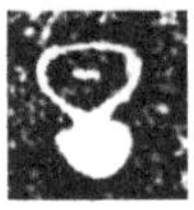
此鼎（西周晚期）

此簋（西周晚期）

諫簋（西周晚期）

揚簋（西周晚期）

頌簋（西周晚期）

頌鼎（西周晚期）

頌壺（西周晚期）

訇簋（西周晚期）

師穎毁（西周晚期）

寰盤（西周晚期）

兆域圖（戰國晚期）

gàn
倝

註：倝，即幹之本字。或滋乳爲韓。

曾字斿鼎（春秋早期）

驫羌鐘（戰國早期） 讀爲韓 賞于倝（韓）宗

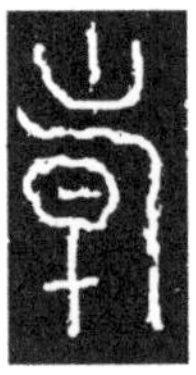
韓氏私官方壺（戰國） 假倝爲韓

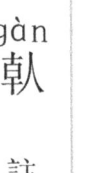

zhāo
cháo
朝

羅振玉曰：此朝暮之朝字，日已出茻中，而月猶未没，是朝也。……古金文作 从 省。从 像百川之接於海，乃潮汐之專字。引申爲朝、廟字。【增定殷虚書契考釋】

註：金文均以 潮，爲朝，或假朝為廟。

大盂鼎（西周早期）

先獸鼎（西周早期）

利簋（西周早期）

矢令方尊（西周早期）

矢令方彝（西周早期）

趞殷（西周中期）讀爲廟 王格于大朝（廟）

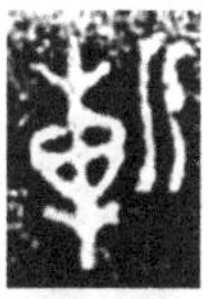

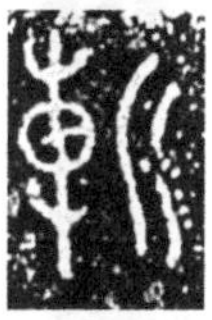

仲殷父簋（西周晚期）

仲殷父簋（西周晚期）

善夫克盨（西周晚期）

事族簋（西周晚期）

羌伯簋（西周晚期）

朝歌右庫戈（戰國周期）

陳侯因脊敦（戰國晚期）

yàn
㫃

《説文》曰：旌旗之游，……讀若偃。《玉篇》曰：㫃，今爲偃。

註：㫃，同偃。旗上之飄带，或曰旗之游。

疒乙 殷（殷商）

乃孫罍（殷商）

走馬休盤（西周中期）

害簋（西周晚期）

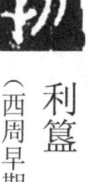

qí
旂

《説文》曰：旗有衆鈴，以令衆也。从㫃、斤聲。

註：旂，杆頭系鈴之旗，並畫有雙龍。旂，或假爲祈。

旂父鼎（西周早期）

旂鼎（西周早期）

大盂鼎（西周早期）

旂作寶簋（西周早期）

伯旂鼎（西周中期）

師器父鼎（西周中期）

恒簋（西周中期）

羖𣪘蓋（西周中期）

豆閉簋（西周中期）

師旂鼎（西周中期）

善鼎（西周中期）

肄𣪘（西周中期）

趞𣪘（西周中期）

呂服余盤（西周中期）

裘衛盉（西周中期）

曶壺（西周中期）

趩觶（西周中期）

番生簋（西周晚期）

頌鼎（西周晚期）

趞鼎（西周晚期）

毛公鼎（西周晚期）

楚簋（西周晚期）

弭伯師耤𣪘（西周晚期）

伊簋（西周晚期）

善夫山鼎（西周晚期）

此鼎（西周晚期）

揚簋（西周晚期）

走簋（西周晚期）

師𩵦簋（西周晚期）

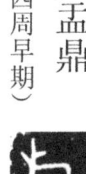

旜氈檀旃

施

頌簋（西周晚期）

頌壺（西周晚期）

師頯段（西周晚期）

寰盤（西周晚期）

奄叔之伯鐘（春秋）

邾公釛鐘（春秋）

⿷匚从君壺（春秋）

洹子孟姜壺（春秋）

蒿君鉦鋮（春秋晚期）

公子土折壺（春秋晚期）

令狐君嗣子壺（戰國中期）

zhān
旃

《說文》曰：旗曲柄也，所以旃表士衆。从㫃、丹聲。周禮曰：通帛爲旃。旜 旃或从亶。

《說文通訓定聲》曰：旃，假借爲氈（毡）。

註：旃，古代一種赤色曲柄的旗子。旃、旜同字，或讀為檀。

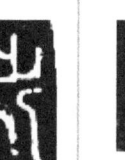

利簋（西周早期） 或讀爲檀 用作旃（檀）公寶尊彝

番生簋（西周晚期）

shī
施

《說文》曰：旗皃（貌）从㫃、也聲。《玉篇》曰：施，張也。

註：施，本義指旗幟柔順搖曳飄動之貌。引申爲張、開、施展之義。

⿸㫃亞爵（殷商） 張亞初釋爲施【殷周金文集成 引得】

中山王譻鼎（戰國晚期） 張政烺曰：即施字，……讀爲也。【古文字研究】

斿遊 游

旋

yóu
游

《説文》曰：旌旗之流（即旗上之飄帶）也，从㫃、汓聲。

註：斿，像軍旅行進高舉有飄帶之旌旗。其本義爲執旗行進，又特指旗上飄帶。遊，从辵，有行進之像。游，有水中漂浮移動之義。『説文』中有游，無斿、無遊，古文中三字互為通用。

㫃尊（殷商）

旅觚（殷商）

斿爵（殷商）

作長鼎（西周早期）

中斿父鼎（西周早期）

斿鼎（西周早期）

曾仲斿父簠（春秋早期）

𥳑叔之仲子平鐘（春秋晚期）

魚鼎匕（戰國）

曾侯仲子斿父鼎（春秋早期）

噩君啟節舟節（戰國）

中山王嚳鼎（戰國晚期）

xuán
xuàn
旋

《説文》曰：周旋，旌旗之指麾（揮）也，从㫃、从疋，疋足也。註：旋，人踏足隨旌旗周旋。

金文旋从止（即趾）或从足。文字中从止、从足、从疋相通。

旋鼎（殷商）

婦旋鼎（殷商）

婦旋簋（殷商）

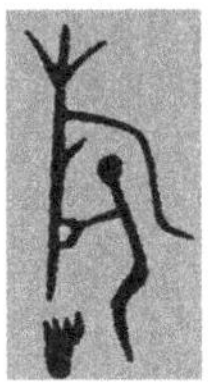
亞若癸方彝（殷商）【古文字類編】

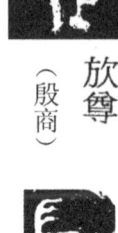

旄

旅

亞若癸戈（殷商）

麥方尊（西周早期）

麥盉（西周早期）

畱圜器（西周早期）

召卣（西周早期）

máo
旄

《說文》曰：幢（即旗幟）也，从㫃、从毛，毛亦聲。

註：旄，頂端裝飾有牦牛尾的旗幟。

師遽段蓋（西周中期） 讀為旄 用作文考旄叔尊簋

lǚ
旅

《說文》曰：軍之五百人爲旅，从㫃、从从。

郭沫若曰：像三二人奉車，而車上載旅，當即旅之初文。【殷周青銅器銘文研究】

方濬益曰：凡作子執㫃形者古文斿字也，作二人執㫃者古文旅字也。【綴遺齋彝器款識考識】

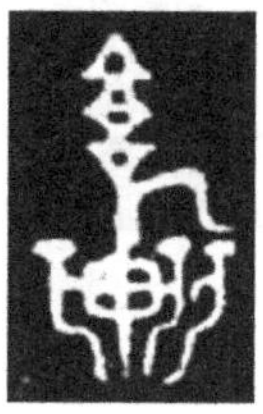
夲旅鼎（殷商）

夲旅方鼎（殷商）

肄作父乙段（殷商）

廣作父乙簋（殷商）

旅父乙卣（殷商）

旅尊（殷商）

⿱雔心卣（殷商）

旅父甲尊（西周早期）

伯作文公卣（西周早期）

作旅卣（西周早期）

叔京簋（西周早期）

卓旅彝卣（西周早期）

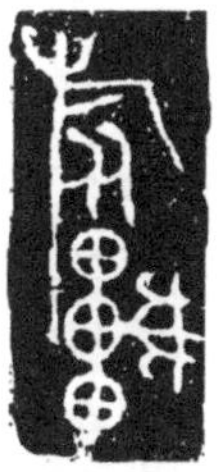
層作父癸卣（西周早期）

旅

作旅鬲（西周早期）

夨伯鬲（西周早期）

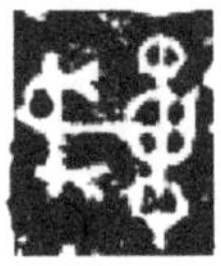
仲作旅彝甗（西周早期）

龍作旅彝甗（西周早期）

旅父辛鼎（西周早期）

伯作旅彝鼎（西周早期）

檇仲作肇毁（西周早期）

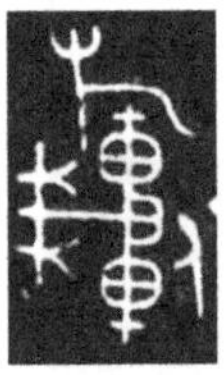
中作旅簋（西周早期）

[illegible]作旅彝卣（西周早期）

渻伯逘卣（西周早期）

作旅尊（西周早期）

宰作父辛尊（西周早期）

北子𡗑觶（西周早期）

[illegible]禾作旅鼎（西周早期）

考[illegible]鼎（西周早期）

堇伯鼎（西周早期）

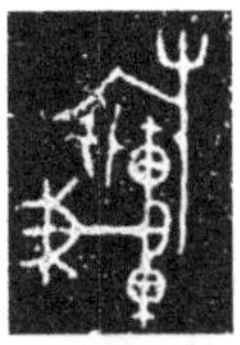

旅彝卣（西周早期）

作父戊卣（西周早期）

作冊䰠卣（西周早期）

作母旅彝尊（西周早期）

伯作旅彝尊（西周早期）

戈作鬲彝尊（西周早期）

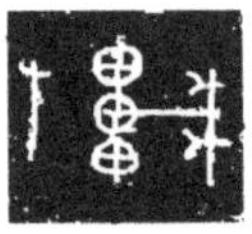
[illegible]甗（西周早期）

伯貞甗（西周早期）

[illegible]子甗（西周早期）

師趞甗（西周早期）

叔旅鼎（西周早期）

競作父乙卣（西周早期）

戈作旅彝卣（西周早期）

作旅簋（西周早期）

伯[illegible]毁（西周早期）

毛公旅鼎（西周早期）

弜作𣄰段（西周早期）

戈作旅彝簋（西周早期）

應事簋（西周早期）

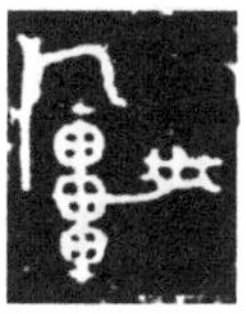
作父乙旅尊（西周早期）

槁侯壺（西周早期）

𩲃作父戊卣（西周早期）

西作旅卣（西周早期）

縈伯簋（西周中期）

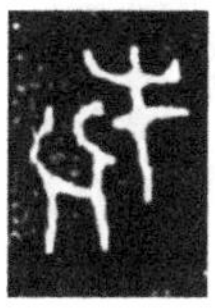
啓且丁尊（西周早期）

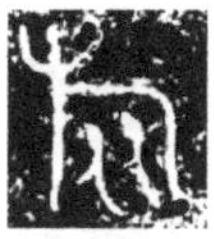
伯作旅甗（西周早期）

弜作旅鼎（西周早期）

仲自父卣（西周中期）

作長鼎（西周早期）

左作旅鼎（西周早期）

攸作旅鼎（西周早期）

伯作旅簋（西周早期）

孔伯段（西周早期）

榮子旅鬲（西周早期）

作旅彝鼎（西周中期）

伯旅鼎（西周中期）

㠯作旅鼎（西周中期）

遹甗（西周中期）

鱳鼎（西周中期）

伯晨鼎（西周中期）

季𡠦段（西周中期）

果簋（西周中期）

仲自父段（西周中期）

同自段（西周中期）

姬奸旅鬲（西周中期）

𢦏作旅甗（西周中期）

作旅鼎（西周中期）

仲伐父甗（西周中期）

子邦父甗（西周中期）

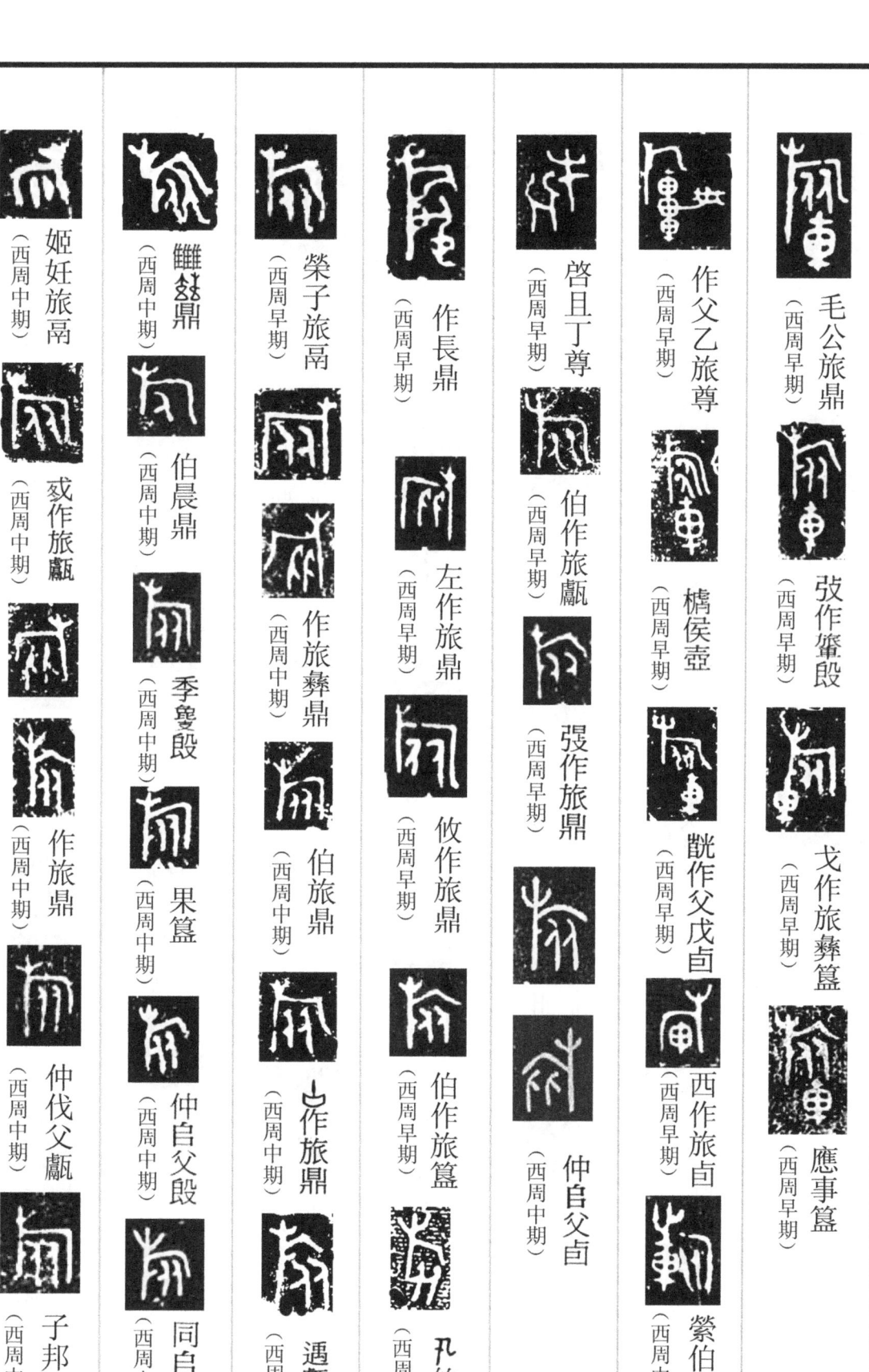

旅

作旅寶鼎（西周中期）

伯作旅鼎（西周中期）

更鼎（西周中期）

伯□父鼎（西周中期）

季㤅作旅鼎（西周中期）

頪甗（西周中期）

叔姞盨（西周晚期）

昜叔盨（西周晚期）

仲彡盨（西周晚期）

旅仲簋（西周晚期）

向□段（西周晚期）

□叔盨（西周晚期）

散氏盤（西周晚期）

伯孝□盨（西周晚期）

鄭□叔盨（西周晚期）

仲閔父盨（西周晚期）

鄭鑄友父鬲（西周晚期）

虢叔旅鐘（西周晚期）

伯鮮甗（西周晚期）

□仲雩父甗（西周晚期）

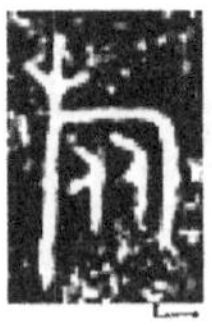
叔碩父甗（西周晚期）

仲言父簋（西周晚期）

鬲比鼎（西周晚期）

此鼎（西周晚期）

伯鮮鼎（西周晚期）

伯公父盨（西周晚期）

仲義父盨（西周晚期）

周駱盨（西周晚期）

善夫克盨（西周晚期）

仲其父簠（西周晚期）

仲義父鑐（西周晚期）

魯仲齊甗（春秋早期）

陳公子叔邍父甗（春秋早期）

圓君鼎（春秋早期）

曾伯霥簠（春秋早期） 或从辵

鏃簇族 

旟 

鬲叔興父盨（春秋早期）

番口伯者君盤（春秋）

曾子伯𦉢盤（春秋）

zú
族

《說文》曰：矢鋒也，束之族族也，从㫃、从矢。《說文解字注》曰：今字用鏃、古字用族。

註：族，同鏃，弓箭之箭頭。族，或為姓氏之家族。族，或作音律名太簇之簇字。

明公簋（西周早期）

中觶（西周早期）

師酉簋（西周中期）

番生簋（西周中期）

班簋（西周中期）

毛公鼎（西周晚期）

事族簋（西周晚期）

秦子矛（春秋）

宋公差戈（春秋晚期）

陳喜壺（戰國早期）

曾侯乙鐘（戰國早期） 讀爲簇

太族（簇）之宮（太簇 音律名）

yǔ
旟

《說文》曰：錯革畫鳥其上，所以進士衆，旟旟，衆也，从㫃、與聲。

註：旟，上繪振翅疾飛之鳥隼圖像的一種古代軍旗，指揮衆士卒前進。

旟作父乙爵（西周早期）

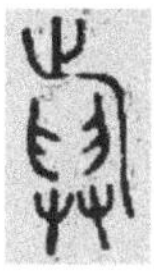

叔尸鎛（春秋晚期）

叔尸鐘（春秋晚期）

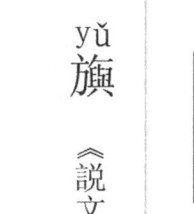

斻　㶡　旒　旅

斻

師𩛥鼎

（西周中期）

㶡

作且丁尊

（殷商）

𣃨且乙卣

（殷商）

旒

旅女鳶𣪕

（殷商）

旅

⿰方⿱𠂉亞 ⿰方⿱𠂉古 ⿰方⿱𠂉白

格伯簋（西周中期）

⿰方⿱𠂉亞

鬲比盨（西周中期）

gù
⿰方⿱𠂉古

註：⿰方⿱𠂉古，或讀爲故。

中山王𰯼方壺（戰國晚期）

讀爲故
燕⿰方⿱𠂉古（故）君子噲

⿰方⿱𠂉白

吳方彝（西周中期）

⿸㫃言 ⿸㫃百 ⿸㫃彔 ⿸㫃虎

qí
⿸㫃言

註：⿸㫃言，或讀爲祈。

伯公父簠（西周晚期） 讀爲祈 用⿸㫃言（祈）眉壽

大師虘豆（西周晚期） 或从音 从音从言同 用⿸㫃言（祈）多福

⿸㫃百

采者節（戰國）

⿸㫃彔

⿸㫃彔𤔲土⿰木虎段（西周早期）

⿸㫃虎

⿰方⿱𠂉⿵冂攵

中甗（西周早期）

⿰方⿱𠂉⿵冂攵

⿰方⿱𠂉⿵冂攵毁（西周早期）

颺 ⿰方⿱𠂉昜

yáng ⿰方⿱𠂉昜

註：⿰方⿱𠂉昜，或同揚、同颺。

王孫遺者鐘（春秋晚期）

楚王酓章鐘（戰國早期）

楚王酓章戈（戰國早期）

⿰方⿱𠂉秋

⿰方⿱𠂉秋

亞㠱侯作母辛毁（西周早期）

⿸㫃系

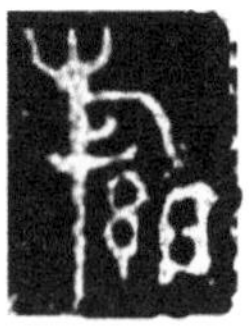

⿸辵⿰羊系向觚（殷商）

⿸㫃壹

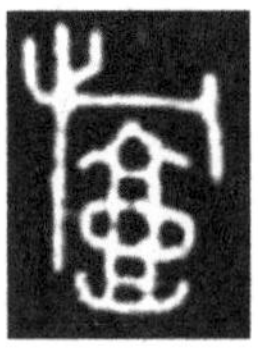

⿸㫃壹叔樊鼎（西周晚期）

⿸㫃昏

伯⿸㫃昏觶（西周早期）

⿸㫃虹

⿸㫃申

亞⿸㫃亞觚（殷商）

亞⿸㫃亞作父□甗（殷商）

剌作兄日辛卣（殷商）

亞⿸㫃亞父辛尊（殷商）

䀠作父丁觚（殷商）

亞⿸㫃亞⿱⿱宀林女尊（西周早期）

shēn
⿸㫃申

《正字通》曰：⿸㫃申，古文陳（陣）。《康熙字典》：⿸㫃申，作紳。註：⿸㫃申，古文陣、或讀作紳、讀作伸。

邵黛鐘（春秋晚期）
讀為伸
既⿸㫃申（伸）暢虡

⿸㫃⿱申廾

⿸㫃⿱申廾

寧鼎（西周早期）

⿸㫃⿱申廾鼎（西周早期）

裘衛盉（西周中期）

⿸㫃⿱日⿱申廾

⿸㫃⿱日⿱申廾

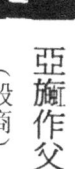

旋　旃　⿸㫃⿰米舀

鬲比盨（西周晚期）

旋

元年師旋𣪘（西周晚期）

五年師旋𣪘（西周晚期）

旃

徐王子旃鐘（春秋）

dào
⿸㫃⿰米舀

註：⿸㫃⿰米舀，从㫃、从米、从舀，即稻字。

即簋（西周中期）

qǐ
晢

註：晢，或讀為祈。

番君召簠（春秋晚期）

讀為祈 用晢（祈）眉壽

旃

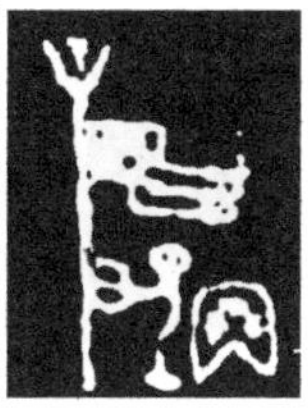

戈（殷商）

xīng
星

《說文》曰：萬物之精，上爲列星，从晶、生聲。一曰象形。古文星。或曐省。

註：○○○即星之象形，或加點爲⊙⊙⊙，非三個日，是爲星之本字。，再加生，取其聲。

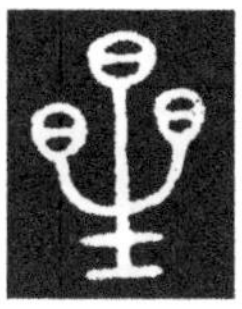

麓伯星父簋（西周晚期）

王立事鈹（戰國）

shēn sān cān
參

《說文》曰：商星也，从晶㐱聲。參或省。

註：商星，二十八宿之一。像參宿三星在人頭上，光芒下射之形，乃星之象形。參之異體，或省人、从彡。彡，光影也。參，通槮。

曡叠叠

dié
疊

《説文》曰：从晶、从宜。……太盛改爲三田。

註：疊，即疊（叠）；通碟，假為嫚（姪）。

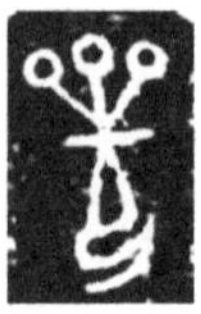

箙参父乙盉（殷商）

㫚鼎（西周中期）

裘衛盉（西周中期）

五祀衛鼎（西周中期）

盠方彝（西周中期）

盠方尊（西周中期）

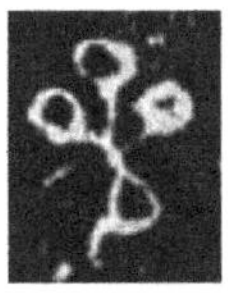

宗周鐘（西周晚期）

大克鼎（西周晚期）

毛公鼎（西周晚期）

五年召伯虎簋（西周晚期）

敔簋（西周晚期）

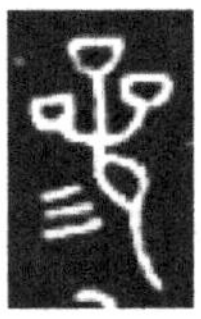

者𣍘鐘（春秋）

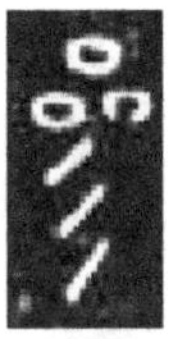

魚鼎匕（戰國）

元年劍（戰國）

中山王𰯼鼎（戰國晚期）

歸叔山父𣪕（西周晚期）　讀為姪

歸叔山父作疊（姪）姬尊簋

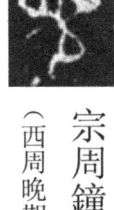

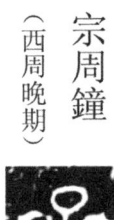

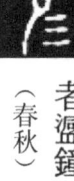

yùe
月

《説文》曰：闕也，大陰之精，象形。註：日取圓形、月取其缺。上下弦月爲其特徵。

戍嗣鼎（殷商）

月魚鼎（西周早期）

作册大方鼎（西周早期）

小臣宅簋（西周早期）

小臣傳簋（西周早期）

伯姜鼎（西周早期）

德方鼎（西周早期）

我方鼎（西周早期）

伯吉父鼎（西周早期）

旂鼎（西周早期）

歸𢦚方鼎（西周早期）

獻簋（西周早期）

大鼎（西周中期）

是要簋（西周中期）

伯中父簋（西周中期）

君夫簋（西周中期）

昚段（西周中期）

師旂鼎（西周中期）

利鼎（西周中期）

𢦏方鼎（西周中期）

康鼎（西周中期）

不指方鼎（西周中期）

蜽鼎（西周中期）

𧆞鐘（西周中期）

尹姞鬲（西周中期）

小臣鼎（西周中期）

十五年趞曹鼎（西周中期）

窂鼎（西周中期）

段簋（西周中期）

仲枏父鬲（西周中期）

井鼎（西周中期）

員方鼎（西周中期）

旅鼎（西周中期）

吕方鼎（西周中期）

師趛鬲（西周中期）
鬲比鼎（西周晚期）
南宮柳鼎（西周晚期）
小克鼎（西周晚期）
無叀鼎（西周晚期）

伯鮮鼎（西周晚期）
〓兌段（西周晚期）
史頌簋（西周晚期）
鄧公簋（西周晚期）
叡先伯段（西周晚期）
此鼎（西周晚期）

楚公逆鎛（西周晚期）
逆鐘（西周晚期）
柞鐘（西周晚期）
克鐘（西周晚期）
史頌鼎（西周晚期）
頌鼎（西周晚期）

善夫山鼎（西周晚期）
鄭虢仲簋（西周晚期）
仲叀父簋（西周晚期）
王孫壽甗（春秋早期）
陳侯鼎（春秋早期）
若公平侯鼎（春秋早期）

陳公子叔邍父甗（春秋早期）
庚兒鼎（春秋中期）
者瀘鐘（春秋）
𨛫𧬊尹征城（春秋）
鄦侯少子段（春秋）

臧孫鐘（春秋晚期）
子璋鐘（春秋晚期）
王孫遺者鐘（春秋晚期）
簷大史申鼎（春秋晚期）
蔡大師鼎（春秋晚期）

楚王領鐘（春秋晚期）
敬事天王鐘（春秋晚期）
邾公孫班鎛（春秋晚期）
鼄公華鐘（春秋晚期）
𨛫〓尹〓鼎（春秋晚期）

朔

朏

霸 魄

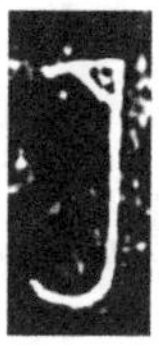
禾簋（春秋晚期）

塦肪毁蓋（戰國早期）

哀成叔鼎（戰國）

乙鼎（戰國晚期）

楚王酓忎鼎（戰國晚期）

寓鼎（西周中期） 二月合文

刺鼎（西周中期） 五月合文

shuò
朔

《說文》曰：月一日始蘇也，从月、屰聲。

註：農曆初一日爲朔，月始復蘇漸光，至望（十五）乃圓月。

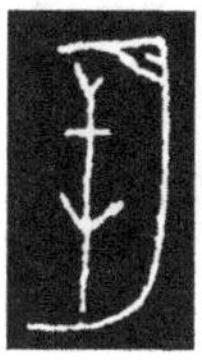
梁十九年亡智鼎（戰國） 讀為朔 徂省朔方

公朱左𠂤鼎（戰國晚期）

fěi
朏

《說文》曰：月未盛之明，从月、出。

註：農曆初一為朔日，初三始見月亮，稱朏。朏，用于農曆每月初三之代稱。

舀鼎（西周中期）

九年衛鼎（西周中期） 讀為朏 朏白金一反

吴方彝（西周中期）

pò bà
霸

《說文》曰：月始生霸然也，承大月二日、承小月三日。註：農曆每月初始見的月光稱爲霸（讀魄音），或稱魄。後，魄行而霸廢矣。又，諸侯聯盟之首，稱伯或稱霸。

伯姜鼎（西周早期）

霸姑鼎（西周早期）

害鼎（西周早期）

作册大方鼎（西周早期）

霸姑簋（西周早期）

作册魖卣（西周早期）

豐作父辛尊（西周中期）

周乎卣（西周中期）

師奎父鼎（西周中期）

九年衛鼎（西周中期）

辰在寅簋（西周中期）

大鼎（西周中期）

遇甗（西周中期）

公姑鬲（西周中期）

豆閉簋（西周中期）

肄殷（西周中期）

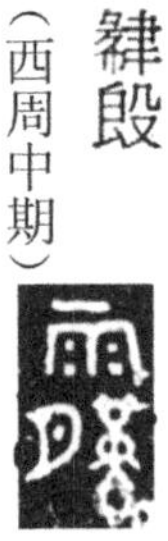
遹殷（西周中期）

十五年趙曹鼎（西周中期）

卯簋（西周中期）

癲盨（西周中期）

免簠（西周中期）

小臣守簋（西周）

作册夨令簋（西周中期）

競卣（西周中期）

史懋壺（西周中期）

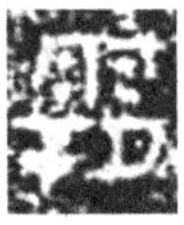
義盉蓋（西周中期）

裘衛盉（西周中期）

庚季鼎（西周中期）

吕方鼎（西周中期）

曶鼎（西周中期）

七年趙曹鼎（西周中期）

師毛父簋（西周中期）

期

師遽方彝（西周中期）

此鼎（西周晚期）

頌鼎（西周晚期）

揚簋（西周晚期）

大簋（西周晚期）

此簋（西周晚期）

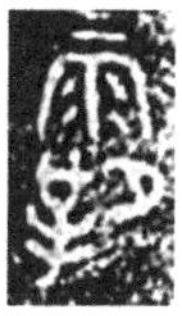
頌簋（西周晚期）

兮甲盤（西周晚期）

鄭虢仲簋（西周晚期）

官差父段（西周晚期）

弭叔作叔班盨蓋（西周晚期）

元年師旋段（西周晚期）

五年師旋段（西周晚期）

曾仲大父蛕段（西周晚期）

逆鐘（西周晚期）

𠑹匜（西周晚期）

鄀公諴鼎（春秋早期）

qī
期

《說文》曰：會也，从月其聲。註：，金文期字多从日、从其。，或从月、从丌。期，約會，應邀約會。期，期待。

夆叔匜（春秋早期）

夆叔盤（春秋早期）

鄧公乘鼎（春秋中期）

褱鼎（春秋中期）

𤜻公孫敦（春秋）

⿰萬月　鯘腿腇

沇兒鎛（春秋晚期）

齊良壺（春秋）

洹子孟姜壺（春秋）

王子申盞（春秋）

寬兒鼎（春秋）

蔡侯紐鐘（春秋晚期）

吳王光鑑（春秋晚期） 或从月其聲

卅五年鼎（戰國中期） 或从月从亓

wàn ⿰萬月

註：⿰萬月，或讀為萬。

伯亞臣鐳（春秋）

něi tuǐ 腇

《廣韻》曰：鯘，魚（腐）敗也。鯘或作腇。

註：鯘，即腿字別體，腇、鯘均取妥聲，腇，或讀為腿。

郾侯腇戈（戰國晚期）

yǒu
有

註：有，从又（像手）持肉，會義字，爲有無之有。

大盂鼎（西周早期）

𢉩父鼎（西周早期）

寗鼎（西周早期）

令鼎（西周早期）

周公簋（西周早期）

何尊（西周早期）

索諆爵（西周早期）

戜殷（西周中期）

免簋（西周中期）

𤼈鐘（西周中期）

仲枏父鬲（西周中期）

仲枏父簋（西周中期）

裘衛盉（西周中期）

作册益卣（西周中期）

盠方尊（西周中期）

盠方彝（西周中期）

九年衛鼎（西周中期）

史牆盤（西周中期）

毛公鼎（西周晚期）

六年召伯虎簋（西周晚期）

南宮柳鼎（西周晚期） 讀爲佑 武公有（佑）南宮柳

師克盨（西周晚期）

㝬殷（西周晚期）

散氏盤（西周晚期）

秦公鐘（春秋早期）

秦公鎛（春秋早期）

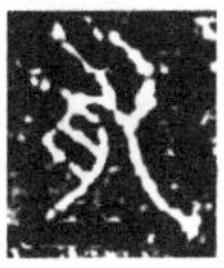

宋公䜌簠（春秋晚期）

萌 明 

蔡叔季之孫君匜（春秋）

者沪鐘（戰國早期）

十年陳侯午敦（戰國晚期）

陳侯因脊敦（戰國晚期）

míng
明

《說文》曰：照也，从月、从囧。古文明从日。《説文字通》曰：明，通萌。

註：，即窗牖。月入窗牖會意爲明。明，或通盟。

亞明鼎（西周早期）

戒作葬官鬲（西周早期）

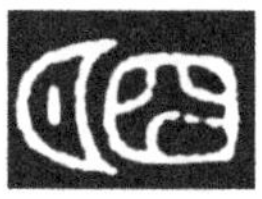
明我作鼎（西周早期）

伯姜鼎（西周早期）

明公簋（西周早期）

麥方尊（西周早期）

作冊𩰫父乙尊（西周早期）

作冊𩰫卣（西周早期）

矢令方尊（西周早期）

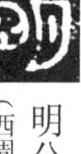

矢令方彝（西周早期）

史墻盤（西周中期）

痶鐘（西周中期）

師𩁹鼎（西周中期）

服方尊（西周中期）

叔向父禹簋（西周晚期）

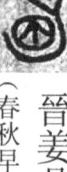

毛公鼎（西周晚期）

沕其鐘（西周晚期）

虢叔旅鐘（西周晚期）

大克鼎（西周晚期）

明我壺（西周晚期）

晉姜鼎（春秋早期）

秦公鎛（春秋早期）

秦公簋（春秋早期）

郘𪒠尹譬鼎（春秋晚期）讀爲盟　余敢敬明（盟）祀

沈兒鎛（春秋晚期）

囧

盟

好蚉壺（戰國晚期）

中山王嚳方壺（戰國晚期）

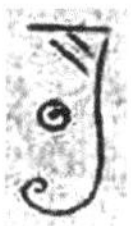
中山王嚳鼎（戰國晚期）

相邦鈹（戰國晚期）

jiǒng
囧

《説文》曰：窻牖麗廔闓明，象形。《玉篇》曰：囧，大明也。《廣韻》曰：囧，光也。

註：囧，窗欞之象形。窗欞之光，大明也。

戈父辛鼎（西周早期）

陳侯鼎（春秋早期）

méng
盟

《説文》曰：……諸侯再相與會……殺牲、歃血、朱盤、玉敦……从囧、从血。篆文从朙、古文从明。

註：盟，古代諸侯神前誓約，殺牲、歃血，結盟。

子作鼎盟彝鼎（殷商）

盟商壺（殷商）

剌觀鼎（西周早期）

周公簋（西周早期）

魯侯爵（西周早期）

冓父丁罍（西周早期）

[illegible]作且丁鼎（西周早期）

師望鼎（西周中期）

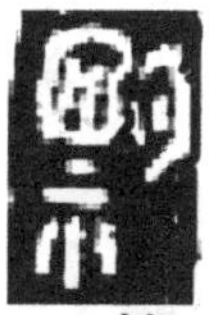
徐王子旃鐘（春秋）

邾公釛鐘（春秋）

鼄公華鐘（春秋晚期）

蔡侯盤（春秋晚期）

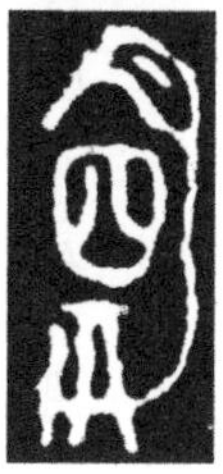
王孫誥鐘（春秋晚期）【近出殷周金文集録】

夕

夜

xī
夕

《說文》曰：莫（暮）也，从月半見。

註：夕，日暮。或以月爲夕。夕、月，二字古文互為通用。

月己爵（殷商）

麥盉（西周早期）

先獸鼎（西周早期）

鼉方尊（西周早期）

大盂鼎（西周早期）

史䛐殷（西周早期）

應公鼎（西周早期）

曆方鼎（西周早期）

以月爲夕

麥方尊（西周早期）

恒簋（西周中期）

服方尊（西周中期）

𤼈鐘（西周中期）

𤼈殷（西周中期）

追簋（西周中期）

穆公簋（西周中期）

元年師旋殷（西周晚期）

羌伯簋（西周晚期）

沕其鐘（西周晚期）

毛公鼎（西周晚期）

仲殷父簋（西周晚期）

事族簋（西周晚期）

善夫克盨（西周晚期）

師克盨（西周晚期）

蔡簋（西周晚期）

秦公鎛（春秋早期）

秦公鐘（春秋早期）

中山王嚳方壺（戰國晚期）

yè
夜

《說文》曰：舍也，天下休舍也。从夕、亦聲。

《字彙補》曰：夜，借作液。

夢

mèng
夢

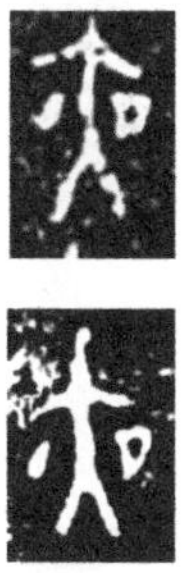
啓卣（西周早期）

師虎簋（西周中期）

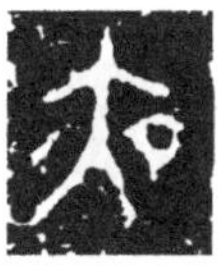
師望鼎（西周中期）

伯晨鼎（西周中期）

伯口父簋（西周中期）

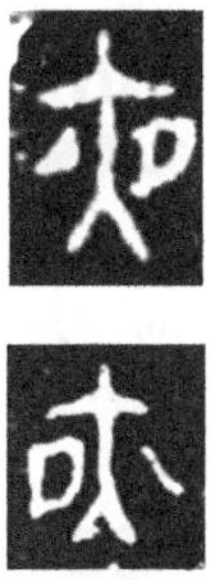
彧方鼎（西周中期）

伯仲父簋（西周中期）

效卣（西周中期）

師酉簋（西周中期）

史牆盤（西周中期）

鼉乎段（西周晚期）

逆鐘（西周晚期）

叔妘段（西周晚期）

伯康簋（西周晚期）

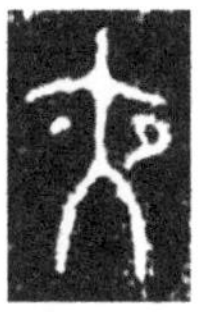
㝬段（西周晚期）

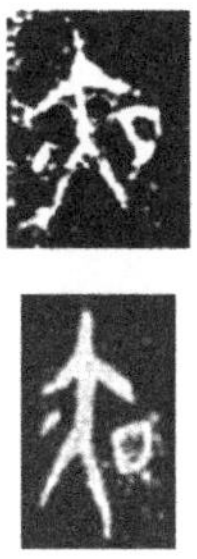
師寰段（西周晚期）

大克鼎（西周晚期）

叔噩父簋（西周晚期）

番生簋（西周晚期）

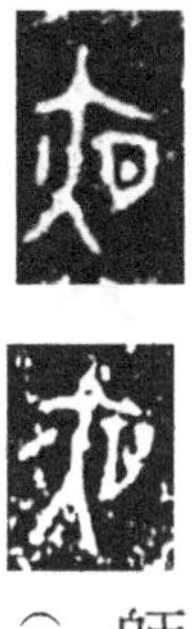
師嫠段（西周晚期）

叔夜鼎（春秋早期）

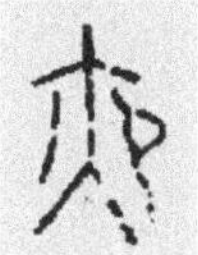
叔尸鎛（春秋晚期）

叔尸鐘（春秋晚期）

七年宅陽令矛（戰國）

中山王譽方壺（戰國晚期）

中山王譽鼎（戰國晚期）

十一年佫茖戈（戰國晚期）
或从口

《說文》曰：不明也，从夕、瞢省聲。《正字通》曰：寐中所見事與形也。

夤

外

卯簋盖（西周中期）

夢子匜（春秋）

三十四年頓丘戈（戰國）

yín
夤

註：夤，敬也、大也，或通寅。

秦公簋（春秋早期）

秦公鎛（春秋早期）

wài
外

《說文》曰：遠也。

註：外，或从月，月、夕通用。

外叔鼎（西周早期）

師瘨𣪘蓋（西周中期）

靜簋（西周中期）

毛公鼎（西周晚期）

師𧥢𣪘（西周晚期）

蔡簋（西周晚期）

敬事天王鐘（春秋晚期）

臧孫鐘（春秋晚期）

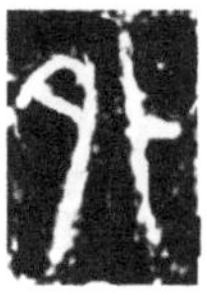
子禾子釜（戰國）

南疆鉦（戰國）

口外卒鐸（戰國）

中山王䜌方壺（戰國晚期）

夙

sù
夙

《說文》曰：早敬也，从丮持事雖夕不休。

註：夙，早也。夙，通肅、通宿。

利簋（西周早期）

應公鼎（西周早期）

曆方鼎（西周早期）

大盂鼎（西周早期）

㦰𣪘（西周中期）

啓卣（西周早期）

效卣（西周中期）

作氒方尊（西周中期）

服方尊（西周中期）

史牆盤（西周中期）

𤼈鐘（西周中期）

𤼈𣪘（西周中期）

伯晨鼎（西周中期）

五祀衛鼎（西周中期）

㦰方鼎（西周中期）

伯中父簋（西周中期）

伯百父簋（西周中期）

恒簋（西周中期）

師寰𣪘（西周中期）

師虎簋（西周中期）

叔噩父簋（西周晚期）

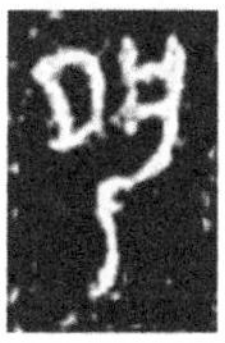
黿乎𣪘（西周晚期）

元年師旋𣪘（西周晚期）

逆鐘（西周晚期）

汈其鐘（西周晚期）

大克鼎（西周晚期）

毛公鼎（西周晚期）

叔㚤𣪘（西周晚期）

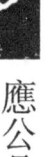

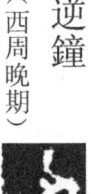

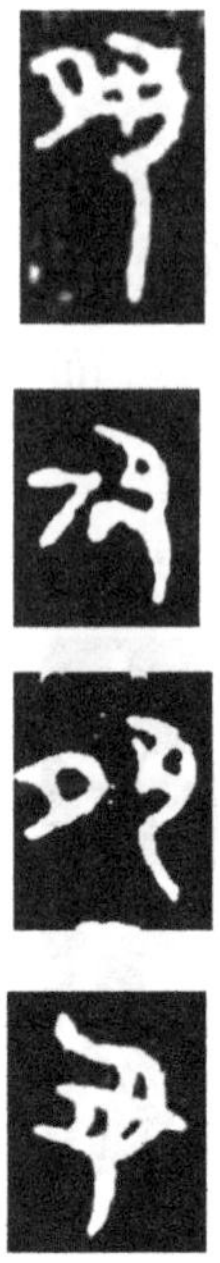
追簋（西周晚期）

師嫠段（西周晚期）

師克盨（西周晚期）

秦公鎛（春秋早期）

魯伯悆盨（春秋）

夙戈（春秋）

師望鼎（西周中期）

師酉簋（西周中期）

羌伯簋（西周晚期）

中山王嚳方壺（戰國晚期）

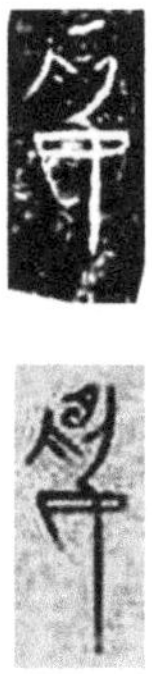
中山王嚳鼎（戰國晚期）

多

duō
多

《説文》曰：重也，从重夕。《爾雅》曰：多，衆也。

邐簋（殷商）

毓且丁卣（殷商）

辛鼎（西周早期）

庢父鼎（西周早期）

麥方鼎（西周早期）

麥方尊（西周早期）

先獸鼎（西周早期）

寧簋（西周早期）

命簋（西周早期）

沈子它簋（西周早期）

召卣（西周早期）

班簋（西周中期）

瘨鐘（西周中期）

師望鼎（西周中期）

瘨𣪘（西周中期）

追簋（西周中期）

曶壺（西周中期）

作册益卣（西周中期）

史牆盤（西周中期）

㝬叔鼎（西周中期）

士父鐘（西周晚期）

蔡姞簋（西周晚期）

叔向父禹簋（西周晚期）

內伯多父簋（西周晚期）

匽簋（西周晚期）

[illegible]兌𣪘（西周晚期）

五年召伯虎簋（西周晚期）

㝬𣪘（西周晚期）

不嬰𣪘（西周晚期）

伯多父盨（西周晚期）

伯沕其盨（西周晚期）

駒父盨（西周晚期）

善父克盨（西周晚期）

伯公父簠（西周晚期）

大師盧豆（西周晚期）

多友鼎（西周晚期）

宗周鐘（西周晚期）

大克鼎（西周晚期）

沕其鼎（西周晚期）

虢叔旅鐘（西周晚期）

叔多父簋（西周晚期）

叔旅魚父鐘（西周晚期）

昊生殘鐘（西周晚期）

丼人妄鐘（西周晚期）

伯多壺（西周晚期）

秦公鐘（春秋早期）

𡖍

怨蜿夗

𡖔

秦公鎛（春秋早期）

秦公簋（春秋早期）

鼄大宰鐘（春秋）

魯伯悆盨（春秋）

zhā
𡖍

《説文》曰：厚脣皃，从多、从尚。

《廣韻》曰：𡖍，緩口。

周𡖍壺（西周中期）　或作尚省

yuàn wān
夗

《説文》曰：轉臥也。从夕、从卩。

《正字通》曰：夗延，龍蛇蟠糾貌。後作蜿蜒。

《宋元以來俗字譜》曰：鴛，作夗。

註：夗，轉體側臥也。夗，或作蜿。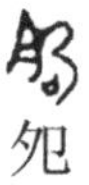夗，或从口，通怨。

能匍尊（西周早期）　讀為怨　能匍賜貝于厥怨公

郘𣪘（西周晚期）

qī
𡖔

《集韻》曰：𡖔，多也。

𩰫比盨（西周晚期）

毌

貫

guàn
毌

《説文》曰：穿物持之也。从一横貫，象寶貨之形。讀若冠。

註：，貫穿寶貨（即貨幣）而持之。毌，即貫之本字。貫行而毌廢矣。

秉毌簋（殷商）

丩毌父戊簋（殷商）

丩毌父戊角（殷商）

秉册毌父乙簋（殷商）

丩毌尊（殷商）

秉毌丁卣（殷商）

丩毌父乙卣（殷商）

丩毌父乙觚（殷商）

來毌觚（殷商）

小臣宅簋（西周早期）

十五年趞曹鼎（西周中期）

牧簋（西周中期）

guàn
貫

《説文》曰：錢貝之貫。从毌、貝。

註：金文貫，从兩貝貫穿。

中甗（西周早期）

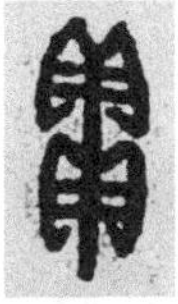
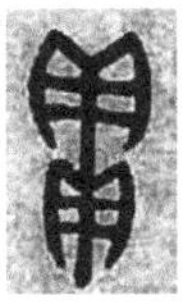
中方鼎（西周早期）

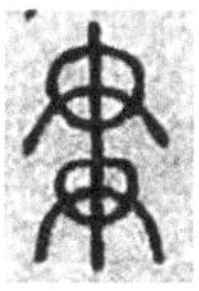
晉姜鼎（春秋早期）

二年右貫府戈（戰國晚期）

函 圅

甬 桶

hán
圅

王國維曰：像倒矢藏於函中。小篆圅字由此譌變。，即古文函字。……矢在函中有臽義，又與臽同音，故古文假爲臽字。……然則字之爲陷字之假借無疑。【王觀堂先生全集】

劏圅作且戊毁（西周早期）

毛公鼎（西周晚期）讀爲陷 欲汝弗以乃辟圅（陷）于艱

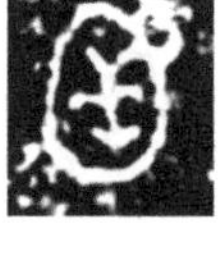

圅皇父簋（西周晚期）

圅皇父匜（西周晚期）

圅皇父鼎（西周晚期）

圅交仲簠（西周晚期）

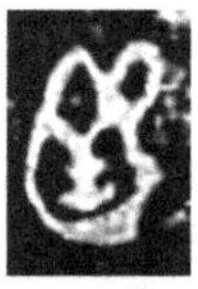

不嬰毁（西周晚期）讀爲陷

yǒng
甬

註：甬，即鐘之象形，或稱為甬鐘，上乃縣紐、下爲鐘體。甬，或假爲桶。

彔伯戒毁蓋（西周中期）

吳方彝（西周中期）讀爲桶 金甬（桶）

毛公鼎（西周晚期）

三年師兌簋（西周晚期）

師克盨（西周晚期）

姜小仲母生鼎（春秋早期）

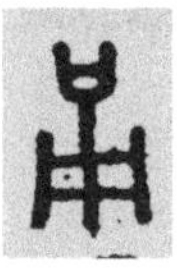
庚壺（春秋晚期）

曾侯乙鼎（戰國早期）

曾侯乙勺（戰國早期）

曾侯乙缶（戰國早期）

曾姬無卹壺（戰國）讀爲用 甬（用）作宗彝尊壺

吴王夫差矛（戰國晚期）

中山王礜鼎（戰國晚期） 讀爲通 未甬（通）智

hóng

𢎘

註：𢎘，即宏、即弦、即鞃。

九年衛鼎（西周中期）

彔伯㦰簋蓋（西周中期）

三年師兑簋（西周晚期） 或讀爲鞃 賜汝……朱虢鞃靳

師克盨（西周晚期）

毛公鼎（西周晚期） 或讀爲宏 宏我邦我家

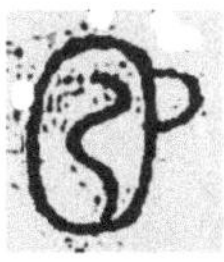

塱盨（西周晚期）

chì

𠨐

《廣韻》曰：𠨐，姓也。

永盂（西周中期）

𢀓

東

卤卣

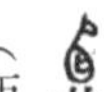弗生甗（西周早期）

hàn 東

《說文》曰：木垂華實。

註：東，樹木垂挂花朵與果實之狀。

𩰫料盆（春秋）

曾侯乙鐘（戰國早期）

yǒu 卣

《說文解字注》曰：卤，即卣之譌；卣，即卣之繁。《字彙補》曰：卤，古卣字。

註：卣，祭祀用青銅酒器；尊彝爲上、罍爲下、卣居中。『說文』無卣字。金文中假卤（讀調音）為卣；假卣（由之異文）為卣。卤，草木果實成熟下垂貌。

大盂鼎（西周早期）

士上卣（西周早期）

士上盉（西周早期）

吴方彝（西周中期）

伯晨鼎（西周中期）

吕方鼎（西周中期）

曶鼎（西周中期） 讀爲由 余無卣（由）具寇足秭

曶壺（西周中期）

彔伯戓𣪕蓋（西周中期）

毛公鼎（西周晚期）

師克盨（西周晚期）

三年師兑簋（西周晚期）

齊

qí jī jì zhāi

齊

《說文》曰：禾麥吐穗上平也，象形。《說文通訓定聲》曰：齊，假借為臍。假借為躋。

註：金文齊字像稻禾、麥子吐穗整齊一致。下有一横、兩横以示土地。齊，同齋、通濟、通劑。

齊婦鬲（殷商）

齊啄父癸觶（殷商）

齊姜鼎（西周早期）

齊作父乙卣（西周早期）

齊且辛爵（西周早期）

齊史逗殷（西周中期）

弭叔鬲（西周中期）

齊叔姬盤（西周晚期）

師寰殷（西周晚期）

齊巫姜簋（西周晚期）

五年師旋殷（西周晚期）

伯姜鬲（西周晚期）

齊弃史喜鼎（西周晚期）

齊嬶姬殷（西周晚期）

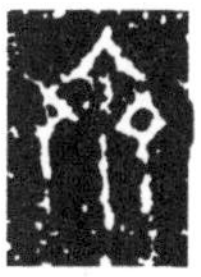
妊小簋（西周晚期）

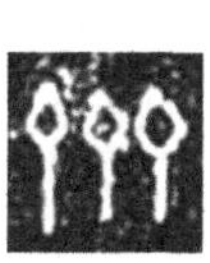
魯司徒仲齊盤（春秋早期）

魯仲齊甗（春秋早期）

魯仲齊鼎（春秋早期）

齊趫父鬲（春秋早期）

齊侯匜（春秋早期）

魯嗣徒仲齊盨（春秋早期）

齊侯鎛（春秋中期）

國差罎（春秋）

洹子孟姜壺（春秋）

齊侯敦（春秋）

齊大宰歸父盤（春秋）

齊䵼氏鐘（春秋晚期）

庚壺（春秋晚期）

陳逆簠（戰國早期）

齊陳曼簠（戰國早期）

十四年陳侯午敦（戰國晚期）

刺朿

棗

棘

𠫑羌鐘（戰國早期）

曾侯乙鐘（戰國早期）

齊口造戈（戰國）

漢中守戈（戰國晚期）

塦侯因脊敦（戰國晚期）

cì
朿

《說文》曰：木芒也，象形。讀若刺。註：朿，带刺之樹木，象形字。朿，爲刺之本字。

且辛父甲鬲（殷商）

朿鼎（殷商）

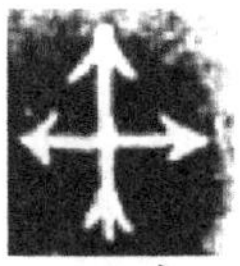
朿册作父乙鼎（殷商）

弜作父乙甗（西周早期）

湆嗣土逘毁（西周早期）

朿作父辛卣（西周早期）

作册大方鼎（西周早期）

鄭生庫矛（戰國）

zǎo
棗

《說文》曰：羊棗也，从重朿。

酸棗戈（戰國）

宜無戟（戰國晚期）

jí
棘

《說文》曰：小棗叢生者，从並朿。

片 

析 

鼎 

憏子敕鼎（春秋）

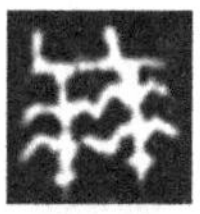

不降矛（戰國）

piàn 片

《說文》曰：判木也。从半木。

註：半木為片，象形。古文一字可反正互寫，片、爿，當為同一字。

祀鼎（春秋）

xì 斦

註：斦，以斤（斧之一種）判木為片。斦，與析字義相同，應讀為析。

斦君戟（戰國早期）

dǐng 鼎

《說文》曰：三足兩耳，和五味之寶器也。……籀文以鼎爲貞字。

註：古鼎、貞二字同聲、同韻、字形相近，故可通用。

鼎鼎（殷商）

鼎簋（殷商）

鼎觚（殷商）

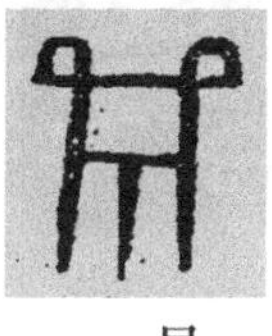

鼎父己尊（殷商）

鼎卣（殷商）

鼎父辛爵（殷商）

鼎方彝（殷商）

利簋（西周早期）

昜盉方鼎（西周早期）

作册大方鼎（西周早期）

嬴霝德鼎（西周早期）

伯作鼎（西周早期）

毛公旅方鼎（西周早期）

伯旅鼎（西周早期）

歸作父丁鼎（西周早期）

更鼎（西周早期）

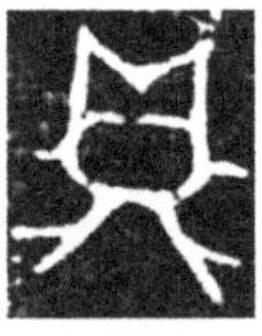

作寶鼎（西周早期）

叔作旅鼎（西周早期）

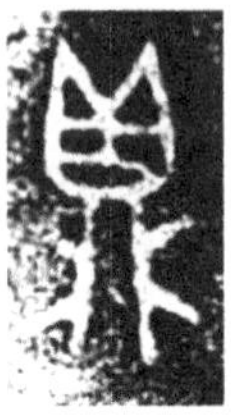
員作用鼎（西周早期）

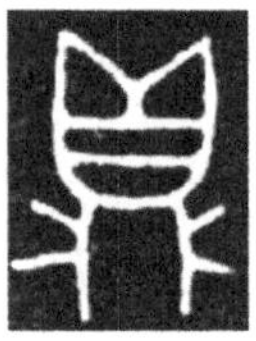
𨻰父鼎（西周早期）

鼄鼎（西周早期）

遣鬲（西周早期）

史逨方鼎（西周早期）

䦧伯鼎（西周早期）

㠯小子鼎（西周早期）

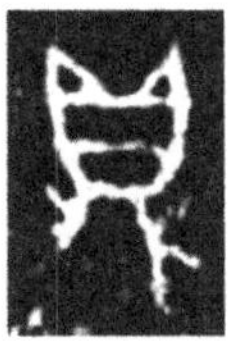
从鼎（西周早期）

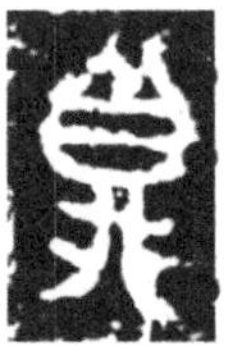
𢼸侯鼎（西周早期）

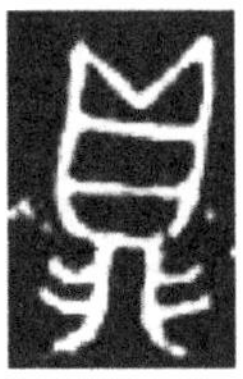
鼎作父乙甗（西周早期）

夨伯鬲（西周早期）

叔旟鼎（西周早期）

伯作寶鼎（西周早期）

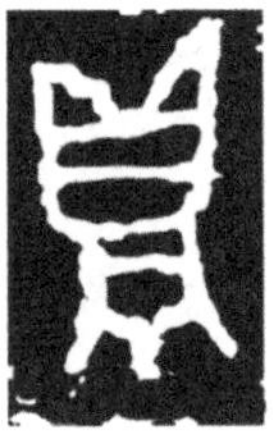
塱方鼎（西周早期）

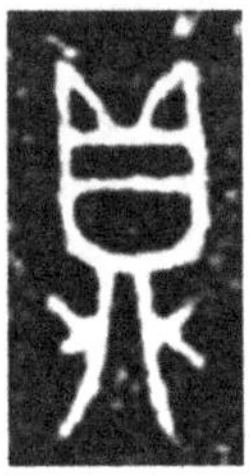
大祝禽方鼎（西周早期）

小臣逋鼎（西周早期）

先獸鼎（西周早期）

麥方鼎（西周早期）

改盨（西周中期）

戈作寶鼎（西周中期）

舟鼎（西周中期）

作寶鼎（西周中期）

䚄鼎（西周中期）

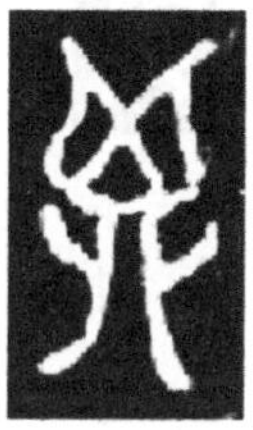
㭪攸鼎（西周中期）

史𡇼鼎（西周中期）

亘鼎（西周中期）

衛鼎（西周中期）

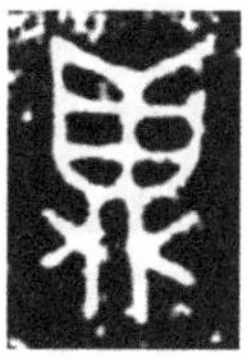
伯口作尊鼎（西周中期）

具作父庚鼎（西周中期）

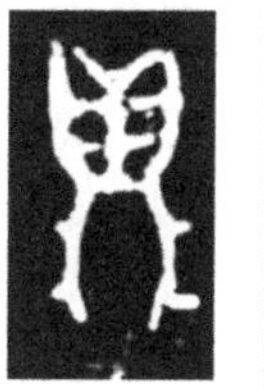
舟作寶鼎（西周中期）

仲作旅寶鼎（西周中期）

由作旅鼎（西周中期）

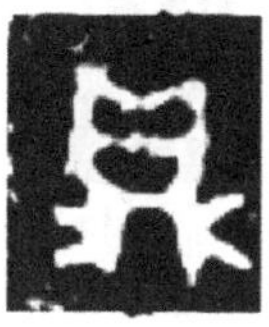
車作寶鼎（西周中期）

戜方鼎（西周中期）

叔碩父鼎（西周中期）

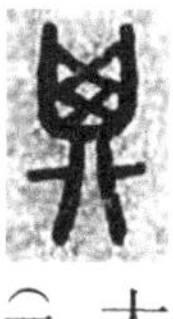
大矢始鼎（西周中期）

小臣鼎（西周中期）

寏鼎（西周中期）

伯晨鼎（西周中期）

是驫𣪘（西周中期）

大鼎（西周中期）

作旅鼎（西周中期）

懋史繇鼎（西周中期）

[illegible]伯鼎（西周中期）

禽鼎（西周中期）

師器父鼎（西周中期）

觀䍙鼎（西周）

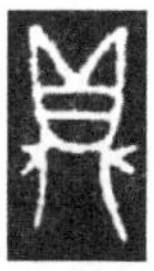
緐還鼎（西周）

羌鼎（西周）

鶾叏父鼎（西周）

[illegible]虎鼎（西周）

犀伯魚父鼎（西周）

伯蔗父鼎（西周）

仲義父鼎（西周晚期）

孟湃父鼎（西周晚期）

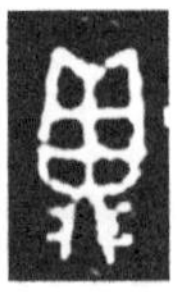
穌衛妃鼎（西周晚期）

廟孱鼎（西周晚期）

樂鼎（西周晚期）

仲宦父鼎（西周晚期）

內大子鼎（西周晚期）

仲殷父鼎（西周晚期）

頌鼎（西周晚期）

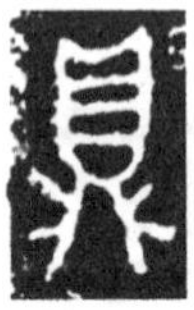
毛公鼎（西周晚期）

叔専父盨（西周晚期）

良季鼎（西周晚期）

史盄父鼎（西周晚期）

大師人鼎（西周晚期）

史宜父鼎（西周晚期）

仲義父鼎（西周晚期）

[illegible]季鼎（西周晚期）

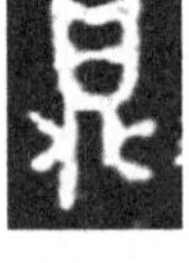

伯鮮鼎（西周晚期）

番君酟伯鬲（春秋早期）

內公鼎（春秋早期）

叔姬鼎（春秋早期）

鼄[illegible]鼎（春秋早期）

卓林父簋（春秋早期）

鄭虢仲鼎（春秋早期）

番昶伯者君鼎（春秋早期）

郳王䊹鼎（春秋早期）

戈叔朕鼎（春秋早期）

曾伯從寵鼎（春秋早期）

趙亥鼎（春秋中期）

𤻎鼎（春秋）

君子之弄鼎（春秋晚期）

哀成叔鼎（戰國）

鼒

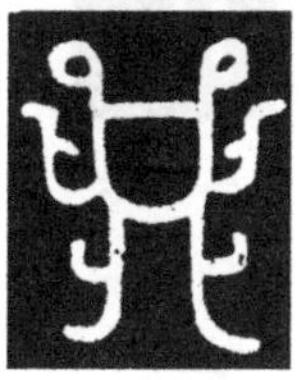
父乙⿱吅鼎方鼎（殷商）

⿱吅鼎父乙爵（殷商）

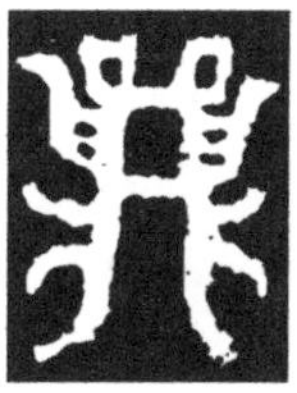
子⿱吅鼎爵（殷商）

攸作旅鼎（西周早期）

□作父己鼎（西周早期）

庚嬴鼎（西周早期）

弜魚伯殷（西周早期）

穆父鼎（西周中期）

⿹戈夕鼎（西周中期）

伯遅父鼎（西周中期）

伯乙鼎（西周晚期）

啓伯鼎（西周晚期）

始氏鼎（春秋早期）

取它人鼎（春秋）

簷大史申鼎（春秋晚期）

卲之飤鼎（戰國早期）

冲子鼎（戰國早期）

楚王酓肯鼎（戰國晚期）

zī
鼒

《説文》曰：鼎之圜掩上者。从鼎才聲。

註：鼒，圜口掩縮之鼎，即小口鼎。或曰大鼎爲鼐、小鼎爲鼒。

孋作父庚鼎（西周早期）

王作康季鼎（西周早期）

白者君鼎（春秋）

冪鼏

⿰鼎干

⿰鼎升

mì
鼏

註：鼏 即鼎盖。或笘盖酒尊之布巾。鼏，或同密、同冪。

叔鼏鬲（西周早期）

秦公簋（春秋早期） 讀爲冪 鼏（冪）宅禹蹟

國差⿰金詹（春秋）

⿰鼎干

⿰吉夫侯之孫𨻰鼎（春秋晚期） 或从雩

蔡侯⿰鼎干（春秋晚期）

王子吴鼎（春秋晚期）

楚叔之孫倗鼎（春秋晚期） 或从皿

⿰鼎升

蔡侯⿰鼎升（春秋晚期）

王子午鼎（春秋晚期）

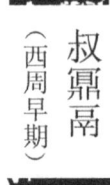

⿰石鼎　⿰鼎它　⿰鼎旁　⿱玆鼎

shí
⿰石鼎

容庚曰：⿰石鼎⿰鼎它，鼎之别名，石沱。【金文編】

褱鼎（春秋中期）

tuó
⿰鼎它

容庚曰：⿰石鼎⿰鼎它，鼎之别名，石沱。【金文編】

褱鼎（春秋中期）

⿰鼎旁

伯□方鼎（西周早期）

⿱玆鼎

䵼

鄭戒句父鼎（春秋早期）

shāng
䵼

《玉篇》曰：䵼，煮也，亦作鬺。徐同柏曰：䵼，古將字，奉也。【從古堂款識學】

奄作婦姑甗（殷商）

作父乙䵼鼎（殷商）

宰甫卣（殷商）

亘医戜殷（西周早期）

中方鼎（西周早期）

庚姬器（西周早期）

伯享父器（西周早期）

⿰鼎頁卣（西周早期）

橋侯殷蓋（西周早期）

利簋（西周早期）

魯侯熙鬲（西周早期）

中婦鼎（西周早期）

𠂉作父戊鼎（西周早期）

⿷匚曾鼎（西周早期）

王作又簋（西周早期）

㫃父鼎（西周早期）

剌觀鼎（西周早期）

應公鼎（西周早期）

曆方鼎（西周早期）

不栺方鼎（西周中期）

闌監父己鼎（西周中期）

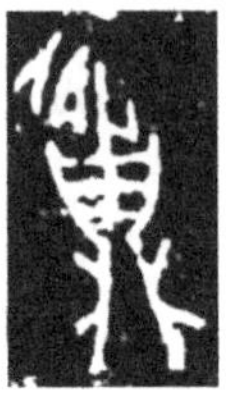
⿰木習作寶䵼鼎（西周中期）

員方鼎（西周中期）

㦰方鼎（西周中期）

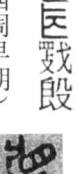

君夫簋（西周中期）

剌鼎（西周中期）

录作辛公簋（西周中期）

免簋（西周中期）

曶鼎（西周中期）

孟𦥑鼎（西周）

𤔲工殘鼎（西周晚期）

姬鼎（西周晚期）

小克鼎（西周晚期）

大克鼎（西周晚期）

遣小子䢅毁（西周晚期）

封仲簋（西周晚期）

元年師兑簋（西周晚期）

三年師兑簋（西周晚期）

䵼兑毁（西周晚期）

蔡姞簋（西周晚期）

史頌簋（西周晚期）

史頌鼎（西周晚期）

親王姬鬲（西周晚期）

㝬毁（西周晚期）

曾侯簠（西周晚期）

師望盨（西周晚期）

曾侯仲子斿父鼎（春秋早期）

王作𧸙母鬲（春秋早期）

上曾大子鼎（春秋早期）

宗婦鄁嬰毁（春秋早期）

宗婦鄁嬰鼎（春秋早期）

宗婦鄁嬰盤（春秋早期）

曾子仲謱鼎（春秋早期）

鼐　⿱緐鼎　⿰鼎登

索諆爵（西周早期）　或省鼎

鼐

⿱將鼎益卣（西周早期）

fán ⿱緐鼎

註：⿱緐鼎，或讀爲繁。

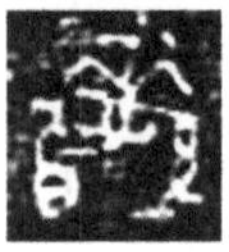
鄧公乘鼎（春秋中期）

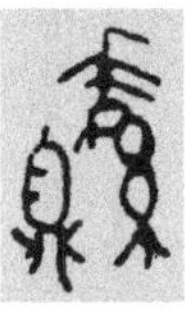
倗之飤⿱緐鼎（春秋）　【古文字類編】收録

⿰鼎登

萆鼎（西周中期）

䵼（餗） 鼑 鼎

sù 䵼

張亞初釋爲餗。【殷周金文集成 引得】

戍嗣子鼎（殷商）

鼑

註：鼑，同貞。

戜鼎（西周中期）

鼎

註：鼎，同鼎。

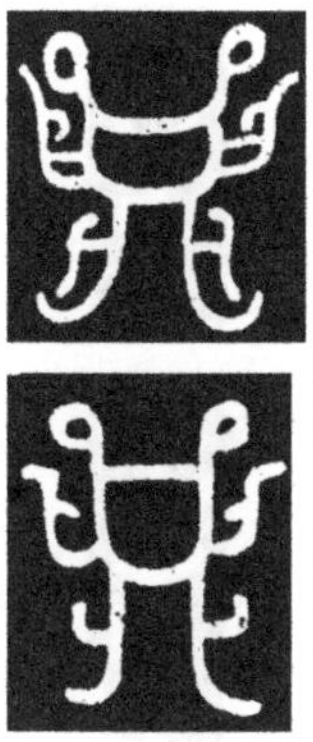

父乙鼎方鼎（殷商）

鼎父乙爵（殷商）

子鼎爵（殷商）

kè
克

《說文解字注》曰：克，俗作剋。《說文通訓定聲》曰：克：假借爲刻。

註：克，像戴胄（頭盔）之人，有出征克敵、勝任之意。

克爵（殷商）

子册父辛鼎（殷商）

令鼎（西周早期）

沈子它簋（西周早期）

乃子克鼎（西周早期）

小臣單觶（西周早期）

利簋（西周早期）

大保簋（西周早期）

周公簋（西周早期）

叔趯父卣（西周早期）

㾓鐘（西周中期）

㦰𣪘（西周中期）

班簋（西周中期）

師啓鼎（西周中期）

恒簋（西周中期）

師訊鼎（西周中期）

師克盨（西周晚期）

丼人女鐘（西周晚期）

小克鼎（西周晚期）

大克鼎（西周晚期）

多友鼎（西周晚期）

德克簋（西周晚期）

沴其鐘（西周晚期）

克鐘（西周晚期）

元年師旋𣪘（西周晚期）

稑

禹鼎（西周晚期）

番生簋（西周晚期）

羌伯簋（西周晚期）

師訇簋（西周晚期）

善夫克盨（西周晚期）

秦公鎛（春秋早期）

秦公鐘（春秋早期）

曾伯霥簠（春秋早期）

黄大子伯克盤（春秋早期）

黄大子伯克盆（春秋早期）

攻敔王光劍（春秋晚期）

者沪鐘（戰國早期）

塦侯因脊敦（戰國晚期）

稑

[illegible][illegible]卣（殷商）

lù
录

註：录，像架上懸掛容有濕物袋子，作漉水狀。下數點乃濾出之水滴。录，即爲漉或淥之本字，或假爲祿、爲轆、爲麓。

宰甫卣　讀爲麓（殷商）王来獸自豆录（麓）

录簋（西周早期）

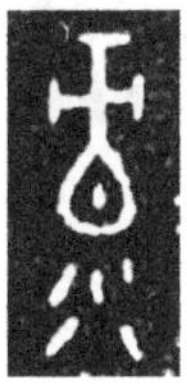
大保簋（西周早期）

史牆盤（西周中期）

瘐鐘（西周中期）

瘐盨（西周中期）

彧者鼎（西周中期）

師晨鼎（西周中期）

彔㦰卣（西周中期）

彔簋（西周中期）

彔作辛公簋（西周中期）

彔伯㦰段蓋（西周中期）

通彔鐘（西周中期） 讀爲禄

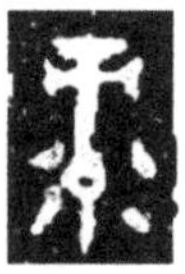
作册益卣（西在中期）

虢姜簋（西周晚期）

諫簋（西周晚期）

頌壺（西周晚期）

頌簋（西周中期）

沕其鐘（西周晚期）

頌鼎（西周晚期）

史伯碩父鼎（西周晚期）

仲駒父簋（西周晚期）

彔盨（西周晚期）

羌伯簋（西周晚期）

散氏盤（西周晚期）

稆

稆

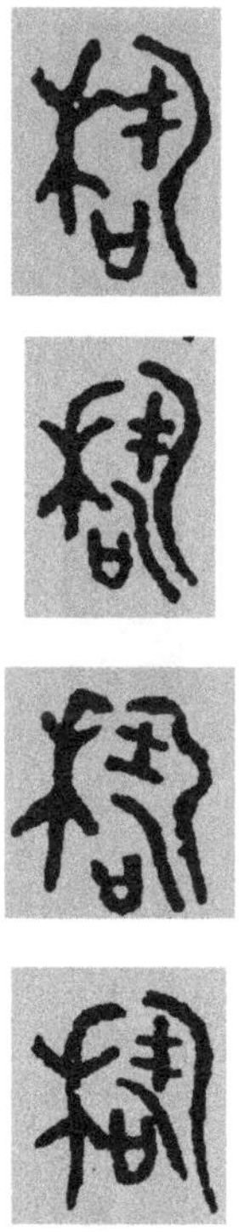
稆卣（西周中期）

禾

穡

hé
禾

《説文》曰：嘉穀也，二月始生，八月而孰。

註：禾，禾本植物象形字。上像下垂之禾穗及枝葉，中爲桿，下爲根。禾，或孳乳爲龢。

大禾方鼎（殷商）

亞伯禾鼎（殷商）

禾休毁（殷商）

叀禾觚（殷商）

禾卣（殷商）

子禾爵（殷商）

禾父丁爵（殷商）

吴禾器（西周早期）

北子觶（西周早期）

[骨光]禾作旅鼎（西周早期）

禾伯作父乙尊（西周早期）

亳鼎（西周早期）

曶鼎（西周中期）

黄大子伯克盤（春秋早期）

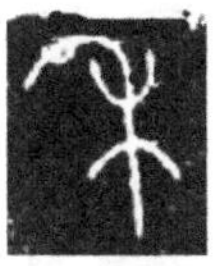
邾公釪鐘（春秋）

禾簋（春秋晚期）

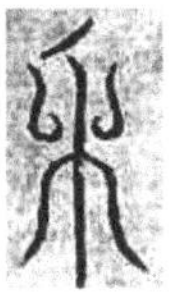
之利鐘（戰國早期）

子禾子右戈（戰國）

子禾子釜（戰國）

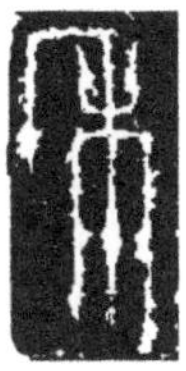
[卯田]鎛（戰國）

鄂君啓節車節（戰國）

高奴禾石權（戰國）

sè
穡

《説文》曰：穀可收曰穡。从禾、嗇聲。戴家祥曰：牆、穡同字。【師大校刊】一九七八期

註：穡，收穫的莊稼。金文牆、穡，二字通用。

穖

穆

史牆盤（西周中期）

牆父乙爵（西周中期）

師寰𣪘（西周晚期）

miè 穖

《說文》曰：禾也，从禾蔑聲。

註：穖，禾本莊稼之一種。

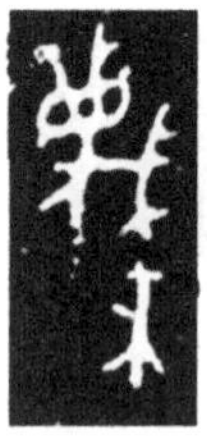
䌛𣪘殘底（西周早期）

庚嬴卣（西周早期）

段簋（西周中期）

大簋（西周中期） 讀為穖 王穖敔曆

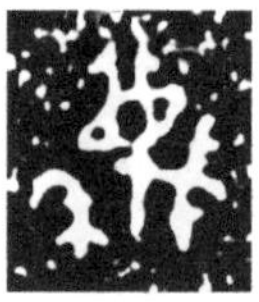
鮮盤（西周中期）

免盤（西周中期）

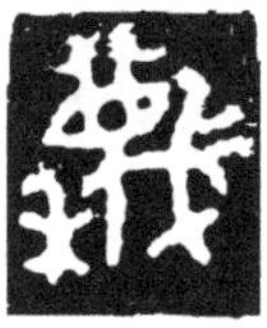
繁卣（西周中期）

𤔲𣪘（西周中期）

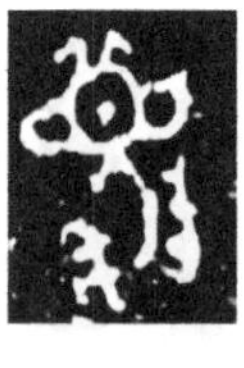
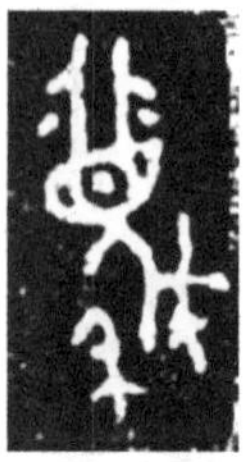
再簋（西周）

mù 穆

《說文》曰：禾也，从禾、㣎聲。《廣韻》曰：穆，美也、敬也。《正字通》曰：穆，廟序也，一世昭、二世穆。註：穆，禾本植物。像带芒穎禾穗下垂形，从彡。彡，禾穗之芒穎與彩紋。穆，具美義。穆，或為宗廟之序列，祖廟居中、左昭、右穆。

嬰方鼎（西周早期）

作氒方尊（西周中期）

遹𣪘（西周中期）

曶鼎（西周中期）

長甶盉（西周中期）

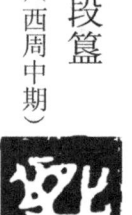

稻

穆父作姜懿母鼎（西周中期）　或从水

戜方鼎（西周中期）

穆公簋（西周中期）

盠方彝（西周中期）

史牆盤（西周中期）

穆作父丁鼎（西周）

寰盤（西周晚期）

番生簋（西周晚期）

曾伯宫父穆鬲（西周晚期）

伯克壺（西周晚期）

虢叔旅鐘（西周晚期）

井叔釆鐘（西周晚期）

沕其鐘（西周晚期）

遅父鐘（西周晚期）

寰鼎（西周晚期）

禹鼎（西周晚期）

㦸段（西周晚期）

善夫克盨（西周晚期）

秦公簋（春秋早期）

蔡侯盤（春秋晚期）

鼄公華鐘（春秋晚期）

郾客問量（戰國）

曾侯乙鐘（戰國早期）

中山王嚳方壺（戰國晚期）

曾侯乙鐘（戰國早期）　或从音

dào
稻

《說文》曰：稌（糯稻）也，从禾，舀聲。註：稻，像米禾在臼旁，以爪（手）持之作舂米狀，象形會意字。，或譌从㫃。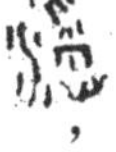，从水即滔字，假爲稻。

積 積

年 年

曾伯霥簠（春秋早期）

陳公子叔邍父甗（春秋早期） 或从米

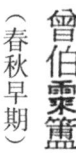

奐父盨（西周晚期）

鶨姬段蓋（西周晚期）

史免簠（西周晚期）

邿召簠（西周晚期）

即簋（西周中期）

伯公父簠（西周晚期） 讀爲稻字 用盛穛旛（稻）糯粱

旛嫼段蓋（西周晚期）

叔家父簠（春秋早期）

jī
積

《說文》曰：聚也，从禾、責聲。《增韻》曰：積，累也……堆疊也。《說文通訓定聲》曰：積，禾穀之聚曰積。

積，假借為漬。註：積，通績、通跡。

商鞅量（戰國） 讀為積 爰積十六寸五分

nián
年

《說文》曰：穀孰也。容庚曰：年，从禾、从人，人亦聲。『說文』云从禾、千聲，非。【金文編】

註：年，像人背負稻禾狀。五穀熟曰年。古年收一季，故引申爲年歲、年令。，春秋後年字或从壬。，戰國時年字譌从千。

年

欨段（西周早期）

仲簋（西周早期）

叔宝段（西周早期）

伯吉父鼎（西周早期）

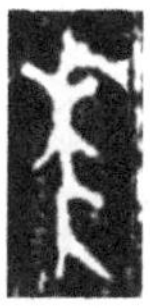
習段（西周早期）

遺鬲（西周早期）

作寶甗（西周早期）

从鼎（西周早期）

事口鼎（西周早期）

先獸鼎（西周早期）

辛鼎（西周早期）

小臣宅簋（西周早期）

士上卣（西周早期）

作冊䰧父乙尊（西周早期）

耳尊（西周早期）

甲盉（西周早期）

伯盂（西周早期）

真盤（西周早期）

縈叔卣（西周中期）

毳盤（西周中期）

𤺊鐘（西周中期）

伯簋（西周中期）

齊史逗段（西周中期）

伯闢簋（西周中期）

作寶尊簋（西周中期）

㫃段（西周中期）

同簋（西周中期）

𤺊段（西周中期）

肄段（西周中期）

格伯簋（西周中期）

縣妃簋（西周中期）

靜簋（西周中期）

師酉簋（西周中期）

㝬仲觶（西周中期）

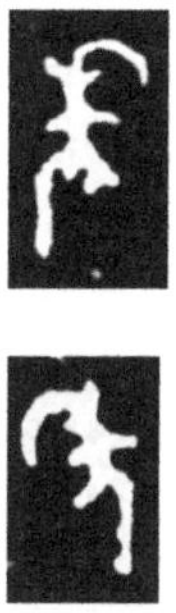
仲作好旅彝卣（西周中期）

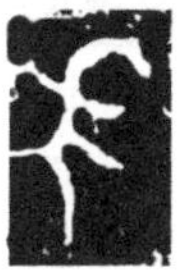
倗卣（西周中期）

年

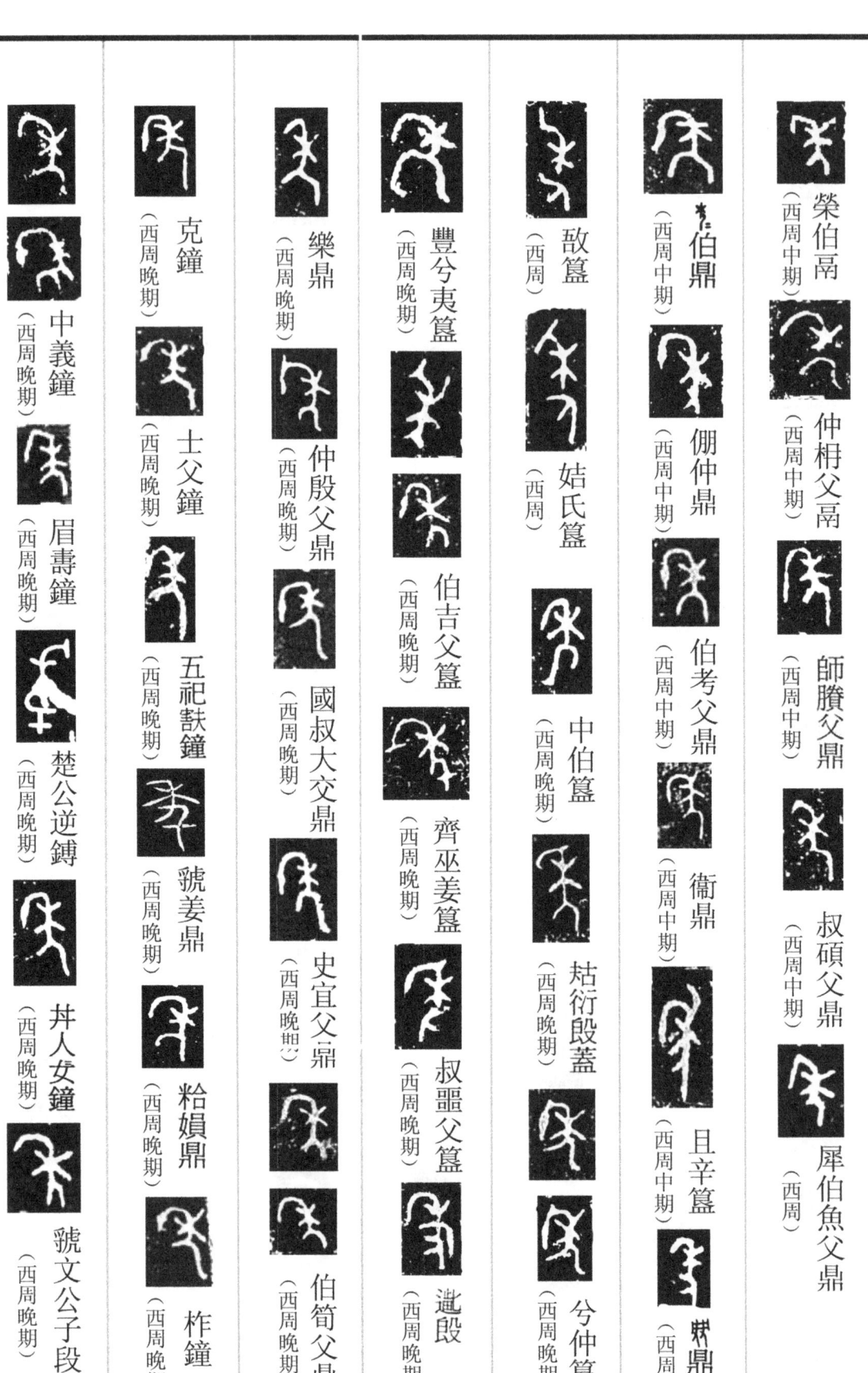

榮伯鬲（西周中期）

仲枏父鬲（西周中期）

師賸父鼎（西周中期）

叔碩父鼎（西周中期）

屖伯魚父鼎（西周）

[illegible]伯鼎（西周中期）

倗仲鼎（西周中期）

伯考父鼎（西周中期）

衛鼎（西周中期）

且辛簋（西周中期）

[illegible]鼎（西周）

敔簋（西周）

姞氏簋（西周）

中伯簋（西周晚期）

姑衍𣪘蓋（西周晚期）

兮仲簋（西周晚期）

豐兮夷簋（西周晚期）

伯吉父簋（西周晚期）

齊巫姜簋（西周晚期）

叔噩父簋（西周晚期）

遣𣪘（西周晚期）

樂鼎（西周晚期）

仲殷父鼎（西周晚期）

國叔大交鼎（西周晚期）

史宜父鼎（西周晚期）

伯筍父鼎（西周晚期）

克鐘（西周晚期）

士父鐘（西周晚期）

五祀㝬鐘（西周晚期）

虢姜鼎（西周晚期）

粭媍鼎（西周晚期）

柞鐘（西周晚期）

中義鐘（西周晚期）

眉壽鐘（西周晚期）

楚公逆鎛（西周晚期）

丼人妄鐘（西周晚期）

虢文公子段鼎（西周晚期）

年

大簋（西周晚期）

公臣簋（西周晚期）

無㠱毁蓋（西周晚期）

史頌簋（西周晚期）

此簋（西周晚期）

害叔簋（西周晚期）

虢姜簋（西周晚期）

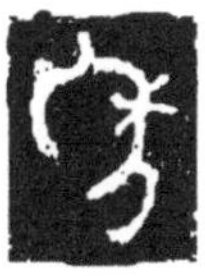
伯喜父簋（西周晚期）

槃毁（西周晚期）

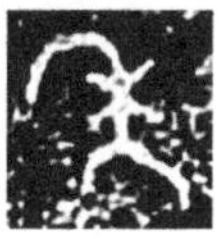
曾伯文簋（西周晚期）

蔡簋（西周晚期）

杜伯盨（西周晚期）

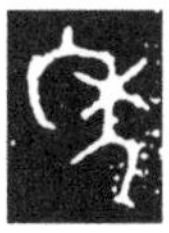
師專父盨（西周晚期）

吉父簠（西周晚期）

曾伯霥簠（春秋早期）

青仲之孫毁（春秋早期）

仲姬俞簋（春秋早期）

邾口白鼎（春秋早期）

奚子宿車鼎（春秋早期）

魯仲齊鼎（春秋早期）

秦公鐘（春秋早期）

秦公鎛（春秋早期）

叔邍父甗（春秋早期）

魯仲齊甗（春秋早期）

仲爯父鼎（春秋早期）

鑄公簠（春秋早期）

邾公釪鐘（春秋）

殘尊鼎（春秋）

師麻孝叔鼎（春秋）

口者生鼎（春秋）

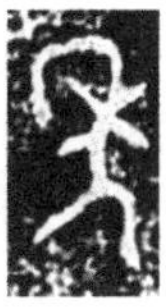
魯伯悆盨（春秋）

厚氏簠（春秋）

曾子伯窞盤（春秋）

陳侯盤（春秋）

鄧伯吉射盤（春秋）

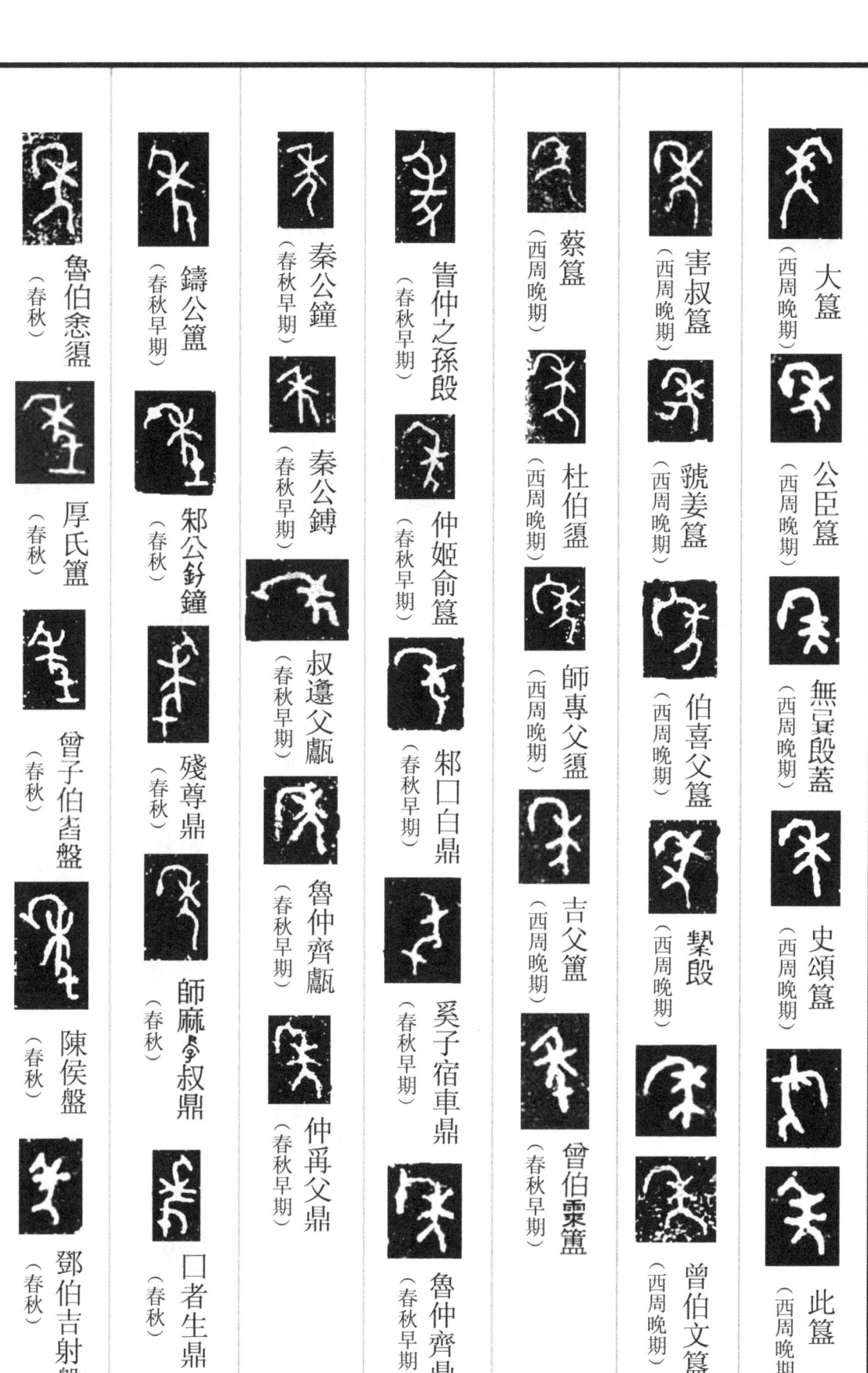

糯　稬

魯大左司徒元鼎（春秋）

番口伯者君盤（春秋）

般仲柔盤（春秋）

魯大司徒元盂（春秋）

番仲□匜（春秋）

齊侯匜（春秋晚期）

蒿君鉦鋮（春秋晚期）

蔡侯尊（春秋晚期）

鼄公華鐘（春秋晚期）

者沪鐘（戰國早期）

者沪鐘（戰國早期）

廿七年大梁司寇鼎（戰國中期）

令狐君壺（戰國中期）

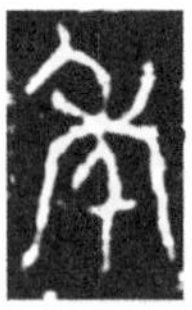

曾姬無卹壺（戰國）

寺工師初壺（戰國）

虢季子白盤（西周晚期）　三年合文

nuò
稬

《集韻》曰：稬，或作糯。

註：需，通懦。懦，假為稬。稬，同糯。

伯公父簠　讀爲糯（西周晚期）　用盛糕稻需（糯）粱

蘇穌

秦

sū
穌

《廣雅》曰：穌，取（草）也。《漢書音義》曰：樵，取薪也。蘇，取草也。此假蘇爲穌。

註：穌，即蘇之古文。

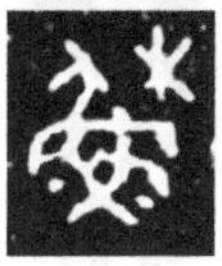
史頌簋（西周晚期）

史頌鼎（西周晚期）

穌衛妃鼎（西周晚期）

穌甫人匜（西周晚期）

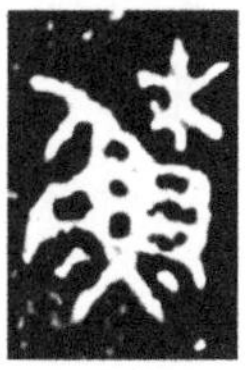

史頌簋（西周晚期）

穌冶妊鼎（春秋早期）

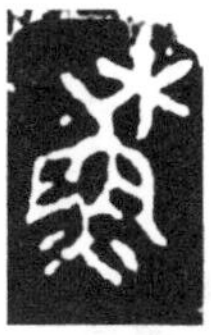
穌冶妊盤（春秋早期）

穌公子簋（春秋早期）

滕侯穌盨（春秋早期）

叔作穌子鼎（春秋早期）

穌貉莆（春秋）

qín
秦

《說文》曰：伯益之後所封國，地宜禾，从禾、舂省。一曰秦禾名。籀文秦从秝。

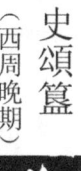

史秦鬲（西周早期）

周公東征鼎（西周早期）

師酉簋（西周中期）

秭

术 秫

師秦宮鼎（西周中期）

洹秦簋（西周中期）

尹器（西周）

訇簋（西周晚期）

秦子戈（春秋早期）

秦公鐘（春秋早期）

秦公鎛（春秋早期）

秦公簋（春秋早期）

鄦子妝簠（春秋）

秦王鐘（春秋晚期）

驫羌鐘（戰國早期）

三年馬師鈹（戰國）

秦苛膉勺（戰國）

東陲鼎盖（戰國晚期）

但盤埜匕（戰國晚期）

楚王酓忎鼎（戰國晚期）

zǐ 秭

《說文》曰：五稷爲秭。从禾、𠂔聲。一曰數億至萬曰秭。

註：秭，古代量詞。或曰体積、重量單位。禾四十把爲稷，五稷為秭。

曶鼎（西周中期）　讀為秭　寇曶禾十秭

shú 秫

《說文》曰：稷之黏者。从禾、朮，象形。秫或省禾。

註：秫，同术。黏的穀物，秫米。

弭仲簠（西周晚期）　讀為秫　用盛秫稻穛粱

大嗣馬簠（春秋早期）

秉

秉觚（殷商）

秉父庚觚（殷商）

秉爵（殷商）

pò
柏

《玉篇》曰：柏，禾不實也。

昧室門鈇（戰國晚期）

rěn
秹

《集韻》曰：禾弱也。註：秹，同栠、同荏。

集作父丁尊（西周早期）

shēn
秄

註：秄，或同䅵，讀為莘。

秄父甲簋（西周）　讀為莘

秄（莘）作父甲寶簋

㮇

亳鼎（西周早期）

pī
柀

《廣雅》曰：柀，稅也。《集韻》曰：禾租曰柀。註：柀，租稅之一種。

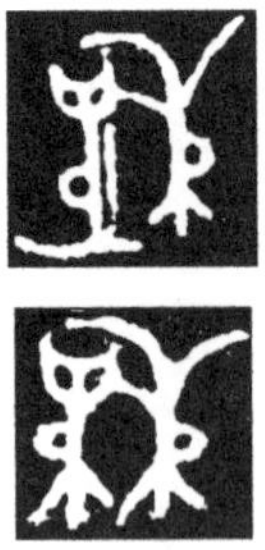

冀䅽卣（殷商）

yì
䅽

註：䅽，或讀為蓺。

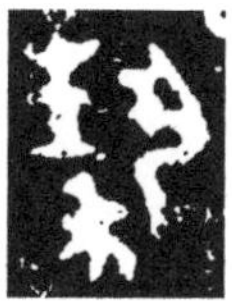

槷𣪘
（西周晚期）

tuí
積

註：積，或同㿉。疝病之一種。

十三年相邦義戈
（戰國）

kē
析

註：析，讀如科音。

伯析戈
（春秋）

lì
秝

《説文》曰：稀疏適也，从二禾。讀若歷。《説文通訓定聲》曰：適秝者；均匀皃（貌）。

註：秝，即歷。俗語；歷歷在目，之歷皆當作秝，歷行而秝廢矣。秝，通曆。

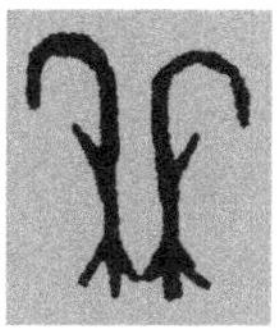

秝罍
（殷商）

【古文字類編】收録

兼

黍

香

jiān
兼

《說文》曰：并也。从又持秝、兼，持二禾。秉，持一禾。

註：兼，早期兼，从又（手）持二矢（箭）。

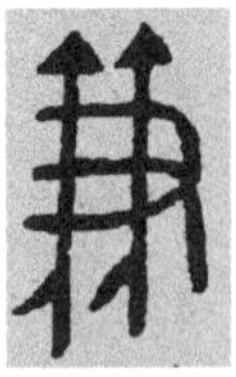

父丙卣
（殷商）

徐王子旃鐘
（春秋）

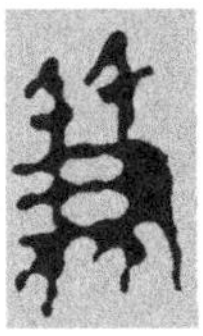
十三年丞相啓狀戈
（戰國）

shǔ
黍

《說文》曰：禾屬而黏者也，大暑而種故謂之黍。从禾、雨省聲。孔子曰：黍可爲酒，禾入水也。

仲叡父盤 从禾、从水
（西周晚期）

xiāng
香

《說文》曰：芳也。从黍、从甘。註：香，或从口。金文从甘與从口互通。

獄簋 【考古二〇〇六第六期】
（西周中期） 高明釋為香【古文字類編】

米

粱

⿰米焦 穛

mǐ
米

《説文》曰：粟實也。象禾實之形。

註：米米，象形字。上下各三點中加一橫以別於小(沙)、以別於水(水)。

般甗（西周早期）

米宫卣（西周早期）

米宫尊（西周早期）

米宫彝觚（西周早期）

liáng
粱

《説文》曰：米名。从米，梁省聲。

註：大穗長芒者爲粱、細而芒短者爲粟，今均稱粟。

伯公父簠（西周晚期）

叔朕簠（春秋早期）

曾伯霥簠（春秋早期）

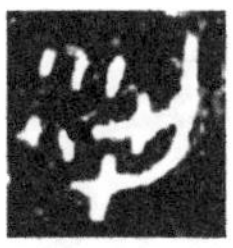
史免簠（西周晚期）

叔家父簠（春秋早期） 或假刱爲粱

zhuō
⿰米焦

《説文》曰：早取穀也。从米，焦聲。

註：⿰米焦，同穛，早熟穀爲穛。或謂穀之小者爲穛。

弭仲簠（西周晚期）

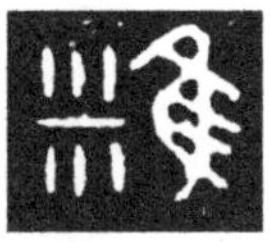

伯公父簠（西周晚期） 或从米从隹

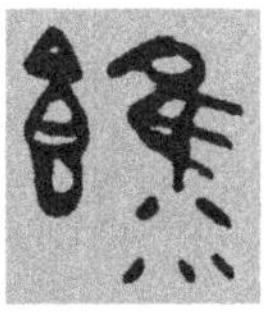
奐父盨（西周晚期）【古文字研究】 或从皀

糧 糧　糟 糟　粊

liáng
糧

《説文》曰：穀也。从米量聲。

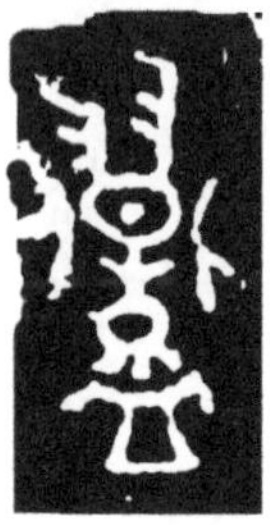

賢簋
（西周中期）

或从皿
公命使晦（畝）賢百晦糧

□桐盂
（春秋）

从米从量省

tán
糟

《説文》曰：糜合也，从米、覃聲。

註：糟，以菜調和羹的食品。糟，或假借為導字。

𣪕殷
（西周晚期）

或从米覃省聲假借為導
宣糟（導）訏謨

miè
粊

註：粊，即大豆、大麥所煮的粥。粊，假爲糜。

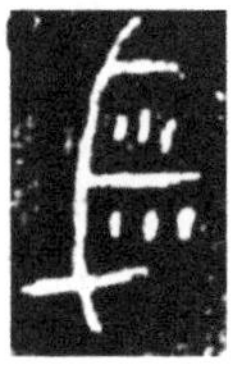

□殷
（西周早期）

□同殷蓋
（西周晚期）

从米从必 或讀爲糜
黄君作季𠂤粊（糜）媵簋

粭

粭

粭⿰女員鼎（西周晚期）

⿰米者

⿰米者

鄂君啓節舟節（戰國）

鄂君啓節車節（戰國）

⿰米帚

jìn ⿰米帚

註：或讀為浸。

成伯孫父鬲（西周晚期） 或讀爲浸

成伯孫父作⿰米帚（浸）嬴尊

粲

粲

綅　綅　栔

曾侯乙鐘（戰國早期）

綅

史綅簋（西周）

綅

史牆盤（西周中期）

栔

梁姬罐（西周晚期）

舂 

插 臿 

陷 臽 

舀

chōng
舂

《說文》曰：擣粟也。註：舂，舂米，像雙手執杵（即午）臨臼擣粟之形。

伯舂盉（西周中期）

chā
臿

《說文》曰：舂去麥皮也。从臼、干，所以臿之。註：臿，古插字。

散氏盤（西周晚期）

張亞初釋爲臿【殷周金文集成 引得】

xiàn
臽

《說文》曰：小阱也。从人在臼上　註：臽，小坑。臽，即陷之本字。

臽父戊觚（殷商）

宗周鐘（西周晚期）

讀爲陷

南國服子敢臽（陷）處我土

舀

猷

𣏟 

散㪔 

王人㕣輔甗（西周中期）

曾子伯㕣盤（春秋）

猷

猷卣（西周早期）

南宮有司鼎（西周晚期）

bài
𣏟

註：𣏟，麻紵。剝析麻皮用于紡織。

悕子鼎（春秋晚期）

sǎn
㪔

《説文》曰：分離也。从攴、从𣏟，𣏟，分㪔之意也。註：㪔，即散之異文。

散車父壺（西周晚期）

散車父簋（西周晚期）

散伯車父鼎（西周晚期）

散季簋（西周晚期）

 麻

 尗 菽

 耑 端

má
麻

註： 从广、从𣏟，非从林，後俗作从林。

州子卣（西周早期）
或从厂 从广从厂同

師麻孝叔鼎（西周晚期）

師麻孝叔簠（西周晚期）

shū
尗

《說文》曰：豆也。象尗豆生之形也。《集韻》曰：尗，或作菽。《字彙》曰：尗與叔同，亞父也。

《說文通訓定聲》曰：古謂之尗、漢謂之豆，今字作菽。註： 尗，上像豆架或豆蔓，下數點爲豆熟下落象形。尗，菽之本字。从又（手）之叔，乃會義字，拾豆也，假借為叔伯之叔字。尗，通俶。

戜方鼎（西周中期）

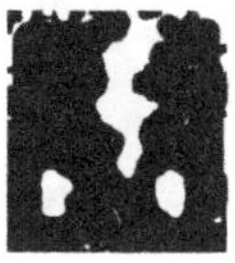
小子𣪘鼎（西周晚期）

儹匜（西周晚期）
讀爲俶 尗（俶）可

duān
zhuān
耑

《說文》曰：物初生之題也。上象生形、下象其根也。《說文解字注》曰：古發端字作此，今則端行而耑廢。

註：耑，物初生之題。題，即額，額頭、端頭；指事物發端、開始。耑，端之古文。耑，通專。

父辛耑觚（殷商）

耑觚（殷商）

義楚觶（春秋）

郤王耑又觶（春秋晚期）

十三年鈹（戰國）

十七年春平侯鈹（戰國晚期）

十七年春平侯劍（戰國晚期）

寎

瓜 狐

寎

寎卣（殷商）

guā
瓜

註：瓜，象形字。藤蔓中生瓜。瓜，或假借為狐。

令狐君嗣子壺（戰國中期） 讀爲狐

宀

家傢稼嫁

mián
宀

《説文》曰：交覆深屋也，象形。《説文解字注》曰：古者屋有四注，東西與南北，皆交覆也。有堂、有室是爲深屋。註：宀，房屋之象形字，凡與屋宇有關之字，均从宀。

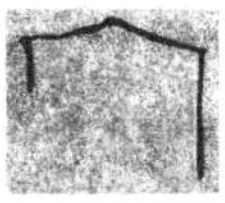
宀尊（殷商）

宀作父辛觶（西周早期）

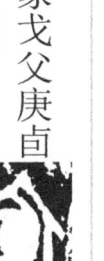

jiā
家

《説文》曰：居也。从宀、豭（即雄猪，讀如家音）省聲。註：家，或爲早期小部族祭祀之場所，屋内供奉雄豬祭品。家，後來引申爲氏族最小單位家庭。家同傢、通稼、通嫁。

家且乙觚（殷商）

家戈父庚卣（殷商）

家戈爵（殷商）

家爵（殷商）

家父辛器（殷商）

小臣缶方鼎（殷商）

枚家作父戊卣（西周早期）

辛鼎（西周早期）

獻簋（西周早期）

麥方尊（西周早期）

昜天殷（西周早期）

令鼎（西周早期）

耳尊（西周早期）

蟎鼎（西周早期）

作册矢令簋（西周早期）

寡子卣（西周中期）

塱肇家鬲（西周中期）

康鼎（西周中期）

卯簋（西周中期）

幾父壺（西周中期）

宅 

頌壺（西周晚期）

伯家父簋（西周晚期）

⿰黹虎殷（西周晚期）

毛公鼎（西周晚期）

伯家父鬲（西周晚期）

南宮乎鐘（西周晚期）

頌鼎（西周晚期）

㝬殷（西周晚期）

蔡簋（西周晚期）

不嬰殷（西周晚期）

大克鼎（西周晚期）

叔家父簠（春秋早期）

杕氏壺（春秋晚期）

令狐君嗣子壺（戰國中期）

中山王譽鼎（戰國晚期）

zhái
宅

《說文》曰：所託也。从宀、乇聲。古文宅。

段玉裁曰：宅，人所託尻（居）也。【說文解字注】

冊可宅鼎（殷商）

小臣宅簋（西周早期）

何尊（西周早期）

秦公鎛（春秋早期）

秦公鐘（春秋早期）

秦公簋（春秋早期）

公父宅匜（春秋）

晉公盆（春秋）

七年宅陽令矛（戰國）

或从厂

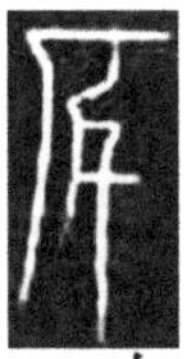
中山王譽鼎（戰國晚期）

shǐ
室

《說文》曰：實也。从宀、从至，至所止也。

註：室，或从臸，至、臸音義相同。

戍嗣子鼎（殷商）

子黄尊（殷商）

寧小室盂（殷商）

伯⿰侖攴卣（西周早期）

天亡簋（西周早期）

何尊（西周早期）

過伯簋（西周早期）

伯⿸虍木段（西周早期）

走馬休盤（西周中期）

吴方彝（西周中期）

縣妃簋（西周中期）

即簋（西周中期）

吕方鼎（西周中期）

七年趞曹鼎（西周中期）

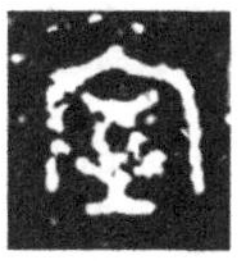
五祀衛鼎（西周中期）

十三年癲壺（西周中期）

廿七年衛簋（西周中期）

師奎父鼎（西周中期）

⿱𢆶大段（西周中期）

仲叡父段（西周中期）

君夫簋（西周中期）

大師虘簋（西周中期）

免卣（西周中期）

尹姞鬲（西周中期）

⿰弓魚伯鼎（西周中期）

師器父鼎（西周中期）

趩觶（西周中期）

申簋（西周中期）

癲盨（西周中期）

豆閉簋（西周中期）

師虎簋（西周中期）

吕伯簋（西周中期）

萬諆觶（西周中期）

羖段蓋（西周中期）

逆鐘（西周晚期）

室

仲殷父簋（西周晚期）

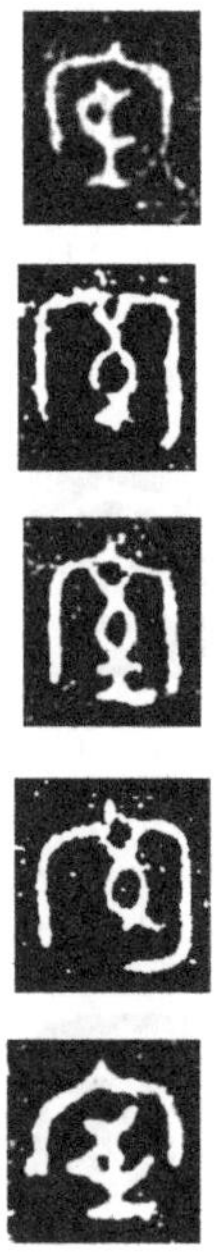
此簋（西周晚期）

叔妣殷（西周晚期）

郃□殷（西周晚期）

走簋（西周晚期）

諫國（西周晚期）

伊簋（西周晚期）

揚簋（西周晚期）

羌伯簋（西周晚期）

師頯殷（西周晚期）

㝬殷（西周晚期）

頌壺（西周晚期）

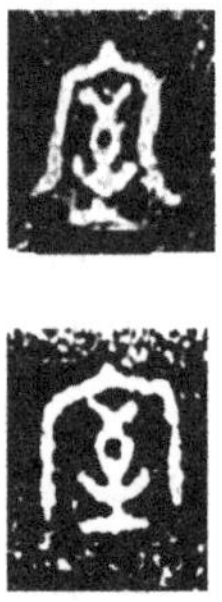
頌簋（西周晚期）

曼龔父盨（西周晚期）

周生豆（西周晚期）

師嫠殷（西周晚期）

寰盤（西周晚期）

井人妄鐘（西周晚期）

鬲比鼎（西周晚期）

無叀鼎（西周晚期）

趞鼎（西周晚期）

此鼎（西周晚期）

頌鼎（西周晚期）

善夫山鼎（西周晚期）

曾姬無卹壺（戰國）

王后鼎（戰國晚期）

鑄客簠（戰國晚期）

楚王酓志鼎（戰國晚期） 或从窒

楚王酓志盤（戰國晚期）

喧宣

鄉向

xuān

宣

《說文》曰：天子宣室也，从宀、亘聲。

註：宣室，殷之宮殿名，為宣之本義。宣，有寬大廣闊之意。宣，或同喧。

虢宣公子白鼎（西周晚期）

鄦殷（西周晚期）

虢季子白盤（西周晚期）

晉姜鼎（春秋早期）

曾子仲宣鼎（春秋早期）

曾侯乙鐘（戰國早期）

xiàng

向

《說文》曰：北出牖也。从宀、从口。

註：牖（讀友音）即窗户。向，專指北向之窗。象形。引申爲方向。向，同鄉

[illegible]向觚（殷商）

亞向父戊爵（殷商）

向卣（西周早期）

向方鼎（西周早期）

向簋（西周早期）

向[illegible]殷（西周晚期）

多友鼎（西周晚期）

叔向父禹鼎（西周晚期）

叔向父簋（西周晚期）

叔向父爲備簋（西周晚期）

寷

寏 煥 院

宏

fēng
寷
《説文》曰：大屋也。从宀，豐聲。

叔旅魚父鐘（西周晚期）

yuàn
huàn
寏
《説文》曰：周垣也。从宀，奐聲。寏或从阜。《玉篇》曰：寏，周垣也。或作院。
註：寏，同院、或假爲煥。

史牆盤 讀爲煥（西周中期）唯寏（煥）南行

師寏父簋（西周晚期）

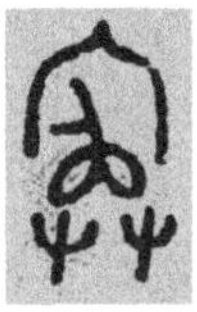
師寏父作季姞鼎（西周晚期）

史寏簋（西周晚期）

姬寏母豆（春秋）

hóng
宏
《説文》曰：屋深響也。从宀，厷聲。
註：屋深或有宏大回聲。即宏、同弦、同弘、同鞃。鞃，用革包飾的車軾（車廂前之扶手）。

子犯鐘（春秋）【近出殷周金文集録】

彔伯𢦔𣪕蓋 讀爲鞃（西周中期）

吳方彝（西周中期）

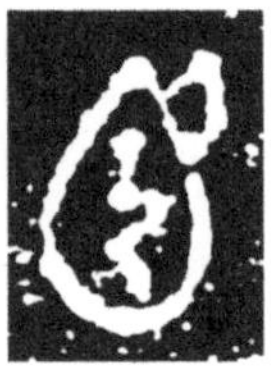
三年師兑簋（西周晚期）

宏鞃弘弦

㝩

寧寍

番生簋（西周晚期）

讀為宏 宏我邦我家

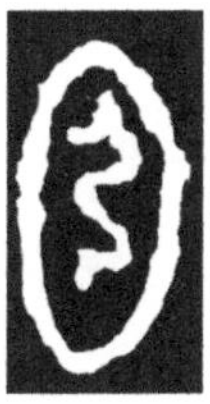
讀為鞃 鞃靳
毛公鼎（西周晚期）

王子午鼎（春秋中期）
讀為宏 宏龏㝬屖

hóng
弦

《說文》曰：屋響也。从宀、弘聲。

註：同宏。見宏字注釋。

史牆盤（西周中期）

kāng
㝩

《玉篇》曰：㝩，空也、虛也。

註：㝩，屋宇寬闊、空大。㝩，或通康。

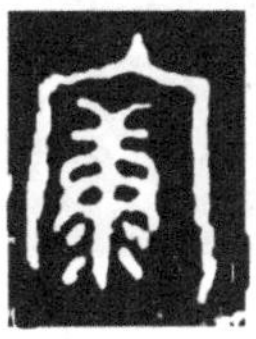
大克鼎（西周晚期）

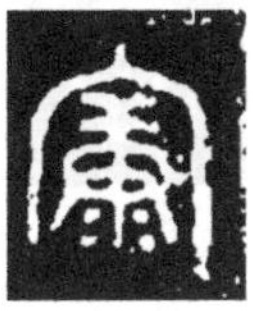
㝬殷（西周晚期）

níng
寍

《說文》曰：安也。从宀、心在皿上，人之飲食器所以安人。

註：寍，安寍之本字，今作寧，寧行而寍廢矣。

史牆盤（西周中期）

毛公鼎（西周晚期）

蔡侯鐘（春秋晚期）

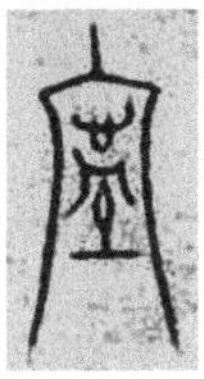
好蚉壺（戰國晚期）

定 

宬 

安 

國差⿰金詹（春秋）

季窋尊（西周早期）

或省宀

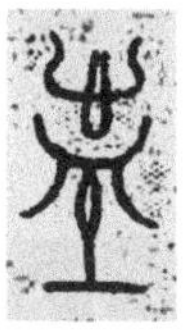
中山王譽方壺（戰國晚期）

dìng
定
《說文》曰：安也，从宀、从正。

五祀衛鼎（西周中期）

即簋（西周中期）

伯定盉（西周中期）

裘衛盉（西周中期）

秦王鐘（春秋晚期）

口年上郡守戈（戰國）

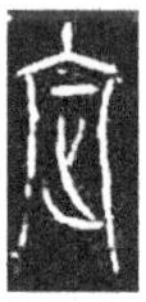
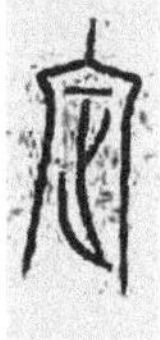
中山王譽鼎（戰國晚期）

中山王譽方壺（戰國晚期）

chéng
宬
《說文》曰：屋所容受也。从宀、成聲。

註：宬，容納、容盛。皇史宬，明清時期皇家收藏文書檔案之所。

宬伯⿱冖具生壺（西周晚期）

ān
安
《說文》曰：静也。从女在宀下。

亼安卣（殷商）

安父簋（西周早期）

作册睘尊（西周早期）

安父鼎（西周早期）

嬗妊壺（西周早期）

公貿鼎（西周中期）

㦰方鼎（西周中期）

井□叔安父殷（西周晚期）

薛子仲安簠（春秋早期）

國差𦉜（春秋）

哀成叔鼎（戰國）

曾姬無卹壺（戰國）

六年安陽令矛（戰國）

坪安君鼎（戰國晚期）

格伯簋（西周中期）

或从厂

陳純釜（戰國）

繳窓君扁壺（戰國）

或从心

yàn
宴

《説文》曰：安也。从宀、旻聲。

註：宴，有安閑、安居、安定之意。宴，或作宴請、盛宴之宴。宴，通晏、通曣。

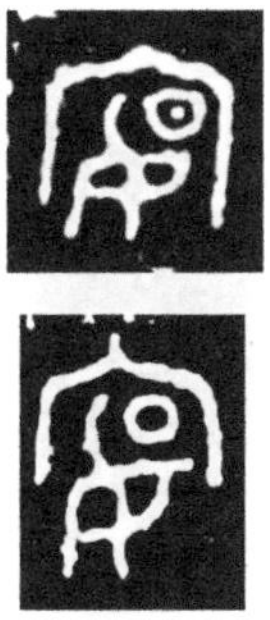
宴簋（西周晚期）

噩侯鼎（西周晚期）

徐王子旃鐘（春秋）

鼄公華鐘（春秋晚期）

配兒鉤鑃（春秋晚期）

宓

察

親寴

mì
宓

《說文》曰：安也。从宀、必聲。《玉篇》曰：宓，静也、默也。今作密。《集韻》曰：宓，通作密。

段玉裁曰：此字經典作密，密行而宓廢矣。【說文解字注】

子作婦婳卣（西周早期） 讀為宓 汝子母庚宓祀尊彝

⿰鼎頁卣（西周早期） 讀為宓 用 于乃姑宓

小臣鼎（西周中期） 讀為宓 宓伯于成周

chá
察

《爾雅》曰：察，審也。《廣韻》曰：察，監察也。《正字通》曰：察，考也。

註：，弭叔師察簋之察字作从宀、从禾。

弭叔師察簋（西周晚期）

qīn
寴

《說文》曰：至也。从宀、親聲。

註：寴，同親，从宀，其義爲屋内，即家庭内至親也。寴，或从宀、新聲。

史懋壺（西周中期）

農卣（西周中期）

多友鼎（西周晚期）

噩侯鼎（西周晚期）

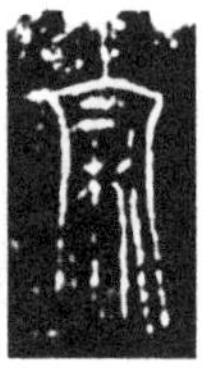

中山王𰯼鼎（戰國晚期） 或从宀 新聲 鄰邦難寴

中山王𰯼方壺（戰國晚期）

富 

實 

容 

fù
富

《説文》曰：備也、一曰厚也。从宀、畐聲。

註：富，完備、盛多、富有。富，通福。

富奠劍（春秋）

上官豆（戰國）

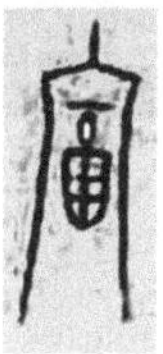
中山王𰯌鼎（戰國晚期）

七年邦司寇矛（戰國晚期）

三年杖首（戰國晚期）

shí
實

註：實，从宀、从貝、从田或从（周）。从田从周意同。从宀，示房屋。从貝示貨幣。从田、周示耕地。實，有田、有錢，家境富足殷實。小篆實，从毌，乃从田之譌。實，通寔。

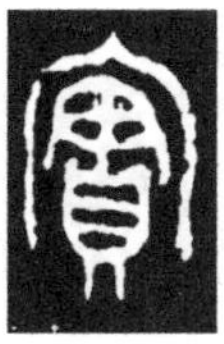
㝬段（西周晚期）

散氏盤（西周晚期）

國差鑰（春秋）

róng
容

《説文》曰：盛也。从宀、谷。古文容从公。

註：容，容器、容量，假借為容顏、容貌字。（見頌字解）

晉公盆（春秋）

萯陽鼎（戰國晚期）

公朱左𠂤鼎 讀為容 谷（容）一斛（戰國晚期）

七年口合陽王鼎（戰國晚期）

寶

bǎo 寶

廿七年晉戈（戰國）

土勻瓶（戰國晚期）

《說文》曰：珍也。从宀、从玉、从貝，缶聲。古文寶省貝。註：上古高原地區以玉爲貨幣，臨水以貝爲貨幣，玉、貝珍貴。缶即鉢，鉢同爲珍器。宀（房屋）下儲玉、儲貝、儲缶，均有珍貴、寶貴之意。地區不同，文字組成或有變化。寶，宀下儲貝；寶，宀下儲缶；宝，宀下儲玉，均為寶之異體。

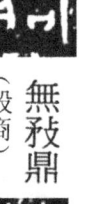

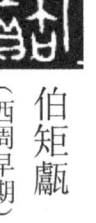

乃孫作且己鼎（殷商）

無敄鼎（殷商）

小子罯鼎（殷商）

戍嗣子鼎（殷商）

作父乙簋（殷商）

戈亶作兄日辛段（殷商）

懋卣（殷商）

小子省卣（殷商）

伯𠱾爵（西周早期）

獣父戊爵（西周早期）

命作寶彝陽（西周早期）

闢作寶彝甗（西周早期）

比甗（西周早期）

作父庚甗（西周早期）

應監甗（西周早期）

滕公鬲（西周早期）

伯矩甗（西周早期）

作丙寶甗（西周早期）

𢦚作寶彝甗（西周早期）

旮甗（西周早期）

大作𣪘鬲（西周早期）

作寶彝鬲（西周早期）

仲作寶彝鬲（西周早期）

雯人守鬲（西周早期）

作寶彝甗（西周早期）

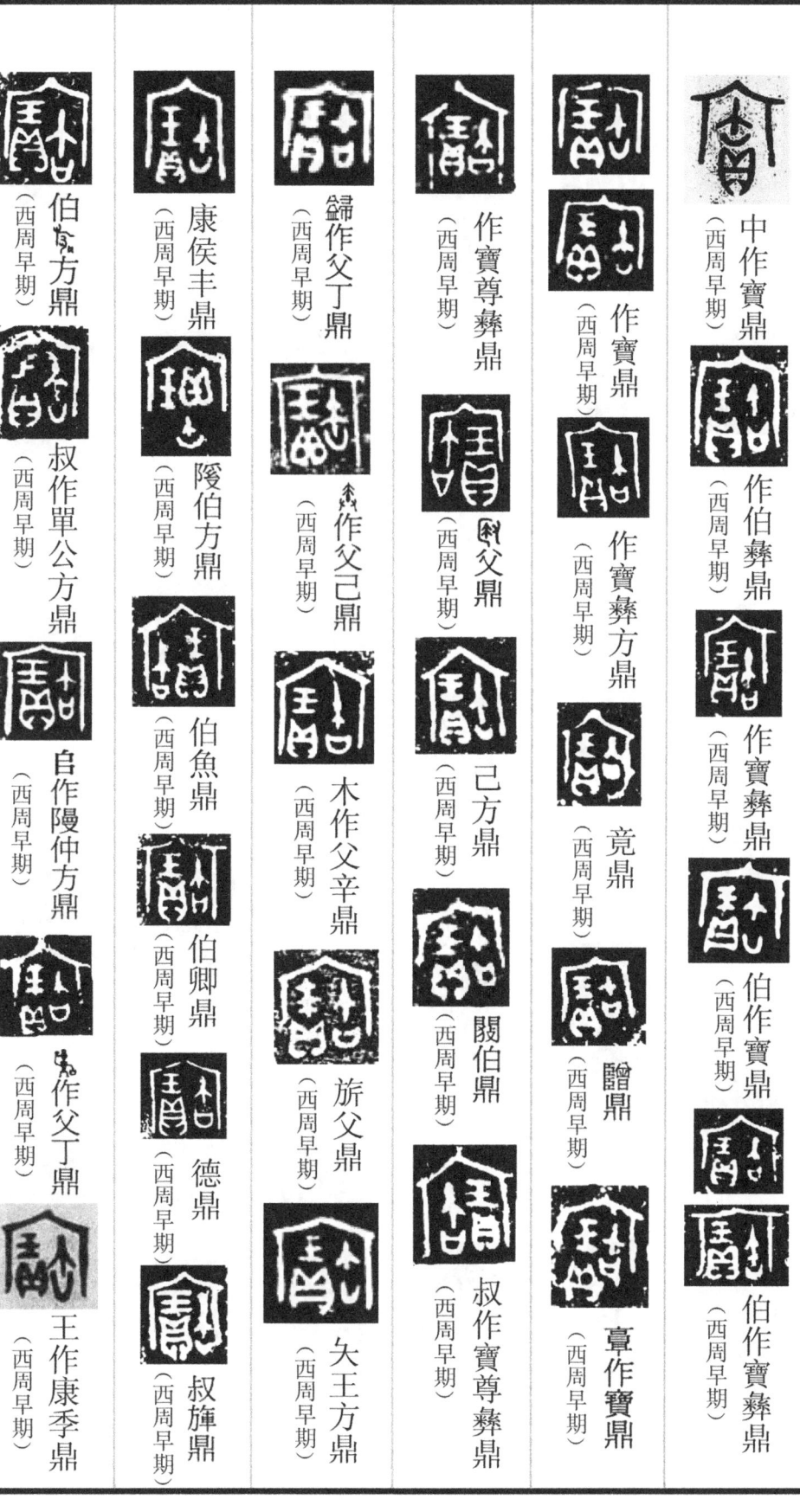

中作寶鼎（西周早期）

作伯彝鼎（西周早期）

作寶彝鼎（西周早期）

伯作寶鼎（西周早期）

伯作寶彝鼎（西周早期）

作寶鼎（西周早期）

作寶彝方鼎（西周早期）

竟鼎（西周早期）

醬鼎（西周早期）

章作寶鼎（西周早期）

作寶尊彝鼎（西周早期）

□父鼎（西周早期）

己方鼎（西周早期）

闋伯鼎（西周早期）

叔作寶尊彝鼎（西周早期）

歸作父丁鼎（西周早期）

□作父己鼎（西周早期）

木作父辛鼎（西周早期）

旂父鼎（西周早期）

矢王方鼎（西周早期）

康侯丰鼎（西周早期）

陵伯方鼎（西周早期）

伯魚鼎（西周早期）

伯卿鼎（西周早期）

德鼎（西周早期）

叔旟鼎（西周早期）

伯□方鼎（西周早期）

叔作單公方鼎（西周早期）

𠂤作陵仲方鼎（西周早期）

□作父丁鼎（西周早期）

王作康季鼎（西周早期）

伯䣄鼎（西周早期）

史斿父鼎（西周早期）

□父鼎（西周早期）

从鼎（西周早期）

圉方鼎（西周早期）

寶

大史友甗（西周早期）

乃子作父辛甗（西周早期）

榮子旅甗（西周早期）

伯作寶鼎（西周早期）

尹伯作且辛甗（西周早期）

雍伯鼎（西周早期）

辛鼎（西周早期）

德方鼎（西周早期）

小臣逋鼎（西周早期）

子阻作父己毀（西周早期）

先獸鼎（西周早期）

伯吉父鼎（西周早期）

旂鼎（西周早期）

旟鼎（西周早期）

歸娥方鼎（西周早期）

我方鼎（西周早期）

史獸鼎（西周早期）

大盂鼎（西周早期）

作寶尊彝簋（西周早期）

作寶簋（西周早期）

作寶彝簋（西周早期）

伯作寶簋（西周早期）

戠作寶毀（西周早期）

晨作寶𠂤毀（西周早期）

央作寶簋（西周早期）

䝿作寶彝毀（西周早期）

作父乙簋（西周早期）

匀作寶以簋（西周早期）

晨父簋（西周早期）

𣄰毀（西周早期）

文簋（西周早期）

牛父毀（西周早期）

雄嬰毀（西周早期）

陵伯毀（西周早期）

亶伯毀（西周早期）

強伯毀（西周早期）

師䜌殷（西周早期）

噩叔簋（西周早期）

卜孟簋（西周早期）

叔作父丁簋（西周早期）

古作父丁簋（西周早期）

廣作父己簋（西周早期）

衛作父庚簋（西周早期）

乹[illegible]伯殷（西周早期）

召父簋（西周早期）

堇臨作父乙簋（西周早期）

集屑作父癸殷（西周早期）

劏圅作且戊殷（西周早期）

隊伯睘殷（西周早期）

[illegible]君殷（西周早期）

仲簋（西周早期）

倗丁殷（西周早期）

北伯邑辛簋（西周早期）

寶侃母簋（西周早期）

柬人口父簋（西周早期）

[illegible]□冀作父癸殷（西周早期）

效父簋（西周早期）

圂殷（西周早期）

圉殷（西周早期）

嗣土嗣殷（西周早期）

敔簋（西周早期）

[illegible]殷（西周早期）

[illegible]殷（西周早期）

伯[illegible]殷（西周早期）

禽簋（西周早期）

御正衛簋（西周早期）

叔簋（西周早期）

何嫊厍甗（西周早期）

田農甗（西周早期）

束叔甗（西周早期）

守作寶彝甗（西周早期）

作寶鼎（西周早期）

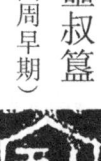

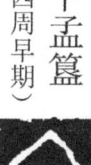

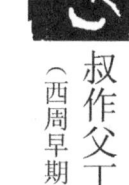

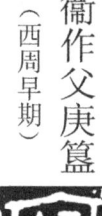

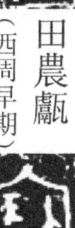

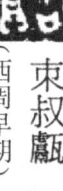

作寶尊彝卣（西周早期）

作寶彝卣（西周早期）

伯作寶彝卣（西周早期）

衛父卣（西周早期）

應公卣（西周早期）

作父戊卣（西周早期）

應公卣（西周早期）

伯作寶尊彝卣（西周早期）

伯龠卣（西周早期）

禾伯作父乙尊（西周早期）

頵卣（西周早期）

伯魚卣（西周早期）

正父卣（西周早期）

奪父丁卣（西周早期）

商卣（西周早期）

陖伯卣（西周早期）

陖伯尊（西周早期）

作寶彝尊（西周早期）

羊作父乙卣（西周早期）

[illegible]尊（西周早期）

此作父辛尊（西周早期）

見尊（西周早期）

伯貉尊（西周早期）

作氒皇考尊（西周早期）

伯作文公卣（西周早期）

諫作父丁觶（西周早期）

此作寶彝盉（西周早期）

𣧑兄日壬尊（西周早期）

效作且辛尊（西周早期）

麥方尊（西周早期）

戒叔尊（西周早期）

作寶爵（西周早期）

嬴季尊（西周早期）

能匋尊（西周早期）

商尊（西周早期）

麦伯觶（西周早期）

伯旬鼎（西周中期）

叔師父鼎（西周中期）

從鼎（西周中期）

□伯鼎（西周中期）

居□駷鼎（西周中期）

伯旂鼎（西周中期）

仲作旅寶鼎（西周中期）

嬴氏鼎（西周中期）

辛作寶彝鼎（西周中期）

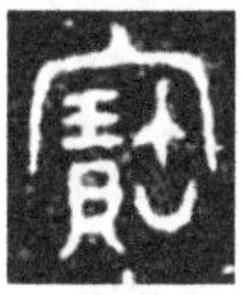
舟鼎（西周中期）

考作寶鼎（西周中期）

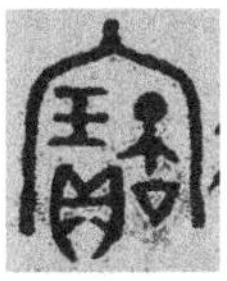
益作寶鼎（西周中期）

立鼎（西周中期）

作寶鼎（西周中期）

亘鼎（西周中期）

□鼎（西周中期）

毛作寶鼎（西周中期）

作旅寶鼎（西周中期）

戈作寶鼎（西周中期）

車作寶鼎（西周中期）

興作寶鼎（西周中期）

聾作寶器鼎（西周中期）

□作寶彝鼎（西周中期）

羞鼎（西周中期）

□作寶鼎（西周中期）

舟作寶鼎（西周中期）

伯先父鬲（西周中期）

塱肇家鬲（西周中期）

庚姬鬲（西周中期）

師趛鬲（西周中期）

旂姬鬲（西周中期）

叡鐘（西周中期）

應侯見工鐘（西周中期）

瘨鐘（周西中期）

仲枏父鬲（西周中期）

寶

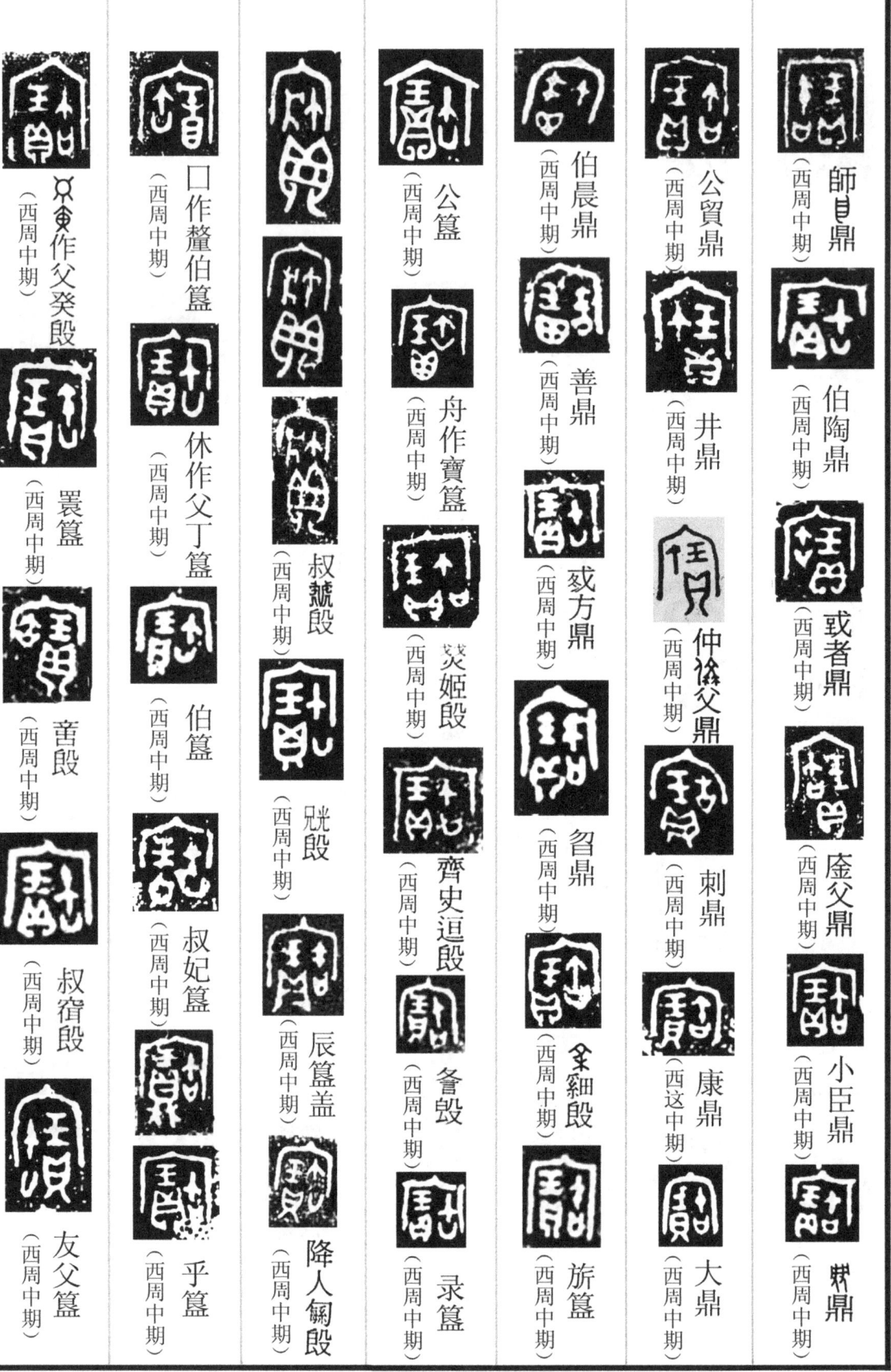

師眉鼎（西周中期）

伯陶鼎（西周中期）

或者鼎（西周中期）

[illegible]父鼎（西周中期）

小臣鼎（西周中期）

[illegible]鼎（西周中期）

公貿鼎（西周中期）

井鼎（西周中期）

仲[illegible]父鼎（西周中期）

刺鼎（西周中期）

康鼎（西这中期）

大鼎（西周中期）

伯晨鼎（西周中期）

善鼎（西周中期）

[illegible]方鼎（西周中期）

曶鼎（西周中期）

[illegible]殷（西周中期）

旂簋（西周中期）

公簋（西周中期）

舟作寶簋（西周中期）

[illegible]姬殷（西周中期）

齊史逗殷（西周中期）

畬殷（西周中期）

录簋（西周中期）

叔虢殷（西周中期）

虢殷（西周中期）

辰簋蓋（西周中期）

降人[illegible]殷（西周中期）

□作鳌伯簋（西周中期）

休作父丁簋（西周中期）

伯簋（西周中期）

叔妃簋（西周中期）

乎簋（西周中期）

[illegible]作父癸殷（西周中期）

睘簋（西周中期）

啬殷（西周中期）

叔[illegible]殷（西周中期）

友父簋（西周中期）

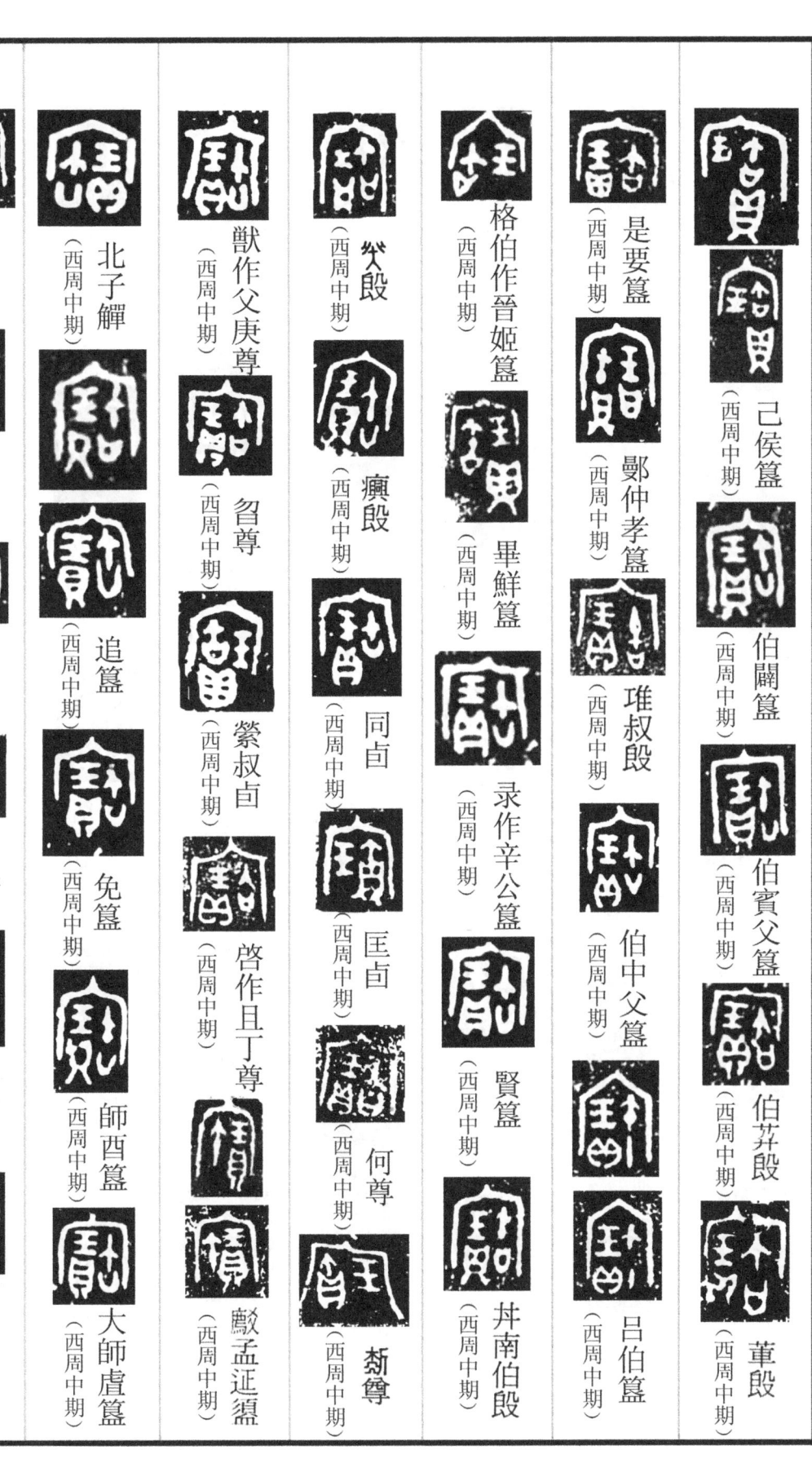

己侯簋（西周中期）
伯匔簋（西周中期）
伯賓父簋（西周中期）
伯茾殷（西周中期）
䡴殷（西周中期）

是要簋（西周中期）
鄧仲孝簋（西周中期）
琟叔殷（西周中期）
伯中父簋（西周中期）
吕伯簋（西周中期）

格伯作晉姬簋（西周中期）
畢鮮簋（西周中期）
录作辛公簋（西周中期）
賢簋（西周中期）
丼南伯殷（西周中期）

𡗜殷（西周中期）
瘨殷（西周中期）
同卣（西周中期）
匡卣（西周中期）
何尊（西周中期）
𣃔尊（西周中期）

猷作父庚尊（西周中期）
曶尊（西周中期）
縈叔卣（西周中期）
啓作且丁尊（西周中期）
𢿘孟延盨（西周中期）

北子觶（西周中期）
追簋（西周中期）
免簋（西周中期）
師酉簋（西周中期）
大師虘簋（西周中期）

彔伯𢦚殷（西周中期）
師虎簋（西周中期）
即簋（西周中期）
申簋（西周中期）
仲鑠盨（西周中期）
鄭丼叔康盨（西周中期）

遣叔吉父盨（西周中期）

微伯瘋簠（西周中期）

伯作寶方鼎（西周）

緐還鼎（西周）

師閔鼎（西周）

觀壘鼎（西周）

穆作父丁鼎（西周）

叔作寶彝鼎（西周）

鄭同媿鼎（西周）

犀伯魚父鼎（西周）

伯荛父鼎（西周）

仲州簋（西周）

𥝋殷（西周）

伯就父簋（西周）

爯簋（西周）

周𩁹生殷（西周）

小臣守簋（西周）

大師事良父簋（西周）

𢍜鼎（西周）

作寶鼎（西周）

叔專父盨（西周晚期）

交君子𠬝簠（西周晚期）

鄭大師小子甗（西周晚期）

穀父甗（西周晚期）

叔碩父甗（西周晚期）

史盄父鼎（西周晚期）

孟湃父鼎（西周晚期）

柞鐘（西周晚期）

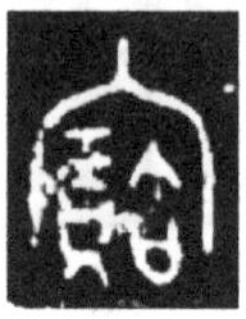
中義鐘（西周晚期）

眉壽鐘（西周晚期）

楚公冢鐘（西周晚期）

兮仲鐘（西周晚期）

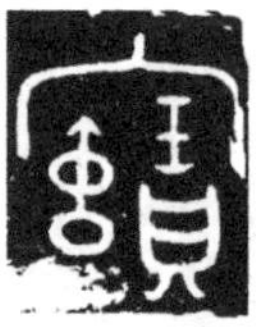
楚公逆鎛（西周晚期）

井人妄鐘（西周晚期）

黿伯鬲（西周晚期）

伯顯父鬲（西周晚期）

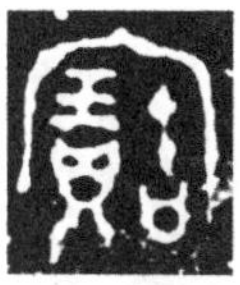
子遹鼎（西周晚期）

仲宦父鼎（西周晚期）

仲殷父鼎（西周晚期）

大師人鼎（西周晚期）

內公鼎（西周晚期）

虢叔大父鼎（西周晚期）

杞伯每匕鼎（西周晚期）

史宜父鼎（西周晚期）

伯筍父鼎（西周晚期）

粭媴鼎（西周晚期）

仲義父鼎（西周晚期）

華季益鼎（西周晚期）

圅皇父鼎（西周晚期）

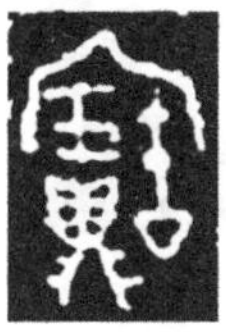
𥂴男鼎（西周晚期）

伯鮮鼎（西周晚期）

南公有𤔲鼎（西周晚期）

虢文公子段鼎（西周晚期）

散伯車父鼎（西周晚期）

𣄨叔樊鼎（西周晚期）

姬鼎（西周晚期）

仲師父鼎（西周晚期）

無叀鼎（西周晚期）

沕其鼎（西周晚期）

師同鼎（西周晚期）

史頌鼎（西周晚期）

小克鼎（西周晚期）

趞鼎（西周晚期）

多友鼎（西周晚期）

毛公鼎（西周晚期）

大克鼎（西周晚期）

茀侯殷（西周晚期）

師臾鐘（西周晚期）

沕其鐘（西周晚期）

伯姜鬲（西周晚期）

昆疕王鐘（西周晚期）

虢文公字段甗（西周晚期）

寶

師寏父簋（西周晚期）

叝簋（西周晚期）

犇伯段（西周晚期）

仲競簋（西周晚期）

鄧公簋（西周晚期）

叡召妊段（西周晚期）

伯𩛥段（西周晚期）

史寏簋（西周晚期）

仲五父簋（西周晚期）

叔臨父簋（西周晚期）

𩛥段蓋（西周晚期）

散伯簋（西周晚期）

侯氏簋（西周晚期）

寶子逹簋（西周晚期）

伯沕父段（西周晚期）

㚴衍段（西周晚期）

害叔簋（西周晚期）

歸叔山父段（西周晚期）

叔侯父簋（西周晚期）

兮仲簋（西周晚期）

陳侯簋（西周晚期）

寺季故公簋（西周晚期）

湋伯簋（西周晚期）

虢姜簋（西周晚期）

𧩙段（西周晚期）

妭[illegible]段（西周晚期）

叔𣪊父段（西周晚期）

辛叔皇父簋（西周晚期）

旅仲簋（西周晚期）

楘段（西周晚期）

訇伯段蓋（西周晚期）

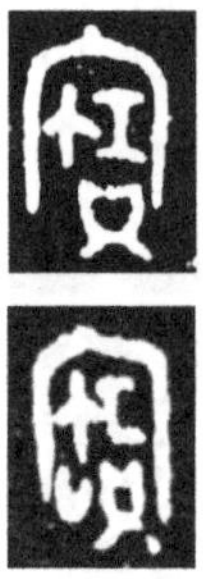
仲殷父簋（西周晚期）

叔向父爲備簋（西周晚期）

矢王簋（西周晚期）

季□父段蓋（西周晚期）

伯遳父段蓋（西周晚期）

丼□叔安父段（西周晚期）

孟辛父鬲（西周晚期）

仲枏父匕（西周晚期）

鄭伯荀父甗（西周晚期）

伯䢅父鼎（西周晚期）

樂鼎（西周晚期）

伯田父簋（西周晚期）

噩侯簋（西周晚期）

伯庶父簋（西周晚期）

叔多父簋（西周晚期）

尌仲簋（西周晚期）

鄭虢仲簋（西周晚期）

中伯簋（西周晚期）

鴅姬簋（西周晚期）

向[illegible]毁（西周晚期）

伯吉父簋（西周晚期）

伯喜簋（西周晚期）

仲叀父簋（西周晚期）

豐兮夷簋（西周晚期）

㝬叔㝬姬毁（西周晚期）

東同毁蓋（西周晚期）

叔噩父簋（西周晚期）

德克簋（西周晚期）

筥小子毁（西周晚期）

公臣簋（西周晚期）

郘[illegible]毁（西周晚期）

事族簋（西周晚期）

函皇父簋（西周晚期）

宴簋（西周晚期）

[illegible]叔毁蓋（西周晚期）

走簋（西周晚期）

楚簋（西周晚期）

[illegible]毁（西周晚期）

史頌簋（西周晚期）

叔向父禹簋（西周晚期）

元年師兌簋（西周晚期）

五年師旋毁（西周晚期）

揚鼎（西周晚期）

寶

此簋（西周晚期）

師寰殷（西周晚期）

㝬殷（西周晚期）

叔姞盨（西周晚期）

伯大師盨（西周晚期）

易叔盨（西周晚期）

頌簋（西周晚期）

立盨（西周晚期）

苗嫁盨（西周晚期）

叔賓父盨（西周晚期）

周駱盨（西周晚期）

不嬰殷（西周晚期）

叔倉父盨（西周晚期）

伯多父盨（西周晚期）

𨙸叔盨（西周晚期）

伯公父盨蓋（西周晚期）

矢賸盨（西周晚期）

伯鮮盨（西周晚期）

仲𢆶盨（西周晚期）

正義羌父盨（西周晚期）

仲義父盨（西周晚期）

鄭閔父盨（西周晚期）

伯大師釐盨（西周晚期）

鬲叔興父盨（西周晚期）

隻叔盨（西周晚期）

兮伯吉父盨（西周晚期）

伯孝𢍉盨（西周晚期）

改盨蓋（西周晚期）

曼龔父盨（西周晚期）

杜伯盨（西周晚期）

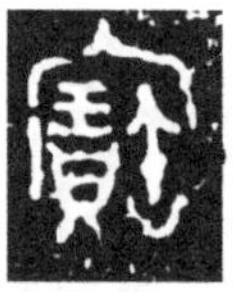
瓊㷜盨（西周晚期）

讕季獻盨（西周晚期）

食仲走父盨（西周晚期）

叔班盨（西周晚期）

遲盨（西周晚期）

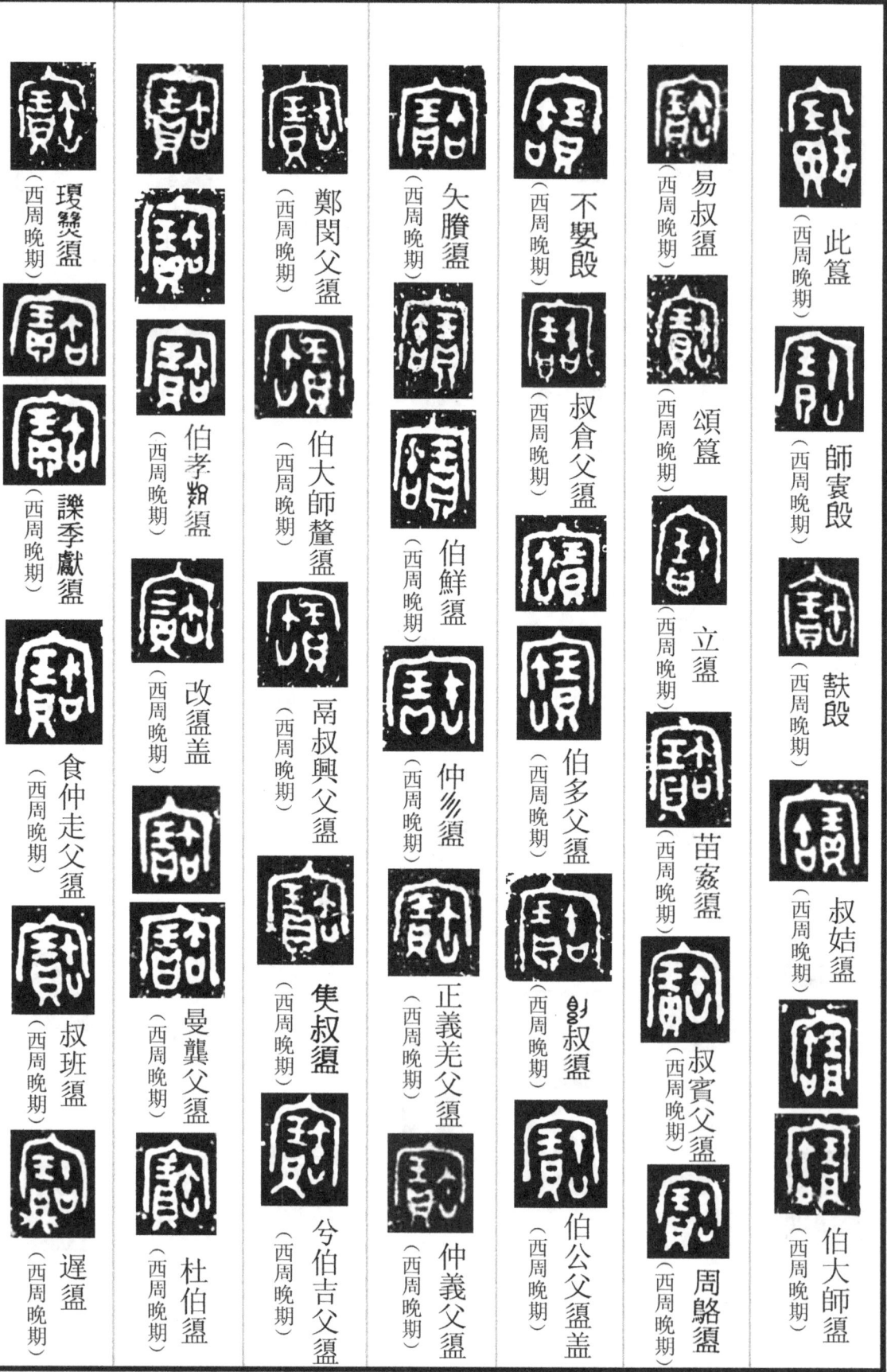

鑄公簠（春秋早期）

伯其父簠（春秋早期）

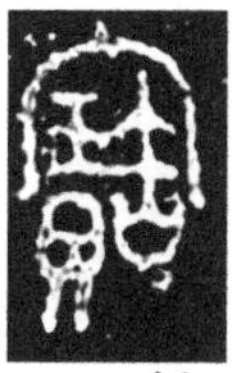
考叔寣父簠（春秋早期）

曾伯霥簠（春秋早期）

旅虎簠（春秋早期）

邿譴殷（春秋早期）

滕侯穌盨（春秋早期）

魯士孚父簠（春秋早期）

奢虎簠（春秋早期）

曾仲斿父簠（春秋早期）

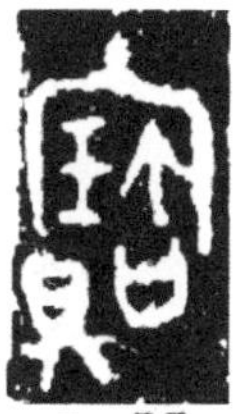
隨子鄭伯鬲（春秋早期）

衵仲鬲（春秋早期）

鼄□鼎（春秋早期）

邿艁鼎（春秋早期）

魯伯愈父鬲（春秋早期）

虢季子組鬲（春秋早期）

鼄友父鬲（春秋早期）

番君配伯鬲（春秋早期）

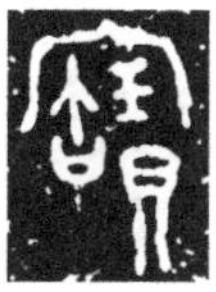
伯□鼎（春秋早期）

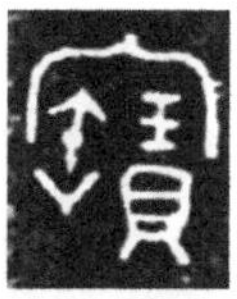
穌冶妊鼎（春秋早期）

鄭虢仲鼎（春秋早期）

弗奴父鼎（春秋早期）

奚子宿車鼎（春秋早期）

杞伯每匕鼎（春秋早期）

鄜季白歸鼎（春秋早期）

宗婦鄁嬰鼎（春秋早期）

戈叔朕鼎（春秋早期）

若公平侯鼎（春秋早期）

瘵鼎（春秋）

口者生鼎（春秋）

鐘伯侵鼎（春秋）

宗婦鄁嬰殷（春秋）

魯大嗣徒厚氏元簠（春秋）

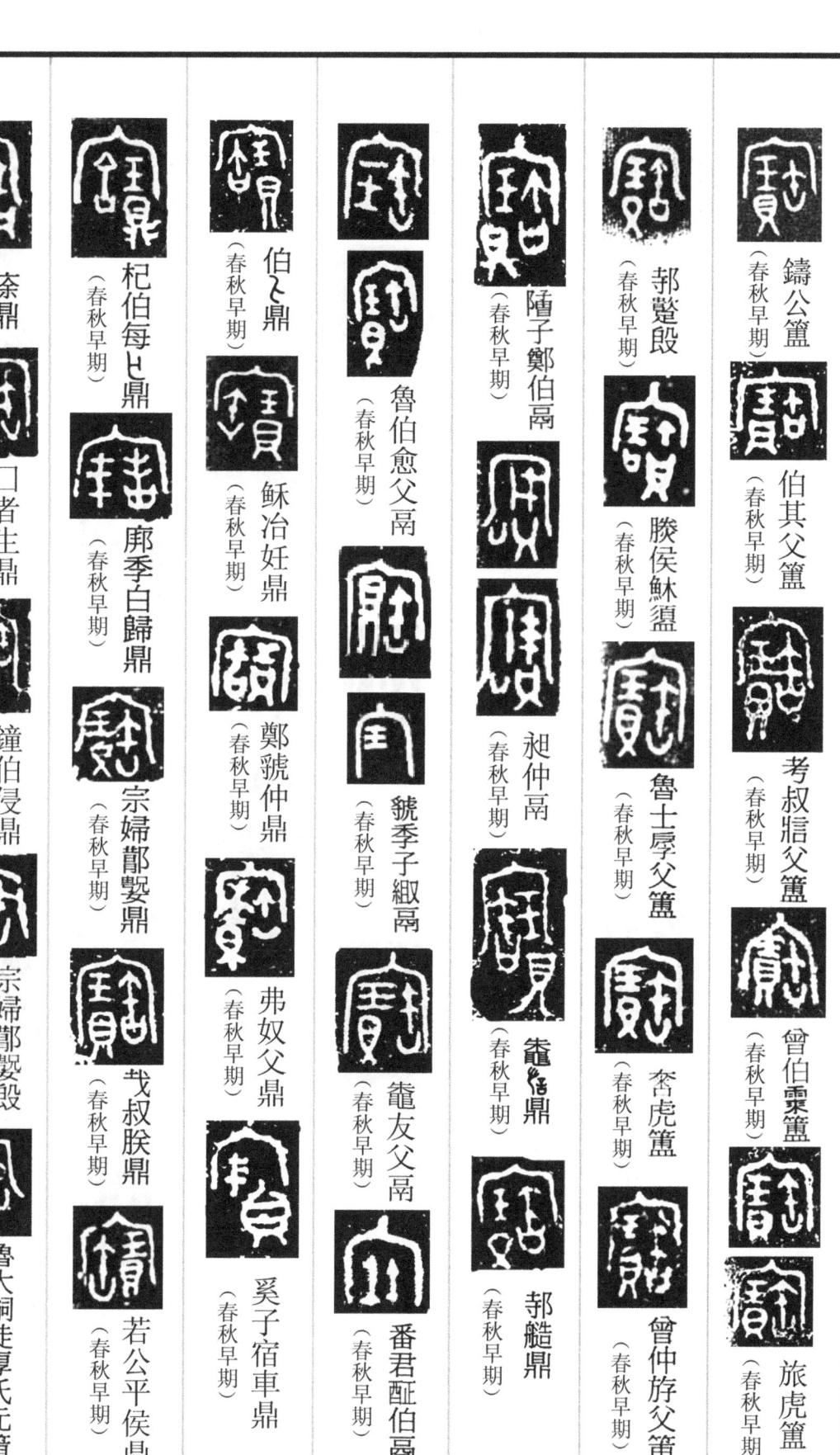

魯伯悆盨（春秋）

魯司徒仲齊盨（春秋）

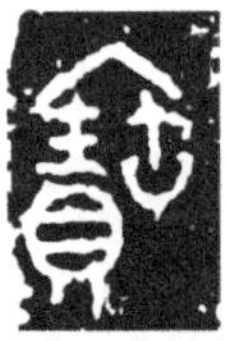

番君召簠（春期晚期）

寶簋 或从宀 从貝（殷商）

仲𡢁臣盤 或从宀 缶聲（西周早期）

窑段（西周早期）

姞𦥑母方鼎（西周早期）

[厶司]伯段（西周早期）

杞伯每匕壺（春秋早期）

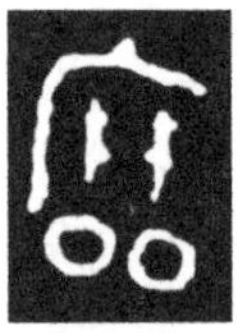

番口伯者君匜（春秋早期）

荀伯大父盨 假匋爲寶（西周晚期）

周𥧐匜 或从富（西周晚期）

[尸羽]段 或再从酉（西周早期）

huàn

宦

《說文》曰：仕也。从宀、从臣。

《廣韻》曰：宦，閹宦。

註：宦，仕宦，作官。閹宦，太監。

仲宦父鼎（西周晚期）

叔尸鎛（春秋晚期）

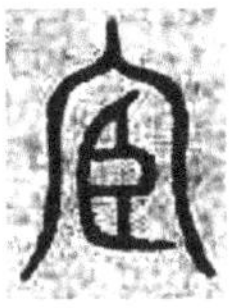
叔尸鐘（春秋晚期）

廿六年蜀守武戈（戰國）

zǎi

宰

《說文》曰：辠（即罪字，辠似皇字，秦時改爲从网、从非之罪字）人在屋下執事者。从宀、从辛，辛，辠也。

註：充當家奴之罪人，即宰之本義。宰，引申為輔佐國君執政的百官之長爲太宰。宰，通滓。

宇 

yǔ 宇

《説文》曰：屋邊（屋檐）也。从宀、于聲。籀文宇从禹。

宰甫卣（殷商）

宰椃角（殷商）

宰儹宦父丁鼎（西周早期）

師遽方彝（西周中期）

粤鐘（西周中期）

師湯父鼎（西周中期）

穆公簋盖（西周中期）

大師虘簋（西周中期）

吴方彝（西周中期）

頌壺（西周晚期）

頌鼎（西周晚期）

頌簋（西周晚期）

趞鼎（西周晚期）

仲爯父簋（西周晚期）

散氏盤（西周晚期）

師嫠段（西周晚期）

寰盤（西周晚期）

共姜大宰巳段（春秋早期）

魯宰駟父鬲（春秋早期）

囗囗宰两鼎（春秋早期）

鼄大宰簠（春秋早期）

齊侯鎛（春秋中期）

孫叔師父壺（春秋）

齊大宰歸父盤（春秋）

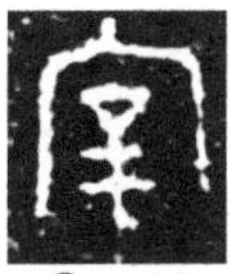
蔡簋（春秋晚期）

宰秦匕（戰國）

守

史牆盤（西周中期）　或从口禹聲　周公舍宇于周

㝬殷（西周晚期）

五祀衛鼎（西周中期）

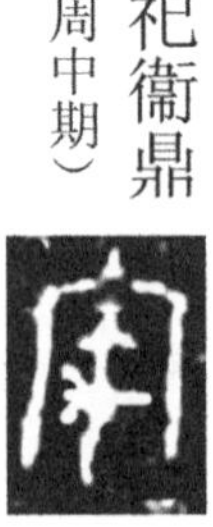
大克鼎（西周晚期）

shǒu
守

《說文》曰：守官也，从宀、从寸。註：守，官吏的職責、職守。守字从寸、从又相同。，或爲人名、或爲祭祀符號，殷之早期文字，暫且附録於後。

守雩鼎（殷商）

亞木守觚（殷商）

雯人守鬲（西周早期）

守宮父辛鳥尊（西周早期）

守宮父辛爵（西周早期）

守宮觥（西周早期）

師農鼎（西周中期）

大鼎（西周中期）

羖殷蓋（西周中期）

小臣守簋（西周）

上郡守戈（戰國）

守陽戈（戰國晚期）

六年漢中守戈（戰國晚期）

守父丁甗（殷商）

守觚（殷商）

亞守尊（殷商）

守婦簋（殷商）

心守壺（殷商）

守父己觶（殷商）

守簋（殷商）

守爵（殷商）

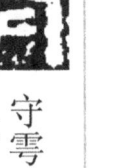

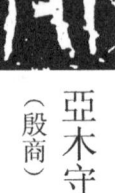

寵

宥

宜

chǒng
寵

《說文》曰：尊居也。从宀、龍聲。《字彙》曰：寵，尊榮也。寵，恩也。

註：寵，榮耀、恩惠、寵愛。

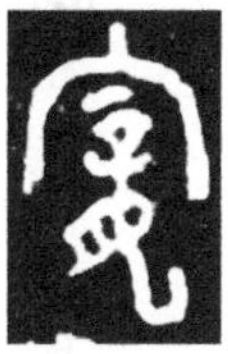

沕其鐘（西周晚期）

曾伯從寵鼎（春秋早期）

yòu
宥

《說文》曰：寬也。从宀、有聲。

註：宥，寬仁、寬待之義。宥，通囿、通侑。

宥父辛鼎（西周早期）

諫簋（西周晚期）

yí
宜

《說文》曰：所安也。宜，古文宜。《爾雅》曰：宜，肴也（菜肴）。

註：俎，切肉之砧板（或祭器）。俎，从且（即祖字）、从夂（半肉）在且旁。宜，作肉在且上，其義與俎相近。

作册般甗（殷商）

戍甬鼎（殷商）

四祀𠨘其卣（殷商）

戍鈴方彝（殷商）

宜侯夨簋（西周早期）

天亡簋（西周早期）

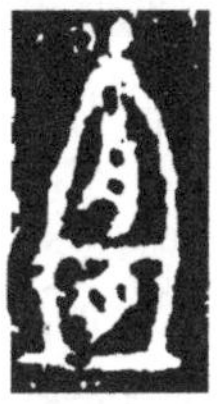
作册夨令方尊（西周早期）

貉子卣（西周早期）

膉作父辛卣蓋（西周早期）

史宜父鼎（西周晚期）

秦公簋（春秋早期）

宜章矛（戰國早期）

宜陽石倉簋（戰國）

宜鑄戈（戰國）

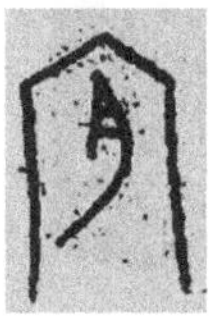
好蚉壺（戰國晚期）

中山王譽鼎（戰國晚期）

中山王譽方壺（戰國晚期）

宵

xiāo
宵

《説文》曰：夜也。从宀……肖聲。

宵作旅彝器（西周早期）

宿

sù
宿

註：宿，宀（房屋）下从人、从。即，古席字之省文。會意爲，人在屋內蓆上休息、宿住。

宿父尊（西周中期）

鄝子宿車盆（春秋）

qǐn
寑

《説文》曰：卧也。从宀、侵聲。籀文寑省。《玉篇》曰：寑，卧也，或作寢。

註：寑、寢、⿱宀帚，金文同字。寑，通侵、通寖。

鄧鬲（殷商）

⿱宀帚妣盤（殷商）

鼓⿱宀帚盤（殷商）

⿱宀帚孜毁（殷商）

小臣𢆶卣（殷商）

⿱宀帚魚爵（殷商）

乙未鼎（殷商）

⿳宀彐又出爵（殷商）

⿱宀帚莀鼎（殷商）

⿱宀帚小室盂（殷商）

麥⿱竹皿尊（西周早期）

師遽方彝（西周中期）

曾侯乙戈（戰國早期）

⿳宀彐又8爵（殷商）

kuān
寬

《説文》曰：屋寬大也。从宀、萈聲。

《正字通》曰：寬，俗作寬。

寬兒鼎（春秋）

齊侯作孟姜敦（春秋晚期）

齊侯匜（春秋晚期）

齊侯盤（春秋晚期）

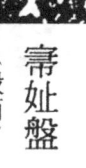

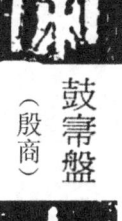

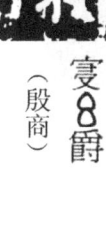

寡

客

guǎ
寡

《説文》曰：少也。从宀、从頒。《説文通訓定聲》曰：寡；假借爲顧。顧、寡古時通用。

注：金文寡，从宀、从頁，不从頒。，或假頒爲寡字。

寡子卣（西周中期）

作册益卣（西周中期）

毛公鼎（西周晚期）

杕氏壺（春秋晚期） 讀爲寡 多寡不訏

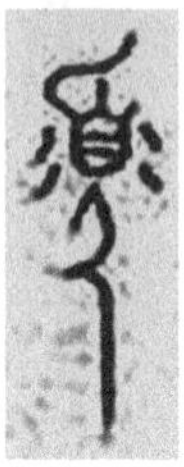
中山王譽鼎（戰國晚期） 从頁八（分）聲即頒字 此讀爲寡 頒（寡）人聞之

中山王譽方壺（戰國晚期）

kè
客

《説文》曰：寄也。从宀、各聲。注：客或作。宀下从人、从各。各，止（趾）朝向口（房屋形），有進入、到達之義。客，有賓客到達寄居之義。客，通客（即恪），或假爲格。

庚嬴鼎（西周早期） 或从人

䇽簋（西周早期）

䇽鼎（西周早期）

衛簋（西周中期） 讀爲格 格有至 臨之義 王客（格）于康宫

利鼎（西周中期）

師遽簋蓋（西周中期）

仲義父鼎（西周晚期）

郘王糧鼎（春秋早期）

干氏叔子盤（春秋早期）

曾伯陭壺（春秋）

姑馮昏同之子句鑃（春秋晚期）

寓 

寠 

簷大史申鼎（春秋晚期）

陳喜壺（戰國早期）

郾客問量（戰國）

卅二年坪安君鼎（戰國晚期）

坪安君鼎（戰國晚期）

鑄客簠（戰國晚期）

鑄客盉（戰國晚期）

鑄客器（戰國晚期）

鑄客鼎（戰國晚期）

鑄客爲集糌鼎（戰國晚期）

yù
寓

《說文》曰：寄也。从宀、禺聲。寓或从广。《說文通訓定聲》曰：寓，假借爲愚。

寓鼎（西周早期）

寓鼎（西周中期） 同名不同器

寓卣（西周中期）

晉人簋（西周中期）

通彔鐘（西周中期）

lóu
jù
寠

《說文》曰：無禮居也。註：寠，居處簡陋，未按禮法建房或居住。寠，或讀婁音，指貧陋，地方狹小。

洹子孟姜壺 讀為寠（春秋）
其人民都邑謹寠舞

寒

害

宄

hán
寒

《説文》曰：涷也。从人在宀下、以茻（草）薦覆之，下有仌（冰）。

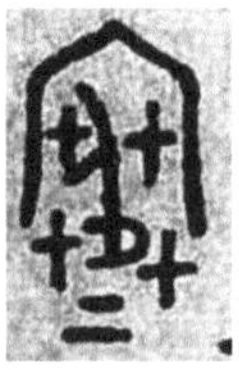
中方鼎（西周早期）

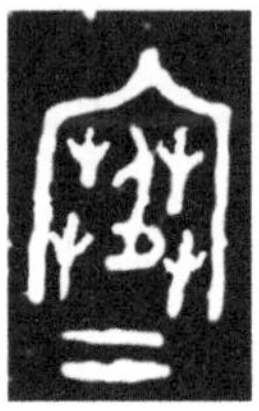
大克鼎（西周晚期）

寒姒鼎（西周晚期）

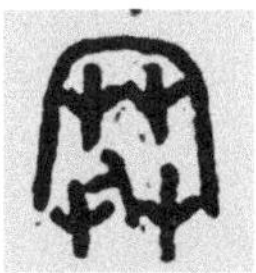
禹鼎（西周晚期）

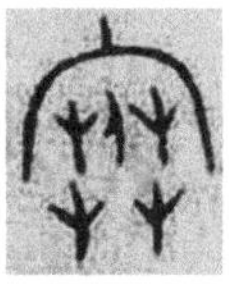
寒戊匜（西周晚期）

hài
害

《説文》曰：傷也。

《説文通訓定聲》曰：害，假借爲曷。害，假借為遏。

註：害，或讀為匄。

害叔簋（西周晚期）

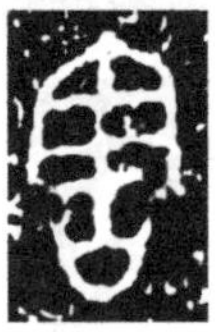
師害簋（西周晚期）

伯家父簋（西周晚期）　讀爲匄　用賜害（匄）眉壽

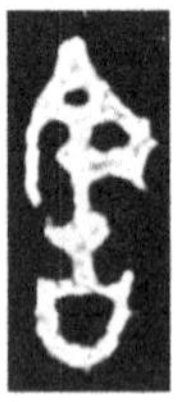
毛公鼎（西周晚期）　讀爲曷　邦将害（曷）吉

師克盨（西周晚期）

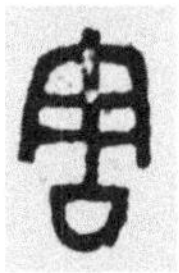
害簋（西周晚期）

guǐ
宄

《説文》曰：姦也。外爲盜、内爲宄。从宀、九聲。古文宄。《廣韻》曰：宄，内盜也。

註：宄，内奸作亂稱内宄。宄，或从宫、九聲。或从宫省、九聲。

般子鼎（西周早期）

剌觀鼎（西周早期）

閼作宮伯卣蓋（西周早期）

師望鼎（西周中期）

宕

宋

曶鼎（西周中期）

或从廾

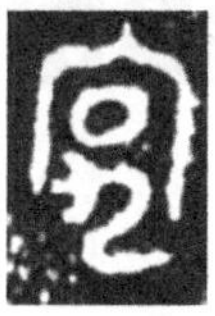

師酉簋（西周中期）

義伯簋（西周）

羌鼎（西周）

師臾鐘（西周晚期）

兮甲盤（西周晚期）

dàng
宕

《説文》曰：過也。一曰洞屋，从宀、碭省聲。《字彙》曰：宕，過也，今言放宕（蕩）。《説文通訓定聲》曰：宕，按字从宀，洞屋當爲本訓，洞屋者，四圍無障蔽之謂，故轉注爲寬廣之意，經傳皆以蕩爲之。註：宕，石洞如屋，寬廣空蕩。宕，或从广。古文从宀、从广無别。

戜方鼎（西周中期）

戜毁（西周中期）

五年召伯虎簋（西周晚期）

或从广

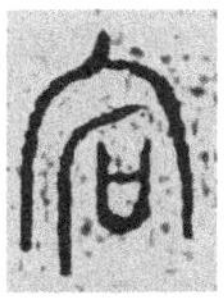
塱盨（西周晚期）

不嬰毁（西周晚期）

sòng
宋

《説文》曰：居也。从宀、从木。

註：宋，从木，指宀内之木質家具可依而居。宋，本義為居住。後，用為國名、朝代或姓氏。

臣衞父辛尊（西周早期）

北子宋盤（西周早期）

永盂（西周中期）

史宋鼎（西周）

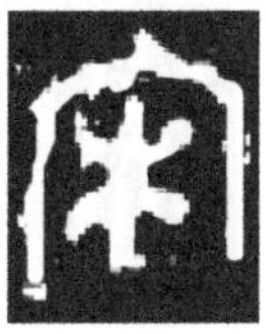
宋眉父鬲（春秋早期）

宗

趞亥鼎（春秋中期）

宋公戌鎛（春秋晚期）

宋公䜌簠（春秋晚期）

宋公差戈（春秋晚期）

宋公得戈（春秋晚期）

十七年邢令戈（戰國早期）

八年新城大令戈（戰國）

zōng
宗

《說文》曰：尊祖廟也。从宀、从示。李孝定曰：示像神主，宀像宗廟，宗，即藏主之地也。【甲骨文字集釋】

註：宗，供奉神主之宗廟。丅、示均爲示之古體。

[illegible]爵（殷商）

束父庚爵（殷商）

乃孫作且己鼎（殷商）

保卣（西周早期）

堇鼎（西周早期）

匽侯旨鼎（西周早期）

[illegible]繇方鼎（西周早期）

大盂鼎（西周早期）

過伯簋（西周早期）

叔簋（西周早期）

𩛥伯馭段（西周早期）

作册夨令尊（西周早期）

沈子它簋（西周早期）

作宗彝卣（西周早期）

作宗寶彝卣（西周早期）

小夫卣（西周早期）

戎佩玉人卣（西周早期）

㐱卣蓋（西周早期）

鹿父卣（西周早期）

静卣（西周早期）

獻侯鼎（西周早期）

伯[illegible]方鼎（西周早期）

何尊（西周早期）

麥方尊（西周早期）

穀作父乙方尊（西周早期）

黃子魯天尊（西周早期）

豆閉簋（西周中期）

師瘨毁蓋（西周中期）

班簋（西周中期）

繁卣（西周中期）

豚卣（西周中期）

麃父尊（西周中期）

仲追父彝（西周中期）

異卣（西周中期）

縈叔卣（西周中期）

𢆶毁（西周中期）

師訊鼎（西周中期）

作册益卣（西周中期）

傳尊（西周中期）

師器父鼎（西周中期）

善鼎（西周中期）

𠭯鐘（西周中期）

尹姞鬲（西周中期）

𢐗伯鼎（西周中期）

作文考日己尊（西周中期）

文考日己方彝（西周中期）

作氒方尊（西周中期）

盠駒尊（西周中期）

周䍃壺（西周中期）

仲𠭯父毁（西周中期）

𪓐毁（西周中期）

宗仲盤（西周中期）

趞毁（西周中期）

同簋（西周中期）

宗仲匜（西周中期）

叔作懿宗方鼎（西周）

曼龔父盨（西周晚期）

季良父簠（西周晚期）

宗周鐘（西周晚期）

井人妄鐘（西周晚期）

士父鐘（西周晚期）

大克鼎（西周晚期）

史頌鼎（西周晚期）

小克鼎（西周晚期）

周生豆（西周晚期）

叔妣殷（西周晚期）

㝬殷（西周晚期）

史頌簋（西周晚期）

羌伯簋（西周晚期）

䰝史㞷壺（西周晚期）

秦公簋（春秋早期）

宗婦鄁嫛鼎（春秋早期）

宗婦鄁嫛盤（春秋早期）

吳王光鑑（春秋晚期）

洹子孟姜壺（春秋）

厵羌鐘（戰國早期）

陳喜壺（戰國早期）

楚王酓章鐘（戰國早期）

陳逆簠（戰國早期）

曾姬無卹壺（戰國）

宆

⿱宀執

⿱宀㔾

miǎn bīn
宆

高景成曰：古卪、人、兀、元，四字俱通，像室下來人，賓客之義。【金文編】引述

註：从卪、从兀、从元，均為宆之異體。宆，古賓字。

乃孫作且己鼎（殷商）

二祀𠨘其卣（殷商）

𠭰鐘（西周中期）

郘公釸鐘（春秋）

diàn
⿱宀執

《說文》曰：屋傾下也。从宀、執聲。《說文解字注》曰：⿱宀執，謂屋欹傾下陷也。

註：⿱宀執，房屋傾斜下陷。⿱宀執，或从广。古文从宀、从广無別。⿱宀執，假為墊。

子⿸广執鼎（殷商）　或从广，从宀从广無別

子⿸广執父丁卣（殷商）

子⿸广執尊（殷商）

⿱罒吕作父乙卣（西周早期）

子⿸广執圖卣（西周早期）

子⿸广執圖方彝（西周早期）

⿸广執辰方彝（西周早期）

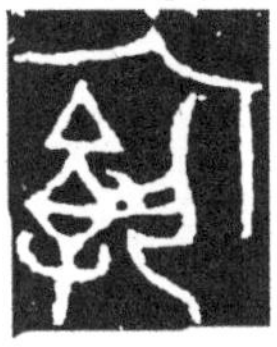
子⿸广執父乙觶（西周早期）

單作父乙尊（西周中期）

⿰鬼耳作且乙尊（西周中期）

⿱宀㔾

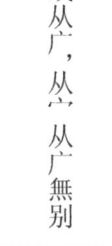

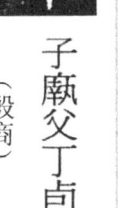

⿱宀巳鼎（西周晚期）

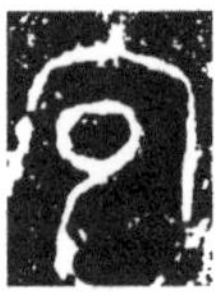

⿱宀巳盉（西周晚期）

⿱宀巳盤（西周晚期）

⿱宀午

⿱宀午□作父丁𣪘（西周早期）

⿱宀午作父辛尊（西周早期）

⿱宀丰

母⿱宀丰⿱止木帚方彝（殷商）

⿱宀丰父乙觶（西周早期）

zhōng
⿱宀中

註：⿱宀中，从宀、中聲，或讀爲終。

黃子盤（春秋早期）　讀爲終　靈⿱宀中（終）靈後

簷大史申鼎（春秋晚期）

㝐　宋 怵　客　㝑

fǔ
㝐

註：㝐，即府之别構，古文从宀、从广無别。㝐，或假爲附。

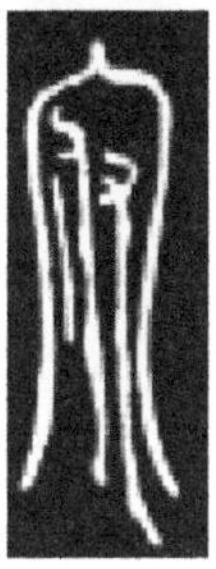

曾侯乙鐘（戰國早期）

讀爲附　㝐（附）於索宮之顛

弗奴父鼎（春秋早期）

chù
宋

註：宋，或假爲怵。

客

守作寶彝甗（西周早期）

禹鼎（西周晚期）

讀爲怵　肆師彌宋（怵）匌恇

㝑

客客毁（西周晚期）

宔　宫

伯宬父鼎（西周中期）

zhù 宔

註：宔，从宀、宁（此非寧之簡化字，爲貯之本字，橱櫃之象形）聲。會意字，同貯。假爲鑄。

亞𡫴鄉宁鼎（殷商）

姜伯鼎（西周早期）

乃子克鼎（西周早期）

作册大方鼎（西周早期）

作册夨令尊（西周早期）　讀爲貯　令敢揚皇王貯

槁侯殷蓋（西周早期）

孟簋（西周中期）　讀爲鑄　用宔（鑄）茲彝

孟卣（西周早期）　或从止

yóng 宫

《篇海類編》曰：宫，和也。宜人中正貌。

十七年𠑹令戈（戰國晚期）

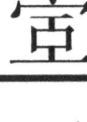

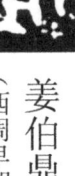

⿱宀祜　⿱宀⿰月用　⿱宀妊　⿱宀右

gǎi
⿱宀右

《字彙補》曰：⿱宀右，音改。

⿱宀妊

叔角父簋（西周晚期）

⿱宀⿰月用

㠱伯子⿱宀妊父盨（春秋）

㠱伯⿱宀妊父盤（春秋）

⿱宀祜

⿱宀⿰月用[illegible]生鼎（春秋早期）

黄子豆（春秋早期）

黄子盉（春秋早期）

⿱宀姦

苗⿱宀姦盨（西周晚期）

⿱宀易

⿱宀易史⿰女凡甗（西周早期）

⿱宀易長方鼎（西周早期）

羌鼎（西周）

⿱宀郘

伯⿱宀⿰豖阝父鬲（西周晚期）

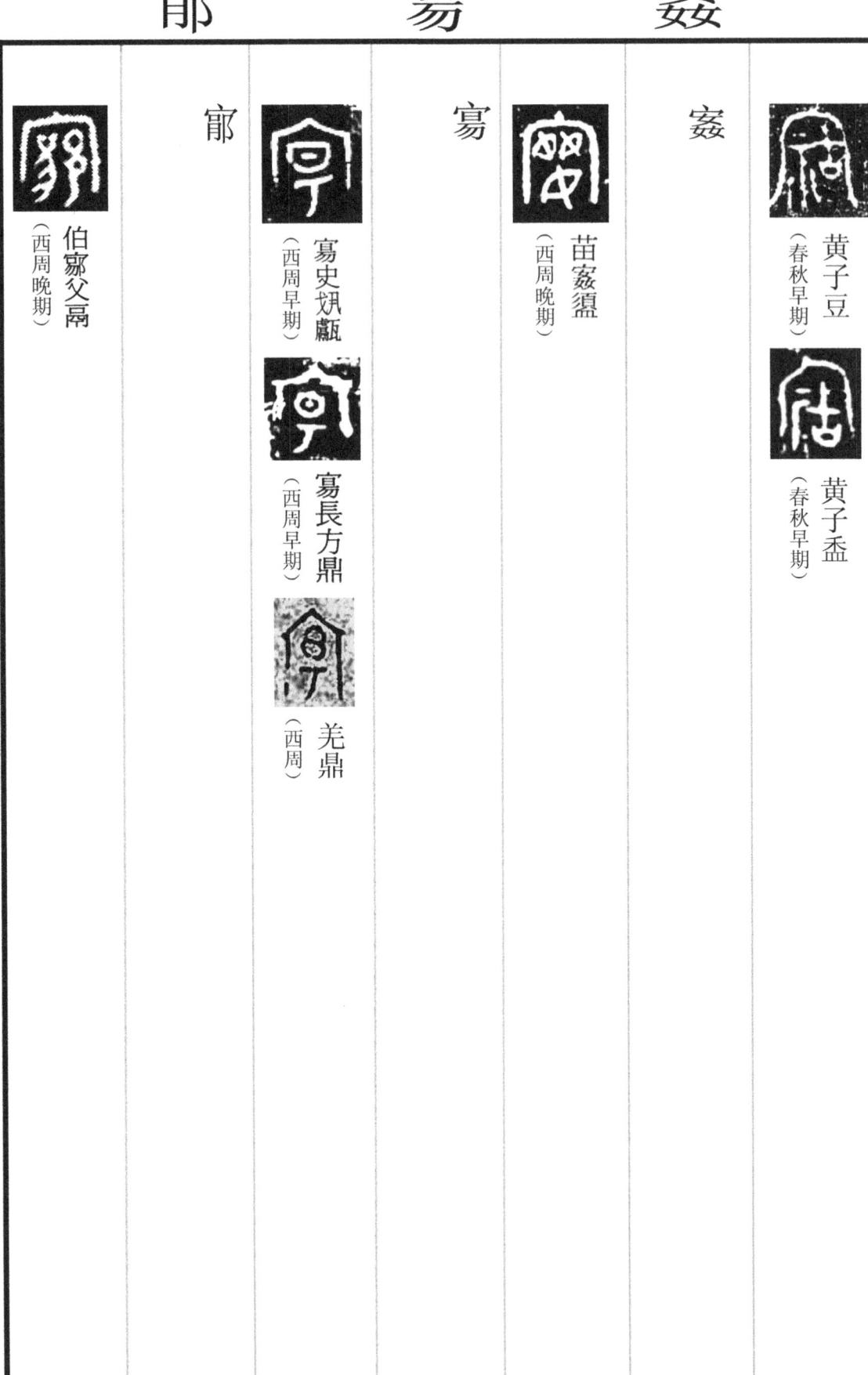

⿱宀⿰毐彡

井鼎（西周中期）

⿱穴⿱幺日

⿱穴⿱幺日鼎（西周早期）

huán
⿱宀袁

註：⿱宀袁，即寰之省文、圜之異文。

師寰殷（西周晚期）

寰盤（西周晚期）

⿱宀貝

喪史寊瓶（戰國）

yīn
⿱宀殷

註：⿱宀殷，从宀、从殷，殷之繁文。

士上卣（西周早期）

士上尊（西周早期）

豐卣（西周中期）

豐作父辛尊（西周中期）　即爲殷令豐⿱宀殷（殷）大矩

寚

寚作父辛卣（西周早期）

⿱宀⿰舌兄

⿱宀⿰舌兄⿰冊冊作父癸卣（殷商）

⿱宀球

⿱宀球

敳⿱宀球敲段（西周早期）

窾

窾

康伯簋（西周中期）

窴

窴

楚王酓章鐘（戰國早期）

寮 僚

liáo 寮

《一切經音義》曰：寮，窗也。註：寮，同窗，同室。寺廟眾多僧人同居一室、共司一務，故稱寮也。同朝爲官稱僚。寮、僚其義相同。

作册夨令簋（西周早期）

夨令方尊（西周早期）

夨令方彝（西周早期）

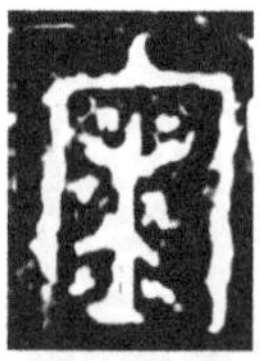

趞盂（西周中期）

毛公鼎（西周晚期）　讀為寮　太史寮于父即尹

番生簋（西周晚期）　讀為寮　太史寮

cáng
⿱宀⿰爿酉

周法高曰：兆域圖⿱宀⿰爿酉字，朱德熙、裘錫圭讀爲藏，是也。此字从宀⿰爿酉聲，⿰爿酉；古文醬字。……漢書通用臧字。从艸後人所加。【金文詁林補】

兆域圖（戰國晚期）

tà
⿱宀譶

劉節曰：⿱宀譶，即譶之繁文。『説文』曰：譶，疾言也。从三言。【古史考存】

註：⿱宀譶，説話快，説話不停。

𠫑羌鐘（戰國早期）　或从三言

méi
寊

讀爲眉。

㝬叔㝬姬段（西周晚期） 讀爲眉 用賜賓（眉）壽

𡪫

𡪫鼎（殷商）

bì 㝈

註：㝈，从宀、辟聲。古从宀、从广無別。㝈同廦，屋室牆壁。

塱盨（西周晚期）

fú 富

註：富；同福。

王伯姜鼎（西周晚期）

曾師季馪盤（春秋）

zhuàn
⿱宀算

杕氏壺（春秋晚期）讀為饔　饔在我車

註：⿱宀算，从宀、算聲，訓爲寘（置）放、陳設鼎食之具。⿱宀算，乃饔之異體。饔，同饌、同撰。⿱宀算，亦讀為算。

⿰食豊

hùi
⿱宀蒐

耳尊（西周早期）

註：⿱宀蒐，从宀、蒐聲。或爲蒐、爲蒐。蒐，草名。

鄴季⿱宀蒐車匜（春秋）

鄴季壺（春秋）

zhù
⿱宀⿰貝宁

註：⿱宀⿰貝宁，宀下从玉、从貝从（即宁，即貯字）應爲貯寶之意，讀爲貯。

䨮

𡫁 變

𡨦 玁獫

史牆盤（西周中期）

䨮

伯多父作成姬盨（西周晚期）

姜林母毁（西周晚期）

biàn

𡫁

註：𡫁，或讀爲變。

散氏盤（西周晚期）　讀爲變

余有爽𡫁（變）

xiǎn

𡨦

註：𡨦，或即玁字之異文。玁狁爲西周北方少數民族。玁同獫。

不嬰毁蓋（西周晚期）　讀爲玁

汝以我車宕伐𡨦（玁）狁于高陶

廳 ⿱宀⿰耳口　⿱宀舟　⿱宀帝　廞 ⿱宀⿰金人

tīng
⿱宀⿰耳口

註：从耳、从口爲古聽字。⿱宀⿰耳口，从宀與从广同，聽聲，應為廳字。

四祀𠨘其卣（殷商）

讀爲廳

宜在召大⿱宀⿰耳口（廳）

郾王職戈（戰國晚期）

shòu
⿱宀舟

周名煇曰：从宀、舟聲，當爲古文受字。……爲屋下受授之意【新定説文古籀考】

周公簋（西周早期）

⿱宀帝

⿱宀帝卣（殷商）

xīn
⿱宀⿰金人

註：⿱宀⿰金人，或爲廞之異文。

寖 宔 宮 

疋作父丙鼎（殷商）

寖

五年召伯虎簋（西周晚期）

wǎng
宔

註：宔，从宀、㞷（旺）聲。或即往字。

者汈鐘（戰國早期） 讀爲往 宔（往）捍庶盟

gōng
宮

註：秦漢以後，帝王所居稱宮。宗廟、寺院、道觀稱宮。宮，从宀以示屋宇。、象形爲衆多房屋相聯。

㚔卣（殷商）

執尊（殷商）

舋尊（西周早期）

矢令方尊（西周早期）

召卣（西周早期）

宮

守宮父辛爵（西周早期）
守宮卣（西周早期）
守宮觥（西周早期）
庚嬴卣（西周早期）
伯匽卣（西周早期）

伯姜鼎（西周早期）
保侃母簋（西周早期）
不壽簋（西周早期）
守宮作父辛卣（西周早期）
守宮父辛鳥尊（西周早期）

庚嬴鼎（西周早期）
叔[illegible]作南宮鼎（西周早期）
季盨作宮伯方鼎（西周早期）
雍伯鼎（西周早期）
舍父鼎（西周早期）

矢令方彝（西周早期）
利鼎（西周中期）
大鼎（西周中期）
[illegible]貯殷（西周中期）
要殷（西周中期）

叔碩父鼎（西周中期）
伯陶鼎（西周中期）
呂伯鼎（西周中期）
十五年趞曹鼎（西周中期）
七年趞曹鼎（西周中期）

[illegible]伯壺蓋（西周中期）
史懋壺（西周中期）
十三年瘐壺（西周中期）
曶壺（西周中期）
走馬休盤（西周中期）

伯晨鼎（西周中期）
善鼎（西周中期）
曶鼎（西周中期）
九年衛鼎（西周中期）
㦰者鼎（西周中期）
㦰者殷（西周中期）

中簋蓋（西周中期）

師瘨殷蓋（西周中期）

卯簋（西周中期）

效卣（西周中期）

幾父壺（西周中期）

伯𠤳盉（西周中期）

即簋（西周中期）

君夫簋（西周中期）

衛簋（西周中期）

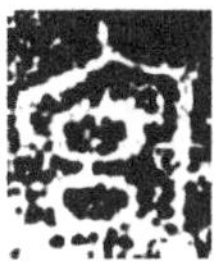
師遽簋（西周中期）

𣪕殷蓋（西周中期）

大師虘簋（西周中期）

康鼎（西周中期）

大簋（西周晚期）

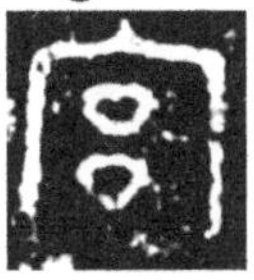
輔師嫠殷（西周晚期）

伊簋（西周晚期）

師𩒺殷（西周晚期）

瘨盨（西周晚期）

善夫山簋（西周晚期）

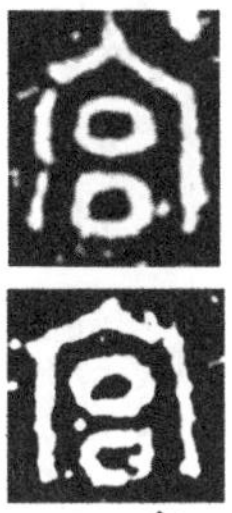
多友鼎（西周晚期）

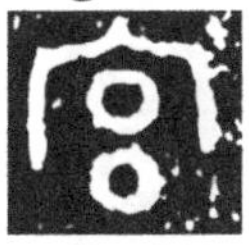
𤔲叔殷蓋（西周晚期）

揚簋（西周晚期）

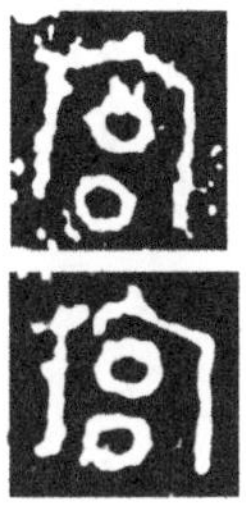
楚簋（西周晚期）

頌壺（西周晚期）

寰盤（西周晚期）

散氏盤（西周晚期）

儹匜（西周晚期）

師艅簋（西周晚期）

南宫乎鐘（西周晚期）

吳王姬鼎（西周晚期）

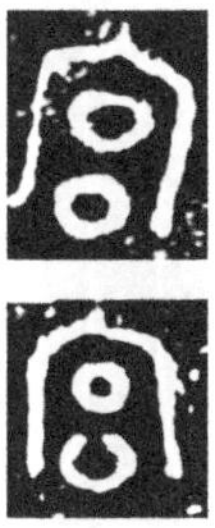
頌鼎（西周晚期）

頌簋（西周晚期）

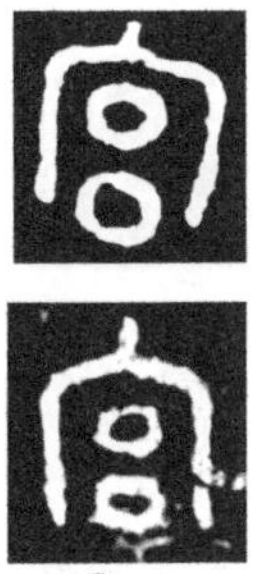
此鼎（西周晚期）

此簋（西周晚期）

訇簋（西周晚期）

鬲比盨（西周晚期）

鬲比鼎（西周晚期）

營 

克鐘（西周晚期）

南宮柳鼎（西周晚期）

趞鼎（西周晚期）

季宮父簠（西周晚期）

諫簋（西周晚期）

善夫克盨（西周晚期）

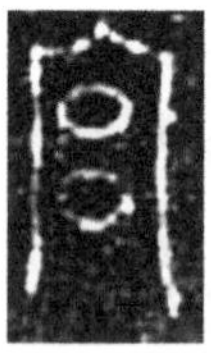
拍敦（春秋）

洹子孟姜壺（春秋）

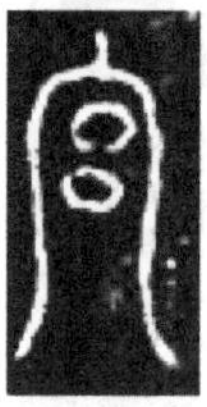
曾侯乙鐘（戰國早期）

辛宮左戈（戰國早期）

皇宮左戈（戰國早期）

左宮車軎（戰國）

徸宮左自方壺（戰國）

平宮鼎（戰國）

右宮矛（戰國）

鄂君啓節車節（戰國）

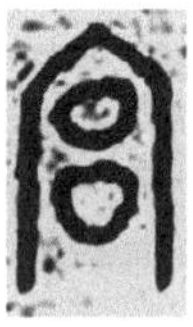
鄂君啓節舟節（戰國）

邵宮和（戰國晚期）

十三年口陽令戈（戰國早期） 或从穴

ying
營

《說文》曰：帀（匝）居也，从宮、熒省聲。

註：營，从宮省、榮聲。匝居，四圍壘土而居曰營，引申為軍營、營生、營業。

⿱炏文子旅鬲（西周早期）

⿱炏谷子父戊盉（西周早期）

⿱炏谷子旅作父戊鼎（西周早期）

呂 膂

lú 呂

《説文》曰：脊骨也，象形。膂篆文呂，从肉、旅聲。《説文解字注》曰：呂；像顆顆相承，中像其系聯也。

註：呂，像兩块相聯之脊椎骨，小篆中加一筆，以示相聯。膂，同呂。

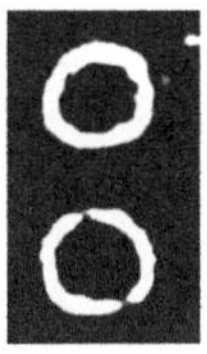

呂行壺（西周早期）

呂姜作簋（西周早期）

呂仲僕爵（西周早期）

呂𠂤戈（西周早期）

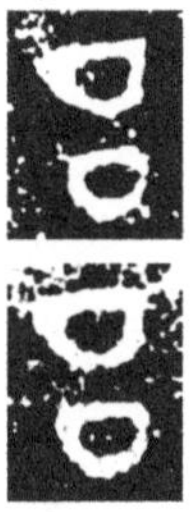

貉子卣（西周早期）

呂方鼎（西周中期）

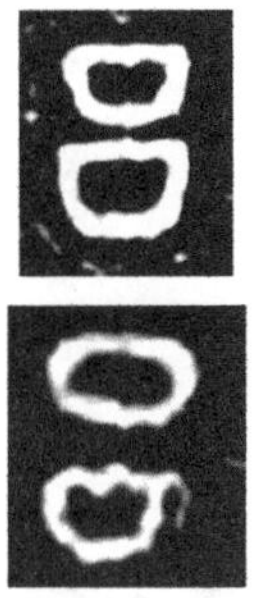

班簋（西周中期）

静簋（西周中期）

呂伯簋（西周中期）

呂服余盤（西周中期）

呂王鬲（西周晚期）

呂王壺（西周晚期）

呂大叔斧（春秋）

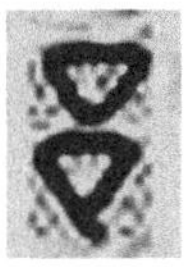

三兒簋（春秋）

奄公𨉷鐘（春秋晚期）

少虡劍（春秋晚期）

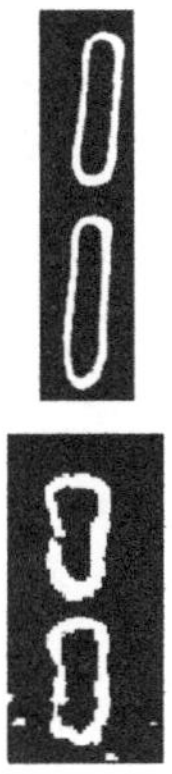

曾侯乙鐘（戰國早期）

躳 窮

gōng qióng 躳

《説文》曰：身也，从身、从吕。躬躳或从弓。《説文解字注》曰：从吕者，身以吕（脊椎骨）爲柱也。

《篇海類編》曰：躳，恭也。

註：躳，通窮。

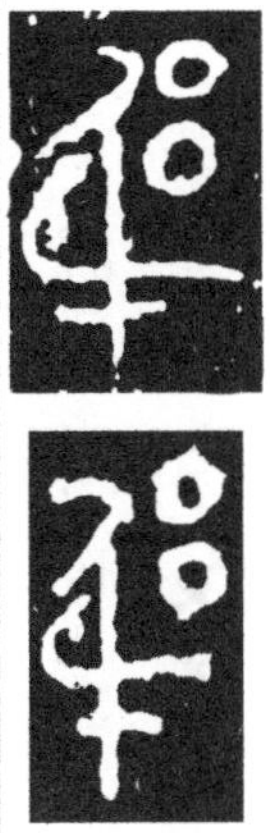

郳𧶠尹𧇬鼎（春秋晚期）

窯 窑窰

竈 灶

突 罙

yáo
窯

《說文》曰：燒瓦竈（灶）也。从穴、羔聲。《正字通》曰：窑，俗窯字。

註：窑，从穴、从缶，即窑，同窯。窯，即窑之正字。

蒦⿴囗昜窑里人豆（戰國晚期）

zào
竈

《說文》曰：炊竈也。从穴、鼀省聲。竈或不省。孫詒讓曰：竈，當讀爲篕，杜子春讀竈爲造次之造。

《五音集韻》同灶；俗竈字。

秦公簋（春秋早期）

秦公鎛（春秋早期）

邵黛鐘（春秋晚期）

韓誰戈（戰國晚期）

鼄伯作井姬鼎（西周中期） 或从穴从火

公子土折壺（春秋晚期） 或从穴 从火告聲

陳⿱圭从子戈（戰國）

莒公孫潮子編鎛（戰國）

shèn
突

《說文》曰：深也。一曰竈（灶）突（煙囱），从穴、从火、从求省。《說文解字注》曰：突，隸變作罙、深。

註：突，即罙、即深。

羌伯簋（西周晚期） 讀爲深 我亦弗罙（深）亨邦

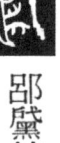

空

窵

竁

究

kōng
空
《廣韻》曰：空，空虛。《爾雅》曰：空，盡也。

空鏃
（戰國）

十一年庫嗇夫鼎
（戰國晚期）

diào
窵
《説文》曰：窵窅深也。从穴、鳥聲。註：窵窅，深邃貌。窵，或从隹。隹、鳥同。

蔡侯鎛
（春秋晚期）
或从隹　讀為窵
窵窵豫政

cuì
竁
《説文》曰：穿地也。从穴、毳聲。劉心源曰：，當是竁省。【奇觚室吉金文述】
徐同柏曰：，當讀若毳。【從古堂款識學】註：竁，挖地爲穴。竁，或曰墓穴。

周窀匜
（西周晚期）

jiù
穴丩
丁山曰：究，九聲，而鼎文則或从丩，……九像糾繚，丩像交互，音義俱同，从九聲者字或从丩。九、丩今雖殊體，古亦無別也。【中央研究院歷史語言所集刊】

宩 窑 寛 窺

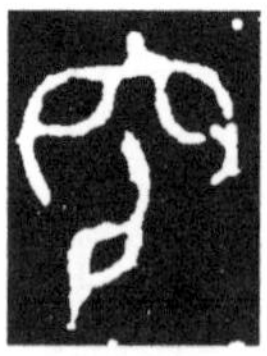

宊鼎（西周中期）

zhù
宩

註：宩，或讀為朱。

彔伯㦰段蓋（西周中期）

讀爲朱

賜汝……虎冪宩（朱）金筩裏

窑

豆閉簋（西周中期）

mì
kuì
寛

《龍龕手鑑》曰：寛，音寬。《字彙補》曰：寛，與覓同。

註：寛，或作窺、作覓。

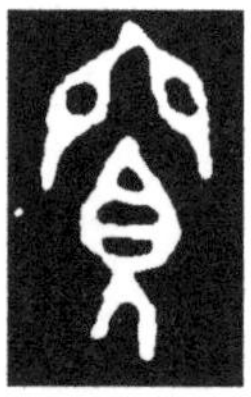

伯寛父盨（西周晚期）

讀爲窺

伯窺父作寶盨

宩 宎

shì
宩

《字彙補》曰：宩，宎之譌。《玉篇》曰：宎，穴也。

卯簋盖（西周中期）

䆣

chá
䆣

《廣韻》曰：窊䆣，深貌。

穷䆣父辛觶（西周早期）

⿱穴畁

⿱穴畁

⿱穴畁尊（西周早期）

⿱穴佴

⿱穴佴

窴 賔 窐 窔

叔窅毁（西周中期）

yǔn
窴

《龍龕手鑑》曰：窴，俗，音殞，正作賔。雲起也，又雷也。《字彙補》曰：窴，與殞同，通隕。

陳逆簠（西周早期） 或讀爲寶 鑄兹窴（寶）簠

窐

陳窐車轄（戰國）

塦窐散戈（戰國）

窔

註：窔，或為灶之異文。

彊伯作井姬鼎（西周中期）

寐 寐

寤 寤 悟晤牾

⿱宀爿

mèi
寐

《説文》曰：卧也。从㝱省、未聲。註：，金文寐字或从爿（即床）、人臥、未聲。寐，通沬。

父辛觶（西周早期）

wù
寤

《説文》曰：寐覺而有信曰寤。从㝱省、吾聲。段玉裁曰：古書多假寤爲悟。寤，與晤義相通。【説文解字注】

《説文通訓定聲》曰：寤，假借爲悟。註：金文寤，與牾同字。

中山王嚳鼎（戰國晚期）

⿱宀爿

又⿱宀爿簋（殷商）

爿 ⿰爿星 ⿰爿付（⿸疒付） ⿰爿吉

pán
爿

《説文解字注》曰：反片爲爿，讀若牆。孫海波曰：「説文」有片無爿，……古文可反正互寫，片、爿當爲一字。【甲骨文編】

四年建信君鈹（戰國晚期）

⿰爿星

伯□作文考父辛卣（西周早期）

fǔ
⿰爿付

註：⿰爿付，或作⿸疒付。⿸疒付，俛病也，即駝背。

⿰爿付父乙尊（殷商）

⿰爿付簋（殷商）

⿰爿付爵（殷商）

⿰爿付父乙尊（殷商）

⿰爿付尊（西周早期）

⿰爿吉

⿰爿酉　⿰爿甾　⿰爿血

考叔⿰爿吉父簠（春秋早期）

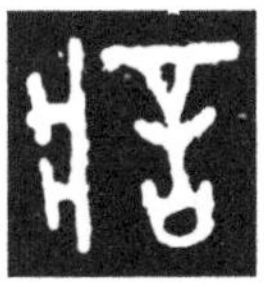

敶公孫⿰爿吉父瓶（春秋早期）

塞公孫⿰爿吉父匜（春秋早期）

jiàng ⿰爿酉

註：⿰爿酉，即醬之古文。（見『説文』醬字）或讀爲將。

中山王嚳方壺（戰國晚期）

讀爲將　⿰爿酉（將）與吾君並立於世

九年將軍戈（戰國晚期）

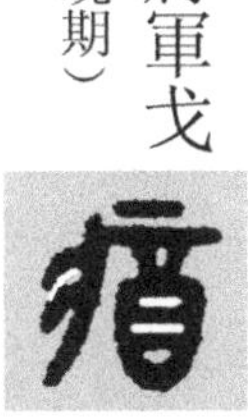

兆域圖（戰國晚期）

jiàng ⿰爿甾

註：⿰爿甾，从爿、从甾。甾，東楚名缶也。缶、酉同爲容器。缶、酉音近，故从酉、从甾，相通；⿰爿酉、⿰爿甾同字。⿰爿酉，同醬；⿰爿甾，亦同醬。古將、醬、壯、莊，同音通假。⿰爿甾，或讀為壯、讀為將。

讀爲壯　爲天⿰爿甾（壯）集厥命

讀爲將　邦⿰爿甾（將）曷吉

毛公鼎（西周晚期）

虢季子白盤（西周晚期）

讀爲壯　壯武于戎功

jiàng ⿰爿血

註：⿰爿血，从血，同⿰爿甾，即醬之古文。（見前條）金文从血之字或書爲口。⿰爿血，假爲莊。

趞亥鼎（春秋中期）

讀爲莊　宋⿰爿血（莊）公之孫趞亥

⿰爿朋　⿰爿匡　⿰爿帚　⿰爿吴

⿰爿朋

⿰圭犬父鼎（西周早期）

⿰爿匡

輔伯⿰爿匡父鼎（西周晚期）

⿰爿帚

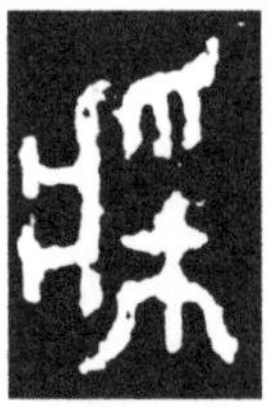

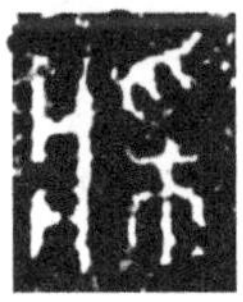

陳侯作王仲嬀⿰爿帚簠（春秋）

陳侯作孟姜⿰爿叟簠（春秋）

⿰爿吴

叔⿰爿矢父段（西周晚期）

sì ⿰爿肖

註：⿰爿肖，或讀爲肆。

卯簋盖（西周中期）

賜汝……宗彝一⿰爿肖（肆）　讀爲肆

戎佩玉尊（西周中期）

多友鼎（西周晚期）

⿰爿⿱甾田

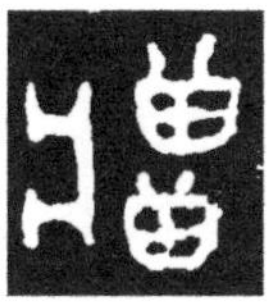

乃⿰爿⿱甾田子鼎（西周早期）

⿰爿眔

姚鼎（西周中期）

xīng
⿰爿興

註：⿰爿興，或从爿，同興。

多友鼎（西周晚期）　讀爲興　用玁狁放興

⿰爿異

方彝（西周早期）

㠱

亞㠱父己甗（殷商）

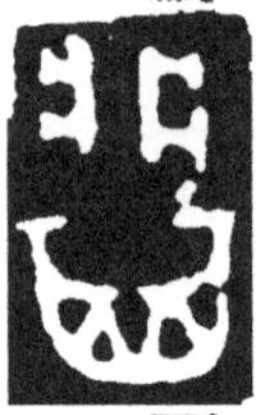

亞㠱父己鼎（殷商）

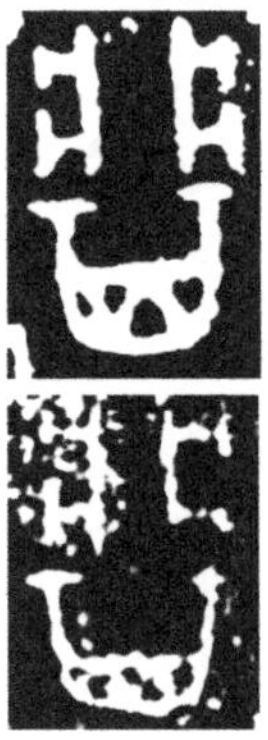

亞㠱父甲卣（殷商）

亞㠱匕己觚（西周早期）

子作婦𡚸卣（西周早期）

疾

瘣

瘨 癲

jí
疾

《說文》曰：病也。从疒、矢聲。古文疾。註：，大，人也，像腋下中矢（箭），其義為矢之疾速或為中矢之疾苦。爲疾之本字。，从疒（疒即床形）之疾，會意爲，人矢傷倚床，乃後起字。

毛公鼎
（西周晚期）

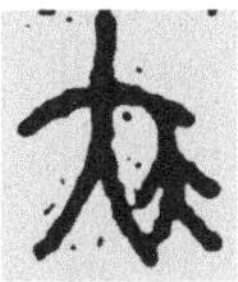
師訇簋
（西周晚期）

鄧尹疾鼎
（春秋晚期）

王五年上郡疾戈
（戰國）

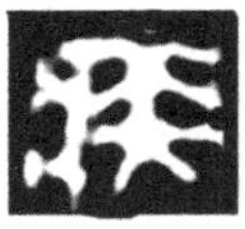
六年安平守鈹
（戰國）

四年咎奴蓍令戈
（戰國晚期）

十三年上官鼎
（戰國晚期）

huì
瘣

《說文》曰：病也。从疒、鬼聲。……一曰腫旁出也。

註：瘣，內傷至病，或曰腫塊、腫瘤。

李瘣壺
（戰國晚期）

diān
瘨

《說文》曰：病也。从疒、真聲。

註：瘨，同癲。

卅六年私官鼎
（戰國晚期）
讀為瘨
工師瘨 工疑

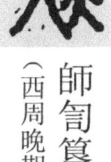

暈瘨 　痀 　疥 　疢 

yùn
瘨

《説文》曰：病也。从疒、員聲。

註：瘨，頭暈眩，病症暈，之本字。暈，日月周邊之光圈。假暈為瘨，暈行而瘨廢矣。

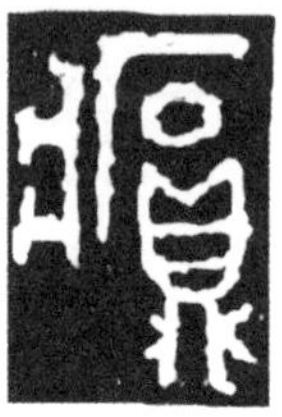

師瘨簋蓋（西周中期）

jùgōu
痀

《説文》曰：曲脊也。从疒、句聲。

《集韻》曰：痀，痀瘻，身曲病。

註：痀，或作佝。

七年相邦鈹（戰國晚期）

jiè
疥

《説文》曰：搔（瘙）也。从疒、介聲。

《字彙補》曰：疥，與痎通。

註：疥，疥瘡，瘙癢也。

十四年雙翼神獸（戰國晚期）

十三年勺（戰國晚期）

右使車箕（戰國晚期）

chèn
疢

《説文》曰：热病也。从疒、从火。

註：疢，爲热疾、煩热，或引申爲國之灾患。

疕

㽱

瘥

十五年春平侯劍（戰國晚期）讀為疢 冶疢撻劑

bǐ
疕
《說文》曰：頭瘍也。从疒、匕聲。
註：疕，頭瘍即禿瘡、或曰瘡痂。

昆疕王鐘（西周晚期）

yòu
㽱
《說文》曰：顫也。从疒、又聲。
註：又，手也。㽱，从疒、从又，手病，手顫。或曰頭顫。

三年囗令戈（戰國）

chài
瘥
《說文》曰：瘉也。从疒、差聲。
註：瘥，病瘉（愈）。

七年宅陽令矛（戰國）或省作左 右庫工師夜瘥

臃廱癰 

瘳 

疸 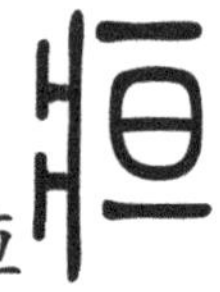

疫 

yōng
癰

《說文》曰：腫也。从疒、雝聲。

註：癰，或作臃，臃腫。癰，通廱。

九年𢦏丘令癕戈

（戰國早期）

廿一年啓封令癰戈

（戰國）

chōu
瘳

《說文》曰：疾瘉（愈）也。从疒、翏聲。

註：瘳，病漸愈也。瘳，或通戮。

三年修余令韓誰戈

（戰國晚期）

讀為瘳

工師罕瘳治

dǎn
疸

《說文》曰：黃病也，从疒、旦聲。

註：疸，即黃疸病。

右伯君權

（春秋）

讀為疸

張亞初釋為疸【殷周金文集成 引得】

右伯君西里疸

yì
疫

《說文》曰：民皆疾也。从疒、役省聲。

註：流行性疾病稱疫，瘟疫。

瘏 

瘀 

病 

七年劍 讀為疫

（戰國晚期） 邢疫令邦乙

tú
瘏

註：瘏，疲乏、疲憊。

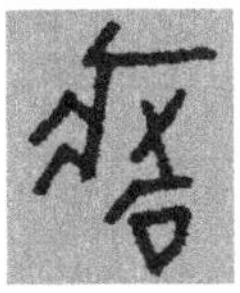

建信君鈹 【古文字類編】收録

（戰國）

yū
瘀

《說文》曰：積血也，从疒、於聲。

三年馬師鈹 讀為瘀

（戰國） 武信令……治瘀撻劑

bìng
病

《說文》曰：疾加也，从疒、丙聲。

七年大梁司寇綬戈 【近出殷周金文集録】

（戰國晚期）

瘠 瘁 悒瘂 痽

jí
瘠

註：瘠，瘦也，貧瘠。

二年春平侯矛鈹 讀為瘠
（戰國晚期） 邦左庫工師趙瘠冶事開撻劑

cuì
瘁

《玉篇》曰：瘁，病也。《字彙》曰：瘁，勞也。

元年春平侯矛 讀為瘁
（戰國晚期） 邦右庫工師趙瘁冶韓開撻劑

yì
瘂

《字彙》曰：瘂，鬱病。《正字通》曰：瘂，本作悒。註：瘂，憂鬱病。

二年皇陽令戈 讀為悒
（戰國） 工師爿悒冶息撻劑

duī
痽

《字彙》曰：痽，病名。

癐　⿸疒里　⿸疒區 傴

yǔ ⿸疒區

郤令尹者旨𦉜盧（春秋）

《集韻》曰：傴，僂也。或作⿸疒區。註：傴，曲背病。

枝里⿸疒區戈（戰國晚期）

lǐ ⿸疒里

《字彙》曰：⿸疒里，憂病也。

⿸疒里[illegible]戈（戰國早期）

guì wēi 癐

《字彙》曰：癐，病甚。註：癐，病重、或曰心悸。癐，還讀爲微音，喊聲。

信安君鼎（戰國晚期）

癳 瘰 瘨

luǒ
癳

《正字通》曰：癳，即瘰之譌。《廣韻》曰：瘰，瘰癧，病筋結也。

註：瘰癧，即今之淋巴結核。

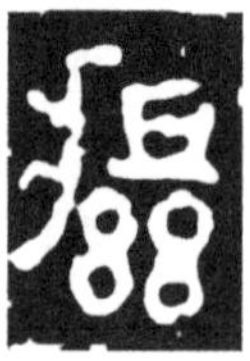
十二年邦司寇矛（戰國）

瘨

微伯瘨匕（西周中期）

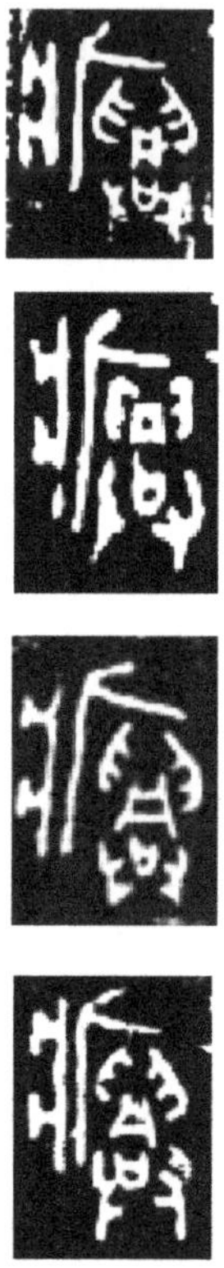
瘨鐘（西周中期）

瘨𣪘（西周中期）

瘨𣪘（西周中期）

瘨盨（西周中期）

三年瘨壺（西周中期）

瘨作父丁爵（西周中期）

瘨父丁爵（西周中期）

十三年瘨壺（西周中期）

微瘨盆（西周中期）

wén
疢

疢子鼎（春秋）【古文字類編】收録

xǔ
疷

相邦鈹（戰國晚期）

shēn
痭

《字彙補》曰：痭，音身，俗字。

cù
瘄

疒父乙卣（西周早期）【古文字類編】收録

註：瘄，即小兒必有之症，疹子，或麻疹。

⿸疒召 瘵 痟

滘陽戈（戰國）【古文字類編】收録

zhāo
⿸疒召

註：⿸疒召，讀爲紹、或昭。

兆域圖（戰國晚期）

chá
瘵

《廣韻》曰：瘵，瘡痕。

瘵鼎（春秋）

yuān
痟

《玉篇》曰：痟，骨節痛。

《集韻》曰：痟，骨酸也。

班簋（西周中期）

國差罎（春秋）

⿸疒善

十六年鄭令戈（戰國）

chā
瘥

《廣韻》曰：瘥，癡（痴）皃（貌）。

郤令尹者旨𥃲盧（春秋）

mì
冖

《説文》曰：覆也。从一下垂也。註：冖，即冪之古文，冖、冂，形近古文或互通。冂，即同、即絅。

大盂鼎（西周早期）　讀爲絅　賜汝……冖（絅）衣

復作父乙尊（西周早期）　讀爲絅　絅衣

麥方尊（西周早期）　讀爲絅　絅衣

tóng
同

《説文》曰：合會也。

註：金文同，从（凡）、从口。

胄

小臣宅鼎（西周早期）

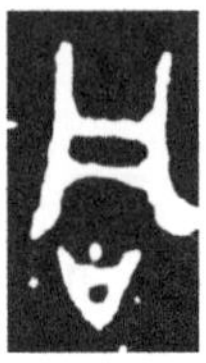

沈子它簋（西周早期）

矢令方尊（西周早期）

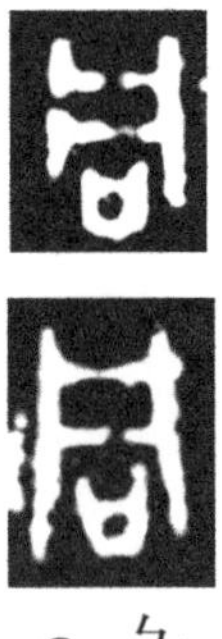

矢令方彝（西周早期）

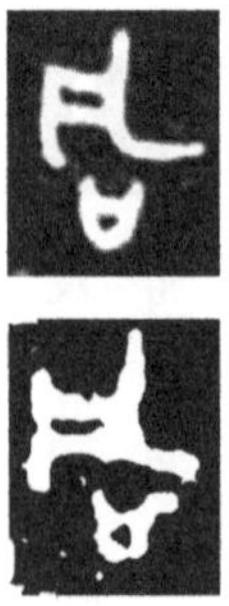

同自殷（西周中期）

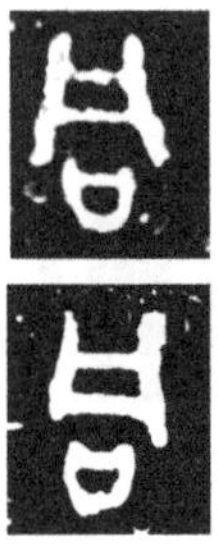

同卣（西周中期）

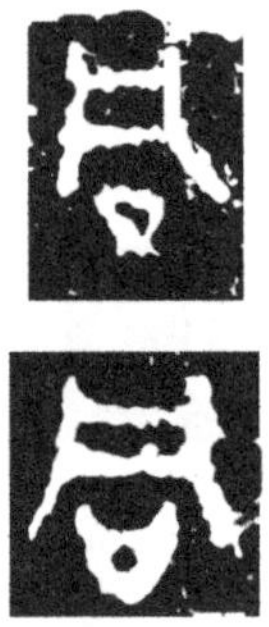

同簋（西周中期）

幾父壺（西周中期）

永盂（西周中期）

鄭同媿鼎（西周）

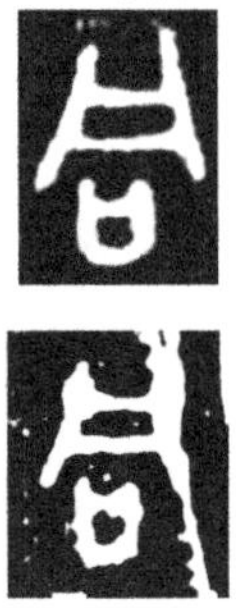

不嬰殷（西周晚期）

師同鼎（西周晚期）

散氏盤（西周晚期）

同姜鬲（西周晚期）

訇簋（西周晚期）

師訇簋（西周晚期）

元年師兑簋（西周晚期）

姑馮昏同之子句鑃（春秋晚期）

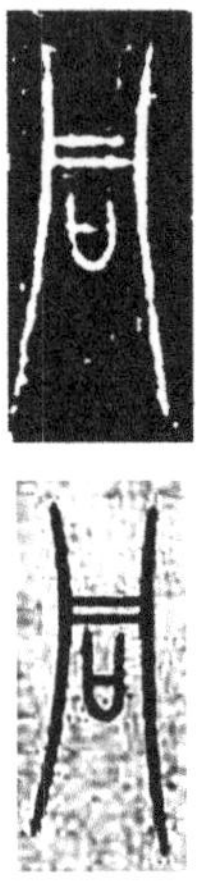

中山王嚳方壺（戰國晚期）

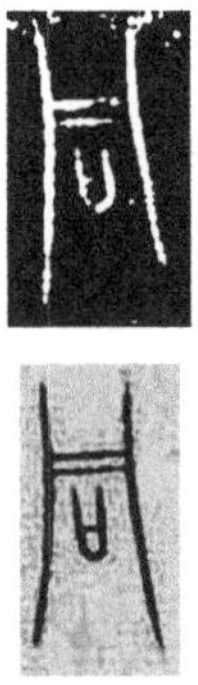

好𧊒壺（戰國晚期）

zhòu
胄

《説文》曰：兜鍪也。从冃、由聲。註：甲胄，甲，爲鎧甲。胄，爲兜鍪，即古戰將头盔兼面具。戴頭盔只露目。金文胄字，上部像帽飾之鋭出、中爲冃（即帽之象形字）字、下爲目；乃胄之象形。或省目。或省目、从人，均為胄字之别體字。

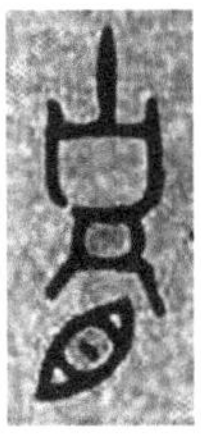

小盂鼎（西周早期）

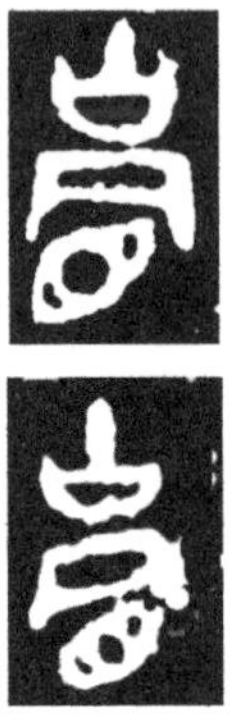

戜殷（西周中期）

伯晨鼎（西周中期）

豦簋（西周中期）

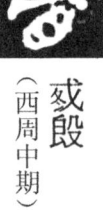

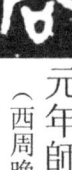

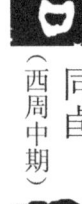

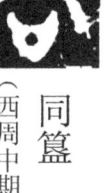

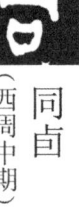

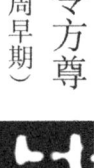

冑簋
（西周晚期）

中山王譻方壺
（戰國晚期）

好蚉壺
（戰國晚期）

mào
冒

《說文》曰：冡（蒙）而前也。从冃、从目。註：冒，即帽之本字。冃，帽之象形。冃下从目以示戴帽露目。

冃、冃、冒、帽本同字。冒，通瑁、通媢。

九年衛鼎 讀為冒
（西周中期） 捨盠冒梯

冕

冕父乙爵
（殷商）

mào
帽

《集韻》曰：帽，貪也。

亞⿱冃心匕 讀為帽
（殷商） 从冃从心

兩　㒳

倆　兩

liǎng
㒳

註：㒳兩，从冂、从丨。以丨爲界，冂中兩個入，像㒳，古代錢幣象形，組成㒳字。㒳，即古幣單位銖兩之兩字。重複亦曰兩，有再義。㒳，即兩，兩行而㒳廢矣。

歆䜌方鼎（西周早期）

欶段（西周早期）

小臣宅簋（西周早期）

九年衛鼎（西周中期）

裘衛盉（西周中期）

萳段（西周中期）

小臣守簋（西周）

大簋盖（西周晚期）

囗囗宰兩鼎（春秋）

九年衛鼎（西周中期）二兩兩字合文

兆域圖（戰國）

liǎng
兩

《說文》曰：二十四銖爲一兩。

註：兩，通倆、通輛。

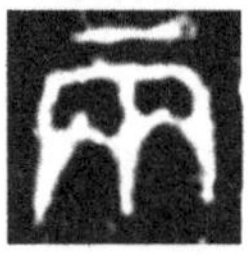

圅皇父簋（西周晚期）

圅皇父鼎（西周晚期）

洹子孟姜壺（春秋）

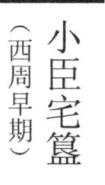

 㒼

 网罔網

 罕

 䍙

mán
㒼

註：制鼓蒙鼓皮曰㒼皮。㒼，平整無縫隙、無空洞。

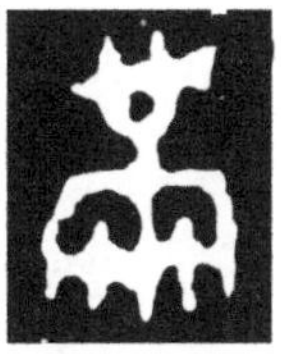

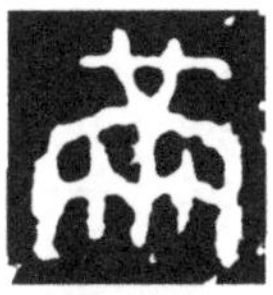
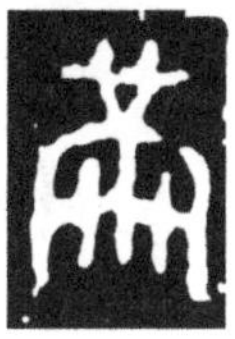

㒼𣪘（西周中期）

wǎng
网

柯昌濟曰：，即古文冈字，亦即網之古文。像網形。【韡華閣集古録跋尾】

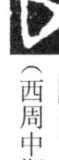

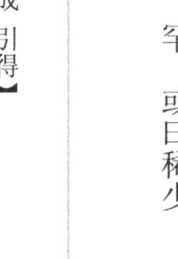

註：网，或从亡。网，或从糸。，籀文网。

戈网甗（殷商）

网鼎（西周早期）

⿰匽殳卣（西周早期）

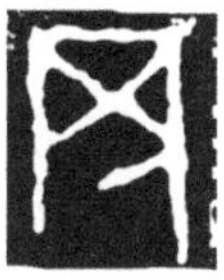

罔劫卣 或讀爲罔（西周早期）

伯[illegible]卣（西周早期）

网爵（西周中期）

hàn hǎn
罕

《説文》曰：网也。从网、干聲。

註：罕，捕鳥用長柄小網。罕，或曰稀少。

三年修余令韓誰戈（戰國晚期）　張亞初釋爲罕【殷周金文集成 引得】

méi
䍙

《説文》曰：网也。从网、每聲。

註：䍙，網也，或曰雉網。

羅 邏 蘿 籮

罝

罵 駡

小子⿱夆囟卣（殷商）

静方鼎（西周早期）

⿰阝⿱弋又貯段（西周中期）

luó 羅

《說文》曰：以絲罟鳥也。从网、从維。古者芒氏初作羅。《篇海類編》曰：羅，同邏，游兵也。

註：罟，所有網具之總稱。羅，以絲制網具捕鳥。字形像張网，网下从糸、从隹（隹同鳥），會意為捕鳥。羅，同籮、同纙、同蘿、同鑼、同邏、同擦。

羅兒匜（春秋）【古文字類編】收録

郾客問量（戰國）

jū 罝

《說文》曰：兔网也。从网且聲。《爾雅》曰：鳥罟謂之羅、兔罟謂之罝。

註：罝，獵兔之網。

⿰鬲⿱丰十比盨（西周晚期） 罝之異體

mà 罵

《說文》曰：詈也。从网、馬聲。《正字通》曰：駡，按六書本作罵，通作駡。駡亦俗省。

註：詈，責駡。駡，即罵之俗體字。

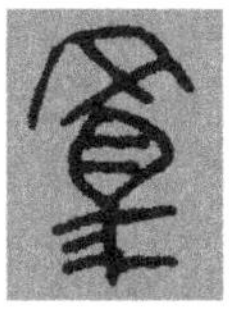
伺褱戈（戰國）【古文字類編】收録

罼

罼

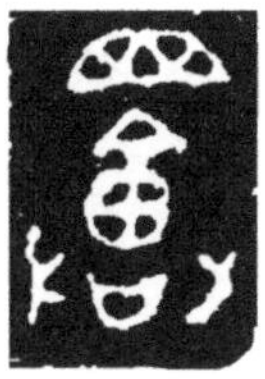

鼎比盨（西周晚期）

䍋

䍋

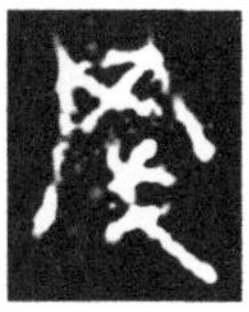

杕氏壺（春秋晚期）

𦌾

𦌾

𦋟

𦋟

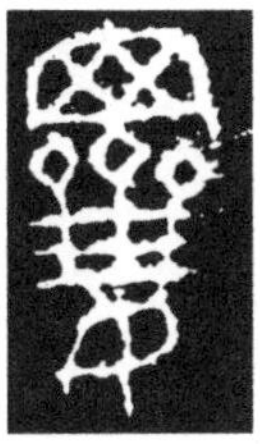

䣄𣪘（西周晚期）

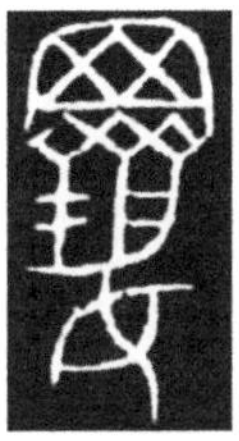

䣄𣪘蓋（西周晚期）

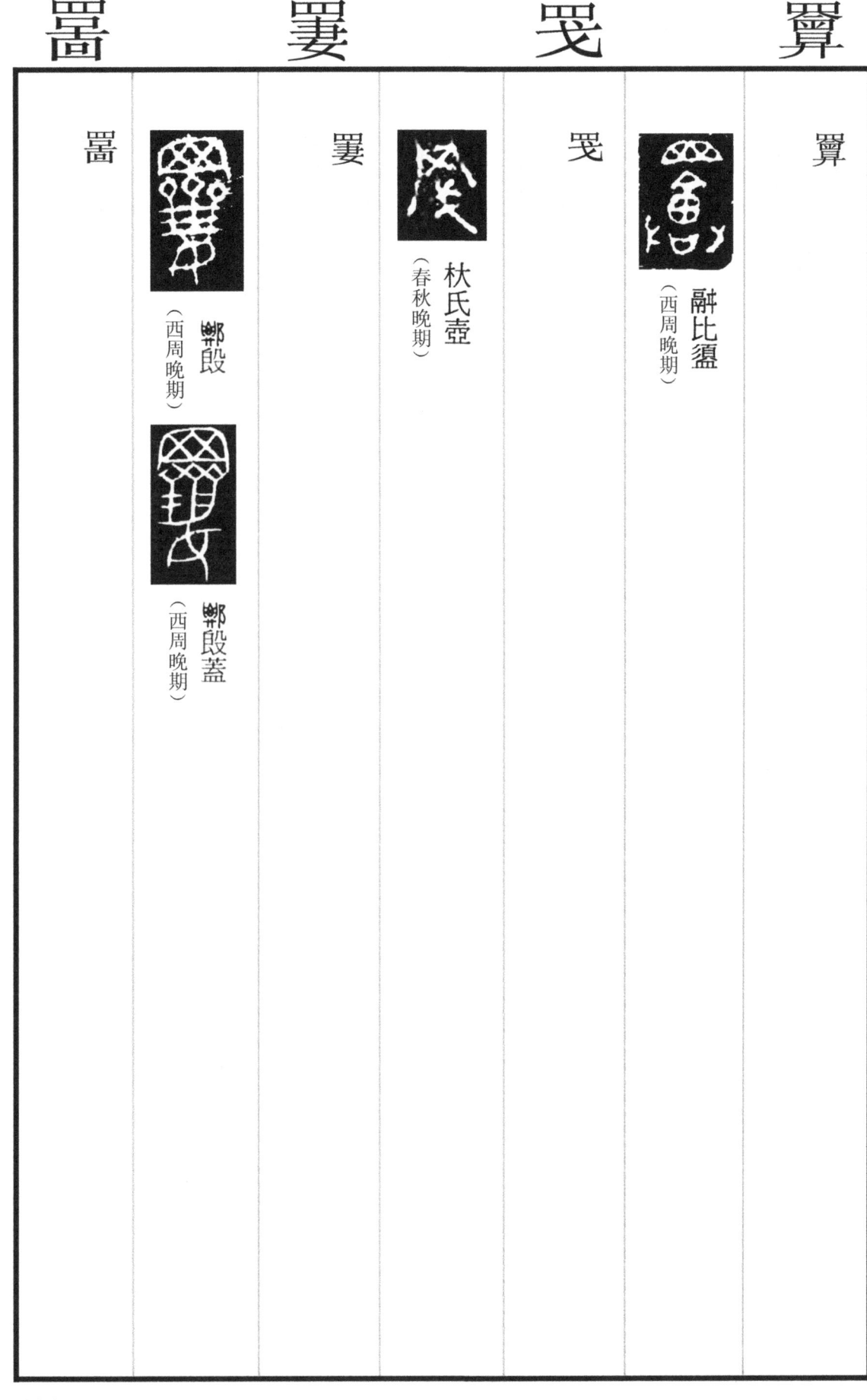

⿱罒豕　⿱罒畾　 覆

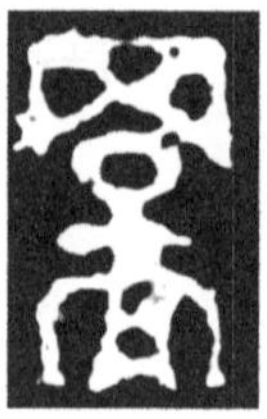

兮甲盤（西周晚期）

⿱罒豕

⿱罒豕客之官壺（戰國）

⿱罒畾

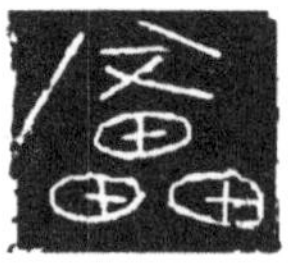

公朕右自鼎（戰國晚期）

fù
覆

《說文》曰：覂也，一曰盖也。从襾、復聲。

註：覂，倒易其上下，或曰翻覆。覆，翻覆、反覆、覆盖之義。覆，或作復，通愎。

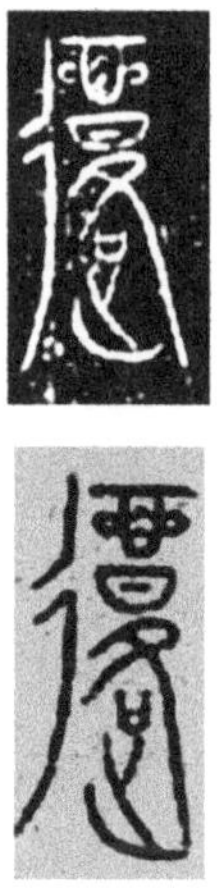

中山王䜌鼎（戰國晚期）

巾 　帥 

jīn
巾

《說文》曰：佩巾也。从冂、丨象糸也。

巾斧（西周早期）

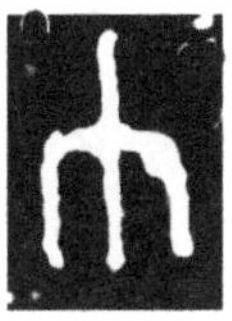
曶壺蓋（西周中期）

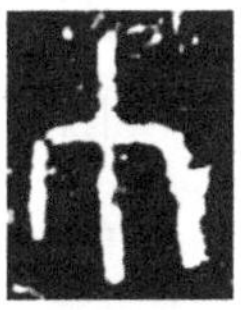

元年師兑簋（西周晚期）

shuài
帥

註：金文帥，左，像兩手執竿挑舉佩巾，或曰旗幟，以召衆。帥，有統帥、率領之義。後，譌變爲从𠂤作帥。帥，同率。

五祀衛鼎（西周中期）

帥隹鼎（西周中期）

師望鼎（西周中期）

彔伯𢦚段蓋（西周中期）

師虎簋（西周中期）

癲鐘（西周中期）

癲段（西周中期）

史牆盤（西周中期）

番生簋（西周晚期）

毛公鼎（西周晚期）

虢叔旅鐘（西周晚期）

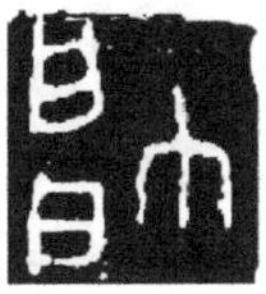
單伯昊生鐘（西周晚期）

井人女鐘（西周晚期）

汈其鐘（西周晚期）

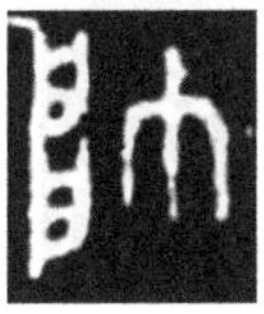
叔向父禹簋（西周晚期）

幬

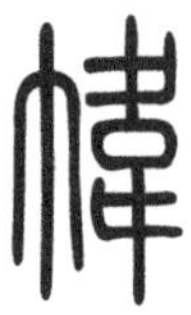
幃 帷

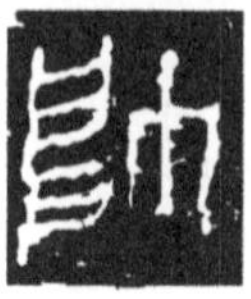
史頌鼎（西周晚期）

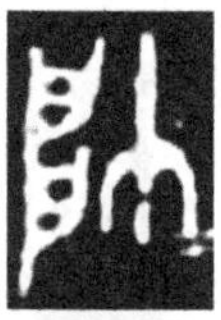
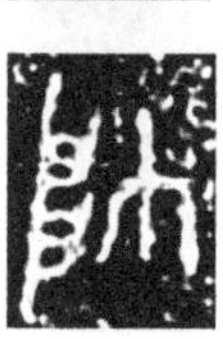

史頌簋（西周晚期）

秦公簋（春秋早期）

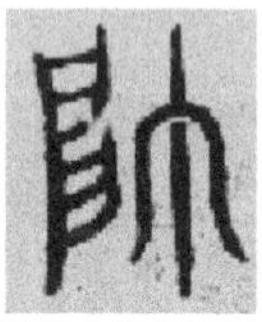
秦公鎛（春秋早期）

晉公盆（春秋）

chóu
幬

《説文》曰：禪帳也。註：幬，禪帳，即一層之床帳，或曰薄帳、單帳。幬，通疇。

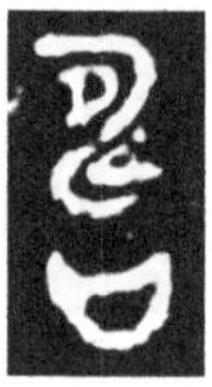
不壽簋（西周早期）

或不从巾

豆閉簋（西周中期）

彔伯㦰殷蓋（西周中期）

讀爲幬

余賜汝……金車賁幬較……

伯晨鼎（西周中期）

或从韋

賜汝……畫紳幬（幬）較……

wéi
幃

《説文》曰：囊也。从巾、韋聲、《玉篇》曰：幃，香囊也。

註：幃，或通帷。

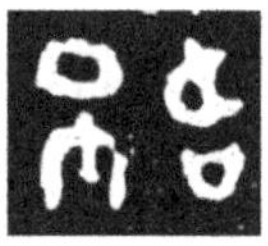
伯晨鼎（西周中期）

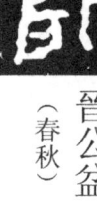

帚  佈布  席  嫦常裳 

zhǒu
帚

《玉篇》曰：帚，掃除糞穢也。

注：帚，乃掃帚象形字。金文多以帚假爲婦、爲歸。

母帚方彝（殷商）

殷（殷商）

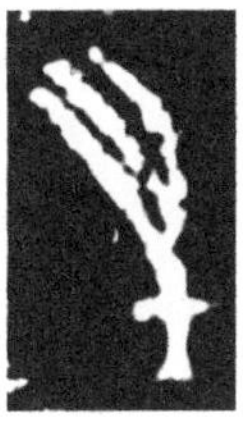

婦姦觶（殷商）

bù
布

《說文》曰：枲織也。从巾、父聲。

註：枲，即麻，枲織即麻織品。古無棉布有麻布。古以布爲幣、錢幣，曰布貨。布，或通佈。

守宮盤（西周早期）

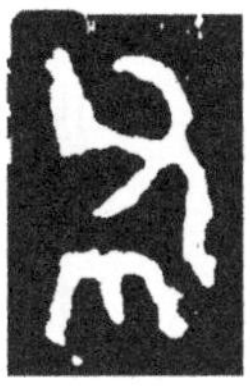

作冊睘尊（西周早期）

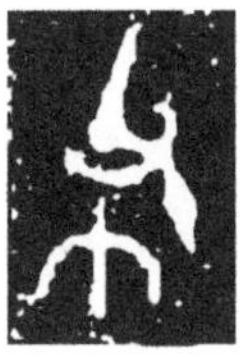

作冊睘卣（西周早期） 讀為布 尸伯賓睘貝 布

xí
席

註：，金文席或从厂、省廿。或省广。古文席。

九年衛鼎（西周中期） 讀為席 王在周駒宮格廟……矩取省車……鞭席索

羌伯簋（西周晚期） 或省广 異自它邦有席于大命

shāng
cháng
常

《說文》曰：下帬（裙）也。从巾、尚聲。常或从衣。

註：常、裳同字。从巾、从衣，其義相同。上為衣、下爲裳。裳行而常廢矣。常，或用爲經常之常。常，用同嫦、通嘗、通長。

帶

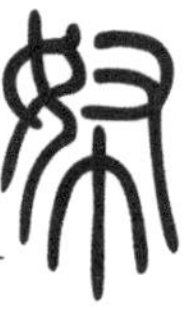

帑

歸

子犯編鐘（春秋晚期） 讀爲裳 衣常（裳）帯市佩 【近出殷周金文集録】

dài
帶

《説文》曰：紳也。男子鞶帶、婦人帶絲，象繫佩之形。佩必有巾，从巾 《廣韻》曰：帶，衣帶。

註：帶，束衣的腰帶。鞶，革製佩帶，用以佩玉。帯通戴。

子犯編鐘（春秋晚期） 讀爲帯 衣常（裳）帯市佩 【近出殷周金文集録】

七年上郡守閒戈（戰國晚期） 【近出殷周金文集録】

tǎng
帑

《説文》曰：金幣所藏也。从巾、奴聲。

註：帑，收藏錢財之府庫、或指庫府之錢財。帑，或通孥。

農卣（西周中期） 讀為帑 迺稟厥帑

歸

歸作父丁鼎（西周早期）

段金歸段（西周中期）

段金歸尊（西周中期）

fú 市

《說文》曰：韠也。上古衣蔽前而已，市以象之。天子朱市，諸侯赤市，大夫葱衡。从巾，象連帶之形。

郭沫若曰：市，一般作芾，亦作紱、韍等，古之蔽膝，今之圍腰，古人以爲命服。【師克盨銘考釋】

註：市，古代朝覲或祭祀時，遮蔽在衣裳前面的服飾，象形字。地位不同，其顔色、質地各異。

大盂鼎（西周早期）

麥方尊（西周早期）

庚季鼎（西周中期）

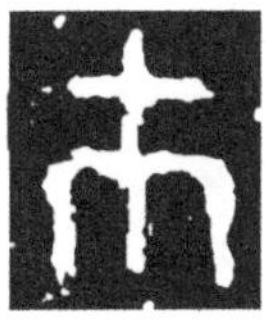
利鼎（西周中期）

即簋（西周中期）

七年趞曹鼎（西周中期）

師奎父鼎（西周中期）

師𩛥鼎（西周中期）

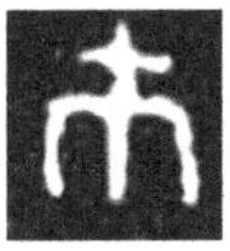
廿七年衛簋（西周中期）

免簋（西周中期）

趞毁（西周中期）

申簋蓋（西周中期）

豆閉簋（西周中期）

師酉簋（西周中期）

趩觶（西周中期）

走馬休盤（西周中期）

毛公鼎（西周晚期）

頌鼎（西周晚期）

元年師旋毁（西周晚期）

伊簋（西周晚期）

善夫山鼎（西周晚期）

南宮柳鼎（西周晚期）

趞鼎（西周晚期）

師𩛥簋（西周晚期）

大克鼎（西周晚期）

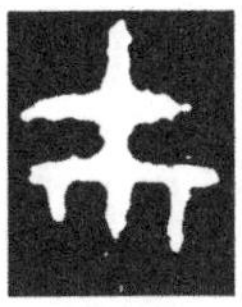
寰盤（西周晚期）

揚簋（西周晚期）

番生簋（西周晚期）

此簋（西周晚期）

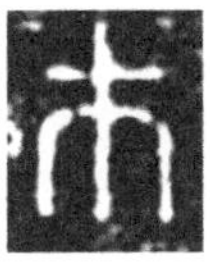
訇簋（西周晚期）

帢 帢 韐　横　敀

此鼎（西周晚期）

楚簋（西周晚期）

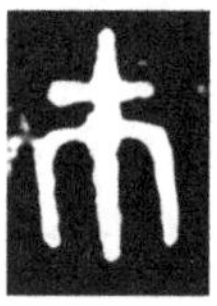
頌簋（西周晚期）

師嫠毁（西周晚期）

gé
帢

註：古代王、諸侯等佩市，下層士卒佩帢，帢缺四角，赤黄色。帢，或从韋作韐。

裘衛盉（西周中期）

héng
横

註：横，乃繫市于腰間之佩帶，或革製、或絲製、或麻製。横，讀作衡。

師𩰫鼎（西周中期）　讀為衡　賜汝……赤市朱横（衡）

bèi
bá
敀

《集韻》曰：敀，物衺（邪）舛也。

註：敀，各種物件歪斜交錯、錯雜。敀，或同犻。犻，今之跋字，專横跋扈之跋字。敀，或假為芾。

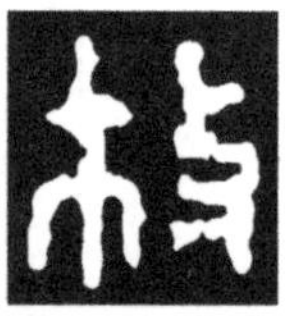

癲盨（西周中期）

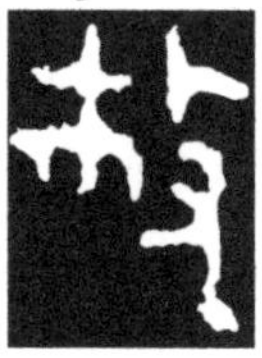
吕服余盤（西周中期）　讀爲芾　賜汝赤敀（芾）幽横

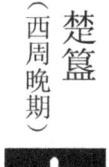

帛

帛

bó
帛

《説文》曰：繒也。从巾、白聲。

註：帛、繒，均為絲織品之總稱。帛有生熟之分，生帛曰縞、素、綃、絹；熟帛曰練。

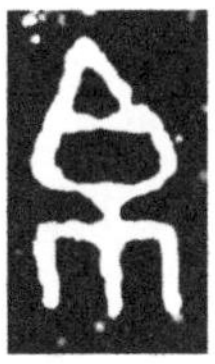

舍父鼎（西周早期）

相侯簋（西周早期）

九年衛鼎（西周中期）

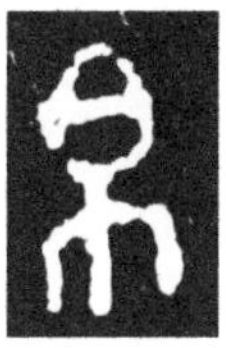

五年召伯虎簋（西周晚期）

⿱艹兩殷（西周中期）

大簋蓋（西周晚期）

者瀘鐘（春秋）

魚鼎匕（戰國）

⿱帛貝

⿱帛貝

羌伯簋（西周晚期）

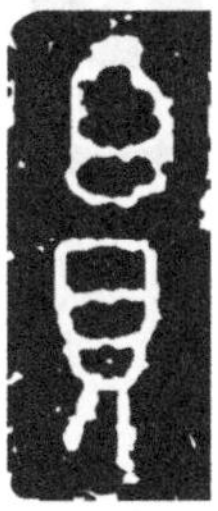

師寰殷（西周晚期）

兮甲盤（西周晚期）

白

隙 㿥

bái
白

商承祚曰：白，金文从日鋭顶，像日始生，光閃耀如尖鋭，天色已白，故曰白也。【説文中之古文攷】

註：白，或假爲伯。

作册大方鼎（西周早期）

叔簋（西周早期）

召卣（西周早期）

[illegible]尊（西周早期）

傚[illegible]白戈（西周早期）

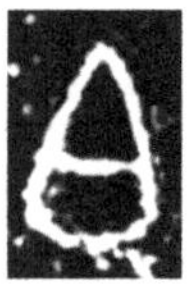
單子白盤（西周早期）

虢季子白盤（西周晚期）

虢宣公子白鼎（西周晚期）

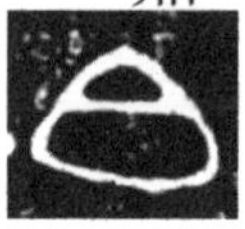
內大子白鼎（西周晚期）

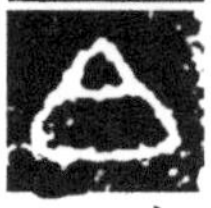
內大子白壺（西周晚期）

內大子白簠（西周晚期）

單子白盨（春秋早期）

吴王光鑑（春秋晚期）

上白羽壺（戰國晚期）

xì
㿥

《正字通》曰：㿥，或作隙。

㿥戈（春秋晚期）

張亞初釋爲㿥【殷周金文集成引得】

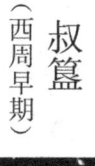

⿱白丂　⿱白一　皃　皂

⿱白丂

⿱白丂庚簋（西周）

【金文編】收録

⿱白一

兆域圖（戰國晚期）

皃

皃簋（西周）

【三代吉金文存】

zào
皂

註：皂，本作皁。皁斗即櫟木、柞木果實之斗殼，煮汁可染黑色，曰皂色。早、皂或為同字。

敝 㡀弊蔽

黹

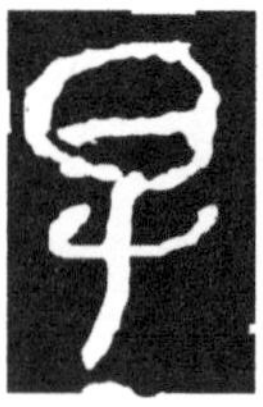
八年鄭令戈（戰國）

五年鄭令戈（戰國） 讀為皂 右庫工師皂高

bì
敝

《説文》曰：帗也、一曰敗衣。从攴、从㡀，㡀亦聲。《玉篇》曰：㡀，同敝、同弊。《説文通訓定聲》曰：敝，假借爲蔽。註：㡀，从巾、四點以示巾破敗之痕。敝，破衣、破舊、破蔽。

散氏盤（西周晚期） 或从市 與从巾同 封于敝城

zhǐ
黹

《説文》曰：箴縷所紩衣，从㡀、丵省。註：黹，鍼（针）縷（线）所紩（缝）衣服邊沿之綉花紋。黹，花紋象形。黹，或指縫紉、刺繡。

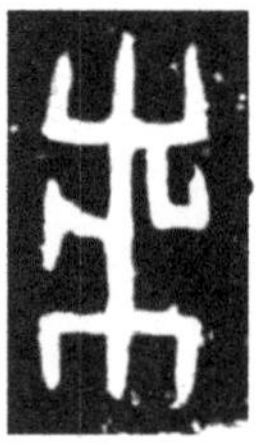
乃孫作且己鼎（殷商）

太保戈（西周早期）

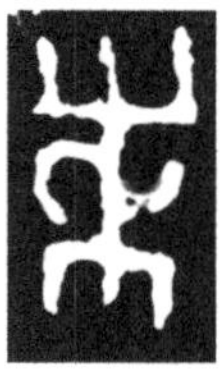
走馬休盤（西周中期）

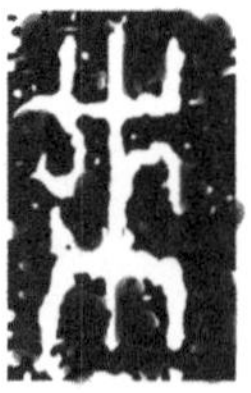
王臣簋（西周中期）

叔黹作寶甗（西周中期）

師奎父鼎（西周中期）

九年衛鼎（西周中期）

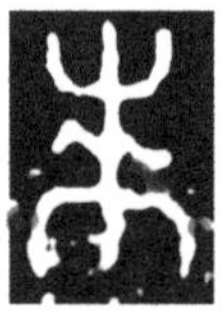
羖段蓋（西周中期）

即簋（西周中期）

無叀鼎（西周晚期）

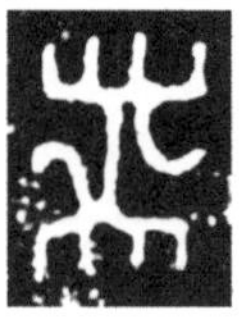
⿺走馬鼎（西周晚期）

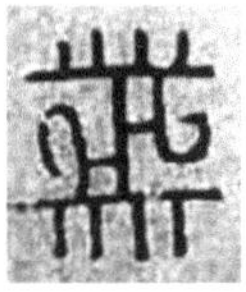
寰鼎（西周晚期）

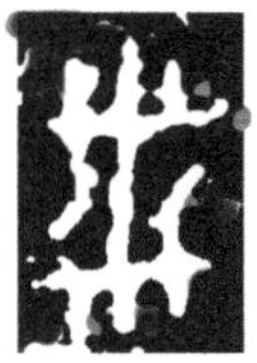
弭伯師耤段（西周晚期）

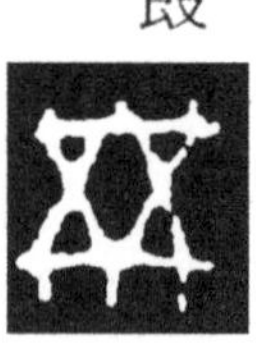
寰盤（西周晚期）

黺

䵶

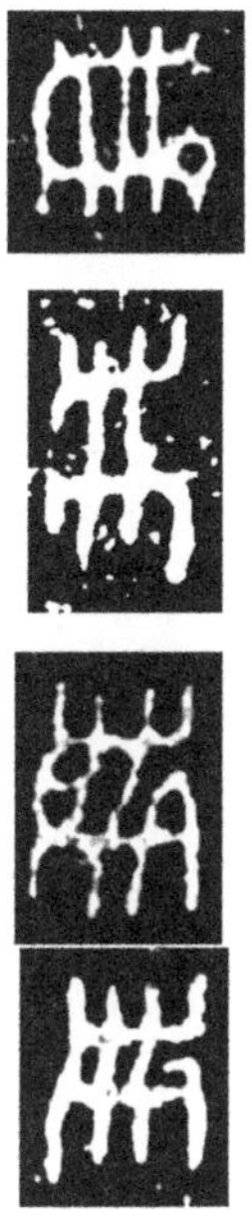

此簋（西周晚期）

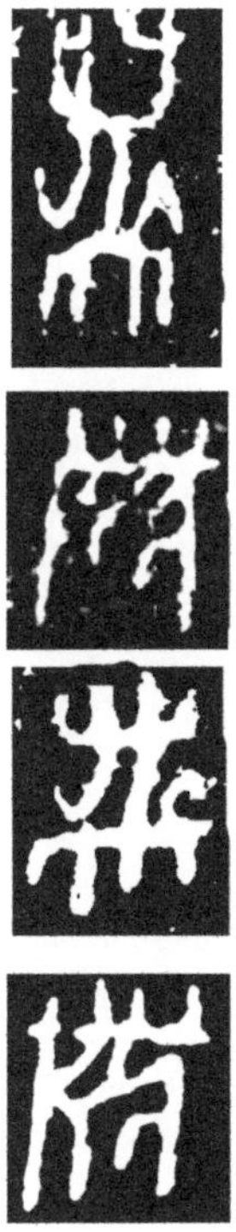

此鼎（西周晚期）

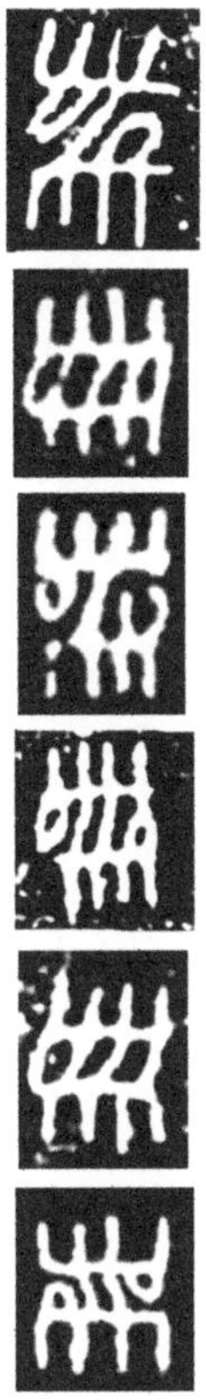

頌簋（西周晚期）

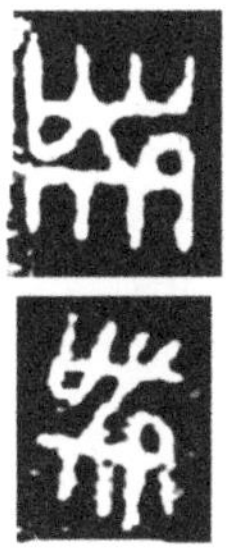

頌鼎（西周晚期）

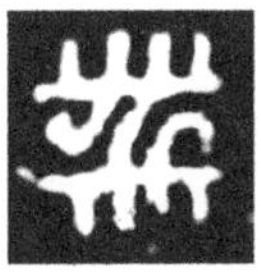

頌壺（西周晚期）

㝬𣪕（西周晚期）

訇簋（西周晚期）

害簋（西周晚期）

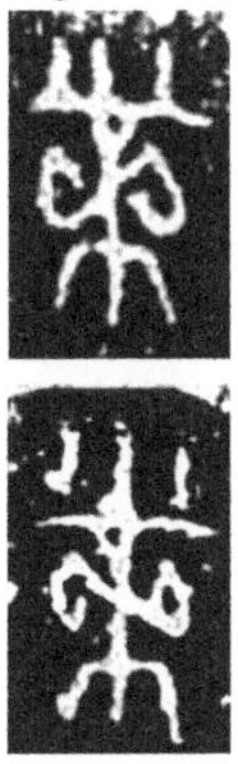

曾伯霥簠（春秋早期）

chǔ

䵶

《説文》曰：合五采（彩）鮮色。从黹、虘聲。詩曰：衣裳䵶䵶。

註：五彩鮮明、整潔曰䵶。衣冠楚楚，之楚爲假借字，䵶，爲正字。䵶，或从處；䵶，或从且（祖）。處、虘、且（祖）音近，取其聲。

䵶作母甲尊（西周早期）　或从黹虘聲

史牆盤（西周中期）

師𩛥鼎（西周中期）　或从黹且（祖）聲

𤼈鐘（西周中期）　或从黹處聲

⿰黹處𣪕（西周晚期）

黺

瘔

戍鈴方彝（殷商）

jiù 瘔

《爾雅》曰：咎，病也。 註：咎，或从疒作瘔。瘔，咎之異文。 （此字應在疒部 補録于此）

國差𦉜（春秋）

李樹青 編撰

書畫參考資料拼音字註釋版

金文字彙

第三冊

天津出版传媒集团
天津古籍出版社

仰韶書屋

仰韶書屋

人

仰韶書屋金文字彙 卷八

文二百八十四字　重文約二千九百三十四字

rén 人

《說文》曰：天地之性最貴者也。此籀文象臂脛之形。

註：金文、甲骨文之人字，均像側立之人形，或左、或右無別。金文中之卩、尸同爲側人，或小異。大，爲人之正面，與天字形近，同爲人之象形。

作册般甗（殷商）

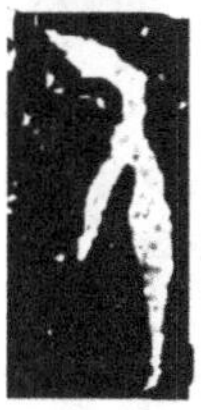
作册夨令簋（西周早期）

宜人夨簋（西周早期）

叔趯父卣（西周早期）

叔德簋（西周早期）

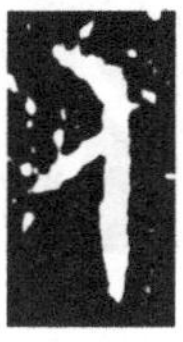
周公簋（西周早期）

班簋（西周中期）

師酉簋（西周中期）

師瘨殷蓋（西周中期）

伯戜殷（西周中期）

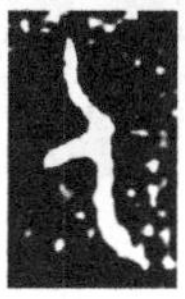
追簋（西周中期）

即簋（西周中期）

中簋蓋（西周中期）

𤼈鐘（西周中期）

王人⿱亼甘輔甗（西周中期）

伯⿱宀夾父鼎（西周中期）

衛鼎（西周中期）

師𩛥鼎（西周中期）

彧段（西周中期）

卯簋（西周中期）

戎配玉尊（西周中期）

次尊（西周中期）

萬諆觶（西周中期）

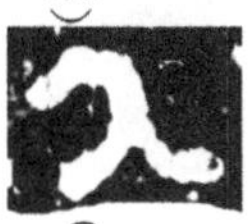
殷句壺（西周中期）

師望鼎（西周中期）

善鼎（西周中期）

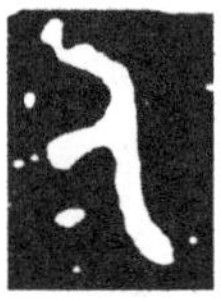
五祀衛鼎（西周中期）

曶鼎（西周中期）

晉人簋（西周中期）

井叔釆鐘（西周晚期）

訇簋（西周晚期）

善夫山鼎（西周晚期）

大克鼎（西周晚期）

師𩵦簋（西周晚期）

中伯簋（西周晚期）

鄧公簋（西周晚期）

鼄乎段（西周晚期）
假爲年
萬人（年）永用

散氏盤（西周晚期）

虢段（西周晚期）

此簋（西周晚期）

此鼎（西周晚期）

䣄段（西周晚期）

善夫克盨（西周晚期）

井人女鐘（西周晚期）

昊生殘鐘（西周晚期）

兮仲鐘（西周晚期）

多友鼎（西周晚期）

穌甫人盤（西周晚期）

兮甲盤（西周晚期）

妊小簋（西周晚期）

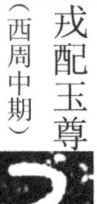

甫人父匜（西周晚期）

上鄀公敄人簋（春秋早期）

作鐘（西周晚期）

爲甫人盨（春秋早期）

黃子盉（春秋早期）

黃子豆（春秋早期）

衛夫人鬲（春秋早期）

黃子鬲（春秋早期）

黃子鼎（春秋早期）

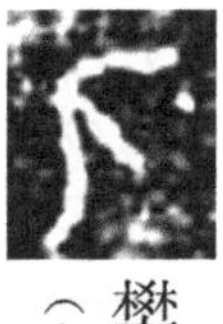
樊夫人匜（春秋早期）

洹子孟姜匜（春秋）

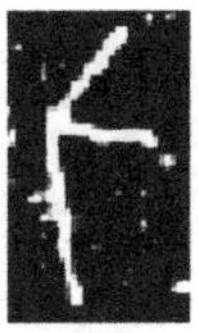
邕子良人甗（春秋早期）

齊侯鎛（春秋中期）

取它人鼎（春秋）

畱篙鐘（春秋晚期）

配兒鉤鑃（春秋晚期）

王孫遺者鐘（春秋晚期）

宋公䜌簠（春秋晚期）

君夫人鼎（戰國）

蒦圆窑里人豆（戰國晚期）

中山王譽鼎（戰國晚期）

中山王譽方壺（戰國晚期）

大盂鼎 一人合文（西周早期）

毛公鼎（西周晚期）

bǎo
保

《說文》曰：養也。　唐蘭曰：抱者褒於前，保者負於背。【殷虛文字記】
方濬益曰：象人抱子之形，……爲抱之本字。【綴遺齋彝器款識考釋】
註：，金文之保，皆負子之形。保，或从玉，以示珍貴。保，與褓同，或假爲褒、爲緥、爲寶。

保裸褒抱緥

保鼎（殷商）

保父丁簋（殷商）

保㕣鼎（殷商）

保父己觶（殷商）

子寶觚（殷商）

保□爵（殷商）

□保爵（殷商）

𢼸作父丁卣（西周早期）

亞保且辛簋（西周早期）

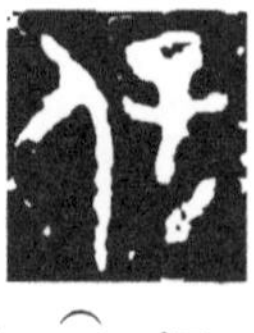
保尊（西周早期）

亞父庚且辛鼎（西周早期）

亞保酉簋（西周早期）

大保簋（西周早期）

保卣（西周早期）

大盂鼎（西周早期）

保侃母簋（西周早期）

史牆盤（西周中期）

盠方尊（西周中期）

盠方彝（西周中期）

才盉（西周中期）

𢁪攸鼎（西周中期）

師𩵦鼎（西周中期）

格伯簋（西周中期）

縣妃簋（西周中期）

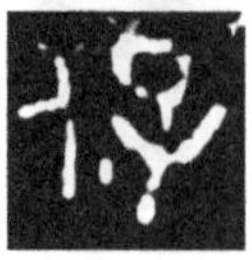
肄殷（西周中期）

保子達簋（西周晚期）

大克鼎（西周晚期）

𤔲寇良父壺（西周晚期）

彔盨（西周晚期）

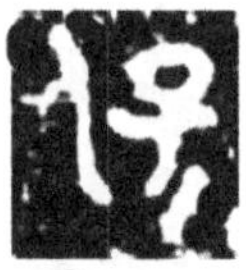
師𩛰簋（西周晚期）

㝬殷（西周晚期）

叔相父禹簋（西周晚期）

毛公鼎（西周晚期）

𡢃仲之孫殷（春秋早期）

王孫壽甗（春秋早期）

曾子斿鼎（春秋早期）

宗婦鄁嬰鼎（春秋早期）

宗婦鄁嬰𣪘（春秋早期）

秦公簋（春秋早期）

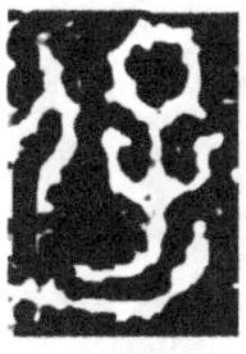
鄧公乘鼎（春秋中期）

褱鼎（春秋中期）

王子申盞（春秋）

鄦侯少子𣪘（春秋）

齊良壺（春秋）

孟縢姬缶（春秋）

曾大保盆（春秋）

徐王義楚觶（春秋晚期）

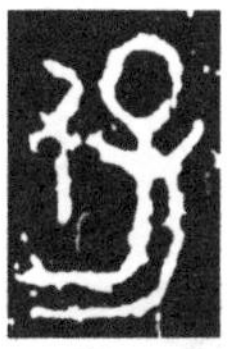
郘𨐨尹朁鼎（春秋晚期）

其次句鑃（春秋晚期）

子季嬴青簠（春秋晚期）

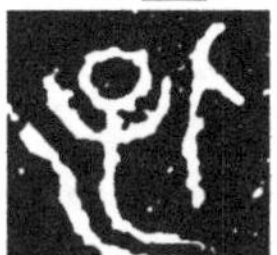
楚屈子赤角簠（春秋晚期）

樂子簠（春秋晚期）

臧孫鐘（春秋晚期）

子璋鐘（春秋晚期）

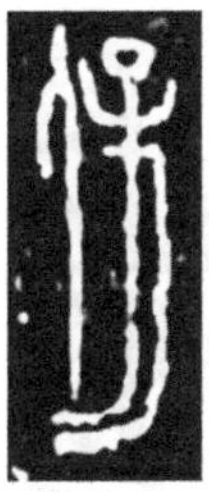
蔡侯盤（春秋晚期）

陳逆簋（戰國早期）

楚子暖簠（戰國早期）

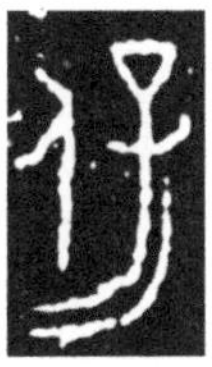
乙鼎（戰國早期）

陳侯因𬯀敦（戰國晚期）

十四年陳侯午敦（戰國晚期）

中山王嚳方壺（戰國晚期）

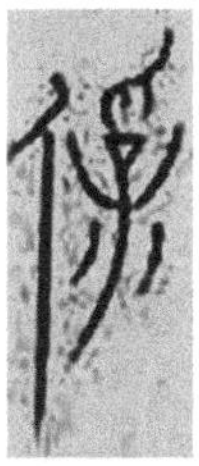
中山王嚳鼎（戰國晚期）

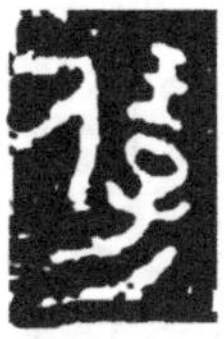
富鼎（西周早期）

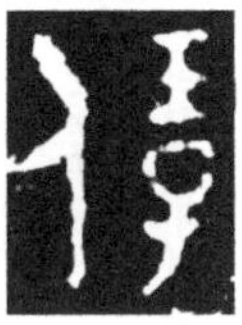
作冊䰧卣（西周早期）

作冊䰧父乙尊（西周早期）

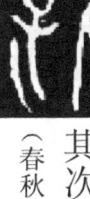

作冊大方鼎（西周早期）

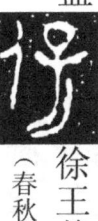

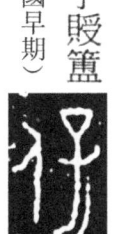

仁

企

叔簋（西周早期）

宗室方鼎（西周早期）

大保方鼎（西周早期）

大保卣（西周早期）

蠆鼎（西周中期）

夆叔盤（春秋早期）

毛叔盤（春秋早期）

齊侯匜（春秋早期）

夆叔匜（春秋早期）

齊侯敦（春秋）

rén
仁

《説文》曰：親也。从人、从二。古文仁从千、心。古文仁或从尸。註：古文尸、人形同、義近。

魯伯愈父匜（春秋早期） 讀為仁
魯伯愈父作鼄姬仁朕羞鬲

魯伯愈父盤（春秋早期）

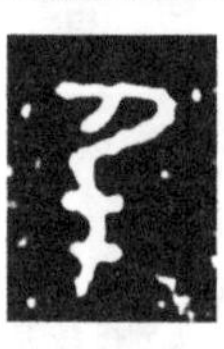
魯伯愈父簠（春秋早期）

魯伯愈父鬲（春秋早期）

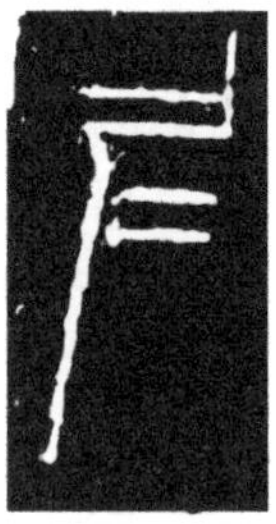
中山王譽鼎（戰國晚期）

qǐ
企

《説文》曰：舉踵也。从人、止聲。古文企从足。

註：足後根曰踵。舉踵，即踮起脚後跟。企足而望，有企望之意。

仕

佩 珮

癸爵（殷商）

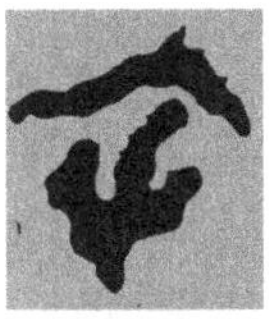

右企馬銜（戰國）

shì
仕

《説文》曰：學也。从人、从士

仕斤徒戈（戰國早期）

罡仕鏃（戰國）

pèi
佩

《説文》曰：大帶佩也，从人、从凡、从巾。佩必有巾，巾謂之飾。

註：佩，或省凡，从人、从巾。佩，同珮。

癲鐘（西周中期）

癲毁（西周中期）

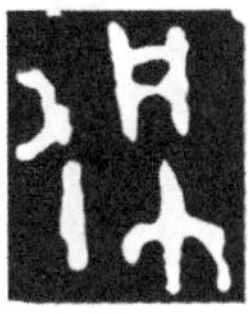

寓鼎（西周中期）

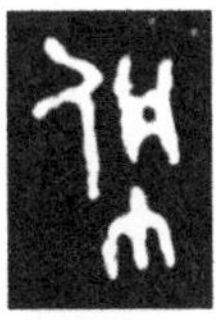

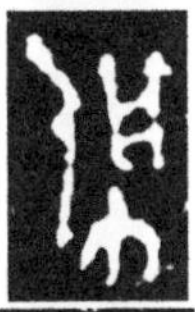

頌簋（西周晚期）

頌壺（西周晚期）

頌鼎（西周晚期）

善夫山鼎（西周晚期）

急伋

伯

仲

戎佩玉人尊（西周早期）

戎佩玉人卣（西周早期）　或从人 从巾

jí
伋

《說文通訓定聲》曰：伋，當訓急思也。《字彙》曰：伋，與急同。

鄭登伯鼎（西周晚期）

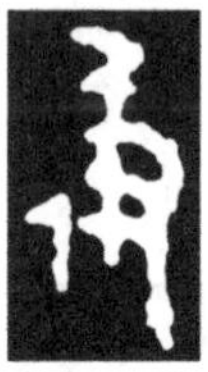
毛公鼎（西周晚期）　讀為急　嗣余小子弗伋（急）

集叔盨（西周晚期）　或从辵

邾公典盤（春秋）

bó
伯

註：金文均以白作伯。

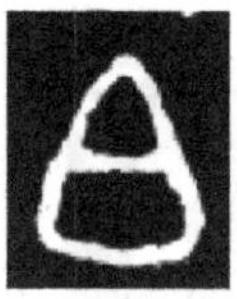
伯作鼎（西周早期）　以白爲伯

輔伯雁父鼎（西周晚期）

兮仲鐘（西周晚期）

zhòng
仲

註：金文均以中作仲。

仲作寶彝鬲（西周早期）　以中爲仲

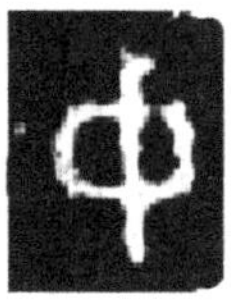
兮仲鐘（西周晚期）

柞鐘（西周晚期）

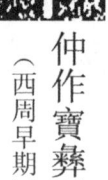

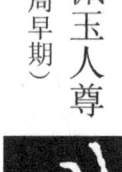

yí
伊

《説文》曰：殷聖人阿衡，尹治天下者。从人、从尹。

匕辛鐃（殷商）

伊生簋（西周早期）

鬼作父丙壺（西周中期）

伊簋（西周晚期）

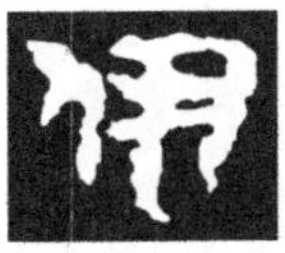
史懋壺（西周中期）

hóng
仜

《説文》曰：大腹也。从人、工聲。讀若紅。

《廣韻》曰：仜，身（體）肥大也。

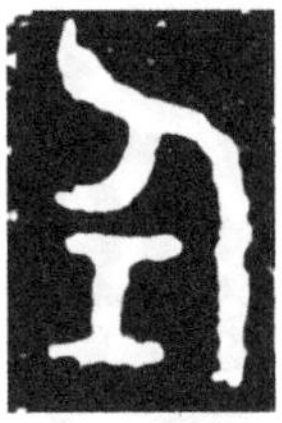
縣妃簋（西周中期）

péng
倗

註：上古，玉、貝皆爲貨幣及服飾，有物以系之，五貝一系，二系爲一朋。朋乃貨幣單位，，朋貝象形。而从人之倗、或飾貝之倗，均爲朋友之朋之本字。朋行而倗廢矣。小篆之倗从人鳳聲。

父辛爵（殷商）

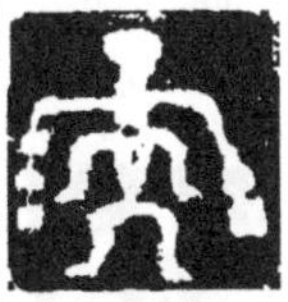

鼎（殷商）

舟鼎（殷商）

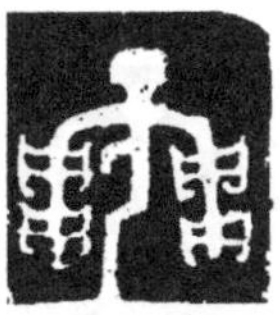
舟觶（殷商）

究兄丁卣（殷商）

究兄丁尊（殷商）

父丁鼎（殷商）

且己殷（西周早期）

究父癸殷（西周早期）

佣丁殷（西周早期）

衛鼎（西周中期）

七年趞曹鼎（西周中期）

格伯簋（西周中期）

盠駒尊（西周中期）

㝬仲觶（西周中期）

佣卣（西周中期）

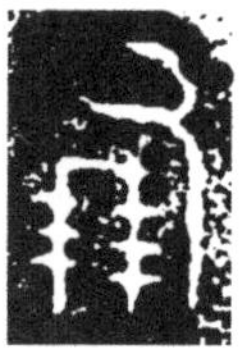
佣尊（西周中期）

佣史車鑾鈴（西周中期）

佣仲鼎（西周中期）

楚簋（西周晚期）

羌伯簋（西周晚期）

杜伯盨（西周晚期）

佣友鐘（西周晚期）

多友鼎（西周晚期）

佣伯簋（西周晚期）

叔㚸殷（西周晚期）

伯康簋（西周晚期）

伯旟魚父簠（春秋早期）

王孫遺者鐘（春秋晚期）

楚叔之孫佣鼎（春秋晚期）

佣缶（春秋晚期）

jǐng
儆

《說文》曰：戒也。从人、敬聲。

註：儆，警戒、戒備、警告，其意為警。儆，通驚。

儆　譏僟

何　荷何

郤讎尹征城（春秋）

中山王礨方壺（戰國晚期）或从心

中山侯鉞（戰國中期）假敬爲警 以敬（警）厥衆

jī
僟

《説文》曰：精謹也，从人、幾聲。《玉篇》曰：僟，精詳也。《集韻》曰：深練於事曰僟。

《説文通訓定聲》曰：僟，此譏察之本字，經傳皆以譏爲之。

註：僟，精詳、謹嚴。僟，通幾。

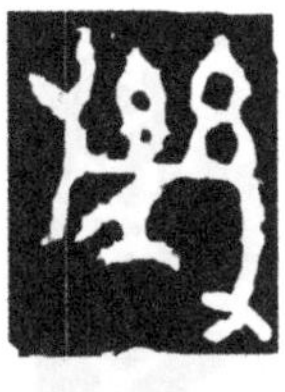

仲幾父簋（西周中期）

hè
hé
何

《説文》曰：儋（擔）也。从人、可聲。《説文解字注》曰：何，俗作荷。註：何，乃荷之本字，負荷、擔荷。

，甲骨文與早期金文之何，均象人荷戈之形。誰何之何為其借義。何，用同河、通呵。

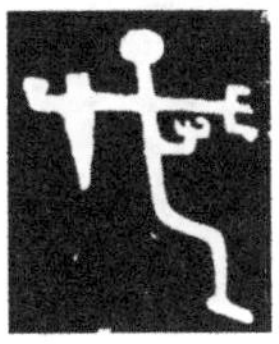

何戊簋（殷商）

何父乙卣（殷商）

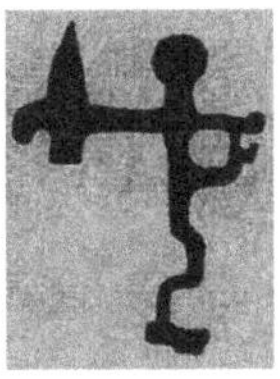

何尊（殷商）

何鉞（殷商）

何兄日壬觶（殷商）

何作兄日人卣（殷商）

子爵（殷商）

何媄反甗（西周早期）

何尊（西周早期）

段蓋（西周晚期）

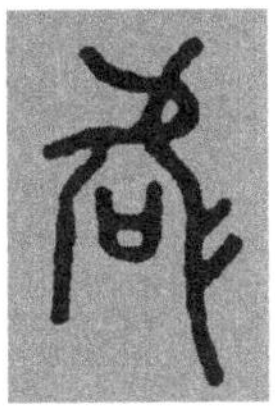

𣧑段（西周晚期）

何次簠（春秋晚期）【近出殷周金文集録】

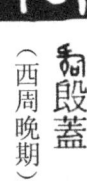

擔儋 

備 

王何戈（戰國）

十六年喜令戈（戰國晚期）

dān dàn
儋

《說文》曰：何（荷）也。从人、詹聲。《說文解字注》曰：儋，俗作擔。

註：儋，後作擔，擔負也。以背曰負，以肩曰擔。

十三年少府矛（戰國）

bèi
備

《說文》曰：愼也。《玉篇》曰：備，預也。《廣韻》曰：備，防也、具也。

註：備，預備、防備。備，或通箙，盛矢（箭）器。

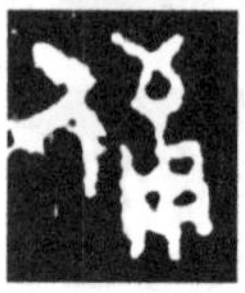

戜𣪘（西周中期） 讀爲箙

俘戎兵盾 矛 戈 弓 備（箙）矢裨胄凡百又卅又五款

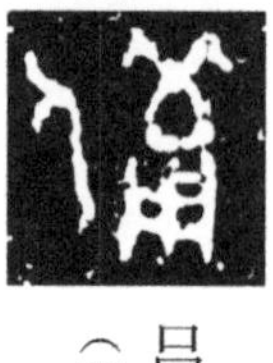

呂服余盤（西周中期）

元年師旋𣪘（西周晚期）

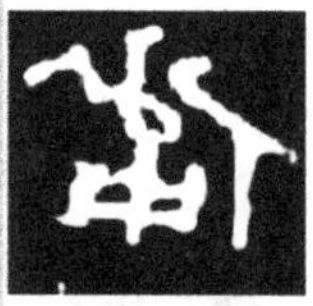

洹子孟姜壺（春秋）

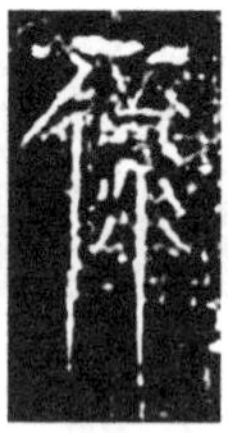

中山王譽鼎（戰國晚期）

位

儕

俌傅

恃侍

wèi
位

《說文》曰：列中庭之左右謂之位。从人、立。

註：古者以立爲位，金文或立、位同字。从人之位字，爲晚出字。，取胃爲聲符，乃位之異體。

頌鼎（西周晚期）

以立爲位

王格太室即立（位）

中山王嚳方壺（戰國晚期）

或从立胃聲

chái
儕

《說文》曰：等輩也。从人、齊聲。

註：儕，同輩人或同類人。

fù
傅

註：，假俌爲傅。傅，輔佐、輔助。傅，通敷。

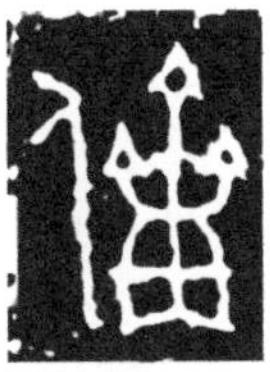

殷穀盤（西周中期）

五年師旋段（西周晚期）

shì
侍

《說文通訓定聲》曰：侍，假借爲恃。

註：侍，侍奉、隨從。

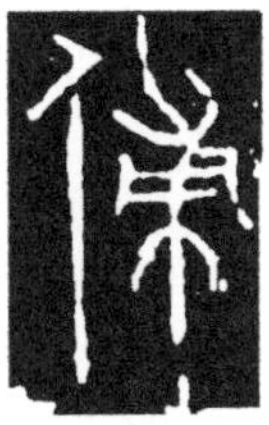

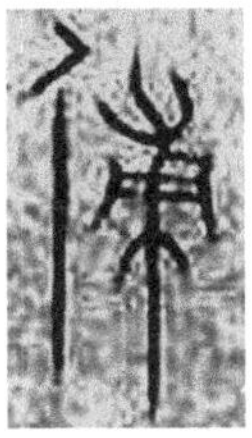

中山王嚳鼎（戰國晚期）

以俌作傅

唯俌（傅）姆是從

側 

付 

他佗 

陳旺戟（戰國晚期）

cè
側
《説文》曰：旁也。从人、則聲。
《説文通訓定聲》曰：側，假借爲惻。

訇簋（西周晚期）

無叀鼎（西周晚期）

fù
付
《説文》曰：與也。从寸持物對人。
註：付，付與、授予。付通副。

付鼎（殷商）

曶鼎（西周中期）

九年衛鼎（西周中期）

永盂（西周中期）

蟎鼎（西周中期）

鬲攸从鼎（西周晚期）

散氏盤（西周晚期）

tuó
佗
《説文》曰：負何（荷）也。从人、它聲。《説文通訓定聲》曰：佗，俗字作駝、作馱。
《正字通》曰：佗，與他通。註：佗，背負載物。佗，从人、它聲。它、也，同字，故佗、他同字。佗，通拖。

 稱偁

 作

楚屈叔佗戈（春秋早期）

chēng
偁

《説文》曰：揚也。从人、再聲。註：偁，稱贊、頌揚。偁同稱。

偁□作且癸𣪘（殷商）

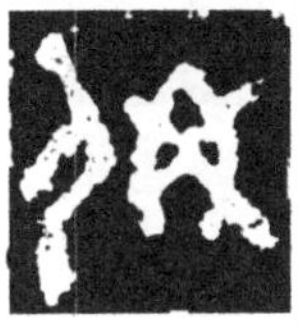

中偁父癸爵（殷商）

中偁且己爵（殷商）

中偁父乙爵（殷商）

中偁父癸爵（殷商）

中偁父甲爵（西周早期）

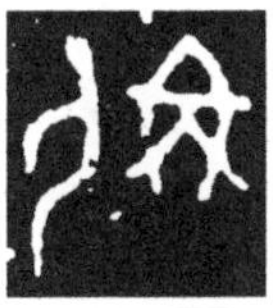

中偁父乙方罍（西周早期）

中偁父己爵（西周早期）

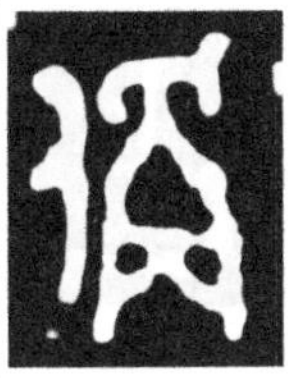

或者鼎（西周中期）

zuò
作

註：古乍、作同字。後，作，从人，分化爲二。金文作字均不从人，以乍爲作。，或从攴。，或从又。

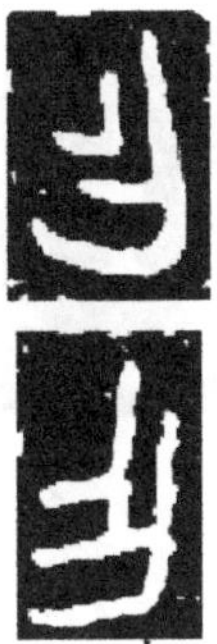

小子作父己鼎（殷商）

商婦甗（殷商）

亞伯禾鼎（殷商）

咸妹子作且丁鼎（殷商）

乃孫作且己鼎（殷商）

小臣缶方鼎（殷商）

伯吉父鼎（西周早期）

征人鼎（西周早期）

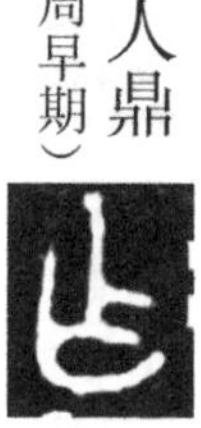
麥方鼎（西周早期）

伯矩甗（西周早期）

夆作甗（西周早期）

叔作旅鼎（西周早期）

右作旅鼎（西周早期）

伯作彝鼎（西周早期）

作寶彝甗（西周早期）

[illegible]甗（西周早期）

雷甗（西周早期）

鼎作父乙甗（西周早期）

田農甗（西周早期）

北伯鬲（西周早期）

仲作寶彝鬲（西周早期）

矢伯鬲（西周早期）

[illegible]甗（西周早期）

作寶鼎（西周早期）

寡長方鼎（西周早期）

[illegible]鼎（西周早期）

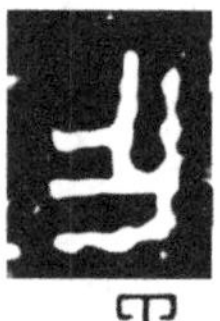
亞作寶彝鼎（西周早期）

蝥鼎（西周早期）

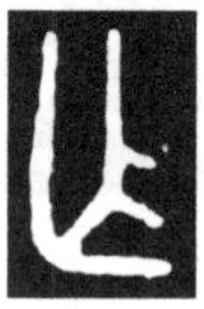
土作父乙方鼎（西周早期）

霸姞鼎（西周早期）

叔旟鼎（西周早期）

亞[illegible]作父乙鼎（西周早期）

堇臨作父乙方鼎（西周早期）

矢王方鼎（西周早期）

[illegible]父鼎（西周早期）

叔具鼎（西周早期）

斿鼎（西周早期）

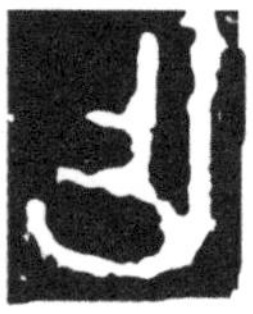
義仲方鼎（西周早期）

[illegible]父鼎（西周早期）

作

伯作鼎（西周早期）

烏壬侜鼎（西周早期）

彀鼎（西周早期）

伯貞甗（西周早期）

田農鼎（西周早期）

从鼎（西周早期）

車作寶鼎（西周中期）

舟作寶鼎（西周中期）

毛作寶鼎（西周中期）

[illegible]作寶鼎（西周中期）

[illegible]鼎（西周中期）

[illegible]作寶彝鼎（西周中期）

㝬鼎（西周中期）

才倎父鼎（西周中期）

井季㚤鼎（西周中期）

子邦父甗（西周中期）

仲枏父鬲（西周中期）

仲作旅甗（西周中期）

仲伐父甗（西周中期）

子邦父甗（西周中期）

強作井姬鼎（西周中期）

伯遲父鼎（西周中期）

亘鼎（西周中期）

舟鼎（西周中期）

帥隹鼎（西周中期）

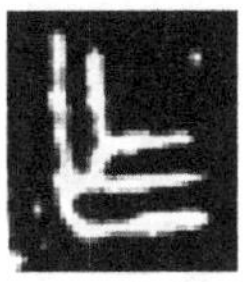
伯先父鬲（西周中期）

仲姬作鬲（西周中期）

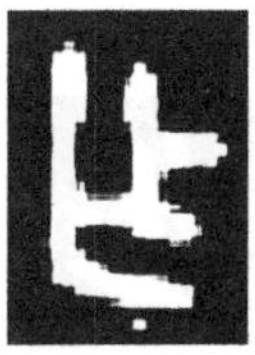
微伯鬲（西周中期）

塱肇家鬲（西周中期）

仲枏父匕（西周中期）

作父己鼎（西周中期）

羞鼎（西周中期）

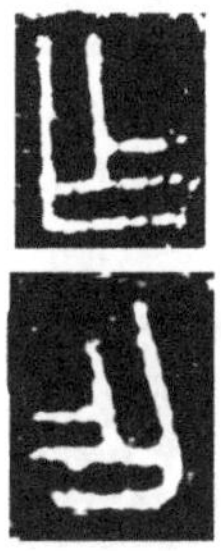
作旅鼎（西周中期）

作旅寶鼎（西周中期）

剌鼎（西周中期）

作

興作寶鼎（西周中期）
異鼎（西周）
小臣鼎（西周）
粭娟鼎（西周晚期）
[illegible]作寶鼎（西周中期）
吕王鬲（西周晚期）

作父乙鼎（西周晚期）
仲姞鬲（西周晚期）
虢姞作鬲（西周晚期）
虢叔鬲（西周晚期）
伯邦父鬲（西周晚期）

作[illegible]叔嬴鬲（西周晚期）
時伯鬲（西周晚期）
叔皇父鬲（西周晚期）
伯姜鬲（西周晚期）
虢文公子段鼎（西周晚期）

己侯虓鐘（西周晚期）
仲義父鼎（西周晚期）
孟淠父鼎（西周晚期）
蔡侯鼎（西周晚期）
伯[illegible]鼎（西周晚期）

仲宦父鼎（西周晚期）
内大子鼎（西周晚期）
内公鼎（西周晚期）
吉父鼎（西周晚期）
史宜父鼎（西周晚期）

史頌簋（西周晚期）
頌鼎（西周晚期）
小克鼎（西周晚期）
毛公鼎（西周晚期）
多友鼎（西周晚期）

大克鼎（西周晚期）
吴王姬鼎（西周晚期）
伯[illegible]鼎（西周晚期）
黄君孟鼎（春秋早期）
黄子鼎（春秋早期）

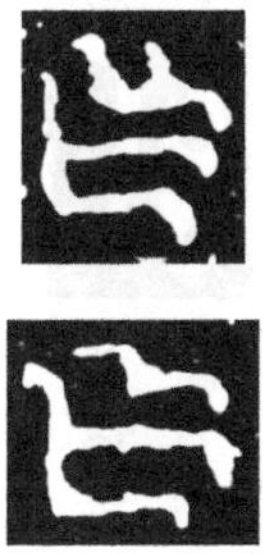
番昶伯者君鼎（春秋早期）

番君酟伯鬲（春秋早期）

尹小叔鼎（春秋早期）

曾侯仲子遊父鼎（春秋早期）

穌冶妊鼎（春秋早期）

𡩜[illegible]生鼎（春秋早期）

叔單鼎（春秋早期）

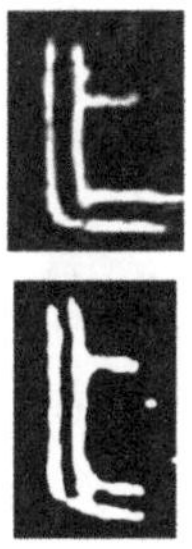
褱鼎（春秋中期）

庚兒鼎（春秋中期）

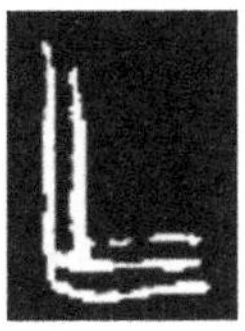
乙鼎（戰國早期）

哀成叔鼎（戰國）

仲鑠盨（西周中期）

或从攴

陖貯𣪘（西周中期）

姞氏簋（西周）

攸鼎（西周晚期）

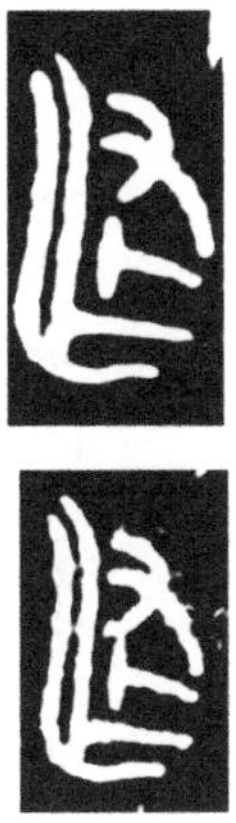
欒書缶（春秋）

中山王嚳方壺（戰國晚期）

或从又

qǐn qīn
侵

《說文》曰：漸進也。从人、从又，持帚若埽之進也。又，手也。

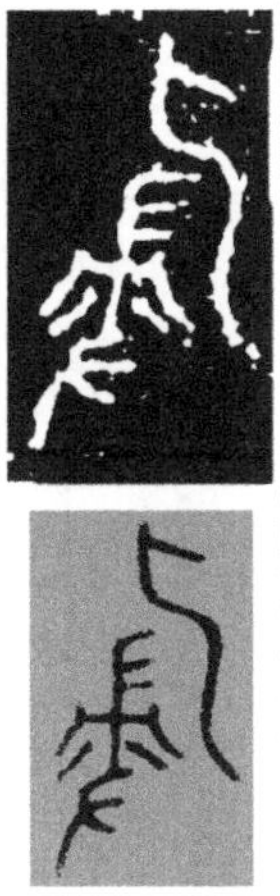
鐘伯侵鼎（春秋）

續儥

代

似

yù
儥

《說文》曰：賣也。郭沫若曰：儥字周禮以為鬻字，說文訓見。……儥求，連文當讀為續述乃友。『兩周金文辭大系攷釋』

註：儥，即今之鬻字。儥，又同覿，覿，見也。儥，或讀爲續。

君夫簋（西周中期） 讀爲續 儥（續）求乃友

dài
代

《說文》曰：更也。从人、弋聲。

註：代，替代、替換、更叠。

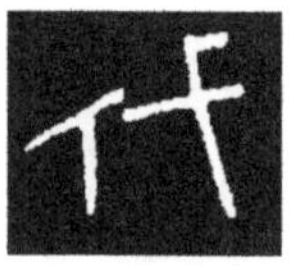
司馬成公權（戰國）

sì
似

《說文》曰：象也。从人、㠯聲。

註：金文中似，或爲姒、爲嗣、爲台（非臺之簡化字）。

司母㠯康方鼎（殷商） 讀爲姒 姒母康

考㠯鼎（西周早期）

伯晨鼎（西周中期） 讀爲嗣 似（嗣）乃祖考侯于垣

趞盂（西周中期）

郘□𣪘（西周晚期）

伯康簋（西周晚期）

鄧公簋（西周晚期）

㠯伯𣪘蓋（西周晚期）

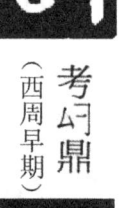

欲俗 任 便

簷叔之仲子平鐘（春秋晚期） 讀爲以 似（以）樂其大酋

王孫遺者鐘（春秋晚期）

訇君鼎（春秋晚期）

訇方豆（春秋晚期）

齊𨟻氏鐘（春秋晚期）

南疆鉦（戰國）

塦侯因資敦（戰國晚期） 或从立

biàn
便

註：便，乃鞭之本字。像手持鞭，鞭打人之背。鞭，爲古代之刑法。鞭爲革質，後从革。

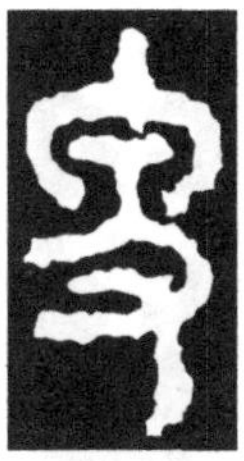
九年衛鼎（西周中期）

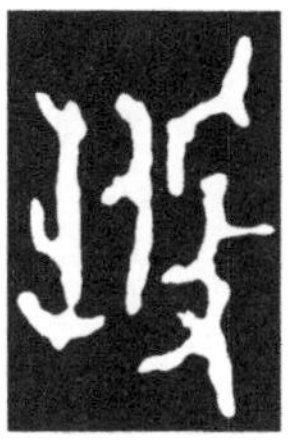
曶鼎（西周中期）

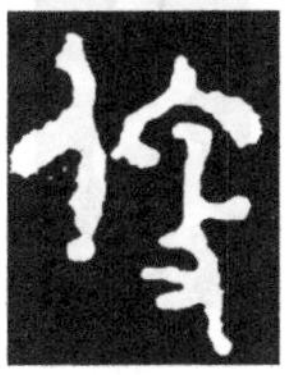
儥匜（西周晚期） 讀為鞭 今我赦汝宜便（鞭）汝千

rèn
任

《正字通》曰：任，負也、擔也。任，與妊、姙同。

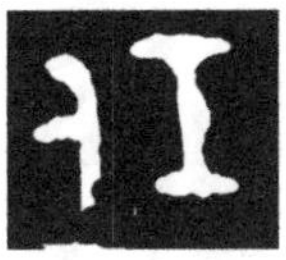
作任氏簋（西周早期）

格伯簋（西周中期）

𪒠鼎（西周中期） 或从女

中山王𰯼方壺（戰國晚期） 或以賃爲任 受賃（任）佐邦

sú
俗

《說文》曰：習也。从人、谷聲。註：俗，風俗、習慣。上行謂之風，下習謂之俗。『禮記』曰：入國而問俗，入門而問諱。俗，或通欲、裕。

使

庚季鼎（西周中期）

師晨鼎（西周中期）

五祀衛鼎（西周中期）

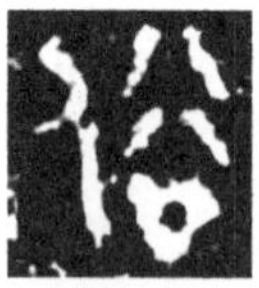

永盂（西周中期）

毛公鼎（西周晚期）　讀爲欲　俗（欲）我弗作先王憂

駒父盨盖（西周晚期）

[illegible][illegible]尹[illegible]鼎（春秋晚期）

shǐ
使

《説文》曰：伶也。从人、吏聲。《爾雅》曰：使，從也。《廣韻》曰：使，役也。

註：伶，即令，受命。使，出使、随從、役使。古吏、使、事爲同一字，後分化爲三。

畱圜器（西周早期）　或不从人以吏爲使

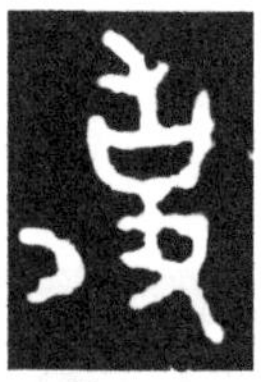

小臣鼎（西周中期）

師旂鼎（西周中期）

工貿鼎（西周中期）

十一年盉（戰國早期）

右使車嗇夫鼎（戰國中期）

左使車山形器（戰國晚期）

十四年帳架（戰國晚期）

左使車箕（戰國晚期）

左使車工㬎鼎（戰國晚期）

左使車工蔡鼎（西周晚期）

右使車工豆（戰國晚期）

十四年雙翼神獸（戰國晚期）

左使車勺（戰國晚期）

十三年勺（戰國晚期）

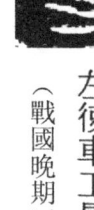

伶

傳

右使車工兵鬲（戰國晚期）

三年壺（戰國晚期）

十三年壺（戰國晚期）

右使車工簠（戰國晚期）

左使車工壺（戰國晚期）

中山王譽鼎（戰國晚期）

中山王譽方壺（戰國晚期）

líng
伶

《說文》曰：弄也。从人、令聲。註：甲骨文、金文命、令爲同字，故伶字从命、从令相同。伶，戲弄也。伶，或指古代樂師伶倫。世掌樂官，故稱樂官爲伶人，後泛指表演藝人爲伶。金文或假伶爲令。

十七年邢令戈（戰國早期）

三年馬師鈹（戰國）

王立事劍（戰國）

三年鈹（戰國）

九年鄭令矛（戰國）

元年鄭令矛（戰國）

十五年鄭令戈（戰國）

六年安陽令矛（戰國）

十六年喜令戈（戰國晚期）

zhuàn
chuán
傳

《字彙》曰：傳，授也。註：傳，文字記載，傳記。傳，傳授、傳達、傳揚。

小臣傳簋（西周早期）

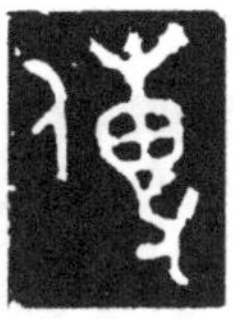
傳作父戊尊（西周早期）

中甗（西周早期）

叔⿱傳土觶（西周早期）

散氏盤（西周晚期）

倌 　价 　仔 

洹子孟姜壺（春秋）

騎傳馬節（戰國）

王命虎符（戰國）

guān
倌

《說文》曰：小臣也。从人、从官。

註：倌，對地位不高人之稱謂。

臤子環權（戰國晚期）

jiè
价

《說文》曰：善也。从人、介聲。

註：价，善也、大也。或曰价紹之介。价，非價之簡化字。

𢐗伯鼎（西周中期）

zī
仔

《說文》曰：克也。从人、子聲。《字彙》曰：仔，任也。

註：仔，有勝任、擔任之義。仔，或同子。

亞父庚且辛鼎（殷商）

保癸爵（殷商）　【三代吉金文存】收録

媵佚 

甸佃 

伏 

yìng
佚

《玉篇》曰：佚，與媵同。《字詁》曰：古者諸侯嫁女，本國及他國皆以大夫送之，謂之佚。

註：佚，同媵。媵，嫁女也。送女之名爲媵。

季宮父簠（西周晚期）

佚父癸甗（西周早期）

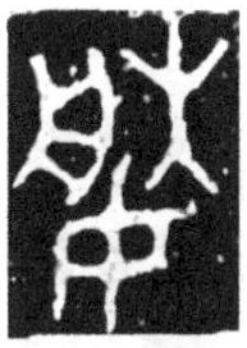
陳侯簠（西周晚期）

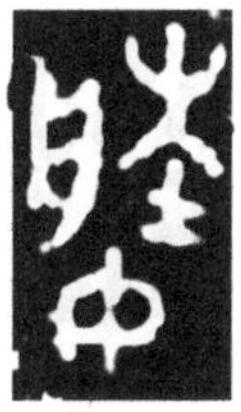
干氏叔子盤（春秋早期）

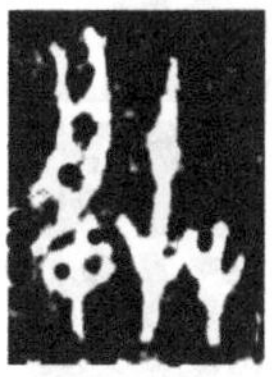
𠈊君壺（春秋）

diàn tián
佃

註：佃、甸，同字。勹，像人曲形，或同人。

柞鐘（西周晚期）

克鐘（西周晚期）

南宮柳鼎（西周晚期）

格伯簋（西周中期）

揚簋（西周晚期）
讀爲甸
官司量田甸

fú
伏

《説文》曰：司（伺）也。从人、从犬。

註：伏，俯伏也。埋伏、伏擊。

史伏作父乙尊（西周早期）

fá
伐

註：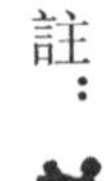伐，殺伐，像執戈斷頸狀，象形會意字。本義爲殺伐、征伐之義。伐，用同閥、通罰。

伐觚（殷商）

伐甗戈（殷商）

伐甗鉞（殷商）

亞伐卣（殷商）

[illegible]爵（殷商）

小子罶段（殷商）

寧鼎（西周早期）

小盂鼎（西周早期）

禽簋（西周早期）

明公簋（西周早期）

過伯段（西周早期）

小臣謎段（西周早期）

大保簋（西周早期）

渣嗣土逘段（西周早期）

章伯𣪘段（西周早期）

呂鼎（西周中期）

㭉駿段（西周中期）

㦰段（西周中期）

班簋（西周中期）

史墻盤（西周中期）

仲伐父甗（西周中期）

彔㦰卣（西周晚期）

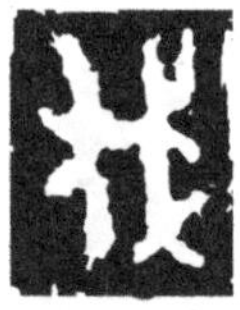
禹鼎（西周晚期）

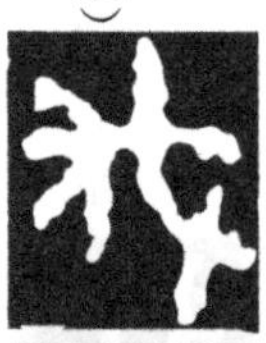
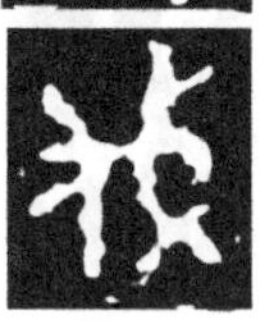
多友鼎（西周晚期）

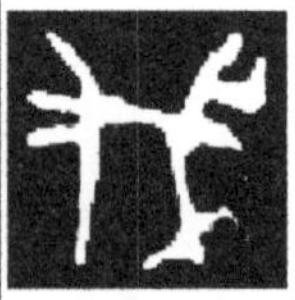
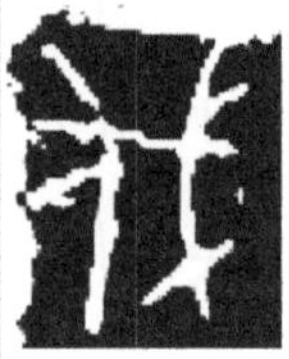
宗周鐘（西周晚期）

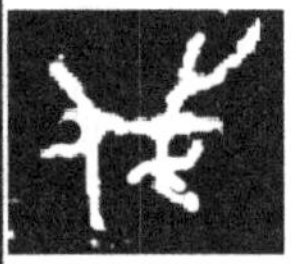
叔伐父作鼎（西周晚期）

噩侯鼎（西周晚期）

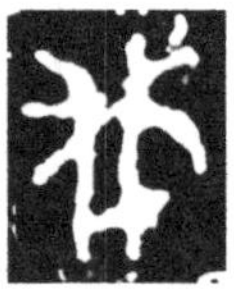
㝬生盨（西周晚期）

袒但

弔

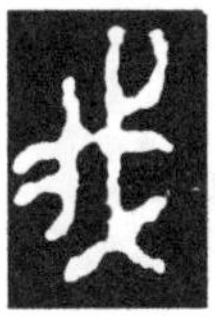
虢仲盨（西周晚期）

虢季子白盤（西周晚期）

兮甲盤（西周晚期）

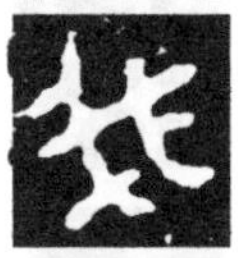

不嬰段（西周晚期）

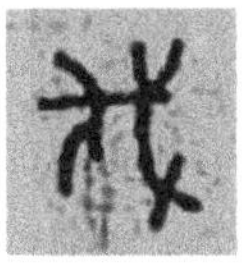
庚壺（春秋晚期）

十七年相邦春平侯鈹（戰國晚期）

五年春平侯矛（戰國晚期）

tǎn dàn
但

《説文》曰：裼也。从人、旦聲。

註：袒裼，脱衣見體也、袒露上身。但，即袒之早期字，後从衣作袒。

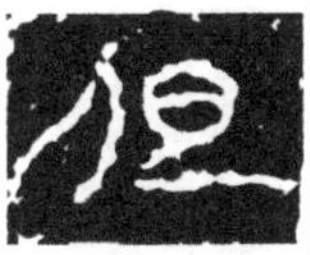
上造但車軎（戰國晚期）

diào shū
弔

註：金文均以弔爲叔。其義待考。

弔龜鼎（殷商）

弔觚（殷商）

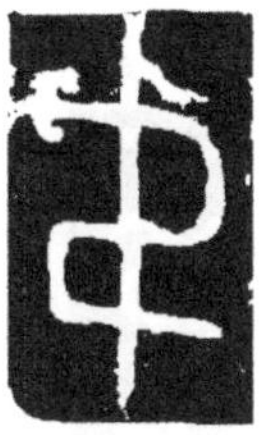
弔丁鼎（殷商）

弔父辛卣（殷商）

弔龜父丙簋（西周早期）

弔□觚（殷商）

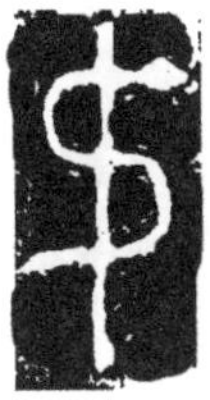
弔卣（殷商）

赫仲子日乙段（西周早期）

赫父丁段（西周中期）

□鼎（西周中期）

噩叔簋（西周早期）

叔單簋（西周早期）

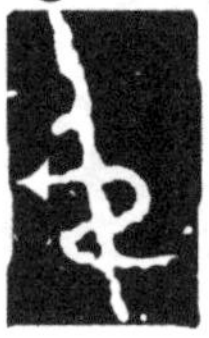
妹叔昏簋（西周早期）

且乙告田簋（西周早期）

叔旃鼎（西周早期）

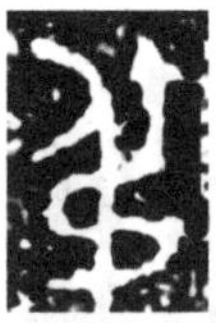
⿰王凡方鼎（西周早期）

叔作姒尊簋（西周早期）

叔⿱乚㠯殷（西周早期）

叔京簋（西周早期）

遂攸諆鼎（西周早期）

叔作彝鬲（西周早期）

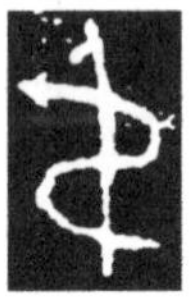
⿰介介叔鼎（西周早期）

叔作尊鼎（西周早期）

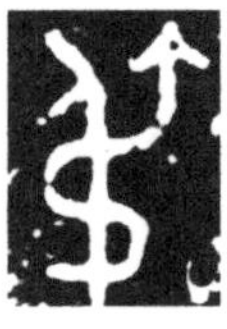
叔作旅鼎（西周早期）

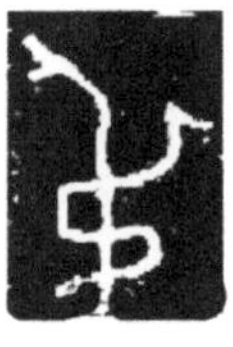
雁叔鼎（西周早期）

外叔鼎（西周早期）

叔作單公鼎（西周早期）

叔具鼎（西周早期）

趞殷（西周中期）

免簋（西周中期）

虢叔簋（西周中期）

叔妃簋（西周中期）

五祀衛鼎（西周中期）

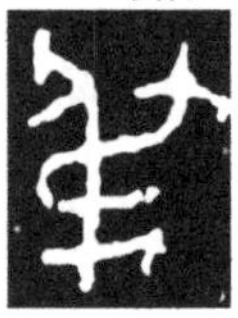
叔臤簋（西周中期）

叔虢殷（西周中期）

叔師父鼎（西周中期）

伯陶鼎（西周中期）

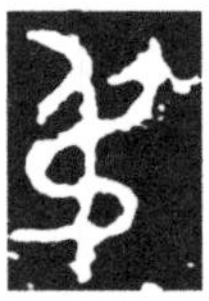
公貿鼎（西周中期）

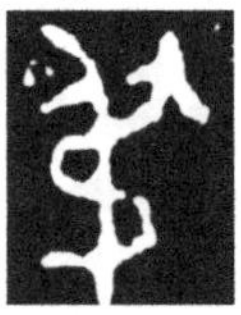
⿱穴子鼎（西周中期）

曶鼎（西周中期）

即簋（西周中期）

虢叔旅鐘（西周晚期）

辛叔皇父簋（西周晚期）

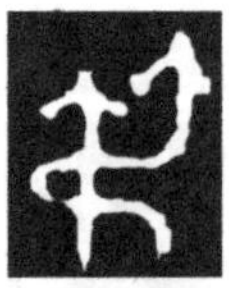

此鼎（西周晚期）

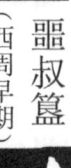

菽淑叔

鄭伯筍父鬲（西周晚期）

叔碩父甗（西周晚期）

叔碩父鼎（西周晚期）

遣叔鼎（西周晚期）

虢叔大父鼎（西周晚期）

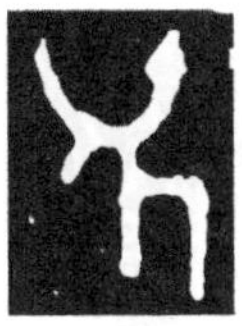
叔角父簋（西周晚期）

吴王姬鼎（西周晚期）

頌鼎（西周晚期）

頌簋（西周晚期）

此簋（西周晚期）

丼□叔安父毁（西周晚期）

静叔鼎（西周晚期）

善夫山鼎（西周晚期）

禹鼎（西周晚期）

害叔簋（西周晚期）

鄭登伯鬲（春秋早期）

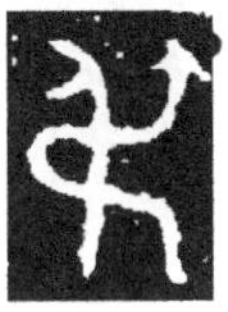
陳公子叔遵父甗（春秋早期）

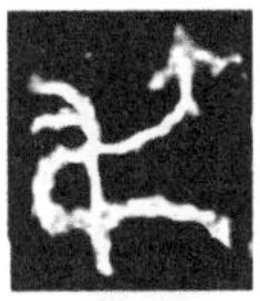
戈叔朕鼎（春秋早期）

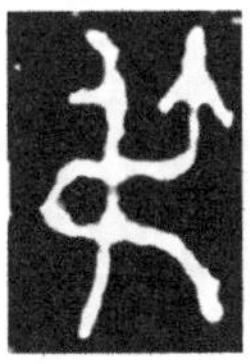
師麻孝叔鼎（春秋）

楚叔之孫倗鼎（春秋晚期）

尹小叔鼎（春秋晚期）

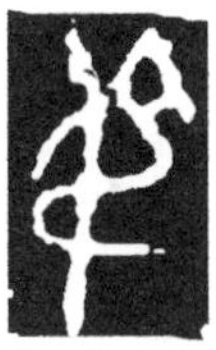
蔡大師鼎（春秋晚期）

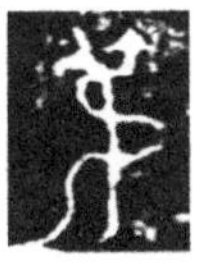
陸肪毁（戰國早期）

哀成叔鼎（戰國）

shū
叔

《説文》曰：拾也。从又、尗聲。註：尗，上象豆架或豆蔓，下數點爲豆熟下落，象形。尗乃菽之本字。，从又（手）之叔，乃會義拾豆。後假爲叔伯之叔。叔，同淑、同菽。金文均以弔，爲叔伯之叔。

叔作寶尊彝鼎（西周早期）

叔鼎（西周早期）

叔作寶彝鼎（西周）

佋 　咎 　僮 　僝㑦 

zhāo
佋

《説文》曰：廟佋、穆。父爲佋，南面；子爲穆，北面。从人、召聲。
註：佋，爲宗廟之序列。佋同昭，祖廟居中、左昭、右穆。《正字通》曰：一世昭、二世穆。佋或同卲。

多友鼎（西周晚期）

jiù
咎

《説文》曰：災也。从人、从各，各者相違也。註：咎，或通舅。『穆天子傳』卷五：咎（舅）氏宴飲，毋有禮。句中舅作咎。郭璞註曰：天子稱異姓諸侯爲伯舅……字亦作咎，咎猶舅也。咎，亦通鳩。

毓且丁卣（殷商）

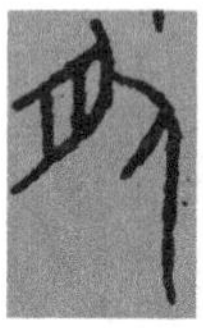
塱盨（西周晚期）迺作一人咎

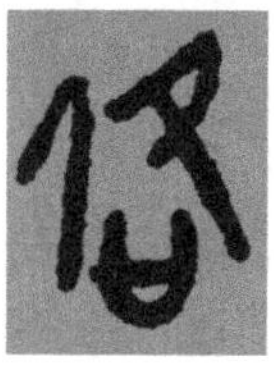
咎茖戈（戰國）

四年咎奴蓍令戈（戰國晚期）

tóng
僮

《説文》曰：未冠也，从人、童聲。註：僮，或从立、童聲。立，人之站立形，與人字意同。古人于形聲字造字法，有多種寫法，此即一例。周制，男子十五而冠，二十爲限。冠，加冠禮，以示成年。僮，未成年男孩。

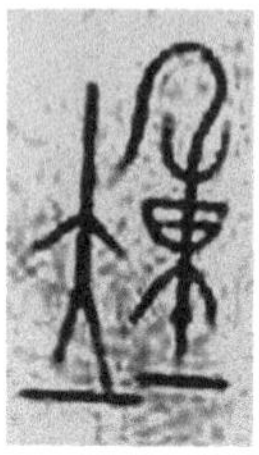
中山王譽鼎（戰國晚期）或从立

zhuàn
㑦

《説文》曰：具也。从人、孨聲。註：㑦，或作僝，其義爲具备。

僰  侸  摻傪 

廟僝鼎（西周晚期）

僝陵矛（戰國）

cān
傪

《說文》曰：好皃（貌）。从人、參聲。註：傪同摻。

戲傪量 或省人（戰國）

shù
dōu
侸

《說文》曰：立也。从人、豆聲。讀若樹。《說文解字注》曰：侸，今作樹，樹行而侸、尌廢。

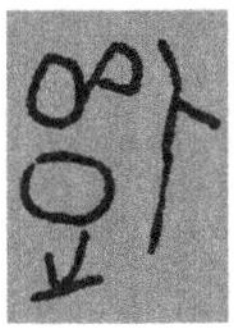

豣子鋀（戰國）【古文字類編】收録

bó
僰

《說文》曰：犍爲蠻夷。从人、棘聲。

註：僰，僰人，像人在荊棘叢中。古代對川南犍爲郡少數民族之鄙稱。

晉侯僰馬圓壺【近出殷周金文集録】（西周晚期）

十三年瘐壺（西周中期）

師寰𣪕（西周晚期）

俜 

傷 

係 

高卣（西周早期）

zhōu

俜

《說文》曰：有廱蔽也。从人、舟聲。《爾雅》曰：俜張，誑也。

註：廱蔽，即壅蔽，義爲遮盖、蒙蔽而視聽不明。俜，蒙蔽、欺誑。

鳥壬俜鼎（西周早期）

居舸駷鼎（西周中期）

shāng

傷

《說文》曰：創（傷）也。从人、𥏻省聲。

註：或假傷爲陽。

廿四年莒陽斧（戰國） 假爲陽

xì

係

《集韻》曰：係，縛也。

註：甲骨文係字，像以索縛頸狀。係，本義爲捆綁、束縛，引申爲繩索。

係父乙簋【續殷文存】（殷商）

父係乙觚【古文字類編】收録（殷商）

二十二年臨汾守戈（戰國晚期）

姆侮 

wǔ
侮

《說文》曰：傷也。从人、每聲。古文从母。註：侮，或假爲姆。

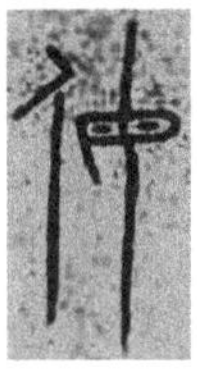

中山王䧅鼎
（戰國晚期）

即古侮字，讀爲姆
唯傅侮（姆）是從

偃 

yàn
偃

《說文》曰：僵也。从人、匽聲。《說文通訓定聲》曰：仰而倒曰偃。註：偃，停息、倒俯、偃仰。偃，通堰。

噩侯鼎
（西周晚期）

面偭 

miǎn
偭

《說文》曰：鄉也。从人、面聲。註：偭，偭鄉，即面向。古文面、偭相通。鄉、向（嚮）相通。

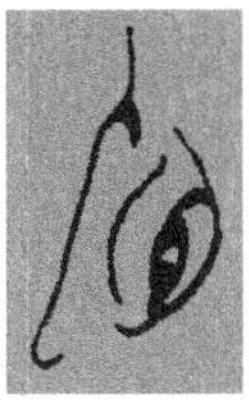

嫪鎌
（春秋）

佝 

kòu
gōu
佝

《說文》曰：務（瞀）也。从人、句（勾）聲。《集韻》曰：拘，止也，或作佝。註：佝瞀，愚昧也。佝，或為傴佝，矮小畸形之像。

依  侁  伸 

季口父簋（西周晚期） 讀為佝 季佝父口作寶簋

shēn
伸

《說文》曰：屈伸。从人、申聲。

註：敒，或从攴。或假旃，為伸。

仲敒簋（西周早期） 或从攴作敒

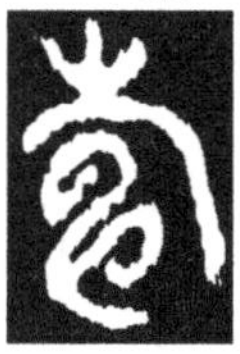

邵黛鐘（春秋晚期） 讀為伸 既旃（伸）暢虡

鑄客鼎（戰國晚期） 讀為伸 鑄客為集腏 伸腏 睘腜腏為之

shēn
侁

《說文》曰：行皃（貌）。从人、先聲。

註：侁侁，行走之聲。侁或从彳。金文侁或讀作先。

鬲（殷商）

余贎逐兒鐘（春秋晚期） 讀為先 台（以）追考（孝）侁（先）祖

yī
依

《說文》曰：倚也。从人、衣聲。

註：，甲古之依，胎兒依托在胞衣中之象。依，从人與从立義同。从立爲依之別體。

伯晨鼎（西周中期） 或从立 冪依里幽

侲 侲　伺 伺　偵 偵　偺

zhèn
侲

《説文新附》曰：童子也。从人、辰聲。

註：侲，驅逐惡鬼之童男、童女。从尸、从人同，侲，同㞔。

大鼎（西周中期）

大簋蓋（西周中期）

sì
伺

《説文新附》曰：侯望也。从人、司聲。《玉篇》曰：伺，察也、侯也。《字彙》曰：伺，偵侯也。

鄴陵公戈（戰國）

伺睘戈（戰國）【考古與文物】一九九六 四期

zhēn
偵

《説文新附》曰：問也。从人、貞聲。

註：偵，或从辵，作遉。偵、遉同。

無叀鼎 或从辵（西周晚期）穆王遉（偵）側虎臣

jiù
偺

註：偺，即咎之古文異體。偺，从人、从舛、从口。舛者相背也、相違也。

彼　佐　佅

集曆作父癸毁（西周早期）

曆作父癸卣（西周早期）

偺作父癸尊（西周早期）

bǐ
彼

註：彼，不正也，或曰偏彼之彼。章炳麟曰：呼邪人爲彼子，俗誤書爲痞。【新方言】　彼，或通彼。

王立事鈹（戰國）　讀爲彼　彼令趙世

zuǒ
佐

《字彙》曰：佐，輔也。《廣雅》曰：佐，助也。

工成戈（戰國早期）

右佐𢦔錐形器（戰國）

好蚉壺（戰國晚期）　或从犬　佐司馬

佅

禾佅毁（殷商）

shēng
佳

註：佳，同生，或讀爲姓。

齊侯鎛（春秋中期） 讀爲姓

保吾子佳（姓）

chāo
俙

註：俙，或讀為抄。

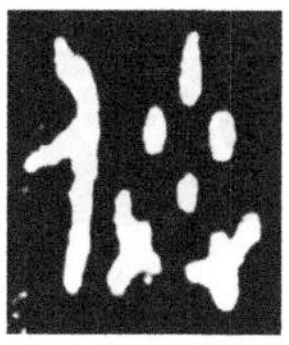

豆閉簋（西周中期） 讀爲抄

用俙（抄）乃祖考事

guǎ
偈

註：偈，行走貌。

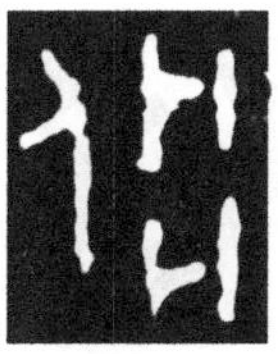

𢐗伯鼎（西周中期）

miǎn
免

註：，金文之免字像人戴冠形，爲冕之初文。免，同絻、同娩、同勉，通俛、通晚。

⿰亻西　⿰亻𡈼　爭 㑌

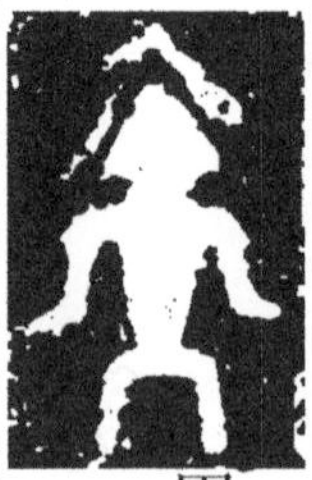
田免觚（殷商）

周免旁父丁尊（西周早期）

免簋（西周中期）

免簠（西周中期）

免卣（西周中期）

免盤（西周中期）

免尊（西周中期）

師閔鼎（西周）

史免簠（西周晚期）

⿰亻西

東周左自壺（戰國）

四升⿰口𠃌客方壺（戰國）

⿰亻𡈼

師餘簋（西周晚期）

zhēng 㑌

註：㑌，从人、从四又或四爪（手）爭奪一丨，與爭，兩又或兩爪爭奪一丨其義相同。此字應讀為爭，相互爭奪。

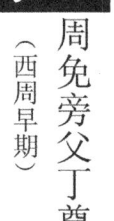

伯𤔲段（西周晚期）

張亞初釋為俘【殷周金文集成 引得】

伯俘作伯䜌寶簋

chě 偖

《龍龕手鑑》曰：偖，裂也。註：偖，或作撦，今作扯。

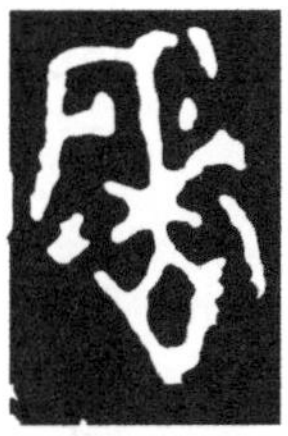

□者生鼎（春秋）

讀為偖

□偖甥□□用吉金

fǔ 俯

《玉篇》曰：俯，謂下首也。註：俯，與仰相對，曲身低頭。俯，通拊。

伯要簋（西周早期）

[illegible]

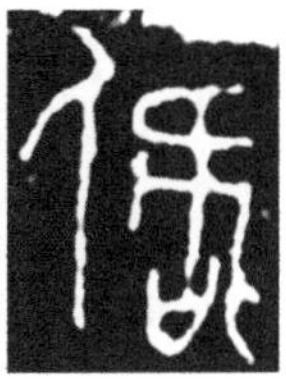

國差𦉜（春秋）

偈 憩　⿰亻啇　僪　僎

jié qì
偈

《廣雅》曰：偈，疾也。《集韻》曰：愒，息也。或作憩、偈。
註：偈，疾速奔馳也、武勇也、用力也。偈，或為梵語偈佗之略稱，其義爲頌。偈，通憩、通愒。

叔偈父觶（西周早期）

五祀衛鼎（西周中期）

伯□父殷（西周晚期）

zhāi
⿰亻啇

註：⿰亻啇，或假爲適、爲敵。

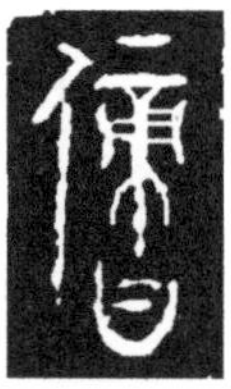

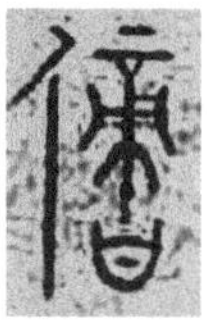
中山王𠫑鼎（戰國晚期）　讀爲敵　克⿰亻啇（敵）大邦

中山王𠫑方壺（戰國晚期）　讀爲適　⿰亻啇（適）遭燕君子噲

jú
僪

《集韻》曰：僪，狂鬼。《龍龕手鑑》曰：僪，鬼無頭也。註：僪，或讀為遹。

噩侯鼎（西周晚期）　讀爲遹　伐角僪（遹）

僎

亻帕　樣儀　亻賸

yìng

亻賸

註：亻賸，即媵之異體。媵，嫁女也。送女之名爲媵。

才㒆父鼎（西周中期）

季良父簠（西周晚期）

yàng

儀

《集韻》曰：儀，立動貌。

註：儀，或从泉。泉、永均指水之蕩羕（漾）。儀，从人，是指人之樣子，為樣之本字。樣，从木專指器物樣子。儀、樣，均取羊聲。儀，今為樣字所代。

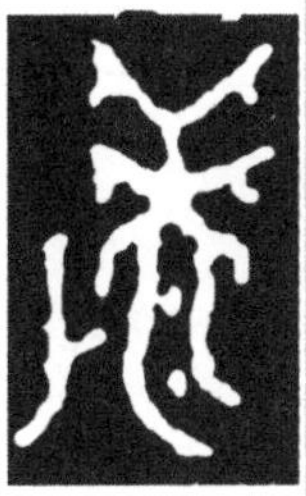

𡨦儀父作𦉢姛鼎（西周）　或从泉

亻帕

僦亻帕鼎（戰國早期）

chù
傱

《廣韻》曰：傱，不滑也。

傱屖鼎（戰國早期）　張亞初釋為傱【殷周金文集成 引得】

fū
佚

註：佚，同夫。

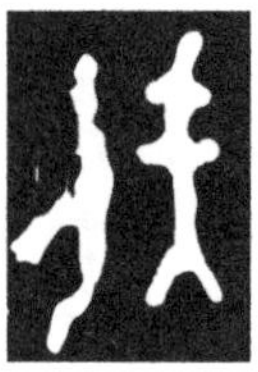

吁戈（春秋晚期）

笶佚鼎（戰國）

zhí
侄

《玉篇》曰：侄，牢也、堅也。《廣雅》曰：侄，堅也。注：侄，或稱呼兄弟的兒子。

郭沫若曰：侄當是致之古文。侄與挃通。【兩周金文辭大系攷釋】　郭沫若曰：侄，乃到之異文，古文到字其見於金文者，均从人。……人形與刀形相近，故後世誤从刀，而以爲聲也。【金文叢攷】

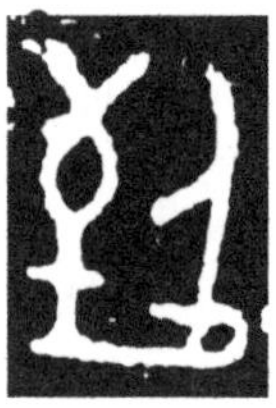

伯⿰至人殷（西周中期）

曶鼎（西周中期）　讀爲致　用侄（致）兹人

羌伯簋（西周晚期）

驫羌鐘（戰國早期）

chào
miǎo
仯

《康熙字典》曰：仯，即仦字之譌。《集韻》曰：仦，小也。

註：仯，同仦，仦，用同眇。

禹鼎（西周晚期）

佱

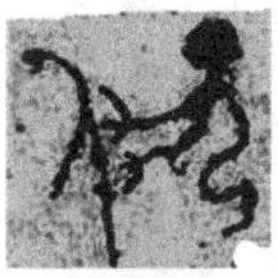

亞佱姍鐃（殷商）

xǔ

頊

《玉篇》曰：頊，姓也。偦之訛字。

鄶頊戈（戰國早期）【近出殷周金文集録】

侳

䣘陵君鑑（戰國晚期）

侟　倲　傶催

cuī
傶
張亞初釋爲催。【殷周金文集成 引得】

仲傶父鼎（西周中期）

dōng
倲
《玉篇》曰：倲，姓。
《字彙》曰：倲，愚貌。
註：，或爲重字。

倲父丙鬲（殷商）

重鼎（殷商）

重父壬鼎（殷商）

重父丙爵（殷商）

癸重觚（殷商）

亞重觶（殷商）

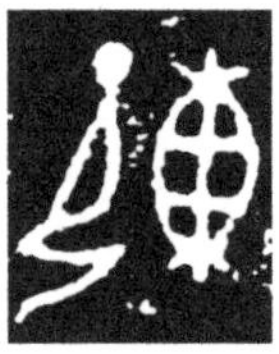
重父丙觶（殷商）

重父癸觶（殷商）

重觚（殷商）

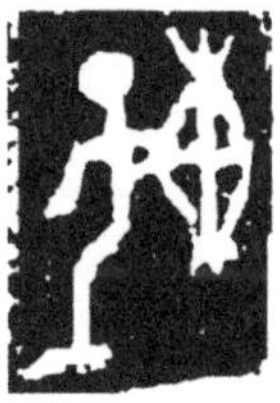
重爵（殷商）

己重爵（西周早期）

虎重父辛鼎（西周早期）

wò
侟
《玉篇》曰：侟，地名。
註：侟，或从尸。金文中从亻、从尸無別。

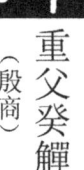

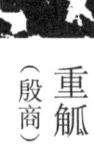

汈其鐘（西周晚期）

suī
伯

《集韻》曰：倠，醜皃（貌）。或从白。

史密簋（西周中期）【近出殷周金文集録】

tè
德

郭沫若曰：德，與馬牛爲類，當假爲特（字亦作犆）。此處殆言牡馬。【文史論集】

註：德，或同特。樸特，畜之雄性。牡馬、牡牛爲特，猪生一子曰特。特，或作犆。

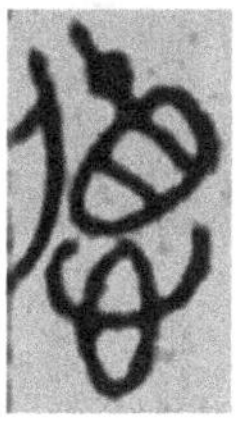

噩君啓節車節　讀爲特（戰國）

如馬如牛如德（特）

wǔ
伎

《正字通》曰：伎，籒文侮，从人、从攴，戲以攴擊人也。

註：伎，籒文侮，戲謔。以攴擊人有侮辱義。

且癸爵（殷商）

役觚（殷商）

攸爵（殷商）【古文字類編】

王古尊（西周早期）【三代吉金文存】

井鼎（西周中期）

kù
俈

《集韻》曰：俈，帝高辛之號，亦通作嚳。《玉篇》曰：俈焉，暴也。

註：帝嚳，或作帝俈，黃帝曾孫。俈，或假爲造。

膾所偖鼎（戰國晚期）　讀爲造

膾所俈（造）鼎

wǎ
佤

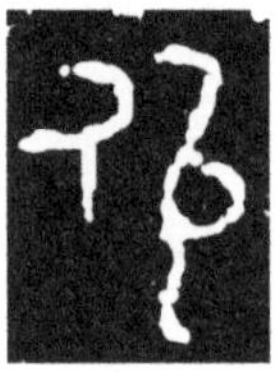

格伯簋（西周中期）　讀為佤

格伯遷毆妊彶佤

tǎng
伖

《字彙補》曰：伖，與帑同。

註：伖同帑，古代國家收藏錢財的府庫。伖，或通侑。

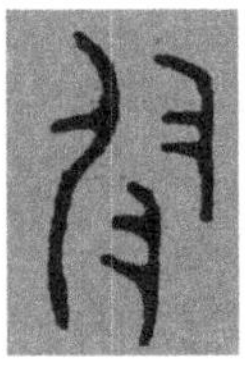

叔若父簋（西周晚期）

zhēn 真

註：真，或與貞爲同字。

真盤（西周早期）

伯真甗（西周早期）

寓鼎（西周中期）

huà 化

註：化，轉化、變化。从正反两人，以示所變。

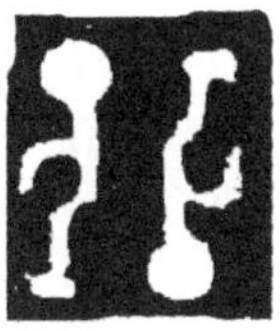
化鼎（殷商）

中子化盤（春秋）

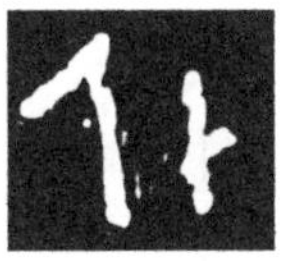
七年侖氏戈（戰國）

bǐ 匕

《説文》曰：相與比叙也。从反人。

註：匕，或同比、同妣。匕，一曰柶，今之長柄飯勺。金文匕字形與人字相近、相混。

微伯瘋匕（西周中期）

仲枏父匕（西周中期）

鬲攸从鼎（西周晚期）

魚鼎匕（戰國）

bǎo 𠤏

註：𠤏，保任、擔保，或作保。鴇字从此。

卓

从

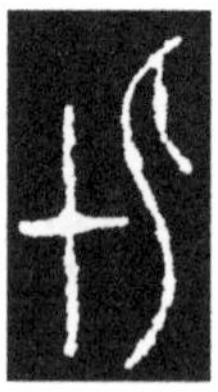
黬鐘（春秋）【近出殷周金文集録】

zhuó
卓

《說文》曰：高也。早、匕，爲卓。古文卓。

九年衛鼎（西周中期）

卓林父簋（春秋早期）

cóng
从

《說文》曰：相聽也。从二人。註：从，順從。从、從，古今字，後加辵爲從，以示行意。從行而从廢矣。

从，今作簡化字。甲骨、金文从、比，或同字。

爵（殷商）

戈（殷商）

車鼎（殷商）

宰椃角（殷商）

作彭史从尊（西周早期）

師艅尊（西周早期）

从鼎（西周早期）

吏从作壺（西周早期）

作任氏簋（西周早期）

豙馬段（西周早期）

天作从尊（西周中期）

蔡簋（西周晚期）

cóng
從

《説文》曰：隨行也。从辵、从，从亦聲。《字彙補》曰：從，與蹤同。《集韻》曰：惥；惥惥，勸也。或作從。

註：从、從之古文，後加辵爲從，以示行意。從，或假爲縱、為惥。

作耒丮從彝觶（殷商）

作𠂤從彝盉（殷商）

魚從卣（殷商）

魚從簋（殷商）

魚從鼎（殷商）

麥方尊（西周早期）

𠭰卣（西周早期）

啓作且丁尊（西周早期）

作員從彝罍（西周早期）

過伯簋（西周早期）

作從尊彝尊（西周早期）

麃父尊（西周早期）

麃父卣（西周早期）

啓卣（西周早期）

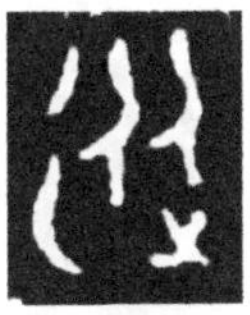
麥方鼎（西周早期）

遽從鼎（西周早期）

遽從簋（西周早期）

𣂼單殷（西周早期）

豐卣（西周早期）

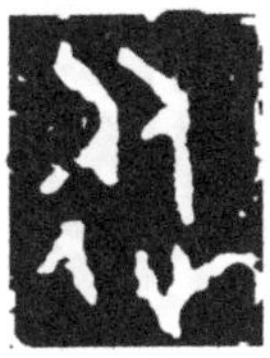
交鼎（西周早期）

臾尊（西周早期）

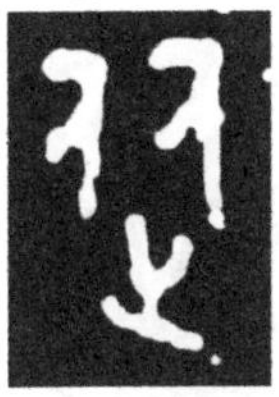
奄作從彝尊（西周早期）

亞夫盉（西周早期）

作從彝盤（西周早期）

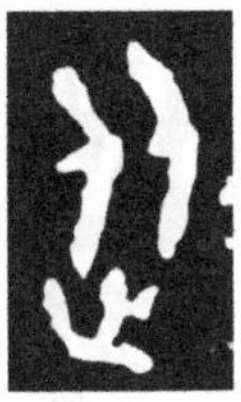
丫作從彝盉（西周早期）

作從彝簋（西周早期）

北單從鼎（西周早期）

遹甗（西周中期）

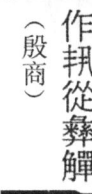

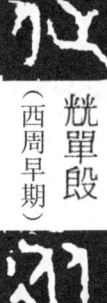

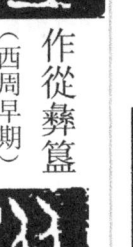

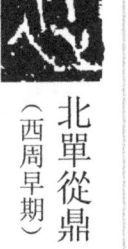

𢐗鼎（西周中期）

從　縱

格伯簋（西周中期）

作從彝尊（西周中期）

亶尊（西周中期）

傳尊（西周中期）

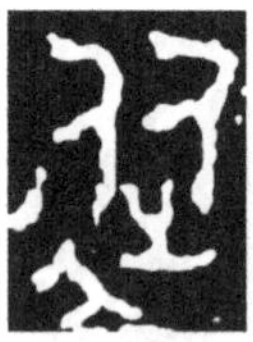
鼒𣪘（西周中期）

琟叔𣪘（西周中期）

戴𣪘（西周中期）

豐作從彝簋（西周中期）

班簋（西周中期）

杕駿𣪘（西周中期）

師旂鼎（西周中期）

師雝父鼎（西周中期）

賢簋（西周中期）

從鼎（西周中期）

井鼎（西周中期）

兮甲盤（西周晚期）

散氏盤（西周晚期）

内公壺（西周晚期）

毛公鼎（西周晚期）　讀爲縱　大從（縱）不靖

師同鼎（西周晚期）

多友鼎（西周晚期）

五年召伯虎簋（西周晚期）

不𡢁𣪘（西周晚期）

𠑇匜（西周晚期）

妊小簋（西周晚期）

匽簋（西周晚期）

史免簠（西周晚期）

翏生簋（西周晚期）

曾伯從寵鼎（春秋早期）

齊侯鎛（春秋中期）

庚壺（春秋晚期）

比

并 并

臧孫鐘（春秋晚期）

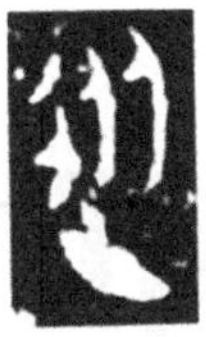

上官豆（戰國）

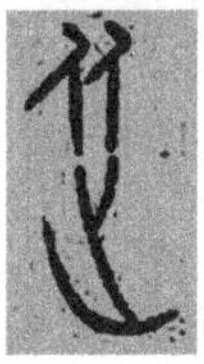

中山王嚳方壺（戰國晚期）

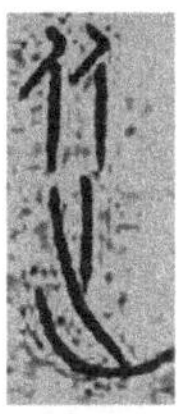

中山王嚳鼎（戰國晚期）

兆域圖（戰國晚期）

bìng

并

《說文》曰：相從也。从从、幵聲。

註：，金文并或从友。并，或讀作並，同并。

并觚（殷商）

并尊（殷商）

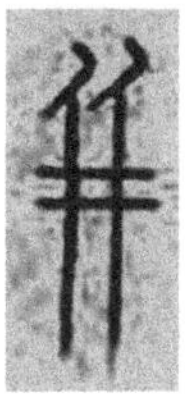

中山王嚳鼎（戰國晚期） 或讀爲並 吳人并（並）越

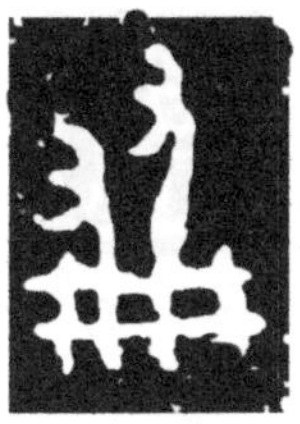

尊（西周早期） 張亞初釋爲幷【殷周金文集成 引得】

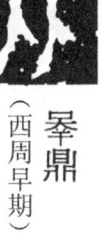

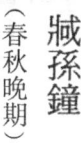

内史龏鼎（西周中期） 張亞初釋爲幷【殷周金文集成 引得】

bǐ

比

《說文》曰：密也。二人爲从，反从爲比。

《說文通訓定聲》曰：比，假借爲庇。

註：甲骨、金文，从、比或同字。比，或讀爲妣。

比甗（西周早期）

夆鼎（西周早期） 讀爲妣 比（妣）辛

从作器（西周早期）

班簋（西周中期）

背北 

𠤏

鬲攸比鼎（西周晚期）

諶鼎（西周晚期）

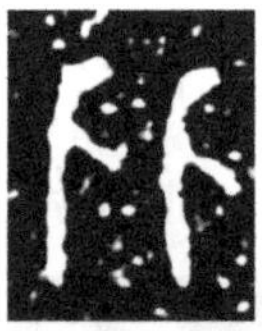
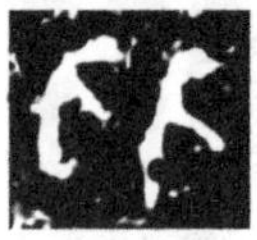
鬲比盨（西周晚期）

𠤏　張亞初釋爲𠤏【殷周金文集成引得】

私官鼎（戰國）

北 bèi běi

《說文》曰：乖也。从二人相背。註：北，相背之背之本字。北，取二人相背，其義爲違背。从，取二人相從，順從。嚮，取二人相向。北（背）、从（從）、嚮（向），皆取像於人。北、背（違背）乃古今字。人之座、立，慣爲面南背北，故以北（背）爲南北之北，又爲敗北（背）之北。背，背脊也，从肉、北聲。與違背之背通假。後，北，為方位字，而相北（背）字以从肉之脊背字代之，北之本義盡失。

北㽙（殷商）

呂行壺（西周早期）

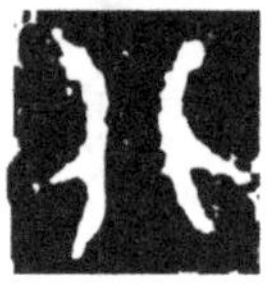
䀠𣪘（西周早期）

北子甗（西周早期）

北子鼎（西周早期）

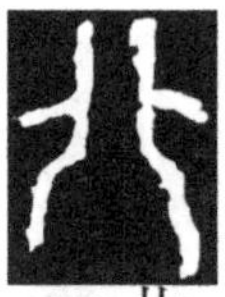
北子作母癸方鼎（西周早期）

北伯邑辛簋（西周早期）

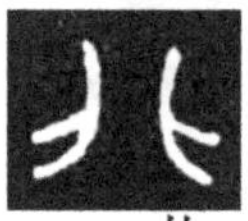
北子作彝尊（西周早期）

北子𦍌觶（西周早期）

師虎簋（西周中期）

北伯作彝鬲（西周早期）

北伯作尊鼎（西周早期）

走馬休盤（西周中期）

同簋（西周中期）

廿七年衛簋（西周中期）

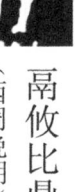

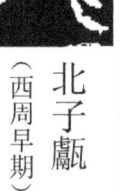

冀

七年趞曹鼎（西周中期）

利鼎（西周中期）

王臣簋（西周中期）

吴方彝（西周中期）

叡嗣土斧（西周）

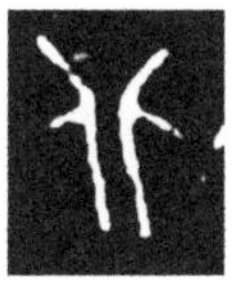

伊簋（西周晚期）

寰盤（西周晚期）

大克鼎（西周晚期）

善夫山鼎（西周晚期）

師頵段（西周晚期）

[走馬]鼎（西周晚期）

南宮柳鼎（西周晚期）

虘北鼎（春秋早期）

寺工師初壺（戰國）

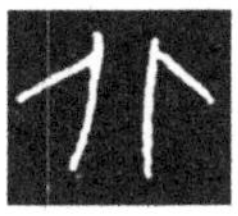

雍工壺（戰國晚期）

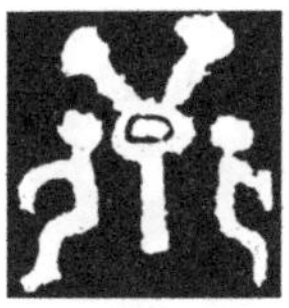

北單戈鼎（殷商） 北單二字合文

北單戈爵（殷商）

北單簋（殷商）

北單觚（殷商）

北單從鼎（西周早期）

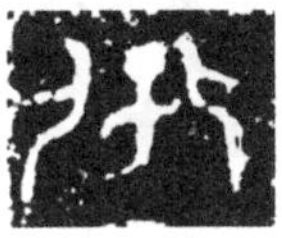

北子冈父辛卣（殷商） 北子二字合文

北酉父癸爵（殷商） 北酉二字合文

jì yì 冀

《説文》曰：北方州也。从北、異聲。《説文通訓定聲》曰：冀，假借爲記。

郭沫若曰：冀，猶小心翼翼之翼，敬也。【两周金文辭大系攷釋】

作册矢令簋（西周早期）

[王井]□冀作父癸段（西周早期）

丘

qiū
丘

《說文》曰：土之高也。……四方高中央下為丘，象形。古文从土。

註：甲骨文山，為三峰。丘，為兩峰，比山少一峰，謂較小者為丘，後誤書从北。

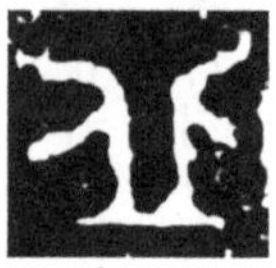
商丘叔簠（春秋早期）

𢉩𠂤丘匜（春秋）

庚壺（春秋晚期）

閭丘虞鶴造戈（春秋晚期）

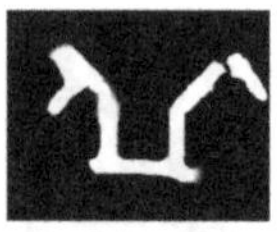
虎鈞丘君戈（戰國）

子禾子釜（戰國）

卅四年頓丘令戈（戰國）

廿三年口戈（戰國）

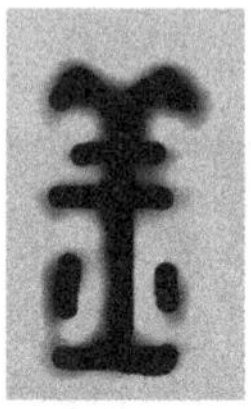
兆域圖（戰國晚期） 讀為丘 丘平者五十尺

zhòng
yín
乑

《說文》曰：衆立也。从三人。《正字通》曰：乑，衆之本字。

爵
（殷商）

作𠬝從彝方鼎
（西周早期）

zhòng
眔

《說文》曰：多也。从乑、目，衆意。註：三人爲眔。眔，本为从日，三人日下劳作狀。後譌从目，再譌从血即爲衆。商周時期的眔，為平民，非奴隸。將眔字釋為奴隸主目下劳動之奴隸，非也。

曶鼎
（西周中期）

師旂鼎
（西周中期）

師寰𣪕
（西周晚期）

中山侯鉞
（戰國中期）

商鞅量
（西周中期）

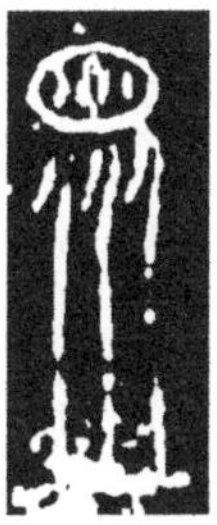
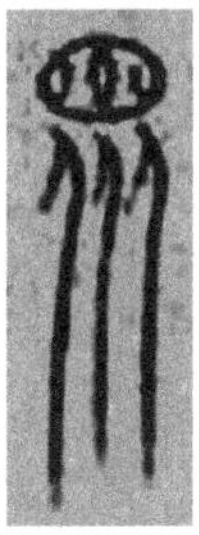
中山王譽鼎
（戰國晚期）

yǎng
áng
印

《說文》曰：望欲有所庶及也，从匕、从卩。詩曰：高山印止。《字彙》曰：印，翹首望也。《玉篇》曰：印，俯印，今為仰。註：印，从匕、从卩。卩，蹲踞之人。印，即古仰字。印，或作昂，高昂。

戍甬鼎
（殷商）

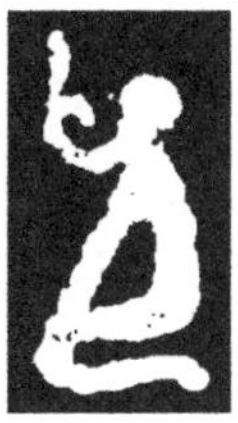
印爵
（殷商）

壬挺

徵懲瀓

朢望謓

tǐng
壬

《説文》曰：善也。……一曰象物出地挺生也。

註：壬，非壬。甲骨文壬，像人挺立之像。壬，或从一（地面）、或从土；人挺立于土、地之上。壬，即挺之本字、或作廷。

壬冊父丁爵（殷商）

庚壺（春秋晚期）　讀爲廷　於靈公之壬（廷）

六年安陽令矛（戰國）

zhēng
徵

《説文》曰：召也。

《説文通訓定聲》曰：徵，假借為懲。

註：徵，徵兵、徵稅。徵，通懲、通瀓。徵，樂律五音之一（讀為止音），宮商角徵羽，第四音。

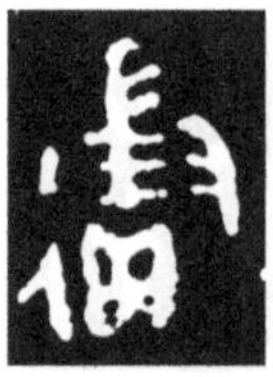

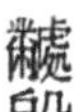殷（西周晚期）　或从貝　取徵五鋝（貨幣重量單位）

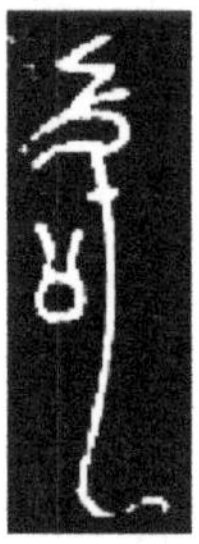

曾侯乙鐘（戰國早期）

wàng
朢

《説文》曰：月満與日相朢，以朝君也。从月、从臣、从壬，壬，朝廷也。古文朢省。

註：造字法以撗目爲目、豎目爲臣，臣，臣服也，仰視也。像挺立舉目而朢。即遠朢之朢字。

朢，豎目挺立仰視望月之像。朢，與望相混，同用。朢，或假爲忘、爲謓。

小子卣（殷商）

保尊（西周早期）

保卣（西周早期）

作冊折尊（西周早期）

庚贏鼎（西周早期）

小臣傳簋（西周早期）

朢父甲爵（西周早期）

獻簋（西周早期）

士上盉（西周早期）

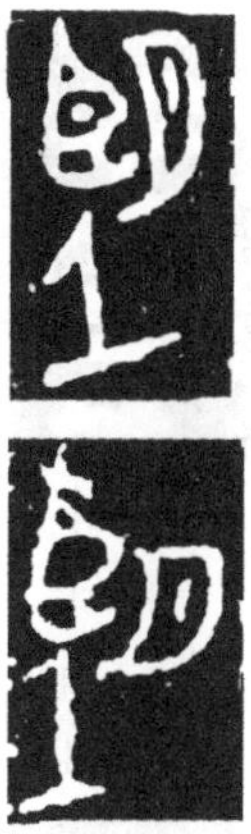
士上卣（西周早期）

庚贏卣（西周早期）

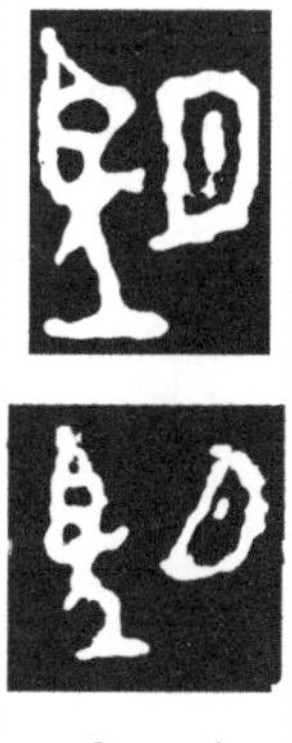
不指方鼎（西周中期）

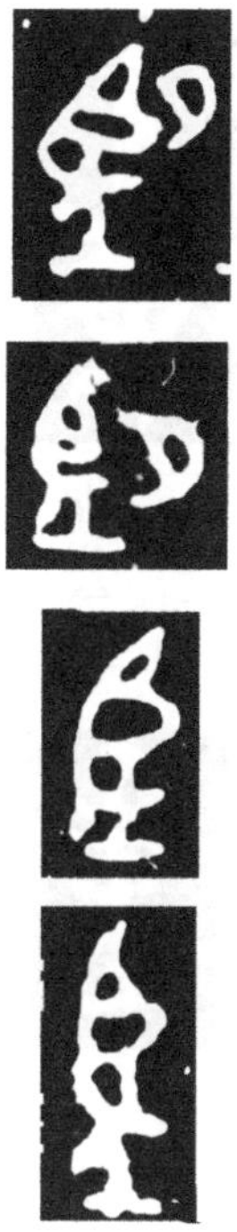
大師盧簋（西周中期）

縣妃簋（西周中期）

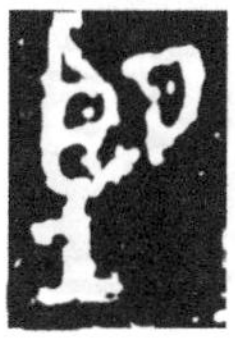
㝨段（西周中期）

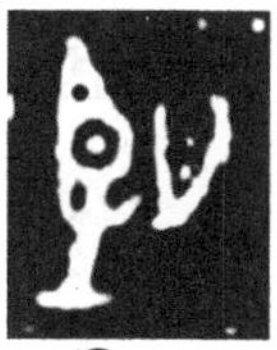
曶鼎（西周中期）

員方鼎（西周中期）

㦰方鼎（西周中期）

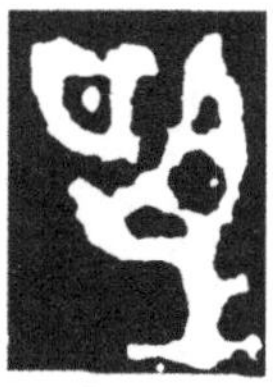
盠駒尊（西周中期）

師虎簋（西周中期）

師朢壺（西周中期）

鮮盤（西周中期）

朢簋（西周中期）

趞鼎（西周晚期）

師訇簋（西周晚期）

師頍段（西周晚期）

寰盤（西周晚期）

禹鼎（西周晚期）亦弗遐朢（忘）朕　讀爲忘

事族簋（西周晚期）

走簋（西周晚期）

三兒簋（春秋）

司馬朢戈（春秋）

朢望

重

wàng
望

《説文》曰：出亡在外，望其還也。从亡、朢省聲。

註：望，乃希望、盼望之望，與朢目挺立仰視望月之朢相混，而用同。望，或假爲忘、爲䛭、通妄。

走馬休盤（西周中期）

無叀鼎（西周晚期）

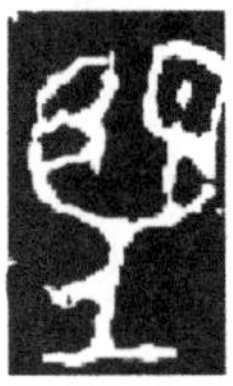
尹姞鬲（西周中期）天君弗望（䛭）穆公　或讀爲䛭

穻鼎（西周中期）

zhòng
重

《説文》曰：厚也。从壬、東聲。註：重，或假爲動、爲童。

柯昌濟曰：重字从人、从東，取人服（負）重。【韡華閣集古録跋尾】

周公簋（西周早期）

二年戈（春秋晚期）

春成侯壺（戰國）

商鞅量（戰國）

八年匜（戰國晚期）

十年扁壺（戰國晚期）

安邑下官壺（戰國晚期）

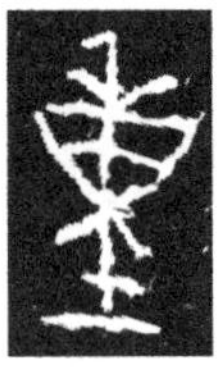
口外卒鐸（戰國晚期）

倲父丙鬲（殷商）

重鼎（殷商）

重父壬鼎（殷商）

重父丙爵（殷商）

量

偵

癸重觚（殷商）

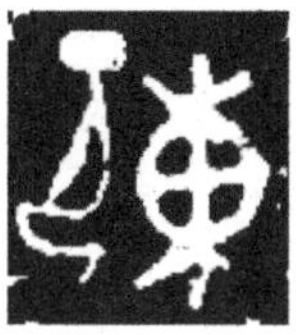
亞重觶（殷商）

重父丙觶（殷商）

重父癸觶（殷商）

重觚（殷商）

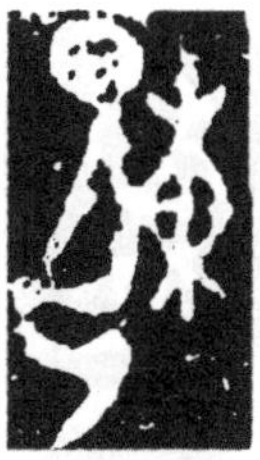
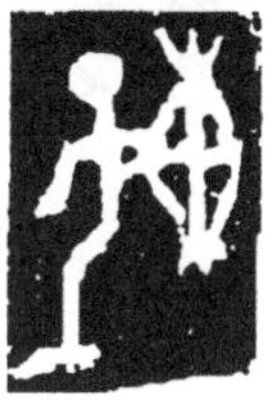
重爵（殷商）

重父丙爵（殷商）

己重爵（西周早期）

虎重父辛鼎（西周早期）

liáng
liàng

量

《説文》曰：稱輕重也。

郭沫若曰：當係亮之古文，日出東方，放大光明也，後世以亮爲之而字失亮之本義。【説文月刊】

大師虘簋（西周早期）

量侯簋（西周早期）

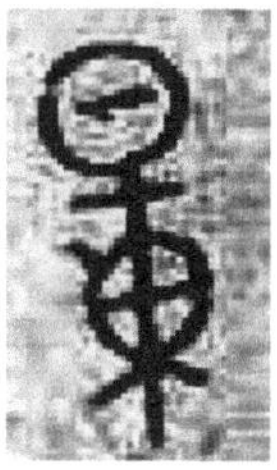
中甗（西周早期）

大克鼎（西周晚期）

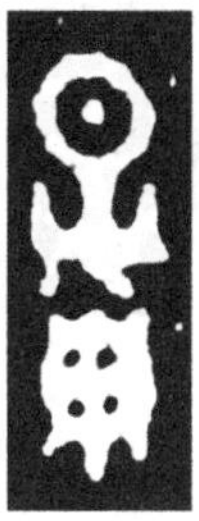
揚簋（西周晚期）

廿七年大梁司寇鼎（戰國中期）

diān

偵

《正字通》曰：偵，同顛。

丁之十耳杯（戰國晚期）【近出殷周金文集録】

jiàn jiān
監

註：監，○、或作●，爲皿中之水也。監，像人立于皿旁，睁大眼睛垂視水中影像。其義爲臨水正容自鑒，即後世之照鏡。監爲鑑、鑒之本字，後引申爲監察之監。盛水正容之器皿亦稱鑑。

監且丁觶（殷商）

應監甗（西周早期）

史䛐𣪕（西周早期）

叔趙父爯（西周中期）

善鼎（西周中期）

䜌監父己鼎（西周中期）

叔碩父鼎（西周中期）

頌簋（西周晚期）

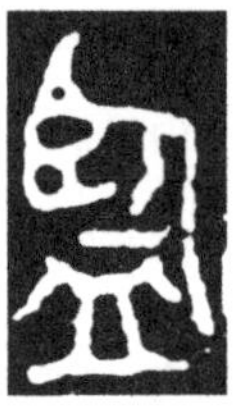
頌鼎（西周晚期）

頌壺（西周晚期）

鄧孟壺（西周晚期）

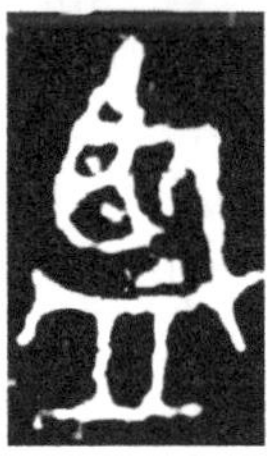
仲爯父簋（西周晚期）

吴王夫差鑑（春秋）

𨚵陵君鑑（戰國晚期） 滋乳爲鑑

監戈（春秋）

lín
臨

註：臨，監臨衆物也。从監省、从品，品衆物也。或从川，同从水，即瀶字，假瀶爲臨。

身

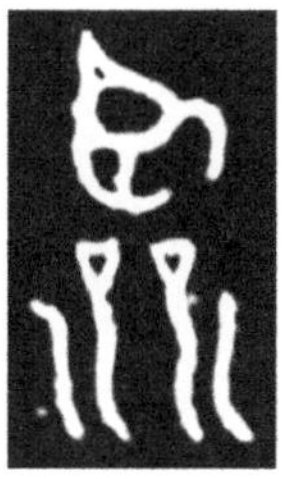
堇臨作父乙方鼎（西周早期）

堇臨作父乙簋（西周早期）

大盂鼎（西周早期）

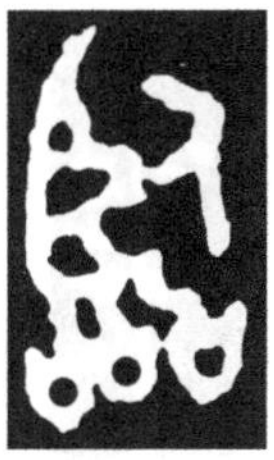
毛公鼎（西周晚期）

叔臨父簋（西周晚期）

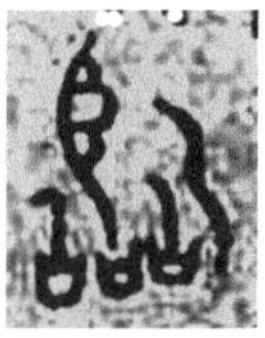
師訇簋（西周晚期）

商鞅量（戰國）

二十二年臨汾守戈（戰國晚期）

shēn
身

《說文》曰：躳（躬）也。象人之身。《正字通》曰：身，女懷妊曰身。

註：身，軀體也，或頸以下、股以上曰身。像懷妊之身。

伯身作寶彝簋（西周早期）

獻簋（西周早期）

叔趯父卣（西周早期）

檇侯𣪘蓋（西周早期）

盠方彝（西周中期）

盠方尊（西周中期）

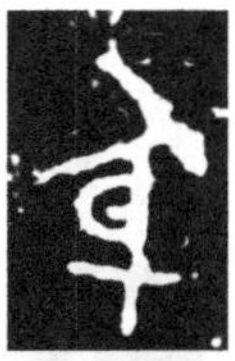

師𩛥鼎（西周中期）

㦰方鼎（西周中期）

㦰𣪘（西周中期）

通祿鐘（西周中期）

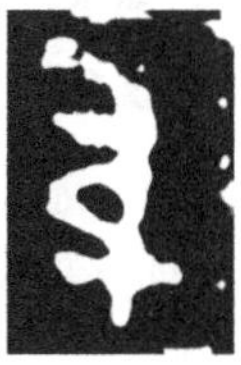
盠駒尊（西周中期）

班簋（西周中期）

身

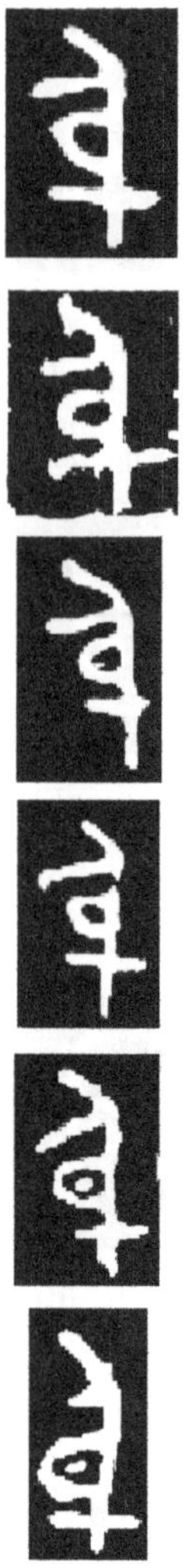
㾓鐘（西周中期）

逆鐘（西周晚期）

㝬殷（西周晚期）

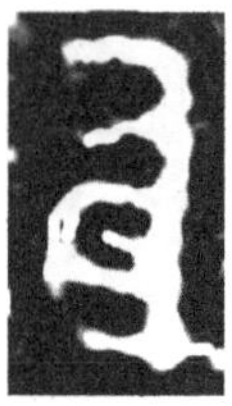
師克盨（西周晚期）

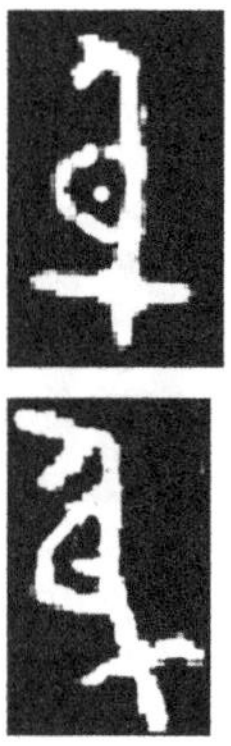
士父鐘（西周晚期）

叔向父禹簋（西周晚期）

汈其鐘（西周晚期）

毛公鼎（西周晚期）

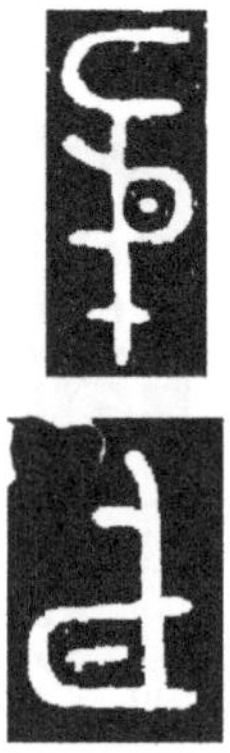
楚公逆鎛（西周晚期）

夆叔盤（春秋早期）

慶叔匜（春秋）

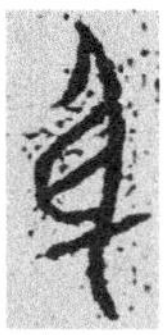
曩公壺（春秋）

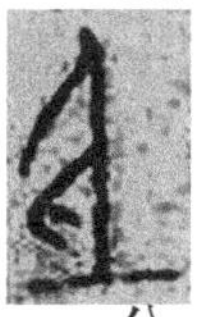
公子土折壺（春秋晚期）

鼄公華鐘（春秋晚期）

齊侯盂（春秋晚期）

四年春平侯鈹（戰國晚期）

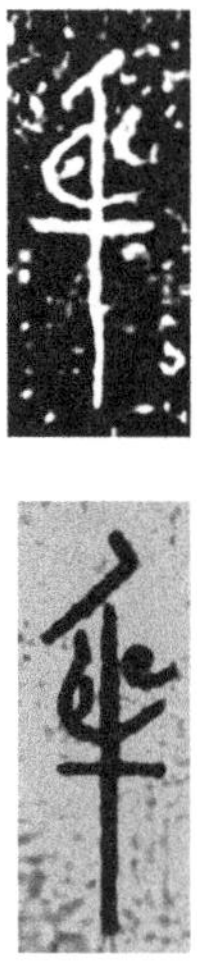
中山王譽方壺（戰國晚期）

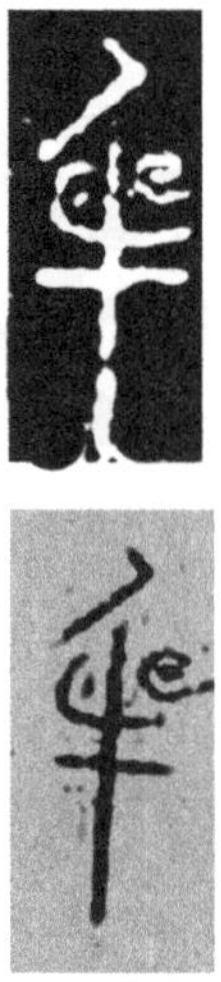
中山王譽鼎（戰國晚期）

殷

月

yǐn
月

《說文》曰：歸也。从反身。《六書故》曰：月，轉身也。《正字通》曰：月，音義與隱通。

註：反身歸依、轉身，爲月。月、身本同字，後分化爲二。

伯身作寶彝簋（西周早期）

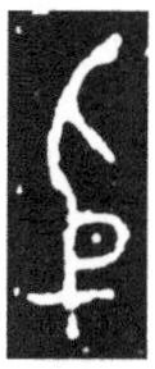

叔趯父卣（西周早期）

yīn
殷

《說文》曰：作樂之盛稱殷。从月、从殳。註：月，身之反字，有旋轉之意，同身。殷，盛典舞者之相。月，舞者之容。殳，舞者所執之器。早期殷，像以器探腹，解憂治病狀。故殷字又訓痛、訓憂。殷，或从宀，作⿱宀殷。

子殷作父丁卣（西周早期）

子殷作父丁尊（西周早期）

大盂鼎（西周早期）

作冊䰜卣（西周早期）

小臣傳簋（西周早期）

保尊（西周早期）

保卣（西周早期）

小臣謎段（西周早期）

事口鼎（西周早期）

史牆盤（西周中期）

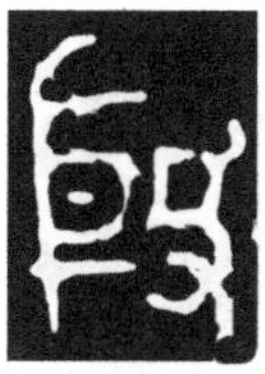

殷穀盤（西周中期）

瘋鐘（西周中期）

格伯簋（西周中期）

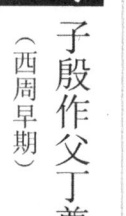

䰉

仲殷父鼎（西周晚期）

虢叔作叔殷穀簠（西周晚期）

禹鼎（西周晚期）

虢叔尊（西周晚期）

仲殷父簋（西周晚期）

虢叔鬲（春秋早期）

宋公䜌簠（春秋晚期）

八年匜（戰國晚期）

士上卣（西周早期）

士上尊（西周早期）

豐卣（西周中期）

豐作父辛尊（西周中期）

即爲殷
令豐寏（殷）大矩

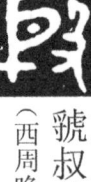

䰉

二祀𠨘其卣（殷商）

衣 

yī
衣

《說文》曰：依也。上曰衣、下曰裳。

註：衣，象形字。上衣領，左右兩袖中空，下襟衽掩合，或左衽、或右衽。裳，下身裙、袍類服裝。

庚嬴鼎（西周早期）

大盂鼎（西周早期）

沈子它簋（西周早期）

麥方尊（西周早期）

腹作父乙尊（西周早期）

㦼毁（西周中期）

免簠（西周中期）

趩觶（西周中期）

繁卣（西周中期）

曶壺（西周中期）

吳方彝（西周中期）

陵叔鼎（西周中期）

刺鼎（西周中期）

庚季鼎（西周中期）

㦼方鼎（西周中期）

師奎父鼎（西周中期）

伯晨鼎（西周中期）

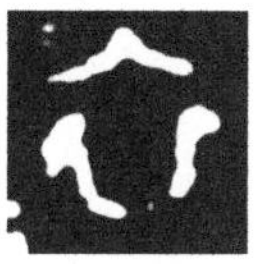
羖毁蓋（西周中期）

即簋（西周中期）

王臣簋（西周中期）

豆閉簋（西周中期）

敔簋（西周）

走馬休盤（西周中期）

此鼎（西周晚期）

趞鼎（西周晚期）

頌鼎（西周晚期）

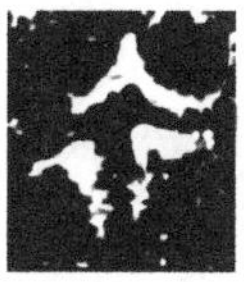
輔師𠭰毁（西周晚期）

郃智毁（西周晚期）

弭伯師耤簋（西周晚期）

多友鼎（西周晚期）

善夫山鼎（西周晚期）

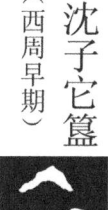

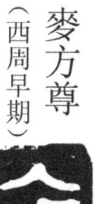

裁

袞

此簋（西周晚期）

訇簋（西周晚期）

蔡簋（西周晚期）

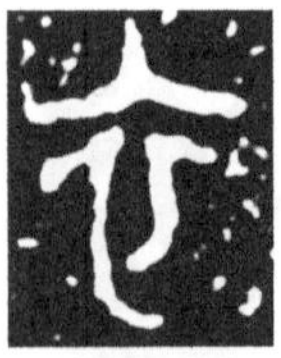

頌簋（西周晚期）

寰盤（西周晚期）

伯亞臣鐳（春秋）　讀爲初　唯正月衣（初）吉丁亥

無叀鼎（西周晚期）

庚壺（春秋晚期）

cái
裁

《説文》曰：制衣也。从衣、𢦏聲。註：𢦏，从市。市，蔽膝、腰圍類服飾。市、衣同爲服裝，从市、𢦏聲即裁之異體字。

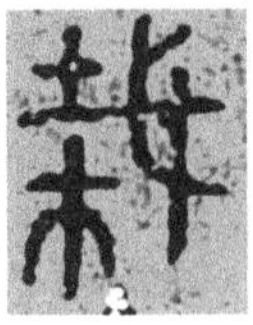
師獸殷（西周晚期）　或从市　董裁内外

gǔn
袞

《説文》曰：天子享先王，卷龍綉於下幅，一龍蟠阿上鄉。从衣、公聲。註：天子祭祀大典所穿畫龍服飾為升龍，上公畫降龍。上公所穿龍衣、龍袍稱袞。因此袞，為上公或三公之代稱。

伯晨鼎（西周中期）

吴方彝（西周中期）

師𩛥鼎（西周中期）

蔡簋（西周晚期）

裏

襮

曶壺（西周中期） 假裕為袞
賜……玄裕（袞）衣

lǐ
裏

《説文》曰：衣内也。从衣、里聲。《説文通訓定聲》曰：裏，假借爲理。

註：裏，衣内也，从里。裏與表其義相反，表，衣外，从毛。里，或假借為裏。

彔伯㦰𣪘蓋（西周中期）

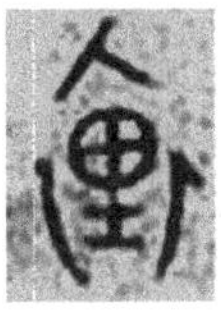
牧簋（西周中期）

吴方彝（西周中期）

師克盨（西周晚期）

毛公鼎（西周晚期）

師克盨（西周晚期）

塱盨（西周晚期）

三年師兑簋（西周晚期）

番生簋（西周晚期）

伯晨鼎（西周中期） 假里爲裏
虎幃冟依里（裏）幽

bó
襮

《説文》曰：黼領也。《廣雅》曰：襮，表也。

註：襮。从虎、从戈或為暴之異體，再从衣，即為襮字。

襮，衣領也；或指帶花紋之衣領。襮，或指外表、暴露。

㦰方鼎（西周中期）

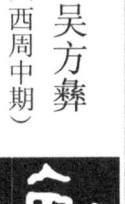

襟衿裣

褘

襲

裔

jīn
裣

《說文》曰：交衽也。从衣、金聲。

註：古裝衣領下連接部位稱衽或裣，或左掩右、或右掩左。裣，經典均作襟或衿。

㦰方鼎（西周中期）

huī
褘

《說文》曰：蔽膝也。从衣、韋聲。周禮曰：王后之服褘衣，謂畫袍。

註：蔽膝，佩巾也。佩之於前可以蔽膝，蒙之於首可以覆額。褘，或爲王后祭服，其上畫雉圖。

師[illegible]鼎（西周中期）　或从羍　褘伯太師武

xì
襲

《說文》曰：左衽袍。从衣、龖省聲。籀文襲不省。《玉篇》曰：襲（襲擊），掩其不備。

註：衣上加衣曰襲。襲，重也、承襲也。另，古代四夷服裝異于中原，前襟左掩右稱左衽。中原習俗左衽用于死者襲衣葬服，下世反生時，不復解也。襲，襲擊。襲，承襲、繼承。

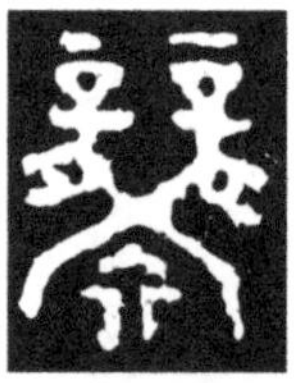

㦰殷（西周中期）

㦰方鼎（西周中期）

yì
裔

《說文》曰：衣裾也。从衣、冏聲。《廣韻》曰：裔，苗裔也。

註：裔，衣裾，衣服之邊緣。裔，或泛指邊遠地區，及夷地、夷人。裔，苗裔，人之後代。

褱 懷

襄 攘壤

huái 褱

註：褱，爲褱抱之褱。懷，从心，爲懷念之懷。後世統用懷，而褱廢矣。

陳逆簋（戰國早期）

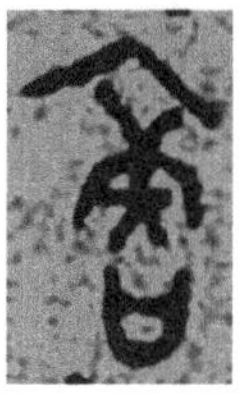
陳逆簠（戰國早期）

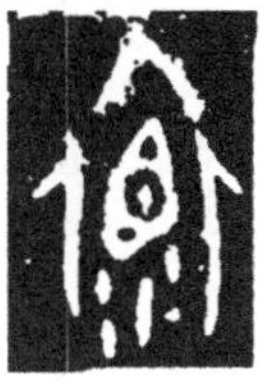
沈子它簋（西周早期）

史牆盤（西周中期）

班簋（西周中期）

伯𢦚𣪘（西周中期）

痶鐘（西周中期）

毛公鼎（西周晚期）

晉姜鼎（春秋早期）

褱鼎（春秋中期）

xiāng 襄

《説文》曰：漢令：解衣耕謂之襄。註：解衣耕地謂之襄，見於「漢令」。引申爲解除、除去。襄，像人舉臂解衣之形。从土，即壤字，假為襄，或讀為攘。

穌甫人匜（西周晚期）

穌甫人盤（西周晚期）

散氏盤（西周晚期）

薛侯盤（西周晚期）

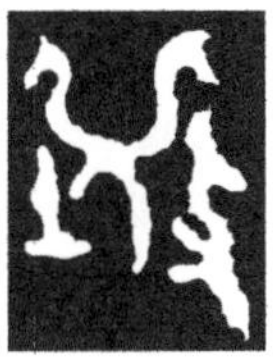
薛侯匜（西周晚期）

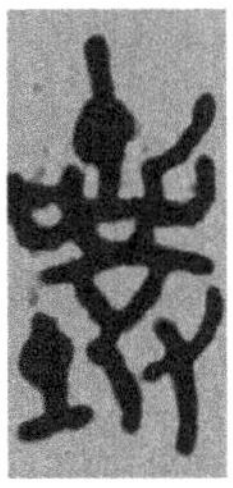
鄂君啓節車節（戰國）

鄂君啓節舟節（戰國）

被 

褻 

裨 

裕 

bèi
被

《說文》曰：寢衣長一身有半。从衣、皮聲。

註：被，寢宿之被長過人體。被，有覆蓋意，又作披。被，或通彼。

新郪虎符（戰國晚期）

杜虎符（戰國晚期）

xìe
褻

《說文》曰：私服。从衣、埶聲。

註：褻，私服，即私居之服、便服。褻，或指不整潔之破服，引申爲不恭敬、輕慢。

毛公鼎（西周晚期）

bì
pí
裨

《說文》曰：接益也。从衣、卑聲。

註：裨，指古代之鎧甲，革制小片連綴、接聯而成。裨，或指祭祀用次等服裝種類。天子六服，大裘爲上，其餘爲裨，事尊卑而更換六服。

戜殷（西周中期）

yù
裕

《說文》曰：衣物饒也。从衣、谷聲。

註：裕，衣物充足、寬足、富饒。引申爲闊大、寬宏。

卒

褚

褮

敔簋（西周晚期）

二十年鄭令戈（戰國）

二十一年鄭令戈（戰國）

十六年喜令戈（戰國晚期）

zú 卒

《說文》曰：隸人給事者衣爲卒。卒衣有題識者。

註：卒，隸役、差役所穿服裝，上著標識，故在衣字上加一筆作卒。指此類人爲卒。卒，還指終結、完畢。卒，死亡代稱。『禮記』曰：天子死曰崩、諸侯曰薨、大夫曰卒。

口外卒鐸（戰國）

zhě zhǔ chǔ 褚

《說文曰》曰：卒也。从衣、者聲。一曰製衣。註：褚，對兵卒之稱謂，兵卒所穿服裝均爲赭色，故稱作褚，取其聲。褚，或為姓。

八年新城大令戈（戰國）

yīng yìng 褮

《說文》曰：鬼衣。从衣、熒省聲。《集韻》曰：褮，衣襉。

註：褮，蓋在死者面部之布巾。褮，或指衣襉，即衣褶。褮，假爲労。

齊侯鎛 讀為労（春秋中期）褮（労）于齊邦

叔尸鎛 讀爲労（春秋晚期）褮（労）朕行師

叔尸鐘 讀爲労（春秋晚期）褮（労）朕行師

袤

擀衦

蓑衰

表

袤 mào

《說文》曰：衣帶以上。从衣、矛聲。一曰，南北曰袤、東西曰廣。

註：東西面積之大曰廣、南北面積之大曰袤。

師酉鼎（西周中期）【中國歷史文物】二〇〇四第一期

衦 gǎn

《說文》曰：摩展衣。从衣、干聲。註：摩展衣，即用手擀平衣服上縐紋。衦，同擀。

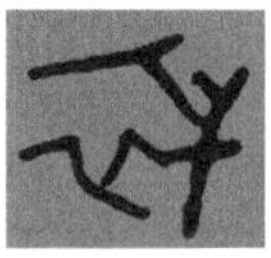

陽城令戈（戰國）【古文字類篇】收録

衰 suō shuāi

《說文》曰：艸雨衣，从衣象形。古文衰。註：，爲衰之古文省，蓑之本字，蓑衣之象形。

蓑作父癸鼎（西周）【三代吉金文存】

表 biǎo

《說文》曰：上衣也，从衣、从毛。古者衣裘以毛為表。註：古代以獸皮衣為裘，毛在外為表，與裏相反。另，豎木立標，以觀日影計時，曰表，即鐘表之始。豎木立柱頂飾橫木，以示王者納諫，稱華表。指路之路標亦稱華表。

帬裠 裙　　褱　　⿰衤有

⿰衤有

侯作父丁鼎（西周）

褱

褱[illegible]父作嘼姛鼎（西周）

qún
裙

四年戈（戰國晚期）

註：裙，即下裳。古代服裝上爲衣，下爲裳。『説文』曰：下裳也。帬，或从衣。裙，同帬、同裠。

公子裙壺（戰國）

祺 帺

qí jì 祺

《集韻》曰：帺，繫也、巾也。或作祺。《廣韻》曰：帺，繫也。

祺父乙鼎（西周早期）

⿰衤咼

kè ⿰衤咼

《廣雅》曰：⿰衤咼，薄也。《玉篇》曰：⿰衤咼，擣也。《玉篇》曰：⿰衤咼，裘裏也。

中方鼎（西周早期）

褋

褋

師𩛥鼎（西周中期）

褏

褏

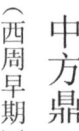

襲

求裘

散氏盤（西周晚期）

襲

襲尊（西周）【金文編】收録

qiú 裘

《說文》曰：皮衣也。从衣、求聲。一曰象形。古文省衣。註：甲骨文裘，皮毛衣象形。裘，或省形从衣、又聲。又、裘二字古音相近，取其聲。裘，从衣、从求，為小篆所本。求，獸皮裘尾之象形，其用同裘，或用為求索、哀求之求。

不壽簋（西周早期）

大師虘簋（西周中期）

廿七年簋（西周中期）

九年衛鼎（西周中期）

五祀衛鼎（西周中期）

裘衛盉（西周中期）

次尊（西周中期） 从衣 又聲

次卣（西周中期）

羌伯簋（西周晚期）

庚壺（春秋晚期）

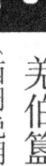

求

曶鼎（西周中期）

君夫簋（西周中期）

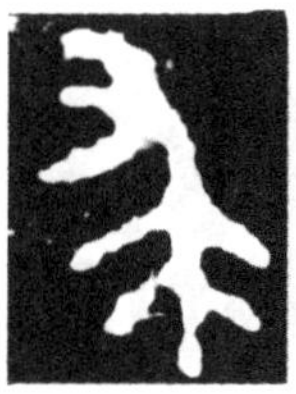
番生簋（西周晚期）

侯母壺（春秋早期）

鑄侯求鐘（春秋）

鼄君鐘（春秋晚期）

齊侯鎛（春秋晚期）

衲 納

nà 衲

張亞初釋爲納。【殷周金文集成 引得】

甲母觚（殷商）

衸

衸

虘簋（西周中期）

老

耆嗜

lǎo 老

註：老，像長髮老者，策杖依人形，下爲反人，以示反手相托。老、考形近義同，或爲同字。

先獸鼎（西周早期）

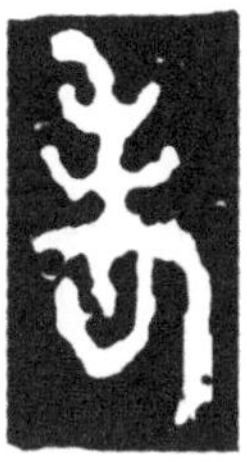
辛中姬皇母鼎（西周晚期）

殳季良父壺（西周晚期）

夆叔盤（春秋早期）

夆叔匜（春秋早期）

齊侯鎛（春秋中期）

齊大宰歸父盤（春秋）

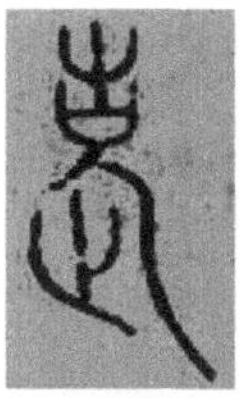
叔師鐘（春秋晚期）

叔尸鎛（春秋晚期）

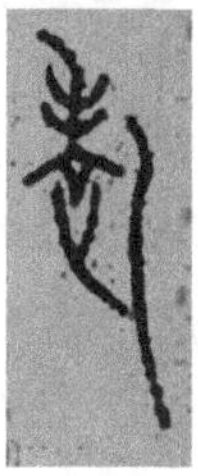
中山王𰯲方壺（戰國晚期）

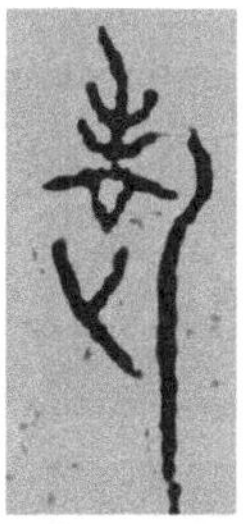
中山王𰯲鼎（戰國晚期）

qí shì 耆

《説文》曰：老也。从老省、旨聲。

《禮記》曰：六十（歲）曰耆。

註：耆，或作嗜。

滕侯耆戈（春秋晚期）

十三年相邦義戈（戰國）

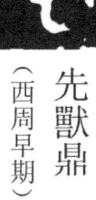

耇

者

gǒu
耇

《説文》曰：老人面，凍黎若垢。从老省、句聲。

註：耇，老人面之壽斑，若凍黎（梨）皮之斑。从老省、勾聲。句、勾同字。

耳尊（西周早期）

史牆盤（西周中期）

師奎父鼎（西周中期）

口叔買簋（西周晚期）

曾仲大父螽殷（西周晚期）

曾伯文簋（西周晚期）

師艅簋（西周晚期）

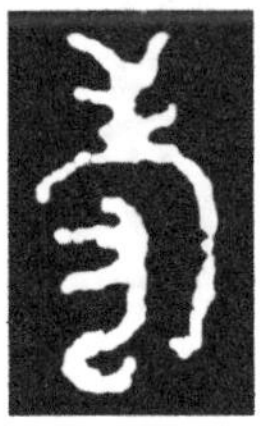

[illegible]叔鼎（西周中期）

或从九

曾伯霥簠（春秋早期）

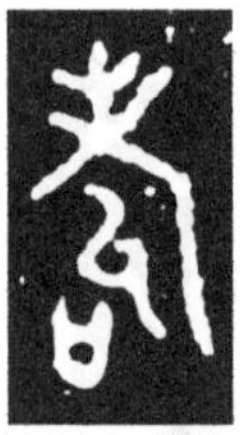

曾子伯𠭰盤（春秋）

䜌伯盤（春秋）

gǒu
者

註：者，或省句（勾）為丩。者，同耇。

呆同殷蓋（西周晚期）

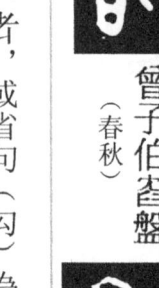

壽 壽

shòu 壽

《說文》曰：久也。从老省、（古文壽）聲。註：壽，或作壽。

耳尊（西周早期）

壽作父戊器（西周早期）

不壽簋（西周早期）

沈子它簋（西周早期）

眉壽作彝鼎（西周早期）

毛公旅方鼎（西周早期）

對罍（西周中期）

殷穀盤（西周中期）

九年衛鼎（西周中期）

兒光段（西周中期）

伯百父簋（西周中期）

畢鮮簋（西周中期）

瘨鐘（西周中期）

師器父鼎（西周中期）

縈叔卣（西周中期）

追簋（西周中期）

㠱仲觶（西周中期）

作氒考尊（西周中期）

縣妃簋（西周中期）

豆閉簋（西周中期）

遣盉（西周中期）

三年瘨壺（西周中期）

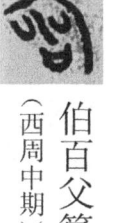

壽 壽

曶壺（西周中期）

德盤（西周中期）

㲋盤（西周中期）

㲋匜（西周中期）

曾伯文簋（西周晚期）

頌鼎（西周晚期）

禹鼎（西周晚期）

陽飤生簋（西周晚期）

洑伯寺𣪘（西周晚期）

[illegible]季鼎（西周晚期）

齊弃史喜鼎（西周晚期）

諶鼎（西周晚期）

姬鼎（西周晚期）

仲師父鼎（西周晚期）

眉壽鐘（西周晚期）

楚公逆鎛（西周晚期）

師臾鐘（西周晚期）

南宮乎鐘（西周晚期）

仲枏父鬲（西周晚期）

沩其鐘（西周晚期）

宗周鐘（西周晚期）

小克鼎（西周晚期）

沩其鼎（西周晚期）

趞鼎（西周晚期）

史伯碩父鼎（西周晚期）

小克鼎（西周晚期）

無叀鼎（西周晚期）

此鼎（西周晚期）

復公子簋（西周晚期）

向䝔𣪘（西周晚期）

琱伐父𣪘（西周晚期）

㝬叔㝬姬殷（西周晚期）

伯椃虘殷（西周晚期）

叔口孫父簋（西周晚期）

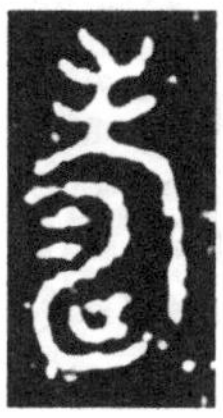

内伯多父簋（西周晚期）

魯士商叡殷（西周晚期）

樹仲簋（西周晚期）

伯康簋（西周晚期）

大簋（西周晚期）

善夫沙其殷（西周晚期）

仲枏父簋（西周晚期）

鬻兑殷（西周晚期）

仲稱父簋（西周晚期）

蔡姞簋（西周晚期）

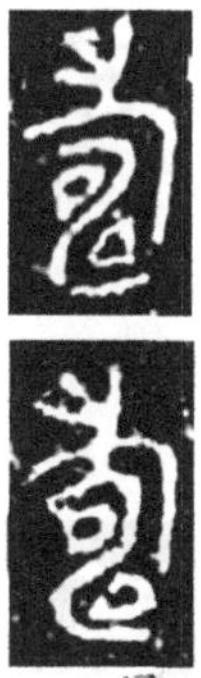

曾仲大父蛕殷（西周晚期）

此簋（西周晚期）

㝬殷（西周晚期）

不嬰殷（西周晚期）

羌伯簋（西周晚期）

京叔盨（西周晚期）

蔡簋（西周晚期）

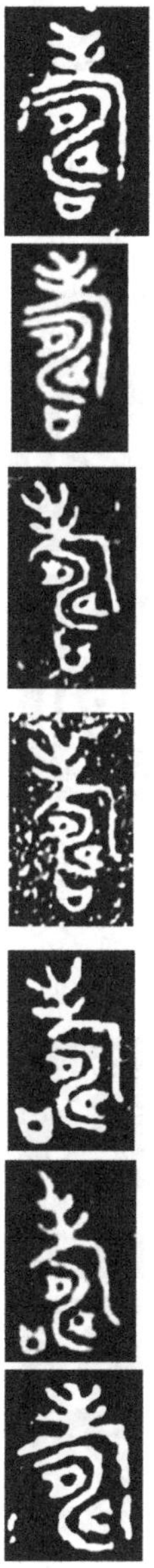

頌簋（西周晚期）

壽

杜伯盨（西周晚期）

曼龏父盨（西周晚期）

杜伯盨（西周晚期）

遅盨（西周晚期）

伯汈其盨（西周晚期）

翏生盨（西周晚期）

善夫克盨（西周晚期）

伯勇父簠（西周晚期）

交君子𠂤簠（西周晚期）

交君子𠂤壺（西周晚期）

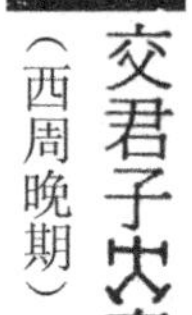
黽壺（西周晚期）

蛞公諴簠（西周晚期）

伯公父簠（西周晚期）

蔡公子壺（西周晚期）

伯克壺（西周晚期）

兮甲盤（西周晚期）

殳季良父壺（西周晚期）

頌壺（西周晚期）

伯侯父盤（西周晚期）

薛侯盤（西周晚期）

埒飤生匜（西周晚期）

𠷎孟姜匜（西周晚期）

孚父殷（西周晚期）

毳簋（西周晚期）

㮚殷（西周晚期）

考叔𢆶父簠（春秋早期）

杞伯每㠯壺蓋（春秋早期）

魯仲齊鼎（春秋早期）

召叔山父簠（春秋早期）

曾伯霥簠（春秋早期）

治仲考父壺（春秋早期）

伯其父簠（春秋早期）

魯伯俞父簠（春秋早期）

鑄子叔黑叵簠（春秋早期）

魯大嗣徒子仲伯匜（春秋早期）

弗奴父鼎（春秋早期）

曾者子鼎（春秋早期）

郣伯祀鼎（春秋早期）

陳公孫寣父瓶（春秋早期）

陳公子叔遵父甗（春秋早期）

奮友父鬲（春秋早期）

隨子鄭伯鬲（春秋早期）

魯仲齊甗（春秋早期）

秦公鐘（春秋早期）

秦公鎛（春秋早期）

王孫壽甗（春秋早期）

庚兒鼎（春秋早期）

陳侯鼎（春秋早期）

食生走馬谷簋（春秋早期）

秦公簋（春秋早期）

毛叔盤（春秋早期）

筍侯匜（春秋早期）

魯伯大父簋（春秋早期）

魯大宰遵父簋（春秋早期）

卓林父簋（春秋早期）

朱口伯鼎（春秋早期）

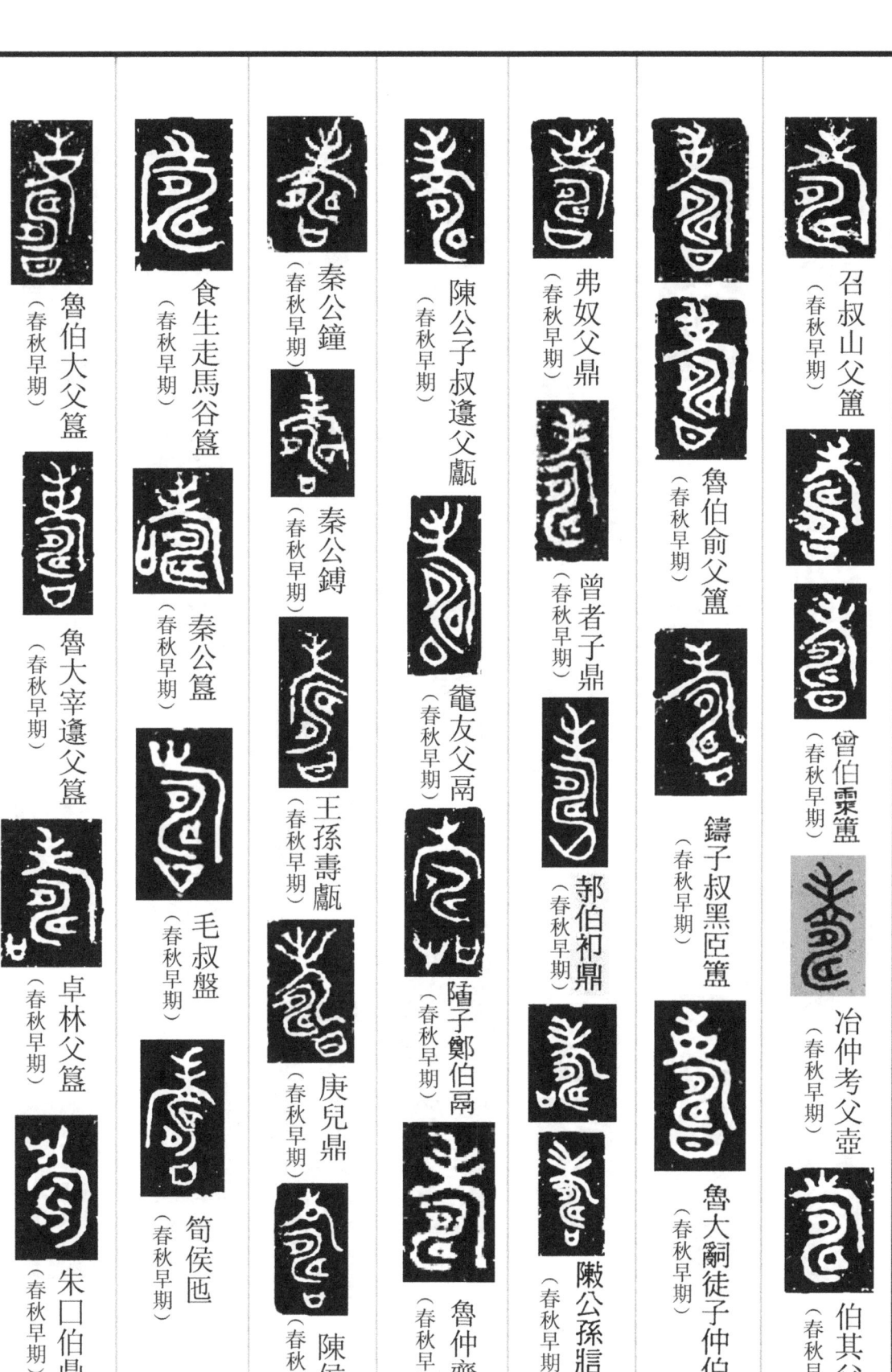

壽 壽

邿鼄𣪘（春秋早期）

叔夜鼎（春秋早期）

鄀公平侯鼎（春秋早期）

鑄公簠（春秋早期）

夆叔盤（春秋早期）

鄧公乘鼎（春秋中期）

齊侯鎛（春秋中期）

者瀘鐘（春秋）

趞亥鼎（春秋中期）

欒大嗣徒瓶（春秋）

陳伯元匜（春秋）

欒書缶（春秋）

曩伯子庭父盨（春秋）

徐王子旃鐘（春秋）

陳公子仲慶簠（春秋）

楚王鐘（春秋）

邾公釛鐘（春秋）

鄦子盟自鎛（春秋）

魯嗣徒仲齊盨（春秋）

鑄叔作嬴氏簠（春秋）

陳侯作王仲嬀𡚱簠（春秋）

魯伯悆盨（春秋）

齊大宰歸父盤（春秋）

曾孟嬭諫盆（春秋）

國差𦉜（春秋）

薛侯匜（春秋）

陳侯作孟姜𡢁簠（春秋）

曾伯陭壺（春秋）

䜌伯盤（春秋）

伯戔盤（春秋）

般仲□盤（春秋）

曹公盤（春秋）

慶叔匜（春秋）

彭子仲盆（春秋）

□桐盂（春秋）

王子申盞（春秋）

蔡𡡓姬盤（春秋）

叔尸鐘（春秋晚期）

簷叔之仲子平鐘（春秋晚期）

楚屈子赤角簠（春秋晚期）

上鄀府簠（春秋晚期）

蔡侯盤（春秋晚期）

齊侯盂（春秋晚期）

鄬子簠（春秋晚期）

子季嬴青簠（春秋晚期）

長子沬臣簠（春秋晚期）

嘉子白昜□簠（春秋晚期）

蒿君鉦鋮（春秋晚期）

蔡大師鼎（春秋晚期）

復公仲簋（春秋晚期）

番君召簠（春秋晚期）

敬事天王鐘（春秋晚期）

子璋鐘（春秋晚期）

其次句鑃（春秋晚期）

樂子簠（春秋晚期）

鼉公華鐘（春秋晚期）

王孫遺者鐘（春秋晚期）

陳逆簋（戰國早期）

乙鼎（戰國早期）

喪史寘瓶（戰國）

 考

kǎo
考

《説文》曰：老也。从老省、丂聲。《説文通訓定聲》曰：考，假借爲巧。

註：金文中老、考、孝或同字，可通用。

叔具鼎（西周早期）

禽鼎（西周早期）

旂鼎（西周早期）

毛公旅方鼎（西周早期）

原趠方鼎（西周早期）

考母作緊段（西周早期）

月段（西周早期）

亘臣戜段（西周早期）

录簋（西周早期）

䆃段（西周早期）

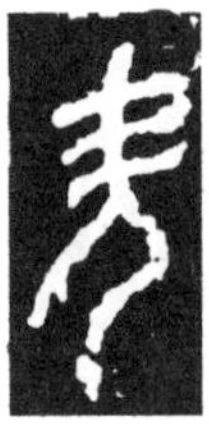
湝𤔲土逘段（西周早期）

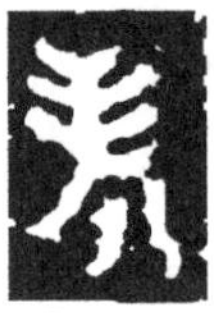
獻簋（西周早期）

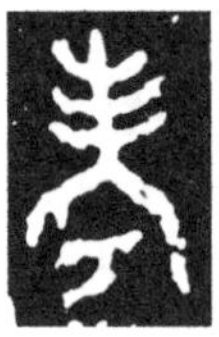
周公簋（西周早期）

考作父辛卣（西周早期）

沈子它簋（西周早期）

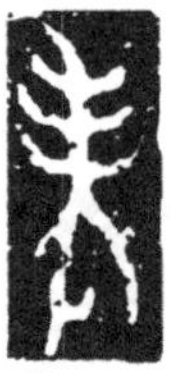
卿卣（西周早期）

𣶒湝伯逘卣（西周早期）

盨仲卣（西周早期）

考

伯尊（西周早期）

伯卣（西周早期）

作册睘卣（西周早期）

作册睘尊（西周早期）

考母壺（西周早期）

叔趯父卣（西周早期）

考母作匽罍（西周早期）

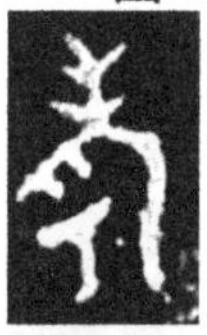

文考方彝（西周中期）

對罍（西周中期）

師趛鼎（西周中期）

師趛鬲（西周中期）

師器父鼎（西周中期）

大鼎（西周中期）

奢殷（西周中期） 或从幺

走馬休盤（西周中期）

史牆盤（西周中期）

伯陶鼎（西周中期）

或者鼎（西周中期）

内史龔鼎（西周中期）

𠒇殷（西周中期）

是要簋（西周中期）

伯中父簋（西周中期）

康鼎（西周中期）

虘鐘（西周中期）

𤼈鐘（西周中期）

𥦗鼎（西周中期）

伯考父鼎（西周中期）

仲虘父殷（西周中期）

仲辛父簋（西周中期）

孟簋（西周中期）

大簋（西周中期）

豦簋（西周中期）

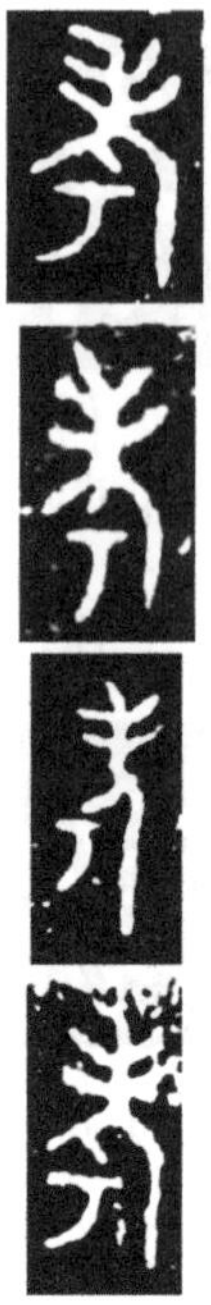
瘨𣪘（西周中期）

遹𣪘（西周中期）

恒簋（西周中期）

中簋（西周中期）

追簋（西周中期）

小臣諫簋（西周中期）

即簋（西周中期）

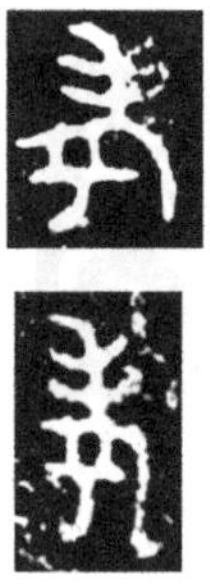
師酉簋（西周中期）

豆閉簋（西周中期）

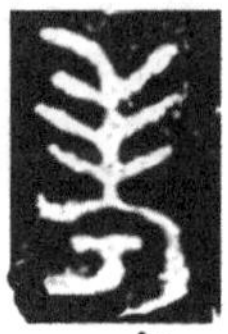
彔伯戜𣪘蓋（西周中期）

卯簋（西周中期）

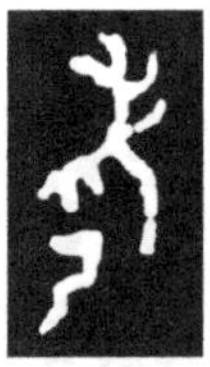
師虎簋（西周中期）

班簋（西周中期）

改盨（西周中期）

倗卣（西周中期）

周乎卣（西周中期）

匡卣（西周中期）

繁卣（西周中期）

曶尊（西周中期）

作文考日己方尊（西周中期）

𢼍尊（西周中期）

𨑇尊（西周中期）

文考日己觥（西周中期）

曶鼎（西周中期）

是𩣡𣪘（西周中期）

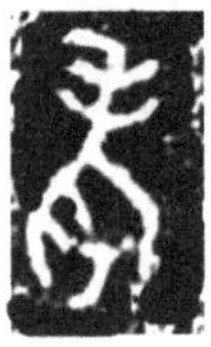
滕虎簋（西周中期）

呂伯簋（西周中期）

季𪀢𣪘（西周中期）

師奎父鼎（西周中期）

伯晨鼎（西周中期）

九年衛鼎（西周中期）

戜方鼎（西周中期）

五祀衛鼎（西周中期）

三年痶壺（西周中期）

乃牆子鼎（西周中期）

衛鼎（西周中期）

敔簋（西周）

康生豆（西周）

史喜鼎（西周）

伯簪殷（西周）

蠚公諴簠（西周晚期）

伯公父簠（西周晚期）

鬲攸比鼎（西周晚期）

㝬殷（西周晚期）

師𤼈殷（西周晚期）

遟盨（西周晚期）

杜伯盨（西周晚期）

頌簋（西周晚期）

師克盨（西周晚期）

善夫克盨（西周晚期）

𩰫比盨（西周晚期）

師頪殷（西周晚期）

此簋（西周晚期）

番生簋（西周晚期）

口叔買簋（西周晚期）

善夫汈其殷（西周晚期）

仲枏父簋（西周晚期）

仲爯父簋（西周晚期）

郘[illegible]殷（西周晚期）

大簋（西周晚期）

伯椃虘殷（西周晚期）

内伯多父簋（西周晚期）

宴簋（西周晚期）

考

仲殷父簋（西周晚期）讀爲孝　享考（孝）宗室

師臾鐘（西周晚期）

士父鐘（西周晚期）

沵其鐘（西周晚期）

克鐘（西周晚期）

虢叔旅壽（西周晚期）

伯頵父鼎（西周晚期）

仲師父鼎（西周晚期）

沵其鼎（西周晚期）

叔角父簋（西周晚期）

叔㲉父毁（西周晚期）

吴尨父毁（西周晚期）

德克簋（西周晚期）

害客毁（西周晚期）

伯喜簋（西周晚期）

豐兮夷簋（西周晚期）

事族簋（西周晚期）

伯𢽾父毁（西周晚期）

向𥎦毁（西周晚期）

筥小子簋（西周晚期）

章叔𦁗毁（西周晚期）

琱伐父毁（西周晚期）

㝬叔㝬姬毁（西周晚期）

叔向父禹簋（西周晚期）

六年召伯虎簋（西周晚期）

揚簋（西周晚期）

白毛敦（西周晚期）

大簋（西周晚期）

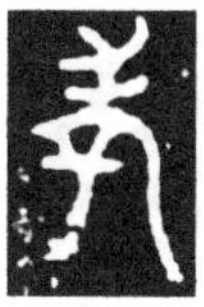
趞鼎（西周晚期）

頌簋（西周晚期）

禹鼎（西周晚期）

師害簋（西周晚期）

曾伯霥簠（春秋早期）

鄭虢仲鼎（春秋早期）

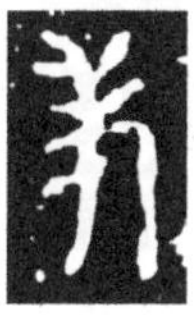
魯仲齊鼎（春秋早期）

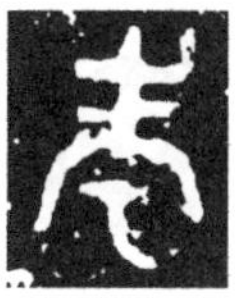
曾子斿鼎（春秋早期）

上曾大子鼎（春秋早期）

鄀公平侯鼎（春秋早期）

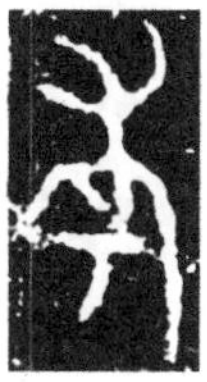
鑄叔皮父簋（春秋早期）

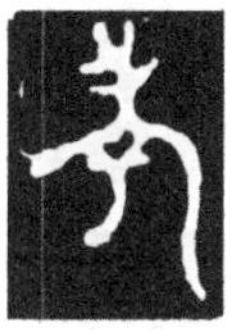
滕侯穌盨（春秋早期）

考叔寣父簠（春秋早期）

叔家父簠（春秋早期）

魯𤔲徒仲齊匜（春秋）

者減鐘（春秋）

蔡侯盤（春秋晚期）

簷叔之仲子平鐘（春秋晚期）

鼄公華鐘（春秋晚期）

其次句鑃（春秋晚期）

蒿君鉦鋮（春秋晚期）

齊陳曼簠（戰國早期）

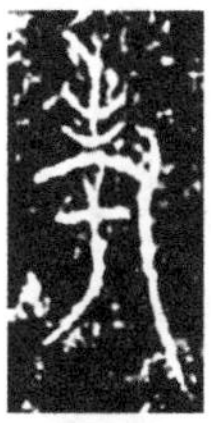
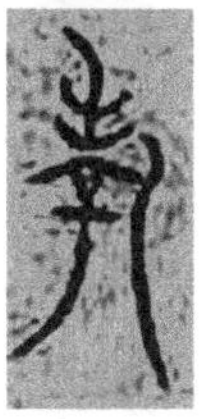
中山王譽鼎（戰國晚期）

中山王譽方壺（戰國晚期）

仲枏父鬲（西周中期） 或不从老

𧻚殷（西周中期） 或从幺 用作厥文考尊簋

孝

xiào
孝

《說文》曰：善事父母者。从老省、从子，子承老也。註：孝，字形像長髮老者由子承扶狀。孝，或从食，老人就食形，此均爲孝義。金文老、考、孝或互爲通用。

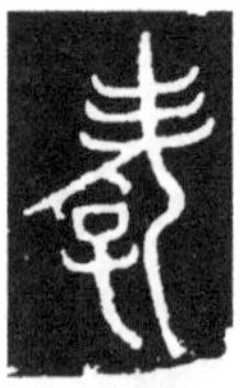
孝卣（殷商）

且日庚簋（西周早期）

麥方尊（西周早期）
从子省 景孝于邢侯

史牆盤（西周中期）

幾父壺（西周中期）

𧇡鐘（西周中期）

瘨鐘（西周中期）

㦰方鼎（西周中期）

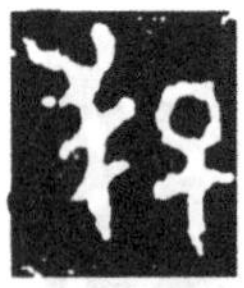
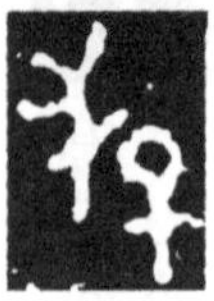
𢐗伯鼎（西周中期）

曶鼎（西周中期）

追簋（西周中期）

伯誓殷（西周）

㝬仲簋（西周晚期）

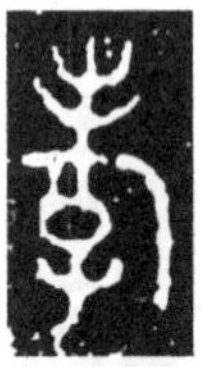

善夫沂其殷（西周晚期）

仲爯簋（西周晚期）

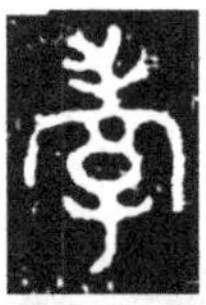

伯沂其盨（西周晚期）

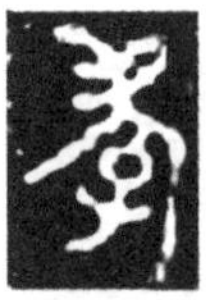
頌壺（西周晚期）

姬鼎（西周晚期）

叔噩父簋（西周晚期）

伯鮮鼎（西周晚期）

伯椃虘殷（西周晚期）

兮仲鐘（西周晚期）

𣄰叔樊鼎（西周晚期）

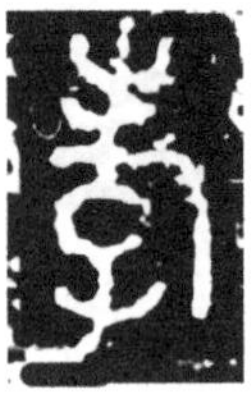
辛中姬皇母鼎（西周晚期）

頌鼎（西周晚期）

此鼎（西周晚期）
大克鼎（西周晚期）
口叔買簋（西周晚期）
仲駒父簋（西周晚期）
章叔㴆毁（西周晚期）
頌簋（西周晚期）
伯孝𥎦盨（西周晚期）
杜伯盨（西周晚期）
㝬叔㝬姬毁（西周晚期）
此簋（西周晚期）
龔曼父盨（西周晚期）
殳季良父壺（西周晚期）
虞𤔲寇壺（西周晚期）
鄀公平侯鼎（春秋早期）
邿遣毁（春秋早期）
召叔山父簠（春秋早期）
卓林父簋（春秋早期）
仲爯父鼎（春秋早期）
魯伯悆盨（春秋）
曾伯陭壺（春秋）
師麻孝叔鼎（春秋）
齊鞄氏鐘（春秋晚期）
王孫遺者鐘（春秋晚期）
墜肪毁蓋（戰國早期）
鄲孝子鼎（戰國中期）
陳侯午敦（戰國晚期）
公朱右𠂤鼎（戰國晚期）
中山王譽方壺（戰國晚期）

⿱耂舌 ⿱耂九 耄⿱耂高

曾伯⿱雨⿰匕水簠（春秋早期） 或从食

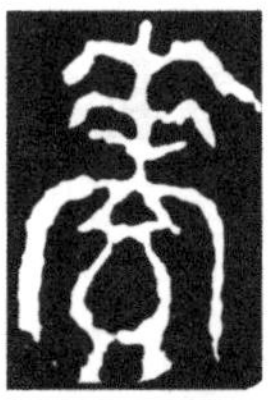

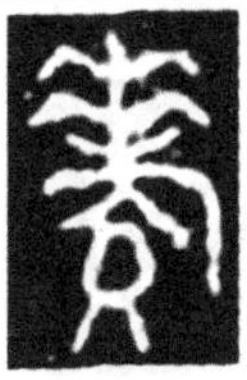

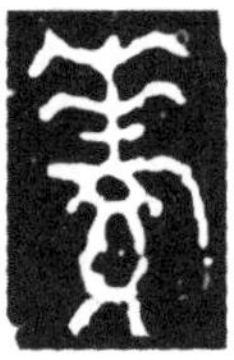

番君召簠（春秋晚期）

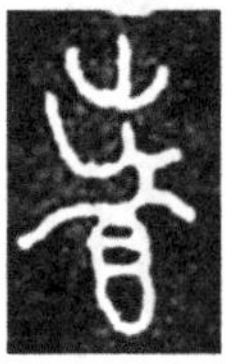

陳逆簠（戰國早期）

mào
⿱耂高

註：⿱耂高，从老、高聲，或爲耄字。耄耋之年，指八九十歲老人。

⿱高丂作母癸尊（殷商）

⿱高丂作母癸卣（殷商）

亞⿱冝共矣母癸爵（殷商）

gǒu
⿱耂九

註：⿱耂九，或从九，為耇之異體。

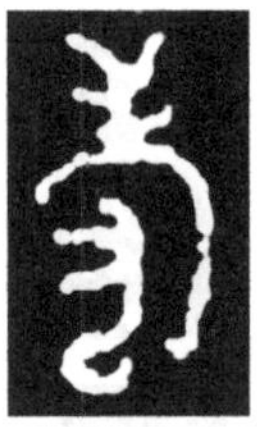

⿰言夫叔鼎（西周中期）

qí
⿱耂舌

註：⿱耂舌，讀為耆。

滕侯⿱耂舌戈（春秋晚期）

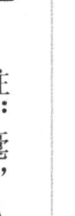

毛 毳 橇

máo
毛

《説文》曰：眉髮之屬及獸毛也。象形。

毛公旅方鼎（西周早期）

𢿢方鼎（西周早期）

孟簋（西周中期）

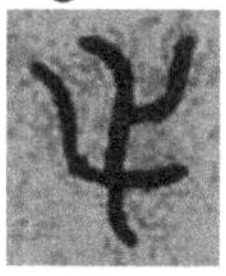

師毛父簋（西周中期）

班簋（西周中期）

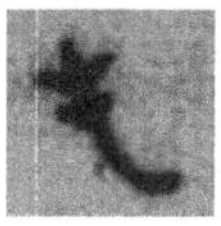

日毛銅泡（西周）

此簋（西周晚期）

此鼎（西周晚期）

毛舁殷（西周晚期）

鄦殷（西周晚期）

𩰫伯毛鬲（西周晚期）

毛公鼎（西周晚期）

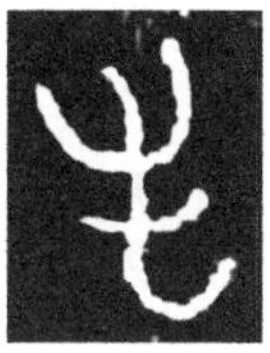

善夫旅伯鼎（西周晚期）

毛叔盤（春秋早期）

cuì
毳

《説文》曰：獸細毛也。从三毛。《集韻》曰：橇，或作毳。

毳簋（西周晚期）

毳盉（西周晚期）

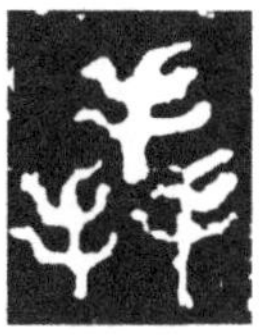

毳匜（西周晚期）

毳盤（西周晚期）

尸　尸　⿺毛云

⿺毛云

八年相邦劍（戰國晚期）

十八年建君鈹（戰國晚期）

shī 尸

註：祭祀時，代表死者受祭之活人稱尸，天子以卿爲尸、諸侯以大夫爲尸。夏立尸、殷座尸，後改爲牌位。死者屍體之屍字，从死作屍。金文尸，多讀爲夷。古文尸、夷音同。斥異族爲尸、爲死人，猶稱鬼人也。金文尸、人二字形同，作為偏旁，从人、从尸字相同。

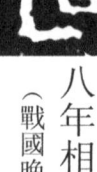

尸作父己卣（殷商）

𡓞方鼎（西周早期）　讀爲夷　唯周公于征伐東尸（夷）

小臣謎𣪘（西周早期）

作册睘尊（西周早期）

作册睘卣（西周早期）

大盂鼎（西周早期）

靜簋（西周中期）

競卣（西周中期）

旅鼎（西周中期）　讀爲夷　唯公太保來伐叛尸（夷）

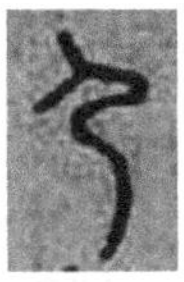
仲𢓊父鼎（西周中期）

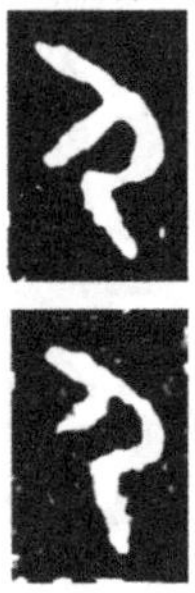
寧鼎（西周中期）

夷伯簋（西周中期）

師酉簋（西周中期）

彔𢦚卣（西周中期）

史牆盤（西周中期）

倨踞居 居

宗周鐘（西周晚期）讀爲夷 南尸（夷）東尸（夷）俱見

禹鼎（西周晚期）

駒父盨（西周晚期）

豐兮夷簋（西周晚期）

訇簋（西周晚期）

䙊殷（西周晚期）

無㠱殷（西周晚期）

師寰殷（西周晚期）

虢仲盨（西周晚期）

翏生簋（西周晚期）

兮甲盤（西周晚期）

曾伯霥簠（春秋早期）

曾孫史夷簠（戰國）

jū居

《説文》曰：蹲也，从尸。古者居从古。踞 俗居从足。

註：居，蹲踞之踞之本字。凥，乃居住之居，後借居爲凥，另造踞字也。居，通倨。

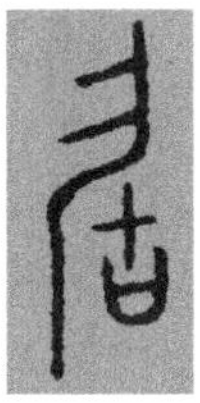
居簋（春秋）【攈古録】

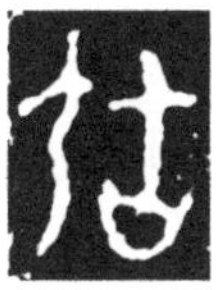
上官豆（戰國）

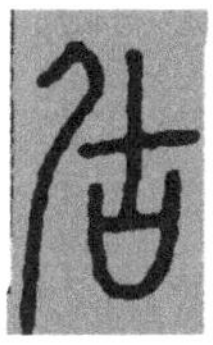
郘君啓節車節（戰國）

昵尼

屖

ní 尼

《說文》曰：從後近之。

註：尼，从尸（尸即人）、从。即反人（非匕）。尼字像两人親昵之像，尼，乃昵之本字。

左使車兵鬲（戰國晚期）
張亞初釋爲尼【殷周金文集成 引得】
左使車尼

左使車工北鼎（戰國晚期）

左使車工豆（戰國晚期）

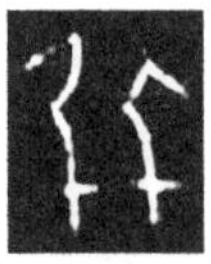
左使車工壺（戰國晚期）

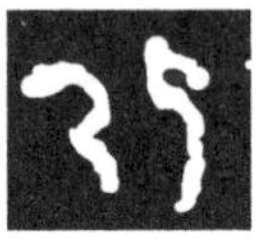
十三年燈座（戰國晚期）

xī 屖

《說文》曰：屖遲也。从尸、辛聲。《玉篇》曰：屖，今作栖、亦作犀。犀，堅硬、犀利。

註：屖遲，即棲遲，遲緩不進也。

冊屖簋（西周早期）

季屖簋（西周早期）

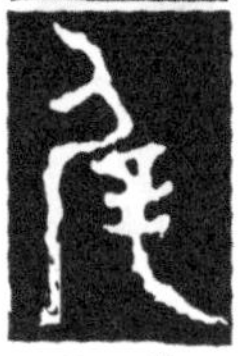
御史競簋（西周早期）

縣妃簋（西周中期）

屖父己尊（西周中期）

競卣（西周中期）

五祀衛鼎（西周中期）

害簋（西周晚期）

伯頵父鼎（西周晚期）

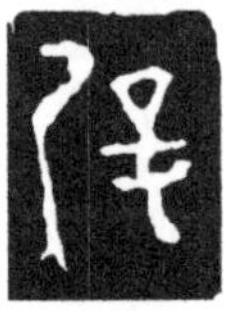

遲盨（西周晚期）
或从彳作遲

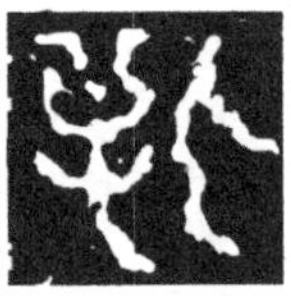
郜公平侯鼎（春秋早期）

王孫遺者鐘（春秋晚期）

宸 屒 

脽 臀 屍 

侹 𡰥 

曾字斿鼎（春秋早期）

王子午鼎（春秋中期）

⿰休乏屖鼎（戰國早期）

令狐君嗣子壺（戰國中期）

zhěn
屒

《說文》曰：伏皃（貌）。从尸、辰聲。一曰屋宇。

註：屒，屋宇也，或同宸。从尸之字與从人同，故屒，也同侲。

大鼎（西周中期）

大簋蓋（西周中期）

tún
屍

《說文》曰：髀也。从尸下丌居几。或从肉、隼。或从骨、殿聲。《玉篇》曰：屍，與臀同。

註：屍，即臀之本字，脽、臋乃其別體字。

十七年丞相啓狀戈（戰國）

tǐng
𡰥

註：𡰥，或同侹。古文中尸字與人字本同形。壬，人站立土上，為挺之本字（同廷）。从尸、从人同；壬、廷同字，𡰥，應讀為侹。

散伯卣 讀為侹（西周早期）散伯𡰥（侹）父尊彝

⿸尸共 殿 ⿸尸丙 ⿸尸丌 ⿸尸示

fǎng
⿸尸丙

《說文》曰：仿，籀文仿从丙。註：⿸尸丙，从尸、从丙。从尸與从人相同，⿸尸丙，即籀文仿字。

騎傳馬節（戰國）

diàn
⿸尸共

⿸尸共，張亞初釋爲殿【殷周金文集成 引得】

衛簋（西周中期） 讀為殿
⿸尸共（殿）赤市攸勒

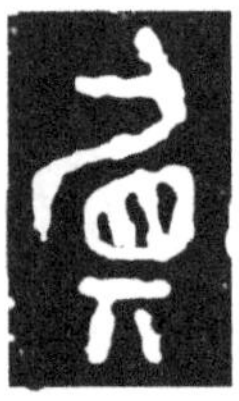

⿸尸共敖𣪕蓋（西周晚期）

𩰫史⿸尸共壺（西周晚期）

diàn
⿸尸丌

⿸尸丌，張亞初釋爲殿【殷周金文集成 引得】

師寰𣪕（西周晚期） 張亞初釋爲殿【殷周金文集成 引得】
殿左右虎臣

⿸尸示

yì
⿸尸殳

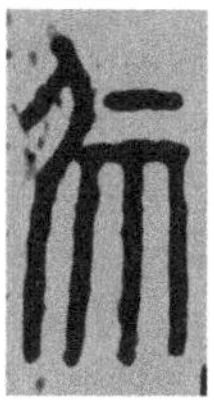

噩君啓節車節（戰國）

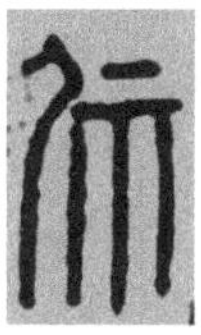

噩君啓節舟節（戰國）

注：⿸尸殳，或爲役字。

□作⿱敄黽伯殷（西周中期）

lüè
⿸尸畧

張亞初釋爲⿰亻略。【殷周金文集成 引得】

注：⿰亻略，或假爲略。

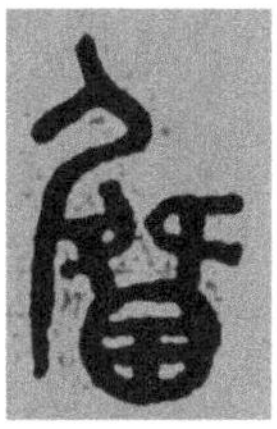

及⿰亻畧生殷（西周晚期）

xīng
⿸尸興

注：⿸尸興，或同興。

魯伯悆盨（春秋）

ǎi
屭

註：膢，或从尸作屭。

曾侯遻雙戈戟（戰國早期）

ǎi
膢

《玉篇》曰：膢，肥也。

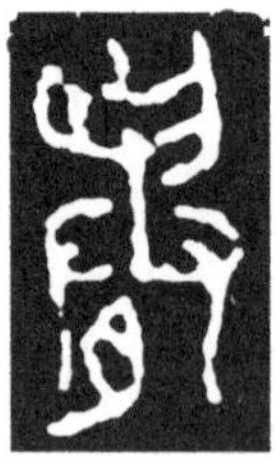

蔡大師鼎（春秋晚期）

shǐ
xī
屎

吴大澂曰：古屎字。呻也，从尸从米。【古籀補】

注：屎，或讀爲偞、讀為敉。

陳侯因𦑊敦（戰國晚期） 讀為偞 偞嗣趠文朝問諸侯

屏

屖 肙 屭

匽侯鼎
【金文編】收録

屖

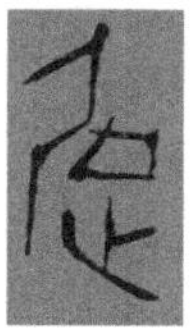

左屖肙壺
【金文編】收録

suī
肙

註：肙，或同佾、同倠。《集韻》曰：倠，醜貌，或从𠂤。

永盂
（西周中期）

zàn
屭

《玉篇》曰：屭，同鑽。

史牆盤
（西周中期）

鑽之異體 假爲纘
天子周鑽（纘）文武長烈

⿸尸⿱余土　尺　尾　屖

⿸尸⿱余土

吳王光鑑（春秋晚期）

chǐ
尺

註：，兆域圖中假乇爲尺。

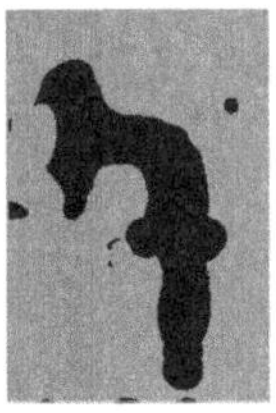
兆域圖（戰國晚期）
假乇爲尺
宮方百尺

wěi
尾

《説文》曰：微也。从倒毛在尸後。古人或飾系尾，西南夷亦然。

父爵（西周早期）

王仲皇父盉（西周晚期）

章子戈（春秋早期）

sū
屖

註：屖，或讀爲蘇。

屬矚囑

屈倔崛

尿

逆鐘（西周晚期）

讀爲蘇 賜汝毌五 錫戈彤屖（蘇）

zhǔ shǔ 屬

《説文》曰：連也。从尾、蜀聲。

註：屬，相連續，若尾之在體後。屬，通囑、通矚。

十三年少府矛（戰國）

十四年屬邦戈（戰國）

少府矛（戰國）

八年相邦呂不韋戈（戰國晚期）

qū jué 屈

《説文》曰：無尾也。从尾、出聲。

《説文通訓定聲》曰：屈，假借爲崛。

註：，隸變省毛作屈。獸之無尾或短尾曰屈尾。屈，或作倔、作崛。

楚屈叔佗戈（春秋早期）

[illegible]篙鐘（春秋晚期）

楚屈子赤角簠（春秋晚期）

郾客問量（戰國）

niào 尿

《説文》曰：人小便也。从尾、从水。

註：金文尿字从川。从川、从水相同。

師猒段（西周晚期）

曾子[illegible]簠（春秋晚期）

履 履　𡰥　𡰯

lǚ
履

《説文》曰：足所依也。《説文通訓定聲》曰：履，此字本訓踐，轉注爲所以踐之具也。

註：足所依、所以踐之具，均指鞋。履，本義爲踐踏，轉注爲鞋，引申爲足蹟、經歷。

五祀衛鼎（西周中期） 讀為履 帥履裘衛厲田四田

九年衛鼎（西周中期） 讀為履 履付裘衛

永盂（西周中期） 讀為履 厥率履

散氏盤（西周晚期） 讀為履 矢人有嗣履田

大簋盖（西周晚期）

口仲盤（西周晚期） 讀為履 履用其吉金

rén
𡰥

《説文》曰：𡰥，古文仁或从尸。《玉篇》曰：𡰥，古文夷字。

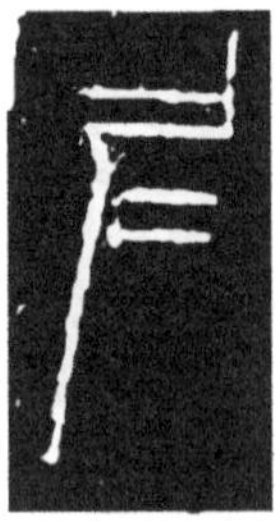
中山王譽鼎（戰國晚期）

wò
𡰯

註：𡰯，同仴，地名。

師𩛥鼎（西周中期）

遇甗（西周中期）

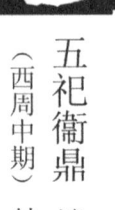

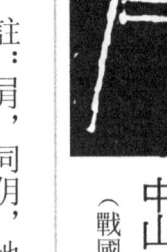

舟

zhōu

舟

《説文》曰：船也。古者共鼓、貨狄，刳木爲舟，剡木爲楫，以濟不通。象形。

註：舟，秦人或加㕣爲聲符作船。舟，船同義，或爲方言。自關而西謂之船，自關而東謂之舟。

尹舟簋（殷商）

舟鼎（殷商）

舟辛鼎（殷商）

尹舟鼎（殷商）

舟丏父丁卣（殷商）

舟父壬尊（殷商）

尹舟父癸觶（殷商）

孜作父癸觶（殷商）

尹舟父丁觶（殷商）

亞舟爵（殷商）

工舟爵（殷商）

尹舟父癸爵（殷商）

舟父乙爵（西周早期）

舟尹鼎（西周早期）

舟父甲卣（西周早期）

作冊⿰舟申卣（西周早期）

麥方尊（西周早期）

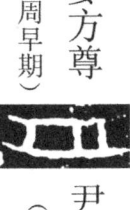

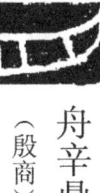

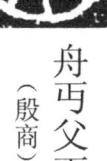

尹舟父丙觶（西周早期）

舟作尊彝甗（西周早期）

舟鼎（西周中期）

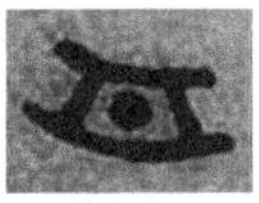
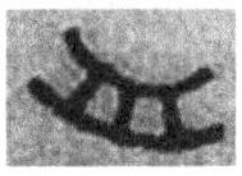

舟虡𣪘（西周中期）

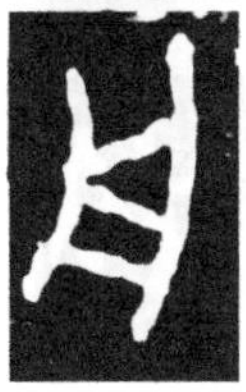

舟作寶鼎（西周中期）

舟作寶簋（西周中期）

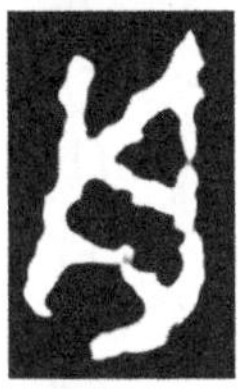

楚簋（西周晚期）

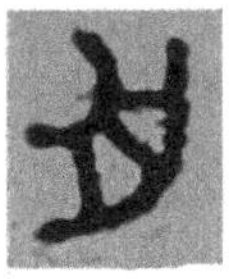

庚壺（春秋晚期）

噩君啓節舟節（戰國）

yú
俞

《說文》曰：空中木爲舟也。《説文通訓定聲》曰：俞，假借爲愉。《集韻》曰：愈，勝也。通作俞。
《説文新附》曰：艅艎，舟名，經典通用餘皇。註：俞，刳木為舟之最早雛形。金文俞、艅同字書作从舟、从。，乃余之異文。

艅舌盤（殷商）

亞父庚且辛鼎（殷商）

亞艅曆作且己鼎（殷商）

小臣艅犀尊（殷商）

師艅鼎（西周早期）

亞保且辛簋（西周早期）

亞艅父乙觶（西周早期）

父辛亞艅觶（西周早期）

艅伯卣（西周早期）

艅伯尊（西周早期）

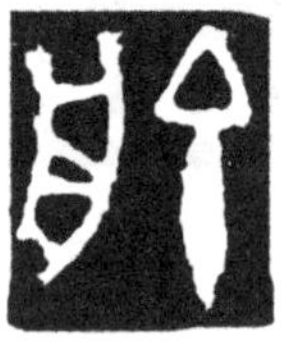
艅伯器（西周早期）

龏作又母辛鬲（西周早期）

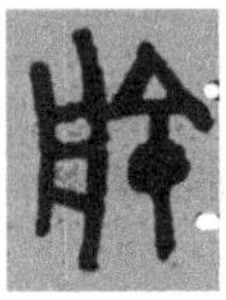
師艅尊（西周早期）

豆閉簋（西周中期）

不嬰段（西周晚期）

師艅簋盖（西周晚期）

魯伯俞父簠（春秋早期）

魯伯俞父簠（春秋早期）

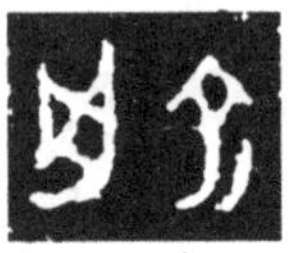
魯伯大父作仲姬俞簋（春秋早期）

齊侯鎛（春秋中期）

黃韋俞父盤（春秋）

魯伯厚父盤（春秋）

蒿君鉦鉞（春秋晚期）

船

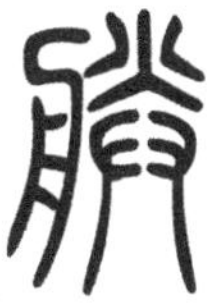
朕

chuán
船

《說文》曰：舟也。从舟、鉛省聲。

註：舟，船同義，或爲方言，自關而西謂之船、自關而東謂之舟。

南疆鉦（戰國）

zhèn
朕

《說文》曰：我也。《說文解字注》曰：朕，當曰舟縫也，从舟、灷聲。註：𦨣，爲朕之本字。經典作朕。隸變作朕。古，貴賤者皆自稱爲朕，至秦始皇定爲至尊自稱，漢因不改，以迄于清。朕或假爲滕、爲媵。

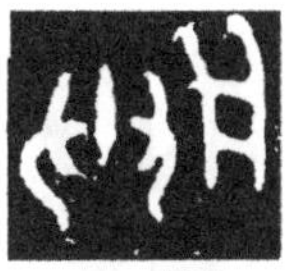
朕作父癸觶（西周早期）

周公簋（西周早期）

天亡簋（西周早期）

小臣傳簋（西周早期）

章伯馭𣪘（西周早期）

圉方鼎（西周早期）

大盂鼎（西周早期）

滕侯簋（西周早期）讀爲滕

獻簋（西周早期）

應侯見工鐘（西周中期）

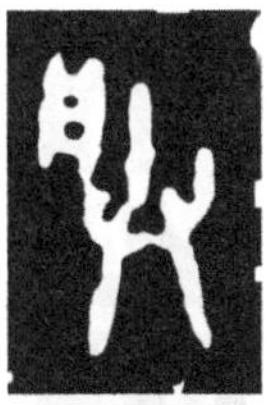
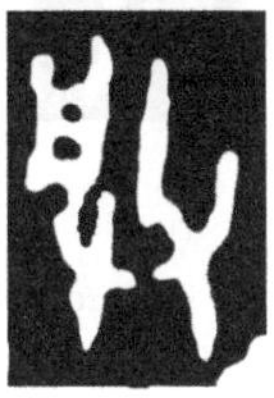
曶鼎（西周中期）

蟎鼎（西周中期）

大鼎（西周中期）

伯晨鼎（西周中期）

師晨鼎（西周中期）

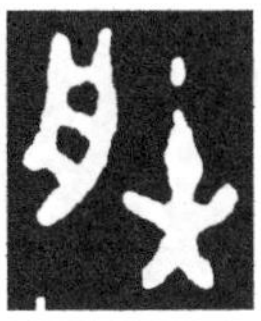
㦽方鼎（西周中期）

師𩛥鼎（西周中期）

仲𠭯父𣪘（西周中期）

仲辛父簋（西周中期）

朕

走馬休盤（西周中期）

守鼎（西周中期）

裘衛盉（西周中期）

豆閉簋（西周中期）

盠方尊（西周中期）

曶壺（西周中期）

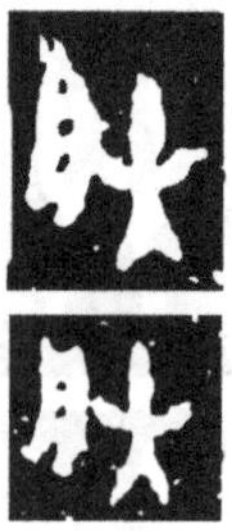
孟簋（西周中期）

大簋（西周中期）

虘簋（西周中期）

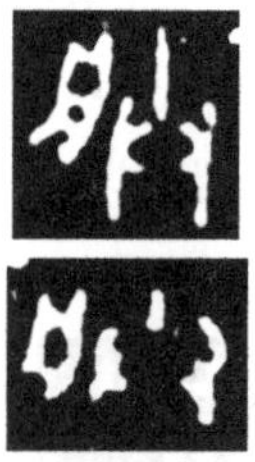
廿七年衛簋（西周中期）

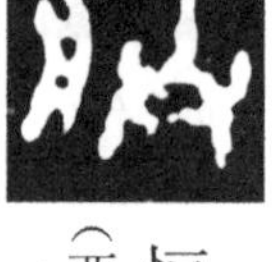
恒簋（西周中期）

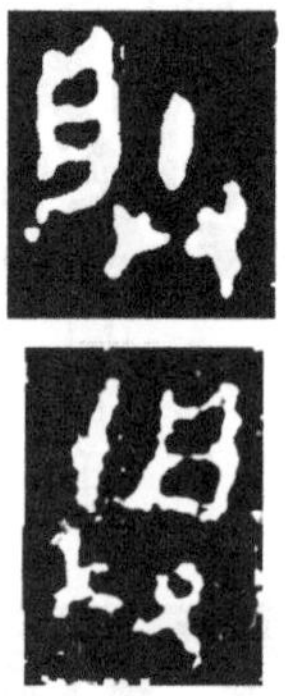
衛簋（西周中期）

追簋（西周中期）

即簋（西周中期）

中簋蓋（西周中期）

盠駒尊（西周中期）

同簋蓋（西周中期）

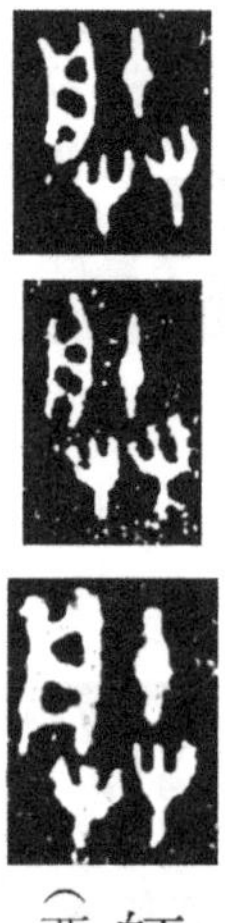
師酉簋（西周中期）

彔伯戜殷蓋（西周中期）

師虎簋（西周中期）

戜殷（西周中期）

改盨蓋（西周中期）

史喜鼎（西周）

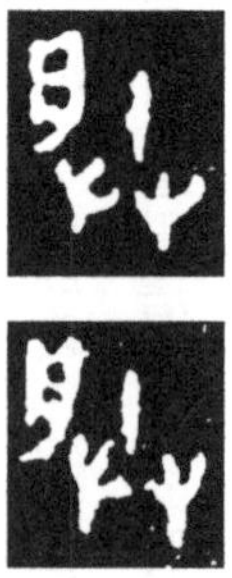
師寰殷（西周晚期）

虢叔旅鐘（西周晚期）

宗周鐘（西周晚期）

井叔釆鐘（西周晚期）

會姒鬲（西周晚期）

㚇有嗣爯鬲（西周晚期）

眉壽鍾（西周晚期）

逆鐘（西周晚期）

師臾鐘（西周晚期）

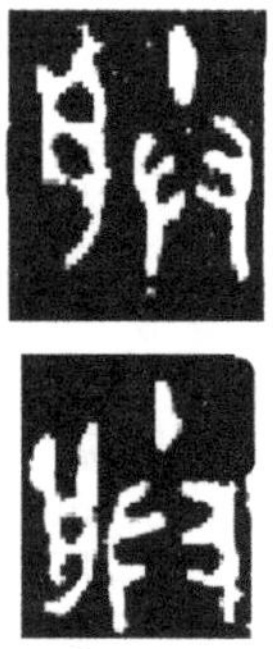
士父鐘（西周晚期）

南宫乎鐘（西周晚期）

鄧公簋（西周晚期）

叔𣪕父毁（西周晚期）

叔角父簋（西周晚期）

德克簋（西周晚期）

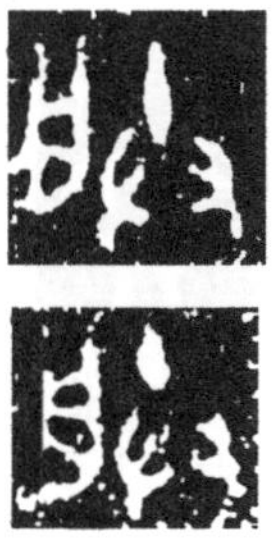
伯喜簋（西周晚期）

豐兮夷簋（西周晚期）

封仲簋（西周晚期）

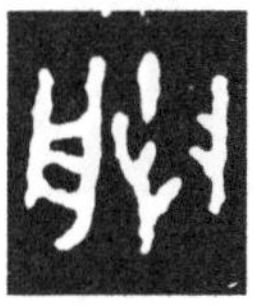
伯𢾊父毁（西周晚期）

章叔𤖼毁（西周晚期）

魯士商𩛥毁（西周晚期）

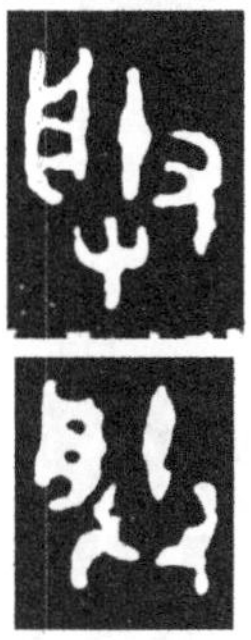
宴簋（西周晚期）

無㠱毁（西周晚期）

弭叔師察簋（西周晚期）

□叔買簋（西周晚期）

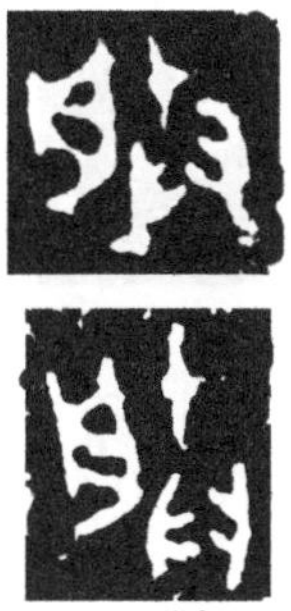
善夫汈其毁（西周晚期）

元年師旋毁（西周晚期）

伯頵父鼎（西周晚期）

𣄰叔樊鼎（西周晚期）

康鼎（西周晚期）

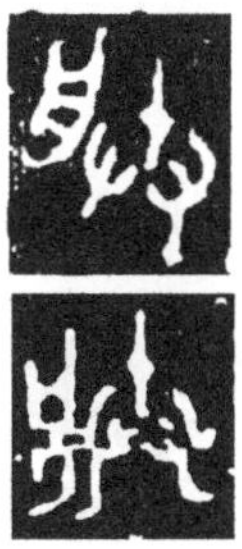
頌鼎（西周晚期）

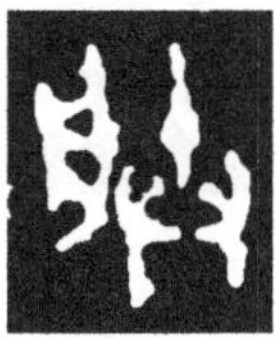
毛公鼎（西周晚期）

趞鼎（西周晚期）

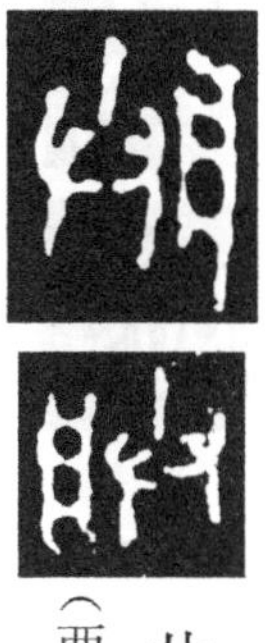
此鼎（西周晚期）

善夫山鼎（西周晚期）

小克鼎（西周晚期）

諫簋（西周晚期）

六年召伯虎簋（西周晚期）

揚簋（西周晚期）

大簋（西周晚期）

師𩓣毁（西周晚期）

朕

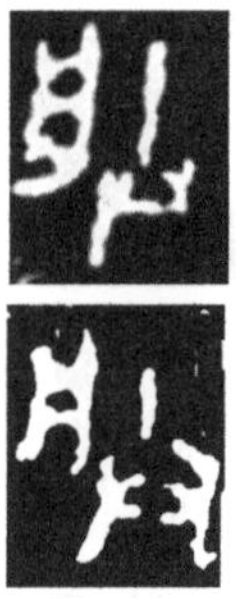
公臣簋（西周晚期）

此簋（西周晚期）

師嫠殷（西周晚期）

羌伯簋（西周晚期）

㝬殷（西周晚期）

三年師兌簋（西周晚期）

魯伯愈父匜（西周晚期）

伯百父盤（西周晚期）

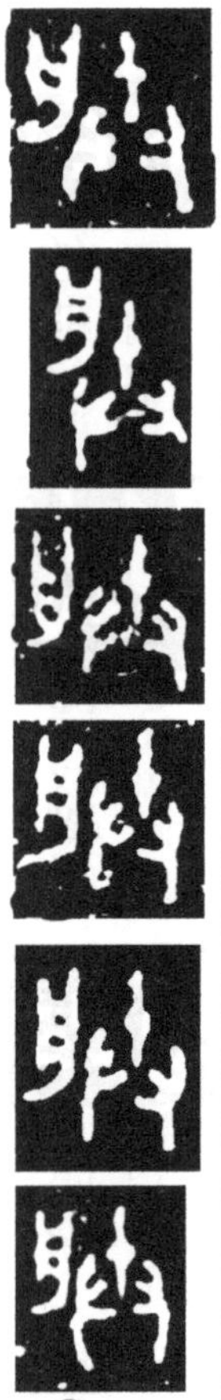
頌簋（西周晚期）

融比盨（西周晚期）

不嬰殷（西周晚期）

師克盨（西周晚期）

大師虘豆（西周晚期）

虢叔尊（西周晚期）

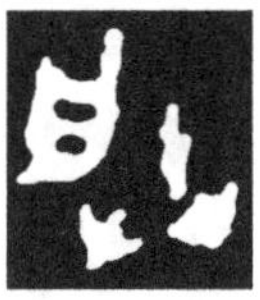
寰盤（西周晚期）

鑄公簠（春秋早期）

秦公鎛（春秋早期）

鼄友父鬲（春秋早期）

魯伯愈父鬲（春秋早期）

秦公簋（春秋早期）

毛叔盤（春秋早期）

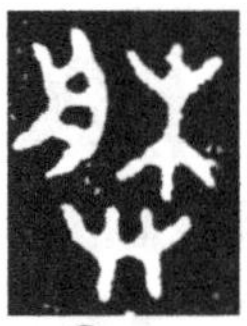
陳侯壺（春秋早期）

戈叔朕鼎（春秋早期）

叔朕簠（春秋早期）

𡚬仲簠（春秋）讀爲媵

魯少𤔲冠盤（春秋）

鑄侯求鐘（春秋）

㠱伯妊父盤（春秋）

㠱伯妊父匜（春秋）

蒿君鉦鉞（春秋晚期）

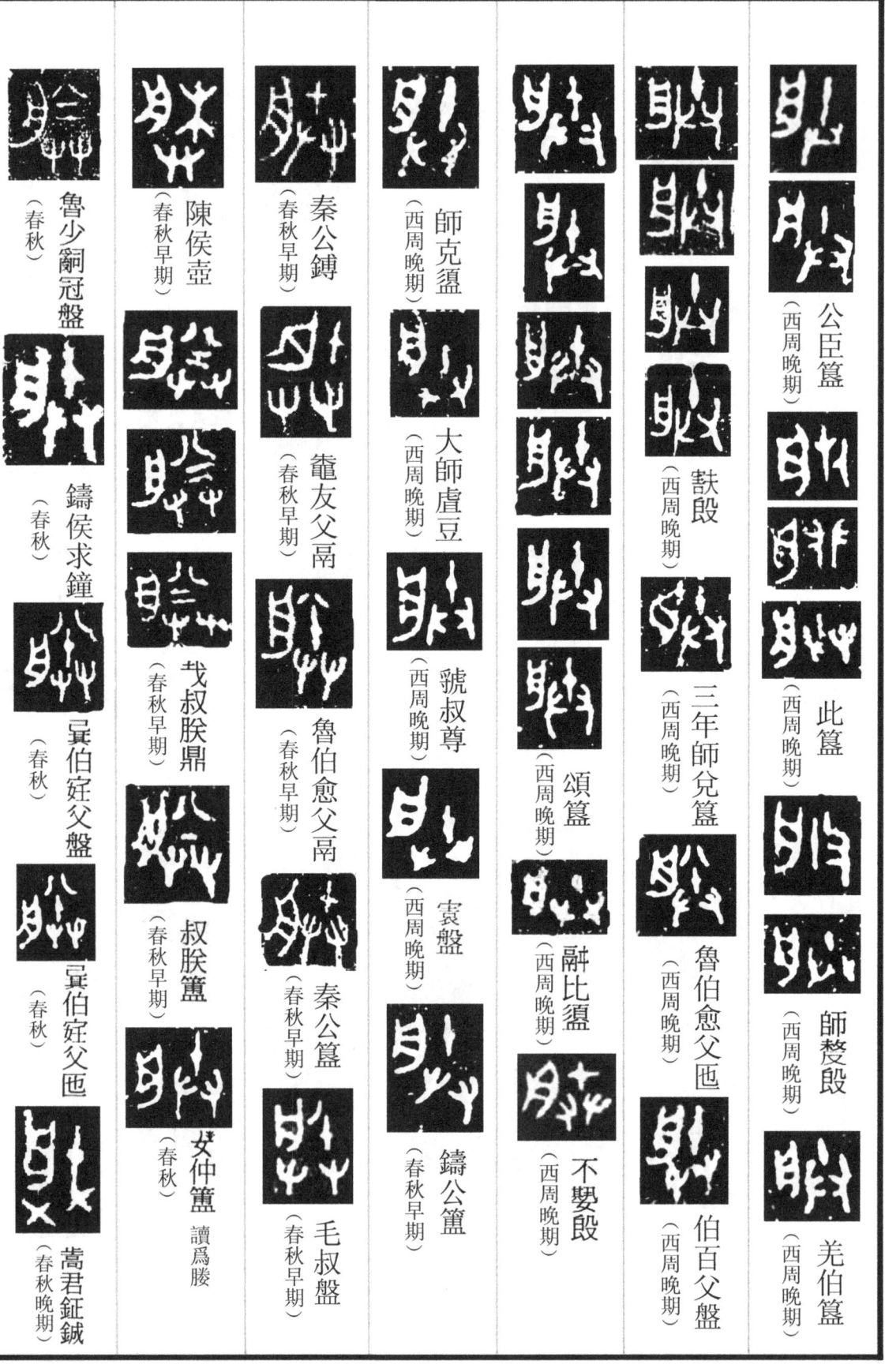

般　鞶

齊侯匜（春秋晚期）

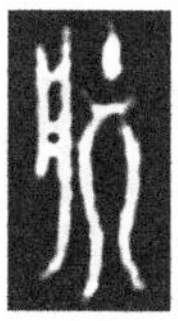
少虡劍（春秋晚期）

齊侯作孟姜敦（春秋晚期）

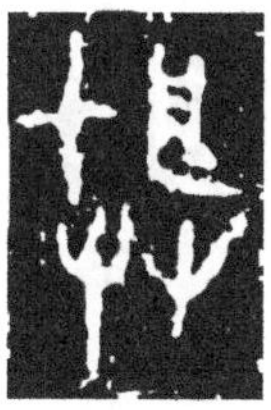
楚屈子赤角簠（春秋晚期）

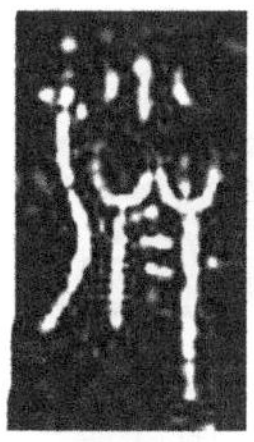
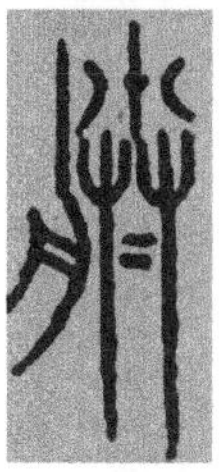
中山王嚳方壺（戰國晚期）

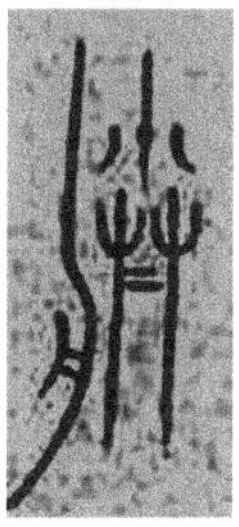
中山王嚳鼎（戰國晚期）

pán bān
般

《説文》曰：辟也。象舟之旋，从舟、从殳，殳所以旋也。古文般从支。《説文通訓定聲》曰：般，假借爲鞶。

註：般，即盤，或不从皿。盤桓，旋轉之義，般，用同搬，或假爲鞶。般字、股字，形近，古文相通。

作册般甗（殷商）

般作父乙鼎（殷商）

作册豊鼎（殷商）

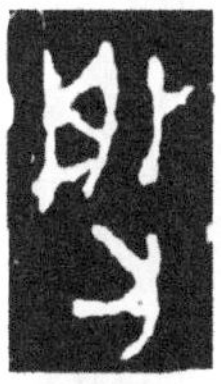

𢐗伯鎣（西周早期）　讀爲盤　自作般（盤）鎣

般觥（西周早期）

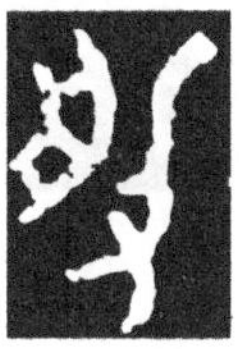

般盉（西周早期）

𢐗伯盤（西周早期）

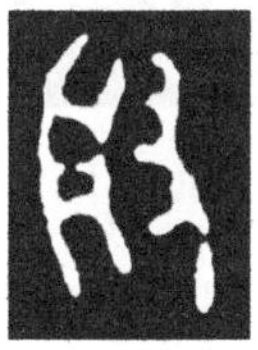
畣父盤（西周早期）

真盤（西周早期）

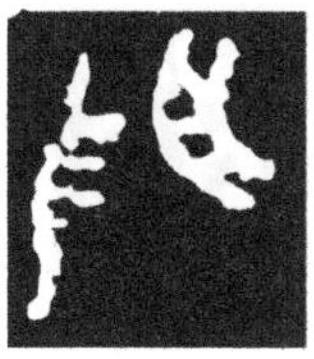
吴盤（西周早期）

走馬休盤（西周中期）

免盤（西周中期）

呂服余盤（西周中期）

尌仲作盤（西周中期）

七年趞曹鼎（西周中期）

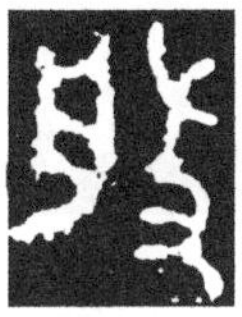
利鼎（西周中期）

𤺺盨（西周中期）　讀爲鞶　賜般（鞶）靳

裘衛盉（西周中期）

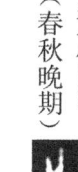

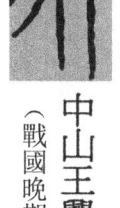

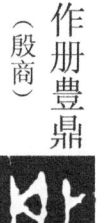

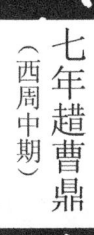

般　鑿

單子白盤（西周中期）

宗仲盤（西周中期）

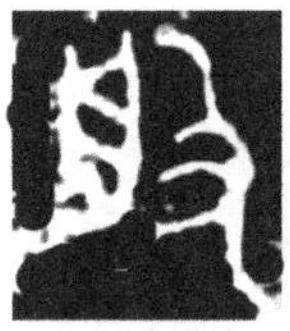
季嬴霝德盤（西周中期）

才盤（西周中期）

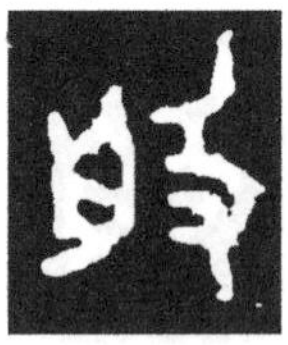
叔五父盤（西周中期）

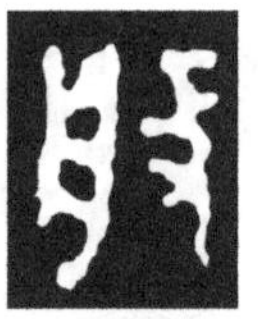
毳盤（西周中期）

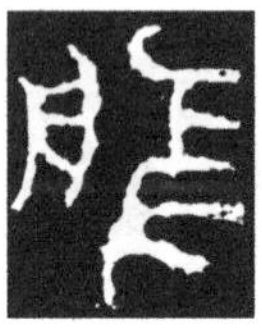
伯碩奮盤（西周晚期）

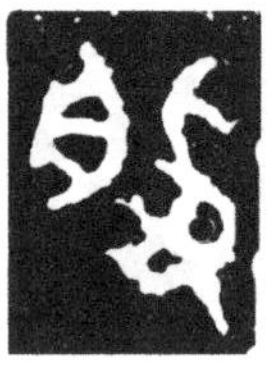
薛侯盤（西周晚期）

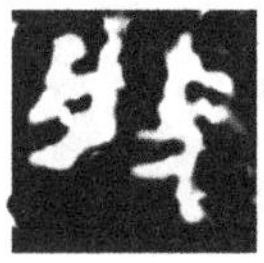
齊叔姬盤（西周晚期）

[illegible]盤（西周晚期）

圅皇父簋　讀爲盤（西周晚期）　作琱娟般（盤）盉尊器

圅皇父鼎（西周晚期）

般仲㡒簋（西周晚期）

自作盤（西周晚期）

史頌盤（西周晚期）

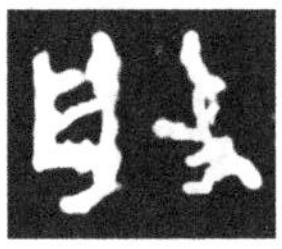
中友父盤（西周晚期）

伯駟父盤（西周晚期）

師寏父盤（西周晚期）

元年師旋段　讀爲鑿（西周晚期）　賜汝赤芾　同衡　麗般（鑿）

穌甫人盤（西周晚期）

中友父盤（西周晚期）

伯駟父盤（西周晚期）

伯百父盤（西周晚期）

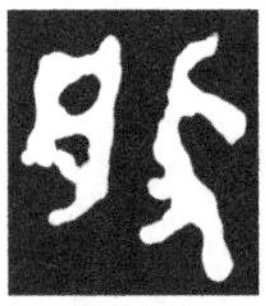
王仲皇父盉（西周晚期）

寰盤（西周晚期）

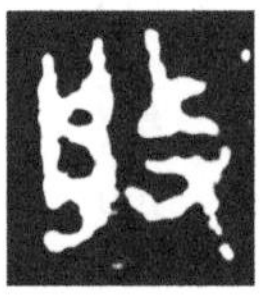
兮甲盤（西周晚期）

上曾大子鼎（春秋早期）

魯酮徒仲齊盤（春秋早期）

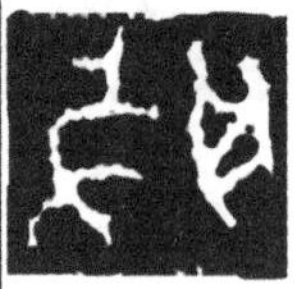
尋仲盤（春秋早期）

夆叔盤（春秋早期）

夆叔匜（春秋早期）

服

毛叔盤（春秋早期）

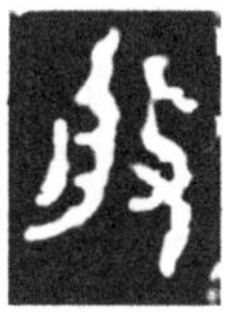
干氏叔子盤（春秋早期）

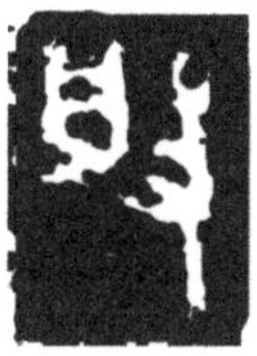
大師子大孟姜匜（春秋）

番口伯者君盤（春秋）

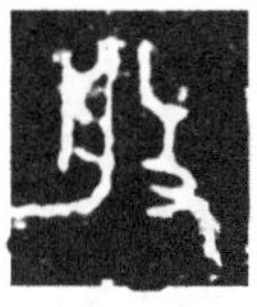
陳侯盤（春秋）

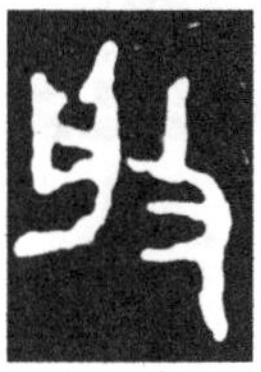
魯伯厚父盤（春秋）

者尚余卑盤（春秋）

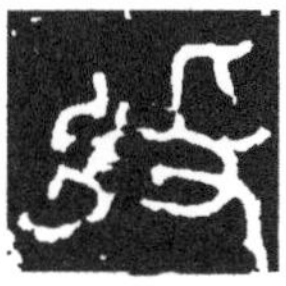
魯伯者父盤（春秋）

緐伯盤（春秋）

般仲柔盤（春秋）

曹公盤（春秋）

齊侯盤（春秋）

鄧伯吉射盤（春秋）

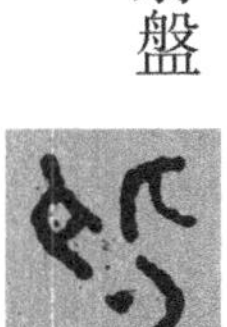
魯正叔盤（春秋）

楚季哶盤（春秋）

取膚盤（春秋）

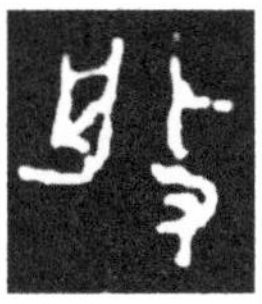
穌冶妊盤（春秋）

㠱伯𡧊父盤（春秋）

齊縈姬盤（春秋）

右盤（春秋）

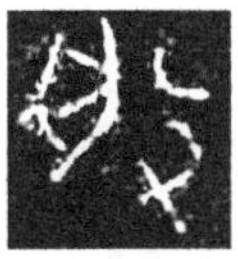
公子土折壺（春秋晚期）

平公鼎（戰國）

齊陳曼簠（戰國早期）

fú
服

《説文》曰：用也。一曰車右騑，所以盤旋。传从舟、𠬝聲。註：𠬝，以手撫其背也，順從、服從，為服之本字。服，从舟、𠬝聲，為任用、使用之義。後，服行而𠬝廢矣。

大盂鼎（西周早期）

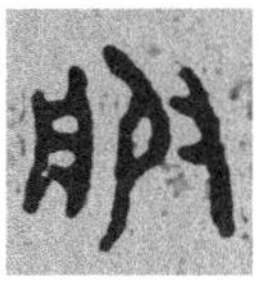
小盂鼎（西周早期）

周公簋（西周早期）

高卣（西周早期）

作冊魖卣（西周早期）

舦　舩

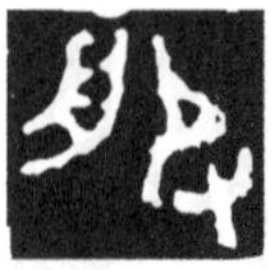
静簋（西周中期）

趩觶（西周中期）

服方尊（西周中期）

班簋（西周中期）

裘衛盉（西周中期）

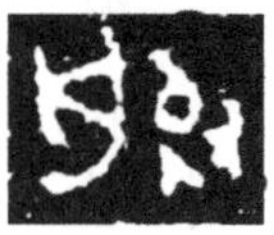
呂服余盤（西周中期）

番生簋（西周晚期）

訇簋（西周晚期）

毛公鼎（西周晚期）

大克鼎（西周晚期）

駒父盨（西周晚期）

秦公鐘（春秋早期）

秦公鎛（春秋早期）

tài
舦

《集韻》曰：舦，舟行。《正字通》曰：舦，亦作舩。註：舦，从舟、从大，金文大、太同字，舦，或作舩。舩，行船也。

舩

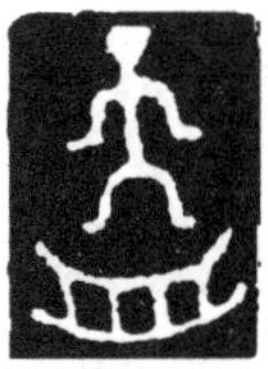

作父乙卣（殷商）

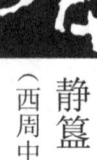

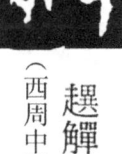

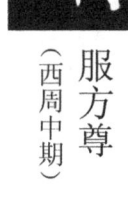

逆[illegible]父辛觶
（西周早期）

gě
舿

于省吾曰：舿字从舟、夸聲。舿，即舸之古文。【考古】一九六三年第八期　註：舸，大船也。

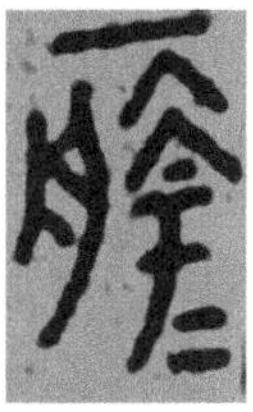

鄂君啓節舟節
（戰國）
讀為舸
屯三舟為一舸

艖

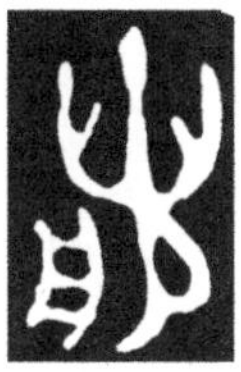

艖伯簋
（西周）

yì
艗

《廣雅》曰：艗艏，舟也。註：艗，或曰船頭。

轉作寶艗盤
（西周早期）

艀　肆　簋

bù
艀
《集韻》曰：艇短而深謂之艀。

伯艀段（西周早期）
張亞初釋爲艀【殷周金文集成 引得】

jīn
肆
註：肆，即古津字。

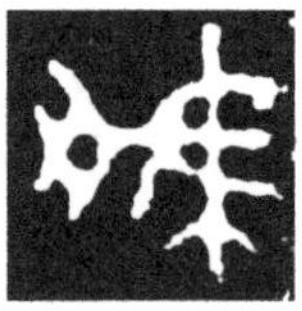

肆伯鼎（西周中期）

覭簋（西周中期）
【古文字類編】收録

簋

簋子戈（春秋晚期）

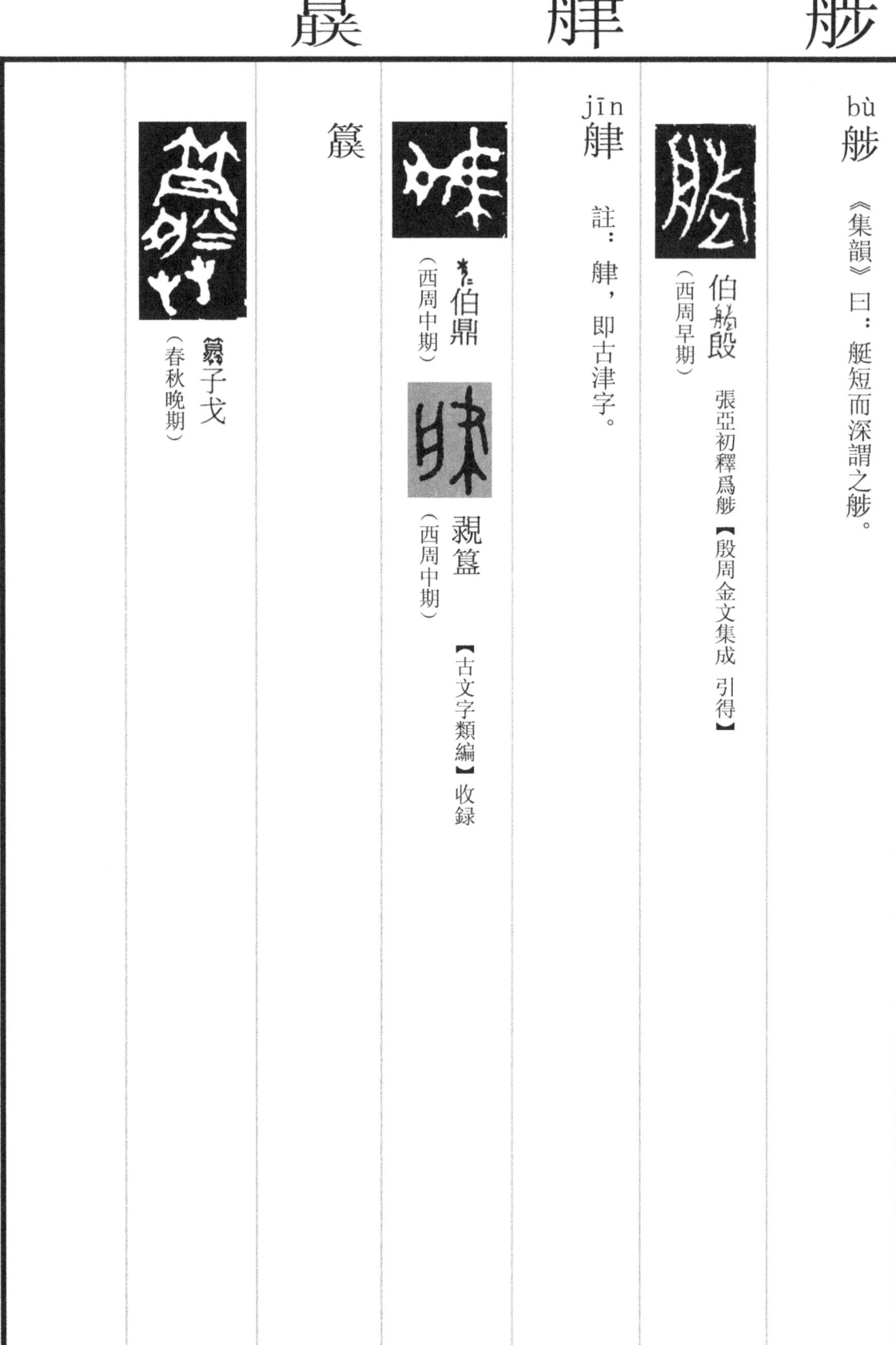

方 

方

fāng fáng fǎng

方

註：方，耒之象形。古者秉耒而耕，刺土曰推、起土曰方。故有方土、方國、方位、方向之稱。國之城池多爲方形，又引申爲方圓之方。規矩之法可成方圓，再引申爲方法之方。方或通房、通倣、通防。

作册般甗（殷商）

戍甬鼎（殷商）

邐方鼎（殷商）

小子𦉢毁（殷商）

小子𠭯卣（殷商）

亞女方爵（殷商）

小臣艅犀尊（殷商）

大盂鼎（西周早期）

史述方鼎（西周早期）

矢令方尊（西周早期）

保卣（西周早期）

矢令方彝（西周早期）

櫨侯毁蓋（西周早期）

天亡簋（西周早期）

史牆盤（西周中期）

彔伯𢦏毁蓋（西周中期）

班簋（西周中期）

瘐鐘（西周中期）

番生簋（西周晚期）

師克盨（西周晚期）

虢季子白盤（西周晚期）

南宮乎鐘（西周晚期）

噩侯鼎（西周晚期）

禹鼎（西周晚期）

毛公鼎（西周晚期）

㝬毁（西周晚期）

兮甲盤（西周晚期）

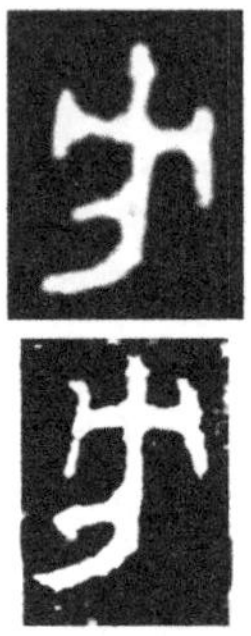
不嬰簋（西周晚期）

秦公鎛（春秋早期）

曾伯黍簠（春秋早期）

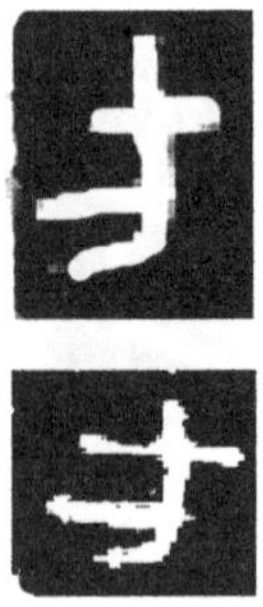
秦公鐘（春秋早期）

邛季之孫戈（春秋早期）

徐王子旃鐘（春秋）

庚壺（春秋晚期）

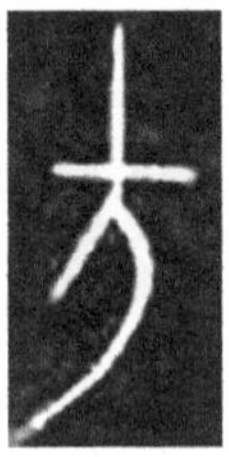
中山王譻鼎（戰國晚期）

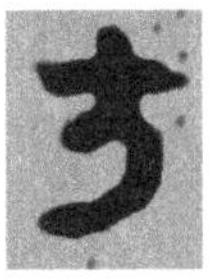
兆域圖（戰國晚期）

兒

ér ní 兒

《説文》曰：孺子也。从儿，象小兒頭囟未合。

註：兒，像嬰兒頭頂囟門未合狀。古者男稱兒、女稱嬰，後統稱嬰兒。兒或作倪、郳。

小臣兒卣（殷商）

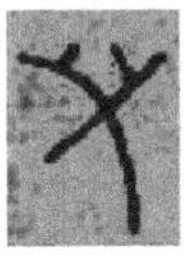
中甗（西周早期）

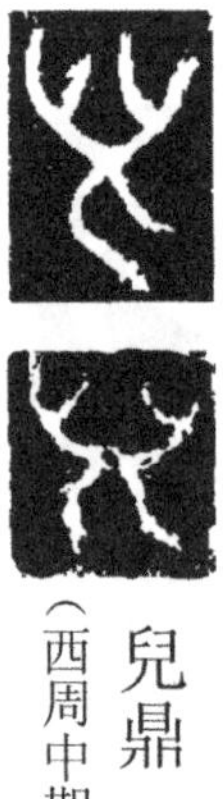
兒鼎（西周中期）

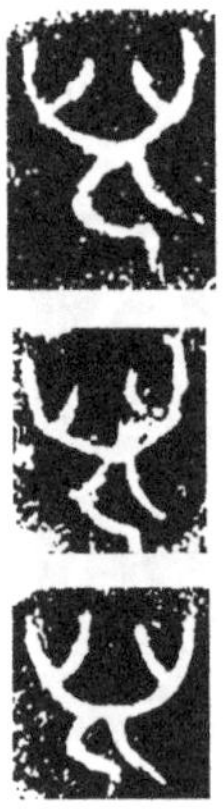
兒簋（西周中期）

者兒觶（西周中期）

𦉢比盨（西周晚期）

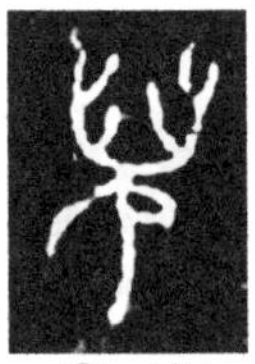
庚兒鼎（春秋中期）

寬兒鼎（春秋）

配兒鉤鑃（春秋晚期）

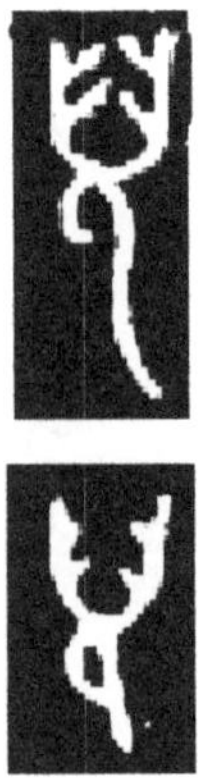
余贎逐兒鐘（春秋晚期）

沇兒鎛（春秋晚期）

易兒鼎（戰國晚期）

yǔn
允

《說文》曰：信也，从人、㠯（以）聲。註：允，或从女。女、人，其意相同。允，或假爲玁狁之狁。

玁狁，古代異族。

冊殷（殷商）

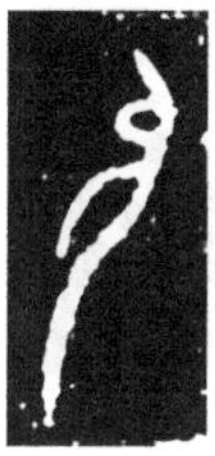
冊父乙殷（西周早期）

褱作父丁鼎（西周早期）

奪作父丁卣（西周早期）

班簋（西周中期）

禹鼎（西周晚期）

秦公鎛（春秋早期）

秦公鐘（春秋早期）

攻敔王光劍（春秋晚期）

匽侯載器（戰國）

不嬰殷（西周晚期）讀為狁 或从女 馭方玁允（狁）廣伐西俞

中山王嚳方壺（戰國晚期）

duì
兑

註：兑，即悦之本字。人悦則口兩旁有紋，依口畫其紋理形，託以寄喜悦之意，再加人，於其下作 。

䵼兑殷（西周晚期）

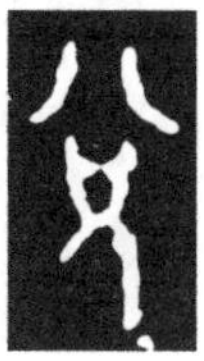
兑簋（西周晚期）

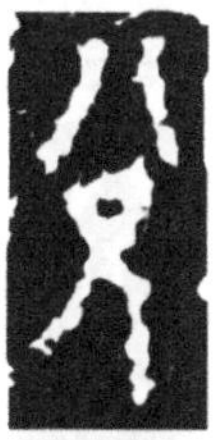

三年師兑簋（西周晚期）

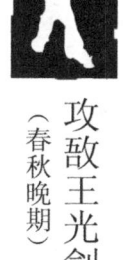

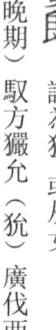

兄 

xiōng
kuàng
兄

《說文》曰：長也。从儿、从口。註：兄，乃祝之本字，口下从人，意爲人張口禱告、祈祝。造字法同見字。祭祀祈禱均由長兄主祭，故引申爲兄弟字。兄弟中兄乃最先出生，兄，或从生，作蜺。生，爲先、生二字省文。兄、蜺同字。兄，或假爲貺、爲況（况）。

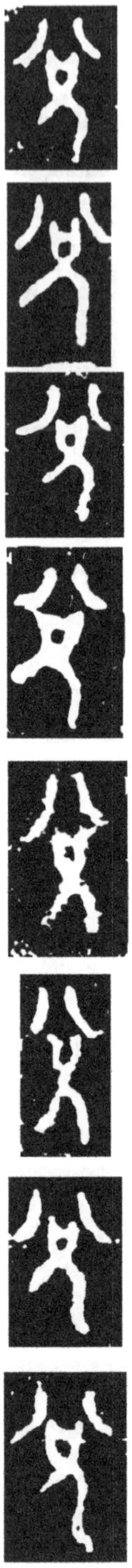

元年師兑簋（西周晚期）

亞□季作兄己鼎（殷商）

戈眉作兄日辛段（殷商）

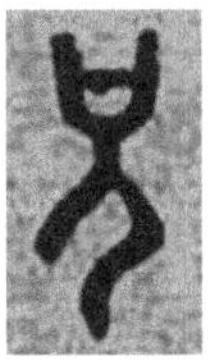

兄丁奞觶（殷商）

齒兄丁觶（殷商）

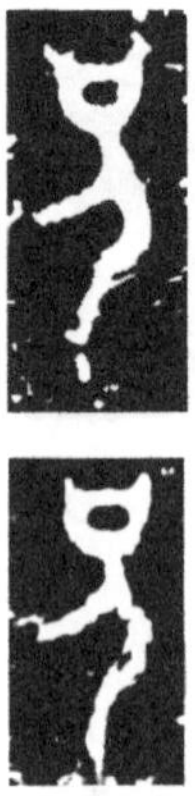

何作兄日壬卣（殷商）

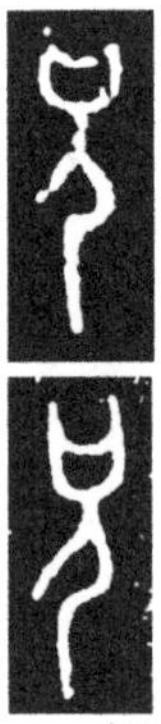

剌作兄日辛卣（殷商）

亞登兄日庚觚（殷商）

二祀𠨘其卣（殷商）

庽兄癸爵（殷商）

何兄日壬尊（殷商）

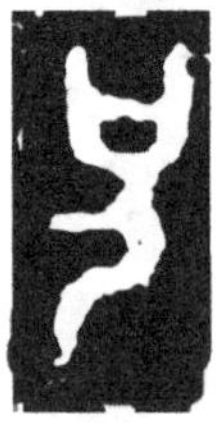

何兄日壬觶（殷商）

□兄辛壺（殷商）

子達觶（殷商）

大兄日乙戈（殷商）

尹舟作兄癸卣（西周早期）

□兄丁尊（西周早期）

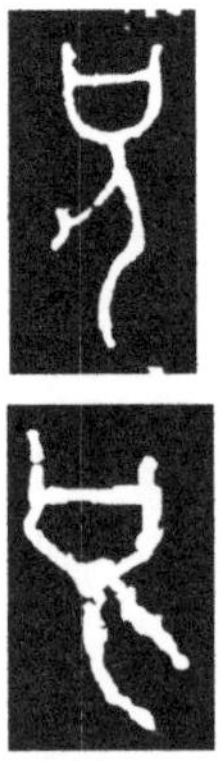

□兄丁卣（西周早期）

兄 蜺

屯尊（西周早期）

述兄日乙尊（西周早期）

保尊（西周早期）

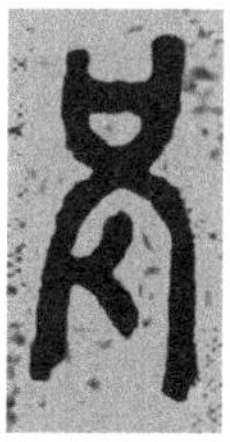
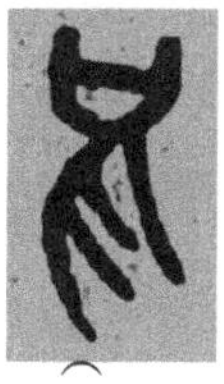
中觶（西周早期）

盦父鼎（西周早期）

旂鼎（西周早期）

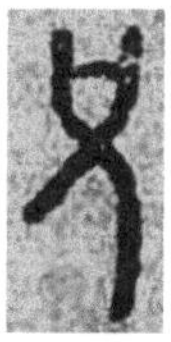
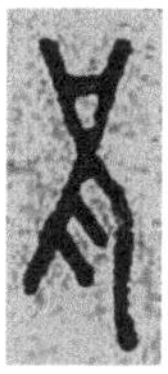
中方鼎（西周早期）　讀爲貺　王令太史兄（貺）裲土

保卣（西周早期）

屯作兄辛卣（西周早期）

述作兄日乙卣（西周早期）

作册矢令簋（西周早期）

亞口兄丁爵（西周早期）

作册矢尊（西周早期）

作册折觥（西周早期）

殳季良父壺（西周晚期）

蔡姞簋（西周晚期）

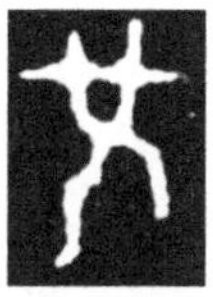

伯公父簠（西周晚期）

齊侯鎛（春秋中期）

余贎逐兒鐘（春秋晚期）

嘉賓鐘（春秋晚期）

子璋鐘（春秋晚期）

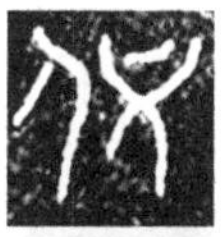

郳陵君王子申豆（戰國晚期）　或从人从生　以會父兄

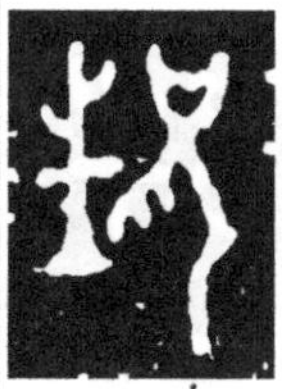
史梅蜺作且辛段（西周早期）

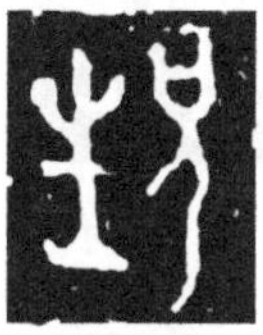

叔趯父卣（西周早期）

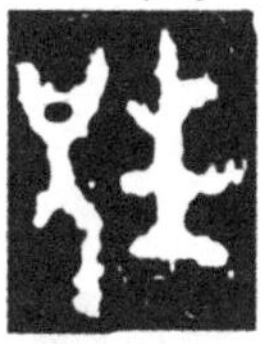
帥隹鼎（西周中期）

作册益卣（西周中期）

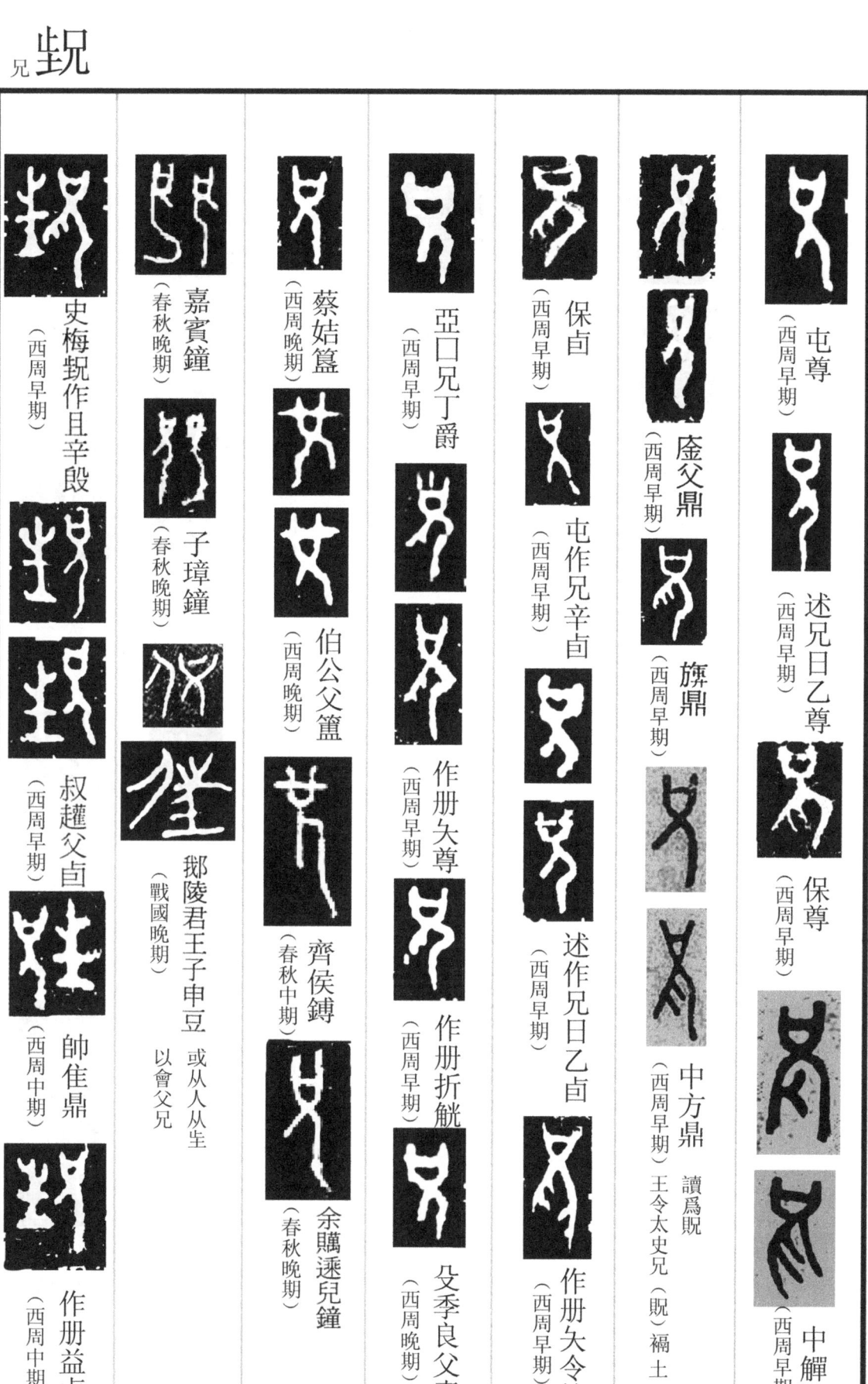

兢 

䟫

𨃰

叔家父簠（春秋早期）

徐王子旃鐘（春秋）

王孫遺者鐘（春秋晚期）

子璋鐘（春秋晚期）

敬事天王鐘（春秋晚期）

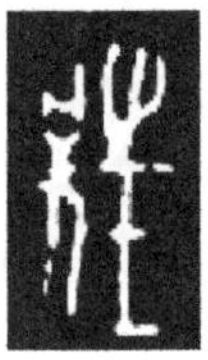

沇兒鎛（春秋晚期）

以樂嘉賓及我父䚘（兄）

即兄之異文

jīng

兢

《玉篇》曰：兢，兢兢，戒慎也。

註：兢，小心謹慎貌，如兢兢業業、戰戰兢兢。兢，或通競。

䟫

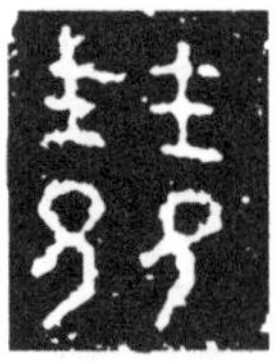

𩰫比盨（西周晚期）

𨃰

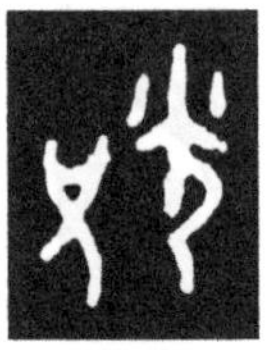

䞻毁（西周中期）

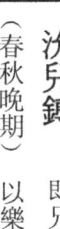

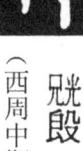

⿰扌兄　簪兂　尖兓

⿱皇兄作父壬毁（西周早期）

⿰扌兄

註：⿰扌兄，同兄字。

⿰扌兄毁（西周）

zān
兂

《說文》曰：首笄也。从人，匕象簪形。俗兂，从竹、从朁。

註：兂，即古文簪，像頭戴簪飾之人。

衛字叔口父簠（春秋早期）

jiān
兓

《說文》曰：朁朁鋭意也。从二兂。段玉裁曰：凡俗用鑯尖字，即兓字之俗。【說文解字注】

註：兓，或讀為尖。

兓作寶彝毁（西周早期）

散氏盤（西周晚期）

牁

貌皃 

弁覍 

hé
牁

註：牁，即何字。

牁殷（西周晚期）

何次簠（春秋晚期）【殷周金文集録】

mào
皃

《說文》曰：頌儀也。从人、白，象人面形。

註：皃，頌（容）儀也。頌，容貌、容顏之容之本字（見頌字解）。皃，即古貌字。

咢（殷商）

biàn
覍

《說文》曰：冕也，从皃象形。籀文覍。或覍字。《玉篇》曰：覍，同弁，攀也，所以盤持髮也。

註：弁，覍之異體字。覍，古代盤髮之帽子。銘文中覍，或假借為變。

司馬成公權（戰國） 假覍為變 以禾石石當覍（變）平石

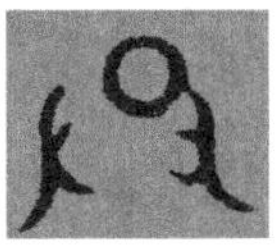

牧弁簋（西周）【古文字類編】

先 

xiān
先

《説文》曰：前進也。从儿、从之。

註：先，从止、从儿。止，趾也。儿，古人字。趾在人前，會意爲先、先前，引申爲時間或次序。

先鼎（殷商）

先壺（殷商）

先弓形器（殷商）

小子𧊒卣（殷商）

沈子它簋（西周早期）

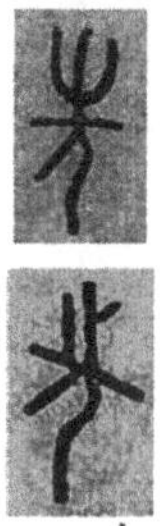
中方鼎（西周早期）

善鼎（西周中期）

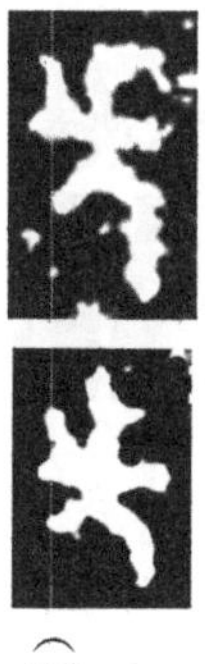
卯簋（西周中期）

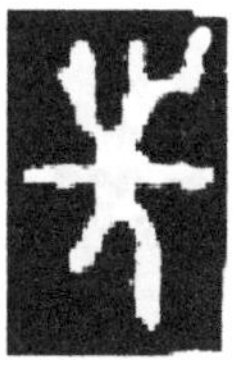
斁狄鐘（西周中期）

𤼈鐘（西周中期）

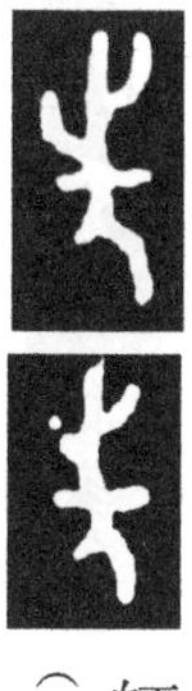
師虎簋（西周中期）

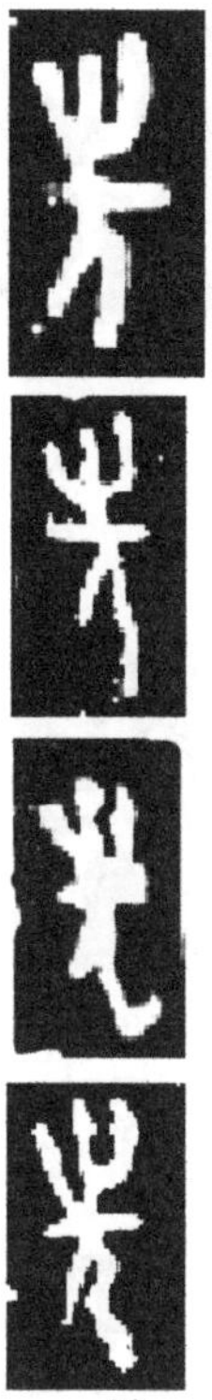
伯先父鬲（西周中期）

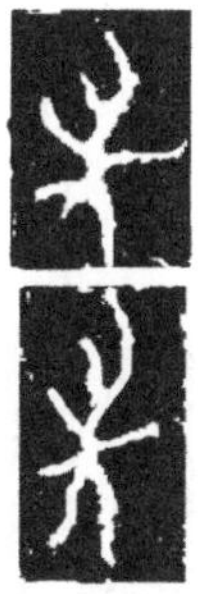
尹姞鬲（西周中期）

作册益卣（西周中期）

師𩛥鼎（西周中期）

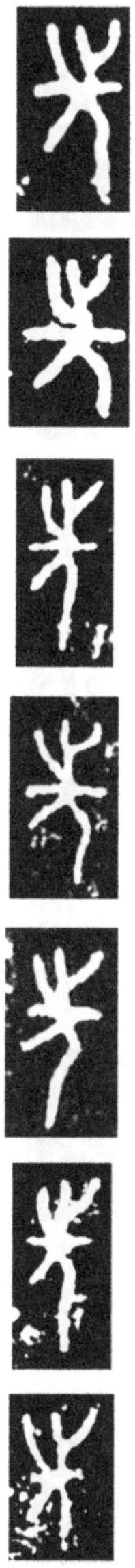
𤼈𣪕（西周中期）

南宮乎鐘（西周晚期）

沕其鐘（西周晚期）

宗周鐘（西周晚期）

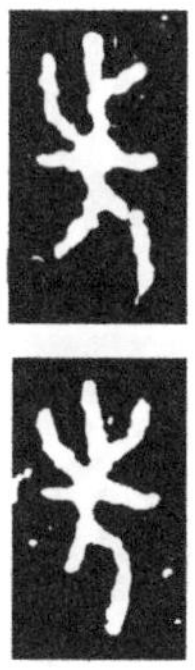
師克盨（西周晚期）

㩮

禹鼎（西周晚期）

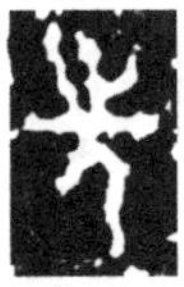

毛公鼎（西周晚期）

叔向父禹簋（西周晚期）

諫簋（西周晚期）

師穎殷（西周晚期）

䛊殷（西周晚期）

師嫠殷（西周晚期）

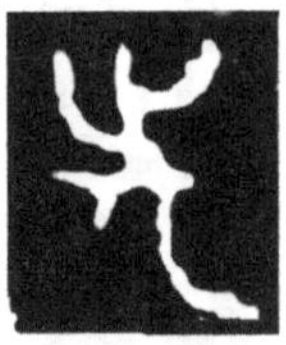

𩰲史𡱭壺（西周晚期）

羌伯簋（西周晚期）

虢季子白盤（西周晚期）

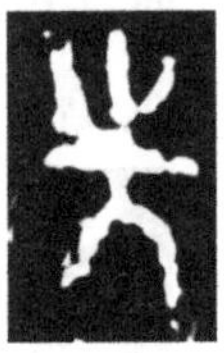

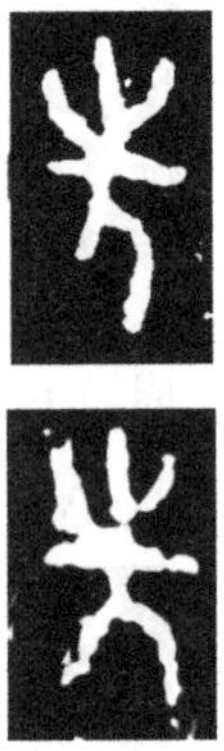

師克盨（西周晚期）

儹匜（西周晚期）

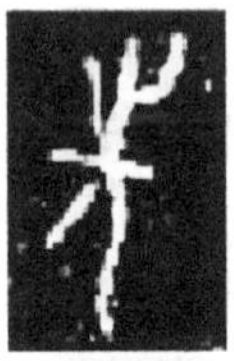

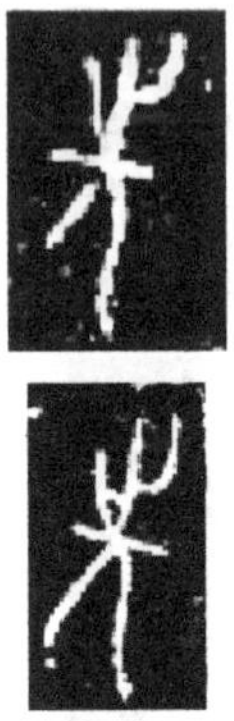

秦公鎛（春秋早期）

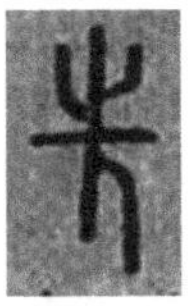

晉姜鼎（春秋早期）

叔家父簠（春秋早期）

驫羌鐘（戰國早期）

中山王譽鼎（戰國晚期）

中山王譽方壺（戰國晚期）

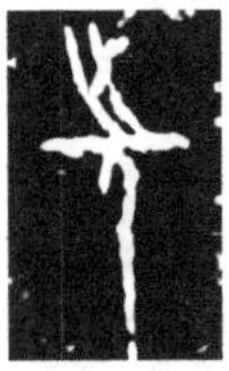

好蚉壺（戰國晚期）

㩮

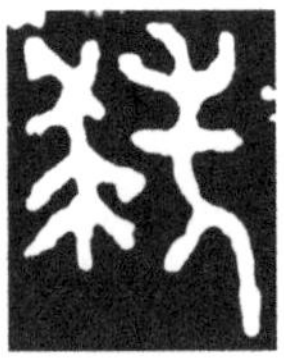

眉㩮壺（西周晚期）

現見 

jiàn
xiàn
見

《說文》曰：視也。从儿、从目。

註：見，从目、从人，人或跪或立，會意爲視、爲見。見，或引申爲現。見、現，金文同字。

見鼎（殷商）

𡘋見冊鼎（殷商）

𡘋見冊鐃（殷商）

𡘋見冊尊（殷商）

𡘋見冊罍（殷商）

𡘋見冊戈（殷商）

見爻觚（殷商）

見作寶尊彝卣（西周早期）

見爵（殷商）

見作甗（西周早期）

見父己甗（西周早期）

見作寶尊簋（西周早期）

叔趯父卣（西周早期）

殸見駒殷（西周早期）

匽侯旨鼎（西周早期）

作冊䰧卣（西周早期）

史見父甲尊（西周早期）

史見觚（西周早期）

史見卣（西周早期）

麥方尊（西周早期）

見尊（西周早期）

沈子它簋（西周早期）

玑方鼎（西周早期）

視

親

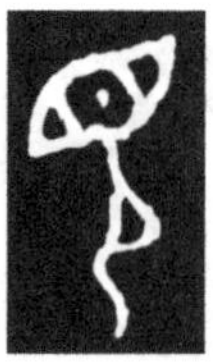
見作父己簋（西周早期）

應侯見工鐘（西周中期）

癲鐘（西周中期）

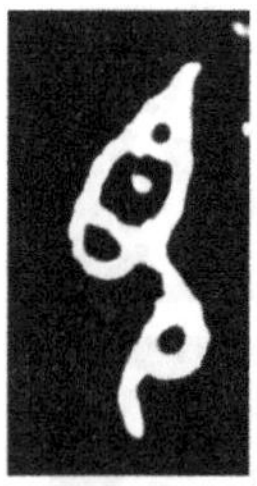

賢簋（西周中期）

史牆盤（西周中期）

九年衛鼎（西周中期）

宗周鐘（西周晚期）

駒父盨（西周晚期）

羌伯簋（西周晚期）

蔡簋（西周晚期）

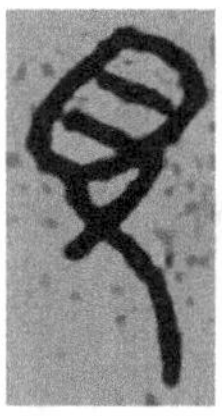
噩君啓節舟節（戰國）

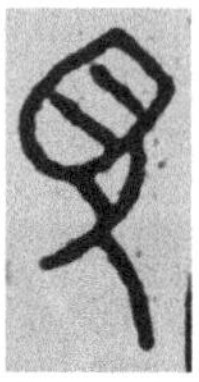
噩君啓節車節（殷商）

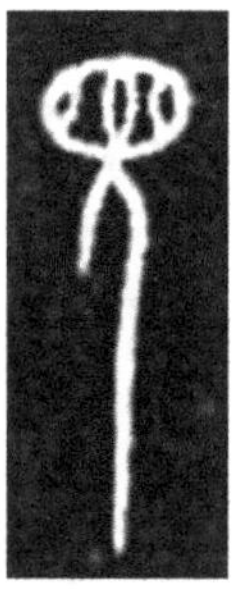
中山王嚳方壺（戰國晚期）

shī
視

《說文》曰：瞻也。从見、示。眂亦古文視。《玉篇》曰：眂，古文視。《字彙》曰：眂，與視同。

《說文通訓定聲》曰：視，假借爲指。註：視，瞻望也，古文从目、从氏作眂；或从目、氏聲作眂，均為視字。

何尊（西周早期） 或从氏 視于公氏

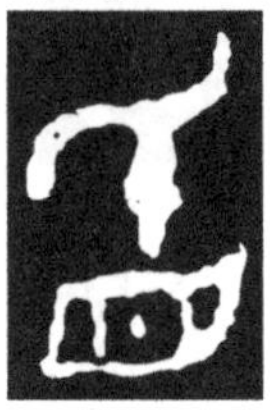
員方鼎（西周中期） 或从目氏聲

卅五年盉（戰國）

信安君鼎（戰國晚期）

lù
覾

《說文》曰：笑視也。从見、录聲。段玉裁曰：覾，嬉笑之視也。【說文解字注】

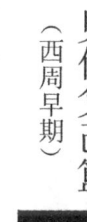

觀 

覷 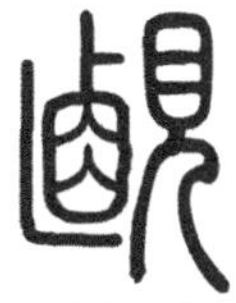

襯親 

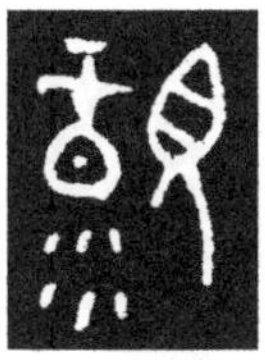

師瘨毀蓋（西周中期）

親簋（西周中期）

【中國歷史文物】二〇〇六 第三期

guān guàn
觀

《説文》曰：諦視也。从見、雚聲。

註：觀，諦視，細察、詳審也。觀，或指高大之屋宇。

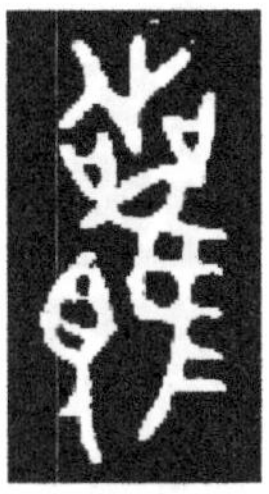

觀肇鼎（西周）

中山王礜方壺（戰國晚期）

yóu
覷

《説文》曰：下視深也。

註：覷，往下深窈處觀看，或眼神底視。青銅銘文中覷，讀爲揉，或擾。

番生簋（西周晚期） 或讀為揉

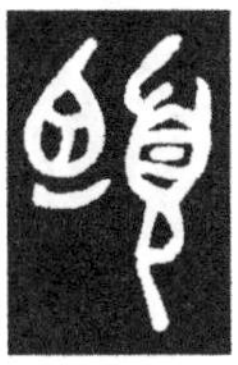

大克鼎（西周晚期）

逨簋（西周晚期）

晉姜鼎（春秋早期）

秦公鎛（春秋）

qīn
親

《説文》曰：至也。从見、亲聲。段玉裁曰：父母者，情之最至者也。【説文解字注】

註：親，或同窺。親，或假爲襯。

王臣簋（西周中期） 讀爲襯 賜汝朱衡貢親（襯）玄衣

盠駒尊（西周中期）

克鐘（西周晚期）

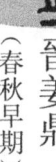

⿰⿱目廾見

克鐘（西周晚期）

中山王譻鼎（戰國晚期）

⿰⿱目廾見

註：⿰⿱目廾見，或爲顯之異文。

麥方尊（西周早期）

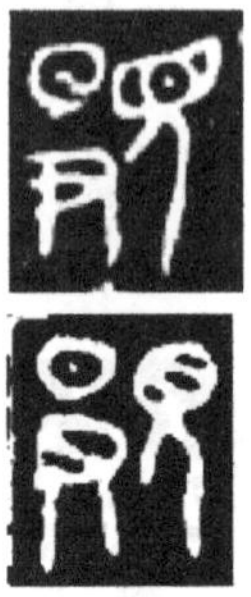
瘨鐘（西周中期）

瘨𣪘（西周中期）

瘨𣪘（西周中期）

追簋（西周中期）

史牆盤（西周中期）

史頌簋（西周晚期）

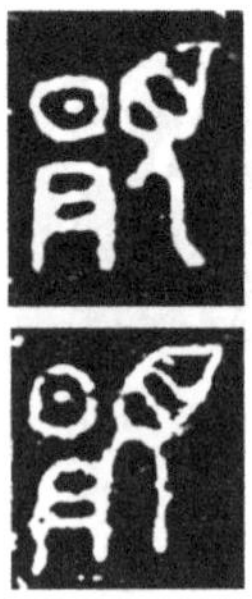
史頌鼎（西周晚期）

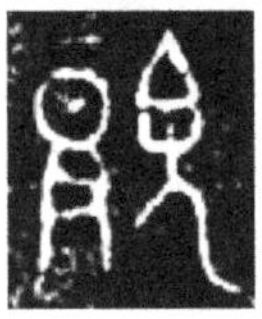
幷人妄鐘（西周晚期）

大克鼎（西周晚期）

虢季子白盤（西周晚期）

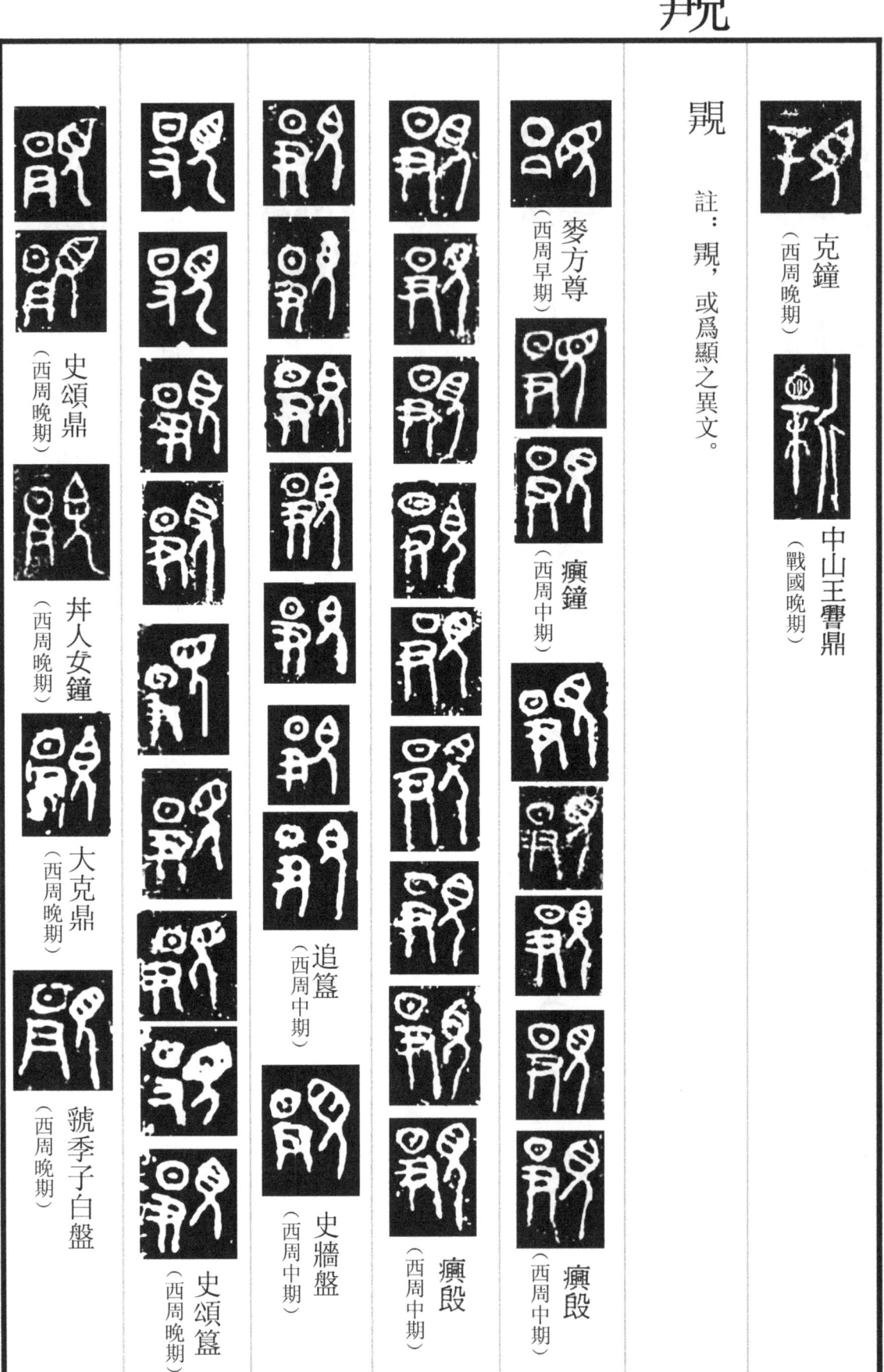

覼 啰

luó
覼

註：覼，繁復、瑣細。俗語中啰嗦、叨啰之啰，應爲覼，啰嗦或爲覼瑣。

覼作父戊卣
（西周早期）

⿰肇見

⿰肇見

剌⿰肇見鼎
（西周早期）

⿰見枼

xiè
⿰見枼

《玉篇》曰：⿰見枼，閉一目也。註：⿰見枼，同⿰目枼。⿰目枼，或曰閉目。⿰見枼，在此爲地名，在湖北湘陰以南。

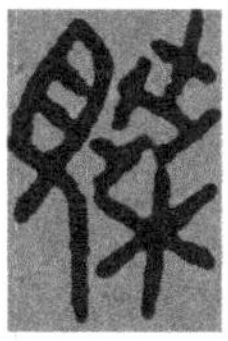

鄂君啓節舟節
（戰國）

覓

mì
覓

《玉篇》曰：覓，索也。《廣韻》曰：覓，求也。

⿰米見 ⿰叡見 ⿰楙見

mí
⿰米見

班簋（西周中期）

曶鼎（西周中期）

鬲比鼎（西周晚期） 讀爲覓 告于王曰 汝覓我田

註：⿰米見，或讀為迷。

中山王譽鼎（戰國晚期） 讀為迷 猶⿰米見（迷）惑於子之而亡其邦

ruì
⿰叡見

註：⿰叡見，同叡，今通作睿。

中山王譽鼎（戰國晚期） 讀為叡

mù
⿰楙見

李學勤曰：讀⿰楙見，為睦。【古文字研究】

儹匜（西周晚期）

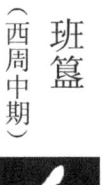

欠

欽

吹

qiàn
欠

《説文》曰：張口气悟也。象气从人上出形。

註：欠，張口气悟，即人困倦時不覺之深呼吸，哈欠。此乃欠之本義。

父乙欠鼎（西周早期）

欠父丁爵（西周早期）

qīn
欽

《説文》曰：欠皃（貌）。从欠、金聲。《爾雅》曰：欽，敬也。《字彙》曰：欽，恭也。《集韻》曰：吟，呻也，亦作欽。《説文通訓定聲》曰：欽，假借為吟。註：欽，打哈欠樣子，是其本義，又有恭敬之義。封建時期對皇帝所行之事的敬稱：欽命、欽差。

魚鼎匕（戰國）

讀為欽

欽哉　出游水蟲　下民無智

chuī
吹

《説文》曰：出气也，从欠、从口。

吹作檇妊鼎（西周早期）

叔趯父卣（西周早期）

虞嗣寇壺（西周晚期）

欨

謌歌

謳嘔歐

xū
欨

《説文》曰：吹也，一曰笑意。从欠、句聲。

註：欨，哈气使其暖，曰欨。欲暖者欨之、欲凉者吹之。

信安君鼎（戰國晚期）

gē
歌

《説文》曰：詠也。从欠、哥聲。謌或从言。

註：歌，或同謌、同訶、同呵。

黝鐘（春秋晚期）

蔡侯紐鐘（春秋晚期）

蔡侯鎛（春秋晚期）

余贎逐兒鐘（春秋晚期）

朝歌右库戈（戰國早期）

ǒu
ōu
歐

《説文》曰：吐也。从欠、區聲。《集韻》曰：謳，气出而歌也。或从欠。《説文通訓定聲》曰：歐，假借爲毆。

註：歐，吐也，乃嘔之本字。歐，同謳、通毆。

十二年上郡守壽戈（戰國）

歃

恣 次 

缺 欮 

shà
歃

《說文》曰：歠（音綴）也。从欠、臿聲。

註：歠，飲也。歃，古人會盟，微飲牲血，或含血口中，或塗血于口旁，以示誠意，曰歃血之盟。

鬲比盨（西周晚期）

格伯簋（西周中期） 讀爲歃 或从皿 菹盉（歃）成巷

逆鐘（西周晚期）

cì
次

《說文》曰：不前不精也。从欠、二聲。

註：居于前者之後曰不前、曰其次。不精則粗，曰次等。次，引申爲次序、順序。次，或假爲恣。

冀亞次觚（殷商）

亞次馬豙斝（殷商）

史次鼎（西周早期）

次尊（西周中期）

次卣（西周中期）

其次句鑃（春秋晚期）

郤䛐尹征城（春秋）

王子嬰次盧（春秋晚期）

中次銅泡（戰國中期）

jué
欮

瘚《說文》曰：屰气也。从疒、从屰、从欠。瘚或省疒。《玉篇》曰：欮，掘也。

《古籀篇》曰：……當為缺字。註：欮，同瘚、同掘，通蹷。欮，或假借爲闕、爲缺。

咎欲

畬飲歓

飲畬

欸簋（西周早期）

師湯父鼎（西周中期）

yǒu
欲

《說文》曰：蹴鼻也。从欠、咎聲。

註：蹴鼻，悲泣時鼻孔急速吸气也。欲，或讀咎。

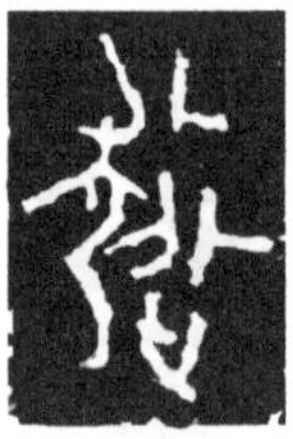
晉公盆（春秋）

讀爲咎

無欲（咎）萬年

yǐn
歓

《說文》曰：歠也。从欠、畬聲。古文歓，从今、食。《玉篇》曰：歓，古文飲。

註：歠（音綴），飲也。歓，即飲之古文，畬，即歓之省文。，早期飲，像臨皿吮吸狀。

飲丁爵（殷商）【三代吉金文存】

觚（殷商）

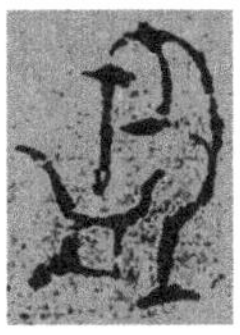
觚（殷商）

㠱仲觶（西周中期）

善夫山鼎（西周晚期）

余贎逐兒鐘（春秋晚期）

沇兒鎛（春秋晚期）

中山王嚳方壺（戰國晚期）

yǐn
畬

《說文解字注》曰：酒味苦也。从酉、今聲。

註：畬，即歓之省文，同飲。酒味苦爲後起義。畬，或通檿。

邐殷
（殷商）

井叔觶
（西周早期）
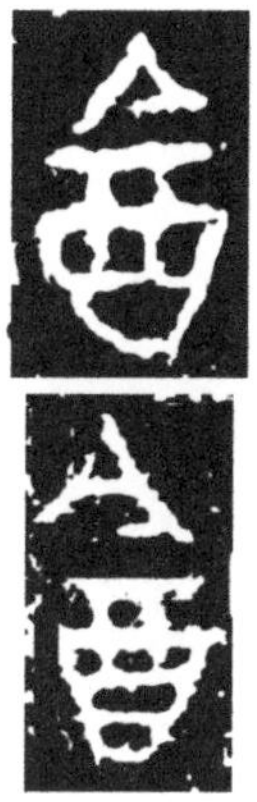
周公東征鼎
（西周早期）

伯㦰觶
（西周中期）

伯作姬觶
（西周中期）

番伯畲匜
（春秋）
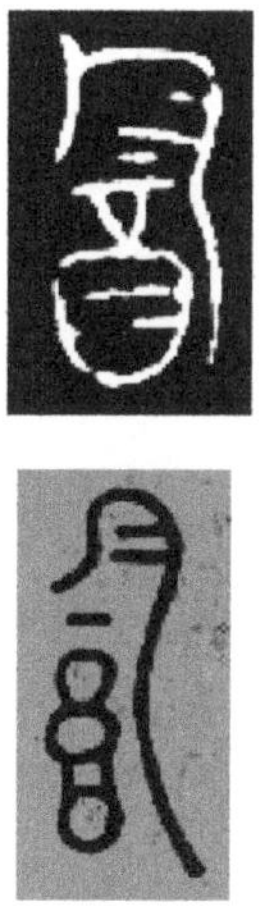
楚王畲章鐘
（戰國早期）

楚王畲璋戈
（戰國早期）

楚王畲忎鼎
（戰國晚期）
讀爲熊
楚王畲（熊）悍
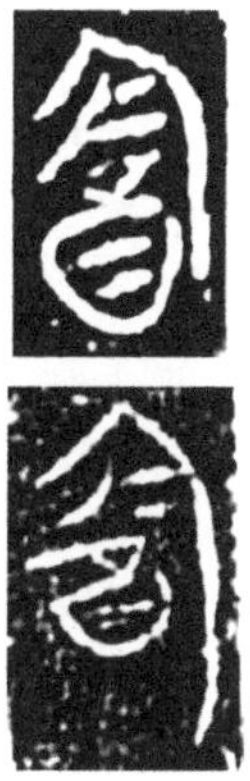
楚王畲肯簠
（戰國晚期）

楚王畲肯釶鼎
（戰國晚期）

楚王畲肯鼎
（戰國晚期）

qiàn 歉

《說文》曰：歉食不滿。从欠、兼聲。《集韻》曰：歉，不足皃。

註：歉食不滿，即食之不飽，餓也。引申爲不滿之稱。歉同慊、假爲嫌。

商鞅量附秦詔書
（戰國）
讀爲嫌
歉（嫌）疑者皆明壹之

tǒu tòu 㰯

《說文》曰：相與語唾而不受也。㰯音（否），或从豆、从欠。《字彙》曰：㰯，唾也，一說與否同。

註：㰯，否之異體字，拒絕之語聲。

⿰豆欠　欲 　⿰冊欠　⿰予欠

陳樂君甗（春秋晚期）【近出殷周金文集録】

yù 欲

《說文》曰：貪欲也，从欠、谷聲。

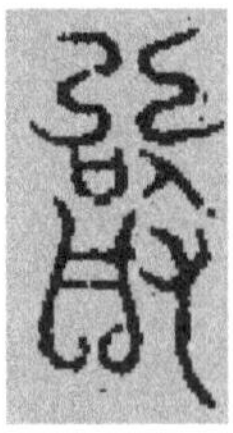
之利鐘（戰國早期）讀為欲　王欲復師

⿰冊欠

逆[illegible]父辛鼎（西周早期）

⿰冊欠作父癸卣（西周早期）

⿰冊欠作父癸尊（西周早期）

⿰予欠

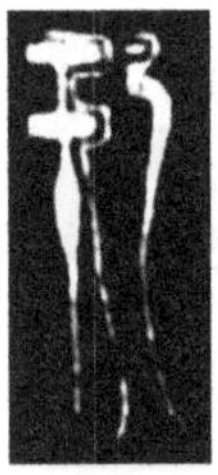

王子⿰予欠戈（春秋晚期）

⿰方欠（防）

fǎng
⿰方欠

註：⿰方欠，或讀作仿、讀作防。

果簋（西周中期）

欶

欶

戈（殷商）

⿰黑欠（嘿默）

hēi mò
⿰黑欠

《廣韻》曰：⿰黑欠，唾聲。《玉篇》曰：⿰黑欠，欬（咳）也。《集韻》曰：嘿（讀默），静也，或从欠（作⿰黑欠）。

註：⿰黑欠，咳嗽。⿰黑欠，不語、沉默。⿰黑欠，同默，或作嘿。

十四年武城令戈（戰國） 讀為默 嗇夫吏默

⿰斝欠

⿰斝欠

註：斝（音甲），象形，像爵之酒器。圓口深腹，有流、柱、鋬、三足。夏曰琖（盞）、商曰斝、周曰爵。

斝，像人張口執斝飲酒狀。

⿺辶歖　　⿰矛欠　　⿰庚欠 羹

𢓊作父乙𣪘（西周早期）

qiǎn
⿺辶歖

張亞初釋爲譴。【𣪘周金文集成引得】

註：譴，或假為遣。

鄀𩨨鼎（春秋早期）

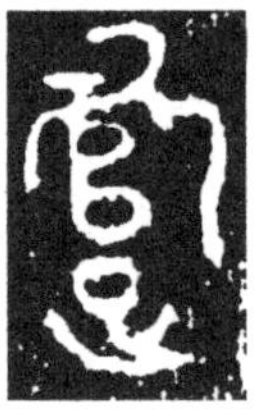

鄀𩨨𣪘（春秋早期）　或从足

fǔ
⿰矛欠

註：⿰矛欠，或讀爲撫。

叔朕簠（春秋早期）　讀爲撫　以⿰矛欠（撫）稻粱

gēng
⿰庚欠

註：⿰庚欠，讀庚，或讀爲羹。

魚鼎匕（戰國）　讀爲羹　⿰庚欠（羹）滑入滑出

chǐ chuài

欼

《廣韻》曰：欼，齧也。《集韻》曰：嘬，或作欼，一舉盡臠也。

註：欼，噛也、啃咬也。欼，或作嘬，一舉盡臠，即大口吞食也。

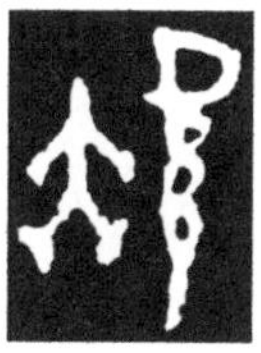

欼尊（西周早期）

欣

六年安陽令矛（戰國）

dū

⿰者欠

張亞初釋爲嘟。【殷周金文集成引得】

屖敖殷蓋（西周晚期）

dào

盜

《説文》曰：私利物也。从㳄（同涎字），㳄欲皿者。註：盜，私有他人之物也，从㳄，㳄，即涎字，唾液。

盜，私利垂涎于他人之物，會意字。盜，今俗作盗，假从次。

諒涼凉𣄴

秦公鐘（春秋早期）

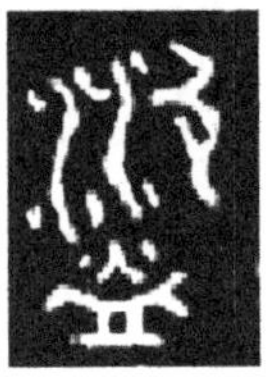
秦公鎛（春秋早期）

或从沝 水之異體字

liàng
𣄴

《說文》曰：事有不善言𣄴也。从旡、京聲。徐鉉等曰：今俗隸書作亮。《小爾雅》曰：涼，薄也，涼，即𣄴字。

註：𣄴，从旡，旡，乃反欠字，隸變作旡。𣄴，即原諒之諒。𣄴，或為涼字，今俗作凉。

五祀衛鼎（西周中期）

裘衛盉（西周中期）

顔  頭  頁 

仰韶書屋金文字彙 卷九

文二百零九字　重文約一千八百二十字

yè
頁

《説文》曰：頭也。古文䭫首如此。

註：金文頁、首同字。頁，像低頭俯身，作䭫首狀。首，像頭及須髮形。

卯簋（西周中期）

tóu
頭

《説文》曰：首也。从頁、豆聲。

蔡侯殘鼎（春秋晚期）

yán
顔

《廣韻》曰：顔，顔容。

註：顔，两眉之間，印堂位；或曰髮際以下、眉以上、两額間。顔，从頁、彦聲。籀文顔。

頌 誦

九年衛鼎（西周中期）　讀為顏　攎厥唯顏林

róng sòng 頌

《説文》曰：皃（貌）也。从頁、公聲。[篆] 籀文。段玉裁曰：古作頌皃（貌），今作容皃（貌），古今字之異也。【説文解字注】註：頌，即古容貌之容的本字。古籀頌字从頁、容聲，作[篆]，後，省容為公作[篆]。今假借容量、容器之容字為頌。頌，即作歌頌、讚頌字。頌，或通誦。

瘨鐘（西周中期）

頌鼎（西周晚期）

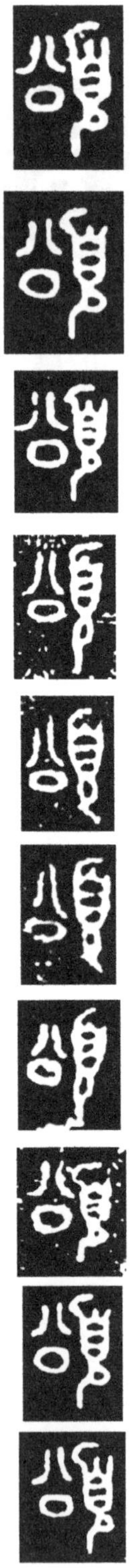

頌簋（西周晚期）

頌壺（西周晚期）

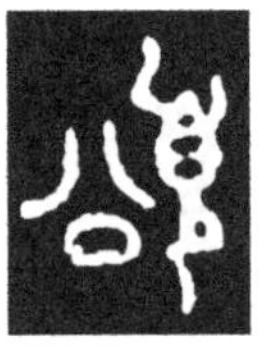

史頌匜（西周晚期）

史頌鼎（西周晚期）

史頌盤（西周晚期）

史頌簋（西周晚期）

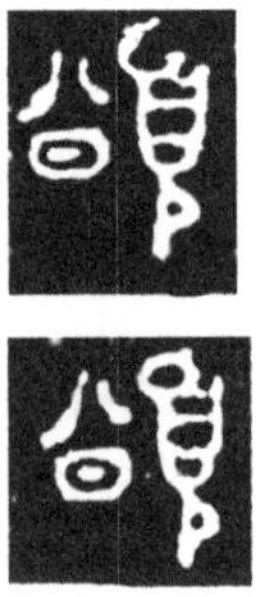

史頌簋（西周晚期）

史頌簋（西周晚期）

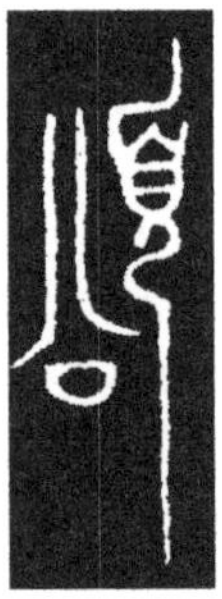

蔡侯盤（春秋晚期）

杕氏壺（春秋晚期）

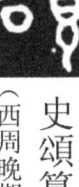

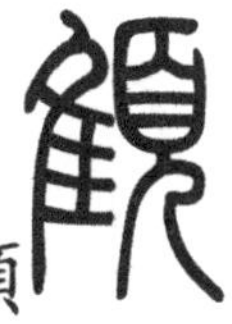
椎頧

頵

碩

zhuī chuí

頧

《說文》曰：出頟（額）也。从頁、隹聲。《字彙》曰：頧，脊骨。高田忠周曰：頧，疑摧字假借。【古籀篇】

註：頧，額頭突出。頧，或作椎，脊椎骨。頧，或假借爲摧

帥隹鼎（西周中期）

毛公鼎（西周晚期）

yūn

頵

《說文》：曰：頭頵頵大也。从頁、君聲。

註：頵，頭大貌。

寰盤（西周晚期）

寰鼎（西周晚期）

伯頵父鼎（西周晚期）

shí shuò

碩

《說文》曰：頭大也。从頁、石聲。《說文通訓定聲》曰：碩，假借為石。

註：碩，引申爲大、碩大。碩，或讀石。

叔碩父甗（西周中期）

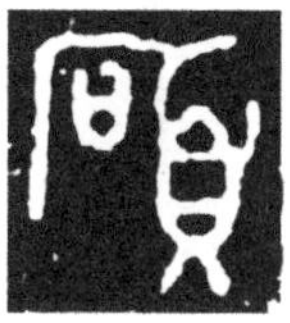
叔碩父鼎（西周中期）

善夫山鼎（西周晚期）

史伯碩父鼎（西周晚期）

子碩父鬲（西周晚期）【近出殷周金文集録】

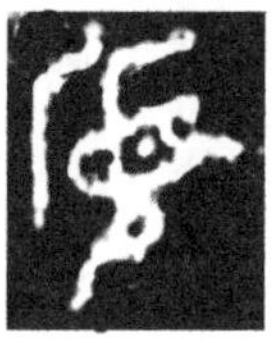
宴簋（西周晚期）

或从石省

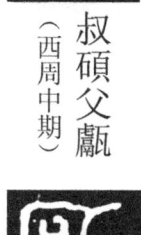

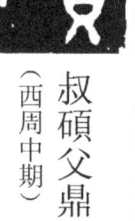

頒

沫顯

頷

fénbān
頒

《説文》曰：大頭也。从頁、分聲。一曰鬢也。《洪武正韻》曰：頒，頟（額）之兩旁曰頒。

註：額之兩鬢曰頒。即頒之象形。頁即頭也，兩旁各兩筆即分之異文，象形額兩旁之鬢。

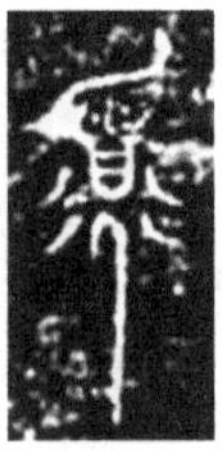

中山王礜方壺　讀爲寡
其義（戰國晚期）　頒（寡）人非之

中山王礜方壺（戰國晚期）

huìmèi
顯

註：顯，即沫之古文，『説文』曰：沫，洒面也。像低頭，髮下垂，置水于皿，披髮就盥之形，其意為洗臉、或曰洒面。金文顯，爲沫的象形會意字。

毳盉（西周中期）

毳盤（西周中期）

毳匜（西周中期）

匜（西周晚期）

伯戔盤（春秋）

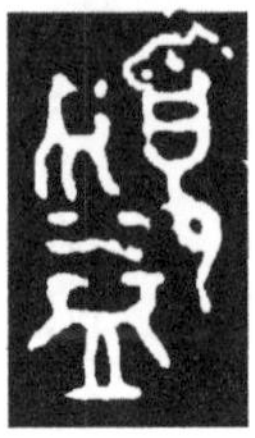
殷穀盤　或从皿（西周中期）

魯伯愈父盤（西周晚期）

魯伯愈父匜（西周晚期）

齊大宰歸父盤（春秋）

hàn
頷

註：頷，下頷、下巴。

雇顧

順

頊

楚王領鐘（春秋晚期） 或省口

gù
顧
《説文》曰：還視也。从頁、雇聲。《玉篇》曰：迴首曰顧。《篇海類編》曰：顧，與雇同，傭也。
註：顧，迴視、環顧、照顧。顧，通雇，雇傭。

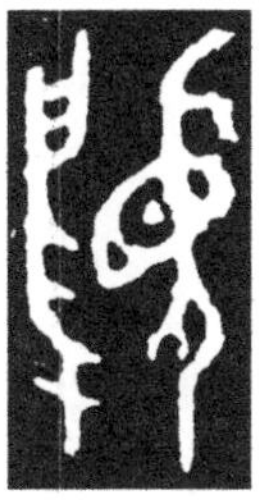
沈子它簋（西周早期）

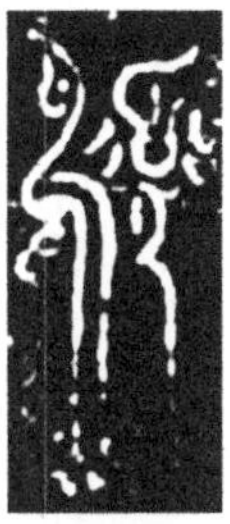
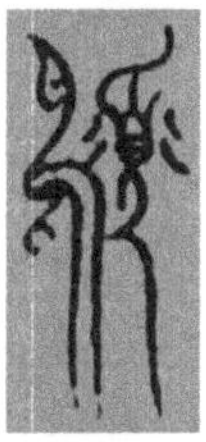

中山王嚳方壺（戰國晚期）

shùn
順
《説文》曰：理也。从頁、从川。《説文通訓定聲》曰：順，假借為慎。順，假借為訓。
註：順，通慎、通訓。

何尊（西周早期）

越王者旨於賜鐘（戰國早期）

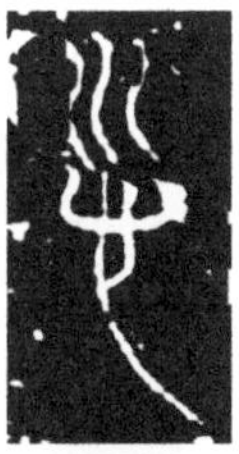
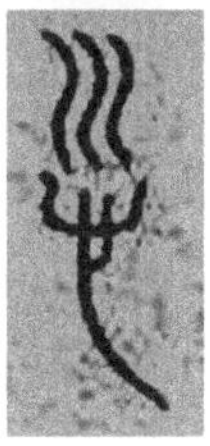
中山王嚳鼎（戰國晚期） 从心假訓爲順 敬順天德

xū
頊
《説文》曰：頭頊頊，謹皃（貌）。从頁、玉聲。
註：，金文頊字，像奉玉遮於顏面，謹慎態。

大克鼎（西周晚期）

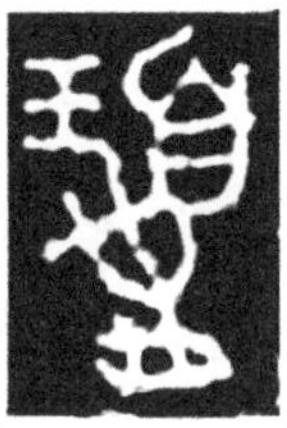
𤩽燮盨（西周晚期） 或从夊

頡

頸

顯

xié jié
頡

《說文》曰：直項也。从頁、吉聲。

註：直項，病症，脖頸僵直。頡，或曰人名，蒼頡，古造字聖人。頡，通劼。

邵黛鐘（春秋晚期）

jǐng
頸

《說文》曰：頭莖也。从頁、巠聲。

註：頸，指脖頸前面。前曰頸、後曰項。

伯亞臣鐳（春秋）

或从首　从首與从頁同
黃孫須頸子伯亞臣

xiǎn
顯

註：金文顯，像睜大眼睛觀絲，或在日下觀絲。絲本難於辨別，持向日下視之乃明也，以取顯明、顯現之義。

天亡簋（西周早期）

沈子它簋（西周早期）

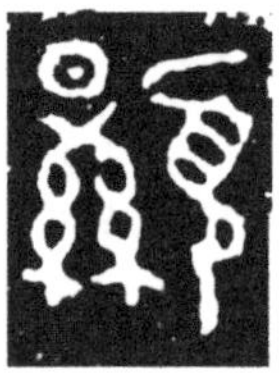
彔伯𢦏𣪘蓋（西周中期）

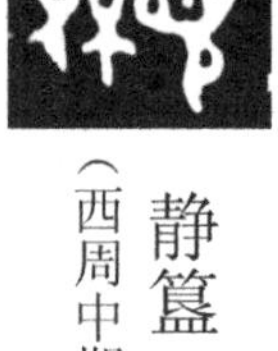
靜簋（西周中期）

師獸鼎（西周早期）

大盂鼎（西周早期）

豆閉簋（西周中期）

廿七年衛簋（西周中期）

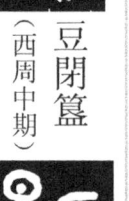

顯

叡鐘（西周中期）

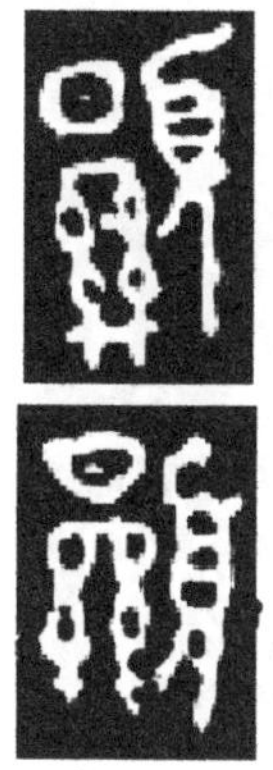
癲鐘（西周中期）

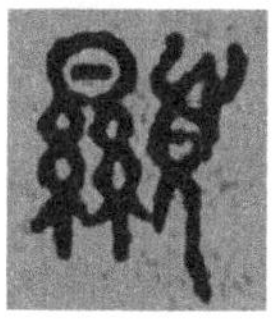
師秦宮鼎（西周中期）

衛簋（西周中期）

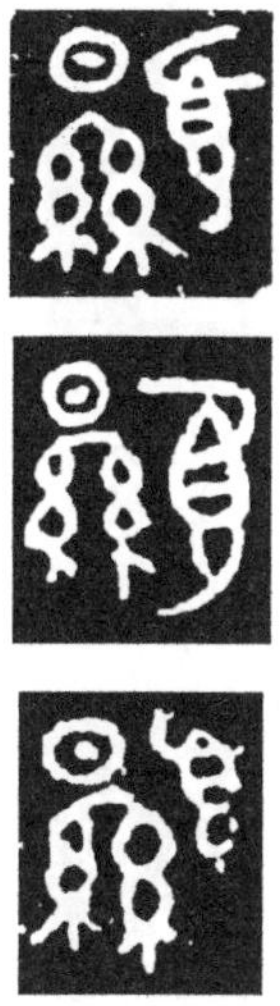
大鼎（西周中期）

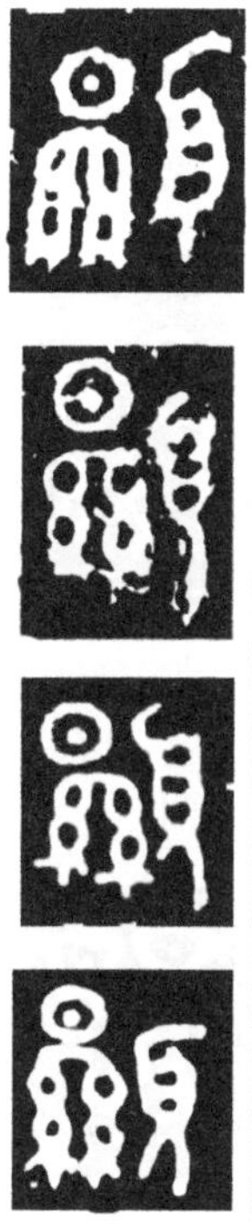
太師虘簋（西周中期）

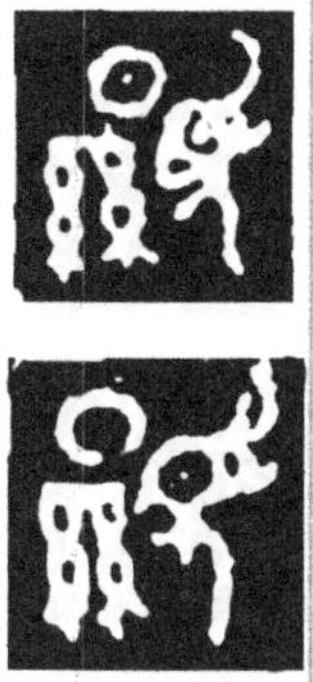
師遽方彝（西周中期）

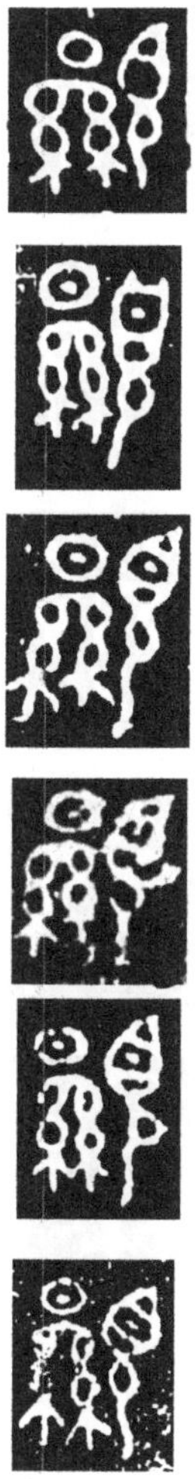
師酉簋（西周中期）

班簋（西周中期）

走馬休盤（西周中期）

匡卣（西周中期）

即簋（西周中期）

史牆盤（西周中期）

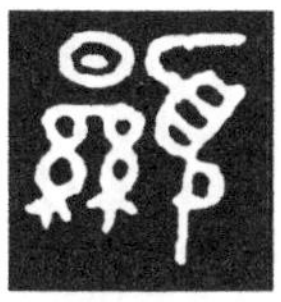
趞鼎（西周晚期）

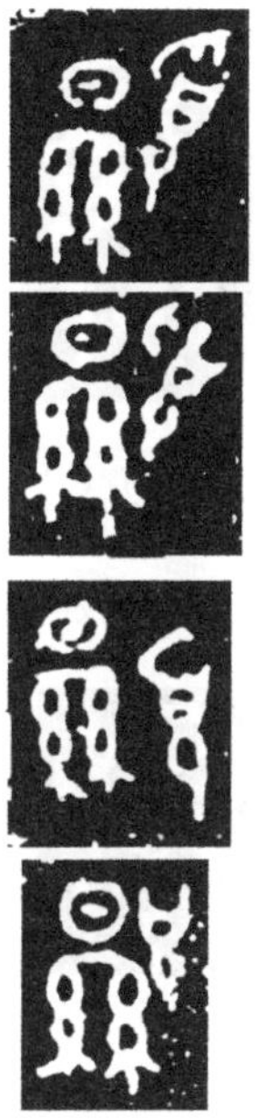
公臣簋（西周晚期）

師𩛥簋（西周晚期）

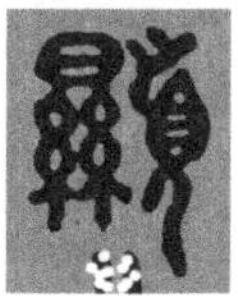
禹鼎（西周晚期）

頌鼎（西周晚期）

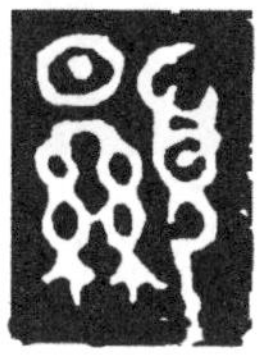
毛公鼎（西周晚期）

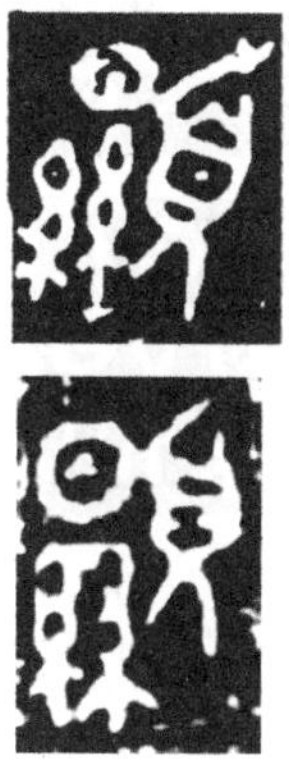
大克鼎（西周晚期）

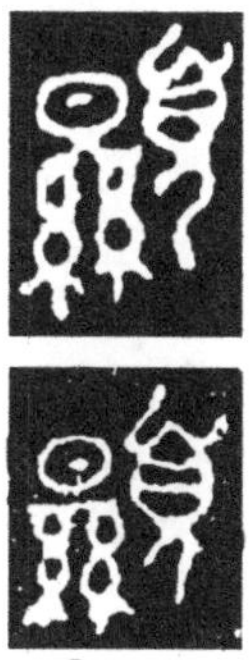
此鼎（西周晚期）

南宮乎鐘（西周晚期）

㲼其鐘（西周晚期）

虢叔旅鐘（西周晚期）

宗周鐘（西周晚期）

元年師旋段（西周晚期）

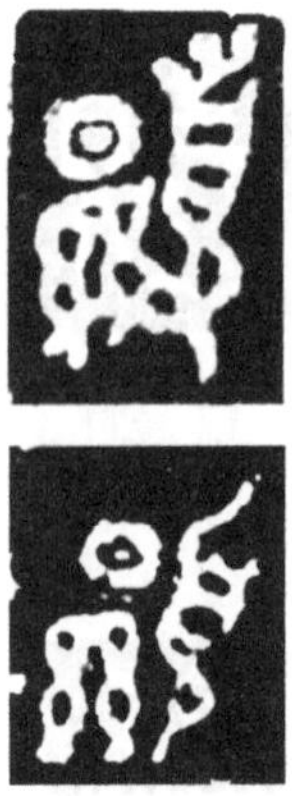
諫簋（西周晚期）

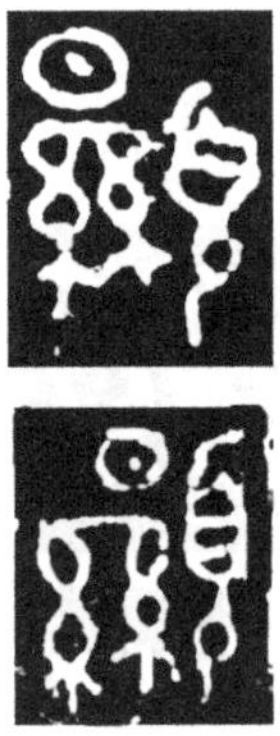
大簋（西周晚期）

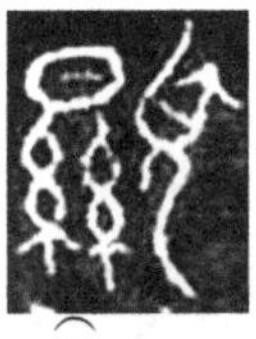
蔡簋（西周晚期）

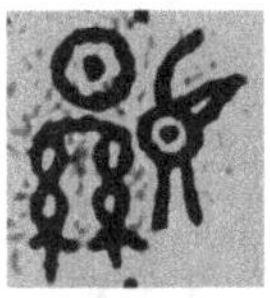
師訇簋（西周晚期）

揚簋（西周晚期）

師𩕢段（西周晚期）

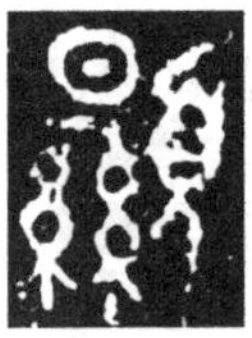
三年師兌簋（西周晚期）

訇簋（西周晚期）

番生簋（西周晚期）

此簋（西周晚期）

頌簋（西周晚期）

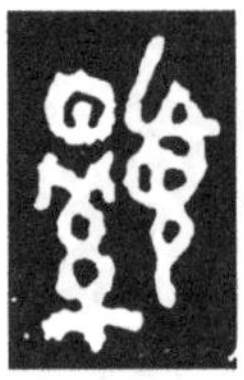
羌伯簋（西周晚期）

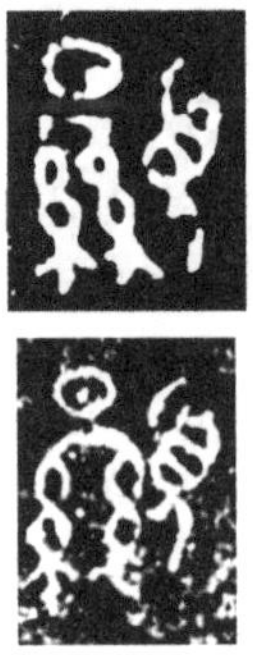
師克盨（西周晚期）

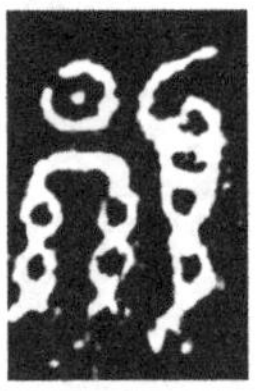
寰盤（西周晚期）

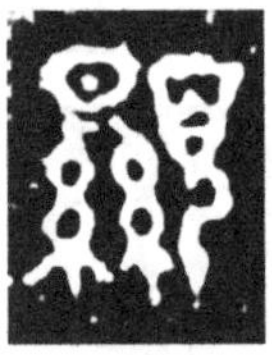
虢季子白盤（西周晚期）

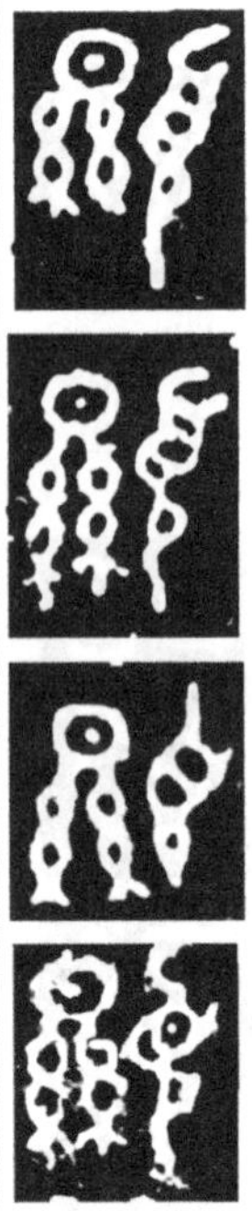
楚簋（西周晚期）

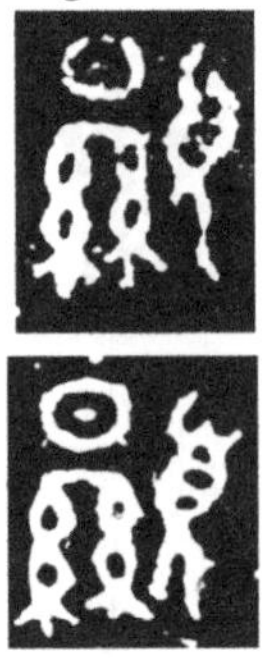
元年師兌簋（西周晚期）

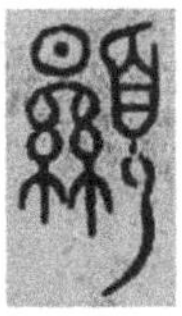
尸叔鐘（春秋晚期）

類頪

頼

顡

秦公簋（春秋早期）

lèi
頪

《説文》曰：難曉也。从頁、米。《説文解字注》曰：謂相似難分別也。頪、類古今字。類，本專謂犬，後乃類行而頪廢矣。

註：頪，睜大眼睛將米辨別分類。頪，類古今字。

頪甗（西周中期）

彔盨（西周晚期）

pǐ
頼

《説文》曰：傾首也。从頁、卑聲。

註：頼，傾首，頭不正也。

晉公盆（春秋）

wài
顡

《説文》曰：癡，不聰明也。从頁、豙聲。《玉篇》曰：顡，癡顡，不聰明也。

註：顡，不聰明、呆癡。

王作親王姬鬲（西周晚期）

顠

顛顛

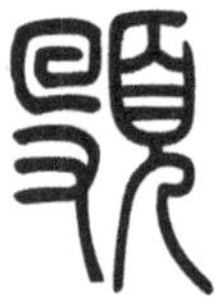
没頞

煩

líng
顠

《説文》曰：面瘦淺顠顠也。从頁、霝聲。註：顠，面瘦貌。

史顠鼎（西周晚期）

diān
顛

《説文》曰：頂也，从頁、真聲。《説文解字注》曰：顛為最上，倒之則為最下。《正字通》曰：傎，同顛。《説文通訓定聲》曰：顛，假借為瘨（癲）。註：凡高之所極皆曰顛。傎，同顛。顛，或書作顛。

魚鼎匕（戰國）

讀爲鼎或頂
述王魚顛（鼎、頂）曰欽哉

丁之十耳杯（戰國晚期）【近出殷周金文集録】

mò
頞

註：頭潛入水中，曰頞，後作没。

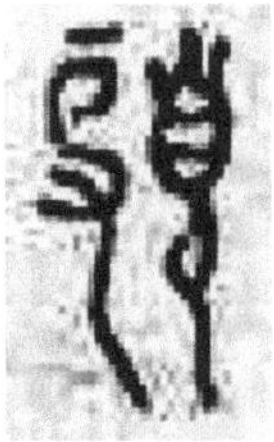

者汈鐘（戰國早期）

fán
煩

《説文》曰：熱頭痛也。从頁、从火，一曰焚省聲。《玉篇》曰：煩，憒悶、煩亂也。

⿰鬲司鼎（西周早期）

qīn
鈙

註：鈙，點頭或摇頭以應也。鈙，或通欽。

楚公逆鐘（西周晚期）　讀爲欽

四方首休多勤鈙（欽）融

【近出殷周金文集録】

kuǐ
頍

《說文》曰：舉頭也。从頁、支聲。

註：頍，抬頭。頍，或爲古代用以束髮固冠之髮飾。

[illegible]方彝（西周早期）

zhuàn
顓

《說文》曰：選具也。从二頁。《玉篇》曰：顓，古文作選。

註：顓，選具也，或曰具選，其義為全、都、皆，之義。

盥父丁角（西周早期）

頂  預 顊 槇 頮

dǐng
頂

《説文》曰：顛也。从頁、丁聲。或作□。□籀文从鼎。註：□，从頁、鼎聲，讀為頂。□从頁、从真，應讀為顛。金文真、貞、鼎三字同形互通，此字亦可讀為頂。

顯卣（西周早期）

魚鼎匕（戰國） 顛 頂二字形近讀爲鼎或頂 述王魚顛（鼎、頂）曰欽哉

yù
顊

《龍龕手鑑》曰：顊，預之俗字。

且辛禹方鼎（殷商）

㠱且辛卣（殷商） 張亞初釋爲顊【殷周金文集成 引得】 祖辛禹亞顊（預）

méi
槇

註：槇，讀爲眉壽之眉。

陳逆簋（戰國早期） 讀爲眉 以眖永命（眉）壽

頮

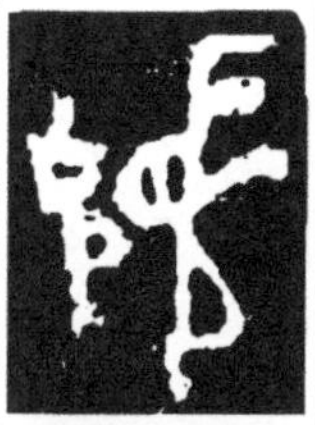

頍卣
（西周早期）

顯

師顯𣪘
（西周晚期）

gòu
顜

註：顜，或同媾。

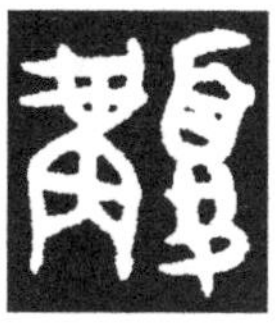

九年衛鼎
（西周中期）

五祀衛鼎
（西周中期）

𠭯季良父壺
（西周晚期）

讀爲媾
用享孝于兄弟　婚顜（媾）諸老

zhèng
頙

註：頙，人名。

史頙鼎
（西周晚期）

顎　⿰頁毚　⿰句頁

顎

獻侯鼎（西周早期）

⿰頁毚

長子沫臣簠（春秋晚期）

⿰句頁

利之元子缶（春秋）【文物】一九八九 十二期

面

丏 万

miàn
面

《說文》曰：顏前也。象人面形。

註：面。人面五官最引人注意之處莫過于目，故金文面，从目，外畫面廓形。

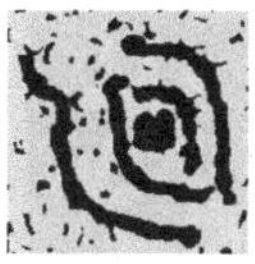

父己爵（殷商）

miǎn
丏

註：，金文丏與万，音、形相近，万乃萬之俗體，故丏或通萬。

大丏簋（殷商）

丏父丁鬲（殷商）

亞丏卣（殷商）

舟丏父丁卣（殷商）

丏亞父丁甗（西周早期）

大丏方鼎（西周早期）

㑩丏簋（西周早期）

癸丏觚（西周早期）

丏父丁爵（西周早期）

大丏父辛爵（西周早期）

父辛爵（西周早期）

丏甫尊（西周中期）

單諿討戈（戰國早期） 讀爲萬 單諿討作戈三丏（萬）

shǒu
首

註：金文首，像著髮之頭形。古文首、頁同字。

周公簋（西周早期）

沈子它簋（西周早期）

静卣（西周早期）

令鼎（西周早期）

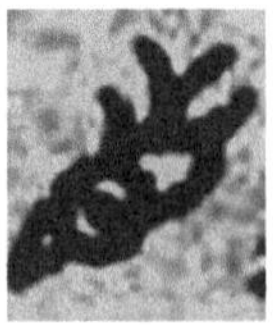
小臣夌鼎（西周早期）

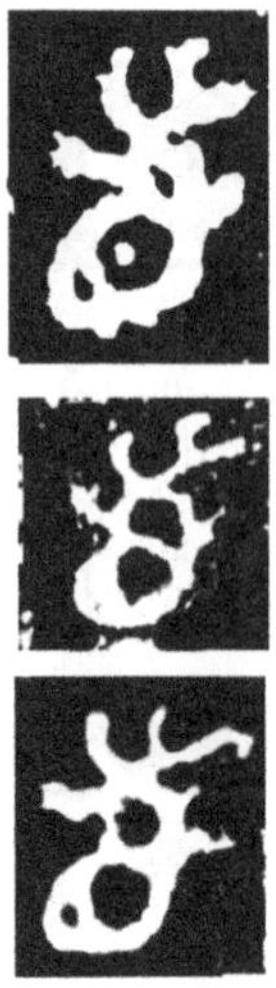
彔𢦚卣（西周中期）

廿七年衛簋（西周中期）

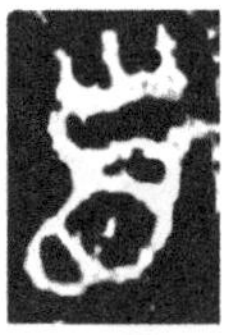
王臣簋（西周中期）

静簋（西周中期）

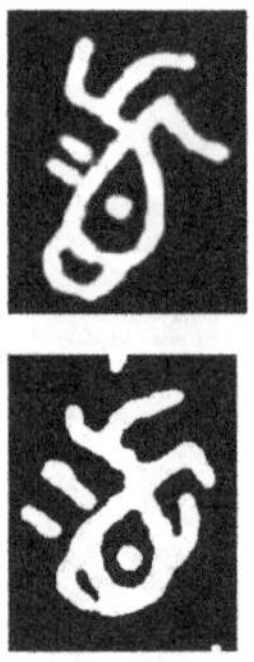
沓殷（西周中期）

遹殷（西周中期）

師遽殷蓋（西周中期）

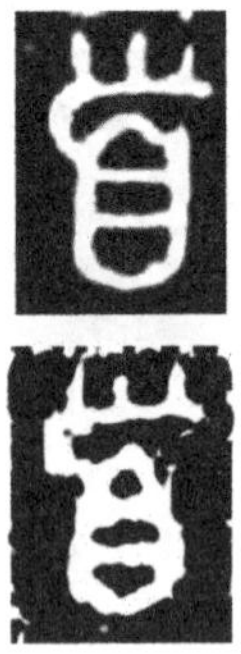
大師虘簋（西周中期）

曶鼎（西周中期）

大簋（西周中期）

豦簋（西周中期）

豆閉簋（西周中期）

農卣（西周中期）

十三年瘐壺（西周中期）

臤尊（西周中期）

盠駒尊（西周中期）

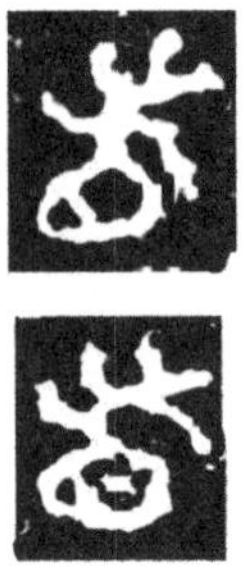
𢦚殷（西周中期）

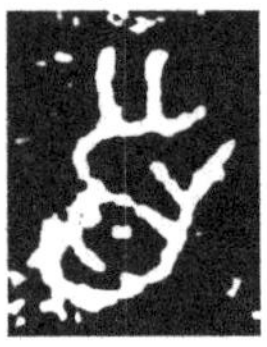
趩觶（西周中期）

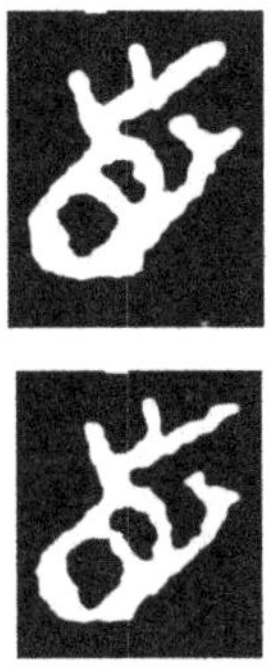
匡卣（西周中期）

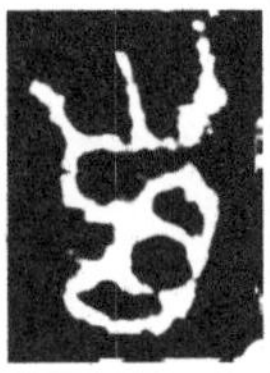
盠方尊（西周中期）

曶鼎（西周中期）

大簋（西周中期）

豦簋（西周中期）

豆閉簋（西周中期）

康鼎（西周中期）

師奎父鼎（西周中期）

伯晨鼎（西周中期）

善鼎（西周中期）

戜方鼎（西周中期）

戜方鼎（西周中期）

不指方鼎（西周中期）

七年趞曹鼎（西周中期）

大鼎（西周中期）

師瘨段蓋（西周中期）

師酉簋（西周中期）

班簋（西周中期）

彔伯戜段蓋（西周中期）

繁卣（西周中期）

盠方彝（西周中期）

永盂（西周中期）

䅃卣（西周中期）

師遽方彝（西周中期）

吴方彝（西周中期）

弭叔師察簋（西周晚期）

走馬休盤（西周中期）

頌鼎（西周晚期）

公臣簋（西周晚期）

首

𪓛𣪕（西周晚期）

無㠱𣪕（西周晚期）

元年師兌簋（西周晚期）

楚簋（西周晚期）

㦰𣪕（西周晚期）

走簋（西周晚期）

虢季子白盤（西周晚期）

南宮乎鐘（西周晚期）

師同鼎（西周晚期）

南宮柳鼎（西周晚期）

噩侯鼎（西周晚期）

趞鼎（西周晚期）

師𩛥簋（西周晚期）

元年師旋𣪕（西周晚期）

諫簋（西周晚期）

訇簋（西周晚期）

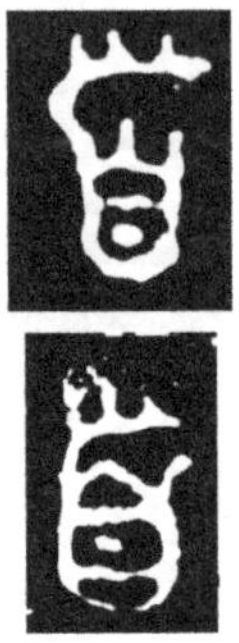
大簋（西周晚期）

師𣪘𣪕（西周晚期）

師寰𣪕（西周晚期）

羌伯簋（西周晚期）

頌簋（西周晚期）

不嬰𣪕（西周晚期）

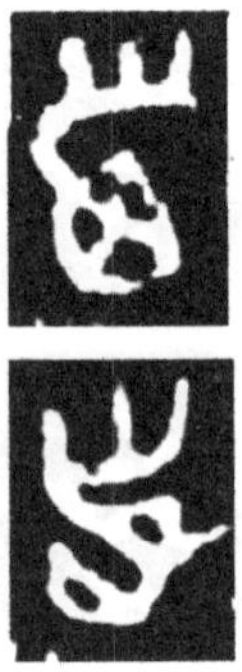
師嫠𣪕（西周晚期）

蔡簋（西周晚期）

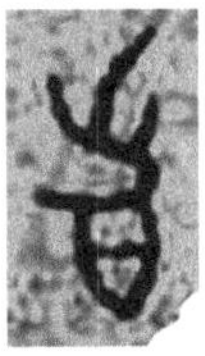
師訇簋（西周晚期）

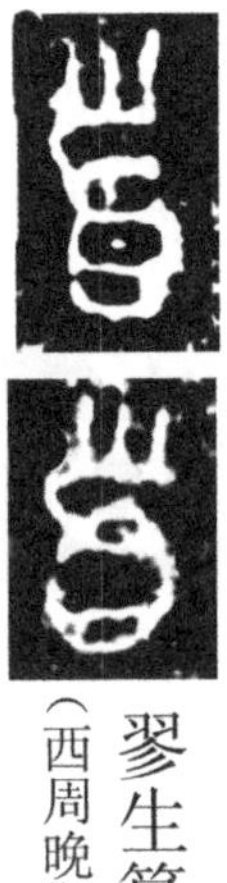
翏生簋（西周晚期）

䭫 稽

善夫克盨（西周晚期）

伊簋（西周晚期）

頌壺（西周晚期）

寰盤（西周晚期）

兮甲盤（西周晚期）

多友鼎（西周晚期）

何簋（西周晚期）

大克鼎（西周晚期）

qǐ

䭫

《説文》曰：下首也。从首、旨聲。《字彙》曰：䭫，通作稽。註：金文中䭫首之䭫字，爲早期稽字。叩首至地曰稽首。『周禮 大祝』曰：辨九拜，一曰稽首，二曰頓首。䭫，或从頁。頁、首均示爲頭。

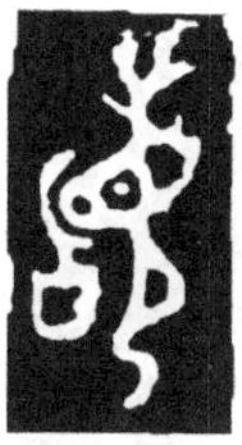
周公簋（西周早期）

作冊矢令簋（西周早期）

沈子它簋（西周早期）

靜卣（西周早期）

令鼎（西周早期）

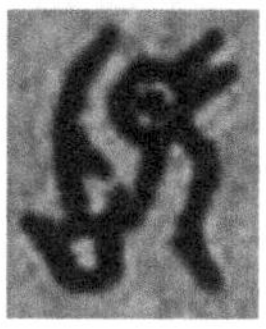
小臣夌鼎（西周早期）

幾父壺（西周中期）

師遽方彝（西周中期）

吳方彝（西周中期）

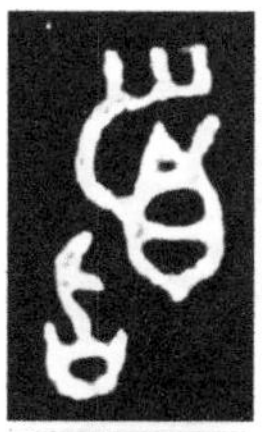
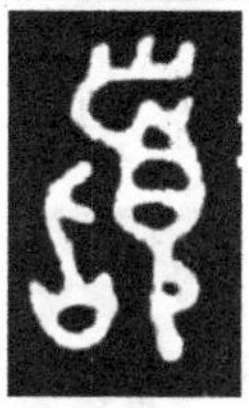

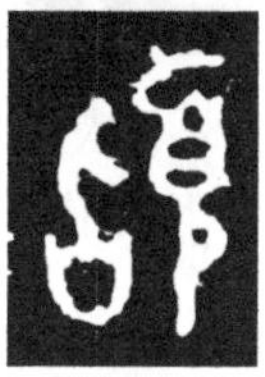
十三年癲壺（西周中期）

三年癲壺（西周中期）

窂鼎（西周中期）

不指方鼎（西周中期）

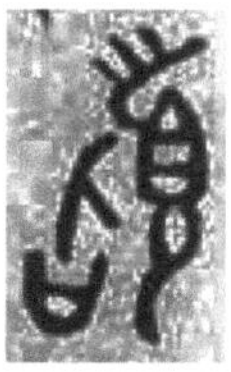
粤鐘（西周中期）

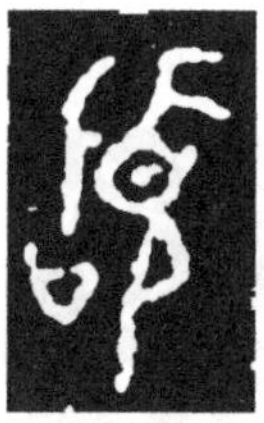
蟎鼎（西周中期）

䭫 稽

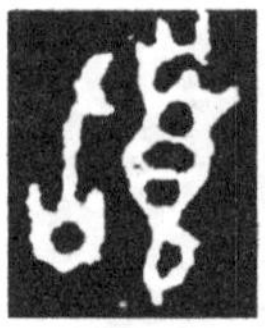
七年趞曹鼎（西周中期）

十五年趞曹鼎（西周中期）

康鼎（西周中期）

㦰方鼎（西周中期）

師𩛥鼎（西周中期）

㦰方鼎（西周中期）

大鼎（西周中期）

伯晨鼎（西周中期）

大簋（西周中期）

㝨簋（西周中期）

曶鼎（西周中期）

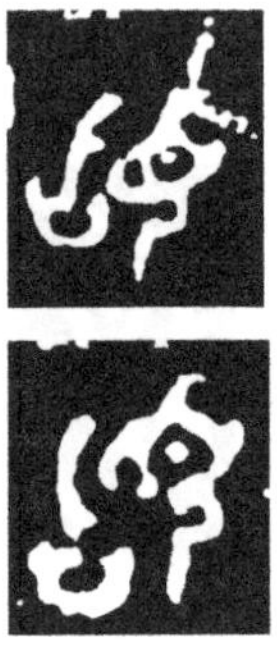
恒簋（西周中期）

遹殷（西周中期）

靜簋（西周中期）

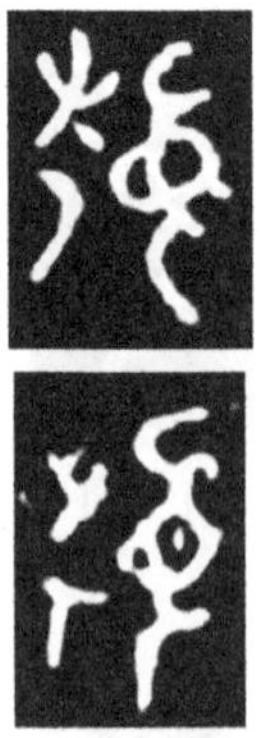
眘殷（西周中期）

臣諫簋（西周中期）

豆閉簋（西周中期）

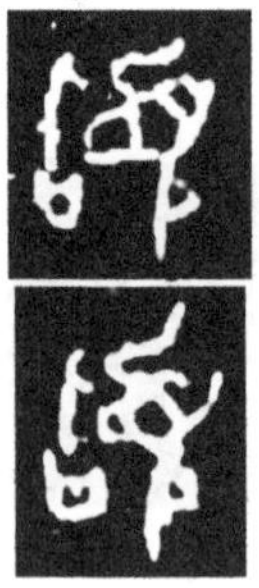
二十七年衛簋（西周中期）

大師虘簋（西周中期）

師瘨殷蓋（西周中期）

㦰殷（西周中期）

彔伯㦰殷蓋（西周中期）

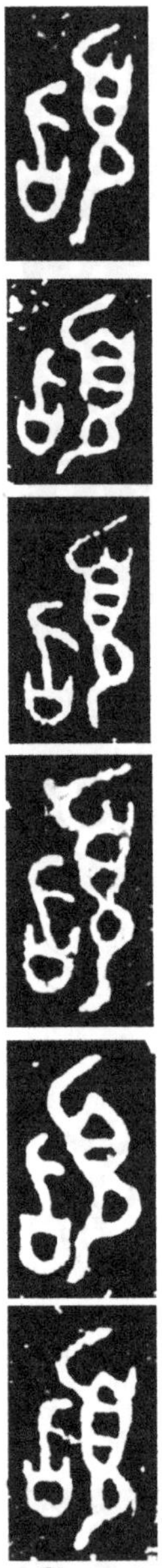
師卣簋（西周中期）

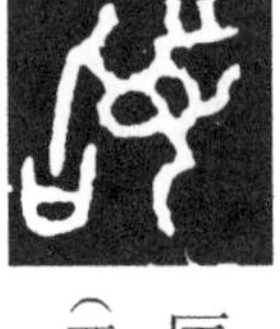
匡卣（西周中期）

班簋（西周中期）

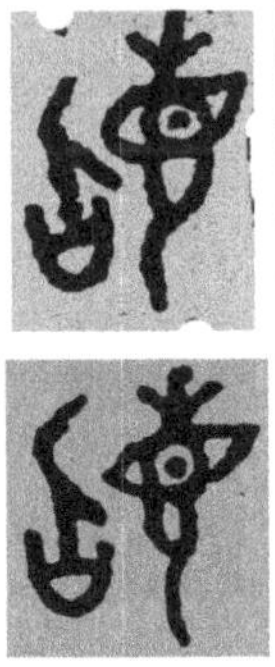
稆卣（西周中期）

彔㦰卣（西周中期）

䭫 稽

叡尊（西周中期）

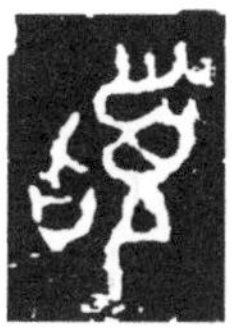
趩觶（西周中期）

史懋壺（西周中期）

曶壺（西周中期）

永盂（西周中期）

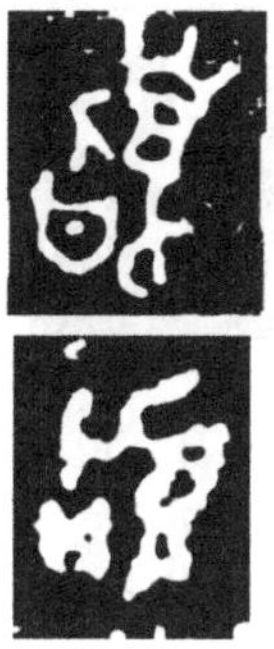
盠方彝（西周中期）

走馬休盤（西周中期）

公臣簋（西周晚期）

揚簋（西周晚期）

元年師兌簋（西周晚期）

害簋（西周晚期）

元年師旋殷（西周晚期）

諫簋（西周晚期）

南宮乎鐘（西周晚期）

南宮柳鼎（西周晚期）

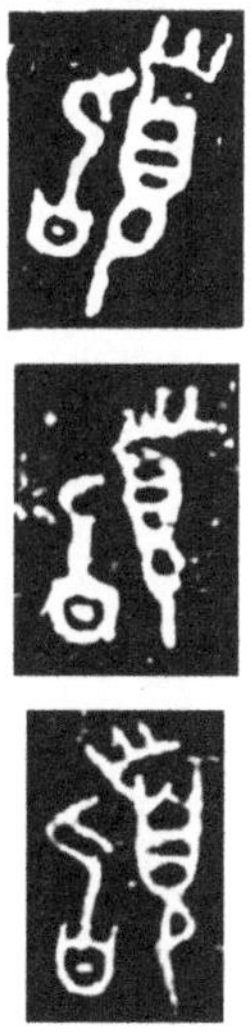
頌鼎（西周晚期）

趞鼎（西周晚期）

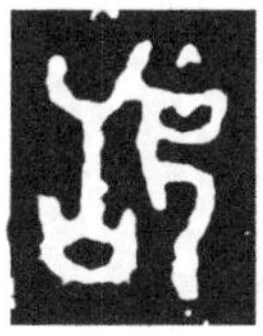
𧇭殷（西周晚期）

弭叔師察簋（西周晚期）

無曩殷（西周晚期）

走簋（西周晚期）

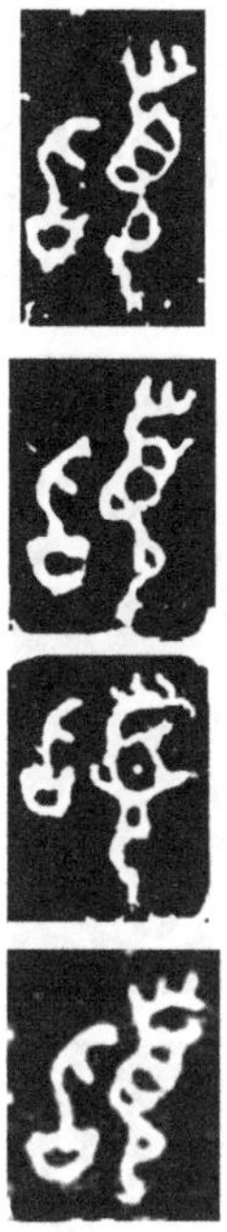
楚簋（西周晚期）

師𩛥簋（西周晚期）

訇簋（西周晚期）

羌伯簋（西周晚期）

縣 懸縣

須 鬚須

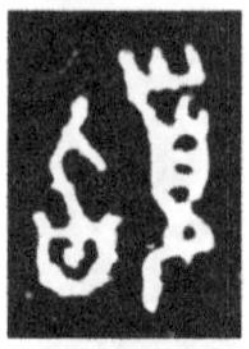
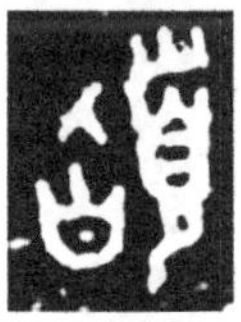
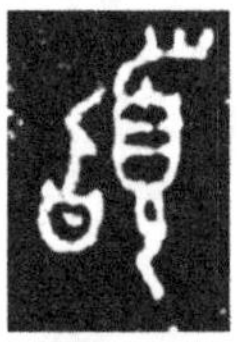
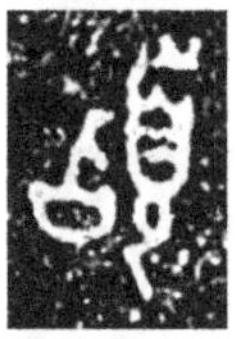

頌簋（西周晚期）

善夫克盨（西周晚期）

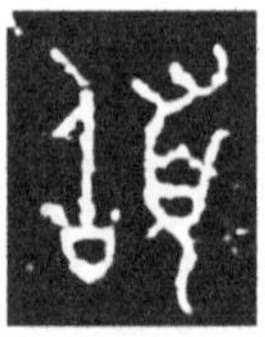

蔡簋（西周晚期）

不嬰殷（西周晚期）

師嫠殷（西周晚期）

頌壺（西周晚期）

大克鼎（西周晚期）

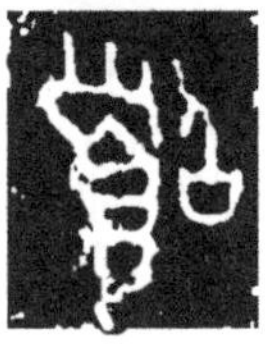

大簋（西周晚期）

xuán xiàn
縣

《說文》曰：繫也，从系持県。註：从系持県，県，乃倒首字。古代有梟首示衆之刑，金文正像系首于木，懸首示衆之象。縣，本義爲懸挂，即懸之本字，後借爲縣城之縣，从再心爲懸。

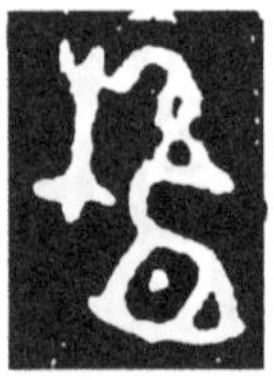

縣妃簋（西周中期）

仲義昱簠（春秋）【金文編】收錄

邵黛鐘（春秋晚期）

叔尸鐘（春秋晚期）

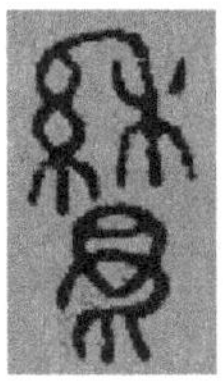

叔尸鎛（春秋晚期）

xū
須

《説文》曰：面毛也。从頁、从彡。註：象形，俗作鬚，頣下之毛也。頣下爲鬚、口上爲髭（或曰胡）、頰旁曰髯、髯上曰鬓。須，从頁；頁，首也，彡，面毛。須，為鬚之本字。須，借爲所須之須。須，同需。須，或假借為盨，青銅器皿。

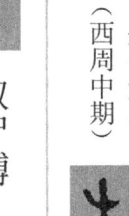

髭

遣叔吉父盨
（西周中期）

弭叔作叔班盨
（西周晚期）

伯孝[illegible]盨
（西周晚期）

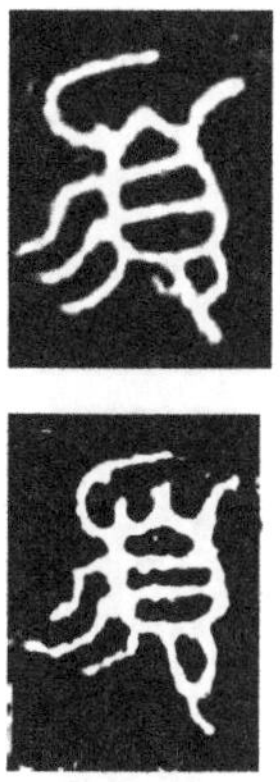
伯汈其盨
（西周晚期）

伯李父盨
（西周晚期）

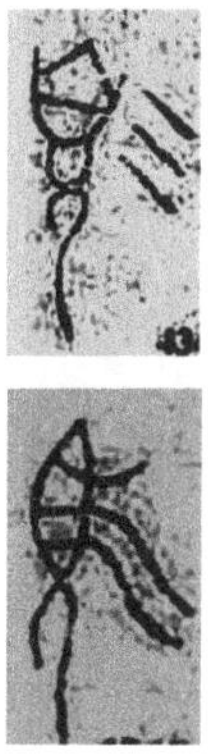
師奐父盨
（西周晚期）

立盨
（西周晚期）

[illegible]叔盨
（西周晚期）

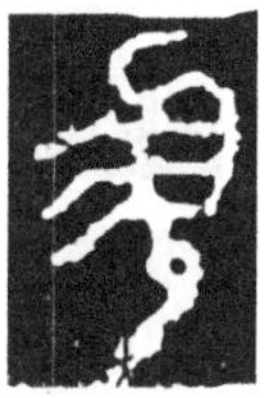
周駱盨
（西周晚期）

昜叔盨
（西周晚期）

鄭義伯盨
（西周晚期）

伯多父盨
（西周晚期）

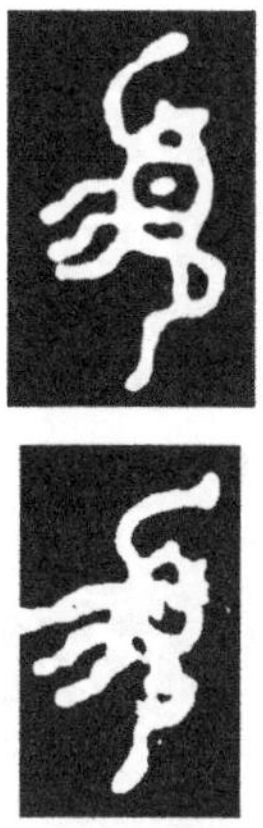
譏季獻盨
（西周晚期）

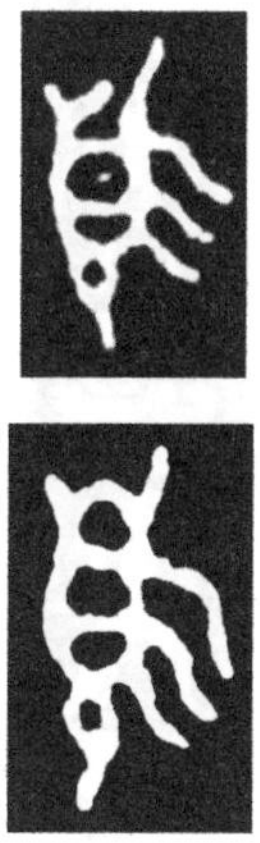
伯寬父盨
（西周晚期）

伯亞臣鑪
（春秋）

須孟生鼎蓋
（戰國）

zī
髭

《説文》曰：口上須也，从須、此聲。

註：髭，髯鬚，也作胡須。，髭之象形。

剸 鬙

頧

聑髭觚（殷商）

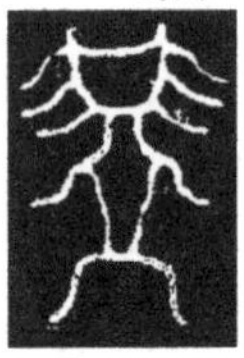
髭鼎（殷商）

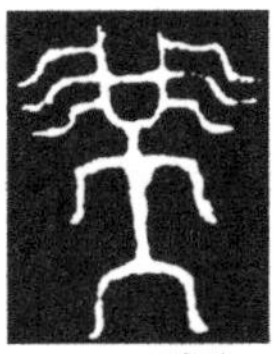
聑髟婦𦅫尊（殷商）

髭斝（殷商）

邐殷（殷商）

大盂鼎（西周早期）

tuán
鬙

《說文》曰：截也，从首、从斷。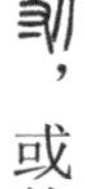，或从刀、專聲。

張亞初釋為鬙（剸）。【殷周金文集成 引得】 註：會意斷首字形。剸，為鬙之異體字。

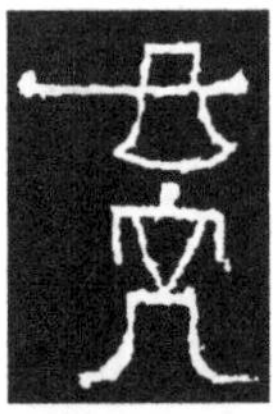

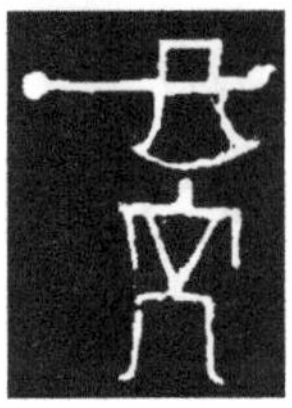
关鼎（殷商）

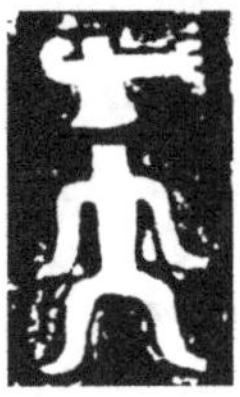
爵（殷商）

fù
頧

《玉篇》曰：頧，頬骨也。《集韻》曰：輔，或作頧。

註：頧，面頬也，頧，或作輔

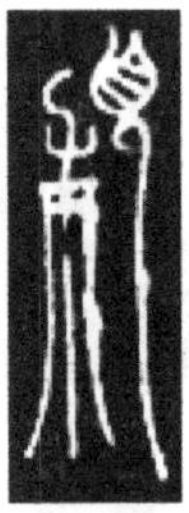

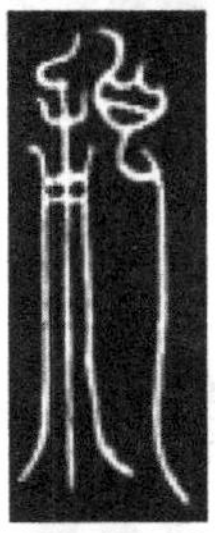

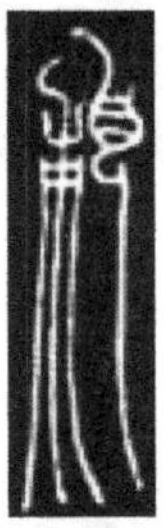

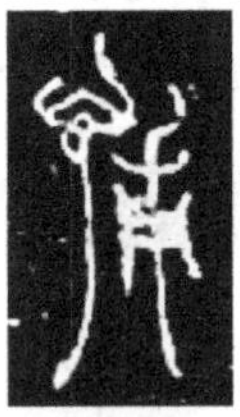

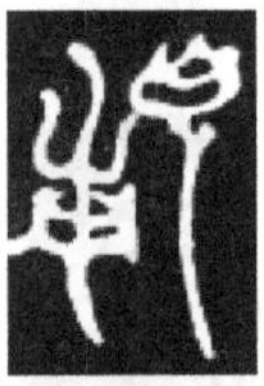

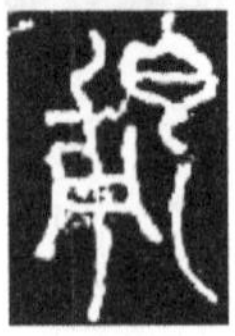

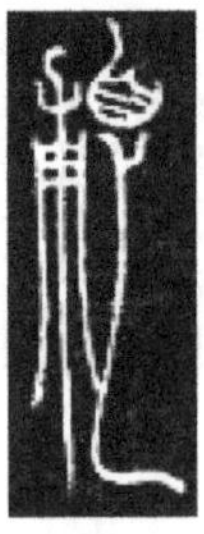

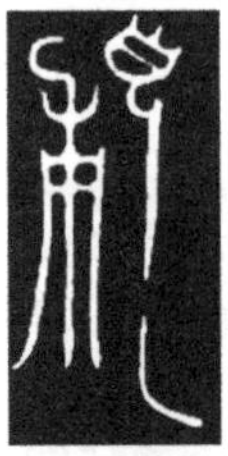

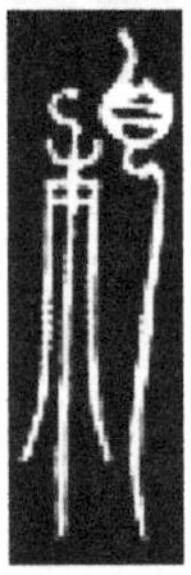

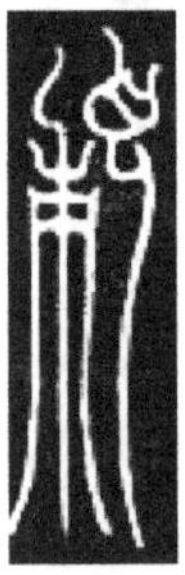

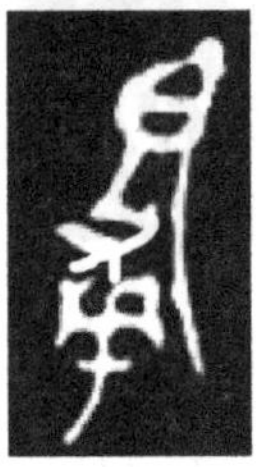

曾侯乙鐘（戰國早期）

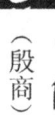

㐱 鬒

彫 凋

䰖 鬢

zhěn
㐱

《说文》曰：稠髮也。从彡、从人。鬒，㐱或从髟、真聲。《玉篇》曰：鬒，稠髮也。

《字彙》曰：鬒，黑髮而稠。註：鬒，㐱之異體字。

乙㐱觚（殷商）

㐱觚（殷商）

㐱卣蓋（西周早期）

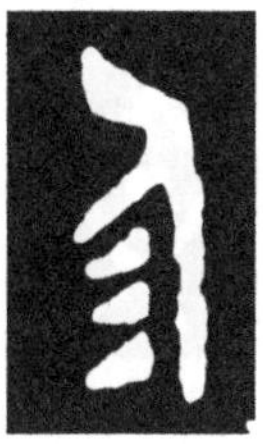
㐱尊（西周中期）

diāo
彫

《說文》曰：琢文也。从彡、周聲。《說文通訓定聲》曰：彫，假借爲凋。

段玉裁曰：凡琱琢之成文曰彫，故字从彡，今彫、雕行而琱廢矣。【說文解字注】注：彫，用同叼。

者瀘鐘（春秋）

bìn
䰖

註：䰖，即鬢之省文。

邨子賓缶（春秋）

紋文

wén
文

《説文》曰：錯畫也。象交文。註：金文之文字，像人正立，胸前交錯刻畫有紋飾，或曰紋身，其本義指花紋。引申爲文字、文章。《文心雕龍》曰：今之常言，有文有筆，以爲無韻者筆也，有韻者文也。

文鼎（殷商）

文䫇父丁段（殷商）

文父乙簋（殷商）

文且丙觶（殷商）

𩂣卣（殷商）

無敄鼎（殷商）

文父丁鼎（殷商）

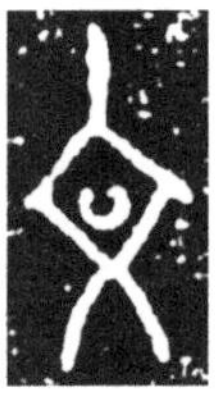
婦闅卣（殷商）

婦闅甗（殷商）

四祀𢦏其卣（殷商）

仲子觥（殷商）

斿鼎（西周早期）

師艅鼎（西周早期）

原趠方鼎（西周早期）

𤞷段（西周早期）

禽鼎（西周早期）

旂鼎（西周早期）

文簋（西周早期）

亘臣戩段（西周早期）

文方鼎（西周早期）

保卣（西周早期）

庚嬴卣（西周早期）

文父丁𩑭尊（西周早期）

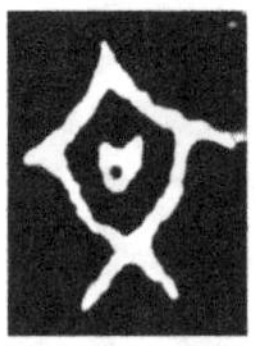
伯尊（西周早期）

能匋尊（西周早期）

商尊（西周早期）

天亡簋（西周早期）

作冊矢令簋（西周早期）

伯卣（西周早期）

文 紋

檮侯殷蓋（西周早期）

相侯簋（西周早期）

天亡簋（西周早期）

作冊矢令簋（西周早期）

伯卣（西周早期）

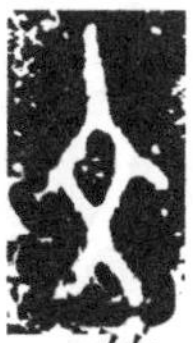
伯作文公卣（西周早期）

伯□作文考父辛卣（西周早期）

商卣（西周早期）

作冊睘卣（西周早期）

臣諫簋（西周中期）

君夫簋（西周中期）

樊卣（西周中期）

文考日己方彝（西周中期）

同簋（西周中期）

𣂼尊（西周中期）

季老貨盉（西周中期）

裘衛盉（西周中期）

三年瘨壺（西周中期）

師遽方彝（西周中期）

服方尊（西周中期）

文考日己觥（西周中期）

對罍（西周中期）

史牆盤（西周中期）

盠方彝（西周中期）

檮侯殷蓋（西周早期）

相侯簋（西周早期）

豆閉簋（西周中期）

班簋（西周中期）

周乎卣（西周中期）

改盨（西周中期）

戜殷（西周中期）

曶尊（西周中期）

彔戜卣（西周中期）

追簋（西周中期）

文 紋

戜方鼎（西周中期）

利鼎（西周中期）

五祀衛鼎（西周中期）

伯晨鼎（西周中期）

彔作辛公簋（西周中期）

曶鼎（西周中期）

是驪殷（西周中期）

彔簋（西周中期）

孟簋（西周中期）
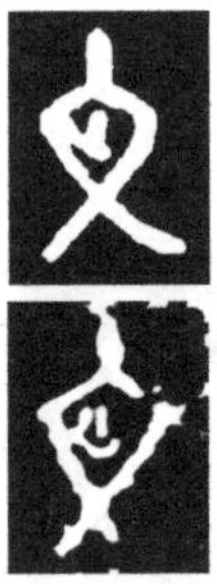
奢殷（西周中期）

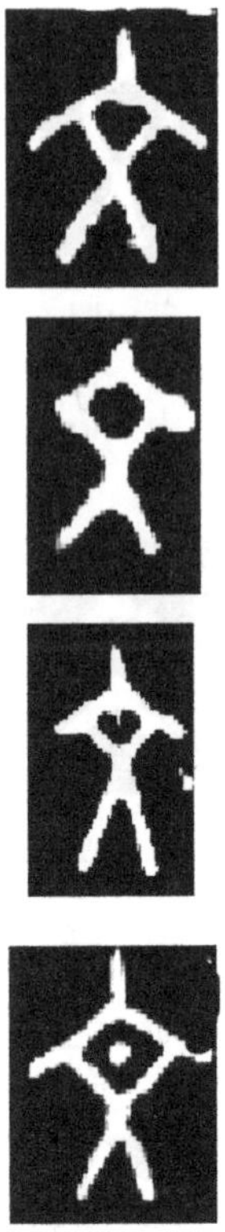
癲鐘（西周中期）

師趛鬲（西周中期）

衛鼎（西周中期）

伯陶鼎（西周中期）

彧者鼎（西周中期）

窔鼎（西周中期）

帥隹鼎（西周中期）
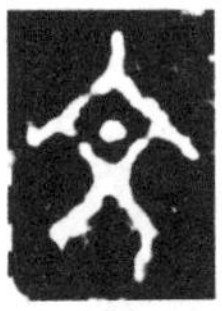
康鼎（西周中期）

王臣簋（西周中期）

師瘨殷蓋（西周中期）

師𠙶簋（西周中期）

史喜鼎（西周）

大師盧豆（西周晚期）

此簋（西周晚期）

師害簋（西周晚期）

曾伯文簋（西周晚期）

㝬殷（西周晚期）

訇簋（西周晚期）

師克盨（西周晚期）

害客殷（西周晚期）
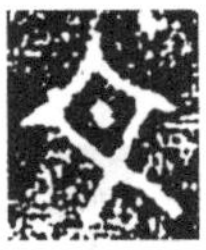
伯喜簋（西周晚期）

毛公鼎（西周晚期）

大克鼎（西周晚期）

叔殻父殷（西周晚期）

伯簹殷（西周晚期）

德克簋（西周晚期）

井人妄鐘（西周晚期）

兮仲鐘（西周晚期）

五祀㝬鐘（西周晚期）

琱生作公仲鬲（西周晚期）

井叔采鐘（西周晚期）

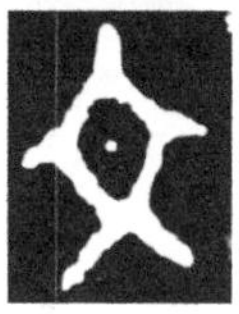
伯鮮鼎（西周晚期）

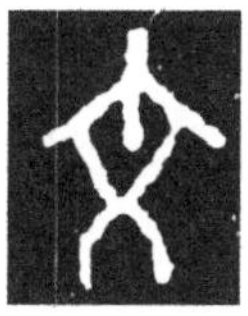
元年師旋殷（西周晚期）

此鼎（西周晚期）

伯家父簋（西周晚期）

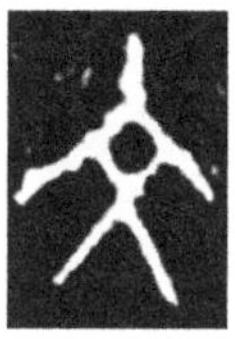
伊簋（西周晚期）

秦公鐘（春秋早期）

秦公鎛（春秋早期）

鄭虢仲鼎（春秋早期）

曾伯霥簠（春秋早期）

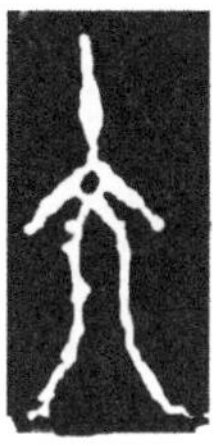
王子午鼎（春秋中期）

王孫遺者鐘（春秋晚期）

蔡侯尊（春秋晚期）

徐王義楚觶（春秋晚期）

𫚔羌鐘（戰國早期）

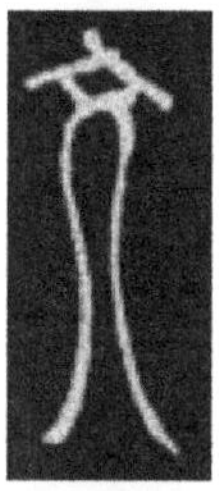
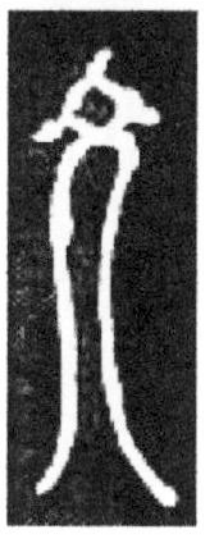
曾侯乙鐘（戰國早期）

塦侯因資敦（戰國晚期）

中山王䀠方壺（戰國晚期）

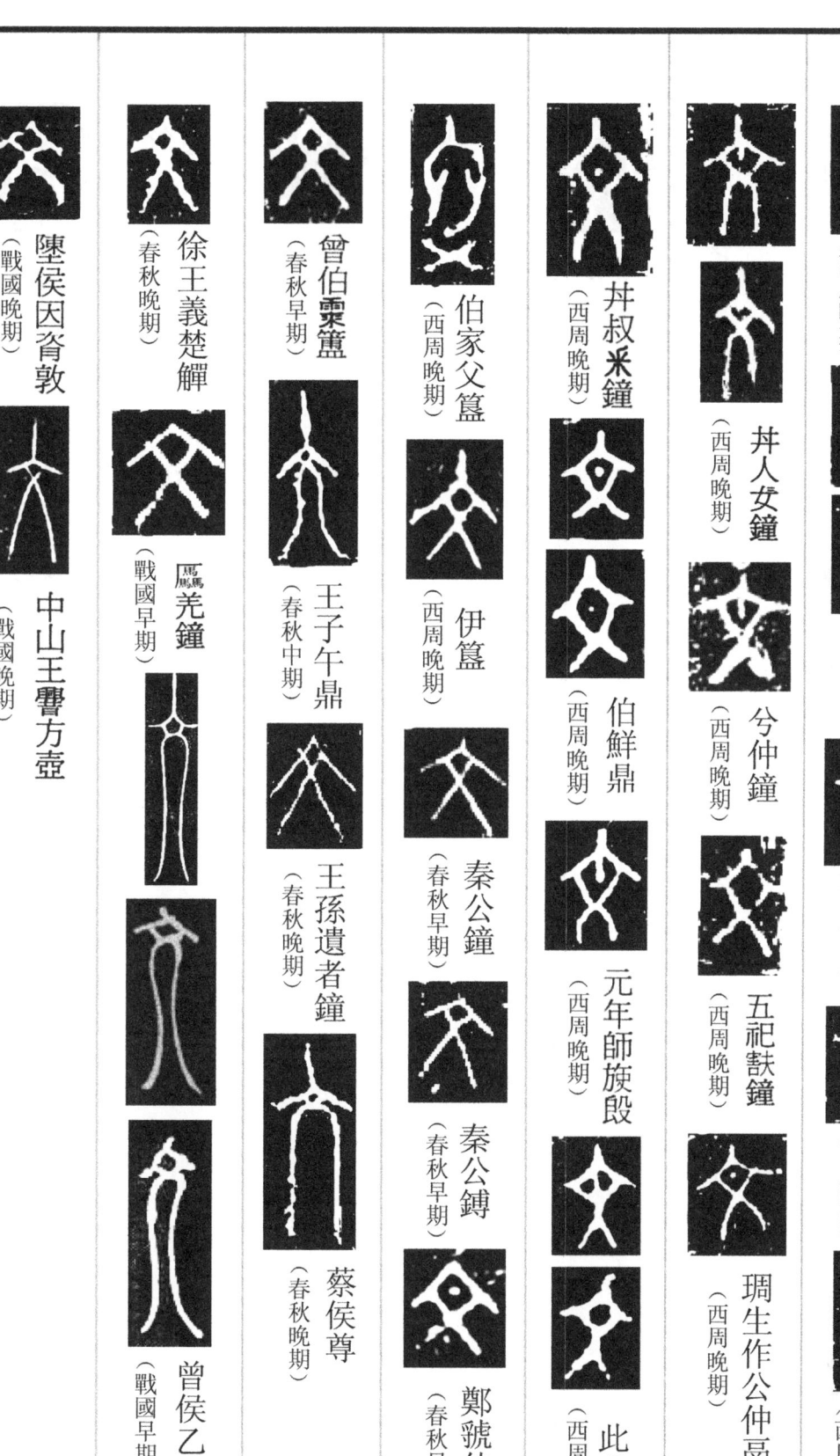

⿰文文　⿰帚文　髮 

大盂鼎 讀爲文
（西周早期）丕顯玟（文）王

何尊
（西周早期）

羌伯簋
（西周晚期）

⿰文文

⿰文文殷
（西周早期）

⿰帚文

數⿱宀⿰王豕⿰帚文殷
（西周早期）

fà 髮

《說文通訓定聲》曰：頭上毛也。从髟、犮聲。

註：，从首、犮聲，髮之異體。髮，或假為福。

召卣 讀為髮
（西周早期）伯懋父賜……髮微

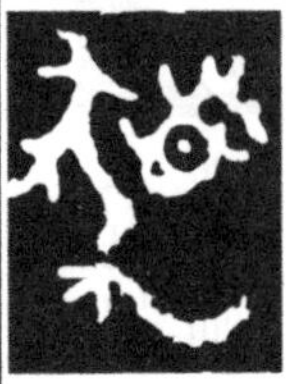
[illegible]尊
（西周早期）

戜者鼎 或讀為福
（西周中期）用綏髮（福）祿

𤼈鐘
（西周中期）

后

司

史牆盤（西周中期） 或讀為福 繁髪（福）多釐

媨鐘（西周中期） 讀為髪 髪其萬年

hòu
后

註：后，君主。開創之君在先，繼體之君在後也。后，或指帝王之妻。金文后或同司，反后爲司。

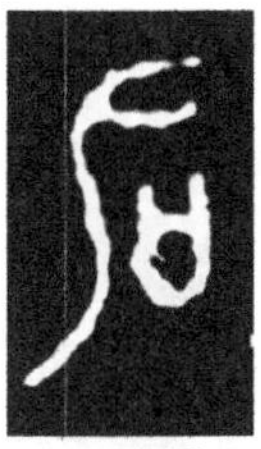
吳王光鑑（春秋晚期）

王后中官錡（戰國）

公大后車軎（戰國晚期）

王后左相室鼎（戰國晚期）

兆域圖（戰國晚期）

sī
司

註：司，像以手遮口呼喝狀，即發號施令。其本義爲主持、掌管。引申爲官職，如司馬、司徒、司空等。司，或作伺、通辭、亦同后。反后為司。

司母戊方鼎（殷商）

司母辛方鼎（殷商）

龏司方鼎（殷商）

司㛸尊（殷商）

司粤母爵（殷商）

司㛸癸方尊（殷商） 或以后爲司

司㛸觚（殷商）

商卣（西周早期）

商尊（西周早期）

詞

史牆盤（西周中期）

趞盂（西周中期）

善夫山鼎（西周晚期）

揚簋（西周晚期）

叔向父禹簋（西周晚期）

宗周鐘（西周晚期）

毛公鼎（西周晚期）

司馬望戈（春秋）

作御司馬戈（戰國晚期）

郾王職戈（戰國晚期）

妤蚉壺（戰國晚期）

走簋（西周晚期）

司之異體 司馬井伯入佑走

師奎父鼎（西周中期）

或从𤔲讀爲司 司馬井伯佑師奎父

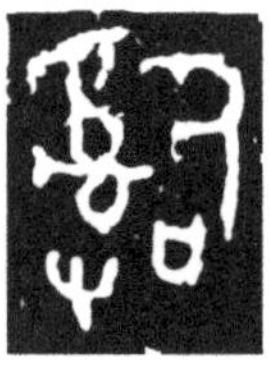
㠱侯弟鼎（西周中期）

羖殷蓋（西周晚期）

南公有𤔲鼎（西周晚期）

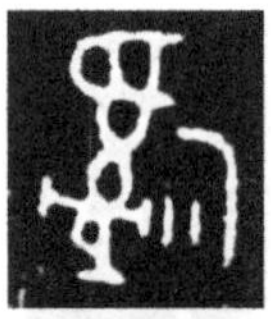
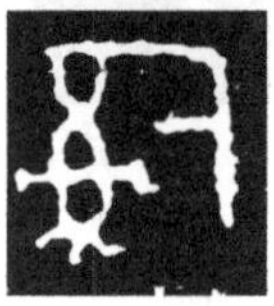
無叀鼎（西周晚期）

此鼎（西周晚期）

伯郄父鼎（西周晚期）

㦸殷（西周晚期）

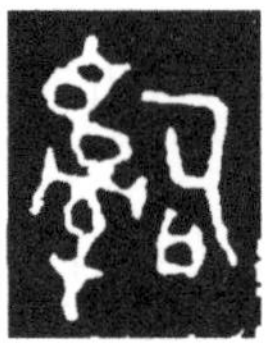
魯大左𤔲徒元鼎（春秋）

cí
詞

《說文》曰：意內而言外也。从司、从言。《說文解字注》曰：司者，主也。意主于內，而言發于外，故从司、言。 註：詞，通辤、通辭。

卩

令 聆

陳喜壺 或从言 司省聲
（戰國早期） 宗詞客敬

jié
卩
《説文》曰：瑞信也。守國者用玉卩、守都鄙者用角卩、……。註：瑞信，即符卩，古代證明身份之信物。後，作符節，卩，即節。卩，像蹲跽之人形，命、令等字从之。

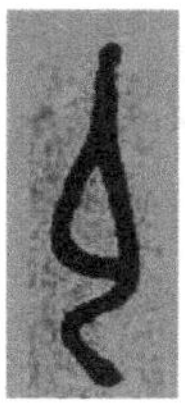
卩鼎
（殷商）

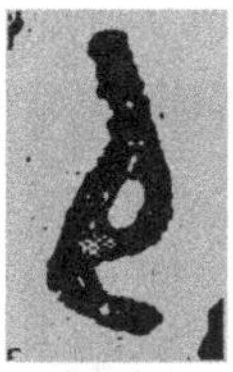
亞卩犬觚
（殷商）

卩父丁爵
（殷商）

令父己爵
（西周早期）

lìng
令
《説文》曰：發號也。从亼、卩。《説文通訓定聲》曰：在事爲令、在言爲命，散文則通、對文則別。註：，乃倒口，向下方、下級發號施令也。卩，蹲跽之人以聽令也。發號者曰命、曰令；聽令者曰聆、曰聽。令，通聆。金文令、命，同字互通。

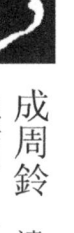

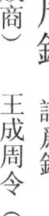

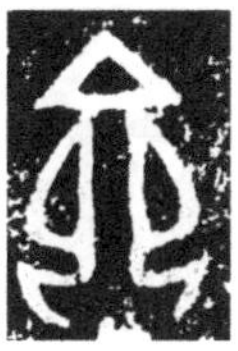
令父己甗
（殷商）

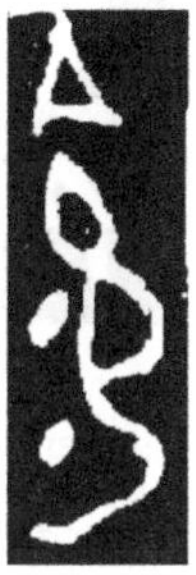
成周鈴 讀爲鈴
（殷商） 王成周令（鈴）

成甬鼎
（殷商）

二祀𠨘其卣
（殷商）

令▮父辛卣
（殷商）

毓且丁卣
（殷商）

小子畬卣
（殷商）

令爵
（殷商）

折方彝
（西周早期）

雍伯鼎
（西周早期）

令鼎
（西周早期）

大盂鼎
（西周早期）

小臣宅簋
（西周早期）

緐簋
（西周早）

令 聆

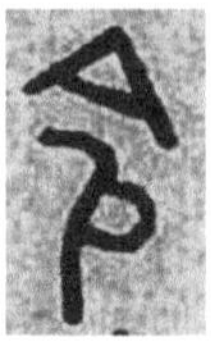
中方鼎（西周早期）

㾟父鼎（西周早期）

史獸鼎（西周早期）

令作父乙簋（西周早期）

明公簋（西周早期）

周公簋（西周早期）

作冊夨令簋（西周早期）

作冊睘卣（西周早期）

獻簋（西周早期）

小臣傳簋（西周早期）

小臣謎𣪕（西周早期）

沈子它簋（西周早期）

貉子卣（西周早期）

保卣（西周早期）

保尊（西周早期）

井侯方彝（西周早期）

夨令方尊（西周早期）

作冊折尊（西周早期）

盂爵（西周早期）

般觥（西周早期）

士上盉（西周早期）

士上卣（西周早期）

夨令方彝（西周早期）

㚸𣪕（西周中期）

免簠（西周中期）

免卣（西周中期）

豐卣（西周中期）

次卣（西周中期）

趩觶（西周中期）

陖貯段（西周中期）

大保簋（西周中期）

恒簋（西周中期）

段簋（西周中期）

衛簋（西周中期）

通祿鐘（西周中期）

𤼈鐘（西周中期）

㝬鼎（西周中期）

寧鼎（西周中期）

臣諫簋（西周中期）

免簋（西周中期）

申簋（西周中期）

靜簋（西周中期）

小臣守簋（西周）

九年衛鼎（西周中期）

五祀衛鼎（西周中期）

曶鼎（西周中期）

追簋（西周中期）

師酉簋（西周中期）

彔伯㦰段蓋（西周中期）

師虎簋（西周中期）

班簋（西周中期）

宁鼎（西周中期）

堇鼎（西周中期）

員方鼎（西周中期）

康鼎（西周中期）

善鼎（西周中期）

大鼎（西周中期）

師旂鼎（西周中期）

伯晨鼎（西周中期）

㦰方鼎（西周中期）

走馬休盤（西周中期）

令　聆

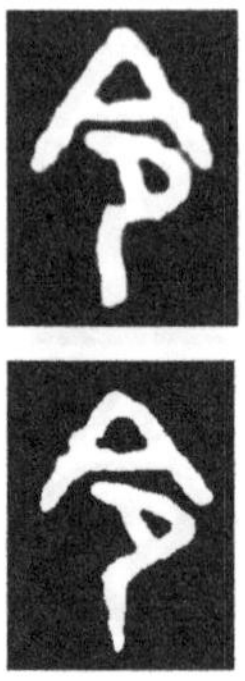
史牆盤（西周中期）

盠方彝（西周中期）

呂服余盤（西周中期）

小克鼎（西周晚期）

逆鐘（西周晚期）

士父鐘（西周晚期）

克鐘（西周晚期）王親令（命）克　讀爲命

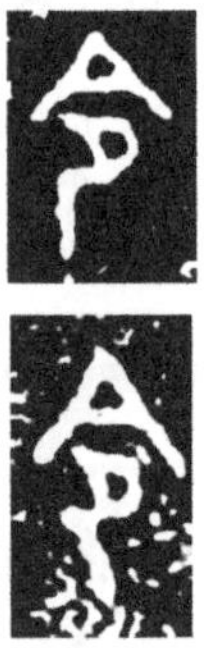
頌簋（西周晚期）

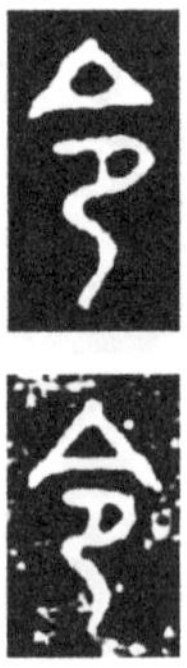
不嬰𣪕（西周晚期）

杜伯盨（西周晚期）

大師虘豆（西周晚期）

兮甲盤（西周晚期）

元年師兌簋（西周晚期）

元年師旋𣪕（西周晚期）

輔師嫠𣪕（西周晚期）

蔡姞簋（西周晚期）

大簋（西周晚期）

叔向父禹簋（西周晚期）

史頌簋（西周晚期）

善夫山鼎（西周晚期）

五年召伯虎簋（西周晚期）

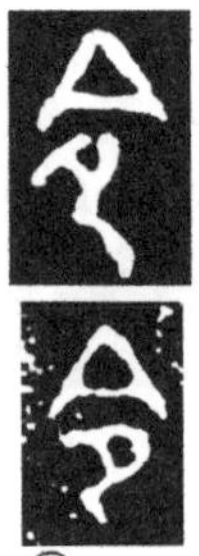
此鼎（西周晚期）

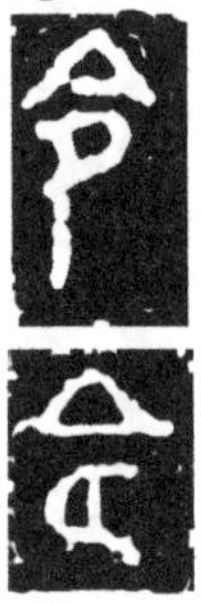
𪓐乎𣪕（西周晚期）

公臣簋（西周晚期）

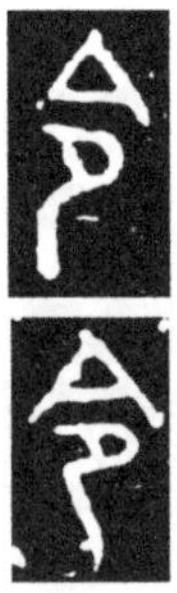
頌鼎（西周晚期）

史頌鼎（西周晚期）

無叀鼎（西周晚期）

趞鼎（西周晚期）

鬲比鼎（西周晚期）

大克鼎（西周晚期）

邲 

昭卲 

元年師兌簋（西周晚期）

師寰𣪕（西周晚期）

㝬𣪕（西周晚期）

秦公鐘（春秋早期）

秦公鎛（春秋早期）

𠫑羌鐘（戰國早期）

陳逆簋（戰國早期）

三十三年業令戈（戰國早期）

五年龏令思戈（戰國） 或从立 从命 讀為令

bì
邲

《說文》曰：宰之也。从卩、必聲。

註：邲，主宰、主持。邲，本从卩，隸變譌从邑作邲。

二祀𠨘其卣（殷商）

四祀𠨘其卣（殷商）

六祀𠨘其卣（殷商）

𠨘作母戊甗（西周早期）

𠐟匜（西周晚期） 讀為邲 汝上邲先誓

shào
卲

《說文》曰：高也。从卩、召聲。《小爾雅》曰：卲，美也。

註：卲，高尚、美好。或譌作邵。卲，假借爲詔、爲招、爲昭、爲佋。

伯姜鼎（西周早期）

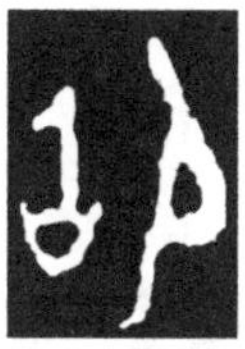
沈子它簋（西周早期）

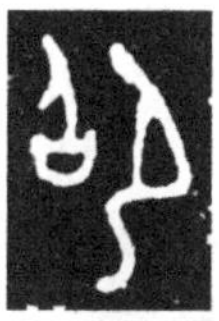
卲作寶彝簋（西周早期）

周公簋（西周早期）

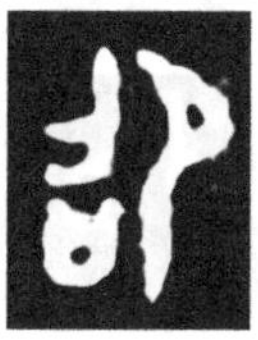
史牆盤（西周中期）

卲 昭

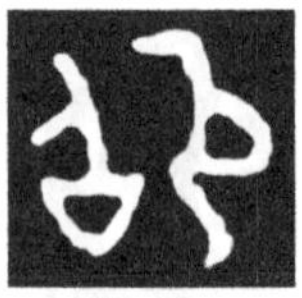
刺鼎（西周中期） 讀爲昭 禘卲（昭）王

五祀衛鼎（西周中期）

班簋（西周中期）

癲鐘（西周中期）

戲鐘（西周中期）

大師虘豆（西周晚期） 讀爲招 用卲（招）各朕文祖考

趞鼎（西周晚期）

毛公鼎（西周晚期）

頌簋（西周晚期）

頌壺（西周晚期）

頌鼎（西周晚期）

宗周鐘（西周晚期）

汈其鐘（西周晚期）

秦公鐘（春秋早期）

秦公鎛（春秋早期）

秦公簋（春秋早期）

卲王之諻鼎（春秋中期）

卲方豆（春秋）

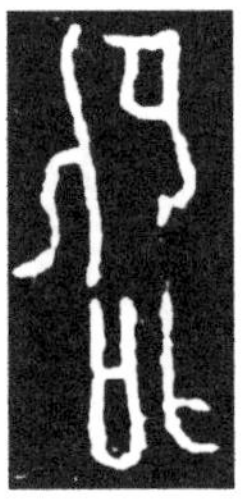
卲之飤鼎（戰國早期）

楚王酓璋戈（戰國早期）

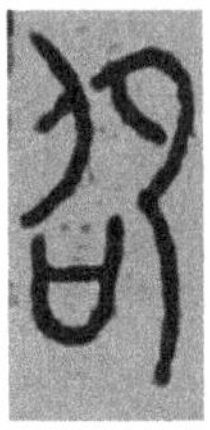
鄂君啟車節（戰國）

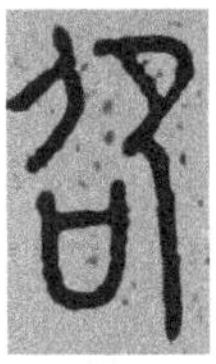
鄂君啟舟節（戰國）

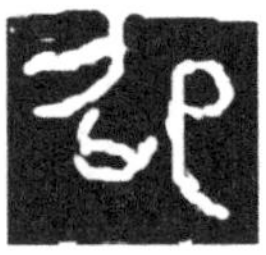
卲公和（戰國晚期）

中山王嚳鼎（戰國晚期）

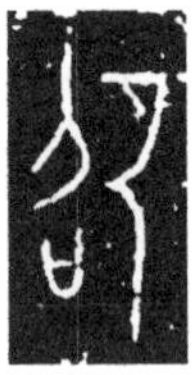
中山王嚳方壺（戰國晚期） 讀爲詔 卲（詔）告後嗣

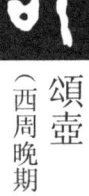

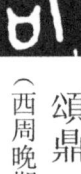

厄 軛阸

𠨍

印 抑

ě
厄

《説文》曰：科厄，木節也。从卪厂聲。註：竹之節曰節、木之節曰厄。厄，或指困苦、危難。厄，或爲軛，車軛，車轅前端之横木。厄，或爲阸，險要之地。厄，同戹。

录伯𢦏𣪘蓋（西周中期） 讀爲軛 賜汝……金厄（軛）

三年師兑簋（西周晚期） 讀爲軛 賜汝……右厄（軛）

番生簋（西周晚期）

毛公鼎（西周晚期）

齊侯鎛（春秋中期）

zhuàn
𠨍

《説文》曰：二卪也。巽从此。

羅振玉曰：巽，伏也，又爲順、爲讓、爲恭，故从二人跽而相從狀，疑即古文巽字。【增訂殷墟書契考釋】

陳喜壺（戰國）

yìn
yì
印

《説文》曰：執政所持信也。从爪、从卪。註：印字像以爪（手）按壓人頭，使其跪跽，即壓抑之抑的本字。小篆抑，字形即爲反印，或再从手，作。印，引申爲專指按壓留下印跡；如圖章、印信。

寢印尊（商晚期）【近出殷周金文集録】

左周弩牙（戰國）

卿

向嚮 卯

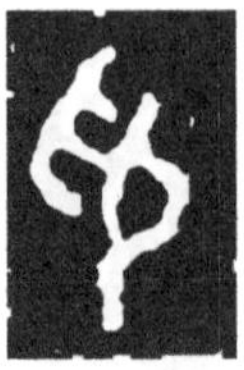
毛公鼎 反印爲抑或讀爲仰
（西周晚期）用印（仰）昭皇天

曾伯霥簠
（春秋早期）

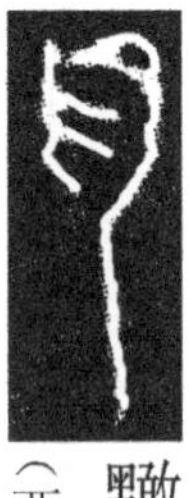
𪑱編鎛
（西周晚期）
【近出殷周金文集録】

qīng
卿

《說文》曰：章也，六卿，天官冢宰、地官司徒、春官宗伯、夏官司馬、秋官司寇、冬官司空。从卯、皀聲。

註：卿字中皀，爲食器，两人相向對食宴饗之狀，即饗之本字，後譌从邑爲鄉、再从食爲饗，此字應讀爲卿。古文字卿，即鄉、即饗，此三字本為同字，後世分化為三。

卿爵
（殷商）

小子孠毁
（殷商）

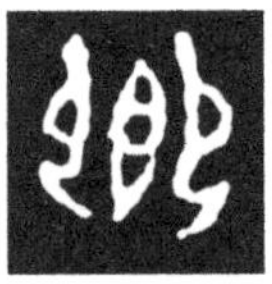
臣卿鼎
（西周早期）

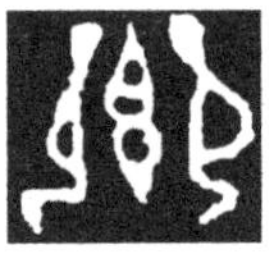
臣卿簋
（西周早期）

噰士卿父戊尊
（西周早期）

卿卣
（西周早期）

卿尊
（西周早期）

卿作父乙爵
（西周早期）

伯卿鼎
（西周早期）

矢令方尊
（西周早期）

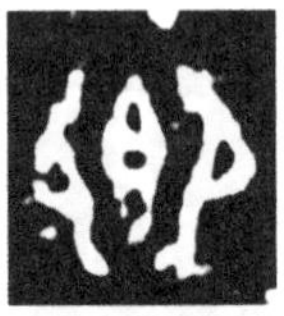

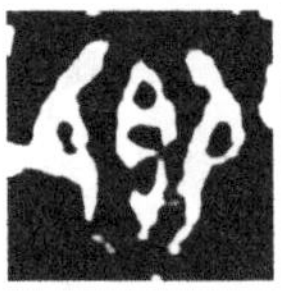
矢令方彝
（西周早期）

毛公鼎
（西周晚期）

番生簋
（西周晚期）

邾公釛鐘
（春秋）

晉公盆
（春秋）

qīng
xiàng
卯

《說文》曰：事之制也。《正字通》曰：卯，卿之本字。

註：卯，像二人相向，應讀為嚮（向），猶如北（背）字，二人相背。

卬

且丁觚（殷商）

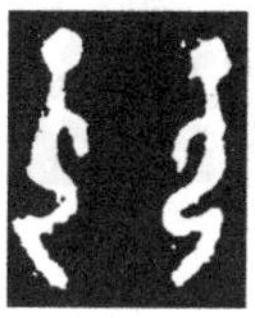

亞且辛觶蓋（殷商）

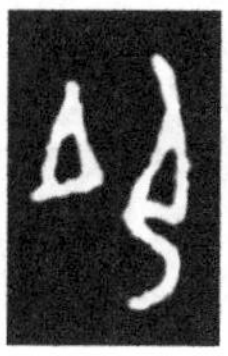

卬殷（西周早期）

卬小子鼎（西周早期）

hé
卻

註：卻，或同部。

部卻殷（西周晚期）

王立事劍（戰國）

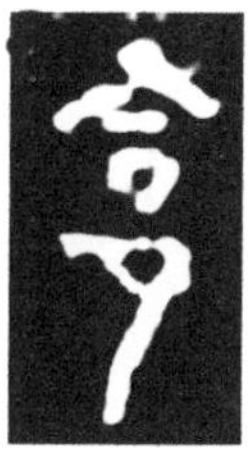

十八年建君鈹（戰國晚期）

liàn
𨞮

註：𨞮，从卩（卩同人）、聯省聲，从止同辵（辶）。𨞮即健字之異體。健，雙生子也，或曰孿生。

𨞮，假爲擱、爲縺。

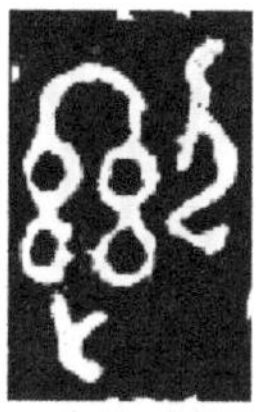

𨞮鬲（殷商）

亞𨞮父乙殷（殷商）

伯𨞮殷（西周早期）

𢦏殷（西周中期）
讀爲攔
奔追𨞮（攔）戎于域林

兮 郘 叩 扣

敔簋 （西周晚期） 讀爲攔 王令敔追鄧（攔）于上洛

jiè
兮

註：兮，从八、从卩；卩，同人字。介，从八、从人。介與兮同。

師䚄鼎 （西周中期） 讀爲介 用厥烈祖兮（介）德

jié jì
郘

註：郘，从卩，與从人同。郘，同偈。

五祀衛鼎 （西周中期）

伯□父段 （西周晚期）

kòu
叩

《玉篇》曰：叩，叩擊也。

《正字通》曰：叩，別做扣。

註：金文叩从二卩相對，口聲。

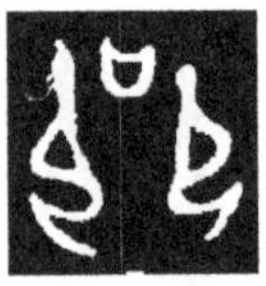

父己鼎 （殷商）

鄉父丁爵 （西周早期）

佮 

避壁 辟 

gé 鄶

註：鄶，或同佮。《廣韻》曰：佮，聚也。

令鼎（西周早期）

方彝（西周早期）

亯卣（西周早期）

靜簋（西周中期）

噩侯鼎（西周晚期）

bì pì 辟

《說文》曰：法也，从卩、从辛，節制其辠（罪）也，从口，用法者也。《說文假借義證》曰：辟，爲臂之省借。《說文通訓定聲》曰：辟，通避、通壁、通璧。假借爲譬、爲擘。註：辟，刑法。尸或卩像蹲跽之罪人；辛，乃墨刑刺字之刑具；辟，以示對罪人刺字施法。金文辟之使用，名詞爲法則、法律，動詞爲效法之義。

商卣（西周早期）

商尊（西周早期）

作冊魖卣（西周早期）

叔趯父卣（西周早期）

辟東作父乙尊（西周早期）

䧹圜器（西周早期）

大盂鼎（西周早期）

獻簋（西周早期）

麥方尊（西周早期）

癲殷（西周中期）

癲鐘（西周中期）

師訊鼎（西周中期）

臣諫簋（西周中期）

禹鼎（西周晚期）

史牆盤（西周中期）

毛公鼎（西周晚期）

大克鼎（西周晚期）

眉壽鐘（西周晚期）

沕其鐘（西周晚期）

虢叔旅鐘（西周晚期）

塱盨（西周晚期）

師害簋（西周晚期）

小克鼎（西周晚期）

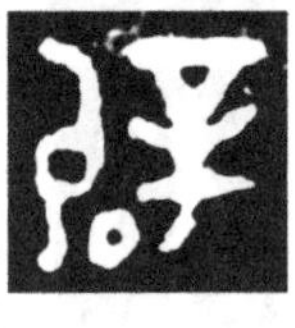
伯公父簠（西周晚期）

孟姬指毁（西周晚期）

晉姜鼎（春秋早期）

秦公鐘（春秋）

梁十九年亡智鼎（戰國）

祁

祁

戈祖父丁盉（殷商）

祖父丁斝（殷商）

勹

bāo
勹

《説文》曰：裹也，象人曲形有所包裹。

註：勹，即包之本字。

陳侯因資戈
（戰國早期）

匍

pú
匍

《説文》曰：手行也。从勹、甫聲。

註：手行，即爬行，或曰匍匐前行。匍，通撫。

大盂鼎　讀爲撫
（西周早期）　匍（撫）有四方

𤼈鐘
（西周中期）

史牆匍
（西周中期）

師克盨
（西周晚期）

秦公鎛
（春秋早期）

匐

fú
匐

《説文》曰：伏地也。从勹、畐聲。

註：匐，或从勹、从酉。畐、酉同爲器皿，字形相近，互通假。

乃子克鼎
（西周早期）

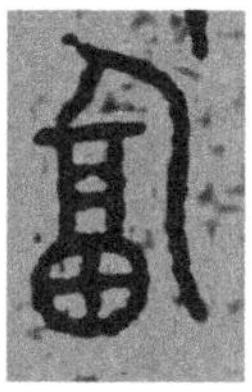
牧簋
（西周中期）

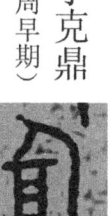

掬匊 

勻 

徇旬 

jū 匊

《説文》曰：在手曰匊。从勹、米。註：雙手捧起散米曰匊，會意字。匊，俗作掬。

番匊生壺（西周中期）

yún 勻

《説文》曰：少也。从勹、二。《説文通訓定聲》曰：凡物分則少，二猶分也。

註：勻，不从勹，从旬（見旬字注）。勻，同均 同韻，假爲鈞。

勻作寶彝簋（西周早期）

內史龏鼎（西周中期） 讀爲鈞 賜金一勻（鈞）

甹鐘（西周中期）

多友鼎（西周晚期）

右使車嗇夫鼎（戰國中期）

十年扁壺（戰國晚期）

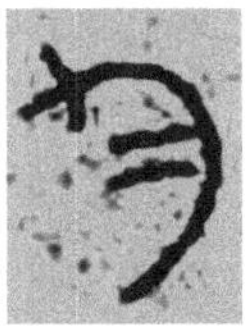
八年匜（戰國晚期）

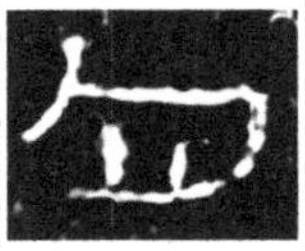
土勻瓶（戰國晚期）

八年烏柱盆（戰國晚期）

xún 旬

《説文》曰：十日爲旬，从勹、日。註：上古記日之法采用天干十字，由甲、乙至癸爲一周期，曰旬。、，乃甲骨文旬字，畫一圓圈注明起點，會意一周回覆之象。（軍）、（勻）等字从之并取其聲。後，从日作旬，小篆譌从勹。十日爲旬，或曰十歲爲旬。旬通徇、通均。

旬觶（殷商）

新邑鼎（西周早期）

繁卣（西周中期）

王孫遺者鐘（西周晚期） 或以昀爲旬

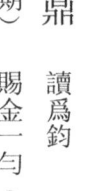

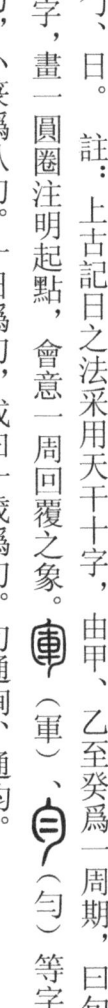

匈 胸凶兇

xiōng
匈

注：匈，或从肉作胷。匈，同胸、通凶、通兇。

少府銀圜器（戰國）

匌

gé
匌

《說文》曰：帀（匝）也。从勹、从合，合亦聲。注：匌，圍繞一周（曰周帀）而相合。

癲鐘（西周中期）

禹鼎（西周晚期）

匓

jiù
匓

《說文》曰：飽也。注：匓，金文从身。身，身的反字。勹，像人之曲身。身、勹作偏旁其義相同。

毛公旅方鼎（西周早期）

或从身

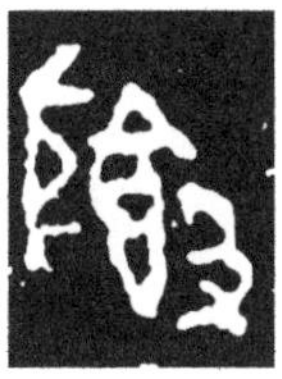
晨作寶簋（西周早期）

復

fù
復

《說文》曰：重也。从勹、復聲，或省彳。注：復，今作復，金文或作腹。

冢 塚

𠋎

𧟭

腹鼎（西周早期）

史牆盤（西周中期） 讀爲腹 遠猷匔（腹）心

zhǒng
冢

《説文》曰：高墳也，从勹、豖聲。

註：高大之墳墓曰冢、山頂亦曰冢。冢，同塚、假爲重。

曶壺（西周早期）

趞殷（西周中期）

多友鼎（西周晚期）

笨鼎（戰國） 讀爲重 一鋝卅一冢（重）

𠋎

十八年戈（戰國）

二年盌鼎（戰國晚期）

好盗壺（戰國晚期） 讀爲重 而冢（重）任之邦

𧟭

五祀衛鼎（西周中期）

九年衛鼎（西周中期）

胞苞庖包

敬苟

敬

大克鼎（西周晚期）

bāo
包

《説文》曰：象人裹（懷）妊，巳在中，象子未成形也。

註：包，胎胞也，象形，即胞之本字。包，同苞、同庖、通庖。

牧簋（西周中期） 讀為包 有同事包迺多亂

jì
苟

註：苟，像跪坐曲屈身體，并張耳聆聽之恭敬貌。苟，乃敬之本字。金文中均讀爲敬。

大盂鼎（西周早期） 讀為敬 敬雍德經

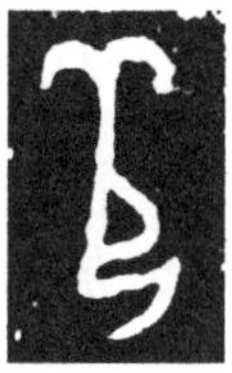
大保簋（西周早期）

何尊（西周早期） 讀為敬 徹命敬享哉

㾜鐘（西周中期）

班簋（西周中期）

師虎簋（西周中期）

jìng
敬

《説文》曰：肅也。从攴、苟聲。

註：敬，恭敬、嚴肅。或孳乳爲警、爲驚。

敬

叔趞父卣（西周早期）

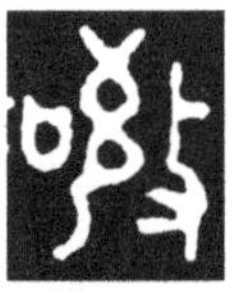
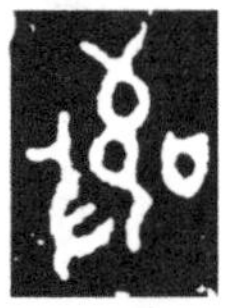

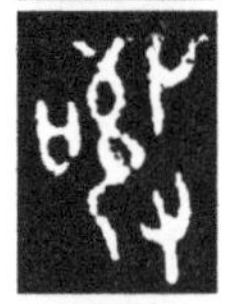

師酉簋（西周中期）

對罍（西周中期）

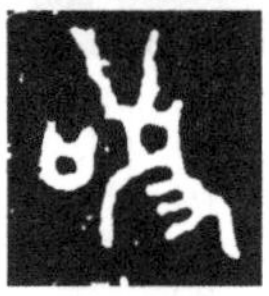

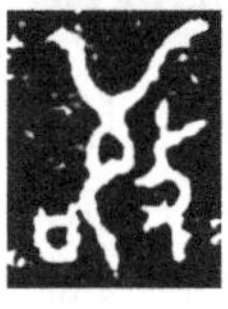

元年師旋段（西周晚期）

㽙盨（西周晚期）

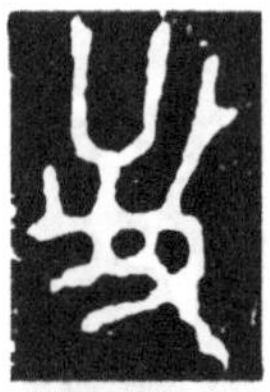

五年師旋段（西周晚期）

師克盨（西周晚期）

大克鼎（西周晚期）

毛公鼎（西周晚期） 从口从攴乃敬之省文

逆鐘（西周晚期）

秦公鐘（春秋早期）

秦公鎛（春秋早期）

邾公釸鐘（春秋）

敬事天王鐘（春秋晚期）

余贎逐兒鐘（春秋晚期）

蔡侯盤（春秋晚期）

叔尸鐘（春秋晚期）

陳喜壺（戰國早期）

中山侯鉞（戰國中期） 讀爲警 以敬（警）厥衆

十七年平陰鼎（戰國）

好蛮壺（戰國晚期）

中山王譽鼎（戰國晚期）

中山王譽方壺（戰國晚期）

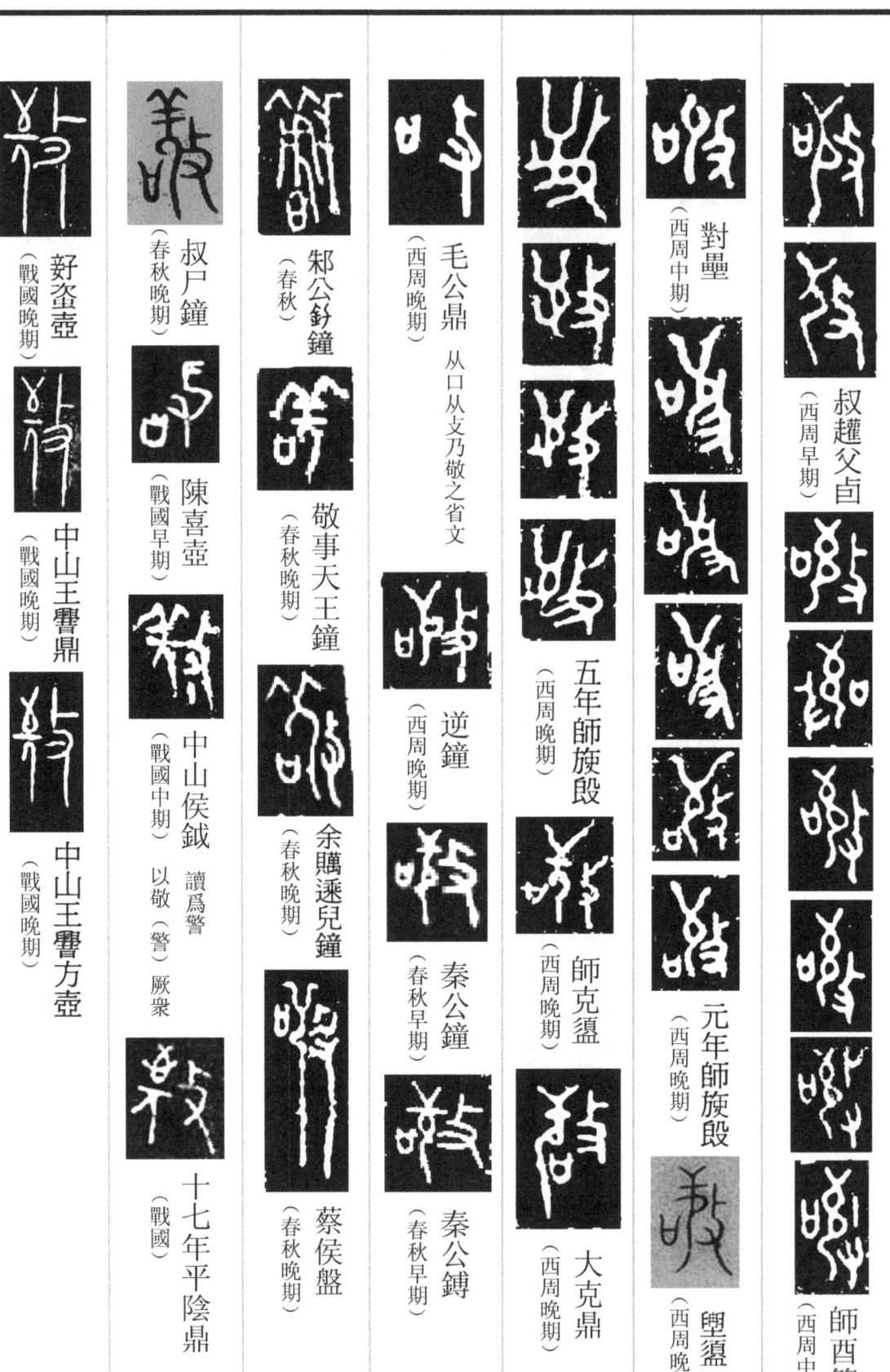

鬼

魖

魌

guǐ
鬼

《說文》曰：人所歸爲鬼。从人象鬼頭。古文从示。註：鬼，从人，上从甶，像鬼頭。鬼，或从戈；有抗擊、擊打之意。金文中鬼方，爲西北方之玁狁方國，即後世之匈奴。

鬼作父丙壺（西周中期）

二十五年上郡守廟戈（戰國晚期）

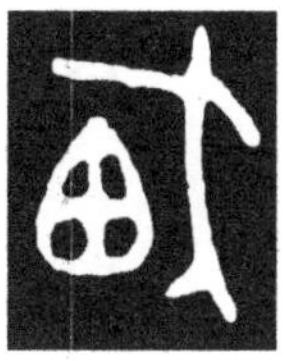
小盂鼎（西周早期） 或从戈 从甶 王令盂以囗囗鬼方

陳昉毁蓋（戰國早期） 或从示

hū
魖

《說文》曰：鬼皃（貌）。从鬼、虎聲。註：魖，虎倀也；被虎咬至死之人成鬼以後，又帮虎害人。

作冊魖卣（西周早期）

魌

魌作且乙尊（西周中期）

魖

甶

畏

fǔ
魖

註：魖，北斗星名。魖，或省甫爲父，甫字本从父，與父音同。

魖父卣（西周早期）

引尊（西周早期）

fú
甶

《說文》曰：鬼頭也，象形。註：金文甶與囟字形相近。

長甶盉（西周中期）

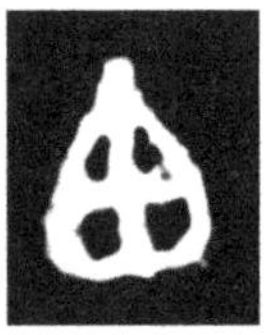

長甶簋（西周中期）

wèi
畏

《說文》曰：惡也。《集韻》曰：威，古作畏。註：金文畏字像有爪之鬼執卜，或執攴，作擊打狀。，或从倒人字、或从心，具可畏之象也。畏，或假借為威。

亞夫畏爵（殷商）【殷周金文集録】

大盂鼎（西周早期） 同字讀畏 威 畏天畏（威）

班簋（西周中期）

毛公鼎（西周晚期） 讀爲威 旻天疾畏（威）

師訇簋（西周晚期）

駒父盨（西周晚期）

王子午鼎（春秋中期）

禺

⿰由史

厶 私

沇兒鎛（春秋晚期） 讀爲威 淑于畏（威）儀

王孫遺者鐘（春秋晚期）

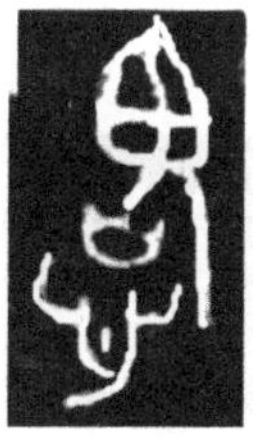
陳昉段蓋（戰國早期） 或从心 假愧爲畏 畢恭愧（畏）忌

yù
禺

《說文》曰：母猴屬。頭似鬼，从由、从禸。註：由，鬼頭，似人非人。从禸之字，自周代以来表示爲有足、有尾之獸。其形像長尾猴。禺，通寓、通愚、通偶、通遇。

趙孟介壺（春秋晚期）

⿰由史

柯昌濟曰：⿰由史，或古缺字。……此字爲訛體耳。【韡華閣集古録跋尾】

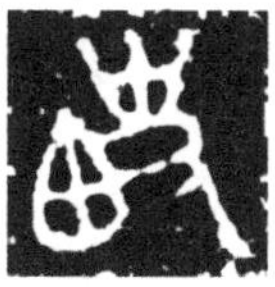
臾尊（西周早期）

sī
厶

《說文》曰：姦（奸）衺（邪）也。韓非曰：蒼頡作字，自營爲厶。《說文解字注》曰：厶，公私字本如此，今字私行而厶廢矣。私，禾名。註：厶，古私字。

韓氏私官方鼎（戰國）

私庫嗇夫車軎（戰國中期）

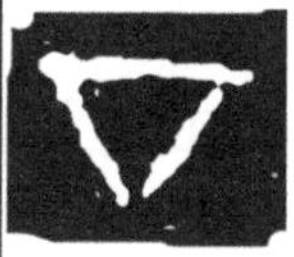
卅六年私官鼎（戰國晚期）

羞

魏巍

山

yǒu
羞

《說文》曰：相訹呼也。从厶、从羑。或从言、秀。或如此古文。

《玉篇》曰：羑，導也、進也、善也。今作誘。註：羞，同羑、同誘。

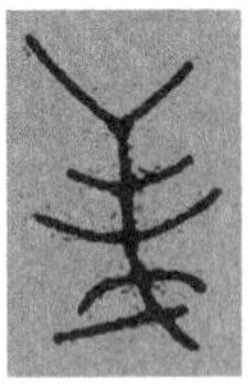
左庫戈（戰國）

wēi
巍

《說文》曰：高也。从嵬、委聲。《說文解字注》曰：本無二字，後人省山作魏。分別其義與音。

註：巍，巍巍，高大樣子。巍，或省山作魏。古文巍、魏同字，後世分為不同兩字。

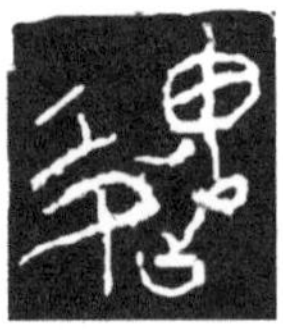
魏公瓶（戰國）

shān
山

註：甲骨文與早期金文山字均繪山峰狀，象形字。

母鼎（殷商）

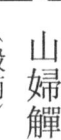

山且庚觚（殷商）

山父乙尊（殷商）

山父戊尊（殷商）

山婦觶（殷商）

毓且丁卣（殷商）

山父丁觚（殷商）

山丁爵（殷商）

獸山父乙爵（殷商）

山父乙斝（殷商）

山父乙觥（殷商）

山父丁觶（西周早期）

巒

岡

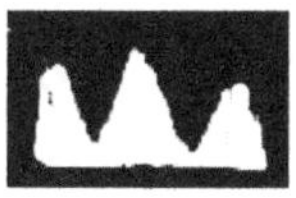
山父乙鼎（西周早期）

山簋（西周早期）

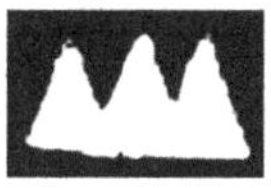
癸山簋（西周早期）

啟作且丁尊（西周早期）

啟卣（西周早期）

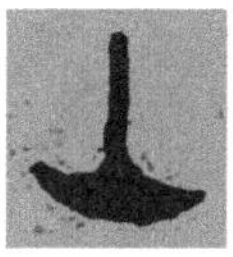
中方鼎（西周早期）

善夫山鼎（西周晚期）

大克鼎（西周晚期）

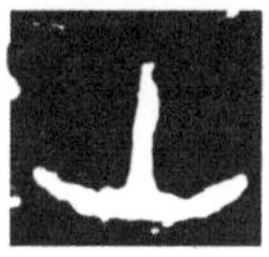
歸叔山父𣪘（西周晚期）

旅虎簋（春秋早期）

召叔山父簠（春秋早期）

中山侯鉞（戰國中期）

中山鐘（戰國）

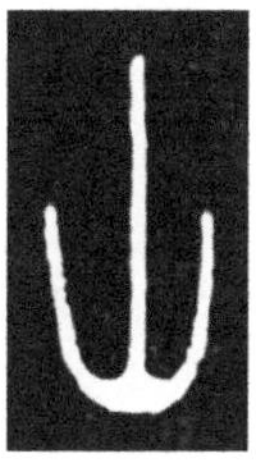
中山王嚳方壺（戰國晚期）

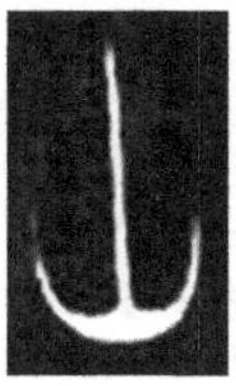
中山王嚳鼎（戰國晚期）

gāng 岡

《說文》曰：山骨（脊）也。从山、网聲。

岡劫卣（西周早期） 或讀爲网

郘黛鐘（春秋晚期）

luán 巒

《說文》曰：山小而銳。

蜜密

嵍

崵

伯𤔲簋（西周晚期） 讀為䜌 伯𢍜作伯䜌寶簋

mì
密
《集韻》曰：密，秘也。《字彙》曰：密，深也。
註：密，或通蜜。

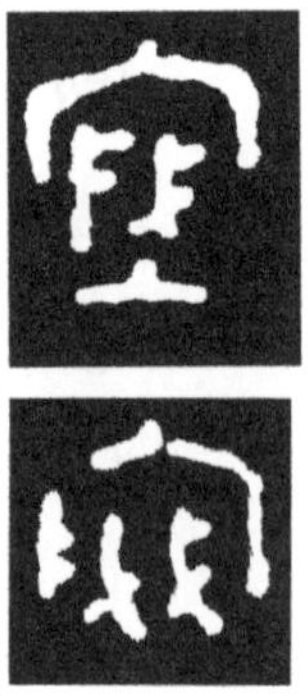
史密簋（西周中期） 或不从山【近出殷周金文集録】

虎簋蓋（西周中期）【近出殷周金文集録】

趞簋（西周中期）

窔姒簋（西周晚期） 或从火

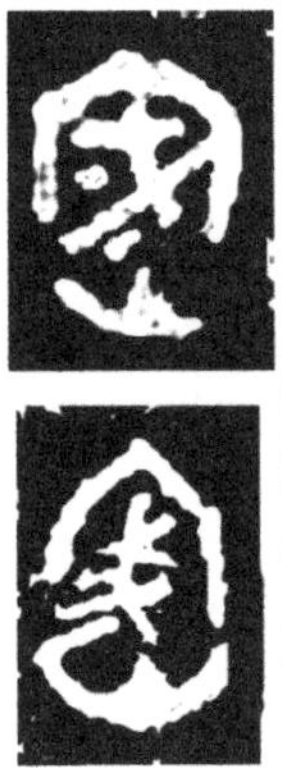
高密戈（春秋）

wù máo
嵍
《說文》曰：山名，从山、敄聲。《集韻》曰：嵍，丘前高後下，通作旄。
註：嵍，或省敄爲矛。

須嵍生鼎（戰國）

yáng
崵
《說文》曰：崵山，在遼西。从山、昜聲。
註：崵，或从山、陽聲。崵山或指伯夷、叔齊餓于首崵山，在山西永濟縣南。

峻

嵇

岫

jùn
峻

《説文》曰：高也。从山、陖聲。或省。

註：峻，或从田。

成陽辛城里戈（春秋晚期）

大克鼎（西周晚期）

讀為峻

田于峻

jī
嵇

《説文新附》曰：山名。从山、稽省聲。

註：嵇，或从山、䭬聲，讀爲稽。

逆鐘（西周晚期）

讀爲稽

逆敢拜嵇（䭬稽）

xiù
岫

《説文》曰：山穴也。从山、由聲。籀文从穴。《爾雅》曰：岫，山又穴（岩穴）曰岫。

註：岫，山洞、岩穴。

二十五年戈（戰國）【古文字類編】

或从穴由聲

岪 ⿱每山 嵋 嵧

fú
岪

《説文》曰：山脅道也。从山、弗聲。

註：岪，山脅道，半山腰的道路。

十二年邦司寇矛（戰國）

⿱每山

𡦹作障彝卣（西周早期）

十三年口陽令戈（戰國早期）

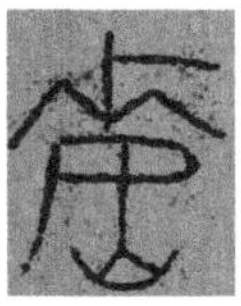

虔公鼎（戰國）

méi
嵋

註：嵋，从山、眉聲，山名，峨眉山或曰峨嵋山，在四川，兩山相對如蛾眉故名。

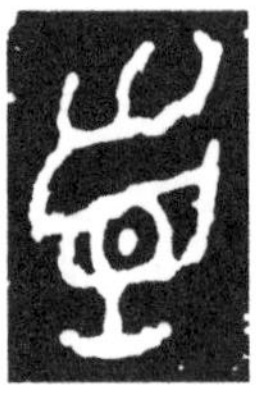

嵋喜壺（西周晚期）

liú
嵧

《集韵》曰：嵧，岣嵧，山皃（貌）。

屲 ⿰山車 ⿰山朱

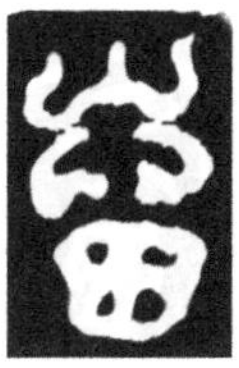
畱劍（戰國）

屲

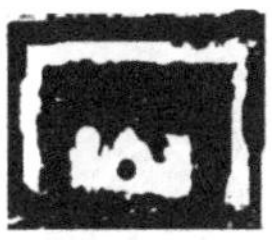
屲父鉞（殷商）

chē
⿰山車

註：⿰山車，山名。

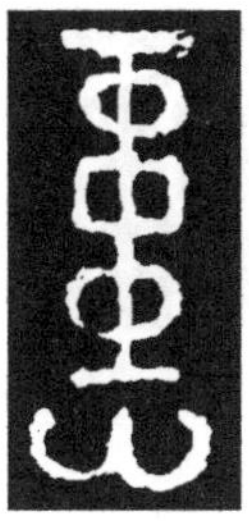
⿱車山作父戊器（殷商）

⿰山朱

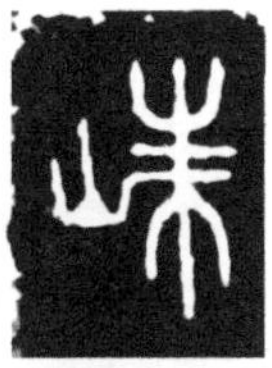
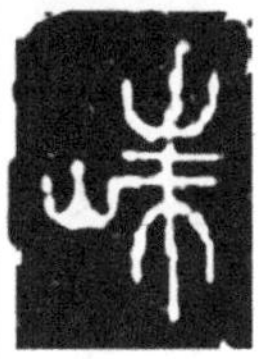
慶孫之子⿰山朱簠（春秋晚期）

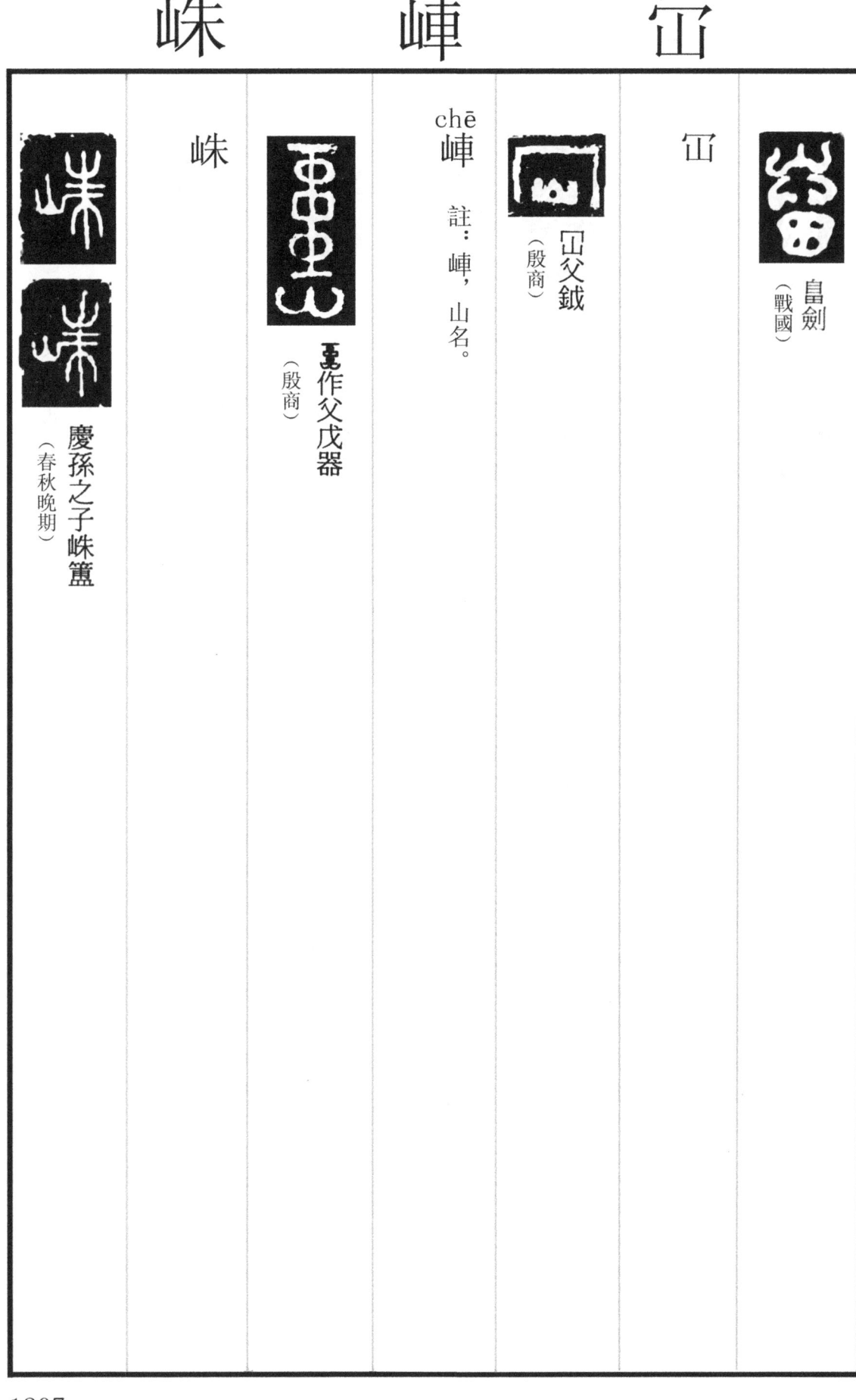

 府 腑

 廬

fǔ
府

《說文》曰：文書藏也。从广、付聲。《說文通訓定聲》曰：府，假借爲俯。註：府，或从宀，與从广無別。府，或从貝。藏文書、財物之處所曰府，官居、官署亦稱府。人體五臟六腑之腑或作府。

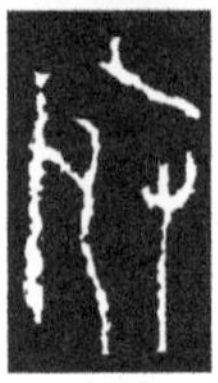
上郡府簠（春秋晚期）

寺工師初壺（戰國）

少府戈（戰國）

少府矛（戰國）

雍工壺（戰國晚期）

春成侯壺（戰國）

郢大府量（戰國）

少府銀圜器（戰國）

兆域圖（戰國晚期）

鑄客爲王句小府鼎（戰國晚期）

大府簠（戰國晚期）

噩君啟節舟節（戰國）

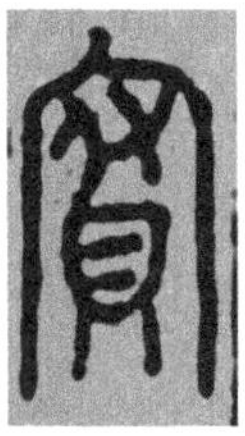
噩君啟節車節（戰國）

大府盞（戰國晚期）

弗奴父鼎（春秋早期）

或从宀

曾侯乙鐘（戰國早期）

讀爲附 府（附）於索宮之顛

lú
廬

《說文》曰：寄也，秋冬去、春夏居。从广、盧聲。
註：廬，春夏農忙時寄居田野之棚舍，或簡陋房屋。廬，通蘆、通籚。

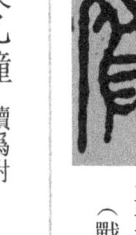

師湯父鼎（西周中期）

十五年趞曹鼎（西周中期）

或不从广 王射于射盧（廬）

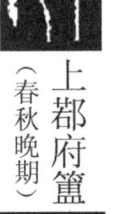

庫

廄

kù
庫

《説文》曰：兵車藏也。从車在广下。註：庫，車馬兵甲收藏處，或指收藏錢糧物品之房屋。庫，从广或从厂、从宀。，从宀、从車，同庫字，不是軍字。軍字从車、旬聲。（見旬字注）

㝬少鉤庫戈（春秋）

鄘左庫戈（春秋晚期）

邯鄲上庫戈（戰國早期）

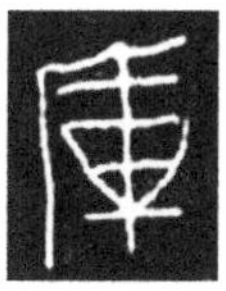
朝歌右庫戈（戰國早期）

陰平劍（戰國）

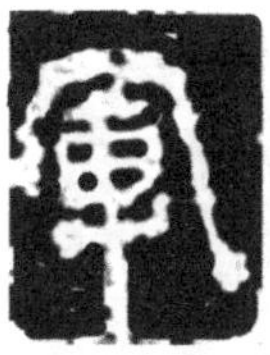
右庫戈（戰國早期）

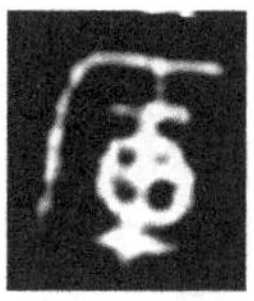
私庫嗇夫蓋杠接管（戰國中期）

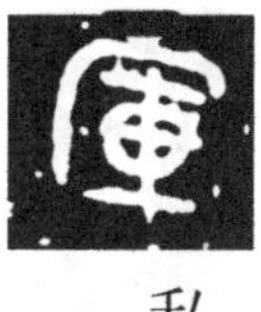
私庫嗇夫衡飾（戰國中期）

元年鄭令矛（戰國）

右庫戈（戰國）

上黨武庫戈（戰國）

四年右庫戈（戰國）

鄭生庫矛（戰國）

武都矛（戰國）

十一年庫嗇夫鼎（戰國晚期）

郾王右庫戈（戰國晚期）

□旨令司馬戈（戰國晚期）

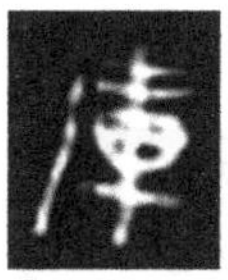
臨汾守戈（戰國晚期）

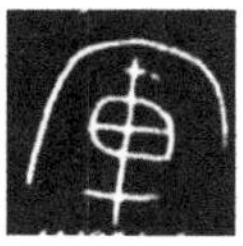
鄭右庫矛（戰國晚期）

卅二年鄭令矛（戰國晚期）

八年相邦劍（戰國晚期）

卅三年鄭令劍（戰國晚期）

建君鈹（戰國晚期）

jiù
廄

《説文》曰：馬舍也。註：廄，牲口棚，俗作廐。

曠壙廣 廣

邵王之諻段（戰國）

廣 guǎng kuàng

《說文》曰：殿之大屋也。从广、黃聲。《說文通訓定聲》曰：廣，假借爲壙。註：廣，通曠、通壙。

廣作父己簋（西周早期）

史牆盤（西周中期）

通祿鐘（西周中期）

癲鐘（西周中期）

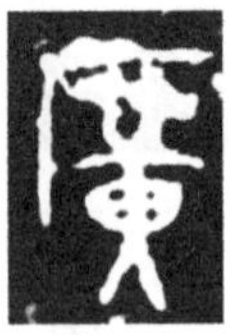

班簋（西周中期）

士父鐘（西周晚期）

禹鼎（西周晚期）

多友鼎（西周晚期）

番生簋（西周晚期）

廣簋（西周晚期）

叔向父禹簋（西周晚期）

不嬰段（西周晚期）

晉公盆（春秋）

廣衍矛（戰國晚期）

低底 底

底 dǐ dī dē

《說文》曰：山居也，一曰下也。从广、氐聲。註：底，或通低。古文中或讀作的。

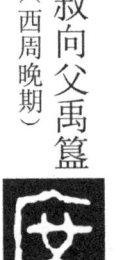

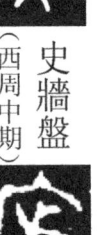

庶 遮

shù zhē
庶

註：庶，即煮之本字。甲骨文金文之庶字，从火、石聲，會意用火燒石投入器皿水中，煮熟食物，此爲人類最早煮食方法。後借爲庶衆之庶，再造从火、者聲之煮字。庶，通遮。

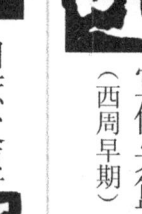

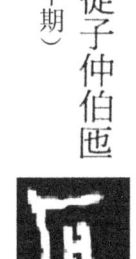

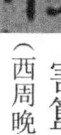

害簋（西周晚期）

大盂鼎（西周早期）

宜侯夨簋（西周早期）

庶觶（西周早期）

庶盂（西周中期）

裘衛盉（西周中期）

伯庶父盨（西周晚期）

伯庶父壺（西周晚期）

伯庶父匜（西周晚期）

毛公鼎（西周晚期）

魯大𤔲徒子仲伯匜（春秋早期）

徐王子旃鐘（春秋）

鼄公華鐘（春秋晚期）

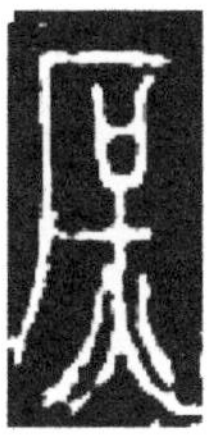

沇兒鎛（春秋晚期）

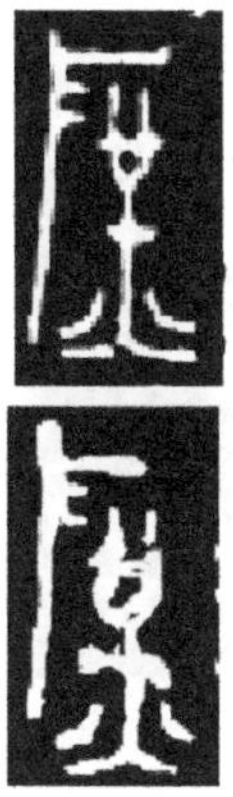

蔡侯紐鐘（春秋晚期）

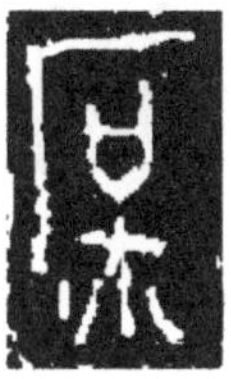

者沪鐘（戰國早期）

四年邘令戈（戰國）

中山王嚳方壺（戰國晚期）

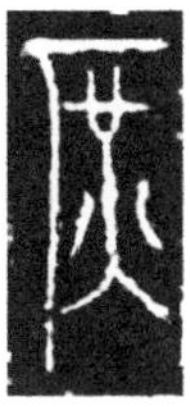

中山王嚳鼎（戰國晚期）

廙  廟 

yì
廙

《說文》曰：行屋也，从广、異聲。《玉篇》曰：廙，謹敬也，亦作翼。

註：行屋，即帳篷。廙，或假爲翼；小心廙廙（翼翼）。

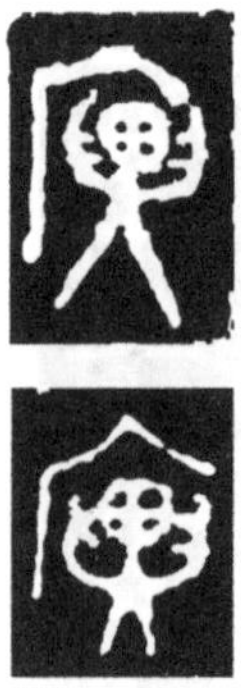
毓且丁卣（殷商）

逨盤（西周晚期）【盛世吉金】

晉侯蘇鐘（西周晚期） 讀爲翼 廙（翼）在下 【近出殷周金文集録】

miào
廟

《說文》曰：尊先祖皃（貌）也。从广、朝聲。 古文。

註： 廟，金文廟字或从潮。

遂攸諆鼎（西周早期）

塱方鼎（西周早期）

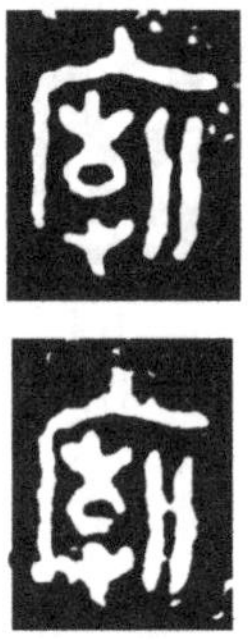
吳方彝（西周中期）

盠方彝（西周中期）

師酉簋（西周中期）

同簋（西周中期）

九年衛鼎（西周中期）

免簋（西周中期）

逆鐘（西周晚期）

廟孱鼎（西周晚期）

南公有𤔲鼎（西周晚期）

無叀鼎（西周晚期）

大克鼎（西周晚期）

元年師兌簋（西周晚期）

元年師旋段（西周晚期）

三年師兌簋（西周晚期）

敔簋（西周晚期）

蔡簋（西周晚期）

虢季子白盤（西周晚期）

中山王譽方壺（戰國晚期）

fèi fā 廢

《説文》曰：屋頓也。从广、發聲、註：屋頓，屋坍塌無用曰廢。廢，同瘮。發、廢，古文相通。

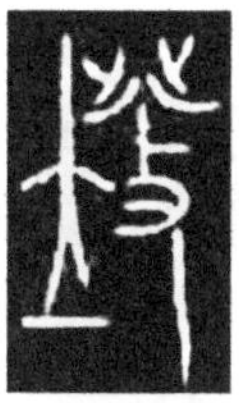

中山王譽鼎（戰國晚期）

或从立

烏乎語不廢哉

pǐ bì 庀

《集韻》曰：庀，治（理）也。

《集韻》曰：庀，或作庇。

郾侯載作戎戈（戰國晚期）

讀爲庇

大庀（庇）欽祗

府

庠 斥㡉 庎 庢

耶七府距末（戰國）

chǐ chè
庠

《集韻》曰：庠山，山名，今作斥山。唐蘭曰：庠，字就是『說文』的㡉字，也就是斥字。【五省出土重要文物展覽圖録序】

註：庠，同㡉，同斥。于省吾曰：其實庠，即岸字的初文。【考古】一九六六年二期

作冊折尊（西周早期）

遣卣（西周早期）

遣尊（西周早期）

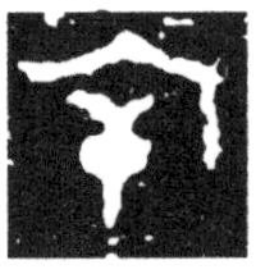

作冊睘卣（西周早期）

作冊睘尊（西周早期）

折方彝（西周早期）

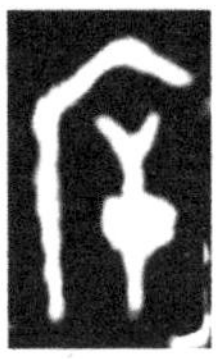

作冊折觥（西周早期）

jiè
庎

註：庎，乃介之孳乳字，通匄，其義爲賜予。

趙孟庎壺（春秋晚期）

zhī
庢

《改併四聲篇海》曰：庢，古文知字。

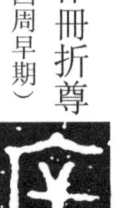

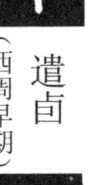

庢

位 应

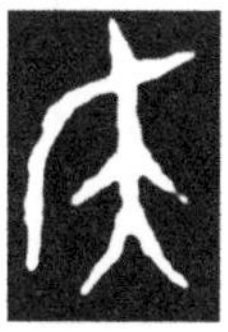

蔡簋（西周晚期）

庢

曹右庢戈（春秋）

郘右庢戈（春秋）

□庢戈（春秋晚期）

lā wèi
应

《集韻》曰：应，屋聲。

唐蘭曰：应，就是位字。【五省出土重要文物展覽圖録序】

中方鼎（西周早期）

中甗（西周早期）

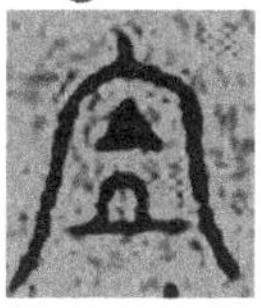
鴅叔鼎（西周早期）

師虎簋（西周中期）

農卣（西周中期）

不栺方鼎（西周中期）

曶鼎（西周中期）

元年師旋毀（西周晚期）

長甶盉（西周中期）

讀為位 穆王在下減应（位）

揚簋（西周晚期）

或从宀

郙

郙季白歸鼎（春秋早期）

chú
⿸广朱

註：⿸广朱，从广、朱聲，或爲厨之異體字。

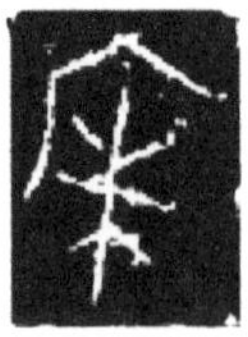

上樂⿸广朱鼎（戰國晚期）　讀爲厨 上樂⿸广朱（廚）

上𡭔⿸广朱鼎（戰國晚期）

qū
庴

註：庴，同阹。阹，圍網捕獸。

貉子卣（西周早期）

jìn
⿸广金

《篇海類編》曰：⿸广金，石地也。

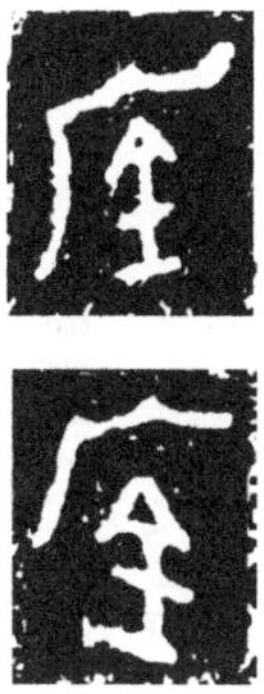

⿸广金父鼎（西周早期）

chǎo

⿸广少

註：⿸广少，即炒之古體字。⿸广少，用同吵。

王子嬰次盧（春秋晚期）

讀爲炒　王子嬰次之⿸广少（炒）盧

xīn yīn

⿸广音

徐同柏曰：⿸广音，古文歆。【從古堂款識學】

孫詒讓曰：⿸广音，即瘖之省。【古籀拾遺】

註：⿸广音，古地名，或人名。⿸广音，或从厂。

右使車啬夫鼎（戰國中期）

毛公鼎（西周晚期）　或从厂

fèn

⿸广奔

高田忠周曰：此為僨字異文無疑。【古籀篇】

劉心源曰：，疑奔之異文。【奇觚室吉金文述】

註：⿸广奔，或爲奔之繁文。或假借爲僨、爲憤。

陳子匜（春秋早期）

⿸广射 虖 廬 廋

xiè

⿸广射

虢季子白盤（西周晚期） 讀為榭 王格周廟宣榭

註：⿸广射，即榭之異體字。天子講武之所爲榭，故从射。或曰高臺築屋爲榭。⿸广射字在古書里又讀作序。

hū

虖

伯虖父鼎（西周）

廬

伯廬甗（西周早期）

sōu

廋

《玉篇》曰：廋，求也、索也，廋，……亦作搜。

註：从广、蒐聲。叟、蒐同音，即廋之異文，同搜。

梁十九年亡智鼎 （戰國）

diàn
廛

註：廛，同墊。或假㝨為墊。

子□父辛爵 （西周早期）

子廞圖卣 （西周早期） 假㝨為墊

單作父乙尊 （西周中期）

䰢作且乙尊 （西周中期）

庰

六年庰令戈 （戰國）

庫

郾侯載簋 （戰國）

岸 厂 

嵳厜 

厰 

ān hǎn
厂

《說文》曰：山石之厓巖，人可居。象形。籀文从干。
于省吾曰：其實厈，即岸字的初文。【考古】一九六六年二期　註：厈，或同庈，同斥。

散氏盘（西周晚期）

作册折尊（西周早期）

遣卣（西周早期）

作册睘卣（西周早期）

作册睘尊（西周早期）

cuó zūi
厜

註：厜，山巔之象。厜，即嵳峨之嵳之異體字。

十七年邢令戈（戰國早期）

yín
厰

註：厰，山巖之險峻貌，或孳乳爲玁狁之玁。玁狁，或曰獫狁，北狄也，即北方之外族。

不嬰毁（西周晚期）　讀爲玁　宕伐厰（玁）狁于高陶

虢季子白盘（西周晚期）

兮甲盘（西周晚期）

士父鐘（西周晚期）

厲 濿 癘

厤

庯

lì 厲

《說文》曰：旱石也。从厂、蠆省聲。註：厲，磨刀石，後作礪，或从石。礪兵秣馬，磨礪銳氣。厲，通癘、通濿。

五祀衛鼎（西周中期）

伯山父壺（西周中期） 假爲萬 厲（萬）年寶用

散伯簋（西周晚期） 假爲萬 其厲（萬）年永用

魯大嗣徒子仲伯匜（春秋早期） 或从石

東姬匜（春秋晚期） 【近出殷周金文集録】

lì 厤

《說文》曰：治也。从厂、秝聲。註：厤，古歷字。厤，同曆

毛公鼎（西周晚期）

fū 庯

《說文》曰：石閒見。从厂、甫聲。讀若敷。註：庯，石閒見，山隙處乍現突兀之石。

庥 礫乇 厝厝

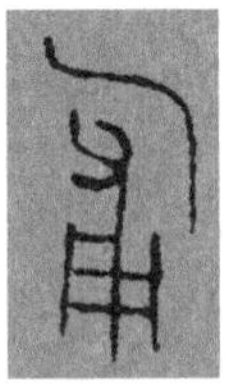

晉侯對簋（西周晚期）【商周金文資料通鑒】

cuò
厝

《説文》曰：厲（礪）石也，从厂、昔聲。

註：厝，从厂、从昔省日。厝，礪石，磨刀石，或曰金剛鑽。

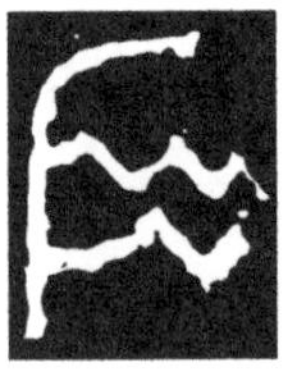

厝觶（西周早期） 或从厂从昔省

zhái
zhé
乇

《玉篇》曰：乇，亦作磔，開也。《集韻》曰：乇，張也。《集韻》曰：乇，與宅通。

註：乇，同磔，古代酷刑，車裂，五馬分尸。乇，通宅，或假爲度。

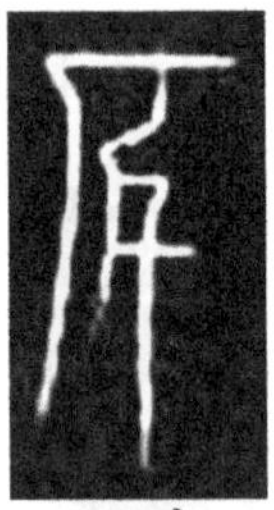

中山王譽鼎（戰國晚期） 讀爲度 考乇（度）唯型

庥

魯內小臣庥生鼎（西周晚期）

居　⿸厂叟　⿸厂長　⿸厂昊

居

居⿰舟卩騡鼎（西周中期）

sǒu
⿸厂叟

註：⿸厂叟，或爲叟。

二年上郡守冰戈（戰國晚期）

zhāng
⿸厂長

唐蘭曰：⿸厂長，字書所無，當讀如張，誇耀的意思。【古文字研究】第二輯

嬰方鼎（西周早期）

作冊矢令簋（西周早期）

⿸厂昊

雁（堆） 厮 厠

帥隹鼎（西周中期）

五年召伯虎簋（西周晚期）

六年召伯虎簋（西周晚期）

duī
雁

《玉篇》曰：雁，亦堆字。

□旨令司馬戈（戰國晚期）

厮

六年鄭令韓熙戈（戰國早期）

shí
shuò
厠

註：厠，从頁、从石省聲，碩字之異體字。

宴簋（西周晚期）

bó
⿸厂尃

註：⿸厂尃，或讀作搏。

臣諫簋（西周中期） 讀爲搏

邢侯⿸厂尃（搏）戎

⿸厂馬

十七年春平侯鈹（戰國晚期）

⿸厂昏

䢵侯⿸厂昏季段（西周早期）

⿸厂昏季尊（西周早期）

àn
⿸厂安

註：⿸厂安，或讀爲按。

納 ⿸厂从　　裔 ⿸厂离　　願 厘

何㜎厈甗（西周早期）

格伯簋（西周中期）　讀爲按　厥從格伯厈（按）彶甸

nà
⿸厂从

注：⿸厂从，或讀爲納。

史墻盤（西周中期）　讀爲納　茲⿸厂从（納）粦明

yì
⿸厂离

注：⿸厂离，或讀爲裔。

羌伯簋（西周晚期）　讀爲裔　天子休弗忘小⿸厂离（裔）邦

yuàn
厘

注：厘，為原之異文，或讀為願。

中山王譽方壺（戰國晚期）　或讀爲願　厘（願）愛深則賢人親

biāo
⿸厂驫

註：⿸厂驫，或為驫之繁文。驫，奔馬也。

⿸厂驫氏鐘（戰國早期）

⿸厂驫羌鐘（戰國早期）

⿸厂谷

六年令戈（戰國早期）

⿸厂駉

叟尊（西周早期）

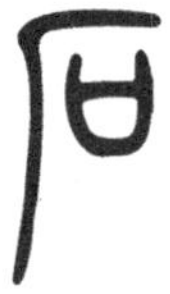祏石　卝丱貃磺　礓

shí dàn
石

《說文》曰：山石也。在厂之下，口象形。

註：石，或爲重量單位（讀擔音）。石，孳乳爲祏，古代宗廟藏神主之石匣。石，或从鼎。

己侯貉子簋（西周中期）

作冊益卣（西周中期）
讀爲祏　遺祏石（祏）宗不刜

鐘伯侵鼎（春秋）

鄭子石鼎（春秋晚期）

司馬成公權（戰國）

十一年壺（戰國晚期）

信安君鼎（戰國晚期）

高奴禾石權（戰國）

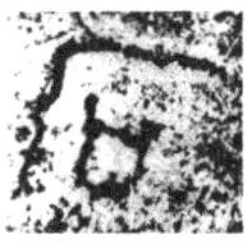
公芻權（戰國晚期）

十三年壺（戰國晚期）

褱鼎（春秋中期）

huáng kuàng guān
磺

《說文》曰：銅鐵樸石也。从石、黄聲，讀若穬。卝古文磺。周禮有卝人。《集韻》曰：磺，或作礦。

註：卝，古文磺。磺，或作礦。卝古文礦，字形同丱，為貃之本字；織機梭子帶線左右累積成匹。

卝爵（西周早期）【近出殷周金文集録】

jiāng
礓

《玉篇》曰：礓，礫石也（小石塊）。

礪

碏

長

田𤰇父己觶（西周早期）

lì
礪

《說文新附》曰：磨石也，从石、厲聲。經典通用厲。

註：礪，或省石，同厲。

魯大嗣徒子仲伯匜（春秋早期）

碏

三年蒲子戈（戰國）

cháng
zhǎng
長

商承祚曰：人體各部之最長者無過于髮，故取披髮以象長義也。【攷古】八八頁

註：甲骨文與早期金文之長字，像人披髮狀。長，或从立。

寡長方鼎（西周早期）

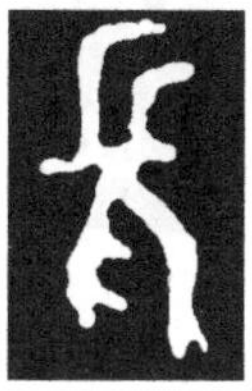
作長鼎（西周早期）

長子狗鼎（西周早期）

高卣（西周早期）

長甶簋（西周中期）

長甶盉（西周中期）

史牆盤（西周中期）

史密簋（西周中期）【近出殷周金文集録】

臣諫簋（西周中期）

敔簋（西周晚期）

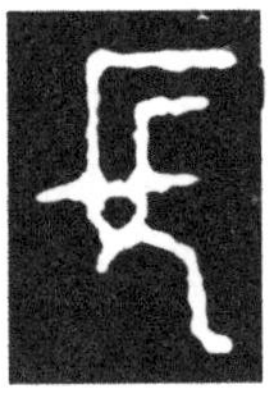
長湯伯匜（春秋早期）

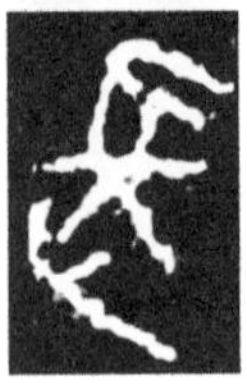
長子沫臣簠（春秋晚期）

車大夫長畫戈（戰國早期）

吳王長口帶鉤（戰國）

長矛（戰國）

五年龏令思戈（戰國）

上郡守戈（戰國）

長邦戈（戰國）

七年劍（戰國晚期）

十七年春平侯鈹（戰國晚期）

長陵盉（戰國晚期）

七年相邦春平侯鈹（戰國晚期）

十七年春平侯劍（戰國晚期）

𠫑羌鐘（戰國早期） 或从立 入長城

中山王𦉜鼎（戰國晚期） 或从立 事少如長

中山王𦉜方壺（戰國晚期）

兆域圖（戰國晚期）

中山王𦉜方壺（戰國晚期） 或从糸

肆

勿物刎

sì
肆

《説文》曰：極陳也。从長、隶聲。《廣雅》曰：肆，殺也。《玉篇》曰：肆，陳也，列也。肆，放也，恣也。

註：極陳，極刑後陳尸示衆曰肆。肆，恣意放肆。肆，或爲古代編懸樂器名數。懸鐘十六爲肆、半肆為堵。鍂肆，或从金，專指懸鐘。

洹子孟姜壺（春秋）
或从金
鼓鐘一銉（肆）

wù
勿

註：上古祭祀殺牲爲祭祀之物品。勿像殺牲帶血滴之刀。勿，乃刎之本字。勿，或讀為物。

大盂鼎（西周早期）

量侯簋（西周早期）

伯晨鼎（西周中期）

師虎簋（西周中期）

恒簋（西周中期）

師酉簋（西周中期）

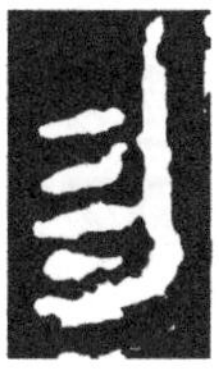
毛公鼎（西周晚期）

逆鐘（西周晚期）

禹鼎（西周晚期）

大克鼎（西周晚期）

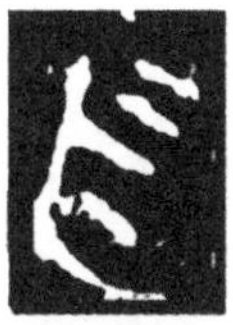

師嫠毁（西周晚期）

六年召伯虎簋（西周晚期）

師克盨（西周晚期）

哀成叔鼎（戰國）

陽昜

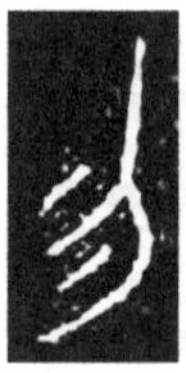

中山王譽鼎（戰國晚期） 讀爲物 開於天下之勿（物）矣

yáng 昜

《說文》曰：開也。一曰飛揚、一曰長也、一曰彊者衆貌。段玉裁曰：此陰陽正字也，陰陽行而侌昜廢矣。註：，即陽之本字，雲開見日曰陽。从日，日下之一，乃會意為雲；丿，引去蔽日之雲，日光可見也。昜，或从彡，乃象形光影也，此非勿字。後假从勿。

寓鼎（西周早期）

小臣宅簋（西周早期） 讀爲錫 昜（錫）金車

貉子卣（西周早期）

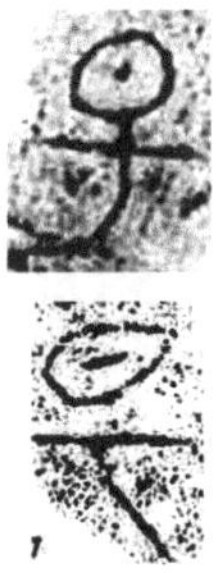

匽侯銅泡（西周早期）

螨鼎（西周中期）

小臣鼎（西周中期）

同簋（西周中期） 讀爲場 嗣昜（場）林虞

永盂（西周中期）

敔簋（西周）

五年師旋毀（西周晚期）

昜叔盨（西周晚期）

旛叔樊鼎（西周晚期）

伊簋（西周晚期）

嘉子伯昜囗簠（春秋晚期）

宋公差戈（春秋晚期）

昜鏃（戰國）

噩君啟節車節（戰國）

噩君啟節舟節（戰國）

好蚉壺（戰國晚期）

昜兒鼎（戰國晚期）

昜陽冄冉髯而

冄髯冄

而

守昜戈（戰國晚期）

正昜鼎（戰國晚期）

rǎn
冄

《說文》曰：毛冄冄也，象形。

註：冄，爲髯之象形，兩頰之胡須。冄，同冉。

師寰𣪘（西周晚期）

庚壺（春秋晚期）

南疆鉦（戰國）

廿一年相邦冉戈（戰國晚期）

ér
而

《說文》曰：頰毛也，象毛之形。

註：而，面頰鼻下胡須之象形。而，作爲連詞、副詞爲春秋以後之文法用詞。

㞒敖𣪘蓋（西周晚期）

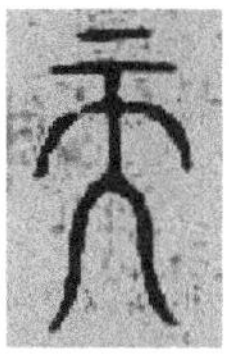

叔尸鐘（春秋晚期）

子禾子釜（戰國）

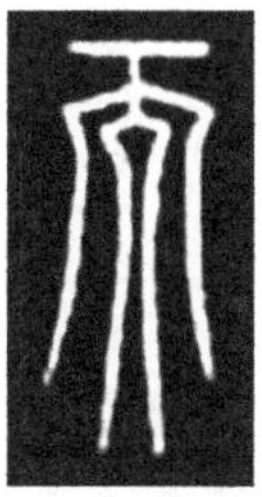

中山王嚳方壺（戰國晚期）

好蚉壺（戰國晚期）

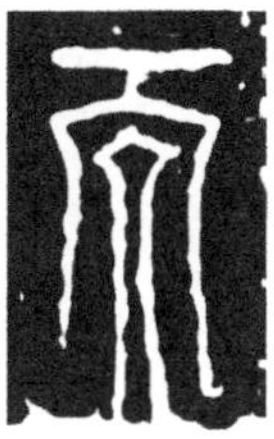

中山王嚳鼎（戰國晚期）

豕

猪豬瀦潴

豧

shǐ
豕

註：即豬（猪）之象形字。

亞豕鼎（殷商）

豕癸卣（殷商）　豕癸合文

肄作父乙毁（殷商）

圅皇父鼎（西周晚期）

圅皇父毁（西周晚期）

頌鼎（西周晚期）　應作豕字

zhū
豬

《説文通訓定聲》曰：豬，亦作瀦。

註：豬，同猪。豬，亦作瀦、潴。

二十七年上守趞戈（戰國）　讀為豬　漆工師豬　丞抜工隸臣

fū
豧

《説文》曰：豕息也。从豕、甫聲。

註：豕息，猪喘息。豧，或爲猪之一品種。

欒子簠（春秋晚期）

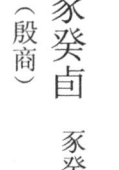

豖　豦 據　家

chù
豖

《説文》曰：豖絆足行豖豖，从豕繫二足。

註：豖，豬絆脚難行貌。

大簋蓋（西周晚期）

jù
豦

《説文》曰：鬭相丮不解也。从豕、虍。豕、虍之鬭不解也。

註：豦，泛指獸類相鬥、相持不解，猛如豕（野猪）、虍（虎）。豦，或孳乳爲遽、爲據。

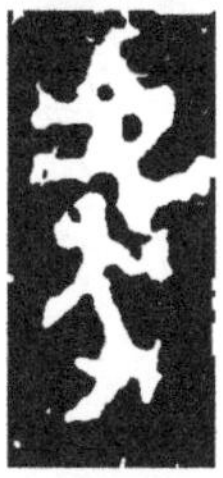

豦簋（西周中期）

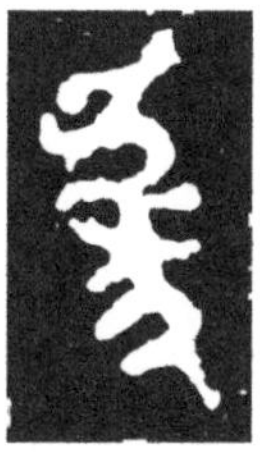

盠駒尊（西周中期）

九年衛鼎（西周中期）

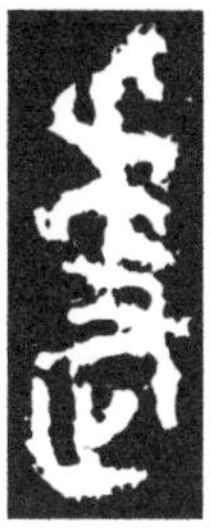

般仲豦簠 或作遽（西周晚期）

yì
家

《説文》曰：豕（猪）怒毛豎。从豕、辛（或辛省）。

註：金文家，假借爲柅。柅，車下止動横木或裝飾。家，或假爲毅。

毛公鼎 讀爲柅（西周晚期）賜汝……錯衡 金家（柅）

番生簋（西周晚期）

𤞬 𤞷 𣢾 款

wù
𤞬

趙誠曰：𤞬，用爲悟，此爲穎悟之義。【古文字研究】

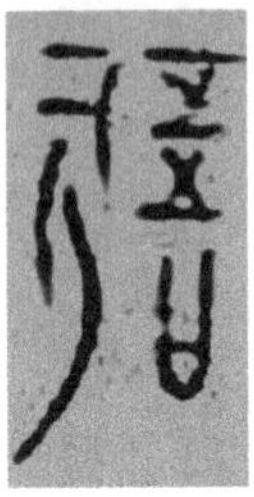

中山王嚳鼎（戰國晚期）

𤞷

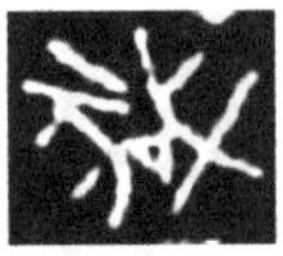

二年皇陽令戈（戰國）

kuǎn
𣢾

註：𣢾同𣢾。𣢾或讀為欵、款。𣢾，或讀爲款。

師䜌鼎（西周中期）讀爲款 伯亦克𣢾（款）由先祖蠱孫子

yì
㣇

《說文》曰：脩豪獸。註：㣇，脩豪獸。脩，長也。脩豪獸，長毛獸，或爲長毛猪。

作豙商𣪘（西周早期）

sì
𧰲

《說文》曰：㣇屬，从二㣇。註：𧰲，長毛獸，或長毛猪。

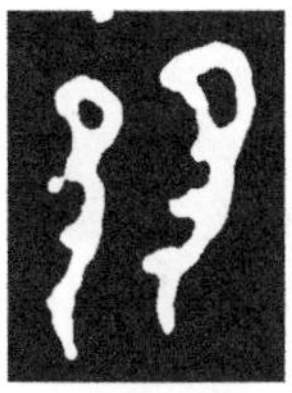

天亡簋（西周早期）

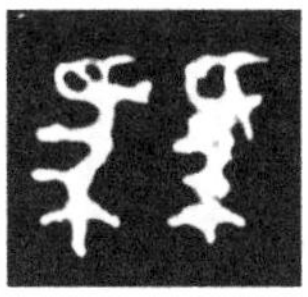
召卣（西周早期）

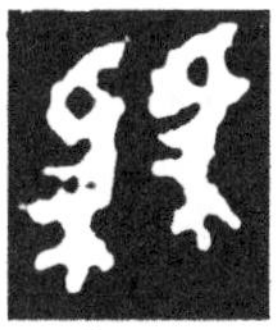
⿱艹兩𣪘（西周中期）

zhì
彘

《說文》曰：豕也，後蹏（蹄）廢謂之彘。註：彘，即豕、即猪。彘，或假為誓。

彘觚（殷商）

裘衛盉（西周中期）　讀爲誓　裘衛迺彘（誓）告于邑伯……

三年𤼈壺（西周中期）

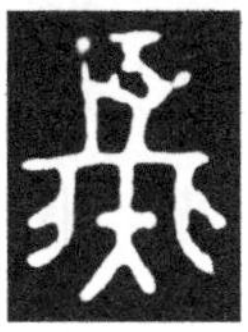
庚壺（春秋晚期）

豹

豢

豚

tún
豚

《說文》曰：小豕也。从彖省象形，从又（手）持肉以給祠祀。篆文从肉、豕。

註：豚，小豬（猪），或泛豬類。

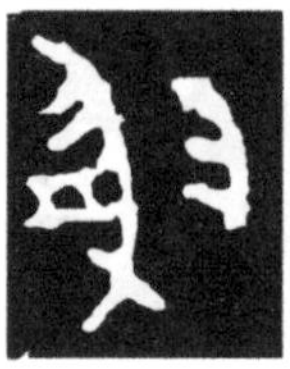

亞豚作父乙鼎（西周早期）

士上卣（西周早期）

士上盉（西周早期）

豚卣（西周中期）

huàn
豩

高明釋爲豢字。【古文字類編】

大師小子豩簋（西周晚期）【近出殷周金文集録】

高明釋爲豢字。【古文字類編】

bào
豹

《說文》曰：似虎，圜文，从豸、勺聲。

條戒鼎（西周晚期） 讀爲豹

賜……虎裘 豹裘

【近出殷周金文集録】

師酉鼎（西周中期）

【中國歷史文物】二〇〇四 第一期

屓敖毁蓋（西周晚期） 讀為豹

殿敖謹用豹皮于史孟

chū
貙

《說文》曰：貙獌，似貍。从豸、區聲。

註：虎屬猛獸，似貍而大。或曰五趾虎爲貙。

[illegible]卣
（西周早期）

mò
貘

註：一種獸類。貘，或从犭作獏

亞獏父己鬲
（殷商）

亞獏父丁鼎
（殷商）

亞獏父丁尊
（殷商）

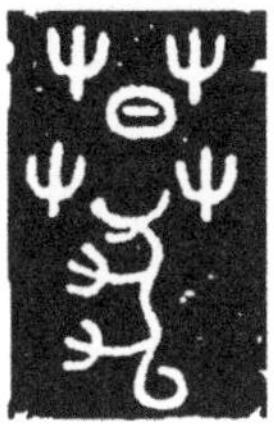

亞獏父辛卣
（殷商）

二祀𠨘其卣
（殷商）

六祀𠨘其卣
（殷商）

亞獏簋
（殷商）

mò hé
貉

《說文》曰：北方豸種。从豸、各聲。孔子曰：貉之爲言惡也。

註：貉，本獸名，似狐而善睡。古漢人歧視北方異族，惡稱其爲貉種。

豸　狸貍

伯貉尊（西周早期）

伯貉卣（西周早期）

貉子卣（西周早期）

己侯貉子簋（西周中期）

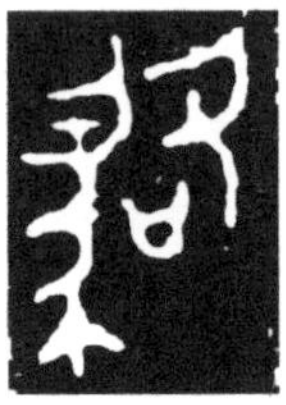

鮴貉箫（春秋）

lí 貍

《說文》曰：伏獸似貙。从豸、里聲。註：貍，或作狸。

貍作父癸尊（西周中期）

zhì 豸

《說文》曰：獸長脊，行豸豸然，欲有所司（伺）殺形。註：豸，像猛獸撲獲食物前，伸長脊背，弓身待伏，伺機斷殺狀。象形字。獬豸，司法訴訟中，可辨曲直與忠奸之獨角神獸。獬豸或作解廌。

亞廌父丁觚（殷商）

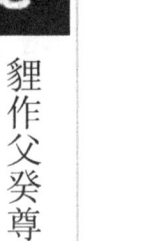

易 蜴

yì
易

作父己簋
（殷商）

遷簋
（殷商）

孝卣
（殷商）

小臣𢇁卣
（殷商）

四祀𠨘其卣
（殷商）

𣏟爵
（殷商）

小子𡨥鼎
（殷商）

龏姛方鼎
（殷商）
讀爲賜
龏姒賞易（賜）貝

𩰫卣
（西周早期）

靜卣
（西周早期）

叔德簋
（西周早期）

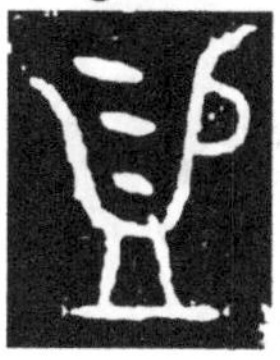
德鼎
（西周早期）
讀爲賜
王易（賜）德貝廿朋

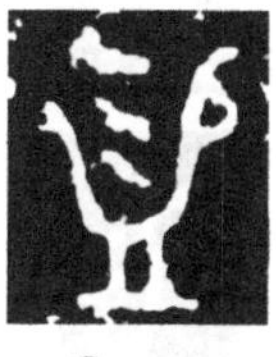
德簋
（西周早期）

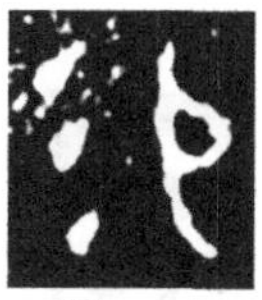
圉段
（西周早期）

臣卿鼎
（西周早期）

小臣缶方鼎
（西周早期）

德方鼎
（西周早期）

旂鼎
（西周早期）

中作且癸鼎
（西周早期）

歸䴗方鼎
（西周早期）

伯姜鼎
（西周早期）

大盂鼎
（西周早期）

保侃母簋
（西周早期）

效父簋
（西周早期）

小子生尊
（西周早期）

𤞷𠛱尊
（西周早期）

能匋尊
（西周早期）

遣尊
（西周早期）

何尊
（西周早期）

註：易，益之同音相借字，并小異。甲骨文、益字从水，會意爲器皿满則溢出，為溢之本字。金文易字作、，為器皿傾斜狀，皿中之水傾倒至它器，有變易之意；或簡化爲，只剩器皿一半及一耳。易，有給與、賜與之意。賞以貝曰賜、賞以金曰錫；古錫、賜，均有變易之義。易，或孳乳爲蜴。

伯矩鬲（西周早期）

[illegible]父鼎（西周早期）

麥方鼎（西周早期）

交鼎（西周早期）

圉方鼎（西周早期）

臣卿簋（西周早期）

鉊段（西周早期）

不壽簋（西周早期）

奆段（西周早期）

利簋（西周早期）

麥方尊（西周早期）

保攸母器（西周早期）

盠駒尊（西周中期）

次卣（西周中期）

十三年癲壺（西周中期）

師𩛥鼎（西周中期）

王臣簋（西周中期）

癲鐘（西周中期）

從鼎（西周中期）

[illegible]尊（西周中期）

呂方鼎（西周中期）

刺鼎（西周中期）

師湯父鼎（西周中期）

大鼎（西周中期）

七年趞曹鼎（西周中期）

彧方鼎（西周中期）

庚季鼎（西周中期）

師奎父鼎（西周中期）

癲段（西周中期）

肄段（西周中期）

大師虘簋（西周中期）

免簋（西周中期）

羖段蓋（西周中期）

懸妃簋（西周中期）

靜簋（西周中期）

師酉簋（西周中期）

師虎簋（西周中期）

卯簋（西周晚期）

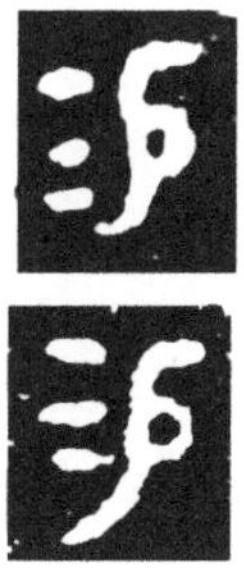
同卣（西周中期）

師晨鼎（西周中期）

師𩛥鼎（西周中期）

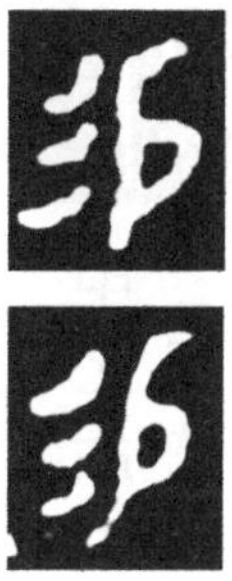
曶鼎（西周中期）

𢦔殷（西周中期）

穆公簋（西周中期）

曶壺（西周中期）

吳方彝（西周中期）

盠方彝（西周中期）

免盤（西周中期）

呂服余盤（西周中期）

旅鼎（西周中期）

[illegible]同殷蓋（西周晚期）

琱伐父殷（西周晚期）

大簋（西周晚期）

伯家父簋（西周晚期）

師再父簋（西周晚期）

郘[illegible]殷（西周晚期）

屓敖殷蓋（西周晚期）

走簋（西周晚期）

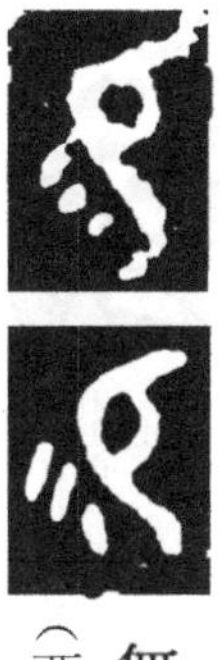
無㠱殷（西周晚期）

此簋（西周晚期）

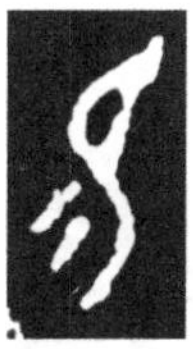
師嫠殷（西周晚期）

不嬰殷（西周晚期）

羌伯簋（西周晚期）

頌簋（西周晚期）

[illegible]史屓壺（西周晚期）

寰盤（西周晚期）

兮甲盤（西周晚期）

易 蜴

無叀鼎（西周晚期）

趞鼎（西周晚期）

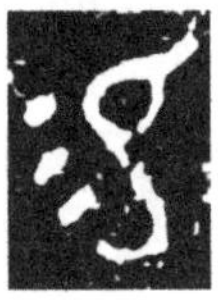
此鼎（西周晚期）

多友鼎（西周晚期）

大克鼎（西周晚期）

仲師父鼎（西周晚期）

柞鐘（西周晚期）

克鐘（西周晚期）

噩侯鼎（西周晚期）

宴簋（西周晚期）

頌鼎（西周晚期）

毛公鼎（西周晚期）

曾伯文簋（西周晚期）

𡉚飤生匜（西周晚期）

陽飤生簋（西周晚期）

邿𧎸𣪕（春秋早期）

食生走馬谷簋（春秋早期）

伯其父簠（春秋早期）

復公仲壺（春秋）

庚壺（春秋晚期） 或从貝

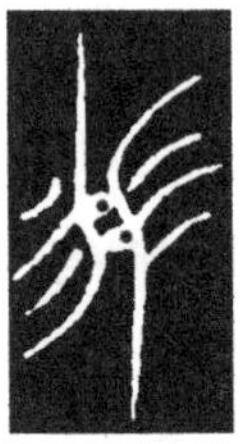
中山王𧊒方壺（戰國晚期）

中山王𧊒鼎（戰國晚期）

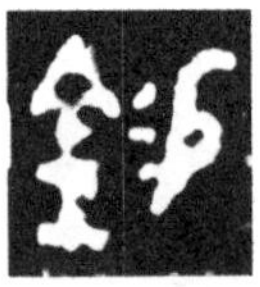
史生簋（西周中期） 或从貝假錫爲賜 伯錫（賜）賞

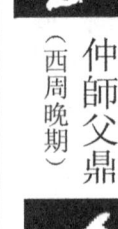

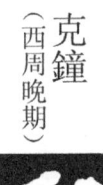

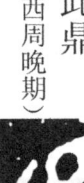

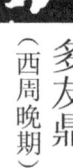

貤

像 象

豫

yì
貤

註：貤，或讀為易。

中山王嚳方壺（戰國晚期）
讀為易 臣主貤（易）位

xiàng
象

《說文》曰：長鼻牙，南越大獸。

註：象，象形字，同像。

象且辛鼎（殷商）

象且辛尊（殷商）

象爵（殷商）

師湯父鼎（西周中期）

立盨（西周晚期）

yù
豫

《說文》曰：象之大者。从象、予聲。

蔡侯鎛（春秋晚期）

蔡侯紐鐘（春秋晚期）
或从土 讀為豫 寫寫豫政

⿰象朵

塦⿰象朵車戈（戰國）

⿰象朵

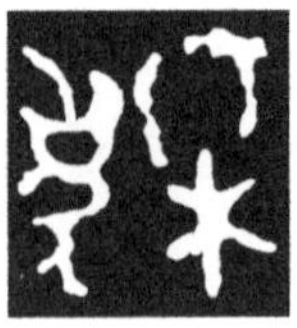

匡卣（西周中期）

馬

仰韶書屋金文字彙 卷十

文二百九十七字　重文約一千七百六十二字

mǎ
馬

《說文》曰：怒也、武也。象馬頭髦尾四足之形。《廣雅》曰：馬，罵也。

註：馬，象形字，頭、鬃、足、尾。馬，春秋後期只書頭、鬃，其余均省。馬，或同碼。

父丁方鼎（殷商）

御正衛簋（西周早期）

小臣宅簋（西周早期）

麥方尊（西周早期）

召卣（西周早期）

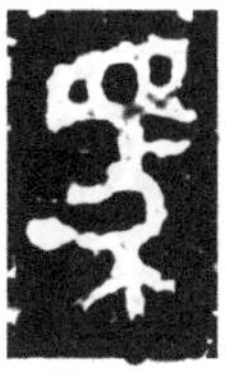

令鼎（西周早期）

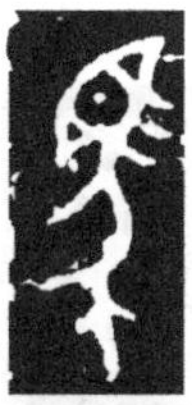

珷方鼎（西周早期）

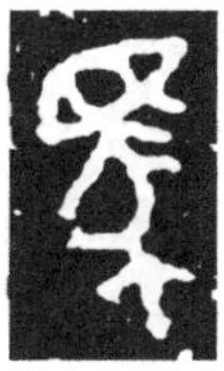

[illegible]方鼎（西周早期）

作冊大方鼎（西周早期）

作冊䰧卣（西周早期）

[illegible]尊（西周早期）

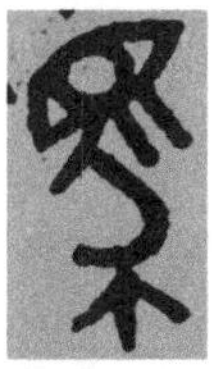

中觶（西周早期）

[illegible]駿觥蓋（西周早期）

大盂鼎（西周早期）

尹姑鬲（西周中期）

公貿鼎（西周中期）

大鼎（西周中期）

[illegible]𣪘（西周中期）

馬

曶鼎（西周中期）

𢦚殷（西周中期）

豆閉簋（西周中期）

卯簋（西周中期）

羖殷蓋（西周中期）

趞殷（西周中期）

師瘨殷（西周中期）

格伯簋（西周中期）

彔伯𢦚殷蓋（西周中期）

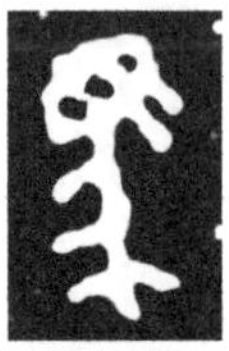

癲盨（西周中期）

次卣（西周中期）

吳方彝（西周中期）

師奎父鼎（西周中期）

師臣鼎（西周中期）

九年衛鼎（西周中期）

繁卣（西周中期）

裘衛盉（西周中期）

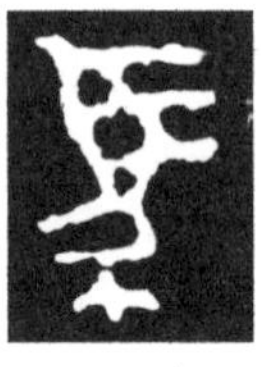
走馬休盤（西周中期）

應侯見工鐘（西周中期）

小臣守簋（西周）

師克盨（西周晚期）

多友鼎（西周晚期）

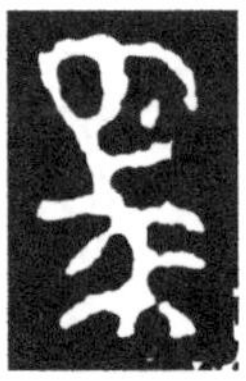

鄭牧馬受簋（西周晚期）

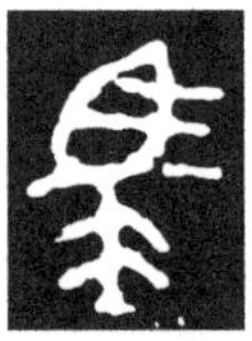

公臣簋（西周晚期）

克鐘（西周晚期）

孟辛父鬲（西周晚期）

走簋（西周晚期）

毛公鼎（西周晚期）

馬

元年師兌簋（西周晚期）

師艅簋（西周晚期）

諫簋（西周晚期）

𤔲馬南叔匜（西周晚期）

大簋（西周晚期）

三年師兌簋（西周晚期）

散氏盤（西周晚期）

兮甲盤（西周晚期）

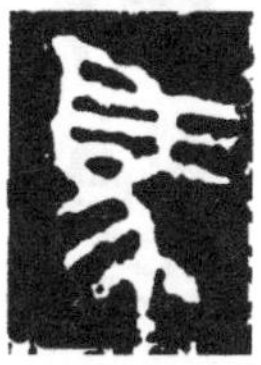
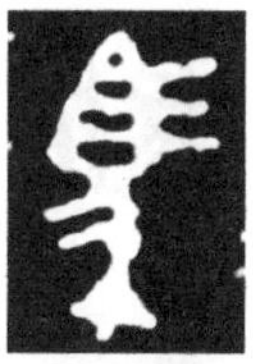
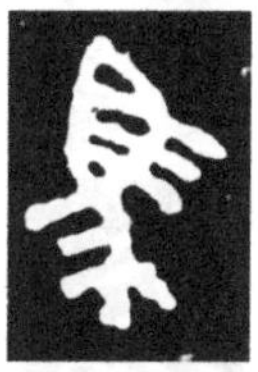

史頌簋（西周晚期）

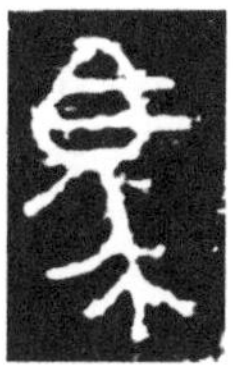
史頌鼎（西周晚期）

無㠱殷（西周晚期）

戠殷（西周晚期）

虢季子白盤（西周晚期）

生食走馬谷簋（春秋早期）

走馬薛仲赤簠（春秋早期）

大𤔲馬簠（春秋早期）

走馬嘉壺（春秋早期）

司馬望戈（春秋）

平陽高馬里戈（春秋晚期）

郲大司馬戈（春秋晚期）

庚壺（春秋晚期）

十二年邦司寇矛（戰國）

𤻈王戈（戰國）

庚都司馬鐓（戰國）

郾王職戈（戰國晚期）

駒

駽

好蚉壺（戰國晚期）

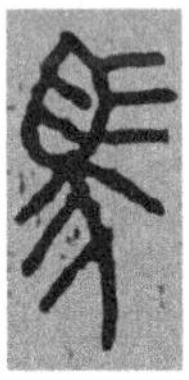
噩君啟節舟節（戰國）

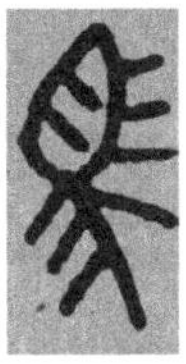
噩君啟節車節（戰國）

jū
駒

《說文》曰：馬二歲曰駒、三歲曰駣。从馬、句聲。

⿰⿱戶孑戈見駒殷（西周早期）

師奎父鼎（西周中期）

瘨鼎（西周中期）

九年衛鼎（西周中期）

師臣鼎（西周中期）

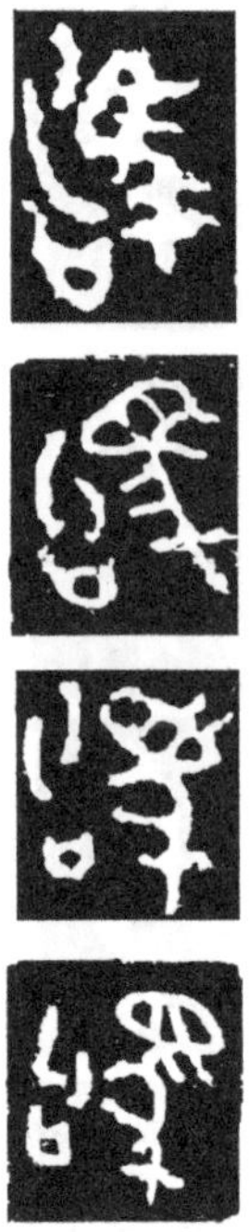
盠駒尊（西周中期）

兮甲盤（西周晚期）

駒父盨（西周晚期）

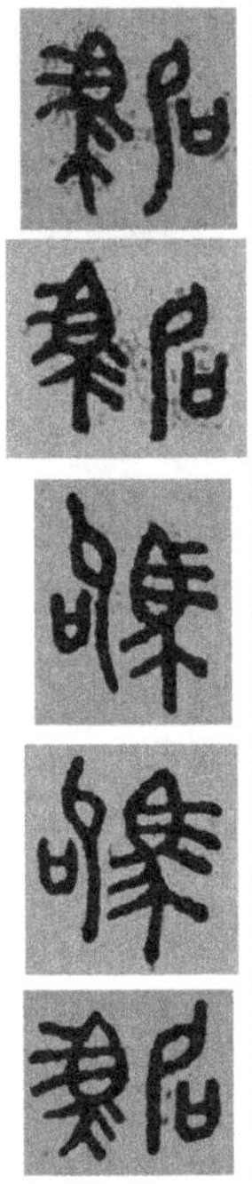
仲駒父簋（西周晚期）

晉侯蘇鐘（西周晚期）【近出殷周金文集録】

師克盨（西周晚期）

絲駒父鼎（西周晚期）

xuān
駽

《說文》曰：青驪馬。从馬、肙聲。

註：駽，青驪馬，即青黑色馬。

騅 

駱 

嬌驕 

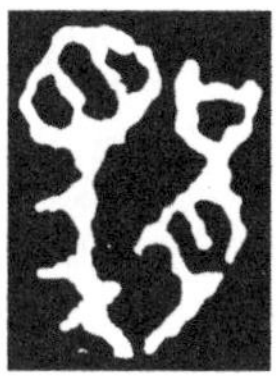

卅五年盉（戰國）

zhuī

騅

《説文》曰：馬蒼黑雜毛。从馬、隹聲。

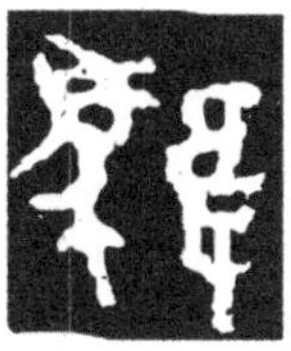

盠駒尊（西周中期）

luò

駱

《説文》曰：馬白色，黑鬣尾也。从馬、各聲。

盠駒尊（西周中期）

jiāo

驕

《説文》曰：馬高六尺爲驕。从馬、喬聲。

註：驕，或作嬌。

中山王譽鼎（戰國晚期）

或不从馬

毋富而驕

駛

騎

駟

馮 憑

zhī
駛

《説文》曰：馬彊（强）也。从馬、支聲。

註：駛，馬強健。駛，或假爲馭。

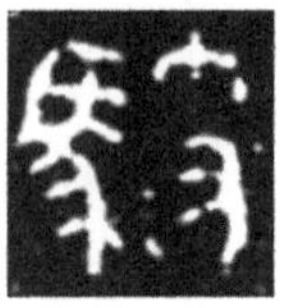
師寰簋（西周晚期）

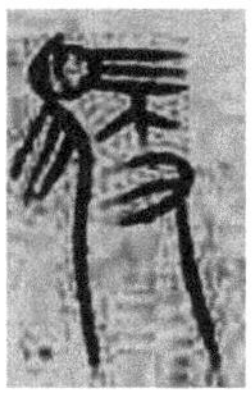
好蚉壺（戰國晚期）　讀為馭　鄂侯駛（馭）方率……六師

qí
騎

《説文》曰：跨馬也。从馬、奇聲。

騎傳馬節（戰國）

sì
駟

《説文》曰：一乘也。从馬、四聲。

註：駟，四匹馬所駕車曰乘，或曰駟。

伯駟父盤（西周晚期）

魯宰駟父鬲（春秋早期）

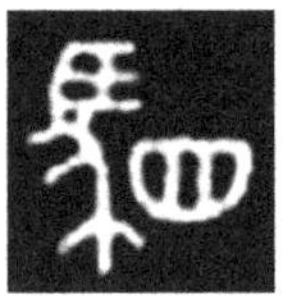
庚壺（春秋晚期）

píng
féng
馮

《説文》曰：馬行疾也。从馬、冫聲。　段玉裁曰：馮，或假爲凭（憑、凴）。【説文解字注】

註：馮，馬疾行之馮馮（乒）。馬蹄聲爲其本義。从馬、冫（冰）聲。馮，或爲姓氏。馮，或假借為逢。

驫飈

騩

驅

晉公盆（春秋） 讀為凴 作馮（凴）左右 保辪王國

姑馮昏同之子句鑃（春秋晚期） 讀為逄 姑馮（逄）昏同之子

biāo
驫

《說文》曰：衆馬也。从三馬。

註：驫，衆馬奔馳貌。驫，或假爲飈。

驫𡚸殷（西周早期）

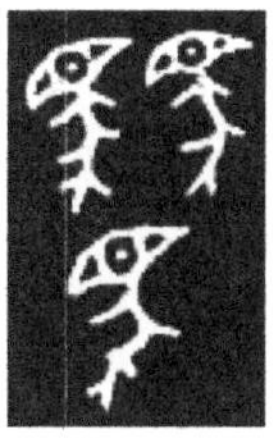

驫姛鼎（西周中期）

厵氏鐘（戰國早期） 从厂 或爲驫之繁體

guī
騩

《說文》曰：馬淺黑色。从馬、鬼聲。

大騩權（戰國）【古文字類編】

qū
驅

《說文》曰：馬馳也。从馬、區聲。古文驅从攴。《集韻》曰：驅，馬馳也，古作敺或作毆。

註：，或讀為毆。

多友鼎（西周晚期） 讀為毆 唯馬毆盡

師寰殷（西周晚期） 讀為毆 毆俘士女

騈 駢　⿰馬劦　⿰馬更　騡 掠

pián
駢

《説文》曰：駕二馬也。从馬、并聲。《龍龕手鑑》曰：騈，同駢。註：騈，或从馬、弁聲，同駢。

駢，二馬并駕一車。駢，有并列之義。駢文，文體之一，并聯、對偶之羅列爲其特徵。

大師人鼎　讀為駢
（西周晚期）　太師人駢乎作寶鼎

xié
⿰馬劦

張亞初釋爲協。【殷周金文集成 引得】

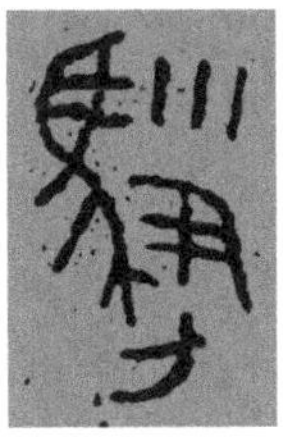
塱盨　讀爲協
（西周晚期）　迺⿰馬劦（協）俐即汝

⿰馬更

大鼎
（西周早期）

lüè
騡

注：騡，或讀為掠。

居舟騡鼎（西周中期）

散氏盤（西周晚期）

pǐ
䮶

註：䮶，馬匹之匹專用字，即今之匹字。

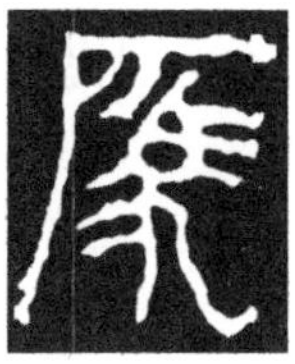
曾姬無卹壺（戰國）

駉

曾侯戈（春秋早期）

xīng
騂

《廣韻》曰：騂，馬赤色也。

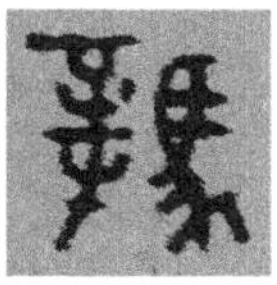
陳騂壺（西周）

【甲金篆隸大字典】

廌

𢊁

薦

zhì
廌

《説文》曰：解廌，獸也。似山牛，一角。古者決訟令觸不直。象形，从豸省。

註：解廌或作獬豸。司法訴訟中，可辨曲直、忠奸之獨角神獸。廌，同豸。

亞廌父丁觚（殷商）

卲王之諻簋（戰國）

或讀爲薦　或从皿

卲王之諻之薦簋

xiào
𢊁

《説文》曰：解廌屬。从廌、孝聲。

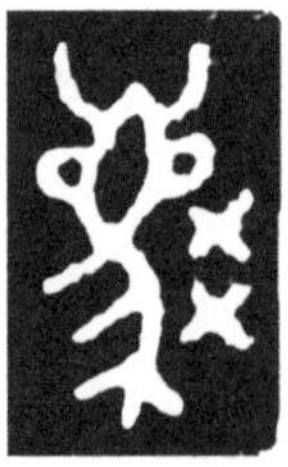

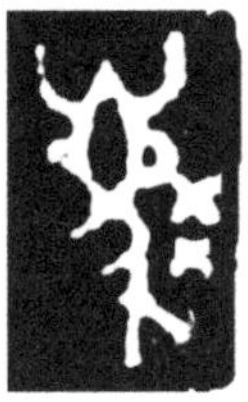
⿰廌爻孟延盨（西周中期）

jiàn
薦

《説文》曰：獸之所食艸。从廌、从艸。

《玉篇》曰：薦，進獻也。

註：六畜所食之草類曰薦。薦，有進獻、推薦之義。

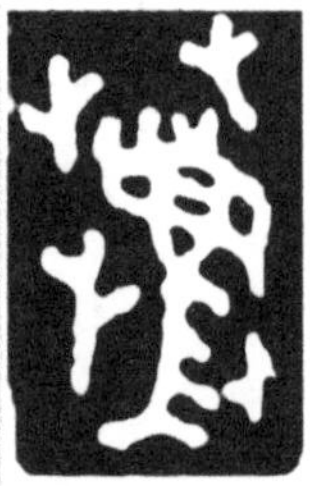

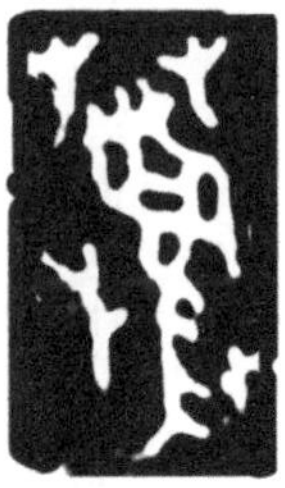

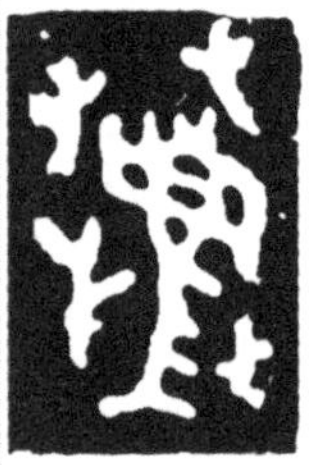
鄭登伯鬲（春秋早期）

鄁公鼎（春秋早期）

華母壺（春秋早期）

吳王光鑑（春秋晚期）

自作薦鬲（春秋晚期）

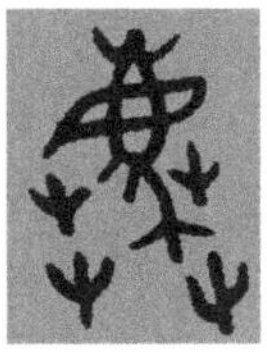
叔朕簠（春秋）

【古文字類編】

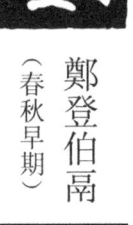

法灋

鹿

fǎ

灋

《說文》曰：刑也。平之如水，从水，廌所以觸不直者去之，从去。今文省。

註：灋，刑灋、灋律公平如水，从水。廌，獬廌，獨角神獸，古代公正執法之象徵。可辨曲直、真假，以去不公。灋，从水、从廌、从去。今灋字省廌寫作法。灋，或讀作廢，金文銘文中之廢字均寫爲灋。

讀灋（法）

灋保先王

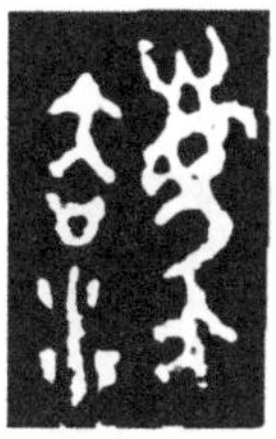

讀爲廢

勿灋（廢）朕命

大盂鼎（西周早期）

柞伯簋（西周早期）【近出…】

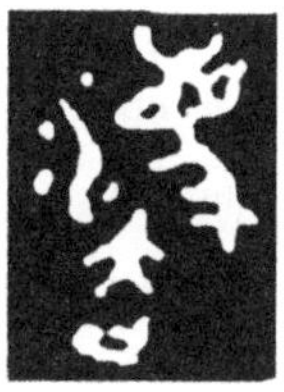

恒簋（西周中期）

伯晨鼎（西周中期）

讀爲廢

勿灋（廢）朕令

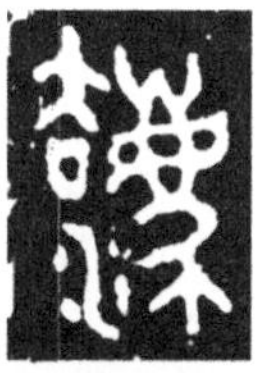

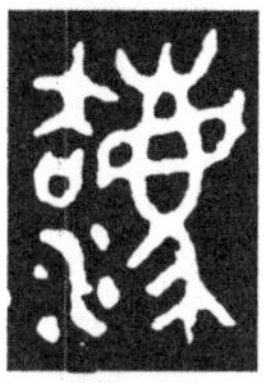

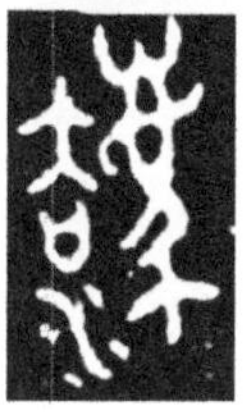

師酉簋（西周中期）

逆鐘（西周晚期）

讀爲廢

勿灋（廢）朕命

戎生編鐘（西周晚期）

讀爲廢

余弗叚灋（廢）其景光

【近出殷周金文集録】

師嫠毁（西周晚期）

師克盨（西周晚期）

大克鼎（西周晚期）

晉姜鼎（春秋早期）

讀爲廢

勿灋（廢）文侯景令

商鞅量（戰國）

中山王譽方壺（戰國晚期）

或从尸

可灋可尚

lù

鹿

《說文》曰：獸也。象頭角四足之形。

《說文通訓定聲》曰：鹿，假借爲麓。

麋 麛麋麛

麇

鹿方鼎（殷商）

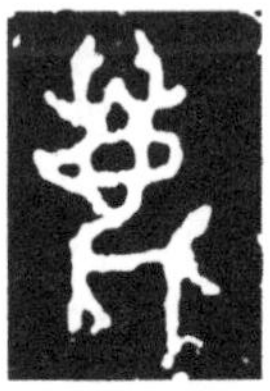

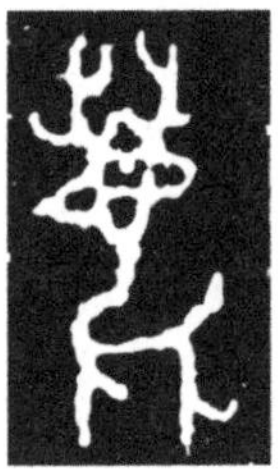
命簋（西周早期）

貉子卣（西周早期）

mí
麋

《説文》曰：鹿屬。从鹿、米聲。麋，冬至解其角。《説文通訓定聲》曰：麋，假借爲麛。

註：麋，麋鹿。麋，通麋、通麛。

冄夫[illegible]爵（殷商）

麋癸爵（西周中期）

【近出殷周金文集録】

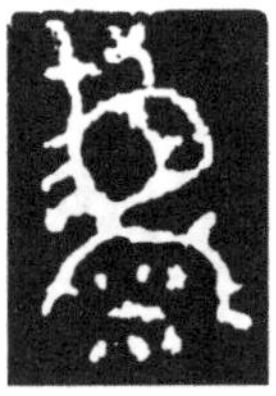
伯□父毁（西周晚期）

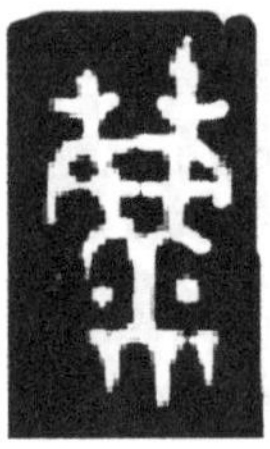
麋侯鎛（戰國早期）

jūn
kǔn
麇

《説文》曰：麞（獐）也。从鹿、囷省聲。《説文通訓定聲》曰：麇，假借爲稛（捆）。

亳鼎（西周早期）

麋婦觚（西周早期）

[illegible]婦爵（西周早期）

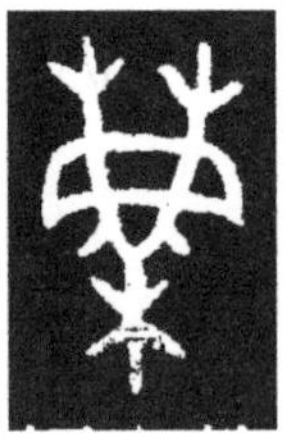
師害簋（西周晚期）

丽儷麗

麠鑣麃

麀

lì
麗

《説文》曰：旅行也。鹿之性見食急，則必旅行。从鹿、丽聲。篆文麗字。《小爾雅》曰：麗，兩也。

註：丽，爲麗之古文。丽，两也，或爲儷，伉儷。

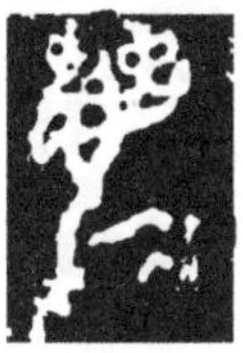

元年師旋𣪕（西周晚期）讀為麗 賜汝……麗鞶

取盧匜（西周晚期）

取盧盤（西周晚期）

陳丽子戈（戰國）

páo biāo
麃

註：麃，同麠，鹿屬。麃，或假爲鑣、爲鏢。鑣，馬銜也，即馬嚼子。

麃父卣（西周早期）

麃父尊（西周早期）

九年衛鼎（西周中期）讀爲鑣 金鑣鋞

yōu
麀

《説文》曰：牝鹿也。从鹿、从牝省。

註：麀，母鹿，或泛指雌獸。

匍盉（西周早期）【近出殷周金文集録】

十四年帳橛（西周晚期）

麐 麟 麀 麠 飶

lín
麟

《說文》曰：大牝鹿也。从鹿、粦聲。麐，牝麒也，从鹿、吝聲。（牝，即雌獸）註：麟，从粦。麐，从吝。粦、吝，同聲，故麟、麐同字。麒麟，似鹿神獸，雄者麒、雌者麟也。麐，或省吝爲文，作[glyph]。[glyph]，或假爲慶字。

伯其父簠（春秋早期）

秦公簋（春秋早期）
假麐為慶
高引有（慶）造囿四方

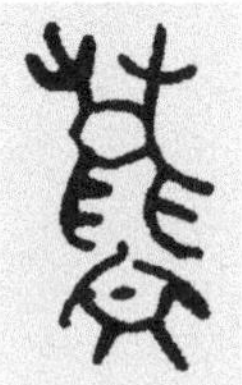
麐尸節（戰國）

麀

裘衛盉（西周中期）

麠

曾大保盆（春秋）

bì
飶

註：飶，或讀爲蔽。

𠭯

大盂鼎（西周早期）讀爲蔽 汝勿𠤎（蔽）余乃辟一人

叔𠤎方尊（西周早期）

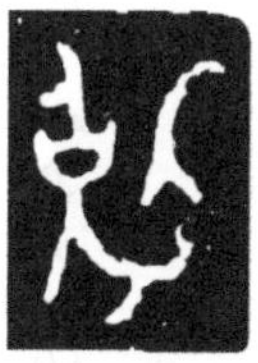

叔𠤎方彝（西周早期）

季𠭯𣪘（西周中期）

shì
𡗴

《玉篇》曰：獸名，似貍。

井季𡗴卣（西周中期）

井季𡗴尊（西周中期）

𩁹

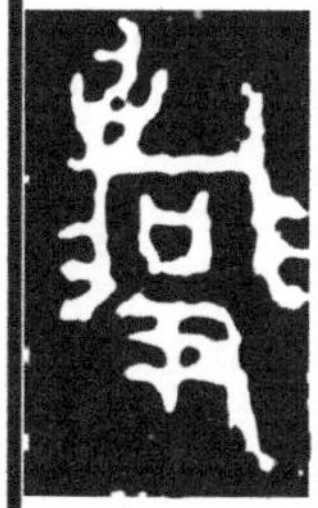

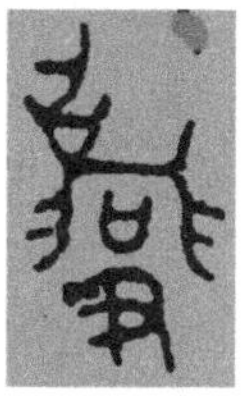

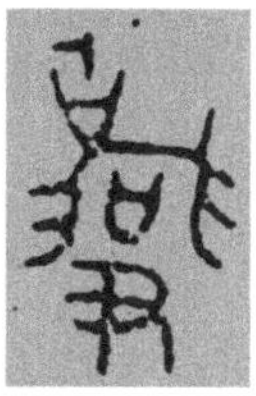

史𩁹盨（西周晚期）

史𩁹簠（西周晚期）

𩰲

柞伯簋（西周早期）【近出殷周金文集録】

季𩰲𣪘（西周中期）

𩰳

遣小子䡅𣪘（西周晚期）

䔯亞作父癸角（殷商）或从泉

𩰵

者虎簠（春秋早期）

旅虎簠（春秋早期）

bó
𩱧

郭沫若曰：𩱧，讀若薄，……蓋數數𩱧𩱧猶言逢逢勃勃，或旁旁薄薄也。【金文叢攷】

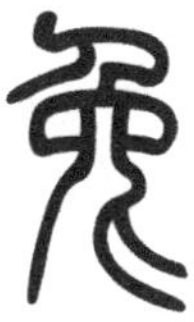
兔

逸

𤼈鐘（西周中期）

善鼎（西周中期）

井人妄鐘（西周晚期）

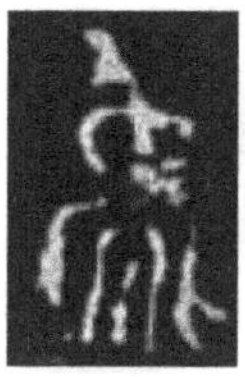
宗周鐘（西周晚期）

師酉簋（西周中期）

虢叔旅鐘（西周晚期）

士父鐘（西周晚期）
讀爲勃
數數（逄逄）㲋㲋（勃勃）

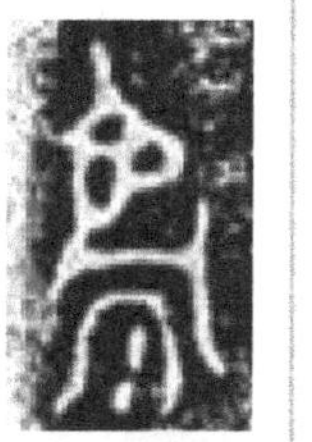
汈其鐘（西周晚期）

tù
兔

《説文》曰：獸名，象踞，後其尾形。

函皇父鼎（西周晚期）
讀為兔
函皇父作琱妘尊兔鼎

yì
逸

《説文》曰：失也，从辵、兔。兔，謾訑善逃也。

註：謾訑，放縱、恣意之義。辵，走義。逸，會意字，兔恣意逃亡、遺失、隱逸。

秦子矛（春秋）

齊陳曼簠（戰國早期）
讀為逸
齊陳曼不敢逸康

好蚉壺（戰國晚期）
或从彳
陲逸先王

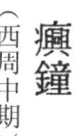

萈

犬

狗

右㤥矛（戰國） 或从心 逸之異體

huán
萈
註：萈，細角山羊。寬字从此。

二十四年申陰令戈（戰國晚期）

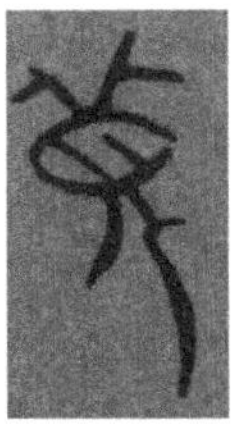
壽春鼎【漢語古文字字形表】

quǎn
犬
《説文》曰：狗之有縣蹏（蹄）者也，象形。註：犬，特指大狗，後統稱爲犬。

子父乙甗（殷商）

犬父丙鼎（殷商）

子座父戊觶（殷商）

丁犬卣（殷商）

尹獸爵（殷商）

史犬觶（西周早期）

員方鼎（西周中期）

gǒu
狗
註：狗，从犭（犬）、勾（句）聲。句、勾同字。

猌

獘 斃弊

獵 擸躐鬣

長子狗鼎（西周早期）

yìn
猌
《說文》曰：犬張齗怒也。从犬、來聲，讀若銀。
註：猌，犬怒張口露齒，露齒齗（齦）。猌，或从，像齒齦形狀。

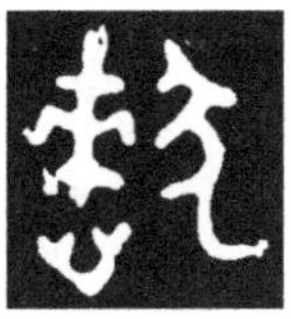
猌卣（西周早期）

猌鼎（西周中期）
【古文字類編】

bì
獘
《說文》曰：頓仆也。从犬、敝聲。獘或从死。註：獘，向前仆倒，頭頓地。獘，同斃，或作弊。

仲獘簋（西周中期）

liè
獵
《說文》曰：放獵逐禽也。从犬、巤聲。《說文通訓定聲》曰：獵，假借爲擸。註：獵，通擸、通鬣、通躐。

好盗壺（戰國晚期）
讀為獵
茅蒐田獵于彼新土

穫擭獲

獻

huò
獲

《說文》曰：獵所獲也。从犬、蒦聲。註：金文[glyph]獲，同甲骨文。獲隹（鳥）在又（手），會意字。金文均以隻，爲獲。獲，或通穫、通護、擭。（見隻字注釋）

𢿢侯鼎（西周早期）以隻爲獲 䶢侯獲巢

[glyph]作且丁鼎（西周早期）讀為鑊 揑作祖丁盟獲（鑊）

㦸𣪘（西周中期）

禹鼎（西周晚期）讀為獲 休獲厥君馭方

姑發䦆反劍（春秋晚期）讀為護 云用云獲（護）

上官豆（戰國）讀為獲 上官獲之

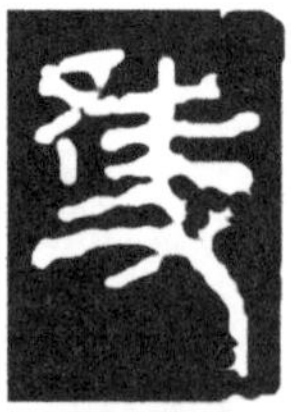
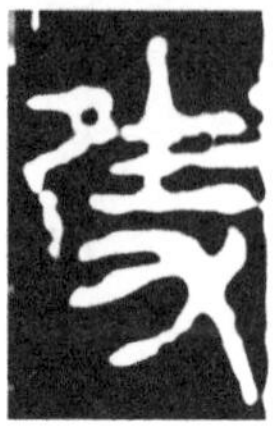
楚王酓忎鼎（戰國晚期）讀為獲 戰獲兵銅

中山王礨鼎（戰國晚期）

xiàn
獻

《說文》曰：宗廟犬名羹獻。犬肥者以獻之，从犬、鬳聲。註：獻，宗廟祭祀犧牲名，羊，曰柔毛……肥犬，曰羹獻。獻，後引申爲進獻之獻。獻，取鬳聲，銘文中假獻為甗（蒸煮青銅器）。[glyph]獻，或从鼎。鼎、鬲器形小異可互通。金文中从鼎之字或假爲从貝、或从貞，此乃常例。

伯作旅甗（西周早期）

伯貞甗（西周早期）

𦥑子甗（西周早期）

作癸父甗（西周早期）

比甗（西周早期）

作寶甗（西周早期）

獻侯鼎（西周早期）

寓鼎（西周早期）

史獸鼎（西周早期）

仲作旅甗（西周中期）

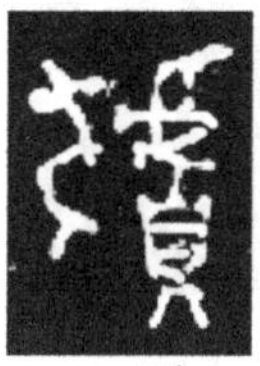
孚公甗（西周中期）

仲伐父甗（西周中期）

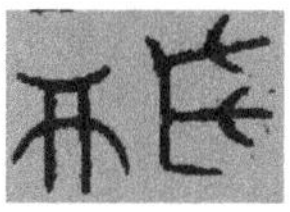
□作寶甗（西周晚期）

子邦父甗（西周中期）

遇甗（西周中期）

伯姜甗（西周中期）

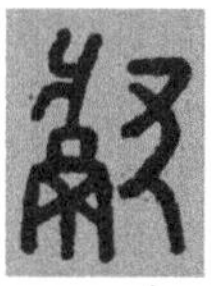
大夫始鼎（西周中期）

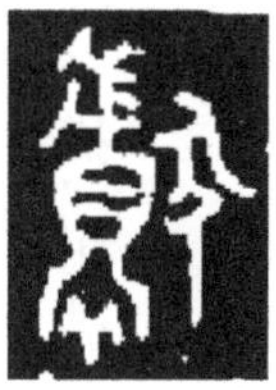
孟姬安甗（西周中期）

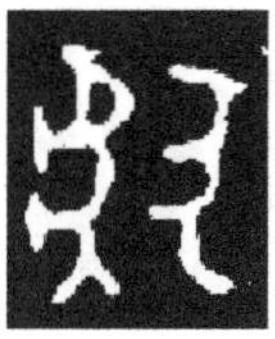
鄭大師小子甗（西周晚期）

羌伯簋（西周晚期）

㝬殷（西周晚期）

不嬰殷（西周晚期）

□仲䨣父甗（西周晚期）

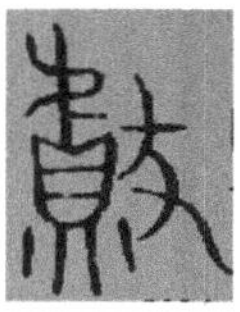
伯口父甗（西周晚期）

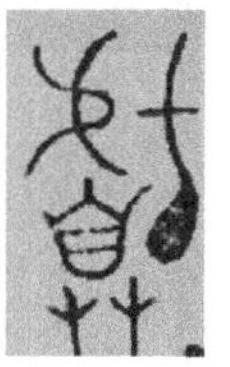
仲酉父甗（西周晚期）

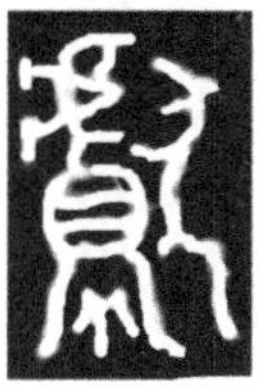
善夫克盨（西周晚期）

鄭井叔甗（西周晚期）

叔碩父甗（西周晚期）

穀父甗（西周晚期）

伯鮮甗（西周晚期）

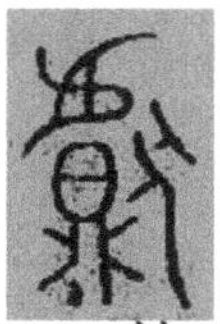
仲信父甗（西周晚期）

善夫山鼎（西周晚期）

多友鼎（西周晚期）

鄭伯荀父甗（西周晚期）

六年召伯虎簋（西周晚期）

虢季子白盤（西周晚期）

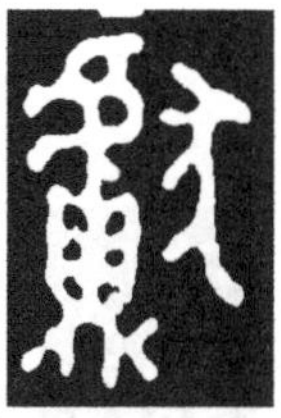

諫季獻盨（西周晚期）

𨙶仲甗（春秋早期）

魯仲齊甗（春秋早期）

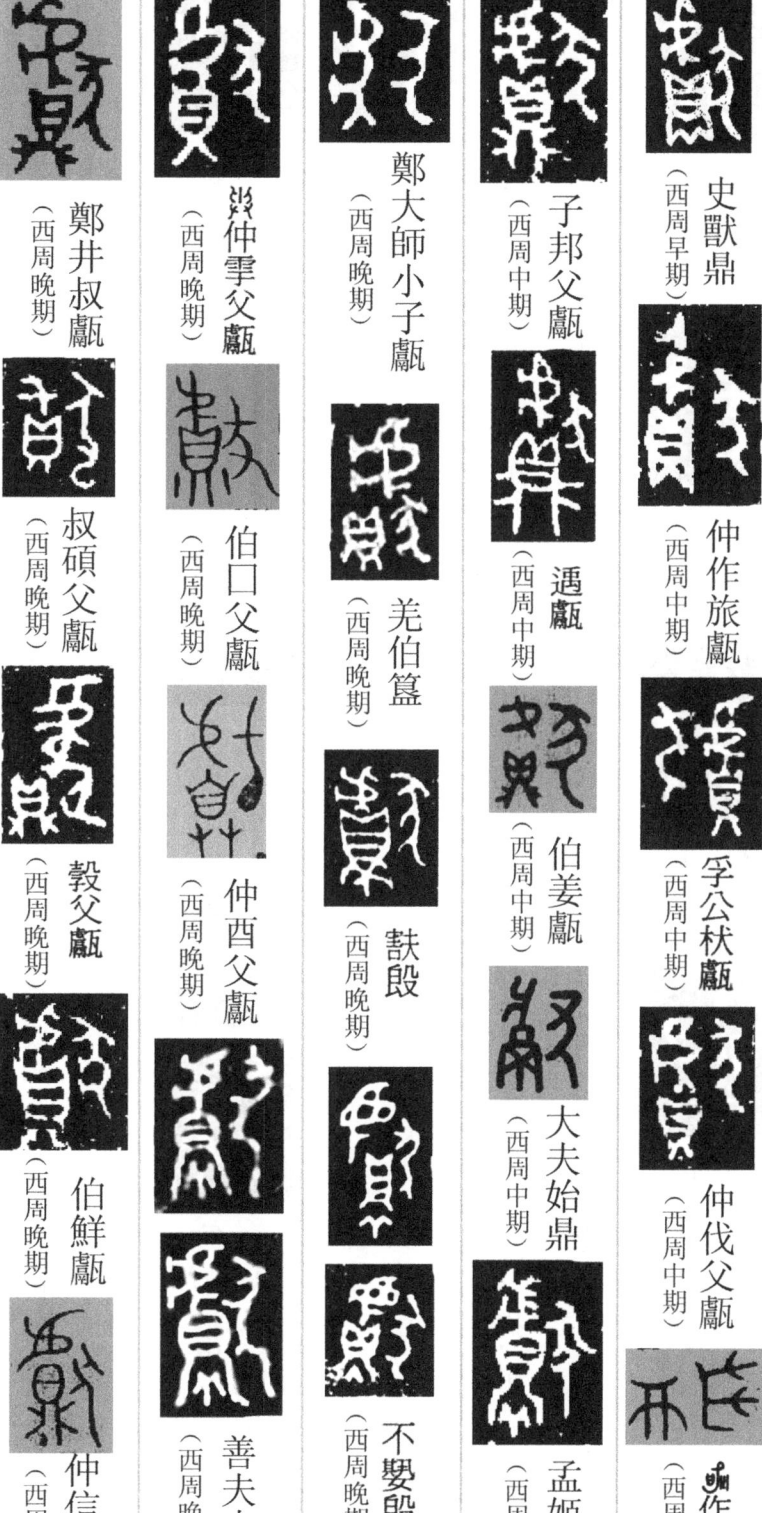

逖狄

猷猶

陳公子叔遼父甗（春秋早期）

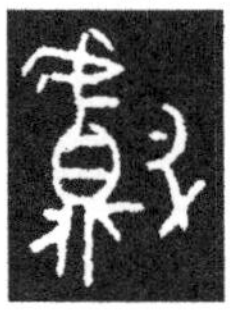
下寢盂（春秋）【近出殷周金文集録】

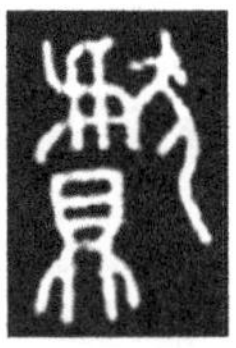

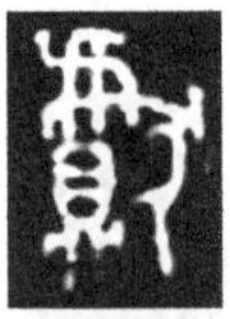

庚壺（春秋晚期）

齊陳曼簠（戰國早期）

十四年陳侯午敦（戰國晚期） 或省爲从鼎从犬

dí tì
狄

《說文》曰：赤狄，本犬種。从犬、亦省聲。

註：狄，金文狄，或从犬、亦聲。北狄，古北方民族，或鄙稱赤狄。狄，或通逖。逖，遠離。

戰狄鐘（西周中期） 讀爲逖 畢狄（逖）不恭

史牆盤（西周中期）

曾伯霥簠（春秋早期） 讀為狄 克狄淮尸夷

曹伯狄簋（春秋）

yóu
猶

《說文》曰：玃屬（母猴）。从犬、酋聲。一曰，隴西謂犬子爲猶。《說文通訓定聲》曰：猶，假借爲由、爲誘。

註：猶，同猷，獸名。猷，有似、同、均，等義。猷，還有謀略、道法、道路等義。

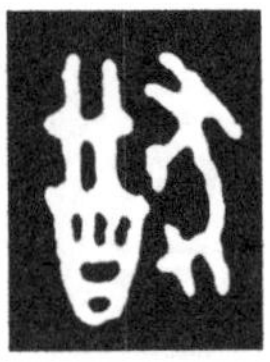
史牆盤（西周中期）

毛公鼎（西周晚期）

大克鼎（西周晚期）

麸段（西周晚期）

訇簋（西周晚期）

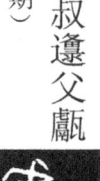

嗅 臭

猱 夒

狀

宗周鐘（西周晚期）

晉姜鼎（春秋早期）

王孫遺者鐘（春秋晚期）

陳純釜（戰國）

中山王譽鼎（戰國晚期）

xiù chòu
臭

《説文》曰：禽走臭（嗅）而知其迹者，犬也。从犬、自聲。

註：臭，爲嗅之本字。自，鼻之本字。臭，犬用鼻嗅禽獸之跡，會意字。後，再从口爲嗅。

子臭卣（西周早期）

nǎo náo
夒

註：夒，犬驚叫樣子。夒，同猱，猿類動物或母猴。

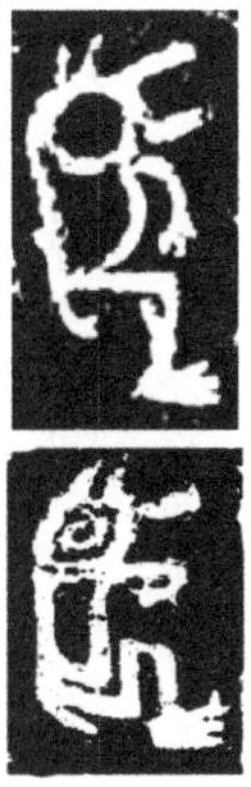
夒鼎（殷商）

庚豕觶（殷商）

zhuàng
狀

《説文》曰：犬形也。从犬、爿聲。

註：狀，犬形，引申爲形狀。

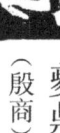

狃

狂 誑

猋 飆

十七年丞相啟狀戈（戰國）

商鞅量（戰國）

niǔ
狃

《說文》曰：犬性驕也。从犬、丑聲。段玉裁曰：狃，本謂犬性之忕。【說文解字注】

註：狃，犬之習性、習慣。引申為人的處事習慣、因循、拘泥。

沈子它簋（西周早期）

復公仲簋（春秋晚期）

kuáng
狂

《說文》曰：狾犬也。

註：狾犬，即狂犬。狂，或通誑。

孟狂父鼎（西周中期）【近出殷周金文集録】

biāo
猋

《說文》曰：犬走皃（貌）。从三犬。

註：猋，群犬奔走貌，後作飆，通飇。

王古尊（西周中期）【三代吉金文存】

⿰言犬

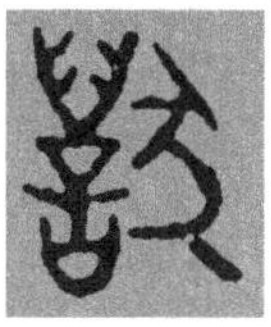

師⿰言犬⿰白殳（西周晚期）

猇

奠大師甗（西周晚期）

【古文字類編】

shù
⿰犭予

《龍龕手鑑》曰：⿰犭予，俗，正作墅。

註：⿰犭予，即墅之俗字。

⿰犭耳

卅五年鼎（戰國中期）

xíng
㹨

九年鄭令矛（戰國）

註：㹨，或讀爲刑。

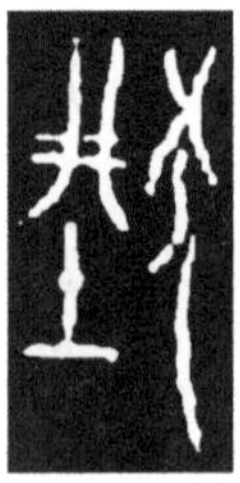

中山王譻鼎（戰國晚期） 讀爲刑 天其有㹨（刑）于在厥邦

ěr
𤝔

註：𤝔，或讀爲邇。

𤝔父鼎（西周早期）

𤝔駿觥蓋（西周早期）

𤝔駿毀（西周中期）

大克鼎（西周晚期） 讀爲邇 柔遠能𤝔（邇）

番生簋（西周晚期）

bèi
狽

註：狽，獸名，狼狽也。

狺　⿰犭昜　⿰犭㦰 玁

狽元作父戊卣（殷商）

宁狽父丁斝（西周早期）

狽作寶尊彝卣（西周早期）

作狽寶彝器（西周早期）

狽日辛尊（西周中期）

yín
狺

《集韻》曰：狺，犬吠聲。註：狺，犬爭鬥聲。

伯詃父鬲（西周中期）

⿰犭昜

⿰犭昜盡方鼎（西周早期）

xiān
⿰犭㦰

註：⿰犭㦰，即玁之省。玁，獸名。

⿰犭鳥 ⿰犭差 ⿰左犬

⿱巛⿰戈犬作旅彝卣（西周早期）

⿰犭戈尊（西周早期）

zhǎi
⿰犭鳥

《集韻》曰：⿰犭鳥，豪強皃（貌）。

皿合觚（西周早期）

cuō
⿰犭差

《篇海類編》曰：⿰犭差，犬狂。註：⿰犭差，或假爲佐。

中山王譽鼎（戰國晚期）

讀爲佐
以⿰犭差（佐）佑寡人

中山王譽方壺（戰國晚期）

zuǒ
⿰左犬

註：⿰左犬，讀爲佐。

好盗壺（戰國晚期）

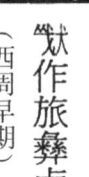

𤢊

鑄子𤢊匜（春秋）

jǔ
𦦙

註：𦦙，或讀爲舉。

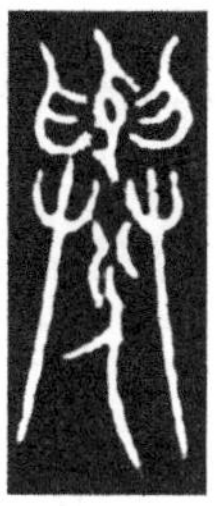
中山王嚳方壺（戰國晚期）

讀爲舉
𦦙（舉）賢使能

náoyōu
獿

《玉篇》獿，大驚皃（貌）。《廣韻》曰：獿狻，犬名。註：獿，或同猱，與憂字形相近。

亞伯禾鼎（殷商）

亞夒鼎（西周早期）

亞憂鼎（西周早期）

㠱作且辛觶（西周早期）

文爵（西周早期）

⿰犭吾　　貅⿰犭休　　犻　　⿰犭田

wú
⿰犭吾

《集韻》：⿰犭吾，獸名，如猿，善啼。《莫韻》曰：⿰犭吾，猿，類犬而有髯，色黃。

註：金文⿰犭吾，與寤同字。

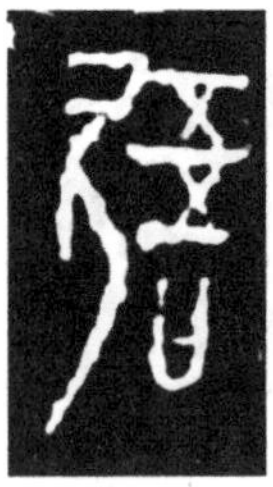

中山王嚳鼎
（戰國晚期）

xiū
⿰犭休

註：⿰犭休，或為貅字。傳說中之猛獸。

孚公杕甗
（西周中期）

張亞初釋為為貅【殷周金文集成 引得】

孚父貅作旅甗

bì
bǒ
犻

《集韻》曰：犻，獸名，似豕。

註：，讀為⿰犭也。張亞初釋為跛字。【殷周金文集成 引得】

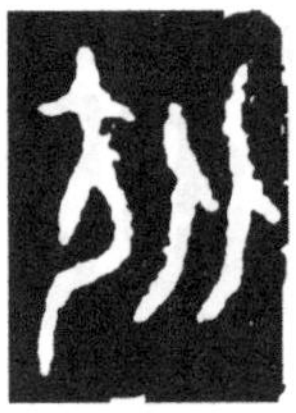

犻伯罰卣
（西周早期）

tián
⿰犭田

注：⿰犭田，讀為田。

好蛮壺（戰國晚期）讀為田 唯朕先王茅蒐狚（田）獵于彼新土

sī 獮

《說文》曰：司空也。从㹜、㔾聲。復說，獄司空。《集韻》曰：獮，獄官也。

註：獮，从㹜、从㔾，與訴訟獄事有關。獮，或讀爲熙，魯煬公之名。

魯侯熙鬲（西周早期）

獮父丁卣（西周早期）

史牆盤（西周中期）

yù 獄

註：獄，从二犬相嚙，引申爲爭鬥、糾紛。从言乃爭訟、訟案。獄，本義爲訟案，引申爲牢獄。

蔡簋（西周晚期）讀為獄 勿使敢有知止縱獄

塱盨（西周晚期）

六年召伯虎簋（西周晚期）讀為獄 讀為獄用獄□為伯

bá 犮

《六書正譌》曰：犮，凡犮涉、犮履皆用此字，別作跋者，後人所加也。《說文通訓定聲》曰：犮。假借爲拔。

註：即犮字，像人足下有物，越過之形。犮，即跋之本字。小篆从犬，乃字形之譌變。

犮卣（殷商）

犮殷（西周早期）

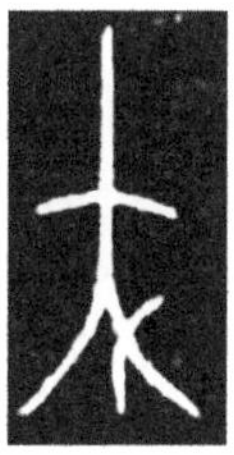

中山王嚳方壺（戰國晚期）讀爲跋 卲犮（跋）皇功

鼦

能 熊態

hé
鼦

《玉篇》曰：鼦，鼠（類），出胡地，皮可爲裘。註：鼦鼠，鼠之一種，似土撥鼠而頭大。

王二年鄭令戈（戰國）

xióng
néng
能

《説文》曰：熊屬，足似鹿。能獸堅中，故稱賢能，而彊壯稱能傑也。註：能，熊之古文，假借爲賢能之能，後爲借義所專，遂以从火（灬）之熊字爲獸名，久而本義盡失。能，通態字。

沈子它簋（西周早期） 讀為能 多公能福

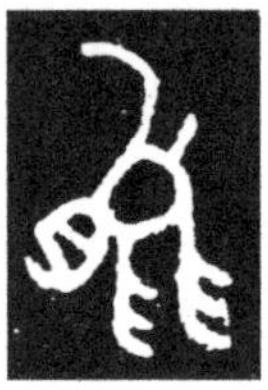
能匋尊（西周早期）

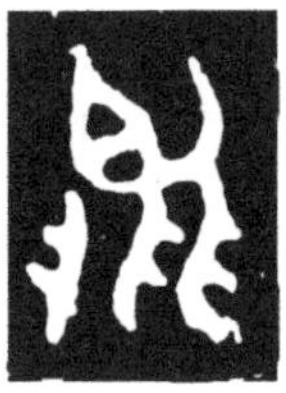
縣妃簋（西周中期） 讀為能 我不能不眔縣伯萬年保

番生簋（西周晚期）

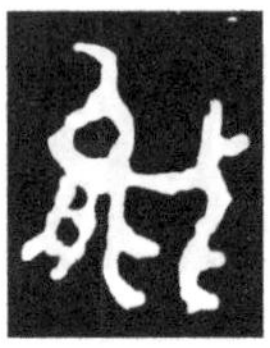
毛公鼎（西周晚期）

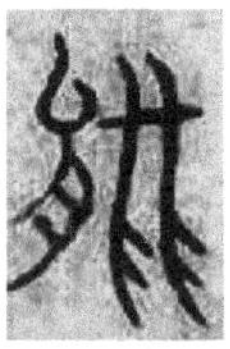
叔尸鎛（春秋晚期）

叔尸鐘（春秋晚期）

哀成叔鼎（戰國）

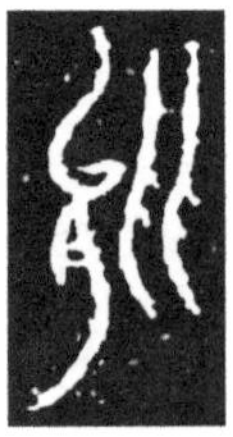
中山王礜鼎（戰國晚期）

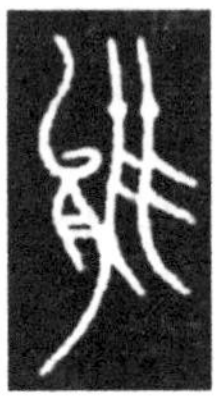
中山王礜方壺（戰國晚期） 舉賢使能

好蚉壺（戰國晚期） 不能寧處

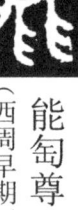

豳 燹

燎 尞

燃 然

xiǎn
燹

《玉篇》曰：燹，野火也。《正字通》曰：燹，兵火曰燹。註：燹，野火、焚燒，引申為戰火、兵災。

金文山、火兩字形近。或讀爲豳。豳，古地名。

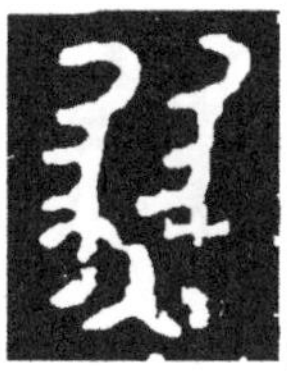

五祀衛鼎（西周中期）

善鼎（西周中期）

讀爲豳 監燹（豳）師戍

裘衛盉（西周中期）

瓊𤎤盨（西周晚期）

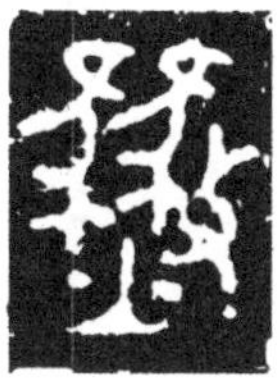

趞毁（西周中期）

或从攴

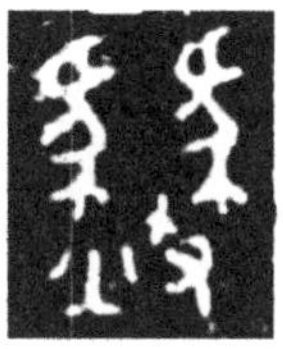

静簋（西周中期）

𢆶王盉（西周中期）

liáo
尞

註：，木在火上，木左右諸・乃焚木火燼之形，其意托焚燎之意。此字乃尞之象形，燎之本字。

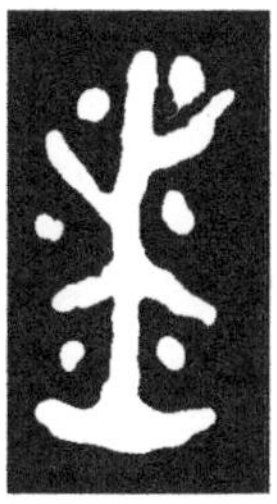

𩏂伯馭毁（西周早期）

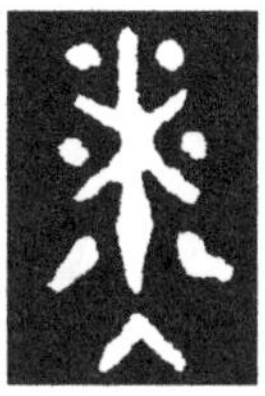

保員簋（西周早期）

【近出殷周金文集録】

rán
然

《説文》曰：燒也。从火、肰聲。

註：，从火、難聲，即古然字。然，即燃之本字。

者瀘鐘（春秋）

或从火難聲

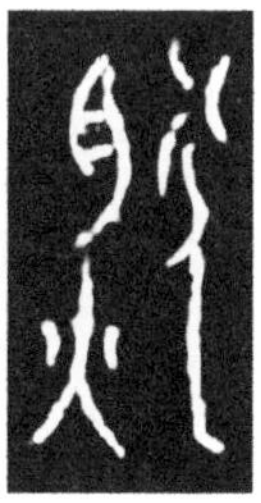

中山王嚳鼎（戰國晚期）

燔

羡

熬

煣　揉

fán
燔

《集韻》曰：焚，古作燔。《玉篇》曰：燔，燒也。

新郪虎符（戰國晚期）

zhǎ
羡

《説文》曰：束炭也。从火、差省聲。

註：羡，束炭也，或曰晒干。

王孫誥鐘（春秋晚期）【近出殷周金文集録】

南疆鉦（戰國）

āo
áo
熬

《説文》曰：乾煎也，从火、敖聲。

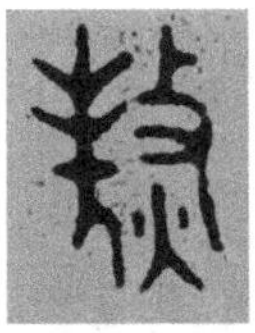

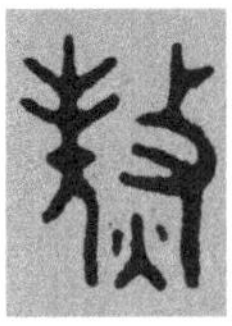
兮熬壺（西周晚期）

rǒu
煣

《説文》曰：屈申木也。从火、柔，柔亦聲。

註：金文中爕，即煣。以火烤竹、木，調整其曲直曰煣。煣，或作揉。

焚樊

瞧礁焦

照

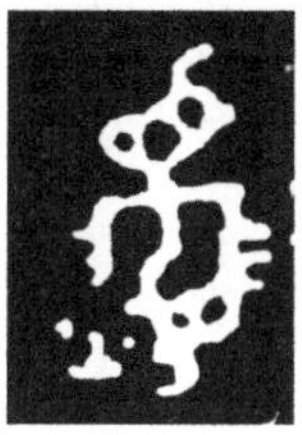

啟卣（西周早期） 讀爲擾 謹不燦（擾）

fén

樊

註：用火燒山林、宿草曰樊。樊，从火、棥聲。焚，金文从火、从林。焚，同樊。

多友鼎（西周晚期）

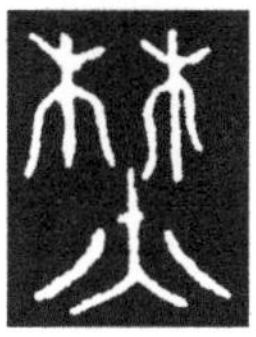

蔡侯墓殘鐘（春秋晚期）

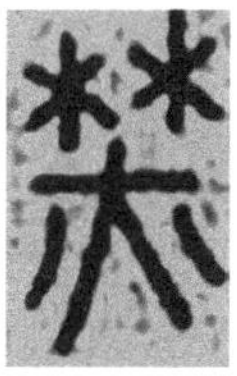

噩君啟節車節（戰國）

jiāo

焦

《說文》曰：火所傷也。从火、雥（雜）聲。或省。《說文通訓定聲》曰：焦，假借爲譙。

註：焦，用同礁。或假爲瞧。

郾侯載簋（戰國）

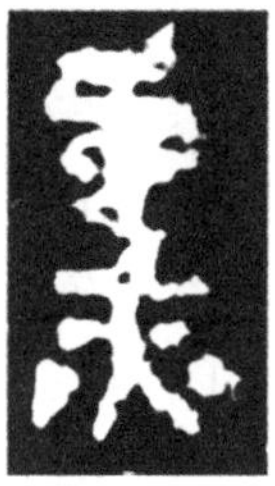

郾侯載器（戰國）

zhào

照

《說文》曰：明也。从火、昭聲。

史牆盤（西周中期） 讀為照 或从又攴 昊照無斁

灰 賄

烝 蒸

票 熛飄暴

huī
灰

《説文》曰：死火餘燼也。从火、从又，又手也，火既滅，可以執持。

註：灰，或讀為賄。

無叀鼎（西周晚期）　讀爲賄　灰（賄）于圖室

zhēng
烝

《説文》曰：火氣上行也。从火、丞聲。《集韵》曰：烝，氣之上達也，或作蒸。

註：于祭祀，冬季之祭祀曰烝。『禮記』曰：宗廟之祭，春曰礿、夏曰禘、秋曰嘗、冬曰烝。烝，同蒸。

大盂鼎（西周早期）

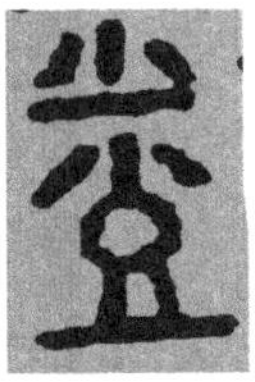
高卣（西周早期）

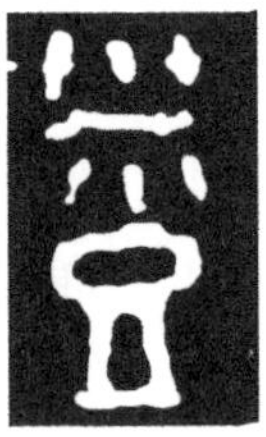
段簋（西周中期）

大師盧豆（西周晚期）

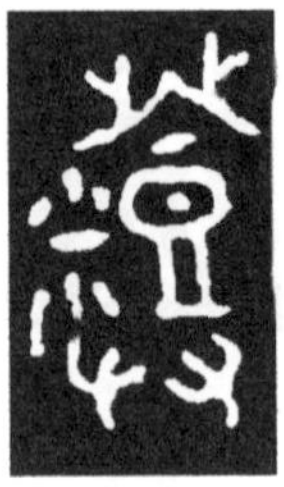
姬鼎（西周晚期）　讀爲烝　用烝用嘗

biāo
piào
票

《説文》曰：火飛也。

註：㶾，火星迸飛。㶾，即熛字，隸變作票。㶾，通飄，或假為暴。

晉公盆（春秋）　讀爲暴　制票（暴）胡迮

熙

烟 煙

藺 閔

旱 暵焊 熯

xī
熙
《說文》曰：燥也。从火、巸聲。《爾雅》曰：熙，興也。《玉篇》曰：熙，廣也、光也。
註：熙，曬干、干燥，爲其本義。熙，還有興旺、光大、光明之義。

六年鄭令韓熙戈（戰國早期）

王三年鄭令戈（戰國）

夆叔匜（春秋早期） 或不从火

曩公壺（春秋）

yān
煙
《說文》曰：火气也。从火、垔聲。或从因。籀文从宀。
註：煙，或讀為禋。

史牆盤（西周中期） 讀為禋 或从宀 齊祿熾光宜其禋祀

哀成叔鼎（戰國）

lìn
閔
《說文》曰：火皃（貌）从火、㒼（陣）省聲。
註：閔，或假爲藺

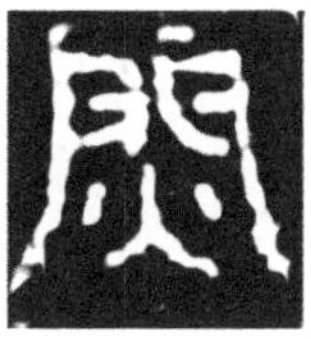
閔令趙狽矛（戰國）

廿相邦藺相如戈（戰國晚期） 讀爲藺 【近出殷周金文集録】

hàn
熯
《說文》曰：乾皃（貌）。从火、漢省聲。
註：熯，乾燥、曝曬、烘烤。熯，同暵、同焊、同旱。

煌 煌　烕 烕　熾 熾

周生簋（西周晚期）

【古文字類編】

huáng 煌

《說文》曰：煌輝也。从火、皇聲。註：煌，火光。煌，或从光作皝。

王孫遺者鐘（春秋晚期）

鄦子盟自鎛（春秋）

秦公鎛（春秋）

黝鐘（春秋晚期）

【近出殷周金文集録】

miè 烕

註：烕，同滅。殁，即烕之初文。

子禾子釜（戰國）

北伯殁卣（西周早期）

北伯殁尊（西周早期）

chì 熾

《說文》曰：盛也，从火、戠聲。註：熾，燃燒旺盛，引申為強盛、昌盛。

瘋鐘（西周中期）

即熾字異體

櫅角熾光

史牆盤（西周中期）

櫅角熾光

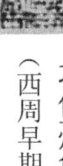

shuò 爍

《説文新附》曰：灼爍光也。从火、樂聲。

子璋鐘（春秋晚期）讀爲樂 用爍（樂）父兄諸士

沇兒鎛（春秋晚期）

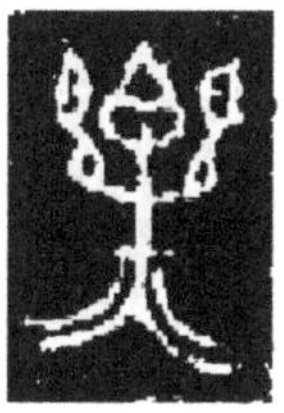
王孫遺者鐘（春秋晚期）

shū 焂

《集韻》曰：焂，光動皃（貌）。註：焂，或假爲悠。魏碑墓誌凡悠字多从火作焂。

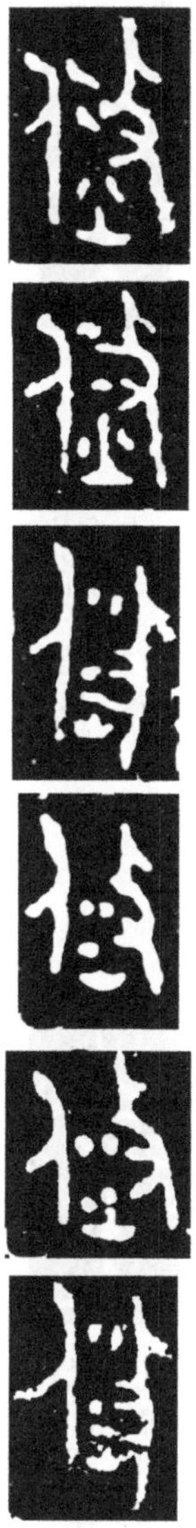
叔趞父卣（西周早期）

焂作觶（西周早期）

散氏盤（西周晚期）

熜

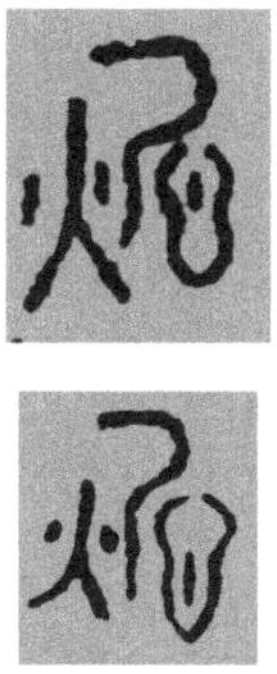
敔簋（西周晚期）

⿱或火

㠱侯弟鼎（西周中期）

戜者段（西周中期）

tì ⿱易火

註：⿱易火，从火、易聲，或讀爲愓。

中山王𰯌鼎（戰國晚期）

讀爲愓　亡憈⿱易火（愓）之慮

中山王𰯌方壺（戰國晚期）

讀爲愓　寧有憈⿱易火（愓

tén ⿰月⿱龹火

註：⿰月⿱龹火，或讀爲滕。

吾作滕公鬲（西周早期）

滕侯方鼎（西周早期）

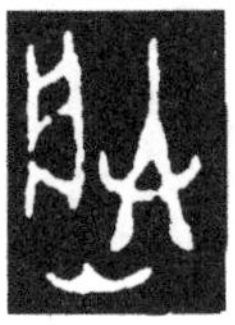

滕侯簋（西周早期）

滕虎簋（西周中期）

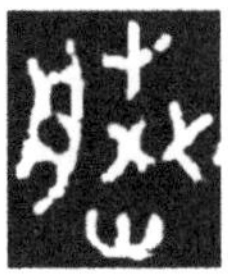

蔡侯匜（西周晚期）

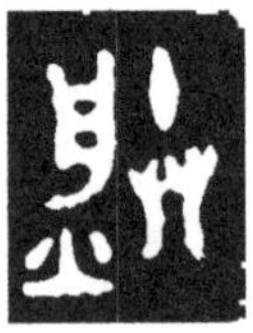

滕侯蘇盨（春秋早期）

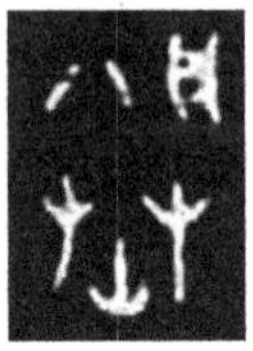

⿰月⿱龹火之不㤅劍（春秋）

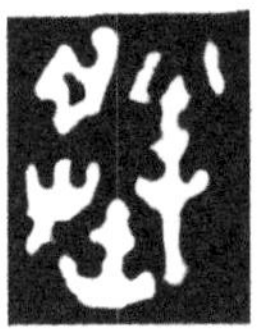

⿰月⿱龹火侯耆戈（春秋晚期）

⿰月⿱龹火侯吳戈（春秋晚期）

㝬

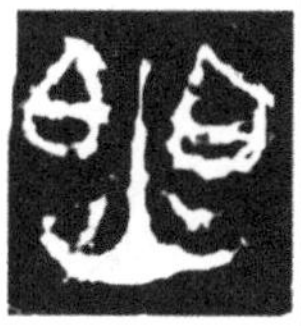

㝬尊（西周早期）

yì
熤

《集韻》曰：焲，火光也，亦作熤。

註：熤，通熠。

䈞盗壺（戰國晚期）逢燕亡道熤上

或从水

suì
㸂

《集韻》曰：㸂，通作燧。

杜虎符（戰國晚期）

yè
炙

註：炙，从夕、从火，或讀爲夜。

好蚉壺（戰國晚期）　讀爲夜　日炙（夜）不忘

爔

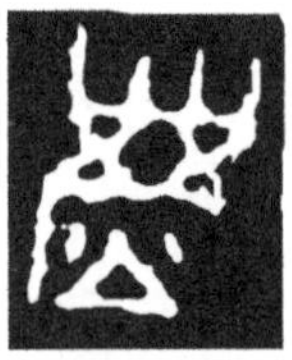

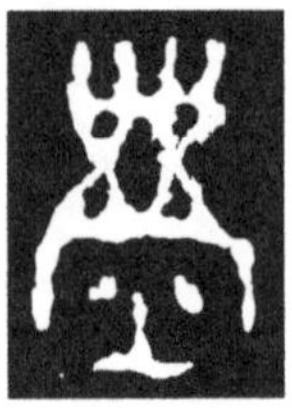

伯爔簋蓋（西周中期）

燁

盟□鑰燁爵（西周早期）

pēng
烹

《集韻》曰：烹，煮也。

叔夜鼎（春秋早期）　烹之古文　用粥用烹用祈眉壽無疆

光

guāng
光

《說文》曰：明也。从火在人上，光明意也。

註：光，或从火、从女。人、女，義同。

光鼎（殷商）

光觶（殷商）

鄧鬲（殷商）

尹光方鼎（殷商）

西單光父乙鼎（殷商）

宰甫卣 或从女（殷商）

小子畬卣（殷商）

光作母辛觶（殷商）

光父爵（西周早期）

光父乙鼎（西周早期）

富鼎（西周早期）

獻簋（西周早期）

召卣（西周早期）

召尊（西周早期）

麥盉（西周早期）

矢令方彝（西周早期）

光作從彝器（西周早期）

井侯方彝（西周早期）

光作從彝甗（西周中期）

通祿鐘（西周中期）

瘐鐘（西周中期）

史牆盤（西周中期）

虢季子白盤（西周晚期）

汈其鐘（西周晚期）

禹鼎（西周晚期）

毛公鼎（西周晚期）

焰炎 

䚕

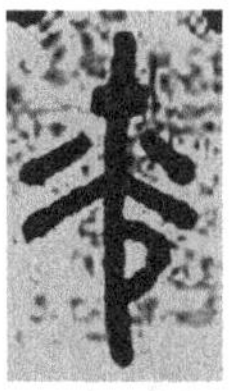
晉姜鼎（春秋早期）

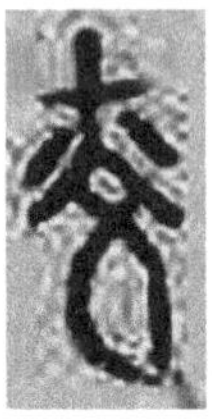
皐沍君光鼎（春秋中期）

吳王光鑑（春秋晚期）

攻敔王光戈（春秋晚期）

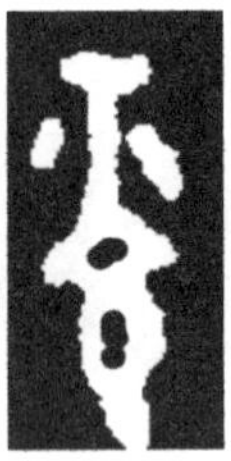
攻敔王光劍（春秋晚期）

者沪鐘（戰國早期）

中山王嚳方壺（戰國晚期）

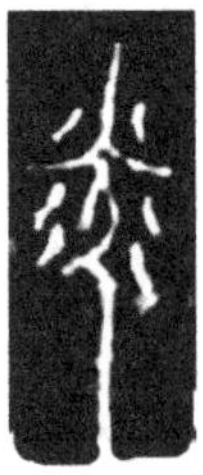
中山王嚳鼎（戰國晚期）

䚕

䚕段（西周早期）

䚕觶（西周早期）

䚕卣（西周早期）

父庚䚕卣（西周早期）

覵作父戊卣（西周早期）

作且戊簋（西周早期）

䚕作父戊盤（西周早期）

䚕作父乙器（西周早期）

yán
yàn
炎

《說文》曰：火光上也。从重火。

註：炎，或作焰。

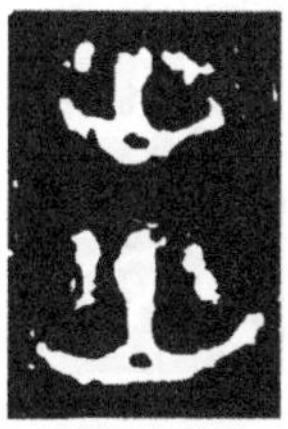

召卣（西周早期）

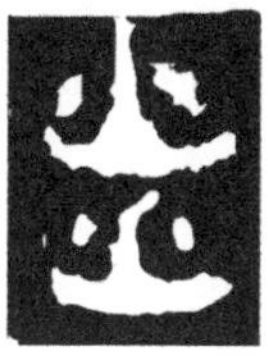
作冊夨令簋（西周早期）

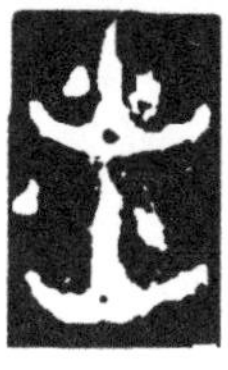
匽尊（西周早期）

lín
粦

《説文》曰：鬼火也。从炎、舛。

註：鬼火即磷火。粦，或作磷。

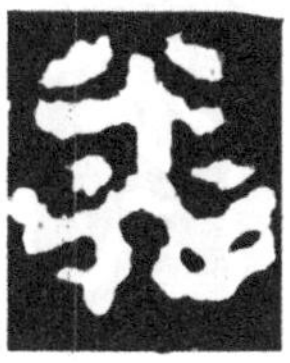
九年衛鼎（西周中期）

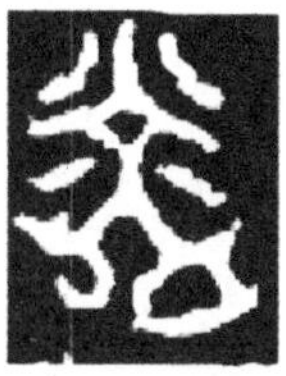

尹姑鬲（西周中期）

讀為粦

休天君弗忘穆公聖粦明□事先王

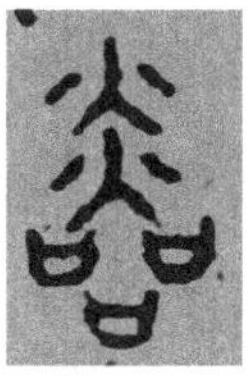
牧簋（西周中期）

⿱炎足

子燚父乙爵（殷商）

láo
⿱炎衣

註：⿱炎衣，或讀爲勞。

粦 炒吵 般

粦

齊侯鎛 讀爲勞
（春秋中期）鮑叔有成袋（勞）于齊邦

叔尸鎛 讀爲勞
（春秋晚期）汝巩袋（勞）朕行師

師寰簋
（西周晚期）

chǎo
炒

註：庰庰，即炒之古體字。庰，用同吵。

王子嬰次爐 即炒字
（春秋晚期）王子嬰次之炒爐

般

郤王朩又觶
（春秋晚期）

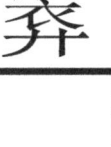

黑

黔

黨 儻

hèi
黑

註：黑，像罪人面、身受墨刑刺黑之象。墨刑即刺字。多個黑點示爲刺墨。黑本指受墨刑之人。

章伯馭簋（西周早期）

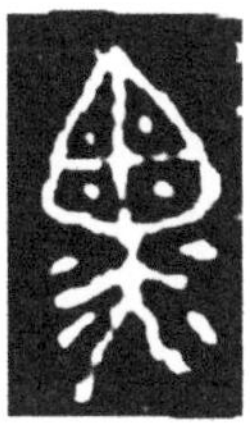

鑄子叔黑臣鼎（春秋早期）

鑄子叔黑臣簠（春秋早期）

鑄子叔黑臣鬲（春秋早期）

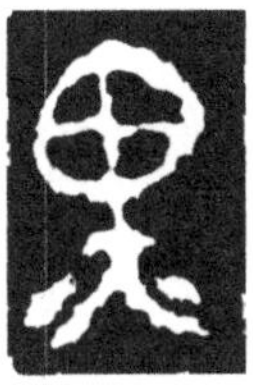

叔黑臣匜（春秋）

qián
黔

《説文》曰：黎也。从黑、今聲。秦謂民爲黔首，謂黑色也，周謂之黎民。《廣雅》曰：黔，黑也。

註：黔首，秦朝對黎民百姓的稱呼。

商鞅量（戰國）

dǎng
tǎng
黨

《説文》曰：不鮮也。从黑、尚聲。

註：不鮮明爲黨之本義。鄉黨之黨本爲鄭，後均以黨代鄭字，黨之本義盡失。黨，或作儻（倘）。

上黨武庫戈（戰國）

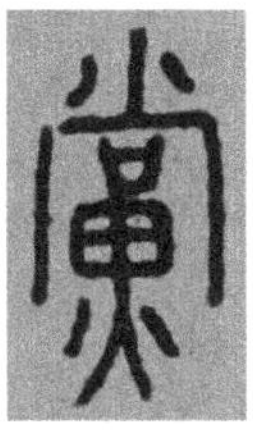

上黨武庫矛（戰國）

黯黭　⿰黑屋　黜⿰黑蚩　⿰黑蔑

yǎn àn
黭

《說文》曰：忘而息也。从黑、敢聲。《六書故》曰：黯，黑也，別作黭。

註：黭，忘也。黭，或同黯。

黭鐘（春秋）【近出殷周金文集録】

wō wò
⿰黑屋

註：⿰黑屋，古代墨刑之名。墨刑，即刺字于面或身體某部。⿰黑屋，或爲誅殺於屋內不斬於市之刑罰。

𠑇匜（西周晚期）讀為⿰黑屋　乃鞭千⿰黑蔑⿰黑屋

chù
⿰黑蚩

註：⿰黑蚩，或爲黜之異體字。古字蚩、出，聲近形類，可互通。

𠑇匜（西周晚期）讀為黜　黜⿰黑屋汝

⿰黑蔑

黴

黣 徽

囱 窗

黴

儹匜（西周晚期）

黴

𤇾伯鬲（西周中期）

měi
黣

《字彙補》曰：黣，面黑氣也。《六書索引》曰：黣，與黴同。

註：黣，膚（肤）色晦黑。

晉戈（戰國）【古文字類編】

chuāng
cōng
囱

《説文》曰：在牆曰牖、在屋曰囱，象形。窗或从穴。囱古文。

註：在牆曰牖，即窗户也，或从穴作窗。在屋曰囱，即烟囱。

望簋（西周中期）　張亞初釋為窗【殷周金文集成引得】

悤 怱聰

炙

赤

cōng
悤

《說文》曰：多遽悤悤也。从心、囪，囪亦聲。

註：，悤之古文。悤，急速、急遽，也作急怱怱。隸變作怱。悤，或假爲聰（聪）、爲蔥、為繱。

讀爲聰
悤（聰）口厥心

讀爲繱
賜汝素芾 參絅 口繱（西周晚期）
大克鼎

毛公鼎（西周晚期）
讀爲蔥
賜汝……悤（蔥）衡 玉環

番生簋（西周晚期）

宗周钟（西周晚期）

蔡侯尊（春秋晚期）

蔡侯盤（春秋晚期）

蔡侯紐鐘（春秋晚期）

蔡侯鎛（春秋晚期）

zhì
炙

《說文》曰：炙肉也。从肉在火上。《玉篇》曰：炙，熱也。註：炙，肉在火上燒烤。

郤王盧（春秋晚期）

chì
赤

《說文》曰：南方色也。从大、从火。古文从炎。《周禮》曰：雜五色，東方謂之青、南方謂之赤。

《說文通訓定聲》曰：赤，假借爲斥。註：赤，大火也。

麥方鼎（西周早期）

麥方尊（西周早期）

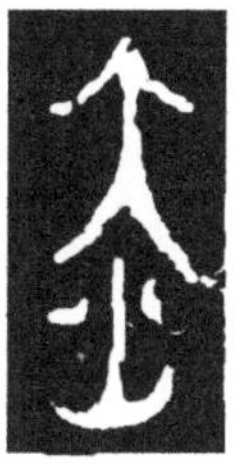
□赤尊（西周早期）

倗□白戈（西周早期）

免簋（西周中期）

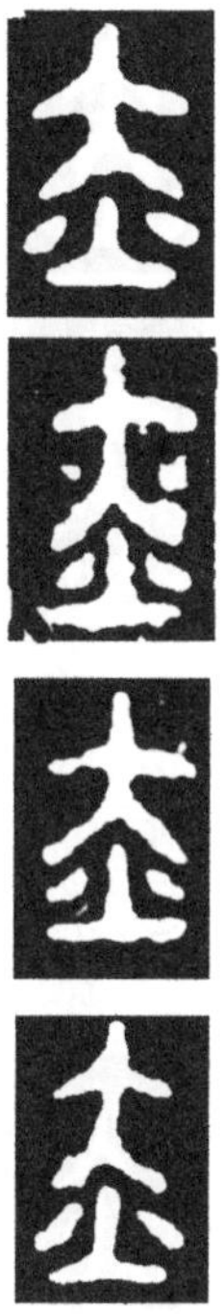
師酉簋（西周中期）

師虎簋（西周中期）

庚季鼎（西周中期）

利鼎（西周中期）

伯晨鼎（西周中期）

師晨鼎（西周中期）

師毛父簋（西周中期）

曶鼎（西周中期）

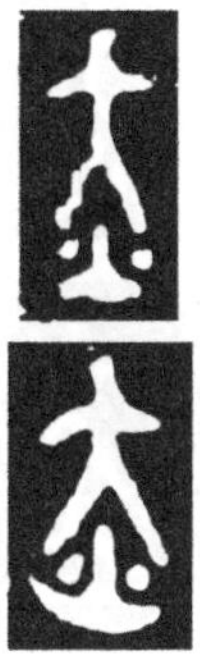
彔作辛公簋（西周中期）

敔簋（西周中期）

衛簋（西周中期）

趞殷（西周中期）

申簋（西周中期）

裘衛盉（西周中期）

盠方彝（西周中期）

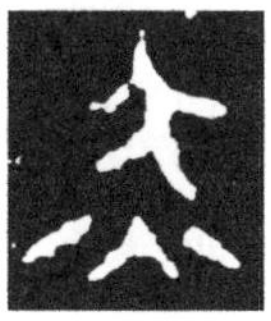
呂服余盤（西周中期）

吳方彝（西周中期）

十三年痶壺（西周中期）

元年師兌簋（西周晚期）

楚簋（西周晚期）

弭叔師察簋（西周晚期）

伊簋（西周晚期）

赤

部訇殷（西周晚期）

趞鼎（西周晚期）

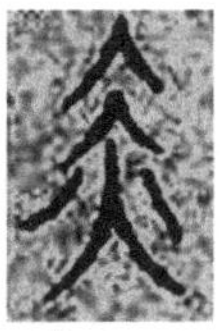
寰鼎（西周晚期）

善夫山鼎（西周晚期）

何簋（西周晚期）

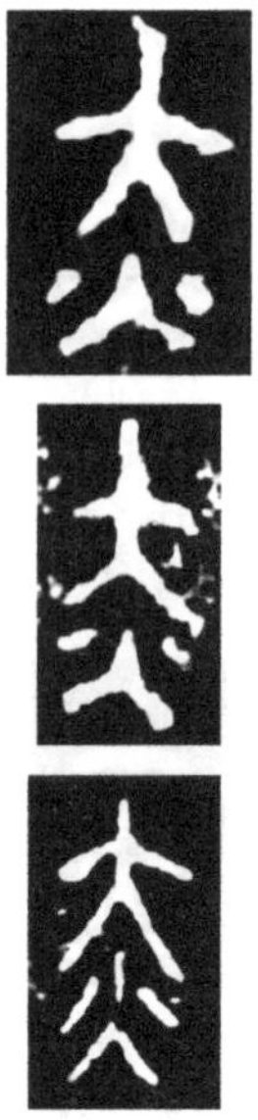
此鼎（西周晚期）

走簋（西周晚期）

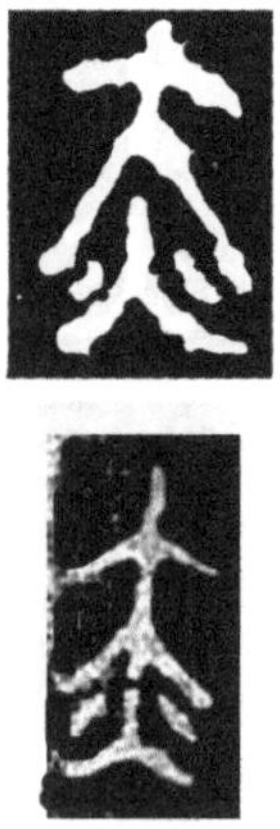
頌鼎（西周晚期）

此簋（西周晚期）

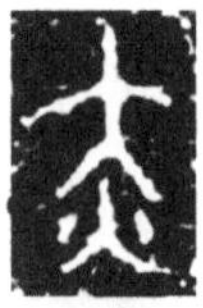
師顈殷（西周晚期）

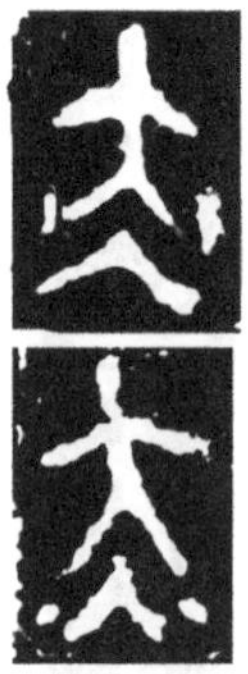
師嫠殷（西周晚期）

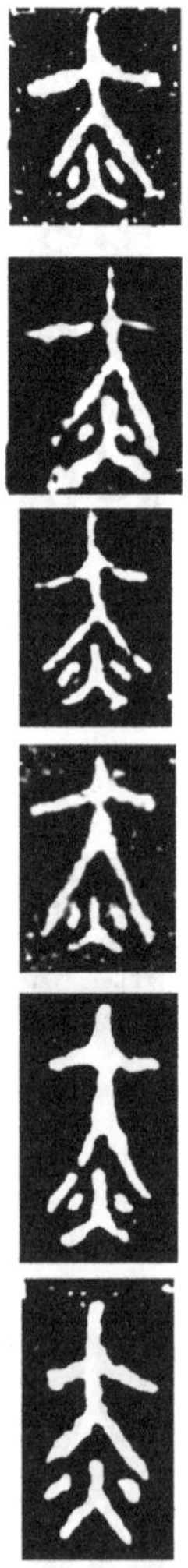
頌簋（西周晚期）

師克盨（西周晚期）

頌壺（西周晚期）

寰盤（西周晚期）

揚簋（西周晚期）

元年師旋殷（西周晚期）

走馬薛仲赤簠（春秋早期）

鼄公華鐘（春秋晚期）

楚屈子赤角簠（春秋晚期）

dà
tài
大

《説文》曰：天大、地大、人亦大，故大象人形。

註：大，像正面站立之人形。亻，像側立之人形，用于偏旁。大，像人形，非爲人字。金文中大或讀爲太，大、太同字。

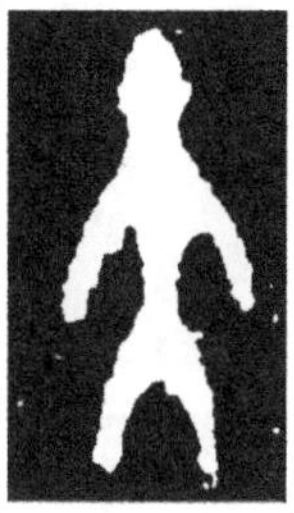
四祀𠨘其卣（殷商）

大禾方鼎（殷商）

小臣缶方鼎（殷商）

戍嗣鼎（殷商）

亞大父乙觶（殷商）

大丏簋（殷商）

大丏觶（殷商）

二祀𠨘其卣（殷商）

保卣（西周早期）

大保卣（西周早期）

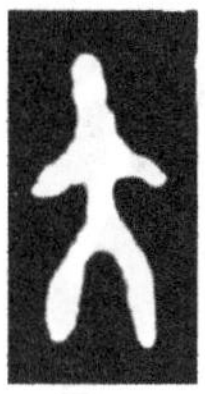
天亡簋（西周早期）

大保簋（西周早期）

小臣謎殷（西周早期）

士上卣（西周早期）

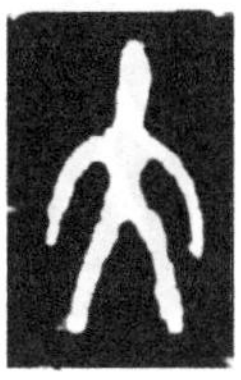
作冊大方鼎（西周早期）

令鼎（西周早期）

大盂鼎（西周早期）

不壽簋（西周早期）

叔簋（西周早期）

大作𣪕鬲（西周早期）

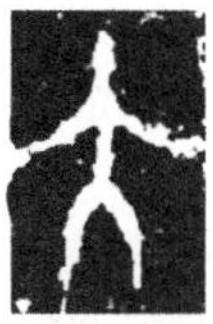
太史友甗（西周早期）

大保方鼎（西周早期）

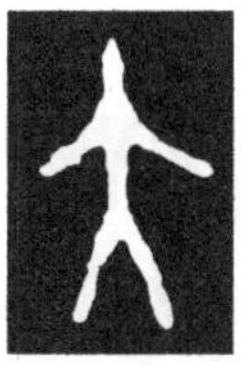
獻侯鼎（西周早期）

𡨦鼎（西周早期）

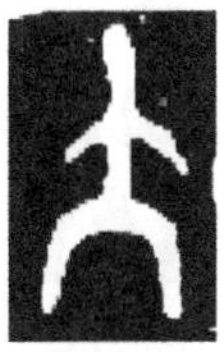

大保鼎（西周早期）

大丏方鼎（西周早期）

大保𢁋作宗室方鼎（西周早期）

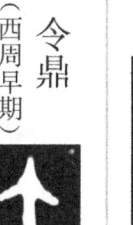

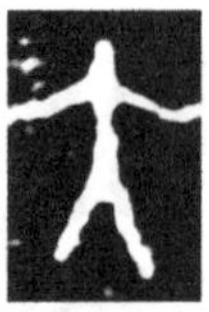
段簋（西周中期）

臣諫簋（西周中期）

免簋（西周中期）

靜簋（西周中期）

免郵（西周中期）

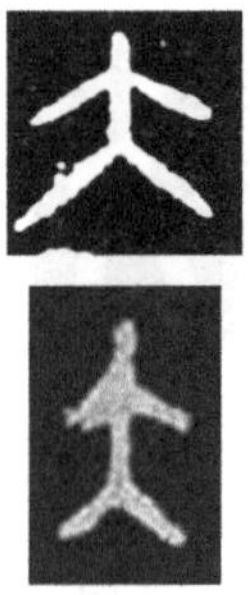
大鼎（西周中期）

師奎父鼎（西周中期）

曶鼎（西周中期）

呂伯簋（西周中期）

癲殷（西周中期）

豆閉簋（西周中期）

即簋（西周中期）

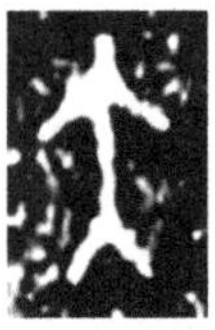
太師虘簋（西周中期）

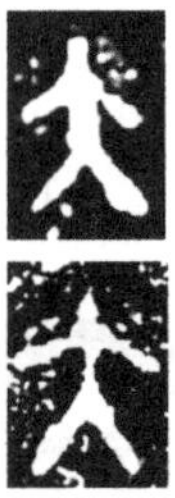
同簋（西周中期）

伯蔑父鼎（西周）

𪓐鐘（西周中期）

癲鐘（西周中期）

大師作叔姜鼎（西周中期）

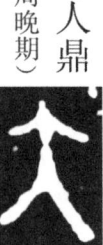

呂方鼎（西周中期）

剌鼎（西周中期）

史牆盤（西周中期）

農卣（西周中期）

走馬休盤（西周中期）

柞鐘（西周晚期）

師臾鐘（西周晚期）

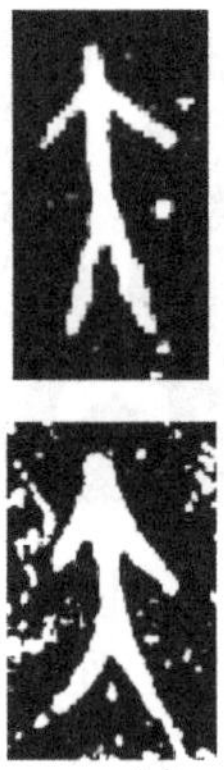
楚公冢鐘（西周晚期）

兮仲鐘（西周晚期）

井人女鐘（西周晚期）

昊生殘鐘（西周晚期）

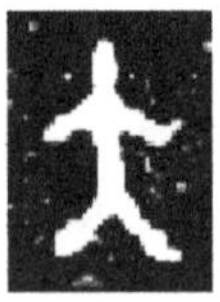
鄭太師小子甗（西周晚期）

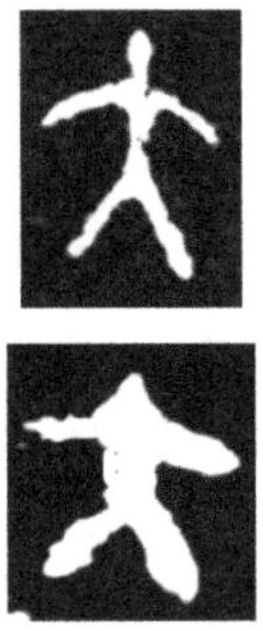
內大子鼎（西周晚期）

大師人鼎（西周晚期）

虢叔大父鼎（西周晚期）

走簋（西周晚期）

君夫簋（西周晚期）

仲爯父簋（西周晚期）

部[illegible]段（西周晚期）

虢段（西周晚期）

伯公父簠（西周晚期）

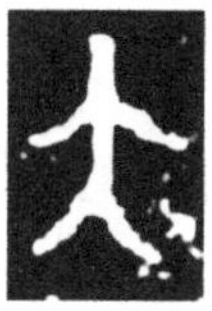
元年師旋段（西周晚期）

諫簋（西周晚期）

師克盨（西周晚期）

内太子白簠（西周晚期）

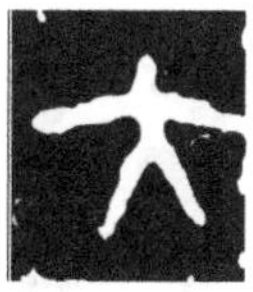
散氏盤（西周晚期）

寰盤（西周晚期）

南宮乎鐘（西周晚期）

沕其鐘（西周晚期）

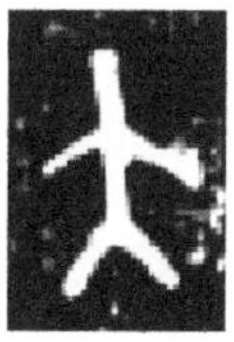
虢叔旅鐘（西周晚期）

内大子白鼎（西周晚期）

師同鼎（西周晚期）

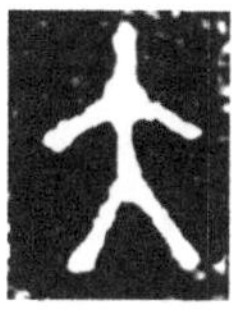
此鼎（西周晚期）

毛公鼎（西周晚期）

太師簋（西周晚期）

召叔山父簠（春秋早期）

黿大宰簠（春秋早期）

大嗣馬簠（春秋早期）

上曾太子鼎（春秋早期）

魯太宰邍父簋（春秋早期）

宗婦鄁嬰鼎（春秋早期）

秦公鎛（春秋早期）

秦公鐘（春秋早期）

齊侯鎛（春秋中期）

宗婦鄁嬰段（春秋）

鐘伯侵鼎（春秋）

郤大子鼎（春秋）

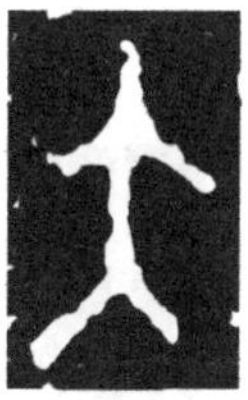
鄦大邑魯生鼎（春秋）

蔡侯尊（春秋晚期）

魁奎

俠挾裌夾

黿公華鐘（春秋晚期）

敬事天王鐘（春秋晚期）

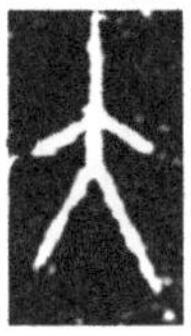
簷大史申鼎（春秋晚期）

曾侯乙鐘（戰國早期）

陳侯午簋（戰國早期）

廿七年大梁司寇鼎（戰國中期）

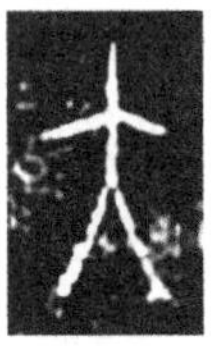
中山王𠑭鼎（戰國晚期）

東陲鼎（戰國）

鑄客爲大句脰官鼎（戰國晚期）

集脰大子鼎（戰國晚期）

kuí
奎

《說文》曰：兩髀之間。从大、圭聲。註：奎，兩髀間即人體之胯。二十八宿之一，奎宿十六星以象似而得名。奎星主文事、文章、文字。故有奎府、奎文之稱。奎同魁。

永盂（西周中期）

口孫奎母盤（春秋）

兆域圖（戰國晚期）

jiā jiá
夾

《說文》曰：持也。从大俠（挾）二人。《集韻》曰：俠，或省作夾。《字彙補》曰：夾，與狹同，隘也。註：夾，像二人相向挾持一人。夾，或指雙層的，如夾衣，後，作袷（裌）。

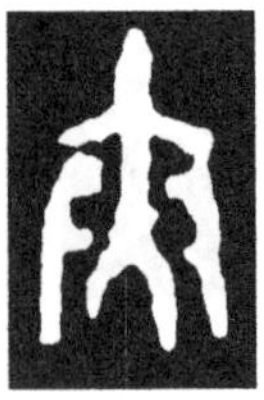
大盂鼎（西周早期）

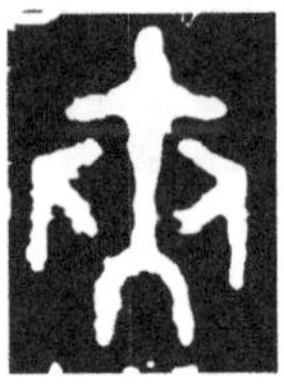
夾作彝壺（西周早期）

員作夾卣（西周早期）

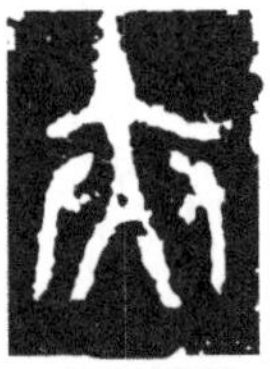

夾作父辛卣（西周早期）

掩淹俺奄

誇跨夸

夾俠挾裌奄掩淹俺夸誇跨

禹鼎（西周晚期）

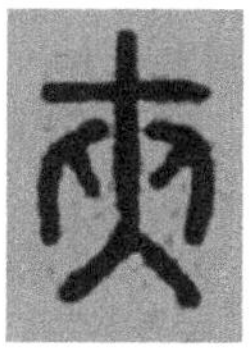

禹鼎（西周晚期）

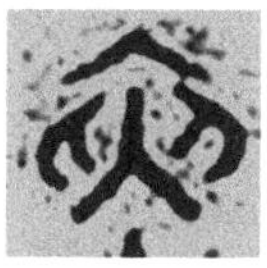

師訇簋（西周晚期）

yān
yǎn
奄

《說文》曰：大有餘也。从大、从申，申展也。

註：奄，大有餘；申展掩蓋也。奄，即掩。奄，或作淹、通俺。

應公鼎（西周早期） 讀為奄 奄以乃弟用夙夕鸞享

kuā
kuà
夸

《說文》曰：奢也。从大、于聲。

註：夸，从大、从于。亏、于本同字。夸，奢侈、誇張、誇大。夸，通誇、通跨。

夸甗（殷商）

夸尊（殷商）

夸爵（殷商）

夸戈（殷商）

夸矛（殷商）

伯夸父盨（西周晚期） 讀為夸 夸父作寶盨

夷　契　栔

yí
夷

《説文》曰：平也。从大、从弓。東方之人也。註：東夷，周初對東海沿線各部族之蔑稱，夷，字形像大（人形）被俘縛索狀，非从弓。夷又有夷平、鏟平之義。

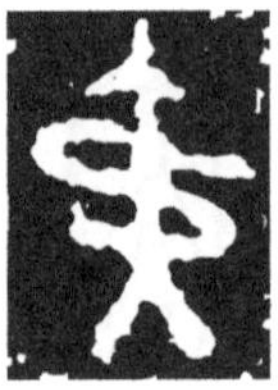

南宮柳鼎（西周晚期）

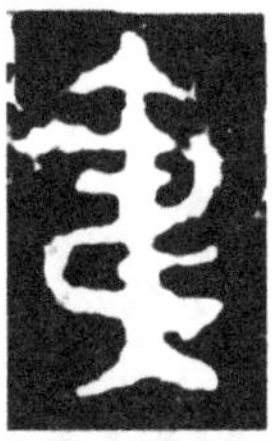

小臣守簋（西周）　讀為夷　王使小臣守使于夷

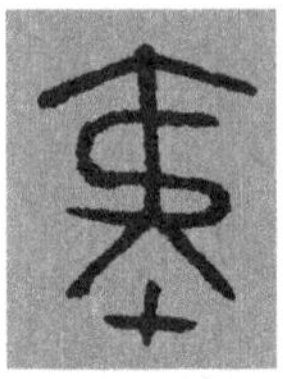

鄦子莫夷鼎（春秋）【金文詁林】

qì
xīe
契

《説文》曰：大約也。註：大約：邦國之約、契約。契，通楔。

栔

栔氏壺（春秋晚期）　讀為契　何是金契吾以為弄壺

匕辛鐃（殷商）

⿱大昜

伯碩⿱大昜盤（西周晚期）

⿱大黽

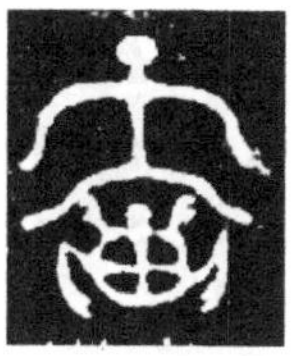
⿱大黽作婦姑甗（殷商）

⿱大黽父乙鼎（殷商）

⿱大黽鼎（殷商）

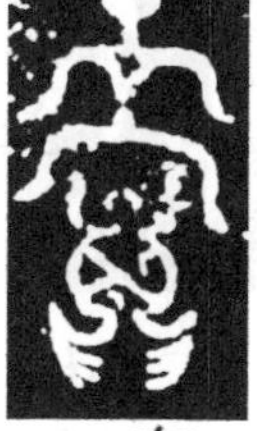
⿱大黽父丁㲃（殷商）

⿱大黽父癸鼎（殷商）

⿱大黽婦未于方鼎（殷商）

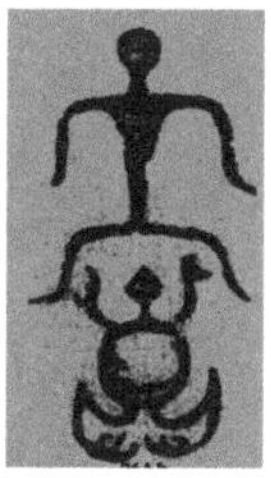
⿱大黽甗（西周早期）

獻侯鼎（西周早期）

⿱大兩

中央勇矛（春秋）

tiē
⿱聑大

註：，為聑之異體。聑，妥帖之帖之本字。或从大，大者人也。

尸作父乙卣（殷商）

伯侯父盤（西周晚期）

⿰口大

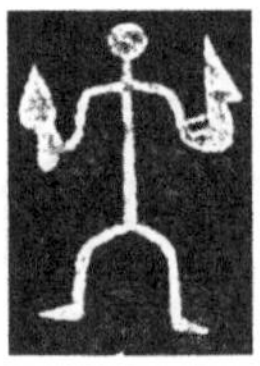

⿰口大父癸尊（殷商）

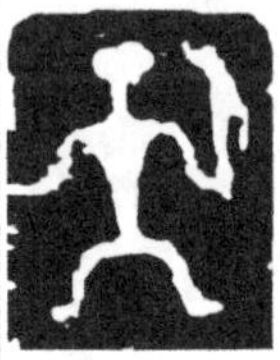

父己爵（殷商）

作且乙卣（西周早期）

父辛𣪘（西周早期）

⿰大戈

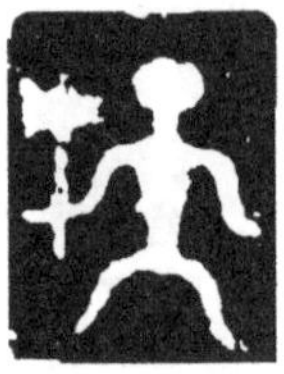

父庚爵（殷商）

⿱大玉

註：⿱大玉，大玉爲寶，或爲寶之異體字。

奤

𡘇

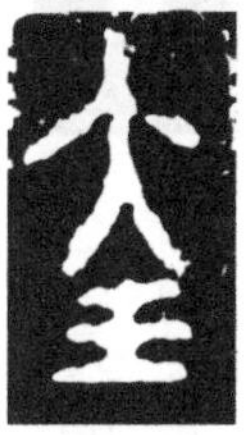
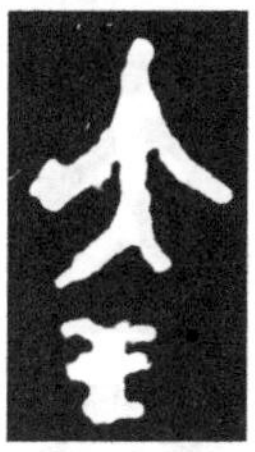

師奎父鼎（西周中期）

奤

奤段（西周早期）

𡘇

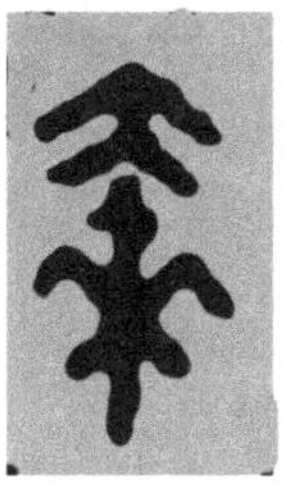

𡘇虎符（戰國）

yì
亦

《説文》曰：人之臂亦（腋）也。从大象两亦（腋）之形。

註：，大，即人形，腋下兩點指事爲腋。

亦，腋之古文本字，後世借爲副詞，再造腋字。亦，或假爲奕。

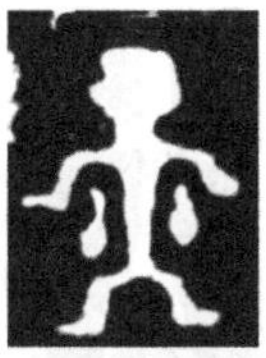

亦戈（殷商）

亦車簋（殷商）

亦車觚（殷商）

亦車矛（殷商）

夨 

毛公旅方鼎（西周早期）

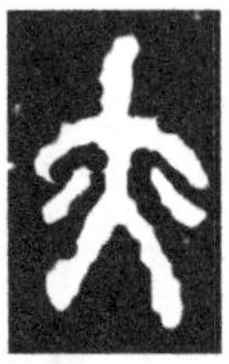

師訊鼎（西周中期）

效卣（西周中期）

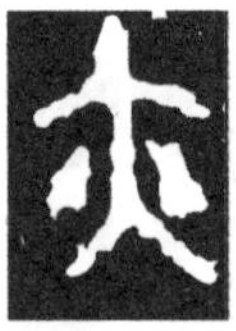
效尊（西周中期）

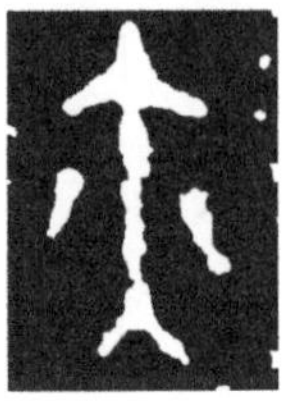
𢐗伯鼎（西周中期）

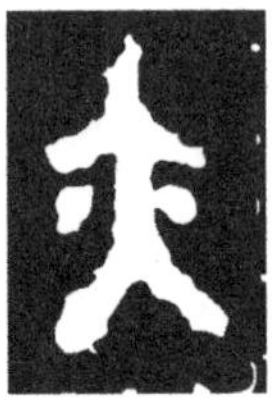
卯簋（西周中期）

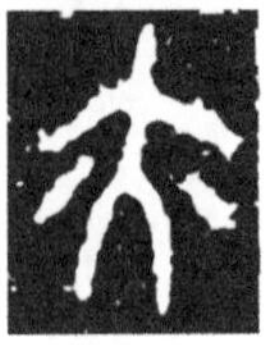
儹匜（西周晚期）

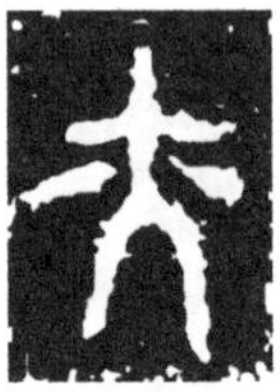
六年召伯虎簋（西周晚期）

羌伯簋（西周晚期）

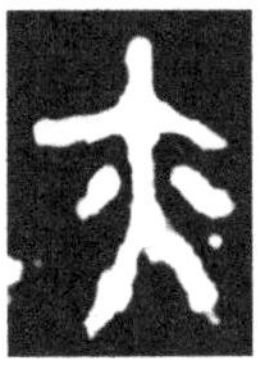
兮甲盤（西周晚期）

伯公父簠（西周晚期）

毛公鼎（西周晚期）

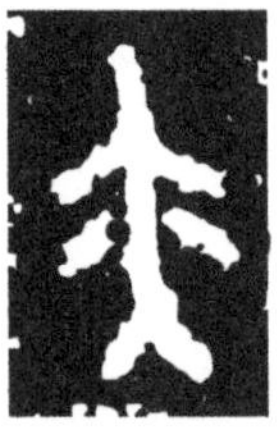

禹鼎（西周晚期）

者沪鎛（戰國早期）

哀成叔鼎（戰國）

zè
夨

《說文》曰：傾頭也。从大象形。

註：夨，人作傾頭之狀，與夭有別；夭，作手動之形，走字从夭。夨、夭為不同字。

夨觚（殷商）

夨王方鼎（西周早期）

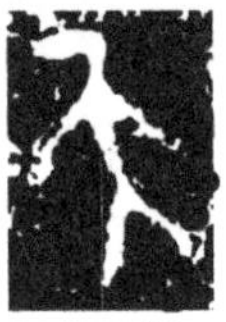
作冊夨令簋（西周早期）

夨伯鬲（西周早期）

吳 

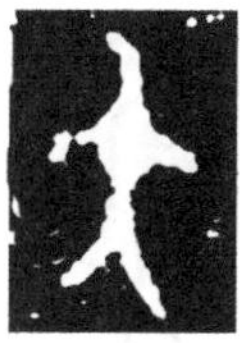
良矢卣（西周早期）

良矢作父辛尊（西周早期）

能匋尊（西周早期）

矢令方尊（西周早期）

矢王觶（西周早期）

矢父戊爵（西周早期）

矢父辛爵（西周早期）

滎子戈（西周早期）

矢戈（西周早期）

矢令方彝（西周早期）

伯矢戟（西周早期）

矢當盧（西周早期）

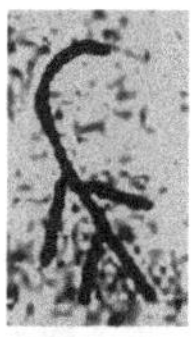
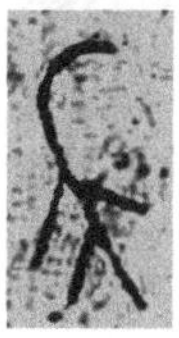
矢丁當盧（西周早期）

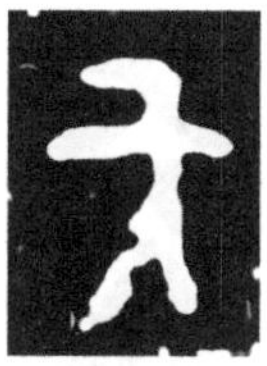

同卣（西周中期）

口作車鑾鈴（西周中期）

散氏盤（西周晚期）

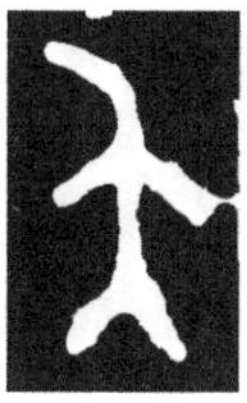
矢賸盨（西周晚期）

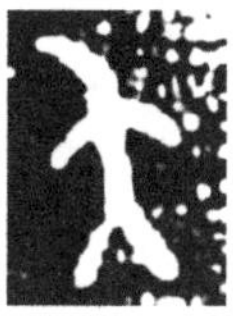
矢王簋（西周晚期）

散伯匜（西周晚期）

散伯簋（西周晚期）

矢鼎（西周）

wú
吳

註：金文吳字像人肩負器皿（陶器等類）之形。吳字本義指制陶人，江蘇一帶製陶發達，或因之為姓、為國。

吳，通虞。

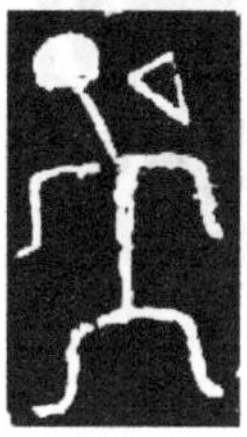
方鼎（殷商）

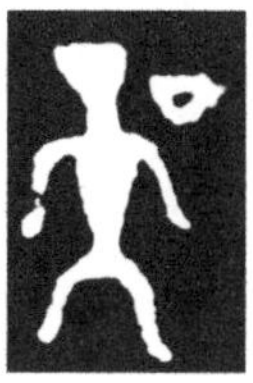
杕駿觥蓋（西周早期）

吳盉（西周早期）

吳盤（西周早期）

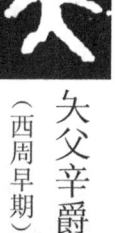

師酉簋（西周中期） 讀爲虞 王在吳（虞）格吳（虞）太廟

同簋（西周中期）

𦵴殷（西周中期）

九年衛鼎（西周中期）

吳方彝（西周中期）

班簋（西周中期）

靜簋（西周中期）

𫭢駿殷（西周中期）

免簠（西周中期） 讀爲虞 眔吳（虞）眔牧

師虎簋（西周中期）

師𤸫殷蓋（西周中期）

吳尨父殷（西周晚期）

吳王姬鼎（西周晚期）

伯頵父鼎（西周晚期）

𫹉叔簠（西周晚期）

作吳姬匜（西周晚期）

伯𦳌父殷（西周晚期）

大簋蓋（西周晚期）

魯𤔲徒伯吳𥎦（西周晚期）

吳王御士叔𦉜簠（春秋）

吳王光鑑（春秋晚期）

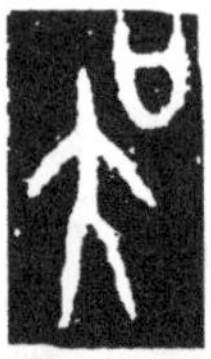

吳王夫差鑑（春秋）

配兒鉤鑃（春秋晚期）

吳王孫無土鼎（春秋晚期）

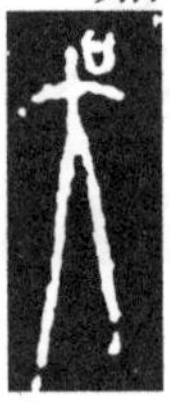
蔡侯盤（春秋晚期）

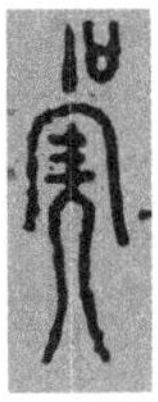
吳王季子劍（春秋晚期）

董武鐘（戰國）

吳王長口帶鉤（戰國）

中山王譽鼎（戰國晚期）

吳王夫差矛（戰國晚期）

yāo wò
夭

註：夭，人奔走雙臂搖曳之形。奔、走等字从之。小篆譌变爲，像人頭傾側屈折之狀，其義隨之變爲屈曲、摧折之義。夭，通妖、通沃。

亞夭爵（殷商）

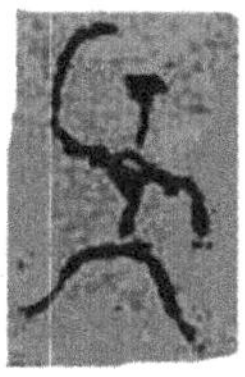
夭作彝觚（西周早期）

qiáo jiāo
喬

《說文》曰：高而曲也。从夭、从高省。

註：喬，或爲鐈、爲驕、爲蹻。

喬夫人鼎（春秋早期）

邵黛鐘（春秋晚期）

嵩君鉦鉞（春秋晚期） 或从止

楚王酓忎鼎（戰國晚期） 讀爲鐈 室鑄喬（鐈）鼎

中山王䜌鼎（戰國晚期） 讀爲驕 毋富而喬（驕）

bēn
奔

《說文》曰：走也。

註：奔，从夭，人奔走雙臂搖曳之形，下从三止（趾），以示多脚奔走。後，三止譌為。奔，譌為。

⿰足夭　⿰羽朋　⿰夭夭

大盂鼎（西周早期）　从三止（趾）取奔義　亨奔走　畏天威

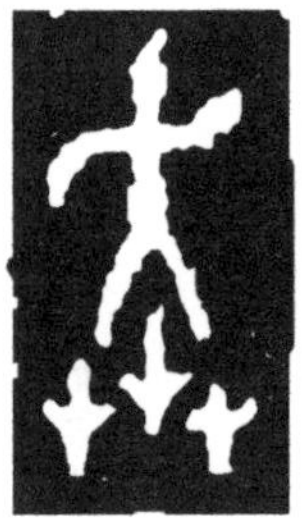

周公簋（西周早期）

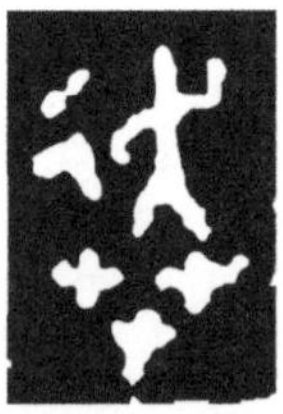

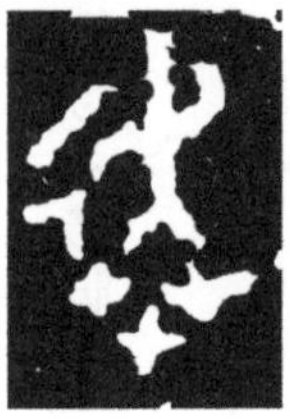

㦰殷（西周中期）

大克鼎（西周晚期）

效卣（西周中期）

中山王嚳鼎（戰國晚期）

⿰夭夭

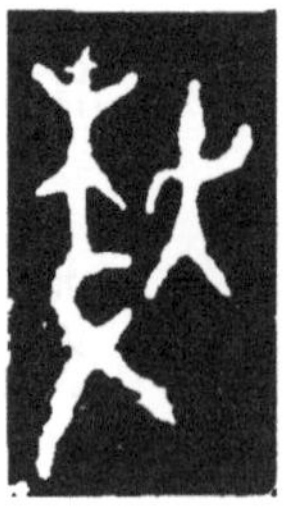

⿰羽朋

⿰足夭

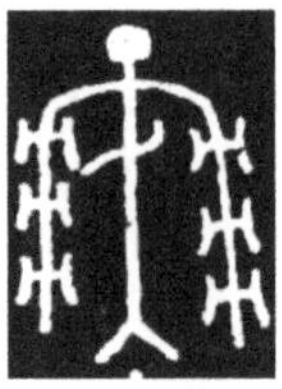

女鼎（殷商）

父乙殷（殷商）

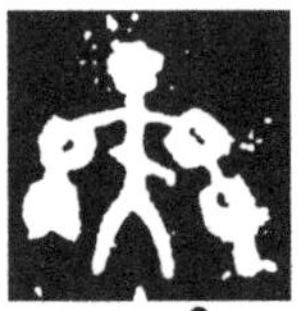

父己卣（殷商）

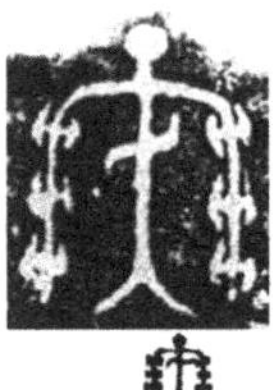

且癸爵（殷商）

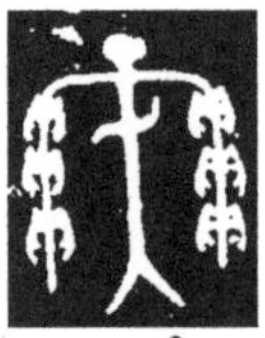

父乙壺（西周早期）

交

⿰大⿱罒大

⿰歨夭作寶彝甗
（西周早期）

亞⿰大⿱罒大鼎
（殷商）

亞⿱宀亞父乙卣
（殷商）

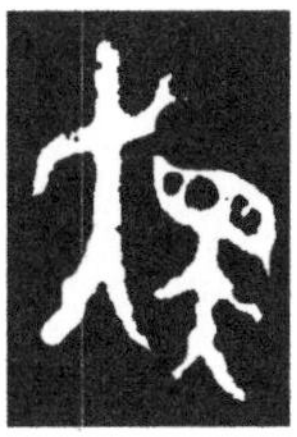
亞⿰大⿱罒大尊
（殷商）

jiāo
交

《説文》曰：交脛也。从大，象交形。

註：交，像正面人雙腿相交形。交，通跤、通絞。

交鼎鼎
（殷商）

交觚
（殷商）

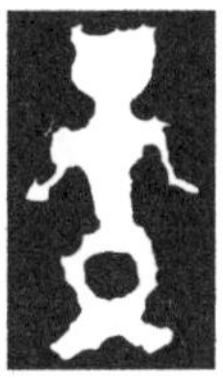
交戈
（殷商）

交鼎
（西周早期）

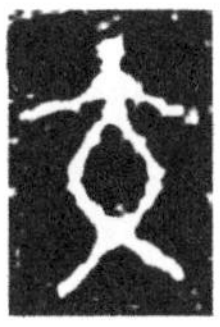
圅交仲簠
（西周晚期）

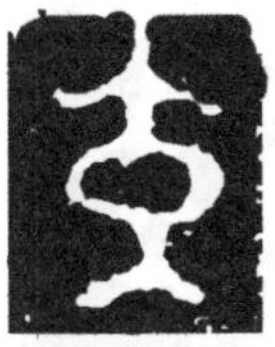

交君子叕簋
（西周晚期）

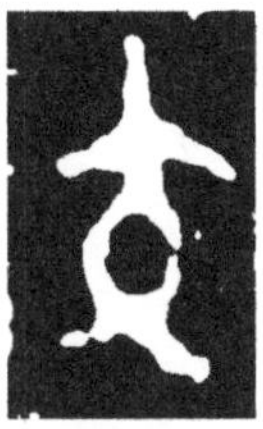

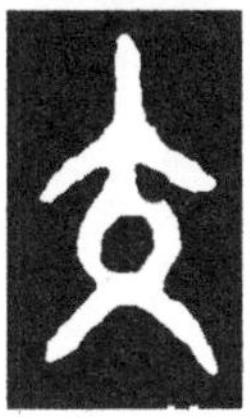
琱伐父簋
（西周晚期）

交君子叕壺
（西周晚期）

交君子鼎
（春秋）

尪尣　跛尳　奏

wāng
尣

《説文》曰：跛，曲脛也。从大，象偏曲之形。

註：尣，像人曲一足形，即跛、瘸也。尣，或同尪。

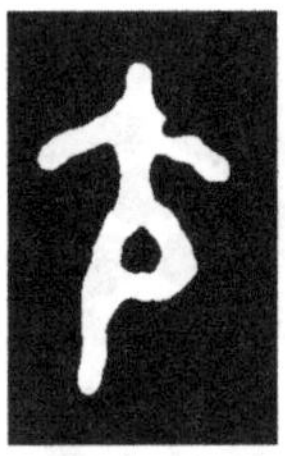
史牆盤（西周中期）

bì
bǒ
尳

張亞初釋爲跛。【殷周金文集成引得】

註：，或同狉，獸名，似豕。

伯罰卣（西周早期）

奏

蔡大史鉌（春秋）

壺

hú 壺

註：[glyph]壺，盛飲之器也，象形，上爲蓋，鼓腹類似葫蘆，兩側雙耳，下置裙足。不同于今之有鋬（把手）、有流（壺嘴）之壺類。壺爲祭祀或盛宴之重器。

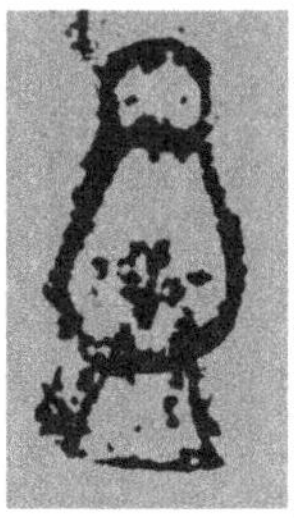

壺觚（殷商）

口父壺（西周早期）

內公壺（西周早期）

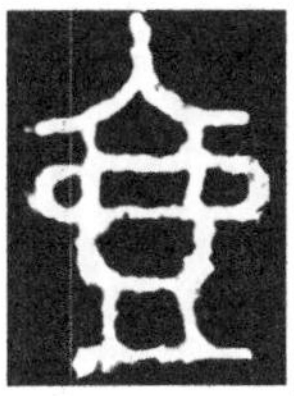

長隹壺尊（西周早期）

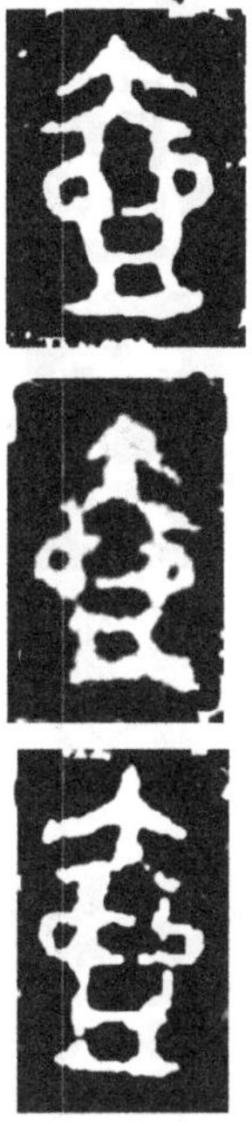

長隹壺爵（西周早期）

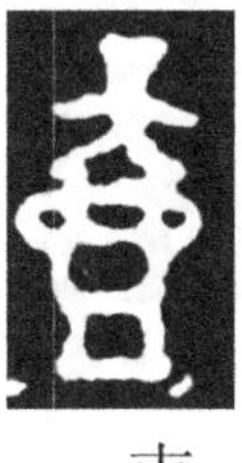

吏从作壺（西周早期）

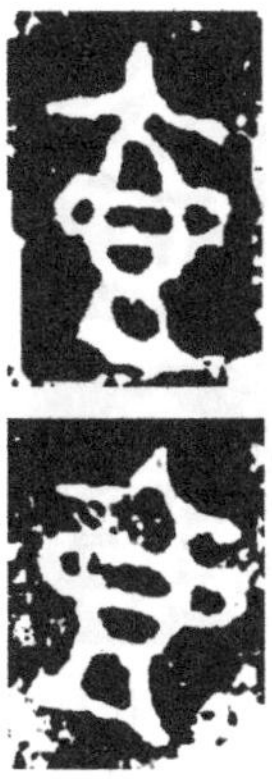

才作壺（西周早期）

作旅壺（西周早期）

伯作寶壺（西周早期）

員作旅壺（西周早期）

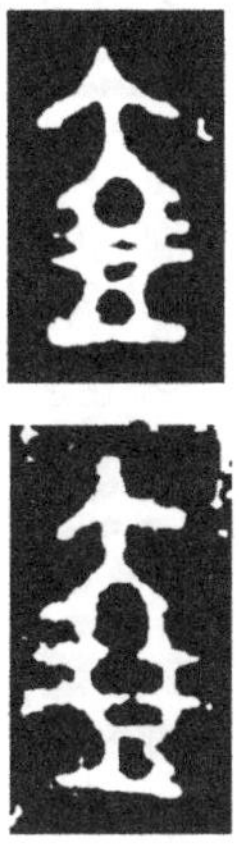

嬗妊壺（西周早期）

恒作且辛壺（西周早期）

周𡚬壺（西周中期）

𣏕氏車父壺（西周中期）

番匊生壺（西周中期）

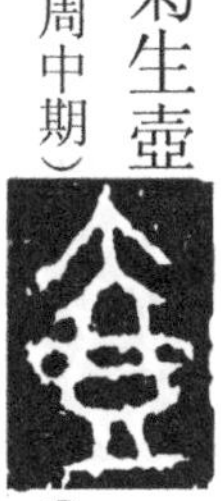

几父壺（西周中期）

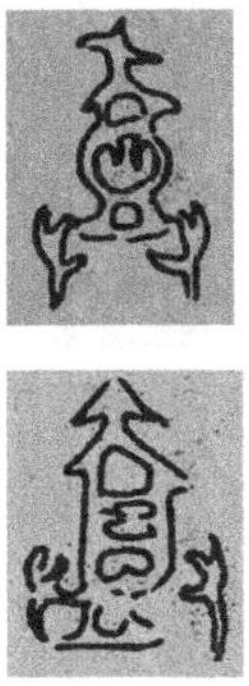

呂季姜壺（西周中期）

*髙壺（西周中期）

中伯壺（西周中期）

三年瘨壺（西周中期）

皆作尊壺（西周中期）

戔作寶壺（西周中期）

鬼作父丙壺（西周中期）

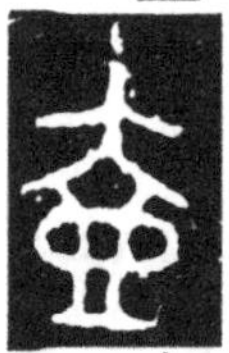
大師小子師望壺（西周中期）

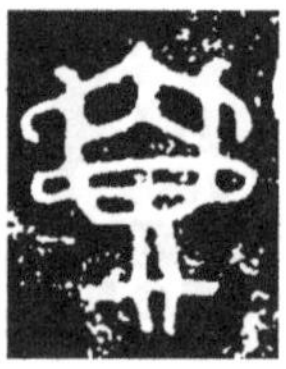
天姬壺（西周中期）

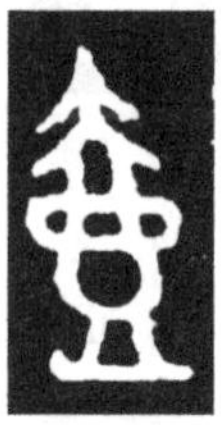
𠟭嫣壺（西周中期）

孟𢦏父壺（西周中期）

夾伯壺蓋（西周中期）

曶壺（西周中期）

五年召伯虎簋（西周晚期）

鬺仲多壺（西周晚期）

伯灤父壺（西周晚期）

楷侯壺（西周晚期）

內大子白壺（西周晚期）

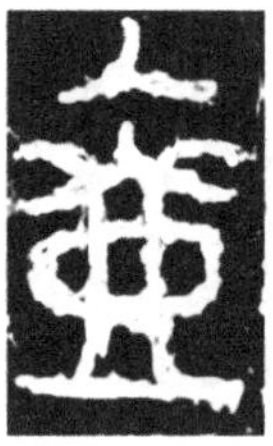
蔡公子壺（西周晚期）

交君子𠭯壺（西周晚期）

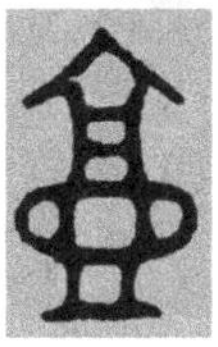
兮熬壺（西周晚期）

魯侯壺（西周晚期）

伯魚父壺（西周晚期）

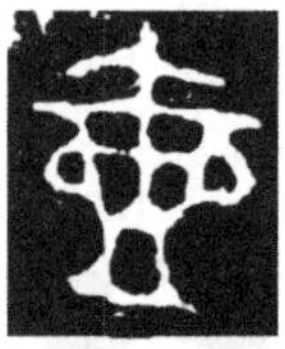

㚘車父壺（西周晚期）

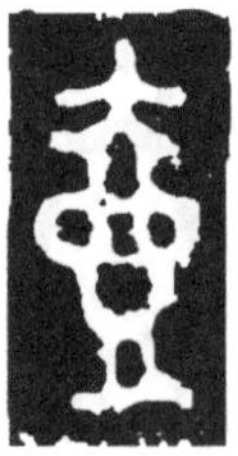
子叔壺（西周晚期）

成伯邦父壺（西周晚期）

㡉伯曩生壺（西周晚期）

鄭楙叔賓父壺（西周晚期）

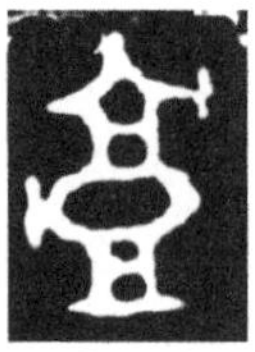
孟上父壺（西周晚期）

伯多壺（西周晚期）

鄧孟壺（西周晚期）

王伯姜壺（西周晚期）

呂王壺（西周晚期）

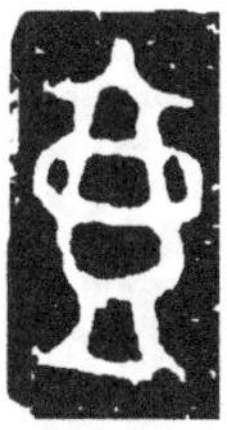
保侃母壺（西周晚期）

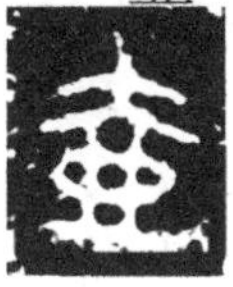
史僕壺（西周晚期）

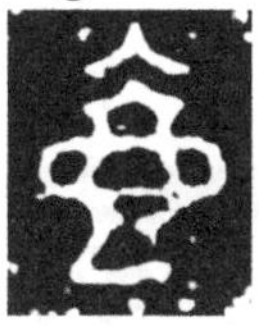
眉𬂇壺（西周晚期）

仲南父壺（西周晚期）

伯公父壺（西周晚期）

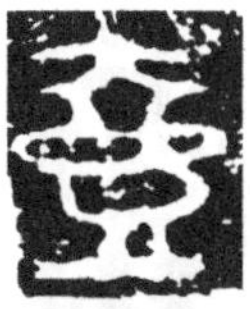

虞嗣寇壺（西周晚期）

殳季良父壺（西周晚期）

頌壺（西周晚期）

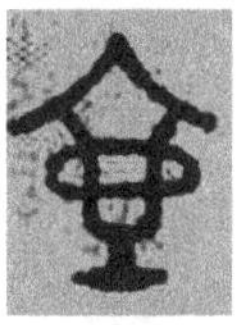
治仲考父壺（春秋早期）

走馬嘉壺（春秋早期）

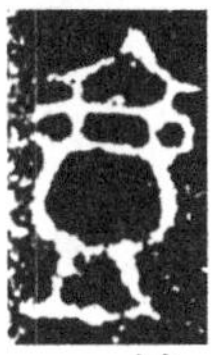
曾仲斿父壺（春秋早期）

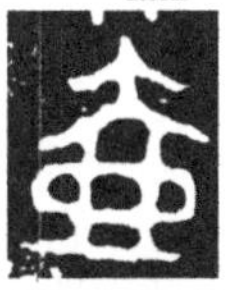

陳侯壺（春秋早期）

華母壺（春秋早期）

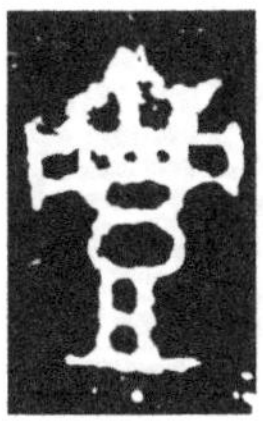
侯母壺（春秋早期）

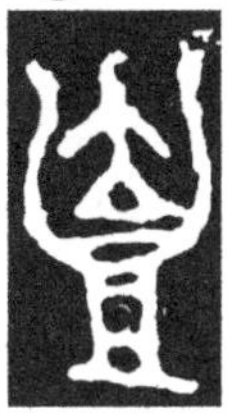
杞伯每匕壺蓋（春秋早期）

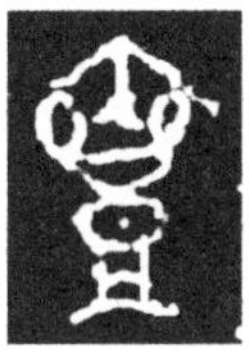
洹子孟姜壺（春秋）

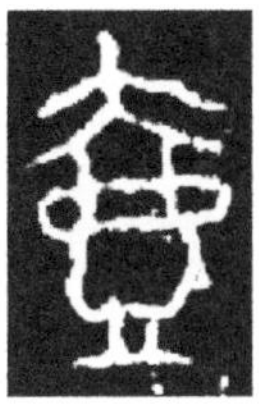
曾伯陭壺（春秋）

公鑄壺（春秋）

齊良壺（春秋）

虞侯政壺（春秋）

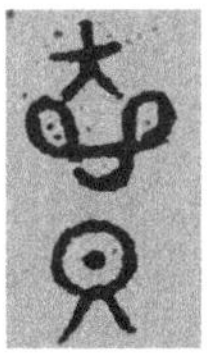
𡉚公壺（春秋）

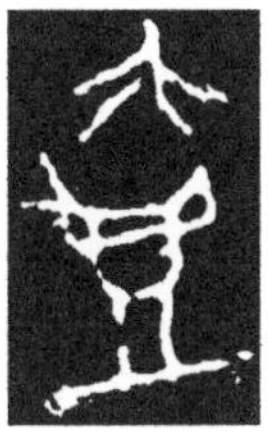
盜叔壺（春秋晚期）

庚壺（春秋晚期）

陳喜壺（戰國早期）

左斿子壺（戰國）

己斿子壺（戰國）

東周左𠂤壺（戰國）

曾姬卹壺（戰國）

子婼逘子壺（戰國晚期）

中山王譽方壺（戰國晚期）

壹

懿

伯㦰觶（西周中期） 或从殳

伯作姬觶（西周中期）

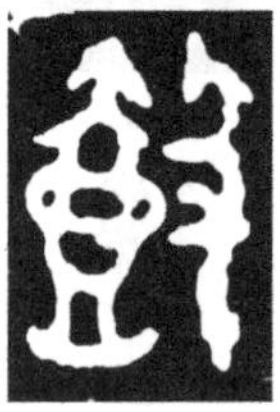
曩仲觶（西周中期）

圅皇父鼎（西周晚期） 或从金

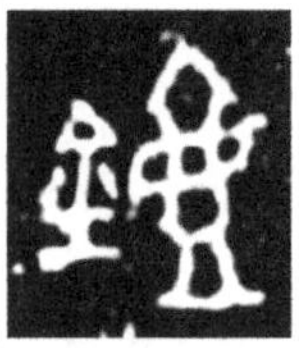
圅皇父簋（西周晚期）

yī
壹

《說文》曰：專壹也。从壺、吉聲。

商鞅量（戰國）

yì
懿

註：懿，美也、大也。懿德，美德、大德。金文懿，从壹省作、从恣省作欠。

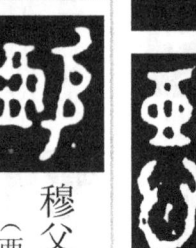

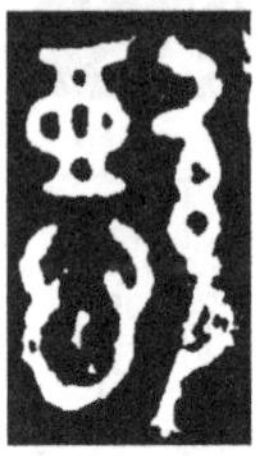
曩仲觶（西周中期）

㾊鐘（西周中期）

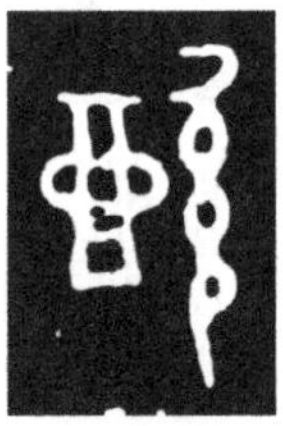
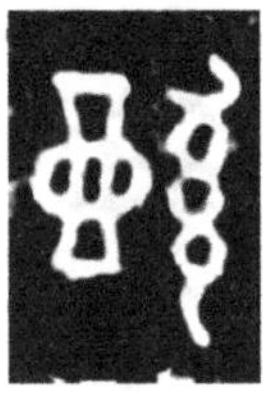
班簋（西周中期）

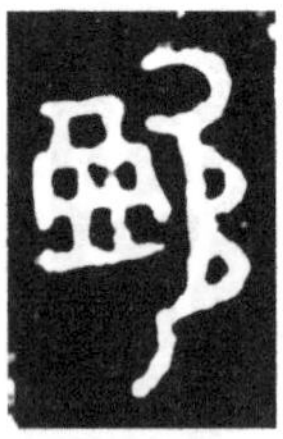

穆父作姜懿母方鼎（西周中期）

師訊鼎（西周中期）

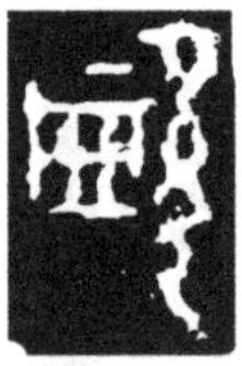
匡卣（西周中期）

㚔幸

睪

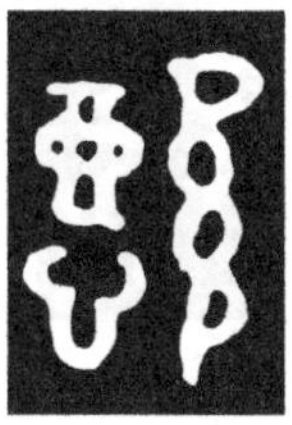
史牆盤（西周中期）

單伯昊生鐘（西周晚期）

禹鼎（西周晚期）

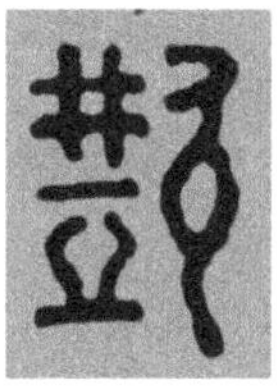
禹鼎（西周晚期）

叔作懿宗方鼎（西周）

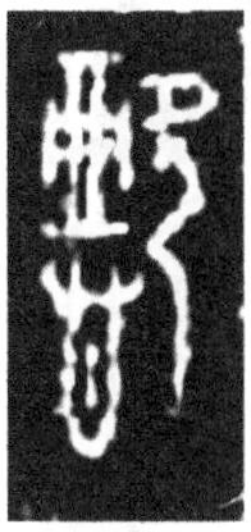
禾簋（春秋晚期）

xìng niè
幸

《玉篇》曰：㚔，今作幸。《小爾雅》曰：非分而得謂之幸。註：㚔，本爲拘鎖刑具之象形，像今之手銬，凡从㚔之字均與拘執罪犯有關，如執、報、圉等。㚔，隸變與幸相混爲同字。幸，或假爲皋。

㚔觚（殷商）

㚔父辛卣蓋（殷商）

匽父辛觥（西周早期）

嗇夫戈（戰國晚期）

中山王譽方壺（戰國晚期） 讀爲皋 是以身蒙幸（皋）胄

yì zé gāo
睪

註：睪，上从网、下从幸、幸或作㚔，㚔，拘鎖罪犯之刑具。睪，有网捕罪犯之義。睪，或同睾、通皋。

《洪武正韻》曰：擇，選也，亦作睪。《說文通訓定聲》曰：睪，假借爲澤。

曾侯乙鐘（戰國早期）

摯蟄執

zhí 執

註：執，拘捕罪人也。从丮，像罪人側踞；从幸，像刑具手銬。執之本義即拘捕。執，通摯、通慹、通蟄。

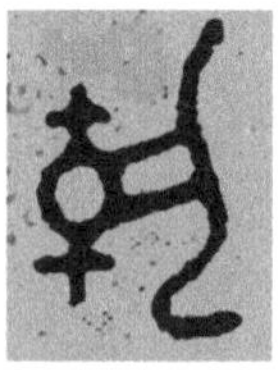
執尊（殷商）

執卣（西周早期）

季紈鬲（西周早期）

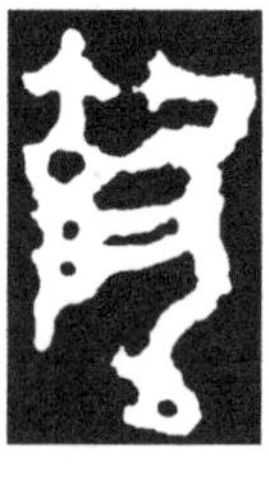
執父乙爵（西周早期）

虎簋蓋（西周中期）【近出殷周金文集錄】

五祀衛鼎（西周中期）

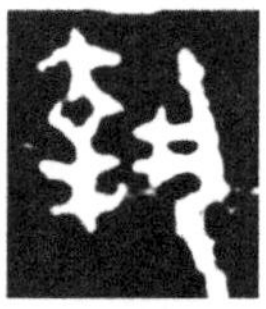

戜殷（西周中期）

員方鼎（西周中期）

師寰殷（西周晚期）

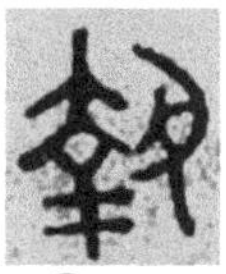
敔簋（西周晚期）

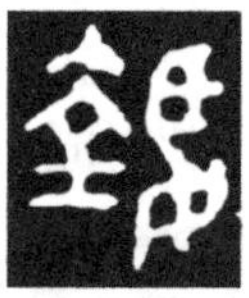

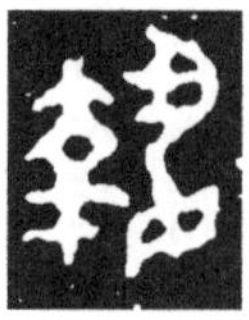
不嬰殷（西周晚期）

師同鼎（西周晚期）

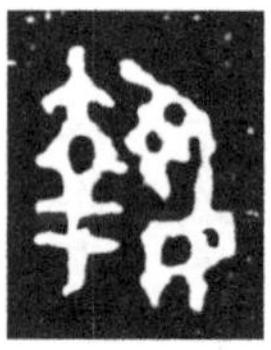
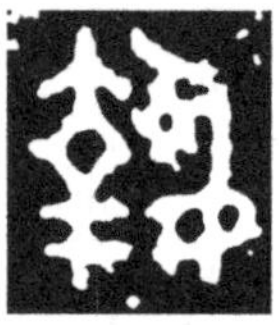
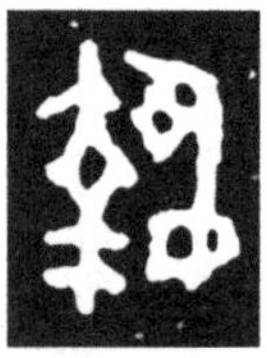

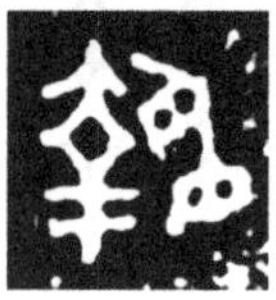
多友鼎（西周晚期）

翏生盨（西周晚期）

虢季子白盤（西周晚期）

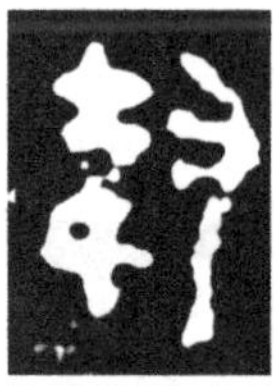
兮甲盤（西周晚期）

散氏盤（西周晚期）

叔尸鐘（春秋晚期）

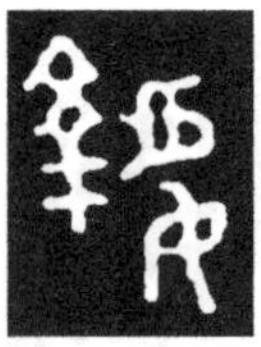
庚壺（春秋晚期）

兆域圖（戰國晚期）

yǔ

圉

《說文》曰：囹圄所以拘罪人。从㚔、从囗。一曰：圉，垂也。

註：圉，即圄之古文，㚔，带刑具之人在囗中，本義爲坐牢，或囹圄。圉，或曰國之邊境、邊陲。

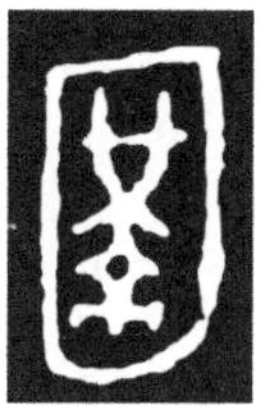

圉方鼎（西周早期）

圉簋（西周早期）

圉甗（西周早期）

圉卣（西周早期）

史牆盤（西周中期）

chóu
zhōu

盩

《廣韻》曰：盩，曲水曰盩。徐同柏曰：盩，即抽字，引也。【從古堂款識學】

註：盩，或假爲調。

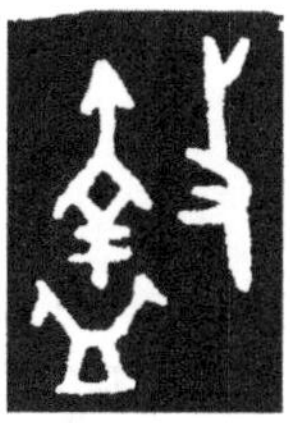

呂簋（西周早期）

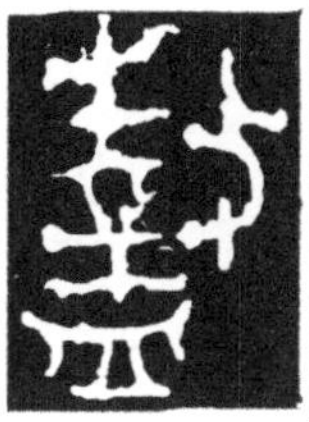

盩嗣土幽且辛尊（西周早期）

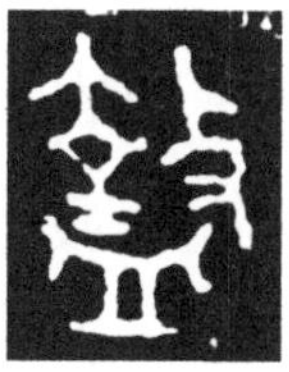

㝬殷（西周晚期） 讀爲調 稱盩（調）先王宗室

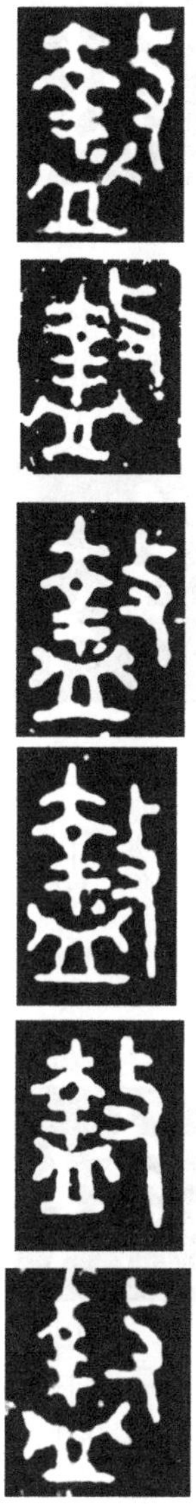

史頌簋（西周晚期）

bào

報

《說文》曰：當罪人也。从㚔、从𠬝，𠬝，服罪也。註：報，从𠬝，服之本子，像以又（手）捕人狀。从㚔（幸之異體），縛手之刑具（手銬）。抓捕罪犯服罪曰報。此乃報之本義。

作冊夨令簋（西周早期）

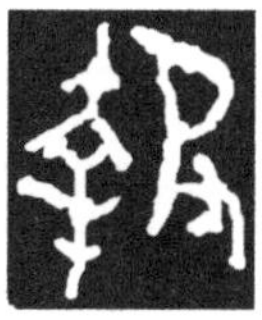

五年召伯虎簋（西周晚期）

六年召伯虎簋（西周晚期）

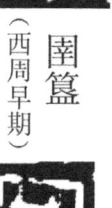

tà
敉

《集韻》曰：撻，古作敉。

敉戈（殷商）

敉爵（殷商）

敉爵（殷商）

鼎（殷商）

三年馬師鈹（戰國）

口年邦府戈（戰國晚期）

十二年邦司寇劍（戰國晚期）

四年建信君鈹（戰國晚期）

hèng
啈

註：，从口、从㚔（同幸）即啈。啈，表示厲害，發狠之聲。

葡父乙毁（殷商）

葡睪方觚（殷商）

爵（殷商）

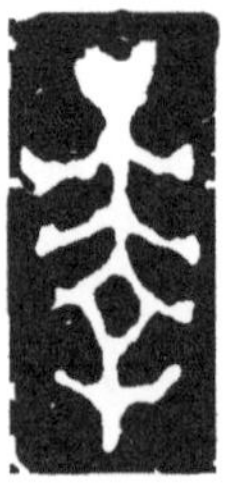
睪鼎（西周早期）

shē
奢

《說文》曰：張也。从大、者聲。籀文奢。

註：鋪張、奢侈、揮霍曰奢。奢或作奓。

奢毁（西周早期）

奢虎簠（春秋早期）

鄦奓魯鼎（春秋）【三代吉金文存】

gāng kàng
亢

《廣雅》曰：亢，高也。亢，彊也。《説文通訓定聲》曰：亢，假借爲抗、爲伉。

註：亢，高亢。亢，金文字形同甲骨文。

亞亯亢觚（殷商）

亢父癸觚（殷商）

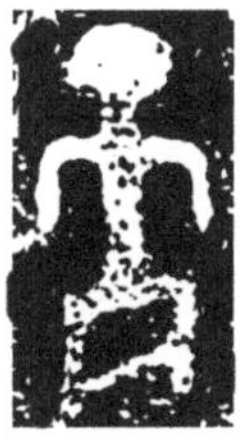
亢爵（殷商）

亢觚（殷商）

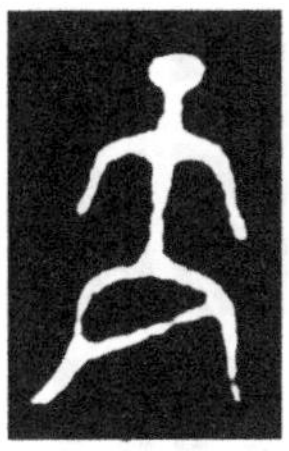
亞高作父癸簋（西周早期）

效作且辛尊（西周早期）

矢令方彝（西周早期）

趞𣪘（西周中期）

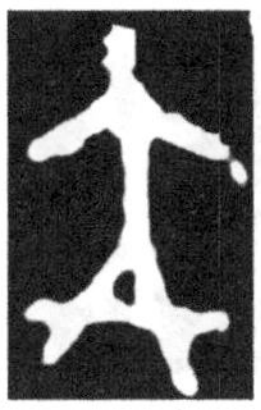
盠方彝（西周中期）

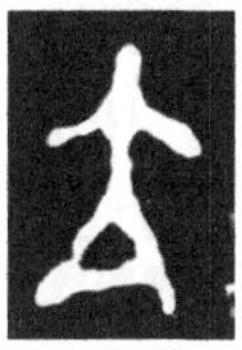
亢僕簋（西周中期）

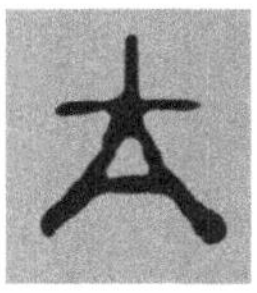
何簋（西周晚期）

hū bēn
奉

《説文》曰：疾也。从夲、卉聲。拜（字）从此。

註：奉，迅疾也。在金文中假爲賁、爲奔、爲饙、爲弼、爲百。

鄒鬲（殷商）

盂爵（西周早期）

季盄尊（西周早期）

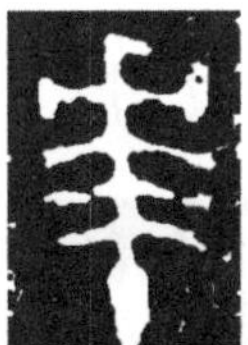
圉卣（西周早期）

叔簋（西周早期）

獻侯鼎（西周早期）

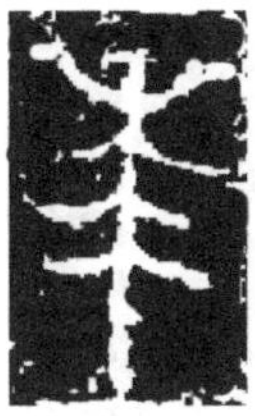
圉甗（西周早期）

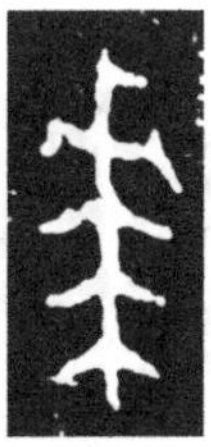
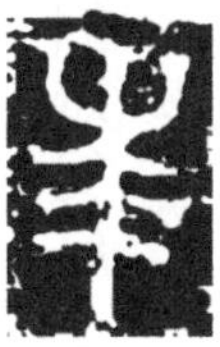
圂𣪘（西周早期）

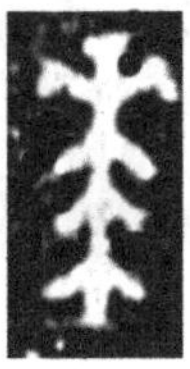
伯麸𣪘（西周早期）

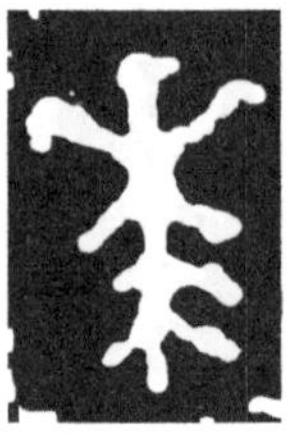

衛鼎（西周中期）

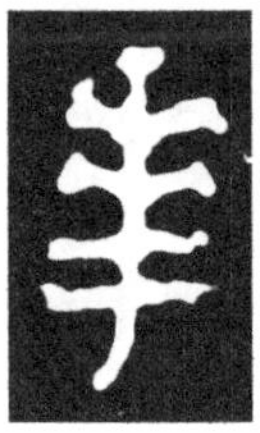

不指方鼎（西周中期）

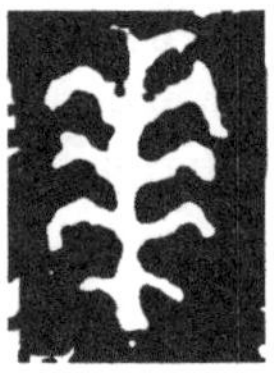

伯幾父簋（西周中期）　讀爲饙

彔伯𢦏段蓋（西周中期）

九年衛鼎（西周中期）

幾父壺（西周中期）

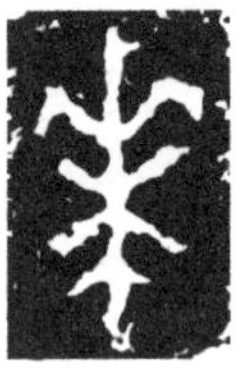

王臣簋（西周中期）

趞觶（西周中期）　讀爲百　𠦪（百）世子孫毋敢墜

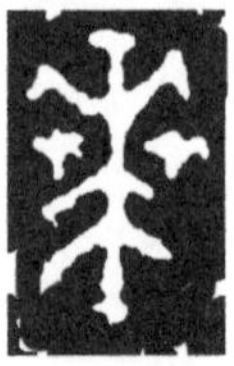

吳方彝（西周中期）

裘衛盉（西周中期）

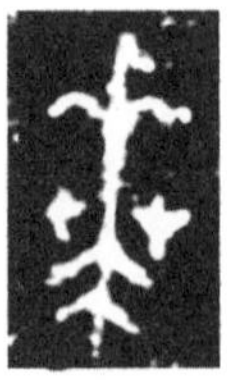

師克盨（西周晚期）

毛公鼎（西周晚期）

善夫山鼎（西周晚期）

㪤車父段（西周晚期）

害簋（西周晚期）

杜伯盨（西周晚期）

番生簋（西周晚期）

羌伯簋（西周晚期）　讀爲弼　乃祖克𠦪（弼）先王

三年師兌簋（西周晚期）

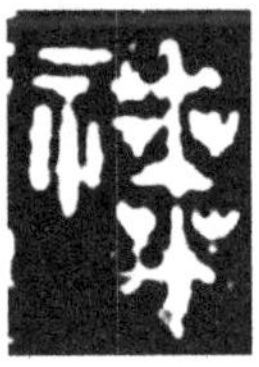

矢令方彝（西周早期）　或从示

yǔn
⿰夲允

註：⿰夲允，同允。假爲狁，玁狁，古代少數民族部落。

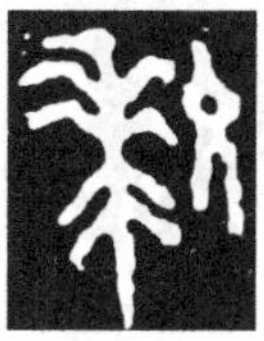

虢季子白盤（西周晚期） 讀爲狁 搏伐玁⿰夲允（狁）

兮甲盤（西周晚期） 讀爲狁 格伐玁⿰夲允（狁）

zòu
奏

《說文》曰：奏進也。从夲、从廾、从中。中，上進之義。古文奏。

註：進獻曰奏，向帝王進言曰上奏。奏，通揍、通湊。

作冊般銅黿（殷商）【中國歷史文物】二〇〇五第一期

伯鼎（西周中期） 奏之古文 奏伯作旅鼎

gāo
皋

《說文通訓定聲》曰：皋，此字當訓澤邊地也。

註：皋，水岸。皋，通高、通嘷，或假為告。

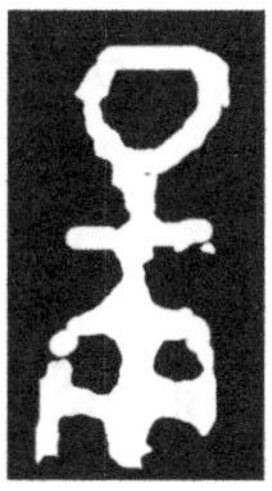

亞皋父辛爵（殷商） 讀為告 亞皋（告）

hào
昊

《說文》曰：春爲昊天，元氣昊昊。

註：昊，指廣大之天。昊，通皓。

奚 

徯 傒

史牆盤（西周中期）

xī 奚

註：奚，其字形像以繩索縛人、以爪（手）持索。其本義爲綁縛之奴隸。古代男奴稱隸、女奴稱奚。

奚，或从，即古文系字。

亞奚簋（殷商）

亞奚卣（殷商）

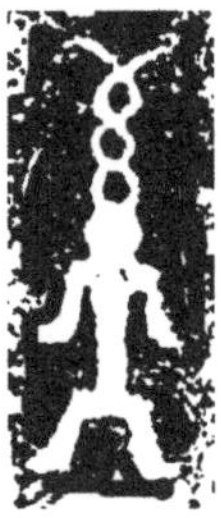

奚斝（殷商）

奚爵（殷商）

奚卣（殷商）

奚觚（殷商）

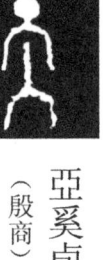

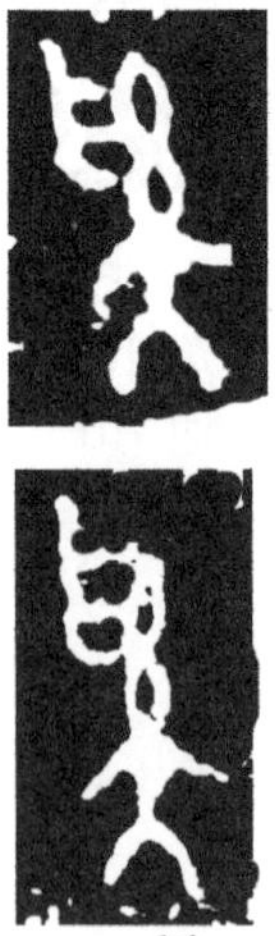

葡亞作父癸角（殷商）

趞盂（西周中期）

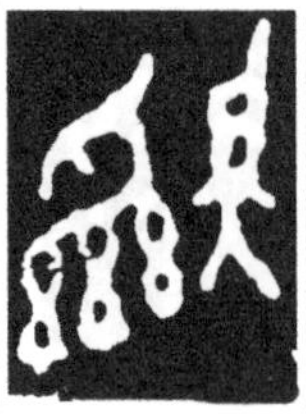

[illegible][illegible]方鼎（西周早期）

或从古文系字

xī 傒

《玉篇》曰：傒，待也，本作徯。註：古稱江左（江西）人為傒。傒，或作徯。傒，通蹊。

夫 

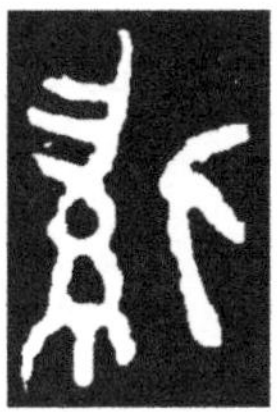

叔單鼎 讀為傒
（春秋早期）唯黃孫子傒君叔單自作鼎

fū
夫

《說文》曰：丈夫也，从大，一以象簪也。周制以八寸爲尺，十尺爲丈，人長八尺故曰丈夫。
註：童子披髮，身長五尺，故曰五尺之童。成人束髮戴簪，身長八尺故曰丈夫。夫，从大（像人）
上之一橫，像戴簪之形。

亞夫鐃（殷商）

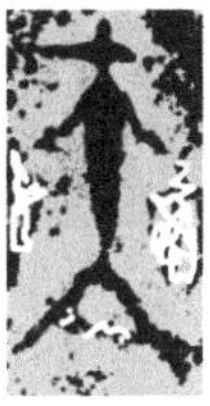
夫冊鐃（殷商）

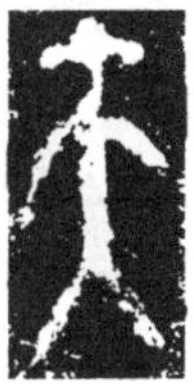
夫尊（殷商）

夫觶（殷商）

小子夫父己尊（殷商）

冈夫[illegible]爵（殷商）

小夫卣（西周早期）

夫觚（西周早期）

亞夫盉（西周早期）

沓夫作且丁甗（西周早期）

大盂鼎（西周早期）

伯臣鼎 讀爲芾
（西周中期）賜汝……幽夫（芾）

君夫簋（西周中期）

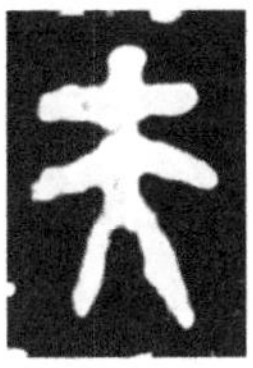
曶鼎（西周中期）

師臣鼎（西周中期）

㦰𣪘（西周中期）

儹匜（西周晚期）

善夫吉父匜（西周晚期）

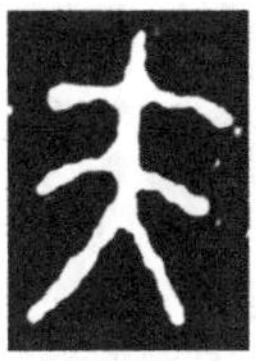
善夫汈其𣪘（西周晚期）

大簋（西周晚期）

此簋（西周晚期）

善夫吉父簠（西周晚期）

善夫克盨（西周晚期）

㪤

小克鼎（西周晚期）

善夫旅伯鼎（西周晚期）

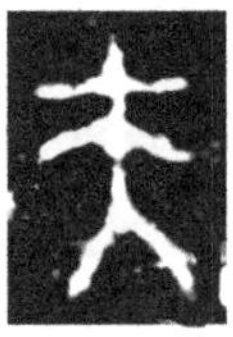
此鼎（西周晚期）

大克鼎（西周晚期）

鄧公簋（西周晚期）

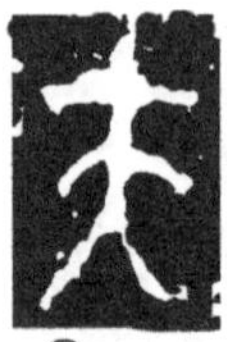
融比盨（西周晚期）

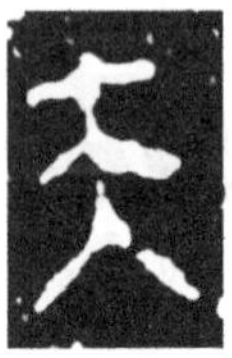
善夫吉父鐳（西周晚期）

散氏盤（西周晚期）

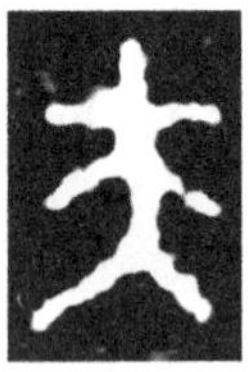
樊夫人龍嬴匜（春秋早期）

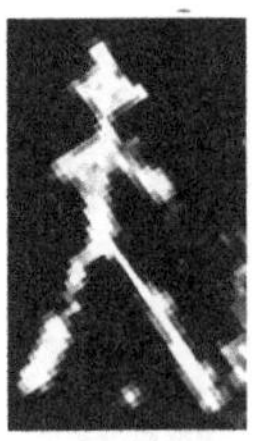
衛夫人鬲（春秋早期）

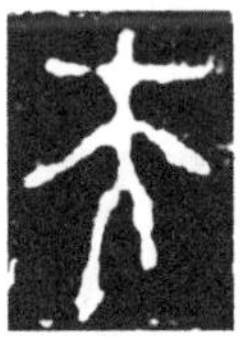
喬夫人鼎（春秋早期）

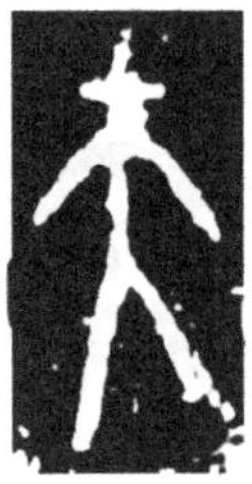
吳王夫差鑑（春秋）

宋公䜌簠（春秋晚期）

鼄公牼鐘（春秋晚期）

蔡侯紐鐘（春秋晚期）

蔡侯鎛（春秋晚期）

鼄公華鐘（春秋晚期）

君夫人鼎（戰國）

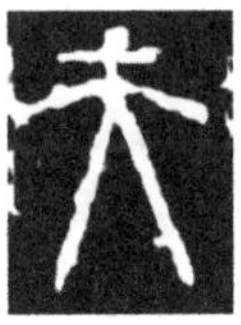
曾姬無卹壺（戰國）

十三年壺（戰國晚期）

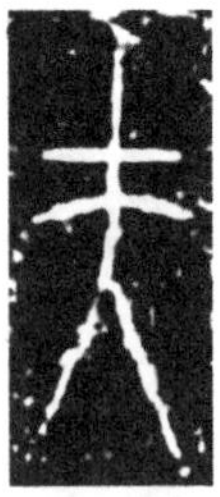
中山王嚳方壺（戰國晚期）

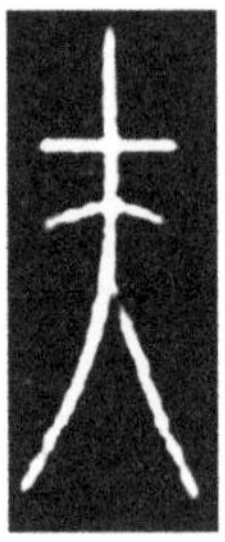
中山王嚳鼎（戰國晚期）

hǔ shū 㪤

註：周厲王自稱之名曰胡，或作㪤。㪤，通胡，或讀為舒。

𡚁

遹甗（西周中期）

㝬鼎（西周中期）

竅鼎（西周早期）

㝬叔鼎（西周中期）

大矢始鼎（西周中期）

師𩛥鼎（西周中期）

戜簋（西周中期）

录伯辛公簋（西周中期）

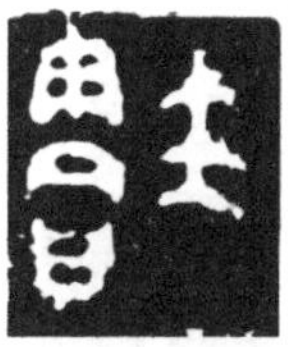
㝬叔簠（西周晚期）

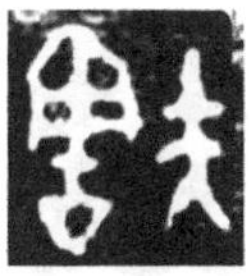
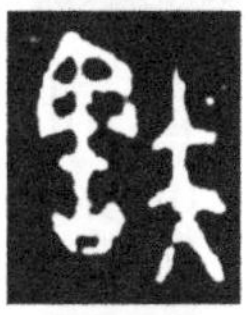

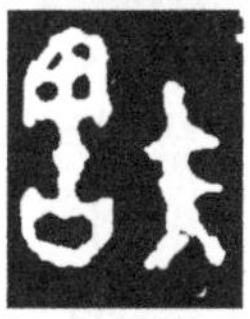
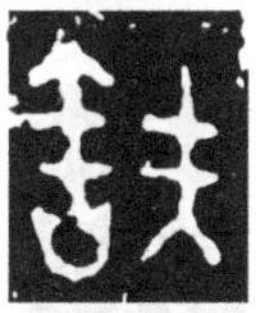
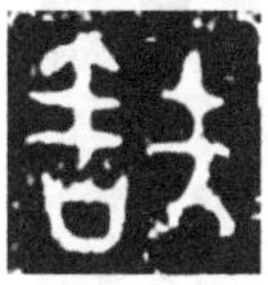
㝬叔㝬姬簋（西周晚期）

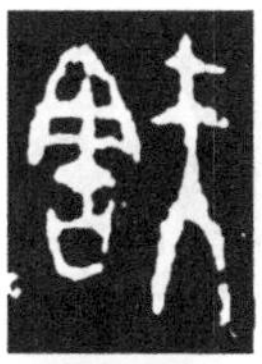
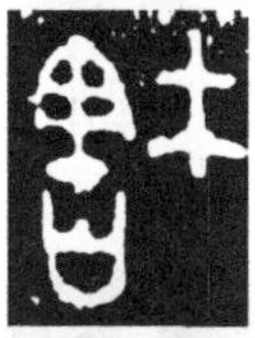
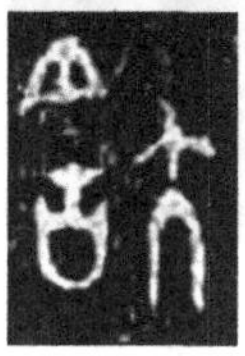
㝬簋（西周晚期）　讀爲胡　保我家朕位㝬（胡）身

宗周鐘（西周晚期）

㝬侯之孫鼎（春秋）

五祀㝬鐘（西周晚期）

王孫遺者鐘（春秋晚期）　讀爲舒　余圅龏㝬（舒）屖

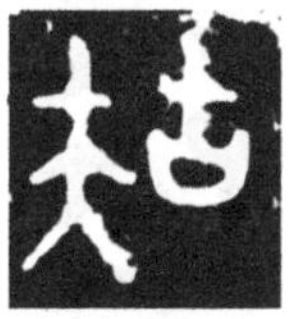
姑衍簋蓋（西周晚期）　或省爲从古从夫

hú
shū
𡚁

註：𡚁，或爲㝬之別體。

亞𡚁鐃（殷商）

亞𡚁[illegible]方鼎（殷商）

亞𡚁鼎（殷商）

亞𡚁皇旛卣（殷商）

立

lì wèi

《說文》曰：住也。从大（人）立一之上。《篇海類編》曰：立，古位字。《字彙》曰：立，與粒同。

註：，像人止步住足站立之形，下一橫以示地面。立，亦古位字。立，或假爲涖、爲粒。

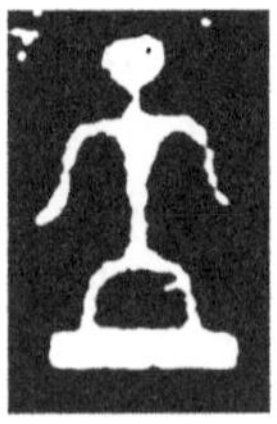
立父辛觶（殷商）

立□段（殷商）

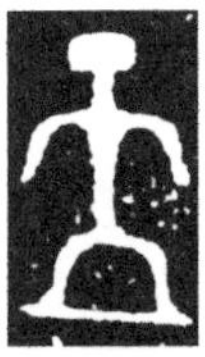

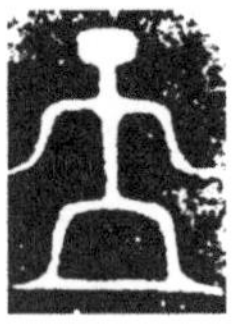
立□父丁卣（殷商）

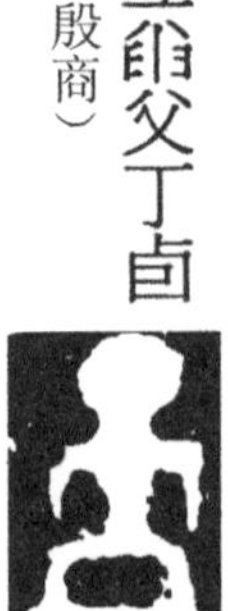
立戈（殷商）

史獸鼎（西周早期）　讀爲涖　尹令史獸立（涖）工于成鐘

立爵（西周早期）

盠方彝（西周中期）

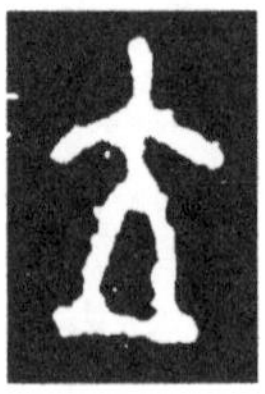
走馬休盤（西周中期）

立鼎（西周中期）

七年趞曹鼎（西周中期）

利鼎（西周中期）

師晨鼎（西周中期）

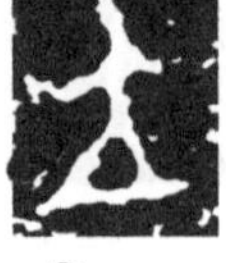
衛簋（西周中期）

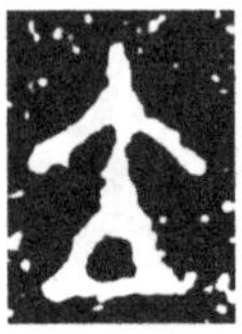
同簋（西周中期）

大師虘簋（西周中期）

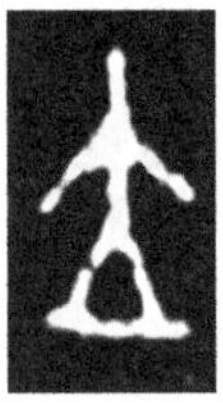
廿七年衛簋（西周中期）

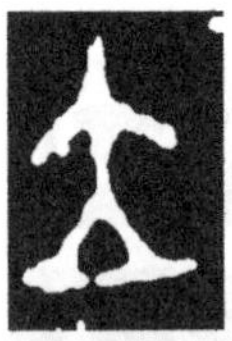

格伯簋（西周中期）

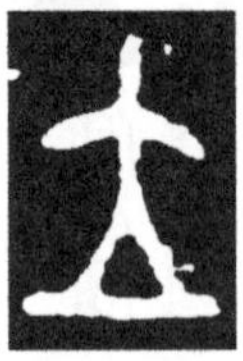
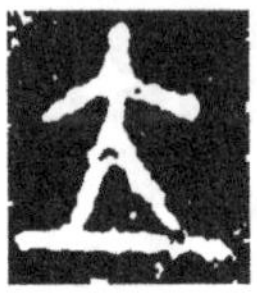
師酉簋（西周中期）

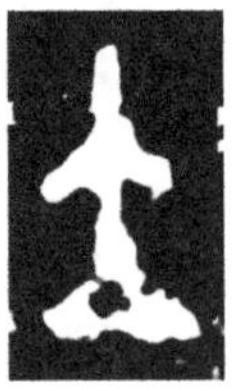
卯簋（西周中期）

十三年𤼈壺（西周中期）

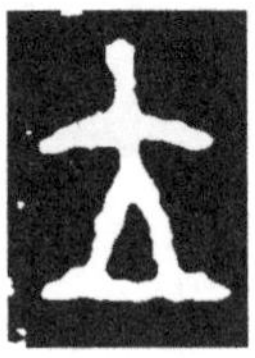
吳方彝（西周中期）

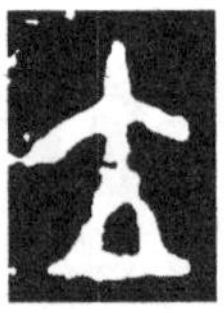
王臣簋（西周中期）

同簋（西周中期）

師㿱段（西周中期）

申簋蓋（西周中期）

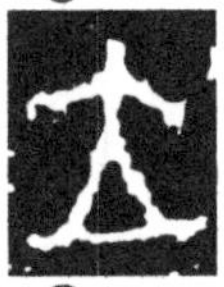
趞段（西周中期）

羖段蓋（西周中期）

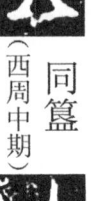

走簋（西周晚期）

弭叔師察簋（西周晚期）

元年師兌簋（西周晚期）

元年師旋殷（西周晚期）

此鼎（西周晚期）

善夫山鼎（西周晚期）

毛公鼎（西周晚期）

大克鼎（西周晚期）

伯椃虘殷（西周晚期）

諫簋（西周晚期）

輔師嫠殷（西周晚期）

伊簋（西周晚期）

揚簋（西周晚期）

此簋（西周晚期）

詄殷（西周晚期）

三年師兌簋（西周晚期）

師嫠殷（西周晚期）

番生簋（西周晚期）

頌簋（西周晚期）

立盨（西周晚期）

頌鼎（西周晚期）

無叀鼎（西周晚期）

讀爲位　即立（位）

趞鼎（西周晚期）　讀爲立　立中廷

楚簋（西周晚期）

頌壺（西周晚期）

寰盤（西周晚期）

秦公鐘（春秋早期）

秦公鎛（春秋早期）

孫叔師父壺（春秋）

欒伯盤（春秋）

者沪鐘（戰國早期）

陳璋鐳（戰國）

王涖事鈹（戰國）

郪陵君鑑（戰國晚期）

王子申豆（戰國晚期）

 䇌

què
䇌

《説文》曰：驚皃（貌）从立、昔聲。註：䇌，驚慌、恭敬。

單䇌討戈（戰國早期）

竬 需𩓥

xū
竬

《玉篇》曰：竬，同𩓥。《集韻》曰：竬，亦作𩓥。《説文解字注》曰：今字多作需、作須，而𩓥廢矣。

註：竬，同𩓥，站立等待爲其本義，今，作需、作須。

𥩟

𥩟

五年鄭令戈（戰國）

⿱世立　⿰立巳 犯　竛

shì
⿱世立

註：⿱世立，讀為世。

王立事鈹（戰國）

司馬成公權（戰國）

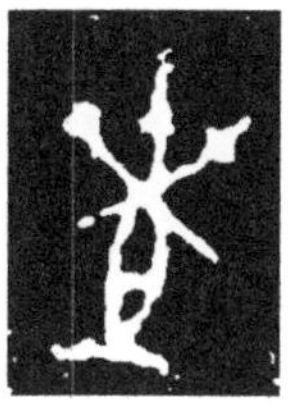

十四年陳侯午敦（戰國晚期）

讀爲世

永（世）毋忘

陳侯因資敦（戰國晚期）

fàn
⿰立巳

高明釋爲犯。【古文字類編】張亞初釋爲乏。【殷周金文集成引得】張政烺釋為貶。【古文字研究】

好蚉壺（戰國晚期）

讀爲犯

世世毋⿰立巳（犯）

lìng
竛

註：竛，讀爲令。

三十三年業令戈（戰國早期）

五年龔令思戈（戰國）

䇻　　童𥪰　　坿𥪘　　𥫉

wèi
䇻

註：䇻，从立、胃聲，讀爲位。

中山王嚳方壺（戰國晚期）

讀爲位　遂定君臣之䇻（位）

tóng
𥪰

張政烺曰：𥪰，从立、重聲，讀爲踵，繼也。【古文字研究】

註：𥪰，从立、重聲，應讀為童。

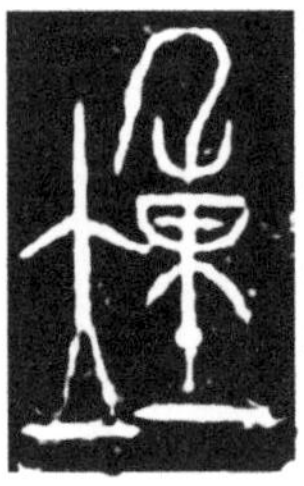

中山王嚳鼎（戰國晚期）

讀爲童　寡人幼𥪰（童）

fù
𥪘

註：𥪘，讀爲坿，同附。

十三年壺（戰國晚期）

左使車嗇夫帳桿母扣（戰國晚期）

讀為坿　左使車工𥪘（坿）

fèi
𥫉

註：𥫉，讀爲廢。

並竝  逋

中山王嚳鼎 （戰國晚期） 讀爲廢 語不蹳（廢）哉

bū
逋
《集韻》曰：逋，物之端也。註：逋，物體之兩端。

宜陽戈 （戰國） 【文物】二〇〇〇第十期

bìng
竝
《說文》曰：併也。从二立。註：竝，字形像二人並立。竝，經典均作並。竝，或假爲替。

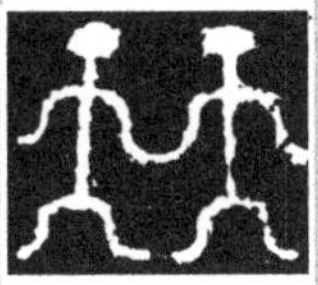
亞竝父己簋 （殷商）

父辛竝觚 （殷商）

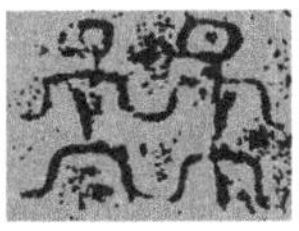
竝卣 （殷商）

竝觚 （殷商）

竝罍 （殷商）

竝爵 （殷商）

己竝爵 （殷商）

單竝爵 （殷商）

竝匕乙爵 （殷商）

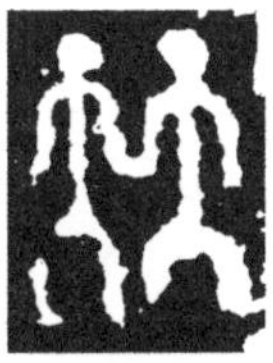
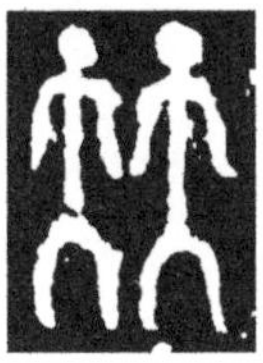
己竝父丁爵 （殷商）

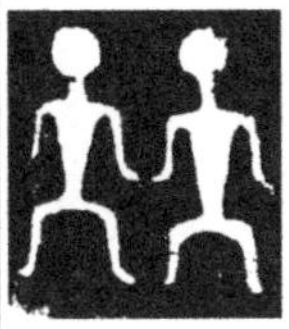
竝方彝 （殷商）

竝幵戈 （殷商）

乃子克鼎 （西周早期）

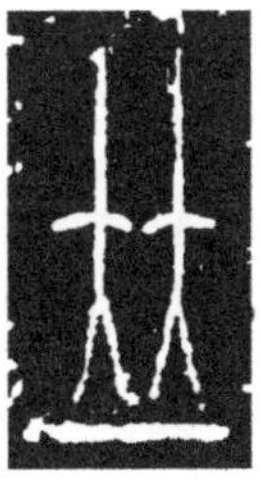
中山王嚳方壺 （戰國晚期）

替　⿰竝斤　⿺辶竝　⿰竝刅

tì
替

《說文》曰：廢，一偏下也。从竝、白聲。[seal]或从曰。[seal]或从兟、从曰。

註：[seal]替，像兩人一上一下，相互接替之形。替，亦有廢止、衰落之義。

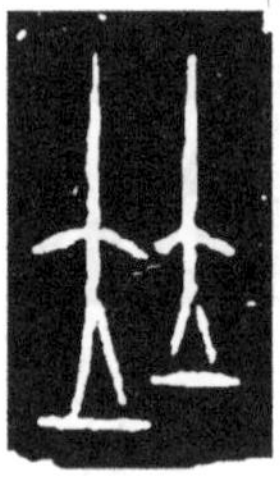

中山王譽鼎（戰國晚期）　讀爲替　毋替厥邦

⿰竝斤

三年鄭令矛（戰國晚期）

⿺辶竝

⿺辶竝作父乙尊（西周早期）

chuàng
⿰竝刅

註：⿰竝刅，讀為創。

⿱罒天　⿱罒⿱罒天　 囟

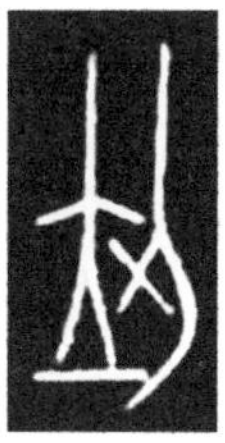

中山王嚳方壺（戰國晚期）

讀為創 刅（創）闢封疆

⿱罒天

懸妃簋（西周中期）

⿱罒⿱罒天

陳夢家曰：作器者名，或从阜（阝）或省，字近于說文睦之古文，睦、陸古相通用，同訓厚。【金文論文選】

⿰阝⿱罒⿱罒天作父乙尊（西周早期）

xìn

囟

《說文》曰：頭會匘（腦）蓋也，象形。註：囟，頭骨合縫處，稱頭囟、囟門。囟，與甶字形近。

師訇簋（西周晚期）

讀為囟 訇其萬囟年

臘巤

毗

思

慮

liè
巤

《說文》曰：毛巤也。象髮在囟上及毛髮巤巤之形。

孫詒讓曰：巤當爲臘之省。【古籀拾遺】

註：毛巤，毛髮。豬、鼠類動物之毛稱巤。

巤季鼎（西周晚期）

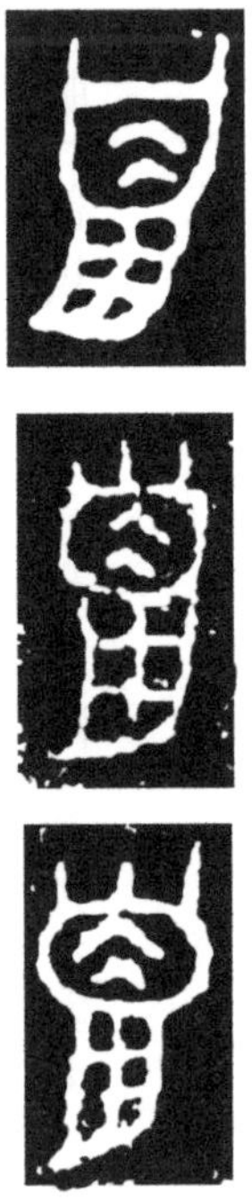
師寰𣪕（西周晚期）

pí
毗

《說文》曰：人臍也。从囟……比聲。《集韻》曰：隸作毗。或書作毘。《龍龕手鑑》曰：毘，小籠屬也。

註：毗，从囟、比聲，隸變假从田爲毗。毗本義爲人之肚臍。毗，同毘，炊具小籠屬。

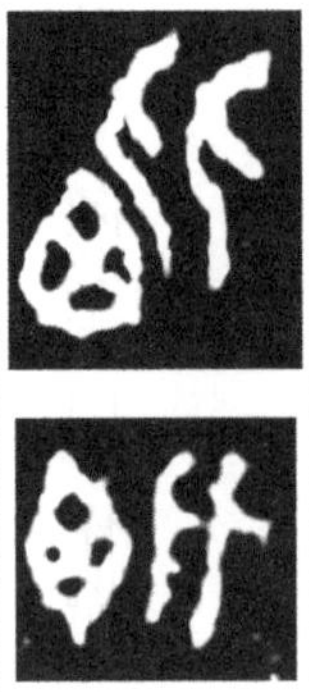
鄧公簋（西周晚期）

讀為毘

鄧公作應嫚毗（毘）媵簋

sī
思

《說文》曰：容也。从心、囟聲。《廣韻》曰：思，念也。

註：囟，人之腦囟或曰囟門，精髓所在，主記識，故思字从囟、从心，譌从田。

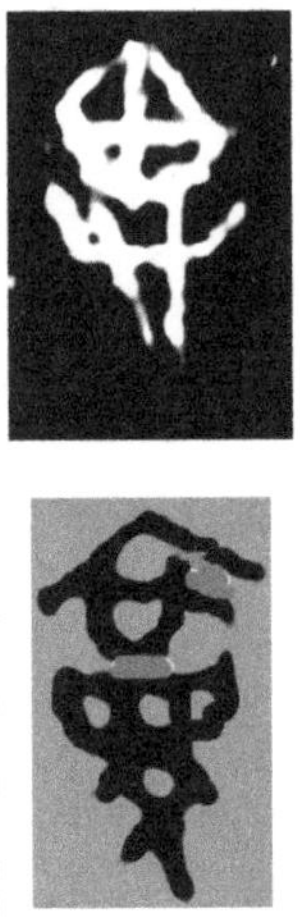
五年龏令思戈（戰國）

lù
慮

《說文》曰：謀思也。从思、虍聲。註：慮，或从心、吕聲。或从心、盧聲。均爲古文慮之異體。

心

心

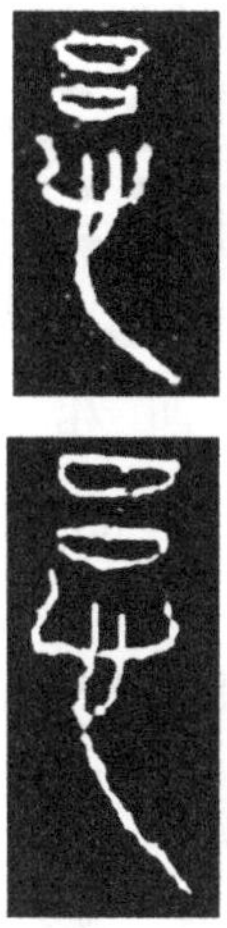

中山王礜鼎（戰國晚期）

慮或从心呂聲　謀慮皆從

上曾大子鼎（春秋早期）

或从心盧省聲　心聖若慮

xīn
心

註：五臟之一，心臟之象形字。古人謂思之用心，與思念、感情、意念一類有關之字从心。用于偏旁之左旁隸變作、楷書作忄。

心父乙爵（殷商）

子木觚（殷商）

心守壺（殷商）

史牆盤（西周中期）

師望鼎（西周中期）

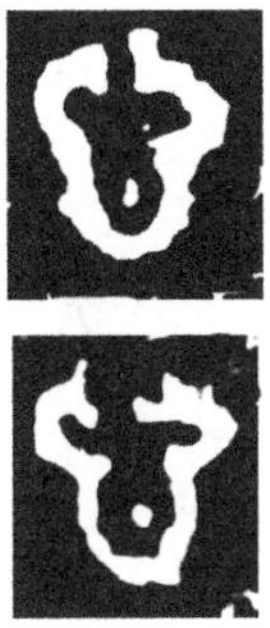

㦰段（西周中期）

㦰方鼎（西周中期）

𤼈鐘（西周中期）

散氏盤（西周晚期）

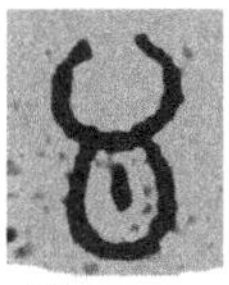

師訇簋（西周晚期）

大克鼎（西周晚期）

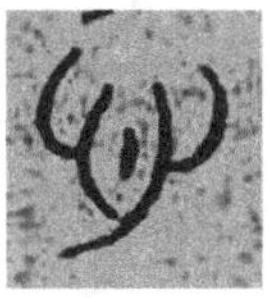

塱盨（西周晚期）

㝬段（西周晚期）

秦公鎛（春秋早期）

秦公鐘（春秋早期）

上曾大子鼎（春秋早期）

齊侯鎛（春秋中期）

鄴伯受簠（春秋）

王孫遺者鐘（春秋晚期）

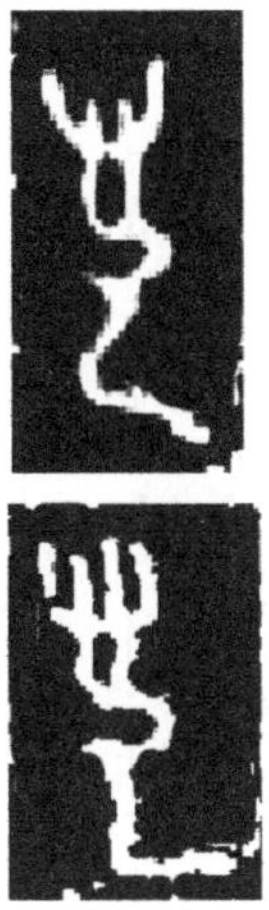

蔡侯紐鐘（春秋晚期）

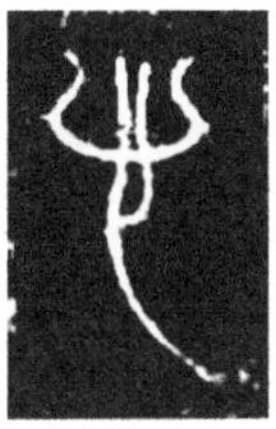

中山王礜方壺（戰國晚期）

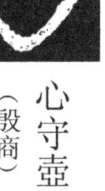

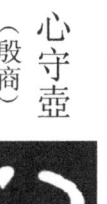

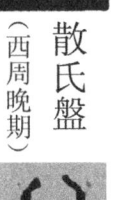

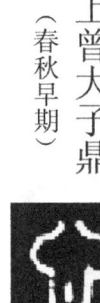

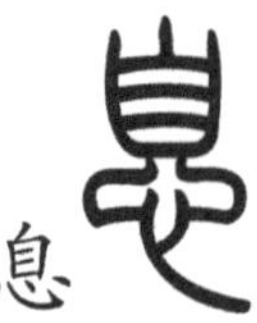
息

誌志

億意

xī
息

《說文》曰：喘也。从心、从自，自亦聲。《廣韻》曰：息，止也。《廣雅》曰：息，休也。《字彙》曰：絕也。

《說文解字注》曰：自者鼻也，心氣必從鼻出，故（息）从心、从自……人之氣急曰喘、緩曰息。

註：自，鼻之象形。，早期之息字，像氣息出於鼻下。，从心、从自乃後出字，為小篆所本。

乙息觚（西周早期）

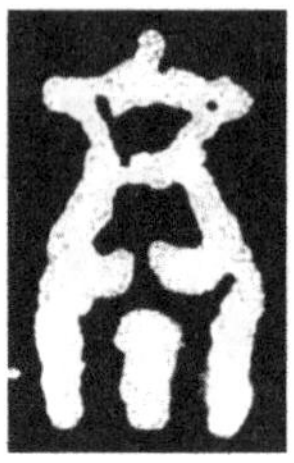
息戈（殷商）

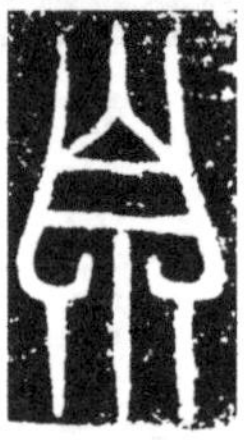
息鼎（西周早期）

𨑓父乙毁（西周早期）

息伯卣（西周早期）

息父丁鼎（西周早期）

中山王礜方壺（戰國晚期）

四年建信君鈹（戰國晚期）

zhì
志

《說文》曰：意也。从心、之聲。《字彙》曰：志，記也，與誌同。《集韻》曰：幟，旗也，亦作志。

註：志，與幟同。同志一詞或作同幟，同在一旗之下志同道合。志，或通誌。

中山王礜方壺（戰國晚期）

yì
意

註：啻，爲意之古文。心、口為言，言、心為意。（古字从音从言相同）啻，下从口與从心同。

啻，或讀為億。

九年衛鼎（西周中期）

啻毁（西周中期）

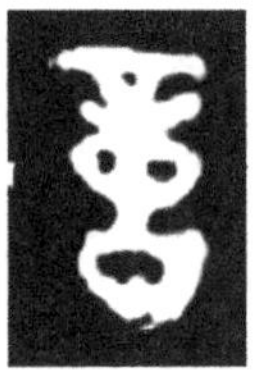
史牆盤（西周中期）
讀爲億
勉尹億疆

㴕伯簋（西周晚期）

悳

慎

忠

令狐君嗣子壺（戰國中期）讀爲億 至于萬億年

dé
悳

《説文》曰：外得於人、内得於己也。从直、从心。《玉篇》曰：悳，今通用德。《廣韻》：德，德行，悳，古文。注：悳，德之古文。

嬴霝德壺（西周中期）【古文字類編】收録

者沪鐘（戰國早期）

令狐君嗣子壺（戰國中期）

陳侯因資敦（戰國晚期）

中山王嚳鼎（戰國晚期）

shèn
慎

《説文》曰：謹也。从心、真聲。古文。《説文通訓定聲》曰：順，假借為慎。順，假借為訓。

鼄公華鐘（春秋晚期）

叔尸鐘（春秋晚期）

叔尸鎛（春秋晚期）

何尊（西周早期）讀為順 或假借為慎

zhōng
忠

《説文》曰：敬也。从心、中聲。

念

憲

中山王嚳鼎（戰國晚期）

中山王嚳方壺（戰國晚期）

niàn
念

《説文》曰：常思也。从心、今聲。

註：念，或从心、从含。含，或假爲今字。

沈子它簋（西周早期）

師隹鼎（西周中期）

彧方鼎（西周中期）

作冊益卣（西周中期）

叓殷（西周中期）

段簋（西周中期）

毛公鼎（西周晚期）

大克鼎（西周晚期）

蔡侯墓殘鐘（春秋晚期）

者沪鐘（戰國早期）

中山王嚳鼎（戰國晚期）

xiàn
憲

《説文》曰：敏也。从心、从目，害省聲。

註：敏捷、博聞多能爲憲。憲，或指憲法、法令。金文憲或不从心。

富鼎（西周早期） 讀為憲 或不从心 侯賜憲貝 金

伯富盉（西周早期） 讀為憲 伯憲作召伯父辛寶尊彝

悊

敬憼

史牆盤（西周中期）讀為憲 憲聖成王

井人妄鐘（西周晚期）

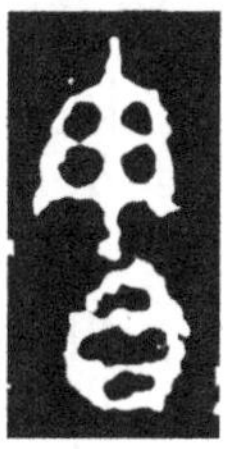
善夫山鼎（西周晚期）

㝬段（西周晚期）

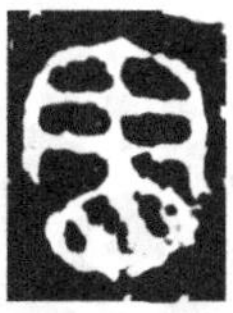

揚簋（西周晚期）

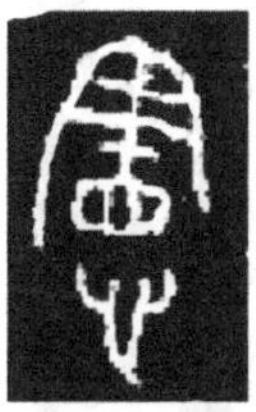

秦公鎛（春秋早期）

秦公鐘（春秋早期）

陽成令戈（戰國）【近出殷周金文集録】

zhé
悊

《説文》曰：敬也。从心、折聲。《康熙字典》曰：悊，盖大篆从心，小篆从口，今文多作哲，隸用小篆也。

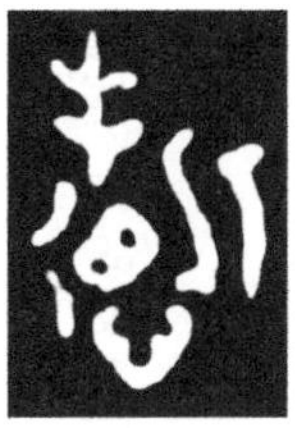
史牆盤（西周中期）

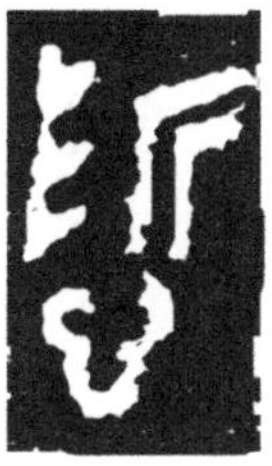
師望鼎（西周中期）

大克鼎（西周晚期）

沕其鐘（西周晚期）

逨盤（西周晚期）【盛世吉金】

王孫遺者鐘（春秋晚期）

曾伯霥簠（春秋晚期）

jǐng
憼

《説文》曰：敬也。从心、从敬，敬亦聲。註：憼，同敬，通警、通儆。

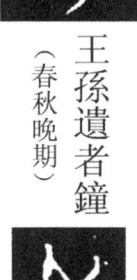

慈

慶

叔尸鐘（春秋晚期） 讀爲警 尸不敢弗憼（警）戒

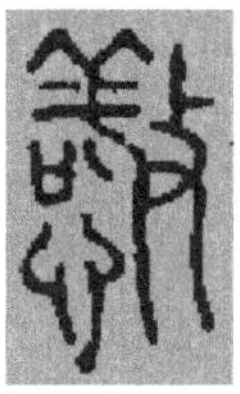
叔尸鎛（春秋晚期）

中山王嚳方壺（戰國晚期） 讀爲儆 以憼（儆）嗣王

cí
慈

《説文》曰：愛也。从心、兹聲。

中山王嚳方壺（戰國晚期）

妤蚉壺（戰國晚期） 或不从心 昔者先王慈愛百民

qìng
慶

《説文》曰：行賀人也。慶，或从鹿、从心。《字彙》曰：慶，慶賀。註：麐，从鹿、吝省聲，本為麟字，假為慶。

五祀衛鼎（西周中期）

六年召伯虎簋（西周晚期）

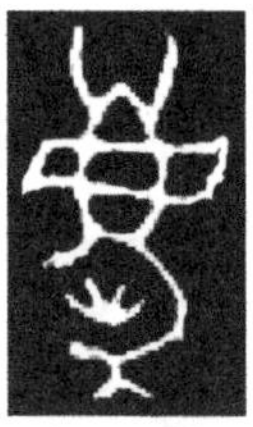
戈叔慶父鬲（春秋早期）

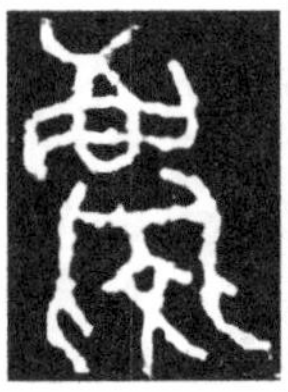
秦公簋（春秋早期） 假麐為慶 高引有（慶）造囿四方

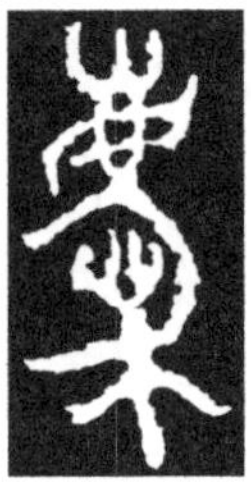
陳公子仲慶簠（春秋）

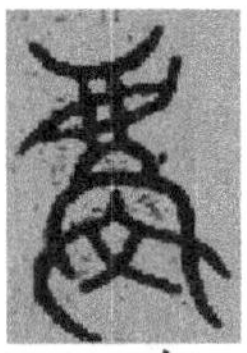
秦公鎛（春秋）

恪愙

惟

遜愻

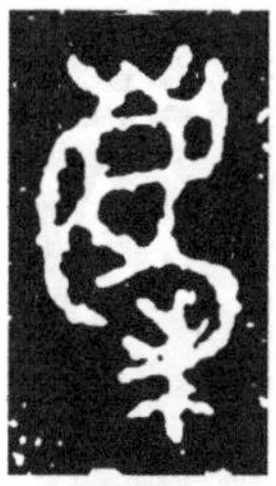
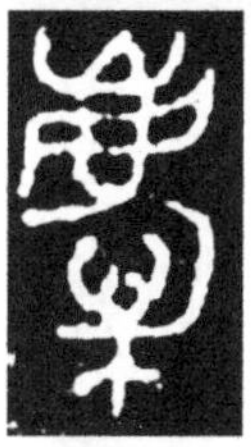
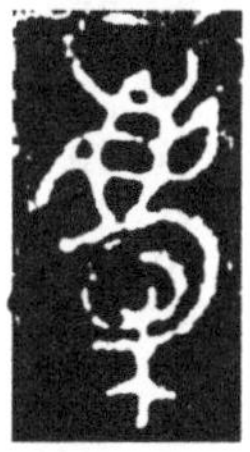

曩伯子娗父盨（春秋）

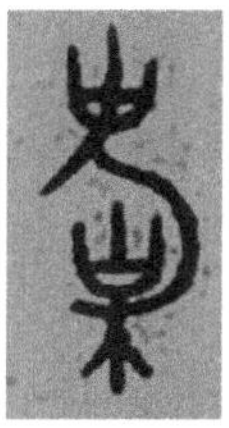
慶叔匜（春秋）

蔡侯紐鐘（春秋晚期）

慶孫之子峠簠（春秋晚期）

元年鄭令矛（戰國）

上郡守戈（戰國）

xùn
愻

《説文》曰：順也。从心、孫聲。《集韻》曰：愻，通作遜。註：愻，恭順、謙遜，今作遜。

者沪鐘（戰國早期）

wéi
惟

《説文》曰：凡思也。从心、隹聲。註：惟，思考、心想。惟，同維、同唯。

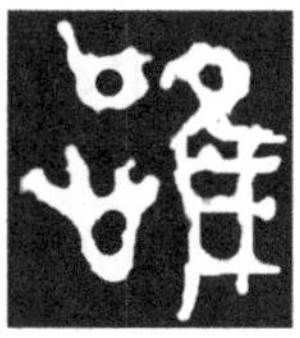
塦侯因脊敦（戰國晚期）或从心 唯聲

kè
愙

《説文》曰：敬也。从心、客聲。《正字通》曰：愙，同恪。

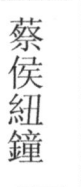

愯　悚聳

懼　瞿

㤅　愛

⿱宀恪殷（西周早期）

⿱宀恪鼎（西周早期）

sǒng
愯

《說文》曰：懼也。从心、雙省聲。《正字通》曰：愯，通作悚。

註：愯，通聳。聳，驚懼也，如危言聳聽。

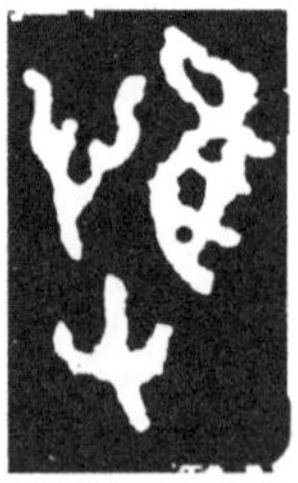
愯作父乙爵（西周早期）

jù
懼

《說文》曰：恐也。从心、瞿聲。古文

註：懼，或假爲瞿。

中山王譽鼎（戰國晚期）

ài jì
㤅

《說文》曰：惠也。从心、旡聲。古文。《玉篇》曰：㤅，今作愛。《集韵》曰：㤅……或作忌。

註：㤅，今作愛，而㤅廢矣。㤅，或作忌，用于古文經典中句末語氣詞。

中山王譽方壺（戰國晚期）讀爲愛　則賢人至陟㤅（愛）深

好盗壺（戰國晚期）讀爲愛　先王慈㤅（愛）百民

懋

慕　謨

mào
懋
《説文》曰：勉也。从心、楙聲。
註：懋，勤勉、努力。

御正衛簋（西周早期）

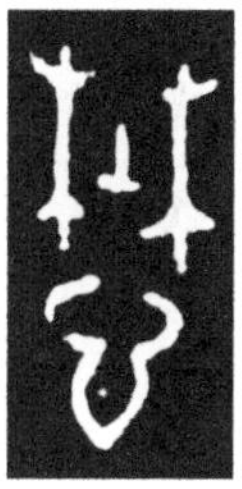
小臣宅簋（西周早期）

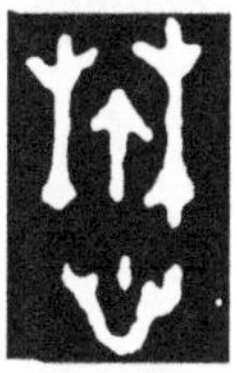

小臣謎𣪘（西周早期）

[illegible]尊（西周早期）

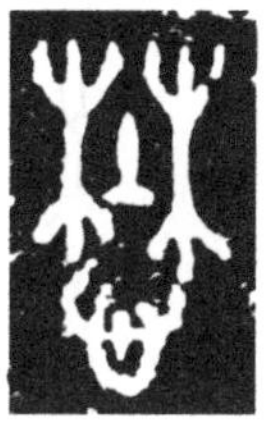
召卣（西周早期）

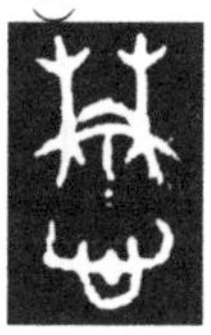
呂行壺（西周早期）

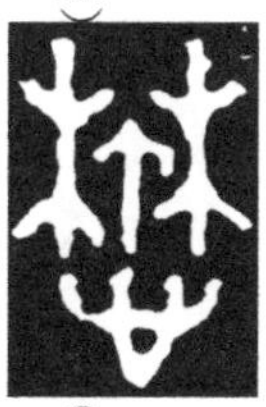
免卣（西周中期）

免尊（西周中期）

師隹鼎（西周中期）

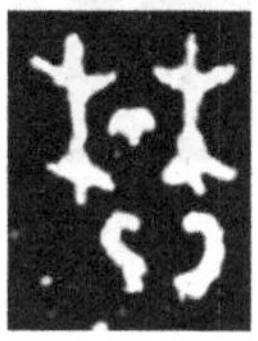
師旂鼎（西周中期）

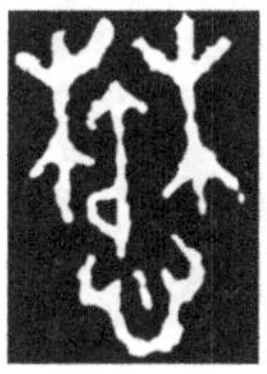
懋史繇鼎（西周中期）

卯簋蓋（西周中期）

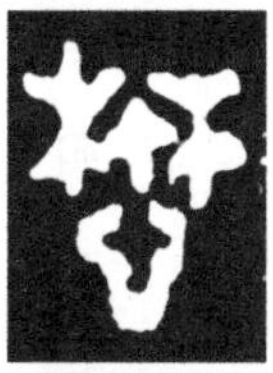

史懋壺（西周中期）

mù
慕
《説文》曰：習也。从心、莫聲。
註：慕，練習模拟、仿效，兼有羡慕、思慕之意。慕，或假爲謨。

史牆盤（西周中期）

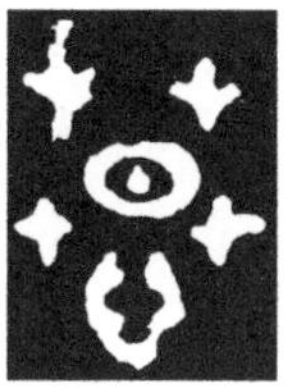
禹鼎（西周晚期）

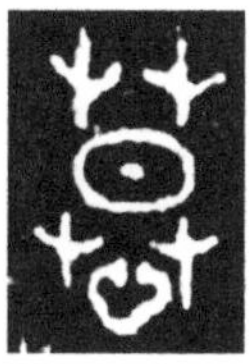
㝬𣪘（西周晚期）

陳侯因𰯲敦（戰國晚期）　讀爲謨
大慕（謨）克成

悇

忓悍

懽歡

惄淑

tuì
悇

《說文》曰：肆也。从心、隶聲。註：悇，放肆、縱欲。或假爲肆。

悇子鼎（春秋晚期）

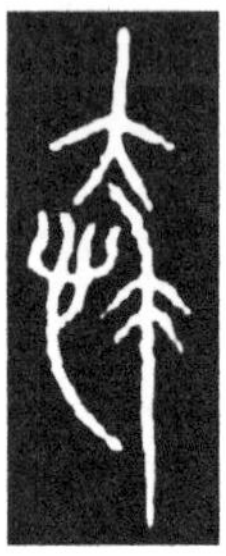
中山王嚳鼎（戰國晚期）

讀爲肆
毋大而悇（肆）

gān
忓

《玉篇》曰：忓，擾也。註：忓，觸犯、干擾。忓，或假爲悍。

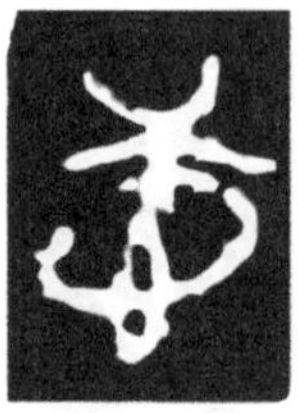
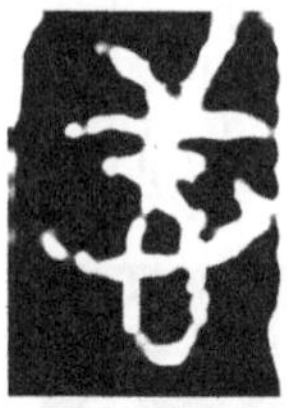
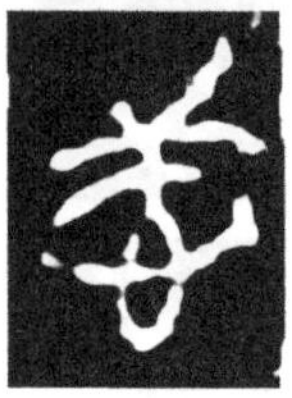
楚王酓忎鼎（戰國晚期）

楚王酓忎盤（戰國晚期）

讀爲悍
楚王酓忓（悍）戰獲兵銅

huān
懽

《說文》曰：喜欵也。从心、雚聲。《正字通》曰：懽，同歡。

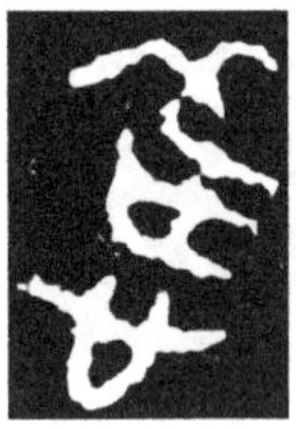
陳逆簠（戰國早期）

讀爲歡
懽（歡）恤宗家

nì
惄

《說文》曰：飢餓也，一曰憂也。从心、叔聲。註：惄，憂思、憂傷、失意。惄，金文或讀爲淑。

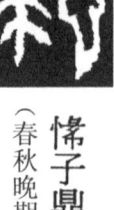

紓 悆

恁

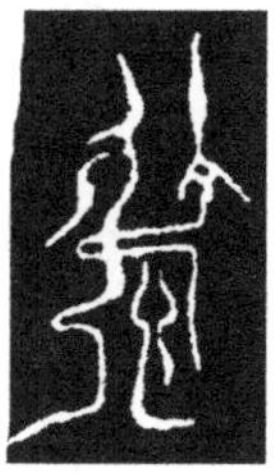
王子午鼎（春秋中期）

王孫誥鐘（春秋）【近出殷周金文集録】

王孫遺者鐘（春秋晚期）

沇兒鎛（春秋晚期）讀爲淑 淑于威儀

鼄公華鐘（春秋晚期）

匽侯載器（戰國）

rèn
恁

《廣雅》曰：恁，思也。

《玉篇》曰：恁，念也。

註：恁，思念、信念。恁，同飪，假爲信、爲任。

王孫遺者鐘（春秋晚期）讀爲信 非恁（信）與忠

讀爲任 越人脩教備恁（任）

中山王䁐鼎（戰國晚期）

yù
shū
悆

《玉篇》曰：悆：悅也、豫也。《集韻》曰：紓，緩也，……悆、忬，通作舒。

註：悆，即豫之古文，悆，或作紓，通忬、通舒。

季悆作旅鼎（西周）

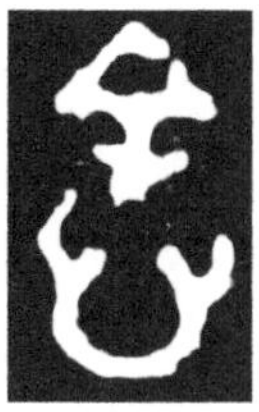
鄭虢仲鼎（春秋早期）

魯伯悆盨（春秋）

曹公簠（春秋晚期）

愉　諭偷愈

愚

惷　蠢

曹公盤（春秋晚期）

yú tōu 愉

《說文》曰：薄（樂）也。从心、俞聲。《集韻》曰：偷，苟且（偷安）也，或从心。

《說文通訓定聲》曰：愉，字亦作愈。註：薄樂，愉快喜悅貌。愉，通諭、通娛、通偷。

魯伯愈父鬲（西周晚期）

魯伯愈父匜（西周晚期）

魯伯愈父盤（西周晚期）

yú 愚

《說文》曰：戇也。从心、禺聲。

中山王嚳鼎（戰國晚期）

chōng 惷

《說文》曰：愚也。从心、舂聲。

王國維曰：讀爲蠢。【王觀堂先生全集】毛公鼎銘考釋

怠

怡

忽

禹鼎（西周晚期）

或从春省臼

毛公鼎（西周晚期）

dài
怠

《說文》曰：慢（怠慢）也。从心、台聲。郭沫若曰：怠與怡古本一字。

中山王嚳方壺（戰國晚期）

即怠之異體

嚴敬不敢怠荒

yí
怡

《說文》曰：和也，从心、台（非臺之簡化字）聲。註：怡，和悅、喜悅、安适。

周王孫戈（春秋早期）

曾大攻尹戈（春秋）

徐王義楚觶（春秋晚期）

hū
忽

《說文》曰：忘也。从心、勿聲。註：忽，忘也，忽略。

中山王嚳鼎（戰國晚期）

wàng
忘

《説文》曰：不識也。从心、从亡，亡亦聲。

註：不識即忘却、失憶。諲，或假為忘，从言、朢聲。忘、妄古同字。

蔡侯紐鐘（春秋晚期）

蔡侯鎛（春秋晚期）

吳王光鐘（春秋晚期）

厵羌鐘（戰國早期）

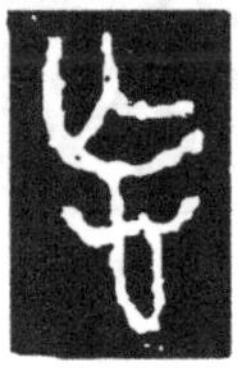
陳侯午簋（戰國早期）

中山王譽鼎（戰國晚期）

中山王譽方壺（戰國晚期）

好蚉壺（戰國晚期）

十四年陳侯午敦（戰國晚期）

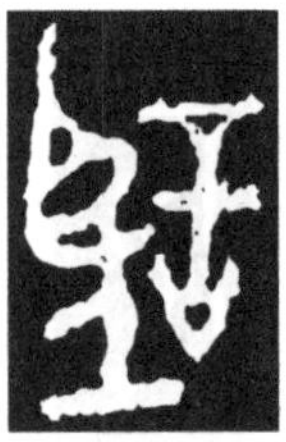
獻簋（西周早期） 假借為忘 十世不諲（忘）

師望鼎（西周中期） 王用弗諲（忘）聖人之後

師隹鼎（西周中期）

wán
忨

《説文》曰：貪也。从心、元聲。段玉裁曰：貪者，物欲也，忨與玩、翫義皆略同。【説文解字注】

註：忨，或假為愿、為願。

中山王譽方壺（戰國晚期） 讀為愿 天不斁其有忨（愿）

愆

惑

忌

qiān
愆

《說文》曰：過也。从心、衍聲。籀文。

注：愆，過失、過錯、失掉，爲其本義。籀文从言、侃聲。愆，金文或从心、侃聲。

蔡侯紐鐘（春秋晚期）　讀爲愆　或从心　侃聲　不愆不忒

huò
惑

《說文》曰：亂也，从心、或聲。《玉篇》曰：惑，迷也。

注：惑，迷乱、疑惑。惑，通或。

中山王嚳鼎（戰國晚期）

jì
忌

《說文》曰：憎惡也。从心、己聲。

注：忌，憎惡、怨恨、嫉妒、畏懼。，忌之異體字。

齊大宰歸父盤（春秋）

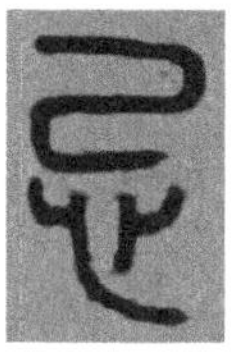
三兒簋（春秋）

叔尸鐘（春秋晚期）

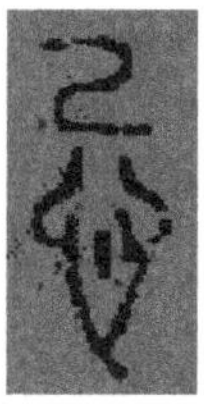
叔尸鎛（春秋晚期）

鼄公牼鐘（春秋晚期）

鼄公華鐘（春秋晚期）

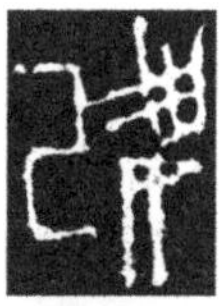
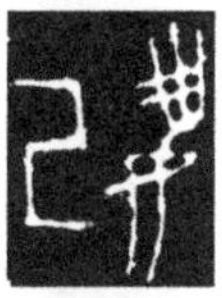
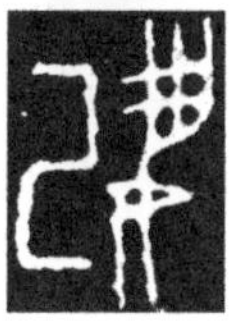
王孫誥鐘【近出殷周金文集録】（春秋晚期）　畏忌翼翼

怒

怏

恴

殫憚

nù
怒

《說文》曰：恚也。从心、奴聲。

註：恚，憤怒、怨恨。怒，或从心、奴省聲。

好蚉壺 讀為怒
（戰國晚期）唯司馬貯訢詻戰怒

yāng yàng
怏

《說文》曰：不服懟也。从心央聲。

註：怏，怨恨、不服。怏，或假爲殃。

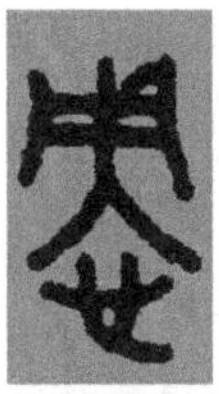
兆域圖 讀爲殃
（戰國晚期）怏（殃）連子孫

yōu
恴

《說文》曰：愁也。从心、从頁。《說文解字繫傳》愁也，从心、頁聲。恴，心形于顏面，故从頁。

註：恴，即憂之本字。从頁，頭也，可謂顏面。心形于顏面，故从心、从頁。

好蚉壺 讀為憂
（戰國晚期）以憂厥民罹不辜

中山王嚳鼎 讀為憂
（戰國晚期）以憂勞邦家

dàn
憚

《說文》曰：忌難也。从心、單聲。一曰難也。

註：憚，畏難、畏懼、敬畏。憚，通殫。

恐

惕

忍 韌

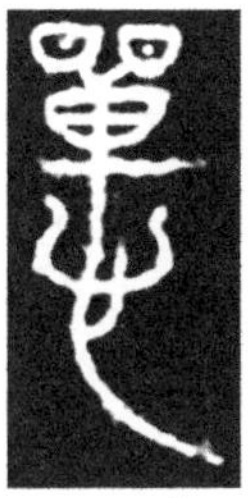
中山王嚳鼎（戰國晚期）

kǒng
恐

《説文》曰：懼也。从心、巩聲。古文。

中山王嚳鼎（戰國晚期）

古文恐从心工聲

恐損社稷之光

tì
惕

《説文》曰：敬也。从心易聲。或从狄。

蔡侯尊（春秋晚期）

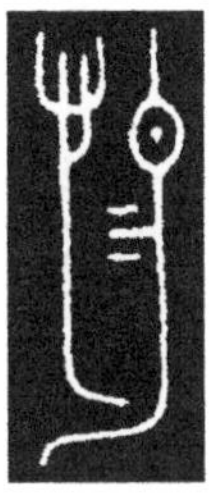
蔡侯盤（春秋晚期）

趙孟庎壺（春秋晚期）

rěn rèn
忍

《集韵》曰：肕，堅柔也，或从韋、从革，亦作忍。

註：忍，或作韌。

中山王嚳方壺（戰國晚期）

懲

㤧

忓

悠

chéng
懲

註：懲，从心、徵聲，史牆盤以徵省爲懲。

史牆盤（西周中期）

讀爲懲

徵（懲）罰夷童

yī
㤧

《説文》曰：痛聲也。从心、依聲。

註：㤧，哀痛聲。

兆域圖（戰國晚期）

假為寧

視㤧（寧）后

xū
忓

《説文》曰：憂（傷）也。从心、于聲。讀若吁。

恏距末（戰國）

恏矢形器（戰國）

讀為忓或从口

敬虐嗟忓

yōu
悠

《説文》曰：憂也。从心、攸聲。註：悠，憂思、悠久、悠閑。

撼憾感

忿

慍

徐王子旃鐘
（春秋）
讀爲悠 或从言
其音悠悠聞于四方

gǎn
hàn
感
《說文》曰：動人心也。从心、咸聲。《字彙補》曰：感，與撼通。《集韻》曰：憾，恨也，或省（作感）。

邵宮和
（戰國晚期）
讀為感
和工 工感

xiè
忿
《說文》曰：忽也。从心、介聲。《集韻》曰：忿，忽（略）忘（記）也。

二年州句戈
（戰國）
讀為忿
州□□□ 忿工師犢漆 丞造

yùn
慍
《說文》曰：怒也。从心、昷聲。註：慍，金文或从心，昷省聲。

慍兒盞
（春秋）
或从心昷省皿 【文物】一九九三第一期

惻

怍

恢

悔晦

cè
惻

《說文》曰：痛也。从心、則聲。《廣雅》曰：惻，悲也。

宋右師延敦（春秋晚期）【近出殷周金文集録】

zuò
zhà
怍

《說文》曰：慙（慚愧）也。从心、乍聲。註：怍，或同詐。

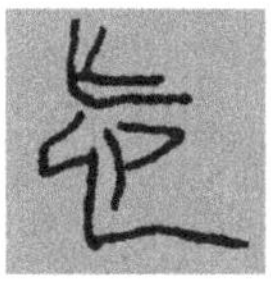
曾侯乙方鑑（戰國）【古文字類編】

huī
恢

《說文》曰：大也。从心、灰聲。註：恢，宏大、寬廣、恢宏。

上郡守戈（戰國）

huǐ
悔

《說文》曰：悔恨也。从心、每聲。《集韵》曰：悔，恨也，或書作㥑。註：悔，古文用同晦。

恤

恙

怊

七年侖氏戈（戰國）
工師榮□冶悔

xù
恤

《説文》曰：憂也、收也。从心、血聲。

註：恤，憂慮、體恤、憐憫、救濟。恤，或从血、从示。

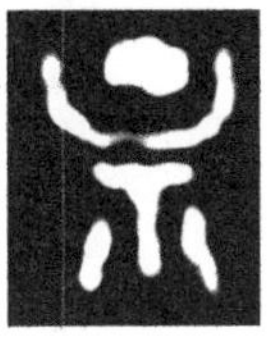
我方鼎（西周早期）
讀爲恤 或从示不从心
我作御恤祖乙 妣乙

yàng
恙

《説文》曰：憂（慮）也。从心、羊聲。《廣韻》曰：恙，病也。

註：恙，或指一種蟲子，貪食人心，故曰辟恙、無恙。恙，引申為疾病。金文恙，或从羔。

十二年鄭令戈（戰國）
讀為恙
鄭令韓恙……冶贛

chāo
怊

《説文新附》曰：悲也。从心、召聲。

註：怊，悲傷、惆悵。怊，或从心、从卲。

噩君啓節車節（戰國）

噩君啓節舟節（戰國）
讀為怊
命集尹怊楮

㤉

滕之不㤉劍（春秋）

líng
㦭

《集韻》曰：怜，心了（聰慧）也。或从靈。

《集韻》曰：憐，哀也，或作怜。

秦公鎛（春秋早期）

秦公鐘（春秋早期）

xiān
忺

註：忺，適意、高興。

中山侯鉞（戰國晚期）

讀為忺
中山侯忺茲軍鉱

zhù
㤖

《集韻》曰：㤖，智（慧）也。

㤀　恙(悉)　恖

mèi
㤀

或假爲味。

丁貯觥
（殷商）

𡧍鉞
（殷商）

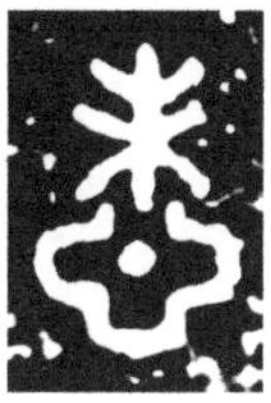

班簋
（西周中期）

讀爲味
彝㤀（昧）天命

柞伯鼎
（西周晚期）

【文物】二〇〇六第五期

xī
恙

《龍龕手鑑》曰：恙，俗，悉。註：恙，悉之俗字。

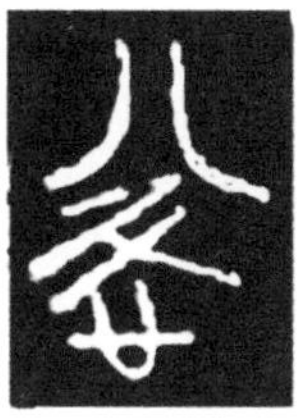

三年口令戈
（戰國）

讀為悉
工師鄭悉冶微

四年鄭令戈
（戰國）

恖

客豊恖鼎
（戰國晚期）

恖鼎
（戰國晚期）

láo
惄
註：惄，勞之異體字。

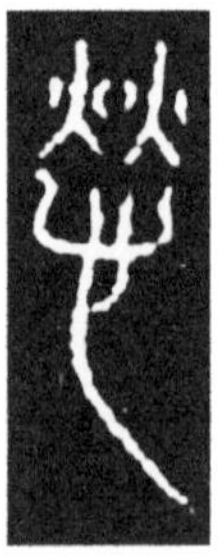

中山王𰯌鼎（戰國晚期）
讀爲勞
以憂惄（勞）邦家

惏

yì
悤
註：悤，逸之異體。

子易戈（春秋）

右悤矛（戰國）

tè
忑
註：忐忑，受惊貌。

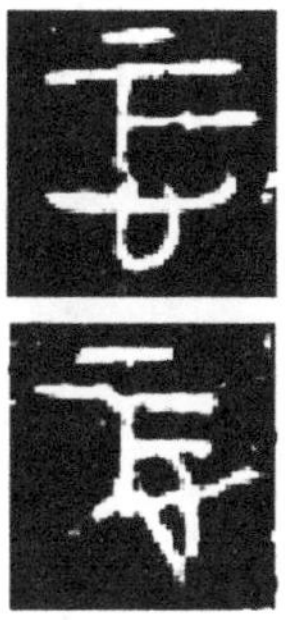

但盤埜匕（戰國晚期）

tè zhí

犆

註：犆、德同字。犆，閹牛也。犆，或同特。特，公牛也。

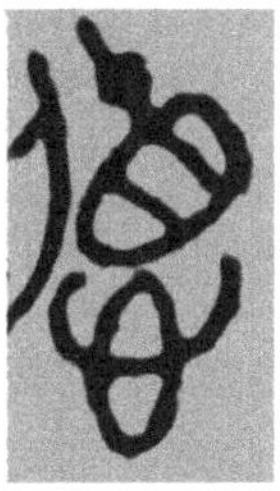

噩君啓節車節（戰國）

讀爲特

如馬如牛如犆（特）

寭

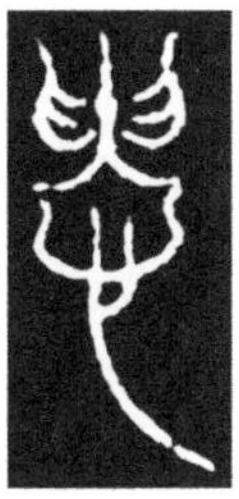

好蚉壺（戰國晚期）

cáo cóng

悳

張亞初釋為慒。【殷周金文集成 引得】

註：慒，謀慮也。

公朱左𠂤鼎（戰國晚期）

讀為慒

左官冶大夫杕命冶悳（慒）鑄鼎

qiú
㥢

《玉篇》曰：㥢，傲（慢）也。

猶節（戰國）

王孫誥鐘（春秋晚期）

【近出殷周金文集録】

jù
⿳宀巨心

註：⿳宀巨心，讀爲懅。

中山王𰯌鼎（戰國晚期）

讀爲懅

亡（無）⿳宀巨心（懅）惕之慮

中山王𰯌方壺（戰國晚期）

寧有⿳宀巨心（懅）惕

yè
⿰忄業

《廣韻》曰：⿰忄業，懼也。

中山王𰯌鼎（戰國晚期）

tǎn
憻

《字彙》曰：憻，同坦。《龍龕手鑑》曰：憻，坦之俗字。

㥷 寍 慹

憻季遽父卣（西周早期）

憻季遽父尊（西周早期）

張亞初釋為憻【殷周金文集成 引得】

yǎn 㥷

《玉篇》曰：㥷，性狹（心性狹窄）。註：㥷，或从心、妟聲。

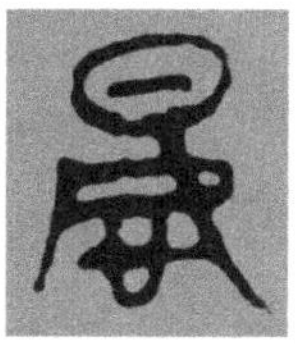

相公子矰戈（戰國）

níng 寍

註：寍，讀爲寧。

季寍尊（西周早期）

中山王嚳方壺（戰國晚期）

讀爲寧 寍（寧）有懅惕

zhéshì 慹

《字彙》曰：慹，情態。

《龍龕手鑑》曰：慹，不動皃（貌）。

黝鐘（春秋晚期）

慹

慹

室叔鼎（西周）【金文編】

水 
河 
江 

仰韶書屋金文字彙 卷十一

文二百字 重文約一千二百五十四字

shuǐ
水

註：水，衆水流動之象形字。

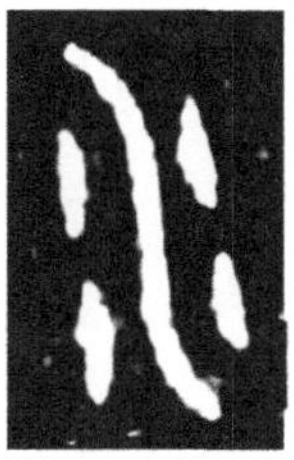
沈子它簋（西周早期）

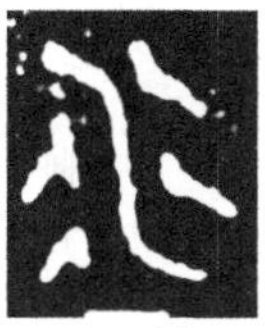
啓作且丁尊（西周早期）

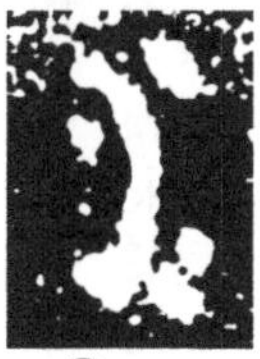
同簋（西周中期）

魚鼎匕（戰國）

hé
河

《説文》曰：水出焞（敦）煌塞外昆侖山，發原注海。从水、可聲。《廣雅》曰：河，何也。《字彙補》曰：河，借作何字。註：河，黄河。河，或从水、何聲。河或通何。

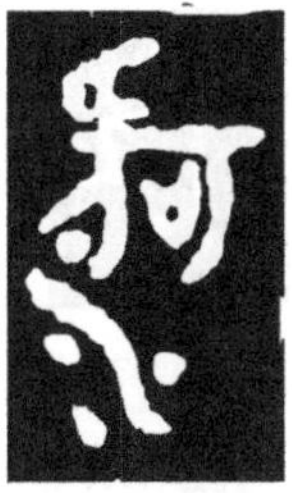

同簋（西周中期）

或从水何聲

庚壺（春秋晚期）

jiāng
江

註：江，指長江，从水、工聲。

塗涂　池沱

江小仲母生鼎（春秋早期）

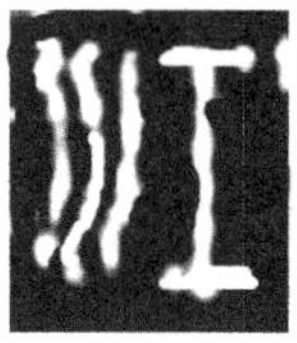

工鬳王劍（春秋晚期）

敬事天王鐘（春秋晚期）

姑發腎反劍（春秋晚期）

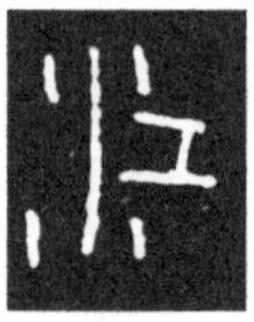

江魚戈（戰國）

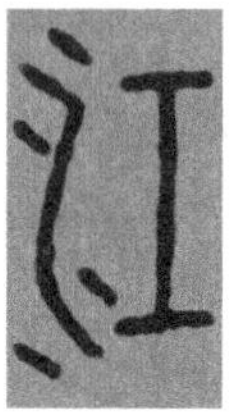

噩君啓節舟節（戰國）

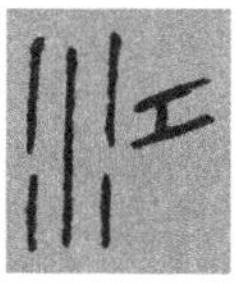

江武庫戈（戰國）【古文字研究】

邛叔彔鬲（春秋早期）　或从邑

tuó 沱

《說文》曰：江別流也，出岷山東，別爲沱，从水、它聲。《集韻》曰：沱，……亦作池。

註：沱，江水支流。金文沱、池本同字。古它、也同字，周末秦初，它（它）變作也（也），用爲語詞字，漸與它字相分別。

遹殷（西周中期）

靜簋（西周早期）

曹公子沱戈（西周早期）

鐘伯侵鼎（春秋）

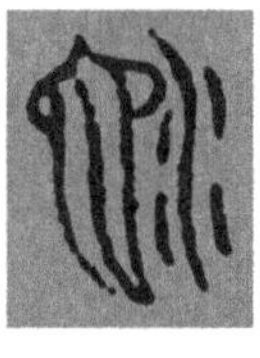

慶叔匜（春秋）

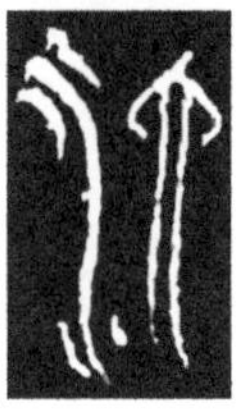

趙孟庎壺（春秋晚期）

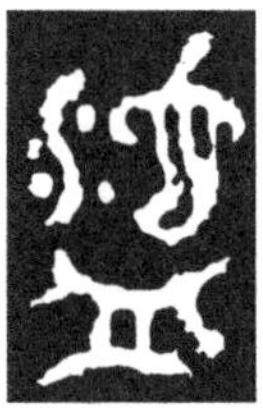

衵伯業鼎（春秋）　或从皿

鄧尹疾鼎（春秋晚期）

tú 涂

註：涂，今雲南牛攔江之古名。涂，同塗，或以涂作作途。

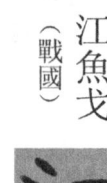

𨛜賹尹朁鼎 （春秋晚期）

徐大子鼎 （春秋）

或假爲徐

涂鼎 （戰國）

沅

yuán
沅

註：沅，江河名。

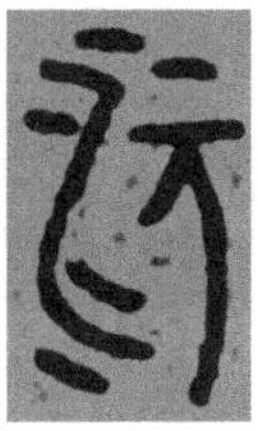

噩君啓節舟節 （戰國）

涇

jīng
涇

註：涇，渭水支流。

克鐘 （西周晚期）

者沪鐘 （戰國早期）

漾

yàng
漾

註：漾，古漢水。

曾姬無卹壺 （戰國）

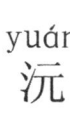

漢

漆

洛

hàn tān
漢

《説文》曰：漾也，東爲滄浪水，从水、難省聲。《集韻》曰：汭漢，通作涒灘。

註：漢，河流名，漢水。漢，或爲灘。涒灘，十二地支紀年中，申之別稱。

中甗（西周早期）

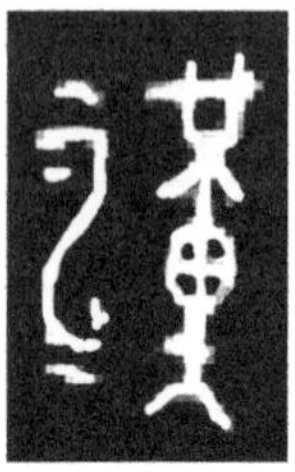

敬事天王鐘（春秋晚期）

qī
漆

註：漆河，渭水支流。漆，或指漆樹，樹汁可作塗料。

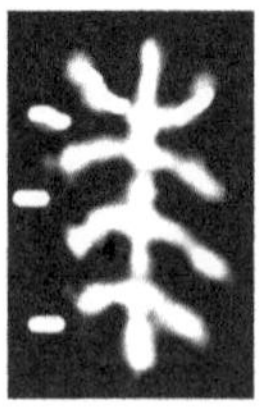
二十七年上守趞戈（戰國）

漆垣戈（戰國）

高奴石權（戰國）

口年上郡守戈（戰國）

上郡守壽戈（戰國晚期）

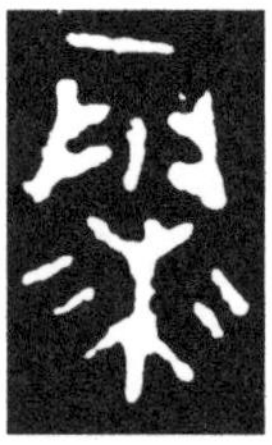

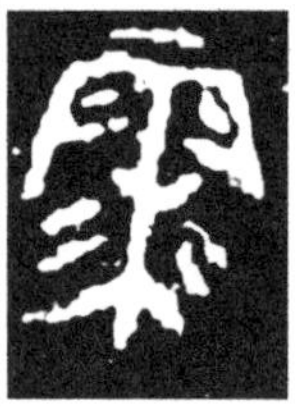
曾伯霥簠（春秋早期） 或从雨

luò
洛

註：洛，古水名。洛，或同聲假借爲絡。

隰作父乙尊（西周早期）

永盂（西周中期）

虢季子白盤（西周晚期）

敔簋（西周晚期）

大師虘豆（西周晚期）

紛 汾

注 注

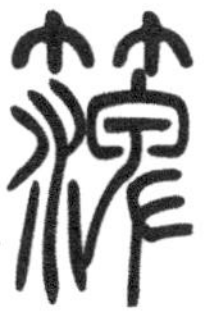

滭 簰 椑 潷

湘

fén
fēn
汾

《康熙字典》曰：汾，與紛同。註：汾，汾河。

二十二年臨汾守戈
（戰國晚期）

zhù
注

《說文》曰：灌也，从水、主聲。註：注，从皿、从主，像注水之形。

亞□父癸爵
（西周早期）

pái
pài
潷

《說文》曰：水在丹陽。从水、箄聲。《說文解字義證》曰：潷，或省作滭。

註：潷，或作簰，簰同椑。

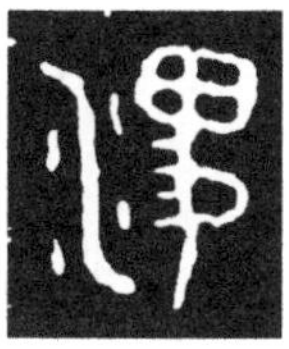

大克鼎
（西周晚期）

从水、卑聲

xiāng
湘

註：湘江，水名、湘山，山名。

深

潭

油

鄂君啓節（戰國）

shēn
深

《說文》曰：水。出貴陽南平，西入營道。从水、罙聲。

註：，深之異體字。

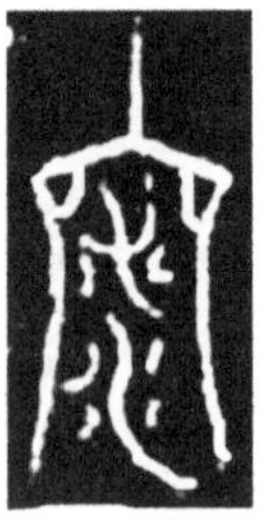
中山王嚳方壺（戰國晚期）

羌伯簋（西周晚期） 或不从水

我亦弗罙（深）享邦

tán
xún
潭

《說文》曰：从水、覃聲。《集韻》曰：潯，或作潭。《廣雅》曰：潭，淵也。

註：，或从皿、潭省，或爲鹽之異文。

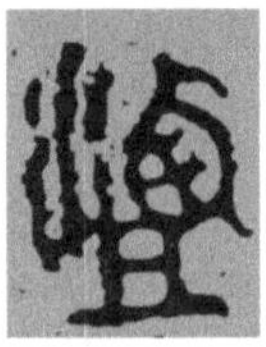
作濫右戈（戰國早期） 讀為潭

亡（作）潭右戈

yóu
油

註：油，同谿，或讀爲淯。淯，即河南省白河之古名。

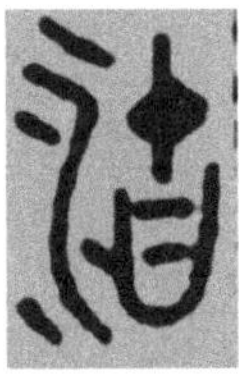
鄂君啓節（戰國） 讀爲淯

返自鄂市逾油（淯）

淮

灃

淠

huái
淮

註：淮，或从唯，金文隹、唯同字。

戜方鼎（西周中期）

彔戜卣（西周中期）

仲𢓊父鼎（西周中期）

兮甲盤（西周晚期）

散氏盤（西周晚期）

禹鼎（西周晚期）

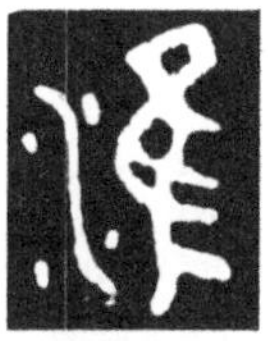

師寰𣪕（西周晚期）

敔簋（西周晚期）

虢仲盨（西周晚期）

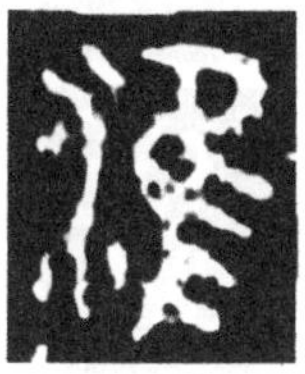
翏生盨（西周晚期）

駒父盨（西周晚期）

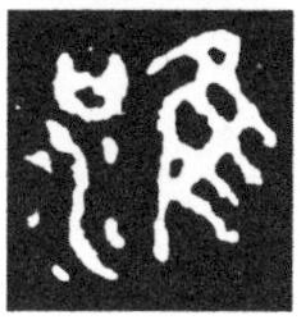
曾伯𩆜簠（春秋早期）

lǐ
灃

《說文通訓定聲》曰：灃，假借爲醴。

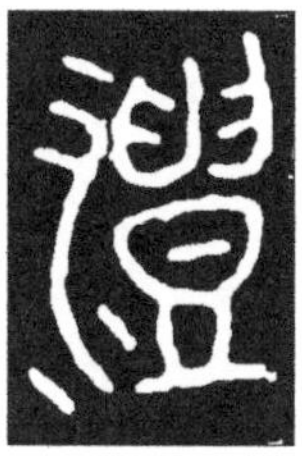
噩君啓节舟节（戰國）

pì
淠

註：淠，古水名。

濕溼　隰濕　濼

遲盨（西周晚期）

孟淠父鼎（西周晚期）

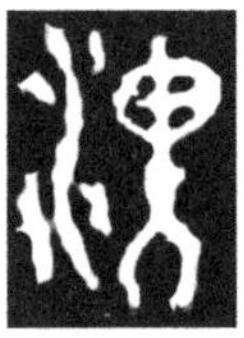
盬淠侯戈（春秋早期）

luò
濼
註：濼，古水名。

䖒鐘（西周中期）

伯濼父壺（西周中期）

者瀘鐘（春秋）

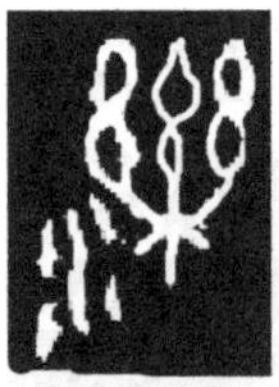

簷叔之仲子平鐘（春秋晚期）

tà
shī
xí
濕
《說文》曰：水。出東郡武陽入海，从水、㬎聲。《玉篇》曰：濕同溼，「說文」作溼，漢隸多作濕，後通用無別。《集韻》曰：隰，或作濕。

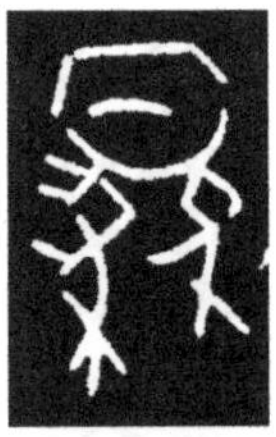

平都矛（戰國）

晉侯對盨（西周晚期）　讀為隰　湛樂于原隰　【近出殷周金文集録】

shī
溼
《說文》曰：幽溼也。从水；一，所以覆也，覆而有土，故溼也。《說文解字注》曰：溼，今作濕。

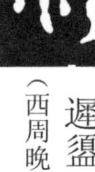

洹

濁

伯姜鼎（西周早期）

史懋壺（西周中期）

散氏盤（西周晚期）

huán
洹

註：洹，古水名。

洹秦簋（西周中期）

伯喜父簋（西周晚期）

洹子孟姜壺（春秋）

曾侯乙鐘（戰國早期）

郾侯軍作戎戈（戰國晚期）

zhuó
濁

註：濁，古水名，今山東之北洋河。在音樂中濁，厚重低沉之音，古音律黃鐘至中呂或稱濁。濁，引申為深厚渾濁、不清。

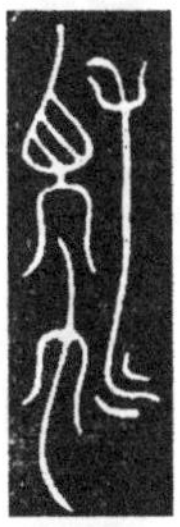

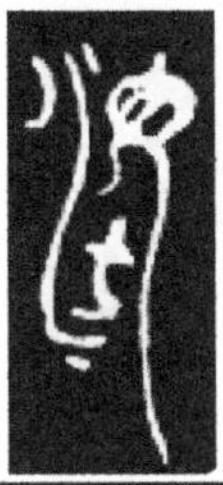

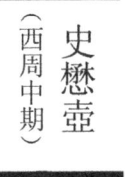

概溉 

曾侯乙鐘（戰國早期）

gài
溉

註：溉、概二字古文通用，

𨛜王耑又觶（春秋晚期）

讀為溉

耑溉之鑄

苦湖沽 　擠濟 　湡 　浸寖 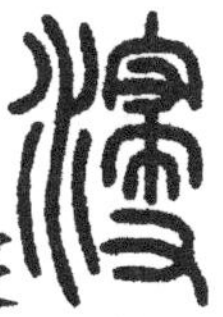

jìn qǐn 寖

註：寖，古浸字，寖或用作寢。

王鼎（西周早期）【近出殷周金文集録】

寺工師初壺（戰國）

雍工壺（戰國晚期）

成伯孫父鬲（西周晚期）或讀爲浸

成伯孫父作⿰米帚（浸）嬴尊

yú 湡

註：湡，古水名，又稱沙河。

肈家卣（西周早期）

jǐ jì 濟

《說文通訓定聲》曰：濟，假借爲擠。

註：濟，古水名。濟，或通躋。

中山王嚳方壺（戰國晚期）

gǔ gū 沽

《集韻》曰：沽，略也，或作苦。《說文通訓定聲》曰：沽，假借爲苦。

註：沽，古水名，即今河北省之白河。或曰天津之別稱。沽，或假爲湖，或讀作苦

海 　衍 　潮 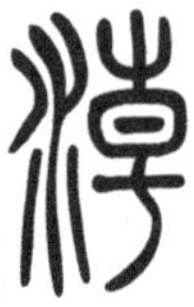

散氏盤（西周晚期）　讀爲湖　至于大沽（湖）

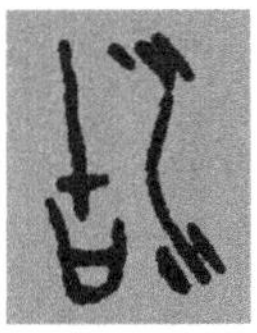
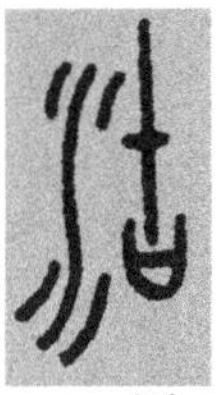
吳王光钟（春秋）【古文字類編】

六年襄成令戈（戰國晚期）【近出殷周金文集録】

hǎi
海
《說文》曰：天池也，以納百川者。从水、每聲。

小臣謎殷（西周早期）

yǎn
衍
《說文》曰：水朝宗于海也。从水、从行。
註：衍，水循河道流滙于海，會意字。

衍耳父乙尊（西周早期）

衍作父乙器（西周早期）

姑衍簋（西周晚期）

中陽戈（戰國晚期）【近出殷周金文集録】

cháo
淖
《說文》曰：水朝宗于海，从水、朝省。《集韻》曰：淖，隸作潮。
註：淖，古潮字。

亹伯馭殷（西周早期）

莒公孫潮子編鎛（戰國早期）【近出殷周金文集録】

十年陳侯午敦（戰國晚期）

謟滔

滮滸淲

淢

陳侯因資敦
（戰國晚期）

tāo
滔

註：金文滔或从水、稻聲。稻，即稻之別體。滔，通謟。

鵙姬殷蓋
（西周晚期）

旛嫼殷蓋
（西周晚期）

biāo
hǔ
淲

《説文》曰：水流皃（貌）从水、彪省聲。《集韻》曰：淲，或作滮。《龍龕手鑑》曰：淲，滸之俗字。

十三年㾓壺
（西周早期）
讀為淲 或水省作ʃ
王在成周司徒淲宮格大室即位

同簋
（西周中期）囗山奢淲鑄其寶簋

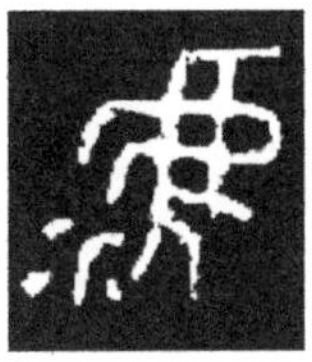

蒿君鉦鉞
（春秋晚期）

yù
淢

《説文》曰：疾流也。从水、或聲。

長甶盉（西周中期）

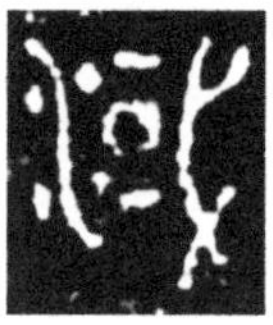
元年師旋段（西周晚期）

寰盤（西周晚期）

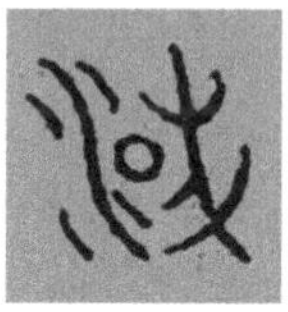
寰鼎（西周晚期）

滂

pāng
滂

《說文》曰：沛也，从水、旁聲。

註：滂，充沛、充溢、水盛漫流貌。

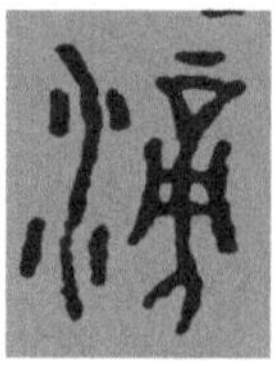
冶仲考父壺（春秋早期）

讀為滂 多福滂滂

汪

wāng
汪

《說文》曰：深廣也。

註：汪，从水、㞷聲。㞷，古文旺字。

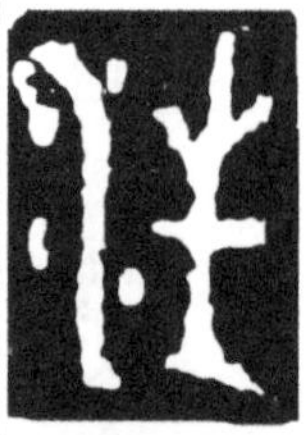

汪伯卣（西周早期）

冲衝沖

chōng
沖

《說文》曰：涌搖也，从水、中聲。《玉篇》曰：冲，俗沖字。

註：沖，同冲、同衝。沖，或讀作僮、童。

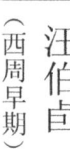

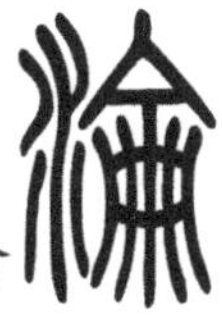淪　浮　湋

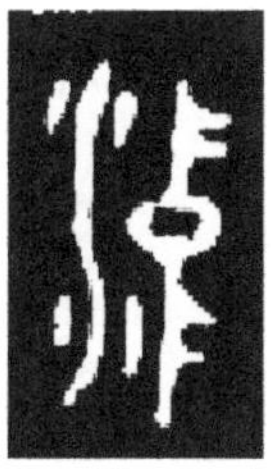

冲子鼎（戰國早期）

lún
淪

《説文》曰：小波爲淪。从水、侖聲。一曰（沉）沒也。

伯駟父盤（西周晚期）

邍氏仲簠（春秋早期）【近出殷周金文集録】

fú
浮

《廣雅》曰：浮漂也。《玉篇》曰：水上曰浮。

浮公之孫公父宅匜（春秋）

wéi
湋

《説文》曰：回（旋）也，从水、韋聲。《字彙》曰：水回曰湋。註：湋，水迴流。

湋伯簋（西周晚期）

測 

溺汋 

混渾 

淵 

cè
測
《説文》曰：深所至也，从水、則聲。

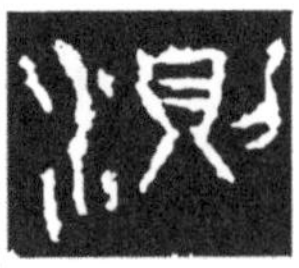
上曾大子鼎
（春秋早期）

zhuó
汋
《説文》曰：激水聲也。从水、勺聲。
註：汋，在銘文中讀為溺。

中山王譽鼎
（戰國晚期）
讀爲溺
與其汋（溺）於人也寧汋（溺）于淵

hún hùn gǔn
渾
《説文》曰：混流聲也。从水、軍聲。《集韻》曰：滾，大水流皃（貌），或作渾。《集韻》曰：混，或作渾。
註：渾，水潰湧，渾濁不清。渾，或作混，假為滾。

渾左戈
（戰國）

yuān
淵
《説文》曰：回水也。从水，象形，左右岸也，中象水皃（貌）。或省水，古文从口、水。
註：水之回流處謂之淵，左右爲岸，中乃横向之水，以示回流，此應爲淵之正字。

沈子它簋（西周早期）

史牆盤（西周中期）

子泉聛戟（戰國）

中山王譽鼎（戰國晚期）

dàn
澹

，商承祚釋爲澹。【文物精華】三期

噩君啓節舟節（戰國）

huá
滑

《說文》曰：利也。从水、骨聲。註：四季調和菜肴使之柔滑以利食慾。春多酸、夏多苦、秋多辛、冬多鹹。光滑不澀謂之利。以堇、荁之類調和四味謂之滑，故，从艸、从禾爲滑。，亦讀為肴。

魚鼎匕（戰國）
或从艸从禾从骨

滑旂子鼎（戰國晚期）

qiǎn
jiàn
淺

《說文》曰：不深也。从水、戔聲。

《集韻》曰：濺，或省作淺。

註：淺，通賤、或假爲踐。

郘王鳩淺劍（越王勾踐劍）（春秋晚期）
假濺爲踐

洚

涅

滋

沙 紗

zhōng
洚

《說文》曰：水也。从水、夂聲。夂，古文終。

註：洚，古水名。

洚叔之行鼎（春秋）

洚叔之行壺（春秋） 或从皿

niè
涅

《說文》曰：黑土在水中也。从水、从土、曰聲。

註：涅，水中之礬（矾）石，可染黑色。涅，又有羽化、淹沒之義，涅槃。

八年五大夫弩機（戰國） 張亞初釋為涅【殷周金文集成 引得】

zī
滋

《玉篇》曰：滋，長也。

註：滋，滋生、增長。

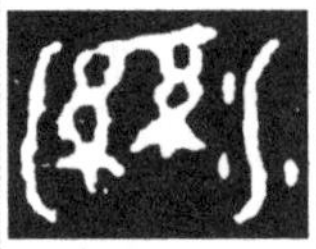
滋盂（西周中期）

shā
沙

《說文》曰：水散石也，从水、从少，水少沙見。

註：沙，或同紗。古無紗字，均以沙爲紗，漢代始有紗字。

沚 

灘 

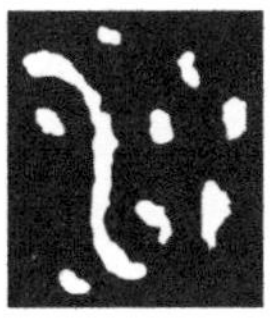
王臣簋（西周中期）

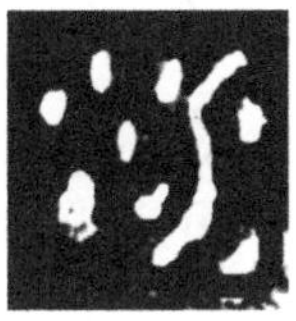
走馬休盤（西周中期）

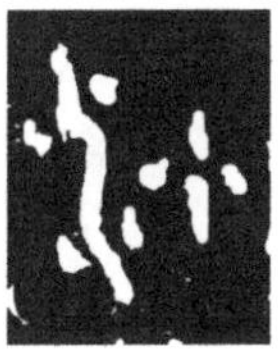
訇簋（西周晚期）

害簋（西周晚期）

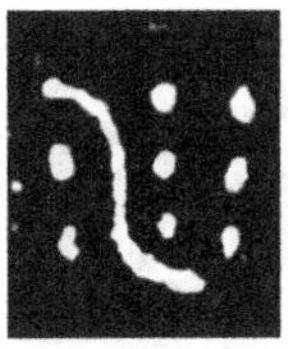
無叀鼎（西周晚期）

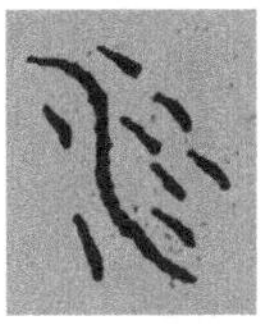
寰鼎（西周晚期）

寰盤（西周晚期）

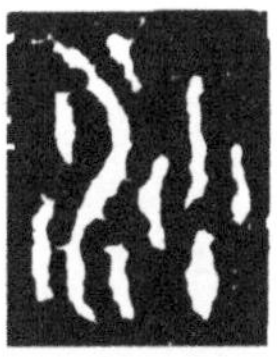
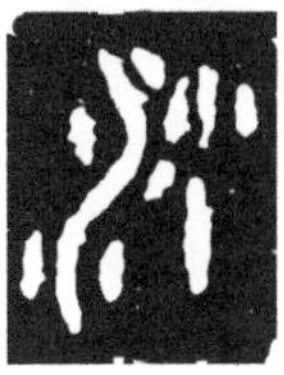
五年師旋毁（西周晚期）

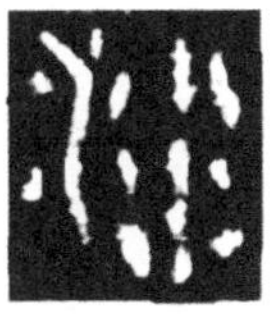
輔師嫠毁（西周晚期）

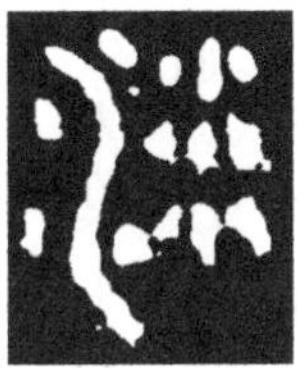
弭叔師籍簋（西周晚期）

zhǐ
沚

《説文》曰：小渚曰沚。从水、止聲。註：江河湖海中小块陆地曰沚。

鄊鬲（殷商）

亞𠨍父乙毁（殷商）

御沚簋（殷商）【三代吉金文存】

tān
灘

《廣韻》曰：灘，水灘。涒灘，十二地支紀年中，申之别稱。

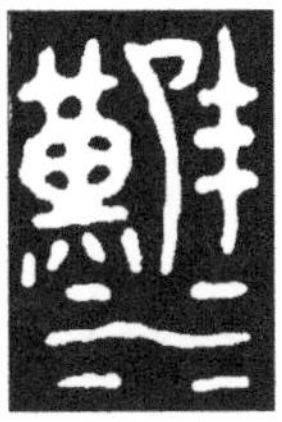

噩君啓节舟节（戰國）

津

泅汓

湛

琢涿

jīn
津

《説文》曰：水渡也。从水、㶳聲。古文津从舟、从淮。

註：津，渡口、渡河。

翏生盨（西周晚期）　或从舟从淮

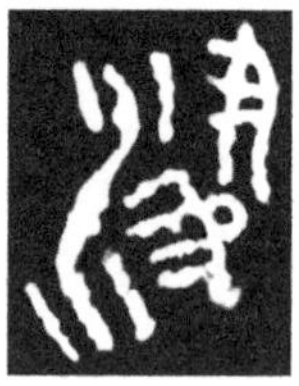

郐𬀻尹朁鼎（春秋晚期）

qiú
汓

《説文》曰：浮行水上也。从水、从子。汓或从囚聲。

註：泅，人游于水上。汓，乃泅之古文。

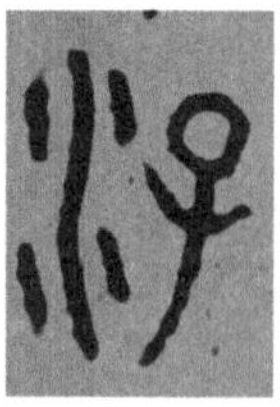

牧簋（西周中期）

chén
dàn
zhàn
湛

《説文》曰：没也。从水、甚聲。《説文解字注》曰：古書浮沉字多作湛，湛、沉古今字，沉，又沈之俗也。

註：湛，通憺。

毛公鼎（西周晚期）　讀爲沉　躍余小字圂湛（沉）于艱

㿻匜（西周晚期）

zhuō
zhuó
涿

《説文》曰：流下滴也。从水、豖聲。奇字涿，从日、乙。《字彙補》曰：涿，假借爲琢。

註：，涿之異體奇字。

滈 

沉沈 

淹淊 

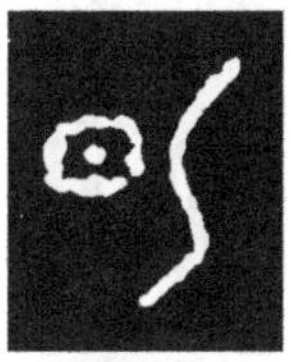

仲涿父鼎（西周中期） 讀為涿 仲涿父作尊鼎

hào
滈

《說文》曰：久雨也，从水、高聲。

六年上郡守閒戈（戰國晚期）【近出殷周金文集録】

chén
shěn
沈

《說文》曰：陵上滈水也。从水、冘聲。《集韻》曰：瀋，汁（液）也，或作沈

註：沈，沉，同字。沈，山嶺上凹處之積水，引申爲水田。

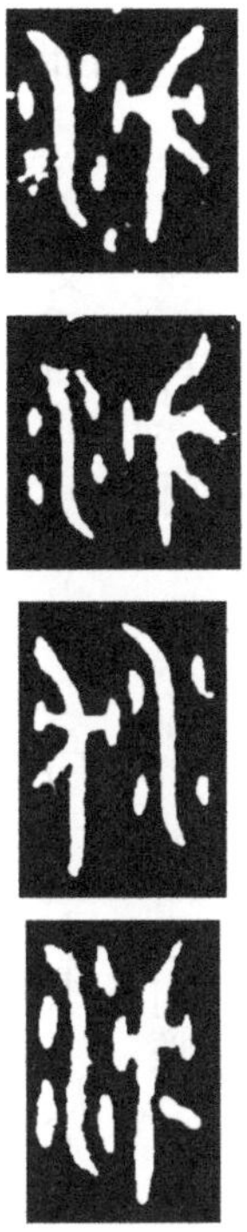

沈子它簋（西周早期）

hàn
yān
hán
淊

《說文》曰：泥水淊淊也，一曰繅絲湯也。从水、臽聲。《篇海類編》曰：淊，與淹同，（淹）沒也。

《集韻》曰：浛（涵），沉（沒）也，或作淊。註：淊，泥水相和皃、或曰蠶繭繅絲之沸湯。

淊御事罍（西周中期）

澬

濂廉溓

竭渴

zī
澬

《説文》曰：久雨涔資也，一曰水名。从水、資聲。

註：澬，久雨積水。澬，或同資，資水在湖南省。

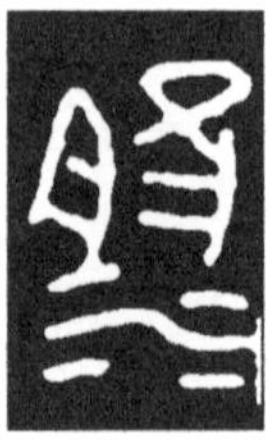
噩君啓節舟節（戰國）

讀為澬

就郙入澬 沅 澧 油 上江

lián
溓

《説文》曰：薄水也。一曰中絕小水。从水、兼聲。

註：溓，小水流。溓，或同濂，假爲廉。

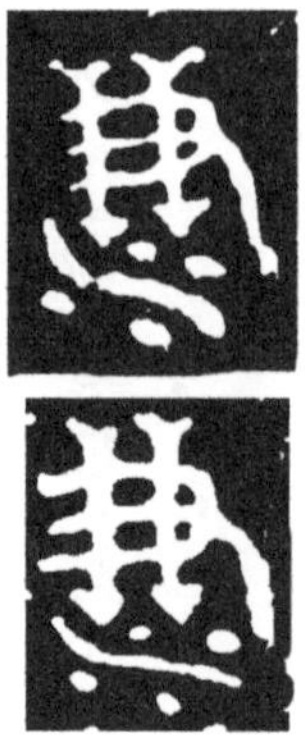
寧鼎（西周早期）

飼鼎（西周早期）

或从止

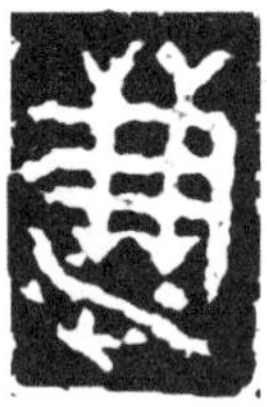
令鼎（西周早期）

原趠方鼎（西周早期）

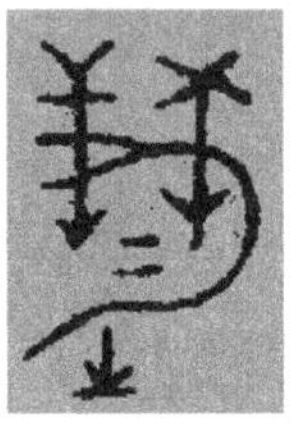
溓季作鬲（西周早期）

九年衛鼎（西周中期）

jié kě
渴

《説文》曰：盡也，从水、曷聲。

《説文解字注》曰：渴、竭古今字。古，水(枯)竭字多用渴，今則用渴爲㵣矣。

註：水盡干涸曰竭；渴，即竭之本字。㵣，爲飢渴之渴之本字，渴行而㵣廢矣。

中山王嚳方壺（戰國晚期）

讀爲竭

渴（竭）志盡忠

瀞淨淨

湯燙蕩

滰

jìng 瀞

《說文》曰：無垢薉也。从水、靜聲。《說文解字注》曰：瀞，此今之淨字也，古瀞今淨，是之謂古今字。

註：瀞，即古淨字，今之淨字。瀞，用同靜，或讀為清。

國差甔（春秋） 讀爲清 俾旨俾瀞（清）

tāng tàng 湯

《說文》曰：熱水也。从水、昜聲。《正字通》曰：湯，與蕩通。註：湯，或作燙。

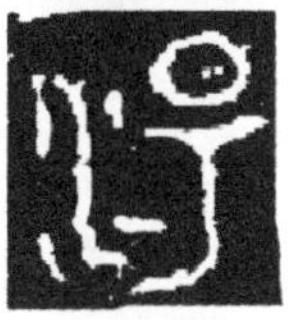

仲枏父鬲（西周中期）

師湯父鼎（西周中期）

仲枏父簋（西周晚期）

多友鼎（西周晚期）

湯叔盤（西周晚期）

郹湯伯匜（春秋早期）

曾伯霥簠（春秋早期）

鄁公鼎（春秋早期）

郳[illegible]尹[illegible]鼎（春秋晚期）

晉姜鼎（春秋早期）

十八年戈（戰國）

jiàng 滰

《說文》曰：浚乾漬米也。从水、竟聲。註：滰，濾掉洗米水，使米乾燥。

湎

液

沫

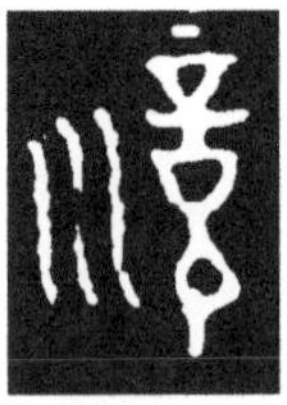

啓卣　讀為滰
（西周早期）至于上侯滰川上

虎簋蓋
（西周中期）【古文字類編】

miǎn
湎

《説文》曰：沈（沉）于酒也。从水、面聲。

註：，上爲首字之變形，下从肉，即爲面之異形。，从水，此字當爲湎字。

毛公鼎　讀為湎
（西周晚期）毋敢湎于酒

yè
液

《説文通訓定聲》曰：液，假借爲掖。

師穎簋
（西周晚期）

叔液鼎
（春秋早期）

huì
mèi
沫

《説文》曰：洒面也。从水、未聲。古文沫从頁。

註：沫，洗面也。沫或从頁。頁即頭之象形，从水，會意爲洗面。沫，或假爲味、為眉。

郳公孫班鎛　或从水从頁爲沫之古文　假爲眉
（春秋晚期）沫（眉）壽萬年

陳逆簋
（戰國早期）

陳逆簠
（戰國早期）

浴

汲

濯 櫂棹

yù
浴

《說文》曰：洒身也，从水、谷聲。

註：浴，人於皿中以水而浴也，象形。

鼎（殷商）

孟滕姬缶（春秋）

鄬子倗缶（春秋晚期）【近出殷周金文集録】

楚叔之孫倗鼎（春秋晚期）【近出殷周金文集録】

陳缶蓋（戰國早期）【近出殷周金文集録】

jí
汲

《說文》曰：引水於井也。从水、从及，及亦聲。

己侯壺（春秋早期） 讀為汲 使小臣以汲

zhuó zhào
濯

註：濯，洗滌、清洗、祛除邪惡。濯，或假爲櫂，櫂，同棹，船槳類器具或兵器。

右濯戈（戰國早期）

湩 　減減 　滅 　浣 

dòng dǒng
湩

《説文》曰：乳汁也，从水、重聲。《集韻》曰：湩，濁水。

大司馬鐓（戰國）
讀為湩
湩都大司馬

jiǎn
減

《説文》曰：損也。从水、咸聲。註：減，減損、減少。金文減或从皿。減，今作减。

者減鐘（春秋）
或从皿

miè
滅

《説文》曰：盡也。从水，烕聲。

子犯鐘（春秋晚期）

huàn
浣

《説文》曰：濯（洗滌）衣垢也。从水、榦聲。，或从完。

註：金文以盥，為浣。

涕 

況貺 況 

波 

徐王義楚盤（春秋） 讀爲浣 自作浣盤

中子化盤（春秋） 讀為浣 自作盞（浣）盤

tì
涕

《説文》曰：泣也。从水、弟聲。

註：或从雨。泣涕淚如雨，有誇張之意。

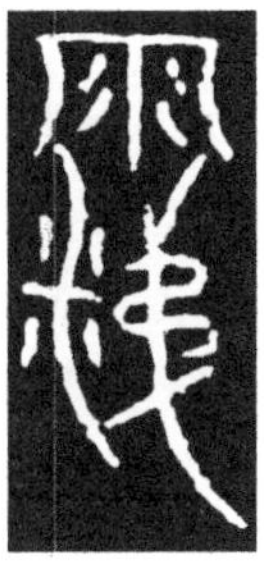

㚷螸壺（戰國晚期） 即涕字 潸潸流涕

kuàng
況

《説文》曰：寒水也。从水、兄聲。《説文通訓定聲》曰：況，假借爲貺。

註：況，滄況，寒涼貌。況，俗作况，或用爲副詞、連詞等。

⿰虫長諹侯鼎（戰國） 讀為況 長信侯私官西況

bō
波

《説文》曰：水涌流也。从水、皮聲。

守相杜波鈹（戰國晚期）

十五年守相杜波鈹（戰國晚期）

汸

污汙

漱涑

沴

fāng
汸

註：汸，即方之異體字，或假爲滂。

師頮𣪕（西周晚期）

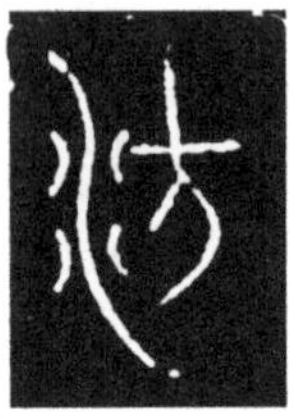
好盗壺（戰國晚期）四牡汸汸（滂滂） 讀爲滂

wū yú
汙

《說文》曰：薉也，一曰小池爲汙，一曰涂也。从水、于聲。《古今韻會舉要》曰：紆，或作汙。

註：古文于、亏同字，汙、污亦同字。汙，或从口作。

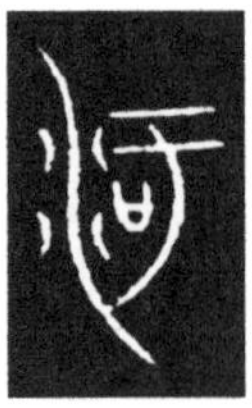
好盗壺（戰國晚期）大啟邦污 讀為污

sù shù sōu
涑

《說文》曰：浣也。从水、束聲。河東有涑水。《玉篇》曰：涑，與漱同。

涑郾戈（戰國早期）

zhěn lì
沴

《說文》曰：水不利也。从水、㐱聲。《玉篇》曰：相傷為沴。《篇海類編》曰：陰陽氣亂曰沴。

《廣韻》曰：沴，妖氣。註：沴，或从弓。

唾涶　滉潢　潦

tuò tuō
涶

《説文》曰：河津也，在西河西。从水、垂聲。《説文》口部，唾：口液也。从口、垂聲。唾，或从水。

註：涶，黄河古渡口名。涶，又同唾，唾液。

王孫遺者鐘（春秋晚期）　或从弓

叔尸鐘（春秋晚期）

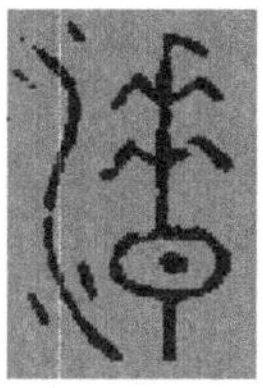

叔尸鎛（春秋晚期）　讀為涶　師于淄涶

huáng huǎng guāng
潢

《説文》曰：積水池。从水、黄聲。

《集韵》曰：滉，水深廣貌，或作潢。又曰：洸，水涌光也，或作潢。

師訇簋（西周晚期）

liǎo liáo lào
潦

《説文》曰：雨水大皃（貌）。从水、尞聲。

潦伯甗（西周早期）

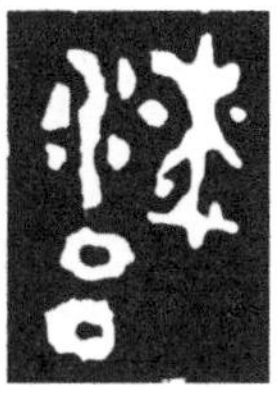

趞盂（西周中期）　讀為潦　君在潦既宮

 滕

 洧

 洨

 灅 濡

téng
滕

《説文》曰：水超涌也。从水、朕聲。

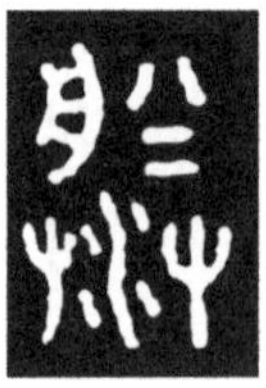

庚壺（春秋晚期） 讀為盥 以鑄其滕（盥）壺

wěi
洧

註：洧，或从水、又聲。洧，古水名，州名。

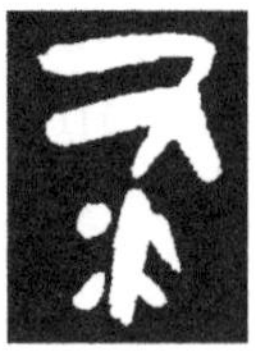

有伯君黄生匜（西周晚期） 讀為洧 唯洧伯君堇甥自作匜

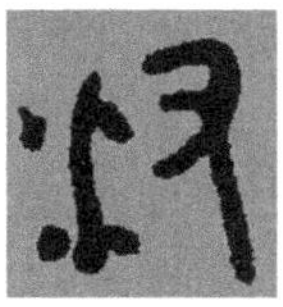

齊城左戈（戰國） 【古文字類編】

xiáo
洨

註：洨，古水名，縣名。

洨陽戈（戰國） 【古文字類編】

lěi
灅

註：灅，古水名，今河北省境内之沙河。灅，或作洡、作濡。

澤

淖

淳 諄

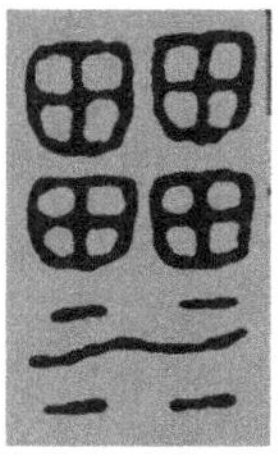

噩君啓節舟節（戰國）

讀為澧　就洮陽入澧　就郴入濱

zé
澤

《説文》曰：光潤也。从水、睪聲。

廿三年相邦邙皮戈（戰國晚期）【近出殷周金文集録】

nào zhuō chuò
淖

《説文》曰：（污）泥也。从水、卓聲。《説文通訓定聲》曰：淖，假借爲綽。

晉侯蘇編鐘（西周晚期）【近出殷周金文集録】

zhūn chún
淳

《説文》曰：淥也。从水、享聲。《説文通訓定聲》曰：淳，假借爲醇。

《説文解字注》曰：淳，……純、醇二字之假借也，假借行而本義廢矣。註：淳，本義爲澆灌。淳，通諄。

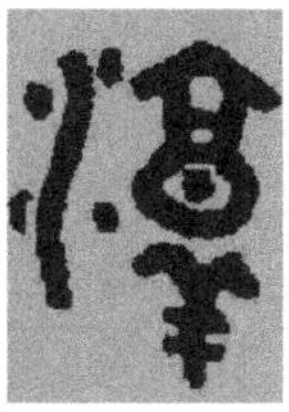

⿱𠂤皿公匜（春秋）【古文字類編】

汏汱 汜洍 湆 清

tài
汱

《說文解字注》曰：凡沙汱、淘汱，用淅米（淘洗米）之義引伸之，或寫作汰。

註：汱，即汰。汱，从大，人之正面；數點乃水之象形。古文無太字，大即太。从水、大（太）聲即汱也。

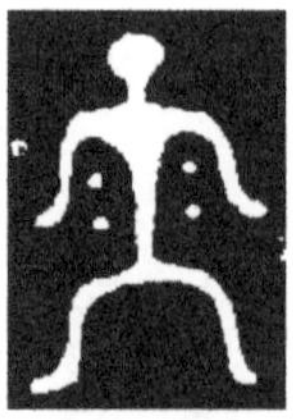

父辛鼎（西周早期） 讀為汱 父辛汱

sì
洍

《說文》曰：水也。从水、𦣞聲。

註：洍，江水名，通汜，或讀爲熙。

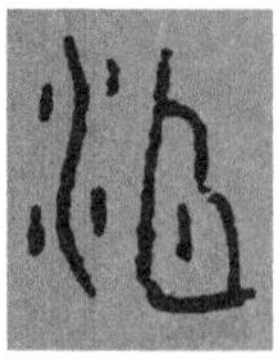

𩰫殷（西周晚期） 讀爲熙 𩰫其洍洍（熙熙）

qì
湆

《說文》曰：幽溼也。从水、音聲。

《玉篇》曰：湆，煮肉汁

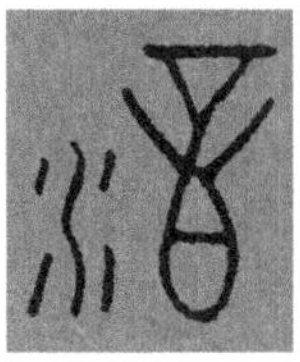

湆陽戈（戰國） 【九州】三輯

qīng
清

《說文》曰：朖（朗）也，澂水之皃（貌）。从水、青聲。

註：金文或以瀞為清。

淦 

泌 

湍溥 

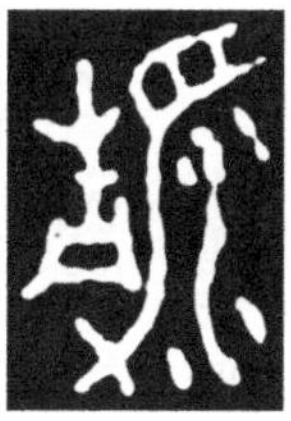

國差甔
（春秋）

讀爲清
俾旨俾瀞（清）

gàn
淦

《說文》曰：水入船中也，一曰泥也。从水、金聲。淦或从今。

註：水滲入船中曰淦。水之大溜、激流也稱淦。

卜淦口高戈
（春秋早期）

bì mì
泌

《說文》曰：俠（狹）流也，从水、必聲。

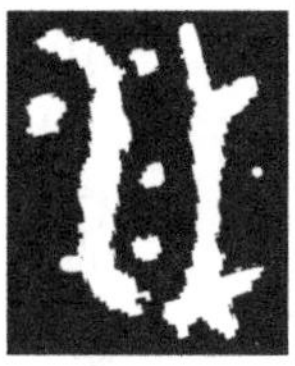

伯汏父鬲
（西周中期）

tuán
溥

《說文新附》曰：露貌。从水、專聲。

《集韻》曰：湍……或从專。

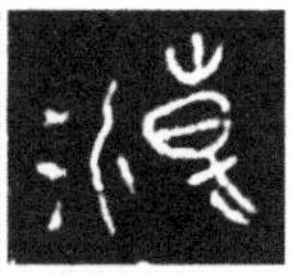

九年將軍戈
（戰國晚期）

讀為溥
溥宮我其獻

瀘

瀼

濫

汝

lú
瀘
《說文新附》曰：水名。从水、盧聲。

鬲比盨（西周晚期）
讀為瀘
州瀘二邑

噩君啓節舟節（戰國晚期）
或从水膚聲
入瀘江

ràng ráng
瀼
《說文新附》曰：露濃皃（貌）。从水、襄聲。註：瀼，露水濃重。瀼，或从水、襄省。

王罍（殷商）
从水襄省聲
作父丁尊　瀼

làn
濫
《說文》曰：氾（泛）也，从水、監聲。註：濫，氾濫。濫，通鑑。

𨛭陵君鑑（戰國晚期）
讀為鑑

rǔ
汝
《說文》曰：水出弘農盧氏，還歸山，東入淮。从水、女聲。《廣韻》曰：汝，尒（尔）也。
《正字通》曰：汝，本水名，借為爾汝字。註：汝水，淮河支流。汝州因水得名。汝，借為第二人稱，你。

洀 浊 洡

帚汝簋（殷商）【古文字類編】

pán bān
洀

《字彙補》曰：洀，與盤同。唐蘭曰：洀字，讀如般。【古文字研究】第三輯

啓作且丁尊（西周早期）

晉侯蘇編鐘（西周晚期）【近出殷周金文集録】

浊

註：，从水、从虫，爲浊，是否爲濁之省文待考。

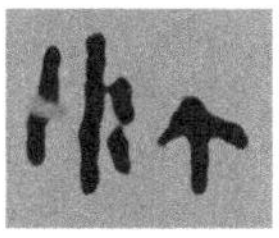

七年劍（戰國晚期）為浊字 制浊劑

lèi
洡

《字彙》曰：洡，相漬染也。

註：从，即方字，耒之象形字。

匕辛鐃（殷商）張亞初釋爲洡【殷周金文集成引得】

泝

泝陽矛（戰國）

zhàn
chéng
涅

《廣韻》曰：江岸上地名也。《字彙補》曰：涅，古文澄字。

註：涅，讀為涅。涅，古文澄。

永用析涅壺（戰國）

讀爲涅
永用休涅（涅）

邙相鈹（戰國）

【古文字類編】

rú
ruǎn
nuò
渪

《字彙》曰：渪，古濡字。註：濡，通軟、通糯。

小臣缶方鼎（殷商）

讀為渪
王賜小臣缶渪積五年

泦 涎　淄 緇　𣿅 漣

xián
泦

《玉篇》曰：泦，同涎。

吳生殘鐘
（西周晚期）
讀為侃
用喜侃前文人

zī
淄

註：淄，水名、州名，在山東省。淄，通緇。緇，黑色，引伸爲染黑、污染。

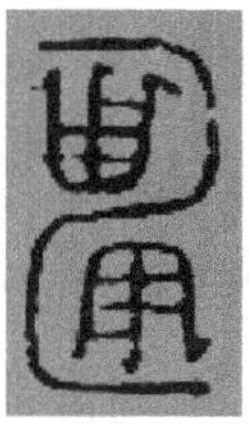
叔尸鎛
（春秋晚期）

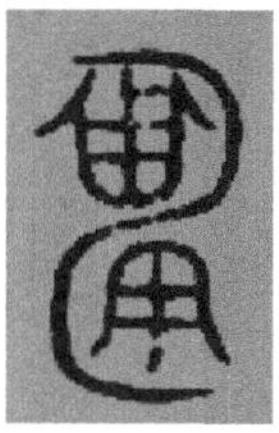
叔尸鐘
（春秋晚期）

蔡侯䵝段
（春秋晚期）

lián
𣿅

註：𣿅，即漣之異文。

利鼎
（西周中期）
讀為漣
用作朕文考漣伯尊

shì
⿰氵⿱冖巳

《玉篇》曰：⿱冖巳，飯堅柔調也，今作適。⿰氵⿱冖巳，或讀爲適。註：⿰氵⿱冖巳，从水、⿱冖巳聲。

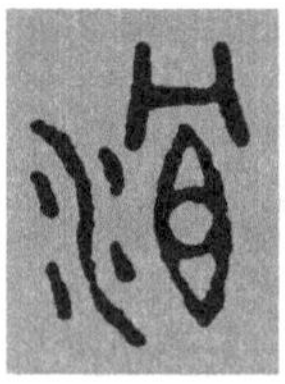

敔簋（西周晚期）

quán
湶

《字彙補》曰：湶，與泉同。《龍龕手鑑》曰：湶，水名。

散氏盤（西周晚期）讀為泉 登于厂泉

⿰氵⿱子田

元年鄭令矛（戰國）

卅三年鄭令劍（戰國）

méi
⿰氵某

《集韵》曰：⿰氵某，壞也。

⿰氵酓 洽涵

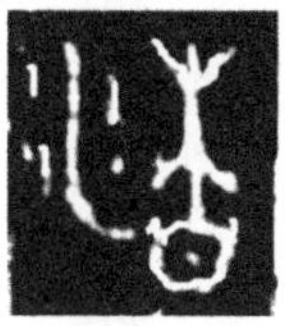

)(⿰氵杏伯逘卣（西周早期）

⿰氵杏伯逘尊（西周早期）

七年劍（戰國晚期）

hán ⿰氵酓

《集韻》曰：洽，或作⿰氵酓。註：洽，同涵。

瀗

永盂（西周中期）

xiàn 瀗

《廣韻》曰：瀗，水名。註：，或从水、憲省聲。

泪 淚

散氏盤（西周晚期）

lèi 泪

《字彙》曰：泪，與淚同，目液也。

三年杖首（戰國晚期）

讀為泪 中富丞趙□冶泪

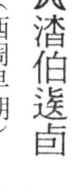

潶

澅 姻

⿰氵廆

hēi 潶

《廣韻》曰：潶，水名，在雍州。

潶伯卣（西周中期）

yīn 澅

註：澅，或讀爲姻。

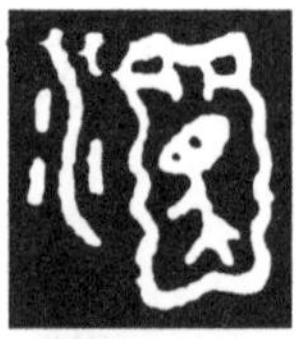

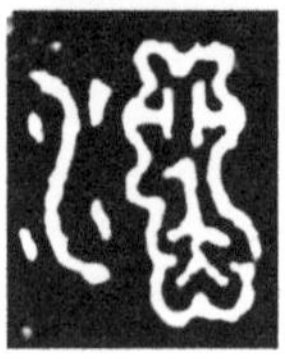

史頌簋（西周晚期）

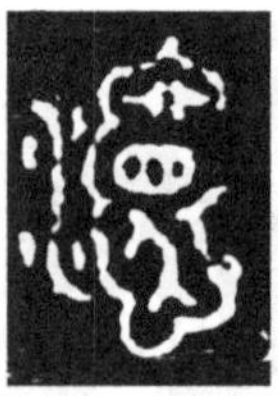

史頌鼎（西周晚期）

讀爲姻

令史頌省蘇澅（姻）友 里君 百姓

⿰氵廆

四年春平侯鈹（戰國晚期）

汆　湫洑　滓　隔漏

cuān
汆

註：汆，一種烹調方法，將食物放到沸水中煮熟曰汆。

徐子汆鼎（春秋中期）

quǎn
fú
洑

《爾雅》曰：墜也。郭璞注：皆水落貌。《廣韻》曰：湫，洄流。洑，當爲湫之省文。

[illegible]父乙盉（西周早期）

[illegible]父乙壺（西周早期）

滓

註：硯神曰滓妃。滓字讀音未詳。

曾侯乙鐘（戰國早期）

gé
漏

註：漏，西漏湖，俗稱沙子湖，在江蘇省。漏，或假爲隔。

泃 洖 洱

達盨蓋 讀爲隔【近出殷周金文集録】

（西周早期）王在周執駒于滆（隔）应

jūgōu 泃

《玉篇》曰：泃，水聲也。註：泃，或爲水名，在河北薊縣。

泃城都小器

（戰國）

xián 洖

《龍龕手鑑》曰：洖，次（涎）之俗字。

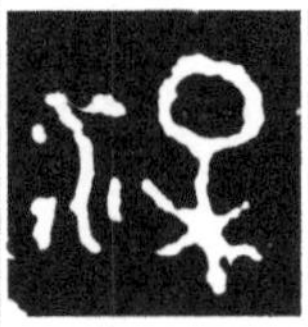

洖伯鼎

（春秋）

ěr 洱

註：洱，古水名。

十年洱陽令戈

（戰國晚期）

dāo
汈

註：汈，靈活、流動。汈，或釋為沪。

者沪鐘
（戰國早期）

泆

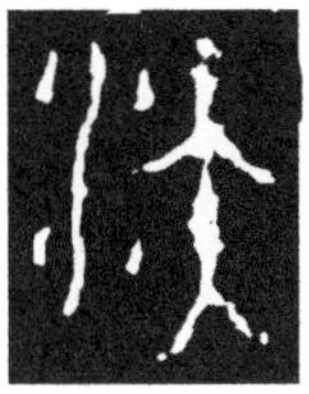

泆伯寺簋
（西周）
【三代吉金文存】

tuó
沰

《玉篇》曰：沰，落也，磓也。註：沰，碎石聚落。

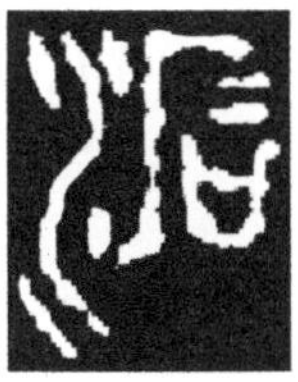

鄀尹疾鼎
（春秋晚期）

xù
㳚

《集韻》曰：㳚，流水貌。

伯姜鼎（西周早期）

流

liú

流

《說文》曰：水行也……篆文从水。

好蛮壺（戰國晚期）

讀為流 潸潸流涕

涉

shè

涉

《說文》曰：徒行厲水也……篆文从水。

註：徒步越水曰涉，金文會意兩趾過水狀，止，即趾。涉，又引伸爲渡水。古之陸行曰跋、水行曰涉。

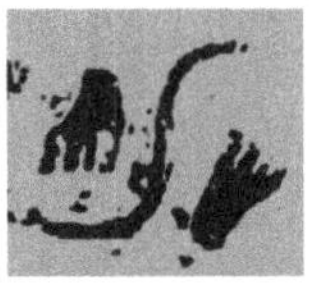

車涉觚（殷商）

效卣（西周中期）

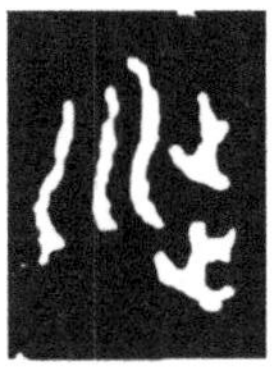

效尊（西周中期）

散氏盤（西周晚期）

格伯簋（西周中期）

涉戈（戰國晚期）

瀕

bīn

瀕

《說文》曰：水厓，人所賓附，頻蹙不前而止，从頁、从涉。

註：瀕，臨水岸邊。瀕，迫近、靠近。

川

巠

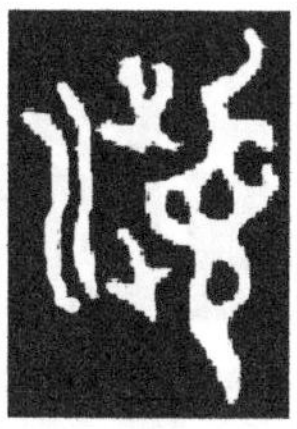
瀕史鬲（西周早期）

周公簋（西周早期）

伯晨鼎（西周中期）

效卣（西周中期）

㝬殷（西周晚期）　讀為瀕　帝瀕在帝廷

chuān
川
註：川，河川之象形字。

父癸[illegible]鼎（殷商）

宜侯矢簋（西周早期）

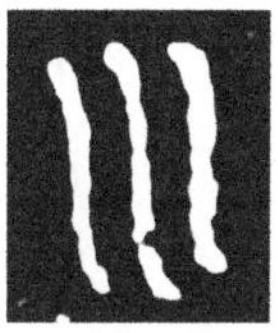

啓卣（西周早期）

五祀衛鼎（西周中期）

不嬰殷（西周晚期）　讀爲永　川（永）純靈終

鄭義伯鑐（春秋）

jīng
巠
《說文》曰：水脈也。从川在一下，一地也，壬省聲。古文巠不省。郭沫若曰：余意巠蓋經之初字也。觀其字形……均象織機之縱線形。从糸作之經字，稍後起者也。【金文叢攷】

大盂鼎（西周早期）

大克鼎（西周晚期）

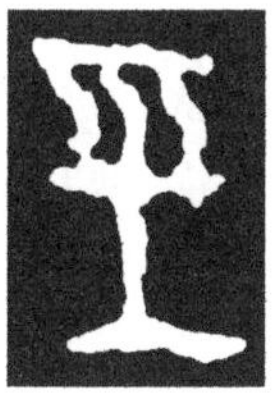
毛公鼎（西周晚期）　讀爲經　今余唯肇巠（經）先王命

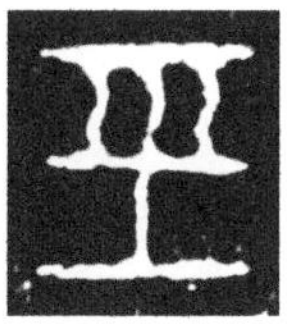
㝬殷（西周晚期）

荒巟 

邕 

衎侃 

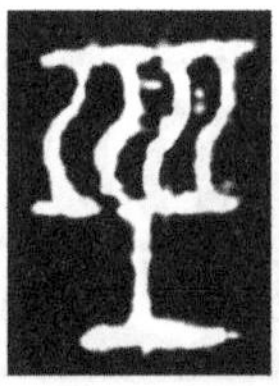

師克盨（西周晚期）

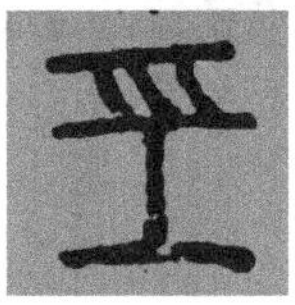

晉姜鼎（春秋早期）

huāng
巟

《說文》曰：水廣也。从川、亡聲。

註：巟，水漫流之廣也，引申為廣大。荒，荒蕪也。後假荒為巟，荒行而巟廢矣。

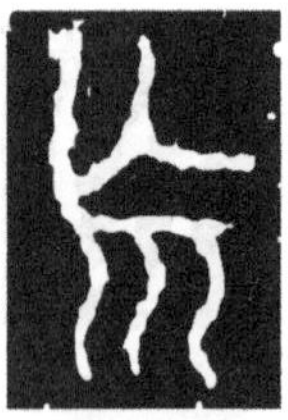

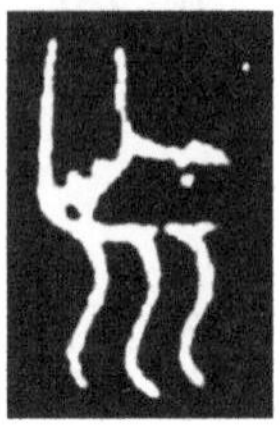

巟伯簋（西周早期）

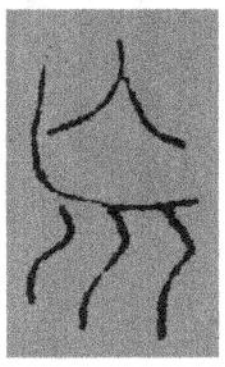

叔巟甗（西周中期）

【韓芬集】

yōng
邕

《說文》曰：四方有水自邕（雝）城池者。从川、从邑。

註：邕，四方被水環繞之都邑。邕，或通雝、通擁。

邕子良人甗（春秋早期）

kǎn
侃

《說文》曰：剛直也。从㐰，㐰，古文信，从川。《字彙》曰：侃，和樂貌。

註：侃，剛直，理直氣壯。侃，或同古文衎，安定、愉快、和悅。

保侃母簋（西周早期）

癲鐘（西周中期）

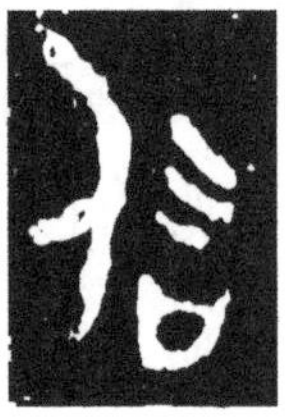

萬諆觶（西周中期）

斁狄鐘（西周中期）

叔㚤段（西周晚期）

兮仲鐘（西周晚期）

丼人妄鐘（西周晚期）

㲋其鐘（西周晚期）

士父鐘（西周晚期）

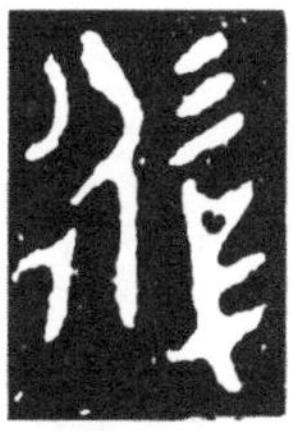

保侃母壺（西周晚期）

zhōu
州

《説文》曰：水中可居曰州。古文州。註：川中之高地，州之象形，後从水作洲。

周公簋（西周早期）

仲州簋（西周）

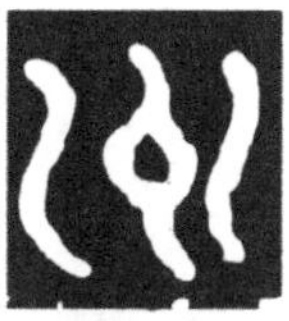

散氏盤（西周晚期）

融比盨（西周晚期）

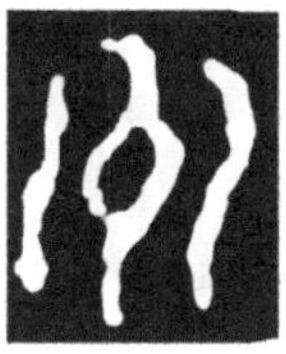
右涓州還矛（春秋）

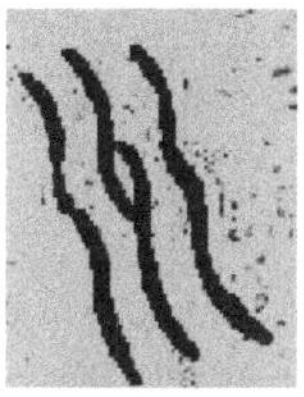
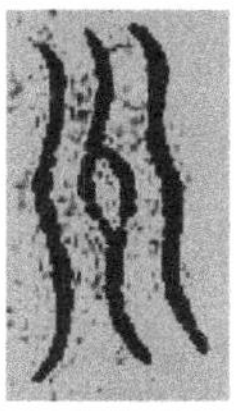
叔尸鐘（春秋晚期）

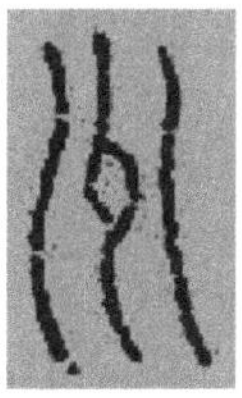
叔尸鎛（春秋晚期）

𨛫州戈（春秋晚期）

二年州句戈（戰國）

泉 䌛瀿 原 厵

quán
泉

《說文》曰：水原也，象水流出成川形。

史頵鼎（西周晚期）

史伯碩父鼎（西周晚期）

敔簋（西周晚期）讀為泉 內伐□昴 參泉

商鞅量（戰國）

fàn
䌛

《說文》曰：泉水也。从泉、緐聲。讀若飯。註：泉水暴涌曰䌛，䌛，即瀿之異體，或假為繁。

史墻盤（西周中期）讀為繁 䌛（繁）福多釐

yuán
原

《說文》曰：水泉本也。《說文通訓定聲》曰：原，假借為愿。

雍伯原鼎（西周晚期）

大克鼎（西周晚期）

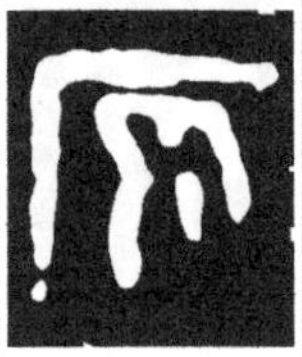
散氏盤（西周晚期）

厵

橐

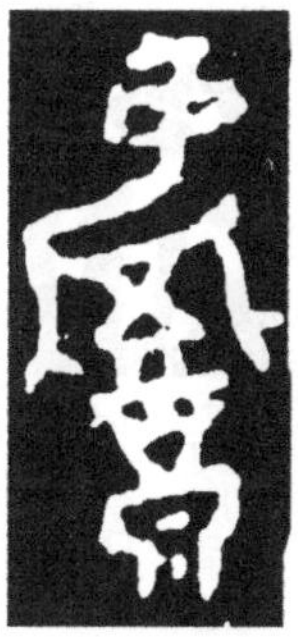
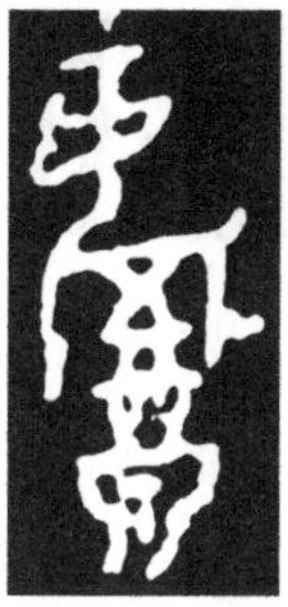

葡亞作父癸角（殷商）

橐

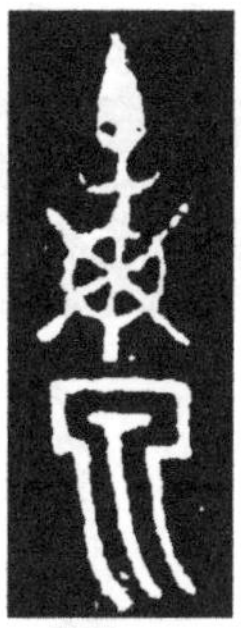
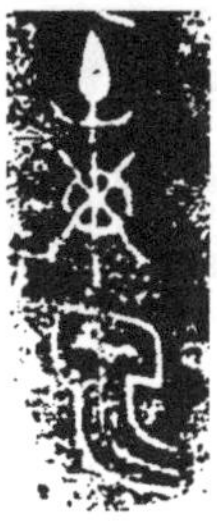

子[束泉]尊（殷商）

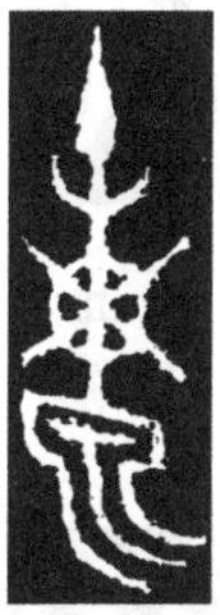
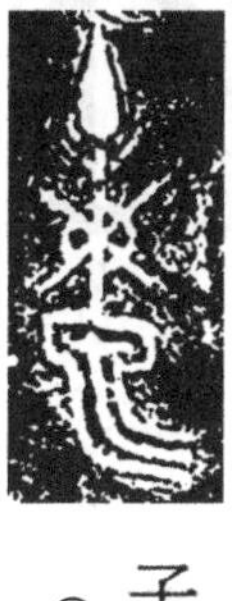

子[束泉]觚（殷商）

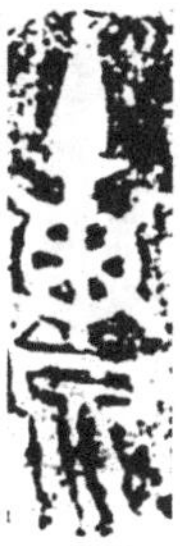
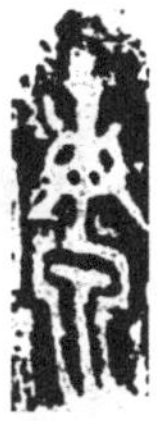
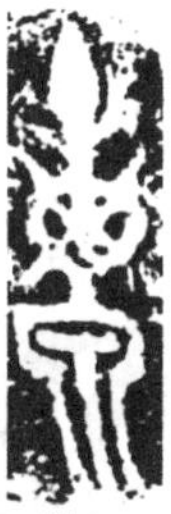
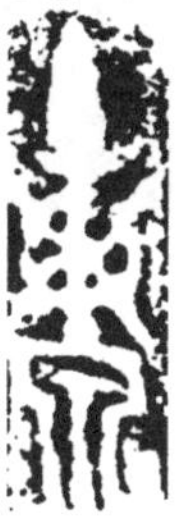
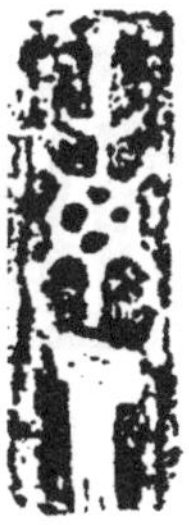
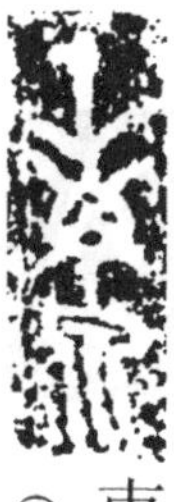

束泉爵（殷商）

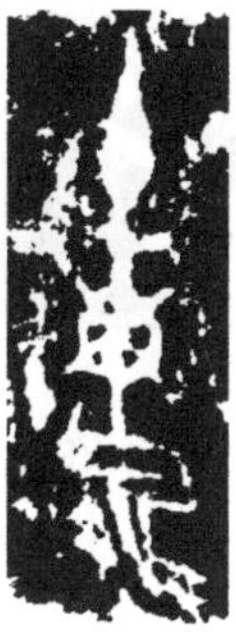
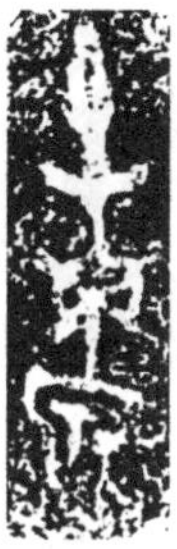
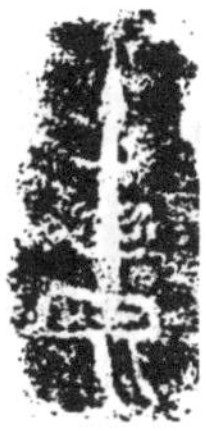
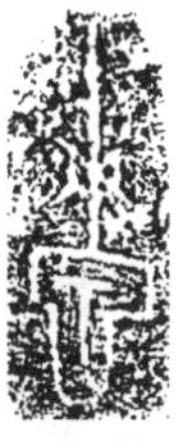
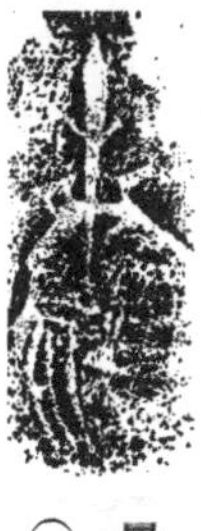

[束泉]觚（殷商）

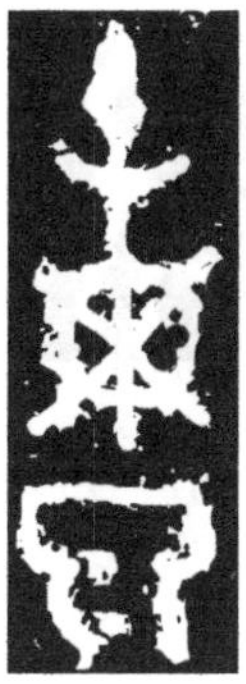

子束泉斝（殷商）

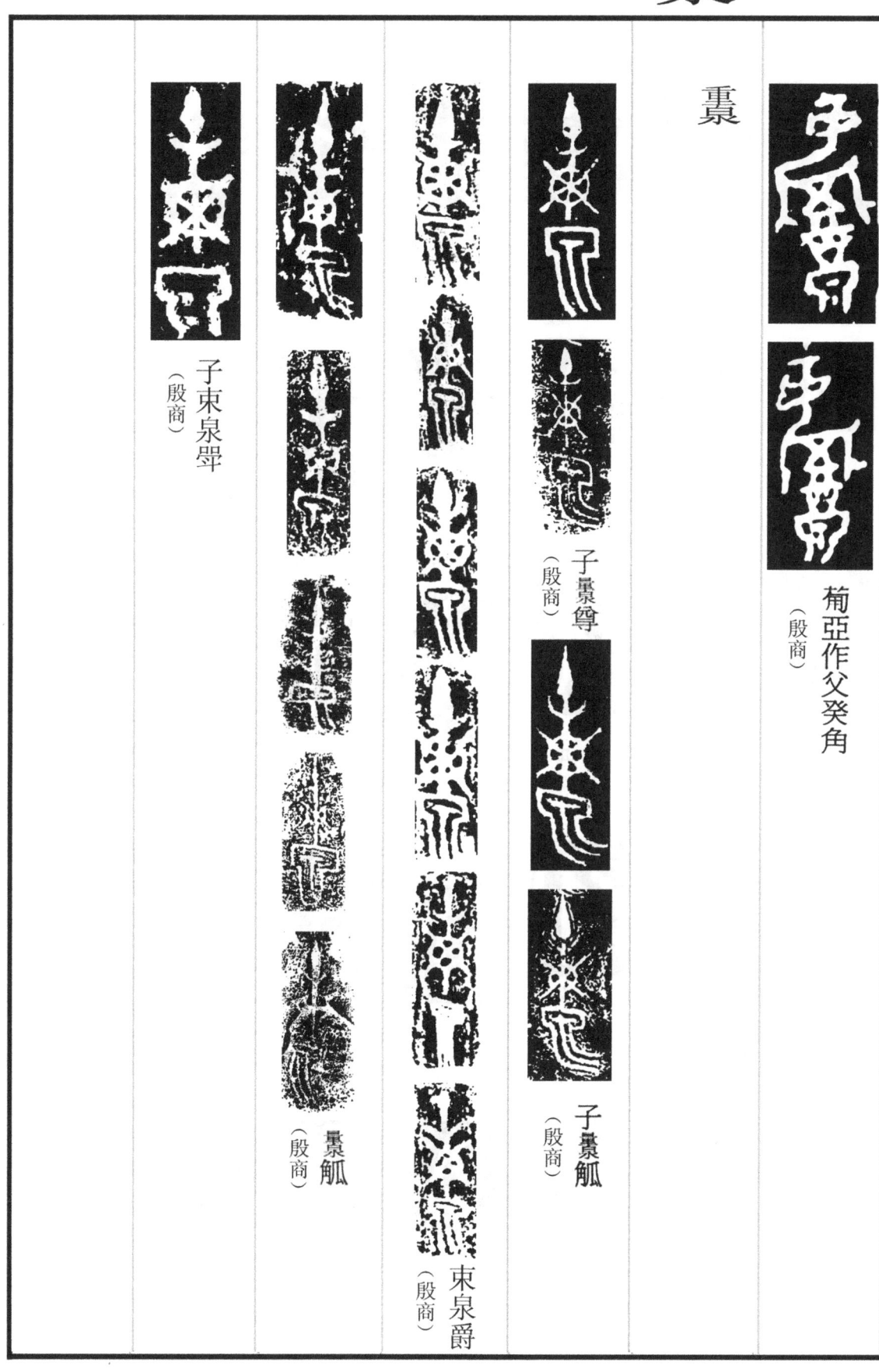

yǒng
永

《說文》曰：長也。象水巠理之長。

註：反永為𠂢（派），或以𠂢為永。永、𠂢乃同字。永，或作泳。𨒍，从辵，同永。

永父辛爵
（殷商）

是要簋
（西周早期）

伯卣
（西周早期）

伯尊
（西周早期）

𨑓作且丁鼎
（西周早期）

从鼎
（西周早期）

禽鼎
（西周早期）

𤇈子旅鼎
（西周早期）

叔𡧊毁
（西周早期）

舍父鼎
（西周早期）

原趠方鼎
（西周早期）

史壽鼎
（西周早期）

仲簋
（西周早期）

录簋
（西周早期）

□𦅻君毁
（西周早期）

庚嬴卣
（西周早期）

𠁩尊
（西周早期）

作父癸尊
（西周早期）

引尊
（西周早期）

靜卣
（西周早期）

小子生尊
（西周早期）

作冊折尊
（西周早期）

麥方尊
（西周早期）

北子觶
（西周早期）

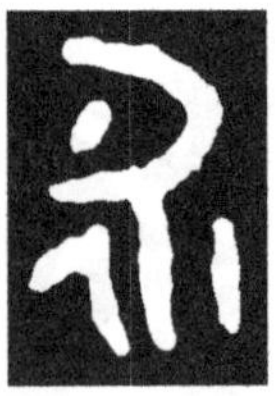
量侯簋
（西周早期）

守宮觥
（西周早期）

𠁩盉
（西周早期）

井侯方彝
（西周早期）

折方彝
（西周早期）

作寶鼎（西周中期）

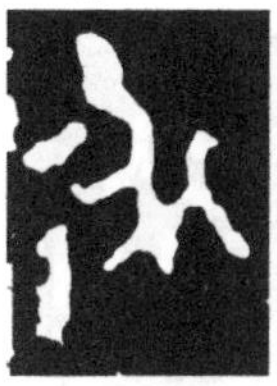
䜌鼎（西周中期）

居𦨶駺鼎（西周中期）

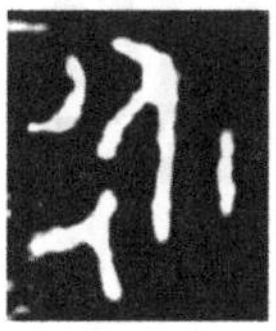
衛鼎（西周中期）

伯陶鼎（西周中期）

京姜鬲（西周中期）

伯汱父鬲（西周中期）

仲伐父甗（西周中期）

𦉶鼎（西周中期）

伯口作尊鼎（西周中期）

師趛鼎（西周中期）

師器父鼎（西周中期）

㝔鼎（西周中期）

刺鼎（西周中期）

庚季鼎（西周中期）

庚鼎（西周中期）

㦰方鼎（西周中期）

大鼎（西周中期）

伯晨鼎（西周中期）

九年衛鼎（西周中期）

五祀衛鼎（西周中期）

曶鼎（西周中期）

睘卣（西周中期）

伯簋（西周中期）

友父簋（西周中期）

辰簋（西周中期）

旂簋蓋（西周中期）

夆毁（西周中期）

伯幾父簋（西周中期）

乎簋（西周中期）

己侯簋（西周中期）

伯賓父簋（西周中期）

堇殷（西周中期）

作寶彝鬲（西周中期）

城虢遣生簋（西周中期）

格伯作晉姬簋（西周中期）

追簋（西周中期）

免簋（西周中期）

即簋（西周中期）

大師虘簋（西周中期）

廿七年衛簋（西周中期）

申簋（西周中期）

豆閉簋（西周中期）

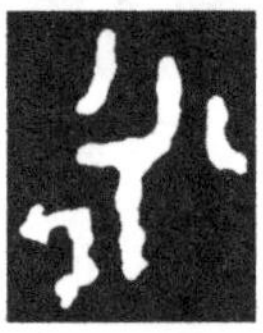

格伯簋（西周中期）

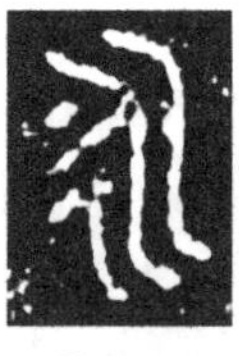
師酉簋（西周中期）

彔伯㦰毁蓋（西周中期）

師虎簋（西周中期）

仲鑠盨（西周中期）

改盨（西周中期）

痶盨（西周中期）

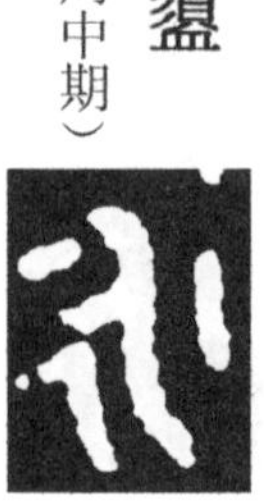
免簠（西周中期）

豚卣（西周中期）

效卣（西周中期）

㐱尊（西周中期）

趩觶（西周中期）

免尊（西周中期）

伯庸父鬲（西周中期）

庚姬鬲（西周中期）

仲枏父匕（西周中期）

鼄伯鬲（西周中期）

虘鐘（西周中期）

痶鐘（西周中期）

伯先父鬲（西周中期）

裘衛盉（西周中期）

真盤（西周中期）

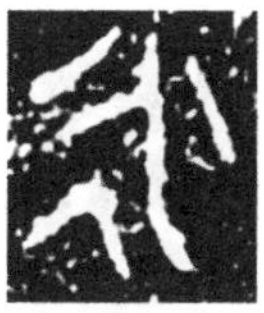
呂服余盤（西周中期）

散氏盤（西周中期）

穌冶人盤（西周中期）

朿父盉（西周中期）

冋壺（西周中期）

中伯壺（西周中期）

番匊生壺（西周中期）

十三年癲壺（西周中期）

三年癲壺（西周中期）

曶壺（西周中期）

吳方彝（西周中期）

叔五父盤（西周中期）

姞氏簋（西周）

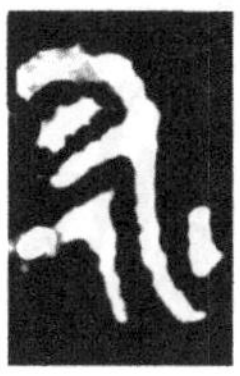
永盂（西周中期）

王作姬口女鬲（西周）

㭬虎鼎（西周）

衛㝬𣪘蓋（西周）

爯簋（西周）

周𦃃生𣪘（西周）

塱肇家鬲（西周）

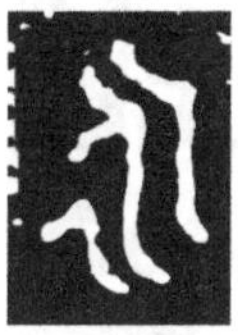
叔高父匜（西周晚期）

𩛥馬南叔匜（西周晚期）

魯伯愈父匜（西周晚期）

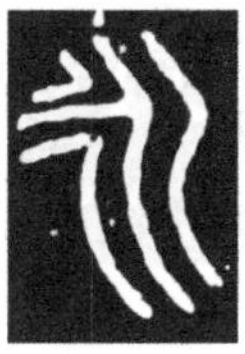
貯子己父匜（西周晚期）

伯公父盂（西周晚期）

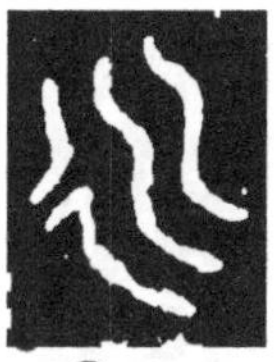
䄰伯匜（西周晚期）

函皇父匜（西周晚期）

楚公豪鐘（西周晚期）

師臾鐘（西周晚期）

克鐘（西周晚期）

丼人妄鐘（西周晚期）

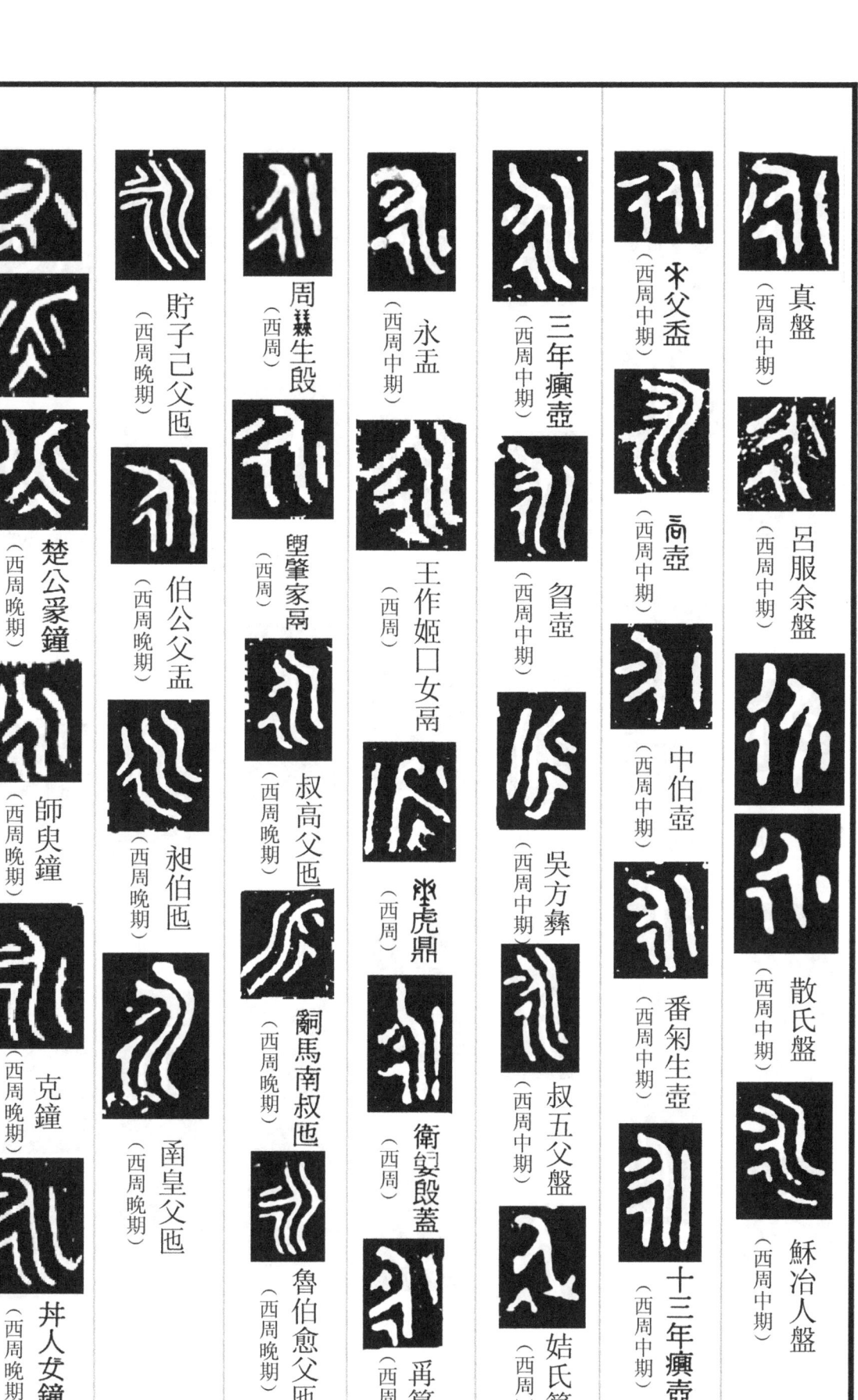

伯鮮鼎（西周晚期）

南公有𤔲鼎（西周晚期）

虢文公子段鼎（西周晚期）

伯鮮鼎（西周晚期）

散伯車父鼎（西周晚期）

仲師父鼎（西周晚期）

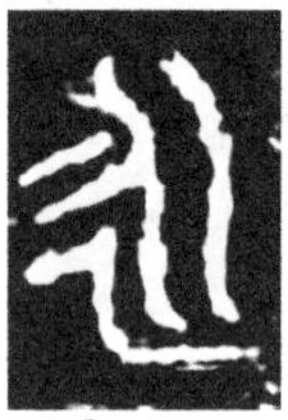
㳄其鼎（西周晚期）

小克鼎（西周晚期）

史頌鼎（西周晚期）

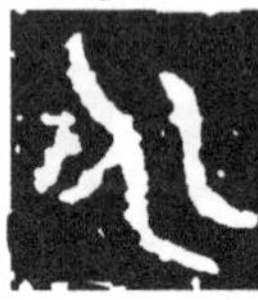
無叀鼎（西周晚期）

此鼎（西周晚期）

内公簋蓋（西周晚期）

善夫山鼎（西周晚期）

頌鼎（西周晚期）

多友鼎（西周晚期）

大克鼎（西周晚期）

叔臨父古（西周晚期）

毛公鼎（西周晚期）

毅簋（西周晚期）

仲⊠父𣪘蓋（西周晚期）

兮仲簋（西周晚期）

仲競簋（西周晚期）

鄧公簋（西周晚期）

散伯簋（西周晚期）

叔向父簋 或从止（西周晚期）

保子達鼎（西周晚期）

桔衍𣪘蓋（西周晚期）

害叔簋（西周晚期）

陳侯簋（西周晚期）

寺季故公簋（西周晚期）

妊[illegible]殷（西周晚期）

叔向父簋（西周晚期）

噩侯簋（西周晚期）

[illegible]車父殷（西周晚期）

句伯殷蓋（西周晚期）

伯家父簋（西周晚期）

兮吉父簋（西周晚期）

筥小子殷（西周晚期）

郜[illegible]殷（西周晚期）

丼□叔安父殷（西周晚期）

仲殷父簋（西周晚期）

虢季氏子組殷（西周晚期）

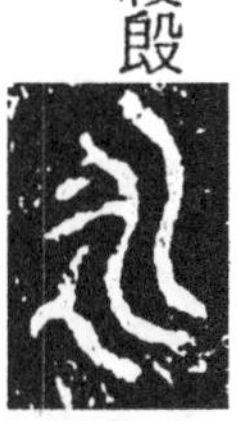
陽飤生簋（西周晚期）

內大子鼎（西周晚期）

內公鼎（西周晚期）

伯喜父簋（西周晚期）

[illegible]殷（西周晚期）

鄭虢仲簋（西周晚期）

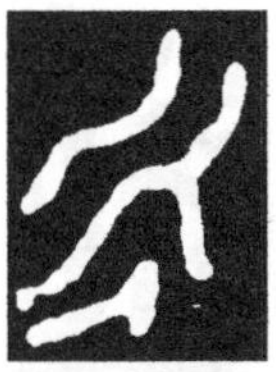

曾伯文簠（西周晚期）

[illegible]叔殷蓋（西周晚期）

伯家父簋（西周晚期）

史頌簋（西周晚期）

五年師旋殷（西周晚期）

元年師旋殷（西周晚期）

諫簋（西周晚期）

揚簋（西周晚期）

大簋（西周晚期）

此簋（西周晚期）

㝬殷（西周晚期）

師嫠殷（西周晚期）

不𡢁殷（西周晚期）

羌伯簋（西周晚期）

頌簋（西周晚期）

立盨（西周晚期）

伯多父盨（西周晚期）

伯孝[?]盨（西周晚期）

仲義父盨（西周晚期）

仲𢆶盨（西周晚期）

叔賓父盨（西周晚期）

[?]叔盨（西周晚期）

伯庶父盨（西周晚期）

伯寬父盨（西周晚期）

伯大師盨（西周晚期）

圃盨（西周晚期）

讎季獻盨（西周晚期）

隹叔盨（西周晚期）

兮伯吉父盨（西周晚期）

食仲走父盨（西周晚期）

曼龔父盨（西周晚期）

杜伯盨（西周晚期）

叔專父盨（西周晚期）

旅虎簠（西周晚期）

伯庸父盉（西周晚期）

遲盨（西周晚期）

𠭯比盨（西周晚期）

師克盨（西周晚期）

伯勇父簠（西周晚期）

史免簠（西周晚期）

虢叔簠（西周晚期）

[?]鄉簠（西周晚期）

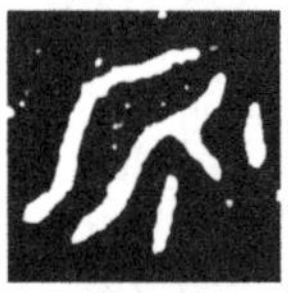

內大子白簠（西周晚期）

奩車父壺（西周晚期）

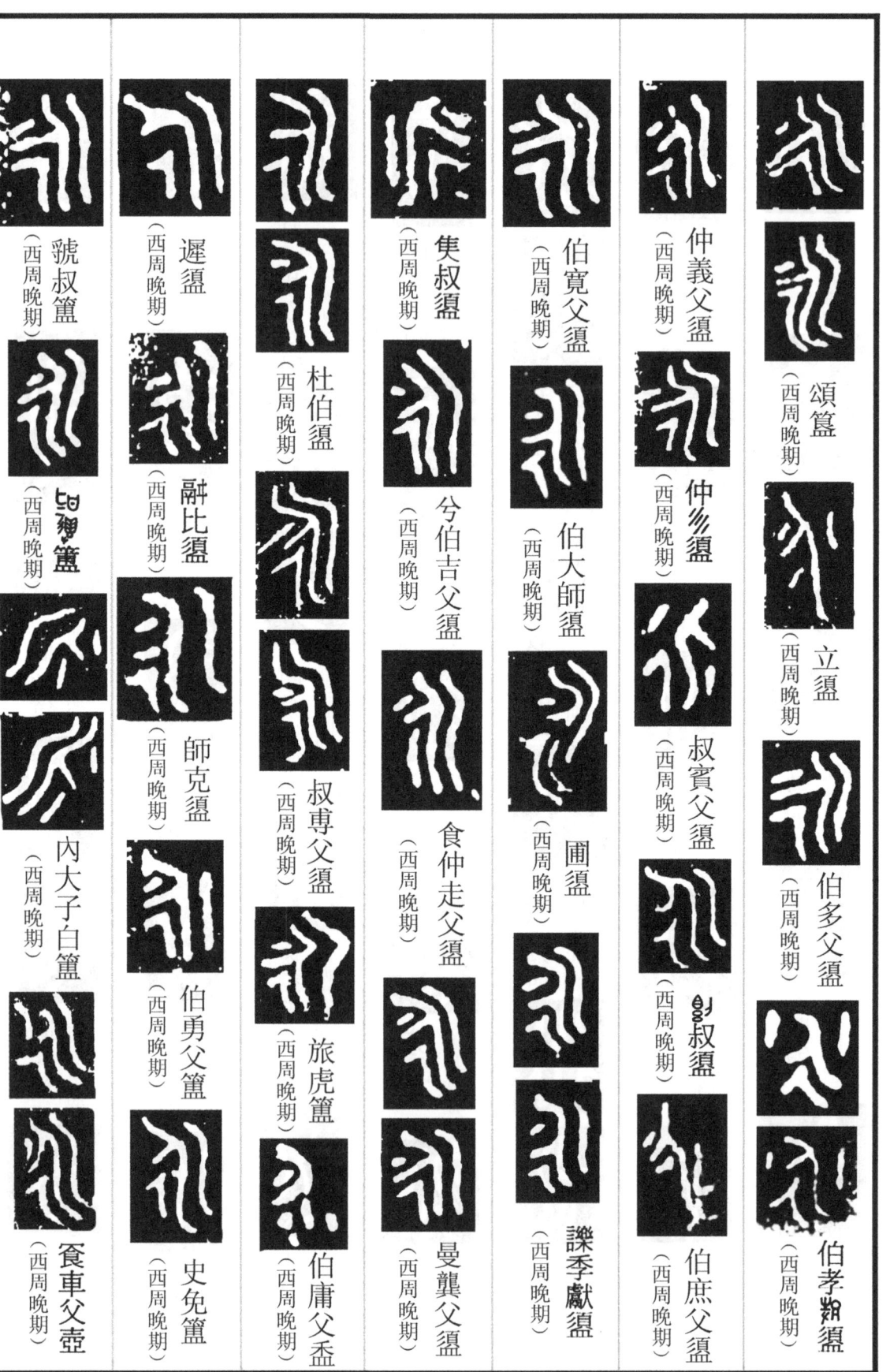

伯顯父鬲（西周晚期）

叔碩父甗（西周晚期）

樂鼎（西周晚期）

伯乁鼎（西周晚期）

伯冃鼎（西周晚期）

[illegible]鬲（西周晚期）

呂王鬲（西周晚期）

戲伯鬲（西周晚期）

伯家父鬲（西周晚期）

殻父甗（西周晚期）

中義鐘（西周晚期）

眉壽鐘（西周晚期）

王伯姜鬲（西周晚期）

內公壺（西周晚期）

伯魯父壺（西周晚期）

伯㳄父壺（西周晚期）

鄧孟壺（西周晚期）

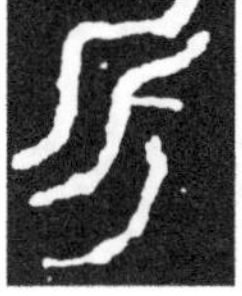
番伯鐳（西周晚期）

內大子白壺（西周晚期）

殳季良父壺（西周晚期）

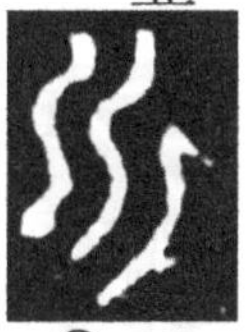
[illegible]鐳（西周晚期）

薛侯盤（西周晚期）

湯叔盤（西周晚期）

囂伯盤（西周晚期）

寰盤（西周晚期）

兮甲盤（西周晚期）

伯庶父匜（西周晚期）

召樂父匜（西周晚期）

周笔匜（西周晚期）

史頌匜（西周晚期）

鄭戒句父鼎（春秋早期）

黃子豆（春秋早期）

黃子壺（春秋早期）

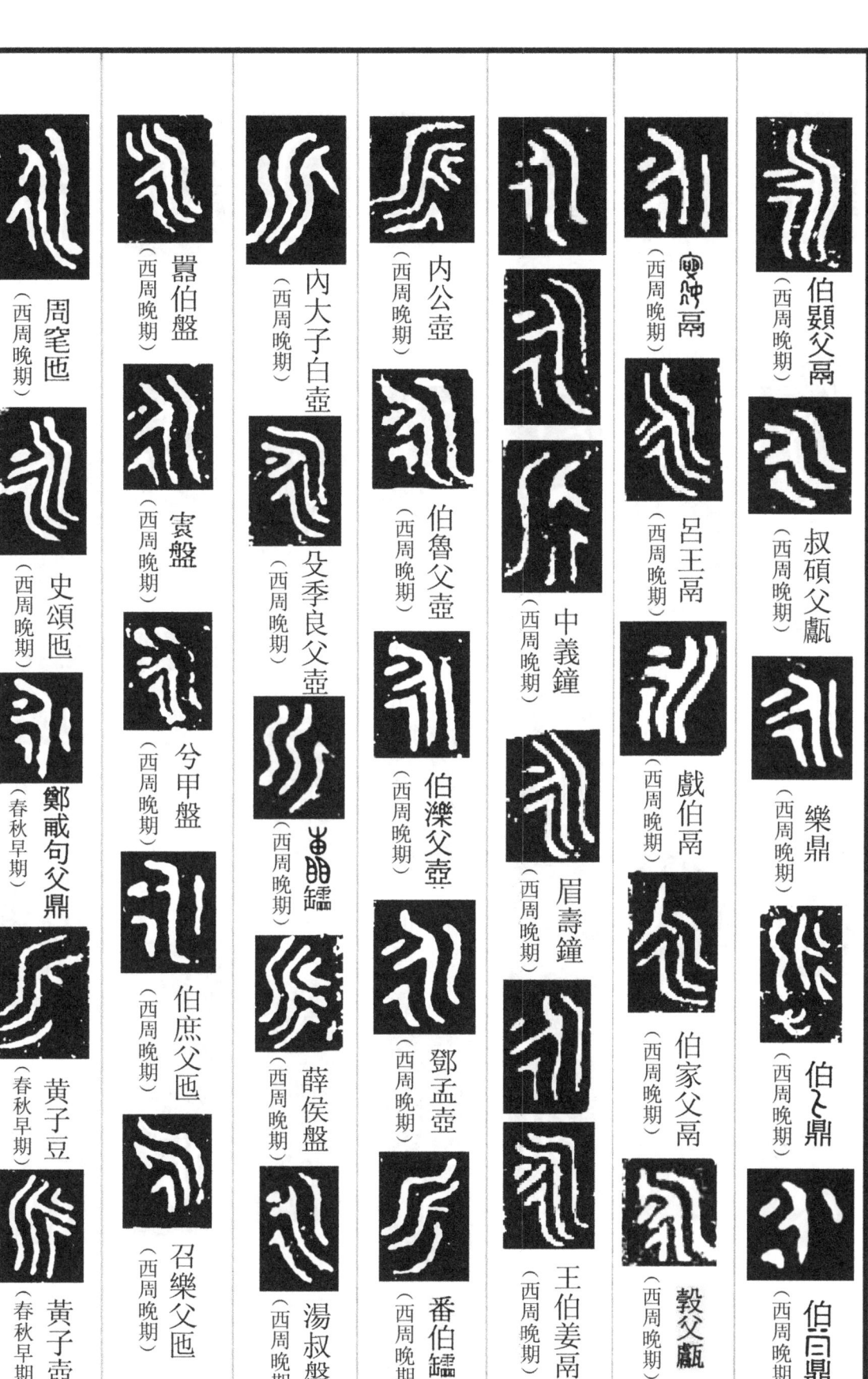

右戲仲夏父鬲（春秋早期）

齊趫父鬲（春秋早期）

黃子鬲（春秋早期）

魯伯俞父鬲（春秋早期）

陳侯鬲（春秋早期）

昶仲鬲（春秋早期）
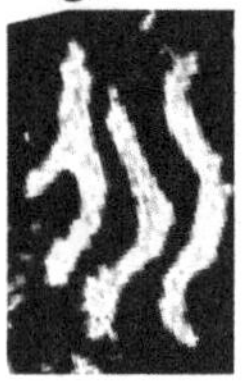
番君酖伯鬲（春秋早期）

郭季白歸鼎（春秋早期）

叔姬作陽伯鼎（春秋早期）

鄭子石鼎（春秋早期）
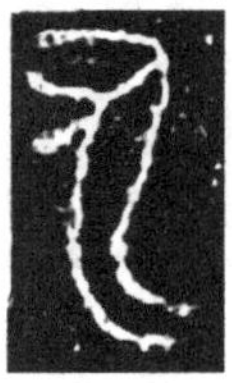
鼄[illegible]鼎（春秋早期）

番口伯者君匜（春秋早期）

鄭虢仲鼎（春秋早期）
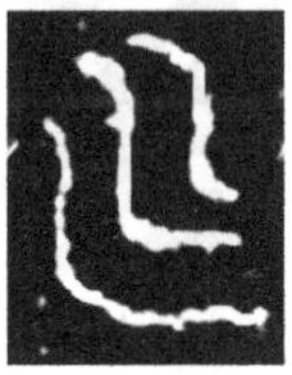
番昶伯者君鼎（春秋早期）
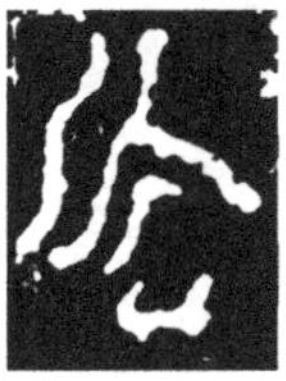
杞伯每𠤎鼎（春秋早期）

鬲叔興盨（春秋早期）

宗婦鄁嫛鼎（春秋早期）

隨子鄭伯鬲（春秋早期）

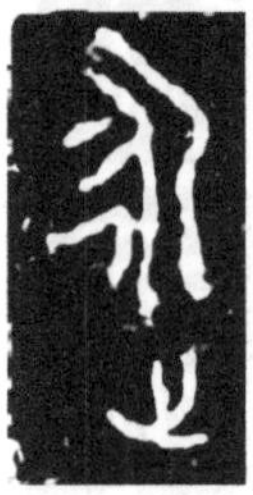
杞伯每𠤎毁（春秋早期）

走馬薛仲赤簠（春秋早期）

陳侯作嘉姬簋（春秋早期）

[illegible]侯簠（春秋早期）

魯伯俞父簠（春秋早期）

夆叔匜（春秋早期）

鑄叔作嬴氏簠（春秋）

彭子仲盆（春秋）

國差罎（春秋）

yàng
羕

《說文》曰：水長也。从永、羊聲。

註：羕，與永字義通，其義同為長也。羕，或假為様。

鑄侯求鐘（春秋）

鼄叔之伯鐘（春秋）

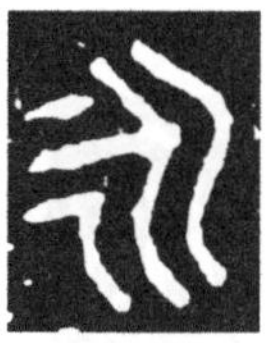
齊侯敦（春秋）

匽公匜（春秋晚期）

齊侯盂（春秋晚期）

𥲄叔之仲子平鐘（春秋晚期）

鼄公華鐘（春秋晚期）

其次句鑃（春秋晚期）

者瀘鐘（春秋晚期）

番君召簠（春秋晚期）

樂子簠（春秋晚期）

盜叔壺（春秋晚期）

般仲柔盤（春秋晚期）

戈伯匜（春秋晚期）

王子嬰次鐘（春秋晚期）

敬事天王鐘（春秋晚期）

臧孫鐘（春秋晚期）

褱鼎（春秋晚期）

楚子暖簠（戰國早期）

齊陳曼簠（戰國早期）

哀成叔鼎（戰國）

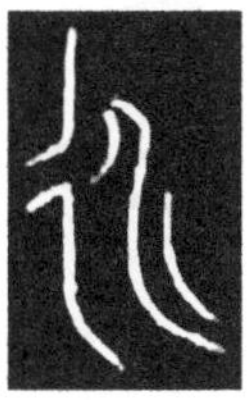
中山王嚳鼎（戰國晚期）

中山王嚳方壺（戰國晚期）

派𠂢

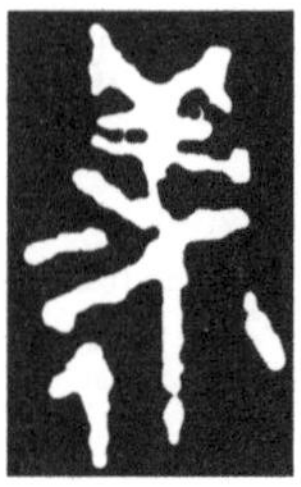

羕史尊（西周早期）

𤯍仲之孫段（春秋早期）　讀為永　子子孫孫羕（永）保用享

𠚤君壺（春秋）　讀為永

鄦子妝簠蓋（春秋）

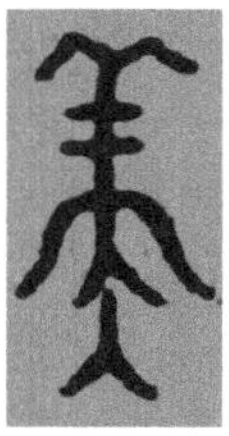

慶叔匜（春秋）

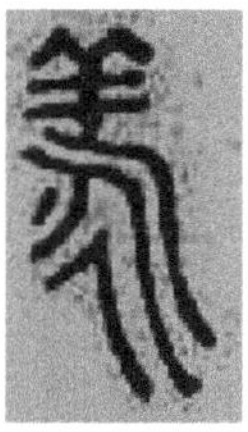

叔尸鎛（春秋晚期）　讀為永　羕（永）保其身

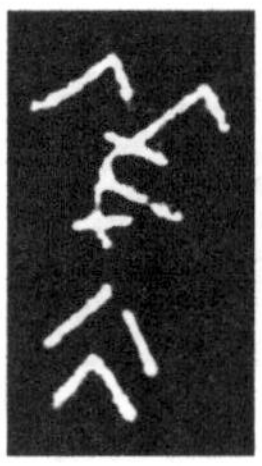

公子土折壺（春秋晚期）

子季嬴青簠（春秋晚期）

陳逆簋（戰國早期）　讀為永　以旣羕（永）令

郟陵君鑑（戰國晚期）　讀為永　羕（永）用之

pài
𠂢

《說文》曰：水之衺（邪）流別也。从反永。《集韻》曰：𠂢，水分流也。

《說文解字注》曰：𠂢，與水部派音義皆同，派蓋後出字。註：𠂢，即派之古文。金文𠂢、永同字。

居舟駺鼎（西周中期）

吳方彝（西周中期）

𤔲馬南叔匜（西周晚期）

郘[illegible]段（西周晚期）

集叔盨（西周晚期）

內大字鼎（西周晚期）

內公簋蓋（西周晚期）

內公鼎（西周晚期）

仲殷父簋（西周晚期）

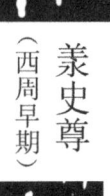

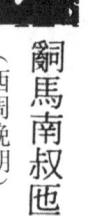

欲 谷 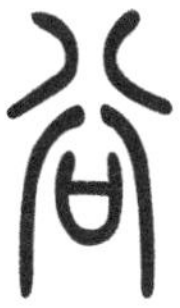

濬 睿 

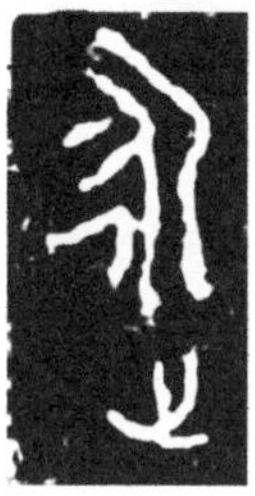

杞伯每亾殷（春秋早期）

郙季白歸鼎（春秋早期）

鄭虢仲鼎（春秋早期）

黃子鬲（春秋早期）

祀仲鬲（春秋早期）

鑄叔作嬴氏簠（春秋）

gǔ yù
谷

《說文》曰：泉出通川為谷。从水半見出于口。

註：谷，或从口，山谷象形。谷，或假為裕、為欲、為容。

啟作且丁尊（西周早期）

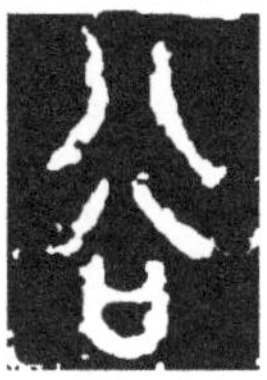

㺇尊（西周早期）讀為裕 唯王龏德谷（裕）天順我不敏

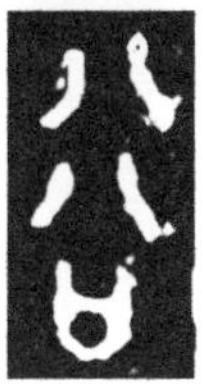

啟卣（西周早期）

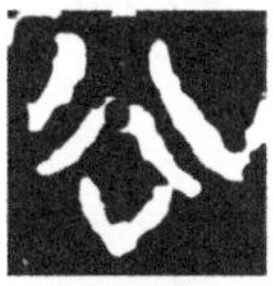

格伯簋（西周中期）

師訇簋（西周晚期）讀為欲 谷（欲）汝弗以乃辟陷于艱

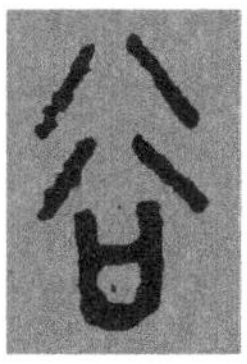

敔簋（西周晚期）

食生走馬谷簋（春秋早期）

jùn ruì
睿

《說文》曰：深通川也。从谷、从歺，歺殘地阬坎意也。古文睿。

註：睿，通濬（浚）、通睿、通叡。

⿰谷人　陯 ⿰谷侖　⿰谷者

燹公盨（西周中期）

【中國歷史文物】二〇〇二第六期

⿰谷人

禹鼎（西周晚期）

lún ⿰谷侖

註：古文从阜、从谷之字可互通，故⿰谷侖，同陯。

⿰谷侖伯卣（西周早期）

⿰谷者

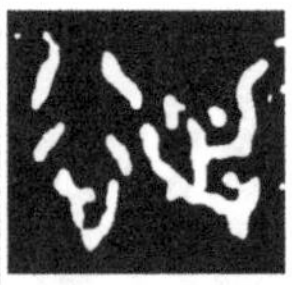

散氏盤（西周晚期）

冰仌

凝冰

冬

bīng
仌

《説文》曰：凍也，象水凝之形。《集韻》曰：仌，或从水，亦書作冫。

註：仌，即冰之本字，冰紋理之象形。

仌卣
（殷商）

níng
bīng
冰

《説文》曰：水堅也，从仌、从水。俗冰从疑。《説文解字注》曰：以冰代仌，别製凝字，經典凡凝字皆冰之變也。

註：仌，即冰之本字。冰，即凝之本字。冰，借為仌，故另製凝字。

陳逆簋
（戰國早期）

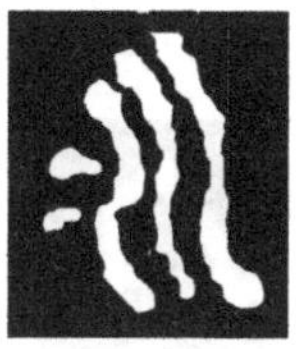
二年上郡守冰戈
（戰國晚期）

dōng
冬

《説文》曰：四時盡也，从仌、从夂，夂，古文終字。古文冬从日。

註：四時盡，乃年末冬季，或曰年終。，即夂字，金文均讀為終或冬。冬，或从日、从夂。

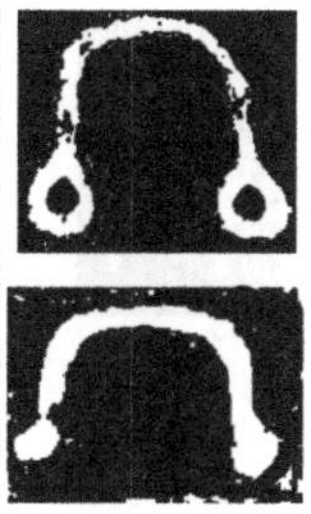
冬刃鼎
（殷商）

周公簋　讀為終
（西周早期）　帝無冬（終）命于有周

麥方尊
（西周早期）

遣盉
（西周中期）

瘨鐘　讀為終
（西周中期）　授余純魯　通禄　永命　眉壽　霝冬（終）

追簋　讀為終
（西周中期）　霝冬（終）

對罍
（西周中期）

冶

井人女鐘（西周晚期）

此鼎（西周晚期）

此簋（西周晚期）

小克鼎（西周晚期）

頌鼎（西周晚期）

善夫山鼎（西周晚期）

伯家父簋（西周晚期）

蔡姞簋（西周晚期）

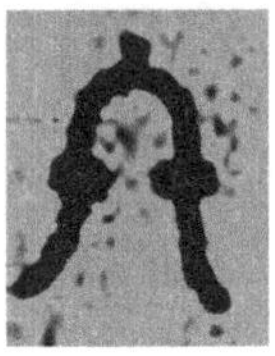
史頵鼎（西周晚期）

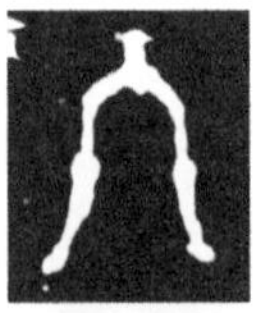

頌簋（西周晚期）

不嬰𣪘（西周晚期）

殳季良父壺（西周晚期）

黃子鼎（春秋早期）

黃子盉（春秋早期）

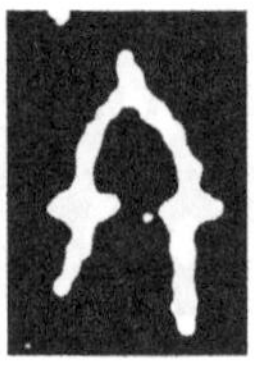
曾子伯𠶷盤（春秋）

臧孫鐘（春秋晚期）

曾侯乙鐘（戰國早期）

曾侯乙鼎（戰國早期）

陳璋方壺（戰國中期）

商鞅量（戰國）

陳璋鑘（戰國）

yě
冶

《說文》曰：銷也，从仌、台聲。

註：銷，即熔煉金屬。冶，指溶煉金屬之工匠、溶爐、或熔煉場所。

冶徣觶（西周早期）

冶仲父己尊（西周中期）

[illegible][illegible]簋（西周晚期）

穌冶妊鼎（春秋早期）

穌冶妊盤（春秋早期）

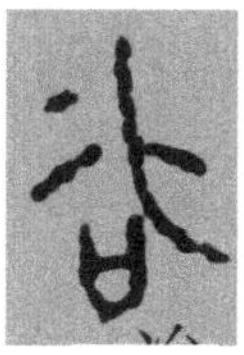
冶仲考父壺（春秋早期）

三年馬師鈹（戰國）

十四年武城令戈（戰國）

十二年邦司寇矛（戰國）

十七年平陰鼎（戰國）

三十四年頓丘戈（戰國）

二十三年口丘戈（戰國）

二年皇陽令戈（戰國）

九年鄭令矛（戰國）

六年安平守鈹（戰國）

元年春平侯矛（戰國晚期）

四年建信君鈹（戰國晚期）

八年匜（戰國晚期）

八年鳥柱盆（戰國晚期）

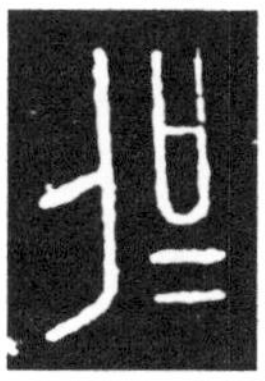
冶瘨戈（戰國晚期）

修余令韓譙戈（戰國晚期）

七年劍（戰國晚期）

邦府戈（戰國晚期）

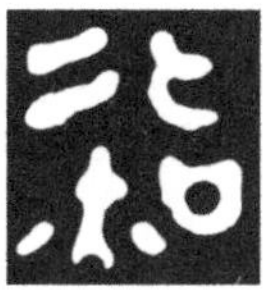
七年邦司寇矛（戰國晚期）

信安君鼎（戰國晚期）

十年扁壺（戰國晚期）

秦苛膾勺（戰國晚期）

但盤埜匕（戰國晚期）

公朱左自鼎（戰國晚期）

陳共車飾（戰國晚期）

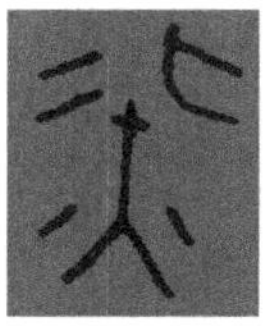
涾陽戈【九州】第三輯（戰國晚期）

高都令戈（戰國晚期）

七年相邦鈹（戰國晚期）

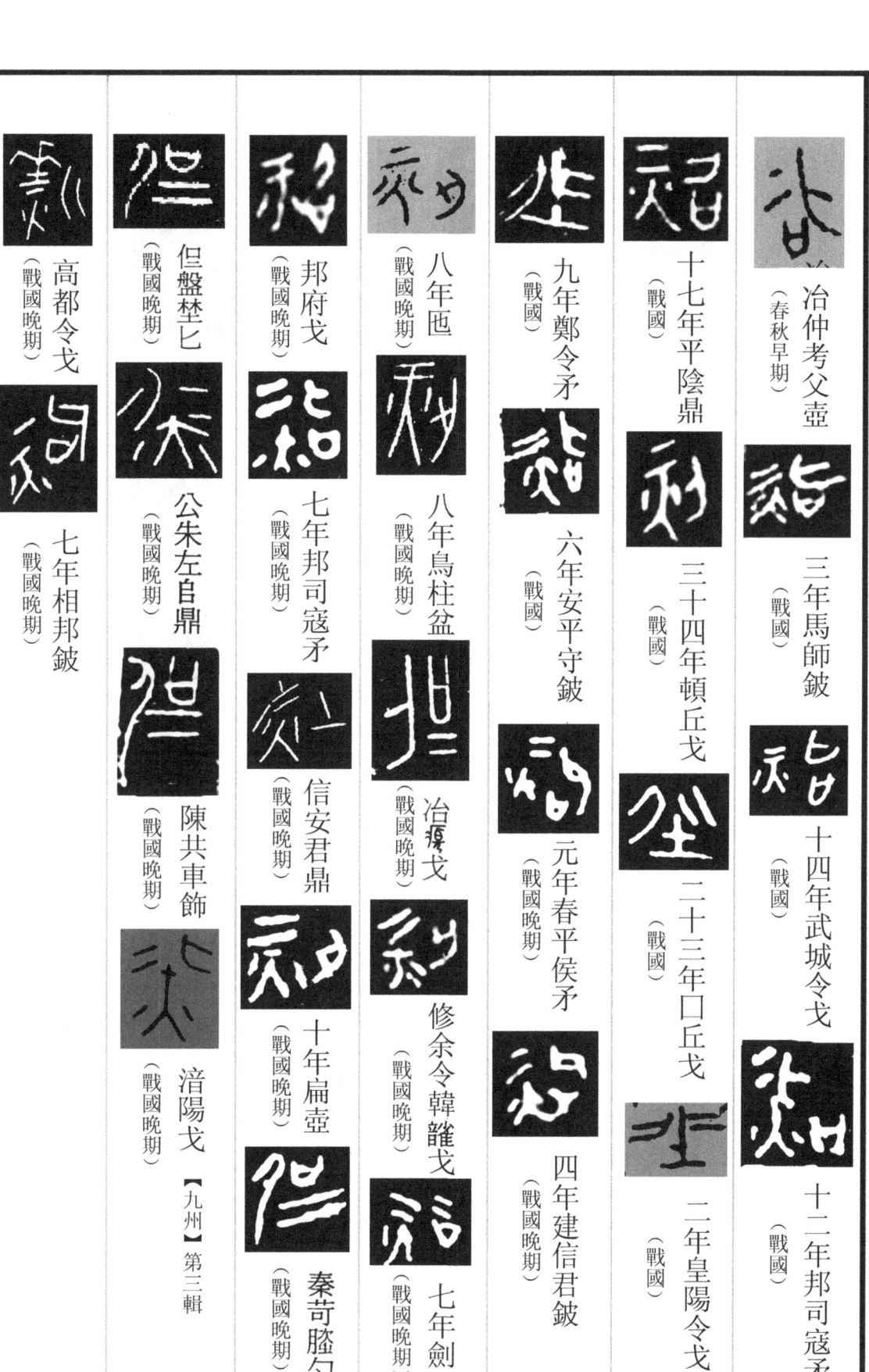

 朕 凌

淂

湝 脂

lìng líng
朕

《說文》曰：仌出也，从仌、朕聲。朕或从夌。

註：朕，仌（冰）出也，即結冰、冰凌。凌，乃朕之異文，凌行而朕廢矣。凌，通陵、通淩。

凌姬鬲（西周早期）

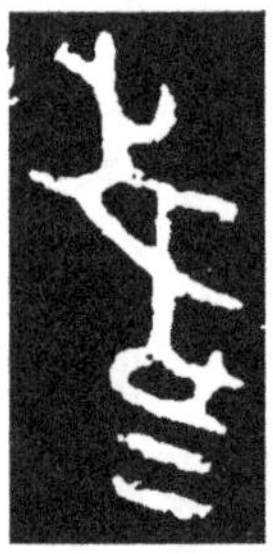

殷（西周早期）

淂

九年戈丘令癰戈（戰國早期）

zhī
湝

張亞初釋為脂。【殷周金文集成 引得】

孟姬湝殷（西周晚期）

yǔ
雨

《說文》曰：水从雲下也，一象天、冂象雲，水靁其間也。
註：，金文雨或省一。冂，像覆下之雲形，冂下雨滴、雨線，或多或寡無定式。

子雨己鼎（殷商）

子雨觚（殷商）

子雨爵（殷商）

子雨卣（殷商）　【古文字類編】收錄

觥（殷商）

伯克壺（西周晚期）

好盗壺（戰國晚期）

léi
靁

《說文》曰：陰陽薄動，靁雨生物者也。从雨，畾象回轉形。古文靁，籀文靁。
《正字通》曰：擊鼓曰雷，俗作擂。註：，金文雷字从申、从四⊕。申、电古文同字，閃電之象形。⊕非田字，乃鼓皮面象形。以像雷聲，此雷之本字。从雨為周人所加。小篆作靁，為籀文之省；隸楷作雷，又小篆之省。古者青銅器尊罍刻畫雲雷之像，借雷為尊罍之罍字。

雷甗（西周早期）

中父乙罍（西周早期）

陵父日乙罍（西周早期）

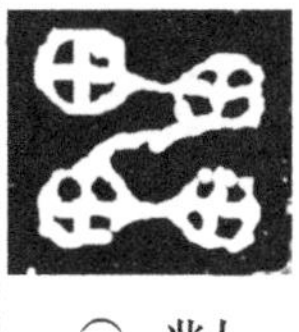
對罍（西周中期）　讀為罍

滔御事罍（西周中期）　讀為罍　滔御史作尊雷（罍）

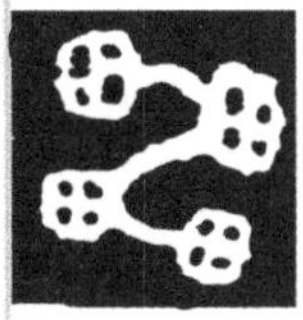
師旂鼎（西周中期）

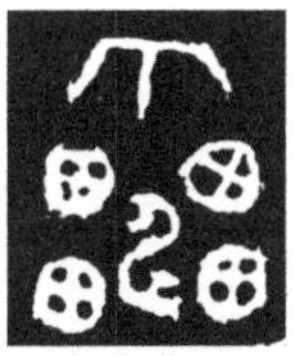

盠駒尊（西周中期）

楚公逆鎛（西周晚期）

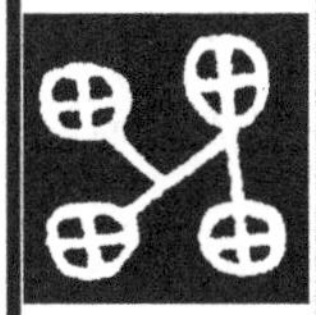
洹子孟姜壺（春秋）

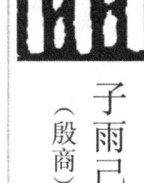

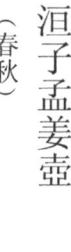

電

霝 櫺

diàn
電

《說文》曰：陰陽激燿也，从雨、从申。

註：申、电本同字，陰陽激燿閃電之象形，从雨乃後人所加，以別于申。

番生簋（西周晚期）　讀為電　賜朱芾……車電軫

líng
霝

《說文》曰：雨零也，从雨，㗊象落形。《玉篇》曰：霝，落也，零，同霝。

註：霝，通零。下部像大雨點；雨滴零落。霝，或同櫺。

霝鼎（殷商）

霝卣（殷商）

霝器（殷商）

沈子它簋（西周早期）

嬴霝德鼎（西周早期）

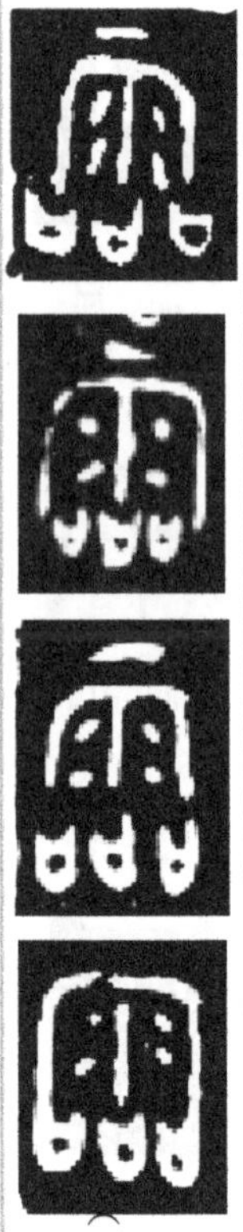
瘨鐘（西周中期）

霝作寶飤簋（西周中期）

嬴霝卣殷（西周中期）

史墻盤（西周中期）

季嬴霝德盉（西周中期）

追簋（西周中期）

此鼎（西周晚期）

鄭井叔鐘（西周晚期）

善夫山鼎（西周晚期）

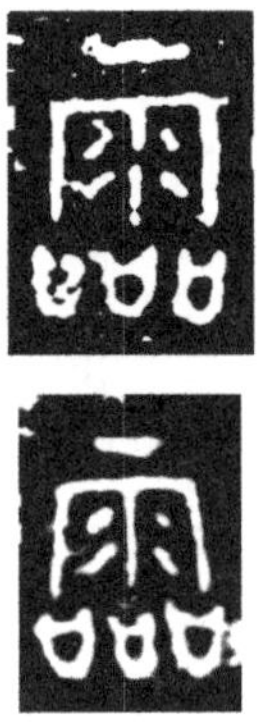
小克鼎（西周晚期）

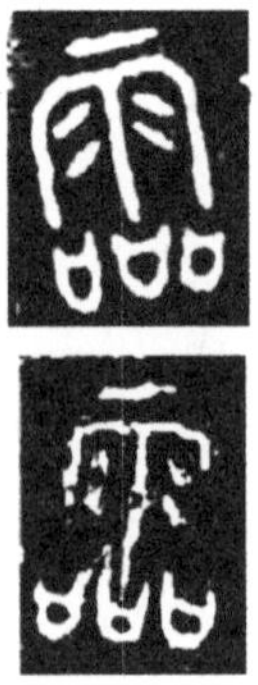
頌鼎（西周晚期）

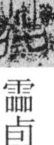

落露零

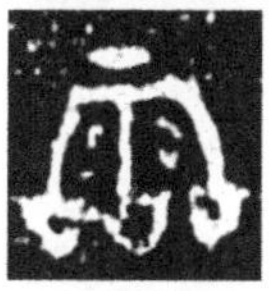

此簋（西周晚期）

頌簋（西周晚期）

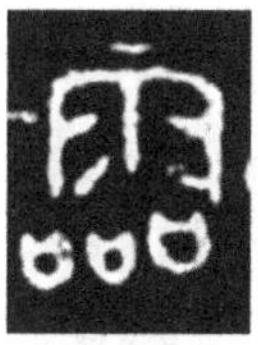
不嬰𣪘（西周晚期）

曾侯簠（西周晚期）

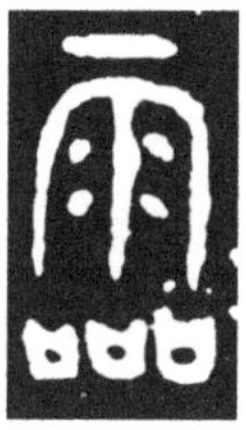
殳季良父壺（西周晚期）

頌壺（西周晚期）

伯𥈤父鑐（西周晚期）

蔡姞簋（西周晚期）

曾仲大父𧉦𣪘（西周晚期）

黃子鼎（春秋早期）

黃子豆（春秋早期）

黃子盉（春秋早期）

黃子壺（春秋早期）

黃子鑐（春秋早期）

齊大宰歸父盤（春秋）

邾公釸鐘（春秋）

曾子伯𣪘盤（春秋）

𪒠鐘（春秋）

嘉賓鐘（春秋晚期）

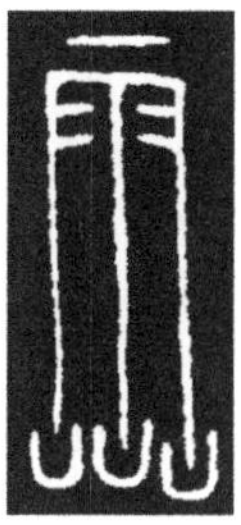
蔡侯尊（春秋晚期）

luò
零

《說文》曰：雨零也，从雨、各聲。《玉篇》曰：零，雨零也，或作落。

《說文解字注》曰：今則落行而零廢矣。註：零，或假為露。

零

濳霰

䨣

秦公鎛（春秋）

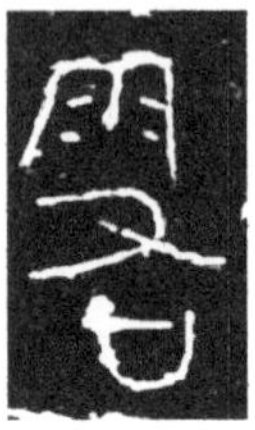

九年鄭令矛（戰國）

䨼十命銅牌（戰國） 讀為露 䨼（露）十命

雯人守鬲（西周早期） 讀為落 或从夂省口 落人守作寶

líng
零

《說文》曰：餘（徐）雨也，从雨、令聲。

註：零，徐徐零落的細雨。零，通靈、或假為齡。

格伯簋（西周中期） 讀為零 殷谷厥絶零谷 杜木

逨盤（西周晚期）

【盛世吉金】

xiàn
霰

《說文》曰：稷雪也，从雨、散聲。

註：霰，細小冰粒之雪。霰，或省為𩃬，从雨、从林。霰，或假為濳。

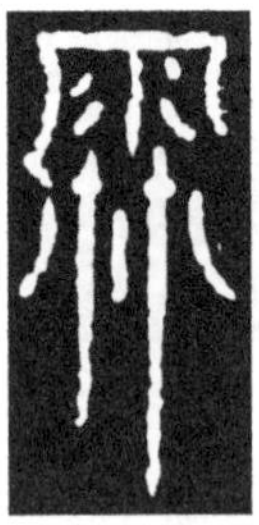

好盗壺（戰國晚期） 讀為濳 霰霰（濳濳）流涕

gé
䨣

《說文》曰：雨濡革也，从雨、从革。

註：雨水沾濕皮革而隆起曰䨣。䨣，或讀為霸。

雩

雲 云

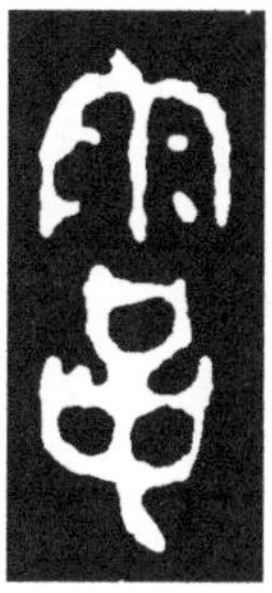
鄭虢仲簋　讀為霸
（西周晚期）　唯十又一月既生霏（霸）

yú
雩

《說文》曰：夏祭樂于赤帝，以祈甘雨也。从雨、于聲，或从羽。雩，羽舞也。劉心源曰：雩，即于、即於、亦即粵……雩，爲粵，亦从作，小篆仿變从遂分爲二。【奇觚室吉金文述】

麥方尊
（西周早期）

大盂鼎
（西周早期）

小臣謎毀
（西周早期）

善鼎
（西周中期）

靜簋
（西周中期）

史墻盤
（西周中期）

毛公鼎
（西周晚期）

禹鼎
（西周晚期）

散氏盤
（西周晚期）

中山王譽鼎
（戰國早期）

曾侯乙鐘　讀為羽
（戰國早期）　（樂律之宮商角徵羽）

yún
雲

《說文》曰：山川氣也。从雨，云象雲回轉形，古文省雨，亦古文雲。

註：云，即古文雲，象形字。从雨之雲乃後起字。

需 耎需　雪 雪　⿱夂雨

邑且辛父辛觶
（殷商）
讀為云
邑祖辛父辛云

姑發䀠反劍
（春秋晚期）
讀為云
在行之先 云用云獲

xū ruǎn
需

《説文》曰：頿也，遇雨不進，止頿也，从雨、而聲。（頿，等待也。頿，今作需或作須。）《集韵》曰：需，柔也，通作耎、或偄。偄，弱也，亦作需、懦。註：耎、輭，形近義通可相通假，輭，或从欠作軟。

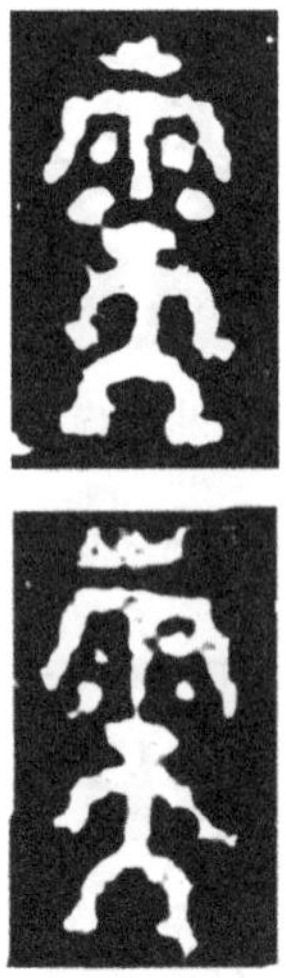

孟簋
（西周中期）
讀為需
孟曰朕文考眔毛公遣仲征無需

伯公父簠
（西周晚期）
讀為糯
用盛糕稻需（糯）粱

xuě
雪

註：金文無雪字，姜林母簋之雪字為从宀、从雪之字。取从雪部分供參考。

姜林母簋
（西周晚期）
取从雪之部分

⿱夂雨

魚

亞鬵鼎（殷商）

yú
魚
《說文》曰：水蟲也，象形，魚尾與燕尾相似。

魚甗（殷商）

魚母甗（殷商）

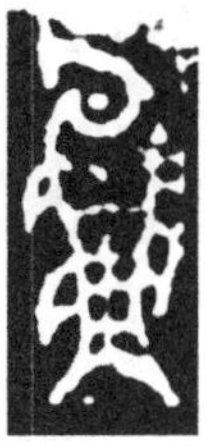
魚爵（殷商）

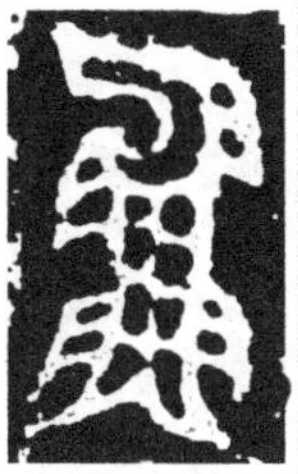
魚父乙爵（殷商）

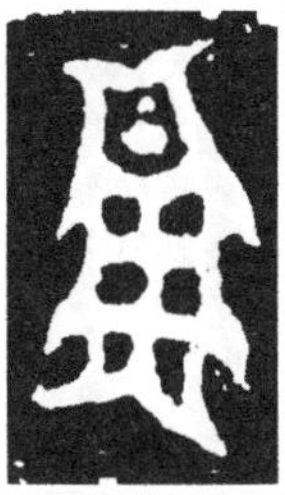

魚父丁爵（殷商）

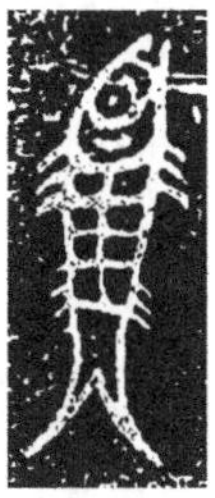
乙魚罍（殷商）

魚父乙卣（殷商）

魚父癸卣（殷商）

父丁魚尊（殷商）

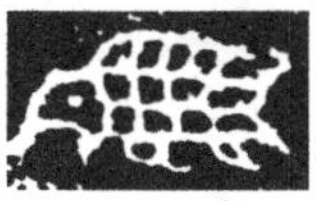
戍𩰫鼎（殷商）

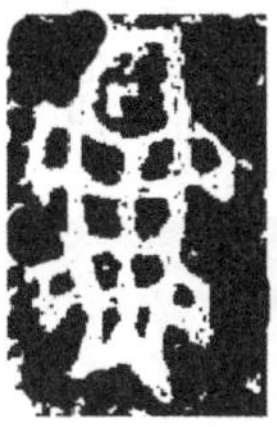
魚正乙鐃（殷商）

魚鬲（殷商）

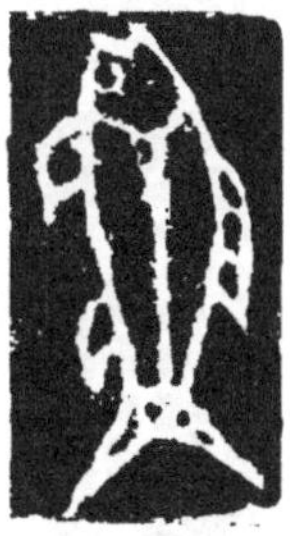
魚鼎（殷商）

亞魚鼎（殷商）

乙魚簋（殷商）

女魚卣（殷商）

魚盤（西周早期）

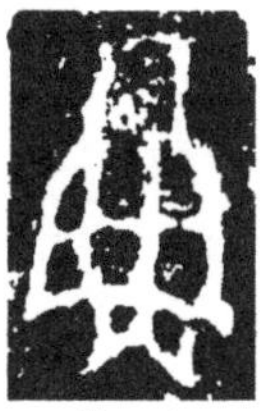
魚從甗（西周早期）

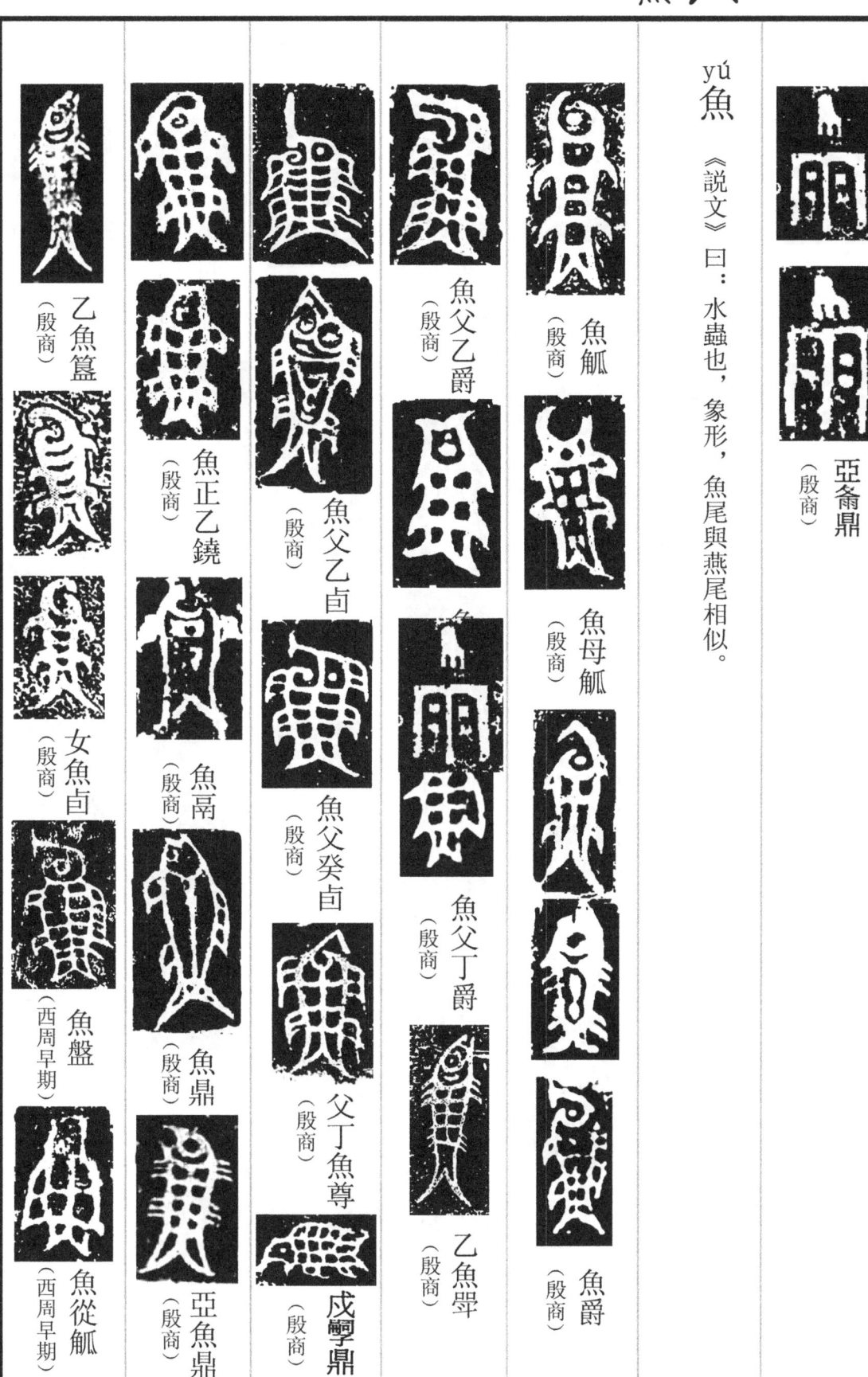

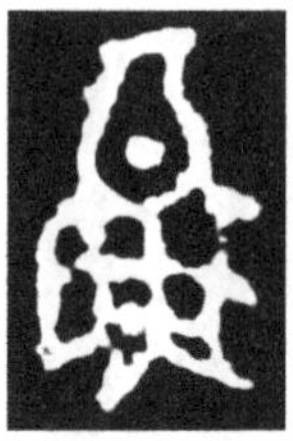
魚從卣（西周早期）

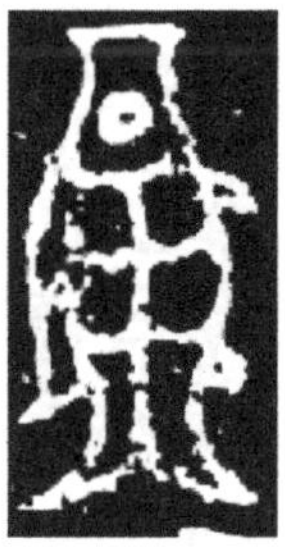
魚從鼎（西周早期）

亞雀父己卣（西周早期）

魚羌鼎（西周早期）

魚母乙卣（西周早期）

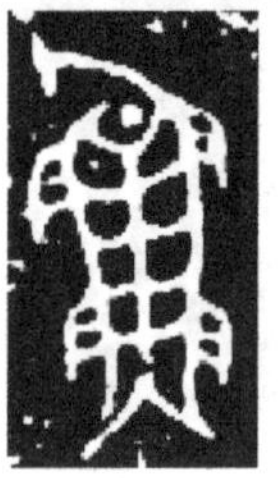
魚父乙鼎（西周早期）

月魚鼎（西周早期）

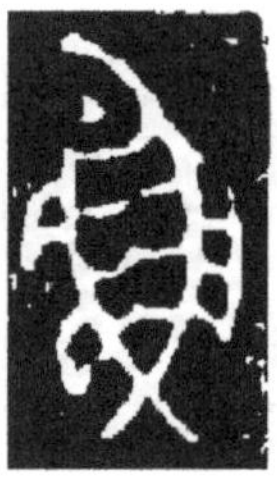
魚父丁鼎（西周早期）

魚父辛鼎（西周早期）

魚父癸方鼎（西周早期）

魚父癸簋（西周早期）

魚父癸觶（西周早期）

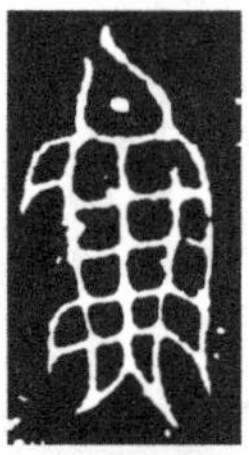

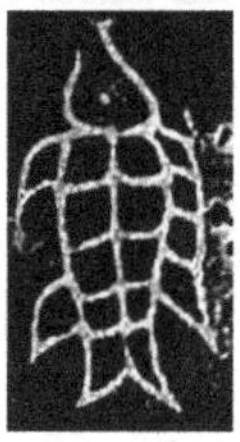
伯魚簋（西周早期）

伯魚鼎（西周早期）

伯魚卣（西周早期）

魚父庚尊（西周早期）

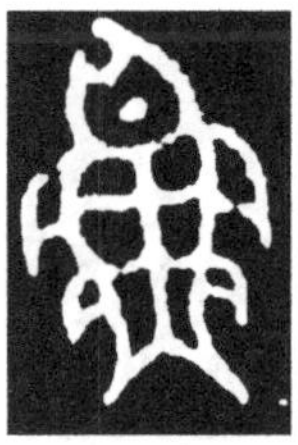
魚作父己尊（西周早期）

魚父癸壺（西周早期）

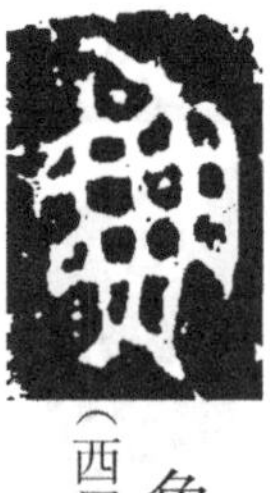
魚爵（西周早期）

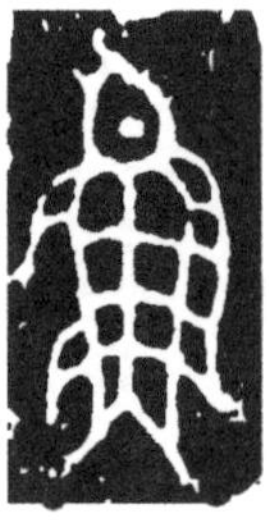
伯魚器（西周早期）

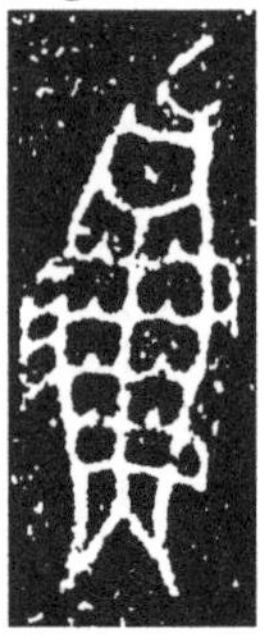
魚簋（西周中期）

犀伯魚父鼎（西周）

元年師兑簋（西周晚期）

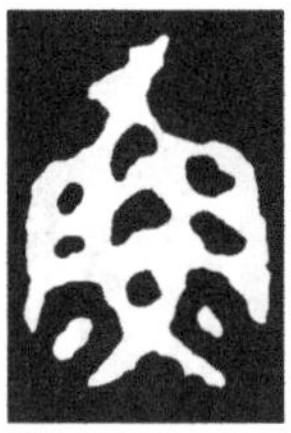
毛公鼎（西周晚期）

番生簋（西周晚期）

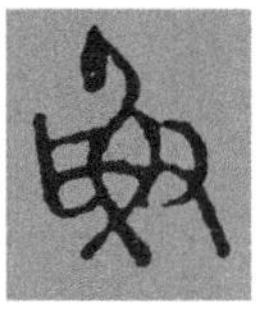
害簋（西周晚期）

伯魚父壺（西周晚期）

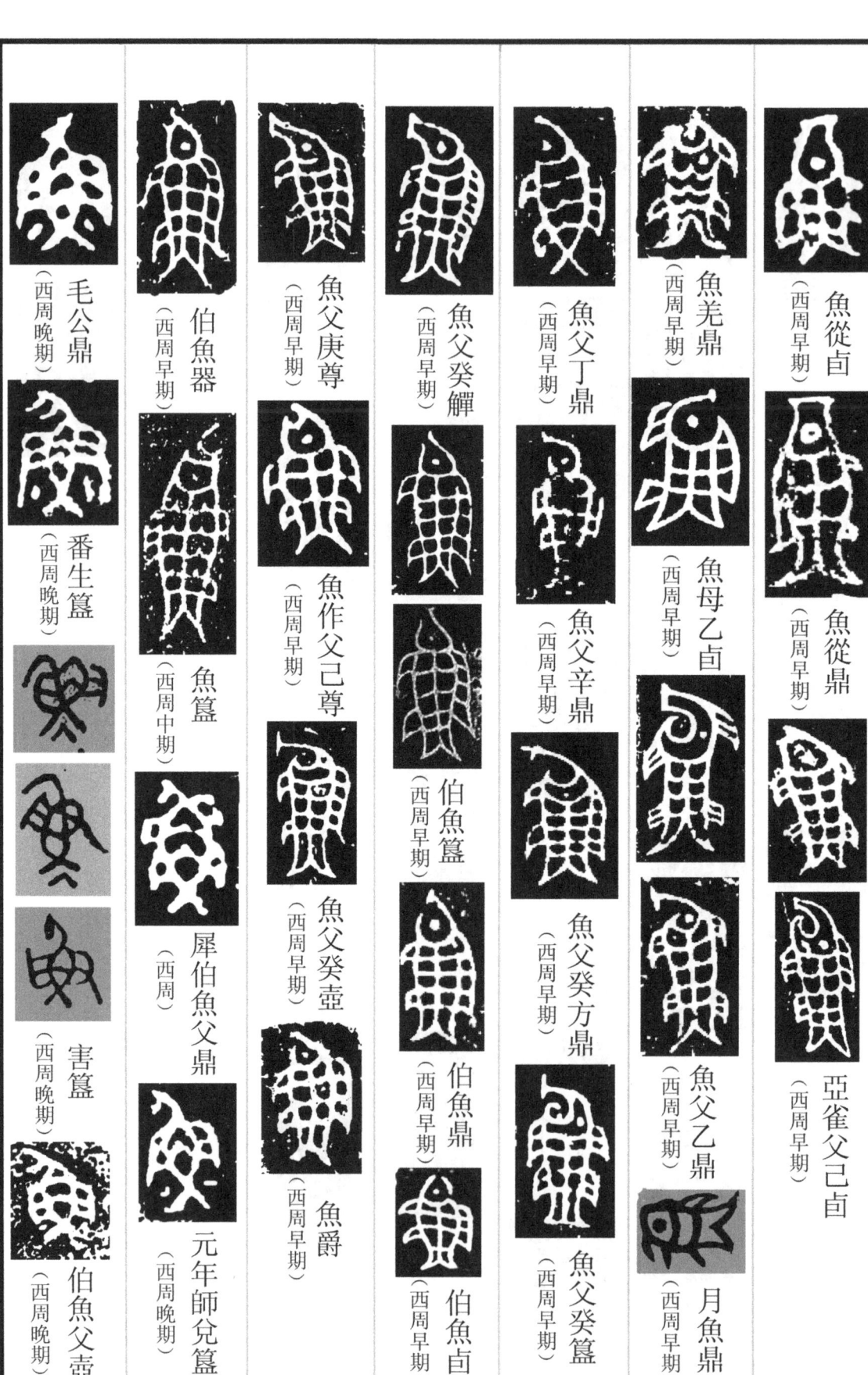

魼

鯀

鰥

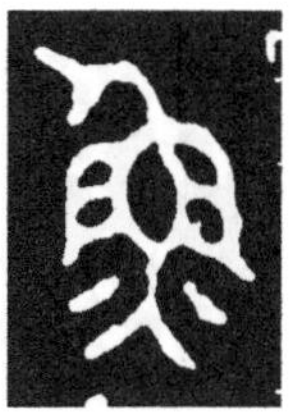
穌冶妊鼎（春秋早期）

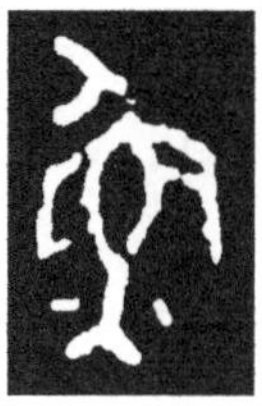
穌冶妊盤（春秋早期）

魚鼎匕（戰國）

qū
魼

《廣韻》曰：魼，比目魚。

秦子戈（春秋早期）

秦子矛（春秋） 讀為魼

中臂元用 左右芇魼 用逸

gǔn
鯀

《玉篇》曰：鯀，大魚也。

史墻盤（西周中期）

鯀還鼎（西周）

guān
鰥

《說文》曰：魚也，从魚、眔聲。《釋名》曰：（男子）無妻曰鰥。

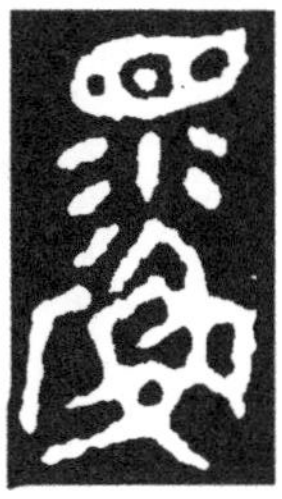
作冊益卣（西周中期）

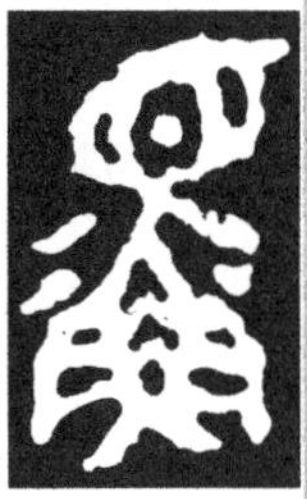
毛公鼎（西周晚期） 讀為鰥

乃侮鰥寡

鮮

鮮鱻

xiān xiǎn
鮮

《說文》曰：魚名，出貉國。从魚、羴省聲。《爾雅》曰：鮮，寡也。

鮮父鼎（西周早期）

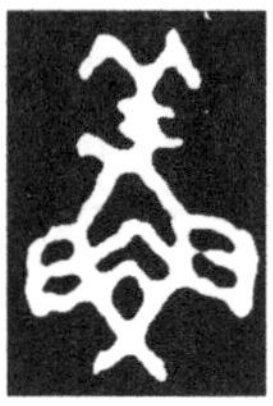
鮮盤（西周中期）

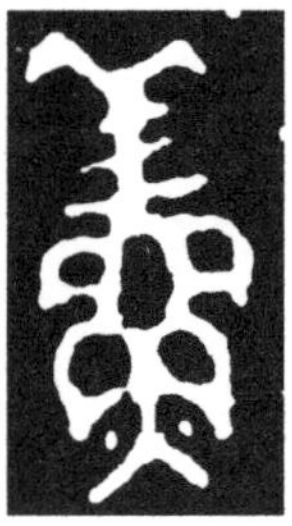
畢鮮簋（西周中期）

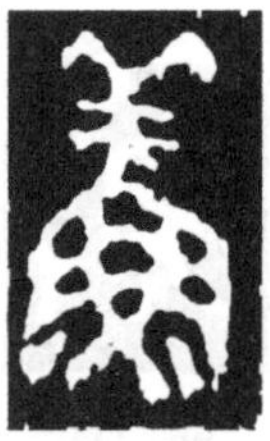

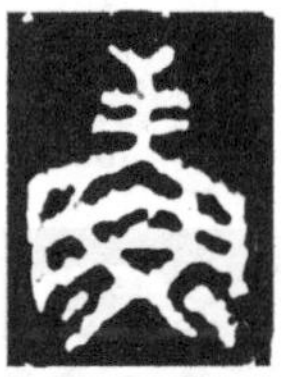

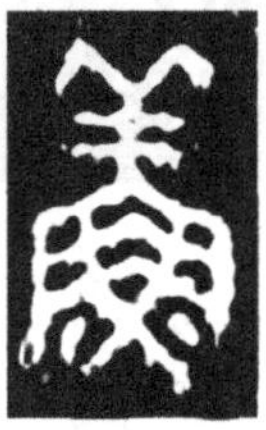

伯鮮盨（西周晚期）

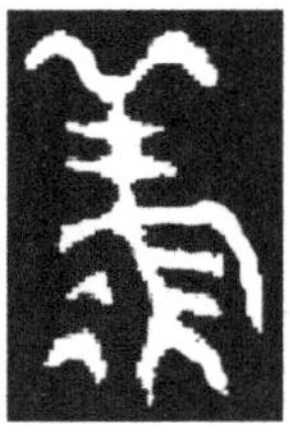
伯鮮甗（西周晚期）

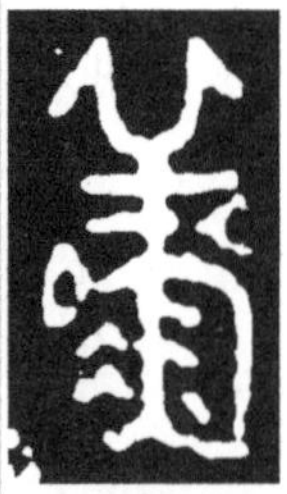

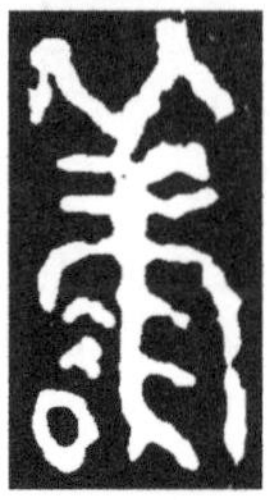

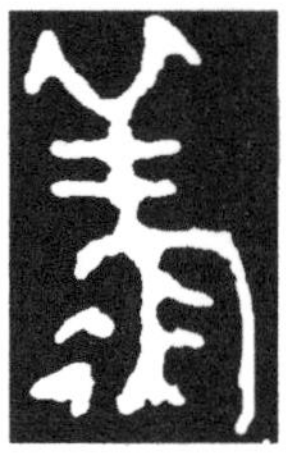
伯鮮鼎（西周晚期）

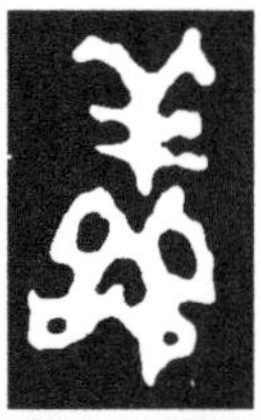

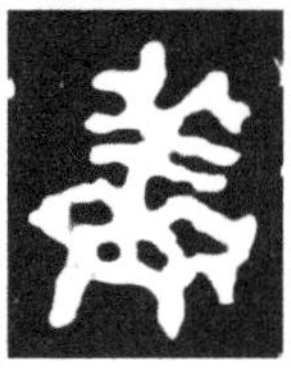
散氏盤（西周晚期）

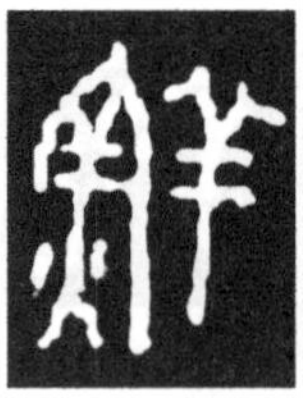
杕氏壺（春秋晚期）

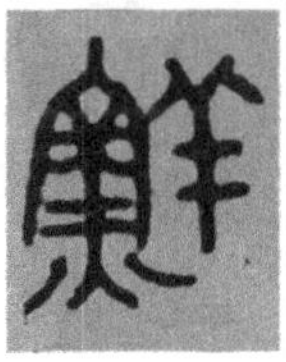
私庫嗇夫鑲金銀泡飾（戰國中期）

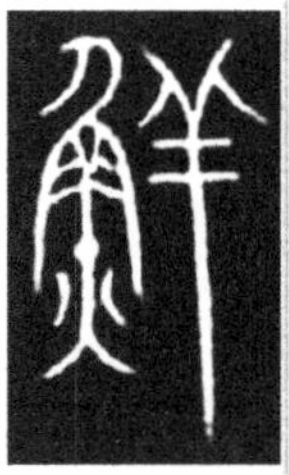
好蚉壺（戰國晚期）

xiān
鱻

《說文解字注》曰：凡物新者之稱。……凡鮮明、新鮮字皆當做鱻。自漢人始以鮮代鱻。……今則鮮行而鱻廢矣。

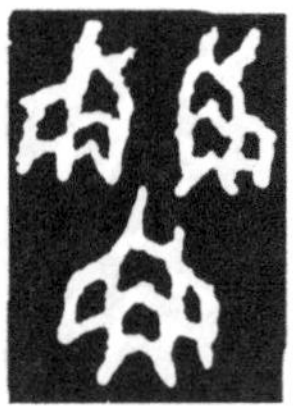
公貿鼎（西周中期） 讀為鱻 公貿用牧休鱻（鮮）

diào
魡

《玉篇》曰：魡，亦作釣，餌取魚也。

註：魡，絲線系餌，釣魚之象形。今作釣，而魡字隱矣。

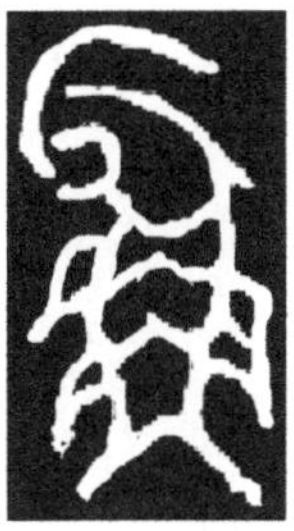

鼎（殷商）

讀為釣

⿱日魚

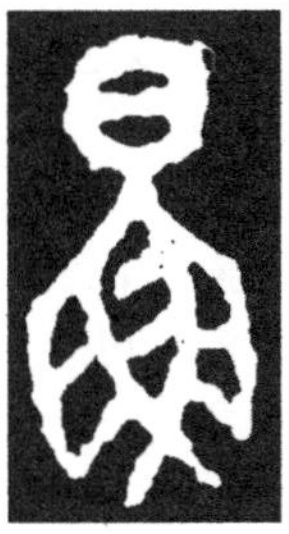

⿱日魚父辛爵（殷商）

⿱罒魚

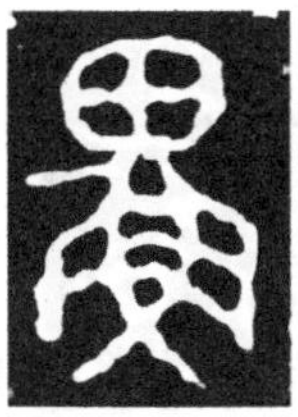

⿱罒魚作且乙鼎（西周早期）

wú
⿸虍魚

註：⿸虍魚，或讀為吾。

漁 　鮝

盧作父丁觶（西周早期）

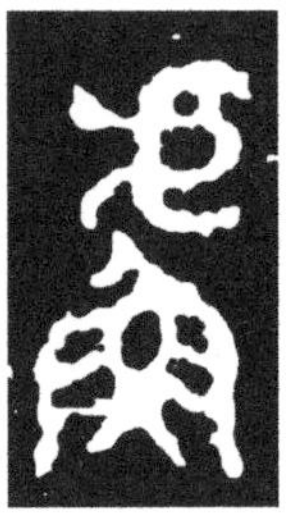
兮甲盤（西周晚期）

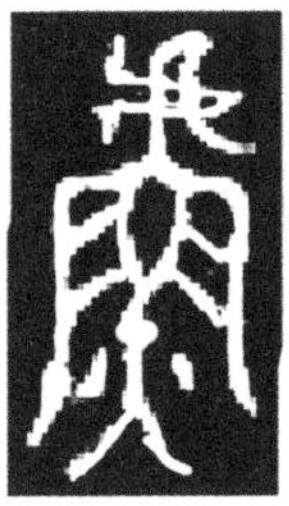
齊侯鎛（春秋中期）讀為吾　保盧（吾）兄弟

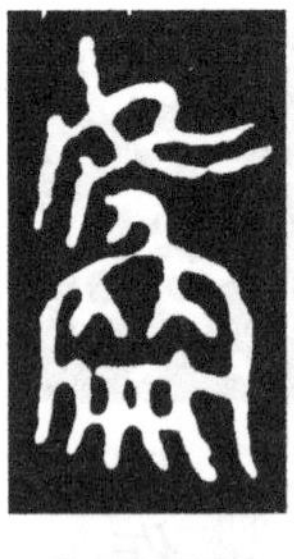

欒書缶（春秋）讀為吾　盧（吾）以祈眉壽

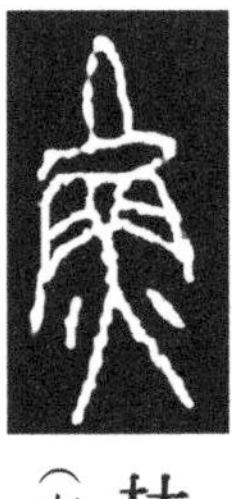
杕氏壺（春秋晚期）

工盧季生匜（春秋晚期）

中山王嚳鼎（戰國晚期）讀為吾　盧（吾）先考成王早棄群臣

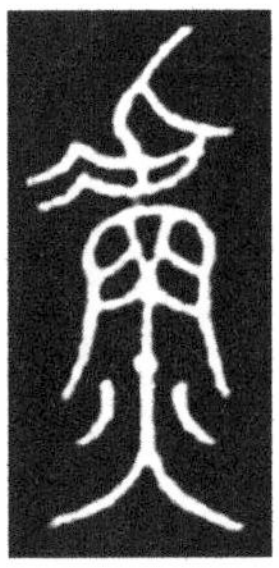
中山王嚳方壺（戰國晚期）

xiǎng
鮝

《集韵》曰：鮝，魚腊。註：鮝，魚干、魚制腊肉。鮝，或指腌腊食品。

𢍜鼎（春秋中期）讀為鮝　鄧鮝之飤鼎

yú
漁

《說文》曰：捕魚也。註：漁，漁獵也。，从廾、，从爪，其意為以手捕魚。，从又、从水、从舟，會意為水中乘舟捕魚。

𢍜卣（殷商）或从廾

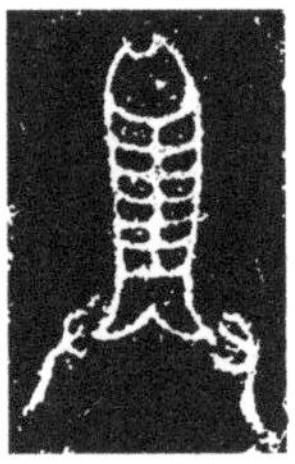
𢍜觚（殷商）

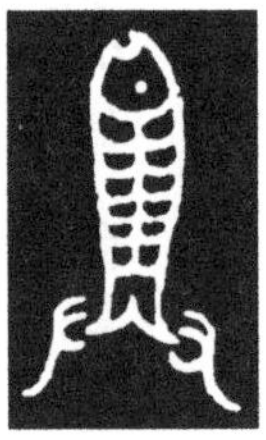
𢍜器（殷商）

龍

燕

子漁尊（殷商） 或从水

子漁斝（殷商）

冉爫鱻卣（殷商） 或从爪

冉爫鱻觶（殷商）

冉爫鱻盉（殷商）

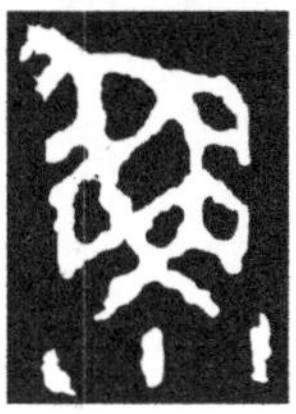
井鼎（西周中期）

遹𣪘（西周中期） 或从廾

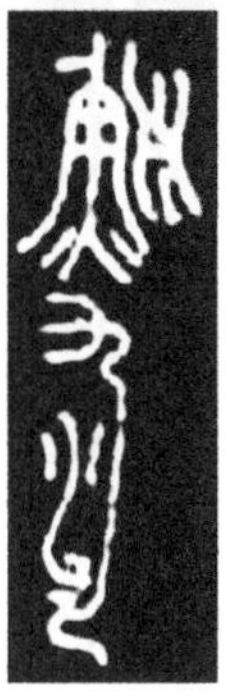
楚王孫漁戈（春秋晚期） 或从又从水从舟

yàn
yān
燕

註：，燕之象形字，與甲骨文燕字形近。

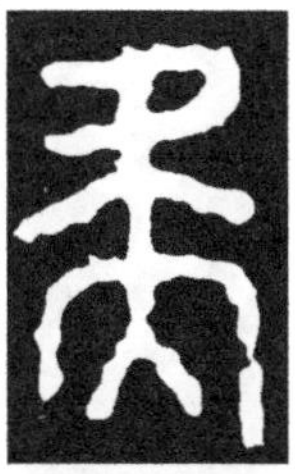

鷹節（戰國） 讀為燕 傳遽甫戊燕

lóng
龍

《廣雅》曰：龍，寵也。

註：早期龍字為神龍之象形字。龍，或假為寵。

戡堪龕

龍鼎（殷商）

龍爵（殷商）

龍器（殷商）

子龍壺（殷商）

作龍母尊（西周早期）

䢼仲無龍匕（西周晚期）

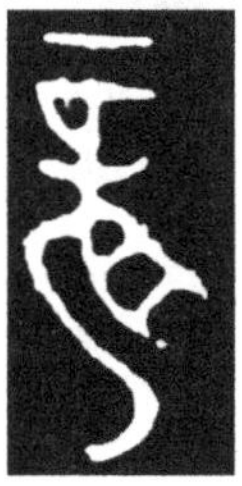
䢼仲無龍匜（西周晚期）

䢼仲鬲（春秋早期）

龍作旅彝甗（西周早期）

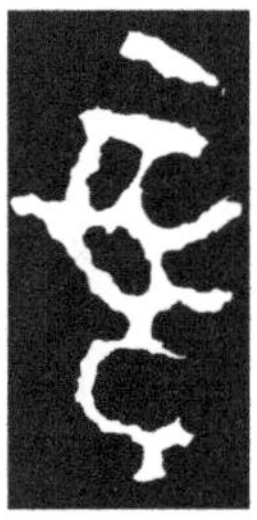
樊夫人龍嬴壺（春秋早期）

樊夫人龍嬴匜（春秋早期）

邵黛鐘（春秋晚期）

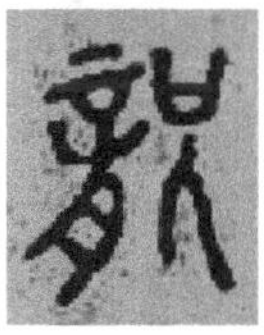
遲父鐘（春秋晚期） 讀為寵 丕顯龍（寵）光

kān
龕

《説文》曰：龍皃（貌）。

《説文通訓定聲》曰：龕，假借為戡。註：龕，或假為堪。

史墻盤（西周中期） 讀為堪 龕（堪）事厥辟

沕其鐘（西周晚期） 讀為寵 用天子寵蔑梁其曆

眉壽鐘（西周晚期）

龖

燮有𤔲爯鬲（西周晚期）

燮有𤔲爯鼎（西周晚期）

fēi
飛

《説文》曰：鳥翥也，象形。

九里墩鼓座（春秋）

yì
翼

《説文》曰：翍（翅）也，从飛，異聲。篆文从羽。

翼父辛觚（殷商）【商周金文録遺】

秦公鎛（春秋早期）

中山王嚳方壺（戰國晚期） 或从羽

誹非 

迅卂 

fēi fěi
非

《說文》曰：違也，从飛下𦐇（翅），取其相背。《集韻》曰：誹，謗也，或省。

《說文通訓定聲》曰：非，假借為誹。註：非，取篆文飛字之下體而成此字，像兩翅相背狀。

小臣傳簋（西周早期）

曶鼎（西周中期）

鼎（西周中期）

班簋（西周中期）

伯多壺（西周晚期）

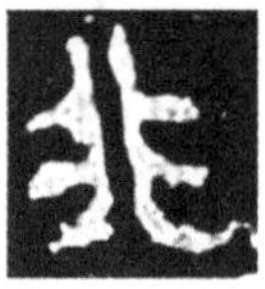

毛公鼎（西周晚期）

蔡侯鈕鐘（春秋晚期）

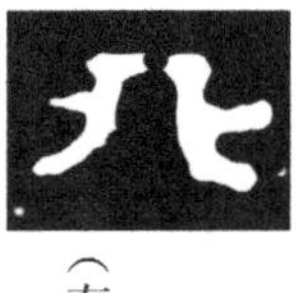

非矛（春秋晚期）

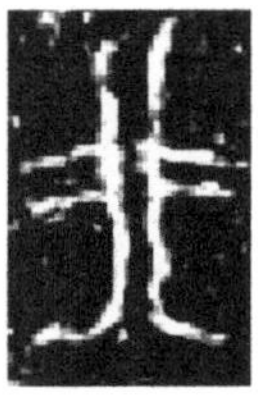

蔡侯鎛（春秋晚期）

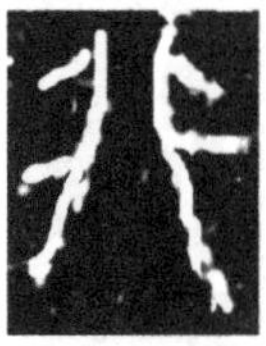

非釪戈（戰國早期）

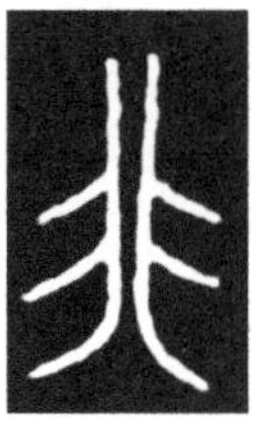

中山王嚳方壺（戰國晚期）

xùn
卂

《說文》曰：疾飛也，从飛而羽不見。《玉篇》曰：卂，亦作迅。

註：鳥疾速飛起只見上升，而看不見羽毛，故省羽為卂。卂，或从辵，同迅。

卂伯簋（西周早期）

旨賞鐘（春秋晚期）

李樹青 編撰

書畫叅考資料拼音字註釋版

金文字彙

第四冊

仰韶書屋

天津出版传媒集团
天津古籍出版社

仰韶書屋
蒼人仁弟屬

孔

仰韶書屋金文字彙 卷十二

文三百三十六字 重文約三千七百九十字

kǒng 孔

《說文》曰：通也。郭沫若曰：此乃指事字，……乃指小兒頭角上有孔也，故孔之本義當為囟，囟者象形文，孔則指事字，引伸之，則凡空皆曰孔。有空則可通，故有通義，……通達宏大則含善意。【金文叢攷】

註：囟，頭骨合縫處，稱頭囟、囟門。按郭沫若釋，孔或指囟門，有空、通之義。

師訇鼎（西周中期）

孔作父癸鼎（西周中期）

虢季子白盤（西周晚期）

伯公父簠（西周晚期）

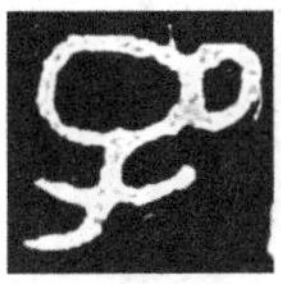

曾子斿鼎（春秋早期）

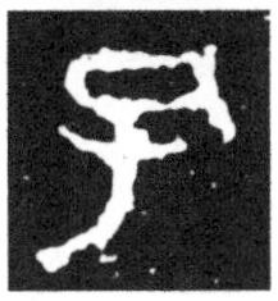

曾伯霥簠（春秋早期）

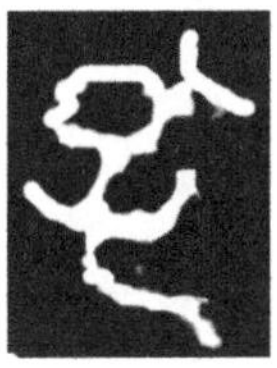

鼄大宰簠（春秋早期）

徐王子旃鐘（春秋）

史孔和（春秋）

沇兒鎛（春秋晚期）

子孔戈（戰國早期）

陳璋方壺（戰國中期）

陳璋𦉜（戰國中期）

不 

bùpī
不

《說文通訓定聲》曰：不，假借為丕。註：金文均以不作丕。

子不爵（殷商）

不壽簋（西周早期）

獻簋（西周早期）

周公簋（西周早期）

天亡簋（西周早期）

史獸鼎（西周早期） 讀為丕 對揚皇尹不（丕）顯休

大盂鼎（西周早期） 讀為丕 不（丕）顯文王

敔簋（西周早期） 讀為丕 厥不（丕）吉

啟卣（西周早期）

召卣（西周早期）

叔趯父卣（西周早期）

𦥯尊（西周早期）

沈子它簋（西周早期）

五祀衛鼎（西周中期） 讀為否 厲曰 汝貯田不（否）

衛簋（西周中期）

即簋（西周中期）

廿七年衛簋（西周中期）

師奎父鼎（西周中期）

師𩛥鼎（西周中期）

瘐段（西周中期）

大師虘簋（西周中期）

師旂鼎（西周中期）

不指方鼎（西周中期）

康鼎（西周中期）

利鼎（西周中期）

大鼎（西周中期）

曶鼎（西周中期）

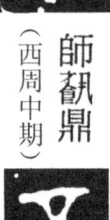

𢿚狄鐘（西周中期）

戲鐘（西周中期）

𤼈鐘（西周中期）

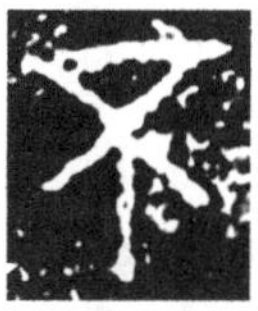
王臣簋（西周中期）

師瘨𣪘（西周中期）

懸妃簋（西周中期）

靜簋（西周中期）

豆閉簋（西周中期）

師酉簋（西周中期）

彔伯𢦚𣪘蓋（西周中期）

師虎簋（西周中期）

卯簋（西周中期）

班簋（西周中期）

寡子卣（西周中期）

作冊益卣（西周中期）

效卣（西周中期）

盠駒尊（西周中期）

長甶盉（西周中期）

史墻盤（西周中期）

師遽方彝（西周中期）

盠方彝（西周中期）

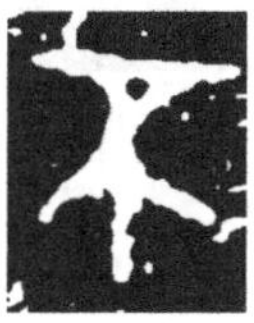
呂服余盤（西周中期）

走馬休盤（西周中期）

元年師旋𣪘（西周晚期）

禹鼎（西周晚期）

多友鼎（西周晚期）

大克鼎（西周晚期）

毛公鼎（西周晚期）

䟬鼎（西周晚期）

無叀鼎（西周晚期）

此鼎（西周晚期）

善夫山鼎（西周晚期）

頌鼎（西周晚期）

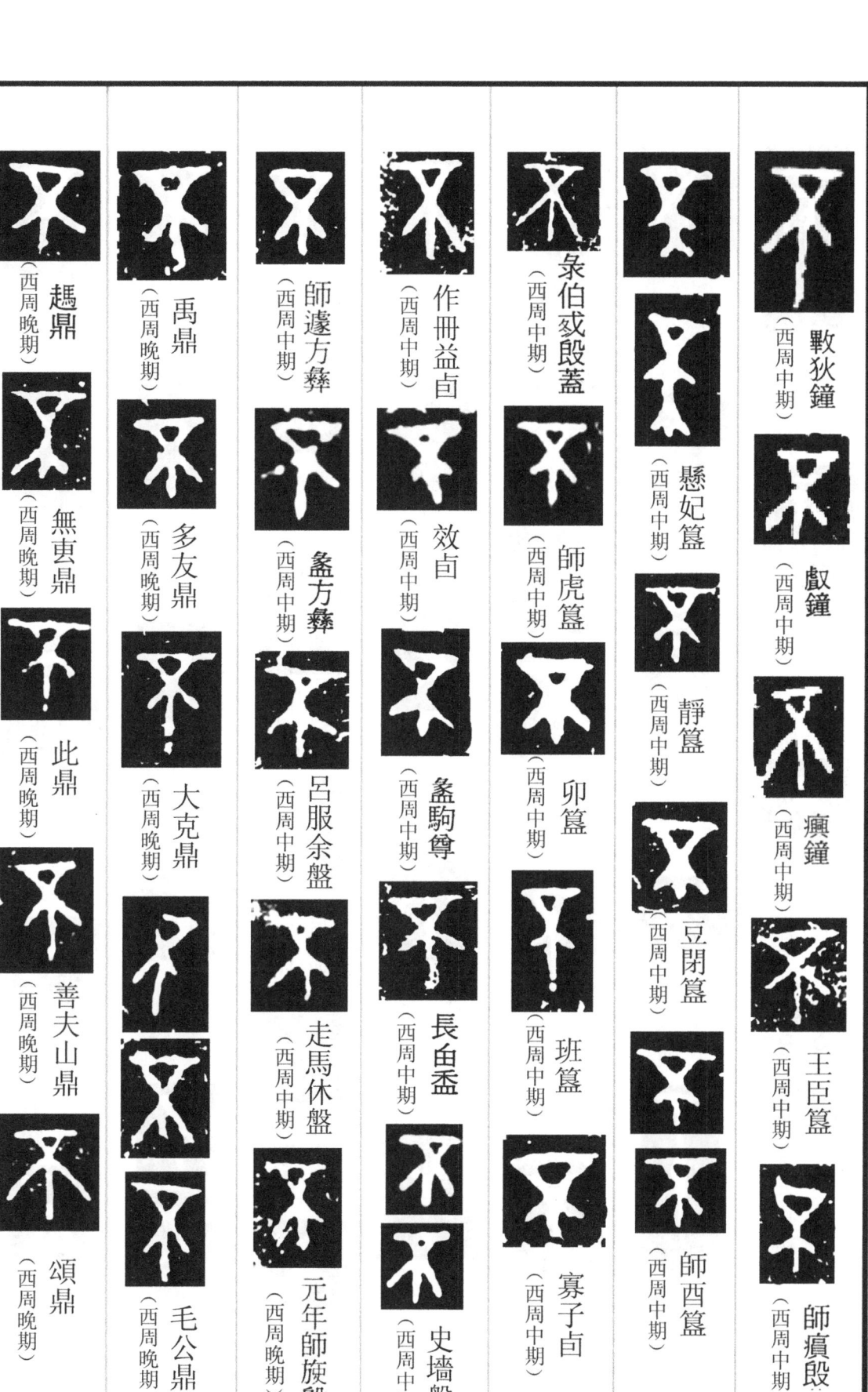

逆鐘（西周晚期）

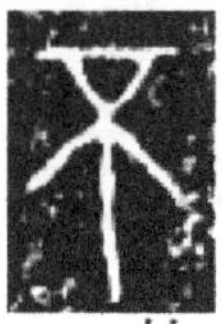
井人妄鐘（西周晚期）

南宮乎鐘（西周晚期）

沕其鐘（西周晚期）

虢叔旅鐘（西周晚期）

宗周鐘（西周晚期）

師𩛥簋（西周晚期）

諫簋（西周晚期）

此簋（西周晚期）

揚簋（西周晚期）

大簋（西周晚期）

訇簋（西周晚期）

師寰𣪘（西周晚期）

番生簋（西周晚期）

不嬰𣪘（西周晚期）

羌伯簋（西周晚期）

頌簋（西周晚期）

駒父盨（西周晚期）

師克盨（西周晚期）

虢季子白盤（西周晚期）

兮甲盤（西周晚期）

公臣簋（西周晚期）

楚簋（西周晚期）

元年師兌簋（西周晚期）

叔家父簠（春秋早期）

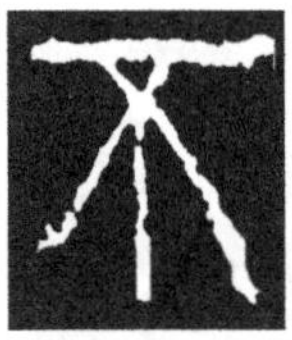
秦公簋（春秋早期）

曾伯霥簠（春秋早期）

庚壺（春秋早期）

者𣽃鐘（春秋）

鄦侯少子𣪘（春秋）

蔡侯盤（春秋晚期）

蔡侯鈕鐘（春秋晚期）

鼄公華鐘（春秋晚期）

配兒鉤鑃（春秋晚期）

否

否

𠀚

宋公差戈（春秋晚期）

齊陳曼簠（戰國早期）

者沪鐘（戰國早期）

中山王嚳鼎（戰國晚期）

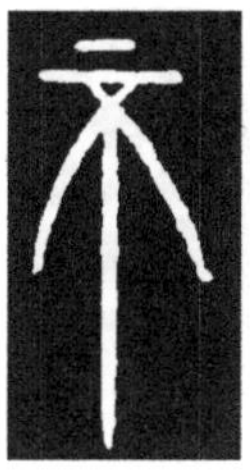
中山王嚳方壺（戰國晚期）

好蚉壺（戰國晚期）

fǒu
否

《說文》曰：不也，从口、从不，不亦聲。

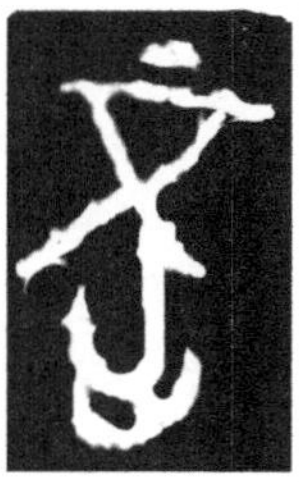
班簋（西周中期）

毛公鼎（西周晚期）

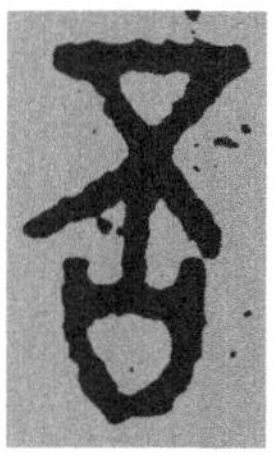
師獸殷（西周晚期）

晉公盆（春秋）

中山王嚳鼎（戰國晚期）

pī
𠀚

或同丕。

睘尊（西周早期）

召卣（西周早期）

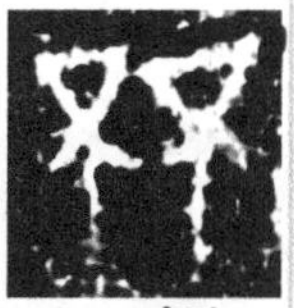
師遽殷蓋（西周中期）

師虎簋（西周中期）

班簋（西周中期）

丕 嚭

至 

長甶盉（西周中期）

師奎父鼎（西周中期）

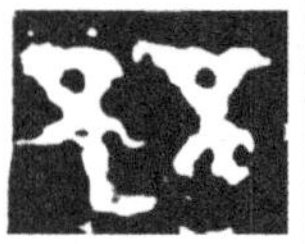

善鼎（西周中期）

伓𨾔段（西周）

番生簋（西周晚期）

羌伯簋（西周晚期）

pī
嚭

註：嚭，或同丕。

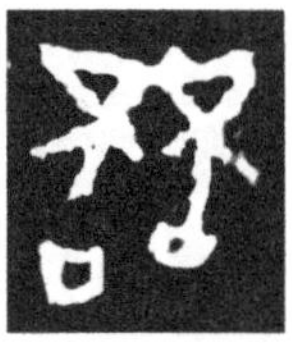

守宮盤（西周早期）

zhì
至

註：至為倒矢觸一或土。一、土，為地面也，故有至、到之意。後加聲符刀作到。至、到乃古今字。至，同致。

令鼎（西周早期）

大盂鼎（西周早期）

𩀧伯馭段（西周早期）

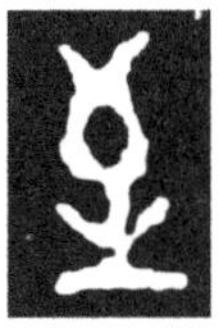

啟卣（西周早期）

矢令方尊（西周早期）

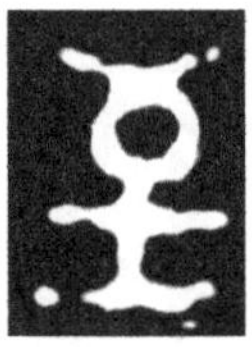

矢令方彝（西周早期）

同簋（西周中期）

㝬鼎（西周中期）

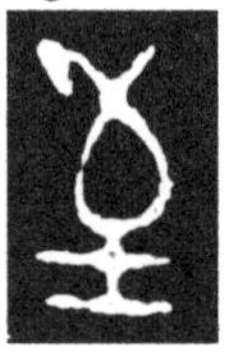

駒父盨（西周晚期）

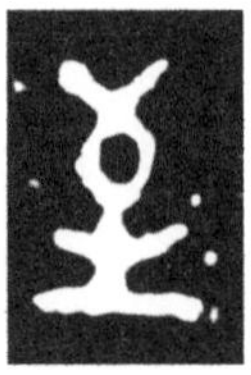

多友鼎（西周晚期）

克鐘（西周晚期）

宗周鐘（西周晚期）

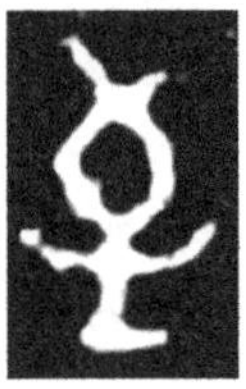

至作寶鼎（西周晚期）

禹鼎（西周晚期）

棲西 

臸 

兮甲盤（西周晚期）

五年召伯虎簋（西周晚期）
讀為致
余或至（致）我考我母令

羌伯簋（西周晚期）

散氏盤（西周晚期）

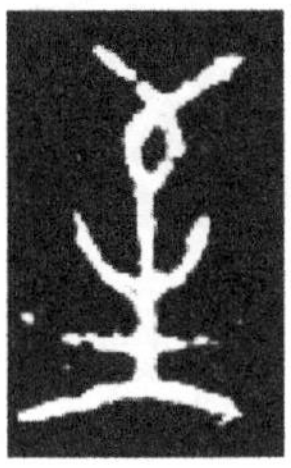
郤䜌尹征城（春秋）

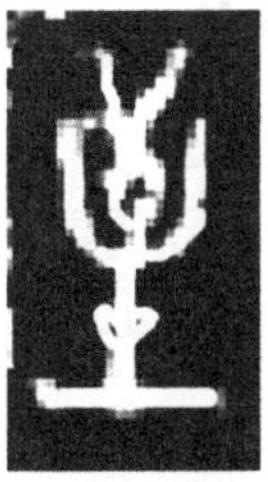

敬事天王鐘（春秋晚期）

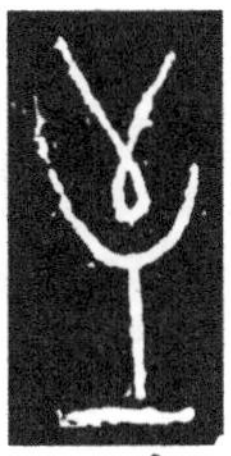
中山王嚳鼎（戰國晚期）

中山王嚳方壺（戰國晚期）

安邑下官壺（戰國晚期）

zhī
臸

《說文》曰：到也，从二至。

師湯父鼎（西周中期）

xī
西

《說文》曰：鳥在巢上，象形，日在西方而棲。西，或从木、妻。古文西，籀文西。

註：西，也作棲，日落西方鳥在鳥巢棲息，鳥巢之象形字。商代借用為東西之西字。，即巢字之上部，小篆从木作巢或作栖、作棲，此字逐漸分化。

西單觚（殷商）

西單己觚（殷商）

戉甬鼎（殷商）

西單父乙鼎（殷商）

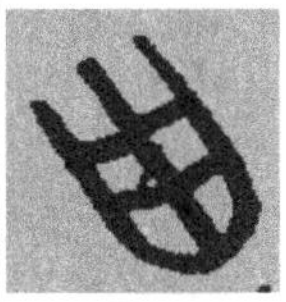
西隻單簋（殷商）

己西爵（殷商）

伯匽卣（西周早期）

伯匽盉（西周早期）

小臣𨖼鼎（西周早期）

高卣（西周早期）

五祀衛鼎（西周中期）

伯𢦚段（西周中期）

師酉簋（西周中期）

幾父壺（西周中期）

散氏盤（西周晚期）

不嬰段（西周晚期）

禹鼎（西周晚期）

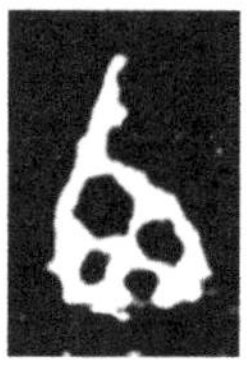
多友鼎（西周晚期）

𢦔叔段蓋（西周晚期）

訇簋（西周晚期）

秦公簋（春秋早期）

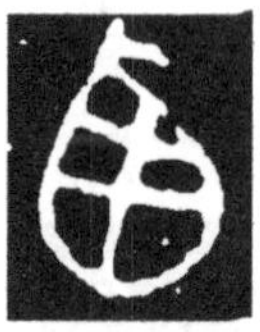
國差罏（春秋）

陳伯元匜（春秋）

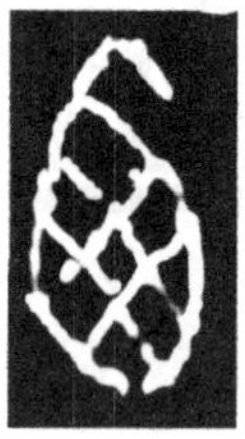
西年車器（春秋）

䜌伯盤（春秋）

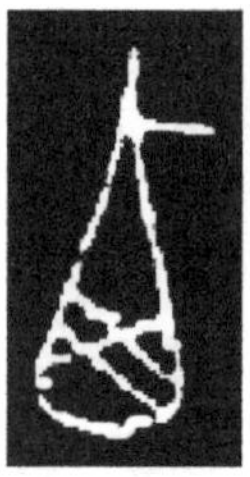
楚王酓璋鐘（戰國早期）

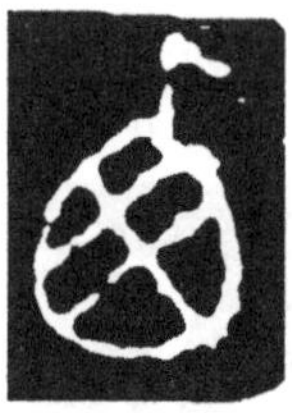
西替簋（戰國）

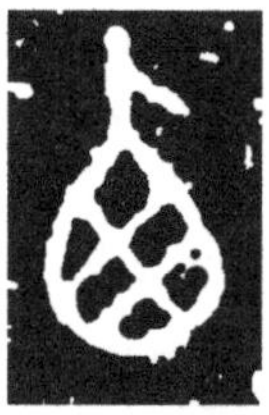
西替段（戰國）

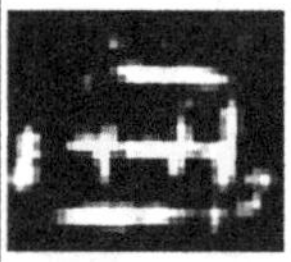
西官鼎（戰國）

蜀西工戈（戰國晚期）

二十年相冉邦戈（戰國晚期）

lǔ
鹵

《說文》曰：西方鹹地也，从西省，象鹽形。

註：鹵，即滷，鹽鹵。

免盤（西周中期）

晉姜簋（春秋早期）

⿰鹵禺

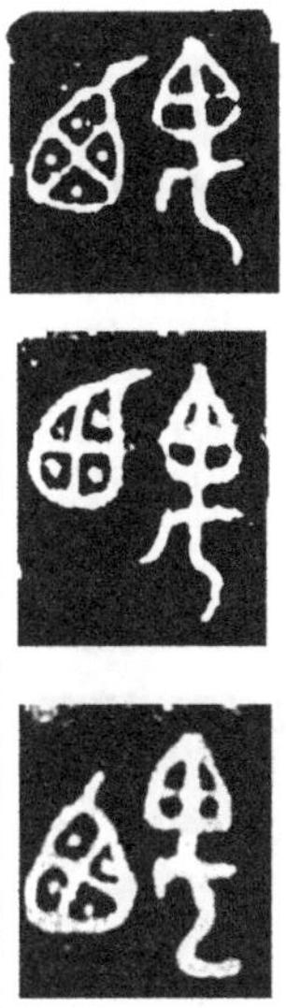

小臣謎段（西周早期）

píng
⿰鹵比

註：金文或以⿰鹵比為瓶。

樂大嗣徒瓶（春秋）

戶

戹

肁

hù
户

《說文》曰：護也，半門曰戶，象形。古文戶从木。《玉篇》曰：戶，所以出入也，一扉曰戶，兩扉曰門。

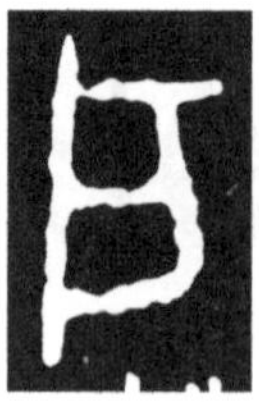
肄作父乙毁（殷商）

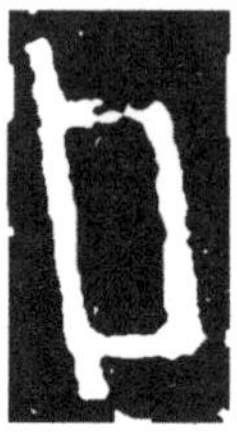
戶庚觚（殷商）

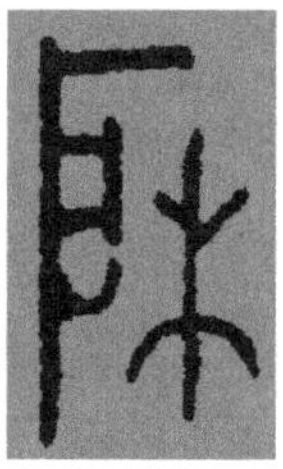
陳胎戈（戰國）
或从木【古文字類編】

è
戹

《說文》曰：隘也，从戶、乙聲。註：車軛之象形，軛之本字，或為厄。軛，套在牲口頸部，車轅前之曲木，隸變譌从戶、从乙為戹。再造从車、厄聲之軛字，其本字遂分化。

彔伯㦰毁蓋（西周中期）

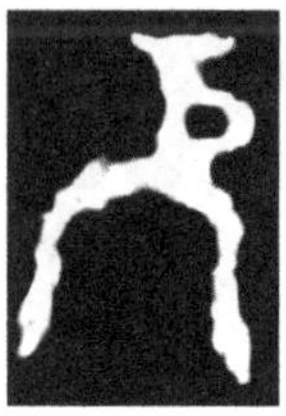
番生簋（西周晚期）

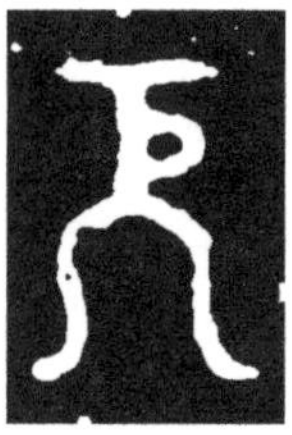
三年師兌簋（西周晚期）

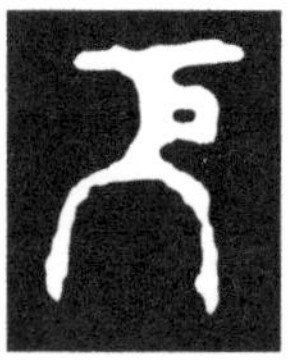
毛公鼎（西周晚期）

齊侯鎛（春秋中期）

zhào
肁

《說文》曰：始開也，从戶、从聿。註：肁，始開門戶曰肁，肇始之肇乃假借字，肇行而肁廢矣。

寧簋蓋（西周早期）

屖父己尊（西周中期）

師臾鐘（西周晚期）

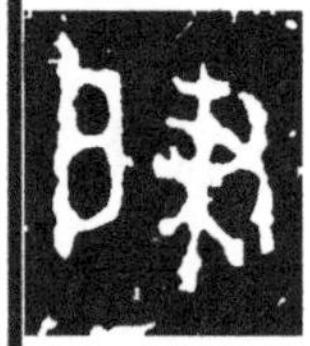

滕虎簋（西周中期）

耳尊（西周早期）　或从口

旁㢊鼎（西周）　或聿省

yán
𢉖

張亞初釋為閈。【殷周金文集成 引得】

註：一扉為戶、兩扉為門，从戶與从門義同。𢉖，或同閈，閈，即閻之別體字。

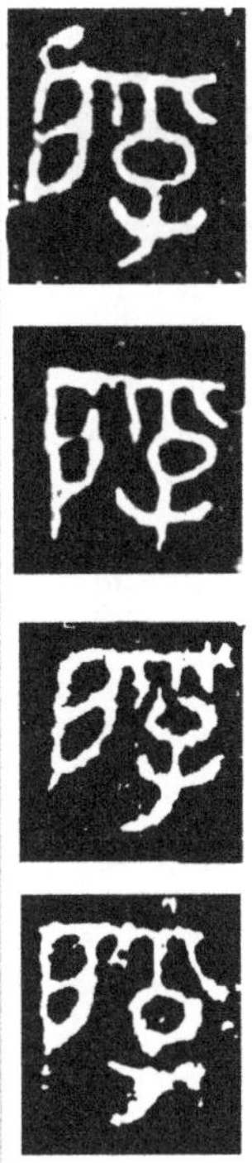

魯士𢉖父簠（春秋早期）

mén
門

註：門，像兩扇門形。一扉曰戶、兩扉曰門。

門且丁簋（殷商）

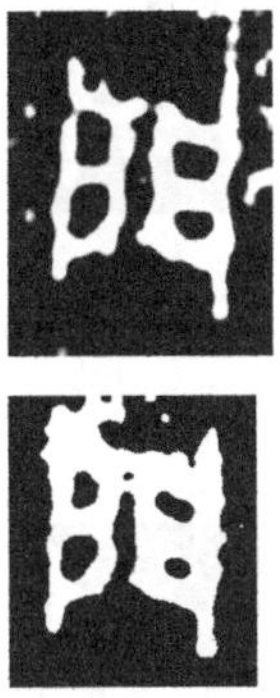

吳方彝（西周中期）

走馬休盤（西周中期）

廿七年衛簋（西周中期）

曶鼎（西周中期）

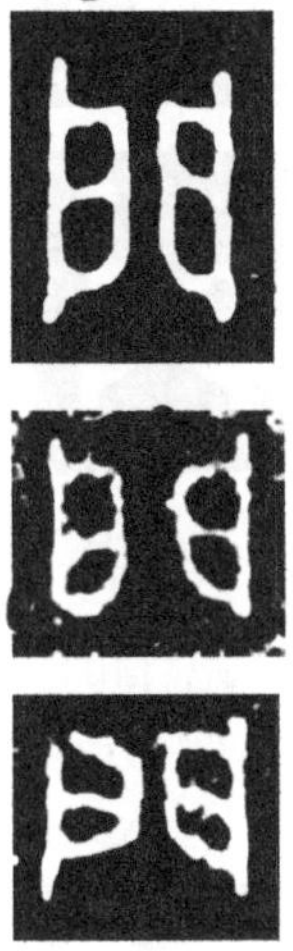

大師盧簋（西周中期）

格伯簋（西周中期）

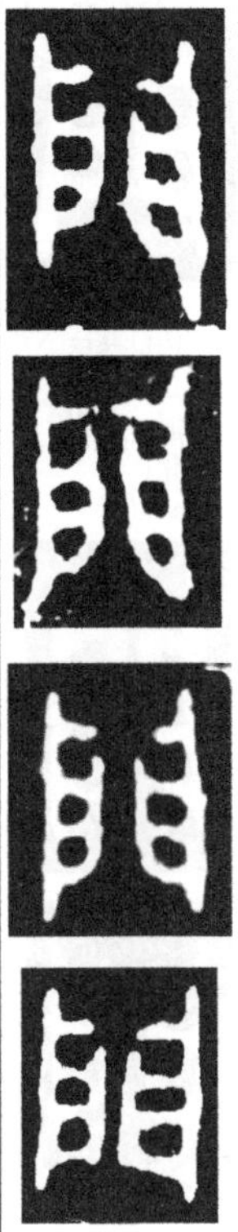

師酉簋（西周中期）

師𤸫毁蓋（西周中期）

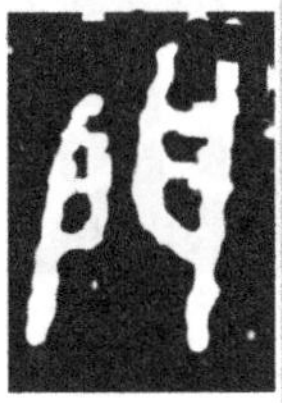

大克鼎（西周晚期）

閈 

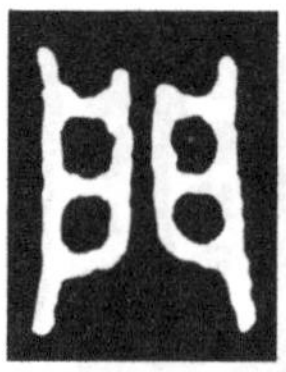
趨鼎（西周晚期）

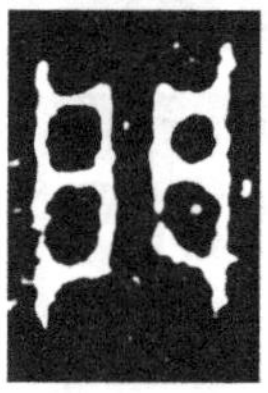
此鼎（西周晚期）

善夫山鼎（西周晚期）

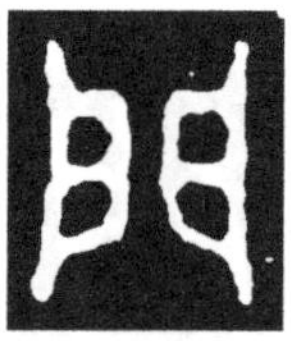
頌鼎（西周晚期）

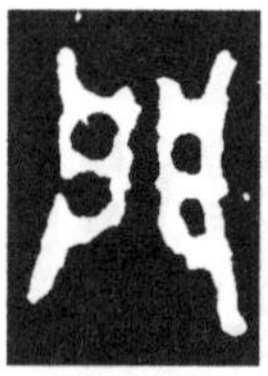
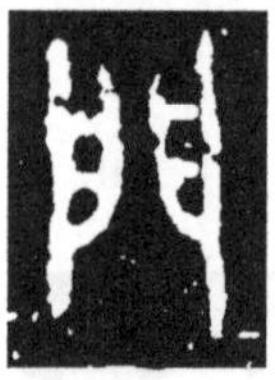
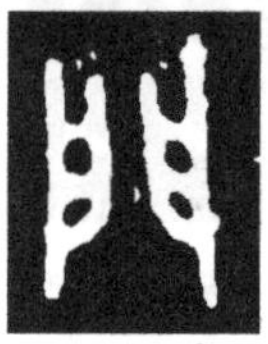
元年師兌簋（西周晚期）

師艅簋（西周晚期）

諫簋（西周晚期）

訇簋（西周晚期）

此簋（西周晚期）

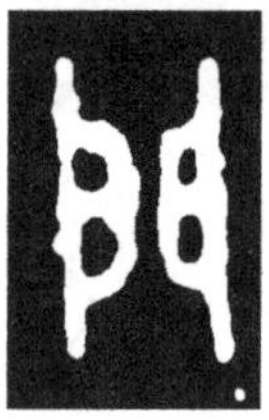
頌簋（西周晚期）

頌壺（西周晚期）

寰盤（西周晚期）

散氏盤（西周晚期）

庚壺（春秋晚期）

無叀鼎（西周晚期）　內門二字合文

hàn
閈

《說文》曰：門也，从門、干聲。註：里巷之門稱閈，引申為鄉里、城垣。

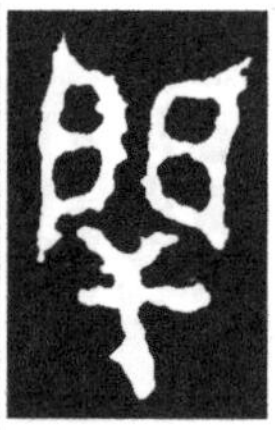
毛公鼎（西周晚期）　讀為閈　無不閈于文武耿光

中山王嚳鼎（戰國晚期）

閭閭

闢

閒澗間

lú
閭

《說文》曰：里門也，从門、呂聲。周禮，五家為比，五比為閭。閭，侶也，二十五家相群侶也。

註：闔，从門、从膚，乃閭之正字，秦篆改為从呂。

闔丘爲鵙造戈（春秋晚期）

pì
闢

《說文》曰：開也，从門、辟聲。

註：，古文闢从廾，像兩手推開左右門扇之形，至秦之小篆改為从辟之形聲字。

劦闢父丁斝（西周早期）

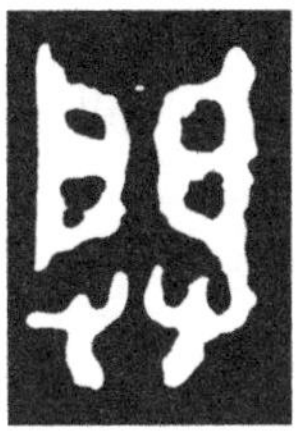

大盂鼎（西周早期）

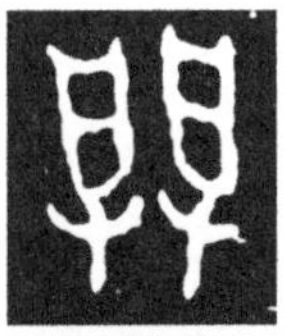

伯闢簋（西周中期）

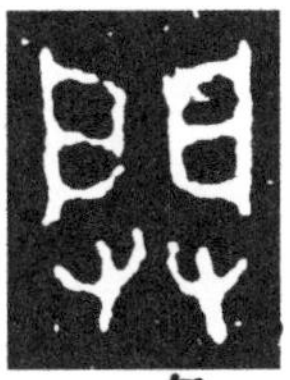

彔伯𢦚𣪘蓋（西周中期）

中山王嚳鼎（戰國晚期）

中山王嚳方壺（戰國晚期）

武大戈（戰國晚期）

jiàn
jiān
xián
閒

《說文》曰：隙也，从門、从月。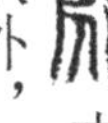古文。《徐鍇繫傳》曰：大門當夜閉，閉而見月光，是有閒（間）隙也。

《說文通訓訂聲》曰：古文从門、从外，按從內見外，則有閒（間）也。閒，假借為嫻。註：閒，即間之本字。閒，在閑暇、空閑之意常與閑字混用；後世表示間隙、間隔則另造从門、从日之間字。閒，同澗、通簡。

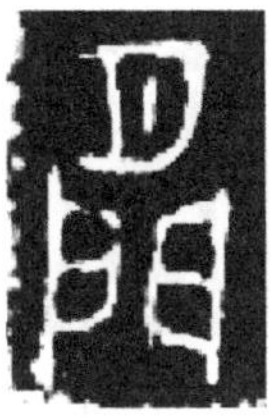

宗周鐘（西周晚期）

邦司寇矛（戰國晚期）

□年邦府戈（戰國晚期）

兆域圖（戰國晚期）

四年春平侯鈹（戰國晚期）

閑 閑嫻閒

間 閒

闌 闌爛欄

七年上郡守閒戈（戰國晚期）

曾姬無卹壺（戰國） 讀為閒 或从外 蔿閒之無匹

xián

閑

《説文》曰：闌也，从門中有木。

註：闌，即欄桿、遮欄。閑，木制欄杆類遮攔物。閑，通閒、通嫻。

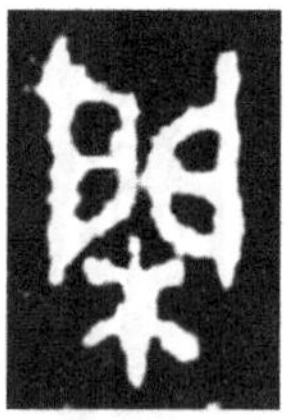

同簋（西周中期） 讀為閑 毋汝有閑

jiàn jiān

間

註：間，為後起字，同閒。

閒右庫戈（戰國）

lán làn

闌

《説文》曰：門遮也，从門柬聲。

註：門遮即門柵欄之類。闌，即欄、通爛。

戍嗣子鼎（殷商）

作父己簋（殷商） 讀為闌 己亥王賜貝在闌

閉 

關 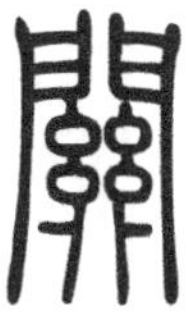

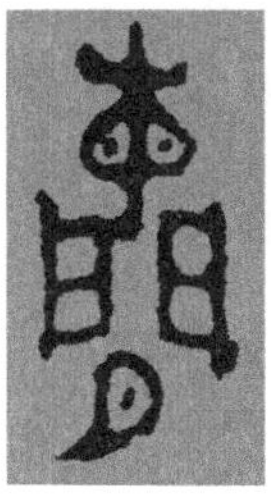

闌卣 （殷商） 【金文詁林】收錄

利簋 （西周早期）

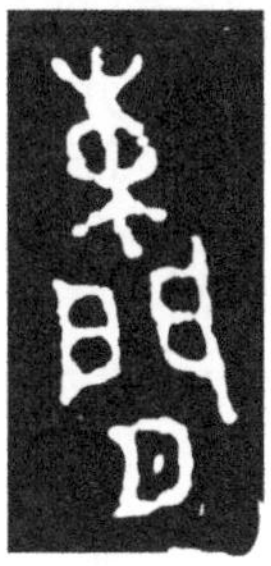

宰虎角 （西周早期）

闌監父己鼎 （西周中期）

噩侯鼎 （西周晚期）

王子午鼎 （春秋中期）

王孫遺者鐘 （春秋晚期）

王孫誥鐘 （春秋晚期） 讀為闌 闌闌龢鐘

bì

閉

《説文》曰：闔門也。

註：閉，關門。金文閉，門中非才字，乃畫門栓、門揁，會意閉鎖。

豆閉簋 （西周中期）

子禾子釜 （戰國） 讀為閉 閉料于□外

guān

關

《説文》曰：以木橫持門戶也，从門、𢆶聲。註：、，均為古關字。凡穿物之方式不同字之結構存異。橫為毌、豎為串、左右為廾，其古音義皆同。後，毌加貝為貫、串加門為闡、廾加絲為𢆶。金文關字从串或从廾，小篆始从𢆶。關，通管。通貫

子禾子釜 （戰國） 讀為關 或从廾 丘關之釜

陳純釜 （戰國） 左關之釜

左關之鉌 （戰國）

闊 
閔 憫 
開 

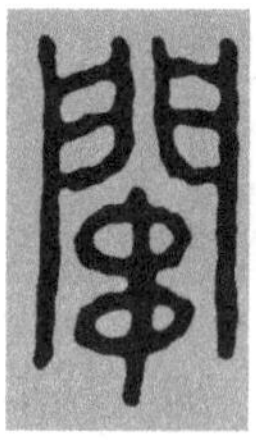
噩君啟節舟節 讀為闗 或从串 以出入闗
（戰國）

kuò
闊
《說文》曰：疏也，从門、活聲。《爾雅》曰：闊，遠也。《廣雅》曰：闊，廣也。

兆域圖 讀為闊 闊狹大小
（戰國晚期）

mǐn
mín
閔
《說文》曰：弔者在門也，从門、文聲。《說文解字注》曰：閔，引申為凡痛惜之辭，俗作憫。
註：閔，吊唁、哀憐、憐憫，後作憫。閔，或通旻。

師閔鼎
（西周）

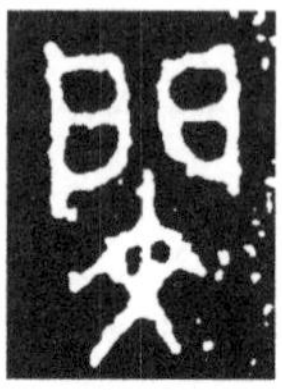

仲閔父盨
（西周晚期）

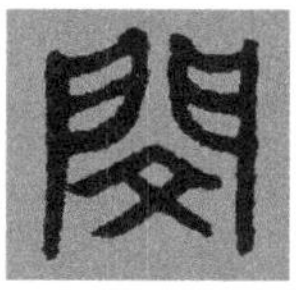
兆域圖
（戰國晚期）

kāi
開
《說文》曰：張也。古文。註：古文開从門，門中从一、从廾。一，門栓也；廾，雙手去掉門栓，有開門之意。，或从門、从廾，同為開意。从幵乃小篆之譌。

二年春平侯鈹
（戰國晚期）

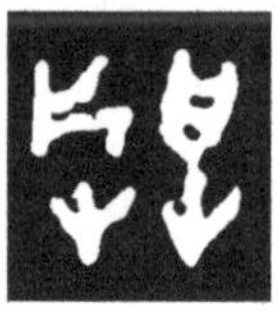
三年春平侯鈹 讀為開 冶吏開揵劑
（戰國晚期）

元年春平侯矛 讀為開 冶韓開揵劑
（戰國晚期）

閕狹　⿵門及　⿵門射　⿵門肅

xiá

閕

註：閕，或讀為狹。

兆域圖　讀為狹

（戰國晚期）　闊閕（狹）小大

⿵門及

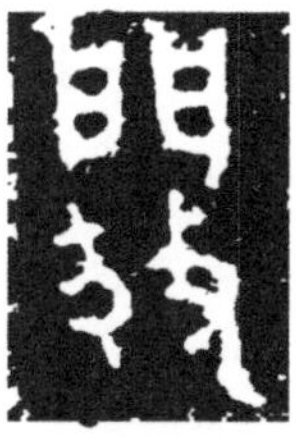

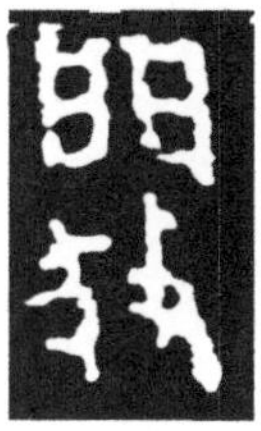

⿵門及作⿳宀大古伯卣蓋

（西周早期）

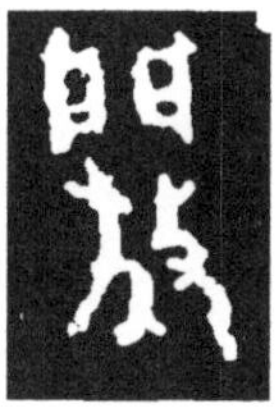

⿵門及作奮段

（西周早期）

⿵門及伯鼎

（西周早期）

⿵門射

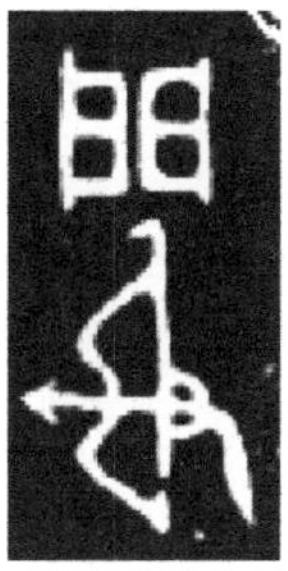

⿵門射作寶彝甗

（西周早期）

⿵門肅

閝　閂　閬

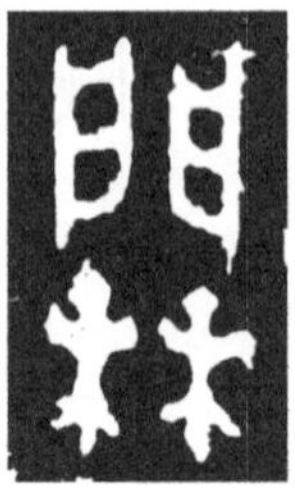
闟卣（西周早期）

shǐ 閝

《玉篇》曰：閝，門也。註：，即閝之繁文。閝，門也，或為『山海經』中之河流名。

婦閝甗（殷商）

婦閝卣（殷商）

婦閝罍蓋（殷商）

婦閝爵（殷商）

閂

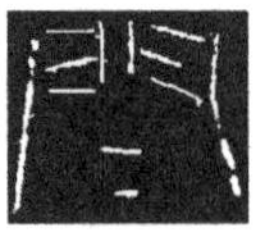
褱閂鼎（戰國）

lǚ 閬

註：閬，或讀為閭。

三年馬師鈹（戰國）

元年郚令戈（戰國晚期）　讀為閭　上庫工師冶閬（閭）

ěr
耳

《説文》曰：主聽也，象形。

耳壺（殷商）

耳衡父乙鼎（殷商）

耳亞觚（殷商）

耳豆爵（殷商）

耳日爵（殷商）

耳鼎（殷商）

㔾耳尊（殷商）

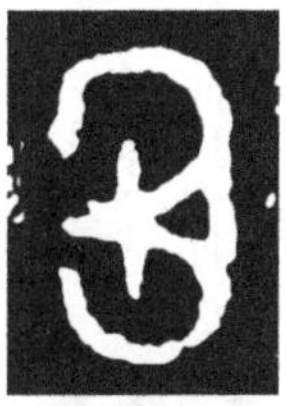
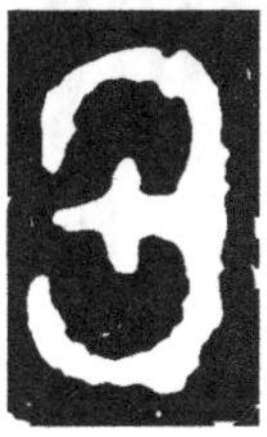
㔾女卣（殷商）

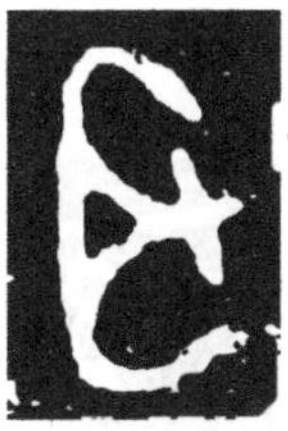
亞耳且丁尊（西周早期）

耳卣（西周早期）

衍耳父乙尊（西周早期）

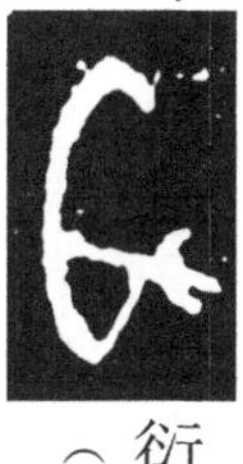
衍耳父乙器（西周早期）

耳作父癸器（西周早期）

亘臣戣𣪕（西周早期）

作禦父辛觶（西周早期）

耳尊（西周中期）

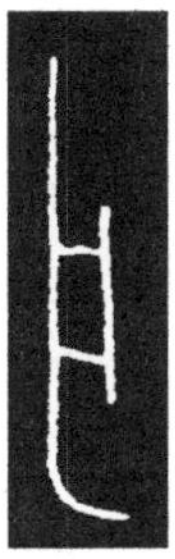
耳劍（春秋早期）

【殷周金文集録】

zhé
耴

《説文》曰：耳垂也，从耳下垂，象形。『春秋傳』曰：秦公子輒者，其耳下垂，故以為名。

耿 

聯 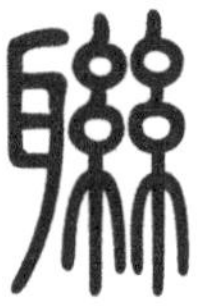

聖 

耴觚（殷商）

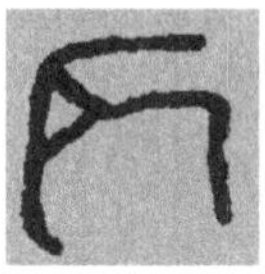

子黃尊（西周早期）【古文字類編】收錄

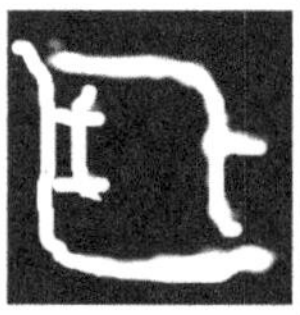

三十年鄭令劍（戰國晚期）

二年鄭令矛（戰國晚期）

gěng 耿

《廣雅》曰：耿，明也。《廣韻》曰：耿，耿介也。

註：耿，光明、清正。耿介：正直、剛正不阿。

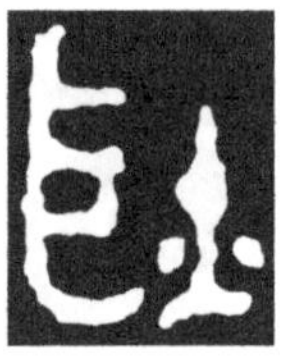

毛公鼎（西周晚期）讀為耿　無不閈于文武耿光

禹鼎（西周晚期）敢對揚武公丕顯耿光

lián 聯

《說文解字注》曰：周人用聯字，漢人用連字，古今字也。《龍龕手鑑》曰：聅，聯之俗字。《字彙補》曰：聅，同聯。

註：聯綴、聯合，為聯字之意，與連字 義通。

聅作父丁觶（西周早期）聅 讀為聯　聯作父

作聯鬲（西周中期）

任鼎（西周中期）【中國歷史文物】二〇〇四 二期

訔仲之孫毁（春秋早期）

shèng 聖

註：上古，聖、聲、聽本為同一字，从耳、口會意。口有所言耳得之為聲，其得聲之動作則為聽，聽之敏銳即可通，無所不通，即引申為聖。聖，乃後起形聲字。聖，从耳、从口、从人。

史墻盤（西周中期）

尹姞鬲（西周中期）

瘨鐘（西周中期）

師趛鬲（西周中期）

師趛鼎（西周中期）

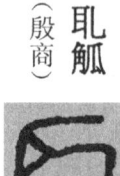

聲聽

師訊鼎（西周中期）

師望鼎（西周中期）

大克鼎（西周晚期）

竈乎段（西周晚期） 讀為聽 用聖（聽）夙夜

禹鼎（西周晚期）

曾伯霥簠（春秋早期）

𦅻叔之仲子平鐘（春秋晚期）

郘𪏭尹朁鼎（春秋晚期）

王孫遺者鐘（春秋晚期）

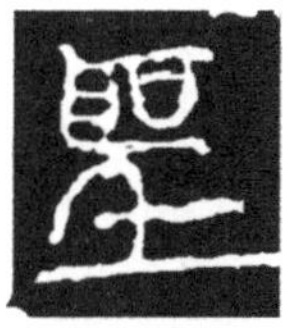

曾姬無卹壺（戰國） 讀為聖 聖桓之夫人

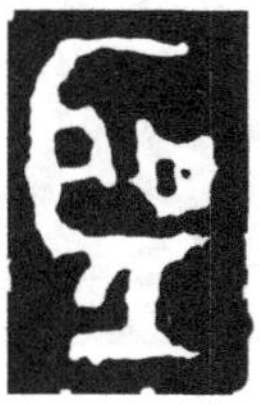

陳卿聖孟戈（戰國）

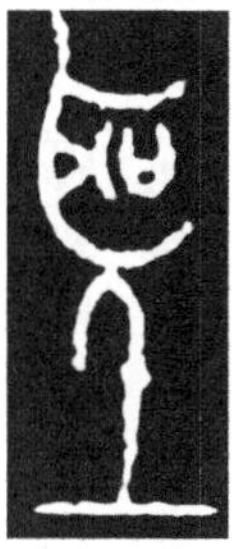

中山王𰯌方壺（戰國晚期） 讀為聖 夫古之聖王

匽伯聖匜（西周晚期） 或从中 伯匽聖作工匜

tīng
聽

《說文》曰：聆也。吳大澂曰：古聽字从聖、从十、口。聖人能兼聽也。【古籀補】

註：，為古聽字。出于口、入于耳為聽。聽字，通聲字。

耳鼎（殷商）

𨘢段（殷商） 讀為聽 聽享京麗

大保簋（西周早期） 王伐祿子聽

天子耳觚（西周早期）

職 識

聞

洹子孟姜壺（春秋）讀為聽　聽命于天子

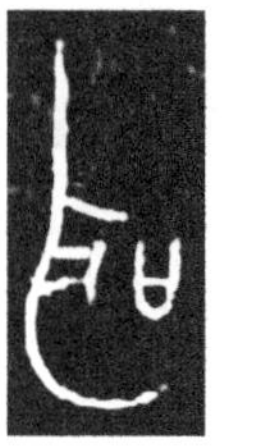
中山王譽鼎（戰國晚期）

shí zhí
職

《說文》曰：記微也，从耳、戠聲。

註：職，从耳、戠聲。耳心相通，聲入心則識，職，實為識之本字。職，今用為職業之職。

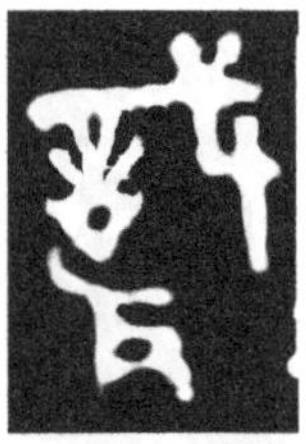

郾王職戈（戰國晚期）

郾王職劍（戰國晚期）

曾姬無卹壺（戰國）讀為職　或从首　職在王室

wén wèn
聞

《說文》曰：知聞也，从耳、門聲。古文从昏。《說文解字注》曰：往曰聽、來曰聞。《正字通》曰：聞，與問通。註：，金文聞字像人之掩面傾耳以聽狀。金文昏、婚、聞同字，小篆始作从耳、門聲之聞字。

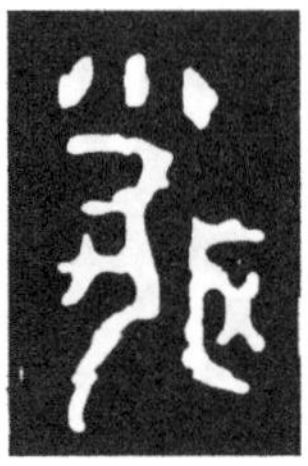
大盂鼎（西周早期）

利簋（西周早期）

䎽爵（西周早期）

彔伯戜殷蓋（西周中期）

[illegible]公昏殷（西周）

逆鐘（西周晚期）

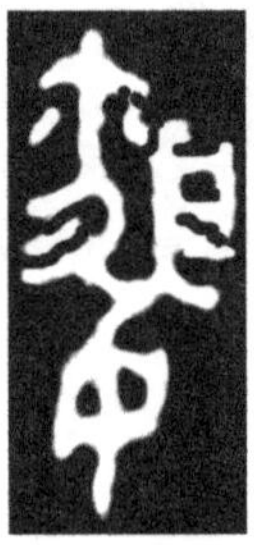

毛公鼎（西周晚期）讀為昏　余非庸又聞（昏）

聘

聾

殳季良父壺（西周晚期）

羌伯簋（西周晚期） 讀為婚 好倗友雩百諸聞（婚）媾

蔡簋（西周晚期）

善夫克盨（西周晚期）

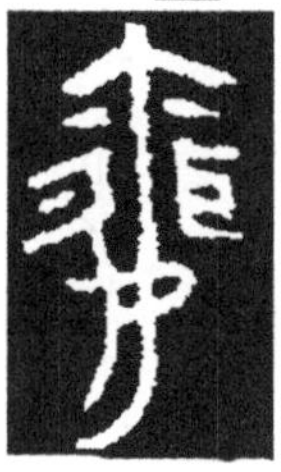

徐王子旃鐘（春秋）

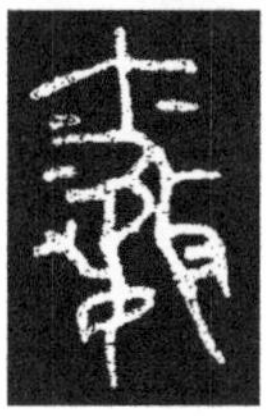
者瀘鐘（春秋）

郾客問量（戰國）

中山王譽鼎（戰國晚期）

陳侯因脊敦（戰國晚期） 讀為問 朝聞（問）諸侯 答揚厥德

pìn 聘

《說文》曰：訪也，从耳、甹聲。《爾雅》曰：聘，問也。

註：聘之本意為訪問、問侯，故从耳以聽，後引申為聘請、婚聘。

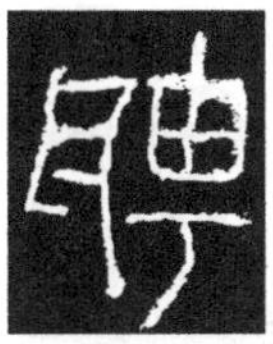
商鞅方量（戰國） 讀為聘 氣遣卿大夫眾來聘

lóng 聾

《說文》曰：無聞也，从耳、龍聲。

聾作寶器鼎（西周中期）

馘聝　帖聑　挕攝

guó
聝

《說文》曰：軍戰斷耳也，春秋傳曰：以為俘聝。从耳、或聲。馘聝或从首。註：古之軍戰斬取俘虜左耳，計數以論功。⿰耳戈，从戈取耳為聝之本意。⿰𦣻戈聝，或从戈、从首省，其意同聝。

戓鼎（殷商）　或从耳从戈

戓觚（殷商）

小盂鼎（西周早期）　从首省

多友鼎（西周晚期）

戓殷（西周中期）　獲聝百　執訊二　从首省

虢季子白盤（西周晚期）　獻聝于王　从戈　从首省

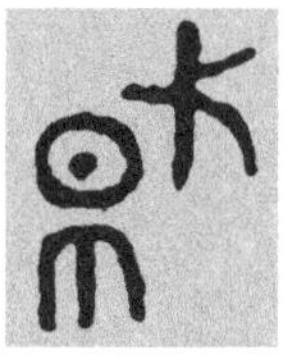
敔簋（西周晚期）

tiē
聑

《說文》曰：安也，从二耳。《玉篇》曰：聑，耳垂也。

《說文解字注》曰：會意，二耳在人首，妥帖之至者也，凡妥帖當做此字。註：聑，妥帖之帖之本字。⿱聑大或从大，大者人也。

聑父辛鼎（殷商）

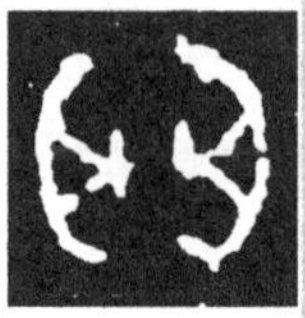
聑⿱聑大婦𡚸鼎（殷商）

聑亞鼎（殷商）

聑日父乙卣（殷商）

伯侯父盤（西周晚期）

shè
耴

註：耴，或作挕。『康熙字典』曰：挕，俗借為攝。

沈子它簋（西周早期）　讀為挕　唯考耴（挕）又念先王先公

頤臣 

嬰配 

yí
臣

《說文》曰：頤（頷）也，象形。篆文臣。《爾雅》曰：頤，養也。

註：臣，頷也，像人側臉之下巴形。頷外有鬚，頷中有咀嚼物。臣，乃頤之初文，頤行而臣廢矣。

鑄字叔黑臣簠（春秋早期）

鑄子叔黑臣鼎（春秋早期）

黃子盤（春秋早期） 讀為姬 作黃孟臣（姬）行器

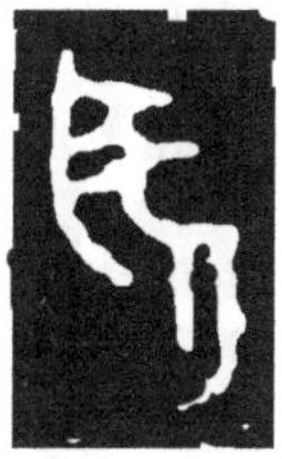

㠱伯庭父匜（春秋）

㠱伯庭父盤（春秋）

yí
配

《說文》曰：廣臣也，从臣、巳聲。古文配从户。《玉篇》曰：配，美也。《類篇》曰：配，樂也。《集韻》曰：嬰或省（作配）。《說文義證》曰：配，又通作熙。

註：配，廣臣也，寬廣之下巴。引申為凡寬廣之稱。配，或曰美也、樂也。配，或通熙。

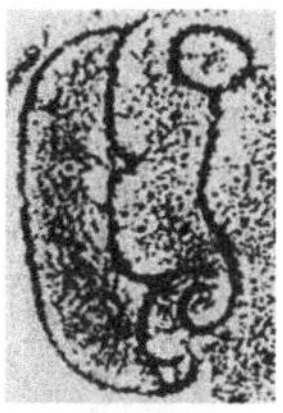

父丁卣（殷商）

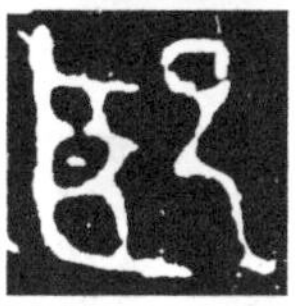

夆叔匜（春秋早期）

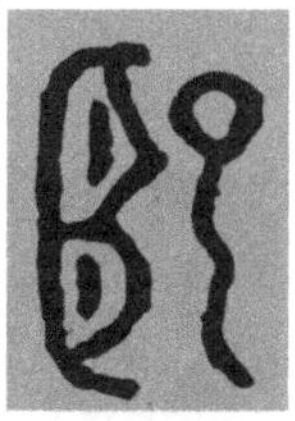

慶叔匜（春秋）

齊侯匜（春秋晚期）

齊侯盤（春秋晚期）

徐王子旃鐘（春秋） 讀為熙 諻諻配配（熙熙）

齊侯作孟姜敦（春秋晚期）

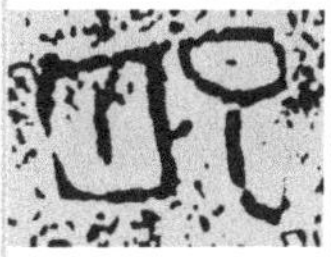

高奴權（戰國）

郜公典盤（春秋晚期）

六年漢中守戈（戰國晚期）

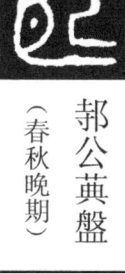

手 

拳 

shǒu
手
《説文》曰：拳也，象形。古文手。註：卷之曰拳、伸之曰手。手，通首。

彔伯㦰𣪘蓋（西周中期）

卯簋蓋（西周中期）

匡卣（西周中期）

繁卣（西周中期）

曶壺（西周中期）

師嫠𣪘（西周晚期）

南宮乎鐘（西周晚期）

伊簋（西周晚期）

羌伯簋（西周晚期）

逆鐘（西周晚期）

柞鐘（西周晚期）

揚簋（西周晚期）

噩侯鼎（西周晚期）

無㠱𣪘（西周晚期）

楚簋（西周晚期）

不𡢁𣪘（西周晚期）

quán
拳
《説文》曰：手也。註：卷之曰拳、伸之曰手。

bá
bài
拜

註：金文拜作，从華（同花字）、从手，象以手拔起花草之意，即拔之初文。叩首至地為拜，拜，具拔之像，故引申為拜。引申義行而本義廢，則另造拔字。拜首至手象形，拜之本字也。
『説文』：楊雄説拜字从雙手書作拜。

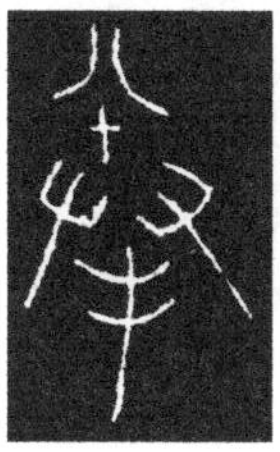
秦公簋（春秋早期）

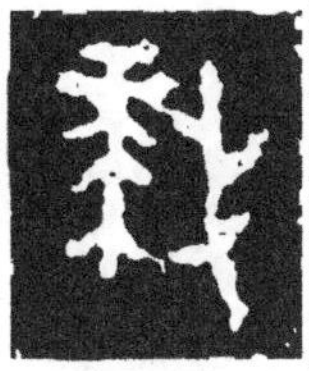
令鼎（西周早期）

周公簋（西周早期）

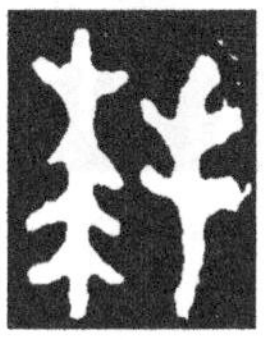
沈子它簋（西周早期）

師遽方彝（西周中期）

走馬休盤（西周中期）

尹姞鬲（西周中期）

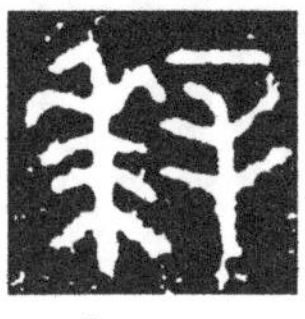
大鼎（西周中期）

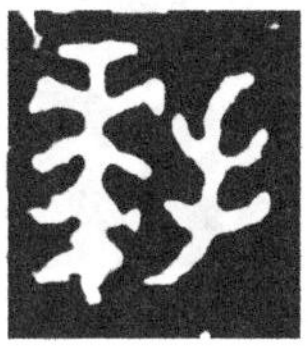
不指方鼎（西周中期）

癲鼎（西周中期）

守鼎（西周中期）

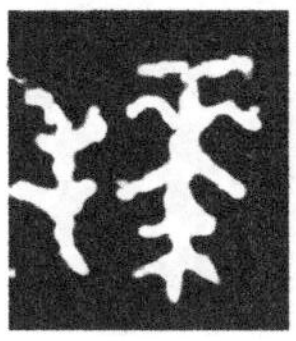
螨鼎（西周中期）

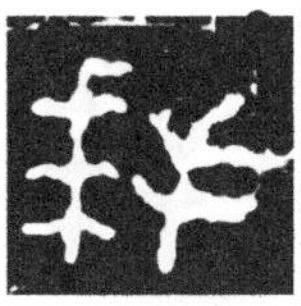
師湯父鼎（西周中期）

七年趞曹鼎（西周中期）

彧方鼎（西周中期）

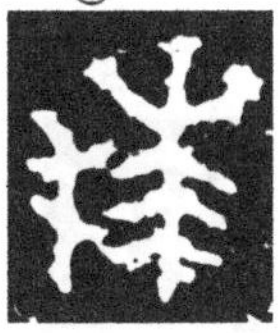
大簋（西周中期）

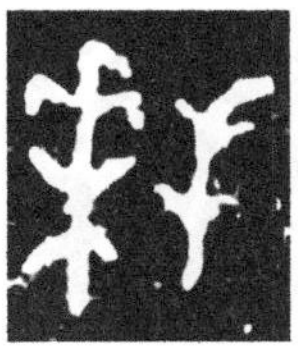
師奎父鼎（西周中期）

伯晨鼎（西周中期）

師𩛥鼎（西周中期）

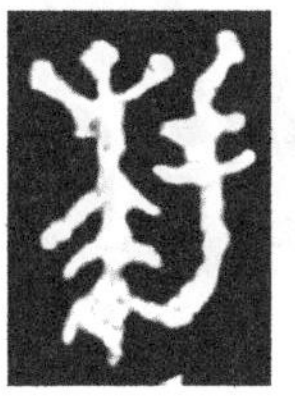
曶鼎（西周中期）

恒簋（西周中期）

遹段（西周中期）

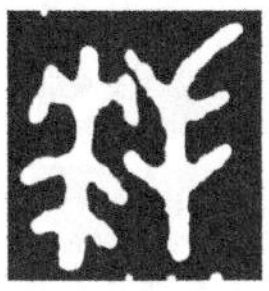
大師虘簋（西周中期）

趞段（西周中期）

靜簋（西周中期）

靜卣（西周中期）

師酉簋（西周中期）

彔伯戜𣪘蓋（西周中期）

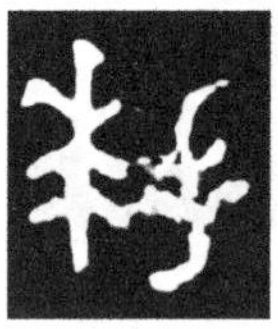
師虎簋（西周中期）

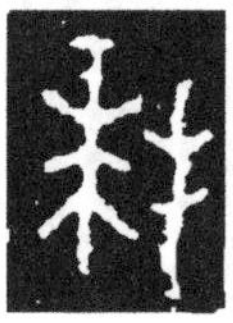
趩觶（西周中期）

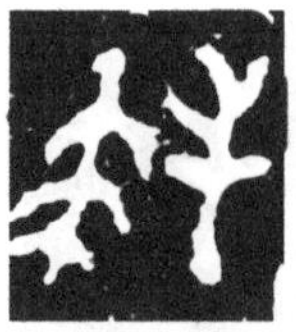
師瘨𣪘蓋（西周中期）

彔戜卣（西周中期）

匡卣（西周中期）

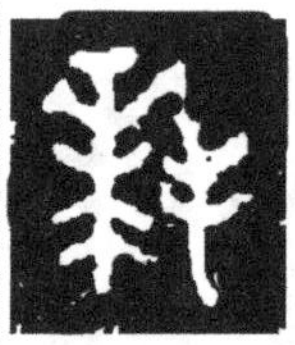
繁卣（西周中期）

史懋壺（西周中期）

幾父壺（西周中期）

十三年𤼈壺（西周中期）

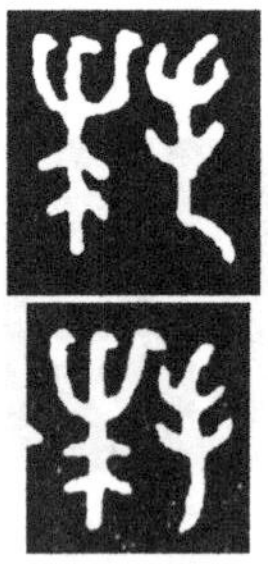
三年𤼈壺（西周中期）

永盂（西周中期）

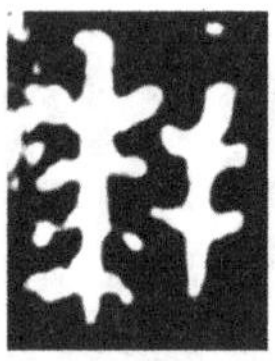
盠方彝（西周中期）

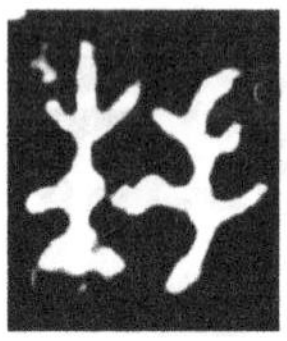
吳方彝（西周中期）

元年師兌簋（西周晚期）

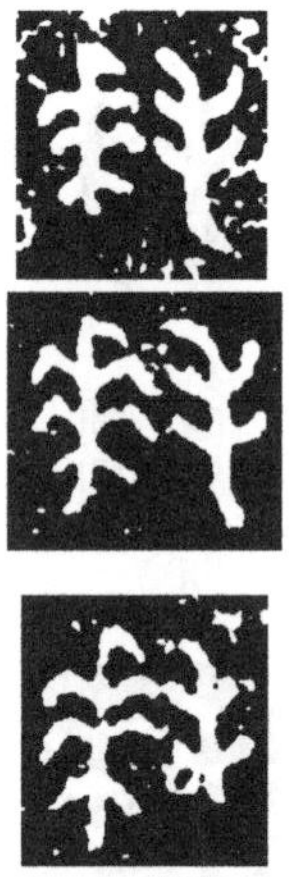
元年師旋𣪘（西周晚期）

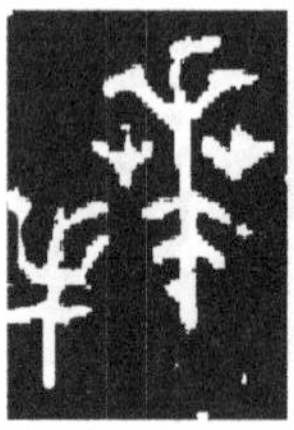
逆鐘（西周晚期）

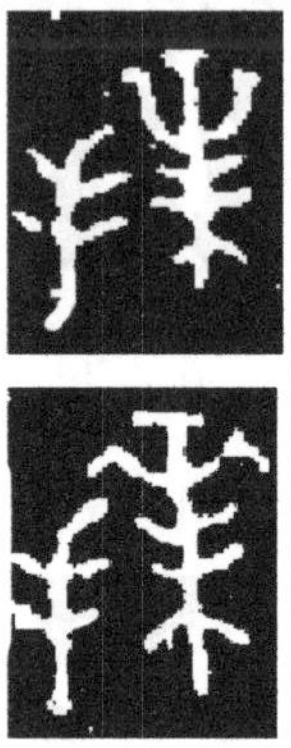
柞鐘（西周晚期）

南宮乎鐘（西周晚期）

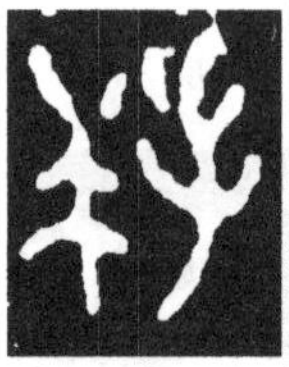
噩侯鼎（西周晚期）

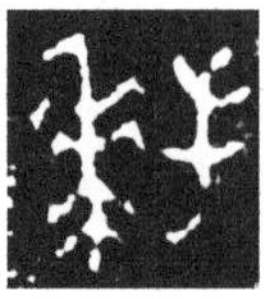
伊簋（西周晚期）

揚簋（西周晚期）

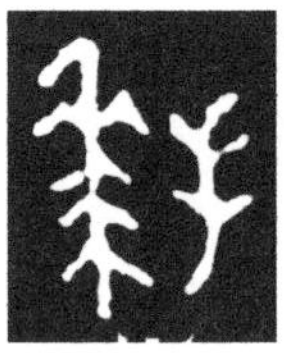
大簋（西周晚期）

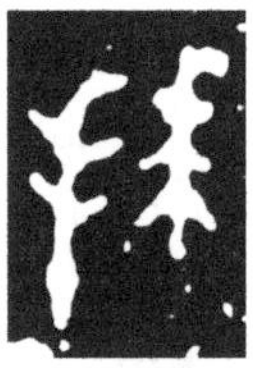
師嫠𣪘（西周晚期）

不嬰𣪘（西周晚期）

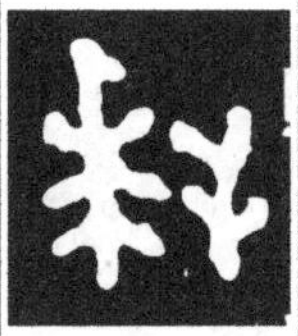
羌伯簋（西周晚期）

走簋（西周晚期）

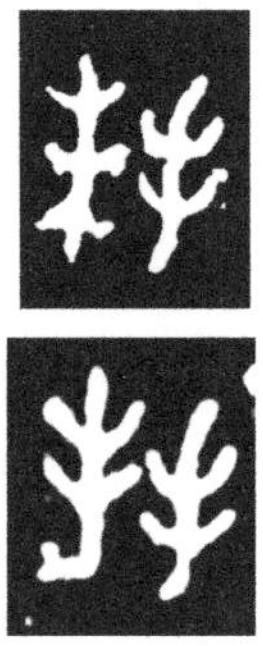
楚簋（西周晚期）

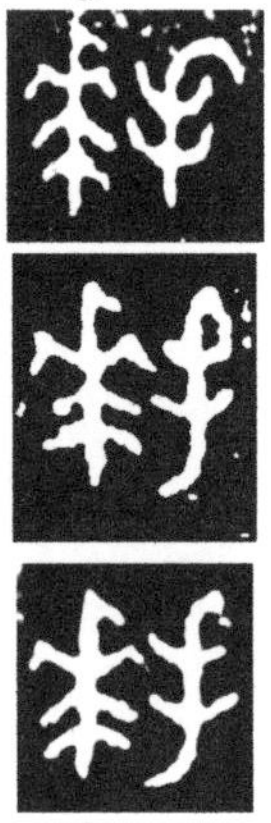
頌簋（西周晚期）

扶 　拜 

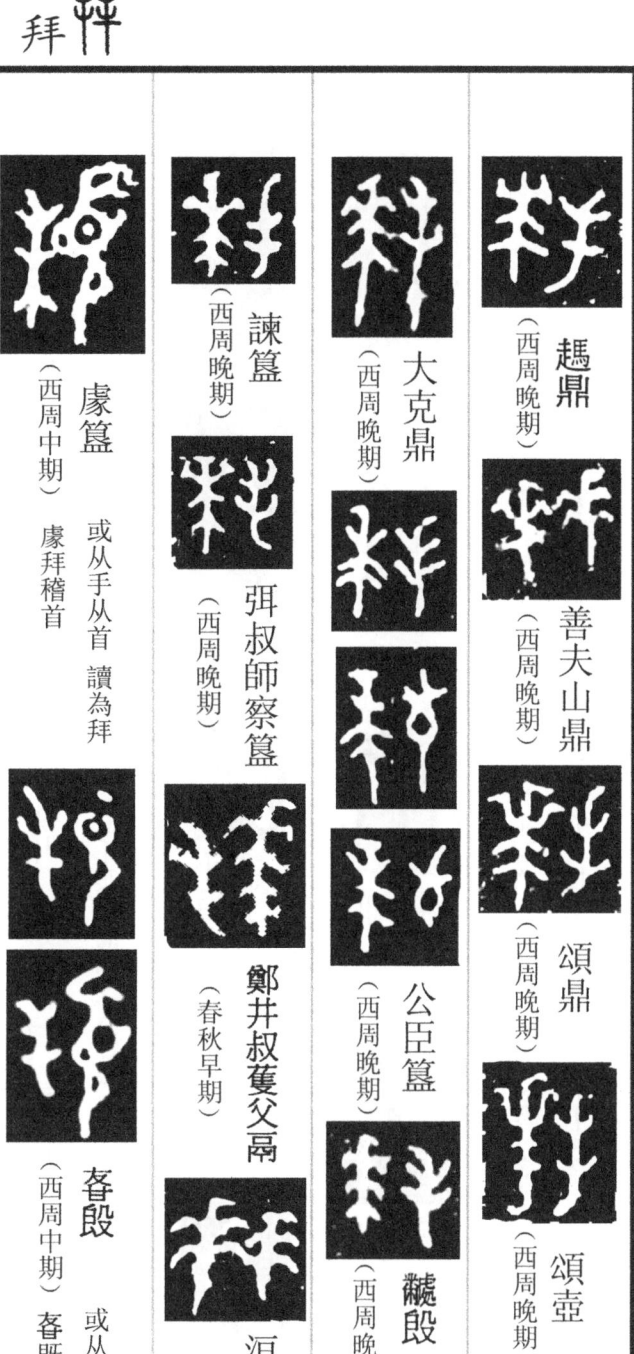

䮚鼎（西周晚期）

善夫山鼎（西周晚期）

頌鼎（西周晚期）

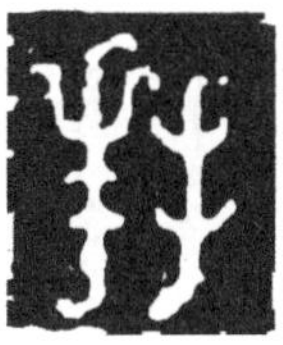
頌壺（西周晚期）　讀為拜　頌拜稽首

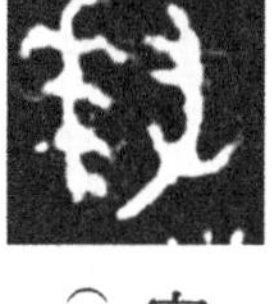
寰盤（西周晚期）

大克鼎（西周晚期）

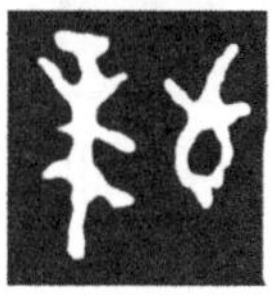
公臣簋（西周晚期）

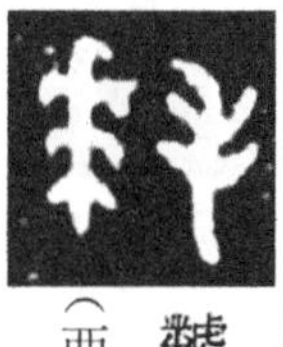
虩殷（西周晚期）　讀為拜　虩拜稽首

無㠱殷（西周晚期）

諫簋（西周晚期）

弭叔師察簋（西周晚期）

鄭井叔蒦父鬲（春秋早期）

洹子孟姜壺（春秋）　讀為拜　齊侯拜嘉命

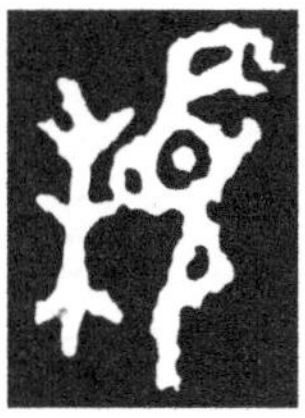
豦簋（西周中期）　或从手从首　讀為拜　豦拜稽首

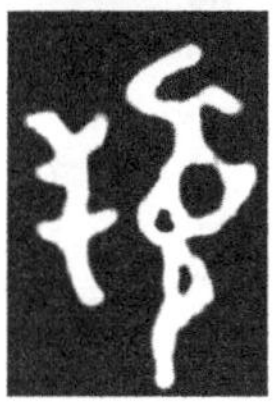
旮殷（西周中期）　或从首　从手　讀為拜　旮既拜稽首

fú 扶

《說文》曰：左也，从手、夫聲。古文扶。

註：扶，佐助、輔佐、幫助。金文扶或从又。

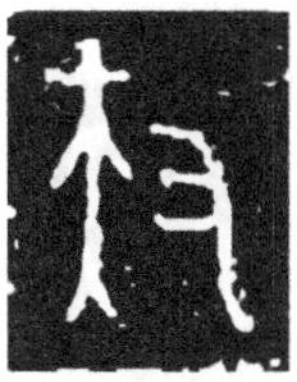
巽叔父辛卣（殷商）　或从又

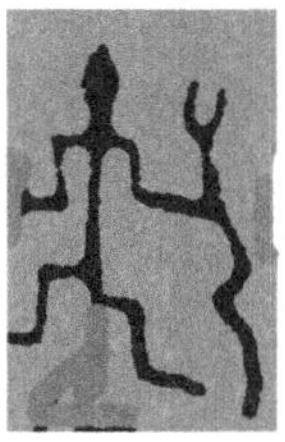
扶冊作從彝觚（殷商）

扶作旅鼎（西周早期）

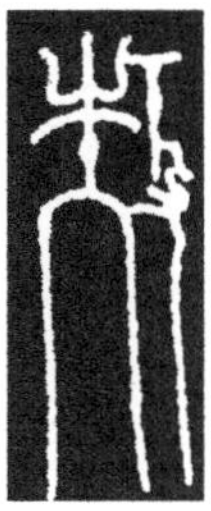
口之用玄翏戈（春秋晚期）

膊搏

承

敭揚

bó
搏

《說文》曰：索持也，一曰至也，从手、尃聲。《說文通訓定聲》曰：搏，假借為膊。註：搏，索持，逮捕。金文搏字或从干作、或从戈作、或从厂作。或假博為搏。搏，或讀為薄。

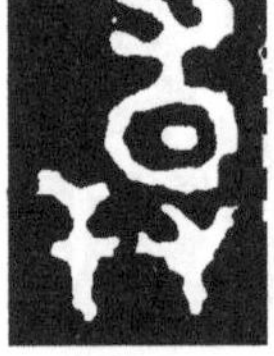

多友鼎（西周晚期）　或从干

虢季子白盘（西周晚期）　讀為薄　搏（薄）伐玁狁

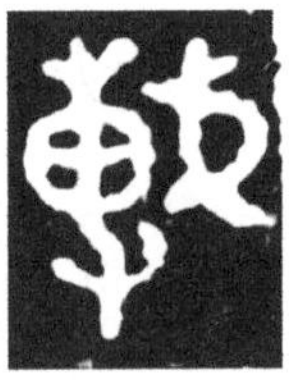
不嬰𣪕蓋（西周晚期）　或从戈

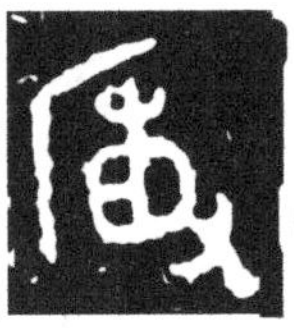
臣諫簋（西周中期）　或从厂

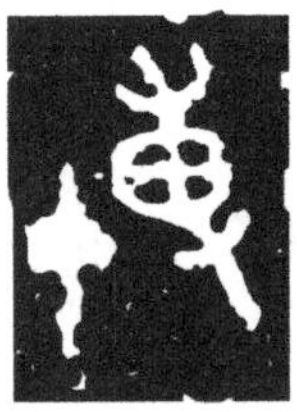
𢦏𣪕（西周中期）　以博為搏　搏胡戎

chéng
zhěng
承

《說文》曰：奉也，受也，从手、从卪、从廾。《集韻》曰：抍（拯），上舉也，或作承。

註：，金文承，像一人被雙手托舉之形，其意為奉舉之義。承，通丞，或假為烝、為蒸。

小臣謎𣪕（西周早期）　讀為承　伯懋父承王命

𠂤承卣（西周早期）

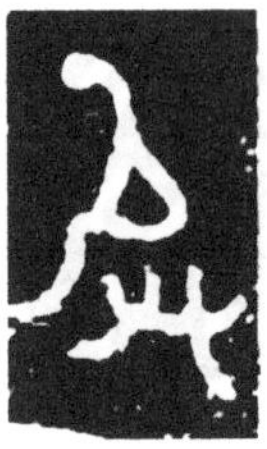
匽侯簋（西周早期）　讀為丞　郾侯作姬丞尊

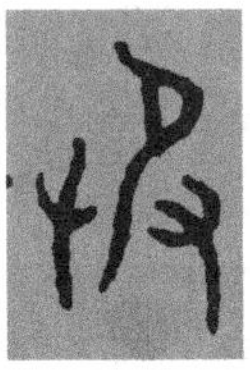
師訇簋（西周晚期）

叔尸鎛（春秋晚期）

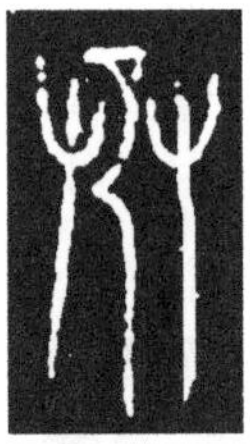
𡡉蚉壺（戰國晚期）

yáng
揚

《說文》曰：飛舉也，从手、昜聲。古文。

註：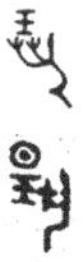金文揚从丮、从日、从玉等，其字形多變化。丮，人之象形，从日乃玉璧之象形，其字形即為拱璧舉揚之意。揚，或作敭、或省作昜。

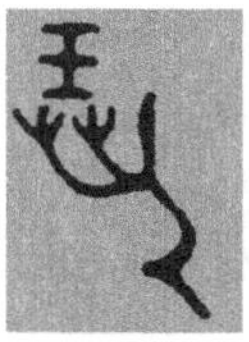

作丁珥卣（殷商）

小子省卣（殷商）

作冊折尊（西周早期）

小子生尊（西周早期）

小臣逋鼎（西周早期）

珥方鼎（西周早期）

[illegible]方鼎（西周早期）

伯姜鼎（西周早期）

歸𠨘方鼎（西周早期）

作冊大䈞鼎（西周早期）

作冊夨令簋（西周早期）

小臣宅簋（西周早期）

令鼎（西周早期）

孟卣（西周早期）

作冊䰧卣（西周早期）

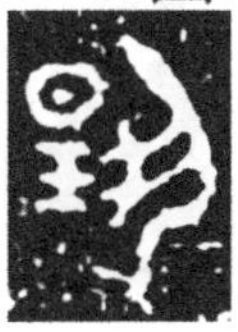
作冊睘卣（西周早期）

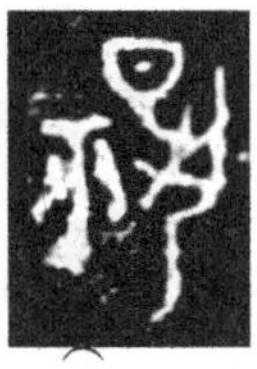
耳尊（西周早期）

麥方尊（西周早期）

作冊折觥（西周早期）

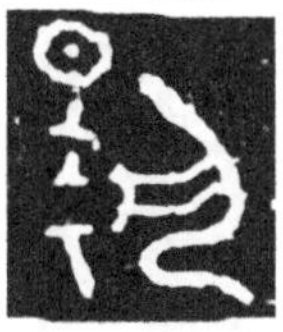
[illegible]方彝（西周早期）

夨令方彝（西周早期）

師秦宮鼎（西周中期）

呂方鼎（西周中期）

窂鼎（西周中期）

刺鼎（西周中期）

庚季鼎（西周中期）

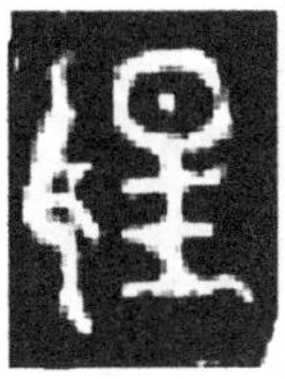
𢾊鐘（西周中期）

井鼎（西周中期）

[illegible]鼎（西周中期）

不栺方鼎（西周中期）

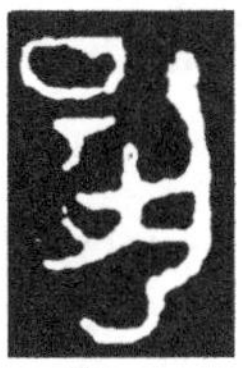
𡩜鼎（西周中期）

善鼎（西周中期）

或方鼎（西周中期）

㪤殷（西周中期）

彔作辛公簋（西周中期）

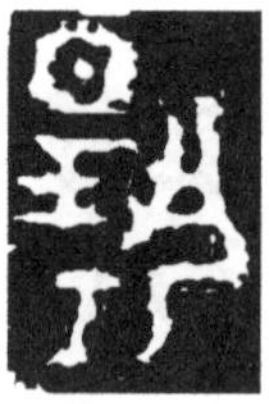
師遽殷（西周中期）

𪓐殷（西周中期）

孟簋（西周中期）

大簋（西周中期）

虡簋（西周中期）

君夫簋（西周中期）

肆殷（西周中期）

沓殷（西周中期）

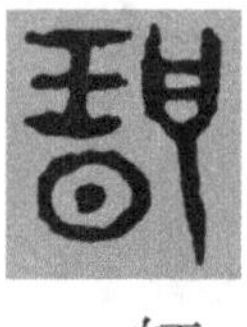
師毛父簋（西周中期）

𦬯殷（西周中期）

段簋（西周中期）

衛簋（西周中期）

免簋（西周中期）

羖殷蓋（西周中期）

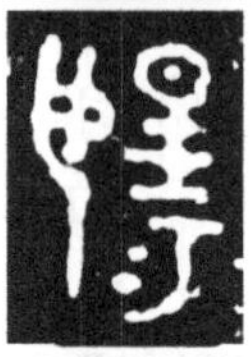

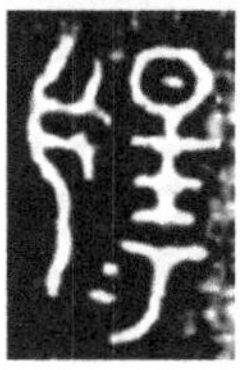
追簋（西周中期）

即簋（西周中期）

廿七年衛簋（西周中期）

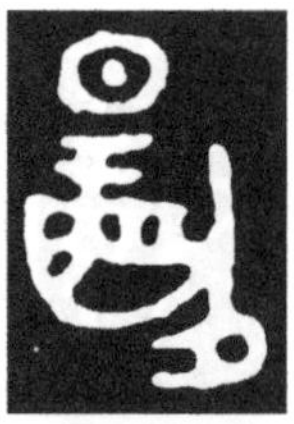

大師虘簋（西周中期）

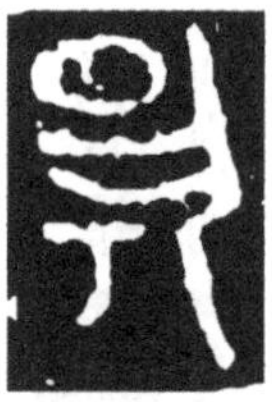
趞殷（西周中期）

師酉簋（西周中期）

懸妃簋（西周中期）

靜簋（西周中期）

元年師兌簋（西周中期）

豆閉簋（西周中期）

師㝨殷（西周中期）

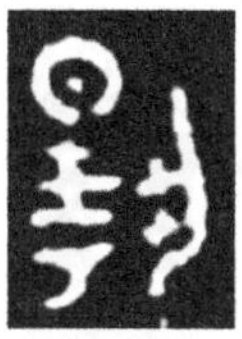
師虎簋（西周中期）

戜毁（西周中期）

瘐盨（西周中期）

免卣（西周中期）

免簠（西周中期）

同卣（西周中期）

次卣（西周中期）

次尊（西周中期）

效卣（西周中期）

牧簋（西周中期）

匡卣（西周中期）

農卣（西周中期）

繁卣（西周中期）

吳方彝（西周中期）

史墻盤（西周中期）

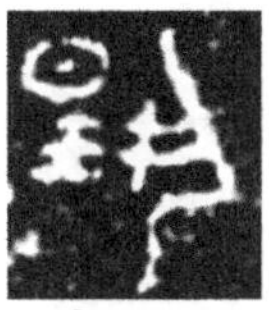
趞觶（西周中期）

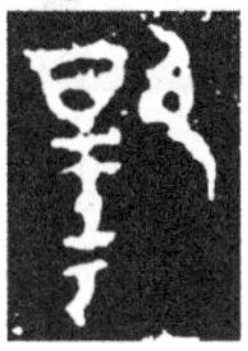
臤尊（西周中期）

十三年瘐壺（西周中期）

小臣守簋（西周）

戜方鼎（西周中期）

大矢始鼎（西周中期）

大鼎（西周中期）

師奎父鼎（西周中期）

伯晨鼎（西周中期）

揚簋（西周晚期）

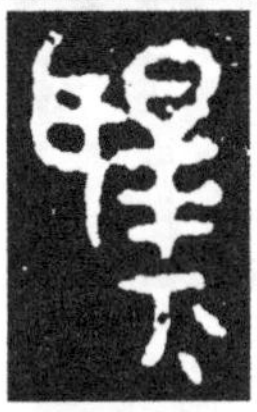

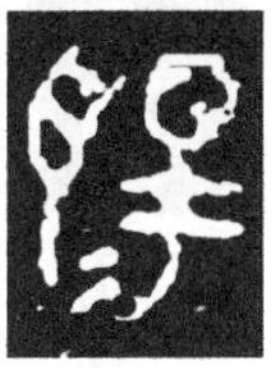
此簋（西周晚期）

師嫠毁（西周晚期）

大簋（西周晚期）

師嫠毁（西周晚期）

三年師兌簋（西周晚期）

訇簋（西周晚期）

伯克壺（西周晚期）

無叀鼎（西周晚期）

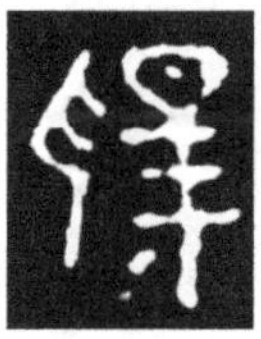
此鼎（西周晚期）

善夫山鼎（西周晚期）

多友鼎（西周晚期）

大克鼎（西周晚期）

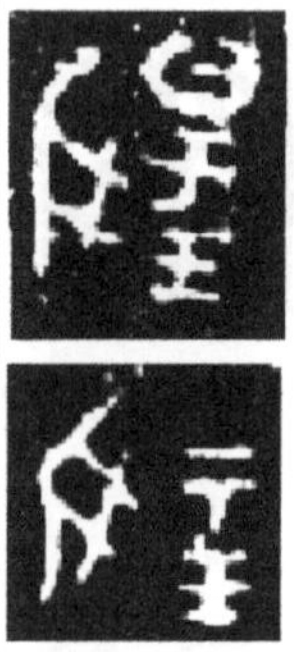
柞鐘（西周晚期）

南宮乎鐘（西周晚期）

汈其鐘（西周晚期）

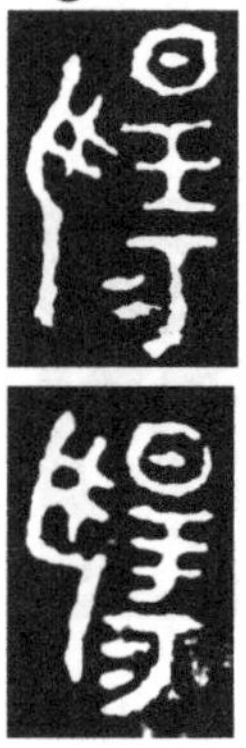
頌鼎（西周晚期）

頌簋（西周晚期）

保侃母壺（西周晚期）

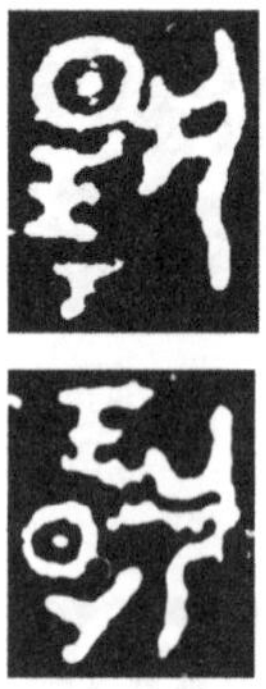
楚簋（西周晚期）

弭叔師察簋（西周晚期）

元年師旋殷（西周晚期）

六年召伯虎簋（西周晚期）

虢叔旅鐘（西周晚期）

克鐘（西周晚期）

趞鼎（西周晚期）

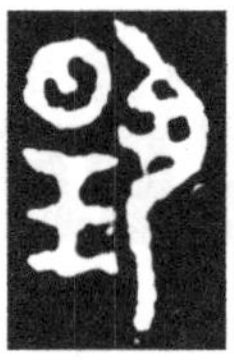
毛公鼎（西周晚期）

郃□殷（西周晚期）

□殷（西周晚期）

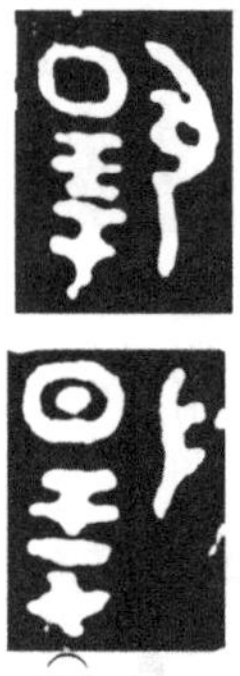
無㠱殷（西周晚期）

走簋（西周晚期）

善夫克盨（西周晚期）

晉姜鼎（春秋早期）

邾公釛鐘（春秋）

敔簋（西周）

五年師旋𣪘（西周晚期）

zhā jǔ

抯

《說文》曰：挹（取）也，从手、且（讀祖）聲。

註：抯即𢼸之省，同取、同抯，假借為沮、為阻、為助。

鄧小仲方鼎（西周早期）

讀為沮 有得 弗敢沮

【殷周金文集錄】

史墻盤（西周中期）

讀為阻 墻弗敢阻

伯家父簋（西周晚期）

pū

撲

《說文》曰：挨也，从手、菐聲。

註：手相搏曰撲，拍擊、打擊亦曰撲。𢧵撲，或从戈，以武器搏擊也。

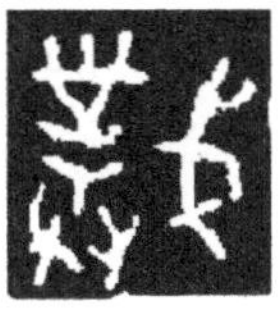

宗周鐘（西周晚期）

或从戈 撲伐厥都

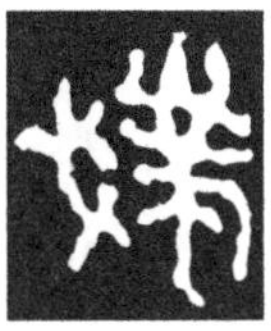

散氏盤（西周晚期）

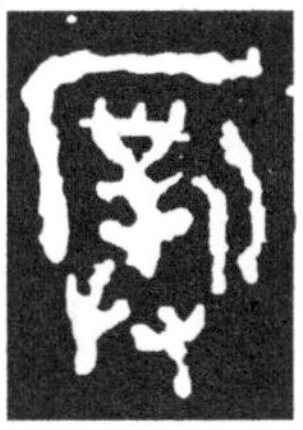

兮甲盤（西周晚期）

或从厂 敢不用命 則即刑撲伐

jié chā

捷

《說文》曰：獵也，軍獲得也。从手、疌聲。《爾雅》曰：捷，勝也。接，捷也。《廣韻》曰：捷，獲也。《集韻》曰：插，刺肉也，或作捷。

註：捷，捷報、勝利、成功、戰利品。𢧐古捷字。捷、接聲同，故兩字相通。捷，或為古插字。

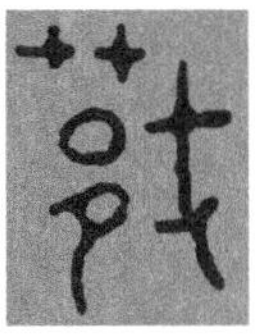

疐鼎（西周早期）

呂行壺（西周早期）

庚壺（春秋晚期）

讀為捷 庚捷其兵𦥑車馬

拑箝鉗 

撫 

拲 

掖 

qián
拑

《說文》曰：脅持也，从手、甘聲。徐灝箋曰：从手曰拑、从竹曰箝、从鋼鐵曰鉗，通用則不別。

寺工師初壺（戰國）

fǔ
撫

《說文》曰：安也，从手、無聲。古文从辵、亡。

註：撫，安撫、撫育、撫摩。辻，即撫之古文。

中山王譽鼎（戰國晚期） 撫之古文 此器讀為亡 猶迷惑於子而辻（亡）其邦

gǒng
拲

《說文》曰：兩手同械也，从手、从共，共亦聲。注：拲，古代刑具銬鎖雙手之象形，或曰拲酷枷鎖兩手同械之象形字。拲，又轉注為拱，拜之拱手。拲、或同恭。

𢿏方鼎（殷商）

𢿏殷（殷商）

𢿏觚（殷商）

亞𢿏父己觶（殷商）

yè
yē
掖

註：掖，挾持、扶助、提攜（携）。掖，或曰塞藏、掖藏。

牽掔 

捐 

操 

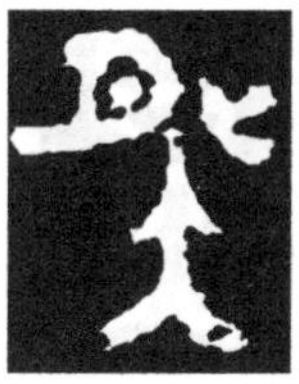

師餘鼎（西周早期） 讀為掖 王掖功 賜師餘金

qiān wàn
掔

《説文》曰：固也，从手、臤聲。《集韻》曰：掔，牽也。《漢書·郊祀志》顏師古注曰：掔，古手腕之字也。

註：橫目為目，豎目為臣。此字从又、从臤。又，同手，此應為掔字。掔，後作牽。掔，與古（腕）字形近，譌為腕字。

父辛卣（西周早期）

yuè
捐

《説文》曰：折也，从手、月聲。

註：两手執物折斷曰捐。捐，或从又作。

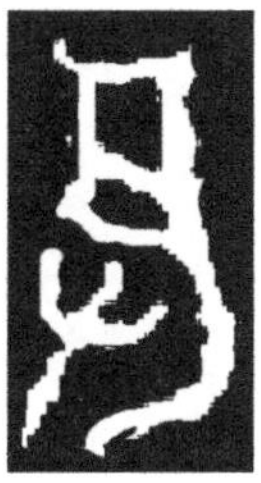

九里墩鼓座（春秋晚期） 讀為捐 永祀是捐

cāo
操

《説文》曰：把持也，从手、喿聲。

註：操，掌握、握持、駕馭、操演。操，或从攴。从手、从攴義同。

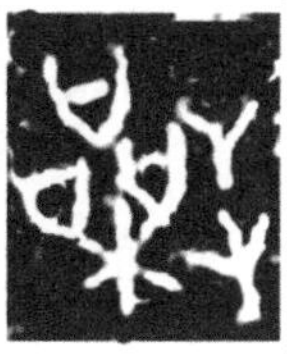

二十五年戈（戰國） 讀為操 或从攴 工師操冶剸

拍

摽

振賑震

pāi
拍

註：拍，輕擊也，从手或从又，百聲。小篆从百，俗文或从白。

拍己觚（殷商） 或从又

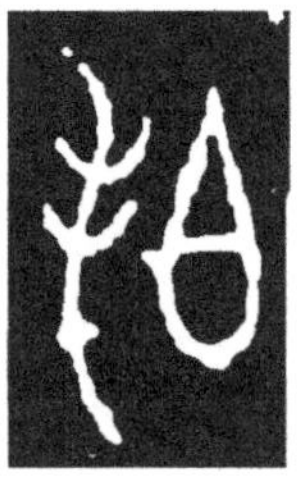
拍敦（春秋）

huàn xuàn
摽

《說文》曰：貫也，从手、瞏聲。《一切經音義》曰：鏇，（同）作摽。

註：穿着甲胄或繫挂物品曰摽。摽，或从攴、瞏省聲。摽，假為鏇。

斁父乙尊（西周早期）

zhèn
振

《說文》曰：舉救也。从手、辰聲。《說文通训定聲》曰：振，假借為震。註：振，或又作、（又同手）或从廾作，（楊雄說：廾，从兩手）均為振之異體。振，舉救、救濟、賑濟。振，賑濟之賑的本字。

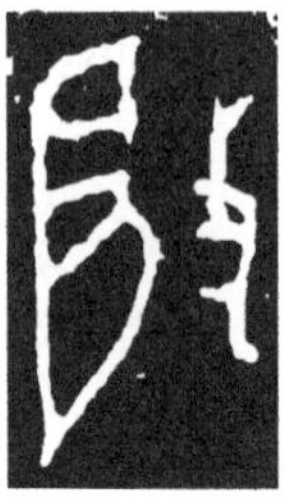
禽簋（西周早期） 或从攴

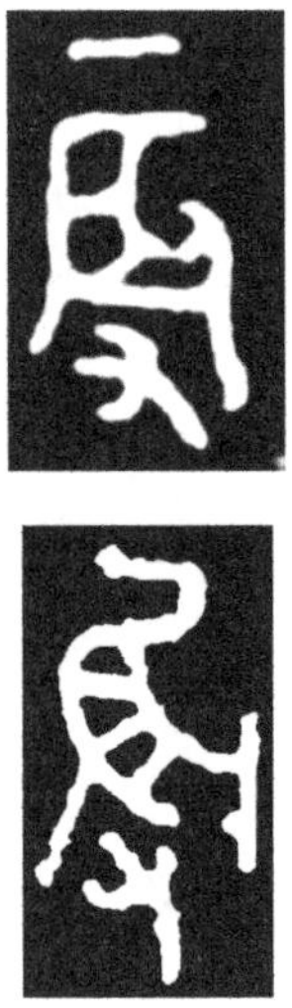
伯中父簋（西周中期） 或从又

師趛鬲（西周中期）

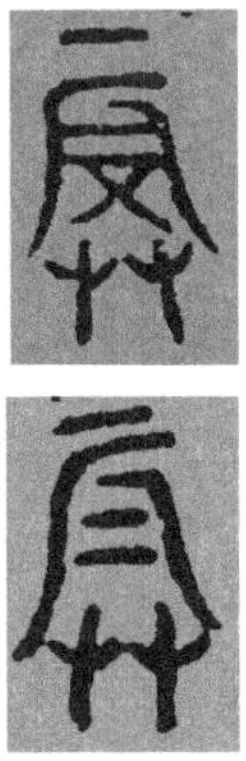
中觶（西周中期）

中山王譽鼎（戰國晚期） 假農為振 奮桴農（振）鐸

rǎo
擾

《玉篇》曰：擾，擾亂也。

註：擾，或从火，以煣作擾。

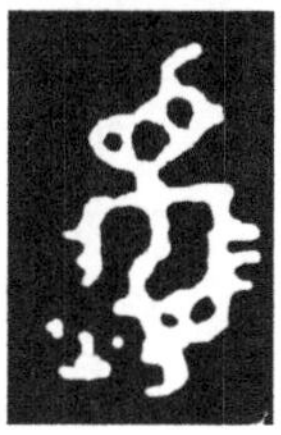

啟卣
（西周早期）
讀為擾　或从火
謹不擾

guàn
摜

《說文》曰：習也，从手、貫聲。《字彙補》曰：摜，慣之本字，今摜習之摜作慣。

註：摜，或从攴，與从手同。摜，今作慣。

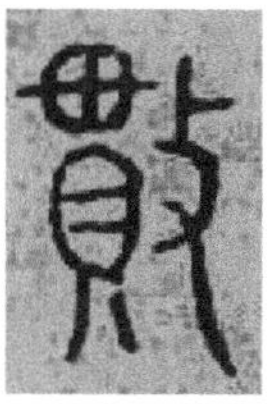

叔尸鐘
（西周晚期）
讀為摜
摜厥靈師

jǐ
擠

《說文》曰：排（擠）也。从手、齊聲。

父癸鼎
（殷商）
張亞初釋為擠【殷周金文集成 引得】

zé
擇

《說文》曰：柬（揀）選也，从手、睪聲。吳大澂曰：古擇字从廾，不从手。

註：擇，揀選、選擇。擇，或从又、从廾，金文未見从手者。擇，同釋、同譯。

撜拯抍 

拖駝拕 

佚失 

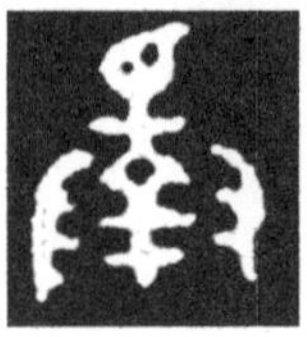
伯公父簠（西周晚期） 讀為擇 伯太師小子伯公父作簠 擇之金

zhěng
抍
《說文》曰：上舉也，从手、升聲。抍或从登。《廣韻》曰：撜，同拯。
註：抍，救助、拯救也。撜，為抍之別體，今則作拯。

子父癸鼎（殷商） 或从又 張亞初釋為撜【殷周金文集成 引得】

tuō
拕
《說文》曰：曳也，从手，它聲。《廣韻》曰：拕，曳也，俗作拖。《玉篇》曰：拖，拕之俗字。
註：，金文黽與拕形同，或假黽為拕。拕、拖同字。或假為駝。

師同鼎（西周晚期） 讀為拖 羞于黽（拖）

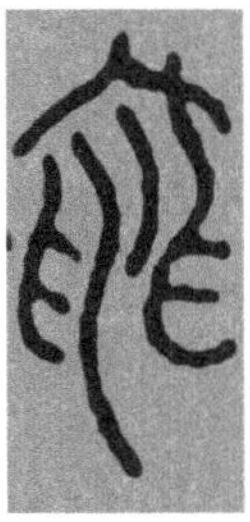
噩君啟節車節（戰國） 讀為黽 毋載金 革 黽箭

shī
yì
失
《說文》曰：縱也，从手、乙聲。《六書本義》曰：失，與軼通。
註：失，古文同佚，通軼。

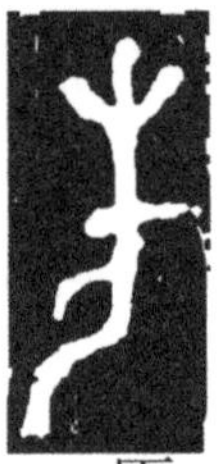
臣辰父乙卣（西周早期）

揚簋（西周晚期）

諫簋（西周晚期）

yì
挹

《說文》曰：抒也，从手、邑聲。

註：用工具舀水曰挹取。挹，或从爪，與从手同。

𩰫比盨　讀為挹　或从爪
（西周晚期）　其邑復猷　言二挹

gěng
挭

《玉篇》曰：挭，挭槩（概）也。

註：挭，从手、更聲，挭概之挭，今作梗。挭，或从攴、更聲。

呂服余盤　讀為挭
（西周中期）　挭乃祖考事

jiǎo
捁

《集韻》曰：攪，亂也，或作捁。

註：捁，或从攴。捁，即攪之異文。

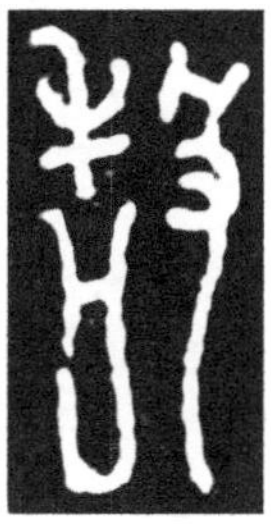

𨜒之造戈　或从攴
（戰國早期）

līn
拎

《廣韻》曰：拎，手懸捻（提）物。

註：金文命、令二字通用；从手、从攴義同，故或讀為拎。

郐令尹者旨型盧（春秋）　讀為令　□君之孫徐拎（令）尹諸稽耕

噩君啟節舟節（戰國）

zǎn zān

撍

《集韻》曰：撍，手動也。

註：撍，用手撍動、撼動。撍，同鐕。

𢿢史鼎（西周早期）　或从攴

bān

搬

《正字通》曰：搫字重文，今俗作般，搬移字。

註：搬，或从廾，與从手義同。搬，或假為扮，搬演一詞今作扮演。

□□單盤（春秋早期）　讀為盤

dǒng

揀

《玉篇》曰：揀，打也。《集韻》曰：揀，擊也。

亞𠭯爵（殷商）

担（撣）　捔　掃　拻

dǎn jiē
担

《玉篇》曰：担，拂也。《集韵》曰：揭，舉也，或作担。

註：担，拂拭，或同撣。担，同揭。担，非今擔之簡化字。

韓担鈹（戰國）【文物】一九九二第四期

jué
捔

《廣雅》曰：捔，掎也。註：捔，捉持獸角與獸搏鬥。

滎陽上宮皿（戰國）【文物】二〇〇三第十期

sǎo
掃

《正字通》曰：掃，除穢也。

（西周早期）

隹（西周早期）

張亞初釋為掃【殷周金文集成引得】

huī
拻

《玉篇》曰：拻，相摩也。註：拻，相互攻擊，或相摩擦。

廿七年上守趞戈（戰國）

松 zhōng sōng

註：从臼，公聲。臼，雙手，與手同義。此字即松字。松，同忪。

子觚（殷商）

張亞初釋為松【殷周金文集成 引得】

搥 duī chuí

註：，从又、追省，或讀為槌。

曾仲大父螽殷（西周晚期）

張亞初釋為搥【殷周金文集成 引得】

搥乃醻金

掩

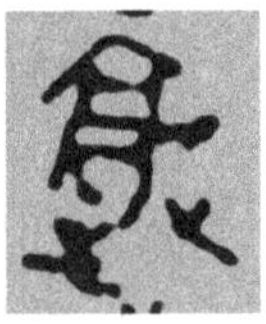

廿年寺工矛（戰國晚期）

女

nǚ rú
女

《説文》曰：婦人也，象形。《集韻》曰：女爾也，通作汝。註：在家曰女、出嫁後曰婦，上古時代避之近親生子實施掠婚，女，像被掠女子跪地而雙手被縛之形。女，金文或作第二人稱：汝，或假借為如。

亞㠱女子鼎（殷商）

㠱母𠂤父癸鼎（殷商）

女子匕丁觚（殷商）

𡧊女觚（殷商）

彭母尊（殷商）

小臣兒卣（殷商）

小子𠭰卣（殷商）

司母𠤕康方鼎（殷商）讀為母

作母戊觥（殷商）

女□爵（殷商）

女□畢（殷商）

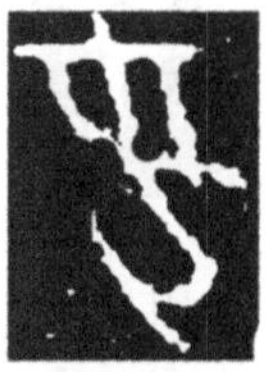

者女觥（殷商）

㝉父鼎（西周早期）

亞㠱矣作母辛段（西周早期）

夨令方尊（西周早期）

𢍏作又母辛鬲（西周早期）

諸女甗（西周早期）

子作婦媰卣（西周早期）

宰女彝鼎（西周早期）

彭女彝鼎（西周早期）

易貝作母辛鼎（西周早期）

大盂鼎（西周早期）

師𩤍鼎（西周早期）讀為如　王女（如）上侯

叔趯父卣（西周早期）

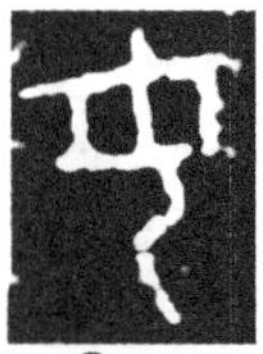
臭尊（西周早期）

女朱戈觶（西周早期）

彭女冄觶（西周早期）

考母壺（西周早期）

矢令方彝（西周早期）

庚姬器（西周早期）

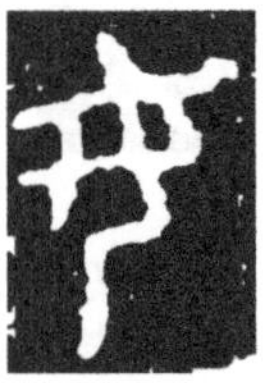

彔戜卣（西周中期）

伯晨鼎（西周中期） 讀為汝 賜女（汝）秬鬯一卣

康鼎（西周中期）

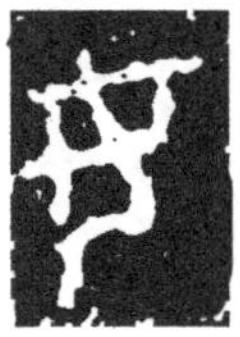
令鼎（西周中期）

師𩛥鼎（西周中期）

巤父盉（西周中期）

巤父盤（西周中期）

彔伯戜簋蓋（西周中期）

卯簋（西周中期）

師虎簋（西周中期）

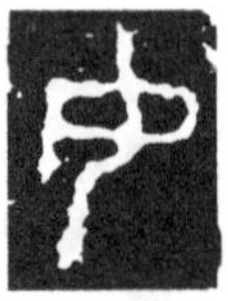
善鼎（西周中期）

曶鼎（西周中期）

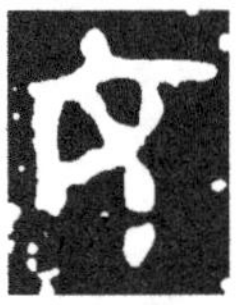
五祀衛鼎（西周中期）

穆公簋（西周中期）

恒簋（西周中期）

免簋（西周中期）

即簋（西周中期）

趞簋（西周中期）

中簋（西周中期）

王臣簋（西周中期）

懸妃簋（西周中期）

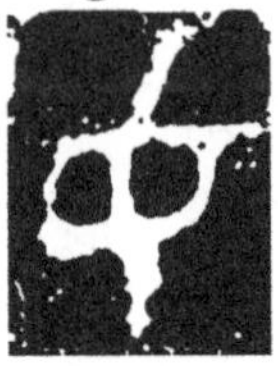

同簋（西周中期）

豆閉簋（西周中期）

師酉簋（西周中期）

匫壺（西周中期）

免盤（西周中期）

呂服余盤（西周中期）

趞盂（西周中期）

⿰黹虎殷（西周晚期）

諫簋（西周晚期）

此簋（西周晚期）

走簋（西周晚期）

弭叔師察簋（西周晚期）

弭伯師耤殷（西周晚期）

元年師旋殷（西周晚期）

元年師兑簋（西周晚期）

五年師旋殷（西周晚期）

輔師嫠殷（西周晚期）

伊簋（西周晚期）

五年召伯虎簋（西周晚期）

揚簋（西周晚期）

師寰殷（西周晚期）

訇簋（西周晚期）

師嫠殷（西周晚期）

多友鼎（西周晚期）

大克鼎（西周晚期）

毛公鼎（西周晚期）

五年師旋殷（西周晚期）

公臣簋（西周晚期）

頌簋（西周晚期）

不嬰殷（西周晚期）

羌伯簋（西周晚期）

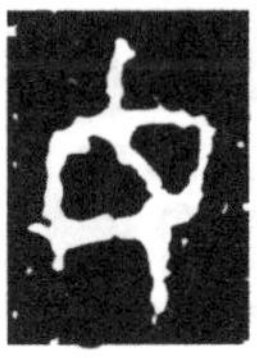
蔡簋（西周晚期）

翏生盨（西周晚期）

師克盨（西周晚期）

儹匜（西周晚期）

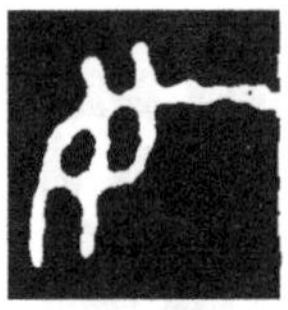
旲女盨蓋（西周晚期）

𥂴男鼎（西周晚期）

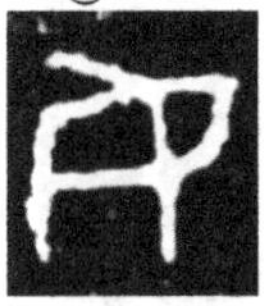
無叀鼎（西周晚期）

此鼎（西周晚期）

頌鼎（西周晚期）

逆鐘（西周晚期）

口季鬲（西周晚期）

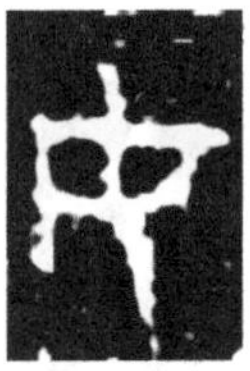
㚘有嗣爯鼎（西周晚期）

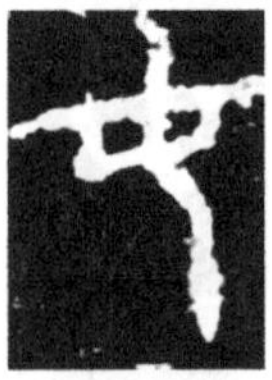

嗣工殘鼎（西周晚期）

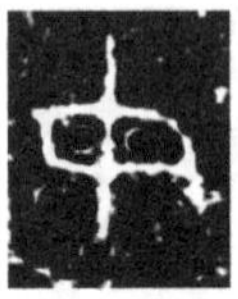
尋仲盤（春秋早期）

尋仲匜（春秋早期）

齊侯盤（春秋早期）

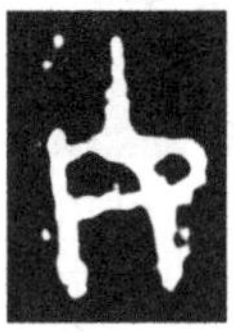
齊侯匜（春秋早期）

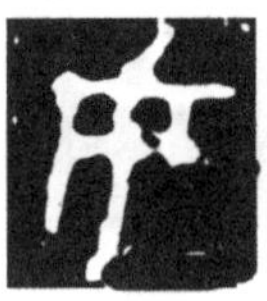
陳子匜（春秋早期）

者減鐘（春秋）

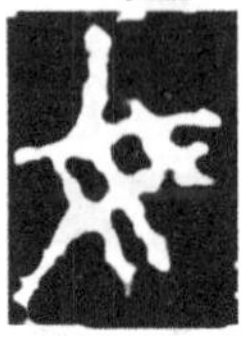
晉公盆（春秋）

庚壺（春秋晚期）

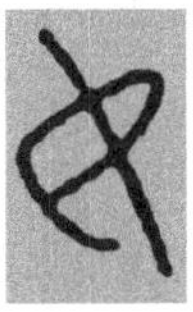
噩君啟節車節（戰國）

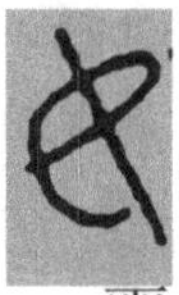
噩君啟節舟節（戰國）

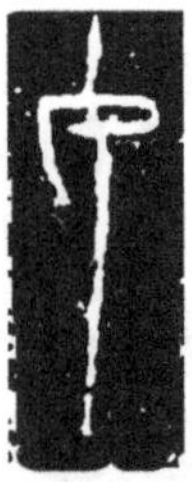

中山王嚳鼎（戰國晚期）　讀為如　事少女（如）長　事愚女（如）智

好蚉壺（戰國晚期）　讀為如　其會女（如）林

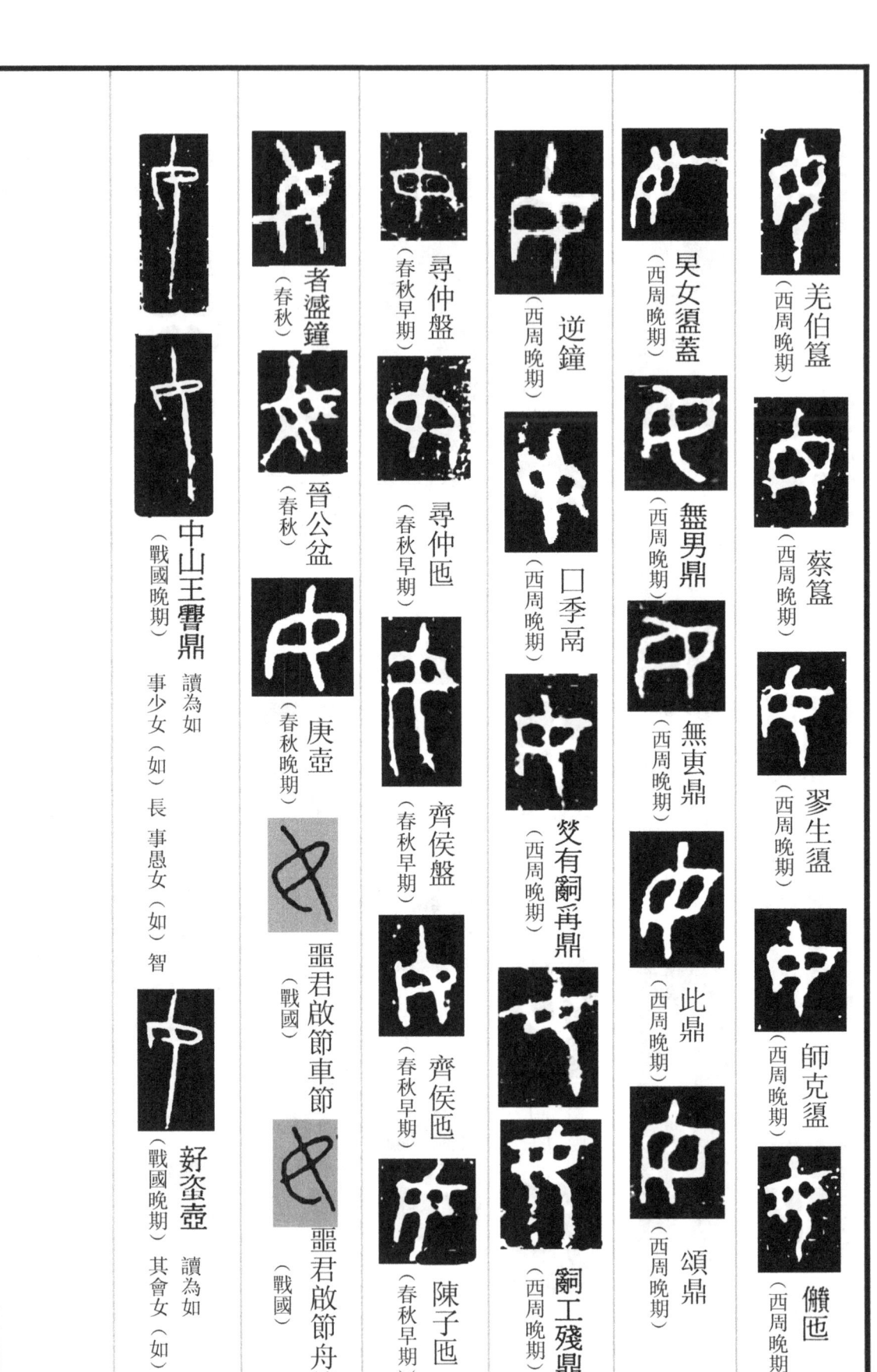

性姓

姜

xìng shēng

姓

《說文》曰：人所生也，古之神聖母，感天而生子，故稱天子。从女、从生，生亦聲。『春秋傳』曰：天子因生以賜姓。《說文解字注箋》曰：姓之本義謂生，故古通作生，其後因生以賜姓，遂為姓氏耳。《說文通訓定聲》曰：姓，假借為性。

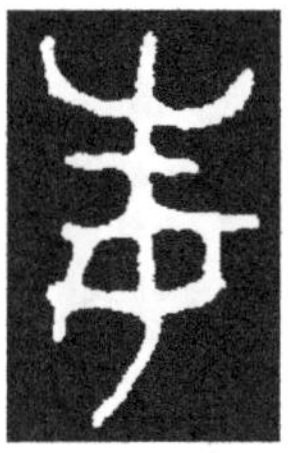

小姓卣（西周早期）【殷周金文集録】

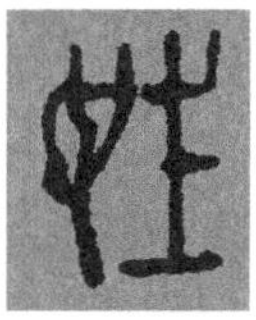

羅兒匜（春秋）【古文字類編】

齊侯鎛（西周中期） 或从人 保吾子姓

jiāng

姜

《說文》曰：神農居姜水以為姓，从女、羊聲。《廣雅》曰：姜，彊（强）也。《說文通訓定聲》曰：姜，假借為彊（强）。

作冊夨令簋（西周早期）

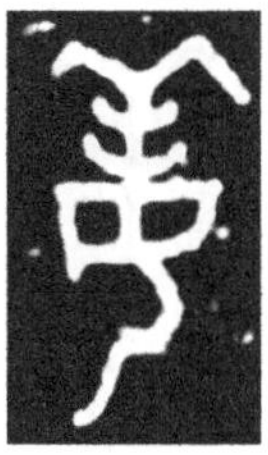

己侯貉子簋（西周早期）

不壽簋（西周早期）

檐侯殷蓋（西周早期）

伯姜鼎（西周早期）

齊姜鼎（西周早期）

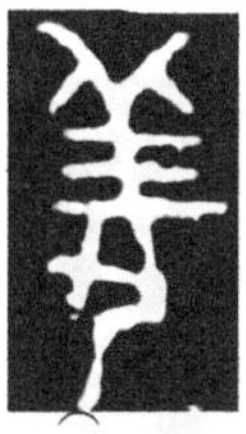

旟鼎（西周早期）

作己姜簋（西周早期）

呂姜作簋（西周早期）

叔簋（西周早期）

叔偈父觶（西周早期）

息伯卣（西周早期）

作冊睘卣（西周早期）

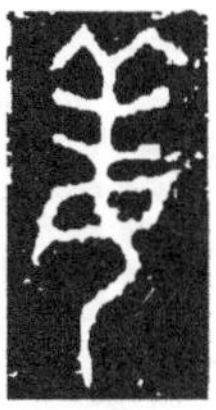

魯侯盉（西周早期）

保攸母器（西周早期）

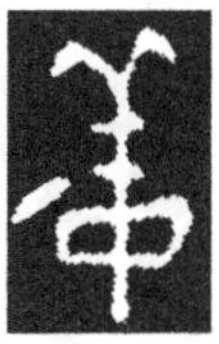

京姜鬲（西周中期）

穆父作姜懿母鼎（西周中期）

衛鼎（西周中期）

㦰方鼎（西周中期）

九年衛鼎（西周中期）

己侯簋（西周中期）

王作仲姜鼎（西周中期）

亶姜鼎（西周中期）

大師作叔姜鼎（西周中期）

從鼎（西周中期）

伯百父簋（西周中期）

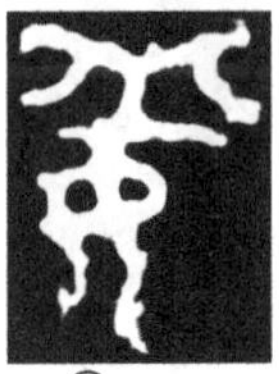
⿱艹兩段（西周中期）

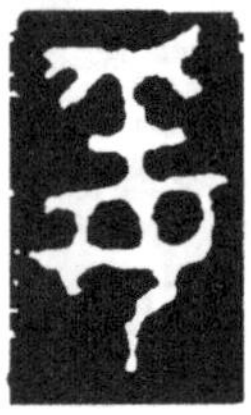
才盉（西周中期）

才盤（西周中期）

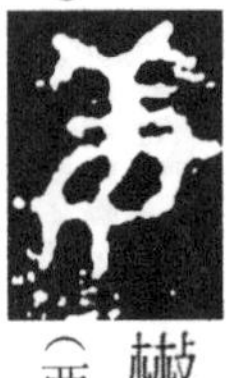
㪔車父壺（西周中期）

伯上父鬲（西周中期）

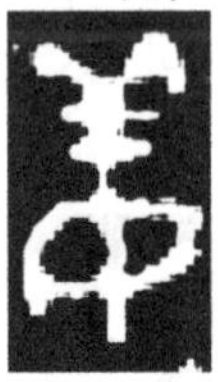
伯訧父鬲（西周中期）

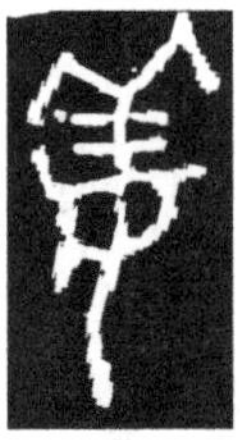
同姜鬲（西周晚期）

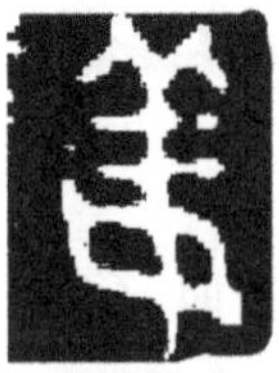

伯姜鬲（西周晚期）

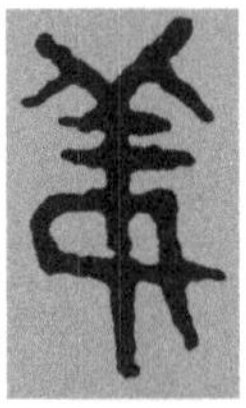
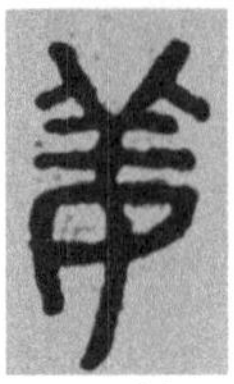
仲駒父簋（西周晚期）

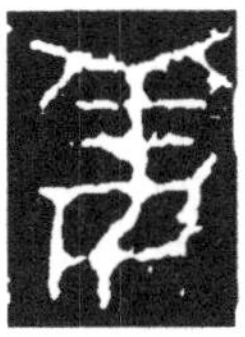
兮吉父簋（西周晚期）

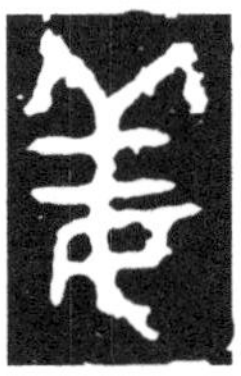
六年召伯虎簋（西周晚期）

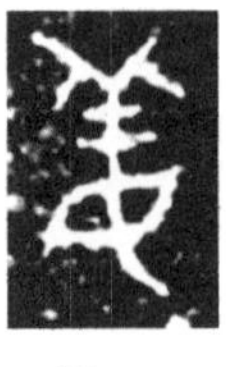
蔡簋（西周晚期）

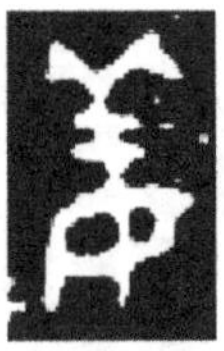
鄭鑄友父鬲（西周晚期）

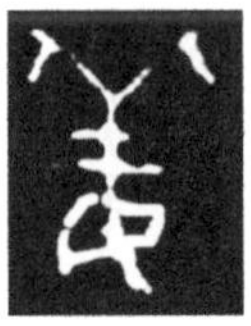
鄭姜伯鼎（西周晚期）

𪔅男鼎（西周晚期）

叔多父簋（西周晚期）

矢王簋（西周晚期）

王作姜氏簋（西周晚期）

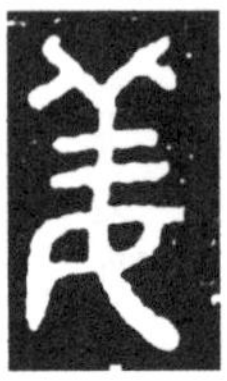
虢姜簋（西周晚期）

伯家父簋（西周晚期）

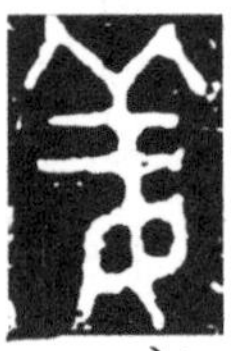
齊巫姜簋（西周晚期）

王伯姜鬲（西周晚期）

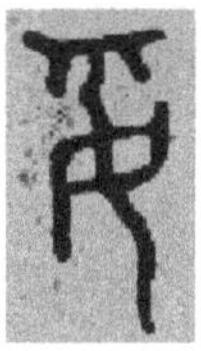
遟父鐘（西周晚期）

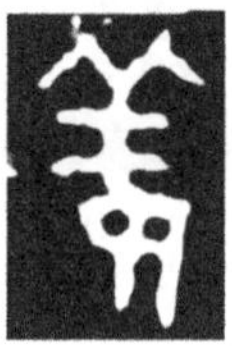
㠱孟姜匜（西周晚期）

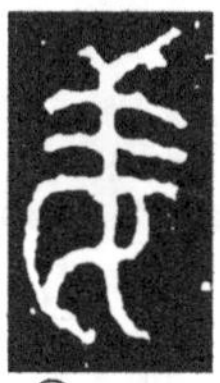
周窀匜（西周晚期）

矩叔壺（西周晚期）

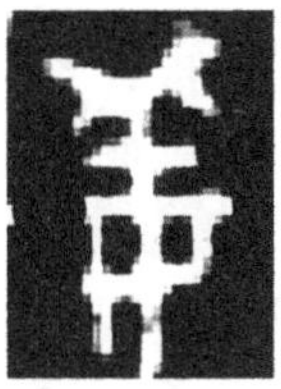
叔皇父鬲（西周晚期）

⿱無皿姬鬲（西周晚期）

伯家父鬲（西周晚期）

羌鼎（西周晚期）

虢姜鼎（西周晚期）

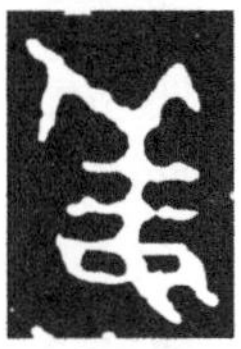
遟盨（西周晚期）

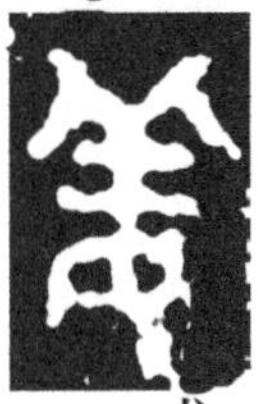
成伯邦父壺（西周晚期）

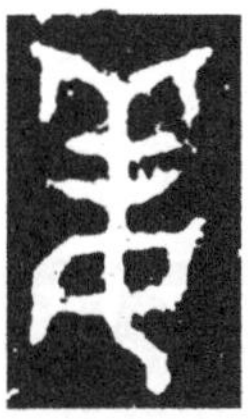
成周邦父壺（西周晚期）

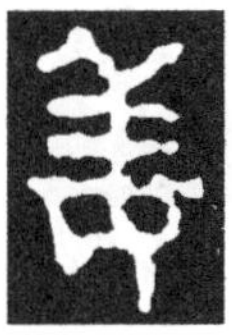
王伯姜壺（西周晚期）

鄭義伯匜（西周晚期）

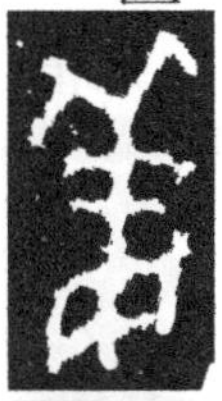

鄭羌伯鬲（春秋早期）

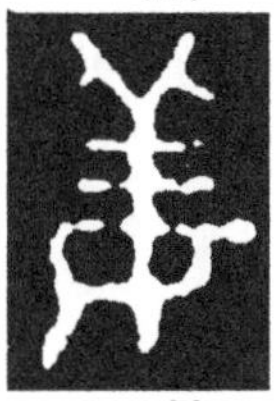
共姜大宰巳殷（春秋早期）

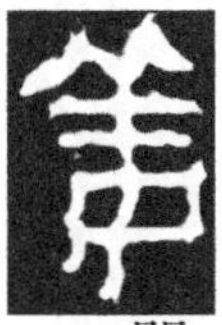
單子白盨（春秋早期）

齊侯鎛（春秋中期）

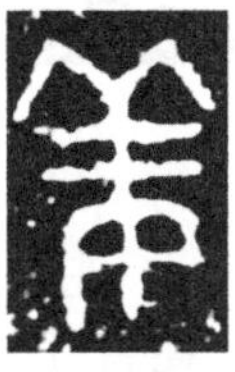

𨻰侯作孟姜嫂簠（春秋）

鄦子妝簠蓋（春秋）

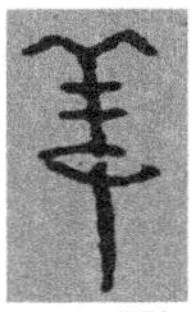
㠱公壺（春秋）

鑄侯求鐘（春秋）

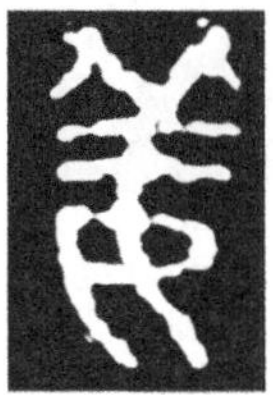
洹子孟姜壺（春秋）

㠱伯⿱宀廷父盤（春秋）

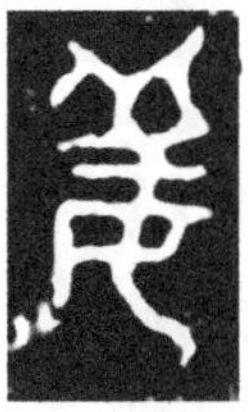
㠱伯⿱宀廷父匜（春秋）

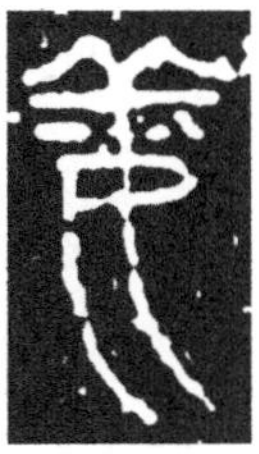
齊侯匜（春秋晚期）

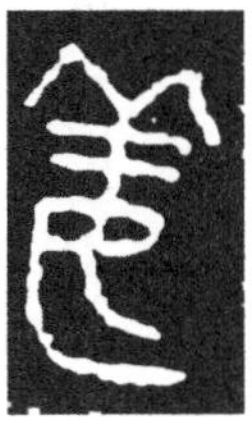
齊侯作孟姜敦（春秋晚期）

姬

jī
姬

《説文》曰：黄帝居姬水以為姓，从女、𦣞聲。註：黄帝居姬水得姬姓、神農居姜水得姜姓，均為古之大姓。
姬，或指美女。男子賢者曰君、女子美者曰姬。

商尊（西周早期）

庚姬器（西周早期）

王作仲姬父鼎（西周早期）

[illegible]伯殷（西周早期）

夌姬鬲（西周早期）

王作姬口女鬲（西周早期）

彊伯甗（西周早期）

作姬簋（西周早期）

匽侯簋（西周早期）

姬作氒姑日辛鼎（西周早期）

憧季遽父卣（西周早期）

商卣（西周早期）

憧季遽父尊（西周中期）

伯作蔡姬尊（西周中期）

𢇍王盉（西周中期）

天姬壺（西周中期）

彊伯井姬羊尊（西周中期）

庚姬鬲（西周中期）

仲伐父甗（西周中期）

師趛鬲（西周中期）

師賸父鼎（西周中期）

旂姬鬲（西周中期）

姬莽母鬲（西周中期）

伯庸父鬲（西周中期）

伯汏父鬲（西周中期）

夆伯鬲（西周中期）

散姬方鼎（西周中期）

師趛鼎（西周中期）

伯姬作亻𣪘（西周中期）

格伯作晉姬簋（西周中期）

萳𣪘（西周中期）

仲𠭯父𣪘（西周中期）

師酉簋（西周中期）

伯作姬觶（西周中期）

中伯壺（西周中期）

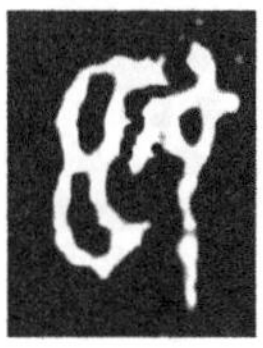
朴侯𣪘（西周）

寰盤（西周晚期）

魯伯愈父匜（西周晚期）

散伯匜（西周晚期）

叔口父匜（西周晚期）

嗣馬南叔匜（西周晚期）

𥂴姬鬲（西周晚期）

魯侯鬲（西周晚期）

王作親王姬鬲（西周晚期）

姬趛母鬲（西周晚期）

善夫吉父鬲（西周晚期）

伯顕父鬲（西周晚期）

鄭伯筍父鬲（西周晚期）

王伯姜鼎（西周晚期）

趞鼎（西周晚期）

姬鼎（西周晚期）

王作朿姬鼎（西周晚期）

王伯姜鼎（西周晚期）

叔姬鼎（西周晚期）

伯夏父鼎（西周晚期）

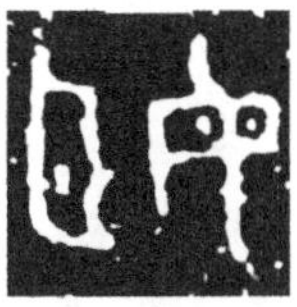
伯碩父鼎（西周晚期）

伯郄父鼎（西周晚期）

吳王姬鼎（西周晚期）

善夫吕伯鼎（西周晚期）

伯頵父鼎（西周晚期）

伯吉父匜（西周晚期）

伯嘉父簋（西周晚期）

葬伯𣪕（西周晚期）

侯氏簋（西周晚期）

齊嫦姬𣪕（西周晚期）

遣小子䣄𣪕（西周晚期）

散伯簋（西周晚期）

昊女盨（西周晚期）

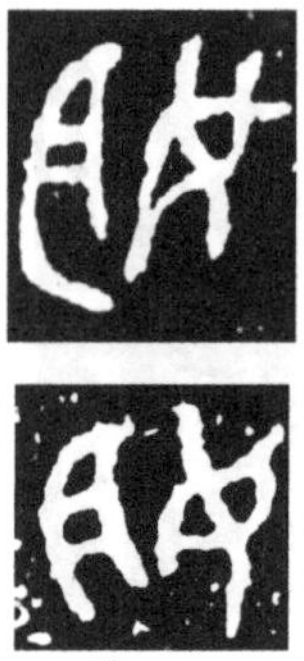
中伯簋（西周晚期）

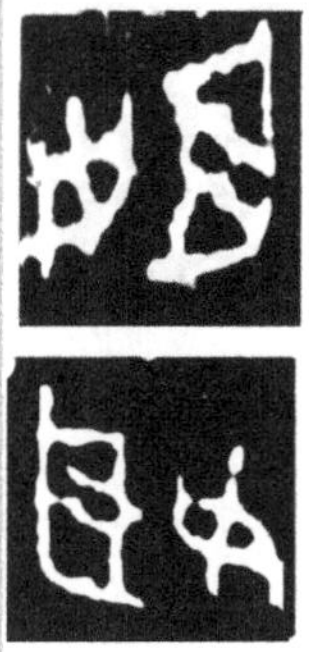
中伯盨（西周晚期）

辛叔皇父簋（西周晚期）

孷父𣪕（西周晚期）

豐邢叔簋（西周晚期）

䛗叔䛗姬𣪕（西周晚期）

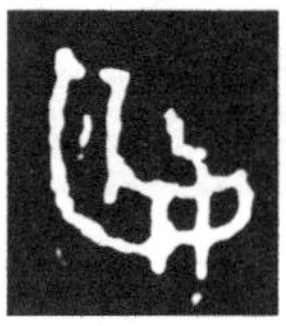
伯𦾔父𣪕（西周晚期）

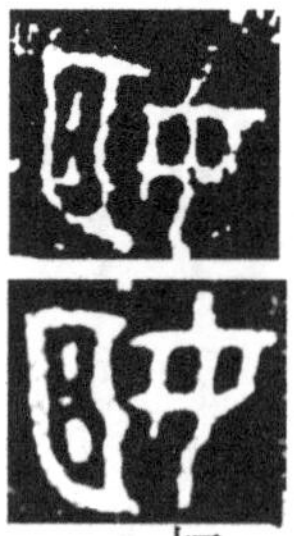
叔噩父簋（西周晚期）

訇簋（西周晚期）

歸叔山父𣪕（西周晚期）

孟姬指𣪕（西周晚期）

蔡姞簋（西周晚期）

集叔盨（西周晚期）

䛗叔簠（西周晚期）

季宮父簠（西周晚期）

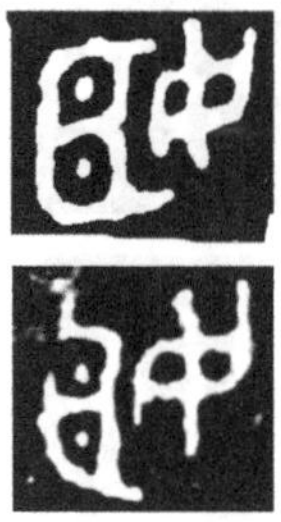
不嬰𣪕（西周晚期）

曾侯簠（西周晚期）

魯侯壺（西周晚期）

𤔲寇良父壺（西周晚期）

伯公父壺（西周晚期）

伯𣋑父鑐（西周晚期）

伯百父盤（西周晚期）

伯駟父盤（西周晚期）

師寏父盤（西周晚期）

侯氏簋（西周晚期）

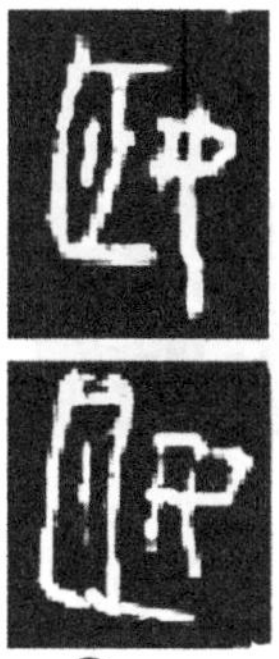

秦公鐘（春秋早期）

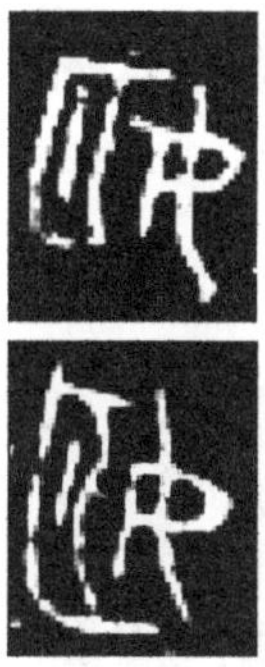

秦公鎛（春秋早期）

魯伯愈父鬲（春秋早期）

魯宰駟父鬲（春秋早期）

陳侯作嘉姬簋（春秋早期）

仲姬俞簋（春秋早期）

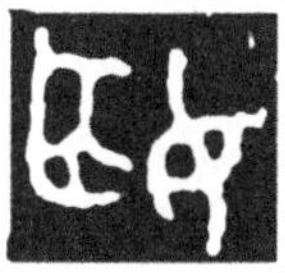

魯伯俞父簠（春秋早期）

叔家父簠（春秋早期）

齊趫父鬲（春秋早期）

曾子原彝簠（春秋）

拍敦（春秋）

齊縈姬盤（春秋）

魯伯厚父盤（春秋）

郳伯御戎鼎（春秋）

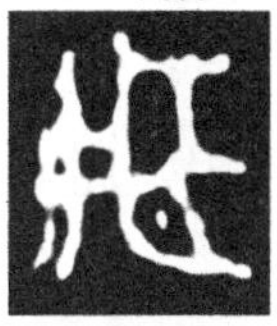

孟滕姬缶（春秋）

蔡侯尊（春秋晚期）

蔡侯盤（春秋晚期）

蔡大師鼎（春秋晚期）

禾簋（春秋晚期）

蔡侯䵼缶（春秋晚期）

吳王光鑑（春秋晚期）

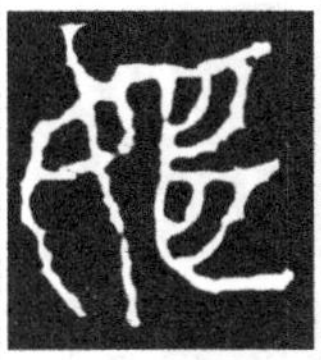

曾姬無卹壺（戰國）

jí
姞

《説文》曰：黄帝之後百鯀姓，后稷妃家也。从女、吉聲。《史記》曰：姞氏為后稷元妃。南燕、密須皆姞姓之國，後改為吉氏。

姑亘母觶（西周早期）

姑曶母方鼎（西周早期）

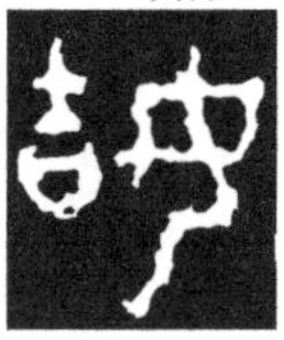
姑口父簋（西周早期）

作姑彝觶（西周早期）

遣尊（西周早期）

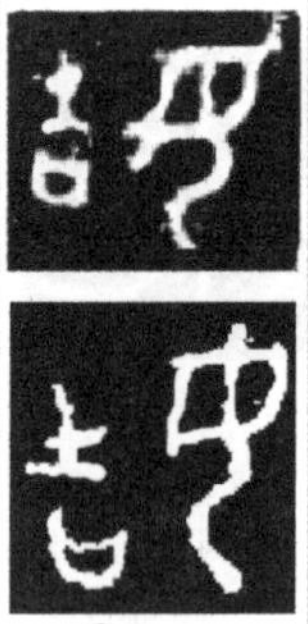
霸姑鼎（西周早期）

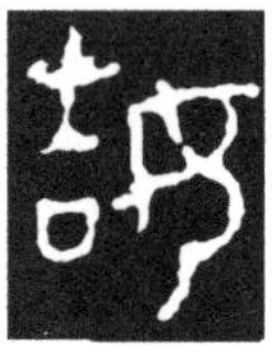
霸姑簋（西周早期）

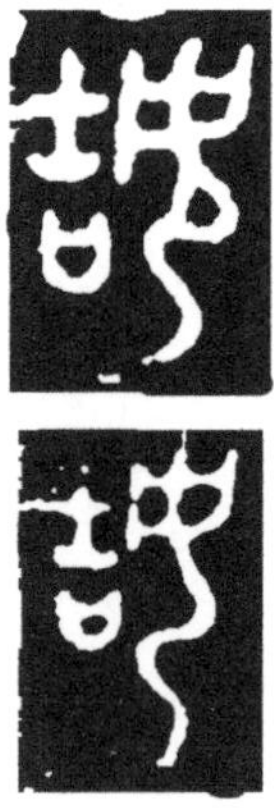
遣卣（西周早期）

靜簋（西周中期）

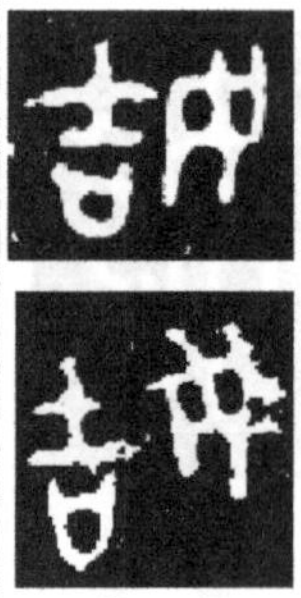
尹姑鬲（西周中期）

公姑鬲（西周中期）

遣叔姑父盨（西周中期）

尹叔作[illegible]姑鼎（西周中期）

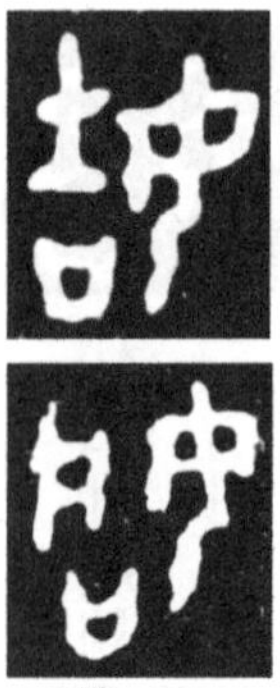
乎簋（西周中期）

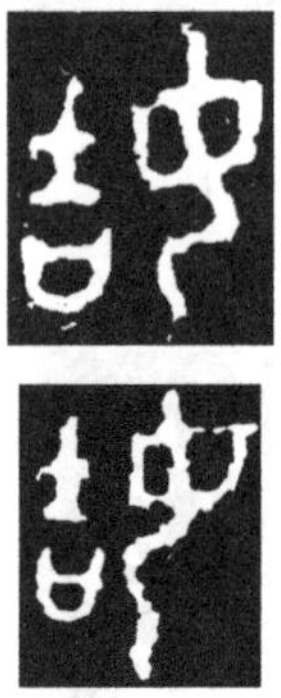
次卣（西周中期）

次尊（西周中期）

義伯簋（西周）

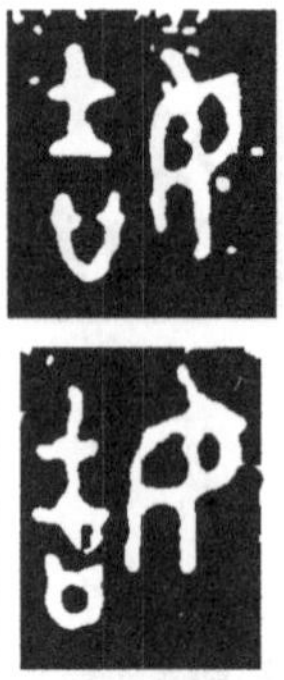
姑氏簋（西周）

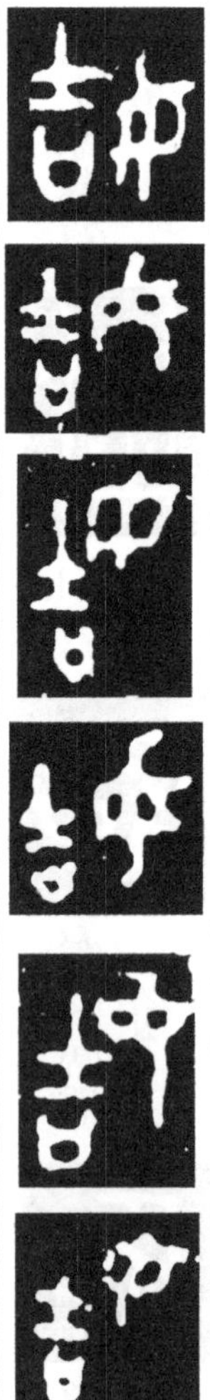
伯沵父段（西周晚期）

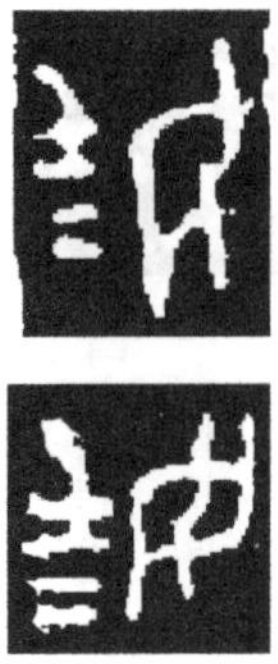
孟辛父鬲（西周晚期）

散伯車父鼎（西周晚期）

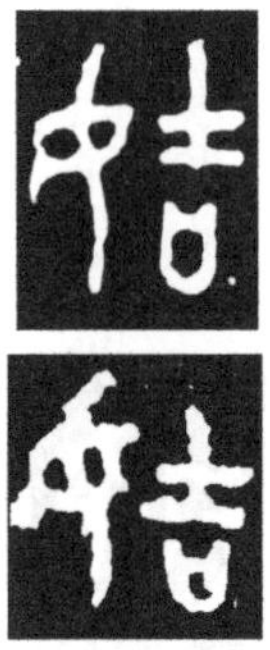
師寏父簋（西周晚期）

虢姑作鬲（西周晚期）

仲姑鬲（西周晚期）

虢仲鬲（西周晚期）

伯家父鬲（西周晚期）

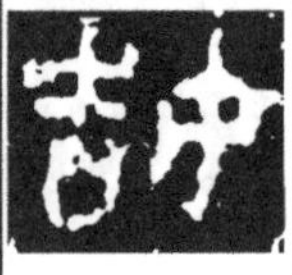
蔡姑簋（西周晚期）

嬴

㪔車父殷（西周晚期）

叔姞盨（西周晚期）

噩侯簋（西周晚期）

㪔車父壺（西周晚期）

宗仲匜（西周晚期）

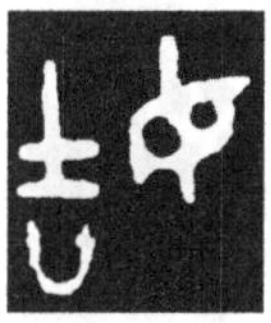
宗仲盤（西周晚期）

及僃生殷（西周晚期） 或吉省

姞囗母匜（西周晚期）

叔牙父鬲（春秋早期）

單伯邍父鬲（春秋早期）

yíng
嬴

《說文》曰：少昊氏之姓，从女、嬴省聲。

嬴霝德鼎（西周早期）

嬴季尊（西周早期）

嬴季簋（西周早期）

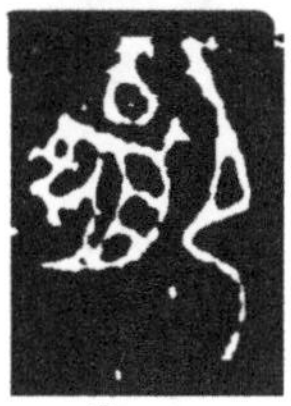
嬴季卣（西周早期）

庚嬴鼎（西周早期）

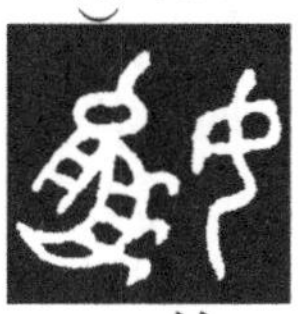
伯衛父盉（西周早期）

季嬴霝德盤（西周中期）

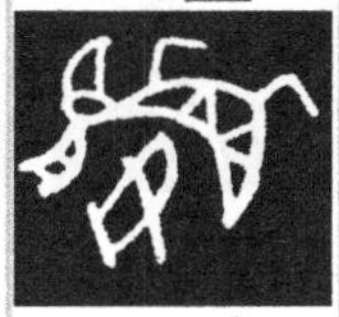
季嬴霝德壺（西周中期）

季嬴靈德盉（西周中期）

楚嬴盤（西周晚期）

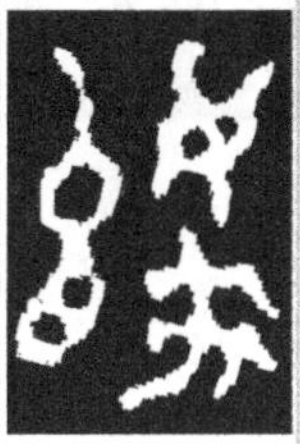
成伯孫父鬲（西周晚期）

作▽叔嬴鬲（西周晚期）

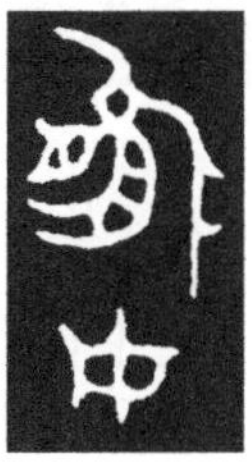
𤼈有𤔲爯鬲（西周晚期）

窕 姚

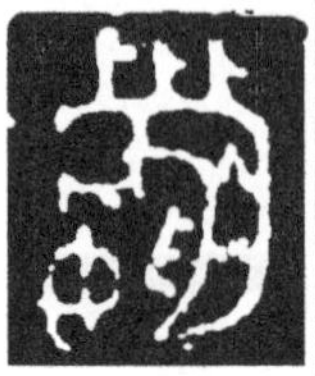
筍伯大父盨（西周晚期）

京叔盤（西周晚期）

邾口白鼎（春秋早期）

樊夫人龍嬴匜（春秋早期）

樊夫人龍嬴壺（春秋早期）

樊夫人龍嬴鬲（春秋早期）

鄴伯受簠（春秋）

鑄叔作嬴氏簠（春秋）

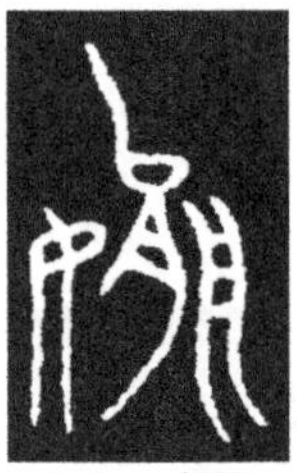
鄦子妝簠蓋（春秋）

子叔嬴內君盆（春秋）

曾侯乙鐘（戰國早期）

嬴季尊（西周早期）

或从卩

嬴季卣（西周早期）

yáo
姚

《說文》曰：虞舜居姚虛，因以為姓。从女、兆聲。或為姚，嬈也。《別雅》曰：姚，與遙通。

註：舜母名握登，生舜於姚墟，因姓姚氏。姚，或為美好貌，嬈也。姚，同窕，通遙。

井南伯段（西周中期）

姚鼎（西周中期）

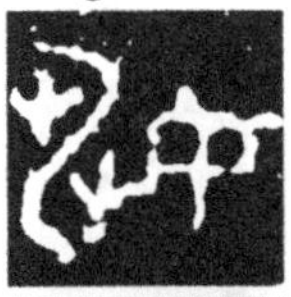

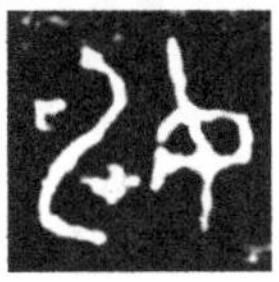
叔脵父段（西周晚期）

毛伯簋（西周晚期）

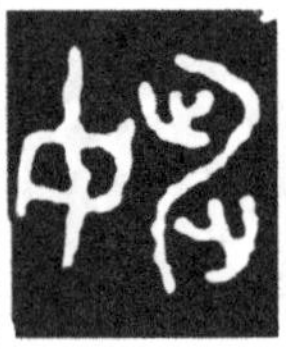
旗叔樊鼎（西周晚期）

嫣

妘

guī
嫣

《說文》曰：虞舜居嫣汭，因以為氏。从女、為聲。

刺觀鼎
（西周早期）

[illegible]嫣壺
（西周中期）

伯侯父盤
（西周晚期）

陳侯盤
（西周晚期）

陳侯簋
（西周晚期）

陳侯鼎
（西周晚期）

陳侯壺
（西周晚期）

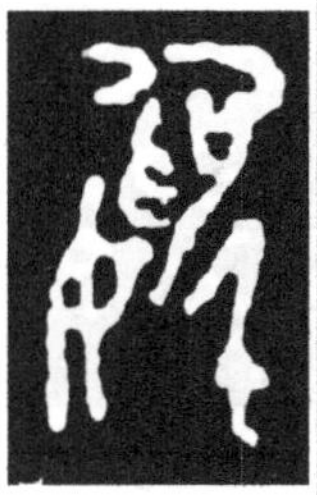
陳伯元匜
（春秋）

陳姬小公子盨
（春秋）

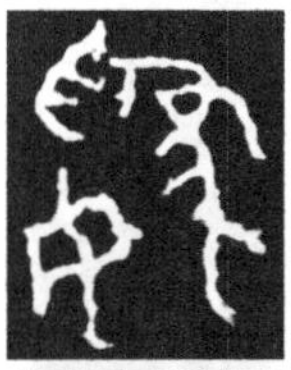
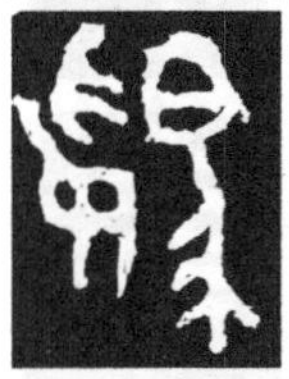

敶侯作王仲嫣[illegible]簠
（春秋）

yún
妘

《說文》曰：祝融之後，姓也，从女、云聲。籀文妘从員。

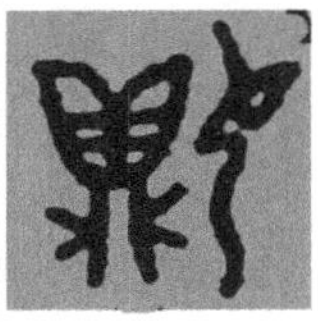
小臣夌鼎
（西周早期）

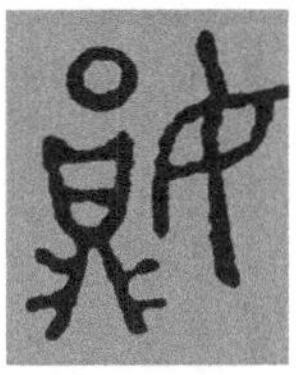
叀鼎
（西周中期）

周[illegible]生毁
（西周）

畢伯碩父鬲
（西周晚期）

會妘鼎
（西周晚期）

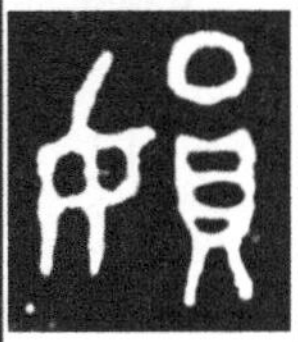
輔伯𤺓父鼎
（西周晚期）

圅皇父匜
（西周晚期）

圅皇父鼎
（西周晚期）

婚

妻

季良父簠
（西周晚期）

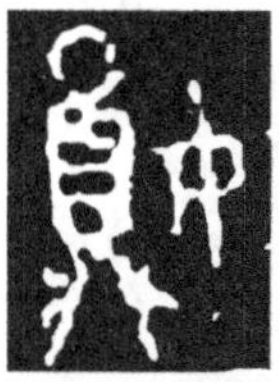

函皇父簋
（西周晚期）

王仲皇父盉
（西周晚期）

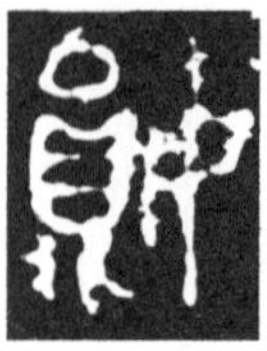
翏生盨
（西周晚期）

鄭大內史叔上匜
（春秋）

hūn 婚

註：昏，黄昏、傍晚。氏族部落間在日落後將對方女子搶來成婚，因在晚間昏時，所以稱結婚。古文昏、婚同字，或以聞為婚。

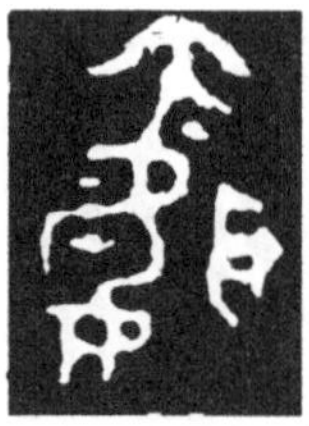
彔伯戜簋蓋
（西周中期）

逆鐘
（西周晚期）

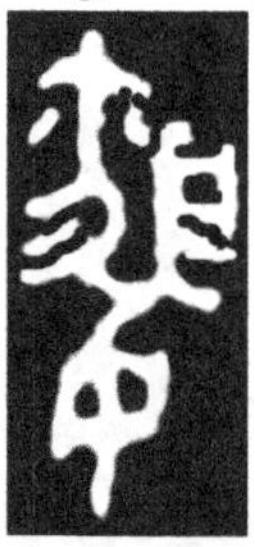

毛公鼎
（西周晚期）
假婚爲昏
余非庸又婚（昏）

殳季良父壺
（西周晚期）

羌伯簋
（西周晚期）

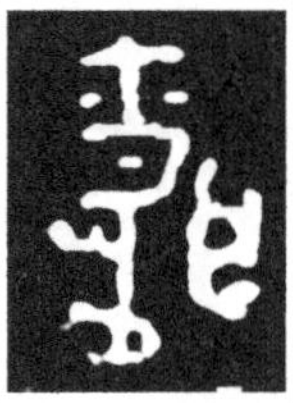
善夫克盨
（西周晚期）

徐王子旊鐘
（春秋）

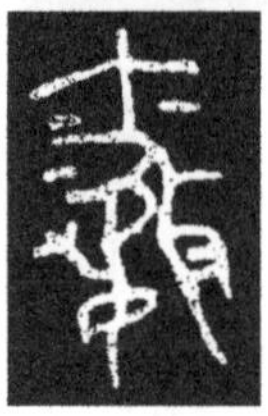
者瀘鐘
（春秋）

qī 妻

《説文》曰：婦與夫齊者也，从女、从中、从又。又，持事，妻職也。古文妻。

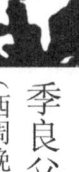

冉父丁罍（西周早期） 讀為妻 冉作父丁妻盟

徐大子伯辰鼎【近出殷周金文集錄】（春秋早期）

農卣（西周中期）

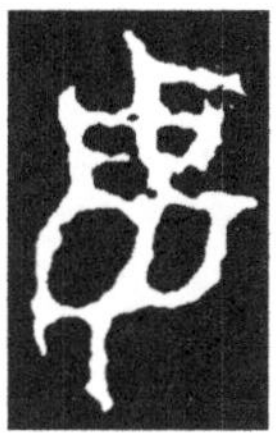
鑄叔皮父簋（春秋早期） 讀為妻 其妻子用享孝于叔皮父

徐大子鼎（春秋）

婦

fù
婦

《說文》曰：服也，从女持帚，灑掃也。

註：帚婦，或不从女，以帚為婦，[宀帚][冖帚]婦，或从宀、从冖。婦，已嫁女子曰婦，未嫁曰女。

山婦觶（殷商）

齊婦鬲（殷商）

㚔婦甗（殷商）

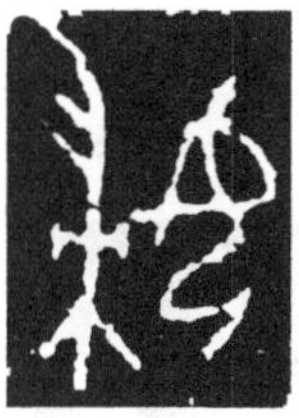
聑□婦□鼎（殷商）

舟冊婦鼎（殷商）

婦闌甗（殷商）

婦闌卣（殷商）

守婦觶（殷商）

守婦簋（殷商）

米婦觶（殷商）

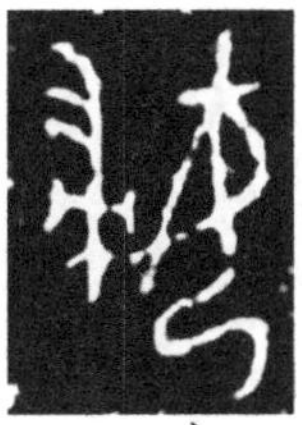
文父乙簋（殷商）

亞□杞婦卣（殷商）

聑□婦敹卣（殷商）

奄婦未于方鼎（殷商）

冉婦姃鼎（西周早期）

中婦鼎（西周早期）

卬婦方鼎（西周早期）

文癸父鼎（西周早期）

商婦甗（殷商）

婦簋（殷商）

聑賛婦姝爵（殷商）

婦鳥甗（殷商）

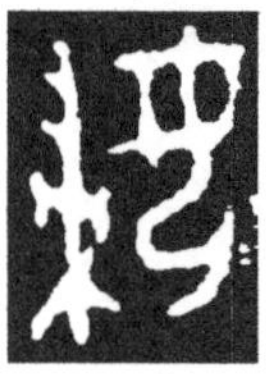
婦闖罍蓋（殷商）

婦觚（殷商）

婦觥（殷商）

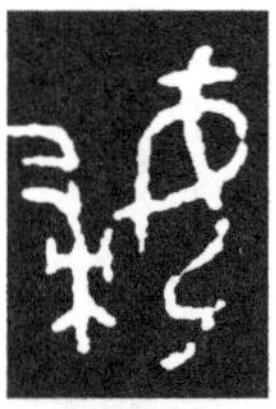
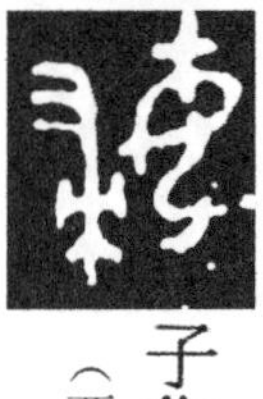
子作婦婤卣（西周早期）

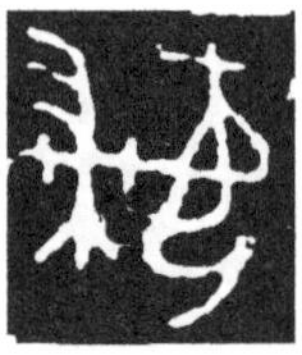
𥁰婦方鼎（西周早期）

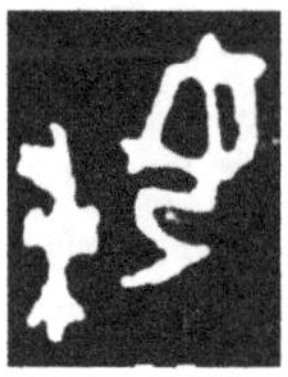
陸婦簋（西周早期）

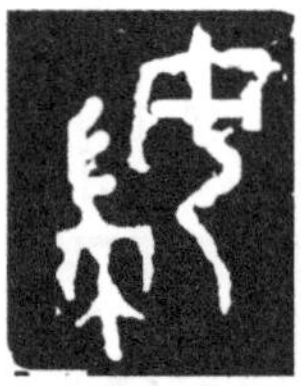
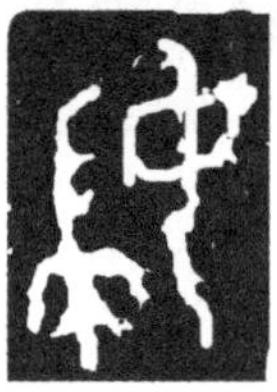
作冊夨令簋（西周早期）

亞㚔婦觶（西周早期）

𩒨卣（西周早期）

黽婦爵（西周早期）

懸妃簋（西周中期）

義伯簋（西周）

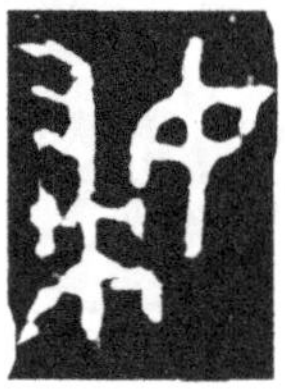
叔𡚱段（西周晚期）

宗婦鄁嬰鼎（春秋早期）

宗婦鄁嬰段（春秋早期）

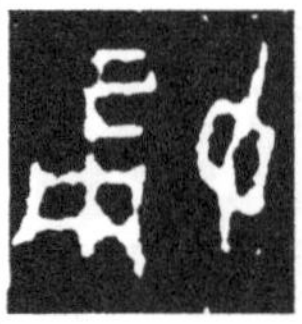
邛君婦龢壺（春秋）

五年召伯虎簋（西周晚期） 或从冖

復戈子仲簋（春秋晚期） 或从宀

妃 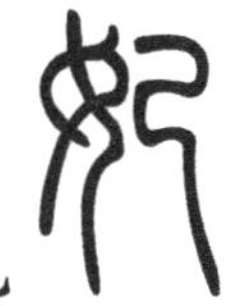

奄帚方鼎（殷商） 讀為婦 省女 以帚為婦

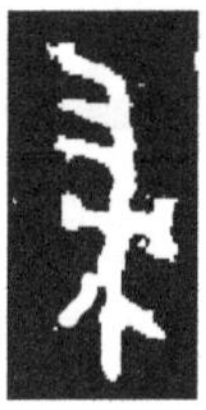

婦[illegible]鼎（西周早期） 讀為婦

婦好三聯甗（殷商） 婦好合文

婦好鼎（殷商） 婦好合為

fēi pèi 妃

《說文》曰：匹也，从女、己聲。《集韻》曰：妃，匹也，通作配。

註：妃，从女、从己。女與己匹配也，讀為配。妃，或指配偶、帝王之妾。

番匊生簋（西周中期）

懸妃簋（西周中期）

叔妃簋（西周中期）

王作番妃鬲（西周）

筍伯大父盨（西周晚期）

穌衛妃鼎（西周晚期）

穌甫人匜（西周晚期）

穌甫人盤（西周晚期）

虢文公子段鬲（西周晚期）

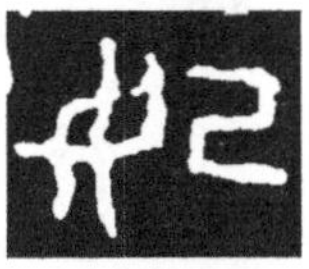

虢文公子段鼎（西周晚期）

穌公簋（西周晚期）

㠱士父鬲（西周晚期）

召樂父匜（西周晚期）

穌冶妊鼎（春秋早期）

穌冶妊盤（春秋早期）

夆叔匜（春秋早期）

夆叔盤（春秋早期）

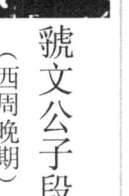

妊

虢仲鬲（春秋早期）

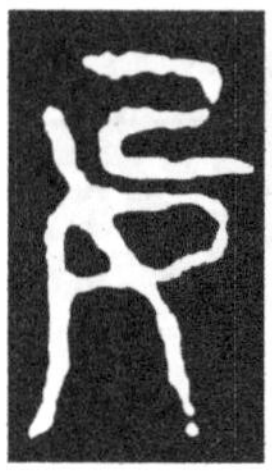
匽君壺（春秋）

rèn rén 妊

《說文》曰：孕也，从女、从壬，壬亦聲。

註：黃帝之子得姓者十四人，為十二姓，任姓其一也，妊，本姓氏，後作任。今借為孕妊之妊。

遣妊爵（殷商）

王妊作簋（西周早期）

槁侯殷蓋（西周早期）

嬗妊壺（西周早期）

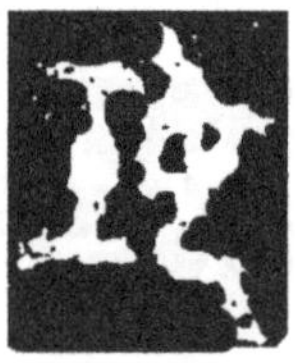
嬗妊車輨（西周早期）

妊爵（西周早期）

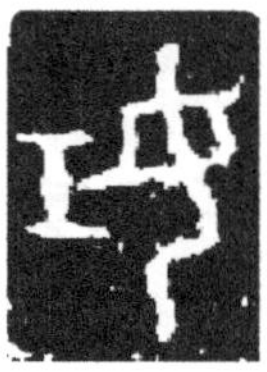
吹作槁妊鼎（西周早期）

弭叔鬲（西周中期）

龏妊甗（西周中期）

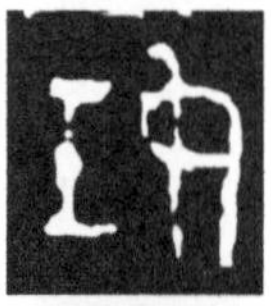

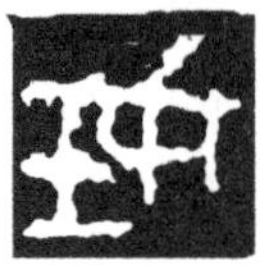
格伯簋（西周中期）

蟎鼎（西周中期）

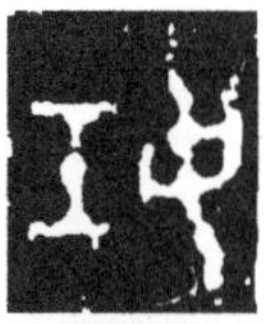

妊小簋（西周晚期）

叡召妊殷（西周晚期）

孟弜父殷（西周晚期）

王盉（西周晚期）

薛侯盤（西周晚期）

薛侯匜（西周晚期期）

穌冶妊鼎（春秋早期）

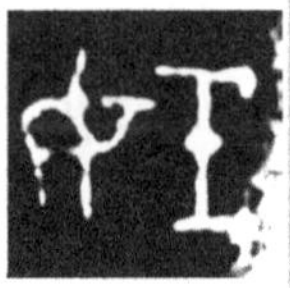
穌冶妊盤（春秋早期）

鑄公簠（春秋早期）

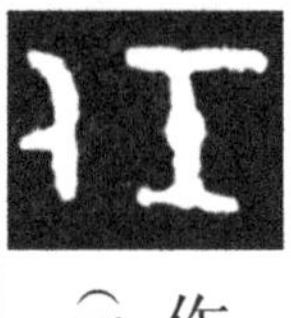
作妊氏簋（西周早期）

或从人

嫛

母

yī
嫛

《説文》曰：婗也，从女、殹聲。

註：嫛，嫛婗，即嬰兒。，金文嫛省為从女、从医。

若口作文嫛鼎
（西周）
【三代吉金文存】

mǔ
母

《説文》曰：牧也，从女，象褱子形，一曰象乳子也。《説文通訓定聲》曰：母，假借為拇。《集韻》曰：母，亦作姆。

註：母，牧也，即以乳飼養也。字形為倚女畫兩點，其乳也。女而乳子者為母親之母。

[illegible]母癸甗
（殷商）

㠱母鬲
（殷商）

母癸鼎
（殷商）

司母辛方鼎　以女為母
（殷商）

寧母父丁方鼎
（殷商）

[illegible]母己𣪘
（殷商）

㠱母辛𣪘
（殷商）

㠱母己卣
（殷商）

[illegible]母彝卣
（殷商）

㠱父己母癸卣
（殷商）

㠱父癸母[illegible]卣　以女為母
（殷商）

小子作母己卣
（殷商）

母辛卣
（殷商）

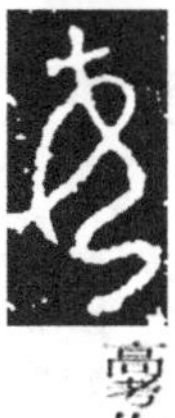
[illegible]作母癸卣
（殷商）

小子畓卣（殷商）

母父丁尊（殷商）

母戊觶（殷商）

母己爵（殷商）

考母壺（西周早期）

伯鈿盉（西周早期）

母父癸爵（西周早期）

母癸爵（西周早期）

母甲觶（西周早期）

母作尊彝簋（西周早期）

母日甲簋（西周早期）

橋侯殷蓋（西周早期）

顛卣（西周早期）

甫母丁鼎（西周早期）

寧母鬲（西周早期）

龏作又母辛鬲（西周早期）

叨作母戊甗（西周早期）

子作婦姁卣（西周早期）

子夌作母辛尊（西周早期）

鱸作母甲尊（西周早期）

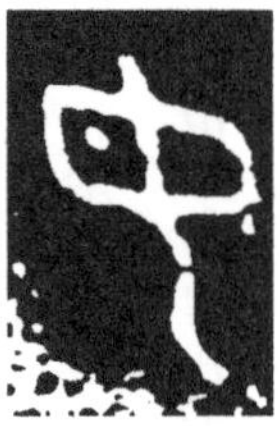
姞亘母觶（西周早期）

姞畱母方鼎（西周早期）

嬰方鼎（西周早期）

𢦏方鼎（西周早期）

亞㠱矣作母辛殷（西周早期）

㠱母乙殷（西周早期）

赫母癸殷（西周早期）

考母作𣪘殷（西周早期）

保侃母簋（西周早期）

[illegible]鼎（西周中期）

戜𣪘（西周中期）

作冊益卣（西周中期）

散車父壺（西周中期）

靜簋（西周中期）

仲伐父甗（西周中期）

師趛鬲（西周中期）

作母嫝彝鼎（西周中期）

帥隹鼎（西周中期）

姜懿母鼎（西周中期）

師趛鼎（西周中期）

仲𪗕父𣪘（西周中期）

臣諫簋（西周中期）

毳匜（西周中期）

毳盤（西周中期）

毳盉（西周中期）

毳簋（西周中期）

囂伯盤（西周晚期）

姞囗母匜（西周晚期）

史顯鼎（西周晚期）

頌鼎（西周晚期）

姜林母簋（西周晚期）

[illegible]𣪘（西周晚期）

伯侯父盤（西周晚期）

[illegible][illegible]𣪘（西周晚期）

叔𣪕父𣪘（西周晚期）

善夫沙其𣪘（西周晚期）

伯康簋（西周晚期）

五年召伯虎簋（西周晚期）

頌簋（西周晚期）

保侃母壺（西周晚期）

姁

穌冶妊鼎（春秋早期）

穌冶妊盤（春秋早期）

陳侯鼎（春秋早期）

上曾大子鼎（春秋早期）

鑄公簠（春秋早期）

郳伯鬲（春秋早期）

王作䵼母鬲（春秋早期）

江小仲母生鼎（春秋早期）

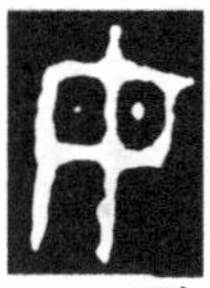
干氏叔子盤（春秋早期）

郜[illegible]段（春秋早期）

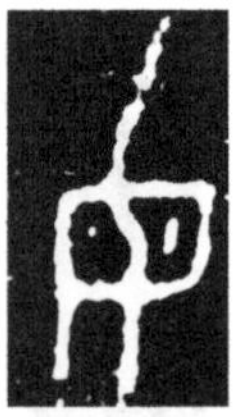

侯母壺（春秋早期）

魯生鼎（春秋）

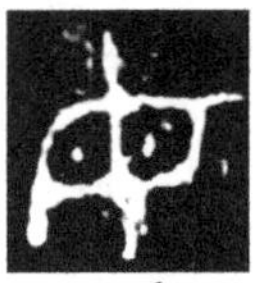
魯伯悆盨（春秋）

陳伯元匜（春秋）

禾簋（春秋晚期）

曹公簠（春秋晚期）

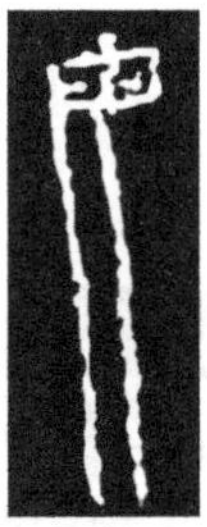
蔡侯尊（春秋晚期）

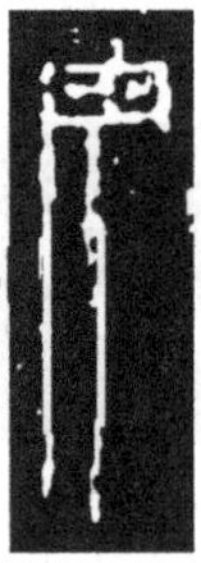
蔡侯盤（春秋晚期）

哀成叔鼎（戰國）

xǔ 姁

《說文》曰：嫗也，从女、句聲。註：姁、嫗，均指老婦、婦女或母親。

[illegible][illegible]父作𦉢姁鼎（西周）

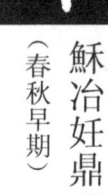

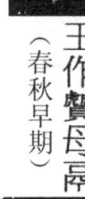

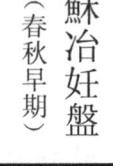

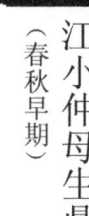

gū
姑
《爾雅》曰：父之姊妹為姑。
註：姑，通姑。

婦闞卣
（殷商）

婦闞甗
（殷商）

婦闞鼎
（殷商）

婦闞罍
（殷商）

奄作婦姑甗
（殷商）

奄婦姑鼎
（殷商）

曰[illegible]叀姑鼎
（殷商）

姬作乓姑日辛鼎
（西周早期）

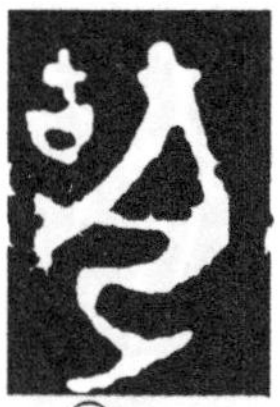
陸婦簋
（西周早期）

[illegible]卣
（西周早期）

庚嬴卣
（西周早期）

黽作婦姑甖
（西周早期）

遲盨
（西周晚期）

復公子簋
（西周晚期）

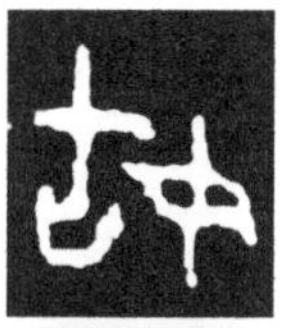

[illegible]叔[illegible]姬𣪕
（西周晚期）

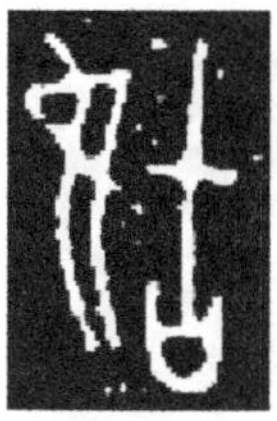
姑馮昏同之子句鑃
（春秋晚期）

姑發𦣞反劍
（春秋晚期）

wēi
威
《釋名 釋言語》曰：威，畏也，可畏懼也。
註：威，通畏。

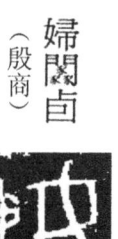

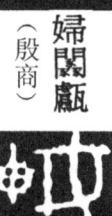

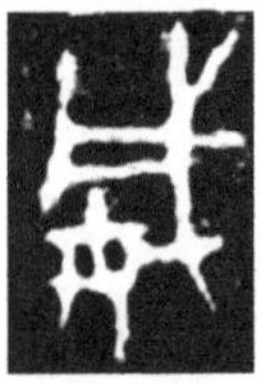

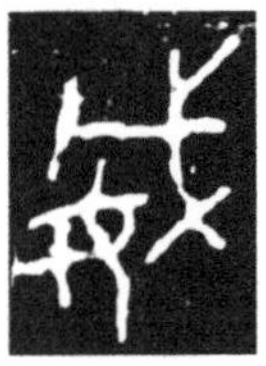

瘨殷（西周中期）

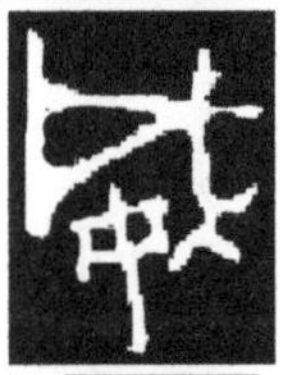

瘨鐘（西周中期）

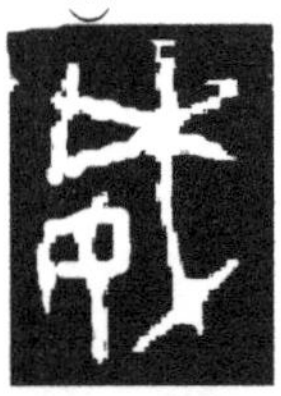

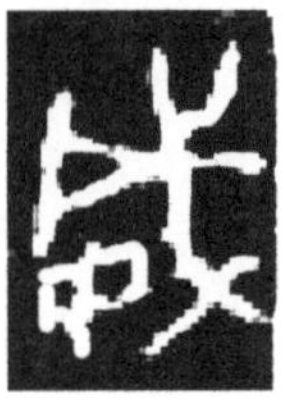

虢叔旅鐘（西周晚期）

叔向父禹簋（西周晚期）

鼄公牼鐘（春秋晚期） 讀為畏 余畢恭威（畏）忌

鼄公華鐘（春秋晚期）

王子午鼎（春秋中期）

王孫誥鐘（春秋晚期）【近出殷周金文集錄】

王孫遺者鐘（春秋晚期）

配兒鉤鑃（春秋晚期）

蔡侯盤（春秋晚期） 讀為威 威儀優優

妣

bǐ 妣

《說文》曰：殁母也，从女、比聲。籀文妣省。《禮記》曰：生曰父、曰母、曰妻；死曰考、曰妣、曰嬪。《釋名 釋喪制》曰：母死曰妣。註：早期金文妣，與甲骨文同，不从女，以匕為妣。

戈妣辛鼎（殷商） 以匕為妣

我方鼎（西周早期）

倗作義丐妣鬲（西周早期）

倗丂殷（西周早期）

姊

妹

舌作妣丁爵（西周早期）

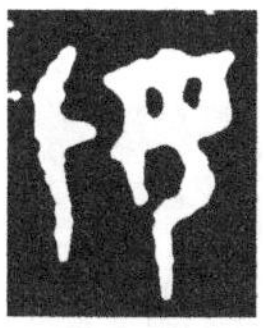

戜方鼎（西周中期）

召仲鬲（西周晚期）　讀為妣　召仲作生妣尊鬲

鄬侯少子殷（春秋）

陳侯午敦（戰國早期）

十四年陳侯午敦（戰國晚期）　讀為妣　作皇妣孝大祀祭器

zǐ
姊

《說文》曰：女兄也，从女、𠂔聲。《爾雅》曰：謂女子先生為姊，後生為妹。

䜌王盉（西周中期）

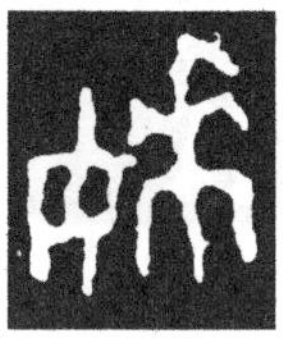

季宮父簠（西周晚期）　讀為姊　季宮父作仲姊㜛姬媵簠

mèi
妹

《說文》曰：女弟也，从女、未聲。

註：金文妹或借為昧。

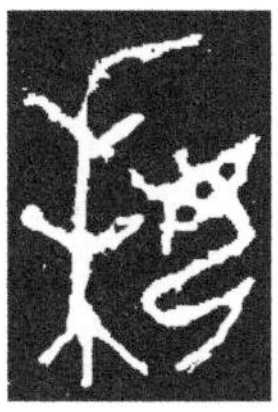

奄帚方鼎（殷商）

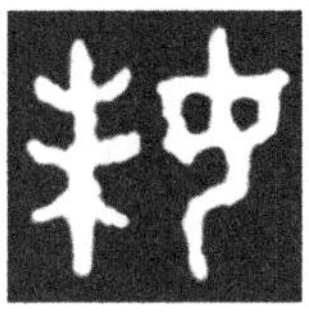

大盂鼎（西周早期）　讀為昧　汝妹（昧）辰有大服

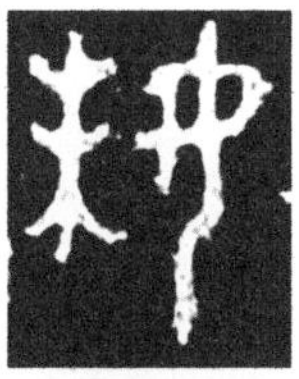

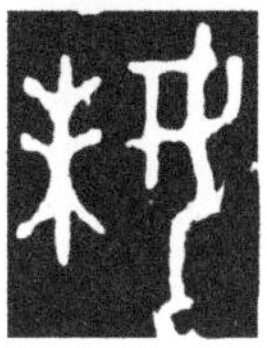

沈子它簋（西周早期）　讀為昧　廼妹（昧）

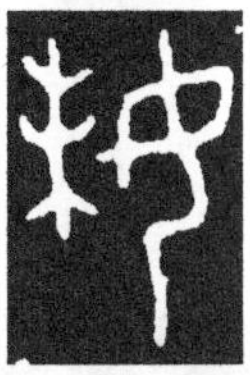

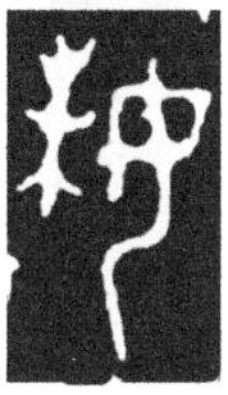

叔趯父卣（西周早期）

鄴伯受簠（春秋）

𡨦桐盂（春秋）

姪

姆

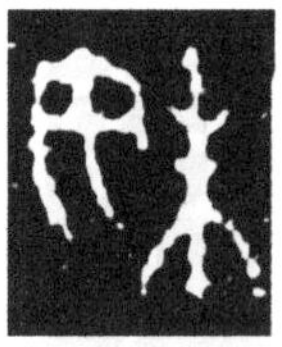
宋公䜌簠
（春秋晚期）

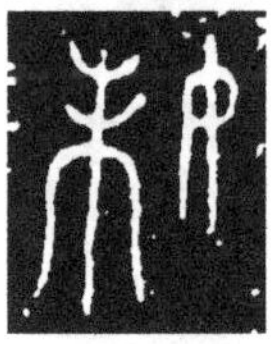
西替簠
（戰國）

zhí
姪

《說文》曰：兄之女也，从女、至聲。

註：或為姪之異文。

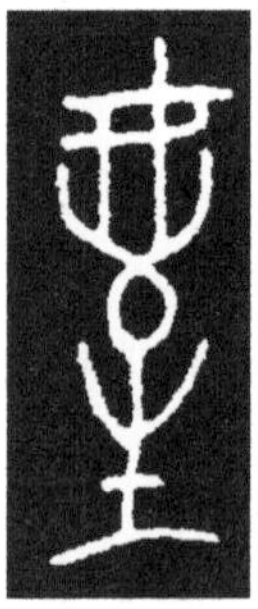
王子□鼎
（春秋晚期）

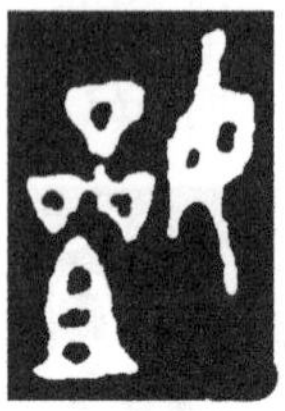
嬗妊壺　讀為姪
（西周早期）姪妊作安壺

齊嬗姬段
（西周晚期）

穌甫人盤
（西周晚期）蘇甫人作姪妃襄賸盉匜

穌甫人匜
（西周晚期）

齊縈姬盤　讀為姪
（春秋）齊縈姬之姪

嬗妊車輨
（春秋）

mǔ
wǔ
姆

《說文》曰：女師也，从女、每聲。讀若母。《玉篇》曰：姆，同姆。《集韻》曰：侮，或作姆。

註：姆，女師也，即今之保姆。姆，侮之古文，或从母作姆。

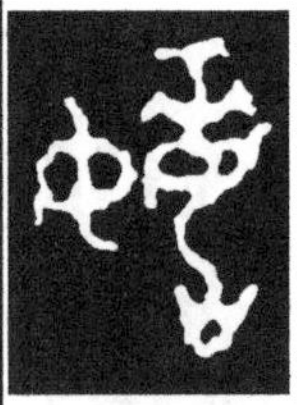
復公仲簋　或从每（誨）
（春秋晚期）用作我子孟姆寢小尊賸簋

中山王𰯌鼎　即古侮字，讀爲姆
（戰國晚期）唯傅侮（姆）是從

媾  奴  妀 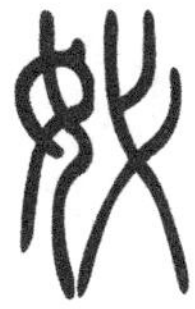

gòu
媾

《說文》曰：重婚也，从女、冓聲。註：媾，重疊交互的婚姻、交合、交好。媾用同遘。，金文媾或从頁。

九年衛鼎（西周中期） 或从頁

五祀衛鼎（西周中期）

殳季良父壺（西周晚期） 讀爲媾 用享孝于兄弟 婚顜（媾） 諸老

nú
奴

《說文》曰：奴、婢皆古之辠（罪）人也，周禮曰：其奴，男子入于辠隸，女子入于舂槀。从女、从又。 古文奴从人。註：奴，奴隸。男稱奴、女稱婢。

㚢奴寶甗（西周早期）

農卣（西周中期） 或从十

弗奴父鼎（春秋早期）

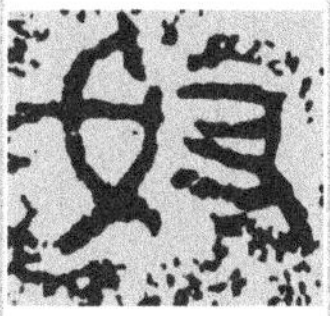
高奴權（戰國）

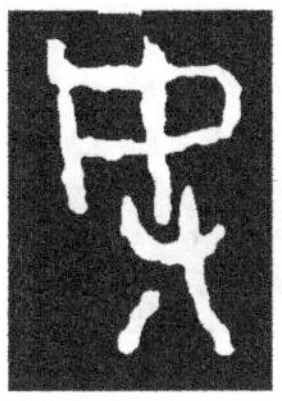
四年咎奴蓸令戈（戰國晚期）

二十五女上郡守廟戈（戰國晚期）

yì
妀

《說文》曰：婦官也，从女、弋聲。註：妀，宮廷之女官。

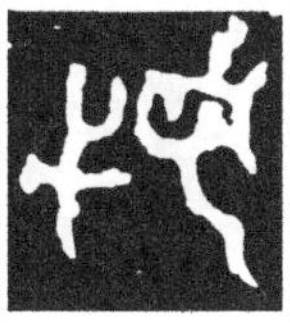
妀[illegible]段（西周晚期）

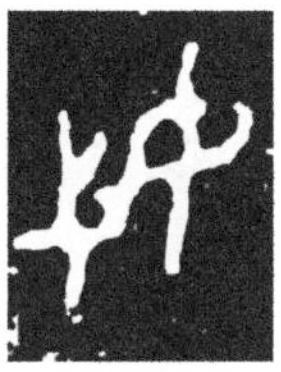
叔妀段（西周晚期）

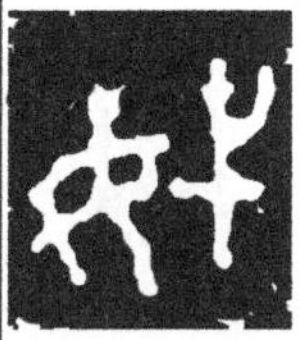

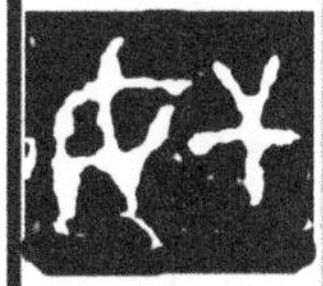

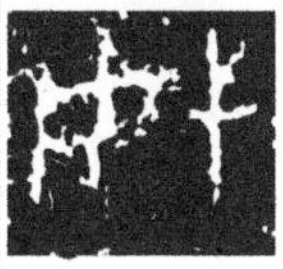
善夫沙其段（西周晚期）

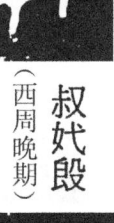

婤

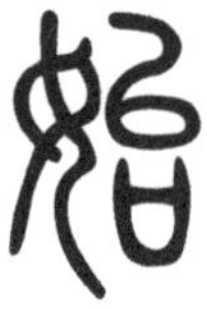

始姒

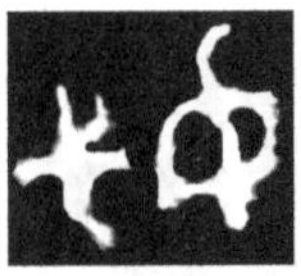

叔高父匜
（西周晚期）
讀為妘
叔高父作仲妘匜

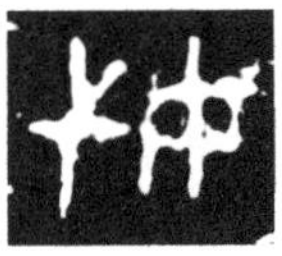

[illegible]仲簠
（春秋）

zhōu 婤

《說文》曰：女字也，从女、周聲。註：婤，女人之人名用字。

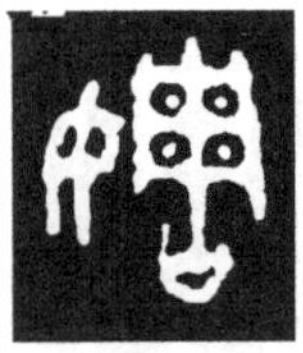

陳伯元匜
（春秋）
讀為婤
作西孟媯婤母媵匜

shǐ sì 始

《說文》曰：女之初也，从女、台聲。註：始，開始、初始。始字从女、台聲，台，非臺之簡化字，讀怡音。古㠯（古以字）、台同音。从以亦猶从台，故金文始、姒二字同形。姒，大禹之父，鯀，所受唐堯賜姓。姒，或指同嫁一夫之女子，先者為姒、後者為娣。

㹞父鼎
（西周早期）

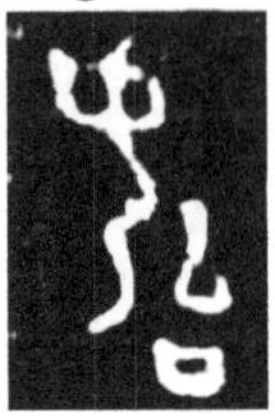

匽侯旨鼎
（西周早期）

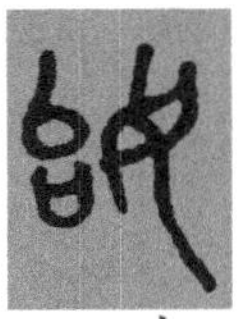

大矢始鼎
（西周中期）

九年衛鼎
（西周中期）

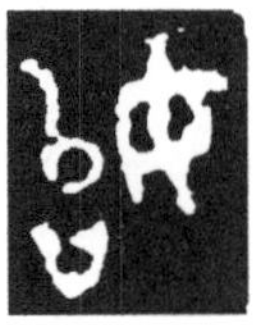

季良父盉
（西周晚期）

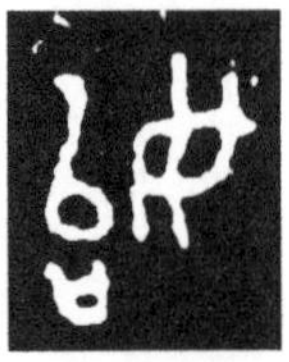

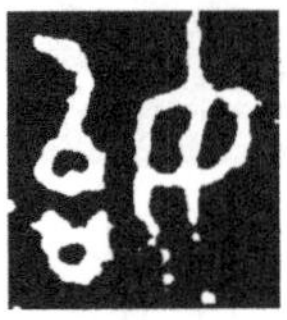

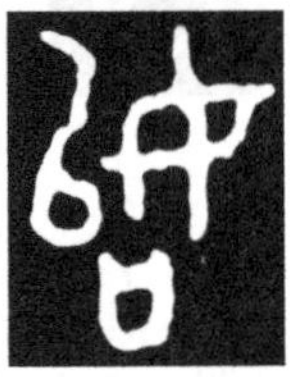

頌簋
（西周晚期）
讀為姒
皇母龏始（姒）

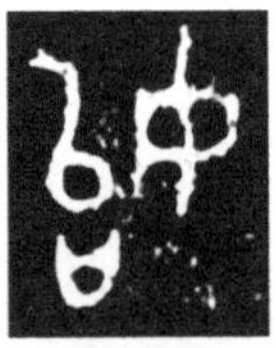

頌鼎
（西周晚期）
讀為姒
皇母龏始（姒）

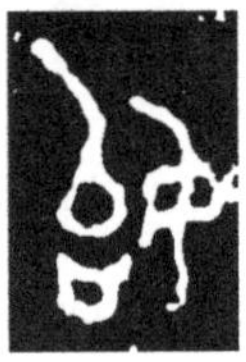

衛始豆
（西周晚期）

妃 姒

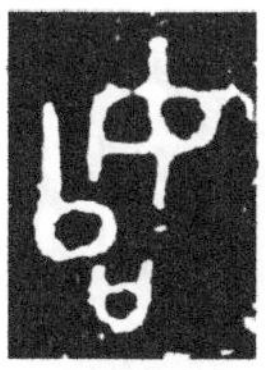

仲師父鼎（西周晚期）

會姒鬲（西周晚期）

伯氏始氏鼎（春秋早期）

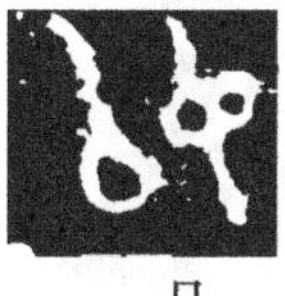
殳季良父壺（西周晚期）

sì
妃

註：妃，从女、从巳。即㠯（古文以字），倒者為（巳）。古文正反或同，故妃或同姒。

亞矣妃盤（西周早期）

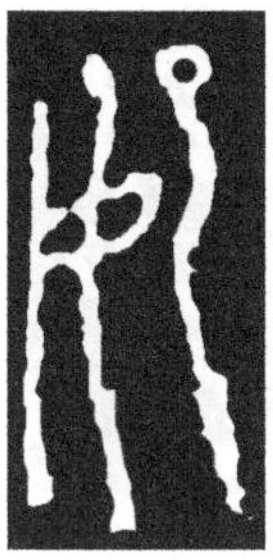
鄦侯少子段（春秋）

陳侯午敦（戰國早期）

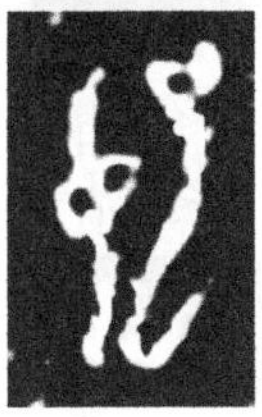
十四女陳侯午敦（戰國晚期）

姛 姒

sì
姛

註：假借為姒

乙未鼎（殷商）

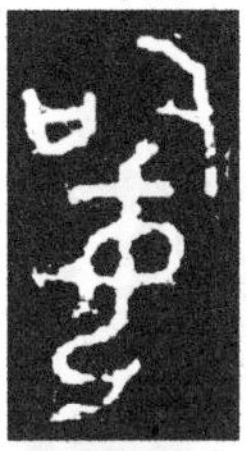

龏姛方鼎（殷商）

龏姛觚（殷商）

者姛方尊（殷商）

者姛罍（殷商）

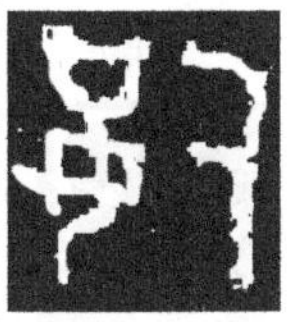
瀕史鬲（西周早期）

㚸奴寶甗（西周早期）

寓鼎（西周早期）

眘段（西周早期）

魅媚

好

者女觥（殷商）

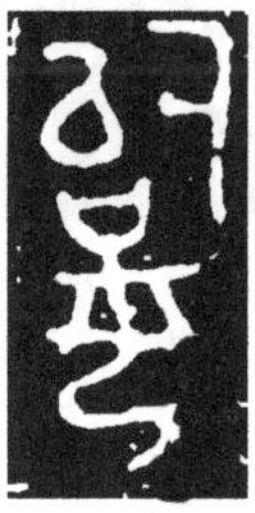
叔黽方彝（西周早期）

鬲姛鼎（西周中期）

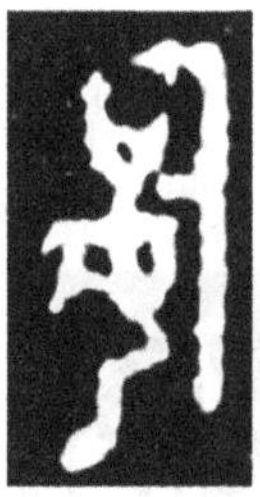
寧遹毀（西周）

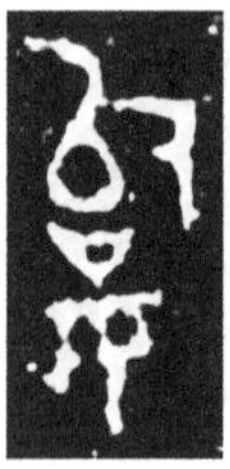
衛㚸毀蓋（西周）

保侃母壺（西周晚期）

mèi
媚

《説文》曰：説（悦）也，从女、眉聲。《正字通》曰：媚，諂媚。又親順也。《廣雅》曰：媚，好也。

《説文通訓定聲》曰：媚，假借為魅。

註：上為眉字、下从女，即媚字。

子媚鼎（殷商）

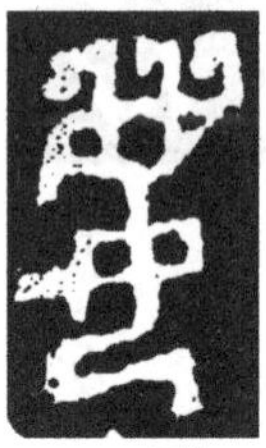
子媚觶（殷商）

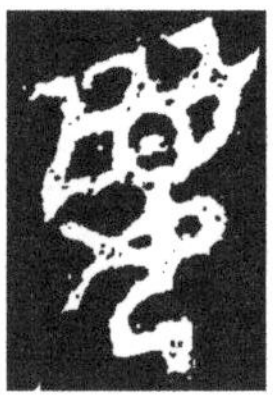
子媚觚（殷商）

子□爵（西周早期）

子□斝（西周早期）

子□罍（西周早期）

hǎo
hào
好

《説文》曰：美也，从女、子。《廣韻》曰：好，善也。

註：女子之美貌、美色曰好為其本意。

好甗（殷商）

婦好鼎（殷商）

好鼎（殷商）

婦好鼎（殷商）

婦好觚（殷商）

婦好觚（殷商）

婦好方尊（殷商）

婦好方罍（殷商）

婦好爵（殷商）

婦好正壺（殷商）

婦好方彝（殷商）

婦好瓿（殷商）

仲自父段（西周中期）

䖒鐘（西周中期）

仲作好旅彝卣（西周中期）

井南伯段（西周中期）

羌伯簋（西周晚期）

伯好父簋（西周晚期）

寒姒鼎（西周晚期）

杜伯盨（西周晚期）

徐大子鼎（春秋）

齊䍙氏鐘（春秋晚期）

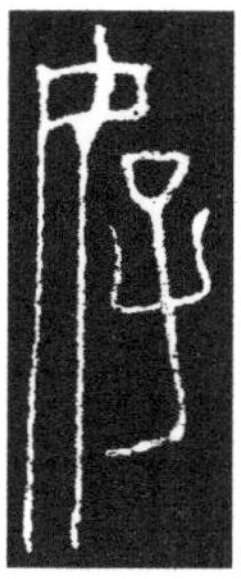
蔡侯盤（春秋晚期）

dān
媅

《說文》曰：樂也，从女、甚聲。《一切經音義》曰：媅，古文妉同。

註：媅與甚古義相同，安樂、快樂也。媅，或通湛、通愖。

周𦇧生段（西周） 讀為媅

周口生作楷妘媅媵簋

婜

纓 嬰

粧 裝 妝

戀 孌

qiān jǐn
婜

《說文》曰：美也，从女、臤聲。《集韻》曰：婜，女字（用于女人名字）。

註：婜，或从子、臤聲。婜，或讀為賢。

中山王嚳方壺（戰國晚期）　讀為賢　舉賢使能

yīng
嬰

《說文》曰：頸飾也，从女、賏，賏其連也。《釋名》曰：人始生曰嬰兒。註：嬰，頸飾、項鏈，古以貝串為賏，飾于頸曰嬰、曰嬰絡，今作纓絡。嬰，或稱作嬰兒。嬰，同纓、通罌。

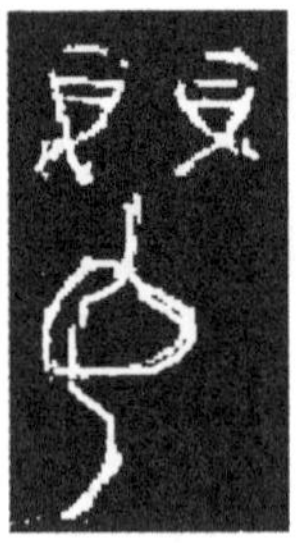
王子嬰次鐘（春秋晚期）

王子嬰次爐（春秋晚期）

七年上郡守閑戈（戰國晚期）【近出殷周金文集錄】

zhuāng
妝

《說文》曰：飾也，从女、牀省聲。

註：妝，从丂。丂，巧字省，取巧意。女子之妝飾，从女、牀（床）省聲，巧妝也。妝，同粧、同裝，通莊。

鄀子妝簠蓋（春秋）　或从丂

liàn luán
孌

《說文》曰：慕也，从女、䜌聲。《說文解字注》曰：此篆在籀文為⿰女𤔔，順也，在小篆為今之戀，慕也。孌、戀為古今字。《廣韻》曰：孌，美好。孌，順也。《集韻》曰：孌，或作孌。

嫼

媰

妄

中伯盨（西周晚期） 讀為孌 中伯作孌姬旅盨用

wàng
妄

《說文》曰：亂也，从女、亡聲。註：妄，狂亂、荒誕、虛妄。妄，或假為荒。

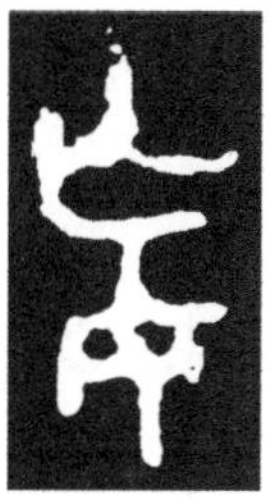
毛公鼎（西周晚期） 讀為荒 汝毋敢妄（荒）寧

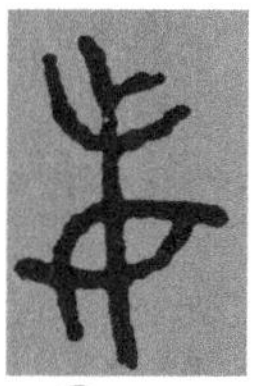
晉姜鼎（春秋早期） 讀為荒 余不暇妄（荒）寧

chú
媰

《說文》曰：婦人妊身也，从女、芻聲。

亞醜媰鐃（殷商）

mò
嫼

《說文》曰：怒皃（貌），从女、黑聲。《集韻》曰：嫼，嫉而怒也。註：嫼，因嫉妒而發怒。

旝嫼𣪕蓋（西周晚期）

觴姬𣪕蓋（西周晚期）

屢摟婁

婪

愧醜媿

lóu lǚ
婁

《說文》曰：空也。《集韻》曰：屢，或作婁。註：婁，通摟。

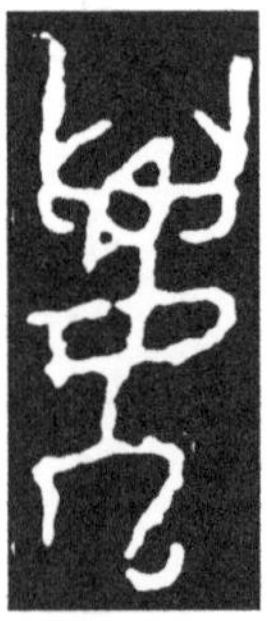
嬰方鼎（西周早期）

lán
婪

《說文》曰：貪也，从女、林聲。注：貪婪，愛財曰貪，愛食曰婪。

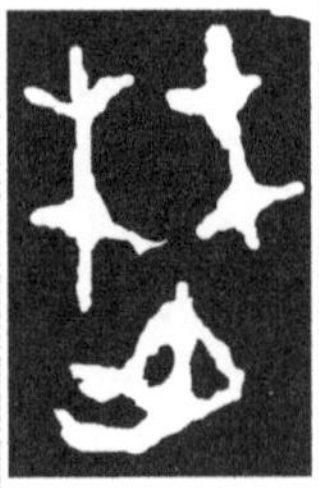
盠駒尊（西周中期）　讀為婪　婪皇盠身

kuì chǒu
媿

《說文》曰：慙也，从女、鬼聲。媿或从恥省。《篇海類編》曰：媿，古文醜字。《集韻》曰：醜，古作媿。

《古籀補》曰：媿，姓也，後世借為慙媿（慚愧）字。註：媿，同愧、同醜（丑）。

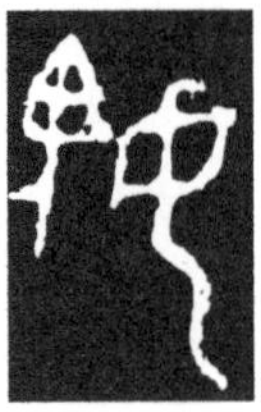
伯焚殷蓋（西周中期）

毳盘（西周中期）

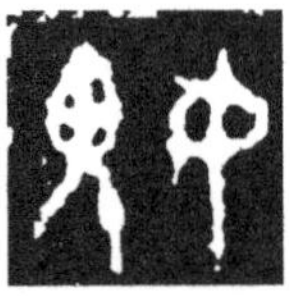

毳匜（西周中期）

毳簋（西周中期）

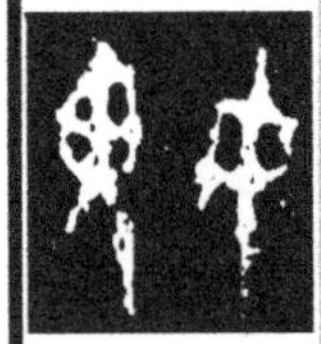

毳盉（西周中期）

奸

妟

倗仲鼎（西周中期）

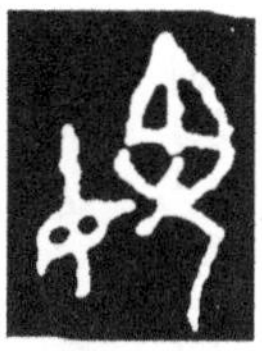

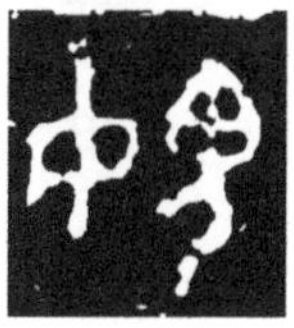
㝬叔㝬姬段（西周晚期）

內子仲口鼎（西周晚期）

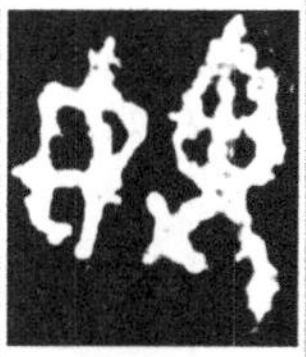

復公子簋（西周晚期）

鄭同媿鼎（西周）

圓君鼎（春秋早期）

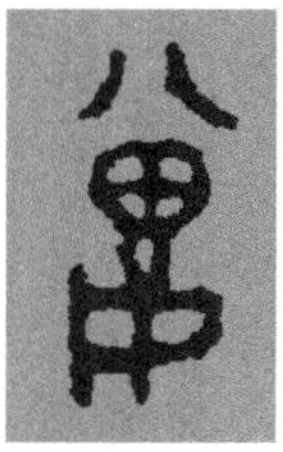
媿之造戈（戰國）【古文字類編】

塦肪段蓋（戰國早期） 或从心 假愧為畏 畢恭愧（畏）忌

gān jiān
奸

《說文》曰：犯婬也，从女、从干，干亦聲。

註：奸，奸犯、冒犯也（奸讀干音）。奸，通姦字，後人以奸為姦。

襄鼎（殷商） 讀為奸 襄奸

yàn
妟

《說文》曰：安也，从女、日。《集韻》曰：妟，日出清明也。

註：妟，安寧、清明之義。

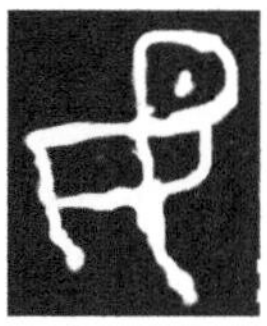
長陵盉（戰國晚期） 讀為妟 妟繦有蓋

妶嫌

婧

娸

嫪

xián
嫌

《說文》曰：有守也，从女、弦聲。《集韻》曰：嫌，亦省（作妶）。註：嫌，寡婦守節。嫌，或省為妶。

赫妶父乙器（西周早期）

或省作妶

□妶父己尊（西周早期）【近出殷周金文集録】

jìng
婧

《說文》曰：竦立也，从女、青聲。一曰有才也。《集韻》曰：婧，女貞也。

魯伯大父作季姬婧簋（春秋早期）

qī
娸

《說文》曰：人姓也，从女、其聲。杜林說：娸，醜也。

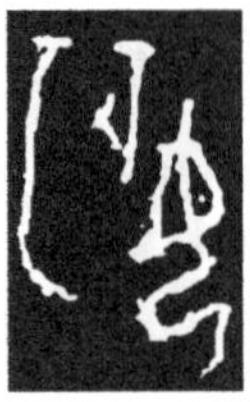
文父乙公（殷商）

讀為娸
文父乙卯婦娸

lào
嫪

《說文》曰：媢也，从女、翏聲。《玉篇》曰：嫪，難也。《廣韻》曰：嫪，妬（妒嫉）也。

註：嫪，媢嫪：戀惜、留戀。嫪，或為姓氏。嫪，亦有艱難、嫉妒之義

婞

霻
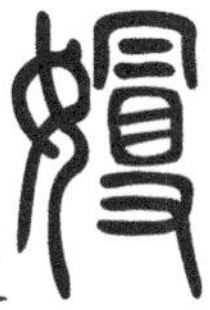
嫚慢謾

嫪鐮
（春秋）

mán
嫚

《説文》曰：侮易也，从女、曼聲。
註：侮易，即輕侮、傲慢。嫚，或有辱罵輕慢之意。嫚，通謾、通慢。嫚，今用于對女孩之稱呼。

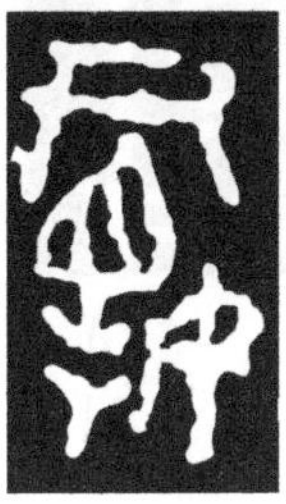
鄧公簋
（西周晚期）
讀為嫚
鄧公作應嫚□媵簋

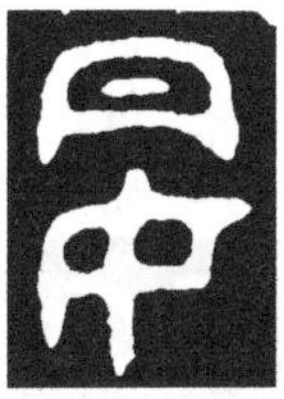
鄧孟壺
（西周晚期）
讀為嫚
鄧孟作監嫚尊壺

líng
霻

《説文》曰：女字也，从女、霝聲。
註：霻，用于女子之名字，同靈字。

遣盉
（西周中期）
讀為霻
匄萬年壽霻終

xìng
婞

《説文》曰：很也，从女、幸聲。《説文解字注》曰：很者，不聽從也。
註：婞，剛直、固執。又有偏愛、寵愛之義。

伯氏始氏簋
（春秋早期）
讀為婞
姒氏作孄婞□拜鼎

婎

改

奻

huī
婎

《説文》曰：姿婎，姿也，从女、隹聲。一曰醜也。《集韵》曰：婎，姿婎，自縱皃（貌）。
註：婎，輕佚、恣意放縱之姿態。或曰醜也。婎，或从女唯聲，金文隹、唯同字。

龔嗷鐃（殷商） 或从女唯聲

jǐ
改

《説文》曰：女字也，从女、己聲。
註：改，女子名用字。商紂王妃，妲改，或稱妲己。改，或同妃字。

懸妃簋（西周中期）

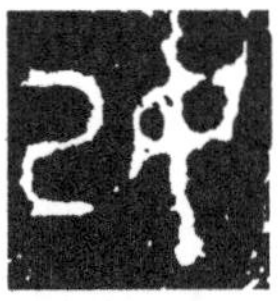

叔妃簋（西周中期）

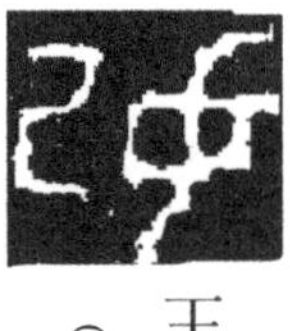
王作番妃鬲（西周）

穌公簋（西周晚期）

筍伯大父盨（西周晚期）

穌衛妃鼎（西周晚期）

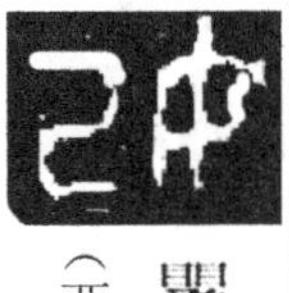
㝬士父鬲（西周晚期）

召樂父匜（西周晚期）

夆叔匜（春秋早期）

夆叔盤（春秋早期）

虢仲鬲（春秋早期）

nuán
奻

《説文》曰：訟也，从二女。《集韻》曰：奻，諠訟也。《正字通》曰：奻，愚也。註：奻，爭吵。

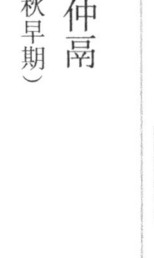

姦

媞

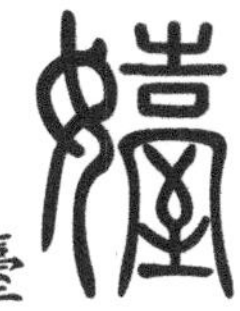
嬯

亞旃觚（殷商）

奻作乙公觚（西周早期）

jiān
姦

《説文》曰：私也，从三女。《玉篇》曰：姦，姦邪也。《廣雅》曰：姦：盜也。姦，僞也。

註：姦，私通、淫亂、狡詐、邪惡。姦今作奸。

婦姦觶（殷商）

戸姦罍（殷商）

長甶盉（西周中期）

shì tí
媞

註：媞，心靈手巧而有智慧。江淮之間謂母親為媞。

湛邟編鐘（春秋早期）

湛邟鎛（春秋早期）

【近出殷周金文集録】

tái
嬯

《説文》曰：遲鈍也，从女、臺聲。《玉篇》曰：嬯，鈍劣也。

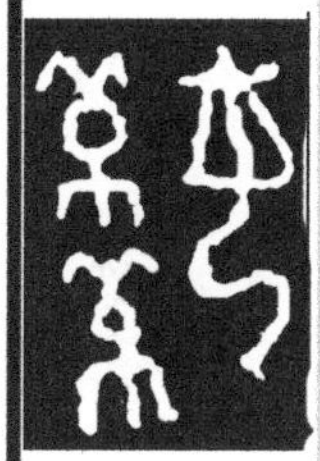
叔德簋（西周早期）

容庚釋為嬯【金文編】 張亞初釋為嫊【殷周金文集成 引得】

涓娟　婸　奿　妔

juān
娟

《説文新附》曰：嬋娟也，从女、肙聲。註：娟，美好、秀麗、輕盈美麗。娟，同涓。

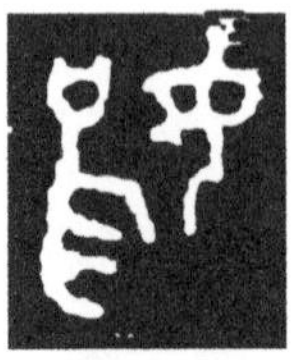

伯䢍盉（西周早期）讀為娟　作母娟旅盉

xī
婸

《集韻》曰：婸，女名。註：婸，从女、易聲。用于女子人名。

奿

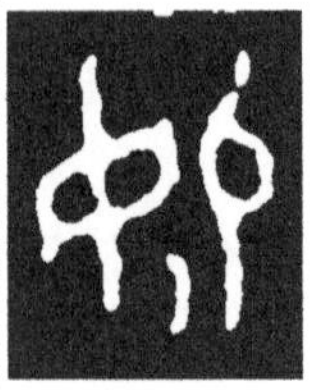
伯田父簋（西周晚期）

妔

曹伯狄簋（春秋）

曹公簠（春秋晚期）

妻　　姅　　妸

妸（西周晚期）

張亞初釋為祁【殷周金為集成 引得】

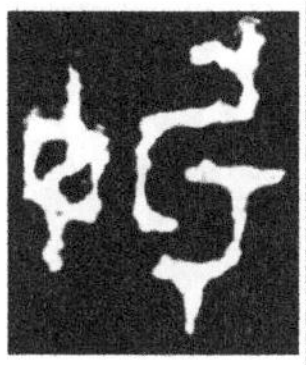

𡚱伯盨（西周晚期）

fēng
姅

《廣雅》曰：姅，好也。

註：姅，美好。或假為奉。

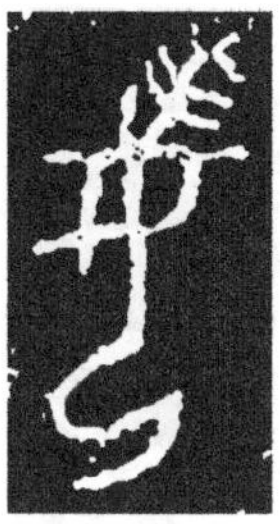

女姧作段（西周早期）

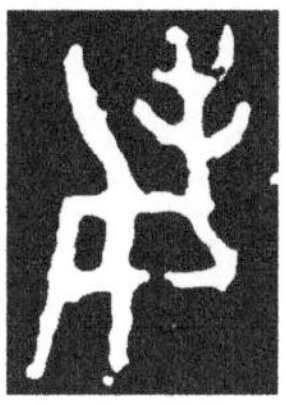

召卣（西周早期）

𩚬尊（西周早期） 讀為姅 伯懋父賜召白馬 姅黃

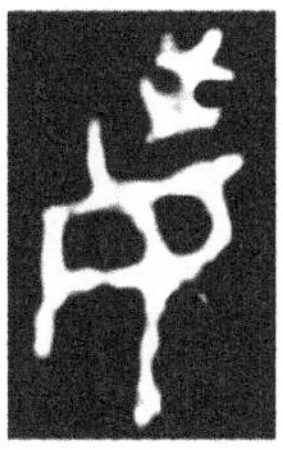

君夫簋（西周中期）

懸妃簋（西周中期） 讀為奉 懸妃奉揚伯犀父休

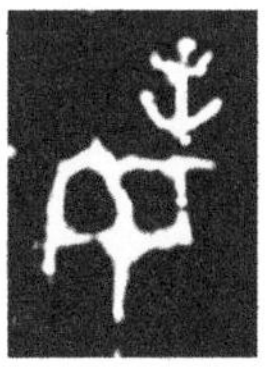

姧仲簠（春秋）

āi
妻

《改併四聲篇海》曰：妻，人无行也。

妓 㼐 妙

妓

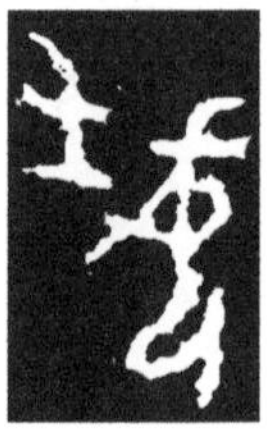

羊己妓爵（殷商）

㼐

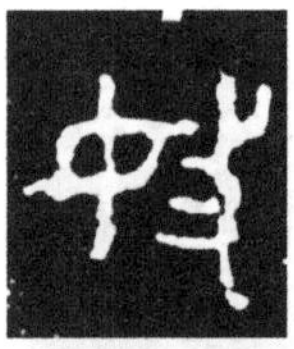

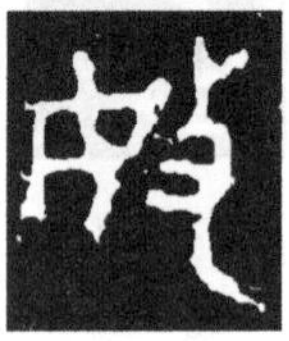

仲師父鼎（西周晚期）

妙

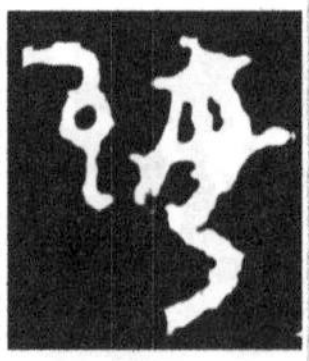

王作妃弄器（殷商）

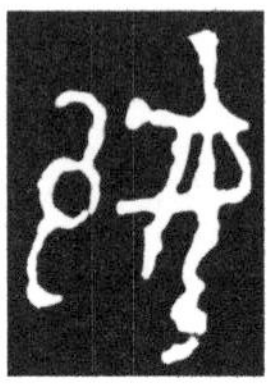

王作妃弄卣（殷商）

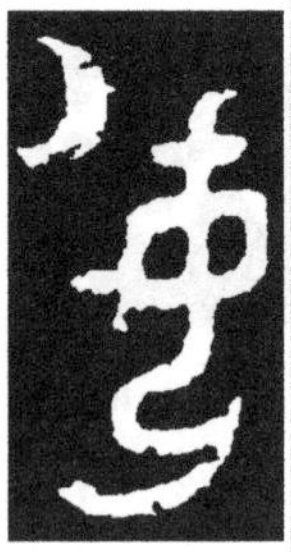

每罍（殷商）

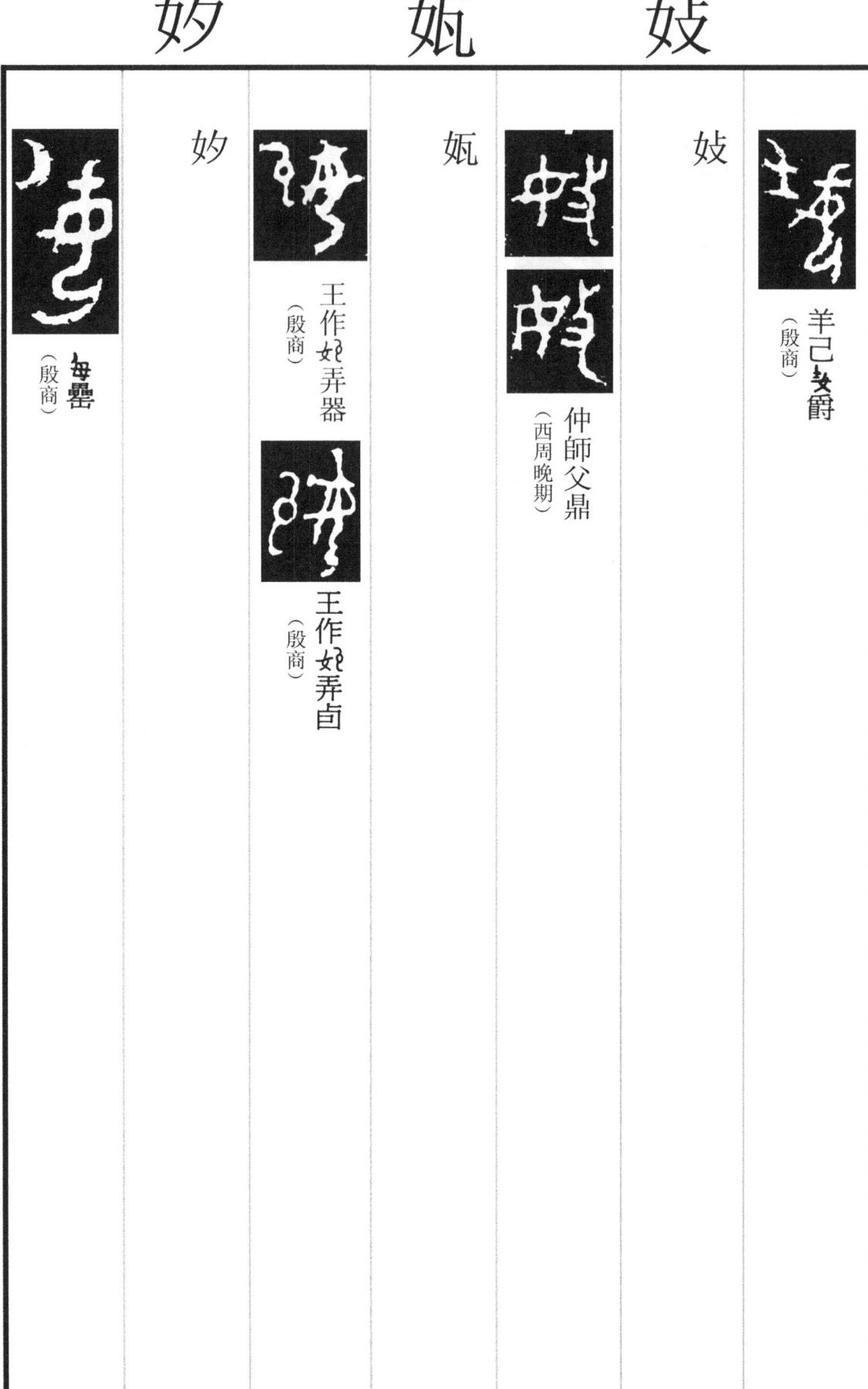

妥

tuǒ
妥

《說文解字注》曰：安也，从爪、女，與安同意。
註：安，女居于宀（屋室）。妥，女近于手，以手（爪）撫女，有安撫保護之義。妥，古文綏。

妥鼎（殷商）

子妥鼎（殷商）

妥子簋（殷商）

子妥觚（殷商）

麥方尊（西周早期）

寧簋（西周早期）

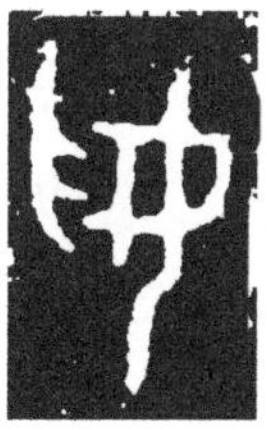

沈子它簋（西周早期） 讀為綏 用妥（綏）公唯壽

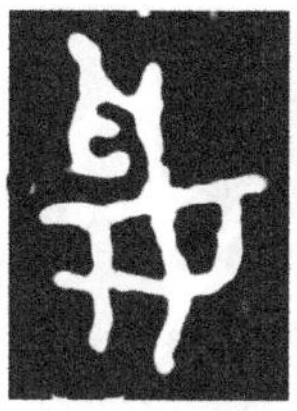

或者鼎（西周中期）

𤼈鐘（西周中期） 讀為綏 業妥（綏）厚多福

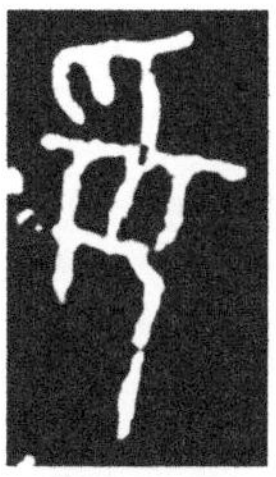

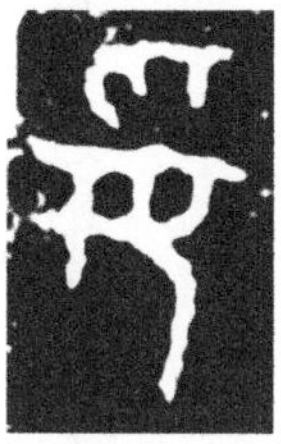

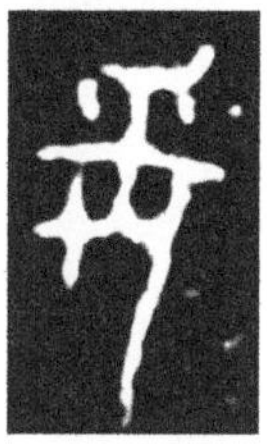

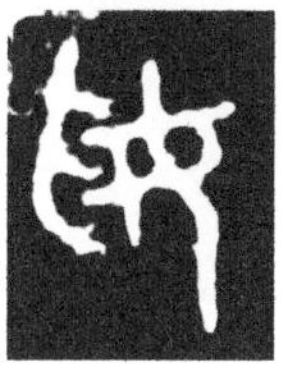

𤼈𣪘（西周中期） 讀為綏

𢦔方鼎（西周中期）

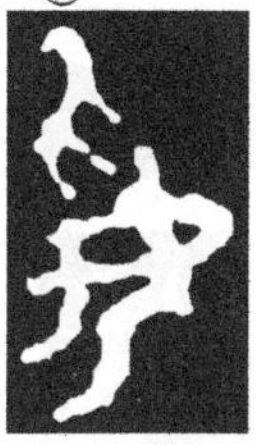

師𩛥鼎（西周中期）

鄭井叔鐘（西周晚期）

蔡姞簋（西周晚期）

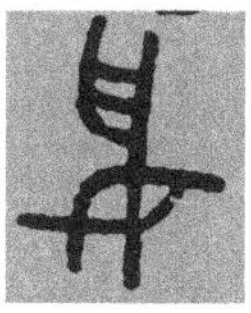

晉姜鼎（春秋早期）

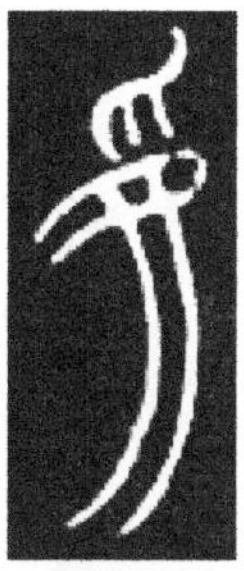

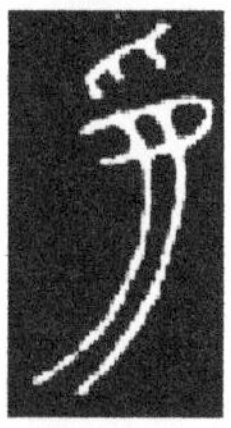

曾侯乙鐘（戰國早期）

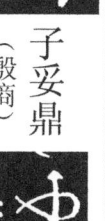

⿱二女 佞　⿰女白　⿰女只 妓　⿰女羊

nìng
⿱二女

註：⿱二女，或為佞字。

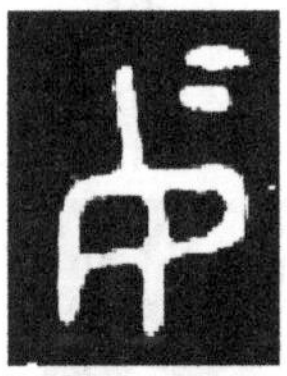
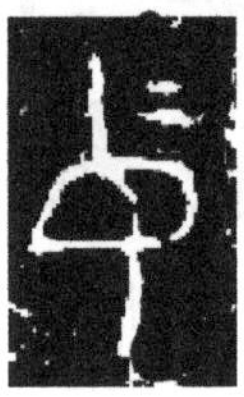
丼人⿱二女鐘（西周晚期）

bó
⿰女白

註：⿰女白，長女之稱謂，从女、白聲。

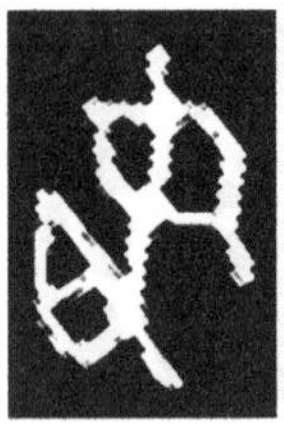
郳伯鬲（春秋早期）　讀為⿰女白
郳⿰女白□母鑄其饈鬲

jì
⿰女只

註：⿰女只，或為妓之別體字。古文肢或作胑、枝或作枳，从只同从支，均為聲符。

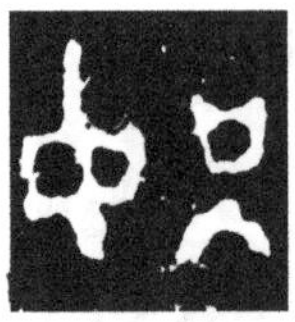
取膚盤（西周晚期）

取膚匜（西周晚期）　或讀為妓
用媵之隸⿰女只（妓）

⿰女羊

⿰女⿱㐅右 ⿰女杠 ⿰女自

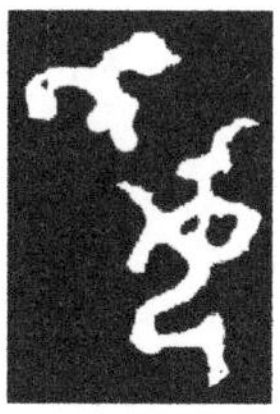

婦姘告鼎（殷商）

⿰女自

[illegible]攺段（西周早期）

⿰女杠

子木觚（殷商）

⿰女⿱㐅右

子⿰女⿱㐅右逆子壺（戰國晚期）

婇

咸婇子作且丁鼎（殷商）

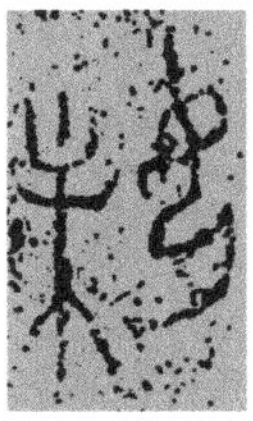

冉串婇觚（殷商）

xiàn dān 娊

《字彙》曰：娊，女細腰貌。《龍龕手鑑》曰：娊，俗妉（媅）。

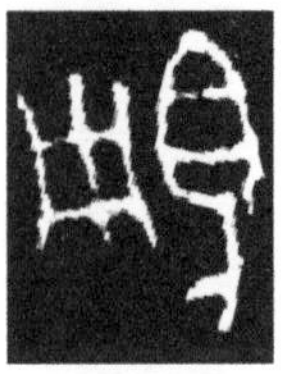

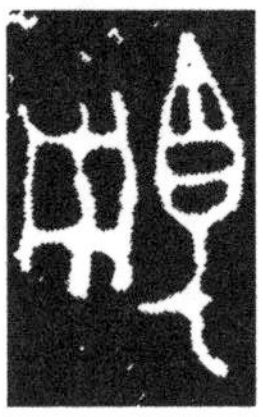

庚姬鬲（西周中期）庚姬作叔娊尊鬲 張亞初或釋為娊【殷周金文集成 引得】

yòu 媨

《集韻》曰：媨，醜（丑）也。

媨鼎（殷商）

xìn qiè 婞

《集韻》曰：婞，女字。《字彙補》曰：婞，與妾字同。註：婞，用于女人名字，或為姓氏。

婛 婤 媓

jīng
婛

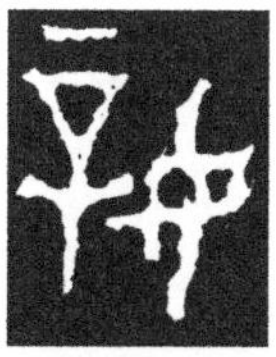

叔向父簋（西周晚期）

《集韻》曰：婛，女字。

註：婛，用于女人名字。

齊婛□爵（殷商）

齊婛□爵（殷商）

婤

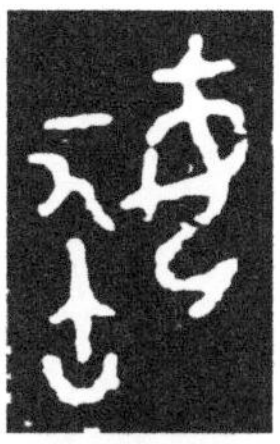
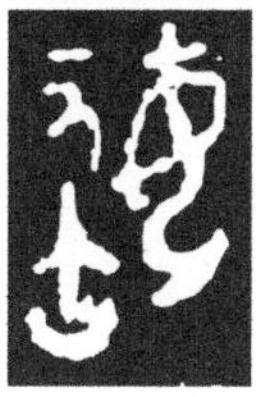

子作婦婤卣（西周早期）

huáng
媓

註：媓，傳說中舜帝之妻名。

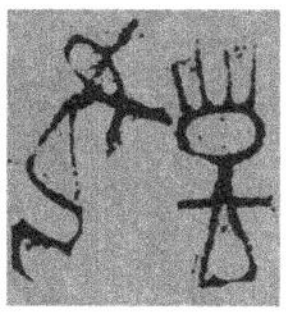

媓觚（殷商）

嫚 嬔 媵 ⿰女隶

嫚

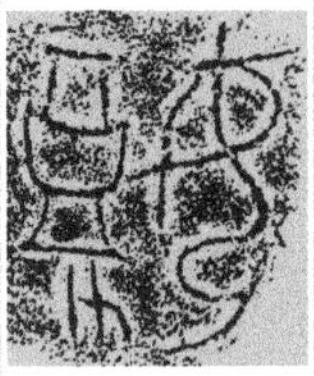

嫚殷（殷商）

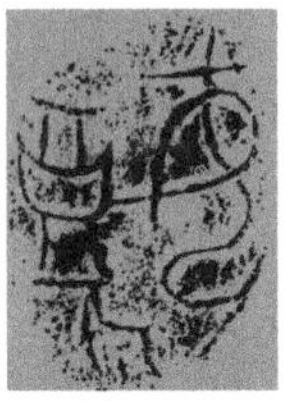

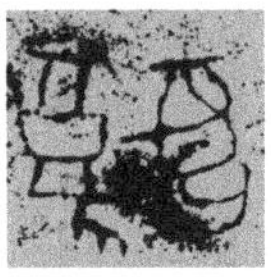

嫚卣（殷商）

嬔

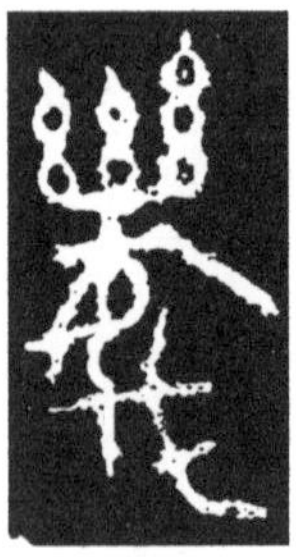

幾庤冊觚（殷商）

yìng shèng
媵

註：陪送女子出嫁曰媵。媵，或用于女人名字（讀剩音）。

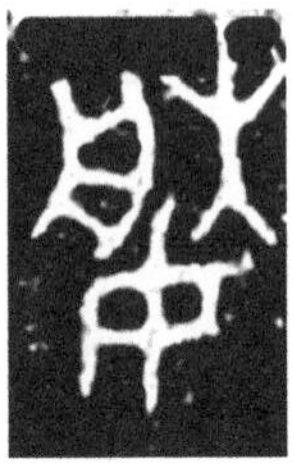

陳侯簋（西周晚期）

干氏叔子盤（春秋早期）

⿰女隶

嫊 妖 嫡

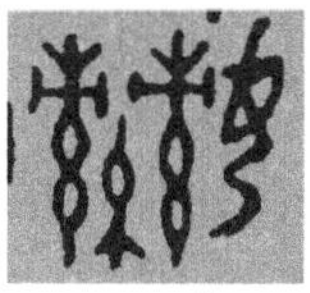
文嫊己觥（殷商）

sù
嫊

《集韻》曰：嫊，女字。

註：嫊，用于女人名字。

[illegible][illegible]方鼎（西周早期）

讀為嫊

楷仲賜厥嫊奚逐毛兩　馬匹

妖

伯先父鬲（西周中期）

嫡

婦嫡觶（西周早期）

嫞　嫮　嫊　嬨

yōng
嫞

《玉篇》曰：嫞，懶女也。註：嫞，或用于女人名字。

魯伯者父盤（春秋）

嫮

司嫮觚（殷商）

司㝁母甗（殷商）

嫊

嬨

⿰女⿱囟𢆶　⿰女畐　嬬

⿰女⿱囟𢆶

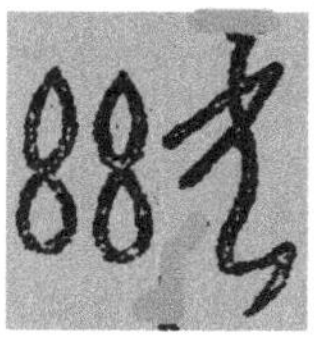

婦⿰女絲觚（殷商）

⿰女畐

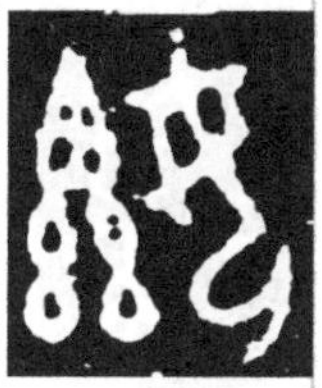

⿰𢆶攴⿱宀求⿰京攴殷（西周早期）

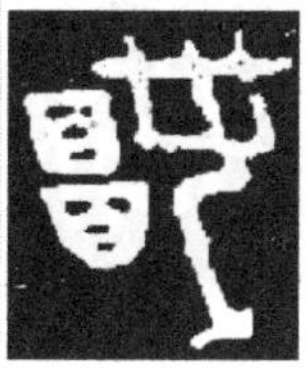

大作⿰畐攴鬲（西周早期）

嬬

鄭登伯鼎（西周晚期）

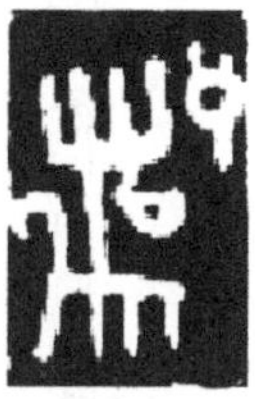

鄭登伯鬲（春秋早期）

媴　　嫊　　[甹/女] 娉

pìn
[甹/女]

註：[甹/女]，即娉字。娉女及聘問之禮古皆用此字，娉者，專詞也、聘者，泛詞也。娉，同聘，今聘行而娉廢矣。

宗婦鄁[甹/女]鼎（春秋早期）

宗婦鄁[甹/女]殷（春秋早期）

宗婦鄁[甹/女]盤（春秋早期）

宗婦鄁[甹/女]壺（春秋早期）

嫊

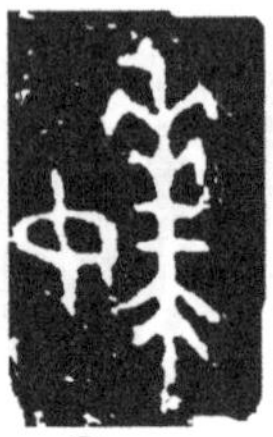
伯乚鼎（西周晚期）

鼄友父鬲（春秋早期）

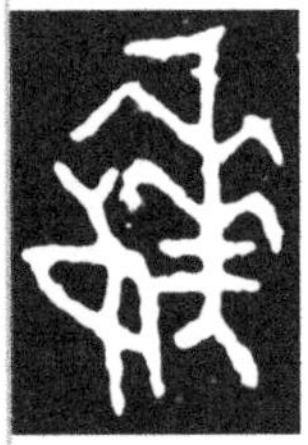

杞伯每亡壺（春秋早期）

杞伯每亡鼎（春秋早期）

媴

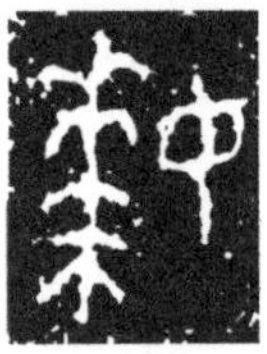
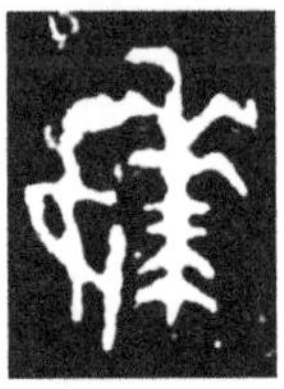

杞伯每亡殷（春秋早期）

嬌

嬌

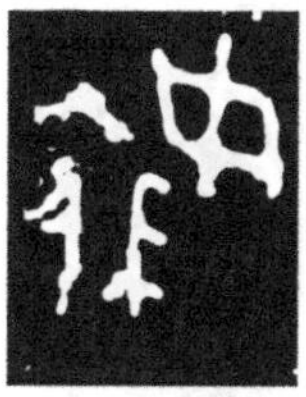

伯蔡父簋（西周中期）

⿰女鼓

⿰女鼓

𢿢父癸爵（西周早期）

母鼓罍（殷商）

嬭 奶

nǎi ěr nǐ 嬭

《玉篇》曰：嬭，乳也。《正字通》曰：嬭，改作奶。《廣雅》曰：嬭，母也。

註：嬭，即奶之古文。嬭，或讀為妳，同你，指女性。

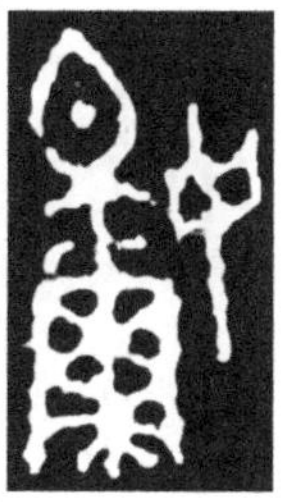

曾侯簠（西周晚期）

鄀公簠盖（春秋早期）

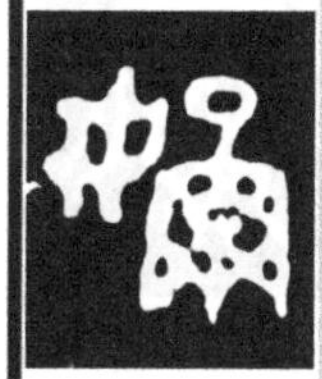

楚季咩盘（春秋）

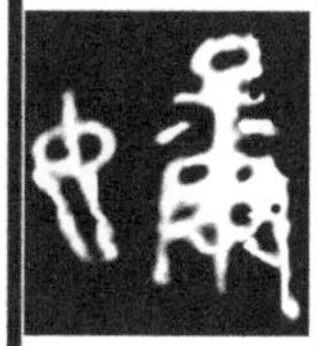

曾孟嬶諫盆（春秋）

妳（嬭） 嫛 嬉

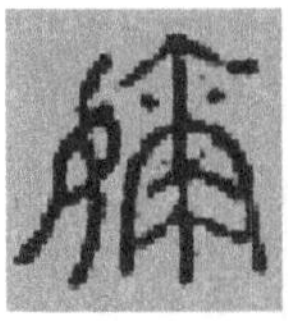
楚王鐘（春秋）

王子申盞蓋（春秋）

楚屈子赤角簠（春秋晚期）

ěr nǐ
妳

註：妳，同嬭，同你，指女性。

鄦侯少子殷（春秋）
讀為妳
妳作皇妣□君中妃祭器八簋

嫛

嫛方鼎（西周早期）

嬉

嬉卣（殷商）

嬉器（殷商）

嬣 ⿰女褱 ⿰女龏 ⿰女⿱⿰田田子

嬣

伯遱父𣪘蓋（西周晚期）

huái
⿰女褱

《玉篇》曰：⿰女褱，和也。《集韻》曰：⿰女褱，安和也。

⿰女龏

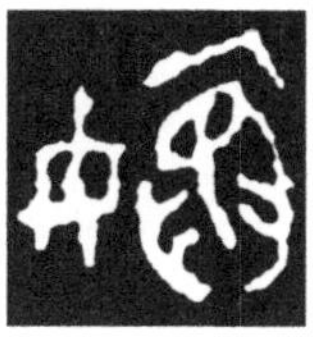

季宮父簠（西周晚期） 讀為⿰女褱 季公父作仲姊⿰女褱姬媵簠

⿰女⿱⿰田田子

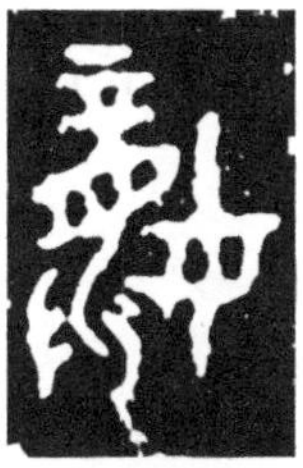

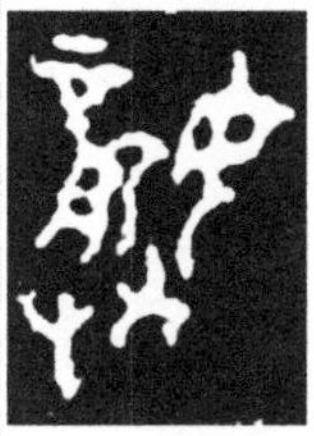

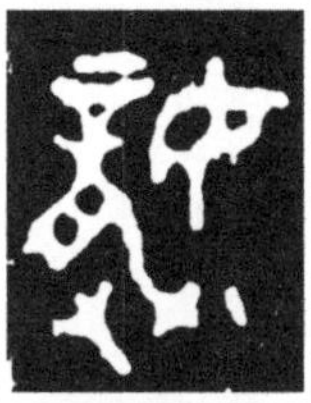

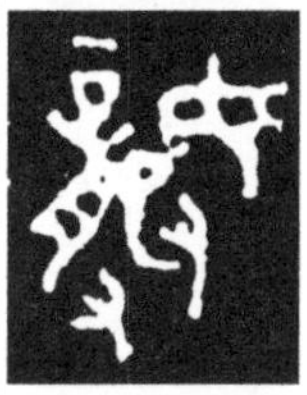

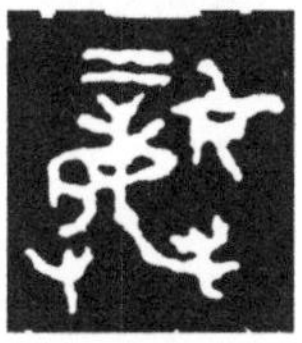

伯沕父𣪘（西周晚期）

[illegible]

邾旂士鐘

【金文編】

[illegible]

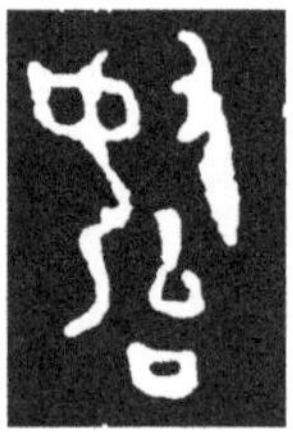

匽侯旨鼎
（西周早期）

[illegible]

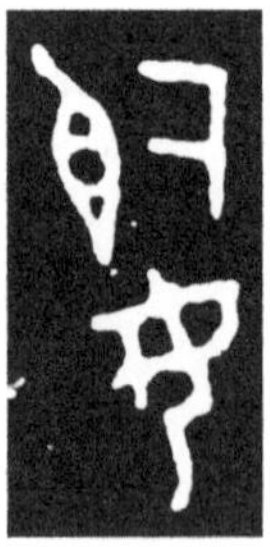

雝[illegible]𣪘
（西周早期）

[illegible]

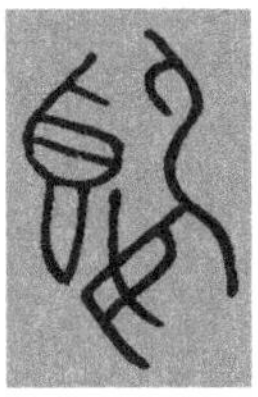

封孫宅盤

【金文編】

⿰女出 惱 妢 ⿰女音 妞

hào niū
妞

《集韻》曰：妞，姓也。

註：妞，方言，對女孩之昵稱。妞，或為姓氏。

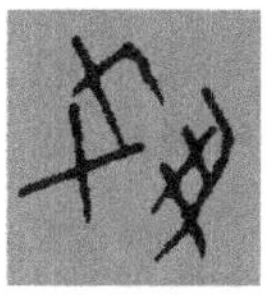

上郡守疾戈（戰國）【古文字類編】

ān
⿰女音

註：物不淨曰⿰女音。

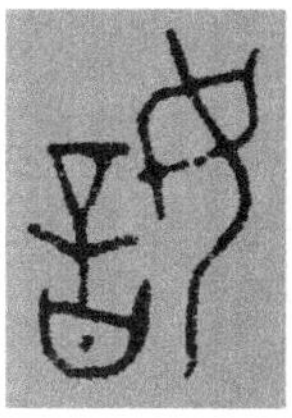

改⿰女音簋（春秋）【古文字類編】

fén
妢

註：妢胡，古國名。

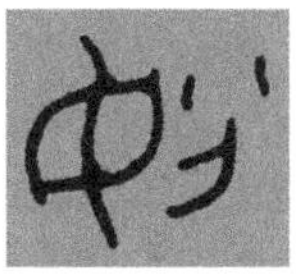

其侯簋（西周晚期）【古文字類編】

nǎo
⿰女出

《龍龕手鑑》曰：⿰女出，俗⿰女𡿺（惱）。

毋

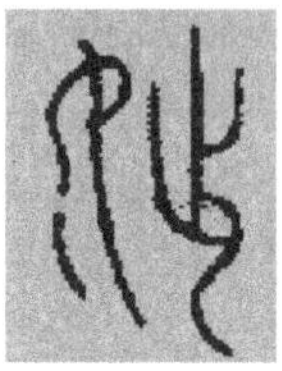
叔尸鐘（春秋晚期）

wú 毋

《說文》曰：止之（詞）也，从女，有奸之者。

註：毋，否定詞，母聲。小篆將母字兩點，變為一貫穿女字之橫畫，有禁止其奸之義。金文與母同字。

毛公旅鼎（西周早期） 讀為毋 肆母（毋）有弗競

師旂鼎（西周中期） 今母（毋）播

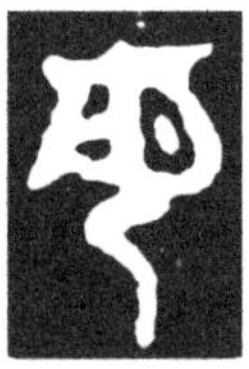
師隹鼎（西周中期） 母（毋）庸有忘

㦰方鼎（西周中期）

毛公鼎（西周晚期） 汝母（毋）敢荒寧

善夫山鼎（西周晚期） 母（毋）敢不善

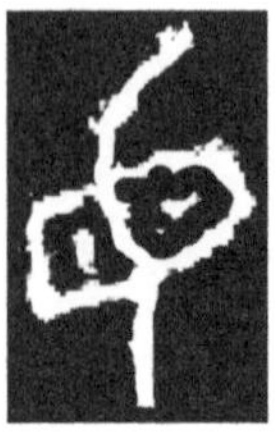
逆鐘（西周晚期） 母（毋）有不聞知

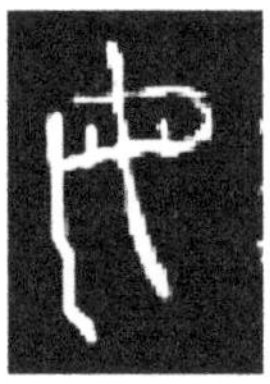
齊侯鎛（春秋中期） 用祈壽老母（毋）死

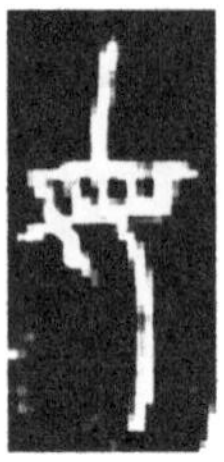
魚鼎匕（戰國） 母（毋）處其所

中山王嚳鼎（戰國晚期） 母（毋）忘爾邦

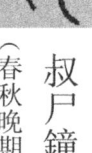

mín
民

《說文》曰：眾萌也，从古文之象。古文民。註：古民字像以錐刺目狀，即為盲。上古時將戰俘刺瞎左目用做奴隸，稱為民，此為早期民之本義。後世將土著百姓稱為民、外來者稱氓。古民、氓、盲同字。

何尊（西周早期）

大盂鼎（西周早期）

史墻盤（西周中期）

班簋（西周中期）

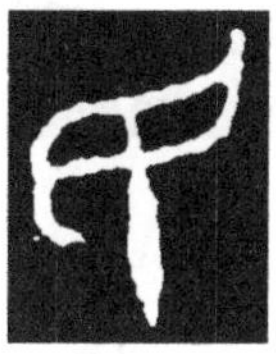
㝬殷（西周晚期）

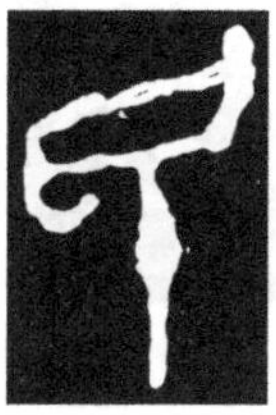
大克鼎（西周晚期）

曾子斿鼎（春秋早期）

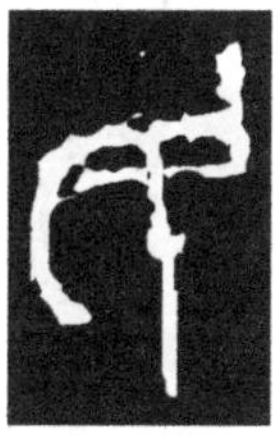
秦公簋（春秋早期）

洹子孟姜壺（春秋）

齊侯鎛（春秋中期）

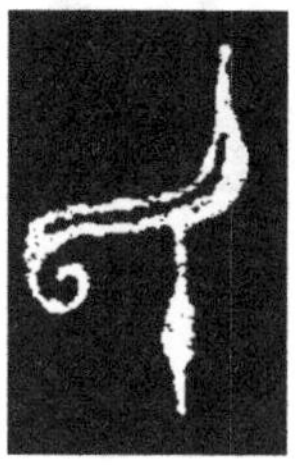
王子午鼎（春秋中期）

余購逐兒鐘（春秋晚期）讀為民 子孫用之後民是語

王孫遺者鐘（春秋晚期）

陳喜壺（戰國早期）

魚鼎匕（戰國）

好蚉壺（戰國晚期）

中山王嚳方壺（戰國晚期）

fú
弗

《說文》曰：撟（矯）也，从丿、从乀、从韋省。註：弗字像兩不平直之物，以革韋或曰繩索扎束，使之平直，曰矯枉拂正，此為弗之本義。弗，又借為否定副詞，相當于不。弗，同拂、同佛。

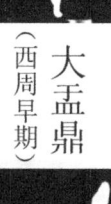

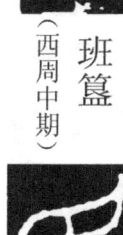

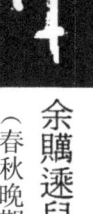

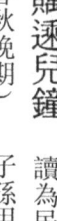

乃孫罍（殷商）

旂鼎（西周早期）

毛公旅鼎（西周早期）

耳卣（西周早期）

杕駿觥蓋（西周早期）

[illegible]弗生甗（西周早期）

師望鼎（西周中期）

班簋（西周中期）

曶鼎（西周中期）

師旂鼎（西周中期）

癲鐘（西周中期）

癲殷（西周中期）

小臣鼎（西周中期）

尹姞鬲（西周中期）

史墻盤（西周中期）

盠駒尊（西周中期）

筥小子殷（西周晚期）

鬲比殷（西周晚期）

師寰殷（西周晚期）

番生簋（西周晚期）

不嬰殷（西周晚期）

羌伯簋（西周晚期）

五年召伯虎簋（西周晚期）

井人妄鐘（西周晚期）

鬲攸从鼎（西周晚期）

禹鼎（西周晚期）

毛公鼎（西周晚期）

大簋（西周晚期）

弗奴父鼎（春秋早期）

哀成叔鼎（戰國）

十年弗官容齋鼎（戰國晚期）

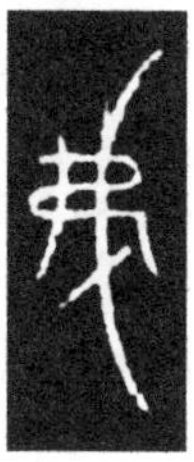

好盗壺（戰國晚期）

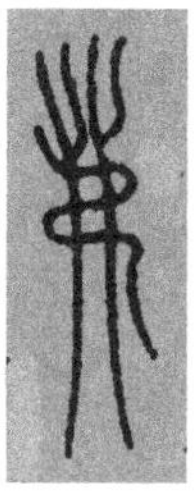

新弨戟（戰國）

弋

yì 弋

《說文》曰：橜（橛）也，象折木衺（邪）銳著（者）形。从丿，象挂之也。

《玉篇》曰：弋，橛也，所以掛物，今作杙。註：弋，修成邪尖形木橛著于地面或牆壁，以栓牲口或掛物。

史牆盤（西周中期）　讀為式　弋（式）貯授牆爾處福

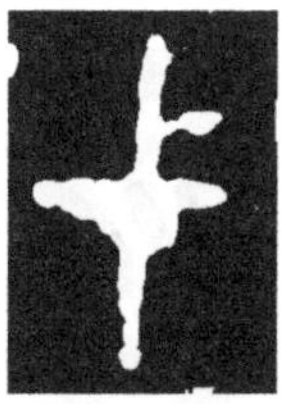

曶鼎（西周中期）

作冊益卣（西周中期）

瘐鐘（西周中期）

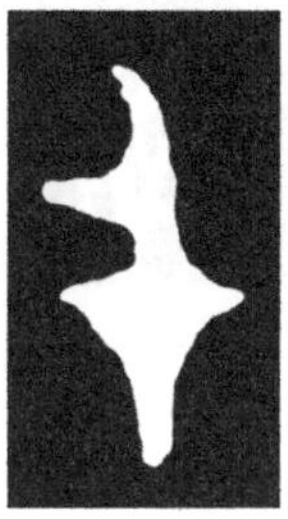

師隹鼎（西周中期）

𢦏方鼎（西周中期）

農卣（西周中期）

五年召伯虎簋（西周晚期）　讀為式

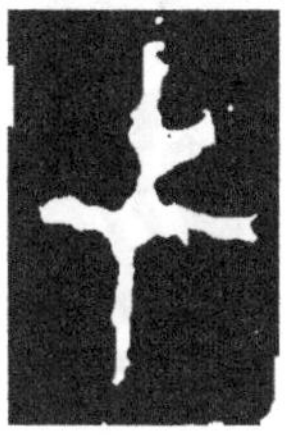

儹匜（西周晚期）　亦即從辭從誓弋（式）苛

也

yě yí 也

《說文》曰：女陰也，象形。《正字通》曰：也，盥器，即古文匜字。註：古它、也同字，像蛇蟲之形。它，即蛇之本字。周代末期至秦初（它），變作（也），或用爲語詞字，漸與它字相分別。

𤔲馬南叔匜（西周晚期）

魯伯愈父匜（西周晚期）

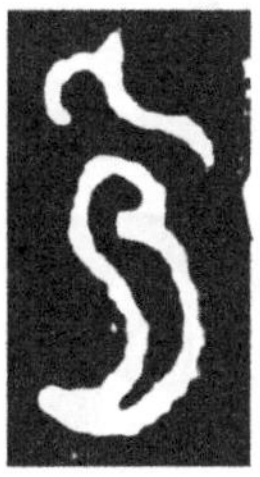

袓仲無龍匜（西周晚期）

取膚匜（西周晚期）

埒飤生匜（西周晚期）

伯吉父匜（西周晚期）

隽叔匜（西周晚期）

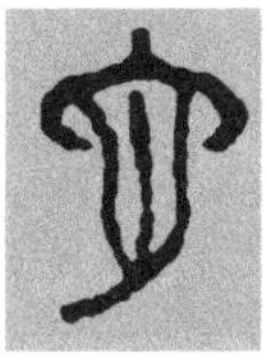
孟皇父匜（西周晚期）

吳作姬匜（西周晚期）

蔡侯匜（西周晚期）

匽伯聖匜（西周晚期）

鄭義伯匜（西周晚期）

穌甫人匜（西周晚期）

黃仲匜（西周晚期）

召樂父匜（西周晚期）

㠱孟姜匜（西周晚期）

周窀匜（西周晚期）

圅皇父匜（西周晚期）

伯正父匜（西周晚期）

叔高父匜（西周晚期）

寒戊匜（西周晚期）

叔男父匜（西周晚期）

番□匜（西周晚期）

子仲伯匜（春秋早期）

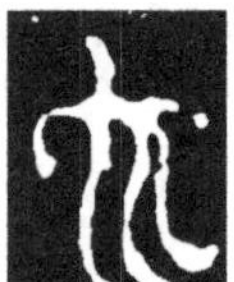
齊侯匜（春秋早期）

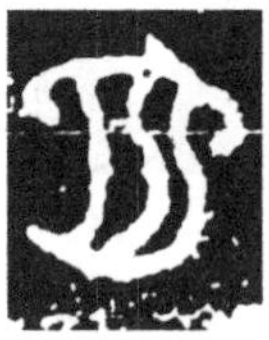
無疆匜（春秋）

郾湯伯匜（春秋早期）

樊夫人龍嬴匜（春秋早期）

樊君匜（春秋）

欒書缶（春秋）

魯士商䖒匜（春秋）

鑄子⿰犭無匜（春秋）

㠱伯⿱宀⿰女壬父匜（春秋）

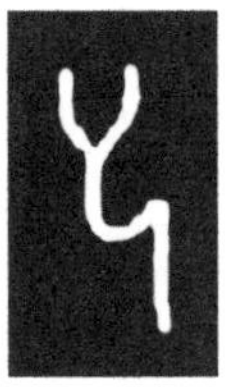
庚壺（春秋晚期）

氏 

shì
氏

註：氏，象帶根之人形，一點象種子，其義亦人之根柢、根源，以此引申為氏族、姓氏。上古母系社會，氏，為姓之支系，男子稱氏、母系稱姓。後，對已婚婦女用其父之姓氏做稱謂。氏，或假借為是。

曾侯乙鐘（戰國早期）

平安君鼎（戰國晚期）

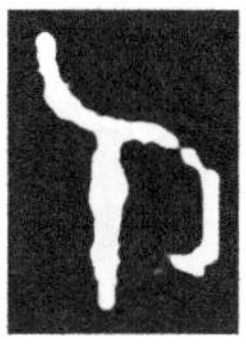
小臣氏鼎（西周早期）

令鼎（西周早期）

作任氏簋（西周早期）

樠侯𣪘（西周早期）

何尊（西周早期）

𤼈鐘（西周中期）

伯上父鬲（西周中期）

衛鼎（西周中期）

嬴氏鼎（西周中期）

師遽簋（西周中期）

師瘨𣪘（西周中期）

彔𢦏卣（西周中期）

長甶盉（西周中期）

梻氏車父壺（西周中期）

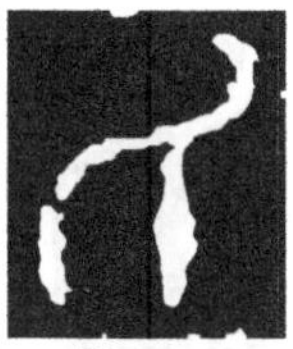
公貿鼎（西周中期）

螨鼎（西周中期）

伯𤇈𣪘蓋（西周中期）

乎簋（西周中期）

𢦚𣪘（西周中期）

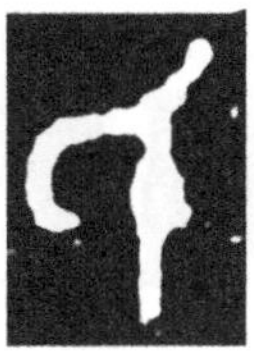
永盂（西周中期）

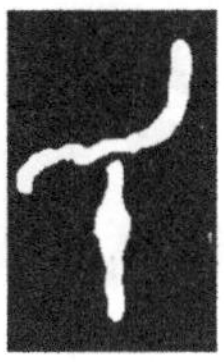
姞氏簋（西周）

散氏盤（西周晚期）

犀氏詹鐘（西周晚期）

益公鐘（西周晚期）

逆鐘（西周晚期）

士父鐘（西周晚期）

虢季氏子段鬲（西周晚期）

內公里（西周晚期）

𡨦季鼎（西周晚期）

大克鼎（西周晚期）

王作姜氏簋（西周晚期）

頌鼎（西周晚期）

毛公鼎（西周晚期）

䨲兌毀（西周晚期）

五女召伯虎簋（西周晚期）

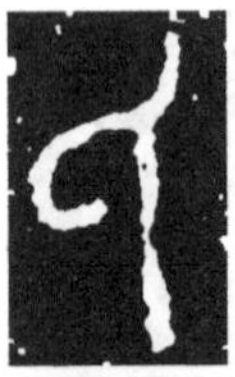

侯氏簋（西周晚期）

叔妣毀（西周晚期）

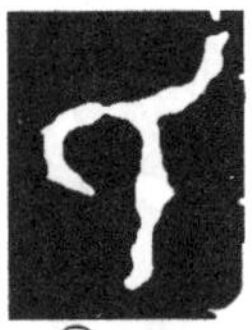
楚簋（西周晚期）

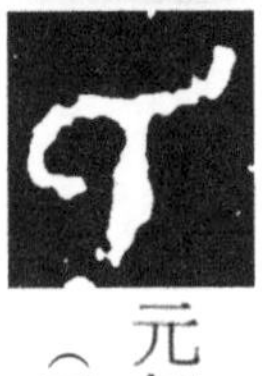
元年師旋毀（西周晚期）

兌簋（西周晚期）

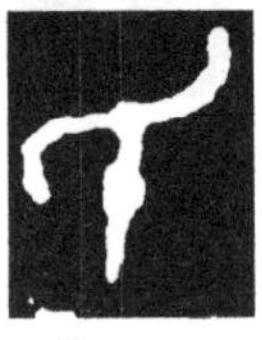
𣞀簋（西周晚期）

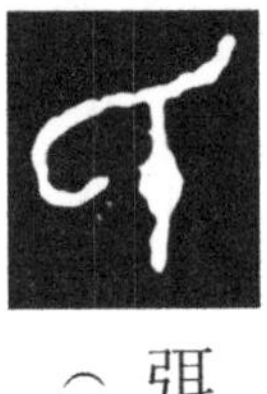
弭叔師察簋（西周晚期）

不嬰毀（西周晚期）

頌簋（西周晚期）

師嫠毀（西周晚期）

尹氏貯良簠（西周晚期）

伯庶父壺（西周晚期）

湯叔盤（西周晚期）

伯高父甗（春秋早期）

虢季氏鬲（春秋早期）

叔牙父鬲（春秋早期）

伯氏鼎（春秋早期）

厥 氒

干氏叔子盤（春秋早期）

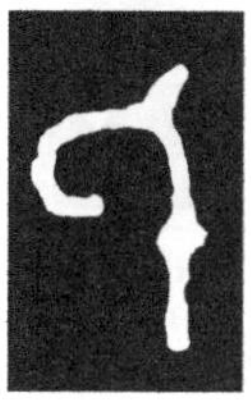

毛叔盤（春秋早期）

齊侯鎛（春秋中期）

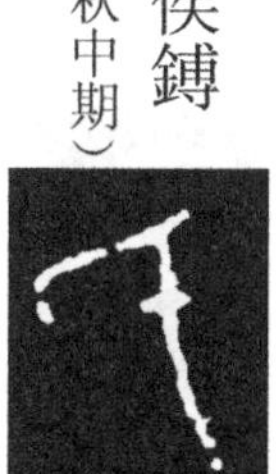

國差𨮁（春秋）

嬴氏簠（春秋）

吳王御士簠（春秋）

厚氏簠（春秋）

齊䧅氏鐘（春秋晚期）

𩧢氏鐘（戰國早期）

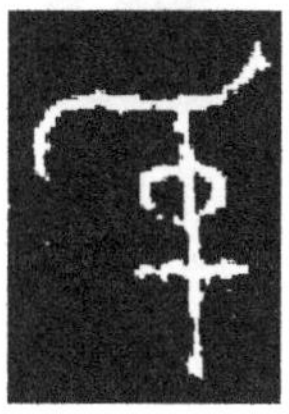

王氏官鼎（戰國）

杅氏鼎（戰國晚期）

中山王譻鼎（戰國晚期）讀為是

氏（是）以寡人許之

jué 氒

註：金文均以氒，作厥。氒與氏金文字形相近。

竟鼎（殷商）

朿人口父簋（西周早期）

向方鼎（西周早期）

姑曶母鼎（西周早期）

叔具鼎（西周早期）

斿鼎（西周早期）

庚𢆶鼎（西周早期）

𦀚侯鼎（西周早期）

先獸鼎（西周早期）

辛鼎（西周早期）

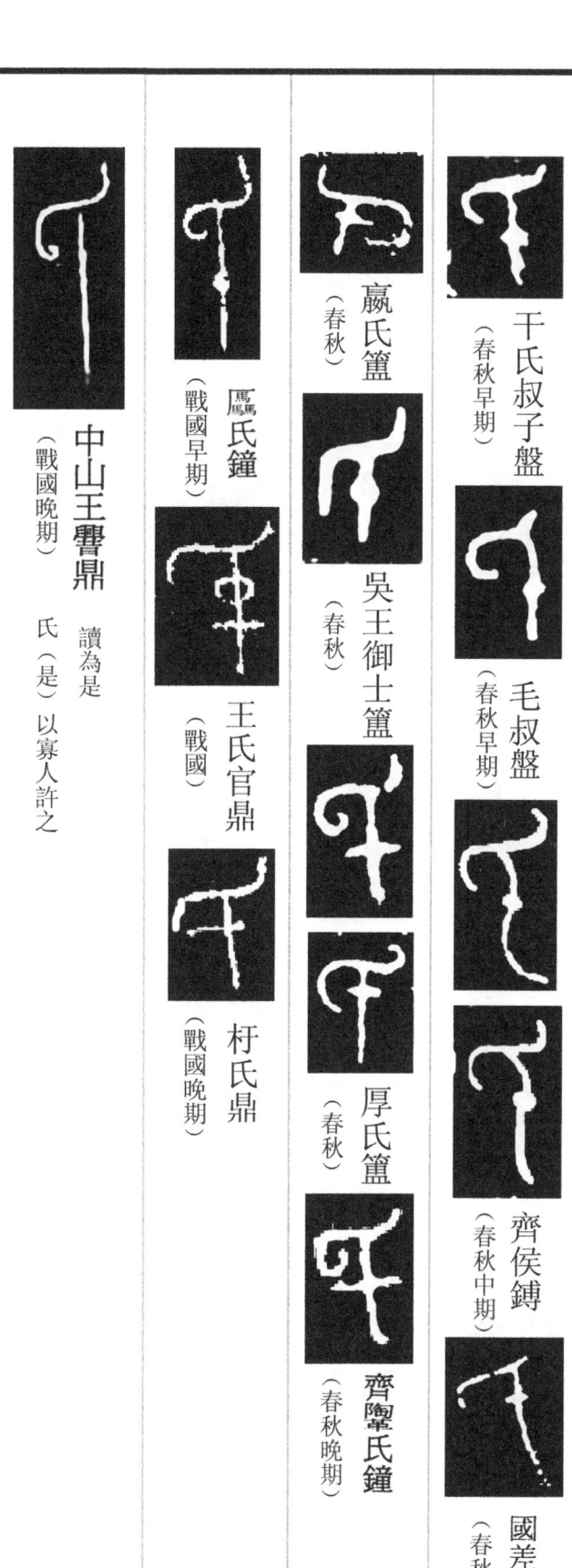

欽段（西周早期）

𪓐段（西周早期）

敔簋（西周早期）

珝段（西周早期）

天君簋（西周早期）

原趠方鼎（西周早期）

伯姜鼎（西周早期）

大盂鼎（西周早期）

向簋（西周早期）

嗣土嗣段（西周早期）

小臣謎段（西周早期）

大保簋（西周早期）

獻簋（西周早期）

宜侯夨簋（西周早期）

周公簋（西周早期）

伯䣄段（西周早期）

易𠂤段（西周早期）

𡨦段（西周早期）

𤔲段（西周早期）

伯𩛥卣（西周早期）

戈罟卣（西周早期）

向卣（西周早期）

竟卣（西周早期）

鄉卣（西周早期）

洛伯𨑓卣（西周早期）

伯卣（西周早期）

伯尊（西周早期）

庚嬴卣（西周早期）

竟尊（西周早期）

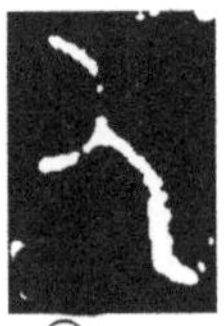
鄉尊（西周早期）

作氒皇考尊（西周早期）

𦔻尊（西周早期）

洛伯𨑓尊（西周早期）

能匋尊（西周早期）

由伯尊（西周早期）

矢令方尊（西周早期）

冶徭觶（西周早期）

竟作彝罍（西周早期）

呂伯觶（西周早期）

作厥父爵（西周早期）

伯罍（西周早期）

井侯方彝（西周早期）

逘盤（西周早期）

[illegible]逘盉（西周早期）

史墻盤（西周中期）

帥隹鼎（西周中期）

窓鼎（西周中期）

衛鼎（西周中期）

螨鼎（西周中期）

或方鼎（西周中期）

班簋（西周中期）

縈叔卣（西周中期）

異卣（西周中期）

農卣（西周中期）

效卣（西周中期）

癲鐘（西周中期）

伯陶鼎（西周中期）

孟簋（西周中期）

虘簋（西周中期）

肄毁（西周中期）

昚毁（西周中期）

追簋（西周中期）

格伯簋（西周中期）

同簋（西周中期）

或毁（西周中期）

趞觶（西周中期）

倗尊（西周中期）

盠駒尊（西周中期）

番匊生壺（西周中期）

裘衛盉（西周中期）

大鼎（西周中期）

師旂鼎（西周中期）

師翻鼎（西周中期）

九年衛鼎（西周中期）

曶鼎（西周中期）

陽尹簋（西周中期）

呂伯簋（西周中期）

伯中父簋（西周中期）

史生簋（西周中期）

永盂（西周中期）

宗周鐘（西周晚期）

禹鼎（西周晚期）

大克鼎（西周晚期）

毛公鼎（西周晚期）

筥小子段（西周晚期）

㳄其鐘（西周晚期）

虢叔旅鐘（西周晚期）

蔡姞簋（西周晚期）

走簋（西周晚期）

番生簋（西周晚期）

散氏盤（西周晚期）

兮甲盤（西周晚期）

師寰段（西周晚期）

鄀公平侯鼎（春秋早期）

秦公簋（春秋早期）

秦公鎛（春秋早期）

邾公釸鐘（春秋）

吳王夫差鑑（春秋）

鼄公華鐘（春秋晚期）

盜叔壺（春秋晚期）

臧孫鐘（春秋晚期）

蔡侯鈕鐘 或从口（春秋晚期）

配兒句鑃（春秋晚期）

姑馮句鑃（春秋晚期）

氐 

戈 

dǐ dī
氐

塦侯因脊敦
（戰國晚期）

中山王嚳鼎
（戰國晚期）

中山王嚳方壺
（戰國晚期）

《說文》曰：至也，从氐，下箸一。《說文解字注箋》曰：氐，即根氐本字，相承增木為柢。《說文解字部首訂》曰：氐，即底之古文。《正字通》曰：氐，與低同。註：氐，至也，抵達、到達。

匍盉
（西周早期）
【近出殷周金文集錄】

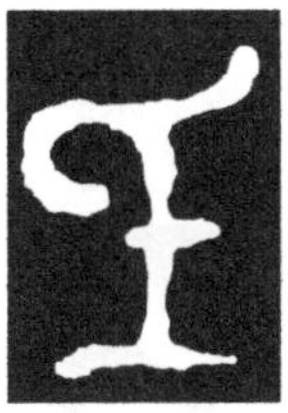
[illegible]金氏孫盤
（春秋早期）

gē
戈

註：戈，古兵器，象形字。

戈鼎
（殷商）

北單戈盤
（殷商）

戈亙甗
（殷商）

戈簋
（殷商）

戈觶
（殷商）

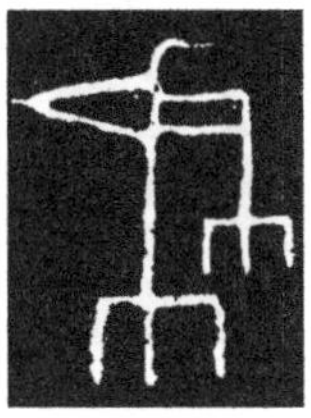
戈罍
（殷商）

辛戈觚
（殷商）

戈觶
（殷商）

戈卣
（殷商）

戈父甲甗
（西周早期）

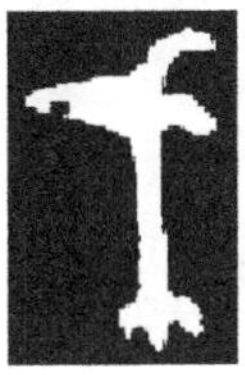
宁戈乙父甗
（西周早期）

戈父辛鼎
（西周早期）

戈且己尊
（西周早期）

戈[illegible]觶（西周早期）

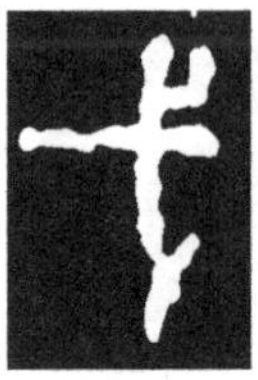
麥方尊（西周早期）

小臣宅簋（西周早期）

呂自戈（西周早期）

師奎父鼎（西周中期）

伯晨鼎（西周中期）

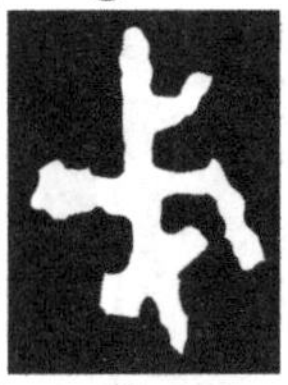
虘簋（西周中期）

王臣簋（西周中期）

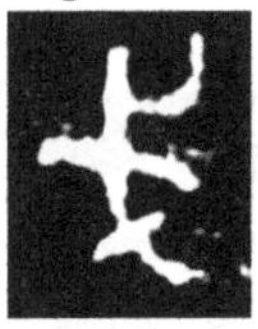
走馬休盤（西周中期）

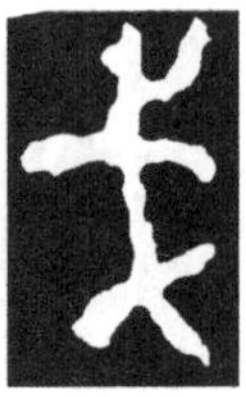
[illegible]殷（西周中期）

逆鐘（西周晚期）

無叀鼎（西周晚期）

輔師嫠殷（西周晚期）

寰盤（西周晚期）

五年師旋殷（西周晚期）

弭伯師耤殷（西周晚期）

訇簋（西周晚期）

元徒戈（春秋早期）

高子戈（春秋早期）

戈戈（春秋早期）

囂仲之子伯剌戈（春秋早期）

監戈（春秋）

高密戈（春秋）

中都戈（春秋）

曹右庛戈（春秋）

宋公䜌戈（春秋晚期）

曾侯乙戈（戰國早期）

叔孫殺戈（戰國早期）

仕斤徒戈（戰國早期）

叔孫殺戈（戰國早期）

墜[illegible]子戈（戰國）

左行議率戈（戰國晚期）

郾王詈戈（戰國晚期）

肇 

zhào
肇

《說文》曰：上諱。註：肈，後漢和帝名諱。肈、肇同字。

高平戈（春秋） 从金

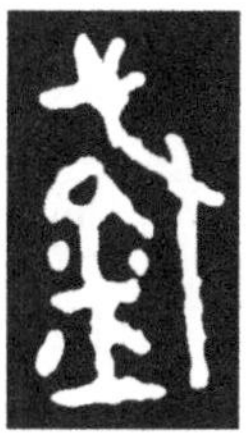
陳胎戈（戰國）

厤方鼎（西周早期）

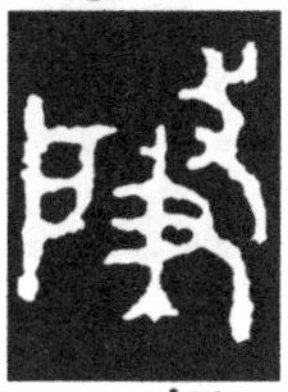
叔□作南宮鼎（西周早期）

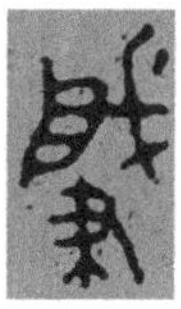
壴鼎（西周早期）

耳尊（西周早期） 讀為肈 肈作京公寶尊彝

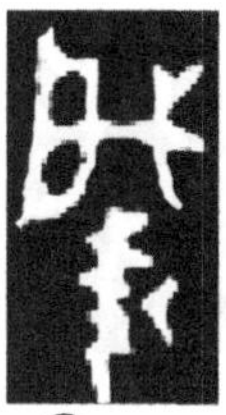
𤼈鐘（西周中期）

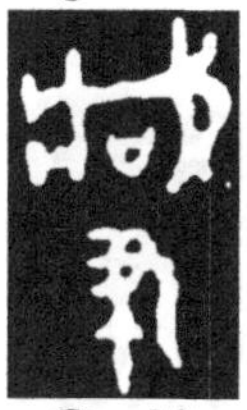
甚諆臧鼎（西周中期）

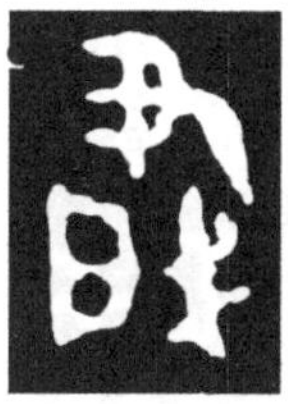
衛鼎（西周中期）

㦰方鼎（西周中期）

善鼎（西周中期）

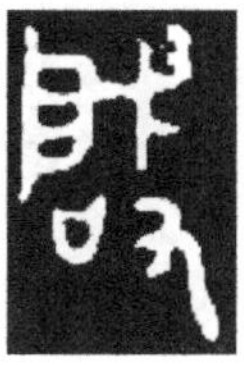
訢啓鼎（西周中期）

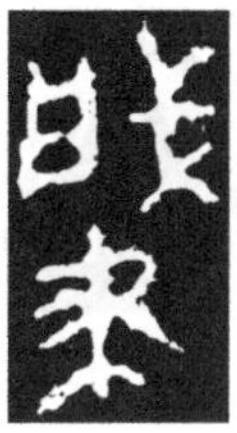
師望鼎（西周中期）

師𩛥鼎（西周中期）

史牆盤（西周中期） 讀為肈 用肈徹周邦

滕虎毁（西周中期） 或省戈

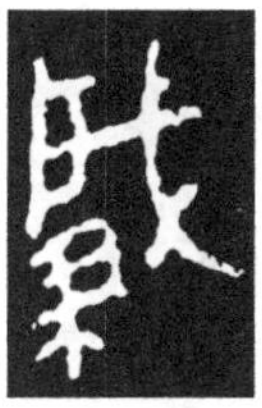
季魯毁（西周中期）

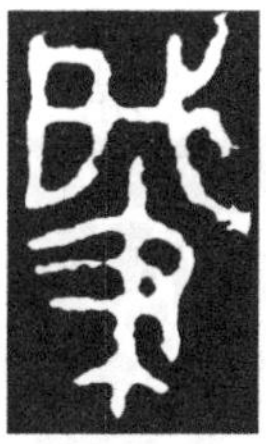
彔伯㦰毁（西周中期）

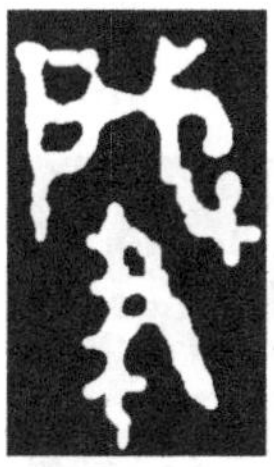
服方尊（西周中期）

虢叔旅鐘（西周晚期） 或从口

宗周鐘（西周晚期）

多友鼎（西周晚期）

塱肇家鬲（西周）

賊

單伯昊生鐘（西周晚期）

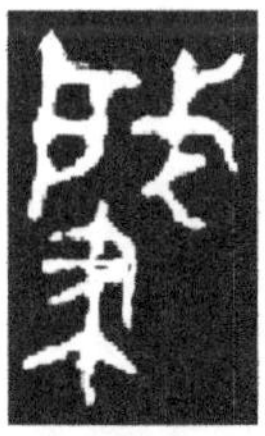

㳄其鐘（西周晚期）

毛公鼎（西周晚期）

𣝣季𣪘（西周晚期）

鑄子叔黑𦣞𣪘（西周晚期）

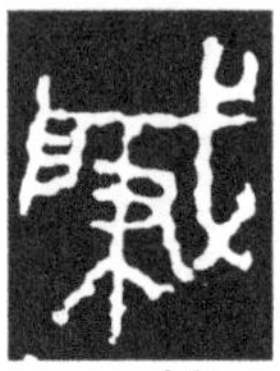
鑄子叔黑𦣞鼎（西周晚期）

鑄子叔黑𦣞簠（春秋早期）

伯椃虘𣪘（西周晚期）

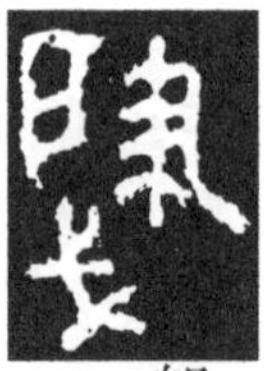
般仲豦簠（西周晚期）

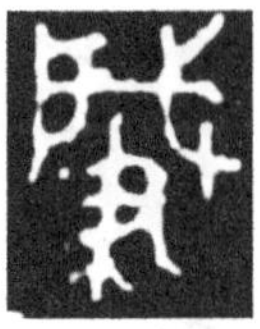
叔向父禹簋（西周晚期）

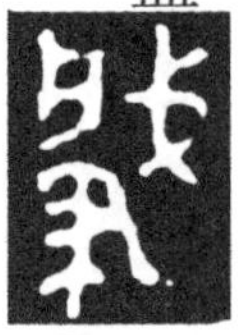
不嬰𣪘（西周晚期）

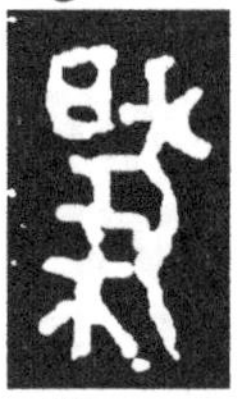
𣪕𣪘（西周晚期）

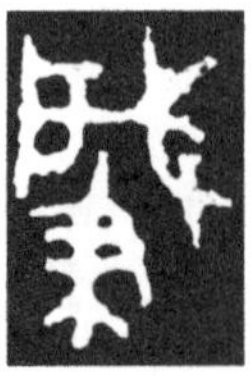
師頮𣪘（西周晚期）

交君子𡗝簠（西周晚期）

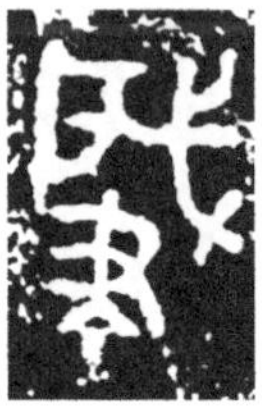
交君子𡗝壺（西周晚期）

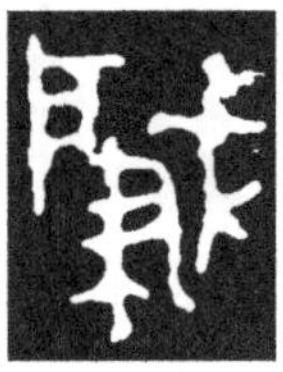
魯士商𠭯𣪘（西周晚期）

師寰𣪘（西周晚期）

魯仲齊鼎（春秋早期）

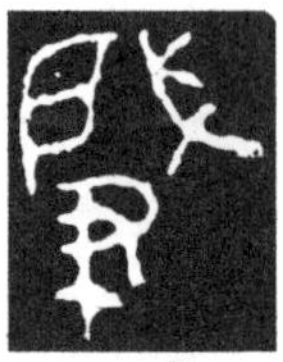
魯𤔲徒仲齊盨（春秋早期）

魯𤔲徒仲齊匜（春秋早期）

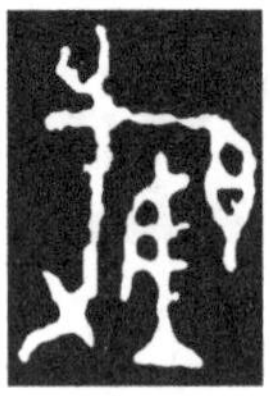
魯𤔲徒仲齊盤（春秋早期）

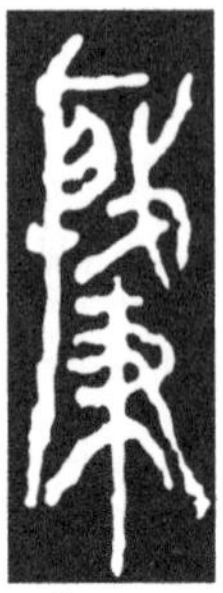
禾簋（春秋晚期）

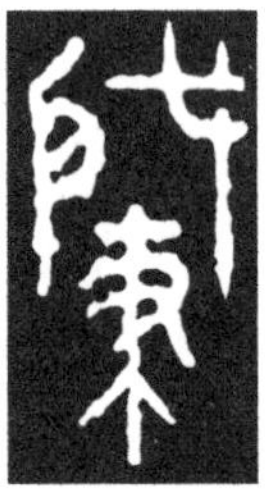
齊陳曼簠（戰國早期）

zéi
賊

《説文》曰：敗（壞）也。《玉篇》曰：賊，傷害人也。盜也。

戍

戰

己戍鼎（殷商）

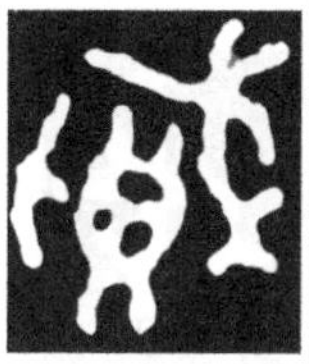
散氏盘（西周晚期） 讀為賊 實余有散氏心賊

黄君孟戈（戰國）【古文字類編】

shù
戍

《說文》曰：守邊也，从人持戈。

註：戍，像人執戈戍邊，守衛邊疆。

戍父辛觥（殷商）

戍甬鼎（殷商）

戍嗣子鼎（殷商）

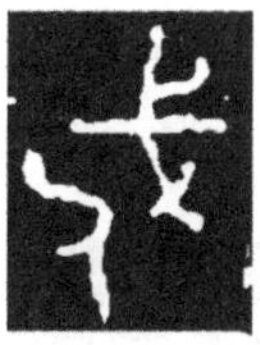
鼒𣪕（西周早期）

善鼎（西周中期）

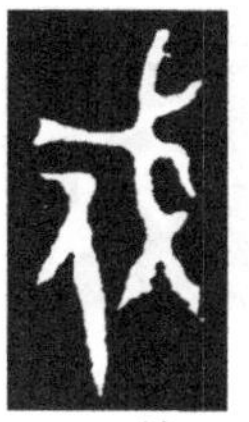
作冊夨令簋（西周早期）

遇甗（西周中期）

史戍作父壬卣（西周早期）

彔刻卣（西周中期）

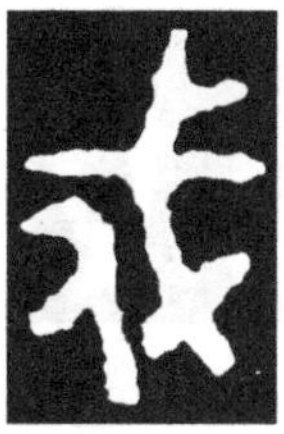

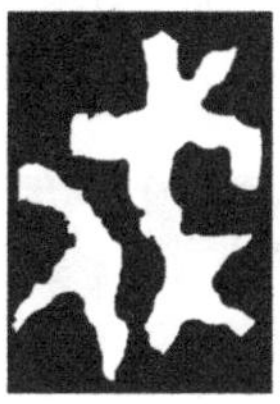
競卣（西周中期）

zhàn
戰

《說文》曰：鬭（斗）也，从戈、單聲。

《說文通訓定聲》曰：戰，假借為顫。

註：，金文戰字或从嘼。古者以田猎習戰陣。嘼，獸也，戰从嘼者，示戰爭如獵獸。

好蚉壺（戰國晚期）

楚王酓忎盤（戰國晚期）

楚王酓忎鼎（戰國晚期） 讀為戰 或从嘼 戰獲兵銅

戎 

róng

戎

《說文》曰：兵也，从戈、从甲。

註：甲，乃兵械之鎧甲、甲冑。十，為甲骨文、金文之甲字，戎字从此。

乙戎鼎（殷商）

戎刀爵（殷商）

戎作從彝卣（西周早期）

戎佩玉人卣（西周早期）

戎佩玉人尊（西周早期）

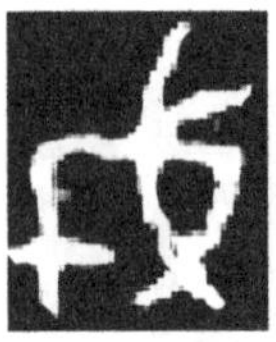
史戎鼎（西周早期）

大盂鼎（西周早期）

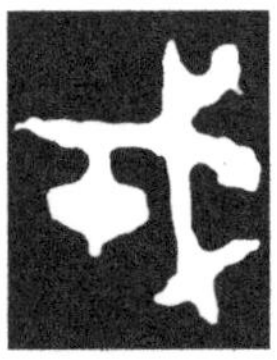

戜殷（西周中期）

班簋（西周中期）

戜方鼎（西周中期）

臣諫簋（西周中期）

虢季子白盤（西周晚期）

不𡢁殷（西周晚期）

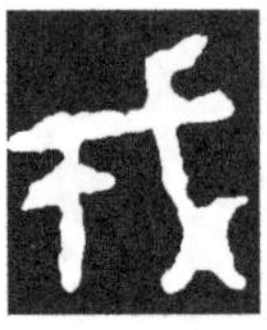
屓敖殷蓋（西周晚期）

師同鼎（西周晚期）

多友鼎（西周晚期）

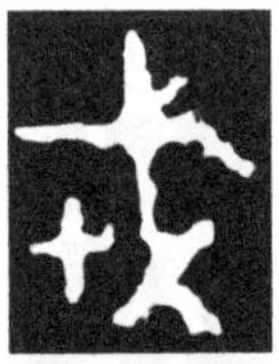

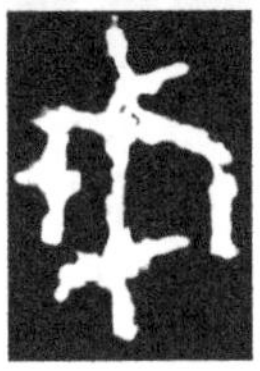
翏生盨（西周晚期）

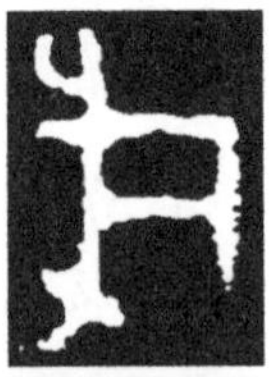

侯母壺（春秋早期）

散氏盤（西周晚期）

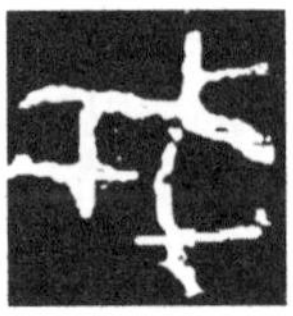
郳伯御戎鼎（春秋）

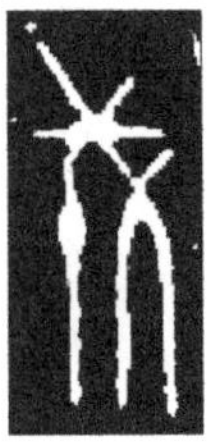
秦王鐘（春秋晚期）

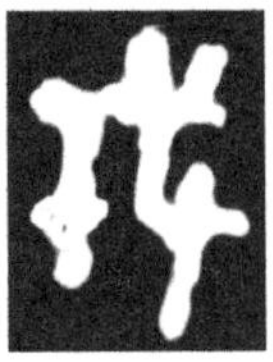
匽王戎人戈（戰國晚期）

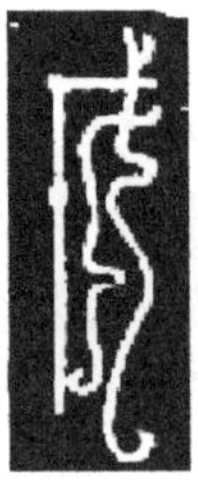
董武鐘（戰國）

七年邦司寇矛（戰國晚期）

匽王戎人矛（戰國晚期）

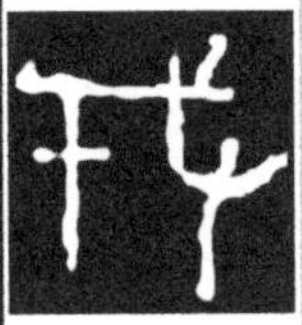
郾侯軍作戎戈（戰國晚期）

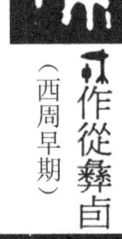

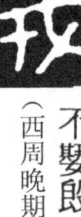

戎

註：士卒執戈執盾，為戎之別體，會意字。

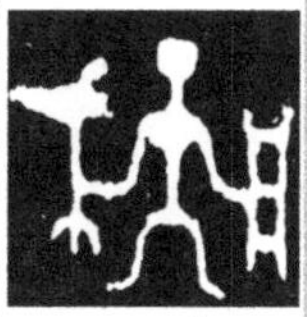

母己殷（殷商）

⿰戈中觚（殷商）

⿰戈中虎觚（殷商）

⿰戈中且丁尊（西周早期）

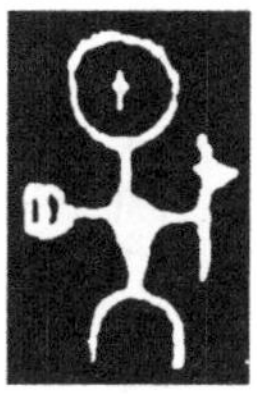

[illegible]殷（殷商）

jǐ 戟

《說文》曰：有枝兵也，从戈、倝。

註：戜，即㦰之省文，㦰、戟音近，或假㦰為戟。

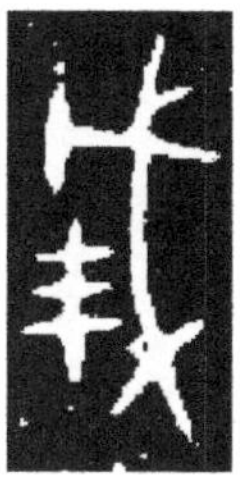

𠬝癸婦鼎（殷商） 或从丰 𠬝癸婦戟作彝

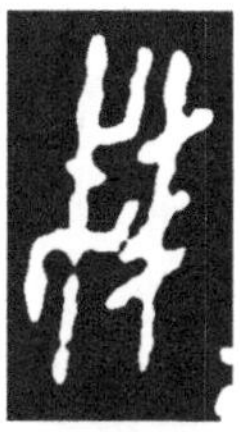

曾侯郕雙戈戟（戰國早期）

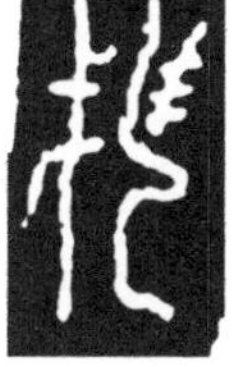

曾侯乙三戈（戰國早期）

曾侯遐雙戈戟（戰國早期）

曾侯遐三戈戟（西周早期）

平阿左戟（戰國）

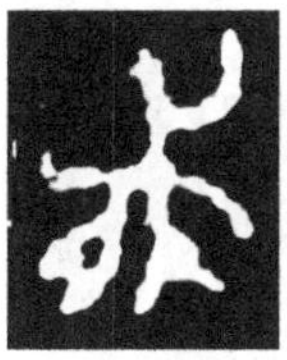

走馬休盤（西周中期） 假㦰為戟

師奎父鼎（西周中期）

寰盤（西周晚期）

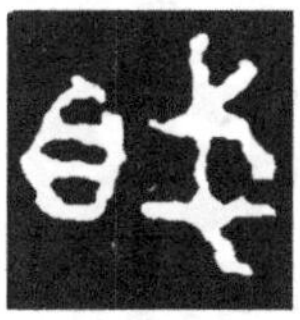

無叀鼎（西周晚期） 假㦰為戟 賜汝……戈琱㦰

五年師旋殷（西周晚期）

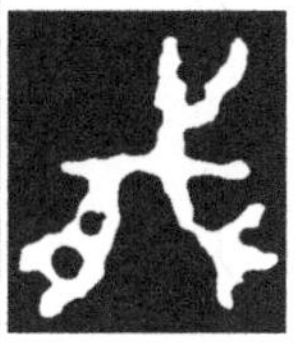

弭伯師耤殷（西周晚期）

戲

戜

或 域

xì hū
戲

《說文》曰：三軍之偏也，一曰兵也，从戈、䖒聲。《廣韻》曰：戲，古文呼字。註：三軍中非主帥之師則為偏師。戲，偏師大將之旌旗。戲，今用為嬉戲、戲劇。戲，或讀為呼，烏戲（呼），嘆詞。

作戲尊彝甗（西周早期）

作戲卣（西周早期）

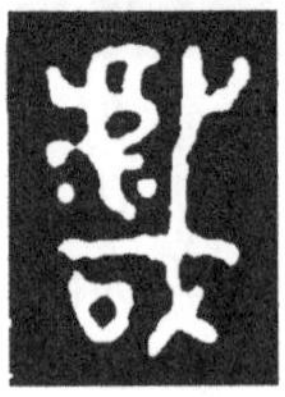
師虎簋（西周中期）

戲伯鬲（西周晚期）

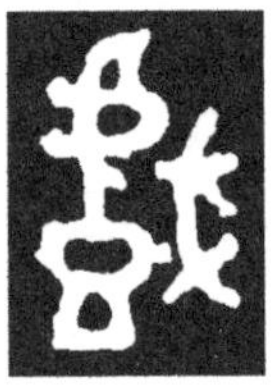
豆閉簋（西周中期）

戲傪量（戰國）

dié
戜

《說文》曰：利也，一曰剔也，从戈、呈聲。註：戜，鋒利、剜剔。

戜伯鼎（西周早期）

或者鼎（西周中期）

班簋（西周中期）

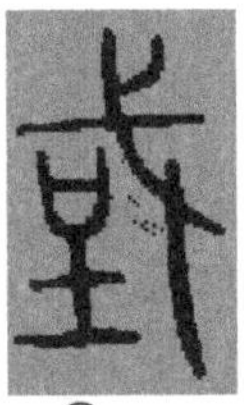
叔尸鐘（春秋晚期）

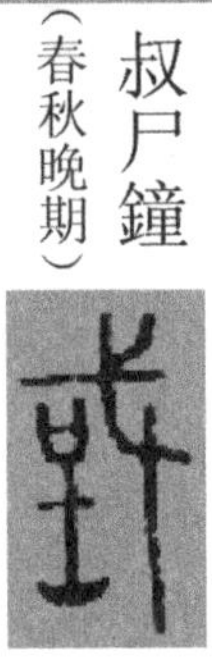
叔尸鎛（春秋晚期）

yù huò
或

《說文》曰：邦也，从口、从戈以守一。一，地也。域或又从土。《說文解字注》曰：蓋或、國在周時為古今字。古文衹有或字。註：或，即古國字，口即城池，从戈以守之。後再从口（圍）即為國字。域，从土乃後起之俗字。今或、域、國分化為三字。或，用為副詞。或，通惑。

或作父丁鼎（西周早期）

寗鼎（西周早期）

中方鼎（西周早期） 讀為國 南或（國）貫行

明公簋（西周早期）

戮 

何尊（西周早期） 讀為國 余其宅茲中或（國）

保卣（西周早期） 讀為國 王令保及殷東或（國）五侯

保尊（西周早期）

宜侯夨簋（西周早期）

呂仲僕爵（西周早期）

曶鼎（西周中期）

繁卣（西周中期）

班簋（西周中期）

裘衛盉（西周中期）

諫簋（西周晚期）

兮甲盤（西周晚期）

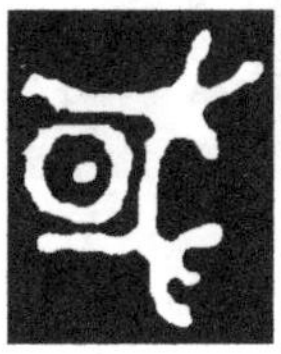
毛公鼎（西周晚期）

宗周鐘（西周晚期） 讀為國 畯保四或（國）

禹鼎（西周晚期）

多友鼎（西周晚期）

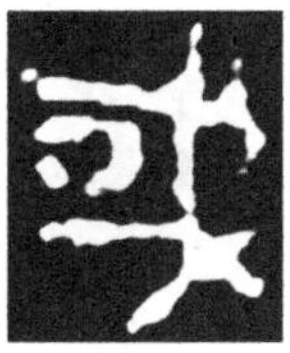
五年召伯虎簋（西周晚期）

𠑇匜（西周晚期）

秦公鐘（春秋早期）

秦公鎛（春秋早期）

哀成叔鼎（戰國）

好蚉壺（戰國晚期）

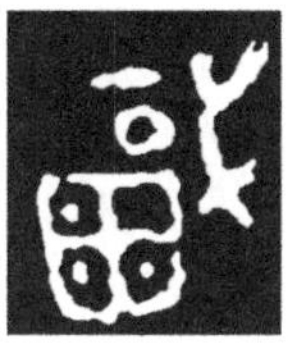
𢦚殷（西周中期） 或从周 讀為域

師寰殷（西周晚期） 或从邑 或讀為國 弗蹟我東䣖（國）

lù
戮

《說文》曰：殺也，从戈、翏聲。《字彙》曰：殄，同戮。

註：殄，或同僇。《字彙》曰：僇，辱也。

𢦏

𢦏

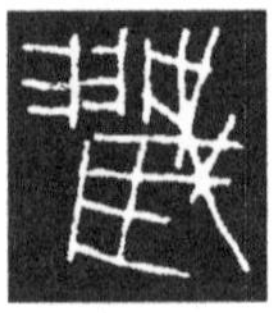
武戮矛（戰國）

中山王譽鼎（戰國晚期） 讀爲僇 爲天下殄（僇）

zāi 𢦏

《說文》曰：傷也，从戈、才聲。《六書正譌》曰：𢦏，从戈、才聲，戈有傷害之義。𢦏，又借為語詞，隸作哉，加口以別之。註：𢦏，即哉。𢦏，或假為戴，戴，古戴國。

冊弜且乙角（殷商）

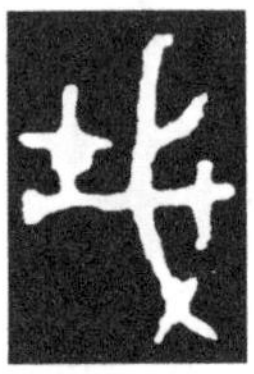

叔趯父卣（西周早期） 讀為哉 敬（哉）

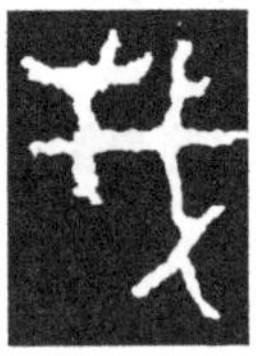
周公東征鼎（西周早期）

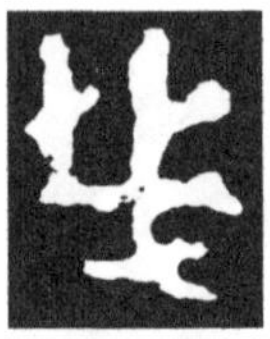
𢦏父丁爵（西周早期）

作冊益卣（西周早期）

何尊（西周早期）

㾓鐘（西周中期）

史牆盤（西周中期）

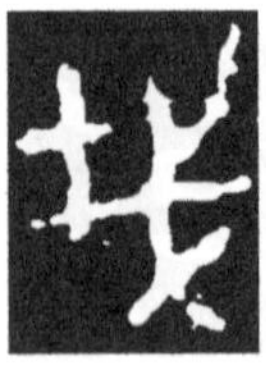
[鬲+斗]比盨（西周晚期）

戴叔慶父鬲（春秋早期） 讀為戴

戴叔朕鼎（春秋早期）

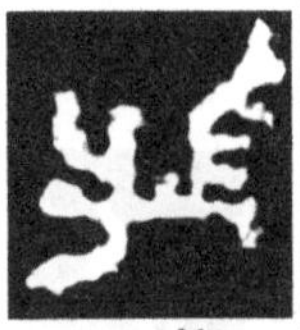
𢦏伯匜（春秋）

[𢦏+孝]

[𢦏+孝]

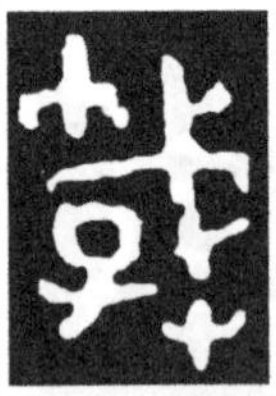

寧鼎（西周早期）

𢦏

武

zài
𢦏

註：𢦏，或讀為載。

輔師嫠簋（西周晚期）　讀為載　更乃祖考嗣輔𢦏（載）賜汝緇芾素衡

wǔ
武

《説文》曰：楚莊王曰：武夫，定功戢兵，故止戈為武。

註：武，从止、从戈。止，即步之省文，腳趾之象形，有行走之義。執戈，行走征伐乃武之本義。武，周武王之武字或从王。

武方罍（殷商）【殷周金文集録】

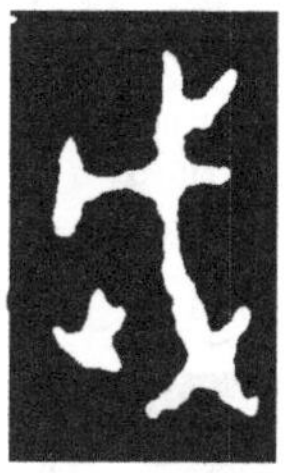
肄作父乙簋（殷商）

四祀𠨘其卣（殷商）

作册大方鼎（西周早期）

瘐鐘（西周中期）

師𩛥鼎（西周中期）

格伯簋（西周中期）

史牆盤（西周中期）

散氏盤（西周晚期）

虢季子白盤（西周晚期）

師克盨（西周晚期）

訇簋（西周晚期）

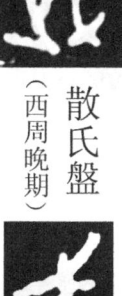

宗周鐘（西周晚期）

南宮柳簋（西周晚期）

禹鼎（西周晚期）

多友鼎（西周晚期）

毛公鼎（西周晚期）

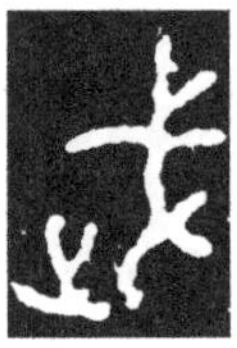
孟姬䛴殷（西周晚期）

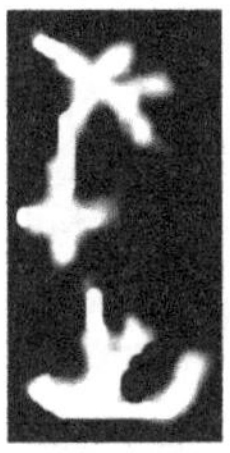
周王孫戈（春秋早期）

武生鼎（春秋早期）

秦公簋（春秋早期）

曾伯霥簠（春秋早期）

武戈（春秋）

武城戈（春秋晚期）

配兒鉤鑃（春秋晚期）

王孫遺者鐘（春秋晚期）

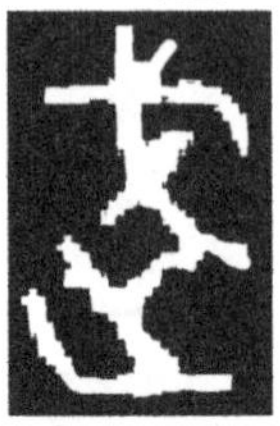
厵羌鐘（戰國早期）

二十七年鄭武庫劍（戰國）

五年邦司寇劍（戰國）

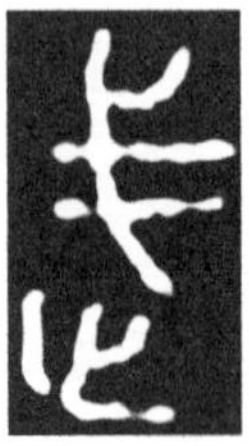
上郡矛（戰國）

武敢矛（戰國）

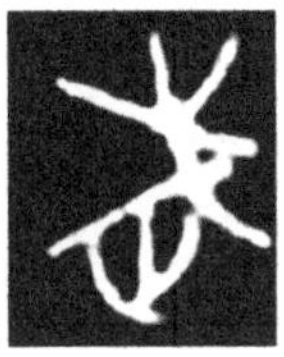
蜀守武戈（戰國）

武城令戈（戰國）

武陽戈（戰國）

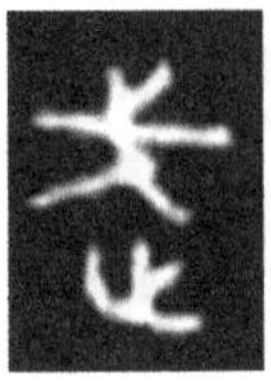
丞相觸戈（戰國）

董武鐘（戰國）

郾王職劍（戰國晚期）

中山王嚳方壺（戰國晚期）

墜侯因資敦（戰國晚期）

識幟戠

殘戔

德方鼎（西周早期）
武王之武或从王

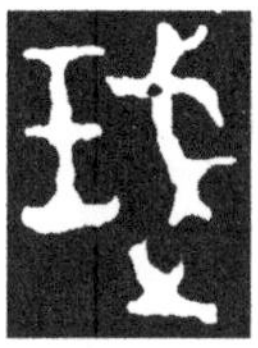
大盂鼎（西周早期）

宜侯夨令簋（西周早期）

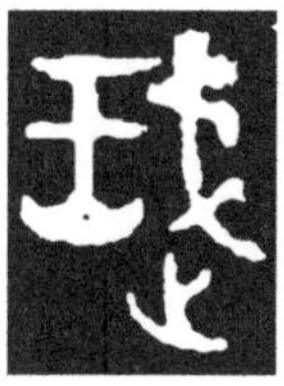
利簋（西周早期）

何尊（西周早期）

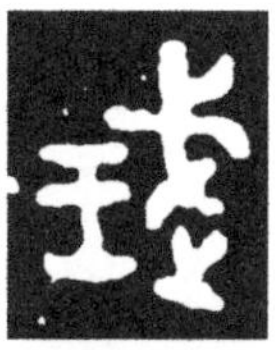

羌伯簋（西周晚期）

zhī
戠

《說文》曰：从戈、从音。

註：戠，从言或从音。古言、音義同。戠，乃識之本字，與織、幟相通。或假為職、為熾。

何尊（西周早期）
讀為識
小子無戠（識）

免簠（西周中期）
讀為織
賜戠（織）衣

趩觶（西周中期）

豆閉簋（西周中期）

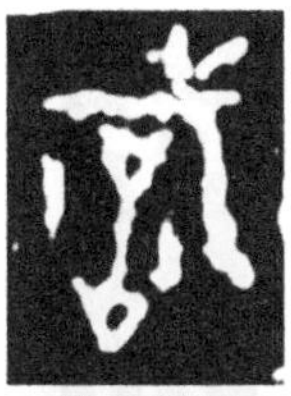

格伯簋（西周晚期）

戠殷（西周晚期）

部殷（西周晚期）

cán
jiān
戔

《說文解字注》曰：戔，此與殘音義皆同，故殘用以會意，今則殘行而戔廢矣。

《字彙》曰：戔，淺少之意。

戔父丁觚（殷商）

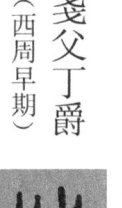

戔父丁爵（西周早期）

伯戔盤（春秋）

邛仲之孫伯戔盆（春秋）

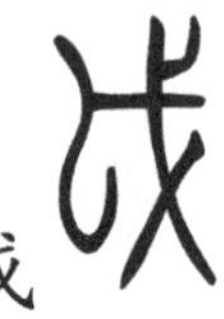
鉞戉

鏚慽戚

伯戔盤（春秋）

邛仲之孫伯戔盆（春秋）

yuè
戉

《說文》曰：斧也。註：戉，象形字；古兵器，形似斧而大，圓刃，或為玉制，用于儀仗，象征帝王權威。秦人加金旁為鉞字。戉，或假借為越。

葡戉父癸甗（殷商）

戉鼎（殷商）

史牆盤（西周中期） 讀為越 農穡戉（越）曆

虢季子白盤（西周晚期） 讀為鉞 賜用戉（鉞）

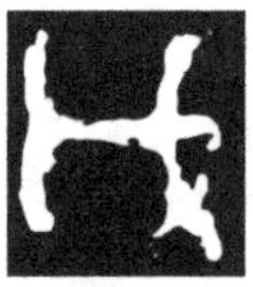

師克盨（西周晚期）

者沪鐘（戰國早期）

qī
cù
戚

《說文》曰：戉也，从戉、尗聲。《玉篇》曰：戚，戉也，或作鏚。《說文解字注》曰：戚，又引伸訓優……後乃別制慽字。《集韻》曰：戚，近也（親近、親戚）。又曰：促，迫也，或作慼。《說文通訓定聲》曰：戚，假借為促。註：戚，古兵器，象斧，小鉞為戚或作鏚。戚，又引伸為親戚之戚。

亯戚父乙簋【三代吉金文存】（殷商） 亯戚父乙

㪟作且丁尊（西周早期）

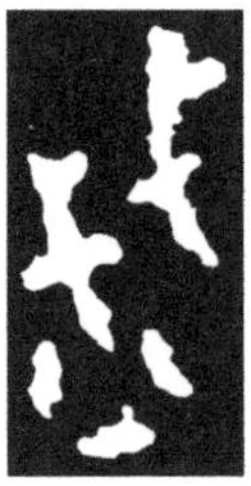
[illegible]姬𣪘（西周中期） 讀為戚 戚姬作寶簋

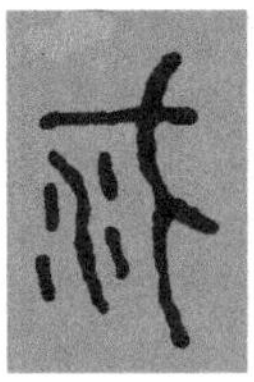
壴卣（西周早期） 乃戚子壴

戚，或从戈黍省聲，黍取水聲，故戚或从水。黍、尗音同，从黍、从尗或相同。

戕 戕

qiāng
戕

《說文》曰：槍也，他國臣來弒君曰戕，从戈、爿（牀床）聲。《玉篇》曰：戕，殺也。

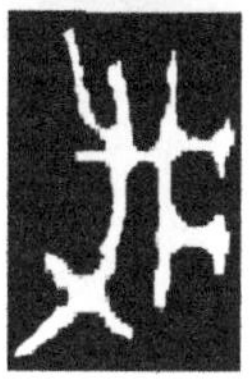
臧孫鐘（春秋晚期）

配兒鉤鑃（春秋晚期）

⿹戈冬 疼

téng
⿹戈冬

張亞初釋為疼字。【殷周金文集成 引得】

⿹戈冬作旅甗（西周中期）

⿹戈冬方鼎（西周中期）

⿹戈冬鼎（西周中期）

⿹戈冬毁（西周中期）

⿹戈冬作旅毁（西周中期）

伯⿹戈冬毁（西周中期）

彔伯⿹戈冬毁蓋（西周中期）

伯⿹戈冬觶（西周中期）

彔⿹戈冬卣（西周中期）

⿹戈示

zhī
⿹戈示

或同戠字。

伯⿹戈示方鼎（西周早期）

刖 ⿰月戈

yuè ⿰月戈

註：古代斷足酷刑稱刖。⿰月戈，从戈、月聲。刀、戈同為刃器，⿰月戈，與刖應同字。

臧孫鐘（春秋晚期）

⿰共戈

⿰共戈

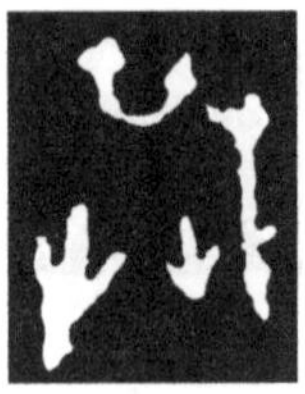

王子□戈（戰國）

格 ⿰各戈

gé ⿰各戈

《玉篇》曰：⿰各戈，鬬（斗）也。《集韻》曰：⿰各戈，捕也。《龍龕手鑑》曰：⿰各戈，戰也。

《篇海類編》曰：⿰各戈，擊也。註：⿰各戈，即格鬬（斗）格之本字。

⿰交戈

⿰交戈

滕侯昊戈（春秋晚期）

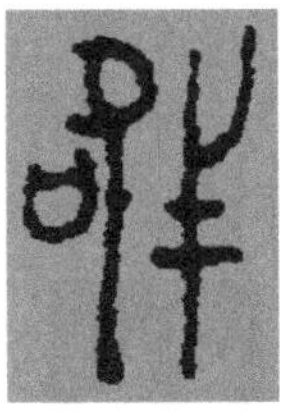

蔡□□戟（春秋晚期）

讀為⿰各戈

蔡侯□之用⿰各戈

仇㦵　擋戭　戱

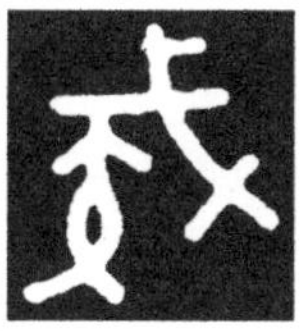
章子戈
（春秋早期）

chóu
㦵

註：㦵，或為仇之别體字。

中山王嚳鼎
（戰國晚期）
讀為仇
㦵（仇）人在旁

dǎng
戭

註：戭，从戈、尚聲，讀為當、或讀為擋。

攻敔王光劍
（春秋晚期）
讀為擋
以戭（擋）勇人

bào
戱

註：戱，或讀為暴。

塱盨
（西周晚期）
讀為暴
勿使戱（暴）虐縱獄

戝

𢧵 截

𢧷 輜

𢧐 屠嘟

huǐ
戝

註：戝，或讀為毀。

朝歌右庫戈（戰國早期） 讀為毀 工師戝（毀）

jié
𢧵

註：𢧵，即截之異體字。截，或从艸、从言、从戈。

四年雍令矛（戰國）

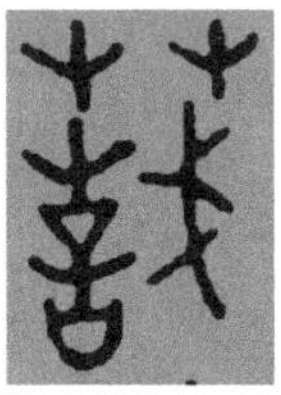
敔簋（西周晚期） 讀為截 或从言 長榜截首百

zī
𢧷

註：𢧷，輜之異文，或讀為莊

庚壺（春秋晚期） 輜之異文讀為莊 獻之于輜（莊）公之所

tú
𢧐

註：𢧐，或為屠之異文，假為嘟字。嘟嘟嗡嗡，形容鐘聲傳的很遠。

𥮻叔之仲子平鐘（春秋晚期）

屠字之異文讀為嘟
乃為之音　屠屠（嘟嘟）嗡嗡聞于頂東

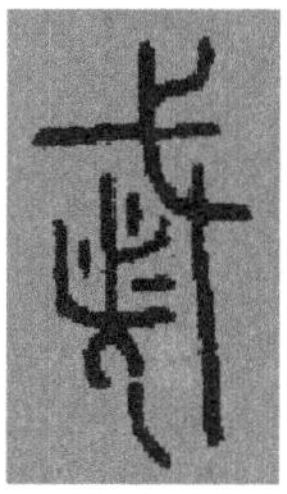

叔尸鎛（春秋晚期）

叔尸鐘（春秋晚期）

戠

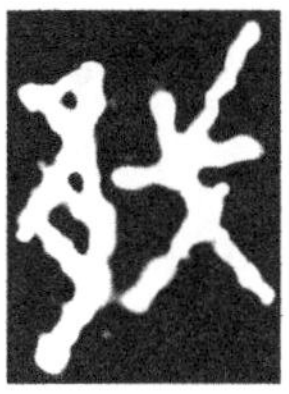

九年戈（戰國晚期）

⿰豆戈

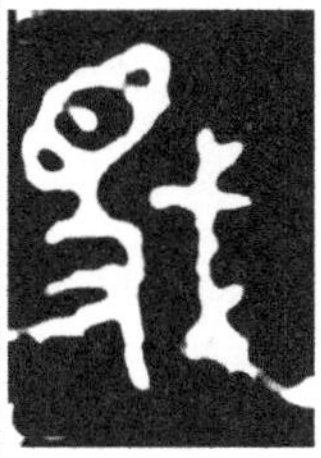

亘臣⿰豆戈𣪕（西周早期）

⿰壴戈

⿰尋戈

十四年屬邦戈（戰國）

⿰尋戈

攻敔王光劍（春秋晚期）

⿰買戈

⿰買戈

二年右貫府戈（戰國晚期）

⿰冋戈

⿰冋戈

𢦚殷（西周中期）

⿰朱戈誅　⿱癶戈

zhū
⿰朱戈

註：聲討曰誅，从言；誅殺曰⿰朱戈，从戈，今均从言作誅。

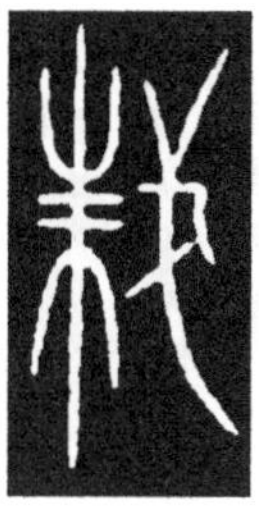

中山王嚳方壺（戰國晚期）讀為誅　以⿰朱戈（誅）不順

叔孫戈（戰國晚期）

bèi
⿱癶戈

註：⿱癶戈，讀為誖，會意字。

父辛鼎（殷商）

我　我

wǒ
我

《説文》曰：施（余）身自謂也。註：我，自稱也，其義同余。我，本為多齒似鋸的兵器象形字，該器已失傳。我字借為對自身之稱謂，借義行而本義失。

我尊（殷商）

我且丁觶（殷商）

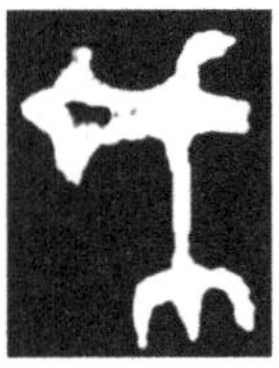
我父乙觶（殷商）

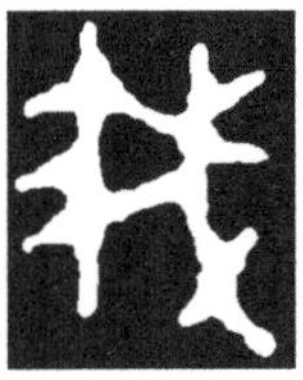
毓且丁卣（殷商）

明我作鼎（西周早期）

盝父鼎（西周早期）

毛公旅鼎（西周早期）

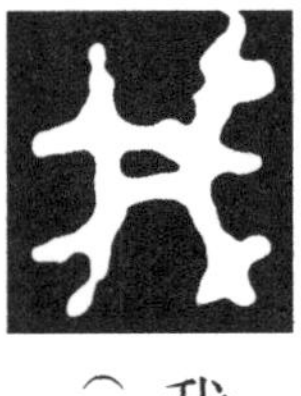
我方鼎（西周早期）

大盂鼎（西周早期）

沈子它簋（西周早期）

天君簋（西周早期）

矢令方彝（西周早期）

曶鼎（西周中期）

懸妃簋（西周中期）

卯簋（西周中期）

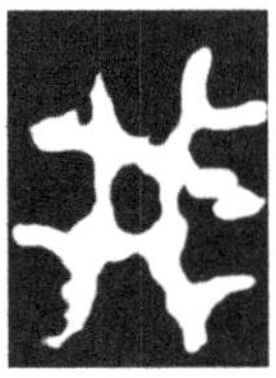
盠駒尊（西周中期）

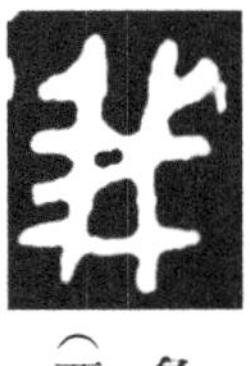
盠方彝（西周中期）

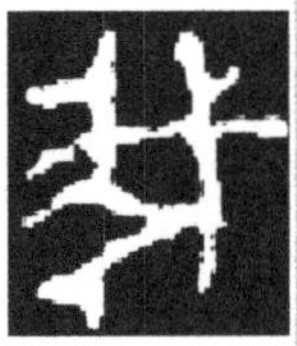
通祿鐘（西周中期）

九年衛鼎（西周中期）

宗周鐘（西周晚期）

㒼比鼎（西周晚期）

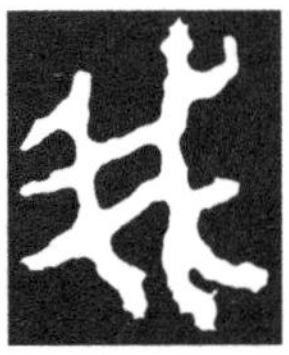

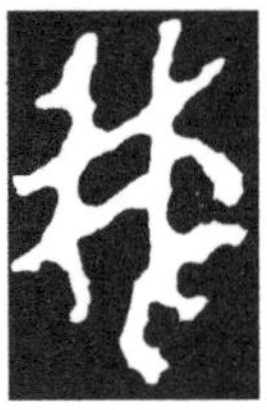
毛公鼎（西周晚期）

復公子簋（西周晚期）

叔向父禹簋（西周晚期）

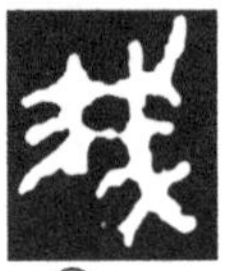
師寰毀（西周晚期）

㝬毀（西周晚期）

不嬰毀（西周晚期）

義

儀 義

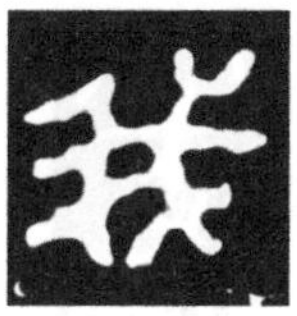

羌伯簋（西周晚期）

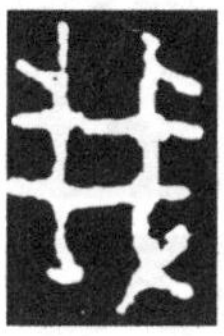

駒父盨（西周晚期）

伯公父簠（西周晚期）

兮甲盤（西周晚期）

散氏盤（西周晚期）

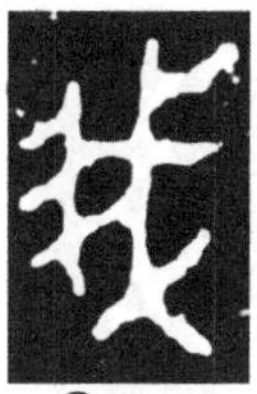

儹匜（西周晚期）

五年召伯虎簋（西周晚期）

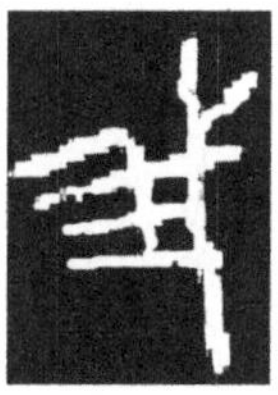

秦公鐘（春秋早期）

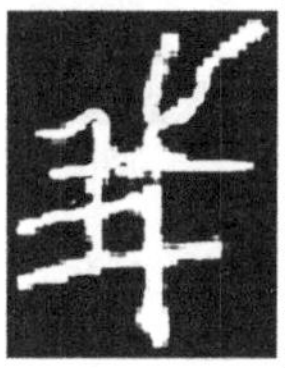

秦公鎛（春秋早期）

曾伯霥簠（春秋早期）

欒書缶（春秋）

郳公釛鐘（春秋）

者瀘鐘（春秋）

杕氏壺（春秋晚期）

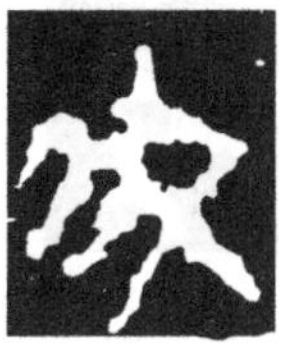

徐王義楚觶（春秋晚期）

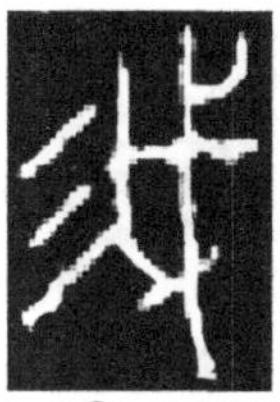

齊鞄氏鐘（春秋晚期）

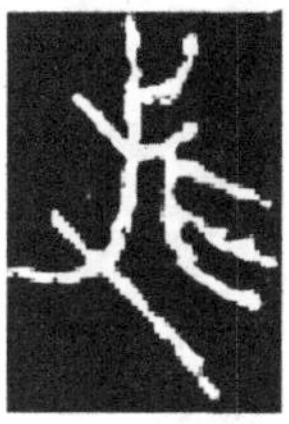

余贎逐兒鐘（春秋晚期）

王孫遺者鐘（春秋晚期）

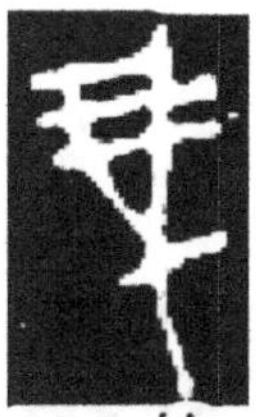

姑馮昏同之子句鑃（春秋晚期）

復公仲簋（春秋晚期）

令狐君壺（戰國中期）

王命虎符（戰國）

yí yì 義

《說文》曰：己之威儀也，从我、羊。《釋名》曰：義，宜也，裁制事物使之合宜也。

註：義，从我、从様省，其義指我之儀表。義，儀之本字。

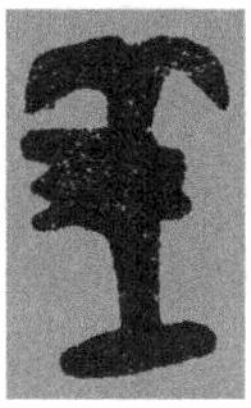

子義爵（殷商）【文物】一九七二-4期

作父庚卣（西周早期）

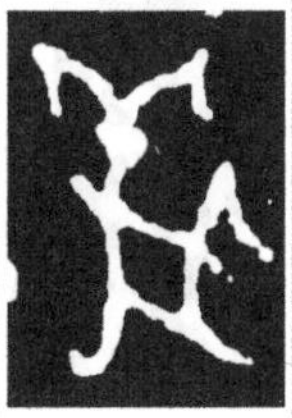

叔單父簋（西周早期）

義仲方鼎（西周早期）

倗丂殷（西周早期）

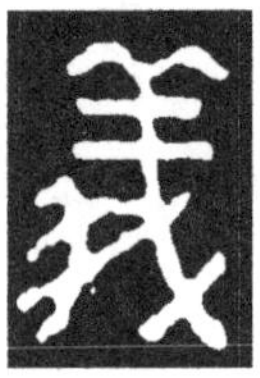
麥方尊（西周早期）

作冊益卣（西周早期）

師旂鼎（西周中期）　讀為宜　懋父令曰義（宜）播

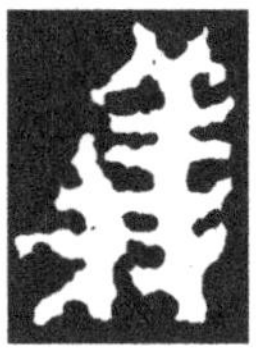
義盉蓋（西周中期）

史牆盤（西周中期）　讀為宜　義（宜）其禋祀

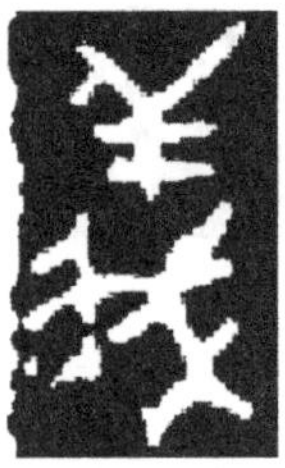

癲鐘（西周中期）　讀為儀　胥尹敘厥威義（儀）

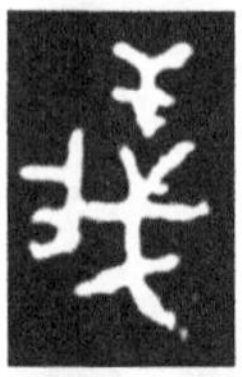
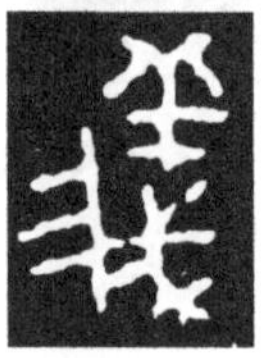
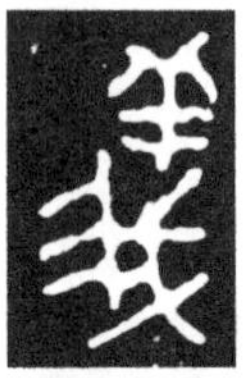
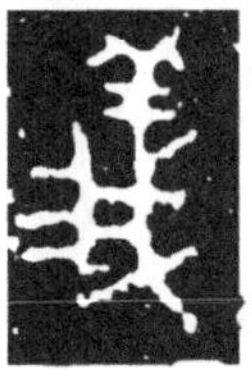
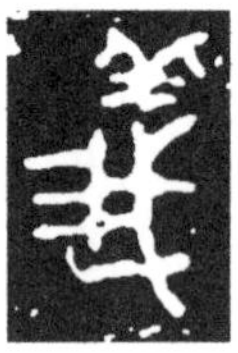
癲殷（西周中期）

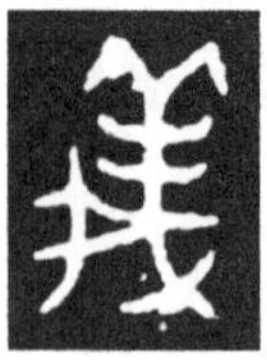
義伯簋（西周）

中義鐘（西周晚期）

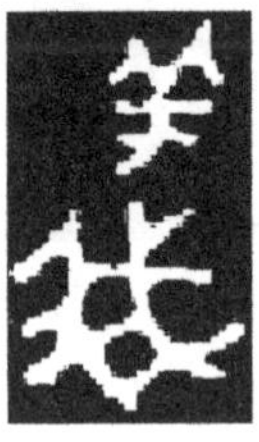
虢叔旅鐘（西周晚期）

仲義父鼎（西周晚期）

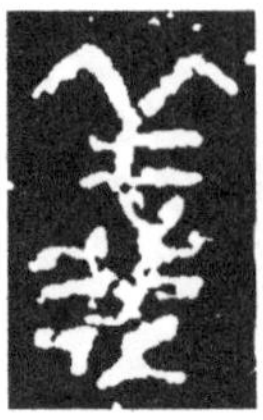
官夌父殷（西周晚期）

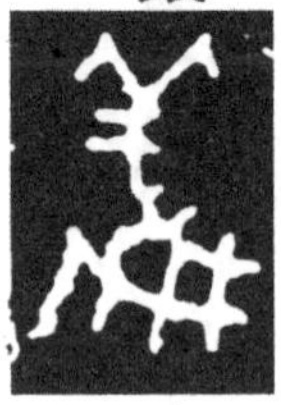
叔向父禹簋（西周晚期）　讀為儀　秉威義（儀）

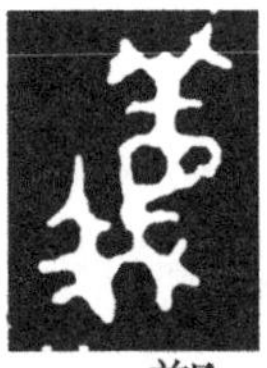
鄭義羌父盨（西周晚期）

鄭義伯盨（西周晚期）

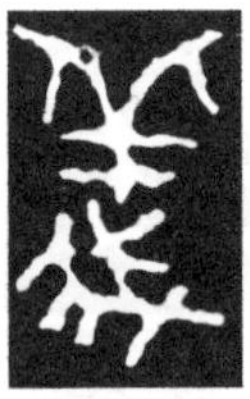
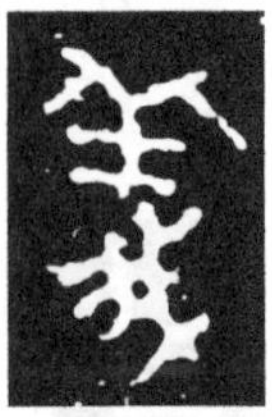

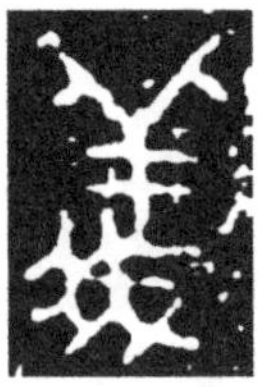
仲義父鼎（西周晚期）

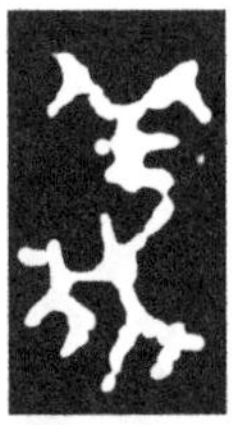
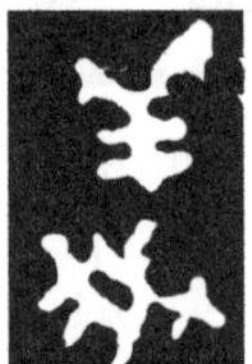
仲義父盨（西周晚期）

羑

儹匜（西周晚期）讀王宜義（宜）鞭汝千

虢季子白盤（西周晚期）

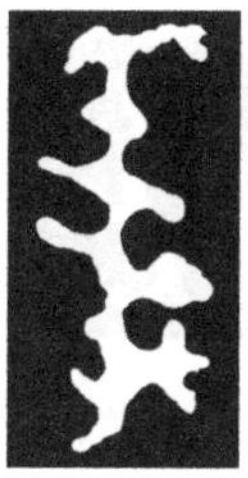
鄭義伯匜（西周晚期）

仲義父鐳（西周晚期）

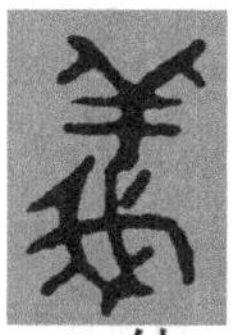
仲姞義母匜（西周晚期）

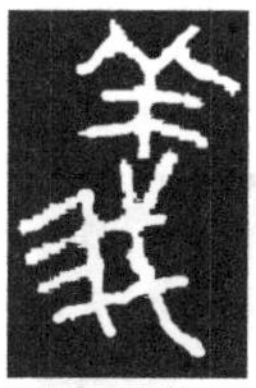
秦公鐘（春秋早期）

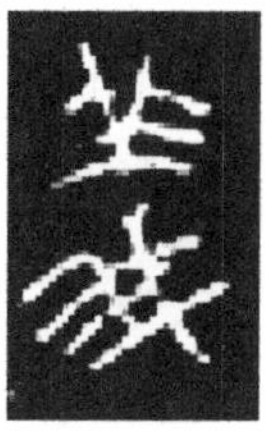
秦公鎛（春秋早期）

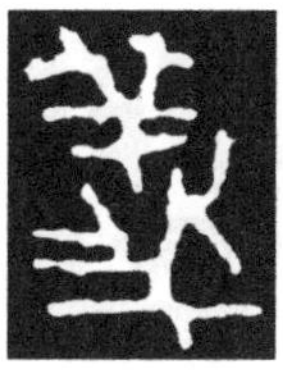
鄀公簋（春秋早期）

齊侯鎛（春秋中期）

王子午鼎（春秋中期）

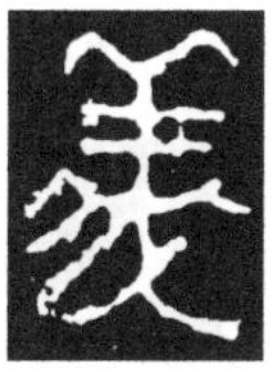
仲義昌鼎（春秋）

沇兒鎛（春秋晚期）

王孫遺者鐘（春秋晚期）讀為儀　淑于威義（儀）

蔡公子義工簠（春秋晚期）

徐王義楚觶（春秋晚期）

徐王義楚盤（春秋晚期）

蔡侯盤（春秋晚期）

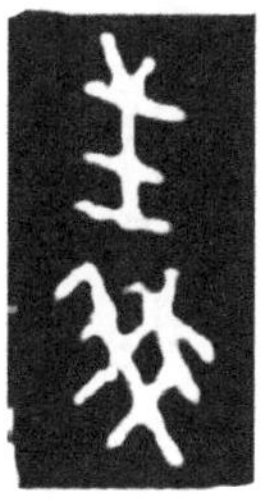
十三年相邦義戈（戰國）

yì
羑

註：羑，義字之異體。

仲義父鼎（西周晚期）

值直

亡

zhí
直

《說文》曰：正見也，从乚、从十、从目。《玉篇》曰：直，不曲也。《字彙》曰：直，正也。

《正字通》曰：物價曰直（值）。註：直，正見、正直。直，通值。

恒簋蓋（西周中期） 讀為直 恒令汝更喬克嗣直鄙

wáng
wú
亡

《說文》曰：逃也，从入、从乚。《增韵》曰：亡，失也。《字彙》曰：亡，死也。《廣韻》曰：亡，滅也。

《集韻》曰：無，或作亡。《說文通訓定聲》曰：亡，假借為忘。註：亡，从乚。乚，音意同隱。从入、从乚（隱），有逃避、遺失、隱逸不見之意。亡，或通無、假借為忘。

獻簋（西周早期）

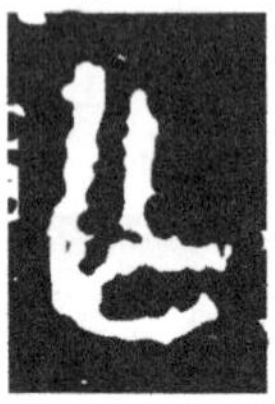

辛鼎（西周早期）

麥方尊（西周早期）

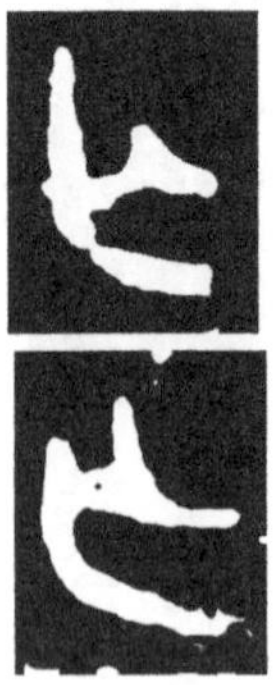

天亡簋（西周早期）

大保簋（西周早期）

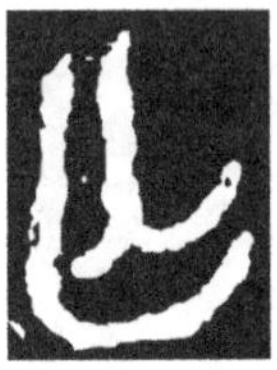

何尊（西周早期）

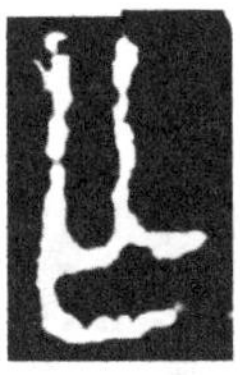

鼉方尊（西周早期）

史牆盤（西周中期）

繁卣（西周中期）

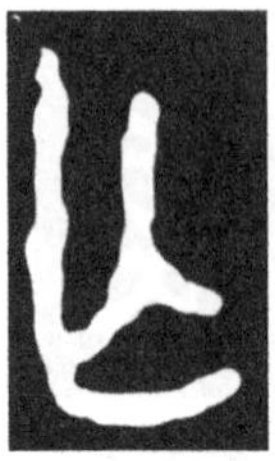

遹段（西周中期）

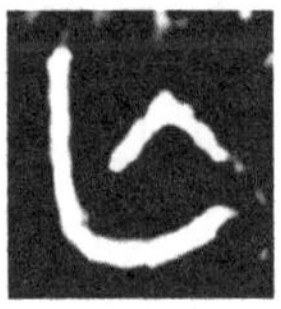

臣諫簋（西周中期）

班簋（西周中期）

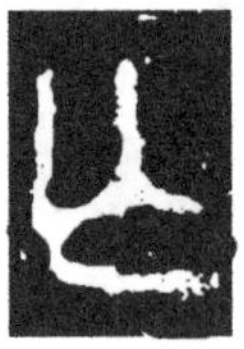

作冊益卣（西周中期）

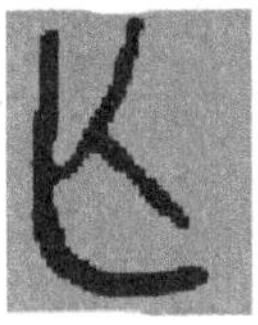

遲父鐘（西周晚期）

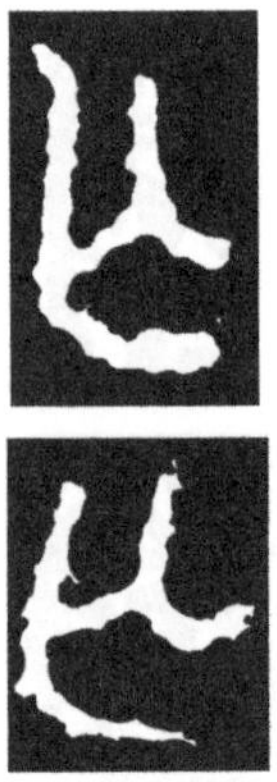

毛公鼎（西周晚期）

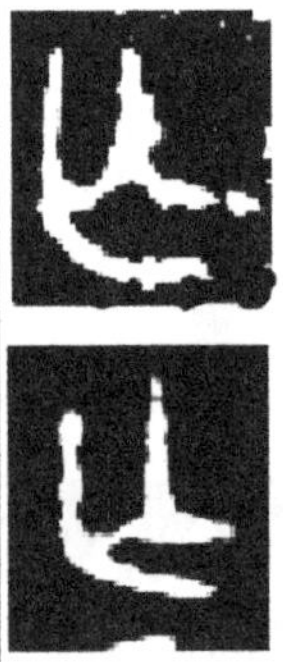

士父鐘（西周晚期）

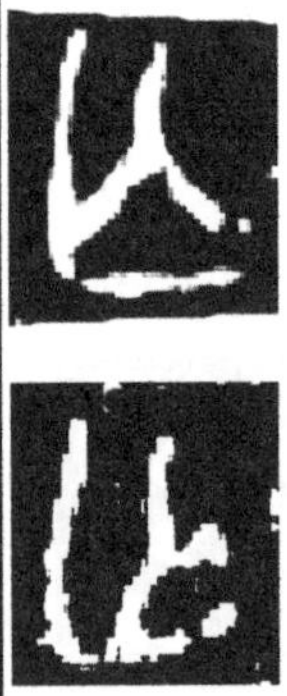

虢叔旅鐘（西周晚期）

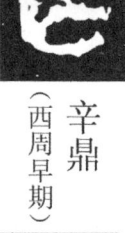

沕其鐘（西周晚期）

大克鼎（西周晚期）

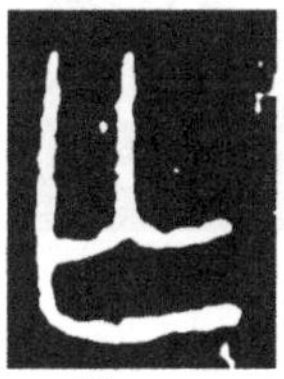
㝬段（西周晚期）

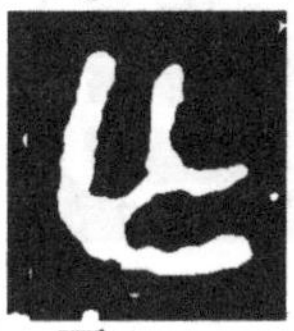
兮甲盤（西周晚期）

㝬鐘（西周晚期）

叔家父簠（春秋早期） 讀為忘 哲德不亡（忘）

作溫右戈（戰國早期）

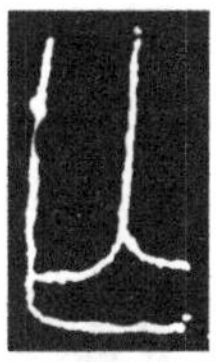
梁十九年亡智鼎（戰國）

亡縱熊節（戰國）

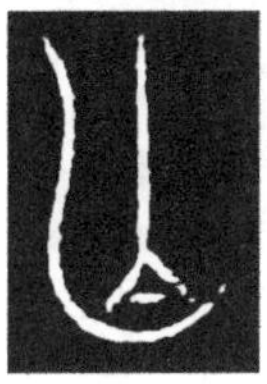
好盗壺（戰國晚期）

中山王嚳鼎（戰國晚期） 或从辵

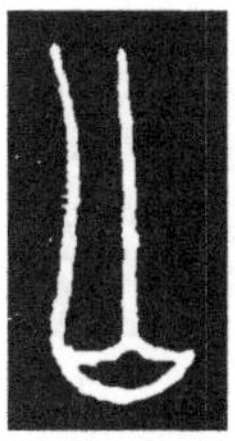

中山王嚳方壺（戰國晚期）

lòu 西

張亞初釋為陋。【殷周金文集成 引得】

乍合卣（殷商）

zhà zuò 乍

註：乍，作之古文。用同詐、同咋。

□作父乙卣（殷商）

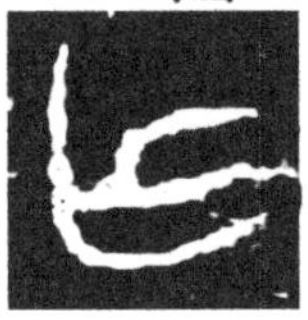
狽元作父戊卣（殷商）

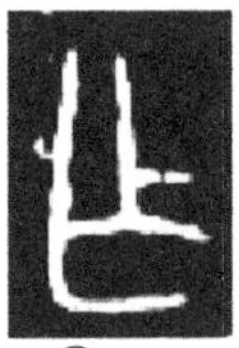
師趛甗（西周早期）

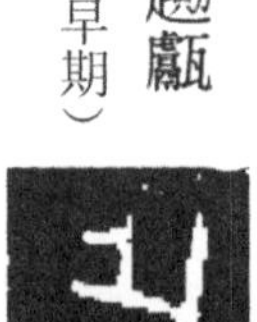
彊伯甗（西周早期）

小子作父己方鼎（殷商）

□日戊鼎（殷商）

奄婦姑方鼎（殷商）

㐅癸父鼎（殷商）

曰□由姑鼎（殷商）

引作文父丁鼎（殷商）

巽作父乙卣（殷商）

巽作父辛卣（殷商）

作冊般甗（殷商）

奄作婦姑甗（殷商）

作父辛讀（殷商）

作□鼎（殷商）

作父乙鼎（殷商）

伯作鬲（西周早期）

彊伯鬲（西周早期）

夨伯鬲（西周早期）

雯人守鬲（西周早期）

沓甗（西周早期）

事作小旅鼎（西周早期）

木作父辛鼎（西周早期）

㹜父鼎（西周早期）

旂父鼎（西周早期）

夨王方鼎（西周早期）

伯作彝鼎（西周早期）

作寶鼎（西周早期）

更鼎（西周早期）

攸作旅鼎（西周早期）

明我作鼎（西周早期）

齊姜鼎（西周早期）

應公方鼎（西周早期）

豐公鼎（西周早期）

賸侯方鼎（西周早期）

堇伯鼎（西周早期）

大保方鼎（西周早期）

史逨方鼎（西周早期）

伯卿鼎（西周早期）

伯魚鼎（西周早期）

叔旗鼎（西周早期）

伯矩鼎（西周早期）

嬴霝德鼎（西周早期）

田䢅鼎（西周早期）

向方鼎（西周早期）

霸姞鼎（西周早期）

叔具鼎（西周早期）

亞[illegible]作父乙鼎（西周早期）

堇臨作父乙方鼎（西周早期）

作寶簋（西周早期）

伯魚卣（西周早期）

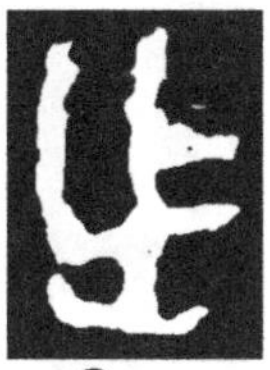
買王卣（西周早期）

作己姜公（西周早期）

父癸卣（西周早期）

士作父乙鼎（西周早期）

[illegible]作父辛鼎（西周早期）

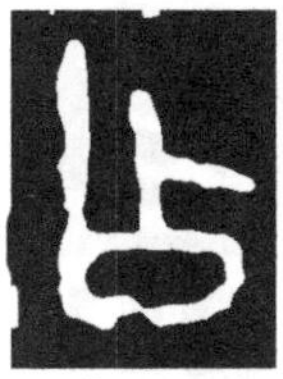
大盂鼎（西周早期）

公作彝卣（西周早期）

作寶彝卣（西周早期）

伯貉卣（西周早期）

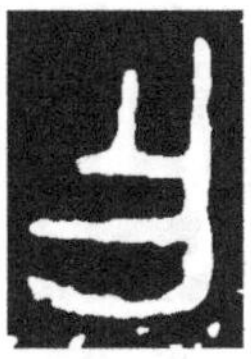

尹舟作兄癸卣（西周早期）

伯[illegible]卣（西周早期）

伯貉尊（西周早期）

叔[illegible]尊（西周早期）

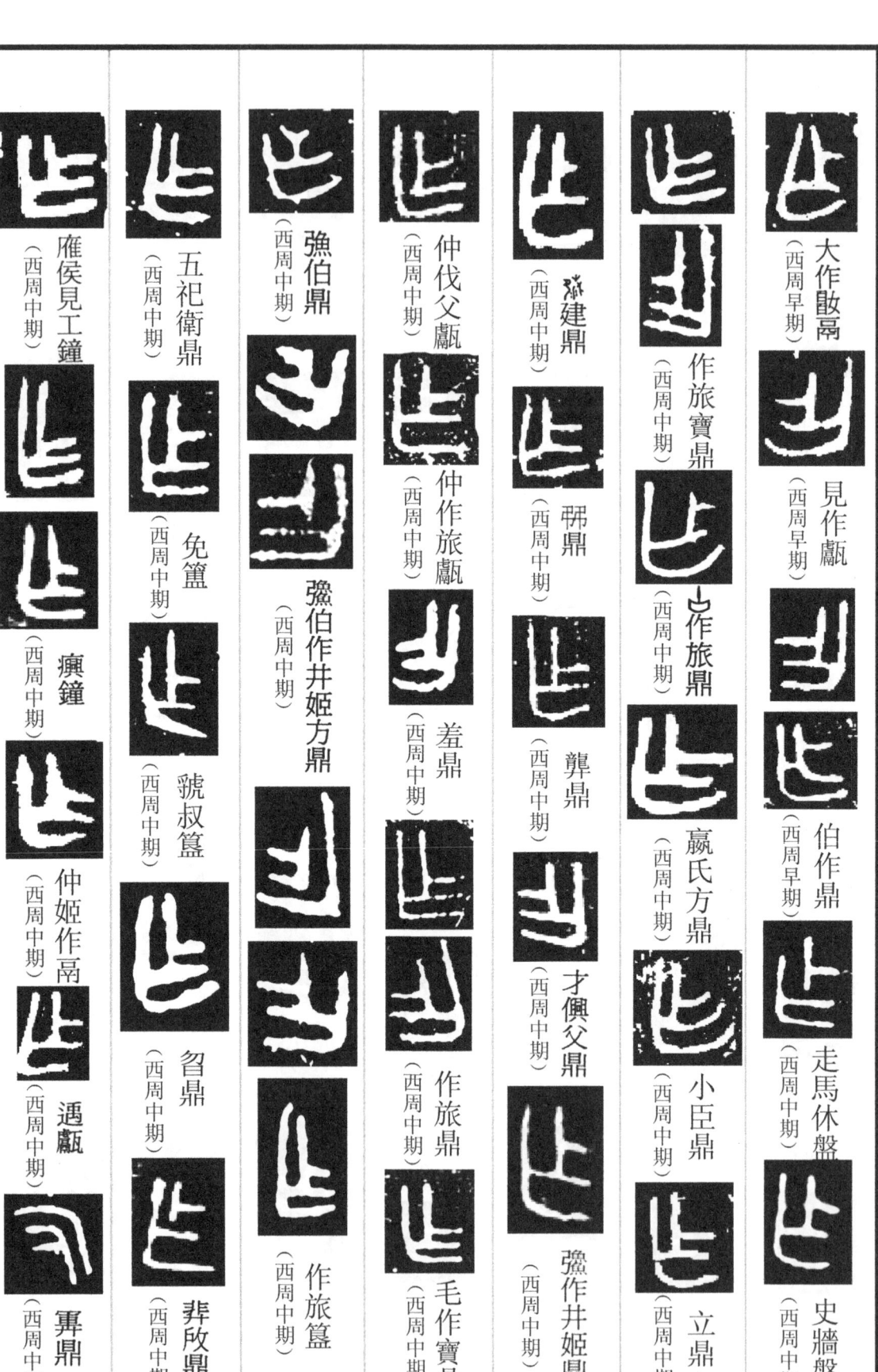

大作𣪘鬲（西周早期）

見作甗（西周早期）

伯作鼎（西周早期）

走馬休盤（西周中期）

史牆盤（西周中期）

作旅寶鼎（西周中期）

[illegible]作旅鼎（西周中期）

嬴氏方鼎（西周中期）

小臣鼎（西周中期）

立鼎（西周中期）

[illegible]建鼎（西周中期）

[illegible]鼎（西周中期）

龏鼎（西周中期）

才㒸父鼎（西周中期）

𢐗作井姬鼎（西周中期）

仲伐父甗（西周中期）

仲作旅甗（西周中期）

羞鼎（西周中期）

作旅鼎（西周中期）

毛作寶鼎（西周中期）

𢐗伯鼎（西周中期）

𢐗伯作井姬方鼎（西周中期）

作旅簋（西周中期）

五祀衛鼎（西周中期）

免簠（西周中期）

虢叔簋（西周中期）

曶鼎（西周中期）

[illegible]攸鼎（西周中期）

雁侯見工鐘（西周中期）

𤼈鐘（西周中期）

仲姬作鬲（西周中期）

遹甗（西周中期）

[illegible]鼎（西周中期）

伯遟父鼎（西周中期）

井季㚤鼎（西周中期）

羌鼎（西周）

仲義父鼎（西周晚期）

史盄父鼎（西周晚期）

遣叔鼎（西周晚期）

多友鼎（西周晚期）

大克鼎（西周晚期）

禹鼎（西周晚期）

虢季子白盤（西周晚期）

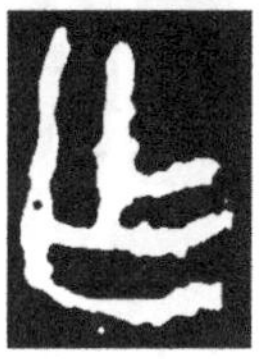
毛公鼎（西周晚期）

周窐匜（西周晚期）

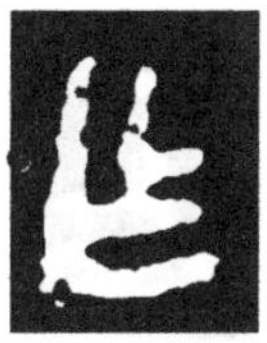
兮甲盤（西周晚期）

宗仲匜（西周晚期）

作▽叔嬴鬲（西周晚期）

會娰鬲（西周晚期）

魯侯鬲（西周晚期）

戲伯鬲（西周晚期）

善夫吉父鬲（西周晚期）

南宮乎鐘（西周晚期）

克鐘（西周晚期）

虢叔旅鐘（西周晚期）

㝬鐘（西周晚期）

季右父鬲（西周晚期）

兮仲鐘（西周晚期）

己侯虓鐘（西周晚期）

鄭井叔鐘（西周晚期）

中義鐘（西周晚期）

柞鐘（西周晚期）

楚公逆鎛（西周晚期）

楚公冢鐘（西周晚期）

沵其鐘（西周晚期）

師臾鐘（西周晚期）

士父鐘（西周晚期）

內公鬲（西周晚期）

□季鬲（西周晚期）

興作寶鼎（西周晚期）

史頌匜（西周晚期）

伯正父匜（西周晚期）

鄭義伯匜（西周晚期）

穌甫人匜（西周晚期）

黃仲匜（西周晚期）

召樂父匜（西周晚期）

召叔山父簠（春秋早期）

番君酛伯鬲（春秋早期）

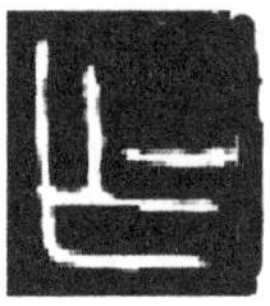
秦公鐘（春秋早期）

秦公鎛（春秋早期）

𥘅仲鬲（春秋早期）

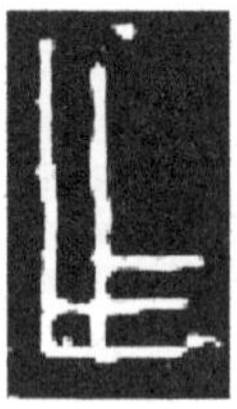
齊侯鎛（春秋中期）

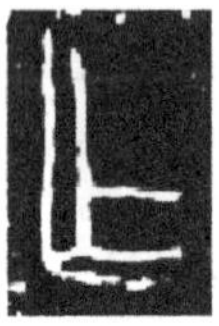
王孫遺者鐘（春秋晚期）

曾□□簠（春秋晚期）

長子沫臣簠（春秋晚期）

楚王領鐘（春秋晚期）

𠭯孫鐘（春秋晚期）

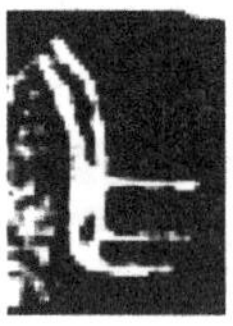
子璋鐘（春秋晚期）

鼄公華鐘（春秋晚期）

欒子簠（春秋晚期）

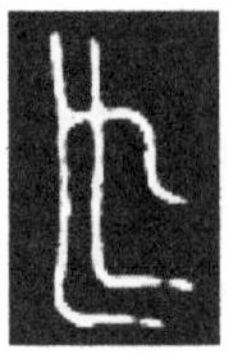
楚王酓章鐘（戰國早期）

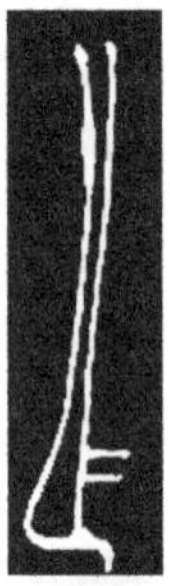
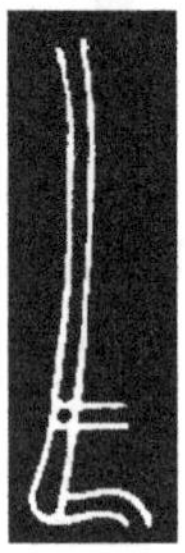
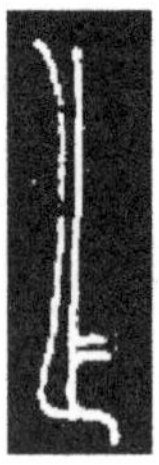
曾侯乙鐘（戰國早期）

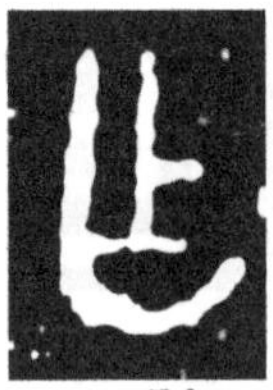
陳侯因資敦（戰國晚期）

曾侯乙豆（戰國早期）

曾侯乙鼎（戰國早期）

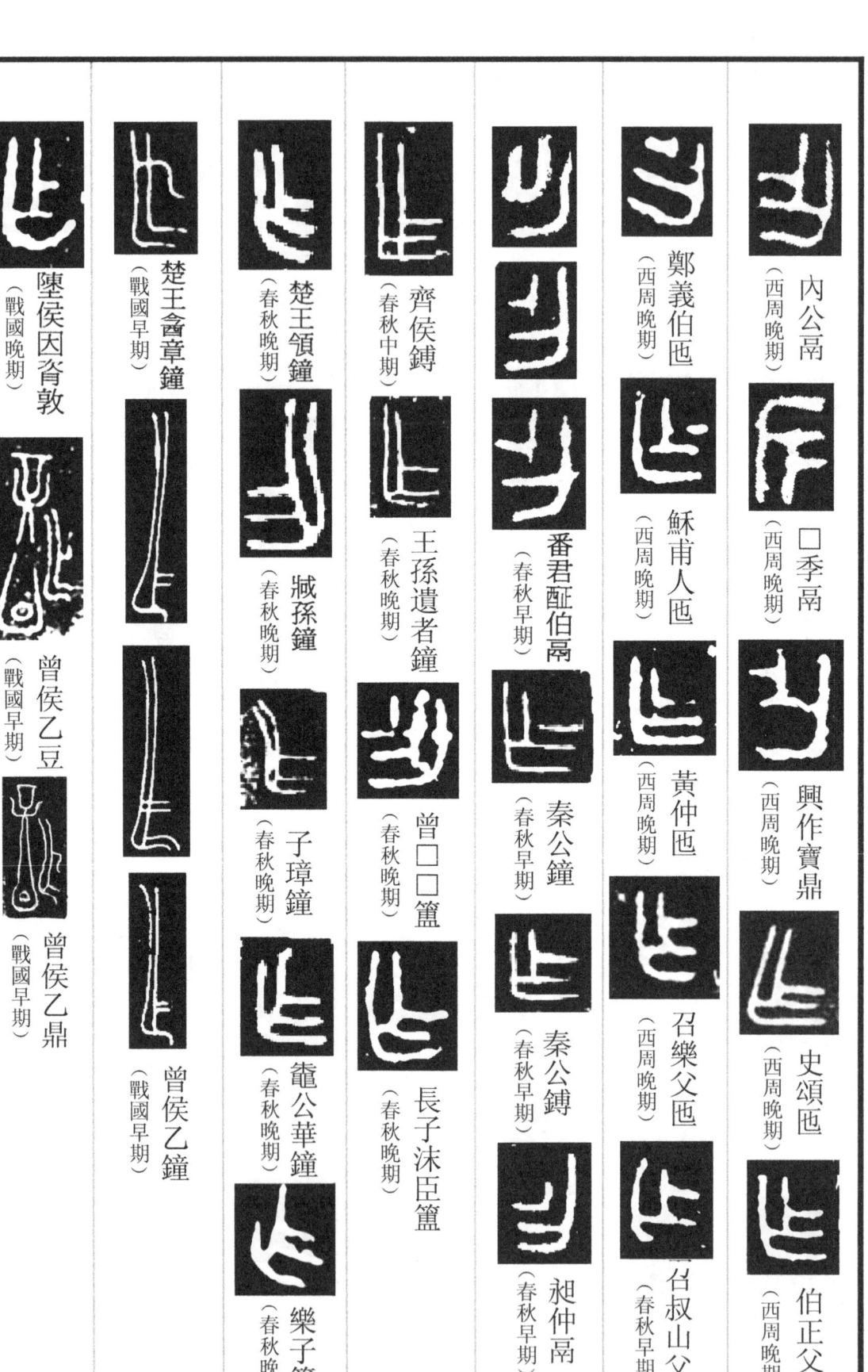

gài 匄

《説文》曰：气（乞）也。《説文解字注》曰：求之曰气（乞）匄，因而與之亦曰气（乞）匄也。今人以物與人曰『給』，其實當用『匄』字。註：匄、丐同字。匄，通介。

啟卣（西周早期）

㠱仲觶（西周中期）

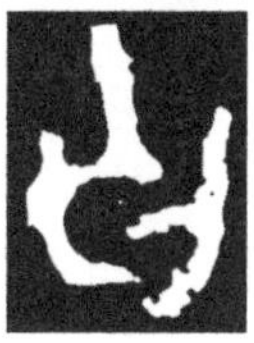

師遽方彝（西周中期）

作氒考尊（西周中期）

[illegible]鼎（西周中期）

伯陶鼎（西周中期）

或者鼎（西周中期）

姬鼎（西周中期）

縈叔卣（西周中期）

對罍（西周中期）

己侯貉子簋（西周中期）

追簋（西周中期）

史牆盤（西周中期） 讀為害 天子徽無匄（害）

周乎卣（西周中期）

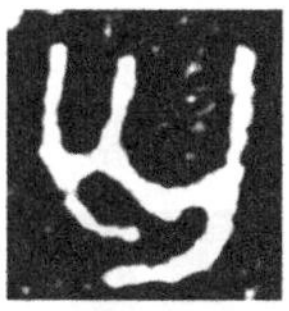

𤔲仲簋（西周晚期）

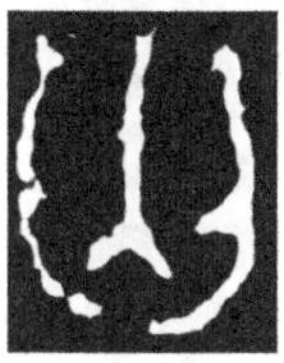

善夫沕其殷（西周晚期）

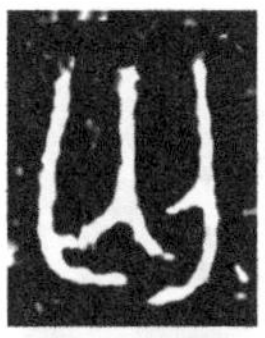

小克鼎（西周晚期）

臣諫簋（西周晚期）

此鼎（西周晚期）

蔡姑簋（西周晚期）

沕其鐘（西周晚期）

克鐘（西周晚期）

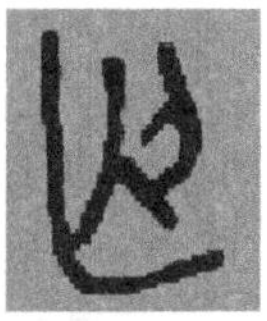

遟父鐘（西周晚期）

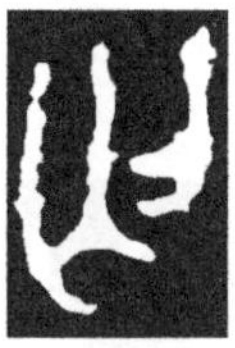

善夫山鼎（西周晚期）

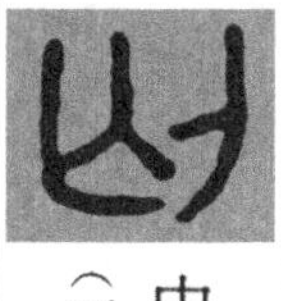

史顯鼎（西周晚期）

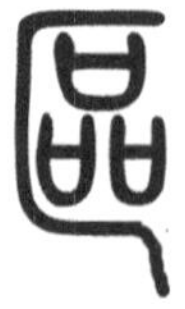
區

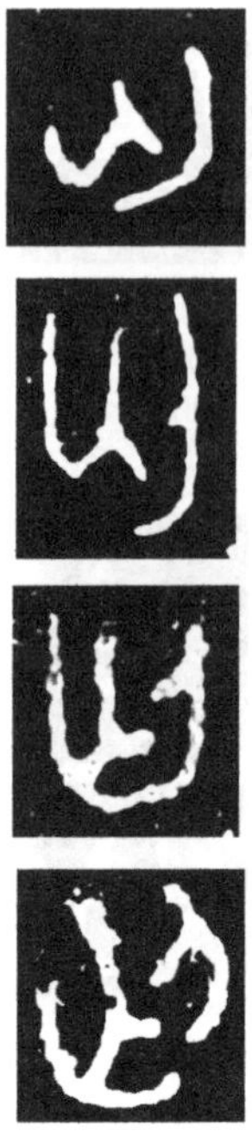
此簋（西周晚期）

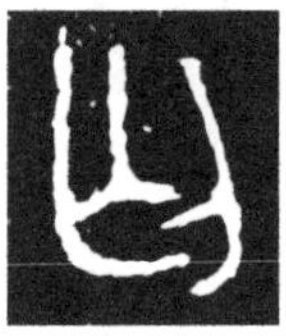
㝬𣪘（西周晚期）

不嬰𣪘蓋（西周晚期）

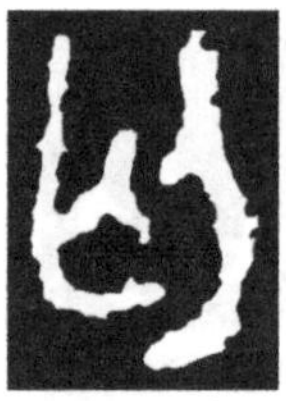
大師虘豆（西周晚期）

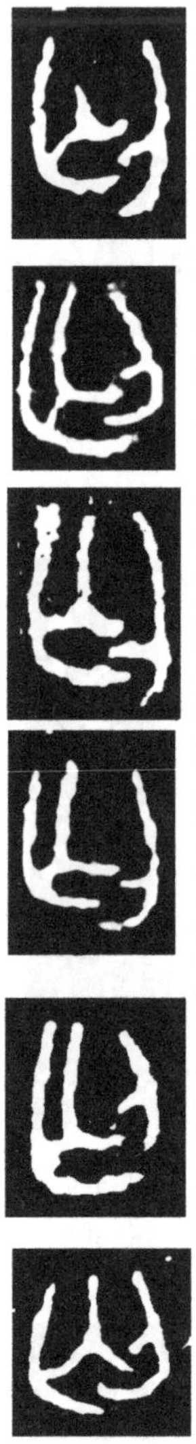
頌簋（西周晚期）

曼龔父盨（西周晚期）

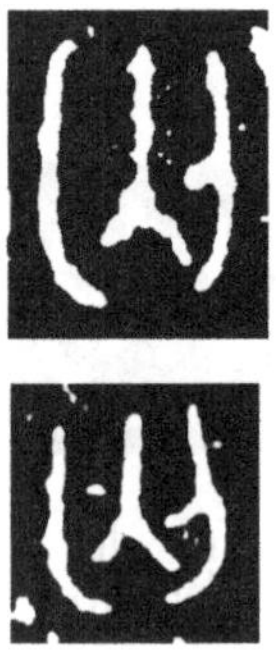
伯沕其盨（西周晚期）

杜伯盨（西周晚期）

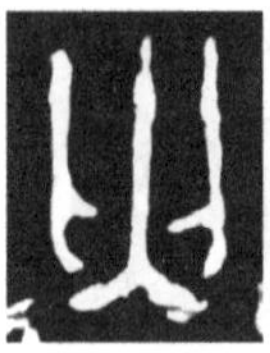
殳季良父壺（西周晚期）

師奎父鼎（西周晚期）

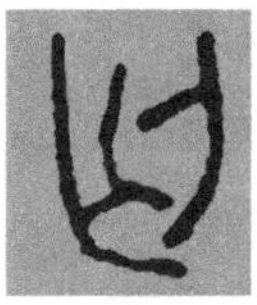
伯克壺（西周晚期）

頌鼎（西周晚期）

召叔山父簠（春秋早期）

qū區

《說文》曰：踦區，藏匿也。从品在匸中。品，眾也。《玉篇》曰：區，域也。《廣雅》曰：區區，小也。

註：區，藏匿義。區，或指區域、地區。

慝匿

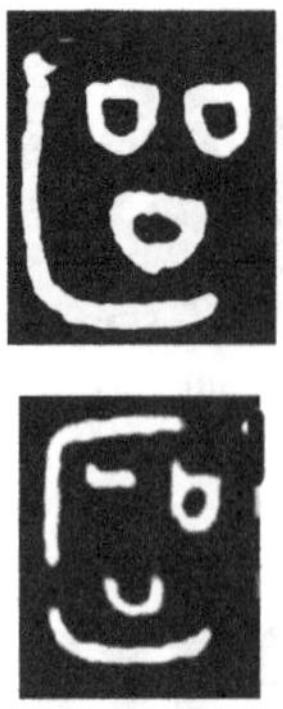
小盂鼎（西周早期）

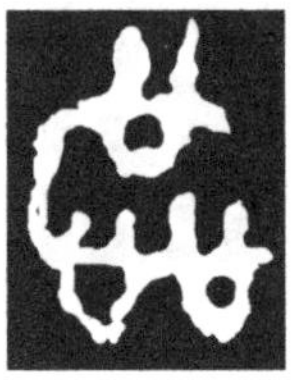
子禾子釜（戰國）

讀為區　于其事區夫

nì匿

《說文》曰：亡也，从匸、若聲。《爾雅》曰：匿，微也。《廣雅》曰：匿，藏也。

《集韻》曰：慝，惡也，通作匿。註：逃亡為匿之本義。匿，或為隱藏、隱瞞、躲避義。

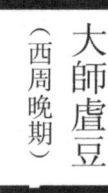

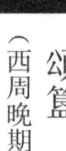

匽

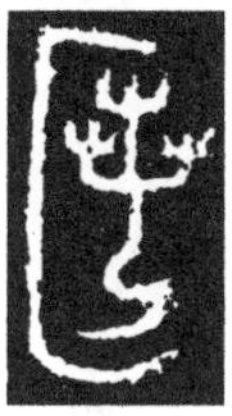
匿觶（殷商）

匿乙尊（殷商）

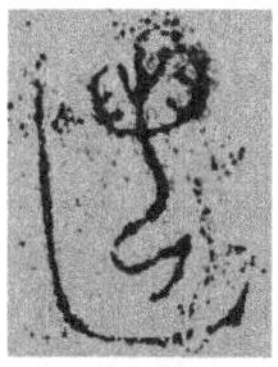
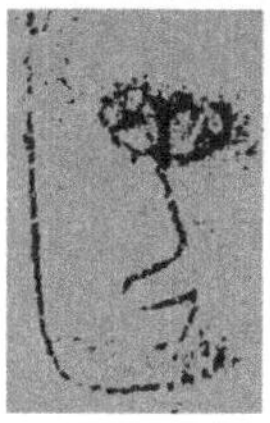
匿鐃（殷商）

匿爵（殷商）

大盂鼎（西周早期） 讀為慝 闢厥匿（慝）

yǎn yàn 匽

《説文》曰：匿也，从匸、妟聲。註：匽，即古偃字，藏匿義，如 偃旗息鼓 。匽，同宴、同醼。匽，通燕，周代所封召姓北燕，國名，假匽為燕。

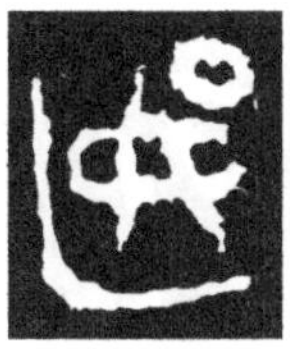
亞㠱侯父乙盉（殷商）

匽侯旨作父辛鼎（西周早期）

圉方鼎（西周早期）

復作父乙尊（西周早期）

堇鼎（西周早期）

寓鼎（西周早期）

匽侯簋（西周早期）

匽侯旨鼎（西周早期）

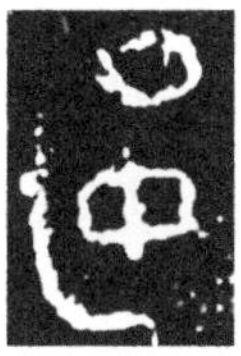
匽侯銅泡（西周早期）

匽侯盂（西周早期）

匽侯戈（西周早期）

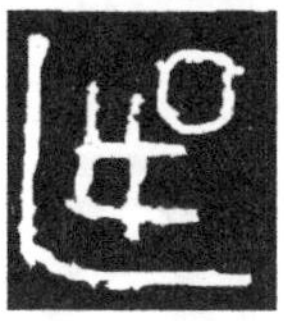
伯矩鬲（西周早期）

大克鼎（西周晚期）

匽伯聖匜（西周晚期）

秦公鎛（春秋早期）

秦公鐘（春秋早期）

匹

子璋鐘（春秋晚期）

王孫遺者鐘（春秋晚期）

沇兒鎛（春秋晚期）

匽公匜（春秋）

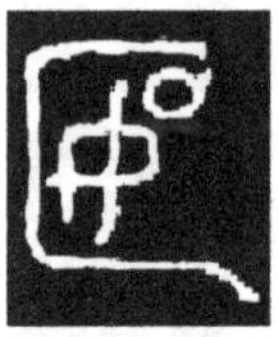
齊鞷氏鐘（春秋晚期）

杕氏壺（春秋晚期）

陳璋方壺（戰國）

陳璋鐳（戰國）

pǐ
匹

《説文》曰：四丈也，从八、匸，八揲一匹，八亦聲。《廣雅》曰：匹，二也。（二者相比也。相比、相當。）

註：周制，五尺謂之墨，倍墨謂之丈，倍丈謂之端，倍端謂之兩。兩，匹也。錦帛四丈，兩端對卷成相連兩卷，謂之一匹，此即布匹之早期形式。故匹有二者比對、匹配、配合之意。馬匹之匹，為借義。

𢿝𢇛方鼎（西周早期）

小盂鼎（西周早期）

御正衛簋（西周早期）

史牆盤（西周中期）

曶鼎（西周中期）

𢧐殷（西周中期）

大鼎（西周中期）

兮甲盤（西周中期）

單伯昊生鐘（西周晚期）

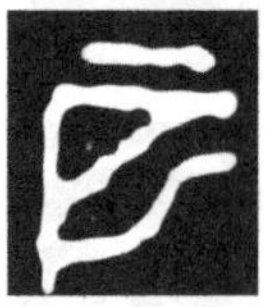

無㠱殷（西周晚期）

師克盨（西周晚期）

應侯見工鐘（西周中期） 四匹二字合文 賜……馬四匹

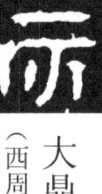

卯簋（西周中期） 十匹二字合文 賜汝馬十匹

彔伯𢦚殷蓋（西周中期）

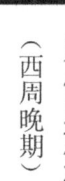

既

尹姑鬲（西周中期）

噩侯鼎（西周晚期）

毛公鼎（西周晚期）

史頌簋（西周晚期）

史頌鼎（西周晚期）

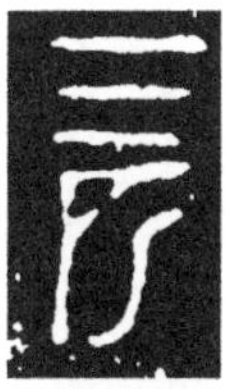

三年師兌簋（西周晚期）

大鼎（西周中期）　或从匕

曾姬無卹壺（戰國）　或从馬

既

陾作父乙尊（西周早期）

匚

fāng
fàng
匚

《説文》曰：受物之器，象形，讀若方。《廣韻》曰：匚，一斗曰匚。《集韻》曰：放，逐也，古作匚。

註：匚，古祭名，或曰報祭，假匚為報。

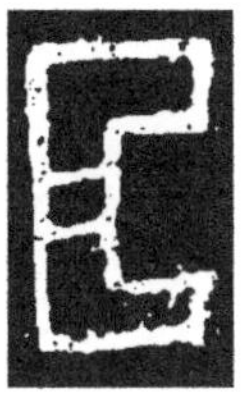
乃孫作且己鼎（殷商）　讀為報　㽙鬻匚（報）賓

匚父丁爵（西周早期）

匚賓鼎（殷商）　【商周金文錄遺】

匡 筐恇框眶

匜

kuāng
匡

《說文》曰：飲器筥也，从匚、㞷聲。筐或从竹。

註：匡、筐同字，盛飯器，方曰匡、圓曰筥。匡，或作恇、作框、作眶。

曶鼎（西周中期）

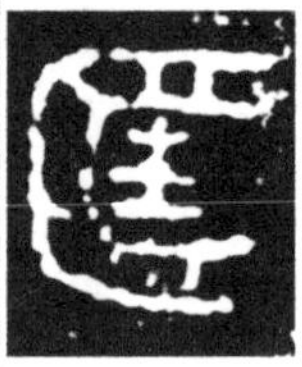

匡卣（西周中期）

尹氏貯良簠（西周晚期）

師麻[illegible]叔簠（西周晚期）

史免簠（西周晚期）

𤔲叔簠（西周晚期）

禹鼎（西周晚期） 讀為恇 肆師彌怵匌匡（恇）

叔家父簠（春秋早期） 讀為筐 叔家父作仲姬匡（筐）用盛稻粱

陳公子仲慶簠（春秋）

吳王御士叔緐簠（春秋）

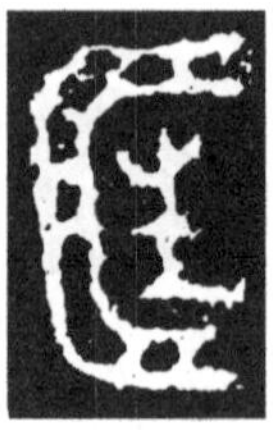

曹公簠（春秋晚期）

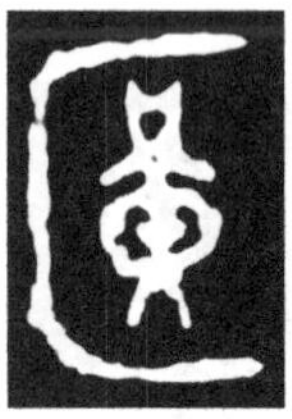

[illegible]簠（西周晚期） 或从黄 黄亦聲 治遺作寶匱（筐）

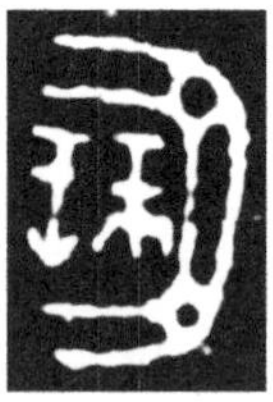

𤔲叔簠（西周晚期） 或从金

yí
匜

《說文》曰：似羹魁（斗）柄中有道，可以注水，从匚、也聲。

註：匜，盛酒、水之器具。[illegible]匜，銘文中从皿、也聲。

伯[illegible]匜（西周晚期）

𧟰伯匜（西周晚期）

穌甫人匜（西周晚期）

番□伯者君匜（春秋早期）

曾子白父匜（春秋早期）

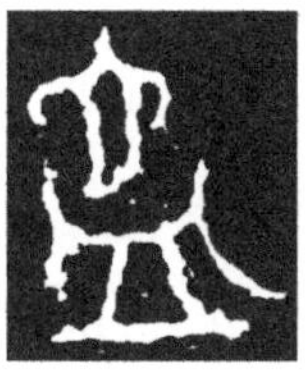

楚嬴匜（春秋早期）

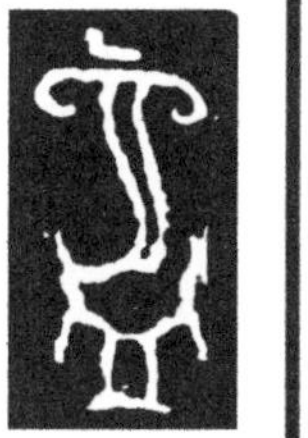

塞公孫𤔲父匜（春秋早期）

匽公匜（春秋）

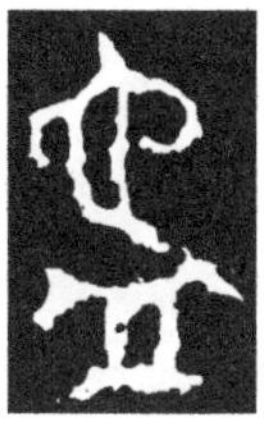

大師子大孟姜匜（春秋）

叔上匜（春秋）

蔡叔季之孫君匜（春秋）

中友父匜（西周中期） 或从金

叔匜（西周晚期）

史頌匜（西周晚期）

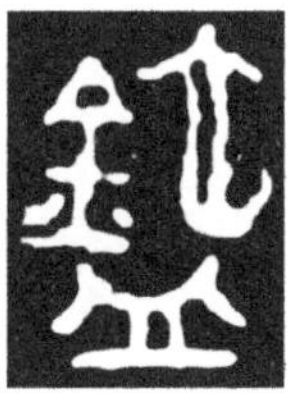

陳公子匜（春秋早期）

陳伯元匜（春秋）

慶叔匜（春秋）

蔡侯匜（春秋晚期）

宗仲匜（西周晚期） 或作匜之象形

貯子己父匜（西周晚期）

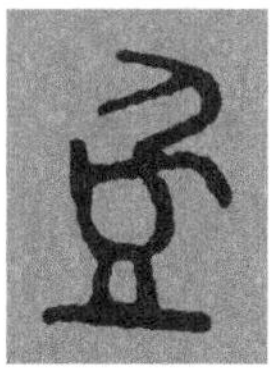

季姬匜（西周晚期）

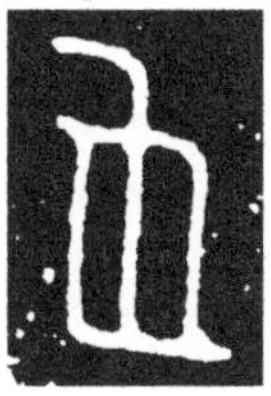

散伯匜（西周晚期）

jiù
柩

《説文》曰：棺也，从匚、从木、久聲。籀文柩。

註：匶，即柩之籀文，，或省匚為上下各一横。匶，或假為救字。

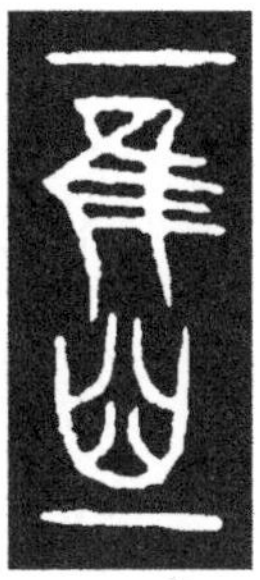

中山王嚳方壺（戰國晚期） 讀為救 不顧大義 不柩（救）諸侯

𠤯

𠤯

註：𠤯，或為出字，止（脚）從凵出，會意。

乙且𠤯觚（殷商）

𠥼

𠥼

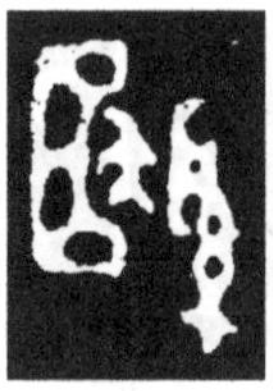

考母作䌲段（西周早期）

考母作𠥼罍（西周早期）

考母壺（西周早期）

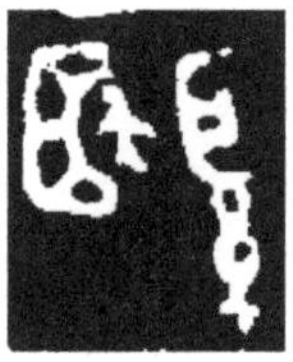

作𠥼鬲（西周中期）

㔺

㔺

㔺君壺（春秋）

𠥓

bēi
𠥓

《玉篇》曰：𠥓，古文桮。《集韻》曰：桮，或作杯、𠥓。

⿰冂冋段（西周早期）

冋

伯⿷匚禾卣（西周早期）

伯⿷匚禾盉（西周早期）

wěi ⿷匚禾

註：⿷匚禾，或讀為委。

中山王響鼎（戰國晚期）

讀為委

是以寡人⿷匚禾（委）任之邦

⿷匚目

私庫嗇夫鑲金銀泡飾（戰國中期）

xuān ⿷匚亘

註：⿷匚亘，即宣字。宣鐘，為編鐘音律。

曾侯乙鐘（戰國早期）

讀為宣 為⿷匚亘（宣）鐘

pù ⿷匚甫

註：⿷匚甫，即簠字或為鋪字。盛食物之青銅器，其形似豆。

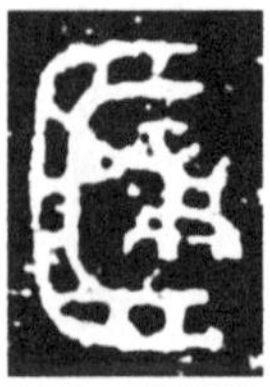

魯大嗣徒厚氏元⿷匚甫（春秋）

⿷匚各

亘臣戥殷（西周早期）

⿷匚盉

⿷匚⿱耳大 璉　⿷匚月　⿷匚出

liǎn
⿷匚⿱耳大

註：⿷匚⿱耳大，讀為璉。璉，盛黍、稷等食物之祭器或食器。

⿷匚⿱林皿父辛觚（西周早期）

⿷匚⿱林皿父辛方彝（西周早期）

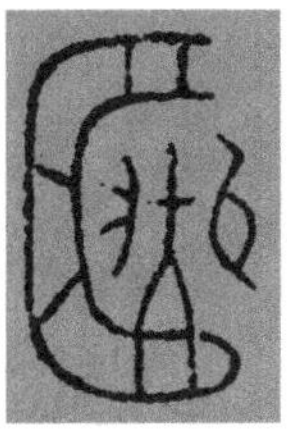
弭仲簠（西周晚期）讀為璉
弭仲作寶⿷匚⿱耳大（璉）

⿷匚月

十七年春平侯劍（戰國晚期）

⿷匚出

二十九年相邦趙戈（戰國晚期）

八年相邦鈹（戰國晚期）

曲

甾

盧 鑪

qū
qǔ
曲

《說文》曰：象器曲受物之形。或說，曲，蠶薄（養蠶器具 蠶簸）也。古文曲。《玉篇》曰：曲，不直也。

《廣雅》曰：曲，折也。

註：曲，本義為彎曲、不直。，方義。，曲義。小篆去字从之，并取其聲。金文曲，像物之曲折形。

父丁爵（殷商） 讀為曲 曲父丁

曾子斿鼎（春秋早期） 讀為曲 惠于剌曲

十一年佫茖戈（戰國晚期）【近出殷周金文集錄】

殺公上鼎（戰國晚期） 讀為曲 襄公上□曲昜蒸

zī
甾

《說文》曰：東楚名缶曰甾，象形。

註：『說文』無由字，甾字實則由字，各家均有辨案。隸變與切音之誤將由譌為甾。

訇簋（西周晚期）

子陝□之孫鼎（春秋） 讀為甾 子陝□之孫□行甾

甾作父己觶（西周早期）

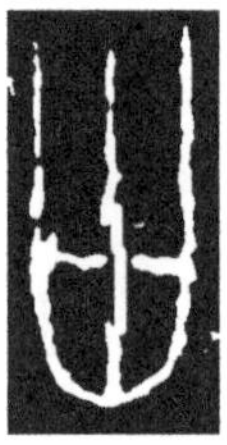

谷器器皿（戰國） 讀為甾 谷器少而由（甾）其釿

lú
lǔ
盧

《說文》曰：𦈢也，从甾、虍聲。讀若盧。篆文盧，籀文盧。

註：盧，盛酒之小口瓦器。古文多以盧為鑪、為廬、為爐（鑪）為臚、為虜。

瓦

甄

甗

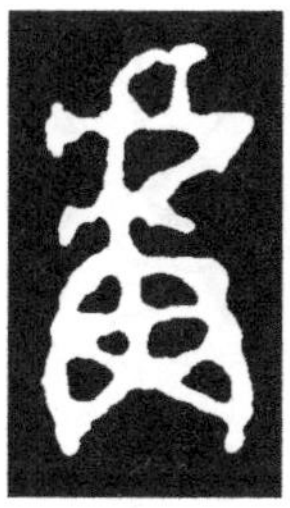
十五年趞曹鼎（西周中期） 孳乳為盧 王射于榭盧（廬）

伯公父簠（西周晚期） 或从皿 即盧字

取膚盤（春秋） 或从，酒器之象形。

wǎ
瓦

《說文》曰：土器已燒之總名，象形。註：土器未燒曰坯，已燒謂之瓦。瓦，或為屋瓦之象形。

姛爵（殷商）

zhēn
甄

《說文》曰：匋（陶）也，从瓦、垔聲。《玉篇》曰：甄，陶人作瓦器謂之甄。《廣韻》曰：甄，察也。《龍龕手鑑》曰：甄，識也。《說文通訓定聲》曰：甄，假借為震。註：甄，本指陶器或制陶人，又有造就、識別、甄別之義。

史牆盤（西周中期） 或从宀 从攴 甄育子孫

yǎn
甗

《說文》曰：甑也，一曰穿也。从瓦、鬳聲。註：甗，蒸煮器，上像蒸鍋，下為鼎形，中有箅，蒸汽可貫穿。金文均以獻字作甗。

伯作旅甗（西周早期）

伯貞甗（西周早期）

𦥯子甗（西周早期）

作癸父甗（西周早期）

比甗（西周早期）

作寶甗（西周早期）

孚公枖甗（西周中期）

仲伐父甗（西周中期）

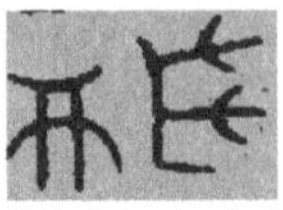
□作寶甗（西周晚期）

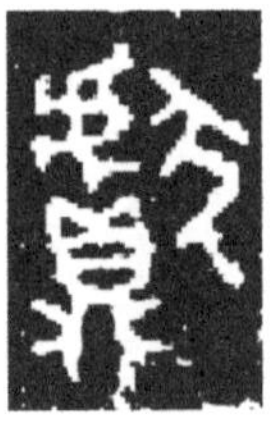
子邦父甗（西周中期）

遇甗（西周中期）

伯姜甗（西周中期）

榖父甗（西周晚期）

伯鮮甗（西周晚期）

⿱相瓦 甆

chuǎng

⿱相瓦

《玉篇》曰：⿱相瓦同甆。《說文》曰：甆，瑳垢瓦石。

註：⿱相瓦，同甆，用碎瓦石加水倒入瓶內，晃動磨刷掉瓶內污垢，曰甆。

王五年上郡疾戈（戰國）

瓶 甈 嘶

sī

瓶

《集韻》曰：甈；或省（作瓶）《篇海類編》曰：甈，甕破瓦碎聲，凡器物破碎聲曰甈。

註：甈，或省作瓶。甈，聲音沙啞，或作嘶。

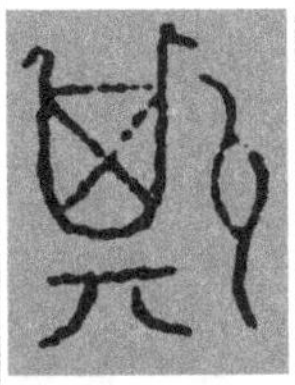

若于子斯簠（春秋早期）

弓

gōng
弓

《説文》曰：以近窮遠，象形。註：弓之象形字，畫出弓、弓弦，及頭部彎曲之弓梢，以別上下，，西周中晚期弓字省去弓弦，只畫弓身與弓稍，為小篆所本。

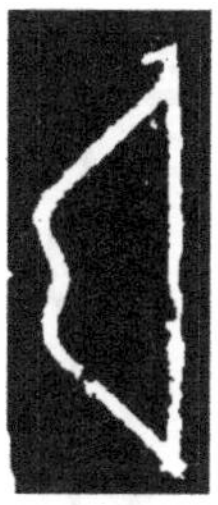
弓𦎫方鼎（殷商）

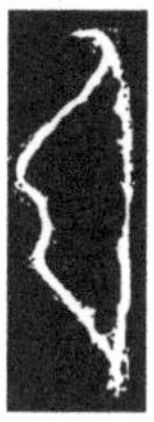
弓𦎫父丁方鼎（殷商）

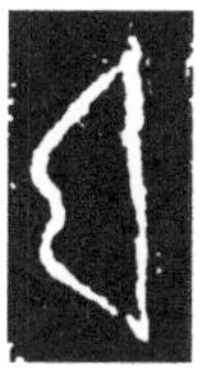
弓𦎫父己鼎（殷商）

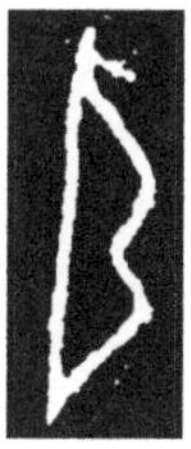
弓父庚卣（殷商）

弓日囝觚（殷商）

父丙卣（殷商）

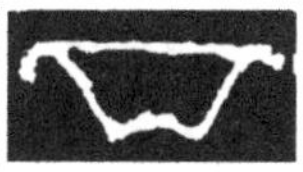
䀠子弓葡卣（殷商）

弓衛父庚爵（西周早期）

作旅弓卣（西周早期）

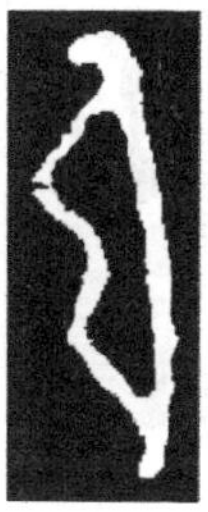
弓鼎（西周早期）

弓父癸鼎（西周早期）

作公尊（西周早期）

弓父癸觶（西周早期）

作公尊彝卣（西周早期）

作公尊彝鼎（西周早期）

靜卣（西周早期）

伯晨鼎（西周中期）

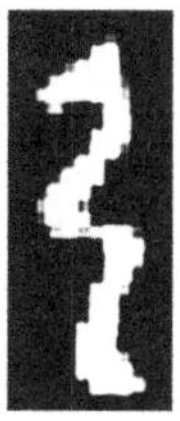
應侯見工鐘（西周中期）

師湯父鼎（西周中期）

十五年趞曹鼎（西周中期）

𢾊殷（西周中期）

豆閉簋（西周中期）

𢦔殷（西周中期）

同卣（西周中期）

不嬰殷蓋（西周晚期）

弭

弨

張 漲帳

虢季子白盤（西周晚期）

mǐ
弭

《玉篇》曰：弭，息也、止也、安也。

註：弭，弓末端以骨鑲嵌的角弓。弭，或有安撫、安定、消除之義。

弭叔鬲（西周中期）

師湯父鼎（西周中期）

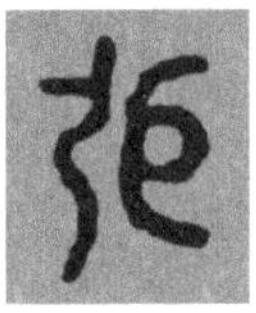
弭伯匜（西周中期）

弭叔師察簋（西周晚期）

弭叔盨（西周晚期）

弭伯師耤簋（西周晚期）

弭叔作叔班盨（西周晚期）

chāo
弨

《說文》曰：弓反也，从弓、召聲。

《玉篇》曰：弨，弓弛貌。

註：弨，松解弓弦。弦弛則弓反。

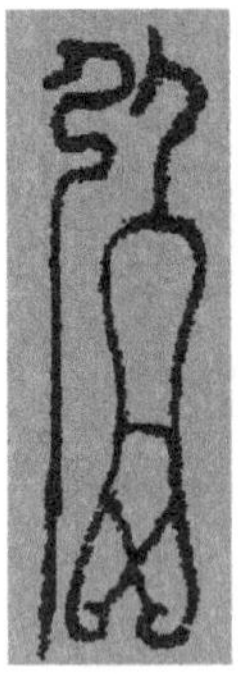
新弨戟（戰國）

zhāng
zhàng
張

《說文》曰：施弓弦也，从弓、長聲。

《廣雅》曰：張，施也、開也。

註：張與弛相對。張，本義為張弓，開弓、施弓。張，引申為漲、為脹、為帳。

强強彊

qiáng
jiāng
jiàng
彊

《說文》曰：弓有力也，从弓、畺聲。《集韻》曰：彊：勉也，《廣韻》曰：彊，屍勁硬也。（或作僵）註：彊、強本義有別，強，蝿類蟲名。彊，強健、強壯、堅強。後多以強，代彊。強，或書作強。彊，通疆，邊疆；通僵，屍體勁硬曰僵屍。

廿年距末（戰國）

二十匿鄭令戈（戰國）

九年將軍戈（戰國晚期）讀為張 將軍張二月

大盂鼎（西周早期）

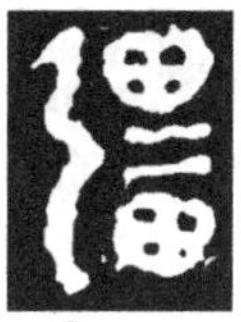

辛鼎（西周早期）

史牆盤（西周中期）

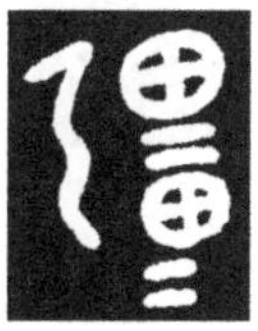

五祀衛鼎（西周中期）

仲辛父簋（西周中期）

[犮首]鐘（西周中期）

癲鐘（西周中期）

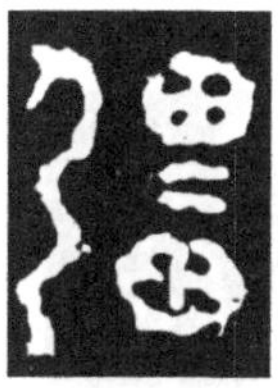

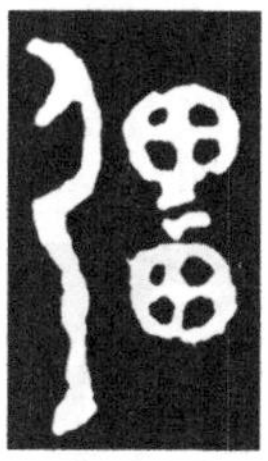

師遽方彝（西周中期）

滔御事罍（西周中期）

仲師父鼎（西周晚期）

沕其鼎（西周晚期）

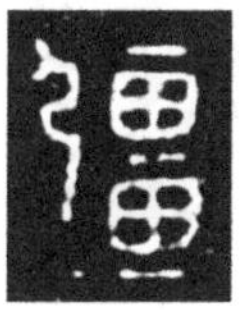

史頌鼎（西周晚期）

小克鼎（西周晚期）

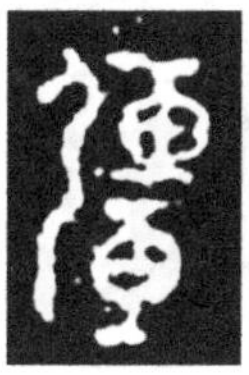

此鼎（西周晚期）

士父鐘（西周晚期）

宗周鐘（西周晚期）

虢文公子段鼎（西周晚期）

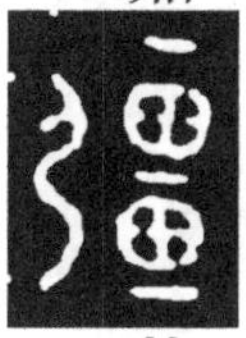

[㫃壴]叔樊鼎（西周晚期）

姬鼎（西周晚期）

眉壽鐘（西周晚期）

井人𡚬鐘（西周晚期）

師臾鐘（西周晚期）

沕其鐘（西周晚期）

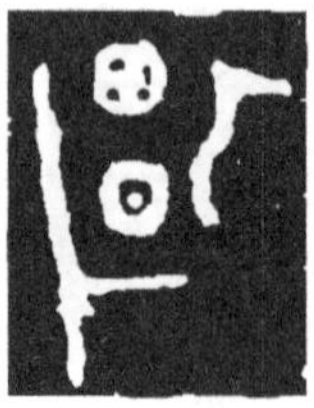
緟匜
（西周晚期）

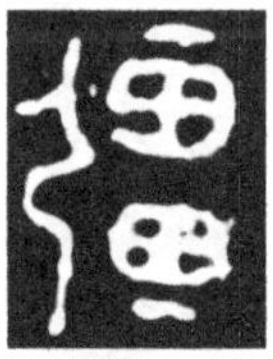

頌簋
（西周晚期）

散氏盤
（西周晚期）

齊叔姬盤
（西周晚期）

湯叔盤
（西周晚期）

虢季子白盤
（西周晚期）

不嬰𣪘
（西周晚期）

伯公父簠
（西周晚期）

𨜹史𢉅壺
（西周晚期）

兮甲盤
（西周晚期）

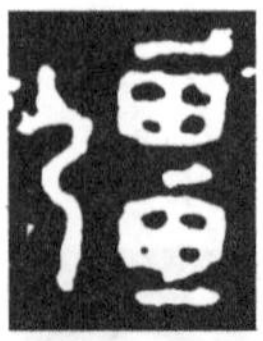

史頌簋
（西周晚期）

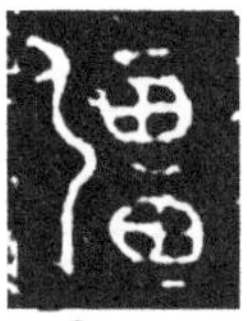
伊簋
（西周晚期）

曼龔父盨
（西周晚期）

善夫克盨
（西周晚期）

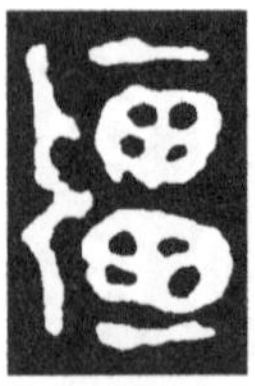

善夫沙其𣪘
（西周晚期）

𩰫兌𣪘
（西周晚期）

仲爯父簋
（西周晚期）

此簋
（西周晚期）

大克鼎
（西周晚期）

伯康簋
（西周晚期）

兮吉父簋
（西周晚期）

封仲簋
（西周晚期）

兮伯吉父盨
（西周晚期）

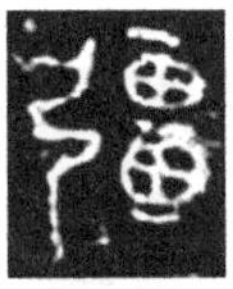
戈叔朕鼎
（春秋早期）

鄁公鼎
（春秋早期）

鄀公平侯鼎
（春秋早期）

穌公子簋
（春秋早期）

叔單鼎
（春秋早期）

害仲之孫段（春秋早期）

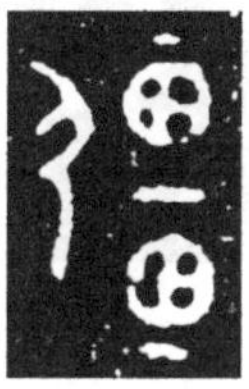
叔家父簠（春秋早期）

叔朕簠（春秋早期）

侯母壺（春秋早期）

齊侯匜（春秋早期）

塞公孫𪧶父匜（春秋早期）

子仲伯匜（春秋早期）

尋仲匜（春秋早期）

曾伯𩫏簠（春秋早期）

敶公孫𪧶父瓶（春秋早期）

黃大子伯克盤（春秋早期）

黃大子伯克盆（春秋早期）

秦公鎛（春秋早期）

番君酟伯鬲（春秋早期）

隮子鄭伯鬲（春秋早期）

邕子良人甗（春秋早期）

陳公子叔遼父甗（春秋早期）

郜伯祀鼎（春秋早期）

考叔𪧶父簠（春秋早期）

陳大喪史仲高鐘（春秋中期）

彭子仲盆（春秋）

□子季□盆（春秋）

鄭大內史叔上匜（春秋）

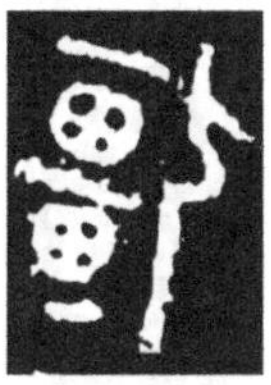
般仲柔盤（春秋）

鄁公段（春秋）

曹公盤（春秋）

齊縈姬盤（春秋）

曾子伯𧶠盤（春秋）

引

曾伯陭壺（春秋）

曩伯子庭父盨（春秋）

厚氏簠（春秋）

孫叔師父壺（春秋）

蔡叔季之孫君匜（春秋）

無公買簠（春秋晚期）

齊侯作孟姜敦（春秋晚期）

鼄公華鐘（春秋晚期）

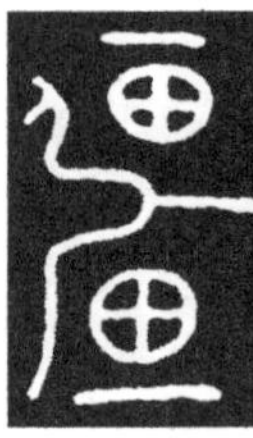
齊侯匜（春秋晚期）

令狐君嗣子壺（戰國中期）

喪史賓瓶（戰國）

中山王嚳方壺（戰國晚期）

中山王嚳鼎（戰國晚期）

好蚉壺（戰國晚期）

yǐn
引

《說文》曰：開弓也。《爾雅》曰：引，長也。《集韻》曰：引，導也

註：引，本義為引弦張弓，引申為拉長、牽引、引導。引，或从人、从大，作開弓狀。

貫弘觥（西周早期）

貫弘勺（西周早期）

貫引觚（西周早期）

引尊（西周早期）

毛公旅方鼎（西周早期）

臣諫簋（西周中期）

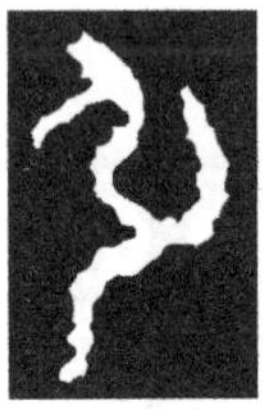
師𩛥鼎（西周中期）

師旂鼎（西周中期）

闌監父己鼎（西周中期）

瓕
彌

作冊益卣
（西周中期）

段簋
（西周中期）

小臣守簋
（西周）

頌壺
（西周晚期）

頌簋
（西周晚期）

頌鼎
（西周晚期）

毛公鼎
（西周晚期）

秦公簋
（春秋早期）

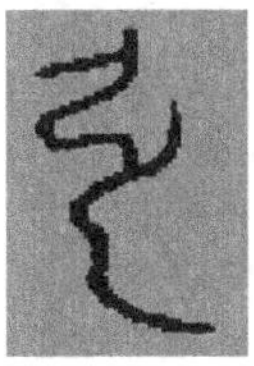
秦公鎛
（春秋）

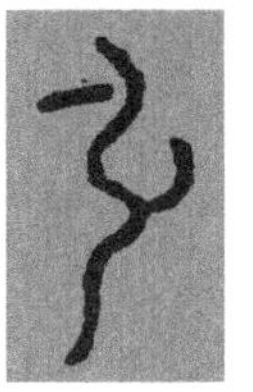
樂大𤔲徒瓶
（春秋）

叔尸鐘
（春秋晚期）

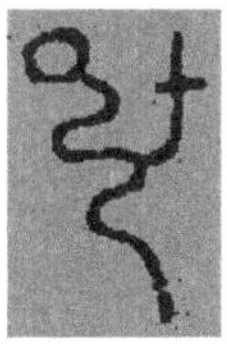
叔尸鎛
（春秋晚期）

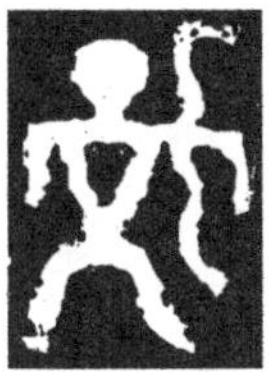
爵
（殷商）

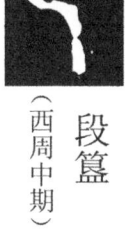

弜耳觚
（殷商）

耳作父癸器
（西周早期）

mí
mǐ
瓕

《說文》曰：弛弓也，从弓、璽聲。《玉篇》曰：瓕，大也，瓕，同彌。《爾雅》曰：彌，終也。

註：瓕，放松弓弦。瓕，同彌。彌，或从日。

史牆盤
（西周中期）

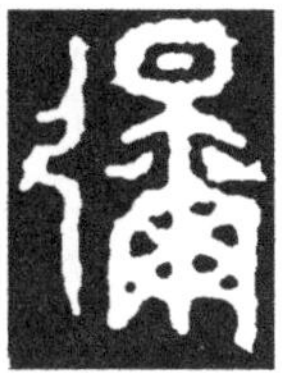
蔡姞簋
（西周晚期）

叔□孫父段
（西周晚期）

禹鼎
（西周晚期）

齊侯鎛
（春秋晚期）

努 弩　　彈 彈　　發 發　　羿 弜

nǔ
弩

《說文》曰：弓有臂者，从弓、奴聲。《正字通》曰：弩，努力，即借弩，今別作努。

註：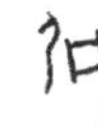，金文弩，从弓、女聲。弩，用機械力射箭之弓。弩，今別作努。

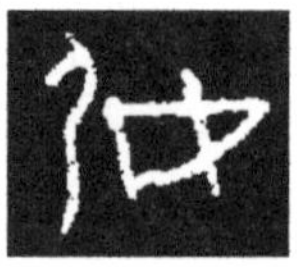

涑鄙戈（戰國早期）　讀為弩　涑鄙發弩戈

dàn tán
彈

《說文》曰：行丸也，从弓、單聲。彈，或从弓，持丸。《廣韻》曰：彈，射也。《字彙》曰：彈，擊也。

註：，金文彈字，作弓持丸狀。

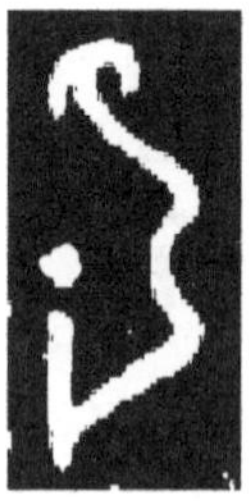

疋作父丙鼎（殷商）　讀為彈　疋彈𠬝作父辛丙

作父辛鼎（西周早期）

fā
發

《說文》曰：射發也，从弓、發聲。

註：，古文發字从攴。發，或从矢。

姑發䏿反劍（春秋晚期）

涑鄙戈（戰國早期）

陳純釜（戰國）　讀為發　命左關師發敕成左關之釜

yì
弜

《說文》曰：帝嚳射官，夏少康滅之。从弓、幵聲。《玉篇》曰：弜，又作羿。

註：弜，人名，即后羿，古代傳說中射日之神。

羿作父辛器（西周早期）
讀為羿
公仲在宗周賜羿貝五朋

弨

弨

弨𣪊（殷商）

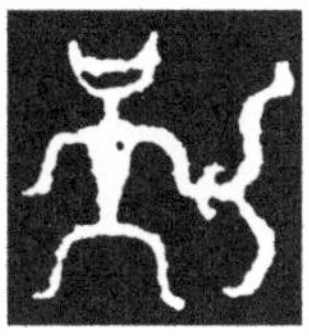
弨父癸觶（西周早期）

弘

弘

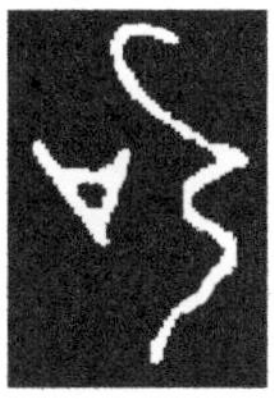
弘作彝鬲（西周早期）

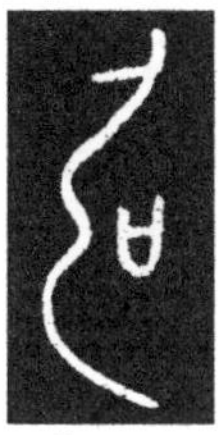
盈弘卣（西周早期）

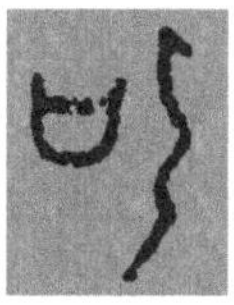
亳作父乙方鼎（西周早期）

斫

yǐn
斫

《龍龕手鑑》曰：斫，同引。

註：斫斫，从弓、斤聲，或讀為引。

冊斫箕（殷商）

典斫盤（殷商）
讀為斫
衛典斫

弤

上官豆（戰國）

tāo
⿰弓支

《龍龕手鑑》曰：⿰弓支，弢之俗字。《周史六弢》顏師古注：……弢字與韜同也。

註：⿰弓支，或為弢之俗體字。弢，同韜。

⿰弓支觶（殷商）

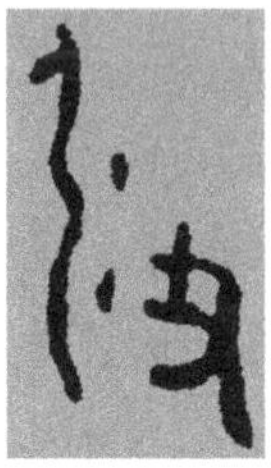

⿰弓支父丁卣（西周早期）【古文字類編】

篖叔之仲子平鐘（春秋晚期）

⿰弓畀

⿰弓殳

我方鼎（西周早期）

⿰弓⿱旦又　弫　⿰弓韋

⿰弓⿱旦又

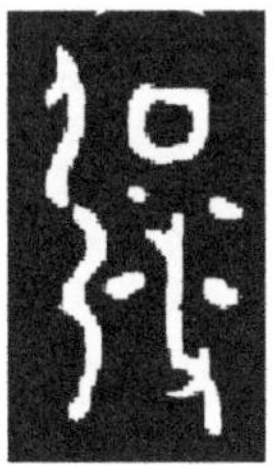

⿰弓⿱旦又作父乙甗（西周早期）

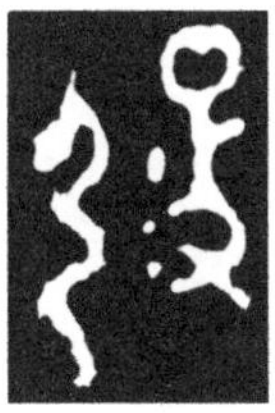

⿰弓支作⿱竹皀殷（西周早期）

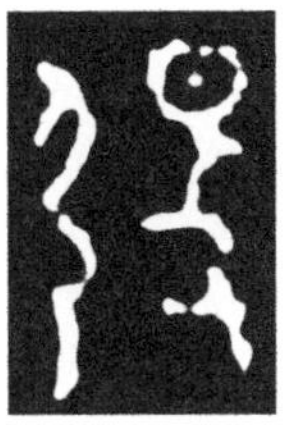

⿰弓⿱旦又作旅鼎（西周早期）

zé 弫

註：弫，或同迮。

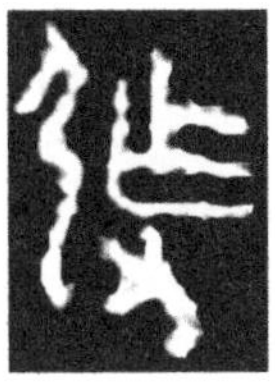

晉公盆（春秋）

讀為迮

制暴胡（弫）迮

⿰弓韋

⿰弓韋作父庚尊（西周早期）

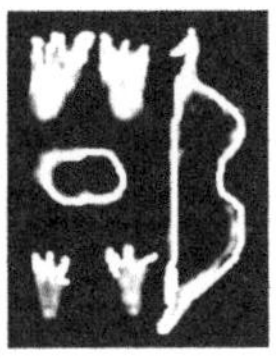

⿰弓⿱止止口啓方彝（西周早期）

⿰弓寅

長甶盉（西周中期）

⿰弓嗇

廿年距末（戰國）

⿰弓夒

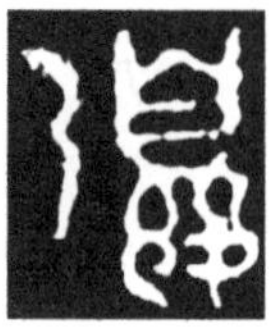

伯盨（西周晚期）

⿰弓魚

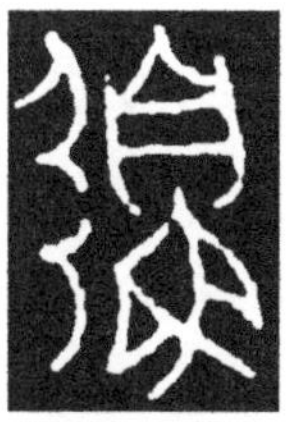
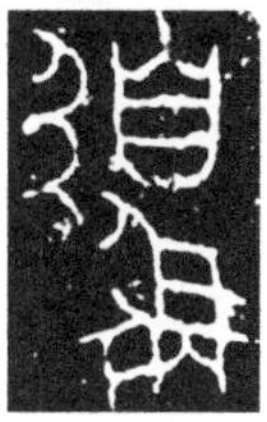
𢐗伯段（西周早期）

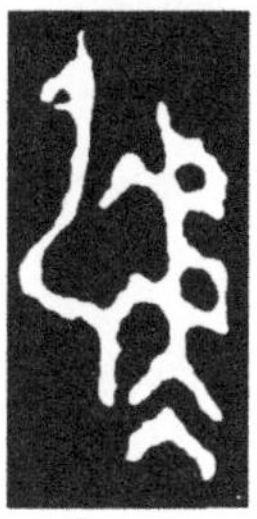
𢐗伯段（西周早期）

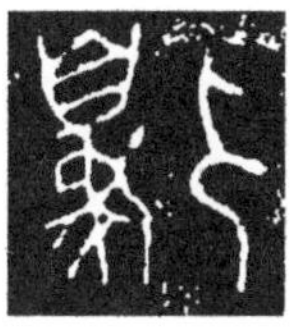
𢐗伯井姬羊尊（西周中期）

𢐗季卣（西周中期）

𢐗伯鎣（西周中期）

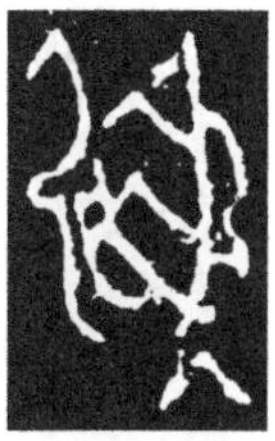

𢐗伯盤（西周中期）

shè
弜

註：弜，為射字之異文，假為澤字。

噩君啟節舟節（戰國） 讀為澤 逾江就彭弜（澤）

hóng
引

註：引，為泓之省文。

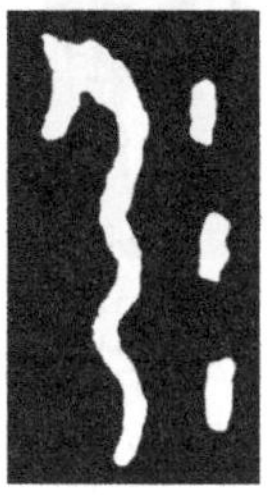
仲子觥（殷商） 張亞初釋為泓【殷周金文集成 引得】 仲子其泓作文父丁尊彝

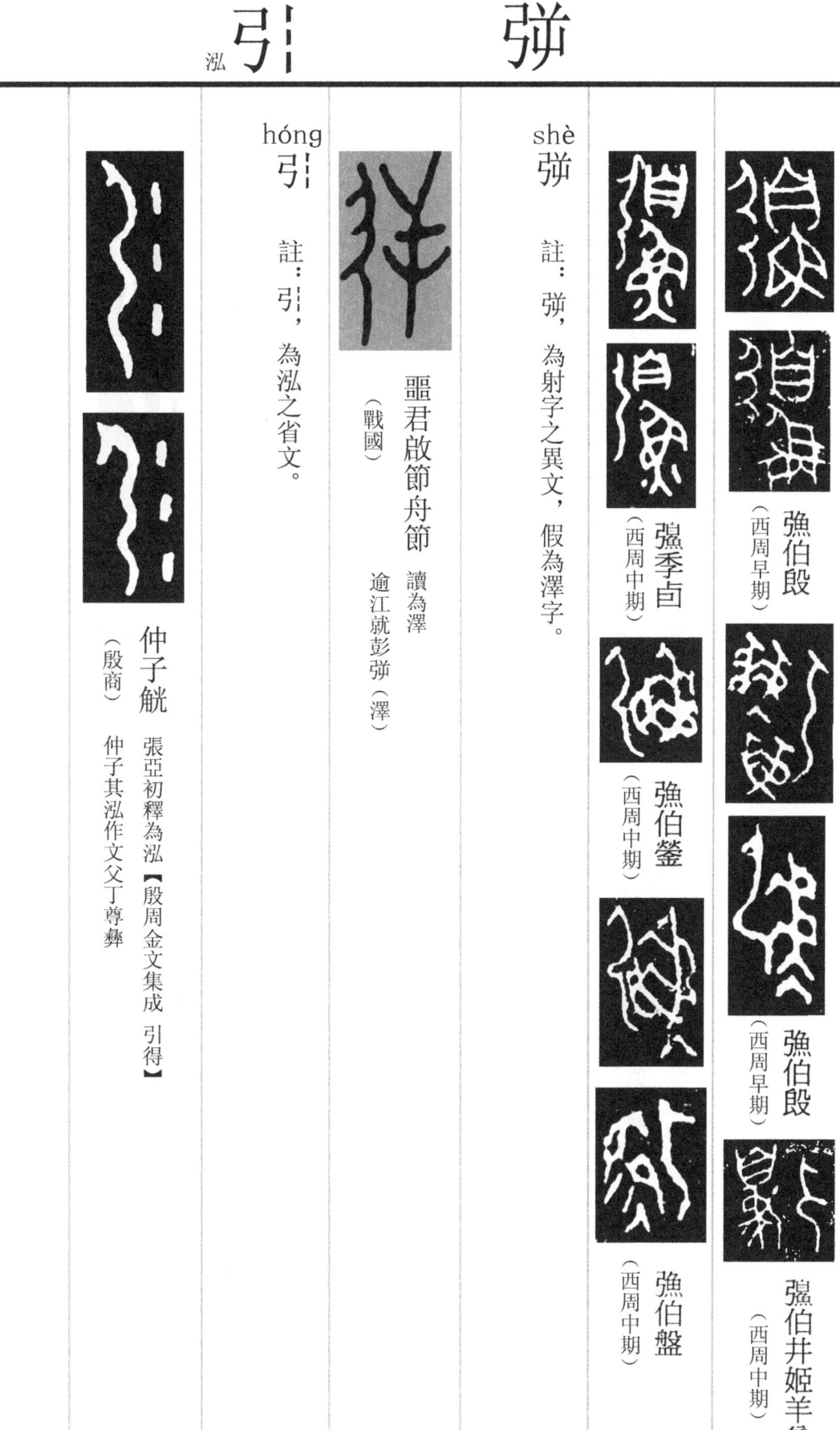

弜

弼

jiàng
弜

《說文》曰：彊也，从二弓。《字彙補》曰：弓偏曰弜。註：弜，或為倔弜（强）之弜。

亞弜鐃（殷商）

亞弜父癸簋（殷商）

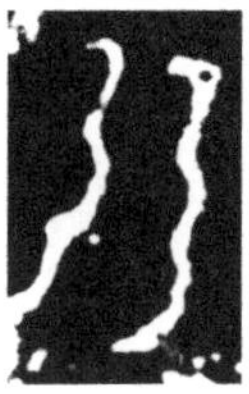
婦亞弜觶（殷商）

亞弜鼎（殷商）

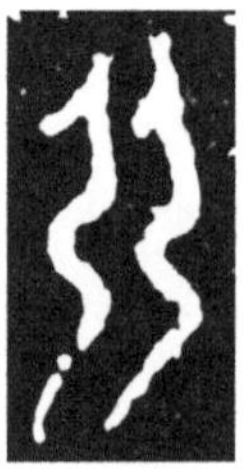
𦀚作父乙𣪘（殷商）

典弜父丁觶（殷商）

亞弜壺（殷商）

bì
弼

《說文》曰：輔也，从弜、因聲。註：弼，从弜、从因；因，竹席。天子兩側之臣，左曰輔、右曰弼，故曰輔弼天子。金文弼或讀為笰。笰、弼古音相通。簟弼（笰），像席形坐具。

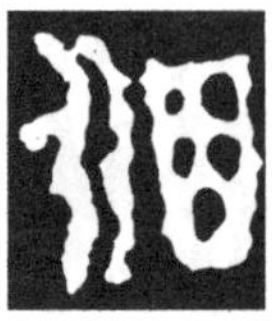
毛公鼎（西周晚期）　讀為笰　賜汝……金簟弼（笰）

番生簋（西周晚期）

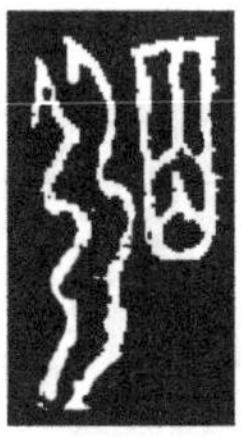
者沪鐘（戰國早期）

弻

戾盭

系

孫

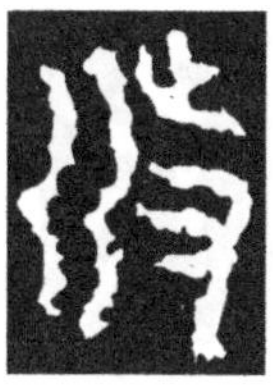
孟弜父毁（西周晚期）

lì
盭

《說文》曰：弼戾也，从弦省、从盭，讀若戾。

註：盭，即古戾字。乖戾、相違背。盭，或省皿。

瘋鐘（西周中期）

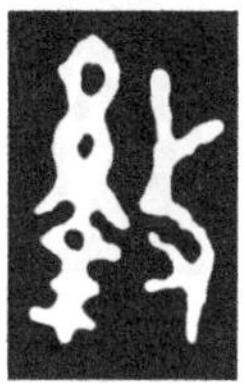
史牆盤（西周中期）或省皿

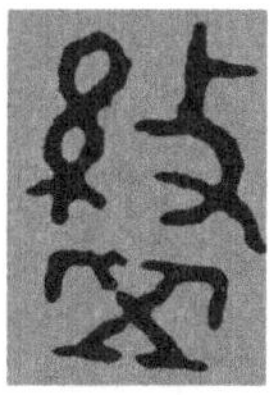
師訇簋（西周晚期）

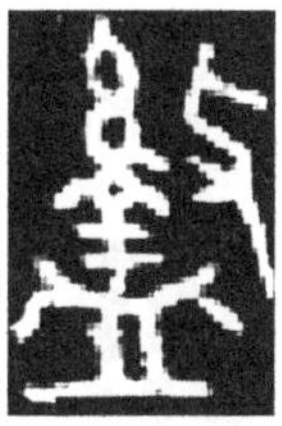
秦公鎛（春秋早期）

xì
系

《說文》曰：繫也，从糸、丿声。籀文系从爪、絲。

註：系，从絲、从爪，後省絲為糸，省爪為丿。

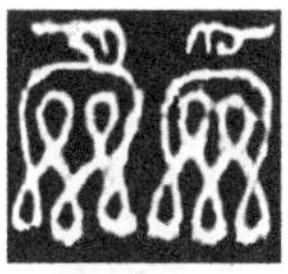
𦀚戈（殷商）

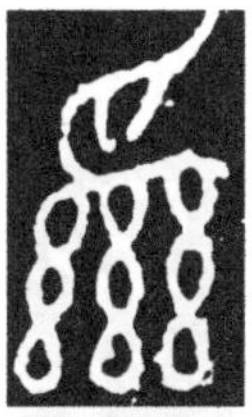

小臣𦀚卣（殷商）

戈𦀚爵（殷商）

二十三年□丘戈（戰國）

sūn
xùn
孫

《說文》曰：子之子曰孫，从子、从系，系，續也。《釋名》曰：孫。遜也，遜遁在後生也。《說文通訓定聲》曰：孫，假借為遜。

註：，或从幺，幺、糸同為古文絲字。

乃孫作且己鼎（殷商）

禽鼎（西周早期）

井侯方彝（西周早期）

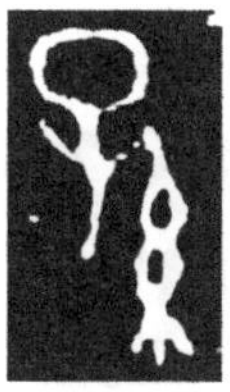
从鼎（西周早期）

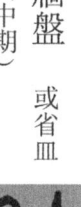

癸子旅鼎（西周早期）

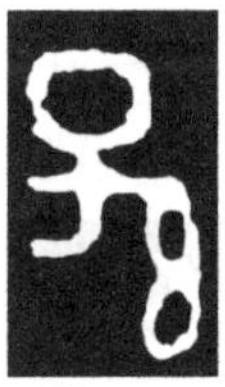
舍父鼎（西周早期）

旟鼎（西周早期）

作寶簋（西周早期）

量侯簋（西周早期）

𡨦鼎（西周早期）

伯吉父鼎（西周早期）

原趠方鼎（西周早期）

且日庚簋（西周早期）

𦐇殷（西周早期）

寧簋（西周早期）

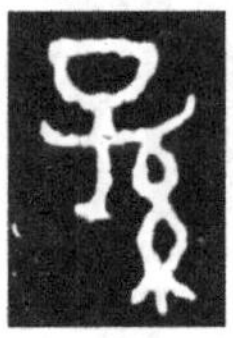
伯䵼殷（西周早期）

小臣宅簋（西周早期）

鼉方尊（西周早期）

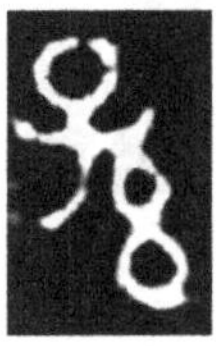
尌卣（西周早期）

庚嬴卣（西周早期）

𢀛尊（西周早期）

伯尊（西周早期）

殼作父乙方尊（西周早期）

𢀛方彝（西周早期）

耳尊（西周早期）

效尊（西周早期）

麥方尊（西周早期）

北子觶（西周早期）

黃子魯天尊（西周早期）

伯陶鼎（西周中期）

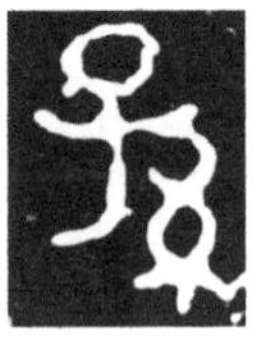
庚季鼎（西周中期）

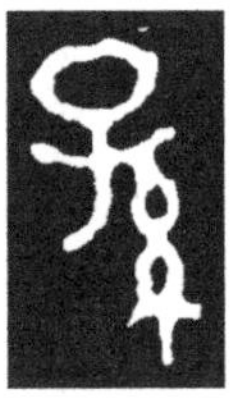
曶鼎（西周中期）

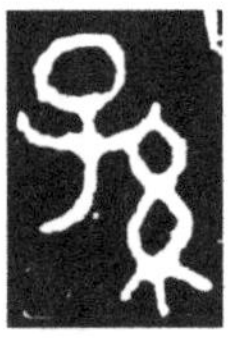
大鼎（西周中期）

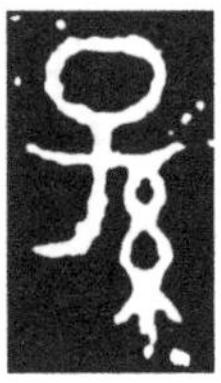
友父簋（西周中期）

伯晨鼎（西周中期）

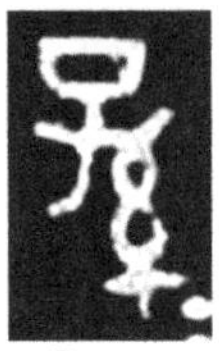
㦸方鼎（西周中期）

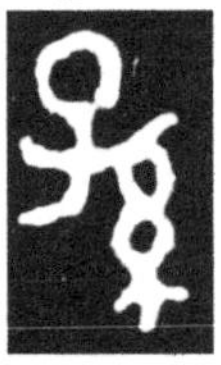

伯簋（西周中期）

沓殷（西周中期）

旂簋（西周中期）

啻殷（西周中期）

伯幾父簋（西周中期）

乎簋（西周中期）

己侯簋（西周中期）

伯闢簋（西周中期）

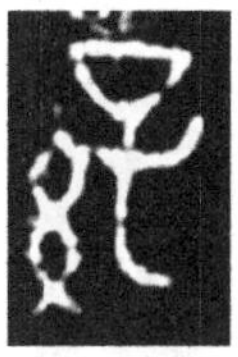
洹秦簋（西周中期）

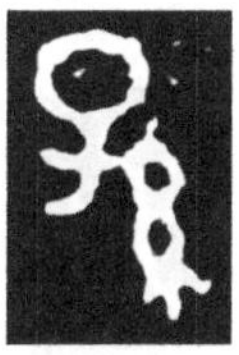
是要簋（西周中期）

陵仲孝殷（西周中期）

季魯殷（西周中期）

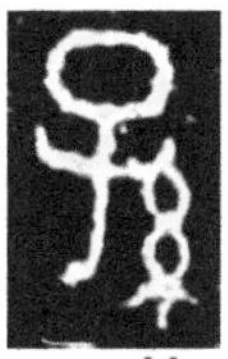
丼南伯殷（西周中期）

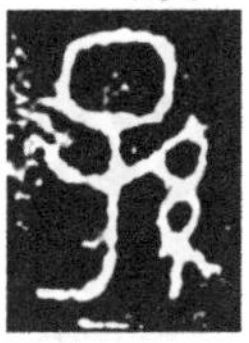
仲辛父簋（西周中期）

彔作辛公簋（西周中期）

鼉殷（西周中期）

孟簋（西周中期）

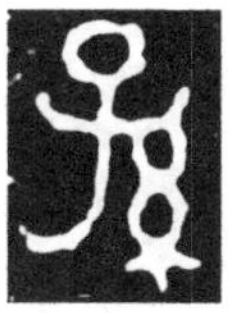
君夫簋（西周中期）

肄殷（西周中期）

沓殷（西周中期）

追簋（西周中期）

格伯簋（西周中期）

伯先父鬲（西周中期）

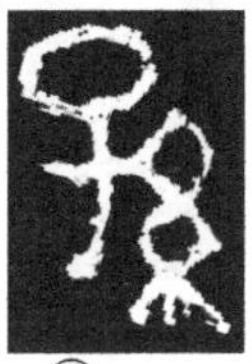
黿伯鬲（西周中期）

伯汱父鬲（西周中期）

子邦父甗（西周中期）

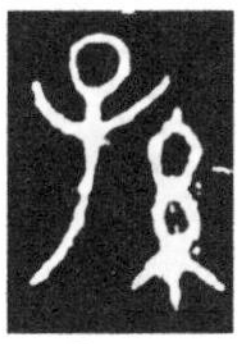
舟鼎（西周中期）

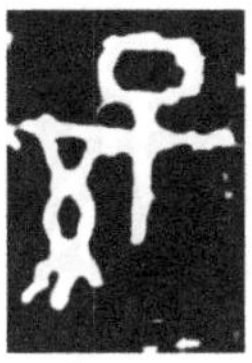
即簋（西周中期）

趞殷（西周中期）

中簋（西周中期）

同簋（西周中期）

師虎簋（西周中期）

懸妃簋（西周中期）

師酉簋（西周中期）

靜簋（西周中期）

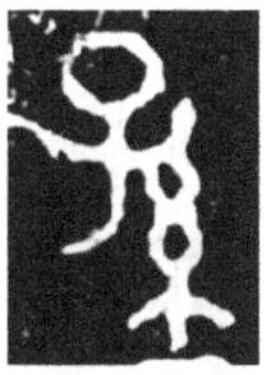
彔伯㦰殷蓋（西周中期）

卯簋（西周中期）

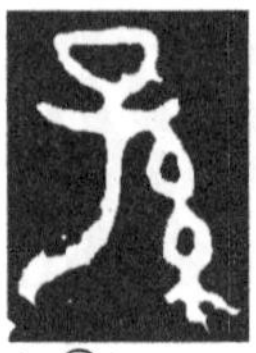
班簋（西周中期）

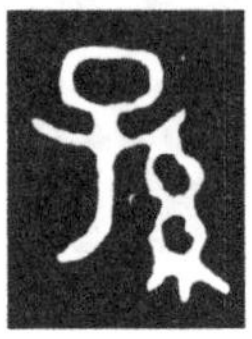
鄭井叔康盨（西周中期）

⿰虘攴孟延盨（西周中期）

豚卣（西周中期）

伯作蔡姬尊（西周中期）

改盨（西周中期）

遣叔吉父盨（西周中期）

瘨盨（西周中期）

周乎卣（西周中期）

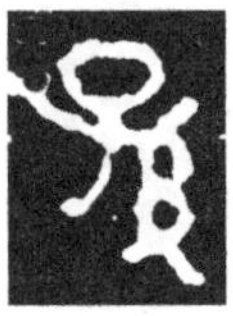
趩觶（西周中期）

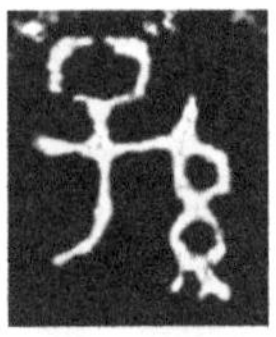
伯考父鼎（西周中期）

師𦣞鼎（西周中期）

叔碩父鼎（西周中期）

師趛鼎（西周中期）

⿱穴午鼎（西周中期）

文考日己觥（西周中期）

季老或盉（西周中期）

高壺（西周中期）

中伯虎（西周中期）

番匊生壺（西周中期）

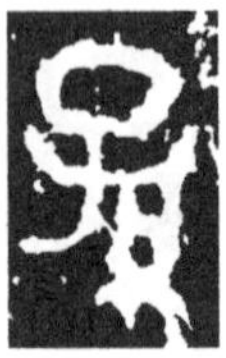
㴨御事罍（西周中期）

對罍（西周中期）

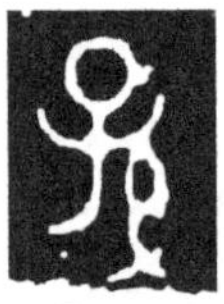
曶壺（西周中期）

蘇罍（西周中期）

吳方彝（西周中期）

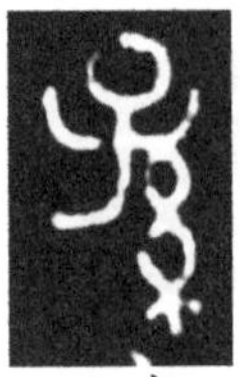
叔五父盤（西周中期）

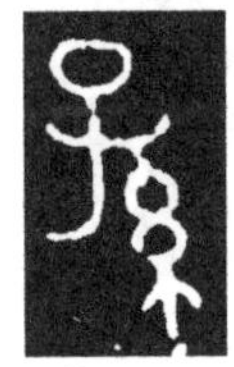
殷穀盤（西周中期）

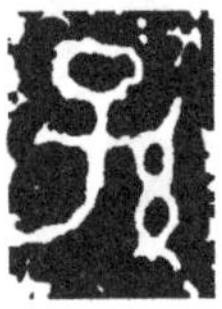
鮮盤（西周中期）

呂服余盤（西周中期）

史牆盤（西周中期）

姞氏簋（西周）

貯子己父匜（西周晚期）

取膚匜（西周晚期）

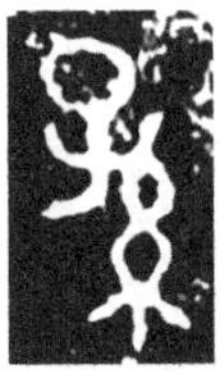
番㕣□匜（西周晚期）

伯公父盂（西周晚期）

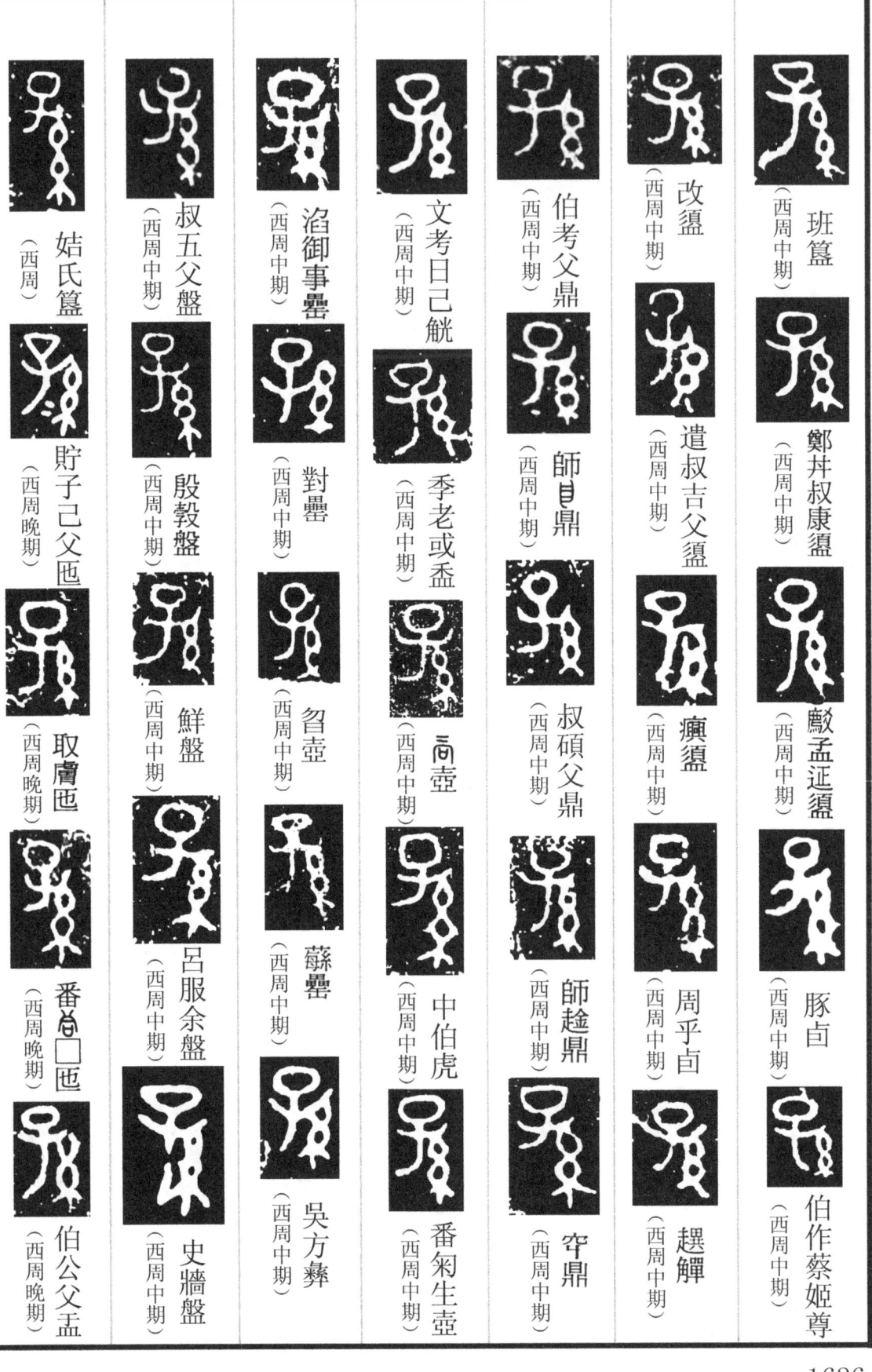

伯公父簠（西周晚期）

内大子白壺（西周晚期）

𨠝寇良父壺（西周晚期）

大師小子師望壺（西周晚期）

伯公父壺（西周晚期）

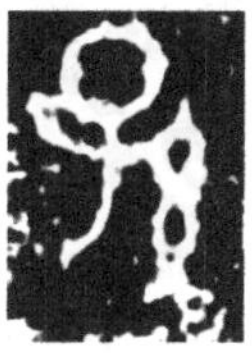
矩叔壺（西周晚期）

史僕壺（西周晚期）

鄧孟壺（西周晚期）

伯庸父盉（西周晚期）

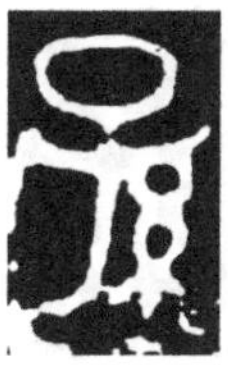
殳季良父壺（西周晚期）

𩰫史𢑚壺（西周晚期）

頌壺（西周晚期）

番伯鐳（西周晚期）

番鐳（西周晚期）

自作盤（西周晚期）

史頌盤（西周晚期）

中友父盤（西周晚期）

師奐父盤（西周晚期）

薛侯盤（西周晚期）

□仲盤（西周晚期）

𩐳伯盤（西周晚期）

周𥨊匜（西周晚期）

湯叔盤（西周晚期）

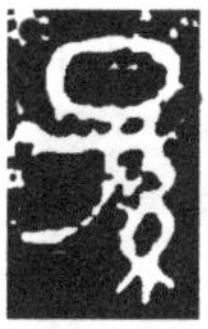
㐭皇父匜（西周晚期）

虢季子白盤（西周晚期）

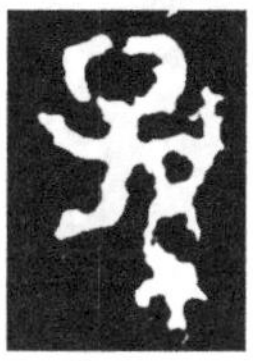
兮甲盤（西周晚期）

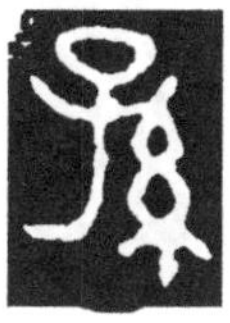
史頌匜（西周晚期）

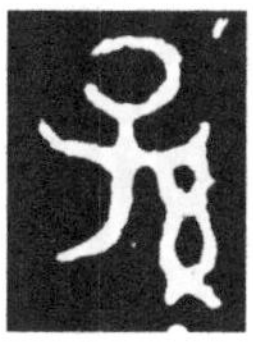
袁盤（西周晚期）

袒伯匜（西周晚期）

楚公豖鐘（西周晚期）

昆疕王鐘（西周晚期）

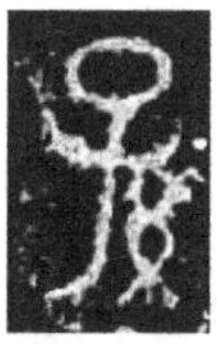
兮仲鐘（西周晚期）

成伯孫父鬲（西周晚期）

□叔買簋（西周晚期）

伯家父簋（西周晚期）

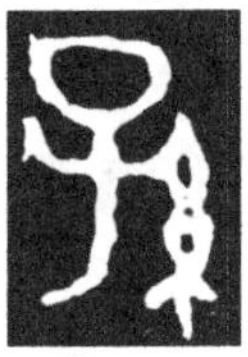
𩰫兌𣪕（西周晚期）

部□𣪕（西周晚期）

史頌簋（西周晚期）

害叔簋（西周晚期）

兮仲簋（西周晚期）

毅簋（西周晚期）

𦾔伯𣪕（西周晚期）

叔臨父簋（西周晚期）

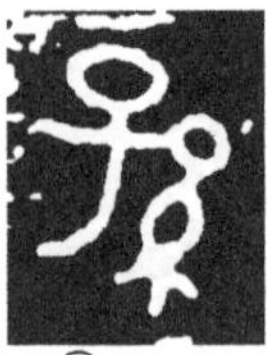
𧽤鼎（西周晚期）

鬲攸从鼎（西周晚期）

多友鼎（西周晚期）

大克鼎（西周晚期）

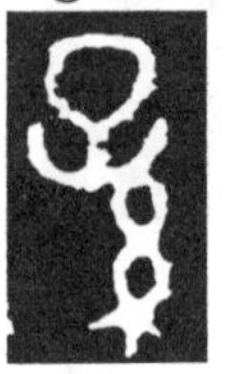
毛公鼎（西周晚期）

頌鼎（西周晚期）

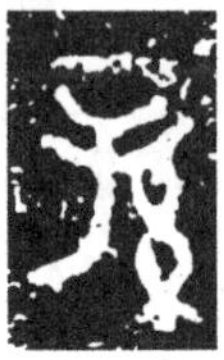
南宮柳鼎（西周晚期）

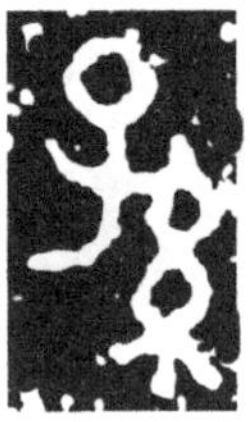
無叀鼎（西周晚期）

師𩛥鼎（西周晚期）

此鼎（西周晚期）

𪓿𣪕（西周晚期）

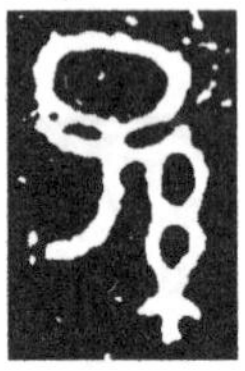
五年師旋𣪕（西周晚期）

無㠱𣪕（西周晚期）

史頌簋（西周晚期）

走簋（西周晚期）

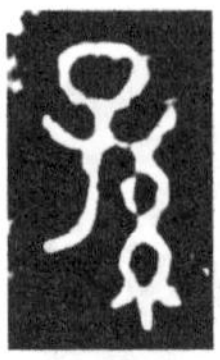
楚簋（西周晚期）

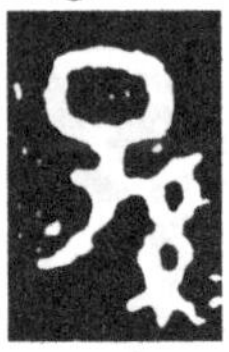
元年師旋𣪕（西周晚期）

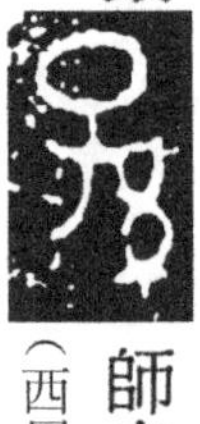
師寰𣪕（西周晚期）

此簋（西周晚期）

師嫠𣪕（西周晚期）

揚簋（西周晚期）

大簋（西周晚期）

番生簋（西周晚期）

不嬰𣪕（西周晚期）

羌伯簋（西周晚期）

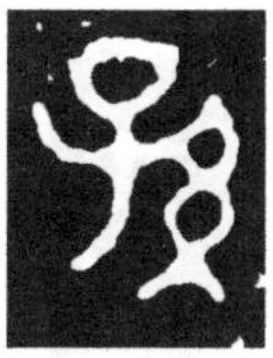
鄭義羌父盨（西周晚期）

叔賓父盨（西周晚期）

昜叔盨（西周晚期）

鄭義羌父盨（西周晚期）

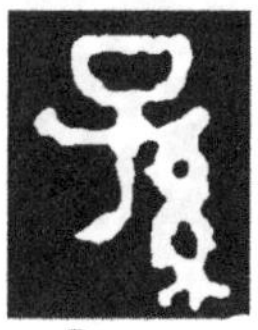
虢叔盨（西周晚期）

立盨（西周晚期）

仲彡盨（西周晚期）

周駱盨（西周晚期）

伯公父盨（西周晚期）

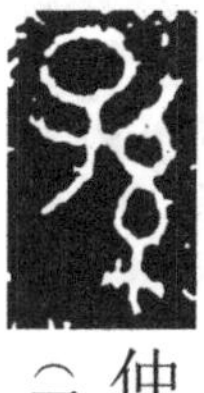
仲閔父盨（西周晚期）

苗[illegible]盨（西周晚期）

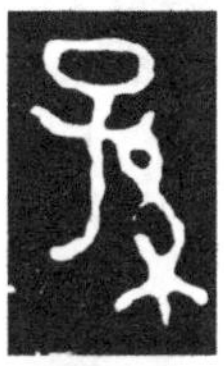
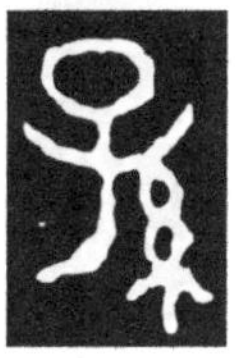
頌簋（西周晚期）

鄭[illegible]叔盨（西周晚期）

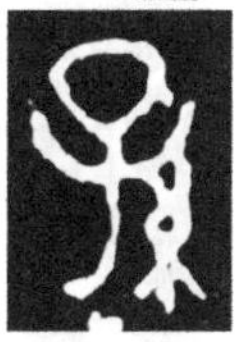
圃盨（西周晚期）

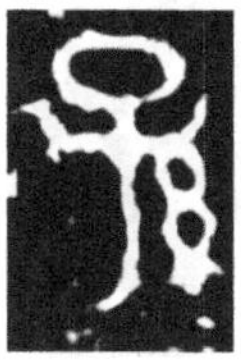
鬲叔興父盨（西周晚期）

伯孝[illegible]盨（西周晚期）

伯庶父盨（西周晚期）

遲盨（西周晚期）

[illegible]比盨（西周晚期）

[illegible]盨（西周晚期）

[illegible]季獻盨（西周晚期）

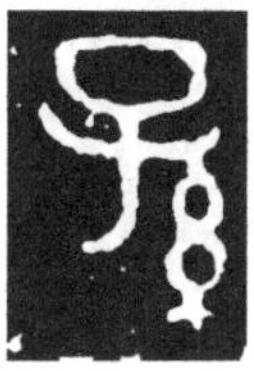
筍伯大父盨（西周晚期）

叔專父盨（西周晚期）

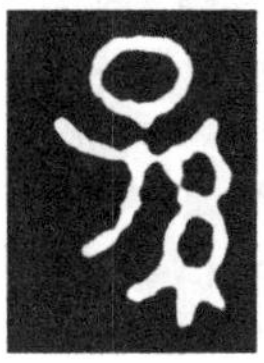
曼龔父盨（西周晚期）

伯寬父盨（西周晚期）

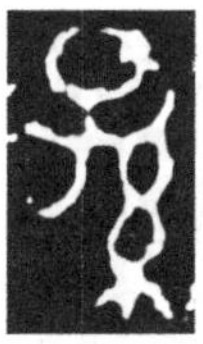
師克盨（西周晚期）

史免簋（西周晚期）

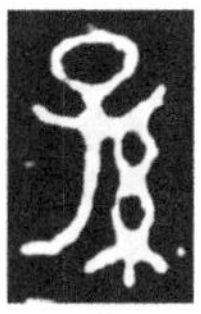
[illegible]簋（西周晚期）

塞簋（西周晚期）

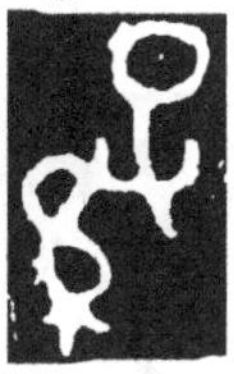
內大子白簋（西周晚期）

[illegible]叔簋（西周晚期）

伯勇父簋（西周晚期）

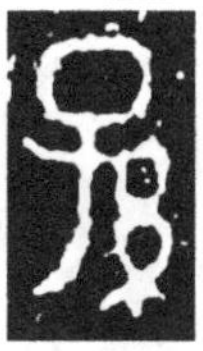
季良父簋（西周晚期）

仲競簋（西周晚期）

伯𤔲殷（西周晚期）

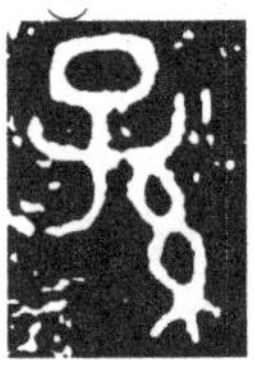
枯衍殷蓋（西周晚期）

兮仲簋（西周晚期）

湋伯簋（西周晚期）

保子達簋（西周晚期）

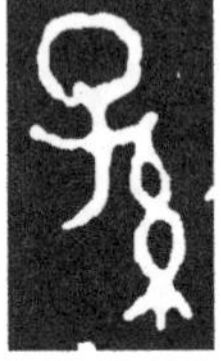
叔侯父簋（西周晚期）

害叔簋（西周晚期）

詰殷（西周晚期）

孟鄭父簋（西周晚期）

妀[illegible]殷（西周晚期）

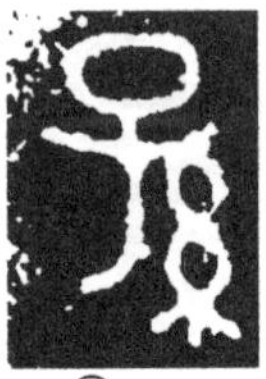
叔向簋（西周晚期）

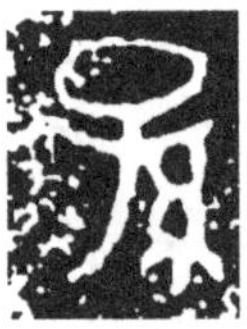
齊巫姜簋（西周晚期）

叔㲉父殷（西周晚期）

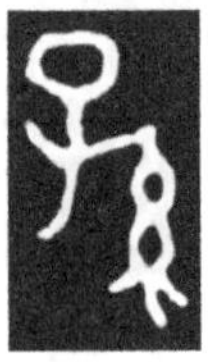
噩侯簋（西周晚期）

兌簋（西周晚期）

㭓車父殷（西周晚期）

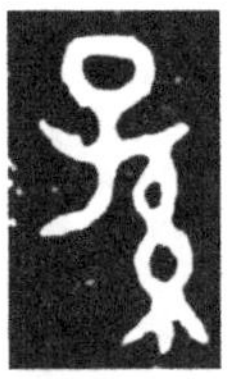
觴姬簋（西周晚期）

中伯簋（西周晚期）

豐兮夷簋（西周晚期）

仲叀父簋（西周晚期）

叔角父簋（西周晚期）

兮吉父簋（西周晚期）

琱伐父殷（西周晚期）

畢鮮簋（西周晚期）

仲殷父簋（西周晚期）

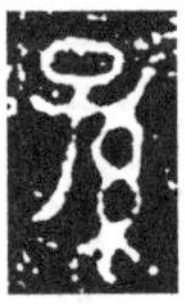
伯喜簋（西周晚期）

叔多父簋（西周晚期）

事族簋（西周晚期）

伯梡盧殷（西周晚期）

吴彪父殷（西周晚期）

德克簋（西周晚期）

鄭虢仲簋（西周晚期）

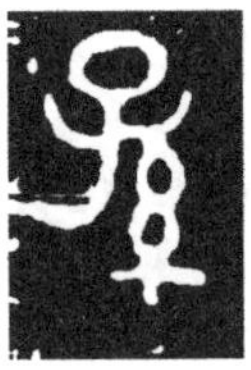
晏簋（西周晚期）

尌仲簋（西周晚期）

伯鮮鼎（西周晚期）

諶鼎（西周晚期）

姬鼎（西周晚期）

師同鼎（西周晚期）

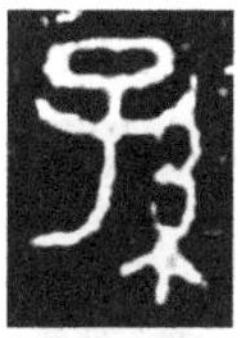
史頌鼎（西周晚期）

雍伯原鼎（西周晚期）

[illegible]季鼎（西周晚期）

南公有𤔲鼎（西周晚期）

汈其鼎（西周晚期）

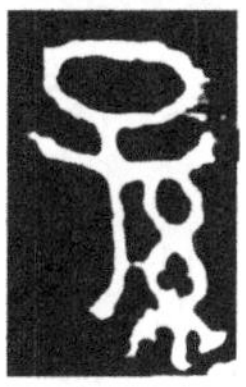
小克鼎（西周晚期）

史宜父鼎（西周晚期）

仲義父鼎（西周晚期）

華季益鼎（西周晚期）

[illegible]男鼎（西周晚期）

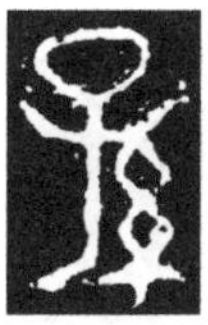
圅黃父鼎（西周晚期）

內大子鼎（西周晚期）

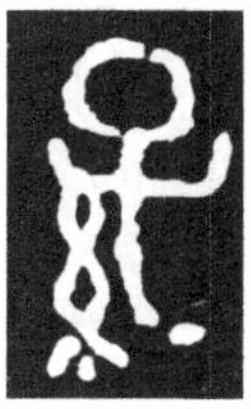
仲殷父鼎（西周晚期）

大師人鼎（西周晚期）

內大子白鼎（西周晚期）

伯筍父鼎（西周晚期）

戲伯鬲（西周晚期）

伯家父鬲（西周晚期）

叔碩父甗（西周晚期）

鄭大師小子甗（西周晚期）

仲宦父鼎（西周晚期）

楚公逆鎛（西周晚期）

丼人妄鐘（西周晚期）

柞鐘（西周晚期）

呂王鬲（西周晚期）

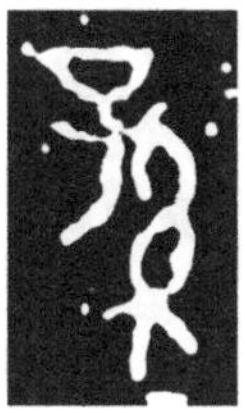
黃君孟盤（春秋早期）

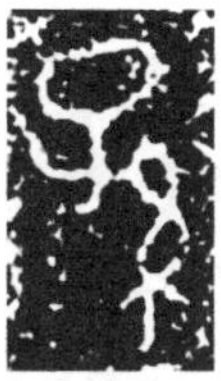
尋仲盤（春秋早期）

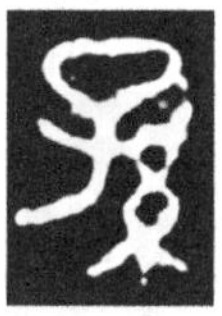
毛叔盤（春秋早期）

[illegible]甫人匜（春秋早期）

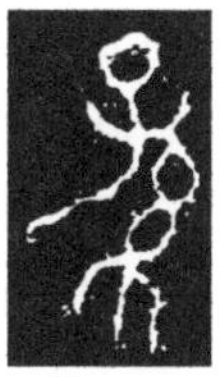
[illegible]亥鼎（春秋中期）

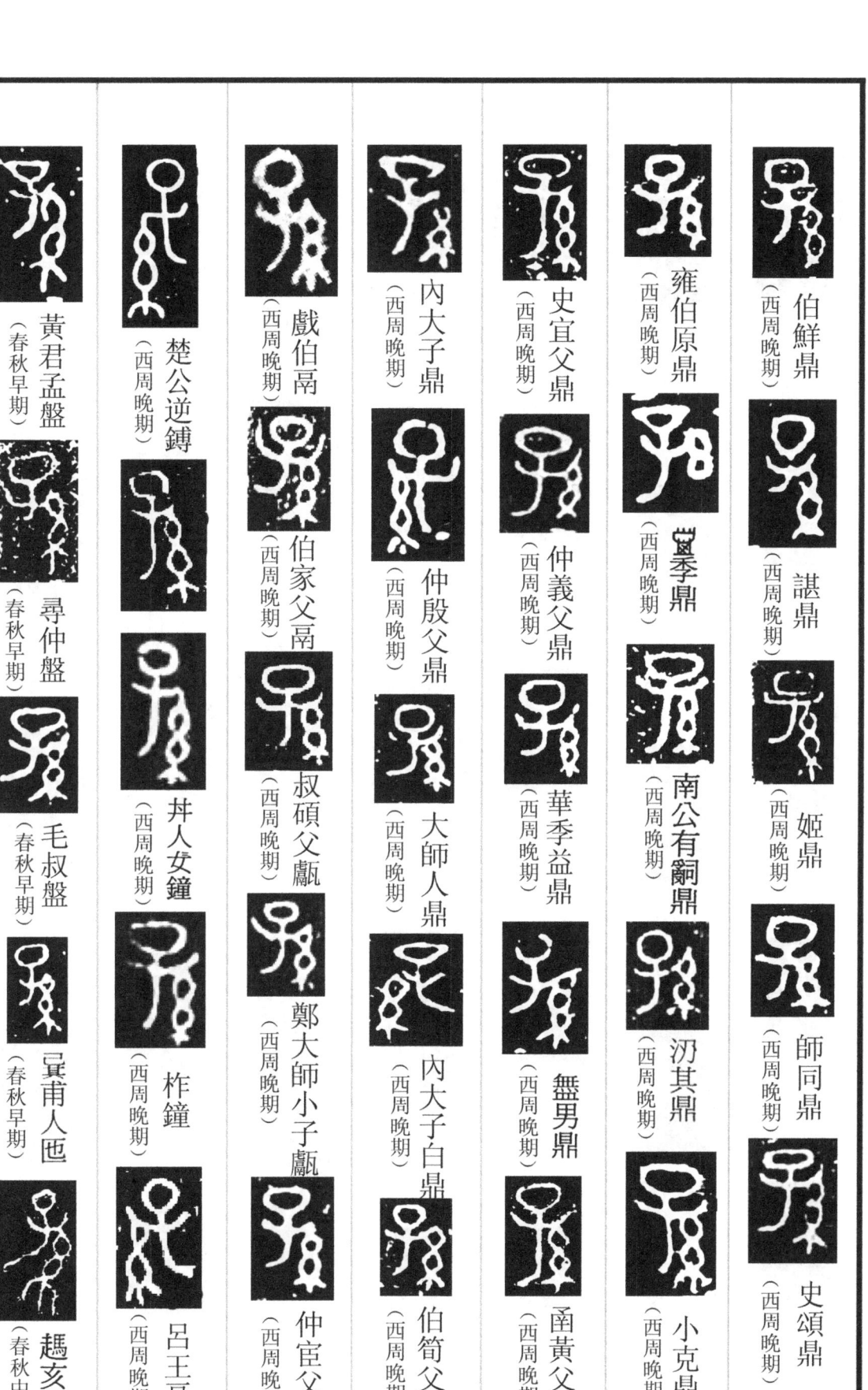

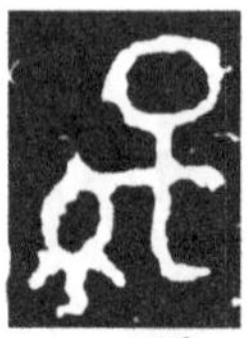
番昶伯者君鼎（春秋早期）

戈叔朕鼎（春秋早期）

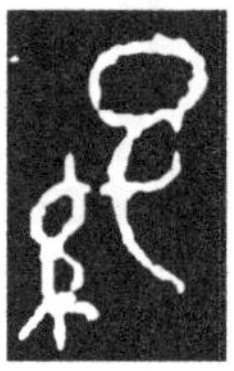
鄀公平侯鼎（春秋早期）

曾伯霥簠（春秋早期）

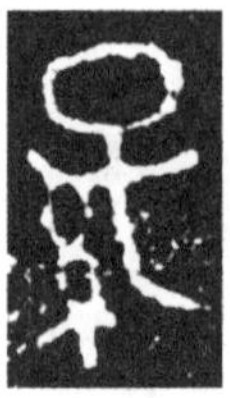
仲爯父鼎（春秋早期）

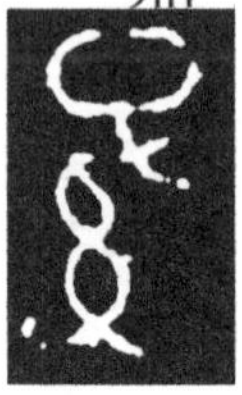
黃君孟鼎（春秋早期）

穌冶人鼎（春秋早期）

叔單鼎（春秋早期）

郜甕毁（春秋早期）

伯轂鬲（春秋早期）

虢季子組鬲（春秋早期）

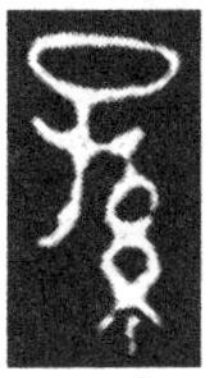
右戲仲嚶父鬲（春秋早期）

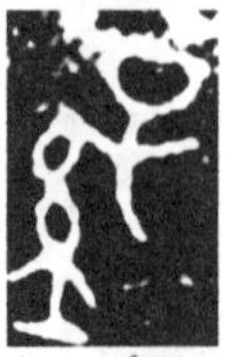
杞伯每亡毁（春秋早期）

伯高父甗（春秋早期）

魯仲齊甗（春秋早期）

鄭子石鼎（春秋早期）

陳侯鬲（春秋早期）

鑄公簠（春秋早期）

售仲之孫毁（春秋早期）

奓虎簠（春秋早期）

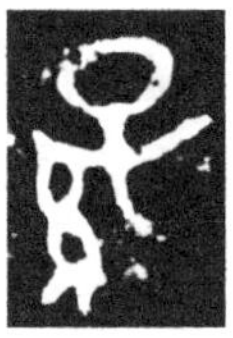
旅虎簠（春秋早期）

商丘叔簠（春秋早期）

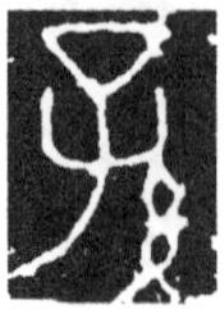
鄀公簠（春秋早期）

召叔山父簠（春秋早期）

叔家父簠（春秋早期）

黃君孟鐳（春秋早期）

敶公孫𢉏父瓶（春秋早期）

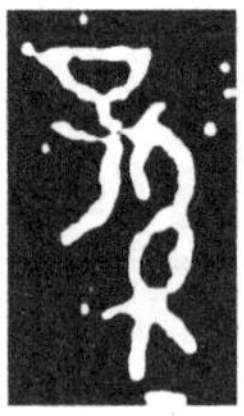
黃君孟盤（春秋早期）

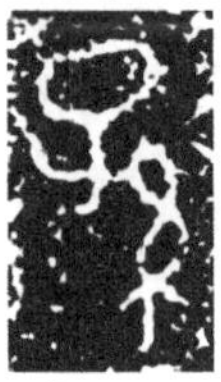
尋仲盤（春秋早期）

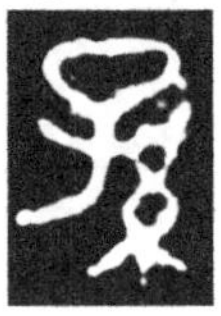
毛叔盤（春秋早期）

𡨦甫人匜（春秋早期）

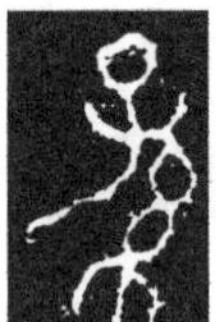
趞亥鼎（春秋中期）

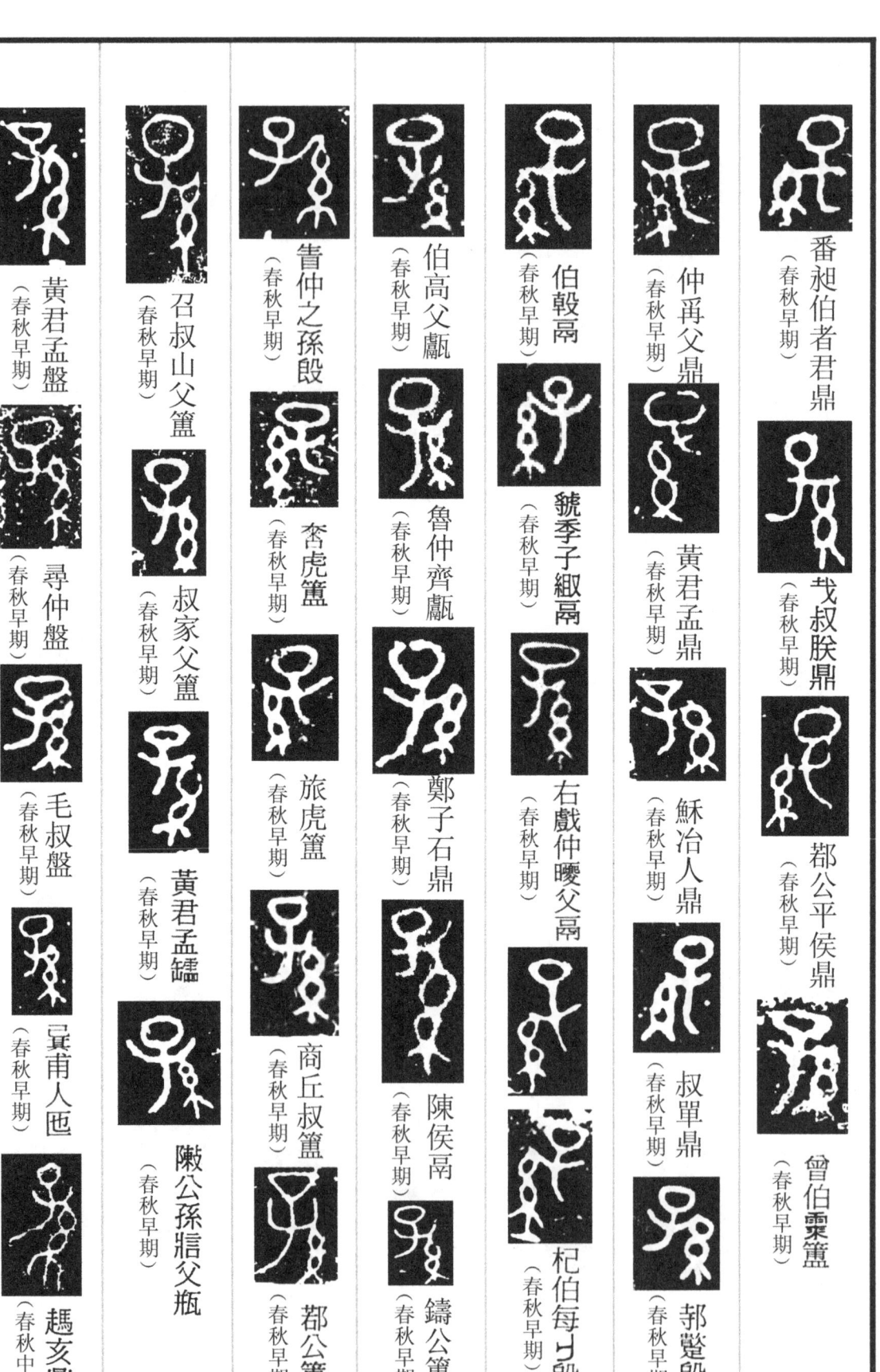

䌛

傜搖謠
繇遙遙䌛

yáo
yóu
䌛

《說文》曰：隨從也，从系、䚻聲。《說文解字注》曰：䌛，亦用為傜役字，傜役者，隨從而為之者也。

《集韻》曰：䌛，或作繇。《說文通訓定聲》曰：繇假借為由。《廣韻》曰：遙，疾行，又音由，或作繇。

註：䌛，即繇字。繇，通傜、通搖、通謠、通遙、通遙。䌛，或讀為由、為猷。

□者生鼎（春秋）

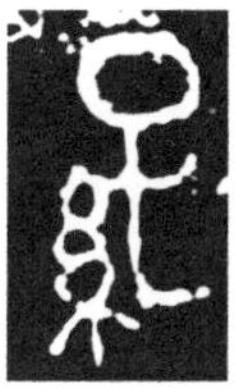
殘尊鼎（春秋）

者瀊鐘（春秋）

鄀公𣪘（春秋）

欒書缶（春秋）

臧孫鐘（春秋晚期）

子璋鐘（春秋晚期）

鼄公華鐘（春秋晚期）

蒿君鉦鋮（春秋晚期）

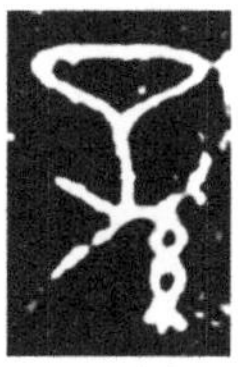
簷大史申鼎（春秋晚期）

姑馮昏同之子句鑃（春秋晚期）

吳王孫無土鼎（春秋晚期）

樂子簠（春秋晚期）

庚壺（春秋晚期）

陳逆簋（戰國早期）

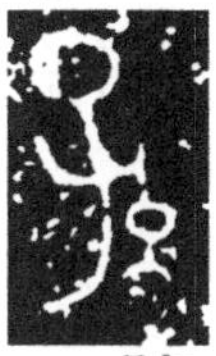
塦肪𣪘蓋（戰國早期）

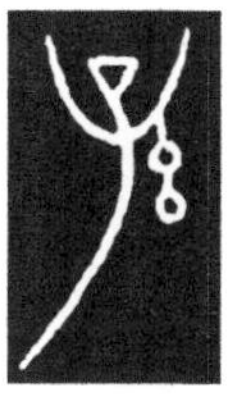
中山王譽方壺（戰國晚期）

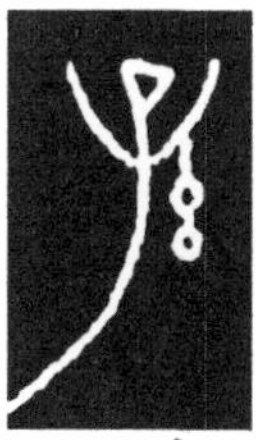
中山王譽鼎（戰國晚期）

塦侯因脊敦（戰國晚期）

好蚉壺（戰國晚期）

叡尊（西周中期）

子子孫孫四字合文

繇

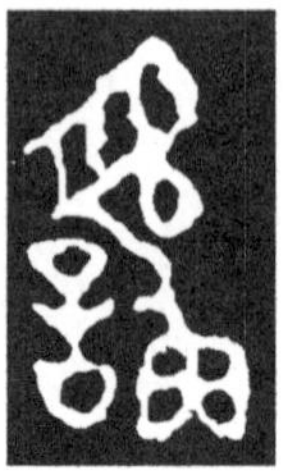

懋史䌛鼎（西周中期）

彔伯𢦏𣪕蓋（西周中期）

師克盨（西周晚期）

𡎸盨（西周晚期）

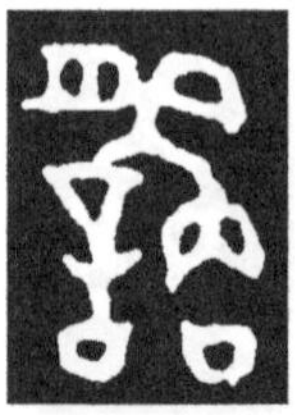

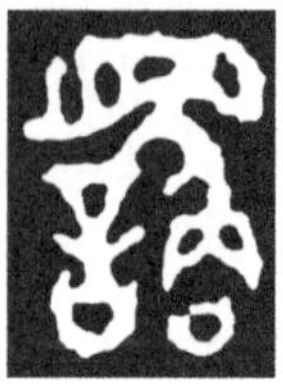

師寰𣪕（西周晚期）

散氏盤（西周晚期）

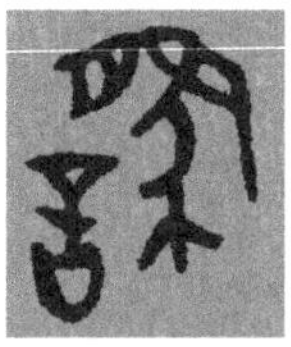

逨盤（西周晚期）

【盛世吉金】

yáo yóu 繇

註：繇同䌛。（見䌛字注）

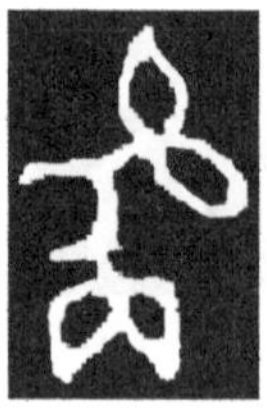

尹姞鬲（西周中期） 讀為繇 穆公作尹姞宗室于繇林

儯

儯

叔□孫父簋（西周晚期）

仰韶書屋金文字彙　卷十三

文二百零七字　重文約一千三百一十五字

mì sī 糸

《説文》曰：細絲也，象束絲之形。《爾雅》曰：糸，微也。註：蠶所吐為忽，十忽為絲、五忽為糸，故，糸，乃半絲也。糸，或讀為絲。金文、甲骨文糸、絲、幺，為同字。

子父癸鼎（殷商）

糸保觚（殷商）

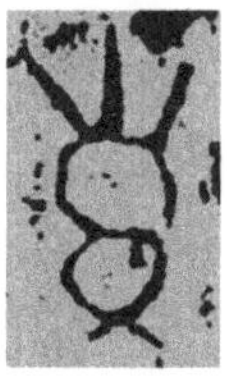

子糸爵（殷商）

糸父壬爵（西周早期）

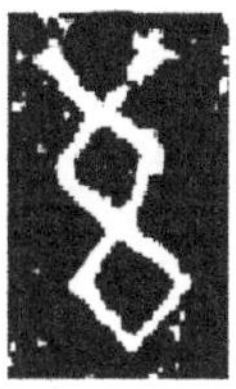

系父丁鬲（西周早期）

糸父丁爵（西周早期）

sī 絲

《説文》曰：蠶所吐也，从二糸。註：絲，或从二幺。金文中絲、糸、幺，同字。

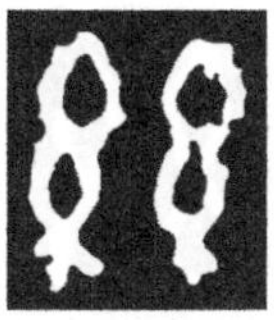

乃子克鼎（西周早期）

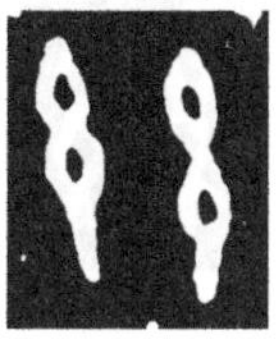

寓鼎（西周早期）

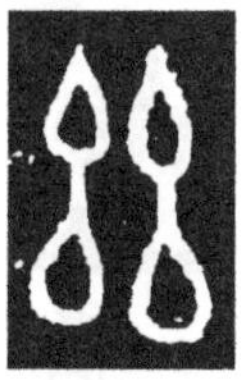

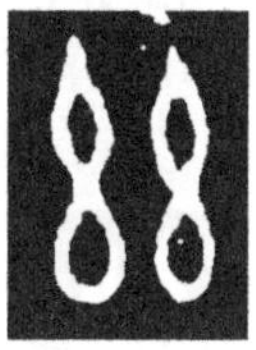

商卣（西周早期）　或从二幺

帝司賞庚姬貝卅朋　貸絲廿鋝

純 純

經 經

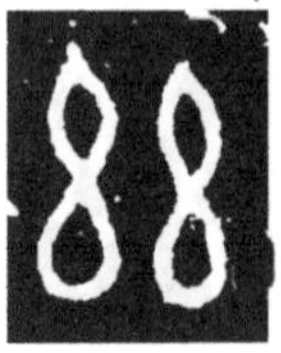
商尊（西周早期）

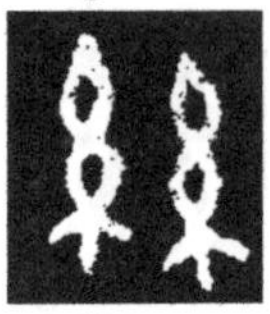
守宮盤（西周早期）

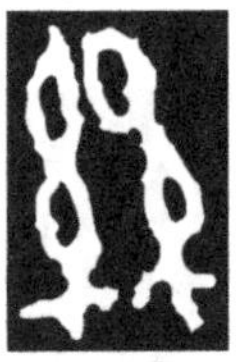
夾伯壺蓋（西周中期）

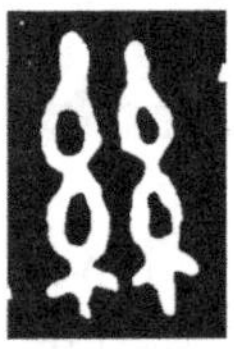

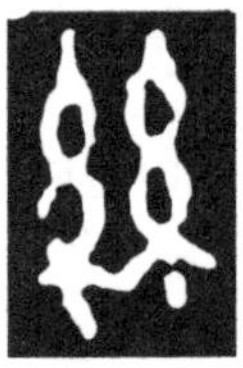

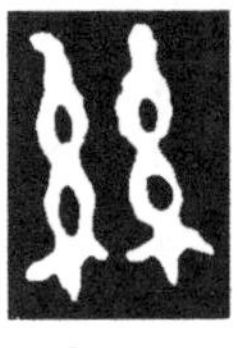
曶鼎（西周中期）

絲駒父鼎（西周晚期）

chún zhūn
純

《說文》曰：絲也，从糸、屯聲。《集韻》曰：諄，告曉之孰也，一曰懇誠皃（貌），或作純。

註：同一色絲織品曰純，後引申為純粹、純潔。純，用同諄，通醇、通淳。

陳純釜（戰國）

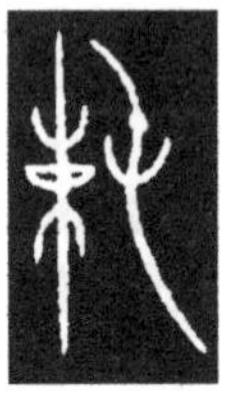
中山王嚳方壺（戰國晚期）

或从束

是有純德遺訓

jīng jìng
經

《說文》曰：織也，从糸、巠聲。《玉篇》曰：經，常也。《字彙》曰：經，經理。註：巠至，為經之本字，像織機上之經綫，後从糸作經。經，織機上縱絲曰經。南北之路亦為經，引申為道路、道理、法規。

虢季子白盤（西周晚期）

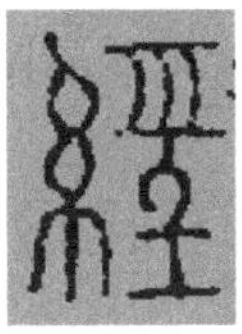
叔尸鎛（春秋晚期）

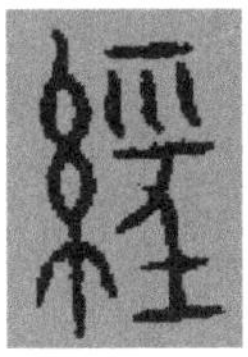
叔尸鐘（春秋晚期）

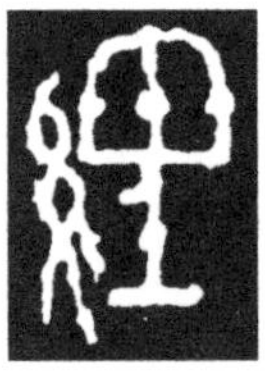
齊陳曼簠（戰國早期）

毛公鼎（西周晚期）

巠為經之本字 象形字

余唯肇巠（經）先王命

㝬殷（西周晚期）

 織

 絕

 繼

zhī zhì
織

《說文》曰：作布帛之總名也，从糸、戠聲。

註：織，通職、通幟。或假借戠為織。

免簋（西周中期）　假戠為織　賜戠（織）衣　【三代吉金文存】

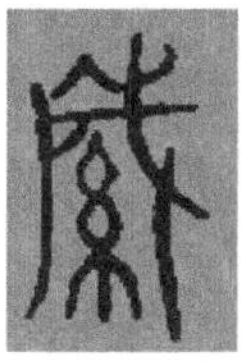

叔尸鐘（春秋晚期）　讀為職　余命汝織（職）差正卿

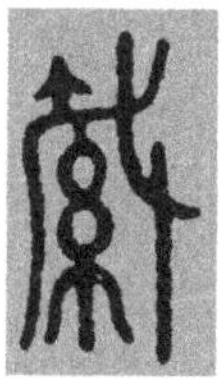

叔尸鎛（春秋晚期）

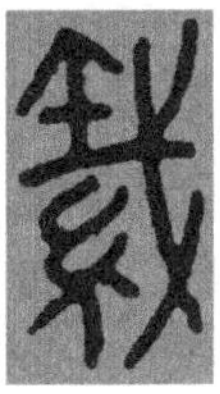

鄂君啟節舟節（戰國）

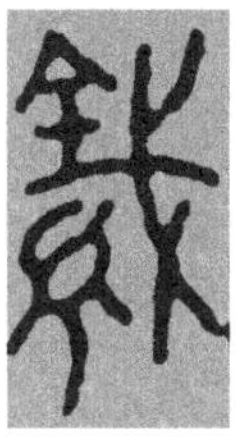

鄂君啟節舟節（戰國）

jué
絕

《說文》曰：斷絲也，从糸，从刀、从卩。古文絕象不連體絕二絲。

註：，金文絕，从刀、从糸。絕，或書作𢇍，从刀斷二糸，會意為斷絕。古文幺、糸、絲同字。

紉爵（殷商）

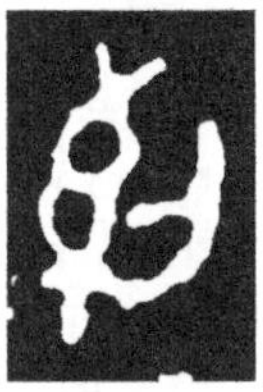

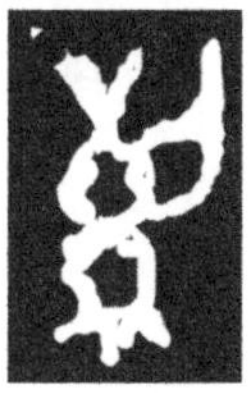

格伯簋（西周中期）　讀為絕　殷谷厥絕零谷

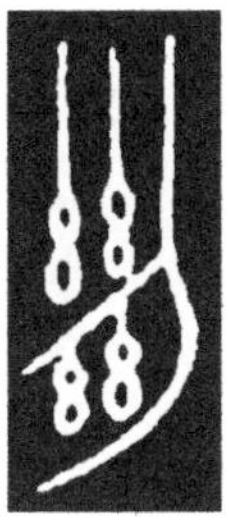

中山王嚳方壺（戰國晚期）　鼎為絕　以內絕召

ji
繼

《說文》曰：續也，从糸、㡭。一曰反𢇍為繼。註：㡭，古繼字，反𢇍（絕）為㡭（繼）。後加意符糸，作繼。

續

紹

縕

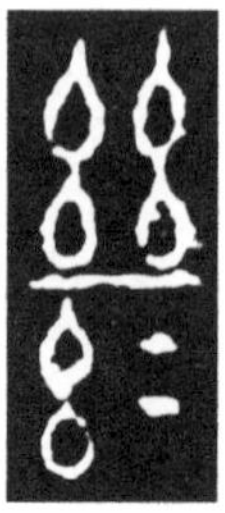
拍敦
（春秋）
讀為繼
繼母呈用祀

xù
續
《說文》曰：連也，从糸、賣聲。古文續从庚、貝。
註：『說文』曰：从庚、貝為續字，存疑。按字形應為賡字，有續義。

蔡侯墓殘鐘
（春秋晚期）

噩君啓節舟節
（戰國）

shào
紹
《說文》曰：繼也，从糸、召聲。一曰紹緊糾也。古文紹从邵。
註：紹，繼承、接續。

十二年趙令戈
（西周早期）

平周戈
（戰國）
【文物】一九八七 第八期

楚王酓忎鼎
（戰國晚期）

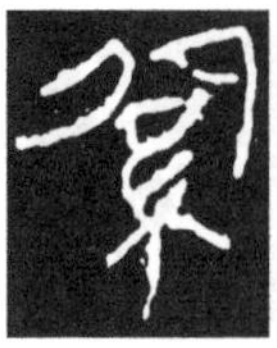
楚王酓忎盤
（戰國晚期）
讀為紹
冶師紹夆佐陳共為之

陳共車飾
（戰國晚期）

陳侯因資敦
（戰國晚期）
或从攴

yíng
tīng
縕
《說文》曰：綏也，从糸、盈聲。讀與聽同。縕，或从呈。《集韻》曰：縕，絲綏（絲帶）也。

縱縱

紆

絅褧

沈子它簋
（西周早期）
緼或省皿
不敢不緼休同

zōng
縱
《説文》曰：絨屬，从糸、从從省聲。《集韻》曰：縱，車馬飾。
註：縱，絨制衣物花邊，或為車馬器之裝飾。金文假借為縱。

亡縱熊節
（戰國）
讀為縱
亡縱（縱）一乘

yū
紆
《説文》曰：詘（屈）也，从糸、于聲。一曰縈也。註：紆，曲折、縈迴、纏繞。

琟圜形器
（戰國早期）

jiōng
jiǒng
絅
《説文》曰：急引也，从糸、同聲。《廣雅》曰：絅，急也。《集韻》曰：絅，禪也，……通作褧。
註：絅，有緊急之義。絅，或同褧，指單衣，或麻織穿在中層衣服。絅，或从絲、同聲。

師酉簋
（西周中期）
讀為絅　或从絲
賜汝……中絅攸勒

終

挽緩 綰

zhōng
終

註：，為終之本字，有結繩終結、終端之形。後假借為冬，終之本義漸失。另造，从糸作終字。
，审，从宀、中聲，或讀爲終。

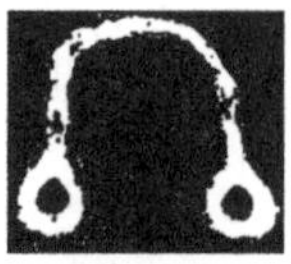

冬刃鼎（殷商）

周公簋（西周早期） 讀為終 帝無冬（終）命于有周

追簋（西周中期） 讀為終 霝冬（終）

瘨鐘（西周中期） 讀為終 授余純魯 通祿 永命 眉壽 霝冬（終）

此簋（西周晚期）

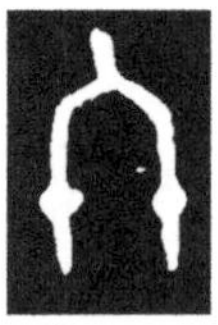
頌鼎（西周晚期）

曾侯乙鐘（戰國早期）

黃子盤（春秋早期） 讀爲終 霝审（終）霝後

簷大史申鼎（春秋晚期）

wǎn
綰

《説文古籒補》曰：古綰字，从官、从緩省。古文綰、緩為一字。……晉姜鼎「綽綰眉壽」，古語延年也。

註：綰，系挂、佩戴、挽起之義。綰，或通挽。金文綰，从官、从緩省，或讀為緩。

瘨鐘（西周中期）

史牆盤（西周中期）

蔡姞簋（西周晚期）

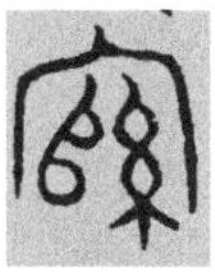
叔□孫父簋（西周晚期）

善夫山鼎（西周晚期）

沕其鐘（西周晚期）

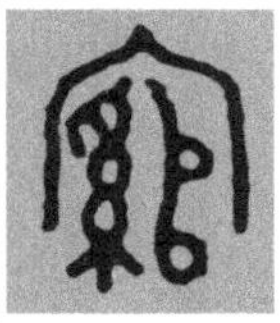
史伯碩父簋（西周晚期）

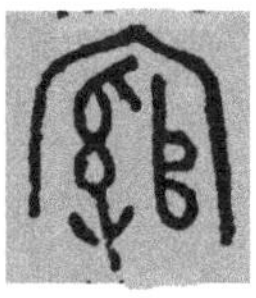
晉姜鼎（春秋早期） 或讀為緩 晉姜用祈綽綰（緩）眉壽

紫 訾

總 繱

緇

zǐ
紫

《説文》曰：帛青赤色，从糸、此聲。

註：紫，或假借為訾。

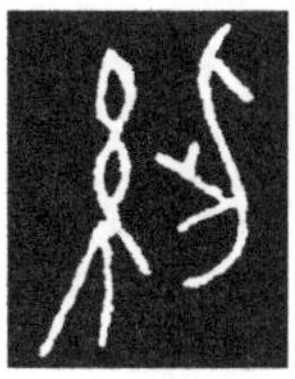
蔡侯墓殘鐘（春秋晚期）

讀為訾 即孜且紫（訾）

zǒng
cōng
總

《説文》曰：聚束也，从糸、悤聲。《説文解字注》曰：聚而縛之也，悤有散意，系以束之。

《釋名》曰：總，束髮也，總而束之也。《廣雅》曰：總，結也。《玉篇》曰：總，合也。

註：總，本義為聚束、系扎。總，同繱。

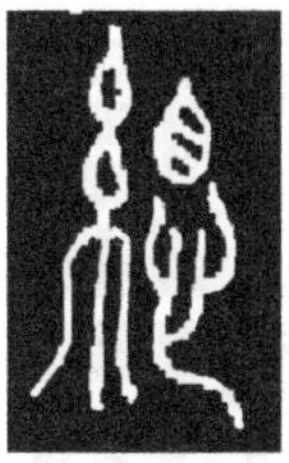
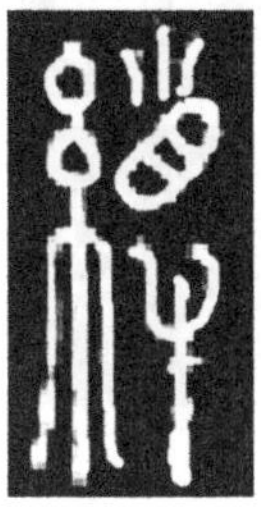
者尸鐘（西周早期）

讀為總 以克總光朕越

zī
緇

《説文》曰：帛黑色也，从糸、甾聲。《禮記·玉藻》鄭玄注：古文緇字，或从絲、旁才。

註：从絲、从才，即緇字。或假為哉、為在、為載。

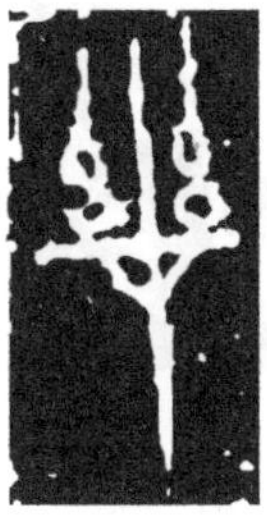
讀爲哉 烏乎哲緇（哉）

又讀為在 有型于緇（在）厥邦

中山王嚳鼎（戰國晚期）

王子申豆（戰國晚期）

好盗壺（戰國晚期）

中山王嚳方壺（戰國晚期）

綬

組

緟

shòu
綬

《說文》曰：韍維也，从糸、受聲。《正字通》曰：綬長一丈二尺，法十二月，廣三尺，法天、地、人，此佩印之組也。註：韍，古代朝覲或祭祀時，遮蔽衣裳前之服飾。系韍之帶子稱作綬，綬長丈二，寬三尺。綬，或為系印璽之絲帶。

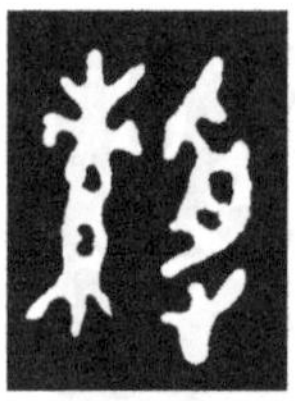

史牆盤（西周中期）

讀為綬 或从索

憲聖成王左右綬□綱緐

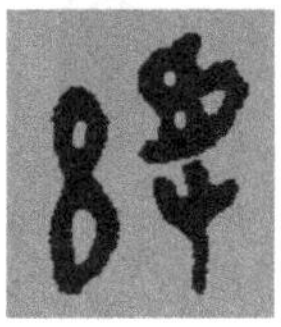

七年大梁司寇綬戈（戰國晚期）【近出殷周金文集録】

zǔ
組

註：組，用絲編織的寬而薄的帶子，用作佩玉或佩印之綬。組，有編織、組成之義。金文或从又。

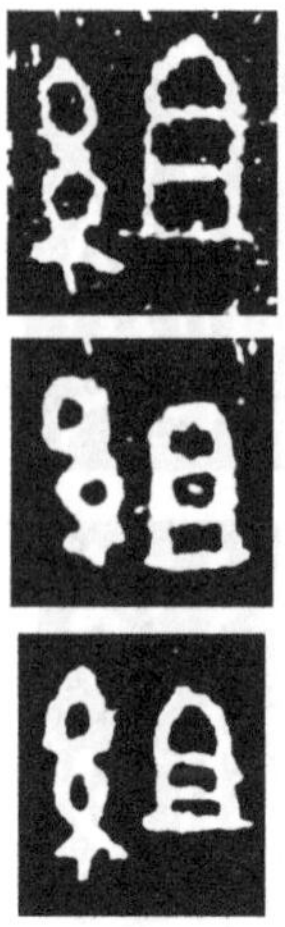

師寰殷（西周晚期）

虢季子緅鬲（西周晚期）

虢季氏子緅鬲（西周晚期）

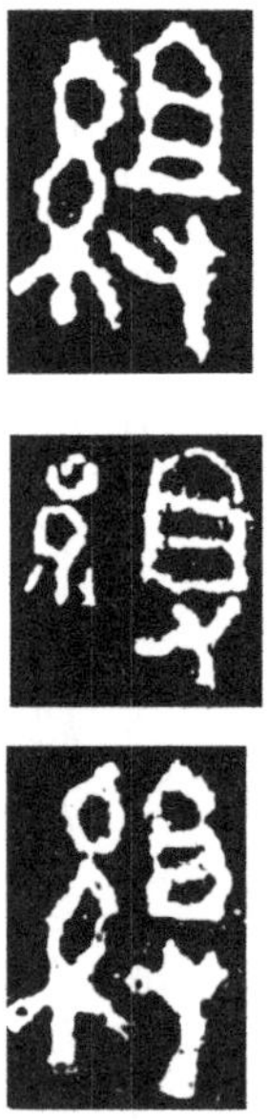

虢季氏子緄殷（西周晚期）

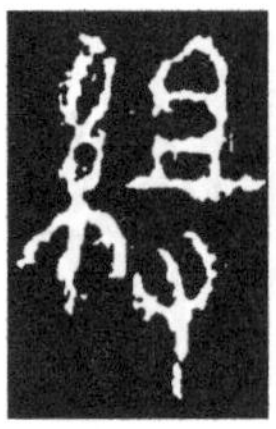

虢季氏子組壺（西周晚期）

chóng
zhòng
緟

《說文》曰：增益也，从糸、重聲。

註：緟，增益，重復之義，用同重。緟，或為絲織物之總稱。緟，金文中多假為申字。

纕

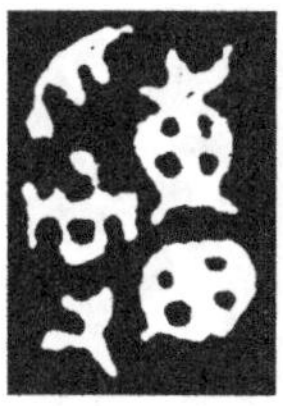

五祀衛鼎（西周中期）

師瘨𣪘蓋（西周中期） 讀為申 今余唯緟（申）先王命

史牆盤（西周中期） 讀為申 緟（申）寧天子

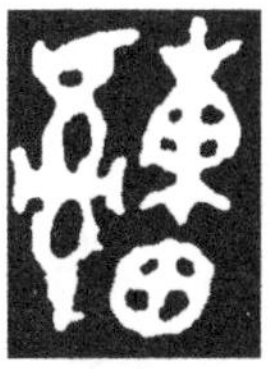

毛公鼎（西周晚期）

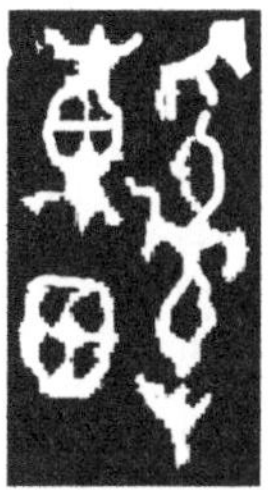

五祀㝬鐘（西周晚期）

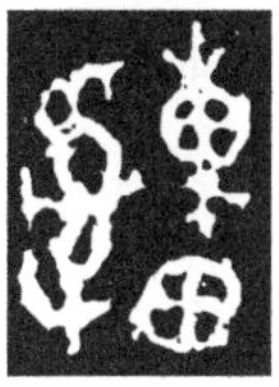

大克鼎（西周晚期）

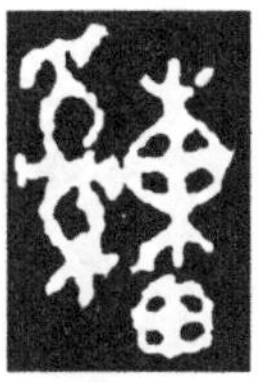

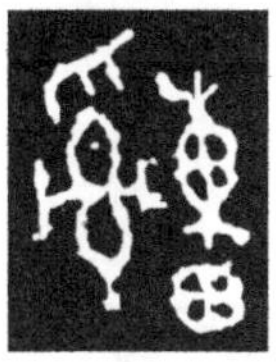

仲爯父簋（西周晚期）

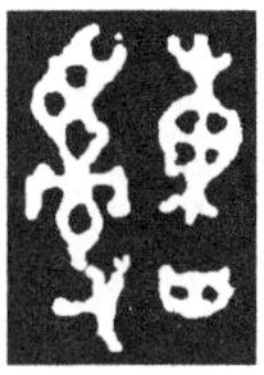

叔向父禹簋（西周晚期）

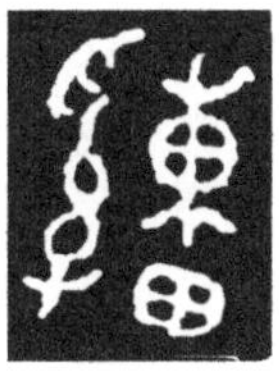

伊簋（西周晚期）

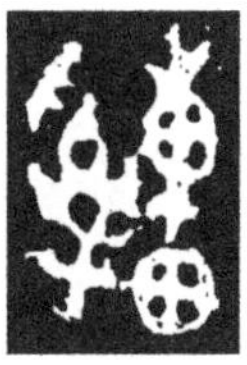

師𩒨𣪘（西周晚期）

㝬𣪘（西周晚期）

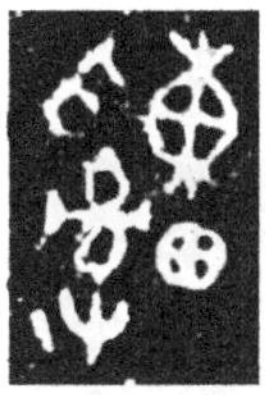

三年師兌簋（西周晚期）

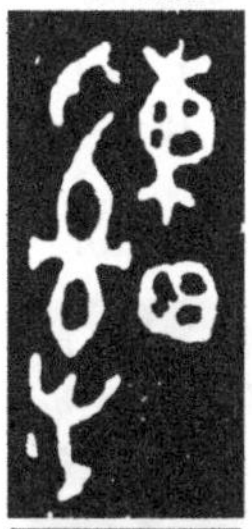

師嫠𣪘（西周晚期）

師克盨（西周晚期）

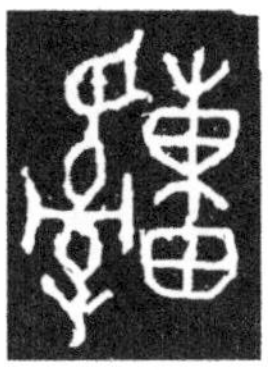

䵼公彭宇簠（春秋）

rǎng
xiāng
纕

《說文》曰：援臂也，从糸、襄聲。《集韻》曰：纕，佩帶。

註：纕，援臂，捋袖露出手臂。纕，或指裝飾佩帶。

繳宓君扁壺（戰國） 讀為襄 纕（襄）安君其瓶

縷

縈

緘

lǚ
縷

《説文》曰：綫也，从糸、婁聲。

散氏盤（西周晚期） 讀為縷 厥左執縷史正仲農

yíng
縈

《説文》曰：收韏也，从糸、熒省聲。《篇海類編》曰：縈，繫也。註：韏，古代串聯竹木簡的皮條或繩索。收韏，即把簡書卷起。縈，有卷曲、纏繞、繫掛、牽掛之意。縈，或假借為營。

縈伯簋（西周中期）

己侯簋（西周中期）

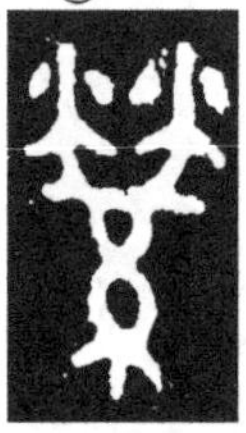
申簋（西周中期）

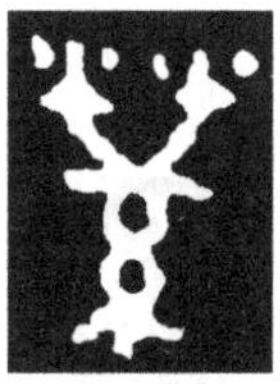
縈叔卣（西周中期）

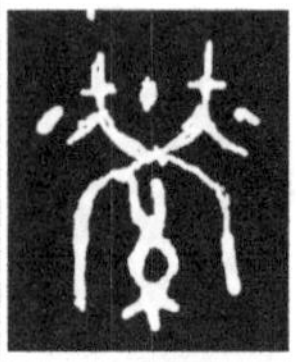
齊縈姬盤（春秋）

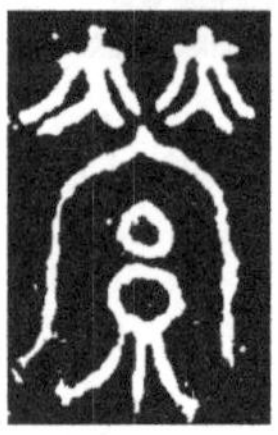
盛君縈簠（戰國早期）

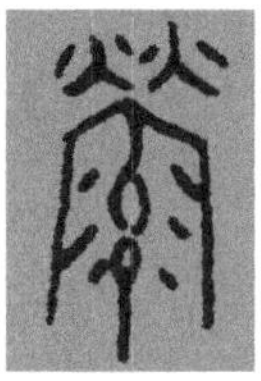
縈陽上官皿（戰國） 【文物】二〇〇三年十期

jiān
緘

《説文》曰：束篋也，从糸、咸聲。

註：篋，小箱子。束篋，即將小箱捆縛封裝。緘，有封閉、捆扎之義。封裝信函多用此字。

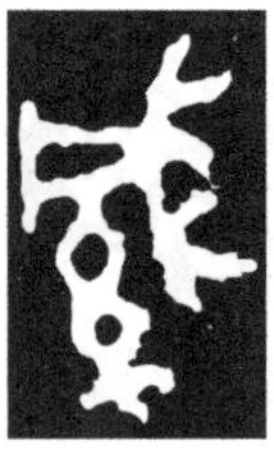
毛公鼎（西周晚期）

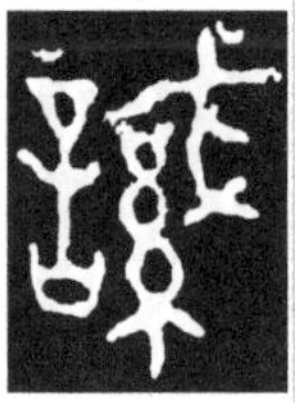
蚿公諴簠（西周晚期） 或从言

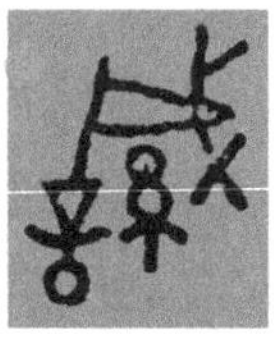
鄀公諴鼎（西周晚期）

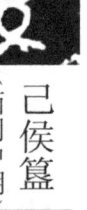

藤籐縢

維

繁緐

téng
縢

《説文》曰：緘也，从糸、朕聲。《廣雅》曰：縢，索也。

註：縢，用繩索纏束封閉物品。縢，或指繩索。縢，今或作籐、作藤，指索蔓植物。

孟縢姬缶（春秋）

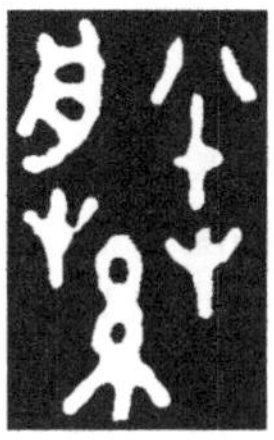
庚壺（春秋晚期）

wéi
維

《説文》曰：車蓋維也，从糸、隹聲。《廣雅》曰：維，係也。《正字通》曰：維，絡也。註：維：系物之大繩。有綱繩、綱記之意。國有四維，曰：禮、義、廉、恥。維，又有維持、維護、連結之義。維，通惟字。

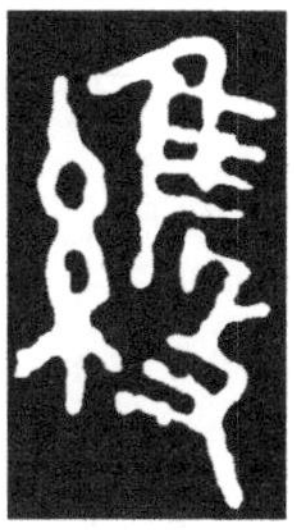
虢季子白盤（西周晚期） 或从殳 經維四方

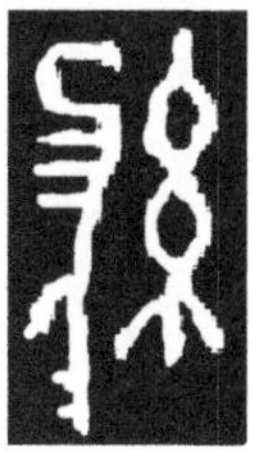
蔡侯墓殘鐘（春秋晚期） 讀為維 維弁紗□

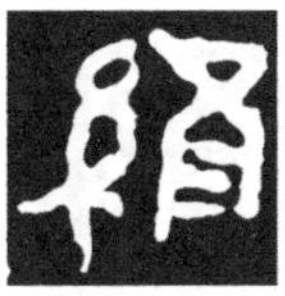
廿三年司寇矛（戰國）

六年襄城令戈（戰國晚期）【近出殷周金文集録】

fán
緐

《説文》曰：馬髦飾也，从糸、每聲。

註：緐，本義為絲條下垂之馬飾，或曰緐纓，其絲條衆多，故引申為繁多。繁，即緐之俗字。

緐簋（西周早期）

降人緐殷（西周中期） 讀為繁 或从勹 緐人繁作寶簋

師虎簋（西周中期）

鬃 辟

絡

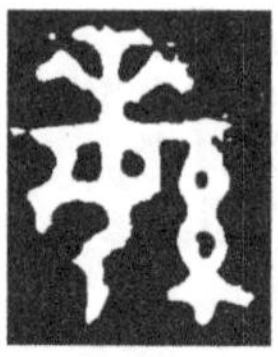
鯀卣（西周中期）

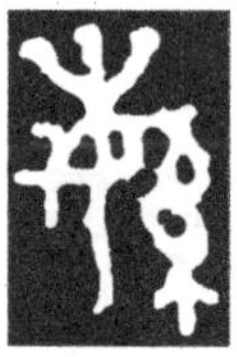
班簋（西周中期）

叔向父禹簋（西周晚期）

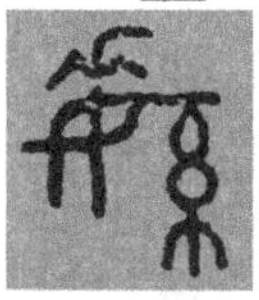
晉姜鼎（春秋早期）

庚兒鼎（春秋中期）

仲義昌鼎（春秋）

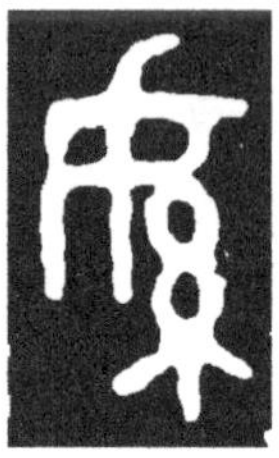
吳王御士叔鯀簠（春秋）

者瀘鐘（春秋）

楚子趌鼎（春秋晚期）

乙鼎（戰國早期）

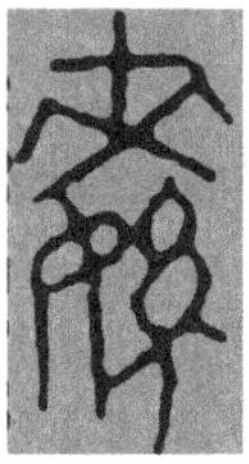
噩君啟節車節（戰國）

繁濼之金劍（戰國）

bìmì
鬃

註：鬃、同辟，从糸或从巾。辟，古車前之欄、或為赤黑漆布。

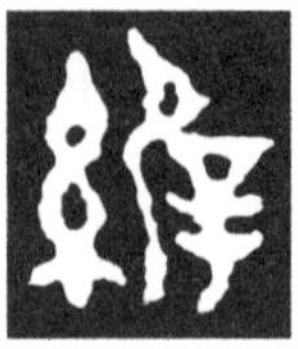
毛公鼎（西周晚期）

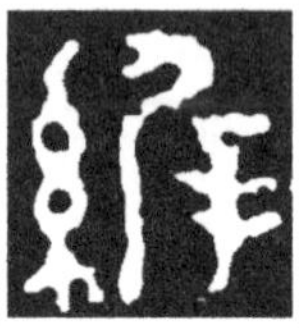
番生簋（西周晚期）

luò
絡

《說文》曰：絮也。一曰麻未漚也，从糸、各聲。

註：粗絲棉或未經水漚制的麻皮曰絡。引申為網絡、脉絡。

陳璋鐳（戰國） 讀為絡 重金絡鑲

 約

 紙

 綾

 綏

yuē 約

《說文》曰：束也，从糸、勺聲。

註：約，捆縛、纏束，引申為約束、節制，或協約、公約。約，或从束。束，捆扎、約束之義。

毛公鼎（西周晚期） 讀為約 賜汝……金豙 約盛

zhǐ 紙

《說文》曰：絮一苫（箈）也，从糸、氏聲。註：箈，手工造紙，漂紙漿用竹簾，每簾絮漿即一張紙。紙為漢後之物。，早期紙字从糸、芇省聲，乃姓氏，非紙專用字。

辟大夫虎符（戰國） 或从糸 芇省聲 填丘與塿紙

líng 綾

《說文》曰：東齊謂布帛之細曰綾，从糸、夌聲。

註：細薄絲織品，素者曰綺、花者曰綾。

庚壺（春秋晚期） 讀為綾 [糸虎]方綾縢相乘牡

suī suí 綏

《說文》曰：車中把也，从糸、从妥。《爾雅》曰：綏，安也。《廣雅》曰：綏，撫也。

《集韻》曰：隋，（祭祀用品）之屬，或作綏。註：登車繩索類把手曰綏。綏，有安撫之義。綏，通隋。

彝

嫁伯段（西周晚期）讀為綏

綏仲作乙伯寶簋

yí 彝 《説文》曰：宗廟常器也。从糸。糸，綦也；廾，持米，器中寶也；彑聲。古文彝。註：彝，青銅祭器之統稱，或曰鼎彝。彝有雞彝、鳥彝等。，金文彝字，像雙手捧雞形器。彝，用同夷。

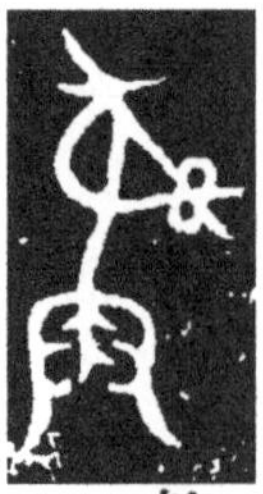

者姛方尊（殷商）

束冊作父己鼎（殷商）

咸𡚸子作且丁鼎（殷商）

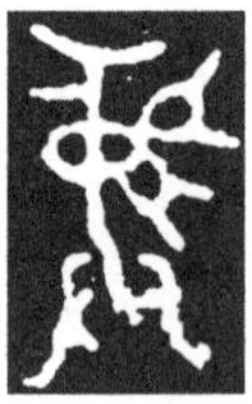

𩏂姛方鼎（殷商）

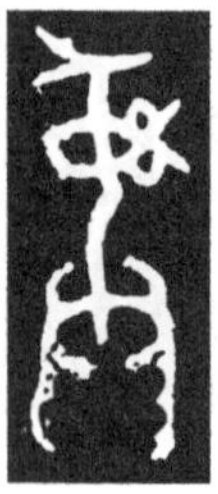

大丏簋（殷商）

作父己簋（殷商）

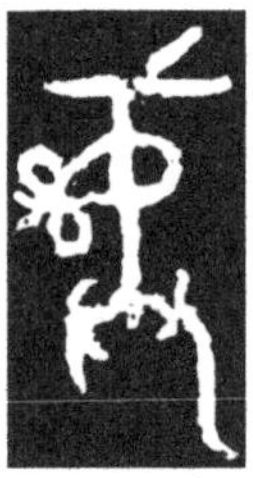

亞鳥作且丁段（殷商）

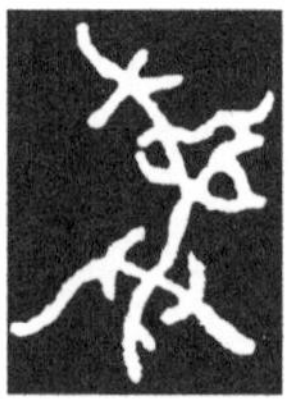

㠱作父辛卣（殷商）

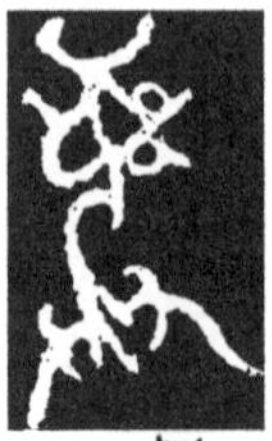

𦍌母彝卣（殷商）

尸作父乙卣（殷商）

婦闟卣（殷商）

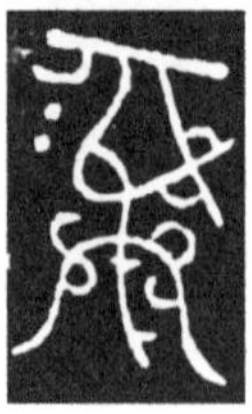

𢡆卣（殷商）

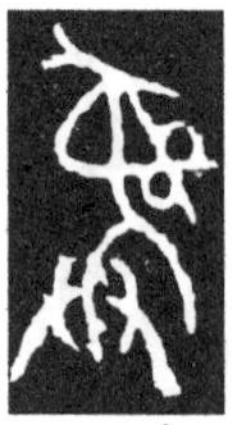

窥冊作父癸卣（殷商）

𠀘日戊鼎（殷商）

敄作父癸觶（殷商）

子达觶（殷商）

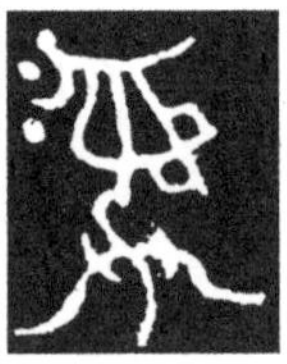

作母戊觥（殷商）

者姛罍（殷商）

亞徙壺（殷商）

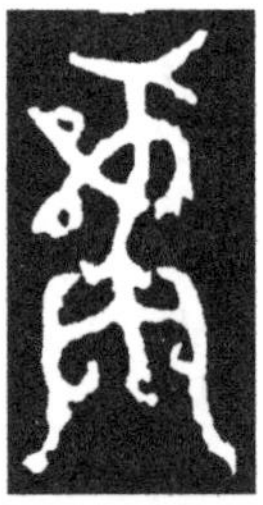

者女觥（殷商）

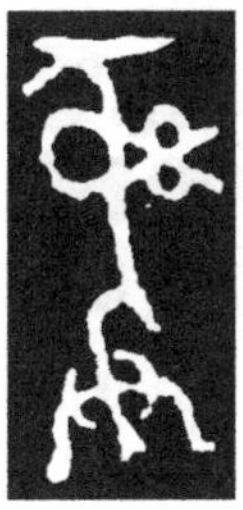
戈祔父丁盉（殷商）

亞□作母丙鼎（西周早期）

酹鼎（西周早期）

士作父乙鼎（西周早期）

旂父鼎（西周早期）

應公方鼎（西周早期）

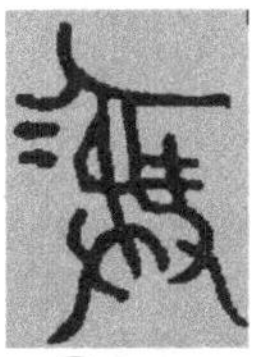
□鼎（西周早期）

堇伯鼎（西周早期）

伯魚鼎（西周早期）

田䢅鼎（西周早期）

外叔鼎（西周早期）

朋作父癸鼎（西周早期）

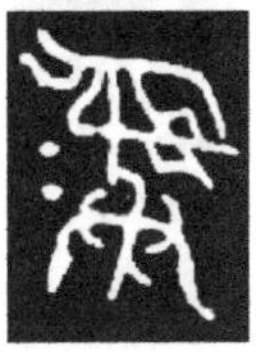
自作陵仲方鼎（西周早期）

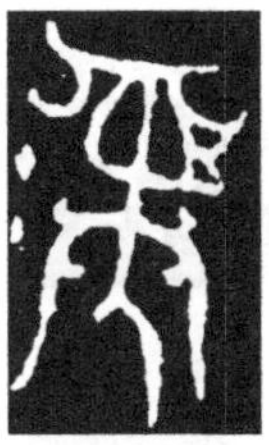

作寶彝鼎（西周早期）

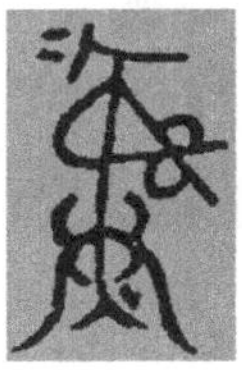
伯申鼎（西周早期）

媵侯方鼎（西周早期）

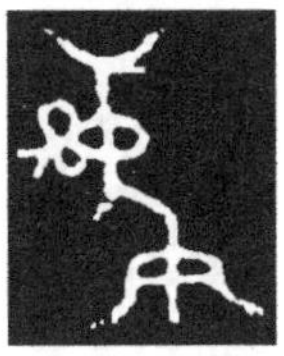
易貝作母辛鼎（西周早期）

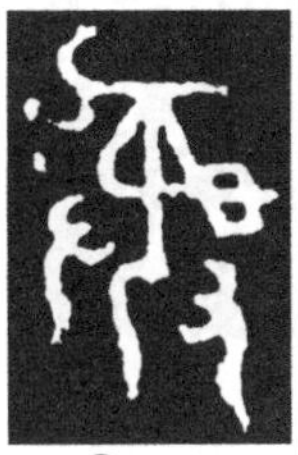
應公鼎（西周早期）

玨方鼎（西周早期）

曆方鼎（西周早期）

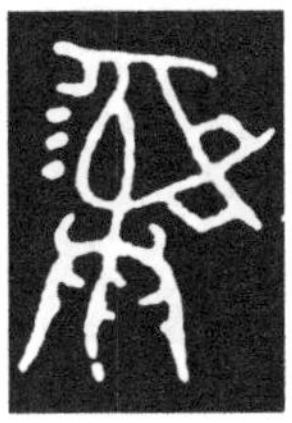
旂鼎（西周早期）

小臣夌鼎（西周早期）

□□段（西周早期）

作寶彝簋（西周早期）

冊屖段（西周早期）

作姬簋（西周早期）

文簋（西周早期）

應公簋（西周早期）

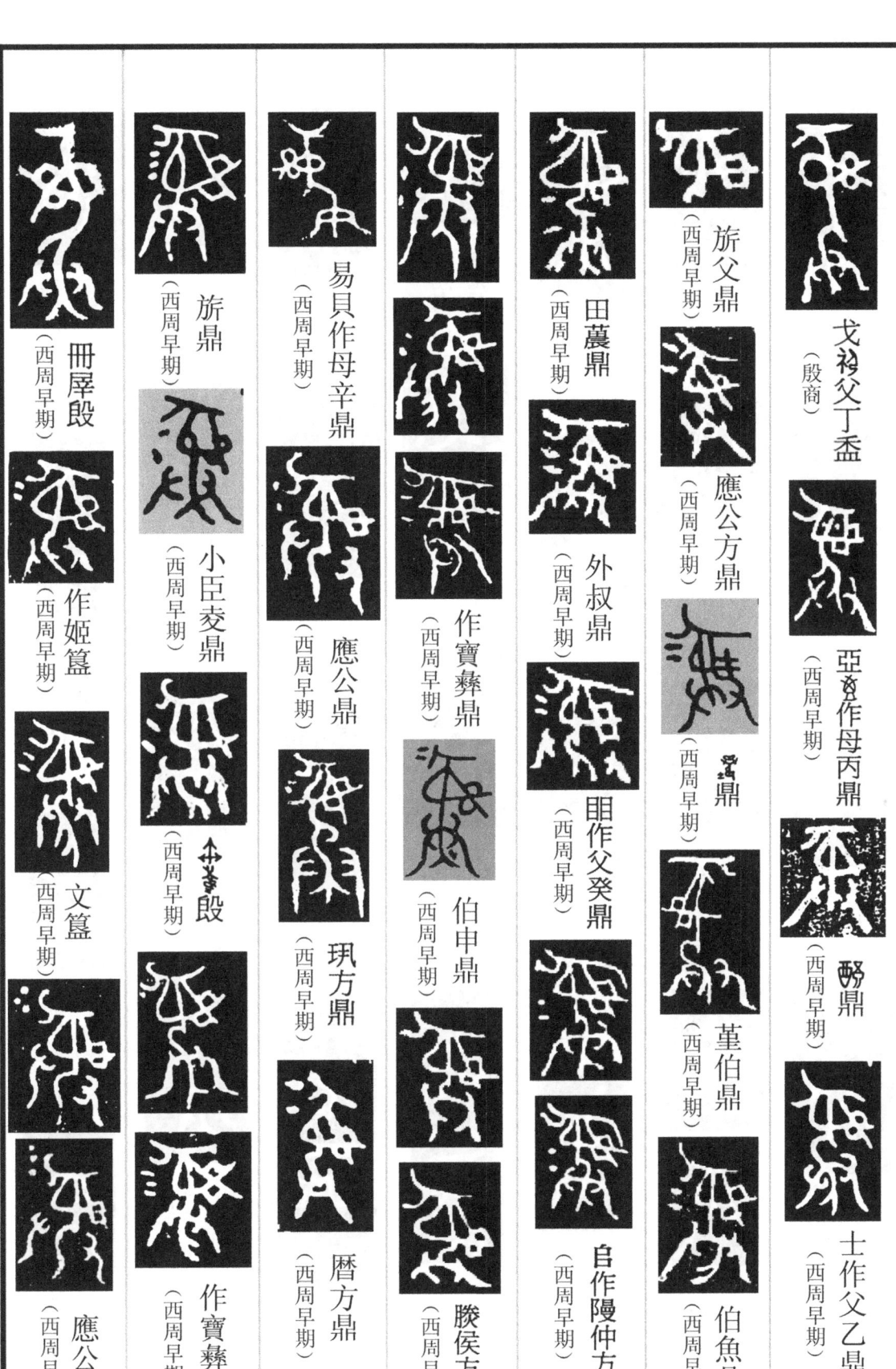

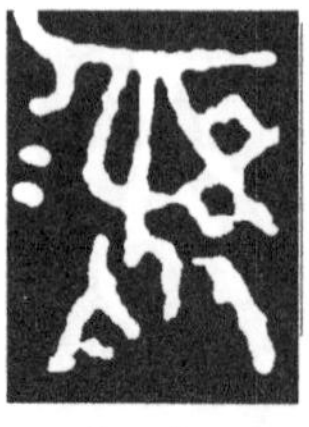
叔京簋（西周早期）

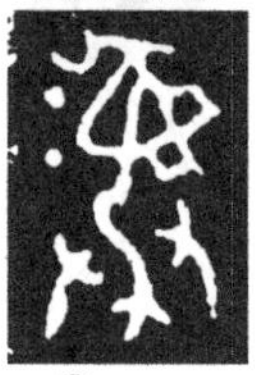
伯簋（西周早期）

戈作父乙簋（西周早期）

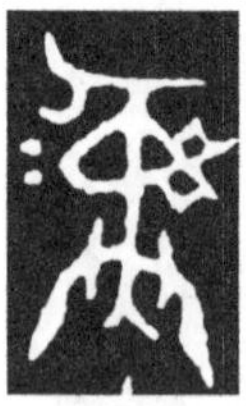
作父戊簋（西周早期）

安父簋（西周早期）

向簋（西周早期）

噩叔簋（西周早期）

玤□冀作父癸殷（西周早期）

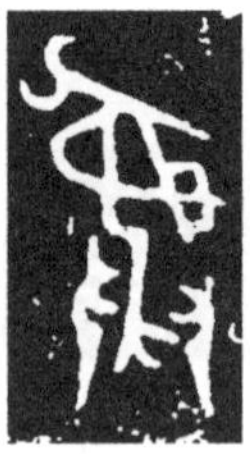
倗丁殷（西周早期）

仲簋（西周早期）

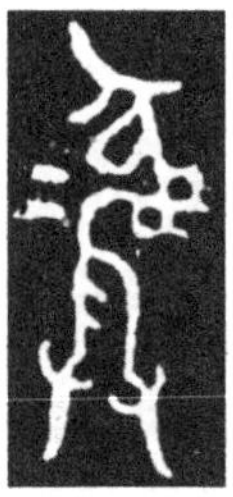
效父簋（西周早期）

作寶彝卣（西周早期）

作隮彝鬲（西周早期）

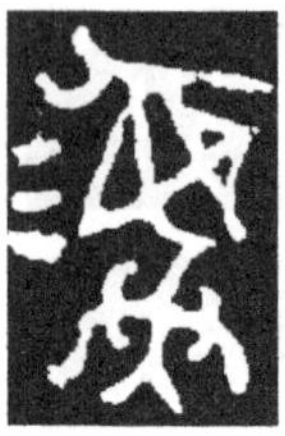
伯示鬲（西周早期）

戒作葊官鬲（西周早期）

伯作寶彝卣（西周早期）

大保簋（西周早期）

小臣謎殷（西周早期）

龏作又母辛鬲（西周早期）

伯作寶尊彝卣（西周早期）

師隻卣（西周早期）

作旅彝卣（西周早期）

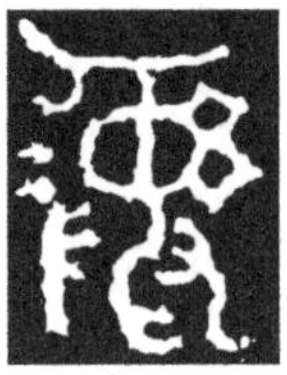
辛作寶彝卣（西周早期）

作寶尊彝卣（西周早期）

[illegible]作彝卣（西周早期）

應公卣（西周早期）

䡴卣（西周早期）

[illegible]作父庚卣（西周早期）

潶伯卣（西周早期）

尹舟作辛兄卣（西周早期）

戟作父丁卣（西周早期）

龏作且丁卣（西周早期）

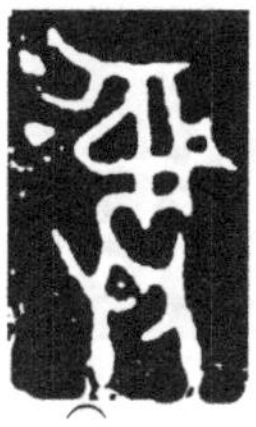
卿卣（西周早期）

向卣（西周早期）

衛父卣（西周早期）

伯各卣（西周早期）

客甗（西周早期）

小夫卣（西周早期）

伯𩚬卣（西周早期）

遣卣（西周早期）

盂卣（西周早期）

作寶彝甗（西周早期）

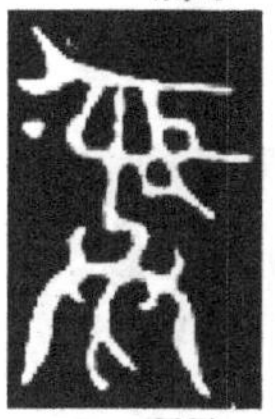
鬬作寶彝甗（西周早期）

龍作旅彝甗（西周早期）

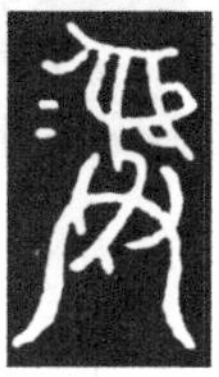
伯魚卣（西周早期）

奪作父丁卣（西周早期）

叔䞨父卣（西周早期）

𢀛卣（西周早期）

作旅彝尊（西周早期）

鼎作父乙甗（西周早期）

作且己甗（西周早期）

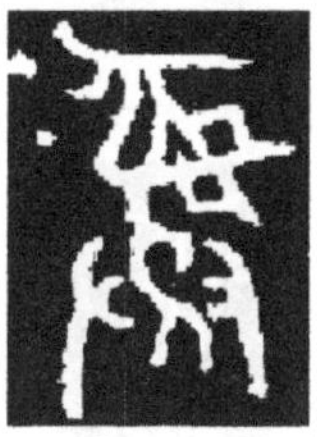
伯矩甗（西周早期）

己方鼎（西周早期）

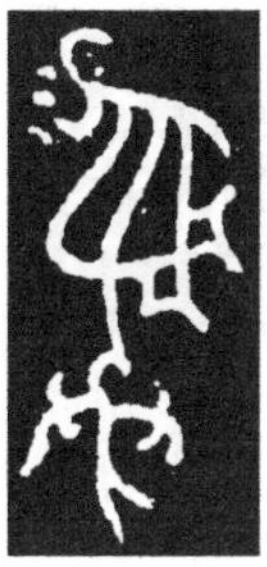
商卣（西周早期）

嬴季尊（西周早期）

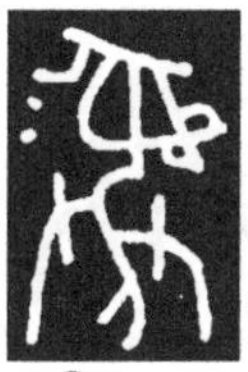
作彝尊（西周早期）

伯作彝尊（西周早期）

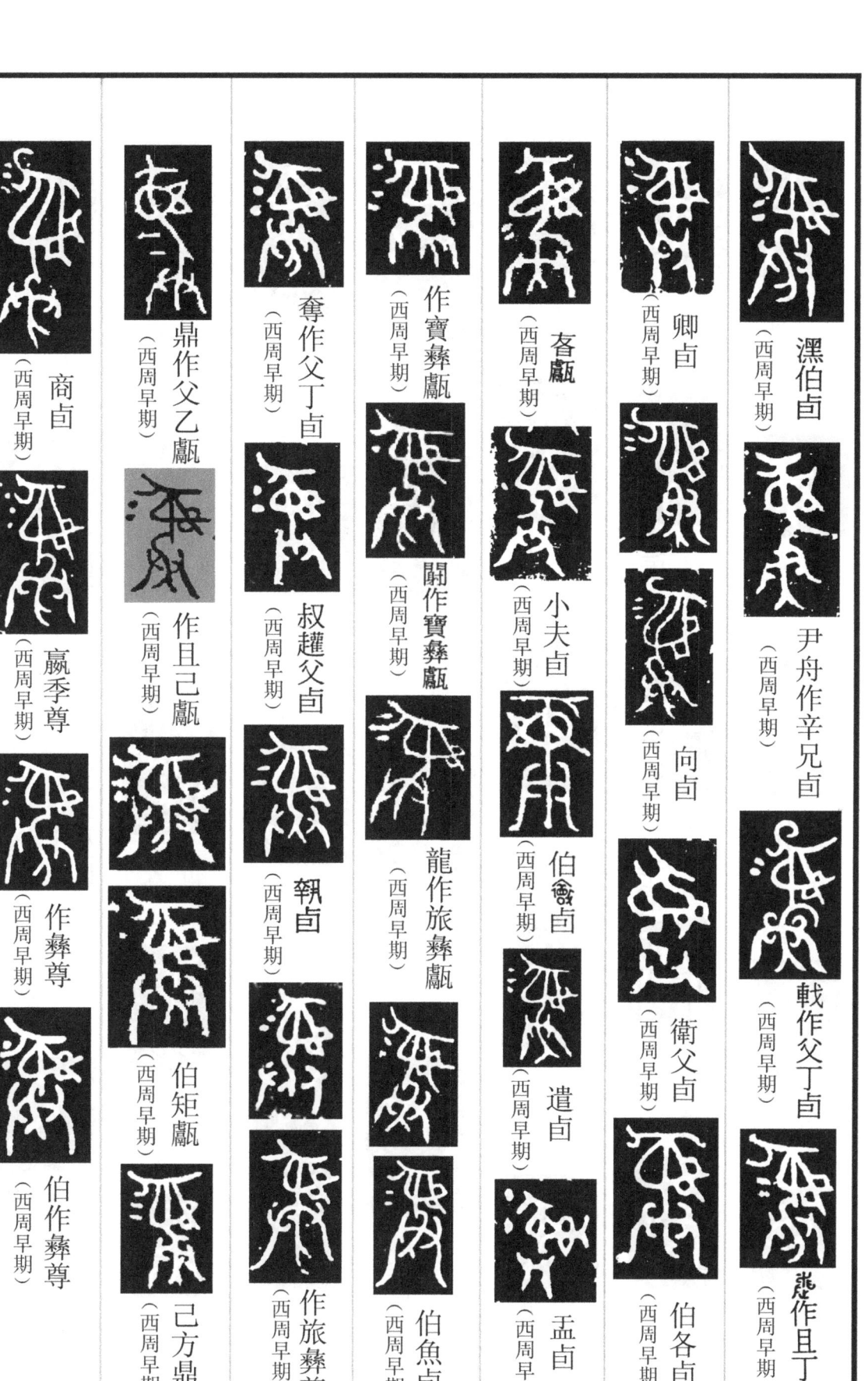

北子作彝尊（西周早期）

伯作旅彝尊（西周早期）

辛作寶彝尊（西周早期）

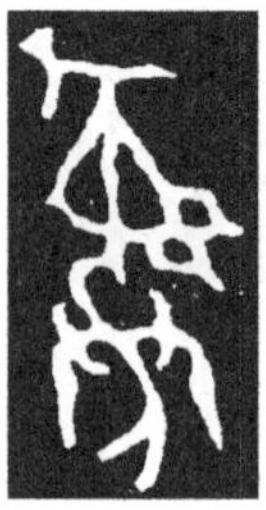
伯貉尊（西周早期）

莫尊（西周早期）

𡧊尊（西周早期）

㕝尊（西周早期）

魚父庚尊（西周早期）

員父尊（西周早期）

亯冊父己尊（西周早期）

隹作父己尊（西周早期）

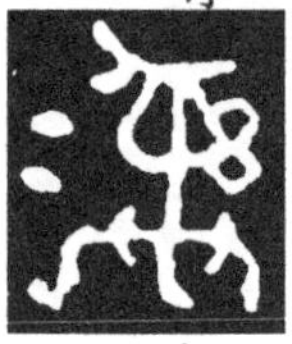
𢦏作父癸尊（西周早期）

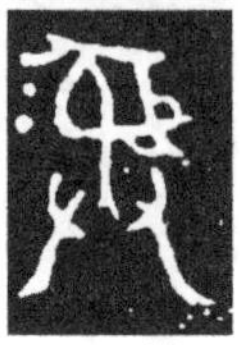
伯作彝觶（西周早期）

狗兄日壬尊（西周早期）

效作且辛尊（西周早期）

商尊（西周早期）

戚作旅彝觶（西周早期）

麥方尊（西周早期）

矢王觶（西周早期）

北子𦉢觶（西周早期）

作父戊觶（西周早期）

北子觶（西周早期）

䡭作彝爵（西周早期）

逃馬作彝爵（西周早期）

歸父辛爵（西周早期）

妊爵（西周早期）

立爵（西周早期）

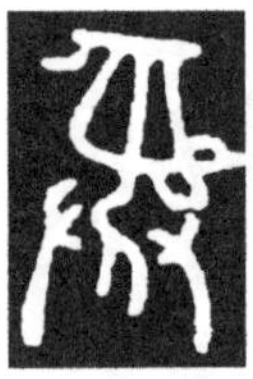
作丮䧹彝角（西周早期）

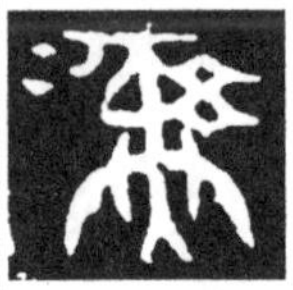
索諆爵（西周早期）

征作父辛角（西周早期）

𦷾斝（西周早期）

公盤（西周早期）

匽父辛觥（西周早期）

守宮觥（西周早期）

此作寶彝盉（西周早期）

[illegible]作寶彝壺（西周早期）

𥄳父乙盉（西周早期）

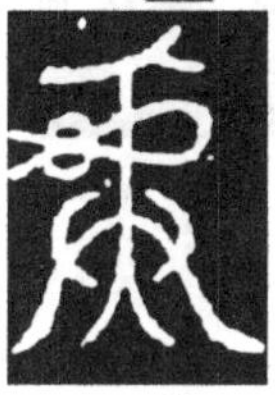
作父己壺（西周早期）

作且戊罍（西周早期）

伯罍（西周早期）

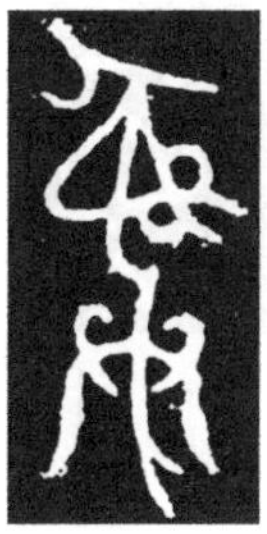
伯矩壺（西周早期）

伯富盉（西周早期）

井侯方義（西周早期）

宵作旅彝器（西周早期）

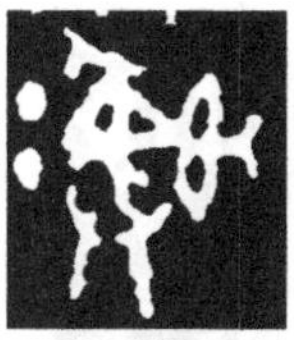

歸𢦔進壺（西周早期）

呂行壺（西周早期）

作從彝盤（西周早期）

堇臨作父乙鼎（西周早期）

卬作母戊甗（西周早期）

歸𢦔甗（西周早期）

伯作彝鼎（西周早期）

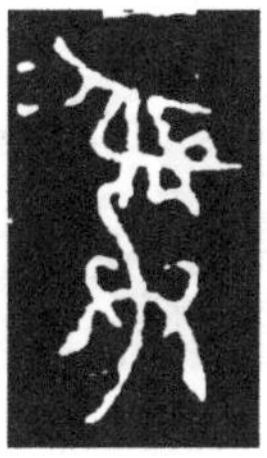
[illegible]鼎（西周早期）

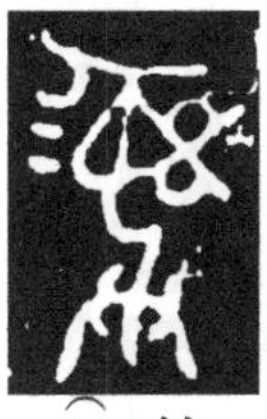
伯矩盤（西周早期）

作寶彝器（西周早期）

庚姬器（西周早期）

曆盤（西周早期）

叔器（西周早期）

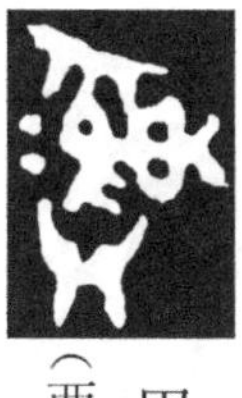
異卣（西周中期）

檇侯壺（西周中期）

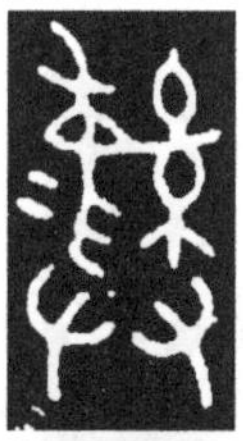

內伯壺（西周中期）

師遽方彝（西周中期）

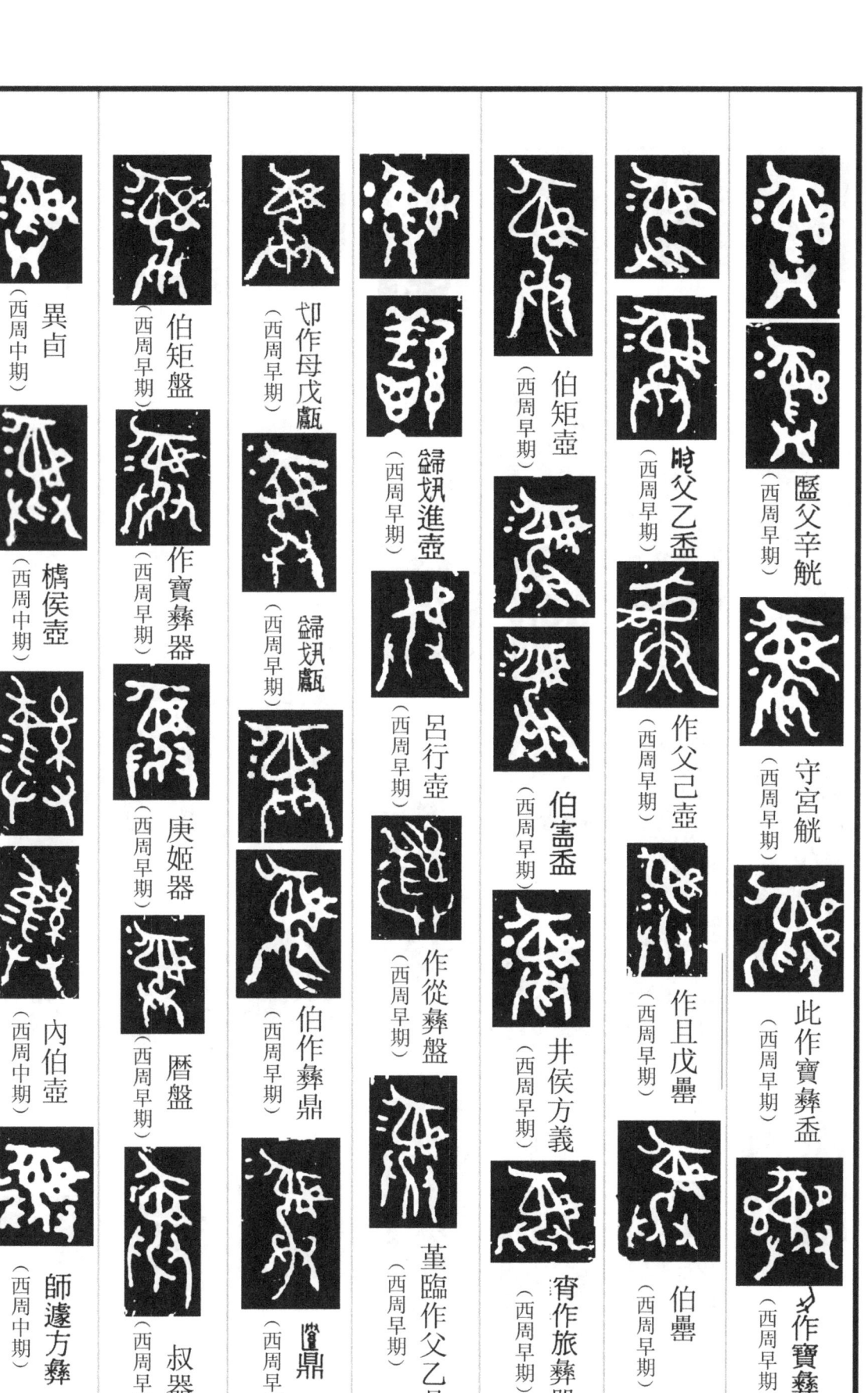

剌鼎（西周中期）

㦸者鼎（西周中期）

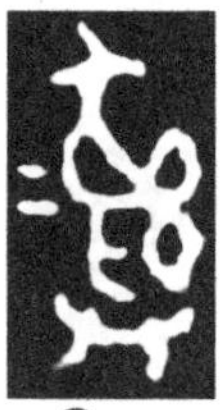
君夫簋（西周中期）

免簠（西周中期）

懸妃簋（西周中期）

甚諆臧鼎（西周中期）

[illegible]作寶彝鼎（西周中期）

鷊銅鼎（西周中期）

𢦚方鼎（西周中期）

櫑仲段（西周中期）

史牆盤（西周中期）

吳方彝（西周中期）

日己方尊（西周中期）

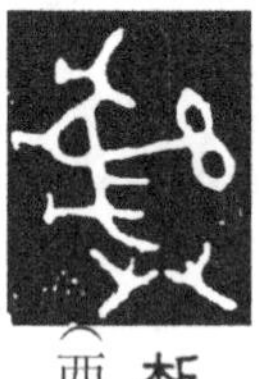
𣪕尊（西周中期）

牆父乙爵（西周中期）

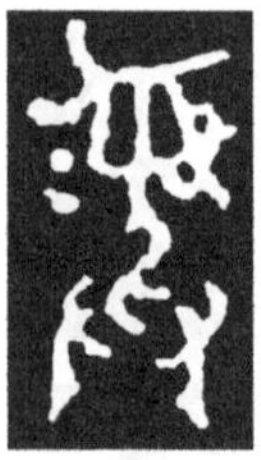
迴作且乙卣（西周中期）

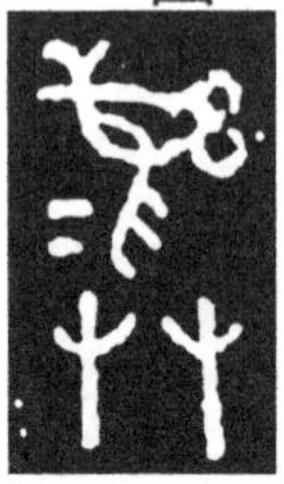
仲自父卣（西周中期）

彊季卣（西周中期）

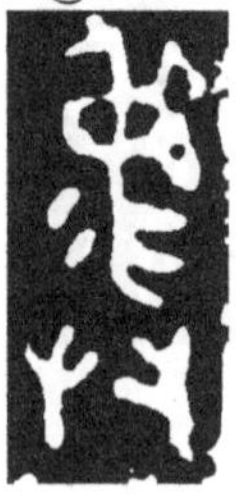
瘨父丁爵（西周中期）

尌仲簋（西周晚期）

史頌簋（西周晚期）

孟[illegible]鼎（西周）

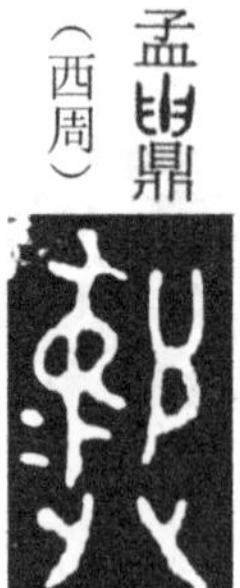
敔簋（西周）

王作親王姬鬲（西周晚期）

史頌鼎（西周晚期）

小克鼎（西周晚期）

[illegible]段（西周晚期）

虢季子組卣（西周晚期）

王作贙母鬲（春秋早期）

禾簋（春秋晚期）

中山王𰯼方壺（戰國晚期）

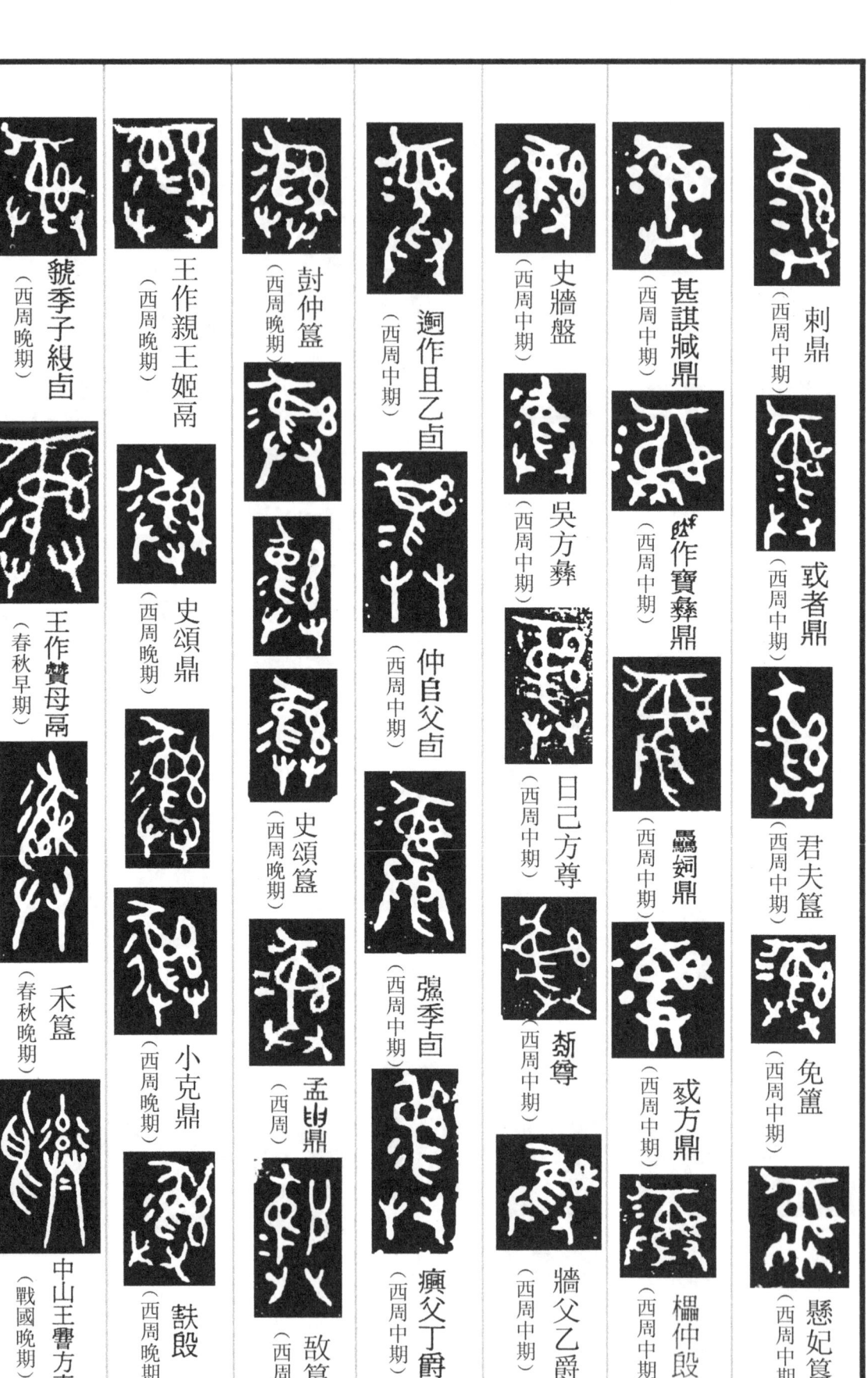

怠 紿

綨綥 綦

穗 繐

紊

dài
紿

《說文》曰：絲勞即紿，从糸、台聲。《廣雅》曰：紿，緩也、纏也。《說文解字注》曰：紿，古多假為詒字。

註：破舊絲曰紿。紿，有倦怠、緩慢、混亂、欺詐之義。紿，同怠、假為詒。

師紿銅泡（戰國早期）

qí
綦

《說文》曰：綥，帛蒼艾色，从糸、畀聲。綥，或从其。《廣韻》曰：綨，同綦。

註：青黑色帛曰綦。綦，或指鞋帶、鞋花紋。綦，同綨、同綥。

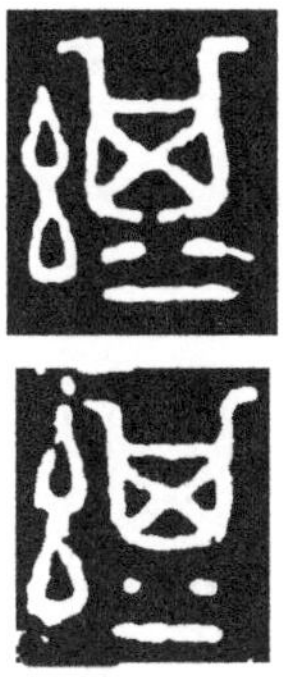
攸簋（西周早期）　讀為綦　用作父戊寶尊彝肇作綦

suì
繐

《說文》曰：細疏布也，从糸、惠聲。

註：細疏之麻布曰繐，多用為喪服。繐，同穗字，用絲線扎成穗狀飾物。繐，或从絲、叀聲。

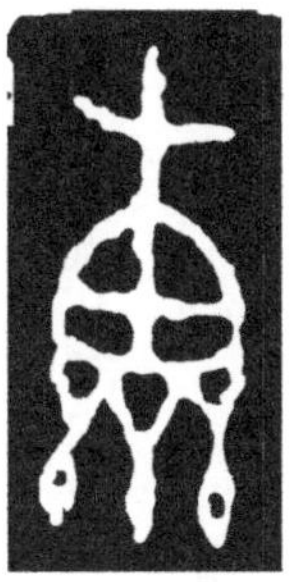
紊父癸毁（西周早期）

九年衛鼎（西周中期）

wěn
紊

《說文》曰：亂也，从糸、文聲。『商書』曰：有條而不紊。

註：絲亂曰紊，引申為法律、綱紀被破壞，曰紊亂綱維。

繯

繭

紂

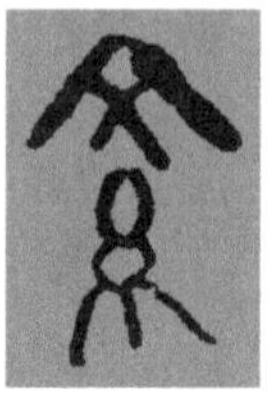
□紊戈【古文字類篇】
（春秋）

huán
繯

《說文》曰：落（絡）也，从糸、瞏聲。《玉篇》曰：繯，環也。
註：繩索首尾相連謂之繯絡、套繯。繯，有纏繞、繯繞、反復之意。繯、還古今字。繯，通環。

七年大梁司寇綏戈【近出殷周金文集録】
（戰國晚期）

jiǎn
繭

《說文》曰：蠶衣也，从糸、从虫、芇省聲。古文繭从糸、見。
註：蠶吐絲作繭，曰蠶衣、蠶繭。

米甗
（殷商）

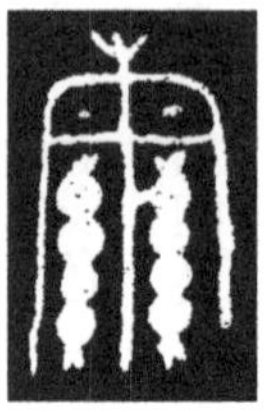
米繭父戊罍
（西周早期）

zhòu
紂

《說文》曰：馬緧也，从糸、肘省聲。
註：紂，套車時栓在牲畜股後之皮帶。紂，對商末代暴君帝辛之鄙稱。

□□戈
（戰國）

緑 　緊　絴　絔 絔

lǜ
緑

《說文》曰：帛青黃色也，从糸、录聲。

註：緑，从糸、录省。

史伯碩父鼎（西周晚期）

讀為禄

用祈介百緑（禄）眉壽

緊

yáng
絴

《改併四聲篇海》曰：絴，高也。

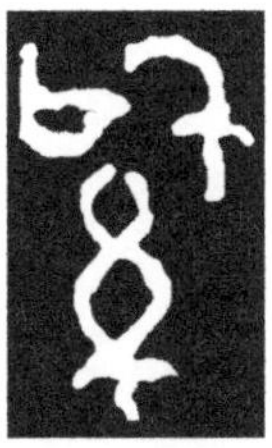

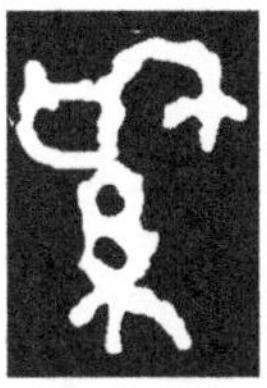

奚子宿車鼎（春秋早期）

mò bǎi
絔

《字彙》曰：絔，頭巾。《正字通》曰：絔，頭巾。當从帞。《玉篇》曰：絔，補也。

註：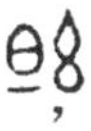，即絔字，或為帞字。

子商甗（殷商）

亞絴鼎（殷商）

紷 綪 緱

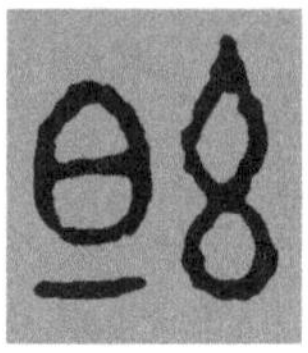

牧簋（西周中期） 讀為絽 公族絽入右牧

líng 紷

《集韻》曰：紷，絲細湅為紷、布細湅為繐。註：精細染過之絲或織物曰紷。紷，金文均讀為令。

紷爵（殷商）

正紷觚（殷商）

紷父乙鼎（西周早期）

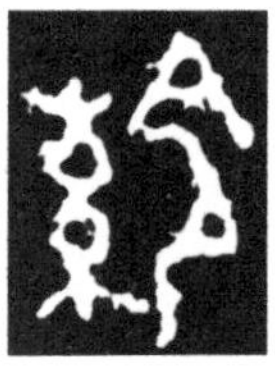

師𩛥鼎（西周中期） 讀為令 緐明紷（令）辟前王

綪

長陵盉（戰國晚期）

緱

二十一年鄭令戈（戰國）

練　⿰糸豊　⿰𢆶凡 揵　約 紃絇

練

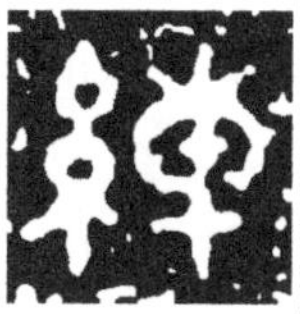

墜侯因𪒠敦（戰國晚期）

tǐ
⿰糸豊

《玉篇》曰：⿰糸豊，纏也。

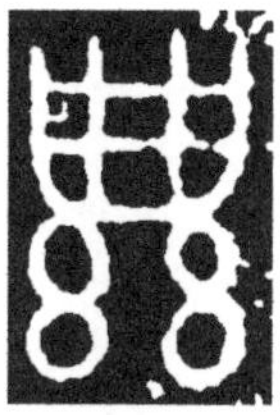

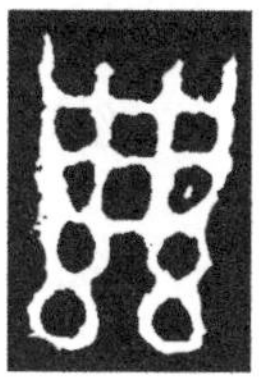

□□作父癸卣（殷商）

liǎn
⿰𢆶凡

張亞初釋為揵。【殷周金文集成 引得】

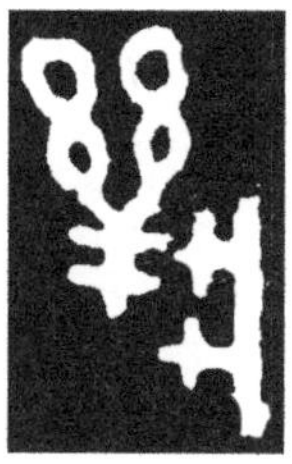

亞□□方鼎（殷商）

yún xuàn
約

《集韻》曰：紃，圜采也，一曰條也，同絇、約。

註：約，裝飾鞋的圓形條帶。約、絇古同字，亦同紃。

鄭約盒（戰國晚期）【近出殷周金文集録】

guān lún
絤

《正字通》曰：綸巾，巾名，世傳孔明軍中嘗服之，俗作絤。註：絤，綸之俗字。綸，青絲綬帶。

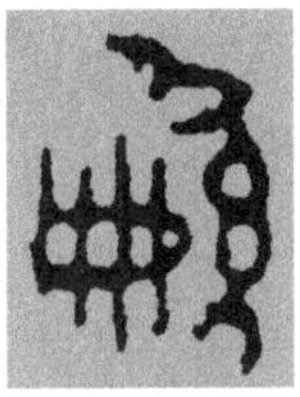
絤父癸尊（西周早期）【古文字類編】

nuò
緒

《集韻》曰：緒，綄緒，蠻夷布名。

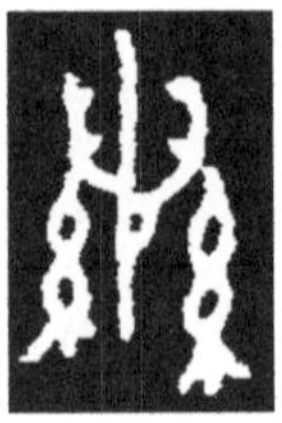
緒兒罍（春秋晚期）【近出殷周金文集録】

shī tuó
絁

《集韻》曰：絁，粗緒，一曰繒屬。註：絁，較粗之絲綢。古絁、紽為同字。

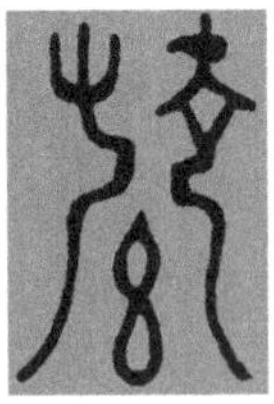
大絁鑄戈【金文詁林補】

紑 弁

緂

 素

bìan
紑

《集韻》曰：紑，冕也，或作弁。《篇海類編》曰：紑，同弁，冠也。註：紑，或作弁，帽子。

蔡侯墓殘鐘（春秋晚期）讀為弁 維弁紗□

緂

蔡侯墓殘鐘（春秋晚期）

sù
素

《說文》曰：白緻繒也，从糸，垂取其澤也。《小爾雅》曰：素，白也。《廣雅》也：素：本也。註：素，白色細密、細緻、光潤的絲織品，不透水，可寫字；故曰尺素（書信）。素，或假為索。

伯壺蓋（西周中期）

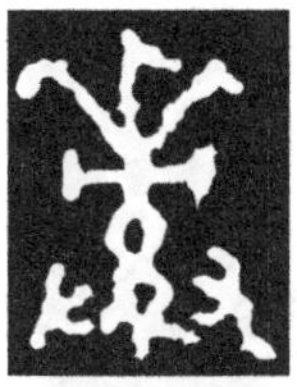
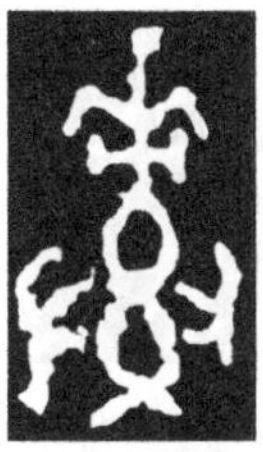
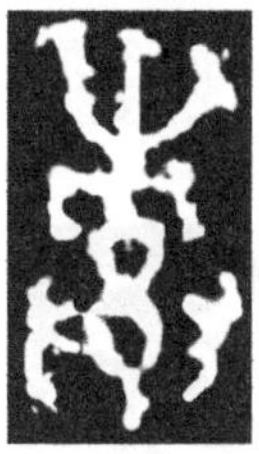

師克盨（西周晚期）

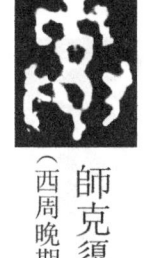

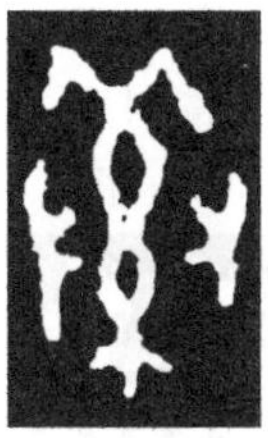

輔師嫠毁（西周晚期）

曾侯乙鐘（戰國早期）

chuò cuō
綽

《說文》曰：緩也，从素、卓聲。或省。《玉篇》曰：綽，寬也、緩也。

註：綽，寬緩也，或从素，今从糸。綽，用同撮字。

㾓鐘（西周中期）

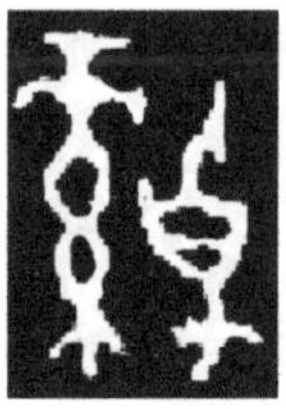

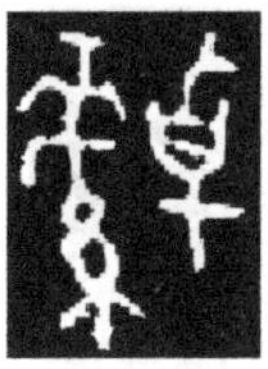

汈其鐘（西周晚期）

善夫山鼎（西周晚期）

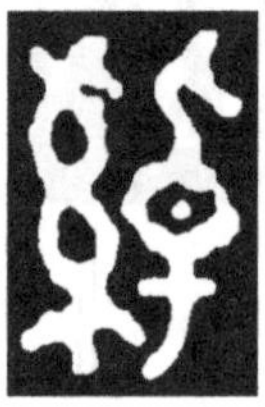

蔡姞簋（西周晚期）

史伯碩父鼎（西周晚期）

叔□孫父簋（西周晚期）

戎生鐘（西周晚期）

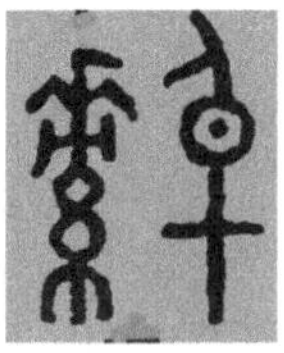

晉姜鼎（春秋早期） 讀為綽 晉姜用祈綽綰 眉壽

líng
黔

《集韻》曰：紟，絲細湅為紟、布細湅為繐。註：精細染過之絲或織物曰紟。紟，或从索、令聲作黔。从素、从索與从糸義同。黔，金文均讀為令。

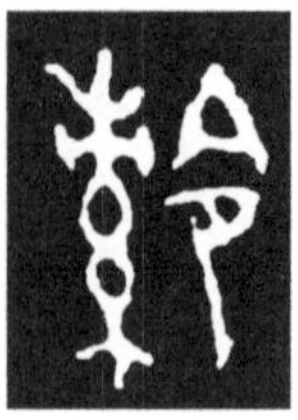

㝬殷（西周晚期） 或从索 讀為令 令（命）用紟（令）保我家 朕位

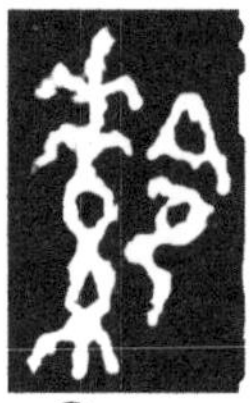

師克盨（西周晚期）

秦公鎛（春秋早期）

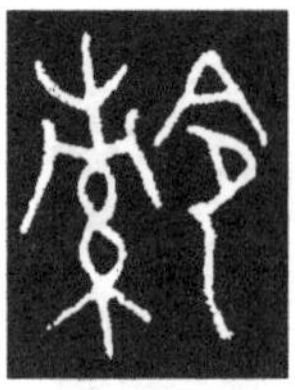

秦公鐘（春秋早期） 讀為令 秦公其畯紟（令）在位

齊侯鎛（春秋中期） 或从素从命 萬年紟（令）保其身

pèi
轡

《說文》曰：馬轡也，从糸、从軎。

註：或从絲、从車，與轡同字。轡，駕馭牲口的繮繩。

率

紼

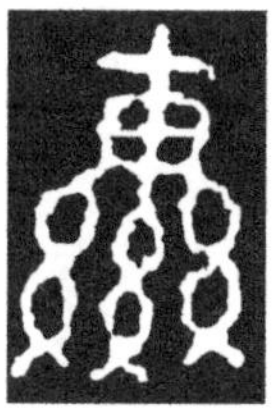

公貿鼎（西周中期） 讀為轡 賓布馬轡乘

十二年盉（戰國早期）

十一年盉（戰國早期）

三年壺（戰國晚期）

十年扁壺（戰國晚期）

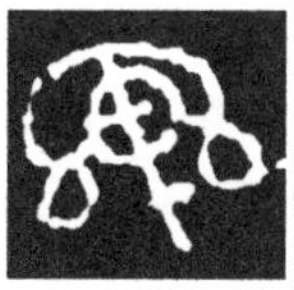

十二年扁壺（戰國晚期）

十年燈座（戰國晚期）

八年匜（戰國晚期）

十年銅盒（戰國晚期）

左𨷻箕（戰國晚期）

十二年銅盒（戰國晚期）

shuài lǜ 率

《說文》曰：捕鳥畢也，象絲罔（網），上下其竿柄也。《廣韻》曰：率，領也。《玉篇》曰：率，將領也。

註：畢，狩獵之田網。捕鳥之小網曰率。金文率字均假為達、為帥。

大盂鼎（西周早期）

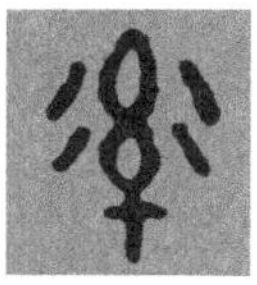

禹鼎（西周晚期）

毛公鼎（西周晚期）

害仲之孫毀（春秋早期）

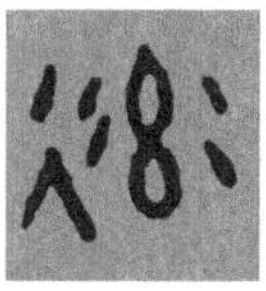

師訇簋（西周晚期）

shè 紼

《集韻》曰：紼，繒屬。

註：紼，繒屬絲織品。

蔡侯墓殘鐘（春秋晚期） 讀為紼 唯弁紼□

虫 虺蟲

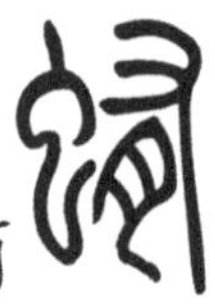
蛕 蛔

雖

蠆

chóng huǐ
虫

《說文》曰：一名蝮，博三寸，首大如擘指，象其臥形，物之微細，或行、或毛、或臝、或介、或鱗，以虫為象。

註：虫，同虺，本指蝮蛇，頭大如母指，象形字。虫，還同蟲，古代泛指動物之總稱。

爵（殷商）

甲虫爵（殷商）

虫曶作旅鼎（西周早期）

魚鼎匕（戰國）

huí
蛕

《說文》曰：腹中長蟲也，从虫、有聲。《集韻》曰：蛕，或作蛔。

註：蛕，蛔字之異文，腹中蛕（蛔）蟲也。蛕，或从䖵、从友。

曾仲大父蛕簋（西周晚期）或从友

suí
雖

《說文》曰：似蜥蜴而大，从虫、唯聲。

註：雖，體有花紋的大蜥蜴。後雖字用于語助字，本義盡失。

秦公簋（春秋早期）讀為雖 余雖小子

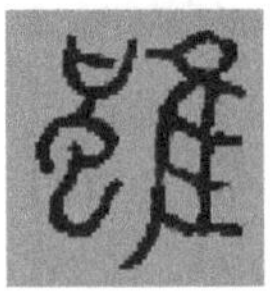
秦公鎛（春秋早期）

新郪虎符（戰國）

chài
蠆

《說文》曰：毒蟲也，象形。蠆或从䖵。《廣雅》曰：蠆，蠍也。

註：蠆，蝎子一類之毒蟲，象形字。蠆，金文或讀為萬。

蠋 蜀

萬觚（殷商）

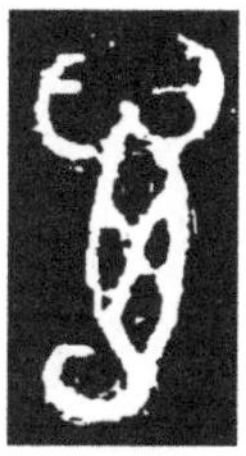

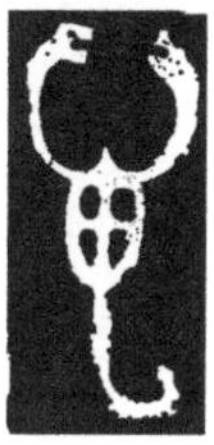

萬觶（殷商）

丁萬殷（殷商）

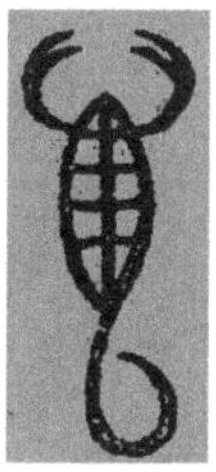

萬鼎（殷商）

萬父己爵（殷商）

萬爵（殷商）

萬戈（殷商）

萬父己卣（殷商）

萬戈（殷商）

父己鉦（殷商）

萬卣（西周早期）

shǔ
蜀

《說文》曰：葵中蠶也，从虫，上目象蜀頭形，中象其身蜎蜎。

註：蜀，蛾類幼蟲象形，有頭，蜎蜎蠕動爬行貌。蜀，或作蠋。

班簋（西周中期）讀為蜀 秉繁蜀巢

二十六年蜀守武戈（戰國）

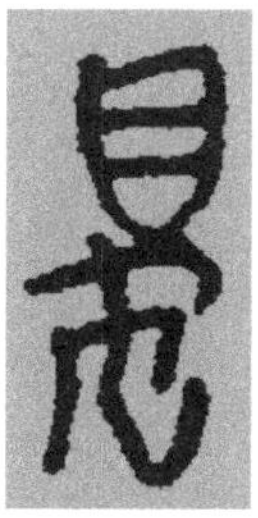

蜀守戈（戰國）【古文字類編】

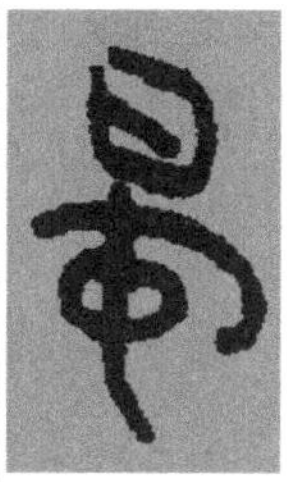

蜀東工戈（戰國）【文物】一九九二年十期

蜀西工戈（戰國晚期）

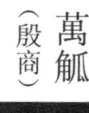

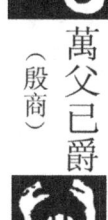

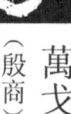

蚩 嗤

蚖 螈

蟺 蟬 鱓 鱔

蝠

chī
蚩

《說文》曰：蟲也，从虫、之（止）聲。

註：金文蚩字从蚰，从寺。蚩，通嗤。

王子适匜（戰國）

魚鼎匕（戰國）讀為蚩 或从寺 參蚩尤命帛命入

yuán
蚖

《說文》曰：榮蚖，……从虫、元聲。

註：蚖，或从它。它，即蛇之象形字。蛇，古代或稱虫，它、虫金文形近。蚖，今經典均作螈。

夒子蚖鼎（戰國）

shàn
chán
蟺

《說文》曰：夗蟺也，从虫、亶聲。

註：夗蟺，蚯蚓之別名。，為蟺之異文。蟺，或作鱔、作鱓、作蟬。

亶伯段（西周早期）

亶姜鼎（西周中期）讀為蟺 蟺伯作寶尊彝

fú
蝠

《說文》曰：蝙蝠，服翼也，从虫、畐聲。

註：蝙蝠本作扁服，翼翅象袍服故名，蝠，取吉語同音字。

蚳

强強

拾蛤

子蝠⿰歹可觚
（殷商）

子蝠爵
（殷商）

子蝠爵
（殷商）

子蝠斝
（殷商）

子蝠方彝
（西周早期）

qí
蚳

《説文》曰：蠆也，从虫、氏聲。
註：蚳，蝎子、虻蟲一類毒蟲。

郾侯𢆶作戎戈
（戰國晚期）
讀為蚳
蚳生不作戎械

qiáng
qiǎng
jiàng
強

《説文》曰：蚚也，从虫、弘聲。籀文強从蚰、从彊。《字彙》曰：強，壯盛也。《集韻》曰：強，勉也。
註：強，蟲名，或稱作蚚，象蠅類，米中小蟲。後借為彊（強）弱之彊，漸為借義所專，本義盡失。
強，今或作强。

二年皇陽令戈
（戰國）
讀為強
皇陽令強狘

gé
蛤

《説文》曰：蜃屬，……从虫、合聲。《廣韻》曰：蛤，蚌蛤。
註：蛤，蛤蜊、蚌蛤，蜃屬，小曰蛤、大曰蜃。蛤，或假為拾。

蚣 螣 蚕

鄬侯少子段（春秋） 或从攴 讀為拾

蛤（拾）取（趨）吉金

蚣

[illegible]高卣（西周早期）

螣

秦苛膉勺（戰國）

cì 蚕

《玉篇》曰：蚕，似蜘蛛。《正字通》曰：蚕，蟲似蜘蛛。

邛叔[illegible]鬲（春秋早期） 讀為蚕 或从蚰

江叔蚕作其尊鬲

好蚕壺（戰國晚期）

蝑　⿰⿱乂巾虫　蚳　蝜

yì xǔ
蝑

《類篇》曰：蝑，蜂房也。《廣韻》曰：蝑蝑，蟲行皃（貌）。《類篇》曰：蝑，蟲飛（或指龍飛）。

十二年趙令戈
（戰國早期）
讀為蝑
右庫工師蝑紹冶倉造

⿰⿱乂巾虫

□殷
（西周早期）

shí zhì
蚳

《集韻》曰：蚳，蟲名，螳螂也，蚳娘。

仲蚳帶鉤
（戰國）

郘公鏃
（戰國）

fù
蝜

《爾雅》曰：蝜，草螽、負（蝜）蠜。註：蝜蠜，或稱草螽，即蚱蜢，蝗蟲。蝜，或作負。

顯作造戈（戰國早期） 或从頁 負聲 蝜㬎作造戈三百

mǎn
蟎

註：蟎，蟎蟲，蜫蟲名。

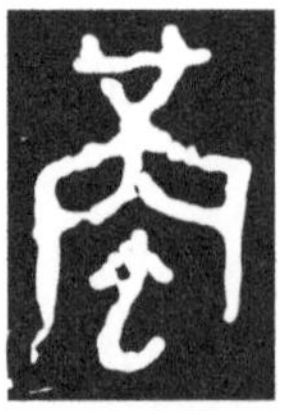

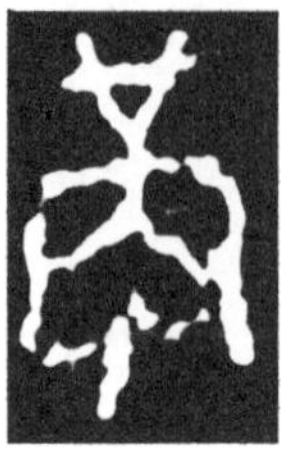

蟎鼎（西周中期）

蠠

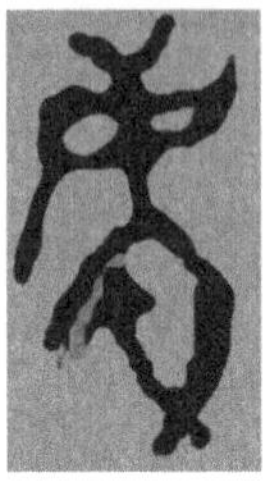

五年龏令思戈（戰國）

yóng
蟵

註：蟵，倐蟵，古代傳說中動物，見于大旱，形如黃蛇，有鰭。蟵，或讀為融。

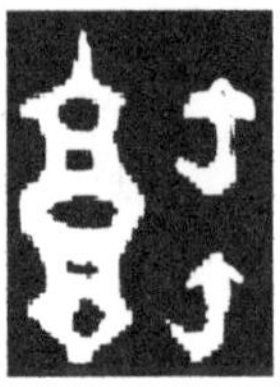

瘐鐘（西周中期） 讀為融 用蟵（融）綏厚多福

邾公釛鐘（春秋） 讀為融 陸蟵（融）之孫竈公鈺

huí
yóu
蚘

《廣韻》曰：蚘，人腹中長蟲。《集韻》曰：蛕，或作蚘、蛔。《集韻》曰：蚘，蚩蚘，古諸侯號，或作尤。

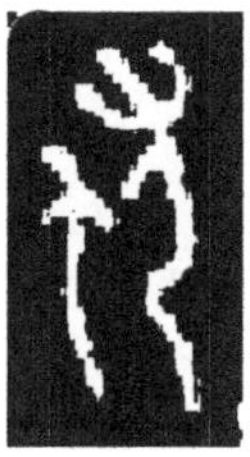

魚鼎匕（戰國）　讀為尤　參蚩蚘（尤）命帛命入

蚢

䖒父癸爵（西周早期）

kūn
蚰

《說文》曰：蟲之總名也，从二虫。讀若昆。

註：蚰，即今之蜫字，蜫蟲。

魚鼎匕（戰國）　讀為蜫　曰誕有蜫朼

wén
蟁

《說文》曰：齧人飛蟲，从蚰、民聲。或从昬（昏）以昬時出也。俗蟁，从虫、从文。

註：蟁，即蚊之異體字。

蠚　蠱 蛊　⿱蟲土

亞蚊鼎（西周早期）【金文編】

hē
蠚

《廣韻》曰：蠚，蟲行毒。《集韻》曰：蠚，蟲毒。註：蠚，毒蟲螫人，或指蟲毒。蠚，假借為鄀。

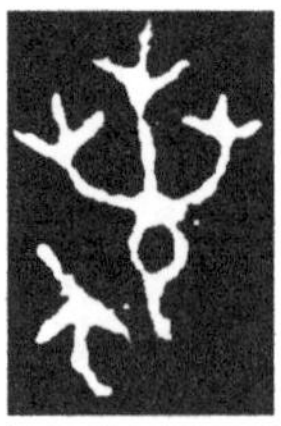

蠚公諴簠（西周晚期）

鄀公諴鼎（西周晚期）

gǔ
蠱

《説文》曰：腹中蟲也，……从虫、从皿。《爾雅》曰：蠱，疑也。《玉篇》曰：蠱，惑也。

註：蠱，發酵變質食物曰蠱。蠱，又有蠱惑之義。蠱，同蛊。

家父盤（西周中期）【古文字類編】从虫　从皿即蛊字

⿱蟲土

子癸⿱蟲土觶（殷商）

師䢅鼎（西周中期）

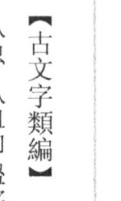

它 蛇

黿

shé tā
它

《説文》曰：虫也，从虫而長，象冤曲垂尾形。它或从虫。註：它，即古文蛇字，象形，屈曲、屈縮垂尾。它與也同字，周末秦初始分為二。它，假借為其它之它，另造从虫之蛇字。它，後从人，作代詞佗，隸變作他。从也、从它之字取音相通，如：拖、駝、馳、陀、砤等。

沈子它簋（西周早期）

師遽方彝（西周中期）

伯康簋 讀為施（西周晚期）它它（施施）受茲永命

羌伯簋 讀為它（西周晚期）異自它邦

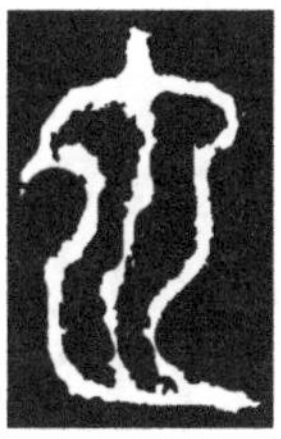
夆叔盤（春秋早期）

取它人鼎（春秋）

齊侯作孟姜簋（春秋晚期）

四年雍令矛（戰國）

guī qiū
黿

《説文》曰：舊（久）也，外骨內肉者也。从它（蛇），黿頭與它（蛇）頭同，天地之性，廣肩無雄，黿鼈（鱉）之類以它（蛇）為雄。象足、甲、尾之形。註：黿長壽，故曰久也。黿，金文黿正面象形。黿，小篆黿側面象形，為隸楷書體所本。漢西域有黿（讀為丘音）茲國。

弔黿鼎（殷商）

弔黿觶（殷商）

弔黿瓿（殷商）

黿父丙鼎（殷商）

弔黿且癸觚（殷商）

黿爵（殷商）

弔黿父丙簋（西周早期）

䖭 虯虬

黽

鼈 鱉

qiú
䖭
《廣雅》曰：有角曰䖭龍。《集韻》曰：虯，龍子有角者，或作䖭。
註：䖭，同虯、同虬。䖭，或假為龝，龝，同秋。

亞舟爵
（殷商）

亞爵
（殷商）

měng
mǐn
黽
《說文》曰：黽，鼃黽也，从它，象形。黽頭與它（蛇）頭同。
註：鼃黽，即蛙類動物，象形字。黽，或有勉力、努力之義。，金文黽與拕形同，或假黽為拕。

父辛黽卣
（殷商）

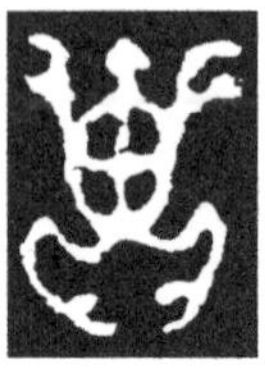
黽爵
（殷商）

黽父丁鼎
（西周早期）

師同鼎 讀為拖
（西周晚期） 羞于黽（拖）

鄂君啟節車節 讀為黽
（戰國） 毋載金 革 黽箭

biē
鼈
《說文》曰：甲蟲也，从黽、敝聲。
《廣韻》曰：鼈，魚鼈，俗作鱉。
註：鼈，甲蟲，即甲魚。

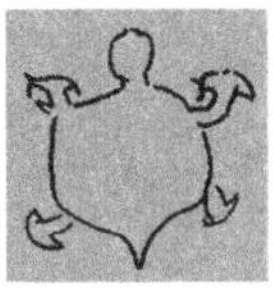
龜形銘鼎 張亞初釋為鱉【殷周金文集成 引得】
（殷商） 此為鱉形，未為鱉字，供參考。

蛛邾朱鼄

鼉

zhū
鼄

《説文》曰：鼅鼄也，从黽、朱聲。鼄或从虫。《廣韻》曰：鼄，鼅鼄，網蟲，或作蜘蛛。註：鼄，即蜘蛛之蛛，象形字。鼄，用于古國名或作邾，戰國時被楚所滅，該國貴族以邾為氏，後改為朱。

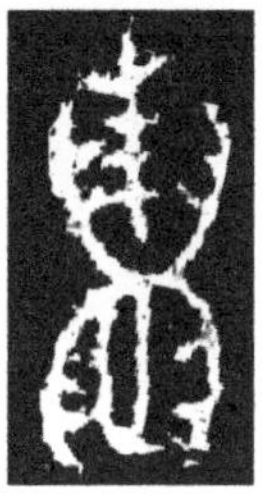

鼄伯鬲（西周中期）

杞伯每匕壺（西周晚期）

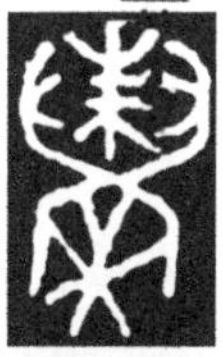

杞伯每匕鼎（西周晚期）

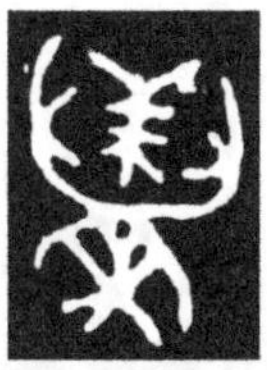

杞伯每匕殷（西周晚期）

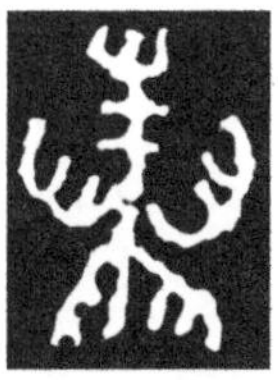

邾□白鼎（春秋早期）

鼄友父鬲（春秋早期）

魯伯愈父鬲（春秋早期）

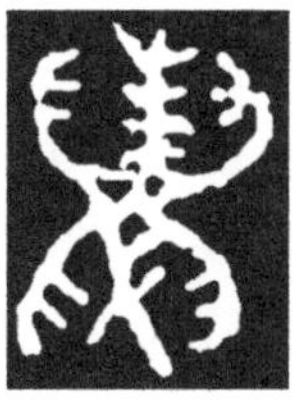

魯伯愈父盤（春秋早期）

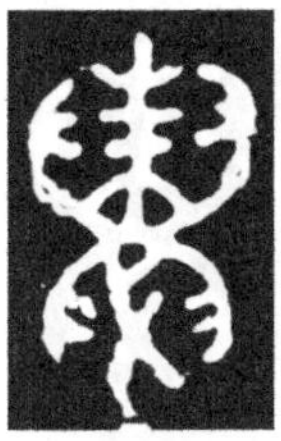

魯伯愈父匜（春秋早期）

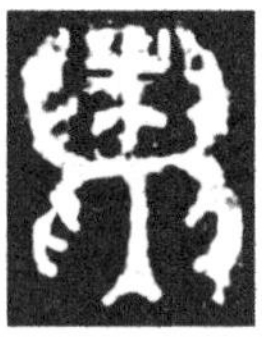

杞伯每匕鼎（春秋早期）

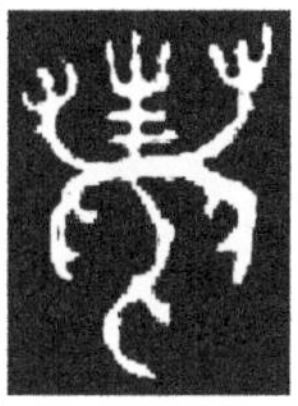

鼄叔之伯鐘（春秋）

鼄□匜（春秋）

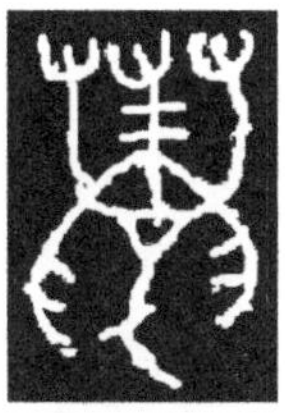
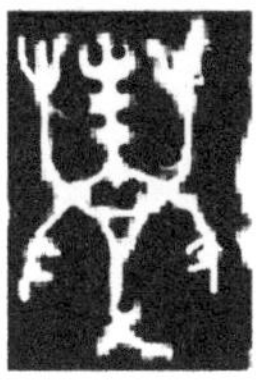

鼄公牼鐘（春秋晚期）

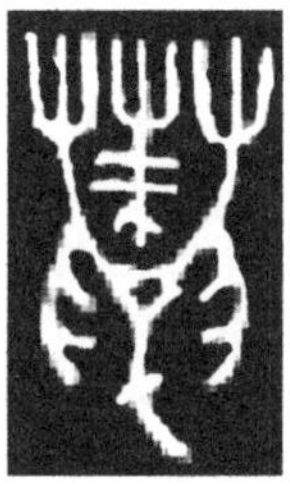

鼄公華鐘（春秋晚期）

鼄大宰簠（春秋早期）

tuó
鼉

《説文》曰：水蟲，似蜥蜴，長大，从黽、單聲。

註：鼉，即今之揚子鱷。古代以鼉皮制鼓。

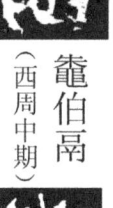

鼄 鼂 竈

邵黛鐘（春秋晚期）

讀為鼉 大鐘既懸 玉鐺鼉鼓

竈

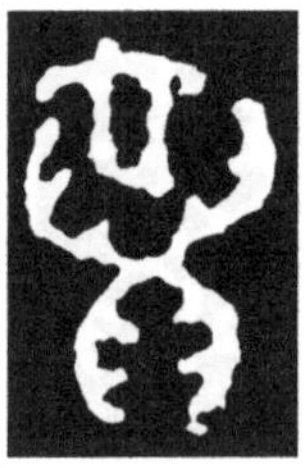

竈乎𣪘（西周晚期）

鼂

鼂𣪘（西周中期）

鼄

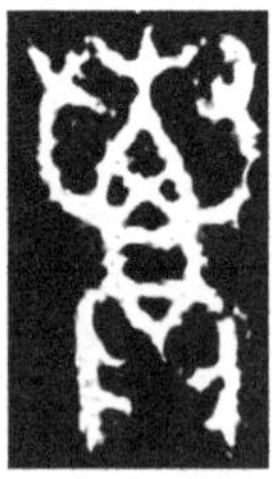

叔鼄作南宮鼎（西周早期）

五年召伯虎簋（西周晚期）

鼉 黿 卵 

鼉

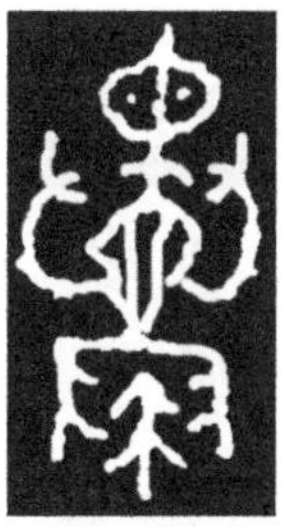

鼉方尊
（西周早期）

黿

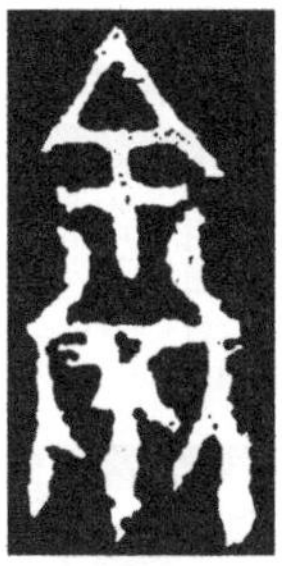

黿作寶彝壺
（西周早期）

luǎn
卵

《說文》曰：凡物無乳者卵生，象形。

卵公子匜
（春秋晚期）
【近出殷周金文集録】

二

式二

èr 二 《說文》曰：地之數也，从偶一。古文。 註：式或从戈，與从弋同。

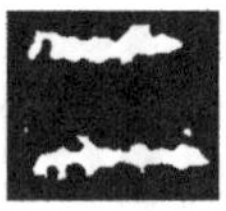
二祀切其卣（殷商）

寓鼎（西周早期）

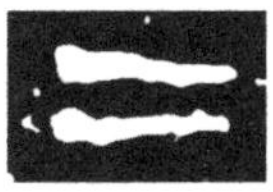
𢿢𤔔方鼎（西周早期）

我方鼎（西周早期）

大盂鼎（西周早期）

𥧄殷（西周早期）

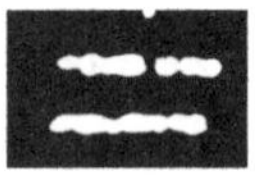
伯吉父鼎（西周早期）

保卣（西周早期）

次尊（西周早期）

矢令方尊（西周早期）

鼂殷（西周中期）

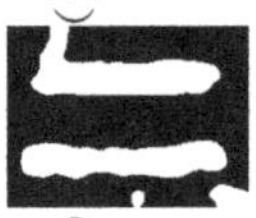
曶鼎（西周中期）

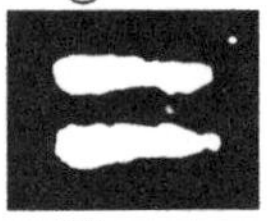
肄殷（西周中期）

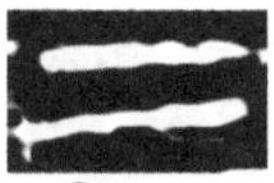
窓鼎（西周中期）

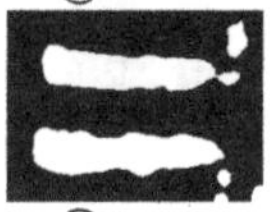
戜殷（西周中期）

豆閉簋（西周中期）

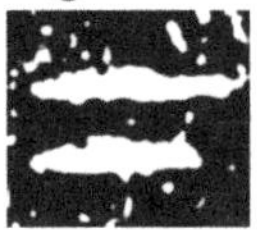
同簋（西周中期）

此卣（西周中期）

免簋（西周中期）

永盂（西周中期）

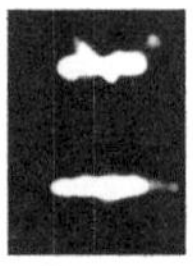
癲盨（西周中期）

九年衛鼎（西周中期）

五祀衛鼎（西周中期）

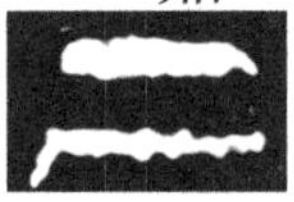
呂服余盤（西周中期）

王臣簋（西周中期）

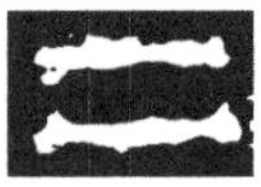
散氏盤（西周晚期）

多友鼎（西周晚期）

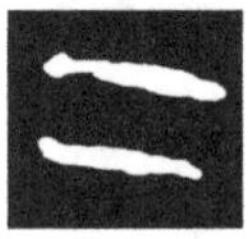
此鼎（西周晚期）

毛公鼎（西周晚期）

大師虘簋（西周晚期）

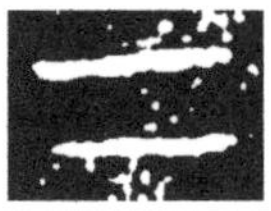
伯吉父簋（西周晚期）

虢仲盨（西周晚期）

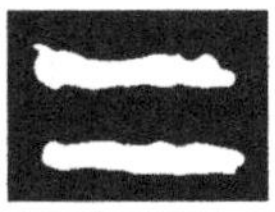
㝬殷（西周晚期）

大簋（西周晚期）

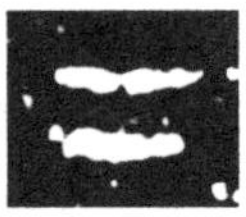
此簋（西周晚期）

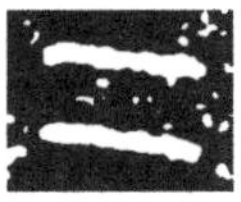
三年師兌簋（西周晚期）

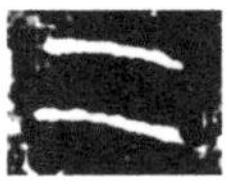
秦公簋（春秋早期）

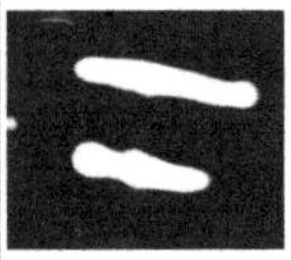
信安君鼎（戰國晚期）

極 亟

恒

曶鼎
（西周中期）
或从戈

繳窓君扁壺
（戰國）

jí
亟

《說文》曰：敏疾也，从人、从口、从又、从二，二，天地也。《爾雅》曰：亟，疾也。

註：，金文亟字，同極。中从人，上下两横畫以示上極于頂、下極于腳。亟，通急。

史牆盤
（西周中期）
讀為極
極獄宣謨

班簋
（西周中期）
讀為極
作四方極

毛公鼎
（西周晚期）
讀為極
命汝極一方

伯汈其盨
（西周晚期）

晉姜鼎
（春秋早期）

王子午鼎
（春秋中期）

曾大保盆
（春秋）

héng
恒

《說文》曰：常（長）也，从心，从舟，在二之間上下，心以舟施恒也。古文恒从月，詩曰：如月之恒。

恒作且辛壺
（西周早期）

恒父簋
（西周早期）
【近出殷周金文集録】

曶鼎
（西周中期）
讀為恒
曰恒 曰劦

恒簋
（西周中期）

十七年鄭令戈
（戰國）
讀為恒
鄭令幽□恒 司寇彭璋

亘

凡

xuān gèn
亘

《說文》曰：求亘也，从二，从回，回，古文回，象亘回形上下所求物也。《六書正譌》曰：亘，揚布也。

註：亘，古宣字。經典中，宣字皆作亘。今亘字廢，統作宣。亘與亙不是同字。

⿱亘高（商早期）

姞亘母觶（西周早期）

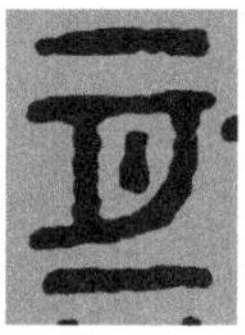
高卣（西周早期）

亘觶（西周中期）

亘簋（西周晚期）

曾侯乙鐘（戰國早期） 讀為宣 亘（宣）鐘之宮

六年格氏令戈（戰國） 讀為亘 格氏令韓貴 工師亘公治□

fán
凡

《說文》曰：最（概）括也。註：凡，或假為汎，汎，同泛。

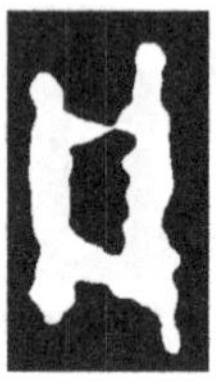
⿱宀而卣（殷商）

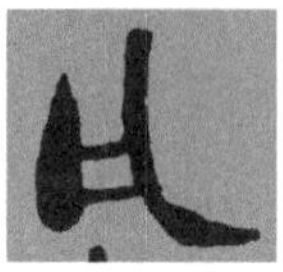
凡作父乙觶（殷商）

⿰弓魚伯甗（西周早期）

天亡簋（西周早期） 讀為凡（汎 泛） 王凡（泛）三方

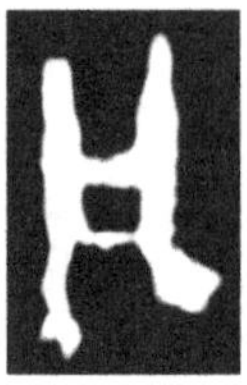
曶鼎（西周中期）

戜𣪕（西周中期）

散氏盤（西周晚期）

多友鼎（西周晚期）

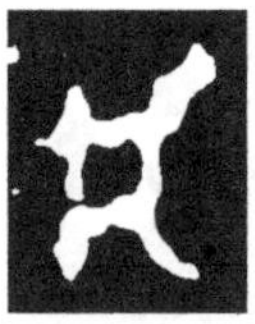
⿰鬲卒比盨（西周晚期）

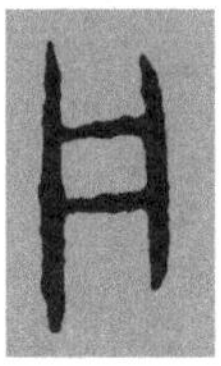
伯庶父簋（西周晚期）

⿰黑敢鐘（春秋早期）

新郪虎符（戰國晚期）

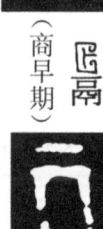

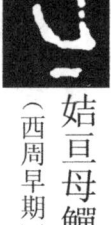

tǔ
土

《說文》曰：地之吐生物者也。註：土，土壤、泥土。土，通徒，官職司徒，金文均作司土。

渻𤔲土逘段（西周早期）

大保簋（西周早期）

作冊折觥（西周早期）

旟𤔲土梚段（西周早期）

𤔲土𤔲段（西周早期）

亳鼎（西周早期）

大盂鼎（西周早期）

折方彝（西周早期）

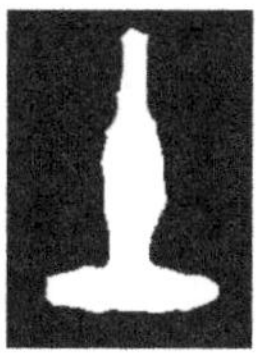
趞盂（西周中期）

五祀衛鼎（西周中期）

免簠（西周中期）命免作司土（徒） 讀為徒

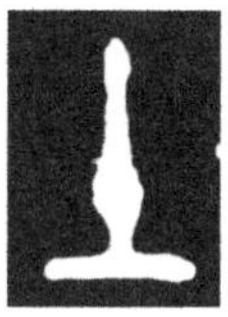
十三年𤼈壺（西周中期）

盠方彝（西周中期）

散氏盤（西周晚期）司土（徒） 讀為徒

此鼎（西周晚期）司土（徒）毛叔佑此 讀為徒

此簋（西周晚期）

南宮乎鐘（西周晚期）

宗周鐘（西周晚期）

多友鼎（西周晚期）

郘𩛥段（西周晚期）

吳王孫無土鼎（春秋晚期）

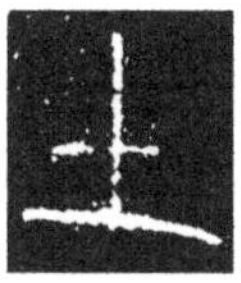
公子土折壺（春秋晚期）

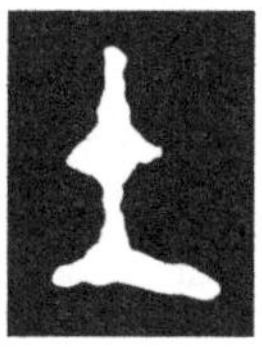
哀成叔鼎（戰國）

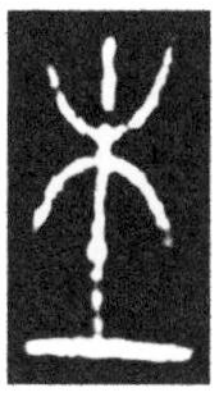
好蚉壺（戰國晚期） 或从木

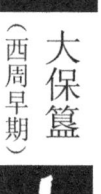

堣 隅嵎

坡

坪

yú
堣

《説文》曰：堣夷在冀州陽谷。……从土、禺聲。

註：堣，或从（即郭字），或从卤，禺聲。堣，古地名，或作嵎，通隅。

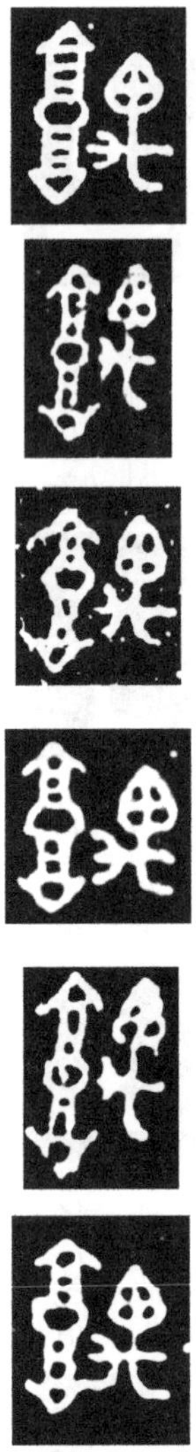
史頌簋（西周晚期） 讀為堣 或从 百姓帥堣盩于成周

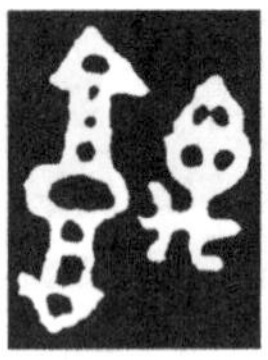
史頌鼎（西周晚期）

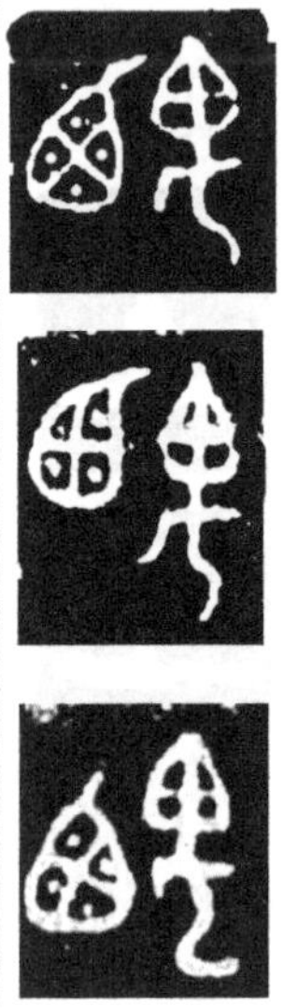
小臣謎段（西周早期） 或从卤

pō
坡

《説文》曰：阪也，从土、皮聲。

兆域圖（戰國晚期） 讀為坡 其坡五十尺

píng
坪

《説文》曰：地平也，从土、从平，平亦聲。

註：山區局部平地曰坪。

高平戈（春秋）

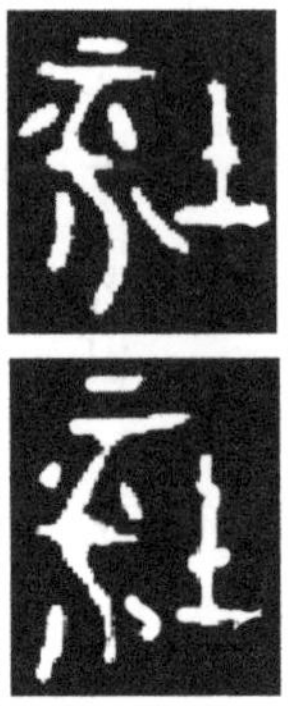
臧孫鐘（春秋晚期）

十五年鄭令戈（戰國）

十七平陰鼎（戰國）

韻均

塍

曾侯乙鐘（戰國早期）

卅二年平安君鼎（戰國晚期）

平安君鼎（戰國晚期）

jūn
均

《說文》曰：平，徧（遍）也，从土、从勻，勻亦聲。《玉篇》曰：均，平也，等也。

註：均，平等、均勻、普遍。古無韻字，概寫作均，魏晉時始造韻字。均，同韻。均，還同鈞。

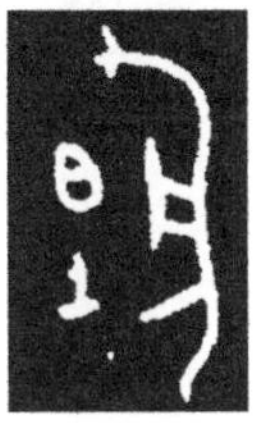

黝鐘（春秋早期） 或从旬

蔡侯鎛（春秋晚期）

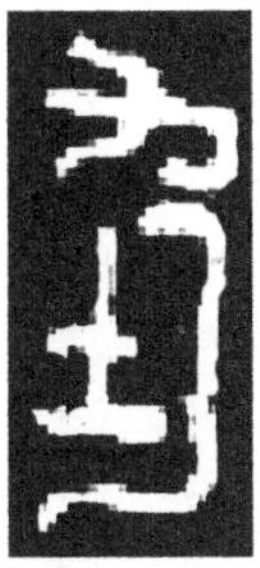

蔡侯紐鐘（春秋晚期） 讀為君 均（君）子大夫

黝編鐘（春秋晚期）【近出殷周金文集錄】

chéng
塍

《說文》曰：稻中畦也，从土，朕聲。《廣雅》曰：塍，堤也。

註：塍，稻田中田埂，或曰小堤。青銅器銘文或假為媵。媵，女子嫁事。

黿伯鬲（西周中期）

伯侯父盤（西周晚期）

囂伯盤（西周晚期）

陳侯鼎（春秋早期）

[illegible]侯簋（春秋早期）

基

垣

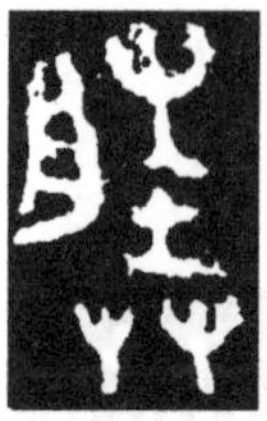

陳侯作王仲嬀𡚱簠（春秋）

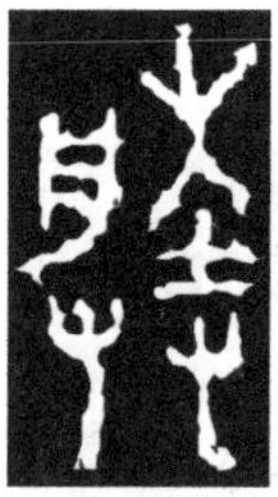
曹公盤（春秋）

陳伯元匜（春秋）

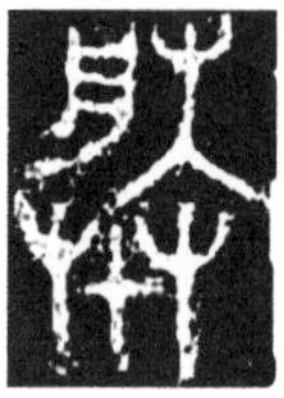
曹公簠（春秋晚期）

jī 基

《說文》曰：牆始也，从土、其聲。

註：基，築牆開始之地基、基礎。

子璋鐘（春秋晚期）

yuán 垣

《說文》曰：牆也，从土、亘聲。籒文垣。

註：高牆曰墉、矮牆曰垣。垣，或指城市。

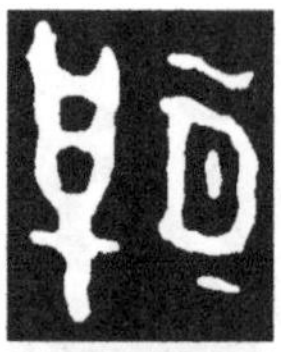

伯晨鼎（西周中期）

垣上官鼎（戰國）

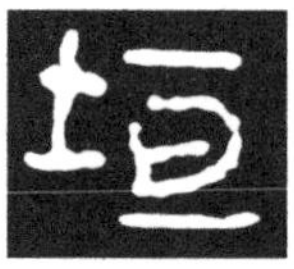
五年邦司寇劍（戰國）

□年上君守戈（戰國）

十二年上君守壽戈（戰國）

兆域圖（戰國晚期）

堵  堂  在 

dǔ

堵

《説文》曰：垣也，五版為一堵，从土、者聲。籀文。註：古代版筑法筑牆，五版高為一堵牆，版長即牆長。堵，或用于鐘磬編懸名數，十六枚為肆，半肆為堵。

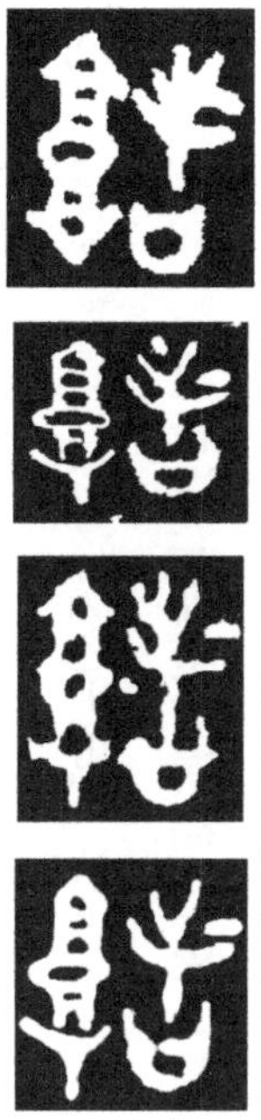

邵黛鐘（春秋晚期） 讀為堵 大鐘八肆 其造四堵

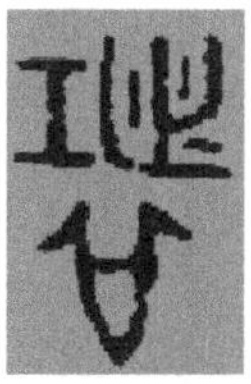

叔尸鎛（春秋晚期）

叔尸鐘（春秋晚期）

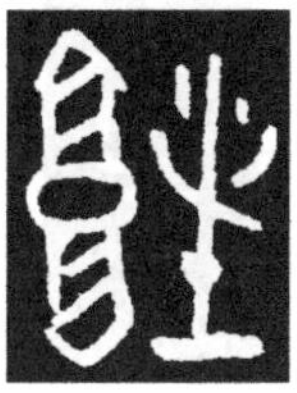

子犯鐘（春秋晚期） 讀為堵 用為龢鐘糾堵 【殷周金文集錄】

鼄公牼鐘（春秋晚期） 或从金 鑄台鐘二鍺（堵）

táng

堂

《説文》曰：殿也，从土、尚聲。古文堂，籀文堂从高省。

㦰殷（西周中期）

㦰方鼎（西周中期）

虖𠂤丘匜（春秋） 讀為堂 虖囗丘堂之會浣

噩君啟節車節（戰國） 讀為當 屯十以堂（當）一車

兆域圖（戰國晚期） 讀為堂 王堂方二百尺

zài

在

《説文》曰：存也，从土、才聲。註：在，存在。金文多以才作在，或以在作才，兩字互通。

封 

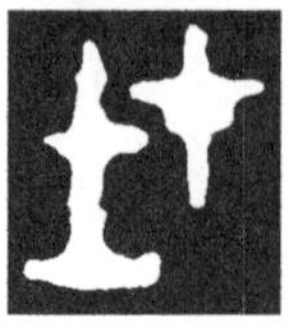
大盂鼎（西周早期）

中方鼎（西周早期）

晉侯穌鐘（西周晚期）
【近出殷周金文集録】

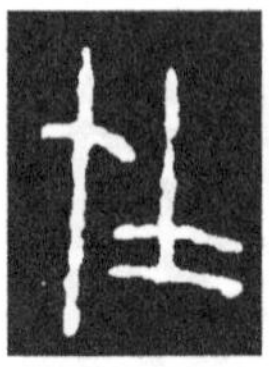
杕氏壺（春秋晚期）
讀為才
使得賢在（才）良佐

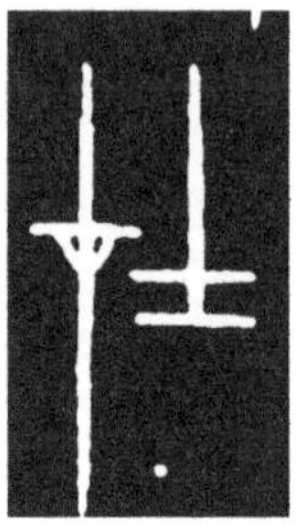

讀為在
務才（在）得賢
中山王譽方壺（戰國晚期）

小子𠰻鼎（殷商）

戍嗣子鼎（殷商）

曶鼎（西周中期）

大鼎（西周中期）

師旂鼎（西周中期）

克鐘（西周晚期）

小克鼎（西周晚期）

趞鼎（西周晚期）

大克鼎（西周晚期）

毛公鼎（西周晚期）

曾侯乙鐘（戰國早期）

fēng
封

《說文》曰：爵諸侯之土也，从之、从土、从寸，守其制度也。，古文封省，，籀文从丰。註：諸侯之封地設溝并堆土植樹為界。封，土上植樹以示封義。隆起之地勢亦曰封，後作峰。封，同丰。

趞盂（西周中期）
讀為奉
趞敢封（奉）揚

伊簋（西周晚期）
讀文封
王乎命尹封冊命伊

六年召伯虎簋（西周晚期）
余典勿敢封

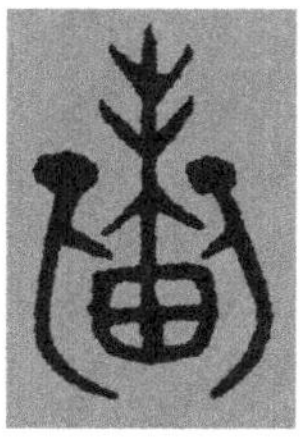
封簋（殷商）【古文字類編】

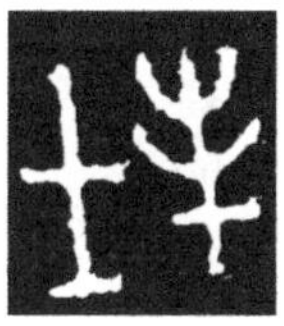
魯少司冠盤（春秋）

二十一年啟封令癰戈（戰國）

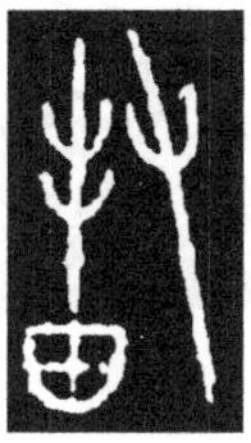
中山王嚳鼎（戰國晚期）
或从田
封疆數百里

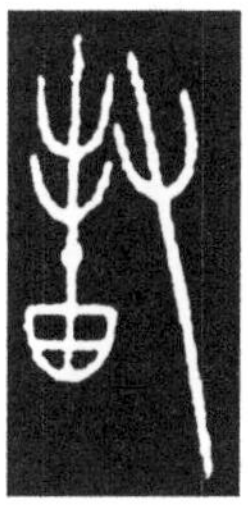
中山王嚳方壺（戰國晚期）

型 

xíng
型

《說文》曰：鑄器之法也，从土、刑聲。《說文解字注》曰：以木為之曰模、以竹曰笵、以土曰型。

註：型，鑄造器物用之木模或陶笵。，型或省。

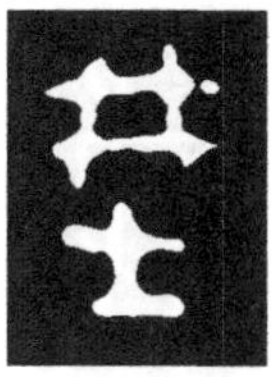
七年邢令戈（戰國早期）

七年劍（戰國晚期）

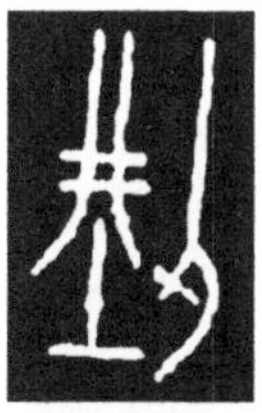

中山王嚳鼎（戰國晚期）

好蚉壺（戰國晚期）

城 

chéng
城

《說文》曰：以盛民也，从土、从成，成亦聲。籀文城。

註：都邑之牆垣，內稱城，外稱郭。城，或从，城郭之象形。

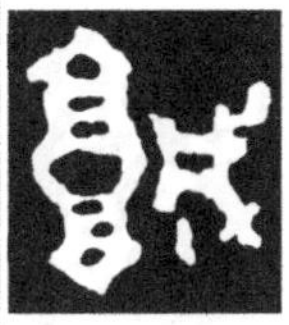
城虢遣生簋（西周中期）

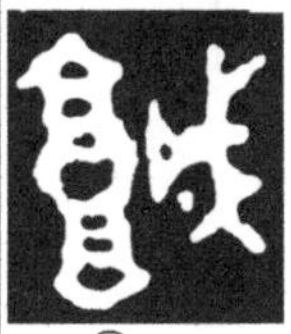
班簋（西周中期）

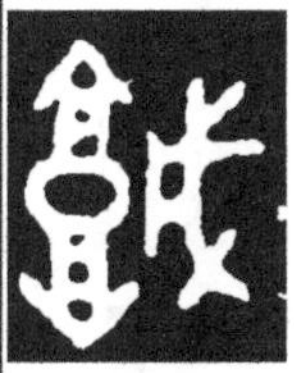

元年師兑簋（西周晚期）

散氏盤（西周晚期）

郤譆尹征城（春秋）

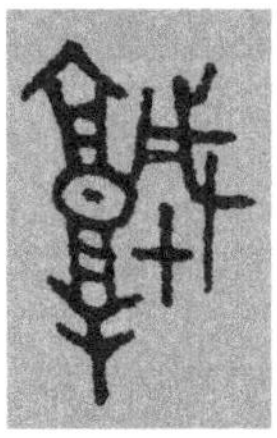
居簋（春秋）

【古文字類編】

成陽辛城里戈（春秋晚期）

武城戈（春秋晚期）

武城徒戈（春秋晚期）

蔡侯墓殘鐘（春秋晚期）

工城戈（戰國早期）

瀶都小器（戰國）

驫羌鐘（戰國早期）

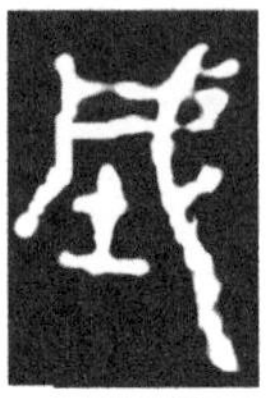
八年辛城大令戈（戰國）

齊城右造刀（戰國）

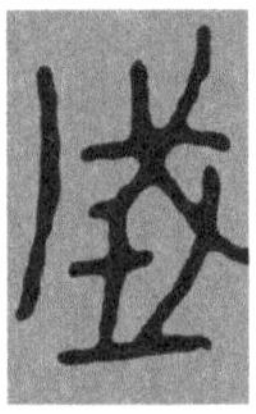
噩君啟節車借（戰國）

中山王譽鼎（戰國晚期）

昌城右戈（戰國晚期）

纍壘藟 壘

lěi léi

壘

《説文》曰：軍壁也，从土畾聲。《廣雅》曰，壘，積也。《字彙補》曰：壘，與纍（累）同。

註：行軍所築圍垣曰軍壁、曰壘。壘同累、同壘、同藟（盛土筐）。

十三年□陽令戈（戰國早期）

讀為壘

工師北宮壘冶黃

賽塞

sāi sè sài

塞

《説文》曰：隔也，从土、从寒。

註：塞，阻隔、填塞。賽禱，酬報神福之祭祀，亦曰塞，今作賽。

堙 垔

毀

壞

塞簋（西周晚期）

塞公孫𥂴父匜（春秋早期）

yīn
垔

《說文》曰：塞也。「尚書」曰：鯀垔洪水。从土、西聲。

註：垔，為堵塞之義，後，再从土作堙。

垔戈（戰國早期）

大垔公戟（戰國）

陳喜壺（戰國早期）　或从𠂤

hǔi
毀

《說文》曰：缺也，从土毇省聲。

註：毀，損缺、損壞。毀，或从戈。

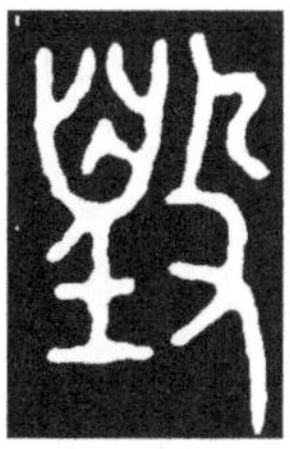
𪒠君啟節車節（戰國）

朝歌右庫戈（戰國早期）　或从戈　工師戕（毀）

huài
huái
壞

《說文》曰：敗也，从土、褱聲。古文壞省。

註：壞，敗壞。自毀稱為自壞。壞，通懷。

二十一年相邦冉戈（戰國晚期）　讀為懷　壞（懷）德雍

培坯

堋

場

珪圭

pī
坯

《説文》曰：……瓦未燒，从土、不聲。《説文通訓定聲》曰：坯，假借為培。

註：金文均以不字作丕。坯，或从𩫏，與从土同。

競卣　讀爲坯
（西周中期）正月既生霸辛丑在坯

亟侯鼎　讀為坯
（西周晚期）在坯

秦公簋　讀為坯
（春秋早期）在帝之坯

péng
bèng
堋

《説文》曰：喪葬下土也，从土、朋聲。《廣韻》曰：堋，壅江水灌溉曰堋。

註：棺槨下葬曰堋。堋，或同朋。

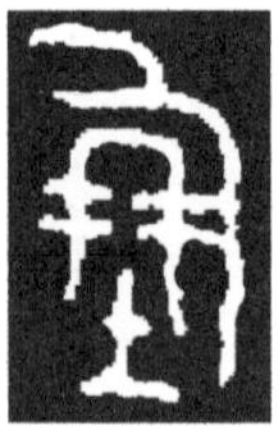

南疆鉦　讀為堋
（戰國）永堋作以□□

chǎng
cháng
場

《説文》曰：祭神道也，……一曰治穀田也。从土、昜聲。

註：場，祭祀神祇之道場，或為晾晒糧食之場地。

場飤生匜　讀為場
（西周晚期）場飤生自作寶匜

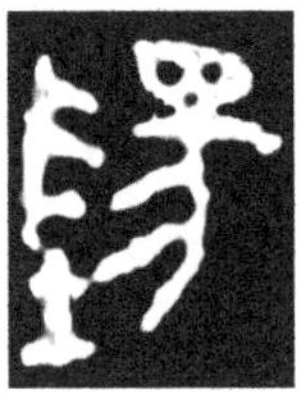

平陽高馬里戈
（春秋晚期）

guī
圭

《説文》曰：瑞玉也，……从重土。……珪古文圭从玉。

註：圭，古玉器，上尖下方。貴族朝聘、祭祀所執禮器，地位不同長短有異，九寸至五寸。

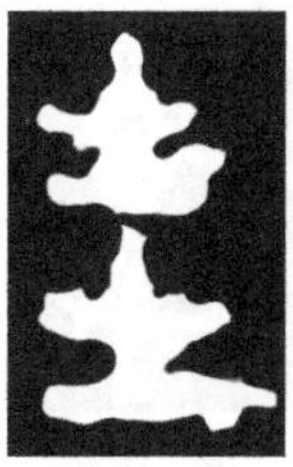

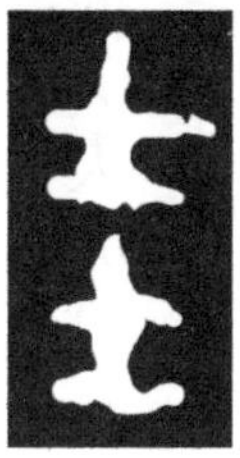
師遽方彝（西周中期）

毛公鼎（西周晚期）

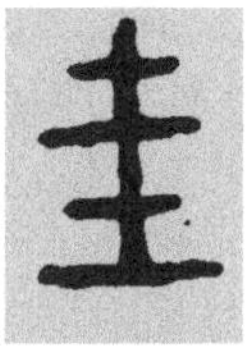
師訇簋（西周晚期）

敔簋（西周晚期）

多友鼎（西周晚期）

垂

chuí
垂

《說文》曰：遠邊也。

註：，草木花葉下垂狀，象形，不从土，為垂之本字。後从土作垂。再从𨸏作陲，邊陲之陲。

王作垂姬鼎（西周）

𨼆罅㙤

xià
㙤

《說文》曰：坼也，从土、虖聲。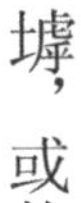㙤，或从𨸏。《字彙》曰：㙤，同罅。

註：㙤，坼裂、分開。㙤，同𨼆、同罅。

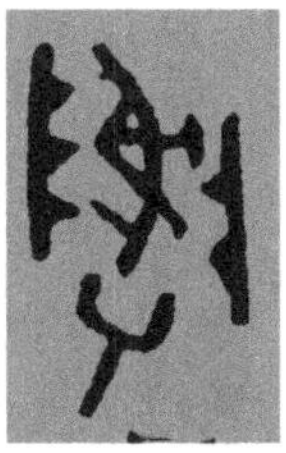

中方鼎（西周早期）

隴壠

lǒng
壠

《說文》曰：丘壠也，从土、龍聲。《玉篇》曰：壠，（方言）曰冢。《集韻》曰：壠，通作隴。

註：墳墓曰壠。壠，或為高丘、田界、田壠。壠，同隴。

準埻 

垠 

塿 

作冢壠戈（戰國晚期）

zhǔn duī
埻

《説文》曰：射臬也，……讀若準。《廣韻》曰：埻，射的，或作準。

註：埻，同準，射箭之靶子。

曾侯乙鐘（戰國早期）

yín
垠

《説文》曰：地垠也。一曰岸也。

二十三年郚令垠戈（戰國）

張亞初釋為垠字【殷周金文集成 引得】
郚令垠 右工師齒 冶良

lǒu
塿

《説文》曰：塺土也，从土、婁聲。

註：塿，塺土，即塵土、疏土，或小土丘。

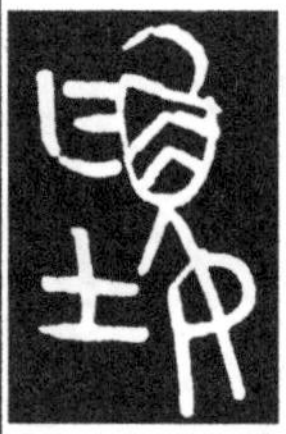

辟大夫虎符（戰國）

讀為塿
填丘牙塿紙

mò mèi
墨
《說文》曰：書墨也，从土、从黑，黑亦聲。

斨君戟
（戰國早期）

即墨華戈
（戰國）

liáo
墝
《說文》曰：周垣也，从土、尞聲。註：墝，周垣，圍墻。墝，或讀為寮。

麥方鼎　讀為寮
（西周早期）用饗墝（寮）友

zhuì
墜
《說文新附》曰：陊（墮）也，从土、隊聲。《廣雅》曰：墜，失也。鄭珍曰：隊，亦古墜字。【說文新附考】
註：墜，與籀文地同字。墜，金文或讀為施。

㝬殷　讀為施
（西周晚期）墜（施）于四方

好蚉壺　讀為地
（戰國晚期）敬命新墜（地）

gòu
坸
《玉篇》曰：坸，與垢同。註：[illegible]坸，或从土、从丩。坸，同垢，污垢、塵土。坸，又作詬，忍詬，恥辱。

⿱東土　⿱辰土　堨 堰

鄽王職戈（戰國晚期）讀為均 洀均都□

⿱東土

鄘季白歸鼎（春秋早期）

鄝子蒷⿱東土鼎（春秋晚期）

鄝子簠（春秋晚期）

zhèn ⿱辰土

註：⿱辰土，或讀為振。

蔡侯墓殘鐘（春秋晚期）讀為振 ⿱辰土（振）鳴且持

yàn 堨

註：堨，同堰。

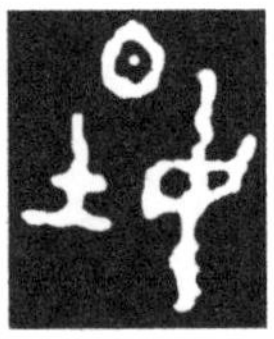

羖㲃蓋（西周中期）讀為堰 用大備于五邑守堰

yǔ
堣

注：堣，同宇，屋檐。

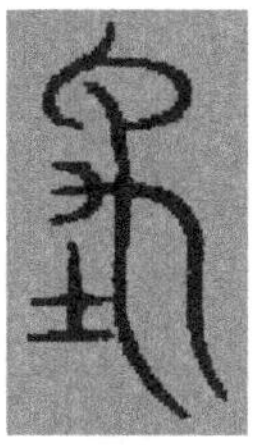

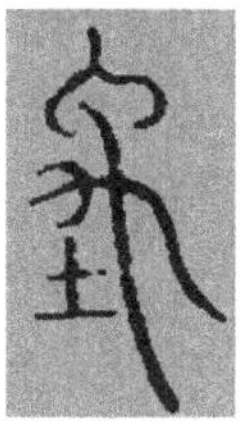

叔尸鐘（春秋晚期）

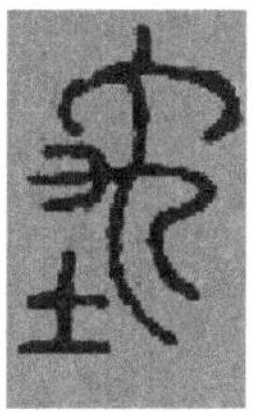

叔尸鎛（春秋晚期）

tù
堍

注：堍，橋之兩端聯接地面部位曰橋堍。

齊□造戈（戰國）

pǔ
塼

注：塼，人名用字，或假為溥。

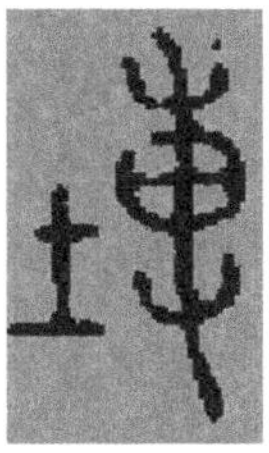

叔尸鎛（春秋晚期） 讀為溥 塼（溥）受天命

圣

⿰土卩　⿱畘土（坍）　⿰南圣

楚王酓忎鼎（戰國晚期）

楚王酓忎盤（戰國晚期）

陳共車飾（戰國晚期）

⿰土卩

⿰土卩父段（西周早期）

⿰土卩作父戊段（西周）

tān
⿱畘土

註：⿱畘土，即坍之異體字。【篇海類編】曰：坍，同坍。水打岸坍，一曰崩坍。

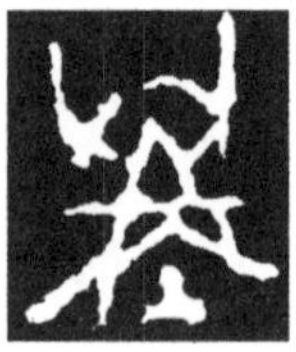
周公東征鼎（西周早期）讀為坍 公賞⿱畘土（坍）貝百朋

⿱畘土肇家鬲（西周）

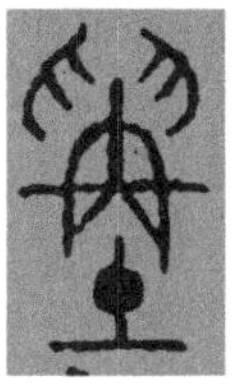
⿱畘土盨（西周晚期）

⿰南圣

⿰南圣史㞷壺（西周晚期）

⿰南圣仲鄭父段（西周晚期）

塂　磚摶塼　塚　冷坽

wàn
塂

註：塂，同萬。

鼄公牼鐘（春秋晚期）

讀為萬　至于塂（萬）年

鼄公華鐘（春秋晚期）

其塂（萬）年無疆

zhuān
tuán
塼

《玉篇》曰：甎（磚）亦作塼。

註：塼，即磚之異體字。塼，或同摶。

叔僔觶（西周早期）

zhǒng
塚

《玉篇》曰：塚，墓地，正作冢。

註：，从土、从冢。張亞初釋為塚【殷周金文集成 引得】

三年相邦建信君鈹（戰國晚期）

張亞初釋為塚【殷周金文集成 引得】

lěng
坽

註：坽，同冷。

堊　垔　坉（沌）

非釪戈　讀為冷
（戰國早期）　非欽業于冷陽廿四

ē ā
堊

註：堊，同阿。

平阿左戈　讀為阿
（戰國早期）

niè
垔

《玉篇》曰：垔，與埕同。《廣雅》曰：涅，黑土在水中也，埕、涅古今字。

拍敦　讀為垔
（春秋）　繼毋垔用祀

tún dùn
坉

《集韻》曰：坉，田壠。《廣韻》曰：坉，同沌。

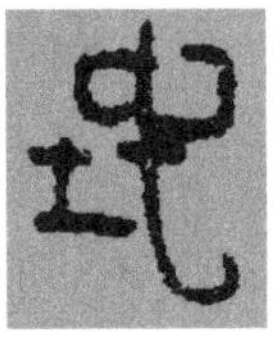

呂不韋矛　【文物】一九八七年第八期
（戰國）

堯 堯

堇 僅墐覲謹堇

yáo

堯

《説文》曰：高也，从垚在兀上，高遠也。古文堯。

註：垚、兀皆訓高，堯，至高也。古帝陶唐氏號曰堯。

堯戈
（西周早期）
【古文字類編】

才作壺
（西周早期）
或从土从兀
堯作壺

才盤
（西周中期）
讀為堯
堯敢作姜盤

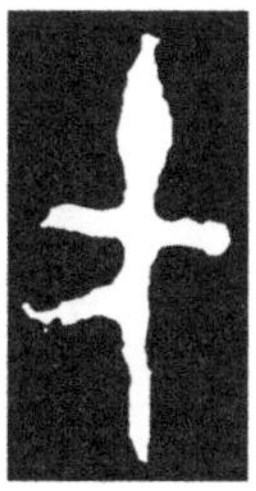
才盉
（西周中期）

連迂鼎
（春秋）
讀為堯
連迂之御堯

jǐn
pín

堇

《説文》曰：黏土也，从土、从黄省。《集韻》曰：僅，亦省作堇。《正字通》曰：堇，塗也，别作墐。

註：，金文堇，从黄、从火，非从土。堇，或讀為勤、為覲、為謹、為墐。

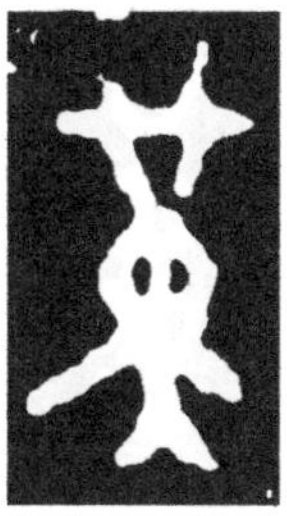
[illegible]方鼎
（殷商）

小子畬卣
（殷商）

啟卣
（西周早期）

堇臨作父乙方鼎
（西周早期）

堇臨作父乙簋
（西周早期）

堇伯鼎
（西周早期）

裘衛盉
（西周中期）

師隹鼎
（西周中期）

宗周鐘
（西周晚期）

善夫山鼎
（西周晚期）

毛公鼎
（西周晚期）

艱

五年召伯虎簋（西周晚期）
讀為覲 周生則堇（覲）圭

屓敖殷（西周晚期）
讀為謹 殹敖堇（謹）用豹皮于史孟

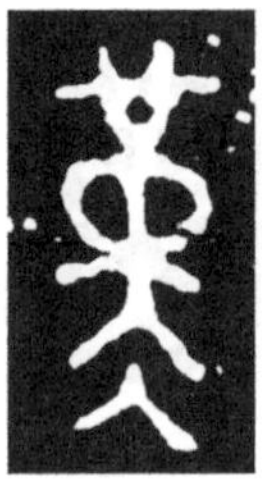
頌鼎（西周晚期）

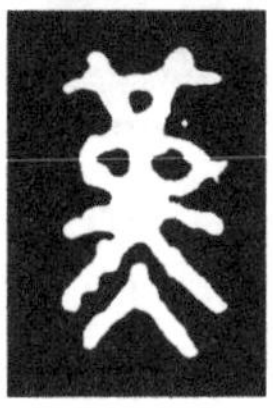
頌簋（西周晚期）
讀為瑾 反納堇（瑾）璋

頌壺（西周晚期）

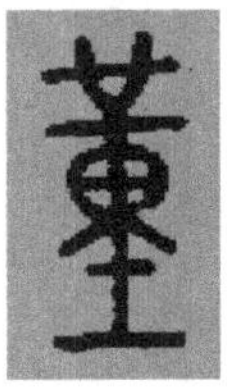
叔尸鎛（春秋早期）
讀為勤 堇（勤）勞其政事

洹子孟姜壺（春秋）
讀為謹 其人民都邑堇（謹）宴舞

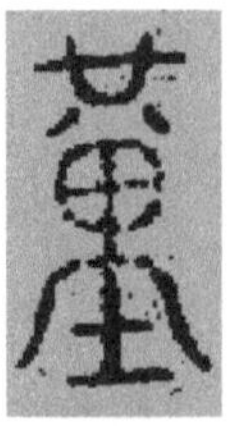
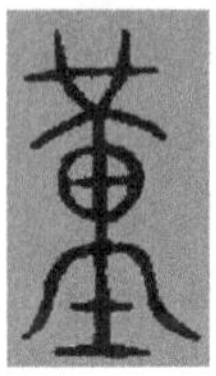
叔尸鐘（春秋晚期）

齊陳曼簠（戰國早期）
讀為謹 肇堇（謹）經德

jiān
艱

《說文》曰：土難治也，从堇、艮聲。籀文艱从喜。
註：，从喜、堇聲，為早期艱字。

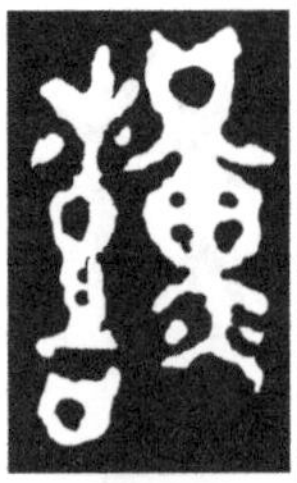
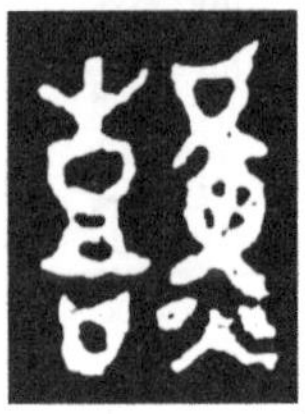
毛公鼎（西周晚期）

師訇簋（西周晚期）

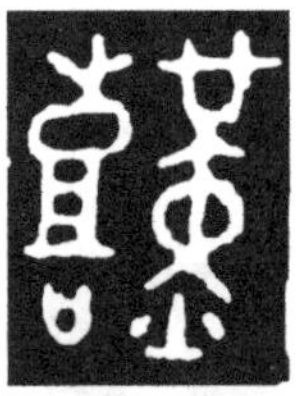
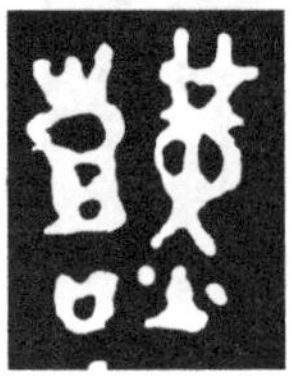
不嬰殷（西周晚期）

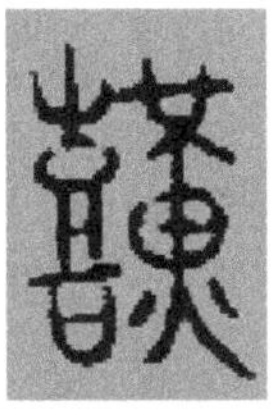
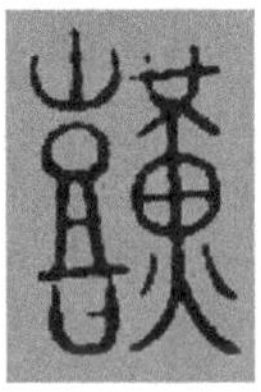
叔尸鐘（春秋晚期）

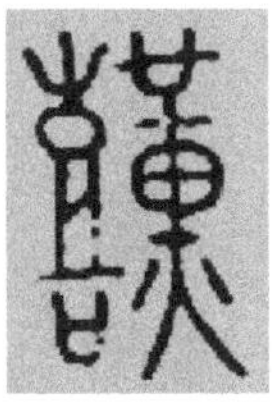
叔尸鎛（春秋晚期）

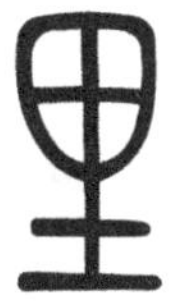
里 哩

釐

仰韶書屋金文字彙

卷十三 里 哩 釐

lǐ 里

《說文》曰：居也，从田、从土。《說文通訓定聲》曰：里，假借為裏。

註：人所居處曰里。里，或作哩。里，通理。

矢令方尊（西周早期）

矢令方彝（西周早期）

伯晨鼎（西周中期）

九年衛鼎（西周中期）

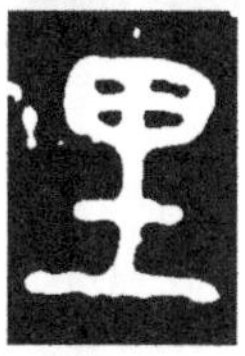

史頌簋（西周晚期）

大簋（西周晚期）

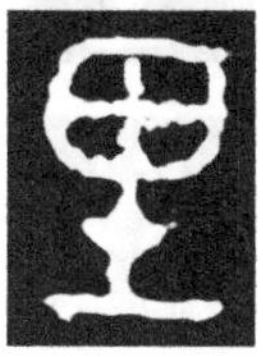
史頌鼎（西周晚期）

虢殷（西周晚期）

成陽辛城里戈（春秋晚期）

平陽高馬里戈（春秋晚期）

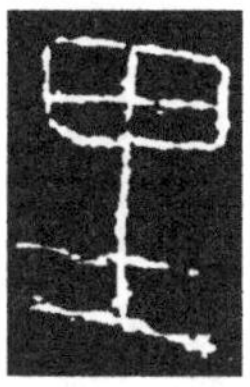
右使車嗇夫鼎（戰國中期）

中山王嚳鼎（戰國晚期）

好蚉壺（戰國晚期）

蒦圆窑里人豆（戰國晚期）

líxǐ 釐

《說文》曰：家福也，从里、𠩺聲。《廣雅》曰：釐，（治）理也。

註：古釐、禧同音互用，故以禧釋釐字，家福也。釐，或為長度單位。

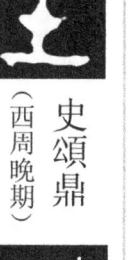

野 墅

yě shù

野

《説文》曰：郊外也，从里、予聲。古文野从里省、从林。《説文通訓定聲》曰：野，假借為序。《篇海類編》曰：野，古墅字，以其借為郊野，字復加土字。

釐鼎（西周早期）

釐伯鐘（西周中期）

豆閉簋（西周中期）

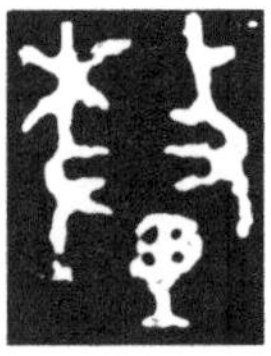

彔伯𢦚殷（西周中期）

窂鼎（西周中期）

康鼎（西周中期）

□作釐伯簋（西周中期）

師酉簋（西周中期）

班簋（西周中期）

內伯壺（西周中期）

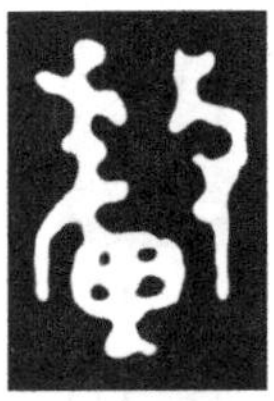

無㠱殷（西周晚期）

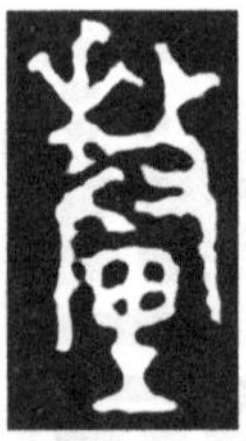
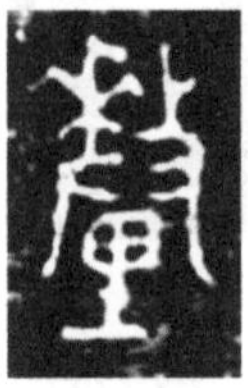

小克鼎（西周晚期）

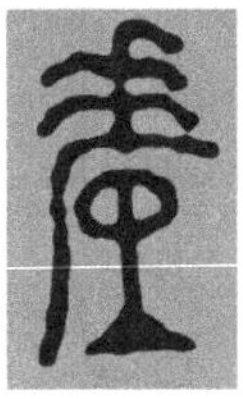

史伯碩父鼎（西周晚期）

伯大師釐盨（西周晚期）

三年師兌簋（西周晚期）

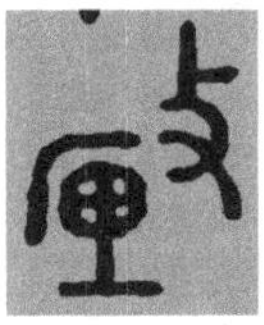

史頌鼎（西周晚期）

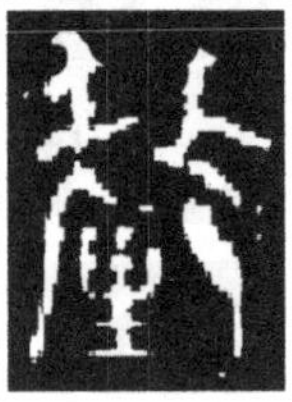

秦公鐘（春秋早期）

秦公簋（春秋早期）

秦公鎛（春秋早期）

者減鐘（春秋）

坂　壆

bǎn
坂

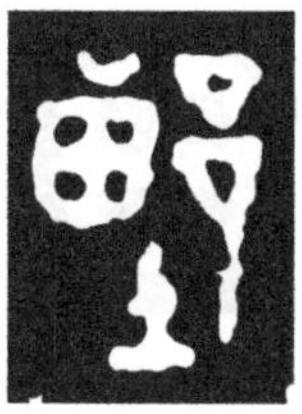
十二年邦司寇矛（戰國）

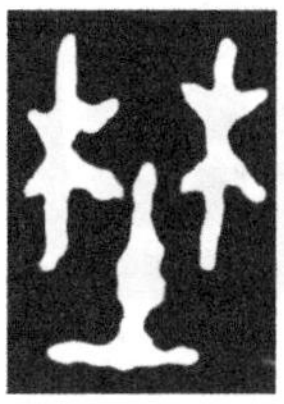
大克鼎（西周晚期）賜汝田于野

邗王是埜戈（春秋晚期）

楚王酓忎鼎（戰國晚期）

但盤埜匕（戰國晚期）

《集韻》曰：阪，或从土。註：坂，山之斜坡、澤障，或曰山腰小路。坂，通反。或从𩫏，與从土同。

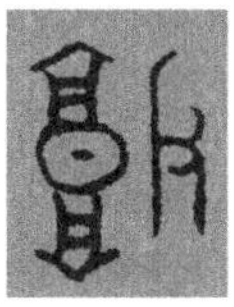
坂方鼎（殷商）【文物】二〇〇五九期

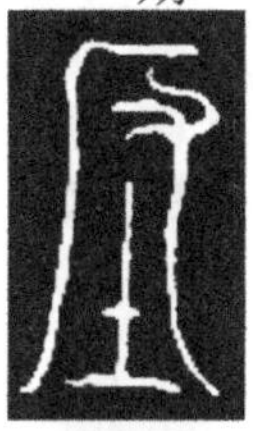
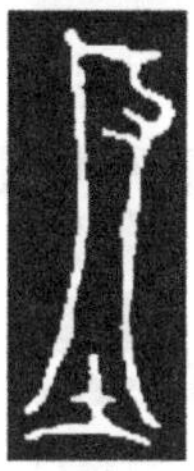

曾侯乙鐘（戰國早期）讀為反 穆音之終坂（反）

壆

九里墩鼓座（春秋晚期）

田

tián
田

《說文》曰：陳也，樹穀曰田，象四囗，十，阡陌之制也。《字彙》曰：田，獵也。《釋名》曰：已耕者曰田。

註：栽種穀（谷）物，已耕土地曰田，像阡陌縱橫之田地。田，又像無柄之小网，乃田獵之田，與田地之田同形不同字，奮字从之。奞，像隹、鳥張開羽毛，下為田（网）掙脫奮飛。凡獵鳥獸皆曰田獵。

婦田觚（殷商）

田父甲簋（殷商）

甲父田卣（殷商）

田告父乙卣（殷商）

二祀邲其卣（殷商）

告田鼎（殷商）

王罍（殷商）

田爵（殷商）

田告父丁爵（殷商）

告田觥（殷商）

田戈（殷商）

田鉞（殷商）

大盂鼎（西周早期）

小臣傳簋（西周早期）

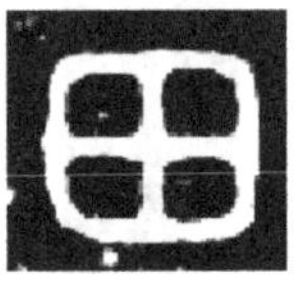
田告母辛方鼎（西周早期）

田作父己器（西周早期）

田農甗（西周早期）

田農簋（西周早期）

田告甗（西周早期）

田告罍（西周早期）

旟鼎（西周早期）

田農鼎（西周早期）

夨令方彝（西周早期）

令鼎（西周早期）

格伯簋（西周中期）

卯簋蓋（西周中期）

窅鼎（西周中期）

裘衛盉（西周中期）

永盂（西周中期）

次尊（西周中期）

曶鼎（西周中期）

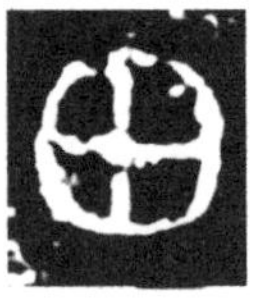
五年召伯虎簋（西周晚期）

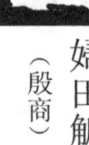

疇 籌

畝

鬲攸从鼎（西周晚期）

五祀衛鼎（西周晚期）

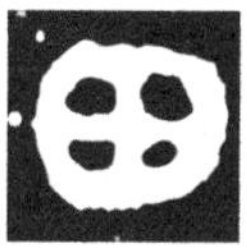
多友鼎（西周晚期）

揚簋（西周晚期）

散氏盤（西周晚期）

大克鼎（西周晚期）

伯田父簋（西周晚期）

不嬰段（西周晚期）

善夫克盨（西周晚期）

𩰫比盨（西周晚期）

雍田之戈（春秋）

十三年相邦義戈（戰國）

好蚉壺（戰國晚期） 或从犬 苗蒐畋（田）獵

chóu
疇

《說文》曰：耕治之田也，从田，象耕屈之形。或省。註：疇，已耕作之田地。，象屈曲田壠，隸變作疇，从田、壽聲。、疇同音相通。疇，通幬、通籌。

豆閉簋（西周中期） 讀為疇 或从口 用賜疇壽

彔伯𢦚段蓋（西周中期） 讀為幬 余賜汝……金車 賁幬（幬）較

mǔ
晦

《說文》曰：六尺為步，步百為晦，从田、每聲。晦或从田、十、久。

《字彙》曰：晦，古畝（亩）字。

賢簋（西周中期）

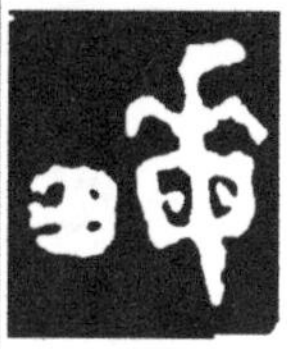
師寰段（西周晚期）

兮甲盤（西周晚期）

當 當

畯 畯 俊

dāng dàng
當

《說文》曰：田相値（置）也，从田、尚聲。

註：當，田地或位置相對、相向、相當。

櫟陽武當矛（戰國）

噩君啟節車節（戰國）

假堂為當
屯十以堂（當）一車

攻敔王光劍（春秋晚期）

讀為擋或當
以戟（擋）勇人

jùn
畯

《說文》曰：農夫也，从田、夋聲。《說文古籀補》曰：古畯字从田、从允，與俊通。

註：畯，職掌農事官員，農之長也，或作俊。山之高曰峻、馬之優曰駿。

大盂鼎（西周早期）

史牆盤（西周中期）

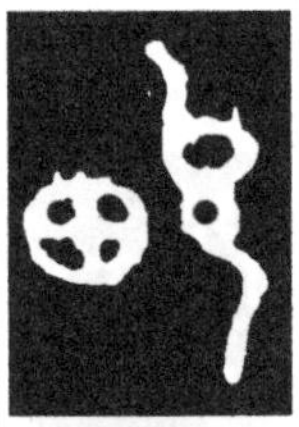

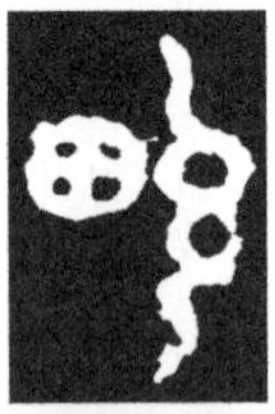

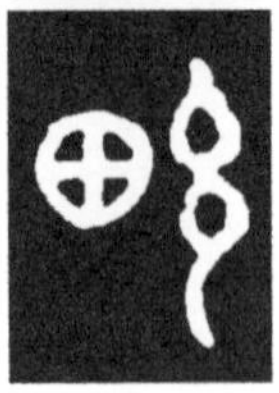

追簋（西周中期）

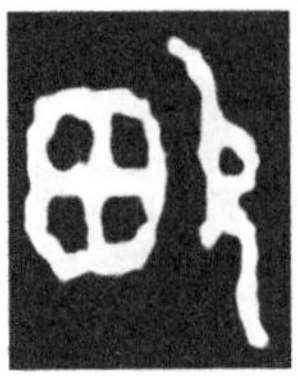

善夫克盨（西周晚期）

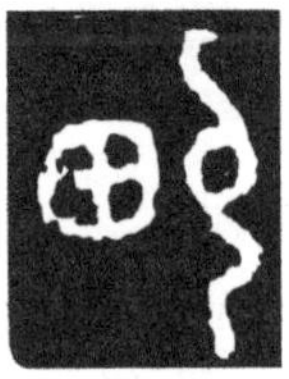

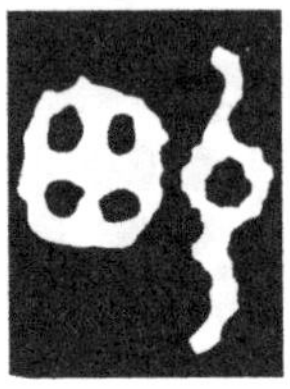

頌壺（西周晚期）

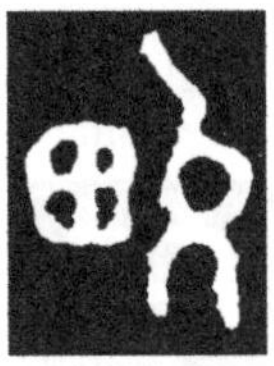

伯汈其盨（西周晚期）

南宮乎鐘（西周晚期）

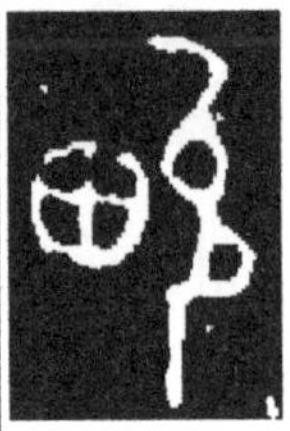

宗周鐘（西周晚期）

汈其鼎（西周晚期）

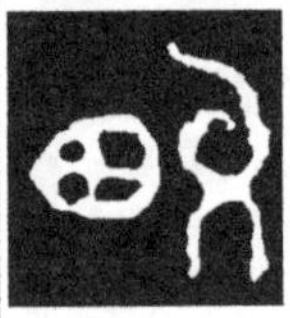

此鼎（西周晚期）

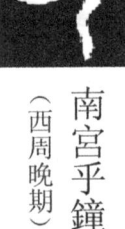

留 溜榴

畜 蓄

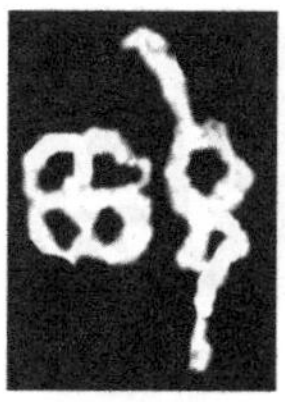

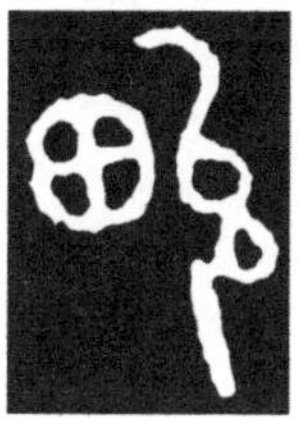

頌鼎（西周晚期）

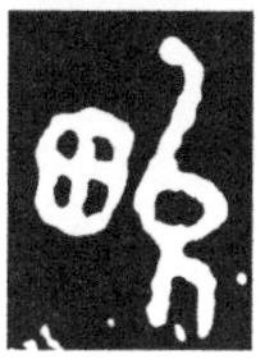

頌簋（西周晚期）

師艅簋（西周晚期）

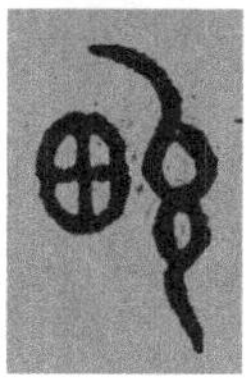

伯虎盧簋（西周晚期）

大克鼎（西周晚期）

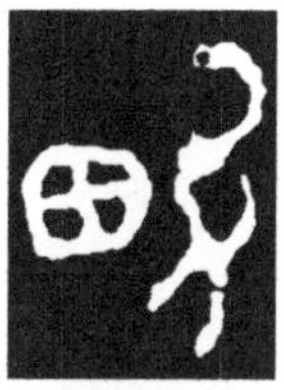

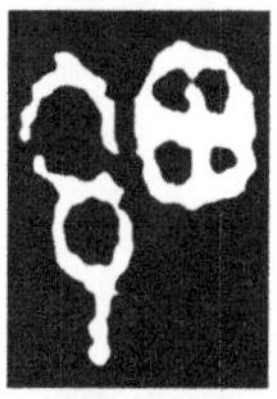

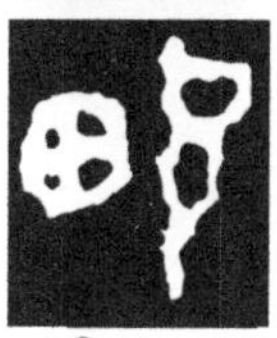

此簋（西周晚期）

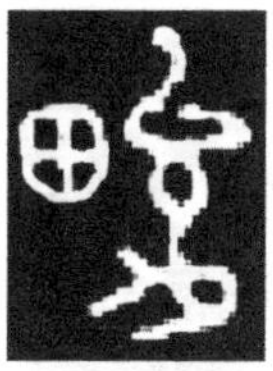

秦公鐘（春秋早期）

秦公鎛（春秋早期）

秦公簋（春秋早期）

大克鼎（西周晚期） 或从山 通峻

liú 留

《説文》曰：止也，从田，丣聲。

註：小篆留字从田、丣（酉）聲，金文或後世留字均為从田、卯聲。留或作溜、榴，通劉、瘤。

趞鼎（西周晚期） 讀為籀 史留（籀）受王命書

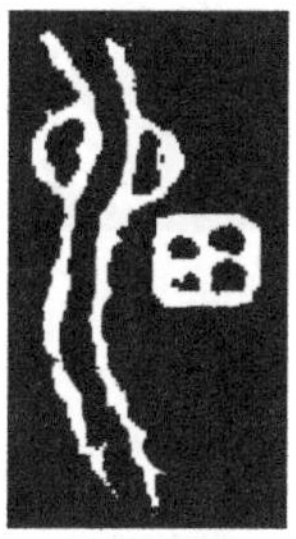

⿰卯田鎛（戰國）

屯留戈（戰國）

xù chù 畜

《説文》曰：田畜也，淮南子曰：玄田為畜。《廣雅》曰：畜，養也。註：成熟之豆谷玄（懸）于田中曰畜。積儲、積聚亦曰畜，後从艸作蓄。飼養之牛、馬、羊、豬、犬、雞謂之六畜。

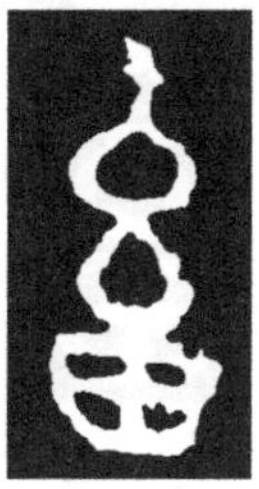

秦公簋（春秋早期）

秦公鐘（春秋早期）

秦公鎛（春秋早期）

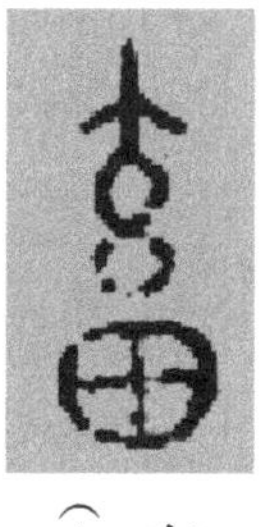

秦公鎛（春秋早期）

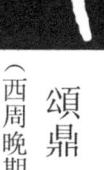

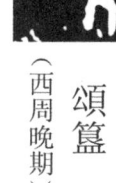

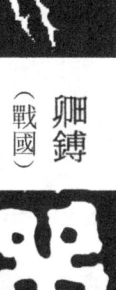

欒書缶（春秋）

晉公盆（春秋）

yóu
由

《集韻》曰：由，因也。

王罍（殷商）

㲉由方尊（西周早期）

由伯尊（西周早期）

師𩰫鼎（西周晚期）即由字 夙夜專由先祖列德

gēng
⿱刑田

註：，古耕字，从井、从田；左从，曲木之耒耜象形，會意為耕。

鼄大宰簠（春秋早期）

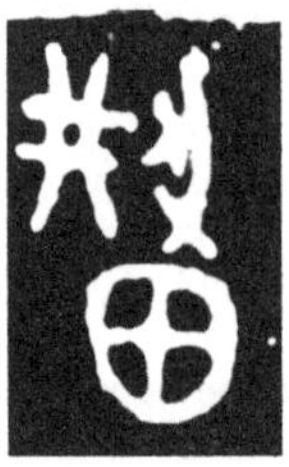

郘令尹者旨⿱刑田盧（春秋）

𨟭篙鐘（春秋晚期）

⿰爿⿱土田

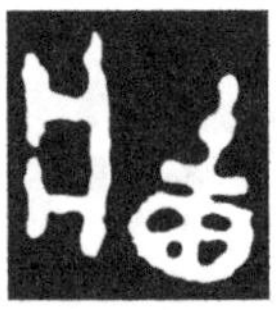

散氏盤（西周晚期）

䅽

lì 䅽

李學勤曰：䅽；應爲苗字。【考古學報】一九七八年第二期
裘錫圭曰：䅽；應是稼的初文。【文物】一九七八年第三期
註：䅽，或讀為厤，同歷、同曆。

史牆盤　讀為曆
（西周中期）　農穡戉䅽（曆）

曆 壢

lì 曆

註：曆，同歷、同曆，同壢。

⿱罒禺

⿱罒禺

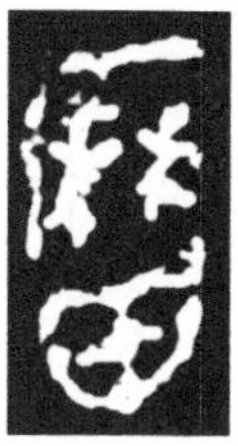

肄段
（西周中期）

⿱⿰鬲攴田

⿱⿰鬲攴田

奄⿱罒禺作父辛鼎
（西周早期）

貉子卣
（西周早期）

xī
⿰田奚

《集韻》曰：蹊，徑也，或从田。《字彙》曰：⿰田奚，與蹊同。《玉篇》曰：⿰田奚，亦溪字。

註：⿰田奚，或从田、从爪、从糸。

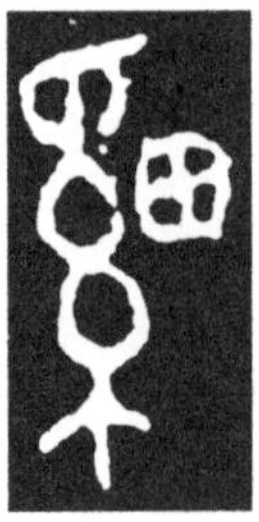

⿰系田殷
（西周中期）

shēn
⿰𤔔田

註：⿰𤔔田，或讀為申。

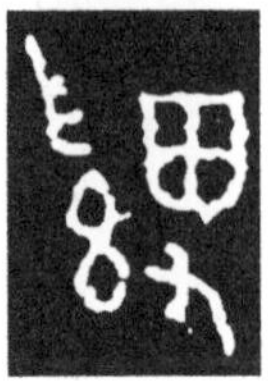

方彝　讀為申
（西周早期）　用⿰𤔔田（申）文考烈

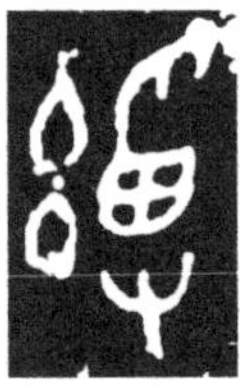

緮公盤
（西周早期）

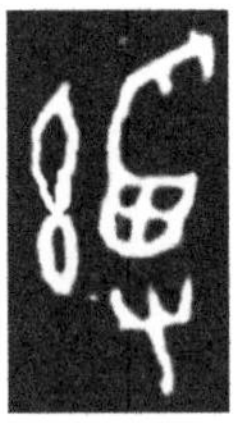

⿰系田父殷
（西周早期）

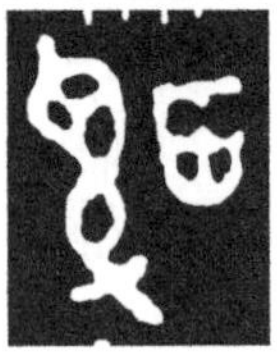

作冊⿰𤔔田卣
（西周早期）

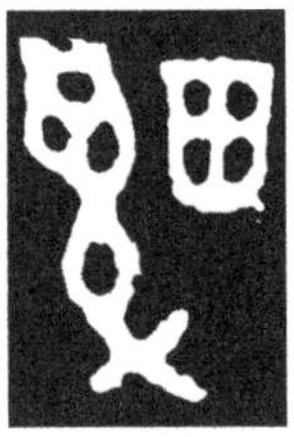

作冊⿰𤔔田父乙尊
（西周早期）

伯⿰系田盉
（西周早期）

畕 疆

畺 疆僵

jiāng

畕

《説文》曰：比田也，从二田。《正字通》曰：畕，畺本字。

註：畕，田界也，从二田會意。即畺之本字，俗作疆。

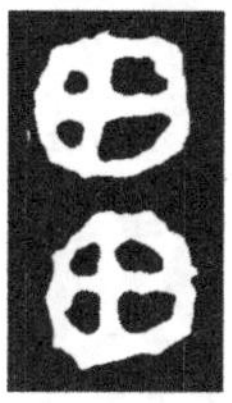

奚子宿車鼎（春秋早期）

涾伯鼎（春秋）

jiāng jiàng

畺

《説文》曰：界也，从田、三，其界畫也。疆 畺或从彊、土。《集韻》曰：畺，死不朽也。

註：畺，同僵、同疆，通彊。

毛伯簋（西周晚期）

蔡公子壺（西周晚期）

伯亞臣鐳（春秋）

秦公簋（春秋早期）

敬事天王鐘（春秋晚期）

蔡侯盤（春秋晚期）

楚屈子赤角簠（春秋晚期）

王孫壽甗（春秋晚期）

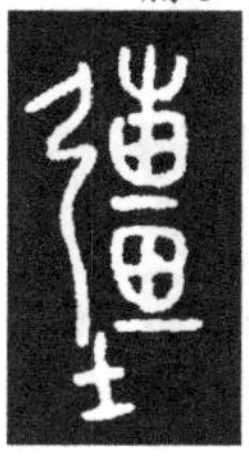

鄦鐘（春秋晚期）

吳王光鑑（春秋晚期）

越王者旨於賜鐘（戰國早期）

南疆鉦（戰國）

中山王嚳方壺（戰國晚期）

huáng

黃

《說文》曰：地之色也，从田、从炗，炗亦聲。炗，古文光。

註：黃，或假為衡、為珩。

黃作父癸簋（西周早期）

黃子魯天尊（西周早期）

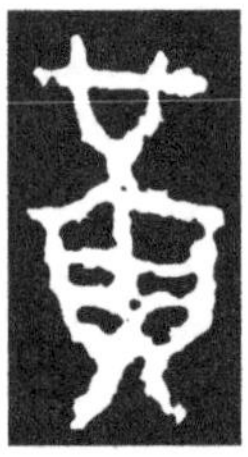

召卣（西周早期）

[illegible]尊（西周早期）

耳尊（西周早期）

走馬休盤（西周中期）

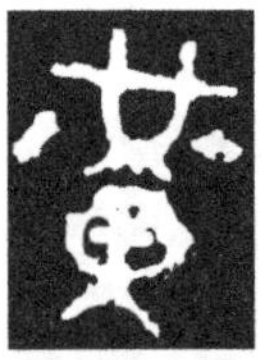

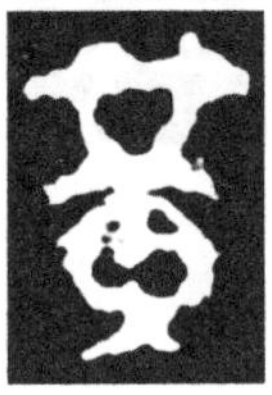

師奎父鼎（西周中期）

康鼎（西周中期）

二十七年衛簋（西周中期）

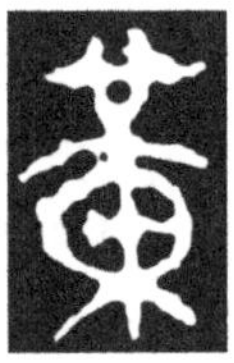

㒼殷（西周中期）

即簋（西周中期）

曶壺（西周中期）

申簋（西周中期）

王臣簋（西周中期）

呂服余盤（西周中期）

懸妃簋（西周中期）

師酉簋（西周中期）

趩觶（西周中期）

免卣（西周中期）

免尊（西周中期）

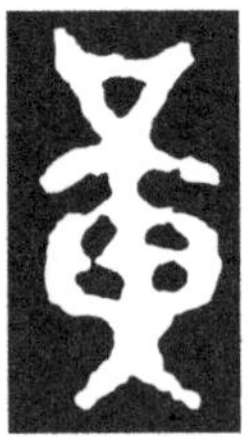

師器父鼎（西周中期）

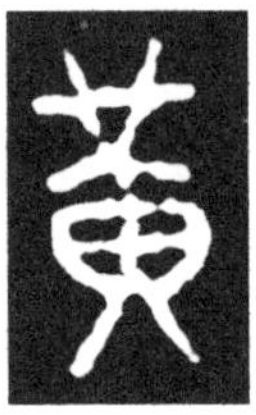

刺鼎（西周中期）

七年趞曹鼎（西周中期）

讀為衡

賜趞曹緇市 絅黃（衡）

史牆盤（西周中期）

南宮柳鼎（西周晚期）
讀為衡 賜汝赤市幽黃（衡）

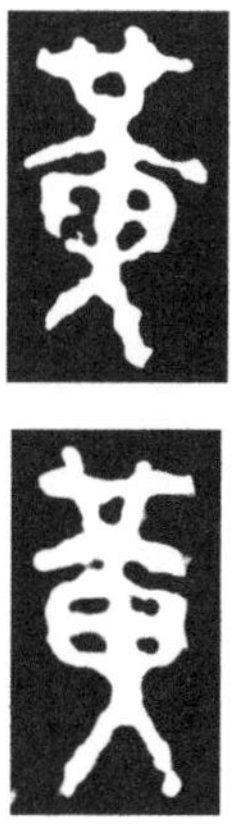
頌鼎（西周晚期）

毛公鼎（西周晚期）

輔師嫠段（西周晚期）

□叔買簋（西周晚期）

元年師兌簋（西周晚期）

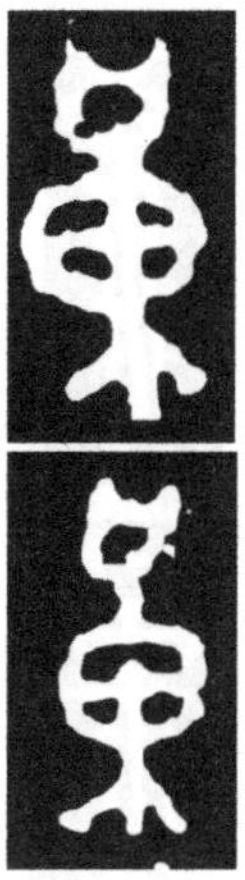
曾伯文簋（西周晚期）

伯家父簋（西周晚期）

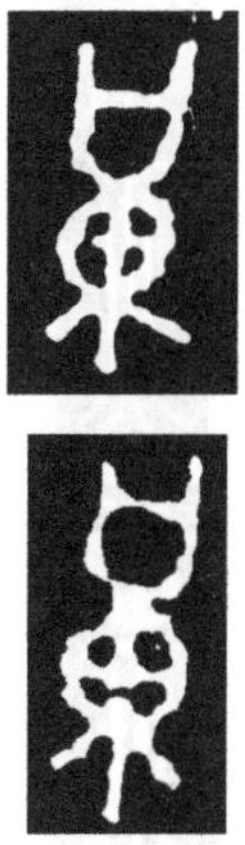
曾仲大父蝨段（西周晚期）

師餘簋（西周晚期）

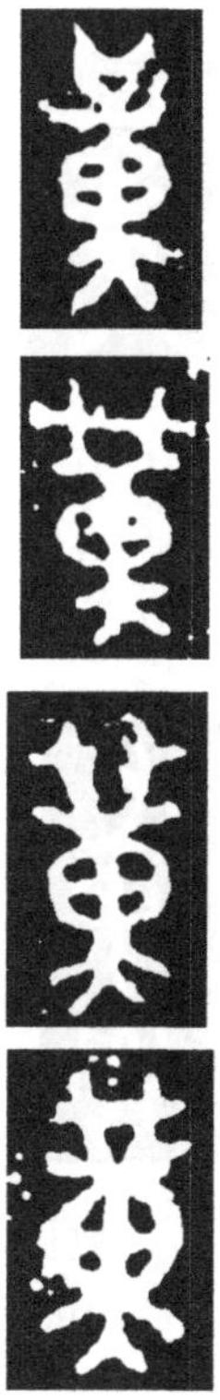
元年師旋段（西周晚期）

訇簋（西周晚期）

伊簋（西周晚期）

此簋（西周晚期）

師穎段（西周晚期）

師嫠段（西周晚期）

番生簋（西周晚期）

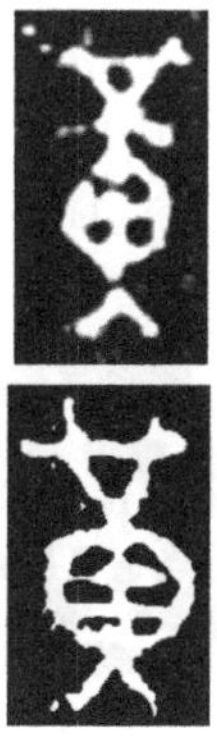
師克盨（西周晚期）

頌簋（西周晚期）

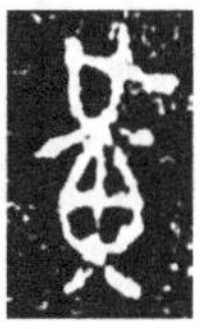
曾侯簠（西周晚期）

寰盤（西周晚期）

黃

黃

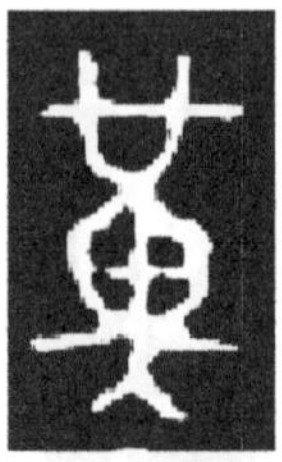

作鐘（西周晚期）

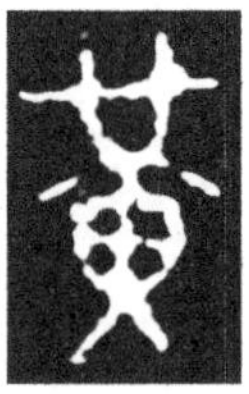
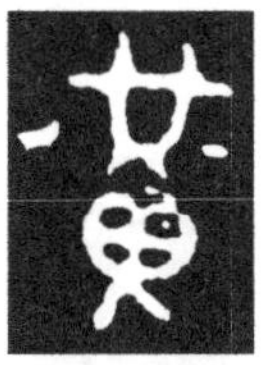
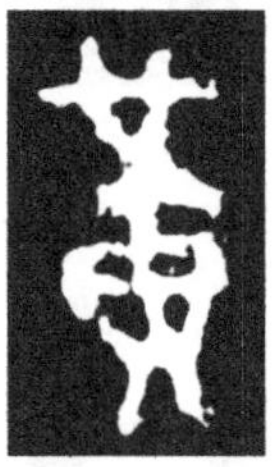

此鼎（西周晚期）

伯公父簠（西周晚期）

黃仲匜（西周晚期）

善夫山鼎（西周晚期）

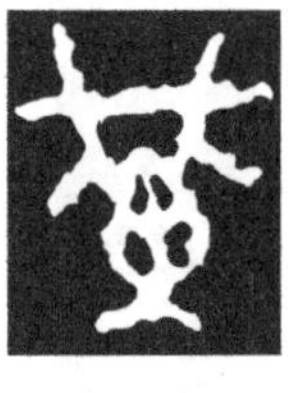

黃生匜（西周晚期）

黃子鼎（春秋早期）

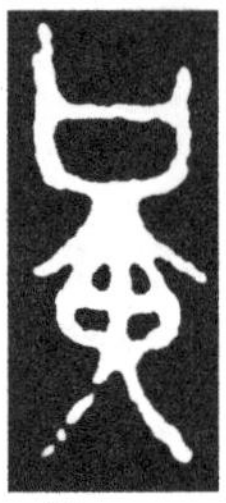

黃子盉（春秋早期）

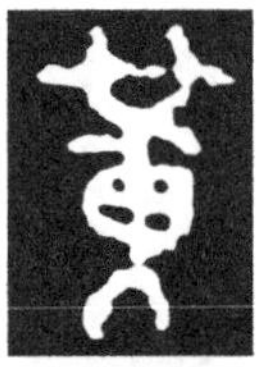

曾伯霥簠（春秋早期）

黃君孟壺（春秋早期）

黃君孟鑘（春秋早期）

黃子壺（春秋早期）

趙孟庎壺（春秋晚期）

黃韋俞父盤（春秋）

曾侯乙鐘（戰國早期）

哀成叔鼎（戰國）

陳侯因資敦（戰國晚期）

郾王職矛（戰國晚期）

蟥

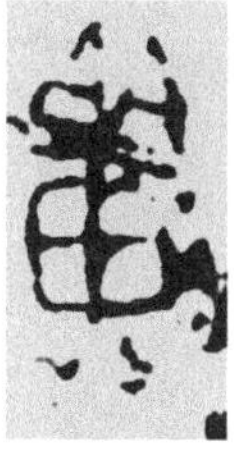

囊銅泡（西周早期）

wàng
蟥

註：蟥，从㞢、从黄，即旺之亦體字，或讀為貺。

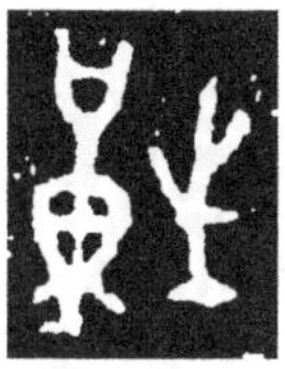

叔家父簠（春秋早期） 讀為貺 哲德不忘子孫之蟥（貺）

男

nán
男

《說文》曰：丈夫也，从田、从力，言男用力於田也。

註：男字从田，从，耒之象形。小篆譌从力。用耒耕田種植為男子之專職。

矢令方彝（西周早期）

遣小子師段（西周晚期）

師寰段（西周晚期）

𥁰男鼎（西周晚期）

翏生盨（西周晚期）

叔男父匜（西周晚期）

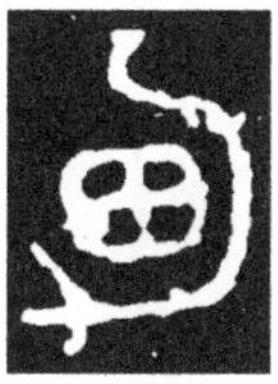

鄀公簠（春秋早期）

鑄侯簠（春秋早期）

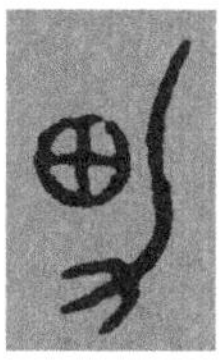

慶叔匜（春秋）

齊侯盤（春秋晚期）

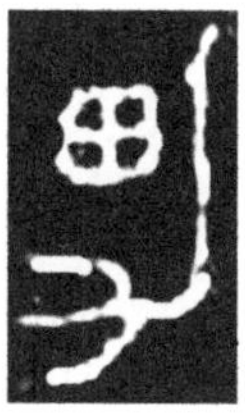

齊侯作孟姜簋（春秋晚期）

力 

勛勳 

功 

lì
力

《說文》曰：筋也，象人筋之形，治功曰力，能圉（御）大災。《說文解字注》曰：筋其體也，力其用也。

註：金文  力，或為耒之象形字。

力鼎（殷商）

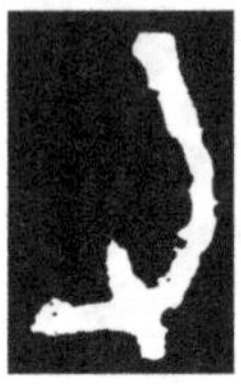
力冊父丁觚（殷商）

力伯卣（西周早期）

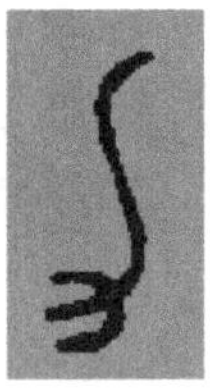
叔尸鎛（春秋晚期）

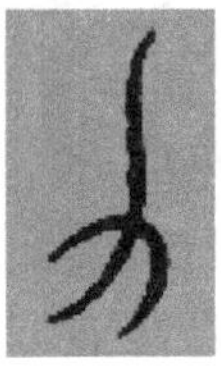
叔尸鐘（春秋晚期）

厵羌鐘（戰國早期）

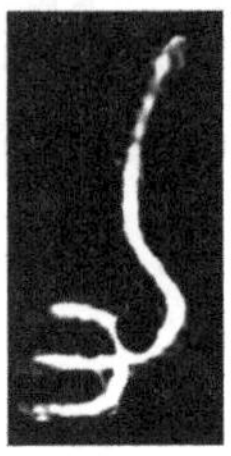
中山王礜鼎（戰國晚期）

xùn
勳

《說文》曰：能成王功也，从力、熏聲。古文勳从員。

註：勳，大功曰勳、功勳。勳，古文作勛。

中山王礜方壺（戰國晚期）

gōng
功

《說文》曰：以勞定國也，从力、从工，工亦聲。

註：功，通攻、通貢。

師餘鼎（西周早期）

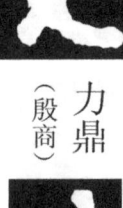

láo
勞

《説文》曰：劇也，从力、熒省聲。

註：用力之劇烈、用力之極曰勞。勞，或从衣、或从心。勞，通撈。

齊侯鎛（春秋中期）

或从衣讀為勞
褮（劳）于齊邦

叔尸鎛（春秋晚期）

讀爲劳
褮（劳）朕行師

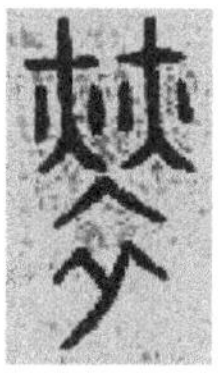

叔尸鐘（春秋晚期）

讀爲劳
褮（劳）朕行師

之利鐘（戰國早期）

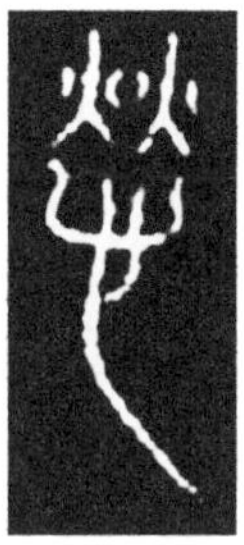

中山王嚳鼎（戰國晚期）

或从心
以優勞邦家

qín
勤

《説文》曰：勞也，从力堇聲。

註：勤，同懃。

中山王嚳鼎（戰國晚期）

中山王嚳方壺（戰國晚期）

楚公逆編鐘（西周晚期）

从辵禽聲讀為勤
四方首休多勤欽融
【近出殷周金文集録】

yǒng
勇

《説文》曰：气也，从力、甬聲。勇或从戈、用。古文勇从心。《説文解字注》曰：勇者，氣也，氣之所至，力亦至焉。《玉篇》曰：勇，果決也。《廣韻》曰：勇，猛也。

伯勇父簠（西周晚期）

鄭戒句父鼎（春秋早期）

恿公戈（春秋早期）

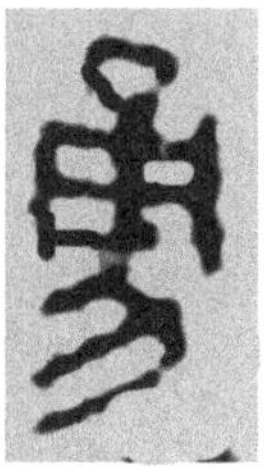

中央矛（春秋）

勝 加

攻敔王光劍（春秋晚期）

曾侯乙戟（戰國早期）

shèng
勝

註：从力、乘聲，勝之古文異體字。

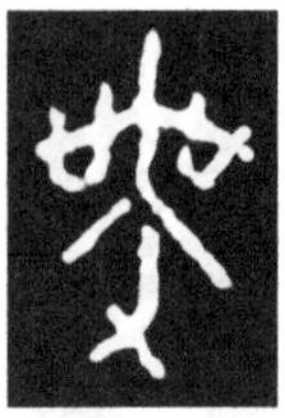

十三年上官鼎（戰國晚期）讀為勝 梁陰令率上官冢子疾 冶勝鑄

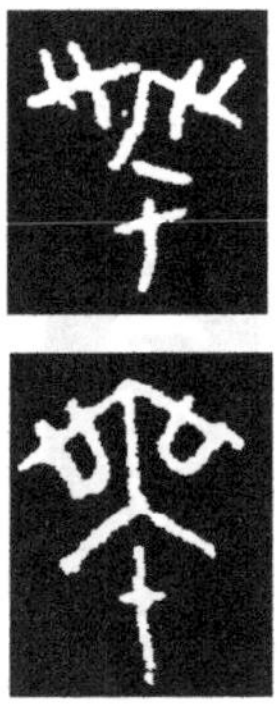

二十九年高都令戈（戰國晚期）

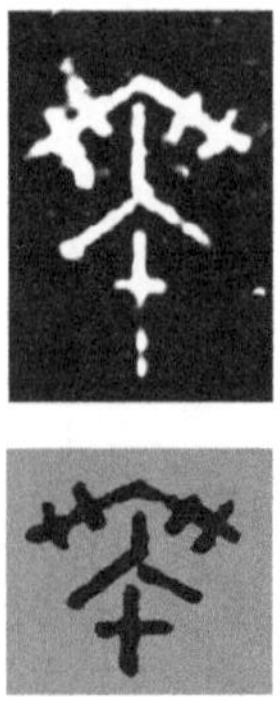

二十九年高都令劍（戰國晚期）讀為勝 高都令……冶勝

七年邦司寇矛（戰國晚期）讀為勝 邦司寇富勝

jiā
加

《說文》曰：語相增加也，从力、从口。《爾雅》曰：加，重也。《字彙》曰：加，施也。

註：加，从口，指語言；从力，乃加重語言，此為加之本義，引申為增加、增益。

叔加簋（西周早期）

加作父戊爵（西周早期）

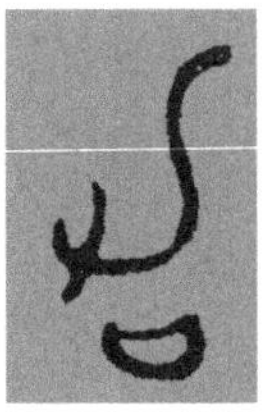

榮仲鼎（西周早期）【文物】二〇〇五年九期

虢季子白盤（西周晚期）

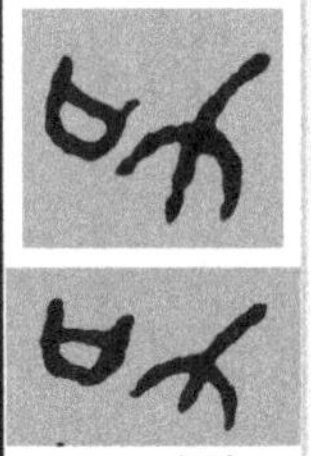

田季加匜（西周晚期）

蔡加子戈（春秋）

蔡公子加戈（春秋）

劼 

jié
劼

《說文》曰：慎也，从力、吉聲。《爾雅》曰：劼，固也。《廣雅》曰：劼，勤也。

註：劼，謹慎、穩固、勤勉之義。

戎生鐘【近出殷周金文集録】
（西周晚期）

⿰貝力

zhù
⿰貝力

註：⿰貝力，或為助字，从力、从貝，乃从且之變，此類金文頗多。⿰貝力，或讀為賀。

天亡簋 讀為賀
（西周早期） 王降亡⿰貝力（賀）爵 退囊

勘

勘

仲勅鬲
（西周晚期）

勅

chì
勅

《廣韻》曰：勅，同敕。

協劦

協

脇協

勑⿰阝敫作丁侯鼎
（西周早期）

xié
劦

《說文》曰：同力也，从三力。《集韻》曰：劦，同力也，通作協。

註：甲骨文、早期金文劦字，為兩個或多個耒組成，乃合力并耕之義。非从三力。

劦冊竹父丁簋
（西周早期）

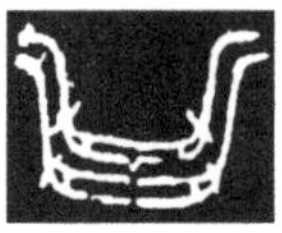
劦冊竹父丁卣
（西周早期）

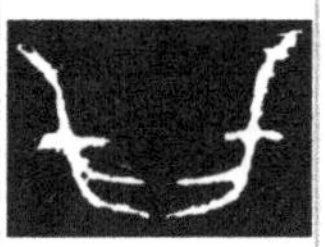
劦闢父丁斝
（西周早期）

宁劦壺
（西周早期）

xié
⿱劦口

註：⿱劦口，祭祀先王之專名，協同合祭之義。⿱劦口，同協、同劦。

戉鈴方彝
（殷商）

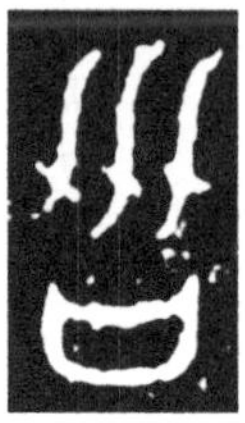
⿰糸聿作父乙毁
（殷商）

巂⿰𠂤彐作兄癸卣
（西周早期）

xié
協

《說文》曰：眾之同和也，从劦、从十。，古文協，从曰、十。，或从口。

註：金文協，从眔耒之象形，合力并耕之義。協，用同脇。

王古尊
（殷商）
【三代吉金文存】

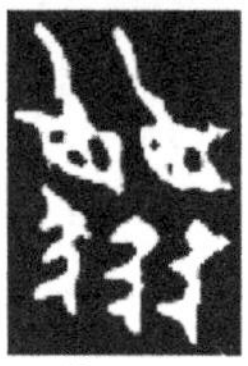
痶鐘
（西周中期）
讀為協
敢作大保協龢鐘

⿰劦月 肋脅

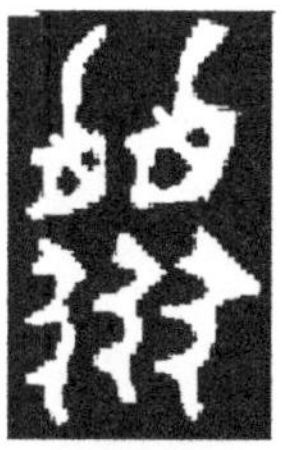

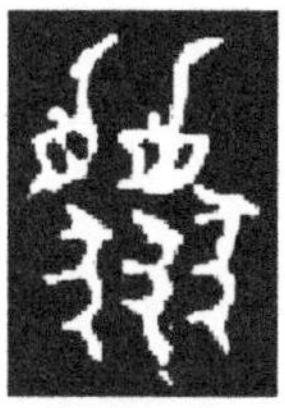

癲鐘（西周中期）

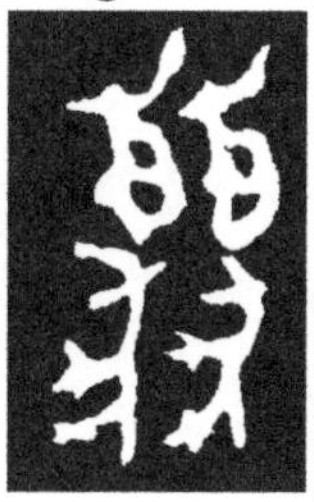

南宮乎鐘（西周晚期）

戎生鐘（西周晚期）【近出殷周金文集録】

秦公鎛（春秋早期） 讀為協 以康奠協朕國

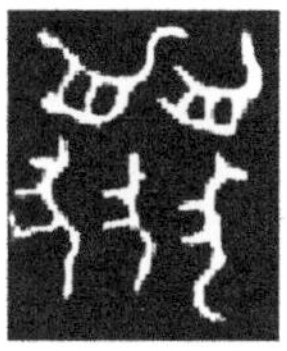

秦公鐘（春秋早期）

者瀘鐘（春秋） 讀為協 協于我霝籥

者瀘鐘（春秋）

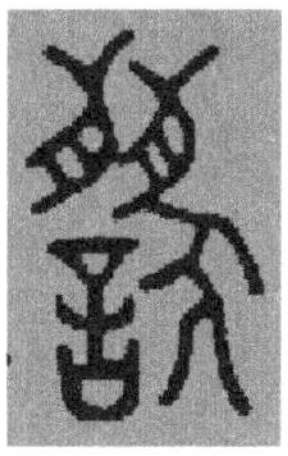

叔尸鎛（春秋晚期）

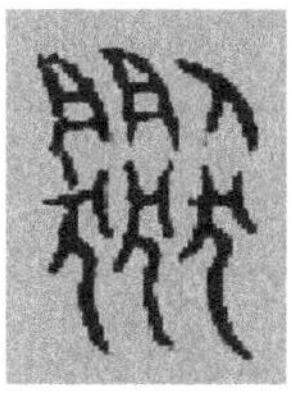

叔尸鐘（春秋晚期）

秦公鐘（春秋晚期）

lèi xié ⿰劦月

註：⿰劦月，即肋字，或讀為脅。肋、脅均指人肋骨。

曶鼎（西周中期） 讀為脅 受茲五夫 曰陪 曰恒 曰⿰劦月（脅）

金

仰韶書屋金文字彙 卷十四

文二百八十二字 重文約三千四百五十四字

jīn
金

《說文》曰：五色金也，黃為之長，久薶（埋）不生衣（銹），百鍊不輕。……生于土，从土，左右注象金在土中形，今聲。《正字通》曰：金，五色金：白金銀、青金鉛錫、赤金銅、黑金鐵、黃金為之長。

註：金，五色金屬礦生於土地中，故从土，土邊兩點或多點，象形金屬礦；从今，作聲符。

仲𡚬臣盤（殷商）

利簋（西周早期）

臣卿簋（西周早期）

過伯𣪘（西周早期）

富鼎（西周早期）

臣卿鼎（西周早期）

舍父鼎（西周早期）

麥方鼎（西周早期）

師𩛥鼎（西周早期）

歸𡚬方鼎（西周早期）

小臣宅簋（西周早期）

𣪘父乙尊（西周早期）

小子生尊（西周早期）

作冊折尊（西周早期）

井侯方彝（西周早期）

折方彝（西周早期）

矢令方彝（西周早期）

叔簋（西周早期）

段金歸尊（西周中期）

陶子盤（西周中期）

遇甗（西周中期）

㫚鼎（西周中期）

段金歸𣪘（西周中期）

彔作辛公簋（西周中期）

甹鐘（西周中期）

小臣鼎（西周中期）

[illegible]鼎（西周中期）

竅鼎（西周中期）

彔伯𢦚𣪘（西周中期）

豐作父辛尊（西周中期）

叚尊（西周中期）

麥方尊（西周中期）

幾父壺（西周中期）

吳方彝（西周中期）

同卣（西周中期）

史頌鼎（西周晚期）

毛公鼎（西周晚期）

公臣簋（西周晚期）

[illegible][illegible]鐳（西周晚期）

叔姬鼎（西周晚期）

師寰𣪘（西周晚期）

番生簋（西周晚期）

屖敄𣪘蓋（西周晚期）

史頌簋（西周晚期）

曾仲大父蛕𣪘（西周晚期）

三年師兌簋（西周晚期）

叔專父盨（西周晚期）

伯公父簠（西周晚期）

番匋□匜（西周晚期）

師同鼎（西周晚期）

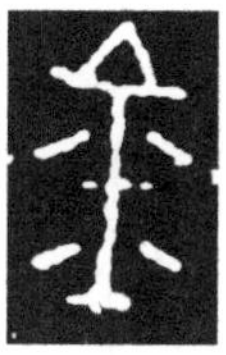
鄘季白歸鼎（春秋早期）

食生走馬谷簋（春秋早期）

曾伯霥簠（春秋早期）

曾子單鬲（春秋早期）

囂仲之子伯剌戈（春秋早期）

彭子仲盆（春秋）

曾大保盆（春秋）

鼄叔之伯鐘（春秋）

者瀸鐘（春秋）

□者生鼎（春秋）

鄁公毀（春秋）

孟縢姬缶（春秋）

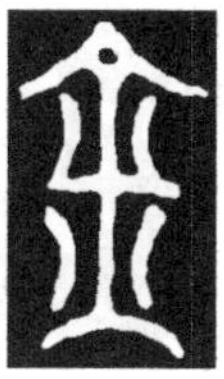
欒書缶（春秋）

翏金戈（春秋晚期）

庚壺（春秋晚期）

樂子簠（春秋晚期）

徐王義楚觶（春秋晚期）

鼄君鐘（春秋晚期）

鼄公牼鐘（春秋晚期）

邾公孫班鎛（春秋晚期）

子璋鐘（春秋晚期）

臧孫鐘（春秋晚期）

余贎逐兒鐘（春秋晚期）

沇兒鎛（春秋晚期）

鼄公華鐘（春秋晚期）

越王者旨於賜鐘（戰國早期）

陳侯午簋（戰國早期）

陳逆簠（戰國早期）

子孔戈（戰國早期）

繁湯之金劍（戰國）

錫

銅

鋚

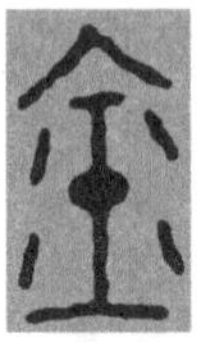
噩君啟節車節（戰國）

噩君啟節舟節（戰國）

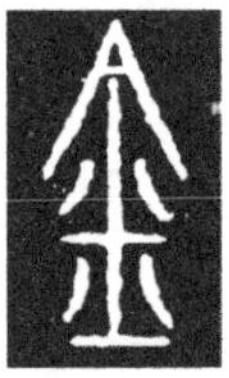
中山王嚳方壺（戰國晚期）

二年寺工讋戈（戰國晚期）

楚王酓肯簠（戰國晚期）

xī
錫

《說文》曰：銀鉛之間也，从金、易聲。

註：錫，金屬。錫之顏色介於銀、鉛之間，銀白色。錫，通賜。

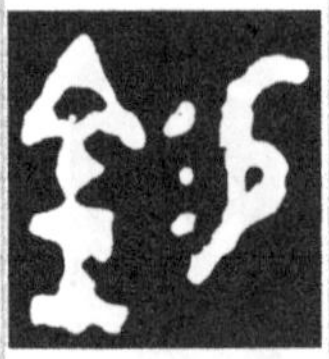
史生簋（西周中期） 讀為賜 伯錫（賜）賞

曾伯霥簠（春秋早期） 或从金从賜

tóng
銅

《說文》曰：赤金也，从金、同聲。

長陵盉（戰國）

上官豆（戰國）

楚王酓忎鼎（戰國晚期）

楚王酓忎盤（戰國晚期）

tiáo
鋚

《說文》曰：鐵也，一曰轡首銅，从金、攸聲。

註：「賜汝鋚勒」一詞金文習見。鋚，即馬之籠頭、絡銜、繮繩。

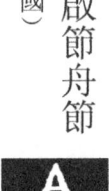

鑄 

康鼎（西周中期）

彔伯㦰毁（西周中期）

呂服余盤（西周中期）

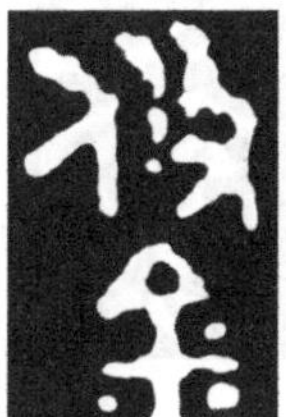

多友鼎（西周晚期）

塱盨（西周晚期）

曾伯陭壺（春秋）

zhù
鑄

《説文》曰：銷金也，从金、壽聲。註：熔金液態，入模成器曰鑄。，金文鑄會意字，象雙手執熔金之器，器下有熔金之火，將熔金倒入皿中，皿即鑄模也。，或从壽為聲符、从金為形符。

大保方鼎（西周早期）

作冊大方鼎（西周早期）

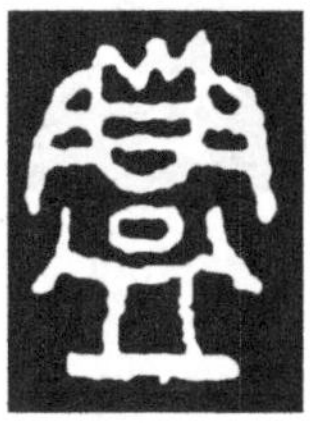

麥方尊（西周早期）

王七祀壺（西周早期）

王人𠭯輔甗（西周中期）

筊伯鬲（西周中期）

陖貯毁（西周中期）

仲鑠盨（西周中期）

格伯簋（西周中期）

周乎卣（西周中期）

作冊益卣（西周中期）

塱肇家鬲（西周）

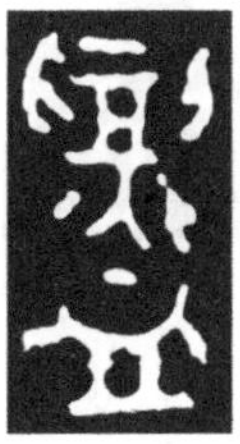

取子鉞（西周）

鑄

筍伯大父盨（西周晚期）

鄭鑄友父鬲（西周晚期）

伯孝[?]盨（西周晚期）

楚公冢鐘（西周晚期）

內公壺（西周晚期）

內公鼎（西周晚期）

內公簋（西周晚期）

師同鼎（西周晚期）

鑄子叔黑𦣞殷（西周晚期）

仲殷父簋（西周晚期）

虢叔盨（西周晚期）

內大子白壺（西周晚期）

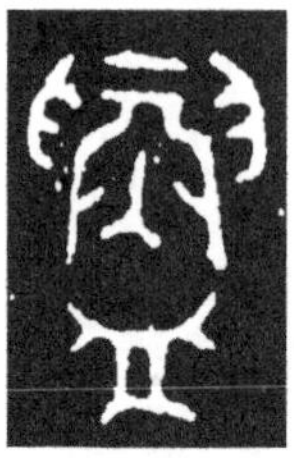
湯叔盤（西周晚期）

取膚匜（西周晚期）

小臣守簋（西周）

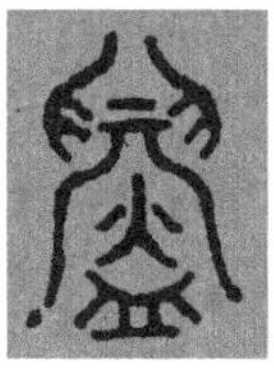
叔夜鼎（春秋早期）

鑄公簠（春秋早期）

楚嬴匜（春秋早期）

曾子伯誩鼎（春秋早期）

鑄子叔黑𦣞鼎（春秋早期）

鑄子叔黑𦣞簠（西周早期）

曾子斿鼎（春秋早期）

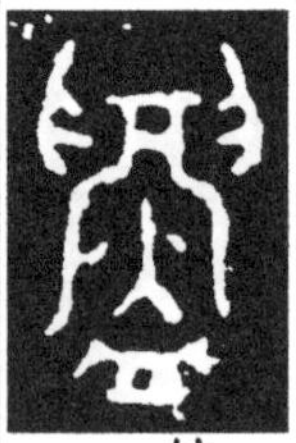
共姜大宰巳殷（春秋早期）

鑄叔皮父簋（春秋早期）

𠫑虎簠（春秋早期）

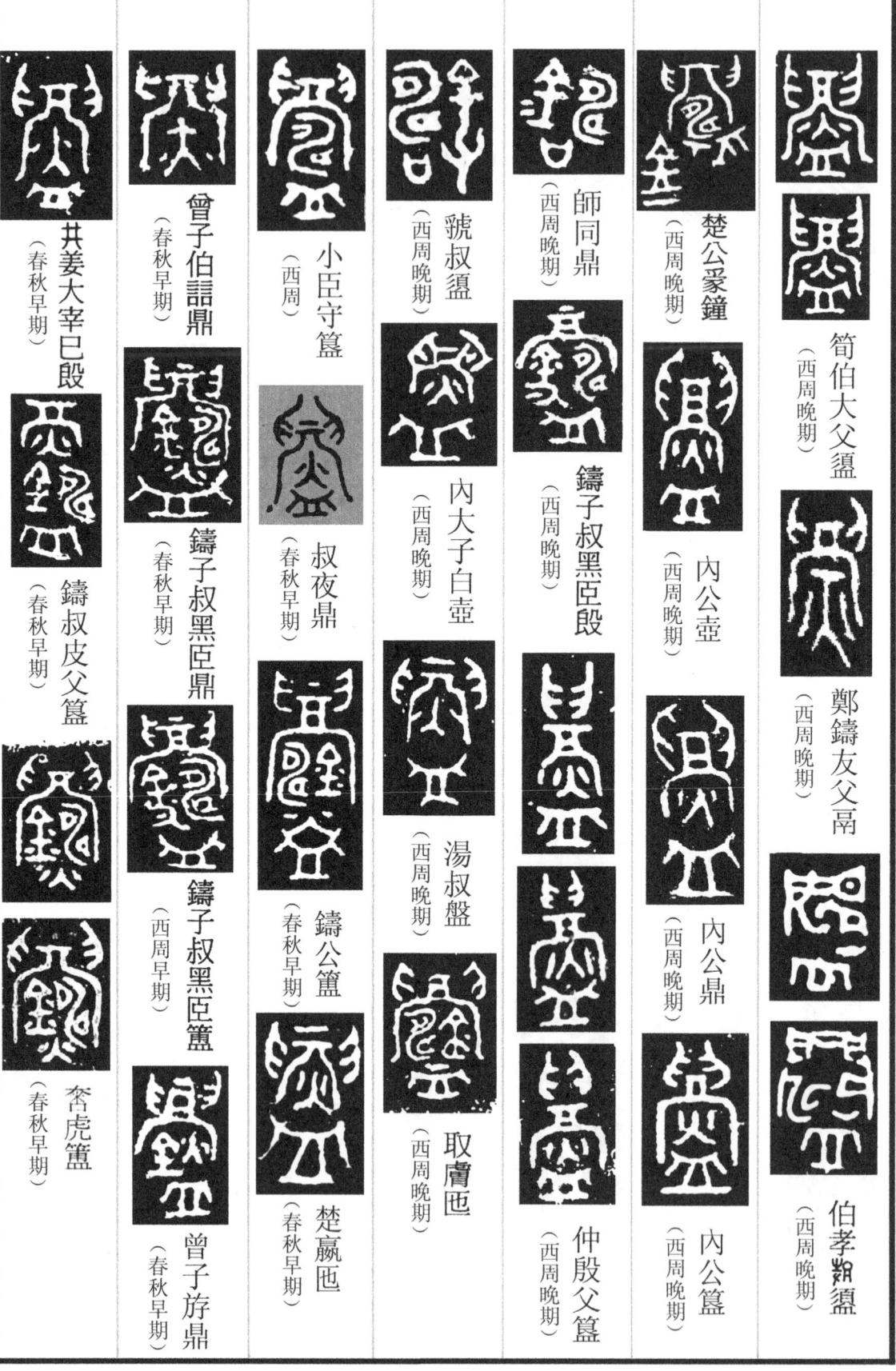

鑄侯求鐘（春秋）

[illegible]簠（春秋）

鑄叔嬴氏簠（春秋）

曾子原彝簠（春秋）

公父宅匜（春秋）

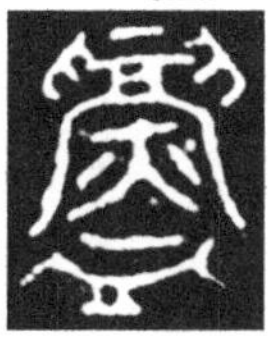
國差罎（春秋）

宜桐盂（春秋）

欒書缶（春秋）

鄦子妝簠（春秋）

吳王夫差盉（春秋晚期）

鼄公華鐘（春秋晚期）

楚余義鐘（春秋晚期）

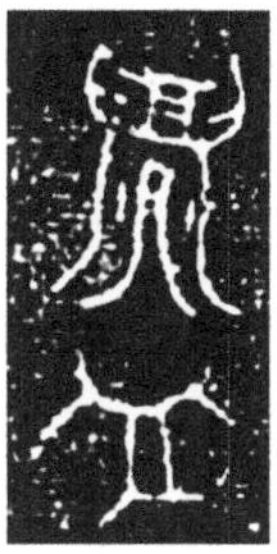
上鄀府簠（春秋晚期）

庚壺（春秋晚期）

蔡戈（春秋晚期）

[illegible]叔之仲子平鐘（春秋晚期）

楚子暖簠（戰國早期）

子孔戈（戰國早期）

鄲孝子鼎（戰國中期）

宜鑄戈（戰國）

鄂君啟節舟節（戰國）

鄂君啟節車節（戰國）

郾客問量（戰國）

哀成叔鼎（戰國）

公朱左𠂤鼎（戰國晚期）

楚王酓肯釶鼎（戰國晚期）

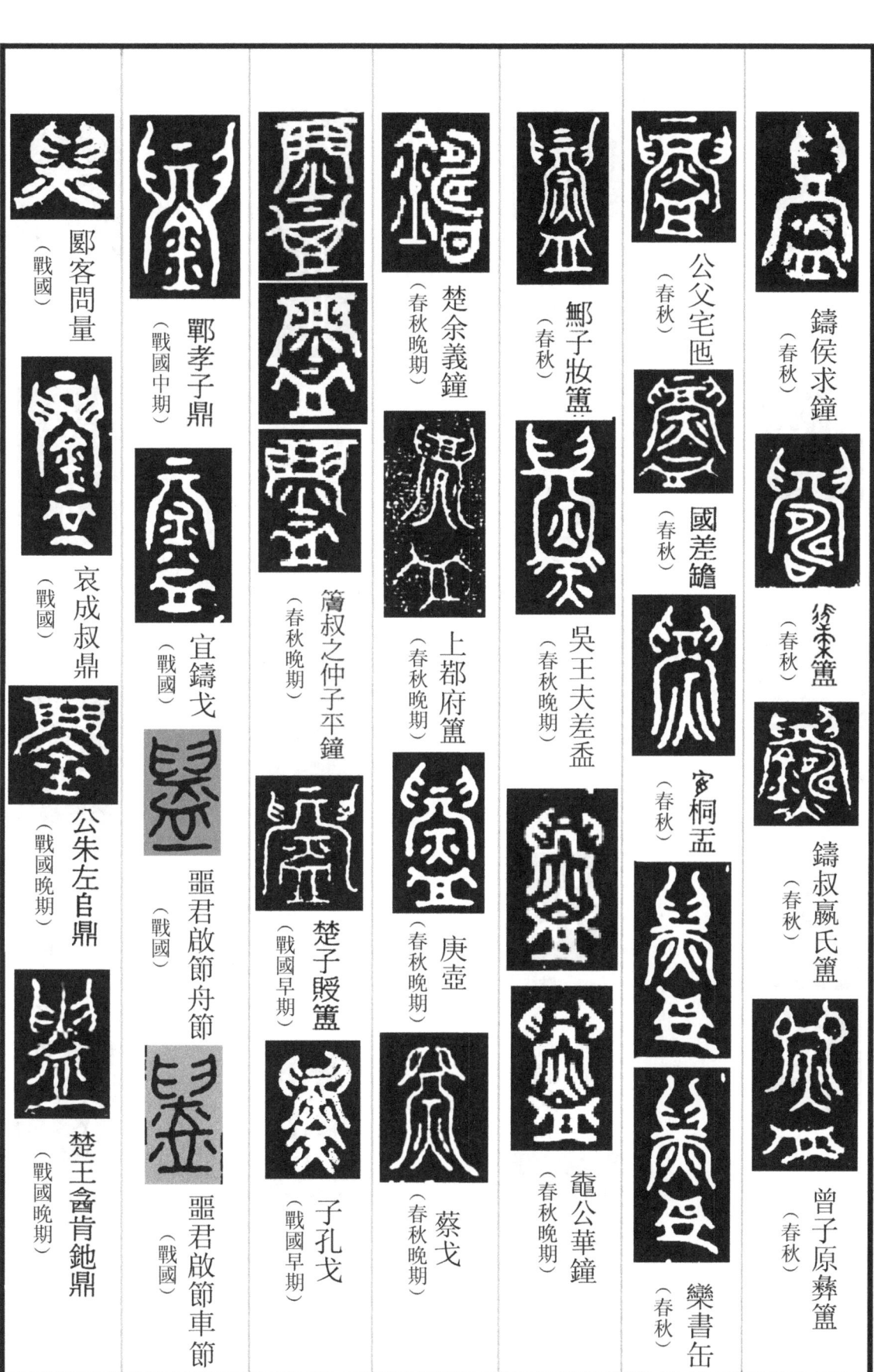

鉼餅鈃 

瓶 

鐘鍾 

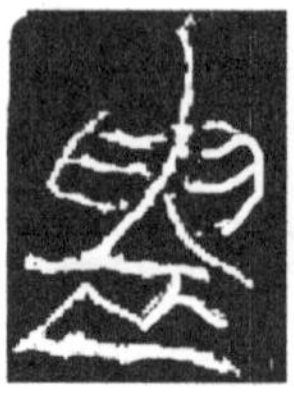
鑄𠯑客甗（戰國晚期）

楚王酓肯鼎（戰國晚期）

中山王嚳方壺（戰國晚期）

十三年上官鼎（戰國晚期）

bǐng píng xíng

鈃

《說文》曰：似鍾而頸長，从金、幵聲。《說文解字注》曰：鍾者，酒器……古酒鍾有腹有頸，蓋大其下，小其上也。註：鈃，或為鉼之省。鉼，指青銅器之瓶，从金。瓶，為瓦器，从瓦。鉼，同瓶、同鉼、通餅。

蔡侯瓶（春秋晚期） 或从金从皿从比

喪史賓瓶（戰國） 或从金从比

緻窓君扁壺（戰國）

píng

瓶

註：鉼，或从缶，同瓶。

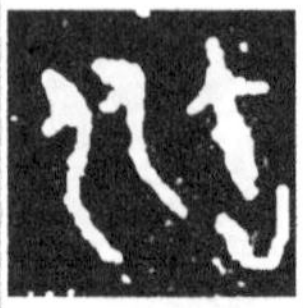
孟𣪕瓶（春秋） 或从比从缶

欒大𤔲徒瓶（春秋） 或从比从鹵

敶公孫𦥧父瓶（春秋）

魏公瓶（戰國）

zhōng

鍾

《說文》曰：酒器也，从金、重聲。

註：鍾，飲酒器，今稱盅。鍾，或用為敲擊樂器鐘磬之鐘。

遲父鐘（西周晚期）

韓鍾劍（春秋晚期）

鼄公牼鐘（春秋晚期）

簷叔之仲子平鐘（春秋晚期）

鍾鐘

zhōng
鐘

《説文》曰：樂鐘也，秋分之音，……从金、童聲。古者垂作鐘。

註：口沿朝上曰鐃，大者稱鉦。口沿朝下垂掛敲擊曰鐘，由商鉦演變而成。鐘，通鍾。

鼄公華鐘（春秋晚期）

⿸厂驫氏鐘（戰國早期）

□外卒鐸（戰國）

左鍾君銅器（戰國）

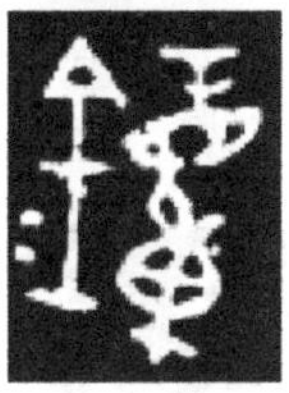
𤼈鐘（西周中期）

䖒鐘（西周中期）

⿱敄皿伯鐘（西周中期）

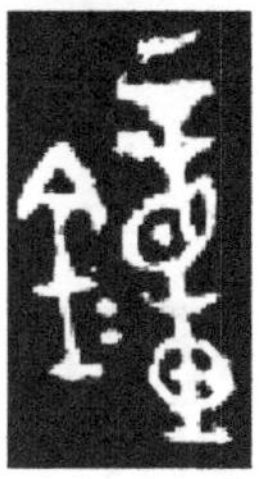
丼人妄鐘（西周晚期）

柞鐘（西周晚期）

虢叔旅鐘（西周晚期）

宗周鐘（西周晚期）

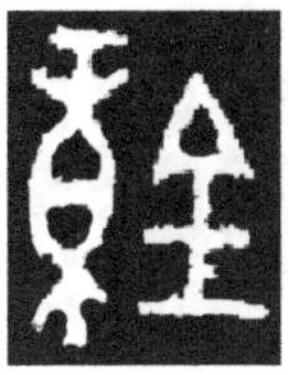
昆疕王鐘（西周晚期）

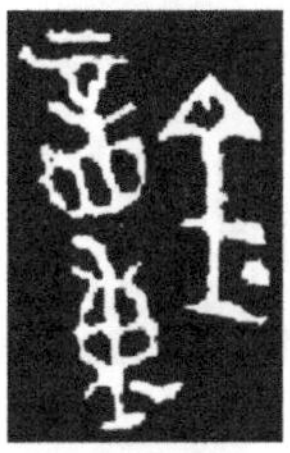

兮仲鐘（西周晚期）

克鐘（西周晚期）

楚公冢鐘（西周晚期）

丼叔釆鐘（西周晚期）

多友鼎（西周晚期）

大克鼎（西周晚期）

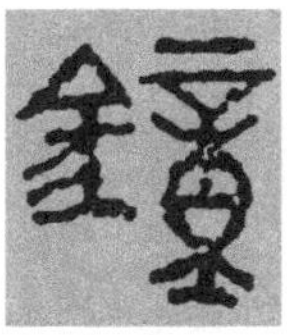
師⿰言犬殷（西周晚期）

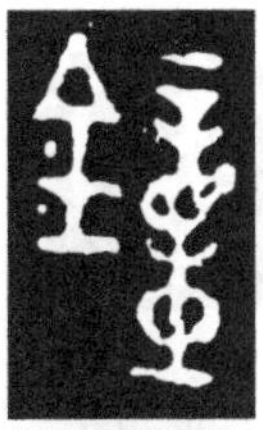

師嫠殷（西周晚期）

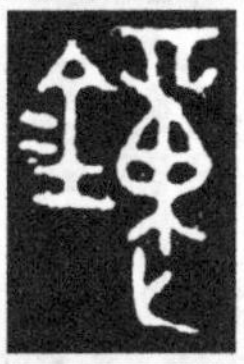

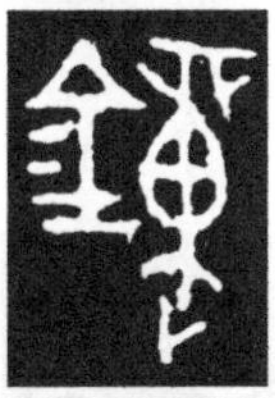

叔專父盨（西周晚期）

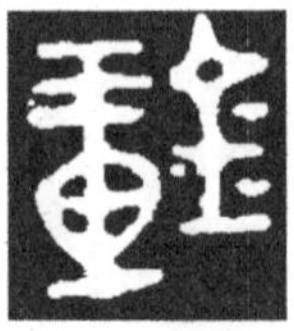
己侯虓鐘（西周晚期）

益公鐘（西周晚期）

魯遼鐘（西周晚期）

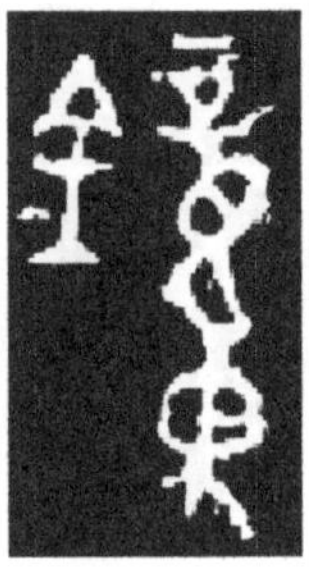
沕其鐘（西周晚期）

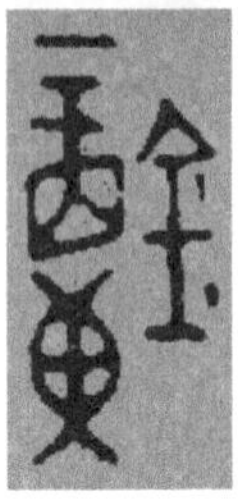
鄭井叔鐘（西周晚期）

中義鐘（西周晚期）

士父鐘（西周晚期）

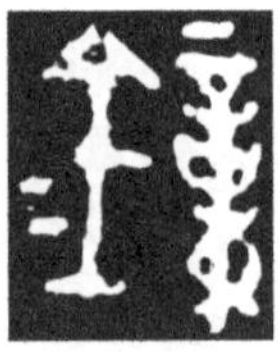
公臣簋（西周晚期）

秦公鎛（春秋早期）

走鐘（春秋）

邾公釛鐘（春秋）

者𣻕鐘（春秋）

洹子孟姜壺（春秋）

王孫遺者鐘（春秋晚期）

簷叔之仲子平鐘（春秋晚期）

楚王領鐘（春秋晚期）

臧孫鐘（春秋晚期）

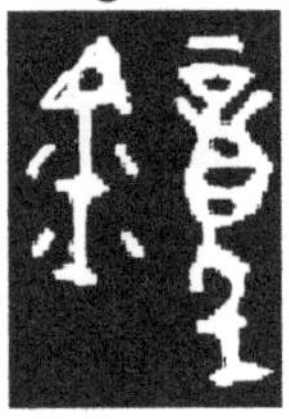
子璋鐘（春秋晚期）

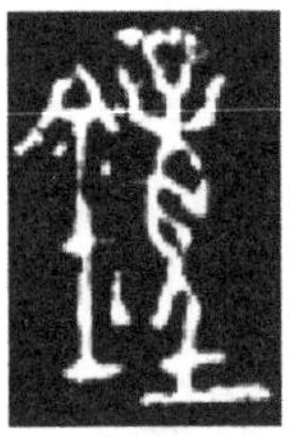
沇兒鎛（春秋晚期）

蔡侯墓殘鐘（春秋晚期）

宋公戌鐘（春秋晚期）

宋公戌鎛（春秋晚期）

奄君鐘（春秋晚期）

麋侯鎛（戰國早期）

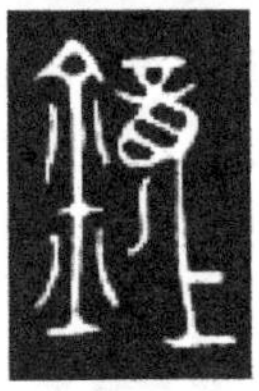

曾侯乙鐘（戰國早期）

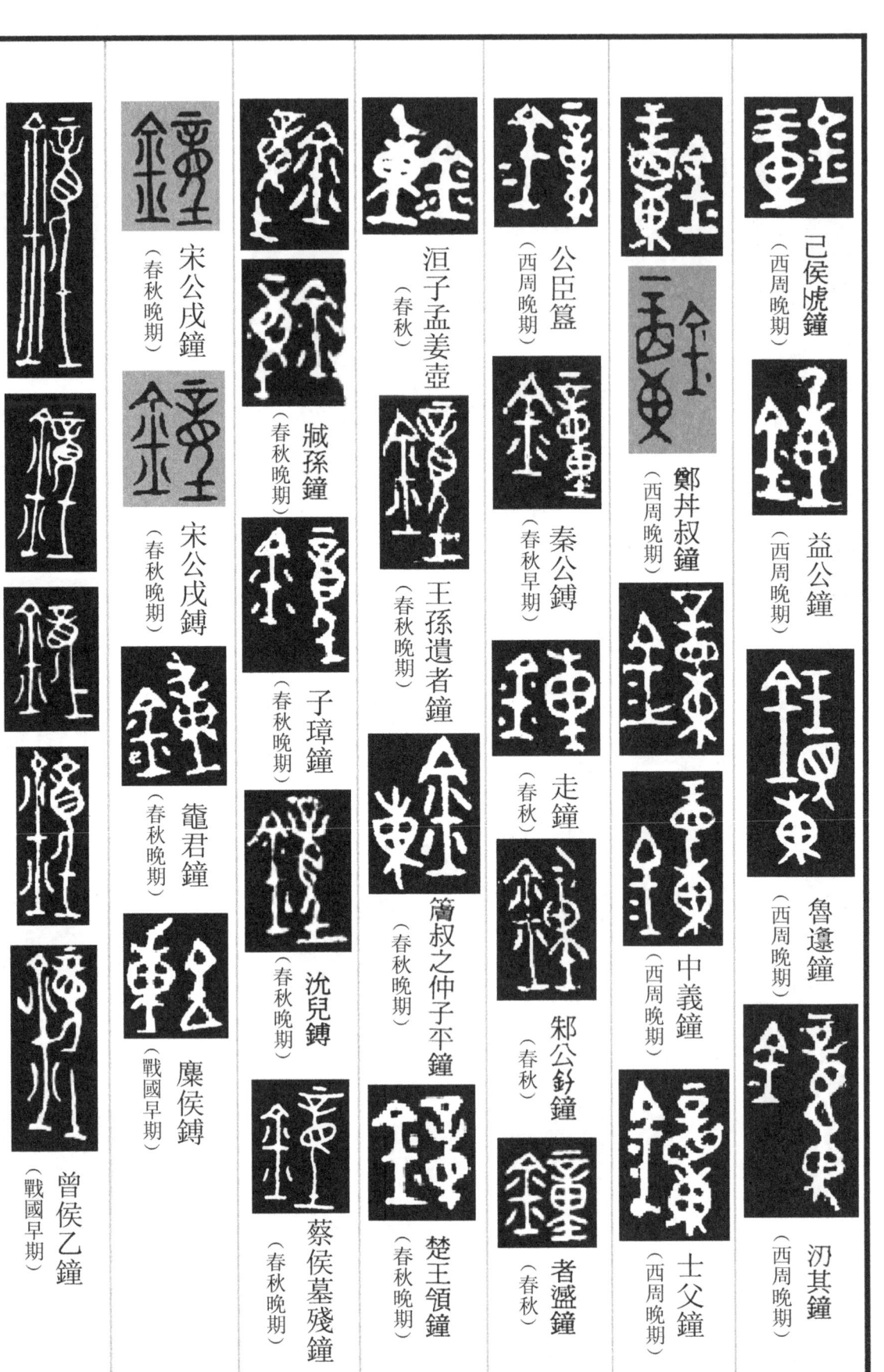

鑒鑑　鐈　鋞

jiàn
鑑

《説文》曰：大盆也，……从金、監聲。《廣雅》曰：鑑謂之鏡。鑑，照也。《廣韻》曰：鑑，鏡也、誡也。

註：鑑，大盆，夏季盛冰置食物於中，以御暑氣。鑑，同鑒，古無鏡子，盆中放水可鑒容顏。

吳王光鑑（春秋晚期）

智君子鑑（春秋晚期）

qiáo
鐈

《説文》曰：似鼎而長足，从金、喬聲。

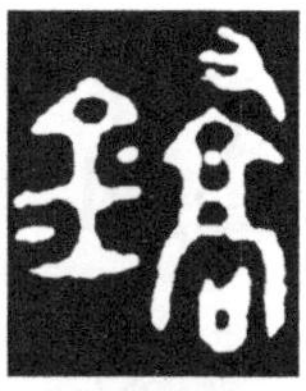

伯公父簠（西周晚期）

多友鼎（西周晚期）

曾伯陭壺（春秋）

鄧子午鼎（春秋晚期）

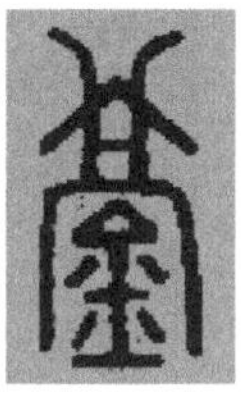

叔尸鎛（春秋晚期）

楚王酓肯鼎（戰國晚期）　或不从金喬字重見

xíng
鋞

《説文》曰：温器也，圜而直上，从金、至聲。

註：鋞，温酒器，圜形筒狀。鋞，或从金、从更。

九年衛鼎（西周中期）　或从金从更　讀為鋞　金鑣鋞

濩 鑊

鎬

弦 鉉

爐 鑢 鑪

huò
鑊

《說文》曰：鑴也，从金、蒦聲。

註：鑊，無足之鼎，像大鍋，與鑴形狀相似，用以煮肉，或為刑具煮人。鑊，同濩。

仲子觥（殷商）

引作文父丁鼎（殷商）

哀成叔鼎（戰國）

hào gǎo
鎬

《說文》曰：溫器也，从金、高聲。鎬京，武王所都在長安西，上林苑中，字亦如此。

叔尸鐘（春秋晚期）

集脰鎬（戰國晚期）

xuàn xuán
鉉

《說文》曰：舉鼎也，……从金、玄聲。《字彙補》曰：鉉，讀作弦。

註：鉉，抬鼎用鉤鐶工具。鉉，通弦。

配兒鉤鑃（春秋晚期）

lú
鑪

《說文》曰：方鑪也，从金、盧聲。註：鑪，或作爐、作鑢（鋁）。

弭仲簠（西周晚期）

曾伯霥簠（春秋早期）

□鏞用戈（春秋早期）

篖叔之仲子平鐘（春秋晚期）

配兒鉤鑃（春秋晚期）

邵黛鐘（春秋晚期）

鼄公華鐘（春秋晚期）讀為鋁

鉉鏐赤鑪（鋁）

鈦

dà
鈦

《說文》曰：鐵鉗也，从金、大聲。註：鈦，古代刑具，套脚鐵鉗。

郾王喜劍（戰國晚期）

郾王職矛（戰國晚期）

鋸

jì
jū
鋸

註：鋸，古兵器戟之一種，或為截斷用工具。修補器皿亦曰鋸，如鋸碗、鋸鍋。

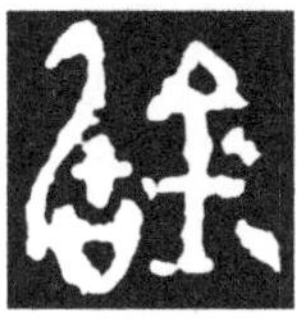

郾王職戈（戰國晚期）

鎣

yēng
yéng
鎣

《說文》曰：器也，从金、熒省聲。《廣雅》曰》鎣，磨也。

註：鎣，器皿，似壺頸長，銅鑄曰鎣、陶制曰罃。鎣，同罃。將器物磨光亦曰鎣。

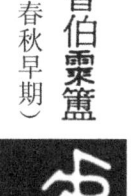

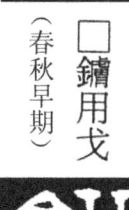

錐

鈞

伯百父鋬（西周中期）

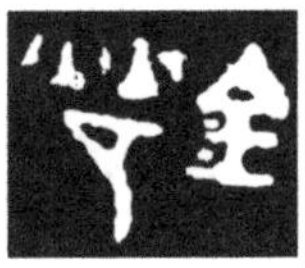
盤（西周晚期）

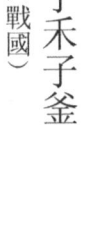

zhuī
錐
《説文》曰：鋭也，从金、隹聲。

上曾大子鼎（春秋早期）
讀為錐 哀哀利錐

jūn
鈞
《説文》曰：三十斤也，从金、匀聲。古文鈞从旬。《洪武正韻》曰：鈞、均古通用。

註：鈞，古代重量單位，三十斤為鈞。古文多假鈞為均。

屒敖殷蓋（西周晚期）

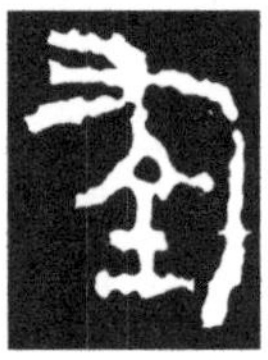
幾父壺（西周中期）

小臣守簋（西周）
讀為鈞 儐馬兩 金十鈞

陶子盤（西周中期）

楚公逆鐘（西周晚期）【近出殷周金文集録】

楚公逆鎛（西周晚期）【古文字類編】

子禾子釜（戰國）

鈴

鉦

鐸

líng
鈴

《説文》曰：令（鈴）丁也，从金、从令，令亦聲。

註：鈴，或从命，古令、命二字同聲互通。

戍鈴方尊（殷商）

班簋（西周中期）

毛公鼎（西周晚期）

師寰段（西周晚期）

番生簋（西周晚期）

陳大喪史仲高鐘（春秋中期）

鄦子盟自鎛（春秋）

楚王領鐘（春秋晚期）

鼄君鐘（春秋晚期）

皮氏銅牌（戰國）

成周鈴（殷商）

zhēng
鉦

《説文》曰：鐃也，似鈴，柄中上下通，从金、正聲。

註：鉦，或稱鉦城，古代行軍征伐敲擊樂器。

南疆鉦（戰國）

西替段（戰國）

duó
鐸

《説文》曰：大鈴也，……从金、睪聲。

註：鐃、鉦、鈴、鐸形近，大小有異，唯鈴、鐸有舌，振舌發聲。

鎛

槍戭鎗

鄴子伯鐸（春秋晚期）【近出殷周金文集録】

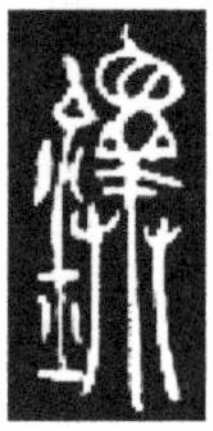
曾侯乙鐘（戰國早期）

□外卒鐸（戰國）

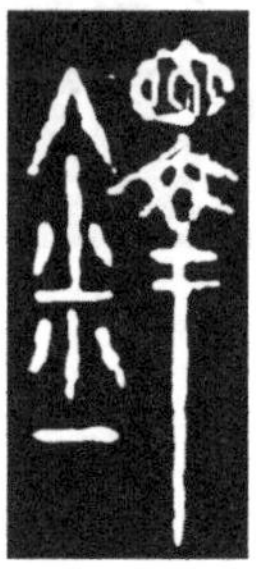
中山王䜌鼎（戰國晚期）

bó
鎛

《說文》曰：鎛鱗也，鐘上横木上金華（花）也。一曰田器，从金、尃聲。

註：鎛，掛鐘横木，上彩繪金龍裝飾。鎛，或為農具鋤之一種。口沿平直之大鐘或稱鑮。鑮，或作鎛。

齊侯伯（春秋中期）

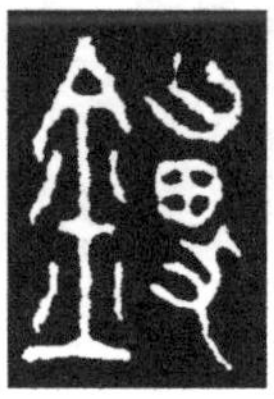
余贎逐兒鐘（春秋）

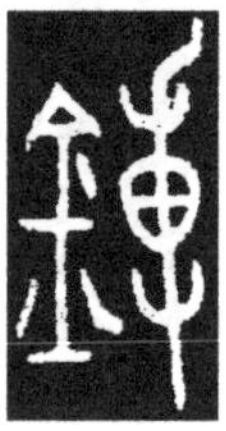
邾公孫班鎛（春秋晚期）

叔尸鎛（春秋晚期）

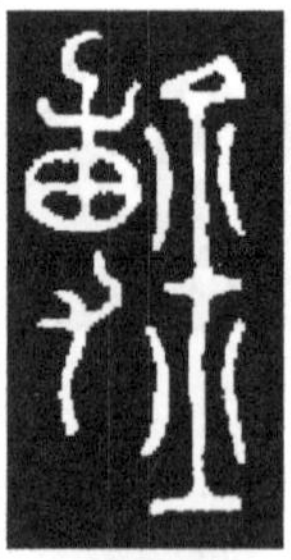

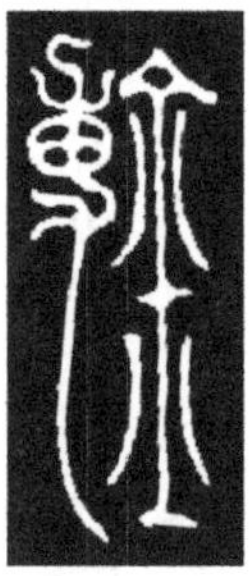
曾侯乙鐘（戰國早期）

鑞鎛戈（戰國早期）

qiāng
qiàng
鎗

《說文》曰：鐘聲也，从金、倉聲。

註：鎗，形容鐘聲，或作鏘。鎗，還指古兵器，同槍。鎗，同戭。

沕其鐘（西周晚期） 形容鐘聲 鎗鎗鏓鏓

戎生鐘（西周晚期）【近出殷周金文集録】

鍯鏓 

鍦鉈 

錞 

cōng zǒng
鏓

《說文》曰：鎗鏓也，……从金、悤聲。

註：鏓，形容鐘聲，或作鍯。

沕其鐘（西周晚期）

形容鐘聲 鎗鎗鏓鏓

shī tuó
鉈

《說文》曰：短矛也，从金、它聲。《集韻》曰：鍦，或作鉈。

註：鍦，兵器，短矛也，或作鉈，鉈、鍦同字。鉈，或假為匜字，青銅水器。

史頌匜（西周晚期）

叔匜（西周晚期）

羅兒義（春秋）【古文字類編】

楚王酓肯鉈鼎（戰國晚期）

duì chún
錞

註：錞，或稱敦，祭器。蓋、器相同，合為球形，兩側各置環耳，三環為足，俗稱西瓜鼎。錞于，青銅樂器，與鼓相配，用于征戰中指揮軍隊之進退。

[illegible]公克敦（春秋晚期）

十四年墜侯午敦（戰國晚期）

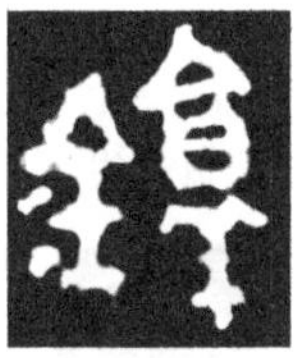

墜侯因脊敦（戰國晚期）

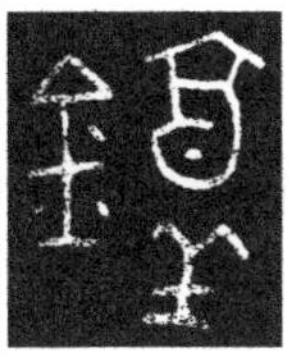

梁伯可忌豆（戰國晚期）

鐐鏐

鑾

鍚鐊

liáo
liú
鏐

《說文》曰：弩眉也。一曰黃金之美者。从金、翏聲。《廣韻》曰：美金曰鏐，即紫磨金也。

《集韻》曰：鐐，白金也，或从翏。註：鏐，弩眉，即弓弩之機牙。鏐，或同鐐。

鼄公牼鐘（春秋晚期）

簷叔之仲子平鐘（春秋晚期）

郘黛鐘（春秋晚期）

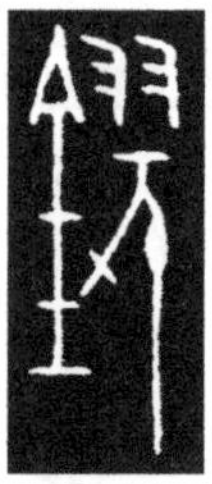

少虡劍（春秋晚期）

鼄公華鐘（春秋晚期）

配兒鉤鑃（春秋晚期）

叔尸鐘（春秋晚期）

luán
鑾

《說文》曰：人君乘車，四馬鑣、八鑾鈴，象鸞鳥聲，和則敬也。从金、从鸞省。

註：鑾，君王車乘上之鑾鈴，鈴聲五音似鸞鳥。後專指帝王車駕為鑾駕。

尹小叔鼎（春秋早期）　讀為鑾　尹小叔作鑾鼎

yáng
鐊

《說文》曰：馬頭飾也，……从金、陽聲。《集韻》曰：鐊，或作鍚。

註：鐊，馬頭銅飾，走動時振動發聲。鍚，同鐊。

逆鐘（西周晚期）

師獸殷（西周晚期）　讀為鍚　賜汝……鍚鐘一肆五金

pù pū
鋪

《説文》曰：箸門鋪首也，从金、甫聲。

註：鋪首，獸頭裝飾之門環。

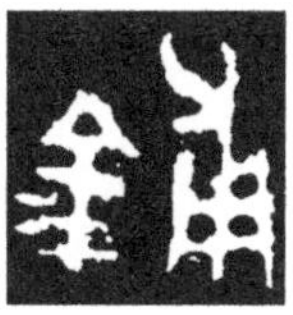

師同鼎（西周晚期）

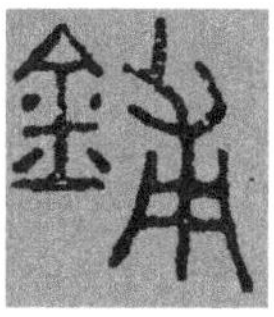

𢆶公簠（西周晚期）

少虡劍（春秋晚期）

bēi
錍

《説文》曰：鍫錍也，从金、卑聲。

註：鍫錍，即短斧。

重金扁壺（戰國）

土勻瓶（戰國晚期）

dùn
鈍

《正字通》曰：刀劍不利也。

註：用于鋭器，不鋒利曰鈍、用于人，不敏捷曰遲鈍。

九里墩鼓座（春秋晚期） 讀為鈍 玄鏐鈍鋁

fū
鈇

《説文》曰：莝斫刀也，从金、夫聲。

註：莝斫刀，即鍘刀。鈇，或同斧。

鈗

鈹

鏤

叔尸鎛（春秋晚期）

叔尸鐘（春秋晚期）

yǔn
鈗

《說文》曰：侍臣所執兵也，从金、允聲。

註：鈗，古代帝王侍衛所執矛一類兵器。

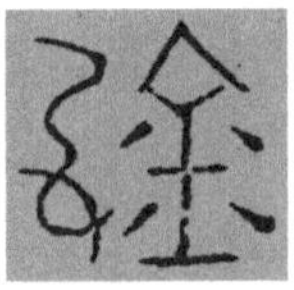
弭仲簠（西周晚期）

讀為鈗

礦鈗鏷鋁

pī
鈹

《說文》曰：大鍼（針）也，一曰劒如刀裝者，从金、皮聲。《說文通訓定聲》曰：鈹，假借為披

註：鈹，用于中醫外科之長針。鈹，或為兵器。鈹，通披。

五年邦司寇劍（戰國）

lòu
鏤

《說文》曰：剛鐵可以刻鏤，从金、婁聲。……一曰，鏤，釜也。

註：鏤，雕鏤、雕刻。鏤，或為烹飪之鍋。

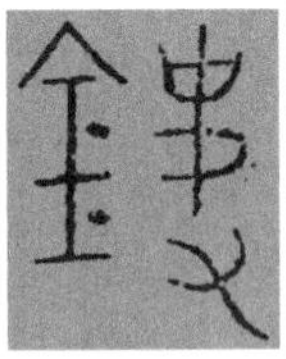
弭仲簠（西周晚期）

讀為鏤

擇之金鏤鈗鏷鋁

xiǎn xǐ
銑

《説文》曰：金之澤者。一曰小鑿，一曰鐘兩角謂之銑，从金、先聲。

註：最光澤金屬謂之銑。鐘口之兩角亦謂之銑。

秦公鐘（春秋早期）

香港中文大學本【殷周金文集成】釋為銑

靈音銑銑雍雍

秦公鎛（春秋早期）

míng
銘

《説文新附》曰：記也，从金、名聲。

註：銘，記載、鏤刻于碑版，或鑄于器皿上之文字。

驫羌鐘（戰國早期）

中山王嚳鼎（戰國晚期）

wěi
鍡

《説文》曰：鍡鑸，不平也。从金、畏聲。

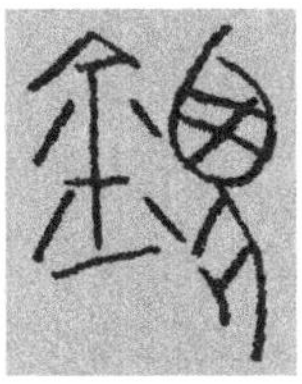

曾侯乙鐘架（戰國早期）【古文字類編】

liàn
鍊

《正字通》曰：鍊，為鍊之譌。

註：鍊，為鍊之譌字，鍊，同煉。

鈲　　鉚　　鈛

guō
鈛

簷叔之仲子平鐘（春秋晚期）

《集韻》曰：鍋，溫器，或作鈛。

註：鈛，或讀為戈。

高平戈（春秋）

陳䢜造戈（春秋晚期）

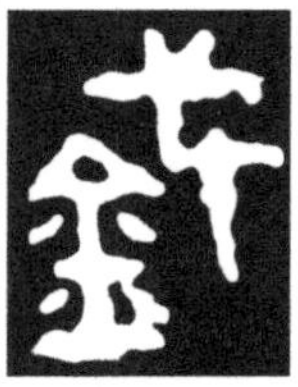

成陽辛城里戈（春秋晚期）

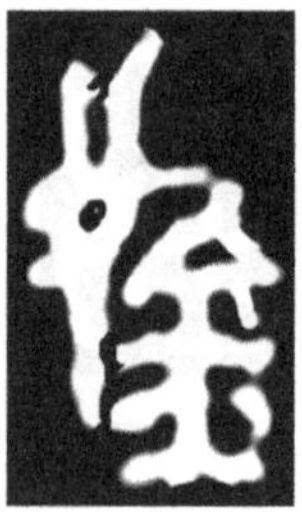

陳𩵦散戈（戰國）

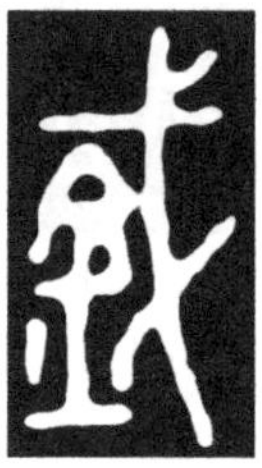

陳璋鐳（戰國）

陳余戈（戰國）

mǎo
鉚

註：金屬聯接曰鉚焊、木器聯接曰榫鉚。鉚，指聯接鉚孔。

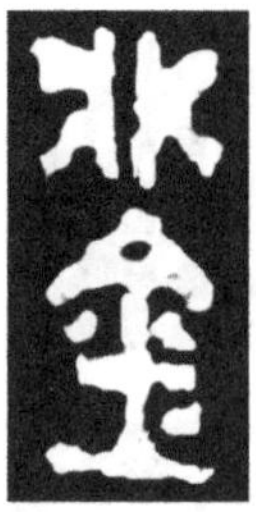

郾王詈矛（戰國）

讀為矛

郾王……作托鉚（矛）

gū
鈲

註：鈲，行船拉纖（纤）工具。

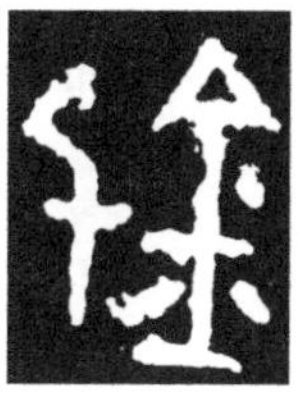

中山侯鉞（戰國中期）　張亞初釋為鈲【殷周金文集成 引得】 中山侯忕作茲軍鈲

gǔ
鈷

《集韻》曰：鈷，鈷鉧也，溫器。

註：鈷鉧，大口釜。

閔令趙狽矛（戰國）

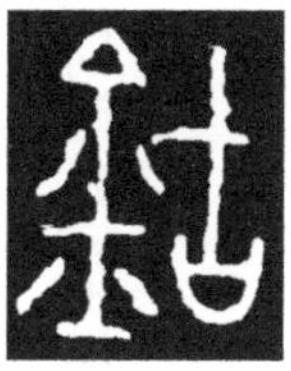

西替簠（戰國）　或假鈷爲簠 讀為簠

wǎn
盌

註：盌，从金、夗聲，為鋺之異體。从金為鋺、从石為碗、从皿為盌，均為今之碗字。

右里敀量（盌）（戰國）

dú
鍪

《玉篇》曰：鍪，韇舌也。

註：韇，有舌之環，駕具。馬之腹帶，環舌曰鍪。，鍪，或从金、尗聲。

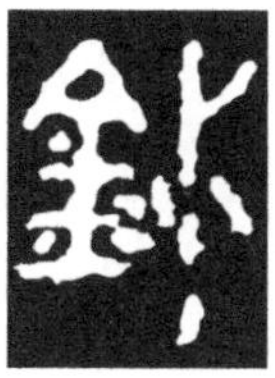

弭伯師耤段（西周晚期）

鉷 鉺(餌) 鋮 鉘

鉷

⿰白禾室門鉷（戰國晚期）

上官豆（戰國晚期）

ěr
鉺

《玉篇》曰：鉺，鉤也。

註：鉤鉺，釣魚之鉤餌，鉺通餌。

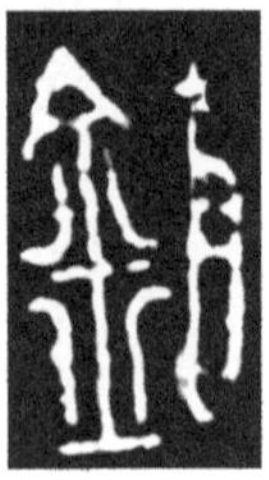

君軖車害（戰國早期）

讀為鉺 君軖鉺

chéng
鋮

註：鋮，鉦鋮，或稱鉦城，古代行軍樂器。

南疆鉦（戰國）

fú
鉘

《玉篇》曰：鉘，飾也。

銧礦 釤 鉌

郾侯脮戈（戰國晚期）

郾侯庫戈（戰國晚期）

guāng
銧

註：銧，或讀為礦。

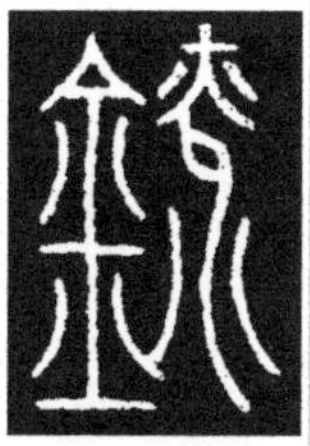

吳王光鑑（春秋晚期）讀為礦 擇其吉金玄銧（礦）白銧（礦）

shàn
釤

《玉篇》曰：釤，大鐮也。《篇海類編》曰：釤，刈也。

註：釤，長柄大鐮。釤鐮，用于割砍。

hé
鉌

註：鉌，斂口平底方罐，飲酒器，一側有執耳。鉌，或為戰國時，齊國官制半球形量器。

哀成叔鉌（春秋晚期）

蔡大史鉌（春秋）

左關之鉌（戰國）

子禾子釜（戰國）

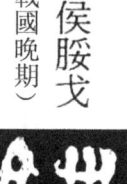

cháng
鋿

《玉篇》曰：鋿，磨也。

⿱⺮膚叔之仲子平鐘
（春秋晚期）

dǔ
鍺

註：鍺，讀為堵。編鐘編磬計數單位，十六枚為肆，半肆八枚為堵。鍺，同堵。

鼄公牼鐘　讀為堵
（春秋晚期）　鑄台龢鐘二鍺（堵）

yú
釪

註：釪，錞釪，敲擊樂器，形似鐘，用以和鼓。鉢釪，僧家之飯器。

宋君夫人鼎
（春秋晚期）

lín
⿰金⿱㐭木

註：⿰金⿱㐭木，或假為林。

蜺仲鐘（西周中期）

讀為林

大⿰金稟（林）寶鐘

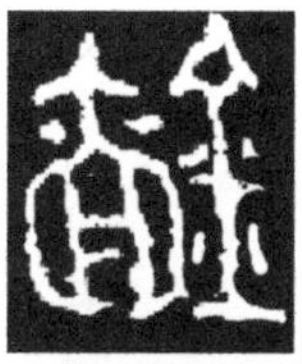

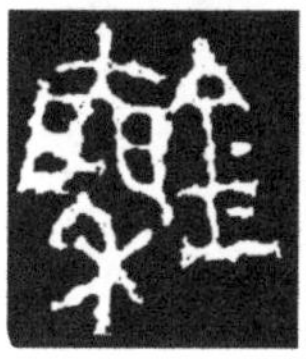

兮仲鐘（西周晚期）

讀為林

兮仲作大⿰金稟（林）鐘

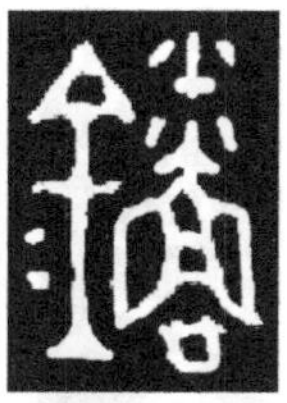

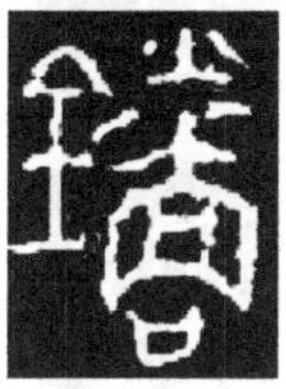

柞鐘（西周晚期）

讀為林

用作大⿰金稟（林）鐘

𤼈鐘（西周中期）

或从林 讀為林

南宮乎鐘（西周晚期）

zhèn

⿰金昃

註：⿰金昃，或讀為鎮。

秦公簋（春秋早期）

讀為鎮

⿰金昃（鎮）靜不廷

秦公鎛（春秋早期）

bēn

錛

註：錛、鑿、斧、鋸，均為木工工具，砍削木料之平口斧為錛。

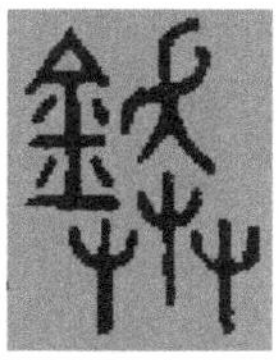

叔尸鎛（春秋晚期）

叔尸鐘（春秋晚期）

鋁　⿰金於 鋘　錳　鍨 戣

lǔ 鋁

《玉篇》曰：鋁，同鑢。

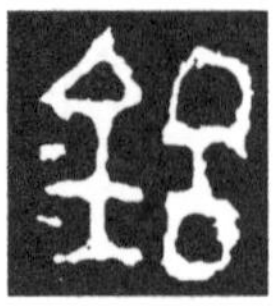

郘伯簋（春秋）

或假鋁爲簋 讀為父

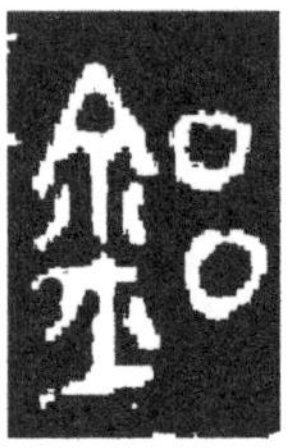

余購逐兒鐘（春秋晚期）

叔尸鐘（春秋晚期）

叔尸鎛（春秋晚期）

wù ⿰金於

註：⿰金於，同聲假借為鋘。鋘，刀名。

吳王夫差矛（戰國晚期）

讀為鋘 吳王夫差自作用⿰金於（鋘）

錳

kuí 鍨

《玉篇》曰：鍨，與戣同。《說文》曰：『周禮』：侍臣執戣，立于東垂。兵（器）也，从戈、癸聲。

註：戣，戟類兵器。

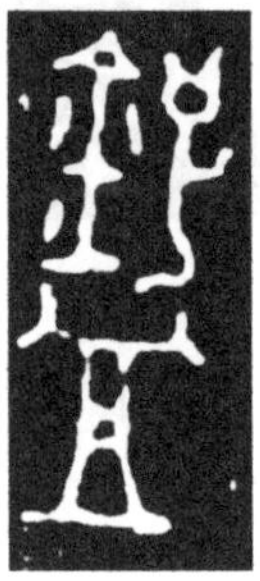

郘方豆（春秋）

鍴　⿰金倝　鏙⿰缶崔

行議鍨矛（戰國）

郾侯脮戈（戰國）

郾王詈戈（戰國晚期）

duān
鍴

《篇海類編》曰：鍴，鎖也。

註：徐王義楚觶銘文稱鍴，器形與觶同，飲酒器。

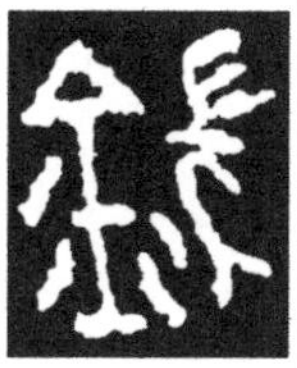
徐王義楚觶（春秋晚期）

hán
⿰金倝

註：⿰金倝，讀為韓。

韓鐘劍（春秋）

cuī
suī
鏙

《類篇》曰：鏙，鏙錯，文采皃（貌）。《集韻》曰：鏙，鱗甲謂之鏙錯。

註：鏙，鏙錯，層疊有序，光彩變化。鏙，或假為⿰缶崔。⿰缶崔，器皿。

⿰弓魚伯井姬羊尊（西周中期）

讀為⿰缶崔

⿰弓魚伯作邢姬用盂鏙（⿰缶崔）

鐱　⿰金雍　⿰金棗　⿰金會

guó
⿰金會

註：⿰金會，青銅食器。

屖氏⿸彥言⿰金會（西周晚期）

⿰阝⿱東土肪𣪘蓋（戰國早期）

西替𣪘（戰國）

⿰金會傾戈（戰國）【近出殷周金文集録】

zào
⿰金棗

註：⿰金棗，从金、棗聲，假為造。

韓鍾劍（戰國）　讀為造　韓鍾之⿰金棗（造）劍

⿰金雍

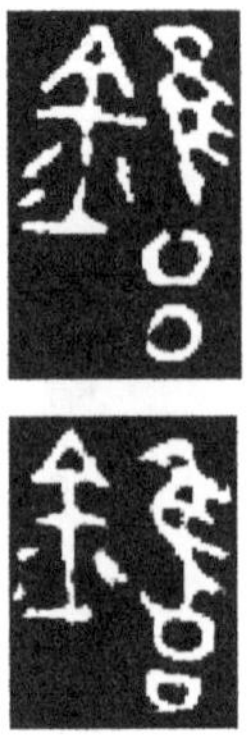

沴其鐘（西周晚期）

jiàn
qiān
鐱

《玉篇》曰：鐱，金也。《集韻》曰：鐱，臿（插）也。註：鐱，同劍。

鑃 鑞

師同鼎（西周晚期）

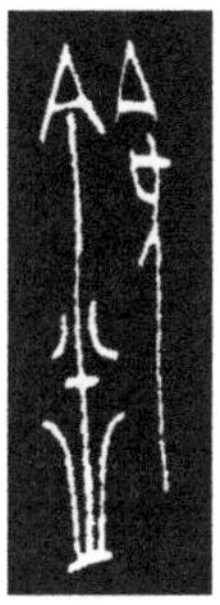
耳劍（春秋早期）

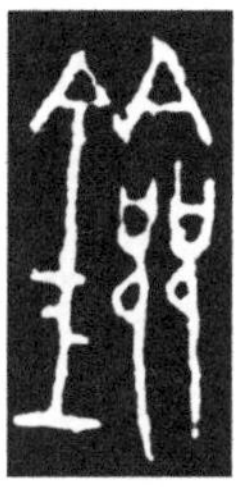
富殿劍（春秋）

郤諮尹征城（春秋）

邲王鳩淺劍（春秋晚期）

鴋公劍（春秋晚期）

工盧王劍（春秋晚期）

攻敔王光劍（春秋晚期）

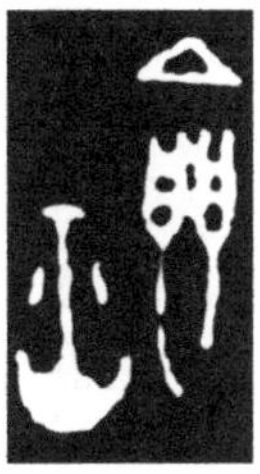
盧公劍（春秋晚期）

吳季子之子逞劍（春秋晚期）

韓鍾劍（戰國）

郾王職劍（戰國晚期）

diào
鑃

註：鑃，鐘類，形似鐸，有柄，口朝上敲擊，用于祭祀、宴饗之樂器。

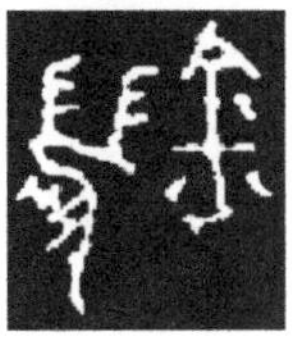
其次句鑃（春秋晚期）

姑馮昏同之子句鑃（春秋晚期）

配兒鉤鑃（春秋晚期）

là
鑞

《玉篇》曰：鑞，錫也。

註：鑞，錫鉛合金，或稱白鑞。

鑞鑄戈（戰國早期）

guàn
鑵

《廣韻》曰：鑵，汲水器也。《集韻》曰：罐，汲器，或从金。

註：井中汲水以灌溉，故曰鑵。陶制曰罐、金屬制曰鑵，罐、鑵同字。

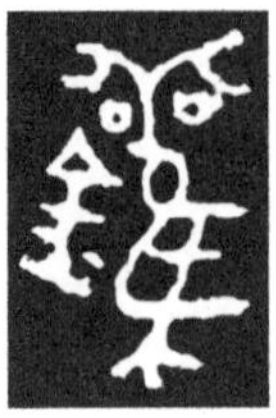

仲作旅罐（西周早期）

guī
⿰金歸

註：⿰金歸，讀為歸。

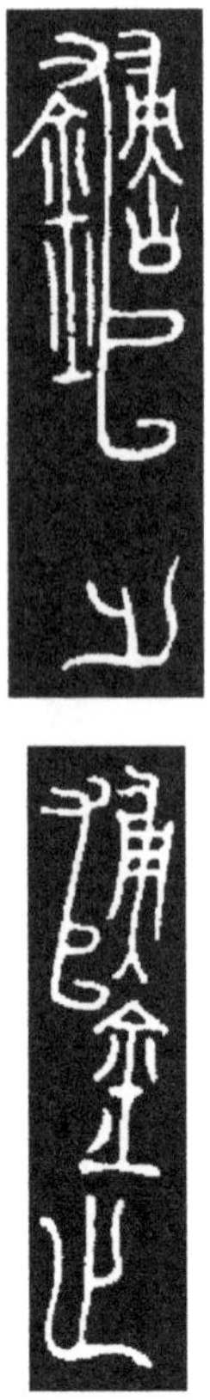

曾侯乙鐘（戰國早期）

xiào
鑃

註：鑃，同馨，大磬曰馨。石或玉制敲擊樂器。

邵黛鐘（春秋晚期）　讀為馨　玉鑃（馨）鼉鼓

shéng
⿰金黽

《字彙》曰：⿰金黽，同繩。

註：，即⿰金黽字。从金、从三黽。黽，即蛙之象形。

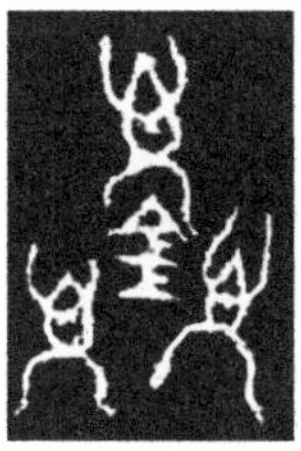

蒿君鉦鋮（春秋晚期） 張亞初釋為鑼【殷周金文集成 引得】 作無者俞寶鑼

kēng
鎮

《集韻》曰：䤰鎗，聲也，或从堅，亦作鎮。《改併四聲篇海》曰：鎮，鎮鏘，金石聲也，與鏗同。
註：鎮，从金、从貞，亦作鏗。鎮鎗即鏗鏘。貞，常假為鼎字，鎮，亦假為鼎字。

三斗鼎（戰國）

右𡨦公鼎（戰國） 讀為鼎

hū
鍸

《集韻》曰：鍸黍稷器，夏曰鍸、商曰璉、周曰簠簋。或作鈷，通瑚。《玉篇》曰：鍸，亦瑚字。
註：鎮，从金、从貞，亦作鏗。鎮鎗即鏗鏘。貞，常假為鼎字，鎮，亦假為鼎字。

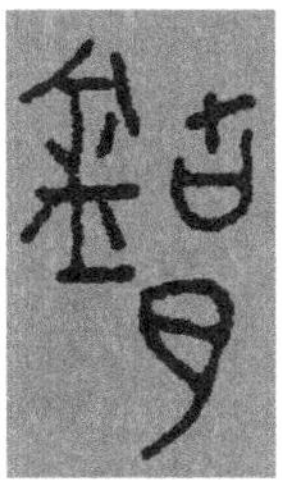

閔令矛（戰國）【古文字類編】

yù
銉

《玉篇》曰：銉，針也。
註：銉，或讀為肆，肆。鐘磬編懸數量單位，十六枚為一肆，半肆為一堵。

洹子孟姜壺（春秋） 讀為肆 鼓鐘一銉（肆）

⿰金乇 ⿰金𠂢 ⿰金壴 鈧

⿰金乇

邾公釛鐘（春秋）

⿰金𠂢

郾王職劍（戰國晚期）

⿰金壴

上官豆（戰國）

kàng
鈧

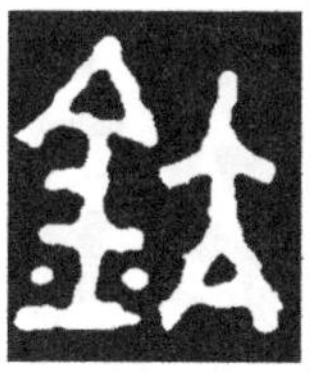

弭伯師耤𣪕
（西周晚期）

jiān qiān
幵

《説文》曰：平也，象二干對構，上平也。

竝幵戈
（殷商）
讀為笄
竝幵（笄）

sháo zhuō bì
勺

《説文》曰：挹取也，象形中有實，與包同意。《説文解字義證》曰：勺……又通作酌。

《説文解字注》曰：包象人懷子、勺象器盛酒漿。

註：勺，亦假為的，射箭靶心，目的。

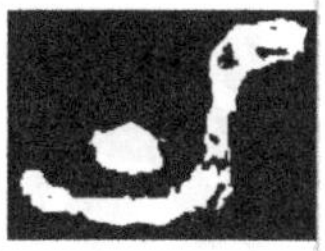

勺方鼎
（殷商）

[illegible]白戈
（西周早期）

jī
几

《説文》曰：踞几也，象形。

註：几，古人蓆地蹲踞而坐，用于倚靠之器具。即後世之茶几、案几。象形字。

居尻

處处

月魚鼎（西周早期）

jū
尻

《說文》曰：處也，从尸、得几而止。《玉篇》曰：尻，與居同。註：尻，即今之居住之居字。从尸，非後世死尸之尸，从尸與从人同。尻，从尸、从几，即人蹲踞之處、所居之意。居行而尻廢矣。

噩君啟節舟節（戰國）

噩君啟節車借（戰國）

chǔ
chù
処

《說文》曰：止也，得几而止，从几、从夊。処或从虍。

瘨鐘（西周中期）

曶鼎（西周中期）

臣諫簋（西周中期）

史牆盤（西周中期）

幷人女鐘（西周晚期）

宗周鐘（西周晚期）

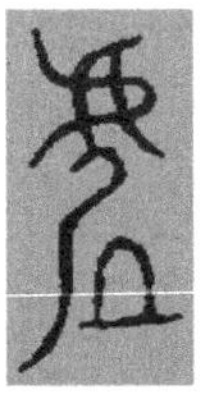
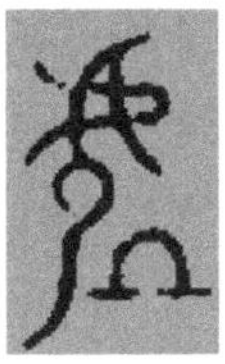
叔尸鐘（春秋晚期）

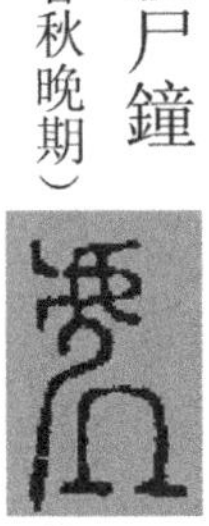
叔尸鎛（春秋晚期）

姑發腎反劍（春秋晚期）

魚鼎匕（戰國）

南疆鉦（戰國）

妤蚉壺（戰國晚期）

且

組

斤

zǔ qiě 且

註：且，作連詞、副詞、代詞。甲骨文、金文且，讀作祖。

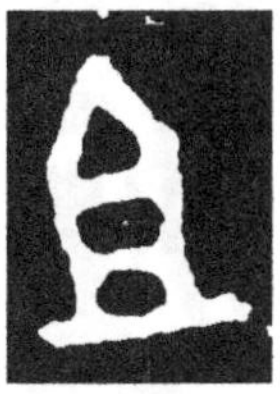

鬲攸从鼎（西周晚期）

散氏盤（西周晚期）

zǔ 組

《說文》曰：禮俎也，从半肉在且上。

註：組，古代祭祀或宴饗時，陳設牲肉之四腿架几，或為切肉之砧板。

三年𤼈壺（西周中期）

小臣傳簋（西周早期）　或从刀

𢦔方鼎（西周中期）

jīn 斤

《說文》曰：斫木也，象形。

註：斤、斧，同為砍木工具。斤似斧而小。斧之縱刃、斤為橫刃，斤，有頭、有柄，象形字。斤，或从金，後出字。

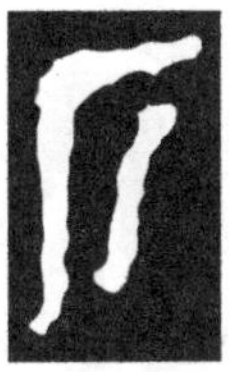

征人鼎（西周早期）

天君簋（西周早期）

仕斤徒戈（戰國早期）

巍鼎（戰國）

平宮鼎（戰國）

斧 

斨 

斪 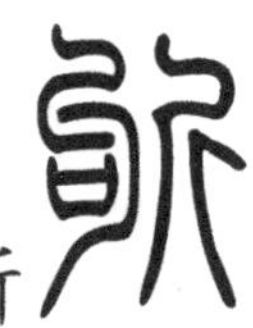

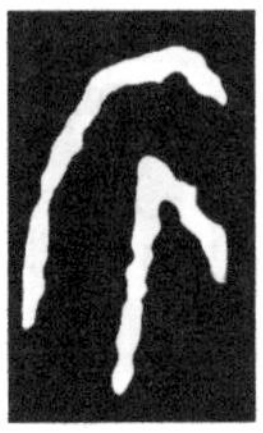

三年詔事鼎（戰國晚期）

邵公和（戰國晚期）

信安君鼎（戰國晚期）或从金

坪安君鼎（戰國晚期）

fǔ
斧

《説文》曰：斫也，从斤、父聲。

註：斧、斤同為砍木工具，斧為縱刃、斤為橫刃。

呂大叔斧（春秋）

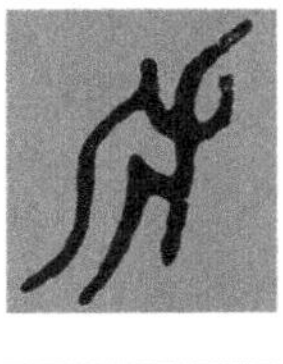

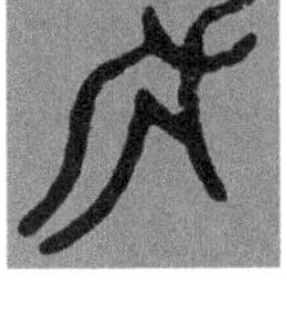

居簋（春秋）【攈古録】

公子土折壺（春秋晚期）

qiāng
斨

《説文》曰：方銎斧也，从金、爿聲。

註：斨，方銎（孔）斧。

子璋鐘（春秋晚期）

qú
斪

《説文》曰：斫也，从斤、句聲。

《玉篇》曰：斪，鋤屬。

註：斪，鋤一類農具，用以斫地。

斪 斲  釿  所 

卅二年坪安君鼎（戰國晚期）

讀為斪 坪安邦斪客

zhuó
斲

《說文》曰：斫也……斲，或从畫、从丮。

註：斲，砍削，音義同斫。，或讀為劃。

富奠劍（春秋）

張亞初釋為斲【殷周金文集成 引得】

富奠之斲劍

jīn
釿

註：釿，从金、从斤，為斤之後出字，同斤。

信安君鼎（戰國晚期）

坪安君鼎（戰國晚期）

suǒ
所

《說文》曰：伐木聲也，从金、戶聲。『詩』曰伐木所所。

註：所，本為伐木鋸聲，象聲字。引申為鋸聲之所在。再用為代詞、副詞等。

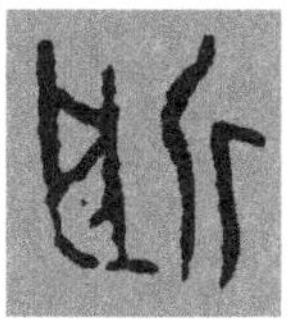

敔簋（西周晚期）

王子午鼎（春秋中期）

鄦料盆蓋（春秋）

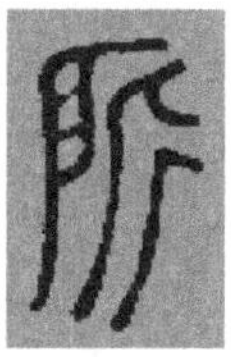

叔尸鎛（春秋晚期）

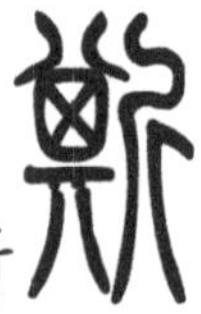

撕廝 斯

庚壺（春秋晚期）

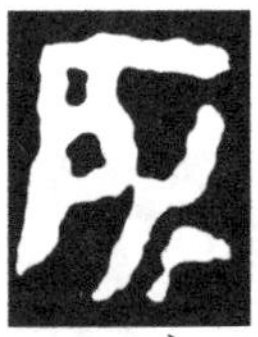

宋公差戈（春秋晚期）

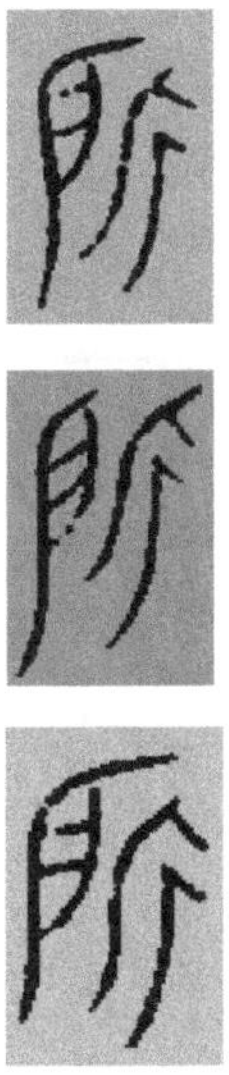

叔尸鐘（春秋晚期）

下寢盂【近出殷周金文集録】（春秋晚期）

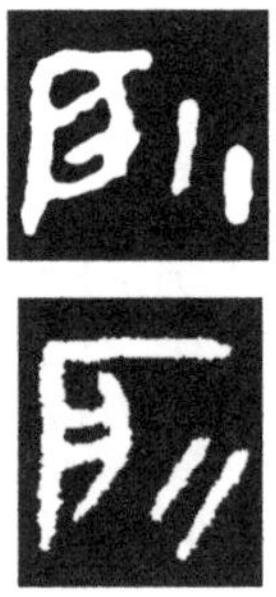

十四年方壺（戰國早期）

王何戈（戰國）

雍王戈（戰國）

閔令趙狽矛（戰國）

魚鼎匕（戰國）

坪安君鼎（戰國晚期）

王子申豆（戰國晚期）

十三年壺（戰國晚期）

十一年庫嗇夫鼎（戰國晚期）

四年戈（戰國晚期）

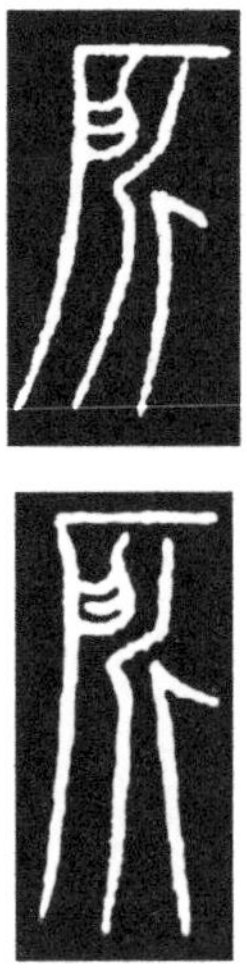

中山王嚳方壺（戰國晚期）

sī 斯

《說文》曰：析木也，从斤、其聲。《廣雅》曰：斯，分也、裂也。《爾雅》曰：斯，離也。註：析木，即將木劈開。斯與析二字義近，為分開、分離，後作撕。斯，或用為代詞、副詞、語氣詞等。通廝。

禹鼎（西周晚期）

讀為廝

遣禹率公戎車乘 斯（廝）馭二百 徒千

余贎逐兒鐘（春秋晚期）

叔尸鎛（春秋晚期）

叔尸鐘（春秋晚期）

斷

新 薪

duàn
斷

《説文》曰：截也，从斤、从𢇍。𢇍，古文絕。古文斷，亦古文。註：斷，應从𢇍，𢇍，為古文絕字，㡭，古文繼字。小篆繼字从𢇍，隸變譌从㡭。金文，同古文斷 小異。

量侯簋（西周早期） 讀為斷 斷勿喪

xīn
新

《説文》曰：取木也。註：新，為薪之本字，从斤、从木、辛省聲，意為斤（即斧頭）砍伐樹木、薪柴。新，後用為新舊之新，在造从艸之薪。

作冊豊鼎（殷商）

新𩫏殷（西周早期）

臣卿鼎（西周早期）

臣卿簋（西周早期）

噭士卿父戊尊（西周早期）

臣衛父辛尊（西周早期）

新邑鼎（西周早期）

新邑戈（西周早期）

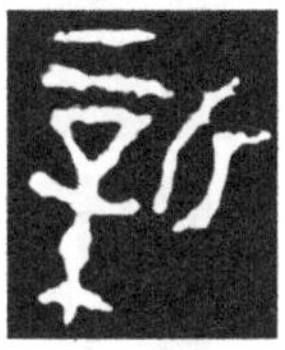
師湯父鼎（西周中期）

望簋（西周中期）

二十五年趞曹鼎（西周中期）

師遽殷（西周中期）

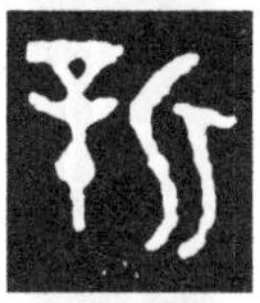

師酉簋（西周中期）

散氏盤（西周晚期）

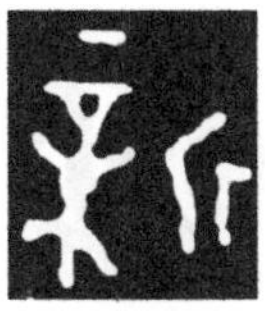

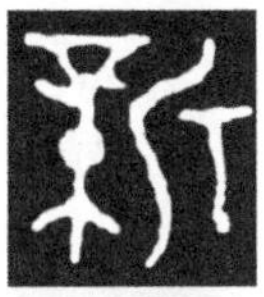

仲義父鼎（西周晚期）

復公子簋（西周晚期）

頌壺（西周晚期）

斱

頌鼎（西周晚期）

頌簋（西周晚期）

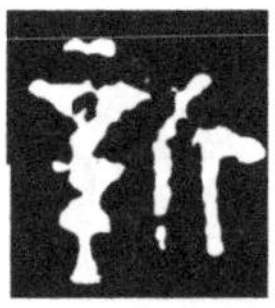

訇簋（西周晚期）讀為薪　側新（薪）

邵大叔斧（春秋）

曾侯乙鐘（戰國早期）

曾侯乙鐘（戰國早期）

鄩之新都戈（戰國早期）

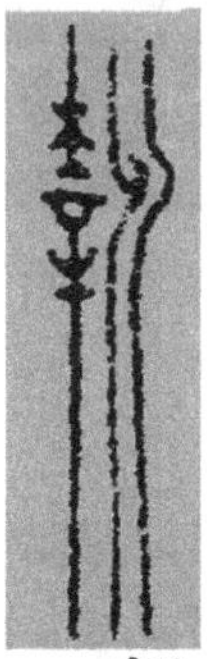

新弨戟（戰國）

中山王譽方壺（戰國晚期）

新郪虎符（戰國晚期）

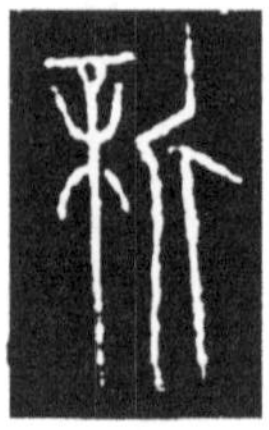

好蚉壺（戰國晚期）

斱

西替段（戰國）

西替簋（戰國）

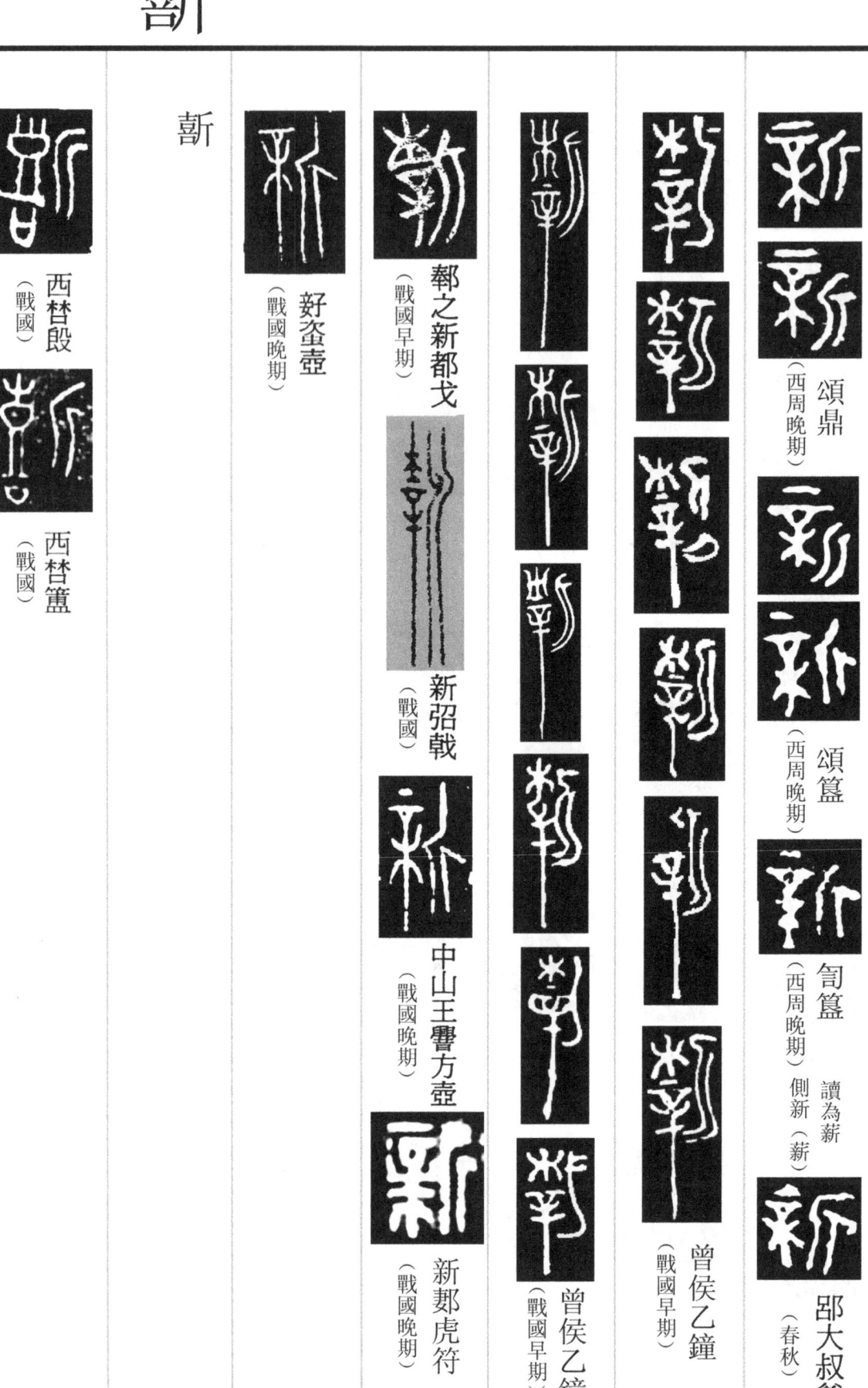

dǒu
斗

《說文》曰：十升也，象形，有柄。註：斗，古代酒器，圓形直壁，有長柄，象形字。北斗七星即斗之象形。金文斗，象其傾注狀，故口向下，小篆以後字形漸變。斗或木制，从木作料。至於量器升斗之斗為後世借字，非酒器之斗。

中敀鼎（戰國早期）

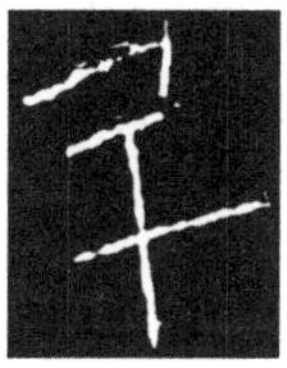
巍鼎（戰國）

五斗壺（戰國）

魏公瓶（戰國）

十一年庫嗇夫鼎（戰國）

王后中官鈽（戰國）

眉脒鼎（戰國）

平宮鼎（戰國）

寺工師初壺（戰國）

扁氏扁壺（戰國）

半斗鼎（戰國晚期）

長陵盉（戰國晚期）

雍工壺（戰國晚期）

邵公和（戰國晚期）

hú
斛

《說文》曰：十斗也，从斗、角聲。

註：斛，量器，或曰容量單位，宋以前十斗為一斛，宋後期改為五斗為一斛，十斗為一石。

公朱左自鼎（戰國晚期） 讀為斛 容一斛

jiǎ
斝

《說文》曰：玉爵也，夏曰琖、商曰斝、周曰爵。从吅、从斗、冂象形，與爵同意，或說斝受六升。

註：斝，象爵而體大之酒器，有柱、有鋬、三足。

料

庾斞

半料

畀簋（殷商）　畀之象形字

liào
料
《說文》曰：量也，从斗，米在其中。《說文解字注》曰：量者，稱輕重也。稱其輕重曰量、稱其多少曰料。
《正字通》曰：料，材質也。

⿰俞司料盆蓋（春秋）

yú
斞
《說文》曰：量也，从斗、臾聲。《玉篇》曰：斞，量也，今作庾。
《正字通》曰：斞，言其輕重之則。今作庾。註：斞，古容器名，斗類。斞，或為量度單位。今作庾。

斛半⿱八爻銅量（戰國）

bàn
料
《說文》曰：量物分半也，从斗、从半，半亦声。註：料，升或斗之一半，即半升、半斗。⿱八斗，或从八、从斗；八，有分意。⿱八斗，有分開斗內容量一半之意，同半字。

子禾子釜（戰國）　或从升

廿七年大梁司寇鼎（戰國中期）

卅五年鼎（戰國中期）

半齋鼎（戰國）

升

矛

□半□銅量（戰國）

梁十九年亡智鼎（戰國）

半厶官鼎（戰國）

眉脒鼎（戰國）

坪安君鼎（戰國晚期）

半斗鼎（戰國晚期）

十三年上官鼎（戰國晚期）

shēng

升

《說文》曰：十龠也，从斗、亦象形。

註：升，容量單位，十龠曰合、十合曰升、十升曰斗。《集韻》曰：升，進也、成也。《正字通》曰：升，登也。□升、□斗同形，加一畫以別。升，有晉陞、昇起之義，升，用同陞、同昇。

沓殷（西周中期）

郗譮尹征城（春秋）

連迂鼎（春秋）

魏公瓶（戰國）

王后中官錡（戰國）

巍鼎（戰國）

商鞅量（戰國）

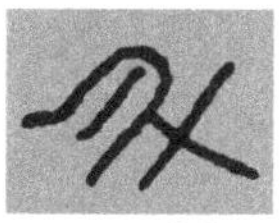

廿五年盉（戰國晚期）

長陵盉（戰國晚期）

máo

矛

註：矛，兵器，象形字。

□□鐃（殷商）

戜殷（西周中期）

戉王州句矛（戰國）

𥍯

郐䤾尹征城（春秋）

tà
䡨

註：䡨，古代車輪轂內包鐵。

八年㐭令戈（戰國）

yù
𨊻

註：𨊻，或讀為馭。

右駿車器（戰國）

fàn
𨊠

《集韻》曰：軓，或作𨊠。《説文解字注》曰：軓，其字蓋古文作𨊠，今字作軓。註：𨊠，古文軓。軓，古代車軾前掩蓋輪輿之板，以軓為基準安裝車箱、輪輿。軓，法式、標準，範之正字，借作范、犯。

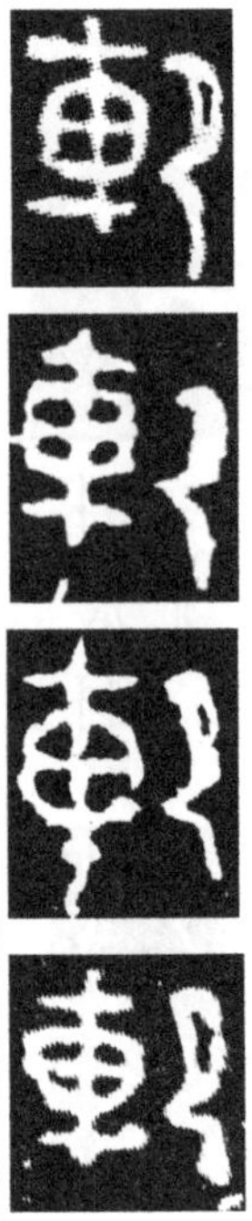

子犯鐘【近出殷周金文集録】（春秋晚期）同軓 讀為犯

車 車

chē jū 車

《說文》曰：輿輪之總名。夏后時奚仲所造，象形。籀文車。

註：，車輪、車箱，上置華蓋，車之象形。後，將字豎立作。再後省作、省作。

羊貝車觚（殷商）

父己車鼎（殷商）

買車卣（殷商）

買車尊（殷商）

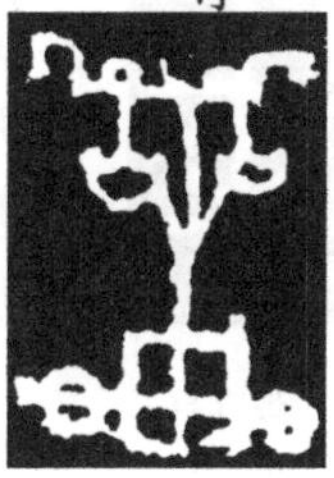
買車斝（殷商）

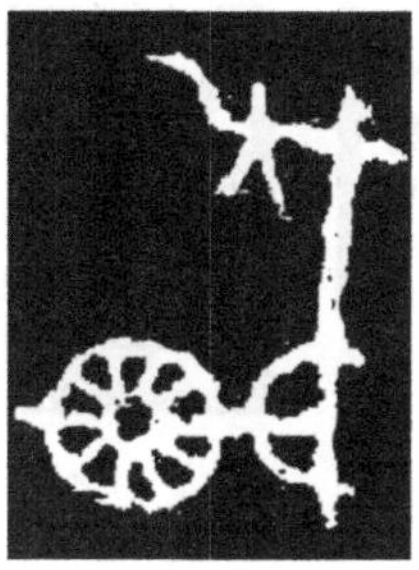
車鼎（殷商）

車□鼎（殷商）

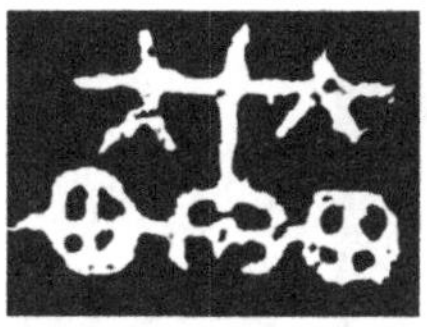
車犬父戊爵（西周早期）

叟尊（西周早期）

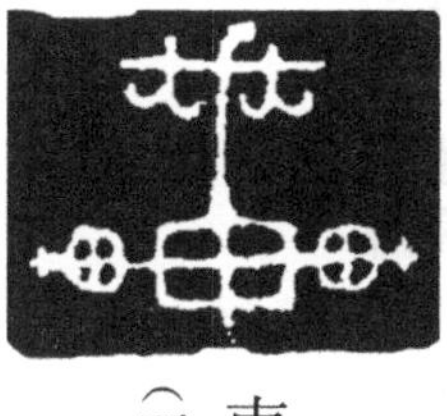
車鼎（西周晚期）

車□鼎（殷商）

車觚（殷商）

車父己簋（殷商）

車方彝（殷商）

車甗（殷商）

車盤（殷商）

奞殷（殷商）

亦車觚（殷商）

弔車觚（殷商）

車□罍（殷商）

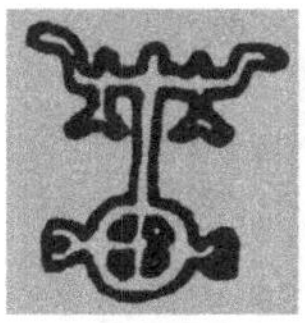
貝車爵（殷商）

車敉戈（殷商）

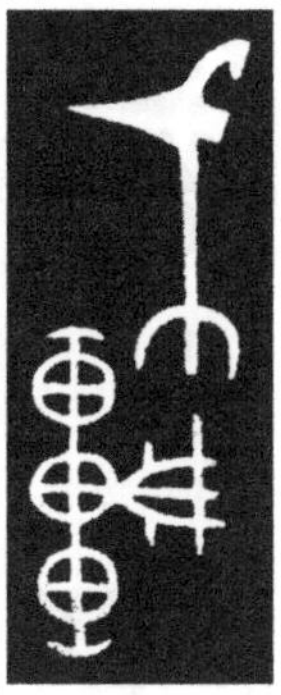
車卣（殷商） 从車从戈或為籀文車字之本

作車簋（西周早期）

卯父殷（西周早期）

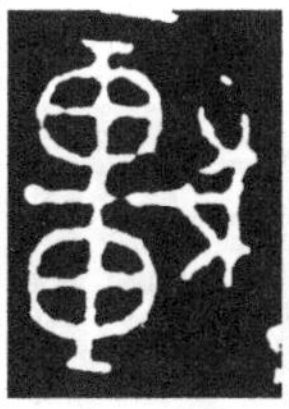
小臣宅簋（西周早期）

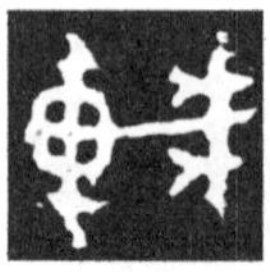
獻簋（西周早期）

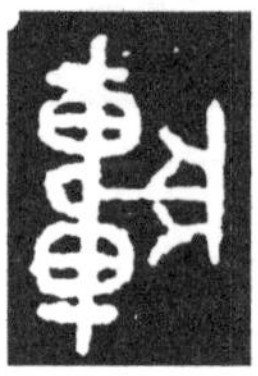
麥方尊（西周早期）

大盂鼎（西周早期）

伯晨鼎（西周中期）

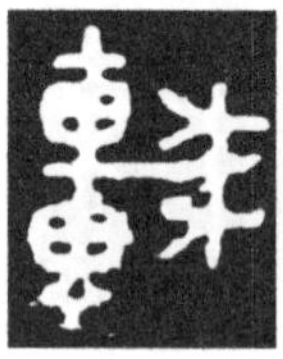
繁卣（西周中期）

兮甲盤（西周中期）

九年衛鼎（西周中期）

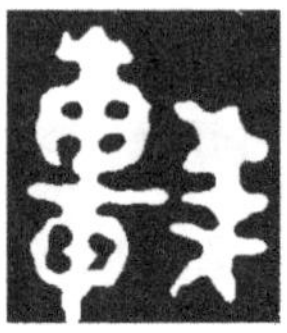
吳方彝（西周中期）

師同鼎（西周晚期）

三年師兌簋（西周晚期）

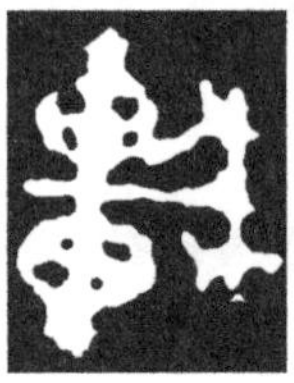
番生簋（西周晚期）

不嬰殷（西周晚期）

多友鼎（西周晚期）

毛公鼎（西周晚期）

克鐘（西周晚期）

彔伯戎殷（西周中期）

同卣（西周中期）

交車戈（西周）

散車父簋（西周晚期）

散伯車父鼎（西周晚期）

飧車父壺（西周晚期）

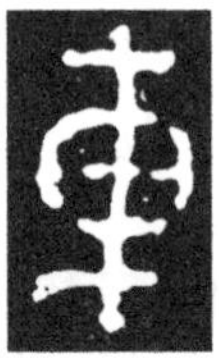
奚子宿車鼎（春秋早期）

鑄公簠（春秋早期）

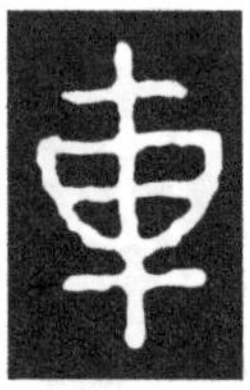
庚壺（春秋晚期）

左使車嗇夫鼎（戰國中期）

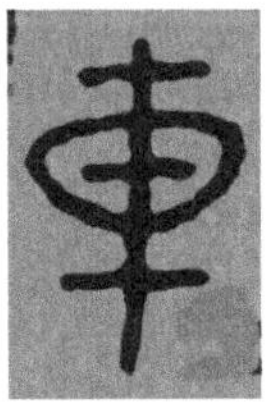
鄂君啟節車節（戰國）

左使車工兵鬲（戰國晚期）

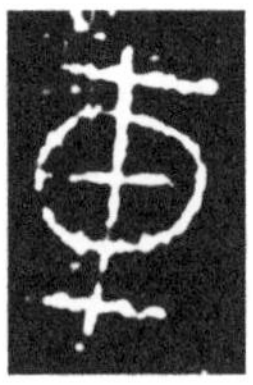
左使車工簠（戰國晚期）

較

軫

輡

十三年壺
（戰國晚期）

左使車器
（戰國晚期）

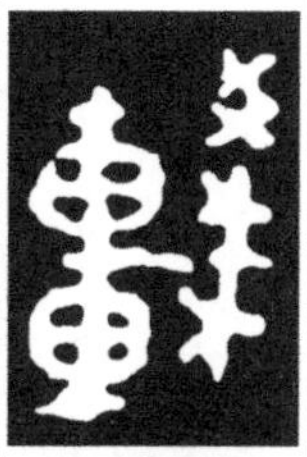

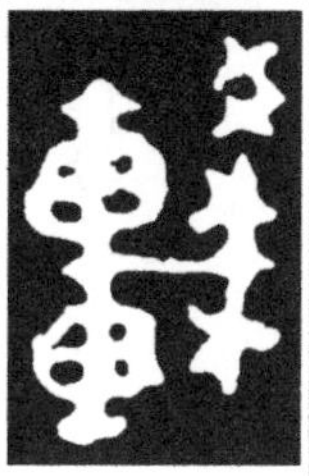

吳方彝
（西周中期）

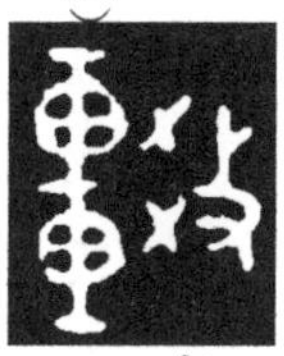

彔伯戓毁蓋
（西周中期）

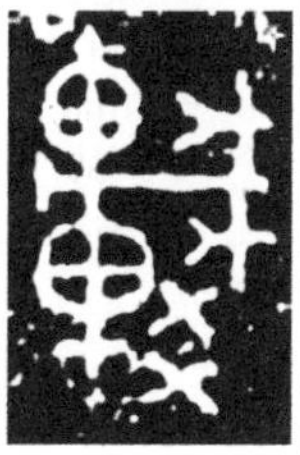

師克盨
（西周晚期）

jué
jiào
較

《說文》曰：車騎上曲銅也，从車、爻聲。

註：較，今作較。較，古車箱兩側橫木上之銅鈎，用以裝飾，并標誌乘車者地位之象徵。

毛公鼎
（西周晚期）

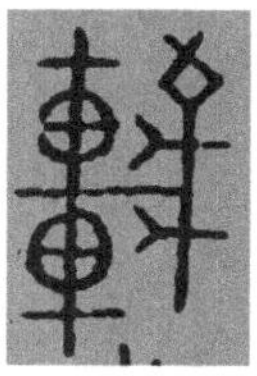

塱盨
（西周晚期）

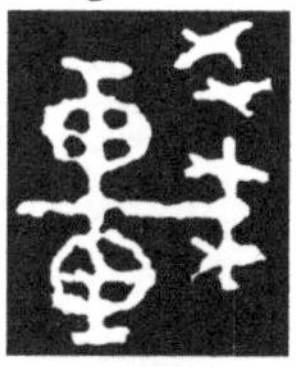

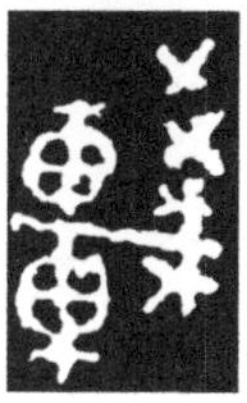

三年師兌簋
（西周晚期）

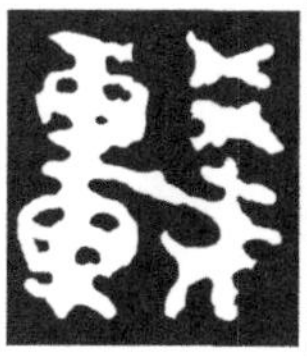

番生簋
（西周晚期）

zhěn
軫

《說文》曰：車後橫木也，从車、㐱聲。

註：古代車箱底部四框之橫木曰軫。軫，假為疹、為畛。

番生簋　讀為輡
（西周晚期）　賜朱芾……車電軫

mǐn
輡

註：輡，古車中之革帶。

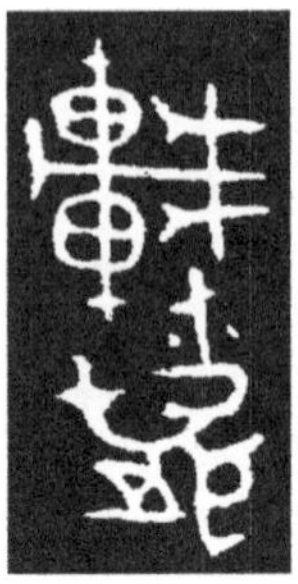

師克盨（西周晚期）

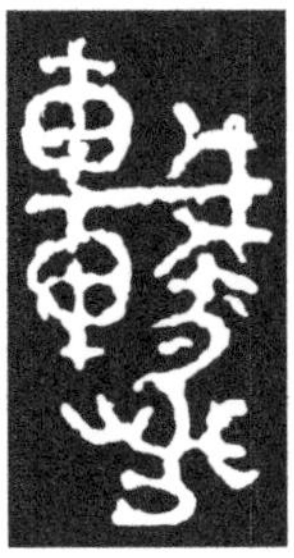

三年師兑簋（西周晚期）

塱盨（西周晚期）

毛公鼎（西周晚期）

番生簋（西周晚期）

輅 輅

hé lù

輅

《說文》曰：車軨前横木也，从車、各聲。註：輅，綁在車轅上以供牽挽之横木。輅，或指大型車。

四年邛令戈（戰國）

四年春平相邦鈹（戰國晚期）

軝 軝

qí

軝

《說文》曰：長轂之軝也，以朱約之。从車、氏聲。註：軝，古代車輪轂上朱色革制裝飾。

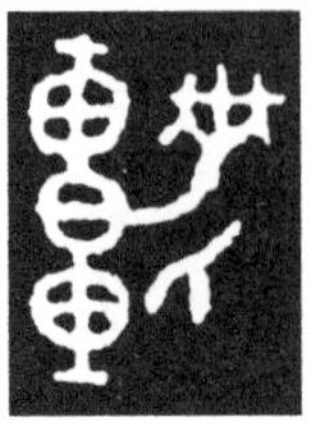

叔趯父卣（西周早期） 讀為軝 汝其用饗乃辟軝侯

載 載

zài zǎi dài

載

《說文》曰：乘也，从車、𢦏聲。《釋名》曰：載，戴也。《集韻》曰：栽，生殖也，或作載。

《正字通》曰：載，與再同。註：路行載車、水行載舟。載，乘載、乘坐。

軍

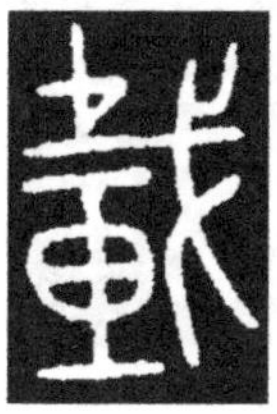
墉夜君成鼎
（戰國）

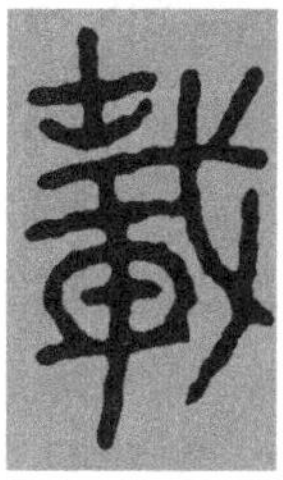
噩君啟節舟節
（戰國）

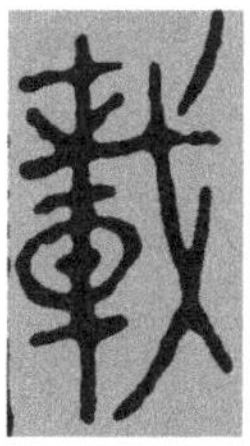
噩君啟節車節
（戰國）

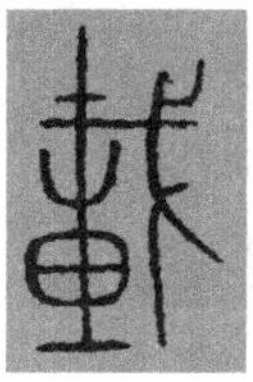
耑司君鼎
（戰國）
【金文編】

中山王嚳方壺
（戰國晚期）
或从車才聲

jūn
軍

《說文》曰：圜圍也，四千人為軍。从車、从包省。軍，兵車也。

註：上古記日之法采用天干十字，由甲、乙至癸爲一周期，曰旬。、，乃甲骨文旬字，會意為十日一旬，往返回复之象。軍字取旬聲，从車，非从包省。

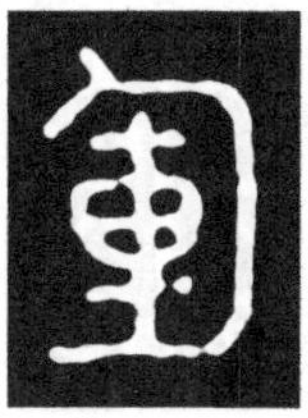
庚壺
（春秋晚期）

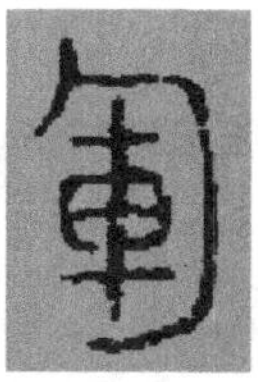
叔尸鎛
（春秋晚期）

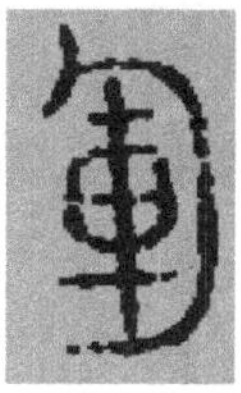
叔尸鐘
（春秋晚期）

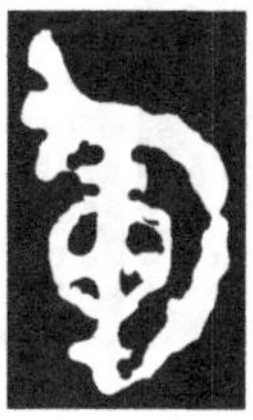
郾侯䡴矛
（戰國）

右軍矛
（戰國）

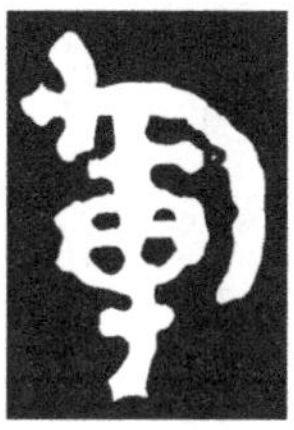
郾右軍矛
（戰國）

中山王嚳鼎
（戰國晚期）

九年將軍戈
（戰國晚期）

轉

zhuǎn
zhuàn
轉

《說文》曰：運也，从車、專聲。《玉篇》曰：轉，迴也、轉運也。

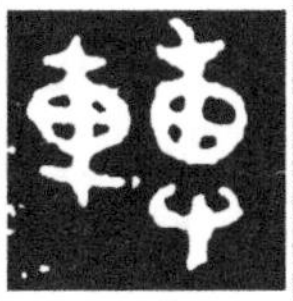
轉作寶艦盤
（西周早期）

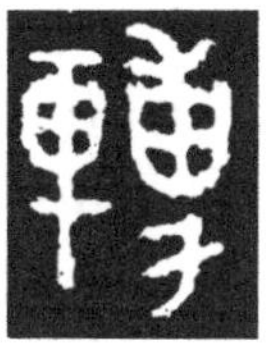
師轉鎣
（西周中期）

軌

輦

輔

guǐ
軌

《說文》曰：車轍也，从車、九聲。《廣雅》曰：軌，迹也。註：軌，或假為簋。

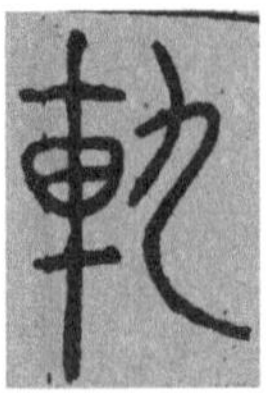
軌簋（戰國晚期）　假借為簋【文物】一九六五年十一期

niǎn
輦

《說文》曰：輓車也，从車，从扶（伴）在車前引之。

註：，金文輦象形字，二人挽車而行。夏氏末代制輦，秦以輦為人君之乘，帝王乘輦。

輦作匕癸尊（殷商）

輦作匕癸卣（殷商）

輦卣（西周早期）

fǔ
輔

註：輔，綁在車輪外，以夾輪轂之兩條直木，曾彊載重力。輔，輔助、輔佐。

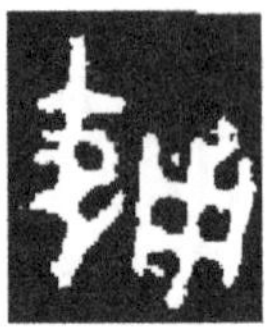
王人亯輔甗（西周中期）

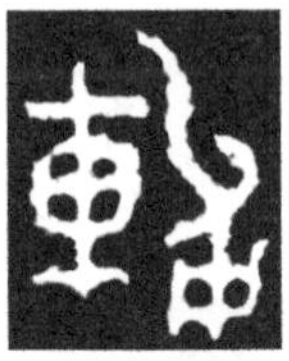
輔伯雁父鼎（西周晚期）

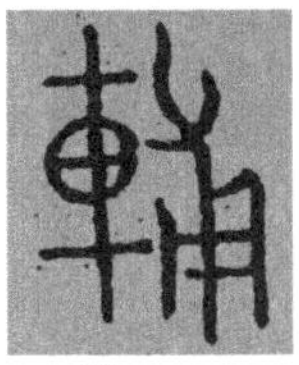
塱盨（西周晚期）

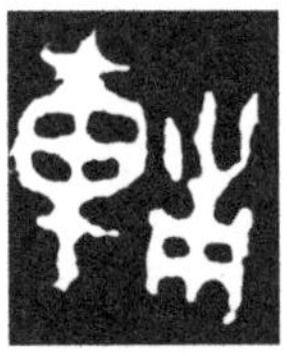
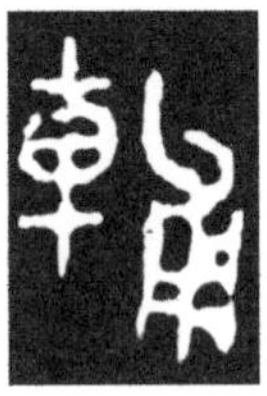
師嫠毀（西周晚期）

輔師嫠毀（西周晚期）

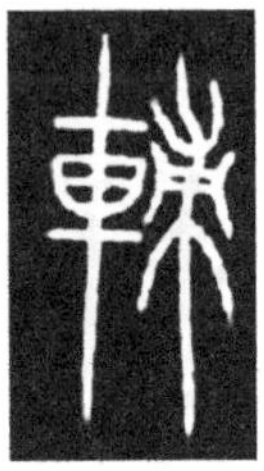
中山王嚳方壺（戰國晚期）

蹤踪䡝

輿

軭

輪

zōng
䡝

《説文》曰：車迹也，从車、從省聲。《説文通訓定聲》曰：䡝，與軌微别，涂（途）之有定者曰軌、行之無定者曰䡝。《説文解字注》曰：䡝，古字祇作從，……俗變作蹤，再變作踪。註：䡝，即後世之蹤字。

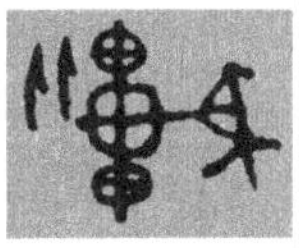
□父辛鼎（西周早期）【古文字類編】

九年衛鼎（西周中期） 或从車从从

yú
輿

註：輿，車輿，即車箱。

閼輿戈（戰國）【文物】一九九四年四期

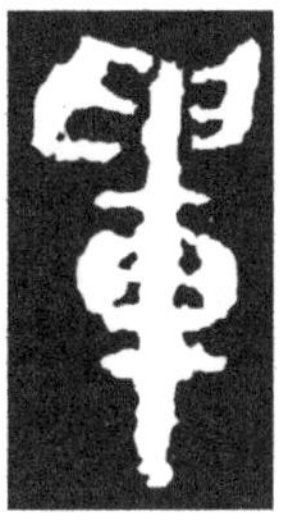
閑戈（戰國）

kuáng
軭

註：軭，紡車、或稱獨輪小車。

君軭車軎（戰國早期）

lún
輪

《説文》曰：有輻曰輪，無輻曰輇。註：輪，有輻車輪之早期象形字。

軎（軎）　轉　⿰車亭（停）

鼎（殷商）

觚（殷商）

斝（殷商）

盤（殷商）

wèi
軎

《説文》曰：車軸耑也，从車，象形。

註：軎，古車部件，青銅鑄筒狀，套在兩側車輪軸端。

玐方鼎（西周早期）

bó
轉

註：轉，車下繩索。

師克盨（西周晚期）

tíng
⿰車亭

註：⿰車亭，或讀為停。

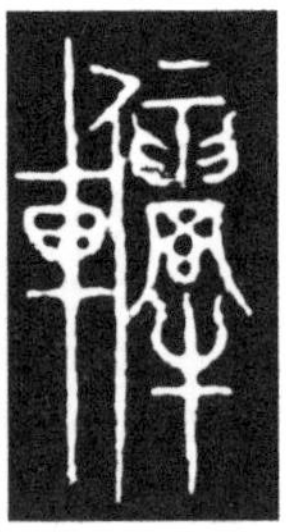

中山王方壺（戰國晚期）

讀為停

無有⿰車亭（停）息

𠂤堆

官管館

duī
𠂤

《說文》曰：小阜也，象形。《正字通》曰：𠂤，堆之本字。註：金文或借𠂤為師、為阜。

亞若癸觚（殷商）

大盂鼎（西周早期）

旅鼎（西周中期）

小克鼎（西周晚期）

多友鼎（西周晚期）

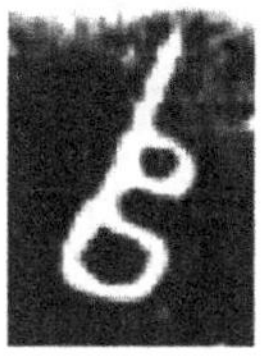
克鐘（西周晚期）

guān
guǎn
官

《說文》曰：史事君也，从宀、从𠂤，𠂤，猶衆也。《字彙》曰：官，官舍曰官（館）。註：官从宀、从𠂤，宀即屋宇，𠂤，即師字，朝廷治事處曰官，官，指官舍，非指人，後，官（館）中治事之人曰官，治事之處曰館。官，同館、通管。

戒作葬官鬲（西周早期）

小臣傳簋（西周早期）

隩作父乙尊（西周早期）

卯簋（西周中期）

競卣（西周中期）

師奎父鼎（西周中期）

師晨鼎（西周中期）

趞𣪘（西周中期）

申簋（西周中期）

師瘨𣪘蓋（西周中期）

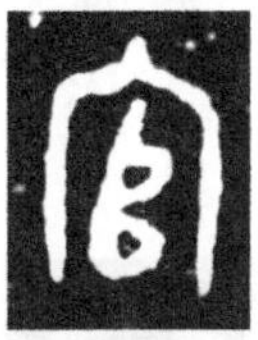

師酉簋（西周中期）

師虎簋（西周中期）

害簋（西周晚期）

官㚔父𣪘（西周晚期）

𠂤𠂔

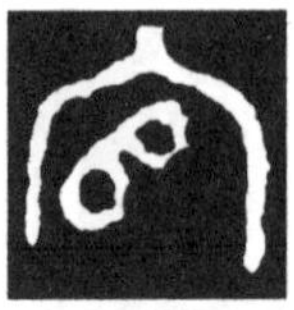
無叀鼎（西周晚期）

善夫山鼎（西周晚期）

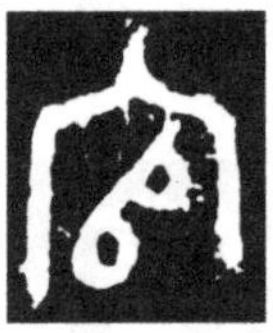
元年師旋段（西周晚期）

楚簋（西周晚期）
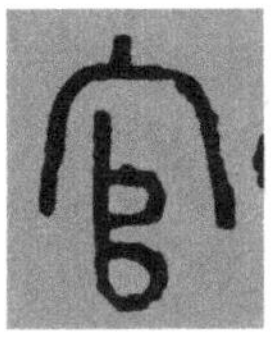
戠段（西周晚期）

番伯鐳（西周晚期）

訇簋（西周晚期）

伊簋（西周晚期）

揚簋（西周晚期）

師穎段（西周晚期）

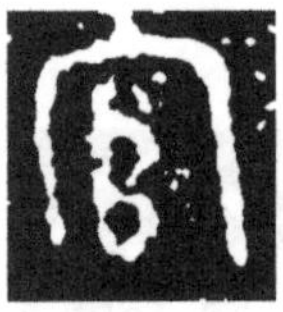
師嫠段（西周晚期）

頌簋（西周晚期）

頌壺（西周晚期）
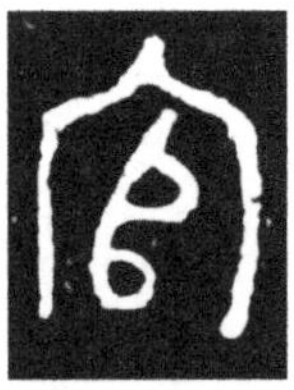

頌鼎（西周晚期）

王后中宫鋳（戰國）

中厶官鼎（戰國）

王氏官鼎（戰國）
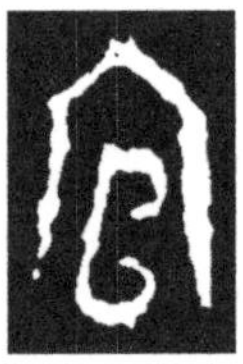
上官豆（戰國）

冢客之官壺（戰國）

句脰官鼎（戰國晚期）

卅六年厶官鼎（戰國晚期）

王子申豆（戰國晚期）

韓氏私官方壺（戰國）

cì
𠂤𠂔

註：𠂤𠂔，从𠂤、𠂔聲，或讀為次。

陵

陰 蔭

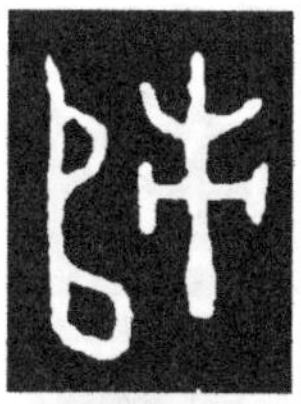
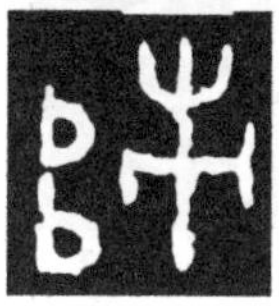
小子⿱罒廾鼎（殷商）

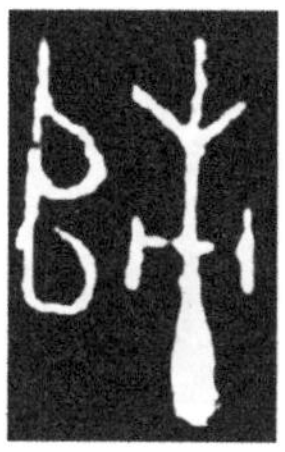
邐方鼎（殷商）

宰甫卣（殷商）

中方鼎（西周早期）

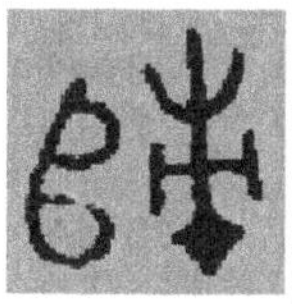
中甗（西周早期）讀為次　在噩師⿰𠂤朿（次）

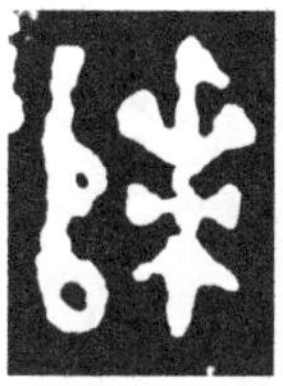
兮甲盤（西周晚期）讀為次　毋敢不即⿰𠂤朿（次）

lín
陵

《說文》曰：大𠂤（阜）也，从𠂤、夌聲。《爾雅》曰：大阜曰陵。《廣雅》曰：陵，冢也。

註：陵，大土山、山頭、墳墓。

陵父日乙罍（西周早期）

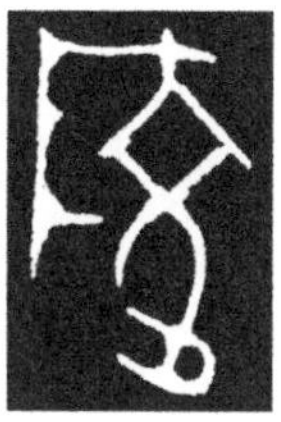
陵鼎（西周早期）

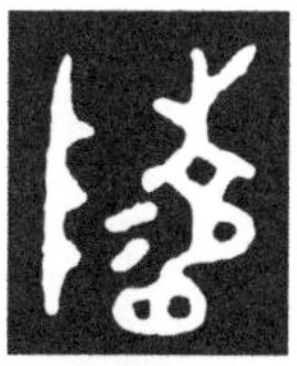

三年𤼈壺（西周中期）

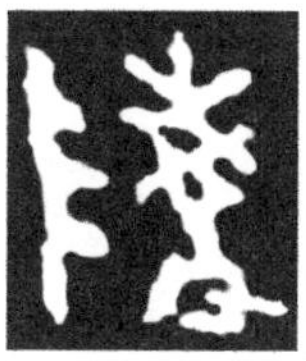
散氏盤（西周晚期）

陵叔鼎（西周中期）

陵作父乙尊（西周中期）

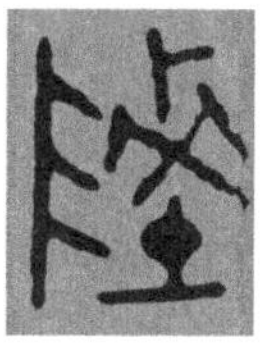
噩君啟節舟節（戰國）

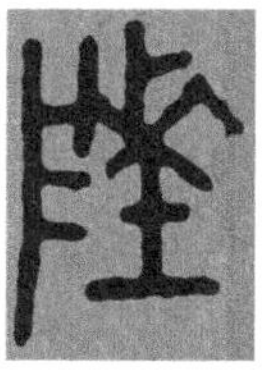
噩君啟節車借（戰國）

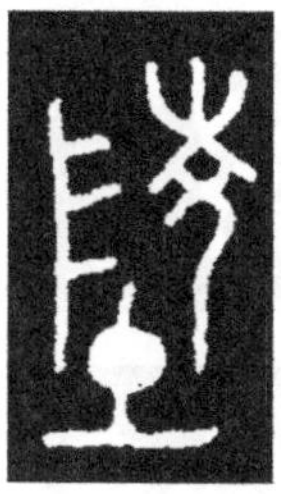
陳純釜（戰國）

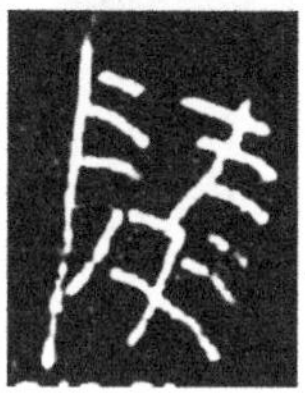
平都矛（戰國）

王子申豆（戰國晚期）

長陵盉（戰國晚期）

yīn
陰

《說文》曰：闇（暗）也，水之南，山之北也。从𠂤、侌聲。《說文通訓定聲》曰：陰，假借為窨、為蔭。

註：背日曰陰。山之北、水之南曰陰，古地名或以此命名。

陽 陽

敔簋（西周晚期）

曩伯子宼父盨（春秋） 讀為陰 其陰其陽以征以行

敬事天王鐘（春秋晚期） 江漢之陰陽

陰平劍（戰國） 陰平左庫之造

南疆鉦（戰國）

雕陰鼎（戰國）【古文字類編】

十七年平陰鼎（戰國） 讀為陰 在平陰包之所

yáng
陽

《說文》曰：高明也，从𨸏、昜聲。

註：陽與陰相對。山南、水北曰陽。古地名以此命名。

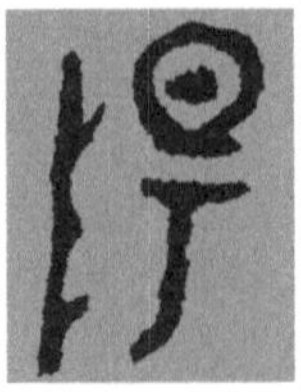
應侯簋（西周早期）【古文字類編】

陽尹簋（西周）

敔簋（西周晚期）

虢季子白盤（西周晚期）

南宮柳鼎（西周晚期）

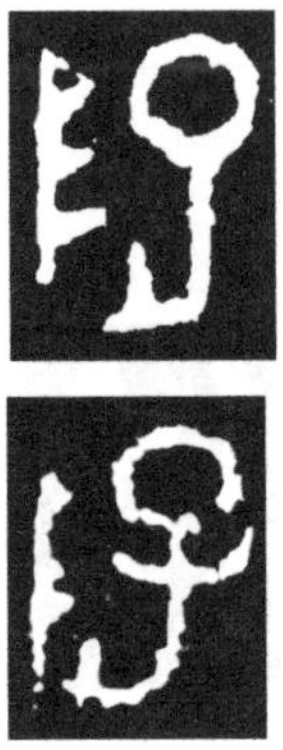
陽生簋（西周晚期）

南疆鉦（春秋）

陽伯鼎（春秋早期）

曩伯子宼父盨（春秋）

平陽右庫戈（春秋）

成陽辛城里戈（春秋晚期） 或从山

陸

蔡侯墓殘鐘（春秋晚期）

平陽高馬里戈（春秋晚期）或从土

敬事天王鐘（春秋晚期）

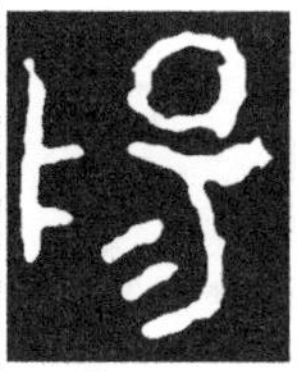
陽旂戈（戰國早期）

高陽劍首（戰國）或从土

十三年相邦義戈（戰國）

安陽令矛（戰國）

宜陽右倉簋（戰國）

宅陽令矛（戰國）

平陽矛（戰國）

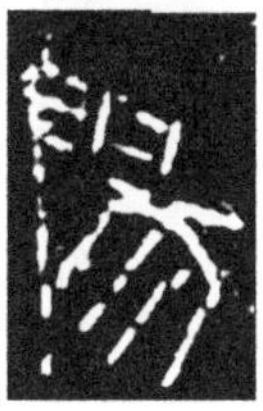
中陽戈（戰國）

丞相啟狀戈（戰國）

泥陽矛（戰國）

□年上郡守戈（戰國）

武陽右庫戈（戰國）

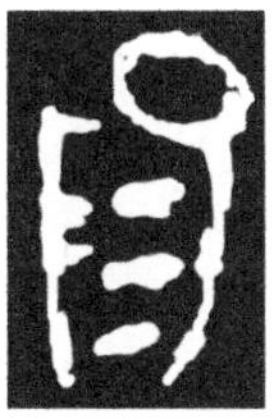
晉陽戈（戰國）

陽周矛（戰國）

四年相邦樛斿戈（戰國晚期）

□年邦府戈（戰國晚期）

lù 陸

《説文》曰：高平地，从𨸏、从坴，坴亦聲。籀文陸。

註：陸，通睦。陸與睦古亦同聲。

陸冊鼎（殷商）

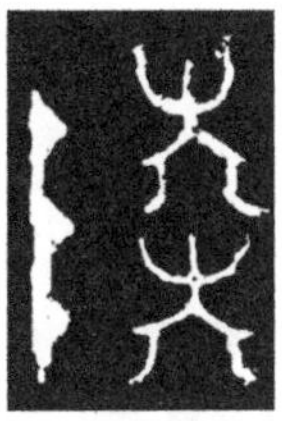
陸冊父甲卣（殷商）

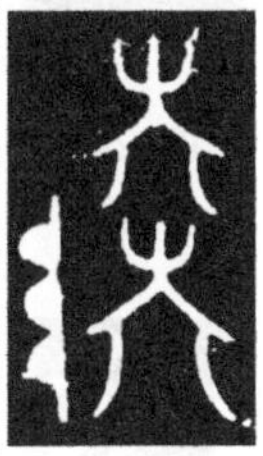
陸冊父庚卣（殷商）

陸冊父乙爵（殷商）

陸婦簋（西周早期）

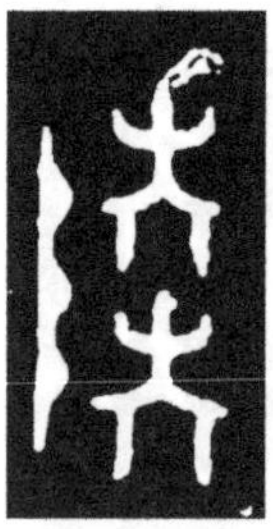
義伯簋（西周）

邾公釛鐘（春秋）

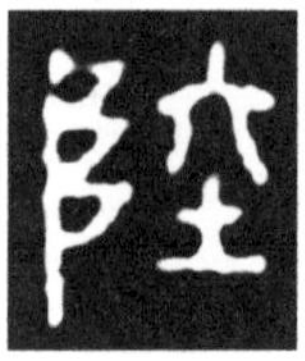
庚壺（春秋晚期）

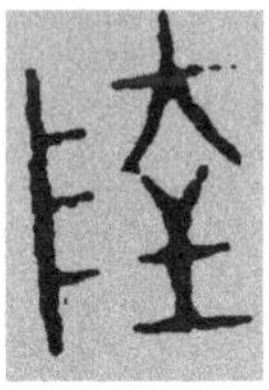
平陸戈（戰國）

阿

ē ā
阿

《說文》曰：大陵也，一曰曲𠂤也，从𠂤、可聲。

註：大土山曰阿，山阜彎曲處亦曰阿。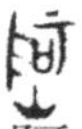阿，或从山，阿，或从土。阿，或用于語氣詞、助詞等。

平阿右戟（戰國）

阿武戈（戰國）

平阿右戈（戰國）或从山

平阿左戈（戰國晚期）或从土

陂

bēi pō pí
陂

《說文》曰：阪也，一曰沱也，从𠂤、皮聲。《廣韻》曰：陂，澤障。《玉篇》曰：陂，傾也、斜也。

註：陂，山坡、斜坡，引申為偏邪、不正。陂、坡或為同字。

微䜌鼎（西周晚期）　讀為陂　王令微䜌纘嗣九陂

阪

bǎn
阪

《說文》曰：坡者曰阪，一曰澤障，一曰山脅也。从𠂤、反聲。《龍龕手鑑》曰：阪，大坡不平也。

註：阪，地勢傾斜，斜坡，或曰山脅、山腰小道。

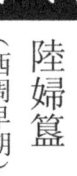

限

阻

隥 磴

二十年鄭令戈（戰國） 讀為阪 鄭令韓恙……右庫工師張阪冶贛

xiàn 限

《說文》曰：阻也，一曰門榍，从𨸏、艮聲。《小爾雅》曰：限，界也。

註：限，門檻，界限、限定。

伯限爵（西周早期）

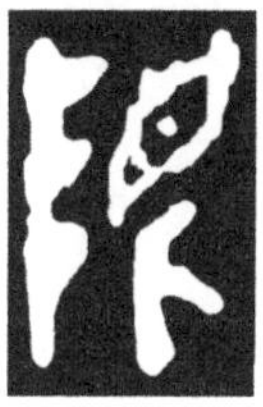

曶鼎（西周中期） 讀為限 究以限訟

𩰫比盨（西周晚期） 讀為限 復限予比𩰫田

zǔ 阻

《說文》曰：險也，从𨸏、且聲。

註：且即祖之本字。金文或省𨸏，假且為阻。阻，或作沮。

耳卣（西周早期） 或省𨸏 且字重見 耳休弗敢且（阻）

dèng 隥

《說文》曰：仰也，从𨸏、登聲。

註：仰，向上舉步，有登意。隥，同磴；石階、階梯。

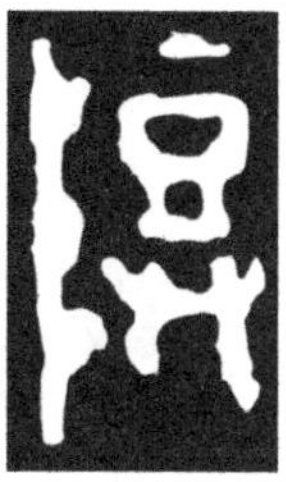

班簋（西周中期） 讀為隥 隥于大服

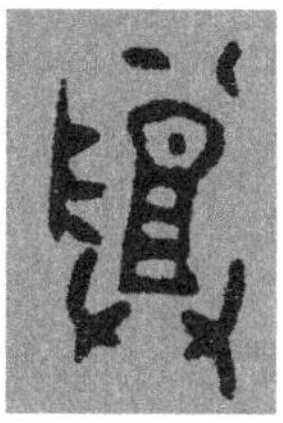

單叔鬲（西周晚期）【古文字類編】

陟 陟　隊 隊 隧　降 降 洚

zhì
陟

《說文》曰：登也，从𨸏、从步。古文陟。《爾雅》曰：陟，陞也。《廣雅》曰：陟，進也。

註：古阜字，像高阜之臺階，陟，左右腳趾朝上，登階而上。陟，上升、晉升，與降相對。

沈子它簋（西周早期）

㾓鐘（西周中期）

班簋（西周中期）　讀為陟　否畀純陟

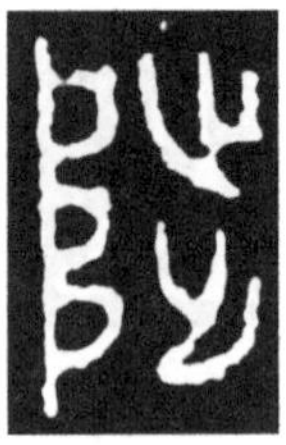

㝬𣪘（西周晚期）

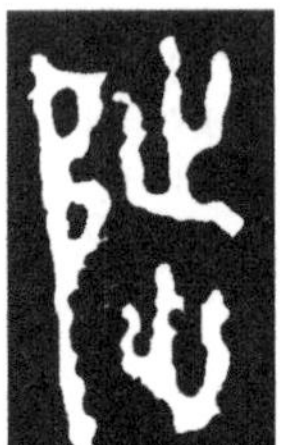

蔡侯尊（春秋晚期）

蔡侯盤（春秋晚期）　讀為陟　上下陟否

zhuì
suì
duì
隊

《說文》曰：從高隊（墜）也。《爾雅》曰：墜，落也或作隊。《玉篇》曰：隊，部也百人也。《集韻》曰：隧，墓道，或省，作隊。

註：隊，與墜同，正俗字。隊，或作隧、作燧。

卯簋（西周中期）

新郪虎符（戰國晚期）　讀為燧　燔隊（燧）事

jiàng
xiáng
降

《說文》曰：下也，从𨸏、夅聲。《爾雅》曰：降落也。《說文通訓定聲》曰：降，假借為洚。

註：，即阜字，像臺階，會意為高地。降，雙腳趾朝下從臺階下行狀，會意為降。降，與陟相對。腳趾朝向不同其義相反。

毓且丁卣（殷商）

大保簋（西周早期）

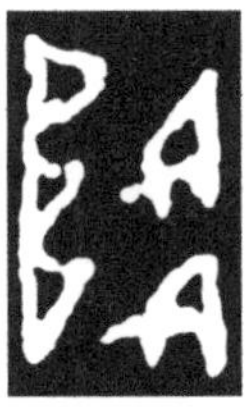

天亡簋（西周早期）

史牆盤（西周中期）

斁狄鐘（西周中期）

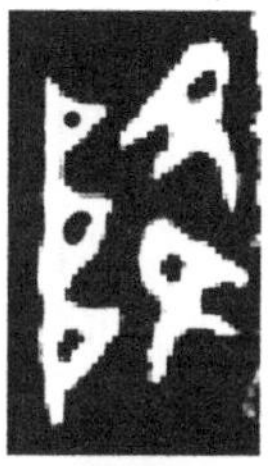

癲鐘（西周中期）

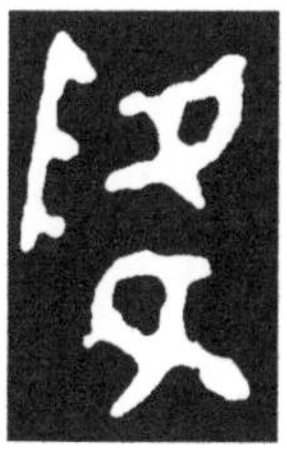
降人𦉼𣪕（西周中期）

沕其鐘（西周晚期）

井人女鐘（西周晚期）

士父鐘（西周晚期）

虢叔旅鐘（西周晚期）

宗周鐘（西周晚期）

函皇父鼎（西周晚期）

函皇父簋（西周晚期）

𡎞盨（西周晚期）

禹鼎（西周晚期）

叔向父禹簋（西周晚期）

𧦝𣪕（西周晚期）

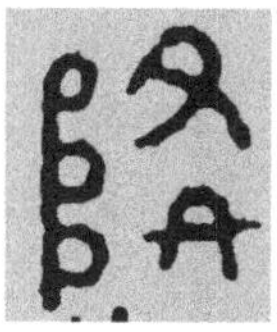
師訇簋（西周晚期）

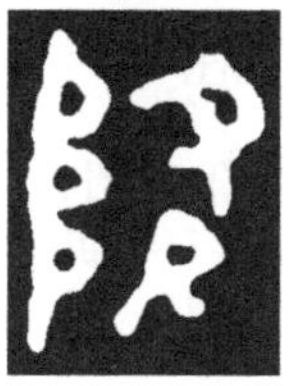
散氏盤（西周晚期）

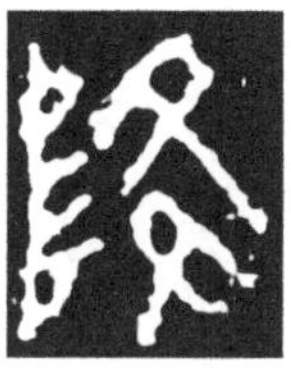
宗婦鄁嫛𣪕（春秋早期）

宗婦鄁嫛壺（春秋早期）

宗婦鄁嫛盤（春秋早期）

宗婦鄁嫛鼎（春秋早期）

不降矛（戰國）

不降雙鋒鏃（戰國）

中山王𰯌鼎（戰國晚期）

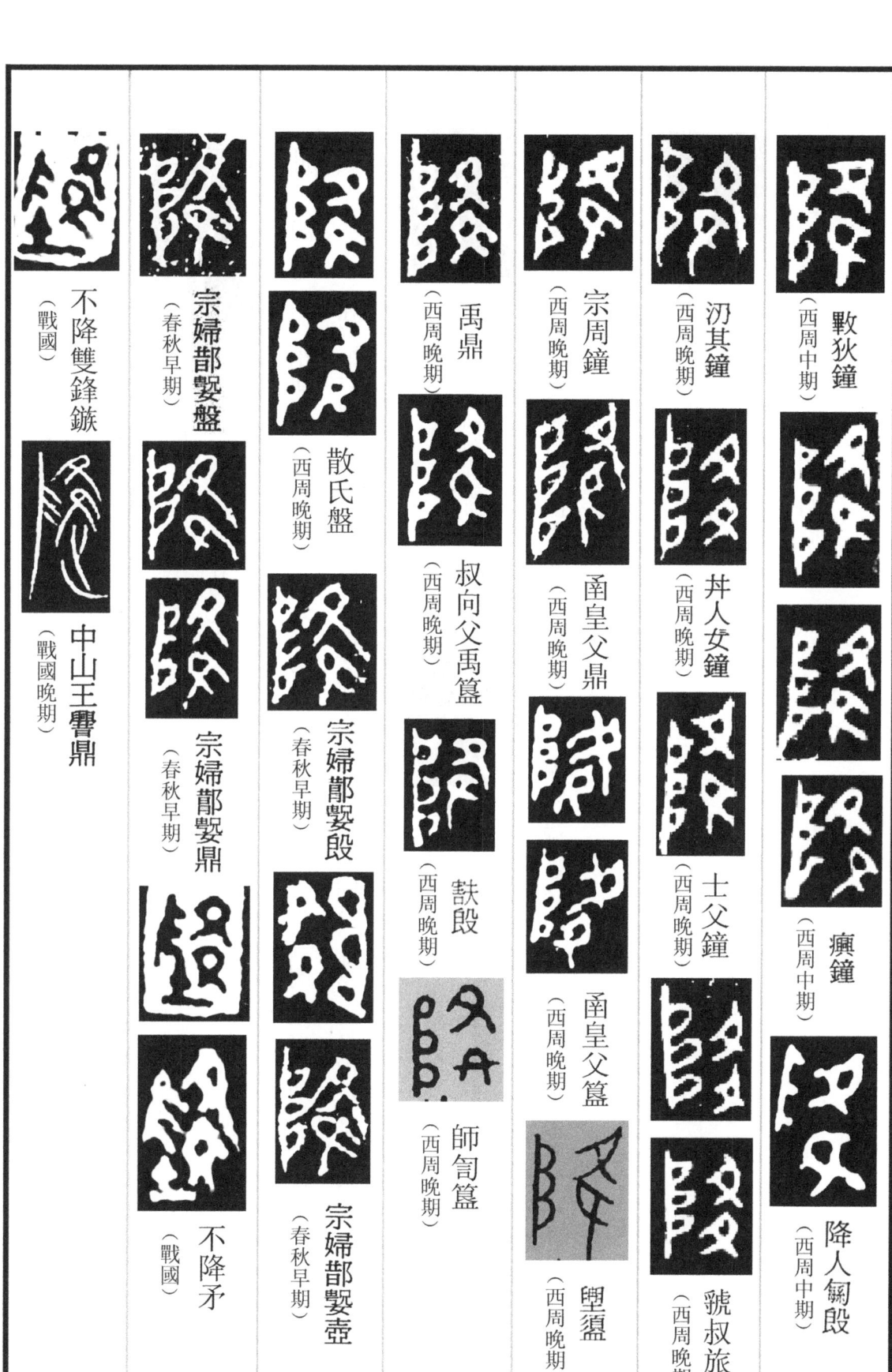

殞隕 

陀陁 

址阯 

隱 

yǔn
隕

《說文》曰：從高下也，从𨸏、員聲。《玉篇》曰：隕：落也，墜也。《說文通訓定聲》曰：隕，亦作殞。

中山王嚳鼎（戰國晚期）　讀為隕　恐隕社稷之光

zhì yǐ tuó
陁

《說文》曰：小崩也，从𨸏、也聲。《集韵》曰陁，崖際。《廣雅》曰：陁，坡陁，或作坡陀。

註：陁，崩頹、壞落。也、它古文同字，故，陁、陀同字，陁，或為山坡、岸邊、坡陀。

㝬𣪘（西周晚期）　讀為陁　陁陁降余多福

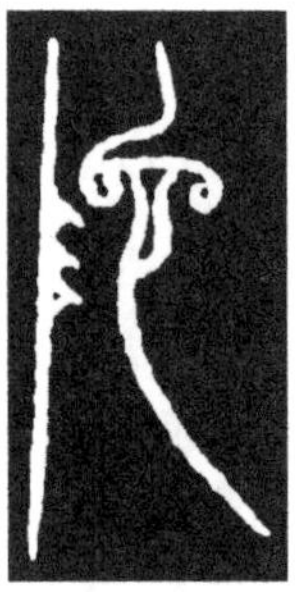

中山王嚳方壺（戰國晚期）　或讀為施　以陁（施）及子孫

zhǐ
阯

《說文》曰：基也，从𨸏、止聲。址阯或从土。《說文通訓定聲》曰：阯，假借為沚。

註：阯，地基、牆基。阯，同址、通沚。

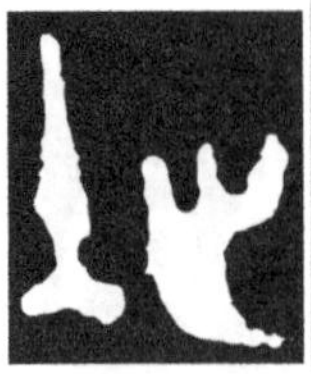

中作匕己觶（西周早期）

yǐn
隱

《說文》曰：蔽也，从𨸏、㥯聲。

𠳋 

陭 

陣陳 

好盗壺（戰國晚期）　隱之異體　隱逸先王

qiǎn
𠳋

《説文》曰：……小塊也，从𠂤、从臾。註：𠳋，小塊（块）土。𠳋，或讀作遣。，从口讀作譴。

小臣謎毁（西周早期）　讀為遣　唯十又二月遣自□師

大保簋（西周早期）　或从口　讀為譴　大保克敬王譴

yì yǐ
陭

《説文》曰：上黨陭氏阪也，从𠂤、奇聲。註：陭，古地名，上黨陭氏縣。陭，或為梯子之别稱。

曾伯陭壺（春秋）

陭氏戈（戰國）【近出殷周金文集録】

chén zhèn
陳

《説文》曰：宛丘舜後嬀滿之所封。从𠂤、从木、申聲。《廣雅》曰：陳，列也。《玉篇》曰：陳，布也。註：陳，陳設、陳列，為其本義。陳，或用于國名、地名，及姓氏。陳，軍隊布列陣法，後，作陣字。古文陳、陣，同字。陳，或从土。

九年衛鼎（西周中期）

陳侯鬲（春秋早期）

陳□戈（春秋晚期）

陳𡉄造戈（春秋晚期）

陳 陣

陳逆簠（戰國早期）

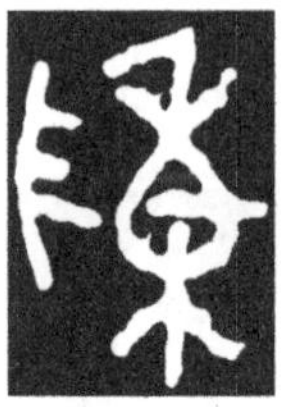

高都令劍（戰國晚期）

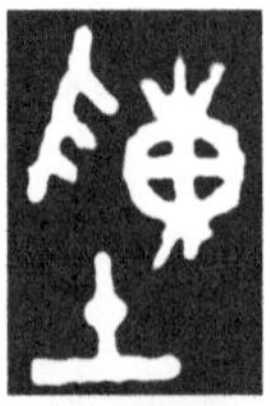

齊陳曼簠（戰國早期）

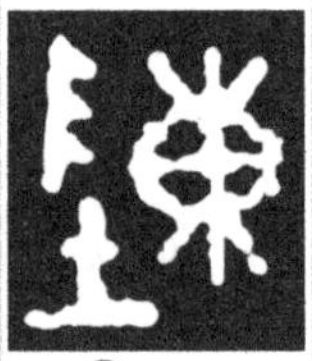

陳逆簠（戰國早期）

陳侯午簠（戰國早期）

墜昉𣪘（戰國早期）

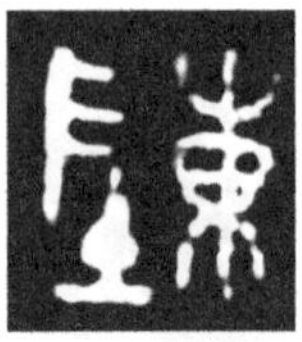

陳喜壺（戰國早期）

陳侯因資戈（戰國早期）

陳御寇戈（戰國）

陳胎戈（戰國）

陳子翼戈（戰國）

墜璋鐳（戰國）

陳純釜（戰國）

郾客問量（戰國）

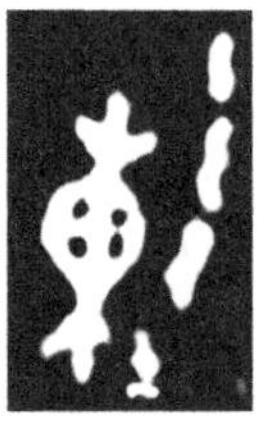

陳戈（戰國）

子禾子簠（戰國）

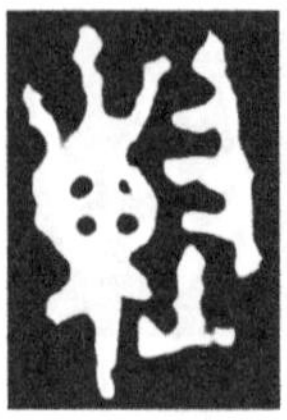

墜𡨦散戈（戰國）

陳𡨦車轄（戰國）

陳余戈（戰國）

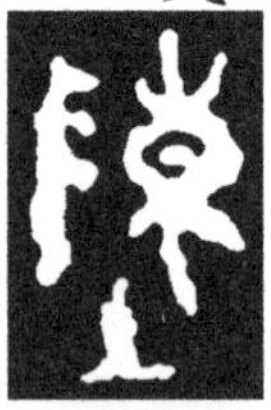

陳侯午敦（戰國晚期）

陳共車飾（戰國晚期）

楚王酓忎盤（戰國晚期）

墜逆𣪘（戰國晚期）

楚王酓忎鼎（戰國晚期）

或从土

但紹圣匕（戰國晚期）

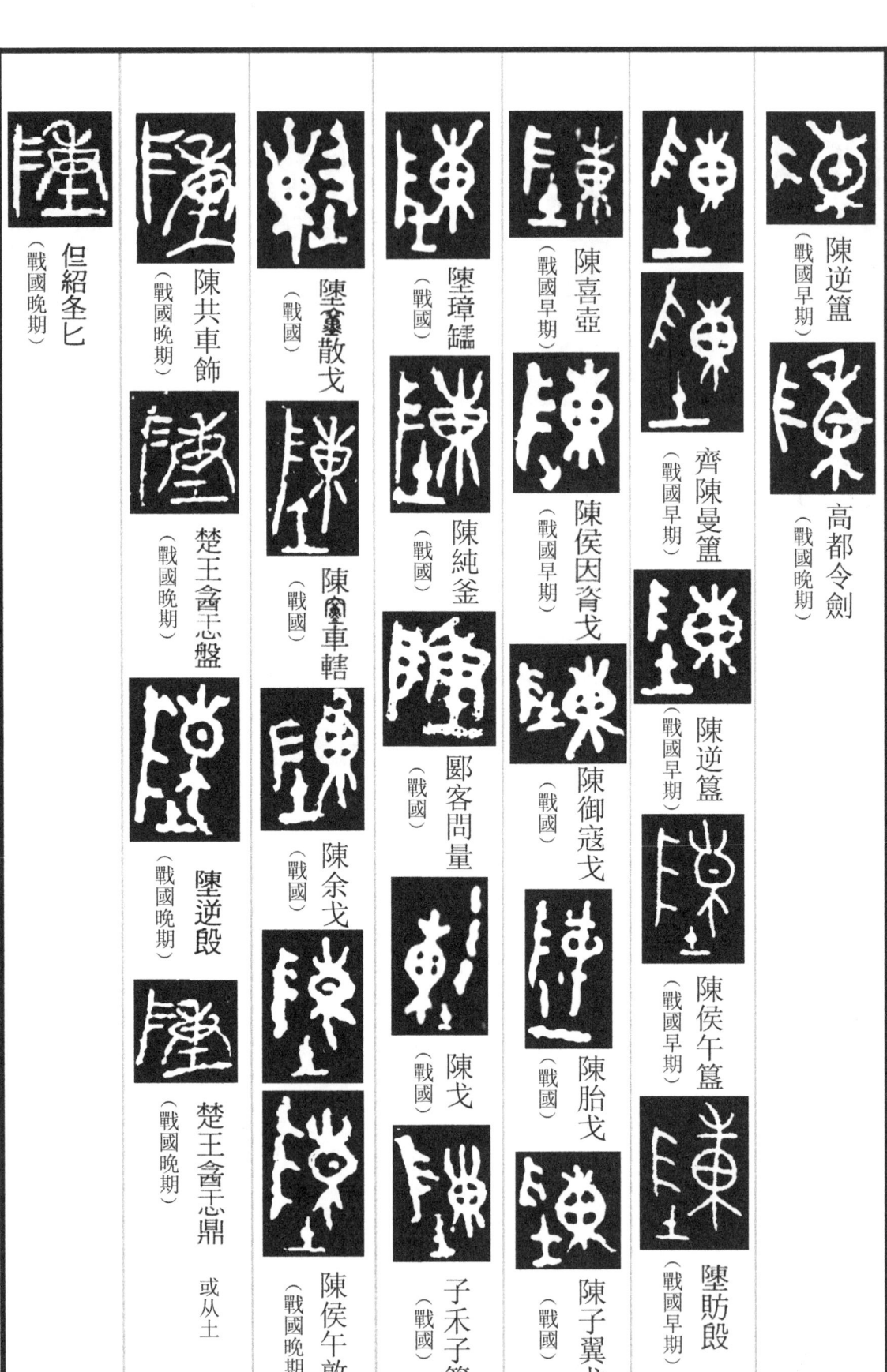

陶

階

陲

táo
yáo
陶

《說文》曰：在成丘也。在濟陰。从𨸏、匋聲。夏書曰：東至于陶丘，陶丘有堯城，堯嘗所居，故堯號陶唐氏。
《廣雅》曰：陶，養也。陶，喜也。《說文通訓定聲》曰：陶，假借為窯（窑）。註：陶，本為重疊之山丘，後為地名所用，故从阜。陶，或為性情修養，陶養。作陶瓷之陶為借義，本字應作匋，陶行而匋廢。

戈父辛鼎（西周早期）讀為陶 戈囧鬲陶作父辛寶尊彝

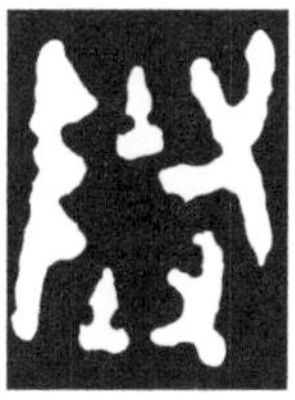
五祀衛鼎（西周中期）讀為陶 嗣工陶矩

陶子盤（西周中期）

伯陶鼎（西周中期）

不嬰𣪘（西周晚期）讀為陶 汝以我車宕伐玁狁于高陶

jiē
階

《說文》曰：陛也，从𨸏、皆聲。《玉篇》曰：階，登堂道也、級也。階，進也，升也。
註：階、陛，均指臺階，引申為等級、階級。

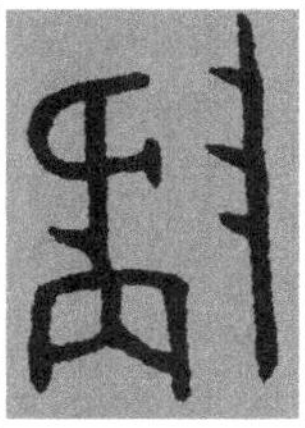
亞階鼎（殷商）【古文字類編】

[illegible]侯[illegible]逆簋（戰國早期）讀為階 階侯微逆作簋

chuí
陲

《說文》曰：危也，从𨸏、垂聲。
註：陲，陲危。陲，或為邊陲、邊疆。

私庫嗇夫鑲金銀泡飾（戰國中期）

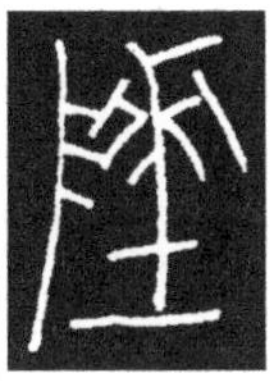
曾姬無卹壺（戰國）讀為陲 陲逸先王

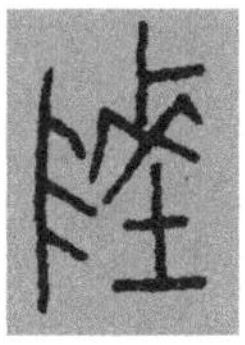
噩君啟節車階（戰國）

陜

阼

附

陉
隋

shǎn
陜

《說文》曰：弘農陜也，古虢國王季之子所封也，从𠂤、夾聲。註：陜，地名。陜，从𠂤、从夾。夾，古文从亦、从入。夾，讀閃音。夾，與夾不同字。

蜀守戈
（戰國）
【古文字類編】

zuò
阼

《說文》曰：主階也，从𠂤、乍聲。
註：阼，大堂前東面，主人迎賓客之臺階，或曰主階。阼，或同祚，國運。

阼冢龏戈　或从土
（戰國晚期）

fù
附

《說文》曰：附婁，小土山也，从𠂤，付聲。
註：附婁，也作部婁，小土山。附，又用于依附、歸附義。

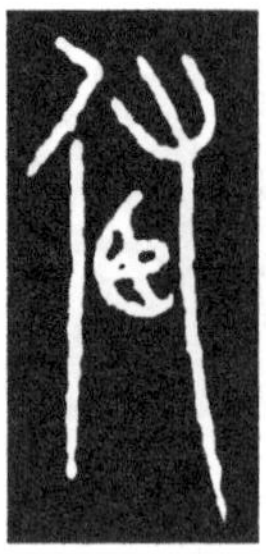

中山王𰯌方壺　或从臣
（戰國晚期）
則庶民附　烏乎

suí
陉

註：陉，或讀為隋。

陑　阦　阢

阢

七年鄭令矛（戰國晚期）

張亞初釋為隋【殷周金文集成 引得】

司寇史陘（隋）右庫工師倉慶冶尹弨造

阦

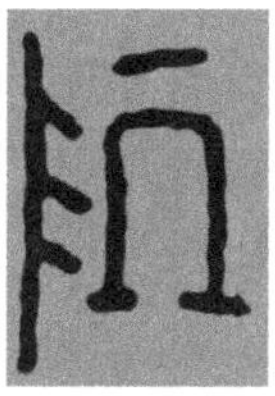

鄂君啟節舟節（戰國）

鄂君啟節車節（戰國）

陑

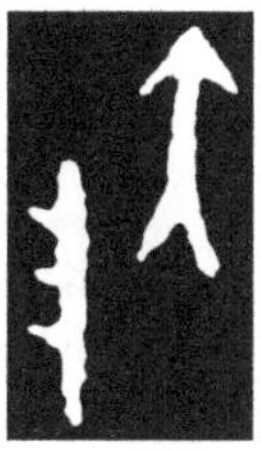

辛邑矛（殷商）

子陑作父己殷（西周早期）

陕

小臣謎殷（西周早期）

àn ǎn

陪

《集韻》曰：晻，不明也，或作陪、暗。

註：陪，或从阜、从言。古文从言與从音同。陪，同暗。

□伯陪殷（西周早期）

曶鼎（西周中期）

讀為陪 曰陪 曰恒 曰劦

xù

阧

《玉篇》曰：阧，今作序。

阦

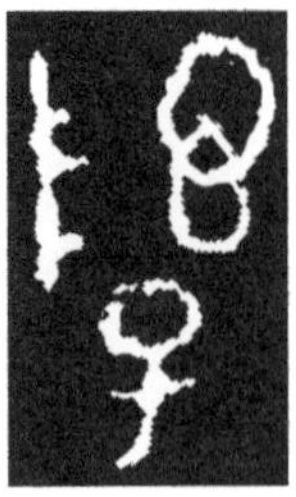

王作贊母鬲（春秋早期）

讀為序 王作序蔣贊母寶將彝

⿰阝美　⿰阝帚 埽　⿰阝蜀

⿰阝美

八年鄭令戈（戰國）

散氏盤（西周晚期）

guī
⿰阝帚

《龍龕手鑑》曰：⿰阝帚，音歸。註：⿰阝帚，同埽，古文从土與从𨸏可互通。⿰阝帚，或讀為歸。

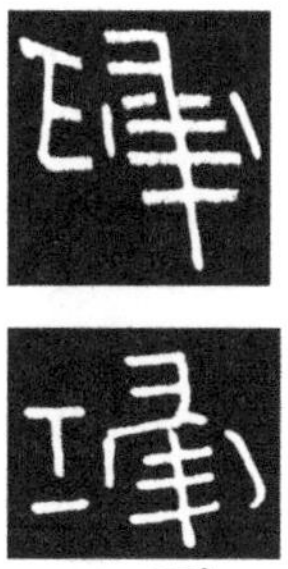

三年修余令韓誰戈（戰國晚期）

讀為埽

冶⿰阝帚（埽）

⿰阝蜀

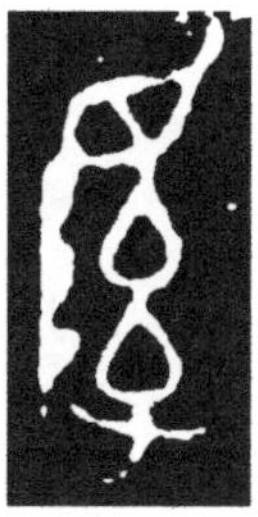

陵伯卣（西周早期）

陵伯方鼎（西周早期）

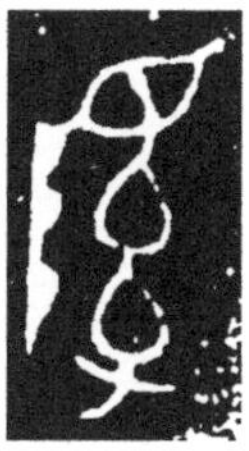

陵伯殷（西周早期）

陵伯尊（西周早期）

yīn
陻

《一切經音義》曰：陻，或作堙。　註：陻，堵塞。

陳喜壺（戰國早期）　讀為禋
宗詞客敬為陻（禋）壺九

zhuān
⿰阝專

註：⿰阝專，同鄟，古國名、地名、姓氏。

大克鼎（西周晚期）

tí
yí
⿰阝荑

註：⿰阝荑，同荑，草初生之嫩芽。⿰阝荑，或為地名。

京⿰阝荑仲盤（西周早期）

mǎ
⿰阝馬

註：⿰阝馬，同碼，號碼、籌碼。⿰阝馬，或讀為馮。

⿰阝⿱㸚口

七年宅陽令矛（戰國）

讀為馮 宅陽令⿰阝馬（馮）鐙右庫工師

⿰阝⿱㸚口

趞盂（西周中期）

隄 鄤墁

màn 隄

註：隄，同鄤，古地名或姓氏，或作墁。

自作隄仲方鼎（西周早期）

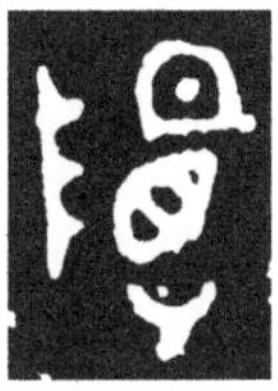

鄤仲孝簋（西周中期）

⿰阝⿰方糸

⿰阝⿰方糸

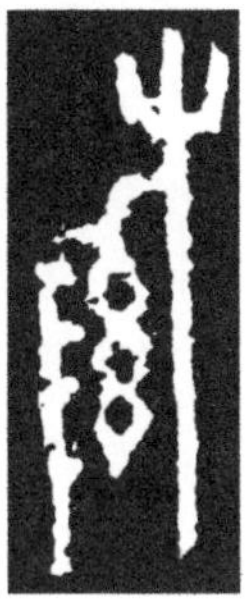

亞父庚且辛鼎（殷商）

亞保且辛簋（西周早期）

⿰阝鼔　⿰阝盧　⿰阝⿱覀⿰糸尹　⿰阝妻

⿰阝鼔

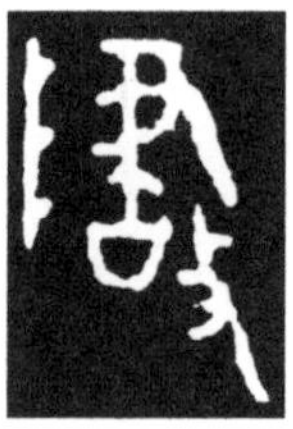

敕⿰阝鼔作丁侯鼎（西周早期）

⿰阝盧

亞□鼎（殷商）

亞□鼎（殷商）

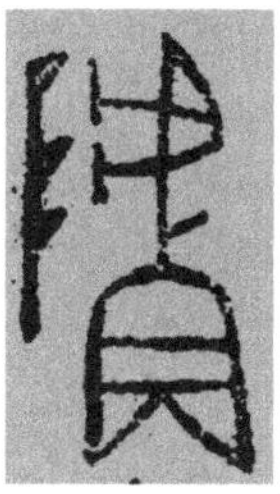

⿰阝鬳𣪘（西周早期）

⿰阝⿱覀⿰糸尹

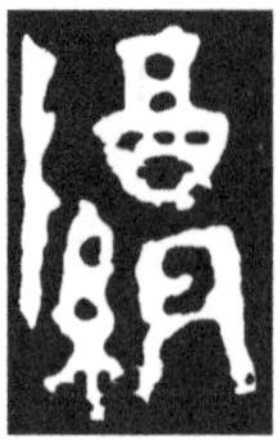

農卣（西周中期）

jī
⿰阝妻

《集韻》曰：躋，登也，或作⿰阝妻。

註：⿰阝妻，即籀文躋。

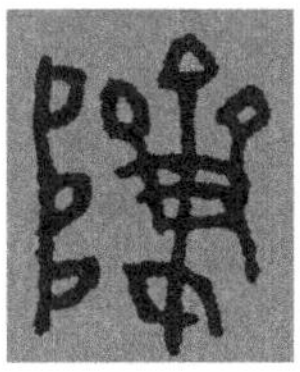

逨盤（西周晚期）【盛世吉金】

ní
⿰阝兒

註：⿰阝兒，或同倪。

⿰阝兒公克敦（春秋晚期）

jí
阣

于省吾曰：阣，級的本字。【甲骨文字釋林】

周王戈（西周）【金文詁林補】

suì
燧

《説文》曰：塞上亭守燧火者。

註：古代邊防報警信號，白天放煙告警曰燧、夜間舉火告警曰燧。燧，或為上古鑽木取火之代稱。

杜虎符（戰國晚期）

四

sì
四

《説文》曰：陰數也……古文四，亖籀文四。註：亖，為古文表意指示字。，即四，像口中有舌，作哈氣狀，為呬之本字。呬，嘘氣、喘息。後假四為亖，四行而亖廢矣。四再从口作呬。

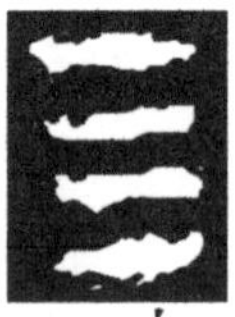
小子𦅻𣪕（殷商）

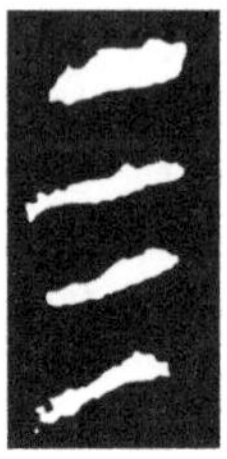
四祀邲其卣（殷商）

大盂鼎（西周早期）

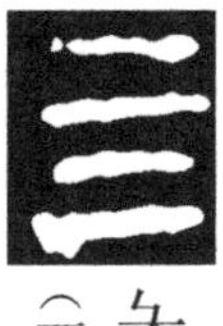
夨令方彝（西周早期）

庚贏鼎（西周早期）

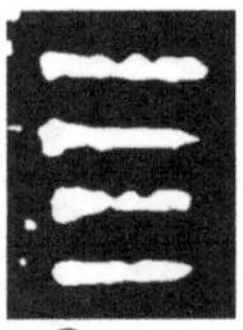
靜卣（西周早期）

作冊大方鼎（西周早期）

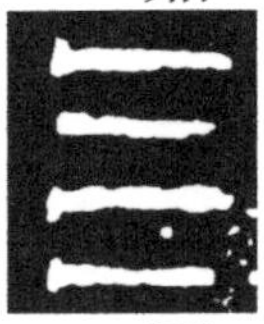
臣衛父辛尊（西周早期）

何尊（西周早期）

宜侯夨簋（西周早期）

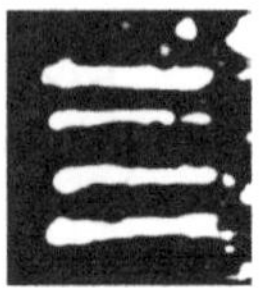
段簋（西周中期）

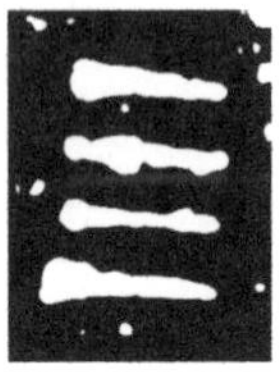
班簋（西周中期）

𢦏𣪕（西周中期）

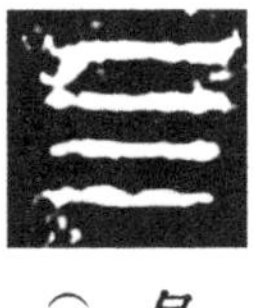
彔伯𢦏𣪕（西周中期）

保尊（西周中期）

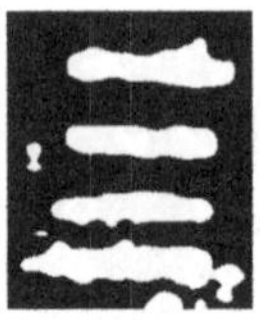
𤼈盨（西周中期）

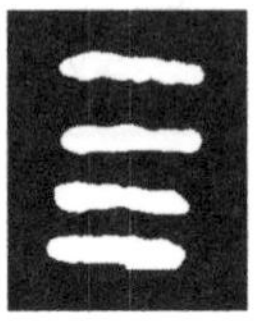
史牆盤（西周中期）

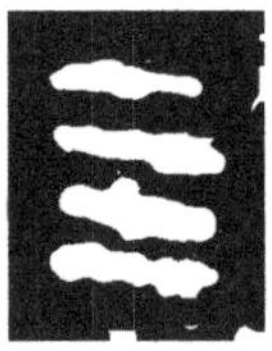
鮮盤（西周中期）

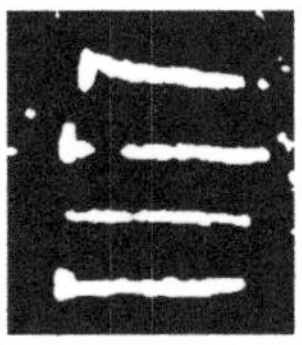
𣂔尊（西周中期）

𡨦𣪕（西周中期）

𤼈鐘（西周中期）

九年衛鼎（西周中期）

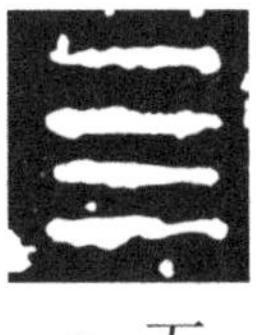
五祀衛鼎（西周中期）

曶鼎（西周中期）

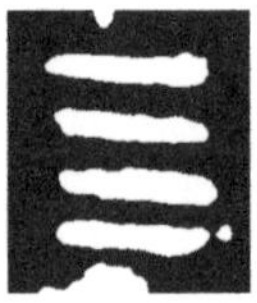
敔簋（西周）

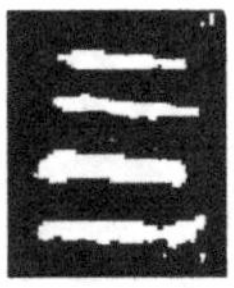
柞鐘（西周晚期）

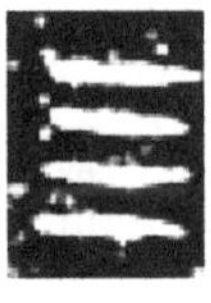
南宮乎鐘（西周晚期）

𧽊鼎（西周晚期）

散伯車父鼎（西周晚期）

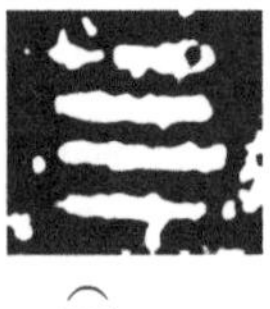
禹鼎（西周晚期）

宁 貯佇

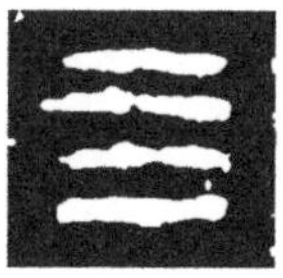
虢季子白盤（西周晚期）

兮甲盤（西周晚期）

大克鼎（西周晚期）

毛公鼎（西周晚期）

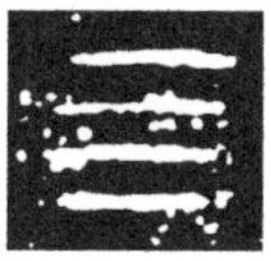
叔專父盨（西周晚期）

六年召伯虎簋（西周晚期）

元年師旋𣪘（西周晚期）

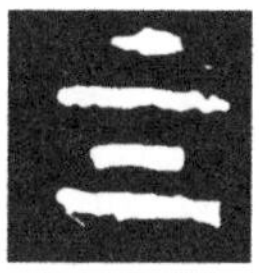
虢姜簋（西周晚期）

㝬𣪘（西周晚期）

師克盨（西周晚期）

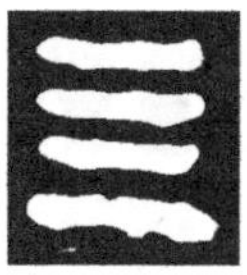
無㠱𣪘（西周晚期）

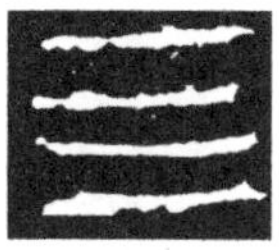
秦公簋（春秋早期）

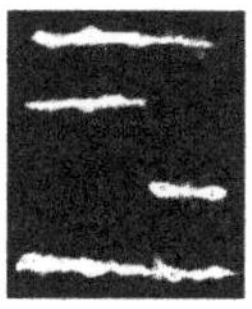
王孫誥鐘（春秋晚期）【近出殷周金文集錄】

半斗鼎（戰國晚期）

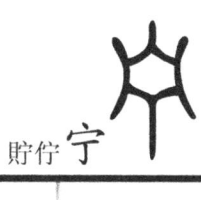

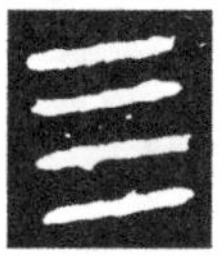
中山王嚳鼎（戰國晚期）

曾子斿鼎（春秋早期）

徐王子旃鐘（春秋）

邵黛鐘（春秋晚期）

廿七年大梁司寇鼎（戰國中期）

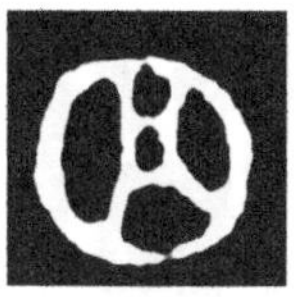
鄲孝子鼎（戰國中期）

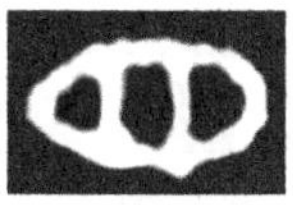
四年相邦呂戈（戰國）

二年寍鼎（戰國晚期）

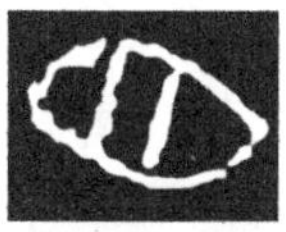
三年詔事鼎（戰國晚期）

卅六年私官鼎（戰國晚期）

zhù
宁

《説文》曰：辨積物也，象形。《釋名》曰：宁，佇也。

註：宁，像櫥櫃形，中藏貝或兵器，即貯字之初文。宁，非寧之簡化字。

美宁鼎（殷商）

鄉宁鼎（殷商）

宁鼎（殷商）

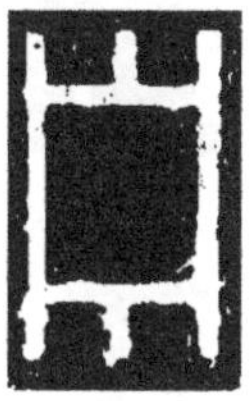
酉宁鼎（殷商）

矢宁父乙鼎（殷商）

綴 叕 

亞㚔鄉宁鼎（殷商）

己相宁觚（殷商）

鄉宁父乙觶（殷商）

告宁觚（殷商）

宁朋古（殷商）

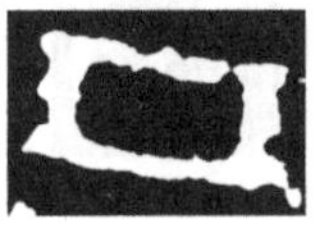
鄉宁父癸爵（殷商）

獸宁爵（殷商）

宁戈父丁爵（殷商）

鄉宁爵（殷商）

鄉宁斝（殷商）

鄉宁壺（殷商）

戈宁父丁盉（殷商）

宁戈（殷商）

鄉宁方彝（殷商）

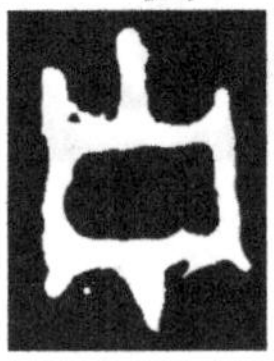
剌攸宁鼎（西周早期）

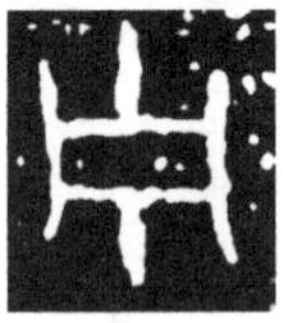
[illegible]方彝（西周早期）

[illegible]觶（西周早期）

宁竹壺（西周早期）

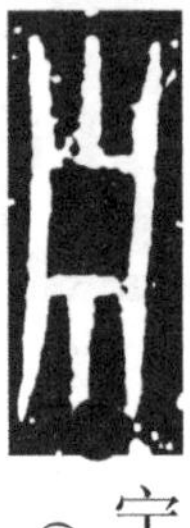
宁矢父丁簋（西周早期）

𨘈作父乙尊（西周早期）

宁戈父丁簋（西周早期）

宁戈父乙壺（西周早期）

宁未父乙盉（西周早期）

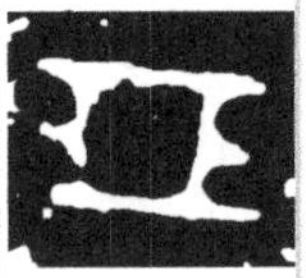
册宁父辛尊（西周早期）

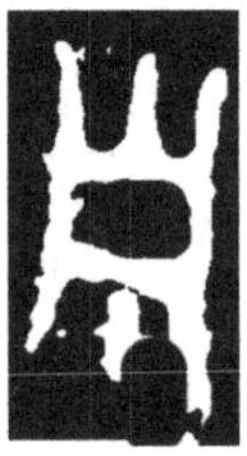
宁册父丁觶（西周早期）

宁戈乙父甗（西周早期）

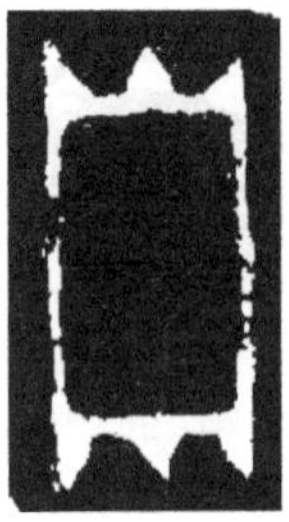
戈宁鼎（西周晚期）

册戈鼎（西周晚期）

zhuó
叕

《説文》曰：綴聯也，象形。《集韻》曰：叕，綴聯也，或从糸。註：叕，或作綴。

亞

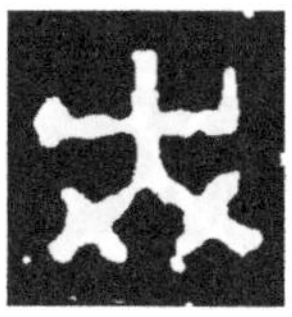
交君子鼎（西周晚期）

交君子□簠（西周晚期）

交君子□壺（西周晚期）

yà
亞

《說文》曰：……賈侍中說：以為次弟也。《爾雅》曰：兩婿相謂為亞。註：亞，俯瞰屋室結構，象形，并作人類早期圖騰標誌。亞，或指次第順序。姐妹之夫婿互稱為亞，後作婭。亞，或通椏，也作丫。

亞忌匕（殷商）

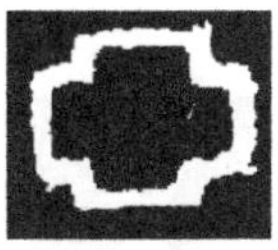
亞弜鐃（殷商）

亞醜嫋鐃（殷商）

亞鼎（殷商）

亞天鼎（殷商）

亞豕鼎（殷商）

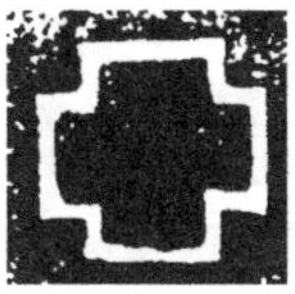
亞□丁鼎（殷商）

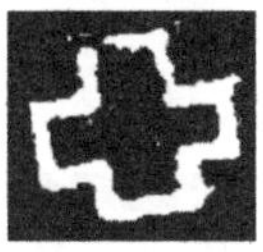
亞伐卣（殷商）

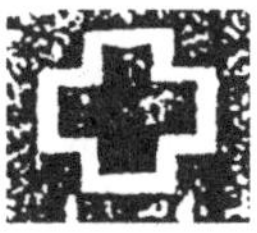
亞□卣（殷商）

亞其卣（殷商）

亞□尊（殷商）

亞㠱侯父乙盉（殷商）

亞□□罍（殷商）

女亞斝（殷商）

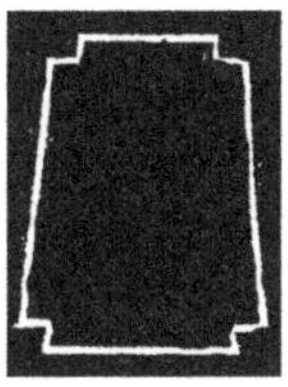
亞若癸方觚（殷商）

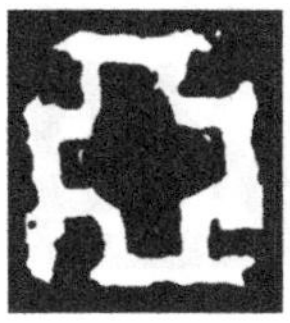
亞□觶（殷商）

亞雀父己卣（西周早期）

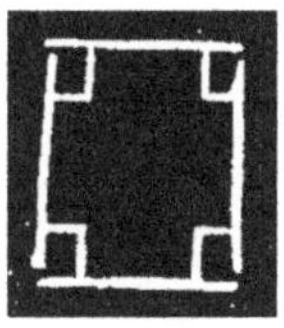
亞此犧尊（西周早期）

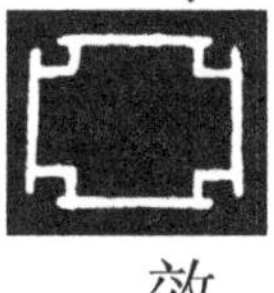
效作且辛尊（西周早期）

亞壴征甗（西周早期）

亞□□（西周早期）

亞豚作父乙鼎（西周早期）

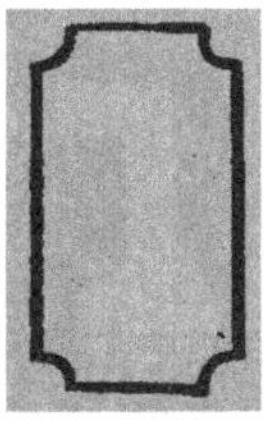
亞□父己卣（西周早期）

□孟延盨（西周中期）

𤼈鐘（西周中期）

臣諫簋（西周中期）

南宮乎鐘（西周晚期）

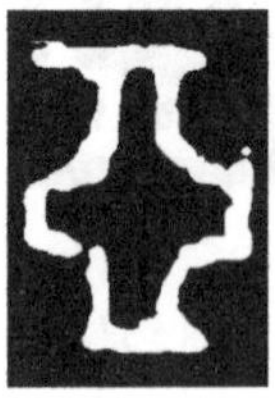

訇簋（西周晚期）

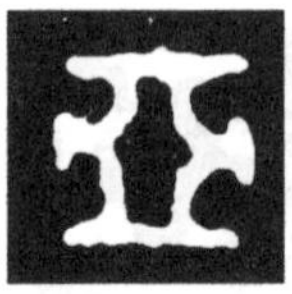

虢殷（西周晚期）

wǔ 五

《說文》曰：五行也，从二，陰陽在天地間交午也。

註：五，陰陽交錯為其本義，數名為其假借。古五、互二字音同義通可互借。五，通伍。

小臣缶方鼎（殷商）

五簋（殷商）

小臣艅犀尊（殷商）

作冊折觥（西周早期）

作冊折尊（西周早期）

小臣謎殷（西周早期）

小臣傳簋（西周早期）

小臣宅簋（西周早期）

宜侯夨簋（西周早期）

五卣（西周早期）

罍仲卣（西周早期）

商卣（西周早期）

保卣（西周早期）

士上卣（西周早期）

士上盉（西周早期）

曶鼎（西周中期）

伯中父簋（西周中期）

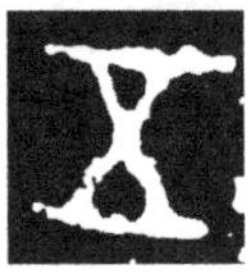

趞殷（西周中期）

羖殷（西周中期）

彧殷（西周中期）

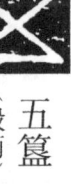

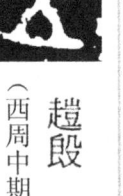

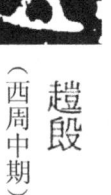

尹姑鬲（西周中期）

呂方鼎（西周中期）

大鼎（西周中期）

伯晨鼎（西周中期）

五祀衛鼎（西周中期）

幾父壺（西周中期）

叔五父盤（西周中期）

免盤（西周中期）

鮮盤（西周中期）

散氏盤（西周晚期）

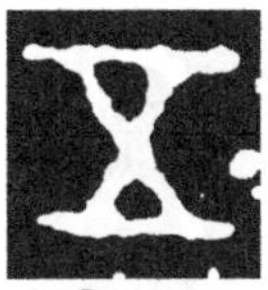
寰盤（西周晚期）

兮甲盤（西周晚期）

頌簋（西周晚期）

叔班盨（西周晚期）

𩰫比盨（西周晚期）

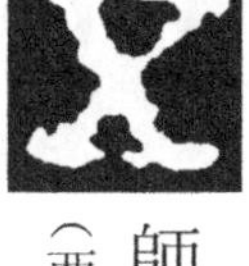
師克盨（西周晚期）

公臣簋（西周晚期）

虢𣪘（西周晚期）

五年師旋𣪘（西周晚期）

五年召伯虎簋（西周晚期）

元年師兌簋（西周晚期）

師同鼎（西周晚期）

頌鼎（西周晚期）

多友鼎（西周晚期）

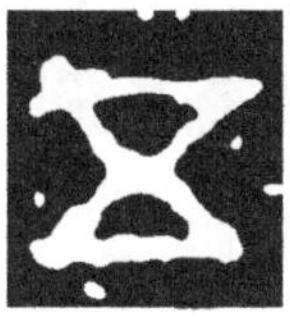
弭伯師耤𣪘（西周晚期）

弭叔師察簋（西周晚期）

逆鐘（西周晚期）

柞鐘（西周晚期）

㳄其鼎（西周晚期）

噩侯鼎（西周晚期）

史頌鼎（西周晚期）

大簋（西周晚期）

向𣨼𣪘（西周晚期）

楚簋（西周晚期）

諫簋（西周晚期）

史頌簋（西周晚期）

揚簋（西周晚期）

不嬰段（西周晚期）

齊侯鎛（春秋中期）

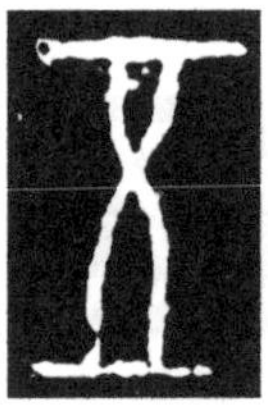
鄘侯少子段（春秋）

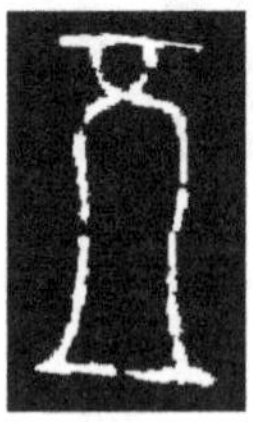
楚王酓章鐘（戰國早期）

陳璋壺（戰國中期）

陳璋鐳（戰國中期）

二十五年戈（戰國）

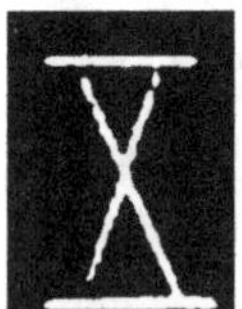
中山王嚳鼎（戰國晚期）

大盂鼎 五十合文（西周早期）

瘨鐘（西周中期）

虢季子白盤 五百合文（西周晚期）

儹匜（西周晚期）

liù
六

註：六，取陸字之部份偏旁作省文。今六字之大寫同為陸。

六祀切其卣（殷商）

宰椃角（殷商）

小臣邑斝（殷商）

伯六辭方鼎（西周早期）

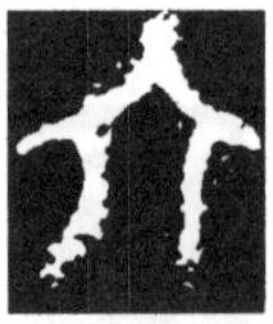
保卣（西周早期）

保尊（西周早期）

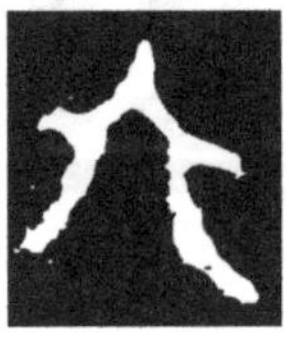
耳尊（西周早期）

御史競簋（西周早期）

宜侯夨簋（西周早期）

呂服余盤（西周中期）

師虎簋（西周中期）

或段（西周中期）

豐卣（西周中期）

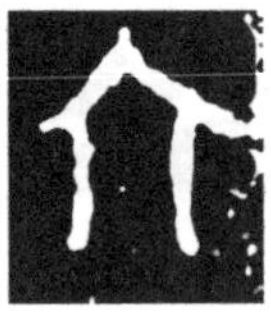
免卣（西周中期）

豐作父辛尊（西周中期）

叜貯段（西周中期）

尹姞鬲（西周中期）

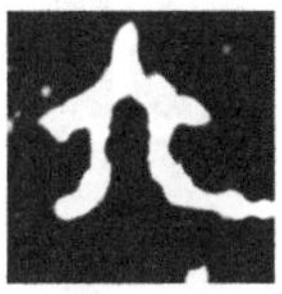
䓣段（西周中期）

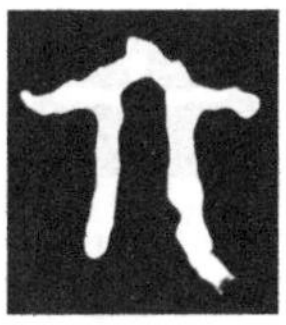
遙段（西周中期）

靜簋（西周中期）

遹甗（西周中期）

仲枏父鬲（西周中期）

仲枏父簋（西周中期）

師奎父鼎（西周中期）

曶鼎（西周中期）

免尊（西周中期）

番匊生壺（西周中期）

幾父壺（西周中期）

盠方彝（西周中期）

六年召伯虎簋（西周晚期）

克鐘（西周晚期）

宗周鐘（西周晚期）

南宮柳鼎（西周晚期）

禹鼎（西周晚期）

多友鼎（西周晚期）

毛舁段（西周晚期）

大簋（西周晚期）

叔専父盨（西周晚期）

黿叔之伯鐘（春秋）

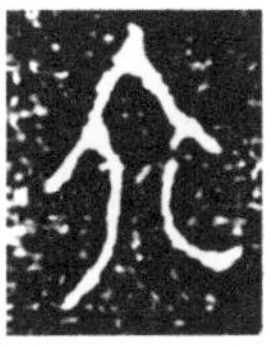
上鄀府簠（春秋晚期）

楚王酓章鐘（戰國早期）

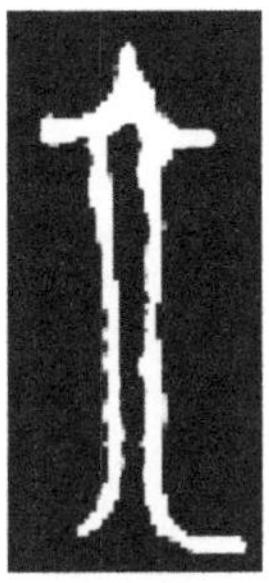

曾侯乙鐘（戰國早期）

中敃鼎（戰國早期）

永用析涅壺（戰國）

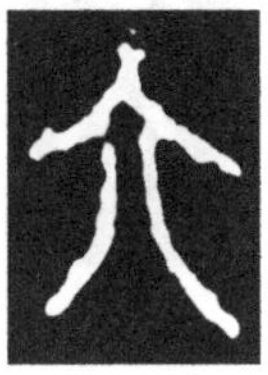
曾姬無卹壺（戰國）

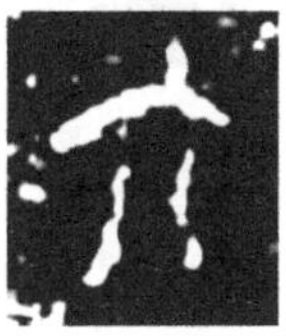
商鞅量（戰國）

冢十六梧（戰國晚期）

十年扁壺（戰國晚期）

切七

坪安君鼎（戰國晚期）

鑄客簋（戰國晚期）

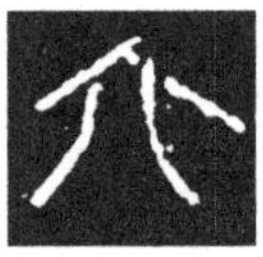

鑄客豆（戰國晚期）

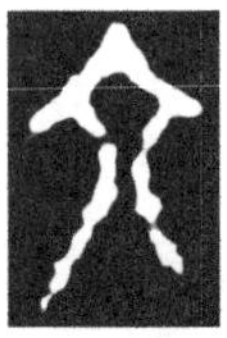

陳侯因資敦（戰國晚期）

大盂鼎（西周早期）　六百合文

qī

七

註：七，古通作十，乃切之本字，有截斷為二，自中切斷之象。後為數字七所專用，故切字再从刀。十古七與十字不同，十作丨。十七，與古甲字相似，十甲字縱畫稍長。

𤕌仲卣（西周早期）

者𠫑鼎（西周早期）

中斿父鼎（西周早期）

㠯伯卣（西周早期）

王七祀壺（西周早期）

曶鼎（西周中期）

井鼎（西周中期）

七年趞曹鼎（西周中期）

辰在寅簋（西周中期）

廿七年衛簋（西周中期）

叔專父簋（西周晚期）

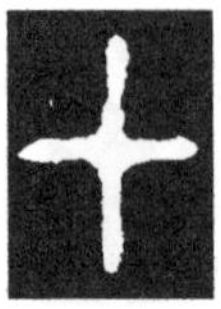

此鼎（西周晚期）

善夫山鼎（西周晚期）

多友鼎（西周晚期）

㴑段（西周晚期）

伊簋（西周晚期）

此簋（西周晚期）

訇簋（西周晚期）

乙鼎（戰國早期）

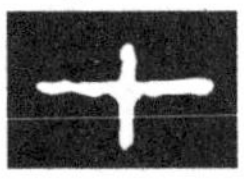

十七年平陰鼎（戰國）

七年邦司寇矛（戰國晚期）

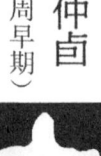

jiǔ
九

註：，手、肘、臂彎曲之象形，即肘之本子。後作數名九。

戍嗣子鼎
（殷商）

九簋
（殷商）

子黃尊
（殷商）

寓鼎
（西周早期）

大盂鼎
（西周早期）

不壽簋
（西周早期）

作冊矢令簋
（西周早期）

作冊折尊
（西周早期）

作冊矢觥
（西周早期）

獻簋
（西周早期）

中簋
（西周早期）

作冊睘卣
（西周早期）

小臣宅簋
（西周早期）

折方彝
（西周早期）

師趛鬲
（西周中期）

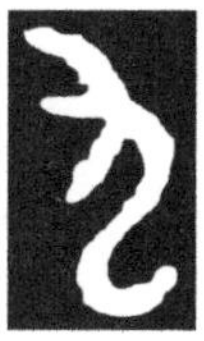

琟叔段
（西周中期）

利鼎
（西周中期）

賢簋
（西周中期）

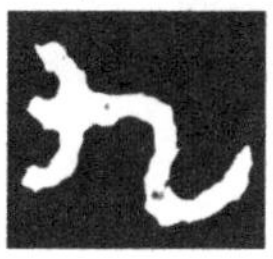

繁卣
（西周中期）

三年癲壺
（西周中期）

師趛鼎
（西周中期）

窆鼎
（西周中期）

㦰方鼎
（西周中期）

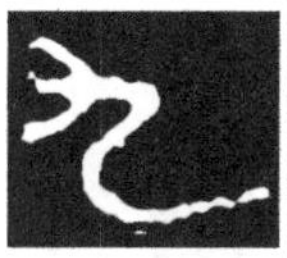

五年師旋段
（西周晚期）

輔師嫠段
（西周晚期）

克鐘
（西周晚期）

小克鼎
（西周晚期）

無叀鼎
（西周晚期）

趞鼎
（西周晚期）

九年衛鼎
（西周晚期）

逵馗

離魑离

叙先伯毁（西周晚期）

鄧公簋（西周晚期）

揚簋（西周晚期）

曾伯霥簠（春秋早期）

叔邍父甗（春秋早期）

散氏盤（西周晚期）

齊侯鎛（春秋中期）

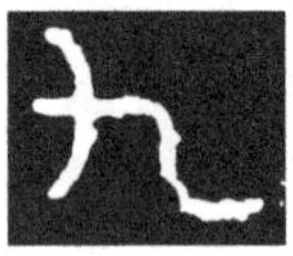

曾子原彝簠（春秋）

□子季□盆（春秋）

余購逐兒鐘（春秋晚期）

嘉子白昜□簠（春秋晚期）

者沪鐘（戰國早期）

陳喜壺（戰國早期）

王后左相室鼎（戰國晚期）

九年戈（戰國晚期）

kuí 馗

《說文》曰：九達道也，似龜背，故謂之馗。馗，高也。从九、从首。馗，或从辵、从坴。

註：馗，似龜背之中間高四方底，可四通八達的道路，泛指大道。馗，同逵。

作冊般銅黿（殷商）【中國歷史文物】二〇〇五年一期

chī lí 离

《說文》曰：山神獸也。《篇海類編》曰：离，亦作離。

註：离，傳說中山林精怪，或作魑。离，今用作離之異體字。

妥陰令戈（戰國）【古文字類編】

禽 擒

qín
禽

《説文》曰：走獸總名，从厹（内）象形，今聲。禽、离、兕，頭相似。註：禽，从罕、今聲。罕，象形，田網也。禽，會意為擒獲。凡捕獲之鳥獸均曰禽。禽，乃擒之本字。

大祝禽方鼎（西周早期）

禽鼎（西周早期）

禽簋（西周早期）

麥方尊（西周早期）

不嬰殷（西周晚期） 讀為擒 汝多禽（擒）折首執訊

多友鼎（西周晚期） 讀為擒 多禽（擒）

三年□陶令戈（戰國）

萬

wàn
萬

《説文》曰：蟲也，从厹（内），象形。註：，即蠆，蝎蟲象形字。後假為數字，十千為萬。再从虫作蠆。萬，从内乃小篆之譌變。金文萬或从辵作邁。

萬殷（殷商）

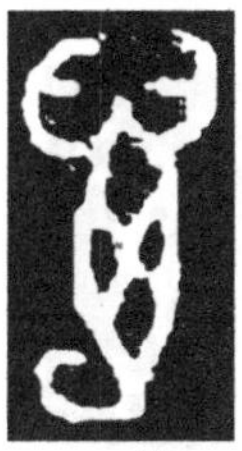

萬觶（殷商）

萬觚（殷商）

萬爵（殷商）

萬父丁觶（殷商）

萬父已觶（殷商）

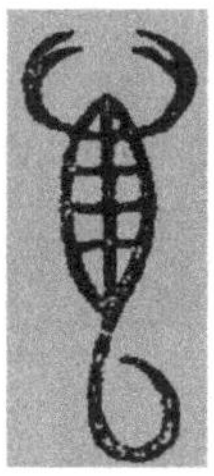

萬鼎（殷商）

亞萬父已鐃（殷商）

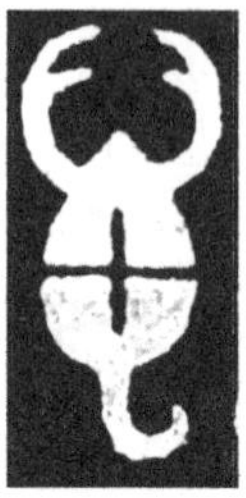

萬戈（殷商）

萬父己爵（殷商）

萬卣（西周早期）

萬父己卣（西周早期）

萬父甲爵（西周早期）

癸萬觥（西周早期）

仲簋（西周早期）

萬庚爵（殷商）
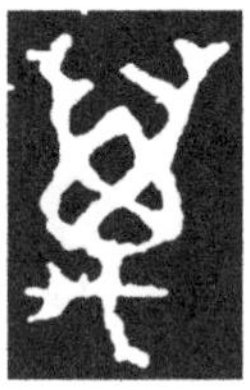
伯吉父鼎（西周早期）

[illegible]殷（西周早期）

伯姜鼎（西周早期）

叔喿父殷（西周早期）

欶殷（西周早期）

韋伯馭殷（西周早期）

小臣宅簋（西周早期）

召卣（西周早期）

遣鬲（西周早期）

比甗（西周早期）
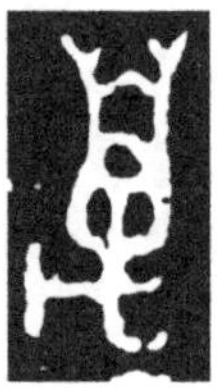
从鼎（西周早期）

乃孫子鼎（西周早期）

寍鼎（西周早期）

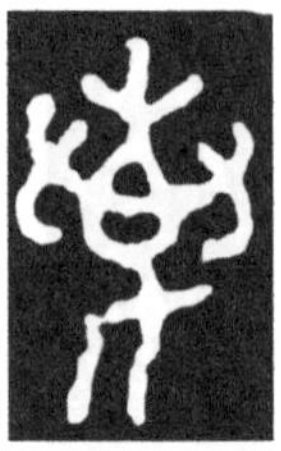
耳尊（西周早期）

小子生尊（西周早期）

辛鼎（西周早期）

伯盂（西周早期）

[illegible]方彝（西周早期）

東𦔻尊（西周中期）

三年瘐壺（西周中期）
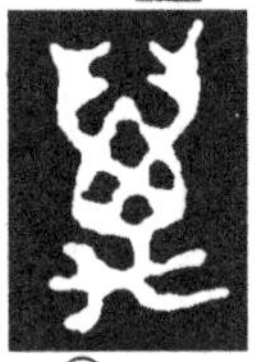
曶壺（西周中期）

盠方彝（西周中期）

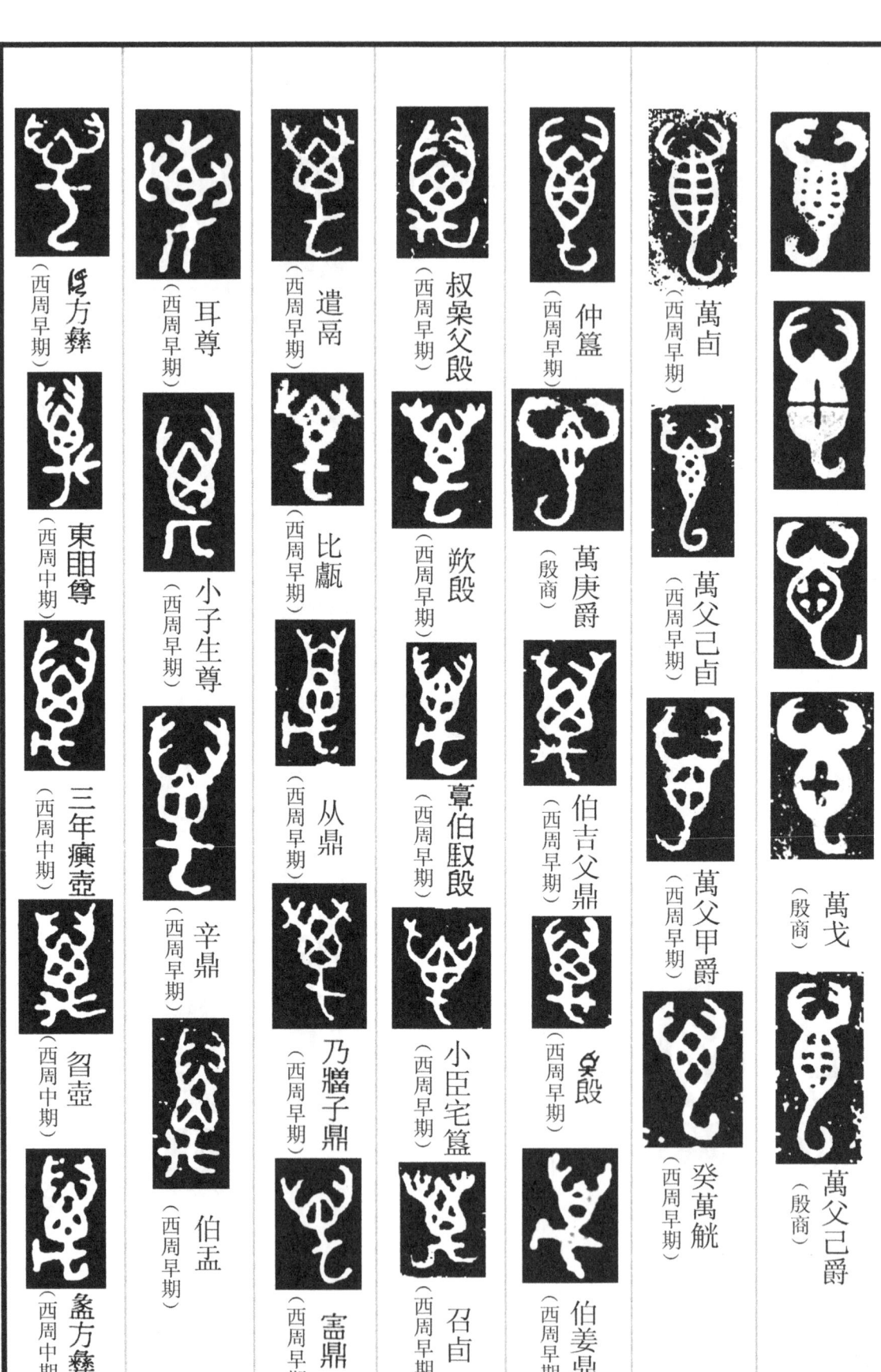

⿺走首鐘（西周中期）

瘨鐘（西周中期）

師趛鬲（西周中期）

仲枏父鬲（西周中期）

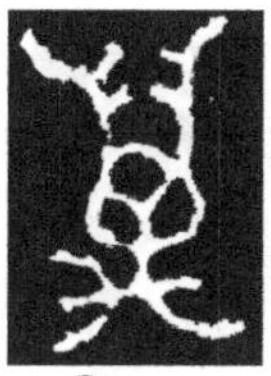
鼄伯鬲（西周中期）

夆伯鬲（西周中期）

王人𨟭輔甗（西周中期）

舟鼎（西周中期）

𦍒伯鼎（西周中期）

至作寶鼎（西周中期）

師𦣞鼎（西周中期）

師䐑父鼎（西周中期）

五祀衛鼎（西周中期）

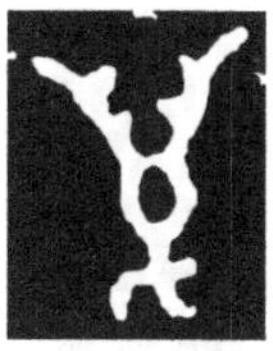
伯晨鼎（西周中期）

𢦏方鼎（西周中期）

師奎父鼎（西周中期）

㫃段（西周中期）

同自段（西周中期）

伯簋（西周中期）

康伯簋（西周中期）

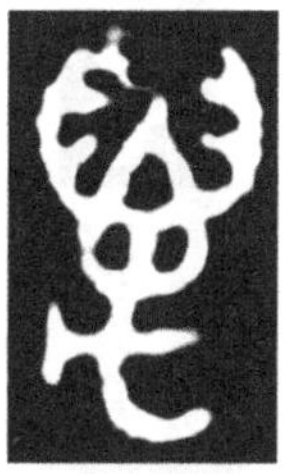
伯𦱻段（西周中期）

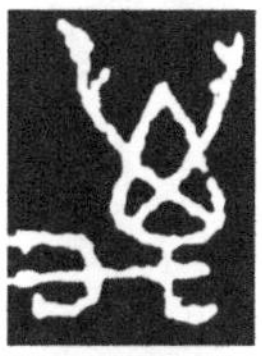

叔妃簋（西周中期）

才盉（西周中期）

齊史逗段（西周中期）

仲自父段（西周中期）

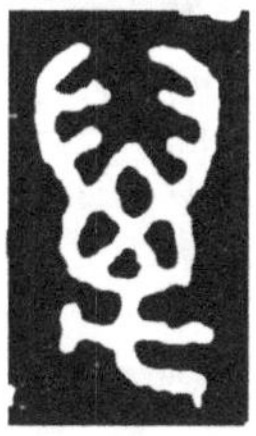
伯闢簋（西周中期）

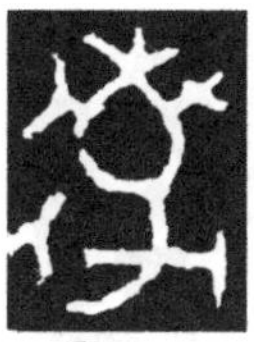
中伯壺（西周中期）

裘衛盉（西周中期）

呂伯簋（西周中期）

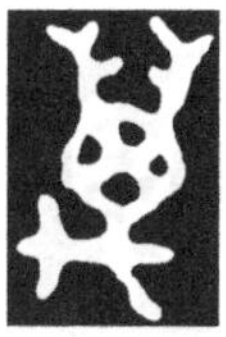
史牆盤（西周中期）

㠱仲觶（西周中期）

才盤（西周中期）

畢鮮簋（西周中期）

遣生簋（西周中期）

瘨毁（西周中期）

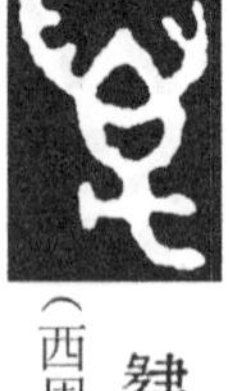
肄毁（西周中期）

衛簋（西周中期）

追簋（西周中期）

免卣（西周中期）

羖毁（西周中期）

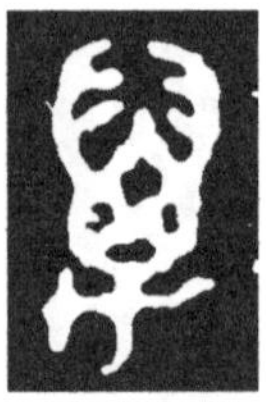
即簋（西周中期）

大師虘簋（西周中期）

縣妃簋（西周中期）

靜簋（西周中期）

豆閉簋（西周中期）

師酉簋（西周中期）

卯簋（西周中期）

㪤盂延盨（西周中期）

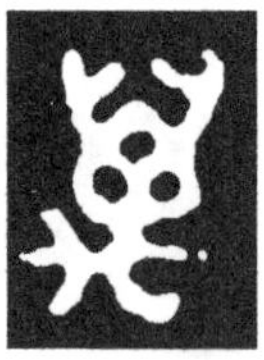
瘨盨（西周中期）

免簠（西周中期）

䨻鼎（西周）

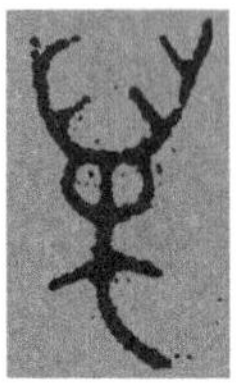
陽鼎（西周）

犀伯魚父鼎（西周）

毛伯簋（西周晚期）

史僕壺（西周晚期）

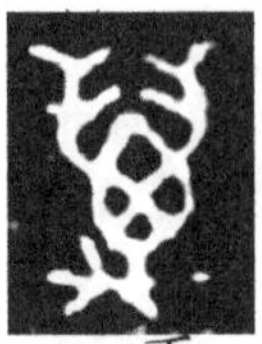
季宮父簠（西周晚期）

王伯姜壺（西周晚期）

伯公父壺（西周晚期）

史頌盤（西周晚期）

仲義父鑐（西周晚期）

昶仲無龍匜（西周晚期）

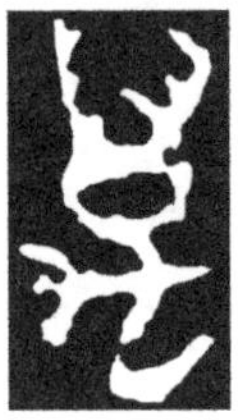
囂伯盤（西周晚期）

虢季子白盤（西周晚期）

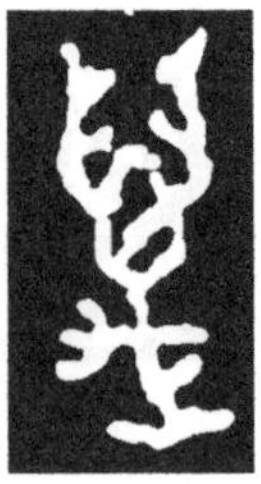
伯正父匜（西周晚期）

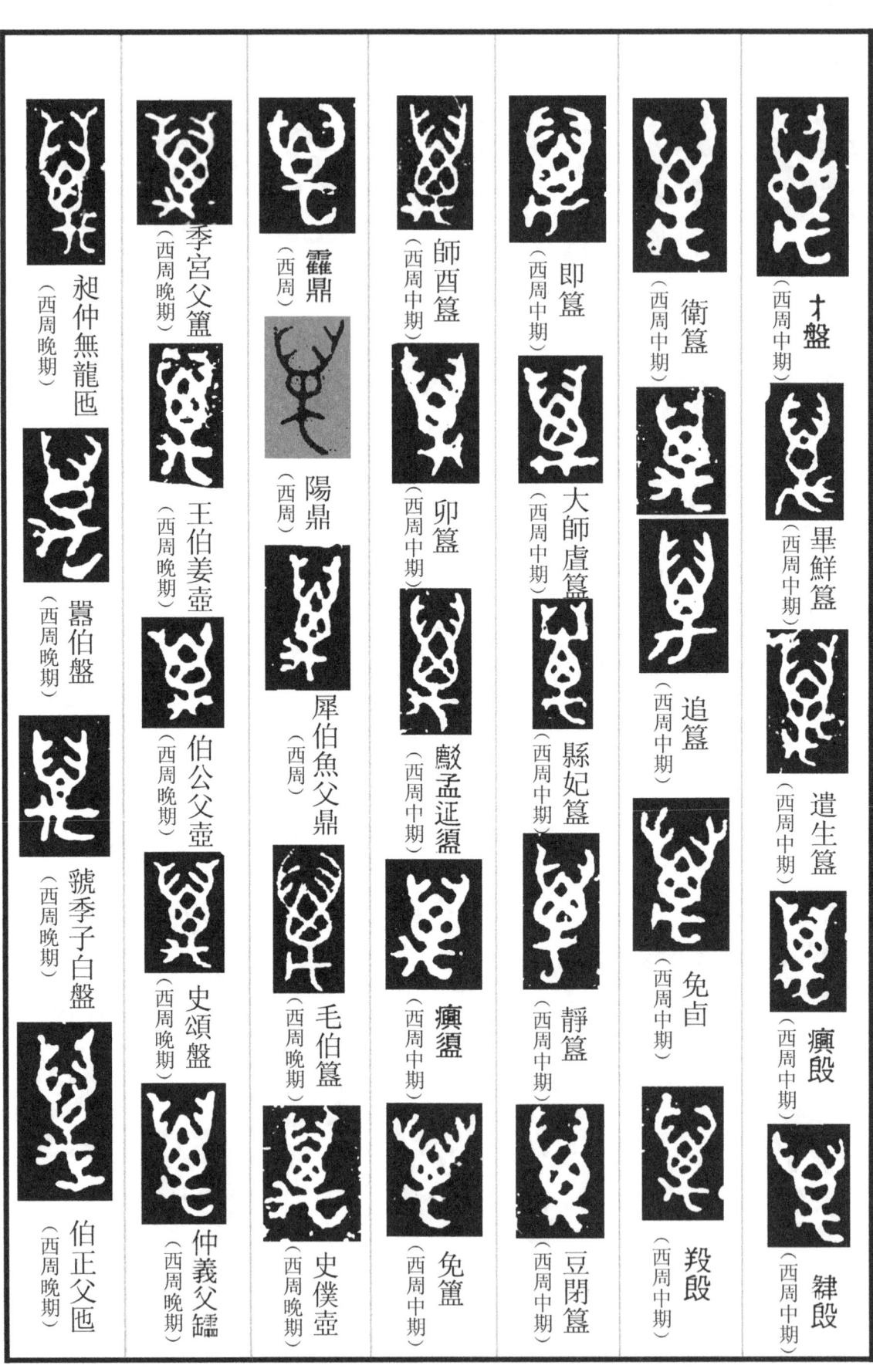

向[illegible]毁（西周晚期）

伯吉父簋（西周晚期）

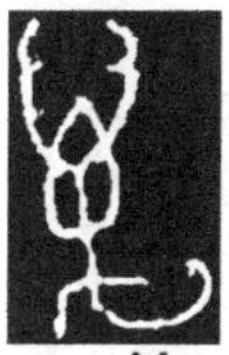
筥小子毁（西周晚期）

[illegible]同毁（西周晚期）

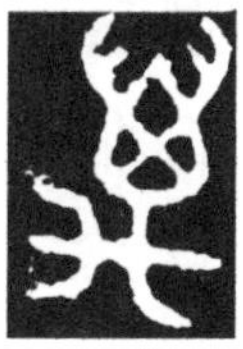
叔噩父簋（西周晚期）

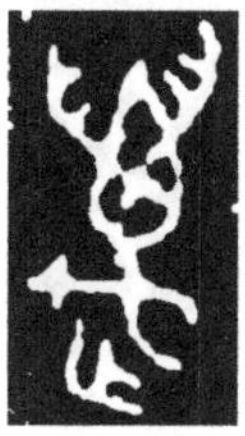
㝬姬毁（西周晚期）

叔[illegible]父毁（西周晚期）

伯椃虘毁（西周晚期）

尌仲簋（西周晚期）

大簋（西周晚期）

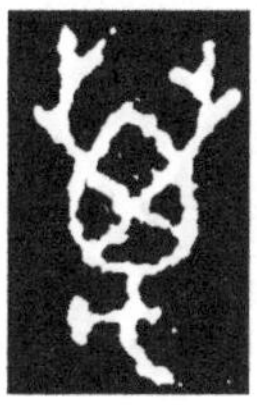
[illegible]毁（西周晚期）

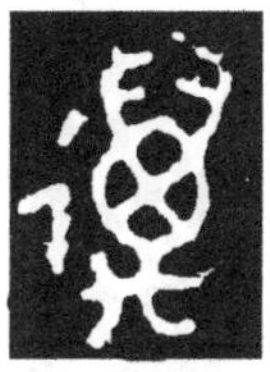
叔[illegible]毁（西周晚期）

伯家父簋（西周晚期）

公臣簋（西周晚期）

仲師父鼎（西周晚期）

無㠱毁（西周晚期）

走簋（西周晚期）

史頌簋（西周晚期）

元年師兑簋（西周晚期）

諫簋（西周晚期）

伊簋（西周晚期）

此簋（西周晚期）

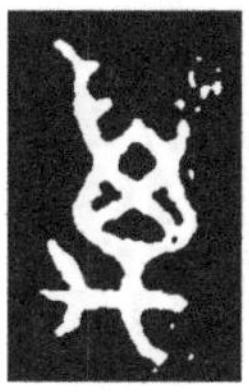
㝬毁（西周晚期）

師寰毁（西周晚期）

頌簋（西周晚期）

虢叔簠（西周晚期）

叔姞盨（西周晚期）

伯孝[illegible]盨（西周晚期）

旟叔樊鼎（西周晚期）

曼龏父盨（西周晚期）

杜伯盨（西周晚期）

中義鐘（西周晚期）

昆疕王鐘（西周晚期）

虢叔旅鐘（西周晚期）

虢文公子鈠鬲（西周晚期）

楚公逆鎛（西周晚期）

丼人女鐘（西周晚期）

克鐘（西周晚期）

伯顯父鬲（西周晚期）

仲□父鬲（西周晚期）

杜伯鬲（西周晚期）

[illegible]士父鬲（西周晚期）

虢叔大父鼎（西周晚期）

樂鼎（西周晚期）

仲殷父鼎（西周晚期）

虢姜鼎（西周晚期）

孟辛父鬲（西周晚期）

吉父鼎（西周晚期）

伯筍父鼎（西周晚期）

史宜父鼎（西周晚期）

諆鼎（西周晚期）

虢文公子鈠鼎（西周晚期）

華季益鼎（西周晚期）

[illegible]季鼎（西周晚期）

詞伯殷（西周晚期）

散伯車父鼎（西周晚期）

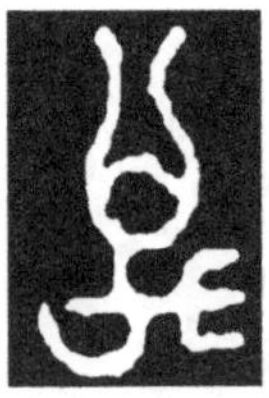
袓伯匜（西周晚期）

㠱孟姜匜（西周晚期）

殳季良父壺（西周晚期）

伯侯父盤（西周晚期）

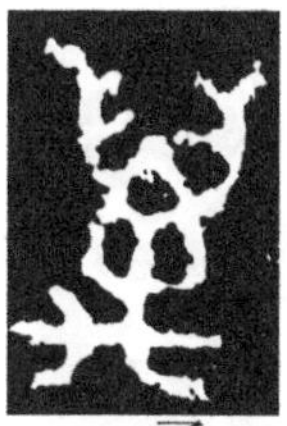
圅皇父鼎（西周晚期）

㳉其鼎（西周晚期）

史頌鼎（西周晚期）

此鼎（西周晚期）

𧽊鼎（西周晚期）

南宮柳鼎（西周晚期）

頌鼎（西周晚期）

大克鼎（西周晚期）

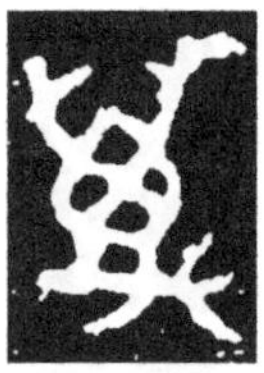
楙車父段（西周晚期）

仲⊠父段（西周晚期）

仲競簋（西周晚期）

史寏段（西周晚期）

害叔簋（西周晚期）

枯衍段（西周晚期）

兮仲簋（西周晚期）

陳侯簋（西周晚期）

伯喜簋（西周晚期）

內大子白簠（西周晚期）

姬鼎（西周晚期）

叔男父匜（西周晚期）

槃段（西周晚期）

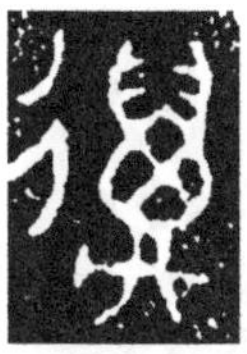
旛嫼段（西周晚期）

季口父簋（西周晚期）

伯遳父段（西周晚期）

廣簋（西周晚期）

孷父段（西周晚期）

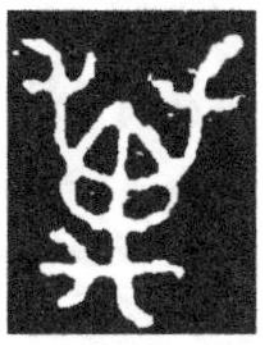
齊巫姜簋（西周晚期）

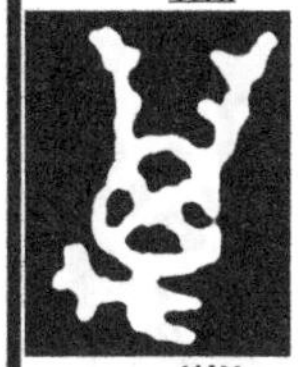
豐丼叔段（西周晚期）

伯田父簋（西周晚期）

噩侯簋（西周晚期）

毳簋（西周晚期）

中伯簋（西周晚期）

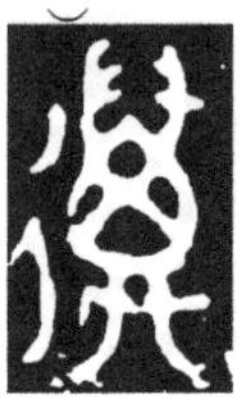
鴋姬簋（西周晚期）

子緮殷（西周晚期）

吴彭父殷（西周晚期）

陽飤生簋（西周晚期）

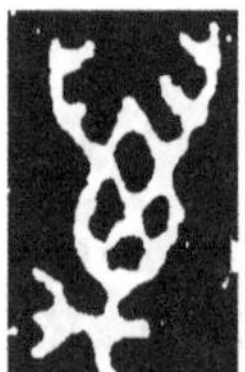
伯喜簋（西周晚期）

伯公父盂（西周晚期）

兮吉父簋（西周晚期）

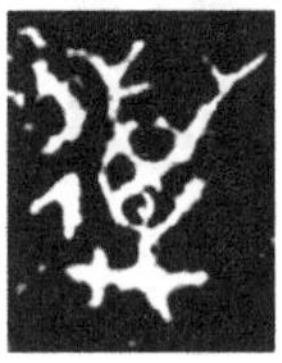
善夫吉父盂（西周晚）

考叔脂父簠（春秋早期）

楚嬴匜（春秋早期）

齊侯匜（春秋早期）

鑄公簠（春秋早期）

鄀公平侯鼎（春秋早期）

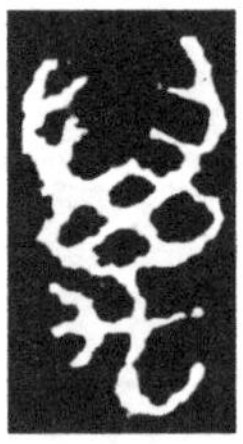
穌公子簋（春秋早期）

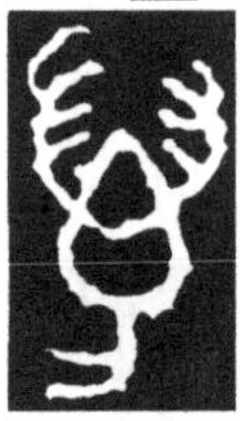
走馬谷簋（春秋早期）

商丘叔簠（春秋早期）

邕子良人甗（春秋早期）

邿伯祁鼎（春秋早期）

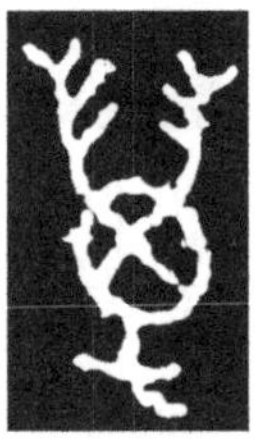
奚子宿車鼎（春秋早期）

𢦏叔朕鼎（春秋早期）

番君配伯鬲（春秋早期）

王孫壽甗（春秋早期）

隨子鄭伯鬲（春秋早期）

陳侯鬲（春秋早期）

虢仲鬲（春秋早期）

袒仲鬲（春秋早期）

陳公子叔邍父甗（春秋早期）

秦公鐘（春秋早期）

秦公鎛（春秋早期）

鼄來隹鬲（春秋早期）

陳侯壺（春秋早期）

伯其父簠（春秋早期）

夆叔盤（春秋早期）

尋仲匜（春秋早期）

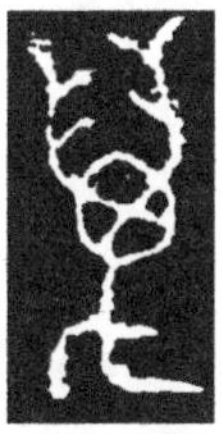
衵鼎（春秋）

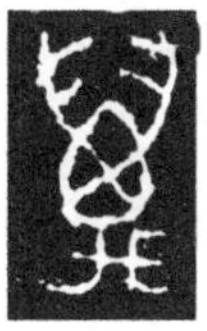
浨伯鼎（春秋）

郐䛫尹征城（春秋）

曾子伯窞盤（春秋）

陳侯盤（春秋）

邾公釛鐘（春秋）

欒書缶（春秋）

孫叔師父壺（春秋）

嬴氏簠（春秋）

鄧伯吉射盤（春秋）

齊侯匜（春秋晚期）

齊侯盂（春秋晚期）

簷叔之仲子平鐘（春秋晚期）

蒿君鉦鋮（春秋晚期）

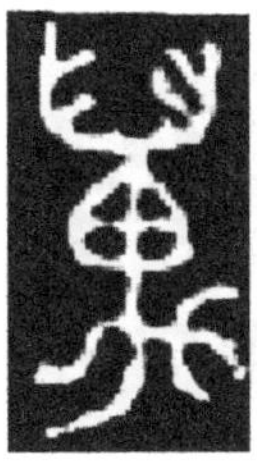
其次句鑃（春秋晚期）

樂子簠（春秋晚期）

喪史賓瓶（戰國）

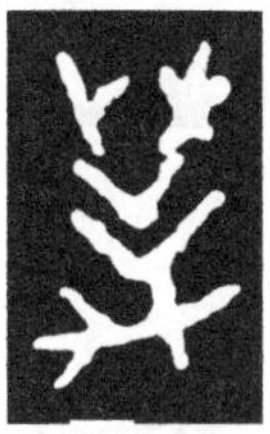
四年戈（戰國晚期）

叔盂殷（西周早期）

作寶簋（西周早期）

真盤（西周早期）

庚嬴卣（西周早期）

毳盉（西周中期）

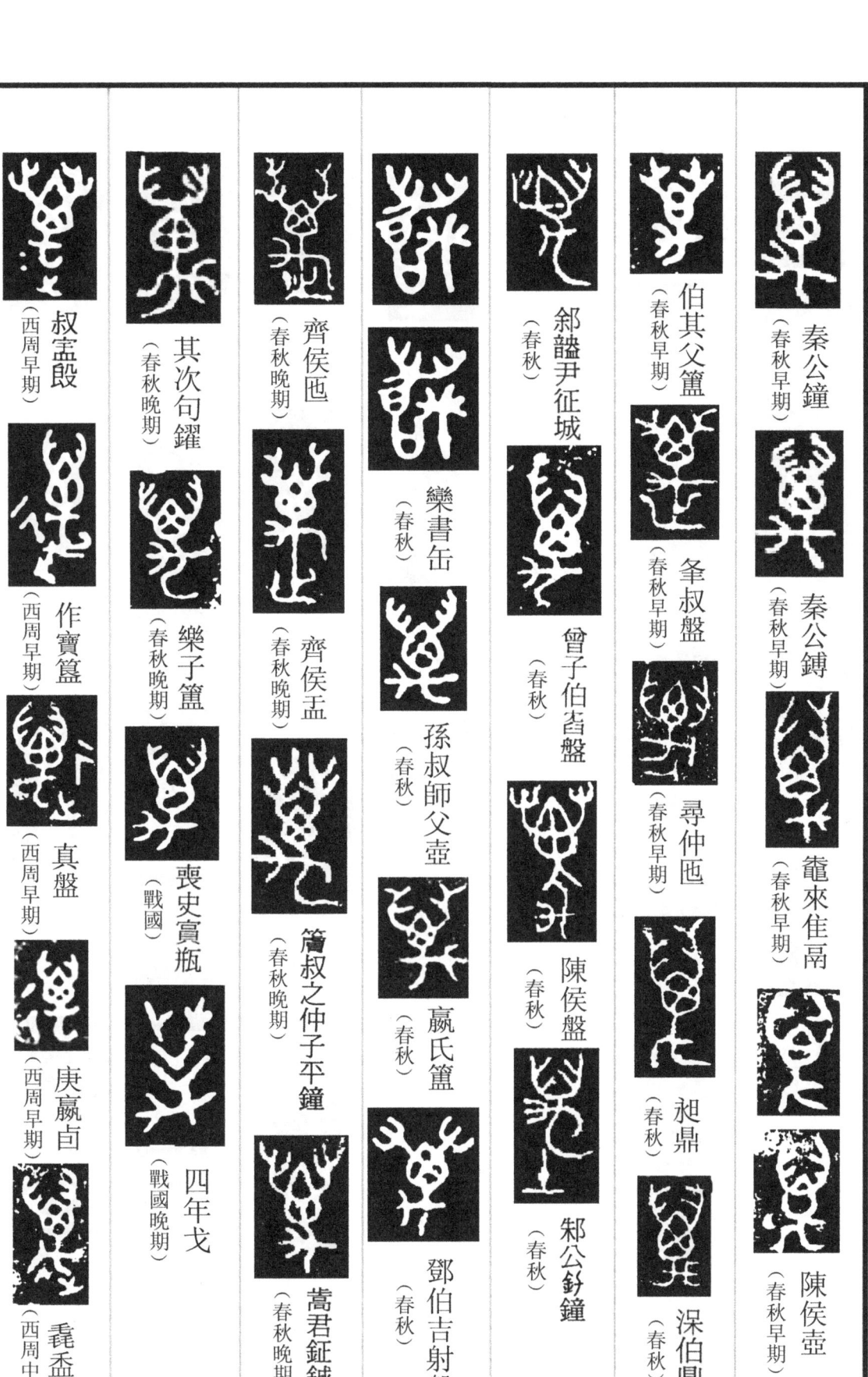

蠆禹

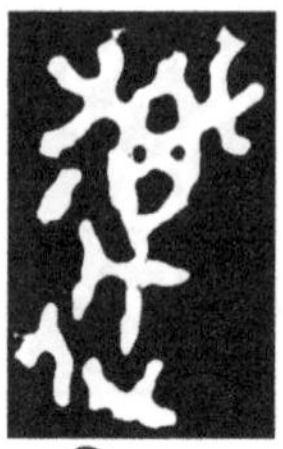

啻殷（西周中期）

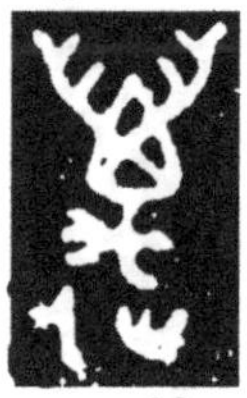

井南伯殷（西周中期）

叔友父簋（西周中期）

姞氏簋（西周）

𪓐匜（西周中期）

詰殷（西周晚期）

矢王簋（西周晚期）

鑠季獻盨（西周晚期）

伯㠱鼎（西周晚期）

叔向父禹簋（西周晚期）

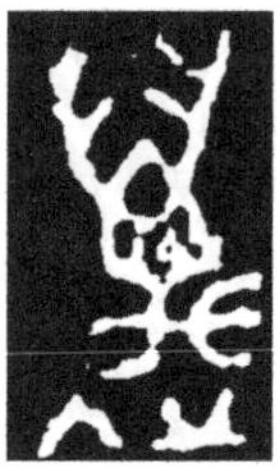

曾仲大父𧊒殷（西周晚期）

善夫旅伯鼎（西周晚期）

叔多父簋（西周晚期）

□者生鼎（春秋）

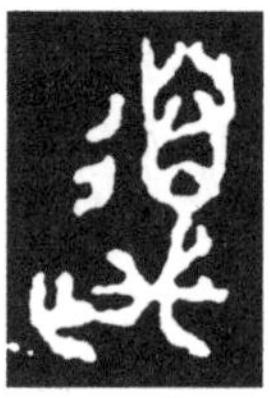

復公子仲簋（春秋晚期）

yǔ
禹

《説文》曰：蟲也，从厹（禸）象形。註：禹，夏朝開國君主，稱大禹或夏禹。禹，本蟲名，或再从虫作蠆。

且辛禹方鼎（殷商）

㠱且辛卣（殷商）

㠱且辛罍（殷商）

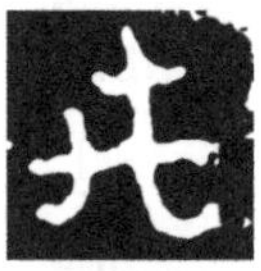

叔向父禹簋（西周晚期）

禹鼎（西周晚期）

秦公簋（春秋早期）

獸嘼

狩獸

chù
xù
shòu
嘼

《説文》曰：犍也，象耳、頭、足厹地之形。古文嘼，下从厹。《玉篇》曰：嘼，六嘼之牛、馬、羊、犬、雞、豕，養之曰嘼，用之曰牲。嘼，今作畜。《集韻》曰：嘼，或作畜。畜，養也，古作嘼。

註：犍，畜牲。嘼，嘼頭象形字。嘼，或作畜。嘼，同獸，與守、狩同音通用。

聑𪈡𣪘（殷商）

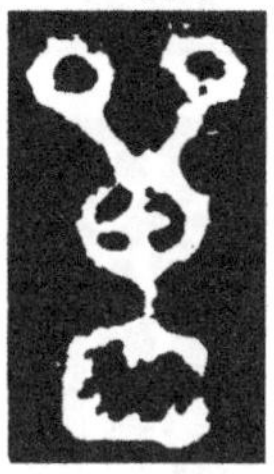

聑嘼器（殷商）

嘼作父乙卣（西周早期）

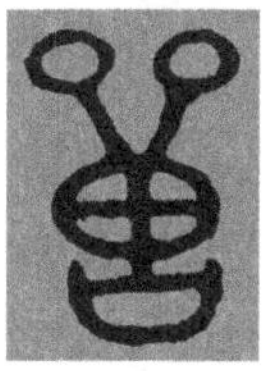

小盂鼎（西周早期）

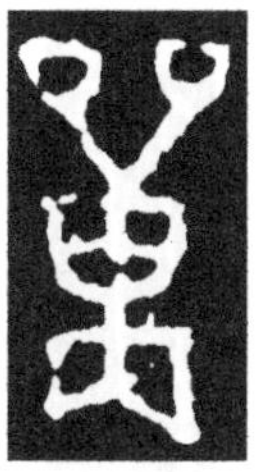

交鼎（西周早期）

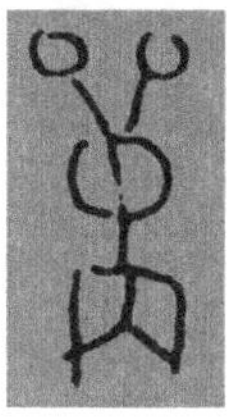

嘼當盧（西周早期）

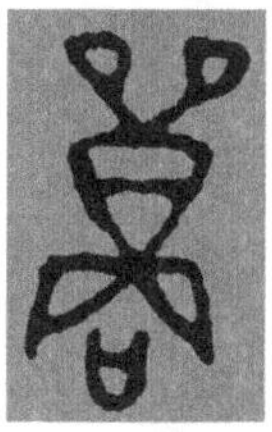

嘼宮盉（西周中期）

【古文字類編】

師寰𣪘（西周晚期）

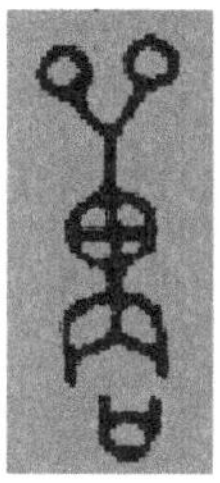

王作王母鬲（西周晚期）

衰[illegible]父鼎（西周）

邵黛鐘（春秋晚期）

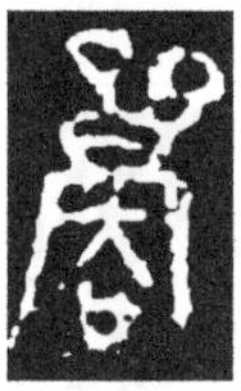

令狐君嗣子壺（戰國中期）

三年蒲子戈（戰國）

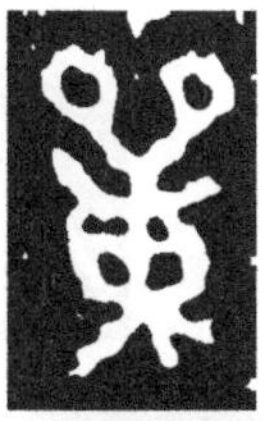

散氏盤（西周晚期）

□鏞用戈（春秋早期）

shòu
獸

《説文》曰：守備者，从嘼、从犬。

註：獸，即狩之古文，獵必用犬，故从犬、嘼聲。獸，用同嘼、同狩、同守。

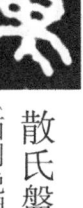

獸父癸簋（殷商）

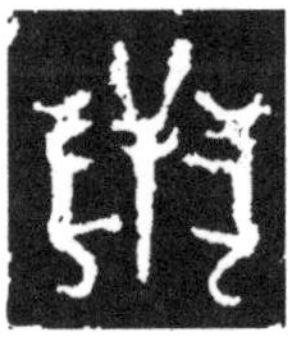
獸觚（殷商）

獸父癸爵（西周早期）

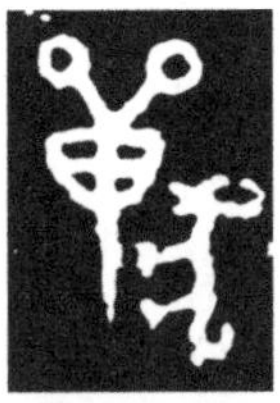

宰甫卣（殷商）

宰甫簋（殷商）

史獸鼎（西周早期）

先獸鼎（西周早期）

獸父戊爵（西周早期）

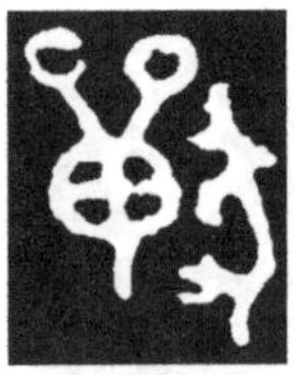
啟卣（西周早期）

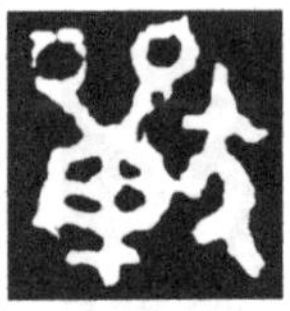
員方鼎（西周中期）

獸作父庚尊（西周中期）

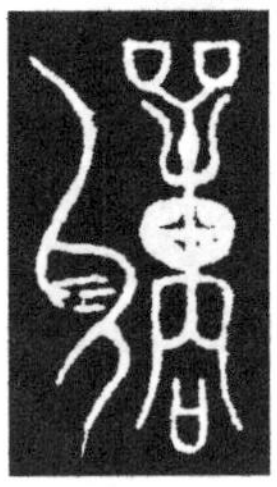
王子午鼎（春秋中期）

鄭義伯鑩（春秋）

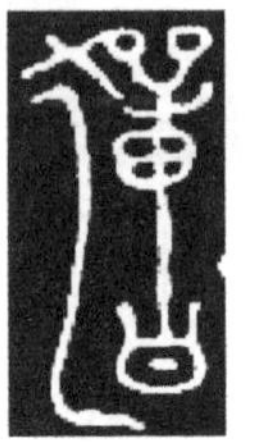

曾侯乙鐘（戰國早期）

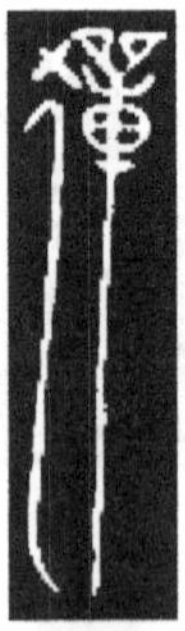

曾侯乙鐘（戰國早期）

曾侯乙鐘（戰國早期）

曾侯乙鐘（戰國早期）

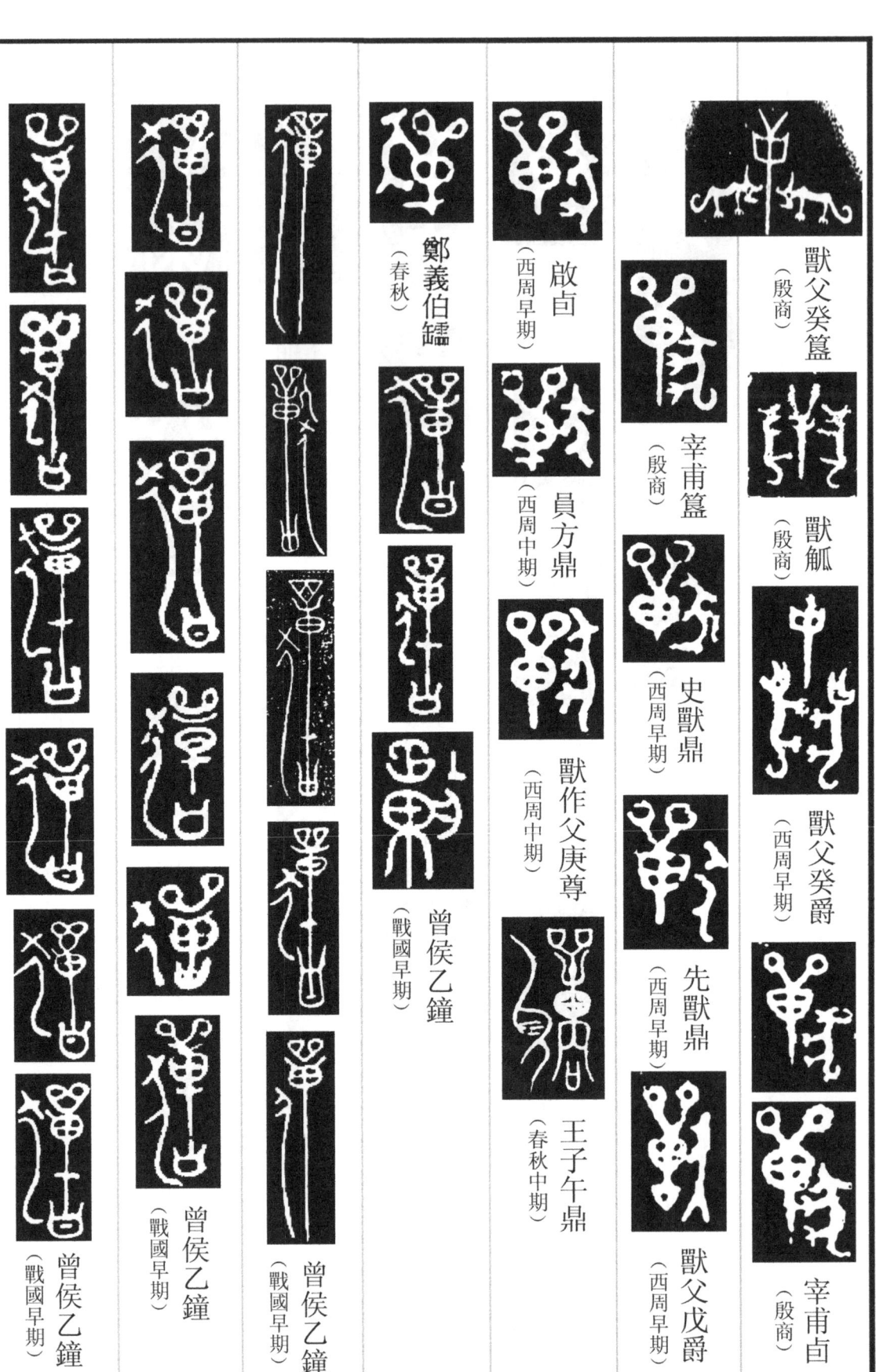

甲

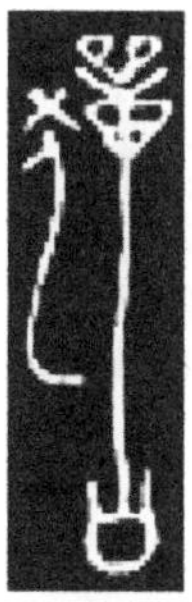

曾侯乙鐘（戰國早期）

曾侯乙鐘（戰國早期）

jiǎ
甲

《爾雅》曰：甲，狎也。《廣雅》曰：甲，押也。　註：，古代鎧甲甲片之象形，或省作，小篆作。甲，天干第一位，與地支相配以記年。甲，用同押、通狎。

㠱父甲鼎（殷商）

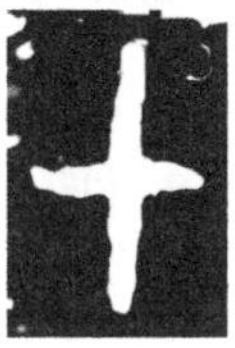
無敄鼎（殷商）

田父甲簋（殷商）

甲母觚（殷商）

鳥且甲卣（殷商）

戈父甲甗（西周早期）

王且甲方鼎（西周早期）

甲簋（西周早期）

御止衛簋（西周早期）

命簋（西周早期）

史見卣（西周早期）

參卣蓋（西周早期）

召卣（西周早期）

師虎簋（西周中期）

班簋（西周中期）

農卣（西周中期）

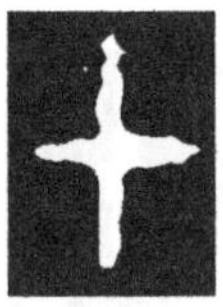
匽卣（西周中期）

員方鼎（西周中期）

康鼎（西周中期）

大師虘簋（西周中期）

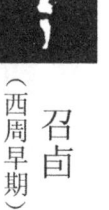

乙

頌簋（西周晚期）

虢殷（西周晚期）

元年師兌簋（西周晚期）

柞鐘（西周晚期）

頌簋（西周晚期）

元年師旋殷（西周晚期）

六年召伯虎簋（西周晚期）

多友鼎（西周晚期）

楚公逆鎛（西周晚期）

向𦙶殷（西周晚期）

穌公子簋（春秋早期）

甲盉（西周早期）

甲作寶鼎（西周早期）

戜方鼎（西周中期）

秀父甲殷（西周）

讀為甲

莘作父甲寶簋

寧遣殷（西周）

弭叔師察簋（西周晚期）

讀為甲

唯五月初吉甲戌

yǐ 乙

《說文》曰：象春艸木寃曲而出，陰气尚彊，其出乙乙也。註：象春日草木抽芽彎曲漸出狀。乙，用於天干第二位，與地支相配以記年。

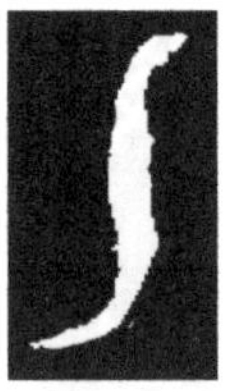

魚正乙鐃（殷商）

鳥父乙鬲（殷商）

父乙甗（殷商）

母乙鼎（殷商）

乙戉鼎（殷商）

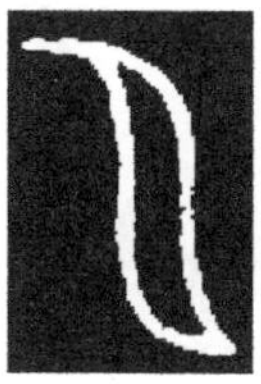
㠱父乙方鼎（殷商）

㠱父乙𣪘（殷商）

作父乙鼎（殷商）

且乙簋（殷商）

息父乙鼎（殷商）

衍爾父乙尊（西周早期）

保卣（西周早期）

作冊夨尊（西周早期）

𦐖𣪘（西周早期）

伯作乙公簋（西周早期）

父乙臣辰鼎（西周早期）

旂鼎（西周早期）

爻父乙簋（西周早期）

戈作父乙簋（西周早期）

令作父乙簋（西周早期）

癲鐘（西周中期）

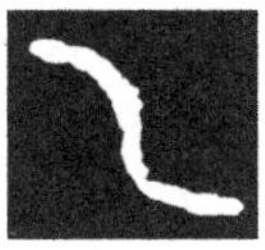
穻鼎（西周中期）

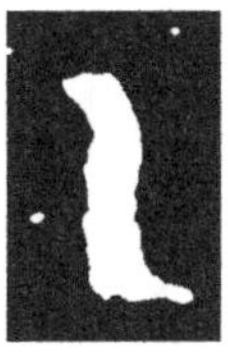
㦽方鼎（西周中期）

曶鼎（西周中期）

作父乙簋（西周中期）

陽仲孝𣪘（西周中期）

競卣（西周中期）

彔簋（西周中期）

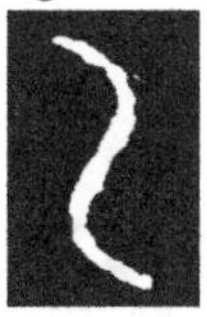
洹秦簋（西周中期）

事族簋（西周晚期）

㜏伯𣪘（西周晚期）

小臣作父乙尊（西周中期）

史喜鼎（西周晚期）

此鼎（西周晚期）

鼄公華鐘（春秋晚期）

鼄公牼鐘（春秋晚期）

曾侯乙鐘（戰國早期）

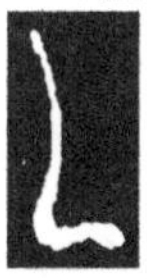
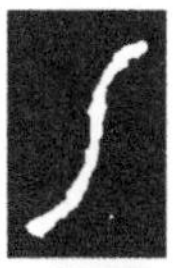

曾侯乙鼎（戰國早期）

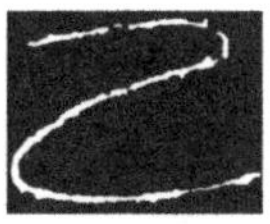
楚王酓肯簠（戰國晚期）

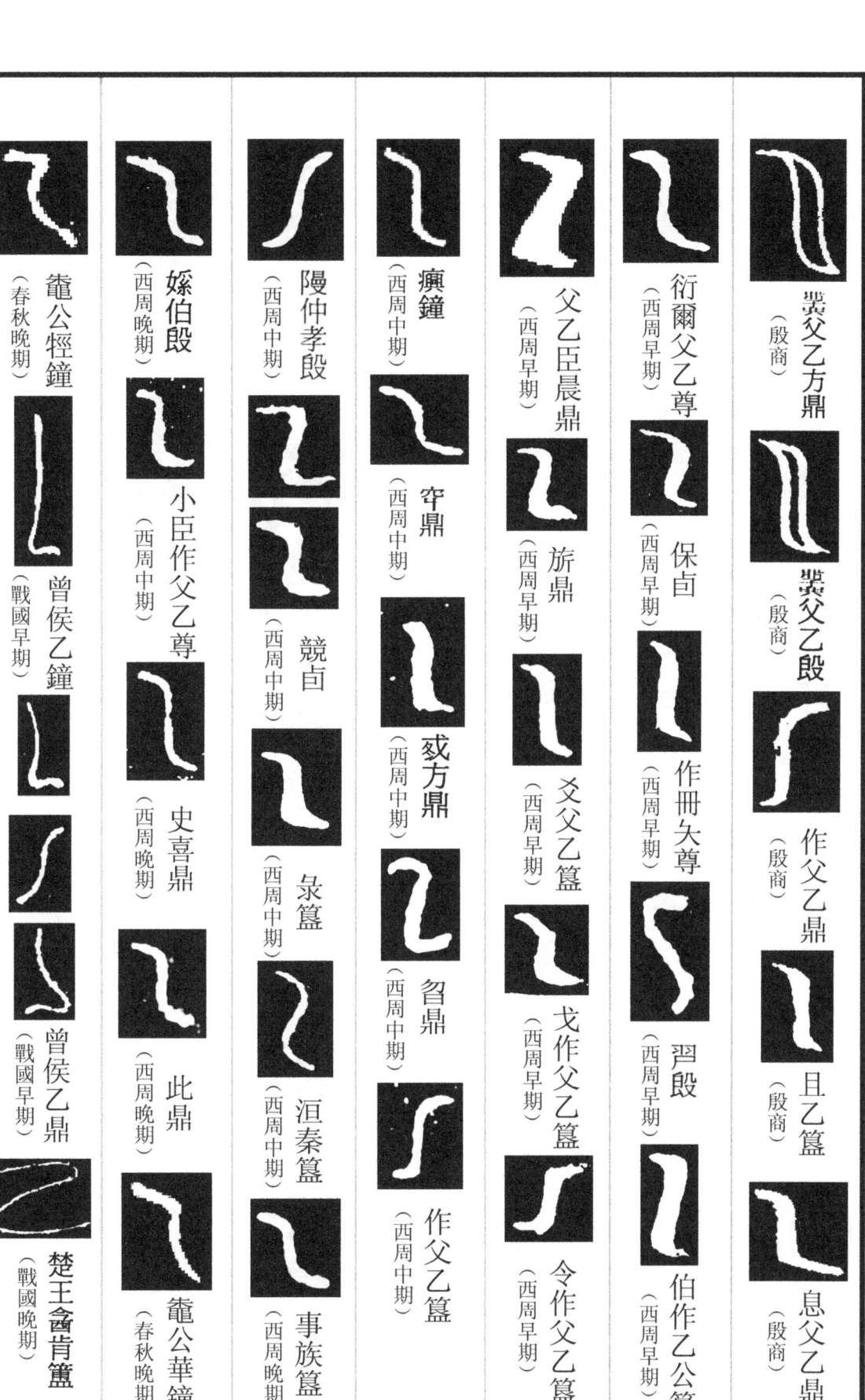

尤

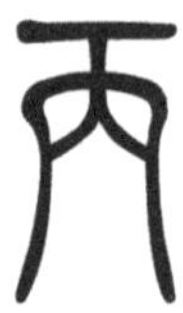
炳丙

yóu
尤

《說文》曰：異也，从乙、又聲。

註：尢，為尤之本字。尤，特異的、不同的、突出的，為其本義。

麥方尊（西周早期）

獻簋（西周早期）

㦰方鼎（西周中期） 或从目

㦰𣪘（西周中期） 讀爲尤 無眈（尤）于㦰身

班簋（西周中期）

bǐng
丙

《爾雅》曰：魚尾謂之丙。

註：丙，或為魚尾之象形。丙，天干之第三位，或曰序數第三位之代稱。丙，通炳，光明。

枚父丙卣（殷商）

二祀𠨘其卣（殷商）

木且辛父丙鼎（殷商）

犬父丙鼎（殷商）

父丙卣（殷商）

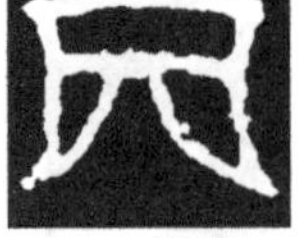
重父丙觶（殷商）

父丙𩰫鼎（殷商）

父丙尊（殷商）

黽父丙鼎（殷商）

𧊒且丙觚（殷商）

[illegible]且丙爵（殷商）

魚父丙爵（殷商）

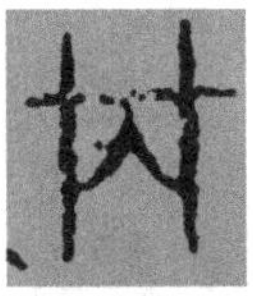
妣丙主爵（殷商）

葡亞作父癸角（殷商）

征人鼎（西周早期）

釘叮丁 

爵且丙尊（西周早期）

由伯尊（西周早期）

何尊（西周早期）

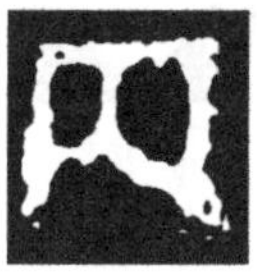
父丙觶（西周早期）

作父丙觶（西周早期）

史父丙觚（西周早期）

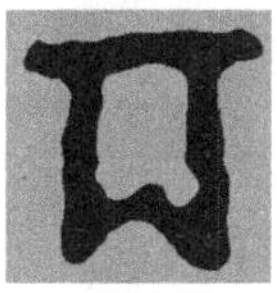
小臣夌鼎 讀為兩 賜馬丙（兩）（西周早期）

弔龜父丙簋（西周早期）

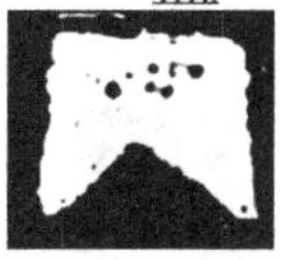
子父丙觚（西周早期）

靜卣（西周早期）

遹甗（西周中期）

伯晨鼎（西周中期）

師湯父鼎（西周中期）

敔簋（西周）

部□殷（西周晚期）

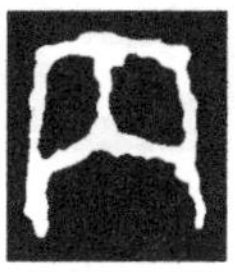
毛昇殷（西周晚期）

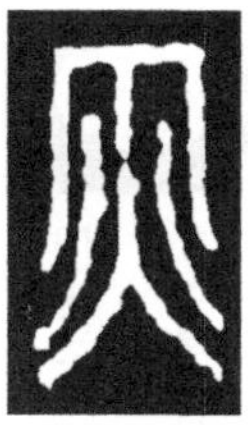
鄦侯少子殷（春秋）

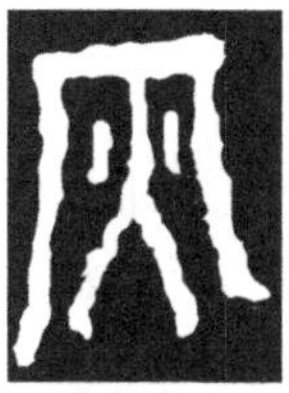
子禾子釜（戰國）

dīng
丁

註：丁，為釘之初文，象形字。，小篆丁字乃側視；，金文丁為俯視。金文丁均用為天干之第四位。

丁，用同叮。

丁鼎（殷商）

弔丁鼎（殷商）

丁𦎫鼎（殷商）

黽父丁鼎（殷商）

戍甬鼎（殷商）

邐殷（殷商）

宰椃角（殷商）

門且丁簋（殷商）

亞父丁爵（殷商）

□且丁斝（殷商）

□父丁盉（殷商）

亞得父丁盉（殷商）

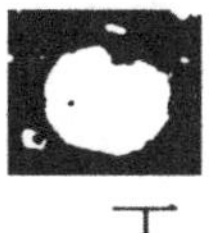
丁□壺（殷商）

嬰方鼎（西周早期）

寓鼎（西周早期）

庚嬴鼎（西周早期）

作冊大方鼎（西周早期）

父丁簋（西周早期）

令盤（西周早期）

戈作且丁殷（西周早期）

父丁尊觥（西周早期）

𨑲父丁觥（西周早期）

矢令方彝（西周早期）

走馬休盤（西周中期）

長甶盉（西周中期）

甚諆臧鼎（西周中期）

剌鼎（西周中期）

大鼎（西周中期）

曶鼎（西周中期）

𢿋殷（西周中期）

永盂（西周中期）

師遽方彝（西周中期）

虢季子白盤（西周晚期）

散伯車父鼎（西周晚期）

史頌鼎（西周晚期）

叔尃父盨（西周晚期）

夆叔盤（春秋早期）

夆叔匜（春秋早期）

者𣴘鐘（春秋）

𨻰侯作孟姜媵簠（春秋）

陳侯盤（春秋）

者尚余卑盤（春秋）

彭子仲盆（春秋）

孟縢姬缶（春秋）

鼄公孫班鎛（春秋晚期）

齊陶氏鐘（春秋晚期）

沇兒鎛（春秋晚期）

臧孫鐘（春秋晚期）

子璋鐘（春秋晚期）

乙鼎（戰國早期）

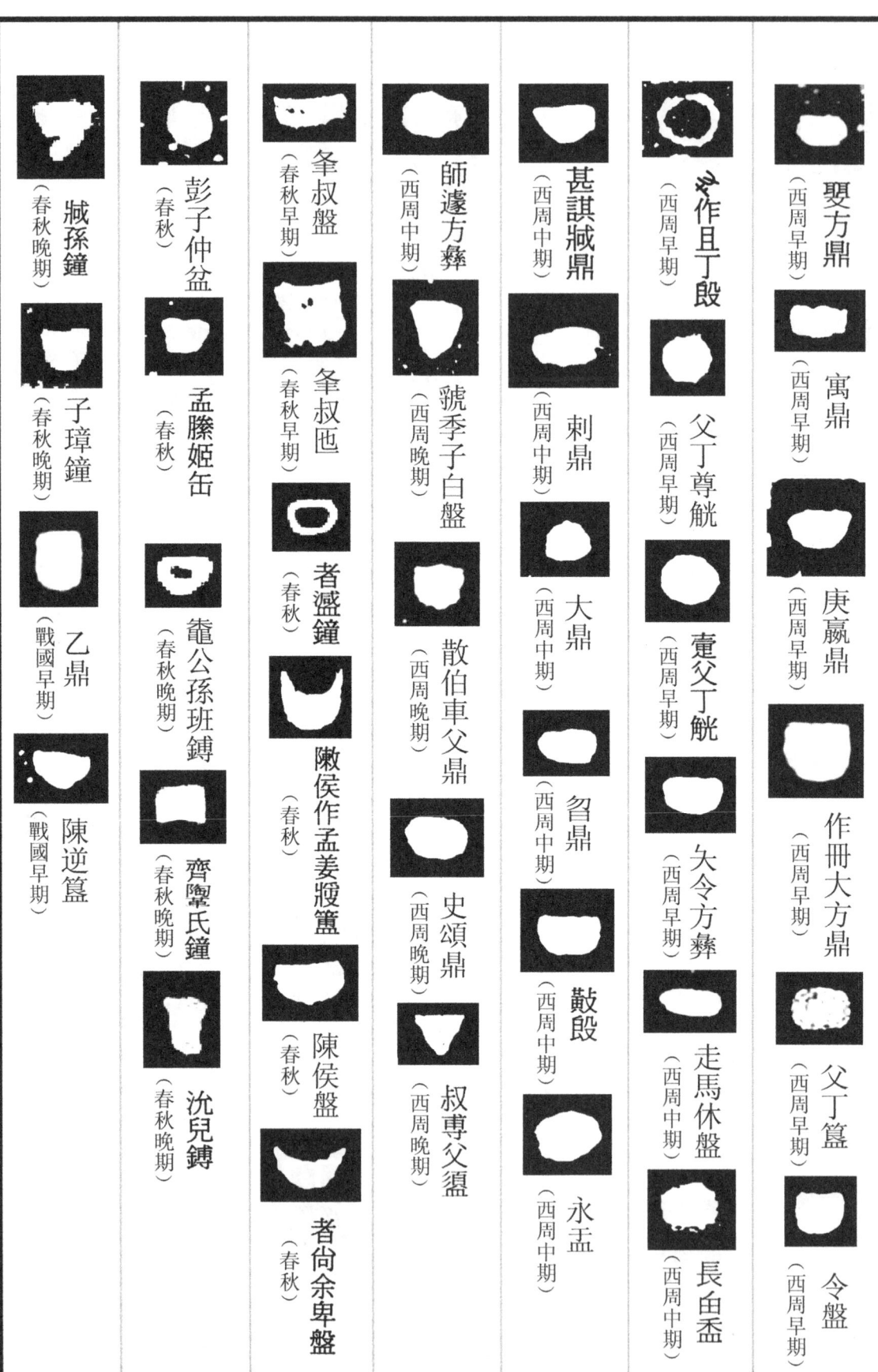

陳逆簋（戰國早期）

戊 戊

wù
戊

註：戊，象斧鉞一類兵器。後用為天干第五位。

戊甗
（殷商）

且戊鼎
（殷商）

父戊鼎
（殷商）

[illegible]戊鼎
（殷商）

子戊鼎
（殷商）

戊罍
（殷商）

且戊罍
（殷商）

作母戊觥
（殷商）

[illegible]宦父戊方彝
（殷商）

[illegible]作父戊器
（殷商）

且戊簋
（殷商）

奄作父戊方鼎
（殷商）

𠬝父戊毁
（殷商）

父戊尊
（殷商）

母戊觶
（殷商）

[illegible]父戊毁
（殷商）

[illegible]且戊卣
（殷商）

[illegible]父戊卣
（殷商）

且戊尊
（殷商）

山父戊尊
（殷商）

冉戊觶
（殷商）

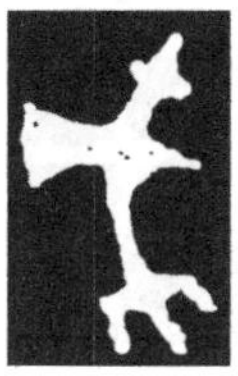
[illegible]且戊觶
（殷商）

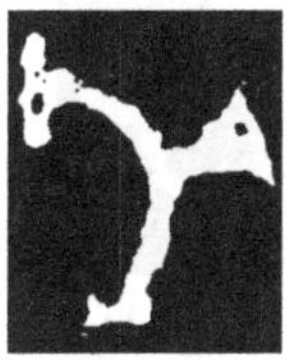
且戊觶
（殷商）

且戊爵
（殷商）

吉父戊爵
（殷商）

秉田戊觶
（殷商）

子作父戊觶
（殷商）

父戊爵
（殷商）

[illegible]父戊角
（殷商）

司母戊方鼎（殷商）

季父戊字鼎（殷商）

戊寅鼎（殷商）

□日戊鼎（殷商）

□父戊段（殷商）

□作母戊甗（西周早期）

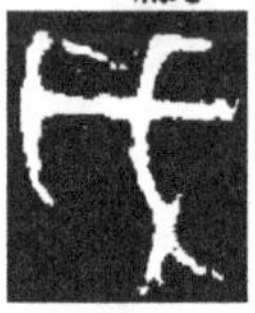
伯矩鬲（西周早期）

戈父戊甗（西周早期）

□父辛鼎（西周早期）

榮字旅鼎（西周早期）

□作且戊鼎（西周早期）

□作父戊鼎（西周早期）

匕戊鼎（西周早期）

父戊簋（西周早期）

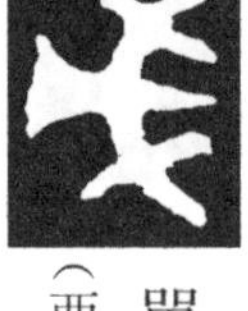
單子卣（西周早期）

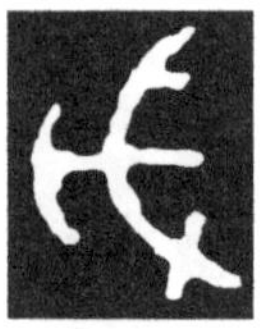
作父戊卣（西周早期）

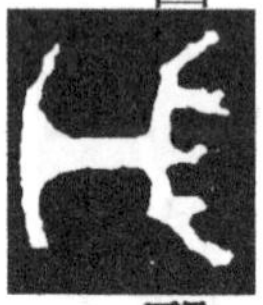
□作父戊卣（西周早期）

干子父戊尊（西周早期）

父戊觶（西周早期）

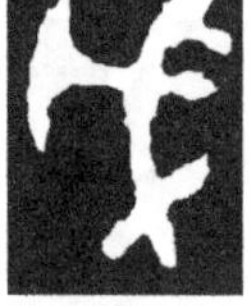
作父戊觶（西周早期）

子父戊爵（西周早期）

□父戊爵（西周早期）

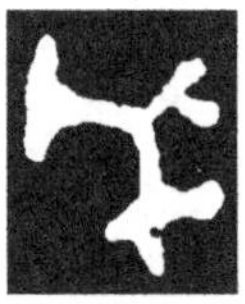
加作父戊爵（西周早期）

舟父戊爵（西周早期）

杕駿觥蓋（西周早期）

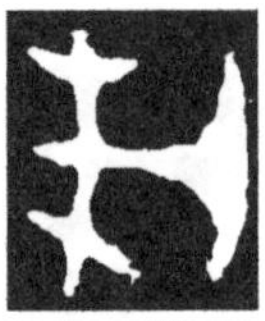
作且戊簋（西周早期）

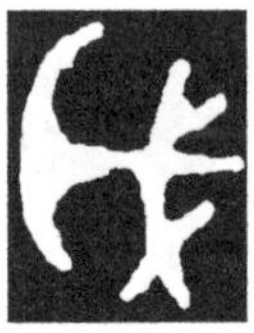
作父戊簋（西周早期）

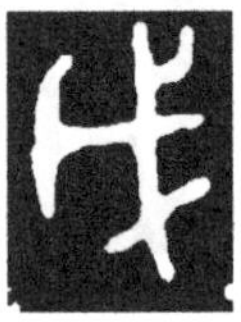
攸簋（西周早期）

不壽簋（西周早期）

鈇作父戊卣（西周早期）

笿子父戊盉（西周早期）

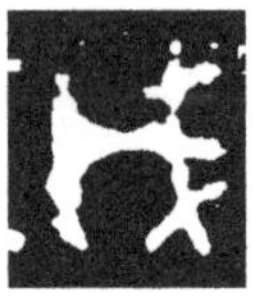
趞父戊罍（西周早期）

作且戊罍（西周早期）

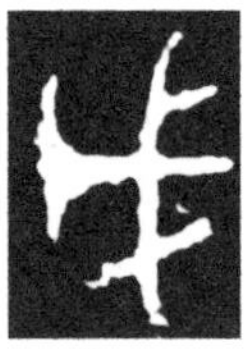
折方彝（西周早期）

□作父戊盤（西周早期）

成

chéng
成

《說文》曰：就也，从戊、丁聲。註：成，完成、成功。成，通盛。

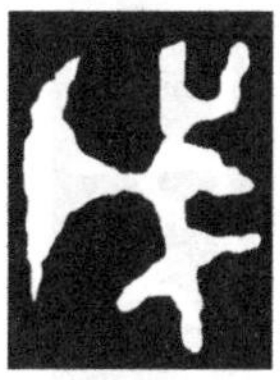
㝬方鼎（西周中期）

不指方鼎（西周中期）

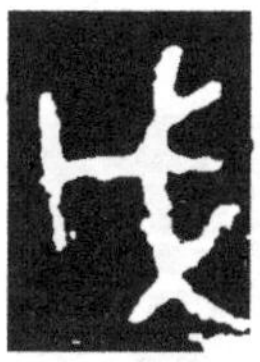
周公東征鼎（西周中期）

㹜駿殷（西周中期）

生史簋（西周中期）

十三年瘨壺（西周中期）

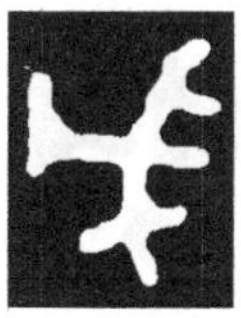
鮮盤（西周中期）

趞殷（西周中期）

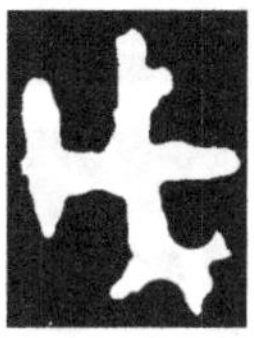
豆閉簋（西周中期）

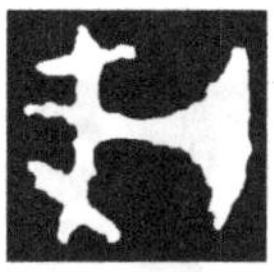
戠作且戊卣（西周中期）

同卣（西周中期）

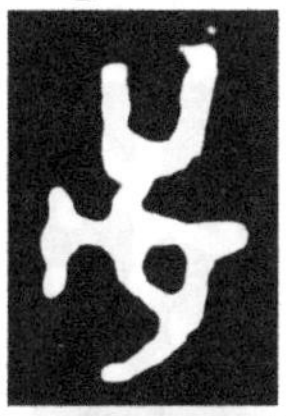
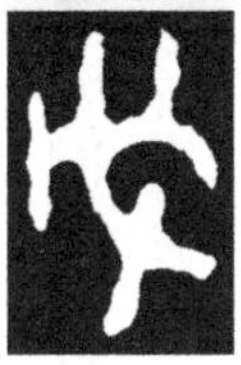
不嬰殷（西周晚期）

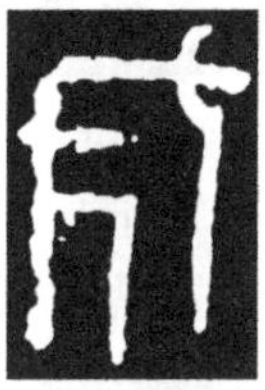
陳純釜（戰國）

楚王酓肯簠（戰國晚期）

成周鈴（殷商）

士上卣（西周早期）

何尊（西周早期）

盂爵（西周早期）

矢令方彝（西周早期）

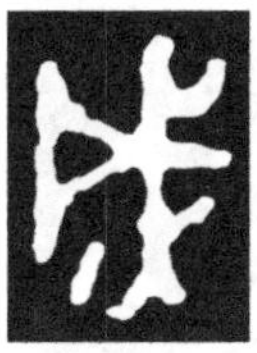
作冊大方鼎（西周早期）

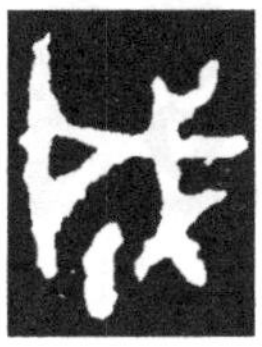
史獸鼎（西周早期）

小臣傳簋（西周早期）

小臣單觶（西周早期）

作冊䰧卣（西周早期）

成王方鼎（西周早期）

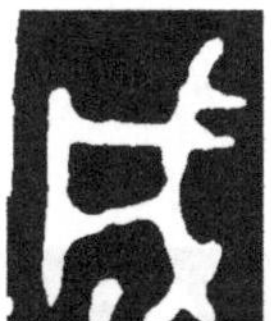
獻侯鼎（西周早期）

德方鼎（西周早期）

原趠方鼎（西周早期）

圉殷（西周早期）

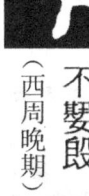

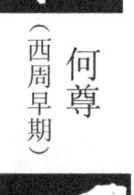

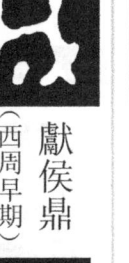

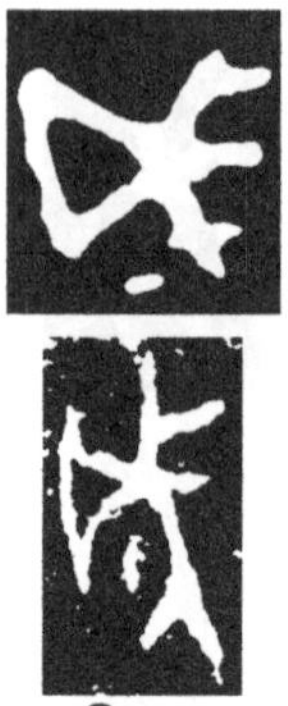
成周戈（西周早期）

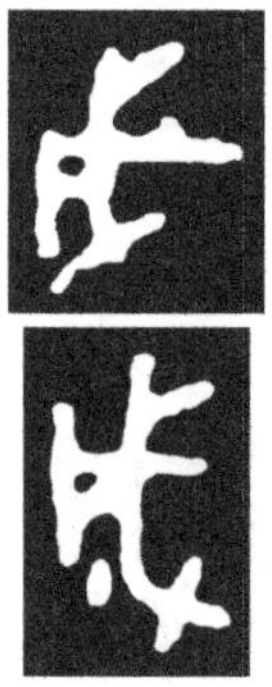
十三年㾓壺（西周中期）

曶壺（西周中期）

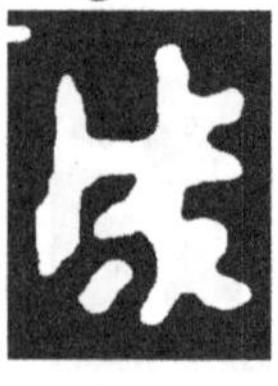
吳方彝（西周中期）

小臣鼎（西周中期）

九年衛鼎（西周中期）

堆叔𣪘（西周中期）

彔戜卣（西周中期）

史牆盤（西周中期）

格伯簋（西周中期）

競卣（西周中期）

豐作父辛尊（西周中期）

小克鼎（西周晚期）

頌鼎（西周晚期）

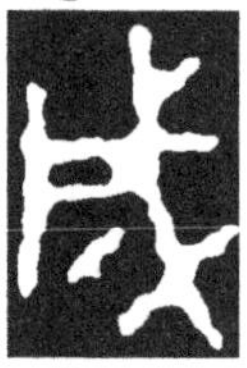
史頌鼎（西周晚期）

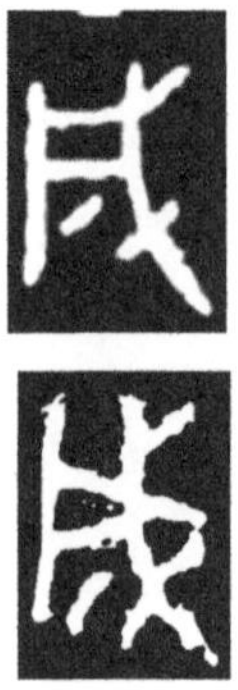
史頌簋（西周晚期）

宗周鐘（西周晚期）

成伯孫父鬲（西周晚期）

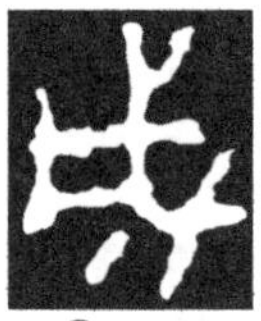
⿱無皿男鼎（西周晚期）

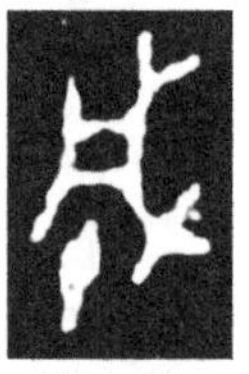
師害簋（西周晚期）

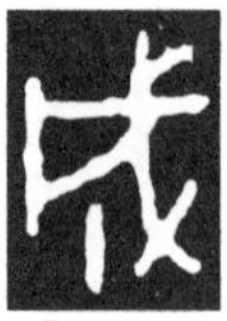
⿰巛虒𣪘（西周晚期）

六年召伯虎簋（西周晚期）

訇簋（西周晚期）

頌簋（西周晚期）

班簋（西周中期）

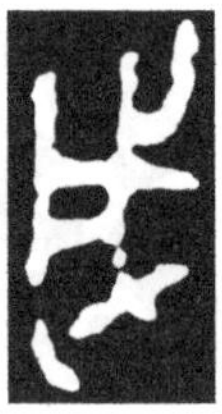
虢仲盨（西周晚期）

伯寬父盨（西周晚期）

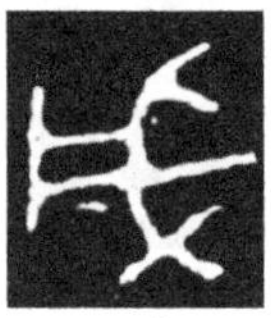
叔專父盨（西周晚期）

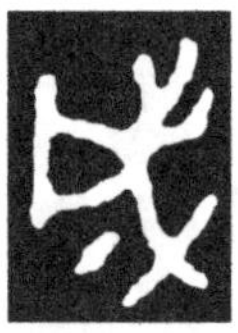
伯公父簠（西周晚期）

儹匜（西周晚期）

己

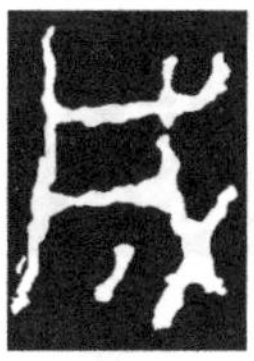
庯[illegible]生鼎（春秋早期）

叔家父簠（春秋早期）

沇兒鎛（春秋晚期）

蔡侯紐鐘（春秋晚期）

成陽辛城里戈（春秋晚期）

哀成叔鼎（戰國早期）

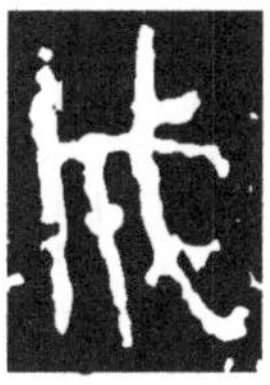
哀成叔鈉（戰國早期）

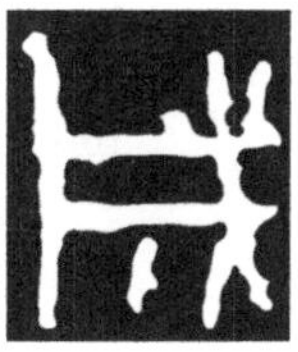
成固戈（戰國）

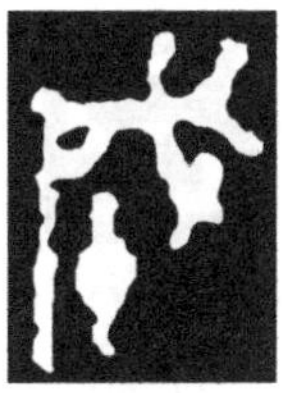
陳侯因資敦（戰國晚期）

中山王䂂鼎（戰國晚期）

中山王䂂方壺（戰國晚期）

jǐ己

《說文通訓定聲》曰：己，即紀之本字。《廣雅》曰：己，紀也。註：己，古國名，或作天干第六位。

作冊般甗（殷商）

得父己甗（殷商）

戈己鼎（殷商）

己冉鼎（殷商）

己[illegible]鼎（殷商）

[illegible]父己鼎（殷商）

字父己觶（殷商）

且己觶（殷商）

父己觚（殷商）

己聿觚（殷商）

己□觚（殷商）

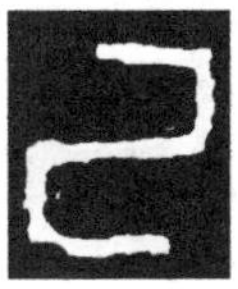
且己爵（殷商）

父己爵（殷商）

父己角（殷商）

保父己斝（殷商）

父己壺（殷商）

己戈（殷商）

㠱

我方鼎（西周早期）

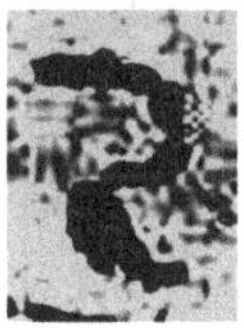
亞父己觚（西周早期）

般觥（西周早期）

僕父己盉（西周早期）

父己鼎（西周早期）

叔鼎鬲（西周早期） 讀為紀 己（紀）伯父丁

酉父己卣（西周早期）

𠂤父己甗（西周早期）

𢻱鐘（西周中期）

衛鼎（西周中期）

番匊生壺（西周中期）

三年𤻮壺（西周中期）

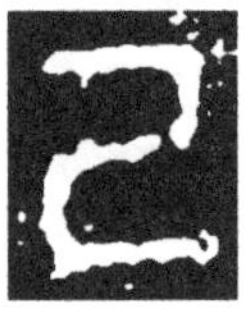
文考日己父彝（西周中期）

羌伯簋（西周晚期）

貯子己父彝（西周晚期）

己侯虎鐘（西周晚期）

宴簋（西周晚期）

紀侯鬲（西周晚期） 讀為紀

五年召伯虎簋（西周晚期）

兮仲鐘（西周晚期）

欒書缶（春秋）

jìqǐ 㠱 《說文》曰：長踞也，从己、其聲，讀若杞。《玉篇》曰：訓㠱為踞，亦跪坐也。

註：㠱，古國名。跪坐亦曰㠱踞，後作箕踞。

亞㠱吴𦎫作母癸鼎（殷商）

𦎫作母癸卣（殷商）

𦎫作母癸尊（殷商）

亞㠱吴母癸爵（殷商）

孝卣（殷商）

亞㠱矣母癸斝（殷商）

亞㠱侯父乙盉（殷商）

亞㠱矣作父乙𣪘（西周早期）

亞㠱父己卣（西周早期）

仲子觥（殷商）

亞㠱侯矣父戊𣪘（西周早期）

亞㠱矣鼎（西周早期）

父丁亞㠱尊（西周早期）
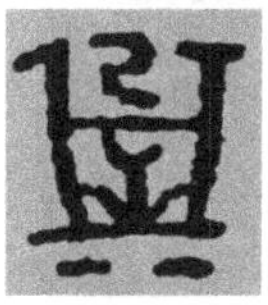
高卣（西周早期）

公貿鼎（西周中期）
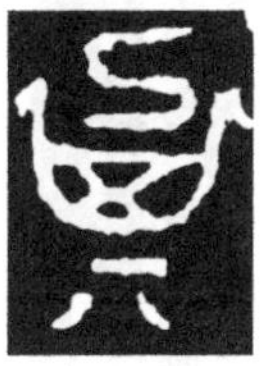
㠱侯弟鼎（西周中期）

㠱仲觶（西周中期）

師寰𣪘（西周晚期）

無㠱𣪘（西周晚期）
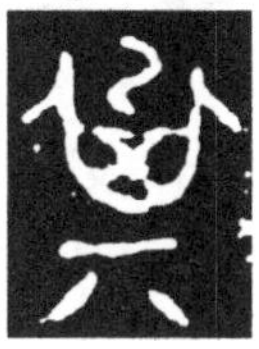
㠱孟姜匜（西周晚期）
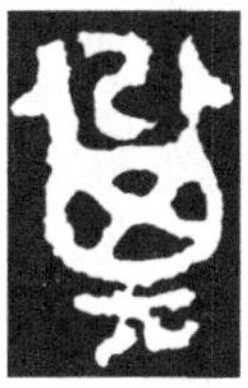
宬伯㠱生壺（西周晚期）
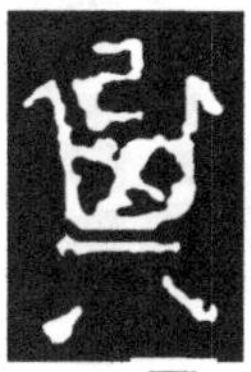
㠱甫人匜（春秋早期）

黿大宰簠（春秋早期）

售仲之孫𣪘（春秋早期）
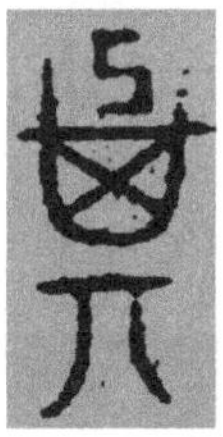
㠱公壺（春秋）

㠱伯庭父盤（春秋）

㠱伯庭父匜（春秋）

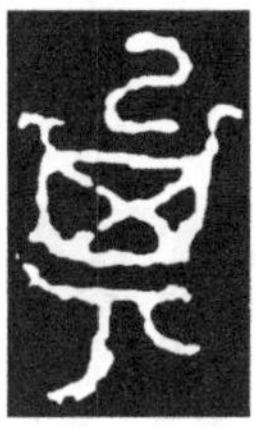
㠱伯子庭父盨（春秋）

gēng
庚

註：庚，庚字本義失去甚古。早期庚字象波浪鼓一類打擊樂器，今用之義為假借。庚，天干第七位。

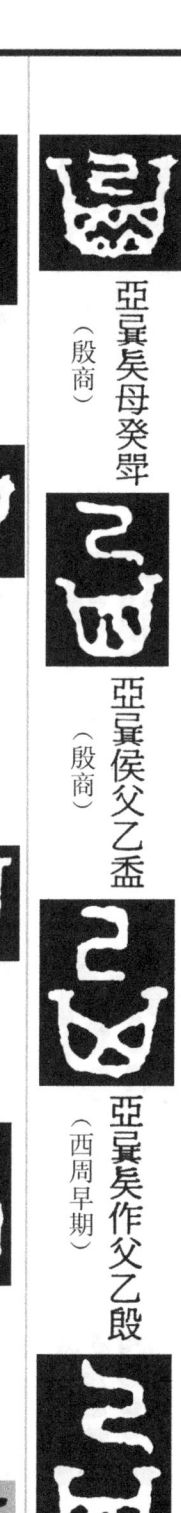

夲父庚鼎（殷商）

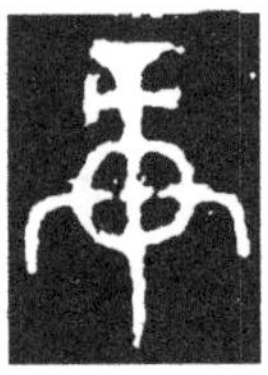
庚豕馬父乙簋（殷商）

□父庚觶（殷商）

子父庚卣（殷商）

庚觚（殷商）

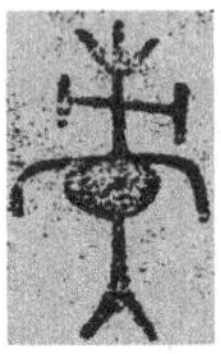
父庚觚（殷商）

庚戶觚（殷商）

子庚父觚（殷商）

子父庚爵（殷商）

父庚爵（殷商）

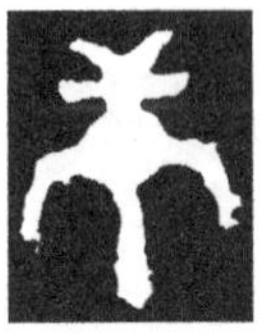
萬庚爵（殷商）

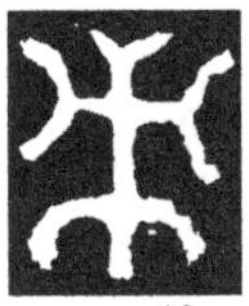
□且庚爵（殷商）

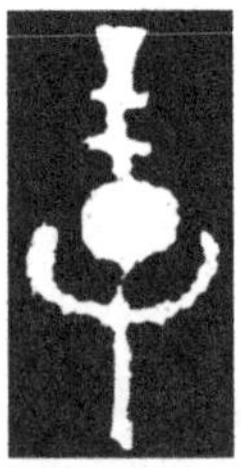
父庚斝（殷商）

龏父庚卣（殷商）

庚豩父丁方鼎（殷商）

亞父庚且辛鼎（殷商）

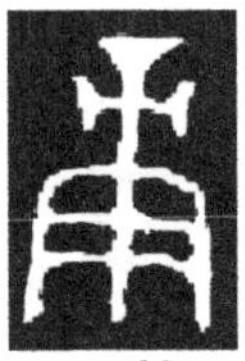
□且庚父辛鼎（殷商）

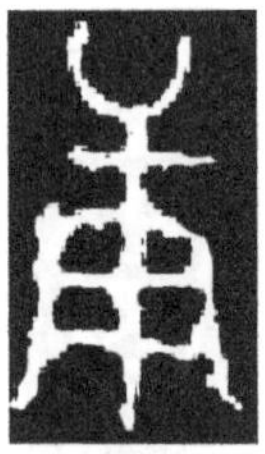
□作父庚鼎（殷商）

庚戈斝（殷商）

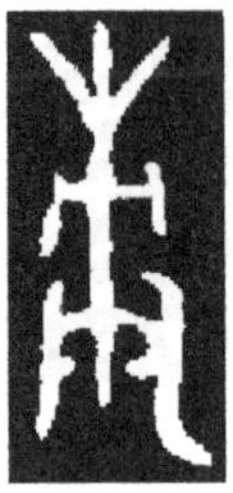
羊父庚鼎（殷商）

父庚□鼎（殷商）

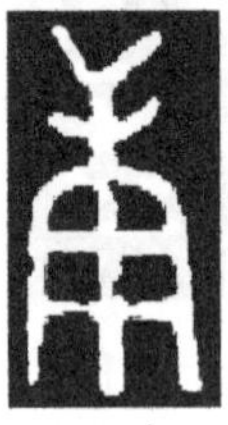
史父庚鼎（殷商）

□父庚方彝（殷商）

魚父庚尊（西周早期）

商卣（西周早期）

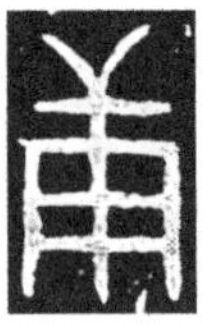
商尊（西周早期）

獻簋（西周早期）

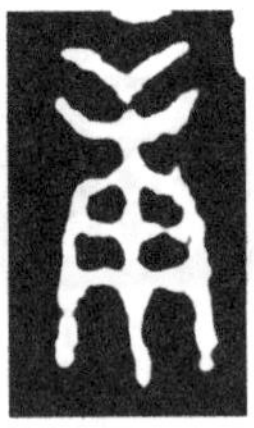
衛作父庚簋（西周早期）

子刀父庚卣（西周早期）

亞保且辛簋（西周早期）

保侃母簋（西周早期）

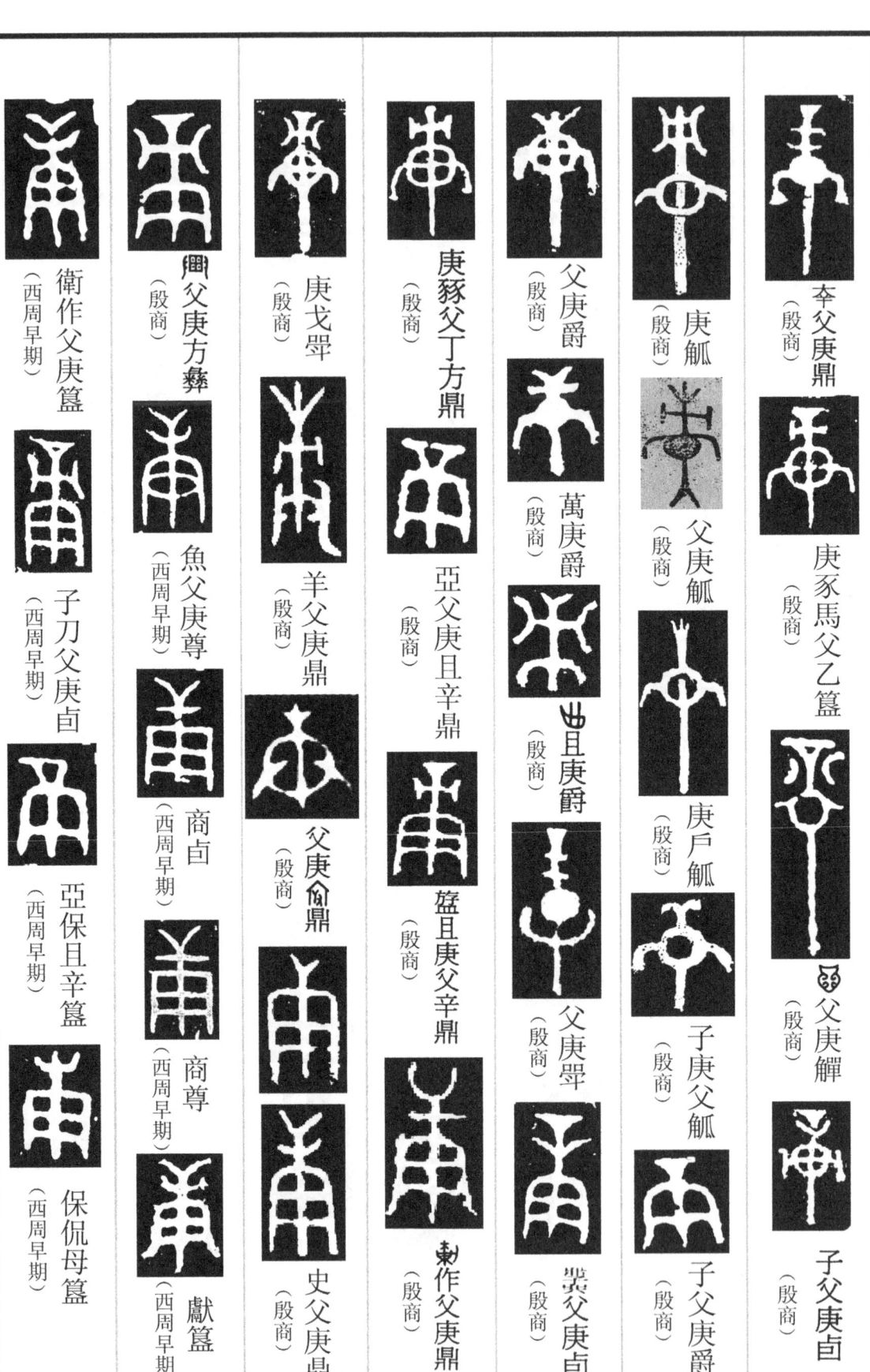

庚

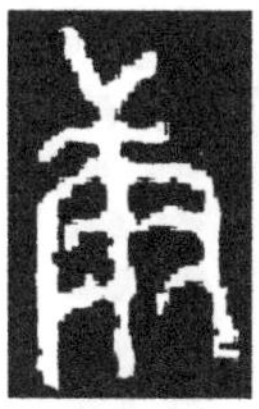
㲉作父庚甗（西周早期）

庚嬴鼎（西周早期）

史獸鼎（西周早期）

伯姜鼎（西周早期）

作父庚甗（西周早期）

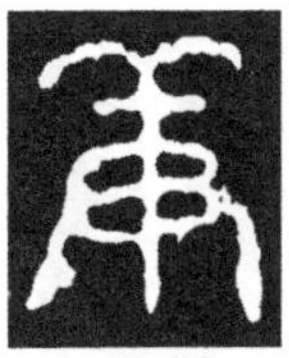
且日庚簋（西周早期）

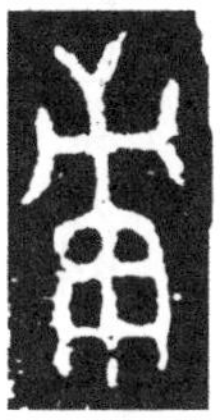
父庚觶（西周早期）

師趛鬲（西周中期）

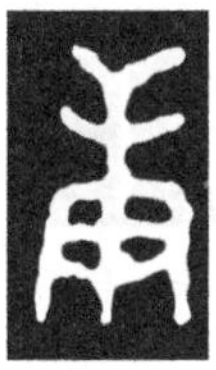
賢簋（西周中期）

即簋（西周中期）

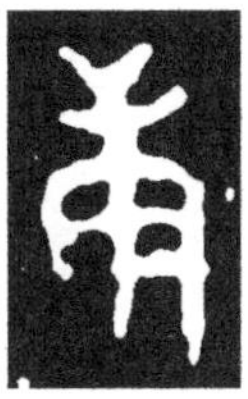
靜簋（西周中期）

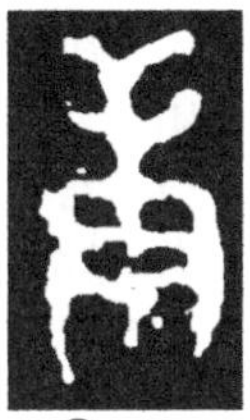
諫簋（西周中期）

彔伯㦰毁（西周中期）

㦰毁（西周中期）

師虎簋（西周中期）

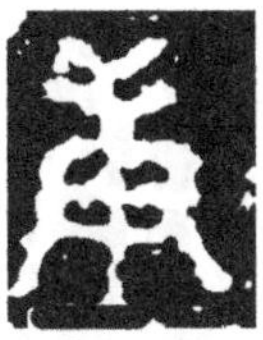
周乎卣（西周中期）

獸作父庚尊（西周中期）

豚卣（西周中期）

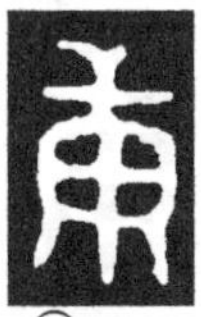
曶尊（西周中期）

虎父庚鼎（西周）

具作父庚鼎（西周中期）

旅鼎（西周中期）

師奎父鼎（西周中期）

㦰方鼎（西周中期）

九年衛鼎（西周中期）

通禄鐘（西周中期）

庚姬鬲（西周中期）

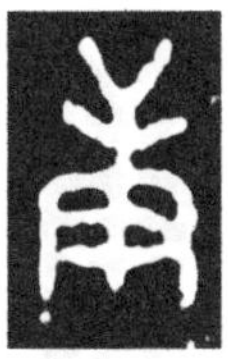
宴簋（西周晚期）

走簋（西周晚期）

揚簋（西周晚期）

善夫克盨（西周晚期）

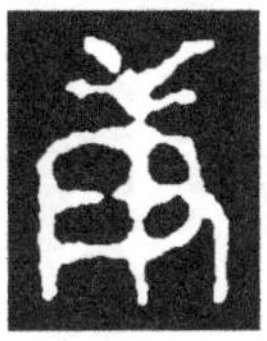
吴彭父毁（西周晚期）

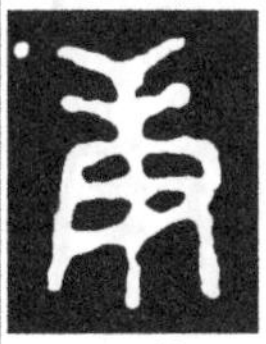
鄭虢仲簋（西周晚期）

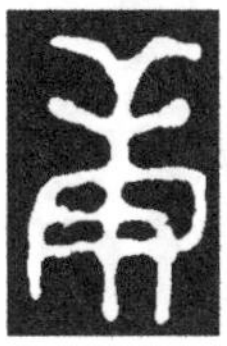
伯鮮鼎（西周晚期）

善夫山鼎（西周晚期）

穅糠康

寰盤（西周晚期）

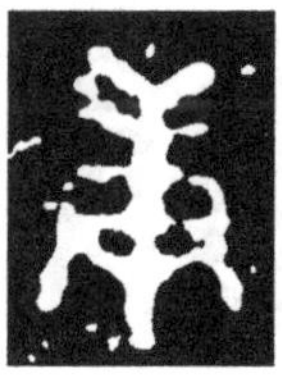

兮甲盤（西周晚期）

逆鐘（西周晚期）

克鐘（西周晚期）

伯鮮甗（西周晚期）

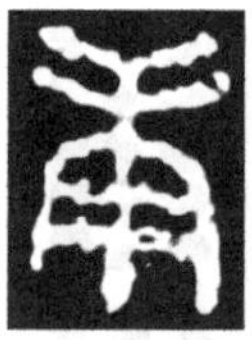

戈叔朕鼎（春秋早期）

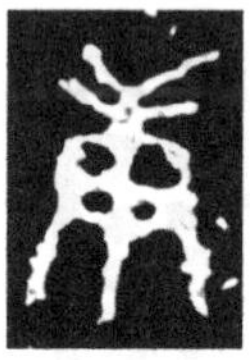

曾伯霥簠（春秋早期）

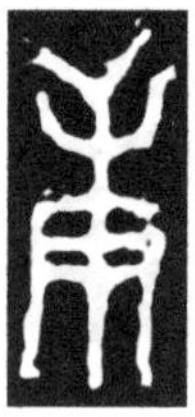

楚嬴匜（春秋早期）

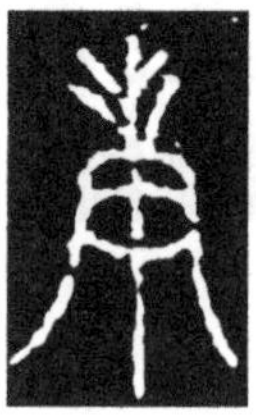

庚兒鼎（春秋中期）

郤䜌尹征城（春秋）

曾子原彝簠（春秋）

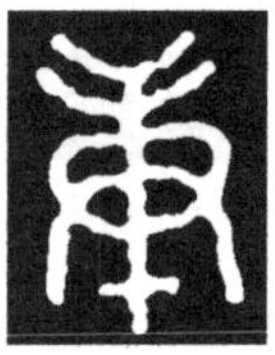

庚壺（春秋晚期）

敬事天王鐘（春秋晚期）

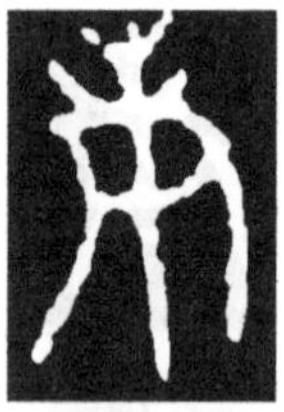

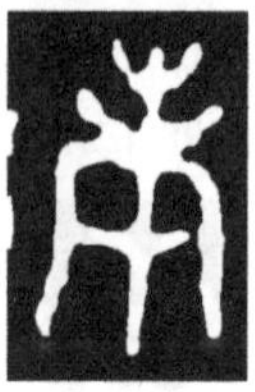

鄲孝子鼎（戰國中期）

哀成叔鼎（戰國）

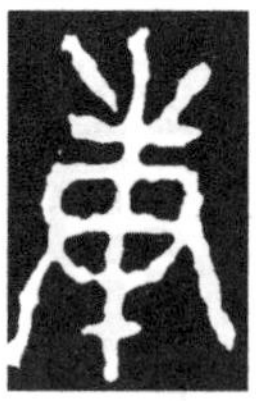

庚都司馬鐓（戰國）

kāng
康

《爾雅》曰：康，樂也、靜也。《字彙》曰：康，和也。註：安樂、祥和曰康。康，或同糠、同穅。

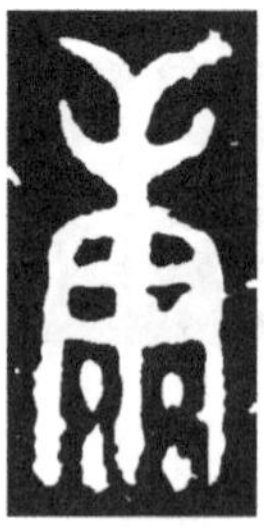

司母㠯康方鼎（殷商）

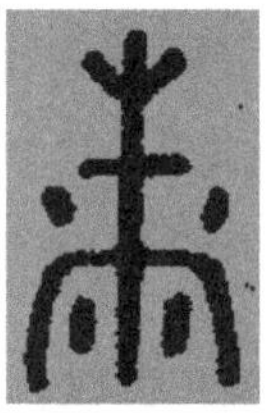

戉鈴方彝（殷商）

康丁器（殷商）

康侯斧（西周早期）

夨令方尊（西周早期）

夨令方彝（西周早期）

康侯觶（西周早期）

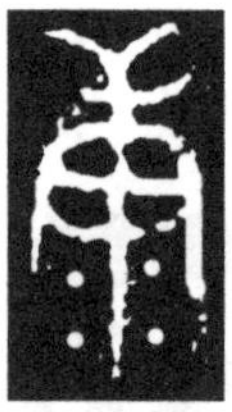

康侯車鑾鈴（西周早期）

康侯丰鼎（西周早期）

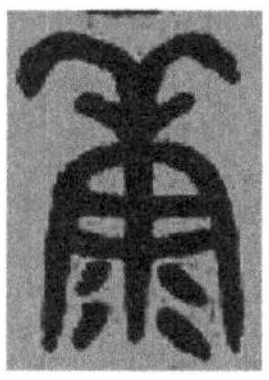
康侯季鼎（西周早期）

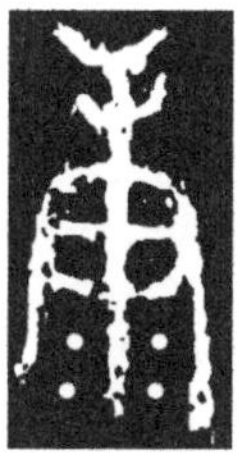
康母簋（西周早期）

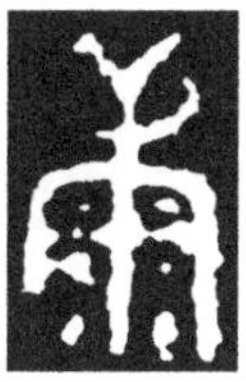
涾嗣土逘𣪘（西周早期）

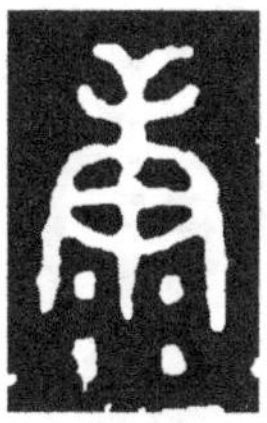
作冊[illegible]鼎（西周早期）

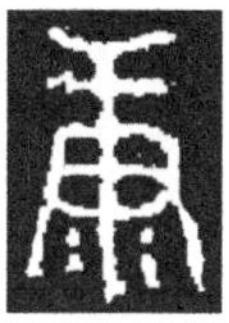
康侯鬲（西周早期）

康侯斧（西周早期）

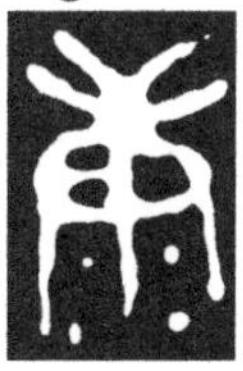
史牆盤（西周中期）

師遽方彝（西周中期）

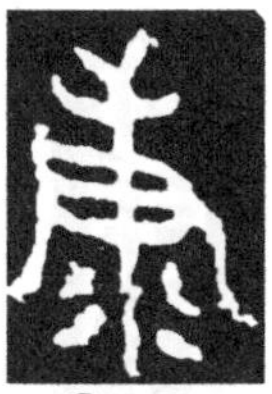
康伯簋（西周中期）

君夫簋（西周中期）

衛簋（西周中期）

鄭丼叔康盨（西周中期）

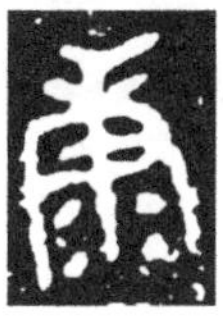
中簋（西周中期）

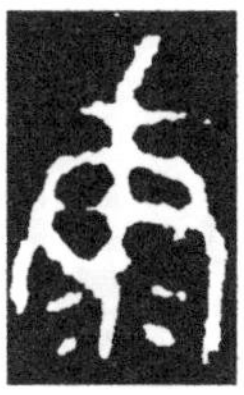
師器父鼎（西周中期）

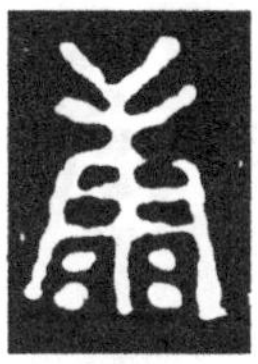
康鼎（西周中期）

即簋（西周中期）

走馬休盤（西周中期）

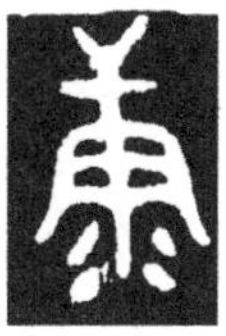
康生豆（西周）

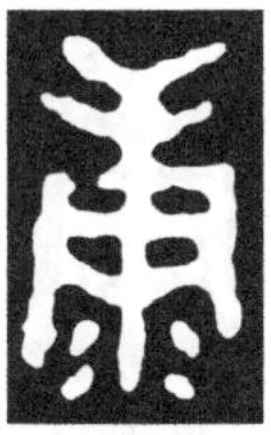

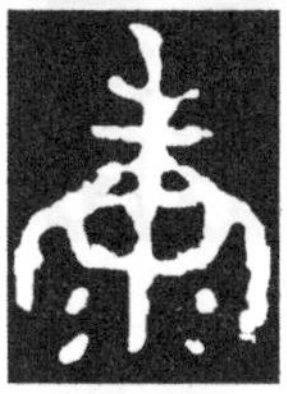

此簋（西周晚期）

師頫𣪘（西周晚期）

楚簋（西周晚期）

輔師嫠𣪘（西周晚期）

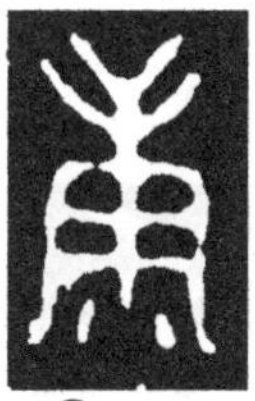
伊簋（西周晚期）

揚簋（西周晚期）

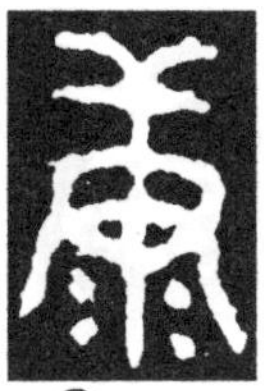
㝬𣪘（西周晚期）

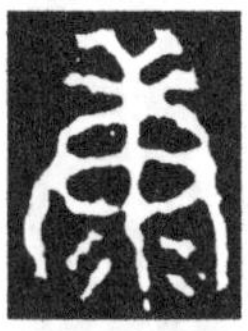

仲爯父簋（西周晚期）

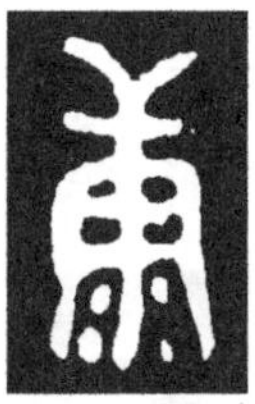
邰[illegible]𣪘（西周晚期）

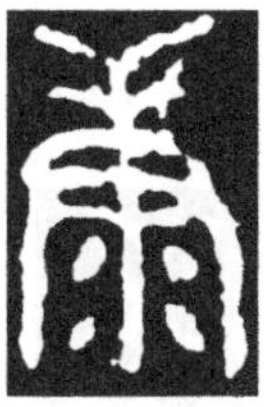
元年師兌簋（西周晚期）

[illegible]

[illegible]

旲生殘鐘（西周晚期）

士父鐘（西周晚期）

㲿其鐘（西周晚期）

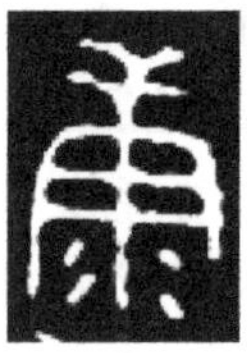
克鐘（西周晚期）

小克鼎（西周晚期）

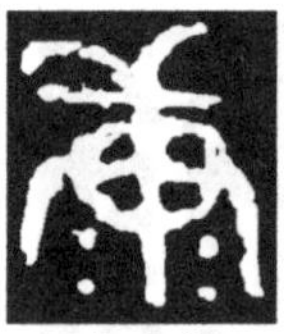
南宮柳鼎（西周晚期）

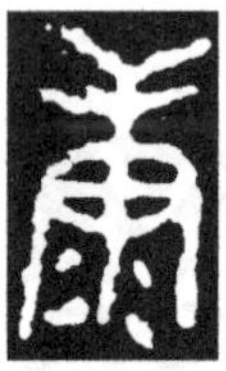

頌鼎（西周晚期）

鬲攸从鼎（西周晚期）

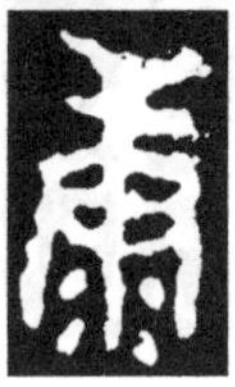
此鼎（西周晚期）

趞鼎（西周晚期）

毛公鼎（西周晚期）

虢姜簋（西周晚期）

頌簋（西周晚期）

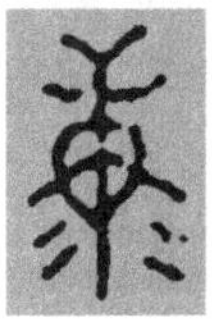
師訇簋（西周晚期）

善夫克盨（西周晚期）

寰盤（西周晚期）

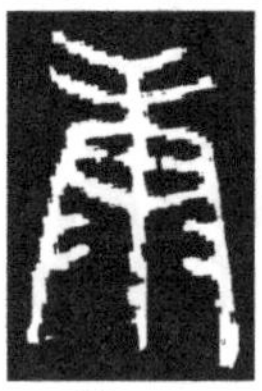
秦公鐘（春秋早期）

秦公鎛（春秋早期）

蔡侯盤（春秋晚期）

蔡侯尊（春秋晚期）

齊陳曼簠（戰國早期）

令狐君嗣子壺（戰國中期）

哀成叔鼎（戰國）

⿸虍内

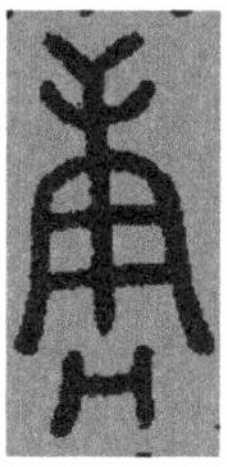
戉鈴方彝（殷商）

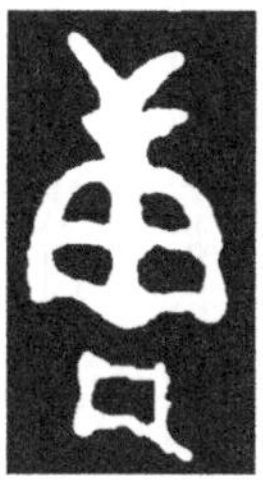
天亡簋（西周早期）

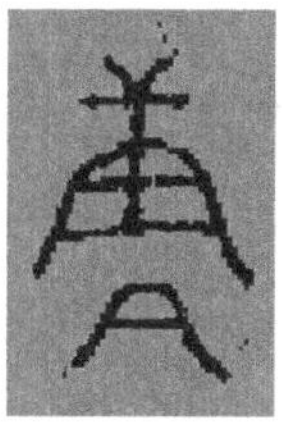
中甗（西周早期）

⿸虍内

⿸虍内父己甗（殷商）

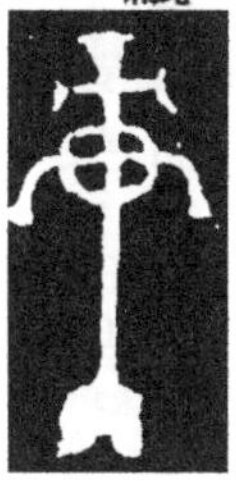
冊⿸虍内父癸鼎（殷商）

婦聿⿸虍内卣（殷商）

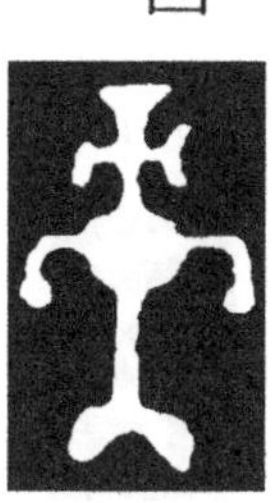
寓卣（殷商）

宰虎角（殷商）

⿸虍内瓿（殷商）

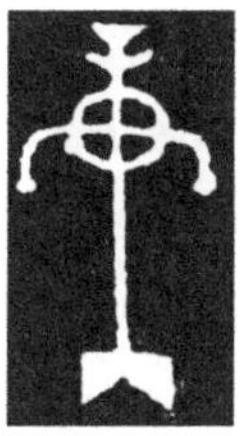
⿸虍内父乙卣（西周早期）

戲作父辛壺（西周早期）

[illegible]敔毁（西周早期）

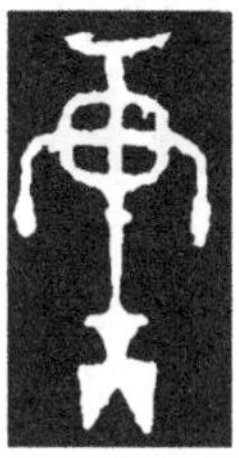
⿸虍内父辛毁（西周早期）

辛

辛

xīn
辛

《説文》曰：……辠（罪）也。《説文通訓定聲》曰：辛，大辠（罪）也。註：辛，像古代對罪犯或戰俘施以黥刑（刺字）之鑿形刺刀，會意為罪犯。引申為辛苦、艱辛。辛，或用于天干第八位。

黽作父辛甗（殷商）

且辛鼎（殷商）

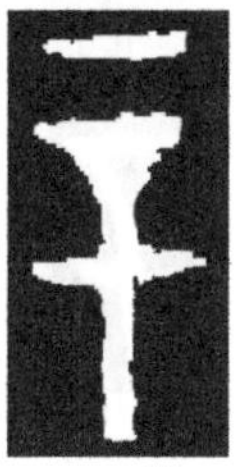
父辛鼎（殷商）

辛亯鼎（殷商）

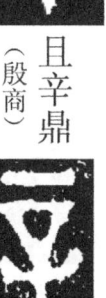

象且辛鼎（殷商）

戈匕辛鼎（殷商）

旅父辛鼎（殷商）

𤞷父辛鼎（殷商）

作父辛鼎（殷商）

司母辛方鼎（殷商）

木且辛父丙鼎（殷商）

且辛禹方鼎（殷商）

責父辛觶（西周早期）

歸𢦚甗（西周早期）

戈父辛鼎（西周早期）

伯䄧鼎（西周早期）

𠕇父辛觶（西周早期）

昜作父辛鼎（西周早期）

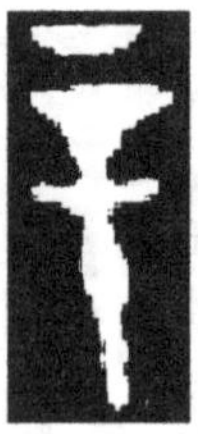
乃子作父辛甗（西周早期）

林𢦚鬲（西周早期）

又母辛鬲（西周早期）

𠬝辛甗（西周早期）

𤔲父辛甗（西周早期）

父辛鬲（西周早期）

𡧊父辛鼎（西周早期）

作父辛鼎（西周早期）

母辛方鼎（西周早期）

𠭯父辛鼎（西周早期）

奄屬作父辛鼎（西周早期）

瘐鐘（西周中期）

孟辛父鬲（西周晚期）

zuì
辠

《說文》曰：犯法也，从辛、从自，言辠人蹙鼻，苦辛之憂。秦以辠似皇字改為罪。註：自，即古鼻之象形字，指自己。辛，對罪犯黥刑刺字之刺刀。辠，會意為被刺字之罪犯。秦以後辠，改為罪字。

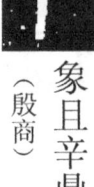

辜

辥 薛

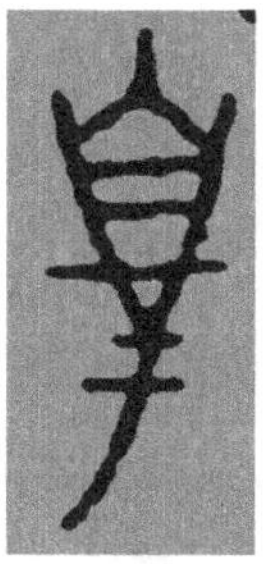
牧簋（西周中期）

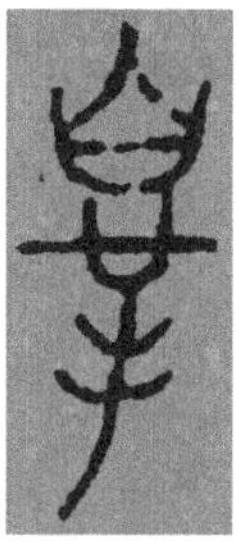
塱盨（西周晚期）

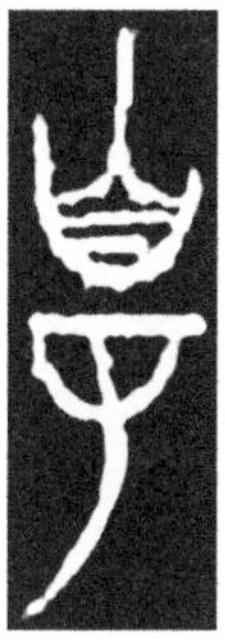
中山王譽鼎（戰國晚期） 讀為罪 雖有死罪

gū
辜

《說文》曰：辠（罪）也，从辛、古聲。古文辜从死。

註：辜，罪犯、罪過。

㜏蚉壺（戰國晚期） 或从死古聲 以憂厥民之罹不辜

xuē
辥

《說文》曰：辠（罪）也，从辛、𡴂聲。《玉篇》曰：辥，死刑也。

註：辥，同薛，古國名，或作姓。

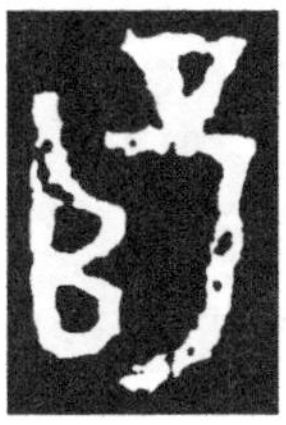
何尊（西周早期）

叔趞父卣（西周早期）

毛公鼎（西周晚期）

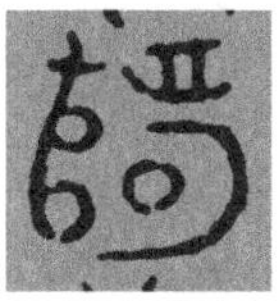
師訇簋（西周晚期）

大克鼎（西周晚期）

宗婦䣄嬰壺（春秋早期）

宗婦䣄嬰盤（西周早期）

宗婦䣄嬰鼎（春秋早期）

宗婦䣄嬰𣪕（春秋早期）

辭 辝 

詞 辭 

cí
辝

《説文》曰：……籀文辝从台。《廣韻》曰：辝，同辭。

註：金文辝字同籀文，从辛、从台（讀為怡音 非臺之減化字）。辝、辭同。

伯六辝方鼎（西周早期）

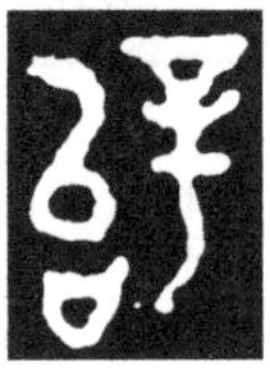
亘臣戡殷（西周早期）

鼄叔豸父簋（春秋早期）

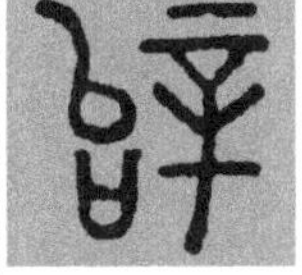
晉姜鼎（春秋早期）

齊侯鎛（春秋中期）

鼄公牼鐘（春秋晚期）

叔尸鎛（春秋晚期）

叔尸鐘（春秋晚期）

中山王譽方壺（戰國晚期）

或从言

cí
辭

《説文》曰：訟也，……籀文辭从司。

註：分爭辯訟謂之辭，辭，假借為詞。

辭工丁爵（西周早期）

辭工量（西周早期）

兮甲盤（西周晚期）

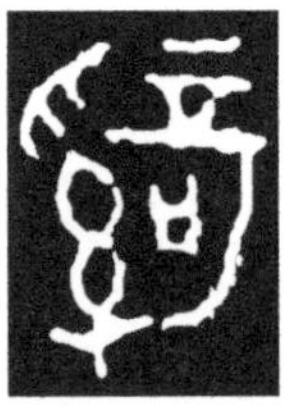

仲爯父簋（西周晚期）

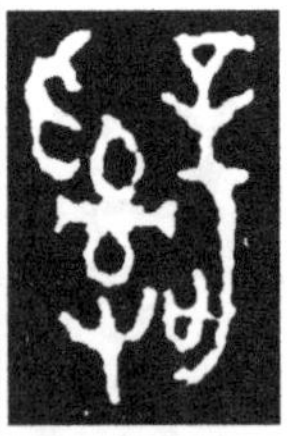

儹匜（西周晚期）

或从言

辣辢　　𢦔　　䇂　　啇

là
辢

註：辢，或為辣字之異文。

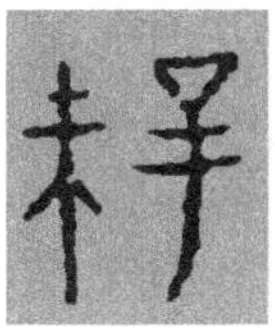
辢作父癸鼎
（西周早期）

𢦔

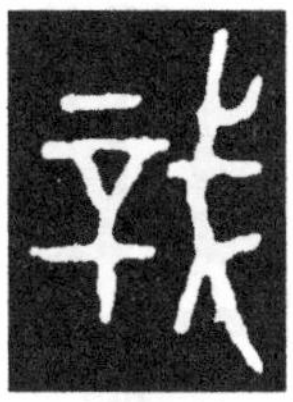

𢦔作寶殷
（西周早期）

qiān
䇂

註：䇂，即辛。過也、罪也，犯法。

䇂鼎
（殷商）

啇

父己亞奇史鼎
（殷商）

壬　壬　紝

rén
壬

註：壬，紝之本字，紡線工具。甲骨文、金文壬字形如工字，或中加一點，以示纏線成團，小篆變為一横畫。壬，或通妊。壬，天干第九位。

木父壬鼎
（殷商）

重父壬鼎
（殷商）

且壬刀觚
（殷商）

且壬觚
（殷商）

且壬爵
（殷商）

□壬鼎
（西周早期）

歸作且壬鼎
（西周早期）

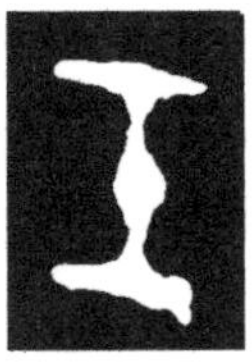

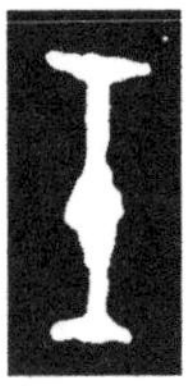

□作父壬段
（西周早期）

御史競簋
（西周早期）

小臣宅簋
（西周早期）

子且壬卣
（西周早期）

史戍作父壬卣
（西周早期）

□父壬觶
（西周早期）

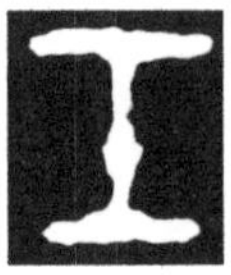

井南伯段
（西周中期）

伯中父簋
（西周中期）

懸妃簋
（西周中期）

員作父壬尊
（西周中期）

裘衛盉
（西周中期）

公貿鼎
（西周中期）

呂方鼎
（西周中期）

十五年趞曹鼎
（西周中期）

叔窅段
（西周中期）

無㠱段
（西周晚期）

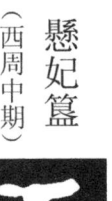

癸 

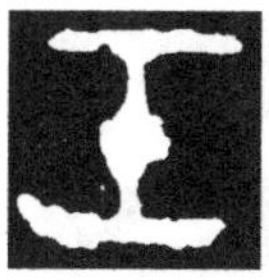

鬲攸从鼎（西周晚期）

汈其鼎（西周晚期）

竈乎段（西周晚期）

五年師旋段（西周晚期）

叔湯父盤（西周晚期）

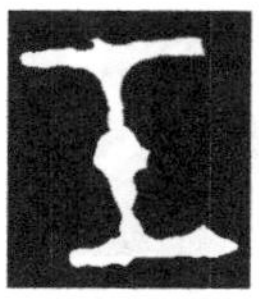

汈其壺（西周晚期）

少虡劍（春秋晚期）

虡侯鄭壺（春秋）

蔡大史鉌（春秋）

嘉子白昜□簠（春秋晚期）

guǐ
癸

《說文》曰：籀文癸从𣥠、从矢。

註：癸，天干第十位。

癸[illegible]卣（殷商）

↑且癸鬲（殷商）

父癸方鼎（殷商）

父癸鼎（殷商）

癸母鼎（殷商）

正癸鼎（殷商）

向作父癸簋【三代吉金文存】（殷商）

婦闖甗（殷商）

且丁癸□簋（殷商）或釋為巫子

癸[illegible]卣（殷商）

獸父癸簋（殷商）

鄉父癸宁簋（殷商）

亞若癸簋（殷商）

子且癸卣（殷商）

串父癸卣（殷商）

魚父癸卣（殷商）

□嬰癸卣（殷商）

冊父癸卣（殷商）

又敄癸卣（殷商）

□作父癸觶（殷商）

□父癸觚（殷商）

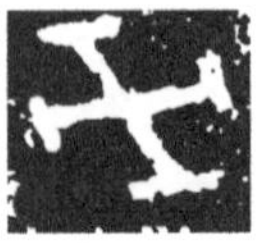
癸觶（殷商）

重父癸觶（殷商）

亞若癸觶（殷商）

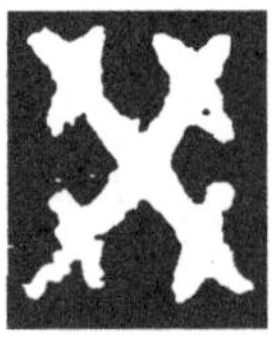
子且癸觚（殷商）

□癸爵（殷商）

父癸卒葡觚（殷商）

父癸爵（殷商）

癸屰爵（殷商）

子癸爵（殷商）

友敄父癸爵（殷商）

父癸斝（殷商）

戈父癸鼎（殷商）

串父癸鼎（殷商）

作父癸□段（西周早期）

史父癸尊（西周早期）

作文考父丁卣（西周早期）

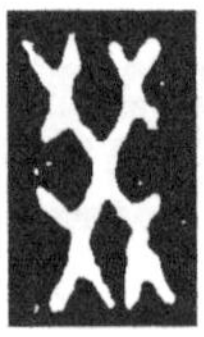
豐卣（西周早期）

士上卣（西周早期）

作父癸尊（西周早期）

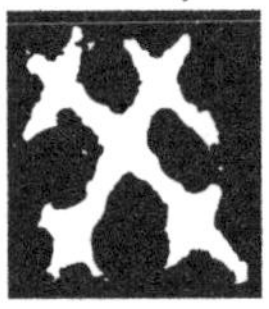
父癸觚（西周早期）

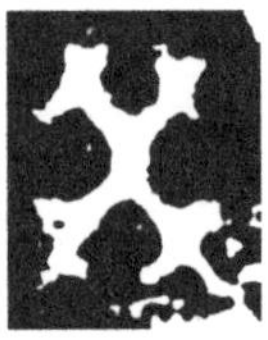
伯作父癸爵（西周早期）

癸父鬲（西周早期）

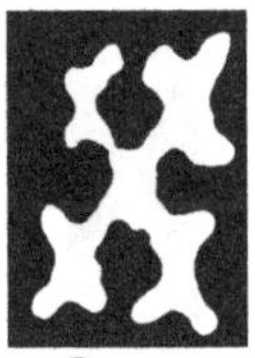
我方鼎（西周早期）

史獸鼎（西周早期）

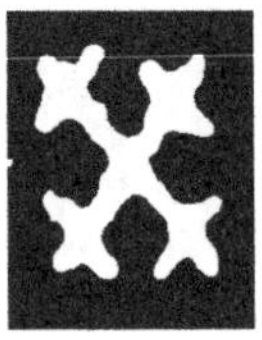
亘医戣段（西周早期）

天君簋（西周早期）

癸爵（西周早期）

癸萬觥（西周早期）

爵父癸盉（西周早期）

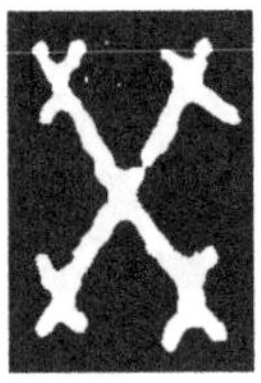
□方彝（西周早期）

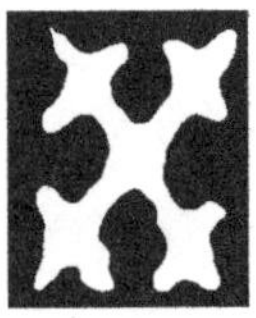
矢令方彝（西周早期）

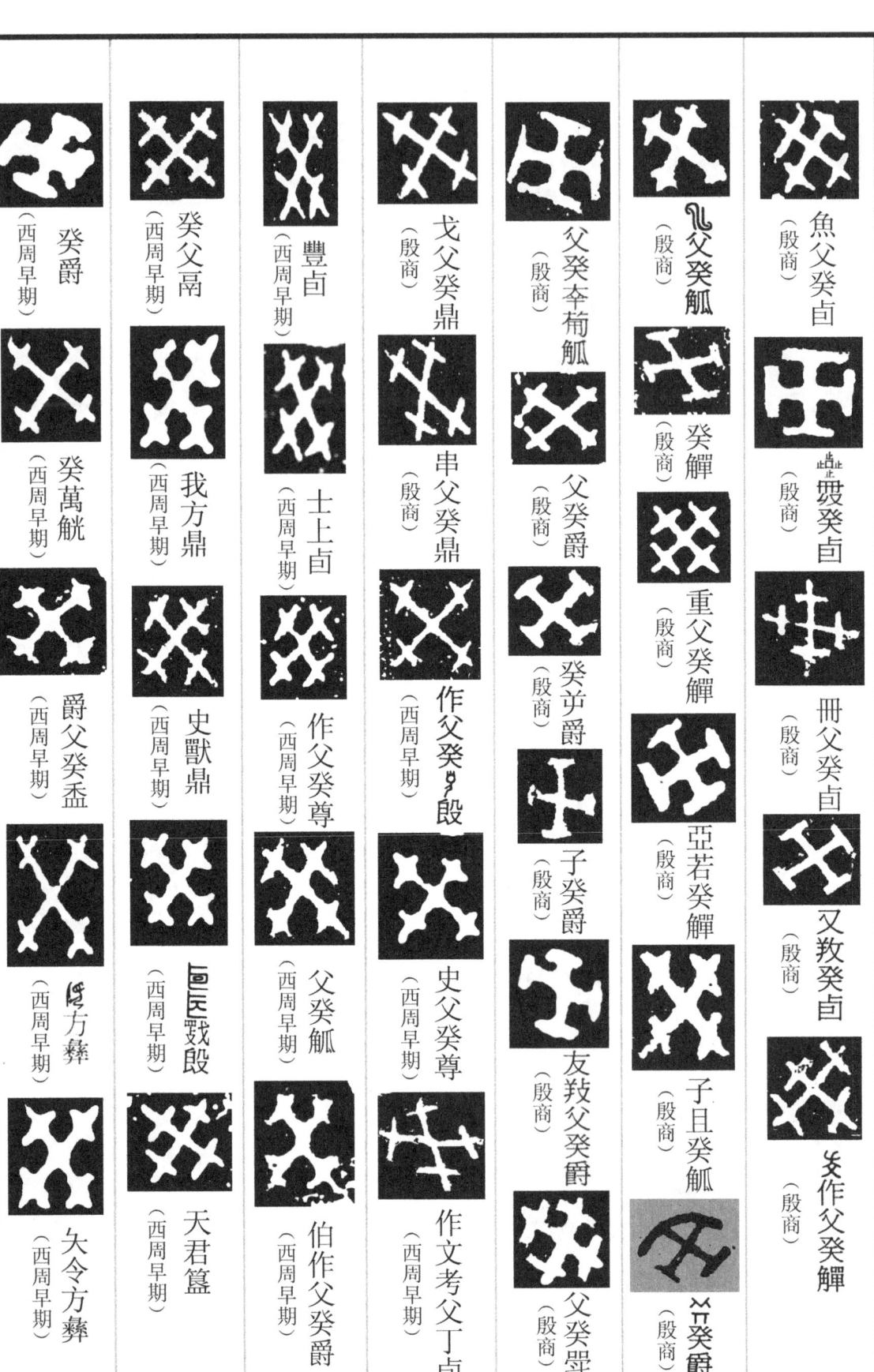

子

癸山簋（西周早期）

史母癸簋（西周早期）

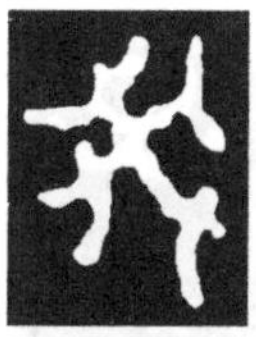

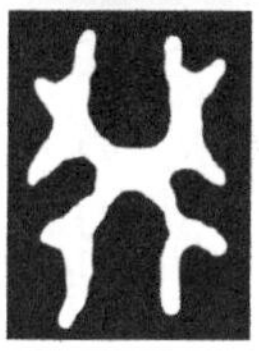
格伯簋（西周中期）

緐卣（西周中期）

作父癸觶（西周中期）

對罍（西周中期）

五祀衛鼎（西周中期）

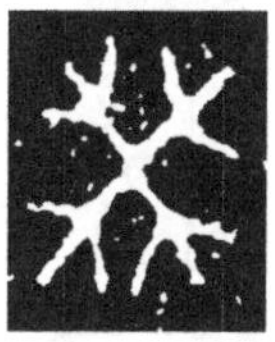
仲辛父簋（西周中期）

多友鼎（西周晚期）

此簋（西周晚期）

𢼸叔𣪕蓋（西周晚期）

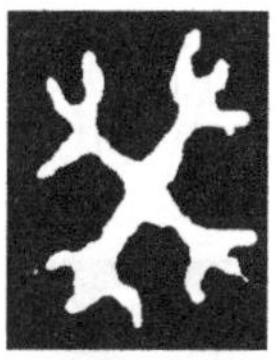
此鼎（西周晚期）

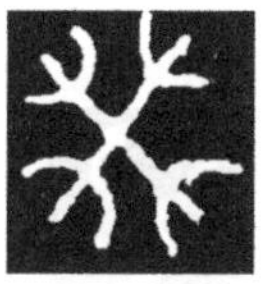
鄀公平侯鼎（春秋早期）

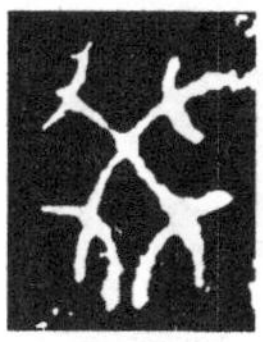
穌公子簋（春秋早期）

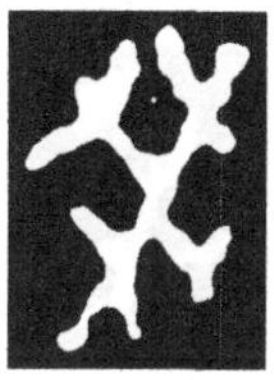
陳侯因𰯼敦（戰國晚期）

zǐ
子

《說文》曰：十一月陽氣動，萬物滋，人以為偁。象形。古文子从巛，象髮也，籀文子。

註：，子之象形，頭、臂、雙腿并入襁褓中。子，借為地支第一位。

子𣪕（殷商）

子妥簋（殷商）

子卣（殷商）

辛步尊（殷商）

子觶（殷商）

子弓觶（殷商）

子妥鼎（殷商）

子嬰鼎（殷商）

子衛鼎（殷商）

子父辛鼎（殷商）

季父戊子鼎（殷商）

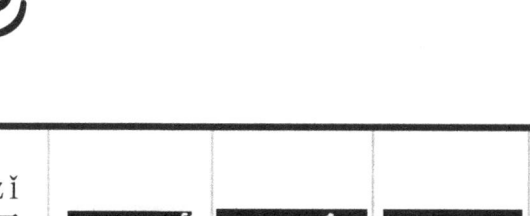

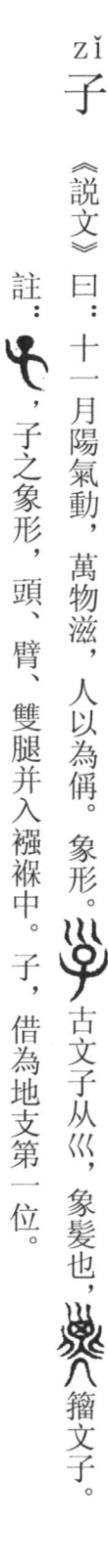

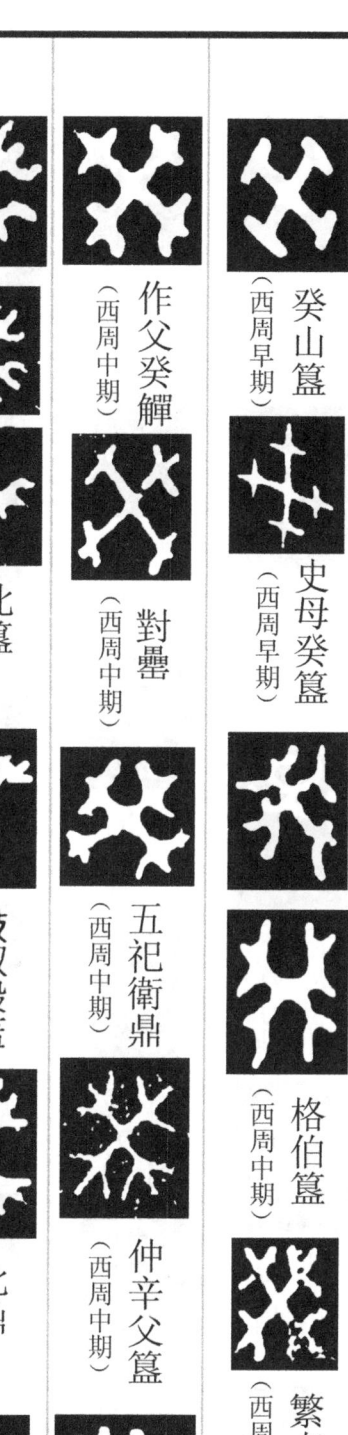

叔趞父卣（西周早期）

耳尊（西周早期）

北子作彝尊（西周早期）

伯尊（西周早期）

何尊（西周早期）

[illegible]卣（西周早期）

[illegible]卣（西周早期）

伯卣（西周早期）

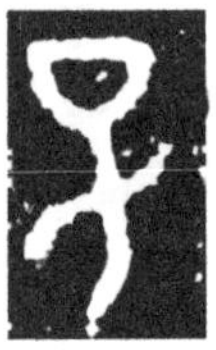
貉子卣（西周早期）

庚嬴卣（西周早期）

大盂鼎（西周早期）

子陾作父己𣪘（西周早期）

敔簋（西周早期）

彔簋（西周早期）

𦉦作父乙卣（西周早期）

子父乙鼎（西周早期）

子咸鼎（西周早期）

从鼎（西周早期）

作寶簋（西周早期）

子作婦𡟅卣（西周早期）

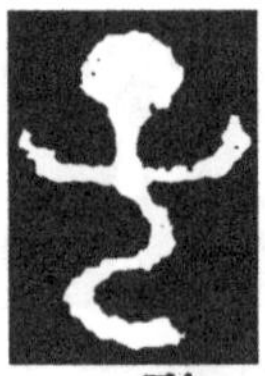
聯作父丁觶（西周早期）

伯簋（西周中期）

豚卣（西周中期）

競卣（西周中期）

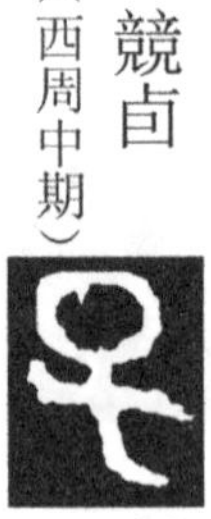
䰧作且乙尊（西周中期）

利鼎（西周中期）

大鼎（西周中期）

伯晨鼎（西周中期）

𢦏方鼎（西周中期）

師𩰫鼎（西周中期）

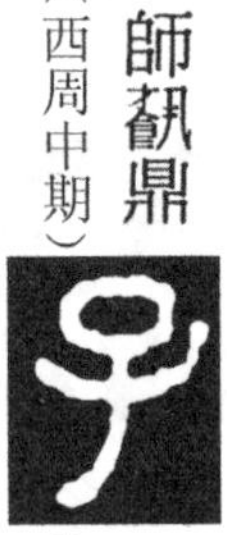
曶鼎（西周中期）

[illegible]鐘（西周中期）

師趛鬲（西周中期）

作寶方鼎（西周中期）

亘鼎（西周中期）

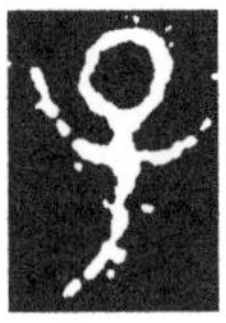
舟鼎（西周中期）

史牆盤（西周中期）

伯考父鼎（西周中期）

伯公父盂（西周晚期）

祀仲無龍匜（西周晚期）

祀伯匜（西周晚期）

毛公鼎（西周晚期）

頌鼎（西周晚期）

虢季子白盤（西周晚期）

兮甲盤（西周晚期）

散氏盤（西周晚期）

楚公逆鎛（西周晚期）

孟辛父鬲（西周晚期）

子邁鼎（西周晚期）

內大子鼎（西周晚期）

內大子白鼎（西周晚期）

楚公冡鐘（西周晚期）

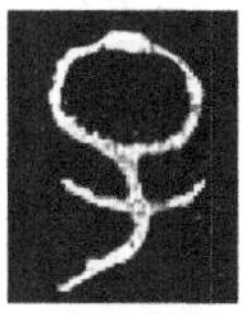
昆疕王鐘（西周晚期）

兮仲鐘（西周晚期）

仲宦父鼎（西周晚期）

大師人鼎（西周晚期）

吉父鼎（西周晚期）

伯筍父鼎（西周晚期）

仲義父鼎（西周晚期）

叔姬鼎（西周晚期）

兮仲簋（西周晚期）

頌簋（西周晚期）

小克鼎（西周晚期）

無叀鼎（西周晚期）

此鼎（西周晚期）

叔向父為備簋（西周晚期）

禹鼎（西周晚期）

多友鼎（西周晚期）

大克鼎（西周晚期）

㝬簋（西周晚期）

寺季故公簋（西周晚期）

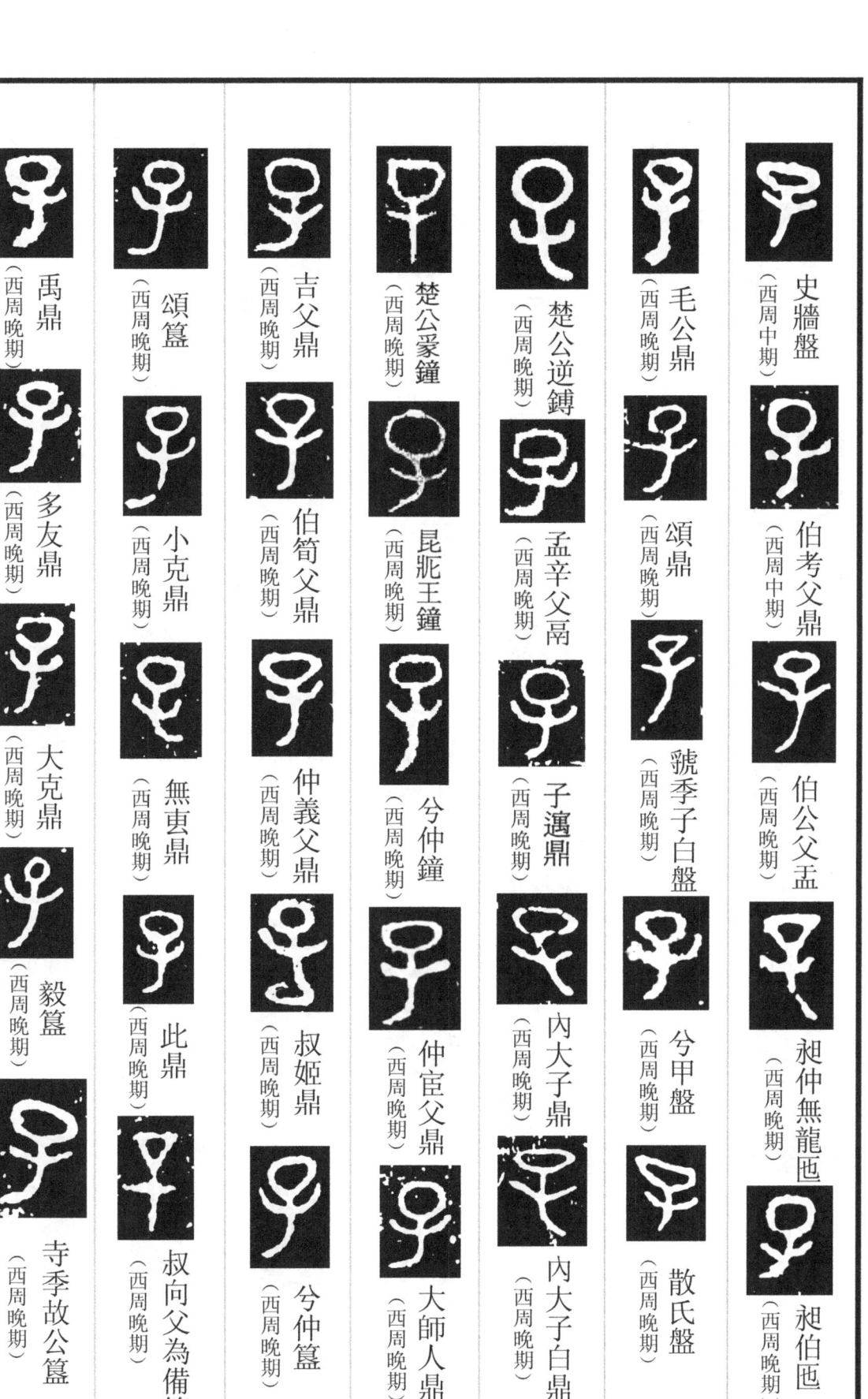

伯正父匜（西周晚期）

史頌匜（西周晚期）

黃君孟鼎（春秋早期）

仲爯父鼎（西周早期）

㠱甫人匜（春秋早期）

鄭子石鼎（春秋早期）

鼄□鼎（春秋早期）

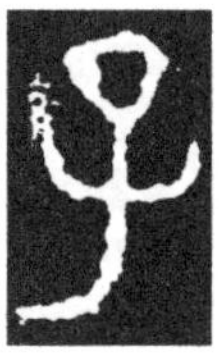
郄子汆鼎（春秋中期）

番仲□匜（春秋）

蔡子匜（春秋）

王子午鼎（春秋）

番君鬲（春秋）

㤸子鼎（春秋晚期）

弄鳥尊（春秋晚期）

臧孫鐘（春秋晚期）

陳伯元匜（春秋晚期）

蔡侯盤（春秋晚期）

智君子鑑（春秋晚期）

齊侯盂（春秋晚期）

彭子仲盆（春秋晚期）

子璋鐘（春秋晚期）

國子鼎（戰國早期）

沖子鼎（戰國早期）

鄦孝子鼎（戰國中期）

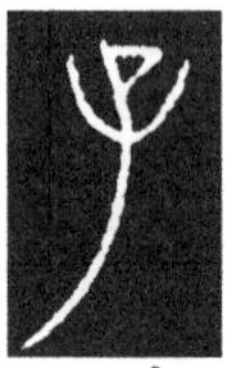
中山王䜌鼎（戰國晚期）

利簋（西周早期）

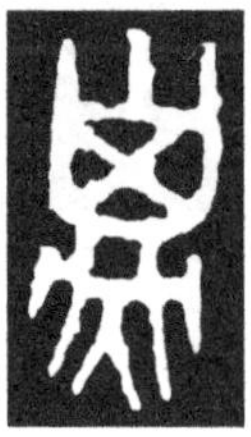
小臣傳簋（西周早期）

子鼎（西周早期）

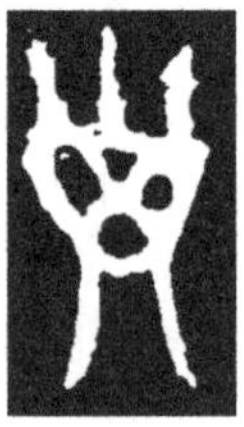
作冊夨尊（西周早期）

孕

字

㲉

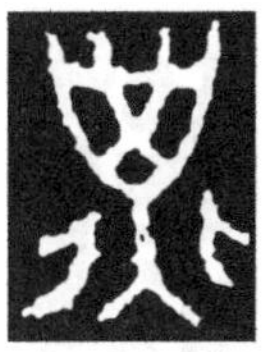
六年召伯虎簋（西周晚期）

yùn
孕
《說文》曰：裹子也。註：孕，象子在人腹中。

□亙保三桶器（西周）

zì
字
《說文》曰：乳也，从子在宀下，子亦聲。《廣雅》曰：字，生（養）也。註：字，从宀，房屋。子在房屋內哺育、孳乳為字之本義。古人將最早產生的獨體象形字稱為文，而將兩個或兩個以上獨體字組合的合體字稱為字。合體字由獨體文孳乳衍生而成。今將文、字通稱為字。

角戊父字鼎（殷商）

字父己觶（殷商）

字觚（殷商）

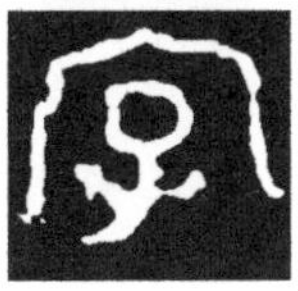
善夫沕其毁（西周晚期）

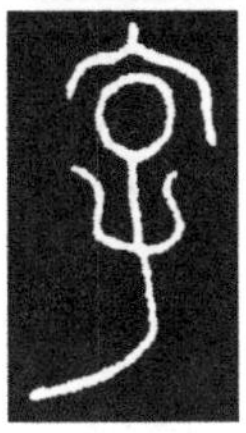
吳王光鑑（春秋晚期）

余贎逐兒鐘（春秋晚期）

王子逽匜（戰國）

gòu
㲉
《說文》曰：乳也。註：㲉，生養且哺育。

孿

季

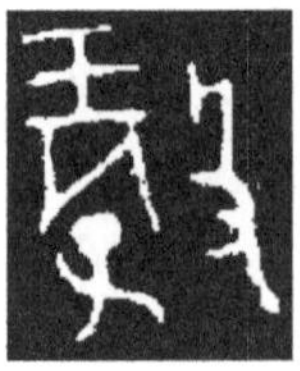
㝅鼎（西周早期）

應侯簋（西周早期）【古文字類編】

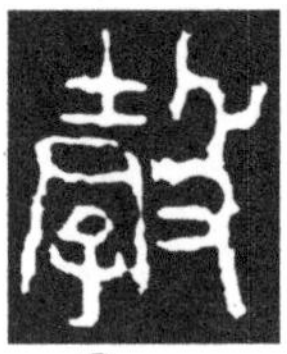
殷㝅盤（西周中期）

卯簋蓋（西周中期）

虢叔作叔殷㝅簠蓋（西周晚期）

虢叔尊（西周晚期）

㝅父甗（西周晚期）

陳子匜（春秋早期）

織悆君扁壺（戰國）

永用析涅壺（戰國）

luán 孿

《說文》曰：一乳兩子也，从子、䜌聲。註：孿，雙生子，或曰孿生。金文孿，與孳，字形相近。

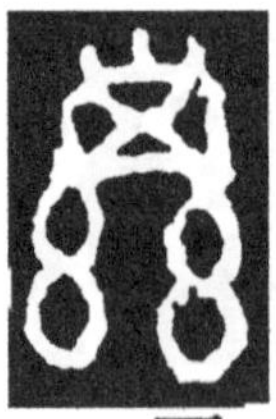
亞□父辛盉（殷商）

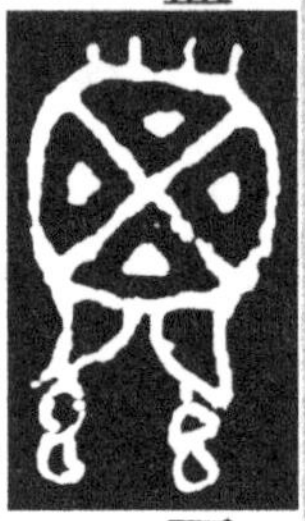
亞□父辛殷（西周早期）

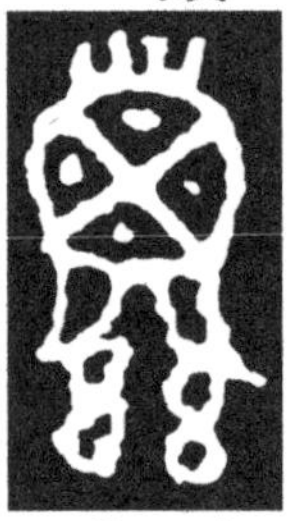
亞孳父辛觶（西周早期）

□□君殷（西周早期）

jì 季

《說文》曰：少稱也，从子、从稚省，稚亦聲。《廣雅》曰：季，少（小）也。《玉篇》曰：季，稚也，小稱。《釋名》曰：叔父之弟曰季父。註：同輩排行，伯、仲、叔、季，四序中最小稱呼為季。季，或指季節。

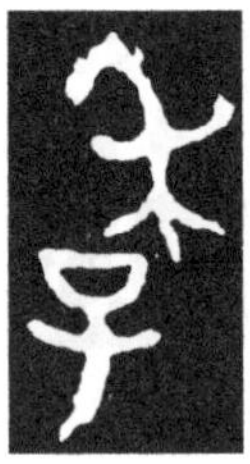
季父戊子鼎（殷商）

亞醜作季𨺅彝甗（殷商）

亞醜季作兄己鼎（殷商）

季屖殷（西周早期）

季㚤殷（西周早期）

噩季奞父殷（西周早期）

噩侯厤季殷（西周早期）

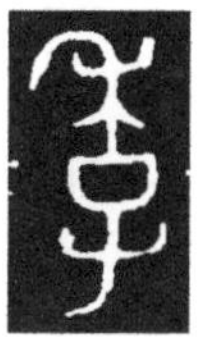
嬴季尊（西周早期）

季作旅彝觶（西周早期）

衛卣（西周早期）

㑷ᘓ白戈（西周早期）

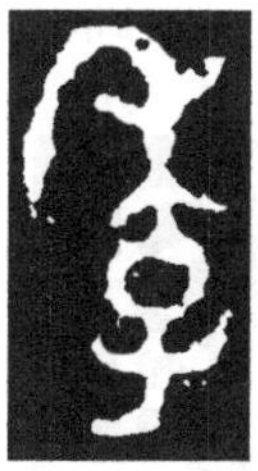
季嬴霝德盉（西周早期）

厤季尊（西周早期）

季盄尊（西周早期）

伯訙父鬲（西周中期）

季老或盉（西周中期）

敪尊（西周中期）

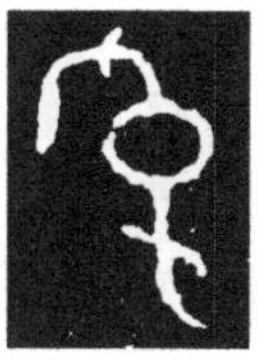
季作寶盤（西周中期）

井季㚤鼎（西周中期）

師𩰫鼎（西周中期）

曶鼎（西周中期）

季㚤殷（西周中期）

丼季㚤卣（西周中期）

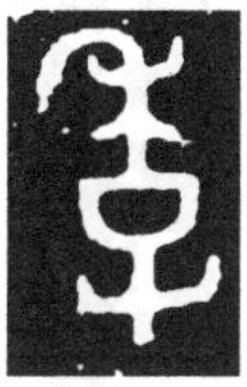
嬴季卣（西周中期）

彊季卣（西周中期）

萳殷（西周中期）

卯簋（西周中期）

季楚簋（西周中期）

季魯殷（西周中期）

丼南伯殷（西周中期）

季忿作旅鼎（西周）

爯簋（西周）

師臾鐘（西周晚期）

季右父鬲（西周晚期）

華季益鼎（西周晚期）

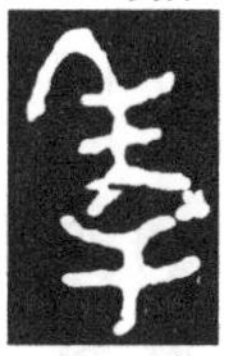
王伯姜鼎（西周晚期）

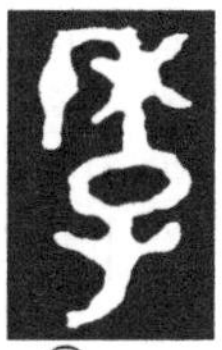
小克鼎（西周晚期）

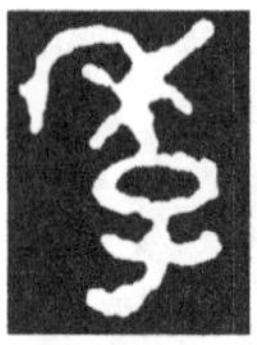
季良父盉（西周晚期）

叔季良父壺（西周晚期）

虢季子白盤（西周晚期）

鄭義伯匜（西周晚期）

[illegible]季鼎（西周晚期）

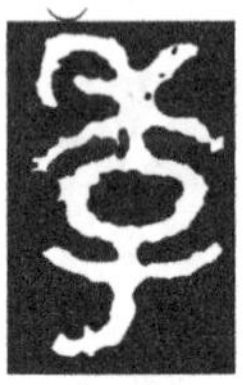
仲師父鼎（西周晚期）

寺季故公簋（西周晚期）

師奐父段（西周晚期）

大克鼎（西周晚期）

叔專父盨（西周晚期）

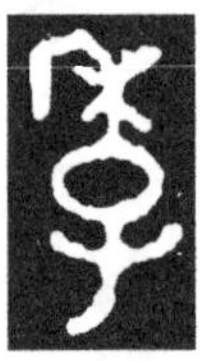
季良父簠（西周晚期）

虢季子組卣（西周晚期）

無曩段（西周晚期）

讅季獻盨（西周晚期）

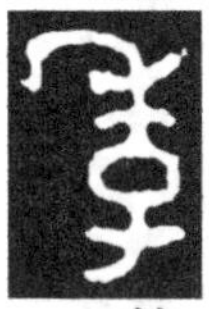
華季益盨（西周晚期）

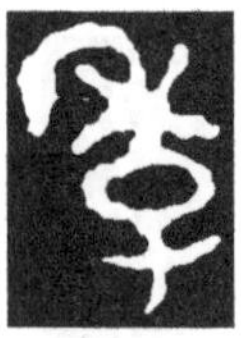
季宮父簠（西周晚期）

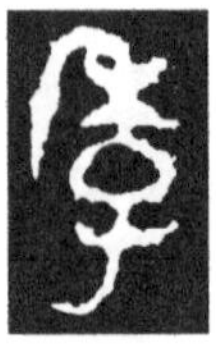
季□父簠（西周晚期）

杲同段蓋（西周晚期）

[illegible]兑段（西周晚期）

伊簋（西周晚期）

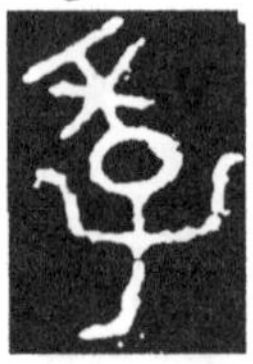
夆叔匜（春秋早期）

鄭羌伯鬲（春秋早期）

陳侯鬲（春秋早期）

郳季白歸鼎（春秋早期）

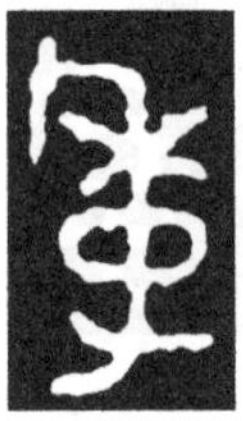
魯大宰遵父簋（春秋早期）

夆叔盤（春秋早期）

欒書缶（春秋）

郯季寬車盤（春秋）

鑄侯求鐘（春秋）

孟

㝖桐盂（春秋）

□子季□盆（春秋）

宋公䜌簠（春秋晚期）

子季嬴青簠（春秋晚期）

mèng
孟

《說文》曰：長也，从子、皿聲。《玉篇》曰：孟，始也。《說文通訓定聲》曰：孟，假借為猛。註：兄弟姐妹中長者稱孟，或稱伯。孟、仲、叔、季，或曰伯、仲、叔、季。孟，為四序之長。一年四季中每季第一個月稱孟，如孟春、孟秋。孟，亦為姓氏。

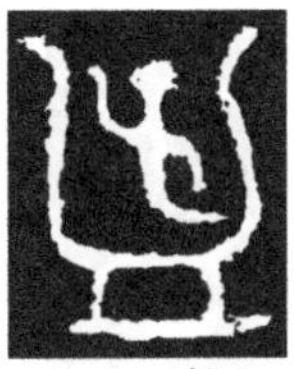
父乙孟觚（殷商）

卜孟簋（西周早期）

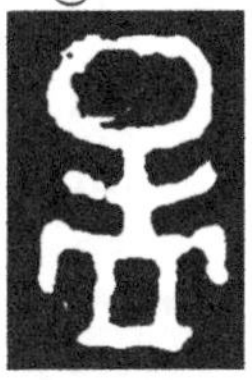
孟𢦏父壺（西周中期）

番匊生壺（西周中期）

孟簋（西周中期）

裘衛盉（西周中期）

𩫖孟延盨（西周中期）

伯百父鎣（西周中期）

孟姬安甗（西周中期）

孟[illegible]鼎（西周）

伯家父鬲（西周晚期）

□季鬲（西周晚期）

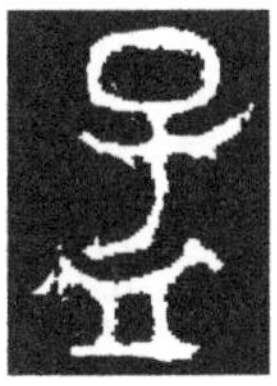
仲生父鬲（西周晚期）

孟辛父鬲（西周晚期）

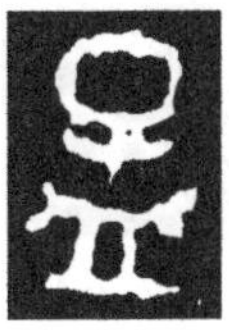
伯百父盤（西周晚期）

孟淠父鼎（西周晚期）

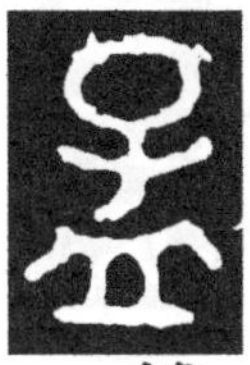
輔伯雁父鼎（西周晚期）

孟上父壺（西周晚期）

鄧孟壺（西周晚期）

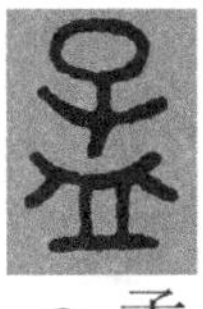
孟皇父匜（西周晚期）

齊叔姬盤（西周晚期）

冀孟姜匜（西周晚期）

黃子鬲（春秋早期）

齊趫父鬲（春秋早期）

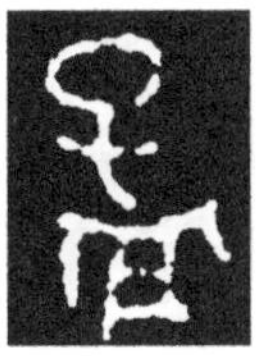
黃君孟鼎（春秋早期）

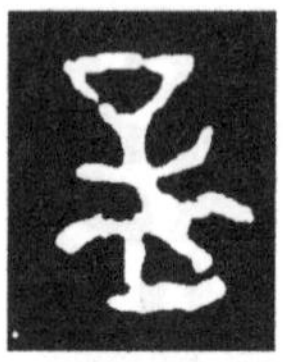
黃君孟匜（春秋早期）

黃君孟盤（春秋早期）

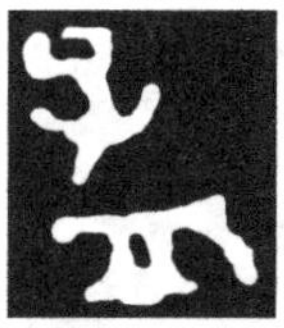
黃子盤（春秋早期）

黃君孟鐳（春秋早期）

毛叔盤（春秋早期）

鑄公簠（春秋早期）

弗奴父鼎（春秋早期）

曾孟嬭諫盆（春秋早期）

陳子匜（春秋早期）

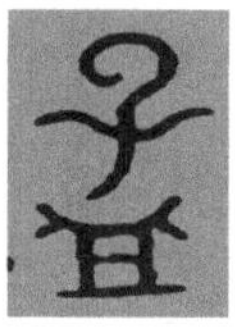
慶叔匜（春秋早期）

齊侯匜（春秋早期）

魯大嗣徒子仲伯匜（春秋早期）

大師子大孟姜匜（春秋）

洹子孟姜壺（春秋）

[illegible]君壺（春秋）

曾子原彝簠（春秋）

陳伯元匜（春秋）

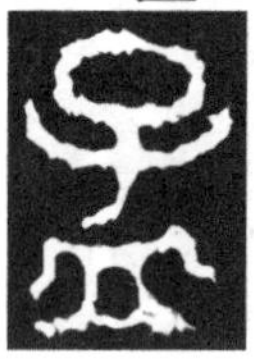
鄀伯簠（春秋）

孟姜嫂簠（春秋）

禾簋（春秋）

鄦子妝簠蓋（春秋）

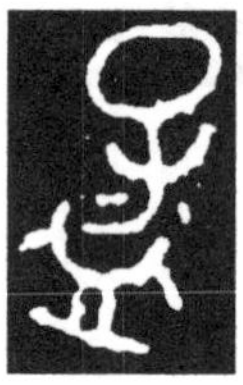
長子沬臣簠（春秋晚期）

鼄叔豸父簠（春秋晚期）

曹公盤（春秋晚期）

趙孟疥壺（春秋晚期）

蔡侯缶（春秋晚期）

蔡侯尊（春秋晚期）

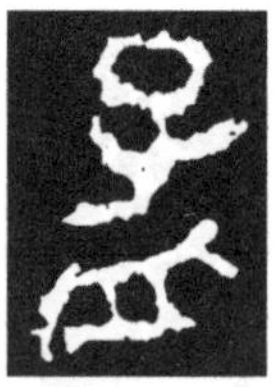
曹公簠（春秋晚期）

黃君孟壺（春秋晚期）

陳璋方壺（戰國中期）

陳璋鐳（戰國）

中山泡飾（戰國）

孳 孤 疑 擬凝

zī
孳

《説文》曰：汲汲生也，从子、兹聲。籀文孳从絲。註：生育、繁衍曰孳。孳，通孜。

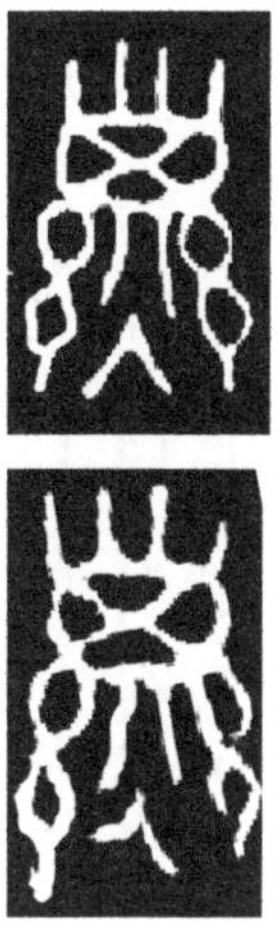
宗周鐘 讀為子
（西周晚期）南國服孳（子）敢陷處我土

枝里瘟戈 讀為孳
（戰國晚期）公孳里脽之大夫披之卒

gū
孤

《禮記》曰：少而無父者謂之孤。《集韻》曰：孤，負也。《説文通訓定聲》曰：孤，假借為辜。註：，高明釋為孤，【古文字類編】

亞[illegible][illegible]罍（殷商）

亞[illegible]父丁觚（殷商）

亞[illegible]父丁卣（殷商）

子[illegible]殷（殷商）

[illegible][illegible]父丁罍 讀為孤
（西周早期） 孤竹父丁

yí
nǐ
níng
疑

《説文》曰：惑也，从子、止、匕，矢聲。《正字通》曰：疑，又與擬通。註：矣，像人仰首旁顧疑惑之象也。矣，䂞，均為疑之早期文字。疑行，矣、䂞，均廢矣。疑，通擬、通凝。

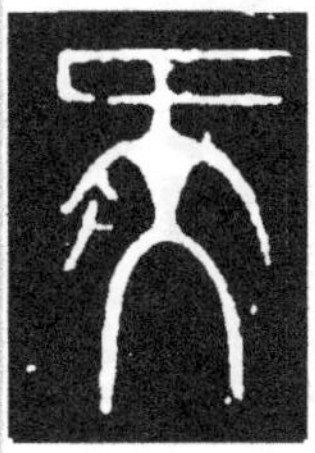
孝卣（殷商）

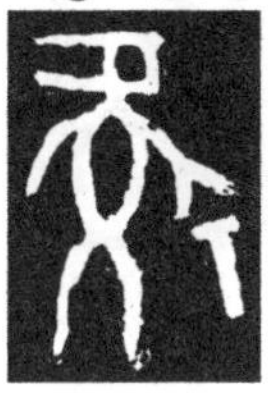
亞矣觚（殷商）

亞其卣（殷商）

亞[illegible]矣鼎（殷商）

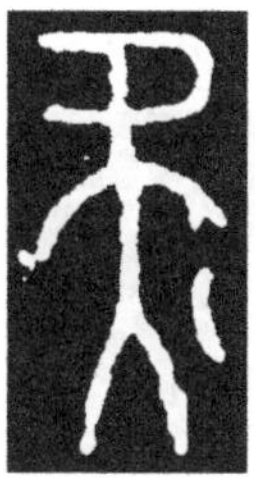
亞矣觶（殷商）

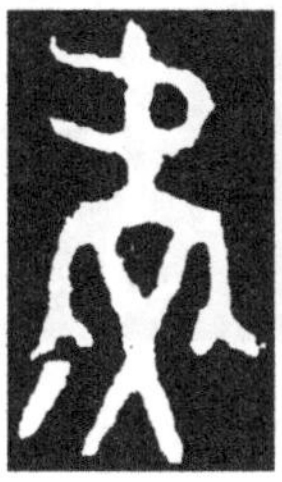
矣父辛觶（殷商）

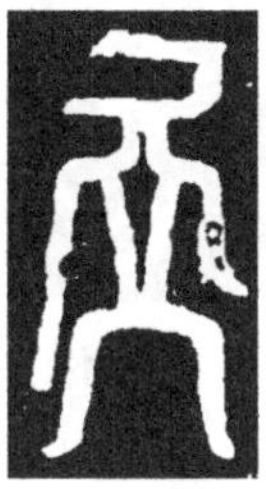
亞矣斝（殷商）

亞矣方彝（殷商）

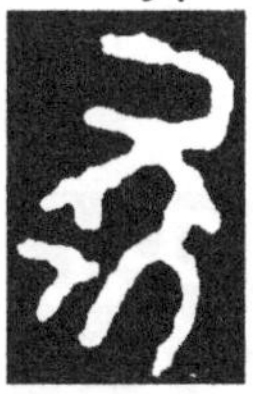
矣斧（殷商）

亞矣殷（西周早期）

孨

孑

遙鼎（西周早期）

濬嗣土遙𣪘（西周早期）

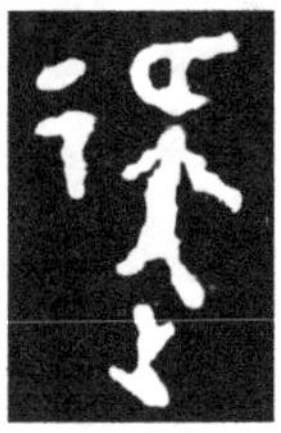
濬伯遙尊（西周早期）

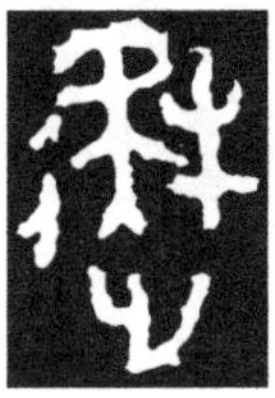
齊史疑且辛觶（西周早期）

濬伯遙卣（西周早期）

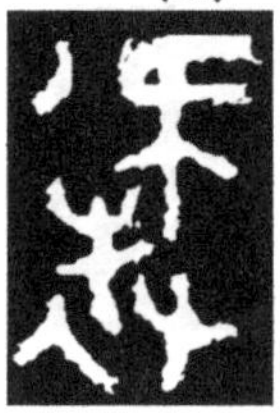
遙觶（西周早期）

遙盉（西周早期）

遙盤（西周早期）

伯遙父𣪘蓋（西周晚期）

商鞅量（戰國）

jué
孑

《說文》曰：無左臂也。《廣雅》曰：孑孓，短也。

孑父乙爵（西周中期）

zhuǎn
孨

《說文》曰：謹也，从三子，讀若翦。《說文解字注箋》曰：孨，此當以弱小為本義，孨、孱蓋古今字。《玉篇》曰：孨，孤兒也。《廣韻》曰：孨，孤露可憐。《集韻》曰：孨，聚皃（貌），或作𡦜。

註：孨，懦弱，謹小慎微。

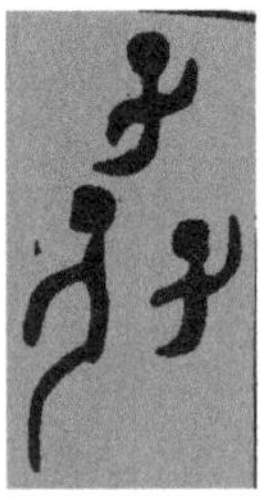
孨觚（西周早期）【文物】一九七二年五期

 孱　 孴　孖　孷

chán
孱
《說文》曰：迮也，一曰呻吟也，从孨在尸下。《集韻》曰：孱，窄也。呻也。《玉篇》曰：孱，懦弱也。
註：孱，孱弱，引申為狹窄懦弱。

廟孱鼎（西周晚期）

孱陵矛（戰國）

nǐ nì
孴
《說文》曰：盛皃（貌），从孨、从日。籀文孴从二子。
註：孴，聚集、眾多。

亞賔父丁卣（殷商）

𠊨白戈（西周早期）

䖒孴妊𣪘（西周晚期）

叔孴父鼎（西周晚期）【近出殷周金文集録】

zǐ
孖
註：孖蚉，中山國君名。

孖蚉壺（戰國晚期）

lí
孷
《玉篇》曰：孷，孷孖，雙生子。

毓 育

扔

犛

史牆盤（西周中期）

叔向父禹簋（西周晚期）

犛

[illegible]見駒毀（西周早期）

孷父毀（西周晚期）

yì
扔

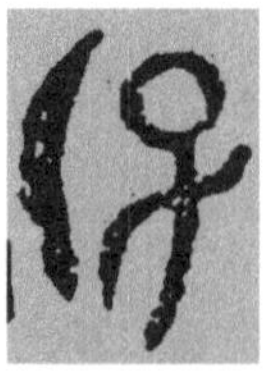

扔作父己卣（西周早期）

扔作父己尊（西周早期）

yù
育

《説文》曰：養子使作善也，从𠫓（古突字）、肉聲。或从每。《玉篇》曰：育，生也。

註：毓，从母或女、从𠫓。𠫓倒子，意為母親産子，子倒出母體，多點乃産液。毓，育之古文。

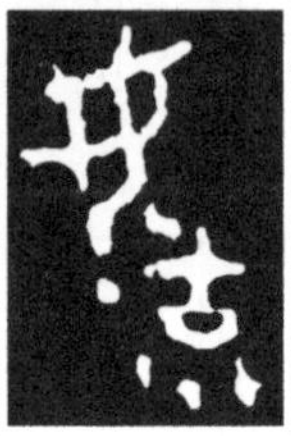

毓且丁卣（殷商）

呂仲僕爵（西周早期）

班簋（西周中期）

丑

史牆盤（西周中期） 或从人

chǒu
丑

註：，金文丑，人之手抓形，即古爪字，借為地支第二位。

天亡簋（西周早期）

寓鼎（西周早期）

作冊大方鼎（西周早期）

厝觶（西周早期）

作冊夨令簋（西周早期）

貉子卣（西周早期）

庶觶（西周早期）

庚嬴卣（西周早期）

戜方鼎（西周中期）

㝬叔鼎（西周中期）

同簋（西周中期）

競卣（西周中期）

繁卣（西周中期）

三年瘐壺（西周中期）

五年召伯虎簋（西周晚期）

上鄀公敄人簋（春秋早期） 讀為丑 初吉乙丑

拍敦（春秋）

欒書缶（春秋） 讀為丑 元日己丑

三十三年大梁戈（戰國）

饈羞

xiū
羞

《説文》曰：進獻也。从羊，羊所進也；从丑，丑亦聲。註：羞，饈之本字。為祭祀或王公進獻的精美食物稱作珍羞。 金文羞，从又或从廾，以示單手或雙手進獻羊一類美食。今羞从食作饈，而羞字用作羞恥之羞。

羞鼎（殷商）

羞方鼎（殷商）

丁羞爵（殷商）

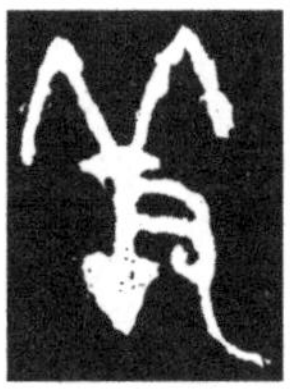
羞觶（殷商）

羞鉞（殷商）

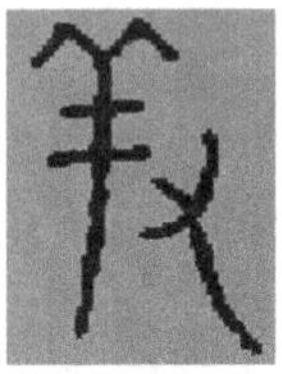
中甗（西周早期）

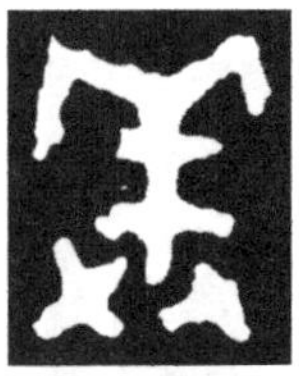
羞鼎（西周中期）

或从廾

不嬰毁（西周晚期）

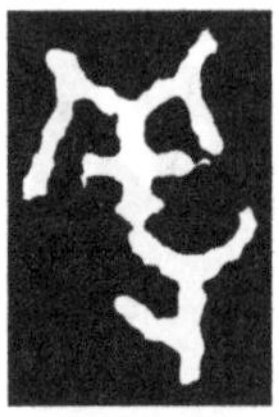
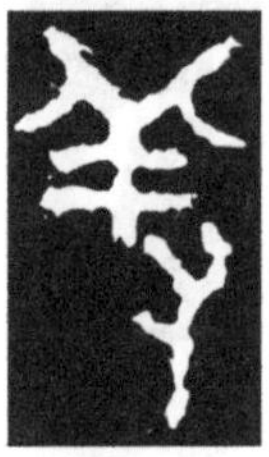

五年師旋毁（西周晚期）

多友鼎（西周晚期）

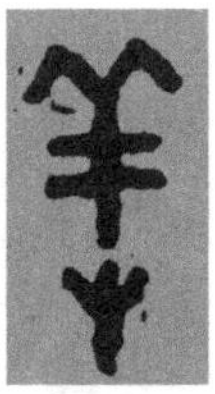
單旲生豆（西周晚期）

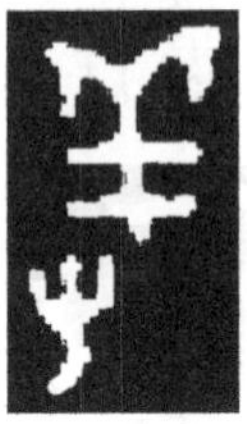
仲姞鬲（西周晚期）

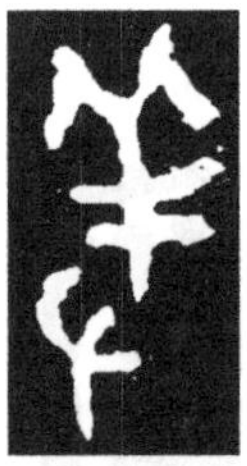
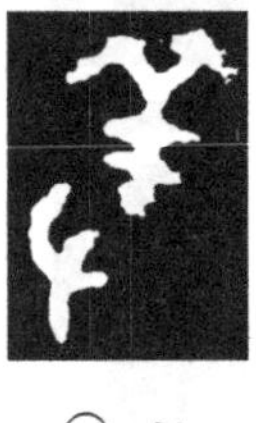
伯乙鼎（西周晚期）

師同鼎（西周晚期）

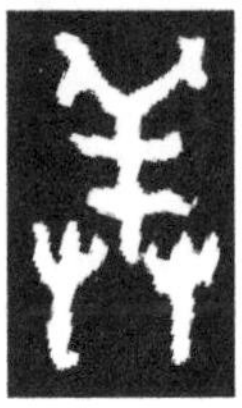
魯伯俞父鬲（春秋早期）

郳伯鬲（春秋早期）

武生鼎（春秋早期）　讀為羞

武生捏作其羞鼎

鄭叔蒦父鬲（春秋早期）

鄭井叔蒦父鬲（春秋早期）　讀為羞

鄭井叔□父作羞鬲

洹子孟姜壺（春秋）　讀為羞

用鑄爾羞瓶

寅

演寅

yín
寅

《爾雅》曰：寅，敬也。《字彙》曰：寅，恭也。《玉篇》曰：寅，演也。

註：，早期寅。後从作，再後作。寅，或讀作演，讀作夤。

戊寅作父丁方鼎（殷商）

小子省卣（殷商）

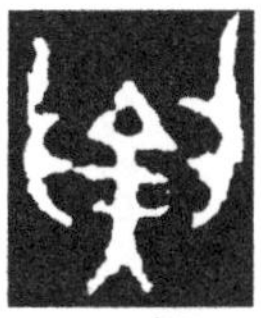
觳作父癸角（殷商）

㝔作母乙卣（殷商）

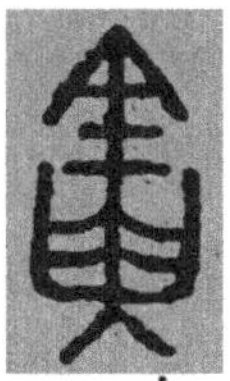
文嫊己觥（殷商）

士上卣（西周早期）

士上尊（西周早期）

歡𢼸方鼎（西周早期）

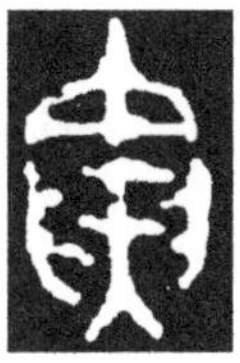
靜卣（西周早期）

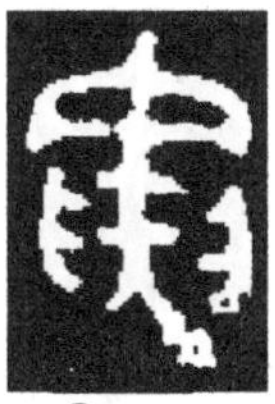
遹甗（西周中期）

師趛鬲（西周中期）

師趛鼎（西周中期）

師奎父鼎（西周中期）

彔伯𢦏𣪘（西周中期）

辰在寅簋（西周中期）

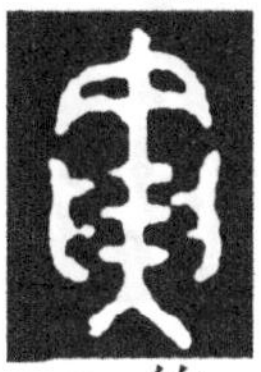
伯中父簋（西周中期）

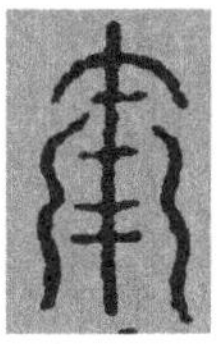
牧簋（西周中期）

裘衛盉（西周中期）

呂服余盤（西周中期）

靜簋（西周早期）

王臣簋（西周中期）

趞𣪘（西周中期）

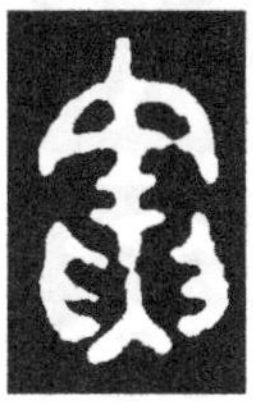
十三年𤼈壺（西周中期）

走簋（西周晚期）

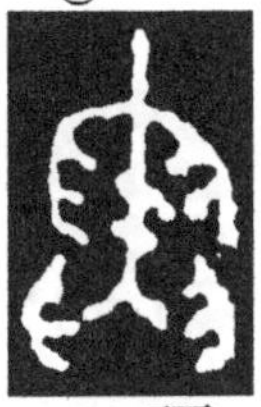
弭叔師耤簋（西周晚期）

宴簋（西周晚期）

郘𣪘（西周晚期）

獻簋（西周晚期）

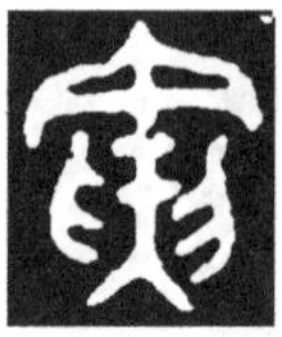
元年師兌簋（西周晚期）

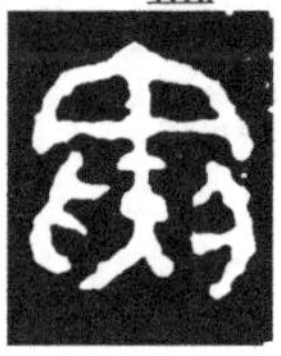
元年師旋段（西周晚期）

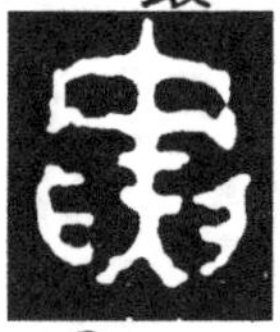
揚簋（西周晚期）

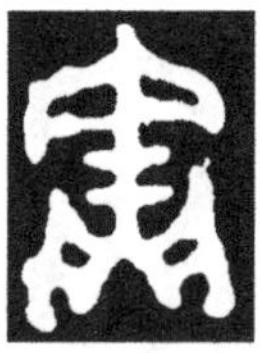
羌伯簋（西周晚期）

師訇簋（西周晚期）

柞鐘（西周晚期）

克鐘（西周晚期）

向𥎦段（西周晚期）

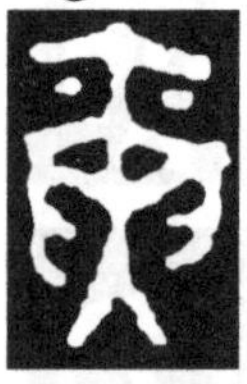

無㠱段（西周晚期）

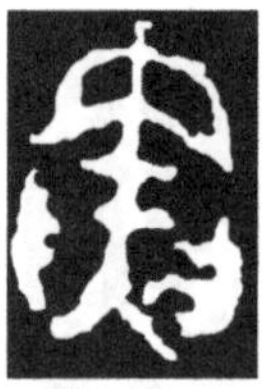
寰盤（西周晚期）

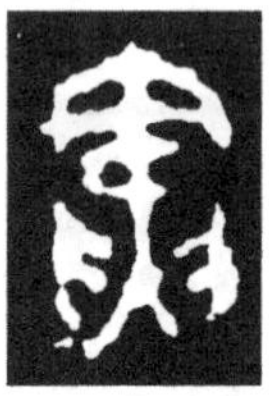
兮甲盤（西周晚期）

善夫克盨（西周晚期）

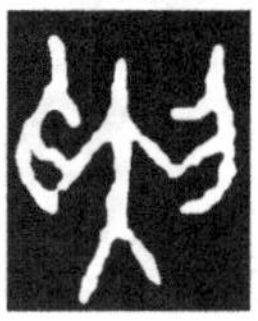
鄲孝子鼎（春秋中期）

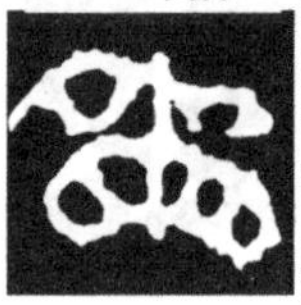
陳逆簠（戰國早期）

楚王酓肯簠（戰國晚期）

卯

mǎo 卯

註：卯，有殺義，甲骨卜辭有卯牛一詞，即劉牛、殺牛。卯，為地支第四位。卯，或為星宿名。

亞卯方簋（殷商）

戍甬鼎（殷商）

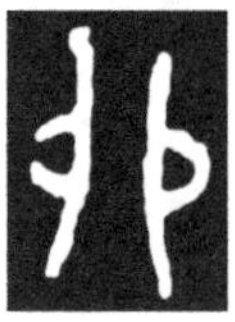
文父乙簋（殷商）

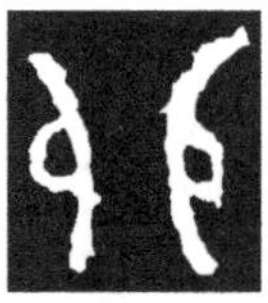
寗卣（殷商）

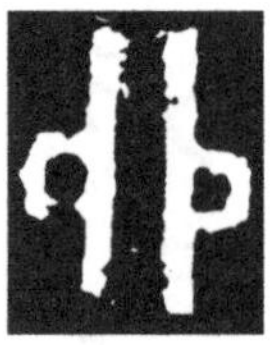
鳥卯爵（殷商）

切作母戊甗（西周早期）

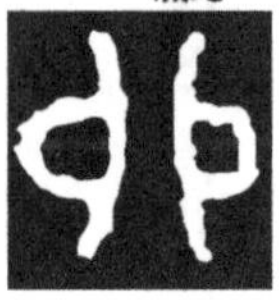
旂父丁鼎（西周早期）

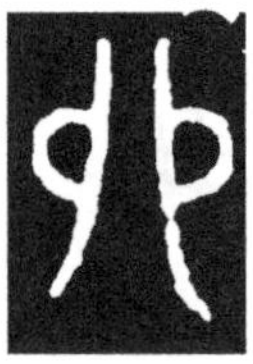
旅鼎（西周早期）

遣卣（西周早期）

保卣（西周早期）

chén
辰

《說文》曰：震也，三月陽氣動，靁電振，民農時也。註：𠨷辰，蜃之本字，字形像蚌蜃硬殼，上古農耕工具，農、蓐等與農耕有關字从辰。用于農時間，曰時辰。辰，地支第五位。辰，通振、通震。

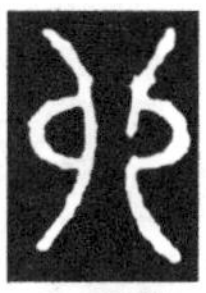
𣪘父乙尊（西周早期）

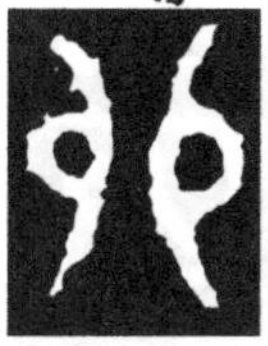
遣尊（西周早期）

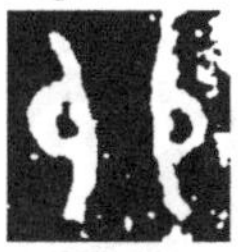
保尊（西周早期）

耳尊（西周早期）

師𩛥鼎（西周中期）

中簋（西周中期）

免簋（西周中期）

𪓐殷（西周中期）

眘殷（西周中期）

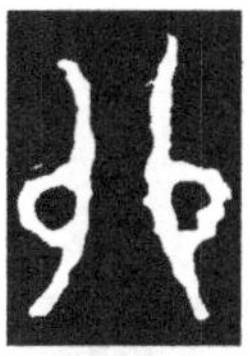
靜簋（西周中期）

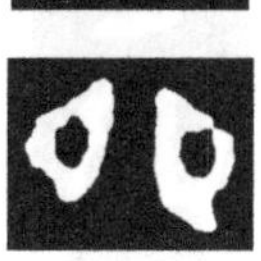
卯簋（西周中期）

趩觶（西周中期）

豐卣（西周中期）

次卣（西周中期）

尹姞鬲（西周中期）

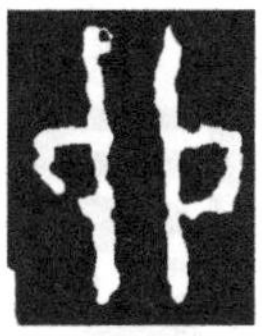
井鼎（西周中期）

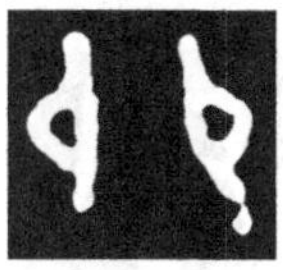
剌鼎（西周中期）

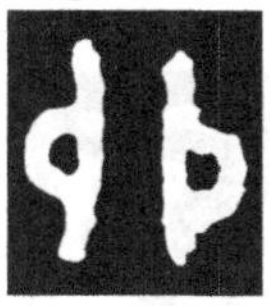
師旂鼎（西周中期）

豐作父辛尊（西周中期）

番匊生壺（西周中期）

永盂（西周中期）

此鼎（西周晚期）

此簋（西周晚期）

伯寬父盨（西周晚期）

散氏盤（西周晚期）

𧼟鼎（西周晚期）

官𡘧父殷（西周晚期）

𢼸叔殷（西周晚期）

辰行矢父乙鼎（殷商）

肄作父乙𣪘（殷商）

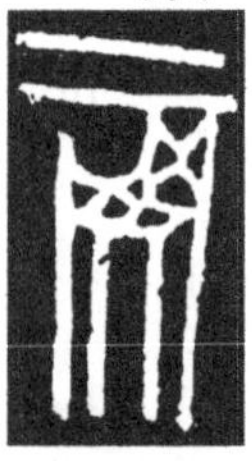
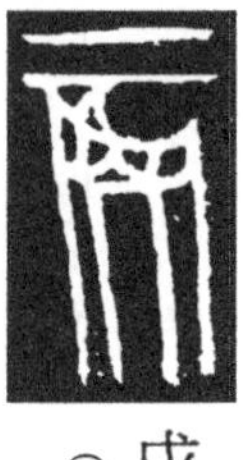
戉葡卣（殷商）

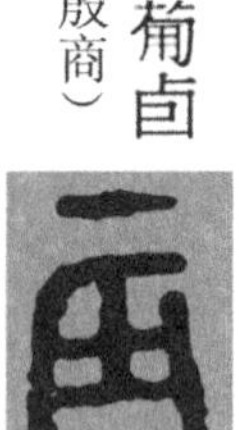
高卣（西周早期）

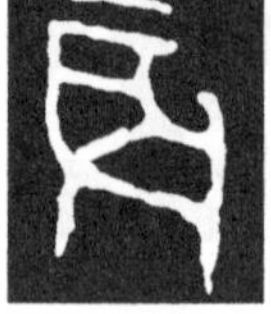
小臣宅簋（西周早期）

臣辰父乙卣（西周早期）

臣辰冊父乙鼎（西周早期）

士上卣（西周早期）

臣辰冊方鼎（西周早期）

臣辰父乙鼎（西周早期）

父乙臣辰鼎（西周早期）

商卣（西周早期）

旂鼎（西周早期）

歸⿰戈凡方鼎（西周早期）

⿱朢土方鼎（西周早期）

臣辰父乙尊（西周早期）

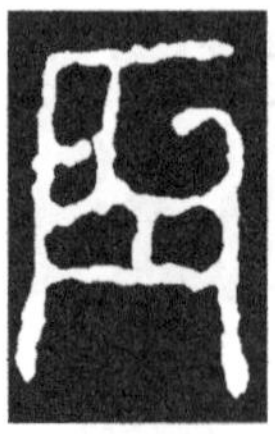
臣辰□冊𣪘（西周早期）

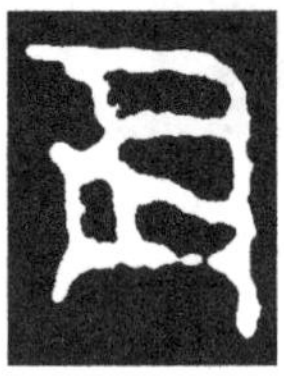
臣辰冊父乙𣪘（西周早期）

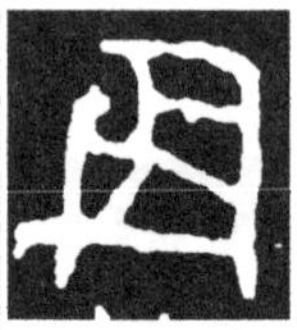
臣辰冊父癸𣪘（西周早期）

夨令方彝（西周早期）

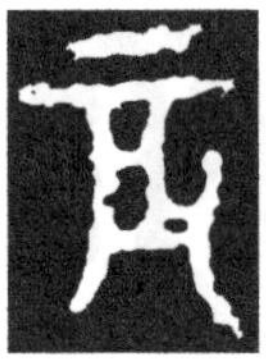
庚嬴卣（西周早期）

小臣辰父辛尊（西周早期）

臣辰父癸尊（西周早期）

𢊁辰方彝（西周早期）

耳尊（西周早期）

大盂鼎（西周早期）

商尊（西周早期）

臣辰□父乙爵（西周早期）

九年衛鼎（西周中期）

善鼎（西周中期）

巳 

不指方鼎（西周中期）

伯晨鼎（西周中期）

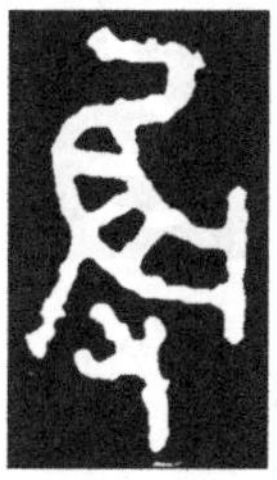

伯中父簋（西周中期）

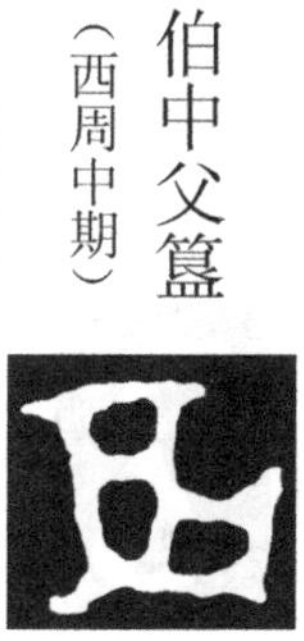
段簋（西周中期）

彔伯𢦚𣪘蓋（西周中期）

豆閉簋（西周中期）

𢡺妃簋（西周中期）

散氏盤（西周晚期）

⿰黹虎𣪘（西周晚期）

sì 巳

《説文》曰：巳也，四月陽气巳出，陰气巳藏，萬物見，故巳為蛇象形。《釋名》曰：巳，已也。

《説文通訓定聲》曰：孺子為兒，襁褓為子，腹中為巳。註：古巳字形近似子字，象腹中胎兒。

大盂鼎（西周早期）

麥方尊（西周早期）

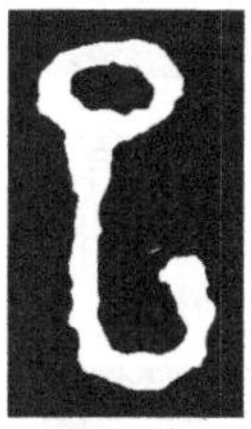
毛公鼎（西周晚期）

欒書缶（春秋）

工𠪚王劍（春秋晚期）

蔡侯盤（春秋晚期）

吳王光鑑（春秋晚期）

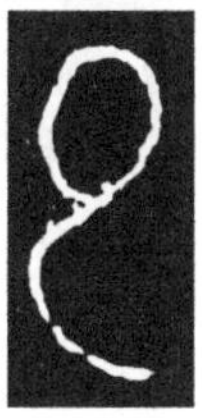
右使車嗇夫鼎（戰國中期）

公朱左自鼎（戰國晚期）

四祀𠨘其卣（殷商）　字形與子同

yǐ 以

《說文》曰：用也，从反巳。《正字通》曰：以，與已同。

小子畬卣（殷商）

者姛方尊（殷商）

者姛爵（殷商）

束父庚爵（殷商）

者女觥（殷商）

應公鼎（西周早期）

命簋（西周早期）

小臣謎殷（西周早期）

麥方尊（西周早期）

競卣（西周中期）

沈子它簋（西周早期）

仲⿰丮凡臣盤（西周早期）

寧鼎（西周早期）

長甶盉（西周中期）

彔戓卣（西周中期）

大鼎（西周中期）

五祀衛鼎（西周中期）

曶鼎（西周中期）

㚇貯殷（西周中期）

靜簋（西周中期）

肄殷（西周中期）

班簋（西周中期）

頌鼎（西周晚期）

禹鼎（西周晚期）

多友鼎（西周晚期）

大克鼎（西周晚期）

毛公鼎（西周晚期）

頌簋（西周晚期）

師害簋（西周晚期）

大簋（西周晚期）

㝬𣪕（西周晚期）

不嬰𣪕（西周晚期）

食仲走父盨（西周晚期）

虢仲盨（西周晚期）

眲壺蓋（西周晚期）

鬲攸从鼎（西周晚期）

善夫山鼎（西周晚期）

散氏盤（西周晚期）

虢季子白盤（西周晚期）

儹匜（西周晚期）

秦公鎛（春秋早期）

衛姒鬲（春秋早期）

曾伯霥簠（春秋早期）

秦公簋（春秋早期）

宜桐盂（春秋）

㠱伯子庭父盨（春秋）

欒書缶（春秋）

叔朕簠（春秋晚期）

敬事天王鐘（春秋晚期）

子璋鐘（春秋晚期）

沇兒鎛（春秋晚期）

郾客問量（戰國）

新郪虎符（戰國晚期）

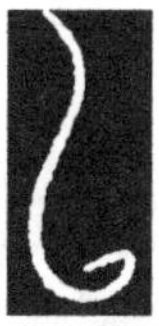
中山王嚳方壺（戰國晚期）

中山王嚳鼎（戰國晚期）

楚王酓肯簠（戰國晚期）

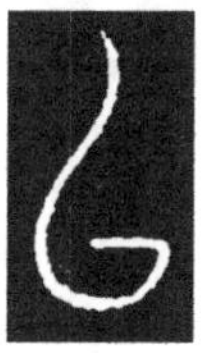
好蚉壺（戰國晚期） 讀為以 以追誦先王之功烈

陳侯午簋（戰國早期） 或从口作台（非臺之減化字，讀為以）

者沪鐘（戰國早期） 讀為以 以克總光朕越

杵午

wǔ

午

註：午，即舂米用杵之象形字。舂字从之。金文舂，象雙手執杵（即午）臨臼擣粟之形。

午，杵之本字。午，通仵、通悟，或借為地支第七位。

戍嗣鼎（殷商）

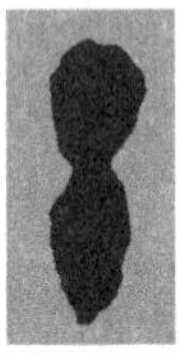

寢農鼎（殷商）

四祀𠨘其卣（殷商）

山鉞（殷商）

作冊魅卣（西周早期）

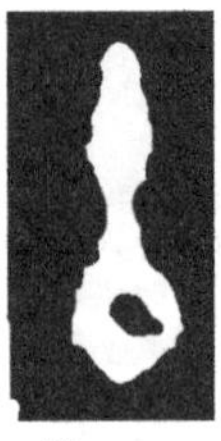

征人鼎（西周早期）

效尊（西周早期）

召卣（西周早期）

公貿鼎（西周中期）

叏女𣪕（西周中期）

效卣（西周中期）

賢簋（西周中期）

鮮盤（西周中期）

幾父壺（西周中期）

伯晨鼎（西周中期）

大師虘簋（西周中期）

緐妃簋（西周中期）

匡卣（西周中期）

農卣（西周中期）

冉南伯𣪕（西周中期）

歹可𣪕（西周晚期）

𧇊𣪕（西周晚期）

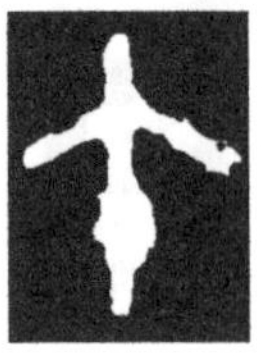

五年師旋𣪕（西周晚期）

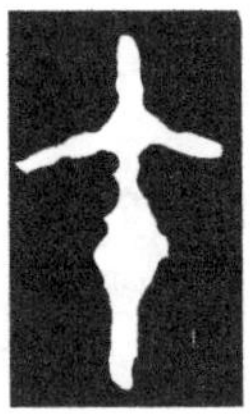

伯鮮鼎（西周晚期）

蔡公子壺（西周晚期）

湯叔盤（西周晚期）

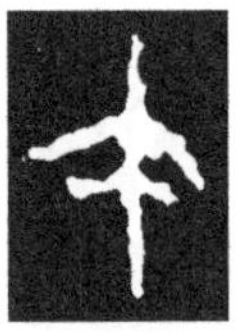

華母壺（春秋早期）

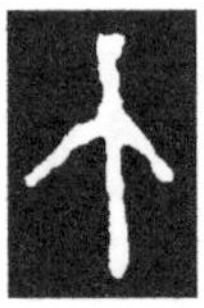

楚嬴匜（春秋早期）

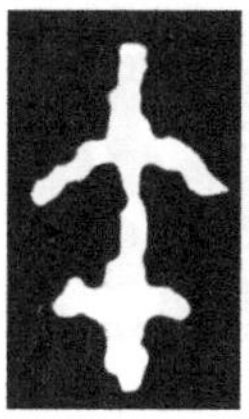
叔朕簠（春秋早期）

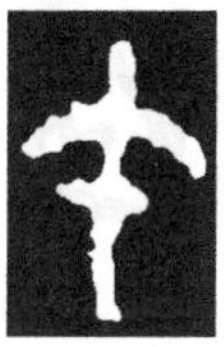
曾伯霥簠（春秋早期）

王子午鼎（春秋中期）

鼄叔之伯鐘（春秋）

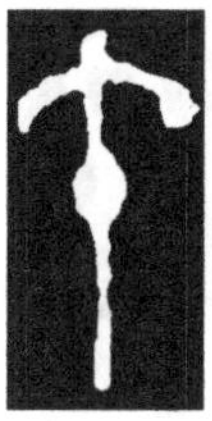
鄦侯少子殷（春秋）

配兒鉤鑃（春秋晚期）

少虡劍（春秋晚期）

哀成叔鼎（戰國）

十四年陳侯午敦（戰國晚期）

wèi
未

《說文》曰：味也，六月滋味也。五行木老於未，象木重枝葉也。

註：六月植物繁茂，萬物滋盛，滋味也。未，樹木重枝狀。未，或同味。未，地支第八位。

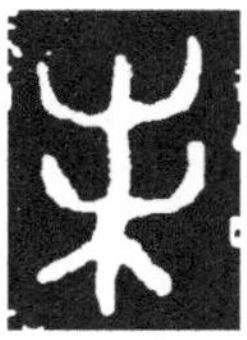
奄婦未于方鼎（殷商）

小子𠭯殷（殷商）

戉未父己觚（殷商）

四祀𠨘其卣（殷商）

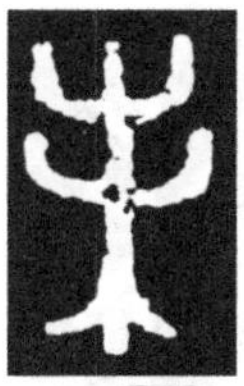
亞未口爵（殷商）

利簋（西周早期）

夨令方尊（西周早期）

夨令方彝（西周早期）

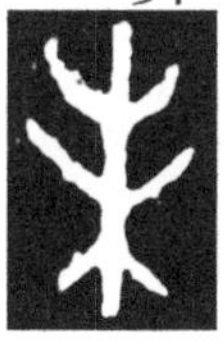
史獸鼎（西周早期）

征作父辛角（西周早期）

宁未父乙盉（西周早期）

雁侯見工鐘（西周中期）

未父乙鼎（西周中期）

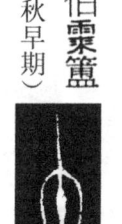

申

小臣守簋（西周）

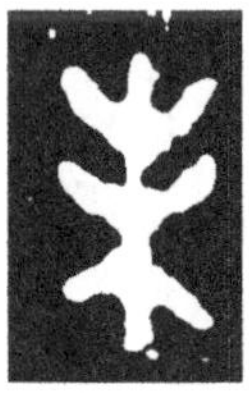

多友鼎（西周晚期）

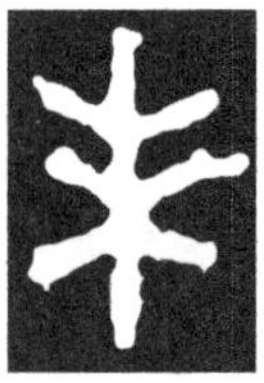

羌伯簋（西周晚期）

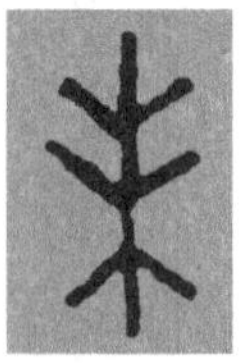

伯克壺（西周晚期）

鄀公平侯鼎（春秋早期）

陳侯因資敦（戰國晚期）

中山王譽鼎（戰國晚期）

shēn
申

《說文》曰：神也。籀文申。《廣雅》曰：申，伸也。《字彙》曰：申，明也（申述、申明）。

註：申，像雲中閃電，中、电同字。閃電在雨中，故周代加雨為電。古人敬畏天象，將閃電視為神祇，陰陽不測謂之神、有形可見謂之電，故視电為神。申，古神字。申，借為地支第九位。

荀亞作父癸角（殷商）

宰椃角（殷商）

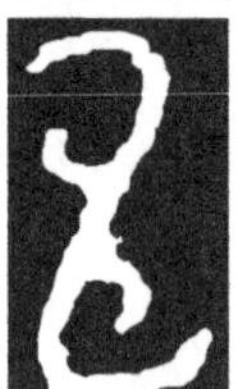

御史競簋（西周早期）

矢令方尊（西周早期）

子申父己鼎（西周早期）

伯申鼎（西周早期）

堇鼎（西周早期）

矢令方彝（西周早期）

伯姜鼎（西周早期）

御正衛簋（西周早期）

命簋（西周早期）

[illegible]殷（西周早期）

弜作父辛器（西周早期）

即簋（西周中期）

旂鼎（西周中期）

義盉（西周中期）

申簋（西周中期）

作冊益卣（西周中期）

曳 　腴臾 

大克鼎（西周晚期）

毛昇段（西周晚期）

不嬰段（西周晚期）

杜伯盨（西周晚期）

沕其壺（西周晚期）

儹匜（西周晚期）

楚公逆鎛（西周晚期）

逆鐘（西周晚期）

多友鼎（西周晚期）

沕其鼎（西周晚期）

戈叔朕鼎（春秋早期）

叔液鼎（春秋早期）

緐伯盤（春秋）

王子申盞（春秋）

敬事天王鐘（春秋晚期）

篖大史申鼎（春秋晚期）

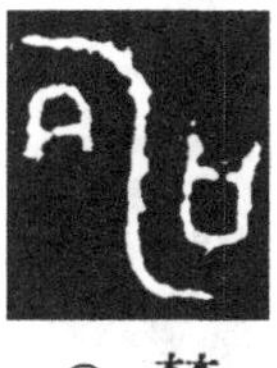
楚子䁥簠（戰國早期）

yú
臾

《說文》曰：束縛捽抴為臾。捽人形。臾，或同腴。

註：揪抓為捽、牽拉為抴，束縛揪抓拖拽為臾。，臾之象形字，雙手

尹臾鼎（西周早期）

傳尊（西周中期）

師臾鐘（西周晚期）

yè
曳

《說文》曰：臾曳也，从申、丿聲。《玉篇》曰：曳，申也、牽也、引也。

註：曳，臾曳，牽引、飄搖、搖曳之義。

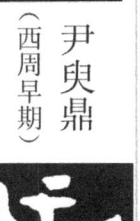

酉 

亶尊（西周中期）

yǎu
酉

註：，酒器卣之象字。金文無卣字，酉，即卣，或讀為酒字。酉，假借為地支第十位。

酉乙鼎（殷商）

酉宁鼎（殷商）

酉爵（殷商）

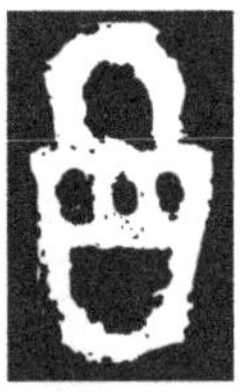

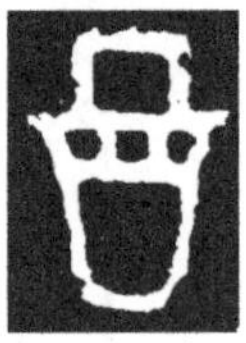
亞酉觚（殷商）

宰甫卣（殷商）

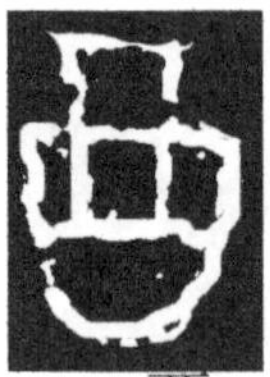
亞酉父丁鼎（殷商）

父辛酉卣（殷商）

四祀𠨘其卣（殷商）

酉父癸簋（殷商）

邐方鼎（西周早期）

天君簋（西周早期）

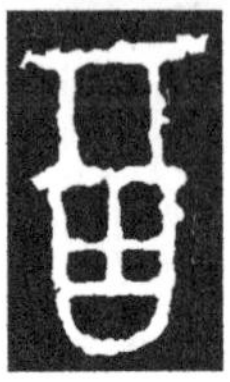
酉父己卣（西周早期）

酉作旅卣（西周早期）

士上卣（西周早期）

士上尊（西周早期）

征人鼎（西周早期）

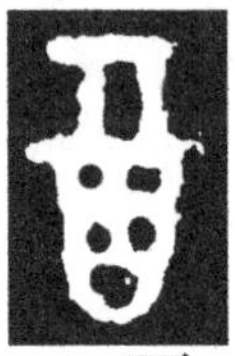
酉父丁壺（西周早期）

庚嬴鼎（西周早期）

富鼎（西周早期）

亞保酉簋（西周早期）

大盂鼎（西周早期）　讀為酒　率肆于酉（酒）

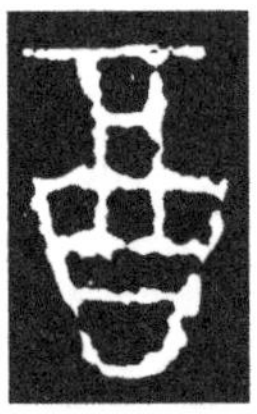
師遽𣪘（西周中期）

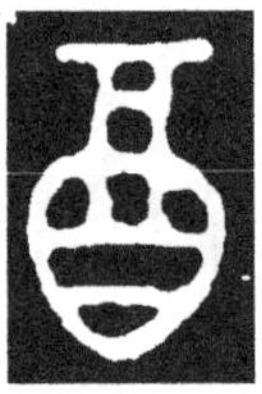
師酉簋（西周中期）

𢦔𣪘（西周中期）

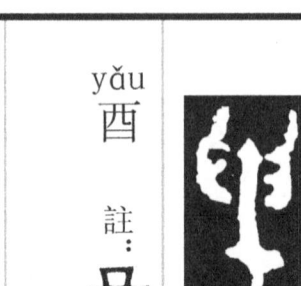

醴

員方鼎（西周中期）

曶鼎（西周中期）

三年瘐壺（西周中期）讀為酒　饗逆酉（酒）

永盂（西周中期）

師遽方彝（西周中期）

多友鼎（西周晚期）

毛公鼎（西周晚期）讀為酒　毋敢湎于酉（酒）

殳季良父壺（西周晚期）

鄭師□父鬲（春秋早期）

國差𦉜（春秋）

宜桐盂（春秋）

郤王義楚觶（春秋晚期）

簷叔之仲子平鐘（春秋晚期）

沇兒鎛（春秋晚期）

緻窓君扁壺（戰國）

郾客問量（戰國）

陳喜壺（戰國早期）

lǐ 醴

《説文》曰：酒一宿孰也，从酉、豊聲。《玉篇》曰：醴，甜酒也。醴，醴泉，美泉也，狀如醴酒，可以養老。

《字彙補》曰：醴，與禮通。註：醴，同澧，河名，醴水或作澧水。

三年瘐壺（西周中期）

師遽方彝（西周中期）

大鼎（西周中期）

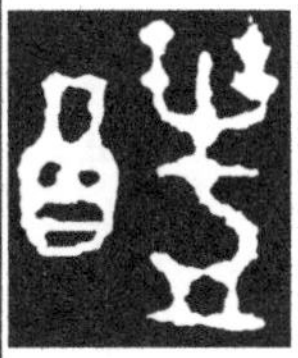
穆公簋（西周中期）

醇

酷

配

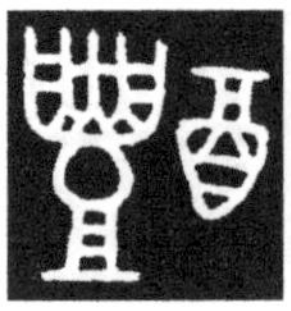
鬲仲多壺（西周晚期）

鄭楙叔賓父壺（西周晚期）

伯公父壺（西周晚期）

曾伯陭壺（春秋） 或从皿

chún
醇

《説文》曰：不澆酒也。

註：醇，酒質醇厚。酒不攙水曰不澆酒。金文醇或从亯，亯即古亨字。

十三年鈹（戰國） 讀為醇 或从亯 冶醇撻劑

kù
酷

《説文》曰：酒厚味也，从酉、告聲。《説文解字注箋》曰：酷，謂酒酷烈，因之為刑罰酷烈之稱。

滕侯昊戈（春秋晚期） 或从浩 假酷為造 滕侯昊酷（造）格

pèi
配

註：金文配字像蹲跪之人于酒器之前，薦酒祭祀神靈。惬于神意曰配，與今匹配之配字義稍有不同。

配勺（殷商） 或从卩

婦配咸段（殷商）

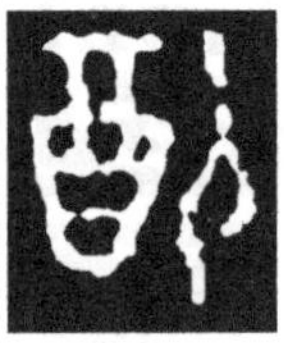
鼉方尊（西周早期）

萬諆觶（西周中期）

㝬段（西周晚期）

南宮乎鐘（西周晚期）

或从卩

宗周鐘（西周晚期）

毛公鼎（西周晚期）

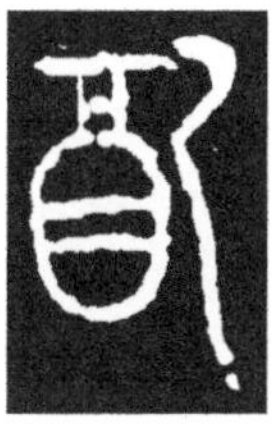
拍敦（春秋）

配兒鉤鑃（春秋晚期）

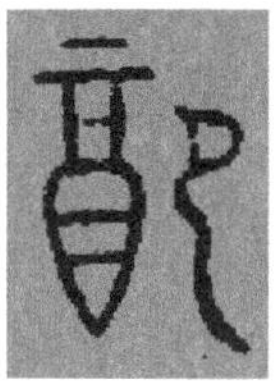
叔尸鐘（春秋晚期）

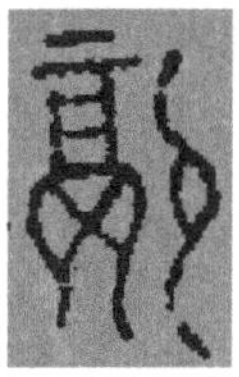
叔尸鎛（春秋晚期）

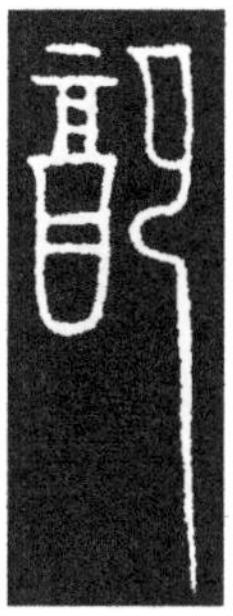
蔡侯盤（春秋晚期）

陳逆簠（戰國早期）

酌 

zhuó
酌

《說文》曰：盛酒行觴也，从酉、勺聲。《玉篇》曰：酌，斟（酒）也。

註：斟酒勸飲曰行觴，曰酌。觴，酒杯類飲具，行觴，舉杯。

伯公父勺（西周晚期）

讀為酌

伯公父作金爵 用獻 用酌

酸 

suān
酸

《說文》曰：酢（醋）也，从酉、夋聲。關東謂酢曰酸。

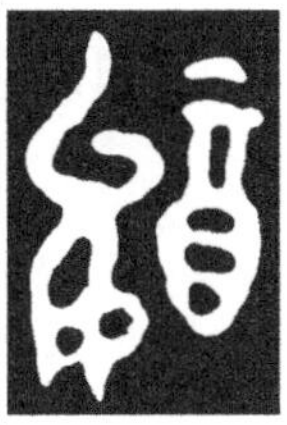
酸棗戈（戰國）

醋 酢

醬

醉 醵

cù zuò
酢

《說文》曰：醶也，从酉、乍聲。註：醶，醋漿。酢，調味品，也作醋。酢，應讀為醋。客對主人敬酒曰醋、（譌為酢）主人答客曰酬；並聯曰酬醋（譌為酬酢）。酢，本調味品醋之本字，醋，本酬酢之酢之本字。時俗相承二字互譌久矣。酢，或假為作。

王子𦎧鼎（春秋晚期）讀為作　自酢（作）飤鼎

郤王義楚觶（春秋晚期）

jiàng
醬

《說文》曰：䀋（應作醢）也，从肉、从酉，酒以和酱也，爿聲。㸓古文，𤅎籀文。註：䀋，為鹽池名，䀋，應作醢。醢，肉醬。醬，會意為肉劈成片或肉末，加酒在皿中和為醬。醬，或讀為將。

郳子𥂴自鎛（春秋）讀為將　許子醬（將）師擇其吉金

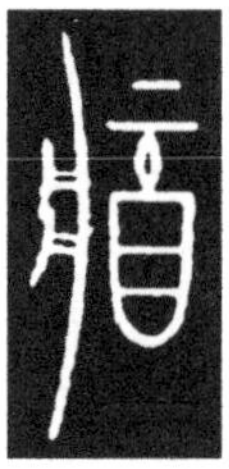
中山王嚳方壺（戰國晚期）讀為將　醬（將）與吾君并立於世

兆域圖（戰國晚期）

九年將軍戈（戰國晚期）

jù
醵

《說文》曰：會飲酒也。註：聚會合錢飲酒曰醵。醵，从酉、从豦。豦，即夒字。夒、豦古音同部。

醵，讀為醵字，假借為醉字。

大盂鼎（西周早期）讀為（醉）　有祡烝祀無敢醵（醉）

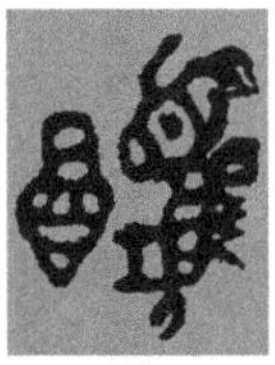
應侯簋（西周早期）

【古文字類編】

⿰酉彡 酒　⿰酉正　⿰酉垔　⿰酉頁 酣酗

jiǔ
⿰酉彡

李孝定曰：酒，變彡為水是易象形為會意。甲骨、金文酒字名詞皆作酉。至作者則為酒祭之專名。彡，象酒滴沃地以祭之象也。【甲骨文字集釋】

戊寅作父丁方鼎（殷商）

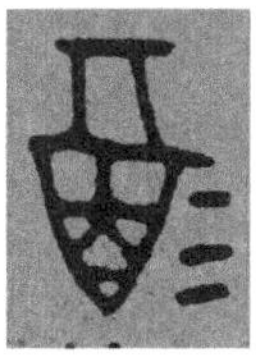
亞醜父乙尊（殷商）

麥方尊（西周早期）

繁卣（西周中期）

⿰酉正

番君⿰酉正伯鬲（春秋早期）

yīn
⿰酉垔

註：⿰酉垔，讀為禋，祭祀名，以火燒祭品，敬祭神靈。

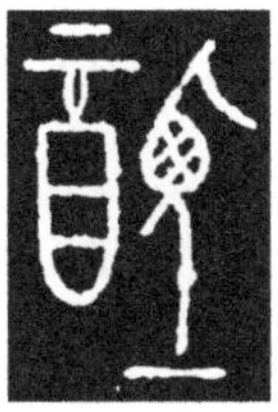
中山王譻方壺（戰國晚期）　讀為禋　節于禋醑

hān xù
⿰酉頁

註：⿰酉頁，酣之異體字，假借為酗。

酟 甜舔

大盂鼎 讀為酗
（西周早期） 摣酒無敢⿰酉炎（酗）

tián
酟

《字彙補》曰：酟，與甜同，甘也。

註：酟，或讀為舔。

⿸㫃弄鼎 讀為舔
（西周早期） 師楷酟（舔）既用對王休

䤈

jí
䤈

《玉篇》曰：酒有五䤈之名。《廣雅》曰：䤈，醬也。

註：䤈，釀造酒或醬之名稱。

宋右師延敦【近出殷周金文集錄】
（春秋晚期）

郾侯載器
（戰國）

中山王譽方壺
（戰國晚期）

酨

zǎi
酨

《改併四聲篇海》曰：酨，酒色光。酨，甜也。

酨殷
（殷商）

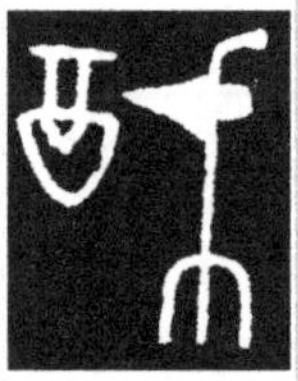

駿卣
（殷商）

酨父乙觶
（西周早期）

zhǎn
醰

《集韻》曰：酒苦謂之醰。

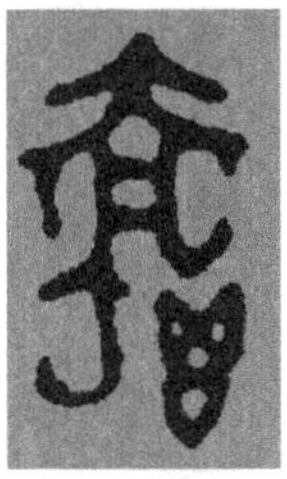

亢鼎（西周早期）【上海博物館集刊】

wàng
醒

註：，从酉、壬聲，壬，即朢之省文。醒，為忘之古文。

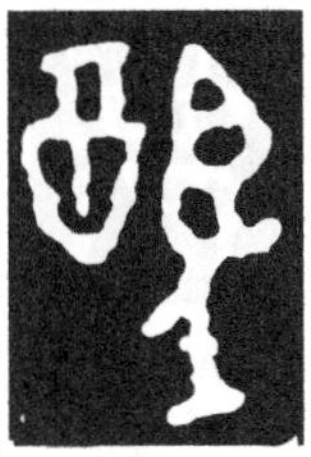

蟎鼎（西周中期）　讀為忘

休朕皇君弗醒（忘）厥寶臣

qiú
酋

《說文》曰：繹酒也，从酉、水半見於上。『禮』有大酋，掌酒官也。《說文通訓定聲》曰：酋，假借為遒。

註：久釀之陳酒曰酋。酋，或為掌酒官。

酋乙鼎（殷商）

豐兮夷簋（西周晚期）　讀為尊

豐兮夷作朕皇考酋（尊）簋

鷹節（戰國）

zūn
尊

《説文》曰：酒器也，从酋，廾以奉之……以待祭祀賓客之禮。尊，或从寸。《説文解字注》曰：凡酌酒者必資於尊，故引申為尊卑字。《廣雅》曰：尊，敬也。《玉篇》曰：尊，重也。註：尊，樽、墫之本字，酒器。像雙手奉樽以待賓客，引申為尊敬、尊貴。尊，古字通遵。尊，或从阜。

允冊卣（殷商）

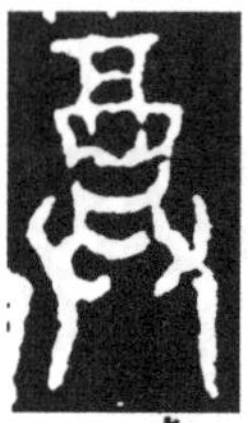
父庚爵（殷商）

匽父辛觥（西周早期）

舟父戊爵（西周早期）

作父庚卣（西周早期）

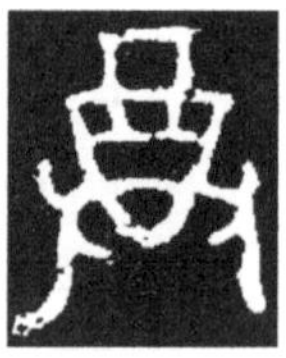
伯示鬲（西周早期）

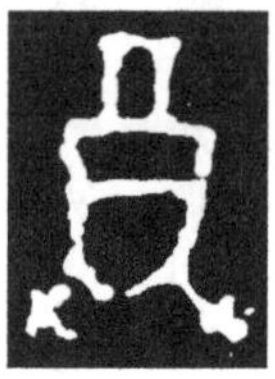
作尊方鼎（西周早期）

作父丙殘鼎（西周早期）

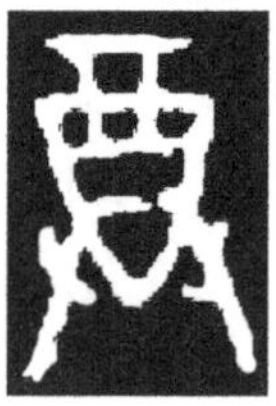
大保方鼎（西周早期）

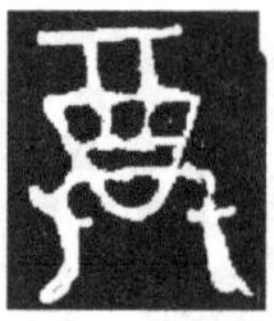
應叔鼎（西周早期）

鳥壬侜鼎（西周早期）

作父辛方鼎（西周早期）

亳鼎（西周早期）

作車簋（西周早期）

𣪘（西周早期）

伯簋（西周早期）

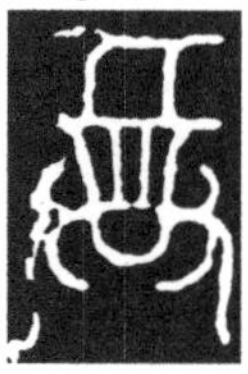
䣄叔簋（西周早期）

栟□冀作父癸𣪘（西周早期）

公盉（西周早期）

𢼄伯鬲（西周中期）

立鼎（西周中期）

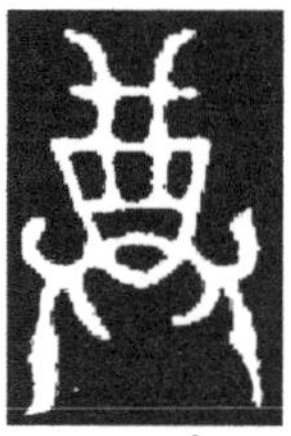
才𠍣父鼎（西周中期）

召仲鬲（西周晚期）

仲義父鼎（西周晚期）

㾭嫼𣪘蓋（西周晚期）

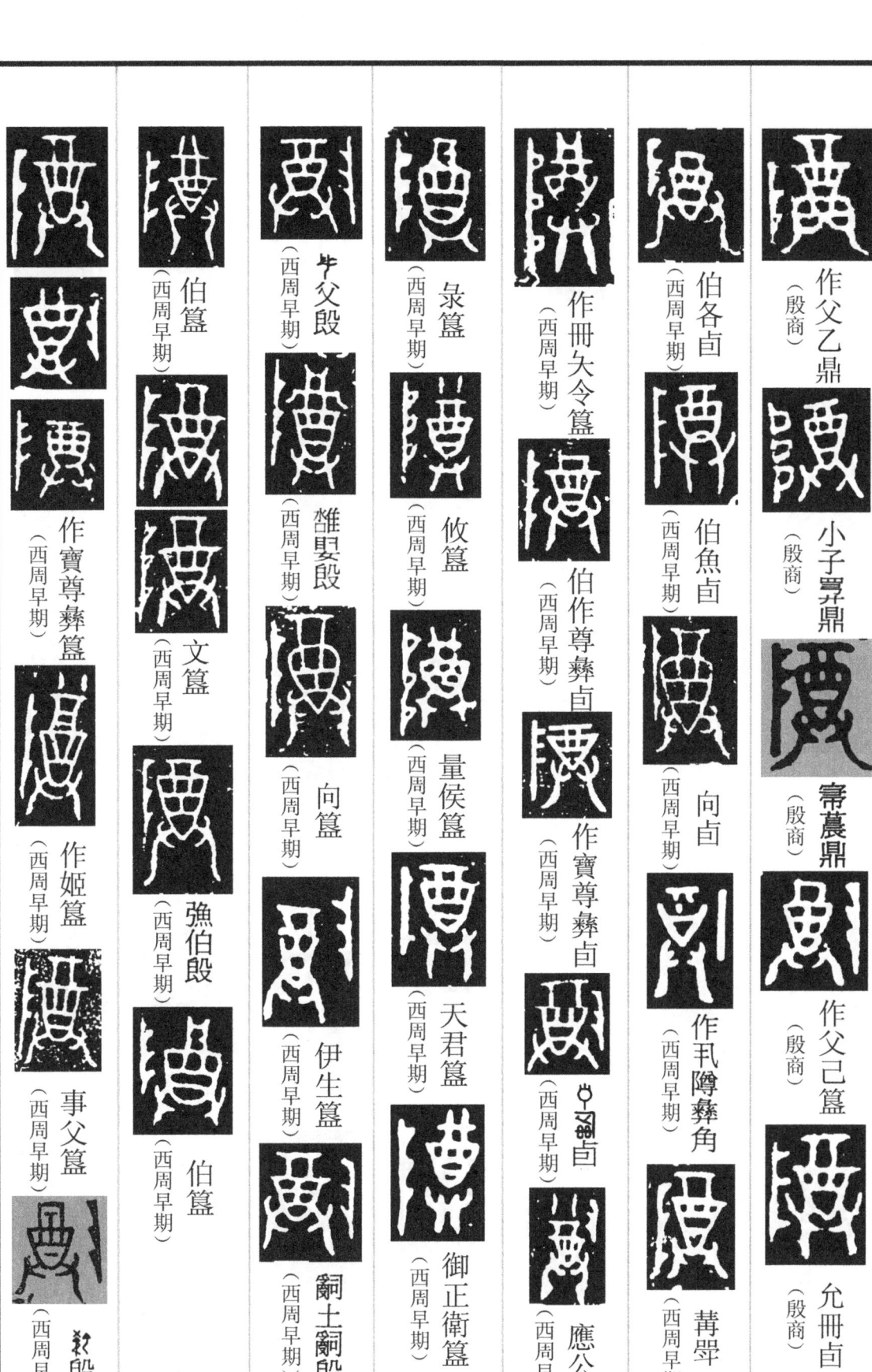

作父乙鼎（殷商）

小子𦉢鼎（殷商）

寧蓑鼎（殷商）

作父己簋（殷商）

允冊卣（殷商）

伯各卣（西周早期）

伯魚卣（西周早期）

向卣（西周早期）

作丮隣彝角（西周早期）

冓斝（西周早期）

作冊夨令簋（西周早期）

伯作尊彝卣（西周早期）

作寶尊彝卣（西周早期）

𠭰卣（西周早期）

應公卣（西周早期）

彔簋（西周早期）

攸簋（西周早期）

量侯簋（西周早期）

天君簋（西周早期）

御正衛簋（西周早期）

牛父毁（西周早期）

雔嬰毁（西周早期）

向簋（西周早期）

伊生簋（西周早期）

𤔲土𤔲毁（西周早期）

伯簋（西周早期）

文簋（西周早期）

㺇伯毁（西周早期）

伯簋（西周早期）

作寶尊彝簋（西周早期）

作姬簋（西周早期）

事父簋（西周早期）

𢦏毁（西周早期）

應公鼎（西周早期）

德方鼎（西周早期）

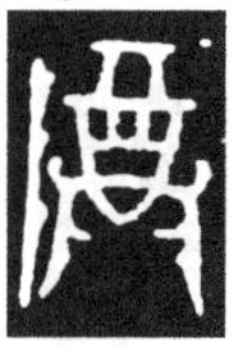
旂鼎（西周早期）

征人鼎（西周早期）

作母尊彝簋（西周早期）

叔具鼎（西周早期）

盜婦方鼎（西周早期）

史斿父鼎（西周早期）

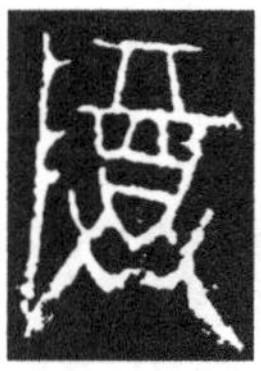
斊父丁鼎（西周早期）

原趠方鼎（西周早期）

向方鼎（西周早期）

叔旃鼎（西周早期）

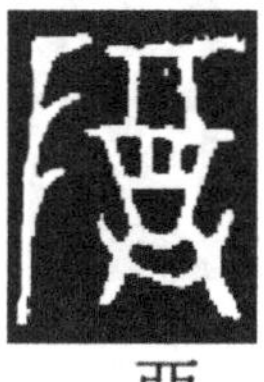
亞□作母丙鼎（西周早期）

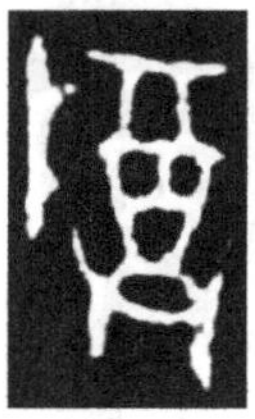
□父鼎（西周早期）

夨王方鼎（西周早期）

應公方鼎（西周早期）

堇伯方鼎（西周早期）

伯魚鼎（西周早期）

田農鼎（西周早期）

作父甲鼎（西周早期）

己方鼎（西周早期）

遝鼎（西周早期）

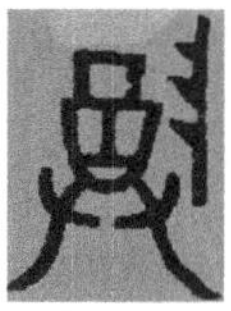
□鼎（西周早期）

伯卿鼎（西周早期）

伯矩鬲（西周早期）

鄧仲方鼎（西周早期）

成王方鼎（西周早期）

叔作尊簋（西周早期）

叔鼎（西周早期）

作尊彝鬲（西周早期）

大作𣪘鬲（西周早期）

戒作葊官鬲（西周早期）

林𡚬鬲（西周早期）

遣鬲（西周早期）

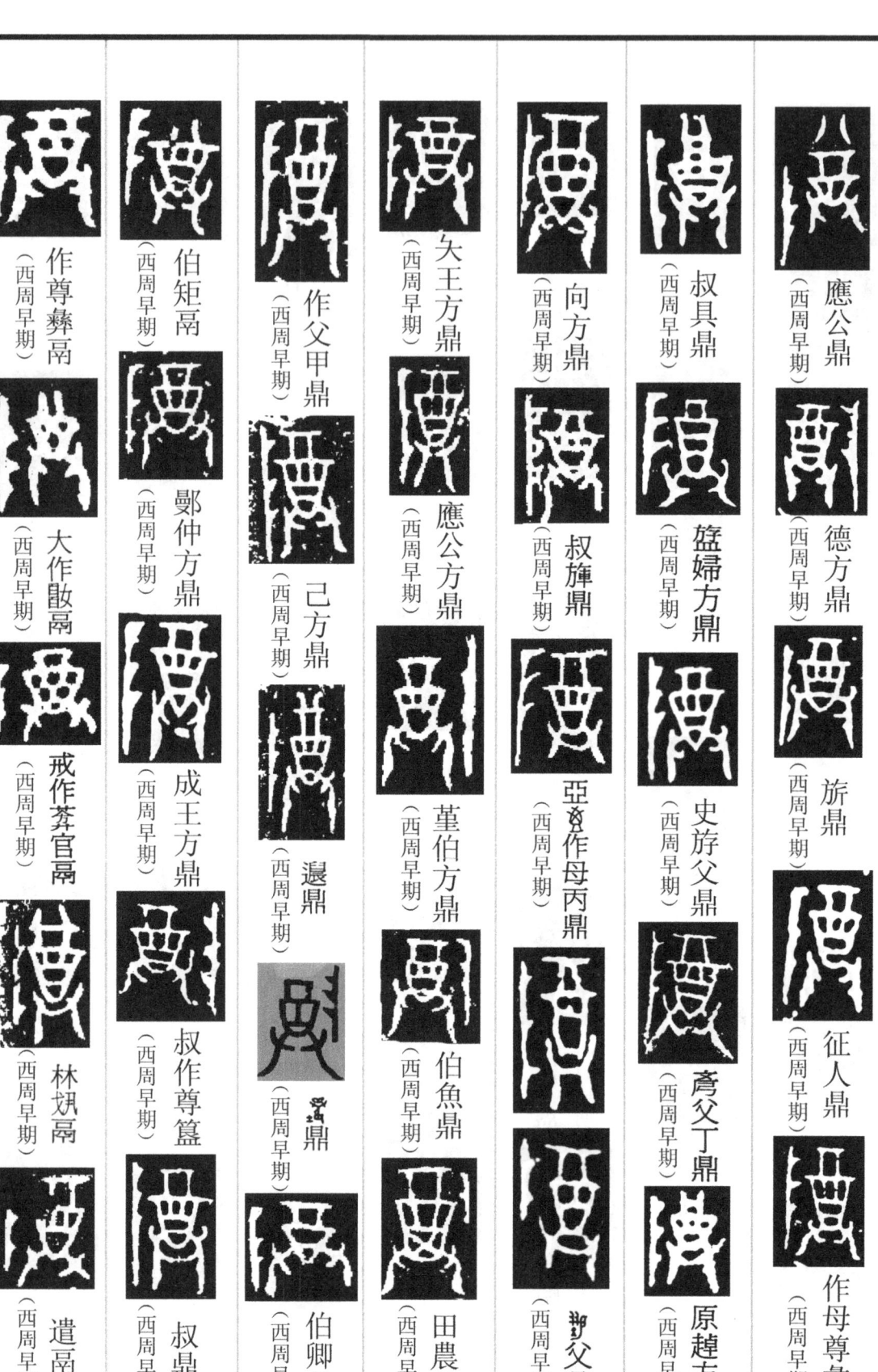

師虎簋（西周中期）

牆父乙爵（西周中期）

伯先父鬲（西周中期）

[illegible]鼎（西周中期）

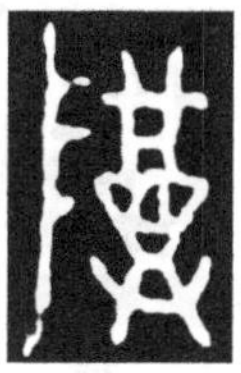
伯中父簋（西周中期）

追簋（西周中期）

免簋（西周中期）

彔伯戜𣪘（西周中期）

師酉簋（西周中期）

叔虢𣪘（西周中期）

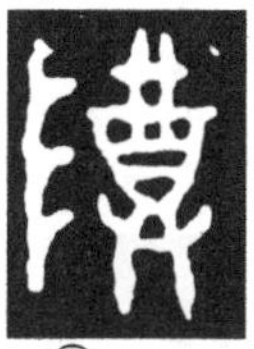
彔簋（西周中期）

伯闢簋（西周中期）

犾駿𣪘（西周中期）

伯晨鼎（西周中期）

戜方鼎（西周中期）

甚諆臧鼎（西周中期）

叔[illegible]𣪘（西周中期）

[illegible]𣪘（西周中期）

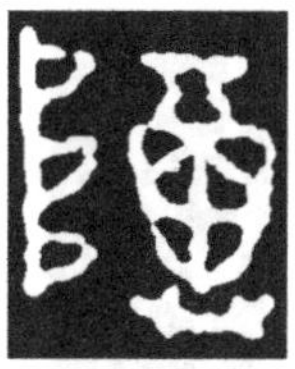
剌鼎（西周中期）

康鼎（西周中期）

戜方鼎（西周中期）

公簋（西周中期）

夷伯簋（西周中期）

闈𣪘（西周中期）

旅鼎（西周中期）

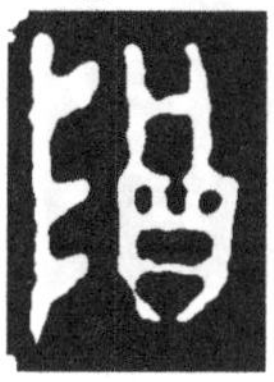
或者鼎（西周中期）

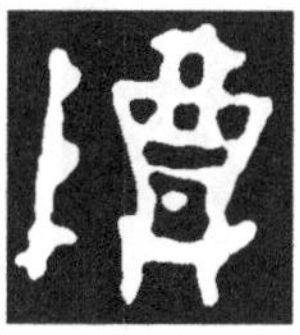
𡙘鼎（西周中期）

師趛鼎（西周中期）

庚姬鬲（西周中期）

京姜鬲（西周中期）

叔專父盨（西周晚期）

辛叔皇父簋（西周晚期）

叔多父簋（西周晚期）

兮吉父簋（西周晚期）

琱伐父段（西周晚期）

伯梡盧段（西周晚期）

師奐父段（西周晚期）

叔向父簋（西周晚期）

矢王簋（西周晚期）

兌簋（西周晚期）

伯敔父段（西周晚期）

頌鼎（西周晚期）

毛公鼎（西周晚期）

害叔簋（西周晚期）

伯沕父段（西周晚期）

仲義父鼎（西周晚期）

沕其鼎（西周晚期）

師同鼎（西周晚期）

無叀鼎（西周晚期）

此鼎（西周晚期）

多友鼎（西周晚期）

虢姜鼎（西周晚期）

虢叔大父鼎（西周晚期）

南公有司鼎（西周晚期）

圅皇父鼎（西周晚期）

仲師父鼎（西周晚期）

[illegible]仲鬲（西周晚期）

成伯孫父鬲（西周晚期）

善夫吉父鬲（西周晚期）

[illegible]段（西周晚期）

虢叔鬲（西周晚期）

叔皇父鬲（西周晚期）

王伯姜鬲（西周晚期）

呂王鬲（西周晚期）

圅皇父簋（西周晚期）

公臣簋（西周晚期）

走簋（西周晚期）

大簋（西周晚期）

師寰毀（西周晚期）

不嬰毀（西周晚期）

頌簋（西周晚期）

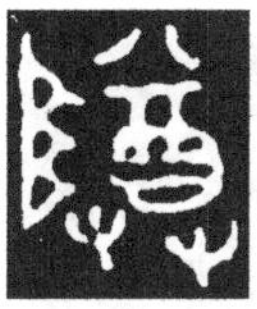
封仲簋（西周晚期）

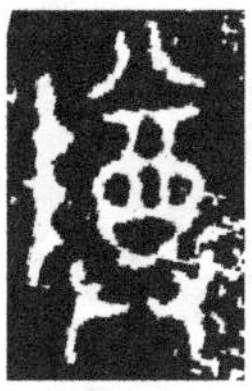
叔牙父鬲（春秋早期）

邾□白鼎（春秋早期）

鄀公平侯鼎（春秋早期）

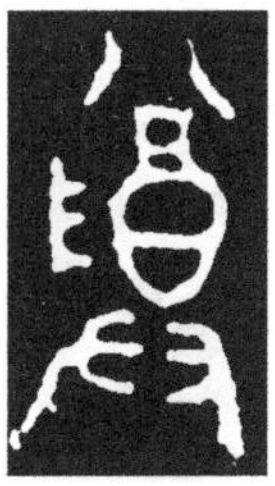
食生走馬谷簋（春秋早期）

xū
戌

註：戌，金文字形象斧類廣刃兵器，與戉（鉞）、戊、戚形制相似。借為地支十一位，今其義盡失。

何尊（西周早期）

𤸫盨（西周中期）

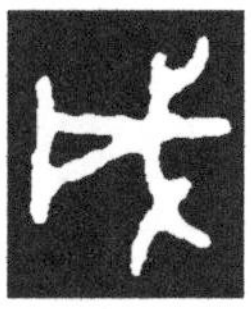
師虎簋（西周中期）

班簋（西周中期）

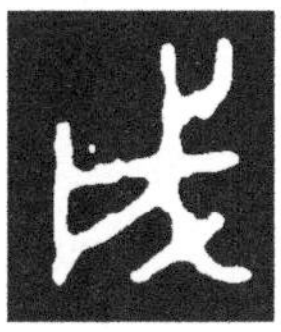
二十七年衛簋（西周中期）

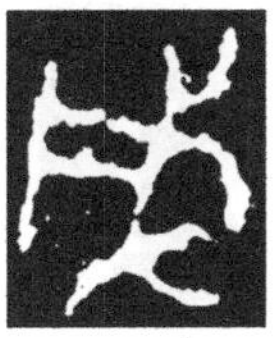
走馬休盤（西周中期）

師晨鼎（西周中期）

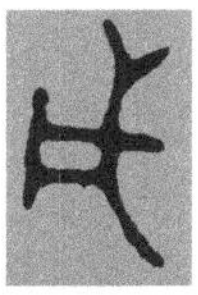
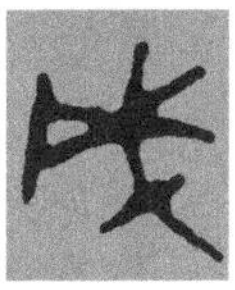
望簋（西周中期）

呂方鼎（西周中期）

康鼎（西周中期）

師毛父簋（西周中期）

頌鼎（西周晚期）

鄭虢仲簋（西周晚期）

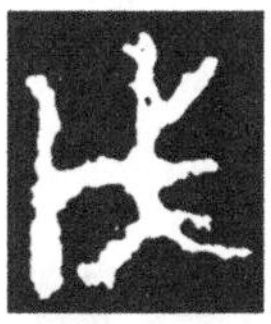
[illegible]毀（西周晚期）

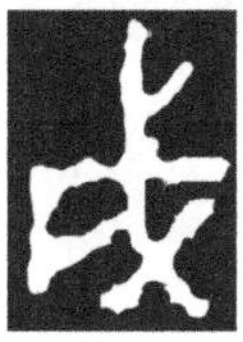
弭叔師察簋（西周晚期）

亥 骸

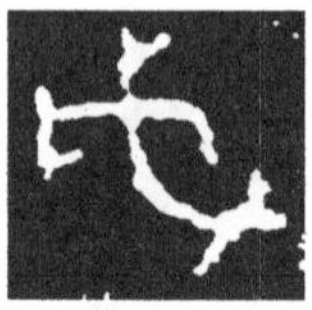

無叀鼎（西周晚期）

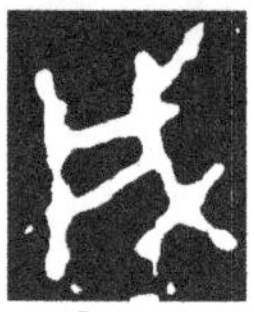

頌簋（西周晚期）

頌壺（西周晚期）

虞侯政壺（春秋）

孫叔師父壺（春秋）

hài
亥

註：金文象豕（豬）之殘骸，無頭、足，被絆縛，作犧牲祭祀品。亥，為骸之初文，借為地支第十二位。後再从骨作骸。

小子[illegible]鼎（殷商）

邐方鼎（殷商）

作父己簋（殷商）

毓且丁卣（殷商）

六祀𢀛其卣（殷商）

珥方鼎（西周早期）

嬰方鼎（西周早期）

歸𢀛方鼎（西周早期）

我方鼎（西周早期）

天君簋（西周早期）

史䛗毀（西周早期）

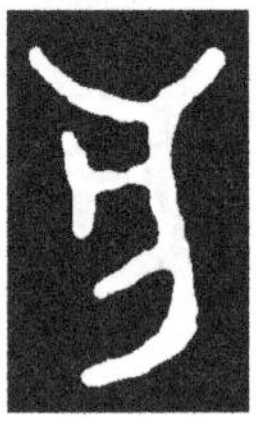

執卣（西周早期）

商卣（西周早期）

商尊（西周早期）

井侯方彝（西周早期）

矢令方彝（西周早期）

御正良爵（西周早期）

作冊䰧卣（西周早期）

曶鼎（西周中期）

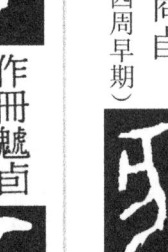

戴毁（西周中期）

君夫簋（西周中期）

衛簋（西周中期）

周乎卣（西周中期）

吳方彝（西周中期）

繁卣（西周中期）

免尊（西周中期）

免卣（西周中期）

長甶盉（西周中期）

曶壺（西周中期）

𠭰鐘（西周中期）

利鼎（西周中期）

大鼎（西周中期）

善鼎（西周中期）

師嫠毁（西周晚期）

大簋（西周晚期）

二年師兌簋（西周晚期）

散伯車父鼎（西周晚期）

楚簋（西周晚期）

鄭毁（西周晚期）

叔專父盨（西周晚期）

事族簋（西周晚期）

𣏟季毁（西周晚期）

虢季子白盤（西周晚期）

蔡侯盤（春秋早期）

黃大子伯克盤（春秋早期）

黃大子伯克盆（春秋早期）

王孫壽甗（春秋早期）

陳公子叔邍父甗（春秋早期）

陳侯鼎（春秋早期）

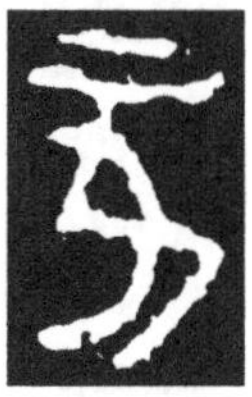
考叔㝬父簠（春秋早期）

陳子匜（春秋早期）

冶仲考父壺（春秋早期）

庚兒鼎（春秋中期）

齊侯鎛（春秋中期）

王子午鼎（春秋中期）

者尚余卑盤（春秋）

國差鑰（春秋）

彭子仲盆（春秋）

陳侯盤（春秋）

孟姜𥃷簋（春秋）

者𨱁鐘（春秋）

鐘伯侵鼎（春秋）

鄦子盟𠂤鎛（春秋）

楚王鐘（春秋）

庚壺（春秋晚期）

齊𨜫氏鐘（春秋晚期）

鼄公牼鐘（春秋晚期）

禾簋（春秋晚期）

樂子簠（春秋晚期）

長子沬臣簠（春秋晚期）

鼄公華鐘（春秋晚期）

臧孫鐘（春秋晚期）

子璋鐘（春秋晚期）

鼄公孫班鎛（春秋晚期）

其次句鑃（春秋晚期）

姑馮昏同之子句鑃（春秋晚期）

𥲮大史申鼎（春秋晚期）

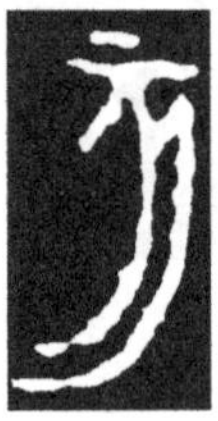
蔡大師鼎（春秋晚期）

余購遜兒鐘（春秋晚期）

王孫遺者鐘（春秋晚期）

齊大宰歸父盤（春秋晚期）

邳伯缶（戰國早期）

乙鼎（戰國早期）

陳逆簋（戰國）

鄂君啟節舟節（戰國）

鄂君啟節車借（戰國）

檢字表

說明：本表以通用繁體字之起始筆劃為序。分為橫、豎、撇、點、折五類，同一起始筆劃之字按照筆劃數，由簡至繁排列。（筆序與筆畫數基本按【漢語大字典】檢字表編排）

橫劃

豎劃

十七劃

十八劃

十九劃

廿劃

廿一劃

廿二劃

廿三劃

廿四劃

廿五劃

廿六劃

卅六劃

卅七劃

撇劃

二劃

八 0082
乃 0566
入 0652
人 1005
匕 1051
勹 1193
儿 1757
九 1807

三劃

乞 0039
千 0247
久 0693
乇 0755
夕 0858
宀 0907
川 1411
凡 1680
勺 1757

四劃

气 0039
分 0083
公 0087
介 0090
牛 0095
乏 0167
仇 0124
1579
勾 0243
什 0245
爪 0320
父 0334
及 0341
反 0342
殳 0368
爻 0419
丰 0528
仍 0567
兮 0572
丹 0622
今 0649
从 0655
朱 0750
邩 0802
月 0849
片 0871
仁 1010
化 1051
乍 1051
从 1052
印 1059
壬 1060
毛 1099
欠 1139
仐 1190
勻 1194
凶 1195
勿 1231
夭 1311
允 1314
夨 1429
手 1474
氏 1557
斤 1759
升 1767
壬 1844
午 1870

五劃

氽 0084
尔 0084
㕣 0124
冊 0235
句 0243
用 0413
迉 0567
乎 0573
仝 0654
矢 0658
生 0752
包 0759
1197
外 0860
夗 0864
禾 0885
瓜 0906
白 1000
仕 1011
伋 1012
仜 1013
付 1018
他 1018
代 1024
仔 1028
仦 1046
丘 1058
参 1173
令 1181
印 1187
𠨍 1189
斥 1214
犯 1333
冬 1429
失 1488
氐 1563
乍 1589
匄 1595
处 1758
犯 1768
孕 1851
卯 1864

六劃

份 0083
毎 0093
名 0102
各 0126
兆 0186
伆 0197
彶 0207
彸 0215
廷 0221
行 0223
合 0394
0648
舌 0240
自 0437
仿 0487
妥 0488
刖 0522
1578
竹 0533
旨 0578
血 0620
全 0654
缶 0655
朱 0703
1675
休 0713
邩 0802
夙 0861
多 0862
年 0888
向 0911
1188
𠂤 1001
企 1010
仲 1012
伊 1013
似 1024
任 1025
价 1028
伏 1029
伐 1030
佚 1046
仯 1046
伿 1047
伂 1048
伎 1049
佤 1050
伖 1050
㐺 1059
仰 1059
肙 1067
舟 1111
先 1131
后 1179
旬 1194
匈 1195
兇 1195
由 1200
刎 1231
伉 1323
囟 1337
汆 1407
𠂢 1426
𠂔 1559
圣 1695
肋 1721
自 1777
伍 1802

七劃

佑 0020
每 0046
余 0091
采 0095
牡 0095
牞 0099

十劃

十一劃

十四劃

十五劃

十六劃

點劃

廿一劃

廿二劃

廿三劃

廿四劃

廿五劃

廿六劃

廿七劃

卅三劃

折劃

一劃
乙 1822
二劃
凵 0139
丩 0244
又 0332
刀 0513
刁 0513
厶 1201
力 1716
三劃
屮 0044
叉 0334
幺 0481
刃 0527
尸 1100
卪 1181
丮 1448
女 1493
也 1555
弓 1609
己 1831
子 1847
孓 1858
巳 1867
已 1868
四劃
丮 0323
尹 0338
予 0487
幻 0487
办 0527
毌 0865
爿 0970
弔 1031
尺 1108
允 1125
叵 1187
纟卩 1188
夨 1308
水 1367
孔 1449
毋 1552
引 1614
阢 1791
丑 1861
以 1868
五劃
召 0108
台 0114
疋 0230
史 0343
聿 0359
皮 0377
幼 0482
出 0747
弘 0913
尼 1102
𡰥 1110
弁 1130
1661
司 1179
丱 1228
肰 1306
母 1513
奴 1521
奶 1547
民 1553
弗 1553
加 1718
尻 1758
矛 1767
阤 1786
阪 1797
刅 1860
六劃
艸 0044
牟 0096
巡 0171
如 0215
迅 0253
1448
丞 0293
聿 0359
羽 0448
丝 0482
叒 0741
屏 1106
防 1145
阸 1187
妃 1511
妣 1521
姛 1523
好 1524
奸 1529
改 1532
妏 1532
妃 1534
妙 1536
妖 1543
弘 1617
引 1621
弜 1622
糸 1635
劦 1720
阪 1782
阯 1786
阩 1792
七劃
壯 0040
君 0104
址 0160
妨 0219
阻 0348
1783
攺 0383
孜 0394
剃 0520
即 0628
矣 0662
坒 0670
𡴘 0744
邵 0793
甬 0866
囪 0867
卣 0867
㝉 1103
屎 1104
尾 1108
尿 1109
肩 1110
卲 1185
妖 1311
忌 1353
忍 1355
妘 1507
妊 1512
妣 1518
姊 1519
姒 1522
妧 1525
妝 1526
妧 1534
妍 1535
姅 1535
妓 1536
𡚸 1536
妓 1538
妞 1551
妢 1551
努 1616
斫 1617
弢 1618
阿 1782
陂 1782
陀 1786
阼 1790
附 1790
陉 1790
阦 1791
八劃
迣 0201
建 0222
糾 0244
弅 0301
妻 0361
隶 0361
糿 0526
沓 0565
朩朩 0718
函 0866
㐭 0867
录 0883
帚 0995
帑 0996
姆 1037
居 1101
1758
屍 1103
屌 1104
屌 1104
屈 1109
肴 1237
狀 1269

主要參考書目

殷周金文集成　中國社會科學院考古研究所編　中華書局
殷周金文集成（釋文）　中國社會科學院考古研究所　香港中文大學中國文化研究所
殷周金文集成引得　張亞初編著　中華書局
近出殷周金文集錄　中華書局
三代吉金文存　羅振玉編　中華書局
三代吉金文存釋文　羅福頤著　香港問學社出版
金文編　容庚編著　中華書局
漢語古文字字形表　徐仲舒主編　東方出版中心
歷代鐘鼎彝器款識法帖　〔宋〕薛尚功撰　中華書局
古文字類編　高明　涂白奎編著　上海古籍出版社

戰國文字編　顧問　李學勤　湯餘惠主編　福建人民出版社
盛世吉金　北京出版社
古文字研究　中華書局
中國歷史文物　中國國家博物館
西周金文擷英　三秦出版社
中國青銅器　馬承源主編　上海古籍出版社
說文解字　〔漢〕許慎撰　〔南唐〕徐鉉校定　中華書局
說文解字繫傳　〔南唐〕徐鍇撰　中華書局
說文解字注　〔漢〕許慎撰　〔清〕段玉裁注　上海古籍出版社
說文解字義證　〔清〕桂馥撰　齊魯書社
說文釋例　〔清〕王筠撰　中華書局

說文通訓定聲 〔清〕朱駿聲撰 中華書局
說文解字句讀 〔清〕王筠撰 中華書局
爾雅校箋 周祖謨撰 雲南人民出版社
鄭珍集·小學 〔清〕鄭珍著 貴州人民出版社
金文詁林 周法高主編 香港中文大學
金文詁林補 周法高編撰 台灣中央研究院歷史語言研究所專刊之七十七
金文詁林讀後記 李孝定撰 台灣中央研究院歷史語言研究所專刊之八十
甲骨文詁林 于省吾主編 中華書局
說文古籀補三種 吳大澂 丁佛言 強運開 輯 中華書局
古字通假會典 高亨纂著 齊魯書社
漢語大字典 湖北辭書出版社 四川辭書出版社

主要參考書目

康熙字典　上海書店
中華大字典　中華書局
辭源　商務印書館

後記

余自幼追隨高仲鈞先生、安錫寵先生、龔望先生、鄭壬和先生學習音樂、書法、繪畫，近四十年；兼從張牧石先生學習文字學、問道於張淑純先生古文經典。諸公均是當代著名學者，成爲入室弟子實感有幸。

長期學習對青銅器銘文尤爲偏愛，廿世紀七十年代『文革』後期開始收集銘文拓片及有關金文訓詁資料數百種，龔望先生、高仲鈞先生予以肯定。治學始于讀書，讀書充實藝術修養，此乃天道。研習金文伴以讀書愈感傳統文化之深邃，古老文字之壯美，此中斤兩學中方能體會。

如今諸公仙逝，悲痛之至無以言狀。諸公酷愛民族文化，造詣極深，爲之貢獻終其一生；治學態度、人品情志恒爲楷模。感其再造，繼承傳統，告慰恩師，報答社會，即爲編輯此書之動力與目的。

此篇成册蒙摯友天津城建大學姜新華先生、于思禄先生、于繼海先生，及諸師友予以支持與鼓勵，余存感激，藉表寸忱。

天津古籍出版社高明卓識、博施濟學。社長張瑋先生、策劃陳一飛先生之運籌；責任編輯張芳女士、韓鵬先生、夏彬先生校定之辛勤，臂助付梓，令吾感佩，深躬鳴謝。

李樹青　二零一六年六月二十一日

銘文拓片

選擇部份不同時期、不同風格銘文拓片共欣賞。一些著名拓片因本書篇幅所限字跡不清，但可窺章法佈局，請諒解。

楚公逆鎛（西周晚期）

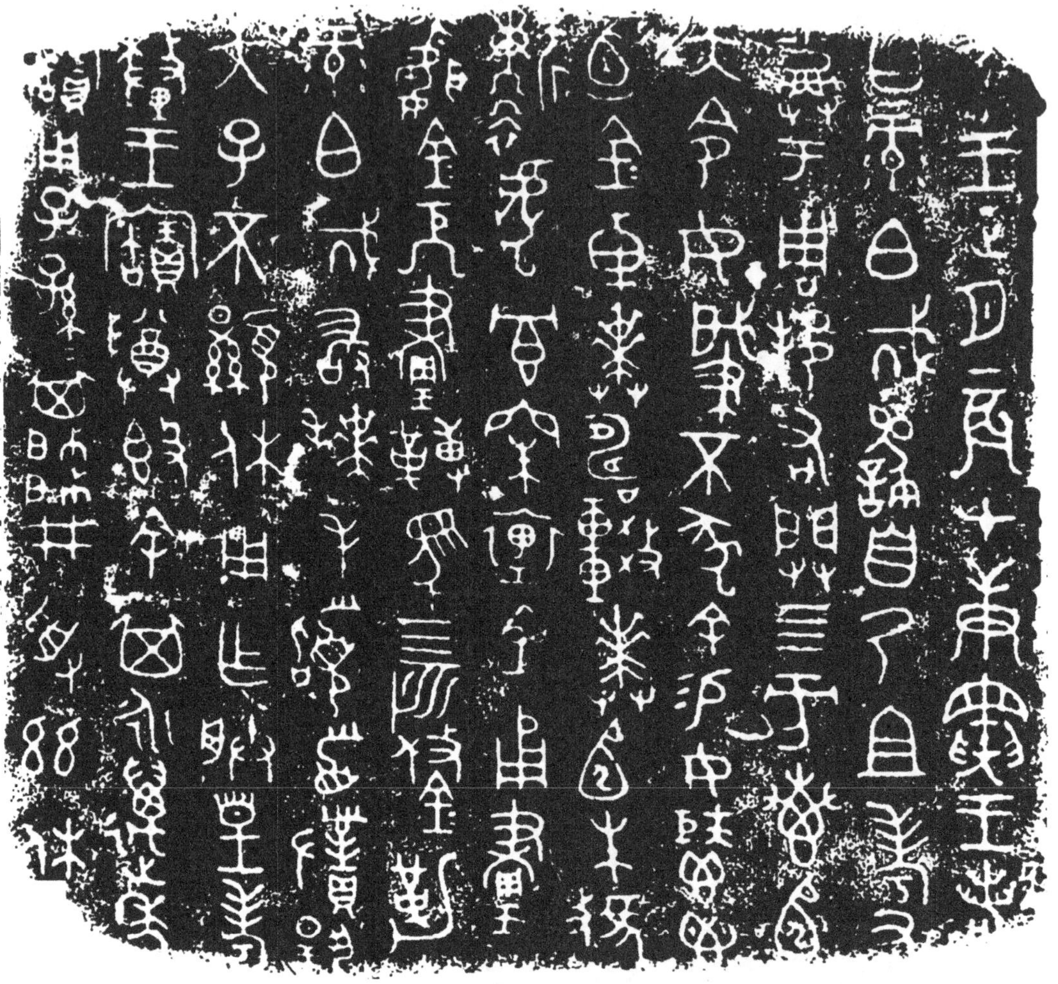

彔伯㺇簋蓋
（西周中期）

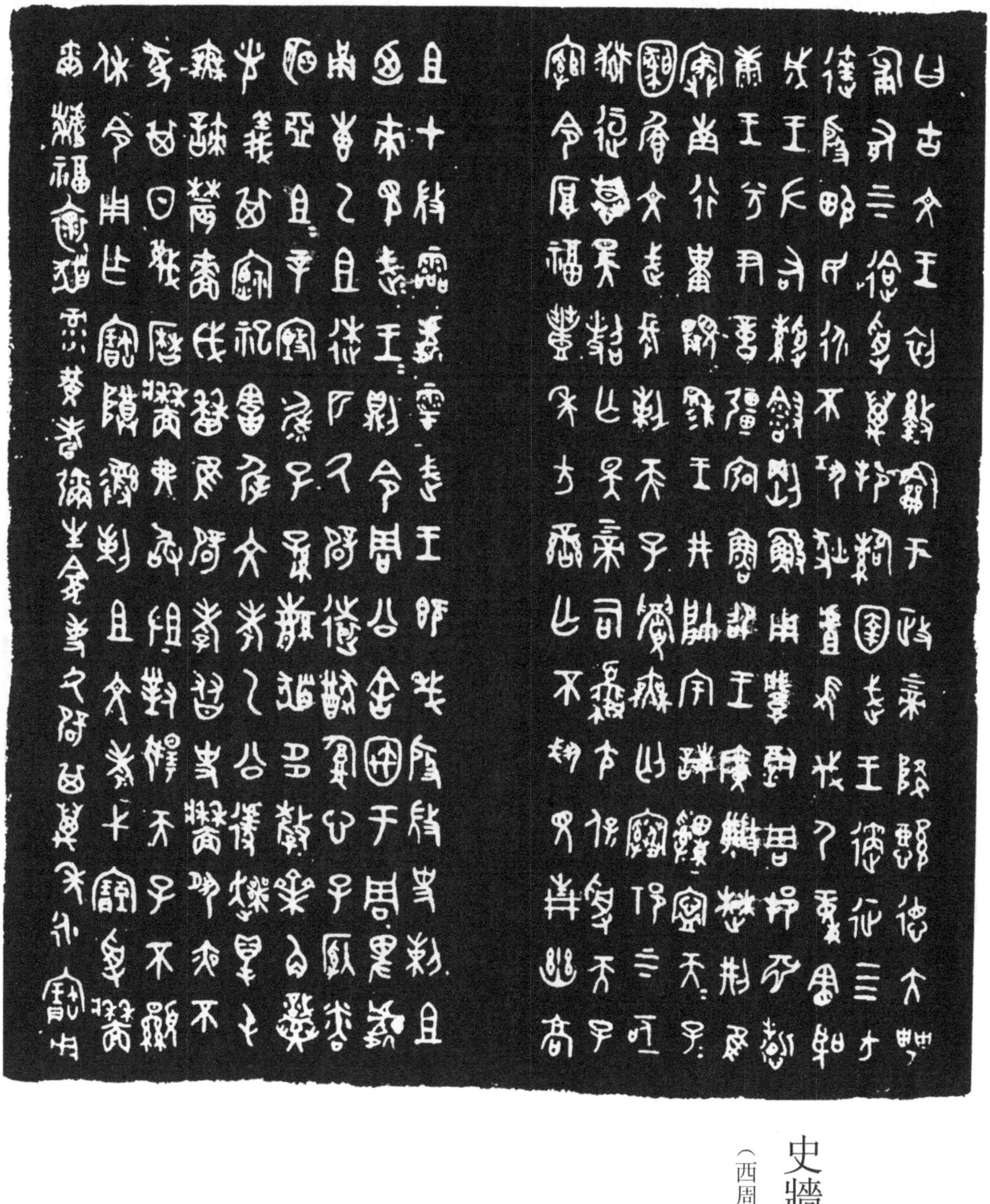

史牆盤（西周中期）

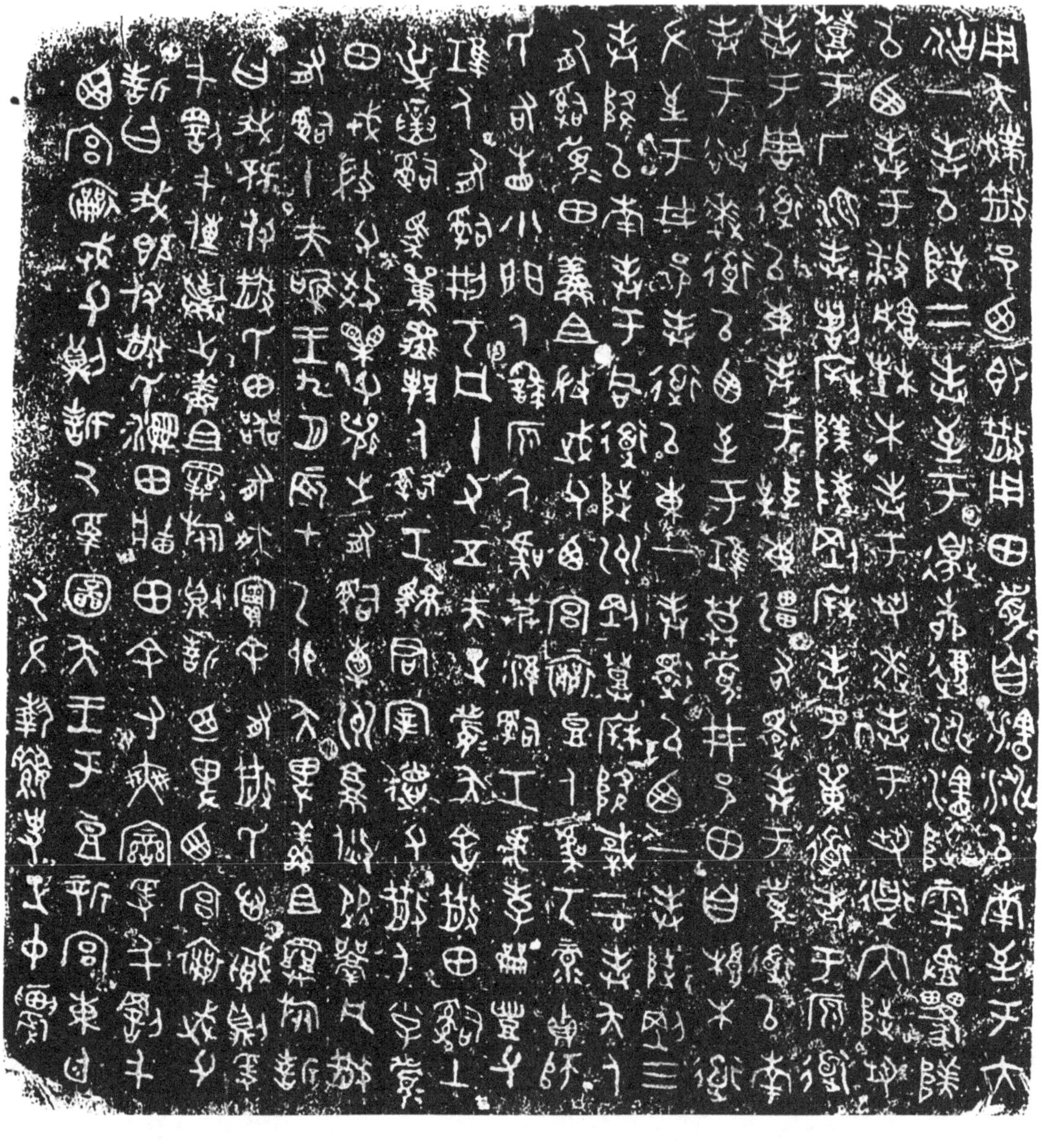

散氏盤
（西周晚期）

曶鼎（西周中期）

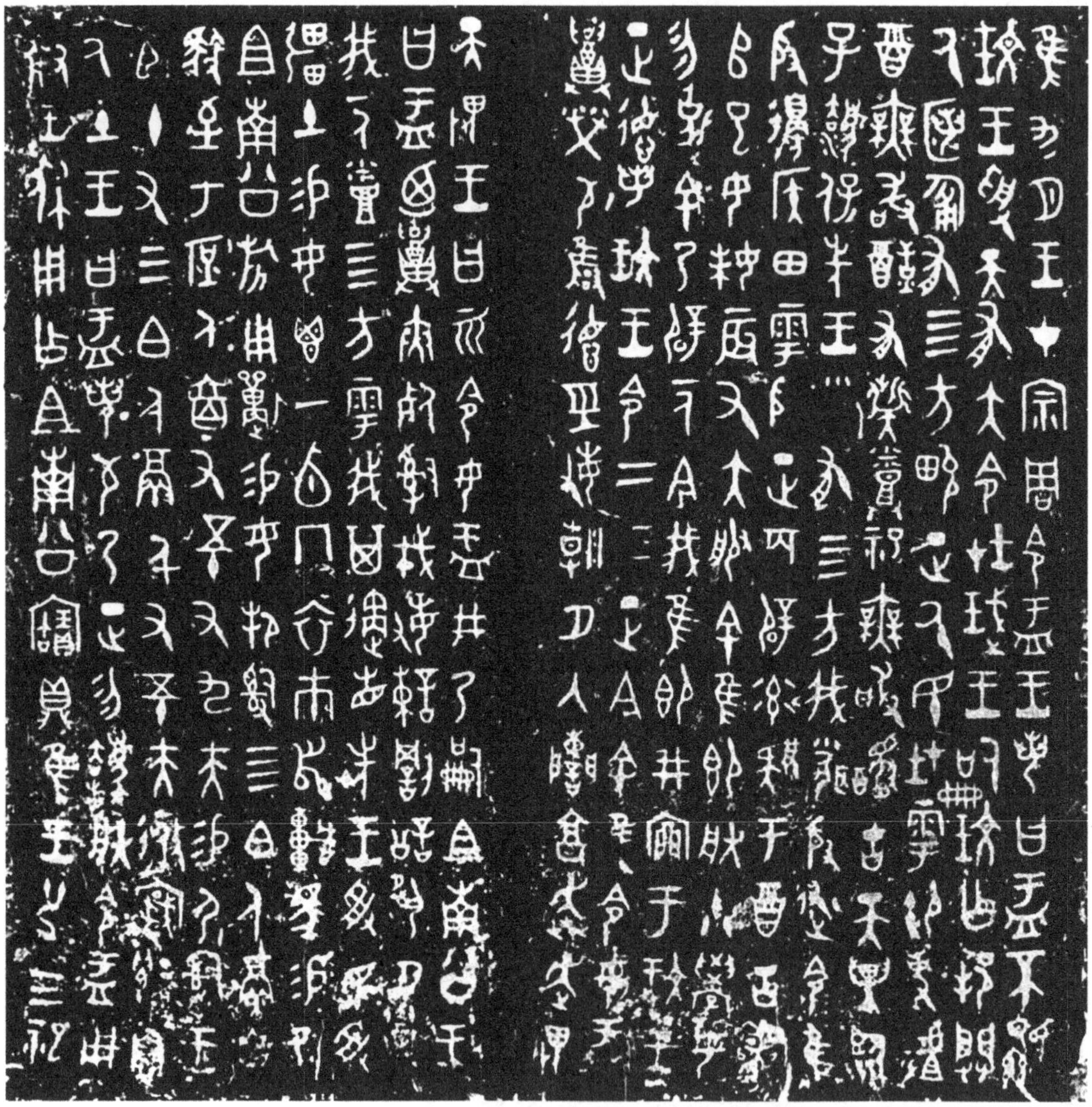

大盂鼎（西周早期）

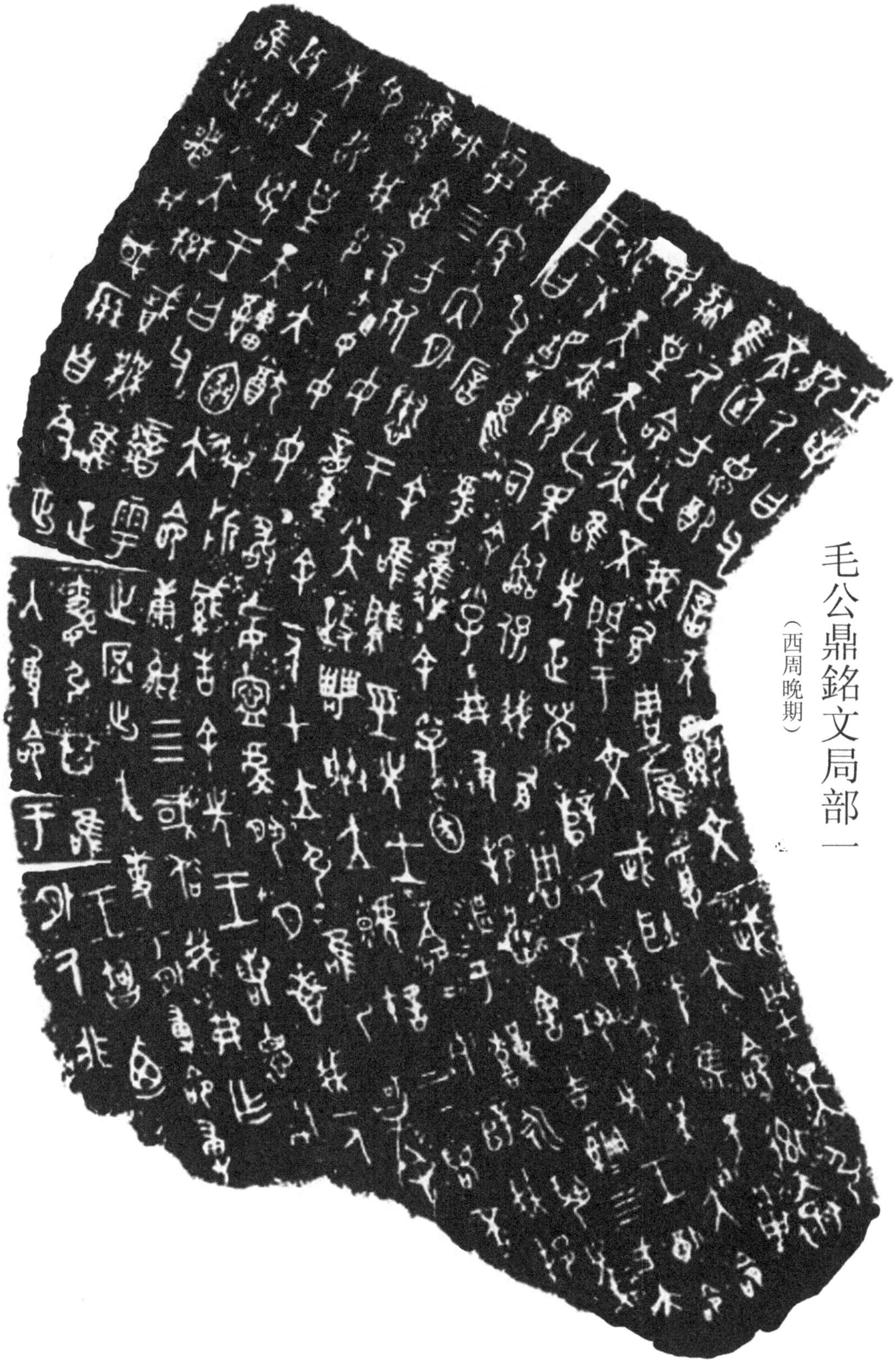

毛公鼎銘文局部一
（西周晚期）

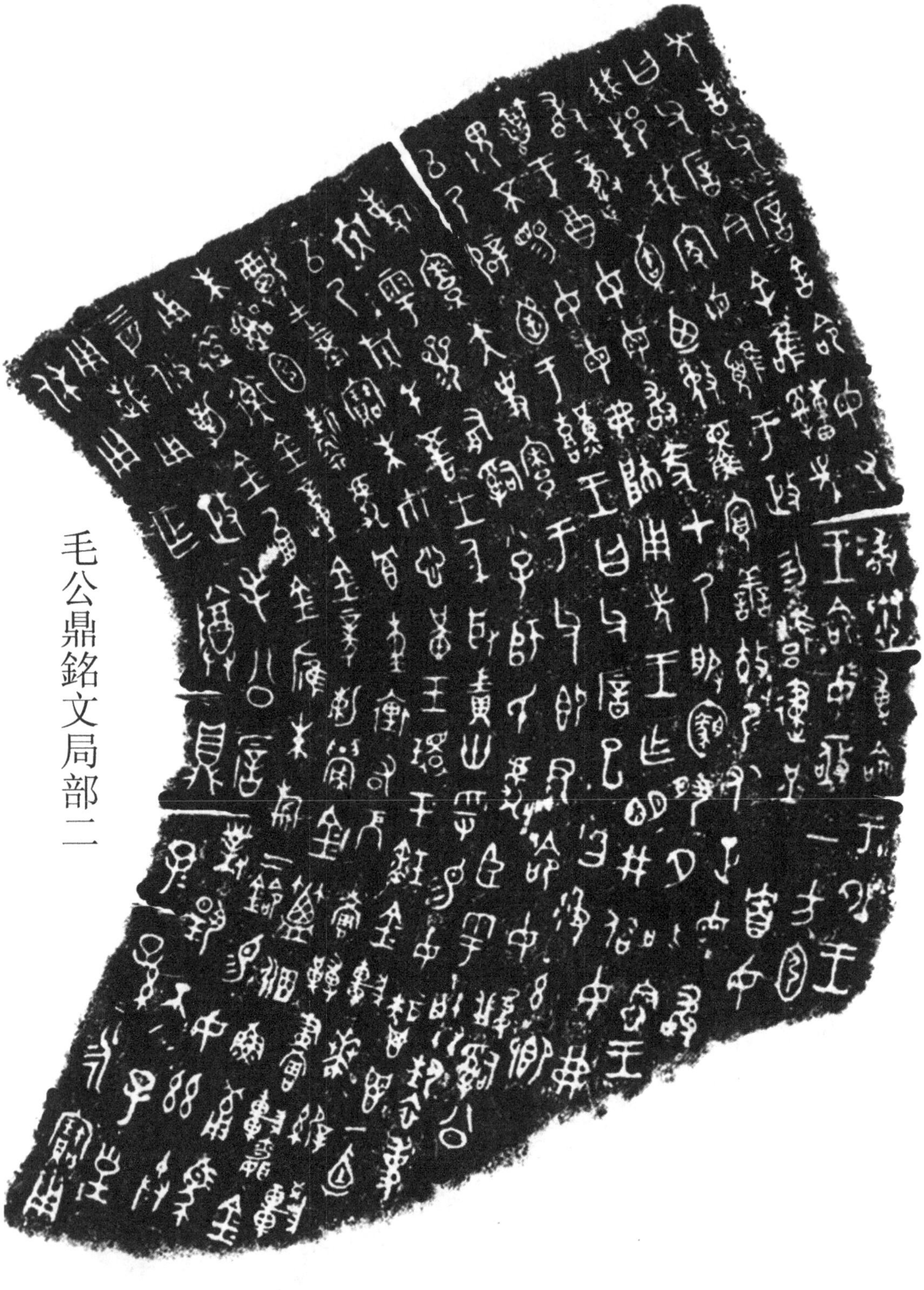

毛公鼎銘文局部二

毛公鼎銘文摹本

諫簋

（西周晚期）

㝬𣪕

（西周晚期）

中山王譽方壺 一

（戰國晚期）

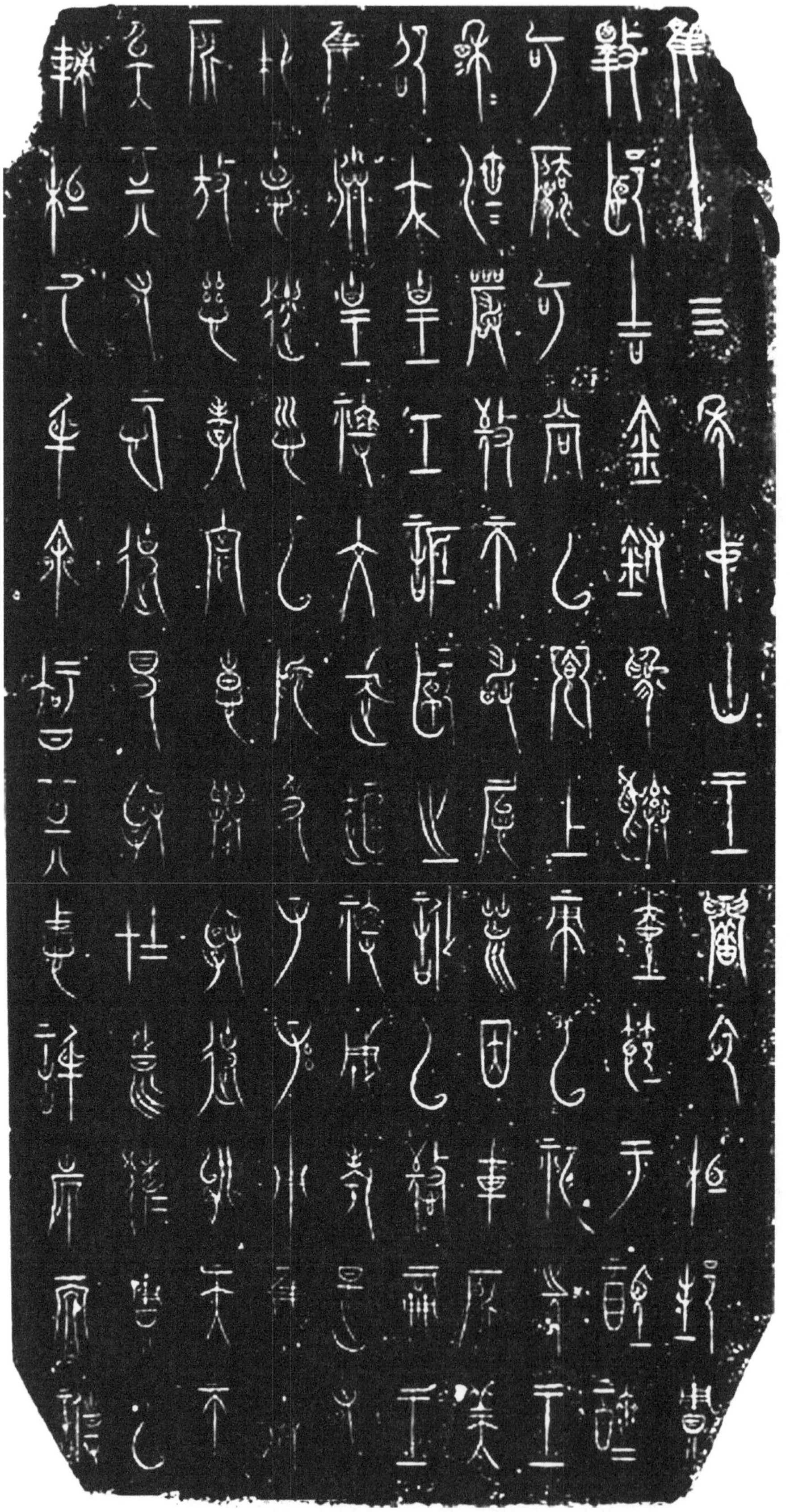

銘文拓片

中山王嚳方壺 二

中山王嚳方壺 三

銘文拓片

中山王嚳方壺 四

中簋蓋

（西周中期）

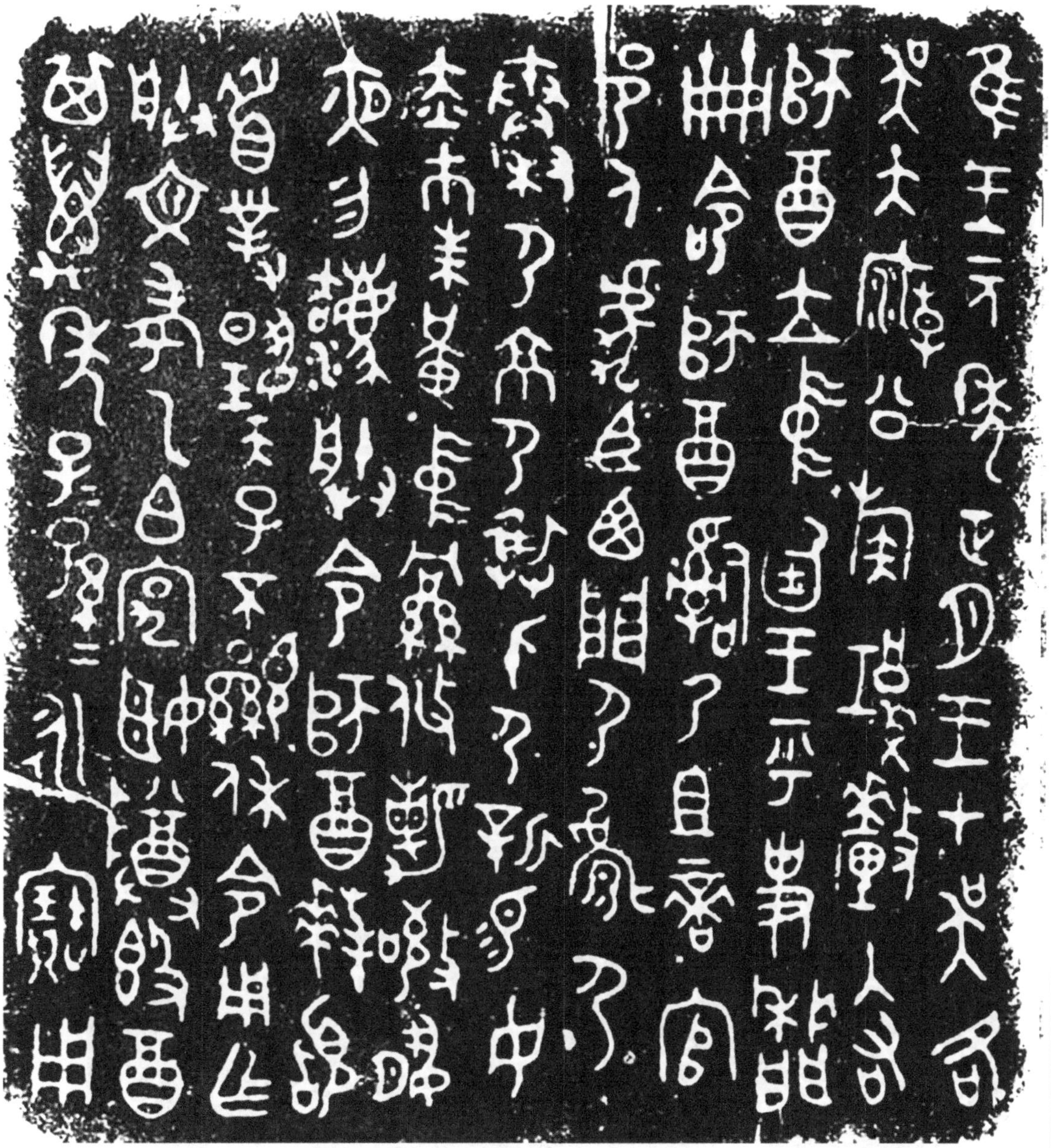

師酉簋
（西周中期）

不嬰殷

（西周晚期）

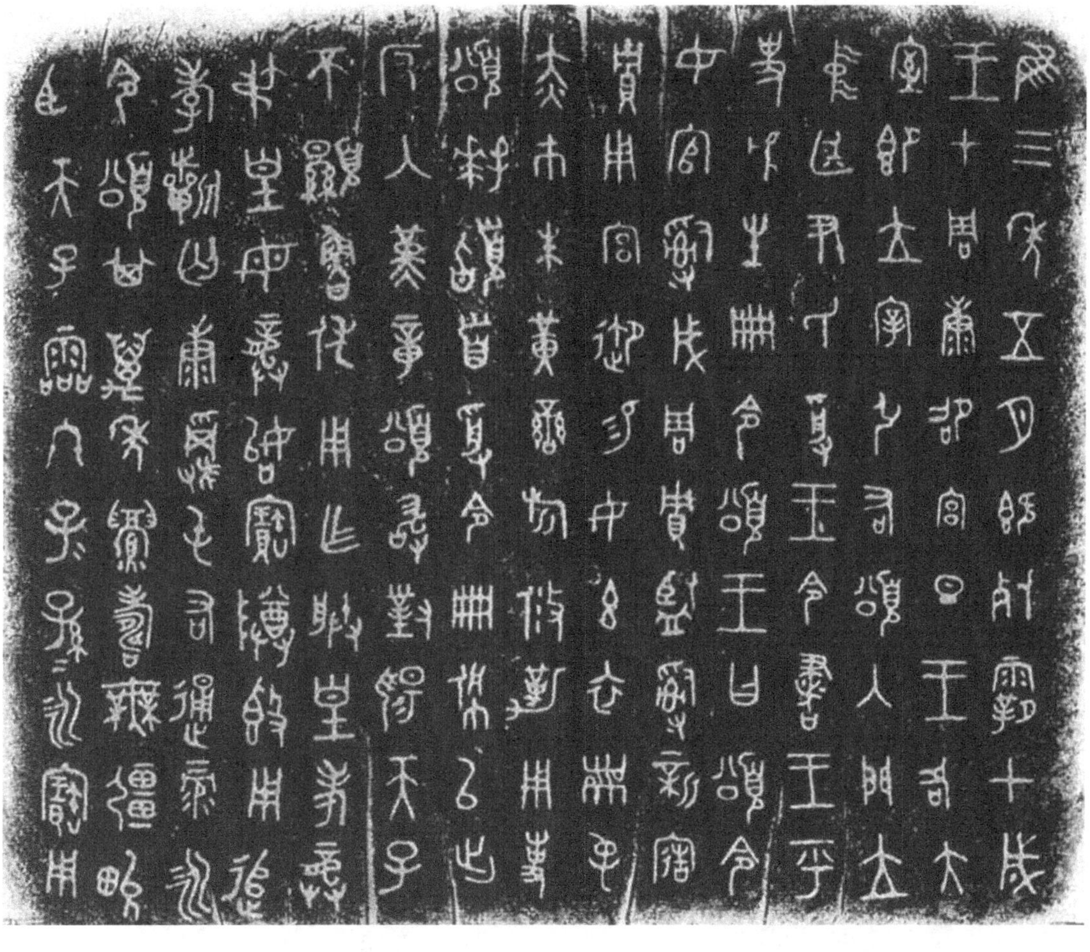

頌簋蓋
（西周晚期）

裘衛盉（西周中期）

原趠方鼎（西周早期）

𡨦鼎（西周早期）

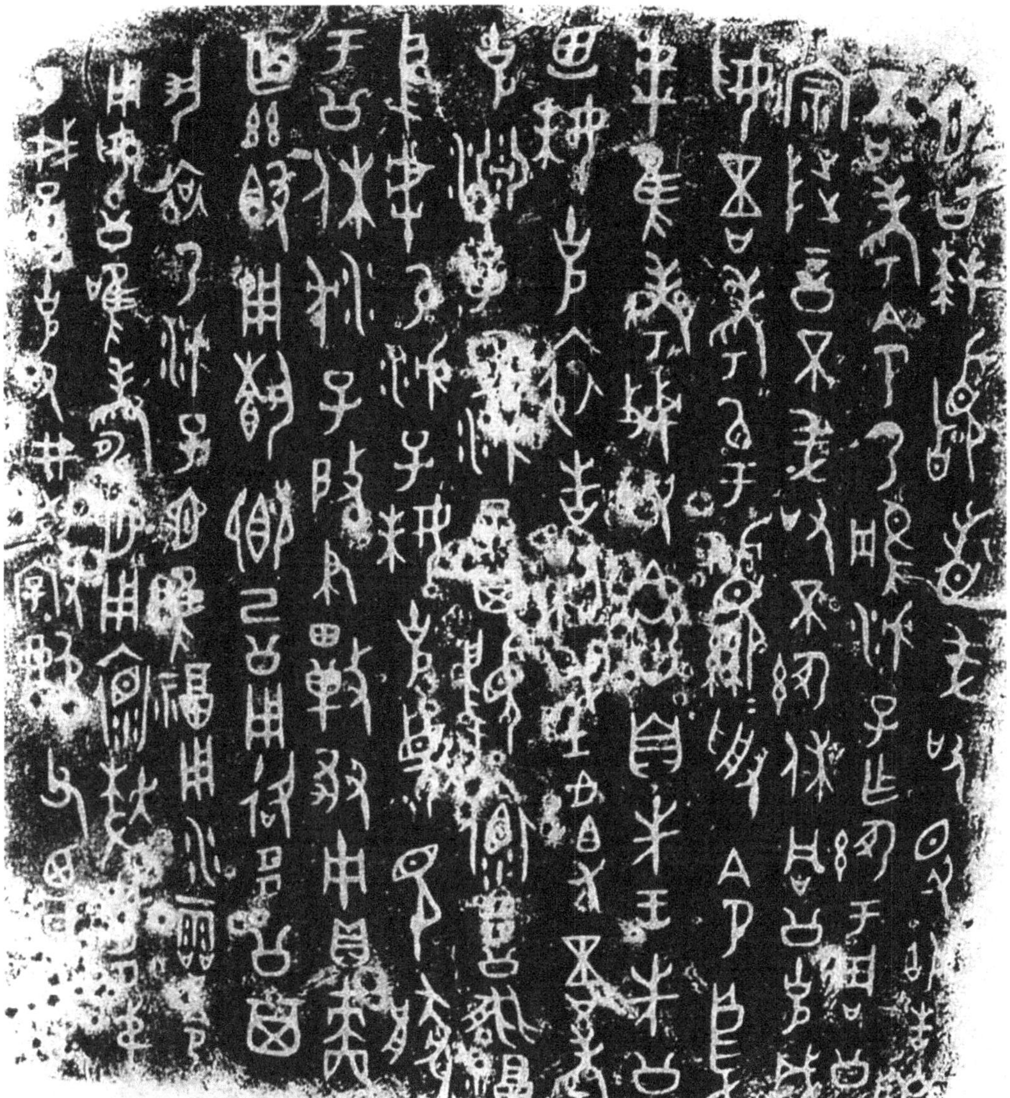

沈子它簋蓋（西周早期）

伯者父簋（西周早期）

⿰⿱戶扌⿱戈又見駒毀（西周早期）

齊侯盂（春秋晚期）

𤼈鐘

（西周中期）

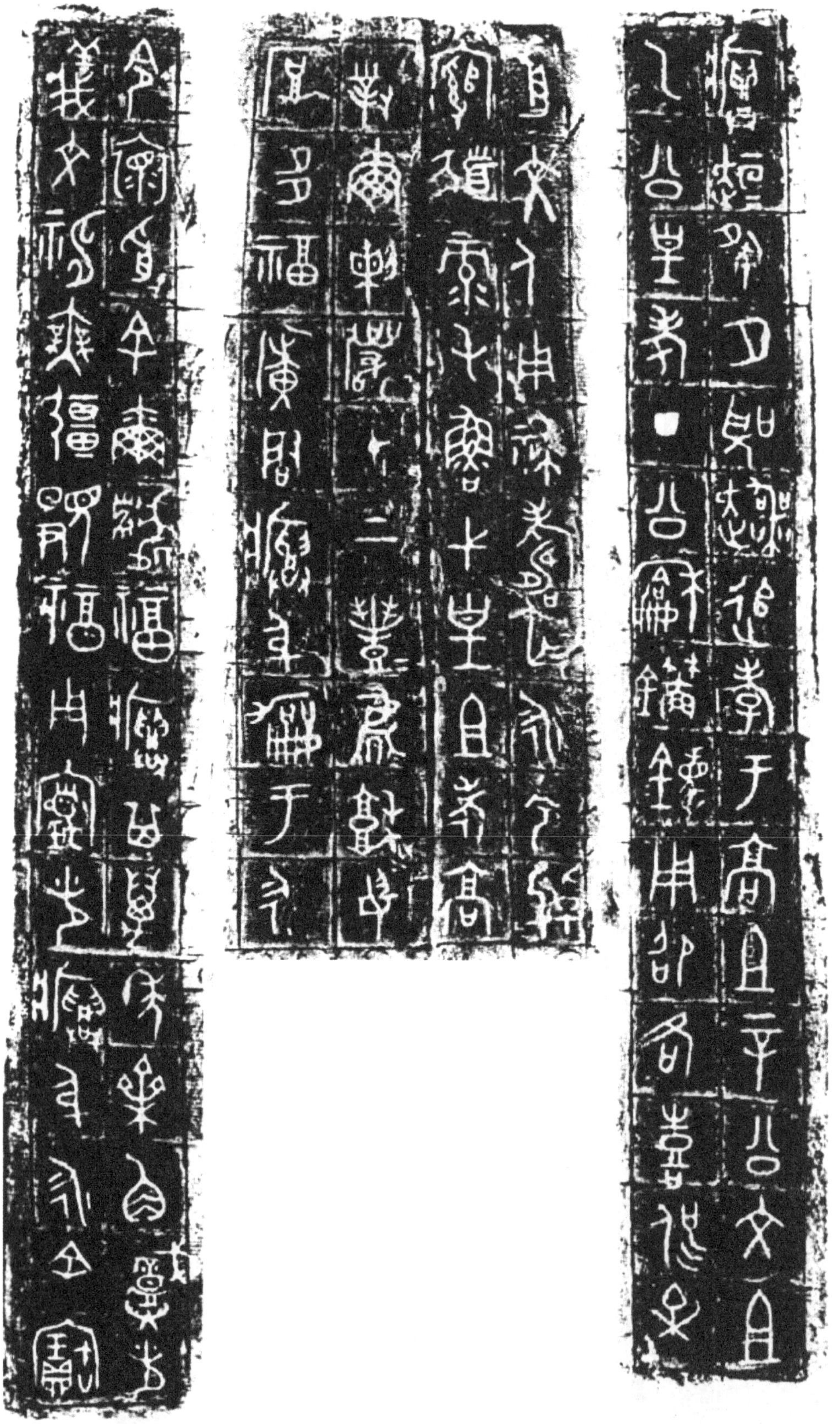

鬲比盨（西周晚期）

庚嬴鼎（西周早期）

麥方尊

（西周早期）

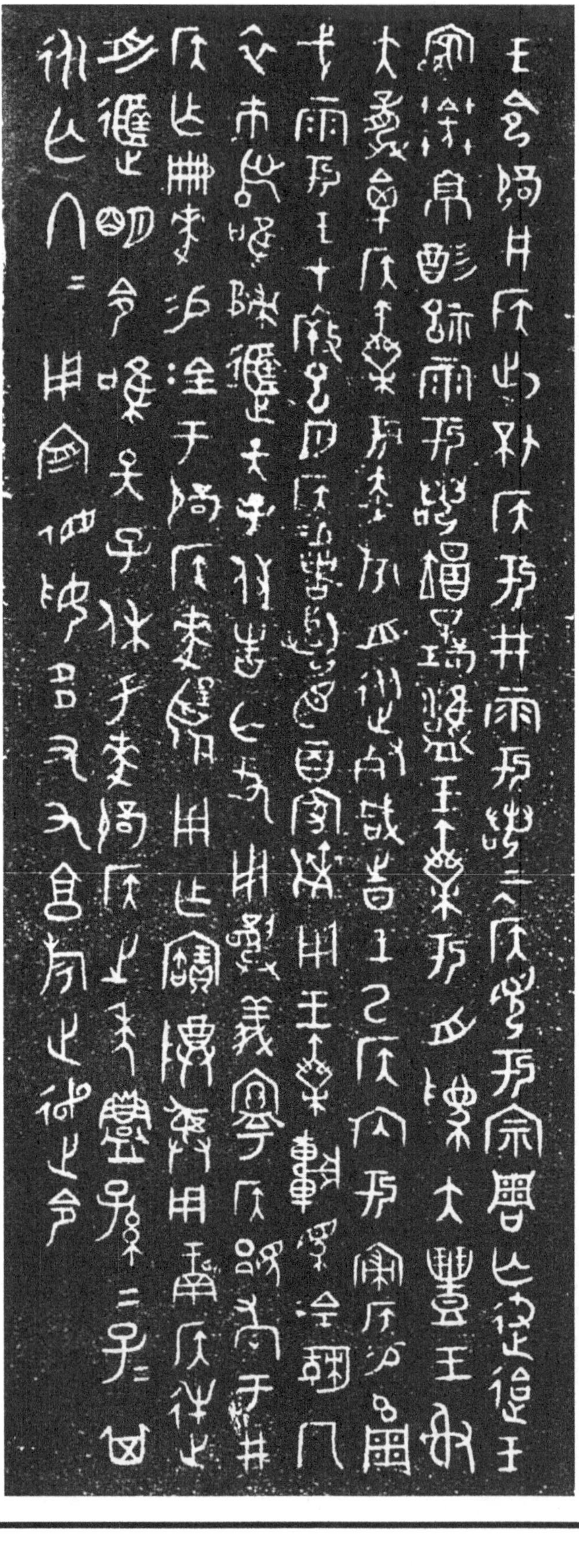

虢季子白盤

（西周晚期）

大克鼎

（西周晚期）

叔趯父卣

（西周早期）

彭子仲盆

（春秋）

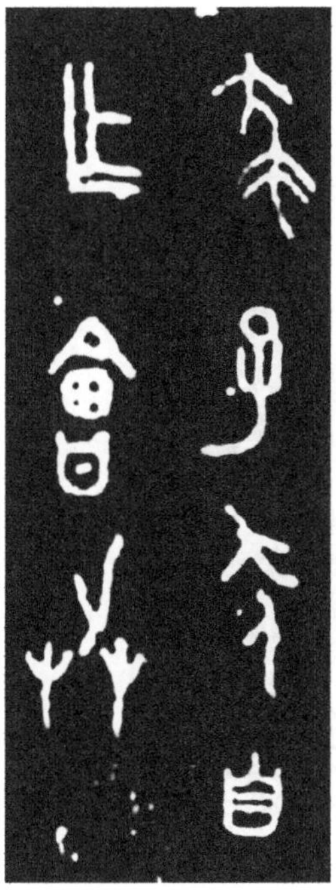

蔡子匜

（春秋）

追簋（西周中期）

毳盤（西周晚期）

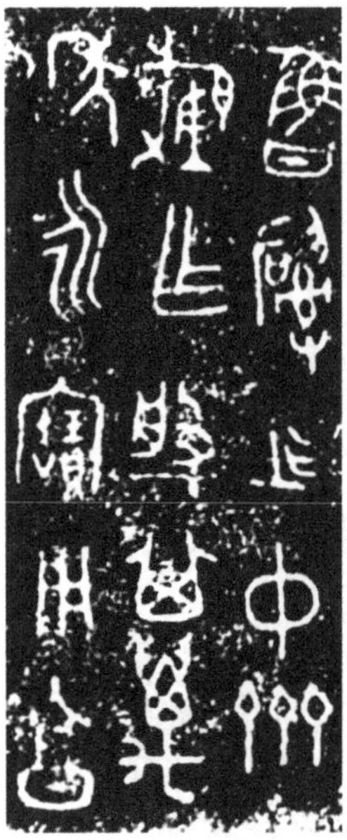

魯嗣徒仲齊盤（春秋早期）

伯簋（西周早期）

㠱伯子庭父盨（西周晚期）

陳公子叔邍父甗（春秋早期）

雁公鼎（西周早期）

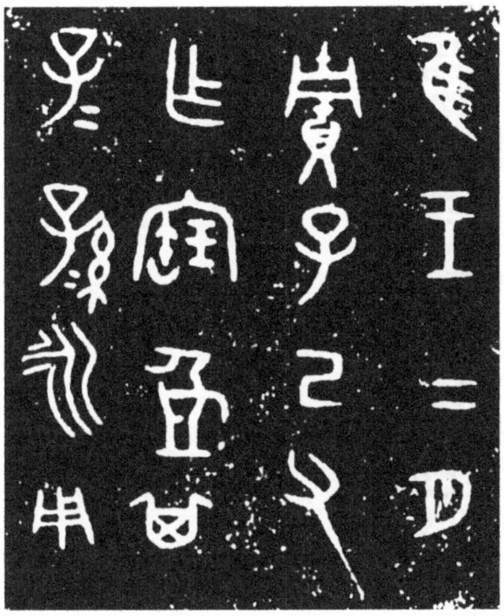

貯子己父匜（西周晚期）

秦公簋

（春秋早期）

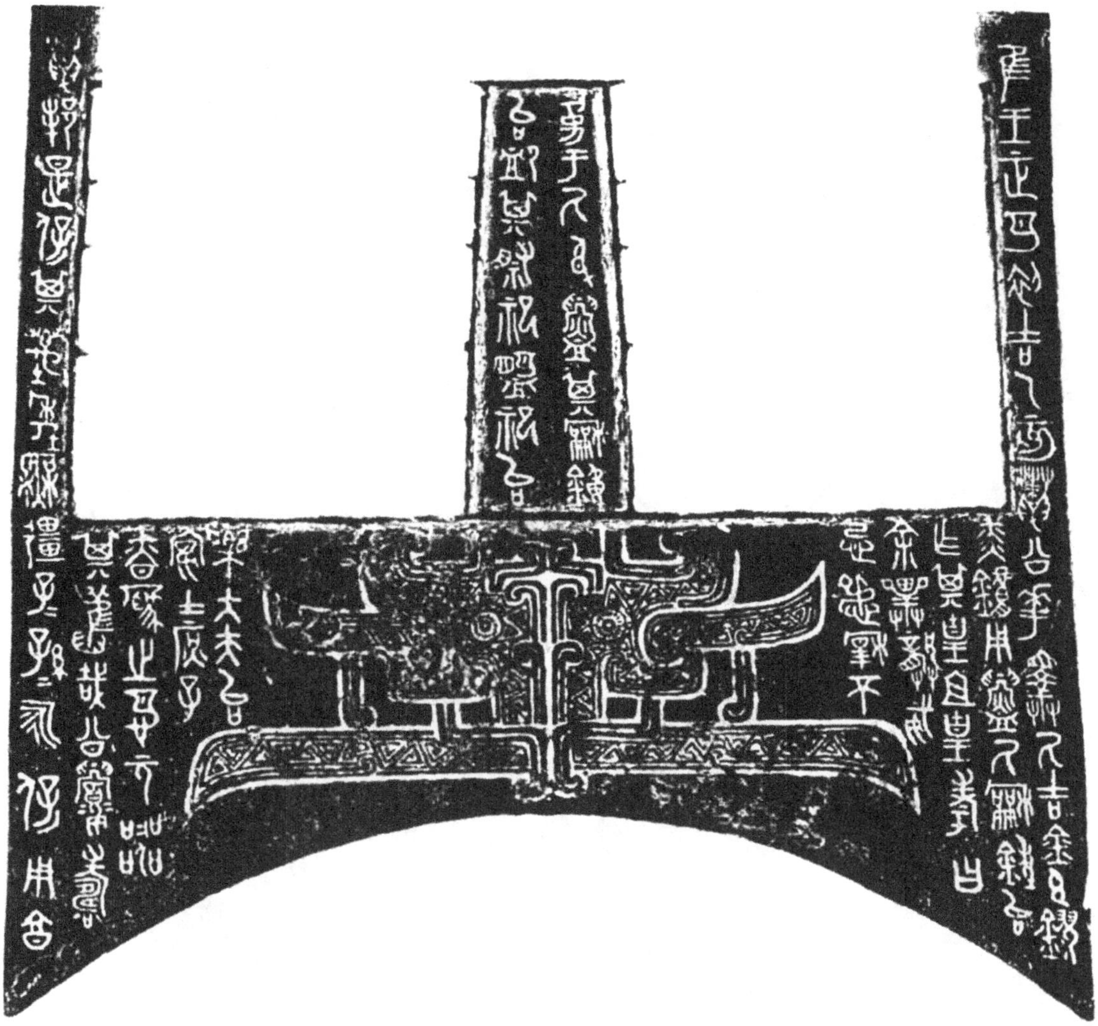

鼄公華鐘
（春秋晚期）

師害簋（西周晚期）

公臣簋（西周晚期）

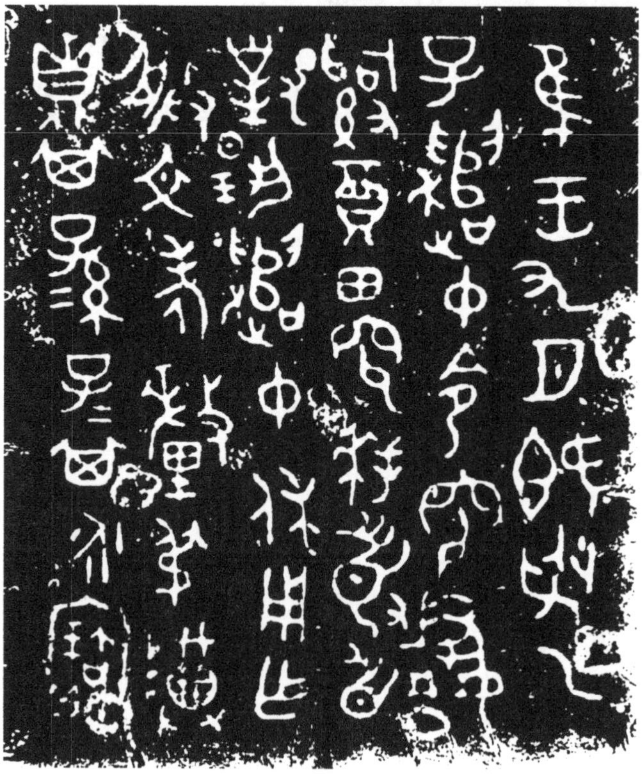

窄鼎（西周中期）

季[illegible]殷（西周中期）

天亡簋

（西周早期）

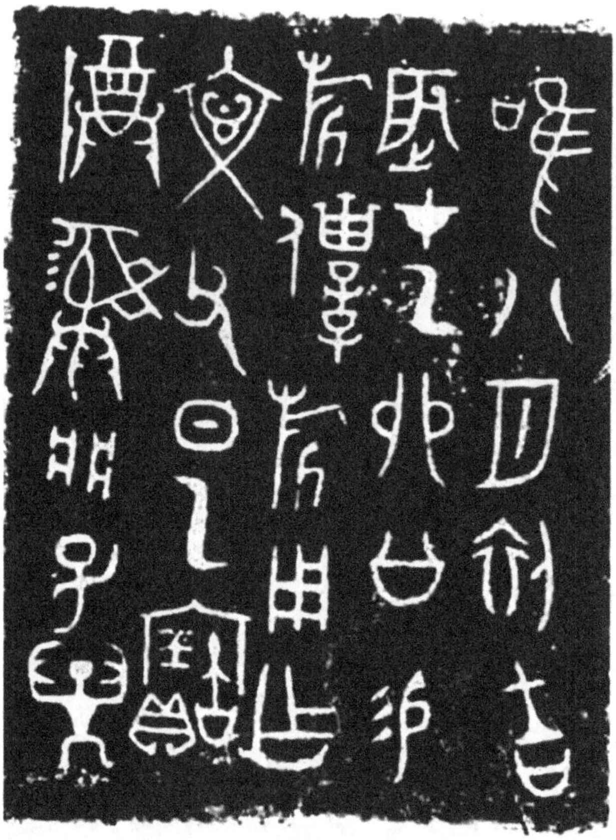

旂鼎（西周早期）

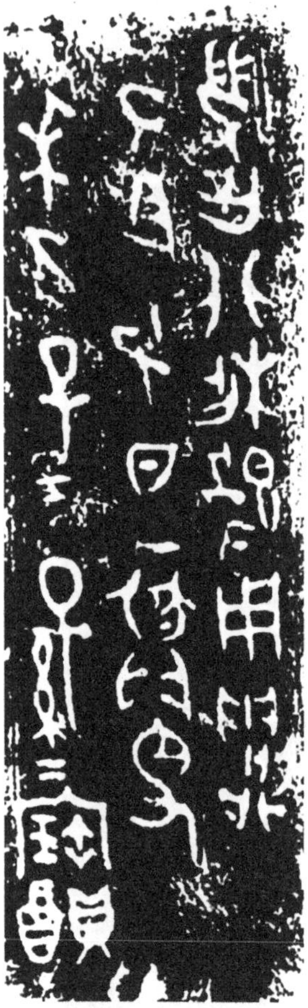

[illegible]殷（西周早期）

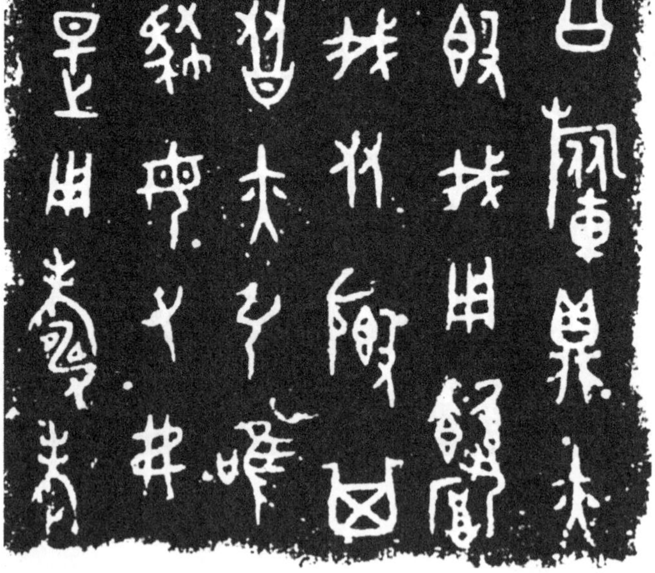

毛公旅方鼎（西周早期）

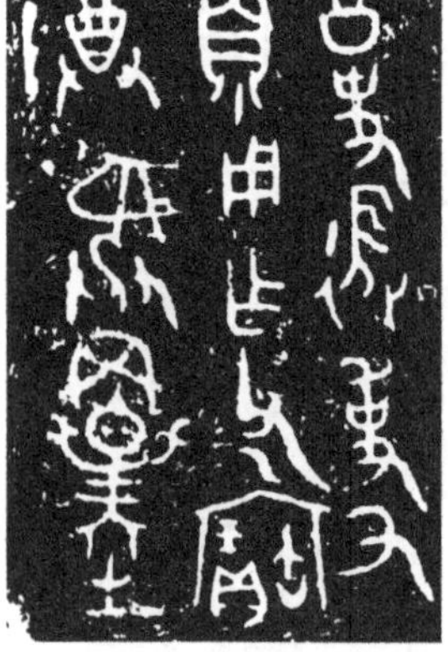

遽父乙殷（西周早期）

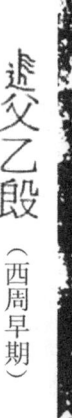

哀成叔鼎（戰國）

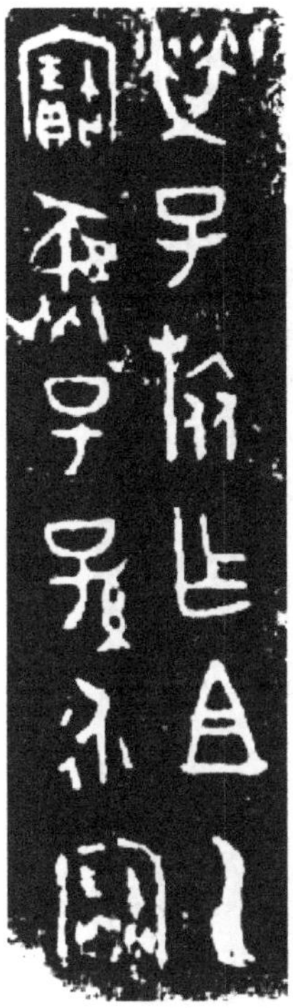

筊子旅作且乙甗（西周早期）

作冊大方鼎（西周早期）

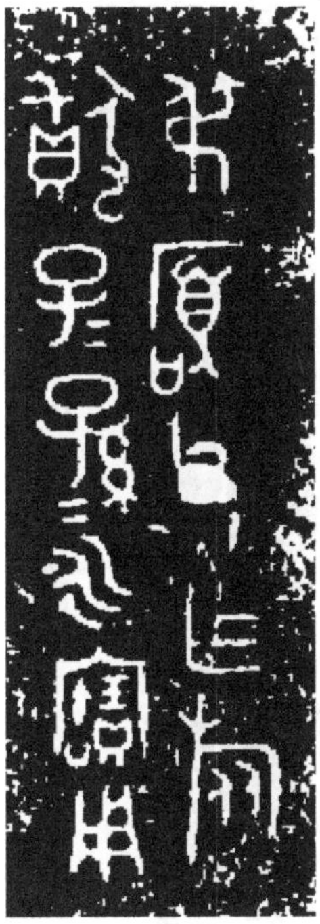

叔碩父甗（西周晚期）

簷大史申鼎（春秋晚期）

戍嗣子鼎（殷商）

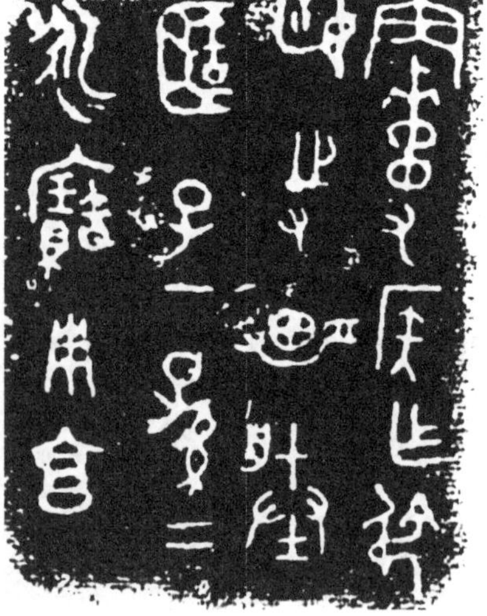

[illegible]侯簠（春秋早期）

商丘叔簠（春秋早期）

新郪虎符（戰國晚期）

德方鼎（西周早期）

亞𠨘父乙殷（殷商）

鑄公簠蓋（春秋早期）

臣辰父乙卣（西周早期）

黃子壺（春秋早期）

欒書缶（春秋）

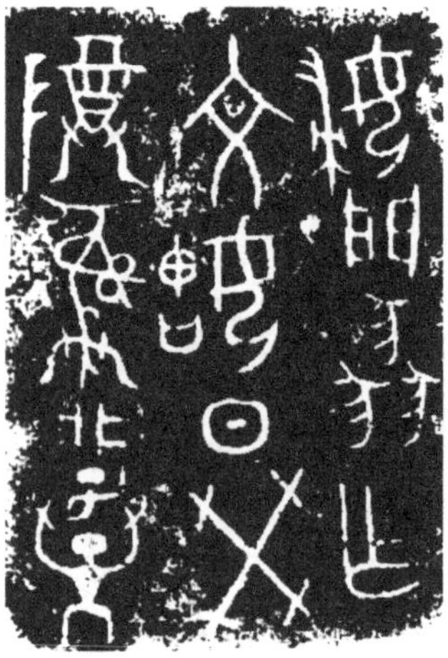

婦闋甗（殷商）

陳純釜（戰國）

歸⿰戈丮甗（西周早期）

商卣（西周早期）

免簋（西周中期）

食仲走父盨（西周晚期）

圉甗（西周早期）

保卣（西周早期）

內大子白簠蓋（西周晚期）

士上卣（西周早期）

筍伯大父盨（西周晚期）

鄧孟壺蓋（西周晚期）

叔碩父鼎（西周中期）

懷鼎（春秋中期）

庚姬鬲（西周中期）

杜伯盨（西周晚期）

宗婦鄭嬰鼎（春秋早期）

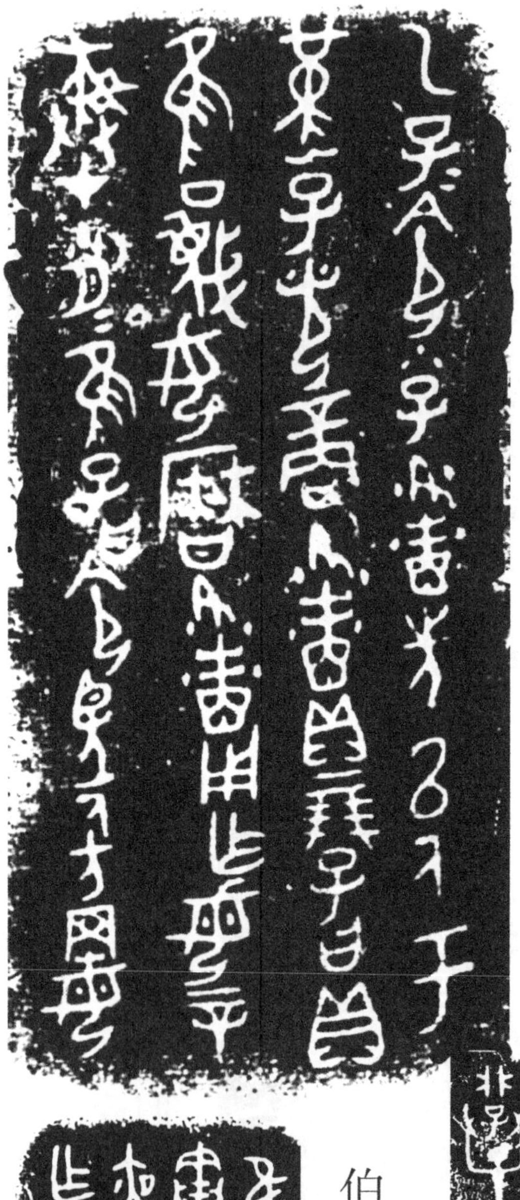

小子䍙卣（殷商）

利簋（西周早期）

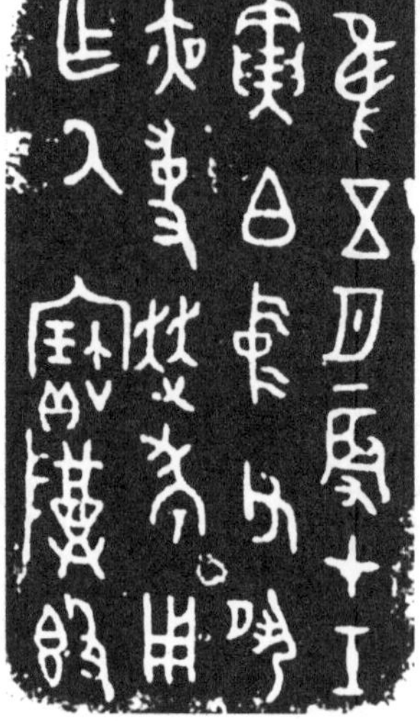

伯中父簋（西周中期）

天君簋（西周早期）

酈客問量（戰國）

鄭伯筍父甗（西周晚期）

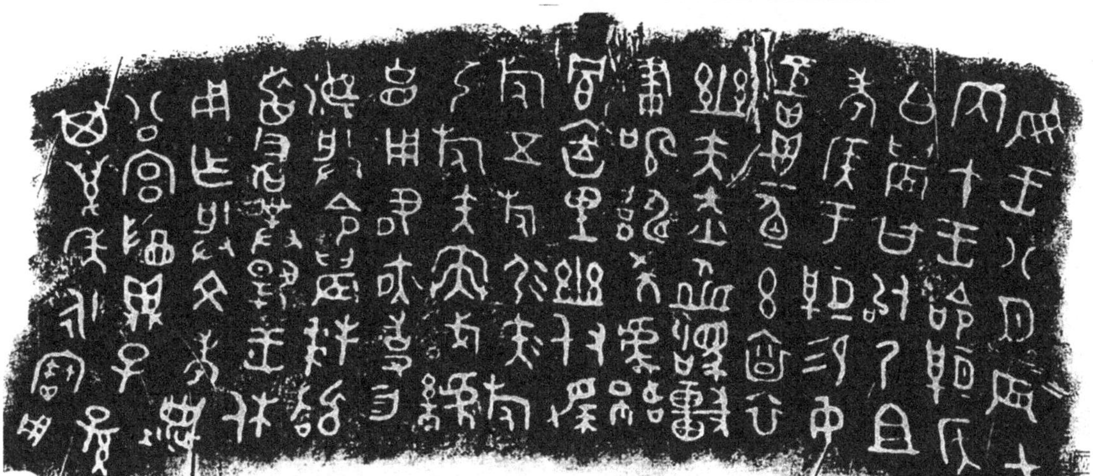

伯晨鼎（西周中期）

戒作莾官鬲（西周早期）

乃孫作且己鼎（殷商）

戍甬鼎（殷商）

麥方鼎（西周早期）

作寶尊彝簋（西周早期）

叔虢毁（西周中期）

古作父丁簋（西周早期）

少虡劍（春秋晚期）

周⿱穴毛匜（西周晚期）

叔侯父簋（西周晚期）

伯⿱艹廾殷（西周中期）

師隻卣蓋（西周早期）

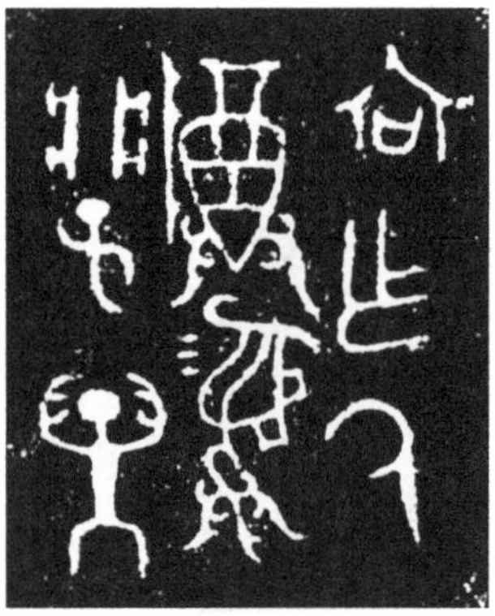

向卣（西周早期）

且丁父癸卣（殷商）

魚父庚尊（西周早期）

亞覃尊（殷商）

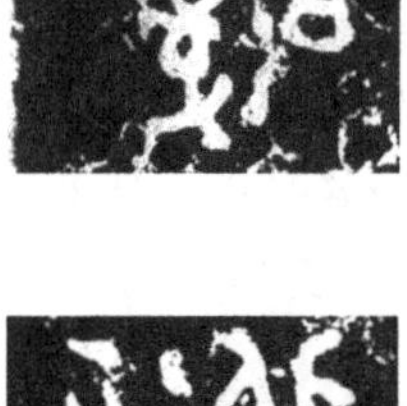

𠭯𤔲土斧（西周）

廿年距末（戰國）

比甗（西周早期）

矢伯鬲（西周早期）

成周鈴（殷商）

伯真甗（西周早期）

沖子鼎（戰國早期）

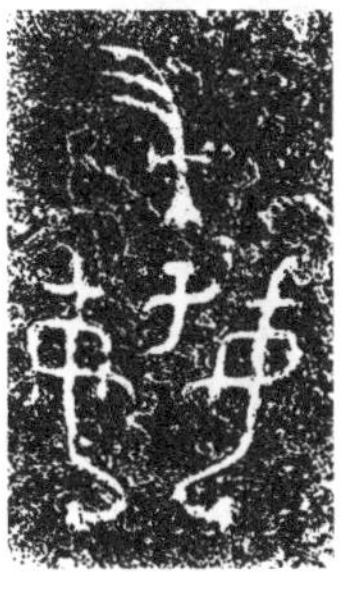

婦好方鼎（殷商）

婦好三聯甗（殷商）

子媚鼎（殷商）

鄉宁鼎（殷商）

司母戊方鼎（殷商）

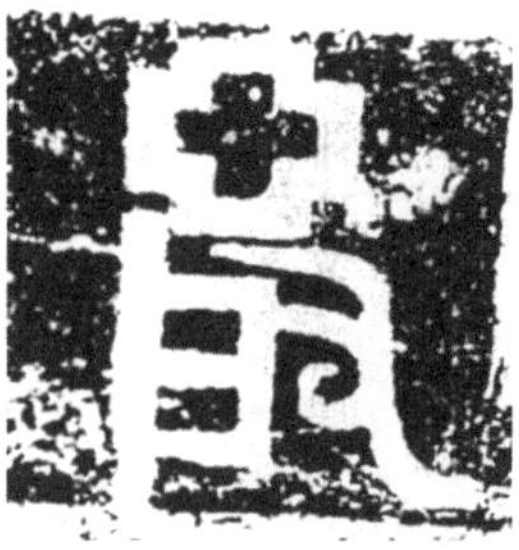

亞攸鉞（殷商）

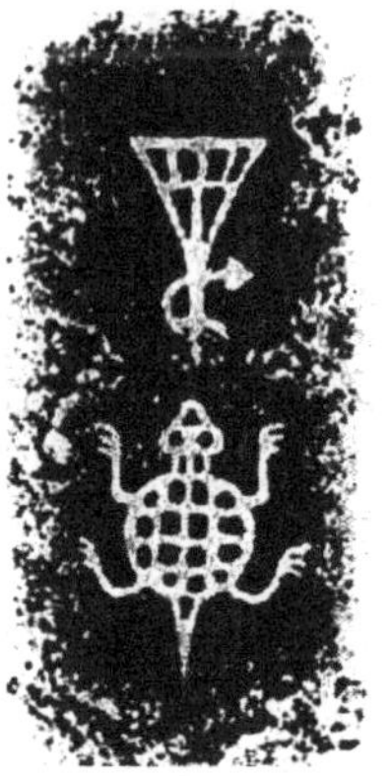

弔龜鼎（殷商）

奄且乙尊（殷商）

康侯斧（西周早期）

魚父乙鼎（西周早期）

心守壺（殷商）

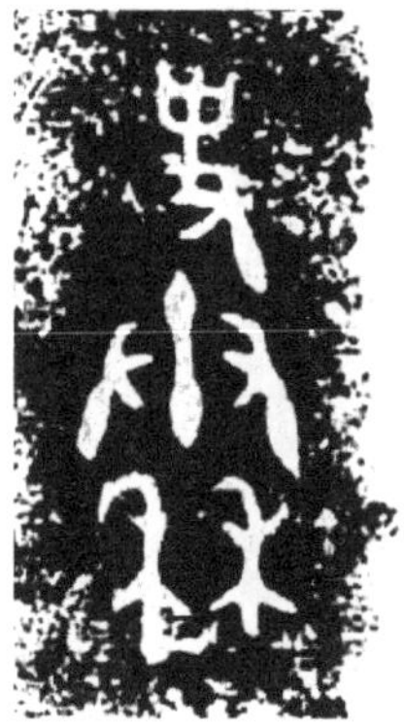

史秦鬲（西周早期）

亞鳥魚鼎（殷商）

亞義方彝（殷商）

守父丁甗（殷商）

再版註

《仰韶書屋金文字彙》之梓行 贏社會之首肯，余自欣慰 小有貢獻，然 是書之未盡與完善時時縈繞于心，存 有責之心、自責之意，每每多方審視 補苴罅漏。再版前業已補足百餘處，可謂盡心也。完善之中及未盡之，或存偏頗、紕漏萬望良朋賜教，指悟于我澤惠讀者。

二零一九年七月十四日　李樹青